Thaïlande

Joe Cummings

D1321910

LONELY PLANET PUBLICATIONS
Melbourne • Oakland • London • Paris

THAÏLANDE

TRIANGLE D'OR
Croisières sur le Mékong ;
excursions en Birmanie ;
villages des tribus montagnardes

PROVINCE DE NAN
Région rurale tranquille
entrecoupée de montagnes
et de vallées luxuriantes ;
culture Thaï Lü

PROVINCES DE ROI ET DE KHON KAEN
Cœur de la région isaan ;
cuisine, musique, artisanat
et tissage de la soie traditionnel

PARC HISTORIQUE DE PHANOM RUNG
Merveilleux monuments
khmers, les mieux
restaurés de Thaïlande

CHIANG MAI
Vibrante capitale du Nord ;
marchés d'artisanat ; temples
en teck ; cuisine traditionnelle

PROVINCE DE MAE HONG SON
Province-carrefour où se
côtoient plusieurs
minorités ethniques ; grottes
les plus profondes d'Asie ;
trekking et rafting

PARC HISTORIQUE DE SUKHOTHAI
Nombreuses ruines de temples
et statues éparpillées sur
la grande étendue du site

AYUTHAYA
Ancienne capitale thaïlandaise - site
du Patrimoine mondial de l'Unesco

PROVINCE DE KANCHANABURI
Grottes du parc
national ; cascades
et chemin de randonnée ;
pont de la rivière Kwaï

BANGKOK
Temple du bouddha d'Émeraude ;
vie nocturne trépidante ;
restaurants remarquables

Golfe du
Tonkin

VIETNAM

LAOS

MYANMAR
(BIRMANIE)

Golfe de
Martaban

YANGON
(RANGOON)

Mékong

CAMBODGE

VIETNAM

Ho Chi Minh-Ville (Saigon)

PHNOM PENH

Tonlé Sap

Sihanoukville

PARC NATIONAL DE KHAO YAI
Parc du Patrimoine de l'Asean ; forêts de mousson ; faune et flore diversifiées et chemins de randonnée

Hat Lek

Chanthaburi

Trat

Ko Mak

Ko Kut

3317

Rayong

Pattaya

Ko Chang

Ko Samet

Ko Laan

Ko Kham Yai

Ko Chang

Sattahip

PARC NATIONAL MARITIME DE KO CHANG
Archipel, baies isolées, forêts tropicales, relief accidenté, sentiers le long du littoral ; plongée sous-marine

Hua Hin

Prachuap Khiri Khan

Thap Sakae

Bang Saphan

Phetchaburi

Parc national de Kaeng Krachan

PARC NATIONAL MARITIME DE SURIN ET SIMILAN
Grandes colonies de coraux ; sites de plongée avec ou sans bouteilles

Mergui

MER D'ANDAMAN

Îles Surin

Îles Similan

Isthme de Kra

Ranong

Chaiya

Chumphon

Parc national de Khao Sok

401

Phuket

Phang-Nga

Krabi

Ko Yao Yai

Ko Lanta

PROVINCES DE PHUKET
Stations balnéaires élégantes ; plages de sable blanc ; navigation de plaisance et plongée

PROVINCE DE KRABI
Impressionnants affleurements calcaires ; escalade, canoë et kayak de mer ; plages de sable blanc à Ko Lanta

OCÉAN INDIEN

ARCHIPEL DE SAMUI
Stations balnéaires ; criques isolées et bungalows de plage ; cascades ; plongée sous-marine

Ko Pha-Ngan

Ko Samui

Ko Tao

Parc maritime national de Ang Thong

Surat Thani

Nakhon Si Thammarat

Ranot

Phattalung

GOLFE DE SIAM

VILLES DU SUD
Influences malaises ; villes de pêche tranquilles ; plages peu fréquentées le long du golfe

Songkhla

Hat Yai

Trang

Satun

Parc national de Thaleh Ban

Parc maritime national de Ko Tarutao

Pulau Langkawi

Sadao

Pattani

Yala

Narathiwat

Kota Baru

Betong

Keroh

Alor Setar

Sungai Petani

MALAISIE

Kota Baru

ALTITUDE

1 000 m
500 m
200 m
100 m
0

0   100   200 km

Thaïlande
4e édition française – Novembre 1999
Traduite de l'ouvrage *Thailand* (8th edition)

Publié par
Lonely Planet Publications 1, rue du Dahomey, 75011 Paris

Autres bureaux Lonely Planet
Australie PO Box 617, Hawthorn, Victoria 3122
États-Unis 150 Linden St, Oakland, CA 94607
Grande-Bretagne 10a Spring Place, London NW5 3BH

Photographies de
Jerry Alexander, Bethune Carmichael, Sara-Jane Cleland, Joe
Cummings, Greg Elms, Lee Foster, John Hay, Richard l'Anson,
Mark Kirby, Kraig Lieb, Chris Mellor, Morcombe-Fenn, Bernard
Naphtine, Richard Nebesky, Paul Piaia, Nicholas Reuss, Tourism
Authority of Thailand (TAT)
De nombreuses photos publiées dans ce guide sont disponibles auprès
de notre agence photographique Lonely Planet Images
(e-mail : lpi@lonelyplanet.com.au).

Photo de couverture
Ombrelle au motif d'éléphant (Chris Mellor)

Traduction (partielle de)
Jean-Noël Chatain, Michèle Salvat, Emmanuelle Monjauze et
Isabelle Sassier

Dépôt légal
Novembre 1999

ISBN 2-84070-095-6
ISSN 1242-9244

Texte et cartes © Lonely Planet 1999
Photos © photographes comme indiqués 1999

Imprimé par The Bookmaker Pty Ltd
Imprimé en Chine

Table des matières

ART ET ARCHITECTURE   465

LE NORD   481

LE NORD-EST 665

LE SUD 767

Table des matières – Cartes

LÉGENDE DES CARTES   **Voir dernière page**

L'auteur

Joe Cummings

Peu après la fin de ses études universitaires, Joe Cummings a commencé à voyager en Asie du Sud-Est. Avant d'être écrivain voyageur à plein temps, il s'est engagé dans les Peace Corps en Thaïlande. Après l'obtention de son diplôme de thaï et d'histoire de l'art asiatique à l'université de Berkeley, il a obtenu une bourse de l'East-West Center de Hawaï, puis travaillé comme maître de conférences dans une université malaise et comme consultant en études bilingues (lao-anglais) aux États-Unis.

Il est l'auteur, pour Lonely Planet et d'autres éditeurs, d'une trentaine de guides, de manuels de conversation et d'atlas sur l'Asie et l'Amérique du Nord. Il a signé, pour Lonely Planet, les ouvrages *Thai Phrasebook, Lao Phrasebook, Bangkok, Thailand's Islands & Beaches, Myanmar (Birmanie)* et *Laos*. Il est également coauteur de *South-East Asia on a Shoestring*. En tant que journaliste free-lance, il collabore occasionnellement à l'*Ambassador*, l'*Asia Magazine*, le *Bangkok Post*, le *Condé Nast Traveler*, *Expedia, Geographical, The Nation, Outside*, le *San Francisco Examiner, South China Morning Post*, et l'*Asian Wall Street Journal*, entre autres.

Joe a parcouru l'Asie du Sud-Est pendant plus de 20 ans. Deux fois finaliste du Thomas Cook Guidebook of the Year Award (Prix Thomas Cook du meilleur guide de voyage) pour ses guides Lonely Planet *Thaïlande* (1984) et *Vietnam, Laos & Cambodia* (1991), il remporte, en 1995, le Lowell Thomas Travel Journalism Gold Award pour le guide *Thailand* de Lonely Planet. Il avait déjà partagé ce prix pour sa contribution aux *Travelers Tales Thailand*, en 1993.

Un mot de l'auteur

J'aimerais remercier les personnes suivantes en Thaïlande, qui m'ont soutenu dans mes travaux : Arlada Jumsai Na Ayudhya, Avia Travel, André Barguirdjian et Mau Travel Service, Jennifer Bartlett, les filles Chandler (Nancy, Nima et Siri), Richard Chapman, Kaneungnit Chotikakul, Ian Crawshaw, John Demodena, Andrew Forbes, le cowboy cosmique David Freyer, Julian et Pao, Denis Gray, EJ Haas, Oliver Hargreave, Dan et Anne Heck, Reinhard Heckel, David Henley, Loraine Lundquist, Steve Martin, April Murdoch, le Mutmee Circle, Lawrence Nahlik, Maeve O'Sullivan, Somradee Poochai, Rashana Pimolsindh, Phra Greg, Simon Robson, Pensri Saenyot, Tara Sauvage, Ruengsang Sripaoraya, Theerada Suphaphong, l'étrange pagode, Nick et Ticket Planet, David Unkovich, Yori et les étudiants de 4e année de commerce du Rajabhat Institute Utaradit, qui ont aidé à la mise à jour de la section consacrée à Utaradit dans le cadre d'un projet universitaire. Merci également à ProjeKCt Two, Calexico et Richard Buckner pour l'inspiration musicale.

Comme toujours, la Tourist Authority of Thailand (TAT) et ses employés à travers tout le pays m'ont énormément aidé.

Ma compagne, Lynne Cummings, m'a aidé sans compter : relecture, vérifications diverses, saisie, logistique quotidienne, sans compter des centaines d'autres interventions ponctuelles qui ont facilité l'élaboration de ce livre.

Des remerciements sont aussi dus aux centaines de lecteurs qui ont pris le temps d'écrire, et tout spécialement à Don et Achara Entz, Josh Shook, Glenn Slayden, Viktor Weisshaeupl et Mike Wysocki.

Il est quelqu'un que je n'ai jamais remercié alors que j'aurais du le faire des années auparavant, c'est Tony Wheeler. Sans sa conception de Lonely Planet et la confiance qu'il a bien voulu m'accorder, il n'y aurait jamais eu de première édition de ce guide, *a fortiori* de huitième !

Aux lecteurs

Le monde du voyage est en perpétuelle mutation et le rythme dû changement en Thaïlande n'a fait que s'accélérer depuis la crise économique de juin 1997. Ce que vous lirez est le fruit de plus de 20 années de voyage en Thaïlande combinées aux informations les plus récentes. Pourtant, même si cet ouvrage représente le meilleur de mes recherches au moment de la rédaction, il court sans cesse le risque d'une péremption partielle. Lorsque vous utiliserez l'information contenue dans ce guide pour voyager dans le pays, gardez présent à l'esprit le concept bouddhique d'*anicca* ou "impermanence".

Dédicace

A Mary Catherine Cummings (1930-1998) qui m'a appris à lire et à voyager.

A propos
de l'ouvrage

Un mot de l'éditeur

La maquette et la mise en pages de cet ouvrage ont été réalisées par Jean-Noël Doan avec l'aide précieuse de Karine Ioannou-Sophoclis et Corinne Holst. Michel MacLeod en a assuré la coordination éditoriale. Nous remercions Chantal Bouvÿ, Agnès Mauxion-Poujol, Jean-Michel Roux et Josiane Lavignon pour leur contribution au texte. Un grand merci à Hélène Lefebvre pour son renfort tous azimuts.

Les cartes originales sont l'œuvre de Tim Fitzgerald assisté de Sarah Sloane, Paul Piaia, Piotr Czajkowski, Chris Thomas et Chris Lee Ack. Elles ont été adaptées en français par Jacques Richard. Les illustrations, supervisées par Matt King, sont l'œuvre de Mic Looby et Simon Borg. Valerie Tellini et Lonely Planet Images ont fourni les photographies. Quentin Frayne a travaillé sans relâche sur le chapitre Langue et la police de caractères thaï. Simon Bracken a créé la couverture, actualisée par Sophie Rivoire.

Tous nos remerciements vont à Andy Nielson, Barbara Aitken et Graham Imeson pour leur soutien permanent. Merci à Anne Mulvaney pour la préparation du manuscrit.

Remerciements
Nous exprimons toute notre gratitude aux lecteurs qui nous ont fait part de leurs remarques, expériences et anecdotes. Leurs noms apparaissent à la fin de l'ouvrage

Avant-propos

LES GUIDES LONELY PLANET

Tout commence par un long voyage : en 1972, Tony et Maureen Wheeler rallient l'Australie après avoir traversé l'Europe et l'Asie. A cette époque, on ne disposait d'aucune information pratique pour mener à bien ce type d'aventure. Pour répondre à une demande croissante, ils rédigent le premier guide Lonely Planet, un fascicule écrit sur le coin d'une table.

Depuis, Lonely Planet est devenu le plus grand éditeur indépendant de guides de voyage dans le monde, et dispose de bureaux à Melbourne (Australie), Oakland (États-Unis), Londres (Royaume-Uni) et Paris (France).

La collection couvre désormais le monde entier, et ne cesse de s'étoffer. L'information est aujourd'hui présentée sur différents supports, mais notre objectif reste constant : donner des clés au voyageur pour qu'il comprenne mieux les pays qu'il visite.

L'équipe de Lonely Planet est convaincue que les voyageurs peuvent avoir un impact positif sur les pays qu'ils visitent, pour peu qu'ils fassent preuve d'une attitude responsable. Depuis 1986, nous reversons un pourcentage de nos bénéfices à des actions humanitaires.

Remises à jour. Lonely Planet remet régulièrement à jour ses guides, dans leur totalité. Il s'écoule généralement deux ans entre deux éditions, parfois plus pour certaines destinations moins sujettes au changement. Pour connaître l'année de publication, reportez-vous à la page qui suit la carte couleur, au début du livre.

Entre deux éditions, consultez notre journal gratuit d'informations trimestrielles *Le Journal de Lonely Planet* ou le Minitel 3615 lonelyplanet (1,29 F/mn), où vous trouverez des informations de dernière minute sur le monde entier. Sur notre nouveau site Internet www.lonelyplanet.fr, vous aurez accès à des fiches pays régulièrement remises à jour. D'autres informations (en anglais) sont disponibles sur notre site anglais www.lonelyplanet.com.

Courrier des lecteurs. La réalisation d'un livre commence avec le courrier que nous recevons de nos lecteurs. Nous traitons chaque semaine des centaines de lettres, de cartes postales et d'e-mails, qui sont ajoutés à notre base de données, publiés dans notre journal d'information ou intégrés à notre site Internet. Aucune information n'est publiée dans un guide sans avoir été scrupuleusement vérifiée sur place par nos auteurs.

Recherches sur le terrain. Nos auteurs recueillent des informations pratiques et donnent des éclairages historiques et culturels pour mieux appréhender le contexte culturel ou écologique d'un pays.

Lonely Planet s'adresse en priorité aux voyageurs indépendants qui font la démarche de partir à la découverte d'un pays. Nous disposons de multiples outils pour aider tous ceux qui adhèrent à cet esprit : guides de voyage, guides de conversation, guides thématiques, cartes, littérature de voyage, journaux d'information, banque d'images, séries télévisées et site Internet

Les auteurs ne séjournent pas dans chaque hôtel mentionné. Il leur faudrait en effet passer plusieurs mois chacune des villes ; ils ne déjeunent pas non plus dans tous les restaurants. En revanche, ils inspectent systématiquement ces établissements pour s'assurer de la qualité de leurs prestations et de leurs tarifs. Nous lisons également avec grand intérêt les commentaires des lecteurs.

La plupart de nos auteurs travaillent sous le sceau du secret, bien que certains déclinent leur identité. Tous s'engagent formellement à ne percevoir aucune gratification, sous quelque forme que ce soit, en échange de leurs commentaires. Par ailleurs, aucun de nos ouvrages ne contient de publicité, pour préserver notre indépendance.

Production. Les auteurs soumettent leur texte et leurs cartes à l'un de nos bureaux en Australie, aux États-Unis, au Royaume-Uni ou en France. Les secrétaires d'édition et les cartographes, eux-mêmes voyageurs expérimentés, traitent alors le manuscrit. Trois à six mois plus tard, celui-ci est envoyé à l'imprimeur. Lorsque le livre sort en librairie, certaines informations sont déjà caduques et le processus se remet en marche...

ATTENTION !

Un guide de voyage ressemble un peu à un instantané. A peine a-t-on imprimé le livre que la situation a déjà évolué. Les prix augmentent, les horaires changent, les bonnes adresses se déprécient et les mauvaises font faillite. Gardez toujours à l'esprit que cet ouvrage n'a d'autre ambition que celle d'être un guide, pas un bréviaire. Il a pour but de vous faciliter la tâche le plus souvent possible au cours de votre voyage.

N'hésitez pas à prendre la plume pour nous faire part de vos expériences.

Toutes les personnes qui nous écrivent sont gratuitement abonnées à notre revue d'information trimestrielle le *Journal de Lonely Planet*. Des extraits de votre courrier pourront y être publiés. Les auteurs de ces lettres sélectionnées recevront un guide Lonely Planet de leur choix. Si vous ne souhaitez pas que votre courrier soit repris dans le Journal ou que votre nom apparaisse, merci de nous le préciser.

Envoyez vos courriers à Lonely Planet, 1 rue du Dahomey, Paris 75011

ou vos e-mails à : bip@lonelyplanet.fr

Informations de dernières minutes :
www.lonelyplanet.fr et www.lonelyplanet.com

COMMENT UTILISER VOTRE GUIDE LONELY PLANET

Les guides de voyage Lonely Planet n'ont pour seule ambition que d'être des guides, pas des bibles synonymes d'infaillibilité. Nos ouvrages visent à donner des clés au voyageur afin qu'il s'épargne d'inutiles contraintes et qu'il tire le meilleur parti de son périple.

Contenu des ouvrages. La conception des guides Lonely Planet est identique, quelle que soit la destination. Le chapitre *Présentation du pays* met en lumière les divers facettes de la culture du pays, qu'il s'agisse de l'histoire, du climat ou des institutions politiques. Le chapitre *Renseignements pratiques* comporte des informations plus spécifiques pour préparer son voyage, telles que les formalités d'obtention des visas ou les précautions sanitaires. Le chapitre *Comment s'y rendre* détaille toutes les possibilités pour se rendre dans le pays. Le chapitre *Comment circuler* porte sur les moyens de transport sur place.

Le découpage du reste du guide est organisé selon les caractéristiques géographiques de la destination. Vous retrouverez toutefois systématiquement la même trame, à savoir : centres d'intérêt, possibilités d'hébergement et de restauration, où sortir, comment s'y rendre, comment circuler.

Présentation des rubriques. Une rigoureuse structure hiérarchique régit la présentation de l'information. Chaque chapitre est respectivement découpé en sections, rubriques et paragraphes.

Accès à l'information. Pour faciliter vos recherches, consultez le sommaire en début d'ouvrage et l'index détaillé à la fin de celui-ci. Une liste des cartes et une "carte des cartes" constituent également des clés pour se repérer plus facilement dans l'ouvrage.

L'ouvrage comporte également une carte en couleur, sur laquelle nous faisons ressortir les centres d'intérêt incontournables. Ceux-ci sont décrits plus en détails dans le chapitre *Renseignements pratiques*, où nous indiquons les meilleures périodes pour les visiter et où nous suggérons des itinéraires. Les chapitres régionaux ouvrent sur une carte de situation, accompagnée d'une liste de sites ou d'activités à ne pas manquer. Consultez ensuite l'index, qui vous renverra aux pages *ad hoc*.

Cartes. Les cartes recèlent une quantité impressionnante d'informations. La légende des symboles employés figure en fin d'ouvrage. Nous avons le souci constant d'assurer la cohérence entre le texte et les cartes, en mentionnant sur la carte chaque donnée importante présente dans le texte. Les numéros désignant un établissement ou un site se lisent de haut en bas et de gauche à droite.

Remerciements
Nous exprimons toute notre gratitude aux lecteurs qui nous ont fait part de leurs remarques, expériences et anecdotes. Leurs noms apparaissent à la fin de l'ouvrage

Introduction

La Thaïlande, ou le Siam comme on l'appelait jusque dans les années 40, n'a jamais été colonisée par une puissance étrangère, à la différence de ses voisins d'Asie du Sud-Est. Si le pays a souffert des invasions périodiques des Birmans et des Khmers, et qu'il fut brièvement occupé par les Japonais lors de la dernière guerre, il n'a jamais été contrôlé de l'extérieur pendant une période suffisamment longue pour entamer l'individualisme des Thaïlandais.

Ce peuple est dépeint, souvent à juste titre, comme jovial et insouciant, il n'en reste pas moins qu'il a lutté avec obstination pendant des siècles pour préserver son indépendance d'esprit.

La Thaïlande n'est pourtant pas restée à l'écart de toute influence étrangère. Cependant, l'esprit sans cesse mouvant de la culture thaïlandaise est demeuré le plus fort, même au sein de la vie citadine moderne.

Il en résulte un pays qui intéressera à plus d'un titre le voyageur curieux : des treks dans les montagnes du Nord au farniente sur l'une des îles méridionales, les possibilités ne manquent pas.

Bangkok, la trépidante, n'est pas en reste : explorer en *longtail boat* le fascinant écheveau de canaux, visiter les temples somptueusement décorés, vibrer avec la foule à un match de *muay thai*, faire des achats dans l'un des nombreux marchés, ne constituent que quelques-unes des nombreuses attractions offertes par la capitale.

Les adeptes du tourisme culturel profiteront de la visite des ruines de la Thaïlande ancienne, et chacun appréciera l'hospitalité et la gentillesse de la population, sans parler

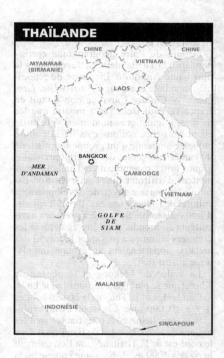

des mille et une saveurs d'une cuisine qui figure parmi les plus raffinées du monde.

Les déplacements, dans ce pays tropical, sont confortables et bien organisés. Le train, le bus ou l'avion desservent tous les sites dignes d'intérêt.

Cette culture aux multiples facettes peut aujourd'hui être découverte avec un budget tout à fait raisonnable.

Présentation du pays

HISTOIRE
Préhistoire

L'histoire de l'aire géographique correspondant à la Thaïlande actuelle remonte à la plus haute Antiquité. Linguiste de renommée mondiale et auteur d'*Austro-Thai Language & Culture* (ouvrage non traduit en français), Paul Benedict a montré que les théories linguistiques modernes – qui rattachent plusieurs notions clés de la culture chinoise ancienne à un groupe linguistique thaï antérieur – et les découvertes archéologiques faites récemment en Thaïlande permettent d'affirmer que l'Asie du Sud-Est fut un "important foyer de développement culturel de l'*Homo sapiens*. Il paraît aujourd'hui vraisemblable que les premiers agriculteurs au monde, peut-être également les premiers hommes à pratiquer le travail des métaux, appartenaient au groupe linguistique austro-thaï".

La vallée du Mékong et le plateau de Khorat que se partagent aujourd'hui le Laos, le Cambodge et la Thaïlande étaient habités il y a 10 000 ans. Les sources archéologiques actuellement les plus fiables sont les régions de Ban Chiang et de Ban Prasat dans le nord-est de la Thaïlande, où l'on cultivait le riz dès 4000 av. J.-C., à une époque où la Chine faisait pousser et consommait du millet. La culture de Ban Chiang pratiquait la métallurgie du bronze vers 3000 av. J.-C., alors que l'âge du bronze ne commence pas avant 2800 av. J.-C. au Moyen-Orient, et un millénaire plus tard en Chine.

Les habitants de Ban Chiang étaient-ils toutefois des "Thaï" ? Compte tenu du caractère nomade de la culture thaï et de la rareté des restes anthropologiques exhumés sur ces sites, il est à ce jour impossible de l'affirmer. Pour tout dire, la question de l'origine des Thaï reste l'objet d'un vif débat entre scientifiques. Pour certains, ces premiers habitants seraient originaires d'une région qu'ils situent vaguement entre le Guangxi, dans le sud de la Chine, et Dien Bien Phu, au nord du Vietnam. D'autres avancent une explication plus audacieuse : ces Thaï descendraient d'une civilisation maritime originaire du Pacifique ouest. La première hypothèse se fonde sur une théorie linguistique selon laquelle l'établissement d'une cartographie des tons, dialecte par dialecte, permet de reconnaître des grandes voies de migration. Les partisans de cette origine "océanique" ont soigneusement étudié les symboles et les mythes dans la culture et l'art des Thaï pour parvenir à leurs conclusions. D'autres spécialistes encore, tel Paul Benedict, considèrent les Thaï comme les premiers habitants de ce qui est aujourd'hui la Thaïlande.

La migration thaï

Les ancêtres des Thaïlandais d'aujourd'hui se répartissaient sur une vaste zone non unifiée d'influence austro-thaï, parcourue de courants migratoires périodiques empruntant plusieurs couloirs géographiques. Les premiers Thaï se sont répandus dans toute l'Asie du Sud-Est, y compris dans les îles indonésiennes. Un peu plus tard, ils se sont fixés dans le sud et le sud-ouest de la Chine, avant d'émigrer à nouveau vers le nord de la Thaïlande où ils fondèrent le premier royaume thaï, au XIIIe siècle.

Les groupes ethniques de ces régions, indigènes comme immigrés, appartiennent quasiment tous à la famille ethno-linguistique austro-thaï. En Thaïlande, ce sont pour la plupart des sous-groupes des familles thaï-kadai et môn-khmères, sur le plan historique.

Les Thaï-Kadai forment le groupe ethno-linguistique le plus significatif de toute l'Asie du Sud-Est, avec 72 millions de locuteurs. Il s'étend sur un territoire qui va des rives du Brahmapoutre, dans l'État d'Assam (Inde), jusqu'au golfe du Tonkin et à l'île chinoise de Hainan. Au nord, on trouve des Thaï-Kadai jusque dans les provinces chinoises du Yunnan et du Guangxi. Au sud, ils sont présents au Kedah, État du nord de la Malaisie. En Thaïlande et au Laos, ils composent la majorité de la population, tandis qu'en Chine, au Vietnam et au Myanmar (Birmanie), ils constituent la minorité la plus importante. Parmi les principaux groupes de Thaï-Kadai figurent les Ahom (État d'Assam), les Siamois (Thaïlande), les Thaï Noirs ou Thaï Dam (Laos et Thaïlande), les Thaï Yai ou Shan (Myanmar et Thaïlande), les Thaï Neua (Laos, Thaïlande et Chine), les Thaï Lü (Laos, Thaïlande et Chine) et les Yuan (Laos et Thaïlande). Tous ces groupes font partie de la moitié thaï des Thaï-Kadai. Les groupes kadai sont numériquement moins représentés (moins de un million d'individus) et incluent certaines langues, comparativement peu connues, que l'on retrouve dans le sud de la Chine telles que le kelao, le lati, le laha, le laqua et le li.

Une carte linguistique de la Chine du Sud, de l'Inde du Nord-Est et de l'Asie du Sud-Est fait apparaître clairement que les sites préférés des Thaï étaient les vallées, du fleuve Rouge, en Chine du Sud et au Vietnam, jusqu'au Brahmapoutre, dans l'État d'Assam. A une certaine époque, deux grands foyers délimitèrent les bornes des mouvements de population dans ce qui est l'actuelle Thaïlande : le "foyer septentrional" – dans le Yuan Jiang et d'autres régions riveraines des fleuves, dans les provinces actuelles du Yunnan et du Guangxi en Chine – et le "foyer méridional" – le long du Chao Phraya en Thaïlande centrale. Les populations restent encore aujourd'hui concentrées dans ces deux régions, les zones intermédiaires n'étant que des lieux de passage moins peuplés.

La vallée du Mékong constitua l'une de ces zones intermédiaires, comme les vallées des rivières Nan, Ping, Kok, Yom et Wang en Thaïlande septentrionale, ainsi que diverses vallées de l'État Shan au Myanmar (Birmanie) et au Laos.

Avec toutes les réserves qui s'imposent compte tenu des rares témoignages linguistiques et anthropologiques dont disposent les historiens, les migrations des peuples austro-thaï de Chine du Sud ou du nord du Vietnam, pourraient avoir commencé au début du VIIIe siècle de notre ère, mais plus probablement au Xe siècle. Ces déplacements, en direction du sud et de l'ouest, se sont effectués en petits groupes. Les migrants fondèrent de petits États, selon le schéma traditionnel du *meuang* (principauté ou district) placé sous l'autorité de chefs de clans ou de seigneurs appelés *jâo meuang* (chef de district).

Chaque meuang occupait la vallée ou une partie de vallée d'une rivière. Certains meuangs se regroupaient en fédération relativement souple dirigée par un jâo meuang ou par une alliance de plusieurs d'entre eux. L'un des plus grands regroupements de meuangs (pas nécessairement unis) se trouvait en Chine du Sud et s'appelait le Nan Chao (une altération chinoise de Nan Chao ou Naam Jao), ce qui signifie "le(s) seigneur(s) de la (ou les) rivière(s)". S'il est fréquent de situer le berceau des Thaï dans le Yunnan, au sein de l'actuel district de Xishuangbanna (Sipsongpanna en thaï), où se sont implantés des Thaï du Nord et des groupes Thaï Lü, des études approfondies ont cependant retrouvé trace de communautés thaï tout au long de la diaspora, de Dien Bien Phu (Vietnam) jusqu'à l'Assam (Inde).

Au milieu du XIIIe siècle, la prise du pouvoir par les Mongols de Kublai Khan dans la Chine des Song provoqua une grande migration des Thaï vers le sud (notamment au Myanmar, en Thaïlande, au Laos et au Cambodge). Partout où ils rencontrèrent des populations locales tibéto-birmanes et môn-khmères, ils purent les déplacer, les assimiler ou les coopter sans violence.

L'explication la plus probable de cette assimilation relativement aisée est qu'il existait déjà des groupes thaï dans la région. Cette supposition se trouve renforcée par les découvertes récentes sur le développement de la langue et de la culture austro-thaï.

Les royaumes anciens

En l'absence de chroniques et de chronologies écrites, il est difficile de dire quels types de cultures prévalaient dans les meuangs de Thaïlande avant le milieu du Ier millénaire. Cependant, au VIe siècle de notre ère, un important réseau de communautés agricoles prospérèrent dans une aire allant de Pattani et Yala, au sud, à Lamphun et le meuang Fa Daet (près de Khon Kaen) au nord et nord-est. Le bouddhisme Theravada était en plein essor. Il fut vraisemblablement introduit pendant la période d'Ashoka (IIIe et IIe siècles av. J.-C.) par les missionnaires indiens envoyés dans un pays appelé Suvannabhumi (Pays de l'or) et qui correspond sûrement à une zone d'une grande fertilité englobant le Myanmar méridional, la Thaïlande centrale et le Cambodge oriental. Deux villes du bassin central de Thaïlande s'appelaient Suphanburi ("Ville de l'or") et U Thong ("Berceau de l'or").

Dvaravati. Cet ensemble informel de villes-États reçut le nom sanskrit de Dvaravati (littéralement "lieu pourvu de portes"), la ville de Krishna dans l'épopée indienne du *Mahabharata*. L'orientaliste français Georges Cœdès découvrit ce nom sur des monnaies trouvées dans la région de Nakhon Pathom, qui semble avoir été le centre de la culture Dvaravati. Cette période se prolongea jusqu'au XIe ou XIIe siècle et abonda en œuvres d'art : les fameux bouddhas Dvaravati influencés par le style Gupta de l'Inde, des reliefs en stuc ornant les murs des temples et les grottes, de remarquables têtes en terre cuite, des tablettes votives, des sculptures variées, sans oublier l'architecture.

La période Dvaravati a pu servir de relais culturel aux cultures pré-angkoriennes de l'ancien Cambodge et du Champa, à l'est. Grâce aux voyages du célèbre moine Xuan Zang, les Chinois connaissaient la région sous le nom de Tuoluobodi et la situaient entre Sriksetra (Myanmar) et Tsanapura (Sambor Prei Kuk-Kambuja).

La composition ethnique des peuples Dvaravati est sujette à controverse, quoique l'on s'accorde à y voir des Môn ou des Môn-Khmers. Les Môn eux-mêmes descendaient d'un groupe d'immigrants indiens du Kalinga, région à cheval sur les États d'Orissa et d'Andhra Pradesh. Les Môn Dvaravati pourraient bien être le fruit d'un mélange de ces peuples avec les populations locales (les Thaï d'origine).

Toujours est-il qu'au XIe siècle la culture Dvaravati passa rapidement sous la domination des envahisseurs khmers qui s'installèrent à Lopburi. La région de Lamphun, alors appelée Hariphunchai, résista aux Khmers jusqu'à la fin du XIIe ou au début du XIIIe siècle, comme en témoigne le style Dvaravati du Wat Kukut de Lamphun.

L'influence khmère. Simultanément, les conquêtes khmères du VIIe au XIe siècle ont joué un grand rôle sur l'art, la linguistique et la religion. Quelques termes sanskrits du vocabulaire môn-thaï sont entrés dans la langue durant la période khmère ou Lopburi (du XIe au XIIIe siècle). Les monuments de cette période situés à Kanchanaburi, Lopburi et dans nombre de villes du nord-est furent construits dans le style khmer et soutiennent favorablement la com-

DVARAVATI

MYANMAR (BIRMANIE)
CHINE
VIETNAM
LAOS
THAÏLANDE
Mékong
CAMBODGE
VIETNAM
MER D'ANDAMAN
GOLFE DE SIAM
INDONÉSIE
MALAISIE
0   200   400 km
SINGAPOUR

Étendue du royaume de Dvaravati

paraison avec Angkor. Le brahmanisme, le bouddhisme Theravada et Mahayana se mêlaient à Lopburi, devenu un centre religieux. Encore aujourd'hui, certains éléments de chacune de ces religions sont présents dans les cérémonies religieuses et royales thaïlandaises.

Les autres royaumes. Pendant ce temps, un État proprement thaï, appelé Nan Chao ou Nam Chao (650-1250), prospérait dans les provinces chinoises actuelles du Yunnan et du Sichuan. Nam Chao entretint d'étroites relations avec la Chine impériale. Sous Kublai Khan, les Mongols conquirent le Nam Chao en 1253, mais les Thaï avaient commencé depuis longtemps à migrer vers le sud, s'installant dans l'actuel Laos et la Thaïlande du Nord. Les bas-reliefs d'Angkor Wat nous montrent qu'un certain nombre de Thaï étaient employés comme mercenaires dans les armées khmères au début du XIIᵉ siècle. Les Khmers donnaient aux Thaï le nom de "Syam", terme sans doute dérivé du sanskrit *shyama* ("doré" ou

"basané"), en raison de leur teint légèrement plus sombre. Selon une autre théorie, *shyama* voudrait dire "libre", un sens que l'on attribue plus couramment au mot *thai*. Mais, quoi qu'il en soit, ce terme sanskrit est à l'origine du nom de Sayam ou Syam adopté par le royaume thaï. Dans le nord-est de la Thaïlande et au Myanmar, la prononciation de "Syam" se changea en "Shan". En 1592, un négociant anglais, James Lancaster, donna la première transcription du nom de "Siam".

Dans l'intervalle, la Thaïlande du Sud – le Nord de la péninsule malaise – resta sous le contrôle de l'empire Srivijaya installé à Sumatra (probablement à Palembang) du VIIIᵉ au XIIIᵉ siècle. Le centre régional de cet empire était Chaiya, près de la ville moderne de Surat Thani. Des vestiges Srivijaya sont visibles à Chaiya et dans ses environs.

Sukhothai et Lan Na Thai

Plusieurs principautés thaï de la vallée du Mékong s'unifièrent aux XIIIᵉ et XIVᵉ siècles, profitant du déclin de l'empire khmer, pour créer le royaume de Sukhothai (ou "Aube de la félicité") que les Thaïlandais considèrent comme le premier vrai royaume thaï. Plus tard, ils prirent Hariphunchai aux Môn pour former le Lan Na Thai (littéralement le pays du "Million de rizières thaï").

Sous le règne du roi Si Intharathit, le royaume de Sukhothai déclara son indépendance en 1238 et étendit rapidement sa sphère d'influence. Il fut annexé par Ayuthaya en 1376, à une époque où une certaine identité nationale s'était déjà formée.

Beaucoup de Thaïlandais ont une vision sentimentale de cette période qu'ils se représentent comme un âge d'or de la politique, de la religion et de la culture thaï – une époque égalitaire et noble où tout le monde mangeait à sa faim et où le royaume était imprenable. Citons ce célèbre passage d'une inscription appelée "Ramkhamhaeng" :

Cette terre de Sukhothai est une terre d'abondance. Les eaux y sont poissonneuses et les

ANGKOR

MYANMAR (BIRMANIE)
CHINE
VIETNAM
LAOS
Mékong
THAÏLANDE
CAMBODGE
MER D'ANDAMAN
GOLFE DE SIAM
INDONÉSIE
MALAISIE
0 200 400 km
SINGAPOUR

Étendue du royaume d'Angkor

SUKHOTHAI

MYANMAR (BIRMANIE)
CHINE
VIETNAM
LAOS
Mékong
THAÏLANDE
CAMBODGE
MER D'ANDAMAN
GOLFE DE SIAM
INDONÉSIE MALAISIE 0 200 400 km
Étendue du royaume de Sukhothai
SINGAPOUR

rizières fertiles. Le roi a suspendu une cloche au-dessus de cette porte-là. Qu'un quelconque citoyen souffre d'une affliction qui lui noue l'estomac ou torture son cœur, il lui suffit de faire sonner la cloche. Le roi Ram Khamhaeng viendra l'interroger en personne, examinera son cas et tranchera en toute justice.

Entre autres réalisations d'importance, Ramkhamhaeng a favorisé la création d'un système d'écriture qui servit de base à la langue moderne. Il codifia aussi la forme thaï du bouddhisme Theravada tel qu'il avait été emprunté aux Cingalais. Sous ce roi illustre, le royaume s'étendait de Nakhon Si Thammarat, au sud, jusqu'à la haute vallée du Mékong, au Laos, et à Bago (Pegu), au Myanmar. Pendant une brève période (1448-1486), la capitale fut transférée à Phitsanulok.

Ramkhamhaeng apporta également son soutien à Chao Mengrai (ou Mangrai) de Chiang Mai et Chao Khun Ngam Meuang de Phayao – deux jâo meuangs du Nord – pour la fondation, en 1296, du Lan Na Thai, souvent désigné aujourd'hui sous le nom de "Lanna". Ce royaume s'étendit sur tout le

nord de la Thaïlande, englobant le meuang de Wiang Chan sur le cours moyen du Mékong. Au XIVe siècle, Wiang Chan fut pris par Chao Fa Ngum de Luang Prabang, qui l'intégra à son royaume de Lan Xang ("Million d'éléphants"). Wiang Chan connut une brève période de splendeur comme royaume indépendant, dans la première moitié du XVIe siècle, avant de devenir la capitale du Laos dans ses diverses époques : royale, française (où il acquit son nom international de Vientiane) et aujourd'hui socialiste. Par la suite, la dynastie connut une période de déclin et le Lanna tomba en 1558 aux mains des Birmans.

La période Ayuthaya

Les rois thaï d'Ayuthaya devinrent très puissants aux XIVe et XVe siècles, s'emparant d'U Thong et de Lopburi, places fortes des Khmers, et poussant leur avance vers l'est jusqu'à la chute finale d'Angkor en 1431. Leurs ennemis les Khmers leur servirent néanmoins de modèles pour la langue et les usages de la cour. Cette acculturation eut, entre autres résultats, de conférer au

LANNA

MYANMAR (BIRMANIE)
CHINE
VIETNAM
LAOS
Mékong
THAÏLANDE
CAMBODGE
MER D'ANDAMAN
GOLFE DE SIAM
INDONÉSIE MALAISIE 0 200 400 km
Étendue du royaume de Lanna
SINGAPOUR

monarque une autorité absolue. Il est honoré du titre de *devaraja* (roi-dieu – *thewarâat* en thaï), à la différence du titre en usage à Sukhothai, celui de *dhammaraja* (roi-dharma – *thammârâat* en thaï).

Ayuthaya était l'une des plus grandes et des plus riches cités de l'Asie, un port florissant qui faisait l'envie des Birmans et des Européens, auxquels elle imposait le respect. A l'époque, Londres était un village en comparaison de la capitale thaï. A travers trente-quatre règnes répartis sur quatre siècles, le royaume connut une succession monarchique ininterrompue, d'U Thong (1350-1369) à Ekathat (1758-1767).

Au début du XVIᵉ siècle, Ayuthaya recevait des visiteurs européens, et une ambassade portugaise y fut établie en 1511. Les Hollandais s'y installèrent à leur tour en 1605, suivis par les Anglais en 1612, les Danois en 1621 et les Français en 1662. Au milieu du XVIᵉ siècle, Ayuthaya et le royaume indépendant de Lanna passèrent sous contrôle birman. Mais, à la fin du siècle, les Thaï reprirent le dessus. Nombre de visiteurs européens considéraient Ayuthaya comme la plus belle ville d'Asie.

Un épisode plutôt exceptionnel survint sous le règne de Naraï (1675-1688) : un Grec du nom de Constantin Phaulkon, devenu un dignitaire très influent du Siam, éloigna les Hollandais et les Anglais pour autoriser les Français à faire stationner 600 soldats dans le royaume. Craignant un coup de force, les Thaï expulsèrent sans ménagement les Français et exécutèrent Phaulkon. Ces péripéties ont laissé une trace malheureuse dans la langue : le mot moderne pour désigner un étranger d'origine européenne est *faràng*, une forme abrégée de *faràngsèt*, qui signifie "français". Durant les cent cinquante ans qui suivirent, le Siam s'isola totalement de l'Occident.

Les Birmans envahirent à nouveau le royaume en 1765. Sa capitale tomba après deux années de féroces combats. Cette fois, les occupants détruisirent tout ce que les Thaï avaient de plus sacré : manuscrits, temples et statues religieuses. Mais ils ne

purent tenir leurs positions. Un général sino-thaï, Taksin, se proclama roi en 1769 et fixa sa capitale à Thonburi, le long du Chao Phraya, sur la rive face à Bangkok. Le pays revint sous le contrôle des Thaï qui, en outre, réunirent les provinces du nord au centre du Siam.

Mais Taksin finissant par se prendre pour le nouveau Bouddha, ses ministres, qui désapprouvaient ses folies religieuses, le déposèrent en 1782 et l'exécutèrent conformément à l'usage réservé aux rois – en le battant à mort dans un sac de velours pour qu'aucune goutte de sang royal ne touche le sol.

La dynastie des Chakri

Le général en chef des armées, Chao Phaya Chakri, fut alors couronné sous le titre de Phutthayotfa Chulalok. Il déplaça la capitale sur l'autre rive du Chao Phraya, à Bangkok, et se trouva être le fondateur de la nouvelle dynastie des Chakri. En 1809, Rama II (Loet La, fils de Rama Iᵉʳ) monta sur le trône et régna jusqu'en 1824. Ces deux rois s'étaient fixé la tâche de restaurer

THONBURI-RATANAKOSIN

CHINE
MYANMAR (BIRMANIE)
VIETNAM
LAOS
Mékong
THAÏLANDE
CAMBODGE
VIETNAM
MER D'ANDAMAN
GOLFE DE SIAM
INDONÉSIE   MALAISIE   0   200   400 km
Étendue du royaume de Thonburi-Ratanakosin
SINGAPOUR

tème d'appellations royales : ses deux prédécesseurs devinrent, à titre posthume, Rama Ier et Rama II et il prit lui-même le nom de Rama III. Sous son règne, un missionnaire américain, James Low, introduisit la première presse en Thaïlande, et on lui doit le premier imprimé en langue thaï. Un autre missionnaire, Dan Bradley, inaugura la presse thaïlandaise en publiant, de 1844 à 1845, le mensuel *Bangkok Recorder*.

Rama IV, appelé Mongkut (Phra Chom Klao pour les Thaï), est l'un des plus illustres de la nouvelle dynastie, par son esprit original et novateur. Il commença par laisser échapper le trône au profit de son demi-frère, Rama III, et se fit moine bouddhiste pendant vingt-sept ans. Il eut le temps d'apprendre le sanskrit, le pali, le latin et l'anglais, d'étudier les sciences occidentales et d'adopter la stricte discipline des moines môn. Il garda un œil sur le monde extérieur et, quand il monta sur le trône en 1851, il noua immédiatement des relations diplomatiques avec quelques nations européennes, tout en évitant la colonisation.

Il tenta, en outre, de concilier la cosmologie bouddhique avec la science moderne afin d'épurer la religion thaï de son côté mythologique (un processus qui n'est pas encore achevé). Il fonda l'ordre monastique des Thammayut selon la règle stricte qu'il

la culture si profondément meurtrie par les Birmans quelques décennies auparavant. Le troisième roi de la dynastie des Chakri, Phra Nang Klao (1824-1851), ne se contenta pas d'un retour à la tradition puisqu'il développa le commerce avec la Chine tout en accroissant la production agricole domestique. Il instaura également un nouveau sys-

La dynastie des Chakri

Titre	Règne	Nom occidentalisé	Prononciation thaï
Rama I	1782-1809	Yot Fa	Phuttayotfa Chulalok
Rama II	1809-1824	Loet La	Phuttaloetla Naphalai
Rama III	1824-1851	Nang Klao	idem
Rama IV	1851-1868	Mongkut	Phra Chom Klao
Rama V	1868-1910	Chulalongkorn	Chula Chom Klao
Rama VI	1910-1925	Vajiravudh	Mongkut Klao
Rama VII	1925-1935	Prajadhipok	Pokklao
Rama VIII	1935-1946	Ananda Mahidol	Anantha Mahidon
Rama IX	1946	Bhumibol Adulyadej	Phumiphon Adunyadet

avait suivie étant moine. Cette secte aujourd'hui minoritaire et liée aux Mahanikai regroupe le plus grand nombre de moines bouddhistes de Thaïlande.

Mongkut leva les barrières commerciales et de nombreuses puissances européennes signèrent d'importants traités de commerce avec le monarque. Il finança une seconde tentative de presse au Siam et entreprit de réformer l'enseignement, développant un système éducatif d'inspiration européenne. Le roi avait beau courtiser l'Occident, il le faisait avec prudence et avertit ses sujets en ce sens : "Quoi qu'ils aient inventé ou fait que nous devrions savoir ou faire, nous pouvons les imiter et nous inspirer de leurs connaissances, mais en aucun cas nous ne devons leur faire confiance." Mongkut fut le premier roi thaï à montrer son visage à ses sujets lors d'apparitions publiques. Il mourut du paludisme en 1868.

Son fils, Chulalongkorn (Chula Chom Klao pour les Thaï, ou Rama V, 1868-1910), poursuivit son œuvre de réforme, surtout dans les domaines législatif et administratif. Éduqué par des précepteurs européens, Chulalongkorn abolit l'esclavage et les corvées (au sens médiéval de travaux exécutés gratuitement pour un seigneur ou un maître), ainsi que la coutume de la prosternation devant la personne royale. Le Siam profita de ses relations avec l'Europe et les États-Unis : des chemins de fer furent construits, un corps de fonctionnaires créé et le code civil refondu. Le pays parvint à éviter la colonisation européenne, mais le roi fut contraint de céder des territoires à la France (le Laos en 1893 et le Cambodge en 1907) et à la Birmanie anglaise (trois États malais en 1909).

Le fils de Chulalongkorn, Vajiravudh (dit aussi Mongkut Klao ou Rama VI, 1910-1925), fut élevé en Angleterre. Durant son court règne, il imposa l'école obligatoire et d'autres réformes éducatives. Il poussa encore l'occidentalisation du pays en alignant le calendrier thaï sur le modèle européen. Ses années de pouvoir furent néanmoins assombries par une poussée de nationalisme thaï, laquelle engendra une forte réaction antichinoise.

Le roi Chulalongkorn (1868 - 1910)

Avant le règne de Rama VI, les parents dotaient simplement leurs enfants d'un prénom différent, sans aucune référence patronymique. En 1909, un décret royal imposa l'adoption de noms de famille pour tous les Thaïlandais, une mesure qui visait sans doute moins à s'aligner sur le système patronymique européen qu'à éradiquer les noms chinois.

En 1912, une faction constituée d'officiers thaï tenta de renverser la monarchie, inaugurant une série de coups d'État qui, depuis le début du siècle, n'ont cessé d'agiter le pays. En 1918, durant la Première Guerre mondiale, Rama VI, soucieux de prouver son soutien aux Alliés, expédia en France 1 300 hommes de troupe.

La révolution

Sous le règne de son frère Prajadhipok (Pokklao ou Rama VII 1925-1935), un groupe d'étudiants thaïlandais vivant à Paris s'éprit des idéaux démocratiques au point d'organiser, en 1932, un coup de force victorieux contre la monarchie absolue. Cette révolution sans effusion de sang conduisit à une monarchie constitutionnelle de type britannique, où le pouvoir fut partagé entre civils et militaires.

En 1933, une révolte royaliste tenta vainement un retour à l'absolutisme. Prajadhipok se retrouva en fait coupé à la fois des révolutionnaires royalistes et des ministres acquis à la constitution. Un des derniers actes officiels du roi consista, en 1934, à interdire la polygamie.

En 1935, le roi abdiqua sans nommer de successeur et se retira en Angleterre. Le conseil appela sur le trône son neveu alors âgé de dix ans, Ananda Mahidol (Rama VIII), qui ne revint de Suisse où il étudiait qu'en 1945. Le général Phibul (Phibun) Songkhram, homme clé du coup d'État de 1932, tint les rênes du pouvoir de 1938 à la fin de la Seconde Guerre mondiale.

En 1939, sous le gouvernement de Phibul, le nom du pays fut officiellement changé de Siam en Thaïlande, qui se dit "Prathêt Thai" en thaï (*prathêt* vient du sanskrit *pradesha,* signifiant pays). "Thaï" aurait la connotation de "libre" quoique, dans son sens moderne, il désigne simplement les peuples thaï.

Intronisé en 1945, Ananda Mahidol fut retrouvé mort dans sa chambre l'année suivante. Une balle l'avait tué dans des circonstances restées mystérieuses. Bien que rien ne prouve qu'il y ait eu assassinat, trois de ses serviteurs furent arrêtés deux ans après sa mort et exécutés en 1954. Aucune inculpation publique ne fut jamais prononcée et, pour les historiens il ne fait aucun doute que ces trois hommes furent "sacrifiés" pour avoir laissé mourir le roi alors qu'ils étaient en service.

Son frère, Bhumibol Adulyadej, lui succéda sous le nom de Rama IX. Aujourd'hui personne ne s'autorise à parler publiquement ou à écrire un seul mot au sujet de la mort d'Ananda et la vérité n'a jamais été clairement établie entre simple accident ou complot régicide.

Le sujet est encore tabou puisqu'en 1993, David Wyatt a dû retirer, de son ouvrage intitulé *A Short History of Thailand*, le chapitre où il relatait la version connue de cet événement, avant de trouver un éditeur qui accepte de publier son livre et de le distribuer dans ce pays.

La Seconde Guerre mondiale et l'après-guerre

Lors de leur invasion du Sud-Est asiatique en 1941, les Japonais débordèrent les troupes alliées en Malaisie et au Myanmar. Incapable de résister, le gouvernement de Phibul leur autorisa l'accès au golfe de Siam ; les Japonais occupèrent alors une partie du pays. En 1942, Phibul déclara la guerre aux États-Unis et à la Grande-Bretagne, mais Seni Pramoj, ambassadeur de Thaïlande à Washington, refusa de remettre la déclaration. Phibul se retira en 1944 sous la pression de la résistance clandestine thaïlandaise (connue sous le nom de Thai Seri). Après la reddition des Japonais en août 1945, Seni Pramoj devint Premier ministre.

L'année suivante, une élection générale écarta Seni et son frère Kukrit du pouvoir. Un groupe de démocrates conduit par Pridi Phanomyong, un professeur de droit qui avait joué un rôle déterminant dans le coup d'État de 1932, prit alors les rênes du pays. Le gouvernement civil de Pridi eut le temps de rétablir l'ancien nom du pays, le Siam, avant d'être renversé en 1947 par Phibul devenu maréchal. Celui-ci profita de la mort du roi Rama VIII pour suspendre la Constitution et réhabiliter le nom de Thaïlande dès 1949.

Sous Phibul, le gouvernement adopta une position extrêmement anticommuniste, refusa de reconnaître la nouvelle République populaire de Chine et soutint la politique extérieure de la France et des États-Unis en Asie du Sud-Est.

En 1951, le pouvoir passa aux mains du général Sarit Thanarat, qui poursuivit la tradition de dictature militaire. Phibul garda le titre de Premier ministre jusqu'en 1957 où il fut envoyé en exil par Sarit. Cette même année, des élections forcèrent Sarit à se retirer. Parti officiellement à l'étranger pour "raison médicale", il revint en 1958 pour fomenter un nouveau coup d'État. Cette fois-ci, il abolit la Constitution, supprima le Parlement, interdit tous les partis politiques et se maintint au pouvoir jusqu'à ce qu'il meurt d'une cirrhose en 1963. De 1963 à 1974, le pays fut gouverné par des officiers, Thanom Kittikachorn et Praphat Charusathien, qui autorisèrent les États-Unis à établir plusieurs bases militaires d'appui à la guerre du Vietnam.

En juin 1973, face à la répression politique, 10 000 étudiants réclamèrent publiquement une véritable Constitution. En octobre, les militaires réprimaient brutalement une grande manifestation à l'université Thammasat de Bangkok, mais le roi Bhumibol et le général Krit Sivara, par sympathie pour les étudiants, refusèrent de soutenir plus longtemps la répression. Thanom et Praphat durent quitter le pays. Kukrit Pramoj, ancien étudiant d'Oxford, prit la tête d'un gouvernement de coalition (14 partis) et appliqua une politique plutôt orientée à gauche face à un Parlement conservateur. Entre autres décisions, il obtint l'adoption d'un salaire national minimum, le rejet des lois anticommunistes et le retrait des troupes américaines.

Polarisation et stabilisation

Élu selon la Constitution, le gouvernement de Kukrit dirigea la Thaïlande jusqu'en octobre 1976, date à laquelle le retour de Thanom, devenu moine, déclencha une nouvelle manifestation d'étudiants. L'université de Thammasat et ses 2 000 étudiants réunis en *sit-in* firent l'objet d'un assaut de la police des frontières, aidée de groupes paramilitaires de droite (Nawaphon, les Gardes rouges et les Scouts de village). On estime à plusieurs centaines le nombre d'étudiants tués et blessés, et à plus d'un millier ceux arrêtés. Prenant le désordre public pour prétexte, les militaires intervinrent et installèrent un nouveau gouvernement de droite avec Thanin Kraivichien à sa tête.

Cet incident sanglant ôta toute illusion à de nombreux étudiants et intellectuels, et les plus idéalistes d'entre eux allèrent rejoindre l'Armée de libération populaire de Thaïlande (PLAT en anglais), un groupe d'insurgés communistes armés, retranchés dans les montagnes et actifs depuis les années 30. En octobre 1977, Thanin fut remplacé par un général plus modéré, Kriangsak Chomanand, dans un effort de conciliation avec les factions antigouvernementales. En 1980, ce plan ayant échoué, la faction de droite, soutenue par les militaires, changea encore de chef et donna les pleins pouvoirs à Prem Tinsulanonda. La PLAT réunissait alors son plus fort contingent, 10 000 militants.

Un nouveau coup d'État eut lieu en 1981, celui des "Young Turks", un groupe d'officiers sortis de l'académie militaire de Chulachomklao et marqués par le souvenir d'un mouvement armé né en 1908 au cœur de l'Empire ottoman. Mais la fuite de Prem et de la famille royale à Khorat fit échouer cette tentative armée.

Prem est resté Premier ministre jusqu'en 1988. On lui doit la stabilisation politique et économique de la Thaïlande après la guerre du Vietnam (une seule tentative de coup d'État dans les années 80 !). Sa plus grande action a été le complet démantèlement du Parti communiste de Thaïlande (CPT) et de la PLAT grâce à une efficace combinaison d'amnisties (qui firent sortir les étudiants du maquis) et d'actions militaires. Parallèlement, il engagea le pays dans une démocratisation graduelle, qui culmina en 1988 avec l'élection de son successeur, Chatichai Choonhavan.

Il est parfois difficile d'apprécier le chemin politique que la Thaïlande a parcouru au cours des années 80. De 1976 à 1981, la liberté de parole était restreinte, la presse censurée et Bangkok soumise à un couvre-feu strict. Sous Prem, des opinions divergentes purent de nouveau être exprimées en public et le couvre-feu fut levé.

Il était devenu traditionnel pour tout leader politique, y compris Prem, de recevoir l'aval des militaires, généralement ultra-conservateurs. La menace communiste (tant à l'intérieur que dans les États voisins) s'estompant, les militaires relâchèrent peu à peu leur emprise sur la politique nationale. Sous Chatichai, la Thaïlande connut une période brève, et sans précédent, de participation populaire au gouvernement.

Environ 60% du gouvernement de Chatichai était constitué d'anciens hommes d'affaires et non d'ex-officiers, alors qu'ils n'étaient que 38% dans le cabinet précédent. La Thaïlande entrait dans une ère nouvelle où la croissance à deux chiffres allait de pair avec la démocratisation. Les observateurs louaient la maturité politique du pays, même s'ils lui reprochaient une corruption plus répandue que jamais. Vers la fin des années 80, cependant, des militaires de haut rang commencèrent à manifester une désapprobation croissante face à cette évolution de la Thaïlande vers la ploutocratie.

Le coup d'État de février 1991

Le 23 février 1991, à la stupeur des observateurs étrangers, les militaires renversèrent l'administration Chatichai lors d'un coup d'État sans violence (*pàtìwát* en thaï). Le pouvoir fut confié au tout nouveau Conseil national de maintien de la paix (National Peace-Keeping Council ou NPKC), de création récente, conduit par le général Suchinda Kraprayoon. Même si cette dix-neuvième tentative de coup d'État constituait le dixième coup de force victorieux depuis 1932, elle ne fut que la deuxième à renverser un gouvernement civil démocratiquement élu. Chatichai avait gouverné plus longtemps qu'aucun autre Premier ministre élu de l'histoire thaïlandaise, à savoir deux ans et sept mois.

Accusant le gouvernement précédent de corruption et d'achat de voix lors des élections, le NPKC abolit la Constitution de 1978 et le Parlement. La liberté de réunion fut restreinte, mais la presse ne fut suspendue qu'un seul jour.

Que le gouvernement de Chatichai ait ou non acheté des électeurs, sa grande erreur fut de nommer le général Chavalit Yongchaiyudh et l'ancien commandant Arthit Kamlang-ek, respectivement ministre et vice-ministre de la Défense. Ces derniers étaient des adversaires des généraux qui organisèrent le coup d'État de 1991, c'est-à-dire Suchinda et le général Sunthorn Kongsompong, tous deux officiers de la "Classe 5" – promotion 1958 de l'académie militaire

royale de Chulachomklao, qui constitue l'épine dorsale du NPKC. Chatichai intervenait également dans des domaines de politique étrangère traditionnellement réservés aux militaires, notamment les relations avec le Myanmar, le Laos et le Cambodge ; les généraux ont également pu craindre d'être limogés par le Premier ministre.

A la suite du coup d'État, le NPKC nomma un Premier ministre civil, trié sur le volet, Anand Panyarachun, ancien ambassadeur aux États-Unis, en Allemagne, au Canada et à l'ONU, pour dissiper les craintes d'un retour à un gouvernement cent pour cent militaire. Malgré ses protestations d'indépendance, Anand ne disposa, comme ses prédécesseurs élus ou non, que de la marge de manœuvre concédée par les militaires. Malgré ces limites évidentes, son gouvernement temporaire apparut à beaucoup comme le meilleur que la Thaïlande ait jamais connu.

En décembre 1991, l'Assemblée nationale vota une nouvelle Constitution qui garantissait la suprématie du NPKC au Parlement – avec 270 sénateurs choisis par le pouvoir et 360 députés élus. Cette Constitution faisait fi du futur Premier ministre et des partis majoritaires à la Chambre basse, et remettait le pouvoir largement entre les mains des militaires. Ce nouveau texte incluait une clause provisoire autorisant une "période transitoire de quatre ans" avant le retour à la pleine démocratie, disposition qui ressemblait au subterfuge du Myanmar voisin.

Élections et manifestations

Les élections générales de mars 1992 débouchèrent sur un gouvernement de coalition de cinq partis, dirigé par Narong Wongwan dont le parti Samakkhitham ("Unité pour la justice") avait remporté la plupart des voix. Mais le bruit ayant couru que Narong était impliqué dans le trafic de drogue, les militaires exercèrent leurs prérogatives constitutionnelles et, dès avril, le remplacèrent par le général Suchinda.

Le NPKC promit d'éradiquer la corruption et de bâtir la démocratie, une prétention

Les relations de la Thaïlande avec le Myanmar

La Thaïlande partage sa plus longue frontière internationale avec le Myanmar, de Sop Ruak, à l'extrême nord, à Ranong, au centre de la péninsule malaise. Des guerres fréquentes ont opposé les deux pays tout au long de leur histoire. Le Nord de la Thaïlande fut conquis par les armées birmanes et shan entre le XIe et le XVIe siècle, et de nombreux Thaïlandais n'ont jamais pardonné à leur plus puissant voisin d'avoir détruit en 1757 leur capitale royale, Ayuthaya.

Au cours de la Seconde Guerre mondiale, la Thaïlande subit cette fois l'invasion des troupes japonaises. Le Japon prit Kanchanaburi comme base pour la construction d'une liaison ferroviaire en direction de l'est du Myanmar (appelé la Birmanie de 1886 à 1989), avec le soutien des Birmans.

A la fin du XXe siècle, après l'indépendance du Myanmar, les liens entre les deux pays se sont renforcés, sans jamais dépasser toutefois l'entente cordiale. Le commerce officiel est insignifiant, comparé aux échanges entre la Thaïlande et les autres pays voisins du Sud-Est asiatique. Officieusement, en revanche, le marché noir prospère depuis des siècles.

Plusieurs conflits frontaliers ont opposé la Thaïlande et le Myanmar depuis les années 40. Le dernier concernait un territoire situé dans le district de Mae Ai, au sud-ouest de Mae Sai (province de Chiang Rai), une zone que les armées rebelles shan ont dû céder aux troupes de Rangoon. Autre sujet de désaccord : les rives de la rivière Moei (province de Tak), près de Mae Sot, où les deux gouvernements avaient fait construire un pont. Mais le pont est aujourd'hui fermé car les deux pays s'accusent mutuellement d'avoir spolié les terres de l'autre (en l'occurrence, le lit de la rivière) nécessaires à l'édification de l'ouvrage.

La réserve diplomatique de la Thaïlande fut enfin alertée par l'impasse surgie entre le régime militaire birman et le principal parti d'opposition, la National League for Democracy (NLD) qui a remporté l'élection de 1990, mais qui, pour l'instant, n'a pu assumer ses fonctions à la tête du pays. En tant que membre de l'Association of South-East Asian Nations (Asean), la Thaïlande a d'abord soutenu le gouvernement en place, en alléguant une "politique d'engagement constructif". L'objectif professé de cette politique est de maintenir des relations diplomatiques et des liens commerciaux afin de renforcer la stabilité et le développement économique du Myanmar. Que cette politique puisse porter ses fruits semble contestable. Les diplomates du Sud-Est asiatique font état d'un succès mitigé, tandis que les partisans d'une politique de désengagement sont persuadés qu'en isolant Rangoon, on le contraindra à céder la place au parti qui a remporté les élections. La réponse de l'Asean est simple : pendant 37 ans, le Myanmar s'est imposé une politique isolationniste, sans que la démocratie ne parvienne à l'emporter.

Toutefois, de tous les gouvernements du Sud-Est asiatique la Thaïlande est le seul à avoir "tendu la main" au NLD. En juillet 1995, lorsque le porte-parole du NLD, Aung San Suu Kyi, fut relâché six années d'emprisonnement, l'ambassadeur thaïlandais au Myanmar, Poksak Hilubol, fut le premier représentant du Sud-Est asiatique à lui rendre visite. En mai 1996 encore, lorsque le NLD organisa son premier congrès depuis les élections de 1990, un diplomate thaïlandais en mission à Rangoon fut le seul représentant d'un gouvernement du Sud-Est asiatique à assister à son ouverture.

Le gouvernement de Rangoon a réagi en rayant la Thaïlande de la liste des visites diplomatiques du général Than Shwe, leader du SLORC birman (conseil d'État pour la restauration de la loi et de l'ordre, par la suite devenu le State Peace & Development Council ou SPDC, conseil pour la paix et le développement de l'État). Le gouvernement thaïlandais préconise aujourd'hui un "engagement en souplesse" qui lui permettrait de dénoncer les violations des droits de l'homme constatées chez ses voisins. Elle est, à ce titre, le seul pays du Sud-Est asiatique qui, à ce jour, ait osé s'aventurer sur ce terrain.

difficile à croire, compte tenu de sa modeste contribution passée en la matière. C'était un peu comme si les loups se chargeaient de garder la bergerie, l'armée étant l'institution sans doute la plus corrompue du pays. Les personnalités politiques indépendantes s'accordent toutes sur le fait que le NPKC a pratiqué une oppression bien plus grande que tous les régimes antérieurs à 1981.

En mai 1992 eurent lieu à Bangkok comme dans les chefs-lieux de province plusieurs manifestations monstres réclamant le départ de Suchinda. Leur leader, le très charismatique gouverneur de Bangkok, Chamlong Srimuang, a reçu en 1992 le Magsaysay Award (un prix attribué par une fondation des Philippines et destiné à récompenser une action humanitaire) pour son rôle dans la mobilisation des Thaïlandais contre Suchinda. Après de violents affrontements entre manifestants et militaires près du monument de la Démocratie à Bangkok (qui firent une cinquantaine de morts et des centaines de blessés), Suchinda démissionna, moins de six mois après sa nomination. Son gouvernement soutenu par l'armée dut aussi accepter un amendement constitutionnel exigeant que le Premier ministre soit choisi parmi les députés élus. On rappela en intérim Ananda Panyarachun. Son administration sereine et efficace suscita, cette fois encore, l'approbation des milieux politiques.

Les élections de septembre 1992 permirent tout juste au vieux leader du Parti démocrate, Chuan Leekpai, de s'assurer une majorité de 5 sièges et de former un gouvernement de coalition. S'y côtoyaient le Parti démocrate, le Parti des aspirations nouvelles, le Palang Dharma et le Parti de l'action sociale. Né dans la province de Trang et fils d'un modeste marchand, le nouveau Premier ministre n'entre pas dans le moule de ses prédécesseurs, n'étant ni général, ni magnat, ni universitaire… Aussi respecté soit-il pour son honnêteté et son intégrité morale, Chuan ne peut cependant pas s'honorer d'avoir affronté les problèmes clés du pays – notamment le trafic de drogue, le système d'infrastructures, la

Constitution non démocratique du NPKC. Fin 1993, l'opposition a réclamé la dissolution du Parlement. En décembre 1994, un ordre royal a chargé Chuan de former un nouveau cabinet.

Chuan n'est pas parvenu au terme de son mandat et de nouvelles élections générales ont amené au pouvoir un gouvernement de coalition dirigé par le Chart Thai (Parti de la nation thaï). A sa tête se trouvait un milliardaire de 63 ans, Banharn Silapa-archa. Deux des partenaires les plus importants de cette coalition, le Palang Dharma et le Parti des aspirations nouvelles, ont participé à la précédente coalition de Chuan. Banharn n'a pas eu particulièrement la faveur des médias thaïlandais. Ils l'ont immédiatement attaqué pour ses liens avec des politiciens régionaux connus pour être largement impliqués dans des scandales financiers. En septembre 1996, le gouvernement Banharn a dû démissionner, au milieu d'un flot de scandales et au plus bas dans l'opinion. Les élections nationales de novembre, marquées par la violence et la fraude, ont été remportées par l'ancien Premier ministre et chef des armées, Chavalit Yongchaiyudhdu parti New Aspiration. Il consolida sa position en s'appuyant sur un mélange fragile de partenaires de la coalition.

En juillet 1997, après plusieurs mois de signes avant-coureurs volontairement ignorés de tous (ou presque) sur place comme dans la communauté internationale (reportez-vous à la rubrique *Économie* pour plus de précisions), la monnaie thaïlandaise a totalement chuté et l'économie nationale s'est quasiment mise au point mort. En septembre de la même année, l'espoir est néanmoins né du vote par le Parlement d'une nouvelle constitution venue garantir, du moins sur le papier, un respect des droits de l'homme et du citoyen, comme jamais auparavant il n'avait été question dans le pays. Première charte nationale rédigée dans un esprit citoyen, cette "Constitution du peuple" a rasséréné la population, sévèrement malmenée par la crise économique.

En novembre 1997, tous ces espoirs ont été battus en brèche avec la démission du

Premier ministre Chavalit, faute d'avoir réussi à redresser l'économie du pays. De nouvelles élections ont ramené au pouvoir Chuan Leekpai, qui semble tenir plutôt bien son rôle de chargé des relations internationales pour la crise. L'équipe d'économistes qui entourent Chuan travaille à plein temps au redressement du pays.

Dans cette récession ambiante, les fatalistes prétendent que les choses ne changent jamais et que les gouvernements démocratiques de Chatichai, de Banharn, de Chavalit et de Chuan ne constituent guère que de petites exceptions dans l'histoire d'un pays presque toujours sous la férule des militaires. Les plus cyniques verront dans les coups d'État et les contrecoups d'État qui ont jalonné l'histoire de la Thaïlande au XX\ :superscript:`e` siècle, la prolongation pure et simple des guerres seigneuriales au temps des jâo meuangs.

En revanche, la démission précipitée de Suchinda conforte les optimistes dans leur conviction : le coup d'État, instrument du changement en Thaïlande, n'était en somme qu'un incident mineur sur la voie d'un régime national plus ouvert et plus démocratique. La corruption demeure un problème majeur, même si la Thaïlande n'est plus sur la liste rouge (parmi les dix premiers pays à surveiller) du Transparency International, organisme d'observation installé à Berlin. Il est néanmoins une certitude : la Constitution revue et amendée renforce les prétentions de la Thaïlande au statut de démocratie et à une plus grande stabilité politique, même sur la base d'une économie fragile.

GÉOGRAPHIE

Avec une superficie de 517 000 km², la Thaïlande est comparable à la France. Bangkok, au centre du pays, est à peu près à 14° de latitude nord, au même niveau que Madras, Manille, Guatemala Ciudad et Khartoum. Le pays s'étend sur 1 860 km entre ses points extrêmes du nord et du sud. Cette grande extension sur 16° de latitude en fait un des pays d'Asie du Sud-Est au climat le plus varié. La topographie est très

diverse, entre les montagnes au nord et les îles tropicales appartenant à l'archipel malais au sud.

Les rivières du Nord et du Centre se déversent dans le Chao Phraya qui, lui-même, se jette dans le golfe de Siam. Dans le Nord-Est, les cours d'eau, comme le Mun, sont des affluents du Mékong dont l'embouchure se trouve en mer de Chine méridionale.

Ces caractéristiques déterminent quatre grandes zones géographiques : la fertile région centrale, dominée par le Chao Phraya ; à quelque 300 m au-dessus, le plateau du Nord-Est, espace le plus pauvre du fait de la minceur des sols, des sécheresses et des inondations périodiques ; la Thaïlande du Nord, composée de montagnes entrecoupées de vallées fertiles ; enfin, la région péninsulaire méridionale couverte en majeure partie de forêts tropicales.

La plate-forme de la Sonde, qui s'étend de la côte orientale de la péninsule malaise au Vietnam, sépare le golfe de Siam de la mer de Chine méridionale. Sur l'autre versant de la péninsule, la mer d'Andaman englobe la partie orientale de l'océan Indien qui baigne les îles Andaman et Nicobar. Les côtes thaïlandaises comptent 2 710 km de plages, de rivages escarpés et de marais. Au large, à l'ouest comme à l'est, les îles abondent – plusieurs centaines – ; celles qui sont pourvues d'équipements touristiques ne représentent qu'une infime minorité.

Au large du golfe de Siam, les profondeurs sont comprises entre 30 et 80 m, alors qu'elles atteignent plus de 100 m au large des côtes de la mer d'Andaman.

CLIMAT
Précipitations

Le climat de la Thaïlande est régi par les moussons. On compte trois "saisons" dans le Nord, le Nord-Est et le Centre, et deux dans le Sud. La zone à trois saisons, qui s'étend en gros de la pointe nord à la province de Phetchaburi (dans la région péninsulaire au sud), est soumise à un "climat de mousson sec et humide", avec la mousson du sud-ouest qui arrive entre mai et juillet et se prolonge jusqu'en novembre. De novembre à mai, la

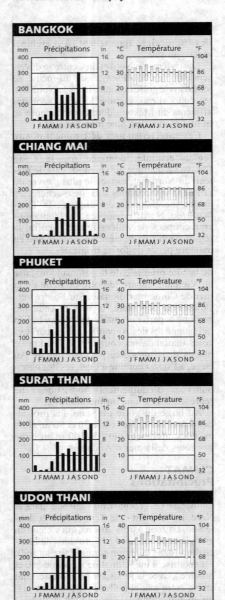

période sèche commence par des températures relativement basses (en raison des influences de la mousson du nord-est qui évite cette partie de la Thaïlande mais y fait souffler des brises fraîches) ceci jusqu'à mi-février ; elles deviennent beaucoup plus élevées de mars à mai.

Il pleut davantage et plus longtemps dans le Sud, soumis à la mousson du nord-est de novembre à janvier, puis à celle du sud-ouest. Le Sud ne connaît donc que deux saisons, une humide et une sèche, avec de faibles écarts de température entre les deux.

Si les pluies commencent "officiellement" en juillet d'après le calendrier agricole thaïlandais, elles varient en fait selon les années. Pratiquement, plus vous descendez vers le Sud, plus la saison sèche est courte. A Chiang Mai, dans le Nord, elle peut durer six mois (de mi-novembre à mai) ; cinq mois dans la Thaïlande du Centre et du Nord-Est (de décembre à mai) ; trois mois au nord de la péninsule (de février à mai) ; et deux mois seulement au sud de Surat Thani (mars et avril). Les pluies occasionnelles de la saison sèche sont surnommées les "averses de mangues" (parce qu'elles surviennent au début de la saison des mangues).

Dans le Centre, c'est en août et septembre qu'il pleut le plus, mais en octobre se produisent aussi des inondations, quand la terre est gorgée d'eau. Si vous vous trouvez à Bangkok, ne soyez pas surpris d'avoir de l'eau jusqu'aux hanches, dans certaines parties de la ville. Il pleut un peu moins au Nord, avec une pointe maximale en août. Le Nord-Est souffre, quant à lui, de sécheresses périodiques. A Phuket, les mois les plus arrosés sont mai (21 jours de pluie sur 30, en moyenne) et octobre (22 jours), car cette région reçoit les deux moussons. Voyager pendant la mousson n'est pas désagréable, mais les routes non goudronnées peuvent être impraticables.

Températures

A l'exception des montagnes septentrionales et du plateau de Khorat au nord-est, la majeure partie du pays est très humide, avec un pourcentage d'hygrométrie variant entre

66 et 82%. Durant la saison sèche, la chaleur atteint son apogée dans les plaines du Nord-Est. Les températures avoisinent alors 39°C pendant la journée, pour ne baisser que de quelques degrés la nuit. Pendant la saison fraîche, la température peut descendre, la nuit, jusqu'à 13°C à Chiang Mai et même en dessous à Mae Hong Son – si vous visitez cette région à cette période, emportez des chemises à manches longues et des pull-overs. Les températures sont plus uniformes toute l'année dans le Sud ; il arrive que le thermomètre atteigne 35°C à Bangkok, quand il ne fait que 32°C à Phuket.

FLORE ET FAUNE
De par sa configuration géographique – un axe nord-sud qui s'étend sur 1 800 km – la Thaïlande offre une réserve privilégiée. Ce qui explique la surprenante variété de la faune et de la flore.

Flore
Comme dans le reste de l'Asie tropicale, la végétation est liée aux deux principaux types de la forêt tropicale : la forêt de mousson (où la saison sèche, bien marquée, dure trois mois ou plus) et la forêt humide (où les pluies tombent neuf mois par an au minimum).

La forêt naturelle, définie comme toute zone où les arbres couvrent 20% de la surface, représente environ 25% du pays. Selon le rapport du World Development des Nations unies, la Thaïlande occupe le 44e rang mondial en termes de couverture forestière. Dans le Sud-Est asiatique, elle se place avant le Cambodge, mais derrière le Laos. À l'échelle mondiale, elle se classe ex-aequo avec le Mexique.

La forêt tropicale de mousson recouvre environ un quart de la forêt naturelle thaïlandaise et se compose d'arbres à feuillage caduc (qui tombe pendant la saison sèche). La forêt humide constitue la moitié de la couverture forestière du pays et reste verte toute l'année. Le Nord, la partie orientale du Nord-Est et le Centre sont couverts de forêts de mousson, tandis que la forêt humide prédomine dans le Sud (certaines zones étant mixtes). Le reste de la couver-

ture forestière consiste en forêts marécageuses (eau douce) à proximité des deltas, en paysages rocheux, escarpés et forestiers dans les régions karstiques du Nord et du Sud, et en forêts de pins, à plus haute altitude, dans le Nord.

Le pays comprend une variété étonnante d'arbres fruitiers, de bambous (plus d'espèces que dans aucun autre pays, la Chine exceptée), de bois durs tropicaux, et plus de 27 000 espèces florales, dont l'orchidée, symbole national de la Thaïlande.

Faune
La variété de la faune est, elle aussi, étroitement liée aux différences géographiques et climatiques. La moitié nord du pays abrite des espèces majoritairement indochinoises. En revanche, la faune du Sud se rapproche de celle des îles de la Sonde (typique du monde malais et indonésien). La ligne de démarcation entre les deux zones est l'isthme de Kra, au milieu de la péninsule.

Les oiseaux sont particulièrement nombreux. On a répertorié 1 000 espèces migratrices ou non, soit environ 10% des espèces ornithologiques du monde entier. Dans la péninsule méridionale, les voies navigables de la côte et de l'intérieur abritent une grande quantité d'oiseaux aquatiques. La survie des oiseaux en Thaïlande est tout particulièrement menacée par la disparition de leur habitat du fait de l'implantation humaine.

Parmi les mammifères indigènes – en nombre décroissant, et surtout concentrés dans les parcs nationaux et les réserves naturelles –, on compte le tigre, le léopard, l'éléphant, l'ours noir d'Asie, l'ours des cocotiers, le gaur (bison indien), le banteng (bœuf sauvage), le serow (une chèvre des neiges asiatique), le cerf sambar, le cerf muntjac, le chevrotain, le tapir, le pangolin, le gibbon, le macaque, le dauphin et le dugong (vache de mer).

Parmi les 300 familles de mammifères recensées en Thaïlande, il y en a 40 – dont le léopard, le tapir malais, le dauphin Irrawaddy, le tigre, le gibbon, le gora – qui figurent sur la liste des "espèces en voie de disparition" établie par l'IUCN (International Union for Conservation of Nature). La faune herpétologique (313 reptiles, 107 amphibiens) comprend quatre espèces de tortues marines et de nombreuses variétés de serpents, dont six venimeuses : le cobra commun (six sous-espèces), le cobra royal (hamadryade), le bungare rayé (trois espèces), la vipère malaise, la vipère verte et le trigonocéphale de Russell. Si le cobra royal, relativement rare, mesure jusqu'à 6 m de long, le python réticulé passe hardiment la barre des 15 m. On compte de nombreuses espèces de lézards, dont deux hantent couramment les habitations et les vieux hôtels, le *túk-kae* (un grand gecko) et le *jing-jòk* (un petit lézard domestique), et de plus grands spécimens comme le varan noir de la jungle.

La Thaïlande abrite aussi 6 000 espèces d'insectes, ainsi qu'une très riche faune marine représentée par des dizaines de milliers d'espèces.

ÉCOLOGIE ET ENVIRONNEMENT
Parcs nationaux et réserves naturelles

Malgré la richesse de la flore et de la faune en Thaïlande, la création de la plupart des 79 parcs nationaux (dont seulement 50 bénéficient d'un budget annuel), de ses 89 zones "interdites à la chasse" et réserves naturelles et de ses 35 zones forestières protégées, n'est que relativement récente. Sur les 79 parcs nationaux, 18 sont des parcs maritimes qui protègent les zones côtières, insulaires et marines. L'ensemble de ces parcs couvre aujourd'hui 13% du territoire (terrestre et maritime), soit l'un des pourcentages les plus élevés au monde, comparé aux 4,2% de l'Inde, aux 6,5% du Japon, aux 8,8% de la France et aux 10,5% des États-Unis.

La loi de 1960 sur la protection des animaux sauvages a d'abord institué un système de réserves naturelles. L'année sui-

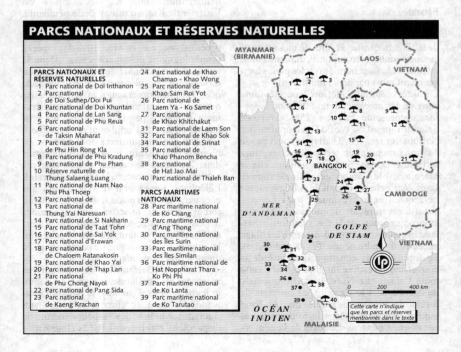

PARCS NATIONAUX ET RÉSERVES NATURELLES

PARCS NATIONAUX ET RÉSERVES NATURELLES
1 Parc national de Doi Inthanon
2 Parc national de Doi Suthep/Doi Pui
3 Parc national de Doi Khuntan
4 Parc national de Lan Sang
5 Parc national de Phu Reua
6 Parc national de Taksin Maharat
7 Parc national de Phu Hin Rong Kla
8 Parc national de Phu Kradung
9 Parc national de Phu Phan
10 Réserve naturelle de Thung Salaeng Luang
11 Parc national de Nam Nao Phu Pha Thoep
12 Parc national de Thung Yai Naresuan
13 Parc national de Thung Yai Naresuan
14 Parc national de Si Nakharin
15 Parc national de Taat Tohn
16 Parc national de Sai Yok
17 Parc national d'Erawan
18 Parc national de Chaloem Ratanakosin
19 Parc national de Khao Yai
20 Parc national de Thap Lan
21 Parc national de Phu Chong Nayoi
22 Parc national de Pang Sida
23 Parc national de Kaeng Krachan

24 Parc national de Khao Chamao - Khao Wong
25 Parc national de Khao Sam Roi Yot
26 Parc national de Laem Ya - Ko Samet
27 Parc national de Khao Khitchakut
31 Parc national de Laem Son
32 Parc national de Khao Sok
34 Parc national de Sirinat
35 Parc national de Khao Phanom Bencha
38 Parc national de Hat Jao Mai
40 Parc national de Thaleh Ban

PARCS MARITIMES NATIONAUX
28 Parc maritime national de Ko Chang
29 Parc maritime national d'Ang Thong
30 Parc maritime national des Îles Surin
33 Parc maritime national des Îles Similan
36 Parc maritime national de Hat Noppharat Thara - Ko Phi Phi
37 Parc maritime national de Ko Lanta
39 Parc maritime national de Ko Tarutao

MYANMAR (BIRMANIE)

LAOS

VIETNAM

BANGKOK

CAMBODGE

MER D'ANDAMAN

GOLFE DE SIAM

VIETNAM

0   200   400 km

Cette carte n'indique que les parcs et réserves mentionnés dans le texte

OCÉAN INDIEN

MALAISIE

vante fut votée celle sur les parcs nationaux qui, en même temps qu'elle créait le parc national de Khao Yai, mettait en place un programme de futurs parcs. La majorité de ces parcs et réserves sont bien entretenus par le Forestry Department, mais quelques-uns ont laissé se développer un tourisme envahissant qui menace l'équilibre naturel. Le braconnage, l'abattage illégal des arbres et le déplacement des cultures ont empiété sur les terres protégées. Cependant, depuis 1990, la chasse aux fraudeurs semble porter ses fruits.

La plupart des parcs nationaux sont faciles d'accès. Pourtant, les étrangers ne constituent que 5% du nombre annuel des visiteurs. En règle générale, il est demandé un droit d'entrée de 3 à 5 B pour les Thaïlandais, de 15 à 25 B pour les étrangers. Pour plus de détails sur l'hébergement offert dans les parcs, reportez-vous à la rubrique *Hébergement* du chapitre *Renseignements pratiques*.

Si l'on souhaite comprendre en profondeur la géographie et l'histoire naturelle de la Thaïlande, une visite dans un des parcs nationaux s'impose. A Bangkok, les réservations se font au bureau des parcs nationaux du Forestry Department (☎ 02-579 4842, 579 0529), Th Phahonyothin, Bangkhen (nord de Bangkok). Les réservations faites à Bangkok se paient d'avance.

Politique de l'environnement

Comme tous les pays extrêmement peuplés, la Thaïlande a soumis ses écosystèmes à rude épreuve. Il y a cinquante ans, les zones rurales étaient couvertes à 70% de forêt ; en 1997, on estimait qu'il ne restait que 25% de cette couverture forestière originelle. La coupe des arbres et l'agriculture sont les principales responsables de ce déclin qui a entraîné, avec lui, celui de la faune. Les espèces disparues les plus notoires sont le kouprey, le cerf de Schomburgk et le rhinocéros de Java, mais de nombreuses espèces plus petites se sont également éteintes.

Pour tenter d'enrayer cette dégradation, le gouvernement a mis sur pied une législation de protection des espèces menacées. Il espère ainsi ramener la couverture forestière à 40% de la superficie du pays au milieu du siècle prochain. De même, la Thaïlande a signé la Convention de l'ONU sur le commerce international des espèces menacées (CITES).

En 1989, tout abattage a été interdit à la suite d'un désastre survenu l'année précédente, au cours duquel des centaines de tonnes d'arbres abattus avaient dévalé les pentes déboisées de la province de Surat Thani, tuant plus d'une centaine de personnes et détruisant plusieurs villages. Il est maintenant illégal de vendre du bois coupé dans le pays, et tout bois importé doit théoriquement justifier de sa provenance. Depuis que le Cambodge a interdit l'exportation du bois et que les contrats birmano-thaïlandais sont rompus, le commerce illégal a encore sensiblement diminué. Aujourd'hui, le bois est importé, légalement ou non, du Laos, devenu le premier fournisseur.

La corruption reste un problème essentiel pour toutes les tentatives de préservation de l'environnement ou de protection des animaux faisant l'objet d'un commerce international, et pour préserver les fragiles zones côtières. Ainsi des mesures ont été prises contre les restaurants servant des "viandes de la jungle" *(aahãan pàa)*, différentes espèces de gibier souvent menacées de disparition, comme le cerf muntjac, l'ours, le pangolin, la civette et le gaur.

Parmi les grands mammifères du pays, le tigre est l'un des plus menacés. Bien que la chasse, au tir ou au piège, en soit interdite, les braconniers continuent de traquer les félins pour alimenter le marché lucratif de la pharmacopée chinoise. En effet, les Chinois attribuent au pénis et aux os de cet animal des vertus curatives.

A Taipei, les trois quarts des pharmacies proposent des préparations à base d'organes félins et, bien que la loi taïwanaise proscrive ce commerce, la ville détient le triste record de consommation de tigres. La population de tigres abrités dans les parcs nationaux de Khao Yai, Kaeng Krachan, Thap Lan, Mae Wong et Khao Sok est estimée entre 200 et 300 spécimens.

Les efforts du Forestry Department sont limités par le manque de personnel et de moyens. Un garde forestier, dont la tâche consiste à affronter les contrebandiers armés et soutenus par les riches "parrains" du commerce frauduleux du bois et des animaux, touche en moyenne 75 B par jour – certains ne sont pas payés, mais seulement logés et nourris.

Les fonds du golfe de Siam entre Rayong et Prachuap Khiri Khan, autrefois l'une des zones les plus poissonneuses du monde, sont pratiquement épuisés par la pêche intensive et la pollution. D'après les experts, il n'est pas encore trop tard pour agir. L'interdic-tion de la pêche au *plaa tuu* (maquereau) pendant le frai a effectivement sauvé ce poisson menacé d'extinction totale.

L'administration métropolitaine de Bangkok (BMA) développe actuellement un système d'usines de retraitement des affluents dans le delta du Chao Phraya, mais des actions similaires devraient être entreprises sur toute la façade maritime orientale, en passe de devenir le nouveau centre industriel thaïlandais.

L'urbanisation excessive de Ko Phi Phi finit par affamer la barrière de corail en bloquant l'écoulement des eaux riches en éléments nutritifs de l'intérieur de l'île, et en

La protection de l'environnement en Thaïlande

Quantité de Thaïlandais ignorent encore souvent dans leur vie quotidienne l'importance de la protection de l'environnement ou d'un tourisme écologiquement positif. La directrice d'un bureau régional du Tourism Authority of Thailand m'a confié un jour qu'elle déplorait que l'écotourisme ne cadre pas avec les habitudes thaïlandaises. Heureusement, les choses changent petit à petit, en particulier chez les jeunes générations qui commencent à percevoir les dangers inhérents à la destruction de l'environnement.

Même s'il existe une véritable politique nationale en matière d'écologie, il est clair que la Thaïlande ne pourra vraiment faire appliquer ses lois de protection de l'environnement, déjà nombreuses mais souvent ignorées, sans une forte participation de la population. Parmi les exemples actuels de ce "pouvoir du peuple", citons les centaines de monastères dispersés dans les forêts qui protègent leurs parcelles de forêt.

Les organisations non gouvernementales jouent un rôle décisif dans la surveillance et la classification des zones menacées en informant la population. En 1983, le Wildlife Fund Thailand (WFT), affilié au World Wildlife Fund for Nature (WWF), fut créé sous le patronage de la reine Sirikit. Sa principale fonction consiste à attirer l'attention sur le commerce illégal d'animaux menacés de disparition. Cherchant appui auprès de la presse libre de Thaïlande, l'organisation internationale Greenpeace a envisagé l'ouverture d'un bureau régional dans le pays.

L'une des grandes victoires des défenseurs de l'environnement fut d'empêcher, en 1986, la construction d'une usine hydroélectrique sur la rivière Kwaï (Kwae Yai). Le barrage devait être situé en plein cœur du parc national de Thung Yai Naresuan qui forme l'une des régions de forêts de mousson les plus vastes et les plus préservées d'Asie du Sud-Est. Il fallut quatre années de lutte pour obtenir l'arrêt de ce projet.

Depuis cette victoire majeure, plusieurs autres projets de construction de centrales ont été interrompus sous la pression de l'opinion publique. Il convient toutefois de signaler une défaite parmi les plus cuisantes essuyées par les défenseurs de l'environnement dans le pays : la construction du gazoduc Yadana, entre le golfe de Mottama au Myanmar et la province de Ratchaburi, qui traverse l'une des forêts de mousson les mieux préservées. Reportez-vous à l'encadré *Scandale autour du gazoduc entre la Thaïlande et le Myanmar*.

BERNARD NAPTHINE

Les vendeurs de rue remplissent des pochettes d'excellentes préparations bon marché

JOHN HAY

La chemise bleue : un classique du monde rural

BERNARD NAPTHINE

Homme de la tribu montagnarde des Akha

MARK KIRBY

CHRIS MELLOR

En haut : Défilé d'infirmière
En bas : Garde royale marchant au pas vers le Grand Palais, Bangkok

abîmant les coraux par des rejets polluants. Ko Samui et Ko Samet sont promises au même destin, si aucune action n'est engagée.

En 1992, le gouvernement a accompli un pas décisif en promulguant une "charte de l'Environnement" qui définit les normes à respecter et donne mission aux autorités nationales de délimiter des zones de contrôle, dans le domaine de la conservation des sites et de la pollution. Premières localités à bénéficier de ces mesures, Pattaya et Phuket ont été immédiatement décrétées zones de contrôle et peuvent donc prétendre à une subvention dite "d'assainissement".

Scandale autour du gazoduc entre Thaïlande et Myanmar

La construction d'un gazoduc de 700 km destiné au transport du gaz naturel entre les champs d'exploration du golfe de Martaban, au Myanmar, et la province de Ratchaburi, en Thaïlande, a sans aucun doute été le plus terrible échec, ces dernières années, des défenseurs de l'environnement. La portion thaïlandaise du gazoduc s'étire en gros sur 300 km et coupe l'une des forêts naturelles les plus préservées du pays, bénéficiant d'un classement de type A-1. Le gazoduc traverse, en effet, le parc national de Sai Yok (province de Kanchanaburi), où nichent plus de 300 variétés d'oiseaux et vivent près de 100 espèces de mammifères. On pense que certains spécimens rares, endémiques à la région, comme une minuscule chauve-souris appelée nez-de-cochon thaïlandais (le plus petit mammifère au monde, pesant à peine 2 g) ou le crabe royal à pinces rouges, vont être directement affectés par l'implantation de ce gazoduc. L'immense route tracée le long du gazoduc pour son entretien coupe les itinéraires traditionnellement empruntés par deux troupeaux d'éléphants (au moins) lors de leurs déplacements dans la région, sans compter qu'elle va rendre la forêt facilement accessible aux braconniers et aux bûcherons, de part et d'autre de la frontière thaïlando-birmane.

Le scandale tient aussi à l'absence de concertation. Le gouvernement Chavalit a signé cet accord bilatéral dans le plus grand secret et l'opinion publique a simplement été mise devant le fait accompli. Même le successeur de Chavalit, Chuan Leekpai, pourtant considéré comme un homme intègre, a décidé d'agir au plus vite pour mettre un terme à toute enquête publique sur l'affaire. Toutefois, Khun Varin Thiemcharas, premier vice-président de l'Union thaïlandaise pour la citoyenneté et la liberté, et Khun Suraphon Duangkhae, secrétaire général adjoint du Wildlife Fund of Thailand, affirment nettement que la construction de ce gazoduc ne respecte nullement la nouvelle Constitution, notamment l'article qui interdit l'abattage des arbres dans les forêts classées A-1, à quelque fin que ce soit. Soutenus par de nombreux Thaïlandais dont le brillant penseur Sulak Siravak, ils ont appelé au boycott de la PTT (la compagnie pétrolière nationale thaïlandaise), d'Unocal (États-Unis) et de Total (France), taxés de connivence avec les généraux birmans pour développer le gazoduc.

S'il est vraisemblablement trop tard pour arrêter le projet, vous pouvez néanmoins apporter votre soutien aux Thaïlandais en témoignant sur le sujet. Pour plus de renseignements, vous pouvez prendre contact avec les organismes suivants :

Union for Civil Liberty (☎ 02-275 4231 ; 01-921 3852 ; fax 275 4230), 109 Th Suthisamwinichai, Samsennok, Huay Kwang, Bangkok 10320

Wildlife Fund for Thailand (☎ 02-521 3435 ; fax 552 6083), 251/88-90 Th Phahonyothin, Bangkhen Bangkok 10220

Premier ministre Chuan Leekpai, Parti démocrate (☎ 02-270 0036), 67 Th Setsiri, Samsen Nai Phayathai District, Bangkok 10400

Grâce à cette aide gouvernementale, les édiles de Pattaya se font forts de rendre sa limpidité d'origine à la baie de Pattaya – victime depuis plus de vingt ans d'un système aberrant d'évacuation des déchets.

Tourisme et environnement

Dans certains cas, le tourisme a eu des effets positifs sur la conservation de l'environnement. Conscients que la beauté naturelle du pays est une attraction majeure pour les résidents et les étrangers, et que le tourisme constitue l'une des principales sources de revenus du pays, l'État a redoublé ses efforts pour protéger les zones vierges et pour étendre la superficie des parcs. Dans le parc national de Khao Yai, par exemple, toutes les infrastructures des hôtels et des terrains de golf sont peu à peu démantelées pour réduire la présence humaine au minimum. La pression combinée de l'État et du secteur privé sur l'industrie de la pêche a permis de mettre un terme au dynamitage des coraux dans les îles Similan et Surin pour y préserver les chances du tourisme.

Cependant, le tourisme a aussi entraîné des dommages. Impatients de ramasser la manne touristique, les promoteurs immobiliers et les voyagistes se sont empressés de proposer des services dans des zones fragiles incapables de supporter un tourisme sophistiqué. L'État se penche donc sur le sort de Ko Phi Phi et Ko Samet, deux îles-parcs nationaux où l'urbanisation est notoirement excessive. Malheureusement, il est parfois difficile de discerner les terres protégées de celles qui sont en propriété privée.

Au bord de la mer, les problèmes les plus fréquents tiennent aux rejets de déchets à la mer et à l'ancrage des bateaux de promenade touristique sur les récifs coralliens. Le corail et les coquillages sont ramassés illégalement et vendus dans le commerce.

A l'intérieur, à proximité des parcs nationaux, des restaurants servent des "viandes de la jungle". Les atteintes les plus visibles à l'environnement surviennent dans les régions dépourvues de services modernes de nettoiement et d'évacuation des eaux usées. Les déchets s'entassent alors à l'air libre ; les

égouts se déversent directement dans les cours d'eau.

Les monceaux de bouteilles en plastique qui défigurent les plages les plus fréquentées constituent l'un des spectacles les plus affligeants. Pis, la mousson les entraîne au large et on les voit flotter, provoquant la mort de la faune marine qui les avale.

Que peut faire le visiteur pour réduire au minimum son impact sur l'environnement ? D'abord et avant tout, éviter tout restaurant proposant des viandes exotiques interdites. Cela dit, les principaux consommateurs de ce type de plats sont les Thaïlandais eux-mêmes et les touristes chinois de Hong Kong et de Taïwan. Ces établissements se raréfient toutefois car les Thaïlandais se soucient de plus en plus de préserver la diversité biologique de leur environnement.

Si vous louez un bateau à proximité de récifs coralliens, insistez pour qu'on ne jette pas l'ancre sur les coraux. Si le problème tend à disparaître dans les zones où ce service est assuré par quelques gros loueurs, il demeure avec les guides-pilotes occasionnels. De même, en mer, proposez de mettre de côté les déchets (pour les déposer dans une poubelle une fois à terre), si vous constatez que l'usage est de tout jeter par-dessus bord.

Naturellement, il est souhaitable d'éviter d'acheter du corail. La loi thaïlandaise en interdit le ramassage, comme celui des coquillages partout dans le pays – signalez toutes les violations dans les zones touristiques et les parcs marins auprès de la Tourism Authority of Thailand (TAT) et du Forestry Department ou, pour les autres sites, au Wildlife Fund of Thailand (WFT).

Préférez toujours les bouteilles en verre (consignées 4 B) aux bouteilles en plastique. Quelques pensions offrent désormais de l'eau dans de grands containers plastiques réutilisables. Ce service se généralise (même dans des régions assez reculées comme Ko Chang). Encouragez les patrons d'hôtels et de pensions à préférer le verre ou le plastique recyclable aux bouteilles jetables.

Si des déchets se sont accumulés dans la campagne, vous pouvez proposer aux personnes de bonne volonté de nettoyer les déchets non biodégradables que vous transporterez à un point de ramassage régulier des ordures.

En exprimant votre désir de n'utiliser que des matériaux non offensifs pour l'environnement – et en agissant pour éviter l'usage et le rejet insouciant du plastique –, votre souci de l'environnement sera un exemple pour les Thaïlandais comme pour les visiteurs étrangers. Dans un courrier reçu récemment, un voyageur nous informe d'une solution économique et écologique d'utiliser les bouteilles en plastique :

Votre guide suggère que les voyageurs remplissent leurs bouteilles dans les pensions. C'est une excellente idée, très pratique de surcroît. Il vous suffit de transporter votre bouteille, que vous remplissez quand vous le pouvez. Pour ma part, je n'ai utilisé que deux bouteilles en un mois, et le personnel des hôtels comme des pensions n'était que trop heureux de me les remplir moyennant 2 B à 3 B, voire gratuitement. Cela leur prouve que l'on peut éviter les déchets de plastique et, pour cette raison, ce comportement devrait être fortement encouragé.

Les touristes peuvent adresser des lettres de réclamation au TAT, au WFT et au ministère des Forêts, lorsqu'ils se trouvent confrontés à des pratiques peu conformes au respect de l'environnement. Les adresses de ces organismes sont indiquées ci-dessous. Il faut également signaler la vente de viande d'espèces menacées sur les marchés municipaux, comme c'est le cas au marché Chatuchak de Bangkok. Pensez éventuellement à prendre quelques photos que vous joindrez à votre courrier. La liste des espèces menacées en Thaïlande peut vous être communiquée par le WFT.

Écrivez aux organisations suivantes pour offrir votre soutien à des politiques plus strictes ou pour leur faire part de vos observations :

Asian Society for Environmental Protection
c/o CDG-SEAPO, Asian Institute of
Technology, GPO 2754, Bangkok 10501
Bird Conservation Society of Thailand
PO Box 13, Ratchathewi Post Office,
Bangkok 10401

Community Ecological Development
Programme
PO Box 140, Chiang Rai 57000
Friends of Nature
670/437 Th Charansavatwong, Bangkok
10700
Magic Eyes
Bangkok Bank Building, 15th floor,
333 Th Silom, Bangkok 10400
Office of the National Environment Board
60/1 Soi Prachasamphan 4, Th Rama IV,
Bangkok 10400
Project for Ecological Recovery
77/3 Soi Nomjit, Th Naret, Bangkok 10500
Raindrop Association
105-107 Th Ban Pho, Thapthiang,
Trang 92000
Royal Forestry Department
61 Th Phahonyothin, Bangkhen,
Bangkok 10900
Siam Environmental Club
Chulalongkorn University, Th Phayathai,
Bangkok 10330
The Siam Society
131 Soi Asoke, Th Sukhumvit,
Bangkok 10110
Thailand Information Centre of Environmental
Foundation
58/1 Sakol Land, Th Chaeng Wattana,
Pak Kret, Nonthaburi
Tourism Authority of Thailand (TAT)
372 Th Bamrung Meuang, Bangkok 10100
Wildlife Fund Thailand (WFT)
(☎ 02-521 3435, fax 552 6083)
251/88-90 Th Phahonyothin, Bangkhen,
Bangkok 10220
255 Soi Asoke (Soi 21), Th Sukhumvit,
Bangkok 10110
World Wildlife Fund for Nature (Thailand)
(☎ 02-524 6128)
WWF Project Office, Asian Institute of
Technology, 104 Outreach Building,
PO Box 2754, Bangkok 10501

INSTITUTIONS POLITIQUES

Indépendante depuis 1238, la Thaïlande (appelée officiellement "royaume de Thaïlande") est le seul pays du Sud-Est asiatique qu'aucune puissance étrangère n'ait jamais colonisé. Monarchie constitutionnelle depuis 1932, le gouvernement thaïlandais se distingue toutefois de son modèle britannique par une kyrielle de différences, toutes en subtilité. Le système électoral national permet d'élire les 393 membres de la Chambre basse (*Saphaa Phuu Thaen Ratsadon* ou Chambre des députés, dont les membres sont investis d'un mandat de quatre ans), ainsi que le Premier ministre. La désignation des 270 sénateurs de la Chambre haute (*Wuthisaphaa* ou Sénat, dont le mandat est de six ans) relève, quant à elle, de l'autorité du Premier ministre. En Thaïlande, le Sénat est moins puissant que la Chambre des députés à laquelle reviennent le vote des lois et la promulgation, tandis que le Sénat vote les amendements à la Constitution.

Onze partis politiques présentent des candidats aux élections nationales, mais seuls cinq d'entre eux reçoivent la faveur des électeurs : le Parti démocrate, le Parti des aspirations nouvelles et le Palang Dharma.

La Constitution de 1997

Votée le 9 décembre 1991 en remplacement de celle de décembre 1978, la XVᵉ Constitution, mise en place par le NPKC (Conseil national de maintien de la paix) aujourd'hui disparu, limitait la participation du peuple dans le choix des membres du gouvernement.

Le 27 septembre 1997, le Parlement en a voté une nouvelle, la seizième Constitution depuis 1932, mais la première votée à l'initiative d'un gouvernement civil. Connue sous le nom de *rátthamnuun práchaachon* ou "Constitution du peuple", elle met en place de nouveaux dispositifs pour contrôler la conduite des élus et des candidats aux élections, ainsi que pour protéger les droits civils. A plusieurs titres, cette nouvelle charte s'apparente à une révolution populaire sans effusion de sang, fruit du combat des groupes démocrates pendant plus de dix ans pour obtenir cette réforme de la Constitution. Le pouvoir en place a d'abord très fortement résisté, notamment le souverain. Dans son discours anniversaire de 1991, le roi de Thaïlande suggéra le maintien de la Constitution d'inspiration militaire. Une attitude qui ne fut pas étrangère aux violentes émeutes de mai 1992.

Cette Constitution de 1997 rend le vote obligatoire, l'information gouvernementale accessible à tous, le droit à l'enseignement libre et gratuit jusqu'à l'âge de 12 ans. Elle confère aux différentes communautés la responsabilité de gérer, maintenir et exploiter leurs ressources locales et oblige le Parlement à envisager une nouvelle législation dès qu'il reçoit une liste de 50 000 signatures réclamant un référendum.

La nouvelle Constitution met également en place plusieurs organes de surveillance, dont un Conseil constitutionnel, un tribunal administratif, une commission nationale anti-corruption, une commission nationale électorale, une commission des droits de l'homme, ainsi que des médiateurs parlementaires pour garantir son application de la Constitution. Par ailleurs, tout candidat doit posséder au moins un niveau universitaire de licence et tout élu nommé Premier ministre ou membre du cabinet de celui-ci doit renoncer à son statut de député.

Comme l'a fait remarquer le journal prodémocrate *The Nation* lors du vote de la nouvelle Constitution, ce document n'est pas une panacée, mais marque le début d'un processus de réforme politique. Le reste dépend beaucoup de la volonté des législateurs politiques thaïlandais à faire de cette nouvelle charte leur guide législatif et à appliquer la loi.

Circonscriptions administratives

La Thaïlande est divisée en 76 *jangwàat* ou provinces, elles-mêmes divisées en *amphoe* ou districts, subdivisés en *kìng-amphoe* (sous-districts), *tambon* (communes ou groupes de villages), *mùu-bâan* (villages), *sukhãaphibaan* (districts sanitaires) et *thêtsàbaan* (municipalités). Les agglomérations de plus de 50 000 habitants et d'une densité supérieure à 3 000 habitants au km² s'appellent des *nákhon* ; celles de 10 000 à 50 000 habitants avec plus de 3 000 habitants au km² sont des *meuangs* (mais muang en alphabet latin sur les panneaux routiers). Le terme "meuang" est également employé, au sens large, pour désigner une zone métropolitaine (par opposition aux quartiers circonscrits dans les limites urbaines). Le chef-lieu d'une province est un *amphoe meuang*. Il a le même nom que la province.

Par exemple : amphoe meuang Chiang Mai – souvent raccourci en meuang Chiang Mai – signifie la ville de Chiang Mai, chef-lieu de la province de Chiang Mai.

Les gouverneurs de province *(phûu wâa râatchakaan)*, excepté celui de Krungthep Mahanakhon (la métropole de Bangkok), sont nommés par le ministre de l'Intérieur pour quatre ans – système qui laisse toute latitude à la corruption. Le gouverneur et l'assemblée provinciale de Bangkok ont été élus pour la première fois en novembre 1985, et Chamlong Srimuang, un boud-dhiste strict et ancien grand général, rem-porta une victoire écrasante. Les élections de mi-96 ont permis à un candidat indépen-dant, le Dr Pichit Ruttakul, de remplacer Chamlong comme gouverneur de Bangkok.

Les chefs de district *(nai amphoe)*, également nommés par le ministre de l'In-térieur, dépendent néanmoins des gouver-neurs de province. Les villes sont dirigées par des maires élus *(naiyók thêtsàmontrii)*, les tambons par des chefs élus *(kamnan)* et les villages par des chefs également élus *(phûu yài bâan)*.

Armée et police

En temps de paix, la Thaïlande consacre seulement 2,5% de son PIB à la défense. Les forces armées thaïlandaises comprenn-ent l'armée de terre (300 000 hommes), l'aviation (40 000 hommes), la marine (45 000 hommes) dépendant du ministère de la Défense, ainsi que des forces de police (112 000 hommes) placées sous contrôle du ministre de l'Intérieur.

Ce corps est divisé en police provinciale, police métropolitaine, police des frontières et en un bureau d'investigation centrale. A ce dernier sont rattachées les polices des chemins de fer, de la marine, des routes et des forêts, à côté de départements spéciaux traitant d'infractions inter-provinciales et des questions de sécurité nationale. Au sein des forces de police, la corruption est mon-naie courante. Le salaire mensuel des jeunes recrues ne dépassant pas 150 $US, tous les moyens leur sont bons pour arrondir leur solde.

Le rôle de l'armée thaïlandaise dans la vie politique du pays remonte à la révolution de 1932 et à l'instauration de la monarchie constitutionnelle. Elle s'est affirmée surtout après la Seconde Guerre mondiale. Les généraux ont pu jouer de leur pouvoir sur le Premier ministre pendant quarante-six ans sur soixante-huit. Anand Panyarachun, Pre-mier ministre par intérim pendant deux brèves périodes en 1991 et 1992, parvint à réduire considérablement le pouvoir des militaires en révoquant un décret ministériel (vieux de quatorze ans) qui conférait au commandant en chef les pleins pouvoirs, au titre de "Gardien suprême de la paix civile". De même, il a dissout le "Capital Security Command", responsable du bain de sang de mai 1992. Ces mesures ont aboli de fait les structures, légales et matérielles, mises en place au lendemain des événements d'oc-tobre 1976, y compris les forces spéciales d'intervention et le corps expéditionnaire utilisés pour le maintien de l'ordre.

L'ascendant politique des militaires tenait aussi au fait que, par tradition, les officiers de haut rang occupaient les postes clés des télécommunications, des transports publics et des compagnies maritimes, constituant ainsi un puissant "lobby" allié au grand capital. Il faut également porter à l'actif d'Anand d'avoir écarté les hauts gra-dés des postes de commande qu'ils occu-paient à la Telephone Organization of Thailand et à la Thai Airways International.

A la suite des événements de 1991-1992, les généraux eux-mêmes jugèrent nécessaire de limiter le rôle de l'armée dans les affaires publiques. En 1992, le général Vimol Wong-wanich a volontairement renoncé à la prési-dence du conseil d'administration des chemins de fer nationaux pour se consacrer à ses nouvelles fonctions de commandant en chef, geste inimaginable vingt ans plus tôt. Affirmant sa volonté de dépolitiser l'armée, il n'a pas hésité à qualifier le coup d'État d'"obsolète". A peine intronisé, il s'est empressé de remanier l'état-major, de façon à désamorcer les ferments antidémocratiques entretenus par le groupe de la Classe 5. Les conditions de la politique actuelle semblent

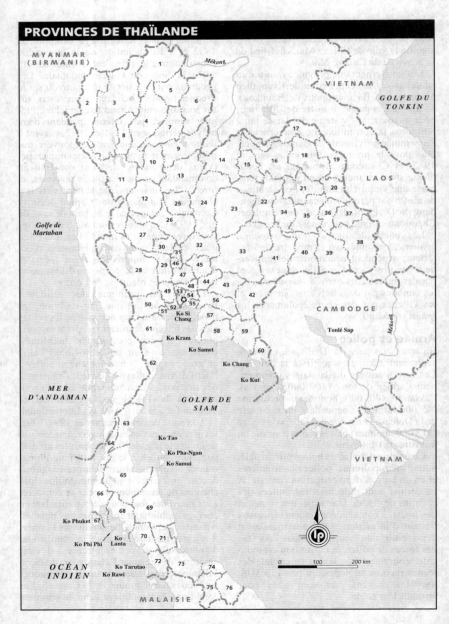

PROVINCES DE THAÏLANDE

MYANMAR (BIRMANIE)

VIETNAM

GOLFE DU TONKIN

Mékong

LAOS

CAMBODGE

Tonlé Sap

Mékong

VIETNAM

Golfe de Martaban

MER D'ANDAMAN

GOLFE DE SIAM

OCÉAN INDIEN

MALAISIE

Ko Si Chang
Ko Kram
Ko Samet
Ko Chang
Ko Kut

Ko Tao
Ko Pha-Ngan
Ko Samui

Ko Phuket
Ko Phi Phi
Ko Lanta
Ko Tarutao
Ko Rawi

0   100   200 km

Les provinces de Thaïlande

1 Chiang Rai	27 Uthai Thani	53 Nonthaburi
2 Mae Hong Son	28 Kanchanaburi	54 Bangkok
3 Chiang Mai	29 Suphanburi	55 Samut Prakan
4 Lampang	30 Chai Nat	56 Chachoengsao
5 Phayao	31 Singburi	57 Chonburi
6 Nan	32 Lopburi	58 Rayong
7 Phrae	33 Nakhon Ratchasima	59 Chanthaburi
8 Lamphun	34 Mahasarakham	60 Trat
9 Uttaradit	35 Roi Et	61 Phetburi
10 Sukhothai	36 Yasothon	62 Prachuap Khiri Khan
11 Tak	37 Amnat Charoen	63 Chumphon
12 Kamphaeng Phet	38 Ubon Ratchathani	64 Ranong
13 Phitsanulok	39 Si Saket	65 Surat Thani
14 Loei	40 Surin	66 Phang-Nga
15 Nong Bualamphu	41 Buriram	67 Phuket
16 Udon Thani	42 Sa Kaew	68 Krabi
17 Nong Khai	43 Prachinburi	69 Nakhon Si Thammarat
18 Sakon Nakhon	44 Nakhon Nayok	70 Trang
19 Nakhon Phanom	45 Saraburi	71 Phattalung
20 Mukdahan	46 Ang Thong	72 Satun
21 Kalasin	47 Ayuthaya	73 Songkhla
22 Khon Kaen	48 Pathum Thani	74 Pattani
23 Chaiyaphum	49 Nakhon Pathom	75 Yala
24 Phetchabun	50 Ratchaburi	76 Narathiwat
25 Phichit	51 Samut Songkhram	
26 Nakhon Sawan	52 Samut Sakhon	

laisser aux coups d'État militaires une place plus réduite qu'auparavant.

La monarchie

Bhumibol Adulyadej (prononcer "Phumíphon Adunyádèt") est le neuvième roi de la dynastie Chakri (fondée en 1782). Depuis 1988, son règne détient le record de longévité dans l'histoire de la Thaïlande et aucun monarque actuel n'a régné aussi longtemps.

Né en 1927 aux États-Unis et éduqué à Bangkok et en Suisse, le roi Rama IX est le neveu de Rama VII (Prajadhipok, 1925-1935) et le plus jeune frère de Rama VIII (Ananda Mahidol). Son nom complet, y compris son titre royal, s'écrit comme suit : Phrabaatsomdet Boramintaramahaphumiphonadunyadet.

Intronisé en 1946, après la mort de Rama VIII (pour plus de détails, reportez-vous à la rubrique *Histoire*), le monarque thaïlandais a célébré son jubilé en 1996.

Compositeur de jazz et saxophoniste, le roi Bhumibol a écrit l'hymne royal qui accompagne la projection des portraits de la famille royale au début de chaque séance de cinéma. Il parle couramment le thaï, le français, l'anglais et l'allemand. Le cortège royal descend parfois la Th Ratchadamnoen (Promenade royale) dans le district de Banglamphu à Bangkok ; le roi est généralement assis dans une Rolls Royce jaune de collection, ou dans une Cadillac des années 50.

Le roi dispose d'un Conseil privé, dont les 14 membres, nommés par lui, l'assistent dans ses fonctions officielles. En cas de

Le roi en exercice, Sa Majesté Bhumibol Adulyady (Rama IX). Aucun souverain n'a régné aussi longtemps en Thaïlande.

décès du souverain, le président de cette instance devient régent jusqu'à l'intronisation d'un héritier.

Le roi et la reine Sirikit ont quatre enfants : la princesse Ubol Ratana (née en 1951), le prince héritier Maha Vajiralongkorn (1952), la princesse Mahachakri Sirindhorn (1955) et la princesse Chulabhorn (1957). Un décret du roi Trailok (1448-1488) fixe les règles de succession d'une dynastie polygame : l'héritier présomptif (*uparaja – ùpàrâat* en thaï) est le fils aîné du roi ou son frère germain. A 20 ans, le prince Maha Vajiralongkorn fut donc officiellement désigné comme héritier en 1972. S'il devait renoncer à la couronne ou en être écarté par la maladie ou la mort, elle reviendrait à la princesse aînée, Ubol Ratana.

En 1972, bravant la désapprobation du Palais, la princesse Ubol Ratana a épousé un Américain, Peter Jensen, et perdu son titre royal qui lui a finalement été restitué il y a quelques années. Le prince Maha s'est marié deux fois – sa dernière épouse est une ancienne actrice. Son fils, le prince Juthavachara, est l'aîné de la nouvelle génération des Chakri.

La Thaïlande est officiellement une monarchie constitutionnelle, mais la Constitution stipule que le roi doit être "intronisé dans une position d'adoration" et soustrait à "toute accusation ou poursuite judiciaire". Obligation légale ou pas, les Thaïlandais, dans leur immense majorité, considèrent leur roi Bhumibol comme une sorte de demi-dieu, d'abord en raison de la tradition, mais surtout par reconnaissance pour ses actions en faveur du peuple, dont la liste est impressionnante. Toutefois, ni la Constitution ni le statut hors norme de la monarchie n'empêchent les Thaïlandais de jaser sur la famille royale, en privé tout au moins. Beaucoup, par exemple, préféreraient voir la princesse Sirindhorn monter sur le trône, mais personne ne se hasarde à le déclarer publiquement, et ce sentiment populaire ne transparaît ni dans la presse ni à la radio. De longue main, les devins thaïlandais ont prophétisé l'extinction de la dynastie Chakri après le règne de Rama IX. Le contexte politique actuel, cependant, tendrait plutôt à infirmer ce pronostic.

On répète souvent que le roi n'a aucun pouvoir politique (en droit, sa position est strictement nominale et protocolaire), mais en période de trouble, les Thaïlandais se sont adressés au roi pour trouver une solution. Le désaveu tacite du roi a sans doute fait échouer deux tentatives de coup d'État dans les années 80. Le coup d'État de février 1991 a ainsi dû recevoir, avant ou après, l'appui du Palais.

En 1991, le projet de Constitution élaborée par le NPKC a suscité une grande réprobation. Puis, quelques jours avant sa lecture finale devant l'Assemblée nationale les choses ont changé quand le roi s'est déclaré favorable au projet dans son intégralité. En dépit des clauses antidémocratiques qui l'entachaient, on ne sera donc pas surpris que l'Assemblée ait adopté la nouvelle Constitution sans s'accorder quelques journées de travail supplémentaires pour l'amender. Ces atermoiements furent indirectement à l'origine des troubles que connut la Thaïlande six mois plus tard. Pendant cinq ans, cette Constitution est restée un sujet de conflit entre les partis politiques thaïlandais.

En 1997, l'Assemblée nationale a finalement réformé la Constitution, en faisant une charte où se reflète le sentiment populaire exprimé en 1992. Si le roi ne s'était pas initialement opposé aux amendements, cette charte aurait été adoptée bien plus tôt.

Avec la nation et la religion, la monarchie jouit d'un très grand respect dans toute la société – les commentaires négatifs sur le roi ou un membre de la famille royale sont tabous tant sur le plan social que légal.

ÉCONOMIE

Durant la décennie 80, la Thaïlande a maintenu un taux élevé de croissance annuelle qui culmina à 13% en 1988. Au début et au milieu des années 90, elle semblait prête à entrer dans le club très restreint des "pays nouvellement industrialisés". Les économistes la voyaient tôt ou tard rejoindre les "dragons" d'Asie – ces pays que l'on surnomme les "Quatre Tigres" : la Corée du Sud, Taïwan, Hong Kong et Singapour – et devenir un leader du boom économique dans la frange du Pacifique.

Quand la bulle financière explose

Après vingt années de croissance, à la mi-1997, toutes les prévisions sont déjouées. L'économie de l'Est et du Sud-Est asiatiques, Thaïlande en tête, sombre dans la faillite. Les pays les plus touchés par la crise financière – la Thaïlande, l'Indonésie, la Malaisie, les Philippines et la Corée du Sud – avaient toutefois tous affiché certains signes annonciateurs : larges déficits des comptes courants, manque de transparence des politiques gouvernementales, dette extérieure faramineuse et faiblesse relative des réserves en devises. En grande partie, la crise est imputable au vent de panique qui a soufflé chez les investisseurs. En se précipitant pour acheter des dollars afin de rembourser leurs dettes, ceux-ci ont créé un effondrement qui s'est auto-alimenté. Entre le 30 juin et le 31 octobre, le baht a perdu environ 40% de sa valeur par rapport au dollar américain, et la dette extérieure du pays, garantie en dollars, a atteint 52,4% du PIB du pays. Ces problèmes monétaires n'ont pas manqué de rappeler la crise monétaire qui avait secoué l'Europe en 1992-1993, lorsque la chute soudaine et inattendue de la livre sterling, de la lire et d'autres devises avait sonné le glas, pour un bon bout de temps, de la croissance régulière et de la stabilité économique sur le Vieux Continent.

En janvier 1998, la Banque de Thaïlande a annoncé que la dégradation de la situation économique au second semestre 1997 avait fait doubler le nombre de créances douteuses dans le secteur bancaire, qui représentaient environ 18% du total. Nombre de banques et d'établissements financiers ont dû mettre la clé sous la porte en 1998, alors que le gouvernement ne ménageait pas ses efforts pour restructurer l'économie, plus particulièrement dans les secteurs financier et immobilier. Le Fonds monétaire international (FMI) a accordé d'énormes prêts à la Thaïlande, à condition que le gouvernement thaïlandais suive ses consignes en matière de recapitalisation et de restructuration.

Avec ou sans l'appui du FMI, la Thaïlande est alors entrée dans une ère d'austérité consenti qui a entraîné la progression du chômage, une croissance négative et le retour à des temps difficiles. Jusqu'à quand va durer cette austérité avant le rebond du pays – car tous les experts s'accordent à dire que la Thaïlande finira par rebondir ? Nul n'est en mesure de répondre. Toutefois, on martèle que la situation devrait être rétablie d'ici à la fin de 1999 ou 2000, à moins, bien entendu, que le marasme de l'économie asiatique ne s'étende au reste de la planète. Certains observateurs s'accordent pour dire que cette "douche froide" aura été la meilleure chose qui pouvait arriver à une économie en surchauffe, qu'elle va permettre aux Thaïlandais de donner la priorité aux infrastructures et de pouvoir réaffirmer leur changement culturel.

Dans ce débat économique, il ne faut pas oublier les progrès réalisés par la Thaïlande au cours des trois décennies qui ont précédé la crise. A part la Malaisie et la Corée du Sud, aucun autre pays au monde n'a généré pareil taux de croissance économique ni réussi à réduire la pauvreté dans de telles proportions. Entre 1963 et 1997, le niveau du revenu moyen par habitant a été multiplié par 19. Cela signifie que, même en tenant compte de la récente dévaluation du baht, la plupart des habitants se trouvent aujourd'hui dans une situation économique plus favorable que dans les années 60.

Mesurés selon la méthode de la parité de pouvoir d'achat (qui permet de prendre en compte l'inflation et intègre la variation du prix des produits de première nécessité sur une échelle mondiale), les chiffres du revenu par habitant font apparaître une hausse de 1% entre 1997 et 1998, soit au plus fort de la récession (les chiffres bruts du PIB montrent une contraction de moins 6%).

Gros plan

A peu près 57% de la main-d'œuvre thaïlandaise est employée dans l'agriculture, 17% dans l'industrie, 11% dans le commerce, et 15% dans les services. Les biens manufacturés sont une source de revenus de plus en plus importante et représentent au moins 30% des exportations. Les textiles, le ciment et l'électronique arrivent en tête, suivis de près par l'industrie automobile et celle des camions.

La Thaïlande occupe aujourd'hui la deuxième place sur le marché mondial des camions, après les États-Unis. Plusieurs grandes marques internationales se sont installées dans le pays, essentiellement sur le littoral oriental, parmi lesquelles Ford, Mazda, Mitsubishi, GM, Toyota et Honda. Le pays possède également de substantielles ressources naturelles, notamment de l'étain, du pétrole et du gaz naturel.

Depuis 1987, le tourisme est devenu l'une des premières sources de revenus dans les échanges avec l'étranger, devançant même, parfois, la plus grosse exportation du pays, le textile. Il génère des recettes de l'ordre de 6 milliards de $US par an. La stratégie économique du gouvernement reste axée sur la croissance des exportations du textile ou des industries légères (comme l'électronique), soutenues par d'énormes ressources naturelles et une abondante main-d'œuvre bon marché. Cette large assise de l'économie continue à faire de la Thaïlande, à long terme, un concurrent majeur en Asie.

En 1998, le revenu moyen par habitant s'élevait à 2 450 $US par an. Mesuré selon la méthode de la parité du pouvoir d'achat, il s'élève à 6 940 $US par habitant. Avec une inflation moyenne nette de 11,2% par an entre 1985 et 1995, la Thaïlande a enregistré la plus forte hausse de PIB par employé de toute l'Asie. La disparité entre les régions étale ce revenu de 400 $US dans le Nord-Est à 3 000 $US à Bangkok.

Dans la capitale et les provinces avoisinantes, le salaire minimum s'élève à 162 B par jour (4,05 $US), mais n'atteint que 140 B dans les provinces les plus reculées. On estime que 20% des citoyens – pour la plupart résidant à Bangkok ou à Phuket – contrôlent 63% des richesses.

Le taux de personnes vivant en dessous du seuil de pauvreté a constamment décliné en Thaïlande, passant de 30% en 1976 à 6,4% en 1995-1996. Pour ce qui est du taux d'épargne (37% de PIB), les Thaïlandais occupent le septième rang mondial, se plaçant juste après le Japon.

En octobre 1998, le taux d'inflation annuel atteignait 7,6%. Nous invitons nos lecteurs à en tenir compte, à la lecture des prix indiqués dans cette édition. Comme dans la quasi-totalité des pays, le coût de la vie continue d'augmenter. Le taux de chômage s'élève à presque 6%, soit plus du double de ce qu'il était deux ans auparavant, même s'il reste largement inférieur aux chiffres affichés dans les pays dits industriels.

Les économies régionales

Le Nord-Est possède le taux d'inflation et le niveau de vie les plus faibles. Cette région est plus pauvre que le reste du pays et le tourisme y est moins développé. Elle a pour principales ressources les textiles faits main et l'agriculture, bien qu'à Nakhon Ratchasima (Khorat) la métallurgie et l'industrie automobile commencent à se développer.

Dans le Sud, l'économie jouit d'une certaine stabilité, grâce à la pêche, aux mines d'étain, au caoutchouc, à l'huile de palme et à l'appoint saisonnier du tourisme.

Le Centre cultive des fruits (surtout des ananas), de la canne à sucre et du riz pour l'exportation, il abrite surtout l'essentiel de l'industrie thaïlandaise : textiles, conserves alimentaires et ciment.

Le Nord produit du riz de montagne pour la consommation locale, du maïs, du thé, divers fruits et fleurs, et dépend beaucoup du tourisme. Le teck et d'autres bois étaient des produits importants mais, depuis 1989, tout abattage est interdit pour stopper la déforestation. A l'instar du Nord-Est, nombre de zones rurales vivent plutôt dans la pauvreté.

Le commerce avec les pays d'Indochine, de l'Asean et de la zone Pacifique

Outre les bienfaits qu'elle tire de sa politique d'exportation, la Thaïlande profite de l'accroissement du commerce international laotien cambodgien et vietnamien. A l'heure actuelle, Bangkok est la grande plaque tournante des investissements en péninsule d'Indochine. Dans ces échanges, le baht constitue la seconde monnaie après le dollar. Au Laos et au Cambodge, les seules banques étrangères sont thaïlandaises. Vientiane et Phnom Penh ont même constitué une partie de leurs réserves monétaires en bahts. Ainsi existe une "zone baht". Enfin, la Thaïlande continue de bénéficier des expéditions de marchandises qui transitent vers le Vietnam via le Laos.

La conclusion de l'AFTA (reportez-vous à l'encadré *Le rôle de l'Asean*) devrait s'avérer particulièrement avantageux pour la Thaïlande, qui dispose d'une réserve de main-d'œuvre compétente et peu onéreuse, ainsi que d'un important secteur industriel.

La Thaïlande est également membre de l'APEC (Asia-Pacific Economic Cooperation), qui comprend les pays de l'Asean plus les États-Unis, le Canada, le Japon,

l'Australie, la Nouvelle-Zélande, la Corée du Sud, Hong Kong, Taïwan, la Chine, la Papouasie-Nouvelle-Guinée, le Mexique et le Chili. Les pays affiliés se réunissent périodiquement afin d'évoquer les questions commerciales d'intérêt commun, et abaisser, ou supprimer parfois, les barrières douanières sur tel ou tel produit.

Parmi les efforts entrepris en faveur de l'économie régionale, il convient de mentionner la mise en chantier de deux plans de croissance. Le premier, le "southern growth triangle", vise à souder les intérêts des cinq provinces méridionales ; le second, le "northern growth quadrangle" est destiné à créer des liens commerciaux privilégiés entre la Thaïlande du Nord, la province chinoise du Yunnan, le Laos du Nord et le nord-est du Myanmar. Dans cette perspective, le gouvernement thaïlandais contribue déjà, par une aide financière substantielle, au développement du réseau routier reliant les quatre pays, à commencer par la construction des autoroutes nord-sud, qui permettront de rallier le Yunnan via le Laos ou le Myanmar. Mais tant que l'économie thaïlandaise n'aura pas repris le chemin de l'embellie, ces deux plans de croissance resteront en suspens.

Tourisme

D'après les statistiques de la TAT (Tourism Authority of Thailand), le pays reçoit en moyenne chaque année un peu plus de 7 millions de touristes, soit 64 fois plus qu'en 1960 (année des premières statistiques). En 1963, la Thaïlande a connu sa plus forte poussée touristique (+ 49% par rapport à l'année précédente), encouragée sans doute par l'arrivée des troupes étrangères au Vietnam. Dix ans plus tard, on assista à une autre poussée (+28% en 1972, +26% en 1973). Le boom touristique le plus récent date des années 1986-1990, où le nombre des visites annuelles a augmenté de 10 à 23%.

En 1997 (l'année la plus récente en matière de statistiques disponibles), 62,6% des visiteurs (4,5 millions au total) étaient originaires d'Asie de l'Est et du Sud-Est, les Malais arrivant en tête avec 1,04 million de

Le rôle de l'Asean

Les ministres des Affaires étrangères d'Indonésie, des Philippines, de Singapour et de Thaïlande se sont réunis à Bangkok le 8 août 1967. Ils ont fondé l'Association of South-East Asian Nations ou Asean (Organisation des nations du Sud-Est asiatique). Un peu pour faire oublier l'erreur de la 1963-66 *konfrontasi* entre l'Indonésie et la Malaisie, ces pays décidèrent de structurer les relations dans cette région selon des modalités de coopération. Le Brunei devint le cinquième membre de l'Asean en 1984, suivi par le Vietnam en 1995, puis le Laos et le Myanmar en 1997. En 1992 s'est dessinée l'Asean Free Trade Area (AFTA), une zone où les pays membres de l'Asean s'accordent sur les pratiques commerciales préférentielles comme l'abaissement, voire la suppression, des taxes douanières sur les importations et les exportations entre eux. D'ici à 2008, l'AFTA devrait progressivement devenir une zone de libre-échange.

Conformément à la Déclaration de Bangkok de 1967, l'Asean a pour objectif principal la coopération économique. Dans la pratique, l'organisation a surtout permis d'assurer la stabilité politique dans la région et servi de terrain de médiation en cas de conflit. Selon le principe énoncé à l'origine d'un "engagement constructif", les gouvernements des pays de l'Asean refusent toute implication officielle dans les affaires politiques intérieures d'un autre pays membre, mais restent très dynamiques sur le plan économique. C'est, à en croire leurs chefs d'État et de gouvernement, la meilleure attitude pour entraîner un changement politique qui aille dans le bon sens.

La Thaïlande a cependant été le premier des membres de l'organisation à vouloir dépasser cette attitude de non-ingérence. Elle a donc suggéré, en 1998, que l'Asean adopte un nouveau dispositif, baptisé "engagement en souplesse", qui ménage une place à la critique, certes limitée au sein du groupement, en particulier pour les questions relatives aux droits de l'homme. A ce jour, seules les Philippines et la Malaisie ont soutenu l'initiative de leur partenaire thaïlandais. Les quatre autres nations, notamment l'Indonésie et le Myanmar, se sont farouchement opposées à tout changement.

visiteurs, suivis par les Japonais (965 000), les habitants de Singapour (492 000) et les habitants de Hong Kong (472 000).

Au total, les Européens ont représenté, cette année-là, près de 1,6 million de visiteurs : en premier, les Allemands (342 000), suivis des Britanniques (288 000), des Français (203 000) et des Italiens (105 000). Le pays a également accueilli, outre 311 000 Américains, 234 000 Australiens. On mentionnera aussi les visiteurs venus de Chine (439 000), de Taïwan (448 000), de Corée du Sud (411 000), d'Inde (135 000) et de Suède (99 000).

En 1997, le tourisme a largement profité d'une fréquentation accrue de la part des Thaïlandais résidant à l'étranger (+39%), des Argentins (+34%), des habitants de Hong Kong (+19%) et de ceux de Singapour (+12,5%). En termes de dépenses quotidiennes, les visiteurs asiatiques sont ceux qui consomment le plus, les Européens le moins. La dernière campagne publicitaire du TAT, intitulée "Étonnante Thaïlande 1998/1999", n'a pas remporté tout le succès escompté à cause de la crise : les budgets ont été réduits de moitié. Les difficultés économiques rencontrées par les différents pays d'Asie de l'Est et du Sud-Est ont tari les principales sources de tourisme. Cependant, la faible valeur du baht a fait augmenter de 101% le montant des dépenses réglées en cartes de crédit en 1998, par rapport à la haute saison de 1997.

Au premier semestre 1998, le tourisme en provenance d'Asie de l'Est a reculé de 4,5%

Qui dépense le plus et où va cet argent ?

Une vaste étude, réalisée par le très sérieux Institut de recherche et de développement de Thaïlande, montre que les dépenses quotidiennes des visiteurs qui privilégient le séjour en pension sont moins élevées que celles des touristes qui fréquentent les hôtels. Mais ces visiteurs "à petit budget" séjournent en général plus longtemps dans le pays, donc dépensent plus au final. En outre, on estime que les revenus générés par ce type de tourisme reviennent plus directement à la population thaïlandaise, notamment aux acteurs les moins fortunés de cette industrie.

par rapport à la même période en 1997. Mais ce recul a été compensé par un afflux des touristes venant d'autres régions du monde (+18% en provenance d'Europe, +16% d'Australie et de Nouvelle-Zélande et +12% des États-Unis). En sorte que la campagne "Étonnante Thaïlande" a connu tout de même un certain succès malgré les contractions budgétaires. Il est donc vraisemblable que, ces prochaines années, le tourisme pourra atteindre sans difficulté le chiffre cumulé de 15,84 millions de visiteurs, sous réserve d'événements majeurs néfastes dans le reste du monde ou dans la région.

Depuis 1990, ce sont les Thaïlandais eux-mêmes qui nourrissent cette forte poussée touristique. Galvanisés par la croissance économique régulière au début des années 90 et le manque généralisé de moyens pour voyager à l'étranger dans le contexte économique actuel, environ 40 millions de Thaïlandais profitent chaque année de leurs vacances pour sillonner leur pays.

Il y a dix à quinze ans, les sites touristiques attiraient un bien plus grand nombre d'Occidentaux que de Thaïlandais. Aujourd'hui, le rapport s'est inversé. A l'exception de certaines plages très touristiques, comme Phuket et Ko Samui, les visiteurs locaux l'emportent sur les touristes étrangers selon un rapport de cinq pour un.

POPULATION ET ETHNIES

La Thaïlande compte environ 61,4 millions d'habitants. Son taux de croissance n'atteint plus que 1 à 1,5% par an (contre 2,5% en 1979) en raison d'une vigoureuse campagne nationale de contrôle des naissances. Plus d'un tiers des Thaïlandais vivent en zone urbaine. Bangkok, la ville la plus peuplée du royaume, abrite plus de 6 millions d'ha-

Des chiffres sur le tourisme

Age des touristes (en %)

moins de 25 ans	15,22 %
de 25 à 34 ans	27,02 %
de 35 à 44 ans	23,71 %

Sexe des touristes (en %)

hommes	62,06 %
femmes	37,94 %

Nationalité	Durée moyenne du séjour (en nombre de jours et par ordre décroissant)
Inde	17,06
Suisse	15,10
Allemagne	15,04
Danemark	14,45
Pays-Bas	14,07
Royaume-Uni	12,49
Népal	12,17
France	11,46
Italie	10,71
Canada	10,97
États-Unis	9,72
Australie	9,54

Les tribus montagnardes dans les provinces du Nord de la Thaïlande ne représentent qu'un petit pourcentage de la population.

bitants, un effectif surnuméraire en regard des services publics et du "plan d'urbanisation", ou ce qui en tient lieu. Pour classer les autres villes par nombre d'habitants, il faut décider si l'on se fonde sur les *thêtsabaan* (districts municipaux) ou sur les *meuangs* (districts métropolitains). Dans le premier cas, les quatre villes les plus peuplées (mises à part les provinces périphériques et surpeuplées de Samut Prakan et de Nonthaburi, qui occuperaient les deuxième et troisième rangs si on les séparait de Bangkok) sont, par ordre décroissant, Nakhon Ratchasima (Khorat), Chiang Mai, Hat Yai et Khon Kaen. Si l'on préfère s'en remettre au recensement des *meuangs*, peu fiable au demeurant, le même classement donne Udon Thani, Lopburi, Nakhon Ratchasima (Khorat) et Khon Kaen. La plupart des autres agglomérations comptent nettement moins de 100 000 habitants.

Les Thaïlandais ont l'espérance de vie la plus élevée d'Asie du Sud-Est : 69 ans. Pourtant, seuls 59% des Thaïlandais ont accès aux services de santé publics. En cela, le pays occupe le 75e rang mondial, bien loin derrière des pays aux revenus nationaux inférieurs comme le Soudan ou le Guatemala. Il y a seulement un médecin pour 4 316 personnes, et la mortalité infantile est de 27 pour 1 000 (à rapprocher des chiffres des pays voisins : 110 pour 1 000 au Cambodge,

12 pour 1 000 en Malaisie). Dans l'ensemble, la Thaïlande est un pays relativement jeune. Seulement 12% environ de ses habitants ont plus de 50 ans et 6%, plus de 65 ans.

La majorité thaï

Les trois quarts environ des sujets du royaume appartiennent à l'ethnie thaï, au sein de laquelle on distingue : les Thaï du Centre, ou Siamois du delta du Chao Phraya (la région la plus dense) ; les Thaï Lao du Nord-Est ; les Thaï Pak Tai du Sud ; et les Thaï du Nord. Chaque groupe possède son propre dialecte et, dans une certaine mesure, suit des coutumes propres à sa région. Du point de vue politique et économique, les Thaï du Centre sont dominants, quoiqu'ils soient à peine plus nombreux que les Thaï Lao du Nord-Est.

Parmi les petits groupes minoritaires parlant leurs propres dialectes thaï, il faut citer les Lao Song (Phetchaburi et Ratchburi), les Phuan (Chaiyaphum, Phetchaburi, Prachinburi), les Phu Thaï (Sakon Nakhon, Mukdahan), les Shan (Mae Hong Son), les Thaï Khorat ou Sawoei (Khorat), les Thaï Lü (Nan, Chiang Rai), les Thaï-Malais (Satun, Trang, Krabi) et les Yaw (Nakhon Phanom, Sakon Nakhon).

Les Chinois

Les Thaïlandais d'ascendance chinoise représentent 11% de la population. Ce sont, pour la plupart, des Hokkien (Hakka) ou des Tae Jiu (Chao Zhou), des groupes originaires de Hainan ou de Guangzhou, et de la deuxième ou troisième génération. Le Nord abrite un nombre important de Hui – des Chinois musulmans qui émigrèrent du Yunnan en Thaïlande, à la fin du XIXe siècle, pour fuir les persécutions ethniques et religieuses sous la dynastie Qing.

Les Chinois entretiennent, semble-t-il, de bonnes relations avec l'ensemble de la population, contrairement à ce qui se passe dans les autres pays du Sud-Est asiatique. Il en est ainsi pour des raisons historiques, mais aussi parce que les Thaïlandais sont traditionnellement tolérants à l'égard des autres cultures. Rama V s'est servi des

Les plus grandes villes de Thaïlande

| Ville | Thetsabaan (municipalité) | | Meuang (district) | |
	population	surface	population	surface
Bangkok	non disponible		6 millions	(1 569 km²)
Chaiyaphum	26 300	(2,8 km²)	162 400	(1 169 km²)
Chiang Mai	159 400	(40 km²)	169 400	(152 km²)
Chiang Rai	37 600	(10,6 km²)	172 300	(1 622 km²)
Hat Yai	143 600	(21 km²)	154 300	(1 154 km²)
Khon Kaen	134 200	(46 km²)	203 300	(953 km²)
Nakhon Ratchasima	208 503	(37 km²)	215 100	(571 km²)
Lampang	44 700	(9 km²)	189 500	(1 156 km²)
Lopburi	41 200	(6,8 km²)	217 700	(565 km²)
Nakhon Pathom	46 300	(5,3 km²)	187 200	(417 km²)
Nakhon Si Thammarat	73 600	(11,7 km²)	223 200	(765 km²)
Nonthaburi	47 800	(2,5 km²)	247 200	(77 km²)
Sakon Nakhon	25 500	(13 km²)	183 300	(1 815 km²)
Samut Prakan	73 500	(7,3 km²)	274 000	(190 km²)
Surin	41 200	(11,4 km²)	244 100	(1 279 km²)
Udon Thani	97 800	(3,7 km²)	285 300	(1 094 km²)

milieux d'affaires chinois pour infiltrer les entreprises commerciales européennes, manœuvre qui permit de battre en brèche les visées colonialistes sur le Siam. Les Chinois fortunés parvinrent également à introduire leurs filles au sein de la famille royale, créant ainsi des liens de sang, par mariages interposés, avec la monarchie thaïlandaise, liens qui se sont perpétués jusqu'au roi actuel.

Les minorités

Essentiellement regroupés dans les provinces de Songkhla, Yala, Pattani et Narathiwat, les Malais forment la seconde minorité ethnique du pays (3,5%). Les 10,5% restants sont constitués par des petits groupes ne parlant pas le thaï : Vietnamiens, Khmers, Môn, Semang (sakai), Moken (*chao leh*, ou "gitans de la mer"), Htin, Mabri, Khamu et diverses tribus montagnardes.

Une modeste communauté d'Européens et d'autres non-Asiatiques vit à Bangkok et dans les provinces. Leur nombre n'est pas comptabilisé, car très peu ont le statut officiel d'immigrant.

SYSTÈME ÉDUCATIF

Le taux d'alphabétisation atteint 93,8%. C'est l'un des plus élevés d'Asie du Sud-Est non insulaire. En 1993, la scolarité obligatoire est passée de 6 à 9 ans et en 1997, le gouvernement a décrété que tous les citoyens avaient le droit de recevoir un enseignement public gratuit pendant douze ans. L'éducation est tenue comme un critère important pour la réussite sociale. Cependant, le système favorise l'apprentissage par cœur aux dépens de la réflexion.

La scolarité commence à l'âge de 6 ans pour six années de *pràthõm* (primaire), suivies de trois années de *mátháyom* (secondaire) et de trois ans d'*udom* (supérieur). En réalité, la norme nationale se limite à moins de neuf ans de scolarité. Ces statistiques ne tiennent pas compte de l'éducation dispensée par les *wats* bouddhistes dans les régions rurales reculées, où l'enseignement monastique est la seule forme d'éducation possible sur place.

Les écoles privées et internationales réservées aux étrangers et à certains privilégiés thaïlandais se trouvent principalement à Bangkok et à Chiang Mai, ainsi que dans d'autres grandes villes de province, mais moins nombreuses. Le pays possède douze universités publiques et cinq privées, auxquelles s'ajoutent de nombreux collèges techniques et écoles de commerce.

On peut obtenir un diplôme d'enseignant après avoir suivi pendant deux ans le programme post-máth<áyom dans l'une des écoles normales disséminées dans tout le pays. Deux universités de Thaïlande, l'université Thammasat et l'université Chulalongkorn, figurent parmi les cinquante meilleurs établissements supérieurs d'Asie.

ARTS

Pour plus de renseignements sur les arts en Thaïlande, reportez-vous au pages en couleurs intitulées *Art et architecture*.

Littérature

De tous les classiques de la littérature thaïlandaise, le *Ramakian* est le plus célèbre et le plus influent sur la culture en général. Il y a neuf siècles, les Khmers apportèrent avec eux sa source indienne, le *Ramayana*, en Thaïlande. Il fut mis en image pour la première fois dans les reliefs sculptés de Prasat Hin Phimai et d'autres temples du Nord-Est remontant à la période d'Angkor. Des versions orales et écrites devaient circuler ; puis les Thaïlandais développèrent leur version de l'épopée, qui fut rédigée la première fois sous Rama Ier (1782-1809). Avec 60 000 strophes, elle était plus longue d'un quart environ que l'original sanskrit.

Le thème central reste inchangé, mais les Thaïlandais ont fait de nombreux ajouts biographiques aux personnages méchants de Ravana (Dasakantha, appelé Thótsàkan ou "l'homme aux dix cous" dans le *Ramakian*) et de sa femme Montho. Hanuman, le dieu singe, diffère grandement : on le voit courtiser âprement le beau sexe, alors que, dans la version indienne, il se conforme

strictement à son vœu de chasteté. Une des scènes classiques du *Ramakian* illustrées au Wat Pho de Bangkok montre Hanuman s'emparant du sein nu d'une jeune fille comme s'il s'agissait d'une pomme.

Les *jataka* (*chaa-tòk* en thaï), ou récits des vies du Bouddha, proviennent également de la tradition indienne. Les 547 jataka du tripitaka pali (canon bouddhique), chacune relatant une vie antérieure différente, apparaissent pour la plupart telles qu'elles furent rédigées à Sri Lanka. Un groupe de 50 vies "supplémentaires", s'inspirant de contes populaires de l'époque, fut ajouté par les sages de Chiang Mai, il y a trois ou quatre siècles. Le jataka le plus connu en Thaïlande est un des originaux pali, le *Mahajati* ou *Mahavessandara* (*Mahaa-Wetsandon* en thaï). Il raconte l'avant-dernière vie du Bouddha. Les murs intérieurs du *bòt*, ou chapelle des ordinations des temples thaïlandais, représentent en priorité ce jataka accompagné de neuf autres : Temiya, Mahaachanaka, Suwannasama, Nemiraja, Mahaasotha, Bhuritat, Chantakumara, Nartha et Vithura.

Le *Phra Aphaimani*, qui compte 30 000 vers composés par le poète Sunthorn Phu à la fin du XVIIIe siècle, est l'œuvre classique la plus célèbre. Comme nombre de ses prédécesseurs dans le genre épique, il raconte l'histoire d'un prince exilé qui doit accomplir une odyssée d'amour et de guerre avant de retourner victorieux dans son pays.

Poésie

La poésie classique thaïlandaise a vu le jour durant la période Ayuthaya. Elle s'appuie traditionnellement sur cinq formes lyriques – *chan*, *kap*, *khlong*, *khlon* et *rai* – qui obéissent chacune à un éventail de règles très strictes. Versification, métrique, prosodie sont rigoureusement codifiées. Si ces cinq expressions poétiques se déclinent en thaï, le chan et le kap dérivent de la versification sanskrite, tandis que le khlon et le rai sont vernaculaires. Les formes indiennes sont pratiquement tombées en désuétude.

(suite du texte en page 55)

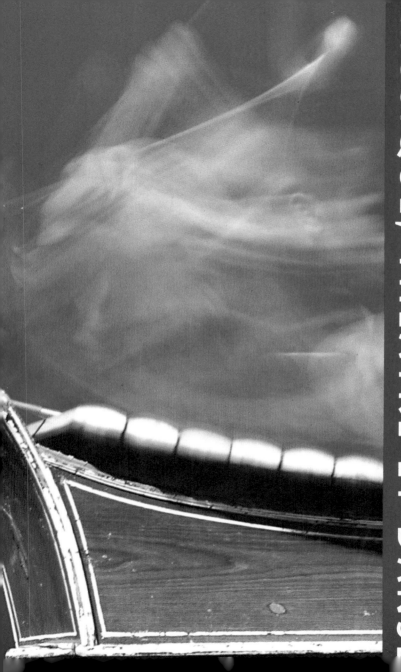

MUSIQUE, THÉÂTRE ET DANSE

MUSIQUE

La Thaïlande offre une grande variété de genres et de styles musicaux : de la musique qui accompagne les drames dansés classiques aux sons de la house music des boîtes branchées de Bangkok.

Musique traditionnelle

Pour une oreille occidentale, la musique thaïlandaise est l'une des plus bizarres de la planète, mais elle mérite bien qu'on fasse un effort pour l'apprécier. Dans la région du Centre, la musique traditionnelle mêle des sons incroyablement subtiles, des tempos renversants et des mélodies pastorales.

L'orchestre classique est appelé le *pìi-phâat* et peut comprendre de cinq à plus d'une vingtaine de musiciens. L'un des instruments les plus courants est le *pìi*, un instrument à vent en bois, avec un bec à anche, joué la plupart du temps en accompagnement des matchs de boxe. Le pìi est le cousin d'un instrument indien similaire, tandis que le *phin*, qui s'apparente au banjo, serait d'origine purement thaïlandaise. On joue également du *saw*, un instrument à archet semblable à ceux que l'on trouve en Chine et au Japon ; du *ranâat èk*, un instrument à percussion en bambou ressemblant au xylophone et du *khlui*, une flûte en bois.

Très curieux, le *khawng wong yài* est constitué d'un ensemble de gongs accordés et disposés en demi-cercle. Enfin, n'oublions pas les différentes sortes de percussions. Le *tà-phon*, ou *thon*, tambourin double, est l'instrument à percussion le plus important ; c'est lui, en effet, qui donne le tempo. Avant chaque représentation, les artistes font offrande d'encens et de fleurs au *tà-phon*, car il est considéré comme le "conducteur" du contenu spirituel de la musique.

A l'origine, le pìi-phâat accompagnait les drames dansés classiques et le théâtre d'ombres, mais de nos jours on peut l'entendre aussi en

Page précédente et en haut : la musique thaïlandaise : aussi épicée que sa cuisine (photo de Joe Cummings)

Ci-contre à gauche : le khaen, appartient à la culture du Nord-Est de la Thaïlande

Ci-contre à droite : les percussions donnent le tempo

C-contre : Le kháwng wong yài est un ensemble de gongs accordés, assemblés en demi-cercle.

solo lors des fêtes religieuses ou en concert. L'une des raisons de l'étrangeté de la musique thaïlandaise est qu'elle n'utilise pas une gamme tempérée. La gamme standard est bien une octave de huit notes, mais arrangée en sept intervalles pleins, sans demi-tons. Les gammes thaïlandaises furent transcrites pour la première fois par le compositeur germano-thaïlandais Peter Feit (Phra Chen Duriyanga), qui composa l'hymne national en 1932.

Dans le Nord et le Nord-Est, on trouve plusieurs sortes d'instruments à anche avec de multiples tuyaux de bambou fonctionnant, en gros, comme un harmonica. Le *khaen*, originaire du Laos, lorsqu'il est bien joué, sonne comme un orgue à vapeur ronronnant et rythmé. Le funky *lûuk thûng*, originaire du Nord-Est, remporte beaucoup de succès dans toute la Thaïlande.

Si vous souhaitez apprendre à jouer des instruments traditionnels, contactez la YMCA de Bangkok (☎ 02-286 1542/2580) qui vous renseignera sur ses cours hebdomadaires. Deux livres (en anglais) traitent du sujet en détail : *The Traditional Music of Thailand* de David Morton, et *Thai Music de Phra Chen Duriyanga* de Peter Feit.

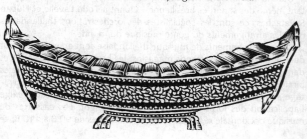

En haut : bien que typiquement thaï, le phin porte un nom d'origine indienne

Gauche : un ranâat èk, sorte de xylophone en bambou

Musique moderne

Largement influencée par la musique occidentale, en particulier par les instruments, la musique populaire Thaï a toutefois su conserver sa propre identité. Si les orchestres des bars de Bangkok sont capables de jouer tous les genres, de Hank Williams à Madonna, la préférence du public thaïlandais s'oriente de plus en plus vers un mélange entre styles locaux et internationaux.

Le meilleur exemple en est le groupe rock Carabao. Avec ses 20 ans de carrière, c'est de loin le plus célèbre, son succès ayant même atteint la Malaisie, Singapour, l'Indonésie et les Philippines, avec des chansons comme *Made in Thailand* (dont le refrain est en anglais). Cette formation a réalisé une combinaison percutante des formes thaïlandaises classiques et lûuk thûng et du heavy metal. Aujourd'hui, la plupart des groupes pop thaï ne sont ni plus ni moins que des clones de Carabao, dont le son est devenu classique.

Dans les années 70, le groupe Caravan, a exercé une influence majeure sur l'évolution de la musique pop thaïlandaise, en créant un style moderne de folk thaï, connu sous le nom de *phleng phêua chii-wít*, ou "chants pour la vie". Bien éloignées des fadaises alors en vigueur, leurs paroles s'inspirent avant tout du contexte politique et social. Au cours des années 70, sous la dictature, la plupart des créations de Caravan ont été interdites par le gouvernement. Bien que ce groupe ait été dissous au début des années 80, il se reforme à l'occasion de concerts. Surachai, le meilleur compositeur de Caravan, continue à enregistrer et à se produire en solo.

Un autre courant moderne inspiré opère une fusion du jazz international avec des thèmes classiques ou folkloriques thaïlandais. Son meilleur représentant est le compositeur et instrumentiste Tewan Sapsanyakorn (également connu sous le nom de Tong Tewan), dont l'orchestre mêle les instruments occidentaux et thaïlandais. Les mélodies sont souvent d'origine locale, mais les improvisations et les rythmes sont inspirés d'artistes aussi fameux que Sonny Rollins. Tewan joue du saxophone soprano et alto, du violon et du khlui avec une égale virtuosité. Quand il n'est pas en tournée mondiale avec son excellent orchestre, du nom de Tewan Noveljazz, vous pouvez l'entendre dans les clubs de Bangkok, et parfois dans d'autres villes.

Dans le même esprit, citons Kangsadarn et Boy Thaï, ce dernier ajoutant même des sonorités brésiliennes. Quant à Todd Lavelle et Nupap Savatachas, ce sont les spécialistes des orchestrations thaïlandaises dans les arrangements du genre musique du monde.

Des enregistrements de musique thaïlandaise sont en vente partout dans le pays, dans les grands magasins, les boutiques de cassettes et dans la rue. Leur prix varie de 55 à 75 B. Les cassettes occidentales piratées sont moins chères (environ 30 B), mais les beaux jours du piratage sont comptés depuis que l'industrie musicale américaine exige l'application des lois internationales de copyright. Les cassettes de musique occidentale réglementées sont vendues de 90 B à 110 B, ce

En bas : le Khōn se
caractérise par des
personnages masqués
et des costumes
extrêmement élaborés

qui reste inférieur aux prix généralement pratiqués dans la plupart des pays européens.

THÉÂTRE ET DANSE

Le théâtre traditionnel comporte six formes bien distinctes d'expression dramatique : le *khōn*, drame dansé avec masques selon des règles strictes, représentant des scènes du *Ramakian* (la version thaïlandaise du *Ramayana* indien) et joué, à l'origine, uniquement devant la cour ; le *lákhon* qui désigne l'ensemble de pièces dansées (généralement devant un public non royal) et le théâtre occidental ; le *lí-khe*, pièces populaires en partie improvisées, souvent paillardes, mêlant danse et musique ; le *mánohra*, l'équivalent méridional du lí-khe, fondé sur une histoire indienne vieille de 2 000 ans ; le *nãng* ou théâtre d'ombres, limité à la Thaïlande du Sud ; et le *hùn lūang* ou *lákhon lék* – théâtre de marionnettes.

Singes et démons

Khōn. Dans toutes les pièces khōn, quatre types de personnages apparaissent – des hommes, des femmes, des singes et des démons. Les deux derniers sont toujours masqués, la tête surmontée de couvre-chefs compliqués. Sous les masques et le maquillage, les acteurs sont tous des hommes. Le khōn traditionnel est un art très coûteux – la suite de Ravana à elle seule (Ravana est le grand méchant de l'histoire) comprend plus de cent démons, portant chacun un masque caractéristique. Réservé essentiellement aux salles des palais, sans avoir jamais gagné la faveur populaire, le khōn ou drame dansé du *Ramakian* s'était pratiquement éteint. Seul le théâtre national de Bangkok en offrait régulièrement des représentations publiques. Toutefois, depuis sa rénovation, le théâtre royal Chalermkrung propose chaque semaine un spectacle de khōn, rehaussé de projections graphiques laser et d'illustrations sonores high-tech.

Les pièces jouées en khōn (et en lakhon) sont tirées du *Ramayana*, l'épopée classique indienne qui comporte d'évidentes similitudes avec l'*Odyssée* et le mythe grec de

Jason et des Argonautes. L'argument central tourne autour de la recherche par le prince Rama de sa bien-aimée, la princesse Sita qui a été enlevée par le démon aux dix têtes, Ravana, et emmenée sur l'île de Lanka. Rama est aidé dans sa quête, par une pléiade d'êtres mythiques, mi-hommes mi-bêtes, dont le dieu singe Hanuman. Voir la rubrique *Littérature* dans le chapitre *Présentation du pays* pour apprécier les différences entre le *Ramayana* indien et le *Ramakian* thaïlandais.

Le théâtre par la danse

Lákhon. Le très formel *lákhon nai* (lákhon intérieur) était joué à l'origine pour la petite noblesse par des troupes entièrement féminines ; plus encore que le khõn royal, cet art est en voie d'extinction. Le lákhon nai ajoutait au *Ramakian* des contes populaires. Quelle que soit l'histoire, le texte est toujours chanté.

Plus souple, le *lákhon nâwk* (lákhon extérieur) traite uniquement des légendes populaires et mêle les textes chantés et parlés. Les acteurs des deux sexes jouent. Comme le khõn et le lákhon nai, les représentations se font de plus en plus rares.

On rencontre plus souvent le *lákhon chatrii*, moins raffiné, un drame dansé au rythme rapide donné lors des festivals de temples provinciaux ou devant des sanctuaires (à la demande d'un fidèle). Les histoires du chatrii ont subi l'influence du théâtre plus ancien dit *mánohra* de Thaïlande méridionale (voir plus bas le paragraphe *Mánohra*).

Variante du chatrii donné devant les sanctuaires, le *lákhon kae bon* implique une vingtaine de personnes, les musiciens compris. Dans les lieux sacrés importants (le Lak Meuang de Bangkok par exemple), plusieurs troupes peuvent alterner, chacune jouant une semaine, 6 heures par jour.

Le *lákhon phûut* (lákhon parlé) est l'équivalent du théâtre occidental fondé sur le modèle grec – les dialogues sont parlés et non chantés. C'est la forme la plus récente de théâtre et la plus populaire dans les villes.

Costumes extravagants, mélodrame et comédie

Lí-khe. Dans les campagnes et les petits bourgs, c'est la forme de théâtre la plus appréciée. Cette forme théâtrale aurait été introduite en Thaïlande du Sud par des commerçants malais et arabes. La première représentation dans le pays s'est déroulée à Bangkok devant Rama V (1868-1910) lors de la commémoration de la mort de la Reine Sunantha. Depuis Rama VI, le succès du lí-khe n'a cessé de croître.

Souvent représenté lors des fêtes par des troupes ambulantes, le lí-khe est un mélange étonnant : musique folklorique et classique, costumes extravagants, grosse farce, allusions scabreuses et commentaires d'actualité. Les farangs, même s'ils parlent couramment thaï, ont souvent du mal à suivre les idiotismes et les références culturelles de la langage et de la gestuelle. Généralement, les représentations de lí-khe débutent par le *àwk khàek*, sorte de prologue au cours duquel un comédien vêtu en costume malais monte sur scène pour rendre hommage au directeur de la troupe et résumer l'intrigue à l'intention des spectateurs.

Enlèvements et sauvetages

Mánohra. Également appelé *nora*, cet équivalent méridional du lí-khe est la plus ancienne expression de drame dansé encore pratiquée. L'argument conventionnel s'inspire du *Ramayana*. Ici, le prince Suthon (Sudhana en pali) se met en route pour sauver Mánohra, une kinnari, ou femme-oiseau, qui a été kidnappée. Comme dans le lí-khe, les acteurs ajoutent des commentaires comiques rimés de leur cru. A l'occasion de fêtes villageoises, les maîtres renommés de nora s'affrontent parfois dans des joutes oratoires.

Ombres et silhouettes

Náng. Le théâtre d'ombres – où des marionnettes plates sont manipulées entre un écran de tissu et une source de lumière au cours de représentations nocturnes – existe en Asie du Sud-Est depuis à peu près cinq siècles. Introduite dans la péninsule malaise par des marchands du Moyen-Orient, cette technique s'est peu à peu répandue dans tout le Sud-Est asiatique. En Thaïlande, on la rencontre surtout dans le Sud. Comme en Malaisie et en Indonésie, les marionnettes sont découpées dans du cuir de buffle ou de vache (*náng* en thaï).

Deux traditions distinctes ont survécu en Thaïlande. La plus répandue est le *náng thálung*, nommé d'après la province de Phattalung, où elle s'est développée à partir de modèles malais. Comme leurs équivalents malais et indonésien, les marionnettes représentent une variété de personnages tirés du théâtre classique et populaire, principalement le *Ramakian* et le *Phra Aphaimani*. Un seul marionnettiste manipule les découpages prolongés par un manche en corne de buffle. Le náng thálung est encore joué traditionnellement aux fêtes des temples du Sud, surtout à Songkhla et à Nakhon Si Thammarat. On le donne également devant les touristes et des dignitaires de Bangkok de passage dans la région.

La seconde tradition, *năng yài* (littéralement "gros cuir"), utilise des découpages beaucoup plus grands, chacun étant relié à deux bâtons en bois tenus par un marionnettiste. Lors d'une représentation, il peut y avoir plusieurs marionnettistes qui se relayent entre eux. Le năng yài est rarement joué de nos jours, en raison du manque de maîtres entraînés et du coût des marionnettes. La plupart des năng yài fabriqués aujourd'hui sont vendus à des décorateurs ou à des touristes – une marionnette en cuir, bien faite, peut valoir jusqu'à 5 000 B. En 1994, afin de célébrer le 50ᵉ anniversaire de l'accession du roi au trône, le département des Beaux-Arts projeta de restaurer l'ensemble des marionnettes năng yài, vieilles de 180 ans, de la cour royale. Le projet exigea la restauration de 352 marionnettes, ainsi que la création d'une centaine d'autres pour compléter le tableau royal (le Phra Nakhon Wai). Outre les représentations données au Nakhon Si Thammarat, on peut admirer les marionnettes năng yài au Wat Khanon (province de Ratchaburi).

Marionnettes royales

Lákhon lék. Comme le khõn, le lákhon lék ou "petit théâtre" (également appelé hùn lŭang ou "marionnettes royales") était autrefois réservé à la cour. Des marionnettes d'un mètre de haut faites en papier *koi* et en fil de fer, portent de magnifiques costumes semblables à ceux du khõn, dont sont également repris les thèmes, la musique et les mouvements de danse. Deux marionnettistes sont nécessaires pour manipuler chaque hun lŭang – bras, jambes, mains et même doigts et yeux sont articulables – au moyen de fils de fer attachés à de longs bâtons. Les histoires sont tirées des légendes populaires, comme le *Phra Aphaimani*, ou plus rarement le *Ramakian*.

Le hùn lŭang n'est plus joué, car les techniques de jeu et de fabrication des marionnettes se sont perdues. Les marionnettes sont d'inestimables objets de collection ; le musée national de Bangkok n'en possède qu'un seul exemplaire. En revanche, on trouve encore une version plus petite, de 30 cm de haut, dite *hùn lék* (petites marionnettes) qui ne requiert qu'un seul manipulateur.

Un autre théâtre de marionnettes, le *hùn kràbòk* (marionnette à baguette), dérive des spectacles populaires du Hainan. Il se joue avec des marionnettes en bois de 30 cm de haut, dont on ne voit que la moitié supérieure. Les hùn kràbòk sont encore fabriquées et utilisées dans des spectacles.

(suite du texte de la page 48)

Pourtant, dans les années 70, sous la dictature, certains éditorialistes thaïlandais, notamment Kukrit Pramoj, ont jugé bon de rédiger leurs commentaires politiques en vers khlon. Les poètes contemporains ne s'inspirent guère de la tradition, lui préférant les vers libres et les rimes chantantes

RÈGLES DE CONDUITE
Culture traditionnelle

Lorsque les étrangers parlent de la "culture thaï", ils font référence à tout un ensemble de comportements, profondément enracinés dans l'histoire des Thaï et leur migration à travers l'Asie du Sud-Est. En cela, ils partagent de nombreux points communs avec les Lao du Laos voisin, avec les Shan du Nord-Est du Myanmar et les nombreux groupes de Thaï tribaux disséminés dans des villages isolés, de Dien Bien Phu (Vietnam) à l'Assam (Inde).

Pratiquement toutes les ethnies représentées en Thaïlande, qu'elles possèdent ou non des ancêtres thaï, ont été plus ou moins assimilées par les Thaï. Même si la Thaïlande est la "plus modernisée" des sociétés modernes thaï (plus précisément, austro-thaï), elle n'en a pas moins conservé des traces de cette culture thaï dans presque tous les aspects de la vie quotidienne.

Si le port de pantalons en remplacement du *phâakhamãa*, les automobiles, les cinémas, les chaînes de supermarché... sont des phénomènes d'"occidentalisation", ils ont été adaptés aux besoins thaïlandais Ces adaptations ne symbolisent pas nécessairement une perte de l'identité culturelle. Ekawit Na Talang, spécialiste de la culture thaï et responsable de la National Culture Commission mise en place par le gouvernement, définit la culture comme le "système de pensée et de comportement d'une société – une entité dynamique, jamais statique". Pour lui, toute culture évolue naturellement grâce à ces apports extérieurs qui subissent des processus de "naturalisation". Selon Talang toujours : "Le peuple rejette tout ce qui est obsolète et adopte tout ce qui peut

avoir une incidence positive sur sa vie, en l'assimilant à sa culture."

Les Thaï eux-mêmes ne possèdent pas de mot correspondant à celui de "culture". L'équivalent le plus proche, *wátánátham*, insiste davantage sur les beaux-arts et les cérémonies sociales que sur les autres aspects généralement recouverts par ce concept. Si vous demandez aux Thaïlandais de définir leur culture, ils vous parleront d'architecture, de cuisine, de danse, de fêtes, etc. La religion qui, à l'évidence, a une influence décisive sur la culture telle qu'elle est définie en Occident, est considérée comme plus ou moins indépendante du wátánátham.

Sanùk

Le terme thaï *sanùk* désigne le plaisir, la gaîté. En Thaïlande, tout ce qui mérite d'être fait – même le travail – contient une part de sanùk, sinon il se transforme en corvée. Cela ne signifie nullement que les Thaï rechignent à travailler, mais qu'ils tendent à considérer toute tâche avec un certain enjouement. Rien ne saurait condamner davantage une activité que de la décrire comme *mâi sanùk*, pas amusante. Asseyez-vous un moment en bordure d'une rizière et regardez comment les paysans thaï plantent, repiquent ou récoltent le riz. Dans ce travail, à l'évidence épuisant, les Thaïlandais parviennent à injecter beaucoup de sanùk – ils s'envoient des amabilités et des moqueries, chantent, plaisantent. Il en va de même dans les bureaux ou les banques. Le célèbre sourire thaïlandais vient en partie de ce désir de rendre les choses sanùk.

Sauver la face

Il est indispensable d'éviter les confrontations et de ne pas se mettre, ou mettre les autres, dans des situations embarrassantes (excepté quand il est sanùk d'agir ainsi !). Il convient de ne pas aborder des sujets négatifs dans toute conversation quotidienne et les Thaïlandais évitent systématiquement un sujet qui met mal à l'aise leur interlocuteur, à moins que ce dernier ne se plaigne ou

Musées nationaux

LEE FOSTER

Le département des Beaux-Arts a réparti 35 musées dans les régions les plus renommées pour leurs richesses artistiques et archéologiques. Ils offrent une rétrospective de l'art thaïlandais, mais accordent une place de choix à l'artisanat local. Depuis 1996, la plupart des musées nationaux ont modifié leurs heures d'ouverture – de 9h à 17h, tous les jours. Peu s'en tiennent encore aux anciens horaires (ouverture de 9h à 17h, du mercredi au dimanche seulement). La liste qui suit indique les plus intéressants.

Capitale provinciale	Musée
Ayuthaya	Musée national Chao Sam Phraya
	Palais Chan Kasem
Bangkok	Musée national (National Museum)
	Musée national Royal Barges
	Musée national Wat Benchamabophit
Chiang Mai	Musée national Chiang Mai
Chiang Rai	Musée national Chiang Saen
Kamphaeng Phet	Musée national Kamphaeng Phet
Kanchanaburi	Musée néolithique Ban Kao
Khon Kaen	Musée national Khon Kaen
Lamphun	Musée national Lamphun
Lopburi	Lopburi Musée national
Nakhon Pathom	Musée national Phra Pathom Chedi
Nakhon Ratchasima	Musée national Mahawirawong
	Musée national Phimai
Nakhon Si Thammarat	Musée national Nakhon Si Thammarat
Nan	Musée national Nan
Phetburi	Parc historique Phra Nakhon Khiri
Phitsanulok	Musée national Phra Phuttha Chinnarat
Songkhla	Musée national Matchimawat
	Musée national Songkhla
Sukhothai	Musée national Ramkhamhaeng
	Musée Sawanworanayok
Suphanburi	Musée national U Thong
Surat Thani	Musée national Chaiya
Ubon Ratchathani	Musée national Ubon
Udon Thani	Musée national Ban Chiang

invoque leur aide. Rire d'incidents mineurs – en voyant quelqu'un trébucher et tomber, par exemple – peut sembler grossier à des étrangers, mais n'est qu'un moyen de sauver la face du malchanceux. C'est aussi une autre explication du sourire des Thaï – on peut sourire de toutes les situations, ou presque.

Hiérarchie et obligations sociales

Dans la société thaïlandaise, traditionnelle et moderne, toutes les relations sont gouvernées par les relations entre *phûu yài* ("personne importante") et *phûu náwy* ("personne peu importante").

Le phûu náwy est supposé montrer de la déférence envers le phûu yài, obéissant par là aux simples règles de la hiérarchie sociale, définies par l'âge, la richesse, le statut, la personnalité ou le pouvoir politique. Sont "automatiquement" phûu yài les adultes (par rapport aux enfants), les patrons (par rapport à leurs employés), les enseignants (pour leurs élèves), les aînés (pour les cadets), les militaires (pour les civils), les Thaï (pour les non-Thaï), etc.

Si ce respect de la hiérarchie sociale est plus ou moins partagé par de nombreuses sociétés dans le monde, la particularité thaï tient aux obligations mutuelles qui lient le phûu yài au phûu náwy. Certains sociologues comparent cette relation à celle de "patron-client". Les phûu náwy doivent, en principe, faire preuve de respect et d'obéissance (deux concepts couverts par le terme thaï de *kreng jai*) envers les phûu yài, mais en retour les phûu yài doivent aider les phûu náwy avec lesquels ils ont de fréquents contacts. Dans de telles relations, les phûu náwy peuvent demander aux phûu yài certaines faveurs, sous forme d'argent ou de travail. Pour leur part, les phûu yài réaffirment leur rang en accédant à ces demandes. Un refus risquerait de leur faire perdre la face et leur statut.

L'âge est déterminant lorsque d'autres facteurs sont absents. Dans ce cas, les termes de *phîi* (aîné) et *náwng* (cadet) s'appliquent davantage que ceux de phûu yài/phûu náwy, même si les obligations mutuelles demeurent équivalentes. Même

des personnes sans lien de parenté établissent très vite qui sont les phîi et les náwng. C'est pourquoi l'une des premières questions posées par un Thaï porte généralement sur l'âge.

A un repas, un spectacle, ou pendant un voyage, c'est toujours le phûu yài qui paie la note. Dans le cas d'un groupe, c'est la personne au rang social le plus élevé qui règle l'addition pour les autres, même si cela doit vider son portefeuille. Pour un phûu náwy, chercher à payer reviendrait à perdre la face. L'argent joue un grand rôle dans la définition du statut du phûu yài, et cela dans presque toutes les situations.

Cela signifie que, quelle que soit votre fortune, vous devez la partager – au moins partiellement – avec les moins riches que vous. Cela ne s'applique pas aux étrangers, mais aux parents et amis.

Les étrangers apprécient rarement de découvrir que deux tarifs sont généralement appliqués (aux spectacles, dans les musées et les hôtels), le premier aux Thaï, le second, plus élevé, aux étrangers. Ce n'est pourtant qu'une simple expression de la relation traditionnelle patron-client. D'une part, les étrangers qui peuvent se permettre de sillonner la Thaïlande sont considérés comme plus fortunés que les Thaïlandais (ce qui est généralement une évidence) et, par conséquent, on attend d'eux qu'ils contribuent à ce que les Thaï puissent, eux aussi, profiter des plaisirs qu'offre leur pays. Mais, paradoxalement, les Thaï estiment qu'ils bénéficient de certains privilèges en tant que citoyens thaïlandais. Autre exemple : dans une queue à la poste, les Thaï seront servis en priorité en raison d'un privilège national, qu'ils considèrent comme naturel.

Comportement

Le pouvoir personnel (*baará-mii*, parfois traduit à tort par charisme) a également une incidence sur le statut social et peut s'acquérir en se rapprochant le plus possible du comportement thaï idéal. Ce que l'on pourrait appeler la "thaïlandicité" se définit d'abord par la faculté de parler le thaï. Peu importe le dialecte pratiqué, même si le thaï du Sud – qui comporte des influences malaise/yawi – est quelque peu suspect, en raison de l'association du Sud avec la religion "étrangère" qu'est l'islam.

Les autres propriétés de l'idéal thaï – en cela très influencé par le bouddhisme thaï – incluent discrétion dans le comportement vis-à-vis du sexe opposé, habillement modeste, apparence nette et propre, modes d'expression valorisant la subtilité, la sérénité, l'évocation, plutôt que le péremptoire ou la brusquerie.

Pas d'impair !

La monarchie et la religion sont les deux vaches sacrées de la Thaïlande. La population tolère la plupart des comportements dès l'instant qu'ils n'offensent pas l'une ou l'autre de ces institutions.

Le roi et le pays.

La monarchie est entourée d'un respect immense, et les visiteurs feront bien de s'y conformer et d'éviter toute remarque désobligeante sur le roi, la reine ou tout autre membre de la famille royale. Sulak Sivaraksa, un des intellectuels qui ne mâche pas ses mots, a été arrêté au début des années 80 pour crime de lèse-majesté (qui encourt en Thaïlande une peine de sept ans) après avoir fait une remarque anodine sur le goût prononcé du roi pour la voile : Sulak avait désigné Sa Majesté du nom de "skipper". Inquiété à nouveau en 1991 pour avoir qualifié les membres de la famille royale de "gens ordinaires", il a cette fois reçu le pardon royal. Mais, la même année, Sulak a dû s'exiler car il risquait la prison pour les remarques qu'il avait faites à l'université Thammasat sur la junte au pouvoir, avec référence au roi. Condamné avec sursis, Sulak est depuis revenu dans son pays.

S'il est permis de critiquer ouvertement le gouvernement, et même la culture, on considère comme une insulte très grave à la nation et à la monarchie de ne pas se lever pendant qu'on joue les hymnes national ou royal. La radio et la télévision diffusent l'hymne national tous les jours à 8h et 18h ; dans les villes et villages (et même dans certains quartiers de Bangkok), on l'entendra retransmis par des haut-parleurs dans la rue. Les Thaïlandais interrompent alors leur occupation, quelle qu'elle soit, et restent debout pendant l'hymne. Les visiteurs sont priés de faire de même. L'hymne royal est joué juste avant les films au cinéma. Là encore, les spectateurs se lèvent.

Religion.

Un comportement correct dans les temples implique le respect d'un certain nombre de points. D'abord, avoir une tenue vestimentaire décente et enlever ses chaussures quand on entre dans un édifice où se trouve une icône du Bouddha. Les bouddhas sont des objets sacrés ; aussi ne vous faites pas prendre en photo devant eux.

Les shorts, les débardeurs ou les chemises sans manches ne sont pas considérés comme une tenue vestimentaire décente pour visiter les temples. Les Thaïlandais ainsi vêtus ne seraient pas autorisés à entrer. Cependant, sauf dans les édifices les plus sacrés (notamment le Wat Phra Kaew de Bangkok et le Wat Phra That Doi Suthep, près de Chiang Mai), les Thaïlandais sont trop courtois pour refuser l'entrée de leurs temples aux étrangers, même incorrectement vêtus. Certains wats proposent aux touristes des pantalons et des sarongs longs à louer.

Les moines ne doivent pas toucher les femmes, ni être touchés par elles. Si une femme veut donner quelque chose à un moine, il faut placer l'objet à sa portée et non lui tendre directement.

Quand on s'assoit dans un édifice religieux, il ne faut pas que les pieds soient pointés vers le Bouddha. Pour cela, on s'assiéra les jambes repliées sur le côté, les pieds pointant vers l'arrière.

Dans certains wats de Bangkok, il est demandé un petit droit d'entrée. Dans d'autres, il est bien vu de donner quelques pièces avant de quitter le temple. En règle générale, des troncs pour les offrandes sont disposés à l'entrée du bôt (sanctuaire central). Dans les campagnes, on se contente de poser l'argent sur le sol, près de la représentation centrale du Bouddha, voire à la porte.

Gestes et attitudes en société. Traditionnellement, les Thaïlandais se saluent en réunissant les paumes dans un geste de prière, dit *wâi*. Si quelqu'un vous adresse un tel salut, vous devez le lui rendre (sauf si c'est un enfant). En ville, les Thaïlandais savent que beaucoup d'étrangers ont l'habitude de se serrer la main et ils se conforment à cet usage avec eux. Bien sûr, un wâi est toujours apprécié.

Les Thaïlandais s'appellent souvent par leur prénom précédé d'un honorifique *khun* ou d'un titre. Les autres titres de respect sont *nai* (monsieur) et *naang* (madame). Les amis utilisent des surnoms ou des termes de parenté comme *phîi* (aîné), *náwng* (benjamin), *mâe* (mère) ou *lung* (oncle), selon la différence d'âge.

Un sourire et un *sawàt-dii khráp/khâ* (le salut thaï) réussissent généralement à calmer l'inquiétude que les Thaïlandais peuvent ressentir à la vue d'un étranger, que ce soit en ville comme à la campagne.

Lorsque quelque chose prend une mauvaise tournure, essayez de ne pas vous énerver, car perdre son calme, c'est perdre la face. Et, en Asie, garder son calme est la règle des règles. Hausser le ton est considéré comme grossier, quelle que soit la situation. Lorsque vous tendez un objet à quelqu'un, faites-le avec les deux mains, ou la main droite, jamais la gauche (réservée aux ablutions intimes). Les livres, ainsi que tout support écrit, jouissent d'un statut privilégié sur les autres objets. Ne les posez pas par terre. Posez-les plutôt sur une chaise, s'il n'y a pas de place sur la table.

La tête et les pieds ! Les pieds sont la partie la plus basse (physiquement et spirituellement) du corps. Ne les pointez jamais vers quelque chose ou quelqu'un. Ne posez pas vos pieds sur une chaise ou une table lorsque vous êtes assis. Ne touchez jamais quelqu'un d'autre avec votre pied.

De la même manière, la tête étant la partie la plus haute du corps, il existe certains

tabous : ne posez jamais la main sur la tête d'un Thaïlandais, pas plus que vous ne caresserez les cheveux d'un enfant (ou d'un adulte). Si cela vous arrive par mégarde, présentez immédiatement vos excuses, au risque de passer pour un grossier personnage.

Ne vous asseyez pas sur les oreillers réservés au coucher.

N'enjambez jamais quelqu'un, même dans un wagon très bondé de 3e classe, où la foule est assise ou allongée par terre. Essayez de contourner la personne ou demandez-lui de se déplacer.

Tenue vestimentaire et nudité. En Thaïlande, les shorts (à l'exception des modèles longs), les chemises sans manches et les vêtements qui découvrent le corps sont réservés aux activités sportives. Une telle tenue pourra vous jouer un mauvais tour dans certains bâtiments administratifs (en particulier, si vous venez renouveler votre visa). L'entêtement à vouloir s'habiller comme on l'entend n'attire que mépris de la part des Thaïlandais.

Les sandales sont acceptées dans les occasions peu formelles, de même que les blouses et chemises à manches courtes.

Les Thaïlandais ne peuvent pas imaginer que l'on visite un pays étranger salement vêtu. Aussi sont-ils souvent choqués par les touristes occidentaux vêtus de fripes qui n'ont pas vu la couleur de l'eau ni du savon depuis plusieurs semaines. Si vous êtes soigneux de votre personne, vous recevrez un traitement largement meilleur de la part des Thaïlandais.

Même si les usages ont varié au cours des siècles, les Thaïlandais d'aujourd'hui sont tout à fait choqués par la nudité en public. Se baigner nu est interdit par la loi.

De même, le monokini est mal vu, sauf dans les endroits très touristiques comme Phuket, Samui, Samet et Pha-Ngan. Selon la loi thaïlandaise qui régit les parcs nationaux, il y a infraction lorsqu'une femme pratique le monokini sur la plage d'un parc national (tels ceux de Ko Chang, de Ko Phi Phi ou de Ko Samet). Ce qui gêne le plus les Thaïlandais chez les étrangers, ce sont le bronzage en monokini et la nudité qu'ils considèrent comme un manque de respect, et non comme une affirmation libertaire ou une coutume moderne. En Thaïlande, on est très pudique, et il n'appartient certainement pas aux visiteurs de faire "évoluer" les mentalités.

Chaussures. Il est inhabituel de ne pas se déchausser à l'intérieur d'une maison, ainsi que dans certaines pensions et magasins. Si vous apercevez un tas de chaussures à l'entrée, pensez à respecter la coutume. Plusieurs Thaïlandais nous ont dit être surpris par la négligence partagée des Occidentaux qui oublient fréquemment de respecter cette tradition simple et manifeste. A leurs yeux, rester chaussé à l'intérieur est une habitude assez sale et ceux qui omettent de se conformer à cette coutume passent pour des malappris.

A l'intérieur des maisons. Les Thaïlandais peuvent se montrer particulièrement hospitaliers et il n'est pas rare qu'ils vous invitent à venir prendre un repas ou un verre chez eux. Si courte soit votre visite, on vous offrira quelque chose à boire ou à manger, même sûrement les deux (verre d'eau, tasse de thé, morceau de fruit, petit verre d'alcool ou autre). On attend que vous partagiez tout ce qu'on vous tend. Sachez que refuser un aliment ou une boisson est considéré comme une offense.

Et n'oubliez pas de vous déchausser avant d'entrer, comme vous le faites dans les temples.

A l'intérieur du pays. Lorsque vous vous déplacez dans les villages, renseignez-vous sur les coutumes et tabous locaux (en le demandant de vive voix ou en observant les habitants). Voici quelques grandes règles qui vous aideront à ne pas trop commettre d'impairs lors de vos déplacements.

- De nombreuses tribus redoutent les photographies. Demandez la permission – par geste si nécessaire – avant de pointer votre appareil sur les habitants ou leurs habitations.

- Respectez les symboles religieux et les rituels. Évitez de toucher les maisons des esprits, les autels, les totems et autres symboles religieux. En les touchant, vous les "polluez" spirituellement, et les villageois seront obligés, après votre départ, d'exécuter des rituels de purification. Restez à distance des cérémonies, à moins que l'on ne vous invite à y participer.

- Ne pénétrez pas dans les maisons sans y être invité.

- Évitez de distribuer des objets à tort et à travers, ou de faire du troc. Aliments et médicaments ne sont pas nécessairement des cadeaux appropriés : ils peuvent avoir des incidences néfastes sur l'alimentation traditionnelle et les pratiques médicales. La meilleure solution consiste à faire un don à l'école du village ou à toute autre organisation de la communauté.

Message d'une lectrice

Pour clore ce chapitre sur les offenses à éviter, voici une lettre que m'adressa une lectrice après un long séjour en Thaïlande :

S'il vous plaît, faites votre possible pour bien faire comprendre aux visiteurs l'importance de traiter les Thaïlandais, peuple si généreux et si modeste, avec le respect qu'ils méritent. Si des gens se font bronzer en monokini, photographient la population comme des animaux dans un zoo et exigent le confort occidental, non seulement ils agressent le peuple thaïlandais, mais ils renforcent l'opinion assez répandue que nous sommes riches, exigeants et sans moralité.

Les Thaïlandais et les animaux

La Thaïlande fait partie des pays qui ont signé la Convention des Nations unies sur le commerce international des espèces menacées (CITES). L'élévation du niveau culturel permet aujourd'hui à la population de mieux comprendre l'action menée par les organismes de défense de la nature comme le World Wildlife Fund ou la Wildlife Conservation Society. Aussi les Thaïlandais les soutiennent-ils largement. Le commerce illégal des espèces menacées ou en danger a cependant toujours cours, mais dans des proportions bien moindres qu'il y a dix ans.

Dans les régions rurales moins développées du pays, en particulier dans le Nord et le Nord-Est et parmi les tribus montagnardes, la chasse reste le moyen le plus courant de se procurer des protéines animales. La pêche intensive pratiquée dans les lacs, les cours d'eau et les océans menace également certaines espèces de poissons.

Pour nous Occidentaux, il est souvent difficile de comprendre pourquoi l'on capture dans la jungle des singes, des oiseaux ou d'autres animaux pour ensuite les attacher, par une corde ou une chaîne, à un arbre ou les enfermer dans une cage, au titre d'animaux de compagnie ! Diverses organisations extra-gouvernementales (ONG), telles le Phuket Gibbon Rehabilitation Centre, essaient de sensibiliser le public

sur la cruauté de telles pratiques et ont lancé divers projets de protection de la faune et d'éducation des populations.

Comme dans le reste du monde, les spécialistes disent tous que le plus grand danger qui pèse sur la faune thaïlandaise n'est ni le commerce illégal des animaux ni la chasse, mais la disparition de leurs habitats. Il convient donc de veiller à la protection des forêts, des mangroves, des zones marécageuses, des pâturages pour préserver la faune qui y vit.

Pour plus de précisions sur ce sujet, reportez-vous à la rubrique *Écologie et environnement*, plus haut dans ce chapitre.

Renseignements pratiques

SUGGESTIONS D'ITINÉRAIRES

Reportez-vous quelques pages plus loin au cahier couleur de ce chapitre pour prendre connaissance des lieux à ne pas manquer en Thaïlande. Les itinéraires proposés ci-après supposent que vous souhaitiez découvrir un maximum de choses dans un temps donné. Une autre méthode consiste à passer davantage de temps dans seulement quelques endroits que vous aurez sélectionnés en fonction de vos goûts. Vous pourrez ainsi choisir de passer deux semaines, voire davantage, à explorer le Nord.

La plupart des touristes commencent leur voyage par une halte à Bangkok. Selon le temps dont vous disposez, vous pourrez réserver votre exploration de la capitale thaïlandaise pour la fin de votre séjour. Ainsi, Bangkok vous apparaîtra moins envahissante. Par ailleurs, vous serez déjà familiarisé avec la culture et les modes de vie thaïlandais, et vous vous sentirez moins dérouté par la capitale.

Une semaine
Temples et plages du golfe de Siam.
En vous arrêtant deux jours à Bangkok, vous pourrez commencer par un bref aperçu des temples et de la vie urbaine, puis poursuivre vers l'ancienne capitale royale d'Ayuthaya. Vous y découvrirez les ruines d'un temple et d'un palais vieux de quatre siècles, en plein centre-ville. Une journée à Ayuthaya suffit pour les voyageurs pressés. Vous devrez repasser par Bangkok avant de vous diriger vers Ko Samet, au sud-est, en bordure du golfe de Siam ou, si vous préférez les hôtels de classe internationale aux bungalows de plage, remplacez Samet par Hat Jomtien, non loin de Pattaya.

Marchés flottants, rivière Kwaï et Lopburi. Partez de bon matin de Bangkok, pour explorer l'un des marchés flottants au sud-ouest de la ville, Damnoen Saduak étant le plus fréquenté. Passez une nuit à

Nakhon Pathom, puis visitez le monument bouddhique le plus haut du monde, le chédi Phra Pathom. Poursuivez votre route par bus ou par train jusqu'à Kanchanaburi pour voir le célèbre pont de la rivière Kwaï et plongez-vous quelques heures dans l'atmosphère d'une petite ville provinciale. Rentrez ensuite à Bangkok via Suphanburi et Lopburi, en traversant le "bol de riz" du pays, et en vous arrêtant pour une nuit à Lopburi où vous arpenterez les ruines de temples khmers et thaï.

Deux semaines
Le Nord. Après avoir accompli l'un des deux circuits décrits ci-dessus, vous pouvez prendre un train de nuit (ou un avion) pour Chiang Mai. Faites quelques achats au bazar nocturne de Chiang Mai, goûtez à la délicieuse cuisine thaï du Nord, puis bifurquez vers le nord-ouest et Mae Hong Son ou vers le nord-est et Nan. Ces deux régions habitées par les tribus montagnardes offrent des possibilités de randonnée en montagne comme dans les parcs nationaux.

Le Nord-Est. Commencez par l'un des circuits du Centre, puis prenez le train pour Nakhon Ratchasima (Khorat) et visitez les ruines de la période d'Angkor, à Phimai. D'autres témoignages de la splendeur architecturale khmère sont protégés dans le parc historique de Phanom Rung, dans la province de Buriram.

Finissez votre voyage en longeant le Mékong – de Chiang Khan à Si Chiangmai si vous préférez les petites bourgades et les villages, de Nakhon Phanom à Ubon Ratchathani si les villes vous tentent plus.

De Bangkok à la frontière malaise. Après avoir goûté à la vie trépidante de Bangkok – trois ou quatre jours au maximum quand vous ne disposez que de deux semaines – rejoignez la péninsule malaise, en passant deux nuits et une journée à Phetburi, la cité des temples de la période Ayuthaya tardive. Vous pourrez aussi admirer son palais royal juché sur une colline.

Après Phetchaburi, choisissez une des plages de Cha-am, Hua Hin ou des environs de Prachuap Khiri Khan, des endroits très fréquentés par la bourgeoisie thaïlandaise pendant les vacances. Le parc national de Khao Sam Roi Yot offre de belles randonnées en bordure de mer et à l'intérieur.

Si vous aimez la plage, ne manquez pas de séjourner sur l'une des trois grandes îles au large de la côte des provinces de Chumphon et Surat Thani – Ko Tao, Ko Pha-Ngan et Ko Samui.

Vous pouvez regagner le continent et vous rendre à Chaiya (les ruines de Srivijaya et son célèbre monastère), ou à Songkhla (architecture sino-portugaise et un musée national).

Continuez par une nuit ou deux à Hat Yai pour déguster une des meilleures cuisines chinoises proposées en Thaïlande (en dehors de Bangkok) et acheter des tissus thaï ou malais. Pour pénétrer en Malaisie, empruntez la route de la côte est *via* Narathiwat – c'est elle qui offre les plus beaux paysages – ou celle qui longe la côte ouest si vous êtes pressé d'atteindre Penang ou Kuala Lumpur.

Un mois
Temples, randonnées et plages. Après un court séjour à Bangkok (que vous pouvez aussi réserver pour la fin de votre voyage), dirigez-vous vers le nord en prenant votre temps, passez deux nuits à Lopburi, à Phitsanulok et Sukhothai pour vous imprégner de la culture thaïlandaise, et plus particulièrement de l'architecture des temples, ancienne ou moderne. De Sukhothai, faites route vers Mae Sot, au sud-ouest, dans une région qui a subi l'influence karen et birmane, et empruntez l'itinéraire hors des sentiers battus – cascades, randonnées, rafting, éléphants – qui mène d'Um Phang à Mae Sariang. Poursuivez vers le nord en longeant la boucle dessinée par le Mae Hong Son jusqu'à Tha Ton, sur le cours d'eau Kok, puis redescendez par

bateau le Kok jusqu'à Chiang Rai ou embarquez-vous dans un *sãwng thãew* (songthaew) pour traverser les montagnes qui bordent la frontière avec le Myanmar jusqu'à Mae Salong.

Vous pourrez passer la semaine qui vous reste sur une île ou une plage en bordure du golfe de Siam (Pattaya, Ko Samet, Ko Chang ou Hua Hin), si vous souhaitez vous y rendre rapidement *via* Bangkok. Autre possibilité si les longs déplacements en avion, voiture ou train ne vous dérangent pas : rejoignez la côte sur la mer d'Andaman (Phuket, Khao Lak, Krabi, Trang) ou la partie méridionale du golfe de Siam (Ko Samui, Ko Phra-Ngan, Ko Tao). Les parcs nationaux au large de la côte d'Andaman offrent des plages vierges – Ko Tarutao, Ko Similan ou Ko Surin.

S'il vous reste encore un peu de temps, profitez de votre séjour dans le Sud pour faire une incursion dans le parc national de Khao Sok, importante forêt humide habitée par une grosse colonie de tigres.

Du Nord au Nord-Est. Si les plages ne vous attirent pas énormément, privilégiez la culture et les paysages en empruntant la route de Lopburi pour Mae Salong décrite ci-dessus. De là, poursuivez à l'est vers Nan et Phrae, deux des provinces du Nord les moins visitées, puis continuez jusqu'à la province de Loei pour suivre les méandres du Mékong, de Chiang Khan à Ubon.

Si vous disposez d'encore un peu de temps, dirigez-vous vers l'intérieur, pour visiter les parcs historiques de Prasat Hin Phimai et de Phanom Rung. Les plus audacieux s'aventureront le long de la frontière cambodgienne, entre Ubon et Aranya Prathet *via* Surin et Sí Saket, des provinces qui abritent des temples khmers plus petits, moins connus. Une randonnée dans le parc national de Khao Yai vous fera découvrir l'une des réserves naturelles protégées les plus anciennes et les plus vastes de Thaïlande.

Deux mois
En deux mois, vous pouvez combiner deux ou trois des itinéraires proposés ci-dessus

pour relier ainsi les plus beaux sites des régions du Centre, du Nord, du Nord-Est et du Sud.

PRÉPARATION AU VOYAGE
Quand partir

La meilleure saison pour visiter la Thaïlande, eu égard au climat, se situe entre novembre et mars. C'est alors qu'il pleut le moins et qu'il ne fait pas encore trop chaud. Les températures plus constantes dans le Sud y rendent le séjour agréable, quand le reste du pays est écrasé sous la chaleur, c'est-à-dire d'avril à juin. Mieux vaut visiter le Nord entre mi-novembre et début décembre, ou en février. Si vous restez un certain temps à Bangkok, sachez que vous allez littéralement cuire en avril et patauger dans l'eau en octobre, qui sont les pires mois pour la capitale.

Les mois de la haute saison touristique sont novembre, décembre, février, mars et août, suivis de près par janvier et juillet. Si vous voulez voyager plutôt pendant les mois creux et profiter des réductions offertes dans les hôtels, choisissez avril, mai, juin, septembre et octobre. Même en haute saison, il est possible de voyager sans se mêler à la foule des touristes, en évitant certaines des destinations les plus populaires comme Chiang Mai, les îles et les plages.

Cartes

Lonely Planet publie le *Thailand Travel Atlas* (échelle 1/1 150 000), un atlas routier de 44 pages sous forme de livre. Le nom des lieux est rédigé en alphabet thaï et en alphabet romain. Outre des informations pratiques en cinq langues (français, anglais, allemand, espagnol et japonais), il comprend des relevés topographiques et un index géographique exhaustif. Sur place, vous pourrez vous le procurer (pour environ 9 \$US) dans de nombreuses librairies de Bangkok. J'ai pu personnellement apprécier, sur le terrain, l'exactitude et l'actualité de cet ouvrage.

Nelles Maps et Bartholomew Maps éditent tous deux des cartes assez fiables – échelle 1/500 000 – comportant des relevés

topographiques d'ensemble. Il y a quelques années, Bartholomew, en association avec DK Book House, a lancé la *Handy Map of Thailand* ; ingénieux atlas routier de format 22x13. Si vous réussissez à le dénicher, c'est une bonne affaire (entre 90 et 100 B), grâce à la robustesse de son papier et à sa maniabilité, si l'on oublie certaines imprécisions.

Periplus Travel Maps publie une série de cinq cartes dépliantes couvrant respectivement le pays entier, Bangkok, Chiang Mai, Phuket et Ko Samui. La carte de la Thaïlande au 1/2 000 000 s'avère fort pratique, de même que celles de Phuket et de Ko Samui. Celles de Bangkok et de Chiang Mai vont être rééditées après révision. Plusieurs éditeurs thaï publient diverses cartes régionales, mais nous vous recommandons uniquement la série *Thailand Highway Map* de Window Group/Book Athens, compte tenu des détails qu'elles contiennent. Pour le Nord, la *Chiang Mai & Thailand North* (au 1/750 000) de Berndtson & Berndtson Publications est le plus fiable des documents.

Pour plus de détails, tournez-vous vers la série de quatre cartes publiées par le Thailand Highway Department (équivalent du service des Ponts et Chaussées). Pour environ 150 B, vous aurez une carte routière très détaillée et en couleurs des régions Centre, Nord, Nord-Est et Sud. Les cartes vous informent sur les routes qui ne sont pas sous le contrôle du Highway Department, comme de nombreuses routes du Nord. On trouve cette série pour 250 B, avec tube en carton dans quelques librairies, mais moins chère au Highway Department de Th Si Ayuthaya.

La Roads Association of Thailand publie chaque année un atlas routier bilingue (alphabets thaï-latin) grand format (48 pages), appelé *Thailand Highway Map* (homonyme des publications de Window Group/Book Athens, mais les cartes sont différentes). On y trouve dans un format plus commode les cartes du Highway Department, ainsi qu'une dizaine de plans de ville, les distances entre les localités et de nombreux renseignements touristiques.

(suite du texte en page 73)

À NE PAS MANQUER

Explorer la Thaïlande entièrement serait l'affaire d'une vie. Les contraintes financières et le temps imparti conduisent la plupart d'entre nous à décider (soit à l'avance, soit sur place) des endroits que nous tenons à voir et à ignorer les autres. En établissant votre programme, ne soyez pas trop ambitieux.

Vos penchants esthétiques et vos goûts en matière de loisirs seront vos meilleurs guides. La plupart des voyageurs incluent dans leur programme les îles et leurs plages, les temples, l'architecture, le trekking, l'artisanat et les arts du spectacle. On aura du mal à trouver un lieu qui rassemble tous ces centres d'intérêt ! Songkhla, par exemple, vous offre à la fois ses plages et son artisanat, tandis que dans le Nord-Est, vous vous pencherez sur l'architecture des temples en ruine et sur l'art local.

Nombre de touristes s'imprègnent simplement de l'"atmosphère" générale du pays. Sortir des circuits touristiques ou des grandes agglomérations, se rendre – au moins une fois – dans une petite ville, s'installer dans un hôtel local et se restaurer dans les échoppes et les petits restaurants thaïlandais est une expérience qui vous mettra vraiment en contact avec la culture thaïlandaise.

Îles et plages
La côte thaïlandaise offre les plages les plus somptueuses de toute l'Asie.

Ko Chang. Certaines zones de cet archipel en bordure de la frontière cambodgienne sont classées parc national. L'île principale, Ko Chang, accueille des infrastructures touristiques sur une partie de ses côtes, mais son relief montagneux et son éloignement de Bangkok écarte tout risque de développement touristique de masse. L'île attire les voyageurs à petits budgets qui recherchent la tranquillité. Accessible uniquement par bateau.

Ko Samet. Sise au large de la côte orientale du golfe de Siam et à seulement trois heures de Bangkok par route ou par mer, cette petite île est envahie par les touristes pendant le week-end et les vacances. On peut faire de la plongée sous-marine autour des îlots, à proximité. Accessible uniquement par bateau.

Pattaya. Golf, karting, voile, sports nautiques, dîners luxueux et vie nocturne attirent tous ceux qui ne s'intéressent qu'aux séjours dans les stations balnéaires de la côte est du golfe de Siam. La baie n'est pourtant pas très propre – Jomtien, à proximité, l'est bien

Page titre : image colorée et emblématique de Bangkok, le túk-túk. Ces triporteurs font aussi un bruit fou et dégagent des vapeurs polluantes (photo de Paul Piaia)

RICHARD I'ANSON

Cocotiers à Ao Phra Nang

MARK STRICKLAND/OCEANIC IMPRESSIONS

Tortue à écailles, dans les eaux de Ko Surin

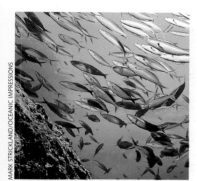

Banc de fusiliers aux îles Similan

Plongée aux îles Similan

Hat Than Phra Nang,province de Krabi

davantage – mais on peut plonger, avec ou sans bouteilles, dans les environs.

Prachuap Khiri Khan. Cette province qui s'étire sur la côte nord-est du golfe de Siam abrite des plages de sable de qualité moyenne sur presque toute sa longueur, de la très touristique Hua Hin au nord aux petites stations balnéaires proches d'Ao Manao et de Bang Saphan. On y mange de délicieux produits de la mer.

Ko Pha-Ngan. Située au nord de Ko Samui, dans le golfe de Siam, c'est le lieu de rendez-vous des voyageurs à petits budgets. On peut y séjourner en bord de mer pour le tarif le plus modique du pays. Tout de même, certains établissements de catégorie supérieure commencent à faire leur apparition. Les plongeurs en apnée ou avec bouteilles, trouvent leur bonheur. Accessible uniquement par bateau.

Ko Samui. Située au large de Surat Thani, la troisième île de la Thaïlande (par sa surface) connaît un développement rapide. Autrefois étape des voyageurs à petits budgets, elle est à présent envahie par les hôtels de catégorie moyenne et les pensions. Bonne plongée sous-marine. Accessible par bateau et avion.

Ko Tao. Au nord de Ko Pha-Ngan, cette petite île offre les meilleures possibilités de plongée sous-marine de la région. Accessible uniquement par bateau.

Ko Surin, Ko Similan et Ko Tarutao. Ce sont trois parcs maritimes nationaux de la mer d'Andaman. Chacun réunit un groupe d'îles qui offrent des possibilités de plongée sous-marine incomparables. L'hébergement se limite à des bungalows et au camping dans les parcs, excepté sur une île privée de Tarutao. Accessible uniquement par bateau, et hors mousson (de novembre à avril).

Phuket. L'île la plus étendue de Thaïlande se trouve sur la côte de la mer d'Andaman et fut la première à développer une industrie touristique. Elle abrite néanmoins plusieurs parcs nationaux et peut aujourd'hui se prévaloir d'une des politiques hôtelières les plus "écologiques" du pays. Les îles et récifs proches et Ao Phang-Nga offrent de bonnes possibilités de plongée. Vous dégusterez sur place la meilleure cuisine thaïlandaise de toutes les îles. Accessible par avion et par la route.

Krabi. Sur la côte de la mer d'Andaman, face à la région d'Ao Phang-Na, cette province abrite toute une série de plages et d'îles bordées de formations calcaires impressionnantes. Escalade, plongée sous-marine, bateau et camping sur la plage sont les principales activités. Les hôtels affichent complet de décembre à février, mais la région est pratiquement déserte en mai, juin, septembre et octobre. Les îles et certaines plages sont seulement accessibles par bateau.

Trang. Largement méconnue des touristes, cette autre province de la côte de la mer d'Andaman possède des îles et des plages moins jolies que celles de Krabi. On peut pratiquer la plongée sous-marine, mais il faut apporter son équipement. Îles uniquement accessibles par bateau.

Cascade dans la province de Krabi

Songkhla, Pattani et Narathiwat. Ces provinces méridionales du golfe de Siam, proches de la Malaisie, jouissent de centaines de kilomètres de plage déserte. Durant la mousson (de novembre à mars), les courants rendent l'eau trouble.

Parcs nationaux

La Thaïlande abrite aujourd'hui quelque 80 parcs nationaux et devrait en compter une centaine d'ici au début du XXIe siècle.

Parc national de Kaeng Krachan. Ce parc de presque 3 000 km² est le plus grand de Thaïlande, et le moins visité. Il compte des forêts d'arbres à feuilles persistantes et caduques, en bordure de la frontière avec le Myanmar, dans la province de Phetchaburi. Traversé par les monts Tenasserim, il sert de ligne de partage des eaux pour le nord de la Thaïlande méridionale, alimentant le gigantesque lac de retenue de Kaeng Krachan. Les randonneurs et les campeurs découvriront une faune extraordinaire, dont des gibbons et des calaos. La meilleure période s'étend de novembre à avril.

L'orchidée, emblème de la Thaïlande

Parc national de Doi Inthanon. Ce parc de 482 km² à proximité de Chiang Mai entoure le plus haut sommet de Thaïlande. Les pentes brumeuses abritent une profusion d'orchidées, de lichens, de mousses et d'épiphytes, ainsi que près de 400 variétés d'oiseaux. On peut s'y rendre toute l'année.

Réserve naturelle de Thung Salaeng Luang. Ancienne base des insurgés communistes, cette réserve couvre 1 262 km² de vastes prairies et de

Un macaque

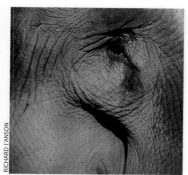

RICHARD I'ANSON

Retour à la liberté pour ce vieil éléphant

TAT

Chute d'eau couleur de l'émeraude

JOE CUMMINGS

Le parc national de Khao Sok

forêts. Les possibilités de randonnée sont excellentes, mais les installations réduites. La meilleure période pour s'y rendre s'étend de novembre à février.

Parc national de Khao Yai. Situé dans la province de Nakhon Ratchasima, le doyen des parcs nationaux thaïlandais, troisième par sa surface, est considéré comme l'un des plus beaux au monde tant pour la variété de sa faune et de sa flore que pour le travail de préservation qui y est effectué. Il couvre l'une des forêts de mousson les plus étendues d'Asie du Sud-Est et abrite un important troupeau d'éléphants. On peut se loger dans les hôtels et les pensions de Pak Chong, à proximité. A visiter d'octobre à juin.

Parc national de Nam Nao. De vastes étendues de forêts de diptérocarpacées, de bambous et des falaises de grès se mêlent pour offrir des kilomètres de randonnée aux amoureux de la nature. Le parc borde la province de Chaiyaphum. La faune est abondante en raison de la contiguïté de la réserve naturelle de Phu Khiaw. Les possibilités d'hébergement sont réduites, à l'intérieur comme à l'extérieur du parc. On peut s'y rendre toute l'année, mais la forêt est la plus luxuriante de mai à novembre.

Parc national de Phu Kradung. Ce parc s'étend sur le grand plateau au sommet du Phu Kradung, qui épouse la forme d'une cloche, dans la province de Loei. C'est l'un des plus appréciés des Thaïlandais pour ses forêts de pin et ses points de vue. Les 9 km balisés du chemin qui serpente jusqu'au sommet sont bordés de bancs et d'abris pour les randonneurs. On peut y louer une tente. Quelques éléphants vivent dans le parc. Meilleure période : d'octobre à décembre. Attention ! la saison des pluies rend l'ascension très difficile.

Parc national de Khao Sok. Falaises de calcaire, forêts humides, torrents et ruisseaux offrent un habitat idéal pour les tigres et les léopards, espèces en danger en Thaïlande. Le parc se situe dans la partie occidentale de la province du Surat Thani. Pour l'hébergement des visiteurs, on a construit des cabanes en rondins pour éviter d'altérer le sol. Meilleure période : de décembre en février.

Parc maritime national des îles Similan. Cet archipel de neuf petites îles, au large de la côte septentrionale de la mer d'Andaman, est devenu un haut lieu de la plongée sous-marine en raison de la beauté de ses fonds, notamment de ses coraux recouvrant d'énormes falaises. Les tortues de mer viennent y pondre. Une seule île abrite quelques bungalows. On peut aussi y camper. Meilleure période : de novembre à avril.

Parc national de Thaleh Ban. Une forêt de meranti blanc, des cascades, des formations calcaires, un lac naturel et une grande variété ornithologique constituent les principales attractions de ce parc tranquille de 196 km². Il s'étend à la frontière malaise, dans la province de Satun. Camping et bungalows sont disponibles. Meilleure période : de décembre à mars.

Temples et architecture

Les temples des anciennes capitale, Ayuthaya, Lopburi, Kamphaeng Phet, Sukhothai, Si Satchanalai et Chiang Mai offrent une large rétrospective – du XIe au XIIIe siècle – de l'architecture bouddhique. Le gouvernement thaï a classé la plupart de ces sites "parcs historiques". A ce titre, d'impressionnants travaux de restauration ont été entrepris, associés à la création de musées sur place. Pour découvrir l'architecture des temples khmers et lao, il faut pousser jusqu'à Isaan (au nord-est de la Thaïlande). La contrée est émaillée de centaines de monuments khmers élevés entre le VIIIe et le XIIIe siècle, dont certains datent de l'époque de la splendeur d'Angkor.

Ayuthaya. Située à seulement une heure ou deux de Bangkok, par la route, cette ancienne capitale royale abrite des temples du XIVe au XVIIIe siècle, édifiés sur une "île" formée par deux rivières et un canal. Malgré un environnement urbain qui tend à défigurer les monuments classés patrimoine mondial, le parc historique d'Ayuthaya donnera un bon aperçu aux voyageurs disposant d'un temps limité ou peu passionnés par les ruines.

Lopburi. Parce qu'elle renferme des monuments de styles khmer et thaï, cette ville centrale constitue une autre étape obligée. L'ancien palais du roi Narai (XVIIe siècle), dont le conseiller fut l'aventurier grec Phaulkon, est particulièrement impressionnant.

Chiang Mai et Lampang. Ces villes du Nord abritent de nombreux temples en bois construits dans les styles shan, birman et Lanna. Dans la province de Lampange, le Wat Phra That Lampang Luang serait le plus ancien temple en bois du pays.

Ruines khmères de Prasat Hin Phimai

Tête de bouddha couchée à Ayuthaya

Le Wat Phan Tao de Chiang Mai

RICHARD I'ANSON

Détail d'un bouddha de Sukhotai

BETHUNE CARMICHAEL

Lion khmer à Prasat Hin Phimai

BERNARD NAPTHINE

Ruines khmères de Phanom Rung

Sukhothai et Si Satchanalai. Aujourd'hui classées au Patrimoine mondial, ces deux anciennes cités royales, transformées en parcs historiques, abritent des ruines de l' "âge d'Or" de la Thaïlande, la période de Sukhothai (du XIIIe au XVe siècle). Les monuments sont remarquablement entretenus. Celui de Si Satchanalai est moins visité, d'où son atmosphère plus attachante.

Kamphaeng Phet. Autre site du Patrimoine mondial, ce parc, bien entretenu, plus petit, abrite les ruines d'un temple datant de la période Sukhothai.

Isaan. Les sites les plus impressionnants sont ceux de Prasat Hin Phimai, dans la province de Nakhon Ratchasima, et de Prasat Hin Khao Phanom Rung (abrégé en Phanom Rung), dans la province de Buriram. Si vous en avez le temps, profitez-en pour visiter les sites moins touristiques, moins grandioses certes, mais tout aussi passionnants. Des dizaines de temples bordent le Mékong, des provinces de Loei et de Nong Khai à celle d'Ubon Ratchathani.

Musées
Le département des Beaux-Arts gère activement le patrimoine muséographique à travers plusieurs musées régionaux. Il existe également des collections administrées par d'autres organisations publiques ou privées.

Musée national (National Museum). Installé dans l'ancien palais du vice-roi, c'est le musée le plus riche en poterie, sculpture, mobilier, vêtements et instruments de musique provenant autant de Thaïlande que d'autres pays du Sud-Est asiatique. La chapelle Phutthaisawan (Buddhaisawan) renferme des fresques bouddhistes.

Musée et palais de Chao Sam Phraya. Ces deux musées nationaux présentent cinq siècles d'art et d'artisanat de la période Ayuthaya.

Musée national de Nan. C'est le musée qui donne le meilleur aperçu de l'art encore méconnu du royaume de Nan, à l'extrême nord du pays, dont des objets présentant les diverses tribus de la province, Lao et Thaï Lü notamment.

Musée national de Phimai. Assez récemment fondé dans la petite ville de Phimai, cet établissement présente dans un remarquable cadre muséographique des témoignages de l'art khmer de la période d'Angkor, ainsi que des œuvres antérieures de style Dvaravati.

Musée ethnographique du Dr Thawi. Ce petit musée de Phitsanulok présente la plus belle collection d'ustensiles usuels, allant de la vannerie et la poterie aux outils agricoles.

Musée ethnographique de Ko Yo. Situé à proximité de Songkhla, ce musée, tout récent, expose un ensemble impressionnant d'art religieux et populaire.

Artisanat

L'artisanat thaïlandais reflète fidèlement la diversité ethnique des populations. Commercialisé ou non, il est partout présent dans le pays.

Motif textile des tribus montagnardes

Chiang Mai. Capitale culturelle et commerciale du nord de la Thaïlande, Chiang Mai est aussi le principal centre artisanal du nord du pays depuis une trentaine d'années. Vous y trouverez tous les types d'artisanat de la région, ainsi que des objets artisanaux produits au Myanmar et au Laos. Cet artisanat du Nord est varié : argenterie, bois sculpté, ombrelles peintes, objets des tribus des montagnes, cuir, vannerie, poterie et meubles anciens.

Nakhon Ratchasima et les environs. Les capitales du Nord-Est, Nakhon Ratchasima (Khorat), Khon Kaen, Roi Et et Udon Thani, proposent le plus beau choix de coton tissé main et de soie. Si vous vous rendez dans quelques villes où l'on fabrique la soie, vous découvrirez les méthodes de tissage thaïlandais.

Ombrelles de papier

Ubon Ratchathani. Cette capitale de province offre une belle sélection d'objets artisanaux provenant du Cambodge et du Laos, ainsi que de l'argenterie et de la poterie, produites sur place.

Nakhon Si Thammara. Cette ville provinciale de la côte sud-ouest du golfe de Siam est un centre artisanal très actif : nielles, argenterie, vannerie, marionnettes et masques du théâtre d'ombre.

Songkhla et les environs. Si vous recherchez des cotons imprimés, des sarongs et des batiks, visitez les provinces méridionales de Songkhla, Yala, Pattani et Narathiwat, près de la frontière avec la Malaisie.

La production de soie

(suite du texte de la page 64)

Il vaut 120 B (méfiez-vous des mauvaises copies meilleur marché). A l'instar du *Thailand travel atlas* de Lonely Planet, le gros avantage du *Thailand Higway Map*, c'est que les noms de villes sont imprimés aussi bien en thaï qu'en caractères romains.

Cartes de l'atlas Lonely Planet, cartes du Highway Department ou de Periplus, toutes conviennent parfaitement à la plupart des voyageurs. Les randonneurs solitaires ou les amateurs de géographie préféreront peut-être les cartes d'état-major publiées par l'armée thaï. Disponibles à différentes échelles, elles portent les altitudes, les courbes de niveau, les noms de lieu (en thaï et en caractères romains), ainsi que les chaussées. La plupart des gens s'adonnant au trekking préférent les cartes au 1/250 000, lesquelles existent au nombre de 52, chacune vendue 60 B. Quatre d'entre elles (celles de Mae Hong Son, Mae Chan, Tavoy et Salavan) ne sont pas disponibles pour le public, en raison des différends permanents avec le Myanmar et le Laos, sur les questions de frontière, et l'armée thaï ne souhaite pas être accusée de promouvoir une délimitation erronée. Plus détaillées encore, les 321 cartes au 1/50 000 éditées par l'armée valent 70 B pièce. Vous pouvez vous les procurer au Thaï Army Map Department (Krom Phaen Thii Thahaan, ☎ 02-222 8844), installé face au ministère de l'intérieur, dans la partie ouest de Th Ratchini à Ko Ratanakosin.

Plans de ville. Les brochures touristiques, que publie la TAT pour de nombreuses provinces thaïlandaises contiennent de petits plans de la capitale locale tout à fait utilisables, sans être pour autant admirables. En revanche, celui de Bangkok est remarquable. L'atlas routier *Thailand Highway Map* (cité plus haut) contient au dos une dizaine de plans de ville, mais en dehors des chaussées principales et des bureaux de l'administration, vous n'y repérerez pas grand-chose.

Mentionnons enfin les très utiles cartes urbaines de *Nancy Chandler* pour Bangkok et Chiang Mai (120 B). Ces plans dessinés à la main sont révisés chaque année et consti-tuent des guides complets où figurent les monuments et sites locaux, les marchés et leurs produits, les transports, et même des restaurants recommandés.

Que prendre avec soi

Emportez un minimum d'effets – un sac souple de grosseur moyenne, un sac marin ou un sac à dos feront l'affaire. Prenez des vêtements légers, sauf si vous allez dans le Nord pendant la saison fraîche, auquel cas il vous faut un pull-over. Si les fibres naturelles apportent fraîcheur et confort, elles deviennent lourdes à porter et empêchent l'air de pénétrer dès qu'elles sont trempées par la pluie ou la transpiration. Il existe certaines matières synthétiques légères, dans lesquelles on respire mieux et qui ne retiennent pas la sueur ; elles peuvent davantage convenir en bord de mer ou en saison semi-pluvieuse.

Les lunettes de soleil sont indispensables. Elles sont très bon marché à Bangkok et dans la plupart des capitales de province. Les chaussures de type mocassin ou les sandales sont vivement recommandées – outre que l'on y est plus au frais que dans des chaussures à lacets, elles s'enlèvent facilement avant d'entrer dans une maison ou un temple. Une lampe de poche est une bonne idée ; elle vous permettra de retrouver plus facilement votre bungalow si vous logez près de la plage ou dans une pension isolée.

Dentifrice, savon et autres objets de toilette s'achètent partout dans le pays ainsi que des briquets, bougies et tortillons contre les moustiques. On trouve aussi des crèmes écran total et anti-moustiques, mais elles sont chères et généralement de piètre qualité. Si vous avez l'intention de laver votre linge, prévoyez un bouchon d'évier universel, quelques pinces à linge en plastique, du fil à linge ou des cintres pour le faire sécher.

Si vous devez passer du temps au bord de la mer, vous souhaiterez peut-être emporter votre masque et votre tuba (voir *Plongée* dans la rubrique *Activités sportives* de ce même chapitre). Vous économiserez une location de matériel et vous serez sûr qu'il vous ira.

Les chaussures spéciales pour sports nautiques sont très utiles, que vous fassiez ou non de la plongée. Elles vous protègent des blessures de corail qui s'infectent très vite.

Ceux qui voyagent avec leur ordinateur se reporteront au paragraphe *E-mail et accès Internet* un peu plus loin dans ce chapitre.

Tampons. La plupart des Thaïlandaises n'utilisent pas de tampons, aussi ceux-ci sont-ils difficiles à trouver à la différence des serviettes hygiéniques. Si vous ne restez que peu de temps, mieux vaut apporter les vôtres.

Port du sarong. Portez le *phâakhamâa* (sarong thaï court pour hommes) ou le *phâasîn* (sarong long pour femmes) dans votre chambre, sur la plage, ou lorsque vous vous baignez à l'extérieur. Tous les marchés locaux en vendent de motifs et couleurs différents selon les régions. Les marchands vous apprendront à le nouer.

Des plus pratiques, le sarong peut servir de couvre-lit léger (dans les pensions de famille, on ne trouve souvent ni drap de dessus ni dessus de lit), de "sac à provisions" de fortune, de turban ou d'écharpe, pour se protéger du soleil et absorber la sueur, de serviette, de petit hamac.

Pour se promener en ville, les femmes le portent cousu en fourreau, telle une jupe.

OFFICES DU TOURISME

La Tourist Authority of Thailand (TAT), fondée en 1960 par l'État thaïlandais pour promouvoir le tourisme, dispose de 22 agences dans le pays et à l'étranger. En 1991, la TAT a reçu le pouvoir de réglementer les activités liées au tourisme (hôtels, voyagistes, agents de voyages et compagnies de transport) afin d'améliorer la qualité des services et de contrer les agissements frauduleux.

La qualité de l'information publiée par la TAT dans ses brochures sur les sites ou les possibilités d'hébergement et de transport n'est comparable à aucune autre en Asie du Sud-Est. Le personnel ne manque pas. Le bureau principal de Bangkok occupe dix étages d'un nouveau bâtiment administratif du quartier Ratchada, à Huay Khwang.

Tous les jours de 8h30 à 16h30, à partir de n'importe quel téléphone en Thaïlande,

---

Un bagage pas trop lourd

Ne pas s'encombrer, surtout d'objets auxquels on tient, permet de voyager plus librement. L'"indispensable" au moment du départ n'a souvent plus rien d'indispensable une fois en voyage, lorsque l'on vit plus simplement. Prévoyez seulement quelques vêtements que vous laverez dans un lavabo avec un peu de lessive liquide (plus facile à transporter et à mettre en œuvre que du détergent en poudre). Vos vêtements sècheront vite si, après les avoir essorés, vous les roulez dans une serviette éponge et les tordez à nouveau. Il suffit ensuite de suspendre vos habits sur un cintre, à une poignée de porte, une porte de placard, une chaise ou un rebord de fenêtre.

Un lecteur nous écrit :

Pourquoi un voyageur devrait nécessairement transporter un sac à dos énorme et lourd ? Nous avons toujours partagé un sac marin ou un sac à dos de petite taille, et je pense que cela nous a permis de mieux nous mêler à la population locale. Monter ou descendre d'un bus ou d'un train est aussi plus aisé. Outre l'air engoncé qu'il donne, un sac à dos gigantesque est tout à fait inconfortable et lourd, surtout si l'on marche beaucoup. Dans les huit ou quinze derniers jours de notre voyage, nous achetons un autre sac pour y loger vêtements et souvenirs si besoin est.

il vous suffit de composer le 1155, puis de demander le poste 2, pour obtenir des renseignements en anglais, français, allemand, japonais, chinois ou thaï.

Outre les agences qui suivent, vous trouverez aussi des comptoirs de la TAT, dans les terminaux international et national de l'aéroport de Don Muang, à Bangkok.

Agences locales de la TAT

Ayutthaya
  (☎ 035-246076/7, fax 246078)
  Th Si Sanphet (bureau provisoire),
  Ayutthaya 13000
Bangkok
  (☎ 02-694 1222, renseignements en
  direct 1155 poste 2, fax 694 1220/1,
  e-mail center@tat.or.th)
  Le Concorde Building, 202 Th Ratchadapi-
  sek, Huay Khwang, Bangkok 10310
  (☎ 02-282 9773)
  4 Th Ratchadamnoen Nok, Bangkok 10100
Cha-am
  (☎ 032-471005/8, fax 471502)
  500/51 Thang Luang Phetkasem, Amphoe
  Cha-am, Phetchaburi 76
Chiang Mai
  (☎ 053-248604/7, fax 248605,
  e-mail tatcnx@samart.co.th)
  105/1 Th Chiang Mai-Lamphun,
  Chiang Mai 50000
Chiang Rai
  (☎ 053-717433, fax 717434,
  e-mail tatcei@chmai.loxinfo.co.th)
  Th Singkhlai, Chiang Rai 57000
Hat Yai
  (☎ 074-243747, fax 245986,
  e-mail tathatyai@hatyai.inet.co.th)
  1/1 Soi 2, Th Niphat Utith 3, Hat Yai,
  Songkhla 90110
Kanchanaburi
  (☎/fax 034-511200)
  Th Saengchuto, Kanchanaburi 71000
Khon Kaen
  (☎ 043-244498/9, fax 244497)
  15/5 Th Prachasamoson, Khon Kaen 40000
Lopburi
  (☎ 036-422768, fax 422769)
  Provincial Hall (bureau provisoire),
  Th Narai Maharar, Lopburi 15000
Nakhon Nayok
  (☎ 037-312282, fax 312286)
  Kh/1 084/23 Th Suwannason, Nakhon
  Nayok 26000

Nakhon Phanom
  (☎ 042-513490/1, fax 513492)
  184/1 Th Sonthonvichit,
  Nakhon Phanom 48000
Nakhon Ratchasima (Khorat)
  (☎ 044-213666, fax 213667)
  2102-2104 Th Mittaphap,
  Nakhon Ratchasima 30000
Nakhon Si Thammarat
  (☎ 075-346515/6, fax 346517,
  e-mail tatnakhon@nst.a-net.net.th)
  Sanam Na Meuang,
  Th Ratchadamnoen Klang,
  Nakhon Si Thammarat 80000
Narathiwat (Sungai Kolok)
  (☎ 073-612126, fax 615230,
  e-mail tatnarat@cscoms.com)
  Asia Highway 18 (bureau provisoire),
  Sungai Kolok, Narathiwat 96120
Pattaya
  (☎ 038-427667, fax 429113,
  e-mail tatpty@chonburi.ksc.co.th)
  382/1 Th Chaihat, Hat Pattaya,
  South Pattaya 21000
Phitsanulok
  (☎ 055-252742/3, fax 252742,
  e-mail tatphs@loxinfo.co.th)
  209/7-8 Surasi Trade Center,
  Th Borom Trailokanat, Phitsanulok 85000
Phuket
  (☎ 076-212213, 211036, fax 213582,
  e-mail tathkt@phuket.ksc.co.th)
  73-75 Th Phuket, Phuket 83000
Rayong
  (☎/fax 038-655420/1, fax 655422,
  e-mail tatry@infonews.co.th)
  153/4 Th Sukhumvit, Rayong 21000
Surat Thani
  (☎ 077-288818/9, fax 282828,
  e-mail tatsurat@cscoms.com)
  5 Th Talaat Mai, Ban Don,
  Surat Thani 84000
Trat (Laem Ngop)
  (☎/fax 038-597255)
  100 Muu 1, Th Trat-Laem Ngop,
  Laem Ngop, Trat 23120
Ubon Ratchathani
  (☎ 045-243770/1, fax 243771)
  264/1 Th Kheuan Thani,
  Ubon Ratchathani 34000
Udon Thani
  (☎/fax 042-241968)
  Provincial Education Office
  (bureau provisoire), Th Phosi,
  Udon Thani 41000

Agences de la TAT à l'étranger

France
(☎ 01 53 53 47 00, fax 01 45 63 78 88,
e-mail tatpar@wanadoo.fr)
90, avenue des Champs-Élysées, 75008 Paris
Hong Kong
(☎ 02-2868 0732, fax 2868 4585,
e-mail tathkg@hk.super.net)
Pièce 401, Fairmont House,
8 Cotton Tree Drive, Central
Laos
(☎ 21-217157, fax 217158)
79/9 Lan Xang Rd, Vientiane, Lao PDR
PO Box 12, Nong Khai 43000
Malaisie
(☎ 093-262 3480, fax 262 3486,
e-mail tatki@sawatdi.po.my)
c/o Royal Thaï embassy, Suite 22.01,
Level 22, Menara Lion, 165 Jalan Ampang,
50450 Kuala Lumpur
Singapour
(☎ 65-235 7694, fax 733 5653)
c/o Royal Thaï embassy, 370 Orchard Rd,
Singapour 238870
Taiwan
(☎ 02-2502 1600, fax 2502 1603,
e-mail tattpe@ms3.hinet.net)
111 Sung Chiang Rd

VISAS ET FORMALITÉS COMPLÉMENTAIRES

Passeports

Un passeport valable au moins six mois à partir de la date d'entrée dans le pays est obligatoire pour pénétrer en Thaïlande.

S'il arrive à expiration pendant votre séjour sur le sol thaïlandais, mieux vaut en avoir fait établir un nouveau avant votre arrivée ou être certain que l'ambassade de votre pays en Thaïlande pourra vous en délivrer un.

Visas

Visas de tourisme et de transit. Le gouvernement thaïlandais autorise les ressortissants de 56 pays, dont la France, la Belgique, la Suisse, et le Canada à séjourner pendant 30 jours dans le pays, sans visa et sans droit d'entrée. Soixante-dix-huit autres nationalités, dont les micro-États européens comme l'Andorre ou le Liechtenstein, les pays d'Afrique de l'Ouest, d'Asie du Sud ou encore d'Amérique latine peuvent obte-

nir un visa de transit (valable 15 jours) à leur arrivée, moyennant un coût de 300 B.

Certains étrangers comme les Hongrois doivent être en possession d'un visa avant leur arrivée, sous peine d'être refoulés. En tout état de cause, nous vous conseillons de vous informer auprès de l'ambassade ou du consulat avant votre départ.

Faute de pouvoir justifier d'un billet de retour et de fonds suffisants pour le séjour projeté, les services d'immigration peuvent vous refuser l'entrée du royaume. Dans la pratique, ce contrôle est rare dans la mesure où votre tenue vestimentaire leur paraît correcte.

Reportez-vous paragraphe *Contrôle des changes* dans la rubrique *Questions d'argent* pour connaître le montant exact des sommes exigées selon le type de visa.

Le visa de tourisme, valable deux mois à compter de la date d'entrée en Thaïlande, coûte 15 $US. Toutes les demandes devront être accompagnés de 3 photos.

En France, en Belgique, en Suisse et au Canada, les visas s'obtiennent sur présentation d'un passeport valable au moins 6 mois après la date de retour, de deux photos d'identité et d'une somme de 75 FF (500 FB et 25 FS), la plupart du temps en liquide.

Visas de non-immigrant. Ce visa, valable 90 jours et délivré dans votre pays, coûte 20 $US. Il n'est pas difficile à obtenir pour raison d'affaires, d'études, de visites à sa famille... Si vous projetez de rester plus de six mois en Thaïlande, c'est le visa le plus adapté.

Un nouveau type de visa pour affaires et non-immigrants (que les employés de l'immigration abrègent en général en "non-B") vous permet d'entrer et de sortir de Thaïlande sans limitation pendant un an, à condition toutefois de quitter le pays tous les 90 jours au moins.

Prorogation de visas. Les visas de tourisme de 60 jours sont prorogeables de 30 jours à la discrétion des autorités d'immigration. Le bureau de Bangkok (☎ 02-

287 3101) se trouve Soi Suan Phlu, Th Sathon Tai, mais vous pouvez faire la demande dans n'importe quel bureau du pays – dans les provinces bordant une frontière. Le tarif (pour un mois maximum de prorogation) est en général de 500 B. On vous demandera deux photos et deux photocopies de la photo et du visa tamponné sur le passeport.

Moyennant 500 B, un droit de séjour de 30 jours peut être prorogé de 7 à 10 jours (selon le bureau de l'Immigration). Vous pouvez aussi quitter le pays et y rentrer aussitôt pour obtenir un autre titre de séjour de 30 jours. Vous pouvez accomplir cet aller et retour autant de fois que vous le souhaitez.

La prorogation d'un visa de transit de 15 jours n'est possible que si vous détenez un passeport d'un pays qui n'a pas d'ambassade thaïlandaise.

Si vous dépassez la durée de votre visa, vous serez passible d'une amende de 100 B par jour d'infraction (limite de 20 000 B). Les amendes s'acquittent à l'aéroport ou, à l'avance, à l'Unité d'investigation (☎ 02-287 3129, poste 2204), bureau de l'Immigration, bureau 416, 4e étage, Old Bldg, Soi Suan Phlu, Th Sathon Tai, à Bangkok.

Les voyageurs âgés d'au moins 55 ans peuvent faire proroger leur visa de non-immigrant de 90 jours, une fois par an, moyennant une copie du passeport, une photo, 500 B, la preuve de revenus financiers ou du versement d'une pension. Ceux de plus de 60 ans doivent justifier de revenus annuels d'au moins 200 000 B par an (ou de 20 000 B par mois, car les prorogations ne sont jamais d'une année complète). Pour les personnes de 55 à 59 ans, le minimum annuel (ou mensuel) exigé est de 500 000 B (ou 50 000 B). Toutefois, selon le bureau de l'Immigration : "Si l'étranger est malade, de santé faible ou sensible au climat froid, ou encore qu'il réside en Thaïlande depuis longtemps, et qu'il est âgé de 55 à 59 ans, certains avantages lui seront accordés."

Les détenteurs d'un visa de non-immigrant qui ont résidé en Thaïlande pendant trois ans consécutifs (plus un an de prorogation possible) peuvent demander une carte de résident permanent auprès de la Section 1, Immigration Division 1, bureau 301, 3e étage, bureau de l'Immigration, Soi Suan Phlu, Th Sathon Tai (☎ 02-287 3117/01). Les étrangers qui obtiennent ce statut doivent toujours porter sur eux leur "carte d'identité pour étranger".

Le gouvernement thaï vient d'ouvrir le nouveau One-Stop Visa Centre (☎ 02-693 9333, fax 693 9340), 207 Th Ratchadaphisek, Krisda Plaza, où l'on délivre en moins de trois heures les visas de non-immigrant, destinés aux investisseurs, aux hommes d'affaires et aux correspondants étrangers (seulement).

Divers cabinets juridiques de Thaïlande, notamment à Bangkok, Chiang Mai et Hat Yai, peuvent vous aider à faire proroger votre visa, faire renouveler votre passeport ou en faire la demande, moyennant des honoraires, bien sûr. Il en existe deux, implantés depuis longtemps à Bangkok, dont voici les coordonnées : Siam Visa (☎ 02-238 2989, fax 238 2987, e-mail siamvisa@loxinfo.co.th), Kasemkit Building, 7e étage, Th Silom ; Express Visa Service (☎ 02-617 7258 poste 418, fax 272 3764, e-mail thaïvisa@usa.net), Sirida Place, 278 Th Viphavadi Rangsit, Soi 3 Yak 10, Latyao, Chatuchak. N'oubliez pas de poser toutes les questions nécessaires avant de débourser quoi que ce soit.

Permis de réentrée et visas à entrées multiples

Si vous avez besoin de quitter, puis de revenir en Thaïlande avant l'expiration de votre visa – au retour d'un voyage au Laos par exemple – vous aurez peut-être besoin d'un visa de réentrée à demander au bureau de l'Immigration, moyennant 500 B et une photo. Il n'y a pas de limite au nombre de visas de réentrée que l'on puisse obtenir.

Le ministère de l'Intérieur thaï a récemment proposé de faire passer de 500 à 2 000 B le tarif pour un permis de réentrée. Il envisage aussi un nouveau permis à réentrées multiples (en nombre illimité) valable un an, qui serait facturé 5 000 B. A l'heure de la rédaction de ce guide, la Chambre des représentants thaï prévoyait d'examiner ces propositions, en vue d'instituer le nouveau barème de tarifs – s'il est approuvé – en l'an 2000.

En dehors des visas pour affaires et non-immigrants, la Thaïlande ne délivre pas de visas à entrées multiples. Vous pouvez aussi demander un permis de réentrée (ou celui de réentrées multiples, s'il voit le jour), une fois que vous êtes déjà dans le pays.

Consultez plus haut le paragraphe *Visas de non-immigrant*, où est décrit le visa à entrées multiples pour affaires.

Si vous souhaitez pouvoir quitter le pays et y revenir, la meilleure solution consiste à demander un visa autorisant deux entrées ; il vous coûtera le double d'un visa à entrée unique. Ainsi, un visa de non-immigrant de 90 jours, à deux entrées, coûte 40 $US et vous autorise à rester six mois dans le pays, dès lors que vous passez une frontière à la fin de vos trois premiers mois. La seconde moitié de votre visa est valide dès que vous retraversez la frontière ; il n'est donc pas nécessaire de se rendre à l'ambassade ou au consulat thaïlandais du pays étranger. Tous les visas obtenus à l'avance sont valables 90 jours à partir de leur date d'émission.

Permis de résidence

Ils sont réservés aux ressortissants étrangers mariés à des citoyens thaï et résidant à long terme dans le pays, ou encore à certaines catégories certifiées par le ministère de l'Intérieur. A l'heure actuelle, ce type de permis revient à 200 000 B.

Impôts

Toute personne ayant des revenus en Thaïlande doit obtenir un certificat d'acquittement des impôts du Revenue Department avant d'être autorisé à quitter le pays. A Bangkok, son bureau (☎ 02-281 5777, 282-9899) est installé dans Th Chakkapong, non loin du monument à la Démocratie. Le Revenue Department dispose d'antennes dans tous les chefs-lieux de province.

Depuis 1991, l'obligation d'acquitter des impôts ne s'applique plus à ceux restés dans

le pays pendant 90 jours cumulés dans une même année. Cette disposition satisfera les expatriés et autres visiteurs de longue durée en possession d'un visa de non-immigrant. Plus besoin de se mettre en règle avec les impôts chaque fois que l'on veut passer quelques jours à Penang (Malaisie) ou Vientiane (Laos).

Billets de continuation de voyage

Les services d'immigration thaïlandais semblent peu se soucier de savoir si vous êtes en possession de billets d'avion vous permettant de poursuivre votre voyage. Mais, sur le plan légal, tous les détenteurs d'un visa de tourisme ou de non-immigrant de 30 jours sont "supposés" détenir un tel billet.

Assurance de voyage

Une police d'assurance couvrant le vol, la perte d'objets et les frais médicaux est vivement conseillée, même si la Thaïlande est un pays généralement sûr. Les assurances de voyage ne manquent pas, prenez conseil auprès des agents de voyages qui sauront vous indiquer la formule la mieux adaptée à vos besoins.

Lisez avec attention les clauses imprimées en petits caractères pour vérifier que l'assurance couvre bien certaines activités jugées "dangereuses", tels la plongée et le trekking. Certaines cartes de crédit offrent une assurance de voyage à leur détenteur.

Reportez-vous plus loin dans ce chapitre à la rubrique *Santé* pour les différentes couvertures proposées par les assurances.

Permis de conduire

Les visiteurs désirant conduire en Thaïlande doivent se munir d'un permis international. Si vous souhaitez obtenir un permis de conduire thaïlandais, reportez-vous à la rubrique *Auto et moto,* paragraphe *Permis de conduire,* du chapitre *Comment circuler.*

Cartes d'auberges de jeunesse

La carte émise par la HI (Hostelling International) vous sera nécessaire pour séjourner dans les auberges de jeunesse

Coût de la vie en Thaïlande

Budget quotidien par personne	Petit budget	Budget moyen	Budget élevé Minimum
Hébergement	de 60 à 100 B	de 250 à 500 B	600 B
Nourriture	de 75 à 100 B	300 B	1 500 B
Transports locaux	25 B	de 75 à 100 B	500 B
Divers (droits d'entrée, effets personnels)	40 B	100 B	200 B

thaïlandaises. (Voir la rubrique *Hébergement*, plus loin, pour plus de détail).

Vous pourrez obtenir votre carte auprès de n'importe quelle auberge de jeunesse, dans le monde, ou bien auprès du bureau de la Fuaj (Fédération unie des auberges de jeunesse) 9 rue Brantôme, 75003 Paris, ☎ 01 48 04 70 40, Minitel 3615 Fuaj.

Toute information est disponible sur le site Internet des auberges de jeunesse internationales (www.iyhf.org/iyhf/ehome.html)

Cartes d'étudiant
Les cartes d'étudiant internationales n'offrent pas beaucoup de réductions en Thaïlande. Si vous en possédez une, emportez-la, mais il n'est pas utile d'en demander une si vous projetez de ne voyager qu'en Thaïlande.

Photocopies
Vous avez tout intérêt à faire des photocopies de vos documents – passeport, numéros de carte de crédit, billets d'avion, numéros de série des chèques de voyage, etc. – que vous conserverez dans un autre endroit que vos originaux et qui seront fort utiles en cas de perte pour obtenir un document de remplacement.

AMBASSADES ET CONSULATS
Ambassades et consulats thaïlandais à l'étranger
Pour obtenir un visa, il faut en faire la demande auprès des ambassades ou consulats cités ci-après. Bien souvent, si vous vous déplacez en personne, vous recevrez votre visa de tourisme ou de non-immigrant le jour même de la demande. Par courrier, il faut compter entre deux et six semaines.

Belgique
  (☎ 640 68 10)
  Square Val de Cambre, 2, 1050 Bruxelles
Canada
  (☎ (613) 722-4444)
  180 Island Park Drive, Ottawa,
  Ontario K1Y OA2
France
  8, rue Greuze, 75116 Paris (☎ 01 56 26 50 50)
  22 bd Pierre I\^{er}, 33000 Bordeaux
  (☎ 05 56 44 52 83)
  8, rue Sala, 69002 Lyon (☎ 04 78 37 16 58)
  8, rue Cargo-Rhin-Fidélity, 13002 Marseille
  (☎ 04 91 21 61 05)
Hong Kong
  (☎ 02-2521 6481/2)
  8\^e étage, Fairmont House,
  8 Cotton Tree Drive, Central
Indonésie
  Jalan Imam Bonjol 74, Djakarta
  (☎ (021) 390-4052/3/4)
Laos
  Th Phonkheng, Vientiane Poste 128
  (☎ (21) 214582/3)
Luxembourg
  8-10 rue Mathiasardt, BP 39,
  2010 Luxembourg (☎ 40 78 78)
Malaisie
  206 Jalan Ampang, Kuala Lumpur
  (☎ (03) 248-8222/8350)
Myanmar (Birmanie)
  91 Pyi Rd, Yangon (☎ (01) 282471, 276555)

Singapour
(☎ 65-235 4175, 737 2158, 737 3372)
370 Orchard Rd, 238870
Suisse
Kirchstrasse 56, 3097 Liebefeld-Bern
(☎ (031) 970 30 30)
Vietnam
63-65 Hoang Dieu St, Hanoi
(☎ (04) 235-092/94)

Ambassades et consulats étrangers en Thaïlande

Bangkok est la ville tout indiquée pour se procurer des visas pour d'autres pays que la Thaïlande. La plupart des pays possèdent en effet des représentations diplomatiques à Bangkok. En règle générale, les bureaux sont ouverts de 8h30 à 11h30, du lundi au vendredi (vérifiez par téléphone car certains n'ouvrent que deux à trois jours par semaine).

Vous aurez besoin d'un visa si vous souhaitez poursuivre votre voyage en Inde ou au Népal par exemple, même si, pour ce dernier, il est possible d'en obtenir un à l'arrivée dans le pays. Pour vous rendre au Myanmar, il vous faudra un visa, lequel est délivré directement par l'ambassade de ce pays. Pour le Laos, le visa peut s'obtenir à l'ambassade laotienne de Bangkok, au consulat laotien de Khon Kaen, à l'arrivée de l'aéroport Wattay de Vientiane, ou encore au pont de l'Amitié (Friendship Bridge) laotien-thaï, situé non loin de Nong Khai. Pour la Malaisie, le Cambodge et le Vietnam, les visas sont délivrés à l'arrivée dans le pays.

Parmi les pays disposant d'une représentation diplomatique à Bangkok, citons :

Australie
(☎ 02-287 2680)
37 Th Sathon Tai
Belgique
(☎ 02-236-0150, 236-78 60)
44 Soi Phiphat, Th Silom)
Cambodge
(☎ 02-254 6630)
185 Th Ratchadamri, Lumphini
Canada
(☎ 02-636 0540)
15e étage, Abdulrahim Building,
990 Th Rama IV
Chine
(☎ 02-245 7032/49)
57 Th Ratchadaphisek

Corée du Sud
(☎ 02-247 7537)
23 Th Thiam-Ruammit, Huay Khwang,
Sam Saen Nok
France
(☎ 02-266 8250/6)
35 Soi Customs House, Th Charoen Krung ;
(☎ 02-287 2585/87)
division consulaire (visas), 29 Th Sathon Tai
Inde
(☎ 02-258 0300/6)
46 Soi Prasanmit (Soi 23), Th Sukhumvit
Indonésie
(☎ 02-252 3135/40)
600-602 Th Phetburi
Laos
(☎ 02-538 3696)
520/1-3 Soi 39, Th Ramkhamhaeng
Malaisie
(☎ 02-254 1700/5)
15e étage, Regent House Building,
183 Th Ratchadamri
Myanmar (Birmanie)
(☎ 02-233 2237, 234 4698)
132 Th Sathon Neua
Népal
(☎ 02-391 7240)
189 Soi Phengsuk (Soi 71), Th Sukhumvit
Pays-Bas
(☎ 02-254 7701, 252 6103/5)
106 Th Withayu
Philippines
(☎ 02-259 0139)
760 Th Sukhumvit
Singapour
(☎ 02-286 2111, 286 1434)
129 Th Sathon Tai
Sri Lanka
(☎ 02-261 1934/5)
89/3, Soi 19, Th Sukhumvit
Suisse
(☎ 02-253-0156/60)
35 North Wireless Road
Taiwan
(☎ 02-251 9274/6)
Far East Trade Office, 10e étage,
Kian Gwan Building, 140 Th Withayu
Vietnam
(☎ 02-251 5835/8)
83/1 Th Withayu

DOUANE

Comme la plupart des pays, la Thaïlande interdit l'importation de drogues, d'armes à feu et de munitions (à moins qu'elles ne soient déclarées à l'avance au Police

Department) et de matériel pornographique. Une quantité raisonnable de vêtements et d'effets personnels et professionnels sont admis en franchise, de même qu'un appareil photo ou une caméra film/vidéo avec cinq pellicules photo et trois bobines film ou vidéo. On peut introduire jusqu'à 200 cigarettes, ou 250 g de tabac, sans payer de droits, et un litre de vin ou d'alcool.

Les matériels électroniques comme une chaîne stéréo, une calculatrice ou un ordinateur, peuvent vous attirer des ennuis si les douaniers ont des raisons de penser que vous les introduisez dans le pays pour les revendre.

A raison d'un seul exemplaire de chaque, vous devriez être laissé en paix. On vous demandera peut-être de déposer une grosse caution pour des objets de valeur, comme un ordinateur portable ou une minichaîne. Elle vous sera restituée à votre départ. Ne dites pas que vous êtes de passage et n'utiliserez pas l'objet en question, il risque d'être consigné au bureau des Douanes jusqu'à votre départ. Pour les questions de devises, reportez-vous à la rubrique suivante.

Antiquités et objets d'art

Avant de quitter la Thaïlande, vous devez obtenir une autorisation d'exportation pour toute antiquité ou objet d'art que vous emportez. Par antiquité, on entend "tout bien mobilier ancien produit par l'homme ou la nature, toute partie de bâtiment ancien, squelette humain ou carcasse d'animal, qui, par son âge, par ses caractéristiques de production ou par sa qualité historique présente un intérêt artistique, historique ou archéologique". Un objet d'art est défini comme "une chose produite par le travail de l'homme et jugée comme ayant de la valeur dans le domaine de l'art". Ces définitions sont manifestement très larges ; si vous avez un doute, consultez le Department of Fine Arts (le département des Beaux-Arts), qui vous délivrera une autorisation.

Pour l'obtenir, il vous faut présenter, au moins 3 à 5 jours avant votre départ, les objets que vous souhaitez exporter, plus deux photos prises de face pour un groupe de cinq objets au maximum, plus la photo-copie de votre passeport. Cette demande sera déposée à l'une des trois institutions suivantes : le Bangkok National Museum, le Chiang Mai National Museum ou le Songkhla National Museum.

Des règlements particuliers régissent l'exportation des bouddhas ou autres divinités (ou parties de statues). Outre l'autorisation du département des Beaux-Arts, il vous faut l'aval du ministère du Commerce. La seule exception concerne les petits bouddhas *(phrá phim* ou *phrá khreûang)* que l'on porte sur une chaîne autour du cou ; ils peuvent sortir du pays sans autorisation dès lors que leur achat est fait dans un but religieux.

Importation temporaire de véhicule

Les véhicules de passagers (voiture, camionnette, camion ou moto) peuvent pénétrer en Thaïlande pour un usage touristique de six mois au maximum, à condition de présenter à la douane : un permis de conduire international valide, les papiers d'immatriculation et d'assurance (dans le cas d'un véhicule emprunté ou loué, l'autorisation du propriétaire) et une garantie bancaire égale à la valeur du véhicule majorée de 20%. (Pour les entrées par le port de Khlong Toey ou par l'aéroport de Bangkok, cela signifie une lettre de crédit de la banque ; pour les traversées sur terre *via* la Malaisie, une déclaration "sur l'honneur".

Tarifs douaniers du pays d'origine

Informer vous sur la réglementation douanière en vigueur dans votre pays avant d'expédier ou de ramener des marchandises de valeur ou des objets en nombre. Ces règles varient d'un pays à l'autre.

QUESTIONS D'ARGENT
Monnaie nationale

L'unité monétaire est le *baht* (B). Il y a 100 *satangs* dans 1 baht ; il existe des pièces de 25 et 50 satangs, 1 B, 5 B et 10 B. Les anciennes pièces portent uniquement des chiffres thaï ; sur les nouvelles, les chiffres thaï sont doublés de chiffres arabes. 25 satangs font un *saleng* en langage courant ; si on vous donne un prix de 6 salengs au marché, pour quelques bananes ou un sachet de cacahuètes, cela équivaut à 1,50 B. En raison de l'inflation, on ne peut pratiquement rien acheter pour moins de 1 ou 2 B ; le terme saleng disparaît donc peu à peu du vocabulaire.

Les billets sont de 10 B (brun), 20 B (vert), 50 B (bleu), 100 B (rouge), 500 B (violet) et 1 000 B (beige). La mise en circulation d'un billet de 10 000 B est prévue. Quant aux vieux billets de 10 B, ils sont peu à peu remplacés par des pièces et sont devenus relativement rares. Heureusement pour les nouveaux visiteurs, les chiffres sont indiqués dans leurs formes thaï et occidentale. Les billets ont une taille proportionnelle à leur valeur ; plus elle est forte, plus le billet est grand. Les grosses coupures, comme le billet de 500 B et surtout celui de 1 000 B, sont parfois difficiles à monnayer dans les petites villes, mais les banques vous les changeront.

Taux de change

1 FF	=	5,77 B
1 FS	=	23,70 B
100 FB	=	93,70 B
1 $C	=	24,90 B
1 $US	=	36,64 B

Jusqu'en 1997, le baht était lié à un panier de devises, avec un taux de change nettement favorable à la monnaie américaine. Pendant plus de vingt ans, le cours du baht a varié de 20 à 26 B pour un dollar US. Un an après son flottement, en juin 1998, le bath a perdu environ 30% de sa valeur, par rapport à la monnaie américaine.

Ces derniers temps, les taux de change semblent s'être stabilisés, mais la monnaie thaï risque toujours de connaître des fluctuations très prononcées. Mieux vaut, au moment de changer de l'argent sur place, vous renseigner sur le cours et profiter du taux le plus favorable. Chaque jour, le *Bangkok Post* et *The Nation* publient les taux de change, mais n'importe quelle banque thaï affiche le cours du jour.

Change

Il n'existe aucun marché noir pour le change du baht, vous n'avez donc aucune raison d'entrer dans le pays avec des devises thaï. Les banques ou les cambistes officiels proposent le meilleur taux de Thaïlande. Pour l'achat, le dollar US constitue la monnaie la plus couramment acceptée, et la commission prise sur les chèques de voyage est moins importante que sur le liquide.

Dans les banques, comptez 23 B de frais par chèque de voyage. Mieux vaut donc changer un chèque de grosse valeur que plusieurs de petite valeur. Par exemple, la commission sur un chèque de 50 $US sera de 23 B, alors que vous paierez 115 B pour 5 chèques de 10 $US).

A noter que vous ne pourrez pas changer de rupiahs indonésiennes, de roupies népalaises, de riels cambodgiens, de kips laotiens, de dongs vietnamiens ou de kyats birmans dans les banques, même si, à Bangkok, quelques agents de change de Th Charoen Krung et de Th Silom acceptent de monnayer ces devises. Les taux de change sont comparables à ceux du marché noir pratiqués dans ces pays, malgré des divergences entre les taux des marchés "officiel" et parallèle.

Les détenteurs de cartes Visa et Master-Card peuvent obtenir l'équivalent de 500 $ en bahts, par jour, dans certaines agences de la Thai Farmers Bank, de la Bangkok Bank et dans certaines Siam Commercial Banks (ainsi qu'aux guichets de change ouverts la nuit dans des endroits très touristiques comme Banglamphu, Chiang Mai et Ko Samui). Les détenteurs de cartes American Express (Amex) peuvent également obtenir des avances, mais en chèques de voyage uniquement. L'agent Amex est SEA Tours (☎ 02-216 5757), Suite 88-92, Payathai Plaza, 8ᵉ étage, 128 Th Phayathai, Bangkok.

Contrôle des changes

Tout visiteur entrant en Thaïlande doit être en possession des montants suivants, en espèces, chèques de voyage, traite ou lettre de crédit, selon la catégorie de son visa :

"non-immigrant", 500 \$US par personne ou 1 000 \$US par famille ; "tourist", 250 \$US par personne ou 500 \$US par famille ; "transit" ou sans visa, 12 \$US par personne ou 250 \$US par famille. On le vérifiera peut-être si vous arrivez avec un aller simple, ou si vous avez l'air d'être "au bout du rouleau".

Depuis 1991, il n'y a plus de limite au montant des sommes que vous pouvez importer en bahts ou en devises étrangères. En quittant la Thaïlande, vous ne pouvez emporter plus de 50 000 B par personne sans autorisation spéciale ; l'exportation de devises étrangères, elle, n'est pas limitée.

On peut légalement ouvrir un compte en devises dans n'importe quelle banque commerciale thaïlandaise. Dès lors que les fonds proviennent de l'étranger, vous pouvez les gérer comme bon vous semble.

Distributeurs et cartes de débit/crédit

Au lieu de transporter de grosses sommes en liquide ou en chèques de voyage, vous pouvez ouvrir un compte dans une banque thaïlandaise et demander une carte ATM ("Automatic Teller Machine" ou distributeur automatique) qui vous permettra de retirer de l'argent liquide dans toute la Thaïlande. Il existe plus de 3 000 machines sur l'ensemble du territoire. Les grandes banques ont maintenant des distributeurs dans les chefs-lieux de province et dans quelques villes plus petites. Les cartes ATM délivrées par la Thai Farmers Bank ou la Bangkok Bank sont compatibles avec les distributeurs automatiques des 14 banques principales. Une taxe de 10 B est généralement prélevée pour l'utilisation d'une ATM appartenant à une banque dans laquelle vous ne possédez pas de compte.

Avec vos cartes de retrait habituelles, vous pouvez également vous procurer des espèces au comptoir de plusieurs banques thaïlandaises ; les sommes seront débitées directement sur votre compte courant ou votre compte épargne, sans aucun frais. Avec la MasterCard, il est possible d'acheter des bahts dans les bureaux de change

internationaux ou aux guichets de la Bangkok Bank et de la Siam Commercial Bank ou, avec la Visa, dans les agences de la Thai Farmers Bank.

Ces deux cartes sont également acceptées par de nombreux distributeurs automatiques, mais chaque opération coûtera 1 \$US. Certains voyageurs préfèrent les cartes de crédit aux chèques de voyage, pour des raisons évidentes de commodité et de rapidité. Il est toutefois plus prudent d'emporter des chèques de voyage de secours, en cas de perte ou de vol des cartes. Soulignons un des inconvénients de la carte de retrait par rapport à la carte de crédit : si vous n'êtes pas satisfait de vos achats, vous n'avez aucun moyen de vous faire rembourser.

L'usage des cartes de crédit est de plus en plus répandu pour payer les commerçants, les hôtels et les restaurants. Les deux plus acceptées sont la Visa et la MasterCard, suivie de l'American Express et de la Japan Card Bureau (JCB). La Diners Club et la Carte Blanche sont beaucoup moins répandues.

Problèmes de cartes. Les cartes de crédit présentent deux inconvénients. Il vous arrivera, dans des hôtels ou des commerces de province, qu'on vous dise que seules les cartes émises par la Thai Farmers Bank ou la Siam Commercial Bank sont acceptées. Avec un peu de patience, vous devriez pouvoir faire comprendre que la Thai Farmers Bank ou la Siam Commercial Bank paieront le marchand et que votre banque paiera la Thai Farmers Bank ou la Siam Commercial Bank – bref, que les cartes Visa ou MasterCard du monde entier sont effectivement acceptables.

Le second problème a trait aux majorations illégales en cas de paiement à l'aide d'une carte de crédit. Il est contraire à la loi thaïlandaise de faire supporter au consommateur la commission de 3% demandée par la banque, mais presque tous les commerçants le font. Certains majorent même de 4 ou 5% ! Seuls les hôtels s'en abstiennent généralement. Si vous protestez ou invoquez même la loi, on refusera tout simplement de prendre votre carte. Le meilleur moyen de contourner cette majoration illégale est de demander poliment que le reçu fasse apparaître le prix du produit ou du service et la majoration de 3% séparément. Au moment de payer la note, photocopiez tous les reçus montrant les 3% et demandez un "charge back" (une détaxe). Si un hôtel ou un magasin refuse de détailler la majoration, prenez le nom et l'adresse du vendeur et signalez-le à la police touristique de la TAT – elle sera peut-être en mesure de vous obtenir un remboursement. Toutes les banques ne concèdent toutefois pas de tels remboursements. Vérifiez auprès de votre agence.

Pour signaler le vol ou la perte d'une carte de crédit, vous pouvez appeler les lignes suivantes à Bangkok, 24h/24 : American Express (☎ 02-273 0022/44), Diners Club (☎ 02-238-3660), MasterCard (☎ 02-260 8572), Visa (☎ 02-273 7449). Consultez la rubrique *Désagréments et dangers*, plus loin dans ce chapitre, pour être prévenu des éventualités de vol et des escroqueries possibles.

Virements internationaux. Si vous disposez d'une adresse où faire envoyer votre courrier en Thaïlande, le chèque international, envoyé par une société de courses internationale, est le moyen le plus sûr et le moins cher pour recevoir de l'argent. Il ne mettra pas plus de trois ou quatre jours pour vous parvenir de n'importe quel pays du monde.

Si vous disposez d'un compte en banque en Thaïlande, ou que votre banque possède une succursale à Bangkok, vous pouvez faire transférer de l'argent par voie télégraphique. Cela vous coûtera beaucoup plus cher que l'envoi d'un simple chèque. Le plus souvent, les transferts télégraphiques demandent de deux jours à une semaine. Parmi les banques internationales qui possèdent des succursales à Bangkok, citons, entre autres, les suivantes : Bank of America, Bank of Tokyo, Banque Indosuez, Banque nationale de Paris, Citybank, Crédit Lyonnais, Deutsche Bank, Hongkong Bank, Chase Manhattan Bank, Merrill Lynch International Bank, Sakura Bank, Standard Chartered Bank, United Malayan Bank.

Western Union (☎ 02-254 9121), qui prétend être, probablement à juste titre, le "moyen le plus rapide d'envoyer de l'argent dans le monde entier", dispose d'un bureau au Central Department store, 1 027 Th Ploenchit, ainsi que dans d'autres succursales de ce grand magasin dans la capitale, à Hat Yai et à Chiang Mai. Le service MoneyGram de Thomas Cook peut constituer une alternative.

Sécurité

Réfléchissez bien à la façon dont vous transporterez vos moyens de paiement, qu'il s'agisse de chèques de voyage, de liquide, de cartes de crédit, ou des trois réunis. Nombre de voyageurs préfèrent les pochettes, cachées sous les vêtements. Le portefeuille glissé dans la poche revolver d'un pantalon constitue la cible idéale pour les pickpockets, lesquels opèrent à travers tout le pays, sur les marchés ou dans les bus bondés. Aussi veillez à conserver votre argent bien dissimulé. Pour de plus amples détails concernant la petite délinquance, consultez la rubrique *Désagréments et dangers*.

Ne gardez pas toutes vos devises au même endroit. Vous aurez ainsi toujours une "réserve d'urgence" bien cachée dans un de vos bagages, et à l'écart du reste de votre argent. Les visiteurs séjournant longtemps dans le pays peuvent éventuellement envisager la location d'un coffre dans une banque de Bangkok ou d'une autre grande ville. Conservez-y vos billets d'avion, une copie de votre passeport, une liste de toutes vos cartes de crédit, et un peu de liquide, juste au cas où il vous arriverait mésaventure en cours de route, ce qui n'est pas chose courante, mais possible.

Coût de la vie

La nourriture et l'hébergement hors de Bangkok sont généralement bon marché, et encore très abordables dans la capitale, surtout compte tenu de la qualité offerte par rapport à d'autres pays d'Asie du Sud et du Sud-Est. Depuis la dévaluation du baht, les prix ont encore dégringolé, du moins en comparaison avec les monnaies fortes. Par rapport aux prix en dollars US, par exemple, le prix d'une chambre d'hôtel moyenne a chuté de 24% entre juin 1997 et juin 1998, celui d'un repas au buffet dans un établissement milieu de gamme a lui baissé de 32% tandis que celui d'un bol de nouilles au riz a perdu 19% et celui d'un vol Bangkok-Phuket 32%. Compte tenu d'une inflation dépassant les 7% par an, certaines de ces bonnes affaires n'auront plus cours lors de la parution de ce guide.

En dehors de Bangkok, les voyageurs habitués à se serrer la ceinture devraient s'en sortir avec 200 B par jour. Cette somme peut couvrir une pension très ordinaire, la nourriture, les boissons non alcoolisées et les transports locaux, mais pas les pellicules photo, les souvenirs, les excursions ou la location d'une voiture. Ajoutez de 60 à 80 B par jour pour une grande bière (de 30 à 40 B pour une contenance inférieure).

Ces dépenses varient, bien évidemment, d'un endroit à l'autre ; là où il y a a concentration de voyageurs à petit budget, l'hébergement est plutôt meilleur marché et la nourriture plus chère. Avec le temps, vous apprendrez à voyager pour encore moins en vivant comme un Thaïlandais au revenu modeste et en apprenant la langue.

Avec la somme de 400 à 500 B par jour, la vie devient tout à fait confortable : on trouve facilement des auberges propres et calmes, au-dessus de la barre des 200 B par nuit. Bien sûr, une pension à 70 B la nuit avec un matelas sur le sol et un patron attentif à vos désirs vaut mieux qu'une chambre à 400 B dans un hôtel mal tenu, avec la climatisation en panne et une partie de cartes qui dure toute la nuit dans la chambre d'à côté.

A Bangkok, il n'y a pas de limite à ce que vous pouvez dépenser, mais si vous évitez les "ghettos touristiques" et circulez dans les bus municipaux, vous ne dépenserez que légèrement plus que dans les provinces. Si vous pouvez vous passer de l'air conditionné, vous logerez pour 75 B par personne, à peine.

Mais le bruit, la chaleur et la pollution de Bangkok incitent à chercher davantage de confort qu'on ne le ferait à la campagne, quand on voyage avec un petit budget. En moyenne, on compte plus de 300 B par jour

pour se loger dans la capitale, ce qui, d'ordinaire, correspond au tarif minimum pour une chambre double avec la clim.

Les voyageurs qui souhaitent profiter d'un hébergement et de restaurants de classe internationale devront prévoir 1 000 à 1 600 B par jour pour une chambre avec téléphone IDD, eau chaude 24h/24, climatisation, centre de remise en forme et service toute la nuit. Vous trouverez de tels hôtels uniquement dans les grandes villes et les stations balnéaires.

La restauration est moins bon marché à Bangkok. Toutefois, à Thonburi (la "rive gauche" de Bangkok) où j'ai vécu un certain temps, beaucoup de plats sont moins onéreux qu'en province, en raison de l'abondance de produits frais. Cela est également vrai des quartiers ouvriers de Bangkok, comme Khlong Toey. Les sociologues voient en Bangkok la capitale par excellence : tout ce qui est produit dans le pays y aboutit. L'exception de taille est la nourriture occidentale que l'on trouve en plus grande quantité à Bangkok, mais à des prix beaucoup plus élevés qu'en province. Les chaînes de fast-food internationales, qui pullulent en Thaïlande, risquent de fortement grever votre budget. Préférez-leur la cuisine thaï et chinoise, si vous chercher à dépenser le moins possible.

Pourboires et marchandage

Le pourboire n'est pas une pratique courante en Thaïlande, bien que le personnel des grands hôtels et restaurants commence à s'y habituer. La menue monnaie restante sur une grosse addition, dans un restaurant thaï, fait exception à la règle ; par exemple, si vous payez une note de 288 B avec un billet de 500 B, certains Thaï et certains étrangers laisseront les 12 B en pièces dans la soucoupe. C'est moins un pourboire qu'une manière d'affirmer qu'on n'est pas à quelques bahts près. En revanche, si l'on règle une addition de 44 B avec un billet de 50 B, on ne laissera généralement rien.

Un bon marchandage demande de l'entraînement. S'il est courant au marché, il ne l'est pas dans les grands magasins et la plupart des commerces non touristiques où les prix sont fixes. En revanche, on peut essayer

Quelques exemples de coût de la vie en Thaïlande

Service ou article	Prix approximatif
1 litre d'essence	13 B
Course moyenne en taxi (centre de Bangkok)	75 B
Trajet en bus (prix moyen à Bangkok)	3,50 B
Trajet en songthaew (ville de province)	10B par personne ou 40 à 50 B en groupe
Billet de train en 3e classe, de Bangkok à Surat Thani	107 B
Un jour de location d'une motocyclette 100 cm³ (Hua Hin)	150 B
Lit en dortoir, dans une pension ou une auberge de jeunesse	50 à 80 B
Chambre simple en pension de famille (Nong Khai)	100 à 150 B
Double dans un hôtel de catégorie moyenne (Bangkok)	1 600 B
Simple dans un hôtel petit budget (Phuket)	500 B
Bol de kŭaytĭaw, Khon Kaen	20 B
Dix œufs sur un marché	19 B
Boîte de soupe de légumes (type Campbell)	45 B
Dîner de 5 plats pour trois dans un restaurant khâo tôm sino-thaï (sans boisson alcoolisée)	245 B

Service ou article	Prix approximatif
Repas substantiel pour deux dans un restaurant thaï végétarien de catégorie moyenne	40 B
Petite pizza (Pizza Hut)	145 B
Grand dîner pour quatre, dans un bon restaurant thaï (hors complexe hôtelier), avec deux grandes bouteilles de bière	1 000 B
Dîner pour deux au Lord Jim de l'Oriental Hotel (vin compris)	3 000 B
Place de cinéma pour un film anglo-saxon en exclusivité (Bangkok)	80 B
Place pour un film français classique à l'Alliance française (Chiang Mai)	30 B
Un exemplaire du Bangkok Post ou de The Nation	20 B
Loyer mensuel d'un studio (Bangkok)	9 000 à 12 000 B
Loyer mensuel d'un deux-pièces ou d'une maison modeste (Chiang Mai)	4 000 à 10 000 B
Cotisation annuelle à un club de remise en forme d'un hôtel milieu de gamme (accès au sauna, à la salle de musculation et à la piscine compris)	7 000 B

d'obtenir une réduction sur le prix d'une chambre dans les zones très touristiques, où le coût de la vie augmente artificiellement du fait de la présence d'une clientèle de court séjour et n'hésitant souvent pas à la dépense.

Cela dit, les Thaïlandais ne sont pas *toujours* en train de vous rouler. Agissez avec tact et discernement ; une frontière subtile sépare le marchandage de la chicanerie. S'échauffer abusivement pour un rabais d'environ 5 B fait perdre la face aux deux parties. On trouvera des conseils plus spécifiques à propos des prix dans les rubriques *Hébergement* et *Achats* de ce chapitre.

Le coût des transports locaux et régionaux est très raisonnable. Mais, si vous louez un véhicule (voir à ce sujet le chapitre *Comment circuler*), n'hésitez pas à marchander, vous ferez une économie substantielle.

Taxes sur les biens de consommation

En 1997, la TVA thaï est passée de 7 à 10%. Elle s'applique seulement sur certains biens et services. Malheureusement, personne ne sait vraiment lesquels, d'où une situation parfois déconcertante. Légalement, la taxe est censée s'appliquer sur le prix au détail d'un produit. Par exemple, si le tarif de gros s'élève à 100 B pour un article revendu 200 B par un détaillant, le prix TTC au détail devrait être au maximum de 210 B et non de 220 B. Ce qui n'empêche pas certains revendeurs de "surtaxer" leurs produits.

Comme la surtaxe sur les paiements par carte de crédit, une surtaxe directe sur un article de détail est illégale ; si l'on ajoute 10% au prix que vous allez payer, vous pouvez le signaler à la police touristique de la TAT. Comme jusqu'ici, personne n'a, semble-t-il, obtenu de remboursement de la TVA, en faire la demande équivaut donc à une perte de temps. Les hôtels très touristiques ont l'habitude d'ajouter une taxe de 10% au prix de la chambre, sans compter parfois les 8 à 10% de service.

Organismes à connaître

En France, il existe une association d'étudiants thaïlandais que l'on peut contacter à l'ambassade mais par correspondance uniquement. Les cordonnées de cette représentation diplomatique figurent dans la rubrique *Ambassades et consulats*.

Le *Musée Guimet* (6, place d'Iéna, 75016 Paris, ☎ 01 45 05 00 98).

L'*Inalco* (Institut national des langues et civilisations orientales, 2 rue de Lille, 75007 Paris, ☎ 01 49 26 42 17) propose toute l'année des cours de thaï, niveau débutant, à l'intention des étudiants ou des auditeurs libres.

POSTE ET COMMUNICATIONS

La Thaïlande possède un service postal très efficace et fort peu onéreux.

La poste principale de Bangkok, Th Charoen Krung (New Rd), est ouverte de 8h à 20h du lundi au vendredi et de 8h à 13h le week-end et les jours fériés. Le service des télécommunications internationales (téléphone, fax, télex et télégrammes) occupe un bâtiment séparé, quasiment en face du bâtiment principal, sur la droite. Il est ouvert 24 h/24.

L'agence d'American Express (☎ 02-216 5757), Suite 88-92, 8ᵉ étage, Payathai Plaza, Th 128 Phayathai, se charge également de recevoir le courrier des détenteurs d'une carte Amex. Les heures d'ouverture sont de 8h30 à 12h, et de 13h à 16h30, du lundi au vendredi ; de 8h30 à 11h30 le samedi. Amex ne pourra prendre les paquets exigeant votre signature. Le personnel du guichet est connu pour son manque d'amabilité.

En province, la poste principale est généralement ouverte de 8h30 à 16h30 du lundi au vendredi, et de 9h à 12h le samedi. Les postes les plus importantes des chefs-lieux de province sont parfois ouvertes une demi-journée le dimanche.

Tarifs postaux

Les lettres par avion de 10 g ou moins doivent être affranchies à 14 B pour toute l'Asie (la zone 1 pour la poste) ; à 17 B pour l'Europe, l'Afrique, l'Australie et la Nouvelle-Zélande (zone 2) ; et à 19 B pour l'Amérique du Nord ou du Sud (zone 3). Un aérogramme coûte 15 B, quelle que soit sa destination. L'envoi d'une carte postale revient à 9 ou 12 B, selon sa taille.

Prévoyez 25 B pour une lettre recommandée, en sus du tarif postal aérien normal. Le prix d'un courrier express international (EMS) varie selon sa destination. Il existe 15 zones et il faut compter de 310 B en zone 1 à 2 050 B en zone 15. Les colis EMS sont facturés de 460 à 2 400 B. A l'intérieur du pays, ce service coûte à peine 25 B, en supplément de l'affranchissement classique.

Le prix d'un colis international varie selon le mode de transport choisi (une à deux semaines par avion, jusqu'à deux mois par bateau), le pays de destination et le poids (par tranches de un kilo). Voici quelques exemples de tarifs par avion : 500 B pour le premier kilo, à destination de Singapour, puis 100 B pour chaque kilo en sus ; 1 100 B pour le premier kilo à destination de l'Europe, puis 350 B par kilo en sus ; pour les États-Unis, 700 B, puis 300 B par kilo supplémentaire.

Un nouveau service appelé Economy Air SAL (pour Sea, Air, Land) associe les modes d'acheminement par voies terrestre, maritime et aérienne. Comptez un minimum de 250 B le premier kilo, puis 180 B pour tout kilo en sus. Par comparaison, un colis de 2 kilos à destination des États-Unis, acheminé par le service aérien classique, reviendra à 1 000 B, mais seulement à 430 B *via* Economy Air SAL. Il existe d'autres subtilités, selon ce que contient le paquet. Tout document imprimé, par exemple, peut voyager en avion à des tarifs moins onéreux que les autres produits.

Dans le pays, un colis est facturé 15 B pour le premier kilo, puis 10 B chaque kilo suivant. La plupart des postes vendent des boîtes standard pour emballer les paquets (11 formats) de 5 à 35 B ; ruban adhésif et ficelle sont fournis gracieusement. Certains bureaux ont même un service d'empaquetage qui revient à 4 ou 10 B selon la taille du colis. Des officines privées d'empaquetage existent à proximité des grandes postes de province.

Il est possible d'assurer le contenu d'un paquet pour 50 B par tranche de 5 380 B de la valeur de l'objet.

Recevoir du courrier

Le service de poste restante est très fiable, encore qu'en haute saison touristique (de décembre à février, en juillet-août), vous risquez de devoir faire la queue à la poste principale de Bangkok. Le tarif est d'1 B par pli, de 2 B par paquet.

Comme dans de nombreux pays d'Asie, les gens font souvent la confusion entre le nom de famille et le prénom. Demandez à vos correspondants d'inscrire clairement votre patronyme et de le souligner.

Si vous attendez une lettre et que l'employé ne la retrouve pas, il y a de fortes chances pour qu'elle soit classée sous l'initiale de votre prénom. Sachez qu'on peut envoyer du courrier en poste restante dans quasiment n'importe quel bureau postal de Thaïlande.

Services de messagerie

Plusieurs sociétés installées en Thaïlande proposent des services de messagerie. Les principales, implantées à Bangkok, sont :

DHL Worldwide
(☎ 02-207-0600) 22e étage, Grand Amarin Tower, Th Phetburi Tat Mai
Federal Express
(☎ 02-367-3222) 8e étage, Green Tower, Th Rama IV
UPS
(☎ 02-712 3300) 16/1 Soi 44/1, Th Sukhumvit

Téléphone

Le système téléphonique, géré par la société publique Telephone Organisation of Thailand (TOT), sous l'autorité des Télécommunications thaïlandaise (Communications Authority of Thailand ou CAT), est très efficace et Bangkok est reliée directement à la plupart des villes importantes.

Le code de la Thaïlande est le 66. Vous trouverez plus loin le tableau des indicatifs téléphoniques régionaux.

Horaires des centres téléphoniques.

Dans la plupart des grandes villes de province, les centres téléphoniques des postes principales sont ouverts de 7h du matin à 23h dans les villes de moindre importance, cela peut-être de 8h à 20h ou 22h. A Bangkok, le centre CAT des appels internationaux fonctionne 24h/24. Il se trouve à la grande poste, Th Charoen Krung.

Appels internationaux. On peut appeler directement à l'étranger (excepté en Malaisie et au Laos) d'un téléphone privé, en composant le ☎ 001 avant le numéro de votre correspondant. Si vous passez par une opératrice, faites le ☎ 100.

Le service France Direct permet de téléphoner depuis l'étranger vers la France, avec facturation sur un compte téléphonique en France. Pour connaître le coût et les modalités de ce service, consultez le numéro vert ☎ 0 800 10 20 40.

Un service appelé Home Direct Service est offert à la poste principale de Bangkok Th Charoen Krung, à l'aéroport de Bangkok, de Chiang Mai, de Phuket, d'Hat Yai et de Surat Thani, et dans les centres téléphoniques de la CAT à Bangkok, Hat Yai, Phuket, Chiang Mai, Surat Thani, Pattaya, Hua Hin et Kanchanaburi : par simple pression sur un bouton, vous êtes directement mis en rapport avec les opérateurs d'une vingtaine de pays du monde entier.

Les hôtels majorent presque systématiquement de 30% le tarif CAT pour l'international ; mieux vaut donc appeler d'un centre téléphonique CAT dans une grande poste (à l'étage, à côté ou derrière le bâtiment principal).

Les agences TOT sont indépendantes des postes (même si elles en sont parfois géographiquement proches) et ne constituent nullement des centres d'appels téléphoniques. Ce sont en fait des agences commerciales pour les particuliers et les entreprises. On peut y trouver parfois un service de téléphone public (comme à l'agence TOT de Th Ploenchit à Bangkok), mais tout appel doit y être réglé comptant.

Pour obtenir un appel international (*thorásàp ráwàang pràthêt*), vous devez remplir un formulaire bilingue où vous inscrirez votre nom et le numéro demandé. Sauf pour les appels en PCV, vous devez verser en caution une somme équivalente au coût de la durée présumée de votre appel. Le dépôt minimum correspond à une communication de trois minutes. Il vous sera remboursé si votre appel n'aboutit pas, moins 30 B pour le service. Pour un PCV (*kèp plaithaang*), cette commission n'est due qu'en cas de succès. Selon le pays que vous appelez, il peut être plus avantageux de rembourser le PCV à votre correspondant. Cela vaut la peine de comparer les tarifs en Thaïlande et dans le pays de destination.

D'ordinaire, seul le liquide ou les cartes de crédit téléphonique internationales sont acceptés en paiement. Quelques bureaux de province acceptent également l'American Express, plus rarement les cartes Visa et MasterCard.

Des agences privées acheminent aussi les appels longue distance, mais parfois uniquement à l'intérieur de la Thaïlande. Il s'agit souvent d'un simple comptoir ou d'une cabine dans l'arrière-boutique d'un commerce. Dans ces "bureaux privés", les communications sont grevées d'un supplément de 10 B pour un appel intérieur longue distance et de 50 B pour l'international. La grande

HOME DIRECT

Pour utiliser ce service, composez le ☎ 001-999, suivi des numéros suivants pour :

Canada	15-1000
Corée	82-1000
États-Unis (AT&T)	11111
États-Unis (MCI)	12001
États-Unis (Sprint)	13877
France	33-1000
Italie	39-1000
Hong Kong	852-1086
Indonésie	62-1000
Pays-Bas	31-1035
Philippines	63-1000
Royaume-Uni	44-1066
Singapour	351-1000
Taiwan	886-1000

majorité d'entre eux n'acceptent que les règlements en espèces. Quel que soit le service téléphonique utilisé, il est tout indiqué de choisir les heures creuses pour vos appels : 66% de réduction de 22h à 7h ; 50% de 18h à 22h. Le plein tarif se situe de 7h à 18h.

Voici quelques exemples de tarifs pour une communication de 3 minutes dans la journée : Afrique, 55 B ; Asie 40 B ; Australie 40 B ; Europe 46 B. CAT propose une carte de téléphone internationale appelée Thaï Card, dans deux formules, à 300 B et à 500 B. Elle permet d'appeler de nombreux pays et peut être utilisée dans les deux sens.

D'un appareil privé, vous devez composer le ☎ 001, pour l'international, puis les indicatifs du pays et de la zone, suivi du numéro de votre correspondant.

Malaisie et Laos. La CAT n'offre plus de services internationaux pour la Malaisie ou le Laos. Pour appeler ces pays, il faut passer par la TOT. On obtient directement le Laos en composant le ☎ 007, suivi du 856, puis de l'indicatif régional et du numéro appelé. La Malaisie est aussi directement joignable en faisant précéder le numéro malais (y compris l'indicatif de la région) par l'indicatif ☎ 09.

Appels nationaux. Il existe deux sortes de téléphones publics : les "rouges" et les "bleus". Les rouges sont réservés aux appels locaux dans la ville. Les bleus servent indifféremment pour téléphoner sur place ou dans les différentes régions de Thaïlande. Les appels locaux coûtent 1 B.

Dans les cabines publiques, comptez 1 B l'appel local de trois minutes. D'un poste privé, le même appel revient à 3 B, sans limitation de durée. Il arrive que des hôtels et des pensions de familles disposent de téléphones privés à pièces, où chaque appel vous coûte 5 B.

Il existe des cartes téléphoniques de 25, 50, 200 ou 240 B. On les trouve dans toutes les agences TOT et dans la plupart des aéroports (au bureau des informations ou dans les boutiques de cadeaux).

A condition de posséder un numéro de téléphone en Thaïlande et un code confidentiel PIN, vous pouvez utiliser le Pin Phone 108 system, à partir de n'importe quel combiné (même un cellulaire ou une cabine) et à destination de tout numéro thaï.

Les cabines les plus récentes, les Telepoint implantées surtout à Bangkok –mettent à votre disposition des téléphones mobiles reliés à un réseau géré par la TOT. On peut utiliser ces appareils dans un rayon de 100 à 200 mètres pour joindre d'autres téléphones mobiles ou récepteurs d'appel. L'abonnement mensuel revient à 350 B par mois, plus 1 B par minute de conversation (3 minutes minimum) dans Bangkok, sinon aux tarifs habituels, majorés d'une taxe d'enregistrement.

Téléphones cellulaires. La TOT autorise l'utilisation de téléphones cellulaires privés dépendant des systèmes NMT 900 MHz ou 470 MHz (plus ancien). La mise en service d'un téléphone revient à 1 000 B, plus 700 B par mois pour la "location du numéro" en 900 MHz ou 450 B en 470 MHz. Les tarifs sont de 3 B la minute dans une même zone, de 8 B pour une zone voisine, et de 12 B pour les autres zones.

Les utilisateurs de téléphones cellulaires doivent payer tant pour les communications reçues que pour celles données. Un détail dont vous devez tenir compte si vous envisagez d'appeler un numéro commençant par ☎ 01, le préfixe des cellulaires. (N'oubliez pas de faire le 0, lorsque vous composez le 01). Sachez aussi que les lignes de téléphone sont piratées. Au mépris de toutes les lois, nous avons vu dans les rues de Bangkok et de Chiang Mai une tables installées le long du trottoir, d'où l'on vous propose de passer vos appels pour 3 à 5 B la minute, sur une ligne piratée ! De tels "services" disparaîtront vraisemblablement avec le renforcement des systèmes de sécurité.

Fax, télex et télégraphe

Les centres téléphoniques des postes principales offrent d'autres possibilités : fax, télégraphe et télex. Il n'est pas nécessaire d'apporter son papier, il est fourni par la poste.

Les indicatifs téléphoniques en Thaïlande

Voici ceux des principales villes. Reportez-vous aux chapitres concernés pour les indicatifs des petites villes non citées ci-dessous. Il n'est pas nécessaire de composer le zéro devant l'indicatiff quand on appelle de l'étranger. En revanche, il faut le composer pour les appels nationaux. De Chiang Mai, pour joindre le bureau de la THAI à Bangkok, composez le ☎ 02-513 0121. De l'étranger, vous l'obtiendrez en composant le 66 (2) 513 0121 (66 étant l'indicatif de la Thaïlande).

Villes thaï	indicatifs
Bangkok, Nonthaburi, Pathum Thani, Samut Prakan, Thonburi	☎ 02
Cha-am, Phetchaburi, Prachuap Khiri Khan, Pranburi, Ratchaburi	☎ 032
Kanchanaburi, Nakhon Pathom, Samut Sakhon, Samut Songkhram	☎ 034
Ang Thong, Ayuthaya, Suphanburi	☎ 035
Lopburi, Saraburi, Singburi	☎ 036
Aranya Prathet, Nakhon Nayok, Prachinburi	☎ 037
Chachoengsao, Chonburi, Pattaya, Rayong, Si Racha	☎ 038
Chanthaburi, Trat	☎ 039
Chiang Khan, Loei, Mukdahan, Nakohn Phanom	☎ 042
Nong Khai, Sakon Nakhon, Udon Thani	☎ 042
Kalasin, Khon Kaen, Mahasarakham, Roi Et	☎ 043
Buriram, Chaiyaphum, Nakhon Ratchasima (Khorat)	☎ 044
Si Saket, Surin, Ubon Ratchathani, Yasothon	☎ 045
Chiang Mai, Chiang Rai, Lamphun, Mae Hong Son	☎ 053
Lampang, Nan, Phayao, Phrae	☎ 054
Kamphaeng Phet, Mae Sot, Phitsanulok, Sukhothaï, Tak, Utaradit	☎ 055
Nakhon Sawan, Phetchabun, Phichit, Uthaï Thani	☎ 056
Narathiwat, Pattani, Sungai Kolok, Yala	☎ 073
Hat Yai, Phattalung, Satun, Songkhla	☎ 074
Krabi, Nakhon Si Thammarat, Trang	☎ 075
Phang-Nga, Phuke	☎ 076
Chaiya, Chumphon, Ko Samui, Ranong, Surat Thani	☎ 077

Quelques agences de la TOT disposent d'un service de fax. L'envoi d'un fax à l'étranger est facturé 90 à 100 B la première page, puis 65 à 110 B chacune des suivantes, selon la destination et le format du papier utilisé. Les hôtels internationaux offrent ces services de télécommunications mais à des tarifs souvent plus élevés.

E-mail et accès Internet

Le Net se développe d'autant plus rapidement en Thaïlande qu'augmente le nombre de pages On line en thaï et qu'il existe un plus grand nombre de logiciels d'accès au réseau en langue thaï. Tout cela évolue très vite. Lors de la dernière édition de ce guide, les rares fournisseurs d'accès disposaient de points d'accès uniquement à Bangkok, de même qu'il n'existait qu'une poignée de cafés Internet dans la capitale et à travers le pays.

Aujourd'hui, les fournisseurs d'accès sont plus fiables et offrent des connexions dans davantage de villes, moyennes et grandes. Ainsi, quand vous surfez sur le

Net à partir de votre ordinateur portable, vous ne payez plus nécessairement des communications longue distance jusqu'à Bangkok. Certains nœuds fonctionnent, toutefois, mieux que d'autres.

Les fournisseurs locaux d'Internet seraient au nombre de seize. Ils facturent environ 900 B 20 heures mensuelles d'accès (ou 500 B les 10 heures), avec des connexions montant à la vitesse de 33,5 Kbps et des bandes passantes avoisinant les 2,5 Kbps. Les services moins élaborés, avec uniquement du texte, sont disponibles pour 300 B par mois. Quel que soit le forfait choisi, si vous dépassez votre temps en ligne, vous devrez payer chaque heure en supplément.

C'est toujours la CAT (Communication Authority of Thailand) qui régule les e-mail et les accès au réseau mondial, et connecte tous les fournisseurs via le THIX (Thaïland Internet Exchange) à la vitesse de 512 Kbps. La CAT fait verser à chaque fournisseur local une commission substantielle, ce qui explique les tarifs assez élevés eu égard à l'économie du pays.

Dans ce domaine, la Thaïlande reste pour l'instant le pays d'Asie du Sud-Est le plus avancé. Les prix ont baissé d'au moins 50% ces deux ou trois dernières années. Nombre de pensions, de bars et de cafés de Bangkok, de Chiang Mai, de Ko Samui et de Phuket mettent à votre disposition un service de courrier électronique et Internet sur leurs terminaux. Pour l'internaute occasionnel, c'est la solution la moins onéreuse et qui évite de transporter son ordinateur portable. Le tarif actuel oscille entre 3 et 4 B la minute. La popularité croissante de ces services conduit petit à petit de nombreux établissements à les proposer.

Connecter son ordinateur. Si les hôtels et les pensions les plus anciens sont équipés de câble téléphonique classique, les plus récents disposent de prises téléphoniques RJ11. Un canif, des pinces crocodile et un testeur de ligne devraient permettre aux experts de se connecter. Vous pouvez aussi apporter un coupleur acoustique.

Loxinfo, l'un des meilleurs fournisseurs d'accès thaï, propose des cartes NetAccess prépayées, spécifiques aux communications par modem. Il en existe de plusieurs durées : 2 heures (150 B), 4 heures (250 B), 10 heures (500 B), et 20 heures (900 B). Vous recevez une enveloppe scellée contenant le nom de l'utilisateur, un mot de passe, des numéros d'accès locaux et le mode d'emploi pour vous connecter.

Vous pourrez ainsi surfer sur le Web, consulter votre messagerie à votre adresse en ligne et accéder à tous les services auxquels vous avez souscrit. Pour plus de détails, consultez le site Loxinfo : www.loxinfo.co.th.

INTERNET

Un nombre croissant de services en ligne vous renseigneront sur la Thaïlande. La plupart ont été mis en place par les tour-opérateurs ou l'hôtellerie et ont donc en majorité un but commercial, mais les choses évoluent. Sachez aussi que tous les fournisseurs d'accès peuvent changer sans crier gare. Vous pouvez enfin utiliser votre propre navigateur pour mener vos recherches qui ne manqueront pas d'être fructueuses : à l'heure de la rédaction de ce guide, une recherche rapide sur Yahoo nous proposait pas moins de 161 000 pages Web consacrées à la Thaïlande.

Pensez à commencer par le site Web de Lonely Planet (www.lonelyplanet.com). La plupart des lieux du globe à visiter y sont décrits en un résumé succinct. Vous pourrez y lire les cartes postales d'autres voyageurs et consulter le forum Thorn Tree, où vous pouvez poser des questions avant votre départ et prodiguer des conseils à votre retour. Vous y trouverez aussi des informations sur les voyages et les mises à jour de ce guide, tandis que la subwwway section vous relie aux sites d'information sur le voyage les plus utiles du réseau mondial. Pour tout ce qui concerne la Thaïlande, allez directement sur www.lonelyplanet.com.au/dest/sea/thaï.html.

La TAT possède un site Web bien conçu (www.tat.or.th ou bien www.tourismthaïland.org/index.html). Il propose un guide sur les provinces, nombre d'articles de presse tout à fait récents, des chiffres statistiques du tourisme, des renseignements pour contacter l'agence et des propositions de circuits.

Tout à fait d'avant-garde, le site NEC-TEC (National Electronics and Computer Technology Center, www.nectec.or.th) fournit une multitude d'informations, qu'il s'agisse de la liste des ambassades et consulats thaï à l'étranger, des documents requis pour l'obtention d'un visa, ou encore des bulletins météorologiques quotidiens.

Un autre serveur, Thai-Index (www.thaiindex.com) regroupe des renseignements d'ordre général, la liste des organismes gouvernementaux et des agences de voyages, un annuaire des hôtels et d'autres liens www. Malheureusement, toutes les répertoires de lieux d'hébergement que nous avons trouvés sur le Web se sont révélés incomplets tant dans la catégorie petit budget que dans le haut de gamme.

A Bangkok, l'université Mahidol a ouvert un site Web très utile (www.mahidol.ac.th/Thailand) que l'on peut consulter par mots-clés.

Celui du *Bangkok Post* (www.bangkokpost.com) englobe une soixantaine de pages d'articles et de photos.

Autre richesse de l'Internet : un groupe de discussion, soc.culture.thaï, qui rassemble tous ceux qui pensent avoir quelque chose à dire sur la Thaïlande. Le service est assez inégal, mais n'hésitez pas à vous y connecter si vous avez une question brûlante, à laquelle personne n'a pu répondre par ailleurs.

LIVRES
Lonely Planet
Outre ce guide, les autres publications Lonely Planet (en anglais) concernant la Thaïlande sont les suivantes : le *Thaï phrase-book* et le *Thaïland travel atlas*. *Thaïland's Islands & Beaches* vous fournira davantage de détails sur le littoral du royaume et les destinations du bord de mer, tandis que le *Bangkok city guide* offre un panorama plus complet sur la capitale, dans un format commode pour la visite. Les livres en français sur la Thaïlande sont assez rares. La sélection ci-dessous, non exhaustive, donne un aperçu des livres qui nous ont paru les plus intéressants.

Histoire, témoignages et récits
Le premier livre français publié sur le Siam est la *Relation du voyage de Mgr l'évêque de Béryte, vicaire apostolique, par la Turquie, la Perse, les Indes, etc., jusqu'au royaume de Siam*, datant de 1666. Ce voyage historique entrepris par trois missionnaires visait, entre autres, la conversion du monarque de ce très lointain pays au christianisme. Il fut aussi une première car les trois hommes durent emprunter la voie terrestre pour atteindre le Siam, les routes maritimes étant jalousement gardées par les Hollandais et les Anglais. Entre récit diplomatique et colonial, et histoire des mentalités : Dirk Van der Cruysse retrace dans *Louis XIV et le Siam* (Fayard, 1991) les relations entre les deux pays, à travers des documents français et thaï, souvent inédits.

Des nombreuses relations du voyage fait au Siam entre 1685 et 1686, à l'instigation du roi Louis XIV, on retiendra *Le Voyage de Siam des Pères jésuites envoyés par le Roi aux Indes et à la Chine*, de Guy Tachard, un ouvrage qui souffre toutefois, par sa sécheresse, par sa lourdeur, de la comparaison avec le plus beau journal de voyage publié au XVIIᵉ siècle, *Le Journal de voyage de Siam fait en 1685 et 1686*, par l'abbé de Choisy (Fayard 1995), dont Guy Tachard fut le compagnon de voyage. On est frappé par le ton direct, le "style parlé" de l'auteur qui mêle les renseignements les plus précieux sur la géographie et l'histoire orientales aux impressions personnelles, et fait basculer le récit, par endroits, de journal de voyage en journal intime. De fait, Choisy est l'inventeur du "journal de voyage en formes de lettres familières", un genre promis à un bel avenir dans la littérature française.

Simon de la Loubère conduisit la deuxième ambassade française au Siam en 1687. Quatre ans plus tard, il publiait son journal de bord, description soigneuse de son séjour. Jamais réédité en France depuis le début du XVIIIᵉ siècle, ce récit fait l'objet d'une édition commentée dans *Étude historique et critique du livre de Simon de la Loubère* de Michel Jacq-Hergoualc'h (éd. Recherches sur les civilisations, 1987).

Publié en 1873, *The Land of White Elephant* de Frank Vincent est un ouvrage non dénué de charme, relatant les voyages d'un marchand américain au Siam. *Temples and Elephants* (1884) de Carl Bock, abondamment illustré, couvre le même territoire. Tous ces ouvrages en anglais ont fait l'objet de réimpressions disponibles dans les librairies de Bangkok, tout comme *The Kingdom of the Yellow Robe* (1898) de Ernest Young et *An Englishman's Siamese Journals* (1890-1893), un livre anonyme paru également à la fin du siècle dernier.

On montrera nettement plus de réserve, en revanche, à l'égard du roman d'Anna Leonowens, *The English Governess at the Siamese Court*, paru en 1870, et qui, depuis sa publication, et cela malgré ses descriptions pour le moins erronées de la vie siamoise, a fait l'objet de deux adaptations cinématographiques et d'une comédie musicale à Broadway.

Joseph Conrad, pour sa part, évoque la Thaïlande dans plusieurs de ses romans et nouvelles, notamment dans *Falk : Un souvenir*, (éditions Gallimard, trad. de G. Jean Aubry, 1934) et *La Ligne d'ombre : une confession* (éditions Autrement 1996 ou Fayard 1996). *La Ligne d'ombre* repose sur un épisode vécu du jeune Conrad chargé de ramener de Bangkok en Australie un petit voilier, l'Otago, et plus précisément la traversée du golfe de Siam entre Bangkok et Singapour qui se révéla très difficile.

Avec *La Thaïlande et l'Occident : drames et convergences à travers les siècles* (Sudestasie, 1991), Henri Fauville aborde les étapes les plus significatives des relations entre la Thaïlande actuelle (qui ne fut jamais colonisée) et l'Occident, du XVIIᵉ siècle à 1965.

Existe-t-il une civilisation du Mékong ? Dans *Mékong* (1994), la revue Autrement offre un regard sur la question, appuyé par des reportages, des rencontres et des analyses sur l'un des plus grands fleuves d'Asie.

Enfin, il convient de mentionner la parution récente, dans la collection Que sais-je, d'une Histoire de la Thaïlande (PUF, 1998) L'auteur, Xavier Galland, présente, en une centaine de pages, une synthèse éclairante sur le sujet.

Peuples et société

Pour connaître la face cachée du fameux Triangle d'or (Thaïlande, Laos et Myanmar), on consultera *Chambre avec vue sur le Triangle d'or* d'Ève Sivadjian (First, 1992). Ce reportage, mené en profondeur, fourmille d'informations sur la population, la vie quotidienne, la reconversion des terres en champs d'orchidées et surtout la sensibilisation aux problèmes de la drogue.

Ouvrage d'Elaine et de Paul Lewis, *Peuples du Triangle d'or* (Olizane, 1986) décrit, par l'image et le texte, six ethnies des régions montagnardes du nord de la Thaïlande, au rythme de leurs croyances et de leur environnement quotidien.

Les Errants de la forêt thaïlandaise, les Akha de Frederic V. Grunfeld (Time Life – France Loisirs, 1987) est un témoignage captivant sur le mode de vie de ce peuple cultivateur de riz, en harmonie avec la nature et fidèle à ses traditions ancestrales.

Enfin, *Les Naufragés de la liberté* de Jean-Pierre Willem (SOS, 1980) est une bonne introduction à l'histoire du peuple méo.

Les ouvrages sur le bouddhisme sont répertoriés dans le cahier couleur intitulé *Bouddhisme*.

Politique et économie

Publié en 1990, *La Vie en Thaïlande* de François Arnaud nous fait découvrir la culture quotidienne du pays et ses usages.

Les Relations extérieures de la France avec le Vietnam, le Cambodge, le Laos, la Thaïlande et la Birmanie est un rapport du Conseil économique et social présenté par Jean Billet (1994). Il offre notamment un bilan contrasté du développement économique thaïlandais.

Quoique un peu ancien mais toujours d'actualité, *Asie du Sud-Est, enjeu thaïlandais* de Sylvia et Jean Cattori (Harmattan, 1979) est une source documentaire intéressante sur le développement économique de ce pays au sein de la région.

De même, le rôle de la Thaïlande dans le commerce international des stupéfiants est amplement commenté dans l'ouvrage d'Alfred McCoy intitulé *La Politique de l'héroïne en Asie du Sud-Est* (Flammarion, coll. "Aspects de l'Asie", 1980).

La Thaïlande telle qu'on la rêvait serait-elle morte ou n'a-t-elle jamais existé que dans l'imagination des voyageurs nostalgiques ? La revue Autrement aborde la question dans *Thaïlande, les larmes de Bouddha* (n°43, 1989) à travers le regard inattendu d'écrivains, de journalistes et de chercheurs thaï.

Ceux qui lisent en anglais pourront se procurer *Siam in Crisis* de Sulak Sivaraksa. Cet éminent intellectuel thaïlandais propose une analyse politique à travers les perspectives bouddhistes et nationalistes. L'auteur a publié de nombreux ouvrages dans le domaine culturel.

Hill Tribes Today : Problems in Change de John McKinnon et Bernard Vienne (Bangkok, White Lotus, ORSTOM, 1990) offre un point de vue critique sur les récents changements intervenus dans les hautes terres, au nord du pays.

Arts et culture

Luca Invernizzi Tettoni et William Warren ont signé *Thaï Style : formes et couleurs de Thaïlande* (Peuples et Continents, 1990). L'abondante iconographie, qui agrémente cet ouvrage, illustre l'architecture, la décoration et les objets qui constituent l'essence de ce fascinant pays.

Véritable bible, *La Sculpture en Thaïlande* de Jean Boisselier et Jean-Michel Beuderley (Bibliothèque des arts, 1987) fournit des références extrêmement fouillées sur la création et l'histoire de cet art, ainsi que sur les particularités propres à chaque époque.

Publié par Archaelogia mundi, *Thaïlande* de Pisit Charaoenwongsa et M.-C. Subha-dradis Diskul (Nagel, 1976) recèle de nombreuses illustrations et présente un bilan des recherches archéologiques depuis la préhistoire jusqu'au milieu du XV\(^e\) siècle.

Doté d'une riche iconographie sur les habitants, les temples et les bouddhas, *Thaïlande* de Folker Reichert (Lattès, 1990) campe avec splendeur la terre du lotus et du pavot.

Agrémenté de planches couleurs, *Thaïlande – Terre de tous les rêves* d'Alain Chenevière (Soline, 1994) ne se contente pas de souligner les merveilles architecturales du pays mais aussi de nous faire découvrir ses habitants.

Réalisé en une semaine par une cinquantaine de photographes du monde entier, *Thaïlande, découverte d'un royaume* (Times éd., 1990) livre 350 photos dans la lignée du grand reportage.

Thaïlande – Cuisine sans frontières de Punprapar Klinchui (Gründ, 1988) vous fera découvrir, toute l'originalité d'une cuisine, alléchante.

Publié par You Feng en coédition avec Univers gastronomique, la *Cuisine de Thaïlande* de Shi Kai Lun (1991) est une publication franco-chinoise présentant des recettes de base.

Histoire naturelle

Évolution des paysages végétaux en Thaïlande du Nord-Est de Jean-Michel Boulbet est une monographie très détaillée sur la flore, publiée par l'École française d'Extrême-Orient (1982).

Éric Valli et Diane Summers, dans *Chasseurs des ténèbres* (Nathan, 1990), évoquent ces grottes donnant sur la mer, au sud-ouest de la Thaïlande, qui abritent "une friandise" rare et appréciée des Chinois : les nids d'hirondelles. Les cueilleurs ont un métier singulier. Juchés sur des passerelles où se mêlent lianes et souples constructions de bambous, ils détachent de la paroi, à la lueur des lampes, les nids fragiles.

Les amateurs d'ornithologie pourront se reporter à l'ouvrage de Roland Eve et Anne-Marie-Guigne *Les oiseaux de Thaïlande* (Delachaux et Niestlé, 1996).

Littérature générale

La vie rurale en Thaïlande nous est contée à travers les différents récits de Pira Sudham. Originaire d'une famille de paysans pauvres du nord-est du pays, l'auteur a écrit *Enfances thaïlandaises* (Fayard, 1990), recueil de nouvelles superbement écrites, narrant la vie de ce peuple et particulièrement celle des enfants. Cet écrivain a également signé un livre largement autobiographique, *Terre de Mousson* (Olizane, 1990) qui relate son retour à la terre natale.

Classique de la littérature thaï, *Fils de l'Isân* de Kampoon Bootawee (Fayard, 1991) décrit au jour le jour l'existence d'une famille pauvre, sa lutte pour survivre, ses peines et ses joies.

Une histoire ordinaire de Tchât Kopjitti (éd. Ph. Picquier, 1992) révèle un autre aspect de la Thaïlande : le destin de vies ordinaires dans le monde urbain d'aujourd'hui.

Littérature étrangère et récits de voyage

Roman de cape et d'épée quelque peu satirique, *Pour la plus grande gloire de Dieu* de Morgan Sportès (Seuil, 1993) se fonde sur l'expédition de la deuxième ambassade envoyée au Siam par Louis XIV en 1687. L'auteur dénonce les intentions véritables d'un périple destiné au départ à protéger le roi de Siam des impérialismes anglais et hollandais en Asie.

Axel Aylwen, dans *Le faucon de Siam* (LGF, 1998), s'intéresse, dans un roman d'aventures captivant, au personnage fascinant de Constantin Phalkon, un marin anglais d'origine grecque, qui, débarqué en Thaïlande en 1679, parvint à force d'habileté au poste improbable de premier ministre du roi de Siam.

Dans un même registre, *Au service du roi de Siam* de Maurice Collis (Lattès, 1991) est la biographie d'un aventurier anglais du XVIIe siècle qui, parti de Londres, alla servir la Compagnie anglaise des Indes et proposa ses services au roi de Siam.

De la plume du romancier catalan, Manuel Vasquez Montalban, *Les Oiseaux de Bangkok* (UGE, coll. "10/18", 1991) est plus qu'une simple enquête policière. En filigrane d'une histoire de trafic de drogue, c'est toute la face cachée de la capitale thaïlandaise que découvre le fameux détective Pepe Carvalho.

Un voyage vers l'Asie de Jean-Claude Guillebaud (Points Actuels, 1980) offre un regard critique sur la Thaïlande des années 1970.

Datant de 1868, les *Voyages dans les royaumes de Siam, de Cambodge et de Laos* de Henri Mouhot ont été réédités chez Olizane en 1989. Cet explorateur naturaliste et archéologue français du XIXe siècle délivre un témoignage unique sur cette période.

Plus récent, *Zones frontières* est le récit d'un périple mené par Charles Nicholl en Thaïlande et au Myanmar (Payot-Voyageurs, 1992). L'auteur, aspirant à la quiétude, part étudier le bouddhisme dans un temple perdu en forêt, au nord de la Thaïlande. Bangkok, les rives du Mékong, les mystères du Triangle d'or, les fumées d'opium ou encore la frontière birmane plantent le décor de cette route pleine de tours et de détours.

Infatigable voyageur, l'écrivain néerlandais Cees Nooteboom a rapporté d'un voyage en terre thaïlandaise le récit très dense *Le Bouddha derrière la palissade : un voyage à Bangkok* (Actes Sud, coll. "Terres d'aventure", 1989).

Guides

Les amoureux de la nature, familiers avec la langue anglaise, pourront consulter *National Parks of Thailand* de Gray, Piprell et Graham (Communication Resources, Bangkok, 1991). Cet ouvrage établit un bilan actualisé des principaux parcs nationaux thaïlandais.

LIBRAIRIES

La Thaïlande offre sans doute le plus grand choix de librairies anglaises de tout le Sud-Est asiatique. Les principales chaînes sont Asia Books et DK Book House. Chacune compte une demi-douzaine de succursales à Bangkok, ainsi que dans les centres les plus touristiques comme Chiang Mai, Hat Yai et Phuket.

Les plus grands hôtels ont également des librairies avec un rayon anglais.

A Chiang Mai, le Suriwong Book Centre, Th Si Donchai, est recommandé pour les livres sur la Thaïlande et l'Asie en général.

A Nong Khai, le Wasambe Bookshop, près de la Mutmee Guest House, propose la meilleure sélection d'ouvrages du nord-est de la Thaïlande.

Voir les paragraphes *Librairies* aux différentes rubriques des villes correspondantes pour plus de détails.

Librairies de voyage
France
Ulysse
   26, rue Saint-Louis-en-l'Île, 75004 Paris, (☎ 01 43 25 17 35). Fonds exceptionnel de cartes et de plans.
L'Astrolabe
   46, rue de Provence, 75009 Paris, (☎ 01 42 85 42 95 et 14), rue Serpente, 75006 Paris, ☎ 01 46 33 80 06
Itinéraires
   60, rue Saint-Honoré, 75001 Paris, (☎ 01 42 36 12 63) ; Minitel 36 15 Itinéraires
Planète Havas librairie
   26, av. de l'Opéra, 75001 Paris, (☎ 01 53 29 40 00)
Au Vieux Campeur
   2, rue de Latran, 75005 Paris, (☎ 01 42 29 12 32)
Voyageurs du monde
   55, rue Sainte-Anne, 75002 Paris, (☎ 01 42 86 17 38)
Ariane,
   20, rue du Capitaine A. Dreyfus, 35000 Rennes, (☎ 02 99 79 68 47)
Géorama,
   20-22, rue du Fossé des Tanneurs, 67000 Strasbourg, (☎ 03 88 75 01 95)
Géothèque,
   2, Place St-Pierre, 44000 Nantes, (☎ 02 40 47 40 68)
   26, rue Michelet, 37000 Tours, (☎ 02 47 05 23 56)
Hémisphères,
   15, rue des Croisiers, 14000 Caen, (☎ 02 31 86 67 26)
L'Atlantide,
   56, rue St-Dizier, 54000 Nancy, (☎ 03 83 37 52 36)

Les Cinq Continents,
   20, rue Jacques-Cœur, 34000 Montpellier, (☎ 04 67 66 46 70)
Magellan,
   3, rue d'Italie, 06000 Nice, (☎ 04 93 82 31 81)
Ombres blanches,
   50, rue Gambetta, 31000 Toulouse, (☎ 05 61 21 44 94)

Belgique
Peuples et Continents,
   rue Ravenstein 11, 1000 Bruxelles, (☎ (2) 511 27 75)
Anticyclone des Açores,
   rue Fossé aux Loups 34B, 1000 Bruxelles, (☎ (2) 217 52 46)

Canada
Ulysse,
   4176, rue Saint-Denis, Montréal, (☎ (514) 843 9882)
   4 bd René Lévesque Est, Québec G1R2B1, (☎ (418) 529 5349)
Tourisme Jeunesse,
   4008 rue Saint-Denis, Montréal, (☎ (514) 844 0287)
Librairie Pantoute,
   1100 rue Saint-Jean Est, Québec, (☎ (418) 694 9748)

Suisse
Artou,
   8, rue de Rive, 1204 Genève, (☎ 22 818 02 40)
   8, rue de Rive, 1204 Genève, (☎ 21 323 65 56)

Librairies spécialisées sur l'Asie
A Paris, plusieurs librairies sont spécialisées sur l'Asie. C'est le cas de : *Fenêtre sur l'Asie*, 45, rue Gay-Lussac, 75005 Paris (☎ 01 43 29 44 74) ; *Sudestasie*, 17, rue du Cardinal-Lemoine, 75005 Paris (☎ 01 43 25 18 04) ; *Le Phénix*, 72, boulevard Sébastopol, 75003 Paris (☎ 01 42 72 70 31) et *You Feng*, 45, rue Monsieur-le-Prince, 75006 Paris (☎ 01 43 25 89 98).

Une autre source d'information vous est proposée avec la librairie du *Musée Guimet* (19, place Iéna, 75016 Paris, ☎ 01 40 73

88 08), riche en ouvrages archéologiques et artistiques.

FILMS

Un certain nombre de films internationaux ont été tournés en Thaïlande pour le sujet comme pour le décor.

Les années passées, la multiplication des tournages en Thaïlande comme des scénarios à décor "exotique" (jungle, rizières, îles…) a provoque une véritable petite révolution dans l'industrie cinématographique (et économique) tant sur place qu'à Hollywood.

Sujets exotiques et monarchie

Chang fut le premier film entièrement tourné en Thaïlande, dans la province de Nan. Réalisé en 1927 par Merian Cooper et Ernest Schoedsack, les metteurs en scène du célèbre *King Kong*, il contient quelques-unes des plus belles scènes de jungle jamais filmées en Asie.

Dans les années 30, le fondateur du *Bangkok Post*, Don Gardner, mit en scène et produisit *I Am from Siam* dont la vedette n'était autre que Sa Majesté Rama VII. C'est un film quasi introuvable aujourd'hui, en dehors des Thailand's National Film Archives.

En 1946, une autre production américaine (entièrement tournée en studios à Hollywood), *Anna & the King of Siam* (Anna et le Roi de Siam) de John Cromwell, s'inspirait d'un ouvrage intitulé *The English Governess at the Siamese Court*, l'histoire d'Anna Leonowens – son auteur – qui fut la gouvernante des enfants de Rama IV. Si le film connut un succès quelque peu mitigé, Arthur Miller remporta l'oscar du meilleur scénario. *The King & I*, un remake de Walter Lang, est une comédie musicale de 1956 assez ennuyeuse (inspirée d'un succès de Broadway) avec Yul Brynner. Les trois films sont interdits en Thaïlande pour leur peinture irrespectueuse de la monarchie.

Le *Pont de la Rivière Kwaï* (1957) de David Lean, adapté d'un roman de Pierre Boulle, demeure incontestablement le film le plus célèbre associé à la Thaïlande, même si de nombreuses scènes du film furent tournées au Sri Lanka.

En 1962, c'est Marlon Brando qui s'illustre dans *The Ugly American* (*le Vilain Américain*), tourné en Thaïlande par George Englund. Le roman de William J. Lederer dont est tiré le scénario embrouillé se déroule dans un pays imaginaire, le Sarkan. Engagé comme conseiller technique, le journaliste thaïlandais Kukrit Pramoj fit forte impression sur Brando et le réalisateur en sorte qu'on l'engagea pour interpréter le rôle de Kwen Sai, le Premier ministre du Sarkan. Ironie du sort, en 1974, Kurit Pramoj fut nommé Premier ministre de la Thaïlande.

James Bond et guerre du Vietnam

The Man with the Golden Gun (*l'Homme au pistolet d'or*, 1974) un des James Bond interprétés par Roger Moore et Christopher Lee attira pour la première fois l'attention sur les îles de Ao Phang Nga.

Pratiquement tous les films américains sur la guerre du Vietnam furent tournés aux Philippines ou en Thaïlande. Ainsi, le premier à tourner en Thaïlande un tel sujet fut Michael Cimino en 1978. Son célèbre *Deer Hunter* (*Voyage au bout de l'enfer*), avec notamment Robert de Niro, Meryl Streep, John Savage et Christopher Walken, récolta cinq Oscars. La scène de la fameuse roulette russe a été tournée dans un vieux coin de Th Charoen Krung, à Bangkok, et les scènes de bar "de Saigon", dans le quartier de Patpong.

Dans un style grunge raffiné, *Saigon - L'enfer pour deux flics* (1987) est éclairé au néon. Willem Dafoe y transpire beaucoup dans son uniforme de policier militaire américain. Bangkok, qui partage la vedette avec lui, représente une fois de plus les rues de Saïgon.

En 1993, Oliver Stone a également tourné son sujet vietnamien en Thaïlande avec Tommy Lee Jones dans *Heaven and Earth* (*Entre ciel et terre*).

JOURNAUX ET MAGAZINES
Journaux

La Constitution de 1997 garantit la liberté de la presse, mais la police nationale se réserve le droit de suspendre les autorisations de publier, pour des raisons de sécurité nationale. Les rédacteurs, en fait, s'autocensurent dans certains domaines sensibles, comme tout ce qui touche à la monarchie. En dehors de ce sujet tabou, la presse thaïlandaise passe pour l'une des plus libres du Sud-Est asiatique. Dans une enquête menée par le Political and Economical Risk Consultancy de Singapour, 180 dirigeants expatriés dans dix pays d'Asie considèrent la presse anglaise de Thaïlande comme la meilleure d'Asie. Fait étonnant, ces mêmes expatriés ont cité le *Bangkok Post* et *The Nation*, pour leurs informations régionales et internationales, avant l'*Asian Wall Street Journal* ou le *Far Eastern Economic Review*.

Deux quotidiens de langue anglaise sont distribués dans presque toutes les grandes villes de province : le *Bangkok Post* (le matin) et *The Nation* (l'après-midi). Le second est presque entièrement rédigé par des Thaïlandais et présente un point de vue plus local que le *Post*, premier quotidien anglais de Thaïlande, fondé en 1946, dont la rédaction mixte, thaïlandaise et étrangère, se fait l'interprète d'un point de vue plus international. Pour les informations régionales et internationales, le *Post* est le meilleur des deux ; c'est d'ailleurs, pour de nombreux journalistes, le meilleur quotidien en anglais de tout le Sud-Est asiatique. *The Nation*, de son côté, couvre bien l'actualité de la région – en particulier du Myanmar et de l'ancienne Indochine – et a eu le mérite de prendre position plus durement contre le NPKC lors du coup de force de 1991.

L'édition de Singapour de l'*International Herald Tribune* est distribuée largement à Bangkok, Chiang Mai et dans les zones très touristiques, comme Pattaya et Phuket.

Les journaux thaïlandais les plus lus sont le *Thai Rath* et le *Daily News*, mais leurs colonnes sont remplies de faits divers sanglants. Moins tournés vers "les chiens écrasés", le *Matichon* et le *Siam Rath* s'adressent à un public moins populaire. Beaucoup de Thaïlandais lisent les quotidiens en anglais pour être mieux informés.

Depuis peu, le *Bangkok Post* diffuse également une édition en thaï.

Magazines

La récession économique a touché les publications de langue anglaise comme le reste de l'économie, et plusieurs magazines ont disparu des kiosques après 1996. Actuellement, le plus gros tirage anglo-saxon de Thaïlande s'appelle le *Bangkok Metro*, une publication qui se veut exhaustive sur tout ce qui concerne l'art, la culture, la cuisine, le cinéma et la musique à Bangkok. On y trouve aussi des pages d'adresses, certes moins nombreuses, consacrées à Pattaya, Phuket et Chian Mai.

Chaque mois, *Le Gavroche* propose des nouvelles et des articles de fond sur la Thaïlande, pour la communauté francophone

Publications en français

La revue trimestrielle *Mutations asiatiques* (anciennement *Asie Extrême-Orient*) donne d'excellents renseignements sur des sujets économiques et financiers, par région ou par pays. On peut acheter la revue au numéro ou s'abonner en écrivant au 24 bis, rue Tournefort, 75005 Paris (☎ 01 42 00 15 46 ; fax 01 45 87 07 84 ; e-mail : mutasie@ aol.com).

Publiée par l'Institut des langues orientales (2 rue de Lille, 75007 Paris, ☎ 01 49 26 42 00), *Les Cahiers de l'Asie du Sud-Est* ont cessé de paraître, mais vous pouvez vous procurer d'anciens numéros de cette revue spécialisée dans l'actualité culturelle, économique et politique.

RADIO ET TÉLÉVISION
Radio

On écoute plus de 400 stations de radio en Thaïlande, dont 41 en FM et 35 en AM, uniquement à Bangkok. Affiliée à Radio Thailand et Channel 9 du réseau TV public, la station 107 FM, diffuse chaque jour les actualités de CNN concernant l'Asie, quasiment toutes les heures entre 17h et 2h du matin.

On peut aussi y entendre de bons programmes musicaux, proposés par des présentateurs britanniques, thaï et américains. Sur Star FM 102.5, les animateurs bilingues présentent 24h/24 du rythm & blues, de la pop, du rock et de la musique alternative. Radio Bangkok (Gold FMX), sur 95.5 FM, est également animée par des anglophones et l'on peut y écouter non-stop des tubes comme d'anciens titres.

Vous cherchez de la musique thaï ? Sur 87.5 FM, on vous propose de la variété thaï classique, dont d'anciens morceaux *lûuk thûng,* joués à l'accordéon.

L'université de Chulalongkorn diffuse tous les soirs des morceaux classiques sur 101.5 FM, de 22h30 à 1h du matin, puis de la "musique classique légère, de vieux standards et du jazz", de 4h à 16h30. Vous trouverez les horaires des programmes dans *The Nation* et le *Bangkok Post.*

Radio France International (116, av. du Président-Kennedy, BP 9516 Paris, ☎ 01 44 30 89 69), Radio Canada International (17, av. Matignon, 75008 Paris, ☎ 01 44 21 15 15 ; PO Box 6000, Montréal HCC 3A8, e-mail http://www.rcinet.ca) et Radio Suisse Internationale (106, route de Ferney, 1202 Genève, ☎ (22) 910 33 88) diffusent de nombreux programmes. Renseignez-vous, avant votre départ, auprès du service des auditeurs, sur la grille des fréquences sujettes à modifications.

Télévision

La Thaïlande possède cinq chaînes de télévision VHF qui émettent de Bangkok. Après le coup d'État de 1991, le gouvernement a autorisé la prolongation du temps d'émission à la journée entière ; les chaînes déploient en ce moment tous leurs efforts pour remplir ce temps d'antenne. Il en a résulté une augmentation substantielle des programmes en anglais – surtout le matin, heure d'écoute pour l'instant inhabituelle.

Channel 3, qui est privée, propose un choix étendu de comédies, de téléfilms, d'informations et de films, la plupart en langue thaï seulement. Elle fonctionne de 5h30 à minuit. L'inconvénient, c'est que les coupures publicitaires y sont plus abondantes que sur les autres chaînes.

Channel 5, chaîne militaire, émet de 5h à 3h05. Entre 5h et 7h du matin, vous y verrez des extraits de programmes d'actualités des chaînes américaines ABC et CNN International, ainsi que les journaux thaï sous-titrés en anglais.

Channel 7 (de 5h30 à 0h30) appartient aussi à l'armée, mais son temps de diffusion est loué à des sociétés privées. L'un de ses meilleurs programmes concerne la diffusion de clips de musique traditionnelle lûuk thûng, entre 12h15 et 14h10.

Chaîne d'État, Channel 9 émet de 5h30 à 2h du matin. Du lundi au vendredi, les actualités de 19h sont traduites simultanément en anglais sur la station radiophonique FM 107.

Channel 11 est consacrée aux programmes éducatifs du ministère thaï de l'Éducation. Ses émissions sont diffusées de 4h40 à 23h. Le journal de 20h est diffusé simultanément en langue anglaise sur la station de radio FM 88.

Les villes de province, d'ordinaire, ne reçoivent que deux chaînes : Channel 9 et une chaîne locale aux horaires limités.

TV par satellite et câble. Comme partout ailleurs en Asie, le câble et le satellite se sont multipliés en Thaïlande et la concurrence fait rage, compte tenu du marché largement inexploité. La société la plus prospère est UBC (fusion récente de deux compagnies : UTV et IBC), que l'on peut capter au moyen des systèmes CaTV, MMDS et DHT. Parmi les nombreuses transmissions par satellite d'UBC, citons : 6 chaînes thématiques de cinéma en anglais (dont HBO et Cinemax, toutes deux censurées en Asie pour le langage, la nudité et la violence), 2 à 4 chaînes internationales consacrées au sport, des séries TV importées, MTV Asia, Channel V (une chaîne basée à Hong-Kong qui diffuse des clips vidéo), CNN International, CNBC, NHK, BBC World Service Television, The Discovery Channel et toutes les chaînes thaï du réseau hertzien. Vous pouvez vous renseigner sur le site Web d'UBC (www.ubctv.com) ou recevoir un exemplaire du mensuel gratuit *UBC Magazine*, en contactant la société.

La Thaïlande dispose de ses propres ThaïCom 1 et 2, reliés à AsiaSat, pour diffuser les canaux hertziens habituels et Thaï Sky (TST). Ce dernier réseau englobe 5 chaînes proposant des informations et des documentaires, des clips vidéo de musique thaï et des programmes de variétés thaï. Avec une antenne parabolique, on peut aussi capter les émissions des satellites chinois Apstar 1 et 2, ainsi que celles en provenance du Vietnam, du Myanmar et de Malaisie.

SYSTÈMES VIDÉO

Le format le plus répandu en Thaïlande est le système PAL, soit le plus courant d'Europe, hormis en France, où règne le SECAM. Certaines boutiques vidéo (notamment celles qui vendent des produits piratés ou illicites) proposent aussi bien des cassettes en NTSC (standard américain et japonais) qu'en PAL et en SECAM. Toutefois, si vous passez une cassette SECAM sur un magnétoscope "multistandard" thaï, il la lira en noir et blanc.

PHOTO ET VIDÉO
Films et équipement

Les pellicules photo sont très bon marché et en vente partout. Les marques japonaises coûtent environ 100 B pour 36 poses, les marques américaines légèrement plus. Une pellicule diapo Fujichrome Velvia ou Provia revient environ à 225 B, une Kodak Ektachrome Elite à 200 B, une Ektachrome 200 à 280 B. Les diapos, surtout Kodachrome, sont plus difficiles à trouver en dehors de Bangkok et Chiang Mai ; il est sage d'en faire provision avant de s'aventurer dans le fin fond de la campagne. On trouve des cassettes vidéo VHS de tous les formats dans toutes les grandes villes.

Développement

Il est de bonne qualité et peu cher dans les grandes villes. Les films Kodachrome doivent être envoyés hors de Thaïlande, ce qui implique jusqu'à deux semaines de délai.

Les professionnels trouveront un certain nombre de laboratoires dans Bangkok, qui proposent de venir chercher vos négatifs et vous rapporter les photos à domicile le jour même, sans supplément de prix, à l'intérieur de la ville. Les labos IQ offrent la gamme de services la plus étendue, avec toutes sortes de tirages (sauf pour le Kodachrome), duplication de diapositives, scanner, impression numérique, gravure de photos sur CD et format d'impression personnalisé.

Accessoires

Emportez du sel de silicate avec votre appareil pour prévenir l'apparition de moisissure à l'intérieur de l'objectif. Un filtre polarisant peut être utile pour limiter l'éblouissement de la lumière tropicale, à certaines heures. Un pied photo peut être utile pour les prises d'intérieur en lumière naturelle.

Photographier les gens

Les tribus des montagnes, dans les régions les plus visitées par les touristes, s'attendent à recevoir de l'argent si vous les prenez en photo. Certains Karen et Akha ne vous laisseront pas les photographier. Soyez discret partout en Thaïlande, car la vue d'un appareil peut intimider. Dans certaines régions, vous vous sentirez plus à l'aise sans appareil en bandoulière.

Rayons X dans les aéroports

Vos pellicules pourront passer dans les appareils de détection des aéroports thaïlandais sans subir de dommages. Néanmoins, si vous transportez des pellicules 400 ASA ou d'une sensibilité supérieure, conservez-les dans un sac à part et demandez à le faire contrôler par un agent de la sécurité. Certains photographes enveloppent leurs pellicules dans des sacs doublés de plomb pour les protéger des rayons X.

HEURE LOCALE
Fuseau horaire

La Thaïlande est en avance de 7 heures sur l'heure GMT (Londres). Quand il est 12h à Bangkok, il est 5h ou 6h du matin à Paris (selon qu'il s'agit de l'heure d'été ou d'hiver)

L'heure thaïlandaise

Les Thaïlandais ont trois façons de mesurer le temps : l'heure officielle *(râatchakaan)* basée sur notre système de 24 heures (exemple : 11h du soir = 23h) ; la division en 12 heures (12 heures séparent 11h du matin de 11h du soir) ; et enfin le calcul traditionnel des 6 heures.

Du crépuscule à l'aube, les Thaï utilisent ce dernier. De midi à 6h du soir le temps est marqué de la manière ordinaire. Mais à partir de 19h et jusqu'à minuit, c'est le *thûm* (son d'un battement de tambour) qui prend le relais en comptant de 1 à 6 (exemple 7h = *nèung thûm* ou "un *thûm*" ; 11h = *hâa thûm* ou "5 *thûm*").

Après minuit, le cycle recommence, cette fois avec les *tii* (ou son des claquettes en bois) ; si bien qu'on dira *tii sàam* ou "3 *tii*" (l'ordre des mots est inversé avec tii) pour 3h. Après 6h, on revient à *thûm*, en ajoutant *cháo* – matin – ; *sàwng thûm cháo* correspond ainsi à "2 *thûm cháo*", soit 8h du matin.

Autrefois tambours et claquettes égrenaient les heures à travers tout le pays. Aujourd'hui, ces claquettes ont été remplacées par des barres d'acier que les veilleurs de nuit et protecteurs des quartiers résidentiels frappent l'une contre l'autre pour rythmer la nuit. Sans ces tintements et claquements familiers, le sommeil des habitants serait perturbé.

et 0h ou 1h du matin à New York ou encore 21h ou 22h du jour précédent à Los Angeles.

Le calendrier thaï
Le calendrier officiel de la Thaïlande se base sur le début de l'ère bouddhique, soit 543 ans avant J.-C. Selon ce calcul, l'année 1997 de l'ère chrétienne devient donc l'an 2540 de l'ère bouddhique.

ÉLECTRICITÉ
Les centrales fournissent du courant alternatif 220 V 50 Hz. Les prises encastrées sont généralement rondes et prévues pour deux fiches ; certaines peuvent recevoir les fiches à lames plates ou rondes. Les magasins de fournitures électriques ont en stock tous les modèles d'adaptateurs et de convertisseurs.

POIDS ET MESURES
La Thaïlande a adopté le système métrique, à la seule exception des mesures de superficie agricole, souvent citées dans l'ancien système thaï des *waa, ngaan* et *râi*.

Dans les provinces, les nostalgiques s'expriment dans l'ancien système de poids et mesures, de même que certains artisans en parlant de leur travail. Voici quelques équivalences, pour pouvoir s'y retrouver.

1 *waa* carré	=	4 m²
1 *ngaan* (100 waas carrés)	=	400 m²
1 *râi* (4 ngaans)	=	1 600 m²
1 *bàht*	=	15 g
1 *taleung* ou *tamleung* (4 bàhts)	=	60 g
1 *châng* (20 taleungs)	=	1,2 kg
1 *hàap* (50 changs)	=	60 kg
1 *níu*	=	env. 2 cm
1 *khêup* (12 nius)	=	25 cm
1 *sàwk* (2 kheups)	=	50 cm
1 *waa* (4 sawks)	=	2 m
1 *sén* (20 waas)	=	40 m
1 *yôht* (400 sens)	=	16 km

BLANCHISSAGE/NETTOYAGE
Tous les hôtels, ou presque, mettent un service de blanchissage à la disposition des clients. Les tarifs sont proportionnels au prix de la chambre. Les laveries publiques vous proposent un tarif au poids, beaucoup plus économique.

Beaucoup d'hôtels mettent à la disposition de leurs hôtes une buanderie où vous pouvez laver votre linge sans frais ; il y a même parfois un séchoir. Si ce n'est pas le cas, vous pouvez faire votre lessive dans le lavabo et mettre votre linge à sécher dans la chambre (voir le paragraphe *Que prendre avec soi*). On trouve de la lessive dans tous les bazars et supermarchés.

TOILETTES ET SANITAIRES
Toilettes

En Thaïlande, comme dans de nombreux autres pays d'Asie, les toilettes à la turque sont la norme, sauf dans les hôtels internationaux et les pensions pour touristes.

Les toilettes asiatiques traditionnelles affleurent à la surface du sol et deux repose-pieds encadrent l'abîme de porcelaine. Au début, les voyageurs peu habitués à ce genre d'installation, seront quelque peu désorientés. Ils pourront toutefois se consoler en sachant que les utilisateurs de cette position courent moins de risques d'hémorroïdes que les personnes qui s'assoient sur un siège.

Vous trouverez, à côté, un seau ou un réservoir en ciment rempli d'eau avec, le plus souvent, un petit bol de plastique qui a deux fonctions : il sert à se laver et à jeter de l'eau car la chasse d'eau est absente dans ce genre d'installation traditionnelle. Dans les grandes agglomérations, les systèmes de chasse d'eau sont de plus en courants, même avec ce type de toilettes à la turque. Mais dans les campagnes reculées, on se contente généralement de quelques planches posées sur un trou creusé dans le sol.

Même aux endroits équipés d'installations à l'occidentale, le plus souvent vous ne pourrez pas jeter le papier hygiénique dans la cuvette. Dans ce cas, une corbeille destinée au papier usagé est placée à côté.

Vous trouverez généralement des toilettes publiques dans les cinémas, les grands magasins, les gares ferroviaires et routières, les grands hôtels et les aéroports.

En pleine campagne, en revanche, il est parfaitement normal de s'arrêter au bord de la route, derrière un arbre ou un buisson, pour répondre en toute simplicité aux besoins de la nature, que l'on soit un homme ou une femme.

Salle de bains

Certains hôtels et la plupart des pensions de famille du pays n'ont pas l'eau chaude. En ville, toutefois, les hôteliers équipent géné-ralement leurs meilleures chambres de petits chauffe-eau électriques.

Dans les campagnes, les Thaïlandais se baignent et se lavent dans les rivières et les ruisseaux. En ville, les maisons comportent parfois une salle d'eau dans laquelle on trouve une grand récipient ou réservoir de ciment rempli d'eau pour se laver ainsi qu'un bol de plastique ou de métal qui sert à s'arroser. Même dans les habitations équipées d'une douche, l'eau chaude reste fort rare. La plupart des Thaïlandais "se trempent" deux fois par jour et n'utilisent jamais d'eau chaude. Si vous devez vous laver dans un lieu public, portez un *phâakhamãa* ou un *phâasîn* (tissu de coton dont on s'enroule le corps) ; la nudité en public n'est pas la norme et offense la grande majorité des Thaïlandais.

SANTÉ

Un guide sur la santé peut s'avérer utile. *Les maladies en voyage* du Dr Éric Caumes (Points Planète), *Voyages internationaux et santé* de l'Organisation mondiale de la santé (OMS) et *Saisons et climats* de Jean-Noël Darde (Balland) sont d'excellentes références.

Ceux qui lisent l'anglais pourront se procurer *Travel with Children* de Maureen Wheeler (Lonely Planet Publications) qui donne des conseils judicieux pour voyager à l'étranger avec des enfants en bas âge.

Avant le départ
Assurances. Il est conseillé de souscrire une police d'assurance qui vous couvrira en

---

Avertissement

La santé en voyage dépend du soin avec lequel on prépare le départ et, sur place, de l'observance d'un minimum de règles quotidiennes. Les risques sanitaires sont généralement faibles si une prévention minimale et les précautions élémentaires d'usage ont été envisagées avant le départ.

cas d'annulation de votre voyage, de vol, de perte de vos affaires, de maladie ou encore d'accident. Les assurances internationales pour étudiants sont en général d'un bon rapport qualité/prix. Lisez avec la plus grande attention les clauses en petits caractères : c'est là que se cachent les restrictions.

Vérifiez notamment que les "sports à risques", comme la plongée, la moto ou même la randonnée ne sont pas exclus de votre contrat, ou encore que le rapatriement médical d'urgence, en ambulance ou en avion, est couvert. De même, le fait d'acquérir un véhicule dans un autre pays ne signifie pas nécessairement que vous serez protégé par votre propre assurance.

Vous pouvez contracter une assurance qui réglera directement les hôpitaux et les médecins, vous évitant ainsi d'avancer des sommes qui ne vous seront remboursées qu'à votre retour. Dans ce cas, conservez avec vous tous les documents nécessaires.

Attention ! Avant de souscrire une police d'assurance, vérifiez bien que vous ne bénéficiez pas déjà d'une assistance par votre carte de crédit, votre mutuelle ou votre assurance automobile. C'est bien souvent le cas.

Quelques conseils. Assurez-vous que vous êtes en bonne santé avant de partir. Si vous partez pour un long voyage, faites contrôler l'état de vos dents. Nombreux sont les endroits où l'on ne souhaiterait pas une visite chez le dentiste à son pire ennemi.

Si vous suivez un traitement de façon régulière, n'oubliez pas votre ordonnance (avec le nom du principe actif plutôt que la marque du médicament, afin de pouvoir trouver un équivalent local, le cas échéant). De plus, l'ordonnance vous permettra de prouver que vos médicaments vous sont légalement prescrits, des médicaments en vente libre dans certains pays ne l'étant pas dans d'autres.

Attention aux dates limites d'utilisation et aux conditions de stockage, parfois mauvaises (les faux médicaments sont fréquents en Afrique). Il arrive également que l'on trouve, dans des pays en développement, des produits interdits en Occident.

Trousse médicale de voyage

Veillez à emporter avec vous une petite trousse à pharmacie contenant quelques produits indispensables.
Certains ne sont délivrés que sur ordonnance médicale.

❑ des **antibiotiques** à utiliser uniquement aux doses et périodes prescrites, même si vous avez l'impression d'être guéri avant. Chaque antibiotique soigne une affection précise : ne les utilisez pas au hasard. Cessez immédiatement le traitement en cas de réactions graves.

❑ un **antidiarrhéique** et un **réhydratant**, en cas de forte diarrhée, surtout si vous voyagez avec des enfants

❑ un **antihistaminique** en cas de rhume, allergie, piqûres d'insecte, mal des transports – évitez l'alcool

❑ un **antiseptique** ou un désinfectant pour les coupures, les égratignures superficielles et les brûlures, ainsi que des **pansements gras** pour les brûlures

❑ de l'**aspirine** ou du paracétamol (douleurs, fièvre)

❑ une **bande Velpeau** et des **pansements** pour les petites blessures

❑ une **paire de lunettes de secours** (si vous portez des lunettes ou des lentilles de contact) et la copie de votre ordonnance

❑ un **produit contre les moustiques**, un **écran total**, une **pommade pour soigner les piqûres et les coupures** et des **comprimés pour stériliser l'eau**

❑ une **paire de ciseaux**, une **pince à épiler** et un **thermomètre à alcool**

❑ une petite **trousse de matériel stérile** comprenant une seringue, des aiguilles, du fil à suture, une lame de scalpel et des compresses

Dans de nombreux pays, n'hésitez pas, avant de partir, à donner tous les médicaments et seringues qui vous restent (avec les notices) à un centre de soins, un dispensaire ou un hôpital.

Vaccins

Si vous voulez profiter de votre séjour pour vous faire vacciner, de nombreux organismes peuvent s'en charger, parmi lesquels les cliniques privées et les hôpitaux. C'est à Bangkok que vous trouverez toutefois les vaccins les plus rares ou les plus onéreux.

D'une manière générale, plus vous vous éloignez des circuits classiques, plus il faut prendre vos précautions. Il est important de faire la différence entre les vaccins recommandés lorsque l'on voyage dans certains pays et ceux obligatoires. Au cours des dix dernières années, le nombre de vaccins inscrits au registre du Règlement sanitaire international a beaucoup diminué. Seul le vaccin contre la fièvre jaune peut encore être exigé pour passer une frontière, parfois seulement pour les voyageurs qui viennent de régions contaminées. Faites inscrire vos vaccinations dans un carnet international de vaccination que vous pourrez vous procurer auprès de votre médecin ou d'un centre.

Planifiez vos vaccinations à l'avance (au moins six semaines avant le départ) car certaines demandent des rappels ou sont incompatibles entre elles. Même si vous avez été vacciné contre plusieurs maladies dans votre enfance, votre médecin vous recommandera peut-être des rappels contre le tétanos ou la poliomyélite, maladies qui existent toujours dans de nombreux pays en développement. Les vaccins ont des durées d'efficacité très variables ; certains sont contre-indiqués pour les femmes enceintes.

Voici les coordonnées de quelques centres de vaccination à Paris :

Hôtel-Dieu, centre gratuit de l'Assistance Publique (☎ 01 42 34 84 84), 1, Parvis Notre-Dame, 75004 Paris
Assistance Publique Voyages, service payant de l'Hôpital de la Pitié-Salpêtrière (☎ 01 45 85 90 21), 47, bd de l'Hôpital, 75013 Paris

Institut Pasteur (☎ 01 45 68 81 98, Minitel 3615 Pasteur), 209, rue de Vaugirard, 75015 Paris
Air France, centre de vaccination (☎ 01 41 56 66 00, Minitel 3615 VACAF), aérogare des Invalides, 75007 Paris

Il existe de nombreux centres en province, en général liés à un hôpital ou un service de santé municipal. Vous pouvez obtenir la liste de ces centres de vaccination en France en vous connectant sur le site Internet www.france.diplomatie.fr/ infopra/ avis/annexe.html, émanant du ministère des Affaires étrangères.

Le serveur Minitel 3615 Visa Santé fournit des conseils pratiques, des informations sanitaires et des adresses utiles sur plus de 150 pays. Le 3615 Écran Santé dispense également des conseils médicaux. Attention ! Le recours à ces serveurs ne dispense pas de consulter un médecin.

Vous pouvez également vous connecter au site Internet Lonely Planet (www. lonelyplanet.com/health/health.htm/ h-links.htm) qui est relié à l'OMS (Organisation mondiale de la santé).

Précautions élémentaires

Faire attention à ce que l'on mange et ce que l'on boit est la première des précautions à prendre. Les troubles gastriques et intestinaux sont fréquents même si la plupart du temps ils restent sans gravité. Ne soyez cependant pas paranoïaque et ne vous privez pas de goûter la cuisine locale, cela fait partie du voyage.

N'hésitez pas également à vous laver les mains fréquemment.

Eau. Règle d'or : ne buvez jamais l'eau du robinet (même sous forme de glaçons). Préférez les eaux minérales et les boissons gazeuses, tout en vous assurant que les bouteilles sont décapsulées devant vous. Évitez les jus de fruits, souvent allongés à l'eau. Attention au lait, rarement pasteurisé. Pas de problème pour le lait bouilli et les yaourts. Thé et café, en principe, sont sûrs puisque l'eau doit bouillir.

Vaccins

Maladie	Durée du vaccin	Précautions
Choléra		Ce vaccin n'est plus recommandé.
Diphtérie	10 ans	Recommandé en particulier pour l'ex-URSS.
Fièvre jaune	10 ans	Obligatoire dans les régions où la maladie est endémique (Afrique et Amérique du Sud) et en Thaïlande lorsque l'on vient d'une région infectée. A éviter en début de grossesse.
Hépatite virale A	5 ans (environ)	Il existe un vaccin combiné hépatite A et B qui s'administre en trois injections La durée effective de ce vaccin ne sera pas connue avant quelques années.
Hépatite virale B	10 ans (environ)	
Tétanos et poliomyélite	10 ans	Fortement recommandé.
Thyphoïde	3 ans	Recommandé si vous voyagez dans des conditions d'hygiène médiocres.

Pour stériliser l'eau, la meilleure solution est de la faire bouillir durant quinze minutes. N'oubliez pas qu'à haute altitude, elle bout à une température plus basse et que les germes ont plus de chance de survivre. Un simple filtrage peut être très efficace mais n'éliminera pas tous les microorganismes dangereux. Aussi, si vous ne pouvez faire bouillir l'eau, traitez-la chimiquement. Le Micropur (vendu en pharmacie) tuera la plupart des germes pathogènes.

Alimentation. Fruits et légumes doivent être lavés à l'eau traitée ou épluchés. Ne mangez pas de glaces des marchands de rue. D'une façon générale, le plus sûr est de vous en tenir aux aliments bien cuits. Attention aux plats refroidis ou réchauffés. Méfiez-vous des poissons, des crustacés et des viandes peu cuites.

Si un restaurant semble bien tenu et qu'il est fréquenté par des touristes comme par des gens du pays, la nourriture ne posera probablement pas de problèmes. Attention aux restaurants vides !

Nutrition. Si votre alimentation est pauvre, en quantité ou en qualité, si vous voyagez à la dure et sautez des repas ou s'il vous arrive de perdre l'appétit, votre santé risque très vite de s'en ressentir, en même temps que vous perdrez du poids.

Assurez-vous que votre régime est équilibré. Tofu, œufs, légumes secs, lentilles (dahl en Inde) et noix variées vous fourniront des protéines. Les fruits que l'on peut éplucher (bananes, oranges et mandarines par exemple) sont sans danger et vous apportent des vitamines.

Essayez de manger des céréales et du pain en abondance. Si la nourriture présente moins de risques quand elle est bien cuite, n'oubliez pas que les plats trop cuits perdent leur valeur nutritionnelle.

Santé au jour le jour

La température normale du corps est de 37°C ; deux degrés de plus représentent une forte fièvre. Le pouls normal d'un adulte est de 60 à 80 pulsations par minute (celui d'un enfant est de 80 à 100 pulsations ; celui d'un bébé de 100 à 140 pulsations). En général, le pouls augmente d'environ 20 pulsations à la minute avec chaque degré de fièvre.

La respiration est aussi un bon indicateur en cas de maladie. Comptez le nombre d'inspirations par minute : entre 12 et 20 chez un adulte, jusqu'à 30 pour un jeune enfant et jusqu'à 40 pour un bébé, elle est normale. Les personnes qui ont une forte fièvre ou qui sont atteintes d'une maladie respiratoire grave (pneumonie par exemple) respirent plus rapidement. Plus de 40 inspirations faibles par minute indiquent en général une pneumonie.

Si votre alimentation est mal équilibrée ou insuffisante, prenez des vitamines et des comprimés à base de fer.

Dans les pays à climat chaud, n'attendez pas le signal de la soif pour boire. Une urine très foncée ou l'absence d'envie d'uriner indiquent un problème.

Pour de longues randonnées, munissez-vous toujours d'une gourde d'eau et éventuellement de boissons énergisantes.

Une transpiration excessive fait perdre des sels minéraux et peut provoquer des crampes musculaires. Il est toutefois déconseillé de prendre des pastilles de sel de façon préventive.

Problèmes de santé et traitement

Les éventuels ennuis de santé peuvent être répartis en plusieurs catégories. Tout d'abord, les problèmes liés au climat, à la géographie, aux températures extrêmes, à l'altitude ou aux transports ; puis les maladies dues au manque d'hygiène ; celles transmises par les animaux ou les hommes ; enfin, les maladies transmises par les insectes. De simples coupures, morsures ou égratignures peuvent aussi être source de problèmes.

L'autodiagnostic et l'autotraitement sont risqués ; aussi, chaque fois que cela est possible, adressez-vous à un médecin. Ambassades et consulats pourront en général vous en recommander un. Les hôtels cinq-étoiles également, mais les honoraires risquent aussi d'être cinq-étoiles (utilisez votre assurance).

Vous éviterez bien des problèmes de santé en vous lavant souvent les mains, afin de ne pas contaminer vos aliments. Brossez-vous les dents avec de l'eau traitée. On peut attraper des vers en marchant pieds nus ou se couper dangereusement sur du corail. Demandez conseil aux habitants du pays où vous vous trouvez : si l'on vous dit qu'il ne faut pas vous baigner à cause des méduses, des crocodiles ou de la bilharziose, suivez leur avis.

En Thaïlande, il est facile et peu coûteux de consulter sur tout le territoire. En achetant des médicaments, vérifiez toutefois leur date d'expiration et les conditions de stockage, autant que faire se peut. Ayez gare aux remèdes de charlatan et sachez que l'on trouve des médicaments qui ne sont plus prescrits ou retirés de la vente à l'Ouest.

Hôpitaux et cliniques

Les hôpitaux les plus avancés techniquement se trouvent à Bangkok. Au Nord, c'est Chiang Mai qui offre les meilleurs soins médicaux ; au Nord-Est, c'est à Khon Kaen que vous serez le mieux soigné ; au Sud, préférez les villes de Hat Yai et de Phuket. Mais partout ailleurs, chaque capitale provinciale abrite au moins un hôpital de qualité variable, ainsi que des cliniques publiques et privées. Les hôpitaux militaires (*rohng phayaabaan thahãan*) dispensent les meilleurs soins d'urgence ; on y soigne en principe les étrangers sans délai.

Reportez-vous au chapitre de la région concernée pour de plus amples informations sur les établissements hospitaliers bien spécifiques et les autres organismes de santé.

En cas de soins dentaires urgents, nous vous suggérons les adresses suivantes :

Dental Polyclinic
(☎ 02-314 5070)
2111/2113 Th Phetburi Tat Mai
Glas Haus Dental Center
(☎ 02-260 6120)
1 Soi 25, Th Sukhumvit
Siam Dental Clinic
(☎ 02-251 6315)
412/11-2 Soi 6, Siam Square

Pour les soins oculaires urgents, mieux vaut vous adresser à l'un de ces deux établissements de Bangkok : le Rutni Eye Hospital (☎ 02-258 0442), au 80/1 Soi Asoke, ou le Pirompesuy Eye Hospital (☎ 02-252 4141), au 117/1 Th Phayathaï.

Services de conseils

Des professionnels qualifiés offrent leurs conseils aux résidents étrangers et aux nouveaux arrivants, au Community Services of Bangkok (☎ 02-258-4998) 15 Soi 33, Th Sukhumvit.

Les membres des Alcooliques anonymes désireux de contacter le groupe de Bangkok, ou toute personne intéressée par les services des AA, peuvent appeler le ☎ 02-253 6305 de 6h à 18h, ou le ☎ 02-256 6578 de 6h à 20h pour tout renseignement. Des réunions ont lieu tous les jours à la Holy Redeemer Catholic Church, 123/19 Soi Ruam Rudi, Bangkok.

Affections liées à l'environnement

Coup de chaleur. Cet état grave, parfois mortel, survient quand le mécanisme de régulation thermique du corps ne fonctionne plus : la température s'élève alors de façon dangereuse. De longues périodes d'exposition à des températures élevées peuvent vous rendre vulnérable au coup de chaleur. Évitez l'alcool et les activités fatigantes lorsque vous arrivez dans un pays à climat chaud.

Symptômes : malaise général, transpiration faible ou inexistante et forte fièvre (39°C à 41°C). Là où la transpiration a cessé, la peau devient rouge. La personne qui souffre d'un coup de chaleur est atteinte d'une céphalée lancinante et éprouve des difficultés à coordonner ses mouvements ; elle peut aussi donner des signes de confusion mentale ou d'agressivité. Enfin, elle délire et en proie à des convulsions. Il faut absolument hospitaliser le malade. En attendant les secours, installez-le à l'ombre, ôtez-lui ses vêtements, couvrez-le d'un drap ou d'une serviette mouillés et éventez-le continuellement.

Coup de soleil. Sous les tropiques, dans le désert ou en altitude, les coups de soleil sont plus fréquents, même par temps couvert. Utilisez un écran solaire et pensez à couvrir les endroits qui sont habituellement protégés, les pieds par exemple. Si les chapeaux fournissent une bonne protection, n'hésitez pas à appliquer également un écran total sur le nez et les lèvres. Les lunettes de soleil s'avèrent souvent indispensables.

Froid. L'excès de froid est aussi dangereux que l'excès de chaleur, surtout lorsqu'il provoque une hypothermie. Si vous faites une randonnée en haute altitude ou, plus simplement, un trajet de nuit en bus dans la montagne, prenez vos précautions. Dans certains pays, il faut toujours être équipé contre le froid, le vent et la pluie, même pour une promenade.

L'hypothermie a lieu lorsque le corps perd de la chaleur plus vite qu'il n'en produit et que sa température baisse. Le passage d'une sensation de grand froid à un état dangereusement froid est étonnamment rapide quand vent, vêtements humides, fatigue et faim se combinent, même si la température extérieure est supérieure à zéro. Le mieux est de s'habiller par couches : soie, laine et certaines fibres synthétiques nouvelles sont tous de bons isolants. N'oubliez pas de prendre un chapeau, car on perd beaucoup de chaleur par la tête.

La couche supérieure de vêtements doit être solide et imperméable, car il est vital de rester au sec. Emportez du ravitaillement de base comprenant des sucres rapides, qui génèrent rapidement des calories, et des boissons en abondance.

Symptômes : fatigue, engourdissement, en particulier des extrémités (doigts et orteils), grelottements, élocution difficile, comportement incohérent ou violent, léthargie, démarche trébuchante, vertiges, crampes musculaires et explosions soudaines d'énergie. La personne atteinte d'hypothermie peut déraisonner au point de prétendre qu'elle a chaud et de se dévêtir.

Pour soigner l'hypothermie, protégez le malade du vent et de la pluie, enlevez-lui ses vêtements s'ils sont humides et habillez-le chaudement. Donnez-lui une boisson chaude (pas d'alcool) et de la nourriture très calorique, facile à digérer. Cela devrait suffire pour les premiers stades de l'hypothermie. Néanmoins, si son état est plus grave, couchez-le dans un sac de couchage chaud. Il ne faut ni le frictionner, ni le placer près d'un feu ni lui changer ses vêtements dans le vent. Si possible, faites-lui prendre un bain chaud (pas brûlant).

Infections oculaires. Évitez de vous essuyer le visage avec les serviettes réutilisables fournies par les restaurants, car c'est un bon moyen d'attraper une infection oculaire. Si vous avez les mains sales après un trajet poussiéreux, ne vous frottez pas les yeux tant que vous n'aurez pas pu vous les laver. Souvent, des yeux qui brûlent ou démangent ne sont pas le résultat d'une infection mais simplement les effets de la poussière, des gaz d'échappement ou du soleil. L'utilisation d'un collyre ou des bains oculaires réguliers sont conseillés aux plus sensibles. Il est dangereux de soigner une simple irritation par des antibiotiques.

La conjonctivite peut venir d'une allergie.

Insolation. Une exposition prolongée au soleil peut provoquer une insolation. Symptômes : nausées, peau chaude, maux de tête. Dans ce cas, il faut rester dans le noir, appli-

quer une compresse d'eau froide sur les yeux et prendre de l'aspirine.

Mal des montagnes. Le mal des montagnes a lieu à haute altitude et peut s'avérer mortel. Il survient à des altitudes variables, parfois à 3 000 m, mais en général il frappe plutôt à partir de 3 500 à 4 500 m. Il est recommandé de dormir à une altitude inférieure à l'altitude maximale atteinte dans la journée. Le manque d'oxygène affecte la plupart des individus de façon plus ou moins forte.

Symptômes : manque de souffle, toux sèche irritante (qui peut aller jusqu'à produire une écume teintée de sang), fort mal de tête, perte d'appétit, nausée et parfois vomissements. Les symptômes disparaissent généralement au bout d'un jour ou deux, mais s'ils persistent ou empirent, le seul traitement consiste à redescendre, ne serait-ce que de 500 m. Une fatigue grandissante, un comportement incohérent, des troubles de la coordination et de l'équilibre indiquent un réel danger. Chacun de ces symptômes pris séparément est un signal à ne pas négliger.

Vous pouvez prendre certaines mesures à titre préventif : ne faites pas trop d'efforts au début, reposez-vous souvent. A chaque palier de 1 000 m, arrêtez-vous pendant au moins un jour ou deux afin de vous acclimater. Buvez plus que d'habitude, mangez légèrement, évitez l'alcool afin de ne pas risquer la déshydratation et tout sédatif. Même si vous prenez le temps de vous habituer progressivement à l'altitude, vous aurez probablement de petits problèmes passagers.

Mal des transports. Pour réduire les risques d'avoir le mal des transports, mangez légèrement avant et pendant le voyage. Si vous êtes sujet à ces malaises, essayez de trouver un siège dans une partie du véhicule où les oscillations sont moindres : près de l'aile dans un avion, au centre sur un bateau et dans un bus. Évitez de lire et de fumer. Tout médicament doit être pris avant le départ ; une fois que vous vous sentez mal, il est trop tard.

Décalage horaire

Les malaises liés aux voyages en avion apparaissent généralement après la traversée de trois fuseaux horaires (chaque zone correspond à un décalage d'une heure). Plusieurs fonctions de notre organisme – dont la régulation thermique, les pulsations cardiaques, le travail de la vessie et des intestins – obéissent en effet à des cycles internes de 24 heures, qu'on appelle rythmes circadiens. Lorsque nous effectuons de longs parcours en avion, le corps met un certain temps à s'adapter à la "nouvelle" heure de notre lieu de destination – ce qui se traduit souvent par des sensations d'épuisement, de confusion, d'anxiété, accompagnées d'insomnie et de perte d'appétit. Ces symptômes disparaissent généralement au bout de quelques jours, mais on peut en atténuer les effets moyennant quelques précautions :

- Efforcez-vous de partir reposé. Autrement dit, organisez-vous : pas d'affolement de dernière minute, pas de courses échevelées pour récupérer passeports ou chèques de voyage. Évitez aussi les soirées prolongées avant d'entreprendre un long voyage aérien.
- A bord, évitez les repas trop copieux (ils gonflent l'estomac !) et l'alcool (qui déshydrate). Mais veillez à boire beaucoup – des boissons non gazeuses, non alcoolisées, comme de l'eau et des jus de fruits.
- Abstenez-vous de fumer pour ne pas appauvrir les réserves d'oxygène ; ce serait un facteur de fatigue supplémentaire.
- Portez des vêtements amples, dans lesquels vous vous sentez à l'aise ; un masque oculaire et des bouchons d'oreille vous aideront peut-être à dormir.

Miliaire et bourbouille. C'est une éruption cutanée (appelée bourbouille en cas de surinfection) due à la sueur qui s'évacue mal : elle frappe en général les personnes qui viennent d'arriver dans un climat à pays chaud et dont les pores ne sont pas encore suffisamment dilatés pour permettre une transpiration plus abondante que d'habitude. En attendant de vous acclimater, prenez des bains fréquents suivis d'un léger talcage, ou réfugiez-vous dans des locaux à air conditionné lorsque cela est possible. Attention ! il est recommandé de ne pas prendre plus de deux douches savonneuses par jour.

Mycoses. Les infections fongiques dues à la chaleur apparaissent généralement sur le cuir chevelu, entre les doigts ou les orteils (pied d'athlète), sur l'aine ou sur tout le corps (teigne). On attrape la teigne (qui est un champignon et non un parasite animal) par le contact avec des animaux infectés ou en marchant dans des endroits humides, comme le sol des douches.

Pour éviter les mycoses, portez des vêtements amples et confortables, en fibres naturelles, lavez-les fréquemment et séchez-les bien. Conservez vos tongues dans les pièces d'eau. Si vous attrapez des champignons, nettoyez quotidiennement la partie infectée avec un désinfectant ou un savon traitant et séchez bien. Appliquez ensuite un fongicide et laissez autant que possible à l'air libre. Changez fréquemment de serviettes et de sous-vêtements et lavez-les soigneusement à l'eau chaude. Bannissez absolument les sous-vêtements qui ne sont pas en coton.

Maladies infectieuses et parasitaires

Bilharzioses. Les bilharzioses sont des maladies dues à des vers qui vivent dans les vaisseaux sanguins et dont les femelles viennent pondre leurs œufs à travers la paroi des intestins ou de la vessie.

On se contamine en se baignant dans les eaux douces (rivières, ruisseaux, lacs et retenues de barrage) où vivent les mollusques qui hébergent la forme larvaire des bilharzies. Juste après le bain infestant, on peut noter des picotements ou une légère éruption cutanée à l'endroit où le parasite est passé à travers la peau. Quatre à douze semaines plus tard, apparaissent une fièvre et des manifestations allergiques. En phase chronique, les symptômes principaux sont des douleurs abdominales et diarrhée, ou la présence de sang dans les urines.

Si par mégarde ou par accident, vous vous baignez dans une eau infectée (même les eaux douces profondes peuvent être infestées), séchez-vous vite et séchez aussi vos vêtements. Consultez un médecin si vous êtes inquiet. Les premiers symptômes de la bilharziose peuvent être confondus avec ceux du paludisme ou de la typhoïde.

Diarrhée. Le changement de nourriture, d'eau ou de climat suffit à la provoquer ; si elle est causée par des aliments ou de l'eau contaminés, le problème est plus grave. En dépit de toutes vos précautions, vous aurez peut-être la "turista", mais quelques visites aux toilettes sans aucun autre symptôme n'ont rien d'alarmant. La déshydratation est le danger principal que fait courir toute diarrhée, particulièrement chez les enfants. Ainsi le premier traitement consiste à boire beaucoup : idéalement, il faut mélanger huit cuillerées à café de sucre et une de sel dans un litre d'eau. Sinon du thé noir léger, avec peu de sucre, des boissons gazeuses qu'on laisse se dégazéifier et qu'on dilue à 50% avec de l'eau purifiée, sont à recommander. En cas de forte diarrhée, il faut prendre une solution réhydratante pour remplacer les sels minéraux. Quand vous irez mieux, continuez à manger légèrement. Les antibiotiques peuvent être utiles dans le traitement de diarrhées très fortes, en particulier si elles sont accompagnées de nausées, de vomissements, de crampes d'estomac ou d'une fièvre légère. Trois jours de traitement sont généralement suffisants et on constate normalement une amélioration dans les 24 heures. Toutefois, lorsque la diarrhée persiste au-delà de 48 heures ou s'il y a

présence de sang dans les selles, il est préférable de consulter un médecin.

Diphtérie. Elle prend deux formes : celle d'une infection cutanée ou celle d'une infection de la gorge, plus dangereuse. On l'attrape au contact de poussière contaminée sur la peau, ou en inhalant des postillons d'éternuements ou de toux de personnes contaminées. Pour prévenir l'infection cutanée, il faut se laver souvent et bien sécher la peau. Il existe un vaccin contre l'infection de la gorge.

Dysenterie. Affection grave, due à des aliments ou de l'eau contaminés, la dysenterie se manifeste par une violente diarrhée, souvent accompagnée de sang ou de mucus dans les selles. On distingue deux types de dysenterie : la dysenterie bacillaire se caractérise par une forte fièvre et une évolution rapide ; maux de tête et d'estomac et vomissements en sont les symptômes. Elle dure rarement plus d'une semaine mais elle est très contagieuse. La dysenterie amibienne, quant à elle, évolue plus graduellement, sans fièvre ni vomissements, mais elle est plus grave. Elle dure tant qu'elle n'est pas traitée, peut réapparaître et causer des problèmes de santé à long terme. Une analyse des selles est indispensable pour diagnostiquer le type de dysenterie. Il faut donc consulter rapidement.

Gastro-entérite virale. Provoquée par un virus et non par une bactérie, elle se traduit par des crampes d'estomac, une diarrhée et parfois des vomissements et/ou une légère fièvre. Un seul traitement : repos et boissons en quantité.

Giardiase. Ce parasite intestinal est présent dans l'eau souillée ou dans les aliments souillés par l'eau. Symptômes : crampes d'estomac, nausées, estomac ballonné, selles très liquides et nauséabondes, et gaz fréquents.

La giardiase peut n'apparaître que plusieurs semaines après la contamination. Les symptômes peuvent disparaître pendant quelques jours puis réapparaître, et ceci pendant plusieurs semaines.

Hépatites. L'hépatite est un terme général qui désigne une inflammation du foie. Elle est le plus souvent due à un virus. Dans les formes les plus discrètes, le patient n'a aucun symptôme. Les formes les plus habituelles se manifestent par une fièvre, une fatigue qui peut être intense, des douleurs abdominales, des nausées, des vomissements, associés à la présence d'urines très foncées et de selles décolorées presque blanches. La peau et le blanc des yeux prennent une teinte jaune (ictère). L'hépatite peut parfois se résumer à un simple épisode de fatigue sur quelques jours ou semaines.

Hépatite A. C'est la plus répandue et la contamination est alimentaire. Il n'y a pas de traitement médical ; il faut simplement se reposer, boire beaucoup, manger légèrement en évitant les graisses et s'abstenir totalement de toutes boissons alcoolisées pendant au moins six mois.

L'hépatite A se transmet par l'eau, les coquillages et, d'une manière générale, tous les produits manipulés à mains nues. En faisant attention à la nourriture et à la boisson, vous préviendrez le virus. Malgré tout, s'il existe un fort risque d'exposition, il vaut mieux se faire vacciner.

Hépatite B. Elle est très répandue, puisqu'il existe environ 30 millions de porteurs chroniques dans le monde. Elle se transmet par voie sexuelle ou sanguine (piqûre, transfusion). Évitez de vous faire percer les oreilles, tatouer, raser ou de vous faire soigner par piqûres si vous avez des doutes quant à l'hygiène des lieux. Les symptômes de l'hépatite B sont les mêmes que ceux de l'hépatite A mais, dans un faible pourcentage de cas, elle peut évoluer vers des formes chroniques dont, dans des cas extrêmes, le cancer du foie. La vaccination est très efficace.

Hépatite C. Ce virus se transmet par voie sanguine (transfusion ou utilisation de seringues usagées) et semble donner assez souvent des hépatites chroniques. La seule prévention est d'éviter tout contact sanguin, car il n'existe pour le moment aucun vaccin contre cette hépatite.

Hépatite D. On sait encore peu de choses sur ce virus, sinon qu'il apparaît chez des sujets atteints de l'hépatite B et qu'il se transmet par voie sanguine. Il n'existe pas de vaccin mais le risque de contamination est, pour l'instant, limité.

Hépatite E. Il semblerait que cette souche soit assez fréquente dans certains pays en développement, bien que l'on ne dispose pas de beaucoup d'éléments actuellement. Similaire à l'hépatite A, elle se contracte de la même manière, généralement par l'eau.

De forme bénigne, elle peut néanmoins être dangereuse pour les femmes enceintes. A l'heure actuelle, il n'existe pas de vaccin.

Maladies sexuellement transmissibles. En Thaïlande la blennorragie, l'urétrite non spécifique et la syphilis constituent les MST les plus courantes. Plaies, cloques ou éruptions autour des parties génitales, suppurations ou douleurs lors de la miction en sont les symptômes habituels ; ils peuvent être moins aigus ou inexistants chez les femmes. Les symptômes de la syphilis finissent par disparaître complètement, mais la maladie continue à se développer et provoque de graves problèmes par la suite. On traite la blennorragie et la syphilis par les antibiotiques.

Les maladies sexuellement transmissibles (MST) sont nombreuses mais on dispose d'un traitement efficace pour la plupart d'entre elles. La seule prévention des MST est l'usage systématique du préservatif lors des rapports sexuels.

Typhoïde. La fièvre typhoïde est une infection du tube digestif. La vaccination n'est pas entièrement efficace et l'infection est particulièrement dangereuse.

Premiers symptômes : les mêmes que ceux d'un mauvais rhume ou d'une grippe, mal de tête et de gorge, fièvre qui augmente régulièrement pour atteindre 40°C ou plus. Le pouls est souvent lent par rapport à la température élevée et ralentit à mesure que la fièvre augmente. Ces symptômes peuvent être accompagnés de vomissements, de diarrhée ou de constipation.

La deuxième semaine, quelques petites taches roses peuvent apparaître sur le corps. Autres symptômes : tremblements, délire, faiblesse, perte de poids et déshydratation. S'il n'y a pas d'autres complications, la fièvre et les autres symptômes disparaissent peu à peu la troisième semaine. Cependant, un suivi médical est indispensable, car les complications sont fréquentes, en particulier la pneumonie (infection aiguë des poumons) et la péritonite (éclatement de l'appendice). De plus, la typhoïde est très contagieuse. Mieux vaut garder le malade dans une pièce fraîche et veiller à ce qu'il ne se déshydrate pas.

Vers. Fréquents en zones rurales tropicales, on les trouve dans les légumes non lavés ou la viande trop peu cuite. Ils se logent également sous la peau quand on marche pieds nus (ankylostome). Souvent l'infection ne se déclare qu'au bout de plusieurs semaines. Bien que bénigne en général, elle doit être traitée sous peine de complications sérieuses. Une analyse des selles est nécessaire.

VIH/sida. L'infection à VIH (virus de l'immunodéficience humaine), agent causal du sida (syndrome d'immunodéficience acquise) est présente dans pratiquement tous les pays et épidémique dans nombre d'entre eux. La transmission de cette infection se fait : par rapport sexuel (hétérosexuel ou homosexuel – anal, vaginal ou oral) d'où l'impérieuse nécessité d'utiliser des préservatifs à titre préventif ; par le sang, les produits sanguins et les aiguilles contaminées. Il est impossible de détecter la présence du VIH chez un individu apparemment en parfaite santé sans procéder à un examen sanguin.

Il faut éviter tout échange d'aiguilles. S'ils ne sont pas stérilisés, tous les instruments de chirurgie, les aiguilles d'acupuncture et de tatouages, les instruments utilisés pour percer les oreilles ou le nez peuvent transmettre l'infection. Il est fortement conseillé d'acheter seringues et aiguilles avant de partir.

Toute demande de certificat attestant la séronégativité pour le VIH (certificat d'absence de sida) est contraire au Règlement sanitaire international (article 81).

En Thaïlande, la transmission s'effectue principalement lors d'une relation hétérosexuelle (81%) ; la seconde source d'infection du VIH la plus courante n'est autre que l'injection intraveineuse de drogues par des toxicomanes partageant leurs seringues (6,32%).

Dans les années 70, la Thaïlande a fait l'objet d'un vaste programme national d'éducation à la contraception lancé par Mechai Viravaidya. Désormais, les Thaï surnomment "*mechai*" les préservatifs. Les antennes du ministère de la Santé publique distribuent gratuitement dans tout le pays des préservatifs en latex de bonne qualité, dans différentes tailles numérotées. Les Occidentaux qui préfèrent s'en procurer dans le commerce en trouveront aisément. Sachez toutefois qu'une étude officielle a montré que 11% des préservatifs thaï commercialisés étaient défectueux, en raison d'un stockage inadéquat.

Si vous devez recevoir une injection, demandez à ce qu'on enlève la seringue de son emballage sous vos yeux, ou bien apportez avec vous votre kit aiguille-seringue, conditionné.

Affections transmises par les insectes

Voir également plus loin le paragraphe *Affections moins fréquentes*.

Fièvre jaune. Pour plus de détails, consultez plus haut l'encadré sur les vaccinations.

Paludisme. Le paludisme, ou malaria, est transmis par un moustique, l'anophèle, dont la femelle pique surtout la nuit, entre le coucher et le lever du soleil.

La transmission du paludisme a disparu en zone tempérée, régressé en zone subtropicale mais reste incontrôlée en zone tropicale. D'après le dernier rapport de l'Organisation mondiale de la Santé (OMS), 90% du paludisme mondial sévit en Afrique.

Le paludisme survient généralement dans le mois suivant le retour de la zone d'endémie. Symptômes : maux de tête, fièvre et troubles digestifs. Non traité, il peut avoir des suites graves, parfois mortelles. Il existe différentes espèces de paludisme, dont celui à Plasmodium falciparum pour lequel le traitement devient de plus en plus difficile à mesure que la résistance du parasite aux médicaments gagne en intensité.

Les médicaments antipaludéens n'empêchent pas la contamination mais ils suppriment les symptômes de la maladie. Si vous voyagez dans des régions où la maladie est endémique, il faut absolument suivre un traitement préventif. La chimioprophylaxie fait appel à la chloroquine (seule ou associée au proguanil), ou à la méfloquine en fonction de la zone géographique du séjour. Renseignez-vous impérativement auprès d'un médecin spécialisé, car le traitement n'est pas toujours le même à l'intérieur d'un même pays.

Tout voyageur atteint de fièvre ou montrant les symptômes de la grippe doit se faire examiner. Il suffit d'une analyse de sang pour établir le diagnostic. Contrairement à certaines croyances, une crise de paludisme ne signifie pas que l'on est touché à vie.

A l'heure actuelle, les zones contaminées englobent la province nordique de Kanchanaburi (notamment la réserve de Thung Yai Naresuan) et certaines parties de la province Trat, le long de la frontière cambodgienne (y compris Ko Chang). En revanche, selon le CDC et le ministère de la Santé publique thaïlandais, les dangers de contracter le paludisme sont pratiquement nuls dans les centres urbains.

Si, en Thaïlande, la malaria semble déjouer tout traitement classique, l'herbe chinoise qinghao – ou son dérivé chimique – commence à faire ses preuves. A telle enseigne que le PDT (Programme

des maladies tropicales) de l'ONU et les instances responsables de l'OMS ont donné leur aval pour en autoriser la diffusion en Thaïlande et dans divers pays du Sud-Est asiatique.

Coupures, piqûres et morsures
Coupures et égratignures. Les blessures s'infectent très facilement dans les climats chauds et cicatrisent difficilement. Coupures et égratignures doivent être traitées avec un antiseptique et du mercurochrome. Évitez si possible bandages et pansements qui empêchent la plaie de sécher.

Les coupures de corail sont particulièrement longues à cicatriser, car le corail injecte un venin léger dans la plaie. Portez des chaussures pour marcher sur des récifs, et nettoyez chaque blessure à fond.

Méduses. Les conseils des habitants vous éviteront de faire la rencontre des méduses et de leurs tentacules urticants. Certaines espèces peuvent être mortelles mais, en général, la piqûre est seulement douloureuse. Des antihistaminiques et des analgésiques limiteront la réaction et la douleur.

Piqûres. Les piqûres de guêpe ou d'abeille sont généralement plus douloureuses que dangereuses. Une lotion apaisante ou des glaçons soulageront la douleur et empêcheront la piqûre de trop gonfler. Certaines araignées sont dangereuses mais il existe en général des anti-venins. Les piqûres de scorpions sont très douloureuses et parfois mortelles. Inspectez vos vêtements ou chaussures avant de les enfiler.

Punaises et poux. Les punaises affectionnent la literie douteuse. Si vous repérez de petites taches de sang sur les draps ou les murs autour du lit, cherchez un autre hôtel. Les piqûres de punaises forment des alignements réguliers. Une pommade calmante apaisera la démangeaison.

Les poux provoquent des démangeaisons. Ils élisent domicile dans les cheveux, les vêtements ou les poils pubiens. On en attrape par contact direct avec des personnes infestées ou en utilisant leur peigne, leurs vêtements, etc. Poudres et shampooings détruisent poux et lentes ; il faut également laver les vêtements à l'eau très chaude.

Sangsues et tiques. Les sangsues, présentes dans les régions de forêts humides, se collent à la peau et sucent le sang. Les randonneurs en retrouvent souvent sur leurs jambes ou dans leurs bottes. Du sel ou le contact d'une cigarette allumée les feront tomber. Ne les arrachez pas, car la morsure s'infecterait plus facilement. Une crème répulsive peut les maintenir éloignés. Utilisez de l'alcool, de l'éther, de la vaseline ou de l'huile pour vous en débarrasser. Vérifiez toujours que vous n'avez pas attrapé de tiques dans une région infestée : elles peuvent transmettre le typhus.

Serpents. Vous trouverez de l'anti-venin contre les morsures de serpents dans les hôpitaux de tout le pays, ainsi que dans les pharmacies des villes, grandes et moyennes.

Portez toujours bottes, chaussettes et pantalons longs pour marcher dans la végétation à risque. Ne hasardez pas la main dans les trous et les anfractuosités et faites attention lorsque vous ramassez du bois pour faire du feu. Les morsures de serpents ne provoquent pas instantanément la mort et il existe généralement des anti-venins. Il faut calmer la victime, lui interdire de bouger, bander étroitement le membre comme pour une foulure et l'immobiliser avec une attelle. Trouvez ensuite un médecin et essayez de lui apporter le serpent mort. N'essayez en aucun cas d'attraper le serpent s'il y a le moindre risque qu'il pique à nouveau. On sait désormais qu'il ne faut absolument pas sucer le venin ou poser un garrot.

Affections moins fréquentes

Choléra. Les cas de choléra sont généralement signalés à grande échelle dans les médias, ce qui permet d'éviter les régions concernées. La protection conférée par le vaccin n'étant pas fiable, celui-ci n'est pas

---

La prévention antipaludique

Le soir, dès le coucher du soleil, quand les moustiques sont en pleine activité, couvrez vos bras et surtout vos chevilles, mettez de la crème anti-moustiques. Les moustiques sont parfois attirés par le parfum ou l'après-rasage.

En dehors du port de vêtements longs, l'utilisation d'insecticides (diffuseurs électriques, bombes insecticides, tortillons fumigènes) ou de répulsifs sur les parties découvertes du corps est à recommander. La durée d'action de ces répulsifs est généralement de 3 à 6 heures. Les moustiquaires constituent en outre une protection efficace à condition qu'elles soient imprégnées d'insecticide (non nocif pour l'homme). L'Organisation mondiale de la santé (OMS) préconise fortement ce mode de prévention. De plus, ces moustiquaires sont radicales contre tout insecte à sang froid (puces, punaises, etc.) et permettent d'éloigner serpents et scorpions.

Il existe désormais des moustiquaires imprégnées synthétiques très légères (environ 350 g) que l'on peut trouver en pharmacie. A titre indicatif, vous pouvez vous en procurer par correspondance auprès du Service médical international (SMI) 9, rue Ambroise-Thomas, 75009 Paris (☎ 01 44 79 95 95 ; fax 01 44 79 95 94).

Notez enfin que, d'une manière générale, le risque de contamination est plus élevé en zone rurale et pendant la saison des pluies.

---

recommandé. Prenez donc toutes les précautions alimentaires nécessaires. Symptômes : diarrhée soudaine, selles très liquides et claires, vomissements, crampes musculaires et extrême faiblesse. Il faut consulter un médecin ou aller à l'hôpital au plus vite, mais on peut commencer à lutter immédiatement contre la déshydratation qui peut être très forte. Une boisson à base de cola salée, dégazéifiée et diluée au 1/5e ou encore du bouillon bien salé seront utiles en cas d'urgence.

Le sida en Thaïlande

Les infections au VIH étant associées aux rapports sexuels et la Thaïlande étant réputée pour les débordements de sa vie nocturne, les rumeurs les plus divergentes entourent la propagation de la maladie. Pour certains, la menace serait grandement exagérée, pour d'autres les autorités dissimuleraient les chiffres réels de l'épidémie. Les risques d'être contaminé sont réels, mais doivent être replacés dans leur contexte.

Selon le rapport de développement humain de l'Onu de 1997, la Thaïlande – à l'instar des États-Unis, de l'Australie et du Royaume-Uni – appartenait à la catégorie "baisse ou stagnation" depuis 1994. (En comparaison, la France se classait dans la catégorie des 10 à 100 % d'accroissement, pour la même période 1994-1997). Même si les comparaisons suivantes ne signifient pas pour autant qu'il ne faille pas les prendre avec toutes les précautions nécessaires, les membres de l'OMS (Organisation mondiale de la santé) estiment que la Thaïlande accuse un taux d'infection du VIH par habitant plus faible que celui de l'Australie, de la Suisse ou des États-Unis. Dans les pays d'Asie, l'OMS affirme que le taux d'infection et les estimations concernant le développement du sida sont beaucoup plus importants en Inde, au Pakistan, au Bangladesh, au Myanmar, au Cambodge et aux Philippines. Comme partout dans le monde, toutefois, les chiffres exacts ne feront qu'augmenter dans le temps, jusqu'à ce qu'un remède soit découvert.

Officiellement, les chiffres de l'OMS publiés en janvier 1997 recensaient environ 700 000 séropositifs en Thaïlande (sur une population de 63 millions), dont 9% de cas de sida déclarés. Pour ces cas d'infections déclarées, 81% seraient dus à une transmission par voie sexuelle, 6,2% par voie intraveineuse (drogue).

Les femmes et les enfants sont désormais les principales populations à risque, car l'infection s'est déplacée des homosexuels (au début des années 80) aux consommateurs de drogue par intraveineuse (au milieu de la décennie), puis des prostituées (à la fin des années 80) à la population dans son ensemble. Les hommes homosexuels ont maintenant le plus faible taux de contamination après les transfusés, dissipant le mythe que le sida est une "maladie gay". Les statistiques montrent qu'il y a un homosexuel séropositif pour 100 prostituées hétérosexuelles séropositives.

Ainsi, les plus gros risques encourus par les visiteurs masculins le sont au cours de rapports sexuels avec toute femme thaïlandaise qui ne fait pas régulièrement le test. D'après les chercheurs, le taux de prostituées séropositives est beaucoup plus élevé dans les campagnes qu'à

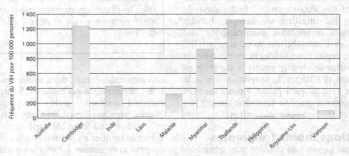

**Estimations de l'OMS pour 1997 sur la fréquence du VIH dans divers pays
(Ces chiffres ne sont pas un indicateur des taux d'infection)**

Le sida en Thaïlande

Bangkok, surtout dans le Nord (qui, pour les Thaïlandais, est considéré comme la "capitale" de la prostitution). La raison en est que les prostituées de Bangkok insistent sans doute bien davantage que leurs consœurs du Nord sur l'usage du préservatif. Les clients thaïlandais, en revanche, utilisent beaucoup moins fréquemment le préservatif que les clients étrangers, ce qui explique pourquoi Pattaya – la capitale du sexe pour étrangers – est moins touchée par la maladie que Chiang Rai, par exemple. Sur les 210 000 prostituées estimées, la grande majorité reçoit une clientèle thaïlandaise, et comme les Thaïlandais visitent les prostituées deux fois par mois en moyenne, le virus se propage maintenant à leurs femmes et petites amies.

Pour les visiteuses, le plus grand risque, statistiquement, est d'avoir des rapports avec tout homme – Thaïlandais ou étranger – ayant fait l'amour avec des prostituées depuis le milieu des années 80. Pour les deux sexes, la seconde activité la plus risquée est de se piquer avec des seringues non stérilisées. Le gouvernement thaïlandais ne cherche pas du tout à dissimuler l'ampleur de l'épidémie ; il fait au contraire son possible pour faire connaître les chiffres et éduquer la population sur les moyens de prévention. Même la TAT traite désormais de cette question dans son rapport annuel.

L'OMS reconnaît elle-même que la Thaïlande a plus fait qu'aucun autre pays d'Asie du Sud-Est dans ce domaine, notamment en poursuivant depuis 1988 une campagne nationale de prévention. Des spots publicitaires diffusés à la radio et à la télévision, des affiches et des marches de sensibilisation sont devenus des phénomènes quotidiens beaucoup plus rapidement qu'en Europe et aux États-Unis, compte tenu que la première victime de la maladie n'est apparue qu'en 1984. Le ministère a également favorisé l'établissement de centres dans les hôpitaux de province destinés à fournir soins médicaux, conseils et soutien psychologique aux porteurs du virus. Une étude de l'organisme international de prévention contre le Sida, l'UNAIDS, a déclaré que "la Thaïlande développait une politique d'éducation sexuelle qui devrait servir d'exemple".

Au niveau local, les antennes du ministère de la Santé mènent d'actives campagnes de sensibilisation, font passer régulièrement des tests de dépistage dans les maisons closes, les salons de massage et les coffee-houses, et distribuent gratuitement des préservatifs dans leurs bureaux et sur les lieux de commerce sexuel. Mais les employés des services de santé n'ont pas le pouvoir de fermer ces lieux ; même s'ils le pouvaient, de telles mesures, selon eux, ne feraient que pousser la prostitution dans la clandestinité où il serait encore plus difficile de contrôler et d'éduquer les prostituées.

A l'instar de la vigoureuse campagne des années 70 visant à freiner la croissance démographique, celle, anti-sida, des années 80 et 90, semble entraîner des effets positifs. Les enquêtes du département d'Épidémiologie thaïlandais ont révélé que le pourcentage d'infections par VIH (taux de prolifération) parmi les prostitués, hommes et femmes, avait diminué de 60% pendant la première moitié des années 90. Statistiques confirmées par les études à long terme de la PDA (Association pour le développement de la population et des communautés).

En effet, celles-ci rappellent que, au milieu des années 80, les cas déclarés de sida doublaient tous les six mois ; ce taux a rapidement décru, jusqu'à ne doubler que tous les ans, et, à présent, tous les deux ans. Entre 1991 et 1994, le pourcentage de régression a atteint 77%. Ce qui a valu au directeur de la PDA, le maréchal Mechai Viravaidya, la prestigieuse Magsaysay Award en 1994.

En attendant la mise au point d'un "vaccin", le changement des comportements est la meilleure stratégie dont on dispose. Dans cette guerre contre la transmission du VIH, la Thaïlande peut déjà s'enorgueillir d'avoir réussi à assainir ses réserves de sang grâce à un dépistage systématique.

Dengue. Il n'existe pas de traitement prophylactique contre cette maladie propagée par les moustiques. Poussée de fièvre, maux de tête, douleurs articulaires et musculaires précèdent une éruption cutanée sur le tronc qui s'étend ensuite aux membres puis au visage. Au bout de quelques jours, la fièvre régresse et la convalescence commence. Les complications graves sont rares.

Encéphalite japonaise. Il y a quelques années, cette maladie virale était pratiquement inconnue. Longtemps endémique en Asie tropicale (ainsi qu'en Chine, en Corée et au Japon), de récentes épidémies ont éclaté pendant la saison des pluies en Thaïlande du Nord et au Vietnam. Un moustique nocturne (le culex) est responsable de sa transmission, surtout dans les zones rurales près des élevages de cochons ou des rizières, car les porcs et certains oiseaux nichant dans les rizières servent de réservoirs au virus.

Symptômes : fièvre soudaine, frissons et maux de tête, suivis de vomissements et de délire, aversion marquée pour la lumière vive et douleurs aux articulations et aux muscles. Les cas les plus graves provoquent des convulsions et un coma. Chez la plupart des individus qui contractent le virus, aucun symptôme n'apparaît.

Les personnes les plus en danger sont celles qui doivent passer de longues périodes en zone rurale pendant la saison des pluies (de juillet à octobre). Si c'est votre cas, il faudra peut-être vous faire vacciner.

Filarioses. Ce sont des maladies parasitaires transmises par des piqûres d'insectes. Les symptômes varient en fonction de la filaire concernée : fièvre, ganglions et inflammation des zones de drainage lymphatique ; œdème (gonflement) au niveau d'un membre ou du visage ; démangeaisons et troubles visuels. Un traitement permet de se débarrasser des parasites, mais certains dommages causés sont parfois irréversibles. Si vous soupçonnez une possible infection, il vous faut rapidement consulter un médecin.

Leptospirose. Cette maladie infectieuse, due à une bactérie (le leptospire) qui se développe dans les mares et les ruisseaux, se transmet par des animaux comme le rat et la mangouste.

On peut attraper cette maladie en se baignant dans des nappes d'eau douce, contaminées par de l'urine animale. La leptospirose pénètre dans le corps humain par le nez, les yeux, la bouche ou les petites coupures cutanées. Les symptômes, similaires à ceux de la grippe, peuvent survenir 2 à 20 jours suivant la date d'exposition : fièvre, frissons, sudation, maux de tête, douleurs musculaires, vomissements et diarrhées en sont les plus courants. Du sang dans les urines ou une jaunisse peuvent apparaître dans les cas les plus sévères. Les symptômes durent habituellement quelques jours voire quelques semaines. La maladie est rarement mortelle.

Évitez donc de nager et de vous baigner dans tout plan d'eau douce, notamment si vous avez des plaies ouvertes ou des coupures.

Maladie de Chagas (trypanosomiase américaine). Cette affection parasitaire se rencontre dans les zones rurales éloignées de l'Amérique du Sud et centrale. Elle est transmise par une punaise qui se cache dans les fissures, les feuilles de palmiers et les toits de chaume, d'où elle redescend la nuit pour se nourrir. Un œdème dur et violet apparaît à l'endroit de la piqûre au bout d'une semaine environ. En général, le corps surmonte la maladie sans aide extérieure mais elle peut persister. Il est préférable de dormir sous une moustiquaire imprégnée, utiliser des insecticides et des crèmes contre les insectes.

Maladie de Lyme. Identifiée en 1975, cette maladie est due à une bactérie appelée Borrélia transmise par des morsures de tiques.

Aujourd'hui encore, elle n'est pas toujours diagnostiquée, car elle peut présenter des symptômes très divers. Consultez un médecin si, dans les 30 jours qui suivent la piqûre, vous observez une petite bosse rouge entourée d'une zone enflammée. A ce stade, les antibiotiques constitueront un traitement simple et efficace. Certains symptômes ultérieurs peuvent se produire, comme par exemple une sorte d'arthrite gagnant les genoux.

Le meilleur moyen d'éviter ce type de complications est de prendre ses précautions lorsque vous traversez des zones forestières. Emmitouflez-vous le plus possible dans vos vêtements, utilisez un produit répulsif contenant un di-éthyl-toluamide, ou un substitut plus léger pour vos enfants. A la fin de chaque journée, vérifiez que ni vous, ni vos enfants, ni votre animal familier n'avez attrapé de tiques. La plupart des tiques ne sont pas porteuses de la bactérie.

Maladie du sommeil. Dans certaines parties de l'Afrique tropicale, les mouches tsé-tsé peuvent transmettre la trypanosomiase africaine ou maladie du sommeil. Chevaux et vaches ont disparu à cause d'elle dans certaines régions. La mouche tsé-tsé est environ deux fois plus grosse qu'une mouche normale. Seul un faible pourcentage des mouches tsé-tsé est porteur de la maladie. Les mouches sont attirées par les choses de grande taille qui se déplacent, mais aussi par les parfums et les lotions après-rasage. Une piqûre qui gonfle au bout de cinq jours ou plus est le premier signal d'alerte ; la fièvre apparaît deux ou trois semaines plus tard. La maladie est grave mais elle se soigne bien. Il n'existe pas de vaccin.

Méningite à méningocoques. Cette maladie est particulièrement répandue en Afrique sub-saharienne, surtout en hiver, avant la saison des pluies. La Mongolie, le Vietnam, le Brésil, la vallée du Nil et le Népal connaissent également des épidémies de méningite. Postillons et éternuements suffisent à propager le germe. Cette maladie très grave attaque le cerveau et peut être mortelle.

Symptômes : taches disséminées sur le corps, fièvre, trouble de la conscience, fort mal de tête, hypersensibilité à la lumière et raideur du cou. La mort peut survenir en quelques heures. Il faut se faire soigner immédiatement. Le vaccin est efficace pendant plus de quatre ans mais renseignez-vous quand même sur les épidémies.

Opisthorchiase. Également appelés "douves du foie", ces vers minuscules sont parfois présents dans les poissons d'eau douce. Il faut donc éviter de manger du poisson cru ou insuffisamment cuit. Évitez tout particulièrement le *plaa ráa* (ou *paa daek*, dans le nord-est du pays), un poisson fermenté non pasteurisé qui accompagne le riz dans la cuisine de cette région. Le plaa ráa n'est pas courant dans les restaurants, mais répandu dans les zones rurales du Nord-Est où il est considéré comme un mets fin.

Les autorités essayent, à l'heure actuelle, de décourager sa consommation et celle de tous les produits à base de poisson cru. On verra sûrement, dans cette région, des panneaux d'affichage annonçant *isăan mâi kin plaa dìp*, "La Thaïlande du Nord-Est ne mange pas de poisson cru".

La douve du foie (*wiwâat bai tàp*) est endémique dans les villages riverains du lac de Nong Han (province de Sakon Nakhon), le plus grand lac naturel de Thaïlande. Ne vous baignez pas dans ce lac (comme pour la bilharziose, la douve du foie traverse la peau). On l'attrape aussi, plus rarement, en nageant dans les rivières. La seule région notoirement contaminée est le cours méridional du Mékong.

L'intensité des symptômes dépend de la quantité de douves ayant pénétré dans le corps. A des niveaux inférieurs, il n'y a pratiquement pas de symptômes. A des niveaux plus élevés, une fatigue générale, une fièvre légère, un gonflement ou une sensibilité du foie (ou une douleur générale de l'abdomen) apparaissent, accompagnés de vers ou d'œufs de vers dans les selles. En cas de doute sur la maladie, il faut faire analyser les selles par un médecin ou une clinique compétente.

Rage. Cette infection virale mortelle est répandue dans de nombreux pays, dont la Thaïlande.

Cette maladie est transmise par un animal contaminé : chien, singe et chat principalement. Morsures, griffures ou même simples coups de langue d'un mammifère doivent être nettoyés immédiatement et à fond. Frottez avec du savon et de l'eau courante, puis nettoyez avec de l'alcool. S'il y a le moindre risque que l'animal soit contaminé, allez immédiatement voir un médecin. Même si l'animal n'est pas enragé, toutes les morsures doivent être surveillées de près pour éviter les risques d'infection et de tétanos. Un vaccin anti-rabique est désormais disponible. Il faut y songer si vous pensez explorer des grottes (les morsures de chauves-souris peuvent être dangereuses) ou travailler avec des animaux. Cependant, la vaccination préventive ne dispense pas de la nécessité d'un traitement antirabique immédiatement après un contact avec un animal enragé ou dont le comportement peut paraître suspect.

Rickettsioses. Les rickettsioses sont des maladies transmises soit par des acariens (dont les tiques), soit des poux. La plus connue est le typhus. Elle commence comme un mauvais rhume, suivi de fièvre, de frissons, de migraines, de douleurs musculaires et d'une éruption cutanée. Une plaie douloureuse se forme autour de la piqûre et les ganglions lymphatiques voisins sont enflés et douloureux.

Le typhus transmis par les tiques menace les randonneurs en Afrique australe qui risquent d'attraper les tiques du bétail et des animaux sauvages.

Le typhus des broussailles est transmis par des acariens. On le rencontre principalement en Asie et dans les îles du Pacifique. Soyez prudent si vous faites de la randonnée dans des zones rurales d'Asie du Sud-Est.

Tétanos. Cette maladie parfois mortelle se rencontre partout, et surtout dans les pays tropicaux en voie de développement. Difficile à soigner, elle se prévient par vaccination. Le bacille du tétanos se développe dans les plaies. Il est donc indispensable de

bien nettoyer coupures et morsures. Premiers symptômes : difficulté à avaler ou raideur de la mâchoire ou du cou. Puis suivent des convulsions douloureuses de la mâchoire et du corps tout entier.

Tuberculose. Bien que très répandue dans de nombreux pays en développement, cette maladie ne présente pas de grand danger pour le voyageur. Les enfants de moins de 12 ans sont plus exposés que les adultes. Il est donc conseillé de les faire vacciner s'ils voyagent dans des régions où la maladie est endémique.

La tuberculose se propage par la toux ou par des produits laitiers non pasteurisés faits avec du lait de vaches tuberculeuses. On peut boire du lait bouilli et manger yaourts ou fromages (l'acidification du lait dans le processus de fabrication élimine les bacilles) sans courir de risques.

Typhus. Voir plus haut Rickettsioses.

Santé au féminin
Grossesse. La plupart des fausses couches ont lieu pendant les trois premiers mois de la grossesse. C'est donc la période la plus risquée pour voyager. Pendant les trois derniers mois, il vaut mieux rester à distance raisonnable de bonnes infrastructures médicales, en cas de problèmes. Les femmes enceintes doivent éviter de prendre inutilement des médicaments. Cependant, certains vaccins et traitements préventifs contre le paludisme restent nécessaires. Mieux vaut consulter un médecin avant de prendre quoi que ce soit.

Pensez à consommer des produits locaux, comme les fruits secs, les agrumes, les lentilles et les viandes accompagnées de légumes.

Problèmes gynécologiques. Une nourriture pauvre, une résistance amoindrie par l'utilisation d'antibiotiques contre des problèmes intestinaux peuvent favoriser les infections vaginales lorsqu'on voyage dans des pays à climat chaud. Respectez une hygiène intime scrupuleuse et portez jupes ou pantalons amples et sous-vêtements en coton.

Les champignons, caractérisés par une éruption cutanée, des démangeaisons et des pertes, peuvent se soigner facilement. En revanche, les trichomonas sont plus graves ; pertes blanches et sensation de brûlure lors de la miction en sont les symptômes. Le partenaire masculin doit également être soigné.

Il n'est pas rare que le cycle menstruel soit perturbé lors d'un voyage.

VOYAGER SEULE
Comportement envers les femmes

En 1433, un marchand chinois, du nom de Ma Huan, faisait à son retour de Thaïlande cette remarque : "Toutes les affaires sont entre les mains des femmes, ce sont elles qui règlent toutes les transactions, importantes ou non." Dans les campagnes, ce sont les femmes qui héritent de la terre et qui contrôlent les finances familiales. Selon une étude récente, l'évolution thaïlandaise dans les rapports hommes/femmes en vingt ans a été la plus rapide au monde. Toujours selon ce rapport, la Thaïlande "est parvenue à intégrer à son fonctionnement les capacités propres aux hommes et aux femmes, sans réelle inégalité sexuelle". Féministe et professeur réputé de l'université de Thammasat, le Dr Chatsumarn Kabilsingh a écrit : "Dans le domaine de l'économie, de l'enseignement et des services de santé, les femmes détiennent la majorité des postes administratifs et manifestent une certaine confiance en elles, compte tenu de l'autonomie avec laquelle elles affrontent les défis posés par leur carrière."

Avec 44% de main d'œuvre féminine, la Thaïlande se place au 27e rang mondial, juste devant la Chine et les États-Unis.

Mais, sur le plan culturel, la femme thaïlandaise est sans aucun doute reléguée au second plan. Selon un dicton thaïlandais, les hommes constituent les pattes antérieures de l'éléphant, les femmes, les pattes postérieures. Par ailleurs, le bouddhisme thaïlandais considère qu'elles doivent renaître sous une forme masculine pour pouvoir atteindre le nirvana, même s'il n'est question de cette condition ni dans *sutta* (discours de Bouddha) ni dans les commentaires. Une croyance confirmée par l'inégalité entre l'ordination des hommes et des femmes dans les monastères.

Sur le plan purement légal, les hommes jouissent de privilèges incomparables. Ils peuvent notamment divorcer de leur femme pour prendre une maîtresse, ce qui est impossible pour une personne du sexe féminin. Les hommes qui épousent une femme étrangère ont toujours le droit d'acheter et de posséder de la terre, tandis que les femmes mariées à un étranger perdent automatiquement ce droit. Toutefois, l'article 30 de la Constitution thaï, ratifiée en 1997, stipule que "les hommes et les femmes ont les mêmes droits". Il semble donc que la réalité quotidienne soit amenée petit à petit à évoluer.

Sécurité

Les femmes représentent 38% des touristes étrangers en Thaïlande. Ce pourcentage qui correspond à la moyenne mondiale, mais surpasse de plus de 3% la moyenne dans les pays asiatiques ne cesse de croître chaque année. De 1993 à 1994 le nombre de touristes du sexe féminin a augmenté de 13,8% (pour une hausse générale de 2,3% du nombre de touristes).

Les cas de harcèlement sexuel sont beaucoup moins fréquents en Thaïlande qu'en Inde, en Indonésie ou en Malaisie. Il serait hasardeux d'en déduire que la Thaïlande est sûre. En effet, il est arrivé que des voyageuses étrangères seules soient agressées dans certaines régions.

Si vous voyagez seule, tâchez de vous joindre à d'autres voyageurs pour les trajets de nuit ou dans les campagnes. Les agglomérations urbaines semblent relativement sûres, à l'exception de Chiang Mai et de Ko Pha-Ngam où plusieurs cas de harcèlement ont été signalés (curieusement, nous n'avons connaissance d'aucun cas de ce genre à Bangkok). Assurez-vous que la porte de votre chambre ferme bien à clé – dans le cas contraire, n'hésitez pas à en demander une autre ou à changer de pension.

Les médecines traditionnelles

Les pratiques médicales occidentales sont cantonnées pour l'essentiel aux hôpitaux et aux cliniques urbaines modernes. Dans les villages, la population se soigne encore selon les usages traditionnels, codifiés il y a plus de 500 ans. Mais des cliniques et guérisseurs spécialisés dans la médecine thaïlandaise traditionnelle existent aussi dans les villes ; en fait, de nombreux médecins pratiquent un mélange de "médecine internationale" – terme que les scientifiques préfèrent à celui de médecine occidentale – et de systèmes médicaux locaux.

La médecine thaïlandaise traditionnelle présente de nombreux points communs avec la tradition ayurvédique de l'Inde, ainsi qu'avec la médecine chinoise. Cependant, dans la pratique, les techniques de diagnostic et de traitement peuvent différer considérablement. Manifestement influencée par ces traditions, la médecine thaïlandaise a influencé à son tour les médecines du Cambodge, du Laos et de la Birmanie.

Elle s'appuie sur deux textes médicaux datant de la période d'Ayuthaya, le *Livre des maladies* et la *Pharmacopée du roi Naraï*. On suppose que beaucoup d'autres textes ont été écrits sur le sujet, mais ils disparurent lors du pillage d'Ayuthaya et la destruction de ses archives par les Birmans en 1767. Par ailleurs, la tradition orale que se transmettent les guérisseurs est bien conforme aux textes survivants. Les développements apportés pendant la période Ratanakosin (Bangkok) se fondent sur ces deux écrits et sur la tradition orale.

Comme tous les médecins du monde, les médecins thaïlandais traditionnels établissent leur diagnostic à partir du pouls, du rythme cardiaque, de la couleur/texture de la peau, de la température, de symptômes physiques anormaux et des excrétions corporelles (sang, urine, fèces). A la différence des Occidentaux, les guérisseurs thaïlandais ont une approche holistique, qui prend en compte les conditions internes, externes et psychospirituelles du patient. Les traitements prescrits appartiennent à trois grandes catégories thérapeutiques : les herbes médicinales, les massages et la guérison intérieure.

Herbes médicinales

La pharmacopée traditionnelle utilise plus de 700 plantes, seules ou en combinaison (plus quelques produits d'origine animale) qui sont infusées, bouillies, pulvérisées ou réduites d'une manière qui les rende consommables. Les médicaments courants *(yaa klaang bâan)* comprennent la racine et la tige du *baw-ráphét (Tinospora rumphii*, une espèce de plante grimpante) pour réduire la fièvre, le *râak cha-phluu* (racines du poivrier) pour les douleurs d'estomac, et divers *yaa hǎwm* (médicaments odorants) utilisés comme baumes pour les douleurs musculaires ou les maux de tête. Ces remèdes sont en vente partout dans les pharmacies traditionnelles et, de façon plus restreinte, dans les pharmacies modernes.

Des remèdes plus complexes, appelés *yaa tamráp luǎng* (médicaments approuvés par le roi), sont préparés et administrés par des herboristes qualifiés pour faire un diagnostic, car les mélanges et les dosages varient selon le patient. Un des yaa tamraáp luang les plus connus est le *chanthá-lìilaa*, un remède puissant contre les affections respiratoires et les fièvres grippales.

Comme dans la tradition chinoise, beaucoup d'herbes sont utilisées en cuisine pour améliorer la santé autant que le goût. *Phrík thai* (le poivre gris, *Piper nigrum*), *bai krá-phaw* et *bai maeng-lák* (une variété de basilic) sont des ingrédients aux vertus carminatives et antiacides que l'on met couramment dans les curries. Les Thaïlandais mangent des soupes contenant du *mará* (melon aigre), un fébrifuge reconnu.

Les médecines traditionnelles

Massage

Le deuxième type de thérapeutique thaïlandaise, le plus connu à l'étranger, est le *ráksãa thaang nûat* (le traitement par massage). Ce système complet et très raffiné combine le massage (pétrissage des muscles), la chiropraxie (manipulation du squelette) et l'acupression (pressions fortes et localisées sur des nerfs, des tendons ou des ligaments), dans le but d'équilibrer les fonctions des quatre éléments du corps *(thâat tháng sìi)* : la terre *(din* – les parties solides du corps comme les nerfs, le squelette, les muscles, les vaisseaux, les tendons et les ligaments) ; l'eau *(náam* – le sang et les sécrétions) ; le feu *(fai* – la digestion et le métabolisme) ; et l'air *(lom* – la respiration et la circulation). Certains praticiens emploient les termes ayurvédiques des quatre éléments corporels : *pathavidhatu, apodhatu, tecodhatu* et *vayodhatu*.

De la période d'Ayuthaya jusqu'au début de ce siècle, le ministère de la Santé comprenait un département officiel de massage *(phanâek mãw nûat)*. Sous l'influence de la médecine internationale, la charge de développer le massage traditionnel thaïlandais dans le pays a été transférée au Wat Phra Jetuphon (Wat Pho), à Bangkok, qui en est toujours responsable aujourd'hui. La thérapeutique du massage est restée vivace dans les provinces, mais elle bénéficie aujourd'hui d'un regain de popularité dans tout le pays.

Dans l'optique traditionnelle, le thérapeute utilisant les massages *(mãw nûat)* allie le massage aux remèdes pharmacologiques et/ou psychospirituels. Aujourd'hui, les Thaïlandais utilisent le massage comme instrument de relaxation et de prévention des maladies, plutôt que comme remède.

Les massages des bains turcs de Bangkok *(àap òp nûat*, ou "massage-bain de vapeur" en thaï) ne poursuivent qu'un but récréatif (quand ils ne constituent pas un complément à la prostitution) ; les techniques employées n'ont plus grand-chose à voir avec le massage thaïlandais traditionnel.

Guérison psychospirituelle

Le troisième aspect de la médecine thaïlandaise est le *ráksãa thaang nai* (guérison intérieure), ou *kâe kam kaò* (réparation du vieux karma). Elle comprend diverses méditations ou visualisations accomplies par le patient, et des rituels chamaniques pratiqués par des guérisseurs qualifiés. Comme le massage, ces traitements sont prescrits en association avec d'autres. Avec l'acceptation croissante de la méditation, de l'hypnose et des techniques d'autocontrôle par la médecine occidentale, les anthropologues hésitent aujourd'hui à classer ces thérapeutiques métaphysiques dans la catégorie "magico-religieuse", et les acceptent comme thérapies d'appoint.

Comme à l'Ouest, les techniques psychospirituelles sont plutôt réservées aux états pathologiques sans cause physique apparente, ou à ceux pour lesquels d'autres thérapies se sont révélées inefficaces. En Thaïlande, on s'en sert aussi comme remède préventif, comme dans la cérémonie du *bai sĩi*, courante dans le Nord-Est et au Laos.

Ce rite compliqué, au cours duquel on noue des cordes autour des poignets du sujet, a pour but de lier à l'individu ses 32 *khwãn*, ou esprits gardiens personnels – associés chacun à un organe spécifique. Il est pratiqué avant un départ pour un long voyage, considérant qu'on est davantage exposé à la maladie quand on est loin de chez soi.

Jii-khõh

Les petits restaurants de province sont parfois le rendez-vous de jeunes soûlards, appelés *jii-khõh*, un terme générique pour désigner les jeunes séducteurs qui roulent les mécaniques et se plaisent à transgresser les normes culturelles thaïlandaises. Ces personnes s'en prennent parfois aux femmes étrangères (et aux hommes) au beau milieu d'un repas ("Êtes-vous mariée ?" et "Je vous aime" sont les entrées en matière les plus courantes). Mieux vaut les ignorer plutôt que de chercher à les remettre à leur place – ils ne vous comprendront pas et interpréteront ces réponses comme des encouragements. S'ils persistent, cherchez un autre restaurant. Les patrons, hélas, s'inquiètent rarement de ces nuisances.

COMMUNAUTÉ HOMOSEXUELLE

La culture thaïlandaise se montre très tolérante envers l'homosexualité, tant masculine que féminine.

Il n'existe pas de lois discriminatoires à l'égard des homosexuels en Thaïlande. D'où l'absence de "mouvement" gay. Qu'il s'agisse de leur habillement ou de leur comportement, les homosexuels sont parfaitement acceptés.

En revanche, les démonstrations d'affection en public hétérosexuelles comme homosexuelles– entraînent une certaine réprobation.

Comme le souligne le guide homosexuel *Thai Scene* : "Pour de nombreux voyageurs homosexuels, la Thaïlande est un nirvana. On note peu de réprobation, voire aucune, à l'égard des homosexuels, tant que les mœurs de la culture thaï sont respectées. Ce que les gens font au lit, et avec qui, fait rarement l'objet des conversations ou des hâbleries."

Selon le magazine *Pink Ink*, "les lesbiennes thaï préfèrent s'appeler entre elles *tom* (pour *tomboy*, garçon manqué) et *dee* (pour *lady*), dans la mesure où le terme de *lesbienne* fait référence, en Thaïlande aux vidéos pornographiques que regardent des hommes hétérosexuels".

Organismes et presse homosexuels

L'Utopia (☎ 02-259-1619 ; fax 258-3250), 116/1 Soi 23, Th Sukhumvit, Bangkok, est un centre homosexuel pour les deux sexes qui regroupe une pension, un bar, un café, une galerie d'art et une boutique de souvenirs. Il dispose d'un site Internet, le Southeast Asia Gay & Lesbian Resources (ou "Utopia Homo Page") au http://www.utopia-asia.com/tipsthai.htm., ainsi qu'une adresse e-mail : utopia@ksc9.th.

Information Thaïlande dispose aussi d'un site Web intéressant pour connaître les établissements gays et lesbiens de Bangkok ; il vous suffit de pianoter : www.ithaïland.com/living/entertainment/bangkok/gay/index.htm.

Publié par et pour la communauté gay anglophone des deux sexes, *Pink Ink* est un mensuel relativement récent distribué dans les lieux homosexuels et lesbiens de la capitale. Vous y trouverez de nombreuses informations utiles, comme sur son site Internet : www.khsnet.com/pinkink.

Anjaree Group (☎/fax 02-477 1776), PO Box 332, Ratchadamnoen, Bangkok 10200, constitue le premier (et unique) organisme lesbien de Thaïlande. Il patronne diverses activités communautaires et publie un bulletin d'information en langue thaï.

VOYAGEURS HANDICAPÉS

La Thaïlande n'est guère un pays d'accès facile pour les handicapés. Avec son incessante circulation, ses trottoirs élevés et inégalement pavés, Bangkok n'est guère recommandée – il faut notamment traverser de nombreuses rues *via* des ponts pédestres flanqués d'escaliers particulièrement raides, tandis que les bus et les bateaux ne s'arrêtent pas assez longtemps pour permettre aux personnes, même légèrement handicapées, de se hisser à l'intérieur. Les rampes d'accès pour les chaises roulantes sont pratiquement inexistantes.

L'Hyatt International (Bangkok, Pattaya, Chiang Mai), le Novotel (Bangkok, Chiang Mai, Phuket), le Sheraton (Bangkok, Phuket), le Holiday Inn (Bangkok, Phuket), et le

Westin (Bangkok, Chiang Mai) sont les seules chaînes hôtelières du pays à proposer aux voyageurs handicapés des aménagements plus ou moins adaptés à leurs besoins.

Les hôtels-appartements gérés par Dusit, Amari et Royal Garden Resorts sont également recommandés. A leurs installations luxueuses s'ajoute en effet un personnel très important qui peut suppléer aux inadéquations de l'architecture des bâtiments. Pour le reste, vous devrez vous débrouiller seul.

Les voyageurs en chaise roulante devront sérieusement préparer leur voyage. Heureusement, un réseau d'informations commence à se mettre en place. Il permet d'entrer en contact avec des voyageurs ayant précédemment entrepris l'aventure dans des conditions similaires. On ne saurait trouver meilleure source d'informations. Un lecteur nous écrivait récemment dans ce sens :

• Les difficultés dont vous faites mention dans votre ouvrage sont bien réelles. Toutefois, il est possible et très agréable de se promener dans les rues, si l'on est accompagné. Certains obstacles exigent même deux accompagnateurs. Les Thaïlandais sont toujours prêts à donner un coup de main et l'on peut compter sur leur assistance.

• Ne comptez pas trop sur les circuits organisés pour visiter les sites et monuments. Il est beaucoup plus pratique (et parfois moins cher) de prendre un taxi ou de louer une voiture. Un moyen d'autant plus agréable que l'on n'a pas l'impression de ralentir la visite pour les autres.

• De nombreux taxis gardent un réservoir GPL dans leur coffre, d'où l'impossibilité d'y ranger une chaise roulante. Mieux vaut louer une voiture privée avec chauffeur (une solution d'un coût égal, voire moins élevé, qu'un taxi).

• Il est beaucoup plus facile pour un handicapé de monter et de descendre d'un túk-túk qui peut transporter sa chaise que de prendre un taxi. Il en va de même avec les cyclo-pousse, qui peuvent accrocher la chaise à l'arrière du véhicule.

• Soyez prêts à l'imprévu – en dépit de mon invalidité, je n'ai éprouvé aucune difficulté à monter à dos d'éléphant.

Organismes à connaître

En France, le CNRH (Comité national pour la réadaptation des handicapés, ☎ 01 53 80 66 66, 236 bis, rue de Tolbiac, 75013 Paris)

peut vous fournir d'utiles informations sur les voyages accessibles.

Trois organismes internationaux ont pour vocation de fournir des renseignements aux handicapés lors de leurs déplacements. Il s'agit de Mobility International USA (☎ (541) 343-1284), PO Box 10767, Eugene, OR 97440, États-Unis ; Access Foundation (☎ (516) 887-5798), PO Box 356, Malverne, NY 11565, États-Unis ; Society for the Advancement of Travel for the Handicapped (SATH) (☎ (718) 858-5483), 26 Court St, Brooklyn, NY 11242, États-Unis.

Par ailleurs, le magazine *Abilities* (☎ (416) 766-9188 ; fax 762-8716), PO Box 527, Station P, Toronto, ON, Canada M5S 2T1, comprend une nouvelle colonne intitulée "Accessible Planet", qui offre une série de conseils aux voyageurs handicapés. Un article raconte notamment l'expédition de deux Français en chaise roulante dans le nord de la Thaïlande. L'ouvrage d'Ed Hansen et Bruce Gordon (éditions Full Data Ltd, San Francisco), *Exotic Destinations for Wheelchair Travelers*, consacre à la Thaïlande un chapitre fort bien documenté. Citons aussi, *Holiday and Travel Abroad – A Guide for Disabled People* (RADAR, Londres) et *Able to Travel* (Rough Guides, Londres, New York).

Accessible Journeys (☎ (610) 521-0339), 35 West Sellers Ave, Ridley Park, Pennsylvanie, États-Unis, est spécialisée dans les voyages de groupe. L'agence propose occasionnellement des circuits en Thaïlande.

En Thaïlande, vous pouvez également contacter :

Association of the Physically Handicapped of Thailand
(☎ 02-951 0569 ; fax 580 1098 poste 7)
73/7-8 Soi 8 (Soi Thepprasan),
Th Tivanon, Talaat Kawan,
Nonthaburi 11000

Disabled Peoples International (Thailand)
(☎ 02-583 3021 ; fax 583 6518)
78/2 Th Tivanon, Pak Kret,
Nonthaburi 11120

Handicapped Internationa
87/2 Soi 15 Sukhumvit Rd, Bangkok 10110

VOYAGEURS SENIORS

Les plus de 60 ans ne bénéficient pas de réduction en Thaïlande. En revanche, les Thaïlandais font preuve d'un très grand respect envers les personnes âgées. Dans la culture thaï traditionnelle, le statut vient avec l'âge. L'accent n'est guère mis sur la jeunesse comme en Occident. Les marques de déférence à l'égard du troisième âge se manifestent de diverses manières. Quitte à se détourner de leur chemin, les Thaïlandais se précipiteront pour aider une personne âgée, notamment à monter dans un taxi ou à porter ses bagages, et dans les files d'attente, dans les boutiques ou à la poste, la règle veut qu'on les serve en premier.

Certains domaines culturels sont néanmoins réservés aux jeunes. Les loisirs regroupant les générations sont encore plus rares qu'en Occident. Dans les discothèques et les boîtes de nuit, il existe une stratification entre les groupes d'âge. Certains établissements sont réservés aux adolescents, d'autres à ceux d'une vingtaine d'années, d'autres encore à ceux de trente, de quarante, ou de cinquante ans ; à la soixantaine, on est de toutes façons considéré comme trop vieux pour s'amuser en discothèque ! Font exception à cette règle les réunions plus traditionnelles, comme les fêtes rurales dans les temples et autres événements liés aux wats, où jeunes et vieux mangent et dansent ensemble. Les hommes, jeunes ou vieux, se retrouvent également dans les salons de massage.

VOYAGER AVEC DES ENFANTS

Comme souvent en Asie du Sud-Est, voyager avec des enfants peut être une expérience particulièrement enrichissante, à condition de préparer équipement et déplacements avec soin. *Travel with My Children* de Maureen Wheeler, publié par Lonely Planet en anglais seulement, fournit de nombreux conseils pratiques.

Les Thaïlandais adorent les enfants. Vous les verrez souvent fondre devant vos petits qui n'auront aucun mal à trouver compagnons de jeu et nounous à pratiquement toutes les étapes de votre voyage.

Dans l'ensemble, les parents ne devraient pas se faire trop de soucis concernant les questions de santé. Avant tout, il s'agit d'observer quelques règles d'hygiène élémentaire, comme se laver les mains régulièrement. Toutes les précautions d'usage s'appliquent naturellement, et l'on se reportera à la rubrique *Santé* plus haut dans ce chapitre. Il est très important, en particulier, que les enfants ne jouent pas avec des animaux, car la rage est assez fréquente en Thaïlande.

DÉSAGRÉMENTS ET DANGERS
Précautions

Même si la Thaïlande n'est en rien un pays dangereux, il est toutefois prudent de prendre quelques précautions, surtout si vous voyagez seul. Les femmes seules feront particulièrement attention à leur arrivée à l'aéroport international de Bangkok, surtout de nuit.

Ne montez pas dans les taxis qui opèrent souvent en marge de la légalité, préférez les taxis officiels (jaune et noir). Les hommes comme les femmes doivent bien vérifier que la porte de leur chambre ferme à clé. Inspectez les fines cloisons des chambres à bas prix, pour être sûr que personne ne peut vous épier par des petits trous stratégiques.

Soyez prudent en déposant des objets de valeur dans les coffres des hôtels. De nombreux voyageurs ont eu de mauvaises surprises avec les pensions de Chiang Mai à leur retour d'une randonnée dans les montagnes. Demandez un reçu détaillant chaque objet déposé – notez la quantité exacte de chèques de voyage et tous les autres objets de valeur.

Sur la route, verrouillez les bagages à fermeture éclair avec un petit cadenas, surtout pendant les trajets en bus et en train. Plusieurs lettres de lecteurs ont signalé des vols commis dans leurs bagages et leurs sacs à dos, au cours des longs trajets en bus de nuit, en particulier sur les parcours entre Bangkok et Surat Thani ou Ko Samui.

Cartes de crédit

A leur retour chez eux, beaucoup de voyageurs ont reçu des relevés d'achats effarants (généralement en bijouterie) faits à Bang-kok pendant que leur carte de crédit reposait tranquillement, croyaient-ils, au fond d'un coffre d'hôtel ou de pension. Quand cette pratique a commencé, il paraît que, pendant les deux premiers mois, les sociétés de cartes de crédit ont perdu plus de 20 millions de dollars en Thaïlande – et 40% de ses pertes mondiales pour la plus importante d'entre elles ! Il faut emporter votre carte si vous partez en randonnée – si on vous la vole en chemin, au moins les voleurs ne pourront pas l'utiliser. A Bang-kok, il existe des bandes spécialisées dans les escroqueries à la carte de crédit, qui vont jusqu'à acheter des voyageurs dans le besoin pour falsifier les signatures.

Au moment de payer, ne laissez pas le vendeur emporter votre carte hors de votre vue pour la passer dans la machine. Il est arrivé que des commerçants escrocs aient imprimé trois ou quatre reçus pour un seul achat ; une fois le client parti, ils utilisent le reçu légitime comme modèle pour imiter sa signature, et inscrivent sur les reçus vierges des sommes astronomiques. Parfois, ils attendent plusieurs semaines voire des mois, avant de remettre les reçus à la banque, si bien que vous ne vous souvenez plus si votre achat a été débité ou non.

Risques d'être drogué

Dans les trains et les bus, méfiez-vous des gentils inconnus qui vous proposent cigarettes, boissons, gâteaux ou bonbons. Il est arrivé à des voyageurs qui avaient accepté de se réveiller un peu plus tard la tête dans le brouillard et dépouillés de tous leurs objets de valeur.

Dans les bars, le même genre d'individus peut vous offrir à manger ou à boire. Les prostituées jouent aussi ces tours-là à leurs clients dans leurs chambres d'hôtel. Et ce genre de mésaventure touche aussi les Thaïlandais, hommes ou femmes.

Agressions

Il est rare qu'on agresse des voyageurs pour les voler, mais cela arrive parfois. Quelques tentatives de vol à main armée ont été signalées aux frontières avec le Myanmar et le Cambodge ainsi que dans quelques îles éloignées.

Si vous vous trouvez dans une région reculée, évitez de sortir seul le soir. En randonnée ou trekking dans le nord du pays, ne vous déplacez qu'en groupe.

Racolage de clientèle

Le racolage de clients – dans la rue, à leur descente d'avion, de train ou de bus pour leur vendre un service – est une vieille pratique asiatique ; et même si elle n'est pas aussi répandue en Thaïlande qu'en Inde, elle y a néanmoins droit de cité. Dans les localités touristiques, on dirait que tout le monde – jeunes garçons agitant des gadgets, chauffeurs de túk-túk, chauffeurs de samlor, écolières – a quelque chose à vanter, généralement des hôtels ou des pensions. La plupart du temps, ils sont inoffensifs, et parfois ils vous informent très utilement. Mais écoutez-les d'une oreille seulement. Comme ils travaillent à la commission et ne sont payés que pour vous conduire à une pension (que vous y preniez une chambre ou pas), ils vous diront n'importe quoi pour vous traîner jusqu'à la porte.

Les meilleurs hôtels (les plus honnêtes et les plus fiables) refusent souvent de payer des rabatteurs – aussi essaieront-ils de vous éloigner de ces endroits. Ne les croyez pas quand ils vous diront que la pension que vous cherchez est "closed" (fermée), "full" (complète), "dirty" (sale) ou "bad" (mal famée). Parfois (rarement), ils ont raison, mais la plupart du temps ce n'est qu'une ruse pour vous conduire à une adresse où les commissions sont plus élevées. Inspectez vous-même avec soin les lieux que vous aura recommandés un rabatteur. Les chauffeurs de túk-túk et de samlor proposent souvent des courses gratuites ou à bas prix pour l'adresse qu'ils vantent ; si vous en avez une autre, n'acceptez de monter que si le chauffeur promet de vous y conduire après avoir jeté un coup d'œil à l'endroit vanté. Si le chauffeur refuse, ce peut être parce qu'il sait que votre choix est le meilleur des deux.

Ce genre de pratique n'est pas limité aux pensions pour petits budgets. Les chauffeurs de taxi, et même les employés des grands aéroports – Bangkok et Chiang Mai entre autres – touchent des commissions des grands hôtels. Quel que soit le prix, vous

Escroqueries

Les Thaïlandais sont d'ordinaire si gentils et si débonnaires que certains visiteurs, perdant tout sentiment du danger, deviennent la proie rêvée des escrocs de tous poils. Ceux-ci fréquentent surtout les endroits où se rendent les touristes dont c'est la première visite en Thaïlande, comme le Grand Palais. L'immense majorité de ces pratiques ont pour théâtre Bangkok et, très loin derrière, Chiang Mai.

Le procédé est toujours le même : un homme (très rarement une femme) sympathique s'approche d'un visiteur solitaire, et une conversation apparemment anodine s'engage. Parfois, il prétend être un étudiant ou travailler à la Banque mondiale ou dans une quelconque organisation prestigieuse. La conversation finit par dériver vers le but de l'arnaque – les meilleurs malfaiteurs arrivent à vous donner l'impression que c'est *vous* qui avez amené la conversation sur ce sujet.

La fraude tourne presque toujours autour de pierres précieuses ou de jeu de cartes. Quand il s'agit de pierres précieuses, les victimes sont invitées chez un marchand de gemmes où votre nouvel ami prendra quelques marchandises pour lui-même, tandis que vous ne ferez que l'accompagner. En route, il vous annoncera qu'il a une relation – souvent un parent – dans votre pays d'origine (quelle coïncidence !), avec qui il a une affaire d'import-export de pierres précieuses. D'une façon ou d'une autre, les victimes sont convaincues (généralement, elles se convainquent elles-mêmes) qu'elles pourront tirer un profit de l'achat de pierres et de leur revente une fois rentrées chez elles. Après tout, le joaillier offre justement un rabais intéressant ce jour-là – fête nationale ou religieuse, ou bien c'est le dixième anniversaire de la boutique, ou peut-être qu'il vous trouve sympathique ! La dernière astuce en date consiste à parler d'une certaine promotion "Merveilleuse Thaïlande". Une victime récente de ce type de méfait a remarqué que "tous les gens rencontrés sur le chemin de la fraude mentionnaient cette fameuse offre exceptionnelle".

Les ressources des escrocs en pierres précieuses sont apparemment sans limite ; la plupart de ces tromperies se concrétisent par l'achat de petits saphirs de mauvaise qualité envoyés par la poste dans le pays de l'acheteur. (S'ils vous laissaient partir avec la marchandise, vous pourriez revenir pour vous faire rembourser après avoir constaté l'escroquerie). Une fois rentré, naturellement, les saphirs bon marché valent encore moins que ce que vous avez payé pour les acquérir (entre la moitié et un dixième de leur prix d'achat).

Nombre de touristes ont ainsi cédé à ce miroir aux alouettes et certains reconnaissent s'être laissé prendre même après les mises en garde de notre guide et celles prodiguées par les agences de la TAT à Bangkok.

Même si vous arrivez à retourner votre achat à la boutique en question (j'ai connu une personne qui avait réussi à intercepter son colis à l'aéroport), les chances d'être remboursé en totalité sont quasi nulles. Le rabatteur touche de 10 à 50% de la vente – le reste est pour le commerçant. La police n'est pas d'une grande utilité dans ce genre d'affaires, puisqu'elle considère que les marchands ont le droit de pratiquer le prix qu'ils veulent. Une poignée de marchands bénéficie même de la protection de hauts dignitaires du régime. Ceux-ci font pression sur la police pour arrêter les poursuites. La police touristique de la TAT n'a jamais pu traduire en justice un joaillier thaïlandais, même en cas de fraude flagrante et répétée. Récemment, un commissaire de police fut accusé de fraude à l'occasion d'une enquête sur un vol de bijoux perpétré par des Thaïlandais en Arabie Saoudite : le commissaire avait remplacé les pierres saoudiennes par des faux ! (Reportez-vous à la rubrique *Bijouterie* de la section *Achats*, un peu plus loin dans ce chapitre.)

êtes sûr que la commission sera répercutée sur le prix de la chambre. Les employés de l'aéroport de Bangkok sont bien connus pour aiguiller les touristes qui débarquent vers les hôtels les plus chers et les moins bien situés.

Escroqueries

L'escroquerie aux cartes commence de la même façon – un inconnu sympathique vous aborde, engage la conversation et vous invite chez sa sœur (ou son beau-frère, etc.) à boire un verre ou même dîner. Quand la glace est rompue, un ami ou un parent entre en scène ; il se trouve, comme par hasard, qu'une petite partie de cartes avec de gros enjeux doit avoir lieu le soir même. Comme l'arnaque aux pierres, celle des cartes a d'infinies variantes qui finissent toutes de la même manière : on apprend à la victime quelques tours pour tricher, à utiliser avec l'aide du "donneur" ; on s'entraîne un peu et la partie commence avec plusieurs gros joueurs. On laisse gagner le gogo pendant quelques tours, puis il perd, mais il y a toujours l'un des gentils Thaïlandais qui l'aide à se renflouer ; argent qu'il s'empresse de perdre. Soudain, les nouveaux copains ne sont plus du tout aussi gentils et vous réclament vertement l'argent que vous avez perdu ; l'escroc peut aussi jouer la consternation. Tôt ou tard, vous y laissez ainsi tout ou partie de vos chèques de voyage ou, même, devez vous rendre au distributeur pour "régler vos dettes". Là encore, la police ne fera rien – parce que, dans ce cas, le jeu est illégal et que vous avez enfreint la loi en jouant pour de l'argent.

Dans toutes ces tromperies, l'appât d'un gain facile a précipité la chute de la victime. D'autres fraudes minimes ont pour acteurs les chauffeurs de tuk-tuk, les employés des hôtels et les filles de bar qui se proposent de faire faire le tour de la ville aux nouveaux arrivants. Cela se termine presque toujours par des achats sous pression dans des boutiques de soieries, de bijoux ou d'artisanat. Ici, la cupidité n'est pas le moteur, mais la faible résistance au bagou des commerçants.

Suivez la première recommandation de la TAT aux touristes : ignorez toutes les offres gratuites de guidage dans vos visites ou vos tournées de shopping – ceux qui vous les proposent touchent systématiquement une commission sur vos achats. J'en ajouterai une autre : méfiez-vous des affaires trop bonnes pour être vraies – généralement, elles ne sont ni vraies ni bonnes. Autre méthode : si on vous demande depuis combien de temps vous séjournez en Thaïlande, n'hésitez pas à tricher. Si cela fait trois jours, annoncez trois semaines. Nos artistes en filouterie s'attachent de préférence aux nouveaux arrivants. Sinon, reportez votre visite de Bangkok après votre périple dans le pays.

Si vous avez le moindre problème de fraude à la consommation, vous devez contacter la police touristique. Le siège de la Tourist Police (☎ 02-255 2964) se situe au 29/1 Soi Lang Suan, Th Ploenchit, à Bangkok ; vous pouvez également la joindre par l'entremise du bureau de renseignements de la TAT (☎ 02-282 9773, fax 280 1744), Th Ratchadamnoen Nok, près du stade de boxe thaï du même nom. Il existe une brigade spéciale (☎ 02-254 1067, 235 4017) qui s'occupe des escroqueries aux pierres précieuses. Depuis n'importe quel téléphone de Thaïlande, la ligne directe ☎ 1155 vous met chaque jour en relation avec la Tourist Police, mais seulement de 8h30 à 16h30.

L'opium et le Triangle d'or

Le pavot, *Papaver somniferum*, est cultivé et ses résines sont extraites à des fins narcotiques depuis au moins le début de l'Empire grec. Les marchands arabes introduisirent la plante en Chine à l'époque de Kublai Khan (1279-1294). La drogue devint le moyen idéal pour les nomades montagnards de recueillir l'argent dont ils avaient besoin pour leurs transactions (libres ou forcées) avec le monde des plaines. Beaucoup de tribus qui migrèrent en Thaïlande et au Laos après la Seconde Guerre mondiale pour fuir les persécutions au Myanmar (Birmanie) et en Chine emportèrent le pavot dans leurs bagages. Cette plante aime les terrains en pente et les sols pauvres.

Le commerce de l'opium devint très lucratif en Asie du Sud-Est durant les années 60 et 70, parallèlement à l'engagement américain au Vietnam. Dans *The Politics of Heroin in Southeast Asia*, Alfred McCoy montre bien comment le contact avec les GI ne se contenta pas de doper le marché asiatique, mais ouvrit des voies d'expansion vers les marchés mondiaux. Auparavant, l'héroïne provenait essentiellement du Moyen-Orient. Bientôt, tout le monde voulut avoir sa part de profits et divers partis s'affrontèrent ou coopérèrent dans ce commerce illicite. Les plus connus furent les réfugiés de l'armée nationaliste chinoise vivant dans le nord du Myanmar et de la Thaïlande, et les rebelles anti-gouvernementaux du Myanmar, en particulier le Parti communiste birman, l'Armée des États shan et l'Armée shan unie (Shan United Army ou SUA).

La CIA s'en mêla également, utilisant les profits du transport de l'héroïne à bord des avions américains vers le Vietnam et au-delà pour financer des opérations secrètes en Indochine. Ces agissements entraînèrent une plus grande circulation de l'héroïne dans le monde, ce qui provoqua un surcroît de production dans les régions reculées de Thaïlande, du Myanmar et du Laos. Cette zone fut surnommée le "Triangle d'or" en raison des fortunes locales amassées par les "seigneurs de l'opium" – des militaires-hommes d'affaires chinois et birmans contrôlant le trafic à travers trois frontières internationales. La culture de l'opium devint l'activité principale de quelques tribus du Triangle d'or. Les économies montagnardes étaient déstabilisées et la survie de milliers de personnes dépendait de la culture du pavot.

L'une des figures les plus médiatisées du Triangle d'or est Khun Sa (également appelé Chang Chi-Fu ou Sao Mong Khawn), un seigneur de l'opium, mi-chinois, mi-shan. Il fit ses débuts dans les années 50 au service du Guomindang (GMD) – les troupes nationalistes chinoises de Tchang Kaï-chek – qui avaient fui au Myanmar. Le GMD continuait à lancer des opérations militaires contre les communistes le long de la frontière sino-birmane, financées par la contrebande de l'opium (sous la protection de la CIA). Khun Sa devint leur principal conseiller/soutien local, puis il se sépara d'eux au début des années 60 pour monter son propre trafic, avec l'installation de laboratoires d'héroïne dans le nord de la Thaïlande. Depuis cette époque, l'histoire du Triangle d'or était liée à celle des exploits de Khun Sa. En 1966, il fut nommé chef des "forces de défense villageoises" contre le Parti communiste birman pleinement engagé dans le trafic de l'opium. Khun Sa utilisa avec adresse sa mission officielle pour consolider son pouvoir et mettre sur pied sa propre milice l'Armée shan unie (SUA).

Le GMD tenta d'imposer un embargo sur le trafic de la SUA en bloquant les voies caravanières entrant en Thaïlande et au Laos. Khun Sa répliqua en déclenchant ce qu'on a appelé la guerre de l'opium, en 1967, et brisa l'embargo. Cependant, le GMD réussit à poursuivre Khun Sa et un contingent de la SUA, encadrant une caravane d'opium à destination de la Thaïlande, jusqu'au Laos où les Birmans les arrêtèrent et saisirent la marchandise. En 1975, Khun Sa s'échappa des prisons birmanes et revint pour prendre la tête de la SUA. Vers la même époque, les Birmans brisèrent la domination du GMD sur le trafic de l'opium, et Khun Sa en devint le premier seigneur du Triangle, installé à Ban Hin Taek dans la province de Chiang Rai. En même temps, les forces américaines se retiraient d'Indochine, faisant du même coup disparaître les circuits concurrents de la CIA au Laos.

Les armées de Khun Sa continuèrent d'acheter l'opium aux Shan et aux tribus montagnardes du Myanmar, du Laos et de la Thaïlande, pour le transporter et le revendre en Chine, au Laos et en Thaïlande, à des laboratoires dirigés par des Yunnanais. Ceux-ci, à leur tour,

L'opium et le Triangle d'or

livraient l'héroïne à des syndicats chinois qui contrôlaient l'accès au marché mondial. Durant les années 82-83, le destin de Khun Sa subit un tournant : l'armée thaïlandaise assiégea Ban Hin Taek, l'obligeant à fuir vers les montagnes et à Ho Mong (Myanmar). C'est depuis cette place forte, dotée d'un réseau de souterrains fortifiés, qu'il dirigeait son empire. Cette opération eut pour effet de stopper la production d'héroïne dans la région de Mae Salong-Ban Hin Taek. Suite à ces événements, la SUA a fusionné avec plusieurs autres milices shan pour former la MTA (Muang Tai Army), sous contrôle du "Conseil de restauration de l'État shan". Les forces de la MTA furent estimées à quelque 25 000 hommes jusqu'à la reddition surprise de Khun Sa à Yangon, en 1996. Sa fuite sur une île en dehors des eaux territoriales du Myanmar compliqua encore la position des forces militaires basées à Yangon.

Pendant ce temps, le nord de la Thaïlande a été soumis à une intense "pacification", autrement dit à une nationalisation. A grands frais, l'État a remplacé la culture du pavot par celles du thé, du café, du maïs et des aromates. Succès ou non, il semblerait que la stratégie ait surtout pour objectif de repousser les poches de culture du pavot vers le Myanmar et le Laos, où le trafic continue de prospérer. Au plus gros de sa production, le Triangle d'or fournissait environ 4 000 tonnes d'opium. Selon le dernier rapport en date (Département d'État américain, 1996), on évaluait à 1 750 hectares la culture de l'opium en Thaïlande, laquelle produisait 25 tonnes d'opium et environ 2 tonnes d'héroïne. Par ailleurs, on estime que la contrebande sort chaque année du pays 2 tonnes d'héroïne – dont une partie vient du Myanmar et du Laos.

Les raffineries où transite l'opium laotien et birman prolifèrent au nord-ouest du Laos. Les pistes de contrebande continuent de traverser la frontière thaïlandaise en plusieurs points, au nord et au nord-est du pays, dans les provinces de Chiang Mai (via le Myanmar), Chiang Rai, Nan, Loei, Nong Khai et Nakhon Phanom.

Les autorités, nationales et internationales confondues, n'interceptent que 2% des récoltes chaque année. Aidés par de généreuses subventions de la DEA (Drug Enforcement Agency, organisme officiel américain chargé de la lutte anti-drogue), les "rangers" de l'armée thaïlandaise entreprennent périodiquement de vastes opérations de ratissage dans le nord du pays, de Tak à Chiang Rai et à Mae Hong Son. Ils détruisent les champs de pavot et les raffineries, mais procèdent rarement à des arrestations. Pour un coût de 1 million de $US, ce genre d'opérations permet de détruire des milliers de rai (un rai équivalant à 1,6 ha) de cultures dans les neuf

grandes provinces thaïlandaises productrices de pavot : Tak, Mae Hong Son, Chiang Mai, Chiang Rai, Nan, Phayao, Phitsanulok, Phetchabun et Loei. Les tribus montagnardes et les cultivateurs shan, qui sont de loin les plus mal lotis, sont ainsi condamnés à voir leurs moyens d'existence réduits en cendre sous leurs yeux. Les programmes de substitution lancés par la famille royale en 1959, un an après l'interdiction de la culture du pavot à des fins commerciales, n'ont connu qu'un succès relatif. Seule exception : les zones où l'introduction des nouvelles cultures s'accompagnait d'un encadrement visant à la reconversion des populations.

En attendant, le cycle se poursuit, le pouvoir passant d'un seigneur de la drogue à un autre, tandis que les cultivateurs continuent à n'être que des pions à leur corps défendant. Les nomades, qui cultivent la plante depuis des siècles, et les drogués qui consomment le produit

MARK KIRBY

.../...

L'opium et le Triangle d'or

fini ont tous été exploités par les pouvoirs étatiques et les syndicats du crime qui manipulent l'opium au gré de leurs intérêts. Vu la complexité de la situation, la production d'opium dans le Triangle d'or doit être traitée comme un problème politique, social, culturel et économique, et non simplement comme une question d'application de la loi ordinaire.

Jusqu'à présent, une approche univoque n'a conduit qu'à la destruction des minorités culturelles et de l'économie du Triangle, et non à l'éradication du problème de l'opium. Pendant ce temps, la culture du pavot se poursuit dans les vallées reculées où l'armée thaïlandaise ne se montre pas. N'importe quelle communauté montagnarde peut le cultiver pour sa consommation personnelle. Des petits lopins de terre sont "loués à bail" par des marchands d'opium, qui ont pu ainsi décentraliser la production de façon à ce que la collecte de la résine se camoufle derrière un semblant de légalité. L'effondrement des importations d'opium birman ou laotien a entraîné une multiplication par deux du prix de l'opium au kilo – et une augmentation de 60% de la culture du pavot destinée à la consommation locale en 1995-1996.

Rabatteurs de bus. Prenez garde aux racoleurs qui arborent des badges de bien pire de la TAT (sans doute faux) à la gare ferroviaire de Hualamphong. Ils incitent les voyageurs à acheter des billets pour des bus privés, en prétendant que le train est "complet" ou qu'il roule "trop lentement".

Souvent, le bus en question n'offre pas tout le confort annoncé ni la rapidité du chemin de fer car il vous faudra souvent changer de véhicule.

On peut par exemple vous proposer un bus couchette (VIP) de 24 places grand luxe, à destination de Penang, et vous vous retrouvez dans un minivan tout le long du chemin.

Ces rabatteurs perçoivent un pourcentage sur chaque touriste détourné sur une compagnie routière comme MPP Travel qui n'hésite pas à procéder ainsi. Néanmoins, il est aisé de s'en sortir comme en témoigne un de nos lecteurs :

Après avoir lu les chapitres génériques de votre guide, je m'attendais à une situation bien pire. Comparé au Maroc, à la Tunisie, à la Turquie… je pense que voyager en Thaïlande se révèle relativement facile et ne cause pas de tracas. Si un rabatteur vous aborde, il suffit de lui dire "non" une seule fois – et rarement deux – pour le persuader que vous n'êtes pas intéressé. Dans certains pays, il vous faut dépenser beaucoup plus d'énergie pour vous en débarrasser.

Activité insurrectionnelle

Depuis les années 20 et 30, plusieurs groupes d'insurgés ont opéré en Thaïlande : le Parti communiste de Thaïlande (CPT) et sa force tactique, l'Armée de libération du peuple (la PLAT), les guérilleros hmong qui espéraient renverser le régime communiste laotien, ainsi que les séparatistes malais et révolutionnaires musulmans dans l'extrême Sud. Ces groupes se manifestaient par des actions de propagande, l'infiltration des villages et des heurts occasionnels avec les troupes gouvernementales. Ce n'est arrivé que très rarement que des voyageurs étrangers se trouvent impliqués dans leurs actions. A l'exception de quelques attentats terroristes – dans les gares ferroviaires du Sud ou dans les fêtes provinciales – aucun "innocent" n'a été pris pour cible par les insurgés.

En 1976, le gouvernement estimait à 10 000 le nombre de guérilleros actifs. A la fin des années 70, beaucoup de membres du Parti communiste s'étaient rendus, du fait de l'amnistie offerte par les autorités.

Au cours des années 80, de nouvelles actions militaires et politiques réduisirent encore ce nombre à 2 000 ou 3 000. La perte sensible d'influence des communistes s'explique aussi par ses divergences avec le parti communiste chinois. Celles-ci sont apparues en 1979, suite à la politique s'appliquant au mouvement révolutionnaire indochinois (les Chinois soutenant les Khmers rouges contre les communistes vietnamiens). Les cadres du CPT, jusque-là formés au Yunnan se retrouvent aujourd'hui isolés.

A présent, les guérilleros actifs du CPT ne sont plus que quelques dizaines, et leurs agissements se limitent à du racket déguisé en "endoctrinement des villages". De nouvelles routes ouvertes dans des provinces autrefois isolées, comme Nan et Loei, ont amélioré les communications, la stabilité et l'emprise du pouvoir central de Bangkok. Cela signifie que les routes qui étaient interdites aux étrangers dans les années 70 sont maintenant libres d'accès, comme entre Phitsanulok et Loei via Nakhon Thai.

On peut également se rendre de Nan à Loei en bus, et de Chiang Rai à Nan via Chiang Muan. Une nouvelle route entre Phattalung et Hat Yai a réduit considérablement les trajets entre ces deux villes.

Les autorités affirment avoir éliminé toute résistance armée dans les provinces du Nord et du Nord-Est. Ce fait semble confirmé par des sources indépendantes, ainsi que par mes propres visites à d'anciens bastions communistes. Il reste une zone potentiellement active : une poche à l'est de la province de Nan sur la frontière laotienne – le gouvernement interdit l'accès de cette zone à tout le monde, étrangers et Thaïlandais. De petites poches, sans moyen d'action, résisteraient néanmoins dans certaines parties des provinces de Sakhon Nakhon, Tak et Phetchaburi.

Dans le Sud, traditionnellement agité, les forces communistes sont repliées dans le Camp 508, une zone relativement inaccessible à la limite des provinces de Surat Thani et Nakhon Si Thammarat. La région de Betong, dans la province de Yala sur la frontière malaise, était jusqu'à il y a six ans le quartier général du Parti communiste de Malaisie (CPM). Les troupes thaïlandaises et malaises se heurtent de temps en temps aux insurgés qui rançonnent parfois les camions sur la route Yala-Betong. En décembre 1989, en échange de l'amnistie, le PCM accepta de "cesser toute activité armée" et de respecter les lois de la Thaïlande et de la Malaisie. Cette zone est désormais sûre pour les voyageurs.

Quelques cyniques font remarquer que l'armée a tout intérêt à prétendre que l'insurrection communiste est encore active pour justifier le maintien de nombreuses troupes en activité, obtenir d'importants budgets militaires et continuer à faire pression sur la politique à Bangkok. Pour la plupart des observateurs, la guérilla com-

Peines encourues pour détention de drogue

drogue	quantité	peine
marijuana		
contrebande	toute quantité	2 à 15 ans de prison
possession	moins de 10 kg	jusqu'à 5 ans de prison
possession	10 kg et plus	2 à 15 ans de prison
héroïne		
contrebande	toute quantité	prison à vie
trafic (contrebande dans l'intention de vendre)	toute quantité	peine de mort
possession	10 g et plus	prison ou peine de mort

Note : par "contrebande", on entend toute possession de drogue au passage d'une frontière ou en zone douanière dans un aéroport.

muniste n'est pas prête à s'enflammer de nouveau. De plus, la perte de virulence du socialisme au Laos et au Cambodge voisins a grandement réduit les possibilités d'"infiltration".

Le PULO. La seule épine durablement plantée dans l'échine du gouvernement thaïlandais est le modeste mouvement musulman malais du Sud. Formé en 1957 et entraîné en Libye, le PULO (Organisation de libération unie de Pattani) a connu son apogée en 1981, avec une force d'environ 1 800 partisans.

Le PULO regroupe des militants des trois communautés musulmanes thaïlandaises des provinces de Pattani, Yala et Narathiwat. Leur objectif est de créer un État souverain ou, à plus long terme, d'obtenir leur annexion par la Malaisie. Certaines sources déclarent que le PULO est soutenu par le PAS, le parti d'opposition malais, qui travaille à faire de la Malaisie un État plus islamique qu'il ne l'est actuellement.

L'UMNO, aujourd'hui au pouvoir en Malaisie, ne tient pas du tout à soutenir le PULO de quelque façon que ce soit et il a récemment extradé plusieurs membres capturés en Thaïlande, pour les traduire en justice.

En 1991, les anciens alliés musulmans séparatistes du PULO, le BRN (Front national révolutionnaire) et le BNPP (Front national pour la libération du Pattani), ont déposé les armes, tout comme une partie des partisans du PULO. Mais le reste poursuit sa lutte dans la jungle et les villages du Sud. Les militants du PULO collectent régulièrement leur impôt dit de "protection", notamment auprès des grandes plantations de caoutchouc.

En 1992, des bombes posées par le PULO ont occasionnellement éclaté dans le Sud ; les plus violentes ont blessé soixante-treize personnes et en ont tué trois à la gare ferroviaire de Hat Yai. En août 1993, les terroristes, coordonnant leur action, ont mis le feu à 35 écoles, dans les provinces de Pattani, Yala et Narathiwat. Depuis, de nouvelles forces de sécurité ont été déployées dans le Sud, et la région connaît une relative accalmie. Seul un pont ferroviaire entre Hat Yai et Chana a sauté en 1994.

Zones frontalières avec le Cambodge et le Myanmar

À l'heure actuelle, ce sont les régions les plus sensibles. La plus dangereuse est la frontière avec le Cambodge où l'ancien gouvernement, soutenu par les Vietnamiens, a verrouillé la frontière pour empêcher que les Khmers rouges ne passent avec des armes lourdes, des mines et des objets piégés. Il est impératif de se tenir à l'écart de cette frontière, si ce n'est à Aranya Prathet même. Il faudra au moins dix ans avant que cette zone ne soit totalement déminée. Des bandes de Khmers armés sont parfois signalés dans le voisinage d'Aranya Prathet seulement.

Les ruines de Khao Phra Wihaan, en territoire cambodgien, à proximité d'Ubon Ratchathani, ont été fermées aux touristes pendant une demi-douzaine d'années en raison de violents affrontements entre les Khmers rouges et les forces gouvernementales de Phnom Penh. Mais la victoire du gouvernement cambodgien sur les Khmers rouges a permis la réouverture du site en août 1998.

Les offensives de la saison sèche menée contre les bastions khmers ont repoussé leurs troupes tout au long de la frontière thaïlandaise. Balles perdues et rockets trouvaient moyen de franchir la frontière. Aussi avant de vous aventurer dans ces régions, prenez soin de vous informer de la situation auprès des autorités locales des capitales provinciales : Surin, Si Saket ou Ubon. La mort de Pol Pot début 1998 a considérablement affaibli la rébellion khmère rouge qui risque d'être complètement neutralisée dans un futur proche.

À la frontière du Myanmar, entre Um Phang et Mae Sariang, il arrive que des obus birmans destinés aux rebelles karen ou môn s'égarent. Le combat des Karen pour préserver une nation indépendante, le Kawthoolei, vient de se compliquer un peu plus du fait d'une scission entre insurgés chrétiens et insurgés bouddhistes. Si d'aventure, vous franchissez illégalement la ligne de démarcation et que les Birmans vous capturent, ils vous soupçonneront systématiquement de soutenir la cause karen. A l'inverse, les Karen ne vous relâcheront sans doute que contre rançon. Pour éviter un éclat d'obus, le plus sage est encore de se tenir à une distance respectable de la frontière…

Dans la zone du col des Trois Pagodes, des heurts surviennent à l'occasion entre les armées birmane, karen et môn, pour le contrôle du trafic de contrebande entre le Myanmar et la Thaïlande. Traditionnellement, les rebelles avancent pendant la saison des pluies et se retirent pendant la saison sèche ; ces derniers temps, la région était très calme.

Le long de la frontière avec le Myanmar, dans le Nord, la présence de troupes shan et du Guomindang rend la région dangereuse si vous vous approchez des points de passage des caravanes d'opium.

Fin 1992, les rangers Thaï se sont massés sur la frontière, à Mae Hong Son pour refouler le seigneur de l'opium, Khun Sa, et son armée (la Muang Tai Army, MTA), bien au-delà de la frontière. A l'époque, son QG n'était qu'à un kilomètre en deçà des lignes birmanes. Malgré l'ultimatum qui leur a été adressé, exigeant leur retrait à plus de deux kilomètres, le risque d'affrontements est toujours aussi grand. Début 1996, Khun Sa et 10 000 de ses soldats se sont rendus à Yangon. Cependant, il reste 8 000 actifs répartis sur 4 armées dans la zone de Mae Sai, au sud de Mae Hong Son, guère plus sûre qu'au temps de Khun Sa.

Par ailleurs, une autre source potentielle d'hostilité pourrait jaillir entre les troupes birmanes et l'armée thaïlandaise au sujet d'une contestation de frontière près de Doi Lang. Le territoire disputé couvre une surface de 32 km^2. En mars 1998, on assista à un triple conflit entre la police des frontières thaï, les forces militaires du Myanmar et l'armée de l'État Shan, le long de la démarcation entre Mae Hong Son et l'État Shan.

Bangkok, jusque-là préservée des attentats terroristes, a tout de même dû, ces der-

nières années, intercepter deux véhicules piégés visant l'ambassade d'Israël. La "Little Arabia" (Soi Nana Neua, près deTh Sukhumvit) doit son nom au terrorisme islamiste qui y a trouvé refuge.

Drogues

L'opium, l'héroïne et la marijuana sont très largement répandus en Thaïlande, mais il est illégal d'en acheter, d'en vendre ou d'en posséder une quelconque quantité (à l'exception des tribus montagnardes qui, seules, peuvent détenir de l'opium pour leur consommation et non pour la vente). Un narcotique moins connu, le *kràtom* (une feuille de l'arbre *Mitragyna speciosa*), est mâché par les ouvriers et les étudiants, et produit un effet stimulant, comme le *qat* du Yémen. Par paquet de cent feuilles, le kràtom se vend environ 60 B, à l'unité, 1 à 5 B. Sa consommation est illégale et crée une dépendance chez le consommateur.

Dans le Sud, surtout sur les îles très arrosées du golfe, on trouve parfois à la vente des champignons (le *hèt khîi khwai* ou "crotte de buffle", et le *hèt mao* ou "champignon qui rend saoul". Ils contiennent un hallucinogène, la psilocybine, dont la consommation est risquée d'autant qu'on ne connaît pas le dosage. La vente comme la consommation de ces champignons ne sont pas clairement définies par la loi.

Dans certaines régions, la drogue semble circuler impunément – l'action des autorités étant arbitraire –, mais la seule façon de ne pas avoir d'histoire est de s'en tenir complètement à l'écart. Chaque année, des dizaines de visiteurs étrangers sont arrêtés en Thaïlande pour usage et trafic de drogue, et passent de mauvais moments. Un petit nombre d'entre eux meurent d'overdose.

Depuis quelque temps, Th Khao San (Khao San Rd), à Bangkok, est la cible de descentes occasionnelles de police. Ko Pha-Ngan, l'un des centres les plus importants de consommation de drogues douces en Thaïlande, attire aussi l'attention des services de police thaï. Dans les jours qui précèdent notamment les célèbres festivités mensuelles de la pleine lune à Hat Rin, des contrôles routiers sont opérés entre Thong Sala et Hat Rin. Tous les véhicules, même les vélos et les motocyclettes sont arrêtés, et les passagers doivent se soumettre à une fouille complète.

Les sanctions pour usage de stupéfiants sont sévères. La consommation de marijuana peut être punie d'une amende (50 000 B pour une petite dose de haschisch) et/ou d'une peine d'emprisonnement de cinq ans au maximum. En revanche, s'il s'agit d'héroïne, vous encourez une peine de six mois à dix années. La contrebande (soit la tentative de franchir une frontière en possession de stupéfiants) donne lieu à des peines considérablement plus importantes.

PROBLÈMES JURIDIQUES

En général, la police thaï ne tracasse pas les étrangers, surtout les touristes. En cas d'infraction bénigne au code de la route, vous aurez simplement droit à une remontrance amicale.

Les lois sur les stupéfiants font exception à cette règle (voir *Désagréments et dangers*, pour de plus amples informations). La plupart des policiers thaï considèrent la consommation de stupéfiants soit comme un fléau social qu'ils se doivent de combattre en appliquant la loi au pied de la lettre, soit comme un moyen de percevoir des pots de vin en proposant de fermer les yeux sur l'infraction.

L'attitude qu'ils adoptent dépend souvent de la quantité de drogue en jeu. Les petites infractions peuvent être oubliées moyennant une certaine somme discrètement glissée de la main à la main. Mais les trafiquants prennent d'ordinaire la direction de la prison.

Une loi de 1997 est censée punir sévèrement à Bangkok tout dépôt d'ordure intempestif. Il semblerait que des étrangers aient été rappelés à l'ordre à ce sujet, mais nous ne disposons d'aucun témoignage de première main. De toute façon, ayez gare à jeter vos mégots et autres déchets là où il faut.

Si l'on vous arrête pour un délit quelconque, la police vous autorisera à appeler votre ambassade ou votre consulat en Thaïlande (s'il y en a un), sinon un ami ou un parent. Il existe toute une procédure légale concernant la durée de votre détention et la manière dont elle doit se dérouler, avant que vous soyez condamné ou traduit en justice, mais une grande partie de ce règlement est laissée à la discrétion de la police. Si vous êtes étranger, les policiers sont plutôt susceptibles de détourner la règle en votre faveur. Cependant, comme avec toutes les forces de l'ordre du monde, si vous ne vous montrez pas respectueux, vous risquez d'aggraver votre cas.

La justice thaï ne présume pas de la culpabilité ou de l'innocence d'un détenu mis en accusation, mais elle le considère plutôt comme un "suspect", dont le tribunal décidera s'il est coupable ou innocent. Les jugements s'avèrent en général expéditifs.

La Thaïlande dispose d'avocats, bien entendu, et si vous pensez encourir le danger d'une arrestation, n'hésitez pas à recopier les coordonnées de certains d'entre eux, en compulsant les pages jaunes de l'annuaire de Bangkok.

Ligne directe de la police touristique

Le meilleur moyen de régler les tracasseries les plus pénibles, comme l'escroquerie ou le vol, consiste à contacter la police touristique (Tourist Police), plus habituée aux contacts avec les étrangers que la police régulière. Cette administration spéciale dispose d'une ligne directe : ☎ 1155, poste 1, que l'on peut joindre de n'importe quel poste téléphonique dans le pays.

La police touristique peut aussi se révéler fort utile en cas d'arrestation, pour un rôle d'interprète ou pour contacter votre ambassade.

HEURES D'OUVERTURE

Les administrations sont ouvertes de 8h30 à 16h30, du lundi au vendredi, mais elles ferment entre 12h et 13h pour le déjeuner. Les banques sont ouvertes de 10h à 16h, du lundi au vendredi, mais à Bangkok en particulier certaines ont des guichets de change ouverts plus longtemps (jusqu'à 20h) tous les jours. A noter que les administrations et banques sont fermées les jours fériés (voir la rubrique *Fêtes et jours fériés* plus loin).

Les entreprises fonctionnent de 8h30 à 17h, du lundi au vendredi, et parfois aussi le samedi matin. Les grands magasins ouvrent de 10h à 18h30 ou 19h, mais les petites boutiques peuvent ouvrir plus tôt et fermer plus tard.

JOURS FÉRIÉS ET MANIFESTATIONS CULTURELLES

Les fêtes thaïlandaises se succèdent à un rythme étonnant pour un Occidental. Il se passe toujours quelque chose quelque part, surtout pendant la saison fraîche, de novembre à février.

Les dates exactes des fêtes sont susceptibles de varier d'une année à l'autre, soit du fait du calendrier lunaire – qui n'est pas synchronisé avec le calendrier solaire – soit par une décision des autorités locales de changer la date des fêtes. Chaque année, la TAT publie un calendrier des fêtes, *Major Events & Festivals*, qui s'avère fort utile si on a l'intention d'assister à une fête particulière.

Parmi les grands événements à venir non mentionnés dans la liste qui suit, il y a les treizièmes Jeux asiatiques qui auront lieu en 1998 à Bangkok, au Stade national.

Janvier
Don Chedi Monument Fair
Commémorant la victoire du roi Naresuan d'Ayuthaya sur les envahisseurs birmans, en 1592, cette fête se célèbre au monument de Don Chedi dans la province de Suphanburi. Son temps fort est un duel à dos d'éléphant.

New Year's Day (Nouvel An)
Fête du calendrier grégorien occidental, que l'on célèbre depuis peu.

That Phanom Festival
Cette fête annuelle d'une semaine se déroule autour du stupa bouddhique le plus sacré (le Wat Phra That Phanon), dans la province de Nakhon Phanom. Les pèlerins affluent de tout le pays et du Laos.

Février
Chiang Mai Flower Festival
La fête des Fleurs de Chiang Mai met en scène sur des corsos fleuris toute sa production horticole.

Magha Puja (Makkha Buchaa)
A la pleine lune du troisième mois lunaire, on commémore le prêche du Bouddha devant 1 250 moines illuminés qui vinrent l'écouter "sans y avoir été conviés". Fête nationale qui s'achève par une procession aux flambeaux autour de la chapelle principale de chaque temple.

Phra Nakhon Khiri Diamond Festival
Tout au long d'un week-end, Phetchaburi célèbre son histoire et son architecture autour de la colline de Phra Nakhon Khiri (appelée aussi Khao Wang) où domine l'ancien palais royal. Le spectacle son et lumières donné sur Khao Wang vaut la peine : danses et drames traditionnels, temples illuminés.

Fin février à début mars
Nouvel An chinois
Au *trùt-jiin* (comme on dit en thaï), les populations chinoises de toute la Thaïlande célèbrent leur nouvelle année lunaire (la date varie d'année en année). Diverses activités ponctuent cette semaine festive : grand nettoyage des maisons, danses traditionnelles et feux d'artifice. C'est à Nakhon Sawan, capitale d'une province à prédominance chinoise, qu'ont lieu les manifestations les plus spectaculaires.

Mars
Asean Barred Ground Dove Fair
Ce grand concours de chant de colombes se déroule la première semaine de mars à Yala et attire les colombophiles de Thaïlande, de Malaisie, de Singapour et d'Indonésie.

Bangkok International Jewellery Fair
C'est la foire aux bijoux et pierres précieuses la plus importante de Thaïlande. Elle se tient tous les ans dans plusieurs grands hôtels de Bangkok, en même temps que la *Bangkok Gems & Jewellery Fair* organisée par le bureau de promotion des exportations (Department of Export Promotion).

Phanom Rung Festival
Cette fête récente célèbre la restauration d'un important complexe monastique de style angkorien, abrité dans le parc historique de Phanom Rung, dans la province de Buriram. Procession diurne sur la colline de Phanom Rung suivie, le soir, d'un grand son et lumière. Chaleur étouffante garantie.

Phra Phutthabaat Festival

Le pèlerinage annuel au Wat Phra Phutthabaat (temple de l'Empreinte sacrée du pied du Bouddha) à Saraburi, à 236 km au nord-est de Bangkok, regroupe toute une série de festivités (musique, théâtre en plein air…). Le sanctuaire vaut le détour, même en dehors du pèlerinage.

Avril

Chakri Day

Le 6 avril a lieu la fête nationale en l'honneur du fondateur de la dynastie Chakri, Rama Ier.

Songkhran Festival

Du 13 au 15 avril se déroule la fête du Nouvel An lunaire. Les statues du Bouddha sont "baignées" ; les moines et les personnes âgées reçoivent l'hommage des jeunes par des aspersions d'eau sur les mains et, pour s'amuser, on jette de l'eau sur tout ce qui bouge. La fête de Songkhran est l'occasion de se libérer de ses frustrations et de se rafraîchir pendant les fortes chaleurs. Restez dans votre chambre si vous n'aimez pas l'eau, mais vous vous amuserez davantage en sortant dans la rue.

Mai

Coronation Day (fête du Couronnement)

Le 5 mai, le couple royal préside une cérémonie au Wat Phra Kaew de Bangkok, célébrant leur couronnement en 1950 (jour férié).

Visakha Puja (Wisakha Buchaa)

Le 15e jour de la lune montante du 6e mois lunaire (jour férié) est considéré comme la date de la naissance, de l'Illumination et du *parinibbana* (mort) du Bouddha. Le wat est au centre des activités, avec processions aux flambeaux, psalmodies et sermons.

De la mi-mai à la mi-juin

Bun Prawet Festival

C'est l'un des festivals les plus fous de Thaïlande, une fête animiste et bouddhiste qui se déroule dans le district Dan Sai de Loei (et aujourd'hui également à d'autres endroits de la province de Loei). Vêtus de costumes d'"esprits" tout à fait frappants et coiffés de masques peints, les participants brandissent des phallus en bois sculpté. Cette fête commémore une légende bouddhiste, selon laquelle une foule d'esprits (phĭi) sont apparus pour saluer le futur Bouddha à son retour dans sa ville natale, lors de son avant-dernière naissance.

Rocket Festival

Dans tout le Nord-Est, les villageois confectionnent de grandes fusées de bambou auxquelles ils mettent le feu pour faire venir la pluie sur les rizières. Cette fête est particuliè-rement à l'honneur à Yasothon et aussi à Ubon Ratchathani et Nong Khai. Les Thaïlandais la nomment Bun Bang Fai.

Royal Ploughing Ceremony

Pour lancer la saison officielle de plantation du riz, le roi participe à cet ancien rite brahmanique au Sanam Luang (la grande rizière en face du Wat Phra Kaew) à Bangkok. Des milliers de Thaïlandais y assistent, et la circulation dans cette partie de la ville est paralysée.

Mi-juillet à fin juillet

Asalha Puja (Asanhaa Buchaa)

Commémoration du premier prêche fait par le Bouddha.

Candle Festival (fête des Chandelles)

Khao Phansaa est célébrée dans tout le Nord-Est en sculptant de grandes chandelles que l'on fait ensuite défiler sur des chars. La fête la plus intéressante a lieu à Ubon Ratchathani.

Khao Phansaa

Cette fête nationale marque le début du carême bouddhique *(phansāa)* qui dure trois mois. Les jeunes gens entrent alors au monastère pour la durée de la saison des pluies et les moines de vocation ne peuvent le quitter. Vous pouvez assister à une ordination.

Août

Queen's Birthday

Le jour d'anniversaire de la reine est fête nationale. A Bangkok, la Th Ratchadamnoen Klang et le Grand Palais sont ornés de lampions de couleur.

Mi-septembre

Thailand International Swan-Boat Races

Courses nautiques sur le Chao Phraya à Bangkok, près du pont Rama IX.

Dernière semaine de septembre

Narathiwat Fair

Pendant une semaine, la province de Narathiwat met à l'honneur les cultures locales : courses de bateaux, concours de chant de colombes, exposition d'artisanat, musique et danse traditionnelles des Thaïlandais du Sud. Le roi et la reine y assistent presque toujours.

Fin septembre à début octobre

Fête végétarienne

Pendant 9 jours, les bouddhistes chinois pieux de Trang et Phuket ne mangent que de la nourriture végétarienne. Diverses cérémonies et processions ont lieu dans les temples chinois pour acquérir des mérites. Cette fête fait un peu penser au Thaipusam hindouiste dans ses débordements d'automortification. Les petites villes du Sud, comme Krabi et Phang-Nga, célèbrent cette fête avec moins d'ampleur.

Mi-octobre à mi-novembre
Thawt Kathin
Durant tout le mois qui succède au carême bouddhique, on offre de nouvelles robes et des objets d'utilité à la sangha. Dans la province de Nan, des courses de grandes chaloupes sont organisées sur le Nan.

Octobre
Chulalongkorn Day
La fête nationale du 23 octobre célèbre la mémoire du roi Chulalongkorn (Rama V).

Novembre
Loi Krathong
La nuit de la pleine lune, de petits paniers en forme de lotus ou de petits bateaux en feuille de bananier contenant des fleurs, de l'encens, des bougies et une pièce sont mis à l'eau sur les rivières, les lacs et les canaux. C'est une fête typiquement thaïlandaise, qui remonte probablement à l'époque Sukhothai. Elle est particulièrement belle dans le Nord. A Chiang Mai, où on l'appelle Yi Peng, la fête comporte un lâcher de montgolfières. Imposant son et lumière au parc historique de Sukhothai.
Surin Annual Elephant Roundup
Le troisième week-end de novembre a lieu le plus grand rassemblement annuel d'éléphants de Thaïlande, un événement très apprécié des touristes. Impressionnant.

Fin novembre à début décembre
River Khwae Bridge Week
Pendant une semaine sont donnés tous les soirs des spectacles son et lumière au pont de la rivière Kwaï, à Kanchanaburi . En outre des expositions historiques sont organisées et des trains d'autrefois circulent pour l'occasion.

Décembre
Constitution Day
Le 10 décembre, jour anniversaire de la nouvelle Constitution est fête nationale.
King's Birthday
Le 5 décembre, fête nationale, l'anniversaire du roi est célébré dans la ferveur à Bangkok. Comme pour l'anniversaire de la reine, la Th Ratchadamnoen Klang est illuminée et décorée. Certains élèvent des sanctuaires au roi à l'extérieur de leur maison ou de leur lieu de travail.

ACTIVITÉS SPORTIVES
Bicyclette
Vous trouverez des détails sur cette activité et la location de cycles dans le chapitre *Comment circuler*

Trekking
Le trekking (randonnées pédestres dans les régions sauvages) est un des grands pôles d'attraction de la Thaïlande du Nord. La durée habituelle de ces excursions varie entre 4 et 5 jours (mais on peut les moduler à son gré, de 1 à 10 jours).

Après de longues marches dans des forêts escarpées, vous ferez halte, la nuit tombée, dans des villages des tribus montagnardes. Pour plus de précisions, consultez les différentes rubriques *Trekking.* dans le chapitre *Nord*.

Vous pouvez aussi faire des randonnées dans les grands parcs nationaux (Khao Yai, Kaeng Krachan, Khao Sam, Roi Yot, Doi Phu Kha, Khao Sok, Thap Lan et Phu Reua notamment). Et même engager des gardes forestiers qui, pour un temps, vous serviront de guides – et de cuisiniers. Leurs tarifs sont raisonnables. Pour plus d'informations, reportez-vous aux descriptions des différents parcs.

Plongée
Les deux côtes de la Thaïlande et leurs innombrables îles sont renommées auprès des plongeurs pour la température élevée de leurs eaux et la richesse de leurs fonds. Le centre de plongée le plus fréquenté est Pattaya, parce qu'il n'est qu'à deux heures de route de Bangkok. Plusieurs îles à récifs se trouvent à proximité et la localité regorge de magasins de plongée.

Phuket est le deuxième site de plongée par la fréquentation, mais le premier par le nombre de plongées car il offre la plus grande variété de fonds : ceux des petites îles à moins d'une heure de bateau, les formations rocheuses insolites et les eaux vertes et limpides d'Ao Phang-Nga (à 1 ou 2 heures de bateau) et les îles mondialement célèbres de Similan et de Surin, dans la mer d'Andaman (à 4 heures de la côte environ en vedette rapide). Les amateurs de plongée y trouveront leur compte : le parc maritime, encore loin d'être inventorié, abrite des milliers d'organismes coralliens – 210 espèces de coraux et 108 sortes de poissons recensées à ce jour.

Ces dernières années, de nouveaux centres de plongée se sont ouverts sur les îles de Ko Samui, Ko Pha-Ngan et Ko Tao, dans le golfe de Siam, au large de Surat Thani. La région

qui monte est la province de Chumphon, au nord de Surat Thani, où l'on trouvera une dizaine d'îles aux récifs intacts. La plupart des sites sont adaptés à la plongée avec ou sans bouteilles, car beaucoup de récifs ne sont pas à plus de 2 m de profondeur.

Masques, palmes et tubas sont loués non seulement dans les centres de plongée mais aussi par les pensions proches des plages. Si vous êtes pointilleux sur le matériel

Plonger en respectant la nature

La popularité de la plongée sous-marine met en péril de nombreux sites. Veuillez suivre les conseils suivants, lorsque vous pratiquez ce sport, et préserver ainsi l'environnement et la beauté des récifs :

- N'utilisez pas d'ancre sur le récif et prenez soin de ne pas échouer les bateaux sur le corail. Incitez les centres de plongée et les autorités compétentes à établir une base de mouillage permanente sur les sites les plus fréquentés.

- Évitez de toucher les organismes marins vivants, de mettre le récif en contact avec tout appareil électronique de mesure ou autre. Même un simple effleurement peut endommager les polypes des coraux. Ne restez jamais debout sur les coraux, même s'ils vous paraissent solides et robustes. Si vous devez vous fixer au récif, faites-le seulement sur les rochers à nu ou les coraux morts.

- N'oubliez pas que vous portez des palmes. Sachez que même en l'absence de tout contact, leur mouvement à proximité du récif peut détériorer ces organismes délicats. Lorsque vous marcher dans des zones de récif peu profondes, veillez à ne pas soulever des vagues de sable. En se posant, celui-ci peu facilement étouffer ces minuscules animaux.

- Sachez maintenir et contrôler votre flottabilité. Les plongeurs qui descendent trop vite et heurtent le récif peuvent causer de graves dégâts. Assurez-vous d'être bien lesté et que votre ceinture de plomb soit bien en place, pour rester à l'horizontale. Si vous n'avez pas plongé depuis quelque temps, entraînez-vous dans une piscine au préalable. Sachez que votre flottabilité peut varier en fonction de votre respiration : au début d'un stage, vous risquez de respirer plus fort et d'avoir besoin de davantage de poids ; quelques jours plus tard, vous respirerez sans doute mieux et devrez être moins lesté.

- Soyez très prudent dans les grottes sous-marines. Passez le moins de temps possible à l'intérieur, car vos bulles d'air risquent d'être prises sous la voûte et d'assécher ainsi des organismes auparavant submergés. Inspecter une petite cavité à tour de rôle permettra de limiter les altérations dues à la présence humaine.

- Résistez à la tentation de ramasser ou d'acheter des coraux ou des coquillages. Outre les dommages causés à la nature, le ramassage de souvenirs marins détruit la beauté d'un site et gâte le plaisir d'autrui.

- Il en va de même pour les sites archéologiques marins (principalement les épaves de bateau). Respectez leur intégrité. La loi est censée les protéger du pillage.

- Remportez vos déchets, même ceux que vous trouverez au passage. Le plastique, notamment, présente une menace sérieuse pour la vie sous-marine. Les tortues peuvent le confondre avec une méduse et l'ingérer.

- Résistez à l'envie de nourrir les poissons. Vous risqueriez de troubler leurs habitudes alimentaires, voire leur santé, et de favoriser un comportement agressif.

- Évitez au maximum de troubler la vie des animaux marins. En particulier, ne vous accrochez pas au dos des tortues marines, car cela les perturbe beaucoup.

utilisé, mieux vaut emporter votre équipement personnel ; celui qu'on vous fournit est souvent en piètre état ; les personnes ayant la tête large auront également des difficultés à trouver un masque qui leur convient, car la plupart des masques ont un tour de tête thaïlandais, qu'ils soient fabriqués sur place ou importés.

Centres de plongée. La plupart des magasins spécialisés louent des équipements à prix raisonnable ; certains proposent également des cours de plongée pour les débutants, à l'issue desquels on peut passer un degré NAUI ou PADI, le second étant de loin le plus courant. Pour l'obtenir, il faut compter une dépense de 6 000 à 8 000 B pour les cours, l'équipement, plusieurs plongées en mer et l'examen. Il existe aussi des stages moins longs et moins chers. Faites un tour des centres de plongée avant de vous décider pour comparer les prix, les types de cours proposés, l'état du matériel et la personnalité des instructeurs. L'allemand et l'anglais sont les deux langues les plus généralement utilisées, mais on trouve aussi quelques cours en italien et en français.

Vous trouverez les adresses des centres de plongée dans les chapitres consacrés aux différentes régions.

Médecine de plongée. En raison de l'absence de toute infrastructure médicale entourant la pratique de la plongée, faites preuve d'une très grande prudence quel que soit l'endroit où vous pratiquez ce sport. Trois caissons de décompression sont à votre disposition :

Somdej Phra Pinklao Naval Hospital
  (☎ 02-460 0000/19, poste 341, 460 1105)
  Department of Underwater & Aviation Medecine, Th Taksin, Thonburi, Bangkok ; ouvert 24h/24.
Apakorn Kiatiwong Naval Hospital
  (☎ 038-601185)
  Sattahip, Chonburi ; à 26 km à l'ouest de Pattaya ; soins urgents 24h/24.
Sub-Aquatic Safety Service (SSS)
  (☎ 076-342518, 01-606 1869, fax 342519)
  Hat Patong, Phuket.

Guide de plongée. *Diving in Thailand* (Asia Books, 1994), de Colin Piprell et Ashley J. Boyd, contient de précieuses informations. *ScubaGuide Thailand* (1994), publié par le magazine *Asian Diver*, vous sera également utile. Ces deux guides sont abondamment illustrés et le premier comporte de nombreuses cartes.

Planche à voile

Les plages de Pattaya et de Jomtien dans la province de Chonburi, l'île de Ko Samet, la côte ouest de Phuket et Hat Chaweng, sur l'île de Ko Samui, offrent les meilleures prestations en matière de location d'équipement, ainsi que des conditions climatiques idéales. On trouvera un choix plus modeste à Hat Khao Lak (nord de Phuket), à Ko Pha-Ngan, à Ko Tao et à Ko Chang.

Les centres nautiques de Thaïlande proposent un matériel de location souvent vétuste qui ne conviendra pas aux planchistes expérimentés. Le climat fait qu'il n'est cependant nul besoin de porter une combinaison.

Surf

Le surf ne s'est jamais véritablement développé en Thaïlande, en raison sans doute du relief côtier : les vagues déferlantes sont rares et irrégulières.

On trouve des planches à louer (de médiocre qualité) à Pattaya et sur la plage de Phuket, Patong Beach. Mais pour surfer correctement, il vaut mieux se rendre sur les îles Laem Singh et Hat Surin. Les côtes de la province de Trang sont depuis toujours réputées pour leurs ressacs spectaculaires durant la mousson, mais je n'ai jamais entendu dire qu'on y surfait.

Canoë de mer

Les excursions en canoë pneumatique autour des îles et le long des formations calcaires qui parsèment les côtes de Phuket et d'Ao Phang-Nga connaissent depuis cinq ans un succès croissant. Elles incluent la plupart du temps la visite des grottes à demi submergées, appelées *hongs*.

Certains magasins de sport, à Phuket et Krabi, fournissent équipements et guides.

Les spécialistes faràng prétendent avoir "découvert" les hongs, mais les pêcheurs de la région les connaissaient depuis des centaines d'années.

Excursions au fil de l'eau

Les principaux fleuves et canaux offrent une infinie variété de promenades en bateau. Les services publics de transports fluviaux sont très développés, et un certain nombre de lignes régulières sont à la disposition des touristes, notamment sur le cours inférieur du fleuve Chao Phraya et sur quelques fleuves du Nord. Le choix des embarcations est vaste : bateau climatisé au fil du Chao Phraya dans la région de Bangkok, radeau en bambou sur le fleuve Kok, robuste kayak. Dangereux jusqu'à la fin des années 80, en raison des conflits locaux, le Mékong offre aujourd'hui une immense surface navigable.

Au cours des six dernières années, les provinces de Chiang Rai, de Loei et de Nong Khai ont ainsi mis sur pied un service de croisières.

Au début de 1994, des liaisons ponctuelles entre Chiang Saen et la Chine ont été inaugurées à titre expérimental, mais rien n'est encore fait à l'heure de la rédaction de ce guide.

Dans le centre de la Thaïlande, l'immense réseau de canaux étend ses ramifications dans toutes les directions et sur des centaines de kilomètres à partir du delta du Chao Phraya, ouvrant d'infinies perspectives à la navigation. Le foisonnement de bateaux à moteur sillonnant les canaux est tel que bien peu d'étrangers s'y risquent en canoë ou en kayak. Mais si le cœur vous en dit, l'aventure en vaut la peine. En conjuguant bateaux de location et lignes régulières, vous pourrez naviguer plusieurs jours d'affilée. Pour plus d'informations sur les croisières fluviales, reportez-vous aux chapitres consacrés à la province où vous comptez vous rendre.

COURS
Cours de langue thaï

Plusieurs écoles, à Bangkok et à Chiang Mai, entre autres, dispensent des cours de langue aux étrangers. Les frais de scolarité tournent autour de 250 B l'heure.

Si vous en avez la possibilité, la meilleure solution consiste encore à opter pour un programme linguistique interactif, plutôt que de vous en tenir à la vieille méthode.

Voici un certain nombre d'écoles de Bangkok qui jouissent d'une bonne réputation :

AUA Language Center
(☎ 02-252-8170), 179 Th Ratchadamri. L'American University Alumni dirige l'un des plus grands instituts d'enseignement en langue anglaise du monde ; c'est donc un bon endroit pour rencontrer des étudiants thaïlandais. En revanche, certains étrangers qui étudient le thaï se plaignent du manque de participation des élèves dans les méthodes d'enseignement basées sur une soi-disant "approche naturelle" qui valorise l'apport du professeur et non la pratique de l'étudiant ; d'autres trouvent cette approche efficace. On peut y préparer le Baw Hok, examen du Grade 6, indispensable pour ceux qui veulent enseigner dans le système public.

Nisa Thai Language School
(☎ 02-286 9323), YMCA Collins House, 27 Th Sathon Tai. De bonne réputation, même si les professeurs ne sont pas aussi qualifiés que ceux de l'Union ou de l'AUA, cette école propose le cursus habituel et prépare au Baw Hok.

Siri Pattana Thaï Language School
(☎ 02-286 1936) YWCA, 13 Th Sathon Tai, Bangkok. Cette école propose des leçons de thaï et vous prépare aussi à l'examen Baw Hok. Il existe annexe 806, Soi 38 Th Sukhumvit.

Union Language School
(☎ 02-233 4482) CCT Building, 109 Th Surawong. Cet établissement a la réputation d'être le meilleur et le plus rigoureux (nombre de missionnaires y étudient). Il utilise des méthodologies basées sur la communication, dans des sessions de 80 heures, réparties en 4 modules hebdomadaires. On peut aussi y prendre des cours particuliers.

L'AUA dispose aussi d'antennes à Chiang Mai, Lampang, Phitsanulok, Khon Kaen, Mahasarakham, Ubon et Udon, Songkhla et Phuket. La plupart sont rattachées à des universités.

Toutes les AUA ne proposent pas régulièrement des cours de thaï. Les méthodes d'enseignement utilisées dans l'arrière-pays tendent à être plus souples, semble-t-il, que celles privilégiées à Bangkok.

Études linguistiques et culturelles

L'université de Chulalongkorn à Bangkok, la plus prestigieuse de Thaïlande, offre un cours intensif de thaï, intitulé "Perspectives on Thailand". Le programme dure 8 semaines ; il comprend des cours de langue thaï et des conférences sur la culture, l'histoire, l'économie et la politique, ainsi qu'un voyage d'études "sur le terrain" dans le nord du pays (10 jours). Il existe une seule session par an, du premier mardi de juillet au dernier vendredi d'août. D'après les échos recueillis, l'enseignement est d'excellente qualité. Il vous en coûtera 2 500 $US, repas, transports et logement inclus pendant la durée de l'excursion. Pour plus d'informations, écrivez à *Perspectives on Thailand*, Continuing Education Center, 5e étage, Vidhyabhathan Building, Soi Chulalongkorn 12, Chulalongkorn University, Bangkok 10330.

The Oriental (☎ 02-236 0400, poste 5), propose une série de conférences de l'autre côté du fleuve, en face de l'hôtel, le tout faisant partie d'un "Programme culturel thaï". Les intervenants ne sont autres que des professeurs des meilleures universités thaïlandaises, et les séances ont lieu du lundi au vendredi. Prévoyez 1 000 B par cours, ou 4 500 B pour une session de cinq jours, rafraîchissements et promenades (lorsque c'est possible) inclus. Parmi les sujets évoqués, citons : us et coutumes thaï, croyances, danse et musique, art et architecture, Thaïlande contemporaine. Il est préférable de réserver et d'autres thèmes peuvent être développés à la demande dans les vingt-quatre heures (danse thaï, arts martiaux et danse masquée, leçons de musique thaï et de méditation), à condition de payer à l'avance.

Études de méditation

Depuis longtemps, la Thaïlande attire les étudiants occidentaux férus de bouddhisme, notamment de méditation bouddhiste. On enseigne dans le pays deux niveaux de base : le *samatha* et le *vipassana*. Le premier vise à calmer l'esprit et à développer les états subtils de la concentration. A ce titre, il s'apparente à d'autres traditions de méditation ou de contemplation, présentes dans la plupart des religions du globe.

En revanche, ce qui est propre au bouddhisme, surtout Theravada et de façon atténuée dans le bouddhisme tibétain, c'est un système de réflexion appelé *vipassana* (*wípàtsanãa*), un mot pali que l'on pourrait traduire approximativement par "connaissance intérieure".

Les étrangers qui veulent étudier le vipassana en Thaïlande ont le choix entre des dizaines de temples et de centres d'études spécialisées. Les méthodes d'enseignement varient, mais dans l'ensemble l'accent est mis sur l'aptitude à observer les processus psychophysiques dans leur déroulement temporel. L'enseignement est dispensé en thaï, mais plusieurs centres proposent aussi des apprentissages en anglais. Des centres de méditation et des monastères enseignent le samatha et le vipassana, d'autres l'un des deux modes de méditation seulement.

Les renseignements sur les divers temples et centres de méditation sont donnés aux rubriques correspondantes. L'enseignement et l'hébergement sont gratuits dans les temples, mais des donations sont souhaitées. Un visa de touriste de deux mois est amplement suffisant pour les formations courtes. Pour ceux qui veulent approfondir, un visa de non-immigrant de trois ou six mois sera sans doute nécessaire. Quelques Occidentaux sont ordonnés moines ou nonnes de manière à profiter pleinement de l'environnement monastique. Ceux-ci sont autorisés (pas toujours cependant) à demeurer en Thaïlande.

Centres de méditation où l'on peut recevoir un enseignement en anglais :

International Buddhist Meditation Centre
   (☎ 02-222 6011, 623 6325)
   Wat Mahathat, Th Maharat, Tha Phra Chan, Bangkok
Thaïland Vipassana Centre
   (☎ 02-216 4772, fax 215 3408)
   Patumwan, Bangkok

International Buddhist Meditation Centre
(☎ 02-240 3700, poste 1480, 511 0439, fax 512 6083)
Nakhon Pathom

Wat Asokaram
(☎ 02-395 0003)
Bang Na-Trat Highway (à 32 km au sud de Bangkok), Samut Prakan

Wiwekasom Vipassana Centre
(☎ 038-283766)
Ban Suan, Chonburi

Sorn-Thawee Meditation Centre
Bangkla, Chachoengsao

Boonkanjanaram Meditation Centre
(☎ 038-231865)
Hat Jomtien, Pattaya, Chonburi

Wat Phra That Chom Thong
Chom Thong, Chiang Mai

Wat Tapotaram (Wat Ram Poeng)
(☎ 053-278620)
Chiang Mai

Wat Suan Mokkhaphalaram
(fax 076-391851)
Attn SMI, Chaiya, Surat Thani

Wat Khao Tham
Ko Pha-Ngam, Surat Thani

Avant de vous rendre dans l'un de ces centres, prenez la précaution de téléphoner où d'écrire pour vous assurer qu'ils peuvent vous accueillir. Certains d'entre eux exigent le port de vêtements blancs. Même pour une courte visite, nous vous conseillons de revêtir une tenue correcte – pantalons longs, manches de chemise dissimulant les épaules.

Pour un aperçu détaillé de l'étude du vipassana en Thaïlande, abordant aussi les questions de visa et d'ordination, on se reportera à deux ouvrages écrits en langue anglaise : *The Meditation Temples of Thailand : A Guide* (Silkworm Publications à Chiang Mai) ; *A Guide to Buddhist Monasteries & Meditation Centres in Thailand* (disponible auprès de la World Federation of Buddhists, à Bangkok).

Entraînement aux arts martiaux

De nombreux Occidentaux se sont entraînés en Thaïlande, mais rares sont ceux qui sont restés plus d'une semaine ou deux dans un centre d'entraînement thaï. Moins nombreux encore, ceux qui sont allés jusqu'à disputer des combats dans le circuit professionnel.

Muay Thai (boxe thaï). L'entraînement au *muay thai* se déroule dans une dizaine, voire une centaine de centres disséminés dans tout le pays. La plupart se montrent plus ou moins réticents pour accueillir des stagiaires occidentaux, sauf si ceux-ci peuvent apporter la preuve d'une réelle volonté de se conformer *totalement* au mode de vie des stagiaires (régime alimentaire, hébergement rudimentaire) et d'apprendre au plus vite le thaï. Les intéressés peuvent toutefois se renseigner auprès du Sityodthong-Payakarun Boxing Camp, à Nakula (au nord de Pattaya) ou au Fairtex Boxing Camp, dans la banlieue de Bangkok (c/o Bunjung Busarakamwongs, Fairtex Garments Factory, 734-742 Trok Kai, Th Anuwong, Bangkok), ces deux organismes étant connus pour accueillir des stagiaires étrangers.

Assez récent, le Muay Thaï Institute se spécialise aussi dans l'entraînement international, en association avec l'éminent World Muay Thai Council. Sis à l'intérieur du Rangsit Muay Thaï Stadium, au nord de l'aéroport international de Bangkok, il propose trois programmes principaux : trois stages d'apprentissage à la boxe thaï d'une durée de 10 jours, plus un cours "professionnel" sur 90 jours ; trois stages de 15 jours, pour les instructeurs ; et trois stages de 15 jours aussi, pour les arbitres et les juges. La plupart des spécialistes se montrent sceptiques quant au fait que le muay thaï puisse s'apprendre en un délais aussi court.

Le Pramote Gym (☎ 02-215 8848), 210-212 Th Phetburi, Ratthewi, propose des cours de boxe thaï comme d'autres arts martiaux (judo, karaté, tae kwon do, krabi-krabong), aussi bien aux étrangers qu'aux gens du pays.

Deux centres se sont consacrés plus particulièrement à la formation de stagiaires faráng : le Lanna Boxing Camp (☎/fax 053-273133), 64/1 Soi 1 (Soi Chang Kian), Th Huay Kaew, Chiang Mai 50300 ; le Patong Boxing Club (☎ 01-978 9352, fax 076-292189), 59/4 Muu 4, Th Na Nai, Patong Beach, Phuket.

Sachez toutefois que le muay thaï se révèle éreintant et suppose le corps à corps, contrairement au tae kwon do, au kempo, au kung fu, et aux autres arts martiaux du Sud-Est asiatique. Tâchez de vous procurer des exemplaires de *Muay Thaï World*, une publication bi-annuelle du World Muay Thaï Council de Bangkok. Même si le film ne présente pas un grand intérêt artistique, *The Kickboxer*, de Jean-Claude Van Damme, tourné en Thaïlande, vous offrira un meilleur aperçu sur ce sport que la plupart des productions cinématographiques y ayant trait.

Krabi-krabong. Cet art martial traditionnel est enseigné dans plusieurs collèges et universités thaïlandaises, mais à l'heure actuelle le meilleur centre est la Buddhai (Phuttai) Sawan Fencing School of Thailand, 5/1 Th Phetkasem, Thonburi, où Ajaan Samai Mesamarna perpétue la tradition du Wat Phutthaisawan. Plusieurs farãng s'y sont entraînés, dont un Américain, devenu récemment *ajaan* ("maître"), une première pour un Occidental. Le Pramote Gym propose également des cours de krabi-krabong. Pour plus d'informations, voir dans ce chapitre la rubrique *Manifestations sportives*.

Massage thaïlandais

Considérée par certains comme une "expérience violemment agréable", cette ancienne forme de soins curatifs fut décrite pour la première fois en 1690 par l'officier de liaison français auprès de la cour royale d'Ayuthaya, qui écrivit : "Quiconque de souffrant au Siam confie son corps à une personne compétente, qui va le masser en le piétinant avec les pieds."

Contrairement à la plupart des méthodes de massage occidentales, le massage thaï ne cherche pas directement à détendre le corps, en le malaxant avec la paume et les doigts. Il s'agit plutôt d'une approche multiple, où les mains, les pouces, les doigts, les coudes, les avant-bras, les genoux et les pieds

entrent en jeu pour dénouer les points de tension traditionnels, le long des divers *sên* ou méridiens (le corps humain est censé en posséder 72 000, dont 10 fondamentaux).

Le corps du client se voit donc tiré, tordu et palpé de façon telle, qu'on a comparé la technique à du "yoga passif". Le but consiste à répartir les énergies de manière uniforme à travers tout le système nerveux, afin de créer une harmonie des flux de la dynamique physique. L'ensemble des muscles et du squelette est aussi manipulé, comme dans la physiothérapie et la chiropractie modernes.

La Thaïlande offre de nombreuses occasions d'initiation à l'apprentissage du massage thaïlandais. Le Wat Pho, à Bangkok, est considéré comme la meilleure adresse pour l'enseignement de cette activité, bien que le nord de la Thaïlande possède sa propre version du massage traditionnel, plus "doux".

Écoles de cuisine thaï

De plus en plus de gens se rendent en Thaïlande pour apprendre à cuisiner. Lors de mes voyages, j'ai souvent rencontré de jeunes chefs étrangers en quête de secrets qui leur permettraient d'incorporer méthodes et ingrédients thaïlandais à la tradition culinaire occidentale. Vous aussi, à votre retour, vous pourrez régaler votre entourage après avoir suivi un cours de cuisine thaïlandaise à l'une des adresses suivantes :

The Boathouse
   (Phulet, ☎ 076-330557, fax 330561 ; Bangkok, ☎ 02-438 1123)
   Kata Yai Beach, Phuket : le chef de cet exceptionnel restaurant balnéaire propose à l'occasion des ateliers de cuisine, le week-end.
Chiang Mai Thaï Cookery School
   (☎ 053-206388, fax 206387, e-mail cmcook@infothaï.com)
   1-3 Th Moon Muang : leurs cours remportent un grand succès en raison de leur excellente organisation, laquelle comprend des visites de potagers et de marchés.
Modern Housewife Centre
   (☎ 02-279 2834)
   45/6-7 Th Sethsiri, Bangkok

Oriental Hotel Cooking School
(☎ 02-236 0400/39)
Soi Oriental, Th Charoen Krung,
Bangkok : un luxueux stage de 5 jours,
sous la férule du célèbre chef
Chali (Charlie) Amatyakul.

Siam Chiang Mai Cookery School
(☎ 053-271169, fax 208950)
5/2 Soi 1, Th Loi Khraw : également appelée
la Center Place Thaï Cookery School,
cette institution offre différents cours
et un manuel de cuisine gratuit.

Sompet Thaï Cookery School
(☎ 053-874034, 01-671 3190, fax 874035)
4/5 Th Chaiyaphum : on vous enseigne la
cuisine thaï et végétarienne dans deux cours
quotidiens ; l'ouvrage *Thaï and Vegetarian
Cookery* est aussi inclus dans le tarif.

UFM Food Centre
(☎ 02-259 0620/33)
593/29-39 Soi 33/1, Th Sukhumvit,
Bangkok : l'école de cuisine la plus
complète et la plus sérieuse du pays
dispense une formation sur plusieurs niveaux.
La plupart des cours se déroulant en thaï,
vous devrez être au moins quatre personnes
pour suivre un stage en anglais.

TRAVAILLER EN THAÏLANDE

Il est relativement difficile de travailler en
Thaïlande même pour une courte durée. Les
autorités sont très strictes et les emplois
accessibles aux étrangers sont rares, à
moins de bénéficier de contacts sur place.
Vous trouverez toutefois un certain nombre
d'associations caritatives œuvrant principalement depuis Bangkok

La liste des sociétés françaises établies en
Thaïlande est disponible auprès du service
commercial et économique des ambassades.

S'agissant des établissements scolaires
en Thaïlande, seule existe l'École française
de Bangkok (☎ 02-662 287 1599),
29 Th Sathaorn Thai, Bangkok 10120. Pour
plus de renseignements, vous pouvez
vous adresser à l'Agence pour l'enseignement français à l'étranger (AEFE, ☎ 01 43
17 96 77), 57 boulevard des Invalides,
75007 Paris.

L'École française d'Extrême-Orient
(☎ 01 53 70 18 20), 22, avenue du Prési-
dent-Wilson, 75116 Paris, est un centre de
recherche sur l'Asie qui organise des pro-

grammes de restauration, notamment en
Thaïlande, pour les spécialistes.

Jouer de la musique dans la rue est interdit en Thaïlande, ceci s'apparentant quasiment, sur le plan légal, à faire la mendicité.

Permis de travail

Tous les emplois en Thaïlande nécessitent
un permis de travail thaï. La loi du pays
définit l'activité professionnelle comme "la
dépense de sa propre énergie physique ou
l'utilisation de ses connaissances, que l'on
en tire ou non un salaire ou tout autre profit". Par conséquent, même un emploi bénévole exige un permis.

Un permis de travail s'obtient auprès
d'un employeur, qui peut en faire la
demande avant votre entrée dans le pays. La
pièce proprement dite ne sera délivrée
qu'après votre arrivée en possession d'un
visa de non-immigrant.

Voici les documents que vous devrez
fournir avec une demande de permis, traduits en thaï et accompagnés d'un certificat
d'authenticité délivré par une ambassade ou
un consulat thaï, ou encore par le ministère
des Affaires étrangères :

- Passeport valide avec visa.
- Cursus scolaire (et universitaire) du postulant.
- Lettres de recommandation des précédents
  employeurs, décrivant le poste, les prestations,
  les tâches, l'endroit et la durée de l'emploi.
- Certificat médical délivré par un praticien
  diplômé de Thaïlande.
- Trois photos au format 5X6 cm, prises au
  plus tard six mois avant la demande.
- Si la demande d'emploi est faite par un tiers,
  il faut présenter une procuration valide, portant
  un timbre fiscal de 10 B.
- Description du travail pour le poste à remplir.
- Photocopie du diplôme (de professeur ou de
  médecin) ou certificat de statut de missionnaire (délivré par le service des Affaires religieuses), s'il est requis.
- Si le postulant est marié à une ressortissante
  thaï, joindre le certificat de mariage, la carte
  d'identité de l'épouse, les extraits de naissance
  des enfants, fiche familiale d'état civil ou livret
  de famille.
- Organigramme de l'employeur, avec les noms
  des employés et la situation hiérarchique du
  poste à pourvoir.

- Lettre d'engagement du futur employeur.
- Certificat attestant l'inscription de l'employeur au Department of Commercial Registration.
- Liste des actionnaires de l'entreprise de l'employeur.
- Si la société appartient à des étrangers, certificat de son inscription à l'Alien Business Registration.
- Si l'entreprise englobe une usine, fournir la licence de fabrication.
- Plan montrant l'emplacement des bureaux de l'entreprise.
- Copie du certificat de TVA délivré par le service des Impôts.
- Photocopies des permis de travail pour tous les étrangers employés par la société, y compris celui du prédécesseur au poste à pourvoir par le postulant (le cas échéant).
- Dernier bilan annuel de l'entreprise.
- Pour les sociétés d'import-export : photocopie des droits d'entrée, manifeste du service des Douanes, formulaire de la Bank of Thaïland, et déclaration de la valeur totale en bahts des exportations et des importations.

La demande de permis de travail et les documents annexes devront être transmis au Labour Department of the Ministry of the Interior, Aliens Occupation Division (☎ 02-221 5140, 223 4912), Th Fuang Nakhon, Bangkok 10200.

ÉTUDIER EN THAÏLANDE

Il existe des formules pour les étudiants orientés vers l'étude des civilisations asiatiques, ainsi que des universités d'été axés sur l'environnement et la santé publique. Pour plus de renseignements, prenez contact, entre autres, avec l'organisme Council (1, place de l'Odéon 75006 Paris, ☎ 01 44 41 74 93 ; fax 01 43 26 97 45 ; antenne européenne : 66 avenue des Champs-Élysées, Imm. E, 75008 Paris, ☎ 01 40 75 95 10 ; fax 01 42 56 65 27). Vous pouvez également consulter la section culturelle de l'ambassade de Thaïlande pour les échanges d'étudiants et les possibilités de chantiers culturels.

HÉBERGEMENT

Les hôtels ne manquent pas, proposent des prestations variés et pratiquent des prix raisonnables. Un mot, toutefois, sur les rabatteurs qui vous diront qu'un hôtel est fermé, complet, sale ou mal famé.

Il arrive qu'ils aient raison, mais ce n'est souvent qu'une astuce pour vous emmener à un hôtel qui leur versera une commission. Consultez à ce sujet la rubrique *Désagréments et dangers*.

Hébergement/camping dans les parcs nationaux

La Thaïlande possède 79 parcs nationaux et 9 parcs historiques. Tous, sauf dix des parcs nationaux, ont des bungalows à louer où 10 personnes peuvent dormir pour 500 à 1 500 B selon le parc et la taille du bungalow. En basse saison, il est possible d'obtenir une chambre dans un de ces bungalows pour 100 B par personne. Quelques parcs historiques possèdent des bungalows, réservés essentiellement aux archéologues, aux tarifs comparables à ceux pratiqués dans les parcs nationaux.

Le camping est autorisé dans tous les parcs, sauf quatre (Nam Tok Phliu dans la province de Chanthaburi, Doi Suthep/Doi Pui dans celle de Chiang Mai, Hat Jao Mai dans celle de Trang et Thap Lan dans celle de Prachinburi), pour la modique somme de 5 B par nuit et par personne.

Quelques parcs ont aussi des *reuan tháew* ("longhouses" ou "maisons longues"), dont les chambres valent 150 à 200 B pour deux personnes. Dans certains parcs, on peut louer une tente pour 50 à 60 B la nuit, mais il faut toujours en vérifier l'état avant de conclure la location. Vous aurez par ailleurs tout intérêt à emporter votre sac de couchage et autre matériel de camping. Vous devrez aussi vous munir d'une torche électrique, d'anti-moustique, d'un conteneur pour l'eau et d'une petite trousse à pharmacie. L'emplacement seul revient de 5 à 10 B par personne. Presque tous les parcs disposent d'une aire de camping.

Il est conseillé de réserver son hébergement à l'avance dans les parcs les plus fréquentés, en particulier pendant le week-end et les vacances. La plupart des parcs exigent un modique droit d'entrée (de 3 à 5 B pour les Thaïlandais, de 15 à 25 B pour les étrangers).

Hébergement dans les temples

Si vous êtes bouddhiste, on vous laissera peut-être dormir dans un temple, moyennant un petit don. Le confort est plus que rudimentaire, et vous êtes supposé vous lever tôt.

Les temples ne reçoivent généralement que les hommes. Dans tous les cas, une tenue correcte et des notions d'étiquette thaï sont de rigueur. Consultez le paragraphe *Études de méditation* de la rubrique *Cours* si vous envisagez d'étudier sur place.

Auberges de jeunesse

Il existe une branche thaïlandaise d'Hostelling International (☎ 02-282 0950, fax 281-6834) anciennement International Youth Hostel Federation, 25/2 TH Phitsanulok, Sisao Thewet, Dusit, Bangkok 10300). Elle regroupe des auberges à Bangkok, à Ayuthaya, à Chiang Mai, à Chiang Rai, à Lopburi et à Phitsanulok.

Il y en a eu aussi à Kanchanaburi, à Ko Phi Phi et à Nan, mais à l'heure où nous écrivons ces lignes, elles sont fermées. Les tarifs varient de 70 B pour un lit en dortoir à 300 B pour une chambre individuelle climatisée. Depuis 1992, seuls les membres possédant une carte HI sont acceptés. L'adhésion annuelle coûte 300 B, ou vous pouvez souscrire une adhésion temporaire pour une nuit pour 50 B.

Universités/écoles

Les collèges et campus universitaires ont la possibilité de loger des visiteurs à des tarifs intéressants pendant les vacances scolaires (mars à juin).

Il y a des universités à Chiang Mai, Phitsanulok, Nakhon Pathom, Khon Kaen, Mahasarakham et Songkhla. En dehors de Bangkok, on trouve aussi des écoles normales préparant au professorat *(wíthá yálai khruu)* dans tous les chefs-lieux de province qui peuvent aussi héberger les visiteurs, pour 40 à 75 B la nuit.

Pensions

Les pensions ("guesthouses") constituent l'hébergement le plus économique. On en trouve dans la plupart des endroits fréquentés par les voyageurs, dans le Centre, le Nord et le Sud, et elles apparaissent petit à petit dans l'Est et le Nord-Est. Le confort varie beaucoup de l'une à l'autre. Elles sont particulièrement intéressantes à Bangkok et à Chiang Mai où la concurrence comprime les prix.

Certaines sont de bonnes affaires, tandis que d'autres sont uniquement des abris pour la nuit. Beaucoup servent des repas dont la fadeur est à peu près la même d'un bout à l'autre du pays.

YMCA et YWCA

Les YMCA ou YWCA (à Bangkok, Chiang Mai et Chiang Rai) coûtent un peu plus cher qu'une pension ou une auberge, et parfois plus qu'un hôtel local. Ils constituent néanmoins toujours un mode d'hébergement avantageux.

Hôtels sino-thaïlandais

Ces établissements souvent tenus par des familles sino-thaïlandaises se trouvent un peu partout et pratiquent des tarifs souvent très raisonnables (en moyenne 100 B pour une chambre sans bain ni climatisation, de 120 à 250 B avec bain et ventilateur, de 250 à 500 B avec clim.). Ils sont situés dans la rue principale et/ou près des gares routière et ferroviaire.

Les plus économiques ne disposent pas de clim. ; les chambres, propres, comportent un lit double et un ventilateur au plafond. Certaines ont une salle de bains de style thaïlandais attenante (un peu plus chères). Comme les prix ne sont pas forcément affichés et qu'ils s'avèrent parfois plus élevés pour les étrangers, il n'est pas inutile de marchander.

De même, mieux vaut jeter un coup d'œil à la chambre, vérifier qu'elle est propre, que le ventilateur et l'électricité fonctionnent, etc. avant de s'engager. S'il y a le moindre problème, réclamez une autre chambre ou un rabais important. Si possible, demandez toujours une chambre éloignée de la rue.

Pour avoir une chambre sans climatisation, demandez une *hâwng thammádaa* (chambre ordinaire) ou *hâwng phát lom* (chambre avec ventilateur). Une chambre climatisée se dit *hâwng ae*.

Quand des *faràng* demandent une chambre climatisée, il arrive qu'on leur donne automatiquement la chambre "VIP" avec climatisation, eau chaude, réfrigérateur et TV, qui fait deux fois le prix de la chambre climatisée ordinaire.

Quelques hôtels sino-thaïlandais font office de maisons closes ; les allées et venues incessantes peuvent occasionner du bruit, d'un niveau acceptable néanmoins. Les hommes non accompagnés se voient souvent proposer une compagnie féminine quand ils descendent dans des petits hôtels. Même dans la catégorie moyenne (selon les normes thaïlandaises), certains hôtels sont réservés aux "représentants de commerce", autrement dit à une clientèle d'hommes d'affaires qui attendent un service nocturne. En revanche, on laisse la clientèle féminine disposer de sa chambre à sa convenance, sans service de la sorte !

Les hôtels les moins chers ont leur nom affiché en thaï et en chinois uniquement, mais vous apprendrez vite à les trouver et à les reconnaître. Beaucoup ont un restaurant en sous-sol ; s'ils n'en ont pas, c'est qu'il y a des restaurants et des noodle-shops (échoppes de nouilles) à proximité.

Hôtels de classe touriste, d'affaires et de luxe

On les trouve uniquement dans les villes d'affaires et les principales destinations touristiques : Bangkok, Chiang Mai, Chiang Rai, Hat Yai, Kanchanaburi, Ko Pha-Ngan, Ko Samui, Pattaya, Phuket, Songkhla et un certain nombre de grandes capitales provinciales telles que Nakhon Ratchasima (Khorat), Khon Kaen, Yala, Phitsanulok, Udon Thani et Ubon Ratchathani.

Les prix démarrent à 600 B à l'extérieur de Bangkok et de Chiang Mai pour atteindre jusqu'à 2 000 B, voire davantage – les hôtels de classe touriste, à Bangkok, commencent à 1 000 B et grimpent jusqu'à 2 500 B pour une chambre ordinaire, 5 000 ou 10 000 B pour une suite.

L'Oriental de Bangkok, considéré comme le numéro un dans le monde par plusieurs publications touristiques, facture 6 000 B une simple standard et 88 000 B une suite de luxe. Toutes ces chambres sont bien évidemment équipées de la clim., d'une TV, d'un téléphone, de douches, bains et toilettes à l'occidentale. En outre, ces établissements ont tous des restaurants. Au prix de la chambre s'ajoute une taxe gouvernementale de 11% et, dans la plupart de ces hôtels, une autre de 8 à 10% pour le service (en sus).

Outre les chaînes internationales Hyatt, Sheraton, Accor, Hilton, Holiday Inn et Westin, la Thaïlande compte quelques chaînes hôtelières nationales de bonne qualité, dont Dusit, Amari et Royal Garden. De toutes les chaînes internationales, Accor est celle qui connaît l'expansion la plus rapide. Elle a introduit sur le marché des capitales provinciales, des hôtels de tourisme et d'affaires à prix modérés, Ibis et Mercure, en complément des établissements haut de gamme, Sofitel et Novotel.

Complexes hôteliers (resorts). Dans la plupart des pays, l'expression complexe hôtelier (resort) s'applique à des établissements offrant de nombreuses prestations dans le domaine des loisirs (tennis, golf, piscine ou plage, voile, etc.).Dans le jargon hôtelier thaïlandais, néanmoins, il n'en va pas de même : tous les hôtels situés en dehors des zones urbaines ont droit à ce titre. Ainsi, une poignée de cabanons sur une plage, ou une rangée de bungalows en forêt sont parfois baptisés "resorts". Cela dit, plusieurs établissements thaïlandais méritent amplement cette appellation. Mieux vaut, avant de réserver, s'assurer des services proposés.

Rabais. Sur les chambres d'hôtel louées 1 000 B ou plus la nuit, de nombreuses agences de voyages thaï vous consentiront un rabais de 30 à 50%. A votre arrivée à l'aéroport international de Bangkok, au terminal des vols intérieurs comme dans celui des vols internationaux, vous trouverez un bureau de la THA (Thaï Hotel Association) qui pratique aussi des réductions. La com-

Prostitution

Les Thaïlandais accusent les immigrants chinois du XIXe siècle d'avoir introduit la prostitution en Thaïlande, mais en réalité le pays était déjà un terrain fertile du fait de la longue tradition des concubines héritée de la civilisation indienne. Des visiteurs chinois furent les premiers à faire référence à cette tradition, au début du XVe siècle. Un peu plus tard, en 1604, selon des marchands hollandais en visite à Pattani, "lorsque des étrangers se rendent en Thaïlande pour y faire du commerce... On leur propose des femmes". Ils précisaient également qu'à Ayuthaya, la plupart de leurs compatriotes "possédaient des concubines et des maîtresses afin d'éviter la fréquentation de prostituées ordinaires". Ainsi, au XVIIe siècle, Ayuthaya était chargé eofficiellement par le gouvernement thaïlandais de veiller sur un "contingent" de 600 concubines. En outre, ce système du *mia yài mia nói* (épouse principale, épouse secondaire) tolérait socialement que l'homme entretienne plusieurs maîtresses – tous les rois jusqu'à Rama IV ont eu des mia nói (plus exactement des *sanŏm*, les concubines du roi), comme d'ailleurs presque tous les hommes en ayant les moyens jusqu'à une date récente. De nos jours encore, c'est à peine si l'évocation de ses mia nóis provoque un froncement de sourcil, tant la tradition est tenace au sein des milieux d'affaires, des *jâo phâw* (parrains du crime organisé) et des politiciens.

Cela dit, les premières maisons closes furent incontestablement ouvertes par les Chinois au milieu du XIXe siècle, dans le quartier de Sampeng à Bangkok. Au début, les prostituées étaient toutes chinoises. Quand des femmes thaïlandaises se prostituèrent à leur tour au début du siècle, elles prirent des noms chinois. Ce commerce finit par se répandre de Sampeng à tous les quartiers chinois du pays ; il est maintenant pratiqué dans le moindre village du royaume. Les Chinois le contrôlent encore en grande partie, bien que les filles viennent de tous les horizons ethniques. Ces dernières années, Bangkok a vu débarquer des contingents de jeunes femmes russes – munies le plus souvent d'un simple visa "touriste", qui se sont immiscées dans l'industrie du sexe par le biais des "agences d'hôtesses". Des femmes originaires des pays voisins, en particulier du Myanmar et de Chine, se retrouvent – volontairement ou non – entraînées dans ce commerce.

Les premières "vraies" prostituées – payées pour leurs services – ont fait leur apparition à Sampeng peu après la promulgation, par le roi Rama VII, du décret interdisant la polygamie en 1934. Durant la Seconde Guerre mondiale, pour empêcher Bangkok de devenir une cible, la Thaïlande a massivement regroupé ses troupes dans le nord du pays. Au début du conflit, il n'y avait officiellement à Chiang Mai que deux prostituées. En 1945, elles étaient des centaines à proposer leurs services aux soldats. La prostitution n'a été déclarée illégale qu'en 1950, date à laquelle le maréchal Phibun s'est propulsé au rang de Premier ministre. Le nombre de personnes vivant de leurs charmes a dès lors augmenté et le taux de jeunes prostituées de 15 à 19 ans est passé de 15 à 25%. Au cours des années 60-70, la guerre du Vietnam a drainé, tant à Bangkok qu'à Pattaya, des bataillons entiers de militaires étrangers en "permission". Une nouvelle génération de prostituées, "spécialisées" dans la clientèle étrangère, a ainsi vu le jour.

Les estimations sur le nombre de citoyens thaïlandais directement impliqués dans l'offre de services sexuels varient de 120 000, chiffre pudibond du ministère de la Santé publique, à 500 000 s'il faut en croire les conversations de café. Après deux années d'études approfondies sur l'industrie de la prostitution, l'institut de Démographie de l'université de Chulalongkorn est arrivé au chiffre de 200 000 à 210 000, considéré jusqu'en 1997 comme le plus proche de la réalité. Mais la crise a totalement bouleversé le tableau.

Souvent cataloguée "capitale du sexe" de l'Asie, la Thaïlande, selon les statistiques publiées par la Commission internationale des droits de l'homme, n'occupe en fait que le 4e rang (derrière Taïwan, les Philippines et l'Inde), quant au nombre de prostitué(e)s par habitant. Selon une étude de l'East-West Center, "comme dans presque toute l'Asie du Sud et du Sud-Est, les Thaïlandais jouissent d'une plus grande liberté sexuelle que les femmes, dont on attend qu'elles se présentent à leur mariage vierges". Cet organisme en conclut que cette attitude

Prostitution

"crée un déséquilibre sexuel : les hommes cherchent des relations passagères, mais peu de femmes sont disponibles. D'où l'industrie du sexe, qui vise à répondre à cette demande en créant un vivier de clients et de prostitué(e)s". Selon les sociologues, 75% des Thaïlandais célibataires font appel aux services d'une prostituée deux fois par mois en moyenne. A Bangkok, ce comportement se modifie dans la mesure où les relations extra-conjugales sont de plus en plus fréquentes. D'où une baisse de la clientèle thaïlandaise auprès des prostitué(e)s nettement plus marquée que dans le reste du pays.

Aujourd'hui, le taux le plus élevé de prostitué(e)s par habitant se situe dans le Nord. Elles sont moins nombreuses dans le Sud, sauf dans les régions à dominante chinoise, comme Phuket, Hat Yai et Yala, et à la frontière avec la Malaisie où la clientèle est presque exclusivement malaise.

A peine 2,5% de la totalité des prostitué(e)s thaï travaillent dans des bars et 1,3% dans des salons de massage. Les 96,2% restants œuvrent dans les "cafés", salons de coiffure et maisons de passe, que fréquente rarement la clientèle étrangère. En fait, cette industrie du sexe est pour ainsi dire invisible pour le faráng. Un coffee-house/maison close de catégorie moyenne offrira des filles classées par ordre de prix en fonction de leur beauté ou de leur adresse. Les prix sont représentés par des badges colorés que les femmes portent sur leur robe. Les estaminets des sombres ruelles subviennent aux besoins de la clientèle impécunieuse pour 50 B la passe. A l'autre extrémité de l'échelle, les hommes d'affaires et de gouvernement se divertissent dans des salons de massage et des maisons closes privés, où les tarifs sont de l'ordre de 2 000 B à 6 000 B.

A la différence de la prostitution occidentale, on compte peu de souteneurs faisant travailler une ou plusieurs filles. Le marché est contrôlé par un réseau de proxénètes/fournisseurs et de tenanciers de maisons closes qui prélèvent une forte proportion (sinon la totalité) des honoraires versés. Dans le pire des cas, les filles sont vendues ou abandonnées sous contrat par leur famille, parfois même enlevées et forcées au travail dans des conditions de quasi-esclavage. Il y a une quinzaine d'années, un hôtel de passe de Phuket, rarement fréquenté par les étrangers, prit feu ; plusieurs jeunes femmes enchaînées à leur lit par les patrons de l'établissement périrent dans les flammes. Dans les bars de Patpong, que fréquentent les étrangers, la plupart des filles et des entraîneuses travaillent en semi-indépendantes. Elles gagnent leurs revenus en touchant un pourcentage sur les boissons commandées en leur honneur, et à l'occasion des rendez-vous fixés hors des lieux, en général après la fermeture (si elles partent pendant les heures d'ouverture, le client est tenu de payer une "amende de bar" qui leur revient). Les tarifs sont ensuite négociés entre client et prostituée.

Selon une récente étude universitaire thaï, 90% des personnes – hommes et femmes – travaillant dans le commerce du sexe ont moins de 30 ans, 21 ans étant l'âge moyen. 53,2% d'entre eux sont célibataires, 38,86% divorcés ou séparés, et 6,64%, mariés. Leur salaire mensuel moyen est de 5 000 B. La plupart n'ont pas fait d'études et viennent de régions rurales. Leur vie professionnelle dure au maximum 10 ans, mais en moyenne 2 ans ou moins. Après, de nombreuses femmes regagnent leur village d'origine – certaines avec un pécule pour leur famille, d'autres avec rien –, où on les traite étonnamment avec respect (ainsi une jeune villageoise peut très bien complimenter une camarade, en lui disant qu'elle est aussi jolie qu'une *sōphenii*). Les femmes souffrant le plus sont, semble-t-il, celles qui demeurent le plus longtemps dans la prostitution ; si elles n'ont pas économisé suffisamment d'argent pour en sortir (rares sont celles qui le font), elles se révèlent souvent inaptes au travail, en raison d'invalidités mentales et physiques, acquises pendant leur courte vie professionnelle.

Divers groupes de volontaires thaï s'emploient à conseiller les personnes qui se prostituent en Thaïlande, en les aidant à quitter leur métier ou en les informant sur les risques de contracter des MST ou le Sida. Grâce à de tels efforts, les dernières études indiquent que l'usage du préservatif chez les prostitué(e)s thaï avoisine les 94%.

…/…

Prostitution

.../...

Le forum de discussion usenet alt.sex.prostitution suscite de grands débats sur la prostitution dans ce pays et ailleurs dans le monde. Certains sont sottement libertins, et d'autres très sérieux et fort instructifs sur ce sujet complexe et controversé.

Le tourisme et l'industrie du sexe

Qu'en est-il véritablement ? L'analyse du Dr Suteera Thomson, présidente de la Société pour la promotion du statut de la femme en Thaïlande, et éminente spécialiste de l'industrie du sexe en Thaïlande, est claire : "Le nombre des touristes étrangers, clients de prostitué(e)s, est faible. Si nous fondons grossièrement nos calculs sur le nombre de personnes se livrant à la prostitution, celui des clients par jour, et celui des touristes étrangers en Thaïlande, j'observe que la majorité de la clientèle est constituée d'hommes thaï ; les étrangers forment une infime proportion. Toutefois, ces derniers apparaissent de manière plus flagrante, en raison de la concentration du commerce de la prostitution destinée à un public étranger, dans des secteurs facilement identifiables."

Des chiffres statistiques sont difficiles à réunir, mais des estimations fondées suggèrent qu'au moins 95% de tous les contacts prostituée-client dans ce pays se limitent à des ressortissants thaï. Il suffit de visiter n'importe quelle maison de tolérance thaï pour se rendre compte que les étrangers constituent une petite minorité de la clientèle, ou même qu'ils n'y sont pas présents du tout.

Les aspects juridiques actuels

Officiellement, la prostitution demeure illégale, mais le gouvernement s'est montré soit impuissant, soit peu enclin à faire appliquer la plupart des lois en interdisant la pratique, depuis qu'elle a été bannie. Dans l'ensemble, on estime que les hommes thaï fréquentent les prostitué(e)s environ dix-huit millions de fois chaque année – ce qui génère des revenus équivalents à près du double du budget gouvernemental annuel –, d'où les difficultés à statuer sur un aspect économique de portée considérable. En 1998, un rapport de l'Organisation internationale du travail estimait que 2 à 14% du PNB pouvait provenir de la prostitution (comme aux Philippines, en Malaisie ou en l'Indonésie), de même que les prostituées thaï contribuaient davantage au développement rural que tous les programmes gouvernementaux réunis. D'où cette recommandation : légaliser la prostitution, pour mieux la contrôler, aider les femmes à justifier leurs revenus et augmenter l'assiette des contributions nationales.

En 1992, le gouvernement a présenté une loi tendant à décriminaliser la prostitution dans l'espoir qu'il serait plus facile pour les prostitué(e)s de chercher un conseil ou un suivi médical sans la crainte de poursuites judiciaires. Cette loi n'est toujours pas entérinée, mais en juin 93, le Premier ministre, Chuan Leekpai a pris des mesures de répression pour les prostitué(e)s âgé(e)s de moins de 18 ans. Cette loi a eu des résultats quantifiables, sans pour autant évincer les mineurs de ce métier.

La même année, un rapport du département d'État américain sur les droits de l'homme stipulait que le pourcentage de prostitué(e)s thaï âgé(e)s de moins de 18 ans (actuellement 11%) se révélait bien inférieur à celui de l'Inde, du Bangla Desh, du Sri Lanka ou des Philippines, autant de pays accusant un revenu par habitant inférieur à celui de la Thaïlande ; ce qui laissait supposer que la pauvreté, et non les mœurs, constituait un facteur déterminant de l'âge de prostitution en Asie. Selon l'ECPAT (Organisme luttant contre la prostitution, la pornographie et le trafic des enfants à des fins sexuelles), les principaux pays d'Asie concernés par la prostitution infantile en 1998 étaient le Japon, l'Inde, le Sri Lanka, le Cambodge, l'Indonésie et les Philippines. Les statistiques de l'Unicef montrent que les États-Unis, pour ne citer qu'eux, abritent davantage d'enfants prostitués – à la fois en nombre et en proportion (300 000 sur une estimation d'un million dans le monde entier) que la Thaïlande. Parmi les régions du globe où l'on pense que le commerce du sexe infantile s'est propagé de façon

.../...

.../...

encore plus sensible qu'en Thaïlande, citons la Russie, l'Europe de l'Est, l'Amérique centrale et de nombreuses parties d'Afrique.

Comme pour le Sida, en Asie, la Thaïlande fait office de précurseur, en s'attaquant de plein fouet au problème de la prostitution des moins de 18 ans. Rien qu'en 1993 , 313 ressortissants étrangers ont été condamnés pour sévices sexuels sur personnes mineures en Thaïlande : soit deux fois le nombre des étrangers appréhendés pour ces délits, dans tout le reste de l'Asie, de 1990 à la fin de l'année 1992.

En 1996, le gouvernement a encore renforcé les lois sur la prostitution des mineurs, en étendant le champ des sanctions aux rabatteurs et aux tenanciers de maisons de passe. Depuis 1998, la Thaïlande fait partie des seules 28 nations ayant adopté un plan national d'action à l'égard du commerce sexuel des mineurs. Selon la réglementation thaï en vigueur, une peine de prison de 4 à 20 ans et/ou une amende de 200 000 à 400 000 B peuvent être infligées à quiconque est surpris au cours d'une relation sexuelle avec un(e) prostitué(e) de moins de 15 ans (âge légal dans le pays). Les parents ou les clients qui complotent avec des tiers, pour leur procurer des prostitué(e)s mineurs, encourent des peines similaires, augmentées d'un tiers. Si l'enfant a moins de 13 ans, cela peut aller jusqu'à la prison à vie. De nombreux pays occidentaux ont également mis en place une législation extraterritoriale, susceptible de pénaliser les citoyens pour des délits liés à la prostitution infantile, commis à l'étranger. Le gouvernement thaï invite toute personne à l'aider à mettre fin à ces pratiques, en dénonçant aux autorités compétentes les sévices sexuels à l'encontre de mineurs. A cet égard, les voyageurs qui séjournent en Thaïlande peuvent contacter la police touristique ou ECPAT International (☎ 02-215 3388, e-mail ecpatbkk@ksc15.th.com), 328 Th Phayathaï, Bangkok 10400.

pagnie aérienne THAÏ peut également vous permettre de faire de substantielles économies, si vous possédez un billet ou si vous avez emprunté un de ses vols. Un de nos lecteurs a ainsi obtenu une double au Mandarin Hotel de Bangkok pour 1 000 B la première nuit et 380 B les suivantes.

Incendie. Vérifiez toujours que les sorties de secours des établissements thaï ne soient pas condamnées et qu'elles fonctionnent correctement.

En 1997, le pays a perdu un de ces plus beaux hôtels balnéaires, le Royal Jomtien Resort Hotel de Pattaya dont les 17 étages ont brûlé, faisant 80 morts. Il n'existait aucun système d'extinction automatique et les sorties de secours étaient fermées par des chaînes.

A l'issue de ce sinistre, une réglementation plus sévère devait s'appliquer aux établissements de tout le pays, mais nous avons vu plusieurs hôtels en divers lieux qui barraient les sorties de secours avec des chaînes ou les condamnaient tout bonnement… pour éviter que les clients indélicats ne se sauvent sans régler leur note, et pour retenir les éventuels voleurs.

DISTRACTIONS
Bars et Member clubs

Les Thaïlandais citadins sont des oiseaux de nuit. Toute ville digne de ce nom abrite plusieurs lieux de sortie nocturne, essentiellement fréquentés par les hommes. Néanmoins, dans les grandes villes, on voit de plus en plus de jeunes couples dans les bars.

Le genre de bar le plus populaire reste celui de style western, un condensé des fantasmes thaïlandais sur la conquête de l'Ouest américain, avec beaucoup de bois et toute une panoplie de cow-boys. Autre genre qui a la cote : le "classique thaïlandais", décoré de vieilles photos noir et blanc des rois Rama VI et Rama VII et d'antiquités du Centre et du Nord. Tous deux sont confortables, sympathiques et appréciés des couples et des solitaires.

Quant aux fameux "go-go bars" – dont les médias occidentaux ont fait leurs choux gras – on ne les trouve guère que dans certains quartiers de Bangkok, Chiang Mai ou Pattaya, et à Patong Beach, la plage de Phuket. Les filles arborent des maillots de bain ou toute autre tenue légère. Dans certains, elles dansent sur de la musique enregistrée, juchées sur de minuscules estrades. Paradis pour certains touristes, spectacle pathétique pour d'autres…

Dans l'atmosphère feutrée des Member clubs, il est de bon ton d'afficher une certaine élégance. Inviter une des hôtesses à partager une consommation vous coûtera environ 40 $ US (votre inscription au club comprise). Ces établissements sont regroupés aux alentours de Soi Lang Suan et de Th Sukhumvit, à Bangkok.

Les bars et clubs ne proposant ni orchestre ni piste de danse doivent fermer à 1h du matin. De nombreux établissements contournent cette loi en soudoyant la police locale.

Coffee-houses

Outre les bars western, de plus en plus en vogue à Bangkok, vous trouverez deux genres d'établissements, très différents l'un de l'autre. Dans les coffee-shops traditionnels (*ráan kaa-fae*), on vous sert un café noir, très épais – et généralement bouilli –, dans un décor rudimentaire et purement fonctionnel. Ils sont surtout fréquents dans les quartiers chinois des capitales provinciales. Les clients, Thaïlandais d'âge mûr et Chinois pour la plupart, viennent y lire leur journal et échanger des potins – sur les voisins ou la politique –, tout en sirotant leur café.

Le *kaa-feh* ("café" ou "coffee-house"), quant à lui, s'apparente plutôt à une boîte de nuit. C'est en quelque sorte la version thaï des go-go bars, à une nuance près : les filles portent des robes et non des maillots de bain… Le "sing-song" café n'est qu'une variation sur ce thème : une succession ininterrompue de chanteuses se trémoussent devant le micro, au son d'un orchestre "live". Les hommes, par petits groupes, lorgnent les filles, tout en ingurgitant de prodigieuses quantités de whisky. Pour le prix de quelques verres, les clients peuvent inviter l'une des artistes à s'asseoir un moment. Certaines d'entre elles doublent leur salaire après la fermeture, d'autres se contentent de chanter et de servir les consommations.

Les cafés dans lesquels se produisent des groupes peuvent rester ouverts jusqu'à 2h du matin.

Discothèques

Les discothèques sont populaires dans les grandes villes. En dehors de Bangkok, elles sont installées en majorité dans les hôtels de tourisme ou de luxe. La clientèle est thaïlandaise, mais les Occidentaux sont les bienvenus. Quelques établissements de province embauchent des danseuses professionnelles pour "distraire" les hommes solitaires, mais en règle générale les discothèques sont considérées comme des lieux tout à fait fréquentables par des couples.

La loi autorise les discothèques à rester ouvertes jusqu'à 2h du matin.

Cinémas

Toutes les villes ont une salle de cinéma où passent des films de violence européens et américains, entremêlés de comédies et de films d'amour thaïlandais. La violence fait toujours recette. En pratique, plus la ville est petite, plus les films proposés seront violents. Seules quelques salles de Bangkok, de Chiang Mai et de Hat Yai projettent des films en version originale anglaise. Partout ailleurs, ils sont doublés en thaï. Les billets coûtent de 20 à 80 B. Avant toute séance, vous écouterez debout, comme c'est la règle, l'hymne royal accompagné de la projection des photos de la famille royale.

MANIFESTATIONS SPORTIVES
Muay thai (boxe thaïlandaise)

Presque tout est permis dans cet art martial, à la fois sur le ring et sur les gradins. Si la violence ne vous dérange pas (sur le ring), un match de boxe thaïlandaise est un spectacle à ne pas manquer, avec son accompagnement musical strident, ses cérémonies qui précèdent chaque match et ses parieurs jouant frénétiquement autour du stade.

La boxe thaïlandaise est retransmise à la télévision sur Channel 7, tous les dimanche après-midi. Si vous vous demandez où sont passés les gens ce jour-là, c'est qu'ils sont probablement chez eux en train de regarder le sport national.

Histoire. Tout ce que l'on sait sur les origines de cet art de combat provient de sources birmanes relatant des guerres entre le Myanmar et la Thaïlande, aux XVᵉ et XVIᵉ siècles. Le texte le plus ancien (1411) mentionne un style féroce de combat à mains nues qui décida du sort des rois thaïlandais. Une chronique ultérieure rapporte comment Nai Khanom Tom, le premier boxeur célèbre, retenu prisonnier en Birmanie, obtint sa liberté en battant à plate couture une dizaine de guerriers devant la cour birmane.

Le roi Naresuan le Grand (1555-1605), réputé pour avoir été un boxeur de premier ordre, fit du muay thai une discipline obligatoire dans la préparation militaire. Plus tard, au début du XVIIIᵉ siècle, un autre monarque, Phra Chao Seua (le roi Tigre), promut la boxe thaïlandaise au rang de sport national en organisant des rencontres dotées de prix et en aménageant des camps d'entraînement. On rapporte qu'on pariait déjà massivement sur les pugilats pouvant entraîner la mort. Phra Chao Seua aurait participé incognito à de nombreux combats au début de son règne. Les poings des combattants étaient enveloppés d'une épaisse protection en cuir de cheval pour obtenir un impact maximal et atténuer les dommages faits aux articulations. On employait aussi du coton imbibé de colle et du verre pilé et, plus tard, du chanvre. De l'écorce et des coquillages protégeaient l'aine des coups mortels.

Aucun sportif pratiquant un autre art martial n'a jamais été capable de battre un *nák muay* (boxeur de muay thaï) classé du pays. Nombre de passionnés d'arts martiaux considèrent le style thaï comme la quintessence du corps à corps. Lors d'une célèbre rencontre, les cinq meilleurs maîtres de kung fu de

Hong Kong n'ont pas tenu sur le ring plus de 6 minutes 30 au total, tous ayant été mis K.O. Hong Kong, la Chine, Singapour, Taïwan, la Corée, le Japon, les États-Unis, les Pays-Bas, l'Allemagne et la France ont tous envoyé leurs plus grands champions, mais aucun d'entre eux n'a encore vaincu un grand boxeur thaï des stades Ratchadamnoen ou Lumphini (hormis dans des combats à l'extérieur). Il y a environ un quart de siècle, l'Américain Dale Kvalheim remporta un championnat du Nord-Est et devint le premier vainqueur étranger dans un combat de province, ce qui n'a rien à voir avec un combat dans l'un des deux hauts lieux du muay thaï, Ratchadamnoen et Lumphini.

Muay thaï moderne. Devant le nombre élevé d'accidents mortels et de blessures, le gouvernement interdit le muay thaï dans les années 20 mais, dans les années 30, ce sport fit sa réapparition, assorti de règles modernes fondées sur les règles internationales de Queensberry.

Les combats étaient divisés en cinq rounds de trois minutes séparés par des périodes de repos de deux minutes. Les adversaires devaient porter des gants de type international et un short (rouge ou bleu uniquement). Les pieds étaient enveloppés de bandelettes, mais le port des chaussures était interdit, et le reste de nos jours.

Selon le poids, les boxeurs sont classés en seize catégories, du mini-poids mouche au poids lourd, les meilleurs champions combattant en poids welter. Comme en boxe normale, le traditionnel ring en terre battue a été remplacé par un tapis de 7,3 m², entouré de cordes retenues par des piquets matelassés.

En dépit de ces concessions à la sécurité, il est encore permis de frapper l'adversaire en n'importe quel endroit et seuls les coups portés avec la tête sont interdits. Les plus usités sont les coups de pieds au cou, au visage et à la tête, les crochets du genou dans les côtes et les coups de pied tournant dans les mollets. On peut aussi prendre la tête de l'adversaire dans ses mains et lui appliquer un coup de genou vers le haut. Les coups de poing sont considérés comme les plus faibles et ceux du pied comme un moyen d'"attendrir" l'adversaire. Dans la plupart des matchs, ce sont les coups de genou et de coude qui sont décisifs.

L'entraînement du boxeur thaï et sa relation avec l'entraîneur sont ritualisés à l'extrême. Quand un boxeur est prêt à monter sur le ring, il reçoit un nouveau nom, avec en général le nom du camp d'entraînement comme "nom de famille". Pour le public, ce lien s'exprime dans le *ram muay* (la danse de la boxe) qui se déroule avant chaque match. Ce cérémonial dure environ cinq minutes et représente un hommage au gourou *(khruu)* du combattant, ainsi qu'à l'esprit gardien de la boxe thaïlandaise. Le boxeur accomplit une série de gestes et de mouvements du corps au rythme d'un accompagnement musical de percussion et de hautbois thaïlandais *(pìi)*. Chaque boxeur exécute sa propre danse conjointement avec son entraîneur et conformément au style de son camp.

Les bandeaux et les brassards tissés que portent les combattants sont des ornements sacrés qui leur confèrent bénédiction et protection divine. Le bandeau est retiré après le ram muay, mais le brassard contenant une petite icône du Bouddha est porté durant tout le match. Après le début du combat, les adversaires continuent à se balancer et à s'esquiver en rythme jusqu'à ce que le match commence à s'échauffer. Pendant ce temps, les musiciens jouent sans arrêt, adaptant le volume et le tempo aux développements de l'action sur le ring.

Il n'existe pas dans le muay thaï de ceintures de couleur correspondant au classement, comme en karaté. "Les seules ceintures qui préoccupent les boxeurs thaï, disait un jour un célèbre entraîneur, ce sont celles du Lumphini Stadium et du Ratchadamnoen Stadium", les deux sanctuaires du muay thaï à Bangkok.

La boxe thaïlandaise devient populaire chez les Occidentaux (comme spectateurs, mais aussi comme participants). Les combats pour touristes se multiplient à Pattaya, Phuket et Ko Samui. L'action peut y être authentique, mais pas toujours. Des dizaines de matchs se déroulent quotidiennement dans les stades de Bangkok et de province (la Thaïlande compte environ 60 000 boxeurs professionnels) ; on les découvrira facilement.

Plusieurs *nák muay* thaïlandais ont remporté des victoires lors de championnats mondiaux de boxe anglaise. Khaosai Galaxy, le plus grand boxeur asiatique de tous les temps, a remporté, en catégorie poids coq, dix-neuf championnats WBA (Fédération mondiale de boxe) d'affilée avant de se retirer, invaincu, en décembre 1991. Régulièrement la Thaïlande peut présenter cinq champions internationaux appartenant tous aux catégories mouche ou coq.

Pendant ce temps, dans certaines régions du pays, on continue de pratiquer une version du *muay thai* antérieure aux années 20. Dans le nord-est de la Thaïlande, le *muay boraan* est une forme ritualisée qui ressemble au tai-chi, voire à la danse classique, par son observation de mouvements soigneusement réglés.

Dans certains coins du Sud de la Thaïlande, les combattants pratiquent le *muay katchii*, avec les mains liées par un morceau de chanvre ; il existe un style plus local de ce combat à Chaiya, le muay chaiya, où l'on joue des coudes et des avant-bras pour prendre l'avantage.

Par ailleurs, près de la ville de Mae Sot, à la frontière avec le Myanmar, chaque nouvelle année lunaire (Songkhran), en avril, est marquée par le combat d'un champion thaïlandais avec un homologue birman. La partie se déroule mains liées et ne s'achève que lorsque l'un des combattants commence à saigner.

International Muay Thai. Fédération assez récente reconnue par la Thaïland's Sports Authority, le World Muay Thai Council (WMTC) organise des combats internationaux de boxe thaï dans les stades de la capitale et ailleurs. Elle drive les boxeurs classés, parraine les centres d'entraînement et est la seule à proposer des rencontres entre champions de camps d'entraînement du monde entier. Ce sont les États-Unis qui comptent le plus grand nombre de centres de boxe thaï affiliés à la WMTC, suivis par l'Australie, les Pays-Bas, le Canada, le Japon, la France et le Royaume-Uni.

Certes, les championnats WMTC n'existent que depuis 1994, mais les titres remportés sont devenus bien plus prestigieux que ceux du Lumphini ou du Ratchadamnoen, car tous les champions de boxe thaï peuvent combattre pour remporter la ceinture WMTC. Avant la création de ce comité, il était normalement impossible qu'un vainqueur de Ratchadamnoen puisse combattre son homologue de Lumphini.

En 1995, le Hollandais Ivan Hippolyte a gagné le championnat WMTC des poids moyens, qui se déroulait au Lumphini Stadium. Il a été le premier étranger à avoir jamais conquis un titre dans ce stade. Beaucoup de gens considèrent d'ailleurs les Pays-Bas comme le second pays, après la Thaïlande, à produire les meilleurs kick-boxers au monde. En Thaïlande, toutefois, les aficionados du muay thaï affirment que le Camerounais Danny Bille reste à l'heure actuelle l'unique boxeur thaï étranger susceptible de surpasser ses confrères. La participation internationale préfigure une nouvelle ère pour le muay thaï. Certains observateurs pensent même que cela va contribuer à remettre l'accent sur la technique de combat, plus que sur les paris autour du ring.

Krabi-krabong

Le *kràbìi-kràbong* (littéralement "épée-bâton") est un autre art martial pratiqué en Thaïlande. Comme son nom l'indique, cette tradition a développé le combat aux armes blanches, à savoir le *kràbìi* (l'épée), le *plông* (le bâton à deux bouts), le *ngao* (la hallebarde), les *dàap sãwng meu* (deux épées, une dans chaque main) et les *mái sun-sàwk* (deux massues).

Pour les Thaïlandais, le krabi-krabong n'est plus qu'une curiosité rituelle que l'on montre à l'occasion des fêtes ou aux touristes. L'art est encore enseigné solennellement selon une tradition quatre fois centenaire, originaire du Wat Phutthaisawan d'Ayuthaya. Les soldats de la garde personnelle du roi s'entraînent encore au krabi-krabong ; et nombre d'observateurs de la culture thaïlandaise voient dans ce sport une tradition plus "pure" que dans le muay thaï.

Comme les matchs de muay thaï antérieurs aux années 30, ceux de krabi-krabong se déroulent à l'intérieur d'un cercle délimité ; ils commencent par un *wâi khruu* et sont accompagnés de musique. Les techniques de boxe s'ajoutent à des mises à terre de type judo et à des techniques de maniement d'armes. Même si les armes sont affûtées, les adversaires évitent de porter des coups directs – le gagnant l'emporte en démontrant son courage et son habileté technique.

Un combattant blessé peut abandonner, mais les blessures n'arrêtent pas automatiquement un match. Pour tout renseignement concernant les cours de muay thaï et de krabi-krabong en Thaïlande, consultez le paragraphe *Entraînement aux arts martiaux* de la rubrique *Cours*, dans ce chapitre.

Takraw

Le *tàkrâw*, parfois appelé football thaïlandais, désigne des jeux où l'on shoote dans un ballon de 12 cm de diamètre en rotang tressé (ou en plastique), dénommé *lûuk tàkrâw*.

Ce sport est pratiqué dans plusieurs autres pays limitrophes. S'il fut introduit dans les Jeux de l'Asie du Sud-Est par la Thaïlande, ce sont les Malais qui remportent, semble-t-il, la plupart des championnats internationaux. La manière traditionnelle de jouer consiste pour les joueurs à former un cercle (dont la taille dépend de leur nombre) et simplement à garder le ballon en l'air à l'aide de coups de pied, comme au football. Les points se gagnent au style, à la difficulté et à la variété des coups.

Une variante populaire du takraw, pratiquée dans les compétitions internationales ou en salle, se joue avec un filet de volley-ball et en suit les règles, sauf qu'on ne peut toucher le ballon qu'avec les pieds et la tête. Le résultat est étonnant ; on voit les joueurs faire des pirouettes aériennes et jeter la balle au-dessus du filet avec le pied. Selon une autre variante, la balle doit passer dans une boucle à 4,5 m du sol – du basket avec les pieds et sans panneau !

ACHATS

Beaucoup de bonnes affaires vous attendent en Thaïlande s'il vous reste de la place dans vos bagages pour les emporter. Marchandez toujours pour obtenir le meilleur prix, sauf dans les grands magasins.

Évitez d'être accompagné de rabatteurs, de guides touristiques ou de gentils inconnus, si désintéressés puissent-ils paraître et le prétendre, car la commission qu'ils reçoivent aura forcément une répercussion sur le prix de votre achat.

Textiles

Les tissus sont sans doute le meilleur achat à faire en Thaïlande. La soie passe pour la meilleure du monde. Le tissage grossier et la texture tendre de la soie la rendent plus facile à teindre que les soies plus dures et lisses, ce qui donne des couleurs plus vives et un lustre incomparable. On trouvera des soies à bon prix sur leurs lieux de fabrication dans le Nord et le Nord-Est, ou plus aisément à Bangkok.

Des tailleurs habiles et de prix raisonnables feront ce que vous voulez avec les tissus de votre choix. Un costume de soie devrait vous revenir entre 4 400 et 6 500 B. La soie chinoise est disponible à moitié prix, notamment la soie chinoise "lavée", idéale pour confectionner des blouses ou des chemises, confortables et bon marché.

Le coton est également intéressant – des articles courants, tels le *phâakhamãa* et le *phâasîn* (l'équivalent féminin un peu plus grand), font de beaux rideaux ou de belles nappes. On trouvera de bonnes chemises, comme la *mâw hâwm* (chemise de travail thaïlandaise) et la *kúay hâeng* (chemise chinoise) – se reporter au paragraphe sur *Pasang* dans la rubrique *Lamphung* et sur *Ko Yo* dans la rubrique *Songhia*, où sont indiqués les endroits où les trouver.

Ces dernières années, le tissage du coton s'est développé dans le Nord-Est, et l'on trouve de merveilleux articles à Nong Khai, Roi-Et, Khon Kaen et Mahasarakham. Le *mãwn khwãan*, un oreiller triangulaire, dur, fabriqué dans le Nord-Est, existe dans de nombreuses tailles.

Quant au *mát-mìi*, il s'agit d'un épais tissu de coton ou de soie fabriqué avec des fils préalablement teints, comme les ikats indonésiens.

Dans le Nord, on trouvera des tissus de style Lanna reprenant les motifs complexes thai daeng, thai dam et thai lü de Nan, du Laos et du Sipsongbanna (Xishuangbanna) en Chine. De très beaux batiks *(pa-té)* sont vendus dans le Sud ; leurs motifs s'apparentent plus à ceux de Malaisie que d'Indonésie.

Habillement

Les habits sur mesure et en prêt-à-porter sont relativement bon marché. Si vous n'êtes pas trop regardant sur la coupe, vous pourrez vous constituer une garde-robe complète de voyage dans l'un des nombreux marchés de Bangkok (celui de Pratunam, par exemple) pour le prix d'une chemise de couturier à Paris.

Vous serez mieux loti en vous adressant à un tailleur, mais méfiez-vous des ateliers qui font la journée continue ; le vêtement est souvent confectionné en tissu de mauvaise qualité, ou mal cousu. Mieux vaut demander l'adresse d'un bon tailleur à des Thaïlandais ou à des résidents étrangers de longue date, et faire ensuite deux ou trois essayages.

Sacs à bandoulière

Il existe de nombreuses variétés de sacs à bandoulière, les *yâam* fabriqués par les tribus ou l'artisanat à domicile. Ceux des tribus lahu, que les Thaïlandais surnomment "Musoe", sont les mieux.

Le tissage en est plus adroit et la solidité meilleure. Si vous souhaitez un yâam de grande contenance, cherchez ceux des Karen que l'on trouve facilement dans la région de Mae Sot et de Mae Hong Son. De nos jours, beaucoup de tribus copient les motifs d'autres tribus.

Globalement, Chiang Mai offre le plus grand choix de sacs, mais Bangkok les meilleurs prix – faites un tour dans le quartier indien Pahurat pour les sacs, mais aussi pour tout article fait de tissu. A Roi-Et et Mahasarakham, dans le Nord-Est, vous trouverez de bons sacs de fabrication locale. Les prix vont de 70 à 200 B selon la qualité et l'originalité.

Antiquités

Les antiquités véritables ne sont pas exportables sans autorisation préalable du Department of Fine Arts (ministère des Beaux-Arts). Aucun bouddha, récent ou ancien, ne peut quitter le territoire sans autorisation (là encore, adressez-vous au Department of Fine Arts ou, dans certains cas, au Department of Religious Affairs qui dépendent du ministère de l'Éducation). L'ampleur de la contrebande d'art siamois (de bouddhas en particulier) a conduit les autorités à imposer des contrôles stricts (reportez-vous au paragraphe *Antiquités* de la rubrique *Douane* dans ce chapitre).

On trouvera des antiquités thaïlandaises et chinoises en deux endroits du quartier chinois : Wang Burapha (les rues où l'on entre par des "portes" chinoises) et Nakhon Kasem. Des antiquités (dont beaucoup de faux) sont proposées au marché du week-end du parc Chatuchak. Les objets vendus dans les boutiques d'antiquités pour touristes sont affreusement chers, comme on s'en doute. Depuis quelque temps, le Nord est devenu fournisseur d'objets d'antiquité et les prix y sont inférieurs de moitié à ceux de Bangkok.

Bijouterie

La Thaïlande est le plus grand exportateur mondial de gemmes et d'ornements, suivi par l'Inde et le Sri Lanka. Le siège de l'ICA (International Color-stones Association) a été transplanté de Los Angeles à Bangkok (dans la Charn Issara Tower) et, de son côté, la WFDB (World Federation of Diamond Bourses) a inauguré une bourse diamantaire dans la capitale. Deux événements qui confèrent à la Thaïlande le statut de

centre mondial de la joaillerie, aussi bien dans le domaine de la production que du commerce des pierres précieuses. Les États-Unis, le Japon et la Suisse sont les plus gros importateurs de bijoux thaïlandais.

En Thaïlande même, les gisements de grosses pierres commencent à se raréfier de façon dramatique, on les importe donc à présent d'Australie et du Sri Lanka pour les tailler, les polir et les revendre sur place. Les pierres locales, comme le saphir, ne représentent que 25% du marché. En revanche, les diamants travaillés représentent au moins 42% des exportations de pierres précieuses. Importés à l'état brut, les diamants sont taillés dans le pays par des lapidaires thaï spécialisés (rien qu'à Bangkok, on en dénombre plus d'une trentaine). Ceci explique pourquoi le commerce des gemmes s'est accru de 10% en Thaïlande ces vingt dernières décennies, entraînant une rapide hausse des prix. Si vous vous y connaissez, vous pouvez faire de belles affaires, tant en pierres brutes qu'en bijoux. Les ornements en or sont intéressants, car la main-d'œuvre est bon marché. Les gemmes les plus avantageuses sont les jades, les rubis et les saphirs.

N'achetez que chez des revendeurs réputés. Pour préserver le métier, la TAT et l'association thaïlandaise des lapidaires et joailliers (Thaï Gem and Jewellery Traders Association ou TGJTA) viennent de créer le Jewel Fest Club dont les membres doivent vous remettre pour tout achat un certificat descriptif et de garantie de reprise à hauteur de 90% du prix dans les 30 jours, puis de 80% jusqu'à 45 jours. Par ailleurs, la TAT doit publier régulièrement la liste des membres affiliés au Jewel Fest Club.

Les plus grands centres pour les pierres locales (Thaïlande, Myanmar, Cambodge) sont Kanchanaburi, Mae Sot, Mae Sai et Chanthaburi – c'est là que les marchands de Bangkok s'approvisionnent. Des formations rapides en gemmologie et des visites guidées de mines sont organisées par l'Asian Institute of Gemological Sciences (☎ 02-513 2112, fax 236 7803), 484 Th Ratchadaphisek (donnant dans Lat

Th Phrao, dans le quartier de Huay Khwang au nord-est de Bangkok).

Vous pouvez porter des pierres précieuses à l'institut qui les examinera ; on n'y fait pas d'estimation de prix, mais on y évalue l'authenticité et la qualité des pierres. Le livre de John Hoskin, *Buyer's Guide to Thai Gems & Jewellery*, en vente dans toutes les librairies de Bangkok, est une bonne introduction aux pierres précieuses thaïlandaises.

Prudence

Méfiez-vous des "offres spéciales" qui ne durent qu'un jour ou qui vous transforment en "intermédiaire" avec gros gains à la clé. De nombreux voyageurs ont perdu beaucoup à ce jeu. Faites le tour des marchands et surtout ne vous *précipitez pas*, vous risqueriez de perdre votre investissement.

Chez le bijoutier ou le joaillier, rappelez-vous que les étiquettes "prix d'usine" ou "vendu par le gouvernement" n'ont aucun sens. L'État n'est propriétaire d'aucun magasin de bijoux ou pierres précieuses. Voir la rubrique *Désagréments et dangers* en ce qui concerne la fraude.

Artisanat des tribus

On achètera de belles broderies, vêtements, sacs et bijoux provenant du Nord à Bangkok : à Narayan Phand, dans Th Lan Luang, à la Queen's Hillcrafts Foundation installée dans l'enceinte du palais Sapatum derrière le Siam Center, et dans diverses boutiques touristiques. A Chiang Mai, les boutiques d'artisanat bordent Th Thaphae, et une boutique tenue par des missionnaires se trouve près du Prince Royal College.

Il existe aussi une succursale de la Queen's Hillcrafts Foundation à Chiang Rai. Il faut faire un tour avant d'acheter. C'est au marché de nuit de Chiang Mai que vous ferez les meilleures affaires – si vous savez marchander.

Laques

La Thaïlande produit des objets en laque de bonne qualité, dont beaucoup sont fabriqués au Myanmar et vendus le long du nord de la frontière birmane. Mae Sot, Mae Sariang et Mae Sai vous offriront les meilleures possibilités de faire de bons achats.

Les objets en laque, ou laques (mot masculin), proposés aujourd'hui s'inspirent d'un art qui remonte au XIe siècle, originaire de Chiang Mai. En 1558, le roi birman Bayinnaung fit prisonnier un certain nombre d'artisans de Chiang Mai et les contraignit à se rendre à Bago, dans le centre du Myanmar, pour y établir l'art du laque ciselé. La couche de laque est préparée avec la résine d'un arbre, le *Melanorrhea usitata*, qui, sous sa forme la plus "rustique", est mélangée à de la cendre d'enveloppes de riz afin d'obtenir un revêtement léger, souple, imperméable dont on recouvre les armatures en bambou.

Pour fabriquer un objet en laque, l'artisan commence par façonner un cadre en bambou, que l'on couvrira directement de laque si c'est un objet ordinaire. Mais, pour un objet de première qualité, on revêt l'armature en bambou de poils de cheval ou d'âne. Vient ensuite l'étape du vernis, la laque que l'on laisse sécher plusieurs jours. Une fois sèche, la résine est frottée avec de la cendre de balles de riz, puis l'on applique une deuxième couche de laque. Les objets de premier choix peuvent compter jusqu'à sept couches de laque.

Le laque est gravé et peint, puis pol i pour retirer la peinture débordant de la gravure. Les laques multicolores sont obtenus par la répétition de ces trois étapes : gravure, peinture et polissage. L'artisan doit compter de cinq à six mois pour produire un objet de première qualité pouvant montrer jusqu'à cinq coloris. La souplesse est l'une des caractéristiques d'un bon laque. Lorsqu'un bol est d'une qualité parfaite, on peut rapprocher les bords sans le casser. La précision et la finesse de la gravure jouent également un rôle important.

Bols, plateaux, assiettes, boîtes, tasses, vases et bien d'autres objets usuels peuvent être en laque. Les tables pliantes octogonales sont également très appréciées.

(suite du texte en page 179)

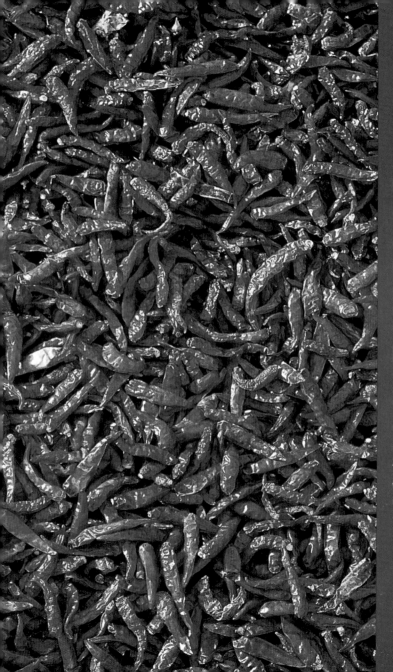

CUISINE THAÏ

MARK KIRBY

PAUL PIAIA

JOHN HAY

CHRIS MELLOR

BERNARD NAPHTINE

BERNARD NAPHTINE

Page titre : piments en train de sécher (photo Bernard Naphtine)

Page de gauche : un vendeur ambulant fait flamber une assiette de *phàk bûng fai daeng*, des liserons d'eau frits

Ci-dessus : autant de plats multiples et variés qui font la réputation de la cuisine thaïlandaise

D'après une enquête menée en 1991 auprès de 1 450 agences de voyage dans 26 pays, la Thaïlande se place au quatrième rang après la France, l'Italie et Hong Kong, pour sa gastronomie. Comme dans tous les pays de grande tradition culinaire, on note des différences entre les régions. Autrefois, il existait aussi des distinctions entre ce que l'on pourrait appeler la cuisine "noble" et la cuisine "roturière" – les recettes réservées à la cour n'étaient évidemment pas les mêmes que celles utilisées par tous les sujets du roi. Aujourd'hui, vous vous verrez offrir dans un même restaurant un mélange de ces recettes "nobles et roturières" – c'est notamment le cas du restaurant Thanying, à Bangkok – et la majorité des ingrédients (et des secrets culinaires) sont partagés par toute la population.

Alimentation

Certaines personnes adoptent immédiatement la cuisine thaïlandaise, d'autres non. Elle peut être piquante et épicée – beaucoup d'ail et de piments, surtout les *phrík khîi nǔu* (littéralement "piments crottes de souris") , ces petits démons en forme de torpille que l'on mettra sur le bord de l'assiette, à moins d'aimer les curries qui enflamment le palais.

Les ingrédients sont presque toujours frais, notamment les légumes, la volaille, le porc et parfois le bœuf. Le jus de citron vert, la citronnelle et la coriandre fraîche donnent à la nourriture son arôme particulier ; la sauce de poisson (*náam plaa*, généralement à base d'anchois) ou la

CHRIS MELLOR

Ci-contre : la cuisine thaï se fait essentiellement à base de produits frais que l'on trouve notamment sur les célèbres marchés flottants

crème de crevettes *(kà-pì)* ajoutent du sel à la saveur. Parmi d'autres bases d'assaisonnement, citons la racine de souchet *(khàa)*, le poivre gris, trois sortes de basilic, les cacahuètes pilées (plus souvent un condiment), le jus de tamarin *(náam makhāam)*, le gingembre *(khing)* et le lait de coco *(kà-tí)*. Les Thaïlandais sont également friands de la cuisine chinoise, qui est d'ordinaire (mais pas toujours) moins épicée.

Le riz *(khâo)* accompagne presque tous les plats ; littéralement, le mot "manger" – *kin khâo* – signifie "manger du riz". Les Thaïlandais sont très pointilleux quant à la cuisson et à la température de ce mets. *Khâo jâo* est le nom du riz blanc ordinaire, mais il en existe bien d'autres variétés, de goût et de qualité très divers. Le plus réputé, *khâo hāwm máli*, ou "riz au parfum de jasmin", dégage à la cuisson une odeur très subtile, fort appétissante. Dans le Nord et le Nord-Est du pays, le riz gluant *(khâo ni aw)* est de rigueur.

Où se restaurer

Les restaurants et étals de nourriture de province n'ont pas toujours de carte à vous proposer ; il est donc utile de mémoriser un "répertoire" de plats de base. Outre des plats standards, la plupart des régions ont leurs spécialités, et vous pouvez prendre le risque de demander "quelque chose de bon", en laissant le patron choisir à votre place. Il va sans dire que la note s'en ressentira, mais quand vous serez un peu plus à l'aise avec les codes sociaux, il vous arrivera d'avoir de très agréables surprises.

Toute ville ou village qui se respecte a un marché de nuit *(talàat tôh rûng)* et plusieurs noodle et/ou curry-rice shops, très bon marché. Les marchés de nuit de Chiang Mai ont la réputation de forcer un peu la note (surtout pour les groupes), mais ce n'est pas la règle en Thaïlande.

Pour éviter les surprises, mieux vaut parler thaï le plus possible. Les curry shops sont ouverts pour le petit déjeuner et le déjeuner seulement, et sont aussi une source très économique de plats nourrissants. Il ne faut pas oublier les *ráan khâo tôm*, littéralement "boutiques de riz

Du bon usage des baguettes

Si l'on ne vous fournit pas de baguettes, n'en exigez pas. Lorsque les farángs en demandent pour manger des plats thaï, cela laisse perplexe le propriétaire du restaurant. Pour le riz blanc, utilisez la fourchette et la cuillère posées sur la table (la première dans la main gauche, la seconde dans la droite, ou l'inverse pour les gauchers). De toute façon, le riz collant que l'on sert couramment dans le Nord et le Nord-Est de la Thaïlande n'est pas pratique à manger avec des baguettes !

Ce sont les plats chinois présentés dans des bols (les nouilles, par exemple) que l'on déguste avec des baguettes. Dans ce cas, elles vous seront apportées d'office, à l'exclusion de tout autre ustensile car un restaurateur thaï n'imagine pas que l'on ne sache pas s'en servir.

Le glutamate de sodium : ami ou ennemi ?

Le glutamate de sodium (également connu sous son appellation japonaise : *ajinomoto*, ou thaï : *phõng chuu rót*) est un simple mélange de glutamate, d'eau et de sodium. Le glutamate, un acide aminé qui se trouve naturellement dans toute nourriture ou presque, est un composant principal de la plupart des aliments à forte teneur en protéines, tels que la viande, le poisson, le lait et certains légumes. A l'instar des agents de sapidité comme le sucre et le sel, le glutamate s'utilise depuis des siècles en Asie, à l'origine sous forme de distillat d'algues. De nos jours, on le fabrique au moyen d'un processus naturel de fermentation et d'évaporation, en utilisant la mélasse du sucre de canne ou de la betterave sucrière. Malgré son apparence blanche et cristalline, il ne s'agit pas d'une substance de synthèse. Lorsqu'on ajoute de petites quantités de glutamate de sodium à du sel de table (ou bien à de la sauce au poisson ou au soja), en faisant la cuisine, ses qualités d'agent de saveur permettent d'utiliser beaucoup moins de sel lors de l'élaboration d'un plat. Si on l'accuse fréquemment de n'avoir aucun goût particulier, le glutamate en possède un que lui reconnaissent la plupart des Asiatiques et des Occidentaux habitués à son utilisation culinaire. Son nom japonais – *unami*, souvent traduit par "savoureux" – en témoigne.

Contrairement à un mythe très répandu, le métabolisme permet au corps humain de totalement assimiler le glutamate ajouté à la nourriture, de la même manière que celui qui se trouve naturellement dans les aliments. Si certaines personnes se plaignent de mal supporter cet assaisonnement (le fameux "syndrome du restaurant chinois"), il est aujourd'hui scientifiquement démontré que ces réactions ne peuvent être dues au glutamate de sodium, mais relèvent soit d'une allergie à une autre substance, soit d'un malaise psychosomatique. Si vous redoutez néanmoins cette substance, précisez seulement : *mâi sài phõng chuu rót* ("n'ajoutez pas de glutamate de sodium").

bouilli", restaurants sino-thaïlandais que l'on rencontre surtout dans les grandes villes. Ils ne se contentent pas, rassurez-vous, de vendre des soupes de riz, mais proposent un assortiment de *aahaan taam sàng*, "plats sur commande".

Les chefs cuisiniers des meilleurs *rãan khâo tôm* mettront un point d'honneur à vous préparer n'importe quelle spécialité chinoise ou japonaise de votre choix. Autre avantage : leur fermeture tardive (certains restent ouverts 24h/24).

Que manger ?

La nourriture est servie avec divers condiments et sauces, comme du poivre rose pilé (*phrík bon*), des cacahuètes pilées (*thùa bon*), du vinaigre aux piments hachés (*náam sôm phrík*), de la sauce de poisson pimentée (*náam plaa phrík*), une sauce rouge pimentée dite *náam phrík sĭi raachaa* (de Si Racha) et toutes sortes de sauces marinées (*náam jîm*) pour des plats particuliers. On peut demander de la sauce de soja *(náam síi-yú)*, bien qu'elle n'accompagne d'ordinaire que la cuisine chinoise.

Hormis les assiettes de riz ("rice plates") et les plats de nouilles, les commandes sont de type familial, c'est-à-dire que deux personnes ou plus commandent ensemble et partagent différents plats, en général un de chaque sorte (un poulet, un poisson, une soupe, etc.).

Un plat suffit pour deux personnes. Un ou deux extra complètent les repas des groupes importants. Si vous allez manger seul dans un restaurant thaïlandais et que vous commandez une de ces "entrées", il sera préférable d'avoir faim ou de savoir suffisamment de thaï pour demander une petite portion ; cette dernière solution n'étant pas très acceptable socialement. Les Thaïlandais ne conçoivent pas de manger seul au restaurant, mais en tant que faráng vous faites de toute façon exception.

Cas de figure plus économique : commander des plats sur riz ("over rice") ou *râat khâo*. Un curry *(kaeng)* sur riz se dit *khâo kaeng*. On en trouvera pour 7 à 15 B dans le curry shop de base.

Une autre catégorie de plats, les *kàp klâem*, se dégustent en buvant des boissons alcoolisées. Certaines cartes les traduisent en "snacks" ou "appetisers". Les kàp klâem typiques sont les *thùa thâwt* (cacahuètes grillées), les *kài sǎam yàang* (littéralement : "trois sortes de poulet", à savoir une assiette comportant du gingembre haché, des cacahuètes, des piments crottes de souris et des morceaux de citron vert, le tout mélangé et mangé avec les doigts) et divers *yam*, salades à la mode thaïlandaise pimentées et arrosées de jus de citron vert.

Végétarien. Les visiteurs qui veulent s'abstenir de consommer tout produit d'origine animale pourront être satisfaits moyennant quelques efforts. Les restaurants végétariens sont de plus en plus nombreux, grâce notamment à l'ex-gouverneur de Bangkok, Chamlong Srimuang, un végétarien de stricte obédience, qui monta une chaîne de restaurants végétariens à but non lucratif *(ráan aahǎan mangsàwírát)* à Bangkok et dans plusieurs chefs-lieux de province.

Cherchez un écriteau vert sur la devanture avec un ou deux grands chiffres thaï – chaque établissement est numéroté dans l'ordre de son ouverture. La nourriture y est présentée en self-service et est très bon marché – de 5 à 8 B le plat. La plupart sont ouverts de 7 ou 8h à 12h.

Autre source de nourriture végétarienne, moins répandue cependant, les restaurants indiens, qui ont presque tous une carte végétarienne. A l'heure actuelle, on les trouvera surtout à Bangkok, Chiang Mai, Pattaya et Hat Patong (Phuket). Les restaurants chinois sont aussi à tenter, car nombreux sont les bouddhistes chinois qui mangent végétarien pendant les fêtes bouddhiques, surtout dans le Sud.

Il reste que les végétariens de passage en Thaïlande devront trouver leur bonheur dans les restaurants thaïlandais ordinaires. Les mots magiques sont *phõm kin jeh* (pour les hommes) et *dii-chãn kin jeh* (pour les femmes). Comme pour les autres phrases, la justesse des tons fait toute la différence (le mot clé étant *jeh*). En gros, cela signifie : "Je ne mange que de la nourriture végétarienne" ; et l'on voudra peut-être préciser : "*Phõm/dii-chãn kin tàe phàk*" ("Je ne mange que des légumes"). Ne vous en faites pas – cela ne sera pas interprété comme signifiant sans riz, ni aromates, ni fruits. Pour connaître quelques phrases utiles au restaurant, consultez la fin du glossaire alimentaire qui suit.

Ci-contre : à la variété des saveurs et des couleurs s'ajoute celle des textures. Ici, des brochettes de viande, des bananes, du maïs séché et du durian

Glossaire

La liste suivante donne le nom des plats thaïlandais les plus courants, avec leur prononciation (selon les règles énoncées au chapitre *Langue* à la fin de ce guide).

Soupes *(súp)* ชุป

Soupe non pimentée aux légumes et au porc
kaeng jèut
แกงจืด

Soupe non pimentée aux légumes, porc et crème de haricot
kaeng jèut tâo-hûu
แกงจืดเต้าหู้

Soupe au poulet, racine de souchet et noix de coco
tôm khàa kài
ต้มข่าไก่

Soupe aux crevettes et à la citronnelle avec des champignons
tôm yam kûng
ต้มยำกุ้ง

Soupe aux boulettes de poisson
kaeng jèut lûuk chín
แกงจืดลูกชิ้น

Soupe de riz au poisson/poulet/crevettes
khâo tôm plaa/kài/kûng
ข้าวต้มปลา/ไก่/กุ้ง

Œufs *(khài)* ไข่

Œufs durs
khài tôm
ไข่ต้ม

Œufs sur le plat
khài dao
ไข่ดาว

Omelette nature
khà i jiaw
ไข่เจียว

Omelette aux légumes et porc
khài yát sâi
ไข่ยัดไส้

Œufs brouillés
khài kuan
ไข่กวน

Nouilles
(kũaytĩaw/bà-mii)
ก๋วยเตี๋ยว/บะหมี่

Soupe aux nouilles de riz avec légumes et viande
kũaytĩaw náam
ก๋วยเตี๋ยวน้ำ

Nouilles de riz avec légumes et viande
kũaytĩaw hâeng
ก๋วยเตี๋ยวแห้ง

Nouilles de riz avec sauce
râat nâa
ราดหน้า

Nouilles de riz fines, sautées avec tofu, légumes, œuf et cacahuètes
phàt thai
ผัดไทย

Nouilles sautées à la sauce de soja
phàt sii-yíw
ผัดซีอิ๊ว

Nouilles de blé en bouillon
de viande et de légumes
bà-mii náam
บะหมี่น้ำ

Nouilles de blé avec légumes
et viande
bà-mii hâeng
บะหมี่แห้ง

Riz *(khâo)* ข้าว
Poulet désossé, émincé style
Hainan, au riz mariné
khâo man kài
ข้าวมันไก่

Canard rôti sur du riz
khâo nâa pèt
ข้าวหน้าเป็ด

Riz sauté au porc/poulet/
crevettes
khâo phàt mūu/kài/kûng
ข้าวผัดหมู/ไก่/กุ้ง

le Cocotier

Poulet en sauce sur du riz
khâo nâa kài
ข้าวหน้าไก่

Porc "rouge" (char siu) sur du riz
khâo mūu daeng
ข้าวหมูแดง

Curry sur du riz
khâo kaeng
ข้าวแกง

Curries *(kaeng)* แกง
Curry thaïlandais épicé
de poulet/bœuf/ porc
kaeng phèt kài/néua/mūu
แกงเผ็ดไก่/เนื้อ/หมู

Curry musulman riche et épicé
de poulet/bœuf et pommes
de terre
kaeng mátsàman kài/néua
แกงมัสมั่นไก่/เนื้อ

Curry de poulet aux pousses
de bambou
kaeng kài nàw mái
แกงหน่อไม้ไก่

Poisson aigre et épicé avec
ragoût de légumes
kaeng sôm
แกงส้ม

Curry "vert", avec poisson/
poulet/bœuf
*kaeng khĭaw-wāan plaa/
kài/néua*
แกงเขียวหวานปลา/
ไก่/เนื้อ

Curry indien non pimenté
de poulet
kaeng karìi kài
แกงกะหรี่ไก่

Arbre qui porte les Duriens.

Crevettes roses frites
kûng thâwt
กุ้งทอด

Beignets de crevettes
kûng chúp pâeng thâwt
กุ้งชุบแป้งทอด

Crevettes grillées
kûng phão
กุ้งเผา

Poisson à la vapeur
plaa nêung
ปลานึ่ง

Poisson grillé
plaa phão
ปลาเผา

Poisson entier cuit dans
le gingembre, les oignons et
la sauce de soja
plaa jïan
ปลาเจี่ยน

Poisson à l'aigre-douce
plaa prîaw wãan
ปลาเปรี้ยวหวาน

Curry de poisson-chat
kaeng plaa dùk
แกงปลาดุก

Curry salé de poulet/bœuf
kaen phánaeng kài/néua
แกงพะแนงไก่/เนื้อ

Cheveux d'ange cuites au four
avec du crabe
puu òp wún-sên
ปูอบวุ้นเส้น

Poissons et crustacés
(aahãan tháleh) อาหารทะเล

Crabe à la vapeur
puu nêung
ปูนึ่ง

Calmar frit épicé
plaa mèuk phàt phèt
ปลาหมึกผัดเผ็ด

Pinces de crabe à la vapeur
kâam puu nêung
ก้ามปูนึ่ง

Calmar rôti
plaa mèuk yâang
ปลาหมึกย่าง

Soupe d'aileron de requin
hũu chalãam
หูฉลาม

Beignets d'huître à l'œuf
hãwy thâwt
หอยทอด

Poisson frit croustillant
plaa thâwt
ปลาทอด

le Manguier

Moule verte
hãwy malaeng phùu
หอยแมลงภู่

Coquille Saint-Jacques
hãwy phát
หอยพัด

Huître
hãwy naang rom
หอยนางรม

Divers

Légumes variés sautés à la poêle
phàt phàk ruam
ผัดผักรวม

Rouleaux de printemps
pàw-pía
เปาะเปี๊ยะ

Bœuf sauce à l'huître
néua phàt náam-man hãwy
เนื้อผัดน้ำมันหอย

Soupe de canard
pèt tũn
เป็ดตุ๋น

Canard rôti
pèt yâang
เป็ดย่าง

Poulet frit
kài thâwt
ไก่ทอด

Poulet grillé
kài yâang
ไก่ย่าง

Poulet frit avec des piments
kài phàt phrík
ไก่ผัดพริก

Poulet frit aux noix de cajou
kài phàt mét má-mûang
ไก่ผัดเม็ดมะม่วง

**Liserons d'eau frit dans l'ail avec
une sauce aux piments
et aux haricots**
phàk bûng fai daeng
ผักบุ้งไฟแดง

**Brochettes ou "satay" de viande
au barbecue**
sà-té
สะเต๊ะ

**Salade de papaye verte épicée
(spécialité du Nord-Est)**
sôm-tam
ส้มตำ

Nouilles avec curry de poisson
khãnom jiin náam yaa
ขนมจีนน้ำยา

Crevettes frites aux piments
kûng phàt phrík phão
กุ้งผัดพริกเผา

Poulet frit au gingembre
kài phàt khĩng
ไก่ผัดขิง

Wonton frit
  kíaw kràwp
  เกี๊ยวกรอบ

Salade de cheveux d'ange
  yam wún sên
  ยำวุ้นเส้น

Salade de poulet ou
de bœuf épicée
  lâap kài/néua
  ลาบไก่/เนื้อ

Salade de bœuf grillé aigre
et pimentée
  yam néua
  ยำเนื้อ

Poulet frit aux germes
de haricots
  kài sàp thùa ngâwk
  ไก่ผัดถั่วงอก

Beignets de poisson à la sauce
de concombre
  thâwt man plaa
  ทอดมันปลา

Légumes *(phàk)* ผัก
Melon amer
  márá-jiin
  มะระจีน

Aubergine ronde
  mákhēua pràw
  มะเขือเปราะ

Chou
  phàk kà-lam ou *kà-làm plii*
  ผักกะหล่ำ(กะหล่ำปลี)

Chou-fleur
  dàwk kà-làm
  ดอกกะหล่ำ

Radis chinois (daikon)
  phàk kàat hūa
  ผักกาดหัว

Maïs
  khâo phôht
  ข้าวโพด

Concombre
  taeng kwaa
  แตงกวา

Aubergine
  mákhēua mûang
  มะเขือม่วง

Ail
  kràthiam
  กระเทียม

Laitue
  phàk kàat
  ผักกาด

Haricot long
  thùa fák yao
  ถั่วผักยาว

Okra (gombo)
  krà-jíap
  กระเจี๊ยบ

Oignon (bulbe)
  hūa hāwm
  หัวหอม

Patute
Voyez Tripy.

Ananas

Oignon (vert, échalote)
tôn hăwm
ต้นหอม

Cacahuètes (arachides)
tùa lísŏng
ถั่วลิสง

Pomme de terre
man faràng
มันฝรั่ง

Potiron
fák thawng
ฟักทอง

Taro
pheùak
เผือก

Tomate
mákhĕua thêt
มะเขือเทศ

Fruits *(phŏn-lá-mái)*
ผลไม้

Mandarine (toute l'année)
sôm
ส้ม

le Jacquier

Pastèque (toute l'année)
taeng moh
แตงโม

Goyave (toute l'année)
fa-ràng
ฝรั่ง

Citron vert (toute l'année)
má-nao
มะนาว

Ananas (toute l'année)
sàp-pàrót
สับปะรด

Tamarin – plusieurs variétés
sucrées et acides
(toute l'année)
mákhăam
มะขาม

Mangue – plusieurs variétés
selon la saison
má-mûang
มะม่วง

Anone, ou corossol
(de juil. à oct.)
náwy naa
น้อยหน่า

"Rambeh" – petit, brun rouge,
sucré, dans le genre de l'abricot
(d'avril à mai)
máfai
มะไฟ

Pomelo – gros agrume
dans le genre
du pamplemousse
(toute l'année)
sôm oh
ส้มโอ

Ramboutan – fruit rouge,
chevelu, à la pulpe
ressemblant au raisin
(de juillet à septembre)
ngáw
เงาะ

Jaque – semblable en
apparence au durian,

mais beaucoup plus facile
à avaler (toute l'année)
kha-nūn
ขนุน

Banane – plus de 20 variétés
(toute l'année)
klûay
กล้วย

Durian – très prisé des
Thaïlandais, mais les Occidentaux
en général n'en raffolent pas –
plusieurs variétés selon la saison

thúrian
ทุเรียน

Longane – "yeux de dragon",
petit, brun, sphérique, semblable
au ramboutan (de juillet à
octobre)
lam yài
ลำใย

Mangoustan – fruit rond,
pourpre à chair blanche juteuse
(d'avril à septembre)
mang-khút
มังคุด

Noix de coco – râpée dans
la cuisine quand elle est mûre,
mangée dans la coque avec
une cuillère quand elle est
jeune ; le jus est plus sucré et
plus abondant dans les jeunes
noix (toute l'année)
máphráo
มะพร้าว

Papaye (toute l'année)
málákaw
มะละกอ

Sapotille – petite, brune, ovale,
sucrée, mais odeur forte
(de juillet à septembre)
lámút
ละมุด

le Bananier

Grappe de Bananes

Desserts *(khăwng wăan)*
ของหวาน

Crème anglaise thaïlandaise
săngkha-yaa
สังขยา

Crème à la noix de coco
săngkha-yaa ma-phráo
สังขยามะพร้าว

Jaune d'œuf sucré en lamelles
făwy thawng
ฝอยทอง

Riz gluant à la crème de noix
de coco
khâo nĭaw daeng
ข้าวเหนียวแดง

Riz gluant à la crème de noix
de coco avec de la mangue
khâo nĭaw má-mûang
ข้าวเหนียวมะม่วง

Flan
mâw kaeng
หม้อแกง

Banane au lait de coco
klûay bùat chii

กล้วยบวดชี

Banane sautée à l'indienne
klûay khàek

กล้วยแขก

Amandes de palmier sucrées
lûuk taan chêuam

ลูกตาลเชื่อม

Gelée thaïlandaise à la crème
de noix de coco
ta-kôh

ตะโก

Quelques phrases utiles
Nous rappelons que "je" se dit
phõm pour un homme et *dii-
chãn* pour une femme.

Je ne mange que de la nourriture
végétarienne
phõm/dii-chãn kin jeh

ผม/ดิฉันกินเจ

Je ne peux pas manger de porc
phõm/dii-chãn kin mũu mâi dâi

ผม/ดิฉันกินหมูไม่ได

Je ne peux pas manger de bœuf
phõm/dii-chãn kin néua mâi dâi

ผม/ดิฉันกินเนื้อไม่ได้

Je n'aime pas épicé
mâi châwp phèt

ไม่ชอบเผ็ด

J'aime épicé
châwp phèt

ชอบเผ็ด

Je peux manger la cuisine
thaïlandaise
kin aahãan thai pen

กินอาหารไทยเป็น

Qu'avez-vous comme spécialité ?
mii a-rai phí-sèt?

มีอะไรพิเศษ?

Je n'ai pas commandé cela
níi phõm/dii-chãn mâi dâi sàng

นี่ผม/ดิฉันไม่ได้สั่ง

Avez-vous... ?
mii... mãi ?

มี...ไหม?

Suggestion de recettes

Tom kha kai (soupe de poulet au gingembre thaï et à la noix de coco)
pour 6 personnes
  3 boîtes de lait de coco non sucré
  1 tasse et demie de bouillon de poule
  1 morceau de khàa ou gingembre thaï (galanga) d'environ 2 cm, à
  défaut du gingembre chinois
  3 parties inférieures de tiges de *tàkhrái* (citronnelle), coupées en
  morceaux d'environ 7 cm (ou 3 cm de zestes de citron)
  500 g de blanc de poulet sans la peau, découpé en lamelles
  3 cuillères à soupe de *náam plaa* (sauce au poisson)
  2 cuillères à soupe de jus de citron vert frais
  3 piments thaï, sans le cœur et les pépins, émincés (ou 1 cuillère à
  soupe et demie de piments thaï séchés)
  1/4 de cuillère à café de sucre
  1/4 de cuillère à soupe de feuilles de coriandre fraîches hachées.

Dans une grosse marmite, mélangez le lait de coco, le bouillon de poule, le gingembre et la cirtonnelle. Portez à ébullition, puis réduisez le feu pour laisser mijoter 10 minutes. Ajoutez le blanc de poulet et laissez frémir jusqu'à cuisson complète, soit 2 à 3 minutes. Retirez le gingembre et la citronnelle. Ajoutez la sauce au poisson, le jus de citron vert, le piment et le sucre. Saupoudrez le tout de feuilles de coriandre avant de servir.

Yam wun sên (salade épicée aux nouilles)

120 g de nouilles sèches sous cellophane (wun sên)
1/2 douzaine de crevettes décortiquées et nettoyées
1/4 tasse (50 g) de porc haché (facultatif)
1 cuillère à soupe d'huile d'arachide
2 gousses d'ail émincées
1/4 de tasse de bouillon de poule dégraissé
4 cuillères à soupe de jus de citron vert frais
3 cuillères à soupe de sauce au poisson
1/2 cuillère à café de sucre
2 (ou 3, si vous aimez très épicé) piments thaï verts ou rouges, hachés (ou 1/2 cuillère de piment rouge séché)
2 ou 3 échalotes, émincées en demi-cercles
1 ciboule hachée
1 cuillère à soupe de coriandre fraîche, hachée, plus quelques brins entiers pour la garniture
quelques feuilles de laitue verte ou rouge

Plongez les wun sên dans l'eau chaude (non bouillante) pendant 20 minutes environ. Lorsqu'elles sont ramollies, égouttez-les et mettez-les de côté. Dans une sauteuse ou un petit wok, faites revenir l'ail haché dans l'huile d'arachide, jusqu'à ce qu'il brunisse légèrement. Retirez du feu et réservez. Placez le porc dans le récipient et faites-le sauter une demi-minute, puis ajoutez le bouillon, le jus de citron vert, la sauce au poisson et le sucre. Faites revenir encore 30 secondes, afin de cuire la viande, puis incorporez les crevettes jusqu'à ce qu'elles deviennent rose opaque (30 secondes).

Ajoutez alors les nouilles, les piments hachés (ou séchés), les échalotes et la ciboule, et remuez le tout à feu moyen, jusqu'à ce que ce mélange soit homogène et bien chaud. Juste avant de retirer du feu, mêlez l'ail bruni mis de côté. Servez sur un lit de feuilles de laitue et saupoudrez de coriandre.

Boissons
Boissons non alcoolisées

Jus de fruits et shakes. L'étonnante variété de fruits qui poussent dans le pays se reflète dans le nombre de jus de fruit en vente dans le commerce. Le terme général pour jus de fruits est *náam phón-lá-mái*. Accolez *náam* (eau ou jus) à n'importe quel nom de fruit et l'on vous servira tout ce que vous voulez, du *náam sôm* (jus d'orange) au *náam taeng moh* (jus de pastèque). Quand on utilise un mixer ou un presse-fruit, les jus deviennent des *náam khán* ou "jus pressés" (comme le *náam sàppàrót khán*, jus d'ananas pressé). Si l'on met de la glace pilée dans le mixer, le résultat est un *náam pon* (un "jus mélangé"), comme le *náam málákaw pon*, un shake de papaye. Sur les marchés de nuit, on trouvera très souvent des vendeurs spécialisés dans les jus et les shakes.

Les Thaïlandais mettent une pincée de sel dans leurs jus de fruits. A moins que le marchand ne soit habitué à la clientèle faráng. Si vous les préférez nature, spécifiez *mâi sài kleua* (sans sel).

Le jus de sucre de canne *(náam âwy)* est une boisson très appréciée et très rafraîchissante pour accompagner les plats de riz avec curry. Les plus humbles gargotes dépourvues d'autres jus de fruits auront toujours une réserve de náam âwy fraîchement pressé.

Café. Depuis une dizaine d'années, Nescafé et d'autres marques de café instantané ont fait de profondes incursions dans la culture du café thaïlandais, aux dépens du café moulu. Les restaurants thaïlandais typiques, ceux des hôtels, pensions et autres établissements à touristes notamment, servent du café instantané, accompagné de crème artificielle non laitière servie à côté.

Les hôtels de classe supérieure et les coffee-shops peuvent éventuellement vous servir du café filtre et des express à des prix exorbitants.

Traditionnellement, le café est cultivé sur place (surtout dans le Nord et le Sud), torréfié par les grossistes, moulu par les détaillants et filtré juste avant d'être servi. Le café thaïlandais n'est sans doute pas aussi savoureux que celui de Sumatra ou de la Jamaïque, mais à mon avis, il est tout de même bien meilleur que du café soluble.

Il arrive que les restaurants ou vendeurs, munis du matériel nécessaire pour faire du café filtre traditionnel, disposent aussi de café soluble qu'ils réservent aux farángs ou aux Thaïlandais aisés (étant donné que l'instantané coûte quelques bahts de plus). Pour obtenir un vrai café thaïlandais, demandez du *kafae thũng* (littéralement "café sac"), en référence à la méthode traditionnelle de filtrage qui consistait à faire couler l'eau chaude à travers un sac en tissu.

Le meilleur est servi dans les cafés de style hokkien des provinces du Sud. Ailleurs, les marchés en plein air du matin sont les endroits les plus appropriés pour trouver du kafae thung.

On le sert d'habitude mélangé avec du sucre et du lait condensé sucré – si vous ne voulez ni l'un ni l'autre, spécifiez *kafae dam* (café noir), suivi de *mâi sài náam-taan* (sans sucre). Le kafae thung est souvent servi dans un verre que l'on saisira par le bord pour ne pas se brûler !

Thé. On sert couramment deux sortes de thés, l'indien (noir) et le chinois (vert ou à demi fumé). Ce dernier prédomine dans les restaurants chinois ; il est utilisé pour faire le *náam chaa*, le thé léger et souvent tiède que l'on offre gratuitement dans les restaurants thaïlandais. Les théières en aluminium que l'on voit sur toutes les tables sont remplies de náam chaa. Demandez un "verre simple" *(kâew plào)* et vous pourrez boire gratuitement à volonté. Pour avoir du thé chinois frais non dilué, demandez du *chaa jiin*.

Le thé noir, importé ou d'origine thaïlandaise, est servi dans les mêmes restaurants et étals que ceux qui proposent du vrai café. Si vous commandez du *chaa ráwn* (thé chaud), on vous apportera presque toujours une tasse (ou un verre) de thé noir avec du sucre et du lait condensé. Comme pour le café, vous devez spécifier à la commande si vous voulez du thé noir sans lait, avec/sans sucre.

Eau. L'eau purifiée potable s'appelle simplement *náam dèum* (eau potable), qu'elle soit bouillie ou filtrée.

Toute eau offerte aux clients dans un restaurant, ou aux invités dans une maison ou un bureau, est purifiée ; on n'a donc aucun souci à se faire sur les conséquences d'une gorgée avalée (reportez-vous à la rubrique *Santé* dans ce chapitre).

Dans les restaurants, vous pouvez demander de la *náam plào* (eau plate), qui est toujours bouillie ou puisée à une source purifiée ; on la sert au verre gratuitement, ou en bouteille. Les bouteilles d'eau gazeuse, plus petites, sont à peu près au même prix.

Glossaire des boissons

La liste subjacente vous fournit les termes thaï et leurs transcriptions désignant diverses boissons non alcoolisées.

Vous trouverez à la rubrique suivante un glossaire des boissons alcoolisées.

Boissons *(khreûang dèum)*
เครื่องดื่ม

Eau plate
náam plào
น้ำเปล่า

Eau chaude
náam ráwn
น้ำร้อน

Eau bouillie
náam tôm
น้ำต้ม

Eau froide
náam yen
น้ำเย็น

Glace
náam khãeng
น้ำแข็ง

Thé chinois
chaa jiin
ชาจีน

Thé chinois léger
náam chaa
น้ำชา

Thé thaïlandais sucré au lait
chaa yen
ชาเย็น

Thé thaïlandais glacé sucré
chaa dam yen
ชาดำเย็น

Sans sucre (à la commande)
mâi sài náam-taan
ไม่ใส่น้ำตาล

Thé thaïlandais chaud, sucré
chaa dam ráwn
ชาดำร้อน

Thé thaïlandais chaud, sucré
et au lait
chaa ráwn
ชาร้อน

Café chaud, sucré et au lait
kafae ráwn
กาแฟร้อน

Café filtré traditionnel, sucré
et au lait
kafae thũng
(*ko-píi* en Thaïlande du Sud)
กาแฟถุง/
ภาคใต้เรียกโกปี๊

Café glacé sucré, sans lait
oh-líang
โอเลี้ยง

Ovomaltine
oh-wantin

โอวันติน

Jus d'orange
náam sôm

น้ำส้ม

Lait nature
nom jèut

นมจืด

Jus de citron vert glacé sucré
(habituellement avec une pincée
de sel)

น้ำมะนาว

Sans sel (à la commande)
mâi sài kleua

ไม่ใส่เกลือ

Eau gazeuse
náam sôh-daa

น้ำโซดา

Bouteille d'eau potable
náam dèum khùat

น้ำดื่มขวด

Bouteille
khùat

ขวด

Verre
kâew

แก้ว

Boissons alcoolisées

Boire en Thaïlande peut revenir très cher comparativement au coût d'autres produits de consommation. L'État prélève des taxes de plus en plus lourdes sur la bière et les alcools, ceci dans le but d'accroître les rentrées fiscales (pourtant le résultat est un net fléchissement de la consommation, et donc une baisse de revenus fiscaux) ou de décourager la consommation. La boisson peut donc faire des ravages dans votre budget. Une bouteille de bière (63 dl) de la marque Singha dépasse la moitié du salaire journalier minimum d'un ouvrier de Bangkok. Selon la FAO, la Thaïlande occupe le cinquième rang dans le monde pour la consommation d'alcool, loin devant le Portugal, l'Irlande et la France.

Bière. Trois marques de bières sont fabriquées dans le pays même ; et les propriétaires de ces brasseries sont thaïlandais : Singha, Amarit et Kloster. Singha (prononcée "Sĭng" par les Thaïlandais) est de loin la plus répandue, avec 88% du marché domestique. La recette d'origine fut créée en 1934 par l'aristocrate Phya Bhirom Bhakdi et son fils Prachuap, qui fut le premier Thaïlandais à obtenir un diplôme de maître brasseur de l'institut Doemens de Munich. La Singha est une bière forte au goût de houblon, que beaucoup considèrent comme la meilleure bière d'Asie. L'orge est cultivé en Thaïlande et le houblon vient d'Allemagne. On en trouve parfois à la pression dans les pubs et les restaurants.

La Kloster est beaucoup plus légère et moelleuse que la Singha, et coûte 5 B de plus la bouteille ; c'est une bonne bière qui plaît aux Occidentaux, aux expatriés et aux riches Thaïlandais, pour lesquels boire de la Kloster est un peu un signe de réussite. L'Amarit NB est assez proche de la Singha, bien qu'un peu plus douce ; elle est brassée par la compagnie thaïlandaise Amarit qui produit également la Kloster. Comme cette dernière, elle coûte quelques baths de plus que la bière nationale. Les deux réunies ne représentent que 7% de la consommation du pays.

Les brasseries Boon Rawd, fabricants de la Singha, produisent également une bière plus légère, la Singha Gold, qu'on ne trouve qu'en petites bouteilles et que la plupart des amateurs jugent un tantinet fade… La nouvelle Singha "drought", vendue en canettes est nettement meilleure – si vous n'êtes pas allergique à ce conditionnement.

Carlsberg (capitaux mi-danois, mi-thaïlandais) a fait une apparition remarquée dans la compétition. Comme partout ailleurs dans le Sud-Est asiatique, la compagnie a lancé une campagne promotionnelle des plus agressives, qui lui a permis de prendre 25% du marché en moins de deux ans. Elle a modifié sa recette pour s'aligner sur le degré d'alcool de la Singha qu'elle a rapidement détrônée, ainsi que la Kloster.

Les brasseurs de la Boon Rawd ont aussitôt répliqué, faisant savoir, par publicité interposée, que "boire Carlsberg était antipatriotique". Carlsberg réagit en créant la "Beer Chang" (bière de l'Éléphant) qui égale le goût prononcé de houblon de la Singha. Pour sa part, le géant néerlandais Heineken a ouvert une usine à Nonthaburi en 1995.

La bière se dit *bia* en thaï, et une bière à la pression, *bia sòt*.

Alcools. Le whisky de riz est une boisson très prisée et plus abordable que la bière pour le Thaïlandais moyen. Il a un goût vigoureux et sucré qui n'est pas sans rappeler le rhum. Les deux grands fabricants d'alcools sont Suramaharas Co et le Surathip Group. Le premier produit les fameuses marques Mekong (prononcez "Mâe-khõng") et Kwangthong, le second, les labels Hong ("cygne") : Hong Thong, Hong Ngoen, Hong Yok et Hong Tho. Mekong et Kwangthong coûtent environ 120 B la grande bouteille (*klom*) ou 60 B la fiasque *(baen)*. Il existe aussi une bouteille encore plus petite, le *kòk*, de 30 à 35 B.

A la fin des années 80, les deux géants de l'alcool se sont associés pour tenter d'enrayer la chute brutale de la consommation (moins 40%) suite à l'instauration de la taxe gouvernementale de 1985. Cette entente a fait monter les prix, mais a aussi amélioré la distribution des produits – Mekong et Kwangthong n'étaient pas distribuées dans les régions où l'on trouvait les marques Hong, et vice-versa. Une troisième compagnie, Pramuan-phon Distillery, à Nakhon Pathom, a lancé récemment sur le marché une gamme de whiskys bon marché sous trois labels différents : Maew Thong, Sing Chao Phraya et Singharat.

Les whiskys thaïlandais plus coûteux, visant les amateurs de Johnnie Walker, sont le Singharaj blended whisky (240 B la bouteille) et le VO Royal Thai (260 B).

Une distillerie produit un véritable rhum à base de sucre de canne : le Sang Thip (anciennement Sang Som). Il titre 40° et est supposé avoir vieilli avant sa commercialisation. Le Sang Thip coûte plusieurs bahts de plus que les whiskys de riz, mais ceux qui ne peuvent se faire au goût du Mekong et de ses homologues, pourront se rabattre sur celui-ci.

Alcools divers. Il existe un alcool meilleur marché que les précédents, c'est le *lâo khão* ou "alcool blanc" qui se présente sous deux variétés : légale et de contrebande. L'alcool légal est fait à partir de riz gluant et satisfait une demande locale. Il a la même teneur en alcool que le Mekong, mais coûte 50 à 60 B le klom, soit moitié prix. Il a un goût sucré et râpeux, beaucoup plus parfumé que l'alcool ambré – aucun additif ne peut masquer son goût particulier.

Les variétés illégales sont faites à partir de divers produits agricoles comme le palmier à sucre, le lait de coco, la canne à sucre, le taro et le riz. La teneur en alcool peut varier de 10° ou 12° à 95°. En général, ce *lâo thèuan* ("alcool de jungle") est plus faible dans le Sud et plus fort dans le Nord et le Nord-Est. C'est la "gnôle" des nombreux Thaïlandais qui n'ont pas les moyens de payer les lourdes taxes gouvernementales. Les prix varient, mais pour 10 à 15 B, vous en aurez suffisamment pour assommer trois ou quatre personnes. Ces alcools domestiques ou de contrebande se boivent sec suivis d'eau pure. Dans les petites villes, presque tous les petits restaurants (sauf, bien sûr, les restaurants musulmans) en gardent sous le comptoir pour le vendre. On ajoute parfois des racines et des aromates pour renforcer l'arôme et la couleur.

Les alcools d'herbes aromatiques sont très à la mode en ce moment ; les vendeurs le long des routes, les petits pubs et quelques pensions pourront vous en proposer. On les obtient en immergeant des herbes, des racines, des pépins, des fruits ou des écorces dans du lâo khão ; le produit fini s'appelle *yàa dong*. Beaucoup de ces yàa dong prétendent avoir des vertus prophylactiques. Certains sont fabuleux, d'autres écœurants.

Vin. Les Thaïlandais semblent apprécier de plus en plus le vin, mais leur consommation annuelle reste très basse comparée à celle des pays occidentaux. Diverses entreprises ont tenté de produire du vin en Thaïlande, avec des résultats souvent désastreux. Le dernier vignoble en date fut le Château de Loei, près de Phu Reua, dans la province de Loei. Le Dr Chaiyut, son propriétaire, dépensa force temps et argent pour étudier les méthodes de vinification occidentale. Son premier cru, un chenin blanc, est correct. Il est proposé dans de nombreux bons restaurants de Bangkok, Chiang Mai et Phuket.

(suite du texte de la page 160)

Nielles

Cet art originaire d'Europe s'est répandu à partir de Nakhon Si Thammarat. On le pratique depuis plus de sept siècles Le nielle est un alliage de plomb, d'argent, de cuivre et de soufre que l'on incruste sur de l'argent pour former des motifs noirs qui contrastent avec l'argent. Les nielles sont certainement un des meilleurs achats à faire en Thaïlande.

Poteries

Il existe une grande variété de poteries tournées à la main, anciennes et récentes, à travers tout le pays. Les plus connues sont les Sangkhalok, ou céladons thaïlandais dans les tons de vert, fabriquées dans la région de Sukhothai-Si Satchanalai, et le style *bencharong* ou "cinq couleurs", originaire de Thaïlande centrale. Ce dernier s'inspire de motifs chinois, tandis que le premier est particulier au pays et a été imité dans toute la Chine et l'Asie du Sud-Est. Les terres cuites non émaillées tournées dans le Nord et le Nord-Est présentent aussi des qualités esthétiques incontestables.

Autres artisanats

Un certain nombre d'artisanats locaux ont pu renaître grâce à SUPPORT (Supplementary Occupations and Related Technics), fondation créée par la reine Sirikit. Les collages et objets sculptés *málaeng tháp* en sont un bon exemple : il s'agit de couper et d'assembler artistement les carapaces et les ailes multicolores, aux reflets métalliques, de coléoptères femelles (*Sternocera aequisignata*) – ce sont des insectes foreurs de bois. On les récolte chaque année, après leur mort, au terme de leur cycle de reproduction (entre septembre et janvier). Bien qu'originaires du Nord et du Nord-Est, on les trouve dans toutes les boutiques d'artisanat du pays.

L'art du damasquinage (*kràm* en thaï) revit également. Cette technique consiste à incruster des filets d'or et d'argent sur une surface métallique gravée. On trouve de ravissants petits récipients et boîtes damas-quinés, dans les grands magasins de luxe et les boutiques d'artisanat haut de gamme.

Les *yaan lipao* sont des paniers savamment tressés à partir d'une herbe dure du sud de la Thaïlande.

Depuis que la reine et d'autres femmes de la famille royale portent de délicates bourses fabriquées selon cette technique, les yaan lipao sont devenus un "must" de la mode thaïlandaise. Vous trouverez facilement ce type de vannerie dans les capitales provinciales ou dans les boutiques d'artisanat local à Bangkok.

Mobilier

Les meubles en rotin et en bois durs sont souvent intéressants. On peut même commander un modèle de son choix, notamment à Bangkok et à Chiang Mai, qui offrent variété et qualité.

Le teck est devenu relativement rare et cher. Importé en majeure partie du Myanmar, son abattage contribue aussi à la déforestation de cette zone du monde. Le bois de rose, que l'on trouve plus facilement, est plus abordable.

Contrefaçons

A Bangkok, à Chiang Mai, et dans tous les centres touristiques, les contrefaçons de marques prolifèrent dans la rue : Lacoste, Ralph Lauren, Levi's, Reebok, Rolex, Dunhill, Cartier… tout, habillement ou montres, se revend. Personne ne cherche à les faire passer pour les originaux, du moins pas tous les vendeurs.

Les fabricants européens et américains sont en train de faire pression sur les gouvernements asiatiques pour qu'ils retirent ces objets de la vente, mais jusqu'ici sans succès. Les membres de l'International Trademark Association prétendent que 24% des griffes vendues en Thaïlande sont des contrefaçons ou des produits pirates, et ils affirment perdre 25 B, chaque fois qu'ils dépensent 100 B pour leurs produits, dans ce pays.

Mais sachez que certaines marques étrangères sont fabriquées sous licence, et tout à fait légalement, en Thaïlande. Elles offrent un bon rapport qualité/prix. Des jeans Levi's 501 authentiques, par exemple, ne vous coûteront que 10 $US. Néanmoins, à l'examen de certains articles, les détails ne trompent pas ; vous distinguerez aisément l'authentique de la contrefaçon.

Les cassettes audio constituent un autre commerce illégal de la Thaïlande. Les enregistrements sont "piratés", c'est-à-dire qu'aucun droit n'est versé aux propriétaires des droits d'auteurs. Une cassette piratée se vend environ 35 B. Le bruit court qu'elles disparaîtront prochainement, sur pression de l'industrie musicale américaine, mais cela reste une rumeur pour le moment.

En 1991, quatre des principaux industriels pirates (dont Peacock et Eagle) ont accepté de cesser de produire des cassettes non autorisées, mais à condition que la police pourchasse la myriade de petites compagnies occupant le marché. Depuis 1998, il est devenu difficile d'en trouver en dehors de Th Khao San, à Bangkok. Les cassettes autorisées, plus fiables mais pas toujours disponibles, coûtent de 88 à 110 B. Les cassettes de musique thaïlandaise sont au même prix.

Autres articles

Bangkok est célèbre dans le monde entier pour ses marchés : Pratunam, parc de Chatuchak, Khlong Toey, le quartier chinois, Banglamphu et beaucoup d'autres. Même sans l'intention de faire des emplettes, vous vous y promènerez avec plaisir.

Pour le shopping haut de gamme, les deux quartiers commerçants de Bangkok sont les abords de l'Oriental Hotel, autour de Th Charoen Krung (New), et le centre commercial relativement récent de River City, sur la rivière à côté du Royal Orchid Sheraton Hotel.

Les deux principales chaînes de grands magasins, Robinson et Central, ont plusieurs succursales à Bangkok et dans les grandes villes.

Comment s'y rendre

Depuis la France, vous trouverez des adresses, des témoignages de voyageurs, des informations pratiques et de dernière minute dans *Lonely Planet,* notre trimestriel gratuit (écrivez-nous pour être abonné), ainsi que dans le magazine *Globe-Trotters,* publié par l'association Aventure du Bout du Monde (ABM, 7, rue Gassendi, 75014 Paris, France, ☎ 01 43 35 08 95). Le *Guide du voyage en avion* de Michel Puysségur (48 F, éd. Michel Puysségur) vous donnera toutes les informations possibles sur la destination et le parcours de votre choix. Le Centre d'information et de documentation pour la jeunesse (CIDJ, 101, quai Branly, 75015 Paris, France, ☎ 01 44 49 12 00) édite des fiches très bien conçues : "Réduction de transports pour les jeunes" n°7.72, "Vols réguliers et vols charters" n°7.74, "Voyages et séjours organisés à l'étranger" n°7.51. Il est possible de les obtenir par correspondance : se renseigner sur Minitel 3615 CIDJ (1,29 FF la minute ; plus le coût des fiches : entre 10 et 15 FF) et envoyer votre chèque au service Correspondance.

Le magazine *Travels,* publié par Dakota éditions, est une autre source d'informations sur les réductions accordées aux jeunes sur les moyens de transports, notamment les promotions sur les vols. Il est disponible gratuitement dans les universités, lycées, écoles de commerce françaises.

Depuis la Belgique, la lettre d'information *Farang* (La Rue 8a, 4261 Braives) traite de destinations étrangères. L'association Wegwyzer (Beenhouwersstraat 24, B-8000 Bruges, ☎ (50) 332 178) dispose d'un impressionnant centre de documentation réservé aux adhérents et publie un magazine en flamand, *Reiskrand,* que l'on peut se procurer à l'adresse ci-dessus.

En Suisse, Artou (Agence en recherches touristiques et librairie), 8, rue de Rive, CH-1204 Genève, ☎ (022) 818 02 40 et 18, rue de la Madeleine, CH-1003 Lausanne, ☎ (021) 323 65 54, fournit des informations

sur tous les aspects du voyage. A Zurich, vous pourrez vous abonner au *Globetrotter Magazin* (Rennweg 35, PO Box, CH-8023 Zurich, ☎ (01) 211 77 80) qui, au travers d'expériences vécues, renseigne sur les transports et les informations pratiques.

VOIE AÉRIENNE

Les frais de voyage pour Bangkok dépendent beaucoup de votre point de départ. Cela dit, sachez que Bangkok est l'une des villes d'où les vols sont les moins chers au monde, en raison des très faibles restrictions gouvernementales imposées sur les tarifs en avion et de la forte concurrence entre les compagnies aériennes et les agences de voyages. Résultat : en cherchant un peu, vous ferez sûrement de vraies bonnes affaires. Si vous pouvez dénicher un aller simple pas trop onéreux pour Bangkok, prenez-le ; vous en trouverez un au même prix ou moins cher pour le retour une fois sur place.

En cherchant un billet, renseignez-vous sur les conditions des tarifs économiques, des tarifs excursion ou promotionnels les plus avantageux. A vous ensuite de décider lequel s'accorde le mieux avec vos souhaits. Les tarifs varient selon l'époque de l'année, avec une baisse de septembre à avril dans l'hémisphère Nord et de mars à novembre dans l'hémisphère Sud.

Aéroports et compagnies aériennes

La Thaïlande compte quatre aéroports internationaux, à Bangkok, à Chiang Mai, à Phuket et à Hat Yai. Les aéroports de Chiang Rai et de Sukhothai n'ont pour l'instant d''"international" que le nom car, au moment de la rédaction de cet ouvrage, ils n'assuraient que des vols intérieurs.

Depuis 1931, c'est Don Muang, un quartier du nord de Bangkok, qui constitue la plaque tournante du trafic aérien international depuis/vers la Thaïlande. A l'époque,

Imperial Airways (précurseur de ce qui deviendrait BOAC, puis British Airways) lança les premiers vols réguliers entre Londres et Bangkok, un voyage qui durait alors neuf jours ! Aujourd'hui, Don Muang abrite l'aéroport international de la capitale thaïlandaise, le plus actif de l'Asie du Sud-Est question départs et arrivées de vols réguliers. Nong Ngu Hao, un secteur à 20 km de Bangkok, devait accueillir un second aéroport international pour l'an 2000, mais la crise économique des années 1997-1998 en a voulu autrement et, malgré les 200 millions de dollars US déjà investis, le gouvernement thaïlandais a dû reporter le projet.

La société nationale Thai Airways International (THAI) assure la majorité du trafic aérien intérieur comme extérieur de Don Muang, mais 80 autres compagnies décollent et atterrissent aussi à Bangkok. Angel Airways, qui dessert principalement le pays, assure aussi des vols entre Singapour et Phuket, tandis que Bangkok Airways relie Bangkok à Siem Reap, au Cambodge.

Au chapitre suivant, *Comment circuler*, vous trouverez une liste des agences de la THAI pour les vols intérieurs, tandis que la rubrique *Comment s'y rendre* du chapitre *Bangkok* donne celle des agences des compagnies internationales installées dans la capitale thaïlandaise.

Pour plus d'informations sur les procédures d'arrivée et de départ de Bangkok, ainsi que les détails sur les navettes qui desservent les aéroports intérieurs et internationaux, consultez la rubrique *Avion* du chapitre *Comment circuler*.

Aéroport international de Bangkok.
Ces dix dernières années, les installations de cet aéroport ont fait l'objet de réaménagements coûteux (200 millions de dollars US) dont la construction de deux terminaux internationaux, qui comptent parmi les plus modernes et les plus commodes d'Asie.

On a également accéléré les procédures des services de l'immigration, même si elles paraissent encore longues aux heures de pointe des arrivées (de 11h du matin à minuit). Quant à la livraison des bagages, elle s'effectue assez rapidement.

Les services de douane disposent d'une allée verte pour les passagers n'ayant rien à déclarer ; empruntez-la si vous faites partie de cette catégorie et tendez votre formulaire à l'un des employés postés à la sortie. Les caddies sont en libre-service gratuit dans l'enceinte de l'aérogare.

Devises. Les bureaux de change (Thai Military Bank, Bangkok Bank, Krung Thai Bank) situés au rez-de-chaussée du hall d'arrivée et de la salle d'embarquement des deux terminaux proposent un bon taux. Il n'y a donc pas lieu d'attendre d'être arrivé au centre-ville, pour changer de l'argent en devises thaï. Chacune de ces banques disposent aussi de distributeurs automatiques de billets dans les aérogares, à l'arrivée et au départ.

Poste et communications. Au 3e étage du hall de départ (terminal 1) le bureau de poste et télécommunications fonctionne 24h/24. Le service Home Direct y est accessible. Il existe un deuxième bureau (ouvert sans interruption) dans la salle d'embarquement et un troisième (ouvert du lundi au vendredi, de 9h à 17h) dans le hall d'arrivée.

Au 2e étage du terminal 2 est installé un centre téléphonique CAT ouvert 24h/24 d'où l'on peut appeler l'étranger avec une carte de crédit, en PCV ou par le biais de Home Direct. Ce centre CAT abrite aussi des ordinateurs offrant un accès rapide au Net et à votre messagerie électronique. Comptez 300 B pour une carte CATnet (valable un an) et ouvrant droit à 5 heures de navigation sur le Web (à partir de ces terminaux ou n'importe quel autre terminal CAT en Thaïlande).

Consigne à bagages et chambres à la journée. Le hall de départ des deux terminaux dispose d'un service de consigne (40 B par bagage et par jour, trois mois maximum). Par ailleurs, moyennant 1 000 B les six heures, vous pourrez louer une chambre propre avec s.d.b., dans la salle de transit de l'aérogare 1.

Réservations d'hôtel. Au fond du hall d'arrivée des deux terminaux, le bureau de réservation de la THA (Thai Hotels Association) offre toutes sortes de possibilités d'hébergement en ville, uniquement dans unE gamme à peine supérieure à celle des pensions de famille (soit 900 B et au-dessus). Le personnel de la THA peut vous proposer des prix bien inférieurs à ceux affichés en ville. Par exemple, vous débourserez 1 600 B pour une double spacieuse à l'Asia Hotel, alors qu'elle est annoncée à 2 600 B.

Avertissement

Méfiez-vous des rabatteurs, à savoir toute personne qui tente de vous éloigner de la file d'attente des taxis ou vous demande où vous séjournerez à Bangkok. Ils sont nombreux et portent parfois un vêtement qui pourrait passer pour l'uniforme de l'aérogare ou d'une compagnie aérienne. Ils attendent toujours les nouveaux arrivants dans la salle de débarquement. A peine aurez-vous franchi la douane qu'ils ne vont cesser de vous harceler, en se faisant passer pour de serviables employés de l'office du tourisme. Leur but : obtenir une commission sur une course en taxi ou une chambre d'hôtel qui vous seront, du fait de la commission à verser, facturées beaucoup plus chères par les prestataires qu'ils ne le devraient. Si vous commettez l'erreur de mentionner l'établissement hôtelier où vous comptez descendre, il y a de fortes chances pour qu'ils vous annoncent que celui-ci est complet, et que vous devriez en choisir un autre (lequel leur versera un pourcentage, même s'ils s'en défendent). Il arrive qu'ils appuient leur boniment de toute une série de fabuleuses photos alléchantes ! Ne vous laissez pas duper, ces hôtels qui font appel à des rabatteurs sont souvent de catégorie inférieure et mal situés.

Des visiteurs nous ont signalé que la THA prétendait parfois qu'un établissement affichait complet, alors que c'était faux, afin de vous orienter vers un hôtel qui lui verse une plus importante commission. Si vous protestez, le personnel vous proposera d'appeler le "bureau de réservation" et au bout du fil, un complice vous confirmera que l'hôtel est bondé. Appelez vous-même l'établissement en question pour vous en assurer.

Il existe une ou deux autres agences de ce type dans le hall d'arrivée, mais la THA semble la plus fiable.

Alimentation. Au 4e étage du terminal 1, le **Rajthanee Food Mall**, petite cafétéria ouverte 24h/24, sert des plats thaï, chinois et européens à un prix raisonnable. Plus vaste, le restaurant **THAI** voisin pratique des tarifs nettement plus élevés. Au 2e étage des arrivées, un **coffee shop** vous accueille de 6h à 23h, de même que vous trouverez un petit **snack bar** dans la salle d'attente du rez-de-chaussée. La salle d'embarquement abrite deux **snack bars** où l'on boit des boissons alcoolisées.

C'est au **Thai food centre** que l'on se restaure pour les sommes les plus modiques. Cet endroit (ouvert de 8h à 21h) n'a pas d'enseigne ; on s'y rend par le couloir qui sépare les terminaux des vols internationaux de celui des vols domestiques. Pour consommer dans ce complexe, achetez, à un guichet séparé, des coupons remboursables servant à payer les plats (de 10 à 30 B) commandés à des stands individuels.

Quasiment à l'extrémité sud du terminal 2, le **Royal Hofbräuhaus**, vaste brasserie de style allemand (sans doute la première au monde dans un aéroport), occupe une partie du 4e étage. Dans un décor bavarois (directement importé), vous pouvez déguster des saucisses maison, des bretzels, des fromages, des salades, des potages et des sandwiches, le tout fort succulent. On vous y accueille toute la journée, sans interruption. Au même étage sont regroupés plusieurs établissements de type fast-food, parmi lesquels : **Swensen's, Bill Bentley**

Pub, *Burger King*, *Upper Crust* et *Pizza Hut*. Un restaurant chinois chic se trouve en face, tandis que plus au sud, le *Nippon Tei* sert une cuisine japonaise haut de gamme.

A l'extrémité sud du terminal 2, au niveau des départs, une boutique appelée *Puff and Pie* propose des feuilletés au curry et des pâtisseries façon Singapour, ainsi que d'autres en-cas.

A l'étage des arrivées de cet aérogare, on peut se restaurer dans un *KFC*. Sur la passerelle qui relie le terminal 1 à l'Amari Hotel, l'atmosphère paisible de l'*Airbridge Cafe* vous dépaysera des établissements aéroportuaires plus classiques.

Achats. Plusieurs nouvelles échoppes et boutiques de souvenirs se sont installées aux arrivées et départs des deux aérogares. Vous pourrez aussi effectuer vos achats hors taxe dans la salle d'embarquement.

Le terminal réservé aux vols intérieurs est mieux approvisionné en ouvrages et magazines. Si vous avez le temps de traverser la passerelle de l'hôtel Amari, vous trouverez une librairie encore plus complète dans la galerie marchande de l'établissement (au sud de la réception).

Commerces proches de l'aéroport. En empruntant la passerelle qui franchit la voie express (juste au nord du terminal pour passagers), vous atteignez le quartier commerçant de Don Muang, rempli de toutes sortes de magasins, d'une multitude de petits restaurants et d'échoppes pour manger sur le pouce. A une centaine de mètres de l'aérogare, vous trouverez même un marché et un wát pour vous recueillir.

On accède au luxueux et moderne *Amari Airport Hotel* (☎ 02-566 1020/1) par sa passerelle couverte et climatisée qui le relie directement au terminal 1. Entre 8h et 18h, vous pouvez vous y reposer pour 3 heures au maximum, moyennant un tarif spécial appelé "mini-séjours». Pour de plus amples renseignements, si vous souhaitez passer la nuit à Don Muang, consultez la rubrique *Où se loger* du chapitre *Bangkok*. L'Amari abrite également des restaurants tout à fait

corrects qui vous servent des plats italiens, japonais et thaï.

Desserte de l'aéroport. La rubrique *Comment s'y rendre* du chapitre *Bangkok* vous fournira tous les détails sur les transports reliant l'aéroport international à la capitale.

Billets

Bien que d'autres métropoles asiatiques soient maintenant aussi compétitives que Bangkok, la capitale thaïlandaise propose toujours de fort bonnes affaires, d'autant plus que le baht n'est pas une devise forte.

Notez cependant que certaines agences de voyages ont des pratiques scandaleuses : encaisser de l'argent et délivrer le billet avec retard voire pas du tout, fournir des billets dont la validité est limitée ou sujette à des restrictions sévères… Méfiez-vous des brebis galeuses, sans pour autant en faire une généralité.

Problèmes de réservation. La haute saison en Thaïlande se situe de décembre à mars, tandis qu'en Europe elle correspond aux vacances d'été et de Noël. Donc, quelle que soit la période, réservez aussi longtemps à l'avance que possible. Veillez également à confirmer votre vol de retour ou de continuation (cependant, la THAI vous dira que cela n'est pas nécessaire pour les billets qu'elle délivre). Une négligence peut vous faire perdre votre place.

Taxe d'embarquement

Tous les voyageurs quittant la Thaïlande par avion doivent acquitter une taxe internationale d'embarquement ("airport service charge") de 500 B.

Celle-ci n'est pas comprise dans le prix du billet, mais vous devez la régler au moment de l'enregistrement. Seul le baht étant accepté, veillez à conserver suffisamment de devises, pour éviter d'avoir à retourner dans un bureau de change.

Depuis octobre 1998, les passagers en transit/transfert à l'aéroport bénéficient d'une exemption de la taxe, s'ils doivent y revenir dans les 12 heures. Cette mesure concerne les 500 B que doivent verser les voyageurs en transit/transfert qui quittent temporairement l'aéroport. Il leur suffit de remplir un formulaire spécial à leur arrivée.

Depuis/vers l'Europe francophone

La Thaïlande est une destination sur laquelle vous avez toute chance de dénicherez quantité de vols très abordables, à divers prix et sur différentes compagnies.

A titre indicatif, un vol régulier, en tarif économique, Paris-Bangkok-Paris sur la Thai Airways International varie entre 4 050 et 5 250 FF, selon la saison. Sur Air France, comptez entre 4 150 et 5 351 FF. Voici les adresses de ces deux compagnies :

Air France
   119, avenue des Champs-Élysées, 75008 Paris
   (☎ 0 802 802 802)
Thaï Airways International
   23, avenue des Champs-Élysées, 75008 Paris
   (☎ 01 44 20 70 80, fax 01 45 63 75 69)

La liste des agences citées ci-dessous est indicative et non exhaustive. Les meilleurs tarifs que vous obtiendrez auprès de votre agent de voyage tournent autour de 3 600 FF au départ de Paris.

Asia
   1, rue Dante, 75005 Paris,
   (☎ 01 44 41 50 10)
Chinesco
   158, bd Massena, 75013 Paris,
   (☎ 01 45 85 98 64)
Le Monde de l'Asie et de l'Inde
   15, rue des Écoles, 75005 Paris,
   (☎ 01 46 34 03 20)
Nouveau Monde
   8, rue Mabillon, 75006 Paris
   (☎ 01 53 73 78 80)
   57, cours Pasteur, 33000 Bordeaux
   (☎ 05 56 92 98 98)
   8, rue Haxo, 13001 Marseille
   (☎ 04 91 54 31 30)
   20bis, rue Fourré, 44000 Nantes
   (☎ 02 40 89 63 64)
   226, chaussée de Vleurgat, 1050 Bruxelles
   (☎ 2 649 55 33)

Orients
   29 et 36 rue des Boulangers, 75005 Paris,
   (☎ 01 40 51 10 40, fax 01 40 51 10 41)
Voyageurs en Asie du Sud-Est
   55, rue Saint Anne, 75002 Paris
   (☎ 01 42 86 16 88)

Un aller-retour Bruxelles-Bangkok coûte environ 20 000 FB. Au départ de Genève, les tarifs les plus avantageux commencent vers 780 FS (taxes en sus).

En Belgique, vous pouvez contacter :

Tarifs aériens Bangkok/Asie

Destination	Prix approximatif d'un aller simple (en $US)
Asie	
Calcutta	130
Colombo	210
Delhi	189
Hong Kong	100
Djakarta	190
Katmandou	131 (207-242)*
Kuala Lumpur	115
Penang	90
Singapour	110 (160)*
Tokyo	260
Yangon (Rangoon)	120 (162)*
Australie et Nouvelle-Zélande	
Brisbane, Melbourne, Sydney	350
Darwin, Perth	250
Auckland	400
Europe	
Athènes, Amsterdam, Francfort, Londres, Paris, Rome, Zurich	380-400

*N.B. : les tarifs spéciaux aller-retour sont indiqués entre parenthèses.

Éole
   Chaussée Haecht 43, 1030 Bruxelles
   (☎ 2 550 01 00)
Connections
Le spécialiste belge du voyage pour les jeunes et
les étudiants. Plusieurs agences en Belgique :
   rue du Midi, 19-21, 1000 Bruxelles
   (☎ 2 512 50 60)
   av. Adolphe-Buyl, 78, 1050 Bruxelles
   (☎ 2 647 06 05)
   Nederkouter, 120, 9000 Gand
   (☎ 9 223 90 20)
   Rue Sœurs-de-Hasque, 7, 4000 Liège
   (☎ 41 23 03 75)

Et en Suisse :
Jerrycan
   11 rue Sautter, 1205 Genève
   (☎ 22 3 46 92 82)
SSR
   Coopérative de voyages suisse. Propose des
   vols à prix négociés pour les étudiants jusqu'à
   26 ans et des vols charters pour tous (tarifs
   un peu moins chers au départ de Zurich) :
   20, bd de Grancy, 1600 Lausanne,
   (☎ 21 617 58 11)
   3, rue Vignier, 1205 Genève,
   (☎ 22 329 97 33)
   Leonhardstrasse, 10, 8001 Zurich,
   (☎ 01-297 11 11)
   Baückerstrasse, 40, 8004 Zurich,
   (☎ 01-241 12 08)

Depuis/vers le Canada

Travel CUTS dispose de bureaux dans
toutes les grandes villes. Les voyagistes font
notamment de la publicité dans le *Globe &
Mail* de Toronto et le *Vancouver Sun*.

   Canadian Pacific relie Vancouver à
Bangkok, moyennant 950 $C environ l'al-
ler-retour, à condition d'acheter un billet
"excursion" à l'avance. Les voyageurs qui
résident dans l'est du Canada trouveront en
général les tarifs les plus avantageux au
départ de New York ou de San Francisco,
même en comptant le prix du trajet depuis
Toronto ou Montréal.

Fantastic Tours
   8060 rue Saint-Hubert, Montréal,
   Québec H2 R 2P3 (☎ 514 270 31 86)
Voyages Campus
   2085, av. Union, bureau L-8, Montréal,
   Québec H3 A 2C3 (☎ 514 284 13 68)

Tarifs aériens Asie/Bangkok	
Au départ de	Prix approximatif d'un aller simple (en $US)
Calcutta	150
Colombo	245
Hong Kong	140-200
Katmandou	210
Kuala Lumpur	110-165
Kunming	150
Manille	200-250
New Delhi	255
Phnom Penh	150
Siem Reap	125
Singapour	125-175
Taipei	250-375
Vientiane	100
Yangon (Rangoon	130

Depuis/vers l'Asie

Vers Bangkok. L'aéroport international de
Bangkok est relié par des vols réguliers à
toutes les grandes villes d'Asie, et les compagnies asiatiques pratiquent à peu près
toutes des prix semblables. Notez au passage
que ces mêmes itinéraires peuvent être vendus moins chers à l'extérieur de Bangkok.

   En 1999, les compagnies régionales du
Sud-Est asiatique ont passé un accord visant
à délivrer des coupons spéciaux pour le
transport aérien international entre les destinations de l'Asean (Association des
nations du Sud-Est asiatique). Moyennant
90 $US chacun, ces billets sont valables
pour un vol aller entre deux pays de cette
organisation. Cette convention vise à renforcer le tourisme dans cette région du
monde, lequel, hormis en Thaïlande, accu-
sait une baisse depuis le début de 1997.

**Vers les autres aéroports internatio-
naux de Thaïlande.** Les voyages à destination du Sud ou du Nord peuvent
emprunter un vol direct sans passer par

Bangkok. La THZI assure des liaisons sur Phuket au départ de Singapour et de Kuala Lumpur, sur Hat Yai au départ de Singapour, et sur Chiang Mai au départ de Singapour, Kuala Lumpur, Hong Kong, Pékin, Kunming, Yangon, Mandalay et Vientiane.

Seul l'aéroport international de Chiang Rai accueille des vols en provenance/à destination de Bangkok, mais la THAI souhaite vivement étendre ses liaisons aériennes à d'autres capitales d'Asie dans les prochaines années.

Bangkok Airways dessert Sukhotai, au départ de Chiang Mai et Bangkok. La compagnie espère étendre ses dessertes de Medan, Langkawi et Singapour, depuis Ko Samui.

Lignes régionales. Le ministère des Transports thaïlandais a autorisé plusieurs transporteurs internationaux à assurer des vols régionaux depuis vers le Myanmar (Birmanie), le Vietnam, le Laos et le Cambodge. parmi ces lignes effectuées depuis/vers la Thaïlande par des compagnies étrangères, citons : Kunming-Bangkok (China Yunnan Airways) ; Singapour-Phuket (Silk Air) ; Hong Kong-Phuket (Dragonair) ; Ipoh (en Malaisie)-Hat Yai (Malaysia Airlines) ; Bangkok-Phnom Penh (Royal Air Cambodge) ; Bangkok-Vientiane (Lao Aviation) ; Bangkok-Ho Chi Minh Ville (Vietnam Airlines).

VOIE TERRESTRE
Depuis/vers la Malaisie

Vous pouvez traverser la frontière sur la côte ouest en prenant un bus jusqu'au poste frontière d'un côté, puis un autre bus de l'autre côté. La route la plus directe semble être celle qui relie Hat Yai à Alor Setar et qu'empruntent les bus et les taxis, mais il existe un *no man's land* de 1 km entre le poste thaïlandais de Sadao (aussi connu sous le nom de Dan Nok) et le poste malais de Changlun.

Le plus simple consiste à gagner Padang Besar où la ligne de chemin de fer traverse la frontière. Là, vous pouvez emprunter un bus jusqu'à la frontière, traverser à pied et reprendre un taxi ou un bus de l'autre côté. De part et d'autre de la frontière, vous serez sûrement assailli par les chauffeurs de taxi et de motocyclette voulant vous emmener au poste d'immigration. Mieux vaut traverser le pont de chemin de fer à pied jusqu'en Thaïlande, ignorer les chauffeurs qui veulent des dollars malais, et prendre pour 40 B un taxi "officiel" qui vous transportera jusqu'à Hat Yai, avec arrêt au bureau d'immigration à 2,5 km de la frontière. Un vaste complexe rassemblant les services de douane et d'immigration, ainsi que les gares routière et ferroviaire, a été construit côté thaïlandais, allégeant sensiblement la corvée du transit.

Un bus quotidien assure la liaison Alor Setar, Hat Yai, Kota Baru et retour.

Un autre poste-frontière existe à Keroh (Betong, côté thaïlandais), à égale distance des côtes est et ouest. C'est une solution depuis l'ouverture de la route Penang-Kota Bharu.

Pour plus de détails sur Betong, consultez la rubrique *Province de Yala* dans le chapitre *Sud de la Thaïlande*. Dans ce même chapitre, compulsez aussi les paragraphes *Sungai Kolok* et *Ban Taba* dans la rubrique *Province de Narathiwat* si vous souhaitez passer la frontière par la côte est.

L'International Express, qui relie Singapour à Bangkok *via* Butterworth en Malaisie, est une façon pittoresque d'entrer en Thaïlande – dès lors que vous ne comptez pas sur une correspondance facile entre les trains de la Kereta Api Tanah Melayu (KTM) et ceux de la SRT (State Railway of Thailand). Le train thaïlandais part presque toujours à l'heure ; le train malais, lui, arrive rarement à l'heure.

Malheureusement, le train thaïlandais quitte la gare de Padang Besar même si l'express de Kuala Lumpur a du retard (ou la liaison en 2e classe depuis Butterworth). Pour plus de sécurité, achetez vos billets avec un jour de décalage entre les parcours malais et thaïlandais, et prévoyez de faire une étape à Butterworth/Penang.

De Bangkok à Butterworth/Penang.

L'express spécial quotidien n°11 quitte la gare de Hualamphong à Bangkok à 15h15 pour rallier Hat Yai le lendemain matin, à

Le B A BA du voyage en avion

Agences de voyages. Il en existe de toutes sortes : choisissez-en une qui répond à vos besoins. Vous recherchez le tarif le plus avantageux ? Adressez-vous à un spécialiste du vol à prix réduit. Vous voulez louer une voiture et réserver des chambres d'hôtel ? Prenez un véritable voyagiste.

Apex. (advance purchase excursion : voyage payé à l'avance) Tarif réduit applicable aux billets payés un certain temps avant le départ. Pénalités en cas de changement.

Bagages autorisés. Précision figurant sur le billet. En général, un bagage de 20 kg en soute, plus un bagage à main en cabine.

Billets à prix réduit. Il faut distinguer les réductions officielles (cf. Tarifs promotionnels) de toutes les autres. Les billets bradés ont souvent leurs points noirs (petites compagnies ; horaires, itinéraires ou correspondances peu commodes. Mais certains billets à prix réduit n'offrent pas qu'un intérêt pécuniaire : on peut souvent profiter des tarifs Apex sans avoir à réserver aussi longtemps à l'avance. En fait, les prix baissent sur les destinations où la concurrence est acharnée.

Cession de billets. Les billets d'avion sont personnels. Certains voyageurs essaient de revendre leur billet retour, mais sachez qu'on peut vérifier votre identité, surtout sur les vols internationaux.

Confirmation. La possession d'un billet avec numéro et date de vol ne vous garantit pas de place à bord tant que l'agence ou la compagnie aérienne n'a pas vérifié que vous avez bien une place (ce dont vous êtes assuré avec le signe OK sur votre billet). Sinon, vous êtes sur liste d'attente.

Contraintes. Les tarifs réduits impliquent souvent certaines contraintes (paiement à l'avance par exemple, cf. Apex). On peut également vous imposer une durée minimale et maximale de validité du billet (14 jours/1 an). Cf. Pénalités d'annulation.

Enregistrement. Les compagnies aériennes conseillent de se présenter au comptoir un certain temps avant le départ (une à deux heures pour les vols internationaux). Si vous ne vous présentez pas à temps à l'enregistrement et qu'il y ait des passagers en attente, votre réservation sera annulée et votre siège attribué à quelqu'un d'autre.

Liste d'attente. Réservation non confirmée (cf. Confirmation).

Passager absent. Empêchement grave, étourderie ou négligence, certains passagers ne se présentent pas à l'embarquement. En général, les passagers plein tarif qui ne se présentent pas à l'embarquement ont le droit d'emprunter un autre vol. Les autres sont pénalisés (cf. Pénalités d'annulation).

Passager débarqué. Le fait d'avoir confirmé votre vol ne vous garantit pas de monter à bord (cf. Surbooking).

Le B A BA du voyage en avion

Pénalités d'annulation. Si vous annulez ou modifiez un billet Apex, on vous facturera un sup-plément, mais vous pouvez souscrire une assurance couvrant ce type de pénalités. Certaines compagnies aériennes imposent également des pénalités sur les billets plein tarif, afin de dissuader les passagers fantômes.

Période. Certains tarifs réduits comme les tarifs Apex varient en fonction de l'époque de l'année (haute ou basse saison, avec parfois une saison intermédiaire).

En haute saison les tarifs réduits (officiels ou non) augmentent, quand ils ne sont pas tout bonnement supprimés. C'est généralement la date du vol aller qui compte (aller haute saison, retour basse saison = tarif haute saison).

Perte de billets. La plupart des compagnies aériennes remplacent les billets perdus et délivrent, après les vérifications d'usage, un billet de remplacement. Légalement cependant, elles sont en droit de considérer le billet comme définitivement perdu, auquel cas le passager n'a aucun recours. Moralité : prenez grand soin de vos billets.

Plein tarif. Les compagnies aériennes proposent généralement des billets de 1re classe (code F), classe affaires (code J) et classe économique (code Y). Mais il existe maintenant tant de réductions et tarifs promotionnels que rares sont les passagers qui paient plein tarif. Reportez-vous au paragraphe *Billets à prix réduit*.

Reconfirmation. Vous devez reconfirmer votre place 72 heures au moins avant votre retour (ou votre prochaine destination si vous faites un ou plusieurs arrêts), sinon la compagnie peut vous rayer de la liste des passagers.

En règle générale il est inutile de reconfirmer pour le premier vol d'un itinéraire, ou si l'arrêt a duré moins de 72 heures.

Standby. Billet à prix réduit qui ne vous garantit de partir que si une place se libère à la dernière minute. Souvent applicable aux seuls vols intérieurs.

Surbooking. Pour améliorer leur taux de remplissage et tenir compte des inévitables passagers fantômes, les compagnies aériennes ont l'habitude d'accepter plus de réservations qu'elles n'ont de sièges. En général, les voyageurs en surnombre compensent les absents, mais il faut parfois "débarquer" un passager. Et qui donc ? Eh bien, celui qui se sera présenté au dernier moment à l'enregistrement...

Tarifs promotionnels. Réductions officielles, comme le tarif Apex, accordées par les agences de voyages ou les compagnies aériennes elles-mêmes.

Titre de sortie. Certains pays ne laissent entrer les étrangers que sur présentation d'un billet de retour ou d'un billet à destination d'un autre pays. Si vous n'avez pas de programme précis, achetez un billet pour la destination étrangère la moins chère ; ou encore, prenez un billet auprès d'une compagnie fiable, après avoir vérifié qu'il vous sera remboursé si vous ne l'utilisez pas.

6h53, et Padang Besar à 8h. Toute personne arrivant à Padang Besar passe par l'immigration avant de monter à bord du train de la KTM n°99 qui arrive à Butterworth à 12h40, heure malaise (en avance d'une heure sur celle de la Thaïlande). Le billet pour Padang Besar coûte 767 B en 1re classe, 360 B en 2e classe, plus un supplément spécial express de 70 B, et de 250 B en compartiment climatisé. Il n'existe pas de 3e classe dans ce train.

Si vous voulez bénéficier d'une couchette en 2e classe, ajoutez 130 B pour une couchette supérieure, 200 B pour une couchette inférieure. En 1re classe, comptez 520 B par personne.

De Bangkok à Kuala Lumpur et Singapour. Pour Kuala Lumpur (KL), prenez les correspondances des chemins de fer thaïlandais et malaisiens pour Butterworth

L'Eastern et Oriental Express

En 1991, trois compagnies ferroviaires – la State Railway of Thailand (SRT), la Kereta Api Tanah Melayu (KTM, compagnie nationale malaise) et l'East & Oriental Express Co (Singapour) se sont associées pour acheter à la Venise-Simplon Express (compagnie française) le droit d'exploiter l'Orient Express entre Singapour et Bangkok. En somme, un Orient Express dont les points de départ et d'arrivée sont situés en Orient ! L'original, qui reliait Constantinople à Paris durant les années 1880-1900, passait pour le train le plus prestigieux du monde. Cette ligne ressuscitée voilà bientôt vingt ans, dans une version moderne, a remporté beaucoup de succès. Et la version Singapour-Bangkok semble connaître davantage de succès encore. Il s'agit par ailleurs du premier parcours ferroviaire reliant directement ces deux villes sans changement de train.

L'Eastern & Oriental Express circule à une vitesse de 60 km/h de moyenne et boucle son parcours Bangkok-Singapour (2 043 kilomètres) en une quarantaine d'heures – y compris une étape de 2 heures à Butterworth et une visite de Georgetown (Penang).

A bord des vingt-deux wagons importés de Nouvelle-Zélande, aménagés dans le style des années 30, les hôtes sont nourris, logés, distraits et choyés. Le décorateur qui a créé ce "bijou", dans le plus pur style Art déco (mobilier en tek, accessoires en laiton, tapisseries à l'ancienne) est un Français, celui-là même qui rénova l'Orient Express en Europe. Outre la locomotive, le wagon réservé au personnel et celui dévolu aux bagages, le train comporte deux wagons-restaurants, une voiture-salon, une voiture-bar et, enfin, en queue de convoi, une voiture panoramique à ciel ouvert. Les somptueuses cabines sont équipées de douches, de toilettes et de climatiseurs réglables. Les agents des wagons-lits restent dévoués 24h/24 aux passagers, dans la plus pure tradition.

Il vous en coûtera 1 300 $US pour la totalité du trajet en cabine ordinaire, ou 1 930 $US en cabine plus spacieuse et plus confortable. Sont aussi disponibles des suites présidentielles (une demi-voiture) pour 3 600 $US ! Ces tarifs comprennent quatre jours de pension complète et des excursions pendant le trajet. Des circuits courts sont également proposés de Bangkok ou Singapour à Butterworth, pour un peu plus de la moitié du prix, hôtels non compris. Les couples en voyage de noces représentent une bonne partie de la clientèle.

L'Eastern & Oriental Express étend le voyage jusqu'à Chiang Mai pour 800/1 150/2 000 $US.

A Singapour, vous pouvez réserver auprès de l'Eastern & Oriental Express Co (☎ 392 3500 ou 02-216 5940 à Bangkok), comme auprès de nombreuses agences de voyages dans ces deux villes. Ailleurs, vous obtiendrez des réservations et des informations en appelant les numéros suivants : France (☎ 01 55 62 18 00), Suisse (☎ 33-155 62 18 00).

(comme précisé ci-dessus), d'où vous emprunterez ensuite un express ou un express limité (ne disposant pas toujours de 1re classe). Des trains desservent Kuala Lumpur tôt le matin, à midi et le soir et le trajet dure de 6 à 7 heures. Plusieurs trains de jour relient Kuala Lumpur à Singapour, tôt le matin, tôt l'après-midi et le soir (un trajet de 6 à 8 heures, selon le type de train).

De Butterworth à Kuala Lumpur, les tarifs KTM en train express climatisé (places de 1re ou 2e classe uniquement et wagons-lits) sont les suivants : 67/34 $M en 1re/2e classe. Si vous voulez voyager en 3e classe (19 $M), vous ne pouvez voyager que par le train de nuit (EM). Le voyage de Butterworth à Singapour revient à 34 $M en express ou en train de 3e classe, et à 60 $M en express climatisé.

Adressez-vous aux guichets d'information des gares ferroviaires de Butterworth (☎ (04) 334-7962) et de Kuala Lumpur (☎ (03) 274-7435) pour tout renseignement complémentaire sur les horaires, les tarifs et les places disponibles sur les services malais et singapouriens.

Depuis/vers le Laos

Par la route. A proximité de Nong Khai, un nouveau pont sur le Mékong (long de 1 174 m et financé par l'Australie) a été inauguré en avril 1994. Baptisé "pont de l'Amitié" (Saphan Mittaphap Thai-Lao), il enjambe le fleuve entre Ban Jommani, côté thaïlandais, et Tha Na Leng, côté laotien (non loin de l'ancien car-ferry). La prochaine étape de ce projet verra la construction d'un pont de chemin de fer parallèle qui prolongera la ligne Bangkok-Nong Khai jusqu'à Vientiane.

La construction d'un second pont sur le Mékong pour relier Chiang Khong (en Thaïlande) et Huay Xai (Laos) fut entreprise au début de l'année 1996. Tout devait être fini en 1998, mais le projet a été abandonné en 1997, après la chute spectaculaire du bath. Si d'aventure on achève un jour sa construction, il desservira la Thaïlande et la Chine, par une route qui traverse les provinces de Bokeo et de Luang Nam Thai, au

---

Postes-frontières ouverts aux touristes étrangers

Voici les frontières où les employés des douanes et de l'immigration thaï autorisent le passage des étrangers.

Thaïlande	Malaisie
Betong	Keroh
Padang Besar	Kaki Bukit
Sadao	Changlun
Sungai Kolok	Rantau Pajang

Thaïlande	Laos
Chiang Khong	Huay Xai
Chong Mek	Pakse
Mukdahan	Savannakhet
Nakhon Phanom	Tha Khaek
Nong Khai	Vientiane

Thaïlande	Cambodge
Aranya Prathet	Poi Pet

Thaïlande	Myanmar
Mae Sai	Thakhilek (Tachilek)
Mae Sot	Myawadi*
Ranong	Kawthaung (Victoria Point)
Three Pagodas Pass (col des Trois Pagodes)	Payathonzu**

* Ce poste-frontière était fermé au moment de la rédaction de ce guide, mais il pourrait de nouveau être ouvert dans le futur.
** L'accès à Payathonzu n'est autorisé que pour la journée.

Laos (il s'inscrit dans l'ambitieux programme routier visant à relier Chiang Rai à Kumming, partiellement financé par l'Asian Development Bank. On prévoit actuellement aussi de créer un lien terrestre entre la Thaïlande et le Vietnam à la hauteur de Mukdahan (en face de Savannakhet) grâce à un nouveau pont sur le Mékong. Un programme semblable pour Nakhon Phanom (face à Tha Khaek, au Laos) est actuellement à l'étude.

La traversée par voie de terre entre Pakse (province de Champasak, Laos) et Chong Mek (province d'Ubon Ratchathani, Thaïlande) est autorisée pour les visiteurs étrangers. Désormais, vous n'avez plus besoin d'un visa spécial pour emprunter cet itinéraire. Un visa ordinaire pour le Laos suffit si vous venez de Thaïlande. Dans l'autre sens, on peut vous en délivrer un à l'arrivée, mais pour l'obtenir vous devrez peut-être vous rendre à Phibun Mangsahan (les employés de l'immigration de Chong Mek vous permettront de traverser la frontière), à proximité d'Ubon.

Train. En 1998 a été signé un contrat de collaboration entre le gouvernement laotien et une nouvelle société appelée la Lao Railways Transportation pour établir une voie ferrée au milieu du pont de l'Amitié. Au bout de deux années d'études préalables, il semble que la ligne devrait se prolonger jusqu'à Vientiane et Luang Prabang et devenir opérationnelle d'ici à quatre ans. Comme la plupart des programmes de transport au Laos, cela prendra vraisemblablement davantage de temps, si tant est que le projet aboutisse un jour.

Autre liaison ferroviaire à l'étude, un embranchement vers l'est qui partirait d'Udon Thani et franchirait le Mékong, rejoindrait Tha Khaek, Lao PDR, traverserait le Laos et finirait par rejoindre le réseau ferroviaire Ho Chi Minh ville-Hanoï (Vietnam).

Voie fluviale. Les voyageurs étrangers sont désormais autorisés à traverser le Mékong en ferry entre la Thaïlande et le Laos, aux points suivants : Nakhon Phanom (en face de Tha Khaek), Chiang Khong (en face de Huay Xai) et Mukdahan (en face de Savannakhet).

Pour leur part, les Thaïlandais peuvent emprunter ces différents points, plus une demi-douzaine d'autres répartis entre les provinces de Loei et de Nong Khai, notamment à Pak Chom, Chiang Khan, Beung Kan, Ban Pak Huay, Ban Nong Pheu et Ban Khok Phai. A la plupart de ces postes-frontières, Thaïlandais et Laotiens ne sont autorisés à passer la frontière que pour des excursions d'un jour. Dans quelques temps, il est probable que l'un de ces postes-frontières, voire plusieurs, soit également accessibles aux non-Thaïlandais.

Depuis/vers le Myanmar

Plusieurs postes-frontières entre la Thaïlande et le Myanmar sont ouverts pour la journée aux visiteurs, ou pour de courtes excursions dans le voisinage. Jusqu'à présent, aucun n'est relié par la route à Yangon, à Mandalay ou à d'autres villes. Vous n'êtes pas non plus autorisé à pénétrer en Thaïlande depuis le Myanmar.

Mae Sai-Tachilek. Ancien passage du Triangle d'or pour l'opium et l'héroïne, le pont Lo Hsing-han traverse la rivière Sai entre la ville la plus au nord de la Thaïlande et la ville frontalière de Tachilek (ou Thakhikek pour les Thai, les Shan et les Khün). Dans l'État shan (Myanmar) la rébellion shan n'a pas baissé les bras malgré la reddition de Khun Sa, en 1996, et continue de s'opposer aux troupes de Yangon. Selon la situation du moment, on peut obtenir des visas d'une durée de deux semaines maximum auprès du bureau de l'immigration birman, à la frontière même, pour se rendre jusqu'à Tachilek, voire plus au nord, jusqu'à Kengtung et Mengla. Vous pouvez aussi faire renouveler votre visa thaï à ce poste-frontière si vous souhaitez séjourner dans le Nord de la Thaïlande.

Il est toujours interdit, en revanche, de s'aventurer à l'ouest jusqu'à Taunggyi. Vous devrez repartir de là où vous venez *via* Tachilek. Entre 1994 et 1995, les combats qui opposèrent les rebelles shan aux troupes birmanes entraînèrent la fermeture de ce poste-frontière pendant plusieurs mois.

Une route terrestre reliant la Thaïlande à la Chine *via* Kengtung devrait bientôt être opérationnelle mais, pour l'instant, Kengtung marque toujours la fin du voyage. Si la route qui se prolonge à l'ouest depuis Kengtung vers Taunggyi est praticable, elle traverse cependant les cultures de pavot du Triangle d'or et constitue aussi fréquemment le théâtre d'affrontements entre l'armée shan et les troupes de Yangon. Les étrangers n'ont pas accès à cette route qui parcourt 163 km de Tachilek à Kengtung, puis 450 km de Kengtung à Taunggyi.

Plus au sud, dans le district thaïlandais de Mae Chan, il est possible de traverser la frontière à peu près partout – avec un guide local et sûr. Toutefois, c'est le pays de l'opium et les promeneurs du dimanche ne sont pas les bienvenus.

Col des Trois Pagodes. Point de passage séculaire pour les armées d'envahisseurs et la contrebande entre la Thaïlande et le Myanmar, ce col est l'un des postes-frontières les plus accessibles et les plus intéressants de la région.

Avec le contrôle des forces môn et karen par les Birmans, le commerce légal s'est développé à cet endroit. Côté birman, le village de Payathonzu (Trois Pagodes) est ouvert de façon intermittente aux étrangers pour les excursions d'une journée. Les voyageurs sont autorisés à pénétrer dans un périmètre d'une douzaine de kilomètres à l'intérieur du Myanmar, mais les routes sont si mauvaises que pratiquement personne ne se risque à entreprendre ce trajet. Consultez la rubrique *Province de Kanchanaburi* dans le chapitre *Centre de la Thaïlande*.

Mae Sot-Myawadi. A ce croisement commence une route en mauvais état qui va de Myawadi à Mawlamyine (Moulmein) *via* Kawkareik ; elle fut longtemps interdite aux étrangers en raison de la présence d'insurgés môn et karen. Des bus réguliers relient Tak à Mae Sot, dans la province septentrionale de Tak. En 1994, le gouvernement birman a signé un accord avec la Thaïlande concernant la construction d'un pont sur la Moei, entre Myawadi et Mae Sot (en réalité à 6 km de Mae Sot). Achevée et

ouverte en 1997, la travée a été rapidement fermée, en raison des querelles internationales concernant l'assèchement des rives du fleuve. On a réautorisé le pont en 1998 pour une courte période, avant de le refermer de nouveau. On peut espérer sa réouverture dans un avenir proche, si le problème est résolu. Jusqu'ici, lorsque le pont était accessible, on pouvait uniquement circuler entre Myawadi et Mae Sot ; il était interdit d'aller au-delà de Myawadi. La junte birmane de Yangon (Rangoon) affirme avoir le projet d'autoriser la circulation de Myawadi jusqu'à Pa-an, dans l'État Kayin.

Au nord de Myawadi se dresse Wangkha, tandis qu'au sud se trouve Phalu (Waley du côté thaïlandais), petits postes aujourd'hui contrôlés par Yangon, mais qui furent le théâtre de nombreuses escarmouches entre Karen et Môn. De Mae Sot à Tha Song Yang, au sud de Mae Sariang (côté thaïlandais) sont disséminés plusieurs camps de réfugiés karen (au moins 12 camps abritant environ 100 000 réfugiés), peuplés de civils qui ont fui les conflits armés entre Birmans et Karen, ainsi que de dissidents politiques. La situation a pris un tour particulièrement dramatique en 1995 lorsque des insurgés bouddhistes karen, appuyés par des troupes birmanes, ont défait les factions chrétiennes. La région constitue toujours un enjeu militaire important.

Chiang Dao. Une piste poussiéreuse bifurque à gauche, à 10 km au nord de Chiang Dao (dans la province de Chiang Mai), puis traverse la petite ville de Meuang Ngai et rejoint la frontière à Na Ok. Il y a un quart de siècle, c'était la route privilégiée de l'opium venant du Myanmar. Aujourd'hui, les principales marchandises acheminées sont des buffles et des objets de laque. Mieux vaut toutefois rester sur ses gardes dans cette région.

Prachuap Khiri Khan. Passage obligé pour le col de Mawdaung, entre Ban Huay Yang et Tanintharyi, cette route sert surtout à l'acheminement clandestin du bois en provenance du Myanmar. Ce trafic est davantage le fait d'ethnies môn et karen que du gouvernement birman lui-même. Autrefois contrôlé par les forces karen de l'Union nationale karen et de l'armée de libération nationale karen, ce "poste" est à nouveau aux mains des troupes de Yangon. Avec l'aide d'un guide connaissant bien la région, vous pouvez vous rendre à Dan Singkon.

Depuis/vers le Cambodge

Depuis le début de 1998, il existe une frontière officielle entre le Cambodge et la Thaïlande, à Aranya Prathet, en face de la ville cambodgienne de Poi Pet. Si vous arrivez du Cambodge par le train ou la route, vous n'avez pas besoin d'un visa thaï (c'est-à-dire qu'on vous délivrera un visa touristique gratuit de 30 jours à votre arrivée), mais dans l'autre sens, il vous faudra un visa cambodgien à requérir auprès de l'ambassade de ce pays, à Bangkok.

Lorsque vous arrivez à la frontière Cambodge-Thaïlande, les autorités cambodgiennes appliquent en principe une "taxe de sortie" exigée en dollars US. Le poste est ouvert tous les jours de 8h à 18h. Il vous faudra prendre un taxi ou une moto pour accomplir les 4 km qui séparent la frontière de la ville d'Aranya Prathet proprement dite, d'où partent des bus et des trains réguliers pour Bangkok et d'autres destinations du Nord-Est de la Thaïlande (voir *Aranya Prathet* dans le chapitre *Le Centre*). Les autres points de passage de la frontière ne seront pas sûrs tant que les mines et les pièges hérités de la guerre entre les Khmers rouges et les Vietnamiens n'auront pas été enlevés. Les voyageurs sont parfois autorisés à se rendre au Cambodge par voie maritime *via* Hat Lek, mais ne comptez pas trop sur cette possibilité.

Chine

Par la route. Les gouvernements thaïlandais, laotien, chinois et birman se sont mis d'accord pour entreprendre la construction d'un réseau routier circulaire desservant leurs quatre pays. La partie occidentale de la boucle reliera Mae Sai (Thaïlande) à Jinghong (Chine) *via* Tachilek (Myanmar, en face de Mae Sai) et Kengtung (près de Dalau, sur la frontière sino-birmane), tandis que le tronçon oriental ira de Chiang Khong (Thaïlande) à Jinghong *via* Huay Xai (Laos, en face de Chiang Khong) et Boten (Laos, sur la frontière du Yunnan, au sud de Jinghong).

La portion entre Tachilek et Dalau est actuellement en travaux mais, en deux ou trois jours, on peut aller jusqu'aux villages shan du Myanmar (voir le paragraphe *Mae Sai* dans la rubrique *Province de Chiang Rai*). Il existe déjà une route entre Huay Xai et Boten. Construite par les Chinois dans les années 60-70, elle aurait grand besoin d'être refaite. Lorsque ce réseau deviendra opérationnel et une fois les formalités de visas arrêtées, il permettra aux voyageurs de choisir leur itinéraire pour aller de Chine en Asie du Sud-Est. Et, tout comme la route du Karakorum, ce réseau forgera de nouveaux liens entre tous ces pays. Il est difficile d'avancer une date mais, si l'on en juge par la progression des travaux, tout devrait être en place avant 2005.

Voie fluviale. Remonter le Mékong jusqu'au Yunnan offre une troisième possibilité de rallier la Chine. A la suite de nombreuses études sur cette voie fluviale, un bateau express, spécialement conçu pour l'occasion, a fait sa croisière inaugurale début 1994, de Sop Ruak (province de Chiang Rai) au Yunnan (Chine). Pour l'heure, l'autorisation d'emprunter cette voie n'est accordée qu'aux très rares groupes en voyage organisé. Mais l'on peut raisonnablement supposer que des lignes régulières seront à la disposition du public dans un proche avenir.

Ce trajet dure 6 heures (un gain de temps considérable sur le trajet terrestre) quel que soit l'itinéraire choisi.

Projet ferroviaire

En 1995, l'Asean a projeté de finaliser une liaison ferroviaire totale de Singapour à la Chine, *via* la Malaisie, la Thaïlande, le Laos, le Cambodge et le Vietnam. A l'exception du Laos et du Cambodge, les voies ferroviaires existent. Il est prévu une extension pour traverser le Mékong au pont de l'Amitié. Si on la complète, cette ligne pourrait un jour se raccorder à une autre ligne nord-sud projetée entre Vientiane et Savannakhet (Laos), puis à une jonction ouest-est entre Savannakhet et Dong Ha.

VOIE MARITIME
Depuis/vers la Malaisie

Par mer, différentes possibilités s'offrent à vous pour voyager entre la Malaisie et la péninsule sud de la Thaïlande. La plus simple est de prendre un long-tail boat entre Satun, à la pointe sud-ouest de la Thaïlande, et Kuala Perlis.

Les liaisons par bateau, assez régulières, coûtent environ 5 $M ou 50 B. Vous pouvez également emprunter un ferry jusqu'à l'île malaise de Langkawi, au départ de Satun. Les deux ports bénéficient de bureaux d'immigration, vous traversez la frontière de manière tout à fait officielle.

Depuis Satun, un bus vous mène à Hat Yai, d'où vous pouvez arranger votre transport vers d'autres destinations au sud. Il est possible d'éviter Hat Yai en allant directement à Phuket ou à Krabi *via* Trang.

Il existe aussi un ferry pour Ban Taba, sur la côte est thaïlandaise, qui part près de Kota Bharu. Voir les paragraphes *Sungai Kolok* et *Ban Taba* dans la rubrique *Province de Narathiwat*.

Consultez la rubrique *Phuket* du chapitre *Sud de la Thaïlande* pour tout renseignement concernant les yachts à destination de Penang et des autres ports.

Des liaisons intermittentes en ferry assurent également le transport de passagers entre Pulau Langkawi et Phuket. Comme de tels services ne semblent guère durer plus de neuf mois, mieux vaut vous renseigner auprès des agences de voyage locales.

Myanmar

Vous pouvez relier en bateau Kawthaung, dans la division birmane de Tanintharyi et le port de Ranong, en Thaïlande, *via* le golfe de Martaban et l'estuaire de Pakchan. On peut désormais quitter légalement le Myanmar depuis Kawthaung, de même

Attention

Les informations contenues dans ce chapitre sont données à titre indicatif : les prix des voyages internationaux sont sujets à fluctuations ; de nouvelles routes se créent, d'autres se ferment ; les horaires changent, les offres promotionnelles vont et viennent, les lois et les règlements concernant les visas peuvent être modifiés. Les compagnies aériennes et les gouvernements semblent prendre un malin plaisir à compliquer sans cesse barèmes et législation. Nous vous conseillons de vérifier directement auprès de la compagnie ou de votre agence les tarifs et les conditions de validité des billets. En outre, l'industrie du voyage étant de plus en plus compétitive, de nombreux bonus et réductions sont à saisir.

En résumé, glanez le maximum de renseignements et d'avis auprès de diverses agences et compagnies avant de vous engager. Considérez les précisions que nous vous donnons comme de simples repères. En aucun cas, elles ne peuvent suppléer vos propres investigations, plus récentes.

qu'un visa ne vous sera pas nécessaire pour pénétrer en Thaïlande, si vous y demeurez 30 jours au plus. Dans l'autre sens, il ne vous faudra pas de visa birman non plus, si vous y passez la journée ; en revanche, si vous y restez la nuit ou continuez plus au nord, vous devrez posséder un visa birman en cours de validité.

VOYAGES ORGANISÉS

Depuis la France, voici une liste, non exhaustive, de voyagistes spécialisés :

Asia
    3, rue Dante, 75005 Paris
    (☎ 01 43 26 10 35)
Chinesco
    158, bd Masséna, 75013 Paris
    (☎ 01 45 85 33 44 et 01 45 85 98 64)

Explorator
    16, rue Banque, 75002 Paris
    (☎ 01 53 45 85 85, fax 01 42 60 80 00)
Fuaj (Fédération unie des auberges de jeunesse)
    Plusieurs adresses à Paris dont :
    9, rue Brantôme, 75003 Paris
    (☎ 01 48 04 70 40, Minitel 3615 Fuaj)
Le Monde de l'Inde et de l'Asie
    15, rue des Écoles, 75005 Paris
    (☎ 01 46 34 03 20)
Nouveau Monde
    8, rue Mabillon, 75006 Paris (☎ 01 43 29 40
    40) ; 57, cours Pasteur, 33000 Bordeaux
    (☎ 05 56 92 98 98)

8, rue Bailli-de-Suffren, 13001 Marseille
    (☎ 04 91 54 31 30)
6, place Édouard-Normand, 44000 Nantes
    (☎ 02 40 89 63 64)
En Belgique : 226, chaussée de Vleurgat,
    1050 Bruxelles (☎ (2) 649 55 33)
Terres d'Aventure
    16, rue Saint-Victor, 75005 Paris
    (☎ 01 43 29 94 50)
    9, rue des Remparts-d'Ainay, 69002 Lyon
    (☎ 04 78 42 99 94, Minitel 3615 Terdav)
Voyageurs en Thaïlande
    55, rue Sainte-Anne, 75001 Paris
    (☎ 01 42 86 16 88)

Comment circuler

AVION
Vols intérieurs

La Thaïlande compte trois compagnies aériennes intérieures : Thai Airways International (plus connue sous le nom de THAI), Bangkok Airways et Angel Airways. Elles assurent des liaisons sur vingt-six villes dans le pays. Un autre transporteur aérien, Orient Express Air, a desservi quelques lignes de moindre importance entre le Nord et le Nord-Est, mais l'expérience n'a duré que quelques années.

La plupart des lignes intérieures thaïlandaises sont exploitées par la THAI. Certaines lignes méridionales, pour Hat Yai par exemple, se prolongent vers la Malaisie (Penang, Kuala Lumpur), Singapour et Brunei (Bandar Seri Begawan).

La carte des transports aériens et ferroviaires donne quelques tarifs sur les lignes principales.

Notez que les trajets directs reviennent souvent moins cher que ceux avec escales (le billet Chiang Rai-Bangkok, par exemple, coûte moins qu'un billet séparé de Chiang Rai à Chiang Mai puis de Chiang Mai à Bangkok), ce qui n'est pas forcément vrai sur les lignes internationales.

Forfaits ("pass") aériens

La THAI propose parfois à ses clients des coupons spéciaux, seulement disponibles hors de Thaïlande et payables en monnaie étrangère. 260 $US, ces coupons, appelés "Discover Thaïland fare", donnent droit à quatre vols intérieurs – quelle que soit la destination – sous réserve de ne jamais emprunter la même ligne plusieurs fois. Cette formule ne vous fera pas franchement faire d'économie car il est pratiquement impossible, en partant de Bangkok, d'éviter des allers-retours. En outre, la faible valeur du baht rend bien plus intéressant l'achat sur place des vols intérieurs. Pour plus d'information, adressez-vous à une agence THAI hors de la Thaïlande.

Taxe aérienne intérieure

Tous les vols intérieurs incluent désormais dans leur prix une taxe aérienne de 30 B.

Agences THAI

Pour tous ses vols domestiques, la compagnie dispose de bureaux dans toute la Thaïlande :

Bangkok
   siège (☎ 02-545 3889)
   89 Th Vibhavadi Rangsit
   (☎ 02-234-3100/19)
   Silom Plaza Building, 3rd to 5th floor,
   485 Th Silom
   (☎ 02-280 0100, 280 0110,
   réservation. 280 0060, 628 2000)
   6 Th Lan Luang ;
   (☎ 02-215 2020/1)
   Asia Hotel, 296 Th Phayathai
   (☎ 02-223 9745/50)
   N°310-311, Grand China Tower, 3rd floor,
   215 Th Yaowarat
   (☎ 02-992 6794/7)
   64-65 Th Phahonyothin, room G
   (☎ 02-535 2081/2, 523 6121)
   Aéroport international de Bangkok,
   Don Muang
Chiang Mai
   (☎ 053-210042, 211541,
   réservation. 210043, 211044)
   240 Th Phra Pokklao
   (☎ 053-277782, 277640, 277515)
   Aéroport international de Chiang Mai
Chiang Rai
   (☎ 053-711179, 715207)
   870 Th Phahonyothin
Hat Yai
   (☎ 074-245851/2, 230446, 244282,
   réservation. 233433)
   166/4 Th Niphat Uthit 2 ;
   (☎ 074-246487)
   Aéroport international de Hat Yai
Khon Kaen
   (☎ 043-236523, 238835)
   183/6 Th Maliwan
Lampang
   (☎ 054-217078, 218199)
   314 Th Sanambin
Loei
   (☎ 042-812344, 812355)
   22/15 Th Chumsai

Mae Hong Son
 (☎ 053-611297, 611194)
 71 Th Singhanat Bamrung
Mae Sot
 (☎ 055-531730, 531440)
 76/1 Th Prasat Withi
Nakhon Ratchasima (Khorat)
 (☎ 044-257211/5)
 14 Th Manat
Nakhon Si Thammarat
 (☎ 075-342491, 343874)
 1612 Th Ratchadamnoen
Nan
 (☎ 054-710377, 710498)
 34 Th Mahaphrom
Narathiwat
 (☎ 073-511161, 513090/2)
 322-324 Th Phuphaphakdi
Nong Khai
 (☎ 042-411530)
 102/2 Th Chonpratan
Pattani
 (☎ 073-349149)
 9 Th Prida
Pattaya
 (☎ 038-426286/7, 423804)
 Royal Cliff Beach Resort, Th Cliff
Phitsanulok
 (☎ 055-258020, 251671)
 209/26-28 Th Borom Trailokanat
Phrae
 (☎ 054-511123)
 42-44 Th Ratsadamnoen
Phuket
 (☎ 076-211195, 212499, 212946)
 78/1 Th Ranong ;
 (☎ 076-327144, 327246)
 Aéroport international de Phuket
Sakon Nakhon
 (☎ 042-712259/60)
 1446/73 Th Yuwaphattana
Songkhla
 (☎ 074-311012, 314007)
 2 Soi 4, Th Saiburi
Surat Thani
 (☎ 077-273710, 273355, 272610)
 3/27-28 Th Karunarat
Tak
 (☎ 055-512164)
 485 Th Taksin
Trang
 (☎ 075-218066, 219923)
 199/2 Th Visetkul
Ubon Ratchathani
 (☎ 045-313340/4)
 364 Th Chayangkun

Udon Thani
 (☎ 042-246697, 243222)
 60 Th Mak Khaeng

Bangkok Airways

Propriété de la Sahakol Air, la Bangkok Airways assure quatre lignes principales : Bangkok-Sukhothai-Chiang Mai, Bangkok-Ko Samui-Phuket, Bangkok-Ranong-Phuket et U Taphao (Pattaya)-Ko Samui.

Les tarifs pratiqués par Bangkok Airways sont compétitifs par rapport à ceux de la THAI. Reste à savoir si cette modeste compagnie va rester un sérieux concurrent ou non.

Son siège est installé dans le Queen Sirikit National Convention Centre, Thanõn (Th) Ratchadaphisek, Khlong Toey, Bangkok 10110 (☎ 02-229 3456 , fax 229 3454). Vous trouverez d'autres agences de Bangkok Airways à Chiang Mai, Ranong, Sukhothai, Phuket, Pattaya et Ko Samui.

Angel Airways

Cette jeune compagnie a vu le jour en 1998. Elle est venue occuper les créneaux laissés vacants sur certaines lignes intérieures, comme Chiang Mai- Udon Thani qui n'était plus desservie depuis la disparition d'Orient Express Air. Elle assure également les liaisons Bangkok-Chiang Mai et Bangkok-Phuket, et des vols internationaux entre Singapour et Phuket.

La compagnie Angel Airways a installé son siège à l'aéroport international de Bangkok (☎ 02-535 6287). Elle est également présente aux aéroports internationaux de Chiang Mai (☎ 053-270222) et de Phuket (☎ 076-351337), à l'aéroport d'Udon Thani (☎ 042-346989), ainsi qu'à l'aéroport international de Singapour (☎ 65-541 3120).

Aéroport de Don Muang

Cet aéroport qui accueille les vols uniquement domestiques se trouve à quelques centaines de mètres au sud de l'aéroport international. Il dispose d'une poste et de services téléphoniques au rez-de-chaussée, d'un snack-bar dans le hall des départs et

TARIFS AÉRIENS ET RÉSEAU FERROVIAIRE

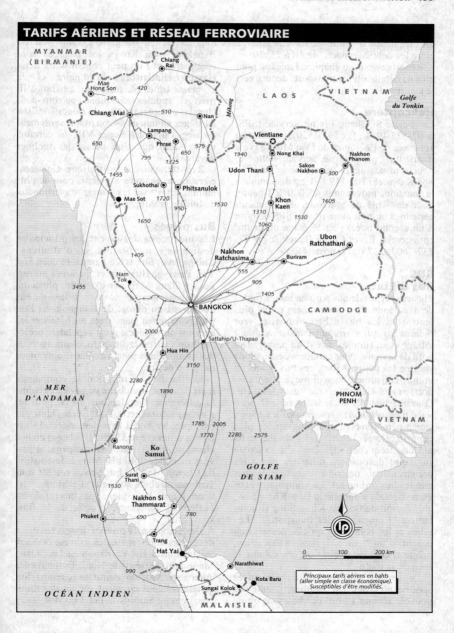

Principaux tarifs aériens en bahts
(aller simple en classe économique).
Susceptibles d'être modifiés.

d'un restaurant au 2e étage. La THAI assure tous les quarts d'heure une navette gratuite entre les deux aéroports, de 6h à 23h20.

Reportez-vous au chapitre *Bangkok* pour plus de détails sur les transports depuis/vers le centre-ville.

Hélicoptère

La société Si Chang Flying Service (SFS, ☎ 02-535 4914 ; fax 535 3520), installée au 1er étage de l'aéroport de Don Muang (vols intérieurs), propose un service héliporté pour sept passagers (pilote non compris). Son Kawasaki BK-117 B-1 est disponible à la location, moyennant 45 000 B l'heure, pour des vols de tourisme, des enquêtes aériennes ou tout autre usage. SFS dispose d'un second bureau au 5e étage du centre commercial River City à Bangkok (☎ 02-237 7607, 237 0077, poste 463).

BUS
Bus d'État

Plusieurs types de bus parcourent les routes de Thaïlande. Les moins chers et les plus lents sont les bus d'État ordinaires *(rót thamádaa)* qui s'arrêtent dans le moindre village et au simple signe d'un passager au bord de la route. Pour certaines destinations comme les petites ville , ces bus peints en orange constituent le seul moyen de transport, mais leur service est fréquent. D'autres bus d'État *(rót ae* ou *rót pràp aakàat* ou *rót thua)*, reconnaissables à leurs signes peints en bleu, sont plus rapides, plus confortables et climatisés. En revanche, ils ont une fréquence moindre. S'il en existe sur votre destination, n'hésitez pas à les prendre car ils ne coûtent guère plus cher que les bus ordinaires. La compagnie gouvernementale s'appelle la Baw Khaw Saw, abréviation de Borisat Khon Song (littéralement "Compagnie des transports"). Les villes et les bourgades qu'elle dessert disposent d'un terminal Baw Khaw Saw, même si ce n'est parfois qu'une cabane le long de la route.

Le service des bus d'État climatisés apporte bien des satisfactions, comme de pouvoir acheter à bord des boissons ou de regarder des vidéos. Sur les lignes les plus longues (telles Bangkok-Chiang Mai ou Bangkok-Nong Khai), les bagages sont enregistrés et l'on peut choisir entre deux classes climatisées, l'ordinaire et la 1re classe (dotée de toilettes). Les bus VIP (parfois appelés *rót nawn* ou bus-couchettes) comptent moins de sièges (de 30 à 34 sièges au lieu de 44, ou même seulement 24 sièges pour les Super VIP sur certains trajets) afin que l'on puisse les incliner davantage.

Reportez-vous à la rubrique *Comment circuler* du chapitre *Bangkok*, pour de plus amples détails sur les principaux terminaux de bus de la ville.

Bus privés

Les bus privés desservent les principales destinations touristiques et d'affaires : Chiang Mai, Surat, Ko Samui, Phuket, Hat Yai, Pattaya, Hua Hin et quelques autres. Pour Chiang Mai, par exemple, plusieurs compagnies proposent des services de bus quotidiens au départ de Bangkok. Si l'on peut réserver sa place dans les hôtels et les agences de voyages, il est cependant préférable de s'adresser directement aux agences des compagnies pour être sûr d'obtenir ce que l'on désire.

Les tarifs varient selon la compagnie mais dans une fourchette de quelques bahts, la différence avec les bus d'État pouvant s'avérer substantielle. Pour Surat Thani, par exemple, les bus d'État demandent 180 B en bus ordinaire et 335 B (1re classe) en bus climatisé, tandis que les compagnies privées demandent 460 B. Mais à destination de Chiang Mai, les bus privés restent souvent moins chers que ceux d'État. Sur certaines lignes, la fréquence des bus privés est également supérieure à celle de la Baw khaw Saw.

Les compagnies privées desservent aussi des lignes inter-régionales, comme Nakhon Si Thammarat-Hat Yai dans le Sud et Chiang Mai-Sukhothai dans le Nord. De nouvelles compagnies apparaissent tout le temps. Sur certaines lignes circulent surtout des minibus, comme Surat-Krabi et Tak-Mae Sot.

Les bus privés climatisés n'offrent pas plus de confort que leurs homologues d'État : l'étroitesse des sièges est la même et le style de conduite vous fera tout autant dresser les cheveux sur la tête.

Pendant les trajets de nuit, le bus s'arrête généralement en chemin et les passagers sont invités à descendre se sustenter d'un repas gratuit de riz sauté ou de soupe au riz. Certaines compagnies servent même un repas avant de partir.

Sur les longs trajets, les sociétés de bus privées offrent également un service VIP (couchettes). En règle générale, les compagnies routières fréquentées par les Thaïlandais font un effort pour contenter leurs clients, alors que les bus affrétés pour les touristes, notamment ceux qui partent de Th Khao San (Khao San Rd), offrent peu de confort et une médiocre qualité de service.

Hors de Bangkok, il est plus sûr de s'en remettre aux compagnies de bus privées qui partent des trois terminaux officiels de la Baw Khaw Saw, plutôt qu'à celles qui proposent de vous prendre en charge devant les hôtels ou les pensions.

Sachez de toute façon que la prise en charge de passagers hors de ces terminaux officiels est illégale et que les promesses des chauffeurs restent souvent sujettes à caution.

Qualité du service

Bien qu'en moyenne, les compagnies privées pratiquent des tarifs plus élevés que leur homologue gouvernemental, le service n'est pas toujours proportionnel au supplément de prix demandé. Ces dernières années, il aurait même tendance à régresser, surtout sur les lignes Bangkok-Chiang Mai, Bangkok-Ko Samui, Surat-Phuket et Surat-Krabi.

Parfois, les compagnies bon marché – surtout celles dont on réserve les billets dans les agences de Th Khao San à Bangkok – remplacent à la dernière minute le spacieux bus climatisé annoncé par une fourgonnette bondée à la climatisation défaillante. Pour cette raison, il vaut toujours mieux réserver les places directement à l'agence de la compagnie – ou au terminal

de la Baw Khaw Saw – que dans une agence de voyages.

L'autre inconvénient des compagnies privées est l'attente et, souvent, le non-respect des horaires, faute d'un nombre suffisant de passagers à bord.

Sécurité

Mentionnons également que, d'un point de vue statistique, les bus privés ont plus d'accidents que les bus d'État climatisés. Cela est dû à la priorité donnée au respect du temps de parcours – les Thaïlandais font leur choix en fonction de la réputation de rapidité d'une compagnie.

Par ailleurs, comme leurs tarifs sont plus élevés, les compagnies privées attirent la clientèle thaïlandaise aisée et les étrangers, a priori plus attractifs pour les bandits de grand chemin ! Afin de dissuader ces pratiques (qui, au cours des années 80, avaient pris des proportions inquiétantes dans le Sud), il y a des contrôles de police impromptus dans les bus, avec vérification des papiers et prise de photos ou de vidéos. Mais on n'entend quasiment plus parler aujourd'hui d'agressions de la sorte.

Dans les bus d'État ordinaires, on ne rencontre pas ce genre de difficulté ; dans les bus d'État climatisés, très rarement, et encore moins sur le réseau ferroviaire qui reste encore le moyen de transport le plus sûr. Si les vols et les accidents sont relativement rares (plus fréquents néanmoins qu'ils ne devraient l'être), compte tenu du nombre de bus qui circulent tous les jours, il faut néanmoins toujours garder l'œil sur ses bagages pour éviter un vol à la tire, le plus pratiqué en Thaïlande. Mais le risque n'est pas si considérable. Soyez juste vigilant.

Les pratiques dont on parle semblent particulièrement affecter les bus privés de la ligne Bangkok-Chiang Mai, surtout ceux dont les réservations se prennent sur Th Khao San. Fermez bien vos sacs à fermeture éclair avec un cadenas.

TRAIN

Le réseau ferroviaire thaïlandais, géré par la compagnie d'État SRT (State Railway of

Thailand), offre une qualité surprenante. C'est le meilleur des transports publics. La 3e classe constitue souvent le moyen le plus économique pour couvrir de longues distances. La 2e classe équivaut à peu près à une excursion en bus privé, avec l'avantage supplémentaire de la sécurité et du confort. Le train met un peu plus longtemps que le bus mais, sur les trajets de nuit notamment, il vaut bien ce délai supplémentaire.

Réseau ferroviaire

Quatre lignes principales parcourent 4 500 km en traversant les quatre régions du Sud, du Nord, du Nord-Est et de l'Est de la Thaïlande.

Il existe des lignes secondaires, notamment entre Nakhon Pathom et Nam Tok (avec arrêt à Kanchanaburi) à l'ouest de la région Centre, et entre Tung Song et Kantang (arrêt à Trang) dans le Sud.

La ligne sud bifurque à Hat Yai, une ligne rejoignant Sungai Kolok en Malaisie *via* Yala, et l'autre Padang Besar à l'ouest, également sur la frontière malaise.

La nouvelle ligne entre Bangkok et Pattaya, inaugurée en 1991, n'a pas rencontré le succès escompté, mais elle reste exploitée.

Les gares de Bangkok.
La plupart des trains longue distance partent de la gare d'Hualamphong, à Bangkok. Avant qu'un pont de chemin de fer – construit en 1932 – n'enjambe le Chao Phraya, tous les convois en direction du Sud démarraient de la gare de Bangkok Noi, à Thonburi.

Aujourd'hui, Bangkok Noi assure le service des navettes et les courtes liaisons vers Kanchanaburi/Nam Tok, Suphanburi, Ratchaburi et Nakhon Pathom (pour ces deux dernières destinations, vous pouvez également prendre le train à Hualamphong).

Tous les soirs, un train de nuit, véritable tortillard, quitte la gare de Thonburi (Bangkok Noi) à destination de Chumphon et de Lang Suan, en Thaïlande du Sud, mais très peu de voyageurs étrangers l'empruntent (d'autant plus que cette liaison ne figure que sur les horaires en langue thaï).

Classes

Dans ses trains de passagers, la SRT propose trois classes (1re, 2e, 3e) qui diffèrent considérablement selon que vous êtes à bord d'un train ordinaire, d'un rapide ou d'un express.

Troisième classe.
Une 3e classe typique consiste en deux rangées de banquettes se faisant face. Chaque banquette est conçue pour deux ou trois personnes. Sur les rapides, les sièges de 3e sont rembourrés et assez confortables pour de petits trajets. Sur les trains ordinaires, qui ne comportent que des 3e classe dans l'Est et le Nord-Est, les sièges sont parfois faits de lames de bois. Les express n'ont pas de 3e classe. Les trains qui desservent la banlieue de Bangkok ne possèdent que des 3e classe et ressemblent aux métros modernes ou aux RER.

Deuxième classe.
Dans une voiture de 2e classe, les sièges rembourrés sont disposés comme dans un bus, par paire, tous tournés dans le sens de la marche. Ils sont généralement inclinables.

Dans les trains de nuit de 2e classe, les banquettes sont disposées l'une en face de l'autre, et chaque paire est séparée par une cloison. Une tablette s'abaisse entre chaque banquette et les banquettes se transforment en couchettes, l'une au-dessus de l'autre. Des rideaux assurent un minimum d'intimité. Les couchettes sont confortables et le linge est changé à chaque voyage. Chaque wagon dispose de WC à une extrémité et d'un cabinet de toilette à l'autre. Les voitures de 2e classe n'existent que sur les trains rapides et express ; certains trajets offrent le choix entre des wagons climatisés et non climatisés.

Première classe.
Les wagons de 1re classe sont divisés en cabines d'une ou deux personnes, offrant chacune une climatisation réglable, un ventilateur électrique, un lavabo escamotable avec miroir, une petite table et une banquette (ou deux dans les cabines doubles) qui se convertit en cou-

chette. L'eau potable et les serviettes sont fournies gratuitement. La 1re classe est une exclusivité des trains rapides express et express spéciaux.

Réservations

L'inconvénient des voyages en train, outre les délais mentionnés plus haut, est la difficulté que l'on rencontre à réserver, surtout pendant les périodes de vacances (par exemple à la mi-avril, à l'approche de la fête de Songkhran), car beaucoup de Thaïlandais préfèrent voyager par le train. Pour les trains au départ de Bangkok, il faut réserver le plus tôt possible – au minimum une semaine à l'avance pour les destinations très prisées comme Chiang Mai (ligne nord) ou Hat Yai (ligne sud), surtout si vous voulez une couchette. Pour les lignes est et nord-est, il suffit de s'y prendre quelques jours à l'avance.

A Bangkok, la gare de Hualamphong ouvre ses réservations 60 jours avant la date de départ et les prend jusqu'à la veille. Le bureau des réservations, indiqué "Advance Booking", se trouve au fond de la gare, à droite (les guichets sur la gauche délivrent des billets pour le jour même, essentiellement en 3e classe). L'Advance Booking est ouvert de 8h30 à 16h du lundi au vendredi, de 8h30 à 12h le week-end et les jours fériés.

Prenez un numéro et attendez qu'il s'affiche au-dessus de l'un des guichets. Vous devrez payer cash, en baths uniquement.

Sachez qu'acheter un billet de retour ne vous garantit pas une place assise au retour. Si vous voulez être sûr d'en bénéficier, mieux vaut réserver dès votre arrivée à destination. Il est généralement plus facile de réserver des places pour se rendre à Bangkok que pour en partir.

La gare de Hualamphong (☎ 02-223 3762, 225 6964, 224 7788, fax 225 6068) délivre des billets pour toute destination en Thaïlande. Vous pouvez également effectuer vos réservations à la gare de Don Muang (de l'autre côté de l'aéroport international de Bangkok) et aux guichets des réservations des gares ferroviaires des grandes villes. La réservation par téléphone est également possible dans toute la Thaïlande. Partout, en règle générale, les bureaux de la SRT sont ouverts de 8h30 à 18h en semaine, de 8h30 à 12h le week-end et les jours fériés.

Certaines agences de voyages de Bangkok vendent également des billets de train. Là, les réservations sont beaucoup plus simples à faire que dans les gares, mais les agences appliquent de 50 à 100 B de commission.Voir le paragraphe *Agences de voyages* dans le chapitre *Bangkok*.

Tarifs

Un supplément de 60 B est demandé sur les trains express *(rót dùan)* et de 40 B sur les rapides *(rót raew)*. Ces trains sont effectivement plus rapides que les ordinaires parce qu'ils marquent moins d'arrêts. Sur la ligne nord, vous payerez 70 B en plus pour une voiture climatisée de 2e classe le jour. Vous acquitterez aussi un supplément sur l'express spécial *(rót dùan phísèt)* qui va de Bangkok à Padang Besar (70 B ou 120 B avec le repas, servi seulement à bord des trains diesel) ou de Bangkok à Chiang Mai (80 B).

Le supplément couchette en 2e classe coûte 100 B pour une couchette supérieure et 150 B pour une couchette inférieure (ou respectivement 130 B et 200 B sur un express spécial). A noter que la couchette inférieure bénéficie d'une fenêtre et d'un plus grand dégagement au-dessus de la tête. Pour les couchettes en 2e classe climatisée, il faut compter un supplément de 250/320 B pour le billet couchette supérieure/inférieure. Il n'existe pas de couchettes en 3e classe.

Il n'est pas nécessaire de choisir un train de nuit climatisé. En effet, il y a toujours un peu d'air qui circule pour rafraîchir l'atmosphère. Pour tout dire, il peut même faire froid la nuit et il est impossible aux passagers de 2e classe de régler la climatisation de leur wagon. Mieux vaut ne pas opter pour un train climatisé.

En revanche, tous les compartiments de 1re classe disposent d'une climatisation à commande individuelle. Un compartiment pour deux revient à 520 B par personne. Les singles ne sont plus disponibles.

Depuis l'augmentation substantielle des tarifs dans les années 80, le train ne constitue plus un moyen de transport aussi avantageux qu'auparavant, surtout si l'on considère qu'une couchette de 2e classe revient aussi chère qu'une chambre dans un hôtel de province. Un trajet de 500 km coûte environ 200 B en 2e classe (suppléments rapide/express non compris), environ le double en 1re classe et un peu moins de la moitié en 3e classe. Depuis plus d'une dizaine d'années, la hausse des tarifs a été faible, comparée à l'inflation annuelle (5 à 10 %). A ce jour, les autorités thaïlandaises subventionnent toujours le réseau ferroviaire. Il est toutefois question de privatisation, ce qui, bien entendu, sonnerait le glas du transport ferroviaire de passagers, comme on a déjà pu le constater dans d'autres pays.

Services de restauration

Des repas assez onéreux sont servis dans les voitures-restaurants, ainsi qu'à la place en 2e et 1re classes. Si vous souhaitez économiser vos baths, apportez votre repas.

De temps à autre, le personnel passe distribuer des serviettes pour se rafraîchir le visage. Sachez que l'on risque de vous réclamer un peu plus tard 10 B pour ce service, alors que rien n'indique aux passagers qu'il n'est pas gratuit comme dans les bus publics (ces serviettes sont disponibles en gare pour 1 B). L'eau potable peut être gratuite comme coûter de 5 à 10 B la bouteille.

A plusieurs reprises, des lecteurs se sont plaints : le montant de leur repas était supérieur à celui annoncé par le personnel. Alors vérifiez soigneusement les prix indiqués sur le menu ainsi que l'addition.

Services en gare

Des renseignements précis sur les horaires sont donnés au guichet Rail Travel Aids de la gare de Hualamphong. Vous pourrez prendre des fiches d'horaires et vous renseigner sur les prix – il y a toujours un employé qui connaît quelques mots d'an-

glais. Il existe deux types de fiches d'horaires : quatre fiches condensées où sont indiqués en anglais les tarifs, les horaires et les trajets des trains rapides, express et express spécial sur les quatre grandes lignes ; et des fiches complètes en thaï pour chaque grande ligne et ses lignes secondaires. Ces indicateurs donnent tous les horaires des trains ordinaires, rapides et express. Les fiches en anglais ne fournissent les horaires que de deux trajets en train ordinaire. Elles font par exemple l'impasse sur la variété des lignes desservies par les trains ordinaires à destination d'Ayuthaya ou de Phitsanulok, tout à fait au nord.

Toutes les gares disposent d'une consigne (parfois appelée "cloak room"). Les prix et les heures de service varient d'une gare à l'autre. A la gare de Hualamphong, la consigne fonctionne de 4h30 à 22h30 et demande 30 ou 40 B par jour et par bagage selon la taille de celui-ci. Dans les salles de repos, on peut prendre une douche pour 5 B.

De même, toutes les gares des chefs-lieux de province abritent un restaurant ou une cafétéria. Elles disposent également d'un service de réservations pour tout trajet en Thaïlande. Si seule la gare de Hat Yai bénéficie d'un hôtel attenant, ailleurs, vous trouverez des hôtels à proximité.

Il existe dans la gare de Hualamphong une agence de voyages où l'on peut effectuer des réservations pour d'autres moyens de transport. Méfiez-vous néanmoins des rabatteurs qui vous renvoient sur cette agence, en prétendant que tous les trains sont complets alors que ce n'est pas le cas.

Le bureau de poste de Halamphong est ouvert de 7h30 à 17h30 du lundi au vendredi, de 9h à 12h le samedi et les jours fériés (fermé le dimanche).

Forfaits ("pass") pour les trains

La SRT propose deux "pass" ferroviaires qui permettent de faire des économies sensibles si vous prévoyez de sillonner la Thaïlande en train, sur une courte période. On ne peut les acheter qu'en Thaïlande, à la gare de Hualamphong notamment.

Le prix du "blue pass" pour 20 jours (trajet illimité) est de 1 100 B en 2e classe et de 2 000 B en 1re. Cela couvre tous les suppléments en train rapide ou express, mais pas les suppléments pour les couchettes ou les wagons climatisés. Vous devez impérativement faire valider votre carte à la première gare où vous embarquerez, avant de monter dans le train. Le prix de la carte inclut également les réservations qui, si nécessaire, peuvent être faites à n'importe quel guichet de la SRT. Le dernier jour, la carte est valable jusqu'à minuit.

Ces cartes ont un véritable intérêt financier si vous parcourez une moyenne de 110 km par jour, pour une carte valable 20 jours. Dans le cas contraire, vous payerez la même somme (voire moins) en vous contentant d'acheter directement des billets ordinaires. Sur les trajets moins fréquentés, où les places en 2e classe ne manquent pas, ces cartes vous évitent les interminables queues aux guichets. En revanche, sur les trajets très demandés (par exemple de Bangkok à Chiang Mai ou Hat Yai), vous devrez attendre pour réserver vos places.

AUTO ET MOTO
Routes

Le réseau routier de la Thaïlande s'étend sur 170 000 kilomètres. Il existe près de 16 000 km de grandes routes nationales, les "national highways" à deux et quatre voies, qui sont généralement bien entretenues. Leur numérotation est relativement cohérente. Les plus importantes affichent souvent deux chiffres : l'un correspond à la cotation thaïlandaise, l'autre à la classification des "Grandes Routes de l'Asie" (appellation bien ambitieuse) se référant aux voies d'accès vers les pays voisins.

Ainsi, la Route 105 vers Mae Sot s'appelle aussi "Asia 1", tandis que la Highway 2 qui relie Bangkok à Nong Khai porte le nom d'"Asia 12".

A intervalles réguliers, des bornes kilométriques balisent les routes importantes, mais les noms de lieux y sont inscrits en thaï. En revanche, les panneaux indicateurs des routes nationales portent de plus en plus fréquemment des indications en alphabet thaï et en alphabet latin.

Code de la route

Les Thaïlandais roulent à gauche - la plupart du temps. Sorti de là, tout est permis, en dépit des panneaux de signalisation et de limitation de vitesse. Les conducteurs thaïlandais sont notoirement indisciplinés. Comme souvent en Asie, les routes à deux voies comptent au centre une troisième voie imaginaire, que les conducteurs n'hésitent pas à emprunter à tout propos. Le dépassement dans les côtes et les virages est fréquent.

La règle cardinale de sécurité est de laisser la priorité au véhicule le plus gros. La vitesse est limitée à 60 km/h dans les villes et à 80 km/h sur la plupart des routes nationales (90 km/h sur les double-voies). Seule certitude : sur tous les tronçons importants vous verrez des véhicules rouler à 30 km/h comme à 150 km/h ! Les contrôles de vitesse sont de plus en plus fréquents, surtout sur la Highway 4 dans le Sud, et sur la Highway 2 dans le Nord-Est.

De grandes flèches indicatrices sont souvent utilisées pour prévenir les conducteurs du trafic en cours. Une flèche gauche clignotante indique que vous pouvez passer, une flèche droite clignotante que quelqu'un arrive dans l'autre sens.

Hormis le mépris général du code de la route, les conducteurs sont confrontés à une multitude de véhicules en tous genres sur la chaussée : charrettes tirées par des bœufs, poids lourds à 18 roues, bicyclettes, túk-túks et autres motos de course. Dans les villages, la circulation est moins dense, mais vous croiserez des poulets, des chiens, des buffles d'eau, des cochons, des chèvres et des chats errants.

Contrôles. Les contrôles militaires sont fréquents le long des grands axes du Nord et du Nord-Est, en particulier dans les régions frontalières. Ralentissez en les abordant. La plupart du temps, les sentinelles vous feront simplement signe de passer, mais elles peuvent aussi vous arrêter et vous soumettre à un bref interrogatoire. Dans ce cas, sérénité et courtoisie de votre part sont de règle, sous peine d'être retenu beaucoup plus longtemps.

Location

On peut louer des voitures, des jeeps et des camping-cars à Bangkok, Chiang Mai, Cha-am, Chiang Rai, Mae Hong Son, Pattaya, Phuket, Ko Samui, Hat Yai, Khorat et Udon Thani. Une voiture japonaise (du style Toyota Corolla, par exemple) coûte en moyenne de 1 000 à 1 500 B par jour, un minivan (Toyota Hi-Ace ou Nissan Urvan) entre 1 800 et 2 500 B. Les loueurs internationaux pratiquent souvent des tarifs un peu plus élevés.

Voici quelques exemples de prix à la journée (à la semaine) pratiqués chez Avis : 1 500 B la journée (9 000 B la semaine) une Nissan 1.4 Sentras, 2 000 B (10 200 B) une Mitsubishi Lancer 1.5 (légèrement plus grande que le modèle précédent), 2 200 B (13 200 B) un 4x4 Mitsubishi Pajeros.

Les tarifs les plus intéressants sont proposés sur les 4x4 Suzuki Caribian que l'on peut trouver en saison creuse à 800 B la journée, mais pour une location de longue durée. Sauf si votre budget vous l'interdit, vous avez intérêt à choisir un assez grand modèle (par exemple le 4x4 Mitsubishi Strada, si vous tenez vraiment aux quatre roues motrices). Les Caribian tiennent difficilement la route au-dessus de 90 km/h, et leur tôle se froisse facilement. Les voitures à changement de vitesses automatique sont rarissimes. Vous pouvez louer un véhicule avec chauffeur moyennant un supplément de 300 à 400 B par jour.

Demandez les adresses des loueurs dans les agences de voyages ou les grands hôtels. Avant de signer un contrat de location, vérifiez que le véhicule est assuré au tiers et demandez à voir les contrats d'assurance datés. S'il vous arrivait quelque chose à bord d'un véhicule non assuré, les ennuis seraient considérables.

On trouve des motos à louer dans les grandes villes et nombre de petits centres touristiques comme Krabi, Ko Samui, Ko Pha-Ngan, Mae Sai, Nong Khai, etc. Les tarifs varient considérablement d'un loueur à l'autre et d'une ville à l'autre. La mode étant à la moto à Chiang Mai et à Phuket, vous en trouverez pour seulement 100 B par jour dans ces deux villes. Une caution substantielle est demandée pour une voiture, tandis que les loueurs de motos vous demanderont simplement de laisser votre passeport.

Permis de conduire

Pour conduire une voiture ou une moto en Thaïlande, vous devez posséder un permis de conduire international valide. Sinon, vous pouvez demander un permis de conduire thaïlandais à la Police Registration Division (PRD, ☎ 02-513 0051/5), Th Phahonyothin, à Bangkok, ou encore dans les chefs-lieux de province. Si vous présentez un permis de conduire étranger valide, on se contentera de vous faire passer un examen écrit, de vous demander un certificat médical et deux photos d'identité en couleurs. Les formulaires étant écrits en thaï, vous aurez donc également besoin des services d'un interprète. Certaines PRD exigent parfois un certificat de résidence, que vous pouvez obtenir auprès de l'ambassade de votre pays en Thaïlande, sous réserve d'apporter une preuve que vous résidez bien dans le pays ; une facture d'eau ou d'électricité à votre nom fera l'affaire.

Essence et huile

Vous croiserez des stations-service modernes, avec des pompes électriques, sur toutes les routes goudronnées du pays. Dans les régions plus reculées, l'essence (ben-sin ou náam-man rót yon) est distribuée dans des petites stations au bord des routes ou dans les villages. Il s'agit généralement de deux petites pompes manuelles vétustes, reliées à des barriques d'essence. L'huile ("motor oil") se dit náam-man khrêuang en thaï.

A l'heure où nous écrivons, l'essence ordinaire (thamádaa, indice d'octane 91) coûte environ 12 B le litre, le super (phísèt, octane 94 ou 95), un peu plus. Le diesel (dii-soen) est disponible dans presque toutes les stations-service pour environ 10 B.

Tourisme à moto

C'est un mode de déplacement qui plaît, notamment dans le Nord. Boutiques et pensions elles-mêmes développent de plus en plus ce service. Vous pouvez aussi acheter une moto neuve ou d'occasion et la revendre avant de quitter le pays – une 125 cm³ qui a roulé coûte 20 000 à 25 000 B (tablez sur 50 000 B pour une Honda AX-1 en bon état). La location à la journée revient à 100 B pour une 100 cm³ (Honda Dream ou Suzuki Crystal) et à 400 B pour une bonne 250 cm³ tout-terrain. Mais, attention ! ce second type de cylindrée correspond souvent à des modèles anciens, qui ne sont plus assemblés en Thaïlande. En revanche, les petites motos de course, assez lourdes et fort inadaptées au gabarit du touriste occidental moyen, sont à la mode. Il existe néanmoins quelques rares loueurs spécialisés dans les grosses cylindrées (200 à 500 cm³).

Dans le nord de la Thaïlande surtout, vous pourrez trouver des motos d'occasion japonaises. La Honda AX-1 (250 cm³, 4 temps, refroidissement à eau) répond aussi bien à la route qu'au tout-terrain. Si vous recherchez un engin plus particulièrement adapté au tout-terrain, choisissez la Honda XL 250 ou MTX 125.

Le tourisme à moto constitue certainement l'un des meilleurs moyens pour voir la Thaïlande. C'est aussi certainement l'un des moyens les plus sûrs de conclure votre voyage un peu trop rapidement si vous ne prenez pas un minimum de garanties pour éviter les avaries et les accidents. Il suffit de respecter un certain nombre de précautions élémentaires énoncées ci-dessous et d'adopter une conduite appropriée au pays pour rester entier et découvrir des endroits inaccessibles avec d'autres moyens de locomotion :

- Si vous n'avez jamais conduit de moto, contentez-vous d'une 100 cm³ à embrayage automatique. Pour reprendre les propos de David Unkovich, le célèbre loueur de cycles de Chiang Mai, "si vous avez le moindre doute sur les possibilités d'une moto, regardez les gens de la montagne grimper des chemins de terre particulièrement raides, à trois sur l'engin".

- Vérifiez toujours une machine en détail avant de la prendre. Inspectez l'état des pneus, les éventuelles fuites d'huile, le fonctionnement des freins. Vous pourriez être tenu responsable des problèmes qui n'auraient pas été consignés avant de partir. Les véhicules récents coûtent plus cher que les anciens, mais sont plus fiables. Les motos de ville s'avèrent plus confortables et ont une conduite plus souple sur les chaussées goudronnées que celles tout-terrain.
- Portez des vêtements de protection et un casque (fourni sur demande avec la moto dans la plupart des cas). Un pantalon long, une chemise à manches longues et des chaussures sont hautement recommandés pour se protéger du soleil et en cas de chute. Des gants vous éviteront bien des ampoules à force de serrer la poignée d'accélération.
- Si votre étape excède une centaine de kilomètres, prenez une réserve d'huile (pour moteur deux temps si vous avez une MTX), car sur les longues distances, l'huile brûle vite.
- Ne conduisez jamais seul dans les campagnes, surtout la nuit. Il est arrivé que des motocyclistes étrangers se fassent agresser, voire tirer dessus alors qu'ils roulaient seuls. Ce genre d'incident s'est surtout produit dans les régions reculées. En roulant à deux ou en colonne, gardez vos distances pour manœuvrer ou freiner brutalement si nécessaire.
- La priorité appartenant *de facto* au véhicule le plus volumineux, la moto se retrouve tout en bas dans l'ordre des préséances. Ne vous rebellez pas et gardez vos distances avec les camions et les bus.
- Quel que soit le poids de vos bagages, répartissez-le équitablement sur le cadre. Une surcharge trop importante à l'arrière vous posera des difficultés pour maîtriser l'avant.
- Assurez la moto si vous le pouvez. Les loueurs les plus sérieux possèdent une assurance, d'autres la prennent à vos frais. Sans assurance, vous êtes responsable de tout ce qui peut advenir à l'engin. En cas de perte totale ou de vol, vous pouvez en avoir pour 25 000 B et plus. Avoir souscrit une assurance avant le départ peut être utile. Vérifiez néanmoins les dispositions concernant la conduite d'une moto.

BICYCLETTE

Vous pouvez louer des vélos dans de nombreux endroits. Les pensions en proposent souvent pour 30 à 50 B la journée. Partout ailleurs qu'à Bangkok, la bicyclette constitue le moyen de locomotion idéal. Notez soigneusement l'état de l'engin avant de partir ; si un ennui arrive, vous êtes responsable et les pièces détachées peuvent coûter très cher.

De nos jours, beaucoup de visiteurs apportent leur vélo de randonnée en Thaïlande. Les conducteurs, en général courtois avec les cyclistes, n'hésitent pas à s'écarter pour laisser passer une bicyclette. La plupart des routes possèdent un revêtement en dur et sont bordées de larges bas-côtés. Les côtes présentent peu de difficultés dans la quasi-totalité du pays, à l'exception de l'extrême Nord, surtout dans les provinces de Mae Hong Son et de Nan où il vous faudra des muscles d'acier. Vous aurez souvent l'occasion de rouler sur des pistes en terre ou carrément hors piste, surtout dans le Nord ; aussi un solide VTT peut-il être préférable à un vélo de randonnée. Les itinéraires favoris des cyclistes sont les routes à deux voies qui longent le Mékong dans le Nord et le Nord-Est – le sol est plat et le paysage pittoresque.

Vérifiez soigneusement l'état de votre engin avant de partir et pensez à mettre, dans votre trousse de rechange, toutes les pièces détachées possibles et imaginables. Comme avec une moto ou une voiture, vous ne trouverez pas toujours sur place la petite vis qui vous manque, surtout si vous tombez en panne au fin fond du pays, à la tombée de la nuit. Outre des pièces de rechange, il est conseillé d'emporter un casque, des vêtements réfléchissants, sans oublier de s'assurer.

Aucune autorisation spéciale n'est requise pour introduire un vélo dans le pays, mais les douaniers peuvent l'enregistrer – ce qui signifie que si vous quittez le pays sans lui, vous aurez à payer d'énormes droits de douane. Vous trouverez des magasins de cycles dans la plupart des grandes villes – plusieurs à Bangkok et à Chiang Mai –, mais ils ne disposent bien souvent que de quelques bicyclettes japonaises et de pièces de fabrication locale. Pour transporter votre vélo à bord d'un train, il vous en coûtera l'équivalent d'un billet de 3e classe. En bus, le transport est en général gratuit ou

d'un coût négligeable. A bord des bus ordinaires, votre engin sera relégué sur le toit du véhicule, tandis que dans les bus climatisés, il sera rangé dans les coffres.

Inauguré en 1959, le Thailand Cycling Club pourra vous renseigner sur les excursions à bicyclette et les clubs de cyclotourisme dans tout le pays. Appelez le ☎ 02-243 5139 ou le 02-241 2023 à Bangkok. L'un des meilleurs magasins de cycles est le Bike Shop de Bangkok, qui dispose de plusieurs succursales : Th Phetburi Tat Mai, en face du wat Mai Chonglom (☎ 02-314 6317) ; Soi 62, Th Sukhumvit (☎ 02-332 3538) ; Th Si Ayuthaya (☎ 02-247 7220), près de Th Phayathai. Dans le centre de la capitale, vous trouverez un large choix de pièces détachées récentes chez Probike (☎ 02-253 3384, fax 254 1077), 237/1 Soi Sarasin, en face du parc Lumphini.

EN STOP

L'auto-stop ne constitue jamais un moyen de transport réellement sûr et recommandable. Pour ceux qui désirent utiliser le stop, voici quelques conseils qui devraient vous aider à effectuer le trajet dans les meilleures conditions possibles.

L'auto-stop rencontre un succès mitigé en Thaïlande et parfois vous attendrez longtemps sur le bord de la route. Ce moyen de déplacement semble plus facile dans les zones touristiques du Nord et du Sud, plus difficile dans le Nord-Est et le Centre où les faràngs restent rares. Les Thaïlandais considèrent que seuls des villageois sans éducation peuvent rester ainsi au bord de la route et faire signe à tous les véhicules qui passent.

Si cette image ne vous rebute pas, il faudra d'abord apprendre à faire le bon geste – le pouce en l'air n'est pas compris par le Thaïlandais moyen. Quand on veut arrêter un véhicule, on tend le bras, main ouverte paume vers le bas, et on l'agite de haut en bas. C'est comme cela qu'on arrête un taxi ou un bus, et c'est pourquoi certains automobilistes s'arrêteront pour vous indiquer un arrêt de bus à proximité.

A vrai dire, l'auto-stop donne bien de la peine pour une faible économie car les bus ordinaires (non climatisés) sont fréquents, bon marché et il suffit d'attendre au bord de la route dans la direction de votre choix pour arrêter le premier bus ou *songthaew* (camionnette de passagers ou minibus) qui passe, à l'aide du geste indiqué plus haut.

Les seuls cas d'exception sont les zones non desservies par des bus, mais vous risquez alors de ne pas rencontrer beaucoup de voitures non plus. Si l'on vous prend, il est d'usage d'offrir de la nourriture ou des cigarettes au chauffeur, si vous en avez.

BATEAU

L'authentique embarcation thaïlandaise est le "bateau à longue queue" ("long-tail boat" ou *reua hang yao*), ainsi dénommé parce que l'hélice est fixée à l'extrémité d'un long arbre de transmission sortant du moteur.

Entre le continent et les îles du golfe de Siam ou de la mer d'Andaman, on utilise toutes sortes de grandes embarcations. La plus courante est un bateau tout usage de 8 à 10 m de long, équipé d'un gros moteur intérieur, d'une timonerie et d'un simple toit pour abriter les passagers et les marchandises. Des hovercrafts et des hydroglisseurs, plus rapides et plus chers, circulent dans certaines zones touristiques.

TRANSPORTS LOCAUX

La rubrique *Comment circuler* du chapitre *Bangkok* contient d'autres informations sur les divers moyens de transports locaux.

Bus

Bangkok possède le réseau de bus urbains le plus développé du pays. Les grands chefs-lieux de province comme Phitsanulok et Ubon Ratchathani ont également de bonnes lignes de bus urbains. Les tarifs du parcours oscillent entre 4 B et 8 B.

Dans les autres agglomérations, vous devrez emprunter les songthaews, les samlors ou les túk-túks (reportez-vous aux deux paragraphes ci-dessous).

Taxi

De nombreuses villes disposent de taxis, mais il est essentiel de fixer le prix de la course avant de monter car les compteurs, s'il y en a, ne marchent pas. Tâchez de vous enquérir auprès d'une tierce personne du prix approximatif et soyez prêt à marchander. En général, les tarifs sont assez bas.

Consultez la rubrique correspondante dans chaque région qui vous intéresse.

Samlor/túk-túk

Samlor signifie "trois roues" (*sãam láw*), ce qui les décrit très bien. Il existe deux sortes de triporteurs : motorisés et non motorisés. Vous croiserez des samlors motorisés partout dans le pays. Ce sont de petits véhicules utilitaires, équipés d'un moteur deux temps effroyablement bruyant – si le bruit et les vibrations ne vous abrutissent pas, les gaz s'en chargeront. On les appelle souvent des *túk-túks* à cause du vacarme qu'ils font. Les samlors non motorisés sont l'équivalent des rickshaws que l'on trouve dans toute l'Asie. Vous n'en verrez pas à Bangkok mais dans les autres villes. Quel que soit le samlor, le tarif doit être établi avant de monter, en marchandant si nécessaire.

Songthaew

Un songthaew (*sãwng tháew*, ou "deux rangées") est une camionnette découverte dotée de deux rangées de banquettes, similaire au *bemo* indonésien et apparenté au *jeepney* philippin. Les songthaews desservent parfois des itinéraires fixes, comme les bus, mais ils peuvent aussi fonctionner en taxis collectifs, ou être loués individuellement comme un taxi normal.

VOYAGES ORGANISÉS

Dans le monde entier, nombre d'agences proposent des visites de la Thaïlande en voyage organisé. En règle générale, elles ne font que sous-traiter avec les voyagistes implantés en Thaïlande, en achetant leurs formules et en les revendant sous un nom différent. Toutes ces formules se ressemblent et mieux vaut réserver un circuit sur place à un prix plus intéressant. Deux des agences les plus importantes de Thaïlande, implantées à Bangkok, sont : World Travel Service (☎ 02-233 5900, fax 236-7169),

1053 Th Charoen Krung ; et Deithelm Travel (☎ 02-255 9150, fax 256 0248), Kian Gwan Building II, 104/1 Th Withayu.

Les tour-opérateurs Siam Bike Tour (e-mail davidfl@chmai.loxinfo.co.th, ainsi que www.bangkok.com/misc/gtrider) et Asia Motorcycle Adventures (www.asian-biketour.com) organisent des circuits de la Thaïlande à moto. On peut ainsi sillonner le nord du pays, mais aussi étendre son voyage au Laos et dans le sud-ouest de la Chine.

Plusieurs agences installées à Bangkok se sont spécialisées dans les circuits tournés vers l'écologie. Ce sont Eco-Life (☎ 02-542 4085 ; fax 642 5885), 133/2 Th Ratchaprarop, Ratthewi, et Khiri Travel (☎ 02-629 0491 ; fax 629 0493), Viengtai Hotel, 42 Th Thani, Banglamphu.

Les meilleurs voyagistes étrangers commencent par élaborer des itinéraires à travers la Thaïlande, puis choisissent, parmi leurs partenaires locaux, ceux qui répondent le mieux à leurs options. Certains se spécialisent plutôt dans les voyages d'aventure et/ou écologiques.

Asia Transpacific Journeys
(☎ 800-642 2742, 303-443 6789,
fax 303-443 7078 ; www.southeastasia.com)
3055 Center Green Dr, Boulder, CO 80301,
États-Unis
Club Aventure
(☎ 450-699 7764, fax 699 8756 ;
www.clubaventure.com)
200 bd René Lévesque, Léry,
Québec J6N 3N6, Canada
Exodus
(☎ 0181-673 5550, fax 673 0779)
Nouveaux numéros à partir du 22 avril 2000 :
(☎ 020-8673 5550, fax 8673 0779,
www.exodustravels.co.uk)
9 Weir Rd, Londres SW12 OLT,
Royaume-Uni
12 Spring St, Fitzroy, Victoria 3810,
Australie
Mountain Travel Sobek
(☎ 800-227 2384 et 510-527 8100,
fax 510-525 7710 ; www.mtsobek.com)
6420 Fairmount Ave, Berkeley, CA 94530,
États-Unis.

Bangkok

Exemple même de la touffeur d'une métropole asiatique moderne, Bangkok (560 km², plus de 6 millions d'habitants) regorge de curiosités pour qui sait supporter la circulation, le bruit, la chaleur et une atmosphère relativement polluée. La ville est urbanisée à l'extrême, mais sous un vernis de modernité gît une identité thaïlandaise indéniable.

Bangkok devint la capitale du pays en 1782 par décision du premier roi de la dynastie Chakri, Rama Ier. Le nom de Bangkok vient de *bang makok,* qui signifie "lieu des olives" et fait allusion au site d'origine qui ne représente plus qu'une très petite partie de la ville actuelle. Le nom thaï officiel relève de l'exercice de diction :

Krungthep mahanakhon bowon ratanakosin mahintara ayuthaya mahadilok popnopparat ratchathani burirom udomratchaniwet mahasathan amonpiman avatansathit sakkathatitya wisanukamprasit

Ce qui, littéralement, signifie : "La Ville des anges, l'écrin des gemmes divins, la terre imprenable, le grand royaume proéminent, la délicieuse capitale du royaume aux neuf pierres nobles, le siège suprême et le palais magnifique, le refuge des dieux et le séjour des esprits réincarnés". Par bonheur, on l'écourte en Krung Thep (Ville des Anges).

La métropole de Krung Thep inclut Thonburi, la partie la plus ancienne de la ville (et première capitale avant Bangkok). Bangkok est, à plusieurs titres, la ville la plus passionnante et la plus dynamique de toute l'Asie du Sud-Est. Elle accueille notamment le plus grand nombre de correspondants de presse étrangers. Elle abrite depuis peu le siège de la Pacific Area Travel Association (PATA), qui fut pendant plus de 40 ans, établie à San Francisco.

Les centres d'intérêt de Bangkok sont divers : des temples, des musées et autres monuments historiques si l'on s'intéresse à la culture ancienne ; une infinité de bons restaurants, des boîtes de nuit, des manifes-

A ne pas manquer

- Le **Wat Phra Kaew** et son ravissant petit bouddha d'Émeraude
- Le **Musée national** et ses collections de sculptures et d'objets appartenant aux arts décoratifs thaïlandais
- Le **Wat Arun** et ses vues de Bangkok et du Chao Phraya
- Le **Palais en teck Vimanmek**, l'une des plus imposantes constructions en teck au monde
- Les représentations de théâtre dansé au **Théâtre royal de Chalermkrung**
- Les **excusions en bateau** sur l'imposant réseau de canaux
- Le **Wat Pho** qui abrite le plus grand bouddha couché de Thaïlande
- Le **Muay thaï** dans les stades de Lumphini et de Ratchadamnoen
- Les **quartiers chinois et indiens,**leurs marchés, leurs temples, leurs bazars, leurs ruelles, à découvrir à pied

tations culturelles et des réunions internationales de tous ordres ; des salles de cinéma projetant des films en plusieurs langues, des discothèques, des pubs "heavy metal" ou des galeries d'art moderne.

ORIENTATION

La rive est du Chao Phraya, Bangkok proprement dite, est divisée en deux parties par la voie ferrée nord-sud. Le secteur compris entre la rivière et la voie ferrée est le vieux Bangkok (souvent appelé Ko Ratanakosin), où sont situés les vieux temples et le palais d'origine, ainsi que les quartiers chinois et indien.

A l'est de la voie ferrée s'étend le "nouveau" Bangkok qui peut être partagé à son tour en deux secteurs : celui des affaires, entre Thanon (Th) Charoen Krung (New Rd) et Th Rama IV, et le quartier tentaculaire, à la fois commerçant, résidentiel et touristique, qui s'étire le long de Th Sukhumvit et de Th Phetburi Tat Mai.

Restent les quartiers difficilement classables, qui s'étendent en dessous de Th Sathon Tai (South Sathon Rd, comprenant notamment Khlong Toey, le port de Bangkok) et au-dessus de Th Rama IV, entre la voix ferrée et Th Withayu (Wireless Rd, riche d'une multitude de sociétés, de plusieurs cinémas, d'administrations, et qui comprend le quartier commerçant de Siam Square, l'université de Chulalongkorn et le stade national). Les quartiers de la rive est du Chao Phraya sont en pleine reconstruction : de nouveaux bâtiments (en particulier des hôtels) surgissent tous les jours.

Sur la rive ouest, Thonburi fut, pendant 15 ans, la première capitale de Thaïlande, avant la fondation de Bangkok. Les touristes ne s'y rendent que pour visiter le Wat Arun, le temple de l'Aube. Malgré ses nombreux immeubles en construction, Fang Thon (la rive Thon), comme l'appellent les Thaïlandais, semble appartenir à une autre époque que celle des gratte-ciel éblouissants de la rive est.

Trouver une adresse. Toutes les villes de l'ampleur de Bangkok, ayant grandi sans

Primauté de Bangkok

Bangkok a été promue au premier rang de la hiérarchie urbaine thaïlandaise vers la fin du XVIIIᵉ siècle. Les sociologues lui accordent aujourd'hui le statut de "cité prééminente", c'est-à-dire une ville qui surpasse, sur les plans culturel, économique et politique, toutes les autres agglomérations du pays. Bangkok abrite environ 70% de la population urbaine (et 10% de l'ensemble de la population), 79% des universitaires diplômés, 78% des pharmaciens et 45% des médecins vivent dans la capitale ; 80% des lignes téléphoniques, 72% des véhicules individuels sont concentrés à Bangkok.

plan d'urbanisme bien défini, sont un véritable casse-tête pour le visiteur à la recherche d'une adresse. Pour commencer, les noms des rues sont souvent imprononçables et l'incohérence des romanisations à la thaïlandaise ne facilite pas la tâche. Quelques exemples : la rue souvent écrite "Rajdamri" se prononce "Ratchadamri" ou, en abrégé, "Rat'damri". Le "v" de Sukhumvit se prononce comme un "w". La rue des ambassades porte deux noms : Wireless Rd et Th Withayu Rd (*wítháyú* signifie "radio").

Sur beaucoup d'adresses figurent des chiffres divisés par des barres et des tirets, comme 48/3-5 Soi I, Th Sukhumvit. Cela vient du fait que le terrain, nu à l'origine, fut découpé en parcelles. Le nombre qui précède la barre désigne le numéro de la parcelle ; les chiffres qui suivent indiquent les immeubles (ou les entrées des immeubles). Les numéros de parcelle suivent l'ordre dans lequel elles ont été ajoutées au plan de la ville, tandis que les chiffres après la barre sont attribués arbitrairement. Par conséquent, il se peut que leur suite ne soit pas logique. Le mot *thanon* (abrégé en "Th") signifie indifféremment "route", "rue" ou "avenue". Ce qui explique que Ratchadamnoen Rd (parfois baptisée

Ratchadamnoen Av.) porte invariablement, en thaï, le nom de Th Ratchadamnoen.

Un *soi* est une petite rue ou une ruelle qui donne dans une grande rue. Notre exemple, 48/3-5 Soi 1, Th Sukhumvit sera situé dans le Soi 1 donnant dans Th Sukhumvit. La même adresse pourra s'écrire 48/3-5 Th Sukhumvit Soi 1, ou juste 48/3-5 Th Sukhumvit 1. Certains sois de Bangkok sont devenus si larges qu'on peut aussi les appeler thanon. C'est le cas, par exemple, du Soi Sarasin/Th Sarasin et Soi Asoke/Th Asoke.

Plus étroite encore que le soi, la *tràwk* est en fait une allée. Parmi les plus connues de Bangkok, citons Trok Itsanuraphap, dans le quartier chinois, et Trok Rong Mai, dans le quartier de Banglamphu.

Cartes. Pour se repérer dans Bangkok, il est indispensable de se procurer un plan, et l'offre ne manque pas. Un plan des bus se révèle utile si vous envisagez de passer quelque temps à Bangkok et de vous déplacer par ce moyen de transport bon marché. Très prisé et de faible coût, le plan *Tour'n Guide Map to Bangkok Thailand* indique clairement les lignes de bus (et certains circuits de découverte à pied) ; les touristes l'appellent le "guide bleu" en raison de sa couleur. Vendu entre 35 B et 40 B, il est régulièrement mis à jour, mais certains itinéraires de bus seront inévitablement erronés. Soyez donc vigilant. Cartonné, il est assez résistant.

Il existe d'autres plans similaires : le *Bangkok Bus Map*, édité par Bangkok Guide, dont la présentation en papier ordinaire est moins résistante, mais qui recèle de nombreuses indications touristiques et le *Latest Tour's Map to Bangkok & Thailand*, un clone du "guide bleu". Pour plus d'informations sur les lignes de bus, il faut se plonger dans le *Bus Guide*, un opuscule publié par Bangkok Guide (35 B). L'utilisation de ce guide demande de l'entraînement car il est en thaï et les indications en anglais sont quasi inintelligibles, mais il contient plusieurs cartes, la liste de toutes les lignes de bus publics de Bangkok, ainsi que les horaires des trains.

La Tourism Authority of Thailand (TAT) vient de sortir un *City Map of Bangkok* gratuit. Ce dépliant signale le trajet des bus, les principaux hôtels, les voies rapides récentes, les points d'intérêt touristique, les hôpitaux, les ambassades et quantités d'autres renseignements. Il est très utile, mais sa lecture est difficile car il est imprimé en caractères microscopiques. Ses encarts sur Ko Ratanakosin ("le quartier de Ratchadamnoen Klang Avenue"), ainsi que ceux de Th Silom, de Khlong Saen Saep, de Th Sukhumvit et de Th Rama I sont très utiles. Vous pouvez vous le procurer au bureau de la TAT de l'aéroport et dans toutes les agences TAT de Bangkok.

Le *Nancy Chandler's Map of Bangkok*, souvent imité, mais jamais égalé, reste une excellente référence (120 B). Ce plan dispense une foule d'informations sur des lieux un peu en marge des circuits touristiques et des petites adresses pour des achats originaux. Six planches d'aquarelles en couleurs (l'agglomération de Bangkok, Sampeng Lane, Th Sukhumvit, le marché du week-end de Chatuchak, le quartier commerçant du centre et les marchés du centre de Bangkok) sont entièrement dessinées, rédigées et mises en page à la main. L'édition du XVIIIᵉ siècle, rééditée en 1998, possède un index par catégories, très pratique.

Nouveau venu sur le marché, le *Litehart's Groovy Bangkok Map & Guide* présente, sur papier glacé, une carte des bus mise à jour, les principaux sites touristiques et une petite sélection de bars et de restaurants (60 B). Il ne couvre cependant qu'une petite partie de la capitale (le centre) et manque de précision car seuls les artères principales et quelques wats sont indiqués. Les embarcadères de Chao Phraya River Express sont magnifiquement signalés en caractères thaï et en alphabet romain, mais aucun des pontons de Saen Saep n'y figure. Le mieux consiste à garder toujours avec vous un des plans bon marché qu'on trouve à tous les coins de rue, et, si vous voulez vraiment vous enfoncer dans la ville, procurez-vous le plan de Nancy Chandler susmentionné. Le *Litehart's Groovy Bangkok by Night Map & Guide* rencontre un succès plus franc car il dispense tous les renseignements traditionnellement attendus (lignes de bus) et distille bien d'autres suggestions (autrement plus humoristiques) en matière de restaurants, de bars et de lieux nocturnes. Ce n'est pas le meilleur plan pour s'orienter dans Bangkok, mais plutôt un guide sympathique pour sortir et s'amuser dans la capitale thaïlandaise.

Les éditions Periplus viennent de publier le plan le plus détaillé de Bangkok actuellement disponible sur le marché. Il est particulièrement utile pour situer les hôtels (mais bien moins performant pour les pensions), les immeubles d'habitations ou de bureaux repérés par leur nom (par exemple, le Sindhorn Building) ou les bâtiments administratifs ; il est donc recommandé aux visiteurs en voyages d'affaires ou pour une durée prolongée. Il détaille les principaux quartiers de Bangkok de la rive est du Chao Phraya, notamment le long de Th Sukhumvit jusqu'à la gare routière Est. Au dos figure un plan du centre, avec deux encarts sur Pattaya et Ayuthaya. Comme les cartes Nelles, le *Bangkok Map* des éditions Periplus est disponible à l'étranger, dans les boutiques et librairies de voyage.

Enfin, la *Bangkok Map*, tout aussi détaillée que la précédente, présente l'avantage supplémentaire de couvrir une zone bien plus étendue de la capitale. Cet atlas relié qui regroupe les rues de la capitale en 188 pages est publié par la Agency for Real Estate Affairs, société privée spécialisée dans les études immobilières. Chaque page présente une grille des rues avec un code de couleurs qui permet de repérer les immeubles de bureau et d'habitation, les hôtels, les restaurants et même de nombreuses discothèques. Cet atlas est en vente dans la plupart des librairies de Bangkok proposant des ouvrages en langue anglaise.

RENSEIGNEMENTS

Guides de voyage. Le guide *Bangkok* publié par Lonely Planet inclut toutes les informations qui figurent au présent chapitre, complétées de renseignements plus spécialement destinés aux visiteurs en voyages d'affaires, ainsi que des précisions sur les excursions possibles dans les provinces voisines. *Vivre à Bangkok*, publié à l'initiative d'Une Équipe de Bénévoles Bangkok Accueil, à l'intention de la communauté francophone de Thaïlande, est un ouvrage volumineux qui traite tous les aspects de la capitale, avec une mention spéciale à l'attention des lecteurs francophones. Il indique notamment la liste des agents de voyages qui parlent français. Il est en vente dans les librairies de Bangkok qui disposent d'un rayon de littérature étrangère, telle Asia Books (pour ses coordonnés, reportez-vous à la rubrique *Librairies*, plus loin dans ce chapitre).

Offices du tourisme. La Tourist Authority of Thailand (TAT) qui distribue l'habituelle collection de brochures en couleurs, remporte la palme du meilleur office de tourisme des pays asiatiques, notamment pour ses renseignements concrets mis à la disposition des visiteurs, même s'il ne s'agit que de simples feuilles photocopiées. La majorité du personnel parle anglais.

La TAT possède un comptoir dans le hall d'arrivée du terminal 1 (☎ 02-523 8972) et un dans celui du terminal 2 (☎ 02-535 2669) de l'aéroport international de Bangkok, ouverts de 8h à 24h. Le siège de la TAT (☎ 02-694 1222 ; fax 694 1220) occupe dix étages du Concorde Building, 202 Th Ratchadaphisek, au nord de Bangkok, un quartier peu pratique pour les visiteurs. La TAT affirme que cette situation est provisoire et prévoit de déménager rapidement dans un immeuble situé près de Ko Ratanakosin. D'ici là, le bureau est ouvert tous les jours de 8h30 à 16h30.

Le centre de renseignements de la TAT (☎ 02-282 9773 ; fax 280 1744), Th Ratchadamnoen Nok, bénéficie d'un emplacement plus facilement accessible, près du stade Ratchadamnoen. Il accueille les visiteurs tous les jours de 8h30 à 16h30. Dans cet ensemble, la TAT gère également 24h/24 un Tourist Assistance Centre (TAC) (☎ 1155, 02-282 8129, 281 5051) pour les problèmes de vols et autres incidents mineurs. Ce service est confié à la branche paramilitaire de la TAT, la police touristique. Reportez-vous à la rubrique *Police touristique*, plus loin dans ce chapitre.

Un petit bureau de la TAT disposant d'une documentation plus réduite se trouve au marché de Chatuchak et ouvre tous les jours de 9h à 17h.

Services d'immigration. Pour demander un visa ou le proroger, il faut vous rendre au service de l'Immigration (☎ 02-287 1774), Soi Suan Phlu, à deux pas de Th Sathon Tai. Il est ouvert du lundi au vendredi de 8h30 à 16h30 (avec un personnel réduit entre 12h et 13h), et le samedi jusqu'à midi.

Argent. Les banques de Bangkok ouvrent généralement de 10h à 16h et les transferts automatiques de fonds sont monnaie courante dans tous les quartiers de la ville. Bon nombre de banques thaïlandaises ont également des bureaux de change dans les quartiers fréquentés par les touristes. Ces bureaux ouvrent de 8h30 à 20h (certains ferment encore plus tard) tous les jours de l'année. Vous en trouverez en plusieurs points dans les rues Sukhumvit, Nana Neua, Khao San, Patpong, Surawong, Ratchadamri, Rama IV, Rama I, Silom et Charoen Krung.

Pour des devises d'autres pays asiatiques, adressez-vous aux bureaux de change de Charoen Krung (New Rd), près de la poste centrale.

Poste et communications. La poste centrale se trouve dans Th Charoen Krung Rd (voir la carte de Silom-Surawong-Sathon). Pour s'y rendre, prendre le Chao Phraya River Express, qui s'arrête à Tha Meuang Khae (Meuang Khae pier), à l'extrémité de Soi Charoen Krung 34, près de Wat Meuang Khae. La poste centrale se trouve juste au nord du wat.

Le guichet de la poste restante est ouvert de 8h à 20h, du lundi au vendredi, et de 8h à 13h le week-end. Le retrait d'une lettre coûte 1 B, celui d'un colis 2 B.

Le bâtiment Art Déco thaïlandais, construit en 1927, est un pur joyau. Durant

le court assaut mené par les Japonais sur Bangkok en 1941, une bombe a traversé le toit pour atterrir sur le sol de la salle principale sans exploser. C'est au sculpteur italien Corrado Feroci, qui passe pour le père de l'art moderne thaïlandais, que l'on doit les sculptures de garudas perchées sur le toit de chaque côté de la tour centrale.

Vous pouvez aussi faire emballer vos colis, pour 5 ou 12 B à la poste centrale, plus le prix des fournitures (jusqu'à 40 B), ou faire le paquet vous-même. La poste est ouverte du lundi au vendredi de 8h à 16h30, le samedi de 9h à 12h.

Les bureaux de poste de la ville offrent des services de poste restante et d'envoi de colis. A Banglamphu, la poste située à l'extrémité est de Th Trok Mayom, près de la Sweety Guest House, a été récemment rasée. Si elle est reconstruite – comme il est prévu –, elle sera très pratique pour les voyageurs logeant dans les nombreuses pensions du quartier.

Téléphone et fax. L'agence internationale du CAT, à l'angle de la poste centrale, est ouverte 24h/24. Au dernier recensement, 16 pays sont accessibles par le Home Direct Service. Il vous suffit d'entrer dans une cabine libre, et de presser sur une touche donnée pour communiquer avec l'opératrice internationale du pays choisi (reportez-vous à la rubrique *Téléphone et Communications* dans le chapitre *Renseignements pratiques* pour la liste des codes correspondants). Les autres pays sont joignables à partir de téléphones IDD (à l'exception du Laos et de la Malaisie). L'agence du CAT assure également l'envoi des fax.

D'autres services de téléphone direct (HDS) sont disponibles au Queen Sirikit National Convention Centre, au World Trade Centre, au Sogo Department Store et à la poste de Hualamphong.

Pour vos appels longue distance et vos fax, vous pouvez également vous adresser à l'agence du TOT dans Th Ploenchit, mais en sachant qu'il vous faudra régler en espèces et que les P.C.V. ne sont pas acceptés. Les communications avec le Laos et la Malaisie ne peuvent être obtenues qu'à partir des bureaux du TOT ou de postes téléphoniques privés.

E-mail et accès Internet. Les utilisateurs d'Internet peuvent consulter leur boîte à lettres électronique ou surfer sur le Web dans une douzaine de cybercafés et autres cybercentres qui ont vu le jour dans la capitale thaïlandaise. La bibliothèque du British Council (reportez-vous à la rubrique *Centres culturels*, plus loin dans ce chapitre) propose l'offre la plus intéressante en la matière car ses membres peuvent se connecter pour quelque 60 B l'heure. L'adhésion à la bibliothèque revient à 500 B, un tarif pas si excessif lorsqu'on sait que la plupart des cafés de la ville facturent entre 240 B et 300 B l'heure de connexion. Malheureusement, le British Council ne dispose, pour l'instant, que de trois terminaux pour ses utilisateurs.

Le CyberPub (☎ 02-236 0450, poste 2971), dans le Dusit Thani, à l'angle de Th Silom et de Th Rama IV permet de se restaurer et de se désaltérer, tout en pianotant sur une des dix consoles informatiques, qui ont l'avantage d'être récentes. Il facture 5 B la minute de connexion, plus 100 B pour une carte à puce spécialement éditée par l'établissement.

Le Cyberia Internet Caf (☎ 02-259 3356, kulthep@cyberia.co.th), 654-8 Th Sukhumvit, à l'angle du Soi 24, propose des plats internationaux ou des plats de pâtes, parallèlement à la consultation d'Internet. Ouvert du dimanche au mercredi de 11h à 23h, le jeudi et le samedi jusqu'à 2h du matin et le vendredi jusqu'à minuit, c'est, à ce jour, l'endroit le plus branché de la ville.

Le Cyber Caf laisse à ses consommateurs le choix entre deux emplacements : le Ploenchit Center (☎ 02-656 8472, cybercafe@ chomanan.co.th), au 2e étage du Ploenchit Center, Th Ploenchit ; et le Silom Imagine (☎ 02-631 2022, fax 631 2028), au 3e étage du Liberty Building, Th Silom, ; ces deux centres restent ouverts tous les jours de 10h à minuit.

Le Bangkok Internet Café (☎ 02-629 3013, www.bangkokcafe.com) se situe entre le Prakorp's House & Restaurant et la Thai Guest House, Th Khao San. Au 2e étage, le restaurant climatisé est séparé par une paroi en verre (avec une porte) de la salle informatique qui compte 14 ordinateurs reliés à Internet. Le tarif est de 4 B la minute en ligne. C'est le cybercentre le plus plaisant du quartier de Th Khao San, même si d'autres pensions et cafés du coin assurent également ce type de service.

Agences de voyages. Bangkok regorge d'agences de voyages : Th Khao San et les rues adjacentes n'en comptent pas moins d'une douzaine qui effectuent des réservations de billets de bus et d'avion. Certaines d'entre elles, offrent des tarifs incroyablement bas, et sont tout à fait fiables. Restez toutefois vigilant car il existe quelques brebis galeuses : sur une période de cinq ans, au moins deux agences de Th Khao San ont plié boutique et pris la poudre d'escampette avec l'argent versé par des touristes qui n'ont jamais vu la couleur de leurs billets. Les agences peu fréquentables changent souvent de nom ; il est conseillé de se renseigner auprès d'autres voyageurs. Si possible, essayez d'obtenir le billet avant de le payer.

Fiables, les bureaux de STA Travel sont spécialisés dans les billets d'avion à tarifs réduits. On les trouve dans la Wall Street Tower (☎ 02-233 2582), 33 Th Surawong, et au Thai Hotel (☎ 02-281 5314), 78 Th Prachatipatai, Banglamphu. Consultez aussi Vieng Travel, autre agence qui a fait ses preuves, (☎ 02-280 3537), Trang Hotel, 99/8 Th Wisut Kasat, à Banglamphu.

Quatre agences permettent de faire des réservations de train sans supplément :

Airland
   (☎ 02-255-5432)
   866 Th Ploenchit
SEA Tours
   (☎ 02-251-4862, 255-2080)
   Suite 414, 3e étage, Siam Centre, Th Rama I
Songserm Travel Centre
   (☎ 02-255-8790)
   121/7 Soi Chalermla, Th Phayathai
   (☎ 02-282-8080)
   172 TH Khao San

Thai Overland Travel & Tour
(☎ 02-635-0500 ; fax 635-0504)
407 Th Sukhumvit, (entre les sois 21 et 23)

Pour vous rendre en Europe et s'il vous faut un "Eurail Pass", Dits Travel Ltd (☎ 02-255-9205), Kian Gwan House, 140 Th Withayu, est l'une des agences habilitées à en établir.

Journaux et magazines. Plusieurs publications gratuites contiennent des renseignements utiles. La meilleure source d'informations reste le *Bangkok Metro*, mensuel offrant des annonces sur la santé, les divertissements, les événements, les services sociaux, des conseils pratiques pour vos voyages et achats. *La Nation* et le *Bangkok Post* publient également des informations utiles et des calendriers d'événements.

Librairies. En matière de librairies, Bangkok offre peut-être le meilleur choix de toute l'Asie du Sud-Est. Pour les nouveautés et les magazines, les deux meilleures chaînes sont Asia Books et Duang Kamol (DK) Book House. Asia Books propose le choix le plus vaste de titres anglais. Le magasin principal se trouve 221 Th Sukhumvit, Soi 15 (☎ 02-252-7277) ; des succursales sont situées à Landmark Plaza, Sois 3 et 4, Th Sukhumvit (☎ 02-253-5839) ; au 2ᵉ étage du Peninsula Plaza, voisin du Regent Bangkok, dans Th Ratchadamri, ou encore au 3ᵉ étage du World Trade Centre, Th Ploenchit ; au Siam Discovery Center, Th Rama I ; au 3ᵉ étage de Thaniya Plaza, Th Silom (☎ 02-250-0162), et dans Seacon Square, Th Si Nakharin. Des kiosques Asia Books sont installés dans les grands hôtels et les aéroports.

Le magasin principal de DK Book House (☎ 02-251 6335, 251 1467, 250 1262) se trouve Siam Square, 244-6 Soi 2, Th Rama I ; il est plus spécialisé dans les manuels et ouvrages scolaires. On trouve des succursales de DK Book House aux adresses suivantes : Th Sukhumvit, en face du complexe Ambassador City (particulièrement conseillé pour les ouvrages de fic-

tion) ; dans le centre commercial de Mahboonkrong, en face de Siam Square ; dans le centre commercial de Seacon Square, Th Si Nakharin, entre Th Bang Kapi et Th Bang Na. DK possède deux autres librairies de langue anglaise, dans le centre commercial de Siam Square – le Book Chest (Soi 2) et l'Odeon Store (Soi 1). Retenez également *Kinokuniya*, dans le centre commercial Emporium, Soi 24, Th Sukhumvit, intéressant pour son choix d'ouvrages en japonais, ainsi qu'en anglais.

Excellente librairie indépendante dans ce quartier, Teck Heng Bookstore (☎ 02-630 8532), 1326 Th Charoen Krung, entre les hôtels Shangri-La et Oriental, propose une grande variété de titres récents sur l'Asie du Sud-Est.

Concernant la politique, particulièrement les vues progressistes de Sulak Sivaraksa et du Santi Pracha Dhamma Institute (tout proche), rendez-vous à la librairie Suksit Siam située dans Th Fuang Nakhon, en face du Wat Ratchabophit. Vous trouverez là de très nombreux livres.

Livres d'occasion et titres rares. Shaman Books (☎ 02-629 0418, 71 Th Khao San), offre une bonne sélection de guides, de cartes, de romans et de livres de spiritualité en plusieurs langues, neufs et d'occasion.

Un bon bouquiniste, Merman Books (☎ 02-231 3155), Silom Complex, 191 Th Silom, ravira tous les férus d'Asie. Dirigée par un ancien rédacteur en chef du Bangkok Post, la boutique collectionne tout ce qui existe sur l'Asie, qu'il s'agisse de parutions récentes ou de titres rares et épuisés.

Elite Used Books, Soi 33/1, 593/5 Th Sukhumvit (près du supermarché Villa) et 1/12 Soi 3, Th Sukhumvit (en face du Nana Inn) propose une bonne sélection d'ouvrages d'occasion en anglais, en chinois, en français, en allemand et en suédois. Le marché du week-end du parc Chatuchak est aussi une source de livres d'occasion et de titres épuisés, en langues étrangères. Dans Th Khao An à Banglamphu, trois vendeurs ambulants, au moins, sont spécialisés dans les romans de poche et les guides de

BANGKOK

AGGLOMÉRATION DE BANGKOK

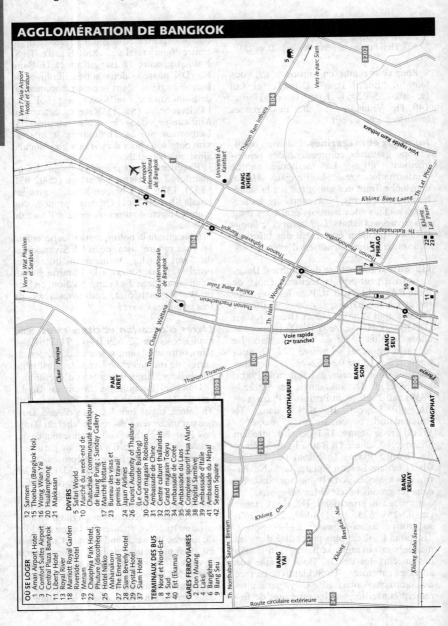

OÙ SE LOGER
1 Amari Airport Hotel
3 Comfort Suites Airport
7 Central Plaza Bangkok
11 Liberty Hotel
13 Royal River
18 Marriott Royal Garden
Riverside Hotel
19 Menam
20 Chaophya Park Hotel,
Phuture (discothèque)
25 Hotel Nikko
Mahanakon
27 The Emerald
28 Siam Beverly Hotel
37 Crystal Hotel
37 Siam Hotel

TERMINAUX DES BUS
8 Nord et Nord-Est
14 Sud
40 Est (Ekamai)

GARES FERROVIAIRES
2 Don Muang
4 Laksi
6 Bangkhen
9 Bang Seu

12 Samsen
15 Thonburi (Bangkok Noi)
16 Wong Wian Yai
20 Hualamphong
21 Makkasan

DIVERS
5 Safari World
10 Marché du week-end de
Chatuchak ; communauté artistique
de Ruang Pung ; Sunday Gallery
17 Marché flottant
23 Bureau des visas et
permis de travail
24 Japan Airlines
26 Tourist Authority of Thailand
(Le Concorde Building)
30 Grand magasin Robinson
31 Ambassade de Chine
32 Centre culturel thaïlandais
33 Grand magasin Tokyu
34 Ambassade de Corée
35 Ambassade du Laos
36 Complexe sportif Hua Mark
38 Hôpital Samitivej
39 Ambassade d'Italie
41 Ambassade du Népal
42 Seacon Square

AGGLOMÉRATION DE BANGKOK

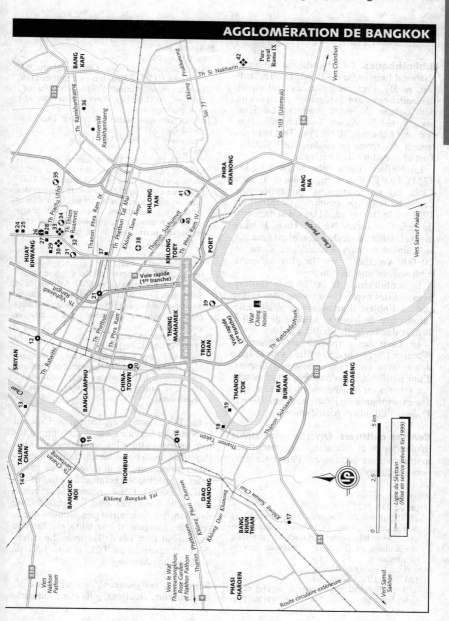

Vers Chonburi

BANG KAPI

Th Si Nakharin

Parc royal Rama IX

336

Th Ramkhamhaeng

36

Université Ramkhamhaeng

Soi 77

Soi 103 (Udomsuk)

341

Vers Udomsuk

PHRA KHANONG

35

BANG NA

Chao Phraya

Vers Samut Prakan

24
25
26
27
28 Th Pracha Uthi
33 34
29
30
31 Th Thiam Ruammit
32

Th Phra Ram IX

KHLONG TAN

41

HUAY KHWANG

35

Thanon Phra Ram I

Khlong Saen Saep

Th Phetburi Tat Mai

38

40

Thanon Sukhumvit

Th Phra Ram IV

37

KHLONG TOEY

PORT

Voie rapide (1re tranche)

Th Vibhavadi Rangsit

21

THUNG MAHAMEK

Voir le plan du centre de Bangkok

39

Th Phetburi

Th Phra Ram I

Wat Chong Nonsii

Th Ratchada phisek

SRIYAN

12

Th Ratwithi

Chao

BANGLAMPHU

Th Phra Ram I

TROK CHAN

Voie rapide (1re tranche)

13

CHINA-TOWN

20

THANON TOK

RAT BURANA

PHRA PRADAENG

303

TALING CHAN

14

Th Charan Sanitwong

15

THONBURI

16

19

18

Thanon Sukswat

Thanon Taksin

5 km

BANGKOK NOI

Khlong Bangkok Yai

DAO KHANONG

Khlong Dao Khanong

Khlong Samun Chai

17

2,5

Ligne du Skytrain
(Mise en service prévue fin 1999)

Vers Nakhon Pathom

338

Vers le Wat Thammamongkhon, Rose Garden et Nakhon Pathom

Thanon Phetkasem

Khlong Phasi Charoen

BANG KHUN THIAN

0

Vers Samut Sakhon

PHASI CHAROEN

Route circulaire extérieure

35

voyage d'occasion, avec un grand choix de guides Lonely Planet.

Bibliothèques. La bibliothèque nationale (National Library ; ☎ 02-281-5212), Th Samsen, recèle d'impressionnantes collections thaïlandaises datant de plusieurs siècles et un petit nombre de livres étrangers. La Siam Society, 131 Soi Asoke, Th Sukhumvit, et le National Museum, Th Na Phra That ont également des livres en anglais sur l'histoire, l'art et la culture de Thaïlande.

La Neilson Hays Library (☎ 02-233-1731), 193 Th Surawong, à côté du British Club, est un monument qui abrite une bonne bibliothèque générale. Construit en 1921 par le Dr Heyward Hays, à la mémoire de sa femme Jennie Neilson Hays, le bâtiment classique de style colonial est géré par la Bangkok Library Association. Riche de 20 000 volumes, c'est la plus ancienne bibliothèque anglaise du pays.

La bibliothèque de la Rotunda Gallery organise des expositions mensuelles et des ventes d'objets d'art occasionnelles. Elle est ouverte du lundi au samedi de 9h30 à 16h, le dimanche de 9h30 à 12h30.

Le Club des correspondants étrangers (Foreign Correspondents Club, voir la liste des centres culturels ci-dessous) dispose d'une petite sélection de livres sur le monde des affaires du Sud-Est asiatique, ainsi que des exemplaires de l'*International Herald Tribune* et d'autres périodiques.

Centres culturels. Diverses associations thaïlandaises et étrangères organisent des manifestations culturelles. Parmi les plus actives, citons :

Alliance française
    (☎ 02-213-2122 ; fax 286-3841)
    29 Th Sathorn Tai. Cours de français ; services de traduction ; bulletin mensuel ; films français ; petite bibliothèque et librairie ; cafétéria thaïlandaise et française ; musique, arts et conférences.
American University Alumn
    (AUA, ☎ 02-252-7067/9)
    179 Th Ratchadamri. Cours d'anglais et de thaï ; lettre mensuelle ; films américains ; pré-

paration au TOEFL ; cafétéria thaïlandaise ; librairie ; musique, art et conférences.
British Council
    (☎ 252-6136/8)
    Siam Square, 254 Soi Chulalongkorn 64, Th Rama I. Cours d'anglais ; calendrier mensuel des manifestations ; films britanniques ; musique, art et théâtre, et connexion Internet à prix avantageux.
Club des correspondants étrangers de Thaïlande
    (☎ 02-630 0043)
    Penthouse, Maneeya Center Bldg
    (☎ 02-652 0580)
    518/5 Th Ploenchit. Lieu d'accueil des journalistes et de toute personne cherchant à mettre à jour ses connaissances de l'actualité en Thaïlande, ce club semble renaître. Il projette des films soigneusement sélectionnés le lundi soir et divers programmes, accompagnés d'une revue de presse, les autres soirs. Le bar et le restaurant permettent de se restaurer ou de boire un verre.
Le Goethe Institut
    Thai-German Cultural Centre,
    (☎ 02-287-0942, email goethe @ idn.co.th)
    18/1 Soi Attakanprasit, entre Th Sathon Tai et Soi Ngam Duphli. Cours d'allemand ; calendrier culturel chaque mois ; restaurant allemand ; cinéma allemand ; concerts et expositions.
Thailand Cultural Centre
    (TCC, ☎ 02-247-0028)
    Th Ratchadaphisek, Huay Khwang. Centre important accueillant toutes sortes de manifestations culturelles locales et internationales (musique, théâtre, expositions, ateliers et séminaires).

Le TCC finance également le Cultural Information Service Centre, un centre d'informations culturelles, comme son nom l'indique, qui publie un calendrier bimensuel répertoriant les manifestations nationales les plus intéressantes. La plupart ont lieu à Bangkok. C'est vraiment la source la plus riche d'informations. Il signale même des manifestations aussi peu connues que la fête de Langsat d'Utaradit, ou la fête de Sombat Isan Tai de Buriram. Le calendrier est distribué au TCC et à la TAT de Th Bamrung Meuang.

Services religieux. Voici une liste de lieux de culte chrétiens, juifs et musulmans :

Culte chrétien

Cathédrale de l'Assomption (catholique)
(☎ 02-234 8556),
23 Soi Oriental, Th Charoen Krung
Bangkok Chinese Church (protestant)
(☎ 02-215 4529),
1325 Th Rama IV
Bangkok Ekamai Church (Église adventiste
du Septième jour)
(☎ 02-391 3593),
57 Soi Charoenchai, Th Ekamai
Calvary Baptist Church (protestant)
(☎ 02-251 8278, 234-3634),
88 Soi 2, Th Sukhumvit
Église du Christ (anglican)
(☎ 02-234 3634),
11 Th Convent
Holy Redeemer Church (catholique)
(☎ 02-253 6305),
123/19 Soi Ruam Rudi (derrière l'ambassade
des États-Unis)
Église internationale de Bangkok (protestant)
(☎ 02-215 0628/9),
Centre des étudiants chrétiens,
328 Th Phayathai
Église Saint-Louis (catholique)
(☎ 02-211 0220),
Soi St Louis, Th Sathon Tai

Culte juif

Jewish Association of Thailand
(☎ 02-258 2195),
121/3 Soi 22, Th Sukhumvit

Culte musulman

Haroon Mosque, Th Charoen Krung
(près de la poste centrale)
Darool Aman Mosque, Th Phetburi
(près de Ratthewi Circle)

Services médicaux. Bangkok est le
meilleur centre de soins de la Thaïlande,
avec trois unités hospitalières universitaires, douze hôpitaux publics et privés
et des centaines de cliniques. Contactez
l'ambassade pour connaître les médecins
parlant français.

Plusieurs grandes cliniques de Th Ploenchit sont spécialisées dans les tests de maladies sexuellement transmissibles. Selon le
magazine *Bangkok Metro*, l'hôpital général
de la ville possède le programme le plus
pointu de dépistage du virus HIV. Les
meilleurs hôpitaux de Bangkok sont :

Bangkok Adventist (Mission) Hospital
(☎ 02-281-1422, 282-1100)
430 Th Phitsanulok
Bangkok Christian Hospital
(☎ 02-233-6981/9 ; 235-1000)
124 Th Silom
Bangkok General Hospital
(☎ 02-318-0066)
Soi 47, Th Phetburi Tat Mai
Bangkok Nursing home
(☎ 02-233-2610/9)
9 Th Convent
Bumrungrad Hospital
(☎ 02-253-0250)
33 Soi 3, Th Sukhumvit
Chao Phraya Hospital
(☎ 02-434-6900)
113/44 Th Pinklao Nakhon-Chaisi,
Bangkok Noi
Chulalongkorn Hospital
(☎ 02-252-8181)
Th Rama IV
Mahesak Hospital
(☎ 02-234-2760)
46/7-9 Th Mahesak
Phayathai Hospital
(☎ 02-245-2620)
364/1 Th Si Ayuthaya
Phra Mongkutiklao Hospital
(☎ 02-246-1400)
Th Ratwithi
Samitivej Hospital
(☎ 02-392-0010/9)
133 Soi 49, Th Sukhumvit
Samrong General Hospital
(☎ 02-393-2131/5)
Soi 78, Th Sukhumvit
St Louis Hospital
(☎ 02-212-0033/48)
215 Th Sathon Tai

Docteurs chinois et dispensaires de
médecine par les plantes sont nombreux
dans le quartier de Sampeng, dans les environs de Th Ratchawong, Th Charoen
Krung, Th Yaowarat et Th Songwat, sans
oublier le dispensaire Art Deco Pow Tai,
572-574 Th Charoen Krung.

Services d'urgence. Tous les services
d'urgence cités dans l'ouvrage assurent une
permanence 24h/24. Attention ! Le personnel médical des services d'urgence des
hôpitaux de Bangkok ne parle en principe

BANGKOK

CENTRE DE BANGKOK

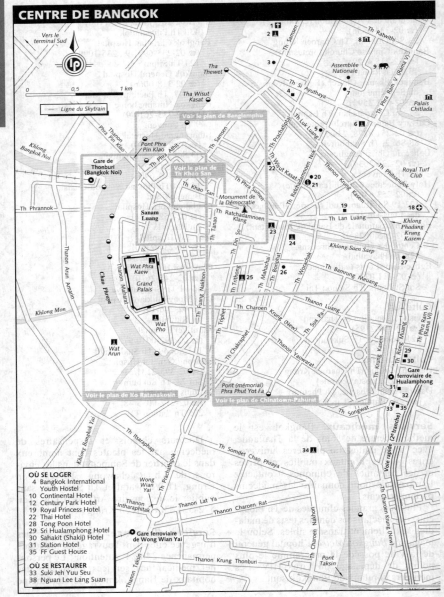

Vers le terminal Sud

0   0,5   1 km

Ligne du Skytrain

Th Ratwithi

Th Samsen

Th Si Ayuthaya

Assemblée Nationale

Th Phra Ram V (Rama V)

Palais Chitlada

Tha Thewet

Tha Wisut Kasat

Th Luk Luang

Royal Turf Club

Voir le plan de Banglamphu

Klong Bangkok Noi

Thanon Phra Pin Klao

Pont Phra Pin Klao

Th Phra Athit

Th Samsen

Th Prachatipok

Th Wisut Kasat

Thanon Krung Kasem

Th Phitsanulok

Gare de Thonburi (Bangkok Noi)

Voir le plan de Th Khao San

Th Phra Sumen

Th Ratchadamnoen Nok

Th Khao San

Th Phrannok

Sanam Luang

Monument de la Démocratie

Th Ratchadamnoen Klang

Th Lan Luang

Royal Turf Club

Th Tanao

Khlong Phadung Krung Kasem

Thanon Arun Amarin

Chao Phraya

Thanon Maharat

Wat Phra Kaew

Grand Palais

Th Din So

Th Fuang Nakhon

Khlong Saen Saep

Th Bamrung Meuang

Th Borphit

Th Woradtak

Khlong Mon

Wat Pho

Th Trithong

Th Mahachai

Thanon Luang

Th Chakraphet

Th Triphet

Th Charoen Krung (New)

Th Sua Pa

Th Krung Kasem

Th Rong Mueang

Wat Arun

Thanon Yaowarat

Gare ferroviaire de Hualamphong

Voir le plan de Ko Ratanakosin

Pont (mémorial) Phra Phut Yot Fa

Voir le plan de Chinatown-Pahurat

Th Songwat

Khlong Bangkok Yai

Th Itsaraphap

Th Somdet Chao Phraya

Voir rapide (2e tranche)

Th Charoen Krung (New)

Wong Wian Yai

Thanon Intharaphitak

Th Prachathipok

Thanon Lat Ya

Thanon Charoen Rat

Th Charoen Nakhon

Gare ferroviaire de Wong Wian Yai

Thanon Taksin

Thanon Krung Thonburi

Pont Taksin

OÙ SE LOGER
4 Bangkok International Youth Hostel
10 Continental Hotel
12 Century Park Hotel
19 Royal Princess Hotel
22 Thai Hotel
28 Tong Poon Hotel
29 Sri Hualamphong Hotel
30 Sahakit (Shakij) Hotel
31 Station Hotel
35 FF Guest House

OÙ SE RESTAURER
33 Suki Jeh Yuu Seu
38 Nguan Lee Lang Suan

CENTRE DE BANGKOK

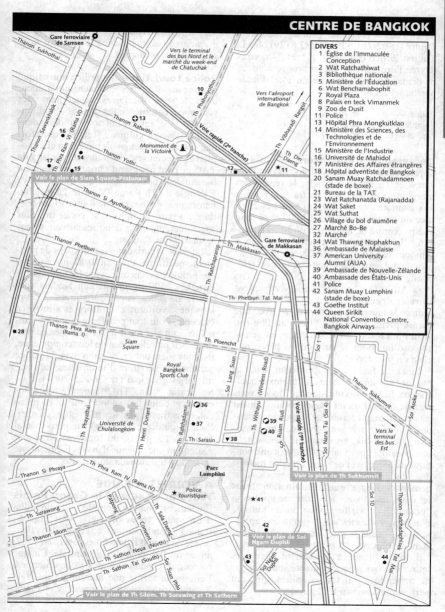

DIVERS

1 Église de l'Immaculée
   Conception
2 Wat Ratchathiwat
3 Bibliothèque nationale
5 Ministère de l'Éducation
6 Wat Benchamabophit
7 Royal Plaza
8 Palais en teck Vimanmek
9 Zoo de Dusit
11 Police
13 Hôpital Phra Mongkutklao
14 Ministère des Sciences, des
   Technologies et de
   l'Environnement
15 Ministère de l'Industrie
16 Université de Mahidol
17 Ministère des Affaires étrangères
18 Hôpital adventiste de Bangkok
20 Sanam Muay Ratchadamnoen
   (stade de boxe)
21 Bureau de la TAT
23 Wat Ratchanatda (Rajanadda)
24 Wat Saket
25 Wat Suthat
26 Village du bol d'aumône
27 Marché Bo-Be
32 Marché
34 Wat Thawng Nophakhun
36 Ambassade de Malaisie
37 American University
   Alumni (AUA)
39 Ambassade de Nouvelle-Zélande
40 Ambassade des États-Unis
41 Police
42 Sanam Muay Lumphini
   (stade de boxe)
43 Goethe Institut
44 Queen Sirikit
   National Convention Centre,
   Bangkok Airways

que le thaï. De 8h à 24h, vous pouvez toutefois vous adresser au Tourist Assistance Centre (☎ 02-281 5051 et 282 8129) ou à la Tourist Police (☎ 1155). Après 24h, vous devrez faire appel à vos propres ressources ou demander de l'aide dans un hôtel dont le personnel est bilingue.

Police	☎ 191 ou 123
Pompiers	☎ 199
Ambulances	☎ 252 2171/5

Désagréments et dangers. Les sites où se pressent les touristes, comme le Wat Phra Kaew et Th Khao San, sont le repère des margoulins de tout poil. Ils traînent parfois aux alentours de Soi Kasem San 1 et 2, en face du centre commercial Mahboonkrong et à proximité de la maison de Jim Thompson. Ils portent généralement la tenue typique des hommes d'affaires thaï et se promènent ostensiblement avec des téléphones cellulaires. Entre Tha Tien et Tha Phra Athit, le Chao Phraya River Express attire également les escrocs qui tentent de séduire le touriste au débarcadère, avec une phrase-piège du genre : "Le Watt Pho (ou Watt Phra Kaew, ou le Vat Arun) est fermé aujourd'hui pour réparation ou parce que c'est un jour férié…"

Les plus futés vous aborderont dans la rue ou dans un café, sous un prétexte quelconque. Si un individu, quel qu'il soit, vous signale que tel ou tel musée ou monument est actuellement fermé, ne le croyez surtout pas ; vérifiez par vous-même. Les chauffeurs de túk-túk, en revanche, feront tout leur possible pour vous attirer vers une boutique de soieries et de bijoux où ils touchent des commissions, même si vous leur demandez une toute autre destination. Dans les deux cas, si vous acceptez une invitation "gratuite" de visite guidée ou de tournée d'achats, vous êtes sûr d'y passer l'après-midi ou – dans le pire des cas, malheureusement fréquent – d'y perdre de l'argent.

Lonely Planet a également reçu des lettres de voyageuses ayant été abordées par de prétendues artistes féminines, qui sont parfois parvenues à les escroquer.

Pour plus de détails sur les arnaques les plus courantes, consultez la rubrique *Désagréments et dangers* dans le chapitre *Renseignements pratiques*.

Police touristique. La police touristique peut se montrer très efficace, notamment dans le cas d'affaires concernant des pratiques commerciales jugées "malhonnêtes", – il s'agit en fait souvent de malentendus d'ordre culturel. Retenez toutefois que si vous estimez avoir payé trop cher vos pierres précieuses (ou tout autre achat), la TAC ne peut pas grand-chose pour vous. Le bureau de la police touristique qui se trouve à l'angle de Th Rama IV et de Th Ratchadamri, près de la statue de Rama VI, en bordure du parc Lumphini, se concentre plus spécialement sur les déboires survenus dans le quartier de Patpong.

La police touristique est un corps de policiers spécifique, créé en 1982 pour traiter des problèmes rencontrés par les touristes. A Bangkok, 500 agents parlant anglais sont postés dans les sites touristiques – leurs kiosques, voitures et uniformes sont bien évidents. Pour tout problème d'ordre criminel, c'est à eux qu'il faut s'adresser en premier. S'il ne relève pas de leur compétence, ils vous mettront en relation avec la police nationale et serviront d'interprètes. Le commissariat principal (☎ 02-255-2964), 29/1 Soi Lang Suan, Th Ploenchit, traite les crimes et délits liés au tourisme, et en particulier la fraude sur les pierres précieuses. Pour le joindre, composez le numéro spécial ☎ 1155. La police du tourisme comporte également une antenne dans les bâtiments de la TAT, Th Ratchadamnoen Nok.

A VOIR ET A FAIRE
Wat Phra Kaew et le Grand Palais
Également appelé temple du bouddha d'Émeraude (nom officiel : Wat Phra Si Ratana Satsadaram), ce wat érigé dans l'enceinte du Grand Palais fut consacré en 1782, année où Bangkok devint capitale. Chaque monarque y ayant ajouté des constructions, l'ensemble forme une anthologie du style Ratanakosin, également appelé "vieux style

Le bouddha d'Émeraude

Le bouddha d'Émeraude, de 60 ou 75 cm de haut (selon la manière dont on le mesure), est en réalité en jaspe, ou peut-être en néphrite. La statue est auréolée de mystère, d'autant qu'on ne peut l'examiner de près – elle repose dans une cage de verre, sur un piédestal, bien au-dessus de la tête des fidèles – et il est interdit de prendre des photos à l'intérieur du bot. Ce mystère ne peut que renforcer la puissance occulte de la statue, qui est considérée comme le "talisman" du royaume, véritable garant de la souveraineté thaïlandaise.

On ignore son origine et qui l'a sculptée, mais elle fit son apparition au XVe siècle à Chiang Rai. Stylistiquement, elle appartiendrait à la période Chiang Saen ou Lanna. A cette époque, la statue aurait été recouverte de plâtre et dorée à la feuille, puis placée dans le Wat Phra Kaew de Chiang Rai. Tandis qu'on la transportait ailleurs après qu'un orage eut endommagé le chédi qui l'abritait, la statue aurait perdu son revêtement de plâtre en chutant. Elle est mentionnée ensuite à Lampang où elle résida 32 ans (là encore dans un Wat Phra Kaew), avant d'être placée au Wat Chedi Luang de Chiang Mai.

Au XVIe siècle, les envahisseurs laotiens l'emportèrent à Luang Prabang, puis à Wiang Chan (Vientiane). Après les victoires du roi Taksin contre les Laotiens, deux siècles plus tard, elle fut emportée dans la capitale Thonburi par le général Chakri qui devait succéder à Taksin et fonder la dynastie Chakri, en tant que Rama Ier. Ce monarque fit transporter le bouddha d'émeraude à Bangkok, la nouvelle capitale, et lui fit faire deux robes royales, une pour la saison chaude et une pour la saison humide. Rama III ajouta une autre pièce à la garde-robe, pour la saison fraîche. Les trois robes sont encore – solennellement – changées à chaque saison par le roi en personne. L'impressionnant sanctuaire, le Wat Phra Kaew, dans lequel elles sont exposées était conçu, à l'origine, pour abriter une réplique miniaturisée du Bouddha.

Bangkok". Les tuiles orange et vertes des toits à multiples pans, les chédis recouverts de feuilles d'or scintillantes, les piliers incrustés de mosaïques multicolores concourent à la magie du lieu. A l'intérieur, de grandes fresques illustrent des épisodes du *Ramakian* (version thaïlandaise de l'épopée indienne du *Ramayana*). Peintes à l'origine sous Rama Ier (1782-1809), elles ont été restaurées à plusieurs reprises. Les derniers travaux de rénovation ont été achevés juste à temps pour les cérémonies du bicentenaire de la dynastie des Chakri, en 1982. Ces fresques, divisées en 178 scènes ou tableaux, relatant l'épopée toute entière, recouvrent la totalité des murs. Pour suivre le déroulement de la saga, commencez la visite par la porte nord et poursuivez dans le sens des aiguilles d'une montre.

A l'exception de deux ou trois antichambres, le **Grand Palais** (Phra Borom

Maharatchawong, en thaï) est désormais fermé au public. Le roi l'utilise à l'occasion de certaines cérémonies officielles, telles que l'anniversaire du couronnement (lui-même réside habituellement au Chitlada Palace, au nord de la ville). Mais les bâtiments valent néanmoins le coup d'œil, ne serait-ce que pour leur munificence toute royale.

A l'est de la ville, le **Borobiman Hall**, bâtisse inspirée de l'architecture française, et autrefois résidence de Rama VI, accueille aujourd'hui les dignitaires étrangers en visite officielle. En avril 1981, il a servi de quartier général au général San Chitpatima lors de son coup d'État avorté. Non loin de là, à l'est, se dresse l'**Amarindra Hall**, ancien palais de justice, désormais réservé aux cérémonies du couronnement.

Le **Chakri Mahaprasat**, avec ses trois ailes, littéralement "Grand Hall sacré des Chakri", le plus souvent désigné sous le nom de "Grand Palace Hall", est sans conteste le plus imposant de tous ces palais. Construit en 1882 par des architectes anglais – avec l'aide de la main-d'œuvre thaï –, il offre un singulier mélange de style Renaissance italienne et d'architecture thaï traditionnelle, baptisé *faràng sài chá-daa*, ou "Européen affublé d'une coiffe de danseuse thaï". Chaque aile est en effet surmontée d'un *mondòp*, coupole pointue à plusieurs étages, lourdement décorée, censée représenter un *mandapa* (autel hindou). La coupole centrale, la plus haute, renferme les urnes funéraires des rois Chakri. Les deux autres abritent les cendres des princes qui n'ont jamais accédé au trône. Les appartements situés au cœur du palais étaient réservés aux nombreuses pensionnaires du harem royal, farouchement gardé par des sentinelles femmes entraînées aux arts martiaux.

Enfin, le dernier de ces palais, le **Dusit Hall**, de style Ratanakosin, où se déroulaient autrefois les audiences royales, est aujourd'hui réservé aux obsèques des monarques. L'entrée (de 8h30 à 15h30) s'élève à 125 B. Le billet donne accès au Pavillon des décorations et des monnaies royales (dans la même enceinte), et au Vimanmek, "la plus vaste maison en teck doré du monde", près du zoo de Dusit, ainsi qu'au Abhisek Dusit Throne Hall, à proximité du Dusit Zoo (pour plus de détails, voir le paragraphe sur *Vimanmek/Abhisek*).

Comme dans tous les temples, il faut se déchausser avant d'entrer dans la chapelle principale *(bòt)* ou dans les sanctuaires *(wihãan)* du Wat Phra Kaew. Les wats étant des lieux sacrés, les visiteurs doivent avoir une tenue et un comportement décents (notamment : ne pas porter de shorts).

Le moyen d'accès le plus économique est le bus climatisé n°8 ou n°12. Par le Chao Phraya River Express, descendez à Tha Chang.

Wat Pho

Ce temple collectionne les superlatifs : le plus ancien et le plus vaste de Bangkok, il possède le plus grand bouddha couché et la plus imposante collection de bouddhas de la Thaïlande. Il fut aussi le premier centre d'éducation publique. En tant que temple, Wat Pho (Wat Phra Chetuphon), date du XVIᵉ siècle, mais l'histoire du bâtiment actuel ne commence vraiment qu'en 1781, avec la reconstruction du temple d'origine.

L'étroite rue Th Chetuphon coupe l'enceinte en deux parties entourées de murs blanchis à la chaux. La partie nord est la plus intéressante ; elle rassemble un très grand bòt entouré d'une galerie de bouddhas reliant quatre wihãans, quatre grands chédis en l'honneur des quatre premiers rois Chakri, 91 petits chédis, une vieille bibliothèque conservant le *tripitaka* (écritures saintes), une salle des sermons, le grand wihãan qui abrite le bouddha couché, une école pour les cours d'*Abhidhamma* (la philosophie bouddhique), et d'autres structures moins importantes. Le temple est actuellement en cours de restauration ; des travaux estimés à 53 millions de bahts.

Le Wat Pho est le centre national de l'enseignement et de la préservation de la médecine thaïlandaise traditionnelle, y compris le massage. Cette discipline est enseignée tous les après-midi à l'est de l'enceinte ; une séance de massage coûte 200 B l'heure, 120 B la demi-heure, et vous pouvez suivre un apprentissage de 7 à 10 jours.

Parmi les autres enseignements dispensés au Wat Pho, on peut citer la thérapie par les plantes et la médecine thaïlandaise traditionnelle. Il faut compter entre un et trois ans pour boucler un cycle complet de formation et passer un examen pour obtenir son diplôme.

L'extraordinaire bouddha couché, de 46 m de long et 15 m de haut, illustre l'accession du Bouddha au nirvana. La statue est modelée en plâtre sur une armature de briques et dorée à la feuille. Des incrustations de nacre ornent les yeux et les pieds ; ceux-ci détaillent 108 *laksana* (caractéristiques porte-bonheur d'un bouddha). Les statues des quatre wihãans entourant le bòt principal sont intéressantes, en particulier les bouddhas Phra Jinnarat et Phra Jinachi, dans les chapelles ouest et sud, datant de la période Sukhothai. Les galeries qui relient les quatre chapelles ne comptent pas moins de 394 bouddhas dorés. La dépouille mortelle du roi Rama Ier repose dans le sanctuaire principal, au pied du grand bouddha.

Les reproductions en vente au Wat Pho ou ailleurs sont réalisées d'après les reliefs du *Ramakian* à la base du grand bòt, sculptés dans du marbre provenant des ruines d'Ayuthaya. Ces reproductions ne sont pas faites directement sur les panneaux, mais sur des moulages en ciment réalisés il y a plusieurs années. Les services d'un guide maîtrisant le français, l'anglais, l'allemand ou le japonais vous coûteront 150 B pour une personne, 200 B pour deux, et 300 B pour trois. Quelques astrologues et autres chiromanciens sont également au rendez-vous.

Le bouddha couché est visible tous les jours de 8h à 17h. L'entrée coûte 20 B. Le guichet est fermé de 12h à 13h. Les bus climatisés n°6, 8 et 12 s'arrêtent près du Wat Pho. L'arrêt du Chao Phraya Express le plus proche est Tha Thien.

Wat Mahathat

Le vieux monastère de Wat Mahathat, fondé en 1700, est le centre national de la secte Mahanikai et abrite une des deux universités bouddhiques de Bangkok, Mahathat Rajavidyalaya. L'université est actuellement le premier centre d'apprentissage du bouddhisme du Sud-Est asiatique.

Mahathat et le quartier qui l'entoure ont évolué en centre culturel informel, même si cela n'apparaît guère au premier coup d'œil. Tous les jours se tient un marché de plantes médicinales. Des échoppes, remplies de remèdes d'herboristes, proposent des massages thaïlandais. Le week-end, un grand marché se tient sur les terrains du temple et attire les habitants de tout Bangkok et de ses environs. Face à l'entrée principale, de l'autre côté de Th Maharat, un marché d'amulettes religieuses s'est établi.

Le Centre international de méditation bouddhique, attaché au monastère, propose des cours d'initiation chaque deuxième samedi du mois, dans le Dhamma Vicaya Hall. Ceux qui aspirent à un enseignement plus approfondi peuvent s'adresser aux moines de la section 5. Le temple est officiellement ouvert aux visiteurs de 9h à 17h tous les jours, même durant les *wan phrá* (jours fériés bouddhistes ayant lieu tous les quinze jours lors de la pleine lune et de la nouvelle lune). Le Wat Mahathat se trouve juste en face du Wat Phra Kaew, du côté ouest de Sanam Luang. Les bus climatisés n°8 et 12 passent devant, et l'arrêt du Chao Phraya Express le plus proche est Tha Maharat.

Wat Traimit

L'attraction du temple du Bouddha d'Or est, comme on s'en doute, un extraordinaire bouddha en or massif ayant haut de 3 m, et pesant 5,5 t. Sculptée dans le gracieux style Sukhothai, la statue fut "redécouverte" il y a 40 ans sous un revêtement de stuc (plâtre) qui se brisa lors d'une chute pendant qu'on déplaçait la statue à l'intérieur de l'enceinte. On a supposé que le revêtement avait été ajouté pour la protéger des "hordes de maraudeurs", soit pendant les derniers temps de la période Sukhothai, soit plus tard à la période Ayuthaya, quand la ville était assiégée par les Birmans. Le temple daterait, quant à lui, du début du XIIIe siècle.

La statue est visible tous les jours de 8h à 17h pour le prix de 20 B. Aujourd'hui, c'est un site très touristique. Arrivez tôt le matin si vous souhaitez profiter d'une visite plus calme. Le Wat Traimit se trouve près du croisement de Th Yaowarat et de Th Charoen Krung, à proximité de la gare de Hualamphong.

Wat Arun

Le saisissant "temple de l'Aube" est ainsi dénommé en hommage au dieu indien de l'Aube, Aruna. Il figure dans tous les dépliants touristiques et se trouve sur la rive Thonburi du Chao Phraya. Le temple actuel se dresse à l'emplacement du Wat Jang du XVIIe siècle, ancien temple-palais du roi Taksin. Ce fut la dernière demeure du Bouddha d'Émeraude avant son transfert sur l'autre rive, à Wat Phra Kaew.

Le *prang* (tour de style khmer), haut de 82 m fut construit durant la première moitié du XIXe siècle par Rama II et Rama III.

Promenade des temples et de la rivière

Il s'agit d'une promenade qui couvre le quartier de Ko Ratanakosin (l'île de Ratanakosin), qui épouse une courbe de la rivière au milieu de Bangkok et renferme quelques-uns des monuments les plus anciens ainsi que des universités prestigieuses. A cet endroit, les rives sont occupées par des marchés et des embarcadères. Malgré ce que pourrait laisser penser son nom, Ko Ratanakosin n'est pas une île. En fait, à l'époque où Bangkok était surnommée la "Venise de l'Orient", le khlong Banglamphu et le khlong Ong Ang, deux longs canaux contigus et parallèles à la rivière, à l'est, devaient être suffisamment larges pour que le quartier ait l'air d'une île.

Cette promenade circulaire d'une à trois heures (selon votre rythme) part du **Lak Meuang**, au croisement de Th Ratchadamnoen Nai et Th Lak Meuang. On y accède en taxi, avec les bus climatisés n°3, 6, 7 et 39, les bus ordinaires n°44 et 47, ou à pied si vous logez dans le quartier du Royal Hotel. Si vous venez par le Chao Phraya River Express, vous pouvez commencer cette promenade à Tha Tien. La tradition exige que chaque ville thaïlandaise vénère sa pierre de fondation où réside l'esprit de la ville *(phǐi meuang)*. Elle fait également office de point de repère à partir duquel sont calculées les distances. C'est le centre d'un important culte animiste. Les fidèles s'y pressent jour et nuit.

Du Lak Meuang, traversez Th Lak Meuang en direction du sud et descendez Th Sanamchai, en laissant les murs du Grand Palais sur votre droite jusqu'à Th Chetuphon à droite (la deuxième rue après la fin des murs, à environ 500 m de Lak Meuang). Tournez à droite dans Th Chetuphon et pénétrez dans **Wat Pho** par le second portique. Son nom officiel est Wat Phra Chetuphon ; c'est le plus vieux temple de Bangkok, célèbre pour son énorme bouddha couché et son école de massage. Celle-ci est la plus ancienne de Thaïlande et fait partie d'un collège de médecine traditionnelle qui archive les grands textes de la médecine thaïlandaise. Après avoir fait le tour des divers sanctuaires du monastère, sortez par la même porte et tournez à droite dans Th Chetuphon en direction de la rivière.

Th Chetuphon se termine à Th Maharat au bout d'une centaine de mètres ; tournez à droite dans Maharat. Vous passez devant le **marché** sur la gauche. A la pointe nord de ce pâté de maisons, Th Maharat croise Th Thai Wang. A l'angle sud-ouest du carrefour, se dresse une vieille succursale de la **Bangkok Bank**. Tournez à gauche dans Thai Wang pour jeter un coup d'œil à l'alignement de rares boutiques anciennes du début de l'ère Ratanakosin. En descendant Th Thai Wang jusqu'à la rivière, on arrive à **Tha Tien**, un arrêt du Chao Phraya River Express. Sur un quai voisin, vous pouvez prendre le bac régulier (1 B) pour le **Wat Arun**.

Revenez par Th Thai Wang vers Th Maharat et tournez à gauche pour reprendre la promenade. Sur la droite, vous longez les murs blancs du Grand Palais. A 500 m de Th Thai Wang, Th Maharat croise Th Na Phra Lan ; tournez à gauche vers **Tha Chang**.

L'entrée du **Grand Palais/Wat Phra Kaew** se trouve sur la droite (sud) de Th Na Phra Lan à moins d'une centaine de mètres de Th Maharat. La famille royale habite maintenant le palais Chitlada, mais le Grand Palais est encore utilisé pour les grandes occasions. Tous les visiteurs du palais et du temple doivent être convenablement vêtus. Sachez néanmoins que le personnel du temple met à la disposition des touristes des sarongs qui permettent de couvrir les jambes nues.

Sortez par la même porte et tournez à gauche vers la rivière ; sur la droite, vous passerez devant l'**université de Silpakorn**. Sur le campus, se dressent encore les vestiges de l'ancien palais de Rama Ier. Une petite librairie, à l'intérieur du porche sur la gauche, vend quelques ouvrages, en anglais, traitant de l'art thaïlandais.

Arrivé à Th Maharat, tournez à droite (devant la Siam City Bank à l'angle), vous apercevrez, installés dans la rue, des vendeurs d'amulettes. Un peu plus au nord dans le grand **marché aux amulettes** de Th Maharat elles sont de meilleure qualité. En face du marché, de l'autre côté de Th Maharat, **Wat Mahathat**, autre temple ancien de Bangkok, se trouve le siège de la plus grande secte monastique.

Si vous avez une petite faim, l'endroit est approprié pour prendre un repas ou un en-cas.

Revenez sur vos pas dans Th Maharat, à partir du marché, et tournez à droite à Trok Thawiphon (le panneau porte l'indication "Thawephon").

Cette ruelle conduit à Th Maharat, autre arrêt du bateau express. Le quai est bordé de part et d'autre de restaurants – *Maharat* à gauche, et *Lan The* à droite. La population locale préfère se restaurer dans un labyrinthe de petites gargotes et de stands de rue le long de la rivière, après le Lan Theh (pas d'enseigne en anglais). La nourriture y très bonne et très bon marché – pour commander, il suffit de pointer du doigt le plat désiré.

Ayant repris des forces, revenez dans Maharat, dépassez le marché aux amulettes, jusqu'à Th Phra Chan, à 80 m environ de Trok Thawiphon. Tournez à gauche pour arriver à Tha Phra Chan si vous voulez prendre un bateau express, ou à droite vers Sanam Luang, dernière étape de la promenade.

Vous passerez devant l'**université de Thammasat** à gauche, célèbre pour ses départements de droit et de sciences politiques ; c'est là qu'eurent lieu les sanglantes émeutes d'octobre 1976 qui firent des centaines de tués et de blessés parmi les étudiants.

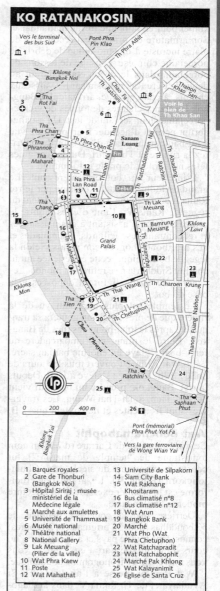

KO RATANAKOSIN

1 Barques royales
2 Gare de Thonburi (Bangkok Noi)
3 Hôpital Siriraj ; musée ministériel de la Médecine légale
4 Marché aux amulettes
5 Université de Thammasat
6 Musée national
7 Théâtre national
8 National Gallery
9 Lak Meuang (Pilier de la ville)
10 Wat Phra Kaew
11 Poste
12 Wat Mahathat
13 Université de Silpakorn
14 Siam City Bank
15 Wat Rakhang Khositaram
16 Bus climatisé n°8
17 Bus climatisé n°12
18 Wat Arun
19 Bangkok Bank
20 Marché
21 Wat Pho (Wat Phra Chetuphon)
22 Wat Ratchapradit
23 Wat Ratchabophit
24 Marché Pak Khlong
25 Wat Kalayanimit
26 Église de Santa Cruz

Son profil particulier allonge le modèle khmer pour en faire une forme thaïlandaise. Son armature de briques est recouverte de plâtre incrusté d'une mosaïque de débris de porcelaine chinoise. L'usage de tessons de porcelaine dans le décor était courant au début de l'ère Ratanakosin car les vaisseaux chinois, à cette époque, arrivaient à Bangkok les flancs chargés de tonnes de vieilles porcelaines leur servant de lest. Un escalier abrupt permet d'accéder à un point de vue à mi-hauteur du prang d'où vous découvrirez la rivière et Thonburi. Durant certaines fêtes nocturnes, le prang est illuminé.

L'intérieur du bòt est intéressant. Le grand bouddha aurait été dessiné par le roi Rama II en personne. Les fresques datent du règne de Rama V ; l'une d'elles montre le prince Siddharta assistant à des naissances et rencontrant des vieillards, des malades et des moribonds hors de son palais. Selon la légende bouddhique, cette expérience aurait conduit Siddharta à se retirer du monde. Les cendres de Rama II furent déposées à la base du bòt.

Le temple est plus imposant vu de la rivière que de près ; mais on goûtera sa tranquillité après le tohu-bohu des rues de Bangkok. Entre le prang et l'embarcadère du ferry-boat s'élève un énorme banian sacré.

Le Wat Arun est ouvert tous les jours de 8h30 à 17h. L'entrée s'élève à 10 B. Depuis la rive Bangkok, prendre un bac, qui vient de Tha Tien, à Th Thai Wang. Les traversées sont fréquentes et ne coûtent que 1 B.

Wat Benchamabophit

Ce wat en marbre de Carrare (d'où son nom touristique de "temple de marbre") fut construit au tournant du siècle, sous Chulalongkorn (Rama V). Le grand bòt cruciforme est le premier exemple d'architecture moderne thaïlandaise.

Derrière lui, la cour est peuplée de 53 bouddhas (dont 33 originaux et 20 copies) connus dans tout le pays et à l'étranger – un cours d'histoire de l'art à eux seul, si vous vous intéressez à l'iconographie bouddhique.

Wat Ben se dresse à l'angle de Th Si Ayuthaya et de Th Rama V, dans la diago-

nale de l'angle sud-ouest du palais Chitlada. Ouvert tous les jours, l'entrée coûte 10 B. Le bus climatisé n°2 et le bus ordinaire n°72 s'arrêtent à proximité.

Wat Saket

Le site n'offre rien d'extraordinaire si ce n'est la Montagne d'Or (Phu Khao Thong), à l'ouest de l'enceinte, d'où l'on découvre une belle vue sur les toits de Bangkok. La colline artificielle fut formée après l'écroulement d'un grand chédi construit sous Rama III sur un sol trop meuble. Le monticule de boue et de briques fut abandonné aux mauvaises herbes jusqu'à ce que Rama IV décide de construire un petit chédi au sommet.

Plus tard, son fils Rama V compléta l'édifice et y abrita une relique en provenance d'Inde (que lui avait donnée le gouvernement anglais). Les murs de béton furent ajoutés pendant la Seconde Guerre mondiale pour empêcher l'érosion des pentes. Tous les ans au mois de novembre se tient une grande fête avec procession aux flambeaux sur la Montagne d'Or.

L'entrée est gratuite, sauf l'accès au sommet du mont qui est de 5 B. Le site, sur Th Worachak, est accessible à pied depuis le monument de la Démocratie (Democracy Monument), ou par les bus climatisés n°11 et 12.

Wat Rajanadda

De l'autre côté de Th Mahachai, en face de Wat Saket, le temple Wat Rajanadda (Ratchanatda) fut construit sous Rama III au milieu du siècle dernier. Son architecture inhabituelle pourrait être influencée par des modèles birmans.

Le wat est connu pour son marché où l'on trouve des amulettes, ou fétiches magiques (phrà phim), de toutes tailles, toutes formes et tous styles. Les amulettes ne représentent pas seulement le Bouddha, mais aussi des moines thaïlandais célèbres et des divinités indiennes. On trouvera aussi des statues de bouddhas. Au Wat Rajanadda, les amulettes atteignent des prix élevés. La promenade est cependant agréable.

Wat Bovornives

Wat Bovornives (également connu sous les noms de Wat Bowonniwet ou Wat Bowon), dans Th Phra Sumen à Banglamphu, est la maison mère de la secte Thammayut, secte minoritaire du bouddhisme thaïlandais. Le roi Mongkut, fondateur de l'ordre des Thammayut, en prenant l'habit monacal dans ce temple, instaura une tradition royale – il y exerça les fonctions de père supérieur pendant plusieurs années. Le roi Bhumibol et le prince Vajiralongkorn, notamment, ont ainsi reçu, à titre temporaire, l'investiture monacale. Fondé en 1826, le temple portait alors le nom de Wat Mai.

Le temple abrite la seconde université bouddhique de Bangkok, l'université Mahamakut. Des moines viennent d'Inde, du Népal et de Sri Lanka pour y étudier. De l'autre côté de la rue, face à l'entrée principale, se sont ouverts une librairie bouddhique de langue anglaise ainsi qu'un centre de phytothérapie thaïlandaise.

Pilier de la ville (Lak Meuang)

Le Pilier de la ville se trouve en face du mur est du Wat Phra Kaew, à l'extrémité sud de Sanam Luang. Ce sanctuaire renferme un pilier de bois érigé par Rama Ier en 1782, lors de la fondation de la nouvelle capitale. Plus tard, durant le règne de Rama V, cinq autres idoles furent ajoutées.

L'esprit du Pilier (Phra Sayam Thewathirat) est considéré comme la divinité protectrice de la ville et reçoit les prières quotidiennes d'innombrables fidèles, qui vont parfois jusqu'à payer des troupes de danseurs classiques pour jouer du *lákhon kae bon* dans le sanctuaire. Parmi les offrandes, on aperçoit parfois des têtes de cochon, le front fendu et piqué de bâtonnets d'encens.

Temple de Sri Mariamman

Appelé Wat Phra Si Maha Umathewi en thaïlandais, ce petit temple hindou s'élève dans Th Silom, à Bangrak, un quartier à forte population indienne. Le bâtiment principal, construit dans les années 1860, abrite trois grandes divinités : Jao Mae Maha Umathewi (Uma Devi, aussi connue sous le

Les amulettes du Bouddha

Dans la langue thaï, les bouddhas, ou *phrá phim*, ne sont jamais "vendus" ou "achetés", mais "loués". Les amulettes doivent protéger leur porteur des accidents physiques, mais certaines agissent comme des philtres d'amour. Les amulettes au pouvoir particu-lièrement puissant coûtent plusieurs milliers de bahts ; elles sont réservées aux soldats, aux chauffeurs de taxi et aux fidèles ayant des professions à haut risque.

nom de Shakti) au centre, sur la gauche, son fils à tête d'éléphant Phra Phikhkanesawora (Ganesh), et sur la droite, son fils Phra Khanthakuman (Subramaniam). Le long du mur intérieur gauche sont alignées des rangées de shivas, de vishnous et d'autres divinités hindoues, ainsi que des bouddhas, de sorte que toutes les confessions non musulmanes et non judéo-chrétiennes d'Asie peuvent y faire leurs dévotions. Thaïlandais, Chinois et Indiens mêlent ainsi leurs prières, parés d'éclatantes guirlandes d'œillets jaunes, achetées à l'entrée du temple. Un rite curieux se déroule presque tous les jours à midi : un prêtre sort une tablette portant une lampe à huile, des poudres colorées et de l'eau bénite. Il asperge les mains des fidèles ; ces derniers passent alors leurs mains dans la flamme en geste de purification, puis ils trempent leurs doigts dans la poudre et dessinent des marques de prière sur le front. Le vendredi vers 11h30, de la *prasada* (nourriture végétarienne bénite) est offerte aux dévots.

Les Thaïlandais appellent ce temple Wat Khaek – *khàek* étant un terme familier pour désigner les personnes d'origine indienne. Le mot signifie exactement "invité", un euphémisme évident appliqué à un groupe de personnes que vous ne souhaitez pas voir s'installer définitivement. Il n'est guère étonnant que les Indiens établis en Thaïlande n'aiment pas beaucoup cette appellation.

Wat Thammamongkhon

On doit à l'illumination d'un moine ce sanctuaire chédi, haut de 95 m, qui se dresse à l'est de Bangkok, Soi 101, sur Th Sukhumvit. En 1991, Phra Viriyang Sirintharo, lors d'une méditation, eut la vision d'un énorme bloc de jade. A peu près dans le même temps, on découvrait, dans le lit d'un fleuve canadien, une colossale roche de jade brut de 32 tonnes. Après avoir collecté les fonds nécessaires à son acquisition (un demi-million de $US), Viriyang fit ériger un bouddha de 14 t (exécuté par des sculpteurs de Carrare) pour l'un des pavillons de Thammamongkhon. Une sculpture de cette taille méritait un chédi à sa mesure. Ce sanctuaire détient également un cheveu du Bouddha, offert par le *sangharaja* (chef religieux dans la hiérarchie Theravada) du Bangladesh. Un ascenseur vous mènera jusqu'au sommet. L'inauguration officielle du chédi a eu lieu, en grande pompe, en 1993.

Une partie du jade non utilisé (10 t) doit être sculptée à l'effigie de Kuanyin (déesse de la Compassion chez les bouddhistes chinois). Le reste, 8 t environ, fut reconverti en amulettes vendues aux fidèles pour 20 $US. Les bénéfices réalisés permettront la création de 5 000 dispensaires.

Wat Phailom

Aux environs de Bangkok, sur la rive est du Chao Phraya, ce vieux temple Môn tout en bois est célèbre pour les dizaines de milliers de cigognes à becs ouverts (*Anastomus oscitans*) qui viennent nicher, de décembre à juin, dans les bambouseraies avoisinantes. Les mordus de temples remarqueront le bot en style Ayuthaya, soutenu par un Mon chédi.

Le temple est à 51 km du centre de Bangkok, dans le district de Sam Kok. Prenez un bus pour Pathum Thani (12 B) au terminal des bus Nord et traversez la rivière en ferry jusqu'à l'enceinte du temple. L'autobus n°33, au départ de Sanam Luang, assure le trajet jusqu'à Phailom. On peut aussi emprunter le Chao Phraya River Express, qui navigue tous les samedi, depuis Tha Maharat jusqu'à Bang Pa-In, et fait escale au Wat Phailom. Reportez-vous à la rubrique *Excursions sur la rivière et les canaux*.

Autres temples et sanctuaires

Remarquable pour son énorme bouddha moderne de 32 m de haut, le **Wat Intharawihan** se trouve dans Th Wisut Kasat, au nord de Banglamphu (voir le plan de Bangkok centre). Jetez un coup d'œil au stupa creux, climatisé, abritant une statue quasi vivante de Luang Paw Toh. Les visiteurs donnent ce qu'ils veulent à l'entrée.

Non loin de là, le **Wat Suthat**, dont la construction fut entreprise sous Rama Ier et achevée sous les règnes de Rama II et Rama III, s'enorgueillit d'un wihãan où trônent des bouddhas en bronze doré. S'y trouve notamment celui de Phra Si Sakayamuni, l'un des plus grands bronzes Sukhothai sauvegardés à ce jour. On peut aussi admirer les fresques enluminées qui illustrent la vie du Bouddha. Ce temple occupe une place à part dans la vie religieuse du pays, en raison des liens qui l'unissent à une confrérie de prêtres brahmanes. Ce sont eux, en effet, qui officient lors des grandes cérémonies annuelles, notamment en mai, à l'occasion de la fête royale des labours. Ces prêtres accomplissent leurs rites quotidiens dans deux sanctuaires hindouistes édifiés à proximité du wat : le **Thewa Sathaan** (Deva Sthan) au nord-est, de l'autre côté de la rue et, à l'est, plus petit, le **Saan Jao Phitsanu** (sanctuaire Vishnu). A l'intérieur du premier dominent les représentations de Shiva et de Ganesh ; l'autre est dédié à Vishnou. Ce wat a le rang de Rachavoramahavihan, grade le plus élevé dans la hiérarchie des temples royaux. Les cendres de Rama VIII (Ananda Mahidol), frère aîné du roi actuel, sont conservées dans le socle du bouddha principal, au cœur du wihãan de Suhat.

A **Sao Ching-Cha**, la "Balançoire géante", une fête brahmanique spectaculaire qui avait lieu autrefois en l'honneur de Shiva, cessa sous le règne de Rama VII. Les participants tentaient de décrocher un sac rempli d'or en décrivant des arcs de cercle.

(suite du texte en page 241)

BOUDDHISME

Bouddhisme et autres religions en Thaïlande

TAT

RICHARD I'ANSON

BERNARD NAPTHINE

BERNARD NAPTHINE

GREG ELMS

Page titre : les bouddhas se retrouvent partout en Thaïlande (photo de Mark Kirby)

Ci-dessus : des moines de Lokaya Sutharam drapant un bouddha

Au milieu, à gauche : bouddha au Wat Phra That Doi Kong Mu, à Mae Hong Son

Au milieu, ci-contre : amulettes protectrices

En bas, à gauche : moines prosternés

En bas, ci-contre : on se déchausse pour entrer dans un temple

Page de droite : un Thaïlandais peut n'être moine qu'une partie de sa vie

Bouddhisme et autres religions en Thaïlande

Environ 95% de la population thaïlandaise pratique le bouddhisme Theravada. Les Thaïlandais désignent fréquemment leur religion comme le bouddhisme *Lankavamsa* (de la lignée cingalaise), car le bouddhisme est venu de Sri Lanka en Thaïlande et a été codifié à l'époque Sukhothai (XIIIe-XVe siècle).

Au sens strict, le terme Theravada évoque les formes les plus anciennes du bouddhisme, celui que l'on a pratiqué durant les périodes Ashoka et post-Ashoka en Asie du Sud (IIIe et IIe siècles av. J.-C.). Le bouddhisme des époques Dvaravati et pré-Dvaravati (du

Ci contre : au Wat Bowon de Bangkok, les moines se sont réunis pour écouter le thêt, le prêche du dhamma

Xᵉ au XIᵉ siècle) diffère de celui que l'on a pratiqué dans les territoires thaï après le XIIIᵉ siècle. Mais depuis la période Sukhothai, la Thaïlande a gardé une tradition canonique ininterrompue et une lignée "pure" d'ordinations ; c'est le seul des pays theravadin dans ce cas. Ironie du sort, quand la lignée des ordinations s'interrompit à Sri Lanka durant le XVIIIᵉ siècle sous la persécution des Hollandais, c'est la Thaïlande qui restaura alors la Sangha (la fraternité bouddhiste). De nos jours, le principal ordre de Sri Lanka s'appelle Siamopalivamsa (lignée Siam-Upali, Upali étant le nom du moine siamois qui prit la tête de l'expédition vers Ceylan), ou simplement Siam Nikaya (la secte siamoise).

Le Theravada (littéralement "enseignement des Anciens") est aussi appelé école "méridionale" car il s'est diffusé à partir de l'Inde en Asie du Sud-Est (Myanmar, Thaïlande, Laos et Cambodge), tandis que l'école "septentrionale" se répandit au nord (Népal, Tibet, Chine, Corée, Mongolie, Vietnam et Japon). L'école Theravada ayant cherché à préserver ou limiter les doctrines bouddhistes aux seuls canons codifiés dans les premiers temps du bouddhisme, l'école Mahayana a donné au Theravada le nom de Hinayana, ou "petit véhicule". Le Mahayana était, lui, le "grand véhicule" parce qu'il a été élaboré à partir des premiers enseignements qu'il a "élargis".

La doctrine Theravada ou Hinayana insiste sur les trois aspects principaux de l'existence : la *dukkha* (stress, satisfaction impossible, maladie) ; l'*anicca* (non-permanence, nature éphémère de toute chose) et l'*anatta* (non-substantialité ou non-essentialité de la réalité – il n'existe pas d'"âme" permanente). L'anicca révèle qu'aucune expérience, aucun état d'esprit ou objet physique n'est fait pour durer. En s'appuyant sur nos expériences, nos états d'esprit et les objets changeant constamment, on fait naître la dukkha. L'anatta revient à comprendre qu'il n'existe aucune partie du monde en perpétuel changement qu'il soit possible de désigner en affirmant : "c'est moi", ou "c'est Dieu", ou "c'est l'âme". Ces trois concepts, "découverts" par Siddhartha Gautama au VIᵉ siècle av. J.-C., s'opposaient à la croyance hindoue en un moi éternel et bienheureux (*paramat-man*). Le bouddhisme fut donc dès l'origine une hérésie dans la religion brahmanique indienne.

Devenu ascète, le prince indien Gautama se soumit à de longues années d'austérité avant de comprendre que ce n'était pas le moyen de

Ci-contre : reliefs découverts au Wat Benchamabophit

A droite : les représentations de Bouddha ou d'autres divinités ont un statut très particulier et la loi interdit de les sortir du pays

mettre un terme à la souffrance. Il s'attacha alors à étudier la nature éphémère de l'esprit et du corps, dans l'instant. Découvrant que les états d'esprit les plus complexes et les plus heureux étaient condamnés à disparaître, il abandonna tout désir à l'égard de ce qu'il considérait désormais comme incertain et insatisfaisant. On l'appela alors le Bouddha, "l'Illuminé" ou "l'Éveillé". Gautama Bouddha enseignait les "quatre saintes vérités" qui avaient le pouvoir de libérer tout être humain capable d'en prendre conscience.

1. La vérité de la dukkha : "Toutes les formes d'existence (maladie, insatisfaction, stress, imperfection) sont sujettes à dukkha."
2. La vérité de la cause de la dukkha : "La dukkha est causée par la *tanha* (le désir)."
3. La vérité de la cessation de la dukkha : "Élimine la cause de la dukkha (le désir) et la dukkha cessera de réapparaître."
4. La vérité du chemin : "L'Octuple Sentier est le moyen d'éliminer le désir/d'éteindre la dukkha."

L'Octuple Sentier (Atthangika-Magga) consiste en :

1. la compréhension juste
2. la pensée juste
3. le discours juste
4. la conduite corporelle juste
5. le mode de vie juste
6. l'effort juste
7. l'attention juste
8. la concentration juste

Ces huit branches appartiennent à trois "piliers" différents de pratique : la sagesse ou *pañña* (1 et 2), la morale ou *sila* (3 à 5) et la concentration ou *samadhi* (6 à 8). Le sentier est aussi appelé la "voie du milieu", puisque, idéalement, il évite l'extrême austérité et l'extrême sensualité. Certains bouddhistes pensent qu'il doit être suivi étape par étape, tandis que d'autres affirment que les piliers et/ou les branches sont interdépendantes. Un autre point capital est que le mot "juste" peut aussi être traduit par "complet" ou "entier".

La finalité du bouddhisme Theravada est le *nibbana* (nirvana en sanskrit) qui, au sens littéral, signifie l'extinction de tout désir et donc de toute douleur (dukkha). C'est aussi la fin du cycle des renaissances qui constitue l'existence (à la fois de moment à moment et de vie à vie). En fait, la plupart des bouddhistes thaïlandais aspirent plutôt à une renaissance dans une existence "meilleure" qu'au but supra-terrestre du *nibbana*, que les Asiatiques comme les Occidentaux, comprennent dans un sens erroné.

Les paroles du Bouddha

Le Bouddha dit à ses disciples :
Quand vous voyez, contentez-vous de voir.
Quand vous entendez, contentez-vous d'entendre.
Quand vous sentez, contentez-vous de sentir.
Quand vous touchez, contentez-vous de toucher.
Quand vous savez, contentez-vous de savoir.

De nombreux Thaïlandais ont le sentiment qu'ils sont, en quelque sorte, indignes du nibbana. En nourrissant les moines, en faisant des donations aux temples et en accomplissant fidèlement leurs devoirs religieux au *wat* (temple) local, ils espèrent améliorer leur sort et acquérir un mérite (*puñña* en pali, *bun* en thaï) suffisant pour empêcher, ou au moins diminuer, les renaissances successives. L'acquisition de mérites *(tham bun)* est une activité sociale et religieuse centrale en Thaïlande.

Le concept de réincarnation est presque universellement accepté, même par les non-bouddhistes. La théorie du karma est bien traduite dans le proverbe thaï *tham dii, dâi dii ; tham chûa, dâi chûa* : "Fais le bien et tu recevras le bien ; fais le mal et tu recevras le mal."

La Triratna (les Trois Joyaux), hautement respectée par les bouddhistes thaïlandais, comprend le Bouddha, le Dhamma (les enseignements) et la Sangha (la fraternité bouddhiste). Le Bouddha, sous une multitude de formes, est omniprésent : trônant sur une étagère dans la plus infâme gargote en bordure de route, comme dans les bars luxueux des grands hôtels de Bangkok. Le Dhamma est psalmodié soir et matin dans tous les wats et enseigné à tous à l'école primaire. La Sangha est incarnée en permanence par les moines à robe orange que l'on verra, surtout le matin de bonne heure, accomplir leur tournée d'aumône.

Le bouddhisme thaïlandais ne connaît ni "sabbat" ni jour consacré aux dévotions. De même, il n'existe ni liturgie ni messe célébrée par un ministre du culte. Le fidèle fréquente le temple selon son envie ou son besoin – de préférence, toutefois, pendant le *wan phrá* (littéralement "excellents jours"). Cette période faste, qui correspond à la nouvelle et à la pleine lune, revient donc toutes les deux semaines.

Les autres quartiers de lune sont considérés comme des périodes moins favorables, où seuls les plus pieux fréquentent les temples. Ces visites pieuses s'organisent autour d'activités diverses : offrandes traditionnelles aux différents autels (boutons de fleurs de lotus, cierges et encens) ; dons de reliquaires destinés à la cour du wat ; présents sous forme d'offrandes aux moines, aux religieuses ou aux résidents laïques du temple. L'adepte peut aussi écouter les moines psalmodier des *sutta* (récits du Bouddha) ou assister au *thêt* (prêche du dhamma) prononcé par le moine supérieur ou un autre dignitaire religieux. Il lui est également possible de demander une audience privée à un moine ou à une religieuse pour solliciter des conseils quant à sa vie, présente ou future.

La maison des esprits

Toutes les habitations et tous les immeubles doivent comporter leur maison des esprits – un endroit où résident les esprits du lieu, ou *phráphum*. Sans cette sage précaution, les esprits risquent de vagabonder en votre compagnie dans la maison, et de vous causer toutes sortes de problèmes. Ces constructions ressemblent à un temple thaïlandais de la taille d'une cage à oiseaux montée sur un socle, mais les grands hôtels peuvent se doter d'un sanctuaire de plus de 100 m².

Comment être sûr que l'esprit réside bien dans la maison des esprits et non dans la vôtre ? Essentiellement en faisant en sorte que sa demeure soit plus agréable à vivre que la vôtre, par des offrandes quotidiennes de nourriture, de fleurs et d'encens. La maison des esprits doit être placée bien en évidence et ne pas recevoir l'ombre de la grande maison. Son emplacement doit donc être prévu à l'avance, et son installation s'accompagne des cérémonies appropriées. Et si vous améliorez ou agrandissez votre demeure, celle des esprits doit l'être également. On fait donc appel au *phâw khru* ou à la *mâe khruu* locaux (littéralement "maître-père" et "maître-mère") pour présider à l'installation initiale, de même qu'aux aménagements ultérieurs.

L'intérieur d'une maison des esprits, le plus souvent, est décoré de figurines en céramique ou en plastique, représentant les esprits gardiens de la propriété. La plus importante de ces statuettes, le *châo thii* ou "seigneur des lieux", incarne un phrá phum qui règne sur une partie spécifique du domaine (voir la liste des Esprits gardiens ci-dessous). Certaines maisons des esprits, plus grandes ou plus sophistiquées, abritent aussi des figurines symbolisant la famille et les serviteurs des gardiens. Ces statuettes, ainsi que les bols, plats et autres objets destinés aux offrandes sont achetés par les fidèles dans les temples ruraux ou dans les supermarchés et autres grands magasins des métropoles.

Si elle vient à être abîmée, ou si l'on déménage, une maison des esprits n'est pas un objet dont on se débarrasse à la décharge, ou qu'on brûle dans la cheminée. Il convient de la déposer au pied d'un banyan sacré ou dans quelque recoin d'un temple accueillant, où des esprits charitables veilleront sur elle.

Esprit gardien	Aire d'influence
Phra Chaimongkhon	maisons
Phra Nakhonrat	portes, portails, échelles
Phra Khonthan	lieux de lune de miel
Phra Khan Thoraphon	corrals, parcs à bestiaux
Phra Chai Kassapa	greniers
Phra Thamahora	champs
Phra Than Thirat	jardins, vergers
Phra Chaimongkut	cours de ferme, enclos
Phra That Tara	temples, lieux saints, monastères

Moines

Socialement, il est du devoir de tout homme de passer une brève période de sa vie comme moine, de préférence entre la fin de ses études et avant d'entamer sa carrière et de se marier. Les hommes ou les garçons de moins de 20 ans peuvent devenir novices – ce n'est pas rare, car une famille acquiert beaucoup de mérite quand un de ses fils prend la robe et la sébile. D'ordinaire, on reste trois mois au wat, pendant le carême bouddhique *(phansãa)* qui commence en juillet et coïncide avec la saison des pluies. De nos jours, on n'y séjourne plus qu'une semaine ou quinze jours. La Thaïlande abrite 32 000 monastères et 460 000 moines, dont beaucoup le sont pour la vie entière. Un grand nombre d'entre eux se vouent à l'étude et à l'enseignement, tandis que d'autres s'orientent vers la magie guérisseuse et/ou populaire.

La Sangha est divisée en deux sectes, les Mahanikai ("Grande Société") et les Thammayut (du pali *dhammayutika* ou "disciples du Dharma"). La seconde est minoritaire (la proportion étant d'un Thammayut pour 35 Mahanikai) ; elle fut inaugurée par le roi Mongkut à partir d'une ancienne forme môn de discipline monastique qu'il avait pratiquée en tant que moine *(bhikkhu)*. Les membres des deux sectes doivent prononcer 227 vœux monastiques et obéir à ces engagements tels qu'ils sont énoncés dans le Vinaya Pitaka, traité bouddhique de la discipline monastique. La discipline des Thammayut est cependant plus stricte. Par exemple, ses adeptes ne mangent qu'une seule fois par jour – avant midi – et doivent consommer uniquement ce qui se trouve dans leur sébile, tandis que les Mahanikai se nourrissent deux fois avant midi et sont libres d'accepter les extra. Les Thammayut doivent devenir compétents dans tous les domaines, la méditation aussi bien que l'érudition en sciences bouddhiques ou en écritures saintes ; les Mahanikai, de leur côté, préfèrent se spécialiser dans l'un ou l'autre des domaines. D'autres facteurs peuvent entrer en jeu. Les moines résidant en ville, notamment, s'attachent surtout à l'étude des textes bouddhiques, alors que ceux vivant dans les forêts tendent à préconiser la méditation.

Statues de Sommona-Codom.

Statue de cuivre.

Statue de brique dorée en demi relief.

Statué de cuivre doré.

Ci-dessus : gravure du XVIIᵉ siècle tirée d'un ouvrage de Simon de La Loubère, *Du royaume de Siam.* Pendant des siècles, le bouddhisme a constitué la religion dominante en Thaïlande

Religieuses

Autrefois, le bouddhisme Theravada possédait un ordre monastique distinct pour les religieuses. Elles s'étaient elles-mêmes baptisées *bhikkhuni* et prononçaient plus de vœux que les moines (311 contre 227). Fondé à Sri Lanka par la fille du roi Ashoka (monarque bouddhiste indien), environ deux siècles après Bouddha, le Sanghamitta Theri, ordre traditionnel des Bhikkhuni à Sri Lanka, s'est éteint au XIIIᵉ siècle, avec l'invasion hindoue de Chola. Par la suite, des moines originaires

Ordination d'un faráng

Crâne et sourcils rasés de près, vêtu de la robe blanche des laïcs avant leur ordination, L. tient devant lui la robe monastique brune. Un moine confirmé lui montre comment nouer son *sabong* (porté dessous).

Phra Sumetho (c'est le nom de bhikkhu que L. a reçu en pali) suit un moine plus âgé au cours de la cérémonie matinale de *pindabàat*, quand les laïcs viennent offrir aux moines leur nourriture quotidienne. Après le partage de la nourriture, les moines s'assoient dans la salle à manger et se restaurent.

Après l'aumône et l'étude des *tripitaka*, L. revient dans son *kuti* : il étudie alors la littérature bouddhique et pratique la méditation vipassana.

du Siam parcoururent le Sri Lanka pour rétablir des sangha de moines, mais comme ils ne rencontrèrent pas de bhikkhuni ordonnées, la sangha sri lankaise ne fut jamais rétablie.

En Thaïlande, cet ordre est aujourd'hui remplacé par l'ordre des *mâe chii* ("nonne" en thaï, littéralement "mère-nonne"). Au nombre d'environ 10 000, ces femmes mènent une existence monastique, en qualité d'*atthasila* – ou "nonnes aux huit préceptes". Elles ont le crâne rasé, portent des robes blanches et prononcent leurs vœux lors d'une cérémonie d'ordination similaire à celle des moines. Il est moins "prestigieux" pour une femme que pour un homme d'entrer dans les ordres. Les fidèles mettent un point d'honneur à offrir de nouvelles robes et des objets décoratifs aux moines de leur wat, mais se montrent beaucoup moins empressés envers les nonnes. Il est vrai que les religieuses officient rarement lors des cérémonies ; il apparaît donc moins avantageux, dans l'esprit des croyants intéressés, de leur faire des cadeaux.

En outre, les Thaïlandais mesurent fréquemment l'acquis spirituel au nombre de préceptes observés. Les nonnes, qui n'en observent que huit, ont donc, à leurs yeux, sensiblement moins de mérite que les moines. Cette inégalité de prestige n'affecte néanmoins que l'aspect social du bouddhisme. Ceux qui portent un intérêt véritable aux coutumes religieuses ont une toute autre approche. Les nonnes ont choisi la voie de l'ascèse et, au même titre que les moines, consacrent leurs journées à la méditation et à l'étude du Dhamma. De fait, les wats abritant d'importantes congrégations de mâe chii jouissent d'un grand respect. L'Institut des mâe chii de Thaïlande, dont le siège se trouve au wat Bowonniwet depuis 1962, édite un journal trimestriel (uniquement en thaïlandais) consacré aux activités des religieuses bouddhistes dans le pays.

Ces vingt dernières années, un petit mouvement favorable au rétablissement des bhikkhuni a vu le jour en Thaïlande. Certaines novices n'hésitent pas à aller se faire ordonner à Taïwan, où la tradition Mahayana a sauvegardé une lignée bhikkhuni, pour revenir dans leur pays, nanties de leur nouveau statut. Dans la province de Nakhon Pathom se trouve un monastère de nonnes, le Watra Songtham Kalyani, occupé par des religieuses bhikkhuni, mais les instances religieuses de Bangkok refusent de leur reconnaître le statut officiel complet des bhikkhuni. Ce centre ne peut donc prétendre au titre de "wat" (watra signifie simplement "pratique" en pali).

Un nombre toujours croissant d'étrangers viennent en Thaïlande pour se faire moines et étudier avec les grands maîtres de la méditation dans les wats isolés des forêts du Nord-Est.

Renseignements complémentaires

Si vous désirez en savoir plus sur le bouddhisme, vous pouvez contacter le World Fellowship of Buddhists (☎ 02-251 1188), 616 Soi 24, Th Sukhumvit, Bangkok. Des moines étrangers tiennent des classes de méditation en anglais tous les premiers dimanches de chaque mois de 14h à 18h ; toute personne est la bienvenue.

Une boutique bouddhiste à Bangkok dispose d'un rayon anglais. Elle est située en face de l'entrée nord du Wat Bovornives (Bowonniwet).

Asia Books et DKBook House offrent aussi des rayons de livres sur le bouddhisme.

Si l'étude de la méditation vous intéresse, reportez-vous à la rubrique *Cours* des *Renseignements pratiques*, ainsi qu'à la rubrique *A voir et à faire* du chapitre *Bangkok*.

Parmi la foisonnante bibliographie existant en la matière, voici une sélection de quelques livres qui, bien sûr, ne sauraient être exhaustive.

Ouvrage de référence, *Sur les traces du Bouddha* de René Gousset (Asiathèque, 1991) fait un récit détaillé des voyages que firent au VIIe siècle, les moines chinois vers l'Inde, à la recherche de textes bouddhiques.

René Giraud donne, dans son *Introduction aux religions orientales : hindouisme, bouddhisme, taoïsme* (Droguet et Ardant, 1991), une excellente description et une analyse des trois principales religions orientales.

Les Dieux du bouddhisme de Louis Frédéric (Flammarion, 1992) est un guide iconographique qui décrit la plupart des divinités du bouddhisme ayant fait l'objet de représentations dans le Sud-Est asiatique, en Inde et au Sri Lanka... et facilite leur identification.

Avec son *Introduction au bouddhisme* (Cerf, 1989), Jacques Martin étudie comment le bouddhisme, émergeant dans le monde moderne, représente l'un des grands courants spirituels de l'humanité, caractérisé par sa dimension profondément éthique et sa remarquable intériorité.

Les non-initiés pourront se familiariser avec *Comprendre le bouddhisme* de Dennis Gira (Centurion, 1989) qui fournit une introduction à l'histoire, à la théologie et aux différents courants qui composent le bouddhisme.

A destination du grand public, *Le Bouddhisme* de Henri Arvon (PUF, coll. "Que sais-je", 1994) restitue au sujet son horizon historique.

Christine Le Diraison et Patrick de Wilde ont signé *Thaïlande des Bonzes* (Atlas, 1991) qui propose un voyage à travers la Thaïlande, à la découverte des bonzes bouddhistes.

Sur Internet, il existe trois sites que vous pouvez consulter sur le bouddhisme Theravada. Le premier, très complet, vous permettra même de commander des publications. Il s'agit d'Access to Insight : Readings in Theravada Buddhism (world.std.com/~metta/index.html). Les deux autres sites présentent également énormément d'informations et donnent aussi accès à d'autres sites. Ce sont DharmaNet Electronic Files Archive(sunsite.unc.edu/pub/academic/religiousstudies/Buddhism/DEFA/Theravada/) et Buddha Net (www.buddhanet.net/).

Autres religions

Une infime minorité de Thaïlandais et la plupart des Malais du Sud (environ 4% de la population), sont adeptes de l'islam. 0,5% de la population, essentiellement des tribus montagnardes autrefois évangélisées par les missionnaires et une partie des immigrants vietnamiens, se rattachent au christianisme.

Le reste (0,5%) se partage entre confucianisme, taoïsme, bouddhisme Mahayana et hindouisme. Les mosquées (dans le Sud) et les temples chinois sont assez répandus.

Ci-dessous : statue de Ganesh, la divinité à tête d'éléphant

JOE CUMMINGS

(suite du texte de la page 232)

Ces exploits n'étaient pas sans danger, et beaucoup y perdaient la vie. La Balançoire géante se trouve dans une rue au sud du monument de la Démocratie.

Wat Chong Nonsii, à deux pas de Th Ratchadaphisek près de la rive du fleuve où se situe Bangkok, contient de remarquables fresques réalisées entre 1657 et 1707. C'est le seul temple de l'époque Ayuthaya dans lequel les fresques et l'architecture sont de la même époque et n'ont subi aucune rénovation. Cet ensemble architectural et pictural à la fois pur et unique revêt une importance considérable dans l'étude de l'art de la fin de la période Ayuthaya. Le style pictural est similaire à celui des monastères Phetburi du Watt Yai Suwannaram et du Wat Ko Kaew Sutharam.

La rive Thonburi possède également de nombreux temples, moins visités que les autres : le **Wat Kalayanimit** avec sa haute statue du Bouddha et, à l'extérieur, la plus grosse cloche de bronze de Thaïlande ; le **Wat Pho Bang-O**, avec ses pignons sculptés et ses fresques d'époque Rama III ; le **Wat Chaloem Phrakiat** avec ses pignons revêtus de céramique ; et le **Wat Thawng Nophakhun** avec son *uposatha* (bòt) d'inspiration chinoise. Le plan de la commission des Beaux-Arts, *Canals of Thonburi*, vous donne la localisation de ces wats et quelques renseignements. A proximité de Tha Sathon, sur la même rive du Chao Phraya que Bangkok, le **Wat Yannawa**, construit sous le règne de Rama II, rappelle, à travers ses structures, le profil d'une jonque chinoise.

Juste derrière Th Chakraphet, dans le quartier de Pahurat, on découvre le **temple Sikh** (Sri Gurusingh Sabha), que vous pourrez visiter tout à loisir. Composé, pour l'essentiel, d'une très vaste salle évoquant l'intérieur d'une mosquée, il est dédié au culte du gourou Granth Sahib (XVIe siècle), qui passe, aux yeux des croyants, pour le dernier des dix grands gourous vivants. Chaque matin, aux alentours de 9h, on peut assister à la distribution, parmi les fidèles, de la *prasada*, offrande de nourritures bénies.

A l'angle de Th Ratchaprarop et Th Ploenchit, à côté du Grand Hyatt Erawan Hotel, un grand sanctuaire, **Saan Phra Phrom** (également appelé **sanctuaire Erawan**) fut construit pour écarter la malchance durant la construction du premier Erawan Hotel (démoli quelques années plus tard pour élever le Grand Hyatt Erawan). La divinité quadricéphale du centre est Brahma (*Phra Phrom* en thaï), le dieu hindou de la Création. Les promoteurs du premier Erawan – nommé d'après la statue du Bouddha dont le socle représente un éléphant à trois têtes – élevèrent une maison des esprits, typiquement thaïlandaise. Ils décidèrent de la remplacer par ce sanctuaire brahmanique plus imposant, après que plusieurs accidents graves eurent retardé la marche des travaux. Les fidèles dont un vœu a été exaucé reviennent parfois au sanctuaire pour demander aux musiciens et aux danseurs, toujours présents, de jouer en l'honneur du dieu.

Suite au succès du sanctuaire Erawan, plusieurs autres sanctuaires brahmaniques clinquants ont été élevés dans toute la ville à côté de grands hôtels et de bureaux. Près du **World Trade Centre** de Th Ploenchit se trouve un imposant sanctuaire renfermant un shiva debout.

Autre sanctuaire qui mérite l'attention, celui du lingam (phallus) derrière le **Hilton International Bangkok**, dans le petit parc Nai Loet, donnant dans Th Withayu. Des groupes de lingams en pierre et en bois gravés entourent une maison des esprits et un sanctuaire bâtis par le milliardaire Nai Loet en l'honneur de Jao Mae Thapthim, une divinité féminine qui résiderait dans le vieux banian. Une fidèle ayant fait une offrande eut un bébé peu de temps après ; depuis, le sanctuaire est visité par un flot continuel de dévots – la plupart du temps des jeunes femmes désirant un enfant. Le parc Nai Loet est si bien clôturé qu'il faut se frayer un chemin à travers le complexe du Hilton pour accéder au sanctuaire. Vous pouvez aussi emprunter la navette du canal Khlong Saeng et demander à descendre à Saphaan Withayu (le pont de la Radio). Prenez les bâtiments de TV 3, au nord du canal, comme point de repère.

Lors de la rédaction de ce guide, le Hilton International Bangkok avait fait savoir qu'il n'autoriserait que les résidents de l'hôtel à visiter le sanctuaire. Pareille mesure semble absurde et inapplicable compte tenu de la signification culturelle de ce lieu pour les habitants de Bangkok.

Églises

Plusieurs églises catholiques méritent une visite. Entre autres, l'**église du Saint-Rosaire** (*Wat Kalawan* en thaï), à Talaat Noi, près du centre commercial de River City. Construite en 1787 par les Portugais, elle a été remodelée par des Vietnamiens et des Cambodgiens catholiques vers le début de ce siècle, d'où les inscriptions en français sous le chemin de croix. Cette vieille église recèle de magnifiques vitraux de style roman, des voûtes dorées, et une statue du Christ très ancienne, que les fidèles portent en procession pendant les fêtes pascales. L'allée qui y mène est bordée d'échoppes typiques de l'architecture traditionnelle de Bangkok.

L'**église de l'Immaculée Conception**, près de Krungthon Bridge (au nord de Phra Pin Klao Bridge), fut également fondée par les Portugais et, plus tard, récupérée par les Cambodgiens fuyant la guerre civile. L'édifice actuel date de 1837 et remplace une ancienne construction de 1674. L'un des bâtiments d'origine demeure ; il sert maintenant de musée et abrite des saintes reliques. Autre église élevée par les Portugais en 1913, celle de **Santa Cruz** (*Wat Kuti Jiin* en thaï) se situe sur la rive Thonburi de la Chao Phraya River près de Phra Phut Yot Fa (Memorial) Bridge (généralement appelé Saphaan Phut). Son architecture témoigne d'une influence chinoise, d'où le nom thaï de "résidence monastique chinoise".

L'**église du Christ**, 11 Th Convent, à proximité de la Bangkok Nursing Home, a été bâtie en 1904 sur l'emplacement de la "chapelle anglaise" édifiée en 1864. De style gothique, elle se distingue par son toit de tuiles, étayé de poutres en teck, et sa charpente, dont les chevrons en éventail ont été sculptés en 1919.

Musée national (National Museum)

Dans Th Na Phra That, à l'ouest de Sanam Luang, le Musée national est le plus grand musée d'Asie du Sud-Est et le lieu idéal pour se familiariser avec l'art thaïlandais. Toutes les périodes et tous les styles y sont représentés, du Dvaravati au Ratanakosin. La salle 203 contient une belle collection d'instruments de musique traditionnels thaïlandais, laotiens, cambodgiens et indonésiens, soigneusement entretenus. D'autres expositions permanentes comprennent des céramiques, des vêtements et des textiles, des sculptures sur bois, des insignes royaux et des armes.

Le bâtiment date de 1782. Il servait de palais au vice-roi de Rama Ier, le prince Wang Na. Rama V en fit un musée en 1884.

Outre les salles d'exposition, l'enceinte comprend une chapelle restaurée de 1795, la **chapelle Buddhaisawan (Phutthaisawan)**, qui renferme des fresques d'origine en bon état et l'un des bouddhas les plus vénérés du pays, Phra Phut Sihing. Il proviendrait de Ceylan, d'après la légende, mais les historiens d'art l'attribuent à Sukhothai (XIIIe siècle).

Des visites guidées sont organisées, en français et en japonais le mercredi, en allemand le jeudi, et en anglais le mardi (culture), mercredi (bouddhisme) et jeudi (art). Elles partent du pavillon de vente des billets à 9h30 et sont excellentes. Plusieurs lecteurs nous ont écrit pour le recommander. Pour plus d'informations appelez les National Museum Volunteers (☎ 02-215-8173). Le musée est ouvert de 9h à 16h, du mercredi au dimanche ; entrée à 20 B.

Musée national des barques royales

Les barques royales (Royal Barges) sont des bateaux couverts d'ornements utilisés pour les grandes processions sur la rivière. La plus longue mesure 50 m. Elle est propulsée par cinquante rameurs, auxquels s'ajoutent deux

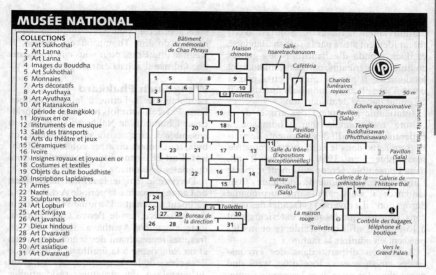

MUSÉE NATIONAL

COLLECTIONS
1 Art Sukhothai
2 Art Lanna
3 Art Lanna
4 Images du Bouddha
5 Art Sukhothai
6 Monnaies
7 Arts décoratifs
8 Art Ayuthaya
9 Art Ayuthaya
10 Art Ratanakosin
 (période de Bangkok)
11 Joyaux en or
12 Instruments de musique
13 Salle des transports
14 Arts du théâtre et jeux
15 Céramiques
16 Ivoire
17 Insignes royaux et joyaux en or
18 Costumes et textiles
19 Objets du culte bouddhiste
20 Inscriptions lapidaires
21 Armes
22 Nacre
23 Sculptures sur bois
24 Art Lopburi
25 Art Srivijaya
26 Art javanais
27 Dieux hindous
28 Art Dvaravati
29 Art Lopburi
30 Art asiatique
31 Art Dvaravati

barreurs, deux navigateurs et un porte-drapeau, un donneur de cadence et un chanteur.

Les barques sont abritées dans des hangars sur la rive Thonburi, à côté du Khlong Bangkok Noi, près du Phra Pin Klao Bridge. Suphannahong, la barque personnelle du roi, est la plus imposante ; construite d'une seule pièce de bois, c'est la plus grande pirogue au monde. Son nom signifie "le cygne doré", ce qui explique la tête de cygne sculptée à la proue de la barque. Les barques plus petites offrent en guise de proue des sculptures d'autres divinités de la mythologie hindoue-bouddhiste telles que naga (dragon des mers) ou garuda (oiseau, monture de Vishnou).

Pour admirer cette flottille en pleine action, il est recommandé d'assister à la cérémonie royale *kathin*, qui se tient à la fin de la *phansãa* (ou "retraite des pluies" chez les bouddhistes, se terminant en octobre ou novembre, à la nouvelle lune) et au cours de laquelle de nouvelles robes sont offertes aux moines.

Le hangar est ouvert tous les jours de 9h à 16h sauf le 31 décembre, le 1er janvier et les 12 et 14 avril. L'entrée coûte 30 B, plus 100 B si vous voulez prendre des photos. Pour y accéder, prenez le bus 3 ou le 81, ou un bac pour Tha Rot Fai, puis descendez la rue parallèle à la voie ferrée jusqu'à un pont traversant le *khlong* (canal). Suivez le pont jusqu'à une passerelle en bois qui mène aux hangars. On peut aussi y parvenir en bateau-taxi (5 B). Il remonte le canal et vous dépose près du pont. Pour de plus amples détails, téléphonez au 02-424 0004.

Maison de Jim Thompson

C'est l'endroit idéal pour découvrir l'authentique architecture intérieure thaïlandaise. Située au bout d'un soi tout à fait ordinaire, proche du Khlong Saen Saep, elle appartenait à un industriel américain de la soie, Jim Thompson, qui fut le principal artisan du succès actuel des soieries thaïlandaises.

Né en 1906 dans le Delaware (États-Unis), Thompson, architecte new-yorkais, fut affecté en Thaïlande à la fin de la Seconde Guerre mondiale, où il fit un passage dans les Services Spéciaux (l'OSS, future CIA). Après sa démobilisation, jugeant New York trop fade, il s'installa définitivement à Bangkok. Son œil averti fut rapidement attiré par la soie thaïlandaise et il en inonda d'échantillons les grands couturiers américains, parisiens, milanais et londoniens. Il parvint ainsi, peu à peu, à doter d'une clientèle mondiale un artisanat en grand danger de disparition.

Infatigable promoteur des arts et de la culture traditionnels thaï, Thompson a patiemment recueilli des fragments de maisons en ruine dans le nord du pays pour les réassembler, en 1959. Bien qu'il ait, dans l'ensemble, scrupuleusement respecté l'agencement classique des demeures thaïlandaises, il s'est permis une surprenante dérogation : il a inversé les façades des maisons, de sorte que les murs extérieurs sont à l'intérieur, afin que résidents et invités puissent en admirer la facture.

Thompson disparut dans des circonstances mystérieuses, lors d'un week-end passé chez des amis dans les monts Cameron, en Malaisie. On ne l'a, depuis, jamais revu. Sa sœur fut assassinée, aux États-Unis, dans le courant de la même année, un meurtre qui alimenta les hypothèses les plus rocambolesques : conspiration, espions, communistes, rivaux, ou tigre mangeur d'hommes ! Selon une autre théorie, tout aussi douteuse, le magnat de la soie aurait été renversé par un chauffeur de camion malais, qui se serait empressé de cacher le corps…

A l'intérieur du bâtiment principal, sont exposées sa collection d'objets d'art asiatique et ses affaires personnelles. A l'entrée de la demeure, la fondation Jim Thompson a installé un stand où l'on peut acheter des reproductions d'anciennes cartes du Siam et des horoscopes traditionnels.

La maison, Soi Kasem San 2, Th Rama I, est ouverte du lundi au samedi de 9h à 17h. Attention : lorsqu'il y a peu de visiteurs, elle ferme parfois à 16h30. L'entrée est de 100 B (les bénéfices sont versés à l'École des aveugles de Bangkok), mais on peut se promener gratuitement dans le jardin. Les étudiants de moins de 25 ans paient 40 B. Le misérable khlong, au bout du soi, est un des plus animés de Bangkok. Méfiez-vous des

racoleurs, généralement bien habillés, qui vous aborderont pour vous annoncer que la maison de Jim Thompson est fermée. Il s'agit là d'une ruse pour vous entraîner dans une tournée d'achats extravagants.

Wang Suan Phakkard

Le palais de la Ferme à laitues (Lettuce Farm Palace), autrefois résidence de la princesse Chumbon de Nakhon Sawan, est un ensemble de cinq maisons traditionnelles en bois, renfermant diverses collections d'objets d'art et de meubles. Les jardins, sont une oasis de calme.

Derrière le temple, le minuscule **pavillon de Laque** remonte à la période Ayuthaya ; le bâtiment se tenait à l'origine sur un terrain du monastère, sur le fleuve Chao Phraya, juste au sud d'Ayuthaya. Il est doté de fresques représentant des scènes des jataka et du *Ramayana* à la feuille d'or, ainsi que des scènes de la vie quotidienne. A l'avant du complexe, des structures résidentielles contiennent des expositions d'objets d'art khmer, hindou et bouddhiste, des céramiques de Ban Chiang et une belle collection de bouddhas. Au milieu du tumulte de la ville, les jardins offrent une douce retraite.

Le palais est ouvert tous les jours, sauf le dimanche, entre 9h et 16h. L'entrée (150 B, 30 B pour les étudiants) se trouve dans Th Si Ayuthaya, entre Th Phayathai et Th Ratchaprarop. Le bus climatisé n°3 vous dépose devant.

Palais en teck Vimanmek

Ce beau palais en L, bâti en teck doré en 1868, à Ko Si Chang, et transporté sur ce site en 1910, contient 81 pièces et représenterait le plus gigantesque édifice du monde réalisé en teck.

Malgré la splendeur majestueuse des escaliers, des salles de forme orthogonale et des parois treillissées, le palais conserve une atmosphère étonnamment sereine et intime.

Résidence de Rama V au début du siècle, le lieu a été désaffecté en 1935, puis réouvert en 1982, à l'occasion du bicentenaire de Ratanakosin. A l'intérieur, outre les effets personnels du roi, on peut admirer un

Culte de Rama V

Depuis 1991, la Thaïlande s'est découvert un nouveau culte, en particulier à Bangkok et dans les grands centres urbains : ce culte célèbre les mânes de Rama V (1868-1910), également connu sous le nom de Chulalongkorn (Chula Chom Klao pour les Thaï). Ses adeptes se recrutent dans les classes moyennes mais aussi parmi les Thaï "nouveaux riches" faisant carrière dans le commerce ou les professions libérales.

A Bangkok, c'est autour de la statue de bronze de Rama V érigée sur la Royal Plaza (face à l'angle sud-est du Palais du trône Vimanmek/Abhisek, d'où le très vénéré roi gouvernait en monarque absolu) que s'exprime le plus ostensiblement l'ardeur des nouveaux catéchumènes. Cette effigie profane, à l'origine simple commémoration historique, se transforme aujourd'hui en véritable autel, où tous les mardi soirs, des milliers de fidèles viennent déposer leurs offrandes. Les dévotions commencent aux alentours de 21h et se poursuivent jusqu'aux premières lueurs de l'aube.

D'un bout à l'autre du pays, on s'arrache les portraits de Rama V. Certains dévots les placent au sein de l'autel domestique, d'autres arborent, autour du cou, à la place de la traditionnelle amulette bouddhiste, une effigie en porcelaine du roi, montée sur une chaîne d'or.

Si, en apparence, aucun événement particulier n'est à l'origine de ce mouvement, il semble néanmoins découler d'un regain de défiance à l'égard de la monarchie constitutionnelle, notamment parmi l'intelligentsia, après le coup d'état de 1991, et la récession économique des années 1990-92. La multiplication des problèmes – celui de la drogue, entre autres – engendra un rejet diffus de la politique moderne, de la technologie et des biens matériels, conduisant certains Thaïlandais à chercher une nouvelle voie spirituelle auréolée d'une vague justification historique. Ils s'emparèrent alors de Rama V, qui sut, sans l'aide d'un parlement ni l'appui des forces militaires, porter le nationalisme thaï à son zénith et déjouer les menées du colonialisme européen. Il reste aussi, pour beaucoup, le champion des droits du citoyen, ayant aboli l'esclavage et la "corvée".

Paradoxalement, les adorateurs de Rama V ont oublié, pour la plupart, que leur idole, durant son règne, a bradé une part non négligeable de son royaume au profit de l'Indochine française et de la Malaisie britannique, – amputant le territoire national plus qu'aucun de ses prédécesseurs ne l'avait fait, depuis Sukhothai. Il est également responsable, pour une grande part, de l'"occidentalisation" du pays. Il fut le premier roi à voyager en Europe, en 1897, puis en 1907. Après avoir vu les Européens se servir de fourchettes, couteaux et cuillers, il incita ses sujets, qui jusque-là, mangeaient avec leurs doigts, à renoncer aux usages traditionnels. De même, il importa les premières chaises. Au retour d'un de ses séjours en Europe, il exigea de sa concubine favorite qu'elle se laissât pousser les cheveux pour obéir aux critères de la mode occidentale ; depuis l'ère ayuthayenne, toutes les femmes thaï portaient, en effet, les cheveux courts.

---

véritable trésor d'objets et d'antiquités de l'époque Ratanakosin.

Les visites guidées, en anglais, ont lieu toutes les heures, dès 9h45. Les petits bâtiments adjacents exposent des photographies illustrant la chronique de la dynastie Chakri. Dans un pavillon côté canal, vous pourrez

assister, à 10h30 et à 14h à des spectacles de danses traditionnelles et folkloriques.

Vimanmek est ouvert de 9h30 à 15h (entrée 50 B pour les adultes et 20 B pour les enfants). Si vous avez gardé votre ticket d'accès au Grand Palais, la visite de Vimanmek/Abhisek sera gratuite. Les visiteurs vêtus de shorts ou de chemises sans manches se verront refoulés. Pour plus de détails, appelez le ☎ 02-281 4715.

Vimanmek et Abhisek se trouvent vers l'extrémité nord des jardins du palais Dusit, à deux pas de Th U-Thong Nai (entre Th Si Ayuthaya et Th Ratwithi), en face de l'entrée ouest du zoo Dusit. Le n°3 climatisé (Th Si Ayuthaya), le n°10 climatisé (Th Ratwith) vous déposeront tout près de là.

Siam Society et Ban Kamthieng

Au 131 Soi Asoke, Th Sukhumvit, sont installés les éditeurs du célèbre *Journal of the Siam Society*, vaillant défenseur de la culture traditionnelle. Une bibliothèque d'ouvrages de référence est ouverte au public et des monographies de la Siam Society sont en vente. Presque tout ce que vous souhaitez savoir sur la Thaïlande (hors le domaine politique, car la société est financée par la famille royale) s'y trouve. Une sorte de musée ethnographique exposant de l'art folklorique occupe le rez-de-chaussée de la Siam Society dans la maison Kamthieng de style septentrional. Ban Kamthieng est ouverte du mardi au samedi, de 9h à 17h (entrée 25 B). Pour tous renseignements, appelez le ☎ 02-258-3491.

Autres musées

Au rez-de-chaussée du bâtiment de médecine légale, au Siriraj Hospital, à Thonburi Th Phrannok, près de la gare ferroviaire de Thonburi (Bangkok Noi), se trouve le **Museum of the Department of Forensic Medecine**. Entre autres spectacles plus ou moins morbides, on peut y contempler les dépouilles embaumées de célèbres meurtriers thaïlandais. Le musée est ouvert du lundi au vendredi, de 9h à 16h. L'entrée est libre.

Au nord du parc Chatuchak, le **Hall of Railway Heritage** expose des locomotives à vapeur, des trains miniaturisés et autres objets ayant trait à l'histoire ferroviaire du pays. Il n'ouvre que le dimanche ; l'entrée est gratuite. Pour plus de renseignements, prenez contact avec le Thai Rail Fan Club (☎ 02-243-2037).

Le **Bangkok Doll Factory and Museum**, près de Th Ratchaprarop, abrite une pittoresque collection de poupées traditionnelles, anciennes et modernes, dont certaines sont à vendre. Il est ouvert du lundi au samedi, de 8h à 16h30, et son entrée est gratuite.

Si l'aviation militaire vous passionne, ne manquez pas la visite du **Royal Thai Air Force Museum**, Th Phahonyothin, à la hauteur de l'aile 6 de l'aéroport de Don Meuang V. Ce musée accueille les visiteurs du lundi au vendredi, de 8h30 à 16h30, ainsi que le premier week-end de chaque mois. L'entrée est libre.

Bangkok possède aussi son **musée des Sciences** et un **planétarium**, tous deux dans Th Sukhumvit, entre les sois 40 et 42.

Galeries d'art

Situées dans le récent Ratanakosin Era building, en face du National Theatre, dans Th Chao Fa, la **National Gallery** (☎ 02-281-2224) présente de l'art traditionnel et contemporain. La plupart des artistes qui sont exposés ont reçu le soutien de l'État. De l'avis général, on n'y verra pas la meilleure production thaïlandaise, mais la galerie mérite un détour. Fermée les lundi et mardi et ouverte de 9h à 16h (entrée 30 B).

L'université de Silpakorn (près du Wat Phra Kaew) est l'école des Beaux-Arts de Bangkok. Elle possède une galerie où sont exposés les travaux des élèves ; ouverte la semaine de 8h à 19h ainsi que le week-end et les vacances scolaires de 8h à 16h.

A la pointe de l'art bouddhique contemporain, la **Visual Dhamma Art Gallery** (☎ 02-258-5879) se trouve 44/28 Soi Asoke (Soi 21, Th Sukhumvit). Les muralistes d'avant-garde y exposent en alternance avec des artistes étrangers. Ouverte du lundi au vendredi de 13h à 18h, le samedi de 10h à 17h, ou sur rendez-vous. Bien que l'adresse soit Soi Asoke, la galerie est à quelque distance d'Asoke – en venant de Th Sukhumvit, prenez la deuxième petite ruelle à droite, en face de Singha Bier Haus.

Le dernier cri du marché artistique à Bangkok, c'est la "galerie-pub". **About Studio/About Caf** (☎ 02-623 1742), 402-408

Th Maitrichit figure parmi les plus représentatives de ce concept. La **Ruang Pung Art Community**, en face de la section 13 du marché de Chatuchak **(Chatuchak Weekend Market)**, à l'origine de ce mouvement, a ouvert ses portes voici douze ans. Ses expositions tournantes accueillent le visiteur le week-end de 11h à 18h. Au marché de Chatuchak, la **Sunday Gallery** (Sunday Plaza) ouvre, en dépit de son nom, le lundi, le mercredi et le vendredi de 10h à 17h, le samedi et le dimanche de 7h à 19h.

Autre galerie d'art contemporain, **Carpediem** (☎ 02-714 9903), 806/1-3 Soi Thong Lor, Th Sukhumvit, mérite également une visite. L'Alliance Française, le Goethe Institut et la Neilson Hays Library disposent, dans cette galerie, d'espaces réservés à leurs expositions.

L'**Utopia Gallery**, 116/1 Soi 23 Th Sukhumvit, est un centre social doublé d'une galerie et d'un pub en face du Tia Maria Restaurant. Spécialisée dans l'art gay et lesbien, elle ouvre tous les jours de 12h à 22h.

Le **Thailand Cultural Centre**, Th Ratchadaphisek (dans le quartier de Huay Khwang, entre Soi Tiam Ruammit et Th Din Daeng) a une petite galerie présentant des artistes contemporains, tout comme le centre commercial de **River City**, voisin du Royal Orchid Sheraton, sur la rivière Chao Phraya.

Les centres culturels étrangers exposent régulièrement – consultez les bulletins mensuels de l'AUA, de l'Alliance française, du British Council et du Goethe Institute (voir *Centres culturels* dans la rubrique *Renseignements*).

Plusieurs hôtels de luxe exposent de l'art contemporain dans leurs salons. Le **Grand Hyatt Erawan** (à l'angle de Th Ratchadamri et de Th Ploenchit) et le **Landmark Hotel** (Th Sukhumvit) possèdent les plus belles collections d'art contemporain du pays. La **bibliothèque Neilson Hays**, 195 Th Surawong, organise de temps à autre des expositions dans sa Rotunda Gallery.

Chinatown

Le quartier chinois de Bangkok (Sampeng), non loin de Th Yaowarat et de Th Ratcha-wong, rassemble des magasins de bijoux, de quincaillerie, d'alimentation en gros, de pièces détachées d'automobiles, de tissus, et des dizaines d'autres petits commerces. C'est un bon endroit pour faire ses courses car c'est le moins cher de tout Bangkok, et les commerçants chinois aiment marchander, surtout ceux de Soi Wanit 1 (également appelée Sampeng Lane).

Des antiquités chinoises et thaïlandaises d'authenticité variable peuplent le marché aux Voleurs ("Thieves Market" ou Nakhon Kasem), mais il vaut mieux y flâner qu'acheter.

Durant la fête Végétarienne annuelle, les neufs premiers jours du neuvième mois lunaire (septembre-octobre), le quartier chinois connaît une orgie de cuisine végétarienne thaïlandaise et chinoise. Les fêtes se déroulent principalement au **Wat Mangkon Kamalawat (Neng Noi Yee)**, un des plus grands temples de Chinatown, dans Charoeng Th Krung et ses abords. Dans Th Yaowarat, au sud, les restaurants et noodle shops servent des centaines de plats végétariens différents.

Certaines communautés chinoises sont installées dans ce quartier depuis 1782, date à laquelle le gouvernement royal a chassé les Chinois de Bang Kok (aujourd'hui Ko Ratanakosin) pour édifier la nouvelle capitale. Cent ans après, pratiquement jour pour jour, un rapport faisait état, dans ce quartier, de 254 fumeries d'opium, de 154 échoppes d'usuriers, de 69 établissements de jeux et de 26 maisons closes. Prêts sur gages et trafic d'or font encore partie des activités courantes de Chinatown ; les trois autres "spécialités" sont devenues clandestines. Les maisons de passes continuent de prospérer sous l'appellation de "salons de thé" (*rôhng chaa*). Les dealers d'héroïne à la sauvette ont remplacé les fumeries et les arrière-salles de certains restaurants se changent en tripots.

Les quatre journaux chinois imprimés et distribués dans le quartier atteignent un tirage global dépassant les 160 000 exemplaires.

La bordure sud-est de la ville chinoise abrite la **gare de Hualamphong**, construite par des architectes et ingénieurs hollandais, à

Promenade – Chinatown et Pahurat

Cet itinéraire serpente à travers les marchés chinois et indiens. En fonction de votre allure et de vos intentions d'achat, la promenade peut durer entre 1 heure 30 et 3 heures. Vous pouvez aussi l'effectuer dans l'autre sens, en commençant par le marché aux tissus de Pahurat.

Les marchés traditionnels sont des lieux très fréquentés, mais les spectacles et les odeurs ne sont pas toujours très plaisants. Cependant, ils permettent de découvrir la vie quotidienne de Bangkok, bien différente des façades pimpantes des grandes avenues – sans parler des occasions de faire de fabuleuses affaires.

Partez de **Wat Mangkon Kamalawat** (Neng Noi Yee), littéralement "le temple du Dragon-Lotus", un des plus grands temples du quartier chinois, et des plus animés, dans Th Charoeng Krung entre Th Mangkon et Trok Itsaranuphap. Il est recommandé de prendre un taxi plutôt que le bus pour s'y rendre, car le quartier est presque toujours embouteillé et les noms de rues ne figurent pas toujours en anglais. Vous pouvez aussi prendre le Chao Praya River Express jusqu'à Tha Ratchawong, puis remonter l'artère du même nom en direction du nord (sur une longueur de quatre pâtés d'immeubles), bifurquez à droite et parcourez à pied les quelques centaines de mètres qui vous séparent du temple.

Dans l'un et l'autre cas, pour repérer le temple de Th Charoen Krung, guettez les boutiques voisines vendant des fruits, des gâteaux, de l'encens et du papier à brûler, que les fidèles déposent en offrande dans le temple. Les inscriptions à l'entrée du Wat Mangkon Kamalawat sont en chinois et en tibétain, tandis que l'intérieur labyrinthique renferme une succession d'autels bouddhiques, taoïstes et confucéens.

En quittant le temple, tournez à gauche dans Th Charoen Krung jusqu'au passage piéton à une vingtaine de mètres (en général, un policier règle la circulation à cet endroit), traversez et enfoncez-vous dans la ruelle faisant face. Vous êtes maintenant dans **Trok Itsaranuphap**, l'une des principales ruelles commerçantes du quartier chinois. Sur ce tronçon, on trouvera de l'alimentation préparée ou en conserve, des poulets, des canards et du poisson prêt-à-cuire. Quoi que puissent en dire les palais délicats, c'est un des marchés de produits frais les plus propres de Bangkok.

Une centaine de mètres plus bas, vous croiserez **Th Yaowarat**, une grande artère du quartier chinois, bordée en cette partie par des petits magasins d'orfèvres ; compte tenu des prix et du choix proposé, c'est le meilleur endroit de Thaïlande pour acheter une chaîne en or (vendue au *bàht*, soit environ 15 g). En débouchant du trok tournez à droite dans Th Yaowarat, faites 50 m jusqu'au passage piéton, et frayez-vous un chemin à travers le flot de l'avenue.

Trok Itsaranuphap continue vers le sud, de l'autre côté. Dans la ruelle, presque immédiatement sur la gauche, vous remarquerez l'entrée très décorée du **Talaat Kao** (Vieux Marché). Ce marché existe depuis plus de deux siècles. Tous les poissons et crustacés d'eau de mer et d'eau douce y sont présentés vivants et en filets, ou parfois à demi-dépecés.

Une centaine de mètres plus bas, après une rangée de boutiques de poisson séché, vous atteindrez un carrefour important du quartier chinois, le croisement de Itsaranuphap et de la célèbre **Sampeng Lane** (Soi Wanit 1). Tournez à droite dans Sampeng. C'est le soi le plus animé du quartier : un flot continuel de piétons et de carrioles au milieu duquel se faufilent quelques motos. Ici, on vend chaussures, vêtements, tissus, jouets et ustensiles de cuisine.

Plus loin, à 25 m à l'ouest, Sampeng Lane croise Th Mangkon. Le carrefour est bordé par deux des immeubles commerciaux les plus vieux de Bangkok, une succursale de la Bangkok Bank et la vénérable orfèvrerie **Tang To Kang**, tous deux datant de plus d'un siècle. Continuez sur environ 60 m, jusqu'au carrefour avec Th Ratchawong. Traversez et reprenez Sampeng Lane. A cet

Promenade – Chinatown et Pahurat

endroit, les boutiques de tissus – des marchands indiens sikh pour la plupart – pullulent, tandis que la limite occidentale du quartier chinois touche au quartier indien de Pahurat. Si vous cherchez des textiles, c'est le lieu rêvé, mais n'achetez pas avant d'avoir vu au moins une dizaine de boutiques – plus vous avancez, meilleures elles sont. Puis vous arriverez à la petite Th Mahachak, suivie, 50 m plus loin, de la grande Th Chakrawat où un agent règle la circulation. Dans Th Chakrawat et le long de Sampeng Lane, de l'autre côté de Th Chakrawat, vous trouverez des pierres précieuses et des bijoux.

En remontant Th Chakrawat vers le nord, à partir de Soi Wanit, vous pouvez jeter un coup d'œil aux antiquités du **Nakhon Kasem** (également appelé "marché aux Voleurs" car, à une époque, les marchandises volées étaient communément revendues ici), entre Th Yaowarat et Th Charoen Krung. En reprenant Soi Wanit de l'autre côté de Th Chakrawat, les bijouteries se mêlent aux quincailleries et aux boutiques de vêtements jusqu'au marché de **Saphaan Han**, du nom d'un petit pont (saphaan) traversant le khlong Ong Ang.

Th Chakraphet est célèbre pour ses restaurants indiens. L'un des meilleurs est le **Royal India Restaurant** (cuisine d'Inde du Nord), connu pour son choix de pains savoureux. Pour y accéder, tournez à gauche dans Th Chakraphet et faites 70 m sur le côté est (gauche) de la rue. Guettez l'enseigne "Royal India" dans une ruelle sur la gauche. De l'autre côté de Th Chakraphet, par rapport au Royal India, s'élève un autre temple chinois. Au nord de ce temple, dans une ruelle à l'ouest de la rue, se dresse un grand **temple sikh**. Les visiteurs y sont les bienvenus à condition d'ôter leurs chaussures.

Plusieurs étals de nourriture indienne bon marché bordent la ruelle longeant les grands magasins. Derrière les magasins, vers l'ouest à partir de Th Chakraphet, en direction de Th Triphet, s'étend le **marché Pahurat**, dévolu presque exclusivement aux textiles et à l'habillement. Th Pahurat longe le marché au nord.

Si vous voulez échapper à la cohue du marché, vous pouvez prendre un bus dans Th Chakraphet (vers le nord, puis l'est, en direction des quartiers de Siam Square et Pratunam) ou dans Th Pahurat (vers l'ouest, puis le nord en direction de Th Tri Thong et du quartier de Banglamphu). Sinon, marchez jusqu'au fleuve, empruntez le Chao Phraya River Express à Tha Saphaan Phut, qui se trouve au nord-est du Phra Phut Yot Fa (Memorial) Bridge.

BANGKOK

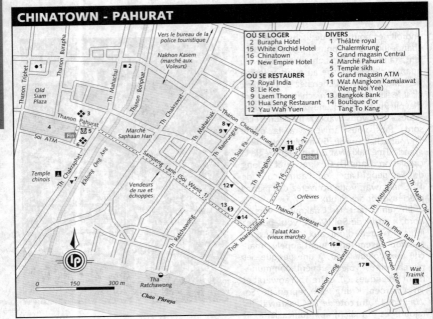

CHINATOWN - PAHURAT

OÙ SE LOGER
2 Burapha Hotel
15 White Orchid Hotel
16 Chinatown
17 New Empire Hotel

OÙ SE RESTAURER
7 Royal India
8 Lie Kee
9 Laem Thong
11 Hua Seng Restaurant
12 Yau Wah Yuen

DIVERS
1 Théâtre royal Chalermkrung
3 Grand magasin Central
4 Marché Pahurat
5 Temple sikh
6 Grand magasin ATM
11 Wat Mangkon Kamalawat (Neng Noi Yee)
13 Bangkok Bank
14 Boutique d'or Tang To Kang

la veille de la Première Guerre mondiale. C'est l'un des premiers exemples et des plus illustres du mouvement qui mena à l'Art Déco thaïlandais. D'autres exemples accomplis de ce style des années 20 et 30 ornent les rues principales de la ville chinoise, en particulier Th Yaowarat. Des tours verticales surmontent les portes, décorées de sculptures fantaisistes. Vous découvrirez la tour Eiffel, un lion, un éléphant, et un dôme mauresque. Au sommet d'un bâtiment commercial de Th Songwat, près de Tha Ratchawong, trône le modèle rouillé d'un avion de guerre japonais, le Zéro, en service durant la Seconde Guerre mondiale. Ce sont certainement les Japonais eux-mêmes qui l'ont placé là lors de leur brève occupation de Bangkok en 1941.

Pahurat
A la limite du quartier chinois, autour du croisement de Th Pahurat (Phahurat) et de Th Chakraphet (Chakkaphet), s'étend un petit quartier indien très animé, appelé Pahurat. C'est le royaume des tissus et de l'habillement, surtout en soie. Le choix est inouï ; les sacs en bandoulière (*yâams*) sont les moins chers de Bangkok et sans doute de Thaïlande.

Derrière les devantures de rue, dans les "entrailles" des immeubles, s'étend un bazar indien, apparemment sans fin, où l'on pourra se fournir en tissus, mais aussi en vaisselle, alimentation et autres objets utilitaires. Le quartier possède quelques bons restaurants indiens de prix modérés et un temple sikh dans Th Chakraphet. Pour plus de renseignements, consultez la rubrique *Autres temples et sanctuaires*.

Zoo de Dusit
Le zoo de Bangkok, d'une superficie de 19 ha, renferme 200 reptiles, 800 oiseaux et plus de 300 mammifères, dont des espèces

indigènes relativement rares, comme des rhinocéros, des bantengs, des gaurs. Jardin botanique privé de Rama V à l'origine, il fut transformé en zoo en 1938. C'est aujourd'hui le plus grand zoo du Sud-Est de l'Asie.

Outre les animaux, vous trouverez un jardin botanique (les nom des arbres y sont indiqués en thaï, en latin et en anglais) ; un petit lac où l'on peut louer des barques et une aire de jeu pour les enfants. Entrée : 20 B pour les adultes, 5 B pour les enfants. Le jardin est ouvert de 9h à 18h tous les jours.

Un petit cirque donne des représentations le week-end et les jours fériés entre 11h et 14h.

Il est situé dans le district de Dusit, entre le palais Chitlada et l'Assemblée nationale. L'entrée principale est sur Th Ratwithi. Les bus ordinaires n°18 et 28 et le bus climatisé n°10 passent devant.

Serpentarium (Queen Saovabha Memorial Institute)

Au centre de recherche de la Croix-Rouge thaïlandaise (☎ 02-252 0161), connu par le passé sous le nom d'Institut Pasteur, on extrait chaque jour le venin de serpents venimeux (cobras communs et royaux, bungares rayés, vipères trigonocéphale de Malaisie et vipères de Russell) pour en faire des antidotes distribués dans tout le pays.

Lors de sa fondation en 1923, cet établissement n'était que le deuxième du genre dans le monde, le premier ayant déjà vu le jour au Brésil.

Les séances d'extraction du venin, à 11h et 14h30 en semaine, 11h seulement le week-end et jours fériés, sont devenues une attraction majeure de Bangkok. Avant cette opération, une conférence audiovisuelle d'une demi-heure a lieu tous les jours. Les animaux sont nourris à 15 h. L'accès est de 70 B. Le centre se trouve sur Rama IV (près de Th Henri Dunant).

Un livret intitulé *Guide to Healthy Living in Thailand*, publié par la Croix-Rouge thaïlandaise et l'ambassade américaine, est en vente pour 100 B. Au centre, vous pouvez également vous faire vacciner contre le cho-léra, la typhoïde, la rage, l'hépatite A et la variole. En cas de morsure par un animal au comportement suspect, c'est ici qu'il faut venir pour obtenir un sérum contre la rage. Dans la mesure du possible, essayez d'apporter l'animal qui vous a mordu, mort ou vif. L'institut est ouvert du lundi au vendredi de 8h30 à 16h30, le samedi et dimanche jusqu'à midi.

Village du bol d'aumône (Monk's Bowl Village)

C'est le seul village subsistant sur les trois qui furent fondés par le roi Rama Ier avec mission de fabriquer les sébiles *(bàat)* des moines. Les bols noirs, dans lesquels ces derniers reçoivent chaque matin leur nourriture des bouddhistes pieux, sont toujours fabriqués ici selon les méthodes traditionnelles. Mais fabriquer ces bols coûte cher, aussi, le "village" se réduit aujourd'hui à une simple allée du district, encore appelé Ban Baht (*bâan bàat*, "village du bol du moine"). Une demi-douzaine de familles continuent de marteler ces objets, assemblés à partir de huit feuilles de métal, censées représenter les huit rayons de la roue du dharma (laquelle symbolise l'Octuple Sentier). Les joints sont soudés au feu de bois avec du cuivre, puis les bols sont polis et enduits de plusieurs couches de laque noire. Cadence moyenne d'un bon artisan : un bol par jour.

Pour s'y rendre, il faut descendre Th Boriphat vers le sud, au sud de Th Bamrung Meuang, puis prendre à gauche dans Soi Ban Baht. Les artisans ne sont pas toujours à l'ouvrage ; vous n'êtes donc pas assuré de les voir travailler. Vous pouvez acheter l'un de ces bols dans les ateliers de fabrication, pour une somme variant de 400 à 500 B. Si vous souhaitez assister à la vente des robes et autres objets destinés aux moines, promenez-vous le long de Th Bamrung Meuang, aux environs de Sao Ching Cha.

Parc Lumphini

Du nom de la ville natale du Bouddha au Népal, voici le plus grand et le plus populaire des parcs de Bangkok, bordé par Th

Rama IV au sud, Th Sarasin au nord, Th Withayu à l'est et Th Ratchadamri à l'ouest, avec des grilles d'entrée sur chacun de ces côtés. Un grand lac artificiel au centre est entouré de pelouses bien entretenues, de bosquets et de chemins de promenade : bref, c'est la plus belle échappée de verdure qu'on puisse voir sans quitter la ville. Le meilleur moment pour la promenade est le matin avant 7h, quand l'air est encore frais (pour Bangkok) et que les Chinois, par légions, pratiquent le taijiquan (taï chi). Également le matin, on vend du sang et de la bile de serpent que les Thaïlandais et les Chinois considèrent comme des fortifiants. Vous pouvez louer des barques et des pédalos sur le lac pour 20 B la demi-heure. Le parc offre également un snack-bar, une piste de jogging, plusieurs aires équipées de tables et de bancs, et deux tables où des dames servent du thé chinois. Toilettes en plusieurs endroits. Pendant la saison des cerfs-volants, de mi-février à avril, Lumphini est un rendez-vous très prisé ; à cette époque, on trouvera des cerfs-volants *(wâo)* en vente dans le parc.

Sanam Luang

Sanam Luang (Royal Field ou Pré royal), juste au nord de Wat Phra Kaew, est le site traditionnel des crémations royales et de la cérémonie par laquelle le roi ouvre officiellement la saison de culture du riz. La cérémonie de crémation la plus récente date de mars 1996, date à laquelle le roi présida les rites funéraires de sa mère. Avant cela, les dernières crémations de Sanam Luang remontaient à 1976, en l'honneur d'étudiants thaïlandais tués au cours de manifestations. Au nord du parc, dans un pavillon blanc, s'élève une statue de Mae Thorani, déesse de la Terre (divinité empruntée à la mythologie Dharani, d'origine hindoue). Érigée vers la fin du XIXe siècle par le roi Chulalongkorn, cette sculpture ornait autrefois un puits voisin qui alimentait le quartier en eau potable.

Avant 1982, le célèbre marché du weekend (Weekend Market) se tenait régulièrement à Sanam Luang (il a maintenant lieu dans le parc Chatuchak). Aujourd'hui, ce vaste pré sert d'aire de pique-nique et de jeux. Un grand concours s'y déroule pendant la saison des cerfs-volants.

Parc royal Rama IX

Inauguré en 1987 pour commémorer le soixantième anniversaire du roi Bhumibol, le plus récent des "espaces verts" de Bangkok s'étend sur 81 ha et comprend un parc aquatique et des jardins botaniques.

Au milieu du parc, le musée propose aux visiteurs une rétrospective de la vie du roi. Prenez le bus n°2 (ou le n°23) jusqu'à Soi Udomsuk (Soi 103), près de Th Sukhumvit, dans le district de Phrakhanong. Un minibus vert vous emmènera de là jusqu'au parc. Ouvert tous les jours de 6h à 18h, son droit d'accès est de 10 B.

Ko Kret

L'île qui se trouve au milieu du Chao Phraya, en périphérie nord de Bangkok, abrite l'un des plus anciens centres môn de Thaïlande. Les Môn, qui ont dominé la culture thaïlandaise entre le VIe siècle et le Xe siècle, sont d'excellents potiers et Ko Kret reste l'un des centres de poterie les plus actifs et les plus anciens de la région. L'Ancient Mon Pottery Centre de l'île présente une exposition de poterie locale et vous n'aurez que l'embarras du choix pour observer les artisans à l'ouvrage. Le **Wat Paramai Yikawat**, temple bouddhiste môn, plus simplement appelé "Wat Mon", abrite un bouddha en marbre de style mon.

Pour aller à Ko Kret, il faut emprunter un bateau de la Chao Phraya River Express jusqu'à Tha Nonthaburi, puis grimper à bord d'un bateau Laem Thong, qui circule entre 5h45 et 17h45, tous les jours, jusqu'à Tha Pak Kret, à hauteur du Wat Sanam Neua. De là, vous pouvez alors prendre un ferry qui vous conduira sur l'île (entre 6h et 21h, tous les jours, moyennant 2 B). Pour revenir, vous verrez, en plusieurs endroits le long du rivage sur l'île, de petits "bateaux à longue queue" (taxis collectifs) qui vous ramèneront à Tha Pak Kret (5 B).

Si vous avez du temps dans la bourgade de Pak Kret, offrez-vous un bon massage,

Quel bateau ?

Chao Phraya River Express. Les principaux, bateaux que vous allez utiliser sont les rapides blancs à rayures rouges du Chao Phraya River Express *(reua dùan)*,

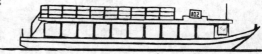

sorte de bus fluvial portant un numéro sur le toit. Ils coûtent de 4 à 10 B (selon la distance) et suivent un itinéraire fixe. Le trajet de Banglamphu à la poste principale, par exemple, coûte 6 B. Les arrêts sont facultatifs. Vous achetez le billet à bord. Le dernier départ, dans un sens ou dans l'autre, est à 18h.

Un nouveau concurrent, le Laemthong Express, dessert les secteurs nord et sud du centre-ville. Il s'arrête donc aux mêmes pontons, mais pas forcément à tous. Il circule moins souvent que le Chao Phraya River Express. Les bateaux du Laemthong sont blancs et bleus. Faîtes attention de ne pas les confondre avec ceux de la Chao Phraya River Express aux pontons communs.

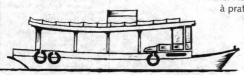

Bacs. Aux arrêts du Chao Phraya Express, et à pratiquement toutes les jetées, on trouvera des bacs plus lents *(reua khâam fâak)*, qui font la navette d'une rive à l'autre. Le prix moyen est de 1 B et vous payez à l'entrée du ponton. Ne vous trompez pas de file en prenant le billet.

Long-tail taxi. On trouve enfin des long-tail boats, "bateaux à longue queue" *(reua haang yao)*, qui font office de taxis collectifs sur la rivière et les canaux. Les tarifs vont de 5 B à 10B, et vous devez impérativement savoir où ils vont avant de monter. Il existe aussi des taxis fluviaux à part entière – vous les trouverez amarrés à certains pontons, (comme Tha Chang, Tha Si Phraya) et l'on peut les louer pour un prix standard de 400 B l'heure.

Un service de taxis fluviaux vient de redémarrer sur le khlong Saen Saep, qui permet d'aller plus rapidement du fleuve à Bangkok est (au-delà de Sukhumvit et Bang Kapi). Un bateau de Banglamphu à l'uni-

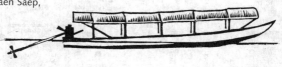

versité de Ramkhamhaeng, par exemple, coûte 10 B et ne prend que 40 minutes. Seul inconvénient majeur de cet itinéraire : la pollution du canal. Ainsi, les passagers se protègent avec de grandes feuilles de papier journal, afin d'éviter d'être éclaboussés par les rejets nauséabonds de cette eau noirâtre.

Une petite course rapide et très pratique se fait sur ce canal en long-tail boat (5 B) entre Siam Square, depuis le quai de Tha Ratchathewi (au pont voisin de l'Asia Hotel), jusqu'au quai de Tha Banglamphu proche de Wat Saket et du monument de la Démocratie. Les bateaux sont souvent pleins, mais ils sont beaucoup plus rapides que les taxis ou les bus.

CANAUX DE THONBURI

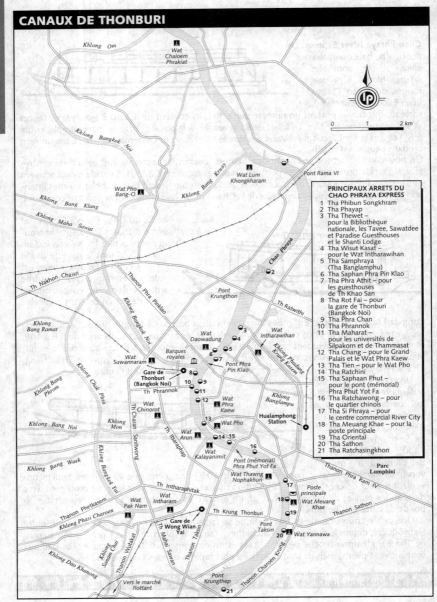

PRINCIPAUX ARRETS DU CHAO PHRAYA EXPRESS

1 Tha Phibun Songkhram
2 Tha Phayap
3 Tha Thewet –
  pour la Bibliothèque
  nationale, les Tavee, Sawatdee
  et Paradise Guesthouses
  et le Shanti Lodge
4 Tha Wisut Kasat –
  pour le Wat Intharawihan
5 Tha Samphraya
  (Tha Banglamphu)
6 Tha Saphan Phra Pin Klao
7 Tha Phra Athit – pour
  les guesthouses
  de Th Khao San
8 Tha Rot Fai – pour
  la gare de Thonburi
  (Bangkok Noi)
9 Tha Phra Chan
10 Tha Phrannok
11 Tha Maharat –
  pour les universités de
  Silpakorn et de Thammasat
12 Tha Chang – pour le Grand
  Palais et le Wat Phra Kaew
13 Tha Tien – pour le Wat Pho
14 Tha Ratchini
15 Tha Saphaan Phut –
  pour le pont (mémorial)
  Phra Phut Yot Fa
16 Tha Ratchawong – pour
  le quartier chinois
17 Tha Si Phraya – pour
  le centre commercial River City
18 Tha Meuang Khae – pour la
  poste principale
19 Tha Oriental
20 Tha Sathon
21 Tha Ratchasingkhon

pas cher à l'**École des non-voyants**, qui propose un programme de formation au massage thérapeutique.

Excursions sur le fleuve et les canaux

En 1855, sir John Bowring, diplomate anglais, écrivait : "Les grandes voies de Bangkok ne sont ni les rues ni les routes, mais le fleuve et les canaux." Depuis longtemps, les véhicules motorisés sont, à Bangkok, le moyen de transport privilégié, par bonheur, il n'est pas devenu exclusif. Le vaste réseau du fleuve et des canaux qui entoure la ville accueille encore un trafic intense d'embarcations en tout genre : du canoë jusqu'aux péniches à riz. Dans ces quartiers, nombre de maisons particulières et commerciales demeurent tournées vers la vie fluviale.

Cette subite plongée dans le passé, au temps où les Thaï se considéraient eux-mêmes comme des *jâo nâam* ou "seigneurs de l'eau", est un des aspects fascinants de Bangkok. Pour plus d'informations, voir la rubrique *Bateau* dans le chapitre *Comment circuler*.

Chao Phraya River Express. Vous pouvez observer la vie des berges depuis le fleuve pendant 1 heure 30, pour 9 B (10 B pour certains bateaux express), en montant à bord d'un bateau de la Chao Phraya River Express à Tha Wat Ratchasingkhon, juste au nord du pont de Krungthep. Si vous voulez aller jusqu'au terminus de Nonthaburi, c'est de là qu'il faut partir. Les bus ordinaires n°1, 17 et 75 et le bus climatisé n°4 vous déposeront au quai de Ratchasingkhon.

Depuis Tha Phayap (le premier arrêt au nord du pont de Krungthon), il reste 20 minutes jusqu'au terminus ; 30 minutes depuis Tha Phra Athit (près du pont de Phra Pin Klao). Un passage toutes les 15 minutes de 5h30 à 18h tous les jours.

Bateau-taxi du Khlong Bangkok Noi.

Autre excursion en bateau possible : à bord d'un des bateaux-taxis du canal Bangkok Noi qui partent de Tha Maharat, à côté de l'université de Silpakorn. Il n'en coûte que

quelques bahts, et plus vous remontez le khlong, plus le paysage devient beau, avec des maisons en teck sur pilotis, et de vieux temples en pleine verdure.

Faites une halte au Wat Suwannaram pour y admirer les fresques jakata du XIXe siècle. Dues à deux peintres religieux, parmi les plus doués de leur génération, elles sont considérées par les historiens de l'art comme les plus belles de la capitale. Prévoyez 10 B pour tout aller simple.

Autres bateaux-taxis. A Tha Tien, près du Wat Pho, prenez le bateau-taxi qui remonte le **Khlong Mon** (départ toutes les demi-heures de 6h30 à 18h ; 5 B) et vous découvrirez d'autres paysages pittoresques, notamment une ferme d'orchidées. On peut prolonger le plaisir en passant par les khlongs Bangkok Noi, Chak Phra et Mon, une excursion d'une journée entière. Une agence, Chao Phraya Charters (☎ 02-433-5453) propose une excursion quotidienne, de Tha Tien à Khlong Mon, de 15 à 17h, pour 300 B par personne.

Des bateaux quittent le quai de Tha Chang toutes les demi-heures (de 6h15 à 22h ; 10 B) pour **Khlong Bang Yai**. Ils longent le hangar des barques royales, passent devant des maisons de bois traditionnelles et de nombreux wats, non dénués d'intérêt.

Au quai de Tha Phibun Songkram, à Nonthaburi, prendre un bateau-taxi pour le pittoresque **Khlong Om**, bordé de plantations de durians. Les départs ont lieu tous les quarts d'heure.

Les bateaux qui vont vers **Khlong Bangkok Yai** – départ de Tha Tien ou de Tha Ratchini – longent le Wat Intharam, dont le chédi renferme les cendres du roi Taskin, assassiné en 1782. Les portes principales du bòt sont ornées de laques précieuses, noires et or, qui représentent un *naariiphôn*, arbre mythique dont les fruits sont de belles jeunes filles.

Depuis Bangkok, il est possible de naviguer jusqu'à Suphanburi et Ratchaburi, mais avec de nombreux changements.

Pour plus de détails sur les transports par bateau, le long de cette rive du fleuve, où quatre canaux importants ont été réouverts, voir la rubrique *Comment circuler* à la fin de ce chapitre. Bien que ces quatre voies d'eau de la rive droite assurent une circulation rapide, elles n'offrent guère d'attraits pour le voyageur.

Bateaux-charters. Pour sillonner les canaux à votre guise, le mieux est encore de louer un long-tail-boat (bateau "à queue longue"). A condition de trouver quelques compagnons susceptibles de partager les frais, la dépense n'est pas excessive. Les prix tournent autour de 300/400 B l'heure, et, rien qu'à Thonburi, vous avez le choix entre huit canaux.

Méfiez-vous des prétendus "agents" qui vous taxeront d'une commission intempestive ! Entendez-vous sur les prix avant d'embarquer.

Les meilleurs embarcadères, pour les locations, sont **Tha Chang, Tha Saphaan Phut** (embarcadère du Memorial Bridge) et **Tha Si Phaya**. Proche de ce dernier, à l'arrière du complexe de River City, le **Boat Tour Centre**, pratique les mêmes prix (400 B l'heure), et présente l'avantage de ne pas être fréquenté par les rabatteurs.

Si vous désirez visiter le port en eau profonde, vous pouvez louer un long-tail boat qui vous emmènera jusqu'à Khlong Toey ou, plus loin encore, jusqu'à Pak Nam ("bouche du fleuve" en thaï). Il faut compter 4 heures aller - retour (vous gagnerez du temps en effectuant l'un des trajets en bus ou en taxi).

Dîners-croisières. Plus d'une douzaine de compagnies organisent des dîners-croisières sur le Chao Phraya pour des prix allant de 70 à 700 B selon la distance parcourue et selon que le dîner est inclus ou pas.

Voilà une manière agréable de passer la soirée. Nombre de ces bateaux-restaurants passent sous le Rama IV, l'un des plus longs ponts à suspension du monde.

Parmi les compagnies qui proposent une formule "à la carte" avec un supplément-croisière, nous vous conseillons :

Khanap Nam Restaurant
  (☎ 02-433-6611)
  Krungthon Bridge vers Sathon Bridge, deux fois par jour
Riverside Company
  (☎ 02-434-0090)
  Krunthon Bridge vers Rama IX Bridge, tous les jours
River Sight-Seeing Ltd
  (☎ 02-437-4047)
  Tha Si Phraha vers Wat Arun ou Rama IX Bridge (selon le courant), tous les jours
Yok-Yor Restaurant
  (☎ 02-281-1829, 282-7385)
  Yok-Yor Restaurant (embarcadère Wisut Kasat) vers Rama IX Bridge, tous les jours

Loy Nava (☎ 02-437 4932, 437 7329), propose une formule, avec dîner inclus, un peu plus chic à 880 B, bière et liqueurs en supplément. Ses bateaux ne circulent que le week-end.

Croisières au soleil couchant. Avant son dîner-croisière de 2 heures 30 (départ à 19h30), le *Manhora* lève l'ancre à partir du Marriott Royal Garden Riverside Hotel pour une croisière-cocktail d'une heure, au coucher du soleil. L'accès à bord est gratuit. Seules les consommations commandées au bar sont payantes. Un bateau-taxi gratuit fonctionne entre les pontons de Tha River City et de Tha Royal Garden à 17h. Ainsi, vous arriverez à temps pour le départ de la croisière de 17h30. Appeler le ☎ 02-476-0021 pour toute information.

Croisières plus longues. Il est possible de faire des croisières plus longues dans la journée ou sur deux jours. La Chao Phraya River Express Boat Co (☎ 02-222-5330, 02-225-3002/3) organise une promenade dominicale partant de Tha Maharat à 8h, retour à 17h30, avec visite du centre royal d'art et d'artisanat folklorique à Bang Sai, du palais de Bang Pa-In près d'Ayuthaya et de la réserve ornithologique du Wat Phailom, dans la province de Pathum Thani. Il en coûte 200 B par personne sur le pont inférieur, 280 B sur le pont supérieur (le repas n'est pas non compris, il vous faudra donc trouver un restaurant à Bang Pa-In).

La compagnie Mit Chao Phraya Express Boat (☎ 02-225 6179) propose une formule plutôt avantageuse. Au programme : plusieurs canaux de Thonburi, étapes dans différents wats historiques et aux Royal Barges. Le départ de la croisière est prévu à 8h30 le samedi, depuis l'embarcadère de Tha Maharat, retour à 12h30. Le tarif est de 100 B (sans la visite des lieux).

L'Oriental Hotel organise aussi des excursions à Bang Pa-In, au départ de Tha Oriental, à bord du luxueux et climatisé *Oriental Queen* (☎ 02-236-0400/9) avec départ à 8h et retour à 17h pour 1 800 B, déjeuner compris. Aucune de ces excursions ne vous laissera le temps de visiter Bang Pa-In convenablement.

Deux autres compagnies proposent des croisières similaires entre Bang Pa-In et Ayuthaya pour 1 500 B par personne : Horizon Cruise (☎ 02-266 8165) au départ du Shangri-La Hotel, et River Sun Cruise (☎ 02-266 9316) à partir du centre commercial de River City.

Les compagnies Royal Garden Resorts et le Menam Hotel ont restauré trois anciennes barges à riz en teck, vieilles de 50 ans, dans lesquelles elles ont aménagé entre 4 et 10 cabines. Décorées de tapis persans anciens, ces embarcations offrent le comble du chic sur le Chao Phraya, un équivalent nautique de l'*Orient Express*. Ces barges – deux baptisées *Mekhala* et la troisième *Manohra 2* – quittent Bangkok l'après-midi ou remontent le fleuve en revenant d'Ayuthaya. Elles accostent le soir à Wat Praket où un dîner aux chandelles est servi. Le matin suivant, après les offrandes aux moines du wat, la barge poursuit sa route vers Bang Pa-In avec la visite du palais d'Été. Un long-tail boat emmène ensuite les passagers aux ruines d'Ayuthaya. Il existe quatre croisières pour Ayuthaya par semaine. Le premier prix va de 4 800 B à 5 600 B par personne pour le *Mekhala,* et commence à 308 US $ par personne pour 4 cabines sur le très luxueux Manhora Song, selon la période de l'année. Les prix comprennent les repas et des boissons non-alcoolisées, la cabine, le guide, l'entrée du site d'Ayuthaya et le transfert depuis l'hôtel. Pour tout renseignement, appelez le ☎ 02-476-0021 pour le *Manohra 2* ou le Menam Hotel (☎ 02-256 7168 pour le *Mekhala*).

Marchés flottants

Dans la panoplie des photos conventionnelles publiées sur la Thaïlande, il en est une, incontournable, qui nous montre une barque chargée de légumes et de fruits multicolores, pilotée par une femme coiffée d'un chapeau de paille à large bord. Ces marchés flottants (*talàat naam*) existent bel et bien, en divers points du réseau de canaux qui enserre Bangkok.

Marché flottant de Damnoen Saduak.
Quelque peu touristique, le plus grand marché se situe sur le khlong Damnoen Saduak, dans la province de Ratchaburi, à 104 km au sud-ouest de Bangkok, entre Nakhon Pathom et Samut Songkhram. Au terminal des bus Sud de Th Charan Sanitwong à Thonburi, prenez le bus pour Damnoen Saduak à 6h du matin. Cette heure matinale permet d'échapper à la foule. Reportez-vous à la rubrique *Les environs de Ratchaburi* du chapitre *Le Centre*.

Marché flottant de Wat Sai.
Dernièrement, le nombre de touristes au marché flottant de Wat Sai semble surpasser de loin celui des vendeurs. Un conseil : ne tombez pas dans ce piège. Allez plutôt flâner vers ceux de Bang Khu Wiang ou de Damnoen Saduak – ou, mieux encore, partez à la découverte. Si, malgré tout, vous vous obstinez, inscrivez-vous pour une des visites guidées qui partent de l'embarcadère Oriental (Soi Oriental) ou de Tha Maharat – près de l'université de Silpakorn. Sinon, il vous faudra louer un bateau pour vous seul, solution onéreuse.

Les visites guidées reviennent à 50 B, et vous n'aurez que 20 minutes pour explorer le marché (sans doute plus que n'en mérite ce miroir aux alouettes !). Les croisières d'1 heure 30 vous coûteront la bagatelle de 300 à 400 B.

Divertissements et parcs d'attractions

Les abords de Bangkok offrent une kyrielle de divertissements pour touristes. Si cela vous tente, il vaut mieux réserver par le biais d'une agence qui inclut généralement le transport aller-retour dans le forfait.

Ouest. A 32 km de Bangkok, sur la route de Nakhon Pathon, le **Rose Garden Country Resort** (☎ 02-253-0295) abrite une roseraie, un "village culturel thaï" (avec expositions d'objets artisanaux, spectacles de danses, cérémonies et démonstrations d'arts martiaux), plusieurs piscines, des courts de tennis, un lac, un golf et propose des promenades à dos d'éléphant. L'accès coûte 10 B. Pour assister aux spectacles du "village culturel" (11h et 14h45), il vous faudra débourser 220 B de plus.

Le complexe et la roseraie sont ouverts tous les jours, de 8h à 18h, le village culturel, de 10h30 à 17h. Des navettes font le trajet entre le parc et les principaux hôtels de Bangkok. Vous pouvez aussi loger à l'hôtel du parc si l'endroit vous séduit au point de vouloir y passer la nuit.

A 1 km au nord du Rose Garden, le **Samphran Elephant Ground & Zoo** s'étend sur 9 ha (☎ 02-284-1873). Vous y verrez des éléphants et des crocodiles dressés à exécuter des numéros de cirque, mais aussi d'autres animaux. Il ouvre tous les jours de 8h30 à 18h. Les combats de crocodiles ont lieu à 12h45 et 14h20, les danses d'éléphants à 13h45 et à 15h30 en semaine. Une séance supplémentaire a lieu durant le week-end et les jours fériés à 10h30. Le prix des billets est de 300 B pour les adultes et 150 B pour les enfants.

Nord-est. A Minburi, à 10 km au nord-est de Bangkok, le **parc aquatique de Siam**, 101 Sukhaphiban 2 (☎ 02-517-0075) se présente comme un vaste parc récréatif doté de piscines, de bains à remous et autres distractions aquatiques. L'entrée s'élève à 200 B par adulte et 100 B par enfant. Le samedi est plus tranquille que le dimanche. Prenez le bus n°26 ou 27 à partir du monument de la Victoire, ou le bus n°60 à partir du monument de la Démocratie.

Également à Minburi se trouve **Safari World** (☎ 02-518-1000), 99 Ramindra 1. Avec ses 69 ha, cette réserve serait le zoo à ciel ouvert le plus vaste du monde. Le parcours de la réserve animale (Safari Park, long de 5 km) – qui s'effectue à bord de votre véhicule ou de minibus climatisés – croise huit biotopes où s'ébattent girafes, lions, zèbres, éléphants, orangs-outans et autres animaux africains et asiatiques (75 espèces de mammifères et 300 espèces d'oiseaux). La maison du Panda abrite de très rares pandas blancs. Le parc marin constitue une autre partie de la visite et s'effectue à pied. Il est surtout axé sur les performances des dauphins. Le Safari World est ouvert tous les jours de 10h à 18h ; l'entrée coûte 290 B pour les adultes, et 185 B pour les enfants de 3 à 12 ans (les plus jeunes ne paient pas). A peu près 45 km le séparent du centre de Bangkok. On peut y accéder, depuis le monument de la Victoire, en prenant le bus n°26 pour Minburi ; un songthaew vous conduira ensuite jusqu'au parc.

Sud. La ville ancienne et la ferme des crocodiles sont les deux attractions de la province toute proche de Samut Prakan. Reportez-vous à la rubrique sur la *Province de Samut Prakan* dans le chapitre consacré au *Centre*.

Équipements sportifs

Les installations les plus complètes et les plus somptueuses sont celles du **Royal Bangkok Sports Club** (RBSC), entre Th Henri Dunant et Th Ratchadamri (l'ovale vert marqué "Turf" sur les plans de Bangkok). Il offre un hippodrome, un terrain de polo (situé ailleurs, près de Th Withayu), une piscine, un sauna, des courts de tennis et de squash (en dur et gazonnés) et un golf 18 trous. La liste d'attente étant longue, le seul moyen pour vous de musarder dans ce club prestigieux est de vous faire inviter.

La piscine la moins chère de Bangkok (☎ 02-215-1535) se trouve au Stade national sur Th Rama I, près du centre commercial Mahboonkrong. L'inscription se monte à 300 B par an, plus 25 B l'heure.

Le **Hollywood Gym** (☎ 02-208-9298), 420 Hollywood Street Center, Th Phayathai (en face de l'Asia Hotel), propose des équipements complets. Nombreux sont les champions haltérophiles qui viennent s'y entraîner. Il est ouvert tous les jours de 10h à 24h, et l'on y parle anglais, français, espagnol et italien. Les tarifs à la journée sont salés mais des forfaits hebdomadaires, mensuels, trimestriels ou plus, permettent des réductions.

Amorn & Sons
(☎ 02-392-8442)
8 Soi Amorn 3, Soi 39, Th Sukhumvit ;
tennis, squash, badminton
Asoke Sports Club
02-246 2260
302/80-81 Th Asoke-Din Daeng ;
tennis, piscine
Bangkhen Tennis Court
(☎ 02-579-7629)
47/2 Vibhavadi Rangsit Highway ; tennis
The Bangkok Gym
(☎ 02-255-2440)
9ᵉ étage, Delta Grand Pacific Hotel,
259 Soi 19, Th Sukhumvit ; musculation,
sauna, piscine, aérobic
Central Tennis Court
(☎ 02-213-1909)
13/1 Soi Atakanprasit, Th Sathon Tai ; tennis
Diana Club
(☎ 02-278 1203)
45 Soi 2, Th Phahonyothin
Gold Health & Fitness Club
(☎ 02-619-0460)
40ᵉ étage, 408 Phahonyothin Place ;
musculation, sauna, piscine, aérobic
Kanpaibun Tennis Court
(☎ 02-391-8784, 392-1832)
10 Soi 40, Th Sukhumvit ; tennis
NTT Sports Club
(☎ 02-433-4623)
612/32 Soi Laoladda, Th Arun Amarin,
Thonburi ; piscine, musculation, aérobic
Saithip Swimming Pool
(☎ 02-331-2037)
140 Soi 56, Th Sukhumvit ; tennis,
badminton, piscine
Santhikham Court
(☎ 02-393-8480)
217 Soi 109, Th Sukhumvit ; tennis

Sivalai Club Tennis Court & Swimming Pool
(☎ 02-411-2649)
168 Soi Anantaphum, Th Itsaraphap,
Thonburi ; tennis, piscine
Soi Klang Racquet Club
(☎ 02-391-0963, 382-8442)
8 Soi 49, Th Sukhumvit ; squash, tennis,
piscine, aérobic
Sukhavadee Swimming Pool
(☎ 02-538-6879)
107/399 Gp 6, Soi 91 Th Lat Phrao ; piscine

Cours de méditation

En dépit de certaines apparences qui donnent à penser que la ville se trouve aux antipodes du bouddhisme, Bangkok offre aux étrangers la possibilité d'apprendre la méditation selon la technique Theravada (pour plus de détails, consulter la rubrique *Cours* du chapitre *Renseignements pratiques*).

Wat Mahathat. Ce temple du XVIIIᵉ siècle, en face du Sanam Luang, dispense des cours de méditation plusieurs fois par jour à la Section 5, proche des résidences des moines. Quelques occupants thaïlandais parlent anglais, et il arrive que des moines occidentaux ou des hôtes de longue durée puissent traduire. Une session spéciale, réservée aux étrangers, a lieu tous les samedi dans le Dhamma Vicaya Hall. L'enseignement est fondé sur la doctrine Mahasi Sayadaw du *satipatthana* ou « éveil ». Les bus climatisés n°8 et 12 passent à proximité du wat ; l'arrêt du Chao Phraya Express le plus proche est l'embarcadère de Tha Maharat.

Wat Pak Nam. Ce très grand temple où résident des centaines de moines et de nonnes durant la retraite de la saison des pluies, accueille beaucoup d'étrangers – surtout japonais. Le maître de méditation, Phra Khru Phawana, parle un peu l'anglais. Généralement, on trouve des gens capables de traduire. L'accent est mis sur le développement de la concentration par les *nimitta* (les images mentales acquises), dans le but d'atteindre des états de transe et d'absorption totale. Le temple se trouve dans Th Thoet Thai, Phasi Charoen, Thonburi. Prenez les bus n°4, 9 ou 103. On peut aussi

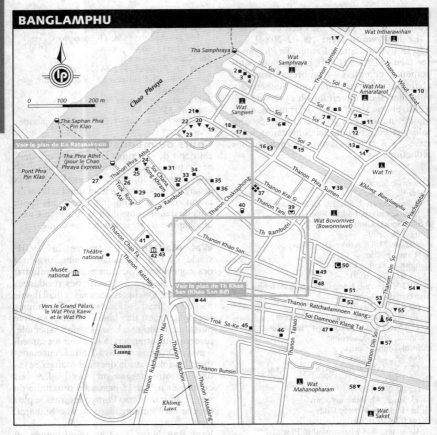

BANGLAMPHU

accéder au wat *via* le fleuve et les canaux de Thonburi en louant un bateau-charter à Tha Chang ou à Tha Saphaan Phut.

Wat Rakhang Khositaram. Peu d'étrangers ont étudié dans ce temple mais le maître, Ajaan Mahathawon, de la province d'Ubon dans le Nord-Est, a très bonne réputation. Le temple se profile dans Th Arun Amarin, Thonburi. Des ferries traversent fréquemment le fleuve au départ de Tha Chang sur la rive opposée du Chao Phraya.

Wat Cholaprathan Rangsarit. Ce wat est le point de ralliement à Bangkok des moines de Wat Suanmok (voir *Chaiya* dans le chapitre *Sud de la Thaïlande*). Wat Cholaprathan se trouve à Pak Kret, dans la province de Nonthaburi, qui jouxte l'agglomération de Bangkok.

World Fellowship of Buddhists. Le WFB, ☎ 02-311 7414, dans Th Sukhumvit, entre les sois 22 et 24, est un office central de renseignements sur le bouddhisme The-

BANGLAMPHU

OÙ SE LOGER
2 Home & Garden Guest House
3 Clean & Calm Guest House
4 River House
5 Villa Guest House
6 Truly Yours Guest House
7 Rajata Hotel
8 Nakorn Pink Hotel
9 AP Guest House
10 Trang Hotel
   et Vieng Travel
11 Vorapong Guest House
12 Mitr Paisarn Hotel
13 Vimol Guest House
15 New World House Apartments
   & Guest House
17 Gipsy Guest House
18 PS Guest House
25 New Merry V
26 Peachy Guest House
29 Apple Guest House
30 Mango
31 New Siam Guest House

32 Green Guest House
33 Merry V Guest House
34 My House
35 Chusri Guest House
36 Sawasdee House
41 Chai's House
43 Charlie's House
44 Royal Hotel
45 Palace Hotel
46 Smile Guest House
47 Rajdamnoen Hotel
48 Srinthip Guest House
49 Central Guest House
51 Nat II et CH II
52 Sweety Guest House
54 Prasuri Guest House
57 Thai Waree Hotel

OÙ SE RESTAURER
1 Tangtay
14 Aab Aroy
19 Joy Luck Club
20 Roti-Mataba

22 Khrua Nopparat
23 108 Yang
24 Raan Kin Duem
28 Wang Ngar
38 Yod Kum
53 McDonald's
55 Vijit (VR)
58 Arawy

DIVERS
16 Siam Commercial Bank
21 Fort de Phra Sumen
27 UNICEF
37 Grand magasin
   Banglamphu
39 Poste
40 Salvador Dali
42 National Gallery
   et National Film Archives
50 Mosquée
56 Monument
   de la Démocratie
59 Hôtel de ville

ravada, et de dialogue entre les diverses écoles du bouddhisme. Les classes de méditation ont lieu de 14h à 17h30, le premier dimanche de chaque mois.

Cours divers

Pour des informations plus détaillées sur les divers cours proposés (langues, arts martiaux, méditation), voir la rubrique *Cours* dans le chapitre *Renseignements pratiques*.

OÙ SE LOGER
Où se loger   petits budgets

Le choix si varié de petits hôtels de qualité qu'offre Bangkok explique le succès de la ville auprès des voyageurs à petits budgets.

Les hôtels étant disséminés un peu partout, vous devrez effectuer un premier choix en décidant du quartier dans lequel vous préféreriez loger – les ghettos touristiques de Th Sukhumvit et de Th Silom-Surawong, le ghetto des sacs à dos de Banglamphu, le quartier central de Siam Square, la zone animée de Chinatown ou le vieux rendez-vous

des voyageurs autour de Soi Ngam Duphli, à deux pas de Th Rama IV.

Dans le quartier chinois (près de la gare de Hualamphong) et à Banglamphu vous serez aux premières loges pour voir la vie de Bangkok. De plus ces quartiers sont les moins chers pour se loger et se restaurer. Le quartier de Siam Square est bien situé : il se trouve à un petit quart d'heure de marche de bonnes librairies, de plusieurs banques, d'excellents restaurants à prix abordables, d'agences de voyages et de huit cinémas.

A Bangkok, les petits hôtels sont compris dans une fourchette allant de 80 à 550 B.

Banglamphu. Si vous êtes vraiment limité dans vos dépenses, allez directement au quartier de Th Khao San, près du monument de la Démocratie, parallèle à Th Ratchadamnoen Klang. Les bus ordinaires n°2, 15, 17, 44, 56 et 59 ou les bus climatisés n°11 et 12 vous y conduiront. Le quartier s'affirme de plus en plus comme le lieu de prédilection des voyageurs, et de nouvelles pensions naissent tous les jours.

Les tarifs à Banglamphu sont les plus bas de Bangkok, et, bien que certaines adresses laissent plutôt à désirer (punaises dans la literie), quelques-unes sont excellentes pour un supplément minime.

Au bas de l'échelle, on trouve des chambres minuscules aux cloisons très fines. Certains établissements ont des cafés avec quelques plats à la carte. Les salles de bains sont généralement en bas dans l'entrée ou quelque part à l'arrière ; les matelas sont parfois à même le sol. Les chambres les moins chères sont à 80/120 B (60/100 B en basse saison) la simple/double, mais elles sont difficiles à trouver étant donné le nombre de personnes qu'elles intéressent. Les chambres dans les 100/140 B sont moins rares. Les chambres triples à 160 B ou les lits en dortoir à 50 B se trouvent assez facilement.

Pendant la majeure partie de l'année, mieux vaut visiter plusieurs pensions avant de faire son choix. Toutefois, de décembre à février, il est préférable de prendre la première chambre libre que l'on trouve, la meilleure heure pour chercher étant entre 9h

La Démocratie

Le grand monument de la Démocratie, de style Art Déco, a été érigé en 1932 pour commémorer ce moment exceptionnel de l'histoire du pays, où la monarchie absolue a cédé le pas à la monarchie constitutionnelle. Le monument représente les ailes très stylisées de quatre anges ; celles-ci sont agencées en cercle, au carrefour de Th Ratchadamnoen, de Th Din So et de Th Prachathipai. Corrado Feroci, également connu sous le nom de Silpa Bhirasri en thaïlandais, qui l'a conçu, a enterré pas moins de 75 boulets de canon dans le socle du monument pour marquer l'année BE 2475 (1932). Avant d'immigrer en Thaïlande où il est devenu "le père de l'art moderne", Feroci s'était illustré en Italie pour ses monuments à la gloire de Benito Mussolini.

et 10h. Le soir, durant cette période, l'animation est à son comble dans Th Khao San.

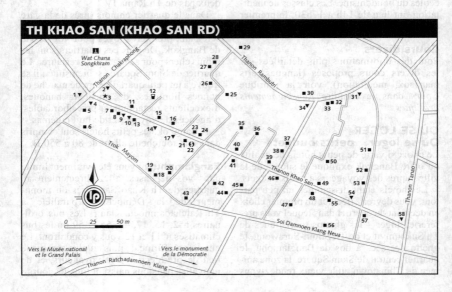

TH KHAO SAN (KHAO SAN RD)

Vers le Musée national et le Grand Palais

Vers le monument de la Démocratie

Thanon Ratchadamnoen Klang

Il y a une dizaine d'années, on ne comptait que deux hôtels sino-thaïlandais dans Th Khao San, le Nith Jaroen Suk et le Sri Phranakhon (devenu le Khao San Palace Hotel). Aujourd'hui, le quartier comprend près d'une centaine de pensions, trop nombreuses pour être toutes citées. Si aucune adresse ne vous a été recommandée, vous ferez aussi bien, à l'aide des plans de Banglamphu et de Th Khao San, d'en choisir une au hasard pour la première nuit, et ensuite de chercher mieux.

Un point à noter : les chambres de Th Khao San se réduisent généralement à de simples alcôves aménagées dans des espaces commerciaux modernes, tandis que les pensions des ruelles plus tranquilles de Banglamphu sont souvent installées dans de vieilles demeures ayant, pour certaines, gardé leur caractère.

Dans les lieux très modestes, inutile de réserver : le personnel ne vous gardera pas de chambre, sauf si vous réglez d'avance. Vous trouverez ci-dessous les numéros de ceux qui sont susceptibles de prendre une réservation par téléphone.

Banglamphu centre. Parmi les endroits simples mais convenables qui se trouvent dans Th Khao San ou à proximité, nous avons choisi : *Classic Place* (simple/double avec ventilateur à 200/250 B et à 380/490 B la double/triple avec clim.), *Siri Guest House* (120/200 B la simple/double), *CH 1 Guest House* (100/150 B), *160 Guest House* (80/120 B), *Nat Guest House* (80/120 B), *Chada Guest House* (80/140 B), *Good Luck Guest House* (80/120 B), *Bonny Guest House* (80/120 B ou 60 B pour un lit en dortoir sympathique), *Top Guest House* (200 B avec s.d.b. commune, 250 B avec s.d.b. privée), *Dio Guest House* (100/150 B), *Grand Guest House* (100/160 B), *Lek Guest House* (80/120 B), *Lucky Beer Guest House* (120/200 B), *Mam's Guest House* (80/120 B), *Prakorp's House & Restaurant* (90/200 B, restaurant-grill, bon café, fortement recommandé), *Chart Guest House* (80/120 B, avec la clim. pour 400 B), *NS Guest House* (70/120 B), *Thai Guest House* (100/150 B), *Sitdhi Guest House & Restaurant*

QUARTIER DE TH KHAO SAN

OÙ SE LOGER
- 5 Ploy Guest House
- 6 J & Joe
- 7 Thai Guest House
- 8 NS Guest House
- 11 Sitdhi Guest House & Restaurant
- 13 Chart Guest House
- 15 Hello Guest House
- 16 Mam's Guest House
- 18 Ranee Guest House
- 19 Guesthouse New Joe
- 20 Khao San Privacy Guest House
- 21 D&D Inn
- 23 Lek Guest House
- 24 Lucky Beer Guest House
- 25 Doll, Pro et Friendly
- 26 Suneeporn
- 27 AT et Cherry
- 28 Green House
- 29 Viengtai Hotel
- 30 Orchid House
- 32 Pannee Guest House I

- 33 Pannee Guest House II
- 35 Khao San Palace Hotel
- 36 New Nith Charoen Hotel
- 37 Marco Polo Hostel
- 38 Pian Guest House & Traditional Massage Centre & School
- 39 Nat Guest House
- 40 Grand Guest House
- 41 Dio Guest House
- 42 Bonny Guest House et Top Guest House
- 43 Sawasdee Bangkok Inn
- 44 160 Guest House
- 45 Good Luck Guest House
- 46 Siam Oriental
- 47 Nana Plaza Inn
- 48 Siri Guest House
- 49 Classic Place et supérette Central
- 50 New Royal
- 51 VS
- 52 Nisa
- 53 Harn

- 55 CH 1 Guest House
- 56 7 Holder
- 57 Chada Guest House

OÙ SE RESTAURER
- 1 Gaylord Indian Restaurant
- 2 Chochana
- 4 Gulliver's Traveler's Tavern
- 9 Prakorp's House & Restaurant
- 10 Hello Restaurant
- 14 Bangkok Center Restaurant
- 17 Royal India Restaurant
- 31 Pizza Hut
- 34 Chabad House
- 54 Buddy Beer Garden, Restaurant & Swimming Pool
- 58 Arawy Det

DIVERS
- 3 Poste de police de Chana Songkhram
- 12 Hole in the Wall et No-Name
- 22 Krung Thai Bank

(100/150 B) et *Hello Guest House* (120/160 B).

Le sympathique *Khao San Palace Hotel* (☎ 02-282 0578, 139 Th Khao San), situé au fond d'une allée, est bien entretenu ; les chambres coûtent 250/350 B pour une simple/double avec ventilateur et s.d.b., et de 400/450 B à 500 B avec clim. et eau chaude. Dans une allée parallèle, le *New Nith Charoen Hotel* (☎ 02-281 9872) propose des chambres avec s.d.b. et ventilateur à 270 B la simple ou double. Le *Nana Plaza Inn* (☎ 02-281 6402), proche de la Siri Guest House – à l'extrémité est de Th Khao San – grande bâtisse avec un restaurant, loue les simples/doubles, avec clim., s.d.b. et eau chaude pour 500/700 B. D'allure semblable, le *D&D Inn* revient à 350/500 B la simple/double, ce qui est assez cher vu la propreté relative des lieux. Le *Siam Oriental* (☎ 02-620 0311, 190 Th Khao San), propose des chambres correctes avec ventilateur à 250 B et à 350 B avec la clim.

Dernier né dans cette catégorie, le *Sawasdee Bangkok Inn* (☎ 02-280 1251, fax 281 7818, sawasdee@sawasdeehotels.com, 126/2 Th Khao San), s'étend sur trois étages autour d'une cour ; l'esprit cherche à imiter l'ambiance de Ratanakosin, mais rappelle davantage le style créole de la Nouvelle Orléans. Un lit en dortoir revient à 100 B, une chambre avec ventilateur et toilettes communes à 200 B. Pour 250 B, vous avez droit à la clim… Les chambres avec toilettes privées varient de 300 B à 350 B avec ventilateur, et de 400 B à 450 B avec clim… En revanche, toutes les chambres sont équipées de la TV par câble, de douches chaudes et de serviettes.

Entre Th Khao San et Th Rambutri, une série de petits hôtels étriqués s'étend le long de deux étroites allées. Ils sont complets toute l'année. L'allée située à l'ouest de Th Khao San abrite le *Doll*, le *Pro*, le *Friendly*, le *Suneeporn*, le *Cherry*, l'*AT* et le *Green House* (☎ 02-281 0323). A l'exception de ce dernier, ils se ressemblent tous, avec leurs minuscules réceptions encombrées de bagages, leurs escaliers raides qui mènent aux chambres réparties sur plusieurs étages,

lesquelles coûtent entre 80 B et 150 B. Le Green House, sensiblement plus vaste, est doté d'un restaurant au rez-de-chaussée ; le prix des chambres avec ventilateur et s.d.b. va de 150 B à 280 B, 380 B pour une double climatisée. L'allée côté est, plus large et plus ouverte, comprend le petit *Pian Guest House & Traditional Massage Center & School* (100/140 B la chambre) et le *Marco Polo Hostel* qui ressemble plus à un hôtel classique, avec ses chambres, de 120 B à 300 B, équipées, pour la plupart de s.d.b. Plus au sud-est, dans un autre passage, le *New Royal* ne propose rien de spécial avec ses chambres à 100/150 B avec s.d.b. commune ou entre 200 B et 250 B avec s.d.b. Le dernier passage très étroit, mais très calme, avant d'atteindre Th Tanao, propose trois points de chute standards : le *Harn*, le *Nisa* (provisoirement fermé pour travaux de rénovation lors de notre passage) et le *VS*. L'ambiance amicale de ce dernier lui a valu un franc succès récemment, avec des simples/doubles à 120/150 B et des lits en dortoir à 60 B. Tous les soirs, le VS propose un repas végétarien.

Parallèle à Th Khao San, mais bien plus tranquille, le passage Trok Mayom est réservé essentiellement aux piétons. Le *J & Joe* (☎ 02-281 2949, 281 1198) abrite, dans une vieille maison de teck, de jolies chambres à 100 B la simple, de 160 B à 180 B la double, 260 B la triple, ainsi que des coins agréablement aménagés pour échanger quelques tuyaux : rien de surprenant à ce qu'il affiche presque toujours complet. Vous trouverez un *New Joe* (☎ 02-281 2948, fax 281 5547) dans Trok Mayom. D'allure plus moderne, ce lieu un peu en retrait du passage, est doté d'un café en plein air. Les chambres valent 200/280 B la simple/double avec s.d.b., 380 B avec clim. Vous disposerez d'un service de courrier électronique et d'un fax. En remontant un minuscule soi, tout proche, la *Khao San Privacy Guest House* (Privacy Guest House) loue des chambres avec ventilateur pour 150/200 B, qui passent à 380/440 B avec clim… En continuant vers l'est, vers de Th Tanao, la *Ranee Guest House* demande 100/200 B pour des simples/

doubles avec s.d.b. commune et le *7 Holder* facture 120/200 B la chambre.

Un peu plus élevé en termes de prix, l'*Orchid House* (☎ 02-280 2691), Th Rambutri (au nord de Th Khao San, parfois appelé Soi Rambutri), non loin du Viengtai Hotel, propose des chambres calmes et propres, dans le style appartement. Les tarifs s'élèvent à 350 B pour une simple avec ventilateur et eau chaude, à 380/430 B pour une simple/double avec clim. et à 480 B pour des chambres climatisées, plus spacieuses.

Au nord-est de l'Orchid House, en continuant Th Rambutri, en face du Pizza Hut, se trouvent les *Pannee Guest House I* et *II* (☎ 02-282 5576). Les chambres qui coûtent 100/150 B la simple/double présentent un aspect plutôt ordinaire, mais les pensions possèdent chacune un joli jardin avec des tables. Elles sont très fréquentées par une clientèle d'Israéliens, probablement en raison de la proximité de la Chabad House.

A l'angle de l'extrémité nord-ouest de Th Khao San, dans Th Chakraphong, la *Ploy Guest House* propose des cellules cubiques, moyennant 100/150 B.

Banglamphu ouest. Plusieurs pensions ont, de longue date, ouvert leurs portes dans les sois entre Th Chakraphong et le Chao Phraya, à distance raisonnable de Tha Phra Athit où vous pouvez prendre les bateaux express. Ce quartier est également proche de la gare de Thonburi (Bangkok Noi), sur l'autre rive, du Musée national et du Théâtre national.

A l'ouest de Chakraphong, dans Th Rambutri, la *Sawasdee House* (☎ 02-281 8138, fax 629 0994), obéissant à la nouvelle tendance du quartier de Th Khao San, a adopté le style "hôtel", avec son grand restaurant au rez-de-chaussée et ses chambres de taille variable, réparties sur plusieurs étages. Celles avec ventilateur et s.d.b. commune varient entre 146 B et 214 B la simple et de 257 B à 300 B la double. Les chambres dotées d'une s.d.b. privée et d'un ventilateur oscillent entre 265 B et 335 B, celles avec clim. grimpent à 510 B. A côté, la pension *Chusri Guest House* propose des

chambres convenables entre 80 B et 120 B par personne.

A la hauteur du tournant de Th Rambutri, vous trouverez la *Merry V Guest House* (☎ 02-282 9267), très fréquentée, et ses chambres de 100 B à 300 B. Toute proche, la *Green Guest House* (☎ 02-926 2104) offre des chambres légèrement plus chères à 90/140 B la simple/double avec s.d.b. sur le palier ou à 240 B pour une s.d.b. individuelle. A la *My House*, dans le même soi, le salon de style thaïlandais du rez-de-chaussée ne manque pas de charme. A l'étage des chambres correctes valent 120/200 B la simple/double avec s.d.b. commune et passent à 180/300 B avec s.d.b. privée. Pour disposer de la clim., comptez 500 B. Un peu en retrait de Th Rambutri, la *Mango*, demeure de bois abritée par un toit de ferblanc, reste la pension la moins chère du quartier, à 80/140 B, mais le cadre n'est guère engageant.

A deux pas de l'extrémité sud de Th Rambutri, l'entreprise familiale qui dirige la *Chai's House* vous accueille dans des chambres propres pour 100/200/300 B la simple/double/triple, ou 300 B la simple/double avec clim., s.d.b. commune dans tous les cas. L'établissement tranquille et sûr, est doté d'une véranda. A voir le nombre d'étudiants qui s'y rend le weekend, la cuisine doit être bonne et bon marché. La *Charlie's House*, toute proche, possède quelques chambres ordinaires dans une maison de bois, qui vont de 100 B à 150 B, avec s.d.b. partagée.

En remontant un peu sur vos pas, le long de Th Rambutri, tournez à gauche dans Soi Chana Songkhram pour trouver la *New Siam Guest House* (☎ 02-282 4554, fax 281 7461). Comptez 200/250 B pour une chambre calme et propre avec s.d.b. individuelle et 450 B pour la clim. Des coffres-forts sont mis à votre disposition à la réception. Cet établissement, particulièrement bien organisé, propose en outre une excellente cuisine à la cafétéria du rez-de-chaussée, mais l'endroit est presque toujours complet.

En poursuivant vers le fleuve, on parvient à Th Phra Athit. Du côté est de la route, la

Peachy Guest House (☎ *02-281 6471*) et le *New Merry V* ressemblent davantage à de petits hôtels qu'à des pensions de famille. Au Peachy, les simples/doubles valent 85/130 B, 250/320 B avec clim… Le New Merry V, un peu au nord du Peachy, propose des chambres confortables avec s.d.b. privée et eau chaude à 260 B ou, si l'on partage la s.d.b., à 140 B. Les chambres climatisées coûtent 380 B.

Parallèle à Soi Chana, dans Trok Rong Mai, à deux pas de Th Phra Athit, quelques établissements qui datent, louent uniquement des chambres à deux lits. L'*Apple Guest House* (☎ *02-281 6838, 10/1 Trok Rong Mai*), ne paie pas de mine, mais ses chambres à 70/120 B et ses dortoirs à 50 B le lit ont du succès.

Banglamphu est. Plusieurs pensions sont groupées dans les ruelles à l'est de Th Tanao. En général, les chambres y sont plus spacieuses et plus tranquilles qu'aux environs de Th Khao San. A la *Central Guest House* (☎ *02-282 0667*), dans Trok Bowonrangsi, donnant sur Th Tanao (cherchez l'enseigne peu visible), les chambres simples, mais propres coûtent 80/150 B la simple/double.

Un peu plus au sud, donnant dans Trok Bowonrangsi, vous trouverez le *Srinthip*, plutôt délâbré, avec des lits en dortoir à 50 B et des simples/doubles à 70/100 B. A l'angle d'une petite rue parallèle à Ratchadamnoen Klang, la *Sweety Guest House* propose de petites chambres sans fenêtre de 80 B à 100 B la simple, des chambres doubles plus spacieuses entre 120 B et 200 B et des chambres avec clim. à 350 B. La terrasse vous permettra de lézarder et d'étendre votre linge. En face, à côté de la poste, le *Nat II* et le *CH II* se rapprochent des normes de Th Khao San : de 80 B à 150 B pour une simple, de 100 B à 200 B pour une double. Le CH II possède également des doubles climatisées à 350 B. Même scénario au Nat II qu'au Nat d'origine : des films médiocres sont diffusés en vidéo au rez-de-chaussée de l'établissement, avec un volume sonore élevé.

Si vous descendez Th Trok Mayom en venant de Th Tanao, vous arriverez à Th Din

So. Traversez Th Din So, éloignez-vous du rond-point vers le nord et vous verrez l'enseigne de la *Prasuri Guest House* (☎/fax *02-280 1428*), dans Soi Phra Suri (sur votre droite). Des simples/doubles/triples propres et agréables avec ventilateur coûtent 190/220/300 B et 330/360/380 B avec clim. Toutes possèdent une s.d.b.

Banglamphu sud. De l'autre côté de Ratchadamnoen Klang, au sud du quartier de Th Khao San, deux hôtels et au moins une pension valent le détour. Descendez Th Tanao vers le sud à partir de Ratchadamnoen Klang, puis bifurquez à gauche dans le premier soi, et vous arriverez au *Rajdamnoen Hotel* (☎ *02-224 1012*). Auparavant appelé Hotel 90, il a gagné en respectabilité ; il est pourvu de grandes chambres, propres, équipées de ventilateur et de s.d.b. pour 200/250 B. Comptez 400 B avec clim. et TV.

Retournez vers l'ouest par le même soi, en direction de Th Tanao, tournez à gauche, puis à droite dans Trok Sa-Ke vers le Royal Hotel, et 50 m plus loin, vous arriverez au *Palace Hotel* (☎ *02-224 1876*) ; on peut le considérer comme l'homologue climatisé du Rajdamnoen, avec des simples/doubles à 330/400 B.

A l'angle de la rue, dans un bâtiment de quatre étages, la *Smile Guest House* (☎ *02-622 1590, fax 622 0730*), relativement récente, loue des chambres calmes et propres, avec s.d.b. et eau froide, à 250 B avec ventilateur et à 350 B avec clim. Un café a été aménagé au rez-de-chaussée. Ceux qui préfèrent les vieux hôtels traditionnels sino-thaï passeront outre le *Thai Waree Hotel*, au fond d'une petite allée, donnant sur Th Din So, juste au sud du monument de la Démocratie. Dans un bâtiment fort délâbré, de grandes chambres très ordinaires se louent 100 B.

Banglamphu nord. Au 11/1 Soi Surao, à proximité de Th Chakraphong, non loin des grands magasins et du marché de Banglamphu, l'aimable *BK Guest House* (☎ *02-281 3048*) propose des chambres propres avec s.d.b. commune, pour 120/150 B avec ventilateur, 300/350 B avec clim. La *PS Guest House* (☎ 02-282 3932), repaire favori des Peace Corps, se trouve tout au bout de Th Phra Sumen, quand on se dirige vers le fleuve – côté sud de Khlong Banglamphu. Ses chambres, bien entretenues, coûtent entre 130 B et 190 B. A côté, la *Gipsy Guest House* offre des prestations similaires, avec des tarifs de 110 B à 180 B côté rue, et de 150 B à 230 B, côté canaux (ces chambres ont plus de fenêtres). En traversant le Phra Sumen, vous trouverez un passage, aux quelques pensions peu chères, dont la sympathique *KC* (☎ 02-282 0618).

Face au côté nord du canal, à la hauteur de Th Samsen (prolongement nord de Th Chakraphong), la *New World House Apartments & Guest House* (☎ 02-281 5596) propose ses services aux visiteurs de passage ainsi que de longue durée. Ses chambres avec s.d.b., eau chaude, clim. et petit balcon valent 400 B.

Toujours dans les environs de Th Samsen, encore plus au nord de Khlong Banglamphu, sont regroupées quelques pensions, très pratiques en raison de leur proximité avec l'embarcadère du Tha Samphraya River Express. Sur Soi 1 Samsen, à deux pas de Th Samsen, la *Truly Yours Guest House* (☎ 02-282 0371), tout à fait dans l'esprit de Th Khao San, était en cours de rénovations lors de notre passage. Elle propose d'ordinaire des chambres à 100/160 B, situées au-dessus d'un restaurant. Un peu plus loin, dans Soi 1, la *Villa Guest House* (☎ 02-281 7009) vous accueille dans une vieille maison en bois, calme et entourée de verdure. L'établissement compte dix chambres de 200 B à 450 B. Attention, elle affiche souvent complet. En haut de Soi 3 Samsen (appelé aussi Soi Wat Samphraya), après dix bonnes minutes de marche dans cette allée sinueuse, se trouvent la *River House* (☎ 02-280 0876), le *Home & Garden Guest House* (☎ 02-280 1475) et la *Clean & Calm Guest House*, chacune dotées de chambres petites et proprettes, louées entre 100 B et 150 B, avec s.d.b. sur le palier. La Clean & Calm Guest House a la faveur des Africains de l'Ouest en attente de visas. La River House est la meilleure des trois. La *Vimol Guest House*, dans Soi 4 (à l'est de Th Samsen), semblable aux pensions de Th Samsen, abrite des chambres dans une maison de bois à 80 B la simple, 120 B la double, 180 B la triple et 240 B la quadruple. Comme la Clean & Calm Guest House, elle est souvent complète en raison des nombreux Africains qui y séjournent.

En remontant Th Samsen vers le nord, bifurquez à l'est dans Soi 6 Samsen, et vous parviendrez au *Nakorn Pink Hotel* (☎ 02-281 6574, fax 282 3727) où la double se loue 285 B avec ventilateur et 390 B avec clim.. Les chambres comprenant deux lits à deux places sont proposées à 580 B avec ventilateur et à 680 B avec la clim. Toutes sont équipées d'une s.d.b., de la TV, du téléphone et d'un réfrigérateur. L'hôtel dispose également d'un service de consigne à bagages, au prix de 10 B par jour. En face, le *Rajata Hotel*, nouvel établissement sino-thaï, possède des chambres propres, avec clim. et TV à 360/480 B la simple/double. Toujours dans le même soi, le *Mitr Paisarn Hotel* (☎ 02-281 1235, fax 281 1994), dans la lignée des motels thaïlandais qui s'ignorent, semble propre et accueille une clientèle principalement étrangère dans ses simples/doubles à 500/600 B avec clim., TV et s.d.b. La *Vorapong Guest House* (☎ 02-281 1992), située non loin, propose des services similaires avec, en outre, un café ouvert 24h/24. Dans le soi suivant, au nord, près du Wat Mai Amaratarot, l'*AP Guest House* mérite certainement le titre de pension la moins chère de Banglamphu, avec des tarifs affichés à 50/80 B la simple/double.

L'arrêt suivant du Chao Phraya Express vers le nord – et le dernier district de Banglamphu – est proche de Th Wisut Kasat. Le *Trang Hotel* (☎ 02-281 2083, fax 280 3610, 99/1 Th Wisut Kasat) dispose de 200 chambres avec clim. à 1 160/1 450 B. Il se situe à l'est de Th Samsen, à quelques minutes du fleuve.

Quartier de Thewet et de la Bibliothèque nationale. Le quartier au nord de Banglamphu, non loin de la Bibliothèque nationale (National Library), se transforme, peu à peu lui aussi, en enclave touristique. En remontant Th Samsen vers le nord, à partir de Th Wisut Kasat, vous parviendrez à la *TV Guest House* (*7 Soi Phra Sawat*), un peu en retrait de Th Samsen à l'est ; une pension moderne, très propre, à prix avantageux : 50 B pour un lit en dortoir, 100 B pour une chambre double.

Continuez sur 500 m, après avoir traversé le canal jusqu'à ce que Th Phitsanulok se termine dans Th Samsen, au croisement de Th Si Ayuthaya et de Th Samsen. La Bibliothèque nationale se trouve juste après ce carrefour. Dans deux sois parallèles donnant sur Th Si Ayuthaya (vers le fleuve, à l'ouest de Samsen), quatre pensions sont tenues par une même famille : la *Tavee Guest House* (☎ 02-282 5983), la *Sawasdee Guest House* (☎ 02-282 5349), le *Backpacker's Lodge* (☎ 02-282 3231) et

l'*Original Paradise Guest House* (☎ 02-282 8673). Toutes, à l'exception de l'Original Paradise Guest House, sont propres, bien entretenues, assez calmes et coûtent à partir de 150/200 B en simple/double. La Sawasdee loue même des lits en dortoir à guère plus de 50 B. A l'angle d'un des sois du quartier, vous apercevrez le *Shanti Lodge* (☎ 02-281 2497) affichant des tarifs plus élevés : 230/250 B la chambre avec ventilateur, 400/450 B avec la clim. et 100 B pour un lit en dortoir.

Une sixième pension, dans le même soi que la Paradise, mais sans lien avec les précédentes, la *Little Home Guest House* (☎ 02-282 1574) leur ressemble en tous points mais avec cette différence non négligeable : la présence d'une agence de voyages très active en façade. Les chambres sont à 100/140 B pour une simple/double. Vous trouverez, de l'autre côté de la rue, un marché intéressant et quelques petits restaurants le long de Th Krung Kasem, la rue parallèle à Si Ayuthaya au sud (et à l'ouest de Th Samsen).

Th Krung Kasem mène à Tha Tewet et au ponton de Chao Phraya River Express qui permet d'accéder au quartier de la Bibliothèque nationale. Du ponton est, longez Th Krung Kasem vers l'est, jusqu'à Th Samsen, tournez à gauche, traversez le canal et tournez encore à gauche dans Th Si Ayuthaya. Les bus n°16, n°30 et n°53 ainsi que les bus climatisés n°56 et n°6 traversent Th Si Ayuthaya, en remontant Th Samsen. Le terminus du n°72 se trouve à l'angle de Th Phitsanulok et de Th Samsen, près de Th Si Ayuthaya. Le bus climatisé n°10, au départ de l'aéroport, vous déposera à proximité, au nord de Th Ratwithi, juste avant le pont de Krungthon.

A l'est de Th Samsen, à la *Bangkok International Youth Hostel* (☎ 02-282 0950, fax 628 7416, 25/2 Th Phitsanulok), un lit dans le dortoir à huit places revient à 70 B avec ventilateur et à 90 B avec clim. Une simple/double avec ventilateur ou clim. et s.d.b. avec eau chaude coûte 250/300 B. La cafétéria est au rez-de-chaussée. Depuis 1992, l'auberge n'accepte plus que les membres (la carte annuelle coûte

SOI NGAM DUPHLI

1 ETC Guest House	12 Freddy 3 Guest House
2 Pinnacle Hotel	13 Home Sweet Home
3 Four Brothers Best House	Guest House
4 Charlie House	14 Boston Inn
5 Anna Guest House	15 Kenny
6 Malaysia Hotel	16 Turkh
7 Station Just One	17 Lee 4 Guest House
8 Hua Hin Restaurant	18 Madam Guest House
9 Tungmamek	19 Lee 3 Guest House
Privacy Hotel	20 Sala Thai Daily Mansion
10 Honey House	21 Lee 1 Guest House
11 TTO Guest House	22 Freddy 2

Vers le stade de boxe et le parc Lumphini

Th Phra Ram IV (Rama IV)

Marché

Tour Lumphini

0   50   100 m

Soi Ngam Duphli

Vers le Goethe Institut

Soi Si Bamphen

300 B, mais vous pouvez acheter une carte temporaire pour 50 B).

Si vous voulez vous rapprocher du stade de Ratchadamnoen ou vous éloigner des quartiers surencombrés, allez faire un tour à la *Venice House* (☎ 02-281-8262) située 548-546/1 Th Krung Kasem. Cette pension, accueillante et très bien tenue, est toute proche du Wat Somanat (juste à l'angle de Th Ratchadamnoen Nok). Depuis le stade, remontez Ratchadamnoen vers le nord, tournez à droite dans Krung Kasem et faites encore une centaine de mètres ; vous découvrirez alors l'enseigne de la Venice House. Elle est à un quart d'heure de marche environ de l'embarcadère Tha Thewet. Les chambres, toutes climatisées, valent entre 300 et 380 B.

Soi Ngam Duphli. Ce quartier, à proximité de Th Rama IV, était naguère le point de chute traditionnel des voyageurs qui débarquaient à Bangkok. A quelques exceptions près, les pensions ne sont pas spécialement bon marché et l'atmosphère est devenue peu sympathique. Dans l'ensemble, le quartier Banglamphu propose des logements à de bien meilleurs prix. De nombreux voyageurs préfèrent le Soi Ngam Duphli, moins fréquenté. Plusieurs pays, dont le Canada, l'Australie, l'Allemagne, le Laos ou le Myanmar, ont installé leurs ambassades dans Th Sathon, tout près.

L'entrée du soi se trouve dans Th Rama IV, près de l'intersection avec Th Sathon Tai, non loin du verdoyant parc Lumphini et du centre d'affaires de Th Silom. Les bus n°4, 13, 14, 22, 45, 47, 74, 109 et 115, ainsi que le bus climatisé n°7 passent tous devant Soi Ngam Duphli, le long de Th Rama IV.

A l'extrémité nord du Soi Ngam Duphli, près de Th Rama IV, l'*ETC Guest House* (☎ 02-286-9424 et 287-1478), est un établissement très bien tenu, à plusieurs étages, avec une agence de voyages au rez-de-chaussée. Les chambres, assez petites et peu attrayantes, mais propres, sont louées 140 B avec s.d.b. commune, 180/220 B en simples/doubles avec s.d.b.. Les prix incluent un petit déjeuner copieux.

En poursuivant vers le sud, vous trouverez l'*Anna Guest House,* au-dessus de l'Anna Travel Agency. Les chambres, dans un état de délabrement avancé, coûtent 80 B avec s.d.b. commune, 100 B, 120 B et 150 B pour des doubles avec s.d.b et clim… A n'utiliser qu'en dernier recours.

De l'autre côté de la rue, le *Tungmahamek Privacy Hotel* (☎ 02-286-2339/8811), proche du Malaysia Hotel, entièrement climatisé, loue des chambres doubles à 370 B avec s.d.b.. Les nombreux clients "de passage" confèrent à l'endroit des relents plus que douteux, néanmoins plus discrets qu'au Malaysia.

En prenant Soi Si Bamphen (vers l'est), avant d'arriver à la Boston Inn, vous trouverez une ruelle sur votre droite. A son extrémité, la *TTO Guest House* (☎ 02-286-6783 ; fax 287-1571) propose des chambres climatisées propres avec s.d.b. privées à 350 B, plus quelques chambres avec ventilateurs et s.d.b. pour 250 B. Bien que relativement cher, l'établissement est bien géré, les chambres spacieuses et le personnel accueillant.

En face de Soi Si Bamphen s'ouvre une autre ruelle abritant la sympathique *Home Sweet Home Guest House*, aux simples/doubles à 150/250 B. Plus neuves et plus jolies, les chambres donnant sur Si Bamphen sont aussi plus bruyantes. Sur l'arrière, vous serez plus au calme.

En descendant Si Bamphen, à droite dans un nouveau passage, se trouvent deux pensions de famille, une à chaque coin, la *Kenny* et la *Turkh*. Ne vous laissez pas séduire par les restaurants au sous-sol, ils cachent des chambres peu reluisantes. Pour ne rien vous cacher : ce passage a la réputation d'être le rendez-vous des toxicomanes.

La *Boston Inn* (pas d'enseigne) détonne dans Soi Si Bamphen. A une époque, elle comptait parmi les meilleures adresses du quartier, mais l'établissement a chuté tout en bas de la liste.

Depuis Soi Si Bamphen, si vous prenez le prochain soi à gauche puis le premier à droite, vous arrivez dans un cul-de-sac comprenant quatre pensions de qualités diverses. Propre, bien gérée et sûre, la première sur la droite est la **Lee 4 Guest House,** (la meilleure des trois Lees) qui affiche ses chambres climatisées à 100/120 B avec s.d.b. commune, ou 160/200 B avec s.d.b. Au coin, la **Madam Guest House** donne lieu à des avis divergents sur les chambres, de 160 à 240 B, et les fêtes nocturnes fort arrosées. A côté, la **Lee 3 Guest House** vous réservera un accueil agréable dans des chambres avec clim. à partir de 120/160 B avec s.d.b. commune en simple/double et 200 B avec s.d.b. privée. A la **Sala Thai Daily Mansion** (☎ 02-287-1436), au bout du passage, vous dormirez dans de grandes chambres très propres, pour 150 ou 200 B (s.d.b. commune). Au 3e étage, le coin télé est un lieu convivial. Vous pourrez prendre l'air sur le toit-terrasse. La propriétaire parle anglais. La clientèle est fidèle et certains pensionnaires ont quasiment pris racine.

En poursuivant sa marche vers le nord sur le soi principal, on parvient à un tournant vers la gauche qui se termine dans Soi Saphaan Khu (parallèle à Soi Ngam Duphli).

Tournez à droite pour rejoindre deux pensions, sur le côté gauche, qui visent une clientèle légèrement plus haut de gamme, la **Charlie House** et la **Four Brothers Best House** (☎ 02-679 8822/4). Pour plus de précisions sur la première, reportez-vous à la rubrique *Où se loger – catégorie moyenne.* Les chambres climatisées de la Four Brothers valent 400 B la nuit (6 000 B au mois). Les salles de jeux électroniques dans le passage peuvent être très bruyantes.

En revenant dans Soi Si Bamphen, en direction du sud-est, vous rencontrerez deux autres pensions. Dans la première sur votre gauche, la **Lee 1 Guest House**, les chambres délabrées sont facturées à partir de 100 B ; en revanche, chez **Freddy 2**, l'établissement est propre et bien tenu, avec des chambres à 100/180 B, mais il accueille de nombreuses prostituées.

Au sud de Tungmahamek Privacy, dans Soi Ngam Duphli, aménagée dans un immeuble résidentiel, la **Honey House** (☎ 02-679 8112/3, fax 284 2035) loue

quelques chambres climatisées acceptables à 330 B la simple, et de 370 B à 400 B la double. Elle propose des tarifs au mois à 4 000 B pour une simple, et de 5 000 à 6 000 B pour une double.

Quartier chinois et gare de Hualamphong.
Ce quartier, central et pittoresque, est assez bruyant. Les petits hôtels bon marché n'y manquent pas, mais on est loin des caravansérails de Soi Ngam Duphli ou de Baglamphu. Aux abords de Hualamphong, soyez vigilants, aussi bien dans la rue que dans les bus : les voyageurs débarquant des trains sont des proies rêvées pour les virtuoses du rasoir.

Le **New Empire Hotel** (☎ 02-234-6990/96, fax 234 6997), 572 Th Yaowarat, près du croisement de Th Charoen Krung, n'est qu'à quelques pas du Wat Traimit. Ses chambres, simples ou doubles, avec clim., et eau chaude (la plupart de 444 B à 500 B pour les plus chères) sont relativement bruyantes, mais très bien situées si vous aimez Chinatown.

On trouvera d'autres hôtels du même genre, généralement dépourvus d'enseignes en anglais, tout au long de Th Yaowarat, Th Chakraphet et Th Ratchawong. Le **Burapha Hotel** (☎ 02-221 3545/9, fax 226 1723), situé à l'intersection de Th Mahachai et de Th Charoen Krung, à la lisière du quartier chinois, mérite un point de plus que le New Empire – mais il vous en coûtera à partir de 500 B pour une simple ou double.

A cheval avec la catégorie moyenne, la **River View Guest House** (☎ 02-234-5429 et 235-8501, fax 237 5428), 768 Soi Phanurangsi, Th Songwat – dans le secteur de Tallat Noi, au sud du quartier chinois –, est cernée par Bangrak (Silom) d'un côté et par Chinatown de l'autre. Le bâtiment se trouve derrière le temple chinois de Jao Seu Kong, à 400 m environ du Royal Orchid Sheraton, dans un quartier rempli de petits ateliers. Pour vous y rendre, tournez à droite à l'angle de Th Si Phraya (face au River city Complex), prenez la quatrième rue à gauche, puis la première à droite. Les chambres, très spacieuses, coûtent 450 B avec ventilateur et s.d.b., 690 avec clim. et eau chaude. Comme le nom de l'hôtel le suggère, beaucoup d'entre elles donnent sur le Chao Phraya. Ne manquez pas d'aller y admirer la vue depuis le restaurant du 8e étage. Si vous téléphonez du centre commercial (River City Complex), le direction enverra une voiture vous chercher. L'hôtel n'est pas loin de Tha Ratchawong.

A proximité, dans Th Songwat, la *Chao Phraya Riverside Guest House* (☎ 02-222 6344, 244 8450, fax 223 1696, 1128 Th Songwat) dispose de chambres propres à 250/350 B la simple/double. La petite salle de restaurant qui donne sur la rivière offre un cadre sympathique. Noyée au cœur d'une zone débordante d'activité, où les camions viennent, à longueur de journée, charger et décharger leurs marchandises, la pension est parfois difficile à dénicher. De Th Ratchawong, bifurquez à gauche, dans Th Songwat, puis poursuivez sur 75 m et cherchez, sur votre gauche, une école chinoise. Prenez le soi, en face de l'école, à droite : la pension se trouve au fond de l'allée, sur la gauche.

Vous aurez moins de mal à repérer la *River City Guest House* (☎ 02-235 1429, fax 237 3127, 11/4-5 Soi 24 – Soi Rong Nam Khaeng –, Th Charoen Krung), plus proche du centre commercial River City. Une chambre convenable, avec deux lits jumeaux, une s.d.b. propre avec baignoire et eau chaude, la TV, un réfrigérateur, le téléphone et la clim. est affichée à 500 B. Le rez-de-chaussée est occupé par un restaurant chinois et la direction de l'établissement parle mandarin, plutôt que thaïlandais.

Sur le côté est de la gare, Th Rong Meuang est bordée d'hôtels plus ou moins douteux. Malgré sa façade défraîchie, le *Sri Hualamphong Hotel*, au n°445, est l'un des plus présentables. Toutes les chambres sont à 180 B avec ventilateur. A quelques pas, le *Sahakit (Shakij) Hotel*, s'avère également très correct. Les chambres commencent à 100 B mais le personnel semble peu disposé à accueillir des farangs. Essayez d'obtenir une chambre au 4e étage pour profiter de la terrasse et de la brise occasionnelle. Plus

proche de la gare, dans le virage étroit de Th Rong Meuang, le *Station Hotel* est à choisir en dernier recours, avec ses chambres aux rideaux déchirés, aux draps ternes, le tout au prix exorbitant de 200 B.

Le quartier du marché, derrière le Station Hotel, regorge de petits étals de nourriture, et sur un petit soi parallèle à Th Rong Meuang se tient le *Hoke Aan Hotel*, un petit chinois à 150/200 B (qui a l'avantage d'être loin de la circulation). A deux pas de Rong Meuang, à côté du marché chinois se tient le *Nam Ia Hotel*, tout à fait convenable quoique bruyant, qui propose des chambres à 140 B.

Il y a au moins 4 autres petits hôtels chinois pas chers dans ce quartier à l'ouest de la gare, le long de Th Maitrichit. Les prix oscillent entre 120 et 200 B la chambre.

Toujours à proximité de la gare de Hualamphong, les TT Guesthouse sont à recommander pour les séjours de plus d'une ou deux nuits. La plus facile à trouver semble être la *TT 2 Guest House* (☎ 02-236-2946), 516-18 Soi Sawang, Th Si Phraya – près du croisement avec Th Manhakhon. Les chambres coûtent 180 B. Pour arriver au TT2 depuis la gare, prenez Th Rama IV (sur votre gauche), puis tournez à droite dans Th Mahanakhon, encore à gauche dans Soi Kaew Fa, et enfin à droite dans Soi Sawang. Ou, tournez directement de Th Si Phraya sur Soi Sawang. Pour "dénicher" la *TT 1 Guest House* (☎ 02-236-3053), 138 Soi Wat Mahaphuttharam, Th Mahanakhon, depuis la gare, traversez Th Rama IV, tournez à droite dans Th Mahanakhon, et suivez attentivement les panneaux indiquant l'hôtel. Il n'est qu'à 10 minutes de marche de Hualamphong. Les dortoirs ne coûtent que 50 B. Comptez 160 B pour une simple/ double. Les deux TT sont équipés de consigne et d'une blanchisserie. A noter qu'ils observent un "couvre-feu" très strict : minuit dernière limite.

La *FF Guest House* offre un service similaire pour 120/150 B la simple/double. A partir de la gare Hualamphong, prenez Rama IV Rd vers l'est, environ 200 m plus loin, une petite pancarte indique la pension.

SIAM SQUARE - PRATUNAM

OÙ SE LOGER
1 Siam City Hotel
2 Florida Hotel Phayathai Square
5 Baiyoke Sky Hotel
6 Indra Regent Hotel
7 Borarn House
9 Amari Watergate Hotel
12 Opera Hotel
14 Asia Hotel
16 A-One Inn
17 Star Hotel, Bed & Breakfast Inn
18 White Lodge, Wendy House
19 Reno Hotel
20 Pranee Building, Muangphol Mansion
21 Krit Thai Mansion
32 Siam Intercontinental

33 Novotel Bangkok on Siam Square
39 Delta Grand Pacific Hotel, grand magasin Robinson
40 Siam Orchid Inn
41 Le Meridien President
46 Hilton International Bangkok
49 Holiday Mansion Hotel
50 Golden Palace Hotel
55 Grand Hyatt Erawan
57 Regent Bangkok
66 Jim's Lodge

OÙ SE RESTAURER
25 Hard Rock Cafe
28 Scala, Penang, Bangkok
34 Coca Garden
58 Whole Earth Restaurant
60 Pan Pan

DIVERS
3 Wang Suan Phakkard
4 Poste
8 Marché de Pratunam
10 Marché de Nailert
11 Pantip Plaza
13 Ambassade d'Indonésie
15 Tha Ratchathewi (bateaux-taxis)
22 Jim Thompson's House
23 Stade national
24 Centre commercial de Mahboonkrong
26 Cinéma Scala
27 Siam Center
29 Cinéma Lido
30 Cinéma Siam
31 Poste
35 Wat Patum
36 World Trade Centre
37 Gaysorn Plaza, Planet Hollywood

38 Narayana Phand
42 Agence du TOT
43 Grand magasin Central
44 Ambassade du Royaume-Uni
45 Ambassade de Norvège
47 Poste
48 Ambassade de Suisse
51 Ambassade du Pakistan
52 Immeuble Maneeya, FCCT
53 Grand Magasin Sogo
54 Sanctuaire Erawan (Saan Phra Phrom)
56 Peninsula Plaza
59 Ambassade d'Israël
61 Ambassade d'Espagne
62 Ambassade des Pays-Bas
63 Ambassade des États-Unis
64 Section américaine des visas
65 Ambassade du Vietnam

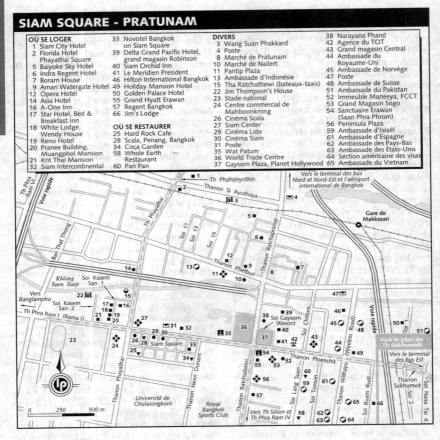

Th Silom et Th Surawong. Aux abords de Th Silom et de Th Surawong, quartiers où les hébergements se rangent plutôt dans la catégorie moyenne, plusieurs pensions bon marché méritent d'être citées.

En face de la poste principale, dans Th Charoen Krung, deux pensions reçoivent une clientèle essentiellement composée d'Indiens, de Pakistanais et de Bengalis : le *Naaz* et la *Kabana Inn*. Leurs prix sont raisonnables : de 400 B à 500 B pour une chambre climatisée. Un peu plus chère, la

Woodlands Inn (☎ 02-235 3894), dans le soi qui longe la façade nord de la poste, offre des prestations de très bonne qualité : outre de petites chambres avec clim., mais sans ascenseur entre 350 B et 450 B, on y loue des simples/doubles climatisées et propres, avec eau chaude, téléphone, TV et réfrigérateur à 600/700 B. Un restaurant indien, le Cholas, occupe le rez-de-chaussée.

Du côté sud de Th Silom, dans Soi Suksavitthaya (Seuksa Withaya ou Soi 9), le *Niagara Hotel* (☎ 02-233 5783/4,

26 Soi Suksavitthaya) dispose de chambres propres avec clim., eau chaude et téléphone entre 550 B et 600 B, certaines sont disponibles à 300 B, mais avec un ventilateur.

Dans Trok Vaithi qui donne dans Th Silom, non loin du temple de Maha Uma Devi, au *Madras Lodge* (☎ 02-235 6761), vous trouverez des chambres pas très soignées à partir de 220 B (avec ventilateur). Le propriétaire, un sympathique Indien de Madras – c'est un ancien négociant en pierres précieuses, aujourd'hui à la retraite – vous fera préparer, par ses cuisines, de délicieux plats d'Inde du Sud.

Siam Square. De bonnes adresses vous attendent dans ce quartier central.

On trouve plusieurs établissements pour petits budgets de qualité supérieure aux alentours de Soi Kasem San I, près de Th Rama I, de la maison de Jim Thompson et du Stade national. Derrière le *Muangphol Mansion* (☎ 02-215 0033, fax 216 8053), donnant dans le même soi propose des chambres simples/doubles autour de 500 B. Le *Pranee Building* (☎ 02-216-3181) a une entrée côté Muangphol, et une autre sur Rama I. Les chambres ventilées, avec s.d.b., s'élèvent à 350 B. Les chambres climatisées avec eau chaude sont à partir de 500 B. Le Pranee consent un abattement de 10% sur les séjours de longue durée.

Le *White Lodge* (☎ 02-216-8867 fax 216 8228, 36-8 Soi Kasem San 1, juste après le Reno Hotel (beaucoup plus cher), vous accueille avec des simples/doubles à 400 B et un agréable café terrasse à l'entrée. Vient ensuite la *Wendy House* (☎ 02-216-2436, fax 216 8053) qui loue ses chambres, petites mais confortables – air conditionné, douche chaude, télévision – pour 350/450 B. Attention ! il n'y a pas d'ascenseur. Un petit restaurant se trouve au rez-de-chaussée.

Le *Star Hotel*, au 36/1 Soi Kasem San 1 (☎ 02-215-0020), motel façon thaïlandaise, plutôt banal, propose des chambres assez propres, confortables, avec clim., s.d.b. et TV, de 400 B (simple) à 500 B (double, 400 B sans TV) : les tarifs sont un peu surévalués.

Juste en face, la *A-One Inn* (☎ 02-215-3029, fax 216-4771), au 25/13-15 Soi Kasem San 1, accueille une clientèle d'habitués, séduits par l'ambiance. Les chambres spacieuses (doubles et triples), avec clim., s.d.b. et eau chaude, coûtent entre 450 B (pour les doubles) et 650 B (triples). Hors saison, la direction consent généralement une réduction de 100 B. De l'autre côté du soi, les tarifs du *Bed & Breakfast Inn,* établissement du même ordre, fluctuent en fonction de la demande, entre 350 et 550 B.

Th Sukhumvit. Ce quartier, le plus moderne, est aussi le plus éloigné de la vieille ville, riveraine du Chao Phraya. Les tarifs appliqués par les hôtels, appartiennent, dans l'ensemble, à la catégorie moyenne, mais l'on trouve quelques hôtels à des prix intéressants.

Le plus ancien de tous et le plus central, l'*Atlanta Hotel* (☎ 02-252 1650, 252 6069, fax 255 2151, 78 soi 2 – Soi Phasak –, Th Sukhumvit) est presque une institution. C'est un établissement sans prétention, mais solide, qui appartient, depuis sa construction dans les années 50, au Dr. Max Henn, ancien secrétaire du Maharajah de Bikaner et propriétaire de la première pharmacie internationale de Bangkok. Il affiche plusieurs catégories de prix pour des chambres propres et confortables. Ces dernières n'ont d'ailleurs pas augmenté depuis 1994, malgré la dévaluation du baht. Celles avec s.d.b., ventilateur, balcon et grand lit valent 300/400 B, et celles avec lits jumeaux et sans balcon 300/400/500 B la simple/double/triple. Climatisées, avec eau chaude et coffre-fort, elles coûtent 450/550/650 B au 3e étage (un supplément de 50 B est appliqué pour les étages inférieurs). Une grande suite climatisée, avec deux chambres s'élève à 1 200 B pour quatre personnes et à 1 400 B pour six. Les enfants de moins de 12 ans peuvent séjourner avec leurs parents moyennant 50 B en plus du prix de la chambre. Il convient d'ajouter 10% de TVA à ces tarifs. Tout séjour au mois, payé d'avance, assure une remise de 10%.

La piscine de l'*Atlanta*, qui date de 1954, fut la première piscine dans un hôtel thaïlandais. Le hall, bel exemple du style des années 50, sert de temps à autre de décor à des photos de mode. Le discret café faisait autrefois partie du restaurant Continental, fréquenté par les têtes couronnées et les diplomates étrangers. Aujourd'hui, son menu peut aisément tenir lieu de cours accéléré de cuisine thaï. Vous profiterez également des journaux anglais, allemands et français, d'une sono et, le soir, d'une sélection de films vidéo dont des classiques sur des thèmes thaïlandais comme *Chang*, ou le *Pont de la rivière Kwaï*.

En forme de L et de couleur bleu, le *Golden Palace Hotel* (☎ *02-252 5115, 252 5169, fax 254 1538, 15 Soi 1, Th Sukhumvit*), très bien situé, possède une piscine. Ses chambres doubles climatisées avec s.d.b. coûtent 500 B. Il attire surtout une clientèle de touristes moyens, soucieux de leur budget. Il a toutefois connu des jours meilleurs. Dans le soi suivant à l'est, la *Best Inn* (☎ *02-253 0573, 75/5-6 Soi 3, Th Sukhumvit*) a l'avantage du calme et propose de petites chambres ventilées à 400 B ou climatisées à 500 B. Toujours dans le quartier de Th Sukhumvit, la *Thai House Inn* (☎ *02-255 4698, fax 253 1780*), entre les sois 5 et 7, offre des simples ou doubles climatisées, avec eau chaude, pour 550 B, ainsi qu'un coffre-fort et une cafétéria.

Plus loin dans Th Sukhumvit, le *Miami Hotel* (☎ *02-253 5611/3, 253 0369, fax 253 1266, 2 Soi 13, Th Sukhumvit*) remonte aux années 60-70. La qualité du personnel, comme du lieu en général, n'a cessé de se dégrader. Mais selon certains de nos lecteurs, il reste d'un bon rapport qualité/prix : 450/500 B la simple/double propre et climatisée, avec eau chaude et TV, ainsi que l'accès à une petite piscine et une cafétéria. La direction accorde des remises pour les séjours prolongés.

Où se loger – catégorie moyenne

Bangkok est saturée de petits hôtels de cette catégorie (allant de 550 B à 1 800 B la nuit). On y rencontrera une clientèle très mélangée de voyageurs de commerce asiatiques, de journalistes occidentaux, de groupes de touristes en voyage organisé et une pincée de voyageurs individuels qui semblent avoir choisi l'hôtel au hasard. Pas tout à fait de "classe internationale", ces endroits offrent au client une meilleure immersion dans le milieu thaïlandais que les hôtels de luxe.

Hors saison, vous devriez pouvoir négocier un rabais sur les prix indiqués.

Banglamphu. Avant la "découverte" de Th Khao San, l'hôtel le plus populaire de Banglamphu était le *Viengtai Hotel* (☎ *02-280-5434 ; fax 281-8153, 42 Th Rambutri*). Mais durant la dernière décennie, ses tarifs n'ont cessé de grimper (et pas toujours en proportion des prétendues améliorations) ; qu'on le veuille ou non, il s'est quand même hissé au rang des "catégories moyennes". Les simples/doubles/triples sans prétention aménagées sur les six étages de l'aile la plus ancienne de l'établissement s'élèvent à 1 225/1 575/1 750 B. Des chambres de luxe, à 1 575/1 750/2 275 B ont, en revanche, été aménagées dans un bâtiment plus récent, de neuf étages ; ces prix s'entendent petit déjeuner compris. Les résidents peuvent profiter de la piscine, au troisième étage.

Au 22 Th Phra Athit, près du débarcadère Tha Phra Athit, à la *Phra Athit Mansion* (☎ *02-280 0744, fax 280 0742*), une pension-résidence, avec des chambres modernes et propres (clim., TV eau chaude et réfrigérateur) vous attend pour 650 B la simple/double, 850 B la triple.

Le plus vieil hôtel de Bangkok encore en activité (l'Oriental et l'Atlanta mis à part), le *Royal Hotel* (☎ *02 222 9111/26, fax 224 2083*), à l'angle de Th Ratchadamnoen Klang et de Th Atsadang (à 500 m du monument de la Démocratie), continue à faire le plein. Son café, ouvert 24h/24, est un lieu de rendez-vous très prisé. C'est l'un des rares hôtels de catégorie moyenne où se côtoient, à proportions égales, clientèle asiatique et occidentale. Le prix des chambres simples/doubles débute à 960/1 300 B. Une aile de l'hôtel est en cours de rénovation, ce qui pourrait signifier une

TH SILOM, TH SURAWONG ET TH SATHON

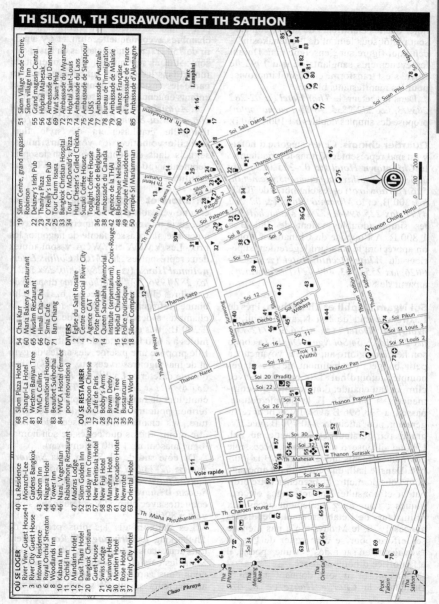

hausse des tarifs à l'issue des travaux. A noter que les chauffeurs de taxi le connaissent plutôt sous le nom de "Ratanakosin" – celui qui figure sur l'enseigne thaï. Durant les événements sanglants de mai 1992, le Royal s'est transformé en hôpital improvisé pour les manifestants blessés.

Dans le secteur, le *Thaï Hotel* (☎ *02-282 2831/3, fax 282 2835, 78 Th Prachatipatai*) propose des simples/doubles à 1 100/1 250 B.

Quartier chinois. Cette catégorie d'hôtels y est mal représentée. Citons les meilleurs : le *Chinatown Hotel* (☎ *02-225 0230, fax 226 1295, malaysia@comnet3.ksc.net.th, 526 Th Yaowarat*) et ses chambres de 700 B à 1 200 B, et le *Miramar Hotel* (☎ *02-222 4191, fax 225 4994, 777 Th Mahachai*), où les simples/doubles valent de 780 B à 1 800 B. A l'opposé du Chinatown Hotel, on appréciera le standard légèrement supérieur du *White Orchid Hotel* (☎ *02-226 0026, fax 255 6403, 409-421 Th Yaowarat*), à partir de 850 B.

Soi Ngam Duphli et Th Sathon. Près de l'extrémité sud de Soi Ngam Duphli, le *Malaysia Hotel* (☎ *02-679 7127/36, fax 287 1457, 54 Soi Ngam Duphli*) a connu son heure de gloire auprès des voyageurs à petit budget. Ce bâtiment de six étages compte aujourd'hui 120 chambres avec clim. et eau chaude, dont les prix qui commencent à 548/636 B la simple/double, passent à 598/696 B avec TV et petit réfrigérateur, pour atteindre 740/790 B avec TV, grand réfrigérateur et moquette au sol. L'hôtel dispose d'une piscine, accessible aux non-résidents moyennant 50 B la journée. Dans le hall, un petit coin est aménagé pour vous permettre de brancher votre ordinateur et consulter vos messages électroniques ; vous avez également accès aux ordinateurs de l'établissement. Depuis les années 1970, le Malaysia n'a pas ménagé ses efforts pour se démarquer de l'esprit "voyageurs en sac à dos". A une époque, il a fait office d'hôtel de passe.

Dans un soi au nord, donnant sur Soi Si Bamphen, la *Charlie House* (☎ *02-679 8330, fax 679 7308*) vise une clientèle un peu plus fortunée, en proposant des chambres avec moquette, clim. et TV à partir de 750 B (tarifs négociables en basse saison : juin et septembre). Il est interdit de fumer dans les lieux et un panneau met en garde les résidents : femmes, hommes et enfants en tenue correcte sont les bienvenus. L'*Aquarius Guest House* (☎ *243 Soi Hutayan Soi Suan Phlu, Th Sathon Tai*), tranquille établissement de style thaï, accueille volontiers les voyageurs homosexuels dans ses chambres dont les prix débutent à 750 B. Cour ombragée et TV par satellite.

Th Silom et Th Surawong. Ce quartier est une véritable pépinière d'hôtels, tant de catégorie moyenne que supérieure ; d'avril à octobre, il est assez facile de négocier les prix. Les YMCA et YWCA y sont toutes deux représentées : la *YMCA Collins International House* (☎ *02-287 1900, 287 2727, fax 287 1996, 27 Th Sathon Tai*) dispose de chambres climatisées avec s.d.b., TV, téléphone, réfrigérateur et coffre-fort dans la chambre, à des prix variant de 1 200 B à 2 200 B ; des suites sont également disponibles à 2 600 B. Cartes de crédit acceptées. Elle propose une piscine, des salles de gym et de massage (réservées aux clients), ainsi qu'une cafétéria. La *YWCA Hostel* (☎ *02-237 6900, fax 287 3016, 13 Th Sathon Tai*) était, lors de notre passage, provisoirement fermée pour travaux. Lors de sa réouverture, ses chambres climatisées devraient être moins chères que celles de son homologue masculin : 1 000 B (environ).

Du côté sud de Th Silom, à la *Sathorn Inn* (☎ *02-234 4137, fax 237 6668, 37 Soi Suksavittaya – également appelé Soi 9 ou Seuksa Withaya –, Th Silom*), les chambres coquettes avec clim., TV et téléphone s'élèvent à 896 B.

Les deux hôtels les plus proches de Th Patpong, le *Suriwong* et le *Rose*, entrent tous deux dans la fourchette 700 B à 800 B. Mais, les bars de Patpong étant à deux pas, nous nous garderons de les recommander aux lecteurs qui ont le sommeil léger. Le

Rose accueille essentiellement une clientèle gay.

Parmi les hôtels classiques qui bordent Th Surawong, signalons le *New Fuji* (☎ *02-234 5364, fax 233 4336*), au n°299-310. Les chambres vont de 1 124 B à 1 338 B. Le *New Trocadero Hotel* (☎ *02-234 8920/8, fax 234 8929*), au n°343, a des simples/doubles de 980 B à 1 190 B, petit déjeuner compris. Ces deux enseignes font le plein auprès d'une clientèle de journalistes de presse et de groupes en voyage organisé. Nouveau venu au n°173/8-9, *La Résidence* (☎ *02-233 3301, fax 237 9322, residence@loxinfo.co.th*) est un petit hôtel intime, avec un restaurant au rez-de-chaussée, qui pratique des tarifs à 950/1 400 B la simple/double. Pour un séjour au mois, le prix varie de 650 à 950 B la nuit, selon la taille de la chambre.

Près de la partie commerçante de Th Silom, la *Silom Village Inn* (☎ *02-635 6810, fax 635 6817, silom-village-inn@ thai.com, Silom Village Trade Centre, 286 Th Silom*) propose un tarif unique à 1 800 B. Toutes les chambres sont équipées d'un coffre-fort, d'une ligne de téléphone directe, d'une TV et d'un minibar. Il est assez facile d'obtenir un rabais de 50%.

A la *Tower Inn* (☎ *02-237 8300/4, fax 237 8286, towerinn@bkk.a-net.net.th, 533 Th Silom*), vous logez dans des chambres spacieuses et confortables pour 1 650/ 1 716 B la simple/double. Vous avez également accès à la piscine, à la salle de gym et au restaurant de l'hôtel.

Pour descendre dans une des 60 chambres climatisées de la *Silom Golden Inn* (☎ *02-238 2663, fax 238 2667, 41/4 Soi 19, Th Silom*), il vous en coûtera 800 B la simple/double (ou 1 300 B pour un lit "king size"), sans compter la TV, le téléphone avec accès direct à l'international, la douche chaude et le minibar.

A deux pas de Th Silom, à la *Bangkok Christian Guest House* (☎ *02-233 6303, fax 237 1742, 123 Sala Daeng Soi 2, Th Convent*), les chambres ne manquent pas de charme. Les prix, fixés à 640/910/ 1190 B la simple/double/triple (plus 10% de

service) incluent le petit déjeuner. L'hôtel assure également un service déjeuner et dîner à des prix très intéressants.

Dans Th Charoen Krung, entre Th Si Phraya et Soi 30, l'*Intown Residence* (☎ *02-233 3596, fax 236 6886, 1086/6 Th Charoen Krung*) propose, dans une atmosphère amicale, une vingtaine de chambres sur six étages d'un immeuble propre et moderne. Chacune est équipée d'une TV, de la clim. et du téléphone, pour un prix variant de 550 B à 600 B la simple et de 650 B à 700 B la double, petit déjeuner inclus. Vous pouvez enlever 50 B par personne, si vous ne prenez pas le petit déjeuner. Une cafétéria et un restaurant sino-thaïlandais, tout à fait corrects, sont attenants à l'hôtel. La formule au mois débute à 12 500 B.

Près de la poste centrale et du fleuve, le *Newrotel* (☎ *02-237 1094, fax 237 1102, 1216/1 Th Charoen Krung*) loue, sur six étages, des chambres simples/doubles climatisées avec TV, entre 600 B et 850 B.

Siam Square/Th Ploenchit/Hualamphong. La catégorie intermédiaire est plutôt mal représentée dans ce quartier, qui compte quantité d'hôtels de luxe. Sur Soi Kasem San 1, le *Reno Hotel* (☎ *02-215 0026, fax 215 3430*), vénérable survivant des années 60 (durant la guerre du Vietnam, les hôtels de Bangkok baptisés de noms de villes américaines ont proliféré) loue ses simples/ doubles/triples sans prétention à 600/720/ 840 B ; les chambres de luxe sont à 900/1 020 B la simple/double, les chambres VIP à 960/1 080 B. L'hôtel est doté d'une piscine. Au *Krit Thai Mansion* (☎ *02-215 3042*), dans la très animée Th Rama I, en face du Stade national, les chambres avec clim., s.d.b., eau chaude, téléphone, TV et vidéo, réfrigérateur (plus parking gardé dans l'hôtel) coûtent de 700 B à 800 B. La cafétéria du rez-de-chaussée reste ouverte 24h/24.

Installé dans un bâtiment de six étages, dans Soi Ruam Rudi, qui donne sur Th Ploenchit, le *Jim's Lodge* (☎ *02-255 3100, fax 255-0190*) possède des simples/ doubles propres, avec TV, réfrigérateur, clim. et moquette pour 1 126 B.

Proche du Meridien President Hotel, à deux pas de Soi Gaysorn (Keson), la *Siam Orchid Inn* (☎ 02-255 3140/3, fax 255 3144) loue de belles chambres, avec tout le confort, pour 1 500 B environ.

En face de l'ambassade de Grande-Bretagne, dans Th Withayu, un peu au nord de Th Ploenchit, le *Holiday Mansion Hotel* (☎ 02-255 009, fax 253 0130, 53 Th Withayu) est un établissement simple mais bien tenu, dont les chambres de taille raisonnable offrent la clim., le téléphone avec ligne directe, la TV et le petit déjeuner pour un tarif d'environ 1000 B le simple/double. En outre, l'hôtel dispose d'une piscine, d'un centre d'affaires et d'une cafétéria ouverte jour et nuit.

Proche du Royal Orchid Sheraton, du centre commercial River City et du fleuve (embarcadère de Tha Si Phraya), l'*Orchid Inn* (☎ 02-234 8934, fax 234 4159, 719/1-3 Th Si Phraya) offre des prestations correctes pour 500/600 B ; les chambres nettes et climatisées sont pourvues de TV et de mini-bars. Autre avantage : le terminus du bus n°36 se trouve juste en face de l'hôtel. En revanche, la prolifération, dans les environs immédiats, des racoleurs et des touristes aisés n'est pas très encourageante.

Sur plusieurs étages, le *Tong Poon Hotel* (☎ 02-216 0020, fax 215 0450, 130 Soi 8, Th Rama VI) est apprécié des conventions à petit budget et des groupes de touristes en provenance d'Asie. Même si les tarifs affichés pour les grandes chambres avec clim., TV et téléphone avoisinent les 1 800/2 000 B, vous pourrez souvent négocier des prix autour de 1 500 B. Le Tong Poon possède une cafétéria et une piscine. La course en túk-túk pour rejoindre la gare de Hualamphong est rapide.

Pratunam. Tout proche du centre de Pratunam, l'*Opera Hotel* (☎ 02-252 4031, fax 253 5360, 16 Soi Somprasong 1, Th Phetburi) loue des doubles avec clim. et eau chaude, de 550 B à 800 B. Vous pourrez profiter de la piscine et de la cafétéria.

Tout près de l'Indra Regent Hotel, à deux pas de Th Ratchaprarop, le *Classic Inn*

(☎ 02-208 0491, fax 208 0497) demande entre 500 B et 700 B pour une chambre agréable, avec clim. Une bonne marche vers l'est, le long du soi qui part en face de l'Indra (donnant dans Th Ratchaprarop) vous mènera jusqu'à la *Borarn House* (☎ 02-253 2252, fax 253 3639, 487/48 Soi Wattanasin). Dans cet immeuble de style thaï, vous trouverez des simples/doubles climatisées, avec TV, pour 850/950 B. Le *Siam Hotel* (☎ 02-252 4967, fax 254 6609, 1777 Th Phetburi Tat Mai), tout à fait convenable, dispose de simples/doubles à 880/1000 B.

Th Sukhumvit. Dans ce quartier, les hôtels de catégorie moyenne (de 800 B à 1 500 B) prolifèrent. Cantonnez-vous à ceux qui se trouvent dans les sois portant de petits numéros, vous éviterez de retraverser la ville à chaque fois. La construction de ces hôtels remonte, pour la plupart d'entre eux, à l'époque de la guerre du Vietnam et aux années 1962-1974, pour permettre aux soldats de s'éloigner du front, le temps d'une permission. Certains de ces établissements ont réussi leur conversion avec brio, en passant d'une clientèle de militaires à une clientèle plus traditionnelle de touristes, avec brio ; d'autres affichent toujours un cadre passablement austère.

Plusieurs hôtels haut de gamme, regroupés dans les sois 3 et 4, accueillent surtout une clientèle attirée par la proximité du bar, le Nana Entertainment Plaza (NEP) dans le Soi 4 (Soi Nana Tai). Justement dans le Soi 4, au sud du NEP, le *Nana Hotel* (☎ 02-255 0122, fax 255 1769) loue des chambres entre 960 B et 1 500 B. Malgré la proximité du NEP, l'hôtel possède ses propres salons de massage avec vitrine sur rue. En longeant toujours le même soi, le *Rajah Hotel* (☎ 02-255 0040, fax 255 7160) possède des chambres légèrement mieux, à 1 287 B. A la *Dynasty Inn* (☎ 02 250 1397, fax 255 4111, 5/4-5 Soi 4), de plus petite taille, les simples/doubles oscillent entre 850 B et 950 B.

En remontant Soi 3, le *Grace Hotel* (☎ 02-253 0676/9, fax 253 0680), à la réputation douteuse, pratique des tarifs entre

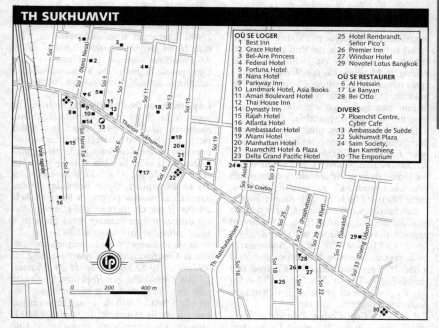

TH SUKHUMVIT

OÙ SE LOGER
1 Best Inn
2 Grace Hotel
3 Bel-Aire Princess
4 Federal Hotel
5 Fortuna Hotel
8 Nana Hotel
9 Parkway Inn
10 Landmark Hotel, Asia Books
11 Amari Boulevard Hotel
12 Thai House Inn
14 Dynasty Inn
15 Rajah Hotel
16 Atlanta Hotel
18 Ambassador Hotel
19 Miami Hotel
20 Manhattan Hotel
21 Ruamchitt Hotel & Plaza
23 Delta Grand Pacific Hotel

25 Hotel Rembrandt,
   Señor Pico's
26 Premier Inn
27 Windsor Hotel
29 Novotel Lotus Bangkok

OÙ SE RESTAURER
6 Al Hossain
17 Le Banyan
28 Bei Otto

DIVERS
7 Ploenchit Centre,
   Cyber Cafe
13 Ambassade de Suède
22 Sukhumvit Plaza
24 Siam Society,
   Ban Kamthieng
30 The Emporium

700 B et 1 600 B. Toujours dans Soi 3, la ***Grand Inn*** (☎ *02-254 9021, fax ; 254 9020*), semblable à un petit immeuble d'habitation, propose des chambres entre 800 B et 1 200 B. Bien tenue, la ***Parkway Inn***, Th Sukhumvit, Soi 4, tout près du Landmark Hotel, représente un meilleur rapport qualité/prix : de 700 B à 800 B la nuit. Une piscine est installée sur le toit.

A peine un pâté de maisons plus loin, dans Soi 5, mais loin de la cohue suscitée par le NEP, au ***Fortuna Hotel*** (☎ *02-251 5121, fax 253 6282*), plus ancien, les chambres tout à fait correctes, se louent entre 900 B et 1 100 B. Vous apprécierez l'ambiance amicale du ***Premier Travellodge*** (☎ *02-251 3031, 253-3201, fax 253 3195, 170-170/1 Soi 8 – Soi Prida –, Th Sukhumvit*). Les chambres de ce petit hôtel sont dotées de la clim., de moquette au sol, d'un coffre-fort, de la TV

par câble avec vidéo, d'un réfrigérateur, du téléphone et d'un fax, pour 700 B.

Le ***Federal Hotel*** (☎ *02-253 0175, fax 253 5332, 27 Soi 11, Th Sukhumvit*) affiche des tarifs entre 800 B et 1 050 B. Les dernières chambres, aménagées au rez-de-chaussée de l'hôtel, sont régulièrement inondées à la saison des pluies. Demandez plutôt une des chambres plus spacieuses et plus anciennes, à l'étage. Petite piscine et cafétéria. Également dans Soi 11, signalons la ***Business Inn*** (☎ *02-254 7981, fax 255 7159, 155/4-5 Soi 11, Th Sukhumvit*), acceptable avec ses chambres entre 500 B et 700 B.

Datant de l'époque de la guerre du Vietnam, le ***Manhattan*** (☎ *02-255 0166, fax 255 3481, 13 Soi 15, Th Sukhumvit*) propose des chambres assez grandes et bien tenues, à partir de 1 413 B. Au ***Ruamchitt Plaza & Hotel*** (☎ *02-254 0205, fax 253 2406, 199 Th Sukhumvit*), en face de Th Sukhumvit, près de l'angle de Soi 15, comptez 1 150/1 350 B la simple/double avec clim., moquette, réfrigérateur et TV. L'hôtel comprend aussi une piscine et une galerie marchande, attenantes. Au sous-sol de la galerie, le ***Thermae Coffee House*** accueille après minuit des prostituées, ce qui risque de modifier la fréquentation de l'hôtel qui, lors de mon passage, m'avait semblé un établissement tout à fait respectable.

Deux cents mètres plus loin, en continuant dans Soi 20 (Soi Nam Phung), la ***Premier Inn*** (☎ 02-261 0401, fax 261 0414, 9/1 Soi 20, Th Sukhumvit), en face du Windsor Hotel, dispose de chambres et de suites avec eau chaude, TV par satellite et vidéo, entre 700 B et 800 B, petit déjeuner compris.

Les touristes qui tiennent à loger dans le très animé Soi Asoke (Soi 21) peuvent essayer l'***Asoke Place*** (☎ 02-258 3742, fax 258 4338, 4/49 Soi 21, Th Sukhumvit), où le prix des simples/doubles va de 650 B à 850 B. Très bien tenue, la ***Carlton Inn*** (☎ 02-258 0471, fax 258 3717, 22/2-4 Soi 21, Th Sukhumvit) propose des chambres correctes à partir de 750 B.

Les deux ***City Lodge***, l'un dans Soi 9 (☎ 02-253 7680, fax 255 4667), l'autre dans Soi 19 (☎ 02-254 4783, fax 255 7340) sont nettement plus séduisants : 1 016 B pour une chambre simple ou double avec clim., téléphone, TV/vidéo.

Le ***Honey Hotel*** (☎ 02-253 0646, fax 254 4716, 31 Soi 19, Th Sukhumvit), ancien établissement datant de la guerre du Vietnam, possède une clientèle fidèle et des chambres à des prix raisonnables (de 650 B à 1 200 B). Autre héritage de la guerre du Vietnam, citons enfin le ***Rex Hotel*** (☎ 02-259 0106, fax 258 6635, 762/1 Soi 32, Th Sukhumvit) avec des simples/doubles disponibles à 1000/1 300 B.

Monument de la Victoire. Dans ce quartier juste au nord de Siam Square, on trouvera plusieurs hôtels corrects, notamment le ***Century Park Hotel*** (☎ 02-246 7800, fax 246 7197, 9 Th Ratchaprarop). Il loue des chambres simples ou doubles à 972 B. Plus haut de gamme, le ***Continental Hotel***

(☎ 02-278 1385, fax 271 3547, 971/16 Th Phahonyothin), demande entre 1 200 B et 2 400 B pour ses simples/doubles. Le ***Florida Hotel*** (☎ 02-247 0990, fax 247 7419, 43 Phayathai Square, Th Phayathai), de l'époque de la guerre du Vietnam, possède des simples/doubles correctes à 700/800 B.

Les environs de l'aéroport. Trouver à se loger de façon correcte et économique aux alentours de l'aéroport, n'est pas chose facile. La plupart des hôtels, pour les mêmes prestations, doublent leurs tarifs par rapport à ceux de la ville. Le ***Don Muang Mansion*** (☎ 02-566-3064), 118/7, Th Soranakom, en est un exemple typique. Sous des dehors assez élégants, il se permet de louer 1 000 B à 1 200 B une chambre exiguë et étouffante. En discutant âprement, on peut parvenir à faire baisser le prix jusqu'à 800 B.

Si votre budget vous le permet, choisissez la ***Comfort Suites Airport*** (☎ 02-552-8921/9 ; fax 552-8920, 88/117 Vibhavadi (Wiphaawadi) Rangsit Highway). Une vaste chambre, dotée de tout le confort vous coûtera de 1 500 à 1 800 B, si vous réservez par une agence de Bangkok, de 2 500 à 2 800 B si vous vous présentez vous-même. Une navette gratuite fait toutes les heures le trajet entre l'hôtel et l'aéroport. Seul inconvénient majeur : on entend les avions atterrir et décoller jusqu'aux environs de 24h.

La ***We-Train International House*** (☎ 02-929 2222, 929 2301, fax 929 2300, 501/1 Muu 3, Th Dechatungkha, Sikan, Don Muang) vous reviendra moins cher. Les chambres simples, mais propres, à deux lits, avec ventilateur, s.d.b. eau chaude, réfrigérateur et téléphone, sont à 550 B ou à 770 B avec clim. (comptez 150 B pour un lit supplémentaire). Vous pouvez également louer un lit en dortoir ventilé (165 B). Vous devez ajouter 10% de service, mais pas de taxes, l'hôtel étant géré par l'Association for the Promotion of the Status of Women, association féminine à but non lucratif (rassurez-vous, les hommes sont les bienvenus). Les prestations incluent une piscine, des massages thaïlandais traditionnels, une blanchisserie, un café et un salon de beauté.

International House présente l'inconvénient majeur d'être loin de l'aéroport – il faut prendre un taxi pour traverser l'autoroute et la voie ferrée, rouler ensuite pendant environ 3 km le lont de Th Dechatungkha jusqu'à l'école Thung Sikan *(tohng rian thûng siï-kan)*. Si vous n'avez pas trop de bagages, franchissez le pont piétonnier de l'aéroport jusqu'à Don Muang, puis prenez là votre taxi - qui vous reviendra ainsi beaucoup moins cher. Dans le quartier d'International House, il n'y a habituellement pas de taxis que ce soit pour vous rendre à l'aéroport ou continuer vers Bangkok, mais vous pouvez en réserver un pour 200 B l'aller simple, ou 70 B pour aller à l'Amari Airport Hotel ou en partir.

Saphaan Khwai. Dans la partie nord du centre de la capitale, le *Liberty Hotel* (☎ *02-618 6000, 271 2148, 215 Th Pratipat, Saphaan Khwai)* dispose de simples/doubles, entre 600 B et 900 B.

Nonthaburi. Au nord du centre de Bangkok, dans Nonthaburi (environ à 40 minutes par le Chao Phraya River Express), la *Thai House (☎ 02-280-0740 ; fax 280-0741), 3677/4 Muu 8 Tambon Bang Meuang, Amphoe Bang Yai*, a su fidéliser une large clientèle en raison de son cadre traditionnel et des cours de cuisine dispensés sur place. Les tarifs s'élèvent à 900/1 200 B la simple/double. La Thai House a ouvert un bureau de réservation à Banglamphu, 22 Th Phra Athit.

Où se loger – catégorie supérieure

Bangkok possède toute une gamme d'hôtels de standing international, de l'hôtel à touristes en voyage organisé aux plus luxueuses adresses d'Asie. Elle compte aussi les deux plus hauts hôtels du monde. Parmi les hôtels de luxe, trois figurent sur la liste des 25 meilleurs hôtels du monde établie par le guide *Traveler's* de Condé Nasts : l'Oriental, le Regent et le Shangri-La.

Nombre des hôtels grand standing sont situés aux alentours de Siam Square, entre les artères parallèles Th Surawong et de Th Silom, et en bordure du fleuve. Tandis que les hôtels internationaux, sensiblement moins chers, sont répartis tout au long de Th Sukhumvit.

Depuis la dévaluation du baht en 1997, certains hôtels de catégorie supérieure se sont mis à afficher leurs tarifs en dollars américains, d'autres ont préféré augmenter leurs prix en bahts, pour compenser les écarts de taux de change par rapport au niveau des prix de 1996. En effet, ces hôtels ont tendance à importer des marchandises (ainsi que leurs équipes de direction), il fallait donc qu'ils relèvent leurs prix pour éviter des pertes considérables.

Vous pourrez encore négocier une remise allant jusqu'à 40%, surtout en basse saison (toute l'année, sauf de décembre à mars et en juillet et août). Il est souvent plus intéressant de réserver par l'intermédiaire d'agences de voyages – elles bénéficient de tarifs préférentiels. Sinon, si vous volez avec la THAI, sachez que votre billet d'avion peut également vous faire bénéficier de remises conséquentes dans ces établissements.

Ces toutes dernières années, Bangkok a vu se dessiner une nouvelle orientation de l'industrie hôtelière, avec la création d'hôtels "intimistes" d'une centaine de chambres, axés sur une clientèle d'hommes d'affaires, dans une fourchette de prix de 2 000 à 3 000 B. Nombre d'hommes d'affaires disent, en effet, préférer ce genre d'établissements où le service est plus personnalisé, pour un prix plus modique (1 000 B d'écart, environ, avec les "grands"). Autre avantage : ces hôtels n'acceptent pas les groupes.

Tous les hôtels de cette catégorie ajoutent à la note 10% de service et une taxe de 7%.

Sur le fleuve. Situé au bord du Chao Phraya, l'*Oriental Hotel (☎ 02-236-0400/ 236 0420, fax 236 1937, 48 Th Oriental)* est l'un des plus célèbres d'Asie, rivalisant avec le Raffles de Singapour et le Peninsula de Hong Kong. Il figure également sur la liste des meilleurs hôtels du monde – et sur celle des établissements les plus chers de Bangkok. La direction de l'hôtel se targue d'offrir à ses hôtes des services hautement personnalisés grâce à ses effectifs – 1 200 employés pour 35 suites et 361 chambres.

Une annexe de l'hôtel, installée dans un cadre paysager de l'autre côté du fleuve abrite l'Oriental Spa, Thai Health and Beauty Centre (centre de remise en forme et de beauté) – qui ne propose pas moins de 36 programmes de traitement et une salle de méditation –, une salle de sport avec une piste de jogging, des terrains de tennis et de squash climatisés (matériel gracieusement mis à disposition), des cours de cuisine thaïlandaise et un programme sur la culture thaïlandaise. Une dizaine de bars et de restaurants vous permettent de déguster spécialités thaïlandaises, chinoises, françaises et italiennes. Le Bamboo Bar fait partie de ces lieux de légende pour écouter du jazz. Les parties communes de l'hôtel, hormis le hall d'entrée, sont trop formelles et manquent quelque peu de chaleur ; choisissez plutôt le salon des Auteurs pour faire une pause.

Autre écrin de luxe le long du fleuve : le *Shangri-La Hotel* (☎ 02-236 7777, fax 236 8579, 89 Soi Wat Suan Phlu, Th Charoen Krung). Le Shangri-La dispose de chambres et de suites à partir de 264 $US, avec mini-bar, sèche-cheveux, machine à café et coffre-fort. L'hôtel possède son propre hélicoptère pour assurer la navette avec l'aéroport (moyennant finances), deux piscines découvertes, deux courts de tennis éclairés, deux courts de squash, une salle de sports entièrement équipée avec vue sur le fleuve, un sauna, un hammam, une piscine à bulles, deux jacuzzi d'extérieur, et neuf restaurants (dont une des meilleures tables italiennes de la capitale). Le service est incontestablement de haut vol. Les grands salons, en retrait du hall de réception, moins formels que ceux de l'Oriental, sont propices à la détente. C'est d'ailleurs un lieu de rendez-vous très prisé dans Bangkok.

Sur la rive Thonburi du Chao Phraya, un peu au sud du centre-ville de Bankok, dans un cadre raffiné, le *Marriott Royal Garden Riverside Hotel* (☎ 02-476-0021 ; fax 460-1120), 257/1-3 Th Charoen Nakhon, près de

Krungthep Bridge, et ses 420 chambres sont recommandés pour la sérénité du lieu. L'hôtel comprend une grande piscine, de beaux jardins, deux courts de tennis éclairés et un club de sport.

Également sis en bordure du fleuve, le *Royal Orchid Sheraton* ou ROS (☎ 02-266 0123, fax 236 6656, 2 Soi Captain Bush, Th Si Phraya) propose des chambres à partir de 5 649 B la nuit. Le service a la réputation d'y être un peu sec, mais efficace. Le centre d'affaires de l'hôtel reste ouvert 24h/24.

Le *Menam* (☎ 02-289 1148/9, fax 291 1048, 2074 Th Charoen Krung, Yannawa) domine le fleuve de toute sa hauteur. Le prix de ses chambres débute à 4 237 B. Comptez à partir de 2 300 B la nuit au *Royal River* (☎ 02-433 0300, fax 433 5880, 670/805 Th Charan Sanitwong, Thonburi). L'hôtel reçoit de nombreux groupes de touristes.

Siam Square, Th Ploenchit et Pratunam.
La clientèle des hôtels de luxe jure que l'élégance du *Regent Bangkok* (☎ 02-251 6127, fax 253 9195, 155 Th Ratchadamri) dépasse, par certains côtés, celle de l'Oriental pour un rapport qualité/prix plus avantageux. Les hommes d'affaires peuvent profiter de l'efficacité incontestable de son centre d'affaires et de sa situation très centrale. A noter également que les appels locaux passés depuis l'hôtel sont gratuits (il est le seul dans sa catégorie à offrir ce luxe) et que l'établissement propose, à raison de 2 000 B de l'heure, un "bureau sur roues", camionnette high-tech équipée pour plusieurs passagers d'ordinateurs, de téléphones cellulaires, de fax, de TV/vidéo et sièges en cuir, si bien qu'on peut y tenir de petites conférences, tout en affrontant la redoutable circulation urbaine. Le prix des chambres du Regent démarre à 5 885 B.

Au *Hilton International Bangkok* (☎ 02-253 0123, fax 253 6509, 2 Th Withayu), pas de risque de croiser des groupes dans les couloirs feutrés de ce palace. Le prix des chambres commence à 4 400 B. Les terrains magnifiques qui entourent l'hôtel sont un plus. Seuls les hôtels les plus anciens de la ville possèdent d'aussi beaux jardins.

De la même génération, le **Siam Inter-continental** (☎ 02-253 0355, fax 253 2275, 967 Th Rama I), près de Siam Square, est niché au milieu de beaux et vastes jardins tropicaux (10 hectares), où paons, oies, cygnes et perroquets s'ébattent librement. Il accueille une clientèle de touristes et d'hommes d'affaires. Les tarifs débutent à 5 179 B.

Le **Grand Hyatt Erawan** (☎ 02-254 1234, fax 253 5856) se dresse au carrefour de Th Ratchadamri et de Th Ploenchit. Construit sur le site de l'Erawan Hotel, il manifeste clairement l'ambition de rejoindre les rangs des cinq premiers palaces de la ville. Lors de son inauguration, quatre-vingt dix neuf moines (dans la culture thaïlandaise, le chiffre "9" est censé porter chance ; "99" multiplie ce facteur de chance par deux) sont venus réciter des psalmodies bouddhistes dans le hall de l'hôtel ; en échange, ils furent conviés à un somptueux repas en guise d'aumône. Une cérémonie brahmane a également été célébrée dans le sanctuaire adjacent d'Erawan ; enfin, à un moment que les astres avaient défini comme favorable, on procéda au lâcher dans les cieux de quelque 510 ballons et pas moins de 99 colombes.

L'**Amari Watergate** (☎ 02-653 9000, fax 653 9045) occupe, avec ses 34 étages, le cœur même de Pratunam, le quartier des affaires de Bangkok. L'intérieur néo-classique mélange des motifs thaïlandais et européens. Les chambres sont très spacieuses et les installations comprennent un centre de sport Clark Hatch de 900 m², une piscine de remise en forme, des massages thaïlandais, un centre d'affaires fonctionnant 24h/24, un pub à l'américaine et des restaurants cantonnais et italiens très haut de gamme. L'hôtel se trouve dans Th Phetburi, près du carrefour de Th Ratchaprarop. Les groupes de touristes sont accueillis à un étage particulier avec un hall de réception indépendant. Gigantesques, les chambres valent 4 680 B la simple/double. Les trois derniers étages cachent les suites les plus

luxueuses pour quelque 1 000 B supplémentaires.

D'autres hôtels Amari, relativement neufs, ponctuent le centre de Bangkok ; parmi eux : l'**Amari Atrium** (☎ 02-718 2000, fax 718 2002), Th Phetburi Tat Mai, à l'est de Soi Asoke (simples/doubles à partir de 3 200 B) et l'**Amari Boulevard** (☎ 02-255 2930, fax 255 2950, 2 Soi 7, Th Sukhumvit) avec des chambres à partir de 3 296 B. La chaîne dispose également d'un hôtel à l'aéroport. Reportez-vous au paragraphe *Les environs de l'aéroport* plus loin dans ce chapitre.

Autre hôtel extrêmement bien situé, tant pour les affaires que pour les loisirs, le **Novotel Bangkok on Siam Square** (☎ 02-255 6888, fax 255 1824), Soi 6 sur Siam Square. Cet établissement se flatte d'offrir un centre d'affaires complet, une boulangerie, une piscine et divers restaurants. Très grandes, les chambres démarrent à 4 826 B.

Au **Meridien President** (☎ 02-253 0444, fax 253 7565, 135/26 Th Gaysorn), en plein cœur du quartier commerçant de Th Ploenchit, vous devrez débourser à partir de 3 531 B pour une des 400 chambres, joliment aménagées.

Pratiquant des prix un peu moins élevés, le **Chateau de Bangkok** (☎ 02-651 4400, fax 651 4500, 29 Soi Ruam Rudi, Th Ploenchit) appartient au groupe français Accor. On peut louer un studio ou un petit appartement à une ou deux chambres – chacun doté d'un coin bureau avec ligne de téléphone et de fax internationale, le tout pour 2 800 B.

De taille gigantesque, l'**Asia Hotel** (☎ 02-215 0808, fax 215 4360, 296 Th Phayathai), propose des chambres à partir de 2 600 B. Malgré sa situation, il accueille souvent des groupes de touristes ou des séminaires de travail. Prestations similaires à l'**Indra Regent** (☎ 02-208 0033, fax 208 0388, 120/126 Th Ratchaprarop), avec des prix à partir de 3 413 B.

L'hôtel le plus haut du monde, le **Baiyoke Sky Hotel** (☎ 02-656 3000, fax 656 3555, baiyoke@mozart.inet.co.th) se dresse juste derrière l'Indra Hotel, à deux pas de Th Ratchaprarop, dans Pratunam. Les chambres et les suites spacieuses offrent tout le confort d'un établissement de ce type, même si elles ne sont pas aussi luxueuses qu'on pourrait s'y attendre. Comptez 2 800/3 200 B la chambre simple/double et 3 600/4 000B la suite ; les prix ne sont, au final, pas si excessifs, pour cette catégorie.

Le centre de Bangkok. Pas d'hôtels de cette gamme dans le quartier même de Banglamphu, mais deux adresses fortement conseillées en s'éloignant un peu vers l'est. Les prix du *Royal Princess Hotel* (☎ 02-281 3088, fax 280 1314, 269 Th Lan Luang) démarrent à 3 800 B, mais vous pouvez les faire baisser de moitié en passant par l'intermédiaire d'agences de voyages. L'hôtel est proche de l'agence centrale de la THAI et en taxi, vous rejoindrez rapidement Banglamphu et le fleuve.

Encore plus agréable, le *Siam City Hotel* (☎ 02-247 0130, fax 247 0178, 477 Th Si Ayuthaya) n'appartient à aucun groupe hôtelier. Les chambres grandes et bien entretenues disposent de tout le confort pour 4 237 B la nuit. Mais, comme pour le précédent, des rabais sont souvent accordés en réservant par l'intermédiaire d'une agence de voyages thaïlandaise. Les habitants de Bangkok apprécient beaucoup la cuisine des restaurants de l'hôtel.

Th Silom, Th Surawong et Th Sathon. Autre possibilité dans la catégorie supérieure, le *Beaufort Sukhothai* (☎ 02-287 0222, fax 287 4980, fax pour la réservation 02-285 0303, beaufort@ksc11.th.com, 13/3 Th Sathon Tai) vous plonge dans un cadre minimaliste aux accents d'Asie, autour d'un jardin intérieur agrémenté de bassins couverts de nénuphars. Son architecte et son décorateur créèrent également l'Amanpuri, immeuble emblématique de Phuket. Les chambres de catégorie supérieure coûtent 220 \$US, celles de luxe 264 \$US, sans parler des suites encore plus onéreuses. Sur demande, le personnel met à votre disposition un fax dans votre chambre, sans supplément.

Figure de proue de l'ultra-modernisme, le *Westin Banyan Tree* (☎ 02-679 1200,

fax 679 1199) élève sa tour et ses 216 suites d'affaires au-dessus de Th Sathon Tai. L'hôtel se loge entre les deux premiers et les 28 derniers étages de la Thai Wah Tower II qui en compte 60. Les chambres, immenses, se divisent en un coin repos et un coin bureau. Vous aurez à disposition deux lignes de téléphone avec ports pour transfert de données et toutes les installations que l'on peut attendre d'un hôtel revenant à 5 700 B la nuit (minimum). Le centre de soins et de remise en forme s'étale sur quatre étages – c'est le plus important de tout Bangkok dans cette catégorie.

Dans les quartiers de Th Silom et de Th Surawong, un établissement typiquement thaïlandais, le *Montien* (☎ 02-234 8060, fax 236 5219, 54 Th Surawong) propose des chambres à partir de 4 680 B. Au grand hôtel *Dusit Thani* (☎ 02-236 0450, fax 236 6400, 946 Th Rama IV), elles démarrent à 5 200 B. Deux grands ensembles, modelés dans un style singapourien, comptent, chacun, 40 chambres et suites, oscillant entre 3 500 B et 10 000 B : le *Monarch-Lee Gardens Bangkok* (☎ 02-238 1991, fax 238 1999, 188 Th Silom) et le *Mandarin Hotel* (☎ 02-238 0230, fax 237 1620, 662 Th Rama IV).

De nombreux hôtels offrent des services similaires, mais pour un prix inférieur en raison de leur emplacement ou d'un personnel moins important. Dans les quartiers de Th Silom et de Th Surawong, il s'agit des établissements suivants : le *Narai* (☎ 02-237 0100, fax 236 7161, 222 Th Silom) – à partir de 2 700 B la nuit ; l'*Holiday Inn Crowne Plaza* (☎ 02-238 4300, fax 238 5289, 981 Th Silom) – à partir de 3 200 B ; et le *Silom Plaza* (☎ 02-236 8441/84, fax 236 7567, 320 Th Silom) – à partir de 2 789 B (avec des remises fréquentes qui font baisser les prix à 1 200 B).

Avec 57 chambres à peine, le personnel du *Swiss Lodge* (☎ 02-233 5345, fax 236 9425, 3 Th Convent) accorde un soin tout particulier à certains services qui font toute sa différence ; serviettes rafraîchissantes dès que vous entrez dans le hall de l'hôtel et isolation phonique des fenêtres sont autant d'atouts qui séduiront une clientèle d'affaires. L'hôtel possède un restaurant, une piscine et un centre d'affaires. Les tarifs vont de 3 850 B à 4 300 B (de 1 999 B à 2 499 B en basse saison).

Parmi les autres enseignes de cette catégorie, signalons le *Trinity City Hotel* (☎ 02-231 5333, fax 231 5417, 425-15 Soi 5, Th Silom). Aménagé comme une boutique, il dispose de chambres entre 1 452 B et 2 057 B, petit déjeuner compris.

Compte tenu des tarifs pratiqués (entre 2 225 B et 3 895 B), on est en droit d'attendre un meilleur service au *New Peninsula Hotel* (☎ 02-234 3910, fax 236 5526, 295/3 Th Surawong), dont les chambres manquent d'entretien. Sur demande, la direction accorde toutefois des remises, à 1000/1 200 B la nuit.

Le *Pinnacle Hotel* (☎ 02-287 0111, fax 287 3420, pinhl@loxinfo.co.th, 17 Soi Ngam Duphli, Th Rama IV) affiche des tarifs à 2 590/3 061 B, qui, après négociations, passent à 1 350/1 550 B, petit déjeuner inclus. Parmi les installations, vous bénéficierez d'un centre de remise en forme avec sauna, hammam et jacuzzi en plein air, aménagé sur le toit.

Th Sukhumvit. Décoré avec beaucoup de goût, l'*Hotel Rembrandt* (☎ 02-261 7100, fax 261 7014, 19 Soi 18, Th Sukhumvit) possède de grandes chambres. Lors de la rédaction de cet ouvrage, elles s'élevaient à 2 700 B, mais certains tarifs excessifs annonçaient 3 000 B. Une piscine et un excellent restaurant mexicain, le Señor Pico's of Los Angeles – le meilleur de Bangkok – sont installés dans l'hôtel. Autre atout de cette adresse, sa proximité du centre de conférence national, le Queen Sirikit National Convention Centre, à deux pas du Soi 16.

L'*Ambassador Hotel* (☎ 02-254 0444, fax 253 4123, Soi 11, Th Sukhumvit) accueille principalement une clientèle de Chinois de Hong Kong et de Taiwan, en voyages organisés à budgets réduits. Les prix commencent à 2 119 B dans l'aile principale, un peu plus cher dans la tour. Ces tarifs mériteraient d'être divisés par deux car les chambres et les parties communes

sentent le renfermé. L'ensemble forme un étonnant regroupement de restaurants, supermarchés, nightclubs, bars à cocktail et boutiques, vides pour la plupart.

Au *Landmark* (☎ 02-9254 0404, fax 255 8419, 138 Th Sukhumvit), les chambres bien entretenues se louent de 4 826 B à 9 416 B, des tarifs exorbitants qui se négocient largement. Si le centre d'affaires du Landmark est un des points forts de l'établissement, la circulation abondante sur Th Sukhumvit à hauteur de l'hôtel, est son point faible.

Au *Delta Grand Pacific Hotel* (☎ 02-255 2440, fax 255 2441, Soi 17-19, Th Sukhumvit), vous paierez 4 914 B, avec le petit déjeuner. Il est facile à atteindre de Th Sukhumvit et de Th Phetburi en empruntant la passerelle, toute proche, qui permet de traverser Th Sukhumvit. L'hôtel se targue de posséder le pus grand bar à karaoke de Bangkok. Il est attenant au grand magasin Robinson.

Le *Windsor Hotel* (☎ 02-258 0160, fax 258 1491, 8-10 Soi 20 – Soi Nam Phung –, Th Sukhumvit) fait partie des établissements de luxe, avec des premiers prix à 2 200/2 400 B la simple/double et des prix pour une chambre de catégorie supérieure à 2 400/2 600 B ; ces tarifs incluent un petit déjeuner, préparé sur commande. Les chambres et suites sont toutes équipées de la clim., du téléphone, de la TV/vidéo, et d'un réfrigérateur. Les résidents du Windsor ont, en outre, accès à toutes les installations de l'*Embassy Suites Windsor Palace* (☎ 02-262 1221, fax 262 1212), qui dispose de suites spacieuses, chacune avec deux écrans de TV. Ce dernier met à la disposition de ses clients une boulangerie, un café, un restaurant, un club de sports, un ensemble de boutiques, une piscine et un jacuzzi. Comptez à partir de 6 000/7 000 B la simple/double, petit déjeuner buffet inclus.

Le quartier de Th Sukhumvit abrite trois autres enseignes, dont les prix sont modérément élevés pour un service similaire : le *Bel-Aire Princess* (☎ 02-253 4300, fax 255 8850, 16 Soi 5, Th Sukhumvit), avec des chambres à partir de 2 800 B ; le *Park Hotel* (☎ 02-255 4300, fax 255 4309, 6 Soi 7,

Th Sukhumvit), avec des tarifs à partir de 2 000 B ; et l'*Impala Hotel* (☎ 02-258 8612/6, fax 258 8747, 9 Soi 24, Th Sukhumvit), avec des prix à compter de 2 314 B.

Au *Novotel Lotus Bangkok* (☎ 02-261 0111, fax 262 1700, 1 Soi 33, Th Sukhumvit), vous vous laisserez séduire par les chambres somptueuses de cet hôtel du groupe Accor, dont les prix démarrent à 4 826 B. Des remises sont souvent accordées.

Ratchada. Ce quartier d'affaires et de loisirs de Huay Khwang, dans le nord-est de Bangkok, compte quelques hôtels resplendissants, le long de Th Ratchadaphisek. Parmi les moins chers, le *Siam Beverly Hotel* (☎ 02-275 4046, 275 4397, fax 275 4049, 188 Th Ratchadaphisek), à côté de l'immeuble Le Concorde, et proche de divers centres de loisirs "haut de gamme", affiche des prix qui vont de 1 800 B pour une simple de qualité supérieure à 2 200 B pour une double de luxe, petit déjeuner compris. Si l'établissement n'a rien d'extraordinaire, le service est en revanche sympathique et les chambres sont bien équipées. La cafétéria du 3e étage est assez chère.

En remontant l'avenue, le *Chaophya Park Hotel* (☎ 02-290 0125, fax 290 0167, 247 Th Ratchadaphisek) pratique des tarifs et des services similaires. Au plus bas de l'échelle, le long de cette portion de Ratchada, baignée dans la lumière des néons, les chambres démarrent à 1000 B au *Crystal Hotel* (☎ 02-274 6020, 274 6449, 65 Soi Nathong, Th Ratchadaphisek).

Meilleure adresse du quartier, l'*Hotel Nikko Mahanakorn* (☎ 02-274 1515, fax 274 1510, 238 Th Ratchadaphisek) propose des chambres à partir de 5 200 B. Nec plus ultra dans cette catégorie, les chambres du *The Emerald* (☎ 02-276 4567, fax 276 4555, 99/1 Th Ratchadaphisek), à partir de 2 600 B, ont la faveur des hommes d'affaires asiatiques.

Les environs de l'aéroport. L'*Amari Airport Hotel* (☎ 02-566-1020 ; fax 566-1941) se dresse juste en face de l'aéroport. De récents travaux de rénovation en font une

option de choix. Les tarifs démarrent à 4 200 B pour une double. Autre établissement de luxe, le *Central Plaza Bangkok* (☎ 02-541-1234 ; fax 541-1087, 1695 Th Phahonyothin, domine le terrain de golf Railway et le parc Chatuchak. Les tarifs des chambres commencent à 4 200 B.

L'*Asia Airport Hotel* (☎ 02-992 6999, fax 531 2599) vient d'ouvrir au nord de l'aéroport, au km 28. Comptez à partir de 1 500 B.

Les agences de voyages ne ménagent pas leurs efforts pour vendre les chambres du *Rama Gardens* (☎ 02-561 0022, fax 561 1025, 9/9 Th Vibhavadi Rangsit), mais les premiers prix annoncés à 3 800 B sont excessifs pour cet hôtel en bordure de voie rapide, totalement dépourvu de charme.

OÙ SE RESTAURER

Où que vous soyez à Bangkok, vous ne vous trouverez presque jamais à plus de 50 mètres d'un endroit où vous restaurer.

Comme pour les hôtels, vous dénicherez des restaurants adaptés à chaque bourse dans presque tous les quartiers, à quelques exceptions notables près. Le quartier chinois est naturellement recommandé pour la cuisine chinoise, Bangrak et Pahurat (deux quartiers à forte population indienne) pour la cuisine indienne et musulmane. Dans certains quartiers, la restauration est plus chère, comme Siam Square, Th Silom, Th Surawong et Th Sukhumvit, tandis que d'autres regorgent de petites gargotes à bas prix, comme Banglamphu et les abords de Tha Maharat.

Le transport étant le casse-tête que l'on sait, la plupart des visiteurs mangent dans le quartier où ils se trouvent ; cette rubrique est donc présentée par quartier et non par type de cuisine.

Banglamphu et Thewet. Les petits restaurants sont légion dans ce secteur proche de la rivière et de la vieille ville. De nombreuses pensions de Th Khao San ont des cafés en plein air. Aucun d'entre eux n'est vraiment exceptionnel, mais l'*Orm* et le *Wally House*, préparent de très honnêtes plats thaï, occidentaux, farangs et végétariens, à prix réduits. Le *Prakorp's House & Restaurant* sert un bon café.

Le succès du *Hello Restaurant* (à ne pas confondre avec la pension du même nom qui se trouve en face) et du *Bangkok Center Restaurant* dans Th Khao San ne se dément pas alors que la cuisine n'a rien d'exceptionnel. L'*Arawy Det*, vieux "noodle shop" (échoppe de nouilles), a miraculeusement préservé son authenticité au milieu de ce tourbillon, au croisement de Th Khao San et de Th Tanao.

Un peu plus haut, au carrefour entre Th Khao San et Th Chakraphong, la *Gulliver's Traveller's Tavern*, relativement récente, propose, dans une salle climatisée, cocktails, alcools forts et bières. Pour se restaurer, la carte internationale inclut diverses spécialités telles que frites belges, "dinkum chile" autrichien, beignets de calamars, tourtes et autres fish and chips, entre 80 B et 100 B le plat. Oreilles sensibles, s'abstenir : la musique est forte.

Le *Buddy Beer Garden, Restaurant & Swimming Pool*, en descendant vers l'extrémité est de Th Khao San, sert, dans un grand espace décoré avec un mobilier en bambou, de bonnes spécialités thaïlandaises et farangs à des prix corrects. Une piscine et un barbecue sont aménagés à l'arrière.

Caché dans les étages d'un bâtiment de Th Chakraphong, en face de l'entrée ouest de Th Khao San, le *Gaylord Indian Restaurant* sert une bonne cuisine indienne dans une salle qui manque d'aération.

Le *Royal India*, sur le côté sud de Th Khao San, jouissait d'une bonne réputation, mais a un peu perdu en qualité depuis qu'il a déménagé de l'autre côté de la rue et que des vidéos sont projetées pendant le service. A noter que le Royal India, l'original, dans le quartier de Pahurat, vaut toujours le détour.

La *Chabad House*, lieu de culte juif situé dans Th Rambutri, propose une cuisine kasher dans la salle du bas. Elle est ouverte du dimanche au jeudi de midi à 21h, et le vendredi jusqu'à 16h30. Vous vous régalerez de falafels et de houmous, encore moins chers, chez *Chochana*, dans un *tròk* à deux pas de Th Chakraphong, à l'angle de Th Khao San.

Pour manger de la cuisine thaïlandaise plus authentique (et moins chère), il faut essayer les restaurants en plein air qui abondent du côté ouest de Th Rambutri.

Très bonne adresse pour la cuisine thaï méridionale : une *échoppe sans nom*, 8-10 Th Chakraphong, au sud de Th Khao San, deux portes après la boutique de masques Padung Chiip. Le matin, on y sert du *khâo mòk kài* (biryani de poulet thaïlandais) et du *khâo yam*, une sorte de salade de riz qui constituent le petit déjeuner traditionnel de la Thaïlande du Sud. Tout près, au n°22, un restaurant chinois bon marché sert des nouilles (*bàmìi*) et des wontons (*kíaw*) ; bons curries thaïlandais au n°28.

Au coin de Th Phra Athit et de Th Phra Sumen, près du fleuve, *Roti-Mataba* (pas d'enseigne en anglais) propose, dans son menu bilingue, un excellent *kaeng mátsàman* (curry musulman thaïlandais), un poulet kurma ou des *mátàbà* aux légumes (sortes de crêpes farcies). Cherchez une enseigne blanche à lettres rouges.

Le long de Th Phra Athit, au nord de la pension New Merry V, plusieurs gargotes thaïlandaises se montent et plient boutique en un clin d'œil. Elles proposent en général un cadre chic mais décontracté et la cuisine est bonne. En pratiquant des prix raisonnables, elles attirent une clientèle majoritairement étudiante. A quelques portes de la New Merry V, le *Raan Kin Deum* (pas d'enseigne en anglais) est un café agréable, sur deux étages. Sur des tables en bois, on déguste une cuisine thaïlandaise traditionnelle accompagnée de musique folklorique. L'endroit est plein à craquer le soir. Claire et conviviale, la *Saffron Bakery*, en face de la Food & Agricultural Organization, Th Phra Athit, propose de bonnes pâtisseries, mais les tables y sont rares.

Plusieurs autres adresses à retenir, dans cette partie de Th Phra Athit – le *Hemlock*, le *To Sit*, l'*Apostrophe's*, le *Dog Days*, le *108 Yang* et le *Joy Luck Club* – contribuent à donner à ce coin une atmosphère sympathique que la presse locale compare à Greenwich Village. Le minuscule Joy Luck Club est fort bien décoré : photos de bluesmen américains, art contemporain thaïlandais et tables dont le plateau en verre abrite une œuvre artistique. Malgré leurs appellations anglaises, ces établissements reçoivent davantage de clients thaïlandais que d'étrangers, ce qui n'empêche pas le personnel de se débrouiller en anglais. La carte en anglais de certains de ces cafés est conforme aux pires attentes des Thaï quant aux préférences culinaires des farangs. Si vous ne comprenez rien au thaïlandais, vous ne goûterez certainement pas aux meilleurs plats du jour. Dans la mesure du possible, allez-y avec quelqu'un qui puisse vous aider à faire votre choix.

Proche du 108 Yang, dans Th Phra Athuit, le *Khrua Nopparat* (pas d'enseigne en anglais) qui n'a pas la prétention de drainer les yuppies thaïlandais, affiche une décoration intérieure sobre. Dans une salle climatisée, on sert différentes spécialités locales à des prix très abordables. Les habitants du quartier en ont presque fait leur cantine. Ouvert du lundi au samedi de 10h30 à 14h30 et de 16h30 à 21h30.

Vous dégusterez un bon riz au curry à 20 B dans le restaurant en plein air, *Thammasat University*, près de la rivière, à l'heure du déjeuner seulement. En face de l'entrée sud de l'université, plusieurs bons noodle shops et rice shops sont installés. Pour de la cuisine du Nord-Est, essayez les restaurants voisins du stade de boxe de Th Ratchadamnoen, près de l'agence de la TAT.

Sur la place du monument de la Démocratie, Th Ratchadamnoen Klang, quelques restaurants thaïlandais climatisés, comme le *Vijit* (VR) et le *Methavalai Sorn Daeng*, restent raisonnables. A l'heure du déjeuner, ils regorgent de fonctionnaires. Tous deux ouvrent jusqu'à 23h.

Une authentique cuisine thaï vous sera servie au *Yod Kum* (Yawt Kham), vieil établissement de Th Phra Sumen, en face du Wat Bowon. Parmi ses spécialités, goûtez au *phàt phèt plaa dùk* (poisson-chat frit servi avec une purée à base de basilic et de curry), au *kaeng khiaw-wǎan* (curry vert) et aux fruits de mer.

Pour un repas continental, le *Kanit's* (*68 Th Tee Thong*), juste au sud de Sao Ching-Cha (Balançoire géante), offre des lasagnes et des pizzas, probablement les meilleures de cette partie de la ville. *Pizza Hut* a également ouvert boutique dans Th Rambutri, près des Panee Guest House I & II.

Sur le quai Tha Wisut Kasat, au nord-ouest de Banglamphu, le *Yok Yor* est un excellent restaurant flottant qui sert des fruits de mer. Le *hàw mòk* (curry de poisson) est délicieux. Le Yok Yor propose également des repas-croisières très abordables – supplément de 50 B pour l'excursion. Toujours sur les quais, arrêtez-vous au *Wang Ngar,* établissement tout à fait correct (dans West Banglamphu, à proximité du pont de Phra Pin Klao).

Dans un vieux bâtiment à l'angle de Th Samsen et de Th Wisut Kasat, le long de Th Phra Athit, le *Tangtay* (*269-271 Th Samsen*) fait partie des cafés les plus en vogue de Bangkok. Ouvert uniquement à l'heure du déjeuner et du dîner, vous y savourerez une bonne cuisine thaïlandaise et des spécialités de fruits de mer, à moindre coût. C'est aussi une excellente adresse pour faire une pause en prenant une bière ou un thé. Dans le même style, l'*Aab Aroy* (soi 4, Th Samsen), près de la Vimol Guest House, ouvre de 17h à minuit.

Cuisine végétarienne. Les cafés des pensions de Th Khao San proposent, pour la plupart, des plats végétariens. Pour un repas végétarien complet, rendez-vous au *Vegetarian Restaurant* (*117/1 Soi Wat Bowon*), près de la Srinthip Guest House. Pour dénicher ce restaurant bien à l'écart des grands axes, à l'extrémité est de Th Khao San, tournez à gauche dans Th Tanao ; traversez la rue et prenez sur votre droite, la première allée, puis à gauche dans Soi Wat Bowon ; repérez l'enseigne "Vegetarian" en anglais. Le menu se cantonne aux grands classiques de la cuisine végétarienne, telle qu'on la conçoit en Occident : pains complets divers, salades et sandwiches. Ouvert de 8h jusque vers 22h. L'*Arawy* (l'enseigne indique "Alloy") est une table végétarienne qui sert de vraies spécialités thaïlandaises. Elle se trouve au sud de Th Khao San, de l'autre côté de Th Ratchadamnoen Klang, au 152 Th Din So, face à la halle municipale, près d'un magasin 7-Eleven. Elle a figuré parmi les premiers restaurants du genre de Bangkok, inspirée par l'ancien Bangkok Governor Chamlong Srimuang. Ouverture tous les jours de 7h à 19h.

Th Silom, Th Surawong & Th Sathon. Ce quartier représente le cœur du secteur financier : rien d'étonnant à ce que des restaurants chers côtoient des estaminets bon marché. Bon nombre d'établissements bordent les grandes avenues ; mais on en trouvera davantage dans les rues et les passages. Dans le quartier de Bangrak, où Th Silom et Th Surawong se terminent dans Th Charoen Krung (vers la rivière), les restaurants indiens valent le détour.

Thaïlandais et autres restaurants asiatiques. Face au municipal, près de Silom Road, le *Soi Pracheun* (Soi 20) *Night Market*, ouvert tous les soirs, allie qualité et petits prix. En journée, on trouve aussi quelques vendeurs de rue. À l'heure du déjeuner et en début de soirée, ils proposent de tout, des nouilles aux huîtres.

La partie est de Th Silom, autour de Th Convent et Soi Sala Daeng, est une enclave d'excellentes adresses pour la gastronomie thaïlandaise. Tous les restaurants sont sûrs, et un repas pour deux coûte entre 600 et 800 B. L'un des plus renommés, le ***Bussaracum***, prononcez "Boot-sara-kam" (*☎ 02-266-6312, Sethiwan Building, 139 Th Pan, près de Th Silom*), est spécialisé dans la cuisine "thaï royale", c'est-à-dire créée autrefois pour la cour. Les recettes furent gardées secrètes jusqu'à très récemment. Un endroit étonnant où vous mangerez à deux pour 650 à 850 B. Téléphonez pour vérifier qu'il reste une table.

Autre adresse de choix pour une vraie cuisine thaï et de l'Isaan (à prix raisonnables) : le ***Ban Chiang*** (*☎ 02-236 7045, 14 Soi Si Wiang, Th Pramuan*), une maison en bois restaurée, dans un cadre de verdure à deux pas de Th Silom, à l'ouest du temple Uma Devi. Sous la houlette de son propriétaire, un acteur de cinéma, le ***Thanying***

(*☎ 02-236 4361, 235 0371, 10 Soi Pramuan, Th Silom*) offre, dans un décor élégant, une cuisine thaïlandaise de bonne qualité à des prix modérés. Parmi les plats recommandés, on citera le *plaa sămlii dàet diaw* et le *kài bai toei* (poulet cuit au four dans des feuilles de pandanus). Les prix restent abordables, le restaurant est ouvert tous les jours pour le déjeuner et le dîner.

On pourra se restaurer au Silom Village Trade Centre, centre commercial en plein air dans le Soi 24. Quoique touristique, avec des prix supérieurs à la moyenne, les restaurants sont de bonne qualité, et les Thaïlandais ne rechignent pas à y venir dîner. L'établissement central est le *Silom Village,* avec ses tables ombragées où l'on sert principalement des fruits de mer, facturés au poids. La carte offre un bon choix de spécialités chinoises et japonaises. Les prix vont de cher à modéré. Pour un bon repas tout simple, le *Silom Coffee Bar* est préférable. Le soir, le ***Ruen Thep*** (*☎ 02-234 4581, réservation 234 4448*) offre l'un des meilleurs dîners avec danse classique. En journée, des serveurs en costumes traditionnels vous vendent divers en-cas typiques, comme les *khanŏm khrók* (gâteaux à la noix de coco cuits à la vapeur) et des *mîang kham* (amuse-gueule salés enveloppés dans des feuilles de thé sauvage). L'endroit est plus que rebattu, mais la cuisine est vraiment bonne.

Propre et très couru, le ***Thon Krueng*** (*Ton Khreuang,* ☎ *02-234 9663, 235 8691*), dans Th Sathon Neua, mitonne d'excellents plats thaïlandais, chinois et de fruits de mer à prix tout doux dans une grande salle manquant un peu de charme. Le nom du lieu, qui signifie "l'arbre aux épices" en thaïlandais, est un hommage à la cuisine préparée ici.

Le *Chaii Karr* (☎ 02-233 2549), Th Silom, en face de l'Holiday Inn, à quelques magasins à l'est du grand magasin Central, présente un cadre sobrement décoré d'antiquités thaïlandaises. Au menu, figurent des plats essentiellement thaïlandais et quelques spécimens de cuisine farang, ainsi que 19 variétés de café (prix moyens). La salade de mangue thaïlandaise et la soupe de fruits de mer épicée sont fameuses, le tout sur fond de musique folklorique. Le Chaii Karr ouvre tous les jours de 10h30 à 21h30.

Vers l'extrémité est de Th Surawong, à environ 10 minutes à pied à l'ouest du Montien Hotel, se trouve le célèbre *Somboon Seafood* (ouvert de 16h à 24h). Parmi ses spécialités de fruits de mer à des prix abordables, on notera surtout le meilleur crabe au curry de la ville et le bar à la vapeur au soja (*plaa kràphong nêung sii-yíu*). Somboon a une succursale, le *Somboon Chinese* (*711-717 Chula Soi 8, Th Ban That Thong*), plus au nord, en face de Th Rama IV, près de l'université Chulalongkorn.

A proximité, autour du carrefour entre Th Phayathai et Th Rama IV, également appelé Saam Yaan, signalons plusieurs bons restaurants, dont le *Phai Boon*, le *Samyan Seafood* et le *E Phochana*.

A l'ouest de Th Surawong, n°311/2-4 (au coin de Soi Pramot), le *Maria Bakery & Restaurant* s'est taillé une réputation honorable avec ses plats vietnamiens et thaïlandais, ses pâtisseries françaises, ses pizzas et sa cuisine végétarienne. Une succursale s'est ouverte 909-911 Th Silom, en face du Central Department Store. Propres l'un comme l'autre, ces deux établissements offrent la clim. et des prix modérés.

Au *Mizu's Kitchen,* Th Patpong, une bonne cuisine japonaise (dont un steak à la japonaise fort savoureux) a su fidéliser une clientèle de Japonais et de Thaïlandais. A deux pas de Silom, le *Goro*, 399/1 Soi Siri Chulasewok, est un autre restaurant japonais célèbre pour ses sushis et ses sashimis. Les prix sont abordables.

Cuisine indienne et musulmane. Vers l'extrémité ouest de Th Silom et Th Surawong, quartier connu sous le nom de Bangrak, des gargotes indiennes commencent à faire leur apparition. Contrairement aux restaurants indiens du reste de la ville, les menus à Bangrak offrent des plats du Sud de l'Inde (dosa, idli, vada, etc).

Si vous êtes tenté, essayez le *Madras Café* (☎ 02-235 6761, 31/10-11 Trok Vaithi – Trok 13 –, Th Silom) dans le Madras Lodge, près du Narai Hotel. Il est ouvert tous les jours de 9h à 22h. En face du Narai Hotel, près du temple Sri Mariamman, des vendeurs de rue proposent ici et là divers en-cas à l'indienne.

L'*India Hut* (☎ 02-237 8812), en face du Manohra Hotel, Th Surawong, se spécialise dans une cuisine Nawabi (Lucknow) fort bonne, à des prix de modérés à moyennement élevés (50 B à 100 B le plat). Les samosas végétariens et les crevettes fraîches au gingembre sont particulièrement recommandés. Il est installé en retrait de la rue, dans un décor indien moderne.

Le *Himali Cha-Cha* (☎ 02-235 1569, 1229/11 Th Charoen Krung) sert une bonne cuisine de l'Inde du Nord à des prix légèrement plus élevés. Le fondateur de l'établissement, Cha-Cha, aurait travaillé pour le dernier vice-roi des Indes. Son fils a repris les commandes derrière les fourneaux.

The Cholas, petite salle climatisée dans un sous-sol de la Woodlands Inn, Soi Charoen Krung 32, juste au nord de la poste centrale, sert des plats du Nord sans prétention, mais bons, à 50 B ou 80 B.

A côté de la Woodlands, en plein air, le *Sallim Restaurant* offre de la cuisine d'Inde du Nord, de Malaisie et musulmane thaïlandaise, bon marché. C'est toujours complet.

Au coin de Soi Phuttha Osot se trouve le *Naaz* (Naat en thaï), très populaire mais plutôt rudimentaire. Il a la réputation d'offrir le *khâo mòk kài* (poulet biryani) le plus copieux de la ville. Le thé au lait y est excellent. Parmi ses plats du jour les plus réussis, citons le poulet masala et le mouton korma. Au dessert, goûtez la spécialité maison, le *fìrni*, sorte de pudding du Moyen-

Orient aux épices (noix de coco, amandes, cardamome et safran). Le Naaz ouvre de 7h30 à 22h30 tous les jours.

Vous trouverez d'autres restaurants arabes et indiens dans le quartier, dont le **Kabana**, en face de la poste centrale.

Plus bas, vers le carrefour de Th Charoen Krung et de Th Silom, le **Muslim Restaurant** (*1356 Th Charoen Krung*) est l'un des plus anciens du quartier. Les murs à la peinture jaunie par le temps et ses tables en acier inoxydable n'ont rien d'attrayant, mais il est propre et vous mangerez des curries et de la viande grillée pour moins de 40 B. Depuis 20 ans, je n'ai jamais été déçu par cette gargote.

Dans Soi Pracheun (Soi 20), à deux pas de Th Silom, se dresse la mosquée Masjid Mirasuddeen. Autour, les marchands de cuisine musulmane abondent.

Au 107/1 Th Pan, entre Th Silom et Th Sathon, au **Sun Far Myanmar Food Centre** (près du bâtiment qui abrite l'ambassade du Myanmar), vous pouvez goûter une authentique cuisine birmane, sans vous ruiner (curries et *thok* – salades birmanes épicées). Ouvert tous les jours de 8h à 22h.

Au **Vegetarian Rabianthong Restaurant**, dans le Narai Hotel, Th Silom, un buffet de délicieux plats végétariens (260 B) est dressé, à l'heure du déjeuner, les jours de pleine lune (*wan phrá*).

Le **Tiensin** (*1345 Th Charoen Krung*), en face de l'entrée du soi qui mène au Shangri-La Hotel, mitonne une très bonne cuisine chinoise végétarienne, notamment de nombreux plats qui "ressemblent" à de la viande, sans en être. Le service est assuré de 7h à 21h tous les jours.

Autres cuisines. Si vous avez envie de cuisines du monde, rendez-vous dans les alentours de Th Patpong. Le **Bobby's Arms**, pub anglo-australien, occupe le premier étage d'un garage, à deux pas de Soi Patpong 2 ; bons fish and chips.

Le **Brown Derby**, Soi Patpong 1, se vante, à juste titre, de ses sandwiches à l'américaine.

Dans un décor authentique, le **O'Reilly's Irish Pub** (☎ 02-235 1572, 62/1-2 Th Silom),

à l'entrée du Thaniya Plaza (à l'angle de Th Silom et de Soi Thaniya) reste ouvert de 8h jusqu'à 1h ou 2h. Il propose les plats classiques d'un bon pub irlandais, à des prix raisonnables.

Le **Delaney's Irish Pub** (*☎ 02-266 7160, 1-4 Sivadon Building, Th Convent*) dans le quartier de Th Silom, propose un menu fixe à déjeuner, du lundi au vendredi, ainsi que d'autres plats internationaux à la carte, à déjeuner et au dîner.

Coincés entre les go-go bars de Soi Patpong 2, on notera une kyrielle de fast-foods, spécialisés dans le poulet, dont l'inévitable **KFC**, le **Chicken Divine** et le **Magic Grill**. Sans doute la perle de Patpong, le **Café de Paris** (*☎ 02-237 2776*), Soi Patpong 2, dans une salle climatisée, prisée des expatriés français, prépare une cuisine française, dans une ambiance de bistro parisien. Il ouvre tous les jours de 11h à 13h.

Une nouvelle succursale du **Little Home Bakery & Restaurant,** Soi Thaniya (un soi à l'est de Soi Patpong 2, ou deux sois à l'est si vous suivez Th Silom), remporte un grand succès.

La tour de la poste, dans Th Silom, abrite une poignée de fast-foods américains et japonais. Plusieurs d'entre eux ouvrent jusqu'à une heure tardive.

Le minuscule **Harmonique** (*☎ 02-237-8175), Soi Charoen Krung 34*, au coin de la poste centrale, est une oasis rafraîchissante au milieu du quartier extrêmement actif et pollué de Th Charoen Krung. Gérée par des Européens, cette échoppe discrète sert une belle gamme de thés, de glaces aux fruits et du café sur des tables à plateau de marbre. Un peu chère mais bien préparée (60 à 150 B le plat). La boutique vend discrètement quelques soies, travaux sur soie et antiquités. C'est ouvert tous les jours de 11h à 22h.

Le **Café de France** (*29 Th Sathon Tai*) de l'Alliance Française présente une carte de spécialités françaises à des prix corrects. Il est ouvert du lundi au samedi, de 8h à 18h.

Le **Coffee World**, du côté nord de Th Silom, près de l'entrée du Soi 10, sert différents thés, cafés, sodas italiens, sandwiches et pâtisseries dans un décor aéré de style californien. Vous pouvez consulter les magazines et journaux étrangers mis à la disposition des clients.

Siam Square – Th Ploenchit – Th Withayu.

Ce secteur commercial est parsemé de restaurants, principalement chinois. Le Soi 1 de la place possède trois échoppes servant des ailerons de requin : le *Scala*, le *Penang* et le *Bangkok*. A l'autre extrémité de Siam Square, Th Henri Dunant, le grand noodle shop, le *Coca Garden*, ouvre de 10h30 à 22h30.

Vous hésitez entre une cuisine farang ou asiatique ? Eh bien, décidez-vous pour le *S & P Restaurant & Bakery*, Soi 12. Le menu propose des plats thaïlandais, chinois, japonais, européens et végétariens, sans parler de la boulangerie qui prépare des tartes, des gâteaux, des glaces et des pâtisseries variées. Le tout est de fort bonne qualité pour des prix raisonnables : plats de 45 B à 75 B, petit-déjeuner entre 35 et 65 B). Le *Taco Time*, Soi 7, est un petit restaurant qui sert de la cuisine mexicaine fast-food, l'équivalent de Taco Bell aux Etats Unis.

Dans le Soi 11, une succursale locale du *Hard Rock Café* de Londres propose de bons plats américains et thaïlandais. Les prix avoisinent ceux des autres établissements de la chaîne, à travers le monde. Il reste ouvert jusqu'à 2h du matin.

A droite du cinéma Scala, enfoncez-vous dans l'allée qui tourne derrière les boutiques de Th Phayatha : une série de petits *étals bon marché* vendent une cuisine de qualité. Un passage plus court, rempli d'étals tout aussi délicieux, conduit à l'extrémité nord de Soi 2 Siam Square.

Des deux côtés de Th Rama I, dans Siam Square, et au Siam Center abondent les franchises de fast-food américaines. Le Siam Center abrite un essaim d'agréables cafétérias thaïlandaises dans les étages supérieurs.

Au deuxième étage du Siam Discovery Center, rattaché au Siam Center par un passage couvert, le *Hartmannsdorfer Brau Haus* (☎ 02-658 0229), soigneusement conçu, sert trois sortes de bière allemande, brassées sur place et vous pouvez choisir entre diverses spécialités allemandes, y compris des saucisses faites maison. Un buffet international, avec des préparations allemandes, italiennes et thaïlandaises vous attend du lundi au vendredi, entre 11h et 15h, moyennant 240 B, taxe et service en sus. Au même étage, *Les Artistes Restaurant & Pastry* (☎ 02-658 0214) propose diverses viennoiseries et un menu extensif qui comprend des plats italiens, thaïlandais et français. Le cadre moderne est amusant. L'établissement est ouvert tous les jours de 7h à minuit.

Si vous logez dans Soi Kasem San I ou aux abords, inutile d'affronter les fumées des mobylettes en traversant Th Rama I et Th Phayarhai pour vous restaurer. Outre les coffee shops typiques des pensions du soi, on trouvera deux *vendeurs de «curries et riz»* délicieux et très bon marché. Des tables sont disposées sur le côté est du soi. Pas besoin de parler thaï couramment, ils sont habitués au système du doigt pointé vers le plat de son choix. De chaque côté du White Lodge, deux *cafés en plein air* proposent un vaste choix de spécialités thaïlandaises et européennes, ainsi que des hamburgers, des pâtisseries, des petits déjeuners et un assortiment de cafés. Les prix sont un peu plus élevés. Juste à l'angle de Th Rama I, à côté du marchand de liqueurs avec les vieilles motos anglaises et américaines devant la vitrine, *Thai Sa Nguan* (pas d'enseigne en anglais) est une boutique assez propre, qui propose un curry avec du riz (*khâo kaeng*) à 12 B (deux garnitures 17 B), du canard sauté aux nouilles (*kùaytiaw pèt yâang*) et du poulet au riz à la mode de Hainan (*khâo man kài*).

Le *Djit Pochana*, thaïlandais traditionnel, possède une succursale au troisième étage du Ploenchit Centre, Th Ploenchit, d'un bon rapport qualité-prix pour une cuisine thaïlandaise de grande valeur, dans un cadre simple, mais agréable.

Aux 2e et 3e étages du World Trade Centre, un *Planet Hollywood* (☎ 02-656 1358), vous permettra de retrouver les basiques de la cuisine américaine dans un décor hollywoodien. Toujours dans ce quartier, le *Santa Barbara Grill* (☎ 02-656 0035, 873 Th Ploenchit), au sous-sol de la

President Tower, à côté du Meridien President Hotel, concocte des spécialités californiennes dans un intérieur en bois blond. La plupart des plats valent entre 175 B et 345 B, taxe et service non inclus.

En dépit de son nom farang, le ***Sara-Jane's*** (*☎ 02-650 9992, Sindhorn Building, 130-132 Th Withayu*) affiche une carte italienne et isaan dans une salle climatisée, décontractée. Le restaurant se situe à l'intérieur du Sindhorn Building, vers l'arrière de l'édifice.

Mahboonkrong Shopping Centre.
Autre immeuble truffé de restaurants, MBK se trouve à Siam Square, à l'angle de Th Phayathai et Th Rama I. Le Major Plaza, au rez-de-chaussée, comprend deux cinémas et un complexe de restauration. Le plus ancien "food centre" est installé au 7ᵉ étage. Dans l'un et l'autre, on trouvera de bons plats de toute la Thaïlande, y compris végétariens, à des prix tournant autour de 20 à 25 B. Ouverts de 10h à 22h, mais les meilleurs marchands n'ont plus rien à vendre dès 20h30 ou 21h.

Un beer garden sur la terrasse du 7ᵉ étage du food centre – la vue de Bangkok y est fort belle – est ouvert en soirée.

Répartis dans les autres étages, surtout au 3ᵉ et au 4ᵉ, plusieurs restaurants de catégorie moyenne se sont établis, comme *Little Home Bakery* (pancakes américains et plats philippins), *13 Coins* (steaks, pizzas et pâtes), *Kobune Japanese Restaurant, Chester's Grilled Chicken, Pizza Hut*…

World Trade Centre.
Assez récent, le centre commercial et administratif, à l'angle de Th Ploenchit Rd et de Th Ratchadamri, abrite quelques restaurants haut de gamme et le food centre le plus chic de la ville. Au rez-de-chaussée de cet énorme building rutilant sont implantés le ***Kroissant House*** (cafés, pâtisseries et glaces) et ***La Fontana*** (style italien clinquant).

Au 6ᵉ étage, vous trouverez deux somptueux restaurants chinois : le ***Lai-Lai*** et le ***Chao Sua***, ainsi que le ***Thanying***, très élégant restaurant traditionnel thaï (succursale

de l'original qui se trouve Th Silom), et, plus banale, la ***Narai Pizzeria***. Sur le même palier, figure encore le ***Vegeta*** (*☎ 02-255 9898*), particulièrement destiné aux végétariens qui apprécient que leurs plats ressemblent, tant à la vue qu'au goût, à de la viande. Chaque spécialité, du hamburger au plat japonais, est pourtant garantie 100% végétarienne.

Les deux food centres du 7ᵉ étage comprennent des restaurants de spécialités thaïlandaises et chinoises – très classiques et plus chers que dans les autres food centres de la ville.

Au sous-sol du ***Zen Department Store***, on trouvera de nombreux curries, un bon bar japonais à sushis et nouilles (un grand plat de sushis coûte entre 60 et 120 B), une boulangerie, un bar à café/sandwich et une épicerie occidentale. Vous trouverez peu de places assises, pour inciter probablement les clients à prendre des plats à emporter.

Soi Lang Suan.
A l'est de Siam Square et à deux pas de Th Ploenchit, Soi Lang Suan dispose de plusieurs endroits où se restaurer, pour des prix moyens.

Le ***Thang Long*** (*☎ 02-251-3504), 82/5 Soi Lang Suan*, reçoit la faveur des Thaïlandais et des expatriés grâce à un menu raisonnable proposant des plats thaïlandais et vietnamiens. Il ouvre tous les jours pour le déjeuner et le dîner.

Le ***Pan Pan*** (*☎ 02-252-7501), 45 Soi lang Suan*, dont les propriétaires sont italiens, est très prisé des Occidentaux, qui viennent y savourer les pizzas cuites au feu de bois (que vous pouvez emporter), les pastas, les salades, les glaces (les meilleures de tout le pays) et les pâtisseries. Il sert un menu végétarien hypocalorique. Un deuxième Pan Pan s'est ouvert dans Soi 33, près de Th Sukhumvit.

Le ***Whole Earth Restaurant*** (*☎ 02-252-5574), 93/3 Soi Lang Suan*, est un bon restaurant végétarien ou non, thaï et indien. Le service est de qualité, mais les prix un peu élevés pour un budget serré. Vous trouverez, à l'étage, une salle meublée de tables basses et de coussins. Une annexe vient d'ouvrir 71 Soi 26, Th Sukhumvit.

Le *Nguan Lee Lang Suan,* à l'angle de Soi Lang Suan et de Soi Sarasin, vous propose, dans sa salle ouverte, des spécialités de poissons cuisinés à la chinoise, ainsi que du poulet aux herbes cuit à la vapeur (*kài lâo daeng*).

Th Sukhumvit. Cet axe, qui traverse l'est de Bangkok jusqu'à la sortie de la ville, est jalonnée de centaines de restaurants.

Thaïlandais et autres restaurants asiatiques. Apprécié de longue date des étrangers et des Thaïlandais, le *Yong Lee Restaurant,* Soi 15 près d'Asia Books, est excellent (carte thaïlandaise et chinoise) et très raisonnable dans ses prix. Le second *Yong Lee* se situe entre les sois 35 et 37, dans le même quartier.

La célèbre maison *Djit Pochana* (☎ 02-258-1578) a un restaurant dans le Soi 20. C'est une des valeurs les plus sûres en matière de cuisine thaïlandaise traditionnelle. Le buffet à volonté du midi ne coûte que 90 B.

Ce tronçon central de Th Sukhumvit compte plusieurs bons restaurants.

Le *Baan Kanitha* (☎ 02-258-4181), *36/1 Soi 23, Th Sukhumvit*, propose, dans un cadre traditionnel, une cuisine thaïlandaise authentique.

Pour goûter à la nouvelle cuisine thaïlandaise, allez chez *Lemongrass* (☎ 02-258-8637, *5/21 Soi 24, Th Sukhumvit*) dans le décor d'une vieille maison thaïlandaise meublée d'antiquités. La cuisine est exceptionnelle : essayez le *yam pèt* (salade de canard). Il est ouvert tous les jours de 11h à 14h et de 18h à 23h.

Très bonne adresse de Th Sukhumvit, le *Laicram* (Laikhram), Soi 33 *(☎ 02-238-2337)* et Soi 49/4 (☎ 02-392-5864) sert une savoureuse cuisine thaïlandaise abordable. Une des spécialités de la maison est le *hàw mòk hãwy*, un exquis curry épais de poisson cuit à la vapeur avec des moules dans leurs coquilles. Le *sôm-tam* (salade de papaye épicée) est habituellement servi avec un excellent *khâo man* (riz au lait de coco et au *bai toei* – feuille de pandanus). Ouvert de

10h à 21h du lundi au samedi, 10h à 15h le dimanche.

Le *Thon Krueng* (*Ton Kreuang,* ☎ 02-391 8703), dans Soi 33, est une autre grande adresse où la cuisine thaïlandaise mérite le détour, sans parler du service, à la hauteur de la qualité gustative des mets.

De nombreux restaurants autour des grands hôtels sur Th Sukhumvit proposent des cuisines thai, chinoise, européennes et américaine. La plupart d'entre eux sont de qualité moyenne et plutôt bon marché.

Restaurant vietnamien de grand renom, le luxueux *Dalat* (☎ 02-258-4192, 260 1849, *47/1 Soi 23, Th Sukhumvit*) attire une clientèle gourmande. Parmi les spécialités : les *nâem meuang* sont des boulettes de viande grillée que l'on dépose dans des feuilles de riz cuites à la vapeur, pour y ajouter ensuite de l'ail émincé, du chili, du gingembre, de la mangue et une sauce au tamarin. Il faut ensuite les rouler dans une feuille de laitue avant de n'en faire qu'une bouchée. Le Dalat est ouvert tous les jours de 11h à 14h30 et de 17h30 à 22h. Ses deux annexes, l'une 14 Soi 23, Th Sukhumvit (mêmes horaires d'ouverture), l'autre dans le Premier Shopping Village, Th Chaeng Wattana (☎ 02-573 7017) n'accueillent leurs clients que du vendredi au dimanche de 11h à 22h.

Vous ne serez pas déçus par les repas vietnamiens servis au *Pho* (☎ 02-252-5601, *au 3e étage du Sukhumvit Plaza, Soi 12, Th Sukhumvit).* Une succursale s'est également ouverte dans l'Alma Link Bldg, 25 Soi Chitlom, Th Ploenchit. Les deux établissements ouvrent tous les jours, le midi et le soir.

Dans le centre commercial *The Emporium,* Soi 24, Th Sukhumvit, vous trouverez plusieurs restaurants aux 4e, au 5e et au 6e étages, notamment un food centre qui regroupe d'excellentes échoppes de cuisine thaï.

Si vous voulez boire un verre dans un bar de type américain, faites un tour à l'*Axil Café* (*Soi 39 – Soi Phromphong –, Th Sukhumvit*) ou au *Greyhound Café* (*The Emporium, Soi 24, Th Sukhumvit*). Lors de la rédaction de ce guide, il s'agissait de lieux très à la mode auprès des Thaïlandais et des expatriés. Ils pourraient bien être passés aux oubliettes lorsque vous lirez cette information. Tous se sont spécialisés dans une carte hybride, qui mêle de bons plats thaïlandais adaptés au goût du jour, ainsi que des préparations italiennes et méditerranéennes.

Cuisine indienne et musulmane. Proche de l'Ambassador Hotel, le *Mrs Balbir's* (☎ 02-253 2281, 155/18 Soi 11), derrière la Siam Commercial Bank, offre un choix varié de mets végétariens ou pas (surtout d'Inde du Nord). A l'heure du déjeuner, un buffet à 150 B est servi tous les jours. La propriétaire a enseigné la cuisine indienne pendant des années et possède sa propre épicerie.

Le fabuleux *Rang Mahal* (☎ 02-261-7100), sur le toit en terrasse de l'hôtel Rembrandt (Soi 18), vous éblouira avec sa "cuisine royale" d'Inde méridionale. Le dimanche, un magnifique buffet vous attend (de 11h30 à 15h).

Dans le Soi 3 (Soi Nana Neua) et alentour, on trouvera rassemblés plusieurs restaurants indiens, pakistanais et moyen-orientaux. Dans tout le quartier, la meilleure option est encore le *Al Hossain,* café en plein air sous abri au coin d'une petite rue (Soi 3/5) à deux pas de Soi Nana Neua côté est. Une table de cuisine à la vapeur propose toute une gamme de curries végétariens, au poulet, au mouton et au poisson, ainsi que des dal (lentilles au curry), des aloo gobi (pommes de terres et choux fleurs aux épices), des nan et du riz. Les plats valent entre 20 et 40 B. Dans la même rue, le *Shiraz* demande un peu plus cher pour vous asseoir à l'intérieur. On y fume le narguilé. Autres établissements similaires : *Mehmaan, Akbar's, Al Hamra* et *Shaharazad.*

Végétarien. La *VegHouse* (☎ 02-254-7357), dans un passage à deux pas du côté ouest de Soi Nana Neua, sert une cuisine végétarienne indienne, thaïlandaise et italienne. Située au 2e étage, elle ouvre de 12h à 23h.

Cuisine internationale. Pour un parfum d'Angleterre, allez au *Jool's Bar & Restaurant*, Soi 4 (Soi Nana Tai), après Nana Plaza, sur la gauche en venant de Th Sukhumvit. Le bar du sous-sol, très britannique, est le rendez-vous privilégié des expatriés.

Du côté ouest du Soi 23, juste au coin du Soi Cowboy, le *Ship Inn* est un petit pub britannique authentique, où l'on peut se restaurer et se désaltérer.

Il existe plusieurs restaurants européens (suisse, français, allemand, etc.) plutôt chers dans la touristique Th Sukhumvit. Le *Bei Otto* (☎ 02-260 0869, 1 Soi 20 – Soi Nam Phung –, Th Sukhumvit) est un des restaurants allemands les plus populaires ; le bar est confortable. Attenantes au Bei Otto, vous trouverez une boulangerie, une épicerie fine et une boucherie. Le *Haus München* (☎ 02-252 5776, 4 Soi 15, Th Sukhumvit) sert une généreuse cuisine allemande et autrichienne à des prix modérés ; en outre, on peut consulter les derniers journaux allemands. L'établissement est ouvert tous les jours, à l'heure du petit déjeuner, du déjeuner et du dîner. Première mini-brasserie de Thaïlande, la *Paulaner Bräuhaus* (☎ 02-261 2140, rez-de-chaussée, President Park, 99/27 Soi 24, Th Sukhumvit) brasse sa propre bière et propose des plats allemands dans une immense salle climatisée ou sur des tables installées en plein air. L'addition tourne en moyenne autour de 400 B.

Pour déguster de la cuisine créole et cajun du sud des États-Unis, allez au *Bourbon St Bar & Restaurant* (☎ 02-259 0328), Soi 22 (derrière le Washington Theatre). Vous pourrez également savourer des plats mexicains à la carte. Des concerts ont lieu certains soirs. Comptez, pour un repas complet pour deux, autour de 400 B. On y sert également un petit déjeuner en matinée.

Dans un bel immeuble jaune de deux étages, dans Soi 22, le *Larry's Dive Center, Bar & Grill* (☎ 02-663 4563) propose une cuisine américaine et tex-mex au milieu d'un décor kitsch, avec palmiers en pot et sable au sol. Sur la carte présentée comme un journal ("le journal à plus forte diffusion de Soi 22"), le choix est vaste : pommes de terre au four, salades, quesadilas, nachos, chili, ailes de poulet épicées… Le Larry's s'engage à vous servir en moins de trente minutes, «sinon, vous mangez froid». Le restaurant possède, à côté, un magasin de plongée ; si vous étiez pris d'une envie soudaine de partir en apnée dans les canaux tout proches…

Un des meilleurs restaurants français qui ne soit pas associé à un hôtel de luxe est *Le Banyan* (☎ 02-253-5556), 59 Soi 8 (Soi Prida, Th Sukhumvit), dans une charmante demeure du début de l'époque Ratanakosin. La carte va du ragout d'escargots au magret de canard et foie gras. La carte des vins est merveilleuse. Les prix restent modérés, en comparaison des autres établissements français de Bangkok.

Le *Pomodoro* (☎ 02-252-9090), au rez-de-chaussée du Nai Lert Building dans Th Sukhumvit (entre les sois 3 et 5), est spécialisé dans la cuisine sarde : plus de 25 recettes de pâtes. Les menus tournent autour de 180 et 250 B, et la carte des vins compte des crus de neuf régions d'Italie et quelques crus français, australiens et américains.

Le *De Meglio*, face à la Grand President Tower, Soi 11, est un restaurant italien, relativement récent, élégant et confortable, avec un menu saisonnier, qui comprend une belle sélection d'entrées végétariennes. Tenu par la même société que la Paulaner Bräuhaus, on y sert également la même cuvée maison de bière, ainsi que des vins d'importation. Une cave à cigare, attenante, est réservée aux amateurs.

Si vous aimez la cuisine mexicaine, vous trouverez votre bonheur au *Señor Pico's of Los Angeles* (☎ 02-261 7100, *2ᵉ étage, Rembrandt Hotel, Soi 18, Th Sukhumvit*). Dans une salle à magner à la décoration très gaie, vous dégusterez une savoureuse cuisine assez authentique : fajitas, carnitas, nachos et assiettes composées. Comptez, pour deux, 500 B environ. De même inspiration, mais de moins bonne qualité, au *Tia Maria* (☎ 02-258 8977, 259-1274, 120/29-30 Soi 23, Th Sukhumvit), votre addition, pour deux, tournera autour de 600 B.

Pour ceux qui aiment les pizzas à l'américaine, le *Pizza Mall* occupe l'angle de

Soi 33 et de Th Sukhumvit (la porte à côté, le *Uncle Ray's Ice Cream* offre la meilleure crème glacée de Bangkok).

Le *Little Home Bakery & Restaurant* (☎ 02-390-0760, 413/10-12 Soi 55, Th Sukhumvit) propose une abondante carte de cuisine occidentale avec quelques plats philippins. La clientèle thaïlandaise est très fidèle.

Quartier chinois, Hualamphong et Pahurat. On trouvera quelques-uns des meilleurs restaurants chinois et indiens de Bangkok dans ces quartiers adjacents, mais comme peu de touristes logent dans cette partie de la ville (car elle est trop embouteillée), ils s'aventurent rarement dans ses restaurants. Quelques établissements chinois ont déménagé dans des zones où la circulation est moins dense. Le plus célèbre est l'excellent *Hoi Tien Lao Rim Nam* (anciennement Hoi Tien Lao), situé sur la rive de Thonburi du Chao Phraya. Mitoyen du River House Condominium, il fait face, de l'autre côté du fleuve, à l'ambassade du Portugal et au centre commercial de River City.

Quantité de restaurants s'accrochent à leur vénérable adresse du quartier chinois où l'atmosphère fait partie intégrante de la restauration. La plupart sont spécialisés dans la cuisine de Chine du Sud, particulièrement celle de la province côtière de Guandong et du Fujian, avec des spécialités de poissons, de riz, de nouilles et de boulettes.

Les grands restaurants, genre salle de banquets, sont plutôt situés le long de Th Yaowarat et Th Charoen Krung, comme le *Laem Thong* (dans le Soi Bamrungrat donnant dans Th Charoen Krung) et le *Yau Wah Yuen* (près de l'angle de Yaowarat Rd et Ratchawong Rd). Carte abondante, avec dim sum avant le déjeuner.

Au *Lie Kee* (☎ 02-224 3587, 360-362 Th Charoen Krung), situé au 3ᵉ étage d'un immeuble à l'angle de Th Charoen Krung et de Th Bamrungrat, un pâté de maisons à l'ouest de Th Ratchawong, vous goûterez une excellente nourriture, sans vous ruiner. Le lieu est climatisé et vous aurez du mal à dépenser plus de 50 B pour votre déjeuner.

Les meilleures échoppes de nouilles et de boulettes se nichent dans les petits sois et les ruelles. Situé 54 Soi Bamrungrat, le *Chiang Kii* propose un *khâo tôm plaa* (soupe de riz au poisson) à 100 B, qui magnifie l'aspect tout à fait banal du lieu – on ne trouvera pas meilleur ailleurs. Le *Kong Lee*, 137/141 Th Ratchawong, attire une clientèle d'habitués avec ses nouilles de blé sautées (*bàmii hâeng*) – là aussi, les meilleures de Bangkok, dit-on.

Autre restaurant servant des nouilles : le *Pet Tun Jao Thaa* est à la limite sud-est de Chinatown en direction de la grande poste, au 945 Soi Wanit 2 en face de l'administration portuaire (Harbour Department Stewed Duck). La spécialité, c'est le *kuaytiaw* (du canard ou de l'oie avec des nouilles de riz), rôti ou braisé.

Des vendeurs sont installés toute la nuit le long de Th Yaowarat au croisement de Th Ratchawong, en face du marché Yaowarat et près du grand magasin Cathay. Le week-end, des tronçons sont fermés à la circulation, réservant ainsi ces rues aux piétons.

Le *Suki Jeh Yuu Seu* (dont l'enseigne indique en anglais : Health Food), à 70 m le long de Th Rama IV à partir de la gare Hualamphong, propose une cuisine végétarienne chinoise. L'établissement est propre et climatisé. Voilà une bonne adresse pour reprendre des forces en attendant son train.

Côté Pahurat, dans le quartier des tissus indiens, les restaurants servent surtout de la cuisine d'Inde du Nord, fortement influencée par les parfums et les épices d'Iran. Pour beaucoup, le meilleur indien de Bangkok est le *Royal India*, 392/1 Th Chakraphet. Bondé à l'heure du déjeuner – presque exclusivement d'Indiens –, il vaut peut-être mieux attendre que l'heure du déjeuner soit passée, ou le soir, pour s'y rendre. Il sert de très bons curries (végétariens et non végétariens), dals, pains indiens (six sortes de paratha), raita, lassi, etc., le tout à des prix raisonnables. La succursale dans Th Khao San, à Banglamphu, est moins bonne.

Les *grands magasins ATM*, dans Th Chakraphet près de la passerelle pour piétons, ont un excellent rayon alimentation au dernier étage avec plusieurs vendeurs indiens. La nourriture est bonne et variée, à des prix modérés. Le long des magasins ATM, plusieurs petits *salons de thé* servent des plats indiens et népalais très bon marché. Dans la journée, un Sikh installe une charrette à l'angle de Soi ATM et de Th Chakraphet, et vend des *samosas végétariens* considérés comme les meilleurs de Bangkok.

Enclavé entre la lisière nord du quartier chinois et celle de Pahurat, le centre commercial *Old Sam Plaza* abrite un certain nombre de restaurants thaï, chinois et japonais. Les plus économiques se trouvent au 3e étage, où l'on sert des repas thaïlandais et chinois, de 10h à 17h. Les coffee shops thaïlandais, au même étage, pratiquent eux aussi des tarifs avantageux.

Rattaché au Théâtre royal Chalermkrung, tout proche, le restaurant de la chaîne *S & P Restaurant & Bakery* nous a séduits par son organisation impeccable et ses additions plus que modestes. Le choix imposant, va des spécialités thaïlandaises authentiques aux plats japonais, européens ou végétariens, tous préparés avec soin. Assortiment de desserts et de pâtisseries.

Végétarien. Pendant la Fête végétarienne annuelle (autour du Wat Mangkon Kamalawat dans Th Charoen Krung, en septembre-octobre), le quartier chinois est le théâtre d'un étalage de nourriture végétarienne thaïlandaise et chinoise. Les restaurants et les noodle shops proposent des centaines de plats végétariens. L'un des meilleurs est le *Hua Seng Restaurant*, quelques portes à l'ouest du Wat Mangkon dans Th Charoen Krung.

Soi Ngam Duphli. Le *Huan Hin Restaurant*, Soi Atakanprasit (à quelques pas du soi Ngam Duphli au sud-ouest du Malaysia Hotel), sert d'agréables petits déjeuners internationaux avec café frais, pour 35 à 50 B. Il ouvre tous les jours à partir de 7h30.

Face au Tungmahamek Privacy Hotel, à côté du Malaysia Hotel, le *Station Just One*, autre gargote thaïlandaise, dispose de tables en plein air qui ont beaucoup de succès.

Au 11e étage de la Lumphini Tower dans Th Rama IV, un établissement de type cafétéria, ouvre de 7h à 14h. En face de la Lumphini Tower, dans la même rue, plusieurs *vendeurs de rue* proposent des plats bon marché.

Autre établissement dans le quartier de Soi Ngam Duphli, la *Ratsstube* (☎ 02-287-2822), au Gœthe Institut, également dans le soi Atakanprasit, vaut le détour. Des menus à partir de 120 B attirent une vaste clientèle fidélisée. C'est ouvert tous les jours de 10h à 22h.

Dîners-croisières. Plusieurs compagnies organisent des dîners-croisières pour 40 à 700 B. Voir la rubrique *A voir et à faire* dans le présent chapitre.

Restaurants d'hôtels. Pour faire un repas vraiment hors pair, il faut aller dans les restaurants des hôtels de luxe. Pour la cuisine occidentale en particulier, la qualité dépasse de loin tout ce que pourra vous offrir un restaurant indépendant.

De même, certains des meilleurs restaurants chinois se trouvent dans les hôtels. Si votre budget n'est pas extensible, vérifiez s'il n'existe pas un déjeuner-buffet les jours de semaine (généralement de 150 à 300 B par personne, jusqu'à 500 B à l'Oriental). L'Oriental Hotel a six restaurants, tous tenus par des chefs de renommée mondiale. La majorité sert des déjeuners-buffets. Le *China House* de l'hôtel (☎ 02-236-0400, poste 3378) est situé dans une ravissante maison restaurée toute en bois, face à l'aile principale de l'hôtel. Il propose l'une des meilleures cuisines cantonaises de Bangkok. Le dim sum du déjeuner est superbe, et une affaire eu égard à la norme des hôtels de luxe (60 B ou moins l'assiette, et vous pouvez faire un repas pour 280 B). Le *Lord Jim's,* toujours à l'Oriental, est installé dans un décor de bateau à vapeur asiatique du XIXe siècle, avec vue sur la rivière ; carte axée sur le poisson (déjeuner-buffet possible).

Le nouveau *Bai Yun* (☎ 02-679-1200) au 5e étage du Westin Banyan Tree, est spécialisé dans la nouvelle cuisine cantonaise, alliage de parfums orientaux et occidentaux.

Le *Chinatown* du Dusit Thani (☎ 02-236-0450) a sans doute inspiré le China House de l'Oriental, mais la carte est partagée entre la cuisine Chao Zhou(Chiu Chau) et cantonaise. Déjeuner dim sum possible, mais un peu plus cher qu'à l'Oriental. Le service est impeccable. Également au Dusit, le *Mayflower* est réputé pour sa cuisine cantonaise, quoique très coûteuse, et le *Thien Duong,* pour ses plats vietnamiens.

Pour des dim sum presque aussi bons que ceux du Dusit et de l'Oriental, mais n'atteignant pas le tiers de leurs prix, essayez le *Jade Garden* (☎ 02-233-7060) au Montien Hotel. Si la présentation est moins somptueuse, la qualité est remarquable.

Pour la cuisine française, les meilleures adresses sont *Ma Maison* (☎ 02-253-0123) de l'Hilton International, le *Normandie* (☎ 02-236 0400, poste 3380) de l'Oriental, et le *Regent Grill* (☎ 02-251-6127) du Regent Bangkok. Tous sont chers, mais la qualité et le service sont garantis. Au Regent Bangkok, on trouvera en outre *La Brasserie,* plus simple, et servant de la cuisine parisienne.

Le très élégant et formel *Grappino Italian Restaurant* (☎ 02-653-9000), dans l'Amari Watergate Hotel, Th Phetburi au beau milieu du quartier animé de Pratunam, vous réservera une des plus belles soirées italiennes de Bangkok. Les pâtes et le pain sont préparés sur place, quotidiennement. La petite cave compte parmi les meilleures de la ville, et naturellement, pour la grappa on ne lui connaît aucun rival. Grappino ouvre tous les jours midi et soir ; il vaut mieux réserver.

Plus neuf et plus décontracté, quoique dans l'enceinte du Shangri-La, l'*Angelini's* (☎ 02-236 7777, poste 1766) mijote une cuisine italienne raffinée, dans le cadre certainement le plus chic de Bangkok. L'addition s'élèvera entre 800 B et 1000 B pour un dîner à deux. Au bar très "design", vous pourrez déguster d'excellentes grappas, en écoutant un orchestre pop. Le restaurant ouvre à 11h jusqu'à une heure avancée de la nuit.

Dans le minimalisme asiatique du salon du Beaufort Sukhothai Hotel (☎ 02-287

0222), le **Colonnade Restaurant** vous sert, à partir de 500 B, un énorme brunch, comprenant de la bisque de homard sur commande, de 11h à 15h le dimanche, avec, en accompagnement, un trio de jazz. Il est recommandé de réserver.

Enfin, si voulez avoir l'impression d'y être sans en payer le prix, il vous reste une solution : allez au bout du soi en face du Shangri-La Hotel et prenez le bac (2 B) jusqu'au ponton en bois qui se trouve juste en face sur le quai Thonburi. Traversez le labyrinthe d'allées sinueuses jusqu'à ce que vous vous retrouviez sur un grand axe (Th Charoen Nakhon), puis bifurquez sur votre gauche. Au bout de 200 m, revenez, sur votre gauche, en direction du fleuve, jusqu'au **Thon Krueng** *(Ton Khreuang,* ☎ *02-437 9671, 723 Th Charoen Nakhon)*. Dans ce grand restaurant en plein air, vous goûterez différentes préparations de fruits de mer, à la thaïlandaise, à petits prix, en bénéficiant d'une vue imprenable sur le Shangri-La et l'Oriental. Les bacs, pour le retour, circulent jusqu'à 2h du matin.

Autres végétariens. L'un des restaurants végétariens les plus anciens de Thaïlande est tenu par la Foundation Asoke gérée par des bouddhistes ascètes. Il se situe au marché de Chatuchak (weekend), à deux pas de Th Kamphaeng Phet près du principal arrêt de bus, d'une passerelle et d'un temple chinois – cherchez une panneau indiquant "Vegetarian" en lettres vertes. Il ouvre le week-end de 8h à 12h. Vous mangerez pour presque rien, de 7 à 12 B le plat. La *cafeteria* du Bangkok Adventist Hospital, 430 Th Phitsanulok, sert également des repas végétariens bon marché. Tous les restaurants indiens proposent aussi des plats végétariens.

OÙ SORTIR

Dans leur incessante recherche du *khwaam sa-nùk* (amusement), les habitants de Bangkok ont fait de leur ville un lieu qui ne s'endort jamais. Pour se faire une idée de la gamme des distractions proposées, consultez les quotidiens, *Bangkok Post* et *The Nation*, ou le mensuel *Bangkok Metro*. Ce dernier possède également un site sur Inter-

Un thé à l'anglaise

Si la Thaïlande n'a jamais fait partie des colonies anglaises (ni d'aucune colonie d'ailleurs), l'influence de Kuala Lumpur et Singapour ont fait du "high tea", ou thé à l'anglaise, une sorte de tradition adoptée par les hôtels les plus chics. L'une des meilleures adresses pour prendre le thé est le salon du **Regent's Bangkok** entre 14h30 et 17h30 en semaine. Pour 300 B, on s'attable devant une sélection de thés aux herbes, aux fruits, thés japonais chinois et indiens, sans parler des scones, confitures, cakes, gâteaux secs et sandwiches variés. Un quartet à cordes dispense l'ambiance musicale.

Dans le salon des Auteurs de l'**Oriental Hotel**, le high tea vaut 450 B (HT). On vous sert tous les jours, entre 14h et 16h, divers amuse-gueule sucrés et salés accompagnés d'un des meilleurs assortiments de thés de Bangkok, le tout dans le cadre quasi colonial qu'ont connu Maugham, Coward et Greene.

Dans le minimalisme asiatique du salon du **Beaufort Sukhothai Hotel**, on vous sert, à partir de 310 B, sandwiches, pâtisseries et un choix de thés, tous les jours entre 14h30 et 18h.

Dans le cadre décontracté du salon du **Shangri-La Hotel**, le thé, servi entre 15h et 18h, (240 B, plus taxe et service), s'accompagne de sandwiches et de gâteaux. Le dimanche, le Shangri-La organise un après-midi thé dansant, accompagné d'un appétissant buffet, la partie musicale étant assurée par le Light Bangkok Symphony Orchestra (380 B par personne, plus taxe et service).

net (www.bkkmetro.com/main-menu.html), qui tient à jour un calendrier des manifestations qui se déroulent dans la ville.

Vie nocturne. La vie nocturne dans Bangkok se résume à d'autres activités que celles qui ont nourri l'image sulfureuse de la "Ville des Anges", héritée de l'époque où elle était la destination des GIs du Vietnam en permission.

Aujourd'hui, Bangkok regorge de discothèques, de bars, de cafés et autres boîtes de nuit, prompts à satisfaire tous les goûts. Vous pourrez facilement écouter des groupes de rock, de country et western, de pop thaïlandaise et de jazz. Vous entendrez également les derniers tubes aussi bien dans les petits bars de quartiers que dans les méga-discothèques. Les hôtels de touristes et d'hommes d'affaires sont pourvus de discothèques à la mode.

Tous les bars et clubs doivent en principe fermer à 1h ou 2h (les heures les plus tardives étant réservées aux discothèques et aux lieux de concerts). Dans les faits, bien peu d'établissements respectent la loi.

Pubs et bars. Finie l'époque où Bangkok ne connaissait que des bars pour hommes… Aujourd'hui les Thaïlandais recherchent des lieux plus sophistiqués, au service soigné qu'ils baptisent "pubs". Il s'agit parfois de "bars à thèmes" conçus autour d'une certaine esthétique. Tous les grands hôtels de la ville comprennent aussi des bars à l'occidentale.

A Banglamphu, la *Gulliver's Traveller's Tavern*, au coin de Th Khao San et de Th Chakraphong, climatisée, baigne dans une ambiance de campus américain. Un pâté de maison au nord, dans Th Rambutri (vers l'extrémité ouest), en retrait par rapport à une rangée de noodle shops, le *Salvador Dali* offre un cadre plus confortable et plus intime, avec son bar climatisé sur deux étages.

Toujours dans Banglamphu, au fond d'un passage, à deux pas de Th Phra Athit (juste à l'angle du 108 Yang), vous siroterez quelques bières à l'*Underground*, tout en regardant des films dits "alternatifs" comme

Trainspotting, le mercredi soir, ou des vidéos musicales du jeudi au dimanche.

En revenant dans le quartier de Th Silom, le *Siam Diary*, ancien repaire de journalistes (avant que le siège du Bangkok Post ne déménage dans Khlong Toey), se situe Soi 1, Sala Daeng, à deux pas de Th Silom et de Th Rama IV.

Pour déguster une Guinness à la pression, le *Delaney's Irish Pub* (☎ 02-266 7160, 1-4 Sivadon Building, Th Convent), toujours dans le quartier de Th Silom, est une des deux seules possibilités. La décoration intérieure (panneaux de bois, miroirs et bancs) a été faite sur mesure et importée d'Irlande. Des groupes, de qualité inégale, viennent jouer du mardi au samedi soir, mais le pub est fréquemment bondé de 18h jusqu'à la fermeture. Le *O'Reilly's Irish Pub* (☎ 02-235 1572, 62/1-2 Th Silom), à l'entrée du Thaniya Plaza (au coin de Th Silom et du Soi Thaniya) sert également Guinness ou Kilkenny, mais le décor est moins soigné. Il est toutefois ouvert à partir de 8h le matin. Ces deux pubs, plutôt chers, ont adopté la formule "happy hours", ce qui permet de se désaltérer à moindre frais.

Parmi les autres tavernes moins chères, toujours d'inspiration outre-Manche, il faut citer le *Jool's*, Soi 4, près de Nana Plaza, le *Ship Inn*, juste au coin du Soi Cowboy, à côté ouest du Soi 23 et le *Bull's Head*, Soi 33/1, Th Sukhumvit, au rez-de-chaussée d'Angus Steak House.

Au sous-sol de l'Amari Watergate Hotel (entrée séparée) dans Th Phetburi à Pratunam, le *Henry J Bean's Bar & Grill* offre une atmosphère détendue dans le style américain des années 50 et 60. Au bar, les serveurs produisent de véritables numéros de voltige avec verres et bouteilles et une "happy hour" attend les consommateurs tous les soirs. Un groupe, les Nighthawks, joue du rock et du reggae presque tous les soirs ; parfois, des invités se produisent.

Le *Wong's Place*, 27/3 Soi Si Bamphen, rassemble les habitants et les visiteurs du quartier de Soi Ngam Duphli autour d'une bonne collection de clips vidéo.

Dans une petite impasse vers l'extrémité ouest de Th Khao San, deux bars, le *Hole in the Wall* et le *No Name,* permettent de boire un verre tout en devisant avec les habitants. Ils sont souvent fermés en période calme. Le discret *Susie Pub,* près de l'hôtel Marco Polo est plus agréable.

Le bar en forme de guitare du *Hard Rock Café* de Bangkok (☎ 02-251-0792), Siam Square, Soi 11, propose une gamme complète de cocktails et un petit assortiment de bières locales et importées. La foule se compose d'un mélange, sans cesse renouvelé, de Thaïlandais, d'expatriés et de touristes. A partir de 22h, on peut aussi écouter de la musique live.

Si vous souhaitez profiter d'une belle vue sur la ville de jour comme de nuit, rendez-vous au 93e étage du Baiyoke Sky Hotel sur Th Ratchaprarop à Pratunam. Au 77e étage, il y a un *poste d'observation* qui ouvre 24h/24. Vous pouvez aussi avoir une belle vue sur la ville de l'un des restaurants du 78 et 79e étage. Le *Compass Rose,* au 59e étage du Westin Banyan Tree, Th Sathon Taid. Il n'ouvre que de 11h30 à 1h. Les accros de la télé peuvent suivre leurs équipes favorites grâce aux énormes télé-satellites des *Champs* (☎ 02-252-7651), gigantesque bar à l'américaine dans le Nai Lert Building de Th Sukhumvit, près de Soi 5.

Pubs et brasseries. The Brewhouse (☎ 02-661 3535, 61/2 Soi 26, Th Sukhumvit), associé au club de danse le Taurus qui se trouve en face, propose quatre breuvages (dont la Dynamite Lite, peu alcoolisée, et la Naked Killer Ale), sous un dôme de construction métallique.

Dans le Siam Discovery Center (relié au Siam Center par un passage couvert), au *Hartmannsdorfer Brau Haus* (☎ 02-658 0229), vous pouvez accompagner votre bière brune fraîche d'une assiette de saucisses et de fromages, dans un cadre rutilant, mais agréable.

Le *Londoner Brew House* (☎ 02-261 0238, rez-de-chaussée, UBCII Building, Soi 33, Th Sukhumvit) vient tout juste de commencer à proposer ses propres bières mais l'ambiance n'est pas encore au rendez-vous.

Si vous êtes coincé à l'aéroport international de Bangkok, vous pouvez tuer le temps au *Royal Hofbräuhaus,* aménagé au 4e étage du terminal 2 (vers le fond), proche du parking couvert. Dans ce pub de style allemand, dont on raconte que c'est la première mini-brasserie installée dans un aéroport, la bière est pompée quatre étages plus bas. Un véritable *bräumeister* est installé dans un petit local donnant sur un jardin entouré, de tous côtés, par les bâtiments du terminal et du parking. Tout ce qui entre dans la fabrication de la bière (levure, malte et houblon) est importé d'Allemagne. Les bières sont servies accompagnées de bretzels frais. Le bar est ouvert 24h/24.

Caves à cigares. La moitié du hall du *Regent Hotel* est réservée aux amateurs de cigares, qui peuvent choisir entre une sélection de marques dominicaines et cubaines. Montecristo et autres Cohiba sont précieusement conservés dans la cave à cigares, contrôlée par humidificateur, de l'hôtel. Le Regent se targue également de posséder le plus grand choix de whiskies pur malt d'Asie, avec 64 bouteilles, dont un Glenlivet de 1940.

La *Casa del Habano* de l'Oriental Hotel, propose 25 marques différentes de cigares cubains, à des prix allant de 3 \$US à 120 \$US la pièce ; le petit salon réservé aux amateurs dispose d'une carte avec de grands cognacs, portos et whiskies pur malt. Ne pas négliger le *Lotus Arts de Vivre Cigar and Wine Lounge* du Beaufort Sukhothai.

La toute première cave à cigares de Bangkok, *A Perfect Evening: Sip'n'Puff,* est une petite échoppe, enclavée dans Soi Ruam Rudi. Compte tenu de la récession actuelle, cet établissement indépendant risque de disparaître.

Go-go bars. La plupart de ces bars, datant des années 1960 et 1970, sont peu reluisants, chers et destinés à une clientèle exclusivement masculine. Ils sont concentrés le long de Th Sukhumvit (entre les Sois 21 et 23) et aux alentours, le long de Soi Nana Tai dans le quartier de Patpong, entre Th Silom et Th Surawong.

Les bâtiments de Patpong, couverts d'enseignes lumineuses, occupent environ 1,6 hectare de ce qui fut jadis une plantation de bananes, propriété de la banque d'Indochine. Celle-ci vendit ces terrains à la famille Patpongphanit, juste avant la Seconde Guerre mondiale, pour 60 000 B (soit 2 400 $US au taux de change d'avant 1997).

La taille moyenne d'un bar est de 4 mètres sur 12. La famille Patpongphanit perçoit un loyer mensuel d'environ 10 millions de bahts, soit 250 000 $US. Selon le patriarche de la famille récemment interviewé dans le magazine Bangkok Metro, ce ne furent point les GIs américains qui firent les beaux jours du quartier, mais plutôt le personnel des quelque 15 bureaux de lignes aériennes installés dans la région après 1945.

Le premier salon de massage de Bangkok, Bangkok Onsen, ouvrit ses portes en 1956 pour le bien-être des expatriés japonais et des officiers supérieurs de la police thaïlandaise. En 1960, Soi Patpong connut un développement spectaculaire de ses industries nocturnes, lesquelles profitèrent encore de l'arrivée des soldats américains et australiens dans le début des années 70. (Voir l'encadré sur la Prostitution dans le chapitre Renseignements pratiques.)

Patpong s'est quelque peu calmé au fil des années et est devenu un lieu touristique à part entière. Aujourd'hui, le quartier ressemble davantage à un marché de plein-air : les nouveaux bars ouvrent littéralement dans la rue, et le soir les marchands proposent de tout sur leurs étals.

Deux passages parallèles à Patpong contiennent entre 35 et 40 go-go bars, sans compter une nébuleuse de restaurants et bars à cocktails, de discothèques et de salles de concerts live. Les clubs en sous-sol, comme le King's Castle et le Pussy Galore proposent des strip-teases tandis que le cœur de l'affaire se tient, en secret, à l'étage. Les femmes et les couples sont les bienvenus. Il est préférable d'éviter les établissements qui proposent un spectacle gratuit car l'addition sera tout de même très salée (frais "annexes" élevés). Lorsque vous menacez de déchirer une note trop excessive, les portes sont soudain bloquées par deux gros bras. Seule exception : le Supergirls, notoirement connu pour son strip-tease sur une moto, qui avait fait la une du magazine Rolling Stone. La loi du couvre-feu de 1h du matin reste scrupuleusement respectée dans Patpong 1 et 2.

Soi Tantawan et Soi Anuman Ratchathon s'adressent davantage à une clientèle gay, avec des établissements comme le Golden Cock ou le Super Lex Matsuda. Reportez-vous à la rubrique Établissements lesbiens et gays dans ce chapitre.

Plus directement hérité de l'époque des GIs du Vietnam, le Soi Cowboy est une allée où se côtoient de 25 à 30 bars, à deux pas de Th Sukhumvit, entre les Sois 21 et 23. Le secteur est encore moins reluisant que Th Patpong, et, dans la foule qui s'y presse, les femmes et les couples se font encore plus rares.

A deux pas du Soi 4 (Soi Nana Tai, Th Sukhumvit, le Nana Entertainment Plaza est un immense complexe sur trois niveaux, dont la popularité va croissant auprès des habitants de Bangkok comme des visiteurs de passage. Le centre inclut également des pensions qui servent presque exclusivement d'hôtels de passe aux prostituées qui opèrent au sein du Nana Plaza. Tout le personnel du Casanova est composé de travestis et de transsexuels thaïlandais. On ne compte pas moins de 18 bars dans tout cet ensemble.

Soi Tantawan (Soi 6) et Th Thaniya, des deux côtés de Patpong 1, 2 et 4 auxquels ils sont parallèles, proposent des bars haut de gamme avec service à la japonaise (les non-Japonais sont généralement interdits d'entrée) ainsi que quelques bars gay.

Les touristes asiatiques, plus spécialement une certaine clientèle masculine de Japonais, Taiwanais et résidents de Hong Kong, affectionnent particulièrement la partie animée de Ratchada (dans le quartier de Huay Khwang, le long de Th Ratchadaphisek, entre Th Rama IX et Th Lat Phrao). Sous les néons colorés des enseignes, qui donnent un petit air de Las Vegas, la clientèle afflue vers les salons de massage, les salles de billards et de karaoké et autres go-go bars, aux noms aussi évocateurs que le *Caesar's Sauna* et *Emmanuelle* ; dans l'ensemble, tous sont plus grands et plus chers que tout ce qu'on peut trouver à Patpong.

Discothèques et clubs de danse. Tous les grands hôtels ont leurs discothèques, mais peu (au Dusit Thani, au Shangri-La, au Grand Hyatt et au Regent Bangkok) méritent le détour. Les prix d'entrée restent sensiblement identiques, autour de 300 B en semaine et 400 B le week-end, avec deux consommations. Les danseurs n'arrivent généralement qu'après 23h.

Bangkok est célèbre pour ses immenses discothèques high-tech pouvant accueillir jusqu'à 5 000 personnes, équipées d'installations sonores de plusieurs méga-watts, d'écrans vidéo géants et des dernières innovations en matière d'éclairage.

La clientèle se compose essentiellement de jeunes Thaïlandais aisés avec, ici et là, une célébrité locale et quelques expatriés. Le prix d'entrée s'élève en général entre 400 B et 500 B, avec trois boissons comprises en semaine, deux le week-end. La discothèque la plus en vogue à l'heure actuelle, c'est le *Phuture*, Th Ratchaphisek, côté nord du Chaophya Park Hotel.

On citera aussi *Paradise* (☎ 02-433 7151, 451/3 Th Arun Amarin) dans Thonburi et le *Palace* à Vibhavadi Rangsit Highway, en direction de l'aéroport. La *Galaxy*, Th Rama IV, rassemble des Thaïlandais de tous les âges. C'est à elle que les champions de boxe Khaosai Galaxy et son frère Khaokor doivent leur surnom. Les visiteurs japonais apprécient particulièrement la section "sans-mains" du club, où des hôtesses nourrissent les clients, lesquels n'ont donc jamais besoin de se servir de leurs mains.

Thaïlandais célèbres et riches inconnus fréquentent aussi le *Narcissus* (☎ 02-258 2549, 112 Soi 23, Th Sukhumvit), plus fermé, plus high-tech. Son concurrent direct, le *Taurus* (☎ 02-261 3991, Soi 26, Th Sukhumvit) a déjà commencé à lui voler la vedette, avec son pub classique et son restaurant gastronomique. Dans Soi 12,

Th Sukhumvit, le *Discovery* (☎ 02-246 5333) vient de rouvrir ses portes et essaie de toucher une clientèle plus large, sans se limiter aux richissimes Thaïlandais. Elle reste ouverte jusqu'à 3h du matin.

Un essaim de petits "danse clubs" émaille les Soi 2 et 4 (Soi Jaruwan), parallèles l'un et l'autre à Soi Patpong 1 et 2, à deux pas de Th Silom. Le public qui s'y presse est beaucoup plus hétéroclite que dans les discothèques des hôtels ou dans les grands complexes discos. On y passe surtout de la techno, du hip-hop et d'autres genres en vogue. Les principales adresses, certaines de simples salles minuscules, comprennent dans le Soi 2 *Disco Disco (DD)*, *JJ Park* et *DJ Station*, et dans le Soi 4 *Hyper, Deeper, Kool Spot, Speed, Rome Club, Film Mix* et *Sphinx*. Les salles les plus grandes demandent un droit d'entrée de 100 à 300 B, suivant la nuit de la semaine. Les salles plus petites sont d'accès libre. Ces clubs reçoivent essentiellement une clientèle gay mais la tendance est actuellement au mélange. Rien ne se passe avant minuit. Et de fait, dans les Sois 2 et 4, les clubs de danse sont des points de ralliement "après l'heure", puisqu'ils outrepassent généralement les 2h.

Établissements lesbiens et gays. Reportez-vous à la rubrique *Discothèques et clubs de danse*, pour connaître précisément les clubs des Soi 2 et 4 plutôt réservés aux hétérosexuels, aux homosexuels ou aux bisexuels. Généralement, les clubs du Soi 2 accueillent davantage les gays que les bars du Soi 4, même si le *Telephone* et *The Balcony*, Soi 4, sont plus homo que tous les autres établissements de la rue. Pour danser dans le Soi 2, l'adresse homo la plus en vogue actuellement, c'est le *DJ Station*, avec son cabaret de *ká-toey* (travestis) qui s'anime à partir de minuit. *Khrua Silom*, dans Silom Alley à deux pas du Soi 2 attire de jeunes lesbiennes et gays thaïlandais ; c'est une boîte minuscule. Un groupe de bars moins reluisants parsème le Soi Anuman Ratchathon, à deux pas du Soi Tantawan, qui ramène dans Th Surawong, en face du Tawana Ramada Hotel, plus ou moins l'équivalent homosexuel de Th Patpong. *TG Studio* sort toutefois du lot, même si on y vient plutôt au petit matin, pour finir la nuit.

Le *City Men Pub*, 45 Th Sukhumvit, est, depuis longtemps, le rendez-vous privilégié des expatriés homosexuels. Les lundi, au *Discover*, la soirée est consacrée aux homosexuels et aux lesbiennes.

L'*Utopia* (☎ 02-259 9619/116/1 Soi 23, Th Sukhumvit) combine bar, galerie, café et renseignements généraux sur la communauté lesbienne et gay locale – c'est d'ailleurs le seul service du genre de toute l'Asie du Sud-Est. Le vendredi soir, c'est la soirée des femmes. Vous pourrez assister à des séances de cinéma ou prendre des leçons de thaï. De temps à autre, le club organise des soirées à thème, comme des dîners aux chandelles pour la Saint-Valentin. L'Utopia ouvre tous les jours de 12h à 2h. Tout proche, dans Soi 23, se trouve également le *Turning Point Men's Club*.

Le *Kitchenette* (☎ 02-381 0861, 1er étage, Dutchess Plaza, 289 Soi 55 – Soi Thong Lor –, Th Sukhumvit) reçoit aussi bien des lesbiennes que des couples hétéros ; des groupes se produisent le week-end. Les femmes se retrouvent également au *By Heart Pub* (☎ 02-570 1841, 117/697 Soi Sena Nikhom 1, Th Phahonyothin, Bang Kapi) ; au *Be My Guest* (clientèle variée), à l'angle de l'Utopia, dans Soi 31 ; et au *Thumb Up* (clientèle mixte), Soi 31, Th Sukhumvit.

Le *Babylon Bangkok* (☎ 02-213 2108, 50 Soiu Atakanprasit, Th Sathon Tai) est un sauna gay sur 4 étages qui est classé parmi les 10 meilleurs saunas masculin du monde. Sur place il y a également un bar, un jardin sur le toit, une salle de gym et de massage, plusieurs saunas différents et des spas. Le centre est ouvert tous les jours de 17h à 23h. Il y a aussi *The Obelisks* (☎ 02-662 4377, 39/3 Soi 53, Th Sukhumvit); *The Colony* (☎ 02-391 4393, 117 Soi Charoensuk (à deux pas de Soi 55), Th Sukhumvit, et *V Club* (☎ 02-279 3322, 541 Soi Aree (Soi 7), Th Phahonyothin). En moyenne, comptez 150 à 200 B les jours de semaine, et entre 250 et 300 B le week-end.

Le *Jet Set (32/19 Soi 21, Th Sukhumvit)* est un bar karaoke tenu par des jeunes thais homosexuels. Il en est de même du *Relax*, juste à côté. Le *Long Yang Club*, (☎ 02-679 7727, BP 1077, Th Silom, Bangkok 10504) organise des activités pour ses membres homosexuels uniquement.

Cabarets de travestis. Les cabarets de travestis (*ká-toey*) font un tabac à Bangkok. Le *Calypso Cabaret* (☎ 02-261 6355, 216 8937, 296 Th Phayathai) de l'Asia Hotel, produit la plus grande troupe régulière de travestis de la ville. Les spectacles ont lieu tous les jours à 20h15 et à 21h45. Le billet qui comprend une boisson coûte 600 B. Même si le public est majoritairement composé de touristes, la représentation est de qualité, inspirée de thèmes thaïlandais et asiatiques, avec son lot d'emprunts venus tout droit de Broadway. Plusieurs bars gays présentent aussi de courts spectacles de drag-queens, entre les numéros de danse.

Salons de massage. Les salons de massage font la réputation de Bangkok depuis plusieurs années, même si la TAT ne met plus en avant cette activité. Les massages constituent une tradition séculaire des arts du soin en Thaïlande et l'on peut obtenir un massage tout à fait régulier dans la ville, malgré la récente commercialisation.

Il est bien connu que nombre de salons de la ville (*àap òp nûat*, ou "bain, vapeur-massage", faisant parfois référence au bains turcs) pratiquent la prostitution ; il faut également savoir que de nombreuses employées sont de véritables esclaves, qui ne travaillent pas de leur plein gré. Le sida est très présent en Thaïlande (reportez-vous au paragraphe *Sida* du chapitre *Renseignements pratiques*).

Une cinquantaine de femmes et filles sont alignées derrière une glace, chacune portant un numéro épinglé à leur vêtement. Souvent les masseuses se répartissent en diverses sections suivant leurs compétences et/ou leur apparence. Une section plus réduite se compose de femmes donnant des massages de qualité, sans autre service.

Massage traditionnel. Le massage thaïlandais traditionnel, qu'on appelle parfois "à l'ancienne", est une alternative aux entreprises de prostitution. L'une des meilleures adresses, le *Wat Pho,* se situe dans l'un des plus vieux temples de la ville. Le massage coûte 200 B l'heure et 120 B la demi-heure. Si l'on souhaite étudier l'art du massage, le temple propose également deux cours de 30 heures, à raison de trois heures par jour pendant 10 jours, ou de deux heures par jour durant 15 jours, l'un sur le massage thaïlandais en général et l'autre sur le massage thérapeutique. Le droit d'entrée dans le Wat Pho, qu'on soit étudiant ou client, s'élève à 10 B par jour. Appelez l'école de médecine traditionnelle et de massages thaïlandais du Wat Pho, au ☎ 02-221 2974, pour plus de renseignements.

Près du Wat Mahathat (vers l'université Thammasat au coin sud-est de Th Maharat et Th Phra Chan), de nombreuses échoppes vendent des préparations à base de plantes médicinales. Vous pourrez vous faire masser pour 80 à 100 B de l'heure.

Plus commerciale, Th Surawong propose outre des massages traditionnels des saunas aux essences d'herbes à la thaïlandaise. En voici quelques adresses : la *Marble House* (☎ 02-235-3519, 37/18-19 Soi Surawong Plaza, Th Surawong) ; le *SL* (☎ 02-237-5690) au 10ᵉ étage de Silom Surawong Condos, 176 Soi Anumam Ratchathon à deux pas de Soi 6, Th Silom ; le *Vejakorn* (☎ 02-237-5576), 37/25 Soi Surawong Plaza, Th Surawong Rd, et l'*Eve House* (☎ 02-266-3846), 18/1 Th Surawong, en face de Thaniya Plaza. Ce dernier est réservé aux femmes.

L'*Arima Onsen* (☎ 02-235 2142, 37/10-11 Soi Surawong Plaza) se spécialise dans le massage à la japonaise et la réflexologie. A chaque fois, il vous en coûtera 150 B l'heure, 250 B pour 90 minutes ou 300 B les deux heures.

Dans Th Sukhumvit, vous trouverez aussi des massages thaïlandais traditionnels au *Buathip Thai Massage* (☎ 02-255-1045), 4/13 Soi 5, Th Sukhumvit, et au *Winwan* (☎ 251-7467) entre les Sois 1 et 3, Th Sukhumvit.

Les tarifs des massages traditionnels thaïlandais ne devraient pas dépasser 300 B de l'heure, même si certaines adresses ne proposent qu'un minimum d'une heure et demie. Sachez que tous les salons ne dispensent pas un service de la meilleure qualité.

Les grands hôtels offrent aussi, pour la plupart, des massages légitimes, soit dans le cadre de leurs clubs de santé soit en service en chambre. L'*Oriental Hotel Spa,* d'excellente renommée, offre le "massage du décalage horaire" : 40 minutes pour alléger le choc causé par l'avion sur l'horloge biologique !

Musique live. La situation a considérablement évolué à Bangkok au cours des quelques dernières années : des clubs récents présentent de nombreux nouveaux groupes, très talentueux. Le *Saxophone Pub Restaurant (*☎ 02-246-5472, 3/8 Victory Monument dans Th Phayathai) vient d'ouvrir sur trois étages au sud-est du monument de la Victoire. Il est devenu la mecque musicale de Bangkok. Au rez-de-chaussée, le bar-restaurant présente du jazz de 21h à 1h30. A l'étage, les salles de billard diffusent une musique enregistrée. Au 3ᵉ, des groupes *live* jouent du reggae, du R&B, du jazz ou du blues de 22h30 à 4h. Le dimanche vous pouvez assister à une improvisation. L'établissement ne réclame aucun droit d'entrée. La tenue de soirée n'est pas de rigueur.

Un bar en plein air dispense également une musique variée près du marché de Chatuchak (Chatuchak Weekend Market). Dirigé par la *Ruang Pung Art Community,* on y joue du rock thaïlandais, du folk, du blues et les improvisations attirent une foule bohème.

A ne pas négliger, dans Th Sarasin, le *Old West* (premier pub de style old-west thaïlandais) engage de bons groupes thaïlandais de folk et de blues – surveillez notamment un groupe de rock détonnant, les D-Train. Un peu plus bas, dans la même rue, le *Blue's Bar,* plus sobre et raffiné, organise de temps en temps des concerts live, mais la musique y est plus souvent enregistrée. A côté du Soi 12, au *Magic Mushroom* (212/33 Th Sukhumvit), des groupes de rock et de blues, très variés, passent tous les soirs, avec parfois la présence de pointures locales.

Au *Concept CM2*, complexe polyvalent situé au sous-sol du Novotel de Siam Square, vous pourrez écouter des groupes occidentaux et des artistes thaï. L'accent est davantage mis sur ce qu'on qualifie aujourd'hui d'alternatif, avec des morceaux de DJ intercalés. Dans cet ensemble, cherchez notamment les V4, groupe local multi-ethnique qui joue du reggae, du funk et de l'acid jazz.

Le groupe maison qui se produit au *Radio City*, près du Madrid Restaurant, Soi Patpong 2, vous remettra en mémoire quelques bons vieux tubes des années 60, 70 et 80. Avis aux amateurs d'Elvis ou de Tom Jones, leurs imitateurs locaux déchaînent encore l'hystérie chez leurs fans.

Le *Dance Fever* (☎ 02-247 4295), un grand club qui vient d'ouvrir ses portes 71 Th Ratchadaphisek, dans le nouveau quartier nocturne de Ratchada, dispose d'un équipement sonore et lumineux dernier cri, avec en plus, des écrans géants, un bar et un restaurant. Certains groupes internationaux tels Bush, Blur et d'autres y ont déjà donné des concerts.

Vers l'angle de Th Sarasin, dans Soi Lang Suan, juste au nord du Lumphini Park, le *Metal Zone* (☎ 02-255 1913) est plus spécialisé dans le heavy metal thaïlandais, avec une foule d'amateurs très remuants. Outre le décor moyenâgeux de type "donjon et dragon", l'établissement produit régulièrement des groupes qui font dans le trash et le gothique, en passant par le speed metal. Le volume sonore est idéalement réglé, suffisamment fort pour résonner dans vos poumons, mais pas assez pour vous arracher les tympans.

L'*Hollywood Rock Place*, Th Phayathai, près du MacKenna Cinema, est très similaire au Metal Zone.

Bangkok possède son *Hard Rock Café*, de meilleure qualité que la moyenne de ces établissements. Situé dans Siam Square, Soi 11, il programme des concerts de rock, la plupart du temps, entre 22h et 24h30. Certains grands noms du rock sont venus y

jouer ; on se souvient encore du passage tonitruant de Chris Isaak en 1994.

Le *Siam Diary*, Soi Sala Daeng, à deux pas de Th Rama IV, accueille de petits groupes de folk et de blues, les lundi, mardi et samedi soirs. Plus spacieux, la *Witch's Tavern* (☎ 02-391 9791, 306/1 Soi 55, Th Sukhumvit) organise des concerts tous les soirs. Le propriétaire d'*Imageries by The Glass* (2 Soi 24, Th Sukhumvit), un compositeur et musicien thaïlandais, Jirapan Ansvananada, a doté son établissement d'une gigantesque console et d'un circuit de télé fermé pour ses spectacles. Il reçoit des groupes locaux et étrangers en tous genres.

Programmation tout aussi éclectique, tous les soirs au *The Brewhouse* (voir la rubrique *Pubs et brasseries*, plus haut dans ce chapitre).

Au bar de nombreux hôtels de luxe, vous pouvez également entendre des groupes de pop étrangers, plus ou moins bons. L'*Angelini's*, le bar du Shangri-La, présente la meilleure affiche, ainsi que le *Spasso* du Grand Hyatt Erawan.

Jazz. Le *Blues/Jazz* (☎ 02-258 7747, Soi 53, Th Sukhumvit) est le seul bar à programmer des orchestres de jazz, en dehors des grands hôtels de Bangkok. Le fameux *Bamboo Bar* de l'Oriental propose des sessions de jazz, tous les soirs, dans une ambiance chic. Divers hôtels comptent également des boîtes de jazz, comme le *Garden Lounge* du Grand Hyatt, la *Colonnade* du Beaufort Sukhothai Hotel (du mardi au dimanche) et *The Lounge* du Hilton (le vendredi soir seulement).

La *Witch's Tavern* (☎ 02-391 9791, 306/1 Soi 55, Th Sukhumvit) propose des soirées jazz le dimanche. Le *Bobby's Arms*, dans Soi Patpong, invite d'ordinaire des groupes Dixieland.

Cinéma. Des dizaines de salles disséminées dans toute la ville projettent des films thaïlandais, chinois, indiens et occidentaux. La majorité des films sont des comédies et des films de violence, avec par-ci par-là un drame psychologique. Les salles sont climatisées et confortables ; leur prix est raisonnable (de 40 à 100 B). Toutes les séances s'ouvrent par l'hymne royal (composé par le roi), pendant lequel tous les spectateurs se lèvent.

Les programmes sont annoncés quotidiennement dans les journaux *Nation* et *Bangkok Post*. Les listes du *Nation* font apparaître les adresses et les heures des séances. La revue *Bangkok Metro* regroupe toutes les informations détaillées des festivals de films ou autres événements cinématographiques à venir.

Avant leur distribution en Thaïlande, les films étrangers sont passés au crible de la censure, ce qui signifie qu'ils sont en général expurgés de toute scène de nu ; certains passages violents sont parfois également retouchés.

Les mordus de cinéma préféreront les ciné-clubs des centres culturels étrangers (une ou deux séances hebdomadaires). Les films français et allemands sont presque toujours sous-titrés en anglais. L'entrée est parfois gratuite, et varie sinon entre 30 et 40 B. Toutes les coordonnées figurent dans la rubrique *Centres culturels* dans le présent chapitre. Les principales salles de cinéma qui projettent des films en anglais sont les suivantes :

Central 5,6,7
(☎ 02-541 1370),
4ᵉ étage, Central Plaza Lat Phrao
Fortune 1, 2
(☎ 02-248 5855),
4ᵉ étage, Fortune Town Centre,
Th Ratchadaphisek
Fortune 3,4
(☎ 02-248 5855),
sous-sol, Fortune Town Centre,
Th Ratchadaphisek
Indra
(☎ 02-251 6230),
Th Ratchaprarop
Lat Phrao 7
(☎ 02-934 9399, 934 9400/4),
6ᵉ étage, Imperial World Lat Phrao
Indra
(☎ 02-252 6498),
Siam Square, Th Rama I
MacKenna
(☎ 02-252 6215),
17/2 Th Phayathai

Major Cineplex
(☎ 02-714 2828),
Soi 61, Th Sukhumvit
Micromack
(☎ 02-252 6215),
rez-de-chaussée, MacKenna Theatre,
Th Phayathai
Pantip
(☎ 02-251 2390),
Pantip Plaza, Th Phetburi Tat Mai
Ploenchit Cineplace
(☎ 02-639 0064/5),
Ploenchit Plaza, Th Ploenchit
Scala
(☎ 02-252 6498),
Siam Square, Soi 1, Th Rama I
Seacon 14
(☎ 02-721 9418),
4ᵉ étage, Seacon Square, Th Sinakharin
Siam
(☎ 02-252 6498),
Siam Square, Th Rama I
United Artists
(☎ 02-664 8771),
6ᵉ étage, The Emporium, Th Sukhumvit
United Artists
(☎ 02-673 6060/88),
7ᵉ et 8ᵉ étages, Central Plaza,
Th Ratchada-Rama III
Warner
(☎ 02-234 3700/9),
119 Th Mahesak
Washington 1,2
(☎ 02-258 2045),
face au Soi 33, Th Sukhumvit
World Trade 1,2,3
(☎ 02-256 9500),
6ᵉ étage, World Trade Centre, Ratprasong
intersection
World Trade 4, 5
(☎ 02-255 9500),
sous-sol, World Trade Centre, carrefour
de Ratprasong

Entre toutes ces salles, les plus modernes en termes de qualité sonore et visuelle sont le Cineplace et le United Artists (aux Central Plaza et à l'Emporium).

Vidéo. La location de vidéos est très répandue à Bangkok. Non seulement elles sont moins chères qu'une place de cinéma, mais beaucoup de films refusés en salle par la censure ne sont visibles qu'en vidéo. La location d'un film coûte en moyenne 20 B. Th Sukhumvit est l'avenue la mieux pourvue en boutiques spécialisées. Les meilleures se trouvent dans les quartiers résidentiels, entre les Sois 39 et 55. *Block-buster,* la plus grande chaîne de films vidéo du monde, a ouvert une succursale dans Soi 33/1, Th Sukhumvit et prévoit d'étendre encore son réseau dans la capitale.

Vidéofrance (*21/17 Soi 4, Th Sukhumvit*), près de l'Hotel Rajah dans Soi Nana Tai, propose une bonne sélection de vidéos en langue française. Les membres de l'Alliance Française peuvent emprunter les films disponibles à la vidéothèque.

On peut louer des téléviseurs et des magnétoscopes (en PAL ou NTSC) au *Silver Bell* (☎ *02-236-2845, 113/1-2 Surawong Centre, Th Surawong*).

Salles de spectacle de théâtre et de danse. Pour plus de renseignements, reportez-vous au cahier spécial en couleurs *Musique, théâtre et danse* du chapitre *Renseignements pratiques.*

Théâtre dansé thaïlandais. Les meilleures représentations traditionnelles de *lákhon* et de *khôn* sont données au *Théâtre national* (*National Theatre,* ☎ *02-224-1342*), dans Th Chao Fa, près de Th Phra Pin Klao. Les spectacles ont lieu six ou sept fois par mois, habituellement le week-end. Le prix des places est très raisonnable (de 20 à 200 B). Le spectacle du khôn (drame dansé avec masques sur des épisodes du *Ramakian*) est vivement recommandé.

Des spectacles de danse classique ont lieu parfois au *Thailand Cultural Centre* (☎ *02-245-7711*), Th Ratchadaphisek, et au *College of Dramatic Arts* (☎ *02-224-1391*) près du Théâtre national.

Théâtre royal Chalermkrung. La restauration, en 1993, de cet édifice de style Art Déco (appelé aussi Sala Chaloem Krung), à la lisière du quartier de Chinatown-Pahurat, a permis la résurrection des spectacles de khôn en Thaïlande. A sa création, en 1933,

à l'initiative de la famille royale, le Chalermkrung passait pour le plus grand et le plus moderne des théâtres d'Asie, avec sa salle de projection très sophistiquée et climatisée, révolutionnaire pour l'époque. Le prince Samaichaloem, ancien étudiant de l'École des beaux-arts de Paris, a conçu les plans de ce bâtiment hexagonal.

Le système de 80 000 watts permet à la troupe de 170 danseurs de présenter des versions technologiquement très avancées du khôn traditionnel, dans un théâtre rénové. Si ces effets spéciaux restent fort impressionnants, les costumes et les décors, sans parler de la danse et de la musique, justifient à eux seuls le déplacement.

La représentation khôn dure environ deux heures avec entracte. Elle a lieu en général deux fois par semaine (à 20h durant la saison touristique) mais il arrive que cet horaire change. D'autres spectacles peuvent se dérouler dans le théâtre.

Les places ne sont pas données : de 500 B à 1 000 B. Les adhérents peuvent bénéficier d'une réduction de 200 à 300 B. Seuls les résidents de Bangkok (et, pour une fois, cela concerne aussi bien les étrangers que les Thaïlandais) peuvent en faire partie. Pour réserver, appelez le ☎ 02-222 0434, ou présentez-vous directement aux guichets. Une tenue correcte est exigée. Pour pallier les excès de la clim., portez des manches longues ou un châle.

Le théâtre royal Chalermkrung est situé à l'angle de Th Charoen Krung et de Th Triphet, juste à côté du complexe de l'Old Siam Plaza. Les bus climatisés n°8, 48 et 73 s'y arrêtent (direction ouest depuis Th Charoen Krung). Vous pouvez aussi venir tranquillement à pied depuis le terminus ouest des ferries du canal Saen Saep. Certains chauffeurs de taxi ne connaissent le théâtre que sous son nom d'origine : "Sala Chaloem Krung", du reste rédigé en alphabet thaï sur l'enseigne lumineuse qui surmonte la façade.

Dîners-spectacles. La plupart des touristes font connaissance avec la danse classique thaïlandaise à l'occasion d'un dîner-spectacle organisé pour eux dans des salles spécialisées. Le prix varie de 200 B à 500 B par personne et comprend un dîner thaïlandais typique (souvent ramené au niveau de tolérance des papilles gustatives occidentales), un ou deux numéros de danse et une démonstration d'art martial.

L'*Oriental Hotel* a sa propre salle de dîners-spectacles, le **Sala Rim Nam** (☎ 02-437 2918, 437 3080) sur la rive Thonburi du Chao Phraya, en face de l'hôtel (le Sala Rim Namon). Le prix de l'entrée est au-dessus de la moyenne ; la nourriture, le spectacle, et le décor (pavillon thaï avec teck, marbre et bronze) sont à l'avenant. Le bac depuis l'hôtel est gratuit. Le dîner commence à 19h et le spectacle de danse à 20h30. Le plus abordable dîner-spectacle du **Ruen Thep**, à Silom Village dans Th Silom, est également recommandé pour son cadre détendu.

Baan Thai Restaurant
(☎ 02-258-5403)
7 Soi 32, Th Sukhumvit
Maneeya Lotus Room
(☎ 02-251-0382)
518/5 Th Ploenchit
Phiman Restaurant
(☎ 02-258-7866)
46 Soi 49, Th Sukhumvit
Ruen Thep
(☎ 02-233-9447)
Silom Village, Th Silom
Sala Norasing
(☎ 02-251-5797)
Soi 4, Th Sukhumvit
Sala Rim Nam
(☎ 02-437-6221/437-3080)
en face de l'Oriental Hotel, Th Charoen Nakhon
Suwannahong Restaurant
(☎ 02-245-4448/245-3747)
Th Si Ayuthaya

Danse dans les temples. Des spectacles gratuits de danse traditionnelle *lákhon kae bon* sont visibles tous les jours aux sanctuaires **Lak Meuang** et **Erawan** si vous avez la chance d'arriver au moment où une troupe joue à la demande d'un fidèle. Bien que les mouvements reprennent ceux du lákhon classique, la chorégraphie de ces représentations assez rudimentaires est spé-cialement créée pour les besoins rituels et n'entend pas donner la véritable image de la danse classique. Mais le spectacle est pittoresque – les danseurs sont entièrement costumés et accompagnés d'un orchestre – et vaut la peine d'être vu.

Bangkok Playhouse. Le Bangkok Playhouse (☎ *02-319 7641, 84/2 Th Phetburi, Tat Mai)*, salle de spectacles moderne, accueille tout type de spectacles, entre troupes de théâtre locales et manifestations artistiques d'envergure. Certains artistes internationaux y font parfois étape lors d'une tournée mondiale. Appelez directement le théâtre pour connaître la programmation du moment ou consultez le *Bangkok Post*, *The Nation* ou le *Bangkok Metro*.

Boxe thaïlandaise (Muay Thai). Le *muay thai* est visible dans deux stades, **Sanam Muay Lumphini** (dans Th Rama IV, près de Th Sathon Tai) et **Sanam Muay Ratchadamnoen** (dans Th Ratchadamnoen Nok, près du bureau de la TAT). Les places les moins chères coûtent environ 150 B pour une place éloignée mais correcte ; 500 B ou plus autour du ring, pour 5 combats de 5 rounds chacun. Lundi, mercredi, jeudi et dimanche, les matchs ont lieu à Ratchadamnoen ; mardi, vendredi et samedi à Lumphini. Ils commencent à 18h, sauf le dimanche (à 17h), à Ratchadamnoen, et à 18h20 à Lumphini.

Les aficionados vous diront que les meilleures joutes se déroulent le mardi soir au Lumphini et le jeudi soir au Ratchadamnoen. Les restaurants du côté nord du stade Ratchadamnoen sont réputés pour leurs délicieux *kài yâang* (poulet grillé) et autres plats du Nord-Est.

Mise en garde. Il faut éviter les matchs du dimanche à Ratchadamnoen, uniquement destinés aux touristes. A certains horaires, notamment pour la représentation de 14h, on vous fait croire que tous les billets sont vendus et qu'il ne reste plus que des places à 500 B, directement au bord du ring. C'est faux, la plupart du temps. Ne vous laissez pas importuner par les rabatteurs et vous finirez par atteindre le guichet qui vend des billets à 50 B. Même cas de figure pour les matchs du soir, à la différence que les billets meilleur marché sont à 150 B.

ACHATS

Les visiteurs réguliers de l'Asie savent que Bangkok est supérieur à Hong Kong et Singapour pour les achats d'objets d'artisanat, de textiles, de pierres précieuses, de bijoux, d'art et d'antiquités. Vous ne trouverez nulle part ailleurs réunis un tel choix et une telle qualité à de tels prix. Le problème est de dénicher les bons endroits dans une ville à l'urbanisation si enchevêtrée qu'il est difficile de s'y orienter. La *Nancy's Chandler Map of Bangkok* vous accompagnera utilement dans vos achats, grâce à ses annotations sur toutes sortes de petites boutiques hors des sentiers battus et sur les marchés (*tàlàat*).

Relisez la rubrique *Achats* du chapitre *Renseignements pratiques*. Derrière certaines bonnes affaires se cachent d'astucieuses arnaques : méfiance !

Marchés. Bangkok héberge différents types de marchés.

Marché du week-end (Weekend Market).

Appelé aussi marché de Chatuchak (Jatujak Market), c'est le Disneyland des marchés thaïlandais : 8 672 étals et 200 000 visiteurs par jour. On y vend de tout, des poulets et des serpents vivants, des pipes d'opium et des herbes médicinales.

Les vêtements thaïlandais, comme le *phâakhamãa* (sarong d'homme) et le *phâasîn* (sarong de femme), le *kaang keng jiin* (pantalons chinois) et le *sêua mãw hâwm* (chemise de fermier en coton bleu), sont intéressants. On trouvera également des instruments de musique, de l'artisanat des tribus montagnardes, des amulettes religieuses, des fleurs, du matériel de camping et des surplus militaires. Les meilleures affaires sont sur la vaisselle et les ustensiles de cuisine. Si vous avez un petit creux, vous pourrez vous restaurer facilement. Des concerts ont lieu en début de soirée. Si vous

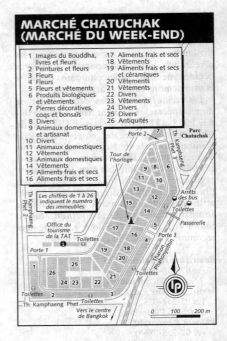

MARCHÉ CHATUCHAK (MARCHÉ DU WEEK-END)

1 Images du Bouddha, livres et fleurs	17 Aliments frais et secs
2 Peintures et fleurs	18 Vêtements
3 Fleurs	19 Aliments frais et secs et céramiques
4 Fleurs	20 Vêtements
5 Fleurs et vêtements	21 Vêtements
6 Produits biologiques et vêtements	22 Divers
7 Pierres décoratives, coqs et bonsaïs	23 Vêtements
8 Divers	24 Divers
9 Animaux domestiques et artisanat	25 Divers
10 Divers	26 Antiquités
11 Animaux domestiques	
12 Vêtements	
13 Animaux domestiques	
14 Vêtements	
15 Aliments frais et secs	
16 Aliments frais et secs	

Les chiffres de 1 à 26 indiquent le numéro des immeubles.

avez besoin d'argent liquide, deux banques ont un bureau de change et un distributeur de billets près du bureau du parc Chatuchak, au nord du marché, sois 1, 2 et 3. Prévoyez de passer une journée entière car il y a fort à voir et à manger.

Il faut malheureusement ajouter un triste post-scriptum à ce tableau pittoresque : Chatuchak demeure un centre important du commerce illégal des animaux exotiques – malgré les descentes intermittentes de la police – et un débouché (bien que diminuant) pour les espèces en danger provenant des pays voisins. Ces espèces sont protégées par la loi, mais les Thaïlandais sont notoirement indisciplinés. Cependant, tout négoce d'espèces sauvages n'est pas forcément illicite ; beaucoup d'oiseaux, comme le mainate et la tourterelle zébrée, font l'objet d'élevages légaux pour être vendus comme animaux de compagnie.

Le marché du week-end bat son plein le samedi et le dimanche de 8h à 18h, mais certains étals restent ouverts jusqu'à 20h. En semaine, certains vendeurs offrent leurs produits le matin. Sur le côté sud de la place, le marché aux fleurs, fruits et légumes se tient tous les jours. Un emplacement est réservé aux produits biologiques, cultivés sans engrais de synthèse, ni pesticides ni insecticides : il porte le nom de marché Aw Taw Kaw.

Situé à la frange sud du parc Chatuchak, non loin de Th Phahonyothin, le marché fait face au terminal Nord des bus. Les bus climatisés n°2, 3, 9, 10 et 13, ainsi qu'une douzaine d'autres (le n°3 part de Th Phra Athit, à Banglamphu), passent à proximité. L'arrêt se trouve juste avant le terminal. Les bus climatisés n°12 et 77 s'arrêtent juste devant les étals.

Marché Nailert. Dans le quartier de Pratunam, aménagé dans un nouveau complexe en face de l'Amari Watergate Hotel, dans Th Phetburi, le marché Nailert (marché Nai Loet) concurrence sérieusement le marché de Chatuchak, avec sa situation plus centrale et un choix de produits qui n'a rien à envier à celui de Chatuchak.

Reste maintenant à voir si le succès sera au rendez-vous, même si ce marché est effectivement bien plus pratique d'accès pour les touristes.

Marchés aux fleurs et pépinières. A deux pas de l'embarcadère de Tha Thewet, dans Th Krung Kasem, au nord-est de Banglamphu, le marché de Thewet propose un très grand choix de fleurs et de plantes tropicales. Le plus important marché de gros est celui de Pak Khlong, sur la rive droite du Chao Phraya, à l'embouchure de Khlong Lawt, entre Th Atsadang et Phra Phut Yot Fa (Memorial) Bridge.

Côté sud du marché du week-end Chatuchak, à proximité du terminal Nord, et non loin de Th Phahonyothin, se tient le plus récent et le plus riche marché aux plantes, parfois appelé "Talaat Phahonyothin", ou Phahonyothin Market. A la différence du marché Chatuchak, il est ouvert toute la semaine.

Les meilleures pépinières, comprenant des orchidées thaïlandaises célèbres dans le monde entier, sont regroupées à Thonburi, dans le district de Phasi Charoen, où l'on accède *via* Phetkasem Highway, au nord de Khlong Phasi Charoen. Deux adresses à retenir : Eima Orchid (☎ 02-454-0366, fax 454-1156), 999/9 Muu 2, Bang Khae, Phasi Charoen, et Botanical Gardens Bangkok (☎ 02-467-4955) 6871 Kuhasawan, Phasi Charoen. Les bus n°7 et 80, ainsi que le bus climatisé n°9, s'arrêtent à Phasi Charoen.

Marché Bo-Be. A deux pas de Th Rong Meuang, à l'est de Banglamphu, le marché Bo-Be ne commence jamais avant minuit et se prolonge jusqu'aux première lueurs de l'aube. Produits frais et fleurs, acheminés des environs de Bangkok, sont vendus sur place.

Autres marchés thaïs. Le marché de Khlong Toey, sous la voie express au croisement de Th Rama IV et de Th Narong dans le district de Khlong Toey, est sans doute le moins cher des marchés non spécialisés de Bangkok (mercredi est le meilleur jour).

Le marché de Penang, au sud du marché de Khlong Toey, près du port, appelé ainsi car on y trouve des produits "tombés" des cargos en provenance de Penang, de Singapour, de Hong Kong, etc. Selon les projets actuels de renouvellement urbain, les deux marchés sont menacés de démolition.

Le marché de Pratunam, à l'angle de Th Phetburi et Th Ratchaprarop, se tient tous les jours et attire beaucoup de monde (intéressant pour les vêtements neufs et abordable). On ne le voit pas de la rue. Il faut emprunter l'une des entrées non indiquées qui mènent à l'arrière des principaux étals. Pendant que vous flânez dans Pratunam, profitez-en pour voir aussi le *Marché Nailert.*

L'énorme marché de Banglamphu couvre plusieurs pâtés de maisons dans Th Chakraphong, Th Phra Sumen, Th Tanao et Th Rambutri – à 2 minutes des pensions de Th Khao San. C'est sans doute le secteur commerçant le plus complet de la ville, réunissant tous types de commerces, des vendeurs de rue aux grands magasins luxueux. Dans le quartier de Banglamphu de Bangkok, se tient aussi le marché aux fleurs Thewet.

Dans la journée, les marchands ambulants qui arpentent Soi Lalaisap, réputé pour être le soi le plus cher, vendent toutes sortes de vêtements, montres et autres articles pour la maison, à des prix intéressants.

Les quartiers de Pahurat et Chinatown ont des marchés attenants, vendant des tonnes d'étoffes à très bon prix, des vêtements et de la vaisselle, avec quelques marchands de pierres précieuses et de bijoux. Le marché de Wong Wian Yai, à Thonburi, à côté du grand rond-point au sud-ouest du Phra Phut Yot Fa (Memorial) Bridge, est un autre marché généraliste, mais celui-ci est très peu visité par les touristes.

Marchés pour touristes.
Th Khao San, le repaire des pensions touristiques de Banglamphu, s'est transformé en véritable bazar, avec une kyrielle d'échoppes qui proposent des cassettes audio, des livres d'occasion, des bijoux, des perles, des vêtements, des oreillers thaïlandais, des tee-shirts, et des ateliers de tatouages et de piercing.

En soirée, les sois 1 et 2 de Patpong se remplissent de marchands qui sont prêts à vous vendre quantités de babioles de peu de valeur, ainsi que des vêtements, des copies de montres ou autres dès que vous manifestez le moindre intérêt. De part et d'autre de Th Sukhumvit, à hauteur des Sois 1 à 5, les vendeurs ambulants vous soumettront le même type d'articles et d'objets.

Centres commerciaux et grands magasins.
Les centres commerciaux, petits et grands, se sont multipliés au cours des dernières années. Les deux principales chaînes de grands magasins, Central et Robinson, disposent maintenant d'une douzaine de succursales qui, outre toute la gamme habituelle de produits – mode, cosmétiques occidentaux –, vendent de l'épicerie thaïlandaise, des cassettes, des tissus et autres produits locaux. Les heures d'ouverture sont généralement de 10h à 20h.

Les centres commerciaux Oriental Plaza (Soi Oriental, Th Charoen Krung) et River City (près du Royal Orchid Sheraton, par Th Charoen Krung et Th Si Phraya) sont réservés à une clientèle de luxe. Les prix sont élevés, mais ces centres sont les seuls à avoir certains produits. Aux 3e et 4e étages du River City, vous trouverez plusieurs boutiques d'antiquités et d'objets d'art de qualité.

Plus petit, le Silom Village Trade Centre de Th Silom offre quelques antiquités et produits d'artisanat à moindre prix. Implanté à proximité du Central Department Store, le Silom Complex, avec ses six étages, est l'un des centres commerciaux les plus animés de la ville. Également sur Th Silom, le très chic Thaniya Plaza abrite sous ses arcades boutiques de prêt-à-porter, librairies, bijouterie et autres commerces de luxe.

Dans Th Ploenchit et Th Sukhumvit, vous trouverez des grands magasins de construction récente, comme Sogo, Landmark Plaza et Times Square dont l'inspiration est venue de Tokyo ; ils sont chers et pas très excitants. Peninsula Plaza, dans Th Ratchadamri, est plus sélectif dans le choix de ses boutiques dont beaucoup ont des antennes à River City et Oriental Plaza, et l'on trouvera une grande succursale d'Asia Books. Le Promenade Decor, en face du Hilton International dans Th Withayu, est un centre commercial très luxueux : des bijouteries, des cafés, des antiquaires, des boutiques de meubles, des galeries d'art et des œuvres d'art thaïlandais contemporain de très haut niveau.

Les huit niveaux du World Trade Centre (WTC) près du carrefour de Th Ploenchit et Th Phayathai semblent s'étendre à l'infini. Le Zen Department Store en est le plus beau fleuron, avec ses boutiques luxueuses qui évoquent les quartiers les plus huppés de Hong-Kong. Au 8e étage, le World Ice Skating Center (patinoire) fait un pied-de-nez à la moiteur tropicale. Si vous cherchez des vêtements ou des jouets pour enfants, ABC Babyland, au 2e étage, fera votre bonheur. Asia Books a une annexe au même niveau.

Un duty free a ouvert ses portes au 7e étage (munissez-vous de votre passeport et de votre billet d'avion).

Siam Square, dans Th Rama I, près de Th Phayathai, est un réseau de 12 sois bordés de magasins vendant des vêtements de mode à des prix abordables, des livres, des articles de sport et des antiquités.

De l'autre côté de Th Rama I, se dresse, sur quatre niveaux, le premier centre commercial de Thaïlande, construit en 1976. Il a récemment rouvert ses portes après avoir été détruit par un incendie en 1995. Il accueille aujourd'hui de nombreuses boutiques de vêtements de marque telles Benetton, Quicksilver, Esprit, Lacoste, Timberland et Guy Laroche, pour ne citer qu'eux, aux côtés de cafés, agences de voyages, banques et agences de compagnies aériennes. Ne manquez pas la boutique la plus extraordinaire du centre, Jigsaw Puzzle World, au 4e étage, avec ses motifs tibétains complexes. A côté du Siam Center auquel il est relié par un passage couvert, le Siam Discovery Center abrite d'autres boutiques de prêt-à-porter de marque, dont Calvin Klein, 9 West Shoes, Yves Saint Laurent, Armani, ainsi qu'une librairie Asia Books, un magasin Habitat et plusieurs restaurants spacieux.

L'un des centres commerciaux les plus variés et les plus abordables est le Mahboonkrong (MBK) près de Siam Square. Il est entièrement climatisé ; on y trouve des petits commerçants et des vendeurs bon marché à côté du brillant grand magasin Tokyu (ciblant plutôt les classes moyennes). On y fera des affaires à condition de chercher.

Au nord de Siam Square, dans Th Phetburi, Panthip Plaza est spécialisé dans les boutiques vendant du matériel informatique. Jusqu'en 1992, la contrebande y avait pignon sur rue ; encore aujourd'hui, certains magasins n'hésitent pas à vendre des logiciels piratés.

Cerné par les artères Th Charoen Krung Th Burapha, Th Pahurat et Th Triphet, l'ancien Siam Plaza a connu une métamorphose qui a donné le coup d'envoi à l'évolution de Chinatown-Pahurat. Avec la rénovation et la réouverture du théâtre Chalermkrung, la transformation de ce vieux centre commercial prélude à la renaissance d'un quartier poussiéreux et étouffant. La plupart de ses magasins offrent des objets ou des services typiquement thaïlandais. Une aile entière est consacrée aux armes à feu, une autre à la joaillerie et bijouterie.

Le plus grand centre commercial du Sud-Est asiatique se trouve à Seacon Square, dans Si Nakharin Rd. Il regroupe pratiquement toutes les catégories de boutiques mentionnées dans cette rubrique et, en particulier, d'immenses branches de DK Books et d'Asia Books, ainsi que des cinémas et bon nombre de cafés.

Antiquités et objets de décoration. Les antiquités thaïlandaises authentiques sont rares et très chères. La plupart des antiquaires possèdent quelques pièces authentiques qu'ils réservent à des collectionneurs et remplissent leurs magasins avec des pseudo-antiquités ou des objets de fabrication traditionnelle ressemblant à des antiquités. La majorité des marchands vous diront franchement ce qui est vieux et ce qui ne l'est pas. Beaucoup de boutiques se spécialisent désormais dans les objets de décoration intérieure.

Les antiquaires fiables (vendant des "antiquités" au sens large du terme) sont : Elephant House, avec une succursale, Soi Phattana, Th Silom (☎ 02-233 6973) et une 67/12 Soi Phra Phinit (☎ 02-679 3122), à deux pas du Soi Suan Phlu ; Peng Seng, au coin de Th Rama IV et de Th Surawong ; Asian Heritage (☎ 02-259 9593), 245/14 Sukhumvit Soi 31 ; Thai House (☎ 02-258 6287), 720/6 Th Sukhumvit, près du Soi 28 ; et Artisan's dans le Silom Village Trade Centre, Th Silom.

Aux 3e et 4e étages du River City, vous trouverez plusieurs boutiques d'antiquités et d'objets d'art de qualité. Ce centre commercial, installé en bordure du fleuve, est relié par un passage souterrain au Royal Orchid Sheraton, à deux pas de Th Yotha, Si Phaya. Beyond the Masks, boutique n°316 au 3e étage, renferme, par exemple, une collection d'art et de masques primitifs, originaires de toute l'Asie du Sud-Est. La galerie Acala (n°312) expose tout un tas d'objets tibétains et chinois, peu communs. A l'Old Maps & Prints (☎ 02-237 0077, poste 432, magasin n°432), les amateurs de cartes rares et autres illustrations précieuses seront ravis, en particulier les collectionneurs passionnés d'Asie. Le centre commercial Oriental Plaza compte également un bon nombre d'antiquaires, un peu plus chers.

Si vous recherchez des antiquités ou des reproductions de meubles provenant d'Indonésie, Barang-Barang Antik (☎ 02-255 2461), 1047 Th Ploenchit, fera votre bonheur.

A côté du Meridien Président Hotel, Th Ploenchit, plusieurs boutiques du Gaysorn Plaza sont spécialisées dans les meubles et la décoration de l'habitat ; elles proposent aussi bien des antiquités que des objets thaïlandais de facture contemporaine. Au magasin Thai Crafts Museum, au 2e étage, vous pourrez observer diverses démonstrations d'artisanat, ainsi que des pièces thaïlandaises de céramique, textile, bijouterie et autres. Ayodhya et Jha, au 3e étage, sont des boutiques de design plus petites, mais plus raffinées.

Le Promenade Décor s'étire sur trois étages, en face du Hilton International. Il offre un choix plus sélectif de magasins de décoration haut de gamme (en qualité et en prix).

Bronzes. La Thaïlande possède la plus vieille tradition de travail du bronze au monde. Plusieurs ateliers fabriquent des sculptures et de la coutellerie en bronze. Deux d'entre eux vendent directement au public (et vous pourrez aussi assister aux phases du travail du métal) : Siam Bronze Factory (☎ 02-234-9436), 1250 Th Charoen Krung, entre les sois 36 et 38, et Somkih Bronze (☎ 02-251 0891), 1194 Th Phetburi Tat Mai (New Phetburi). Assurez-vous que les objets sont recouverts d'un plaquage de silicone, sinon ils terniront.

Pour voir les différents processus de la fonte d'un bouddha, il faut aller à la Buddha-Casting Foundry, à côté du Wat Wiset Khan, dans Th Phrannok, à Thonburi

(prendre un bac à Tha Phra Chan ou Tha Maharat sur la rive de Bangkok pour être déposé en bas de Th Phrannok).

De nombreux vendeurs du marché dominical de Wat Mahathat proposent des bronzes neufs et anciens – marchandage obligatoire.

Fournitures photographiques, pellicules et développement. Dans ce domaine, essayez une des trois boutiques de Sunny Camera qui propose une gamme étendue de modèles et de marques : 1267/1 Th Charoen Krung (☎ 02-233 8378) ; 134/5-6 Soi 8, Th Silom (☎ 02-237 2054) ; et, au 3e étage du centre commercial de Mahboonkrong (☎ 02-217 9293). Niks (☎ 02-235 2929), 166 Th Silom, est également une adresse à retenir.

Le prix d'une pellicule à Bangkok reste le plus bas de toute l'Asie du Sud-Est, Hong Kong inclus. Pellicules photo et diapo se trouvent partout, même si la plus forte concentration de boutiques de photo longe Th Silom et Th Surawong. Au centre commercial de Mahboonkrong, Fotofile, au rez-de-chaussée, possède la meilleure sélection de pellicules diapo, dont des films réfrigérés pour professionnels.

Pour un développement rapide et de qualité de presque toutes les marques de pellicules, adressez-vous aux laboratoires suivants : E6 Processing Centre (☎ 02-259 9573), 46 Soi 51, Th Sukhumvit ; Image Quality (IQ Lab, ☎ 02-238 4001), 60 Th Silom ou (☎ 02-714 0644), 9/33 Thana Arcade, Soi 63, Th Sukhumvit. Essayez aussi Eastbourne Professional Color Laboratories (☎ 02-235 5234), 134/4 Th Silom, ou encore Hollywood Film (☎ 02-692 2330, fax 692 0689) où le personnel vient chercher vos pellicules et vous rapporte vos tirages à domicile (demandez John).

Pierres précieuses et bijoux. Dans ce domaine, recommander des marchands n'est pas chose aisée, étant donné que pour l'œil peu habitué une pierre de couleur en vaut une autre. Le risque d'escroquerie est beaucoup plus grand que pour d'autres objets.

Un joaillier s'est de longue date acquis la confiance des expatriés : il s'agit de Johnny's Gems (☎ 02-224-4065), 199 Th Fuang Nakhon (donnant dans Th Charoen Krung).

Merlin et Delauney est une autre adresse réputée (☎ 02-234-3884). Ils disposent d'un grand magasin, 1 Soi Pradit, Th Surawong, et d'une petite boutique dans le Novotel Bangkok, Soi 6, Siam Square ; on y trouvera des pierres nues ou montées.

Autre négociant sérieux spécialisé dans les pierres nues : Lambert Holding (☎ 02-236-4343), 807 Th Silom.

Artisanat. Bangkok est très bien pourvue en objets artisanaux, mais pour la production des tribus montagnardes, Chiang Mai est sans doute mieux loti. Narayana Phand (☎ 02-252-4670), Th Ratchadamri, est axée sur le tourisme, mais le choix est important et les prix indiqués ne se marchandent pas. De même, Central Department Store sur Th Ploenchit a un rayon artisanat avec prix affichés.

Cela dit, il est plus intéressant de flâner devant les vitrines des petites boutiques indépendantes d'artisanat, chacune ayant son style et son caractère. Grande qualité et prix raisonnables chez Rasi Sayam (☎ 02-258-4195), 32 Soi 23 Th Sukhumvit. Les objets exposés, y compris les tentures et la poterie, sont spécialement réalisés pour eux.

Autre bonne adresse pour la poterie, les laques et surtout les tissus : Vilai's (☎ 02-391-6106), 731/1 Soi 55 (Thong Lor) Th Sukhumvit.

Nandakwang (☎ 02-258-1962), 108/3 Soi 23 (Soi Prasanmit) Th Sukhumvit, est une antenne d'un atelier du même nom à Pasang, en Thaïlande du Nord. Les vêtements en coton et le linge de maison (nappes, napperons, etc.) de grande qualité sont leur spécialité. Prayer Textile Gallery (☎ 02-251-7549), petite boutique située en lisière de Siam Square, face à Th Phayathai, expose une très jolie collection d'étoffes, anciennes ou contemporaines, vendues sous forme de pièces rectangulaires traditionnelles ou de vêtements tout faits.

Lao Songs Handicraft (☎ 02-261-6627), 2/56 Soi 41, Th Sukhumvit, est une association à but non lucratif dont les ventes assurent la promotion des industries artisanales locales.

Les masques du *khôn* faits en fils de fer et en papier mâché s'achètent chez Padung Chiip (pas d'enseigne en anglais), dans Th Chakraphong, juste au sud du croisement de Th Khao San.

Pour du céladon de qualité, contactez *Thai Celadon* (☎ 02-229-4383), 8/6-8 Th Ratchadaphisek Tat Mai. Pour acquérir des poteries de toutes tailles et de toutes formes à des prix de gros, nous vous conseillons deux adresses dans Soi On Nut, à deux pas du Soi 77, Th Sukhumvi : United Siam Overseas (☎ 02-721-6320) et Siamese Merchandise (☎ 02-333-0680). Des livraisons à l'étranger peuvent être effectuées.

Matériel de plongée. Larry's Dive Center, Bar & Grill (☎ 02-663 4563, larrybkk@ larrysdive.com), 8/3 Soi 22, Th Sukhumvit, possède un grand stock de matériel de plongée (apnée et bouteille). Le bar et le restaurant attenants au magasin vous permettent aussi de vous restaurer et de vous désaltérer.

Vêtements sur mesure. A Bangkok, rien de plus simple que de se faire faire sur mesure et cousu main, chemises, pantalons, costumes et pratiquement tout ce qui se porte. La façon varie en excellence, mieux vaut s'informer avant de passer commande. Chemises et pantalons ne sont l'affaire que de 48 heures au plus et ne nécessitent qu'un essayage. Mais quoi qu'on dise le tailleur, il faut tout de même compter deux visites pour un costume bien fini. On vous fera parfois revenir deux à cinq fois. Un costume sur mesure quel qu'en soit le tissu, ne devrait pas dépasser les 200 $US. En cachemire, on pourra s'arranger aux alentours de 150 ou 175 $US. Si vous apportez votre tissu, vous obtiendrez un prix plus satisfaisant.

Les tailleurs de Bangkok s'avèrent particulièrement compétents lorsqu'il s'agit de copier des patrons. C'est ainsi que des chemises de couturier à 100 $US pièce peuvent fort bien vous revenir au dixième du prix. Attention au choix des tissus. Dans la mesure du possible, apportez votre propre coupon surtout si vous souhaitez un 100% coton. Ce qu'on appelle "coton" à Bangkok se solde généralement par un mélange fibres naturelles et synthétiques. En revanche, la soie de bonne qualité ne pose aucun problème. Une chemise de soie sur mesure ne devrait pas dépasser les 12 ou 20 \$US selon la qualité du tissu (la soie chinoise étant meilleur marché que la soie thaïlandaise).

Pratiquement tous les tailleurs qui travaillent à Bangkok sont d'origine indienne ou chinoise. Dans l'ensemble, les meilleures boutiques se trouvent aux extrémités de Th Sukhumvit (vers le Soi 20), ainsi qu'aux alentours de Th Charoen Krung. Th Silom comprend également quelques bons tailleurs. Les pires se situent dans les quartiers de touristes, au centre de Th Sukhumvit, Th Khao San dans le complexe commercial de River City. Les bonnes affaires, du genre quatre jupes, deux costumes, un kimono et un costume safari, se révèlent souvent décevantes : les tissus sont de mauvaise qualité et la façon laisse à désirer.

Parmi les tailleurs que l'on peut recommander, on retiendra : Marzotto, 3 Soi Wat Suan Phlu, à deux pas de Th Charoen Krung ; Julie, 1279 Th Charoen, près du Silom Centre ; Marco Tailor, Soi 7, Siam Square ; et Macway's Exporters, 975/3 Soi Gaysorn (Keson), près du Meridien President Hotel. Nous citerons également Siam Emporium (☎ 02-251 9617), au 3ᵉ étage du Siam Center, qui possède une succursale dans le Mandarin Hotel, Th Rama IV.

COMMENT S'Y RENDRE

Voie aérienne. Bangkok est l'une des plaques tournantes de l'Asie et le lieu privilégié pour acheter des billets à tarif réduit (pour plus de détails, voir le chapitre *Comment s'y rendre*), mais sachez que les agences de voyages de Bangkok comptent quelques brebis galeuses. Les vols intérieurs de la THAI et de Bangkok Airways desservent toutes les destinations du pays à partir de la capitale (reportez-vous au chapitre *Comment circuler*).

Voici les adresses des agences de compagnies internationales :

Aéroflot
(☎ 02-233-6965)
7 Th Silom
Air France
(☎ 02-234-1330/9 ; réservations ☎ 233-9477)
rez-de-chaussée, Chan Issara Tower, 942/51
Th Rama IV
Air India
(☎ 02-256-9620; réservations ☎ 256-9614/8)
16ᵉ étage, Amarin Tower, Th Ploenchit
Air Lanka
(☎ 02-236 4981, 235 4982)
Charn Issara Tower, 942/34-5 Th Rama IV
Air New Sealand
(☎ 02-233 5900/9, 237 1560/2)
1053 Th Chaoren Krung
Alitalia
(☎ 02-233-4000/4)
8ᵉ étage, Boonmitr Bldg, Th 138 Silom All
Nippon Airways
All Nipon Airways
(☎ 02-238-5121)
2ᵉ étage, CP Tower, 313 Th Silom
American Airlines
(☎ 02-254-1270)
518/5 Th Ploenchit
Angel Airways
(☎ 02-535 6287)
Aéroport international de Bangkok
Asiana Airlines
(☎ 02-260-7700/4)
14ᵉ étage, BB Bldg, 54 Soi Asoke
Bangkok Airways
(☎ 02-229-3434/56, 253-4014)
Queen Sirikit National Convention Centre, Th
New Ratchadaphisek Tat Mai, Khlong Toey
(☎ 02-254-2903)
1111 Th Ploenchit
Biman Bangladesh Airlines
(☎ 02-235-7643/4, 234-0300/9)
Chongkolnee Building, 56 Th Surawong
British Airways
(☎ 02-236-0038)
Abdulrahim Place, 14e étage,
900 Th Rama IV
Canadian Airlines International
(☎ 02-251-4521, 254-8376)
Maneeya Center Bldg, 518/5 Th Ploenchit
Cathay Pacific Airways
(☎ 02-263-0606)
11ᵉ étage, Ploenchit Tower, Th Ploenchit

China Airlines
   (☎ 02-253-5733; réservations ☎ 253-4242)
   Peninsula Plaza, 153 Th Ratchadamri
China Southwest Airlines
   (☎ 02-266-5688)
   1er étage, Silom Plaza Bldg, Th Silom
Delta Air Lines
   (☎ 02-237-6855 ; réservations ☎ 237-6838)
   7e étage, Patpong Bldg, 1 Th Surawong
Druk Air
   voir Thai Airways International
Egypt Air
   (☎ 02-231 0504/8)
   3e étage, CP Tower, 313 Th Silom
El Al Israel Airlines
   (☎ 02-671 6145, 249 8818)
   14e étage, Manorom Bldg, Th Rama IV
EVA Airways
   (☎ 02-367 3388, réservation 240 0890)
   3656/4-5 2e étage, Green Tower,
   Th Rama IV
Finnair
   (☎ 02-679 6671, réservation 251 5075)
   175 Sathorn City Tower, Th Sathon
Garuda Indonesia
   (☎ 02-285-6470/3)
   27e étage, Lumphini Tower,
   1168 Th Rama IV
Gulf Air
   (☎ 02-254 7931/40)
   Maneeya Center Bldg,
   518/5 Th Ploenchit
Japan Airlines
   (☎ 02-274 1400, 274 1435)
   254/1 Th Ratchadaphisek
KLM Royal Dutch Airlines
   (☎ 02-679 1100)
   19e étage, Thai Wah Tower II,
   21/133-4 Th Sathon Tai
Korean Air
   (☎ 02-235 9221)
   Kongboonma Bldg, 699 Th Silom
Kuwait Airways
   (☎ 02-523 6993)
   Aéroport international de Bangkok
Lao Aviation
   (☎ 02-236-9821/3)
   Silom Plaza, 491/17 Th Silom
Lauda Air
   (☎ 02-233 2565)
   33/33-4 Wall Street Tower, Th Surawong
Lufthansa Airlines
   (☎ 02-255-0385)
   Bank of America Bldg,
   2/2 Th Withayu
   (☎ 02-264-2400)
   Asoke Bldg, Soi 21, Th Sukhumvit

Malaysia Airlines
   (☎ 02-236-5871; réservations ☎ 236-4705/9)
   98-102 Th Surawong (☎ 02-263-0565)
   20e étage, Ploenchit Tower, Th Ploenchit
Myanmar Airways International
   (☎ 02-267-5078)
   Chan Issara Tower, Th Rama IV
Northwest Airlines
   (☎ 02-254-0789)
   Peninsula Plaza, 153 Th Ratchadamri
Pakistan International Airlines
   (☎ 02-234 2961, 266 4548)
   52 Th Surawong
Qantas Airways
   (☎ 02-267 5188, 236 0307)
   Charn Issara Tower, 942/51 Th Rama IV
Royal Air Cambodge
   voir Malaysia Airlines
Royal Brunei Airlines
   (☎ 02-233-0506, 235-4764)
   2e étage, Chan Issara Tower,
   942/52 Th Rama IV
Royal Jordanian
   (☎ 02-236 0030)
   Yada Bldg, 56 Th Silom
Royal Nepal Airlines Corporation
   (RNAC, ☎ 02-233 3921/4)
   Sivadon Bldg, 1/4 Th Convent
Sabena
   (☎ 02-238-2201/4/5)
   3e étage, CP Tower, 313 Th Silom
Saudia
   (☎ 02-236 9400-3)
   Rez-de chaussée, CCT Bldg,
   109 Th Surawong
Scandinavian Airlines
   (SAS, ☎ 02-260 0444)
   Soi 25, Th Sukhumvit
Silk Air
   (☎ 02-236-0303 ;
   réservations ☎ 02-236-0440)
   12e étage, Silom Centre Bldg, Th Silom
Singapore Airlines
   (SIA, ☎ 236-0303 ; réservations ☎ 236-0440
   12e étage, Silom Centre Bldg, 2 Th Silom)
Swissair
   (☎ 233-2930/4 ; réservations ☎ 233-2935/8)
   1 Th Silom
Tarom
   (☎ 02-253-1681)
   89/12 Bangkok Bazaar, Th Ratchadamri
Thai Airways International
   (THAI, bureau principal ☎ 02-628 2000,
   280 0060)

89 Th Vibhavadi Rangsit
(☎ 02-234-3100/19)
485 Th Silom
6 Th Lan Luang
(☎ 02-215 2020/1)
Asia Hotel, 296 Th Phayathai
(☎ 02-535-2081/2, 523-6121)
Aéroport international de Bangkok,
Don Muang
United Airlines
(☎ 02-253-0558)
9e étage, Regent House, 183 Th Ratchadamri
Vietnam Airlines
(Hang Khong Vietnam, ☎ 02-251-4242)
3e étage, 572 Th Ploenchit

Bus. Bangkok est le centre d'un réseau de
lignes qui desservent tout le pays. Il existe
en gros trois types de bus grandes lignes :
les bus publics ordinaires, les bus publics
climatisés et les diverses compagnies privées de bus climatisés qui partent d'agences
et d'hôtels en plusieurs points de la ville et
fournissent un service "première classe"
pour ceux qui ne se satisfont pas de la seule
climatisation !

Bus publics. Il existe trois grandes gares
routières (Baw Khaw Saw) à Bangkok. Le
terminal Nord, Nord-Est (☎ 02-272 5255,
279 4484/7, 271 2961 pour les destinations
vers le nord de la capitale ; ☎ 272 0390, 272
5242 pour les dessertes dans le nord-est de
Bangkok) se situe Th Phahonyothin, sur le
chemin de l'aéroport. On l'appelle également
la gare de Moh Chit (*sathãanii mãw chit*).
Toutefois, depuis qu'elle a déménagé de
l'autre côté de la route, un peu plus au nord,
dans un bâtiment climatisé, flambant neuf, on
l'appelle parfois la "nouvelle" gare de Moh
Chit (*mãw chit mài*). C'est le point de départ
des bus pour le Nord et le Nord-Est (Chiang
Mai et Nakhon Ratchasima – Khorat –, ou
même Ayuthaya et Lopburi, plus proches de
Bangkok). Les bus pour Aranya Prathet partent également de là, et non du terminal Est,
comme on pourrait le supposer. Les bus
publics climatisés n°2, 3, 9, 10, 12, 29 et 39,
ainsi qu'une douzaine d'autres, et des bus
publics ordinaires s'arrêtent tous à cette gare.
Le terminal Est (☎ 02-391-2504, ordinaires ; ☎ 02-391-9829, climatisés), point

de départ pour Pattaya, Rayong, Chanthaburi et autres destinations orientales, se
situe très loin dans Th Sukhumvit, Soi 40
(Soi Ekamai) en face du Soi 63. Beaucoup
de gens l'appellent la gare d'Ekamai
(*sathãanii èk-amai*). Les bus climatisés n°1,
8, 11 et 13 s'arrêtent tous à cette station.
Le terminal Sud (☎ 02-434-5558, bus ordinaires, ☎ 02-434-7192, bus climatisés) pour
Phuket, Surat Thani et des villes plus
proches, comme Nakhon Pathom et Kanchanaburi, possède maintenant ses deux terminaux à Thonburi, à l'intersection de Highway
338 (Th Nakhon Chaisi) et de Th Phra Pin
Klao. Le bus urbain climatisé n°7 vous y
amènera.

Tous les terminaux ont une consigne et des
petits restaurants. Durant les trajets de nuit,
faites attention à vos bagages. Sur certaines
grandes lignes, ils sont maintenant enregistrés
et vous recevrez un reçu, mais mieux vaut
garder les objets de valeurs avec soi.

Prévoyez une heure pour atteindre le terminal Nord à partir de Banglamphu ou de
quelque autre endroit le long du fleuve, et
plus d'une heure pour atteindre le terminal
Sud. Pour le Terminal Est, comptez en
moyenne de 30 à 45 minutes quelle que soit
la circulation. Au cours d'éventuels bouchons, comme on peut en prévoir le vendredi après-midi juste avant un jour férié,
les transports publics peuvent mettre jusqu'à trois heures pour traverser la ville.

Bus privés. Les bus touristiques (tour buses)
privés les plus connus partent des terminaux
publics cités plus haut. Certaines compagnies
privées s'arrangent pour prendre les passagers dans Th Khao San ou d'autres secteurs
où les pensions sont nombreuses : ces arrêts
sont illégaux car les arrêtés municipaux interdisent de transporter des passagers à l'intérieur de la ville, excepté au départ ou à
destination d'un arrêt officiel. C'est pourquoi
les rideaux de ces bus sont parfois tirés quand
ils ramassent des passagers. Bien que les
tarifs soient plutôt moins élevés sur les bus
privés, ils sont la cible de vols beaucoup plus
nombreux que les bus de la Baw Khaw Saw.
A force de promesses non tenues, ils ont

perdu de leur crédibilité (climatisation défectueuse, places non réservées...).

Pour un service plus sérieux et plus ponctuel, cantonnez-vous aux bus qui partent du terminal de Baw Khaw Saw.

Pour plus de précisions sur les tarifs au départ ou à destination de villes particulières, recherchez la rubrique *Comment s'y rendre* des localités en question.

Train. Bangkok est le terminus des grandes lignes desservant le Sud, le Nord et le Nord-Est. Deux gares importantes : la gare de Hualamphong dans Th Rama IV reçoit le trafic vers le Nord, le Nord-Est et une partie du Sud. La gare de Thonburi (ou de Bangkok Noi) accueille le reste du trafic méridional. Si vous allez dans le Sud, sachez bien de quelle gare part votre train.

COMMENT CIRCULER

Circuler à Bangkok paraît difficile au premier abord, mais une fois que vous serez familiarisé avec les lignes d'autobus, la ville s'ouvrira à vous. Les embouteillages sont le principal obstacle au transport pendant la plus grande partie de la journée, ce qui signifie qu'il faut calculer large si vous allez au spectacle ou à un rendez-vous.

Si vous pouvez faire une partie du chemin par voie fluviale, c'est toujours la meilleure solution. Il fut un temps où Bangkok était surnommée la "Venise de l'Est", mais une grande partie du réseau initial a été comblée pour construire des rues. Les grands canaux, surtout du côté Thonburi, restent d'importantes artères commerciales, mais les petits canaux, désespérément pollués, auraient certainement été comblés depuis longtemps s'ils ne remplissaient pas une importante fonction de drainage.

Desserte de l'aéroport. L'aéroport international de Bangkok se situe dans le quartier de Don Muang, à quelque 25 km au nord de la capitale.

Pour effectuer le trajet entre l'aéroport et le centre-ville, vous avez le choix entre différents moyens de transport, qui vous coûteront entre 3,50 B et 300 B.

Navettes de l'aéroport. Depuis juin 1996, un nouveau service de navettes express dessert, depuis l'aéroport international de Bangkok, trois quartiers de Bangkok, moyennant 70 B par personne. Ces navettes partent toutes les 15 minutes, entre 5h du matin et minuit. A l'aéroport, vous vous procurerez le plan qui indique les différents trajets et arrêts de ces navettes ; sur chacun des trois itinéraires, on compte environ six arrêts. Véritable aubaine pour les voyageurs au budget restreint, ces bus signifient que vous n'avez plus besoin de négocier avec les chauffeurs de taxi qui vous harcèlent dès votre descente d'avion, ni que vous devez subir le rythme incroyablement lent des bus de ville qui desservent les aérogares.

Quand vous tournez le dos au terminal 1, le comptoir de ces navettes se trouve à 200 m environ, à gauche de la porte la plus à gauche du terminal. Ci-après figure le détail des trois itinéraires parcourus par ces navettes :

A-1 A destination du quartier des affaires de Silom, via Pratunam et Th Ratchadamri, avec arrêts devant les grands hôtels tels l'Indra, le Grand Hyatt Erawan, le Regent Bangkok et le Dusit Thani.

A-2 A destination de Sanam Luang, via Th Phayathai, Th Lan Luang, Th Ratchadamnoen Klang et Th Tanao. Empruntez cette navette si vous voulez aller dans les quartiers du monument de la Victoire, de Siam Square ou de Banglamphu. Arrêt devant le siège de la Food & Agriculture Organization, Th Phra Athit.

A-3 A destination du quartier de Phrakhanong, via Th Sukhumvit, et la gare routière d'Ekamai (pour les bus en direction de l'Est, vers Pattaya et Trat) et le Soi 55 (Soi Thong Lor)

Bus publics. De l'aéroport, le bus public est le moyen le moins cher de regagner la capitale. L'arrêt se trouve sur la grande route qui passe devant l'aéroport. On distingue en fait les bus non climatisés qui desservent deux itinéraires et les bus climatisés qui en assurent quatre ; vous noterez que les bus non climatisés n'acceptent plus les passagers avec des bagages.

Le bus climatisé n°29 (16 B) dessert l'une des lignes les plus utiles entre l'aéroport et la ville car il va jusqu'à Siam Square et Hua-lamphong. Après avoir franchi la limite urbaine *via* Th Phahonyothin (qui donne dans Th Phayathai), le n°29 passe par Th Phetburi (où vous pouvez descendre pour changer de bus et rejoindre Banglam-phu), puis par Th Rama I, au carrefour de Siam Square et de Mahboonkrong (pour récupérer une bus pour Th Sukhumvit ou pour marcher jusqu'à Soi Kasem San 1 avec diverses options d'hébergement). Pour finir, il tourne à droite dans Th Rama IV pour regagner le quartier de Hualamphong et la gare ferroviaire principale. A hauteur de Th Rama IV, vous partirez dans l'autre sens si vous voulez dénicher un logement du côté de Soi Ngam Duphli. Le n°29 circule uniquement de 5h45 à 20h. Impossible d'en profiter si vous arrivez par un vol de nuit.

Le bus climatisé n°13 rejoint également le centre de Bangkok, depuis l'aéroport, en longeant Th Phahonyothin (comme le n°29) ; puis il bifurque à gauche, au niveau du monument de la Victoire, dans Th Ratcha-prarop, avant de continuer vers le sud jusqu'à Th Ploenchit, où il prend la direction est, dans Th Sukhumvit qu'il longe jusqu'à Bang Na. C'est le bus à prendre si vous visez le quartier de Th Sukhumvit. Le prix du billet s'élève à 16 B et il circule entre 5h45 et 20h.

Mêmes horaires et même itinéraire, du moins au départ, pour le bus climatisé n°4 (16 B). Il suit un trajet parallèle à celui du n°29, et longe Th Mitthaphap jusqu'à Th Rat-chaprarop et Th Ratchadamri (quartier de Pratunam) ; il croise ensuite Th Phetburi, Th Rama I, Th Ploenchit et Th Rama IV, puis poursuit sa route dans Th Silom, avant de bifurquer à gauche dans Th Charoen Krung jusqu'à Thonburi.

Le bus ordinaire n°59 (pas de bagages autorisés à bord) ne coûte que 3,50 B (5 B à partir de 23h et jusqu'à 5h du matin) et circule 24h/24. Il effectue un circuit sinueux à travers la ville avant de rejoindre Banglamphu (secteur du monument de la Démocratie), en une heure et demie, voire plus, en fonction de la circulation.

Le bus ordinaire n°29 roule 24h/24, le billet coûte 3,50 B (5 B entre 23h et 5h du matin). Il suit quasiment le même parcours que son homologue climatisé. Les bus verts n°2 circulent entre 5h30 et 20h (16 B). Ils effectuent le même trajet que le bus climatisé n°4 ; ils commencent par traverser Pratunam, puis prennent la direction de Th Ratcha-damri, Th Silom et Th Charoen Krung.

A moins d'avoir un budget vraiment serré, ne regardez pas à la dépense des 12,50 B supplémentaires pour un bus climatisé et la garantie quasi certaine d'avoir une place assise. Cela en vaut vraiment la peine en été, car le voyage jusqu'au centre de Bangkok prend une bonne heure, voire plus. Encore plus confortable, nous vous conseillerons la navette à 70 B, décrite plus haut.

Navette entre les terminaux. La THAI assure une service gratuit de navettes qui relient, toutes les 15 minutes, le terminal international et le terminal domestique, entre 6h et 23h20.

Train. Vous pouvez également regagner Bangkok, depuis l'aéroport, en train. En sortant du terminal 1, tournez à droite (nord), utilisez la passerelle pour traverser la grande route, puis tournez à gauche et parcourez encore 100 m, en direction de Bangkok. Face au grand Amari Airport Hotel, vous apercevrez la gare de Don Muang, d'où partent les trains pour la capitale. Le tarif du billet en troisième classe ne coûte que 10 B sur les trains ordinaires et de banlieue si vous achetez votre billet sur le quai, 20 B si vous le payez à bord du train. Comptez 50 B pour un train rapide ou un express.

Les trains circulent toutes les 15 à 30 minutes, entre 5h et 20h ; le trajet dure environ 45 minutes jusqu'à la gare de Hualam-phong, la gare centrale de Bangkok. Dans l'autre sens, la desserte de l'aéroport en train au départ de Bangkok est assurée entre 4h20 et 20h. De la gare d'Hualamphong, vous pouvez marcher jusqu'à l'arrêt de bus qui se trouve presque en face du Wat Trai-mit, pour grimper dans un bus n°23 qui vous mènera jusqu'à Banglamphu.

A la gare de Don Muang, certains touristes démarrent leur périple thaïlandais, en

L'île de Ko Chang est couverte à 70% d'une forêt tropicale humide magnifiquement préservée

Les généreuses rizières de la province de Kanchanaburi, Centre de la Thaïlande

Embarcation pour Ko Chang, Centre de la Thaïlande (vers la frontière cambodgienne)

prenant un train pour Ayuthaya, Sukhothai, Khorat et d'autres destinations dans le Nord ou le Nord-Est, ce qui leur évite de rentrer dans Bangkok.

Taxi. Le ministère des Transports terrestres a décidé de mettre de l'ordre dans les méthodes pratiquées par les taxis dans la zone de l'aéroport. Dans les faits, il semble effectivement qu'on rencontre moins de problèmes qu'auparavant, notamment pour emprunter un taxi à compteur.

Les taxis qui attendent les passagers près de la zone des arrivées sont supposés être habilités par les autorités aéroportuaires. Ne vous laissez pas embarquer par les rabatteurs qui vous guettent dans le hall des arrivées, mais achetez un billet auprès du guichet des taxis publics, au bord du trottoir, à l'extérieur du terminal.

Le montant de la course est fonction de la destination ; la plupart des courses jusqu'au centre de Bangkok reviennent de 200 B à 250 B.

En plus du montant affiché par le compteur, les chauffeurs sont autorisés à prélever une taxe d'aéroport de 50 B. Vous devez également rembourser au chauffeur le montant du péage s'il emprunte une autoroute payante pour rentrer dans Bangkok ; cette somme varie de 20 B à 50 B, selon la sortie qu'il emprunte.

Sachez que cette voie rapide permet de gagner du temps. Aux heures de pointe, vous pouvez toutefois faire quelques économies en restant sur les axes en surface (non rapides) – où la circulation n'est de toute façon ni rapide, ni plus lente que sur les voies payantes.

Si vous convenez d'un montant forfaitaire avec un chauffeur de taxi, vous n'avez alors pas à payer les péages autoroutiers. Deux, trois et jusqu'à quatre passagers peuvent partager cette somme à condition qu'ils ne soient pas trop chargés.

Il arrive parfois que des chauffeurs malhonnêtes vous abordent avant que vous n'atteigniez le guichet des taxis pour vous vendre un billet à 350 B ou 400 B. Ne leur prêtez pas attention et foncez vers le guichet, au bord du trottoir. Les rabatteurs, qui opéraient précédemment dans le hall des arrivées, cherchent toujours à vous proposer des billets à 200 B. Ils travaillent de connivence avec les taxis munis de plaques d'immatriculation blanches et noires (plaques jaunes et noires pour les véhicules agréés) et ne possèdent aucune autorisation pour transporter des passagers. En cas de problème, vous aurez donc moins de recours pour faire valoir vos droits.

Quelques rares chauffeurs essaient encore de négocier les tarifs, même lorsqu'ils sont équipés d'un compteur. D'autres refusent de mettre leur compteur en marche et demandent une somme forfaitaire de 300 B à 400 B. Mais ces faits sont devenus bien plus rares qu'auparavant. On remet, en effet, aux passagers à leur arrivée, une fiche bilingue, qui les informe sur le fonctionnement des taxis à compteurs. Publiée à l'initiative du ministère des Transports, il faut indiquer sur cette fiche le nom du chauffeur, le numéro d'immatriculation de son véhicule, la date et l'heure de la course. Il y figure un numéro de téléphone en cas de réclamation.

Si vous hélez un taxi à compteur le long de la route, devant l'aéroport (en sortant du hall des arrivées, sur votre gauche), la course vous coûtera encore moins cher car le chauffeur n'a pas à acquitter la taxe de 50 B. Si la queue des taxis est trop longue, allez voir à l'étage supérieur ou sortez du terminal pour en arrêter un sur la route, c'est parfois plus rapide.

Service de limousine de la THAI. La THAI met à votre disposition une limousine pour regagner la ville. Il s'agit simplement d'une course en taxi dans un véhicule d'exception. La facture s'élève à 400 B jusqu'au centre de Bangkok, à 300 B jusqu'à la gare routière Nord et à 500 B jusqu'à la gare routière Sud.

Hélicoptère. Le Shangri-La Hotel (☎ 02-236 7777) peut prévoir un déplacement en hélicoptère entre le toit de l'hôtel et l'aéroport international de Bangkok, pour 3 000 B par personne, avec un quota minimum de trois passagers. Le vol dure une dizaine de minutes. Hiller Helicopter Services (☎ 02-661 6841, 688 3433) offre également ce genre de prestation, à partir d'un héliport situé dans la ville, pour 9 000 B, le vol.

Vers Pattaya. La THAI assure un service direct en bus climatisés entre l'aéroport et Pattaya, trois fois par jour (départ à 9h, 11h et 19h). Le tarif pour un billet simple est de 200 B. Des berlines privées se louent 1 500 B pour effectuer le même trajet.

Quel devenir pour la circulation ?

Certains jours, à Bangkok, la situation paraît désespérée. On estime à 3 millions le nombre de véhicules (chiffre qui augmenterait de mille par jour) qui se faufilent dans les rues, à une moyenne de 13 km/h aux heures de pointe. Et près de la moitié des effectifs de la police municipale affectés à la circulation doivent suivre un traitement pour troubles respiratoires ! Selon de récentes études, l'automobiliste type de Bangkok passerait 40 jours par an au volant. Dans toute la capitale, les stations-services vendent le Comfort 100, un récipient qui permet aux conducteurs, coincés dans les embouteillages, de soulager leur vessie. Téléphones, TV et thermos font partie de la panoplie ordinaire de l'automobiliste aisé.

Le réseau de routes ne représente que 8,5% de la surface de Bangkok ; pour parvenir aux normes internationales, la chaussée devrait augmenter d'au moins 20%. Les véhicules privés ne causent pas l'essentiel des bouchons : seuls 25% de la population se sert de voitures personnelles. Motos, bus, camions et taxis composent la masse de la circulation de Bangkok. En 1996, le gouvernement a mis en place une taxe sur les produits et services nuisant à l'environnement, à commencer par les motos à moteurs à deux temps qui constituent des agents de pollution de première importance. Les bus ont grand besoin d'attention, car s'ils représentent moins de 1% des véhicules, ils produisent tout de même plus de la moitié des polluants qu'on trouve dans l'air.

Devant l'urgence d'un plan de "décongestion", plusieurs projets de transports en commun sont à l'étude (certains encore à l'état d'ébauche, d'autres sur le point de se concrétiser). Dans l'entre-temps, la BMA (Bangkok Metropolitan Authority) a procédé à la construction de plusieurs voies express aériennes. Si l'on en croit les sceptiques, la création de routes supplémentaires risque de multiplier le nombre de véhicules privés. Pourtant, ce nouveau réseau routier a montré ses effets positifs sur la circulation. La contraction économique de 1997-98 a également contribué à l'amélioration de la circulation : plusieurs milliers de véhicules ont changé de mains et les acquisitions de voitures neuves sont passées de 1000 par jour début 1997 à guère plus de 300 par jour, fin 1998. Les déplacements en bus sont à la hausse, tandis que les courses en taxis accusent un déclin. On estime que la circulation a diminué de 25% à 30% par rapport à son niveau d'il y a deux ans.

Proposé en 1986, le projet très controversé de transports urbains de masse, est d'abord passé de mains en mains, avant de voir sa construction finalement commencer en 1994. La première tranche du réseau sera le train du ciel ou Skytrain.

Ce vaste système routier et ferroviaire surélevé de Hopewell Bangkok Elevated Road and Train System (BERTS), doté d'un budget de 3,2 milliards de $US, devait ouvrir 60 km de chemin de fer léger et 48 km d'autoroute. Les trains circuleront au-dessus des véhicules qui emprunteront une voie également surélevée. Cinq mille piliers sont déjà sortis de terre, mais le projet a succombé sous les coups des querelles interdépartementales ainsi que des problèmes avec des sous-traitants de Hong Kong.

Bus. Vous économiserez des sommes importantes en ne circulant qu'à bord des bus publics qui coûtent 3,50 B pour tout trajet inférieur à 10 km en bus bleu ordinaire (non climatisé), 3,50 B en bus rouge ou 6 B les premiers 8 km sur les lignes de bus climatisés. Sur les plus grandes distances, le tarif passe à 4 B en bus ordinaire (notamment le n°21, allant de l'université de Chulalongkorn à King Mongkut's Institute of Technology à Thonburi) et jusqu'à 16 B en bus climatisé (sur le n°4, par exemple, des-

Quel devenir pour la circulation ?

En 1996, BERTS est passé sous la gestion d'une institution portant le titre optimiste de Metropolitan Rapid Transit Authority (MRTA) et le projet Skytrain est, aujourd'hui, devenu partiellement réalité (à 45%). Pour commencer, il comptera deux lignes, la ligne bleue du pont Taksin au Stade national, Th Rama I, et la ligne rouge, plus longue, qui partira de la gare routière Nord de Moh Chit et ira jusqu'à Awn Nut, dans Phrakhanong (Soi 81, Th Sukhumvit). Selon les estimations, le plus court trajet sera de 15 minutes, le plus long durera moins de 30 minutes, sachant que par la route, il faut actuellement 80 minutes. Les deux lignes se croiseront à la station Central, de Siam Square, sur deux niveaux. Les premiers trains ont été testés en octobre 1998 et l'inauguration de ces deux lignes est prévue pour janvier 2000. Il s'agira du premier système de transport public urbain entièrement privé depuis l'ouverture du métro de Londres au XIXe siècle. Pour ajouter à la confusion ambiante, le projet vient d'être rebaptisé Bangkok Mass Transit System (BMTS) !

Pour finir, on envisage aussi un train souterrain valant 3,2 milliards de dollars, propriété de MRTA, qui comporte une ligne principale de 42 km du nord-est au sud-ouest et qui trace un cercle séparé à hauteur du centre ville. La construction de ce projet a commencé et la date d'achèvement proposée est 2003. Comme si tous ces plans ne suffisaient pas, il a aussi été sérieusement question de construire un monorail circulant autour de Bangkok avec une bretelle vers le Skytrain.

Le problème de tous ces projets, c'est leur manque de coordination. Avec des contrats séparés et des supervisions individuelles, il est fort douteux que les calendriers soient respectés. Il semblerait que les "méchants" de l'histoire soient les dirigeants de la BMA, qui exigent le contrôle absolu sur tous les projets, et ignorent les intérêts de chacun. En 1993, ils ont court-circuité une proposition pourtant très cohérente, soumise au ministère de l'Intérieur, qui prévoyait la division des 560 km^2 de la ville en huit zones autonomes facilitant la gestion du trafic.

Les investissements nécessaires à la réalisation de ces "plans d'urgence" sont évidemment énormes. Sachant que l'engorgement de la circulation, dans la capitale, coûte au pays, chaque année, la modique somme de 14 milliards de baths en carburant, l'économie potentielle dépasse de loin le coût de l'opération. Bangkok, en 1995, a perdu au profit de Singapour, le privilège d'accueillir le siège du Secrétariat de l'APEC (Asia Pacific Economic Cooperation), essentiellement en raison de sa circulation infernale. En revanche, en 1997, elle a été désignée pour devenir le nouveau siège de la PATA (Pacific Travel Area Association) pour un de ses futurs réseaux de transport qui promet d'être efficace.

Le gouvernement se tourne, à l'heure actuelle, vers une solution moins onéreuse, consistant à créer des zones de péage dans les quartiers d'affaires. Si vous vous trouvez pris dans un embouteillage, une consolation : aux heures de pointe, c'est encore pire à Hong Kong, à Taïpei, Bombay, et Manille. La pollution ? Bangkok ne figure même pas sur la liste établie par l'UNEP/WHO, des cinq villes d'Asie les plus polluées – ce privilège revient à Dehli, Xian, Beijing, Calcutta et Shenyang. En termes de décibels, elle est à égalité avec Séoul.

servant Th Silom et l'aéroport de Bangkok). Non seulement les bus climatisés sont plus frais, mais ils sont aussi moins bondés (sauf aux heures de pointe).

Signalons un service de bus climatisés, qui ne sont jamais bondés : les Microbus qui s'interdisent tout voyageur en surnombre. Il vous suffit de verser, à l'entrée du bus, le montant du trajet (20 B) dans une boîte disposée à cet effet.

Jusqu'en 1998, les bus étaient peints en rouge et blanc, mais la compagnie privée qui a repris les Microbus a annoncé son intention de les peindre en violet. Les lignes les plus intéressantes sont celles du n°6 et du n°1. La première part de Th Si Phraya (près du centre commercial de River City), passe par le quartier de Mahboonkrong-Siam Square, et longe Th Sukhumvit. La seconde ligne relie le quartier du monument de la Victoire à celui de Banglamphu.

Plans des bus. Pour vous y retrouver dans les lignes de bus, vous avez besoin d'un plan. Les plus faciles à consulter sont le *Bangkok Bus Map (Walking Tours)*, publié par Bangkok Guide, ou le *Bangkok Thailand Tour'n Guide Map* de Thaveepholcharoen, qui incluent l'un et l'autre une bonne carte du pays tout entier.

Les numéros des bus sont clairement affichés en rouge, ceux des bus climatisés en gros caractères. Ces cartes se vendent 35 B à 40 B environ.

Le *Litehart's Groovy Bangkok Map & Guide* comprend également les lignes de bus. Le code de couleurs demande toutefois un temps d'adaptation, surtout lorsqu'on est habitué aux "cartes bleues". Il coûte 60 B.

Un *Bus Guide* plus complet de 113 pages est disponible dans les kiosques et les librairies au prix de 35 B, mais sa consultation n'est pas aussi aisée.

Sécurité dans les bus. Faites attention à vos affaires quand vous êtes à bord d'un bus, surtout s'il s'agit d'un bus ordinaire bondé. Les artistes du rasoir sont légion, particulièrement aux abords de la gare de Hualamphong. Ces voleurs habiles déchi-

rent votre sac à dos, votre sac en bandoulière ou même les poches de votre pantalon avec un rasoir affûté et vous dépouillent sans que vous vous en aperceviez.

Tenez votre sac devant vous, et conservez votre argent de préférence dans une poche de chemise sur la poitrine, comme le font les Thaïlandais, pour garder un contact visuel et tactile avec votre bien au cas où le bus serait plein à craquer.

Réseau aérien Skytrain. Reportez-vous à l'encadré *Quel devenir pour la circulation ?* pour en savoir plus sur le SkyTrain ou train du ciel. Lors de la rédaction de ce guide, le premier train de ce type devait être inauguré en janvier 2000.

Taxi. Bangkok connaît enfin, depuis 1993, les taxis à compteur (qu'on appelle *tháeksii miitôe* en thaï) qui l'emportent à présent. On les reconnaît les uns des autres par l'indication "Taxi Meter" sur le toit, alors que les autres se contentent de "Taxi Thai" ou simplement "Taxi". Les premiers sont toujours moins chers que les seconds, le problème étant qu'ils peuvent être difficiles à trouver aux heures de pointe.

Les taxis à compteur coûtent 35 B pour les deux premiers kilomètres à partir de la prise en charge, puis 4,50 B pour les dix kilomètres suivants, 5 B entre le kilomètre 13 et le kilomètre 20, et 5,5 B supplémentaires pour toute distance au-delà de 20 km ; ces tarifs s'appliquent uniquement lorsque le véhicule roule au moins à 6 km/h. En deçà de cette vitesse, il faut compter une surcharge de 1,25 B par minute. Les autoroutes à péage restent à la charge du passager (entre 20 B et 40 B selon la distance parcourue).

Des cabines téléphoniques sont à la disposition du public 24h/24 (☎ 02-319-9911) pour commander une voiture moyennant 10 B supplémentaires.

Pour certains trajets, il peut s'avérer très difficile de trouver un chauffeur qui veuille bien utiliser son compteur. C'est le cas si l'on veut se rendre du terminal Sud dans Bangkok même, il faut traverser le fleuve, et la plupart des chauffeurs vous demanderont carrément 350 B, quitte à négocier autour de 250 B. En sens contraire, on arrive généralement à les convaincre de brancher leur compteur.

La liaison de l'aéroport au centre-ville pose également problème. Certains chauffeurs vous demanderont 300 B, même si vous louez leurs services par l'intermédiaire du bureau des taxis à l'aéroport. Bien entendu, l'affaire est parfaitement illégale, mais essayez de leur faire entendre raison…

Si vous êtes obligé d'utiliser un taxi sans compteur, marchandez convenablement. En général, comptez entre 60 et 80 B pour vous rendre au centre de Bangkok et ajoutez entre 10 et 20 B si vous voyagez pendant les heures de pointe ou après minuit. Pour vous rendre à l'aéroport, un taxi simple vous demandera entre 200 et 300 B.

Un taxi à la journée vous coûtera entre 1 000 et 1 500 B suivant le kilométrage. Mieux vaut, autant pour la voiture que pour le chauffeur, louer les services de J&J Car Rent (☎ 02-531-2262), spécialisé dans les voitures avec chauffeur, à des tarifs concurrentiels.

Le *Taxi Guide*, une brochure distribuée par la TAT aux touristes et aux chauffeurs de taxi, comporte en thaï et en anglais les adresses des hôtels, pensions (guesthouses), ambassades, aéroports, centres commerciaux, temples et autres attractions touristiques, facilitant ainsi la communication entre chauffeurs et visiteurs étrangers.

Túk-túk. Pour les longs parcours, ils sont plus chers que les taxis, mais dans les embouteillages, ils s'avèrent plus rapides, car ils peuvent se faufiler entre les voitures et les camions. Leur inconvénient, c'est qu'ils ne sont pas climatisés, vous contraignant à inhaler un air saturé de plomb. Ils sont aussi plus dangereux, versant facilement en cas de freinage brutal dans un virage un peu trop rapide.

Les conducteurs de túk-túk parlent moins l'anglais, en général, que les chauffeurs de taxi, ce qui oblige à de laborieuses explications pour faire comprendre sa destination. Certains lecteurs ont eu de mauvaises expé-

La guerre des túk-túks

Dans le Bangkok du XVIIIe siècle, on circulait à pied, on empruntait les canaux, ou les rickshaws, tirés à bras d'homme (que les Thaï appelaient *rót chék*, ou "véhicule chinois"). Au tout début du XXe siècle, ce moyen de locomotion a été détrôné par le triporteur à pédales – ou samlor. Celui-ci, après la Seconde Guerre mondiale, s'est enrichi d'un moteur à deux temps, de fabrication japonaise, fort économique. Il devint tout naturellement, par la grâce de l'onomatopée, le "túk-túk".

Ces taxis à trois roues, qui font un bruit du diable, dégagent une fumée bleuâtre, malgré le fait qu'ils fonctionnent au GPL, plus prore que le diesel ou l'essence. Depuis dix ans, d'aucuns s'évertuent à les faire interdire. Les autorités municipales ont, semble-t-il, tenté d'en arrêter la fabrication. Toujours est-il qu'à chacun de mes séjours à Bangkok, je suis invariablement accueilli par une nuée de túk-túks flambants neufs. En fait, il s'agit là, avant tout, d'un problème moral. On ne peut oublier que ces chauffeurs, immigrés pauvres du Nord-Est, n'ont guère les moyens de louer une voiture japonaise plus silencieuse et moins polluante.

riences avec des chauffeurs les emmenant délibérément à des adresses de restaurants et de boutiques de soieries ou de pierres précieuses desquelles ils touchent des commissions. D'autres n'ont jamais eu de problèmes et ne jurent que par eux. Méfiez-vous des chauffeurs de túk-túk qui pour 10 ou 20 B vous proposent de vous faire découvrir la ville, – à ce prix-là, ce ne peut être que du racolage.

Moto-taxi. Les clients des taxis étant de plus en plus désespérés par les embouteillages, les motos-taxis sont sorties des sois pour travailler dans les grandes artères. Les prix sont à peu près semblables aux túk-túks, sauf quand la circulation devient dense ; les tarifs peuvent alors augmenter un peu.

Monter à l'arrière d'une moto-taxi demande plus de témérité que grimper dans un túk-túk. Ramenez bien vos jambes contre la machine : les conducteurs ont l'habitude de raser dangereusement les véhicules entre lesquels ils se faufilent.

Voiture et moto. On louera facilement une voiture ou une moto, à condition d'avoir des nerfs d'acier. Les tarifs commencent à 1 200 B la journée pour une petite voiture, beaucoup moins pour une moto, sans l'assurance. Pour des locations de longue durée, vous pouvez obtenir jusqu'à 35% de réduction. Le permis de conduire international et le passeport sont exigés. Pour de longs voyages à travers le pays, il peut être économique d'acheter une moto neuve ou d'occasion pour la revendre avant le départ. Voir le chapitre *Comment circuler* pour plus de détails. Voici les coordonnées de quelques sociétés de location :

Avis Rent-a-Car
(☎ 02-255-5300/4 ; fax 253-3734)
2/12 Th Withayu
(☎ 02-535 4052)
Terminal 1 de l'aéroport
(☎ 02-535 4032)
Terminal 2 de l'aéroport
(☎ 02-254 1234)
Grand Hyatt Erawan Hotel

Central Car Rent
(☎ 02-251-2778)
24 Soi Tonson, Th Ploenchit
Grand Car Rent
(☎ 02-248 2991)
233-5 Th Asoke-Din Daeng
Hertz
(☎ 02-535-3004)
Don Muang airport ;
(☎ 02-251-7575)
1620 Th Phetburi Tat Mai
Highway Car Rent
(☎ 02-266-9393)
1018/5 Th Rama IV
Inter Car Rent
(☎ 02-252-9223
45 Th Sukhumvit, près de Soi 3
Krung Thai Car Rent
(☎ 02-246 0089/1525)
233-5 Th Asoke-Din Daeng
Lumpinee Car Rent
(☎ 02-255-1966/3482)
167/4 Th Withayu
Petchburee Car Rent
(☎ 02-319-1393)
23171 Th Phetburi Tat Mai
SMT Rent-a-Car
(☎ 02-216-8020)
931/11 Th Rama I
Toyota Metro Rent-A-Car
(☎ 02-216-2181)
7e étage, Koolhiran Bldg, 1/1 Th Vibhavadi Rangsit, Chatuchak
Toyota Rental & Leasing
(☎ 02-637-5050)
Vibultnani Bldg, 3199 Th Rama IV
Sathorn Car Rent
(☎ 02-633-8888)
6/8-9 Th Sathon Neua
Thongchai Car Rent
(☎ 02-322-3313)
58/117 Th Si Nakharin

D'autres loueurs ont pignon sur rue dans Th Withayu et Th Phetburi Tat Mai. Certains louent également des motos, mais vous serez mieux loti en vous adressant à des loueurs spécialisés.

Vous trouverez ci-dessous les coordonnées de trois sociétés de location :

SSK
(☎ 02-514 1290),
35/33 Th Lat Phrao

Chusak Yont Shop
  (☎ 02-251 9225),
  1400 Th Phetburi Tat Mai
Visit Laochaiwat
  (☎ 02-278 1348),
  1 Soi Prommit, Th Suthisan

Bateau. Bien que les canaux de Bangkok (khlongs) soient en train de disparaître, les moyens de transport sont encore très nombreux au fil du Chao Phraya, d'une rive à l'autre, et sur les canaux adjacents. C'est une expérience pittoresque, et plus rapide bien souvent, que tout autre moyen terrestre. Vous jouissez d'un point de vue différent sur la ville et vous n'avez pas à vous débattre entre pollution, vacarme des klaxons et embouteillages.

Le principal moyen de transport sur le fleuve reste le Chao Phraya River Express (☎ 02-222 5330), qui circule entre la Tha Wat Ratchasingkhon (ponton du Wat Ratchasingkhon) au sud du centre de Bangkok et la province de Nonthaburi, entre 5h30 et 18h tous les jours. Le billet coûte entre 4 B et 9 B, sauf à bord d'un express spécial (repérable à son drapeau rayé rouge et orange) qui circule uniquement aux heures de pointe (de 6h à 9h et de 15h à 18h) Pour 10 B, il s'arrête à différents embarcadères en chemin.

Au cours des cinq dernières années, la BMA (Bangkok Metropolitan Authority) a pu, en les assainissant, remettre en activité quatre canaux importants, à la fois par leur étendue et leur potentiel commercial :

Khlong Saen Saep (de Banglamphu à Bang Kapi), Khlong Phrakhanong (de Th Sukhumvit à Sinakarin campus), Khlong Bang Luang/Khlong Lat Phrao (de Th Phetburi Tat Mai à Phaonyothin Bridge), et Khlong Phasi Charoen, à Thonburi (du port de Kaset Bang Khae à Rama I Bridge). Même surchargés, les bateaux sillonnant ces canaux vous amèneront à destination plus rapidement que taxis ou bus.

Reportez-vous à la rubrique *Excursions sur le fleuve et les canaux*, plus haut dans ce chapitre, pour plus de renseignements sur les déplacements en bateau dans Bangkok.

Circuits en hélicoptère. Hiller Helicopter Services (☎ 02-661 6841, 688 3433) propose un survol en hélicoptère du Chao Phraya et de la capitale à bord d'un Hiller H-1100, pour 2 000 B à 4 000 B par personne, en fonction de la durée du vol. Vous pouvez acheter votre billet au bureau de la compagnie, à l'espace 106 du centre commercial River City. Les appareils décollent de l'héliport aménagé sur le toit de cet édifice.

Circuit pédestre. A première vue, Bangkok n'est pas une ville propice à la marche à pied. Cependant, les endroits tranquilles existent – le parc Lumphini, par exemple, ou les quartiers en retrait des grandes avenues. Certains secteurs se visitent beaucoup mieux à pied, comme les vieux quartiers le long du Chao Phraya où les rues sont étroites et tortueuses et où les bus ne circulent pas.

Le Centre

D'un point de vue administratif, le Centre de la Thaïlande comprend 24 provinces. Ses limites sont Lopburi au nord, Prachuap Khiri Khan au sud, Kanchanaburi à l'ouest et Trat à l'est. Son important réseau hydrographique de rivières et de canaux en fait la région la plus fertile de Thaïlande : vastes rizières, champs de canne à sucre, d'ananas, d'autres fruits et de manioc.

Sur le plan linguistique, les populations du Centre parlent un dialecte considéré comme le thaï "standard", du simple fait que Bangkok en fait partie. D'importantes communautés chinoises sont disséminées dans toutes les provinces centrales. En raison de la forte immigration venue des pays voisins depuis deux siècles, de nombreux Môn et Birmans se sont installés à l'est, tandis que Lao et Khmers ont élu domicile dans les contrées ouest.

Province d'Ayuthaya

AYUTHAYA
62 100 habitants

Située à 86 km au nord de Bangkok, Ayuthaya fut la capitale thaïlandaise de 1350 à 1767 et, d'après tous les témoignages, une ville splendide. Avant de remplacer U-Thong comme capitale, la ville fut un avant-poste khmer. Elle reçut le nom sanskrit d'Ayodhya, demeure de Rama dans l'épopée indienne du *Ramayana*, qui signifie "inattaquable" ou "invincible" en sanskrit. Son nom thaï complet est Phra Nakhon Si Ayuthaya (Ville sainte d'Ayodhya).

Bien que la période Sukhothai soit souvent considérée comme l'âge d'or de la Thaïlande, la période Ayuthaya marqua l'apogée de l'empire thaïlandais, en termes d'expansion géographique (sa souveraineté s'étendait au Laos, au Cambodge et à la Birmanie ou actuel Myanmar), de longévité

A ne pas manquer

- **Le parc historique d'Ayuthaya** – les ruines de l'ancienne capitale royale
- **Ko Samet, Pattaya, Cha-am et Hua Hin** – trois stations balnéaires proches de Bangkok, donc fort courues
- **Damnoen Saduak et Samut Songkhran** – le royaume des marchés flottants et des plantations de noix de coco
- **Kanchanaburi** – lourds souvenirs de la Seconde Guerre mondiale
- **Le parc national aquatique de Ko Chang** – Promenades en forêt ou le long du littoral, récifs coralliens et cascades
- **Le col des Trois Pagodes** – point de passage entre le Myanmar et la Thaïlande
- **Trat et Aranya Prathet** – à la frontière du Cambodge, un considérable marché de pierres précieuses

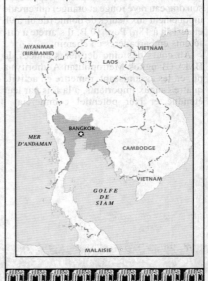

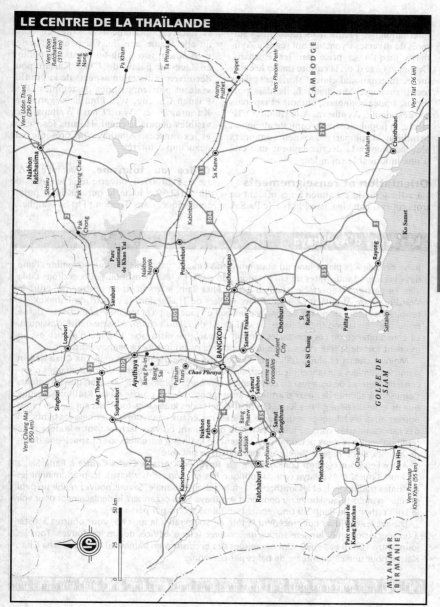

LE CENTRE DE LA THAÏLANDE

CENTRE DE LA THAÏLANDE

(plus de quatre siècles) et de reconnaissance internationale. Trente-trois monarques siamois de diverses dynasties ont régné à Ayuthaya jusqu'à sa prise par les Birmans. Durant cet âge d'or, la culture thaï et le commerce international étaient florissants dans tout le royaume. Marchands hollandais, portugais, français, anglais, chinois et japonais se pressaient à Ayuthaya. A la fin du XVIIe siècle, la population de la capitale atteignait le million – la plupart des visiteurs étrangers s'accordaient à la décrire comme une cité d'une inoubliable splendeur.

Orientation et renseignements

La ville actuelle est située au confluent de trois cours d'eau : le Chao Phraya, le Pa Sak et le petit Lopburi. Un large canal les réunit et encercle totalement la ville, en sorte qu'elle forme une île. On peut louer des *reua haang yao* (long-tail boats) au ponton en face du palais de Chan Kasem pour découvrir mille et un aspects de la vie fluviale et plusieurs ruines de temples (Wat Phanan Choeng, Wat Phutthaisawan, Wat Kasatthirat et Wat Chai Wattanaram), visibles depuis le canal. Hormis les ruines et les musées, Ayuthaya ne présente pas beaucoup d'intérêt.

Office du tourisme. L'agence TAT (☎ 035-246076), ouverte tous les jours de 8h à 16h30, jouxte le bureau de la police touristique, dans Thanon (Th) Si Sanphet.

Les fêtes d'Ayuthaya

Ici se déroule à la pleine lune du douzième mois lunaire (habituellement en novembre) l'une des plus importantes fêtes de Loi Krathong du pays. La fête investit plusieurs endroits de la ville. Le plus grand spectacle a lieu au **Beung Phra Ram**, le grand lac du centre-ville, entre le Wat Phra Ram et le Wat Mahathat. Des milliers de Thaïlandais, la plupart de Bangkok, se retrouvent autour de quatre ou cinq scènes où l'on joue tout à la fois du *lí-khe* (théâtre dansé populaire), de la pop thaïlandaise, du cinéma et du *lákhon chatrii* (drame dansé classique). La concomitance de ces spectacles produit un vacarme effroyable ! Le feu d'artifice est un moment fort de la fête et les vendeurs ambulants de nourriture ne manquent pas.

Moins fastueux et plus traditionnel, le spectacle qui se donne sur le quai **Tha Chan Kasem** réunit les familles qui lancent leurs *krathong* (petits flotteurs en forme de lotus chargés d'encens, de fleurs et de bougies) au confluent des rivières Lopburi et Pa Sak. Bien que les enfants s'amusent à allumer des feux d'artifice, l'atmosphère est plus proche du Loi Krathong typique que de celle de Beung Phra Ram. On peut acheter des krathongs tout faits sur le quai (vous pouvez aussi les fabriquer vous-même avec les matériaux en vente). Pour quelques bahts, un des canots amarrés vous conduira au milieu du courant où vous lâcherez votre krathong. La tradition veut que deux personnes qui lancent un krathong ensemble soient appelées à devenir amants, sinon dans cette vie, du moins dans la suivante.

Autre lieu pour célébrer Loi Krathong : le **Royal Folk Arts & Crafts Centre** à Bang Sai, à 24 km à l'ouest d'Ayuthaya (voir la rubrique *Les environs d'Ayuthaya*). Ici prédominent les costumes traditionnels et les krathongs de fabrication artisanale. Si vous pouvez réunir un petit groupe, n'importe quel hôtel ou pension d'Ayuthaya vous organisera le déplacement pour voir le Loi Krathong de Bang Sai (moyennant 250 B ou moins par personne).

Durant les dix jours qui précèdent la fête de Songkran à la mi-avril, vous pourrez assister à un spectacle son et lumière sur les ruines, avec feux d'artifice, depuis les douves. Tous les jours entre 10h30 et 13h30 sont organisées des excursions en bateau au départ de Tha Chan Kasem pour une cinquantaine de bahts par personne.

Poste et communications. La poste ouvre de 8h30 à 16h30 du lundi au vendredi, et de 9h à 12h, le samedi. Vous trouverez à l'étage un centre téléphonique d'où l'on peut passer des appels par carte et à l'international, tous les jours de 8h à 20h.

Musées nationaux

Il y en a deux, le principal étant le **musée national Chao Sam Phraya**, près du carrefour de Th Rotchana (la rue principale du centre-ville qui relie la route de Bangkok) et de Th Si Sanphet, proche du centre de la ville. Les pièces exposées vous permettront une bonne approche de la sculpture thaï, particulièrement de la période Ayuthaya. Vous trouverez une sélection d'ouvrages sur l'art et l'archéologie du pays près de la billetterie. Le musée est ouvert du mercredi au samedi de 9h à 16h et l'entrée coûte 30 B.

Le second, le **palais Chan Kasem** (Phra Ratchawong Chan Kasem), est une pièce de musée en lui-même. Ce fut un cadeau du dix-septième roi d'Ayuthaya, Maha Thammarat, à son fils, le prince Naresuan. Il conserve des objets en or provenant du Wat Mahathat et du Wat Ratburana. Le palais Chan Kasem se trouve à l'angle nord-est de la ville, tout près de la rivière. Le billet d'entrée vaut 30 B, les jours et les heures d'ouverture sont celles du Chao Sam Phraya, avec une coupure entre 12h et 13h.

Centre d'études historiques d'Ayuthaya

Financé par le gouvernement japonais, cet institut de recherches historiques, Ayuthaya Historical Centre (☎ 035-245125) se trouve en face du musée Chao Sam Phraya.

Le bâtiment principal, sur Th Rotchana, présente l'histoire de la ville sous cinq aspects : l'urbanisme, le port, l'administration, les modes de vie et les traditions. Une annexe, au sud du Wat Phanan Choeng (sur la rive sud du confluent entre le Pa Sak et le Chao Phraya) abrite la section consacrée aux rapports des pays étrangers avec Ayuthaya. Le centre est ouvert du mercredi au vendredi, de 9h à 16h30. Valable pour les deux bâtiments, l'entrée coûte 100 B (50 B pour les étudiants). Les groupes de cinq personnes minimum bénéficient d'une réduction de 20%.

Elephant Kraal

Le corral en bois qui servait autrefois au rassemblement des éléphants sauvages a été restauré. Un pavillon, spécialement édifié pour le roi, lui permettait d'assister à cet impressionnant spectacle.

Où se loger – petits budgets

Pensions et auberge de jeunesse. Les petits budgets ont le choix entre plusieurs pensions et une auberge de jeunesse. Toutes louent des bicyclettes pour 50 B la journée. Quatre sont situées dans Th Naresuan ou aux environs, à proximité de l'arrêt des bus.

Presque au bout d'un soi débouchant dans Th Naresuan (non loin de l'Ayuthaya Hotel), l'*Ayuthaya Guest House* (☎ 035-232658) propose des simples/doubles à 120/160 B, dans une ancienne demeure. Les propriétaires envisagent d'ajouter des chambres, au sein d'un nouveau bâtiment moderne en briques.

L'enseigne voisine, l'*Old BJ Guest House* (☎ 035-251526) appartient à des parents des propriétaires précédents. Vous débourserez 80/150 B pour une simple/double, ou 60 B le lit en dortoir. Le premier établissement s'avère plus propret et les deux n'offrent qu'un service de restauration assez limité.

Non loin de l'Old BJ, la récente *PU Guest House* (☎ 035-251213, 20/1 Soi Thor Kaw Saw) abrite deux étages de chambres à 140 B en simple/double, ainsi qu'un dortoir à 60 B la nuit. Les s.d.b. collectives occupent une bâtisse séparée. La gérante japonaise parle un petit peu anglais. On peut boire et se restaurer sur place à bon marché.

A la *New BJ Guest House* (☎ 035-244046, 19/29 Th Naresuan), une simple/double coûte 120 B, une place en dortoir 60 B. La salle à manger est agréable, mais donne sur une artère passante.

Sur l'autre rive du fleuve, presque en face de la gare, un bâtiment en bois abrite

CENTRE DE LA THAÏLANDE

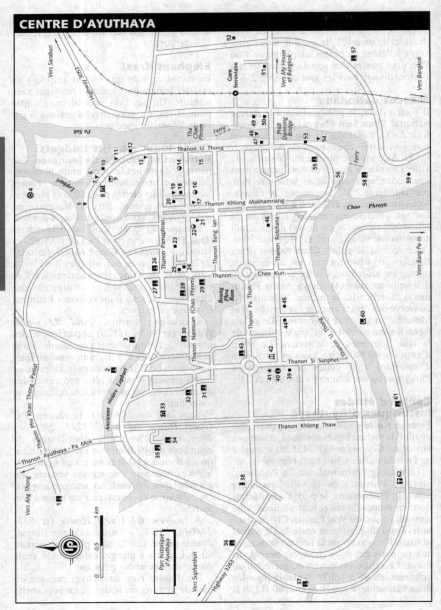

CENTRE D'AYUTHAYA

LE CENTRE D'AYUTHAYA

OÙ SE LOGER
10 U-Thong Hotel
12 Cathay Hotel
18 Ayuthaya Hotel
20 Ayuthaya Guest House,
   Old BJ Guest House,
   PU Guest House
23 Thai Thai Bungalow
24 New BJ Guest House
25 Thongchai Guest House
44 Suan Luang (Royal Garden)
   Hotel
46 Wieng Fa Hotel
47 Ayuthaya Youth Hostel
49 Tevaraj Tanrin Hotel
50 Krungsri River Hotel
51 U-Thong Inn
52 Ayuthaya Grand Hotel
53 Phaesri Thong Guest House

OÙ SE RESTAURER
5 Marché de nuit de Hua Raw
7 Marché de nuit
11 Chainam
13 Rodeo Saloon
15 Marché de Chao Phrom

17 Duangporn Restaurant
19 Moon Cafe
21 Restaurant végétarien
48 Restaurants flottants
54 Phae Krung Kao

DIVERS
1 Phu Khao Thong Temple
   (Golden Mount Chedi)
2 Wat Phra Meru
3 Wat Kuti Thong
4 Elephant Kraal
6 Tha Chan Kasem
8 Palais U Thong
   Chan Kasem
9 Poste principale
14 Minivans climatisés
   pour Bangkok
16 Gare routière
22 Minibus pour Bangkok
26 Sanctuaire chinois
27 Wat Suwannawat
28 Wat Ratburana
29 Wat Phra Mahathat
30 Wat Thammikarat
31 Wat Mongkhon Bophit

32 Wat Phra Si Sanphet
33 Palais royal
34 Wat Lokaya Sutha
35 Wat Chetharam
36 Wat Kasatthirat
37 Wat Chai Wattanaram
38 Pagode en mémoire
   de la reine Suriyothai
39 Hôtel de ville
40 Bureau de la TAT
41 Police touristique
42 Musée national
   Chao Sam Phraya
43 Wat Phra Ram
45 Centre d'études historiques
   d'Ayuthaya
55 Wat Suwan Dararam
56 Forteresse de Phet
57 Wat Yai Chai Mongkhon
58 Wat Phanan Choeng
59 Centre d'études historiques
   d'Ayuthaya (annexe)
60 Mosquée
61 Wat Phutthaisawan
62 Cathédrale
   Saint-Joseph

CENTRE DE LA THAÏLANDE

l'*Ayuthaya Youth Hostel* (☎ *035-241978),
48/2 Th U-Thong*), également connue sous
le nom de Reuan Dorm. Les chambres, très
simples, avec ventilateur au plafond, coûtent
de 200 à 250 B selon la taille (s.d.b. commune). Un bon restaurant flottant est amarré
côté fleuve ; il est ouvert de 10h à 23h. Si le
bruit (du restaurant et de la circulation sur
Th U-Thong) ne vous fait pas peur, c'est une
adresse à retenir. Apparemment, personne
ne songe à vous demander une carte
d'affiliation à la Fédération internationale
des auberges de jeunesse ; mais si vous en
avez une, essayez d'obtenir une réduction.

Au bord de l'eau, près du Wat Suwan, la
Phaesti Thong Guest House (☎ *035-
246010,8/1 Th U Thong*) étincelle de propreté. A chaque étage, un balcon collectif
permet de s'asseoir pour contempler le
fleuve. Les 1er et 2e abritent de spacieuses
chambres climatisées, avec TV et s.d.b.
(500 à 600 B) ; le dernier dispose d'un dortoir gigantesque, où les lits se louent

150 B la nuit. Partiellement en terrasse, le
restaurant domine la rivière ; on peut s'y
détendre au frais en mangeant des plats thaï
ou faráng. Noi, le propriétaire, parle anglais
et la pension dispose d'un bateau qui permet de sillonner Ayuthaya sur l'eau pour
150 B par personne.

Sur une rue secondaire parallèle à
Th Naresuan et donnant dans Th Chee Kun,
la *Thongchai Guest House* (☎ *035-
245 210*) devrait venir en dernier choix. Les
chambres en bungalows sentent un peu le
renfermé, à moins que vous n'optiez pour
celles situées dans une maison mitoyenne.
Quoi qu'il en soit, vous débourserez
200 B sans s.d.b., 300 B avec ventilateur et
s.d.b., ou 400 B avec clim. et s.d.b.

Hôtels. Installés à la confluence des rivières
Lopburi et Pa Sak, deux établissements classiques de style sino-thaï accueillent les
visiteurs depuis plus de vingt ans. L'*U-
Thong Hotel* (☎ *035-251136*), dans

Th U Thong, non loin du marché de nuit d'Hua Raw et du palais Chan Kasem, comprend des simples/doubles correctes avec ventilateur à 260/320 B, ou avec clim., TV et douche chaude pour 370/490 B. Au sud-est, le *Cathay Hotel* (☎ 035-251562, 36/5-6 Th U Thong) loue 150/270 B ses chambres peu soignées à 1/2 lits avec ventilateur, et 300 B ses simples/doubles avec clim. Les deux établissements tournent le dos au cours d'eau. L'U-Thong est préférable au second.

Bien en retrait de la grande rue, entre le terminal des bus et le chemin qui mène à Wat Phra Meru, le *Thai Thai Bungalow* (☎ 035-244702, 13/1 Th Naresuan) loge ses hôtes dans des chambres certes spacieuses, mais assez délabrées et d'une propreté moyenne. Comptez de 80 B avec ventilateur à 300 B avec clim.

Où se loger – catégories moyenne et supérieure

Sympathique et douillet, le *Wieng Fa Hotel* (☎ 035-241353, 1/8 Th Rotchana) est un établissement de deux étages où vous dormirez relativement au calme sur un jardin (de 400 à 600 B la chambre). Toutes sont pourvues de la TV et de la clim. Le personnel parle anglais.

Proche du Centre d'études historiques d'Ayuthaya, le *Suan Luang Hotel* (*Royal Garden*, ☎/fax 035-245537) abrite 5 étages de chambres convenables avec clim., réfrigérateur et TV pour 500 B la nuit. Deux ou trois pièces climatisées de 6 lits sont disponibles, moyennant 600 B. Toutes disposent de douches à eau froide et d'une TV avec une chaîne en anglais.

Dans Th Rotchana, en direction de l'hôpital Ratchathani, *My House* (☎ 035-335493, fax 335494) facture 420 B ses chambres avec ventilateur. Son emplacement isolé est toutefois un gros inconvénient.

Anciennement appelé Sri Smai Hotel, le plus luxueux *Ayuthaya Hotel* (☎ 035-252249, fax 251018, 12 Soi 2, Th Thetsaban), juste en retrait de Th Naresuan, demande 900 B pour des simples/doubles avec clim., baignoire, minibar et TV câblée. Une piscine était en construction lors de notre visite.

Un échelon au-dessus, l'*U-Thong Inn* (☎ 035-242236, fax 242235) offre de confortables chambres climatisées dans son ancienne aile, moyennant 1 150 B. Celles du nouveau bâtiment, qui abrite un petit salon, sont facturées 1 500 B, petit déjeuner pour deux compris. L'établissement se trouve dans Th Rotchana, après l'embranchement pour la gare ferroviaire. Les hôtes ont accès à une piscine, un sauna et une salle de massage.

Plus loin, les 6 étages de l'*Ayuthaya Grand Hotel* (☎ 035-335483, fax 335492, 75/5 Th Rotchana) vous accueillent dans des chambres tout confort, pour 1 200 à 1 500 B. Vous bénéficiez également d'une cafétéria, d'un bar, d'une boîte de nuit et d'une grande piscine.

Champion toutes catégories, le *Krungsri River Hotel* (☎ 035-244333, fax 243777, 27/2 Th Rotchana) réunit 202 chambres de luxe réparties sur 8 étages et louées entre 1 600 et 2 000 B. Les suites s'échelonnent de 5 000 à 10 000 B. Vous y trouverez un pub/coffee house, un restaurant chinois, un beer garden, un centre de remise en forme, une piscine, un bowling et un club de billard.

Voisin, le *Tevaraj Tanrin Hotel* (☎ 035-243139, fax 244139) abrite 102 chambres similaires qui donnent sur la rivière. Les tarifs débutent à 960 B en simple/double (avec petit déjeuner). On peut y manger au restaurant flottant ou siroter un verre au beer garden.

Où se restaurer

Si l'on souhaite ne pas dépenser beaucoup et s'assurer tout de même d'un bon repas, rien ne vaut le *marché de nuit de Hua Raw*, au bord de l'eau, à proximité du palais Chan Kasem, et le *marché de Chao Phrom*, face à l'embarcadère du ferry, le long de la partie sud de l'île. Près du palais Chan Kasem et voisin de l'U-Thong Hotel, le *Chainam* dispose ses tables en bordure de rivière, vous propose une carte bilingue et un service agréable. On peut aussi y prendre son petit déjeuner.

Dans le même soi que l'Ayuthaya Guest House, le minuscule *Moon Cafe* sert une cuisine thaï et faráng dans un décor bohème. Comptez de 30 à 50 B le plat, que vous pourrez arroser d'une bière, suivi d'un expresso.

Non loin du terminal des bus, sur Th Naresuan, on peut manger thaï ou chinois au *Duangporn* pour 40 à 80 B le plat. L'établissement est climatisé. Au coin de la rue, sur l'autre rive du canal, il existe également un *restaurant végétarien*.

On trouvera plusieurs restaurants dans Th Rotchana, et quatre restaurants flottants sur le Pa Sak, trois de chaque côté du pont Pridi Damrong sur la rive ouest, et le dernier sur la rive est.

Au sud du pont, sur la rive ouest, le plus réputé, le *Phae Krung Kao* ouvre de 10h à 14h. Au nord du pont, sur la même rive, le *Ruenpae* est équivalent. Le *Reuan Doem*, en face du Ayuthaya Youth Hostel, est aussi très bien.

En retrait de Th Chee Khun, près de la Thongchai Guest House, le *Ruay Jaroen* est une énorme bâtisse en bois. Spécialisé dans les fruits de mer et le canard (prix moyens à modérément chers), il est ouvert de 11h à 23h. Le soir, un très bon marché de nuit s'anime près du quai, face au palais Chan Kasem.

Pour un dîner (uniquement) un peu plus chic et sur fond d'orchestre, essayez le *Rodeo Saloon*, sur Th U-Thong. En dépit du nom et du décor western, la nourriture est thaïlandaise (carte en anglais).

Comment s'y rendre

Bus. Toutes les 20 minutes de 5h à 19h partent des bus réguliers tant du terminal Nord de Bangkok que de celui d'Ayuthaya sur Th Naresuan. Comptez 30 B et environ 2 heures de route. Il existe aussi des bus climatisés qui circulent à la même fréquence de 5h40 à 19h20 (toutes les 15 minutes de 7h à 17h) pour 47 B.

Le trajet peut ne durer qu'une heure et demie, lorsque la circulation est fluide au nord de la capitale.

Un peu plus à l'ouest que le terminal des bus, dans la même artère, se trouve, face à la New BJ Guest House, le départ des mini-

vans, toutes les 20 minutes de 4h à 17h (40 B le billet).

Attention ! Si vous arrivez d'une autre ville que Bangkok ou d'une localité voisine, le bus risque de vous déposer au terminus des bus long courrier, soit à 5 km à l'est du Pridi Damrong Bridge, à l'embranchement de la Highway 32. Les *songthaews* depuis/vers Bang Pa-In partent du même endroit que les minivans. Prévoyez 8 B pour une demi-heure de trajet.

Train. Des trains pour Ayuthaya partent de la gare Hualamphong, à Bangkok, environ toutes les heures, de 4h20 à 22h (15 B en 3e classe pour 1 heure 30 de trajet). Il n'est pas nécessaire de prendre un rapide ou un express, pour un trajet aussi court. Les horaires sont disponibles au guichet des renseignements de Hualamphong.

En descendant du train à la gare d'Ayuthaya, le meilleur moyen pour gagner la vieille ville est de marcher jusqu'au fleuve, où vous pourrez attraper un ferry (1 B) qui vous emmènera en un rien de temps sur l'autre rive, à l'embarcadère de Tha Chao Phrom.

Au départ de l'aéroport international de Bangkok, les trains pour Ayuthaya ne circulent pas après 22h. Il y a de nombreuses liaisons ferroviaires (3e classe) entre la gare de Don Muang (en face de l'aéroport international de Bangkok) et Ayuthaya.

Bateau. Il n'existe pas de service fluvial entre Bangkok et Ayuthaya. Plusieurs compagnies organisent des excursions de luxe vers Bang Pa-In, avec visite en bus d'Ayuthaya, pour 1 500 à 1 800 B par personne, y compris un repas gargantuesque. Le prix d'une croisière de deux jours à bord d'une barge à riz reconvertie débute à 4 800 B. Reportez-vous à la rubrique *A voir et à faire* dans le chapitre *Bangkok*.

Comment circuler

Des songthaews sillonnent les rues de la ville pour 5 à 7 B par personne, selon le trajet. Une course en túk-túk de la gare à n'importe quel lieu de la ville coûte environ 30 B. A l'intérieur de l'"île", cela ne devrait pas dépasser 20 B.

Pour visiter les ruines, vous pouvez louer un samlor, un túk-túk ou un songthaew à l'heure ou à la journée, mais les prix sont très supérieurs à la norme thaïlandaise (150 B pour une heure pour tout moyen motorisé, 500 B pour la journée). Beaucoup de chauffeurs demandent au moins 700 B la journée ; cela revient beaucoup moins cher d'effectuer des visites séparées de chaque site ; les plus courageux pourront louer une bicyclette auprès d'une des pensions (de 40 à 50 B la journée).

Il est intéressant de louer un bateau au Tha Chan Kasem pour faire le tour de l'île et voir les ruines les moins accessibles. Un long-tail boat pour 8 personnes coûte 400 B pour une promenade de 2 à 3 heures avec arrêts aux Wat Phutthaisawan, Wat Phanan Choeng et Wat Chai Wattanaram.

ENVIRONS D'AYUTHAYA
Bang Pa-In

A Bang Pa-In, 20 km au sud d'Ayuthaya, on verra un curieux ensemble de constructions palatiales de styles hétéroclites. Si vous venez de Bangkok, la remontée du fleuve en bateau-croisière ne manque pas de charme. Le palais est ouvert de 9h à 15h tous les jours. L'entrée est de 50 B.

Bâtiments palatiaux. La "carte postale" de l'endroit est un joli pavillon au centre d'un petit lac près de l'entrée du palais. Un seul édifice est ouvert au public, le **palais Wehat Chamrun**. Le **Withun Thatsana** ressemble à un phare doté de balcons, avec de belles vues plongeantes sur les jardins et les lacs. Vous rencontrerez divers autres édifices, tours et monuments commémoratifs, ainsi qu'un intéressant jardin taillé, où les buissons représentent une horde d'éléphants.

Wat Niwet Thamaprawat. De l'autre côté de la rivière, au sud du palais, ce curieux temple ressemble davantage à une église gothique chrétienne qu'à un monument thaïlandais. Il fut construit par Rama V

(Chulalongkorn). On y accède en traversant gratuitement la rivière par une télécabine.

Comment s'y rendre. Bang Pa-In est desservi par des minibus (plutôt des grands songthaews) qui partent à l'angle du marché Chao Phrom d'Ayuthaya, sur Th Naresuan (10 B le trajet de 45 mn). De Bangkok, il y a toutes les demi-heures environ un départ du terminal des bus Nord (23 B en bus ordinaire, 34 B en véhicule climatisé). Vous pouvez aussi vous y rendre en train (12 B en 3e classe).

La Chao Phraya River Express Boat Company organise une excursion tous les dimanches au départ du quai Tha Maharat à Bangkok, allant jusqu'au Wat Phailom à Pathum Thani (de novembre à juin) ou au Wat Chaloem Phrakiat (de juillet à octobre), ainsi qu'à Bang Pa-In et au Royal Folk Arts & Crafts Centre de Bang Sai (voir plus bas). Le bateau part de Bangkok à 8h et revient à 17h30. Comptez 200 B (280 B sur le pont supérieur), non compris le repas que vous prenez à votre convenance à Bang Pa-In. Pour les croisières plus onéreuses jusqu'à Bang Pa-In, qui incluent une visite de la vieille ville d'Ayuthaya, reportez-vous à la rubrique *A voir et à faire* dans le chapitre *Bangkok*.

Royal Folk Arts & Crafts Centre de Bang Sai

Ce centre royal des arts et traditions populaires de Bang Sa, propriété de 115 ha à Beung Yai (dans le district de Bang Sai) a pour vocation de former les artisans. Il est ouvert tous les jours, de 8h30 à 16h ; le droit d'entrée est de 20 B. Appelez ☎ 035-3666092 ou ☎ 02-225-8265 à Bangkok, pour des renseignements complémentaires. Des démonstrations ont lieu tous les jours sauf le lundi.

Le festival de Loi Krathong qui s'y déroule a la réputation d'être l'un des plus authentiques de la Thaïlande centrale. Consultez l'encadré des *Fêtes d'Ayuthaya*, plus haut dans ce chapitre, si vous souhaitez y assister.

(suite du texte en page 340)

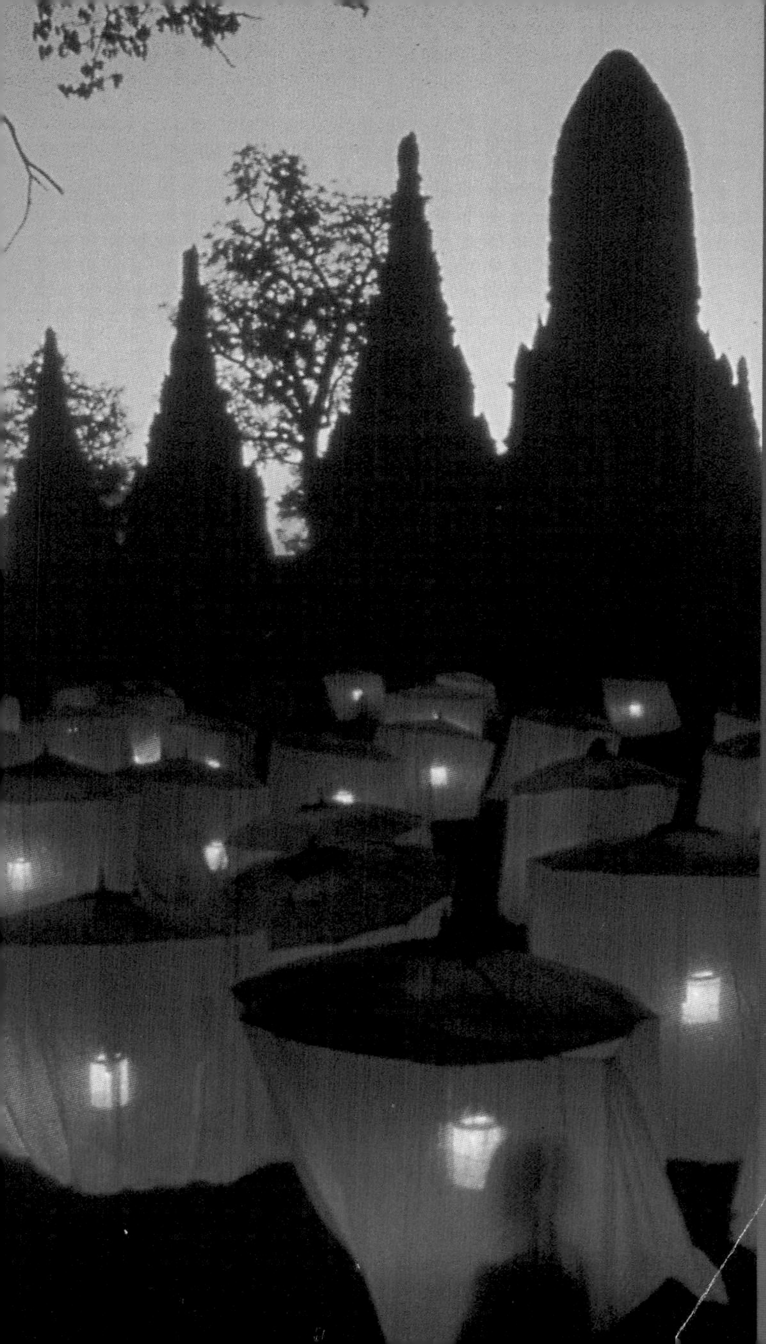

PARC HISTORIQUE D'AYUTHAYA

PARC HISTORIQUE D'AYUTHAYA

L'ensemble monastique d'Ayuthaya est désormais inscrit au Patrimoine mondial de l'Unesco. Les temples sont disséminés dans toute cette cité au splendide passé, et le long des rivières qui l'entourent. Plusieurs sites centraux – les ruines des Wat Phra Si Sanphet, Wat Mongkhon Bophit, Wat Phra Meru, Wat Thammikarat, Wat Ratburana et Wat Phra Maha-that – se visitent aisément à pied à condition d'éviter les heures de canicule, de 11h à 16h. Néanmoins, une bicyclette permet de se déplacer plus rapidement d'un site à l'autre, donc de voir plus de lieux qu'à pied. La combinaison idéale est la bicyclette pour les temples centraux et le long-tail boat pour les ruines éloignées. Reportez-vous à la rubrique *Comment circuler* dans ce chapitre et à la carte du centre d'Ayuthaya pour l'emplacement des temples. L'accès aux ruines coûte le plus souvent de 20 à 30 B. Elles sont accessibles de 8h à 16h30.

NICHOLAS REUSS

Page précédente : retraite et méditation au milieu des ruines du parc historique d'Ayuthaya (avec l'aimable autorisation de la TAT)

Ci-contre : le Wat Ratburana, Ayuthaya

Wat Phra Si Sanphet

Plus vaste temple de la ville, il a également servi de palais à plusieurs monarques. Construite au XIVe siècle, l'enceinte comprenait autrefois un bouddha debout de 16 m de haut, recouvert de 250 kg d'or que les conquérants birmans ont fait fondre. Le célèbre alignement de ses trois grands chédis représente la quintessence du style Ayuthaya, devenu quasiment synonyme d'art Thaï (plus que tout autre style de l'histoire artistique thaïlandaise). Il est perçu 30 B de droit d'entrée.

Wat Mongkhon Bophit

Ce monastère proche de Si Sanphet renferme l'une des plus grandes statues du Bouddha en Thaïlande, un bronze du XVe siècle. Le *wihãan* actuel (salle des objets sacrés) date de 1956.

Wat Phra Mahathat

Ce wat, à l'angle de Th Chee Kun et de Th Naresuan (Chao Phrom), remonte au XIVe siècle, plus précisément au règne du roi Ramesuan. Malgré d'importantes destructions – il ne restait plus grand-chose du temple après le passage des hordes birmanes – le *prang* (tour de style khmer, la première construite dans cette capitale) est encore impressionnant. C'est ici que se trouve la tête de Bouddha la plus photographié d'Ayuthaya. L'entrée coûte 30 B.

Wat Ratburana

Ce temple en ruine constitue le pendant du Mahathat, de l'autre côté de la rue. Les chédis, décorés de fresques du début de la période Ayuthaya, sont les mieux conservés. L'entrée coûte 30 B.

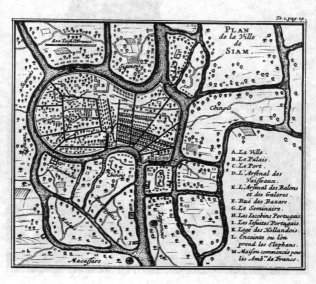

Ci-contre : ce plan d'Ayuthaya fut publié en 1691 dans *Du royaume de Siam*, où l'ambassadeur français Simon de La Loubère (1642-1729) retrace son expérience. Depuis le début du XVIe siècle, Ayuthaya recevait la visite de voyageurs européens, et le royaume du Portugal y eut même une ambassade permanente dès 1511

Wat Thammikarat

A l'est des jardins du vieux palais, et au sud de la boucle que fait le Chao Phraya, le Thammikarat envahi de végétation abrite encore des chédis en ruine et des lions sculptés.

Wat Phanan Choeng

Au sud-est de la ville, sur les rives du Chao Phraya, ce wat fut élevé avant qu'Ayuthaya ne devienne la capitale siamoise. On ignore qui ordonna sa construction, mais comme il date du début du XIVe siècle, il pourrait être khmer. Le wihãan principal renferme un bouddha assis de 19 m, très vénéré, qui a donné son nom au temple.

Un bac amarré au quai proche de la forteresse de Phom Phet, au sud-est du centre-ville, permet d'atteindre ce temple. Pour quelques bahts supplémentaires, vous pourrez embarquer avec votre bicyclette.

Wat Phra Meru (Phra Mehn/Mane)

En face des jardins de l'ancien palais royal, un pont mène au Wat Phra Meru, qui a échappé à la destruction birmane en 1767. Le *bòt* fut construit en 1546 avec des murs et des piliers dignes d'une forteresse. Au cours de l'invasion birmane, Chao Along Phaya de Birmanie y fit

Ci-contre : le naturaliste français Henri Mouhot découvrit Ayuthaya au milieu du XIXe siècle, près de cent ans après le pillage de la ville par les Birmans. Cette eau-forte représentant un temple abandonné envahi par la végétation, figure dans son journal intitulé *Voyages au Siam, au Cambodge et au Laos 1858-1860*

Page de droite : illustrant le même ouvrage, cette seconde eau-forte témoigne de la dégradation d'un Bouddha au milieu des ruines d'Ayuthaya

installer son canon pour tirer sur le palais. Le canon explosa et le roi trouva la mort ; ce qui mit un terme au sac d'Ayuthaya.

L'intérieur du bòt renferme un somptueux plafond en bois sculpté. Le splendide bouddha assis et couronné, fait 6 m de haut et témoigne parfaitement du style Ayuthaya. Derrière le bòt, un petit wihãan, abrite un bouddha en pierre verte de Ceylan, assis "à l'européenne" sur une chaise ; il aurait 1 300 ans. Les murs du wihãan portent des traces de fresques des XVIIIe et XIXe siècles. L'entrée est de 20 B.

Wat Yai Chai Mongkhon

La population appelle le Wat Yai (le "grand temple"), ce temple situé au sud-est de la ville (et accessible en minibus pour 3 ou 4 B) en raison de la taille imposante de son chédi. Ce lieu empreint de sérénité fut un célèbre centre de méditation, construit en 1357 par le roi U Thong. Outre le très grand chédi, l'enceinte renferme un imposant bouddha couché. Le monastère est habité par une communauté de *mâe chii* (nonnes bouddhistes). Il vous sera demandé 20 B de droit d'entrée.

Autres temples

Juste au nord du Wat Ratburana, à l'ouest d'un pittoresque sanctuaire chinois, s'étendent les ruines du **Wat Suwannawat**. Les restes de huit chédis en briques vieux de quatre siècles, un bòt et un wihãan sont agencés en cercle, un dispositif typique du début de la période Ayuthaya.

Sur la rive ouest du Chao Phraya, au sud-ouest du centre-ville, les ruines des prangs et les chédis du **Wat Chai Wattanaram** ont été restaurées. On peut y accéder par bateau, ou à bicyclette – en traversant le pont voisin. Si vous êtes motorisé, vous passerez devant le **Wat Kasatthirat**. L'entrée est de 20 B pour chacun de ces temples.

Une brève traversée en bateau vers le nord, sur le Lopburi, vous amènera au moderne **Wat Pa Doh**. Devant le bòt, un bouddha de style Sukhothai, unique en son genre, enjambe un arc étroit, symbole du passage du samsara au nirvana.

(suite du texte de la page 336)

Province de Lopburi

LOPBURI

412 000 habitants

La fondation de Lopburi, située à 154 km environ au nord de Bangkok, remonte au minimum à la période Dvaravati (VIe au XIe siècle). La ville s'appelait alors Lavo ou Louvo, mais les occupants khmers et thaï qui s'installèrent dès le Xe siècle ont laissé peu de traces de cette première culture dans la ville même. Néanmoins, les objets de la période Dvaravati trouvés à Lopburi sont visibles au musée national de la ville.

Les ruines et les sculptures que l'on peut voir à Lopburi s'échelonnent sur douze siècles. Au Xe siècle, l'empire d'Angkor a annexé Lavo et ont alors été bâtis le Prang Khaek, le San Phra Kan et le Prang Sam Yot, ainsi que l'imposant *prang* (tour ou sanctuaire de style khmer) du Wat Phra Sri Ratana Mahathat.

Au XIIIe siècle, Lopburi passa sous la domination du royaume de Sukhothai au nord, mais l'influence culturelle khmère resta forte durant toute la période d'Ayuthaya.

Au milieu du XVIIe siècle, le roi Narai fit appel à des architectes français pour ériger l'enceinte de Lopburi, appelée à servir de capitale alors qu'Ayuthaya était menacée par un blocus naval hollandais. Le palais royal fut construit en 1665 et le monarque y mourut en 1688.

Orientation et renseignements

La ville moderne date des années 40. Elle s'étend à quelque distance de la vieille ville fortifiée et s'organise autour de deux grands ronds-points. Il n'y a rien d'intéressant à voir dans cette partie neuve. Mieux vaut chercher une chambre dans la vieille ville, d'autant que tous les sites anciens se visitent à pied en une journée ou deux.

Office du tourisme. Pour l'instant, l'agence de la TAT (☎ 036-422768/9) occupe une partie du Sala Jangwat (bâtiment du conseil régional) de la ville moderne. Dans un avenir proche, la TAT devrait déplacer son bureau dans l'ancienne cité, face au Wat Phra Si Ratana Mahathat. Son personnel distribue les brochures habituelles et vous aide en cas de problème au cours de votre séjour.

Poste et communications. L'agence CAT est située non loin du bureau de poste, dans Th Phra Narai Maharat, en direction de la ville moderne. Elle ouvre de 8h à 18h et propose le service Home Country Direct (mais il ne fonctionnait pas lors de notre visite).

Phra Narai Ratchaniwet

Le palais du roi Narai est le meilleur point de départ d'une visite de Lopburi. Après la mort du roi en 1688, le palais ne fut utilisé par son successeur, le roi Phetracha, que pour les cérémonies de son couronnement. Il fut ensuite abandonné jusqu'à ce que le roi Mongkut ordonne sa restauration au milieu du XIXe siècle. Il fallut douze années pour le construire (1665-1677), avec le concours d'architectes français. Le palais présente un mélange saisissant de styles khmer et européen.

La grande porte d'entrée, **Pratu Phayak-kha,** donne dans Th Sorasak, en face de l'Asia Lopburi Hotel. L'enceinte est bien entretenue et plantée d'arbres et d'arbustes.

Immédiatement à gauche de l'entrée se trouvent les vestiges des écuries des éléphants royaux, avec le réservoir d'eau du palais sur le devant. Dans la cour voisine, à gauche, entrez dans la salle de réception et le **Phra Chao Hao,** qui servait probablement de *wihãan* (sanctuaire) à une précieuse statue du Bouddha. Après d'autres étables, on arrive à la cour sud-ouest occupée au centre par le pavillon **Suttha Sawan.** La cour nord-ouest abrite nombre d'édifices en ruine : ancienne salle d'audience, diverses *sãalaa* (salle de réunion ou de détente couverte, ouverte sur l'extérieur) et résidences du harem. Les visites ont lieu tous les jours de 7h30 à 17h30.

CENTRE DE LA THAÏLANDE

LOPBURI

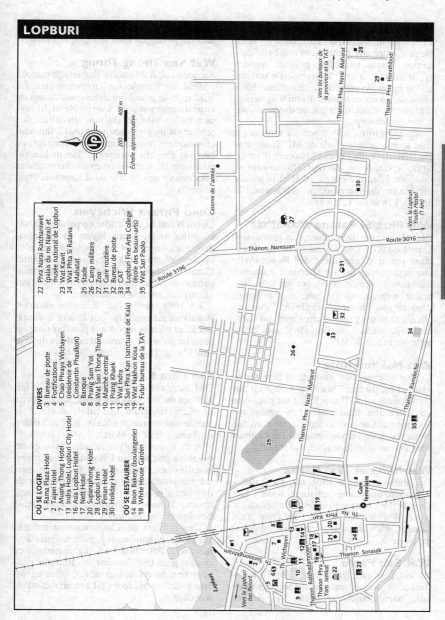

0   200   400 m
Échelle approximative

OÙ SE LOGER
1 Rama Plaza Hotel
2 Taipei Hotel
7 Muang Thong Hotel
13 Indra Hotel, Lopburi City Hotel
16 Asia Lopburi Hotel
17 Nett Hotel
20 Supraphong Hotel
28 Lopburi Inn
29 Piman Hotel
30 Holiday Hotel

OÙ SE RESTAURER
14 Boon Bakery (boulangerie)
18 White House Garden

DIVERS
3 Bureau de poste
4 Fortifications
5 Chao Phraya Wichayen
   (résidence de
   Constantin Phaulkon)
6 Banque
8 Prang Sam Yot
9 Wat Sao Thong Thong
10 Marché central
11 Prang Khaek
12 Wat Indra
15 San Phra Kan (sanctuaire de Kala)
19 Wat Nakhon Kosa
21 Futur bureau de la TAT
22 Phra Narai Ratchaniwet
   (palais du roi Naraï) et
   musée national de Lopburi
23 Wat Kawit
24 Wat Phra Si Ratana
   Mahatat
25 Stade
26 Zoo
27 Camp militaire
31 Gare routière
32 Bureau de poste
33 CAT
34 Lopburi Fine Arts College
   (école des beaux-arts)
35 Wat San Paolo

Le **musée national de Lopburi** est installé à cet endroit, dans trois bâtiments séparés. Deux d'entre eux renferment une belle collection de sculptures de la période Lopburi et d'objets d'art khmers, Dvaravati, U-Thong et Ayuthaya. Le troisième bâtiment abrite un ensemble d'outils agricoles traditionnels, accompagné de dioramas sur la vie aux champs.

Au comptoir du 3e étage du musée, on peut se procurer le guide de MC Subhadradis Diskul, le plus grand historien d'art du pays, *A Guide to Ancient Monuments in Lopburi*. L'entrée est de 10 B et le musée est ouvert du mercredi au dimanche, de 8h30 à 12h et de 13h à 16h.

Wat Phra Si Ratana Mahathat

Face à la gare ferroviaire, ce grand wat khmer du XIIe siècle a été récemment restauré par le département des Beaux-Arts. Un imposant prang de latérite a conservé quelques linteaux et décors en stuc. Un grand wihãan, ajouté par le roi Narai, déploie son élégance délabrée. Plusieurs chédis et petits prangs, ainsi que des morceaux de statues du Bouddha, sont éparpillés (entrée : 30 B).

Wat Nakhon Kosa

Ce wat se trouve au nord de la gare ferroviaire, près du San Phra Kan. Construit par les Khmers au XIIe siècle, ce fut peut-être un sanctuaire hindouiste. Les sculptures U-Thong et Lopburi du temple, aujourd'hui conservées au musée national de Lopburi sont vraisemblablement un ajout tardif.

Wat Indra et Wat Racha

Du premier temple situé sur Th Ratchadamnoen, on ignore quasiment toute l'histoire et il ne reste qu'un amas de briques.

Le Wat Racha, sis sur Th Phra Yam Jamkat, n'est aussi qu'une ruine au passé mystérieux.

Wat San Paolo

A l'est de la gare ferroviaire, dans Th Ramdecho, se dresse une tour de briques et de stuc, partiellement en ruine. Ce sont les seuls vestiges d'une église édifiée par les jésuites portugais sous le règne de Narai.

Wat Sao Thong Thong

Au nord-ouest du palais, derrière le marché central, ce temple est en piètre état. Le wihãan et le grand bouddha assis datent de la période Ayuthaya. Le roi Narai fit restaurer le wihãan (faisant installer des fenêtres d'un style gothique tout à fait anachronique et néanmoins impressionnant) en tant que chapelle chrétienne. Les niches qui jalonnent les murs internes contiennent des bouddhas *naga* (à tête de dragon) de style Lopburi.

Chao Phraya Wichayen

Le roi Narai fit construire ce palais de style euro-thaïlandais pour loger les ambassadeurs étrangers et notamment le plus célèbre d'entre eux, le Grec Constantin Phaulkon. Celui-ci devint l'un des principaux conseillers du monarque avant de finir sa carrière au rang de ministre.

En 1688, tandis que le roi se mourait, Phaulkon fut assassiné par Luang Sorasak, qui allait bientôt prendre le pouvoir pour lui seul. Le palais se trouve au nord-est du Wat Sao Thong Thong (entrée : 30 B).

San Phra Kan

De l'autre côté de la ligne de chemin de fer, au nord du Wat Nakhon Kosa, le sanctuaire de Kala renferme une idole dorée à la feuille qui représente Kala, le dieu hindou du Temps et de la Mort.

A la fin novembre, la ville de Lopburi organise une fête en l'honneur des singes, installés aux abords du sanctuaire. On garnit plusieurs tables avec les mets préférés des petits primates – cacahuètes, melons, choux, bananes, potirons, ananas, œufs bouillis et concombres.

Des milliers de Thaïlandais se rendent sur place, chaque année, pour assister à ce spectacle. Attention ! à force de manger ce que les gens leur donnent, les animaux peuvent se montrer désagréables, voire agressifs avec les visiteurs (il est arrivé qu'ils mordent).

Prang Sam Yot

En face du San Phra Kan, près du Muang Thong Hotel, ce sanctuaire est un exemple type du style khmer-Lopburi. C'est aussi un de ces temples hindous devenus bouddhiques. A l'origine, les trois prangs symbolisaient la *trimurti* hindouiste : Shiva, Vishnou et Brahma. Deux d'entre eux renferment maintenant des bouddhas détériorés de style Lopburi. On reconnaît encore quelques linteaux khmers, tandis que d'autres paraissent inachevés.

Activités

Les amateurs de danse et de musique classique thaïlandaises se rendront au **Lopburi Fine Arts College** (Withayalai Kalasilpa Lopburi), dans la ville moderne (tous les conducteurs de túk-túks le connaissent). Au nord-est du premier rond-point (en venant de la vieille ville), vous trouverez un petit **zoo**. Il est ouvert de 8h à 18h (droit d'entrée : 10 B).

Où se loger

Vieille ville. En voyageant vers le nord, une seule journée vous suffira pour visiter Lopburi. Mais si vous souhaitez y passer la nuit, vous pouvez tenter votre chance dans certains hôtels de la vieille ville.

Bien tenu, confortable et servi par un personnel attentif, l'*Asia Lopburi Hotel* (☎/fax 036 411892), à l'angle de Th Sorasak et de Th Phra Yam Jamkat, domine le palais du roi Narai et abrite deux restaurants chinois. Les simples/doubles coûtent 140/200 B, avec ventilateur et s.d.b., et 300/400 B avec clim.

Le *Nett Hotel* (☎ 036-411738, 17/1-2 Th Ratchadamnoen) donne sur un soi parallèle à Th Sorasak, entre Th Ratchadamnoen et Th Phra Yam Jamkat. Ses chambres à 1/2 lits propres et paisibles sont louées 150/220 B avec ventilateur et s.d.b., 250/350 B avec clim.

Face au Prang Sam Yot, le *Meuang Thong Hotel* (☎ 036-411036) propose des chambres bruyantes et d'une propreté douteuse pour 120 à 160 B, avec ventilateur et s.d.b.

Au nord du palais, le *Taipei Hotel* (☎ 036-411524, 24/6-7 Th Surasongkhram) constitue un meilleur choix. Ses chambres impeccables avec s.d.b. sont facturées 140 B ; prévoyez 220 B avec la clim., 290 B avec TV en sus.

Un peu plus au nord sur Th Surasongkhram, le *Rama Plaza Hotel* (☎ 036-411663, fax 411484) offre des chambres nettes et à prix modérés, soit 270/320 B en simple/double avec ventilateur et s.d.b. ou 320/400 B avec clim. L'établissement affiche souvent complet, car il est très fréquenté par les voyageurs d'affaires.

Sur l'autre rive dans Th Na Phra Kan par rapport au Wat Nakhon Kosa, l'*Indra Hotel* loue des simples/doubles proprettes et spacieuses 140/180 B avec s.d.b. et ventilateur, ou 270 B avec clim. Son voisin immédiat, le *Lopburi City Hotel*, est une bâtisse moderne aux chambres plutôt exiguës, mais climatisées. Comptez 250/300 B en simple/double.

Toujours dans la même artère, le *Suparaphong Hotel* n'est guère éloigné du Wat Phra Si Ratana Mahatat et de la gare ferroviaire. La chambre vaut 120 B, mais la propreté n'y est vraiment pas de mise.

Ville nouvelle. Si, pour une raison ou une autre, vous êtes contraint de séjourner dans la ville moderne, vous aurez le choix entre : le *Piman Hotel* (☎ 036-412507, Soi Ekathot, Th Phra Horathibodi), le *Holiday Hotel* (☎ 036-411343, Soi Suriyothai 2, Th Phra Narai Maharat), ou encore la *Lopburi Inn* (☎ 036-412300, fax 411917, 28/8 Th Phra Narai Maharat). Les deux premiers s'avèrent des établissements classiques de milieu de gamme, convenant pour de courts séjours, et leurs tarifs oscillent entre 250 et 480 B la nuit. La *Lopburi Inn* comprend des chambres tout à fait charmantes, pourvues de tout le confort pour 600 B (premier prix).

On accède à la *Lopburi Youth Hostel* (*Ban Vimolrat*, ☎ 036-613390, 5/19 Muu 3, Th Naresuan) en moto-taxi (course de 10 B), par la Route 3016, depuis le rond-point de la ville nouvelle. Cette récente auberge de jeunesse demande 100 B la nuit en dortoir avec ventilateur et s.d.b. commune ou 150 B en dortoir climatisé. De grandes chambres doubles avec TV, réfrigérateur, bureau, deux lits et un petit balcon se louent 350 B. Moyennant 60 B, vous pourrez rejoindre en túk-túk la gare ferroviaire de Lopburi, ainsi que les ruines de Phra Narai Ratchaniwet et du Prang Sam Yot.

Haut de gamme, la *Lopburi Inn Resort* (☎ *036-420777, fax 412010, 144 Tambon Tha Sala*), flambant neuf, abrite un centre de remise en forme et une piscine. Comptez 2 200 à 2 400 B.

Où se restaurer

L'artère parallèle à la voie ferrée, Th Na Phra Kan, abrite plusieurs restaurants chinois, notamment à proximité de l'Indra Hotel. Si l'on y mange bien, les prix s'avèrent tant soit peu exagérés.

Les établissements des rues adjacentes à Th Ratchadamnoen et Th Phra Yam Jamkat présentent sans doute un meilleur rapport qualité/prix. Dans Th Sorasak, le *restaurant sino-thaï* voisin de l'Asia Lopburi Hotel, face à l'entrée principale du palais royal, mérite le détour.

Vous trouverez aussi une multitude de *vendeurs de curry* bon marché dans les ruelles et venelles du vieux Lopburi.

A deux ou trois pâtés de maison à l'est de l'Asia Lopburi Hotel, une *White House Garden Restaurant* constitue l'un des plus agréables endroits pour dîner thaï dans la vieille ville.

Juste au nord du palais, le *marché* de Th Ratchadamnoen et Th Surasongkhram regorge de plats à emporter, comme le *kài thâwt* ou *kài yâang* (poulet sauté ou rôti) avec du riz gluant, le *hàw mòk* (curry au poisson et à la noix de coco, cuit à la vapeur dans des feuilles de bananier), le *klûay khàek* (bananes frites à l'indienne), ainsi qu'un vaste choix de fruits, de satay, des *khâo krìap* (gâteaux croustillants au riz), de *thâwt man plaa* (gâteaux de poissons frits), entre autres délices.

Au cœur du marché, un *Sala Mangsavirat* (pavillon végétarien) propose des plats peu onéreux, mais guère appétissants.

Comme la plupart des restaurants thaï de sa catégorie, il n'ouvre qu'entre 9h et 14h.

Voisine de l'Indra Hotel, la *Boon Bakery* de Th Na Phra Kan, sert des petits déjeuners à l'occidentale, du café et des pâtisseries. Le soir, un *marché de nuit* s'installe le long de Th Na Phra Kan.

Comment s'y rendre

Bus. Des bus pour Lopburi partent d'Ayuthaya toutes les 10 minutes. De Bangkok, il y en a toutes les 20 minutes (de 5h30 à 20h30) au terminal des bus Nord. Comptez 3 heures de route et 54 B (72 B en véhicule climatisé, environ la moitié depuis Ayuthaya).

On peut aussi arriver par l'ouest *via* Kanchanaburi ou Suphanburi. De Kanchanaburi, il faut d'abord prendre un bus (n°411) pour Suphanburi (2 heures 30, 34 B) ; la route est très belle sur tout le trajet. A Suphanburi, descendez dans la rue principale, Th Malamaen (panneaux en anglais indiquant la direction de Sri Prachan. De là, vous pouvez emprunter un bus direct (n°464) pour Lopburi ; le trajet dure environ 3 heures, et coûte 34 B. Si vous le ratez, il vous reste le chemin des écoliers : un bus vous emmènera tout d'abord à Singburi ou à Ang Thong, en face de Lopburi, sur l'autre rive du fleuve. Il faut compter 2 heures 30 de route (28 B) entre Suphanburi et Singburi, mais le voyage en vaut la peine : vieilles maisons traditionnelles en bois (style Ayuthaya tardif), rizières chatoyantes, petits temples à profusion.

Enfin, de Singburi, des bus très fréquents vous déposeront à Lopburi pour 14 B (45 minutes). Ils s'arrêtent devant le Prang Sam Yot, dans la vieille ville – si vous descendez là, vous n'aurez pas à revenir sur vos pas. Vous pouvez encore prendre un bus de Suphanburi à Ang Thong (12 B), puis partager un taxi (22 B), ou reprendre un bus (18 B) jusqu'à Lopburi. C'est un peu plus rapide, mais moins réjouissant pour l'œil.

Du nord-est, on arrive à Lopburi *via* Nakhon Ratchasima (Khorat) pour 69 B.

Train. Il y a deux trains ordinaires (3e classe uniquement) qui desservent

Lopburi au départ de Hualamphong, à Bangkok. Ils partent à 7h05 et à 8h30 et ne mettent que 20 à 30 minutes de plus que les rapides ou les express, soit environ 3 heures. Les horaires des rapides sont : 7h45, 15h, 18h10, 20h et 22h (2 heures 30 de trajet). Un seul express dessert Lopburi, le n°9 de 8h40 (avec des places en 2e classe seulement). Les tarifs s'élèvent à 64/28 B en 2e/3e classe, suppléments pour trains rapides ou express non inclus.

Par ailleurs, il existe un service régulier entre Ayuthaya et Lopburi, moyennant 13 B en 3e classe, pour un parcours d'environ 1 heure.

Comment circuler

Des songthaews roulent le long de Th Wichayen et de Th Phra Narai Maharat, reliant ainsi la ville ancienne et la nouvelle, pour 5 B par passager. Si vous prenez le bus, vous déboursez 4 B. Les samlors vous conduiront n'importe où dans la vieille cité, moyennant 30 B.

Provinces d'Ang Thong et de Saraburi

ANG THONG
10 300 habitants

Vous pourrez visiter quelques sites intéressants hors de ce petit bourg entre Lopburi et Suphanburi, notamment le **Wat Pa Mok** et son bouddha couché de 22 m de long. Le village de **Ban Phae** est célèbre pour ses tambours thaïlandais (*klawng*). Ban Phae se trouve derrière le marché de Pa Mok, sur les berges du Chao Phraya.

Où se loger

Au *Bua Luang* (☎ 035-611116, 1/15 *Th Ayuthaya – Ang Thong*), les chambres avec ventilateur et s.d.b. sont facturées 150 B au minimum ou 380 B avec clim. Sinon, prévoyez 180/250 B en simple/double dans l'une des 118 chambres qu'abrite l'*Ang Thong Hotel & Bungalows*

(☎ *035-611767/8, 60 Th Ang Thong – Suphanburi*), à moins que vous ne préfériez loger dans l'un de ses huit bungalows moyennant 240/280 B.

Comment s'y rendre

Le trajet en bus au départ de Bangkok (terminus Nord) coûte 30 B. Pour plus de détails sur les moyens de transports entre Suphanburi et Ang Thong, consultez le paragraphe *Comment s'y rendre* de la rubrique *Lopburi*.

SARABURI ET SES ENVIRONS
65 900 habitants

Saraburi même, une ville industrielle quelconque, ne présente aucun intérêt. Mais en venant de Lopburi, on peut bifurquer en direction du **Wat Phra Buddhabat** (Wat Phra Phutthabaat), l'un des six temples royaux du pays portant le titre royal de Ratchavoramahavihan, la plus haute distinction dans la hiérarchie des wats.

Son petit et raffiné *mondòp* (sanctuaire carré) abrite une empreinte du pied de Bouddha (*phútthábàat*), objet d'une grande vénération. Elle a été "découverte" sous le règne de Song Tham (1610-1628) ; comme toutes les empreintes de Bouddha authentiques, elle est énorme et arbore les 108 signes distinctifs et propitiatoires. Le mondòp d'origine a été détruit par un incendie ; l'actuel date du règne de Rama Ier (1782-1809). Deux fois par an, début février et mi-mars, Phra Buddhabat accueille une foule de pèlerins pour des cérémonies hautes en couleur.

A l'extérieur de Saraburi, **Samnak Song Tham Krabawk** (Bamboo Pipe Cave Monastery, 392 ha) est un célèbre centre de désintoxication pour les drogués à l'opium et à l'héroïne.

Les visiteurs sont les bienvenus. Ces dernières années, le centre Tham Krabawk s'est attiré les foudres des autorités gouvernementales pour avoir offert un asile à de nombreux réfugiés hmong (parfois jusqu'à 20 000), dont certains insurgés supposés vouloir renverser un jour le gouvernement communiste laotien.

Où se loger

Les quatre étages de la *Siriporn Inn* (☎ 036-266088), jadis appelée le Thanin, abritent des chambres à 250 B avec ventilateur, et à 350 B avec clim. Sinon, le *Suk San* (☎ 036-266108) propose des chambres simples mais proprettes pour 170 B la nuit. Ces deux établissements sont placés sur Amphoe Phra Phutthabaat, non loin du temple.

Dans la ville même de Saraburi, le *Kyo-Un* (*Kiaw An*, ☎/fax 036-222022, 273/5 Th Phahonyothin) se dresse sur 7 étages. Les chambres ventilées se louent à partir de 260 B ; les climatisées, avec TV câblée et douche à eau chaude, à partir de 580 B. Vous avez par ailleurs le choix entre trois bars et restaurants sur place.

Entre autres hôtels, citons le bruyant *Saraburi* (☎ 036-2111646, 211500), qui fait face à l'arrêt de bus. Une simple/double avec ventilateur revient à 250 B, et à 260 B si l'on souhaite bénéficier de la clim. et d'une douche chaude. Meilleur marché, le *Saensuk Hotel* (☎ 036-211104, 194 Th Phahonyothin), un complexe hôtelier en béton, facture ses chambres à 1/2 lits 140/190 B, et 260 B si elles disposent de l'air conditionné.

Comment s'y rendre

Le trajet en bus ordinaire entre Bangkok Nord et Saraburi prend 2 à 3 heures et coûte 37 B. Le parcours en songthaews de Saraburi à Phra Buddhabat ou à Tham Krabawk revient à 8 B par personne. Moyennant 200/300 B l'aller/l'aller-retour, vous pouvez aussi louer un túk-túk au départ de Saraburi, pour vous rendre à l'un ou l'autre de ces temples.

Province de Suphanburi

SUPHANBURI
26 800 habitants

Située à presque 70 km au nord-est de Kanchanaburi, Suphanburi est une très ancienne cité thaï, qui pourrait avoir quelque parenté avec la ville semi-mythique de Suvannabhumi (Suphannaphumi en thaï) mentionnée dans les premiers écrits bouddhiques.

A l'époque Dvaravati (du VIᵉ au XIᵉ siècle), elle s'appelait Meuang Thawarawadi Si Suphannaphumi. De nos jours, la ville est une bourgade typique du centre de la Thaïlande, prospère et abritant une importante communauté chinoise. On y découvrira quelques chédis remarquables de la période Ayuthaya et un prang de style khmer.

Temples

En arrivant de Kanchanaburi, on aperçoit en premier le **Wat Paa Lelai** sur la droite, à la lisière de la ville. Il compte plusieurs bâtiments anciens de l'époque U-Thong. Le *bòt* se distingue par ses murs blanchis à la chaux extrêmement hauts. Une fois à l'intérieur, cette particularité s'explique : le *bòt* abrite un gigantesque bouddha assis (24,5 m de haut), de style U-Thong tardif ou du début de la période Ayuthaya.

Plus près du centre, sur la gauche dans Malamaen Rd, on passe devant le **Wat Phra Si Ratana Mahathat** (le nom de temple le plus répandu en Thaïlande). En retrait de la route, ce temple paisible comprend un prang khmer de style Lopburi, qui a conservé une grande partie de son décor en stuc. Un escalier intérieur permet d'accéder à une petite chambre au sommet.

Deux autres wats, du même côté de la ville neuve, le **Wat Phra Rup** (période U-Thong tardive) et le **Wat Chum** possèdent de vénérables chédis Ayuthaya. Le Wat Phra Rup abrite également un magnifique bouddha allongé, connu localement sous le nom de "Nen Kaew", ainsi que la seule empreinte en bois du pied du"Dieu vivant".

A 15 km au nord-est, en retrait de la route d'Ang Thong, le **Wat Sai Ngam**, célèbre monastère Vipassana, est placé sous la direction du vénérable prêtre Ajaan Dhammadharo (80 ans). A l'instar de tous les temples consacrés à la méditation, la visite du Wat Sai Ngam devrait être réservée à ceux qui sont déjà bien engagés dans cette voie ou, qui s'y préparent activement. Mieux vaut être accompagné d'un interprète.

L'esprit du jeu

Drôle de sanctuaire que celui dédié à une chanteuse de *lûuk thûng*, au sein du Wat Thap Kradan ! C'est ici dans l'*amphoe* (district) de Song Phi Nong, environ 45 km au sud-ouest de l'*amphoe meuang* (chef-lieu de province) de Suphan, via la Route 3351, que se réunissent deux fois par mois, la veille du tirage de la loterie nationale (qui a lieu le 1er ou le 16 de chaque mois) des joueurs venus de toute la Thaïlande pour demander à feu la chanteuse la combinaison des numéros gagnants. Une atmosphère quasi carnavalesque envahit alors le vaste wat ombragé.

Phumphuang Duangjan, vedette populaire du chant traditionnel, fut emportée en 1994 par une maladie "mystérieuse" – du moins est-ce la version officielle. Les fidèles peuvent admirer cinq images de l'artiste, micro en main : une en bois peint de couleurs vives, trois en cire et… une réplique en pied comparable à un mannequin de grand magasin et présentée sous une vitrine de verre éclairée de guirlandes électriques. La plus populaire de toutes est une statue de cire où l'artiste porte une combinaison pantalon très sexy en léopard et est couverte de volumineux bracelets et colliers en argent. Les "dévots" accumulent les offrandes au pied des sculptures : guirlandes de fleurs, bouquets de roses, et des milliers de bâtons d'encens. Non loin de là sont disposées d'autres vitrines où sont exposés ses costumes de scène, ses produits de beauté préférés, ainsi qu'une collection de chaussures à faire pâlir d'envie Madame Marcos.

Nombre de parieurs considèrent qu'ils ont gagné après être venu déposer des offrandes. Ainsi, le sanctuaire de la chanteuse est devenu célèbre dans tout le pays. Pour aider l'esprit Phumphuang à choisir un chiffre favorable, les fidèles utilise le *siam sii*, c'est-à-dire un cylindre creux rempli de bâtonnets dont chacun porte un numéro. On le secoue jusqu'à ce que tombe l'un des bâtonnets. On note alors le nombre tiré au sort et l'on recommence, jusqu'à ce qu'on ait l'impression d'avoir procédé au bon tirage. Après avoir ainsi prédit les chiffres supposés gagnants, beaucoup de visiteurs se précipitent directement vers les vendeurs de billets rassemblés dans les parages.

Toujours intrigué ? S'il n'existe aucun transport public pour parvenir au Wat Thap Kradan depuis Suphanburi, vous trouverez au marché principal de Suphan des moto-taxis qui vous emmèront moyennant 100 B l'aller. Prévoyez environ 300 B, si vous souhaitez qu'ils vous attendent pour le retour.

Musée national d'U-Thong

A 7 km à l'ouest de Suphanburi, sur la Route 321 (Th Malaimaen), ce musée expose une collection d'objets d'art et de pièces artisanales recueillis dans la province de Suphanburi, qui vont d'outils aratoires en pierre et en bronze à une statuaire bouddhique recouvrant plusieurs époques. Les styles Dvaravati et U-Thong y sont bien représentés.

On y découvre également une rétrospective de la culture et de l'artisanat lao song ; les Lao Song appartiennent à une minorité ethnique, aujourd'hui presque intégrée à la culture régionale. Le musée est ouvert du mercredi au dimanche, de 9h à 16h (entrée : 10 B).

Don Chedi

Également 7 km à l'ouest de Suphanburi, mais par la Route 324 en direction de Kanchanaburi, une route mène à Don Chedi, un champ de bataille très célèbre où se dresse un des tout premiers mémorial de guerre.

C'est ici qu'à la fin du XVIe siècle le futur roi Naresuan vainquit le prince de Birmanie (Myanmar) à dos d'éléphant. Ce faisant, il libéra Ayuthaya de la menace que représentait le royaume de Bago (Pegu).

Le chédi fut construit du vivant de Naresuan. Longtemps tombé dans l'oubli et non localisé, il a été redécouvert en 1916 et restauré en 1955. Depuis, le site a été classé monument historique. Chaque année, durant la semaine du 25 janvier (fête des Forces armées thaïlandaises), on commémore la fameuse bataille, à dos d'éléphants et en costumes d'époque.

Pendant la fête, un service régulier de bus est assuré depuis Suphanburi. Les agences de voyages les plus importantes de Bangkok organisent aussi des transports pour assister à la fête.

Parc Chaloem Phattharatchani

Ce parc d'attractions, qui s'étend sur 1 600 m² en retrait de Th Nang Phim, non loin du centre-ville, se repère à sa gigantesque tour labyrinthique, abritant un restaurant, une boutique de souvenirs et un petit musée consacré à l'histoire locale. Le terrain se divise en un parc de jeux pour enfants et une piscine équipée de toboggans. Le parc est ouvert de 10h à 19h, du mardi au vendredi ; jusqu'à 20h30, le week-end. L'entrée du parc coûte 10 B pour les adultes, 5 B pour les enfants. Pour accéder à la tour, il faut compter 30 B. Après 18 h, le tarif passe à 40 B.

Où se loger

Les chambres d'hôtel sont généralement bon marché. Au calme et d'un bon rapport qualité/prix, le *King Pho Sai* (☎ 035-522 412, 678 Th Nen Kaew), propose des chambres confortables, ventilées, à 1/2 lits pour 160/200 B, ou à partir de 300 B avec clim. Près de l'horloge, derrière un entrepôt, le *KAT* (☎ 035-521619/639, 433 Th Phra Phanwasa), loue des chambres correctes pour 170/200 B avec ventilateur, pour 280 B avec la clim.

Le *Suk San* (☎ 035-521668, 1145 Th Nang Phim), face au bureau de poste, est un hôtel sino-thaï, avec un restaurant au rez-de-chaussée. Les chambres ventilées coûtent 180/260 B, celles avec clim., 30/400 B. Le *Si Meuang* (331-6 Th Phra Phanwasa) est un établissement chinois quelque peu bruyant, aux chambres à partir de 150 B.

Un peu plus raffiné, le *Kalapreuk Hotel* (☎ 035-522555, 135/1 Th Prachathipotai), loue des chambres confortables et climatisées à partir de 680 B.

Le plus récent et le plus luxueux établissement de la ville est le *Khum Suphan Hotel* (☎/fax 035-523553, 28/2 Th Meuhan), avec des chambres tout confort à partir de 1 200 B. Il possède une piscine et une cafétéria.

Où se restaurer

Des restaurants bons, peu chers, bordent Meunhan Rd, aux alentours du Khum Suphan Hotel.

Comment s'y rendre

Se reporter à cette même rubrique au paragraphe *Lopburi*. Un bus part du terminal Nord de Bangkok pour 40 B (50 B avec un bus climatisé).

Comment circuler

Des songthaews blancs proposent un tour de la ville pour 5 B par personne.

Province de Nakhon Pathom

NAKHON PATHOM
46 700 habitants

Située à 56 km à l'ouest de Bangkok, Nakhon Pathom passe aux yeux des Thaï pour la plus ancienne cité de Thaïlande. En effet, son nom vient du pali "Nagara Pathama", qui signifie "Première Ville". Elle fut le centre du royaume Dvaravati, une fédération assez lâche de cités-États môn qui s'épanouit du VIe au XIe siècle dans la vallée du Chao Phraya. Il est possible que la région ait été occupée antérieurement au IIIe siècle av. J.-C., durant la période Ashoka où le bouddhisme indien se répandit vers la Thaïlande. Il est vraisemblable que d'autres régions thaï aient été peuplées plus tôt, mais aussi que Nakhon Pathom soit la plus ancienne cité de l'actuelle Thaïlande par la pérennité de sa population.

NAKHON PATHOM

1 Mitphaisan (Mitr Paisal) Hotel
2 Pizza Hut, Swensen's
3 Marché aux fruits
4 Bus pour Bangkok
5 Siam Hotel
6 Mitrsampant (Mitsamphan)
7 Song Saen Restaurant
8 Station-service
9 Suthathip Hotel
10 Nakhon Inn
11 Bus pour Damnoen Saduak, Kanchanaburi et Phetchaburi

Aujourd'hui, Nakhon Pathom a l'allure typique d'une petite ville de province thaï ; seul témoignage du glorieux passé : le chédi de Phra Phatom.

Chédi de Phra Pathom

Le monument atteint 127 m au dessus du sol. C'est le plus haut monument boud-dhique du monde. La première construction, ensevelie sous le massif dôme orange verni, fut édifiée au début du VIe siècle par les bouddhistes Theravada de Dvaravati. Mais au début du XIe siècle, le roi khmer d'Ang-kor, Suryavarman Ier, fit construire un prang brahmanique sur le sanctuaire. Sous le roi Anuruddha, les Birmans du royaume de Pagan pillèrent la ville en 1057, et le prang resta en ruine jusqu'à ce que le roi Mongkut le fasse restaurer en 1860. Il fit construire un chédi plus vaste au-dessus des vestiges, selon la tradition bouddhique, le complétant

de quatre wihãans, d'un bòt, d'une réplique du chédi d'origine, de sãalaa diverses et de prangs de différentes tailles, entre autres embellissements.

Sur le côté est du monument, dans le bòt, un bouddha Dvaravati est assis "à l'euro-péenne" dans une chaise. De l'autre côté du bòt, un musée présente des objets sculptés Dvaravati. Il est ouvert du mercredi au samedi de 9h à 16h (entrée : 20 B).

Autres curiosités

L'université de Silpakorn se trouve à l'ouest du chédi par Phetkasem Highway. Attenant à l'université, le Sanam Cha, ancienne enceinte du palais de Rama VI, forme aujourd'hui un parc agréable traversé par un canal. Le palais, quelque peu délabré, est toujours là, mais son accès est interdit.

Au sud-est de la ville en direction de Bangkok, entre les districts de Nakhon Chaisi et de Sam Phran, se dresse Phra Phutthamonthon (du pali "Buddhaman-dala"), un bouddha debout de 40,7 m, le plus haut du monde au beau milieu d'un parc qui abrite des maquettes des plus grands pèlerinages bouddhistes d'Inde et du Népal. Tous les bus venant de Bangkok passent devant la route du parc (signalisée en thaï et en anglais) auquel on accède à pied, en stop ou en songthaew.

Le Thai Human Imagery Museum (☎ 034-332607, 332109), très excentré, au Km 31, Th Pinklao-Nakhon Chaisi (la nationale en direction de Bangkok) expose des sculptures de cire grandeur nature. Un groupe d'artistes thaï a passé dix ans à créer ces gigantesques personnages, divisés en quatre grands sujets d'inspiration : les célèbres moines bouddhistes de Thaïlande, les rois de la dynastie Chakri, les modes de vie thaï et les pièces d'un jeu d'échec. Il est ouvert de 9h à 17h30 en semaine, de 8h30 à 18h, le week-end (entrée : 200 B).

Où se loger

A Nakhon Pathom, les établissements bon marché n'ont rien de très gai. Le *Mitphai-san Hotel* (☎ *034-242422*), "Mitr Paisal" à l'enseigne, se trouve sur la droite, lorsque vous prenez l'artère face à la gare ferroviaire. Comptez 280 B pour une chambre avec ventilateur et s.d.b., 380 B avec clim. A l'ouest du chédi, le *Mitrsampant* (*Mitsamphan*, ☎ *034-241422, Th Lang Phra*) vous proposera pour 200 B une chambre de taille modeste certes, mais impeccable et avec ventilateur et s.d.b. Les deux hôtels "Mit" appartiennent à la même famille.

Une rue plus à l'ouest du chédi, le *Siam Hotel* (☎ *034-241754, Th Thetsaban*) manque un peu de chaleur. Ses chambres sont louées 220 B, avec ventilateur, ou 340 B (maximum) avec clim. Un peu plus au sud, le *Suthathip Hotel* (☎ *034-242242,* 24/22-44/1 Th Thetsaban) abrite un bruyant restaurant chinois au rez-de-chaussée. Prévoyez 150/200 B pour une chambre à 1/2 lits avec ventilateur, 300 B si vous souhaitez la clim.

Parmi les établissements haut de gamme, on citera la *Nakhon Inn* (☎ *034-242265, 251152, fax 254998,* 55 Soi 3, Th Ratwithi). Cet agréable hôtel climatisé a coutume de pratiquer une remise sur ses chambres classiques, lesquelles passent alors de 1 400 B (tarif normal) à 675 B, voire moins.

Plus récent, le *Whale Hotel* (☎ *034-251020, fax 253864,* 151/79 Th Ratwithi), au sud-ouest du monument, abrite, dans quatre bâtiments séparés, des chambres climatisées, confortables à partir de 480 B.

Où se restaurer

Un excellent *marché aux fruits* se tient le long de la rue qui mène de la gare ferroviaire au chédi. On peut y déguster, paraît-il, le meilleur *khào lãam* (riz gluant à la noix de coco, cuit à la vapeur dans une tige de bambou) de Thaïlande. Ce quartier abrite de nombreux marchands ambulants et beaucoup de restaurants qui servent de succulents plats peu onéreux.

A l'est du chédi, l'établissement chinois *Tang Haseng* (aucune enseigne en caractères romains) occupe de longue date le 71/2-3 Th Thesa. Son annexe se situe au 59/1-2.

A quelques rues à l'ouest du chédi de Phra Pathom, *Son Saen*, sur Th Ratchadamnoen, vous fera déguster une bonne cuisine thaï pour un prix raisonnable.

Swensen's et *Pizza Hut* se sont établis à l'angle de Th Lang Phra et de Th Phayaphan.

Comment s'y rendre

Bus. Entre 5h45 et 21h10, des bus quittent toutes les 10 minutes le terminal Sud de Bangkok (1 heure de trajet, 20 B). Comme il existe deux itinéraires, assurez-vous de prendre la *sãi mài* (nouvelle route), l'ancien parcours durant une demi-heure de plus. Dans l'autre sens, les bus ordinaires (ligne 83) et les climatisés (ligne 997) partent de Th Phayaphan, au bord du canal, non loin du Mitphaisan Hotel.

L'emplacement des arrêts de bus a tendance à changer. Lors de notre dernière visite, la ligne desservant Kanchaburi (n°81) partait dans la journée de Th Khwa Phra, au sud-est du chédi. Les bus à destination du marché flottant de Damnoen Saduak (n°78, voir *Alentours de Ratchaburi*) et de Phetchaburi (n°73) partent du même arrêt, environ toutes les demi-heures.

Train. Des trains ordinaires (3e classe uniquement) partent de la gare de Thonburi (Bangkok Noi), tous les jours à 7h45, 13h30 et 14h pour rallier Nakhon Pathom 1 heure 10 plus tard (14 B).

Des rapides et des express assurent également la liaison entre la gare de Hualamphong et de Nakhon Pathom, toutes les heures, de 12h20 à 22h50. Le tarif en 2e classe est de 31 B, en 1re de 60 B (ajoutez respectivement 40 B et 60 B pour les services rapides et express). Les rapides en provenance de Hualamphong mettent 1 heure 30, les express seulement 10 minutes de moins.

Province de Ratchaburi

RATCHABURI
47 400 habitants

Quand on quitte Nakhon Pathom pour aller vers le sud, Ratchaburi (la cité de Rois, le plus souvent appelée Rat'buri) est la première ville importante. Son histoire remonte au début de l'ère Dvaravati. Selon une légende, elle faisait aussi partie du mythique Suvannabhumi, la "terre du Dieu" pré-Dvaravati, qui s'étendait du delta Irrawaddy (au Myanmar), jusqu'au Cambodge.

Construite sur les rives du Mae Klong, la ville est reliée aux autres provinces par les canaux. Dans le district de Chom Bung, au nord-ouest de Ratchaburi, les autorités ont instauré un vaste "centre de rassemblement" (holding centre) – euphémisme thaïlandais pour "camp de réfugiés" – où sont regroupés les Birmans et les Karens fuyant les persécutions politiques du Myanmar.

En elle-même, la ville est assez quelconque. Le marché principal, à l'ombre de la tour de l'horloge, a néanmoins son charme, les rives du fleuve également. Certains voyageurs choisissent de passer la nuit à Ratchaburi pour profiter, le plus tôt possible, du marché flottant de Damnoen Saduak.

Renseignements

Argent. Vous trouverez un bureau de change à la First Bangkok City Bank (250/18 Th Kraiphet), ouvert du lundi au vendredi, de 8h30 à 15h30.

Poste et communications. Les bureaux se trouvent à l'angle de Th Samutsadarak et de Th Amarin, en face du poste de police. L'agence téléphonique, au premier étage, est ouverte tous les jours de 7h à 22h.

A voir et à faire

Dans la partie nord-ouest de la ville, près du Mae Klong, le **Wat Phra Si Ratana Mahathat** historique est célèbre pour son prang, stylistiquement proche du prang principal d'Angkor Wat, mais vraisemblablement postérieur au Xᵉ ou XIᵉ siècle, contrairement à ce que prétend la légende locale qui l'attribue aux Khmers. Il date sans doute de l'ère Ayuthaya. Le wat se trouve à 20 minutes à pied du marché municipal ; le trajet en samlor, depuis l'horloge vous coûtera 20 à 30 B, ou 20 B en moto-taxi.

Au sud-ouest du centre-ville, à 2 km, vous découvrirez sur une colline l'ancien monastère de **Khao Wang**, aujourd'hui

abandonné. Édifié à l'origine pour servir de palais à Rama V – qui ne l'a habité qu'une seule fois, en 1877, il fut converti en wat par Rama VII.

Sur la route qui va de Ratchaburi à Suan Phun (Route 3087), à 7 km environ à l'ouest de la ville, une grotte-ermitage (*thâm reusïi*) abrite un célèbre bouddha de la période Dvaravati. Haut d'environ 20 m, le colosse doré représente le Prêcheur lors de son premier sermon. Pour vous rendre à la grotte Phra Phutthachai Tham Reusii Khao Ngu, prenez l'un des nombreux minibus qui partent du marché, près de la tour de l'horloge. Il vous en coûtera 5 B et le trajet dure environ 12 minutes.

La poterie de Ratchaburi. La ville est célèbre pour ses poteries vernissées, en particulier pour ses grandes cruches marron décorées de dragons couleur crème (les "cruches aux dragons" des farángs).

Pour voir les artisans les travailler, rendez-vous à la fabrique Rong Ong Tao Heng Tai, 234 Th Chedihakd. Le trajet en bus coûte 20 B. Ou bien prenez un songthaew à plusieurs (10 B par personne ou 80 B pour un groupe).

Où se loger

Les chambres rudimentaires et un peu négligées du *Kuang Ha Hotel* (☎ 032-337 119, 202 Th Amarin) coûtent 120 B avec ventilateur et s.d.b., ou 100 B avec sanitaires en commun.

Le *Hong Fa Hotel* (☎ 032-337484, 89/13 Th Rat Yindi) n'a rien à envier au précédent établissement sur le plan de la netteté. Comptez 170 B pour une chambre avec ventilateur et s.d.b.

Sinon, l'*Arayah* (☎ 032-337781/2, 187/1-2 Th Kraiphet) propose un hébergement simple mais impeccable à 250 B avec ventilateur, ou de 350 à 480 B pour une chambre climatisée et équipée de la TV.

Presque en face, vous trouverez le meilleur rapport qualité/prix de la ville : le *Namsin Hotel* (☎ 032-326238, fax 337633, 2/16 Th Kraiphet) dont les belles chambres réparties sur 4 étages coûtent 250 B avec ventilateur, 350 B avec clim. Le hall dispose d'un petit centre pour les affaires, où l'on peut envoyer des fax ou passer des coups de téléphone longue distance.

Où se restaurer

Une kyrielle d'*étals alimentaires* jalonne le marché le long des rives du Mae Klong, et se répand au fil des rues jusqu'à Th Rotfai qui borde la voie ferrée.

On peut également y effectuer toutes sortes d'emplettes. Au second étage du Namson Hotel, le *restaurant thaï* climatisé vous accueille de midi à minuit.

Devant la gare ferroviaire, le sympathique *Arharnthai* (☎ 032-337259, *142 Th Katathon*) sert de 11h à 22h toute une variété de plats thaï pour 50 à 120 B.

Comment s'y rendre

Bus. Les bus ordinaires assurant la liaison avec Bangkok (1 heure 30 de trajet, 38 B) sont stationnés dans Th Rotfai, juste à l'angle de Th Kraiphet. Les bus climatisés (59 B) ont pour arrêt l'Hotel Namsin, sur Th Kraiphet.

Les songthaews à destination de Damnoen Saduak se prennent sur Th Rotfai, presqu'à l'angle de Th Kraiphet (25 B). Pour rejoindre Phetchaburi en bus, vous débourserez 18 B, le parcours dure une heure.

Train. La ligne sud de Bangkok passe par Ratchaburi, onze trains par jour s'y arrêtent. Les trains sont plus rapides que les bus car ils évitent les encombrements à la sortie de Bangkok.

Le tarif depuis/vers Bangkok est de 25 B en 3e classe, de 57 B en 2e classe (suppléments sur les rapides et les express). Le trajet dure 2 heures quel que soit le train choisi.

Les trains ordinaires entre Ratchaburi et Phetchaburi reviennent à 11 B en 3e classe (40 minutes).

Comment circuler

Les samlors demandent environ 20 B par course intra-muros (25 B en dehors de la ville), et les túk-túks, 20 à 30 B.

ENVIRONS DE RATCHABURI
Le Wat Khongkharam

Vieux de deux siècles, ce monastère môn s'appelait autrefois le Wat Klang ou Phia To. Un grand bouddha et quelques sculptures plus modestes en occupent la partie centrale. Les fresques sont belles, mais très endommagées par les précipitations. Pour visiter, demandez à un moine de vous ouvrir le wihãan.

Comment s'y rendre. Prenez un bus pour Klong Ta Kot, à l'angle de Th Kraiphet et de Th Rotfai. Le trajet dure environ 40 minutes (10 B). Une fois à Klong Ta Kot, une moto-taxi vous emmènera jusqu'au temple pour 10 B (ou 30 B aller-retour).

Marché flottant de Damnoen Saduak

Depuis quelques années, l'ambiance animée des marchés flottants (*talàat náam*) du Khlong (canal) Damnoen Saduak, dans la province de Ratchaburi, est devenue très touristique. Vous les découvrirez entre Nakhon Pathom et Samut Songkhram, 104 km à l'ouest de Bangkok.

Centenaire, **Talaat Ton Khem**, reste le marché numéro un du canal Khlong Damnoen Saduak. Mais le **Talaat Hia Kui** du canal parallèle, le Khlong Hia Kui, a la faveur des touristes. Tout un secteur leur est pratiquement réservé, avec des boutiques à ciel ouvert et des jonques regorgeant de "souvenirs". Si vos préférences vont à des lieux moins envahis, un troisième marché, le **Talaat Khun Phitak**, sur un canal plus petit au sud de Damnoen Saduak, a toutes les chances de vous séduire. Prenez un bateau-taxi à l'embarcadère qui se trouve sur la rive est du Khlong Thong Lang, près de son intersection avec le Khlong Damnoen Saduak (où se tient le grand marché flottant). Il vous mènera au sud, jusqu'au Talaat Khun Phitak.

Si vous tenez à visiter les trois marchés, louez un bateau qui vous fera faire le tour des canaux, moyennant 150 B la demi-heure ou 300 B l'heure complète. Essayez

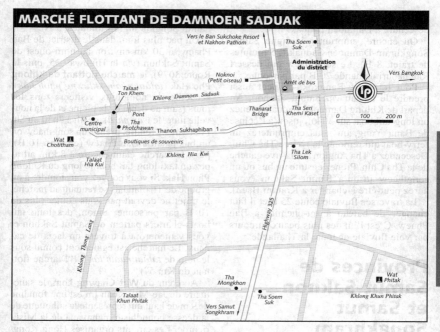

MARCHÉ FLOTTANT DE DAMNOEN SADUAK

surtout d'être sur place avant 8h pour éviter les groupes (qui arrivent dès 9h).

Certains marchés flottants sont moins touristiques. Prenez donc un bateau au sud de Damnoen Saduak jusqu'à la région d'Amphawa, dans la province de Samut Songkhram (voir la rubrique *Samut Songkhram* pour plus de détails).

Où se loger. Damnoen Saduak est suffisamment animé pour justifier que l'on y passe une nuit, voire plus. Vous pouvez essayer le *Noknoi* (*Petit Oiseau,* ☎ 032-254382), un établissement propre et tranquille dont les chambres ventilées valent 170 B, les climatisées 300 B. L'hôtel se trouve à seulement 5 minutes à pied du Talaat Ton Khem.

Le *Ban Suckchoke Resort* (☎ 032-253044, fax 254301) propose de confortables bungalows donnant sur le canal à

partir de 250 B. Il est situé à 1,5 km des marchés flottants de Damnoen Saduak.

Comment s'y rendre. La ligne n°78 est directe de la gare routière Sud de Bangkok. Les départs ont lieu toutes les vingt minutes à partir de 6h20, mais le mieux est d'arriver à Damnoen Saduak à 8 ou 9 h. Des bus climatisés partent à 6h. Le trajet dure deux petites heures en temps normal et coûte 55 B pour les bus climatisés ou 35 B pour les ordinaires.

Prenez un bateau-taxi (20 B) pour le marché flottant sur le quai, à côté du terminal des bus (Thai Seri Khani Kaset), ou marchez 10 minutes vers l'ouest et le sud le long du canal jusqu'au marché de Hia Kui, où se trouve la plupart des loueurs de bateaux.

Autre solution : passer la nuit à Nakhon Pathom, prendre un bus matinal en direction de Samut Songkhram et demander à descendre à Damnoen Saduak.

Ou encore, emprunter la ligne Samut Songkhram-Damnoen Saduak (25 minutes de trajet, 8 B). Le songthaew qui dessert Ratchaburi demande 20 B par personne.

Pour rejoindre Bangkok, on peut aussi prendre le bateau *via* Samut Sakhon. Au départ de Khlong Damnoen Saduak, prenez un long-tail boat sur 30 km jusqu'à l'écluse de Bang Yang, où vous emprunterez un ferry-boat qui remonte la rivière Tha Chin. Descendez à Tha Angton sur la rive gauche de la Tha Chin. Prenez ensuite un bus ou un songthaew jusqu'à Samut Sakhon (vous aurez peut-être à changer à Kratum Baen).

La traversée fluviale coûte 25 B et il faut changer de bateau à mi-chemin, à Ban Phaew. C'est l'un des plus beaux parcours par voie fluviale de toute la Thaïlande.

Provinces de Samut Sakhon et Samut Songkhram

SAMUT SAKHON
57 500 habitants

A 28 km au sud-est de Bangkok, le port animé de Samut Sakhon (cité de l'Océan), plus connu sous le nom de Mahacha, se trouve à quelques kilomètres à peine du golfe de Siam.

Il ne manque pas d'attraits, avec ses marchés colorés et le grand parc, qui ceint les murs du fort **Wichian Chodok**. Quelques canons rouillés, pointés vers le fleuve, témoignent de son antique mission : défendre l'embouchure du Chao Phraya contre l'envahisseur.

A l'ouest de Samut Sakhon, par la Highway 35, on découvrira le **Wat Yai Chom Prasat** élevé à la période Ayuthaya ; le portail central de son bòt, en bois finement sculpté, est, à juste titre, célèbre. Vous le reconnaîtrez aisément de la route, au bouddha géant qui veille à l'entrée. De Samut

Sakhon, prendez un bus en direction de Samut Songkhram (10 minutes, 3 B).

Un peu plus loin, dans le district de Ban Phaew, à 30 km environ au nord-ouest de Samut Sakhon (*via* la Highway 35, puis la Route 3079), le **marché flottant de Khlong Pho Hak** (*talàat náam khlawng phoh hàk*), accueille de nombreux visiteurs tous les jours (sauf au début de la pleine et de la nouvelle lune, le *wan phrá*), de 4h à 7h30 ou 8h. Pour vous y rendre, prenez un songthaew ou un bus jusqu'à Ban Phaew (environ 10 B), puis, le marché étant encore à 8 km, attrapez un taxi long-tail boat le long du Khlong Phon Hak. Si vous pouvez vous joindre à un groupe de Thaïlandais se rendant au marché, le trajet ne devrait pas vous coûter plus de 10 B par personne. Sinon, des long tail boats-charters partent de Samut Sakhon et vous y mèneront à travers un lacis de canaux. Le marché est également connu sous le nom de *talàat náam làk* 5 ("Marché flottant du Km 5").

Au cœur du **Wat Chawng Lom**, le sanctuaire de Jao Mae Kuan Im est une fontaine de 9 m de haut qui représente la silhouette de la déesse bouddhiste mahayana de la Miséricorde. Les circuits organisés Hong Kong/Taïwan/Singapour ne manquent d'ailleurs pas de s'y arrêter. Érigée sur une colline artificielle – dans laquelle on a creusé une galerie pour rejoindre un autre sanctuaire de la déesse –, la statue vivement colorée de Kuan Im déverse en permanence l'eau du vase qu'elle tient dans la main droite.

Pour y accéder depuis l'embarcadère des ferries situé dans la partie portuaire de Th Sethakit (Tha Malachai), prenez un bac (1 B) à destination de Tha Chalong, puis une moto-taxi (10 B) pour effectuer les 2 km de route jusqu'au Wat Chawng Lom.

Où se loger et se restaurer

A l'intérieur des terres, Samut Sakhon est un satellite urbain de Bangkok. Le choix en matière d'établissements hôteliers est plutôt déprimant, et il n'est guère recommandé d'y passer la nuit. Si vous ne pouvez faire autrement, essayez toujours le *Wiang Thai Hotel* (☎ 034-411151, 821/

5 Th *Sukhonthawit*) dont les chambres ventilées, mais poussiéreuses, se louent 250 B.

En direction du port, Th Norasing (qui donne dans Th Sethakit) foisonne d'*étals alimentaires* à la nuit tombée.

Les amateurs de poissons et de fruits de mer réjouiront leurs papilles sans grever leur budget. Le bâtiment au-dessus de l'embarcadère des ferries, dans la partie portuaire de Th Sethakit, accueille aussi sur trois étages le *Tarua Restaurant* (Thaa Reua Restaurant). Les produits de la pêche y sont délicieux pour 60 à 200 B le plat (carte en anglais). A 5 minutes à pied du Wat Chawng Lom, en remontant la rue qui longe le temple en face de la statue de Kuan Im, vous découvrirez le *Khrua Chom Ao* (☎ 034-422997), un établissement en plein air avec vue sur le golfe. Si ses prix s'apparentent à ceux du Tarua, les gens de la région préfèrent sa cuisine de la mer plus raffinée.

Le *New Rot Thip* (autrefois appelé New Stahip) et le *Wang Nam Khem*, respectivement au 927/42 et au 927/179 Th Sethakit, servent des plats thaï et chinois classiques à des prix raisonnables.

Comment s'y rendre

Bus. Du terminal des bus Sud de Bangkok, les bus ordinaires en direction de Samut Sakhon fonctionnent toute la journée. Le voyage dure environ 1 heure (25 B). De Samut Sakhon à Samut Songkhram, il faut compter une demi-heure et 14 B.

Train. Samut Sakhon se trouve quasiment à mi-chemin de la ligne locale appelée "Malachai" (3ᵉ classe uniquement et non mentionnée sur les horaires officiels, tant thaï qu'anglais) qui relie la station Wong Wian Yai à Tonburi et Samut Songkhram.

Le prix du billet depuis/vers Thonburi ou Samut Songkhram s'élève à 10 B. Il y a 4 départs quotidiens vers le sud comme vers le nord : 7h30, 10h10, 13h30, 16h40 (horaires identiques).

De Samut Sakhon, vous pouvez ensuite poursuivre votre voyage ferroviaire jusqu'à Samut Songkhram, en traversant le cours d'eau à Ban Laem.

Comment circuler

Samlors et motos-taxi abondent dans toute la ville ; leurs tarifs varient de 15 à 30 B selon les distances.

SAMUT SONGKHRAM
35 000 habitants

Blottie entre Ratchaburi, Samut Sakhon et Phetchaburi, Samut Songkhram, avec ses 416 km², est la plus petite des provinces thaïlandaises. Souvent dénommée "Mae Klong", sa capitale (du même nom) épouse une large courbe du fleuve Mae Klong, à 74 km au sud-ouest de Bangkok et tout près du golfe de Siam. Elle est entourée d'une nature généreuse où abondent goyaves, lychees, raisins et noix de coco.

Samut Songkhram constitue un excellent point de départ pour rallier dès l'aube le marché flottant de Damnoen Saduak, situé à seulement 20 minutes en bus. L'endroit offre par ailleurs quelques marchés flottants non dénués d'intérêt.

Renseignements

Argent. La Thai Farmers Bank, 125/5 Th Prasitphatthana, peut procéder aux opérations de change du lundi au vendredi, de 10h à 16h.

A voir

La capitale est une ville plutôt moderne, avec une vaste aire de marché que délimitent, la ligne de chemin de fer et le terminal des bus. Dans le centre-ville, à proximité de la gare et du fleuve, le **Wat Phet Samut Worawihaan**, édifice imposant, abrite une statue célèbre du Bouddha, baptisée Luang Phaw Wat Baan Laem en souvenir du *phrá sàksìt* (saint moine) qui, en la consacrant, lui insuffla ainsi ses propres pouvoirs mystiques.

A l'embouchure du Mae Klong, non loin de la ville, le **Don Hoi Lot**, banc de coquillages fossilisés est une curiosité naturelle qui attire les touristes. Il s'agit d'une espèce de clams à coquille tubulaire (*hãwy làwt*). Pour vous rendre à Don Hoi Lot, vous pouvez sauter dans un songthaew, stationné devant l'hôpital Somdet Phra Phuttalertla, au croisement des rues Prasitwatthana et Thamnimit ; le trajet dure une quinzaine de minutes. Sinon, vous pouvez aussi louer un bateau au marché flottant du Tha Mae Klong (*thâa talàat mâe klawng*) et effectuer une traversée pittoresque d'environ 45 minutes.

A 500 m sur la route qui mène à Don Hoi Lot, le **Wat Satthaatham** se distingue par son bót construit en teck doré et incrusté de motifs en nacre (pour une valeur, dit-on, de 60 millions de bahts !). Comparable, le décor intérieur du temple retrace des scènes des jakata du Bouddha au-dessus des fenêtres, et de Ramakien au-dessous de celles-ci.

A 10 minutes à pied du marché flottant d'Amphawa – après avoir traversé le pont et suivi la route qui sillonne les jardins de Wat Amphawan Chetiyaram – le **parc commémoratif du roi Buddhalerta Naphalai** (Phuuttha Loet La) rassemble sur 2 hectares toute une série de maisons thaï traditionnelles où sont exposées les collections d'un musée à la mémoire du roi Rama II, natif du district d'Amphawa. Ainsi, vous découvrirez une bibliothèque d'ouvrages thaï rares, des antiquités du début du XIXe siècle, ainsi qu'une collection de poupées évoquant quatre des œuvres théâtrales écrites par le souverain (Inao, Manii Phichai, Ramakien et Sang Thong). On peut ensuite se promener dans un luxuriant jardin botanique qui mène jusqu'à un centre de stages d'art dramatique. Si le musée n'est ouvert que du mercredi au dimanche, de 9h à 16h (entrée : 10 B), le parc vous accueille chaque jour de 9h à 18h.

A 1 km du parc, la petite fabrique **Ban Benjarong** (☎ 034-751322) occupe un bâtiment moderne où l'on produit de remarquables pièces de benjarong, céramique traditionnelle en cinq couleurs. Vous aurez tout loisir d'admirer les artisans exécuter les délicates arabesques et les motifs floraux qui ont fait la réputation de cet art. Les œuvres réalisées n'ont rien à voir avec le clinquant des produits proposés au marché

de Chatuchak et les moins chères valent 1 000 B. Le magasin d'exposition est ouvert tous les jours. Mieux vaut s'y rendre en moto-taxi (10 B la course), car il est facile de se perdre.

A 4 km au nord de la ville, sur la route de Damnoen Saduak, l'**Orchid Farm** attire les amateurs d'orchidées locales. Un bus vous y emmène en 10 minutes, pour la somme de 5 B.

Marchés flottants. La province de Samut Songkhram est sillonnée par une infinité de canaux qui croisent les méandres paresseux du Mae Klong, environnement idéal pour les marchés flottants traditionnels. C'est au nord-ouest de Samut Songkhram, à 7km environ (*via* le Mae Klong), dans le district d'Amphawa, que se tiennent les plus intéressants.

Le **marché flottant d'Amphawa** (*talàat náam ampháwaa*) a lieu tous les jours, de 6h à 8h, face au Wat Amphawa ; il est plus intéressant de s'y rendre le week-end. Les deux autres, obéissant au calendrier lunaire, ne sont ouverts que six jours par mois : les 3e, 8e et 13e jours de la lune croissante et décroissante (de 6h à 11h) pour le **marché flottant de Bang Noi**, les 2e, 7e et 12e jours des mêmes lunaisons pour le **marché flottant de Tha Kha**. Rassemblé le long d'un khlong caressé par la brise et bordé de serres et de vieilles maisons en bois, il mérite une visite.

Un calendrier lunaire (que vous trouverez, pour quelques bahts, dans n'importe quelle échoppe d'articles ménagers) vous indiquera les correspondances avec les jours solaires. On peut visiter ces marchés flottants en long-tail boat en partant du marché Tha Mae Klong (de 150 à 200 B l'heure ou 300 B pour toute la matinée).

Où se loger et se restaurer

Le centre ville compte quatre hôtels dont aucun n'est vraiment tranquille. Le moins cher s'appelle *Thai Sawat* (☎ 034-711205, 524 Th Phet Samut), où les chambres rudimentaires avec ventilateur et sanitaires en commun se louent 100 B la nuit. Tout aussi bon marché, son voisin, le *Mae Klong Hotel* (☎ *034-711150, 546/10-13 Th Phet Samut*) fait face au Wat Phet Samut Worawihaan, dans Th Si Champa. Ses agréables propriétaires parlent un peu anglais et vous renseigneront sur la région. Les chambres impeccables vous coûteront de 150 à 180 B avec ventilateur, 300 B avec clim. et 350 B avec clim. et TV.

Un cran au-dessus, l'*Alongkorn 1 Hotel* (☎ *034-711017, 541/15 Th Kasem Sukhum*) et l'*Alongkorn 2 Hotel* (☎ *034-711709, 540 Th Pomkaew*) sont séparés par un cinéma. Ils abritent le même type de chambres classiques proposées à 150 B avec ventilateur et 200 B avec clim.

Devant le marché Mae Klong, plusieurs *étals alimentaires* excitent la gourmandise toute la journée et le soir. Un *marché de nuit* très vivant s'installe également sur la place, non loin des arrêts de bus et de taxi, le long de Th Prasitphatthana. Sur le site de Don Hoi Lot, *Suan Aahaan Tuk* propose une carte très riche de spécialités thaï et chinoises.

Dans l'entrepôt chinois, le sympathique *Meng Khao Muu Daeng* (☎ *034-713422, 467 Th Phet Samut*) sert de délicieux *khâo mǔu daeng*, ainsi que des *khâo nâa pèt*. Tous les plats reviennent à 20 B et il n'y a aucune enseigne.

Face aux services téléphoniques sur Th Ekachai, vous pouvez vous restaurer en plein air à l'*Isaan Tai* (☎ *034-716503*). On y cuisine toute une gamme de plats isaan (typiques du Nord-Est), parmi lesquels nous vous recommandons vivement le poisson-chat grillé. Les prix s'échelonnent de 30 à 60 B et l'établissement ne dispose d'aucune enseigne en caractères romains.

À proximité du Wat Phet Samut, le *Dollars Pub* (☎ *034-711344*), est un bar-restaurant de style far west, qui sert des spécialités thaï à partir de 80 B. L'endroit possède aussi un orchestre et vous accueille de 19h à 2h du matin.

Les plus aventureux pourront essayer le *Jungle Home Pub*, un café de style thaï, tout au bout du Soi Thanai Khong qui donne dans Th Ekachai. Il n'est pas facile à trouver, mais un túk-túk vous y mènera

pour seulement 15 B. Malheureusement, il n'est ouvert que le vendredi, le samedi et le dimanche, à partir de 16h.

Comment s'y rendre

Bus. Taxis et bus stationnent au croisement de Th Ratchayat Raksa et de Th Prasitphatthana. Les bus en provenance du terminal des bus Sud de Bangkok et à destination de Damnoen Saduak s'y arrêtent aussi, mais certains peuvent vous déposer sur la route principale d'où vous marcherez jusqu'au centre ou bien emprunterez un samlor ou un songthaew (5 B). Les bus climatisés pour Bangkok ont leur départ à l'agence Damnoen Tour, qui jouxte la Bangkok Bank. Prévoyez 35 B en bus ordinaire ou 55 B en bus climatisé ; dans l'un et l'autre cas, le trajet dure environ 1 heure 30. Il existe aussi de nombreux bus journaliers à destination de Samut Sakhon (1 heure de trajet, 14 B).

Train. Samut Songkhram constitue l'extrémité sud d'une ligne ferroviaire de 70 km venant de Thonburi (Wong Wian Yai) en 1 heure environ. Le trajet (uniquement en 3e classe) depuis/vers Bangkok revient à 20 B (10 B depuis/vers Samut Sakhon) et l'on dénombre 4 trains par jour (voir la rubrique *Comment s'y rendre* de *Samut Sakhon*). A Samut Songkhram, les trains démarrent à 6h50, 9h, 11h30, et 15h30. La gare se situe à 5 minutes du terminal des bus, à l'endroit où Th Kasem Sukhum débouche dans Th Prasitphatthana, au bord du fleuve.

Province de Kanchanaburi

Fondée par Rama Ier, la ville de Kanchanaburi a été conçue comme une place forte chargée de barrer la route aux Birmans. Celle-ci, qui passe par le col des Trois Pagodes, à la frontière Thaïlande-Myanmar, reste de nos jours, l'itinéraire favori des contrebandiers.

Durant la Seconde Guerre mondiale, les forces d'occupation japonaises utilisèrent les prisonniers alliés pour construire le tristement célèbre chemin de fer de la Mort ("Death Railway") destiné à utiliser la même voie, mais dans l'autre sens, de la vallée de la Khwae Noi au col. Des milliers et des milliers de prisonniers périrent. L'histoire, racontée par Pierre Boulle dans *le Pont de la rivière Kwaï,* fut portée à l'écran. Le pont est toujours là (encore en service, d'ailleurs), ainsi que les tombes des soldats.

A l'est et au nord-ouest de Kanchanaburi se trouvent les plus impressionnantes chutes d'eau de Thaïlande et d'immenses réserves naturelles. Cette région n'est d'ailleurs pas trop peuplée et la nature reste assez sauvage.

KANCHANABURI
38 100 habitants
Kanchanaburi (Kan'Buri) se trouve à 130 km à l'ouest de Bangkok, dans une vallée légèrement surélevée du Mae Klong, au milieu des collines et des champs de canne à sucre. On y séjournera quelque temps avec plaisir. Il y fait un peu plus frais qu'à Bangkok ; les soirées surtout sont agréables. Kan (comme on l'appelle sur place, ou Kan'buri) accueille suffisamment de visiteurs pour disposer de son propre office du tourisme. En revanche, les touristes occidentaux sont assez rares. Ce sont surtout des Japonais ou des Chinois de Hong Kong et de Singapour qui traversent la ville en coup de vent, le temps de voir le pont, le cimetière de Th Saengchuto, le musée et de se précipiter aux mines de saphirs, ou à l'une des grandes cascades, avant de remonter dans leurs cars climatisés en direction de Chiang Mai ou de Bangkok.

Pour les Thaïlandais, la vallée du Mae Klong est devenue un lieu privilégié de vacances et de loisirs. Récemment, la municipalité a entrepris d'embellir les berges du fleuve, en plantant des casuarina, et en éloignant la plupart des restaurants flottants.

Dans Meuang Kan, vous remarquerez peut-être de pittoresques enseignes en forme de poisson : elles signalent les *plaa yisok,* échoppes de poisson très répandues dans toute la région du Mae Klong.

Renseignements
Office de tourisme. Le bureau de la TAT (☎ 034-511200) se trouve dans Th Saengchuto, sur la droite à l'entrée de la ville, en arrivant de Bangkok, avant le commissariat de police ; on vous y fournira un plan gratuit de la ville et de la province, avec informations complètes sur l'hébergement et le transport. Il est ouvert tous les jours de 8h30 à 16h30. Le bureau dispose désormais d'une brigade de police touristique. Tout problème de vol ou autre doit être déclaré à celle-ci comme à celle de la province.

Argent. Toutes les grandes banques thaï sont présentes à Kan et offrent un service de change et de distributeurs. Elles sont essentiellement concentrées sur Th Saengchuto et ses alentours, dans le quartier du marché et du terminal des bus.

Le *Punnee Cafe* (☎/fax 034-513503), Th Ban Neua, abrite un service de change qui peut se révéler très utile le week-end et les jours fériés, même si le cours est moins avantageux que dans les banques.

Poste et communications. La poste principale de Th Saengchuto est ouverte de 8h30 à 16h30 en semaine, de 9h à 14h le samedi ; un service de téléphone international fonctionne tous les jours de 7h à 22h. A l'extérieur de la poste, on peut téléphoner par Home Country Direct 24h/24. Un petit bureau de poste se trouve sur Th Lak Meuang vers la rivière, près du sanctuaire du Lak Meuang.

Death Railway Bridge (Pont de la rivière Kwaï)
Ce pont peut présenter un intérêt historique, mais il est très ordinaire d'aspect. Il enjambe la Khwae Yai, un affluent du Mae Klong, à 3 km du *làk meuang* (pilier de la ville en forme de phallus) de Kanchanaburi. C'est l'histoire de sa construction qui est dramatique. Les matériaux furent apportés de Java par les Japonais qui occupaient la Thaïlande. Le pont fut bombardé plusieurs fois en 1945 et reconstruit après la guerre. La première version, achevée en février

CENTRE DE LA THAÏLANDE

1943, était en bois. En avril de la même année, un second pont en métal fut construit.

On estime que 16 000 prisonniers de guerre ont péri pendant les travaux de construction du chemin de fer vers le Myanmar, dont le pont ne couvrait qu'une petite partie. Le but était d'ouvrir une voie de ravitaillement nécessaire à la conquête japonaise du Myanmar et d'autres pays asiatiques. Les travaux commencèrent le 16 septembre 1942. Les ingénieurs japonais avaient calculé qu'il faudrait cinq ans pour relier les deux pays, mais l'armée força les prisonniers à construire les 415 km de ligne, dont deux tiers en Thaïlande, en seize mois. Les deux tronçons firent leur jonction à 37 km au sud du col des Trois Pagodes. Le pont resta en service vingt mois avant d'être bombardé par les Alliés en 1945.

Le nombre de prisonniers morts sous l'occupation japonaise effraie déjà, mais celui des victimes parmi les ouvriers réquisitionnés en Thaïlande, au Myanmar, en

PROVINCE DE KANCHANABURI

MYANMAR (BIRMANIE)

PROVINCE DE TAK

Payathonzu

Col des Trois Pagodes

Sangkhlaburi

Chutes de Dai Chong Thong

Chutes de Kroeng Krawia

Chutes de Pha That

Parc national de Thung Yai Naresuan

Parc national de Si Nakharin

PROVINCE D'UTHAI THANI

0   20   40 km

PROVINCE DE SUPHANBURI

Lac de Khao Laem

Retenue de Si Nakharin

Barrage de Khao Laem

Thong Pha Phum

Pilok   3272

Khwae Noi

Sources chaudes de Hin Daat

323

Chutes de Huay Khamin

Grotte de Phra That

Si Sawat

Parc parc national de Chaloem Ratanakosin

Ban Nong Preu

Mines de saphirs de Bophloi

Grottes de Daowadung

Col du Feu de l'Enfer

Chutes de Sai Yok

Parc national de Sai Yok

Grotte de Lawa

Chutes de Khao Pang

Sai Yok

Chutes d'Erawan

Nam Tok

Barrage de Si Nakharin

Khwae Yai

Bophloi

3199   398   324

Parc historique de Prasat Meuang Singh

Musée néolithique de Ban Kao

Kanchanaburi

Tha Meuang

Mae Klong

323

MYANMAR (BIRMANIE)

PROVINCE DE RATCHABURI

Malaisie et en Indonésie, est plus considérable encore. On estime que de 90 000 à 100 000 coolies y ont trouvé la mort.

Aujourd'hui, il ne reste pas grand chose de l'ancienne voie ferrée. A l'ouest de Nam Tok, les Karen et les Môn ont démonté et transporté rails et traverses, qui leur servent à construire ponts et bâtiments.

Les mordus de chemin de fer apprécieront le **railway museum** (musée du chemin de fer) à l'entrée du pont, où l'on peut voir des machines en usage pendant la guerre. Tous les ans, pendant la première semaine de décembre, un montage son et lumière commémore l'attaque des Alliés sur le Death Railway en 1945.

Deux grands restaurants en plein air proches du pont accueillent les groupes de touristes qui défilent à longueur de journée. Si vous avez faim, mieux vaut manger en compagnie des chauffeurs de bus et de songthaews dans les petites gargotes à l'extrémité nord de Th Pak Phraek.

Comment s'y rendre. Le meilleur moyen pour gagner le pont consiste à prendre un songthaew sur Th Pak Phraek (parallèle à Th Saengchuto en allant vers la rivière) en direction du nord.

Il en circule très régulièrement. Comptez 5 B pour un trajet de 3 km depuis le sanctuaire du Lak Meuang. On peut aussi prendre le train à la gare (2 B).

Cimetières militaires des Alliés

Deux cimetières ont recueilli les dépouilles des prisonniers de guerre morts en détention, l'un au nord de la ville par Th Saengchuto, juste avant la gare, et l'autre sur l'autre rive du Mae Klong à l'ouest de la ville, quelques kilomètres en aval sur la Khwae Noi.

Le **Kanchanaburi Allied War Cemetery** (cimetière militaire) est à un quart d'heure de marche du River Kwai Hotel ; sinon, vous pouvez toujours héler un songthaew ou un minibus orange (n°2) n'importe où dans Th Saengchuto en direction du nord (5 B de trajet dans les deux cas). Descendez à l'écriteau en anglais indiquant l'entrée du

cimetière, ou demandez à être déposé au *sùsãan* ("cimetière" en thaï). Juste avant, du même côté de la route, vous apercevrez les tumulus funéraires et les tombes d'une nécropole chinoise.

Comme au cimetière nord, les plaques tombales du **Chung Kai Allied War Cimetery** portent les noms, les insignes militaires des soldats hollandais, britanniques, français et australiens, accompagnés de courtes épitaphes. Pour accéder à cette nécropole moins fréquentée, il faut prendre le bac à l'extrémité ouest de Th Lak Meuang, puis marcher le long d'une route plutôt agréable à travers les champs de blé et de canne à sucre.

A 1 km au sud-ouest de Chung Kai, un sentier vous mènera au **Wat Tham Khao Pun**, un des nombreux temples troglodytiques de Kanchanaburi.

JEATH War Museum

Ce curieux musée de la guerre près du Wat Chaichumphon (Wat Tai) mérite une visite rien que pour le plaisir de s'asseoir sur les berges fraîches du Mae Klong. Phra Maha Tomson Tongproh, un moine thaïlandais qui consacre son énergie à promouvoir le musée, parle un peu anglais ; il vous renseignera sur les objets exposés, mais aussi sur les sites de la région et les moyens pour s'y rendre. Sur présentation de ce guide, il vous accordera une réduction de 5 B sur l'entrée de 20 B.

Le bâtiment du musée est une réplique des huttes en bambou-atap (chaume de palmier) où logeaient les prisonniers durant l'occupation. On y a rassemblé des photographies, des dessins et des peintures de prisonniers, des cartes, des armes et autres souvenirs de la guerre.

L'acronyme anglais JEATH représente la fatale rencontre du Japon, de l'Angleterre, de l'Australie/Amérique, de la Thaïlande et de la Hollande à Kanchanaburi.

Le musée de la guerre est situé au bout de Th Wisuttharangsi (Visutrangsi), près de la TAT. Les Thaï désignent ce musée sous le nom de : *phíphítháphan sõngkhram wát tâi*. Il est ouvert tous les jours de 8h30 à 16h (entrée : 30 B).

Musée de la Seconde Guerre mondiale

Également connu sous le nom d'"Art Gallery & War Museum" et situé à proximité du célèbre pont, ce nouvel édifice, quelque peu tape-à-l'œil, ressemble de l'extérieur à un temple chinois. Le plus grand des bâtiments – et le plus ostentatoire – n'a rien à voir avec la Seconde Guerre mondiale, et très peu avec l'art, à moins de considérer comme des chefs-d'œuvre les fresques criardes étalées sur les murs. Le rez-de-chaussée expose des bouddhas d'albâtre, de style birman, et des *phrá khreûang* (amulettes sacrées).

Aux deux niveaux supérieurs se tient une exposition permanente d'armes thaï de l'époque Ayuthaya et de céramiques anciennes et modernes. Au 4e étage sont accrochés les portraits richement enluminés de tous les rois de l'histoire thaïlandaise. Enfin, au dernier niveau nous est contée la saga de la famille chinoise fondatrice du musée, placée sous la haute protection d'un immense tableau représentant le patriarche dans sa Chine natale.

En face, un bâtiment plus modeste abrite des reliques de la Seconde Guerre mondiale, parmi lesquelles photos et dessins-témoignages des camps de prisonniers, ainsi qu'une exposition d'armes japonaises et alliées.

Le musée est ouvert tous les jours, de 9h à 16h (entrée : 30 B).

Sanctuaire du Lak Meuang

Comme beaucoup de vieilles cités thaïlandaises, Kanchanaburi possède un làk meuang, ou pilier de la ville en forme de phallus, dans un sanctuaire situé au centre de la ville originelle. Il se trouve dans Th Lak Meuang, qui croise Th Saengchuto, à deux pâtés de maisons au nord de la TAT.

Le pilier à pointe bulbeuse recouvert de feuilles d'or est très vénéré. A la différence de celui de Bangkok, vous pouvez vous en approcher d'aussi près que vous le désirez : il n'y a pas de rideau. Visible du pilier en direction de la rivière se dresse l'ancienne **porte** de la cité.

Wat Tham Mongkon Thong

Le "temple troglodytique du Dragon d'or" est bien connu pour sa "nonne flottante", une *mâe chii* qui médite en faisant la planche dans un bassin.

Avec de la chance, vous pourrez peut-être la voir, mais il semble qu'elle s'y adonne moins fréquemment (essayez un dimanche). C'est une nonne, âgée aujourd'hui de plus de 70 ans, qui a lancé la "méditation flottante".

Une longue et abrupte série d'escaliers aux rampes sculptées de dragons s'agrippe à la paroi rocheuse derrière le bòt principal jusqu'à un ensemble de grottes. Suivez le cordon de lampes électriques qui traverse la première cavité et vous ressortirez au-dessus du wat, avec une vue plongeante sur la vallée et les montagnes.

Un passage doit être franchi en rampant ou bien à quatre pattes ; veillez à vous vêtir en conséquence. Les chauves-souris couinent au-dessus de vos têtes et l'air empeste la fiente.

Un autre temple troglodytique est accessible de cette même rue, à 1 ou 2 km du Wat Tham Mongkon Thong, en direction du quai. On l'aperçoit au sommet d'un mamelon qui se dresse à 500 m de la route. Son nom est le **Wat Tham Khao Laem**. La grotte est moins spectaculaire, mais il y a quelques édifices intéressants dans l'enceinte.

Comment s'y rendre. En descendant Th Saengchuto vers le sud-est en venant de la TAT, tournez à droite dans Th Chukkadon (indiqué en anglais – à mi-chemin entre la TAT et la poste) ou prenez un song-thaew (5 B) dans le centre-ville jusqu'au bout de Th Chukkadon. A cet endroit, un pont a remplacé le bac ; attendez un song-thaew traversant le pont et faites-vous déposer devant le temple (5 B).

La route du wat traverse des champs de canne à sucre, des formations karstiques, et passe devant des maisons en bois, du bétail et des carrières. Vous pouvez aussi venir à bicyclette. Le chemin est poussiéreux durant la saison sèche, mais il présente l'avantage d'être plat.

Wat Tham Seua et Wat Tham Khao Noi

Ces deux grands monastères, à 15 km au sud-est de Kanchanaburi, sont d'importants lieux de pèlerinage, surtout pour les bouddhistes chinois. Le Wat Tham Khao Noi ("Little Hill Cave Monastery") est un temple-monastère chinois semblable en taille et en style au Kek Lok Si de Penang. A côté se trouve le Wat Tham Seua ("Tiger Cave Monastery"), mi-thaïlandais, mi-chinois. Tous deux sont construits sur une corniche au-dessus d'une série de petites grottes. Pour atteindre le second, il existe deux escaliers : l'un décoré de nagas, l'autre (juste après l'entrée de la grotte) en zigzag.

Votre ascension sera récompensée par une vue sur la Khwai d'un côté, et sur les rizières de l'autre. Un énorme bouddha est assis face au fleuve ; et un tapis roulant achemine les aumônes dans un grand bol posé sur ses genoux.

Les marches à droite de l'escalier aux nagas conduisent à une grotte en passant devant une volière remplie de paons et autres oiseaux exotiques.

Comment s'y rendre. Un ticket de bus pour Tha Meuang (12 km au sud-est de Kan) vous coûtera 5 B. Prenez ensuite une moto-taxi (30 B) près de l'hôpital Tha Meuang.

Si vous êtes à moto ou à bicyclette, empruntez la route de droite en arrivant à Tha Meuang, tournez à droite après l'hôpital sur une route qui longe le canal et traverse le barrage (Meuang Dam). Il reste 4 km avant d'arriver aux Wat Tham Seua et Khao Noi. Passé le barrage, tournez à droite pour rejoindre la rivière et suivez cette route non goudronnée sur 1,4 km, puis tournez à gauche vers les pagodes que l'on aperçoit au loin. Le réseau routier offre plusieurs possibilités pour accéder au pied de la colline. Gardez les pagodes en vue pour vous diriger.

A bicyclette, vous éviterez la grand-route en longeant la rivière. Suivez Th Pak Phraek et traversez le pont en direction du Wat Tham Mongkon Thong, puis tournez à gauche sur l'autre rive et suivez la piste parallèle à la rivière. Au bout de 14 km, vous apercevrez le barrage. A partir de là, vous pouvez commencer à guetter les pagodes sur votre droite. C'est une belle excursion pour la journée – la route est plate tout le long du chemin. Vous pouvez faire étape au village de Ban Tham, qui possède son propre temple-grotte.

Excursions en bateau

Radeaux. Le nombre de petites compagnies offrant des excursions en radeau ("raft trips") sur le Mae Klong et ses divers affluents continue de croître. Le radeau typique est une grosse embarcation avec une cabine à deux niveaux qui emporte de 15 à 20 personnes. Le tarif moyen d'une excursion est de 2 000 B pour 24 heures, une somme divisée entre tous les voyageurs. Elle inclut généralement des escales à Hat Tha Aw, au Wat Tham Mongkon Thong, à la grotte de Khao Pun et au Chung Kai Allied War Cemetery, plus tous les repas et une nuit à bord du radeau. Les boissons alcoolisées sont généralement en sus. Le coût d'une excursion "de jour" – sans nuit à bord – varie entre 300 et 400 B par personne (déjeuner compris). Si vous ajoutez des nuits ou des kilomètres, le prix peut grimper rapidement. N'hésitez pas à marchander car plus de 500 radeaux, semble-t-il, sillonnent le Mae Klong et ses affluents. Vous pouvez aussi profiter d'excursions plus élaborées, avec randonnées et promenades à dos d'éléphant. Dans ce cas, il faut compter de 1 100 à 1 400 B par personne. On peut ainsi aller jusqu'aux cascades de Sai Yok.

Renseignez-vous dans les hôtels, auprès de la TAT, ou à l'embarcadère principal au bout de Th Lak Meuang. Le mieux est de se regrouper entre voyageurs et d'organiser une excursion personnalisée avec un gérant de radeau.

Long-tail boats. Une façon de voir les mêmes sites à moindre coût est de louer un long-tail boat pour 200 B l'heure environ (5 passagers au maximum). En groupe, une

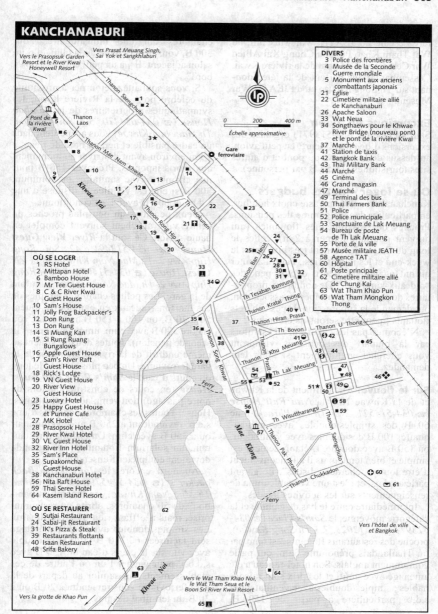

KANCHANABURI

Vers le Prasopsuk Garden Resort et le River Kwai Honeywell Resort

Vers Prasat Meuang Singh, Sai Yok et Sangkhlaburi

Thanon Saengchuto

Pont de la rivière Kwaï

Thanon Laos

Thanon Mae Nam Khwae

Khwae Yai

Thanon Rong Hip Awy

Th Chaokunen

Gare ferroviaire

Thanon Ban Neua

0   200   400 m
Échelle approximative

Th Tesaban Bamrung

Thanon Kratai Thong

Thanon Hiran Prasat

Th Bovon

Thanon U Thong

Khu Meuang

Thanon Song Khwae

Thanon Prasit

Th Lak Meuang

Ferry

Mae Klong

Th Wisuttharangsi

Thanon Pak Phrek

Thanon Saengchuto

Thanon Chukkadon

Ferry

Vers l'hôtel de ville et Bangkok

Vers le Wat Tham Khao Noi, le Wat Tham Seua et le Boon Sri River Kwai Resort

Vers la grotte de Khao Pun

OÙ SE LOGER
1 RS Hotel
2 Mittapan Hotel
6 Bamboo House
7 Mr Tee Guest House
8 C & C River Kwai Guest House
10 Sam's House
11 Jolly Frog Backpacker's
12 Don Rung
13 Don Rung
14 Si Muang Kan
15 Si Rung Ruang Bungalows
16 Apple Guest House
17 Sam's River Raft Guest House
18 Rick's Lodge
19 VN Guest House
20 River View Guest House
23 Luxury Hotel
25 Happy Guest House et Punnee Cafe
27 MK Hotel
28 Prasopsok Hotel
29 River Kwai Hotel
30 VL Guest House
32 River Inn Hotel
35 Sam's Place
36 Supakornchai Guest House
38 Kanchanaburi Hotel
56 Nita Raft House
59 Thai Seree Hotel
64 Kasem Island Resort

OÙ SE RESTAURER
9 Sutjai Restaurant
24 Sabai-jit Restaurant
31 IK's Pizza & Steak
39 Restaurants flottants
40 Isaan Restaurant
48 Srifa Bakery

DIVERS
3 Police des frontières
4 Musée de la Seconde Guerre mondiale
5 Monument aux anciens combattants japonais
21 Église
22 Cimetière militaire allié de Kanchanaburi
26 Apache Saloon
33 Wat Neua
34 Songthaews pour le Khwae River Bridge (nouveau pont) et le pont de la rivière Kwaï
37 Marché
41 Station de taxis
42 Bangkok Bank
43 Thai Military Bank
44 Marché
45 Cinéma
46 Grand magasin
47 Marché
49 Terminal des bus
50 Thai Farmers Bank
51 Police
52 Police municipale
53 Sanctuaire de Lak Meuang
54 Bureau de poste de Th Lak Meuang
55 Porte de la ville
57 Musée militaire JEATH
58 Agence TAT
60 Hôpital
61 Poste principale
62 Cimetière militaire allié de Chung Kai
63 Wat Tham Khao Thong
65 Wat Tham Mongkon Thong

CENTRE DE LA THAÏLANDE

excursion de 2 heures revient à 400 B. Vous ferez escale au JEATH War Museum, au Wat Tham Khao Pun, au Chung Kai Allied War Cemetery et au pont de la rivière Kwai. Ces embarcations partent de la jetée donnant sur Th Song Khwae ou du JEATH War Museum.

Excursions en avion

Sam's Place (☎ 034-513971) organise des excursions d'une demi-heure, en petit avion, au-dessus de la rivière, du pont et d'autres sites touristiques (1 250 B par personne).

Où se loger – petits budgets

Kanchanaburi offre un vaste choix hôtelier, en particulier dans la gamme des pensions. Proches des discothèques flottantes (qui doivent pourtant fermer à 23h), celles le long du fleuve deviennent très bruyantes le week-end et les jours fériés.. Faut-il ajouter qu'ont également fleuri, depuis peu, des "radeaux-karaoké" ? De nombreux propriétaires de pensions, regroupés en association, ont demandé la suppression de ces cabarets flottants ; peut-être seront-ils entendus ?

N'écoutez pas les chauffeurs de samlors car la plupart des pensions viendront vous chercher gratuitement si vous leur demandez.

Sur le fleuve. Au confluent de la Khwae et de la Khwae Noi, la *Nita Raft House* (☎ *034-514521, 27/1 Th Pat Phraek*) loue 60 B des simples/doubles avec moustiquaire, 100 B des doubles avec ventilateur, ou 150 B avec douche. L'établissement est simple et bien tenu, mais il a l'inconvénient d'être tout proche des "discos". Le gérant parle anglais, et c'est une véritable mine de renseignements sur les activités locales.

Intermédiaire entre le bas de gamme et la catégorie moyenne, le *Sam's Place* (☎ *034-513971, fax 512023, 7/3 Th Song Khwae*), proche des restaurants flottants, est tenu par un Thaïlandais prénommé Sam, qui parle couramment anglais. Son hôtel-radeau a été aménagé avec goût, et les prix sont raisonnables : simples/doubles avec ventilateur et s.d.b. particulière à partir de 150 B,

100 B avec sanitaires à l'étage. Toutes les chambres ont une moustiquaire. Pour 300 B, vous bénéficierez de la clim. et d'un salon adjacent. Il y a un petit coffee-shop "à bord".

Si vous souhaitez séjourner à proximité du célèbre pont de la Rivière Kwaï, les sympathiques propriétaires de la *Bamboo House* (☎ *034-624470, 3-5 Soi Vietnam, Th Mae Nam Khwae*) vous accueillent dans un cadre paisible et net, au bord de l'eau, à 1 km environ avant d'arriver au monument aux morts japonais. Prévoyez 150 B pour une chambre avec sanitaires en commun, 300 B si elle est ventilée et dispose d'une s.d.b., et 500 B avec l'air conditionné.

Deux pensions un peu plus proches du centre ville affichent souvent complet en haute saison. Ce sont la *River View Guest House* (☎ *034-512491, 42 Soi Rong Hiip Awy 2, Th Mae Nam Khwae*) et la *VN Guest House* (☎ *034-514082, 44 Soi Rong Hiip Awy 2, Th Mae Nam Khwae*), non loin de la gare. Les petites chambres simples de ces maisons-radeaux en bambou se louent 50 à 70 B, ou 100 à 150 B avec s.d.b. (ou encore 300 B avec clim. uniquement dans la seconde pension). Toutes deux se situent au même endroit de la rivière, non loin de la gare ferroviaire. Un peu plus au nord le long du cours d'eau, la *Sam's River Raft Guest House* (en cours de construction lors de notre passage) doit remplacer la PS Guest House. Toutes ses chambres équipées d'une s.d.b. reviendront à 250 B avec ventilateur ou à 350 B avec clim. Un charmant restaurant, un solarium flottant et une véranda devraient compléter l'ensemble.

Au nord encore, le *Jolly Frog Back packer's* (☎ *034-514579, 28 Soi China, Th Mae Nam Khwae*), un "motel en bambou" de 50 chambres, abrite un restaurant prisé, mais n'offrant rien d'extraordinaire. Les simples/doubles avec s.d.b. à l'étage sont facturées 60/110 B (120 B la double avec vue sur le cours d'eau ou 150 B avec s.d.b.). pour gagner l'un ou l'autre de ces établissements, un samlor au départ de la gare ferroviaire vous reviendra à 20 B ou à 30 B du terminal des bus.

Toujours sur la rive et en amont, *Mr Tee Guest House* (☎ 034-625103) se cache à l'extrémité de Th Laos. Cette tranquille maison en bambou recouverte d'un toit de chaume propose à 140 B ses chambres avec sanitaires sur le palier, au premier étage, ou à 200 B celles du rez-de-chaussée avec s.d.b. Toutes bénéficient d'un ventilateur. La salle à manger est installée sur un radeau amarré à la rive et l'on peut se promener le long de la rivière.

Au sud de la pension Mr Tee se trouvent encore deux autres établissements. La *C & C River Kwai Guest House* (☎ 034-624547, 265/2 Soi Angkrit (Soi England), Th Mae Nam Khwae)* propose des chambres à 60 B sur une maison-radeau ou d'autres sur une propriété tranquille pour 100 à 300 B avec ventilateur et s.d.b., sans oublier des tentes au tarif de 30 à 50 B la nuit. En descendant la rivière, après le pont qui mène au restaurant Sutjai, *Sam's House* (☎ 034-515956, fax 512023)* propose aussi différentes formes d'hébergement : des chambres sur radeau à celles de l'immeuble en dur, en passant par les bungalows. Les prix s'échelonnent de 100 à 150 B pour une pièce ventilée avec s.d.b, 250 B si elle est plus spacieuse, et 300 B si vous souhaitez l'air conditionné. Comme dans l'ancien Sam's Place, il existe un restaurant en terrasse qui sert de la cuisine végétarienne. On peut aussi louer une motocyclette pour 200 B la journée.

En ville. Tout près de l'intersection de Th Mae Nam Khwae et de Th Rong Hiip Awy, l'*Apple Guest House* (*Krathom Thai*), bâtisse en bambou recouverte d'un toit de chaume, demande 150/200 B pour ses chambres à 1/2 lits, toutes dotées de WC et douche impeccables, d'un ventilateur et d'une porte ajourée pour faciliter la ventilation. Voisine du Punnee Cafe et du Valentine's Bar sur Th Ban Neua, la *Happy Guest House* (☎ 034-620848)* loue des chambres de dimensions modestes mais proprettes pour 100 à 120 B en simple, 150 B en double avec ventilateur, ou de 250 à 350 B avec clim. Certaines disposent d'une s.d.b. atte-

nante. La circulation dans la rue et la clientèle du bar rendent parfois le repos difficile.

La Th Pak Phraek fait partie du plus ancien quartier de la ville, à un pâté de maisons du fleuve. Vous y trouverez le *Kanchanaburi Hotel* qui n'est malheureusement plus dans sa prime jeunesse, mais un brin de rénovation en ferait un petit joyau. Pour l'heure, ses chambres de 1/2 lits mal entretenues sont proposées à 60/80 B (s.d.b. sur le palier).

Où se loger – catégorie moyenne

Au bord du cours d'eau, entre les pensions VN et Sam's River Raft, le *Rick's Lodge* (☎ 034-514831, 45/3 Soi Rong Hiip Awy 2, Th Mae Nam Khwae)* propose un hébergement avec mobilier en bambou, ventilateur et s.d.b. pour plus de 300 B avec vue sur la rivière (ou 250 B sans la vue). Toute proche du Sam's Place, la *Supakornchai Guest House* (☎ 034-512055, 7/4 Th Song Khwae)* lui ressemble un peu, le cachet en moins. Comptez 150 à 200 B pour dormir dans un lit pour deux dans une chambre ventilée et pourvue d'une s.d.b. Il existe aussi des chambres avec deux grands lits pour 250 à 300 B.

Dans cette gamme de prix, la *VL Guest House* (☎ 034-513546)*, face au River Kwai Hotel, présente le plus d'intérêt. Réparties sur 3 étages, ses chambres spacieuses avec ventilateur, TV et douche chaude ne dépassent pas 250 B en simple/double, ou 350 B avec clim. La pension abrite une petite salle à manger au rez-de-chaussée et vous pouvez y louer des bicyclettes (20 B la journée) et des motos (à partir de 200 B). Autre avantage : on vous accueille jusqu'à 2h du matin. La police locale aurait reçu des plaintes pour vol dans cet hôtel, mais nous ne sommes pas en mesure de le confirmer.

Voisin et identique, le *Prasopsok Hotel* (☎ 034-511777)* loue 200/300 B une simple/double avec ventilateur et TV, 300/400 B une simple/double climatisée avec téléphone et 400 B une double climatisée mais sans téléphone. Un restaurant sur place sert des plats thaï bon marché.

Au sud du River Kwai Hotel, dans Th Saengchuto, le *River Inn Hotel* (☎ *034-621056*) propose à 360 B des chambres climatisées convenables, avec TV et douche à eau chaude.

Citons aussi le *Si Muang Kan* (☎ *034-511609, 313/1-3 Th Saengchuto*), dans la partie nord de la rue. Ses simples/doubles nettes avec ventilateur et s.d.b. valent 170 B, ou 350 B avec clim. Le *Thai Seree Hotel* (☎ *034-511128*), sis dans la partie sud de la même artère, près du croisement avec Th Visutrangsi et du bureau de la TAT, abrite des chambres quelque peu défraîchies mais correctes pour 140 B avec ventilateur, 260 B avec clim.

Moins central mais à ne pas négliger, le complexe de bungalows *Luxury Hotel* (☎ *034-511168, 284/1-5 Th Saengchuto*) se profile à deux ou trois rues au nord du River Kwai Hotel. Ses chambres à 1/2 lits avec ventilateur et s.d.b. sont facturées au minimum 150/200 B. Pour une pièce climatisée, comptez de 250 à 350 B. Offrant des prestations similaires, l'ensemble *Si Rung Ruang Bungalows* (☎ *034-511655, 511087*) loge ses hôtes dans des chambres ventilées avec s.d.b. à 150 B, ou climatisées à 250 B. En remontant vers le pont, le *Don Rung* (☎ *034-513755*) occupe les deux côtés de la rue et propose le même type de prestation.

Où se loger – catégorie supérieure

Premier établissement haut de gamme de la ville, le *River Kwai Hotel* (☎ *034-513348, fax 511269, 284/3-16 Th Saengchuto*) comprend des chambres plus ou moins luxueuses avec clim., eau chaude, minibar, téléphone et TV pour la somme de 900 B au minimum. Ses installations englobent une cafétéria, un bar à karaoké, une discothèque et une piscine. L'enseigne voisine n'est autre que l'immense salon de massage River Paradise, dont le panneau à l'entrée stipule : "Interdit aux femmes".

En face a été construit un nouvel établissement de 52 chambres réparties sur plusieurs étages. Le *MK Hotel* (☎ *034-621143/4, Th Saengchuto*) facture 250 B une chambre climatisée à 2 lits (pour un supplément de 50 B, vous pouvez soit bénéficier de la TV, soit de l'eau chaude dans la douche). Des chambres tout confort sont proposées à 400 B (500 B avec le petit déjeuner), 600 B pour les plus vastes.

Plus au nord, dans la même artère, au-delà de la gare ferroviaire, le *Mittapan Hotel* (☎ *034-515904, fax 514499*) se dresse sur quatre niveaux. S'il était provisoirement fermé à notre dernière visite, sachez que ses chambres classiques avec toutes commodités s'échelonnent en principe de 700 à 2 000 B. Un grand salon de massage et un club de billard lui sont voisins.

Au plus agréable *RS Hotel* (☎ *034-625128, fax 514499, 264 Th Saengchuto*), les tarifs débutent à 1 300 B et il dispose d'une piscine.

Sur la rive ouest du fleuve, à environ 2 km au nord du nouveau pont, le très luxueux *Felix Kanchanaburi Swissotel River Kwai* (☎ *034-515061, fax 515095, à Bangkok : ☎ 02-255 3410, fax 255 5767*) occupe un beau parc paysager et abrite deux piscines (accessibles contre 50 B, si vous n'êtes pas client). Chambres et suites spacieuses sont dotées de téléphones IDD, de la TV câblée, d'un minibar et d'un coffre-fort privé, moyennant 3 500 à 20 000 B.

Hôtels-clubs sur le fleuve. Le *Kasem Island Resort* (☎ *034-513359, à Bangkok : ☎ 02-255 3604*) est installé sur une île, au beau milieu du Mae Klong, à quelques centaines de mètres à peine de Th Chukkadon. Les ravissantes paillotes et les maisonsradeaux sont fraîches, propres, calmes (750 à 2 000 B). Il existe toutes sortes d'aménagements pour la baignade, la pêche et le rafting, sans parler du bar-restaurant en plein air. Le complexe dispose d'un bureau à proximité de Th Chukkadon, pour réserver la navette gratuite jusqu'à l'île ; sachez que ce service cesse à 22h.

Plusieurs hôtels de qualité variable se sont implantés au nord du pont de la rivière Kwaï. La plupart sont constitués de classiques bungalows en bois, facturés 800 B la nuit. Juste au-delà du pont, 2 km avant l'embranchement pour la Highway 323, les 50 chambres du *Prasopsuk Garden Resort* (☎ *034-513215*) se répartissent ainsi : doubles à 600 B, bungalows-deux pièces avec clim. à 1200 B, et pavillons pour un groupe de 10 au maximum à 4 000 B la nuit. Le *River Kwai Honeywell Resort* (☎ *034-515413, à Bangkok : ☎ 02-221 5472*) abrite 20 bungalows avec s.d.b. au bord de la rivière (600 à 800 B).

Sur les rives, vers le sud, face au Wat Tham Mongkon Thong, le *Boon Sri River Kwai Resort* (☎ *01-939 4185, à Bangkok : 02-415 5875, 420 8518*) propose les mêmes prestations, dans une fourchette s'étalant de 350 à 800 B la nuit.

Où se restaurer

C'est dans la partie nord de Th Saengchuto, non loin du River Kwai Hotel, que prolifèrent les restaurants bon marché. De là jusqu'au croisement avec Th U Thong, on trouve de nombreux bons établissements chinois, thaïlandais et isaan. Les meilleurs sont les plus bondés.

Depuis des années sur Th Saengchuto, l'*Isaan* (entre Th Hiran Prasat et Th Kratai Thong), sert un savoureux *kài yâang*, un poulet aux épices grillé sous vos yeux et servi accompagné de deux sauces : l'habituelle aigre-douce (*nàam jîm kàai*) et une autre, au piment (*nàam phrík phão*). Vous y dégusterez aussi du *khâo nïaw* (riz gluant), de la *sôm-tam* (salade relevée de papayes vertes), entre autres spécialités thaï et locales. La bière glacée que l'on vous propose est peu onéreuse.

Sur les *marchés* le long de Th Prasit, entre Th U Thong et Th Lak Meuang (à l'est de Th Saengchuto), il existe plus d'un petit endroit où l'on se restaure bien sans se ruiner. Le soir, un important *marché de nuit* s'installe dans Th Saengchuto, à deux pas de l'intersection avec Th Lak Meuang.

Au nord du River Kwai Hotel, le *Sabai-jit Restaurant*, sur Th Saengchuto, propose une carte en anglais. La bière et le whisky du Mékong n'y coûtent vraiment pas cher et on y sert une cuisine succulente. Certains plats thaïlandais et chinois ne figurant pas sur la carte anglaise, désignez-les simplement du doigt.

Le *Punnee Cafe & Bar* (☎ *034-513503, Th Ban Neua*), prépare de la cuisine thaïlandaise et européenne adaptée au goût des étrangers et promet la bière la plus fraîche de la ville. C'est aussi une très bonne source d'informations sur Kanchanaburi. Vous pourrez y acheter ou échanger de vieux livres de poche. Si la nourriture occidentale vous manque et que vous préférez une salle climatisée, rendez-vous à l'*Ik's Pizza & Steak*, voisine de la VL Guest House.

Sur la rivière sont regroupés plusieurs grands restaurants flottants, dont la qualité est variable, mais l'atmosphère prenante. La plupart sont excellents aux dires des habitants, mais ne comptez pas sur des plats occidentaux ni sur de grandes portions – si vous savez ce que voulez, vous ferez un excellent repas. Le *Lotus* et le *Mae Nam* sont recommandés. En face des restaurants flottants, le long de la rue, plusieurs établissements servent une cuisine aussi bonne et moins chère. Le meilleur est *Jukkru* (pas d'enseigne en anglais). Vous le repérerez à ses tables et chaises peintes en bleu. Bien qu'un peu éloigné de la route, je vous conseille aussi le *Sutjai*, restaurant-jardin sur la rive ouest de la Kwaï, à proximité du pont à voie unique.

Sur les deux berges, aux alentours du nouveau parc, de nombreux marchands vous proposeront des plats à emporter, très bon marché.

Le pain et les gâteaux sont l'affaire d'un seul commerce à Kan. La moderne *Srifa Bakery*, au nord du terminal des bus, propose tout ce que vous pourriez souhaiter : des feuilletés au curry de Singapour aux pâtisseries françaises.

Où sortir

Si vous n'aimez pas les discothèques flottantes et autres bars karakoé, essayez l'*Apache Saloon*, dans Th Saengchuto, en face du Sabai-jit. Ce spacieux bar-restaurant de style western donne tous les soirs des concerts de folk/rock. En face du River

Kwai Hotel, *The Raft* produit aussi des groupes thaï.

A quelques centaines de mètres au sud de C & C Guest House, dans Th Mae Nam Khwae, le *Beer Barrel Bar* sert dans un jardin différentes sortes de bières à des prix raisonnables. Un établissement comparable signalé par l'enseigne *Brew House* se trouve entre le Mr Tee's et la Bamboo House, au coin de Th India et de Th Nam Khwae.

Comment s'y rendre

Bus. Toutes les vingt minutes de 5h à 22h, il y a des départs de bus ordinaires (3 heures de trajet, 41 B) du terminal des bus Sud de Bangkok, à Thonburi. En sens inverse, fréquence et horaires sont les mêmes. Les bus climatisés (2e classe, 55 B) ont une fréquence identique.

Il existe aussi des bus climatisés de 1re classe (68 B) toutes les 15 minutes de 5h30 à 22h30. A Kanchanaburi, ils stationnent en face du commissariat de police de Th Saengchuto, et non au terminal des bus. Il faut compter 2 heures pour revenir à Bangkok (premier départ à 4h du matin, dernier à 19h).

Un service fréquent dessert Nakhon Pathom (25 B, 1 heure 30 de trajet). Pour les voyageurs se dirigeant vers le sud, Nakhon Pathom constitue une escale appropriée – elle vous permettra notamment de ne pas repasser par Bangkok.

D'autres bus directs sont assurés depuis/vers Ratchaburi (n°461, 31 B, 2 heures 30) et Suphanburi (n°411, 30 B, de 2 heures 30 à 3 heures).

Train. Les trains ordinaires quittent la gare de Thonburi (Bangkok Noi) à 7h45 et 14h pour arriver à 10h45 et 16h37 (3e classe uniquement, 25 B). En sens inverse, départs à 7h27 et 14h50, arrivées à 10h35 et 18h10.

Les billets de train ordinaire pour Kanchanaburi peuvent être achetés le jour du départ. Aucun train n'assure la liaison entre la gare de Hualamphong, à Bangkok, et Kanchanaburi.

On peut aussi aller au pont de la rivière Kwaï par le train (3 minutes de trajet, 2 B).

Il y a trois trains par jour qui s'y arrêtent : celui de 6h11 (n°353), celui de 10h45 (n°171) et celui de 16h37 (n°197) à partir de la gare de Kanchanaburi.

Ces trains vont jusqu'à Nam Tok (2 heures de trajet, 17 B), le bout de la ligne, proche des chutes de Sai Yok. A Kanchanaburi, les heures de départ sont celles mentionnées ci-dessus, mais on peut monter à bord au pont à 6h18, 10h53 et 16h44. Nam Tok est à 8 km des chutes de Khao Pang et à 18 km du col du Feu de l'Enfer (Hellfire Pass) et du River Khwae Village. En sens inverse, les départs de Nam Tok ont lieu à 5h25, 13h00 et 15h15.

Train touristique. Un train touristique spécial dépendant de la State Railway of Thailand (SRT) quitte Hualamphong le week-end et les jours fériés à 6h30, avec retour à Bangkok à 19h30. L'aller ou l'aller-retour revient à 250 B pour un adulte (120 B pour un enfant), avec un arrêt d'1 heure à Nakhon Pathom, d'1 heure au pont de la rivière Kwaï, une visite en minibus du parc historique de Prasat Meuang Singh, une promenade sur un pont plus élevé du "Death Railway" (qui n'est plus en service), un arrêt de 3 heures à la rivière pour déjeuner, et une visite de grottes à chauve-souris avant de revenir à Bangkok avec un arrêt d'1 heure dans l'un des cimetières militaires. Le week-end et les jours fériés, un train direct à vapeur relie Kanchanaburi à Nam Tok (départ à 9h30, retour à 13 h, avec une halte de 90 minutes à la cascade). Prévoyez 100/150 B pour l'aller/l'aller-retour. Il faut théoriquement réserver, mais rien n'empêche de tenter sa chance, même si le train est annoncé complet. L'itinéraire et le prix variant de temps à autre, appelez le SRT, ☎ 034-561052.

Taxi collectif et minivan. On peut se rendre à Bangkok pour 60 B par personne en taxi collectif (5 personnes minimum). Ils partent de Th Saengchuto et vous déposeront dans Th Khao San ou à Pahurat. Les pensions de Kanchanaburi organisent un service de minivans pour Bangkok (Th Khao San) pour 100 B par personne.

Comment circuler

La ville n'est pas très grande, on la parcourt facilement à pied ou à bicyclette. Pour la liaison entre les gares routière ou ferroviaire et les berges du fleuve, une course en samlor ou en moto-taxi devrait osciller entre 20 et 30 B. Les songthaews circulent dans Th Saengchuto et Th Pak Phraek, moyennant 5 B par passager.

Vélos et motos se louent dans certaines pensions, au représentant Suzuki près du terminal des bus, au Punnee Cafe et chez le réparateur de motos, juste à côté du Sam's Place. Comptez 150 à 200 B la journée pour une moto (plus pour une tout-terrain), et 40 B la journée pour un vélo. Le Punnee Cafe loue des VTT à 80 B la journée.

La traversée du Mae Klong en bac revient à 5 B par personne (le plus souvent deux-roues compris).

ENVIRONS DE KANCHANABURI

La plupart des sites intéressants des environs de Kanchanaburi se trouvent au nord et à l'ouest de la ville, en direction du col des Trois Pagodes.

Quatre des pensions que nous avons conseillées, Sam's, River, VN et Rick's Lodge, vous organiseront, à la demande, pour 500 B environ par personne, des excursions (deux jours et une nuit) au col des Trois Pagodes, avec étapes au Hellfire Pass (col du Feu de l'Enfer), aux chutes d'eau et aux sources chaudes et halte nocturne à Sangkhlaburi.

Chutes d'eau

Sept grandes chutes, toutes au nord-ouest de Kanchanaburi : Erawan, Pha Lan, Trai Trang, Khao Pang, Sai Yok, Pha That et Huay Khamin. Les trois plus imposantes et qui offrent la possibilité de se baigner sont Erawan, Sai Yok et Huay Khamin. Erawan est la plus facile d'accès, tandis que Sai Yok et Huay Khamin ne pourront se visiter que si vous dormez le soir à proximité.

Tous ces sites sont accessibles à moto. Les pensions vous en loueront. Offrez 150 B la journée pour une 80 à 100 cm³, plus pour une tout-terrain.

Parc national d'Erawan. C'est le parc national (550 km²) le plus visité de Thaïlande et l'un des plus beaux. Une fois dans le parc, vous devez faire 2 km depuis l'entrée pour atteindre le dernier des sept rebonds de la cascade tombant dans la rivière Kwaï. De bonnes chaussures sont nécessaires. Emportez un maillot de bain.

Ces cascades, comme toutes celles de la région, sont plus impressionnantes pendant la saison des pluies ou pendant les deux premiers mois de la saison fraîche. La foule est la plus dense à la mi-avril, au moment de la fête de Songkran (quand il n'y a pas beaucoup d'eau), mais aussi le week-end. Le parc est ouvert de 6h à 18h (entrée : 25 B).

Deux grottes calcaires valent le détour : il s'agit de **Tham Phra That** (12 km au nord-ouest de l'accueil des visiteurs) et de **Tham Wang Badan** (à l'ouest). **Thung Naa Dam** se trouve 28 km avant Erawan.

Où se loger et se restaurer. Les bungalows officiels du parc peuvent accueillir jusqu'à 15 personnes pour 250 à 1 000 B la nuit. Le personnel vous aidera peut-être à trouver un hébergement moins onéreux, chez les particuliers (de 50 à 100 B par personne). Vous pouvez planter votre tente pour 5 B. Appelez le ☎ 02-579 7223 à Bangkok, pour de plus amples détails. Au bord de la grand-route, avant l'entrée du parc, l'***Erawan Resort Guest House*** regroupe plusieurs petits bungalows en dur, loués 200 à 1 000 B. Sur la même route, en s'approchant de Kanchanaburi, non loin du km 46, le ***Pha Daeng Resort*** abrite de multiples chambres et bungalows climatisés proposés de 500 à 2 700 B.

Étals de plats à emporter et de nourritures variées foisonnent à l'entrée du parc, ainsi qu'à l'arrêt des bus.

Comment s'y rendre. Le premier bus pour Erawan quitte le terminal des bus de Kanchanaburi à 8h. Le trajet dure 2 heures (25 B par personne). Demandez *rót thammá-daa pai náam tòk eh-raawan* (le bus ordinaire qui dessert les chutes d'Erawan). Ne manquez pas ce rendez-vous matinal, car il faut

CENTRE DE LA THAÏLANDE

bien une journée pour apprécier pleinement cette visite, et le dernier bus pour Kanchanaburi quitte Erawan à 16h. Pendant la haute saison (de novembre à janvier), un service de minibus fait le tour de toutes les pensions du fleuve (vers 9h) pour emmener leurs clients jusqu'aux chutes (1 heure de trajet, 60 B par

Chutes de Huay Khamim. Situées dans le **parc national de Nakharin**, peu fréquenté par les touristes, Huay Khamin (torrent de Turmeric) est sans doute la chute la plus spectaculaire de la province de Kanchanaburi. Les bassins de retenue, larges et profonds, vous invitent à la nage. Pour des campeurs expérimentés, il peut être passionnant d'explorer les profondeurs du parc ; il n'est pas rare d'y rencontrer des éléphants, et d'autres mammifères sauvages.

Comment s'y rendre. Arriver jusque là n'est pas toujours une partie de plaisir. Le tronçon de route qui relie Erawan à Huay (45 km) est en piteux état ; il faut compter 2 heures de moto ou de 4x4 (il vous faut disposer de votre propre véhicule). On peut aussi y accéder par une piste depuis la Route 323, aussi mauvaise, et beaucoup plus longue, au nord de Thong Pha Phum.

L'alternative consiste à louer un bateau-charter à Tha Reua Khun Phaen, embarcadère situé sur les berges du réservoir de Si Nakharin, à la hauteur du village de Mongkrathae. Les prix varient de 1 200 à 3 500 B, ce qui n'est pas forcément excessif si vous trouvez des volontaires pour vous accompagner (ces embarcations peuvent prendre jusqu'à 20 passagers). Vous ferez une bonne affaire en payant 1 500 B pour un aller-retour en long-tail boat qui peut contenir de 5 à 10 personnes. Cette solution, si vos moyens vous l'autorisent, est nettement préférable au trajet par la route. De rares bus, qui font la liaison Kanchanaburi-Si Sawat, s'arrêtent à Mongkrathae.

Parc national de Sai Yok. A 100 km au nord-ouest de Kanchanaburi, les impressionnantes chutes d'eau de Sai Yok sont l'une des grandes attractions de ce parc

national (500 km²). A découvrir également, les grottes calcaires de **Tham Sai Yok, Tham Kaew** et **Tham Phra**, les vestiges du **pont de la rivière Kwaï**, les fours japonais (qui se résument aujourd'hui à quelques tas de briques) et les sources cristallines qui, ça et là, jaillissent dans le parc.

C'est à Sai Yok qu'ont été tournées les fameuses scènes de roulette russe de *Voyage au bout de l'enfer*. Les raids de deux jours en raft sur la Khwae Noi reviennent cher mais laissent un souvenir impérissable.

Tham Daowadung, la grotte aux huit salles, l'une des plus belles de Thaïlande, se trouve au nord, tandis que **Tham Lawa** est située aux confins sud-est du parc. Le plus simple, pour y accéder, consiste à prendre le bateau jusqu'au point de la rive le plus rapproché, puis de poursuivre à pied.

Les **sources chaudes** (*baw náam ráwn*) de **Hin Daat** sont à 40 minutes en bateau de

PARC NATIONAL DE SAI YOK

Vers Tham Daowadung

Résidence du personnel

Entrée du parc

323

Khwae Noi

Ancienne voie ferrée

Échoppes alimentaires et parking

Centre d'information et administration du parc

Fours des cantiniers japonais

Sources

Tham Kaew

Chutes de Sai Yok

Pont suspendu

Chutes de Sai Yok Noi

Point de vue

0   300   600 m

Grotte des chauves-souris

Vers Tham Lawa

Chemin non balisé

Pont de la rivière Kwaï (Death Railway Bridge)

Tham Sai Yok

Vers Tham Phra

Tham Daowadung. Elles sont placées sous la surveillance d'un monastère bouddhique, et seuls les hommes ont le droit de s'y baigner. L'entrée du parc est de 25 B.

Où se loger et se restaurer. A Sai Yok, les bungalows pour 6 personnes du Forestry Department coûtent 500 à 1 000 B la nuit. Sur la rivière, près du pont suspendu, le ***Saiyok View Raft*** (☎ *034-514194*) loue des chambres sur radeaux, très propres, avec s.d.b. et clim. pour 450 à 500 B. Pendant la semaine, en marchandant un peu, vous pouvez faire baisser le prix jusqu'à 300 B. Sur le cours d'eau, dans le parc, vous découvrirez deux ou trois ***maisons-radeaux*** (350 à 500 B la nuit), ainsi que la ***Kwai Noi Raft House***, meilleur marché (13 chambres facturées de 150 à 300 B).

Près du parking et devant le centre d'accueil, se tiennent, en permanence, des ***stands d'alimentation***. Adressez-vous aux vendeurs, ils vous trouveront des ***chambres*** à 100 B par personne.

Comment s'y rendre. Sai Yok est desservi par un bus direct depuis Kanchanaburi (un peu moins d'une heure de trajet, 28 B). On peut aussi prendre un bus pour Thong Pha Phum ; dites au chauffeur que vous allez à Sai Yok Yai, et il vous déposera à l'embranchement vers Sai Yok sur le côté gauche de la Route 323. De là, vous prendrez les transports locaux jusqu'à Sai Yok. Cette solution prend environ 2 heures et coûte à peu près la même chose qu'avec un bus direct.

Retenue de Si Nakharin et Si Sawat

La Route 3199, qui passe devant le parc d'Erawan, continue vers Si Sawat. A 106 km de Kanchanaburi, cette ville est en grande partie peuplée de Thaïlandais du Nord-Est, venus travailler au barrage de Si Nakharin. Le bassin de retenue est bordé de centres de loisirs, où les bungalows à toit de chaume valent de 800 à 1 000 B la nuit. On peut louer des long-tail boats au village de Mongkrathae qui vous feront faire le tour

du lac ou vous emmèneront jusqu'aux chutes de Huay Khamin.

Parc historique de Prasat Meuang Singh

A 43 km de Kanchanaburi, s'étendent les vestiges d'un important avant-poste établi au XIIIe siècle par l'empire khmer d'Angkor, Meuang Singh ("la ville du Lion"), pour son commerce le long de la rivière Kwaï. Situés dans une boucle de la Khwae Noi, les vestiges récemment restaurés couvrent 73,6 ha. Leur classement date de 1987.

Meuang Singh comprend quatre ensembles de ruines, mais deux seulement ont été mis au jour et sont accessibles aux visiteurs. Au milieu d'une enceinte se dressent les sanctuaires construits en briques de latérite. Au centre, le principal, Prasat Meuang Singh, est orienté à l'est (vers Angkor) et ses portes font face à chacun des quatre points cardinaux. Une statue d'Avalokitesvara, sur la face interne du mur nord, désigne clairement Meuang Singh comme un centre bouddhique Mahayana. Le temple daterait du règne de Jayavarman VII, au XIIe siècle.

Au nord-est du grand temple s'étendent les ruines d'un plus petit dont le contenu et la vocation sont inconnus. Près de l'entrée principale du site, à la porte nord, un petit musée en plein air expose diverses statues Mahayana et des décors en stuc provenant des temples.

Les traces d'une occupation du site, antérieure à l'arrivée des Khmers, ont été rassemblées dans un autre petit musée, au sud du complexe près de la rivière. Le bâtiment-hangar renferme deux squelettes humains préhistoriques trouvés dans les environs, et c'est tout. Des collections plus étoffées de vestiges néolithiques sont exposées au musée néolithique de Ban Kao (voir ci-après).

L'entrée du parc historique coûte 40 B et il est ouvert tous les jours de 8h à 17h.

Musée néolithique de Ban Kao. Au cours des travaux de construction du chemin de fer de la Mort, le long de la Khwae Noi, un prisonnier hollandais du nom de

Van Heekeren découvrit les restes néolithiques dans le village de Ban Kao (Vieille Ville), à 7 km au sud-est de Meuang Singh. Après la guerre, une équipe thaïlando-danoise retrouva l'emplacement des découvertes de Heekeren et confirma l'importance du site funéraire néolithique de Ban Kao. En fait, ce site aurait été occupé il y a au moins 10 000 ans.

Un petit musée, bien conçu, expose des objets vieux de 3 000 à 4 000 ans livrés par les fouilles et présentés avec des explications. On verra de la poterie et des outils, ainsi que des squelettes. Il ouvre de 8h à 16h30, du mercredi au dimanche (entrée : 30 B).

Où se loger et se restaurer. Quelques petits *restaurants* sont installés à la porte nord. A 3,5 km de la gare ferroviaire de Ban Kao, le *Ban Rai Rim Kwai* (☎ *01-212 4303, 33 Muu 2*) loue des bungalows et des maisons-radeaux pour 1 500 à 2 500 B en pension complète.

Comment s'y rendre. Le meilleur moyen d'accéder à Ban Kao et Meuang Singh est le train au départ de Kanchanaburi, en descendant à la gare de Ban Kao (Tha Kilen), 1 km au sud de Meuang Singh. Prenez la direction de la rivière à l'ouest et suivez les panneaux indiquant Meuang Singh. En quittant Kanchanaburi à 6h11, 10h45 ou 16h37, on arrivera une heure plus tard à Tha Kilen (10 B). Pour aller à Ban Kao, il faudra marcher ou faire du stop sur 6 km vers le sud par la route qui longe la Khwae Noi. Des songthaews passent de temps en temps. Des motos-taxis attendent parfois à la gare de Tha Kilen. Pour 25 B, ils vous emmèneront à Ban Kao ou à Prasat Meuang Singh.

Il est possible de faire l'aller-retour Kanchanaburi-Meuang Singh dans la journée en prenant le train de 6h11 ou de 10h45 et celui de 16h30 pour le retour.

Si vous êtes motorisé, Ban Kao et/ou Meuang Singh sont des étapes tout indiquées sur la route du Hellfire Pass ou de Sangkhlaburi. Si vous venez du parc d'Erawan, inutile de retourner jusqu'à Kancha-

naburi pour prendre la Route 323 en direction du nord. Au Km 25 de la Route 3199, vous trouverez une route pavée qui se dirige vers l'est ; il faut la suivre, pendant 16 km, jusqu'au croisement avec la Route 323 (entre les Km 37 et 38), vous vous éviterez ainsi une demi-journée de voyage. Ce raccourci sinueux, peu fréquenté, et qui traverse de somptueux paysages, est idéal pour les cyclistes.

Parc national de Chaloem Ratanakosin

Ce parc de 59 km², situé à 97 km au nord de Kanchanaburi, intéressera les spéléologues pour deux de ses grottes, **Tham Than Lot Yai** et **Tham Than Lot Noi**, et les naturalistes pour ses cascades et ses forêts. Trois cascades – **Trai Trang, Than Ngun** et **Than Thong** – sont à de courtes distances des bungalows (de 500 à 1 000 B par nuit pour 10 à 12 personnes) et du camping (5 B par personne).

Comment s'y rendre. Empruntez un bus à Kanchanaburi pour Ban Nong Preu (2 à 3 heures de route, environ 28 B), puis tâchez de prendre un songthaew jusqu'au parc. La plupart des visiteurs arrivent en voiture, en jeep ou à moto.

Col du Feu de l'Enfer (Helfire Pass)

En 1988, la chambre de commerce australo-thaïlandaise acheva la première tranche du projet de monument commémoratif du Hellfire Pass (col du Feu de l'Enfer). Le but est d'honorer la mémoire des prisonniers de guerre alliés et des travailleurs forcés asiatiques qui périrent au cours des travaux sur les tronçons les plus périlleux de la ligne de chemin de fer, à 80 km au nord-ouest de Kanchanaburi.

Hellfire Pass est le nom que les prisonniers ont donné à la plus grande d'une série de tranchées creusées dans la terre et le roc avec un équipement sommaire (marteaux de 3,5 kg, piques, pelles, mèches d'acier, paniers d'osier pour enlever les gravats, et dynamite).

Hellfire Pass fait référence à l'aspect de la tranchée de Konyu, pour laquelle, à la fin des travaux, 70% des prisonniers étaient morts et enterrés dans le cimetière de Konyu.

Le mémorial consiste en un sentier qui suit les restes de voie ferrée à travers la tranchée de Konyu, monte ensuite le long du col et continue à travers la jungle jusqu'au pont sur chevalets appelé "Pack of Cards" (paquet de cartes) par les prisonniers car il s'est écroulé tel un château de cartes à trois reprises pendant sa construction

Comment s'y rendre. On accède à Hellfire Pass par la ferme de la Royal Thai Army (RTA), sur la Route 323, entre Kanchanaburi et Thong Pha Phum. En allant vers le nord-ouest sur cette route, la ferme se trouve à 80 km de Kanchanaburi, à 18 km du terminus de la voie ferrée à Nam Tok, et à 11 km du River Kwai Village Hotel. Arrivé au Km 66, guettez un petit panneau (rédigé en alphabet romain) ; il indique le tournant à prendre (vous verrez, à gauche de la route, deux wagons de la SRT abandonnés sur l'ancienne voie ferrée). Une

fois à la ferme, suivez l'une des pistes de chaque côté des bureaux RTA jusqu'au point de départ du chemin à 400 m. De là, il reste 340 m à faire pour atteindre le col. Après l'avoir franchi, vous pouvez suivre un autre sentier sur la droite pour voir la tranchée d'en haut, et le continuer (il fait une boucle) ou rebrousser chemin pour rentrer par où vous êtes venu.

Tous les bus allant de Kanchanaburi à Thong Pha Phum ou Sangkhlaburi passent devant la ferme, mais il faut signaler au chauffeur que vous voulez descendre à la *sŭan thahǎan* (la ferme de l'armée). Si vous êtes en voiture, rappelez-vous que la ferme est à 80 km de Kanchanaburi et guettez les panneaux en anglais indiquant Hellfire Pass, sur la Highway 323.

DE KANCHANABURI AU COL DES TROIS PAGODES

Le col des Trois Pagodes (Three Pagodas Pass, ou Phra Chedi Saam Ong) était l'une des destinations du chemin de fer de la Mort (Death Railway), et un point de passage séculaire du commerce entre la Thaïlande et la Birmanie. Jusqu'à ce qu'en 1989 le

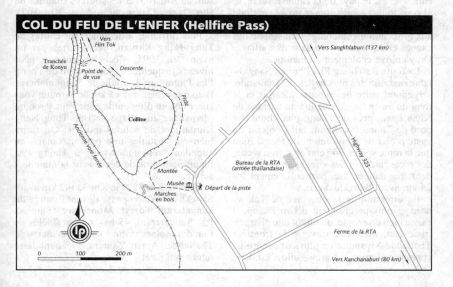

COL DU FEU DE L'ENFER (Hellfire Pass)

gouvernement du Myanmar reprenne le contrôle de ses territoires frontaliers aux armées d'insurgés, c'était un endroit que la TAT et le gouvernement thaï préféraient vous voir oublier. Aujourd'hui, il n'en est plus rien et la région est désormais une destination touristique. Il n'y a pas grand-chose à voir au col même, mais la route est belle.

Il faut y consacrer une journée entière et coucher au moins une nuit à Sangkhlaburi, intéressant bourg à l'écart des sentiers battus. Deux cents kilomètres séparent Kanchanaburi de Sangkhlaburi ; il est donc indispensable, à moto, de faire le plein au départ et de nouveau à Thong Pha Phum, dernière ville avant Sangkhlaburi. A bicyclette, cette excursion devient une expédition, mais certains l'ont faite.

La route est pavée jusqu'à Sangkhlaburi et jusqu'au col. La meilleure époque va du milieu à la fin de la saison fraîche (janvier-février). Pendant la saison des pluies, la quasi-totalité de la région est inondée, ce qui rend la circulation difficile.

La route entre Kanchanaburi et Thong Pha Phum traverse une région plate, interrompue çà et là par des affleurements calcaires. C'est le pays de la canne à sucre, et si vous roulez à vélo ou à moto à la période de la moisson, vous devrez prendre garde aux gros camions surchargés qui sèment des cannes et de la poussière dans leur sillage. On y cultive également du manioc.

La route de Thong Pha Phum à Sangkhlaburi est une des plus belles de Thaïlande, serpentant entre des monts calcaires et le long du vaste lac de retenue du barrage de Khao Laem près de Thong Pha Phum. Le nord de Thong Pha Phum fait l'objet d'un vaste projet de reboisement de tecks. Bien que la route soit en bon état en saison sèche, des côtes raides et des virages serrés la rendent très dangereuse, particulièrement les 25 km avant Sangkhlaburi.

En direction de la province de Tak au nord et plus précisément d'Um Phang, il existe bien une route, ou plutôt une piste, en triste état, mais elle traverse la frontière Thaïlande-Myanmar en plusieurs endroits, et passe en territoire Karen – elle n'est donc

pas très "réglementaire". Pour l'heure, elle est surtout utilisée par les camions transportant le minerai extrait des mines d'antimoine (propriété des Coréens), situées près de la frontière (côté thaï). Pendant la saison des pluies, elle est souvent impraticable, en raison des fondrières qui la ravinent.

Thong Pha Phum

Enchâssée dans son écrin montagneux, la petite ville de Thong Pha Phum, naguère simple étape sur la Route 323, devient peu à peu une destination en elle-même. Nombre de ses habitants sont des Môn, ou des Thaï d'origine birmane, immigrés ici pour participer à la construction du barrage de Khao Laem.

La région offre par ailleurs un grand choix de promenades et d'excursions. Vous pouvez, par exemple, traverser la rivière en empruntant la pittoresque passerelle, et gravir la falaise calcaire qui surplombe la ville – le sommet est coiffé d'un wat. Plus loin, vous découvrirez les **chutes de Dai Chong Thong** (35 km au nord, par la Route 323), celles de **Kroeng Krawia** (33 km au nord), ou encore celles de **Phaa Taat** (30 km au sud, au Km 105) et les **sources chaudes de Hin Daat** (32 km au sud, au Km 107). Toutes sont d'accès facile.

Plus difficiles à dénicher, les **chutes de Tung Nang Khruan**, découvertes par un moine en 1995, s'échelonnent sur neuf niveaux (à quelque 15 km au nord de Thong Pha Phum, sur la route de Sangkhlaburi). Bien que seulement à 5 km de la route, vous aurez besoin d'un guide pour vous y rendre (demandez au village de Ban Tung Nang Khruan) et de solides mollets. On finira bien par installer une pancarte mais, en attendant, renseignez-vous à Thong Pha Phum pour plus de détails sur la marche à suivre.

Entre le Km 32 et le Km 33 (42 km avant Sangkhlaburi), on passe devant l'entrée du **Sunyataram Forest Monastery** (Samnak Paa Sunyataram, 45 ha), où les fidèles de l'un des moines vivants les plus célèbres de Thaïlande, Ajaan Yantara, viennent faire retraite en forêt.

Où se loger et se restaurer. A gauche de la rue principale qui débouche sur la grand-route, le *Somjaineuk Hotel* (☎ *034-599067*) dispose, au milieu d'un jardin, de chambres rudimentaires mais proprettes à 120 B la nuit avec ventilateur et s.d.b. commune, ou bien, dans un bâtiment plus récent entièrement climatisé, de spacieuses et confortables chambres avec douche chaude pour la somme de 800 B. Un peu plus bas, les *Si Thong Pha Phum Bungalows* (☎ *034-599058*) sont vastes et tout équipés (100 B avec ventilateur, ou 250 B avec clim.). Attention ! néanmoins au bruit de l'école primaire voisine. Un meilleur choix consiste à descendre aux plus paisibles *Boonyong Bungalows* (☎ *034-599049*) dont les chambre, similaires à celles du Somjaineuk valent le même prix et les climatisées, 300 B.

Sur la highway, le *Barnchaidaen Phu Pha Phum Hotel* (☎ *034-5999035, fax 599088*) propose une prestation haut de gamme. Chaque chambre (550 à 1 000 B) est pourvue de la TV par satellite et d'un réfrigérateur, entre autres commodités.

A 33 km au sud de la ville, non loin du Km 108, le *Green World Hot Spring Resort & Golf Club* (☎ *034-599210, à Bangkok :* ☎ *02-539 4613*) est un énorme complexe de vacances, dont les chambres raffinées se louent 2 400 à 7 000 B. Proche, la *Thong Pha Phum Valley* (☎ *034-542333*) abrite 12 bungalows (200 à 1 000 B).

Juste au-delà du barrage, à l'ouest de la ville, on dénombre neuf établissements au bord du lac, parmi lesquels : le *Bangkok Flower*, le *Baan Suan Taweechaiphaphum*, le *Wang Phai Chalet*, le *Khao Laem Resort*, le *Phae Rim Kheuan* et le *Weekend Garden*. Dans une gamme de tarifs allant de 500 à 2 000 B, les bungalows aux toits de chaume accueillent en majorité les touristes thaïlandais.

Tout au long de la rue principale, échoppes et marchands ambulants, typiquement Môn, offrent de multiples curries (contrairement aux Thaï qui ne proposent généralement que deux ou trois sortes) délicieux. Un estaminet, joliment nommé *Rawy Maw* ("Les Cent Marmites"), vous impressionnera par son choix et sa qualité.

Le petit *marché de nuit* au centre de la ville offre l'assortiment habituel de mets à base de nouilles et de riz. Au bord de la rivière, à proximité du pont routier, le restaurant *Saep-i-lii* sert de bonnes spécialités isaan. Au sud du pont, l'*U-Biet* est un lieu ouvert, protégé par un toit de chaume, qui donne sur la rivière. On y sert une bonne cuisine thaï.

Comment s'y rendre. Du terminal des bus de Kanchanaburi, il y a des bus ordinaires pour Thong Pha Phum toutes les demi-heures de 6h à 18h30 (3 heures de route, 50 B).

Les bus climatisés et les minivans à destination de Sangkhlaburi desservent également Thong Pha Phum (le coût du trajet est moitié prix dans ce cas ; pour plus de détails, reportez-vos à la rubrique *Comment s'y rendre* de *Sangkhlaburi*).

SANGKHLABURI
10 300 habitants

Dans ce poste avancé habité par des Birmans, des Karen, des Môn et des Thaï, on parle presque autant birman, môn ou karen que thaï. Malgré sa taille modeste, Sangkhlaburi occupe une place importante en Kanchanaburi.

En effet, ces dix dernières années, des centaines de résidents du Myanmar se sont réfugiés dans cette région pour fuir la guérilla entre les Karen et les Môn, entre le pouvoir central du Myanmar et les Karen. Ils souhaitaient également échapper aux pressions de l'armée birmane qui voulait les contraindre à travailler comme porteurs.

Sangkhlaburi est situé à 227 km de Kanchanaburi et à 74 km de Thong Pha Phum.

Renseignements
Argent. Une succursale de la Siam Commercial Bank, située dans le centre, non loin du marché et du Phornphalin Hotel vous permet de changer des devises. Elle est ouverte de 8h30 à 15h30.

A voir et à faire

Sangkhlaburi est établie en bordure de l'énorme lac formé par le barrage de Khao Laem. En fait, la ville a été créée après l'inondation d'un village plus ancien, situé au confluent des trois cours d'eau qui alimentent le barrage. Il n'y a pas grand-chose à faire en ville hormis explorer les petits **marchés** à la recherche d'objets birmans tels que couvertures en coton à damier, *longi* (sarongs birmans) et petits cigares.

Le plus long pont en bois de Thaïlande enjambe un bras du lac en direction d'un sympathique **village môn** de huttes de chaume. Vous trouverez, sur le marché du village, des marchandises de contrebande venant du Myanmar, de la Chine ou des Indes, ainsi que de succulents curries môn. Le hameau est aisément accessible en 5 à 10 minutes de bateau, à pied ou à vélo par le pont.

Wat Wang Wiwekaram

Également appelé le Wat Môn en raison du nombre de moines de cette ethnie, le monastère est installé à 3 km au nord de la ville, au bord du lac de retenue. Un haut stupa, très vénéré, le chédi Luang Phaw Utama constitue le cœur du wat. Dans le style du stupa Mahabodhi de Bodhgayâ en Inde, le chédi est couronné de 400 *bàht* (environ 6 kg) d'or. Un chédi plus ancien, vieux de trois à quatre siècles, s'élève derrière celui-ci. A la lisière de l'enceinte du monastère, on a une vue stupéfiante sur ce lac gigantesque et sur les trois rivières qui l'alimentent.

La toute récente annexe du temple, de l'autre côté de la route, se présente sous la forme d'un wihâan quelque peu arrogant : coupoles multiples, piliers cuirassés d'acier, portes lourdement sculptées, rampes en marbre. Il est entouré de douves où prolifèrent les carpes.

Lac Khao Laem et camp de réfugiés môn

Cet énorme lac s'est formé après l'édification d'un barrage sur la Khwae Noi, près de Thong Pha Phum, en 1983. Le lac a submergé tout un village au confluent de trois rivières, la Khwae Noi, la Ranti et la Sangkhalia. A la saison sèche, on aperçoit encore les flèches de son temple, le **Wat Sam Prasop** (le temple des Trois Jonctions), émergeant à la surface de l'eau.

On peut louer des canoës ou des long-tail boats avec pilote pour des excursions plus lointaines. Canoter au petit matin dans la brume (également la meilleure heure pour observer les oiseaux, avec la tombée du jour) est incomparable. A 2 heures en bateau en remontant le Pikri depuis Sangkhlaburi se trouve un immense **camp de réfugiés môn**. Sur le chemin du camp (voir plus bas), on passe devant un col inondé, signalé par un bouddha Ayuthaya assis sous un petit sala à toit de tôle. Ce col marquait la frontière avec le Myanmar (Birmanie) avant qu'elle ne soit déplacée vers le sud-est après la dernière guerre. Durant la saison sèche, on peut seulement atteindre le camp par la route. Contactez la P Guest House ou la Burmese Inn pour plus de renseignements.

Une antenne du centre de méditation de Sunyataram s'est implantée sur **Ko Kaew Sunyataram**, l'île joyau de Sunyataram. Il faut demander l'autorisation pour la visiter au Sunyataram Forest Monastery, 42 km avant Sangkhlaburi.

Excursions en bateau

Les P Guest House et Burmese Inn organisent des excursions en radeau ou en long-tail boat sur le lac (on peut notamment remonter la Sangkhalia en radeau jusqu'au camp de réfugiés), des balades à dos d'éléphant et des randonnées dans la jungle (700 à 800 B). Les deux établissements proposent aussi des excursions d'une journée jusqu'aux chutes d'eau environnantes. Les tarifs, fonction du nombre de passagers, sont généralement très raisonnables.

Où se loger

Unique hôtel de Sangkhlaburi, le *Phornpalin Hotel* (☎ 034-595039) se trouve au sud de la cité, près d'un camp de l'armée et du marché central. Toutes plutôt propres et confortables, les chambres valent 200 B avec ventialteur et s.d.b., ou 350 B avec clim. Il existe aussi des "VIP" avec réfrigérateur, TV et douche chaude, pour 700 B.

Au bord du lac, derrière la localité, une dynamique famille de Môn-Karen gère le *P Guest House & Country Resort* (☎ *034-595061, fax 595139*). Ses bungalows avec véranda ont été construits sur une colline dominant le plan d'eau. Prévoyez 120 B pour une simple/double sans commodités privatives (mais les sanitaires en commun sont soignés et agréables. Équipé d'un ventilateur, un bungalow avec un petit balcon d'où l'on peut contempler le lac se loue 150 B en simple ou 180 B en double (plus spacieuse, avec s.d.b. privative). Des chambres climatisées seront vraisemblablement finies lors de votre passage. En haute saison, vous pourrez camper pour 80 B la tente. Il peut arriver que le personnel oublie de changer les draps lors du changement de clients. Mais, installé dans une agréable salle à manger, vous contemplerez les couchers de soleil sur le lac et admirerez le chédi du Wat Môn. Dans le hall de réception, un grand panneau affiche les cartes de la région, d'utiles renseignements et des suggestions de balades et d'excursions. On peut y louer des motos et des bicyclettes, ou participer à une croisière "coucher de soleil" sur le lac (70 B). L'auberge se trouve à 1,2 km environ du terminal des bus.

Plus récente, la *Burmese Inn* (☎/*fax 034-595146*) est accrochée aux flancs d'un ravin, à proximité du pont de bois qui dessert le village môn (à 800 m environ du terminal des bus de Sangkhlaburi). Cet établissement tenu par un couple austro-thaïlandais, abrite des bungalows couverts de toits de chaume. Comptez 80 B avec s.d.b. commune, 120 B avec s.d.b. et ventilateur, 250 à 400 B pour un bungalow plus grand. La direction vous organisera, si vous le désirez, des excursions vers les chutes d'eau environnantes et le parc national de Thung Yai Naresuan ; vous trouverez, dans la salle à manger, une très bonne carte de la région – tracée à la main – remarquablement détaillée.

Deux kilomètres environ au nord de Shangkhlaburi, vers le Wat Môn, là où la Shangkhalia touche le lac, les *Songkalia River Huts* (☎ *034-595023 ; 02-427 4936 à Bangkok*) sont des bungalows flottants un peu vieillis qui peuvent accueillir jusqu'à 10 personnes (de 200 à 400 B la nuit). Mieux vaut choisir les *Samprasop Bungalows* (☎ *034-595050*), facturés 300 B avec s.d.b., 600 B avec clim.

Voisin de la P Guest House, le *Ponnatee Resort* (☎ *034-595134, fax 595270*) se classe dans une catégorie légèrement plus luxueuse. Dans ce même cadre valonné, ses 15 chambres ventilées sont un peu exagérément facturées 800 B en simple/double, 1 200 B en triple. A proximité, la *Forget Me Not House* (☎ *034-595015, fax 595013*) offre un hébergement de style chalet plus agréable, quoique sombre à l'intérieur. Tablez sur 400 B avec ventilateur et s.d.b., 600 B si vous souhaitez la clim. D'autres établissements fleurissent sur les collines bordant le lac. Ils s'adressent davantage à la clientèle thaï qu'occidentale.

Où se restaurer

Le restaurant du *Phornphalin Hotel*, au rez-de-chaussée, est des plus convenables (carte en anglais). Le *Rung Arun*, qui lui fait face, sert une grande variété de plats de bonne qualité. Vous trouverez trois ou quatre autres restaurants corrects dans la même rue. Le marché de jour, dans le centre, accueille parfois des *vendeurs de curries ou de nans* indiens. De loin le plus agréable, le restaurant des *Samprasop Bungalows* a d'ailleurs la faveur de la clientèle locale. Nous vous recommandons aussi la cuisine de la *P Guest House*.

Comment s'y rendre

Des bus ordinaires partent du terminal de Kanchanaburi pour Sangkhlaburi à 6h45, 8h15, 10h15 et 13h15 (5 à 6 heures de trajet selon le nombre d'incidents survenant sur la route). Le billet vous coûtera 80 B. Un bus climatisé part à 9h30 et à 14h30, moyennant 130 B pour un trajet avoisinant les 4 à 5 heures.

Installé en face de la borne des motostaxis, un service de *rót tûu* (minivan) à des-

CENTRE DE LA THAÏLANDE

tination de Sangkhlaburi propose sept départs quotidiens, entre 7h30 et 16h30. Comptez 3 heures de route et 110 B le billet. Si vous désirez vous arrêter à Thong Pha Phum, il vous en coûtera 70 B (puis 50 B jusqu'à Sangkhlaburi). A l'arrivée, le chauffeur vous déposera à la P. Guest House ou au Phornphalin Hotel à votre demande. A Sangkhlaburi, les vans partent d'une station proche du marché. Dans l'un et l'autre sens, il est nécessaire de retenir sa place une journée à l'avance.

A moto, il faut compter environ 5 heures de trajet. Vous pouvez aussi décider de faire le trajet en une journée en vous arrêtant à Ban Kao, Meuang Singh et Hellfire Pass. Sachez néanmoins que ce n'est pas un voyage pour conducteur inexpérimenté. Le tronçon Thong Pha Phum-Sangkhlaburi (74 km) exige de bons réflexes et l'expérience de la conduite en montagne. Ce n'est pas non plus un trajet indiqué pour un motocycliste solitaire, car certains tronçons sont pratiquement déserts.

ENVIRONS DE SANGKHLABURI
Col des Trois Pagodes/ Payathonzu

Les pagodes en question n'ont rien de gigantesque. C'est en fait la situation très écartée de cet ancien poste de marché noir qui attire les visiteurs. Le contrôle du côté birman de la frontière passait autrefois tantôt entre les mains de l'Union nationale karen, tantôt entre celles du Front de libération môn, car les Trois Pagodes (Phra Chedi Saam Ong) était l'un des quelques "péages" de la frontière où les armées insurgées prélevaient d'office une taxe de 5% sur toutes les marchandises.

Ces groupes ethniques utilisaient les fonds pour financer la résistance armée contre le pouvoir birman, qui a récemment fait des efforts pour reprendre le contrôle de la région frontalière.

Les Karen sont aussi à la tête d'un trafic de pierres et de bois précieux leur rapportant des millions de dollars, matériaux qui passent en contrebande en Thaïlande par camions entiers à la faveur de la nuit – non

sans la complicité intéressée de la police thaïlandaise, bien évidemment. La pression en vue de contrôler ces points de passage s'est accrue depuis qu'en 1989 le gouvernement thaïlandais a interdit tout abattage d'arbres dans le pays, d'où une recrudescence de la contrebande du teck.

Fin 1988, de durs combats ont éclaté entre les Karen et les Môn pour contrôler le "péage". Comme il n'existe pas d'autres points de passage sur des centaines de kilomètres, l'armée môn (dont c'est la région traditionnelle d'implantation) touchait ici ses 5% de taxes. Les insurgés karen font de même en d'autres points septentrionaux de la frontière Thaïlande-Myanmar. La pression birmane sur les Karen a engendré un conflit entre Karen et Môn pour le contrôle du col des Trois Pagodes, et le village du côté birman s'est quasiment trouvé réduit en cendres.

En 1989, le gouvernement de Myanmar a expulsé les Karen et les Môn et il semble pour l'instant solidement implanté à la frontière. Le village, rebaptisé Payathonzu (Trois Pagodes), est rempli de magasins vendant à un curieux mélange de troupes d'occupation et de touristes.

Les étrangers sont maintenant autorisés à traverser la frontière pour la journée moyennant 5 $US (ou l'équivalent en bahts). Payathonzu, situé à 470 km par la route de Yangon, est considéré comme "sûr à 75%" par les militaires birmans. Mais il semble que les forces karen et môn soient encore présentes dans la région compte tenu des escarmouches qui surviennent périodiquement.

Véritable ville-frontière, Payathonzu possède trois maisons de thé birmanes, dont certaines servent des *nam-bya* (l'équivalent birman du pain nan indien), un cinéma, plusieurs magasins vendant des longis, des cigares, des jades, des vêtements, et quelques boutiques de souvenirs avec des objets artisanaux môn, karen et birmans. Le marchandage est nécessaire (on parle un peu anglais et thaï), mais en général les prix sont corrects. Une vingtaine de marchands thaïlandais exercent en ville ; les autorités birmanes leur ont en effet offert des locaux gratuits pour s'installer. Sur les hauteurs de la ville, un nouveau temple bouddhiste s'est construit, le **Wat Suwankhiri**.

A 12 km de la frontière, c'est-à-dire à 2 heures de moto de Payathonzu, jaillissent les **chutes de Kloeng Thaw**. La route n'est ouverte que pendant la saison sèche. Même par beau temps, la piste labourée d'ornières n'est pas recommandée aux novices. Un poste de contrôle militaire birman installé en bordure de la ville n'autorise plus les visiteurs à franchir les limites de Payathonzu. La frontière est ouverte tous les jours de 6h à 18h.

Fête de Songkhran. Le col des Trois Pagodes célèbre grandement en avril le nouvel an thaïlandais.

Outre les manifestations traditionnelles, on peut assister à des combats de boxe burmo-thaï (où les athlètes ont les poings enveloppés de chanvre), à des combats de coqs, ainsi qu'à des danses traditionnelles karen, thaï, birmane et môn.

Où se loger. Le seul hébergement disponible est le *Three Pagodas Pass Resort* (☎ *034-595316 ; 02-412-4159 à Bangkok*), où le prix des grands bungalows en bois varie de 600 à 1 200 B (on peut obtenir moitié prix). La plupart des visiteurs préfèrent s'arrêter à Sangkhlaburi.

Comment s'y rendre. On prend la direction du col des Trois Pagodes 4 km avant d'atteindre Sangkhlaburi, sur la Route 323. A ce carrefour, les policiers thaïlandais procèdent à quelques vérifications, selon les événements récemment survenus au col. On traverse deux villages entièrement peuplés de Karen et de Môn.

Si vous n'êtes pas motorisé, des songthaews pourront vous mener au col des Trois Pagodes.

Il y a des départs à peu près toutes les heures entre 6h et 18h40, au marché central de Sangkhlaburi (30 B). Le dernier songthaew au retour quitte le col des Trois Pagodes entre 17h et 18h. L'arrêt n'est pas loin de la frontière.

Parcs nationaux de Thung Yai Naresuan et de Khao Laem

Le long de la route qui relie Thong Pha Phum à Sangkhlaburi, la nature n'est pas avare de spectacles. Nous en avons cité quelques-uns dans la rubrique consacrée à Thong Pha Phum.

A 34 km au sud de Sangkhlaburi, entre les Km 39 et Km 40, vous trouverez une petite route, sur votre gauche, qui mène au parc national de Thung Yai Naresuan, le plus grand de toute la Thaïlande – 3 200 km^2 d'espace protégé. Cette même route (parlons plutôt d'une piste…) vous conduira jusqu'aux **chutes de Takien Thong** et ses vastes bassins de retenue où l'on se baigne toute l'année. Il existe au moins deux autres pistes qui, débouchant de la Highway, pénètrent à l'intérieur du parc, mais nous vous conseillons vivement de prendre un guide (adressez-vous à la Burmese Inn ou à la P Guest House). Le Thung Yai Naresuan est le dernier habitat naturel des tigres thaïlandais, dont le nombre est aujourd'hui estimé à moins de 500 (voire 250).

Sur l'autre versant de la Highway, à peu près à la hauteur du Thung Yai Naresuan, une route pavée conduit au tout nouveau parc national de Khao Laem.

A voir également, juste en retrait de la Highway, au Km 42, **Tham Sukho**, sanctuaire niché au creux d'une vaste grotte calcaire.

Province de Samut Prakan

SAMUT PRAKAN
73 600 habitants

A 30 km de Bangkok, ce chef-lieu de province se trouve à l'embouchure du Chao Phraya, au bord du golfe de Siam. Son nom signifie "Mur de l'Océan", en référence au fort de **Phra Chula Jawm Klao**, érigé en 1893 au sud de la ville. La densité de population bat ici tous les records des capitales provinciales : 70 000 habitants s'entassent sur 7,3 km^2.

Les deux principaux pôles d'attraction de la province, Ancient City et la ferme des Crocodiles, sont deux destinations privilégiées des visiteurs au départ de Bangkok. Samut Prakan est généralement visitée en une seule journée, car la nuit, les spectacles et les attractions diffèrent peu de ceux offerts par Bangkok.

Ancient City

Sur une superficie de plus de 80 ha, l'Ancient City (Muang Boran) est considéré comme le plus grand musée du monde à ciel ouvert. Y sont exposées 109 maquettes des plus célèbres monuments du royaume sur un terrain dont la forme reproduit exactement les frontières de la Thaïlande, chaque site important étant représenté selon sa localisation. A l'entrée principale, les voyageurs se trouvent à la pointe sud du pays et remontent progressivement vers les hauts lieux des provinces du Nord. Un jardin de sculptures évoque aussi des épisodes du *Ramakian*. Bien que l'ensemble des édifices ait grand besoin d'être restauré, pour les amateurs d'architecture thaï, une visite s'impose (il faut compter une journée entière pour couvrir tout le parcours).

Un nouveau secteur qui, à lui seul, couvre la moitié de la surface de l'ancien, englobe neuf nouveaux sites, dont un canal où l'on voit la représentation (fixe) d'une procession de barge royale. Vous y trouverez également de nombreuses aires de pique-nique et pourrez acheter nouilles et autres en-cas auprès des vendeurs qui sillonnent l'eau en bateau.

L'Ancient City Co (☎ 02-226-1936/7, 224-1057, 222-8143, fax 226 1227) publie également une luxueuse revue bilingue, consacrée à l'art et à l'architecture thaï, la *Muang Boran*.

L'Ancient City (☎ 02-323-9252) s'étend à 33 km de Bangkok, en bordure de la Old Sukhumvit Highway. Elle est ouverte de 8h à 17h. L'entrée coûte 50 B pour les adultes, 25 B pour les enfants. Selon la densité du trafic, le trajet en bus (3,50 B par le bus ordinaire n°25, de 12 à 16 B par les bus climatisés n°7, 8 ou 11) jusqu'au terminal des bus de Samut Prakan, peut prendre 2 heures. Une fois arrivé, prenez le minibus 36 (5 B) qui vous conduira à l'entrée. Il est également possible d'organiser ce déplacement en s'adressant au bureau de Bangkok, 78 Democracy Monument circle, Th Ratchadamnoen Klang.

Ferme des Crocodiles et zoo de Samut Prakan

Dans le même secteur, il faut signaler la présence de la ferme des Crocodiles et du zoo de Samut Prakan (☎ 02-387-0020) où l'on peut assister à des combats de sauriens ! Les crocodiles sont au nombre de 30 000 (dont le plus gros du monde qui mesure 6 m de long et pèse 1 114 kg), mais la ferme abrite aussi des éléphants, des singes et des serpents. De nombreux crocodiles se sont échappés durant les inondations de 1995.

La ferme est ouverte tous les jours, de 7h à 18h. Les spectacles d'animaux dressés – dont les fameux combats de sauriens – ont lieu toutes les heures, de 9h à 11h, et de 13h à 16h. Les spectacles d'éléphants se déroulent à 9h30 et à 11h30, tandis que les reptiles sont nourris entre 16h et 17h.

Le prix d'entrée est pour le moins impressionnant : 300 B pour les adultes, 200 B pour les enfants. On peut acheter des sacs, des ceintures et des chaussures en véritable peau de crocodile à la boutique de souvenirs. Pour se rendre à la ferme, on peut emprunter les bus climatisés n°7, 8 ou 11, puis prendre un songthaew n°S1 à S80.

Où se loger et se restaurer

Dans Pak Nam, à 5 minutes à pied du terminal des bus, le *Pak Num Hotel* (*101/2-3 Th Naraiprapsuk*) loue des chambres sans fenêtre pour 200 B avec ventilateur et douche, 350 B avec clim.

Pour un prix similaire et plus de confort, arrêtez-vous au tout proche *Nithra Swan* (Nit Sawan) qui facture 260 B ses chambres avec ventilateur et 400 B avec clim.

Le *marché de Pak Nam* vous permettra de vous sustenter à peu de frais, et il est ouvert toute la journée. Le *Wall's* (19/17-18

Th Naraiprapsuk), petit restaurant-glacier, sert de bons plats thaïlandais.

Enfin, à 10 km au sud-est de Samut Prakan *via* la Highway 3, dans le district de Bang Pu Mai, le *Bang Pu Seaside Resort*, invite ses hôtes à profiter du temps dans son grand jardin paysager. Un lieu fort apprécié de la clientèle locale.

Comment s'y rendre

Le bus ordinaire n°25 (3,50 B) ou les bus climatisés n°7, 8 et 11 (16 B) assurent une liaison régulière Bangkok-Pak Nam. Le voyage peut bien prendre 2 heures en cas de fort trafic.

Comment circuler

Le terminal des bus se trouve en face du marché, devant le port, sur Th Srisamut. Des songthaews vous emmèneront de là jusqu'à l'Ancient City ou la ferme des Crocodiles pour 5 B. Pour aller de la ferme à Ancient City, tournez à droite et suivez Th Sukhumvit ; à pied, vous en aurez pour 10 minutes. Sinon, hélez un songthaew ou un minibus (5 B) sur Th Sukhumvit.

Province de Chachoengsao

CHACHOENGSAO

44 300 habitants

Cette ville provinciale, arrosée par le large Bang Pakong, est très peu visitée par les touristes, probablement parce qu'elle n'est desservie par aucune grande route ni ligne de chemin de fer depuis Bangkok. Elle offre néanmoins la possibilité de s'évader de la capitale et de goûter aux charmes de la province thaïlandaise sans se heurter aux touristes et aux rabatteurs qui hantent Ayuthaya et Nakhon Pathom.

Le **Wat Sothon Wararam Worawihaan** abrite Phra Phuttha Sothon, un des bouddhas les plus sacrés du pays. L'origine de cette statue de 198 cm de haut est voilée de mystère, la seule certitude étant sa relation au célèbre moine Luang Phaw Sothon qui passait pour un *phrá sàksìt*, ou moine détenteur de pouvoirs sacrés. Les amulettes modelées sur le Phuttha Sothon ont des pouvoirs protecteurs particulièrement efficaces – à condition d'avoir été bénies par le moine. Luang Phaw Sothon aurait prédit l'heure exacte de sa propre mort, et des milliers de gens se rassemblèrent au temple pour le voir mourir en posture de méditation. Les principales festivités se déroulent entre le 5e et le 12e mois lunaire.

Au centre de la ville, face à la mairie, s'étend le **parc Somdet Phra Si Nakharin**, aux lourdes frondaisons et doté d'un grand bassin.

Le **Sorn-Thawee Meditation Centre** (Samnak Vipassana Sonthawi), à 17 km au nord de la ville, organise des sessions de méditation de 20 à 50 jours, dans le style du défunt Mahasi Sayadaw du Myanmar. Si vous êtes intéressé, écrivez au préalable au Sorn-Thawee Meditation Centre, Bangkla, Chachoengsao 24110.

Où se loger et se restaurer

Th Phanom Sarakham (qui traverse d'ouest en est la partie méridionale de la ville, en reliant les Routes 315 et 304) regroupe plusieurs éléments dont le *Phanom* (chambres à partir de 150 B avec ventilateur et de 230 B avec clim.), et le *Phanom Garden* (580 B la chambre climatisée).

Existent également dans une catégorie peu onéreuse, le *Chachoengsao Hotel* (de 150 à 350 B), sur Th Chumphon, et le *Mitsamphan Hotel* (de 150 à 250 B), sur Th Keuankun. Non loin du fleuve, la *River Inn* (☎ 038-511921, *Th Maruphong*) comprend d'agréables chambres avec clim. qui débutent à 470 B.

Si vous souhaitez davantage de confort, vous aurez le choix entre le *Grand Royal Plaza* (☎ 038-513515, 67/13 *Th Sukhprayun*), à l'est du cours d'eau, en quittant la Route 304, ou le *Wang Tara Princess* (☎ 038-512565, *Th Sukhprayun*), à proximité de la rive est du fleuve. Tous deux proposent des chambres climatisées tout confort, dont les prix démarrent aux alentours de 1 600 B la nuit en simple/double.

Les amateurs de fruits de mer apprécieront le populaire **Kung Nang**, au bord de l'eau, sous le pont de chemin de fer. **Pradit Phochana** (*133 Th Maruphong*) sert des plats thaï, chinois et des spécialités de la mer. Le **Rim Nam**, restaurant de la River Inn, propose aussi une bonne cuisine thaï et chinoise.

Comment s'y rendre

Le meilleur transport public est le train de la ligne est. Dix départs quotidiens (dont 8 indiqués sur l'horaire en langue anglaise) depuis la gare de Hualamphong à Bangkok sont assurés entre 6h et 18h05 ; en sens inverse, les départs s'échelonnent de 6h09 à 17h33 (15 B en 3e classe uniquement, 1 heure 30 de trajet).

Des bus partent toutes les heures entre 6h et 18h du terminal des bus est de Bangkok (Soi 40, Th Sukhumvit). Le tarif est de 26 B en ordinaire (environ 2 heures de trajet) ou de 54 B en climatisé (1 heure 30). Des bus assurent également la liaison entre le terminal des bus nord et Chachoengsao pour 24 B (ordinaire) ou 35 B (climatisé). Ils mettent respectivement 2 heures et 2 heures 30 pour atteindre Chachoengsao.

Province de Chonburi

SI RACHA
23 700 habitants

A 105 km de Bangkok, sur la côte est du golfe de Siam, la petite ville de Si Racha est le lieu d'origine de la célèbre sauce épicée, *náam phrík sǐi raachaa*. Les meilleurs fruits de mer de la Thaïlande, les huîtres notamment, sont servies avec cette sauce.

Sur **Ko Loi**, modeste île rocheuse reliée à la terre par une longue jetée, se trouve un temple bouddhiste chinois. Plus au large, la grande île appelée Ko Si Chang est flanquée de deux petites îles, Kham Yai au nord et Khang Kao au sud, sert de mouillage aux gros navires. Les petits bateaux transportent ensuite les marchandises jusqu'au delta du Chao Phraya distant de 50 km.

Les samlors motorisés de ce port de pêche et de Ko Si Chang sont d'énormes motos, au moteur ultra-puissant, et équipés d'un side-car à l'arrière.

Ferme aux tigres de Si Racha

Site relativement récent, la Si Racha Tiger Farm couvre 250 rai (40 hectares). Installée à environ 9 km à l'est/sud-est de la ville, on y accède par la Route 3241. Fruit de l'imagination de Khun Suradon Chommongkol, le zoo associe un élevage de tigres, célèbre dans le monde entier, à une ferme aux crocodiles, un secteur "pour herbivores", un domaine réservé aux scorpions et des numéros de cirque.

L'établissement – dont on dit qu'il est le plus vaste et le plus prospère du globe – abrite plus de 130 tigres du Bengale. Ne soyez pas surpris d'y voir cohabiter des cochons, des chiens et de jeunes tigres, nourris par des truies.

Le parc vous accueille tous les jours de 8h à 18h, moyennant un droit d'entrée de 250 B par adulte, 150 B par enfant. Vous acquittez un supplément de 30 B (20 B par enfant) pour le cirque, dont les numéros sont présentés à 11h, 13h30 et 16h. Pour de plus amples renseignements, appelez le ☎ 038-296571.

Où se loger

Pour la plupart des voyageurs, Si Racha est un lieu où l'on passe rarement la nuit. Pour se loger, mieux vaut opter pour les hôtels en bois, construits en front de mer.

Le **Siriwatana Hotel** (☎ *038-311037, 35 Th Jermjompol*), en face de Th Tessaban 1 et de la Bangkok Bank, est le meilleur, tant pour sa propreté que pour la qualité de son service. On a disposé de petites tables devant les chambres, sur des terrasses, en bordure de la jetée. Les chambres ventilées avec douche attenante reviennent à 140 B (à plusieurs lits jusqu'à 260 B), celles avec douches communes à 120 B. A la demande, on vous préparera des repas simples, bon marché. Vous pouvez aussi apporter votre nourriture que vous dégusterez sur votre terrasse.

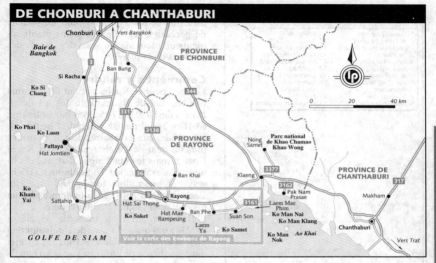

DE CHONBURI A CHANTHABURI

Chonburi Vers Bangkok

Baie de
Bangkok

Si Racha

Ko Si
Chang

PROVINCE
DE CHONBURI

Ban Bung

Ko Phai
Ko Laan

Pattaya
Hat Jomtien

PROVINCE
DE RAYONG

Nong
Samet

Parc national
de Khao Chamao
Khao Wong

Ban Khai

Klaeng

PROVINCE DE
CHANTHABURI

Makham

Pak Nam
Prasae

Ko
Kham
Yai

Sattahip

Hat Sai Thong Rayong

Hat Mae
Ban Phe
Rampeung

Ko Saket

Suan Son

Laem
Ya

Ko Samet

Laem Mae
Phim
Ko Man Nai
Ko Man Klang

Chanthaburi

Vers Trat

GOLFE DE SIAM

Voir la carte des Environs de Rayong

Ko Man
Nok

Ao Khai

0   20   40 km

CENTRE DE LA THAÏLANDE

Le **Siwichai**, tout proche, loue des chambres similaires pour 200 B. Il possède un restaurant sur le quai. Le **Samchai**, Soi 10, en venant de Th Surasakdi 1, propose des chambres correctes à 180 B (350 B avec clim.). Tous trois sont bien aérés, avec de petites terrasses où l'on peut, le soir, prendre un bon repas.

Les **Grand Bungalows**, Soi 18, loue des bungalows de tailles diverses, de 400 à 1 000 B. Tous sont prévus pour accueillir plusieurs personnes. La clientèle est en majeure partie thaïlandaise et chinoise.

Il y a dans le centre-ville quelques récents hôtels de grand standing, dont le **Laemthong Residence Hotel** (☎/fax 038-322888), un établissement de 20 étages à deux pas de Th Sukhumvit. Le tarif des chambres, avec tout le confort, s'échelonne entre 700 et 1 000 B. Piscine et courts de tennis sur place.

Le **City Hotel** (☎ 038-322700, fax 322739), 6/126 Th Sukhumvit, demande un minimum de 2 300 B pour ses chambres spacieuses. Un escalator mène au salon de réception, au 2ᵉ étage. Les aménagements incluent un pub, un coffee-shop, une salle de remise en forme et un centre d'affaires.

Où se restaurer

Le poisson est abondant à Si Racha, mais vous devez surveiller les prix. L'établissement le plus connu est le **Chua Lee** sur Th Jermjompol (Joemjomphon), voisin du Soi 10, en face de la Krung Thai Bank. Les fruits de mer y sont excellents, mais les plus chers de la ville. En face et à côté, des restaurants similaires mais à des prix plus raisonnables. Citons, par exemple le **Fast Food Seafood Restaurant**, au sud de Th Tessaban 1.

Jarin, sur le quai du Soi 14, sert de délicieux plats de fruits de mer, surtout des curries à la vapeur servi avec du riz (*khâo hàw mòk thaleh*) et des nouilles de riz aux crevettes fraîches (*kŭaytĩaw phàt thai kûng sòt*). C'est l'endroit rêvé pour tuer le temps en attendant le prochain bateau pour Ko Si Chang. Les prix sont très modérés.

Au bout du quai du Soi 18, on trouvera le **Seaside Restaurant**, actuellement le meilleur restaurant de fruits de mer de la

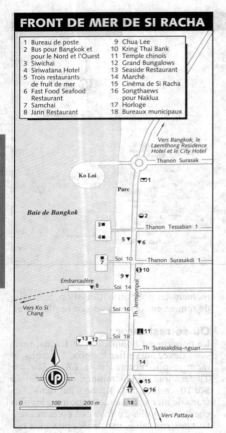

FRONT DE MER DE SI RACHA

1 Bureau de poste
2 Bus pour Bangkok et pour le Nord et l'Ouest
3 Siwichai
4 Siriwatana Hotel
5 Trois restaurants de fruit de mer
6 Fast Food Seafood Restaurant
7 Samchai
8 Jarin Restaurant
9 Chua Lee
10 Kring Thai Bank
11 Temple chinois
12 Grand Bungalows
13 Seaside Restaurant
14 Marché
15 Cinéma de Si Racha
16 Songthaews pour Naklua
17 Horloge
18 Bureaux municipaux

ville, par la Th Sukhumvit (Highway 3), en direction de Pattaya. Ao Udom, petite baie de pêcheurs, regroupe de petits établissements en plein air, où vous dégusterez des produits de la marée.

Comment s'y rendre

Les bus pour Si Racha partent du terminal des bus Est de Bangkok toutes les demi-heures de 5h à 19h (35 B en bus ordinaire, 61 B en bus climatisé, trajet de 1 heure 45). L'arrêt des bus ordinaires directs se trouve près du quai de l'embarcadère pour Ko Si Chang, mais les bus longue distance et climatisés s'arrêtent sur Th Sukhumvit (Highway 3), non loin du grand magasin Laemthong. Il suffit ensuite de prendre un túk-túk pour gagner l'embarcadère.

Il existe aussi un train de 3e classe (n°239) qui quitte la gare de Hualamphong à 7h et arrive à Si Racha à 10h15. Le trajet dure une heure de plus que par le bus, mais il est plus pittoresque. Cela vous reviendra à 28 B, dans un train peu bondé, les gens préférant les autres modes de transport.

Toute la journée, vous trouverez près de l'horloge des songthaews blancs pour vous mener jusqu'à Naklua (Pattaya Nord). Leur fréquence est régulière, le tarif de 10 B par personne et le parcours dure une demi-heure. Une fois à Naklua vous trouverez aisément un autre songthaew pour le centre de Pattaya.

Les bateaux pour Ko Si Chang partent du Tha Soi 14 (embarcadère) sur le port.

Comment circuler

A Si Racha et sur Ko Si Chang, des myriades de motos-taxis vous transporteront partout pour 20 B.

KO SI CHANG
4 100 habitants

Un saut à l'île de Ko Si Chang vous permettra d'échapper un ou deux jours à la fièvre de Bangkok. Il n'y a qu'une ville, le reste de cette petite île est pratiquement désert et amusant à explorer. Sa population est constituée de pêcheurs, de marins en exercice ou en retraite et de fonctionnaires

ville, pour son atmosphère, son service et sa qualité. La carte bilingue comprend un délicieux plateau de calmars, moules, crevettes et coques.

L'endroit le plus économique pour manger est le *marché* proche de l'horloge au sud de la ville. Tous les soirs, on y trouve plein de bonnes choses, des nouilles aux fruits de mer frais, dans la journée, des vêtements et des petits plats à emporter.

D'excellents restaurants de poisson et de fruits de mer vous attendent à la sortie de la

des douanes ou attachés à l'un des projets d'aquaculture de l'île. On parle de construire un port en eau profonde, mais jusqu'à présent Ko Si Chang est restée vierge de toute implantation industrielle portuaire.

Renseignements

Argent. Une succursale de la Thai Farmer's Bank, installée sur la route principale (sur la droite lorsque l'on vient de la jetée), assure le change en semaine.

A voir et à faire

Le **Yai Phrik Vipassana Centre** est un ermitage où vont méditer moines et mâe chii de toute le Thaïlande. Grottes et huttes de palmier sont essaimées le long de la crête centrale de l'île. Leur découverte est intéressante, mais veillez à vous en approcher avec discrétion et respect. Faites, par ailleurs, attention à ne pas tomber dans un puits de calcaire, car certains sont presque entièrement recouverts de végétation.

Sur le versant opposé de l'île, face à la mer, quelques plages agréables permettent de profiter des joies de la mer. Attention aux oursins et à la marée ! Ne vous attendez pas à trouver une eau limpide, d'un bleu turquoise, et un sable blanc immaculé. La proximité des zones de pêche et des voies de navigation explique la situation. Les plages sont plus ou moins propres selon les courants marins et la saison. Si vous êtes amateur de belles plages, mieux vaut rejoindre Ko Samet, plus au sud-est.

Retirée, la plage de **Hat Tham** (également appelée Hat Sai) est accessible en suivant un embranchement de la route circulaire, à l'arrière de l'île. A marée basse, une bande de sable est accessible. A l'extrémité de la petite baie, on peut visiter une grotte partiellement submergée. Une plage plus fréquentée, et en général moins propre, s'étend à la pointe ouest du vieux palais. C'est **Hat Tha Wang** où les insulaires et les Thaïlandais du continent viennent pique-niquer.

Le palais a servi de résidence d'été au roi Chulalongkorn (Rama V), mais il fut abandonné après la brève occupation de l'île par les Français en 1893. Il reste peu de chose

des divers bâtiments. La salle du trône – une magnifique structure en teck doré, appelé Vimanmek – a été transportée à Bangkok en 1910, mais l'escalier qui y conduisait est encore en place. Si vous grimpez ces marches jusqu'à la crête de la colline dominant Tha Wang, vous rencontrerez une pierre enveloppée d'un linge sacré. Elle s'appelle le "rocher cloche", parce que si on la frappe avec une pierre ou un bâton, elle rend un son de cloche. De part et d'autre du rocher se dressent deux chédis en ruine. Celui de gauche, le plus grand, abrite le **Wat Atsadangnimit**, une petite chambre où le roi Chulalongkorn méditait. Le bouddha qu'il renferme, vieux de 50 ans, est l'œuvre d'un moine qui vit dans l'ermitage.

Non loin du Wat Atsadangnimit, une grande grotte appelée **Tham Saowapha** s'enfonce profondément dans l'île. Si vous avez une torche, elle peut être intéressante à explorer.

A l'est de la ville, en haut d'une colline dominant la mer, se dresse un temple chinois, **San Jao Phaw Khao Yai**. Au nouvel an chinois, en février, l'île est envahie de visiteurs chinois. Les grottes sanctuaires, les niveaux différents, un beau panorama sur Si Chang et l'océan font de ce temple chinois l'un des plus intéressants de Thaïlande. L'ascension depuis la route en contrebas est longue et abrupte.

Comme la plupart des îles du littoral oriental, Ko Si Chang est à son avantage en semaine ; le week-end, la foule peut être nombreuse.

Où se loger

La *Tiewpai Guest House* (☎ *038-216084, Thiu Phai*), l'établissement le meilleur marché, est installée en ville, non loin des principales jetées. Elle dispose d'une chambre sommaire à 120 B. Les neuf autres, disposées autour d'une cour, derrière le restaurant et le hall de réception, varient de 190 B en double avec s.d.b. commune, à 250 B avec douche privée, ou 500 B avec clim. L'établissement affiche presque toujours complet bien que le personnel manque singulièrement de chaleur.

Près de la porte qui mène au Hat Tha Wang, le ***Benz Bungalow*** (☎ *038-216091*) loue des chambres propres, face à la mer, dans un bâtiment rudimentaire, ou des bungalows en dur pour 300 à 500 B avec ventilateur et s.d.b., ou 600 à 700 B avec clim.

Non loin encore de Hat Tha Wang, à l'ouest de l'île, le ***Si Phitsanu Bungalow*** (☎ *038-216024*) propose des chambres dans une maison basse pour 300 à 500 B, un bungalow à une seule chambre donnant sur une petite baie pour 800 B, et un bungalow à deux chambres pour 1 200 B. Le ***Top Bungalow*** (☎ *038-216001*), en retrait de la route qui mène à Si Phitsanu, pratique des prix similaires, sans vue sur la mer. Les bâtiments sont passablement délabrés. Pour vous y rendre depuis le centre, empruntez la première rue à droite après la Tiewpai Guest House, puis suivez la route qui passe devant le Yai Phrik Vipassana Centre. Une moto-samlor revient à 25 B.

La ***Green House 84*** (☎ *038-216024*), située à proximité de la route circulaire qui conduit au temple chinois, demande 150/300 B pour des simples/doubles sombres et lugubres, dans une maison basse de dix chambres.

Dans le voisinage du temple chinois, vous attend le ***Sichang View Resort*** (☎ *038-216210*), un établissement assez récent, doté de dix bungalows bien tenus, style appartement, dans un jardin très agréable pour 800 à 1 100 B (500 B en juin et en septembre).

En ville, le ***Sichang Palace*** (☎ *038-216276, Th Atsadang*) abrite dans un bâtiment de trois étages 62 chambres confortables. Les simples/doubles donnant sur la piscine reviennent à 1 000/1 200 B, celles avec vue sur la mer à 1 500/1 700 B. En semaine, vous pouvez bénéficier d'une réduction de 100 à 200 B. On peut aussi camper sur l'île sans rencontrer le moindre problème, y compris dans l'enceinte du palais abandonné de Rama V à Hat Tha Wang.

Où se restaurer
La ville compte plusieurs petits restaurants, qui servent des plats thaïlandais et chinois typiques. Le long de la route qui mène à la grande plage, de très simples ***échoppes de poissons*** proposent une cuisine de la mer.

Les restaurants des ***Sichang Palace*** et ***Sichang View Resort*** servent des fruits de mer à des prix raisonnables. La ***Tiewpai Guest House*** propose de la cuisine occidentale et thaï pour un tarif également très abordable.

Comment s'y rendre
Les bateaux pour Ko Si Chang partent toutes les heures de l'embarcadère de Si Racha au bout du Soi 14, accessible par la Th Jermjompol. La traversée coûte 30 B dans chaque sens. De Si Racha, il y a des départs réguliers de 5h environ à 19h. Au retour de Si Chang, le dernier bateau part vers 17h.

Comment circuler
Les motos-taxis vous emmènent n'importe où sur l'île pour 20 à 30 B. Vous pouvez aussi faire le tour complet de l'île pour 150 B de l'heure. Les prix demandés pour les excursions sont généralement exorbitants. Heureusement, les taxis ne manquent pas et après discussion, vous devriez obtenir un tarif plus raisonnable.

PATTAYA
56 700 habitants
C'est, à 147 km au sud-est de la capitale, la station balnéaire la plus prospère de Thaïlande. Elle ne réunit pas moins de 12 000 chambres dans les hôtels, bungalows et autres pensions qui jalonnent les plages de Hat Pattaya et de ses voisines Naklua et Jomtien. La première est la plus animée des trois. Le long de ce véritable croissant de sable surpeuplé, toute la journée scooters des mers et hors-bord fendent l'écume, tandis que se gonflent les voiles des parapentes au-dessus des palmiers, sans parler des jeeps et motos qui embouteillent le front de mer.

A en croire les statistiques de la TAT, près d'un tiers de touristes étrangers visitent Pattaya. Entre novembre et mars, la ville accueille un million de voyageurs. Ils font

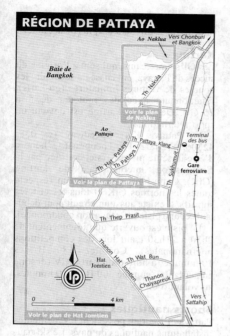

RÉGION DE PATTAYA

Ao Naklua • Vers Chonburi et Bangkok

Baie de Bangkok

Th Naklua

Voir le plan de Naklua

Ao Pattaya

Th Pattaya Klang

Terminal des bus

Th Hat Pattaya

Th Pattaya 2

Th Sukhumvit

Gare ferroviaire

Voir le plan de Pattaya

Th Thep Prasit

Thanon Hat Jomtien

Th Wat Bun

Hat Jomtien

Thanon Chaiyapreuk

Vers Sattahip

0   2   4 km

Voir le plan de Hat Jomtien

constituent aussi un important segment de son industrie touristique. Les autorités locales comme les voyagistes ont, par ailleurs, essayé de redorer son blason en procédant à un "assainissement" général. Ainsi, la clientèle familiale est revenue, l'industrie du sexe de South Pattaya accusant une légère diminution.

Malgré ces efforts, la notoriété de Pattaya pour le tourisme sexuel persiste. Celui-ci repose sur la présence de discothèques, de bars en terrasse et de cabarets de travestis qui composent le quartier chaud, à l'extrémité sud de la plage. Ce secteur surnommé "le village" abrite de nombreux endroits gays, de même qu'il attire un grand nombre de *ka-toeys* (travestis thaï).

La seule raison qui peut inciter à faire le détour par Pattaya, ce sont ses centres de plongée. Une douzaine d'îles sont disséminées au large de Pattaya, mais leur accès est souvent très onéreux (en comparaison des autres sites de plongée en Thaïlande).

Vous pourrez louer tout le matériel de plongée nécessaire aux magasins/centres de plongée de Pattaya Beach. Ko Laan, l'île la plus fréquentée, dispose de quelques hébergements.

Renseignements

Office du tourisme. L'agence TAT (☎ 038-427667), sise au milieu de Th Hat Pattaya, tient à jour la liste des sites d'hébergement locaux et se montre d'une grande serviabilité, de 8h30 à 19h30. La police touristique (☎ 038-429371) se situe dans Th Pattaya 2.

Immigration. Le bureau de l'immigration de Pattaya ouvre du lundi au vendredi, de 8h30 à 16h30.

Argent. La Krung Thai Bank du Soi Post Office vous accueille de 10h à 21h.

Poste et communications. La grande poste se trouve à South Pattaya, Soi 15 (Soi Post Office). Elle est ouverte du lundi au vendredi, de 8h30 à 16h30, et les jours fériés de 9h à midi.

partie en majorité de circuits de groupe venus d'Europe, de Russie et du Moyen-Orient. Certains trouveront que cette localité conçue pour des vacanciers de bord de mer classiques, manque de tout cachet thaï, sans compter l'absence d'intérêt culturel.

Hat Pattaya a beaucoup perdu du prestige dont elle a joui. Les sports nautiques et la prostitution ont fait exploser les prix de la restauration et de l'hébergement au-delà de la moyenne nationale. Si on la compare à d'autres stations balnéaires thaï, elle nous paraît beaucoup moins accueillante et bien plus tournée vers l'argent.

De son passé, Pattaya a gardé une clientèle de marins (qui ont succédé aux GI's des années 60) et d'expatriés des compagnies pétrolières internationales installées à Bangkok. Congressistes et amateurs de golf (attirés pas le parcours 12 trous et les leçons de Robert Trent Jones ou de Jack Nicklaus)

Cette poste abrite aussi les services téléphoniques internationaux. Mais plusieurs centres privés permettent aussi en ville de passer des appels longue distance, notamment à l'Overseas Cafe, à deux pas du croisement des Th Hat Pattaya et Th Pattaya Tai. Les tarifs y sont parmi les moins onéreux de la localité et l'on peut y accéder de 9h à 4h du matin, ce qui vous permet de bénéficier des réductions de nuit.

E-mail et accès Internet. Non loin du Siam Bayshore Resort, dans Th Pattaya Tai, l'Internet Cafe met plusieurs terminaux à votre disposition pour naviguer sur le net.

Radio. Une station de radio diffuse des programmes en anglais sur 107.7 FM.

Journaux. Toute la vie touristique, hébergements compris, se trouve dans le mensuel gratuit *Explore*. L'hebdomadaire *Pattaya* réunit des informatins générales sur la région et des renseignements pratiques.

Services médicaux. Le Pattaya Memorial Hospital (☎ 038-429422/4, 422741), dans Th Pattaya Klang, accueille les patients 24h/24.

Plages

Ao Pattaya (la baie de Pattaya), bordée par la plage, **Hat Pattaya**, décrit une courbe. Ce croissant de sable relativement pittoresque est ourlé d'un étroit alignement de palmiers et d'une forte densité d'hôtels, restaurants, boutiques de plongée, agences de location de voitures et de motos.

Sur la côte sud immédiate, la **Hat Jomtien** (Jawnthian) s'étale sur 6 km. Cette plage est plus agréable, son eau plus claire, et la densité de bars, restaurants et autres hôtels moindre.

Au nord, la **Hat Naklua**, plus modeste et tout aussi paisible, a été aménagée de façon plus plaisante. Les familles ont tendance à séjourner à Jomtien et à Naklua, tandis que Pattaya/South Pattaya accueille plus volontiers les touristes célibataires et les groupes. Juste au sud de Hat Pattaya, **Hat Cliff** est une petite crique dominée par une série de falaises où se dressent les plus beaux hôtels.

Karting

Les GI's américains, qui sont à l'origine du succès de Pattaya, ont laissé un souvenir : les courses de voitures miniatures (go-karts), fonctionnant avec des moteurs de 5 à 15 CV. Depuis, le karting est devenu un sport international.

Le Pattaya Kart Speedway (☎ 038-423062), 248/2 Th Thepprasit, s'honore d'être la seule piste d'Asie, certifiée par la Commission internationale de karting (CIK). Cette boucle de 1 080 m respecte toutes les normes CIK et tous les critères sportifs. Il existe aussi un circuit pour débutants et une piste off-road (non goudronnée).

La piste est ouverte quotidiennement de 9h30 à 21h30 (sauf lors des compétitions internationales). Comptez 180 B les 10 minutes, à bord d'un kart 5 CV (destiné aux enfants), comme 300 B les 10 minutes, au volant d'un 15 CV.

Sports nautiques

Pattaya et Jomtien possèdent les meilleures installations nautiques du pays. Le ski nautique coûte environ 1 000 B l'heure avec équipement, bateau et pilote. Un tour en parachute ascensionnel revient entre 200 et 300 B (de 10 à 15 minutes) et la planche à voile à 500 B l'heure. La pêche sportive est tout à fait possible : location de bateaux, matériel et guide à des prix raisonnables.

La Hat Jomtien est l'endroit idéal pour faire de la planche à voile. Surf House, sur Th Hat Jomtien Beach, loue du matériel et fournit des instructeurs.

Plongée sous-marine. Les tarifs s'avèrent tout à fait raisonnables : une excursion avec deux plongées coûte 1 300 à 1 800 B (bateau, équipement, moniteur et déjeuner compris). Les amateurs de plongée avec tuba peuvent se joindre à ces balades d'une journée, moyennant 500 à 800 B. Les visites d'épaves reviennent au maximum à 2 000 B. Si vous dormez sur place et pour 5 à 7 plongées, prévoyez 6 000 B par per-

Restaurer une image ternie

Après s'être attiré les foudres de la presse locale et internationale, Pattaya connaît depuis quelques années un déclin régulier de la fréquentation touristique. En 1992, elle a perdu le privilège d'accueillir la Siam World Cup annuelle – une des plus grandes compétitions asiatiques de planche à voile – au profit de Phuket. Les deux griefs principaux qu'on lui fait étant la prostitution et la mauvaise qualité de l'eau.

Les autorités locales et les voyagistes s'efforcent désormais de redonner un peu de lustre à l'image de Pattaya tout en nettoyant la place. Pattaya est l'illustration extrême de ce qui guette une station balnéaire livrée sans contrôle au développement touristique. En fait, je compatirais plutôt aux malheurs de Pattaya, en dépit du fait que les promoteurs locaux ont creusé, si l'on peut dire, leurs propres tombes. Il est trop tard pour retransformer Pattaya en village de pêche, mais il est encore possible d'en refaire une destination touristique propre et sûre, à condition que tous coopèrent.

sonne au maximum. Pour obtenir un brevet de plongée NAUI ou PADI complet (trois à quatre jours de formation), prévoyez la somme de 9 000 à 12 000 B pour l'instruction et l'équipement.

Certains magasins proposent des sorties de groupe d'une demi-journée vers les îles voisines. Vous débourserez 500 à 800 B par personne, ou 650 B pour les plongées plus au large, déjeuner, boissons, transport et leçon compris, mais sans la location du matériel si ce n'est masque, palmes et tuba.

Côté matériel, voici les tarifs moyens de location : 150 à 250 B le masque, les palmes et le tuba ; 300 à 400 B pour un détendeur w/SPG ; 250 à 400 B pour un gilet de flottabilité ; 150 B pour une ceinture lestée ;

150 B pour une bouteille ; 200 B pour une combinaison ; ou 1 000 B pour un équipement complet. Pour le gonflage d'une bouteille, comptez entre 100 et 150 B.

Afin de se protéger d'une vertigineuse dévaluation du baht, certains organismes de plongée ne tarifent leurs prestations qu'en dollars US, une stratégie pour le moins censée si l'on considère que tout le matériel doit être importé.

Les boutiques qui jalonnent la Th Hat Pattaya affichent des programmes d'excursion. Plusieurs hôtels de la ville proposent aussi des sorties de plongée comme la location d'équipement.

Dave's Diver Den
(☎ 038-429387, 420411, fax 360095,
e-mail drd@loxinfo. co. th)
190/11 Muu 9, Th Pattaya Klang
Discovery Divers
(☎ 038-427185, fax 427158)
183/29 Muu 10, Soi Post Office (Praisani)
Diver's World
(☎ 038-426517)
Soi Yamato, South Pattaya
Fun'n Sun Divers
(☎ 038-251310, fax 251209)
Pattaya Park Beach Resort
Mermaid's Dive School
(☎ 038-232219, fax 232221)
Mermaid Beach Resort Hotel, Hat Jomtien
Paradise Scuba Divers
(☎ 038-710587)
Siam Bayview Resort
Scuba Professionals
(☎ 038-221860, fax 221618)
3 Th Pattaya-Naklua
Scuba Tek Dive Center
(☎ 038-361616,
e-mail rickr@lowinfo. co. th)
Weekender Hotel, Th Pattaya 2
Seafari Sports Center
(☎ 038-429253, fax 424708)
Soi 5, North Pattaya
Steve's Dive Shop
(☎ 038-428392)
Soi 4, North Pattaya

Médecine de plongée. A Sattahip, 26 km au sud-ouest de Pattaya, l'Apakorn Kiatiwong Naval Hospital (☎ 038-601185) dispose d'une chambre de décompression complète et assure les soins d'urgence 24/24 h.

Autres sports

Les autres activités offertes par Pattaya et ses environs ne manquent pas : golf, bowling, billard, tir à l'arc, tir à la cible, équitation et tennis. Entre toutes les salles de gymnastique et les clubs de remise en forme on peut signaler le Gold's Gym, situé dans le Julie Complex de South Pattaya. Le Gold's possède une succursale dans North Pattaya, après le Soi 1, dans Th Naklua-Pattaya.

Où se loger – petits budgets

Pendant la semaine, en raison de la concurrence et de la baisse de fréquentation, certains établissements offrent des tarifs "spéciaux" très intéressants. On peut aussi marchander. Le week-end et les jours fériés, en revanche, les chambres bon marché sont rares.

A Pattaya même, North Pattaya et Naklua sont des quartiers plus tranquilles, si vous souhaitez éviter le remue-ménage et la vie nocturne de South Pattaya. Hat Jomtien, dans l'ensemble, est encore plus agréable, avec sa plage aux eaux limpides, et l'absence, en apparence, de toute forme de tourisme sexuel. Celui-ci, malheureusement, se retrouve partout, de Naklua à Jomtien, avec une clientèle d'Européens venus tout spécialement profiter, à la journée ou à la semaine, des services de "compagnes" thaïlandaises.

Dans ce secteur, le prix d'une chambre dans un hôtel moyen varie de 350 à 2 000 B, tandis qu'en pension, les tarifs avoisinent entre 200 et 450 B.

Central & South Pattaya. C'est le long de Th Pattaya 2, l'artère parallèle à Th Hat Pattaya en bord de mer, que vous trouverez l'hébergement le moins cher de South Pattaya. La plupart de ces pensions se concentrent à proximité des sois 6, 10, 11 et 12. Sur Th Pattaya 2, au 216/2, l'*Apex Hotel* (☎ *038-429233, fax 421184*), établissement moderne de 4 étages d'un excellent rapport qualité/prix, se trouve face au Soi 11. Ses chambres climatisées, avec eau chaude, TV,

minibar (plein) et réfrigérateur valent 350 B en façade, 300 B à l'arrière. De plus, vous bénéficiez d'une piscine. Quasiment voisin, la *Diana Inn* (☎ *038-429675, fax 424566*) comprend de vastes chambres avec clim. et eau chaude pour 600 B. L'établissement englobe aussi un restaurant, une piscine et un bar.

Le *Honey Lodge* (☎ *038-429133, fax 710185, 597/8 Muu 10, Th Pattaya Tai*) abrite des chambres climatisées avec eau chaude, minibar et téléphone facturées 500 B la nuit. Piscine et restaurant viennent compléter l'ensemble. Autre bonne affaire compte tenu des prix pratiqués à Pattaya, le *Sawasdee Seaview* (☎ *038-720264, Soi 10, Central Pattaya*). Cet hôtel couleur lilas de 3 étages loue 400 B des chambres avec clim., TV et eau chaude.

Dans une ruelle au sud de Soi 12, la *BR Inn* (☎ *038-428229*), une entreprise familiale, propose des chambres assez propres à 300 B avec ventilateur, 400 B avec l'air conditionné. Nombre de Japonais à petit budget y descendent. Dans Soi 13, la *Malibu Guest House* (☎ *038-428422*) vous accueille dans des chambres climatisées à 350 B, petit déjeuner inclus. Les autres pensions de Soi 13 pratiquent des tarifs légèrement supérieurs (de 200 à 350 B) et leurs chambres sont souvent exiguës et aveugles. *Ma Maison* (☎ *038-429318, fax 426060*) est cependant l'exception française qui confirme la règle. Dans un style chalet, vous découvrirez pour 600 B la nuit des chambres qui donnent sur une piscine. Comme le suggère son enseigne, on mange ici français. Réservez à l'avance car Ma Maison affiche souvent complet.

Plus bas, dans South Pattaya, le calme offert par le *Viking* (☎ *038-423164, fax 425964, Soi Viking*) et sa piscine attirent de longue date les vacanciers. Prévoyez de 250 à 350 B la chambre. Le *Pattaya Land Hotel* (☎ *038-429569, fax 421945, 325/42-45, Soi 1, Th Pattaya Land*) se trouve en plein cœur du "village des garçons" et ses chambres comptent parmi les meilleur marché de South Pattaya. Avec ventilateur et douche à eau froide, tablez sur 200 B, un peu plus si vous souhaitez la clim.

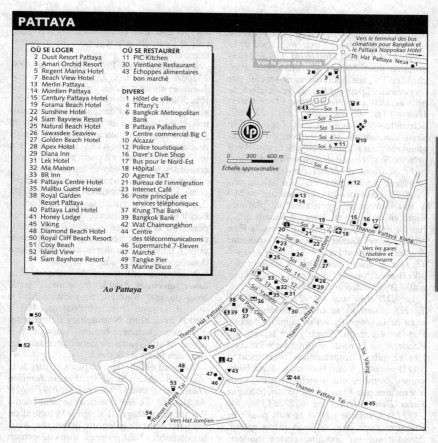

PATTAYA

OÙ SE LOGER
2 Dusit Resort Pattaya
3 Amari Orchid Resort
5 Regent Marina Hotel
7 Beach View Hotel
13 Merlin Pattaya
14 Montien Pattaya
19 Furama Beach Hotel
22 Sunshine Hotel
24 Siam Bayview Resort
25 Natural Beach Hotel
26 Sawasdee Seaview
28 Golden Beach Hotel
28 Apex Hotel
29 Diana Inn
31 Lek Hotel
32 Ma Maison
33 BR Inn
34 Pattaya Centre Hotel
35 Malibu Guest House
38 Royal Garden
    Resort Pattaya
40 Pattaya Land Hotel
41 Honey Lodge
45 Viking
48 Diamond Beach Hotel
50 Royal Cliff Beach Resort
51 Cosy Beach
52 Island View
54 Siam Bayshore Resort

OÙ SE RESTAURER
11 PIC Kitchen
30 Vientiane Restaurant
43 Échoppes alimentaires
    bon marché

DIVERS
1 Hôtel de ville
4 Tiffany's
6 Bangkok Metropolitan
    Bank
8 Pattaya Palladium
9 Centre commercial Big C
10 Alcazar
12 Police touristique
16 Dave's Dive Shop
17 Bus pour le Nord-Est
18 Hôpital
20 Agence TAT
21 Bureau de l'immigration
23 Internet Café
36 Poste principale et
    services téléphoniques
37 Krung Thai Bank
39 Bangkok Bank
42 Wat Chaimongkhon
44 Centre
    des télécommunications
46 Supermarché 7-Eleven
47 Marché
49 Tangke Pier
53 Marine Disco

Ao Pattaya

Vers le terminal des bus climatisés pour Bangkok et le Pattaya Noppakao Hotel

Voir le plan de Naklua

Th Hat Pattaya Neua

0   300   600 m

Échelle approximative

Thanon Pattaya Klang

Vers les gares routière et ferroviaire

Thanon Hat Pattaya

Thanon Pattaya Tai

Thanon Pattaya Tai

Thanon Pattaya 3

Soi Viking

Vers Hat Jomtien

CENTRE DE LA THAÏLANDE

North Pattaya et Naklua. Nichée entre North et Central Pattaya, sur Th Hat Pattaya Neua, la *BJ Guest House* (☎ 038-421147) se dresse sur 3 niveaux face à la plage.

Ses chambres climatisées reviennent à 350 B la nuit, les ventilées à 200 B. Son restaurant sert des plats thaï et allemands.

A Naklua, les 24 chambres du *German Garden Hotel* (☎ 038-225612, fax 225932, 535/25 Soi 12, Th Naklua) se trouvent un peu éloignées du rivage, mais l'endroit est tranquille. Les tarifs débutent à 500 B. La carte et toutes les indications sont rédigées en allemand.

Autre établissement s'adressant aux visiteurs d'outre-Rhin, la *Welkom Inn* (☎ 038-422589, fax 361193, Soi 3, Th Hat Pattaya) où les doubles ventilées coûtent 300 B, tandis que les climatisées sont proposées à 450 B.

Vous bénéficiez en outre d'une vaste piscine, d'un restaurant thaï dans un jardin, ainsi que d'un restaurant franco-belge.

Jomtien. Ici, les établissements pour petit budget fleurissent autour du Surf House International Hotel, à l'extrémité nord de la plage. L'*AA Guest House* (☎ 038-231183) propose pour 500 B ses chambres avec clim. et TV, malheureusement servies par un personnel peu cordial. Juste derrière, la plus accueillante *Moonshine Place Guest House* (☎ 038-231956, fax 232162) demande 480 B pour la nuit. Toutefois, le bar-restaurant de style saloon du rez-de-chaussée peut s'avérer bruyant le soir. Tout près du Surf House, les chambres du *Sunlight Seafood & Hotel* (☎ 038-231835) jouissent, pour la plupart, d'un balcon privatif. Elles valent 400 B climatisées, ou 250 à 300 B avec un ventilateur au plafond. Situé entre le Royal Jomtien Resort qui a flambé et le supermarché 7-Eleven, la *Ran Nong Sam Guest House, Restaurant & Beer Garden* (☎ 01-835-6587, 114/6 Th Hat Jomtien) comporte 8 chambres à 300 B avec douche froide et clim., plus une à 400 B qui offre un espace plus vaste.

La *DD Inn* (☎ 038-232995, 410/50 Th Hat Jomtien) se trouve également au nord de la plage (que l'on appelle parfois Hat Dong Tan ou "Sugar Palm Beach"), à l'endroit où la route oblique vers Pattaya. Les chambres impeccables reviennent à 500 B par jour, 9 000 B au mois. Pour 10 B, vous y prendrez une douche même si vous n'y résidez pas. Quasiment voisin, le *Sugar Palm Beach Hotel* (☎ 038-231386, fax 231713) demande 630 B la nuit pour une chambre avec clim., TV et réfrigérateur, donnant sur un domaine certes modeste mais bien entretenu et avec vue sur la mer.

Non loin, la *JB Guest House* (☎ 038-231581) remporte tous les suffrages, avec des chambres tout à fait correctes, ventilées et disposant d'une s.d.b. à eau froide, facturées 250 B en simple/double, tandis qu'il vous faut compter 350 B pour une simple avec clim., 400 B pour une climatisée avec vue sur la plage, et 500 B pour une plus spacieuse. La *Seaview Villa* (☎ 038-231070) comprend 7 bungalows loués de 300 à 400 B avec ventilateur. Tenue par des Français, la *Maisonnette Guest House* (☎ 038-231835, fax 232676) possède des chambres à 450B avec l'air conditionné, un réfrigérateur et l'eau chaude. On peut dîner au restaurant français.

La chaleureuse *Villa Navin* (☎ 038-231066, fax 231318, 350 Muu 12, Th Hat Jomtien) abrite 4 étages de chambres facturées 500 B en double (premier prix) On peut aussi passer la nuit dans un bungalow climatisé de trois pièces facturé au minimum 1 900 B ou encore louer un bungalow plus modeste à la semaine à raison de 1 200 B la nuit. Son restaurant en plein air a pour spécialité les fruits de mer et les poissons.

Parmi les plus avantageuses des pensions, la coquette *RS Guest House* (☎ 038-231867), à l'extrémité sud de la plage et non loin de Th Chaiyapreuk, vous héberge pour 300 B dans des pièces ventilées relativement petites (comptez 400 B avec clim.). Chaque chambre est équipée d'une douche avec eau froide.

Vous trouverez aussi des *chambres à louer* sans nom, dans les "condotels" sis le long de Hat Jomtien, moyennant 200 à 400 B la nuit avec ventilateur, 400 à 600 B avec clim. N'imaginez rien d'autre que des chambres-boîtes, souvent peu aérées et aux sanitaires défaillants, rangées dans des blocs de béton !

Au nord de Jomtien, un peu à l'écart de la route qui mène à South Pattaya, le *Jomtien Hotel* (☎ 038-251606, fax 251097, 403/74 Muu 12, Th Hat Jomtien) se situe bien à l'écart de la plage. Il s'agit à la base d'un établissement de catégorie inférieure, mais ses chambres sont propres. Vous débourserez 250 B avec ventilateur et la TV, tandis que les climatisées peuvent atteindre 765 B. Il est doté d'une modeste piscine rectangulaire en terrasse. Bref, c'est d'un bon rapport qualité/prix, si séjourner dans un cube de béton ne vous dérange pas.

Jouxtant le terminal des bus climatisés pour Bangkok, le *Pattaya Noppakao Hotel* (☎/fax 038-370582, 10/17 Muu 6, Th Hat Pattaya Neua) comprend de vastes chambres impeccables avec air conditionné, douche à eau chaude et TV par satellite. Un tarif de 450 B la nuit est intéressant pour Pattaya.

Où se loger – catégorie moyenne

Vous découvrirez de bons sites d'hébergement de milieu de gamme à Naklua comme à North Pattaya ou Jomtien. A Pattaya, le paisible *Sunshine Hotel* (☎ *038-429247, fax 421302, 217/1 Soi B*) pratique le tarif raisonnable de 550 B pour des chambres toutes climatisées, pourvues de TV et d'un mini-réfrigérateur. Le complexe englobe aussi deux piscines et un restaurant ouvert 24h/24.

Les belles chambres climatisées du *Natural Beach Hotel* (☎ *038-710121, fax 429650, Soi 11*) surplombent la plage (1 100 B). Cet établissement moderne et aéré de deux étages s'honore aussi d'un petit restaurant.

Plus au sud, à l'angle de Th Pattaya 2 et du Soi 13, la tour du *Lek Hotel* (☎ *038-425550/2, fax 426629*) abrite des chambres avec clim. tout à fait correctes pour 650 B.

Les deux étages du *Garden Lodge* (☎ *038-429109, fax 421221*) se dressent le long d'une allée circulaire, qui donne dans Th Naklua. Les chambres climatisées à 650 B se révèlent convenables, la piscine propre, le service efficace, et le petit déjeuner-buffet se prend en plein air.

Installé dans un soi tranquille qui débouche sur Th Naklua, le *Seaview Resort Hotel* (☎ *038-429317, fax 423668, Soi 18, Th Pattaya – Naklua*) épouse la forme d'un L et regroupe sur 4 niveaux des chambres tout à fait correctes avec clim. (1 000 B la nuit). Les familles et les petits groupes préféreront peut-être le calme du *Pattaya Lodge* (☎ *038-225464, à Bangkok : 02-238 0230*), à l'écart de Th Naklua, à deux pas de la plage et loin de l'agitation et de la pollution de Pattaya. Les bungalows à un étage sont loués 2 700 B (2 chambres, 6 couchages), 3 300 B (3 chambres, 9 couchages) et 3 800 B (4 chambres, 12 couchages).

Le *Riviera Hotel Pattaya* (☎ *038-225230, fax 225764, à Bangkok : 02-252 5068, 157/1 Soi Wat Pa Samphan, Th Naklua*) se trouve à mi-chemin entre la grande rue et la plage. Ses chambres paisibles au confort douillet, avec clim., réfrigérateur et TV coûtent au minimum 380 B dans le bâti-

ment principal et au maximum 2 000 B en bungalow. Vous goûterez aussi aux plaisirs que procurent son vaste jardin et sa piscine.

Dans North Pattaya, le *Regent Marina Hotel* (☎ *038-428015, fax 423396, à Bangkok : 02-390 2511, 463/31 Th Pattaya Neua*) appartient à la fois à cette catégorie et à la supérieure. Pour un premier prix de 1 000 B, votre chambre aura l'air conditionné, une TV, un téléphone et un mini-réfrigérateur.

A deux ou trois pâtés de maisons de la plage, le *Furama Beach Hotel* (☎/fax *038-428580, 164 Muu 9, Th Pattaya Klang*) a certes connu des jours meilleurs, mais reste tout à fait bien tenu et pourvu de toutes les prestations habituelles d'un complexe balnéaire. Les chambres à 800 B la nuit descendent à 700 B, si vous y restez plus de trois jours. Il s'honore aussi d'une cafétéria

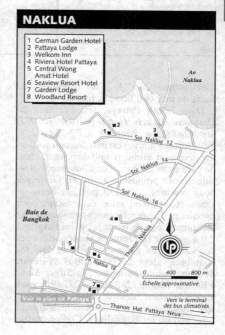

NAKLUA

1 German Garden Hotel
2 Pattaya Lodge
3 Welkom Inn
4 Riviera Hotel Pattaya
5 Central Wong Amat Hotel
6 Seaview Resort Hotel
7 Garden Lodge
8 Woodland Resort

Ao Naklua

Soi Naklua 12
Soi Naklua 14
Soi Naklua 16
Soi Naklua 18

Baie de Bangkok

Thanon Naklua

0   400   800 m
Échelle approximative

Voir le plan de Pattaya

Thanon Hat Pattaya Neua

Vers le terminal des bus climatisés

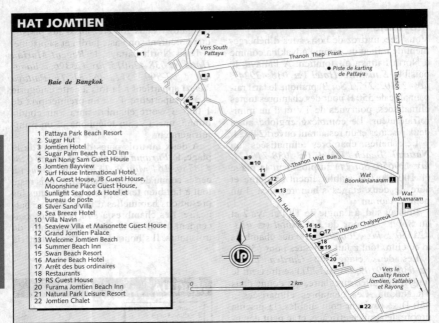

HAT JOMTIEN

Baie de Bangkok

Vers South Pattaya

Thanon Thep Prasit

● Piste de karting de Pattaya

Thanon Sukhumvit

Thanon Wat Bun

Wat Boonkanjanaram 卐

Wat Inthamaram 卐

Th Hat Jomtien

Thanon Chaiyapreuk

Vers le Quality Resort Jomtien, Sattahip et Rayong

1 Pattaya Park Beach Resort
2 Sugar Hut
3 Jomtien Hotel
4 Sugar Palm Beach et DD Inn
5 Ran Nong Sam Guest House
6 Jomtien Bayview
7 Surf House International Hotel,
  AA Guest House, JB Guest House,
  Moonshine Place Guest House,
  Sunlight Seafood & Hotel et
  bureau de poste
8 Silver Sand Villa
9 Sea Breeze Hotel
10 Villa Navin
11 Seaview Villa et Maisonette Guest House
12 Grand Jomtien Palace
13 Welcome Jomtien Beach
14 Summer Beach Inn
15 Swan Beach Resort
16 Marine Beach Hotel
17 Arrêt des bus ordinaires
18 Restaurants
19 RS Guest House
20 Furama Jomtien Beach Inn
21 Natural Park Leisure Resort
22 Jomtien Chalet

0   1   2 km

fonctionnant 24h/24, d'un restaurant de fruits de mer et d'une piscine.

Dans South Pattaya, les 4 étages du *Diamond Beach Hotel* (☎ *038-428071, fax 424888, à Bangkok : 02-314 4133, 499 Th Hat Pattaya*) est bâti dans un soi particulièrement animé, rempli de restaurants et de bars pour farángs. Les climatisées classiques sont proposées à 500 B. Outre ses deux piscines, l'endroit possède aussi un sauna et un grand salon de massage pour messieurs. Cet établissement ne saurait être recommandé à des femmes ou des familles !

La paisible Hat Jomtien abrite surtout des "condotels" de gamme moyenne, dont les chambres valent de 500 à 800 B. A l'écart de l'animation touristique, le *Silver Sand Villa* (☎ *038-231288/9, fax 232491*) vous accueille dans des doubles climatisées spacieuses, que ce soit dans le bâtiment principal ou les bungalows. Comptez 700/

800 B en simple/double, petit déjeuner compris. Les nageurs apprécieront en outre sa piscine. Le *Jomtien Bayview* (☎ *038-251889*) dispose de chambres avec clim., louées entre 350 et 650 B.

Voisin de la Thai Farmer's Bank, le sympathique *Surf House International Hotel* (☎ *038-231025/6*) loue 600 B ses chambres climatisées (700 B avec vues sur la mer). Toutes sont équipées d'une TV et d'un réfrigérateur. Son restaurant propose des fruits de mer du jour et toute une sélection de bons vins.

Le *Marine Beach Hotel* (☎ *038-231129/31, 131/62 Th Hat Jomtien*) et l'excellent *Sea Breeze Hotel* (☎ *038-231056/8, fax 231059*) facturent de 550 à 1 200 B leurs chambres climatisées. Le rapport qualité/prix du second est parfait. L'accueillante *Summer Beach Inn* (☎ *038-231777, fax 231778*), voisine du Marine

Beach Hotel, présente les mêmes prestations de qualité. Sur 4 niveaux, ses climatisées assez récentes disposent d'une TV par satellite et d'un minibar (650 à 750 B). A côté, le *Swan Beach Resort* (☎/*fax 038-231266, 132/3 Muu 12, Th Hat Jomtien*) comprend 8 étages, une minuscule piscine en façade, et ses chambres, tant soit peu défraîchies, sont proposées à 600 B.

Toute rose, la *Furama Jomtien Beach Inn* (☎ *038-231545*) propose aussi un hébergement intéressant. Pour une chambre classique avec TV et clim., comptez 500 à 600 B par jour, les catégories "luxe" étant facturées 1 200 B. L'établissement s'adresse en particulier aux groupes japonais, chinois et coréens.

Le *Jomtien Chalet* (*57/1 Muu 1, Th Hat Jomtien*) regroupe de très simples bungalows climatisés et propres, loués 1 650 à 2 200 B la nuit. Un deux-pièces réaménagé dans un ancien wagon de chemin de fer revient entre 1 200 et 2000 B, selon le nombre de personnes et la saison. Le restaurant sert des plats thaï et occidentaux.

Vous découvrirez à Jomtien plusieurs établissements beaucoup plus onéreux, qui louent des bungalows au tarif de 2 000 à 3 000 B (reportez-vous à la rubrique suivante).

Où se loger – catégorie supérieure

Groupes de touristes et congressistes constituent une clientèle de choix puisque Pattaya est leur destination balnéaire préférée. Cela explique que la grande majorité des sites d'hébergement occupe ce créneau. Tous les hôtels dont les noms suivent disposent de chambres climatisées et de piscines (sauf mention contraire). Dans la plupart des cas, les tarifs les plus élevés concernent les suites, les moins onéreux étant ceux des doubles classiques. Bon nombre des complexes de luxe proposent des rabais sur les simples et doubles standard, aussi n'est-il pas inutile d'en faire la demande, en vous renseignant sur les prix. Par ailleurs, vous débourserez souvent moins en réservant auprès d'une agence de voyages de Bangkok.

Catégorie luxe. Parmi les palaces de Pattaya, citons le *Dusit Resort Pattaya* (☎ *038-425611, fax 428239, à Bangkok : ☎ 02-236 0450, 240/2 Th Hat Pattaya Neua*), à l'extrémité nord de Hat Pattaya. Outre ses deux piscines, ses courts de tennis et de squash, ce complexe de 500 chambres abrite un centre de remise en forme, un front de mer semi-privatif et un restaurant en terrasse servant d'exceptionnels dim sum. Prévoyez la somme de 5 700 à 11 398 B la nuit.

Autre ténor dans cette catégorie : l'*Amari Orchid Resort* (☎ *038-428161, fax 428165, à Bangkok : ☎ 02-267 9708, e-mail amorchid@loxinfo. co. th*), au cœur d'un luxuriant parc de 4 hectares, avec piscine olympique, 2 courts de tennis, une aire de jeux pour enfants, un mini golf, un échiquier géant en plein air et l'un des meilleurs restaurants de la ville. Cet établissement de 234 chambres n'affiche ses tarifs qu'en dollars. Comptez de 84 à 191 \$US.

Le *Royal Garden Resort Pattaya* (☎ *038-412120, fax 429926, à Bangkok : ☎ 02-476 0021, 218/2-4 Muu 10, Th Hat Pattaya*) est l'un des clubs de vacances les mieux établis. Cette palmeraie de 3 ha, au cœur de la ville, abrite des bassins couverts de lotus et des pavillons de style thaï. Par ailleurs, il est attenant à un nouveau centre commercial de 4 étages, ainsi qu'à un Ripley's Believe It or Not Museum ("musée Ripley de l'incroyable"). Un centre de remise en forme, deux cinémas et une piscine viennent compléter l'ensemble. Comptez un minimum de 118 \$US la nuit.

Autre domaine de luxe, le *Royal Cliff Beach Resort* (☎ *038-250421/30, fax 250522, à Bangkok : ☎ 02-282 0999, Th Cliff*), au sud de Pattaya, rassemble en fait trois hôtels en un seul : celui du milieu accueillant les circuits de groupe et les congressistes, tandis qu'une aile s'adresse aux familles et la troisième, très haut de gamme, est appelée "Royal Wing". Ses tarifs démarrent à 3 600 B.

Hat Naklua et North Pattaya. Dans Hat Naklua, le paisible *Central Wong Amat Hotel* (☎ *038-426990, fax 428599, à Bang-*

kok : ☎ *02-547 1234, e-mail cghsales@ samart. co. th, 277-8 Muu 5, Th Naklua*) s'étend sur une propriété d'une bonne douzaine d'hectares. Prévoyez au minimum 4 114 B. Le *Woodland Resort* (☎ *038-421707, fax 425663, à Bangkok : ☎ 02-3922159, 164/1 Th Pattaya-Naklua*) et ses 80 chambres s'adresse plutôt aux familles. Il y a en effet une piscine pour enfants et un service de garderie. Comptez 1 584 B au minimum.

A North Pattaya, le *Beach View Hotel* (☎ *038-422660, fax 422664, 389 Soi 2, Th Hat Pattaya*) s'élève sur plusieurs étages et propose des tarifs réduits : 590 à 850 B (contre 850 à 1 290 B habituellement). Face aux élégants domaines d'aujourd'hui, le *Merlin Pattaya* (☎ *038-428755/9, fax 421673, à Bangkok : ☎ 02-253 2140, Th Hat Pattaya*) a perdu de son lustre, alors qu'il était jadis le plus luxueux hôtel de la ville. Aujourd'hui, il s'adresse à une nouvelle clientèle russe toujours plus nombreuse, avec des chambres facturées 2 900 B la nuit. Le *Montien Pattaya* (☎ *038-428155/6, fax 423155, à Bangkok : ☎ 02-233 7060, e-mail monpat@chonburi. ksc. co. th, Th Hat Pattaya*) présente un meilleur aspect, avec des simples/doubles oscillant entre 3 146 et 4 598 B.

Central & South Pattaya.

En allant plus au sud, les palaces affichent des prix plus modérés. Chacun des établissements suivants dispose de confortables chambres climatisées, avec téléphone, TV et mini-réfrigérateur, ainsi que d'autres services sur place, tels que cafétéria, restaurant, agence de voyages ou piscine. Le *Century Pattaya Hotel* (☎ *038-427800, fax 428069, 129/16 Th Pattaya Klang*) demande 1 162 à 1 884 B. Le *Pattaya Centre Hotel* (☎ *038-425877, fax 420491, Soi 12, Th Hat Pattaya*) loue 1 400 B une simple/double avec petit déjeuner pour deux, tandis qu'il faut compter un minimum de 1 200 B la chambre au *Golden Beach Hotel* (☎ *038-422331, 519/29 Th Pattaya 2*).

En plein cœur de Central Pattaya, le *Siam Bayview Resort* (☎ *038-423871,* *fax 423879, e-mail siamcity@siamhotels. com, 310/2 Th Hat Pattaya*) facture ses chambres 2 904 B au bas mot. Ses hôtes peuvent profiter d'une jolie piscine, d'un jardin et d'un café en terrasse.

Véritable dédale de 269 chambres, le *Siam Bayshore Resort* (☎ *038-428678/81, fax 428730, à Bangkok : ☎ 02-221 1004, Th Pattaya Tai*) occupe le quartier le plus paisible de South Pattaya. Prévoyez au moins 2 299 B.

Hat Cliff ou Cliff Beach, qui doivent leur nom au Royal Cliff Resort, abritent quelques autres établissements hôteliers. L'*Asia Pattaya Beach Hotel* (☎ *038-250602, fax 259496, à Bangkok : 02-215 0808, Th Cliff*) propose la nuit à partir de 2 119 B. Au *Cosy Beach* (☎ *038-428818, fax 422818, Th Cliff*), les prix oscillent entre 1 600 et 1 800 B. La *Golden Cliff House* (☎ *038-231590, fax 231589, à Bangkok : ☎ 02-258 8452, Th Cliff*) demande 1 000 à 3 500 B. Enfin, l'*Island View* (☎ *038-250813, fax 250818, à Bangkok : ☎ 02-249 8941, Th Cliff*) propose des chambres pour 1 200 à 1 452 B.

Hat Jomtien.

Cette plage, qu'on découvre au détour de South Pattaya, regorge d'hôtels, de complexes hôteliers et de pensions, dont plusieurs haut de gamme. L'un des meilleurs endroits, tous secteurs de Pattaya confondus, n'est autre que la *Sugar Hut* (☎ *038-251686, fax 251689, 391/18*). L'établissement ne borde certes pas la plage (on y accède par la route reliant Pattaya à Hat Jomtien), mais ses 33 bungalows sur pilotis dans le goût thaï sont disséminés sur 2,4 ha de jardin tropical, où les lapins folâtrent parmi les fleurs, sans parler des deux piscines, du restaurant, du moderne centre de remise en forme et de la piste de jogging.

Les maisonnettes disposent de s.d.b. partiellement ouvertes, peut-être inspirées des centres hôteliers balinais de luxe. Tablez sur 2 750 B le bungalow en simple/double, taxe et service en sus, tandis qu'une unité pour trois personnes ou davantage vous coûtera 6 820 B.

Le *Pattaya Park Beach Resort* (☎ 038-251201, fax 251209, à Bangkok : ☎ 02-511 0717, e-mail ptyprk@zyber. th. com, 345 Th Hat Jomtien) est un énorme complexe de vacances et de loisirs en béton destiné aux voyageurs en groupe ou aux familles. Ses prestations sont d'ailleurs en conséquence : une boutique de tailleur, un gigantesque "centre d'amusements", un beer garden, un magasin de plongée et un parc aquatique. Comptez de 2 662 à 4840 B.

Le *Grand Jomtien Palace* (☎ 038-231405, fax 231404, à Bangkok : ☎ 02-271 3613, 356 Th Hat Jomtien) comprend 14 étages de chambres entre 2 420 et 5 445 B. Les visiteurs allemands et russes adorent y descendre. Son voisin, le *Welcome Jomtien Beach* (☎ 038-232701/15, fax 232716, à Bangkok ☎ 02-252 0594) accueille lui aussi les circuits de groupe (notamment russes). Il faut y compter un minimum de 1 600 B la nuit. Plus joli, le *Natural Park Leisure Resort* (☎ 038-231561, fax 231567, à Bangkok : ☎ 02-2472825, fax 247 1676, 412 Th Hat Jomtien) est un hôtel de plain-pied, et le prix de ses chambres démarre à 1 950 B. Sa piscine de forme originale ne manque pas d'attrait.

Où se restaurer

La plupart du temps, la nourriture revient cher à Pattaya. Sur les menus affichés à l'extérieur, vous trouverez parfois plus de plats occidentaux que de *khâo phat*, par exemple. Par ailleurs, la présence, ancienne déjà, de touristes originaires d'Asie du Sud-Est et du Moyen-Orient a fait fleurir pléthore de restaurants indiens, pakistanais et moyen-orientaux, souvent aux prix abordables d'ailleurs. Enfin, l'afflux récent de Russes (125 000 rien qu'en 1997) a incité nombre d'établissements à ajouter la langue de Pouchkine sur leurs cartes. Plus récemment, quelques cafés russes sont venus compléter l'environnement.

On trouve de la cuisine thaï correcte dans les échoppes bordant Th Pattaya 2, en retrait de la plage. Les meilleurs restaurants de fruits de mer se situent à South Pattaya, où

vous pouvez vous-même pêcher votre futur plat, que vous réglez au poids. Les tarifs ont tendance à atteindre des sommets comparés à la moyenne thaïlandaise bien sûr. Mais vous pourrez tout de même déguster des produits de la marée, frais du jour, sans grever votre budget outre mesure, au *Savoey Seafood* (☎ 038-428580/1), qui fait partie du Furama Beach Hotel de Central Pattaya.

Un établissement modéré dans ses prix et intéressant pour sa carte est le *PIC Kitchen*, Soi 5 (une autre entrée dans Soi 4). Les salas thaïlandais où l'on mange sont meublés de tables basses et de coussins. La cuisine y est thaïlandaise avec quelques plats occidentaux. Le bar à l'étage accueille chaque soir des groupes de jazz, de 8h à minuit. Autre établissement à ne pas négliger : le *Vientiane Restaurant* (☎ 038-411298, 485/18 Th Pattaya 2), en face de Soi Yamato. Les 503 plats différents de la carte regroupent pour la plupart des spécialités thaï et laotiennes, dans une gamme s'échelonnant de 60 à 120 B, sans compter les prix spéciaux à midi : de 30 à 50 B ; il est ouvert de 11h à minuit.

Entre South Pattaya et Hat Jomtien, le *San Domenico's* (☎ 038-426871, Th Hat Jomtien) est géré par la famille italienne qui a lancé le Pan Pan de Bangkok. La carte est fantastique et les repas, en général, reviennent cher. Mais vous pouvez opter pour l'excellent buffet qui vous coûtera un peu moins de 200 B et vous ravira avec antipasto, pasta, fruits de mer et desserts qui ont fait la renommé de Luciano Pantieri.

Le *Moonshine Place*, sur Th Jomtien est spécialisé dans la cuisine mexicaine et thaï (Sud). On peut aussi y acheter son pique-nique à l'heure du déjeuner.

L'*Alt Heidelberg*, 273 Th Hat Pattaya, dans South Pattaya, est l'un des plus anciens restaurants allemands de la ville. Il ouvre à 9h pour le petit déjeuner et ne ferme pas avant 2h du matin. Le centre commercial Royal Garden Plaza du RoyalGarden Hotel abrite plusieurs fast-foods : *KFC*, *Pizza Hut*, *McDonald's*, *Swensen's* et *Mister Donut.*

Le centre commercial Big C de Th Pattaya 2 abrite les chaînes *KFC*, *Burger King*, *Baskin Robbins* et *Mister Donut.*

A Hat Jomtien, face au terminal de bus, au coin de Th Hat Jomtien et de Th Chaiyapreuk, vous trouverez une poignée de *restaurants bon marché* qui servent les habituels plats thaï et chinois.

Où sortir

Manger, boire et flâner sont les activités offertes une fois le soleil couché. Prendre du bon temps à Pattaya, à l'exception des plaisirs sexuels professionnalisés, signifie boire un verre dans un bar vidéo ou danser toute la nuit dans l'une des discothèques de South Pattaya. Deux cabarets de travestis, l'*Alcazar* (☎ 038-428746, 78/14 Th Pattaya 2) et *Tiffany's* (☎ 038-421700) donnent des spectacles de drag-queens. Supérieur au second, le premier produit trois représentations par soirée : à 18h30, 20h et 23h. Comptez de 400 à 600 B l'entrée.

Parmi les multiples discothèques de la ville, la flamboyante *Pattaya Palladium* (☎ 038-424922, 78/33-35 Th Pattaya 2) réunit en fait un vaste ensemble de distractions dont 12 tables de billard, un salon de massage de 200 lits, un restaurant chinois, un bar à karaoké, un bar-salon et un cinéma à 360 degrés. La discothèque peut accueillir jusqu'à 6 000 clients (ce serait la plus grande de Thaïlande) de 21h30 à 2h du matin. Plus ancienne, la *Marine Disco* reste toujours très fréquentée.

En fait, la meilleure façon d'occuper sa soirée consiste à flâner le long de Th Hat Pattaya, ne serait-ce que pour avoir une idée de l'époustouflante variété des bars. Il y en a véritablement pour tous les goûts, notamment deux ou trois établissements de muay thai dont les combats se déroulent en plein air avec des athlètes locaux. D'aucuns verront une version moderne du *Jardin des délices terrestres* de Jérôme Bosch en traversant les sois 1 2 et 3 de South Pattaya, où se concentrent la plupart des bars. Le soi 3 signale à l'entrée de la voie "Boys Town", c'est le haut lieu des établissements gays.

Soucieuses de débarrasser la ville de son image de vie nocturne débridée, les autorités locales tolèrent bars et discothèques, mais tentent de décourager le racolage sur la voie publique en dehors du "village" de South Pattaya, le quartier de la prostitution. Il attire un grand nombre de prostituées et de *ka-toeys* (travestis).

Il existe peu de clubs où l'on joue de la musique live, en dehors des "bars à filles" Une exception tout de même, le *Bamboo Bar*, l'une des plus anciennes boîtes de nuit de Pattaya qui reçoit deux groupes chaque soir (le second vers minuit joue en général une musique de qualité). Bien sûr, le voyageur y trouvera une kyrielle d'hôtesses désireuses de lui tenir compagnie, mais nul ne lui en voudra s'il souhaite seulement boire un verre et écouter la musique. Plus petit, l'*Orn's Beer*, voisin de l'Apex Hotel, accueille des musiciens plus ou moins bons, mais l'endroit est très agréable, et si vous vous sentez d'humeur à pousser la chansonnette, rien ne vous empêche de monter sur scène.

Delaney's Pattaya (☎ 038-710641, Th Pattaya 2) a introduit à Pattaya le populaire pub irlandais de Bangkok. Les amateurs y retrouveront le cadre habituel de ce genre de lieu, et on leur servira même la Guinness à la pression.

Dans Th Pattaya 2, le centre commercial Big C abrite un *cinéma* qui projette des films anglo-saxons en exclusivité.

Comment s'y rendre

Avion. Bangkok Airways propose quatre fois par semaine un vol de Ko Samui à l'aérodrome d'U-Taphao (à une trentaine de kilomètres de Pattaya), moyennant 1 890 B l'aller (demi-tarif pour les enfants).

Aéroport international de Bangkok. Si vous venez d'atterrir à l'aéroport international et que vous voulez aller directement à Pattaya, des minibus directs partent chaque jour à 9h, 12h et 19h (200 B l'aller). Dans le sens inverse, les minibus THAI quittent le Royal Cliff Resort, à Pattaya, à 9h, 11h, 13h, 15h et 17h (2 heures 30 de trajet environ, 150 B). Quelques hôtels de Pattaya possèdent leurs propres bus pour Bangkok pour 160 à 300 B l'aller simple.

Bus. Depuis le terminal Est de Bangkok, les bus ordinaires partent toutes les demi-heures entre 5h20 et 21h (45 B aller simple).

Au départ du même terminal et à une fréquence identique, vous trouverez des bus climatisés de 6h30 à 20h (70 B l'aller). Il en existe aussi au départ du terminal Nord de Bangkok (même durée, même tarif). Leur arrêt à Pattaya se trouve sur Th Pattaya Neaua, à son intersection avec Th Sukhumvit. Plusieurs hôtels et agences de voyages de Bangkok assurent des liaisons en bus climatisé à raison de trois fois par jour pour 100 à 150 B.

Les minivans bondés au départ de Khao San reviennent à 170 B par personne. Deux heures de trajet sont nécessaires dans les deux cas.

Une fois parvenu au plus important terminal de Pattaya, vous trouverez des songthaews rouges pour vous amener à proximité de la plage pour 20 B par personne.

En venant de Si Racha, vous pouvez prendre un bus dans Th Sukhumvit ; le billet vous coûtera 12 B.

D'autres bus ordinaires/climatisés assurent la liaison entre Pattaya et plusieurs localités du Nord-Est, parmi lesquelles : Khorat (80/200 B en ordinaire/climatisé), Khon Kaen (125/225 B), Nong Khai (165/297 B) et Ubon Ratchathani (150/275 B).

Pattaya dispose d'un arrêt distinct pour les bus à destination du Nord-Est, sur Th Pattaya Klang, deux ou trois rues à l'est de Th Pattaya 2.

Train. Tous les jours, la ligne 283 part à 7h de la gare de Hualamphong pour rallier Pattaya à 10h45 *via* Chachoengsao. En sens inverse, le train n°244 quitte Pattaya à 14h50 et arrive à Hualamphong à 18h35. Le trajet coûte 31 B en aller simple. Bien qu'il mette une heure de plus que le bus, vous éviterez l'énervement des embouteillages sur la route de Bang Na à Trat. La gare ferroviaire de Pattaya se trouve au nord de l'intersection de Th Pattaya Klang et de Th Sukhumvit.

Comment circuler

Voiture et moto. La location d'une jeep coûte environ 2 000 B la journée, une voiture un minimum de 1 200 B, selon la taille et le modèle (800 B pour une 4x4 Suzuki en basse saison) ; assurance et taxes en sus (160 B et plus). Toutes les locations sont calculées sur la base de 24 heures. Avis Rent-A-Car (☎ 038-361627/8) possède une agence au Dusit Resort, mais elle propose de loin les tarifs les plus onéreux. Budget (☎ 038-726185) s'avère meilleur marché, avec le même avantage que la précédente : en cas de problème, vous n'avez pas à craindre la surprise d'une clause restrictive. Les deux sociétés peuvent aussi venir vous prendre et vous ramener à votre hôtel.

Installée à deux pas de la Diana Inn, l'agence SIE (☎ 038-410629), Th Pattaya 2, propose des tarifs compétitifs et un bon service. Mais il vaut mieux que la location soit sans imprévus pour que tout se passe bien.

Pour une moto, comptez de 150 à 200 B la journée jusqu'à 100 cm³ ; 360 B pour une 125 à 150 cm³, et l'on voit même quelques 750 cm³ et 1 000 cm³ de 500 à 1 000 B. Plusieurs loueurs de motos sont installés le long de Th Hat Pattaya et deux dans Pattaya 2. Pattaya est un bon endroit pour acheter une moto d'occasion. Contactez les magasins de location.

Songthaew. Des songthaews arpentent continuellement Hat Pattaya et Th Pattaya 2. Il suffit de monter et vous paierez 10 B si vous allez quelque part à Naklua ou à South Pattaya, 20 B si vous allez jusqu'à Jomtien. Ne demandez pas le prix au préalable, le chauffeur pourrait comprendre que vous souhaitez louer tout le véhicule. A plusieurs, un songthaew pour Jomtien ne devrait pas coûter plus de 40 B. Il est plus facile de partager un songthaew de Jomtien à Central Pattaya, que dans le sens inverse.

Beaucoup de nos lecteurs se sont plaints qu'empruntant un de ces songthaews avec des passagers locaux, ils ont vu le prix de la course monter jusqu'à 20, 30, 40, 50 B, ou même plus. Dans certains cas, les chauffeurs ont menacé de battre les passagers farángs qui refusaient de payer à la descente ce prix exorbitant. Sans le numéro de licence du chauffeur, une plainte à la police touristique sera inutile, et un remboursement hautement improbable, mais si la Tourist Police reçoit suffisamment de plaintes, peut-être entreprendra-t-elle une action pour réduire ou même éliminer ces pratiques.

ENVIRONS DE PATTAYA

Plus au sud et à l'est de Pattaya, d'autres plages et stations balnéaires se succèdent.

Au calme à Bang Saray, le *Khum Det* (☎ *038-437304, 472 Th Ban Na*) loue 100 à 400 B ses 25 chambres simples avec douche froide. Le *Bang Saray Villa* (☎ *038-436070*) propose 34 bungalows climatisés pour 350 à 700 B, un prix raisonnable. La *Bang Saray Fishing Inn* (☎ *038-436095*) et le *Bang Saray Fishing Lodge* (☎ *038-436757*) sont de petits hôtels aux chambres climatisées facturées 550 à 850 B. Le *Nong Nooch Village* (☎ *038-429342*) propose un bon choix de chambres à partir de 300 B et des bungalows à partir de 1 600 B. Le *Sea Sand Club* (☎ *038-435163, fax 435166*) loue 46 bungalows climatisés à 750 B du dimanche au jeudi, à 856 B le vendredi et le samedi.

Il reste quelques bons restaurants de fruits de mer fréquentés par les gens du pays, à Bang Saray – chose inexistante à Pattaya depuis des années.

Sattahip est encore plus au sud ; c'est une station balnéaire pour les militaires thaïlandais – quelques-unes des meilleures plages leur sont réservées. Plusieurs bases navales et terrestres occupent le voisinage.

Ko Laan

C'est la seule île voisine, pourvue de sites d'hébergement touristiques et d'un moyen de transport régulier. En haute saison (de novembre à avril) et le week-end toute l'année, sa plage devient bondée. Le soir venu, toutefois, vous l'aurez entièrement à votre disposition. Le *Ko Laan Resort* (☎ *038-428422, fax 426229*) abrite des chambres correctes avec ventilateur à 800 B, les climatisées étant louées 1 000 B et davantage.

Comment s'y rendre. Le ferry pour Ko Laan part de Tha Tangke, dans South Pattaya. La traversée dure 40 minutes et coûte 100 B. Vous pouvez prendre votre déjeuner à bord pour 250 B. Le bateau lève l'ancre à 9h et revient à 16h. Louer un bateau individuel vous reviendra aux alentours de 1 000 à 1 500 B la journée, selon sa capacité.

Province de Rayong

RAYONG ET SES ENVIRONS
46 400 habitants

Au cœur d'une province fruitière (surtout des durians et des ananas) et productrice de *náam plaa* (sauce de poisson), Rayong donne sur le golfe de Siam. A 220 km de Bangkok par l'ancienne route (Highway 3), ou à 185 km par la Highway 36, la ville en elle-même ne mérite pas vraiment une visite, mais les plages des environs sont belles. L'île Ko Samet attire nombre d'habitants de Bangkok en mal de nature.

A quelque 2 km au sud de la capitale provinciale, on va couramment déguster des fruits de mer pour un prix raisonnable dans les petits restaurants des plages de **Laem Chareon**. C'est aussi de là que l'on part pour rejoindre Ko Samet.

Les plus belles plages sont néanmoins à **Ban Phe**, une ville côtière à 25 km au sud-est du chef-lieu de province d'où partent aussi des bateaux pour Ko Samet.

Beaucoup plus petite que Ko Samet, **Ko Saket** se trouve à 20 minutes de bateau de la plage Hat Sai Thong (quittez la Highway 3 vers le sud, au km 208).

A l'est de Ban Phe en longeant la côte, le parc **Suan Son Pine** est apprécié des pique-niqueurs thaïlandais, et possède aussi de belles plages de sable blanc.

Plus à l'est encore et toujours en bordure du golfe, le parc privé de **Suan Wang Kaew**, à 11 km de Ban Phe, abrite un plus grand nombre de plages et des bungalows assez onéreux. Les fonds de **Ko Thalu**, au large de

Wang Kaew, attirent les plongeurs. Le parc fournit bateau et matériel. Autres zones touristiques aux alentours sur la côte : **Laem Mae Phim** et **Hat Sai Thong**. Entre Ban Taphong et Ban Kon Ao (à 11 km de Rayong, s'étend sur une dizaine de kilomètres la **Hat Mae Rampeun**. Elle fait partie du parc national de Laem Ya-Ko Samet. Pour plus d'informations sur le parc, reportez-vous à la rubrique *Ko Samet*.

Le **parc national de Khao Chamao-Khao Wong** se trouve à l'intérieur des terres, à 17 km au nord du Km 274 de la Highway 3. D'une superficie inférieure à 85 km², ce parc est célèbre pour ses montagnes calcaires, ses grottes, ses falaises, ses forêts épaisses, ses cascades, la pêche et les baignades en eau douce.

Les autorités du parc louent des bungalows, des longhouses et des tentes. Pour venir de Ban Phe, prenez un premier songthaew jusqu'au Km 274 (24 B), puis un second qui vous conduira au parc.

Renseignements
Office du tourisme. L'emplacement du bureau de la TAT (☎ 038-655420), à 7 km de la ville de Rayong, sur la Route 3, n'a rien de commode.

Son personnel vous fournira des cartes et les dernières listes en date des hôtels, ainsi que celle des sites à voir dans les provinces de Rayong et de Chanthaburi. Cela ne mérite le déplacement que si la documentation vous fait véritablement défaut.

Argent. De nombreuses banques sises dans la rue principale de Rayong, Th Sukhumvit, assurent le change, parmi lesquelles : la Bangkok Bank, la Thai Farmers Bank, et la Bank of Ayudhuya. Elles ont pour horaires : 8h30 à 15h30 en semaine, et 8h30 à 12h le samedi.

Où se loger – Où se restaurer
Rayong. Si d'aventure vous étiez forcé de passer la nuit à Rayong, il existe quelques hôtels bon marché non loin du terminal des bus, qui donne dans Th Sukhumvit. Le *Rayong Otani* (☎ *038-611112, 69 Th Sukhumvit*) abrite des chambres ventilées à 230 B et des climatisées à 400 B. De l'autre côté de la rue, niché au fond d'une venelle, l'*Asia Hotel* n'a rien de très attirant, mais ses chambres ventilées ne valent que 120 à 180 B, tandis que celles avec clim. se louent 280 B. Pour accéder à l'un ou l'autre de ses établissements, marchez vers le sud à partir du dépôt de bus et, une fois dans Th Sukhumvit, obliquez à gauche, passez devant l'hôpital et vous apercevrez peu après ces enseignes.

Plus haut de gamme, le *Rayong President Hotel* (☎ *038-611307*) demande 550 B pour ses chambres récentes avec clim. Installé dans une petite rue transversale, il doit sans doute être calme le soir. Depuis le terminal des bus, traversez Th Sukhumvit et, une fois sur l'autre trottoir, tournez à droite ; au bout de 3 minutes de marche, un panneau vous indique la ruelle de l'hôtel. Une multitude

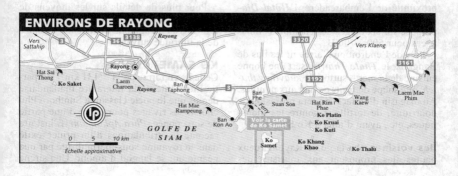

ENVIRONS DE RAYONG

d'autres établissements jalonnent Th Sukhumvit. Vous y logerez pour 150 B la simple ventilée ou pour 700 B avec clim. et eau chaude.

Pour vous restaurer sans dépenser trop, rendez-vous au *marché* près du cinéma Thetsabanteung, ou aux *restaurants* et *noodle shops* de Th Taksin Maharat, au sud du Wat Lum Mahachaichumphon. Si vous n'êtes pas pressé par le temps, prenez un songthaew (3 B) au sud de Th Sukhumvit jusqu'à l'embouchure de la rivière Rayong, à Laem Charoen. Ici, un établissement reconnu, le *Laem Charoen*, et l'*Ocha Rot* servent poissons et fruits de mer à prix modéré. Depuis le dépôt des bus, des songthaews (7 B) vous conduisent à un petit pont de bois qui enjambe la rivière Rayong pour mener à une longue bande de terre. Après avoir traversé ledit pont, vous pouvez prendre une moto-taxi (10 B) pour rejoindre les restaurants.

Ban Phe. Plusieurs hôtels sont regroupés près du marché central, à quelques minutes à pied de la jetée. A une centaine de mètres de l'embarcadère, le *TN Place* loue 250 B des chambres acceptables avec ventilateur et 300 à 500 B les climatisées. Les propriétaires sont accueillants et prodigues en informations utiles, mais l'hôtel est parfois bruyant.

Les chambres du *Queen*, en amont de la ruelle qui part de l'embarcadère (près du marché central), reviennent à 150 B, à 250 B avec s.d.b., ou à 350/450 B en simple/double avec la clim. Toujours à proximité de l'embarcadère, l'*Hôtel Diamond Phe* (☎ *038-651826, fax 424888*) propose sur six étages des chambres climatisées pour 500 à 700 B.

Près de l'endroit où s'arrêtent les bus de Bangkok, le *Thale Thawng* sert une bonne cuisine de la mer – surtout le *kŭaytĭaw thaleh*, une soupe de fruits de mer aux nouilles. Au magasin d'en face, on fera provision de nourriture, de tortillons contre les moustiques, etc., avant d'aller à Ko Samet.

Îles voisines. Au large de Rayong, deux petites îles proposent aux touristes des séjours forfaitaires, trajets en bateau inclus, ainsi que trois ou quatre repas par jour. Pour réserver, il est préférable de s'adresser aux agences de Bangkok. Par exemple, le *Ko Nok Resort* (☎ *02-2550836 à Bangkok*) demande 1 990 à 3 500 B par personne pour un séjour de 2 jours/1 nuit avec transport sur **Ko Man Nok**, île à 15 km de Pak Nam Prasae et à 53 km à l'est de Ban Phe.

A 8 km de Laem Mae Phim (27 km à l'est de Ban Phe), sur la **Ko Man Klang**, le *Raya Island Resort* (☎ *02-316 6717 à Bangkok*) loue 1 200 B la nuit l'un de ses 15 bungalows, ou 2 000 B par personne pour un séjour de 2 nuits et 3 jours. Dans les deux cas, le transport en bateau et les repas sont inclus. Sur la minuscule Ko Saket, à 15 minutes en bateau de Hat Sai Thong, il y avait été quelques sites d'hébergement qui ont été rasés pour faire place à des projets industriels. Ko Man Klang et Ko Man Nok, ainsi que Ko Man Nai, à l'est de cette dernière, font partie du parc national de Laem Ya-Ko Samet.

Comment s'y rendre

A Ban Phe, vous trouverez un transport public pour gagner les embarcadères des deux petites îles au large de Rayong. Le week-end et en période de vacances, on trouve aisément des taxis collectifs ou des songthaews. Le reste de l'année, on peut louer un véhicule au départ du marché (de 60 à 100 B l'aller simple). N'oubliez pas, dans ce cas de vous entendre avec le chauffeur pour le retour.

Pour plus de détails sur les moyens de transport dans la région de Rayong, reportez-vous au paragraphe *Comment s'y rendre* de la rubrique suivante.

KO SAMET

Cette île en forme de "T" (131 km²) fait partie intégrante de la littérature thaïlandaise depuis que le poète classique Sunthorn Phu choisit ses rivages pour cadre d'une partie de son épopée, *Phra Aphaimani*. L'histoire raconte les tribulations d'un prince exilé dans le royaume sous-marin dirigé par une géante qui se languit d'amour. Une sirène aide le prince à s'échapper vers Samet où il vainc la géante en jouant d'une flûte magique. D'abord désignée sous le nom de Ko Kaew Phitsadan ou "Grande Île joyau", une allusion à son abondant sable blanc, l'île fut ensuite appelée Ko Samet ou "île Cajeput" à cause de la présence de nombreux cajeputiers, très appréciés comme bois de chauffage dans tout le Sud-Est asiatique. Ils servent aussi localement à la charpenterie navale.

Au début des années 80, de jeunes Thaïlandais venaient ici pour fuir la vie urbaine. A cette époque, il n'y avait qu'une quarantaine de maisons sur l'île, construites par des pêcheurs et des gens de Ban Phe. Mais les spéculateurs de Bangkok et de Rayong ont vite vu l'intérêt qu'ils pouvaient tirer de Ko Samet et ont commencé à acheter toutes les terres littorales, personne ne semblant se soucier du fait que Ko Samet, comme Laem Ya et d'autres îles proches, faisait partie d'un parc national (l'un des sept parcs marins existant en Thaïlande) depuis 1981.

L'afflux croissant des étrangers sur Ko Samet a obligé la Division des parcs nationaux non seulement à construire un bureau d'accueil des visiteurs sur l'île, mais aussi à faire déplacer tous les bungalows derrière la lisière des arbres et à prélever un droit d'entrée au parc.

De 5 B initialement, l'entrée est passée à 50 B, puis on l'a baissée à 20 B. Chaque plage prélève ce droit d'entrée. L'île accueille à présent beaucoup de véhicules, les liaisons en bateau sont plus fréquentes et le ravitaillement en eau s'est amélioré. En effet, Ko Samet est une île aride (ce qui en fait une destination intéressante à la saison des pluies) et il n'y a pas toujours eu de quoi se laver dans les centres de vacances ! En raison de la loi interdisant la construction de nouveaux établissements (sauf sur le site d'anciens hôtels ou assimilés), pour l'instant les bungalows sont peu nombreux et se concentrent principalement sur la côte nord-est. Les plages sont vraiment belles et le sable, le plus blanc de Thaïlande. On y fait un peu de surf (surtout en décembre et janvier).

En dépit de la protection de la Division des parcs nationaux, Na Dan et Hat Sai Kaew sont assaillies par les promoteurs immobiliers. Des monceaux de gravats et de matériaux de construction ont réellement ôté du charme au nord de l'île qui, hormis cette partie, reste très plaisante. Elle devient surpeuplée au moment des congés thaïlandais : début novembre (fête de Loi Krathong), 5 décembre (anniversaire du roi), 31 décembre et 1er janvier (nouvel an), deuxième quinzaine de février (nouvel an chinois), mi-avril (fête de Songkran).

Septembre est le mois le plus calme, mars le plus actif. A toute époque, les Thaïlandais sont les plus nombreux, mais beaucoup ne restent qu'une journée et se cantonnent à Hat Sai Kaew ou à Ao Wong Deuan, les hébergements les plus luxueux.

A deux occasions, le Département forestier a fermé le parc aux visiteurs, pour tenter d'enrayer le grignotage des terres, mais sous la pression des patrons de centres de vacances il a dû le rouvrir.

Un moratoire sur la construction a été décidé pour protéger la forêt de l'intérieur de l'île.

Renseignements

Ko Samet fait partie d'un parc maritime national, auquel on accède moyennant 20 B par adulte, 10 B par enfant (de 3 à 14 ans). Le bureau principal se situe non loin de Hat Sai Kaew, l'annexe à Ao Wong Deuan.

Asia Books publie l'excellent guide d'Alan A. Alan, *Samet* (94 pages), qui vous présente l'histoire, la faune et la flore de l'île. Plutôt que de rédiger un ouvrage de terrain classique, l'auteur s'est employé à écrire une sorte de fiction.

Poste et communications. Près des Naga Bungalows, un petit bureau de poste est ouvert en semaine de 9h à midi, et de 13h à 16h, mais uniquement de 9h à midi le samedi.

Agences de voyages. Non loin de Na Dan, sur Hat Sai Kaew et à Ao Wong

Deuan, plusieurs petites agences vous permettront de passer des appels téléphoniques longue distance, de même que vous pourrez y faire vos réservations de bus, de train et même d'avion.

Services médicaux. Le Ko Samet Health Centre, petite clinique privée, se situe à mi-chemin entre le port et Hat Sai Kaew. Des médecins anglophones sont à votre disposition pour vous aider.

Paludisme. Il y a quelques années, les visiteurs étaient accueillis par un grand panneau en anglais mettant en garde contre le paludisme. Le panneau a disparu, mais l'île reste encore légèrement infestée. Si vous prenez des anti-paludéens, vous n'avez pas de souci à vous faire, sinon il vaut mieux prendre quelques précautions supplémentaires pour ne pas se faire piquer par les moustiques durant la nuit (reportez-vous à la rubrique *Santé* dans le chapitre *Renseignements pratiques*).

Activités

Plusieurs centres de vacances prévoient des sorties en mer vers les récifs coralliens et les îles inhabitées. A Ao Phutsa et à Naga Beach (Ao Hin Khok), à Hat Sai Kaew et à Ao Wong Deuan, les loueurs de planches à voile organisent aussi des excursions en bateau. Une journée à Ko Thalu, Ko Kuti, etc., revient à 300 B par personne, nourriture et boissons comprises (minimum de 10 personnes). Les planches à voile se louent environ 150 B l'heure ou 600 à 700 B la journée. La Jaray Windsurfing School de Hat Sai Kaew propose une heure d'initiation pour 80 B.

La direction hollandaise de Hat Wasahn Divers (☎ 01-438 4916), sur la côte ouest de l'île, vous propose des excursions de plongée pour 800 B.

Où se loger

Tous les centres de vacances ont au moins un restaurant et la plupart ont l'eau courante et l'électricité. Les établissements sont généralement alimentés en électricité de

Demande instante

La police touristique de Rayong demande aux visiteurs de s'abstenir de louer des jet-skis sur les plages de Samet, car ils abîment le corail et sont dangereux pour les baigneurs, sans parler de l'environnement sonore. Bien que leur usage soit illégal, la police n'intervient pas, vraisemblablement à cause des promoteurs. Vous ferez une grande faveur à Ko Samet en vous abstenant d'utiliser ces engins polluants.

17h ou 18h à 6h. Seuls les établissements haut de gamme disposent de l'électricité 24h/24.

Sur les plages moins fréquentées, vous rencontrerez sans doute des bungalows abandonnés ; et certains hôtels, parmi les plus chers, n'hésitent pas, pour attirer la clientèle, à consentir des rabais même pendant la pleine saison.

Pour avoir une idée de la moyenne des prix pratiqués : les paillotes sommaires, avec matelas au sol, coûtent de 50 à 80 B – de 80 à 120 B avec s.d.b. ; on ne trouve pas de bungalows meublés et climatisés avec un vrai lit et un ventilateur à moins de 150 à 200 B. Pour un séjour prolongé, vous obtiendrez sans peine un abattement, tandis que le week-end et les jours fériés, les tarifs augmentent en fonction de la demande. Et parfois monstrueusement.

Certains complexes hôteliers, notamment aux environs de Hat Sai Kaew, seraient réputés pour flanquer à la porte les étrangers sans crier gare, afin de laisser la place aux groupes de Thaïlandais en circuits organisés, qui dépensent sans compter. Ce genre de pratique n'est pas en vigueur, rassurez-vous, dans les établissements les plus renommés, tels que Naga et Samed Villa. Cependant, évitez Ko Samet en haute saison, surtout les jours fériés.

Comme c'est un parc national, le camping est autorisé sur les plages. On n'hési-

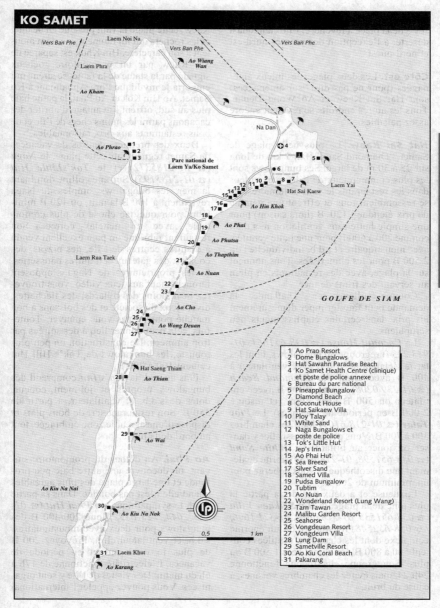

KO SAMET

Vers Ban Phe

Laem Noi Na

Vers Ban Phe

Vers Ban Phe

Laem Phra

Ao Kham

Ao Wiang Wan

Na Dan

Ao Phrao

Parc national de
Laem Ya/Ko Samet

Laem Yai

Hat Sai Kaew

Ao Hin Khok

Ao Phai

Ao Phutsa

Ao Thapthim

Laem Rua Taek

Ao Nuan

Ao Cho

GOLFE DE SIAM

Ao Wong Deuan

Hat Saeng Thian

Ao Thian

Ao Wai

Ao Kiu Na Nai

Ao Kiu Na Nok

Laem Khut

Ao Karang

0   0,5   1 km

1	Ao Prao Resort
2	Dome Bungalows
3	Hat Sawahn Paradise Beach
4	Ko Samet Health Centre (clinique) et poste de police annexe
5	Pineapple Bungalow
6	Bureau du parc national
7	Diamond Beach
8	Coconut House
9	Hat Saikaew Villa
10	Ploy Talay
11	White Sand
12	Naga Bungalows et poste de police
13	Tok's Little Hut
14	Jep's Inn
15	Ao Phai Hut
16	Sea Breeze
17	Silver Sand
18	Samed Villa
19	Pudsa Bungalow
20	Tubtim
21	Ao Nuan
22	Wonderland Resort (Lung Wang)
23	Tarn Tawan
24	Malibu Garden Resort
25	Seahorse
26	Vongdeuan Resort
27	Vongdeun Villa
28	Lung Dam
29	Sametville Resort
30	Ao Kiu Coral Beach
31	Pakarang

tera pas à en profiter, car il pleut rarement. Il y a de la place à revendre, l'île étant quasi déserte, à l'exception des pointes nord-est et nord-ouest.

Côte est. Les deux plages les mieux aménagées (pour ne pas dire "sur-aménagées) sont Hat Sai Kaew et Ao Wong Deuan. Tous les autres endroits se révèlent encore assez paisibles.

Hat Sai Kaew. La plus belle plage de Samet, "Diamond Sand", fait 1 km de long sur 25 à 30 m de large. Ses bungalows sont les plus commerciaux de l'île, avec vidéos dans les restaurants le soir, et lumières. Ils se ressemblent tous et offrent une gamme de prix étendue : 120 B (hors saison) pour une simple hutte sans ventilation ni s.d.b., comme 200 à 600 B pour une hutte ventilée, avec moustiquaire et s.d.b. individuelle ; ou 2 500 B pour les climatisées. Tous donnent sur la plage, avec des restaurants en plein air servant des fruits de mer.

Comme ailleurs en Thaïlande, la demande peut faire grimper démesurément les prix dans certains établissements peu scrupuleux.

La ***Coconut House*** (☎ *038-651661, 01-943 2134*) regroupe 30 bungalows, dont les tarifs s'étalent de 150 B avec ventilateur à 400 B avec clim. Au ***Diamond Beach*** (☎ *01-239 0208*), comptez 300 B avec ventilateur ou 500 B avec clim. (et jusqu'à 2 000 B en période de vacances). Le ***Ploy Talay*** (☎ *01-218 6109*) loue ses chambres 300 à 700 B. Vous pourrez aussi aller y danser ou jouer au billard. Le ***White Sand*** (☎ *038-651598, 01-218 6734*) abrite également une discothèque et vous héberge pour un minimum de 200 B.

Luxueuse et à deux pas de la partie la plus jolie de la plage, la ***Hat Saikaew Villa*** (☎ *038-651535, 01-318 6618, 01-321 1696, fax 038-652548*) n'est autre qu'un énorme complexe dont les chambres ventilées coûtent 500 à 800 B, les climatisées 1 500 B ou plus. Son groupe électrogène fonctionne 24h/24, mais évitez les chambres voisines, à cause du bruit.

Ao Hin Khok. Mesurant la moitié de Sai Kaew, cette plage la vaut presque en beauté, et les rochers qui lui donnent son nom ajoutent à son caractère. Hin Khok est séparée de Sai Kaew par un promontoire rocheux signalé par la statue de la fameuse sirène qui emporta le mythique Phra Aphaimani à Ko Samet. Ao Hin Kok et Ao Phai, la petite baie plus au sud, offrent l'avantage d'abriter des cabanons parmi les moins chers de l'île et de bons restaurants aux prix raisonnables.

Deux des premiers centres de vacances de Samet règnent sur cette plage, le ***Naga*** (☎ *01-2185372*) et le ***Tok'sLittle Hut*** (☎ *01-2185195*). Sur une colline dominant la mer, les bungalows simples du Naga reviennent à 100 B la nuit, ou 120 B minimum pour quelque chose de plus confortable, avec un matelas correct. Son restaurant fabrique un pain excellent vendu à d'autres centres de l'île, des pizzas, des cookies, des gâteaux et d'autres pâtisseries. Si les propriétaires de Naga s'opposent farouchement aux jeux vidéo, vous trouverez néanmoins des billards, des fléchettes, divers jeux de société et des boissons à bon marché pour ne pas vous ennuyer. Toutefois, cela peut donner lieu à des soirées par trop animées. De construction un peu plus robuste, les bungalows de Tok's Hill Hut coûtent 100 à 200 B.

Plus au sud, la ***Jep's Inn*** comprend des bungalows propres et joliment conçus, dotés de s.d.b. et ventilateur, à partir de 350 B. Son restaurant sert de bons plats et dispose d'une agréable zone ombragée, tout au bord de la plage.

Ao Phai. Au détour du promontoire suivant, on découvre une autre baie peu profonde et une large plage des plus agréables quand elle n'est pas bondée. Dans sa partie nord, le sympathique ***Ao Phai Hut*** (☎ *01-353 2644, 213 6392*) loue 200/400 B des bungalows pour deux avec moustiquaires, s.d.b. et ventilateur/clim. Prévoyez 200 B de plus le week-end et en période de vacances. L'électricité fonctionne de 17h à 6h du matin. Des visites de l'île y sont organisées. Vous pouvez appeler l'international et poster votre courrier. Le **Sea Breeze** (☎ 01-239 4780, 321 0195, fax 239 4780) regroupe de multiples bungalows assez proches les uns des autres, loués à partir de 850 B. Une boutique, une librairie et une bibliothèque jouxtent le complexe. Vos avez la possibilité d'envoyer un fax ou d'appeler l'international. Voisins, les bungalows simples mais tout à fait corrects du **Silver Sand** (☎ 01-218 5195) reviennent entre 100 et 300 B la nuit. Le samedi, une sorte de discothèque accueille les danseurs.

Dirigée par des Suisses, la **Samed Villa** (☎ 01-494 8090) abrite des bungalows d'une propreté immaculée. Équipés de moustiquaires et à l'ombre des arbres, ils ouvrent sur de spacieuses vérandas (de 450 B la petite unité avec s.d.b à 900 B le modèle familial). Le courant fonctionne 24h/24. Par ailleurs, la cuisine est savoureuse et certains pavillons jouissent d'une vue imprenable sur la mer. C'est aussi l'un des seuls établissements qui ne projette pas de vidéos le soir.

Non loin du Sea Breeze, la route principale qui va vers le sud et Ao Wong Deuan oblique à l'intérieur des terres et mène tout droit au milieu de l'île. Un peu plus loin s'amorce la route transversale à destination pour Ao Phrao, sur la côte ouest.

Ao Phutsa. Cette plage qu'on appelle également Ao Thap Thim abrite les huttes rudimentaires (300 B) ou plus modernes (500 à 800 B) des **Pudsa Bungalows** (☎ 01-438 0098). Les plus étroites ont l'avantage de border la mer. Leurs prix sont donc particulièrement attractifs. A l'extrémité sud de la plage, les bungalows plus petits et plus anciens du **Tub Tim** (☎ 01-2187759) sont juchés sur la colline (200 à 300 B). Les plus modernes sont en bois et disposent de plus d'espace avec vue sur la mer (à partir de 500 B). Dans ces deux établissements, les cabanons les plus chers disposent d'une douche privative.

Au-delà d'Ao Phutsa, des promontoires escarpés séparent les plages les unes des autres. Aussi faut-il emprunter des chemins rocailleux pour passer de l'une à l'autre, ou

bien faire le détour intérieur par la grand-route du centre de l'île.

Ao Nuan. C'est l'une des plages les plus isolées avant la pointe sud de l'île. Les six cabanons de l'*Ao Nuan* ne disposent ni de l'eau courante ni de l'électricité, ce qui ajoute à l'atmosphère *thammachâat* (naturelle). En revanche, il faut compter 250 à 400 B la nuit, ce qui semble un peu élevé en comparaison des tarifs déjà pratiqués sur ce littoral. Mais la cuisine y est, dit-on, excellente. D'Ao Phutsa, il suffit de franchir le promontoire, ce qui prend 5 minutes à pied.

Ao Cho. Passez le cap suivant et vous atteindrez en 5 minutes Ao Cho (Chaw), qui possède son propre embarcadère desservi directement de Ban Phe par le *White Shark* ou bien le bateau des approvisionnements. Bien qu'on se trouve juste au nord d'Ao Wong Deuan, où abondent les touristes, cet endroit se révèle assez tranquille, encore que sa plage ne compte pas parmi les meilleures de Samet.

A la pointe nord de la plage, le **Wonderland Resort** (*Lung Wang*, ☎ 038-653167) abrite des bungalows peu avenants avec douche et WC (100 à 350 B, davantage le week-end et en période de vacances). Le restaurant **Tarn Tawan** sert des spécialités isaan.

Ao Wong Deuan. Cette baie jadis magnifique regorge à présent de hors-bord et de jet-skis. Les hébergements s'agglutinent sur un secteur restreint, d'où un vif sentiment de se sentir à l'étroit. Cette plage en croissant a bien du charme, même si elle est souvent bruyante et surpeuplée. Champion toutes catégories, le complexe **Vongdeuan Resort** (☎ 038-651819, 651777, à Bangkok, ☎ 02-391 9065, fax 038-651819) englobe des bungalows tout confort loués 600 à 900 B et équipées d'eau courante, de WC avec chasse d'eau et d'un ventilateur. Si vous souhaitez la climatisation, prévoyez 1 100 à 1 200 B.

La **Vongduern Villa** (☎ 038-652300, 651741, 01-945 9954) bénéficie d'aménagements similaires, mais toutes ses unités d'habitation sont climatisées (600 à 2 500 B).

Le *Malibu Garden Resort* (☎ 038-651292, 01-218 5345, fax 038-426229) se compose de bungalows bien conçus en briques ou en bois ; prévoyez de 400 à 700 B avec ventilateur, de 1 100 à 1 200 B avec clim., en sachant que la TV équipe les chambres les plus onéreuses. Le *Seahorse* (☎ 01-440 7003, à Bangkok : 02-969 2091) a quasiment investi le front de mer, avec deux restaurants, une agence de voyages. Comptez 250 à 600 B pour une chambre ou un bungalow avec ventilateur.

Trois bateaux assurent la navette entre Ao Wong Deuan et Ban Phe : le *Malibu*, le *Seahorse* et le *Vongduern*.

Ao Thian. Ici, l'atmosphère commence à devenir plus paisible. Généralement appelée Candlelight Beach ("la plage aux lumières de bougie"), Ao Thian découvre une vaste bande sablonneuse où affleurent deci delà quelques rochers. Malheureusement les villages de bungalows ne sont pas d'une qualité exemplaire.

A la pointe sud de la plage, le *Lung Dam* (☎ 01-452 9472) facture 150 B des cabanons assez grossièrement bâtis, avec sanitaires en commun. Pour une s.d.b. privative, il faut débourser 250 à 400 B. Vous trouverez aussi une cabane dans un arbre louée 150 B la nuit. Comme il n'existe ici que deux restaurants de pension, vous désirerez peut-être apporter votre propre nourriture achetée au village, à l'extrémité septentrionale de l'île.

Autres baies. A condition de ne pas manquer de volonté, cela vaut tout de même la peine d'échapper au tumulte touristique, en suivant la côte orientale de l'île jusqu'à une plage délicieuse du nom d'**Ao Wai**, un kilomètre au sud d'Ao Thian. Un bateau de Ban Phe, le *Phra Aphai*, y accoste une fois par jour (50 B).

L'endroit n'abrite qu'un seul complexe de bungalows, le *Sametville Resort* (☎ 038-652561, à Bangkok : ☎ 02-246 3196), un établissement haut de gamme privilégiant

l'intimité. Vous débourserez de 500 à 900 B pour une unité ventilée avec 2 lits et s.d.b. ; comptez jusqu'à 3 500 B si vous souhaitez l'air conditionné. La plupart des réservations s'effectuent par téléphone, mais vous pouvez tenter votre chance en vous adressant à une personne de l'équipage du *Phra Aphai*, à l'embarcadère de Ban Phe.

De là, si vous parcourez la grève pendant 20 minutes, vous découvrirez bientôt **Ao Kiu Na Nok**, où ne s'étendait qu'un seul village de vacances à l'époque de la rédaction de ce guide. Sympathique et propret, il s'agit de l'*Ao Kiu Coral Beach* (☎ 01-218 6231, 038-652361, à Bangkok : 02-579 6237). Ses cabanes en bambou reviennent à 300 B, tandis que ses cabanons, certes peu attrayants, mais mieux équipés, se louent 400 à 1 000 B. La plage est sublime et compte parmi les plus belles de l'île. Autre avantage : en 5 minutes on rejoint la côte ouest. Avis aux amoureux de couchers de soleil !

Un peu plus loin, vous voilà dans les rochers d'**Ao Karang**. Très rustique, le *Pakarang* (☎ 02-517 7620) vous logera dans l'un de ses 12 cabanons de bois, sans électricité ni eau courante – l'eau de pluie est récupérée dans des jarres en céramique. Tablez sur 150 à 400 B, mais c'est souvent loué par des personnalités du parc qui résident sur place.

Côte ouest. Surnommée "plage du paradis" à des fins touristiques, **Hat Ao Phrao** – la "plage de la baie aux cocotiers" en thaï – est la seule plage de la côte ouest de Ko Samet. Ses couchers de soleil sont splendides et elle offre une image plus paisible que ses rivales. Aucun jet-ski ne semble venir troubler sa tranquillité et les directeurs de sites d'hébergement s'emploient à maintenir un environnement propre.

A la pointe nord de la plage, l'*Ao Prao Resort* (☎ 038-651814, 038-651816, à Bangkok : ☎ 02-438 9771, fax 439 0352, Th Krungthonburi) propose d'agréables bungalows climatisés, pourvus de vastes vérandas ouvrant sur une luxuriante végétation. Les installations comprennent TV par câble, eau chaude, s.d.b. attenante et peut-être le meilleur restaurant de l'île. Les tarifs s'échelonnent de 2 000 à 2 800 B. Ao Prao Divers, qui fait partie du complexe, propose des activités de plongée, du windsurf, du kayak et des excursions en bateau.

Au milieu de la plage, le village **Dome Bungalows** (☎ *038-651377, 01-321 0786*) se compose de charmants cabanons avec aménagements privatifs. Construits à flanc de colline, ils se louent 100 à 500 B la nuit, ou 1 200 B pour 4 personnes en "bungalow VIP". Les unités locatives les plus chères disposent de fenêtres à moustiquaires. Sur place, un sympathique restaurant sert des plats thaï comme de la cusine internationale.

A l'extrémité sud, non loin de la piste qui traverse l'île, vous serez chaleureusement accueilli au cœur de **Hat Sawahn Paradise Beach** (☎ *01-401 4807*), où les cabanons rustiques en bambou, avec ventilateur et s.d.b., se louent de 250 à 350 B (jusqu'à 500 B le week-end et en période de vacances). L'établissement propose aussi un grand pavillon de 15 lits (1 500 B). Le restaurant attenant sert une cuisine thaï et internationale. Un bateau journalier relie Ban Phe et Ao Phrao (50 B).

Région de Na Dan. Au nord-ouest du principal embarcadère de Ko Samet, s'étend la longue plage **Ao Wiang Wan**. Face au continent s'alignent plusieurs bungalows sans cachet. Le meilleur établissement est le **Samed Hut** (☎ *01-211 4029, à Bangkok :* ☎ *02-678 4645*) qui affiche une allure Nouveau-Mexique avec ses unités d'habitation couleur terre cuite. Réparties sur un terrain ombragé, elles sont facturées 300 à 500 B la nuit ; comptez 700 B pour la ventilation et jusqu'à 1 400 B pour la clim.

Entre Na Dan et Hat Sai Kaew, le long de la pointe nord-est de l'île, deux ou trois petites baies abritent des villages de bungalows. Peu de visiteurs semblent y séjourner. Sur la plage de **Laem Yai** (également connue sous le nom d'Ao Yon), le **Pineapple Bungalow** loue ses unités au prix prohibitif de 400 B. Meilleur marché,

quoique d'aspect quasi identique, le **Banana Bungalow** exige 100 à 150 B par cabanon.

Où se restaurer

Tous les villages de bungalows possèdent leur restaurant, à l'exception du Pakarang, à Ao Karang. Sur leur carte voisinent généralement plats thaï et cuisine internationale. Les prix varient entre 30 et 50 B par plat. On y propose presque toujours des produits de la mer très frais (de 60 à 100 B le plateau). Le très agréable **Bamboo Restaurant**, à Ao Cho, prépare une cuisine simple mais savoureuse, et le service est excellent. Il est ouvert pour le petit déjeuner, le déjeuner et le dîner. Le **Naga**, à Ao Hin Khok, est renommé pour ses pains de toutes sortes et sa pâtisserie.

Ao Wong Deuan abrite un chapelet de restaurants servant des plats occidentaux et thaïlandais : l'**Oasis**, **Nice & Easy**, et **Tom's Restaurant**. A la pointe méridionale de la plage, la cuisine et le cadre du restaurant de la **Vongduern Villa** valent ses tarifs un peu élevés.

Sur Hat Sai Kaew, le **White Sands Restaurant** propose d'excellents fruits de mer, dans une gamme avoisinant les 100 B. Si vous souhaitez meilleur marché sur cette plage, essayez le populaire **Toy Restaurant**, voisin de Saikaew Villa. Le **Samet Beach Restaurant**, qui jouxte Diamond Hut, nous a aussi été recommandé pour ses plats savoureux à prix compétitifs et son personnel accueillant. Citons enfin le **restaurant en terrasse** du complexe Ao Prao Resort, sans doute le meilleur de l'île.

Comment s'y rendre

Bus. De nombreuses agences de Th Khao San à Bangkok proposent des billets pour Ko Samet, bateau compris, pour 170 B (300 B aller-retour). C'est plus cher que par ses propres moyens, mais pratique pour ceux qui ne projettent pas d'aller ailleurs sur la côte est.

Sinon, prenez le bus pour Ban Phe dans la province de Rayong, puis un bateau pour Ko Samet. Un service régulier pour Rayong est assuré au départ du terminal des bus Est.

La liaison directe avec Ban Phe ne coûte que 10 B de plus. De Rayong, un songthaew pour Ban Phe revient à 90 B. Un trajet Bangkok-Rayong en bus climatisé revient à 90 B (Bangkok-Ban Phe, 100 B). La solution la moins chère est le bus ordinaire non climatisé pour Rayong (60 B), puis un bus local pour Ban Phe. Les bus en provenance de Bangkok s'arrêtent à Ban Phe, devant le restaurant qui fait face à Tha Saphaan Nuan Tip. Des bus climatisés assurent la liaison Rayong-Bangkok (terminal des bus Est) en 3 heures 30 environ ; les bus ordinaires mettent en moyenne une heure de plus.

De Rayong à Chanthaburi ou à Pattaya, les bus ordinaires font le trajet en 1 heure 30 (36 B). Il vous faudra prendre une moto-taxi (10 B) pour aller jusqu'à la station de bus de Th Sukhumvit (Highway 3).

Bateaux. Il existe plusieurs moyens pour gagner l'île en bateau.

Vers Ko Samet. Ban Phe compte trois embarcadères : Saphaan Nuan Tip pour les bateaux de passagers, Saphaan Mai pour les bateaux de marchandises et Saphraan Sri Ban Phe pour les voyages organisés. Le premier est le seul dont vous aurez besoin, à moins que vous ne tentiez votre chance sur l'un des cargos en provenance de Saphaan Mai (sur lequel vous devrez payer le tarif passager habituel).

Les bus en provenance de Bangkok démarrent et arrivent à Nuan Tip. Mieux vaut éviter le Tha Saphaan Sri Ban Phe : sans l'ombre d'un doute, les requins prolifèrent davantage aux guichets que dans les eaux environnantes.

Les bateaux pour Ko Samet larguent les amarres à intervalles réguliers entre 8h et 17h environ. La fréquence des départs dépend de l'abondance des passagers et/ou du fret (plus fréquent de décembre à mars). Il y a toujours au moins trois ou quatre bateaux par jour pour Na Dan et Ao Wong Deuan.

Vous aurez peut-être du mal à trouver l'embarcation adéquate. Agents et propriétaires s'efforceront de vous convaincre que seules les leurs vous conviennent et que vous devez louer un bungalow (pour plusieurs jours, photos-couleur à l'appui) si vous voulez monter à bord. Ne les croyez pas, et dirigez-vous tout droit vers l'embarcadère. Et surtout, signalez ce genre d'incidents à la TAT.

Adressez-vous directement au guichet de Tha Nuan Tip, derrière les échoppes alimentaires et les kiosques à souvenirs. Le personnel vend des billets pour diverses compagnies de bateaux, de même qu'il vous renseignera sur ceux qui appartiennent aux complexes hôteliers.

Pour Hat Sai Kaew, Ao Hin Khok, Ao Phai et Ao Phutsa, prenez un bateau pour Na Dan. Dès qu'il y a en général 20 passagers à bord, le bateau quitte le port (80 B l'aller-retour). Ignorez les rabatteurs ou revendeurs de billets qui vous proposent un tarif de 100 B ou plus. Montez dans l'un des bateaux et payez directement au contrôleur. De Na Dan, on peut gagner les plages à pied (10 ou 15 minutes) ou monter dans un des camions qui font le tour de l'île (voir plus bas la rubrique *Comment s'y rendre*).

L'agence de réservation de billets de Tha Nuan Tip propose aussi des embarcations à destination d'Ao Wong Deuan (60 B l'aller), Ao Phrao (50 B) et Ao Wai (100 B). Toutes exigent au moins 7 passagers à bord, avant de lever l'ancre.

Le *White Shark* relie directement Ban Phe à Ao Cho(40)B. Faites le tour du quai de Ban Phe pour savoir s'il est en service ou demandez au guichet mentionné ci-dessus.

Le *Seahorse,* le *Malibu* et le *Wong Deuan Villa* desservent tous Ao Wong Deuan (30 B) où les passagers débarquent en radeau ou en long-tail boat car il n'y a pas de jetée. Vous pouvez aussi y venir en camion-taxi depuis Na Dan (250 B si vous êtes seul). Pour Ao Thian, il faut prendre le *White Shark* pour Ao Cho, ou l'un des bateaux pour Ao Wong Deuan.

Le *Phra Aphai* relie directement Ao Wai (60 B). Pour Ao Kiu Na Nok ou Ao Karang, empruntez le *Thep Chonthaleh* (60 B).

Pour Ao Phrao, vous avez le choix entre le taxi depuis Na Dan, ou un bateau direct depuis Ban Phe (40 B). Si vous arrivez à

Ban Phe le soir, vous pouvez vous faire conduire en bateau à Ko Samet (Na Dan) pour 250 à 300 B au départ de Tha Ban Phe.

Depuis Ko Samet. Samet Tour semble avoir le monopole des retours sur Ban Phe au départ de Na Dan. Les bateaux partent lorsqu'ils ont 18 (ou 25) personnes à bord. Au cas où le bateau n'a pas fait le plein, vous pouvez, si vous êtes pressé, payer pour les passagers manquants. Le tarif habituel s'élève à 40 B.

À l'heure actuelle, il est si facile de prendre un bateau sur l'une des grandes plages pour se rendre à Ban Phe, que peu de touristes prennent la peine d'aller à Na Dan. D'Ao Wong Deuan ou Ao Chao, il y a quatre départs quotidiens, et un au moins d'Ao Wai, Ao Kiu et Ao Phrao.

En attendant que le bateau se remplisse, vous remarquerez un sanctuaire près du quai. Ce _sãan jâo phâw_ est dédié à l'esprit de Puu Dam (Grand-Père noir), un sage qui vécut autrefois sur l'île. Les fidèles offrent des statues de _reusïi_ (sages ermites), des fleurs, de l'encens et des fruits.

Comment circuler

Si vous prenez le bateau à Ban Phe pour le petit port de Na Dan, vous gagnerez aisément à pied Hat Sai Kaew, Ao Phai ou Ao Phutsa. N'écoutez pas les chauffeurs de taxi qui vous diront que ces plages sont éloignées. Si vous allez plus loin, ou si vous êtes chargé, vous pouvez prendre un taxi (un camion ou un trois-roues à remorque) jusqu'à Ao Wong Deuan.

Les tarifs en vigueur sont affichés sur un arbre, au milieu d'un square, devant le port : 15 B par personne pour Hat Sai Kaew (ou 100 B à plusieurs, en "charter") ; 25 B pour Ao Phai ou Ao Phutsa (200 B) ; 45 B pour Ao Thian ou Ao Wai (300 B et 400 B) ; et 60 B pour Ao Kiu Na Nok (500 B). Il n'est pas évident de déterminer le nombre de personnes nécessaires – et suffisantes – pour avoir droit au tarif "charter" ; en gros, disons qu'il faut compter, pour un groupe de six à huit, 30 B par personne, pour se rendre en n'importe quel point de l'île.

S'ils ne font pas "le plein" de leur véhicule, les chauffeurs refusent de partir, ou exigent 200 B quel que soit le nombre de passagers.

Des chemins et quelques sentiers transversaux relient Ao Wong Deuan à la pointe sud de l'île. Les taxis iront jusqu'à Ao Phrao si la route n'est pas trop boueuse.

Province de Chanthaburi

CHANTHABURI
40 900 habitants

Réputée pour ses saphirs et ses rubis, en provenance de tout le Sud-Est asiatique et au-delà, le commerce de pierres précieuses est l'activité principale de la "Cité de la lune", située à 330 km de Bangkok. Chanthaburi (Chan'buri) est également renommée pour ses fruits (rambutans, durians, langsats et mangoustans) et ses nouilles de riz – les nouilles de Chanthaburi sont exportées dans le monde entier.

Une part importante de la population est constituée de chrétiens vietnamiens qui ont fui les persécutions religieuses et politiques. La première vague est arrivée au XIXᵉ siècle à la suite de persécutions contre les catholiques de Cochinchine, la deuxième, dans les années 20 à 40, fuyant la tutelle française, et la troisième, après la prise du pouvoir par les communistes en 1975.

De 1893 à 1905, les Français ont occupé la ville, le temps de parvenir à un accord avec les Siamois, sur les frontières laotiennes et cambodgiennes.

Récemment, en 1993, Chanthaburi a occupé l'actualité lorsque l'on a découvert 1 500 tonnes d'armes cachées dans différents entrepôts de la province, avec la complicité de certaines factions de l'armée thaï et peut être destinées aux Khmers rouges qui tenaient alors l'ouest du Cambodge.

A voir et à faire

L'influence franco-vietnamienne se reflète dans l'architecture, surtout le long de la rivière. La cathédrale, la plus grande de

Thaïlande, mesure 60 m de long sur 20 m de large. Elle a remplacé une petite chapelle missionnaire édifiée en 1711 et reconstruite à quatre reprises entre 1712 et 1906, avant de devenir cette cathédrale de style français.

Les négociants en pierres précieuses sont installés le long de Th Si Chan, de Trok Kachang et de Th Thetsaban 4 donnant dans Si Chan, au sud-est de la ville. Toute la journée, acheteurs et vendeurs discutent autour de petits tas de pierres bleues et rouges. Durant la première semaine de juin se tient une foire aux gemmes, et le monde afflue à Chanthaburi.

La plupart des pierres de Chanthaburi proviennent du Cambodge, du Vietnam, du Myanmar et d'Australie. Si vous êtes connaisseur, vous pourrez faire de bonnes affaires en achetant saphirs et rubis.

Le **parc du roi Taksin** est un grand espace vert avec des gloriettes et un lac artificiel où il fait bon se promener le soir.

A quelques kilomètres au nord de la ville par la Route 3249, **Khao Phloi Waen**, "la montagne de l'Anneau de saphir" ne fait que 150 m d'altitude, mais elle est couronnée d'un chédi de style sri-lankais, datant du règne de Mongkut. Les tunnels creusés dans ses flancs sont d'anciennes galeries de mines de gemmes.

Un centre célèbre de méditation situé à 16 km au nord par la Route 3322, le **Wat Khao Sukim,** possède un musée où sont exposés les dons précieux des fidèles : sculptures en jade, céramiques, mobilier ancien, figurines en cire des moines les plus vénérés de Thaïlande. Autre centre de méditation, le **Wat Sapchan** se trouve 27 km à l'ouest de Chanthaburi, dans le district de Tha Mai.

Où se loger

Très central, le **Kasemsan 1 Hotel** (☎ 039-312340, 98/1 Benchamarachutit) loue de grandes chambres propres, avec ventilateur, douche et toilettes pour 150 à 200 B, ou pour 250 à 300 B avec clim. Ici comme ailleurs, on se repose mieux dans les chambres donnant sur l'arrière. Un rapport qualité/prix imbattable.

En aval, au bord de la rivière, le **Chantha Hotel** (☎ 039-312310, Th Rim Nam) propose des chambres sans s.d.b. à 80 B, avec s.d.b. à 120/150 B. Cet établissement est le moins cher de la ville.

Dans le quartier du marché municipal, le **Kasemsan II** (☎ 039-311173, Th Rong Meuang) pratique des tarifs légèrement inférieurs à ceux du Kasemsan I (140 à 190 B pour une chambre avec ventilateur), mais il est moins bien tenu et plus bruyant.

Tout près, dans Th Khwang, le **Chai Lee Hotel** (pas d'enseigne en anglais) abrite de grandes simples/doubles, très propres, pour 140/180 B avec ventilateur, et pour 300 B avec clim. Dans le même quartier, le **Chanthaburi Hotel**, sur Th Tha Chalaep, est correct, mais un peu cher : chambres à 250 B avec ventilateur et s.d.b., à 400 B avec clim.

Sur Th Si Chan, vous attend l'accueillant **Muang Chan Hotel**, aux chambres ventilées à 180 B, climatisées à 360 B. Dans Th Tha Luang, à l'extrémité nord de la ville et loin de tout, le **Kiatkachorn (Kiat Khachon) Hotel** (☎ 039-311212) abrite des chambres confortables toutes équipées d'une s.d.b. Comptez 170/200 B avec ventilateur, et 360 B avec clim., TV, téléphone et réfrigérateur.

Le **Mark's Travelodge** (☎ 039-311531/311647, 14 Th Raksakchamun) était autrefois le rendez-vous des voyageurs de commerce. Ses grandes chambres sentent un peu le renfermé et valent de 300 à 500 B avec clim., s.d.b. et TV.

Les revendeurs de pierres précieuses ont désormais élu domicile au **KP Grand Hotel** (☎ 039-323201/13, fax 323214/5, 35/200-201 Th Trirat) où le premier prix est de 1 000 B pour une chambre moderne dotée de tout le confort. En face, la **KP Inn** (☎ 039-311756), un établissement style "condotel" propose des simples/doubles à 600 B avec clim. et douche chaude.

A l'ouest du centre ville, le **Caribou Highland Hotel** (☎ 039-323431, Th Chawan Uthit) propose sur six étages le meilleur hébergement de la ville. Il loue 2 000 B petit déjeuner compris (et parfois

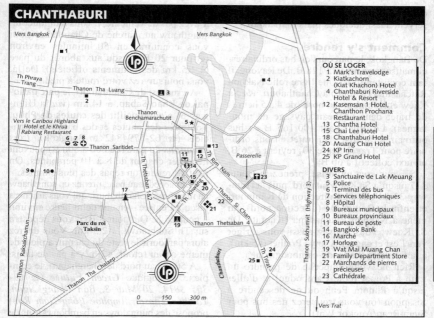

CHANTHABURI

Vers Bangkok

Vers Bangkok

Th Phraya Trang

Thanon Tha Luang

Thanon Benchamarachutit

Vers le Caribou Highland Hotel et le Khrua Rabiang Restaurant

Thanon Saritidet

Thanon Rim Nam

Passerelle

Th Thetsaban 1 & 2

Th Khwang

Thanon Si Chan

Thanon Sukhumvit (Highway 3)

Parc du roi Taksin

Thanon Thetsaban 4

Thanon Raksakchamnun

Thanon Tha Chalaep

Chanthaburi

Th Triat

Vers Trat

0   150   300 m

OÙ SE LOGER
1 Mark's Travelodge
2 Kiatkachorn (Kiat Khachon) Hotel
4 Chanthaburi Riverside Hotel & Resort
12 Kasemsan 1 Hotel, Chanthon Prochana Restaurant
13 Chantha Hotel
15 Chai Lee Hotel
18 Chanthaburi Hotel
20 Muang Chan Hotel
24 KP Inn
25 KP Grand Hotel

DIVERS
3 Sanctuaire de Lak Meuang
5 Police
6 Terminal des bus
7 Services téléphoniques
8 Hôpital
9 Bureaux municipaux
10 Bureaux provinciaux
11 Bureau de poste
14 Bangkok Bank
16 Marché
17 Horloge
19 Wat Mai Muang Chan
21 Family Department Store
22 Marchands de pierres précieuses
23 Cathédrale

CENTRE DE LA THAÏLANDE

1 000 B) de grandes chambres climatisées, avec TV, téléphone IDD et minibar. En 1996, l'hôtel offrait un tarif spécial à 1 188 B, petit déjeuner compris. Des suites d'une ou deux chambres sont disponibles à partir de 4 000 B (réduction à 2 500 B).

Pour vous rendre au ***Chanthaburi Riverside Hotel & Resort*** (☎ *039-311726, 63 Muu 9, Chanthanimit 5*), entre Sukhumvit (Highway 3) et la rive est du Chanthaburi, un taxi vous coûtera 30 B. Cet établissement qui ambitionnait d'être le symbole du luxe n'est plus qu'un quatre-étoiles quelconque, planté au milieu d'un jardin mal entretenu.

Vous y trouverez une piscine, un coffee-shop, une discothèque et des salles de conférence.

Comptez 700 B dans la partie hôtel et 800 B minimum dans les pavillons de style thaï, en simple, double ou triple.

Où se restaurer

Pour déguster les fameuses nouilles (*kǔaytǐaw sên jan*) de Chanthaburi, il faut se rendre dans la partie sino-vietnamienne de la ville, le long du Chanthaburi. Entre autres variations sur le thème nouilles à la farine de riz, vous dégusterez peut-être les délicieuses nouilles sautées au crabe. Le ***Chanthon Phochana***, sous le Kaseman I Hotel, sert un bon choix de plats thaïlandais et chinois.

Le très agréable ***Khrua Rabiang***, à côté du Caribou Highlands, Chawan Uthit 3, sert essentiellement de la cuisine thaï pour des tarifs tout à fait raisonnables.

A l'étage du ***Family Dept Store***, sur Soi Sri Sakhon 1, qui donne dans Si Chan, vous trouverez un magasin d'alimentation et un glacier. Un peu à l'ouest de ce magasin sont disséminés plusieurs bons ***restaurants de nouilles et de riz***. A l'angle sud-est du parc du roi Taksin, deux *glaciers en plein air* servent aussi quelques plats thaïlandais.

Comment s'y rendre

De Bangkok, le parcours en bus ordinaires/climatisés revient à 72/128 B. De Rayong, il faut compter 36 B. Une ligne relie Nakhon Ratchasima (Khorat) à Chanthaburi, *via* Sa Kaew et Kabinburi au nord (de 4 à 5 heures de trajet dans un beau paysage de montagnes). Le billet vaut 100/165 B en bus ordinaire/climatisé. Un trajet en bus ordinaire pour Trat (1 heure 30) revient à 26 B, un taxi collectif à 60 B.

Si vous êtes motorisé, prenez la Route 317 jusqu'à Sa Kaew au nord, puis la Highway 33 à l'ouest en direction de Kabinburi et enfin la Route 304 (direction nord) qui mène à Nakhon Ratchasima (Khorat). De Sa Kaew, vous pouvez aussi vous diriger vers l'est et gagner Aranya Prathet (46 km), à la frontière thaïlando-cambodgienne.

Rien ne vous empêche de prendre un train à Poipet (côté Cambodge) et d'aller jusqu'à Phnom Penh ou de descendre à Sisaphon (où vous trouverez des bus pour Siem Reap/Angkor Wat).

ENVIRONS DE CHANTHABURI

En une heure de voiture, vous atteindrez deux petits parcs nationaux, tous deux étant classés "zone à risque paludéen". Prenez donc les précautions nécessaires.

A 28 km au nord-est de Chanthaburi (par la Route 3249), le **parc national de Khao Khitchakut** a pour principal attrait les **chutes de Krathing**. De nombreuses pistes y mènent, mais vous ne trouverez ni sentiers ni chemins forestiers permettant de s'aventurer plus avant dans le parc.

En face des bureaux du parc (☎ 039-431983), de l'autre côté de la route, les visiteurs peuvent être hébergés dans des *bungalows* loués 600 B (pour 6 personnes) à 1 200 B (pour 14).

Il vous en coûtera 40 B si vous louez une tente, 5 B si vous avez la vôtre. Le *restaurant*, assez élémentaire, propose quelques plats à base de riz ainsi que des casse-croûte.

Pour gagner Khao Khitchakut, si vous n'avez pas de véhicule, il vous faut louer un songthaew au marché de Chanthaburi, qui vous conduira, en 50 minutes environ (et pour 20 B), jusqu'aux abords du parc (à 1,5 km des bâtiments officiels). De là, vous poursuivrez votre route à pied.

Au sud-est de Chanthaburi, le **parc national de Khao Sabap**, à 14 km (*via* la Highway 3) s'enorgueillit des **chutes de Phliu**. Tout près des chutes et des bâtiments officiels (☎ 02-5794842 à Bangkok), trois *cabanons* du parc (de 600 à 800 B) peuvent héberger chacun de 8 à 10 personnes. On peut y prendre un repas des plus simples.

Pour accéder au parc, prenez un songthaew au marché de Chanthaburi, qui vous amènera jusqu'à l'entrée – en une demi-heure environ – pour 25 B. Ou, pour 8 B, il vous déposera sur Th Sukhumvit, à 2,5 km. Vous devrez alors parcourir le reste du chemin à pied, même s'il n'y a pas de taxis.

A 50 km au nord de Chanthaburi, le complexe écologique *Green Future* (☎ 01-305 3814, 20 Muu 3, Ban Phang Ngon, Tambon Tapsai, Amphoe Pong Nam Ron) propose des bungalows en bambou et toits de chaume, avec WC et douches, au milieu d'un verger. Prévoyez la somme de 500 B en double, petit déjeuner pour deux inclus. L'endroit dispose aussi d'un terrain de camping, d'un court de badminton et d'une aire de pique-nique à proximité de la rivière.

Le parc national de Khao Khitchakut ne se trouve guère loin à l'ouest. Sa direction helvético-thaï y organise des excursions, ainsi qu'à destination des chutes de Soi Dao au nord. On y loue aussi des vélos et des radeaux en bambou. L'accès à Green Future se fait depuis Chanthaburi, en prenant le bus vert qui dessert Soi Dao par la Route 317. Descendez à Wat Phang Ngon (8,5 km, après le gros bourg de Tapsai), puis suivez le panneau sur une centaine de mètres.

Province de Trat

A environ 400 km de Bangkok, la province de Trat longe la frontière avec le Cambodge.

Des marchés de pierres précieuses (*talàat phloi*) se tiennent, par intermittence aux marchés de **Hua Thung** et de **Khlong Yaw**, dans le district de Bo Ria, à quelque 40 km au nord de Trat sur la Route 3389. Un plus petit marché se tient parfois toute la journée dans le district de **Khao Saming**, à seulement 20 km au nord-ouest de Trat. Toutefois, sachez que le commerce des pierres précieuses est moins actif qu'il ne l'a été.

Si les pierres précieuses vous laissent indifférent, le district de Bo Rai abrite les **chutes de Salak Tai** (à 15 km au nord-ouest de Bo Rai).

La province de Trat constitue aussi une plaque tournante de la contrebande d'objets de consommation avec le Cambodge. Pour cette raison, il faut être prudent si l'on voyage seul le long de la frontière ou dans les îles côtières servant de voies de passage aux contrebandiers.

Un endroit relativement sûr où l'on peut observer le trafic frontalier est le marché thaïlando-cambodgien de **Khlong Yai**, près de l'extrémité de la Route 318/Highway 3, au sud de Trat. On estime que plus de 10 millions de bahts changent de mains quotidiennement sur ces marchés.

La province se termine par un étroit couloir desservi par la Route 318 et bordé de plages peu connues, **Hat Sai Si Ngoen**, **Hat Sai Kaew**, **Hat Thap Thim** et **Hat Ban Cheun**. La dernière abrite quelques bungalows, mais les autres plages sont pour l'instant vierges de toute installation hôtelière.

Au Km 70 de la Route 318, le point de vue **Jut Chom Wiw** offre un panorama sur toute la région alentour et le Cambodge.

A **Hat Lek**, vous aurez atteint le point le plus méridional de la province. D'ici se font les liaisons maritimes semi-légales avec le Cambodge.

Même si les contrôles militaires entre Trat et Hat Lek (deux au dernier relevé) sont fréquents, on laisse de plus en plus passer les touristes. De temps à autre, le gouvernement provincial de Trat, en accord avec son homologue cambodgien, autorise les étrangers à voguer jusqu'à Ko Kong, au Cambodge.

TRAT ET SES ENVIRONS
14 400 habitants
Chef-lieu de la province, Trat présente peu d'intérêt si ce n'est qu'elle constitue une étape vers les îles Ko Chang, ou un point de départ pour qui veut explorer les marchés cambodgiens et ceux de pierres précieuses. Sa population est sympathique, et il y a certainement plus mauvais endroit où passer quelques jours.

Renseignements
Office du tourisme. L'agence TAT (☎ 039-597255, 597259) se situe au 100 Muu 1, Th Trat-Laem Ngop, dans le district de Laem Ngop.

Immigration. Comme il n'existe aucun bureau de l'immigration à Trat, vous devez vous adresser aux administrations provinciales de Khlong Yai ou de Laem Ngop,

CENTRE DE LA THAÏLANDE

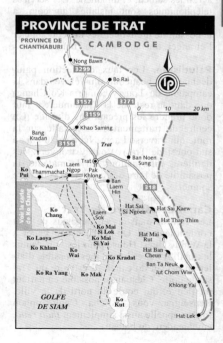

PROVINCE DE TRAT

pour les prorogations de visa ou tout ce qui relève de ces services. Le jour où le passage de la frontière cambodgienne à Trat, par voie terrestre ou maritime, sera officiellement autorisé, c'est à Khlong Yai que vous devrez vous rendre, pour que l'on vous tamponne votre passeport, à votre retour du Cambodge.

Argent. La Bangkok Bank et la Krung Thai Bank de Th Sukhumvit disposent de guichets de change ouverts quotidiennement de 8h30 à 17h. A Laem Ngop, une succursale de la Thai Farmers Bank (entre la Chut Kaew Guest House et la jetée) propose les mêmes facilités en semaine, de 8h30 à 15h30.

Poste et communications. La poste principale se trouve assez loin du centre ville, dans Th Tha Reua Jang. Elle vous accueille de 8h30 à 16h30 en semaine, de 9h à 12h les samedi et dimanche. Les services téléphoniques sont installés au coin, à quelques portes du bureau de poste, et offrent la possibilité d'envoyer des fax et d'appeler l'étranger, tous les jours de 7h à 22h.

Paludisme. Les taux d'infection paludéenne sont beaucoup plus élevés dans la campagne de Trat (y compris Ko Chang) que dans le reste de la Thaïlande ; il faut donc prendre les précautions d'usage. Un centre de traitement s'est installé sur la route qui traverse Laem Ngop (à 20 km au sud-ouest de Trat). Vous y trouverez les dernières informations sur la maladie, la possibilité de faire des tests et de vous faire soigner.

Canal et estuaire de Trat
Les vieilles maisons et magasins de Trat bordent le canal. On peut louer un canoë à la Windy Guest House pour les voir depuis le canal. A marée haute, il est possible d'aller en bateau du canal à l'estuaire du Trat sur le golfe. C'est aussi possible en partant du fleuve, qui coule au nord de la ville. Renseignez-vous à Tha Chaloemphon (qu'on appelle aussi simplement *thâa reua*, embarcadère du bateau).

Wat Plai Khlong
A 2 km à l'ouest du centre-ville, le Wat Plai Khlong (Wat Bupharam) remonte à plus de deux cents ans et mérite la visite. Plusieurs bâtiments en bois datent de la fin de la période Ayuthaya, notamment le wihãan, le clocher et les *kutis* (quartiers des moines).

Trat est célèbre pour son "huile jaune" (*nâam-man-lĕuang*), un breuvage à base d'herbes infusées proposé comme remède pour tous les maux, de l'arthrite aux douleurs stomacales. Il est fabriqué par Mae Ang-kii (Somthawin Pasananon) d'après une très vieille formule pharmaceutique, tenue secrète depuis des générations dans sa famille sino-thaïlandaise. On peut se procurer cette huile jaune au domicile même de Mae Ang-kii, au n°Th Rat Uthit (☎ 039-511935).

A 8 km de Trat, à **Ban Nam Chiaw**, village à majorité musulmane, on tresse des chapeaux de paille appelés *ngôp*. C'est le couvre-chef traditionnel du paysan khmer dans les rizières.

Parc national maritime de Ko Chang
Vous trouverez tous les renseignements concernant cette réserve aux bureaux du parc situés à Laem Ngop, une petite ville à 20 km au sud-ouest de Tray. Vous pourrez aussi y louer des bateaux pour rejoindre Ko Chang.

Marchés
De tous, les plus vastes sont le nouveau marché de jour sous le centre commercial municipal près de Th Sukhumvit, le vieux marché de jour de Th Tat Mai et celui à côté de l'agence des bus climatisés, qui devient, le soir, un marché de nuit. Vous y découvrirez des spécialités inédites, telles les beignets de lézards.

Circuits organisés
Les pensions Windy et NP peuvent vous mener pour la journée aux marchés de pierres précieuses, sur l'estuaire du Trat ou même à Ko Chang, si vous formez un groupe assez important. Les balades dans l'estuaire s'effectuent à bord d'un bateau

qui part du canal, pour aller ramasser des palourdes (lorsque c'est la saison). Le tarif dépend du nombre de passagers.

Où se loger

Trat. Rares sont les pensions en ville, mais on peut y dormir en toute confiance. N'importe laquelle peut vous proposer une traversée du Trat ou une excursion jusqu'à Ko Chang, à condition de rassembler suffisamment de passagers.

La sympathique *Windy Guesthouse* (☎ 01-455 9605, 633 0059, 64 Th Thoncharoen) se compose d'une traditionnelle maison thaï en bois, dont le porche est construit sur pilotis, au-dessus du canal, avec un agréable salon en terrasse, une petite bibliothèque, des jeux et de la documentation touristique. Tablez sur 60/80 B en simple/double. Vous pouvez emprunter gratuitement une bicyclette pour vous promener en

ville, ou louer une moto. On vous prête aussi un canoë (gratuit pour les clients de la pension) pour traverser le canal, mais cela dépend de la personne qui gère l'établissement et si elle dispose de ces embarcations.

Également à proximité du canal, la *Foremost Guest House* (☎ 039-511923, 49 Th Thoncharoen), propose des chambres à l'étage d'un ancien magasin. Les s.d.b. sur le palier sont propres, de même qu'il existe une douche avec eau chaude. Prévoyez 50 B la nuit en dortoir, 80/120 B (110 B pour un seul occupant dans une double) en simple/double. Le personnel vous fournira les dernières informations en date pour vous rendre au Cambodge depuis Trat.

Coup de chapeau aux pensions Windy et Formemost qui encouragent les clients à se servir de bouteilles réutilisables et recyclables pour l'eau potable, moyennant à peine 1 B le litre, une économie considé-

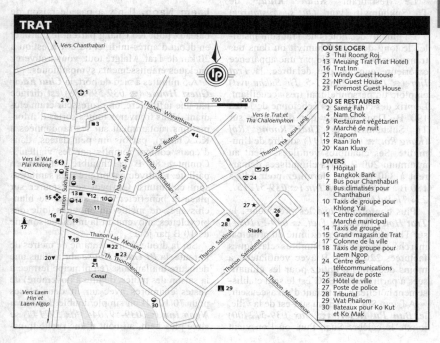

TRAT

Vers Chanthaburi

0   100   200 m

Vers le Trat et
Tha Chaloemphon

Thanon Wiwatthana

Soi Butnoi

Thanon Tat Mai

Thanon Thettaban 1

Thanon Tha Reua Jang

Vers le Wat
Plai Khlong

Thanon Sukhumvit

Thanon Lak Meuang

Th Thoncharoen

Thanon Santisuk

Thanon Samannit

Thanon Nemtameuw

Stade

Canal

Vers Laem
Hin et
Laem Ngop

OÙ SE LOGER
3 Thai Roong Roj
13 Meuang Trat (Trat Hotel)
16 Trat Inn
21 Windy Guest House
22 NP Guest House
23 Foremost Guest House

OÙ SE RESTAURER
2 Saeng Fah
4 Nam Chok
5 Restaurant végétarien
9 Marché de nuit
12 Jiraporn
19 Raan Joh
20 Kaan Kluay

DIVERS
1 Hôpital
6 Bangkok Bank
7 Bus pour Chanthaburi
8 Bus climatisés pour
    Chanthaburi
10 Taxis de groupe pour
    Khlong Yai
11 Centre commercial
    Marché municipal
14 Taxis de groupe
15 Grand magasin de Trat
17 Colonne de la ville
18 Taxis de groupe pour
    Laem Ngop
24 Centre des
    télécommunications
25 Bureau de poste
26 Hôtel de ville
27 Poste de police
28 Tribunal
29 Wat Phailom
30 Bateaux pour Ko Kut
    et Ko Mak

CENTRE DE LA THAÏLANDE

rable sur le coût d'une classique bouteille d'eau potable en plastique, sans parler des vertus écologiques.

La *NP Guest House* (☎ *039-512270, 1-3 Soi Luang Aet*) se niche au fond d'une ruelle paisible, sur Th Lak Meuang (au sud-ouest, dans le prolongement de Th Tat Mai). A quelques minutes à pied des principaux marchés de jour et de nuit comme des arrêts des bus locaux, cette ancienne boutique toute en bois au rez-de-chaussée encore vitré abrite trois dortoirs impeccables où la nuit revient à 70 B, ainsi que des simples/doubles avec s.d.b. à l'étage, facturées 90/120 B. Si vous êtes de passage, il vous sera possible de prendre une simple douche pour 20 B ou de laisser votre sac en consigne (10 B par bagage et par jour). L'établissement loue des motos à 50 B l'heure ou 300 B la journée, de même qu'il sert des plats thaï et occidentaux.

Le restaurant *Kaan Kluay* de Th Sukhumvit (voir *Où se restaurer*) devrait ouvrir une pension en 1999.

La plupart des hôtels de Trat sont installés le long de Th Sukhumvit ou dans des transversales. Desservie par une apparence extérieure quelque peu délabrée, la *Trat Inn* (☎ *039-511208, 1-5 Th Sukhumvit*) emploie un personnel thaï très accueillant. Le prix des chambres s'échelonne de 110 à 190 B. Dans un soi qui débouche sur Th Sukhumvit, le *Thai Roong Roj* (*Rung Rot*, ☎ *039-511141*) souffre de l'humidité. Ses chambres ventilées valent au minimum 200 B et les climatisées démarrent à 330 B. Vous dormirez pour 140 à 180 B à la *Sukhumvit Inn* (☎ *039-512151, 234 Th Sukhumvit*).

Plus confortable que les précédents, le *Trat Hotel* (*Meuang Trat*, ☎ *039-511091*) sur Th Sukhumvit, à proximité du principal marché, dispose de chambres classiques facturées 220 à 300 B avec ventilateur, à moins que vous n'optiez pour les climatisées à partir de 370 B. C'est le seul établissement hôtelier bénéficiant d'un ascenseur.

A Laem Sok, 11 km au sud-est de la ville, le *Ban Pu Resort* (☎/ *fax 039-512400*) jouxte le célèbre Suan Puu, où l'on vient déguster poissons et fruits de mer au milieu de l'élevage de crabes. Ses spacieux bungalows en bois, bien équipés, sont reliés entre eux par une passerelle qui entoure le vaste bassin des crustacés. Prévoyez 1 200 B pour une chambre à deux grands lits ou un lit "king size". Certaines unités regroupent 6 couchages pour 2 600 B. Tout est climatisé, avec TV et réfrigérateur. Il existe par ailleurs un bungalow composé de deux chambres VIP grand luxe, avec TV, magnétoscope et pièce pour karaoké, moyennant 3 400 B la nuit. Un centre de remise en forme fait partie du domaine auquel on accède en songthaew (15 minutes de trajet, 20 B la course) depuis la ville. Le complexe hôtelier peut vous transporter en hors-bord jusqu'à Ko Chang ou sur d'autres îles de la province de Trat, pour 6 000 à 8 000 B (tarif comprenant les gilets de sauvetage et l'équipement de plongée avec tuba).

Laem Ngop. Il n'y a pas de raison de séjourner dans cette ville puisque les bateaux pour Ko Chang partent le matin et en début d'après-midi, et qu'elle n'est qu'à 20 km de Trat. Malgré tout, vous trouverez quelques établissements sympathiques.

A 5 minutes à pied du port, la *Chut Kaew Guest House* (☎ *039-597088*) est dirigée par une infirmière, un professeur et un étudiant. Vous trouverez toutes sortes d'informations (notamment sur les randonnées à Ko Chang), parfois un peu datées, dans d'épais cahiers remplis par les visiteurs. Comptez 80 B la chambre ventilée en paillote, relativement propre ; les sanitaires sont communs. On peut se restaurer sur place et bénéficier d'un service de blanchissage, de même qu'on vous loue des bicyclettes, moyennant la modique somme de 10 B par jour.

Sur la droite, à une centaine de mètres de la route, la *PI Guest House* abrite dans une demeure thaïlandaise (en principe fermée à la saison des pluies, de juin à novembre) de vastes chambres avec un lit deux-places pour 70/120 B en simple/double. La *Laem Ngop Inn* (☎ *039-597044, fax 597144*) se situe plus haut, au bout d'une ruelle transversale, à 300 m de la rue principale. Ses 31 bungalows en béton, chacun pourvu d'un garage privatif, et équipés d'un ventilateur, d'un téléphone et d'une TV, valent 300 B et respirent la propreté. Pour 450 B, vous aurez la clim. et pour 600 B, un réfrigérateur, une baignoire et l'eau chaude. Non loin du poste de police, la *Paradise Inn* (☎ *039-512831*) offre des prestations semblables.

Khlong Yai. Dans la tradition sino-thaï, le *Suksamlan Hotel* (☎ *039-581109, fax 581311*) situé entre le marché et l'artère principale, facture un minimum de 120 B ses chambres ventilées ou 250/300 B ses simples/doubles climatisées. A la sortie de la ville, par la Highway 3, la *Bang In Villa* (☎ *039-581401, fax 581403*) réunit 44 chambres sans doute plus jolies. Prévoyez 150 à 250 B.

Où se restaurer

Le *marché municipal couvert*, sous le centre commercial, dispose d'un secteur alimentation où se cuisinent, du matin tôt jusqu'en début de soirée, de bons plats à base de nouilles ou de riz. C'est tout à fait bon marché. On peut aussi pendre son petit déjeuner au *stand de café* du vieux marché de jour de Th Tat Mai.

Un *marché de nuit* vous attend à côté du terminal des bus climatisés. Sur le Trat, au nord de la ville, se tient également un petit *marché de nuit* – un bon choix pour de longs repas tranquilles. Trat est réputée pour ses poissons et fruits de mer, moins onéreux qu'à Bangkok ou dans certaines villes nettement plus touristiques.

Le *Jiraporn* est l'un des plus anciens restaurants sino-thaïlandais de la ville. Dans une salle de type café, on peut voir tous les matins les habitués devant leur tasse de thé ou de café. Situé à quelques pas du Meuang Trat Hotel, il sert essentiellement le petit déjeuner. La carte propose des toasts et des œufs au jambon, du *jók* et du *khâo tôm*, mais aussi des nouilles et du riz frits.

Autre institution locale : le *Nam Chok*, un restaurant en plein air à l'angle de Soi Butnoi et de Th Wiwatthana. Pour le déjeuner,

rendez-vous au *Raan Joh* (pas d'enseigne en anglais), 90 Th Lak Meuang. Le numéro est proprement indéchiffrable, cherchez seulement l'unique endroit où l'on sert des *khanŏm beûang*, des crêpes khmères végétariennes préparées dans un wok. Ils servent aussi d'autres spécialités. Très peu cher, il n'ouvre que pour le déjeuner.

Climatisé, le *Saeng Fah* (☎ *039-511222, 157-9 Th Sukhumvit*) propose de succulents plats thaï pour 30 à 100 B, dont une grande variété de fruits de mer. Essayez "le potage à la méduse" ou la salade de palourdes. On sert également le petit déjeuner.

Au fond d'une ruelle, derrière le marché de nuit, un *restaurant végétarien thaï* sert quotidiennement de 6h et 14h sept à huit plats de légumes frais du jour. Comptez à peine 20 B l'assiette de riz avec une garniture de votre choix.

Th Sukhumvit abrite, en face de son intersection avec Th Thoncharoen, le *Kaan Kuay* (aucune enseigne en caractères romains) où l'on se restaure au milieu des plantes tropicales et de grenouilles, lézards et éléphants en céramique. La carte en thaï propose plusieurs plats végétariens pour 25 à 75 B.

Les amateurs de fruits de mer trouveront au *Suan Puu* (centre d'élevage de crabes) de Ban Laem Hin le meilleur établissement de la province. Il est accessible en songthaew sur la route de Laem Sok, à 11 km au sud-est de la ville (20 B l'aller ou le retour). Les tables sont disposées avec goût sur des jetées en bois surplombant Ao Meuang Trat (baie de Trat). Tous les produits de la mer sont du jour, le crabe, élevé sur le site, demeurant bien entendu la spécialité de la maison. Les prix sont modérés, comparés à ceux pratiqués à Bangkok (la carte est rédigée uniquement en thaï).

Laem Ngop. A proximité de l'embarcadère de Laem Ngop, on peut s'attabler pour déguster quelques produits de la mer dans des petits restaurants tout simples en contemplant la mer et les îles. L'un des plus prisés par les Thaïs, touristes ou résidents, est le *Ruan Talay*, un endroit bon marché, construit sur pilotis, au-dessus de l'eau.

CENTRE DE LA THAÏLANDE

Citons aussi le *Kung Ruang Seafood*, le *Tamnak Chang* et le *Krua Rim Nam*, qui proposent une cuisine tout aussi savoureuse et bon marché.

Comment s'y rendre

Depuis/vers Bangkok. Le trajet en bus ordinaire coûte 113 B et dure environ 8 heures ; si le véhicule est climatisé, comptez 169 B en 1re classe ou 132 B en 2e et 2 à 3 heures de moins qu'en bus ordinaire. Tous partent du terminal Est ; comptez de 5 à 6 heures de trajet en bus climatisé, ou 8 heures en bus ordinaire.

Pour le retour à Bangkok, trois compagnies assurent cette liaison. Sahamit-Cherdchai, dans Th Sukhumvit près du Trat Hotel et du marché de nuit, possède les meilleurs bus climatisés et les plus fréquents (14 départs par jour).

Depuis/vers Chanthaburi. Le voyage aller en bus ordinaire vaut 26 B et prend 1 heure 30 pour 66 km. Il y a un départ toutes les demi-heures entre 5h50 et 14h30, puis à 15h45, 16h20 et 17h30.

Les taxis collectifs sont plus rapides. Prévoyez 60 B par personne et 45 minutes de voyage. En milieu de journée, il vous faudra peut-être patienter une bonne heure pour que sept personnes soient réunies et qu'un départ ait lieu. Tâchez de quitter Trat entre 7h et 9h, ou entre 16h et 18h, pour attendre le moins possible.

Depuis/vers Laem Ngop. Les taxis collectifs stationnent dans Th Sukhumvit, près du marché municipal. Ils vous emmènent de Trat à Laem Ngop pour 15 B par personne, ou 100 B si vous le louez en charter. Ils effectuent ces courses toute la journée, mais après la tombée de la nuit, ils n'acceptent plus que les groupes.

Les agences de Tha Laem Ngob proposent trois minibus par jour : le premier à destination de Bangkok, Th Kahao San (départ à 11h, 5 à 6 heures de trajet, 250 B) ; le deuxième pour Pattaya (départ à 13h, 3 heures, 400 B) ; le troisième vers Ban Pae (départ 11h, 2 heures, 200 B).

Depuis/vers Khlong Yai, Hat Lek et Bo Rai. Un trajet en songthaew ou en taxi collectif à destination de Khlong Yai revient à 35 B par personne (ou 400 B en groupe) et prend 45 minutes environ. Ensuite, de Khlon Yai à Hat Lek, le parcours de 16 km coûte 30 B en songthaew (180 B en groupe). Ces taxis stationnent derrière le marché municipal. On peut également prendre une moto-taxi entre Khlong Yai et Hat Lek pour 60 B. Un songthaew assure la navette pour Bo Rai (40 B).

Comment circuler

Une course en samlor dans la ville vaut 10 B par personne. En songthaew, comptez 5 B par personne ou à 20 à 40 B pour tout le véhicule.

DE HAT LEK AU CAMBODGE

Le petit poste-frontière thaï de Hat Lek marque l'extrémité sud de la province. Les marchandises non taxées font ici la navette entre le Cambodge et la Thaïlande.

Face à Hat Lek, sur le sol cambodgien (Sao Thong), il existe une arène pour les combats de coqs, ainsi qu'un casino très fréquenté par les riverains des deux côtés de la frontière.

Deux postes de contrôle militaires sont installés sur la Highway 3, entre Trat et Hat Lek. Les fouilles y sont monnaie courante, notamment depuis qu'on a découvert que ce secteur, entre Khlong Yai et Hat Lek, abritait des groupes paramilitaires clandestins, qui auraient pour objectif de renverser le gouvernement communiste du Vietnam.

De petits bateaux vont de Hat Lek à Pak Khlong, sur l'île cambodgienne de Ko Kong, de l'autre côté de la frontière. Vous devrez verser 100 B par personne, ou 800 B pour la location de toute l'embarcation. Si vous avez prévu de poursuivre votre route plus loin, vous pouvez effectuer le trajet de Pak Khlong à Sao Thong sur un ferry de passagers pour 20 B, puis prendre un hors-bord (500 B par bateau) qui vous mènera en 3 heures à Sihanoukville. De là, 3 heures de route sont nécessaires pour rallier Phnom Penh (50 B en taxi collectif). Vous pouvez aussi prendre le bus qui se rend tous les jours à Phnom Penh.

Les autorités cambodgiennes exigent un visa, que l'on ne peut seulement se procurer à Bangkok, et non à la frontière. Du point de vue de l'administration thaï, il s'agit là d'une mesure à demi légale, et pendant la durée de votre séjour au Cambodge, vous demeurez sous tutelle thaïlandaise ! Vous devez donc être en possession d'un visa thaï, en cours de validité, afin de pouvoir regagner la Thaïlande. Certains expatriés de la région de Trat/Ko Chang utilisent l'itinéraire Trat-Cambodge pour faire renouveler leurs visas, surtout depuis que la plupart des nationalités se voient attribuées désormais un visa d'un mois, à leur arrivée en Thaïlande.

Faute de réunir ces conditions, ou si vous souhaitez seulement vous faire une première impression du Cambodge frontalier, il est facile de visiter en bateau l'île de Ko Kong. Même si elle n'offre pas un grand intérêt en elle-même, c'est une véritable plaque tournante pour les marchandises importées de Singapour. Le Cambodge lui sert, en effet, d'"entrepôt" commercial pour ses échanges avec toute la péninsule. Contactez les pensions Foremost ou Windy, à Trat, pour plus d'informations sur les dernières conditions en vigueur.

Attention. Voyager au Cambodge présente de réels dangers. De nombreuses ambassades déconseillent ce voyage. Vous aurez tout intérêt à vous renseigner auprès de votre ambassade en Thaïlande avant de projeter une incursion au Cambodge. Même si les Khmers rouges font moins parler d'eux, la situation reste très instable, qu'il s'agisse de conflits internes ou d'accrochages avec l'armée gouvernementale.

Khlong Yai

A l'ouest de la nationale demeure un petit groupe de vieilles maisons en bois. Mais, des deux côtés de l'artère, ce ne sont que bâtiments modernes. Un grand marché vous attend dans le centre-ville, ainsi qu'une pension pratiquant des prix modérés, le *Suksamlan Hotel*, et deux banques assurant un service de change. Au sud de la ville s'étend un gigantesque élevage de crevettes.

Reportez-vous à la rubrique *Comment s'y rendre* de *Trat*, pour plus de détails sur les transports pour Khlong Yai et Hat Lek.

Plages

La pointe de la province de Trat qui s'étend au sud-est, à la lisière de la frontière avec le Cambodge, est bordée de plusieurs plages le long du golfe de Siam. **Hat Sai Si Ngoen** ("plage de sable d'argent") se situe au nord du Km 41, sur la Highway 3. Une pancarte indique qu'une station balnéaire devrait bientôt être construite sur les lieux, mais pour le moment, l'endroit est désert. Tout à côté, vous attendent au Km 42, **Hat Sai Kaew** ("plage de sable de cristal"), et au Km 48 **Hat Thaptim** ("plage au saphir").

La plus agréable, **Hat Ban Cheun**, offre une très longue bande de sable claire, à proximité du Km 63. Au milieu des eucalyptus et des casuarinas se trouvent un petit restaurant et quatre cabanes quelconques (200 B) sur un terrain marécageux, derrière la plage. Mieux vaut dormir sur le sable. Vous pourrez néanmoins confier vos objets de valeur aux propriétaires du restaurant qui les garderont dans leur coffre-fort.

PARC MARITIME DE KO CHANG

Ce parc national tient son nom d'une île, **Ko Chang** (l'île des Éléphants), la deuxième île de Thaïlande par sa superficie (492 km²). Il inclut 47 des îles au large de la province de Trat, soit 192 km² de terres et 458 km² d'eau. Ko Chang est couverte à 70% de forêts tropicales humides – les mieux préservées de toute la Thaïlande, si ce n'est de toute l'Asie du Sud-Est. Son relief est entrecoupé de collines et de falaises. Son point culminant domine à 744 m, c'est le Khao Jom Prasat. Les forêts en bordure de la mer et les mangroves abondent également. Le parc abrite, entre autres espèces, des macaques à queue coupée, de petites civettes, des mangoustes de Java, des lézards, des varans d'eau, des pythons de Birmanie et réticulés, des cobras royaux, des cerfs muntjac et des cochons sauvages. Les espèces ornithologiques (61 espèces résidentes, 12 migratrices) comprennent des aigrettes du Pacifique, des engoulevents, des carcophages verts, des guifettes leucoptères, des brèves, et 3 espèces de calao. On trouve aussi une variété d'amphibien endémique, la grenouille Ko Chang (*Rana kohchang*).

Outre Ko Chang, les îles principales sont Ko Kut et Ko Mak. Ko Chang est bordée de petites baies et de plages, parmi lesquelles Ao Khlong Son, Hat Sai Khao, Hat Khlong Phrao, Hat Kaibae, Ao Bang Bao et Ao Salak Phet, toutes proches d'un petit village.

Encore très récemment, il n'existait pas de route goudronnée sur Ko Chang. Seules des pistes de terre rouge reliaient Khlong Son à Hat Kaibae sur la côte ouest, et Khlong Son à Ban Salak Phet du côté est, plus des sentiers tout juste carrossables pour les motos de Kaibae à Ban Bao et de Salak Kok à Salak Phet.

Des travaux sont en cours pour étendre le réseau du côté ouest (il existe déjà un tronçon entre Khlong Son/Ao Sapparot et Khao Khlong Phrao).

Terrain accidenté et cours d'eau ont donné naissance à plusieurs chutes d'eau spectaculaires. Les **chutes de Than Mayom**, trois cascades sur le cours du Khlong Mayom, est accessible par Tha Than Mayom ou Ban Dan Mai sur la côte est. La cascade la plus proche du rivage s'escalade en 45 minutes, par un sentier bien balisé. La vue est superbe et l'on notera deux dalles portant les initiales de Rama VI et Rama VII. La deuxième cascade est située 500 m plus à l'est sur le Khlong Mayom, et la troisième à 3 km de la première. Au niveau le plus bas, vous trouverez des aires de pique-nique.

Sur la côte ouest, en partant d'Ao Khlong Phrao (45 minutes à pied) ou de Hat Kaibae (1 heure), en remontant le canal sur 2 km, les **chutes de Khlong Phu**, plus modestes, s'offrent à la curiosité du visiteur. Si la bicyclette a vos préférences, suivez la piste principale jusqu'à un panneau sur votre gauche. De là, grimpez vers le restaurant, qui n'est qu'à un quart d'heure de marche des chutes. Vous pourrez piquer une tête dans le bassin de retenue, passer une nuit dans l'un des bungalows ou encore camper sur les lieux.

Les plages de **Ko Kut** s'étirent tout le long de sa côte ouest. Ce sont Hat Tapho, Hat Khlong Chao et Hat Khlong Yai Kii. Une piste relie Ban Khlong Hin Dam, principal village de l'île, et Ao Salat, sur le rivage nord-est. Les autres villages sont Ban Ta Poi, Bang Ao Salat, Ban Laem Kluai, Bang Khlong Phrao et Ban Lak Uan.

Les petites îles voisines, Ko Rang et Ko Rayang, sont cernées de récifs coralliens. Pour gagner Ko Kut, nous vous conseillons d'embarquer à Khlong Yai sur le continent ou d'y aller de Ko Mak.

Une plage ourle la baie nord-ouest de **Ko Mak**, la plus petite des trois îles principales. D'autres restent à découvrir. Les plantations de cocotiers occupent 60% de sa surface, tandis que les forêts de mousson recouvrent près du tiers de l'île. Sur l'unique route pavée qui va de l'embarcadère au village, circulent de rares jeeps et tracteurs. Les quelques centres de loisirs louent des motos et organisent des circuits de plongée.

Ko Wai possède quelques-uns des plus beaux récifs coralliens de la région. L'île dispose d'un village de bungalows. **Ko Kham** est également recommandée aux amoureux des fonds sous-marins. Vous pourrez y loger. **Ko Lao-ya**, dotée de ressources naturelles comparables à celles de Ko Wai, offre un hébergement nettement plus coûteux. **Ko Rang**, un minuscule archipel au sud-ouest de Ko Chang, est avant tout l'endroit où viennent pondre les tortues de mer, une espèce menacée.

Comme toujours dans les parcs maritimes, les dispositions entravant les activités des promoteurs sont vivement débattues. Sur Ko Chang, l'accord semble régner sur le terrain appartenant au parc.

Renseignements

Bureau d'information du parc. Celui-ci se subdivise en quatre unités, réparties à : Than Mayom, Khlong Son, Tha Khlong Plu et Salak Phet. Toutes offrent le même type de renseignements, mais celle de Than Mayom présente une exposition descriptive sur la faune et la flore.

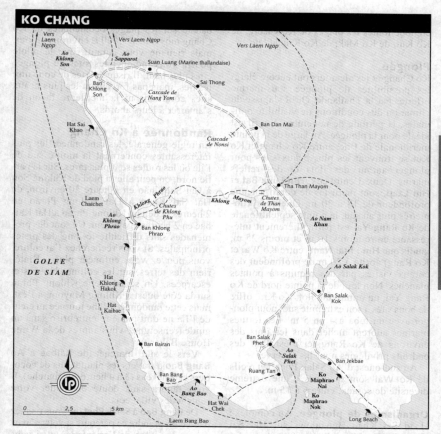

KO CHANG

Vers Laem Ngop

Vers Laem Ngop

Vers Laem Ngop

Ao Khlong Son

Ao Sapparot

Suan Luang (Marine thaïlandaise)

Ban Khlong Son

Sai Thong

Cascade de Nang Yom

Hat Sai Khao

Ban Dan Mai

Cascade de Nonsi

Laem Chaichet

Khlong Phrao

Ao Khlong Phrao

Chutes de Khlong Phu

Khlong Mayom

Chutes de Than Mayom

Tha Than Mayom

Ao Nam Khun

Ban Khlong Phrao

GOLFE DE SIAM

Hat Khlong Hakok

Ao Salak Kok

Hat Kaibae

Ban Salak Kok

Ban Bairan

Ban Salak Phet

Ban Bang Bao

Ruang Tan

Ao Salak Phet

Ban Jekbae

Ao Bang Bao

Ko Maphrao Nai

Hat Wai Chek

Ko Maphrao Nok

0   2,5   5 km

Laem Bang Bao

Long Beach

Argent. Il n'y a pas de banque sur l'île, mais vous pourrez néanmoins, auprès de changeurs officieux, "troquer" vos dollars et vos chèques de voyage à un taux désavantageux. L'unique bureau de poste se trouve près de l'embarcadère de Khlong Son, vous y trouverez un service de télégraphe et de téléphone (sauf l'international).

A Hat Sai Khao et à Hat Kaibae, vous pourrez appeler l'étranger, mais à des tarifs exorbitants.

Services médicaux. La seule clinique est installée à Khlong Son. Le plus proche hôpital se trouve sur le continent, à Laem Ngop.

Désagréments et dangers. Le siège de la police locale est situé à Ban Dan Mai, et dispose d'une prison où sont enfermés en moyenne trois visiteurs par mois, pour avoir été surpris en train de fumer de la drogue sur l'île. Les bains de soleil seins nus ou dans le plus simple appareil sont illicites dans le parc national maritime de Ko Chang, ce qui englobe toutes les plages de Ko Chang, de Ko Kut, de Ko Mak, de Ko Kradat, etc.

Plongée

Ko Chang et les alentours ont encore élargi les possibilités de plongée sous-marine offertes par la Thaïlande. Qu'il s'agisse du climat ou des conditions de visibilité optimales, la période de novembre à avril est idéale pour la plongée. Au large de la pointe méridionale de l'île, entre Ko Chang et Ko Kut se trouvent les plus beaux sites pour plonger autour des îlots et des reliefs marins. Deux d'entre eux, **Hin Luuk Bat** et **Hin Laap**, sont incrustés de corail sur une profondeur de 18 à 20 m. Quelques kilomètres plus au sud, la pointe septentrionale de **Ko Rang Yai** est particulièrement intéressante entre moins 10 m et moins 25 m, tandis que **Hin Phrai Nam** (entre Ko Wai et Ko Rang) abrite à 20 m de profondeur des coraux visités par des requins à pointes blanches. Non loin de la pointe nord de Ko Rang Yai, un minuscule îlot, Ko Kra, offre de bons sites à son extrémité sud, pour plonger avec un tuba à 4 ou 5 m. Les tortues marines adorent nicher dans les îlots des environs de Ko Rang, et c'est l'un des endroits privilégiés pour les observer.

Au sud-ouest d'Ao Salak Phet, les récifs de **Ko Wai** sont couverts d'une extrême diversité de coraux, entre 6 à 15 m.

Organismes de plongée.

Au complexe Haad Sai Khao Bungalows sur Hat Sai Khao, les Ko Chang Divers font passer les brevets PADI aux novices. Les sorties comprennent en général deux plongées accompagnées, transport et équipement, pour 1 500 B ; les plongeurs avec tuba sont les bienvenus, pour 400 B par jour. Ko Chang Divers propose une demi-heure gratis, une initiation en bord de mer, ou un cours PADI complet, pour 8 000 B ; les instructeurs parlent anglais, français, allemand et thaï. Jusqu'ici, le seul autre centre de formation à temps plein sur l'île est le SeaHorse Dive Centre, à Hat Kaibae, entre Nangnuam Bungalows et Porn's.

Vous pouvez aussi louer votre propre bateau sur les plages occidentales de Ko Chang moyennant 1 000 B environ par jour, mais rien ne vous garantit que le pilote pourra vous indiquer les sites de plongée cités plus haut. Il risque certes de connaître les îles, mais pas forcément les plus beaux sites coralliens ni la meilleure façon de s'amarrer à leurs abords.

Randonnée à Ko Chang

En règle générale, les randonnées les plus intéressantes concernent la moitié sud de l'île où les routes sont plus rares. Sur la partie nord, on peut aller à pied de Khlong Son à Hat Sai Khao en 1 heure 30 environ, de Hat Sai Khao à Hat Khlong Phrao en 2 heures et de Hat Khlong Phrao à Hat Kaibae en 2 heures également. Ce sont des promenades sans difficulté le long des pistes principales. Si vous recherchez l'aventure, vous pouvez vous enfoncer plus à l'intérieur des terres, sur les collines boisées et escarpées. Un sentier relie Khlong Phrao sur la côte ouest à Khlong Mayom, à l'est, mais cette randonnée d'une journée au cœur de l'île ne doit pas être entreprise sans un guide (renseignez-vous auprès de la White House Bakery).

Vers le sud, marchez de **Kaibae** à **Ao Bang Bao** à travers les plantations de cocotiers et d'hévéas (3 à 4 heures de marche). Il vous faudra sans doute demander votre route à des villageois.

De **Bang Bao à Salak Phet**, ne vous risquez pas à entreprendre ce parcours si vous n'avez pas un bon sens de l'orientation et si vous randonnez peu souvent. Sans se perdre, il faut compter 5 à 6 heures. Si vous tentez la traversée, prenez des provisions pour une nuit (nourriture et eau). Si vous vous perdez, montez sur une éminence et tâchez de repérer la mer ou un cours d'eau. En suivant un cours d'eau, vous devez logiquement aboutir à un village ou à la mer. Ensuite, vous demanderez votre chemin ou vous suivrez la côte.

Ce conseil vaut pour toutes vos randonnées pédestres à travers l'île ; il est très facile de s'égarer dans le dédale de chemins et de pistes non balisés. A la pointe sud-est d'Ao Bang Bao, autour d'un promontoire qui mène à Ao Salak Phet, vous attend une belle plage, à l'écart, **Hat Wai Chek**.

Du côté est de l'île, il faut 1 heure pour aller de Dan Mai à Than Mayom, 2 heures de Dan Mai à Sai Thong (ou de Khlong Son à Sai Thong). De Salak Kok à Salak Phet, le chemin est facile et 3 heures sont nécessaires. L'**estuaire** à l'extrémité ouest d'Ao Salak Kok abrite l'une des plus belles mangroves de Thaïlande, bien qu'elle soit menacée, comme toutes celles de la côte thaïlandaise, par le développement des élevages de crevettes. Un tour complet de l'île se réalise en une semaine, 10 jours, sans forcer. N'oubliez pas d'emporter une bonne réserve d'eau, et prenez garde aux serpents dont certains, ici, sont venimeux.

Autres activités

Certaines pensions de Hat Sai Khao et, dans une moindre mesure, de Hat Kaibae louent des kayaks, des planches à voile, des masques et des tubas, ainsi que des fun boards. Vous trouverez des VTT à louer pour 100 B la journée auprès des établissements de l'île, parmi lesquels le Muk Hut Restaurant et le Ban Nuna's Restaurant de Hat Sai Khao, ou encore le Coral Resort de Hat Kaibae.

Plusieurs villages de bungalows situés le long des plages occidentales de Ko Chang (ainsi que le Bang Bao Blue Wave Bungalow d'Ao Bang Bao) proposent des excursions d'une journée dans les îles voisines. Prévoyez 150 B par personne pour Ko Yuak ou Ko Man, 300 B pour Ko Rang, Ko Wai, Ko Khlam ou Ko Mak, et 1 000 B pour Ko Kut.

Où se loger – Ko Chang

Beaucoup de cabanes de plage ont été construite il y a huit ans. Leur confort varie énormément. Parmi les complexes de bungalows les plus anciens et les plus rudimentaires, certains sont en cours de rénovation.

Quelques-uns ferment à la saison des pluies (de juin à octobre), mais comme l'île attire de plus en plus de touristes, la plupart des centres de vacances restent ouverts proposant des rabais en basse saison (parfois jusqu'à 60% du tarif normal).

A cette époque-là de l'année, les bateaux vous déposeront à Ao Sapparot, à Dan Mai ou à Than Mayom. Même pendant la saison sèche, les passagers débarquent le plus souvent à Ao Sapparot, ce qui les oblige à poursuivre leur route en songthaew jusqu'aux plages.

Côte ouest. Les plus belles plages étant sur la côte ouest, c'est là que l'on trouve le plus d'hébergements. La plupart des huttes et des bungalows sont équipés de matelas posés à même le sol ou sur un simple bâti, et d'une moustiquaire. La majeure partie de l'île bénéficie désormais de l'électricité, mais si votre bungalow ne fait pas encore partie du réseau, on vous fournira en général des lanternes à gaz ou au kérosène. Seuls quelques établissements diffusent de la musique et, plus rares encore sont ceux (certains ne s'en plaindront pas) qui disposent de TV et de vidéos.

A la pointe nord de l'île se situe le plus grand village, Khlong Son, à l'extrémité du canal. Il dispose d'un temple, d'une école, de plusieurs noodle shops, d'une clinique. Au nord de la baie Ao Khlong Son, la *Manee Guest House* (☎ 01-945 1930) abrite des paillotes à 150 B (certaines avec s.d.b., mais sans le courant). Plus au sud, le *Premvadee Resort* (☎ 01-933 5455) propose pour 500 B un logement fort simple en bungalows avec l'électricité (sanitaires en commun), ou bien des maisonnettes de deux-pièces avec s.d.b. privative et ventilateur pour 1 500 B.

A 5 km du village, Hat Sai Khao ("la plage de sable blanc") regroupe plusieurs ensembles de bungalows. Dans sa partie la plus basse, bien à l'écart de la route et séparés des autres villages de bungalows par quelques rochers, vous découvrirez dans un cadre agréable les huttes toutes simples (sans électricité et avec sanitaires en commun) du *White Sand Beach Resort* (☎ 01-218 7526) louées 150 B la nuit. A l'arrière, des cabanons en bois (sans courant, mais avec s.d.b. privative) se louent 250 B, tandis que les pavillons plus cossus, avec toit en tuiles, sanitaires, électricité et ventilateur sont facturés 600 B.

Plus au sud se sont ouverts quelques établissements sur la plage, moins isolés. Le *Rocky Sand* loue 100 B ses huttes en bois construites sur une avancée rocheuse. D'autres, beaucoup plus agréables, valent 500 B. Vous trouverez sur place un charmant bar-restaurant avec des hamacs. Rock Sand est d'ordinaire fermé à la saison des pluies. Les cabanons en bambou recouverts de chaume du *KC* (☎ *01-211 5607*) sont installés derrière une rangée de palmiers (200 B la nuit sans électricité et avec s.d.b. en commun).

Gérés par un sympathique couple américano-thaï, les *Yakah Bungalows* (☎ *01-219 3897*), proprettes huttes en bambou, disposent de spacieuses vérandas. Comptez 150 à 350 B. Les enfants pourront s'amuser sur la balançoire prévue pour eux, de même que l'établissement propose une bibliothèque bien approvisionnée.

Plus au sud se sont implantés des chapelets de petites cabanes, très rudimentaires, dont les prix s'échelonnent entre 100 et 200 B (40 et 100 B hors saison), voire 300 B pour celles construites en dur. Toutes se ressemblent. Si vous débarquez sur cette plage, faites-en le tour avant de vous décider. En commençant par la pointe nord, vous apercevrez d'abord le *Tantawan* et le *Bamboo*. A l'instar de nombreux villages de bungalows, ils organisent des excursions vers les îles voisines.

Le *Ban Rung Rong* (☎ *039-597184*) propose des cabanons très simples avec ventilateur à 100 B et d'autres plus sophistiqués avec s.d.b. à 300 B (de 50 à 100 B en basse saison). On peut changer des devises sur place (5% de commission), louer des VTT, programmer des excursions en mer et profiter des soirées techno.

Son voisin, le *Cookie Bungalow* (☎ *01-219 3859*) loue 300 à 500 B des huttes rustiques qui bénéficient du courant 24h/24, d'un ventilateur et de sanitaires privés. Les pavillons du *Mac Bungalow* (☎ *01-219 3056*) s'avèrent plus esthétiques ; prévoyez de 250 à 400 B la nuit, avec s.d.b. privative.

Face au Cookie, une bâtisse en bois de style hôtel de l'autre côté de la route, l'*Aru-*

nee's Resort (☎ *01-219 3869*), abrite des chambres avec s.d.b. et ventilateur (250 B). Avantage qui le distingue des autres : un service de photocopies et de fax.

Au sud du Cookie, de nouveau sur la plage, les trois rangées de maisonnettes du *Sabai Beach Bungalow* (☎ *01-949 3256*) ont chacune leur prix : 450/800 B en basse/haute saison pour la première rangée le long de la grève, 350/600 B pour la seconde, et 250/450 B pour la troisième. Le Sabay Bar attenant constitue le quartier général des festivités de la pleine lune.

Bien tenu, le *Haad Sai Khao* remplace ses anciennes paillotes d'origine par des bungalows flambant neufs avec sanitaires privés (900 B). On y trouve services postal et téléphonique. Lorsqu'il affiche complet, l'établissement loue des tentes à 100 B la nuit. Enfin, *Apple* occupe l'extrémité de ce secteur et demande 850 B de ses huttes grand standing avec ventilateur et s.d.b.

Si vous traversez un cours d'eau et mettez le cap au sud, en vous éloignant des zones de bungalows agglutinés, vous parviendrez à deux ou trois lieux qui ont la faveur des voyageurs recherchant le calme... ou jusqu'à présent, du moins. Le *Best Garden Beach Resort* (☎ *01-212 7493*) propose dans un complexe en bois des chambres avec ventilateur et s.d.b. pour 150 à 300 B, ainsi que des cabanons climatisés plus vastes, loués 1 000 B la nuit. On dîne avec grand plaisir dans son restaurant à demi en plein air. Au-dessus des rochers, le *Sunsai Bungalow* (☎ *01-211 4488*) vous plaira pour son excellente tenue et son personnel accueillant. Bien séparées les unes des autres, ses paillotes ventilées avec sanitaires en commun sont proposées à 100 B. Les bungalows plus élégants avec s.d.b. privative reviennent à 600 B la nuit. Le *Moonlight Resort* (☎ *01-936 1703*) facture ses paillotes selon la rangée qu'elles occupent, de 100 B à l'arrière (s.d.b. en commun) à 500 B à l'avant (s.d.b. privée).

Dirigé par des Allemands, le *Plaloma Cliff Resort* (☎ *01-219 3880*) se situe un peu plus au sud, sur une falaise, de l'autre côté d'un promontoire rocheux. Les bungalows tranquilles et spacieux couverts de tuiles valent 600 à 900 B la nuit s'ils disposent d'un ventilateur, 1 500 B avec clim. Tous jouissent d'une s.d.b. privative. A la saison creuse, sur la partie la plus élevée de la falaise, l'établissement loue quelques jolies paillotes avec sanitaires privatifs pour 250 B la nuit. Les cocotiers et la vue sur la mer n'ont rien de désagréable !

A 500 m environ encore plus au sud, puis en empruntant une piste sur 200 m, on découvre au milieu d'un jardin, le *Ban Nuna Tropical Garden Seaview* sur une colline surplombant la mer. Les deux étages de cette demeure moderne de style thaïlandais comprennent 10 chambres, chacune dotée d'une large baie vitrée. Tablez sur 1 000 B au minimum, avec douche à eau chaude, ventilateur et WC à l'occidentale.

A 4 km au sud environ d'Hat Sai Khao (9 km depuis Khlong Son), vous découvrirez Ao Khlong Phrao ("baie des cocotiers"). Elle s'étend de Lam Chaichet, bien au-delà du canal de Khlong Phrao, jusqu'au village de Ban Khlong Phrao (dont elle tire son nom), à 12 km de Khlong Son. Au nord du canal, les *Chaichet Bungalows* (☎ 01-219 3458) en bois se louent 100 à 250 B, tandis que ceux en ciment, avec s.d.b. privée, sont proposés entre 200 et 500 B. Ils suivent la côte du cap Laem Chaichet, mais il n'existe aucune plage à proprement parler.

Toujours sur la rive nord du Khlong Phrao, le *Klong Plow Resort* (*Phrao Resort,* ☎ 01-219 3899) a installé ses bungalows en demi-cercle autour d'un lagon. Ils sont facturés de 600 à 700 B la nuit, avec ventilateur, tandis que les climatisés coûtent 1 400 B. Une maison de deux étages qui peut héberger 20 personnes vous reviendra à 4 000 B.

A proximité de Ban Chaichet, au sud d'Ao Khlong Phrao, les *Coconut Beach Bungalows* (☎ 01-219 3432) réunissent de récentes unités en bois (150 à 200 B en simple/double) et des bungalows en ciment avec s.d.b. (400 à 500 B). L'ensemble est bien entretenu, mais souffre un peu d'un manque d'intimité.

A 10 minutes de marche le long de la plage vers le sud, le *Rooks Ko Chang*

Resort (☎ *039-538055, 01-923 4867*) réunit un hébergement plus haut de gamme et plus onéreux. Il vous faut débourser 1 500 à 1 900 B pour des unités dotées de tout le confort, dont la clim., l'eau chaude et la TV par satellite. La clientèle se compose en majorité de gens d'affaires thaïlandais en vacances, dont bon nombre effectuent un séjour forfaitaire à prix attractif. Ce complexe hôtelier dispose d'un embarcadère privé, le Ko Chang Centerpoint, à Laem Ngop d'où le transport vous coûtera 200 B par personne.

Il est possible de traverser le fleuve en long tail boat, mais vous devez le louer sur la rive sud. Si vous séjournez au PSS, vous n'acquitterez que 5 B, sinon le double. Les paillotes toutes simples (alignées sur deux rangées) du *PSS Bungalow* valent 100 B (fermé à la saison des pluies). A 10 minutes à pied encore en direction du sud et non loin du Wat Ban Khlong Phrao, les cabanons à toit de chaume de *KP Bungalows* (☎ *01-219 125*) sont agréablement espacés. Prévoyez 80 B la nuit, ou 200 B pour les plus beaux avec s.d.b.. Il existe aussi un vaste bungalow en bois facturé 2 000 B. Le restaurant sert jusqu'à 20h et l'extinction des feux a lieu à 21h.

Environ 700 m après la bifurcation pour les chutes de Khlong Pliu, en retrait de la route principale de Ban Khlong Phrao, le *Hobby Hut (*☎ *01-213 7668)* ne dispose que de 4 cabanons des plus simples (d'autres sont en construction). Les tarifs dépendent de la durée du séjour et du nombre des occupants. L'établissement est situé à 300 m de la plage la plus proche ; un petit lagon à l'intérieur des terres fera le plaisir des amateurs de canoë. Du mercredi au vendredi, des musiciens viennent se produire en soirée.

Franchissez un nouveau promontoire, en gagnant le sud, et vous découvrirez deux plages que sépare un chenal : Hat Khlong Malok et Hat Kaibae (à 15 km au sud de Khlong Son). A marée haute, elles ont tendance à disparaître, mais elles n'en demeurent pas moins splendides, d'autant que les cocotiers y abondent. Le *Magic* (☎ *01-219 3408*) et l'*Erawan* proposent leurs bun-

CENTRE DE LA THAÏLANDE

galows ventilés mais peu nets pour 80 à 100 B la nuit, alors que le tarif des plus modernes avec s.d.b. s'échelonne de 150 à 300 B. De nouvelles unités d'hébergement, du type cabanes en rondins, sont proposées à 700 B par le premier. Cet établissement dispose d'une jetée, car le propriétaire assure la liaison en bateau privé depuis Laem Ngop (aussi est-il susceptible de transporter plusieurs passagers à bord directement jusqu'à sa plage). Il y a un service téléphonique. On propose aussi une activité de plongée. Mais l'attrait majeur du site réside dans son restaurant qui surplombe la baie.

Voisin, le *Pikanade Resort* (☎ *01-219 3814*), anciennement appelé Chokdee Bungalow, regroupe de plus jolies paillotes et surtout plus propres (150 B) et des bungalows en béton avec s.d.b. (800 B), au cœur d'une palmeraie. L'inconvénient, c'est qu'il n'existe pas véritablement de plage digne de ce nom.

Toujours plus au sud, sur Hat Kaibae à proprement parler (à 15 km au sud de Khlong Son), on atteint un secteur nouvellement aménagé, avec un embarcadère récent et des bungalows alimentés en électricité par électrogène. Au nord, le premier complexe que vous rencontrez est tenu par des Allemands ; il s'agit du *Palm Beach-Comfortable Bar Resort*, où les cabanons en bois aux couleurs chatoyantes sont loués 150 B l'unité, avec ventilateur et sanitaires privatifs. Des visiteurs nous ont affirmé qu'on y mangeait bien ; sachez en outre qu'on peut y louer des VTT pour 150 B la journée.

Niché dans un splendide écrin de cocotiers, le *Coral Resort* (☎ *01-219 3815*) demande 350 à 600 B pour des unités avec ventilateur et s.d.b. Vous aurez toute faculté d'appeler l'étranger ou de louer un VTT, moyennant 100 B par jour.

Un khlong le sépare des nouveaux bungalows, bien intégrés dans le paysage, du *Nang Nual Resort* (à partir de 200 B). On y sert des plats thaï et français, comme on y loue des canoës. Malheureusement, ce coin est jonché d'immondices par endroits et l'élevage de crevettes voisin risque fort de rebuter plus d'un visiteur.

Sur la rive sud du khlong, *Kaibae Hut* dispose d'un restaurant agréablement conçu et d'une plage, même à marée haute. Tablez sur l'habituel tarif de 200 B pour un bungalow propret avec sanitaires, tandis que le grand bungalow climatisé "version luxe" (avec TV, réfrigérateur et ventilateur) peut accueillir jusqu'à 8 personnes, moyennant 2 500 B. Parfaitement tranquille, l'endroit est clos la nuit par un système de sécurité.

A mesure que l'on se rapproche de la pointe méridionale de Hat Kaibae, la plage prend de l'ampleur. Les paillotes propres et bien séparées les unes des autres au *KaiBae Beach Bungalow* (☎ *039-529022, 01-218 5055*) coûtent 100 à 150 B la nuit pour les plus rudimentaires et jusqu'à 1 500 B pour les plus vastes, aptes à recevoir 4 à 6 personnes. Toutes jouissent d'un ventilateur et d'une s.d.b.. Une centaine de mètres plus loin s'alignent les cabanes toutes simples de *Porn's* (150 B), suivies par les luxueux bungalows du grand complexe *Siam View Resort* (☎ *039-529022, 01-218 5055*). Comptez 750 à 1 300 B avec ventilateur, 1 200 à 1 700 B avec clim., ou encore 3 500 B s'il s'agit d'une unité pour 10 occupants. Dernier village de vacances de la plage, isolé et sympathique, le *Siam Bay Resort* (☎ *01-452 7061*) regroupe des cabanons à 150 B et des bungalows avec sanitaires privatifs loués au minimum 400 B, les plus haut de gamme, en béton, atteignant 600 B. A marée basse, vous pouvez rejoindre à pied Ko Man Nai, située en face.

A une demi-heure à pied, le long du chemin qui mène à Ao Bang Bao, derrière le Siam Bay Resort, le *Tree House Lodge* se niche au milieu des rochers, tout près d'une plage de sable blanc. Sous les cocotiers, les paillotes simplissimes sur pilotis se louent au plus bas 60 B. En haute saison, le lodge assure une liaison en bateau-taxi depuis Laem Ngop, moyennant 50 B par passager.

Côte sud. Aucun des sites côtiers qui suivent n'est ouvert à la saison des pluies, de mai à novembre, quand le transport devient une affaire complexe. Néanmoins, ce sont des lieux à ne pas manquer, si l'on souhaite avoir un aperçu de l'existence des pêcheurs thaï-landais, explorer de superbes sentiers de forêt tropicale ou encore les îlots environnants.

Sur l'Ao Bang Bao, l'accueillant *Bang Bao Blue Wave* (☎ *01-439 0349*) facture 80 B ses paillotes loin du rivage, qui parta-gent des sanitaires. Celles qui bordent la grève disposent d'une s.d.b. privative et reviennent à 150 B. Le courant fonctionne de 6h à 22h.

Vous pouvez éventuellement louer une chambre à peu de frais au village, Ban Bang Bao, accessible en 3 heures de marche depuis la plage ouest Hat Kaibae (on prévoit de construire une route). Sinon, un bateau quotidien lève l'ancre tous les jours en haute saison de Laem Ngop pour rejoindre Ao Bang Bao (130 B l'aller, 100 B le retour). A la saison des pluies, le seul moyen consiste à marcher depuis Kaibae.

La baie suivante au sud-ouest de Ko Chang, Ao Salak Phet, offre plusieurs pos-sibilités d'hébergement. A 300 m du village de Ban Salak Phet, le *Diamond Hill Resort* tente de louer 150 à 200 B des cabanons en bois très fort avenants. En remontant de la route, une fois que vous avez dépassé le bureau local du parc national, le *Ko Chang Marina Resort* (☎ *038-237374, 01-21 30323*), en construction, devrait se compo-ser de chambres climatisées à 1 000 B.

En haut de la route, à deux pas de l'em-barcadère, le *Salakpet Seafood Restaurant & Resort* propose des chambres propres, bâties au-dessus de l'eau (300 B avec ven-tilateur et s.d.b.), ainsi que quelques clima-tisées, de l'autre côté de la route, pouvant accueillir 4 personnes (1 200 B).

Dans le voisinage, le *Sang Aroon Res-taurant* (☎ *01-650 2658*) abrite quelques chambres à 200 B. Sinon, on vous offrira la traversée de la baie en bateau (20 minutes) pour rallier les *Sang Aroon Bungalows* tenus par la même famille à Ban Jaekbae. Comptez alors 200 à 500 B la chambre.

Presque à la pointe du cap sud-est et très retirés, les *Long Beach Bungalows* (☎ *039-511145, email longbeachcoralresort@ aol.com*), sont de solides cabanons pourvus de l'électricité et loués 150 B la nuit (fermé

de juillet à décembre). Plus loin, à la pointe même, la chaleureuse *Tantawan House* a installé 7 huttes sur un affleurement rocheux ; prévoyez 100/200 B en simple/double. La plage ne se trouve qu'à 2 minutes à la nage. Un bateau vous mènera au cap depuis Ao Salak Phet (30 B la traversée).

Une route partiellement goudronnée mène d'Ao Sapparot, au nord, à Ban Salak Phet, au sud. Un songthaew vous conduira à l'embarcadère d'Ao Sapparot ou de Than Mayom. Le village de Ban Salak Phet est très étendu. La route (comme les lignes électriques) s'achève au Salakpet Seafood Restaurant, d'où de petits sentiers longent le littoral sud.

Côte est. A Than Mayom, deux ou trois établissements assez médiocres jouxtent le bureau du parc national. Les *bungalows* de Than Mayom (sans enseigne) lui font face. Comptez 500 B pour une vaste maisonnette blanche de deux-pièces, tandis qu'une mai-son louée 2 200 B peut accueillir jusqu'à 30 personnes. Quelques kilomètres plus au nord, le *Thanmayom Resort* propose, à l'écart du rivage, des cabanons à 100 B la nuit. Il y a une jetée de l'autre côté du che-min de terre, mais pas de plage. A proxi-mité, le *Koh Chang Cabana* (☎ *01-219 3428*) loue des chambres dans une longue maison attenante pour 600 B avec ventilateur ou bien des bungalows climati-sés à 1 200 B. Les circuits organisés consti-tuent l'essentiel de sa clientèle.

Si vous êtes équipé pour le camping, vous avez tout intérêt à planter la tente aux abords des chutes de Than Mayom.

Le centre d'accueil présente une exposi-tion de photos un peu fanées (les cartels sont rédigés en anglais) et fournit une mine d'in-formations pratiques. Au bout d'un petit embarcadère, un *restaurant* sans prétention sert des plats à base de nouilles et de riz.

Où se loger – autres îles
Ko Kut, Ko Mak, Ko Kradat et Ko Kham ont désormais toutes des villages de bunga-lows sur la plage. En général, le sentiment

d'isolement y est plus intense qu'à Ko Chang. En contrepartie, l'accès est plus difficile (encore qu'il existe des bateaux quotidiens en haute saison, de décembre à avril). Hormis dans les établissements pratiquant des forfaits, les tarifs des hôteliers sont moins élevés qu'à Ko Chang.

De mai à novembre, assurez-vous que le transport en bateau fonctionne. La plupart des centres de vacances ferment de juin à septembre.

Ko Kut. A l'instar de Ko Chang, les plus belles plages, comme Hat Tapho, longent la côte occidentale. Les cinq complexes de bungalows de cette île ouvrent uniquement de novembre à mai. Trois d'entre eux reçoivent des hôtes ayant réglé un forfait englobant le transport en bateau, l'hébergement et les repas. Ce sont le *Ko Kut Sai Resort* (☎ 039-511824, 511429), qui demande 1 300 B ; le *Kut Island Resort* (à Bangkok : ☎ 02-374 3004, 375 6188) au tarif de 1 600 B ; et le *Khlong Hin Hut* (☎ 039-530236, 01-947 1760) dont les prix varient de 1 000 à 1 800 B.

Différents types d'hébergement existent à la *Ko Kut Cabana* (à Bangkok : ☎ 02-923 2456) et au *Khlong Jaow Resort* (☎ 039-520337, 520318), du cabanon rudimentaire à 150 B au bungalow tout confort à 1 000 B. Vous pouvez aussi tenter de louer une chambre dans une maison du village voisin, Ban Hin Dam.

Ko Mak. A l'ouest de la baie, le sympathique *Ko Mak Resort & Cabana* (☎ 01-219 120, à Bangkok : 02-319 6714/5) niche ses bungalows ventilés avec s.d.b (à partir de 300 B) au milieu d'une plantation de cocotiers et d'hévéas. Dans le même secteur, *TK Huts* (☎ 039-521133, 521631) propose à 300 B la nuit des bungalows "naturellement ventilés" (c'est-à-dire sans ventilateur). Ventilés et équipés d'une s.d.b. privative, ceux de l'*Ao Kok Resort* (☎ 039-425263) valent 500 B la nuit en basse saison, 700 B en haute saison. Vous disposerez de matériel de plongée et pourrez prendre quelques cours d'initiation.

La *Ko Mak Guest House* (☎ 01-444 2796) loue 100 B la nuit des cabanons tout simples avec véranda et sanitaires communs. Le *Fantasia* (☎ 01-219 1220, à Bangkok : ☎ 02-219 3290) propose des unités plus agréables avec sanitaires privés pour 250 B. En haute saison fonctionne un centre de plongée, installé hors du complexe. Par ailleurs, Fantasia loue des vélos pour explorer les plantations et les villages de pêcheurs de l'île. Dans la partie orientale de Ko Mak, le *Sunshine* (☎ 01-916 5585) comprend de robustes bungalows, loués 650 B la nuit. Comme à Ko Kut, tous ces établissements ferment en général pendant la saison des pluies.

Ko Kradat. Les bungalows climatisés de *Ko Kradat* valent 600 B. A Bangkok, M. Chumpon (☎ 02-311 3668) peut s'occuper des réservations et du transport sur l'île.

Ko Kham. Tenu par un ancien policier fort sympathique, le *Ko Kham Resort* propose ses bungalows en bambou pour 100 à 120 B, ou bien d'autres cabanons plus luxueux pour 700 B. Un bateau est affrété chaque jour de novembre à avril, au départ de l'embarcadère principal de Leam Ngop, Tha Leam Ngop (15h).

Où se restaurer

Toutes les cartes des complexes de Ko Chang se ressemblent. A Hat Sai Khao, les meilleures notes iront au *Sunsai* et au *Tantawan*. Du côté est de la rue principale de Hat Sai Khao, plusieurs petites tavernes proposent des spécialités qu'on trouvait auparavant dans les centres de vacances. En étage, le *Ban Nuna Restaurant-Cafe* est recommandé pour ses pizzas et ses petits déjeuners à l'occidentale. L'enseigne voisine, *Muk House*, propose de gargantuesques petits déjeuners à l'occidentale, du pain fait maison, une carte de plats thaï et de cuisine internationale qui varie chaque jour.

Tenue par des Suédois, la *White House Bakery*, face aux Sabai Beach Bungalows, vend toute une variété de pâtisseries et de milk-shakes aux fruit. Mais elle est aussi un formidable lieu de renseignements sur les activités dans l'île.

Dans la partie méridionale de Ko Chang, à Ao Phet, le *Salakpet Seafood Restaurant* sert les meilleurs fruits de mer de l'île pour un prix tout à fait modéré.

Comment s'y rendre
Ko Chang. Prenez un songthaew (15 B, 25 minutes de trajet) de Trat à Laem Ngop, sur la côte, puis un ferry à destination de Ko Chang. A Laem Ngop, il existe à présent trois embarcadères pour l'île : le principal, Tha Laem Ngop, se situe à l'extrémité de la route de Trat ; le Tha Ko Chang Centerpoint (géré par Rooks Ko Chang Resort) se trouve à 4 km au nord-ouest de Laem Ngop ; le plus récent, Tha Thammachat, a été construit à Ao Thammachat, plus vers l'ouest.

Au départ de Tha Laem Ngop, il y a toute l'année des bateaux pour Ao Sapparot (la "baie des ananas"), au nord de Ko Chang. La plupart des gens embarquent ici, d'autant plus qu'en haute saison (de décembre à avril) les départs ont lieu toutes les heures de 7h à 17h. Le reste de l'année, la fréquence baisse de moitié et fluctue en fonction des conditions atmosphériques et du nombre de passagers. Tablez sur 1 heure de traversée et 50 B par personne. Vérifiez au préalable les tarifs, l'équipage pouvant surtaxer parfois les touristes étrangers. A Ao Sapparot, des songthaews vous attendent pour vous conduire aux multiples plages de la côte ouest à raison de 30 B la place.

Il existe un seul bateau par jour au départ de Tha Laem Ngop pour Than Mayom, à l'est de Ko Chang. Le départ a lieu à 13h (45 minutes de traversée, 30 B). Dans le sens inverse, il lève l'ancre de Than Mayom à 6h30. C'est l'embarcation qu'il vous faut prendre, si vous souhaitez découvrir le sud de l'île et Ao Salek Phet, accessible ensuite en songthaew.

Pour atteindre directement la côte méridionale de Ko Chang, il existe un bateau qui relie Laem Ngop à Ao Bang Bao, les lundi et vendredi seulement, à 13h (2 heures de traversée, 80 B l'aller, 100 B le retour avec départ à 3 ou 4h le lendemain matin).

Au départ du rutilant embarcadère Tha Ko Chang Centerpoint, il existe trois ou quatre liaisons journalières entre 7h et 16h. Prévoyez 45 minutes de traversée, moyennant 70 B par personne, tarif incluant la course en songthaew à destination de l'une ou l'autre des plages.

Dernier moyen de transport en date pour rejoindre Ko Chang, le ferry qui part d'Ao Thammachat quatre fois par jour. Grâce à l'emplacement de la jetée par rapport à l'île et aux puissants moteurs de l'embarcation, celle-ci atteint Ao Sapparot en une demi-heure. Tablez sur 500 B par véhicule avec son chauffeur, plus 50 B par passager ou piéton. Jusqu'ici, sa clientèle se compose en grande partie des gens faisant affaire sur l'île, mais il se pourrait qu'à l'avenir ce moyen de transport supplante aussi le ferry touristique de Laem Ngop.

Il existe aussi des minibus directs au départ de Th Khao San (à Bangkok) pour Laem Ngop (250 B par personne). Même si l'on arrive désormais à temps pour attraper au moins le dernier bateau pour Ko Chang, il vaut mieux emprunter un bus régulier, passer la nuit à Trat ou Laem Ngop et choisir tranquillement son bateau le lendemain.

Ou bien, partez plus tôt de Bangkok (terminal des bus Est) par les bus touristiques publics pour Trat où vous emprunterez un songthaew pour Laem Ngop, ce qui vous permettra de monter dans l'un des bateaux partant l'après-midi.

Ko Mak. Durant la saison sèche, de novembre à mai, des bateaux partent tous les jours, à 15h, vers Ko Mak, depuis Tha Laem Ngop (départ à 8h en sens inverse). La traversée dure de 3 heures à 3h30 (170 B). Pendant la mousson, il n'y a qu'un départ toutes les 48 heures. En cas de fortes marées, il arrive que les bateaux restent à quai plusieurs jours.

Des navires cocotiers effectuent la liaison avec Ko Mak depuis l'embarcadère proche de l'abattoir à Trat, deux fois par mois. Si vous réussissez à être accepté à bord, prévoyez 5 heures de traversée et environ 125 B par personne.

Ko Kut. La plupart des gens gagnent Ko Kut en passant par Ko Mak (150 B). Reportez-vous aux paragraphes ci-desssus.

Si ce moyen s'avère moins fiable (mais certainement plus aventureux), sachez que deux ou trois bateaux de pêche par semaine rejoignent Ko Kut. Ils partent du Tha Chaloemphon, sur le Trat, à l'est de la ville du même nom et acceptent les passagers pour 100 à 150 B par personne. Des embarcations semblables quittent moins fréquemment (de six à huit fois par mois) le village de Ban Nam Chiaw, situé quasiment à mi-chemin entre Trat et Laem Ngop. La fréquence et l'heure des départs dépendent du temps et de la saison de pêche. Comptez 6 heures de traversée pour Ko Kut. Des navires cocotiers s'y rendent aussi une à deux fois par mois depuis l'embarcadère voisin de l'abattoir (mêmes tarifs et temps de traversée que les bateaux de pêche).

Si vous voulez louer sur le continent un bateau pour Ko Kut, le meilleur endroit est Ban Ta Neuk, près du Km 68 au sud-est de Trat, 6 km avant Khlong Yai par la Highway 318. Un long-tail boat pouvant transporter jusqu'à 10 passagers se loue dans les 1 200 B (1 heure de traversée environ).

Le service est parfois suspendu pendant la saison des pluies.

Vers les autres îles. Des traversées quotidiennes vers **Ko Kham** sont assurées à 15h (arrivée à 18h), moyennant 150 B. Le bateau pour **Ko Wai** part également à 15h et arrive à 17h30 (120 B). Pour le retour, les deux bateaux repartent le jour suivant, aux alentours de 8h.

Comment circuler

Moto. Les complexes de bungalows louent des motos à raison de 60 B l'heure ou 400 B la journée, tarifs que les responsables prétendent devoir appliquer, en raison du mauvais état des routes insulaires. Sachez par ailleurs qu'ils détiennent un quasi monopole sur la location des deux-roues.

Songthaew. Les songthaews à l'arrivée des bateaux à Ao Sapparot demandent 30 B par passager pour toute plage de la côte ouest. Entre Than Mayom et Ban Salak Phet, le prix local baisse à 20 B par personne, mais il arrive que les touristes doivent débourser davantage.

Bateau. La location d'un bateau pour visiter les îles avoisinantes coûte en moyenne 500 à 800 B la demi-journée, ou 1 000 à 2 000 B la journée complète, selon l'embarcation et la distance parcourue. Assurez-vous que le tarif comprenne tous les "droits d'usage" sur les îles ; parfois, le pilote exige un supplément de 200 B pour que vous puissiez "profiter" de la plage.

A la pointe sud de l'île, vous pouvez louer un long tail boat ou un bateau de pêche, entre Hat Kaibae et Ao Bang Bao, moyennant 1 000 B, ou environ 150 B par passager, à condition que l'embarcation ait fait le plein de visiteurs. La même possibilité s'offre à vous entre Ao Bang Bao, Ao Salak Phet et le complexe Long Beach Bungalows, pour un tarif frisant les 150 B.

Des bateaux remontent le Khlong Phrao jusqu'aux chutes (50 B par passager), ce type d'excursion étant proposé par la plupart des villages de bungalows.

Provinces de Prachinburi et de Sa Kaew

A mi-chemin entre Bangkok et la frontière cambodgienne, les provinces de Prachinburi et de Sa Kaew ont une vocation essentiellement rurale. Elles sont parsemées de petites ruines Dvaravati et khmères, qui n'ont été ni vraiment dégagées ni restaurées.

Parcs nationaux

Au nord de Prachinburi, la Route 3077 vous mènera au parc national de Khao Yai (reportez-vous à la *Province de Nakhon Ratchasima* dans le chapitre *Nord-Est*). Au nord et au nord-est de Kabinburi s'étendent le long du plateau de Khorat deux parcs nationaux mitoyens : le Thap Lan et le Pang Sida. Couvrant une surface totale de 3 084 km², ils constituent la plus grande réserve naturelle de toute la Thaïlande.

Le **parc national de Thap Lan** est réputé pour ses forêts de *tôn lan*, les "talipots" dont les palmes servaient autrefois de parchemins aux moines bouddhistes. Les aménagements du parc sont sommaires ; si vous souhaitez l'explorer, faites appel aux gardes forestiers (leur quartier général se trouve à Thap Lan, amphoe Na Di). Ils organiseront votre périple et vous délivreront un "permis de camping".

Il n'existe aucun moyen de transport public pour accéder au parc ; l'entrée donne sur la Route 304 (qui mène à Nakhon Ratchasima), à 32 km au nord de Kabinburi.

Le **parc national de Pang Sida**, à 30 km au sud-est de Thap Lan, près du Sa Kaew, est moins étendu, mais beaucoup plus escarpé. Les torrents qui le traversent engendrent de spectaculaires **chutes d'eau**, dont celles de **Pang Sida** et de **Na Pha Yai**, et, d'accès plus périlleux, celles de **Suan Man Suan Thong** et de **Daeng Makha**.

SA MORAKOT ET SA KAEN

Au sud-est de l'amphoe Meuang de Prachinburi (*via* les Routes 319 et 3070), à proximité du village de Ban Sa Khoi (entre Khok Pip et Sa Maha Pho sur la Route 3070), s'étendent les ruines de Sa Morakot ("bassin d'Émeraude"), un important barrage khmer, construit sous le règne de Jayavarman VII, souverain d'Angkor.

Sa Kaew, le "bassin au joyau", est un autre barrage historique, juste au sud de Khok Pip, près de la Route 3070.

ARANYA PRATHET
56 700 habitants

Proche de la frontière thaïlando-cambodgienne, ce district était autrefois un important lieu d'échanges. Après la prise du pouvoir par les Khmers rouges en 1975, puis l'invasion vietnamienne en 1979, les Cambodgiens se sont massivement réfugiés à Aranya Prathet.

Jusqu'en 1997, les affrontements entre guérilleros et troupes gouvernementales de Phnom Penh ont continué d'alimenter ce courant migratoire. Avec le retrait des Khmers rouges, la région est aujourd'hui considérée comme sûre. Tout visiteur porteur d'un visa adéquat peut désormais franchir la frontière entre Aranya Prathet et la ville cambodgienne de Poipet.

La ville offre peu d'intérêt. La présence du camp de réfugiés a considérablement transformé l'atmosphère assoupie, et le commerce frontalier croissant a envahi jusqu'aux lisières de la ville. Enfin, une gigantesque base militaire abrite un bataillon d'infanterie thaï.

Talaat Rong Kleua est un immense marché composé de rangées de hangars, qui s'étend au nord de la ville. Il attire des marchands cambodgiens venus vendre des pierres précieuses, des textiles, de la vannerie, des objets en cuivre et d'autres productions artisanales.

Vol et banditisme étant monnaie courante dans cette région, évitez de voyager la nuit. Et si franchir la frontière pour aller à Poipet présente peu de risques, les zones situées au nord et au sud du district sont truffées de mines. Les Khmers rouges pénétraient en territoire thaïlandais – notamment au nord d'Aranya Prathet – pour gagner la province de Buriram.

Depuis qu'ils ont abandonné leur quartier général de la localité voisine d'Anlong Veng, au Cambodge, on murmure que Ta Mok, leur commandant en chef unijambiste, se cacherait en territoire thaï, dans un secteur au nord d'Aranya Prathet.

Où se loger et se restaurer

Hôtel un peu vieillot du centre ville, l'*Aran Garden 1* (59/1-7 Th Rat Uthit) abrite des chambres honnêtes louées 140 à 180 B avec ventilateur et s.d.b. Plus loin dans la rue, l'*Aran Garden 2* (*110 Th Rat Uthit*) offre plus d'espace et de modernité. Prévoyez 170 B la nuit pour une chambre impeccable et tranquille avec ventilateur, tandis qu'une climatisée vous reviendra entre 300 et 400 B.

Deux nouveaux établissements s'adressent plus particulièrement à une clientèle de marchands plutôt aisés et aux employés non fonctionnaires. La *Inn Pound* (☎ *037-*

232588 ; fax 232115), sur la route principale menant à Aranya Prathet en venant de l'ouest, offre des chambres modernes, propres, avec la clim., pour 350 à 660 B. Mieux situé et plus récent, l'*Inter Hotel* (☎ *037-231291, fax 231848, Soi Ban Aran*) se niche dans une zone résidentielle proche du centre-ville. Comptez 400 B pour une chambre agréable avec s.d.b. et eau chaude, ou 450 B avec réfrigérateur.

Dans le centre, le *Little Home Restaurant,* climatisé, sert des pizzas, des salades, des sandwiches, des glaces, ainsi que de la cuisine thaï et chinoise, de 7h30 à 21h30. Un pâté de maisons au sud-ouest du Little Home vous attend un petit *marché de nuit* où vous trouverez quantité d'étals de nourriture.

Comment s'y rendre

Les bus ordinaires, qui partent toutes les heures de 5h30 à 16h30, du terminal Nord de Bangkok, mettent environ 5 heures pour rallier Aranya Prathet (81 B).

Les bus climatisés (150 B) circulent à raison d'un par heure également, de 5h30 à 10h30 et de 12h à 13h. Les tarifs des bus pour Prachinburi sont respectivement de 37 et 60 B.

Le train (3e classe uniquement) qui relie Bangkok à Aran part de la gare de Hualamphong. Il y en a deux par jour, à 6h et à 13h10 ; le voyage dure 5 heures 30 et coûte 48 B l'aller.

Si vous êtes motorisé, vous pouvez rejoindre Aran depuis la province de Chanthaburi, en empruntant la Route 317, ou depuis la province de Buriram par la Route 3068. Avant de vous engager sur cette dernière, informez-vous auprès des autorités locales de la situation militaire.

Se rendre au Cambodge.

Le train de la SRT vous emmènera, au-delà d'Aran, 5 km plus loin, jusqu'à Poipet, le poste-frontière cambodgien (5 B).

De là, vous pourrez reprendre un train en direction de Phnom Penh (420 km), voire descendre à Sisaphon (49 km), qui assure la correspondance par bus avec Siem Reap/ Angkor Wat.

Province de Phetchaburi

PHETCHABURI
36 000 habitants

Située à 160 km au sud de Bangkok, Phetchaburi (couramment abrégé en Phet'buri, ou Meuang Phet) mérite qu'on y fasse étape pour visiter ses nombreux temples dont la construction s'échelonne sur plusieurs siècles. On peut en visiter six ou sept en deux à trois heures de promenade à travers la ville. Ces temples ont fait très peu de concessions au XXe siècle ; c'est l'occasion de voir ce qu'était un wat siamois en ville.

À l'ouest de la ville, le Khao Wang abrite les restes d'un palais du roi Mongkut et plusieurs wats. De cette petite éminence, on jouit d'une vue panoramique sur la ville. Le temple souterrain des grottes de Khao Luang, au nord de la ville, vaut également le coup d'œil.

Orientation et renseignements

Si vous arrivez par le train, empruntez la rue au sud-est des voies ferrées jusqu'à Th Ratchadamnoen, où vous tournerez à droite. Suivez cette artère vers le sud jusqu'au deuxième grand carrefour, puis bifurquez à gauche vers le centre-ville où vous pourrez faire une agréable promenade. Ou bien prenez un samlor de la gare au Chomrut Bridge (Saphaan Chomrut), pour 20 B. Si vous arrivez en bus, descendez près de Khao Wang. Ensuite, vous devrez prendre un samlor dans le centre-ville.

Argent. La Siam Commercial Bank, au sud de la poste, procède aux opérations de change 2 Th Damnoen Kasem. D'autres banques du quartier disposent d'un service de change et d'ATM.

Poste et communications. Vous trouverez la poste à l'angle de Th Ratwithi et de Th Damnoen Kasem. Elle reste ouverte de 8h30 à 16h30. Au premier étage de ce même bâtiment se tiennent les services télé-

Fête à Phetchaburi

La fête de Phra Nakhon Khiri se déroule tous les ans au début du mois de février. Pendant une huitaine de jours, les festivités sont concentrées autour du Khao Wang et des temples historiques de la cité, décorés pour l'occasion de guirlandes lumineuses : un spectacle son et lumière au palais de Phra Nakhon Khiri et des représentations de drames dansés traditionnels thaï, tels que *lákhon chatrii*, ou *lí-khe*, ainsi que des drames historiques de style moderne. La foire est aussi l'occasion de l'incontournable concours de beauté, très attendu par les jeunes veuves de Phetburi qui viennent y exposer leurs atouts dans l'espoir de trouver preneur !

phoniques internationaux, ouverts tous les jours de 7h à 22h.

Khao Wang et parc historique de Phra Nakhon Khiri

Pour rejoindre Khao Wang à l'ouest de la ville, un samlor depuis le terminal des bus vous coûtera 15 B. Des chemins pavés montent vers les wats et les diverses constructions du palais du roi Mongkut sur Phra Nakhon Khiri (la colline de la Ville sainte). La montée paraît facile, mais elle s'avère plutôt éreintante et, pour 20 B l'aller, un tramway peut vous épargner cette peine. En 1988, Phra Nakhon Khiri a été classé monument historique (entrée : 20 B). Le parc est ouvert du lundi au vendredi de 8h à 17h30, et jusqu'à 18h le week-end.

Grottes de Khao Luang

A 5 km au nord de Phetchaburi se trouve le sanctuaire troglodytique de Khao Luang (Grande Colline). Des marches en béton mènent à une antichambre, puis à la caverne centrale remplie de vieilles statues du Bouddha dont beaucoup ont été placées là par le roi Mongkut. Au fond de la grande

caverne, on aperçoit l'entrée d'une troisième petite salle.

A droite de l'entrée, le Wat Bunthawi s'enrichit d'une "sala" conçue par Mongkut en personne, ainsi qu'un bòt dont on remarquera les portes de bois richement travaillées. L'accès aux grottes est gratuit (dons acceptés). Depuis le centre-ville prenez un samlor (50 B), ou une moto-taxi (25 à 30 B).

Où se loger

A l'est du Chomrut Bridge, sur la rive droite de la Phetchaburi, le *Chom Klao Hotel* (☎ 032-425398), établissement chinois sans fioritures et au personnel sympathique, peut s'honorer de 30 chambres impeccables. Tablez sur 120 B la nuit pour une chambre avec ventilateur et s.d.b. en commun ou 150 B avec s.d.b. privative.

Un pâté de maisons plus à l'est, le *Nam Chai Hotel* (aucune enseigne en caractères romains) loue 120 B des chambres avec sanitaires communs ou 150 B avec s.d.b.. Il ne vaut cependant pas le Chom Klao.

En tout cas, aucun des deux n'égale l'assez récente *Rabieng Rim Nam Guest House* (☎/fax 032-425707, 1 Th Chisa-In), élevée à côté du restaurant du même nom. Ses chambres douillettes avec ventilateur et des sanitaires communs propres sont facturées 120 B par personne.

Comme l'indique son nom, le *Khao Wang Hotel* (☎ 032-425167) se dresse sur la petite hauteur de Phetchaburi. Ses 50 chambres ont longtemps eu notre préférence à Phetchaburi, mais l'endroit accuse un léger déclin depuis quelques années. Une chambre tout à fait proprette avec ventilateur et s.d.b. vous coûtera 210/310 pour 1/2 lits. Les climatisées se louent 310/550 B. Une TV équipe la plupart.

Meilleur rapport qualité/prix de la ville, le propret et sympathique *Phetkasem Hotel* (☎ 032-425581, 86/1 Th Phetkasem) donne sur la route principale du nord à destination de Bangkok, à la sortie de la ville, non loin du terminal des bus. Comptez un minimum de 250 B en simple/double avec ventilateur et s.d.b., jusqu'à 300 B avec clim. et 450 B avec l'eau chaude (50 chambres). Son voi-

CENTRE DE LA THAÏLANDE

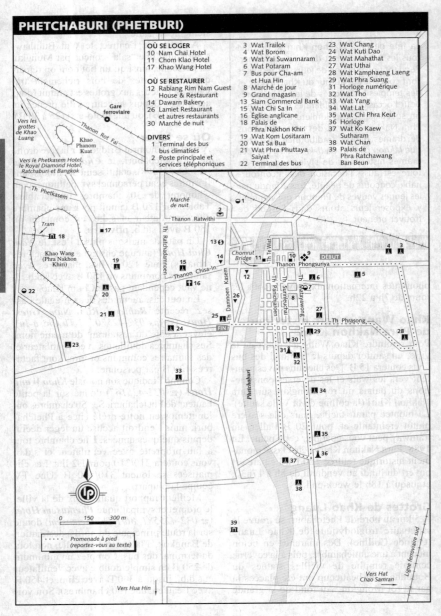

PHETCHABURI (PHETBURI)

OÙ SE LOGER
10 Nam Chai Hotel
11 Chom Klao Hotel
17 Khao Wang Hotel

OÙ SE RESTAURER
12 Rabiang Rim Nam Guest House & Restaurant
14 Dawarn Bakery
26 Lamiet Restaurant et autres restaurants
30 Marché de nuit

DIVERS
1 Terminal des bus bus climatisés
2 Poste principale et services téléphoniques

3 Wat Trailok
4 Wat Borom
5 Wat Yai Suwannaram
6 Wat Potaram
7 Bus pour Cha-am et Hua Hin
8 Marché de jour
9 Grand magasin
13 Siam Commercial Bank
15 Wat Chi Sa In
16 Église anglicane
18 Palais de Phra Nakhon Khiri
19 Wat Kom Lositaram
20 Wat Sa Bua
21 Wat Phra Phuttaya Saiyat
22 Terminal des bus

23 Wat Chang
24 Wat Kuti Dao
25 Wat Mahathat
27 Wat Uthai
28 Wat Kamphaeng Laeng
29 Wat Phra Suang
31 Horloge numérique
32 Wat Tho
33 Wat Yang
34 Wat Lat
35 Wat Chi Phra Keut
36 Horloge
37 Wat Ko Kaew Sutharam
38 Wat Chan
39 Palais de Phra Ratchawang Ban Beun

Promenades dans les temples de Phetchaburi

Wat Yai Suwannaram

Après avoir traversé la rivière Phetchaburi par Chomrut Bridge et être passé devant le Nam Chai Hotel sur la gauche, vous devez parcourir 300 m dans Th Phongsuriya avant d'apercevoir, sur la droite, le Wat Yai. Sa construction remonte au XVIIe siècle, mais il fut rénové durant le règne du roi Chulalongkorn (1868-1910). Le bòt principal (chapelle) est entouré d'un cloître rempli de sobres statues du Bouddha. Vous apprécierez l'excellent état des fresques murales réalisées vers 1730. Juste à côté se dresse un vieux *haw trai*, ou bibliothèque du Tripitaka (écritures bouddhiques).

Wat Borom et le Wat Trailok

Ces deux wats se jouxtent de l'autre côté de Th Phongsuriya par rapport au précédent et un peu plus à l'est. Ils se démarquent par leurs salles monastiques et leurs longs et gracieux "dortoirs" en bois juchés sur pilotis. Tournez à droite dans la rue allant vers le sud à partir du Wat Trailok. On longe une palissade en bambou sur la droite avant d'arriver au Wat Kamphaeng Laeng.

Wat Kamphaeng Laeng

Ce site khmer très ancien (XIIIe siècle) a conservé cinq prangs et une partie de son enceinte de latérite. Le premier prang renferme une empreinte du pied du Bouddha. Des quatre autres, deux abritent des statues dédiées à des *lũang phâw* (moines vénérables) célèbres, un autre est en cours de restauration et le cinquième vient d'être dégagé d'un tumulus de terre. Les Khmers étant hindouistes, les symboles bouddhiques sont des ajouts postérieurs.

Wat Phra Suang et Wat Lat

Suivez la rue (Th Phrasong) qui borde le Wat Kamphaeng Laeng, en direction de la rivière à l'ouest. Vous passerez devant le Wat Phra Suang sur la gauche, un temple quelconque si ce n'est un très joli prasat Ayuthaya. Tournez à gauche juste après ce wat, vers le sud à nouveau, jusqu'à la tour de l'horloge à la limite de la ville. Vous passerez devant le Wat Lat sur la gauche, mais il ne mérite pas de s'y attarder.

Wat Ko Kaew Sutharam

Tournez à droite à la tour de l'horloge et cherchez les pancartes indiquant le Wat Ko, édifié à la période Ayuthaya. Deux sois sur la gauche mènent au wat, qui se trouve derrière les boutiques bordant la rue incurvée. Le bòt renferme des fresques du XVIIIe siècle parmi les plus belles de Thaïlande (notamment une scène montrant un père jésuite vêtu d'un habit monastique bouddhique, ou une autre dépeignant la conversion d'étrangers). Admirez l'architecture en bois de la grande salle monastique construite sur pilotis, analogue à celles du Wat Borom et du Wat Trailok, mais en bien meilleur état.

Wat Mahathat

Suivez la rue face au Wat Ko vers le nord (elle vous ramène au centre-ville), puis tournez à gauche pour franchir le premier pont que vous verrez afin d'atteindre le Wat Mahathat ; ou traversez la rivière au Wat Ko, près de la tour de l'horloge, et suivez la rue de l'autre côté de la rivière. Le grand prang blanc du Wat Mahathat est visible de loin – adaptation des prangs khmers de Lopburi et Phimai typique de la période fin Ayuthaya-début Ratanakosin. C'est à l'évidence un temple important de Phetchaburi, à en juger par l'activité qui y règne.

sin, le ***Royal Diamond*** (☎ *032-428272, 555 Muu 1, Th Phetkasem*) s'adresse à une clientèle plus argentée dans la gamme de 700 à 1 500 B pour une chambre climatisée.

Où se restaurer

Entre autres spécialités locales, vous goûterez à Phetchaburi le *khanõm jiin thawt man* (de fines nouilles accompagnées d'un gâteau de poisson épicé et sauté), le *khâo châe phêtburrii* (du riz rafraîchi, servi avec des confiseries, très prisé en saison chaude) et le *khanõm mâw kaeng* (une crème aux œufs). Vous les trouverez parmi toute une série de plats thaï et chinois classiques, dans plusieurs restaurants autour du Khao Wang. A l'extrémité sud de Th Surinleuchai, sous l'horloge numérique, le ***marché de nuit*** regroupe toute une variété d'étals alimentaires peu chers. Un autre excellent ***marché de nuit*** se tient le long de Th Rot Fai, entre la gare ferroviaire et le centre ville.

Dans le centre-ville, on se restaurera convenablement dans la rue qui mène à l'horloge. Face au Wat Mahathat, le ***Lamiet*** vend de très bons *khanõm mâw kaeng* (crème aux œufs) et *fãwy thawng* (jaunes d'œufs effilés sucrés). Ce magasin possède également une échoppe près du Khao Wang, au milieu d'un groupement de ***marchands de crème aux œufs***.

Le ***Rabing Rim Nam,*** au sud de Th Chisa-In, près du Chomrut Bridge, présente un menu en thaï et en anglais, où sont proposés plus de cent plats.

Sans fruits de mer, ils coûtent de 25 à 50 B ; en revanche, comptez un minimum de 70 B pour certaines soupes et les fruits de mer. A l'intersection de Th Chisa-In et de Th Damnoen Kasem, la ***Dawarn Bakery*** offre une bonne variété de pains et de viennoiseries.

Comment s'y rendre

Bus. En venant de Bangkok, vous trouverez des liaisons régulières depuis le terminal des bus Sud à Thonburi.

Les prix sont les suivants : 50 B en bus ordinaire par la nouvelle route, 46 B par l'ancienne route (*via* Ratchaburi et Nakhon

Pathom) et 60/75 B en bus climatisé 2e/1re classe (2 heures 30 de trajet).

Des bus ordinaires/climatisés relient Cha-am et Hua Hin à Phetchaburi, pour respectivement 18/25 B et 22/31 B. On peut aussi rallier en bus ordinaire Ratchaburi pour 18 B (45 minutes) et Nakhon Pathom pour 29 B (2 heures), Prachuap Khiri Khan pour 40 B (3 heures) et Phuket pour 210 B (340 B en bus climatisé, 12 heures de route). A Phetchaburi, le principal terminus des bus est situé au sud-ouest du Khao Wang.

Train. Les trains quittent la gare de Hualamphong, à Bangkok, à 12h20 (rapide), 14h15 et 14h35 (express spécial), 15h50, 17h35 et 18h20 (rapide), 19h15 (express), 22h30 et 22h50 (autorail diesel express). Tous sont dotés de wagons en 1re, 2e et 3e classes, hormis l'express spécial de 14h35 (uniquement 1re et 2e classes), ainsi que les autorails de 22h30 et de 22h50 (uniquement des secondes), et mettent environ 3 heures pour atteindre Phetchaburi. Les billets coûtent respectivement 34 B, 78 B et 153 B, suppléments pour trains rapides ou express non compris. Vous serez plus vite arrivé par le bus.

Il n'existe aucun train ordinaire au départ de la gare de Hualamphong. En revanche, trois liaisons en train ordinaire (3e classe) partent chaque jour de Thonburi (Bangkok Noi) à 7h45, 13h30 et 14h (34 B sans supplément).

Comment circuler

Samlors et motos-taxis desservent n'importe quel endroit du centre-ville pour 20 B. La location d'un samlor pour la journée revient à 150 B. Une course en songthaew collectif n'excède pas 6 B, où que vous le preniez en ville, y compris de la gare au centre-ville.

PARC NATIONAL DE KAENG KRACHAN

Ce parc de 3 000 km², le plus grand de Thaïlande, couvre presque la moitié de la province de Phetchaburi, le long de la frontière birmane. Cette région étant une des plus arrosées du pays, la forêt humide y est particulièrement dense et luxuriante. La meilleure période pour y aller va de novembre à avril.

Le parc compte aussi des zones de savane herbeuse, des reliefs, des falaises escarpées, des grottes, des cascades, de longs chemins de randonnée et deux rivières, la Phetchaburi et la Pranburi, où l'on peut faire du rafting. Au-dessus du **barrage de Kaeng Krachan** s'étend un grand et poissonneux lac de retenue.

Pour s'y promener et y camper, il faut apporter ses provisions, son eau et son matériel. Des gardes forestiers font parfois office de guides pour des randonnées de deux jours dans le parc. Dans ce cas, comptez en moyenne 200 B par jour. Les guides ne parlent, pour la plupart, aucune langue étrangère. Les **chutes de Tho Thip** se trouvent à trois heures à pied du Km 33, sur la route qui traverse le parc. On peut également entreprendre de plus longues excursions, jusqu'à la source de la rivière Phetchaburi, ou jusqu'au sommet du **Phanoen Thung**, le point le plus élevé du parc. Lorsque l'on s'enfonce plus avant dans le parc, on arrive à proximité des réserves du La-U, et des deux chutes "jumelles" de **Paa La-U Yai** et **Paa La-U Noi**. Plusieurs jours et l'assistance d'un guide expérimenté sont nécessaires pour atteindre le sommet de cette cascade. Près de la seconde chute se trouve un village karen.

Vous pourrez louer des bateaux sur le lac Kaeng Krachan pour 350 B de l'heure, ou 800 B les trois heures. L'entrée du parc coûte 25 B.

Où se loger et se restaurer

Les 11 bungalows proches de l'administration du parc se louent 100 B par personne. Vous pouvez aussi planter votre tente pour 5 B par personne et par nuit. Il y a un petit restaurant tout près du centre d'accueil des visiteurs.

Kaeng Krachan Resorts (☎ 02-513 3238 à Bangkok) propose un hébergement "flottant" plutôt onéreux, sur le lac de retenue La-U.

La malaria demeurant un risque certain pour les randonneurs du parc, prenez de quoi vous protéger des piqûres de moustiques, la nuit comme le jour.

Comment s'y rendre

Kaeng Krachan se trouve à 60 km environ de Phetchaburi par la Route 3175 que l'on prend à Tha Yang sur la Highway 4, 18 km au sud de Phetchaburi. L'administration du parc est installée à 8 km du barrage, où se termine la route.

Il n'existe aucun transport régulier pour le parc, mais de Phetchaburi un songthaew peut vous emmener jusqu'au village de Ban Kaeng Krachan (appelé aussi Fa Prathan), à 4 km du parc. Les départs ont lieu toutes les 30 minutes de l'horloge à affichage numérique, entre 7h et 16h. Un arrêt d'une demi-heure est prévu à Tha Yang. Le prix du billet est de 20 B.

Une fois à Ban Kaeng Krachan, il est possible de faire de l'auto-stop jusqu'au parc, en proposant éventuellement un dédommagement.

Si vous disposez d'un véhicule privé, vous pourrez explorer le parc en empruntant les routes non goudronnées qui le parcourent.

CHA-AM
22 700 habitants

Minuscule bourgade à 178 km de Bangkok, à 38 km de Phetchaburi et à 25 km de Hua Hin, Cha-am est réputée pour sa longue plage bordée de casuarinas, ses délicieux fruits de mer, et son ambiance de fête durant le week-end et les vacances scolaires. En semaine, la plage est quasi déserte. On peut louer des parasols et des transats. Il y a des bains publics pour prendre des douches d'eau douce (5 à 7 B).

Derrière la plage, on ne peut pas vraiment parler d'une ville – le centre est de l'autre côté de Phetkasem Highway, où l'on trouvera la poste, le marché, la gare et les bureaux municipaux.

Vers l'intérieur des terres en venant de la plage (suivre les pancartes), le **Wat Neranchararama** n'est autre qu'un gros bouddha blanc à six bras dont les mains couvrent les neuf orifices du corps dans une posture symbolisant le reniement des sens.

CENTRE DE LA THAÏLANDE

Renseignements
Office du tourisme. Un bureau de la TAT (☎ 032-471502) est installé sur Phetkasem Highway, à 500 m au sud de la ville. Le personnel, très serviable, vous renseignera sur Cha-am, Phetchaburi et Hua Hin. Une permanence est assurée tous les jours de 8h30 à 16h30.

Argent. En bordure de la plage, plusieurs banques, ouvertes de 10h à 20h, offrent un service de change.

Dans le centre-ville, à l'ouest de la Highway 4, vous trouverez plusieurs banques et des distributeurs automatiques.

Poste et communications. Il existe un bureau de poste le long de la plage principale, entre le restaurant Khan Had et le complexe Sam Resort. Il est ouvert du lundi au vendredi, de 8h30 à 16h30, et le samedi de 9h à midi. Vous pouvez y passer des appels téléphoniques internationaux.

E-mail et accès internet. Le Peggy's Pub (voir *Où se restaurer*, plus loin dans cette rubrique) est un cybercafé où vous pourrez surfer sur le net comme rédiger ou consulter votre courrier électronique.

Où se loger – petits et moyens budgets
Vous aurez le choix entre trois types d'hébergement : de charmants bungalows de plage en bois, spacieux et d'un style ancien sur pilotis, à bonne distance de la rue ; des hôtels-appartements sans âme construits au rabais, à la plomberie défectueuse, juste au bord de la route ; et des "condotels" plus coûteux. De nouvelles adresses apparaissent sans arrêt au nord et au sud de la ville. Comptez sur une remise de 20 à 50% sur les tarifs affichés pour un séjour en semaine.

Une rue conduit à la plage depuis la Highway. Si vous tournez à droite, vous trouverez les hôtels cités dans la rubrique *Sud*, et si vous tournez à gauche, ceux de la rubrique *Nord*.

Sud. Près du terminal des bus climatisés, quelques *pensions*, dont les noms changent de temps à autre, émaillent une rangée de magasins modernes. Comptez 300 B pour une chambre avec ventilateur et s.d.b. commune, 500 B avec la clim.

Au sud du dépôt des bus climatisés, l'*Anantachai Guest House* (☎ *032-471980*) abrite de jolies chambres avec vue sur la mer, clim., TV, douche et WC pour 400 à 600 B. L'établissement vous renseignera en outre sur la région et il dispose d'un restaurant thaï bon marché. L'enseigne voisine, le *Savitree Resort* (☎ *032-434088, 01-931 3638*) propose un hébergement climatisé avec TV dans des bungalows attenants en briques, loués 500 B en simple/double.

Un peu moins chère, la *Cha-am Guest House* (☎ *032-433401*) demande 350 à 450 B de ses chambres climatisées proprettes avec TV.

Une valeur sûre, le *Santisuk Bungalows & Beach Resort* (☎ *032-471212, à Bangkok* : ☎ *02-298 0532*) réunit des maisonnettes en bois dans le style Cha-am et une partie hôtel plus récente aussi raffinée. Prévoyez 300 B pour une chambre ventilée dans la section hôtel, 400 B avec clim. Les cottages de deux pièces avec ventilateur, s.d.b. et salon se louent 1 500 B, ou 2 000 B si vous désirez l'air conditionné. Comptez 3 000 B pour une petite maison de trois pièces et deux s.d.b. Le *Nirandorn Resort* (☎ *032-471893*) propose des pavillons semblables pour 300 B avec ventilateur, 500 B avec clim., TV et eau chaude.

Les *Saeng Thong Condominiums* (☎ *032-471466*) reviennent entre 500 et 1 100 B la nuit, un peu moins à la saison des pluies. Toutes les chambres sont équipées de la TV et de la clim. Le *Sea Pearl Hotel* (☎ *032-471118*), ancien White Hotel, propose un hébergement de type appartement à partir de 400 B la chambre ventilée avec s.d.b. Pour la clim. comptez entre 500 et 600 B, ou 700 B pour une chambre plus spacieuse, avec moquette, baignoire et TV.

Comparables, *JJ House* (☎ *032-471231*) et *Somkheat Villa* (☎ *032-471834, fax 471229*) louent leurs chambres 300 à 600 B pour le premier, et 400 à 600 B pour le second.

Les *Naluman Bungalows* (☎ 032-471440), vastes pavillons trois-pièces un peu à l'ancienne, peuvent accueillir jusqu'à 10 ou 12 personnes. Aucun ne jouit d'une vue sur la mer, mais tous bénéficient d'un grand lavabo et d'une spacieuse douche à l'extérieur, de toilettes à l'intérieur et de la TV. La véranda est de belle taille ; il existe un auvent pour votre véhicule. Comptez 1 200 B le bungalow ventilé, tandis que le climatisé, avec réfrigérateur en sus, se loue 1 700 B.

Le *Nipon Resort* (☎ 032-433193) facture 800 B ses chambres d'hôtel avec la TV, la clim. et l'eau chaude. Pour les bungalows, prévoyez 300 B avec ventilateur, ou 800 B avec clim., mais aucun ne possède la TV. Les climatisés peuvent héberger jusqu'à 4 visiteurs.

Dans un style traditionnel, les *Viwathana Bungalows* (☎ 032-471289, à Bangkok : ☎ 02-243 3646) ne sont malheureusement pas aussi bien entretenus que les autres (500 B avec ventilateur, 700 B avec l'air conditionné).

Nord. Pour 800 à 1 200 B la nuit, vous dormirez en chambre climatisée au *Thiptari Place* (☎/fax 032-471979). Déduisez 40% de remise en semaine. Un peu plus haut, la *Rua Makam Villa* (☎ 032-471073) englobe des maisonnettes à l'ancienne en bois et en ciment, spacieuses et à l'écart de la route. Prévoyez 500/1 000 B en simple/double avec ventilateur et multipliez ces tarifs par 2 si vous souhaitez la clim. L'accueillant *Kaen-Chan Hotel* (☎ 032-471314) abrite 48 unités d'hébergement : bungalows avec ventilateur (200 B) ou avec clim. (300 B) ; ou encore chambres climatisées d'hôtel (600 à 800 B). Les tarifs s'envolent en période de vacances. Le 6e étage abrite une piscine, fermée lors de notre visite.

Parmi les établissements les moins chers aussi, le *Jitravee Resort* (☎ 032-471382) et la *Cha-am Villa* (☎ 032-4711241) pratiquent tous deux des tarifs de 300 à 600 B. Les chambres nettes de la nouvelle *Prathonchok House* (☎ 032-471215) offrent encore un meilleur rapport qualité/prix pour 150 à 200 B (250 B avec s.d.b., 300 B avec

TV), pour 300 B climatisées et pourvues d'une s.d.b., et pour 400 B en haut de gamme avec TV et réfrigérateur.

La vaste *Top House* (☎ 032-433307) demande 400 à 600 B pour un logement avec ventilateur et sanitaires privatifs, 800 à 1 200 B si la chambre est climatisée et possède TV et eau chaude. En semaine, on peut vous consentir jusqu'à 50% de rabais. Le panneau du rez-de-chaussée indique : "Bar à boissons internationales". Géré par un couple hollandais, *Jolly & Jumper* (☎ 032-433887, 274/3 Th Ruamjit) propose des chambres ventilées pour 150 à 250 B, ou climatisées de 300 à 500 B.

Les maisonnettes à l'ancienne de *Happy Home* (☎ 032-471393) valent 300 B avec ventilateur, un minimum de 400 B avec clim. et TV. A l'extrémité nord de la plage, les *Paradise Bungalows*, étroitement rapprochés les uns des autres, reviennent à 600 B avec clim. et TV.

Inthira Plaza. Cet ensemble sur Th Narathip, la rue principale qui mène de la highway à la plage, ressemble un peu à ceux de Pattaya.

Deux bars louent des chambres en appartement à l'étage, de 250 à 300 B les chambres ventilées avec s.d.b., de 350 à 400 B avec la clim. (parfois bruyantes le soir).

Où se loger – catégorie supérieure

Ne vous fiez pas à l'appellation "resorts" désormais très répandue à Cha-am. Seuls deux établissements se rapprochent du réel complexe hôtelier.

C'est le cas du *Cha-am Methavalai Hotel* (☎ 032-433250, fax 471590), dont les chambres modernes sont bien tenues, et les balcons superbement fleuris, sans compter sa piscine (accessible aux non-résidents pour 50 B, de 7h à 19h) et une petite plage privée. Les prix annoncés oscillent entre 2 500 et 2 950 B, taxe comprise, mais en semaine, une remise de 50% s'applique automatiquement, et vous obtiendrez même parfois un rabais de 30% le week-end, en dehors de la forte période touristique.

Voisin du Happy Home, dans Th Rumajit, le **Mark-Land Hotel** (☎ *032-433833, fax 433834*) dresse vers le ciel ses 19 étages de spacieuses chambres luxueuses qu'il vous facturera un minimum de 2 360 B. Les aménagements comprennent piscine, sauna, salle de remise en forme et divers restaurants.

Pour quasiment le même tarif, le complexe **Gems Cha-am** (☎ *032-434060, fax 434002, à Bangkok :* ☎ *02-726 4560, fax 726 4570*) abrite 7 étages de chambres tournées sur l'océan et de tout confort (TV par satellite, téléphone IDD…), sans parler du centre d'affaires. Les prix démarrent à 2 700 B, taxe et service en sus, mais moitié prix en semaine. Même le week-end, on obtient facilement une remise de 25%.

Au fond d'un soi avoisinant, le **Long Beach Cha-am Hotel** (☎ *032-472442, fax 472287, à Bangkok :* ☎ *02-241 3897, fax 241 3995*) propose pour la somme minimale de 1 573 B des chambres de luxe, (le tarif "officiel" est de 3 000 B). Toutes disposent d'un réfrigérateur, d'un minibar, de la TV avec diffusion de films de la vidéothèque-maison, d'un séchoir à cheveux, et d'un balcon privatif.

Un peu au sud de la localité, le **Regent Cha-am Beach Resort** (☎ *032-471480/91, fax 471491*) demande 3 000 B en annonçant d'office une réduction de 30 à 40% sur les locations en semaine. Ses installations englobent une piscine, des courts de squash et de tennis, ainsi qu'un centre de remise en forme.

Sur la plage, au nord de la ville, les tarifs du très chic **Dusit Resort & Polo Club** (☎ *032-520009, fax 520296, e-mail polo@ dusit. com*), ne descendent pas en dessous de 3 872 B. Il abrite un centre de remise en forme, un mini golf, un parcours d'équitation, une piscine, des courts de tennis et de squash et, bien sûr, un terrain de polo.

Construit récemment au sud de la ville, le **Springfield Beach Resort** (☎ *032-451181, fax 451194, à Bangkok :* ☎ *02-231 2244, fax 231 2249*), au Km 210 de la Phetkasem Highway, ne propose que des chambres ou suites avec vue sur la mer et balcon. Les prix démarrent à 3 000 B et peuvent atteindre 6 000 B pour une chambre familiale. Toutes les pièces ont téléphone, clim., réfrigérateur, coffre-fort électronique, grande baignoire, et sèche-cheveux. Sur place, vous profiterez d'une cafétéria surplombant l'océan, d'une piscine et d'un jacuzzi, d'un court de tennis, d'un putting-green, d'un parcours de golf de 10 trous (conçu par Jack Nicklaus), d'une salle de gymnastique, d'un sauna, d'un hammam et d'un karaoké.

Où se restaurer

Face à la plage, quelques bons restaurants servent fruits de mer et poissons pour un prix raisonnable, contrairement à ceux des villages de bungalows. Sur la grève, les marchands ambulants proposent toute une variété de produits de la mer frits ou cuits au barbecue.

Les tarifs modérés du **Khan Had Restaurant** ne l'empêche pas de proposer une carte tout à fait riche. L'**Anantachai Guest House** ne ruinera pas ceux qui aiment les plats thaï ou à base de produits marins. En revanche, le **Jolly & Jumper** conviendra mieux si vous souhaitez déguster de la cuisine occidentale tout à fait correcte. Au **Peggy's Pub**, dans le même soi que le Long Beach Cha-am Hotel, vous pourrez manger thaï ou scandinave.

Les hôtels de luxe de la ville proposent souvent une bonne cuisine thaï comme internationale aux prix courants. Au **Sorndaeng Restaurant** du Methavalai Hotel, les fruits de mer sont absolument grandioses.

Comment s'y rendre

Pour venir en bus de Phetchaburi, comptez 20 B. De Hua Hin, prenez un bus à destination de Phetchaburi et demandez à descendre à Hat Cha-am, la plage de Cha-am (10 B).

Les bus ordinaires à destination de Cha-am partent du terminal Sud de Bangkok. Le trajet vous coûtera 55 B (101 B en bus climatisé). A Cha-am, les bus ordinaires s'arrêtent sur Phetkasem Highway. De là, vous pourrez prendre une moto-taxi (10 B la course) ou un taxi collectif pour rejoindre la plage (5 B).

De Cha-am, une petite compagnie de transports privée, située à quelques centaines de mètres au sud de l'intersection entre Th Narathip et Th Ruamjit, affrète 6 bus climatisés par jour pour Bangkok (91 B).

La gare ferroviaire est située dans Th Narathip, à l'ouest de la Phetkasem Highway. Depuis/vers la plage, une course en moto-taxi revient à 20 B. Il existe trois trains au départ de Bangkok pour Cha-am : le premier part à 15h50 de la gare Hualamphong (rapide n°43) ; le second quitte la gare de Sam Saen à 9h25 ; le troisième démarre à 7h20 de Bangkok Noi, à Thonburi. Le trajet en train dure une heure de plus que par le bus (comptez donc environ 4 heures) et le billet 3e classe revient à 40 B. Des places en 1re/2e classes sont également disponibles à 183/91 B, à bord du rapide n°43. Cha-am n'est même pas mentionnée sur les horaires anglais.

Comment circuler

Les tarifs habituels pour une course en moto-taxi et en songthaew public sont respectivement de 20 B et de 10 B (40 B pour une location à la journée). Vous pouvez aussi louer des motos pour 200 à 300 B par jour. Avis Rent-A-Car (☎ 032-52008) dispose d'une agence au sein du Dusit Resort 1 Polo Club.

ENVIRONS DE CHA-AM

Hat Peutkian. Cette plage de sable située entre Cha-am et Phetchaburi est bordée de casuarinas et envahie de tout un tas de vendeurs de plats à manger sur le pouce, comme l'apprécient les baigneurs thaïlandais. Trois îlots rocheux sont accessibles en pataugeant. Sur l'un, une sala permet de se reposer un peu à l'ombre. Une statue de 6 m de haut se dresse à faible distance du rivage ; c'est Phi Seua Samut, la divinité féminine sous-marine qui terrorisa le héros de *Phra Aphaimani*. Pour sa part, le prince, assis sur un rocher voisin, joue de la flûte.

Juste avant la frontière entre les provinces de Phetchaburi et de Prachuap Khiri Khan, soit à 9 km au sud de Cha-am, fut construit sous le règne de Rama VII un palais d'été, le **Phra Ratchaniwet Marukhathayawan**. Cet ensemble de bâtiments d'un

à deux étages est fait de bois de teck doré. Des passerelles couvertes et sur pilotis les relient. La hauteur des toits couverts de tuiles et des fenêtres à persiennes donnent un maximum d'aération à ce palais. Contrairement au palais estival actuel, à Hua Hin, celui-ci se visite chaque jour. Il est entouré par les terrains militaires du camp Rama VI, mais après vérification au poste de contrôle, vous devriez avoir sans problème la permission de le visiter, aux heures des services administratifs (8h30 à 16h30). Pour de plus amples renseignements, appelez le ☎ 032-472482.

Province de Prachuap Khiri Khan

L'ananas et la pêche sont les principales ressources de la population de cette étroite bande de terre au nord de la péninsule. De discrètes stations balnéaires s'échelonnent le long du golfe de Siam.

HUA HIN

35 500 habitants

Simple village de pêcheurs à l'origine, Hua Hin a connu sa première heure de gloire au tournant du siècle. En 1926, le roi Rama VII fit en effet bâtir en bordure de mer le Phra Ratchawong Klai Kangwon, sa nouvelle résidence d'été. C'est là, alors qu'il terminait une partie de golf sur le terrain Royal Hua Hin, que lui parvint la nouvelle du premier coup d'État thaïlandais. Une fois le sceau royal apposé sur ce site, Hua Hin et ses plages sont devenus l'un des lieux de villégiature favoris des Thaïlandais et le restent d'autant plus que le tourisme étranger a envahi les plages de Pattaya et de Phuket. De temps en temps, la famille royale occupe le palais.

La plage, de 5 km est semée de gros galets lisses, d'où son nom qui signifie "tête de pierre". Mais elle est attrayante et on peut y nager toute l'année, encore que les méduses présentent certains dangers à la

PROVINCE DE PRACHUAP KHIRI KHAN

Vers Ratchaburi

PROVINCE DE
PHETCHABURI

Hua Hin
Ko Singtoh
Khao Takiap
Khao Tao
Pranburi
Pak Nam
Pranburi

Chutes de
Paa La-U

Barrage
de Pranburi

Parc
National de
Khao Sam
Roi Yot

0   10   20 km

Kuiburi

MYANMAR
(BIRMANIE)

Ao Khan Kradai
Ao Noi

Dan
Singkhon
Prachuap Khiri Khan
Ao Prachuap

Ao Manao

Chutes
de Huay
Yang

Wa Ko
Hat
Wanakon

Ko Phing

Ko Phang

Thap Sakae

GOLFE
DE SIAM

Bang
Saphan
Yai
Ban Krut

Hat Baw Thawng Lang
Hat Sombun

Ao Bang Saphan
Hat Suan Luang

Bang Saphan Noi

Ko Thalu

Ko Sing

PROVINCE
DE CHUMPHON
Vers
Chumphon
Ko Sang

CENTRE DE LA THAÏLANDE

proposent de la cuisine espagnole, française, italienne ou allemande à une clientèle polyglotte d'âge mûr, ravie de passer deux semaines au bord de la mer, à des prix défiant toute concurrence.

La construction d'une tour hôtelière par la chaîne ibérique Meliá fut un peu le symbole de ce nouveau statut de station balnéaire internationale. Cependant, la plupart des visiteurs, qu'ils soient thaï ou étrangers, préfèrent séjourner dans les multiples hôtels, auberges et autres pensions, situés à deux ou trois pâtés de maisons de la plage. Bref, il existe des sites d'hébergement pour toutes les bourses, et la région attire à présent des touristes thaïlandais et des farángs d'un certain âge, en quête d'un séjour balnéaire confortable, proche de la capitale, mais désireux d'échapper à l'aspect sordide que l'industrie du sexe génère à Pattaya.

Malheureusement, il semblerait que Hua Hin dérive un peu déjà vers ce genre d'attraction touristique. Apparaissent petit à petit le même genre de bâtiments mi-locatifs mi-commerciaux qu'à Pattaya ou Hat Patong (Phuket) et des bars à filles. Ainsi Hua Hin a déjà presque tout perdu de son atmosphère de petit village de pêcheurs.

La grande plage offre ses parasols en chaume et ses chaises longues ; les vendeurs des stands voisins vous apporteront du crabe à la vapeur, des moules, de la bière, etc., et des poneys promèneront les enfants. Le Sofitel Central Hua Hin Hotel a réussi à faire déplacer les vendeurs de la portion de plage lui faisant face ; l'atmosphère en souffre mais la propreté y a gagné. Ils sont maintenant limités à un périmètre très réduit, à proximité de l'entrée publique de la plage, et dans une zone étroite, au sud du Sofitel. Les bières, les boissons non alcoolisées et les fruits de mer sont abordables. Si vous commandez à manger, les parasols et les chaises longues sont gratuits.

Renseignements

Office de tourisme. A l'angle de Th Phetkasem et de Th Damnoen Kasem, 200 m à l'est de la gare ferroviaire, l'office

saison des pluies (de mai à octobre). Les sports aquatiques se limitent à la voile et au scooter des mers. A 4 heures de train de Bangkok, Hua Hin échappe encore à la cohue et à une excessive flambée des prix.

A l'instar de Cha-am, Hua Hin accueille depuis toujours le tourisme local. Mais la rénovation du Railway Beach Hotel, construit en 1923, par un grand groupe hôtelier français à la fin des années 80, a attiré l'attention des étrangers. Désormais, un certain nombre de cafés et de bistrots

du tourisme (☎ 032-511047, 532433) ouvre tous les jours de 8h30 à 16h30. Leur brochure, *Welcome to Hua Hin*, fournit des informations précieuses sur les hôtels, les restaurants et les moyens de transport. Question restauration et divertissements, consultez le *Hua Hin Observer*.

Argent. La ville compte plusieurs banques. A proximité de la plage, le bureau de change de la Bank of Ayudhya reste le plus commode ; il se situe dans Th Naretdamri, presque au coin de Th Damnoen Kasem.

Poste et communications. La poste donne sur Th Damnoen Kasem, à deux pas de l'intersection avec Th Phetkasem. De l'agence CAT attenante, on peut appeler l'étranger par Home Direct tous les jours de 8h à minuit.

E-mail et accès internet. All Nations (☎ 032-512747, fax 530474, e-mail gary@ infonews. co. th) – voir *Où se loger* – abrite jusqu'à présent le seul cybercafé de la ville, mais d'autres suivront sans doute.

Plages

De la gare ferroviaire, il suffit de suivre Th Damnoen Kasem vers l'est pour arriver directement à la plage principale, longue de 2 km. Elle s'étend au sud de Hua Hin et son sable est particulièrement beau aux abords du Sofitel.

Entre 8 et 13 km au sud de Hua Hin, Ao Takiap (la baie des Baguettes) est bordée des plages **Hat Khao Takiap**, **Suan Son** et **Khao Tao**, toutes en plein développement. Au bout de la baie, le **Wat Khao Takiap** offre un beau panorama.

L'extrémité sud d'Ao Takiap s'est transformée en un vaste chantier, les immeubles poussant comme des champignons et bouchant la vue sur la mer.

Cependant, au nord, plusieurs coins tranquilles et boisés abritent des cabanes et des maisons sur la plage.

En voiture, le carrefour pour Ao Takiap se situe à 4 km au sud de Hua Hin. Des songthaews assurent un service régulier.

Où se loger – petits budgets

Les prix grimpent très vite dans les établissements proches de la plage. Mais la plupart des hôtels implantés en ville, encore abordables, sont situés à 10 minutes à pied de la plage.

Pensions. A proximité, mais pas au bord de la plage, les établissements les moins chers sont disséminés dans Th Naretdamri et dans les rues adjacentes. Plusieurs pensions et petits hôtels demandent 150 à 200 B pour une chambre avec ventil. et s.d.b., ou 300 à 500 B avec clim.

Voisin du plus luxueux Sirin Hotel, dans Th Damnoen Kasem, la *Thai Tae Guest House* (Thae) propose des chambres avec ventilateur et s.d.b. à 200 B, les climatisées étant louées 450 B. Celles de la *Khun Daeng House*, dans Th Naretdamri, coûtent 100 B la nuit, avec sanitaires en commun ou 150 B avec s.d.b. privative. Voisine, la *Parichart Guest House* (☎ 032-513 863), établissement moderne et légèrement plus haut de gamme, abrite plusieurs étages de chambres facturées 150 B avec s.d.b. et ventilateur, les climatisées oscillant entre 250 et 500 B (ces tarifs augmentent en haute saison).

Un pâté de maisons plus au nord, l'*Europa Guest House* (☎ 032-513235, *158 Th Naretdamri*) propose à 150 B avec s.d.b. des chambres installées au-dessus d'un magasin. Le bâtiment de bois voisin, la *Sunee Guest House*, affiche les mêmes tarifs pour une chambre avec s.d.b.

Le long du Soi Kanjanomai qui débouche sur Th Naretdamri, juste au nord de Th Damnoen Kasem, l'*Information Guest House* (☎ 032-533757) donne l'impression de changer de propriétaires chaque année ou tous les deux ans. Prévoyez de 120 à 200 B la chambre, certains étant pourvues d'une s.d.b.

Dans la même ruelle, les pensions *Maple Leaf*, *Usaah* et *MP* proposent toutes de petites chambres dans la gamme de 100 à 200 B. Attention ! l'Usaah abrite au rez-de-chaussée un bar ouvert jusqu'à 2 h du matin.

Toujours dans la même venelle, la *Som Waan Guest House* propose des chambres

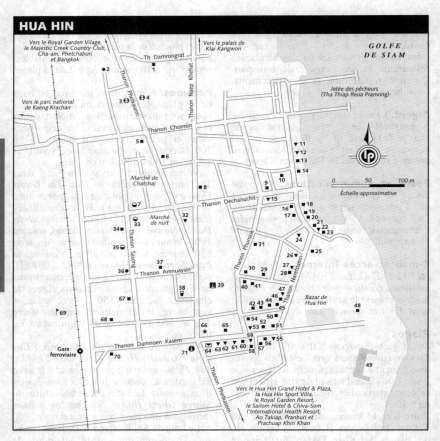

HUA HIN

Vers le Royal Garden Vilage, le Majestic Creek Country Club, Cha-am, Phetchaburi et Bangkok

Vers le palais de Klai Kangwon

GOLFE DE SIAM

Th Damrongrat

Vers le parc national de Kaeng Krachan

Thanon Phetkasem

Thanon Naep Khehat

Thanon Chomsin

Jetée des pêcheurs (Tha Thiap Reua Pramong)

Marché de Chatchai

Thanon Dechanuchit

0   50   100 m

Échelle approximative

Marché de nuit

Thanon Saaon

Thanon Amnuaysin

Thanon Phunsuk

Thanon Naretdamri

Bazar de Hua Hin

Gare ferroviaire

Thanon Damnoen Kasem

Thanon Phetkasem

Vers le Hua Hin Grand Hotel & Plaza, la Hua Hin Sport Villa, le Royal Garden Resort, le Sailom Hotel & Chiva-Som l'International Health Resort, Ao Takiap, Pranburi et Prachuap Khiri Khan

rudimentaires mais proprettes avec ventilateur et sanitaires pour 100 B en période creuse ou 250 B en pleine saison. Si vous souhaitez la clim., vous débourserez entre 250 et 450 B, toujours selon la période.

Sans quitter cette voie, on découvre encore tout un chapelet de pensions installées dans de vieux bâtiments en bois, qui ne manquent pas d'un certain charme. Il paraît donc difficile d'y dormir au calme. A la **Phuen Guest House & Happy Bar** (☎ 032-512344), prévoyez 200 B pour une chambre

ventilée de 400 à 550 B si vous la souhaitez climatisée ; le bar du rez-de-chaussée risque toutefois de décourager les couche-tôt. Sise dans un passage juste avant la Phuen, la **Relax Guest House** (☎ 032-513585) facture 150/200 B en simple/double chacune de ses quatre chambres de dimensions moyennes, avec ventilateur et s.d.b., au sein d'un appartement privé. Plus loin et d'aspect similaire, la **Sukvilay Guest House** propose pour 150 à 200 B la nuit des chambres ventilées, ou 350 à 400 B les cli-

Hua Hin

CENTRE DE LA THAÏLANDE

matisées avec douche chaude. Cette adresse au calme s'avère un peu plus "respectable" que les autres du quartier. Sur le trottoir d'en face, la *Joy Guest House* (☎ 032-512967) loue 150 B ses chambres avec ventilateur, mais il y a un bar ouvert 24h/24 au rez-de-chaussée. Toujours dans cette ruelle, le *Ban Pak Hua Hin* (☎ 032-511653, fax 533649) est un établissement moderne, de style résidentiel. Calme et d'une propreté exceptionnelle, vous y débourserez 200 B pour une chambre ventilée avec s.d.b., 300 B si vous souhaitez l'air conditionné.

En remontant Th Naretdamri, où se trouvaient jadis les quais à calamars, plusieurs motels s'alignent sur les jetées, en bord de mer. Les chambres de la *Mod Guest House* (*Mot*) sont exiguës, mais tout à fait correctes pour 200 B avec ventilateur. Comptez jusqu'à 650 B pour une pièce plus spacieuse avec vue sur l'océan, 500 B pour

une climatisée avec un lit et la TV ou encore 1 500 B pour trois lits, la TV et un réfrigérateur. Voisin, le *Seabreeze (Sirima,* ☎ 032-511060) loue 200 B ses ventilées, ses climatisées se situant dans une fourchette de 550 à 750 B, selon la taille et les prestations. Dans le même secteur, la *Rom Ruen Guest House* propose à 200 B avec ventilateur ou 400 B avec clim. des chambres petites mais bien entretenues. De construction récente, le *Fulay on the Sea* respire la propreté et a la chance d'avoir des petits belvédères de style thaï sur la jetée. Comptez 200 B avec ventilateur, tandis que les climatisées coûtent 600 à 900 B (750 à 950 B en haute saison). Le seul défaut du lieu réside dans les effluves nauséabondes à marée basse.

Un peu plus au sud-est, dans un soi qui mène à la grève, la *Bird* (☎ 032-511630) est la meilleure des pensions en bord de mer.

Bien tenue et bien conçue, elle propose un hébergement en double pour 300 à 500 B. Dans la direction opposée est installée la *Ketsarin Guest House* (☎ 032-511339) de type motel, qu'un restaurant de fruits de mer vient compléter, à l'instar de ses voisines, la *Thanachote Guest House* (☎ 032-513667) et la *Karoon Hut* (☎ 032-530242). La Ketsarin propose des chambres ventilées ou climatisées de 250 à 750 B, la seconde dispose seulement de climatisées à partir de 400 B, et la troisième abrite des chambres toutes simples avec ventilateur à 250 B, ou avec l'air conditionné à 350 B.

Presque en face de la Thanachote, une venelle conduit à la *Pattana Guest House* (☎ 032-513393, fax 530081, e-mail adrianus@prachuab1.anet. net. th, 52 Th Naretdamri). Ses 13 chambres confortables réparties dans deux demeures en bois sont louées un minimum de 200 B avec ventilateur. Un bar et un restaurant se trouvent dans l'établissement.

Plus au sud dans Th Naretdamri, sur le même trottoir, vous découvrirez un long bâtiment blanc de deux étages, la *Memory Guest House* (☎ 032-511816). Saluons au passage sa propreté sans faille et la présence d'un portail verrouillé ; ses tarifs débutent à 200 B. Non loin, la *Fulay Guest House* s'honore de vastes chambres confortables et climatisées, avec TV par câble, réfrigérateur et balcon privatif pour 750 B la nuit.

A l'ouest de Th Naretdamri, dans Th Dechanuchit (à l'est de Th Phunsuk), au-dessus d'un pub géré par un expatrié, vous serez accueilli avec chaleur au sein d'*All Nations* (☎ 032-512547, fax 530474, e-mailgary@infonews. co. th). Selon leur superficie, les chambres proprettes valent de 130 à 150 B.

Chacune de celles faisant partie du haut bâtiment étroit est pourvue d'un ventilateur et de son propre balcon, de même que chaque palier abrite un sanitaire pour deux ou trois chambres. Par ailleurs, cette pension abrite le premier cybercafé de Hua Hin.

Hôtels. Pour trouver des établissements proposant des chambres à moins de 300 B la nuit, il vous faut remonter Th Phetkasem, la principale artère nord-sud qui traverse la ville. En commençant par les moins avenants, citons le *Chaat Chai Hotel* (*59/1 Th Phetkasem*), un endroit sino-thaï quelque peu décrépit où les chambres ventilées avec s.d.b. coûtent 150 à 220 B. Au nord du marché de Chatchai, les chambres avec s.d.b. du *Damrong Hotel* (☎ 032-511574, 46 Th Phetkasem) valent 150 B avec ventilateur, 300 B avec clim. Nul doute qu'il a connu des jours plus fastueux.

Au sud du marché de nuit, sur Th Amnuaysin, le *Subhamitra Hotel* (*Suphamit*, ☎ 032-511208, fax 511508) a plus d'attrait. Si vous voulez une pièce avec ventilateur et s.d.b., comptez un minimum de 250/300 B en simple/double. Les climatisées passent de 450 B en simple/double à 800 B en triple, et davantage si vous désirez la TV ou un réfrigérateur. Il y a une piscine sur place. Derrière le quartier du marché de Chatchai, le *Siripetchkasem Hotel* (*Siri Phetkasem*, ☎ 032-511394, fax 511464) donne sur l'artère nord-sud Th Sasong. Similaire aux hôtels de Th Phetkasem, il loue 300 B ses chambres avec ventilateur, 400 B les climatisées avec TV.

Sur le même trottoir de Th Sasong mais au sud, le *Silapetch Hotel* (☎ 032-530404, 01-452 0478) et le *Srichan Hua Hin Hotel* (☎ 032-513130) facturent 500 à 600 B leurs chambres climatisées, avec moquette. Un tarif un peu excessif !

La *Sand Inn* (☎ 032-533667, fax 533669, 34-38/4 Th Phunsuk) occupe une partie de Th Phunsuk, entre Th Damnoen Kasem et Th Dechanuchit. Vous la repérerez à la végétation luxuriante du mur de façade. Ses spacieuses chambres avec ventilateur, TV, téléphone et eau chaude se louent 400 B, les mêmes avec clim. reviennent à 500 B. L'établissement abrite un restaurant et une cafétéria.

Enfin, au nord, le *Thanachai* (☎ 032-511755, 11 Th Damrongrat) est un endroit plus cossu, dont les chambres ventilées avec s.d.b. sont proposées à 250 B, les climatisées étant facturées 450 B. Il se trouve un peu loin du centre, si vous êtes à pied.

Sachez par ailleurs qu'on y accepte le paiement par carte de crédit.

Où se loger – catégorie moyenne

Dans cette catégorie, les établissements de Hua Hin sont en principe petits, calmes, modernes, avec des chambres climatisées et des prestations haut de gamme, telles que le téléphone. Précurseur de cette tendance, le **Ban Boosarin** (☎ 032-512076) se baptise "mini-hôtel de luxe". Il vous faut débourser 950 B la nuit (800 B hors saison), mais toutes les chambres jouissent de la clim., de l'eau chaude, du téléphone, de la TV, d'un réfrigérateur et d'une terrasse privative. Un coup de chapeau pour son impeccable propreté et pour ses tarifs qui n'augmentent pas le week-end, de même qu'on vous consentira un rabais de 10% si vous séjournez une semaine ou davantage.

Le long du Soi Kasem Samphan, à côté du Jed Pee Nong Hotel, vous trouverez deux ou trois établissements comparables. La **Patchara House** (☎ 032-511787) loue 700 B ses climatisées, avec TV (et vidéo), téléphone, eau chaude et réfrigérateur. Dans la même venelle, le **Ban Somboon** (☎ 032-511538) abrite des chambres joliment décorées à 450 B avec ventilateur, TV et douche à eau chaude, 700 B avec clim., TV et réfrigérateur. Le petit déjeuner est compris dans le tarif et l'établissement bénéficie d'un agréable jardin. Au coin du Soi Kasem Samphan et de Th Damnoen Kasem, sont installés le **Puangpen Villa Hotel** et la **PP Villa Guest House** (☎ 032-533785, fax 511216). Relativement récents, ils se partagent un jardin, une piscine et le même hall d'accueil. Les avenantes chambres climatisées du premier reviennent à 780 B, avec l'eau chaude, la TV et le réfrigérateur. Comptez 680 B avec l'eau chaude dans le second. Ces hôtels, comme le Jed Pee Nong et le City Beach décrits ci-dessous, ne se situent qu'à 200 ou 300 m de la plage.

Très fréquenté, le **Jed Pee Nong Hotel** (☎ 032-512381) se dresse dans Th Damnoen Kasem. Ses chambres, quoique modernes et impeccables, n'offrent rien d'extraordinaire

pour 450 B avec ventilateur, TV et sanitaires privatifs, ou 650 B avec l'air conditionné (800 B avec vue sur la piscine).

Contemporaine, la **Fresh Inn** (☎ 032-511389, fax 512381) de Th Naretdamri, comprend uniquement des chambres avec clim. facturées 700 à 875 B. Cet agréable établissement de classe touristique aurait pu jouir d'une vue sur l'océan, si la tour Méliá Hua Hin ne s'était pas construite devant. Son rez-de-chaussée abrite un restaurant italien, Lo Stivale.

En remontant au nord depuis Th Chomsin (la rue qui mène à la jetée principale), vous débouchez sur Th Naep Khelat. Au n°73/5-7, le **Phananchai Hotel** (☎ 032-511707, fax 530157) propose des chambres ventilées pour la somme de 380 à 520 B, tandis que ses climatisées avec moquette se louent entre 520 et 600 B. C'est un peu loin des plages pour la baignade, mais toutes les pièces sont dotées de l'eau chaude, de la TV et d'un téléphone, sans parler du restaurant.

Où se loger – catégorie supérieure

Entièrement climatisé, le **Sirin Hotel** (☎ 032-511150, fax 513571, Th Damnoen Kasem), un peu plus proche de la plage que le City Beach propose des chambres bien entretenues avec eau chaude et réfrigérateur. Son restaurant partiellement en plein air est assez agréable. Prévoyez 890 B la double en semaine, 1 200 B le week-end (petit déjeuner compris). Le **City Beach Resort** (☎ 032-512870/75, 16 Th Damnoen Kasem) offre des chambres tranquilles, semi-luxueuses, avec les services et les extras habituels pour la somme minimale de 1 331 B (le prix fort étant de 2 662 B).

Non loin de la gare ferroviaire, toujours sur Th Damnoen Kasem et près du Royal Hua Hin Golf Course, la **Golf Inn** (☎ 032-512473) loue ses chambres climatisées 600 à 700 B en semaine, ou 700 à 800 B le week-end.

Hua Hin abrite plusieurs grands palaces. L'**Hotel Sofitel Central Hua Hin** (☎ 032-512021, fax 511014, à Bangkok : ☎ 02-541 1463, e-mail sofitel_central@hotmail.com) n'est autre que l'ancien Hua Hin Railway Hotel (voir l'encadré ci-dessous). Cette superbe bâtisse coloniale sise à l'extrémité de Th Damnoen Kasem donne sur la plage. Les chambres dans l'aile d'origine reviennent à 5 100 B la nuit, celles du nouveau bâtiment sont encore plus onéreuses. Des rabais peuvent vous être consentis en semaine et en basse saison.

De l'autre côté de la rue, la Villa Wing de feu le Railway Hotel s'appelle désormais le ***Mercure Resort Hua Hin*** (☎ *032-512036, fax 511014, e-mail sofitel_central@ hotmail. com*). Il rassemble toute une série de coquets bungalows de plage en bois à une ou deux pièces (4 500 à 7 300 B). Du 20 décembre au 20 février, vous devrez acquitter un supplément "haute saison" de

1 300 B sur toutes les nuitées des hôtels Mercure et Sofitel.

Ultra-chic, le ***Meliá Hua Hin*** (☎ *032-512879, fax 511135, à Bangkok :* ☎ *02-271 3435, fax 271 3689, Th Naretdamri*), appartient à la chaîne espagnole Meliá. Ses chambres dotées de toutes les prestations du genre sont affichées à 4 000 B la nuit, encore que les tarifs au jour le jour se révèlent 30 à 50% inférieurs, hormis en haute saison (du 20 décembre au 10 janvier, comptez un supplément de 900 B). A marée haute, la plage est recouverte, mais il y a une piscine, des courts de tennis, deux terrains de squash climatisés, un centre de remise en forme, un sauna…

Sur la plage méridionale de Hua Hin, les chambres spacieuses et les suites du ***Royal***

Hua Hin Railway Hotel

En 1922, la Compagnie des chemins de fer thaïlandais (qui s'appelait alors Royal Thai Railway) prolongea son réseau jusqu'à Hua Hin, de manière à desservir le palais d'été. L'endroit plut aussi à la clientèle roturière, et l'année suivante la compagnie ouvrait le Hua Hin Railway Hotel, une gracieuse auberge de style colonial en bord de mer, avec de grands escaliers incurvés en teck et des chambres à plafond élevé. Quand je rédigeai la première édition de ce guide, en 1981, une chambre double coûtait encore 90 B, et le service était aussi nonchalant que lors de mon premier séjour en 1977. Les lieux n'avaient sans doute pas beaucoup changé depuis 1920, hormis l'éclairage électrique et le grillage des portes et des fenêtres. Des ventilateurs à grosses pales brassaient l'air humide de la mer et, dans la salle à manger, on dînait avec l'argenterie et la porcelaine de la State Railway datant des années 20. Hélas ! quand les grands magasins Central de Bangkok ont repris la direction de l'hôtel et voulu améliorer le confort, ils en ont brisé le charme.

En 1986, en association avec la chaîne française Accor, ils ont restauré l'ancienne splendeur de l'hôtel, qui porte maintenant le nom peu élégant de Hotel Sofitel Central Hua Hin, mais si vous cherchez un hôtel sud-asiatique ancien et cossu, vous ne serez pas déçu. Tous les lambris et les appliques en bronze des chambres et des vestibules ouverts ont été restaurés. Si la porcelaine et l'argenterie de la Railway ont été reléguées au rang d'antiquités que les clients admirent derrière des vitrines, l'espace et la lenteur d'un autre âge sont demeurés. Même si vous n'avez pas l'intention d'y séjourner, cela vaut la peine de se promener dans les jardins et dans les aires de repos pour y respirer le parfum de l'histoire. L'hôtel est plus intéressant, pour l'atmosphère, que le Raffles de Singapour ou l'Oriental de Bangkok (ni l'un ni l'autre n'ayant 8 hectares de jardin à leur disposition), et à égalité pour le luxe. Aux dernières nouvelles, le standing aurait un peu baissé à la suite du licenciement des cadres européens. La State Railway of Thailand est toujours propriétaire des lieux, la chaîne hôtelière française n'étant que locataire.

Garden Resort (☎ *032-511881, fax 512422,* 107/1 Th Hat Phetkasem) ont toutes vue sur l'océan, au cœur d'un complexe moderne s'élevant sur plusieurs étages. Le premier prix ne descend pas, hors remise, en dessous de 3 800 B (mais 2 400 B après réduction, petit déjeuner compris) et, pour une suite en terrasse, avec jacuzzi et jardin suspendu privatif, il faudra débourser 13 000 B.

Au nord de la localité s'étend sur 6 hectares de parc paysager le *Royal Garden Village* (☎ *032-520250, fax 520259, à Bangkok : ☎ 02-476 0021, fax 476 1120, e-mail royalgardenvhh@minornet. com, 43/1 Th Hat Phetkasem*). Il se compose de villas de style thaïlandais abritant chambres et suites. Comptez un minimum de 9 000 B (4 119 B après réduction). Les deux complexes Royal Garden abritent plusieurs courts de tennis et piscines. Leurs hôtes ont également accès au golf voisin et le Royal Garden Resort possède son propre practice. Bien entendu, on peut y pratiquer toutes sortes d'activités sportives et se faire masser.

Le *Chiva-Som International Health Resort* (☎ *032-536536, fax 511154, 74/4 Phetkasem Highway*) est un établissement de 40 chambres avec vue sur la mer et de 17 pavillons de style thaï implantés sur 3 hectares en bordure de mer, au sud de la ville (avant Nong Khae et Ao Takiap). Comptez 420/630 $US en simple/double.

Il existe encore quelques palaces sur les plages juste au nord et au sud de la ville. Les chambres du *Hua Hin Grand Hotel & Plaza* (☎ *032-511391, 511499, fax 511765, à Bangkok : ☎ 02-254 7675, 222/2 Th Phetkasem*) valent 1 900 à 3 000 B (tarif réduit à 1 000 B hors saison). La *Hua Hin Sport Villa* (☎ *032-511453, 1 085 Th Phetkasem*) facture les siennes 1 800 B la nuit. Le *Majestic Creek Country Club* (☎ *032-520162, fax 520477, Hat Klai Kangwon*) les propose à 3 060 B (1 350 à 1750 B après rabais). Enfin, celles du *Sailom Hotel* (☎ *032-511890/1, fax 512047, à Bangkok : ☎ 02-258 0652, 29 Th Phetkasem*) occupent une fourchette située entre 1 250 et 1 500 B. Certains de ces établissements appliquent un supplément en décembre et en janvier.

Où se loger – en dehors de la ville

Aux environs de Hat Takiap et de Nong Kahea, qui se situe au sud de Hua Hin, il existe des complexes hôteliers de type résidentiel, sur plusieurs étages, ainsi que des villages de petits pavillons de plain-pied. A Hat Takiap, la *Fangkhlun Guest House* (☎ *032-512402*) propose 5 chambres à 600 B avec ventilateur ou à 800 B avec clim. Le *Khao Ta-kiap Resort* (☎ *032-512405*) réunit 8 maisonnettes climatisées à 1 500 B la nuit, tandis que le *Ta-kiab Beach Resort* (☎ *032-512639, fax 515899*), au sud de Khao Takiap, vous demandera 900 B la nuit par personne pour une chambre climatisée et l'accès à la piscine.

Au cœur d'un zone boisée appelée Nong Khae, à l'extrémité nord d'Ao Takiap, vous serez séduit par le *Nern Chalet* (☎ *032-513528*), paisible et confortable. On y trouve 14 chambres climatisées avec TV, eau chaude et téléphone, moyennant 800/900 B en simple/double. Entre Nong Khae et Takiap, le *Hua Hin Bluewave Beach Resort* (☎ *032-511036*) est un établissement de style "condotel", avec des chambres au prix affiché de 2 178 B (louées 1 200 B après remise, petit déjeuner compris). Le domaine abrite aussi une piscine et un centre de remise en forme.

Sur Hat Suan Son, le moderne *Suan Son Padiphat* (☎ *032-511239*) loue 300 B des chambres ventilées (600 B si elles donnent sur la mer) et 500 à 1 000 B celles qui bénéficient de la clim.

Dans le bas de gamme, à Pranburi, le *Pransiri Hotel* (☎ *032-621061, 283 Th Phetkasem*) et le *Pranburi Hotel* (☎ *032-622042, 30/9-10 Th Phetkasem*) louent tous les deux des chambres pour 150 B environ.

Au *Club Aldiana* (☎ *032-611701, à Bangkok : ☎ 02-203 0601, fax 203 0600, e-mail aldiana@mozart. inet. co. th*), centre de vacances pour amateurs de sports aquatiques, l'hébergement en bungalow ou en chambre d'hôtel vaut un minimum de 2 100 B la nuit (1 900 B en semaine). Ce tarif comprend trois repas buffet, toutes les activités sportives et les distractions.

Où se restaurer

L'un des attraits majeurs de Hua Hin est depuis toujours le marché aux fruits de mer de Chatchai, en plein cœur de la cité. Ses étals colorés sont à la fois un régal pour l'œil, la gourmandise et le porte-monnaie car les prix restent tout à fait modiques. Les marchands se rassemblent le soir pour cuire à la vapeur ou au four, bouillir, frire et griller mille et un produits frais du golfe. Dans la journée, bon nombre de ces mêmes vendeurs préparent des en-cas de fruits de mer sur la plage.

Parmi tous les délices qu'on vous propose, citons les meilleurs : la *plaa sãmlii* (lamproie), la *plaa kapõng* (perche), le *plaa mèuk* (calmar), les *hãwy malaeng phùu* (moules), et le *puu* (crabe). On les prépare selon différentes manières :

dìp	cru
nêung	à la vapeur
phão	grillé
phàt	en filets ou en tranches et frit
râat phrík	à l'étouffée, à l'ail et au piment
thâwt	frit dans son entier
tôm yam	dans un bouillon épicé et acidulé
yâang	rôti (le calmar seulement)

Pour les fruits de mer, les meilleures adresses se répartissent sur trois principaux secteurs. Tout d'abord, les restaurants à prix moyens de Th Damnoen Kasem, non loin des hôtels Jed Pee Nong et City Beach, et dans les rues adjacentes, Th Phunsuk et Th Naretdamri. Ensuite, vous trouverez des produits excellents et peu chers au *marché de nuit de Chatchai*, qui se tient sur Th Dechanuchit à son intersection avec Th Phetkasem, ainsi que dans les *restaurants sino-thaï* du quartier. Enfin, le troisième secteur se situe aux abords de Tha Thiap Reua Pramong, la grande jetée des pêcheurs, à l'extrémité de Th Chomsin. Le poisson y arrive tout frais par bateau, bien sûr, mais il n'est pas forcément le moins onéreux de la ville. Proche de la jetée, le *Saeng Thai* est l'établissement le plus ancien de Hua Hin pour les spécialités de la mer. C'est cependant dans les petites gargotes des alentours de Th Chomsin et du marché de Chatchai que vous grèverez le moins votre budget. La Th Chomsin accueille aussi un *marché de nuit*.

Deux établissements sino-thaï de Th Phetkasem, le *Khuang Seng* et le *Thara Jan* (aucun des deux ne dispose d'une enseigne en caractères romains) servent des fruits de mer d'un bon rapport qualité/prix.

Le marché de Chatchai convient à merveille pour un petit déjeuner à la thaïlandaise ; on y vend de succulents *jòk* et *khâo tom* (soupes à base de riz). Les *paa-thông-kõ* frits (à la manière de Hua Hin ; petits, craquants et non huileux) sont vendus 2 B les trois. Quelques marchands proposent du lait chaud de soja dans des bols (5 B), dans lequel vous pouvez casser quelques paa-thông-kõ. Buvez aussi du *náam chaa*.

Voisine de Jed Pee Nong, la *Gee Cuisine* accueille nombre de farángs car les plats thaï y sont en général délicieux. Le *Lucky Restaurant*, qui jouxte quasiment la PP Villa, propose une nourriture comparable.

Près de l'All Nations, vous vous sentirez bien au *Fa Mui*, sur Th Dechanuchit. On y mange, dans une ambiance animée, des plats thaï et des spécialités de la mer. Les habitants de Hua Hin comme les Thaï de passage s'y pressent pour des tarifs bon marché à modéré.

Le *Taj Mahal*, dans Th Naretdamri, jouxte la pension Bird et sert une cuisine indienne tout à fait convenable.

Cuisine internationale. Les restaurants de Th Phunsuk et de Th Naretdamri se spécialisent peu à peu dans la cuisine internationale. Ce quartier doit contenir plus de restaurants italiens par personne que nulle part ailleurs dans le pays. Au 132 Th Naretdamri, le populaire *Lo Stivale* (☎ 032-513800) propose les habituels plats transalpins et des pizzas.

Le *Headrock Pub* (☎ 032-514002), dont l'enseigne anglaise est un clin d'œil au nom de Hua Hin ("Tête de pierre") constitue davantage un lieu pour boire un verre, mais il sert aussi des plats thaï et occidentaux. Dans une ruelle adjacente de Th Naretdamri, le *Nice Restaurant* (☎ *032-530709, 7A Soi Selakam*) occupe une ravissante demeure en bois. Pour un prix raisonnable, on y déguste des fruits de mer, de la cuisine occidentale et thaïlandaise. Le petit déjeuner est sa spécialité ; des œufs, des toasts et du café vous coûteront à peine 25 B. Le *Piaf* (*23 Th Naretdamri*) est un établissement germano-autrichien où la cuisine thaï tient sa place. *Le Chablis* (*88 Th Naretdamri*) sert des plats et des vins français (le tout agrémenté d'un accompagnement musical au piano, en soirée). Dans la rue suivante à l'ouest, Th Phunsuk, *La Villa* (☎ *032-513435*) propose pizzas, spaghettis, lasagnes et tutti quanti. Le *Sunshine Restaurant & Bakery* sert des produits et des pâtisseries d'outre-Rhin.

Al Fresco (☎ *032-532678*) et l'*Italian Ice Cream* (☎ *032-53753*), tous deux situés sur Th Damnoen Kasem, servent des glaces italiennes maison. Dans le même immeuble qu'Al Fresco, *Capo's* a pour spécialité les steaks et les côtelettes de porc. Les amateurs de viande dévoreront aussi leur content au *Buffalo Bill's Steack & Grill*, dans la même rue, à côté de la poste.

Tenu par des Britanniques, la *Berny's Inn* du bazar de Hua Hin (sur Th Damnoen Kasem) sert de 14h à 2h du matin des steaks, des côtes de porc, des hamburgers, des sandwiches, entre autres plats roboratifs internationaux.

Où sortir

Les alentours de Th Naretdamri et de Th Phunsuk abritent plusieurs bars faràngs, dirigés par des Français, des Allemands, des Italiens, des Néo-Zélandais et des Suisses. On retrouve dans la plupart l'ambiance des bars à hôtesses thaïlandaises. L'*All Nations Bar* (*10-10/1 Th Dechanuchit*) s'est différencié en recréant une atmosphère de pub, avec toute une collections de drapeaux et de souvenirs du monde entier. Le *Headrock* et la *Berny's Inn* (voir *Où se restaurer*) sont à la fois des restaurants et des endroits pour boire un verre.

Voisin du Jed Pee Nong Hotel, sur Th Damnoen Kasem, le *Stone Town*, pub de style saloon, accueille tous les soirs un orchestre de folk et country. Pour écouter du rock, allez faire un tour du côté du *Hurricane Pub*, près de Th Phetkasem, où tous les soirs des groupes thaïlandais jouent de la pop thaï et occidentale. Pas de droit d'entrée à acquitter et les boissons ne sont pas plus chères que dans les autres bars pour faràngs.

Comment s'y rendre

Avion. Il y a encore deux ou trois ans, Bangkok Airways assurait la liaison avec Hua Hin, mais l'aéroport est à présent fermé. Les autorités de la ville affirment qu'il va subir des agrandissements, afin de s'adapter au trafic aérien international.

Bus. Le trajet en bus au départ du terminal Sud de Bangkok revient à 110 B en véhicule climatisé 1re classe, à 85 B en 2e classe climatisée, et à 61 B sur une ligne ordinaire. La durée du voyage varie de 3 heures 30 à 4 heures. Diverses agences de Th Khao San, à Bangkok, proposent aussi des minivans à destination de Hua Hin, moyennant 150 B par passager.

De Phetchaburi, il y a régulièrement des bus ordinaires pour Hua Hin (25 B le billet, 30 B en véhicule climatisé). On peut attraper la même ligne à Cha-am (10 B ou 20 B en bus climatisé). Au départ du principal dépôt de Hua Hin, vous pouvez rejoindre Prachuap Khiri Khan (30 B ou 42 B en véhicule climatisé), Chumphon (77 B ou 108 B), Surat Thani (136 B ou 190 B), Phuket (198 B ou 277 B) Krabi (177 B ou 248 B) et Hat Yai (251 B ou 392 B).

Pran Tour (☎ 032-511654), dans Th Sasong (à deux pas du Siripetchkasem Hotel), gère un service de bus climatisés pour Bangkok, qui partent environ toutes les 2 heures, entre 3h du matin et 21h. Prévoyez 63/110 B pour un trajet en 2e/1re classe dans un véhicule climatisé. Son voisin, BJ Travel (☎ 032-530593) affrète des bus long courrier en bus VIP climatisés à destination de : Surat Thani (530 B), Ko Samui (forfait bus et ferry, 650 B), Ko Pha-Ngan (bus et ferry, 700 B), Krabi (650 B), Phuket (650 B), Hat Yai (750 B),

Padang Besar (1 050 B), Butterworh (1 050 B), Penang (1 150 B), Kuala Lumpur (1 450 B) et Singapour (1 600 B). BJ propose aussi des minivans pour Chumphon, moyennant le tarif élevé de 350 B la place, ainsi qu'un forfait minivan et ferry pour relier Ko Tao (550 B).

Train. Pour plus de détails, voir la rubrique *Comment s'y rendre* de *Phetchaburi*. De Bangkok, il faut compter 3 heures 45 et 202 B en 1re classe (uniquement par rapide ou express), 102 B en 2e classe (rapide ou express) et 44 B en 3e classe.

On peut aussi venir en train depuis n'importe quelle gare de la ligne sud : Phetchaburi (3e classe, 10 B), Nakhon Pathom (2e/3e classes 71/30 B), Prachuap (3e classe, 14 B), Surat Thani (2e/3e classes, 146/63 B) et Hat Yai (2e/3e classes, 243/105 B). Les tarifs 1re et 2e classes n'incluent pas les suppléments pour les trains rapides et express.

Comment circuler

Des bus locaux/songthaews relient Hua Hin aux plages de Khao Takiap, Khao Tam et Suan Son. Le tarif est de 7 B par personne, mais il arrive que les faràngs aient à payer 10 B. Ces bus circulent de 6h environ à 17h50. Ceux qui rejoignent Hat Takiap partent de Th Sasong, face au principal terminus des bus, tandis que les autres partent de Th Chomsin, en face du wat.

Le trajet pour Pranburi coûte 10 B au départ de Th Chomsin.

Les tarifs des samlors de Hua Hin ont été fixés par la municipalité, ils ne devraient donc pas faire l'objet de marchandage. Quelques courses : gare ferroviaire-plage, 20 B ; terminal des bus-Th Naretdamri, 30 à 40 B ; marché de Chatchai-quai des bateaux de pêche, 20 B ; gare ferroviaire-Royal Garden Resort, 40 B.

On peut louer des motos et des vélos dans deux magasins de Th Damnoen Kasem, près du Jed Pee Nong Hotel. Les tarifs pour les motos sont raisonnables : de 150 à 200 B la journée pour une 100 cm³, de 200 à 300 B pour une 125 cm³. Il arrive que de grosses motos soient disponibles – de 400 à 750 cm³ – pour 500 à 600 B la journée. La location d'une bicyclette coûte 30 à 70 B la journée.

Avis Rent-A-Car (☎ 032-512021/38) dispose d'un comptoir à l'Hotel Sofitel Central Hua Hin. En ville, des agences meilleur marché louent des berlines pour 1 300 à 1 500 B la journée, ou des Suzuki pour 800 à 1 000 B par jour.

Au quai des pêcheurs, vous pourrez louer un bateau pour aller sur Ko Singtoh (800 B la journée). De la plage Hat Takiap, comptez 700 B. Il faut marchander dans les deux cas.

PARC NATIONAL DE KHAO SAM ROI YOT

Ce parc de 98 km², établi en 1996, offre plusieurs points de vue magnifiques sur la côte de Prachuap. Son relief est en effet aussi mouvementé que son nom l'indique : "les Trois Cents Cimes". Le Khao Daeng n'est qu'à une demi-heure de marche de l'administration du parc. Si vous avez le temps et l'énergie, grimpez les 605 m du **Khao Krachom** doté d'un magnifique panorama. Avec un peu de chance, vous verrez un serow (une chèvre-antilope d'Asie). Les lagons et marécages côtiers sont idéaux pour observer des oiseaux. Le long de la côte, on voit passer de temps en temps une bande de dauphins d'Irrawaddy (en thaï, *plaa lohmaa hua bàat*).

N'oubliez pas d'emporter un antimoustique pour visiter le parc. Si le risque de malaria est faible, les moustiques se montrent cependant agressifs.

Faune

Le parc de Khao Sam Roi Yot abrite des espèces sauvages comme le macaque mangeur de crabe, le langur (le parc est considéré comme l'un des meilleurs sites pour l'observation de ce dernier), le cerf muntjac, le loris lent, le pangolin malais, le chat pêcheur, la civette palmiste, la loutre, le serow, la mangouste de Java et le varan.

Sur le plan ornithologique, le parc des Trois Cents Cimes bénéficie d'une position géographique privilégiée, puisqu'il se trouve à la confluence des voies migratoires est-asiatique et australienne : on a ainsi pu y répertorier jusqu'à 300 espèces d'oiseaux, migrateurs ou résidents, notamment le blongios à cou jaune, le blongios cannelle, la poule sultane, le râle d'eau, la marouette à poitrine rouge, le jakana à ailes bronze, le héron cendré, le tantale indien, le canard siffleur, l'aigle criard et l'ibis à tête noire. Khao Sam Roi Hot recèle en outre la plus grande étendue de marécages d'eau douce

du pays, sans compter les mangroves et les bancs de vase le long du littoral. Il est l'un des trois sites de Thaïlande où s'est implanté le héron pourpré. Les oiseaux aquatiques sont plus fréquemment observables à la saison fraîche (de septembre à mars).

Plages, canaux et marais

C'est à **Hat Laem Sala**, une plage de sable surplombée sur trois côtés par des hauteurs calcaires et frangée de casuarinas, qu'a été

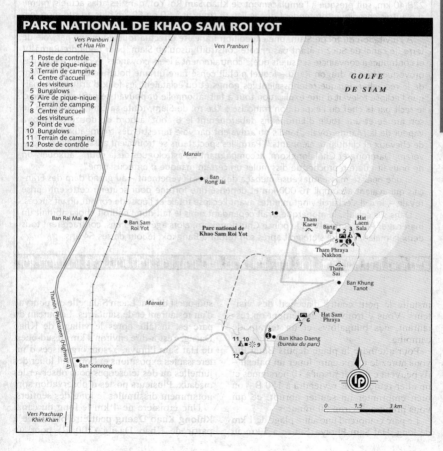

PARC NATIONAL DE KHAO SAM ROI YOT

Vers Pranburi et Hua Hin

Vers Pranburi

GOLFE DE SIAM

1 Poste de contrôle
2 Aire de pique-nique
3 Terrain de camping
4 Centre d'accueil des visiteurs
5 Bungalows
6 Aire de pique-nique
7 Terrain de camping
8 Centre d'accueil des visiteurs
9 Point de vue
10 Bungalows
11 Terrain de camping
12 Poste de contrôle

Marais

Ban Rong Jai

Ban Rai Mai

Ban Sam Roi Yot

Parc national de Khao Sam Roi Yot

Tham Kaew

Bang Pu

Hat Laem Sala

Tham Phraya Nakhon

Tham Sai

Ban Khung Tanot

Marais

Hat Sam Phraya

Ban Khao Daeng (bureau du parc)

Thanon Phetkasem (Highway 4)

Ban Somrong

Vers Prachuap Khiri Khan

0   1,5   3 km

Superstition et astronomie

Le roi Mongkut (Rama IV) s'intéressait beaucoup à la science. Moine bouddhiste avant d'accéder au trône à la mort de son demi-frère Rama III, Mongkut n'en jugea pas moins qu'il avait entre autres devoirs royaux, celui de substituer à la superstition thaï la logique et la raison chaque fois que cela s'avérait possible.

L'une des passions de Sa Majesté étant l'astronomie, il calcula au début de l'an 1868 à quel moment précis devait survenir l'éclipse du Soleil le 18 août, ainsi que son évolution au-dessus du territoire. Décidant de transformer l'événement en une leçon publique d'astronomie, le souverain organisa une grande expédition jusqu'à un lieu situé sur la côte thaï, où l'éclipse serait visible en totalité. Selon Eileen Hunter et Narisa Chakrabongse, Rama IV choisit un "endroit sauvage et inhabité, sis à environ 140 miles de Bangkok". C'est-à-dire à 228,40 km, soit presque à l'emplacement de Khao Sam Roi Yot, dans les atlas actuels, même si d'autres chroniques prétendent que le lieu se trouvait à 50 ou 60 km plus au sud, non loin de Wa Kaw et de Muang Prachuap Khiri Khan.

A l'invitation du roi de Siam, une expédition française effectua tout le voyage par voie de terre (le canal de Suez n'étant pas encore construit) jusqu'au Siam, pour rejoindre Rama IV et contribuer à convaincre ses sujets que, "contrairement à leurs croyances, l'éclipse n'était pas provoquée par le dragon Rahu – lequel n'était censé faire qu'une bouchée du Soleil, avant de le recracher, lorsque retentissaient les gongs et qu'éclataient les feux d'artifices –, mais que l'éclipse relevait d'une explication tout à fait rationnelle et pouvait se prévoir". En voici le récit par le chef de l'expédition française : "Le roi de Siam, toute sa cour, une partie de son armée et une foule d'Européens débarquèrent le 8 août, à bord de douze bateaux à vapeur de la Marine royale, tandis qu'arrivaient par voie terrestre des troupeaux de bœufs, de chevaux et cinquante éléphants." Parmi les spectateurs se trouvaient aussi les fils du souverain, Damrong et Chulalongkorn, accompagnant les astrologues de la cour, "auxquels on ne pouvait guère reprocher de dissimuler un certain manque d'enthousiasme".

Si une épaisse masse nuageuse menaça de gâcher l'événement – au grand dam des Français qui avaient accompli 16 000 km et dépensé une fortune pour soutenir cette entreprise royale –, le ciel s'éclaircit vingt minutes avant l'éclipse totale et l'épisode connut un vif succès.

Dans ses calculs, le monarque avait cependant omis le fait que l'endroit choisi abritait un marécage. Ainsi, Rama IV et le prince Chulalongkorn, alors âgé de 15 ans, contractèrent tous deux la malaria. Le roi s'éteignit après son retour à Bangkok, le jour de ses 64 ans.

installé le petit centre d'accueil des visiteurs. Vous y trouverez également un restaurant, des bungalows et un terrain de camping.

Pour atteindre la plage depuis Bang Pu, vous aurez le choix entre louer un bateau – ils peuvent contenir jusqu'à 10 personnes et un aller-retour vous reviendra à 150 B – ou bien emprunter un sentier abrupt, ce qui vous prendra environ 20 minutes.

Le parc comprend une autre plage de 1 km de long, **Hat Sam Phraya**. Située à 5 km au sud-ouest de Hat Laem Sala, elle est pourvue d'un restaurant et de sanitaires. Le bureau du parc est installé après le village de Khao Daeng, c'est-à-dire environ 4 km au sud-ouest de Hat Sam Phraya. Y sont organisées d'intéressantes expositions et l'on peut louer des jumelles ou des télescopes pour observer les oiseaux. Plusieurs postes d'observation sont notamment dissimulés le long des sentiers.

Une croisière de 4 km le long du canal **Khlong Khao Daeng** peut être organisée à partir de Khao Daeng (200 B) pour un maximum de 10 personnes par embarcation. L'excursion, qui dure en moyenne 1 heure 30, permet de traverser ce qui reste des mangroves et des marais peuplés d'oiseaux. Ces derniers manifestent l'activité la plus intense tôt le matin et en fin d'après-midi. Vous pourrez également observer des varans et des singes.

Grottes

Autre grande attraction de Sam Roi Yot : les trois grottes de Tham Kaew, Tham Sai et Tham Phraya Nakhon. La plus intéressante, **Tham Phraya Nakhon**, est accessible par bateau (30 minutes aller et retour) ou à pied par un chemin escarpé (même temps qu'en bateau). C'est un ensemble de deux grottes dont l'une abrite une salle où venait se reposer le roi Chulalongkorn lorsqu'il voyageait de Bangkok à Nakhon Si Thammarat.

Tham Kaew, située à 2 km de l'embranchement qui mène à Bang Pu, présente une série de cavités reliées entre elles par d'étroits boyaux. On pénètre dans la première caverne au moyen d'une échelle métallique scellée dans la roche. Vous pourrez louer des lampes-torches pour 100 B, mais il est plus prudent de se faire accompagner par un des guides du parc, le parcours des grottes de Tham Kaew étant dangereux par endroits.

Tham Sai s'ouvre à flanc de colline près de Ban Khrun Tanot, à 2,5 km environ de la route qui relie les plages de Ale Sala et de Sam Phraya. Les villageois louent des torches pour 30 B, ainsi qu'une cahute qu'ils ont construite près de l'entrée de la grotte, permettant aux visiteurs de faire halte. Un sentier long de 280 m escalade la colline jusqu'à la caverne, constituée d'une seule vaste salle. Prenez garde aux brusques dénivellations dans les couloirs rocheux.

On peut demander les services d'un guide au bureau du parc pour 100 B. Ils parlent rarement l'anglais mais sont habitués à accompagner des visiteurs qui ont peu de notions de thaï, voire pas du tout.

Où se loger

Le Forestry Department met à la disposition du public, près du centre d'accueil des visiteurs et à Hat Laem Sala, de grands *bungalows* pour 600 à 1 000 B la nuit, ou 100 B par personne. On peut y loger 4 à 20 personnes. Vous pourrez louer une tente pour trois personnes à 40 B ou planter la vôtre pour 10 B par personne à Hat Laem Sala ou à Hat Sam Phraya. Vous y trouverez également des restaurants. N'oubliez pas l'anti-moustique.

Pour réserver l'hébergement, contactez le Forestry Department, à Bangkok, au ☎ 02-561 4292 (poste 747).

Comment s'y rendre

Le parc se trouve à 37 km au sud de Pran-buri. Vous pouvez prendre un bus ou un train jusqu'à Pranburi (10 B depuis Hua Hin), puis un songthaew pour Bang Pu (20 B) – ils circulent entre 6h et 16h. Une fois arrivé à Bang Pu, vous devrez soit louer un véhicule, soit faire de l'auto-stop, soit continuer à pied.

Vous vous épargnerez ce souci si vous louez un songthaew (280 B) ou bien une moto-taxi (150 B) à Pranburi, pour accéder directement au parc. Mentionnez bien que vous souhaitez vous rendre au parc national (*ùthayaan hàeng châat*) et non au village de Khao Sam Roi Yot.

Le plus pratique est de louer une voiture ou une moto à Hua Hin ; dans ce cas, vous aurez à parcourir 25 km jusqu'à la route du parc et 38 km jusqu'aux bâtiments du parc.

Si vous arrivez directement de Bangkok, une autre solution consiste à prendre un bus climatisé en direction de Prachuap Khiri Khan. Demandez à descendre à Ban Som-rong (Km 286,5), puis faites du stop pour parcourir les 13 km jusqu'au bureau du parc, à Ban Khao Daeng.

PRACHUAP KHIRI KHAN
14 900 habitants

A 80 km environ au sud de Hua Hin, Prachuap Khiri Khan est le chef-lieu de province, même si la ville est plus petite que Hua Hin. Il n'existe pas de plage de baignade digne de ce nom, mais la baie d'Ao Prachuap (8 km de long) ne manque pas de charme. De plus belles plages se trouvent au nord et au sud de la ville. Le poisson est un régal, et moins cher qu'à Hua Hin.

Prachuap fut l'un des sept endroits du golfe de Siam, où les troupes japonaises atterrirent le 8 décembre 1941. Plusieurs noms de rue commémorent les échauffourées qui suivirent : Phitak Chat ("Défense du pays"), Salachip ("Sacrifice de soi"), Suseuk ("Combat").

Orientation et renseignements

Office de tourisme. Prachuap possède son propre office du tourisme, en plein centre. Le personnel est très amical et pourra vous montrer quantité de cartes et de photos sur toutes les choses à voir dans la région.

A voir et à faire

A la pointe nord d'Ao Prachuap, **Khao Chong Krajok** (la "montagne du Tunnel-miroir", ainsi nommé en raison du trou en flanc de montagne qui donne l'impression de refléter le ciel. Au sommet, le **Wat Thammikaram** fut fondé par Rama VI. Une échelle métallique vous permettra d'accéder au tunnel à partir du wat.

Si vous traversez Ao Prachuap jusqu'au promontoire au nord, vous arriverez à un petit village de construction navale, le long d'**Ao Bang Nang Lom**. On y fabrique encore des embarcations de pêche en bois selon les méthodes traditionnelles. Les habitants industrieux de Bang Nang Lom pêchent également un poisson appelé *plaa ching chang*, et le font sécher au bord des routes, avant de le stocker pour les négociants sri-lankais, qui viennent l'acheter par bateau à certaines périodes de l'année.

A l'ouest de la plage, à Ao Bang Nong Lom, le canal **Khlong Bang Nang Lom** est bordé de belles mangroves. A quelques kilomètres au nord d'Ao Prachuap, la baie d'**Ao Noi**, abrite un autre petit village de pêcheurs avec quelques chambres à louer.

Plages

Au sud d'Ao Prachuap, derrière un petit promontoire, la baie **Ao Manao**, bordée d'une plage de sable blanc, enserre quelques petites îles. Elle se trouve à 2 ou

3 km de l'entrée d'une base aérienne chargée de surveiller la zone (conséquence vraisemblable de l'invasion japonaise de 1941).

Plusieurs salas, un hôtel, un restaurant, des toilettes et une douche ponctuent la plage. Les vendeurs proposent des chaises longues, des parasols, des bouées chambres à air (10 B), ainsi que des fruits de mer, des plats thaï du Nord-Est et des boissons. Il faut montrer son passeport à l'entrée et signer un registre. La plage ferme à 20h, excepté pour les militaires et les pensionnaires de l'hôtel (voir *Où se loger – Ao Manao*).

Chaque année en septembre, l'armée aérienne organise un impressionnant spectacle son et lumière sur la base, en hommage à ses héros de la dernière guerre. Le spectacle est ouvert au public et gratuit.

A 8 km au sud d'Ao Manao, **Hat Wa Kaw** est une plage agréable, bordée de casuarinas, encore plus paisible et plus propre qu'Ao Manao elle-même. On a récemment construit un petit musée d'astronomie et un monument commémoratif de l'éclipse solaire de 1868 et de l'expédition organisée par le roi Rama IV à cette occasion (voir l'encadré *Superstition et astronomie*).

Circuits organisés

Un habitant local, Pinit Ounope, organise des excursions d'une journée, très appréciées, au parc national de Khao Sam Roi Yot, à Dan Singkhon, aux plages proches, dans les autres parcs nationaux et aux cascades de la région. Il réside en ville, au 144 Th Chai Thaleh, à proximité de la côte, mais il s'avère assez difficile de trouver sa demeure. Mieux vaut prendre un túk-túk ou une moto-taxi si l'on souhaite lui rendre visite. En moyenne, prévoyez 500 B par personne pour une excursion classique d'une journée (à l'arrière d'une moto) ou 1 000 B pour 2 personnes (en camionnette).

Où se loger

Prachuap Khiri Khan. Le *Yuttichai Hotel* (☎ *032-611055, 115 Th Kong Kiat*) propose des chambres claires, avec ventilateur et s.d.b. commune pour 120/170 B avec 1/2 lits. Pour 180/240 B, vous aurez une pièce plus

PRACHUAP KHIRI KHAN

Vers Ao Noi et Ao Khan Kradai

Vers la Highway 4

Thanon Prachuap Khiri Khan

Khao Chong Krajok

Thanon Phitak Chat

Thanon Maharat

Thanon Sarachip

Th Suseuk

Thanon Chai Thaleh

Thanon Thetsaban Bamrung

Thanon Kong Kiat

Gare ferroviaire

Ao Prachuap

Embarcadère

Thanon Maitri Ngam

Thanon Rong Phayaban

Vers Ao Manao et le Khlong Wan

0   50   100 m

OÙ SE LOGER
3 Thaed Saban (Thetsaban) Bungalows
10 Inthira Hotel
19 Suksan Hotel
22 Yuttichai Hotel
30 Hadthong Hotel
31 Prachuapsuk Hotel
33 King Hotel

OÙ SE RESTAURER
4 Sai Thong Restaurant
9 Chiow Ocha Restaurant
13 Marché de nuit
16 Marché de nuit
17 Pramong Restaurant
18 Pan Phochana Restaurant
29 Phloen Samut

DIVERS
1 Église de l'Ave Maria
2 Station-service
3 Bureaux de la province
6 Tribunal
7 Pilier de la ville
8 Terminal des bus
11 Administration du district
12 Office du tourisme
14 Bureaux municipaux
15 Suan Saranrom (parc)
20 Police
21 Bus climatisés 2e classe
23 Phuttan Tour (bus climatisés)
24 Thai Farmers Bank
25 Honda Motorcycles
26 Bangkok Bank
27 Siam Commercial Bank
28 Poste principale
32 Marché municipal
34 Hôpital
35 Thai Military Bank
36 Saalaa Yaa Dawng
37 Cinéma

---

tranquille (à l'arrière de l'établissement) avec s.d.b. privative. Les propriétaires verrouillent la porte d'entrée à 23h, après, vous devrez sonner pour pénétrer.

Une fois contourné l'angle de rue au sud, vous trouverez l'*Inthira Hotel* (☎ 032-611418, 118-120 Th Phitak Chat), dont les huit chambres, semblables à celles du précédent, valent 200 B en simple/double avec s.d.b. Ces deux hôtels se trouvent tout près du marché de nuit et de l'office du tourisme.

A proximité du marché de jour, le *Prachuapsuk Hotel* (☎ 032-601019, fax 601711, 63-5 Th Suseuk) est un établissement familial fort sympathique, au sein d'un bâtiment commercial. Il comprend 11 chambres, facturées 150 B avec ventilateur et s.d.b., 250 B si vous souhaitez la clim. Aucune enseigne en anglais.

Un peu plus loin de la côte, les trois étages du *King Hotel* (☎ 032-611170, 203 Th Phitak Chat) abritent de plus vastes chambres ventilées à 200 B. Aucune indication en anglais non plus. Tout près d'Ao Prachuap, le *Suksan* (☎ 032-611145, 11 Th Suseuk) propose des chambres avec ventilateur pour 270 à 320 B la nuit, tandis que les bungalows climatisés se louent 370 à 450 B.

Face à la baie, les *Thaed Saban Bungalows* (☎ 032-611204), appelés parfois "Mirror Fountain Bungalows", n'offrent rien d'extraordinaire, mais ils sont bien tenus. L'enseigne signifie "Bungalows municipaux", mais ils sont désormais gérés par une société privée. Une pièce pour 1 ou 2 occupants revient à 300 B avec ventilateur et s.d.b., mais passe à 500 B avec l'air conditionné. Le deux-pièces (4 couchages) coûte 600 B, le trois-pièces (6 couchages), 1 200 B, et le quatre-pièces (8 couchages), 1 800 B. Moyennant 50 B supplémentaires, une personne peut éventuellement s'ajouter.

Plus ou moins haut de gamme, le *Hadthong Hotel* (☎ 032-601050, fax 601057), lui aussi sur la baie et près de Th Maitri Ngam, possède des chambres climatisées modernes, avec TV, réfrigérateur et téléphone. Comptez 400 B pour une simple en sous-sol, 693 B la double avec vue sur la montagne, de 824 à 890 B avec vue sur l'océan. Une suite peut atteindre 1 386 B. Prévoyez 10% de taxe et 10% de service, ainsi qu'une surtaxe de 200 B du 20 décembre au 31 janvier. L'établissement abrite une piscine et un restaurant-cafétéria.

Au nord de la ville, sur la route d'Ao Noi, le **Rimhad Bungalow** (☎ *032-601626, 35 Th Suanson*) comprend de minuscules chambres avec ventilateur (300 à 400 B, selon la superficie). Il existe aussi des pièces un peu plus spacieuses et climatisées (600/800 B en simple/double avec TV). Les bungalows donnent sur le spectaculaire Khlong Bang Nan Lom et les mangroves. Un panneau en façade indique : "Rimhad Rest". Voisine, la **Happy Inn** a un côté déprimant avec ses bungalows en béton loués 300 B (ou 500 B avec clim.) et un personnel parfois bourru.

Sur la même voie, le **Suanson 1** et le **Suanson 2** (☎ *commun 032-611204*) proposent des bungalows de deux pièces ou des pavillons mitoyens pour 300 B la nuit chacun. Une unité peut héberger 4 personnes et possède des sanitaires privatifs et un emplacement de parking. Même si l'endroit est un peu défraîchi, les Thaïlandais de Bangkok ont coutume d'y descendre.

Ao Manao. Géré par l'armée de l'air thaïlandaise, l'**Ahkan Sawadii Khan Wing 53** (*Manow Bay Beach Hotel*, ☎ *032-611087*) occupe le centre de la plage. Ses chambres sont en principe réservées aux officiers thaï et à leurs invités. Seuls les étrangers qui ont réservé par l'intermédiaire d'un officier de l'escadron 53 (Wing 53) y ont accès.

L'endroit abrite 92 unités locatives, chacune avec vue sur la mer ; prévoyez 500 B en simple/double, avec TV, téléphone et douche privative, tandis que les pavillons plus spacieux, dans une aile distincte, sont proposés à 1 000 B, avec baignoire et eau chaude. Aucun panneau en anglais.

Quelques kilomètres au sud d'Ao Manao, à Khlong Wan, le **Seasand House Resort** (☎ *032-661483, fax 661250, 409/1 Th Prachuap – Khlong Wan*) regroupe de modestes bungalows construits en béton.

Pour une unité équipée de la TV, d'un réfrigérateur, de l'air conditionné et de l'eau chaude, prévoyez 700/800 B en simple/double. Le **Chao Reua Restaurant** (voir *Où se restaurer*) se trouve sur place.

Dans le même secteur, le **Ban Forty** (☎ *032-661437, 555 Th Prachuap – Khlong Wan*) réunit 4 bungalows en béton sur une plage privée bordée de cocotiers. Géré par un sympathique officier de l'armée de l'air thaï en retraite, ce complexe loue des unités sans prétentions mais impeccables pour 700 à 800 B selon la superficie. En réservant, on peut vous servir un repas dans une sala, à proximité de la grève.

Ao Noi. Les *Aow Noi Beach Bungalows* (☎ *032-601350, 601354, 206 Tambon Ao Noi*) sont 12 maisonnettes bien entretenues avec s.d.b., facturées 300 à 600 B la nuit. Les farángs constituent la majeure partie des clients. Les aménagements comprennent un petit bar et un restaurant servant des plats thaï et d'outre-Rhin, ainsi qu'une plage isolée et propre. Cet établissement, en vente lors de notre visite, pourrait avoir changé.

Où se restaurer

En raison de sa réputation fort justifiée en matière de savoureux produits de la pêche, Prachuap compte beaucoup plus de restaurants que ne justifie son étendue. Ne manquez pas l'une de ses spécialités : la lamproie entière, coupée dans la longueur et séchée au soleil une demi-journée avant d'être saisie au wok, autrement dit la *plaa sãmlii tàet dìaw*. On l'accompagne souvent d'une salade de mangues (si surprenant soit le mélange, c'est néanmoins divin).

Sur le **marché de nuit** proche de l'administration du district, au cœur de la localité, vous vous nourrirez de la façon la plus économique à Prachuap. Un second marché de nuit, plus petit mais aux étals tout aussi savoureux, se tient entre la mer et Th Chai Thaleh. Face à la digue, les tables sont rafraîchies par une agréable brise marine.

Parmi les nombreux restaurants de poissons, les meilleurs sont : le **Pan Phochana Restaurant** (☎ *032-611195, 11 Th Suseuk*), derrière le Susksan Hotel, et le *Sai Thong Restaurant* (*Chiow Ocha 2*, ☎ 032-550868), dans Th Chai Taleh, non loin des Thaed Saban Bungalows. Les deux établissements servent des spécialités de la mer absolument succulentes, à des prix raisonnables. Le Sai Thong propose de la Carlsberg à la pression et du vin d'importation. Les bus touristiques ont l'habitude d'y faire une halte. Le Pan Phochana s'est rendu célèbre pour son *hàw mòk hãwy*, du curry de poisson pilé cuit à la vapeur dans des coquilles de moules. Juste au sud de cet établissement, un excellent *marché de nuit* présente de nombreux étals de poissons et fruits de mer.

Les autres bons restaurants englobent le *Chiow Ocha* (☎ 032-611118, 100 Th Phitak Chat), le *Pramong* (☎ 032-611168, 3 Th Chai Thaleh) et le *Chao Reua* (☎ 032-661482) situé au Seasand House Resort (voir *Où se loger*). Aucune inscription en caractères romains n'indique l'un ou l'autre de ces établissements. Au *Phloen Samut Restaurant* (☎ 032-611115, 44 Th Chai Thaleh), voisin du Hadtong Hotel, on dégustera des fruits de mer en plein air, encore qu'il ne dispose pas de tous les plats inscrits sur la carte. Par ailleurs, son personnel ne parle pas anglais.

Vous découvrirez encore d'autres établissements servant des produits de la pêche, sur la route au nord d'Ao Prachuap, en allant vers Ao Noi. Le *Rap Lom* (☎ 032-601677) est le plus fréquenté ; vous le reconnaîtrez au panneau publicitaire Carlsberg.

En face de l'Inthira Hotel, au petit marché du matin, des stands de thé proposent des curries et des nouilles bon marché.

Où sortir

Face à la Thai Military Bank, le *Saalaa Yaa Dawng* (aucune enseigne en caractères romains), niché dans le Soi Phun Samakhi, est un bar de plein air assez ordinaire, où des artistes viennent jouer de la musique thaï traditionnelle (*phleng phêua chiwit*). Comme son nom l'indique, on y boit du *yaa dawng* (un alcool de plantes) à la bouteille ou au verre, mais aussi de la bière. Le

modeste étal de khâo tôm voisin fournit à l'établissement de quoi nourrir la clientèle.

Comment s'y rendre

Bus. De Bangkok, le trajet en bus ordinaire vaut 93 B. Ces liaisons routières partent à intervalles réguliers du terminal Sud, de 3h du matin à 21h20. Prévoyez 122 B en bus climatisé 2e classe, au départ du même terminal de 7h à 1h du matin. Phuttan Tour gère un parc de 15 bus climatisés 1re classe (155 B) qui circulent chaque jour dans les deux sens, entre 6h15 et 1h du matin.

De Prachuap, les bus climatisés Phuttan Tour à destination de la capitale assurent la même fréquence et partent du 182 Th Phitak Chat. Dans l'un ou l'autre sens, comptez 4 à 5 heures.

Si vous venez de Hua Hin, les bus quittent le dépôt de Th Sasong toutes les 20 minutes entre 7h et 15h. Prévoyez 1 heure 30 à 2 heures de trajet (25 B).

Des bus ordinaires/climatisés 2e classe assurent la liaison entre Prachuap et Chumphon (55/77 B), Surat Thani (110/240 B), Nakhon Si Thammarat (150/210 B), Krabi (170/240 B), Phang-Nga (150/210 B), Don Sak (pour Ko Samui, 128/193 B), et Phuket (173/242 B).

La ligne climatisée de Bangkok à Samui s'arrête sur la highway de Prachuap, entre minuit et 1h du matin ; s'il reste des places, vous pouvez acheter un billet pour Samui (240 B). Cet arrêt se situe à 5 minutes en moto-taxi (30 B la course) du centre ville.

Train. Pour les départs de Bangkok, reportez-vous à *Comment s'y rendre* sous la rubrique *Phetchaburi* : mêmes services. Les tarifs au départ de Bangkok s'élèvent à 272/135/58 B en 1re/2e/3e classe, auxquels viennent s'ajouter les suppléments correspondants aux express ou aux rapides. Un train ordinaire quitte Hua Hin à 17h50 pour arriver à Prachuap à 19h10 (14 B).

Il existe aussi plusieurs lignes express et rapides entre les deux localités, mais le gain de temps s'avère négligeable. Un billet 3e classe à destination de Chumphon vous revient à 24 B.

Comment circuler

Transports publics. Prachuap est suffisamment petite pour circuler à pied, à moins que vous ne préfériez les túk-túks – plus proches des sakailaep de style isaan, et appelés ici des *sãaleng* – qui vous emmèneront partout sur les voies principales, moyennant 10 B.

Un sãaleng pour Ao Noi vous revient entre 30 et 40 B. Le concessionnaire Honda de Th Sarachip loue des motos 100 cm^3 pour 200 B la journée, plus 20 B pour le casque.

Une course en moto-taxi à destination d'Ao Manao coûtera 20 à 25 B. Ils ne peuvent franchir l'entrée, à moins que conducteur et passager ne soient casqués. Sinon, vous devrez parcourir à pied les 3 km restants pour atteindre la plage.

ENVIRONS DE PRACHUAP KHIRI KHAN
Wat Khao Tham Khan Kradai

A 8 km au nord de la ville, par la route longeant Ao Noi, ce petit temple troglodytique se dresse à l'extrémité de l'**Ao Khan Kradai** (une longue et magnifique baie également appelée Ao Khan Bandai).

La plage, propice à la baignade, est pratiquement déserte. Elle n'est pas loin d'Ao Noi, de sorte qu'on peut loger à Ao Noi et y venir à pied. Si vous logez en ville, vous pouvez louer une moto.

Dan Singkhon

Au sud de Prachuap, une route mène à Dan Singkhon à l'ouest, sur la frontière du Myanmar. C'est le point le plus étroit de la Thaïlande ; 12 km seulement séparent le golfe de Siam du Myanmar. Seuls les Thaï et les Birmans sont autorisés à utiliser ce poste-frontière. A proximité de la route allant à Dan Singkhon, se nichent deux petits ermitages troglodytiques, **Khao Hin Thoen** et **Khao Khan Hawk** (également appelé Phutthakan Bang Kao).

THAP SAKAE ET BANG SAPHAN

Ces deux districts sont situés au sud de Prachuap Khiri Khan. Bordés d'assez belles plages, les touristes s'y font rares.

La ville de Thap Sakae, en retrait de la côte, n'offre pas grand intérêt. En revanche, le long de la côte, on trouvera quelques hébergements (voir ci-dessous). La plage en face de Thap Sakae n'a rien d'extraordinaire non plus, mais au nord et au sud de la ville se trouvent les plages de **Hat Wanakon** et **Hat Laem Kum**. Il n'existe pas d'hébergement privé pour ces plages pour le moment, mais on peut demander la permission de camper au Wat Laem Kum, qui occupe un site privilégié en plein centre de Hat Laem Kum. Laem Kum est à 3,5 km de Thap Sakae. A la pointe nord se trouve le village de pêcheurs de Ban Don Sai, où l'on peut acheter des provisions.

Bang Saphan (Bang Saphan Yai) n'a rien à offrir en tant que ville, mais ses longues plages commencent à attirer les promoteurs qui spéculent sur l'avenir : **Hat Sai Kaew**, **Hat Ban Krut**, **Hat Khiriwong**, **Hat Ban Nong Mongkon**, **Hat Baw Thawng Lang**, **Hat Pha Daeng** et **Hat Bang Boet**, toutes ces plages méritent le coup d'œil. On aura des difficultés à circuler, car les transports en commun ne sont pas très développés. Le littoral est en outre parsemé d'îles, en particulier **Ko Thalu** et **Ko Sing**, dotées de fonds marins assez riches, et où l'on peut pratiquer la plongée avec bouteilles ou tuba de janvier à la mi-mai. Coral Resort et Suan Luang Resort, à Bang Saphan, peuvent organiser des sorties de plongée entre 9h et 14h, à destination de Ko Thalu (600 B par participant) ou à Ko Sing (400 B).

Où se loger et se restaurer

Thap Sakae. Juste en quittant la highway près de la sortie méridionale de la ville, le *Chaowarit* (*Chawalit,* ☎ 032-671010), se compose de chambres toutes simples mais proprettes, à 170 B avec s.d.b. commune, ou 200 à 300 B avec ventilateur et sanitaires privatifs. Ce qui est assez avantageux dans l'ensemble. Non loin de là, à moins d'une centaine de mètres, le *Sukkasem* (☎ 032-671598) abrite des chambres très rudimentaires, louées 100 à 120 B la nuit.

Relativement récent, à la sortie nord de la localité, sur la grand-route, le *Thap Sakae*

Hotel (☎ *032-546240, 546242*) propose des chambres propres et ventilées pour 400/500 B en simple/double, tandis que ses bungalows climatisés sont facturés 1 000 B.

Sur la côte en face de Thap Sakae, deux ou trois villages de bungalows en ciment louent leurs unités entre 200 et 450 B, comme le *Chan Reua Hotel* (☎ *032-671890, 671930, fax 671401*).

Hat Ban Krut. Le *Reun Chun Seaview* (☎/*fax 032-695061*) demande 800 B pour un bungalow d'une pièce, 1 800 B pour un de deux pièces avec deux s.d.b. Tous sont équipés de la climatisation et d'un réfrigérateur, ce qui devrait convenir aux séjours en famille. Un restaurant de poissons est installé sur place. Dans les parages, le *Ban Rim Haad* (☎ *032-695205*) s'étend sur un agréable parc paysager, attenant à une vaste mangrove de cocotiers. Les bungalows bénéficient de la clim., d'une TV et d'un réfrigérateur, de même que le restaurant sert des plats isaan et des spécialités de la mer. Prévoyez 600/800 B en double/triple, 2 000 B pour un pavillon plus grand (10 couchages).

Le *Roong Samut* (☎ *032-696045*), anciennement Long Samut, loue 800 B ses bungalows climatisés (ou 1 500 B les plus vastes).

Complexe haut de gamme donnant sur la plage, le *Ban Klang Aow Beach Resort* (☎ *032-695086, à Bangkok :* ☎ *02-463 7908*) dispose aussi d'une charmante piscine. Les bungalows standard reviennent à 1 000 B la nuit, les plus grands à 2 000 B, tous étant pourvus de l'air conditionné, de la TV et d'un réfrigérateur. Comparable, le *Suan Ban Krut Resort* (☎ *032-695103, ☎/fax 695217*) loue 1 500 à 3 000 B 21 bungalows (un peu plus exigus que les précédents), ainsi que d'un certain nombre de villas sur la plage (également à vendre). Les installations comprennent une piscine, un centre de remise en forme et un green.

Hat Khiriwong. Les rudimentaires huttes à toit de chaume du Tawee Beach Resort (aussi dénommé Tawees ou Tawee Sea) disposent de douches privatives pour la

somme de 100 B en simple/double. Il existe aussi quelques bungalows en dur loués 200/400 B en simple/double, avec ventilateur. Ouvert en 1996, le *Sai-Eak Beach Resort* (☎ *01-213 0317, à Bangkok :* ☎ *02-321 4543*) demeure le plus joli complexe de la région. Installé à même la plage, il peut se prévaloir d'une piscine et d'une diversité de bungalows avec TV par satellite et réfrigérateur, dans une gamme s'échelonnant de 2 000 à 4 000 B, selon qu'ils donnent sur l'océan ou la piscine. En basse saison (de mai à novembre), on vous consentira jusqu'à 50% de remise.

Prenez un train ou un bus à destination de la ville voisine de Ban Krut, puis une mototaxi (30 B en journée, 50 B le soir) à destination de Hat Khiriwong.

Bang Saphan. Dans la baie Ao Bang Saphan, plusieurs hôtels balnéaires et villages de bungalows vous accueilleront. A Hat Somboon, le *Hat Somboon Sea View* (☎ *032-543344, fax 543345*) propose des chambres simples et ventilées à 250 B ; les climatisées avec s.d.b. à eau chaude, TV, réfrigérateur sont facturées 330/440 B en simple/double, les bungalows se louant 400 B. Meilleur marché, la *Boonsom Guest House* (☎ *032-291273*) se compose de 8 bungalows en bois équipés de ventilateurs et facturés 200 B en basse saison, 300 B en haute saison. Toujours dans ce secteur, le *Van Veena Hotel* (☎ *032-691251*) abrite des chambres ventilées à 250 B ou des climatisées à 400 B, TV et réfrigérateur inclus. La même direction gère le *Bangsaphan Resort* (☎ *032-691152/3*), établissement un peu vieilli dont les chambres avec ventilateur reviennent à 280 B, à 550 B avec clim., ou à 750 B dans la version "VIP".

A 6 km au sud de Bang Saphan, le *Karol L's* (☎ *01-290 3067*), tenu par une famille thaïlandaise, comprend des bungalows à 100 B, dans l'ancien style Samui. Si vous venez de la gare routière ou ferroviaire, le personnel viendra vous chercher gratuitement. Toutefois, l'établissement a récemment connu quelques problèmes avec sa ligne téléphonique. Les repas servis sur place ont des prix tout à fait raisonnables, et l'on vous prête des cartes pour explorer la région. Il n'existe aucun écriteau, puisqu'il est à chaque fois dérobé.

Le **Suan Luang Resort** (☎ *01-212 5687, fax 032-548177, 13 Muu 1*), se situe à 600 m de la plage, juste un peu plus haut que le Karol L's. Si vous appelez, on viendra ici aussi vous chercher à la gare ferroviaire. Le complexe est dirigé par un sympathique et serviable couple franco-thaï, qui vous servira des plats reflétant cette double origine.

Les spacieux bungalows ventilés et dotés de moustiquaires valent 300 B s'ils sont en bois, 500 B pour ceux en béton, avec eau chaude, TV et clim. On vous accorde des rabais si vous prolongez votre séjour. L'établissement propose par ailleurs en location 4 motos (250 B pour les clients, 300 B pour les autres), ainsi que des planches à voile, du matériel de plongée et de voile. On peut aussi vous organiser des excursions en bateau dans les îles avoisinantes, ou des sorties à moto dans la région, y compris en Birmanie si la frontière est ouverte.

Le tarif courant pour une demi-journée de plongée avec tuba à destination de Ko Sing s'élève à 300 B, ou 400 B pour une balade d'une journée à Ko Thalu, déjeuner compris. Une randonnée avec une nuit de camping à Ko Thalu, repas inclus, vous reviendra à 1 200 B.

Tenu par des Français, le **Bang Saphan Coral Hotel** (☎ *01-215 1889, 171 Muu 9*) a aménagé de splendides bungalows avec toit en tuiles traditionnelles au sein d'un jardin. Toutes les chambres jouissent de la clim., de la TV, d'un réfrigérateur et de l'eau chaude. Il faut compter 995/1350 B en double/triple. Les bungalows de deux pièces (4 couchages) avec une véranda sans vue particulière se louent 1 735 B la nuit. En période de vacances, les prix grimpent jusqu'à 1 290/

1 800/2 190 B en double/triple/deux-pièces, sans oublier la taxe et le service.

Le restaurant sur place sert des déjeuners américains et européens à un prix élevé. L'établissement abrite aussi une piscine et offre en location tout le matériel nécessaire pour faire de la planche à voile, du canoë, de la plongée, de la voile ou aller à la pêche. Des excursions en mer d'une journée à destination de Ko Thalu (750 B) sont organisées.

Sur la plage voisine de celle du Coral Hotel, un *café* sert des plats de nouilles et de poisson bon marché. Un sentier mène à l'intérieur des terres depuis la grève, et vous permet de rejoindre **Waree**, un restaurant en plein air qui propose une délicieuse cuisine thaï musulmane.

Hat Bo Kaew. A 8 km au sud de Hat Bat Saphan Yai (15 km au sud de la ville de Bang Saphan), l'endroit est agréable. Le **Suan Annan Resort** (☎ *032-699118*) possède dix bungalows situés à environ 300 m de la plage (400 B la nuit) avec la clim., la TV et un réfrigérateur.

Comment s'y rendre

Les bus de Prachuap à Thap Sakae coûtent 12 B et de Thap Sakae à Bang Saphan Yai, 8 B. Si vous venez du sud, des bus en provenance de Chumphon se rendent à Bang Saphan Yai au prix de 25 B.

Des trains de 3e classe circulent entre Hua Hin, Prachuap, Thap Sakae, Ban Koktahom, Ban Krut et Bang Saphan Yai (toutes ont une gare), pour quelques bahts. Les trains rapides et express ne s'arrêtent pas à Thap Sakae, Ban Krut et Bang Saphan.

Aucune de ces gares n'est distante de plus de 4 km de la plage. La moto-taxi est la seule forme de transport public disponible. Il demeure néanmoins possible de louer dans la petite ville de Bang Saphan des motos 100 cm³ pour 150 B par jour.

Depuis des siècles, les artistes thaïlandais s'inspirent principalement du bouddhisme Theravada qui repose sur la maîtrise et le contrôle des passions par la pratique du bouddhisme. La pratique de la morale conjuguée à l'élévation de la pensée permet, par le bouddhisme, d'atténuer les passions. A terme, cette pratique conduit à l'extinction des feux de la passion, à la défaite de l'angoisse existentielle inhérent à la condition humaine.

NICHOLAS REUSS

Page précédente : le chédi octogonal du Wat Doi Suthep à Chiang Mai, est typique du style Lanna ou Chiang Saen (photo de Jerry Alexander)

A gauche : le vénéré Phra Phuttha Chinnarat au Wat Phra Si Ratana Mahathat de Phitsanulok. Le bouddhisme est au cœur des arts et de l'architecture thaï

A droite : les symboles bouddhistes sont omniprésents dans les ornements de l'architecture thaï. L'image d'un bouton de lotus se mêlant à celle d'une flamme mourante, symbolise l'effet apaisant du Dhamma bouddhique (doctrine) sur les feux de la passion

La représentation artistique la plus simple de l'apaisement du bouddhisme, est celle du lotus. L'exemple type de l'utilisation de ce symbole est le siège de lotus de bouddha, mais il est également discrètement représenté, en bouton cette fois, à la pointe des *chédis* sukhothai classiques.

Moins flagrants, de nombreux motifs combinent le bouton de lotus et la flamme, produisant ainsi un symbole unitaire, particulier à la culture thaï : le contact entre l'apaisement bouddhique et le feu humain. Ce motif est omniprésent dans l'art bouddhiste thaï, et même dans certains arts profanes traditionnels, tels que les dorures à la feuille d'or qui ornent les murs laqués ou les queues déployées des *kinnari* et autres créatures mythiques peintes ou sculptées. Même l'*ushnisha* de bouddha – la flamme qu'il porte en coiffe, représentant à la fois les passions qui s'éteignent et l'éveil de la conscience individuelle – revêt souvent l'aspect d'un bouton de lotus dans la sculpture thaï.

En regardant de près les traditionnels *phâasîn* en coton, ces sarongs qui, de nos jours, ne sont portés que par une partie de la population rurale, vous remarquerez une douzaine de variations sur ce motif à la fois simple et fortement évocateur.

La juxtaposition et l'harmonisation des contraires incarne la partie humaine du bouddhisme. Celle-ci repose sur la réalité du duel permanent qui existe entre la paix du *padma*, ou lotus, et la tourmente du *raga*, ou passion.

RICHARD I'ANSON

RICHARD NEBESKY

RICHARD NEBESKY

RICHARD I'ANSON

NICHOLAS REUSS

JOE CUMMINGS

BETHUNE CARMICHAEL

Page précédente : le Wat That Phanom, à That Phanom

En haut à droite : chédis Sukhotai

Au milieu, à droite : Prasat Phra Thepbidorn. Les flèches qui figurent au sommet des temples sont appelées des *jafao*. Elles protègent l'intérieur du temple des mauvais esprits qui pourraient tomber du ciel

En bas, à droite : ruines de la période khmer, à Phanom Rung

ARCHITECTURE

Considérée comme la première forme d'art par la société thaï traditionnelle, l'architecture crée et adapte des structures dans lesquelles les individus mangent, dorment, travaillent et prient. Aux styles proprement siamois viennent s'ajouter les traditions khmère, môn ou lao. Ces influences sont représentées dans tout le pays. Les premiers textes utilisés par les bâtisseurs font remonter la puissance de l'architecture à la divinité hindoue-bouddhiste Vishvakarman, l'architecte de l'Univers. Les architectes modernes ont hérité de ce prestige et bénéficient de la plus haute considération dans la société thaï.

Architecture traditionnelle

L'architecture des habitations et des temples obéissaient à des règles relativement strictes en matière de proportion, d'emplacement, de matériaux et d'ornementation. Avec la modernisation de la Thaïlande aux XIXᵉ et XXᵉ siècles, cette codification céda la place au fonctionnalisme européen puis, plus récemment, à une innovation stylistique.

Il existe deux formes d'habitation traditionnelle thaï : la maison en bois sur pilotis composée d'une pièce unique, ou une structure plus élaborée de pièces adjacentes, comprenant des espaces intérieurs et extérieurs, le tout reposant également sur des pilotis, à deux mètres du sol au moins. A l'origine, les Thaïlandais s'installaient le long des cours d'eau. Aussi, la surélévation des maisons permettait d'éviter les inondations de la mousson. Dans les régions où ce risque était minime, les habitants ont continué jusqu'à récemment à construire leur maison sur pilotis, l'espace en-dessous servant à cuisiner, à attacher des animaux ou à garer véhicules et vélos. Pour les structures en bois, le teck était le matériau de prédilection . Mais avec sa raréfaction, il est aujourd'hui exceptionnel de trouver des maisons de moins de 50 ans bâties à partir de ce matériau.

En Thaïlande du Centre, du Nord et du Sud, les toits sont très pentus. Ils sont souvent décorés aux angles et le long des combles de nagas, serpent de mer mythique. Ces serpents ont longtemps été considérés comme les protecteurs spirituels des cultures de langue thaï, éparpillées dans toute l'Asie. Dans la région du Sud, le bambou et le palmier sont souvent préférés au bois. Aujourd'hui encore, ces essences végétales

JOE CUMMINGS

A gauche : le wat Jong Kham, à Mae Hong Son, se reflète dans le bassin Jong Kham renouvelables sont largement utilisées dans les constructions. Vous verrez également dans cette région des maisons en stuc aux murs épais. Cette architecture a été importée par les Chinois, les Portugais, les Français et les Britanniques installés dans la péninsule malaise. Parfois, dans les quatre régions les plus au sud, vous trouverez des maisons

Les différents styles de l'art thaï

Le tableau qui suit est actuellement employé par les historiens d'art pour répertorier les différents styles thaï :

Art môn (art Dvaravati) – du VIe au XIe siècle, art Hariphunchai du XIe au XIIIe siècle – Foyers de rayonnement : le Centre, le Nord et le Nord-Est. Adaptation de styles indiens.

Art khmer – du VIIe au XIIIe siècle – Foyers de rayonnement : le Centre et le Nord-Est. Cet art se caractérise par des styles khmers post-classiques.

Art péninsulaire – (anciennement période Srivijaya) – Foyers de rayonnement : Chaiya et Nakhon Si Thammarat. Influences indienne, môn, locale et khmère.

Lanna – du XIIIe au XVe siècle – Foyers de rayonnement : Chiang Mai, Chiang Rai, Phayao, Lamphun, Lampang. Influences shan-birmane et lao.

Sukhotai – XIIIe au XVe siècle – Foyers de rayonnement : Sukhothai, Kamphaeng Phet et Phitsanulok. Style propre à la Thaïlande.

Lopburi – du Xe au XIIIe siècle – Foyers de rayonnement : le Centre. Ce style se caractérise par un mélange de styles khmer, pala et local.

Suphanburi-Sangkhlaburi (anciennement U Thong) – du XIIIe au XVe siècle – Foyer de rayonnement : le Centre. Mélange de styles môn, khmer et local ; prototype du futur style Ayuthaya.

Ayuthaya A – 1350-1488 – Foyers de rayonnement : le Centre. L'influence khmère fut peu à peu remplacée par une renaissance des influences Sukhothai.

Ayuthaya B – 1488-1630 – Foyers de rayonnement : le Centre. C'est le début de l'ornementation particulière du style Ayuthaya.

Ayuthaya C – 1630-1767 – Foyers de rayonnement : le Centre. Phase baroque et déclin.

Ratanakosin – du XIXe siècle à aujourd'hui – Foyers de rayonnement : Bangkok. Retour à des formes plus simples. Début de l'influence européenne.

malaises dont les hauts frontons ou les fondations font office de pilotis en surélevant la partie habitable. Sur ces constructions, les pentes des toits sont moins accentuées, mais les combles sont richement ornées, caractéristique pratiquement absente de l'architecture traditionnelle thaï des régions plus au nord.

Architecture des temples

Un *wát* (mot thaï dérivé du pali-sanskrit *avasatha* ou "demeure des élèves et des ascètes") est un lieu où des hommes et des femmes peuvent être ordonnés moines ou nonnes. Presque tous les villages en comptent au moins un et ils sont nombreux dans les villes. Sans lieu d'ordination, un centre monastique où résident des moines ou des nonnes est simplement un *sãm-nák sõng* (résidence de la sangha). Ce type d'établissement sert à des retraites méditatives ; il est parfois associé à un *wát pàa* (monastère en forêt), plus important.

En Thaïlande, l'enceinte typique comprend au minimum un *uposatha* (*bòt* dans le Centre, *sĩm* au Nord et au Nord-Est), chapelle consacrée où se déroulent les ordinations monastiques, et un *vihara* (*wihãan* en thaï) abritant des statues de Bouddha. L'architecture classique des vihara et des uposatha thaï se caractérise généralement par un toit en pente raide, aux tuiles vertes, dorées et rouges. Ces dernières sont rangées en séries de trois niveaux, représentant le triratna ("Trois Merveilles") – le Bouddha, le Dhamma (ou Dharma en sanscrit) et le Sangha. D'autres niveaux partiels peuvent parfois apporter de l'ombre aux portiques à l'avant, à l'arrière ou sur les côtés du bâtiment. Une véranda ouverte figure toujours à l'avant du vihara/uposatha. Elle s'étend souvent sur tout le périmètre du bâtiment. Au Nord-Est de la Thaïlande, les wat ont un profil avant plutôt étroit, contrairement à ceux du Sud, légèrement influencés par l'architecture des mosquées de Malaisie et de Sumatra.

L'architecture des temples comporte généralement au moins un chédi ou *jedi* (du pali-sanskrit *cetiya*), également désigné par le terme générique "stupa". Il s'agit d'un monument robuste en forme de cône, édifié en l'honneur de la constance du bouddhisme. Les petits stupas carrés sont des *thâat kràduk* – reliquaires – où sont ensevelies les cendres des fidèles. Il existe de nombreux styles de chédis, du simple dôme importé du Sri Lanka aux formes plus élaborées comprenant de multiples facettes

BERNARD NAPTHINE

A gauche : les toitures des temples bouddhistes portent des symboles religieux. Ici, il s'agit d'un naga, serpent de mer mythique censé protéger les cultures de langue thaï

JOHN HAY

RICHARD NEBESKY

BETHUNE CARMICHAEL

SARA-JANE CLELAND

RICHARD I'ANSON

NICHOLAS REUSS

BETHUNE CARMICHAEL

RICHARD NEBESKY

A droite : fresques, toitures et autres ornements décorent les temples thaï (héritées des royaumes Lao-Thaï, Lan Na et Lan Chang – ou Lan Xang) que l'on voit dans les régions du Nord. De nombreux chédis sont censés contenir des "reliques" (morceaux d'os) de Bouddha. On les appelle alors *thâat*, en Thaïlande du Nord-Est et au Laos. Les wat sont également composés d'un ou plusieurs *sala (sãalaa)*, abri ouvert pour les réunions de la communauté et l'enseignement de la doctrine bouddhiste ; de quelques *kùti*, quartier des moines ; d'un *hãw trai*, bibliothèque où sont conservées les écritures ; d'un *hãw klawng*, tour du tambour (parfois avec un *hãw rákhang,* tour de la cloche) ; et de divers bâtiments auxiliaires, tels que des écoles ou des dispensaires, variant d'un *wát* à l'autre selon les besoins de la communauté locale. La plupart de ces structures possèdent également un *hãw phĩi wát,* maison de l'esprit, habité par l'esprit de la terre sur laquelle se trouve le temple.

Pour vous familiariser avec ces styles visitez le Musée national de Bangkok (Bangkok National Museum), qui expose des œuvres de chaque période. Cela vous permettra d'être initié à l'architecture des temples et donc de mieux choisir les sites qui vous intéressent.

Parcs historiques. Depuis 1981, l'État a inclus la restauration de neuf sites archéologiques essentiels dans son plan de développement économique. L'administration des Beaux-Arts, qui dépend du ministère de l'Éducation, a créé neuf parcs historiques (*ùthayaan pràwátìsàat*) : Sukhothai et le parc historique de Si Satchanalai-Chaliang dans la province de Sukhothai ; Ayuthaya dans la province du même nom, Phanom Rung dans la province de Buriram ; Si Thep dans la province de Phetchabun ; Phra Nakhon Khiri dans la province de Phetburi ; Prasat Hin Phimai dans la province de Nakhon Ratchasima ; Muang Singh dans la province de Kanchanaburi et Kamphaeng Phet dans la province de Kamphaeng Phet.

Ces parcs historiques sont gérés par le département des Beaux-Arts afin de les protéger des voleurs et du vandalisme et d'assurer la sécurité des touristes sur les sites les plus reculés. En 1988, cette administration a obtenu la restitution du fameux linteau de Phra Narai à Phanom Rung qui se trouvait à l'Art Institute du musée de Chicago. Les ruines d'Ayuthaya, de Sukhothai, de Si Satchanalai-Chalang et de Kamphaeng Phet ont été classées Patrimoine mondial – ce qui leur ouvre droit aux subventions de l'ONU et/ou aux expertises en vue d'éventuelles restaurations.

Architecture contemporaine

Les architectes thaïlandais contemporains figurent parmi les plus audacieux du Sud-Est asiatique. L'habitude de mélanger les styles traditionnels aux formes européennes a commencé à la fin du XIXe et au début du XXe siècle, comme en témoignent le palais Vimanmek de Bangkok, l'Author's Wing de l'Oriental Hotel, le Chakri Mahaprasat à côté du wat Phra Kaew, la Chambre de commerce sino-thaï sur la Th Sathon Tai, maintes demeures et magasins anciens de la capitale et des chefs-lieux de provinces. Ce style est habituellement désigné sous le nom de "vieux Bangkok" ou "Ratanakosin". Le tout récent centre commercial Old Siam Plaza, contigu au théâtre royal Chalermkrung de Bangkok, tente de ressusciter cette tradition.

Dans les années 20 et 30, un style Art déco thaïlandais émergea, mêlant les apports européens de ce mouvement à un certain fonctionnalisme. On peut en voir des exemples dans le bâtiment restauré du théâtre royal Chalermkrung, le Royal Hotel, le Ratchadamnoen Boxing Stadium, la gare Hualamphong, le bureau de poste principal, et plusieurs immeubles construits le long de Th Ratchadamnoen Klang. Selon la spécialiste Carol Rosenstein, Bangkok possède le plus remarquable ensemble de bâtiments Art déco de l'Asie du Sud-Est, surpassant même les anciennes capitales coloniales comme Jakarta, Kuala Lumpur ou Singapour.

Les constructions de style mixte montrent des influences française et anglaise dans le Nord et le Nord-Est, et portugaise dans le Sud.

Durant l'après-guerre, la tendance, inspirée du Bauhaus européen, visait à un fonctionnalisme ennuyeux qui produisit d'immenses boîtes à œufs dressées à la verticale. L'esthétique thaïlandaise, si prépondérante dans le passé, disparut presque totalement dans ce style anonyme.

Quand les architectes se remirent à oser des expériences novatrices pendant le boom de la construction des années 80, ce fut pour donner naissance à des profils très high-tech, comme la fameuse Bank of Asia de Sumet Jumsai, en forme de robot, sur Th Sathon Tai ,à Bangkok. Si ces lignes futuro-spatiales n'ont pas soulevé l'enthousiasme de la population, l'effet fut au moins différent. Un autre courant s'attacha à plaquer d'agressives colonnes gréco-romaines sur des boîtes rectangulaires Art déco. Cette mode a généralisé l'emploi des rampes courbes sur les balcons de presque tous les magasins ou résidences récentes en Thaïlande, avec des résultats esthétiques souvent dérangeants.

Plus récemment, un groupe d'architectes rebelles se mit à intégrer des motifs thaïlandais traditionnels à leurs immeubles, mêlés à des motifs classiques occidentaux revisités. Rangsan Torsuwan, diplômé du Massachusetts Institute of Technology, a lancé le style néoclassique (ou néo-thaïlandais), dont le meilleur exemple est le nouveau Grand Hyatt Erawan de Bangkok. Pinyo Suwankiri est un autre de ces novateurs qui adaptent l'architecture traditionnelle du pays à des fonctions modernes ; on lui doit quelques bâtiments officiels de Bangkok et l'école bouddhique de Cittaphawan à Chonburi.

A droite : un mélange de styles européen et thaï à Bang Pa-In, province d'Ayuthaya

NICHOLAS REUSS

RICHARD I'ANSON

A gauche : Bouddha
en méditation

SCULPTURE

Même si le pays n'a guère produit d'artistes de renom international, le
style thaï d'inspiration bouddhique est aujourd'hui connu et apprécié
dans le monde entier.

Les motifs en argile ou terre cuite retrouvés sur les murs des grottes
ou les tablettes votives datent du VIe siècle, même si les premières tentatives de stylisation sculptée remontent au quatrième millénaire avant
notre ère. Les matériaux les plus fréquemment utilisés sont le bois, la
pierre, l'ivoire, l'argile et le métal.

La Thaïlande reste avant tout célèbre pour ses bouddhas en bronze.
Aujourd'hui, ces statues ont presque totalement disparu du marché de
l'art, en Thaïlande. La plupart sont jalousement conservées dans les
temples, les musées ou dans des collections privées.

Le symbolisme dans la sculpture

Les statues du Bouddha obéissent à des règles iconographiques strictes,
édictées par les textes bouddhiques anciens datant du IIIe siècle. Le
drapé des robes monastiques sur le corps, la direction des boucles de
la chevelure, la proportion de chaque partie du corps – tout est régle-
menté. La tradition laisse néanmoins place à l'innovation, ce qui a
permis aux différentes "écoles" de l'art bouddhique de se distinguer
les unes des autres.

Ce qui n'a jamais varié, en revanche, ce sont les postures (*asana*) et
les positions des mains (*mudra*) des sculptures du Bouddha. Il existe
quatre postures et positions fondamentales : debout, assis, marchant
et allongé.

Bhumisparsa – Dans ce mudra classique, la main droite touche le sol,
tandis que la gauche repose sur les jambes pliées en position du
lotus. Cette attitude des mains symbolise le moment dans la vie
légendaire du Bouddha où il s'assit pour méditer sous le banyan et
où il fit vœu de ne pas bouger tant qu'il n'aurait pas reçu
l'Illumination. Mara – équivalent bouddhique de Satan – tenta d'in-
terrompre sa méditation en lui faisant apparaître des distractions
(tempêtes, inondations, fêtes et jeunes vierges). En réponse, le
Bouddha toucha la terre, en appelant à la nature pour témoigner de
sa résolution.

En haut, à gauche :
une rangée de bouddhas
en mudra bhumisparsa.
Cette posture représente
Bouddha en méditation
dans l'attente de
l'illumination

En haut à droite :
le mudra dhayana :
symbole de la méditation

En bas à gauche :
le mudra vitarka ou
dhammachakka est
une représentation du
premier enseignement
public de la doctrine
bouddhique

En bas, à droite :
le bouddha allongé
représente le passage
du Bouddha du
monde humain au
parinibbana, ultime
libération du cycle de la
naissance à la mort

RICHARD I'ANSON

SARA-JANE CLELAND

CHRIS MELLOR

LEE FOSTER

Vitarka ou Dhammachakka – Le pouce et l'index de l'une ou des deux mains forment un cercle avec les deux autres doigts tournés vers l'extérieur.

Dhyana – Les deux mains reposent, paumes retournées, sur les jambes pliées en position du lotus, la main droite au-dessus.

Abhaya – L'une ou les deux mains sont tendues vers l'avant, paume vers l'extérieur, doigts vers le haut, pour symboliser l'offre du Bouddha à ses disciples de les protéger ou de les libérer de la peur.

Appel de la pluie – En Thaïlande du Nord – surtout dans les provinces de Chiang Rai, Nan et Phrae –, il arrive de rencontrer un mudra non canonique, avec les deux bras tendus vers le bas de chaque côté du corps, les paumes face aux cuisses.

PEINTURE

Comme pour la sculpture, la peinture fut essentiellement confinée à l'art religieux, avec l'application de pigments naturels sur les murs des temples comme moyen d'expression privilégié. Toujours didactique, ces représentations allaient de la peinture des *jataka* (épisodes de la vie du Bouddha) et des scènes du *Ramayana* (récit épique indien) aux scènes élaborées de la vie quotidienne en Thaïlande. Malheureusement, pour des problèmes de conservation, il reste peu d'œuvres antérieures au XXe siècle. Toutefois, les techniques de l'art rupestre ont perduré et continuent d'inspirer de nombreux projets. Influencé par des styles du monde entier, un mouvement de peinture profane thaïlandais est en plein épanouissement.

A gauche et à droite :
le wat Phra Kaew abrite
l'un des plus remar-
quables exemples de
fresques religieuses du
XIXᵉ siècle

A gauche : certaines parties du wat Phra Kaew sont représentées sur des fresques

JOE CUMMINGS

JOE CUMMINGS

Peinture traditionnelle

A l'exception de quelques grottes – préhistoriques ou non – et des fresques pariétales mises au jour dans diverses régions, la Thaïlande n'est pas riche en œuvres picturales antérieures au XVIIIe siècle. Il est vraisemblable que les temples d'Ayuthaya devaient être ornés de fresques, mais elles furent détruites lors de l'invasion birmane de 1767. Les fresques les plus anciennes, ornant les temples, se trouvent au wat Ratburana d'Ayuthaya (1424) et au wat Yai Suwannaram de Phetchaburi (fin du XVIIe siècle).

La peinture religieuse du XIXe siècle est mieux représentée. Ainsi, la qualité des temples de style Ratanakosin vaut davantage pour la peinture que pour la sculpture ou l'architecture. Les couleurs sont variées, les détails nombreux et minutieux. Les plus beaux exemples sont visibles au Wihan Buddhaisawan Chapel du wat Phra Kaew à Bangkok et au wat Suwannaram à Thonburi.

Peinture moderne

L'art moderne de Thaïlande aurait commencé, avec l'arrivée de l'artiste italien Corrado Feroci, invité en 1924 par le roi Rama VI. A Bangkok, son monument de la Démocratie est directement inspiré des tendances artistiques en vigueur dans l'Italie fasciste des années 30. Il devait du reste sa renommée aux monuments aux morts. Feroci créa la première école des Beaux-Arts du pays en 1933, noyau de la future université Silpakorn, le plus grand institut de formation des artistes. En remerciement, l'État décerna à Feroci le nom thaï de Silpa Bhirasri.

Aujourd'hui, de nombreuses galeries exposent les œuvres de peintres contemporains. Le courant moderne dominant s'attache à remettre au goût du jour les thèmes bouddhiques anciens grâce aux techniques modernes occidentales, à l'initiative de Pichai Nirand, Thawan Duchanee et Prateung Emjaroen, qui lancèrent ce style dans les années 70. Le mouvement, depuis, a pris de l'ampleur ; à Bangkok, la Visual Dhamma Art Gallery (donnant dans Soi Asoke) s'est spécialisée dans l'art bouddhique thaïlandais moderne.

Les hôtels de luxe de Bangkok organisent également des expositions. La plus vaste collection se trouve dans les salons et le hall du Grand Hyatt Erawan ; l'accrochage est renouvelé régulièrement.

Le Nord de la Thaïlande

Les premiers royaumes thaï (Lanna, Sukho-thai, Nan, Chiang Mai et Chiang Saen) sont nés dans ce qui constitue aujourd'hui le Nord de la Thaïlande. Il en résulte que cette région est riche en vestiges culturels et en architecture ancienne. C'est aussi le berceau de la plupart des tribus montagnardes. La beauté des paysages a été bien préservée, et Chiang Mai reste encore, sans doute, la ville la plus agréable du pays.

Les habitants du Nord ont la réputation d'être décontractés, insouciants, traits de caractères que manifeste bien leur langue (le dialecte *kham meuang*), au rythme plus lent que celui des trois autres dialectes principaux. La population est très fière de ses coutumes, considérant que le particularisme du Nord fait partie de la tradition et de la culture "originelle" de la Thaïlande.

Cette cohésion culturelle s'exprime par divers symboles comme les jarres d'eau placées devant les maisons, le *kalae* (un "X" en bois sculpté) ornant les pignons des maisons, les sacs en bandoulière des Shan ou des autres tribus et l'omniprésent *sêua mâw hâwm* (la chemise bleu indigo des paysans) portée traditionnellement le vendredi dans beaucoup de banques, d'universités et d'autres institutions.

Le Nord a aussi sa propre cuisine, qui incorpore de nombreux légumes, ainsi que le riz gluant, préféré au riz blanc du centre et du sud du pays. Le *sôm-tam*, une salade acide et épicée faite habituellement de papaye verte (qui peut aussi être préparée avec d'autres fruits et légumes) est très populaire.

Les zones montagneuses font partie du Triangle d'or, de sinistre réputation, à la confluence du Myanmar, du Laos et de la Thaïlande, région où l'on cultive illégalement la majeure partie des pavots à opium du monde. Hormis ce halo d'aventure et de mystère entourant le Triangle d'or, et si l'on fait abstraction du tourisme et de ses infrastructures qui vont croissant, le Nord est une région très agréable à parcourir.

A ne pas manquer

- Les **parcs historiques de Sukhothai et de Si Satchanalai-Chaliang** : la collection la plus remarquable de monuments datant de l'âge d'or thaïlandais
- **Chiang Mai**, la trépidante, avec ses 300 temples et son artisanat renommé
- Le parc national de **Doi Inthanon**, au point le plus élevé de Thaïlande, abrite 400 espèces d'oiseaux
- La province de **Mae Hong Son**, carrefour des ethnies au cœur des forêts denses
- La province rurale de **Nan**, avec ses vallées fluviales fertiles, peuplées de communautés de Thaï Lü
- Une excursion vers l'historique Kengtung, au Myanmar
- Les grottes de calcaire de **Tham Lot et Tham Nang Lang**

NORD DE LA THAÏLANDE

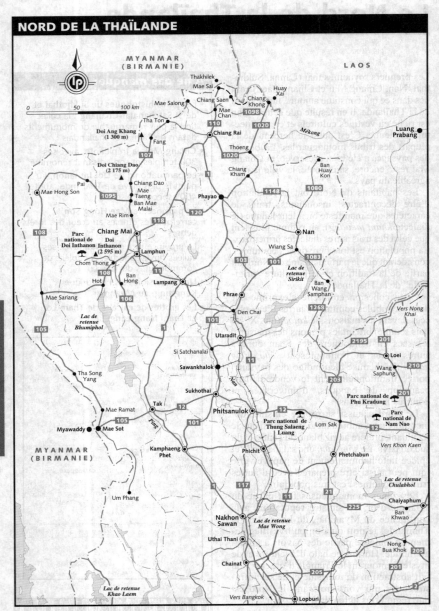

Du Nord de la Thaïlande au Yunnan en Chine

Désormais, une route mène de la Thaïlande à la province chinoise de Yunnan, en traversant le Laos. Elle relie le Triangle d'or au district de Sipsongpanna dans le Yunnan, province de la Chine du Sud-Ouest. Les Thaïlandais, les Shan et les Lao voient unanimement dans le Sipsongpanna (qu'on appelle Xishuangbanna en Chine) leur patrie culturelle.

On peut désormais passer légalement de la Thaïlande au Laos en six points d'accès. Une fois au Laos, dirigez-vous vers Luang Nam Tha ou Udomxai et poursuivez votre route vers le village laotien de Boten, à la frontière chinoise près de la ville de Mengla, dans le Sipsongpanna. Une route relie Mengla à Jinghong. Pour rejoindre Luang Nam Tha à partir de la Thaïlande du Nord, vous prendrez le ferry (et bientôt le pont) de Chiang Khong (Thaïlande) à Huay Xai (Laos). On peut déjà emprunter ce point d'accès, et les étrangers munis du visa approprié peuvent entrer au Laos. Il en va de même à Boten, pour les ressortissants de tous les pays.

On peut également rejoindre Boten en passant par Pakbeng dans la province laotienne d'Udomxai. Pakbeng se trouve à mi-chemin de la route du Mékong qui relie Huay Xai à Luang Prabang. A Pakbeng, une route construite par les Chinois prend la relève jusqu'à Boten. Pour faciliter le commerce et les transports entre la Chine et la Thaïlande, les Chinois ont proposé de construire, sur la route en face de Pakbeng, une nouvelle route directement au sud de la frontière thaïlandaise (province de Nam). Actuellement, les autorités thaïlandaises ne sont pas trop contentes du projet qui leur paraît fleurer quelque peu l'"invasion". Durant l'insurrection communiste en Thaïlande, les cadres du parti communiste thaïlandais utilisaient la route de Pakbeng pour rallier Kunming, en Chine, et suivre une formation en tactiques révolutionnaires.

Une autre route relie la Chine depuis la ville frontalière birmane de Thakhilek (en face de Mae Sai, côté thaïlandais). On continue ensuite sur 164 km au nord vers Kengtung, au Myanmar (également connue des Thaïlandais sous le nom de Chiang Tung), dans l'Etat Shan. A l'heure actuelle, cette route n'est qu'une piste accidentée qui demande une journée de voyage sous de bonnes conditions. Le permis de traverser s'obtient à Mae Sai. A Kengtung, la route continue sur 100 km au nord, vers Mong La (en face de Daluo sur la frontière chinoise). Les touristes sont désormais autorisés à emprunter cette section, sous réserve de procéder à quelques formalités d'enregistrement à Kengtung. Les Chinois ont amélioré la portion de route de Daluo à Kengtung en échange de droits limités sur les bois et minerais du Myanmar. De fait, cette partie est en bien meilleur état que la portion, plus longue, qui s'étend de Kengtung à Thakhilek. A Daluo, il faut compter 300 km pour rejoindre Jinghong, capitale du Sipsongpanna. Si vous possédez un visa pour la Chine en cours de validité, vous pouvez dorénavant passer en Chine, depuis le Myanmar, par la voie terrestre (Mong La-Daluo).

A long terme, le fleuve ouvrira une voie de passage intéressante. Des barges chinoises, allant jusqu'à 100 t, naviguent actuellement sur le Mékong durant huit mois de l'année. De la frontière chinoise à Chiang Khong en Thaïlande, il faut compter environ cinq jours. Pendant les mois les plus secs, on rencontre des rochers et des bas-fonds. Le drainage pourrait cependant garantir toute l'année un passage aux navires jusqu'à 500 t, mais risque d'avoir des effets dévastateurs sur les cours d'eau et les terres situées en aval.

La boucle septentrionale

Si la manière habituelle de visiter la Thaïlande du Nord est d'aller directement de Bangkok à Chiang Mai, il existe de nombreuses alternatives intéressantes. En commençant par le nord depuis Bangkok, vous pourrez visiter d'abord les anciennes capitales : Ayuthaya, Lopburi et Sukhothai, ou

SARA-JANE CLELAND

**Les wats, décorés avec exubérance,
sont typiques du Nord de la Thaïlande.
Chiang Mai en possède, à elle seule,
plusieurs centaines.**

NORD DE LA THAÏLANDE

bien suivre une route moins classique par Nakhon Pathom et Kanchanaburi à l'ouest, puis gagner Lopburi *via* Suphanburi (en revenant éventuellement sur Ayuthaya).

De Lopburi, continuez vers Chiang Mai, ou arrêtez-vous à Phitsanulok d'où vous visiterez Sukhothai, Tak et Mae Sot. Il est désormais possible d'aller à Mae Sariang par la route de Mae Sot, puis à Mae Hong Son ou à Chiang Mai. Une fois à Chiang Mai, l'itinéraire habituel se poursuit vers Fang, d'où l'on prend le bateau sur la Kok jusqu'à Chiang Rai pour continuer vers Mae Sai et Chiang Saen.

Les voyageurs disposant de plus de temps pourront s'offrir le circuit Chiang Mai-Pai-Mae Hong Son/Mae Sariang-Chiang Mai. Une route très dure, mais faisable, entre Tha Ton et Doi Mae Salong, constitue une alternative possible à la descente en bateau sur le Kok une fois dans la région de Fang.

De Chiang Mai, passez dans le Nord-Est en revenant sur Phitsanulok et Lom Sak et pénétrez dans la région proprement dite, soit à Loei, soit à Khon Kaen. Nong Khai, Udon Thani et Khon Kaen sont toutes sur la ligne de chemin de fer qui vous ramènera à Bangkok, mais il y a plusieurs autres localités intéressantes à visiter avant de rentrer sur la capitale.

La vieille route circulaire dite "boucle laotienne" ("Laotian Loop") permet aux voyageurs qui disposent d'un véhicule de faire un circuit touristique au départ de Bangkok, englobant Vientiane, puis Luang Prabang et Huay Xai ; puis ensuite la Thaïlande, *via* Chiang Rai, pour terminer à Chiang Mai. Interdit pendant de longues années, cet itinéraire est de nouveau possible grâce à l'ouverture récente du Laos au tourisme individuel.

La boucle peut être également parcourue en sens inverse, en commençant par la traversée du Mékong à Chiang Khong, dans la province de Chiang Rai, pour atteindre Huay Xai. Vous longerez ensuite le fleuve jusqu'à Luang Prabang et Vientiane. De là, vous regagnerez la Thaïlande du Nord-Est, à moins que vous ne décidiez de poursuivre jusqu'au Vietnam ou la Chine, par la route ou en avion.

Province
de Chiang Mai

CHIANG MAI
160 000 habitants

Une des premières questions que les Thaïlandais posent aux touristes en visite dans leur pays est : "Avez-vous déjà visité Chiang Mai ?", sous-entendant que la capitale du nord est un des sites incontournables du pays.

Avec la ville de Sukhothai, plus au sud, Chiang Mai a fait partie des premières cités du sud-est asiatique à passer de la domination des cultures môn et khmer à une nouvelle ère sous la gouverne des Thaï. Aujourd'hui, les Thaïlandais ont tendance à idéaliser cette capitale du nord qu'ils affectionnent tant ; à leurs yeux, c'est une belle cité fortifiée, ceinte de remparts et de montagnes, où abondent mystères et légendes. Dans la réalité, Chiang Mai n'a pas oublié de prendre le virage de la modernité pour devenir une métropole cosmopolite, qui affiche tous les stigmates de la culture et de la technologie contemporaines.

Située à plus de 700 km au nord-ouest de Bangkok, Chiang Mai compte plus de 300 temples (121 à l'intérieur du *thêtsabaan*, c'est-à-dire à l'intérieur des limites de la ville) – presque autant que Bangkok. Derrière, le Doi Suthep culmine à 1 676 m d'altitude et contribue à la beauté du cadre naturel de cette ville en pleine expansion.

Bien des visiteurs s'attardent dans la région, charmés par la qualité de l'hébergement, de la cuisine et des boutiques, sans parler de la fraîcheur des nuits, si agréable après la touffeur du centre de la Thaïlande, de l'ambiance internationale de la ville et de la gentillesse de ses habitants. Autre avantage, Chiang Mai est assez petite pour qu'on y circule en vélo. Et si l'on tient compte du nombre croissant d'expériences culturelles et spirituelles que l'on peut y faire depuis quelque temps (cuisine et massages thaïlandais, langue thaï, yoga, vipasana ou méditation, t'ai chi entre autres), la ville est bien autre chose qu'une simple étape sur un circuit touristique.

Pour conserver le caractère de la ville, on a proposé de bâtir une ville jumelle à proximité (peut-être à San Kamphaeng à l'est), qui mettrait la vieille ville à l'abri des contraintes du développement. Les mesures de sauvegarde incluent l'interdiction, depuis 1991, de construire tout immeuble élevé dans un rayon de 93 m autour d'un temple, ce qui a pour effet de protéger 87% de la superficie de la ville. La loi est conçue pour mettre un terme à l'édification de nouvelles résidences le long de la Ping et préserver ainsi la physionomie de la ville.

Un élément positif reste cependant le drainage, en 1992, des douves polluées et l'installation d'un système de filtrage automatique. S'il reste beaucoup à dire sur la clarté de l'eau,

Douceur de vivre à Chiang Mai

D'après d'une étude sur la qualité de vie dans les grandes villes d'Asie situées à l'est de Kaboul et à l'ouest de Port Moresby, parue dans le magazine *Asiaweek*, Chiang Mai arrive en neuvième place. L'enquête a passé en revue quelque 22 indicateurs statistiques pour établir ce classement, parmi lesquels figurent l'espérance de vie, les services médicaux, la quantité de dioxyde de soufre dans l'air (en parties par million), la moyenne des loyers mensuels, le taux de chômage, le nombre de parcs et d'espaces verts (en mètres carrés par habitant), le taux de criminalité, le climat et le nombre de villes desservies par vol direct.

les douves n'en abritent pas moins aujourd'hui des tortues et des poissons.

Autre bon point : un système de sens uniques a considérablement amélioré la circulation urbaine. Par ailleurs, la ville comprend le programme de recyclage le plus vaste du pays et l'on voit sur les trottoirs et le bord des routes des banques de verre, de plastique et de papier.

La meilleure saison pour visiter Chiang Mai s'étend de juillet à mars, lorsque le temps est relativement clément, l'air plus dégagé et les collines environnantes couvertes de végétation. D'avril à juin, le thermomètre s'envole et le temps est sec ; une espèce de brume s'installe dans la vallée. Septembre est le mois le plus arrosé, qui bénéficie toutefois de belles journées sous un ciel sans nuage.

Histoire

En 1296, le roi thaï Mengrai annexa un campement môn, afin de développer la ville de Nopburi Si Nakhon Ping Chiang Mai, dont le nom fut abrégé en Chiang Mai, ou la "Ville aux nouveaux remparts". Il édifia les premiers remparts dont vous remarquerez encore les restes le long de Thanon (Th) Kamphaeng Din. Puis, aux XIVe et XVe siècles, Chiang

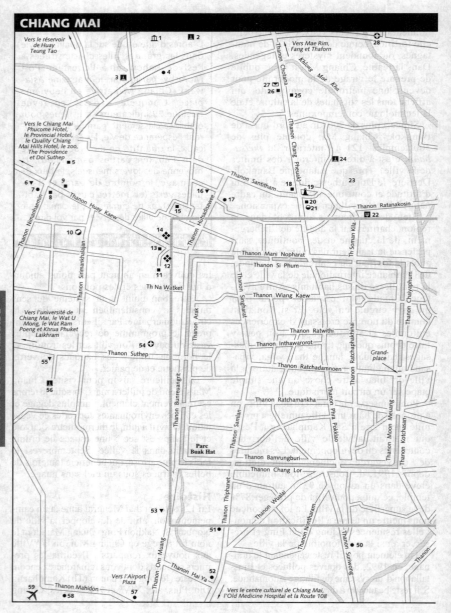

CHIANG MAI

Vers le réservoir
de Huay
Teung Tao

Vers Mae Rim,
Fang et Thaforn

Vers le Chiang Mai
Phucome Hotel,
le Provincial Hotel,
le Quality Chiang
Mai Hills Hotel, le zoo,
The Providence
et Doi Suthep

Thanon Cholana

Khlong Mae Kha

Thanon Chang Pheuak

Thanon Santitham

Thanon Ratanakosin

Thanon Huay Kaew

Thanon Nimanhaemin

Thanon Hussadisawee

Th Soman Kila

Thanon Chaiyaphum

Thanon Sirimankhalajan

Thanon Mani Nopharat

Thanon Si Phum

Thanon Wiang Kaew

Thanon Ratwithi

Thanon Inthawarorot

Thanon Ratchadamnoen

Th Na Watket

Thanon Singharat

Thanon Arak

Thanon Ratchaphakhinai

Thanon Ratchaphakhinai

Grand-place

Vers l'université de
Chiang Mai, le Wat U
Mong, le Wat Ram
Poeng et Khrua Phuket
Laikhram

Thanon Suthep

Thanon Ratchamankha

Thanon Bunreuangrit

Thanon Samlan

Thanon Phra Pokklao

Thanon Moon Meuang

Thanon Kotchasan

Parc
Buak Hat

Thanon Bamrungburi

Thanon Chang Lor

Thanon Thiphanet

Thanon Wualai

Thanon Nontharam

Thanon Suriwong

Vers l'Airport
Plaza

Thanon Om Muang

Thanon Hai Ya

Vers le centre culturel de Chiang Mai,
l'Old Medicine Hospital et la Route 108

Thanon Mahidon

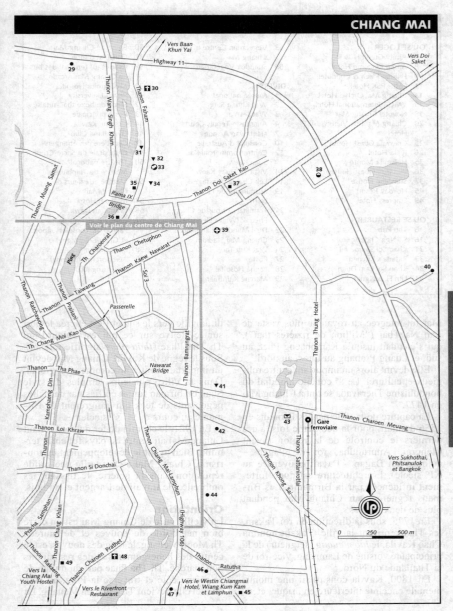

CHIANG MAI

OÙ SE LOGER
5   Amity Green Hills
8   Amari Rincome Hotel
9   Hillside Plaza & Condotel
11 Lotus PSK Hotel
13 Chiang Mai Orchid Hotel
15 YMCA International Hotel
18 Novotel Chiang Mai
20 Chiang Mai Phu Viang Hotel
25 Chawala Guest House
26 Iyara Hotel
35 Hollanda Montri
36 Pun Pun Guest House
37 Sunshine House
45 Holiday Resort
49 Empress Hotel

OÙ SE RESTAURER
6   The Pub
16 Sa-Nga Choeng Doi
31 Khao Soi Samoe Jai
32 Ratana's Kitchen
34 Khao Soi Lam Duan
41 Lim Han Nguan

53 Vegetarian Centre of Chiang Mai
55 Suandok Vegetarian

DIVERS
1   Musée national
2   Wat Khuan Sing
3   Wat Jet Yot
4   Anantasiri Tennis Courts
7   Nantawan Arcade
10 Consulat d'Australie
12 Centre commercial Kad Suan Kaew
14 Vista 12 Huay Kaew
17 Lek Chaiya (massages)
19 Monument de l'Éléphant blanc
21 Terminal des bus de Chang Pheuak (White Elephant)
22 Devi Mandir Chiang Mai
23 Chiang Mai Stadium
24 Wat Kuu Tao
27 Poste
28 Lanna Hospital
29 Marché Kamthiang

30 Église de Chiang Mai
33 Consulat d'Inde
38 (Nouveau) terminal des bus de Chiang Mai Arcade
39 McCormick Hospital
40 Payap University
42 Stade de boxe thaïlandaise
43 Poste principale
44 Caserne Kawila
46 Gymkhana Club
47 Cimetière des étrangers
48 Cathédrale du Sacré-Cœur
50 Théâtre national
51 Marché de Thiphanet
52 Marché aux fleurs de Chiang Mai
54 Maharaj Hospital
56 Wat Suan Dawk
57 Centre d'affaires de l'aéroport (consulats Japon et Grande-Bretagne)
58 Immigration
59 Aéroport international de Chiang Mai

Mai fut intégrée au royaume plus vaste de Lan Na Thai ("Million de rizières thaï"), qui s'étendait jusqu'à Kamphaeng Phet, au sud, et Luang Prabang au Laos, au nord.

Elle devint alors un important centre religieux et culturel. Le 8e concile mondial du bouddhisme Theravada se tint à Chiang Mai en 1477.

La capture de la ville par les Birmans en 1556 donnait, pour la deuxième fois, à ces derniers le contrôle de la région (avant Mengrai, Anuruddha, roi de Pagan – aujourd'hui Bagan – l'avait gouvernée au XIe siècle). L'architecture est donc fortement influencée par la Birmanie. Les Birmans régnèrent sur Chiang Mai pendant plus de deux siècles.

En 1775, sous la direction du roi Taksin, les Thaï reprirent la ville. Taksin nomma Chao Kavila, le *jâo meuang* (seigneur) de la principauté voisine de Lampang, vice-roi de la Thaïlande du Nord.

En 1800, Kavila construisit une monumentale enceinte intérieure en brique, éten-

dit la ville vers le sud et l'est et créa le port sur le fleuve sur ce qui est aujourd'hui Th Tha Phae (*thâa phae* signifie radeau). Sous le règne de Kavila, Chiang Mai devint un important centre de commerce régional. Dans la ville, plusieurs temples de style Shan ou birman furent édifiés par de riches négociants de teck qui émigrèrent de Birmanie au cours du XIXe siècle.

En 1921, le chemin de fer du nord reliant Chiang Mai au centre du pays fut enfin terminé. Bien avant le développement du tourisme, Chiang Mai s'était taillé une solide réputation dans la poterie, le tissage, les ombrelles, le travail de l'argent et du bois.

Orientation

La vieille ville de Chiang Mai est un carré bien net bordé de douves et de murets. Th Moon Meuang, le long des douves, est le centre des hébergements et des restaurants bon marché. Th Tha Phae part du milieu de ce même côté et traverse la Ping, au-delà duquel elle devient Th Charoen Meuang. La gare ferroviaire et la poste centrale sont plus loin dans Th Charoen Meuang, à bonne distance du centre. Il existe plusieurs terminaux de bus autour de Chiang Mai ; soyez donc bien certain de vous rendre au bon.

Plusieurs grands temples sont situés à l'intérieur de la zone délimitée par les douves, mais il y en a aussi au nord et à l'ouest. Le Doi Suthep s'élève à l'ouest de la ville.

Cartes. Même s'il est facile de se repérer dans Chiang Mai, n'hésitez pas à investir 120 B dans un exemplaire de la *Map of Chiang Mai* de Nancy Chandler. Vous y trouverez les centres d'intérêt, les lieux où l'on peut faire du shopping, le trajet des bus et un nombre incroyable de curiosités sur lesquelles vous ne risquez pas de tomber tout seul.

Assez semblable, le *DK's Chiang Mai Tourist Map*, publié par DK Book House, insiste davantage sur les transports publics (mais la translitération laisse beaucoup à désirer).

Vous trouverez également le *P&P's Tourist Map of Chiang Mai*. Enfin, la TAT (Tourism Authority of Thailand) distribue gratuitement un plan succinct de la ville, disponible dans son agence, Th Chiang Mai-Lamphun, près de Nawarat Bridge.

Renseignements
Office du tourisme. Le sympathique bureau de la TAT (☎ 053-248604/07), dans Th Chiang Mai-Lamphun, près du Nawarat Bridge, ouvre tous les jours de 8h à 16h30.

La police touristique (☎ 053-248974), vantée pour son intégrité et son efficacité, vient de s'établir dans ses nouveaux quartiers, à environ 50 m au nord du bureau de la TAT, dans Th Chiang Mai-Lamphun.

Consulats étrangers. Chiang Mai possède plusieurs postes consulaires étrangers où vous pourrez obtenir des visas. Le consulat de l'Inde reçoit ainsi bon nombre de touristes en route vers ce pays : comptez environ quatre jours pour un visa.

Australie
(☎ 053-221083, fax 219726)
165 Th Sirimankhalajan
Autriche
(☎ 053-400231)
15 Muu 1, Th Huay Kaew
Canada
(☎ 053-850147)
151 Th Chiang Mai-Lamphun
Chine
(☎ 053-276125, 200424, fax 274614)
111 Th Chang Lor
France
(☎ 053-215719, fax 215719)
138 Th Charoen Prathet
Inde
(☎ 053-243066, 242491, fax 247879)
344 Th Faham (Charoen Rat)
Japon
(☎ 053-203367)
104-107 Centre d'affaires de l'aéroport,
90 Th Mahidon
Suède
(☎ 053-222366)
YMCA International Hotel, 11 Th Soemsuk
Royaume Uni
(☎ 053-203405, fax 203408)
201 Centre d'affaires de l'aéroport,
90 Th Mahidon
États-Unis
(☎ 053-252629/31, fax 252633)
387 Th Wichayanon

Immigration. Le bureau de l'immigration (☎ 053-277-510) se situe à deux pas de la route 1141, près de l'aéroport.

Argent. Toutes les grandes banques de Thaïlande comportent plusieurs succursales à Chiang Mai la plupart dans Th Tha Phae, ouvertes en général de 8h30 à 15h30.

Dans les quartiers touristiques, comme le bazar de nuit, Th Tha Phae et Th Moon Muang, les banques changent votre argent jusqu'à 20h.

Du côté est de Th Charoen Prathet, entre Th Si Donchai et Soi Anusan, près du Diamond Riverside Hotel, SK Moneychanger (☎ 053-271864) accepte surtout les espèces en devises étrangères (mais prend aussi les chèques de voyage) et les change parfois à des taux plus intéressants que ceux pratiqués par les banques.

Poste. La poste principale (GPO) se situe derrière la gare ferroviaire dans Th Charoen Meuang. Elle ouvre du lundi au vendredi de 8h30 à 16h30, et le week-end de 9h à 12h.

La nouvelle poste Mae Ping est d'un accès plus facile aux visiteurs séjournant à l'ouest du fleuve, vers la vieille ville. Elle ouvre du lundi au vendredi de 8h30 à 16h30 et le samedi de 9h à 12h. L'ancienne poste Mae Ping, en face, abrite aujourd'hui le musée philatélique de Chiang Mai, ouvert au public le week-end et durant les vacances, de 9h à 16h.

D'autres postes se sont installées à Th Singarat/Samlan, Th Praisani, à Th Phra Pokklao, à Th Chotana, et à Th Chang Khlan, ainsi qu'à l'université de Chiang Mai et à l'aéroport international de la ville.

Près du bazar de nuit de Chiang Mai dans Th Chang Khlan ainsi que dans Th Inthawarorot, près de Wat Phra Sing, Mail Boxes Etc propose des services postaux privés.

Les appels téléphoniques internationaux, et les fax se traitent entre 7h et 22h au bureau des télécommunications au coin de la poste principale, à l'étage, dans Th Charoen Meuang. On peut aussi passer des appels internationaux dans les grands hôtels (le service s'élève jusqu'à 30% du prix), et au service des téléphones internationaux, 44 Th Si Donchai, entre 8h et 18h.

Les téléphones Home Direct, qui effectuent des connections faciles (un seul bouton) avec des opératrices étrangères dans un grand nombre de pays, sont en service au Chiang Inn Plaza, 100/1 Th Chang Khlan, derrière le bazar de nuit, à l'aéroport international de Chiang Mai, à la poste principale de Th Charoen Meuang, au bureau de la Thai, 240 Th Phra Pokklao, et au bureau de la TAT.

E-mail et accès Internet. La liste des lieux où il est possible de se connecter sur le Net ne cesse de s'allonger à Chiang Mai. Assign Internet 1 (☎ 053-404550, 206114), dans le centre commercial Vista 12 Huay Kaew, Th Huay Kaew, propose une connexion illimitée. L'adhésion annuelle coûte 500 B, plus 3 B par minute de connexion ; pour les étudiants, ces tarifs

baissent à 300 B l'adhésion et 2 B la minute en ligne. Les internautes bénéficient aussi d'une adresse électronique personnelle. Mêmes prestations chez Assign Internet 2 (☎ 053-818911, 818912), au Chiang Mai Pavilion, 145 Th Chang Klan, au cœur du bazar de nuit.

Parmi les autres adresses pour consulter ses messages ou accéder à Internet, citons la Pinte Blues Pub, 33/6 Th Moon Muang, l'America Restaurant & Bar (également appelé Internet Caf, America, ☎ 053-252190, 402/1-2 Th Tha Phae), ainsi que Mail Boxes Etc, dans Th Chang Khlan.

Internet. Chiang Mai Online (www.chiangmai-online.com) est un site commercial, dont la masse de renseignements fournis est globalement assez inégale. Signalons toutefois que la liste des hébergements répertoriés, plutôt exhaustive, offre un choix qui va des pensions de famille aux meilleurs hôtels. Surveillez également le site très prometteur de la Chiang Mai Newsletter (www.chiangmainews.com). Outre des listes indicatives, ce site présente des articles sur la culture et les arts.

Livres et librairies. Oliver Hargreave, citoyen britannique expatrié à Chiang Mai, a écrit un guide en couleurs de la ville, qui fait autorité. *Exploring Chiang Mai* est disponible en librairie pour 350 B.

Chiang Mai compte plusieurs librairies, au premier rang desquelles figurent le Suriwong Book Centre, dans un nouvel espace plus vaste, 54 Th Si Donchai, et la DK Book House, Th Kotchasan. Celle-ci possède une antenne à l'université de Chiang Mai, plus fournie en manuels et ouvrages scolaires.

Ne vous laissez pas tromper par la taille surdimensionnée du magasin : sur les rayons, la plupart des livres sont présentés de face, si bien que l'établissement n'en compte pas autant qu'il n'y paraît. Les ouvrages sont mieux rangés et la sélection plus étendue chez Suriwong ; à côté, se trouve une papeterie bien pratique. Plus modeste, la librairie Book Zone,

Th Tha Phae, offre une bon choix d'ouvrages, juste en face du Wat Mahawan.

La bibliothèque de l'American University Alumni (AUA), Th Ratchadamnoen (en deçà de la porte est), comprend un choix étendu de journaux et de magazines en anglais. Elle ouvre du lundi au vendredi de 12h à 18h ; pour y accéder, il faut s'acquitter de 300 B d'adhésion annuelle (100 B pour les étudiants de l'AUA), ou 50 B pour les touristes en visite provisoire. Le British Council (☎ 053-242103), 198 Th Bamrungrat, abrite une petite bibliothèque en anglais. La bibliothèque de l'université de Chiang Mai dispose de titres en langues étrangères.

Pour dénicher des livres d'occasion, rendez-vous au Lost Book Shop, excellente petite boutique du côté nord de Th Ratchamankha, entre Th Moon Muang et Th Ratchaphakhinai. Les heures d'ouverture ne sont pas clairement définies, mais le choix proposé mérite le détour, d'autant qu'on y trouve autre chose que de la littérature de hall de gare, ainsi que de nombreux ouvrages sur la culture et les arts thaïlandais. Les titres sont majoritairement en anglais, mais vous risquez de mettre la main sur quelques publications en français et en allemand.

Les clients du Library Service, près de la New Saitum Guest House, 21/1 Soi 2, Th Ratchamankha, non loin de la porte Tha Phae, achètent ou échangent des livres de poche d'occasion du lundi au samedi de 9h à 18h.

Médias. Plusieurs publications gratuites en anglais sont distribuées dans les principaux centres touristiques de la ville. Le *Guidelines Chiang Mai,* le *Chiangmai Travel Holiday,* le *Welcome to Chiangmai & Chiangrai* et le *Good Morning Chiangmai* proposent le cocktail habituel de réflexions plutôt creuses sur la culture, et des cartes noyées au milieu de tonnes d'encarts publicitaires pour les bars, pubs, restaurants et autres antiquaires de la ville.

Une mention spéciale revient indéniablement au Guidelines Chieng Mai dont le contenu est le plus intéressant. Consultez ces magazines pour connaître plus précisément les horaires de bus, de trains et d'avions, mis à jour une fois par an. Une partie du *Good Morning Chiangmai* est rédigée en français.

Chang Puak/L'Éléphant Blanc, qui paraît de temps à autre, est presque entièrement en français. Le mensuel *Trip Info* imprime la liste fort utile des administrations, des banques, des églises, des appartements et des immeubles de vacances, ainsi que les horaires (à jour) des bus, des trains et des avions.

La *Chiang Mai Newsletter* fait paraître tous les mois des articles sur les événements culturels et politiques locaux, accompagnés d'un calendrier.

Radio Thaïland Chiang Mai diffuse des programmes d'informations et de musique en anglais entre 6h et 8h30, puis entre 18h et 20h30 tous les jours sur FM 93.25.

Centres culturels. Plusieurs centres culturels étrangers organisent des projections de films, des concerts, des ballets, des pièces de théâtre et autres événements.

Alliance Française
 (☎ 053-275277)
 138 Th Charoen Prathet. Projection de films français (sous-titres anglais) tous les mardi à 16h30, le vendredi à 20h, entrée libre pour les membres, 10 B pour les étudiants et 20 B pour les autres. Le deuxième mardi du mois, l'Informal Northern Thai Group organise, dans les locaux de l'Alliance Française, des conférences sur un aspect de la culture thaïlandaise, en invitant un spécialiste du sujet (accès libre). On peut aussi suivre des cours de français. En face, une annexe de la bibliothèque de recherche de l'École française d'Extrême-Orient est installée dans une belle demeure ancienne de Chiang Mai. La consultation des ouvrages nécessite une autorisation du directeur.

AUA
 (☎ 053-278407, 211377)
 24 Th Ratchadamnoen. L'AUA propose des cours d'anglais et de thaï (voir plus bas la rubrique *Cours,* au paragraphe *Langue et culture* pour un complément d'information).

British Council
 (☎ 053-242103)
 198 Th Bamrungrat. Petite bibliothèque avec ouvrages en anglais.

NORD DE LA THAÏLANDE

Services médicaux. Pour les problèmes mineurs, on recommandera le McCormick Hospital (☎ 053-241311, 240832), ancien hôpital de missionnaires dans Th Kaew Nawarat, où les soins ne coûtent pas très cher. Comme dans presque tous les autres établissements hospitaliers de Chiang Mai, les médecins parlent anglais.

Le Chiang Mai Ram Hospital (☎ 053-224861), Th Bunreuangrit, près du Sri Tokyo Hotel, est le plus moderne et le plus récent de la ville. Compte tenu de son équipement flambant neuf, les soins sont légèrement plus coûteux qu'ailleurs.

Parmi les autres centres médicaux, citons le Chiang Mai University Hospital, Th Suan Dawk, le Lanna Hospital (☎ 053-211037), Th Chang Khlan, l'Ariyawongse Clinic, Th Chang Moi et la Wiang Kaew Clinic (☎ 053-222927), 10 Th Wiang Kaew.

Le Malaria Centre, 18 Th Bunreuangrit, effectue des examens sanguins pour dépister le paludisme.

Nous conseillons également Mungkala (☎ 053-278494, fax 208432, mungkala@ cm.ksc.co.th), 21-25 Th Ratchamankha, clinique qui pratique la médecine chinoise traditionnelle, à base d'acupuncture et de phytothérapie.

Les Alcooliques Anonymes (☎ 053-282627) organisent des réunions tous les jours à 18h30, dans la salle 133 du McCormick Hospital.

Films et développement. Broadway Photo (☎ 053-251253), Th Tha Phae, à 100 m à l'est de la porte de Pha Phae, offre un bon choix de pellicules diapos, dont le Fujichrome Pro 400 et le Velvia 50, généralement difficiles à trouver. Pour le développement de ces diapos, bon nombre de professionnels emploient les services de Gim Photo dans Th Bamrung-buri, près de Buak Hat Park.

Divers. L'un des bureaux de la police touristique (☎ 053-248974, 1699) situé au rez-de-chaussée de la TAT dans Th Chiang Mai-Lamphun, est ouvert de 6h à 24h. De 0h à 6h, appelez le ☎ 053-491420.

Plutôt destiné aux expatriés qui résident à Chiang Mai, le Raintree Resource Center (☎ 053-262660), 3 Th Charoen Muang, sous l'égide de la Chiang Mai Community Church, fournit des renseignements et organise des groupes de soutien ainsi que des cours de formation et des massages. Il tient à la disposition du public une vidéothèque avec des programmes pour enfants.

Tous les mois, le centre organise une matinée consacrée aux nouveaux arrivants dans la ville qui comprend une visite du marché. Au cours de cette introduction, sont distillés de précieux conseils destinés à faciliter l'adaptation culturelle des nouveaux expatriés.

Wat Chiang Man

Fondé par le roi Mengrai en 1296, le wat le plus ancien de la ville, le Wat Chiang Man, présente l'architecture typique du nord de la Thaïlande. Il comprend de massives colonnes de teck à l'intérieur du bòt (sanctuaire central), appelé *sim* dans cette région du pays. Deux importantes représentations du Bouddha sont conservées dans une vitrine du petit wihãan (sanctuaire contenant les images bouddhistes), à la droite du sim.

Le Phra Sila, bas-relief de marbre de 20 ou 30 cm de haut, montre le Bouddha debout. Il est censé venir du Sri Lanka ou d'Inde voici 2 500 ans mais, puisqu'il n'existe aucune représentation de Bouddha antérieure à 2 000 ans, il est probablement plus récent. Le Phra Satang Man, ou bouddha de cristal assis, a beaucoup voyagé entre la Thaïlande et le Laos, un peu comme le bouddha d'Émeraude. Il proviendrait de Lavo (Lopburi), il y a 1 800 ans. Il mesure 10 cm. Un bouddha d'argent fort intéressant fait également partie de la collection.

Le sim qui contient les images vénérées ouvre tous les jours de 9h à 17h. Le Wat Chiang Man se tient à deux pas de Th Ratchaphakhinai au nord-est de la vieille ville.

Wat Phra Singh

Commencé par le roi Pa Yo en 1345, le wihãan qui renferme le Phra Singh fut construit entre 1385 et 1400 dans le plus pur style classique du Nord ou style Lanna, répandu durant cette époque depuis Chiang Mai jusqu'à Luang Prabang. Cette image du Bouddha viendrait du Sri Lanka, mais ses traits ne sont pas particulièrement cingalais. Comme il est identique à deux autres boud-dhas de Nakhon Si Thammarat et Bangkok et qu'il a beaucoup voyagé (Sukhothai, Ayu-thaya, Chiang Rai, Luang Prabang), per-sonne ne sait vraiment lequel des trois est l'authentique, ni ne peut retracer précisément son origine. Le sim fut achevé en 1600.

Le Wat Phra Singh est situé au bout de Th Ratchadamnoen, près de la porte Suan Dawk.

Wat Chedi Luang

Cet ensemble de temples, dont le nom signifie le "monastère du grand stupa", se dresse à l'angle de Th Phra Pokklao et de Th Ratchamankha. Il renferme un grand et vénérable *chédi* (stupa) de style lanna, datant de 1441. Il fut en partie détérioré, soit par un tremblement de terre au XVIe siècle, soit par le canon de Taksin en 1775, pendant la reprise de Chiang Mai aux Bir-mans. Le Phra Kaew ou petit bouddha d'É-meraude, aujourd'hui visible au Wat Phra Kaew à Bangkok, séjourna ici, dans la niche orientale en 1475. Le *lák meuang* (le pilier du gardien) se trouve à l'intérieur du wat, dans le petit édifice à gauche de l'entrée principale. Le domaine du parc renferme aussi quelques spécimens impressionnants de diptérocarpes.

Les travaux de restauration du grand chédi, entrepris grâce au financement conjoint de l'Unesco et du gouvernement japonais, sont presque terminés. Personne ne sachant quel était l'aspect exact de l'ar-chitecture initiale, les artisans thaï ont été chargés de concevoir une nouvelle flèche pour le stupa. Des représentations contem-poraines de Bouddha ont été placées dans trois des quatre niches marquant les points cardinaux. La niche ouest abrite la réplique en jade du Phra Kaew d'origine; officielle-ment baptisée Phra Phut Chaloem Sirirat, elle est toutefois plus connue sous le nom de Phra Kaew Yok Chiang Mai (la repré-sentation sacrée en jade de Chiang Mai). La

statue a été sculptée en 1995, avec les finances du roi de Thaïlande, et son inau-guration a marqué le six centième anniver-saire du chédi (selon certains registres) et le sept centième anniversaire de la ville.

Il faut toutefois admettre que le nouveau portique et le *naga* (serpent à tête de dra-gon) qui gardent l'entrée n'ont plus le charme des originaux. Du côté sud du monument, on aperçoit six éléphants sculp-tés sur le fronton. Cinq d'entre eux sont des reconstitutions en ciment et seul celui qui a perdu ses oreilles et sa trompe le plus à droite du fronton est fait de stuc et de brique, comme à l'origine.

Wat Phan Tao

Adjacent au Wat Chedi Luang, ce wat pos-sède un grand et vieux wihãan en bois, qui fait partie des trésors secrets de Chiang Mai. Fait de panneaux en teck moulé, assemblés les uns aux autres, il est soutenu par 28 piliers gargantuesques, eux aussi en teck. Le sanctuaire est décoré de mosaïques de verre en couleur illustrées de nagas. A l'in-térieur, sont présentées les vieilles cloches du temple, quelques poteries et bouddhas anciens, en bois doré, typiques du nord ainsi que des armoires très anciennes qui débor-dent de vieux manuscrits en feuilles de pal-mier. Vous apercevrez également les vieux bâtiments d'habitation destinés aux moines.

On peut passer du Wat Phan Tao au Wat Chedi Luang par les petites ouvertures amé-nagées dans le mur qui sépare les deux ensembles. De l'autre côté de Th Ratcha-damnoen, au carrefour de Th Phra Pokklao, un monument sans intérêt marque l'endroit où le roi Mengrai fut frappé par la foudre !

Wat Jet Yot

En dehors de la ville, près du musée natio-nal de Chiang Mai, ce wat fut construit au milieu du XVe siècle afin d'accueillir le 8e concile mondial du bouddhisme en 1477, d'après les plans du temple de Mahabodhi à Bodhgaya en Inde. Les sept flèches représentent les sept semaines que le Bouddha a passées à Bodh-gaya après l'Illumination.

NORD DE LA THAÏLANDE

Les proportions de la version de Chiang Mai sont très différentes de celles de l'original indien, ce qui laisse supposer qu'il fut dessiné à partir de petites tablettes votives représentant le Mahabodhi en perspective déformée.

Sur les murs extérieurs du vieux wihãan, une partie des reliefs en stuc d'origine sont encore en place.

Le Wat Jet Yot est un peu trop éloigné du centre pour y venir à pied. Il est plus simple de venir à vélo ou en *songthaew*.

Wat Suan Dawk

Édifié en 1383, le grand wihãan ouvert fut reconstruit en 1932. Le bòt contient un bouddha en bronze vieux de 500 ans et des fresques retraçant une *jataka* du Bouddha (une de ses vies antérieures).

Des amulettes et de la littérature bouddhique en anglais et en thaï sont en vente à bas prix dans le wihãan.

Un groupe intéressant de stupas Lanna blanchis à la chaux est encadré par le Doi Suthep. Le stupa central renferme une relique du Bouddha qui se serait multipliée d'elle-même.

Une relique fut placée sur le dos d'un éléphant blanc (commémoré par la porte de l'Éléphant blanc de Chiang Mai) qu'on laissa aller à sa guise jusqu'à ce qu'il "choisisse" un emplacement sur lequel on pouvait bâtir un wat pour abriter la relique. L'éléphant s'arrêta et mourut sur les pentes du Doi Suthep, à l'endroit où l'on construisit le Wat Phra That Doi Suthep.

Wat Kuu Tao

Au nord des douves, près du stade de Chiang Mai, le Wat Kuu Tao date de 1613. Il possède un chédi qui ressemble à un empilement de sphères de diamètres décroissants, peut-être de style Yunnan. Notez les amusantes sculptures sur son mur extérieur.

Wat U Mong

Ce wat de forêt fut utilisé pour la première fois sous le règne du roi Mengrai, au XIVe siècle. Les tunnels tapissés de briques auraient été construits sur un large plateau en

1380 pour le moine extra-lucide Thera Jan. Le monastère, abandonné plus tard, ne fut réactivé qu'à la fin des années 40 après sa restauration entreprise par un prince local Ajaan Buddhadasa, un célèbre moine et professeur au Wat Suanmok (Thaïlande du Sud), qui envoya plusieurs moines à U Mong pour y rétablir une communauté monastique dans les années 60. Un bâtiment contient des objets d'art modernes fabriqués sur place. L'enceinte abrite un bouddha jeûnant, avec les côtes saillantes, les veines à fleur de peau, etc. au sommet du plateau ainsi qu'un très grand chédi. Dans le bas, se trouve également un petit lac.

On peut s'attarder dans le petit musée-bibliothèque proposant des livres en anglais sur le bouddhisme. Les moines étrangers qui résident au Wat U Mong organisent des débats en anglais, les dimanche après-midi, à 15h, près du lac.

Pour s'y rendre, remontez Th Suthep vers l'ouest sur 2 km, tournez à gauche après Talaat Phayom (le marché de Phayom, *talàat phá-yawm*) et suivez les panneaux sur 2 km encore jusqu'au Wat U Mong. Les songthaews pour Doi Suthep passent également au carrefour.

Wat Ram Poeng

Non loin du Wat U Mong, ce grand monastère abrite le célèbre Northern Insight Meditation Centre (☎ 053-211620), où de nombreux étrangers ont étudié le vipassana. Les cours particuliers ont, pour l'instant, été suspendus.

Une bibliothèque récente conserve des versions du canon Theravada en pali, en thaï, en chinois, en anglais et autres langues. La dénomination exacte de ce temple est Wat Tapotaram.

Prenez un songthaew vers l'ouest dans Th Suthep vers Tlaat Phayom, puis, de là, prenez-en un autre vers le sud jusqu'à l'entrée du wat.

Wiang Kum Kam

Ces ruines sont à 5 km au sud de la ville par la Highway 106 (Th Chiang Mai-Lamphun) près de la rivière Ping. Il semble que ce soit la première agglomération historique de la

Le triomphe d'Oncle Piang

On ignore encore la date et l'origine du Chedi Khao ou stupa blanc, simple, mais surprenant, sis à l'angle de Th Faham et de Th Wichayanon, près du consulat des États-Unis. La légende veut qu'une puissance ennemie venue du sud, parvint un jour sur les bords de la rivière et présenta un de ses hommes comme un plongeur hors pair. Les chefs envahisseurs lancèrent un défi aux habitants de Nakhon Ping (ancien nom de Chiang Mai) et leur demandèrent de trouver, parmi les leurs, un individu capable de performances supérieures à celles de leur champion. Si le plongeur de Nakhon Ping l'emportait, la ville conservait sa souveraineté. Dans le cas inverse, les envahisseurs s'en empareraient.

Le monarque de Nakhon Ping lança un appel parmi ses sujets pour trouver le héros à la hauteur du défi à relever. Mais, en raison de sa situation à l'intérieur des terres, Chiang Mai avait peu de chance de compter, parmi les siens, un plongeur émérite. Après plusieurs jours de recherches infructueuses, un homme répondant au nom d'Oncle Piang se porta volontaire pour défendre l'honneur de sa terre natale. Simplement vêtus d'un sarong, Oncle Piang et son adversaire disparurent dans les eaux de la Ping. La foule nombreuse n'eut de cesse de s'exclamer pendant les quatre minutes que le champion local passa sous les flots, avant de remonter à la surface. Sous les hourras de la foule, Oncle Piang fut déclaré vainqueur et Nakhon Ping conserva son indépendance.

Après la disparition de Piang sous les eaux, le roi ordonna à certains de ses hommes de plonger pour le chercher. Ils trouvèrent son corps, au fond de l'eau, retenu par son sarong attaché à un pieu.

Ce n'est pas la seule histoire qui circule sur l'origine du stupa blanc. Il existe aussi une version contemporaine, plus teintée de paranoïa que celle de l'Oncle Piang. On raconte en effet que la CIA a installé un émetteur-récepteur de forte puissance à l'intérieur du chédi, qui permet au consulat des États-Unis, tout proche, de recevoir et d'envoyer des communiqués secrets. Il est bien entendu que le consulat nie fermement la présence de pareil équipement dans le monument religieux. "Pourquoi devrions-nous avoir recours à un ridicule petit chédi pour notre émetteur ?", répliqua le consul irrité lorsqu'on l'interrogea sur cette histoire, "alors que nous utilisons le Doi Suthep !"

région de Chiang Mai, établie par des moines môn du royaume d'Hariphunchai au XIe ou XIIe siècle (bien avant le règne de Mengrai, même si la fondation de la cité lui est parfois attribuée). La ville fut abandonnée au milieu du XVIIIe siècle, à la suite de terribles inondations, et les vestiges architecturaux sont peu nombreux : du Wat Chedi Si Liam, seul a survécu le chédi de style môn à quatre faces.

Du Wat Kan Thom (en môn ; en thaï, il est connu sous le nom de Wat Chang Kham), il ne reste que des frontons et un stupa de brique. Le chédi S Liam serait inspiré par le chédi similaire de Wat Kukut, à Lamphun.

Au total, plus de 1 300 dalles de pierre, briques, cloches et stupas ont été exhumés sur le site ; l'université de Chiang Mai a entrepris de traduire les inscriptions qui les recouvrent. Jusqu'à présent, la découverte présentant le plus grand intérêt archéologique a été une dalle de pierre en quatre morceaux, entièrement gravée, que vous pourrez admirer au musée national. Ces inscriptions du XIe siècle témoignent de l'existence d'une écriture thaï, antérieure d'au moins un siècle à celle utilisée dans la célèbre inscription Sukhothai du roi Ramkhamhaeng, introduite en 1293. Trois types d'écritures d'âges différents ont été gravés sur ces dalles. La plus ancienne est môn, la plus récente est l'écriture Sukhothai classique ; quant à l'écriture intermédiaire, il s'agit de proto-thaï.

Les paléographes sont désormais convaincus que l'écriture thaï dérive de modèles môn, modifiés plus tard par l'adjonction de caractéristiques khmères. Ramkhamhaeng ne serait donc pas "l'inventeur" de l'écriture comme on le pensait jusqu'alors. Les transformations qu'il introduisit n'apparaissent que sur une seule dalle et ne furent pas acceptées par ses contemporains son écriture, en fait, s'est éteinte avec lui.

Pour se rendre à Wiang Kum Kam, la bicyclette est le moyen idéal. Prenez la route de Th Chiang Mai-Lamphun vers le sud-est sur 3 km et guettez un panneau signalant les ruines, sur la droite. De ce carrefour, il reste 2 km à faire. On peut aussi louer un túk-túk (un songthaew motorisé) pour 50 B (aller simple). La visite terminée, vous pouvez regagner la route à pied et prendre un songthaew ou un bus bleu Chiang Mai-Lamphun qui vous ramènera en ville.

Autres temples, sanctuaires et mosquées

Les amateurs de wats pourront ajouter à leur liste le **Wat Pheuak Hong**, derrière le parc Buak Hat par Th Samlan. Le **chédi Si Pheuak**, que les gens du pays vénèrent particulièrement, a plus d'un siècle d'âge et témoigne de ce style à l'étagement sphérique déjà noté au Wat Kuu Tao. Autre curiosité locale, le **Wat Chiang Yeun**, qui fut construit par les Birmans du côté nord des douves (en face de Th Mani Nopharat), entre la porte de Chang Phuak et l'angle nord-est de la vieille ville. Outre le grand chédi, son attrait réside dans la vieille porte et le pavillon colonial birmans – à l'est de l'école attenante au wat. On les dirait venus tout droit de Yangon ou de Mandalay.

Le **Wat Sai Mun Myanmar**, autre temple birman, mérite également une visite. Il se trouve juste à l'angle sud-est de la vieille ville, côté intérieur, à deux pas de Th Bamrungburi.

Les trois wats qui longent Th, le **Chetawan**, le **Mahawan** et le **Bupparam**, comportent des wihãans très ornés ; leurs chédis, datant de plus d'un siècle, sont l'œuvre d'artisans shan et birmans. On remarque l'influence birmane dans l'abondance de paons (symbole solaire fréquent dans l'architecture des temples shan et birmans), et dans les bouddhas debout de style mandalay que l'on aperçoit dans les niches des murs. Au Wat Mahawan, les sculptures pleine d'humour des divinités gardiennes adoptent la forme de singes et de chiens jouant avec des lions ou celle de diverses créatures mythiques. Le Wat Bupparam contient un petit bòt précieux, construit en bois de teck et orné dans le style de Chiang Mai. Dans un angle de l'ensemble, se tiennent deux sanctuaires aux esprits, un pour Jao Phaw Dam, l'autre pour Jao Phaw Daeng (le "saint père noir" et le "saint père rouge").

Construit en 1541 pour commémorer la mort du prince local Phra Meuang Ket Klao, le **Wat Lokmoli** se cache dans un terrain abandonné, non loin du centre commercial de Cathay Square. Le chédi principal fut restauré par le département des Beaux-Arts en 1959. La grande tour de brique de style géométrique Lanna imite une version plus réduite du chédi Luang. Les niches des bouddhas sont actuellement vides, mais on voit les vestiges d'une ornementation de stuc.

Le **Wat Chai Kiat**, dans Th Ratchadamnoen, à un peu plus d'un pâté de maisons à l'est du Wat Phra Singh, renferme un immense bouddha de bronze réalisé sur l'ordre d'un commandant militaire birman en 1565.

Le **Wat Sisuphan**, Th Wualai, au sud des douves, fut fondé en 1502, mais rares sont les vestiges remontant à l'époque de sa fondation, à l'exception de certains piliers en teck et de certaines poutres du toit du wihãan. Les peintures murales, à l'intérieur, présentent un ensemble intéressant, qui mêle des éléments taoïstes, zens et de bouddhisme theravada. C'est l'un des rares wats de Chiang Mai où les touristes sont autorisés à assister au festival Poy Luang (Poy Sang Long), la cérémonie d'ordination, de style shan, d'un groupe de jeunes garçons qui accèdent au rang de novices. Ce festival se déroule fin mars.

Musulmans, Hindous et Sikhs. Sur les 12 mosquées de Chiang Mai, la plus ancienne et la plus intéressante, la **Matsayit Chiang Mai** (ou mosquée de Chiang Mai, parfois appelée "mosquée de Ban Haw") s'élève dans Charoen Prathet Soi 1, entre Th Chang Khlan et Th Charoen Prathet, non loin du bazar de nuit. Fondée par les *jiin haw* (musulmans du Yunnan) voilà une centaine d'années, elle s'adresse en premier lieu à ce groupe ethnique. Vous entendrez d'ailleurs la langue du Yunnan aux alentours immédiats, et le soi abonde en restaurants musulmans qui servent le *khâo sâwy* (poulet au curry et nouilles), comme spécialité.

Le plus bigarré des deux temples hindous de la ville, **Devi Mandir Chiang Mai**, Th Ratanakosin, en face du stade municipal, arbore des peintures éclatantes et des *mandir* et des *sikhara* traditionnels. Un temple sikh, le **Siri Guru Singh Sabha**, se dresse 134 Th Charoenrat, derrière le Wat Ketkaram. Des *prasada*, ou plats végétariens bénits, sont distribués gratuitement le vendredi matin. Le **temple sikh Namdhari**, Th Ratchawong, entre Th Chang Moi et Th Tha Phae, accueille le culte d'une secte particulière des Sikhs.

Musée national de Chiang Mai

Une grande variété de bouddhas de tous styles sont exposés, dont un très grand en bronze, au rez-de-chaussée. On y verra aussi de la poterie, des outils et des objets domestiques en haut (à voir : l'amusant "chien" en bois utilisé pour filer).

Il est ouvert de 9h à 16h, du mercredi au dimanche. L'entrée est de 20 B. Le musée est proche du Wat Jet Yot, sur la Highway 11 qui encercle la ville.

Prison centrale de Chiang Mai

Près du centre-ville, par Th Ratwithi, cette prison fut le lieu d'incarcération de dizaines

de farángs pour des délits liés à la drogue. Les chauffeurs de samlor et de túk-túk ont la réputation d'en proposer à leurs clients pour les dénoncer ensuite à la police. Les amendes pour la détention des plus infimes quantités de marijuana sont très élevées – 50 000 B pour 2 g est le tarif courant. Pour ceux qui n'ont pas les moyens de se sortir de ce jeu dangereux, c'est la prison.

Le musée des Tribus

A l'origine, cet institut de recherche avait été installé en 1965, sur le campus universitaire de la ville. Ce musée à vocation pédagogique a ensuite déménagé en 1997 pour rejoindre de nouveaux locaux en bordure d'un lac dans le parc de Ratchamangkhala, en périphérie nord de la ville. Le nouveau bâtiment de forme orthogonale abrite une vaste collection d'objets artisanaux, de vêtements traditionnels, de bijoux, de pièces d'ornement, d'ustensiles ménagers, d'outils agricoles, d'instruments de musique et tout un ensemble d'objets de cérémonie. Les nombreux panneaux et affichages compléteront vos connaissances sur les spécificités culturelles de chaque tribu de montagne du pays. Le musée présente aussi les actions entreprises par la famille royale thaïlandaise pour soutenir ces tribus, ainsi que certains des travaux de recherche et de développement, placés sous le parrainage d'agences du gouvernement ou autres.

Tous les jours, entre 10h et 14h, vous pouvez regarder le montage vidéo et diapo présenté par le musée. Les heures d'ouverture vont de 9h à 16h du lundi au vendredi. Fermeture le samedi, le dimanche et les jours fériés. Entrée gratuite.

Bazar de nuit

Un vaste marché de nuit s'étend le long de Th Chang Khlan, dans la zone comprise entre Th Tha Phae et Th Si Donchai, toutes les nuits, y compris les jours fériés, et ce, quel que soit le temps. Ce marché comprend diverses concessions couvertes et des vitrines ordinaires. Des dizaines de vendeurs de rue étalent un incroyable amoncellement de marchandises thaïlandaises

Les caravanes de Thaïlande du Nord

A partir du XVᵉ siècle au moins, des caravanes de Chinois musulmans, venues de la province du Yunnan (Chine), utilisaient Chiang Mai comme porte d'entrée et de sortie des denrées qu'ils transportaient entre la Chine et le port indien de Mawlamyine au Myanmar (Birmanie). Le marchand britannique Ralph Fitch, le premier à rapporter des chroniques de voyage en Asie du Sud-Est en langue anglaise, écrivit lors de son voyage de 1583 à 1591 en Thaïlande : "Dans cette ville de Jamahey (Chiang Mai) arrivent de nombreux marchands venus de Chine, qui apportent de grandes quantités de musc, d'or, d'argent, et grand nombre d'objets ouvrés en Chine."

Les caravaniers du Yunnan utilisaient comme principal moyen de transport les mules et les poneys, choix qui contraste avec la préférence répandue dans le Sud-Est asiatique pour les bœufs, les buffles d'eau et les éléphants. Les musulmans chinois devaient le choix de leurs montures aux invasions mongoles du Yunnan au XIIIe siècle. Les Thaïlandais appelèrent les Yunnannais *jiin haw* ou "Chinois galopants".

Trois routes principales partaient de la région à prédominance thaïlandaise du Sipsongpanna, dans le sud Yunnan, en direction de la Thaïlande du Nord, puis du golfe de Martaban via Mawlamyine. La route occidentale s'en allait vers le sud-ouest de Simao en direction de Chiang Rung (qu'on appelle aujourd'hui Jinghong), puis traversait Chiang Tung (Kengtung) en direction de Fang ou Chiang Rai. La route du milieu partait vers le sud et Mengla, près de la frontière sino-laotienne, traversait le Laos et Luang Nam Tha et entrait en Thaïlande actuelle à Chiang Khong, principauté indépendante à l'époque, sur le Mékong. A ce niveau, la route du milieu rejoignait la route occidentale à Chiang Rai pour former un axe unique qui traversait Chiang Mai en direction de Mae Sariang. Cette ligne longeait la Salawin en direction de Mawlamyine. La troisième route partait de Simao vers Phongsali, puis traversait Luang Prabang (Laos) et le Mékong à Meuang Nan et Meuang Phrae avant de bifurquer au nord-ouest vers Chiang Mai via Lampang et Lamphun.

Les principales exportations en direction du Sud comprenaient la soie, l'opium, le thé, les fruits secs, les objets en laque, le musc, les poneys et les mules, tandis que vers le nord, les caravanes vendaient de l'or, du cuivre, du coton, des nids d'oiseaux comestibles, des noix de bétel, du tabac et de l'ivoire. A la fin du XIXᵉ siècle, de nombreux artisans de Chine, du nord de la Birmanie et du Laos s'étaient établis dans la région pour produire des objets en vue de participer régulièrement au commerce régional. La ville comportait un point de transbordement dans un secteur du marché connu sous le nom de Ban Haw, à deux pas de l'actuel bazar de nuit de Chiang Mai.

et septentrionales, en provenance de toute la Thaïlande et, en particulier, de la région du Nord, ainsi que des articles de marque (ouvrez l'œil : certains sont des imitations), le tout à des prix imbattables – à condition de marchander convenablement.

Le bazar de nuit est un héritage des caravanes de commerce du Yunnan. Parmi les produits en vente (généralement fabriqués en Thaïlande), bon nombre d'objets proviennent du Népal, d'Inde et de Chine.

Institut d'études ethniques (Tribal Research Institute)
Cet institut (☎ 053-221933) est installé sur le campus universitaire, à 5 km de la ville à l'ouest, par le bus n°1. Ouvert tous les jours du lundi au vendredi, de 8h30 à 16h30, il comprend un petit musée consacré aux tribus.

Curiosités diverses
Le **Centre culturel du vieux Chiang Mai** (Old Chiang Mai Cultural Centre) (☎ 053-274093, fax 274094, 185/3 Th Wualai, au sud du centre ville), est un centre pour touristes où l'on donne des spectacles de danse de Thaïlande du Nord et des danses tribales, tous les soirs de 19h à 22h. Les soirées incluent un dîner *khan tôk* (cuisine septentrionale que l'on mange sur des tables rondes basses) et coûtent 200 B par personne. C'est touristique, mais bien fait. Plusieurs grands hôtels en ville proposent des formules similaires mais ce centre est le plus ancien et demeure le meilleur.

Le **monument des Trois Rois** (Anusaowali Saam Kasat), dans Th Phra Pokklao vers le bureau de la THAI, se compose de trois sculptures de bronze représentant Phaya Ngam Meuang, Phaya Mengrai (Mangrai) et Phaya Khun Ramkhamhaeng, les trois rois de Thaïlande septentrionale et du Laos les plus étroitement associés à l'histoire des débuts de la ville.

Pour connaître quelques sueurs froides, le **Cimetière des étrangers**, en retrait de Th Chiang Mai-Lamphun, près du Gymkhana Club, contient des pierres tombales, vieilles d'une centaine d'années. Vous pourrez y lire des noms aux consonances américaines, anglaises ou européennes attestant du passage ou du séjour de négociants, missionnaires et autres expatriés d'antan qui trouvèrent la mort à Chiang Mai. Une statue en bronze de la reine Victoria, importée de Calcutta, en Inde, au temps du Raj, se dresse telle une sentinelle.

Le **parc de Buak Hat**, dans l'angle sud-ouest des douves, est la copie en réduction du parc Lumphini de Bangkok. Le campus de l'**université de Chiang Mai** est un autre espace vert agréable. Il reste intéressant, le soir venu, avec son bazar nocturne.

En direction de Doi Suthep, vous trouverez le **Chiang Mai Zoo**, situé à 6 km du centre-ville, et le **Chiang Mai Arboretum** qui le jouxte. Ce lieu est vallonné, parfaitement aménagé et délicieusement ombragé. Le tarif d'entrée dans le zoo est fixé à 10 B pour un adulte, 5 B pour un enfant ; il vous sera possible de louer un véhicule pour sillonner le parc : comptez 40 B pour une voiture ou une camionnette, contre 5 B pour une moto ou une bicyclette. Tous les panneaux explicatifs sont en thaï, hormis les noms des espèces. Il y aurait plus de 5 000 oiseaux (150 espèces) dans le Nakhon Ping Birdwatching Park du zoo. Quelques échoppes proposent des plats très simples de riz ou de nouilles.

En suivant la route, vous parviendrez au **Huay Kaew Fitness Park** et aux **chutes de Huay Kaew**, très proches.

Aéronautique
Le Chiang Mai Flying Club (☎/fax 053-200515, alpharom@samart.co.th) a pris ses quartiers sur l'aérodrome de Lamphun, mais dispose d'un bureau dans Chiang Mai, 185/12 Th Wualai. Cette association de pilotes propose des cours de pilotage ainsi que des survols touristiques de la province. Ces excursions durent entre une et deux heures selon l'itinéraire choisi (la plupart passent au dessus de Lampang et de Lamphun).

La première heure de vol coûte 3 850 B par personne ; comptez 3 500 B l'heure supplémentaire ; ce tarif comprend le transfert entre Chiang Mai et Lamphun, les services d'un pilote (qui fait également office de guide),

Comment s'inventer une culture

Le *khan tòk* est un dîner formel au cours duquel les convives sont assis à même le sol, autour d'une table ronde et basse en bambou (ou laquée) ; le repas se décline autour de plats traditionnels du Nord de la Thaïlande, consommés dans de petites assiettes ou bols, tout en regardant un genre de comédie musicale ou spectacle de danse. Le khan tòk est devenu un classique des circuits touristiques qui passent par Chiang Mai et il n'est pas rare qu'un visiteur demande où il peut assister à un khan tòk "traditionnel" ou "authentique", sans se rendre compte qu'en fait il s'agit d'une invention relativement récente.

Le mot *"khan"* désigne un petit bol dans lequel on se sert et *"tòk"* signifie table. L'expression *"khan tòk"* sert simplement à désigner un repas pris de la sorte. Même si le khan tòk a longtemps été la coutume lors des repas de famille chez les habitants du Nord de la Thaïlande (et ils sont encore nombreux à le pratiquer), il a été officiellement pensé et défini, pour la première fois, en 1953 par Prof Kraisi Nimanhemin, un habitant de Chiang Mai d'origine indienne, issu de la même famille que l'actuel ministre thaïlandais des Finances). Prof Kraisi souhaitait organiser une fête spéciale en l'honneur de deux de ses amis qui allaient quitter Chiang Mai : George Whitney, le consul des États-Unis à Chiang Mai qui allait regagner son pays et un des présidents du tribunal de Chiang Mai qui partait à Bangkok occuper le poste de ministre de la Justice. Sur les conseils de la faculté des Beaux-Arts de Chiang Mai, Prof Kraisi organisa tout un programme d'activités à la mode de Chiang Mai avec spécialités culinaires, musique, danse et costumes locaux. C'était la première fois que tous ces éléments de la culture locale étaient réunis en une même fête. Kraisi décida que le dîner se déroulerait chez lui et sur les cartons d'invitation, il demandait à ses hôtes de se vêtir en *khon meuang* (un euphémisme pour désigner les habitants de souche de Chiang Mai).

A l'époque, nombre de personnes fustigèrent Kraisi, l'accusant de promouvoir une culture "rétrograde", à savoir non occidentale, trop éloignée de la coutume du centre du pays. Nonobstant, Kraisi organisa deux autres khan tòk : le deuxième la même année, à l'intention d'un groupe de représentants de la Banque mondiale, qui envisageaient d'accorder un prêt à la Thaïlande et le troisième pour des membres du Fonds monétaire international, en 1956. Vu le rang social des convives (familles nobles, universitaires, ambassadeurs étrangers), les khan tòk ravivèrent un sursaut de fierté dans le passé historique de Chiang Mai et éveillèrent un regain d'intérêt pour la culture du Nord de la Thaïlande, dans le but de se démarquer de la culture de Bangkok ou des mœurs occidentales.

Initialement remis au goût du jour comme un instrument au service de la diplomatie, le khan tòk a rapidement fait partie des traditions incontournables auxquelles les habitants de Chiang Mai ne manqueront pas d'initier leurs hôtes, afin de mettre en valeur leur culture. Cette nouvelle fierté régionale a favorisé l'ouverture du centre culturel de Chiang Mai (CCC), sur le modèle du centre culturel de la Polynésie qui a ouvert ses portes à Hawaii en 1972. Afin de soutenir ses efforts visant à préserver et à ranimer la culture du nord, l'entrée du CCC fut déclarée payante ; c'était donc la première fois qu'on faisait payer la participation à un khan tòk. Une fois que le passage par le CCC fut devenu un incontournable pour les touristes en visite à Chiang Mai, nombreux s'engouffrèrent dans la brèche, y compris des hôtels de la ville qui se mirent à proposer de "traditionnels" khan tòk. Même si d'aucuns trouvent que le cliché a vécu, le khan tòk reste, pour les nouveaux venus, l'occasion de goûter la cuisine traditionnelle du Nord et de découvrir la musique et la danse de cette région. Mais, en aucun cas, ne vous mettez à rechercher la touche "authentique" car le phénomène a été créé de toutes pièces, de surcroît à l'origine pour le bon plaisir des étrangers.

l'assurance (un million de bahts) et l'adhésion au club. Les appareils paraissent en bon état. La formation de base pour apprendre à piloter en six mois revient à 12 000 B. Des programmes de formation plus longs sont également possibles. Si vous voulez survolez Chiang Mai en avion de tourisme, vous pouvez aussi effectuer une réservation par l'intermédiaire de la Chiang Mai Newsletter (☎ 053-225201).

L'agence d'ULM Microlite propose des sorties d'une demi-heure au-dessus de la région de Lamphun moyennant 1 200 B par personne. Adressez-vous à Khun Prayot au ☎ 01-993 6861 ou à la Chiang Mai Newsletter au ☎ 053-225201 pour plus de renseignements.

Cyclotourisme
Le Chiang Mai Bicycle Club organise une randonnée à vélo presque tous les dimanche, dont le départ est donné entre 7h et 7h30, de la place qui se trouve devant la porte de Tha Phae. La balade vous mène en général à l'extérieur de la ville ; pour plus de renseignements, adressez-vous aux magasins de cycles tels que City Bike Shop (Th Bamrungburi, près du parc Buak Hat) ou Pol Maj Anu Nernhard-Soonjarajon (☎ 01-9279211).

Course à pied
Parmi les meilleurs endroits pour courir, signalons le parc Buak Hat, l'arboretum de Chiang Mai et le parc de remise en forme du Maharaj Hospital. Le terrain d'athlétisme du stade de la ville et du campus universitaire sont également accessibles aux amateurs de course à pied.

Hash House Harriers. Le Chiang Mai Harriers (☎ 053-206822) se réunit tous les samedi, à 15h30, au Hash House Pub, à l'angle de Th Moon Meuang et du Soi 2 de Th Moon Meuang. Le club organise des courses de cross, en différents endroits du quartier.

Mariages lanna
Le Chiang Mai Travel Centre (☎ 053-221692, 217450), 5 Th Nimanhemin, organise des cérémonies de mariage (ou de renouvellement de la cérémonie des vœux du mariage) dans la pure tradition lanna, avec tenue traditionnelle, bénédiction au temple, promenade à dos d'éléphant et khan tòk dans une demeure ancienne, en bordure de la Ping.

Muay Thai (boxe thaïlandaise)
A deux pas de Th Huay Kaew, 64/1 Soi Chiang Khiang, le Lanna Muay Thai (☎/fax 053-273133, muaythai@asiaplus.com), également connu sous son nom thaïlandais de Kiatbusaba, est un club de boxe où Thaïlandais et étrangers apprennent le véritable *muay thai*. Plusieurs membres du club ont déjà remporté des combats, notamment le célèbre boxeur de *ka-toey* (travesti), Parinya Kiatbusaba – c'est la tradition, dans ce pays, de prendre le nom de son club comme surnom sur le ring. Il arborait rouge à lèvres et vernis à ongle lors de ce combat national, avant de triompher au stade Lumphini. Pour les membres extérieurs, le club assure des cours de 16h à 20h tous les jours, tandis que les sportifs qui résident au club bénéficient de cours en matinée. Les tarifs vont de 200 B la journée à 5 000 B le mois. Le club vous propose un hébergement modeste pour 3 500 B par mois. Pour vous restaurer, vous avez le choix entre une cuisine thaï peu chère et des plats occidentaux plus onéreux. Selon le directeur du club, les boxeurs étrangers sont très recherchés et le club organise des combats entre étrangers et thaïlandais, à tous les niveaux de la compétition. Le Lanna Club possède un site sur Internet à l'adresse suivante : www.asiaplus.com/lannamuaythai/.

Khru Berm (☎ 053-200523), 2 Th Wualai, autre club de kickboxing, accueille des élèves à titre individuel.

Natation
Très continentale, Chiang Mai peut devenir un four de mars à juillet. Mais n'hésitez pas, les possibilités de bains rafraîchissants sont nombreuses, ainsi vous éviterez ce que font beaucoup de touristes : végéter dans des chambres réfrigérées en attendant que la température baisse.

NORD DE LA THAÏLANDE

Piscines municipales. Chiang Mai compte plusieurs piscines publiques. Moins chère que dans les hôtels ou les établissements privés, l'entrée se paie à la journée (de 20 à 50 B) ou à l'année (de 200 à 300 B).

Amari Rincome Hotel
    (☎ 053-221044),
    Th Huay Kaew à Th Nimanhemin ;
    de 10h à 18h30
Chiang Mai Sports Club
    (☎ 053-298327)
    Km 7, Th Mae Rim
Chiang Mai University
    (☎ 053-221699)
    Faculty of Education, Th Huay Kaew ; de 9h
    à 10h45 et de 13h à 17h45, fermé le lundi
Maharat (Suandok) Hospital
    (☎ 053-221699)
    Faculty of Medicine, Th Suthep ;
    de 9h à 20h, fermé le jeudi
Padungsilpa Sports Club
    (☎ 053-241254)
    Th Rat Uthit, Padungsilpa School ;
    de 8h30 à 20h30
Physical Education College
    (☎ 053-213629)
    Chiang Mai Stadium, Th Sanam Kila ; de 5h
    à 19h en semaine et 9h à 17h le week-end
Pongpat Swimming Pool
    (☎ 053-212812)
    73/2 Th Chotana ; de 9h à 19h
Top NorTh Guest House
    (☎ 053-278900)
    15 Soi 2, Th Moon Muang ; de 9h à 20h

Lac de Huay Teung Tao. Ce grand lac de retenue, à 12 km au nord-ouest de la ville, est le cadre idéal pour une journée bain-pique-nique, surtout pendant les mois de canicule. Des planches à voile peuvent être louées pour 150 B de l'heure. En voiture ou à moto, prenez la Route 107 sur 10 km (suivez les panneaux Mae Rim), puis bifurquez à l'ouest, 2 km plus loin, après un camp militaire.

Les cyclistes prendront la route du canal (Cholpratan ou Jonprathan) ; suivez Th Huay Kaew vers l'ouest et tournez à droite sur la route juste avant le canal.

Suivez la route du canal jusqu'à ce qu'elle débouche sur la route non goudronnée entre le lac et la Highway ; tournez

à gauche, c'est 1 km plus loin. Depuis l'angle nord-ouest des douves, comptez environ 1 heure à vélo.

Des possibilités de restauration existent au bord du lac dans lequel la pêche est autorisée.

Tennis

L'Anantasiri Tennis Courts, par la voie express en face du musée national, est le meilleur club de Chiang Mai. Les huit courts sont éclairés la nuit, et vous pouvez trouver un "knocker" (partenaire) pour un tarif horaire raisonnable en supplément de la location normale du court. Voici d'autres adresses publiques :

Gymkhana Club
    (☎ 053-241035), Th Rat Uthit
Lanna Sports Centre
    (☎ 053-221911), Th Chotana
SL Courts
    En face du musée national

Vous trouverez d'autres courts à l'Amari Rincome Hotel et au Padungsilpa Sports Club qui figurent sur la liste des piscines. Pour plus d'informations, voir plus haut, la rubrique *Piscines municipales*.

Cours

Langue et culture. L'American University Alumni (AUA, ☎ 053-278407, 211377), 24 Th Ratchadamnoen, donne des cours de thaï pour débutants sur 60 heures (3 500 B), répartis en trois niveaux. Il existe aussi un cours de 30 heures de conversation, ainsi que des classes de lecture et d'écriture (2 700 B). Les leçons privées valent 220 B l'heure.

L'Australia Centre (☎ 053-810552, fax 810554), Soi 5, Th Suthep, à l'arrière de l'université de Chiang Mai, installé dans une vieille bâtisse traditionnelle, dispense des sessions de 30 heures de cours sur deux semaines. Le programme s'intitule "Survival Thaï" ou comment survivre en thaï.

Le programme intensif de 60 heures de la Payap University (☎ 053-304805, poste 250, 251, fax 245353, intprogs@ payap.ac.th) est organisé en différents niveaux : débutants, moyens, et bons ; l'accent est mis sur la conversation, complétée par un enseignement de la culture thaïlandaise ainsi que des rudiments de lecture et d'écriture. Les cours reviennent à 7 000 B par niveau, auxquels s'ajoute une caution de 1 500 B, non remboursable.

La Payap University propose aussi un programme avec certificat d'études en thaï. Il se divise en deux semestres, avec conférences et voyages d'étude sur le terrain. Il inclut 12 heures d'étude de la langue thaïlandaise, plus 18 heures de matières optionnelles à choisir entre les fondements de la musique, du théâtre et de la danse thaïlandais, un panorama global de l'histoire du pays, les traditions bouddhistes ou la vie politique contemporaine.

Cuisine. Avec sa situation centrale, la Chiang Mai Thai Cookery School (☎ 053-206388, 490456, fax 206387, cmcook@ infothai.com), 1-3 Th Moon Muang, en face de la porte de Tha Phae, propose des cours de cuisine thaïlandaise sur deux ou trois jours à partir de 800 B.

Ces cours comprennent une initiation aux herbes et aux épices, une visite du marché local, des explications culinaires et un petit livre de recettes.

Le succès remporté par la Chiang Mai Thai Cookery School a donné des idées à d'autres établissements qui s'affichent comme des écoles de cuisine. On peut même prévoir, dans un proche avenir, que toutes les pensions de Chiang Mai proposeront ce type d'initiation, tout comme aujourd'hui elles organisent déjà des randonnées dans les montagnes de la région.

Nous avons reçu de bons échos sur deux nouvelles écoles : la Siam Chiang Mai Cookery School (☎ 053-271169, fax 208950), 5/2 Soi 1, Th Loi Khraw. Également appelée Center Place Thai Cookery School, elle suit un programme de un à trois jours, comparable à celui de la Chiang Mai Thai Cookery.

Nous mentionnerons aussi la Sompet Thai Cookery School (☎ 053-874034, 01-671 3190, fax 874035), 4/5 Th Chaiyaphum. Elle organise régulièrement des cours de cuisine

thaï et végétarienne, dans le cadre d'un jardin sis sur les rives de la Ping. Dans tous les cas, notez bien l'endroit où ces cours se déroulent car nombre de ces écoles possèdent un bureau dans le centre, mais leur école se trouve en périphérie. Toutes se chargent en général du transport.

Apprentissage du massage thaïlandais. Au fil des ans, Chiang Mai s'est taillé une réputation dans l'apprentissage du massage thaïlandais. La qualité de l'enseignement varie selon les centres. Le centre le plus ancien, qui demeure le plus fréquenté, est le Old Medecine Hospital (OMH, ☎ 053-275 085), dans Soi Siwaka Komarat donnant dans Th Wualai, en face de l'Old Chiang Mai Cultural Centre. Le stage de 11 jours a lieu tous les jours de 9h à 16h et coûte 2 500 B, matériels compris. Deux stages par mois ont lieu toute l'année, sauf pendant la première quinzaine d'avril. L'enseignement est traditionnel, mais à la mode septentrionale. Les stagiaires sont nettement plus nombreux entre décembre et février. Vous pourrez vous faire masser pendant 1 heure 30 (obligatoire si inscription au stage) pour 160 B.

La ChaiyuTh Priyasith's School of Thai Remedial Massage (pas de téléphone), 52 Soi 3 Th Tha Phae, propose un cours semblable à celui de l'OMH : son fondateur, Chaiyuth, a longtemps enseigné à l'OMH. Ses massages et ses cours sont au tarif unique de 200 B l'heure.

Une formule originale de cours est offerte chez Baan Nit, Soi 2, Th Chaiyaphum. La durée et le paiement de l'enseignement de Nit (une dame professeur âgée) sont laissés à votre appréciation – selon vos moyens –, mais tous les cours commencent par l'offrande de neuf fleurs à neuf divinités chinoises. Nit ne parle pas anglais ; il faut donc posséder quelques rudiments de thaï, quoique l'essentiel de l'enseignement ne passe pas par la parole. Les étudiants vivent chez elle et partagent ses repas en famille. Pour tester les talents de Nit, il faut payer un minimum de 9 B pour les divinités ; en général, les personnes massées lui donnent 100 B de l'heure.

CENTRE DE CHIANG MAI

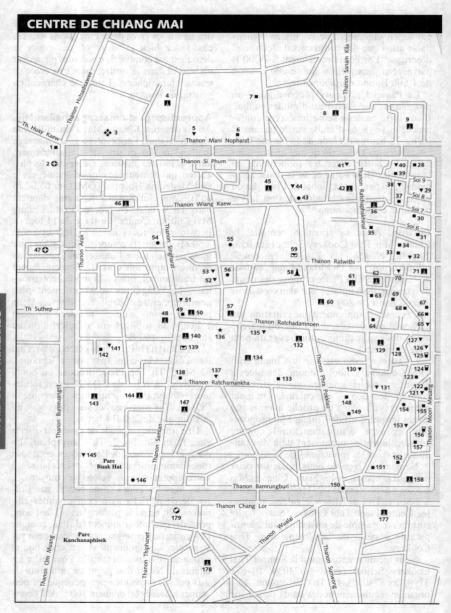

CENTRE DE CHIANG MAI

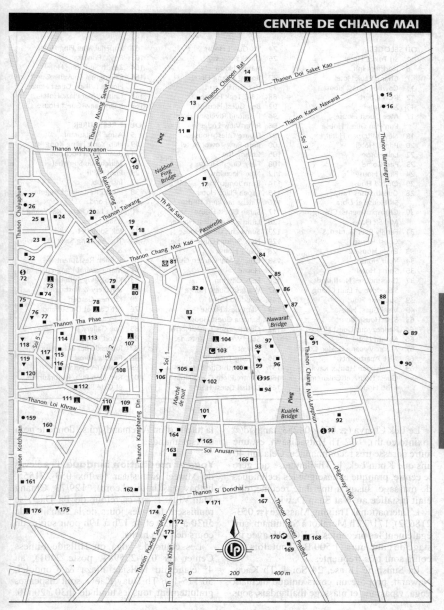

0   200   400 m

CENTRE DE CHIANG MAI

OÙ SELOGER
1 Sri Tokyo Hotel
6 Northern Inn
7 Chang Peuk Hotel
11 Cowboy Guest House
12 RCN Court
13 Je t'Aime
17 Mee Guest House,
   Pun Pun Guest House
18 New Mitrapap Hotel
20 Prince Hotel
22 Lek House
23 Pao Come
24 Eagle House
25 Orchid House
28 Guesthouses Tanya,
   SK House et Libra
30 CM Apartments, Chiang
   Mai SP Hotel
31 Family Beer Garden &
   Guest House
33 Eagle House 2
34 Your House
35 Sumit Hotel
37 Guesthouses Northlands,
   Sawatdee et Lam Chang
39 Supreme House
49 Visaj Guest House
63 Safe House Court
66 Rendezvous Guest House
66 Montri Hotel
67 Moon Meuang Golden Court
68 Nice Apartments
69 Amphawan House, Kavil
   Guest House et Chiangmai
   Kristi House

74 VK Guest House
75 Daret's House,
   Happy House
77 Roong Ruang Hotel
79 Veerachai Court
88 C&C Teak House
92 Ben Guest House
94 Diamond Riverside Hotel
96 River View Lodge
97 Galare Guest House
100 Porn Ping Tower Hotel
105 Chiang Inn
108 Fang Guest House
112 Nice Place Inn
114 Baan Jongcome
115 Tapae Place Hotel
116 Ratchada Guest House
117 Sarah Guest House
120 Little Home Guest House
122 Somwang Guest House
123 New Saitum Guest House
128 Gap's House
133 Chiang Mai Garden Guest
   House
138 Felix City Inn
142 Wanasit Guest House
148 Anodard Hotel
149 Nat Guest House
151 Banana Guest House
152 Guesthouses Jame, North
   Star, Welcome, Kritsada,
   Toy et Thailand
155 Muang Thong Hotel
157 Top North Guest House
160 Centre Place Guest House
161 Laithai Guest House

162 Imperial Mae Ping Hotel
163 Royal Princess
164 Zenith Suriwong Hotel
166 Chiangmai Souvenir Guest
   House (Viking Guest House)
167 Chiang Mai Plaza Hotel
169 Baan Kaew Guest House

OÙ SE RESTAURER
5 Asma Restaurant
19 Han Yang Hong Kong
21 Ruam Mit Phochana
27 Marché de Somphet
29 Pum Pui II
32 Irish Pub
38 Indian Restaurant Vegetarian Food
40 Wira Laap Pet et Kai Yaang
   Isaan
41 Jok Somphet
44 The Amazing Sandwich Deli
   & Bar
51 Si Phen Restaurant
52 Mangsawirat Kangreuanjam
53 Khao Sawy Suthasinee
65 JJ Bakery & Restaurant
70 Kitchen Garden
76 Art Café et Da Stefano
83 Bacco
85 The Gallery
86 Good View
87 Riverside Bar & Restaurant
98 Piccola Roma
99 Pruksar Vegetarian
101 Red Lion Pub, Hofbräuhaus
   et Café Benelux

NORD DE LA THAÏLANDE

Le Lek Chaiya (☎ 053-404253, tanavid@ loxinfo.co.th), 9/12 Th Hatsadisawi, est une autre adresse très recommandée. Cela fait 40 ans que Khun Lek, la Thaïlandaise qui gère le centre, pratique et enseigne les techniques de massage. Jusqu'à une date récente, elle était installée au Wat Suan Dawk.

L'International Training Massage (☎ 053-218632), 171/7 Th Morakot à Santitham, suit également les préceptes de l'OMH, avec un stage de cinq jours (1 500 B). Toutefois ces cours sont très fréquentés.

La Sunshine House, 24 Soi 4, Th Kaew Nawarat, propose un cours unique incluant yoga, vipassana et massage thaïlandais, sous la tutelle d'un Allemand qui se donne le nom d'Asokananda.

Yoga et méditation hindoue. Les élèves de Marcel Kraushaar (☎/fax 053-271555, hathayoga@hotmail.com), 129/79 Chiang Mai Villa 1, au carrefour de Pa Daet, se réunissent tous les jours de la semaine, de 5h30 à 7h30 et de 17h à 19h pour suivre un cours de yoga hatha.

Les cours de yoga du Hillside Fitness Center (☎ 053-225984, poste 2401), au 4e étage du Hillside Plaza & Condotel, 50/115-116 Th Huay Kaew, sont dispensés gratuitement, tous les lundi de 7h30 à 20h30.

CENTRE DE CHIANG MAI

102 Galare Food Centre	71 Wat Dawk Euang	56 Bureau du district
106 Tel Aviv	73 Wat U Sai Kham	58 Monument
118 Art Café	78 Wat Chetawan	des Trois Rois
119 Aroon (Rai) Restaurant	80 Wat Saen Fang	59 Poste
121 Kuaytiaw Reua Koliang	104 Wat Upakhut	72 Bureau de change
Restaurant	107 Wat Bupparam	81 Temple sikh Namdhari
126 AUM Vegetarian Food	109 Wat Chang Khong	82 Marché de Warorot
127 Salom Joy	110 Wat Loi Khraw	84 The Brasserie
130 Dara Kitchen	111 Wat Phan Tawng	89 Bus vers Baw Sang
131 Mitmai Restaurant	113 Wat Mahawan	et San Kamphaeng
135 La Villa Pizzeria	129 Wat Phan An	90 Marché de San Pa Khoi
137 Heuan Phen	132 Wat Phan Tao	91 Bus vers Lamphun,
141 Ta-Krite	134 Wat Chedi Luang; Wat	Pasang, Chiang Rai
145 Rot Sawoei	Phan Tao	et Lampang
153 Pum Pui Italian Restaurant	140 Wat Si Koet	93 TAT
165 Marché d'Anusan	143 Wat Meh Thang	95 SK Moneychanger
171 Whole Earth Vegetarian	144 Wat Meun Ngoen Kong	103 Matsayit Chiang Mai
Restaurant	147 Wat Phra Jao Mengrai	124 Pinte Blues Pub, Bierstube
173 Khao Soi Suthasinee 2	158 Wat Sai Mun Myanmar	et Sax Music Pub
175 Si Donchai Phochana	168 Wat Chaimongkhon	125 Sandy Bar Beer Centre
	176 Wat Pugchang	& Cabaret
WATS	177 Wat Muang Mang	136 Police (à l'intérieur
4 Wat Lokmoli	178 Wat Sisuphan	de la cour, sur Thanon
8 Wat Chiang Yuen		Ratchadamnoen)
9 Wat Pa Pao	**DIVERS**	139 Poste
14 Wat Chetuphon	2 Chiang Mai Ram Hospital	146 Gim Photo
36 Wat Lam Chang	3 Computer Plaza	150 Porte de Chiang Mai
42 Wat Chiang Man	10 Consulat des États-Unis	154 The Loom
45 Wat Hua Khwang	15 Thai Tribal Crafts	156 Hash House Pub
46 Wat Pa Phrao Nai	16 British Council	159 DK Book House
48 Wat Phra Singh	26 Baan Nit	170 Alliance française et
50 Wat Thung Yu	43 Bureau de la THAI	consulat de France
57 Wat Chai Phra Kiat	47 Malaria Centre	172 DHL
60 Wat Duang Dii	54 École	174 Suriwong Book Centre
61 Wat U Mong Klang Wiang	55 Prison Centrale de Chiang	179 Consulat chinois
62 Wat Pan Ping	Mai	

NORD DE LA THAÏLANDE

Le Brahma Kumari's Raja Yoga (☎ 053-214904) possède un centre au 218/6 Th Chotana, dans la partie nord de Chiang Mai. Cette école (dont le nom signifie littéralement "yoga royal", version hindoue de la méditation et de l'introspection personnelle) propose un cours en sept modules articulés autour de thèmes essentiels tels que l'être, dieu, le karma, les cycles, les modes de vie et les pouvoirs.

Rencontres à l'Alliance française (Informal Northern Thai Group)

Cette réunion se tient depuis 14 ans, le second mardi du mois à 19h30, à l'Alliance française, 138 Th Charoen Prathet.

Le déroulement des rencontres comprend une conférence d'un résident ou d'un universitaire de passage sur un aspect de la Thaïlande ou du Sud-Est asiatique suivie par une session de questions et réponses, puis on se retrouve dans un bar ou restaurant voisin pour le reste de la soirée.

Les sujets abordés sont les plus divers. Parmi ceux récemment mis en débat, on peut citer "l'exploitation de la forêt par les communautés du Nord de la Thaïlande" ou "la Thaïlande est-elle un des rares pays au monde non-homophobe ?".

Fêtes de Chiang Mai

La foire d'hiver qui dure une semaine fin décembre et début janvier est l'occasion de grandes fêtes célébrées dans l'enthousiasme, tout comme le festival Songkran de l'eau, en avril. Fin janvier, durant le festival Baw Sang se déroule une belle procession d'ombrelles suivie d'une marche nocturne aux lanternes. S'il semble assez touristique, ce festival n'en est pas moins typiquement thaïlandais avec ses nombreux ensembles de musique venus du Nord.

La fête la plus renommée de Chiang Mai reste le Carnaval des fleurs. Cet événement annuel se déroule en février, les dates changeant toutefois d'une année sur l'autre. Trois jours durant des festivités variées se succèdent. On accourt de toute la province et du pays pour l'occasion, alors réservez bien à l'avance si vous souhaitez une chambre en ville.

En mai, le festival Intakin se déroule au Wat Chedi Luang et se concentre autour du sanctuaire du *làk meuang*. Il s'agit d'apaiser les déités gardiennes de la ville pour garantir l'arrivée annuelle de la mousson. Toujours en mai, au moment de la récolte, une foire de la mangue a lieu dans le parc Buak Hat et une reine des mangues est élue à cette occasion.

Croisières en bateau

Un petit ponton sur la Ping, derrière le Wat Chaimongkhon, loue des bateaux pourvus d'un toit : on navigue sur la rivière à raison de 200 B de l'heure (réduction pour les groupes jusqu'à 15 personnes, et supplément pour le repas).

Où se loger – petits budgets

Trois cents hôtels et pensions accueillent en permanence les visiteurs. Les tarifs des hôtels s'échelonnent de 40 B, pour une chambre simple à l'Isra House à 320 $US pour une suite sur jardin au Regent Chiang Mai. Comme partout en Thaïlande, dans les hôtels bas de gamme, une simple signifie une chambre avec un grand lit (assez grand pour deux), tandis qu'une chambre double désigne une chambre à deux lits jumeaux. Le nombre de personnes couchant dans la même chambre importe peu.

Pensions. Les pensions sont groupées dans plusieurs quartiers : le long de Th Charoenrat à l'est de la Ping, loin du centre mais près des bus pour Chiang Rai, Lamphun et la gare ferroviaire ; le long de Th Moon Muang (la rue qui longe la douve est du côté intérieur) et dans des rues adjacentes ; le long de Th Charoen Prathet, sur quelques-uns des sois qui mènent vers le sud à partir de Th Tha Phae, parallèle à Charoenrat mais à l'ouest de la Ping. Plusieurs autres pensions sont éparpillées dans la partie ouest de Chiang Mai.

Les pensions apparaissent et disparaissent sans arrêt. Les meilleures sont tenues par des familles locales. Les plus mauvaises sont entre les mains de Thaïlandais de Bangkok qui traficotent avec les affaires laissées en dépôt lorsque vous partez en randonnée.

Les petites pensions sont de deux types – les vieilles maisons familiales transformées en pensions (l'atmosphère est agréable, mais l'intimité difficile à préserver), et les hôtels ou résidences à appartements avec alignement de chambres-cellules. Dans l'un et l'autre cas, le mobilier est sommaire – un lit et quelques pauvres meubles. Vous devez apporter serviettes et savon et les chambres ne sont nettoyées qu'après votre départ. En règle générale, en dessous de 100 B, vous n'aurez pas de s.d.b. mais un ventilateur.

Les pensions les moins onéreuses vivent grâce à leur restaurant et à l'organisation de randonnées en montagne. Beaucoup louent motos ou vélos. Si vous téléphonez, la plupart viendront vous chercher aux gares routière ou ferroviaire gratuitement lorsqu'elles ont une chambre libre.

Sans être exhaustive, la liste suivante couvre la majorité des établissements les plus fiables de la ville. Les pensions affiliées au Chiangmai Northern Guest House Club (☎ 053-217513) offrent plus de sécurité contre le vol que les autres. En effet, comme les membres du Club paient des impôts, ils ont généralement intérêt à voir leurs activités durer. Le bureau de la TAT dans Th Chiang Mai-Lamphun vous fournira la liste à jour des membres du Club.

Quartier à l'intérieur des douves. La petite *Banana Guest House* (☎/fax 053-206285, 4/9 Th Ratchaphakhinai), près de la porte de Chiang Mai, comprend des dortoirs à 50 B le lit, des chambres avec douche à l'eau chaude individuelle pour guère plus de 70/120 B la simple/double. Appelez la pension qui se chargera de venir vous chercher à ses frais. Les chambres de la *Pha Thai* (☎ 053-278013, fax 274075, 48/1 Th Ratchaphakhinai), dans le même coin tranquille, à l'angle sud-est des douves, propres et équipées d'un ventilateur sont aménagées dans un modeste bâtiment de 3 étages ; l'eau chaude des douches est alimentée par panneaux solaires. Comptez de 200 B à 250 B la nuit. Essentiellement fréquentée par une clientèle israélienne, qui apprécie la cuisine de son pays d'origine et la présence de nombreux panneaux en hébreu, la *Nat Guest House* (☎ 053-277878, 7 Soi 6, Th Phra Pokklao) offre le confort de ses 24 chambres à 120 B. Évitez le dernier

Attention

Depuis deux ans, Lonely Planet n'a plus reçu de lettres de voyageurs qui, ayant laissé des objets de valeur dans le coffre de leur pension pendant qu'ils partaient en randonnée, avaient eu la mauvaise surprise de ne pas les y retrouver à leur retour. Cette pratique semble donc en voie de disparition. Toutefois, si vous le faites, exigez un reçu qui détaille exactement le contenu de ce que vous déposez dans le coffre.

Commercer ou pas avec l'ennemi

Dans plusieurs pensions de Chiang Mai et dans le Nord de la Thaïlande, on vous déconseillera de poursuivre votre voyage, plus au nord, jusqu'au Myanmar. Les cyniques vous diront que les hôteliers agissent de la sorte pour que vous restiez plus longtemps dans la région et dans leurs établissements. A Chiang Mai, il existe même une pension où on a installé un panneau entier sur lequel vous pouvez lire quantités d'articles qui dissuadent d'aller dépenser vos devises au Myanmar. Toutefois, sachez que les nappes tissées qui recouvrent les tables de ce même restaurant de cette même pension sont importées du Myanmar.

étage si vous redoutez le volume sonore de la TV. Attention, la Banana et la Nat affichent souvent complet en haute saison.

Près de la Library Service, à deux pas du Soi 2, Th Moon Muang, la *New Saitum Guest House* (☎ 053-211575) présente des bungalows rudimentaires et un peu vieillots, mais acceptables, avec s.d.b. et balcon donnant sur un jardin calme pour seulement 80 B à 100 B. Presque en face, la *Somwang Guest House* (☎ 053-278505) se compose d'un bâtiment assez ancien aux chambres avec s.d.b. commune et eau chaude pour 80/150 B ou 80 B avec s.d.b., et d'un immeuble plus récent de 2 étages, où les chambres valent 150 B avec eau chaude et s.d.b.

La récente *Visaj Guest House* (☎ 053-214016, 104 Th Ratchadamnoen), près du Wat Phra Singh, loue des chambres avec douche à l'eau froide et toilettes à 120 B la simple/double. Du toit, on a une fort belle vue sur le Wat Phra Singh.

Très accueillante et jouissant d'une situation centrale, la *Chiang Mai Garden Guest House* (☎/fax 053-278881, 82-86 Th Rat-

chamankha) offre des chambres propres dans un bâtiment de 2 étages vieillissant, près du Heuan Phen, du Mit Mai et d'autres restaurants. Le Wat Chedi Luang se dresse dans le pâté de maisons d'à côté. Les simples/doubles coûtent 100/120 B avec ventil. et s.d.b., 350 B avec clim. L'établissement comprend aussi une grande chambre avec ventilateur qui peut accueillir trois ou quatre personnes, moyennant 150 B ou 200 B. La propriétaire, de nationalité thaïlandaise, parle français, allemand et anglais. Le Chiang Mai Garden refuse de verser des commissions aux conducteurs de túk-túks ou de songthaews ; appelez donc la pension qui s'occupera de venir vous chercher gratuitement.

Vous croiserez l'*Eagle House 2* (☎ 053-210620, Soi 2, Th Ratwithi) juste après l'angle où se tient l'Irish Pub. Dans les parages, vous pouvez aussi fréquenter plusieurs bars thaïlandais le long de Th Ratwithi. L'hôtel a adopté, en version plus récente et plus réussie, la formule de l'Eagle House d'origine (voir l'entrée *Quartier de la porte de Tha Phrae jusqu'à la rivière*). Cet édifice moderne de 3 étages, bien tranquille, est entouré d'un joli jardin. Les chambres, de taille moyenne, avec ventilateur et douche s'élèvent à 150/210 B la double/triple ; comptez 180/250 B avec eau chaude et 280 B avec clim. Des lits en dortoir sont également disponibles. Un lecteur nous a informé que le personnel ne se montre plus très sympathique si vous ne partez pas en randonnée avec l'hôtel. Un peu plus au nord, dans le même soi, *Your House* vous séduira par sa tranquillité, mais ne présente aucun autre atout, avec des chambres entre 100 B et 150 B.

Il existe des myriades d'autres pensions dans les ruelles de briques rouges donnant sur Th Moon Muang. Souvenez-vous du Soi 9, à deux pas de Moon Meuang, près du coin nord-est des douves, si vous arrivez durant un festival comme le Songkran ou le festival des Fleurs et que vous ne trouvez pas à vous loger. Plusieurs bâtiments d'allure plutôt misérable renferment des pensions bon marché. Dans ce même soi,

propre et accueillante, la *Libra Guest House* (☎/fax 053-210687) présente des chambres convenables avec ventilateur et eau chaude pour 150 B la simple/double. Juste à côté, la *SK House* (☎ 053-210690) n'est pas mal non plus. Mais si vous ne signez pas tout de suite pour une randonnée avec l'hôtel, nous vous souhaitons bonne chance pour obtenir une chambre.

Toujours dans le Soi 9, la *Paneeda House* (☎ 053-213156), nouvelle pension sur 3 étages, est tenue par un couple âgé de Thaïlandais. A 200/400 B la simple/double, avec ventilateur et douche, c'est un peu cher pour le quartier, mais les chambres sont propres et le couple adorable, sans compter que vous ne subirez aucune pression ni dans le choix de votre randonnée, ni de votre restaurant.

Tournez à droite du Soi 9 vers le Soi 1, Th Si Phum, pour arriver à la *Money Guest House* (☎ 053-223484), plus petite, avec des chambres très sommaires aménagées dans une maison en désordre, pour guère plus de 60 B. Juste en face se trouve un restaurant végétarien, puis, un peu sur la droite, en retrait, vous verrez la *Tanya Guest House* (☎ 053-210675). Les chambres propres, dans cette vieille maison en bois paisible, valent entre 80 B et 180 B. On tend à privilégier les randonneurs "maison". La pension dispose d'un petit restaurant où la cuisine est d'inspiration internationale.

Les alentours immédiats du Soi 9 comptent également la *Supreme House* (☎ 053-222480, fax 218545) et le *SUP Court* (☎ 053-210625), Ces établissements, très semblables, demandent entre 100 B et 250 B la nuit.

Le Soi 7, parallèle, à l'ouest du Chiang Mai SP Hotel et de CM Apartments, contient encore la *Northlands House*, plus proche d'un hôtel, avec des chambres entre 200 B et 300 B ; plus petite, la *Sawatdee House* offre un confort plus élémentaire, entre 80 B et 120 B la chambre. Encore plus à l'ouest du soi, la *Lam Chang House* (☎ 053-210586), maison en bois de style thaï, est tenue par une famille. Vous débourserez 100 B pour une chambre simple, avec s.d.b. commune, ventilateur et eau chaude. La pension dispose d'un jardin et d'un service de renseignements.

Dans le Soi 6, une seule adresse à retenir, la *Family Beer Garden & Guest House*. Cette grande maison derrière le marché de Somphet comprend des chambres correctes avec s.d.b. commune à 80/100 B la simple/double, 150 B avec toilettes et douche privées.

Dans le Soi 5, à deux pas de Moon Meuang, la *Rama House* (☎ *053-216354, fax 225027*) abrite des chambres propres avec s.d.b. dans un bâtiment de 3 étages, à 120/150 B la simple/double avec eau froide et ventilateur, 180/280 B avec eau chaude et clim.

La *Wanasit Guest House* (☎ *053-814042*) vient d'ouvrir ses portes dans le soi tranquille qui se situe juste à côté du restaurant Ta-Krite, près du Wat Phra Singh. Dans une maison thaïlandaise moderne, les chambres avec bain coûtent 150 B la simple/double, un peu plus avec la clim.

A mi-chemin des catégories petit budget et moyen budget, deux ou trois adresses proposent un hébergement confortable entre 180 B et 400 B. La *Gap's House* (☎/*fax 053-278140, Soi 4, Th Ratchadamnoen*), derrière l'AUA Thai Language Centre, se compose de maisons de style nord-thaïlandais dans un jardin tranquille, décorées d'antiquités. Toutes les chambres comprennent de la moquette, la clim., une s.d.b. et l'eau chaude pour 195/390 B la simple/double, petit déjeuner copieux compris.

De l'autre côté de Th Ratchadamnoen, le long du Soi 5, à la *Rendezvous Guest House* (☎ *053-213763, fax 217229*), sur 3 étages, cette auberge contient des chambres à 180 B avec ventilateur, 300 B avec clim. Toutes sont équipées de l'eau chaude, de la TV, du téléphone et d'un réfrigérateur, mais auraient besoin d'un coup de peinture. Plus au nord dans le même soi, une rangée d'établissements loue des appartements sur trois ou quatre étages : la *Kavil Guest House & Restaurant* (☎/*fax 053-224740, kavilgh@ chmai.loxinfo.co.th*), de 170 B à 330 B, l'*Amphawan House* (☎ *053-210584*), de 150 B à 250 B, et la *Chiangmai Kristi House* (☎ *053-*

418165), de 150 B à 180 B. Le principal atout de ces pensions est leur calme.

Bien tenue et fort populaire, la *Top North Guest House* (☎ *053-278900, 278684, fax 278485, 15 Soi 2, Th Moon Muang*) propose des chambres à 400 B avec ventil., 500 B avec clim., 600 B avec TV et s.d.b. Eau chaude à tous les étages. L'hôtel a fait construire une jolie piscine et dispose d'une agence de voyages. Dans ce soi, vous trouverez également d'autres établissements bon marché, dont la *Jame House*, la *Toy House*, la *Welcome House*, la *Thailand Guest House*, la *North Star Guest House* et le *Kritsada*, qui se tiennent tous dans la fourchette de 100 B à 300 B. Ces pensions se valent, avec peut-être une mention particulière pour la Jame House ou la Welcome House.

En face du Wat U Mong Klang Wiang, au *Safe House Court* (☎ *053-418955, 178 Th Ratchaphakhinai*), vous apprécierez la propreté des chambres climatisées, avec téléphone, réfrigérateur, s.d.b. et eau chaude à 350 B la nuit, sans compter que le ménage est fait tous les jours. Il existe aussi une formule de location au mois. Le Safe House Court présente une architecture semi-classique, plus esthétique que la plupart des résidences à appartements de Chiang Mai.

Continuez à longer Th Ratchaphakhinai vers le nord, au-delà du Sumit Hotel (voir la rubrique *Hôtels*), puis tournez à droite dans Soi 7 pour tomber sur le *RCN Court* (☎ *053-418280/2, 224619, fax 211969*). L'extérieur du bâtiment est moins agréable que celui du Safe House Court, mais l'établissement est très propre et offre un service de fax et de blanchisserie. Il possède également un mini supermarché et un petit restaurant. Il semble, en outre, très sûr. La chambre se loue 300 B, mais la plupart des résidents effectuent de longs séjours, ce qui limite la disponibilité des chambres pour quelques nuits. Le tarif mensuel est affiché à 3 000 B (avec ventilateur) et 3 500 B (avec clim.). Toutes les chambres disposent d'une s.d.b avec douche et eau chaude, ainsi que d'un réfrigérateur de taille moyenne.

Quartier de la porte de Tha Phae jusqu'à la rivière. De l'autre côté des douves, près de la porte de Tha Phae, la *Daret's House* (☎ *053-235440, 4/5 Th Chaiyaphum*) met à votre disposition quantité de chambres basiques mais correctes qui valent 70/100 B la simple/double avec s.d.b. et eau froide ; celles avec eau chaude sont à 80/120 B. Le grand café, en terrasse, sert des plats bon marché mais qui manquent d'inspiration. Au coin, dans la minuscule Th Chang Moi Kao, la *Happy House* (☎ *053-252619, 11/1 Th Chang Moi Kao*) lui ressemble beaucoup, en plus tranquille. Vous préférerez ses grandes chambres bien entretenues, avec s.d.b. et eau chaude qui débutent à 100/180 B la simple/double avec ventilateur pour aller jusqu'à 180/280 B avec clim.

En descendant un passage qui donne dans Th Chang Moi Kao, se trouve la *VK Guest House*, convenable, où les simples/doubles reviennent à 80 B. Une triple avec s.d.b. coûte 40 B par personne.

Autre adresse originale de Chiang Mai, la *Lek House* (☎ *053-252686, 22 Th Chaiyaphum*), près du carrefour de Th Chang Moi Kao, dans le soi qui mène au Wat Chomphu. La qualité est inégale, mais des travaux de rénovation devraient améliorer les choses. Les chambres avec ventil. et s.d.b. sont à 80/100 B au rez-de-chaussée, 100/120 B dans les pièces plus grandes, à l'étage. Près de la Lek House s'élève la *Pao Come* (☎ *053-252377, 9 Soi 3, Th Chang Moi Kao*), tout à fait acceptable, avec des simples/doubles à 80/100 B.

Un peu plus au nord, dans le Soi 3, Th Chang Moi Kao, se tient l'*Eagle House* (☎ *053-235387, fax 216368*) au dortoir à 50 B, aux chambres sans grand luxe, mais avec s.d.b. à 80 B la simple et entre 100 B et 130 B la double. Le personnel multilingue se débrouille aussi bien en français, qu'en allemand, anglais ou espagnol. Les chambres mériteraient d'être refaites, mais il est difficile de se plaindre au vu des tarifs annoncés. L'organisation de randonnées en montagne est une activité majeure de l'hôtel. Plus au nord, dans le Soi 2, Th Chaiya-phum, vous apprécierez la sympathique *Orchid House* (☎ *053-874127*) et ses chambres simples avec douche et balcon, dans un bâtiment moderne de 4 étages, pour 100 B à peine.

Le Soi 4, plus à l'est vers la rivière en longeant Th Tha Phae, contient plusieurs pensions de brique à 2 étages, plus récentes, souvent pourvues de foyers où l'on peut s'asseoir au rez-de-chaussée. C'est le cas de la *Midtown House*, du *Tapae*, de la *Sarah* et du *Flamingo*. Chacun de ces établissements propose des chambres correctes entre 120 B et 200 B. Tous offrent une prestation comparable, très appréciable, légèrement en dessus de ce que vous pouvez attendre du côté de la porte de Tha Phae ; notre préférence va toutefois à la Midtown House pour la gentillesse du personnel et son sens de la discrétion.

La *Sarah Guest House* (☎ *053-208271*) est entourée d'un ravissant jardin. La *Thana Guest House* (☎ *053-279794, fax 272285*) reçoit une clientèle majoritairement composée d'Israéliens (la direction avance même le chiffre de 80%), ce qui explique que toutes les indications soient en thaï et en hébreu. Il vous faudra débourser 120 B pour une chambre correcte avec ventilateur et eau chaude. Le petit restaurant de l'hôtel prépare une cuisine casher.

De catégorie légèrement supérieure, le *Baan Jongcome* (☎ *053-274823*) dispose de chambres confortables avec ventilateur à 350 B, 450 B avec clim.

La *Fang Guest House* (☎ *053-282940, 46-48 Soi 1, Th Kamphaeng Din*) occupe, tout près, un bâtiment neuf de 4 étages bien à l'écart du vacarme de la circulation. Propres, les chambres avec ventil. et s.d.b. coûtent 200 B la simple, 250 B la double et 300 B la triple avec clim. et moquette. Toutes les chambres disposent de l'eau chauffée à l'énergie solaire, uniquement l'après-midi. Au petit restaurant, on sert une cuisine faráng. Plus bas dans le soi, au carrefour du Soi 3, Th Tha Phae, vous découvrirez la sympathique *Nice Place Inn* (☎ *053-272919, fax 206068*), sur plusieurs étages, aux chambres assez petites avec eau chaude et ventilateur à 180 B la double ou 250 B avec réfrigérateur et clim.

Juste en face, la *Ratchada Guest House* (☎ 053-275556, *55 Soi 3, Th Tha Phae*) loue des chambres calmes avec ventil. et douche à 150 B la simple/double. Possibilité d'avoir une chambre climatisée. Dans le Soi 5, Th Tha Phae, la *Living House* (☎ 053-275370) abrite des chambres dans un bâtiment plus neuf de 200 B à 400 B avec s.d.b.

En milieu de gamme, la *Little Home Guest House* (☎/fax 053-206754, littleh@loxinfo.co.th, *1/1 Soi 3, Th Kotchasan*) se situe non loin des douves et de la librairie DK Books. Tenue par des Hollandais, elle dispose de grandes chambres confortables, dans un bâtiment de style thaïlandais pour 250 B la simple/double. Toutes sont dotées de douche à l'eau chaude et, dans les étages, d'un balcon.

Dans un soi donnant sur Th Loi Khraw, réputé pour ses échoppes de textile, à deux pas du quartier à l'intérieur des douves et accessible depuis le bazar de nuit, vous découvrirez la *Centre Place Guest House* (☎ 053-271169, fax 208950, *17/2 Soi 1, Th Loi Khraw*). Bien tenue, cette pension compte des simples/doubles à 120/150 B avec ventil. et s.d.b. Les propriétaires peuvent aussi vous initier à la cuisine locale.

Un pâté de maisons à l'est du bazar de nuit, juste à l'angle du marché de nuit Anusan, se dresse la *Chiangmai Souvenir Guest House* (☎ 053-818786, *116 Th Charoen Prathet*), aussi connue sous le nom de Viking Guest House. Elle a été reprise ces derniers temps par un couple originaire du Danemark et du Vanuatu qui en a fait un havre de paix, en plein cœur de la ville, pour les petits budgets. On peut même prendre ses repas en plein air ou déguster un petit noir au bistrot de la pension en mangeant un panini. Les tarifs s'échelonnent de 120 B à 150 B. On y parle français, anglais et danois.

A l'est de la rivière. Au sud du Nawarat Bridge, en descendant un soi très étroit, près du bureau de la TAT, la *Ben Guest House* (☎ 053-244103, *4/11 Soi 2, Th Chiang Mai-Lamphun*) est un établissement convivial et tranquille qui offre des chambres très propres, avec ventilateur et s.d.b. (eau chaude) pour 150 B. Vous pouvez grignoter un morceau dans le jardin attenant à la pension. Le personnel peut également vous procurer des vélos à louer. Le bazar de nuit est accessible à pied depuis la pension, malgré sa situation sur la rive est de la rivière.

Un chapelet d'établissements s'étire dans Th Charoenrat, qui longe la rivière. Vous serez un peu loin du centre-ville, mais au calme et dans un cadre agréable. Le *Je t'Aime* (☎ 053-241912) depuis longtemps installé au 247-9 Th Charoenrat, possède un choix étendu de chambres dans plusieurs bâtiments à étages, répartis au milieu de jardins paysagers. Les prix oscillent de 80 B à 120 B la simple et de 160 B à 180 B la double. L'établissement appartient à un artiste thaïlandais qui a décoré chaque chambre d'une de ses peintures ou de ses œuvres originales.

La *Cowboy Guest House* (☎ 053-241314, *233 Th Charoenrat*), juste avant le Je t'Aime, est tenue par un Thaïlandais répondant au surnom de Cowboy (son fils s'appelle Banjo et sa fille Guitare !) qui parle anglais – il a autrefois géré un restaurant aux Philippines. La pension présente une série de bungalows à 100 B avec s.d.b., et 60/80 B avec s.d.b. commune. Dans la même rue, la *Mee Guest House* (☎ 053-243534), n°193/1, les doubles, peu reluisantes, avec douche à l'eau froide valent 100 B.

A la *Pun Pun Guest House* (☎ 053-243362, fax 246140, armms @iname.com), au n°321, les bungalows confiés aux soins méticuleux d'un Américain, avec s.d.b. commune et eau chaude se louent entre 125 B et 150 B. Une maison en bois au cachet vieillot abrite, sur 2 étages, des chambres avec s.d.b. entre 150 B et 175 B. Parmi les autres atouts de cette adresse, citons un bar correctement approvisionné, un billard et la promenade de l'hôtel en bordure de rivière.

En remontant Charoen Rat vers le nord (aux environs du carrefour avec Th Faham), au n°365, se tient la *Hollanda Montri*

(☎ *053-242450*). Ses chambres avec eau chaude valent de 150 B à 280 B. Cette pension qui jouissait d'une excellente réputation a, semble-t-il, baissé la garde ces deux dernières années.

Dans une vieille demeure de teck, la **C&C Teak House** (☎ *053-246966, 39 Th Bamrungrat*), entre la gare ferroviaire et la rivière Ping, mais assez éloignée de la vieille ville, dispose de chambres calmes et confortables dans un ensemble clos et sûr. Les prix sont peu élevés, variant de 60 B à 80 B la simple, et de 120 B à 150 B la double. Les s.d.b. sont communes ; celle de l'étage est avec eau chaude.

Quartier de la porte de Chang Pheuak.

Rares sont les pensions qui se sont installées au nord de l'enceinte de la ville. C'est certes un peu loin de l'animation de Tha Phae, mais tout près du terminal des bus de Chang Pheuak (pratique pour ceux qui veulent aller à Chiang Dao, à Fang ou à Tha Ton). La **Chawala Guest House** (☎ *053-214939, 214453, 129 Th Chotana*) demande 150 B pour ses chambres avec ventil. et s.d.b., 250 B avec clim.

Le **Chang Peuk Hotel** (☎ *053-217513, fax 223668, 133 Th Chotana*), près du terminal des bus, loue des chambres climatisées et propres à 280 B ; comptez 350 B avec la TV. L'hôtel compte une bonne cafétéria. Même si son nom permettrait de le classer dans les hôtels, il faut savoir que le directeur du Chang Peuk n'est autre que le président de la Chiang Mai Northern Guest House Association.

Quartier de Th Chang Khlan et de Th Wualai.

On réservera la **Night Bazaar Guest House** (☎ *053-820320, 272067, 89/2 Th Chang Khlan*) aux touristes qui comptent faire beaucoup d'achats dans le quartier. En effet, cette pension se trouve juste à côté des échoppes Galare, dans le périmètre proche du bazar de nuit. Ses 19 chambres avec s.d.b. et eau chaude coûtent 250/350 B la simple/double.

La **Chiang Mai Youth Hostel** (☎ *053-276737, fax 204025, 21/8 Th Chang Khlan*)

propose des simples/doubles à 120/150 B avec ventil. et s.d.b. Pour la clim., vous débourserez 250/300 B. Il faut obligatoirement présenter une carte internationale de membre. Faute de quoi, on vous en délivrera une provisoire, valable pour la nuit, moyennant 50 B.

Au sud de la ville, 92 Soi 2, Th Wualai, à la **Srisupan Guest House** (☎/fax *053-270086*), les chambres avec ventil. ou clim. coûtent entre 250 B et 350 B. Elles possèdent toutes une douche, avec eau chaude.

Quartier de Th Huay Kaew.

Ce quartier au nord-ouest de la vieille ville abrite en général les hôtels et restaurants les plus chers de Chiang Mai. Aussi, peu de pensions pour voyageurs aux budgets limités y ont ouvert leurs portes. Une exception à cette règle, l'**Isra House** (☎ *053-214924, 109/24 Th Huay Kaew*), établie de longue date dans un soi à deux pas de Huay Kaew, au nord de The Pub. Elle ne compte que neuf chambres, les moins chères de la ville, à 50/70 B la simple/double avec s.d.b. commune. Certains choisissent donc d'en faire leur résidence à long terme et optent pour la formule au mois à 1 100 B. Si vous comptez visiter la vieille ville de fond en comble ou aller y dîner tous les soirs, la modicité de ce prix sera largement compensée par le coût des songthaews, ce qui mériterait peut-être les quelques bahts supplémentaires d'un hébergement plus central.

Hôtels.

Dans le petit Chinatown de Chiang Mai, entre la douve est et la Ping, le **New Mitrapap Hotel** (☎ *053-251260, 94-98 Th Ratchawong*) dispose des chambres convenables à 310 B la simple/double avec ventil., 390 B avec clim., ces dernières étant plus agréables. Cet établissement est proche de plusieurs bons restaurants chinois, pas chers et du marché de Warorot. Un peu plus au nord, au **Prince Hotel** (☎ *053-252025, fax 251144, 3 Th Taiwang*), entièrement climatisé, les chambres correctes, facturées entre 430 B et 540 B, commencent à accuser la marque du temps. Le Prince possède aussi un restaurant, une cafétéria et une piscine.

Près du terminal des bus de Chang Pheuak, le **Chiang Mai Phu Viang Hotel** (☎/*fax 053-221632/532, 5-9 Soi 4, Th Chotana*) présente des chambres petites mais propres avec s.d.b. et ventil. à partir de 140 B ou plus spacieuses, avec clim. et TV pour 300 B. Restaurant et cafétéria dans l'hôtel.

Le **Muang Thong Hotel** (☎ *053-256533, 208135*), vieil hôtel de style thaïlandais, jouit d'un bon emplacement à l'intérieur des douves, à l'angle de Th Ratchamankha et de Th Moon Muang. Les simples avec ventil. et s.d.b. coûtent à partir de 120 B, et les doubles de 170 B à 190 B. Attention aux oreilles sensibles, Th Moon Muang, toute proche, est parfois très animée.

Le **Roong Ruang Hotel** (☎ *053-236746, fax 252409*), également écrit **Roong Raeng**, est magnifiquement situé 398 Th Tha Phae, près de la porte du même nom, du côté est des douves. Le service est accueillant ; les chambres qui donnent sur une cour intérieure calme viennent d'être refaites et agrémentées d'agréables coins salon. Les simples/doubles ventilées avec s.d.b. valent 270/350 B ; avec la clim., la TV par câble et l'eau chaude, elles grimpent à 400/450 B Le Roong Ruang possède en outre quelques chambres plus spacieuses, ventilées ou climatisées, légèrement plus chères, bien entendu. C'est une adresse à retenir pendant la fête des Fleurs, car le corso passe juste devant la porte. Une autre entrée donne sur Th Chang Moi Kao.

Construit dans une partie relativement calme de Th Ratchaphakhinai, à l'intérieur de la vieille ville, le **Sumit Hotel** (☎ *053-211033, 214014*) vient d'être rénové et ses chambres, désormais propres et spacieuses, sont aménagées dans le style classique sino-thaïlandais. Vous avez le choix entre un grand lit ou deux lits jumeaux pour le même tarif. Avec ventil., la chambre revient à 200 B la simple/double, 300 B avec la clim. Toutes possèdent une s.d.b. avec douche et les chambres climatisées bénéficient de l'eau chaude. C'est une excellente adresse pour ceux qui veulent un peu mieux qu'une pension, sans doute le meilleur rapport qualité/prix dans la vieille ville.

La **YMCA International House** (☎ *053-221819, 222366, fax 215523, 11 Th Mengrairasmi*) se situe au-dessus de l'angle nord-ouest des douves. Les simples/doubles dans l'aile ancienne avec ventil. et s.d.b. commune reviennent à 130/190 B, 220 B avec ventil. et s.d.b., 250/350 B avec clim., ou encore 75 B pour un lit en dortoir. Dans la nouvelle aile climatisée, les simples/doubles avec s.d.b., téléphone et TV sont à 500/600 B. L'auberge compte également une agence de voyages, un centre d'artisanat et une cafétéria.

Au **Montri Hotel** (☎ *053-211069, fax 217416*), dans un bâtiment de 5 étages à l'angle de Th Moon Muang et de Th Ratchadamnoen, les simples avec clim. et s.d.b. sont surévaluées à 595 B. De nouvelles chambres plus petites viennent d'être refaites à 714 B la simple/double, avec clim. et TV par câble. Attention aux chambres en façade, bruyantes en raison de l'animation qui monte de Th Moon Muang et fait caisse de résonance avec l'enceinte de Tha Phae. En revanche, le JJ Bakery & Restaurant du rez-de-chaussée est un atout (voir la rubrique *Où se restaurer*, plus loin dans ce chapitre pour plus de précisions).

Dans un soi derrière le Montri Hotel, le **Nice Apartment** (☎ *053-210552, fax 419150, 15 Soi 1, Th Ratchadamnoen*) abrite des chambres propres mais sans faste, avec s.d.b., ventilateur et TV par câble pour 160 B à 220 B, selon la durée de votre séjour. Comptez entre 250 B et 300 B pour la clim. Le forfait mensuel revient entre 4 000 B la chambre avec ventilateur et 7 200 B avec clim. Prestations similaires au **VIP**, dans le même soi, juste en face du JJ. Le Soi 7, à deux pas de Th Moon Muang, comprend deux ou trois autres bonnes adresses, dont le **CM Apartments** (☎ *053-222100*) et le **Chiang Mai SP Hotel** (☎ *053-214522, fax 223042*). Ces deux établissements offrent des chambres autour de 250 B à 350 B et des formules au mois qui varient de 2 500 B à 3 000 B.

Le **Veerachai Court** (☎ *053-251047, fax 252402, Soi Tha Phae 2*) occupe un bâtiment de 9 étages sur le côté est du soi, et un autre de 4 étages, côté ouest. Propres et tranquilles, quoiqu'un peu petites, les chambres climatisées sont équipées de la TV et de l'eau chaude pour 400 B. Le loyer mensuel s'élève à 2 400 B pour des chambres plus simples, avec ventilateur.

A deux pas de Th Moon Muang, au nord de la porte de Tha Phae, le **Moon Meuang Golden Court** (☎ *053-212779*), proche d'un appartement, possède des doubles propres ventilées, avec eau chaude entre 150 B et 180 B, 300 B avec clim. Une petite cafétéria est attenante à l'hôtel.

L'**Anodard Hotel** (☎ *053-270755, fax 270759, 57-59 Th Ratchamankha*) se dresse, tout seul, à l'intérieur de l'enceinte de la ville. Les chambres climatisées et bien entretenues sont aménagées dans un bâtiment que, trente ans auparavant, on aurait qualifié de moderne. Les prix démarrent à 360 B, avec une piscine.

Où se loger – catégorie moyenne

Dans cette tranche de prix, vous pouvez compter sur le ménage fait chaque jour dans votre chambre, la climatisation (en option car certaines chambres n'ont encore qu'un ventilateur), et, pour les hôtels, la TV et le téléphone. Ce qui fait la différence avec les pensions dont ces deux derniers équipements sont absents.

Certains établissements de cette gamme (entre 500 B et 1 500 B pour Chiang Mai) oscillent entre l'hôtel et la pension, la différence n'étant souvent que nominale. Bien gérée et entièrement climatisée, la **Galare Guest House** (☎ *053-273885, fax 279088, 7/1 Soi 2, Th Charoen Prathet*), par exemple, loue des chambres spacieuses avec s.d.b., eau chaude et réfrigérateur pour 720 B. Son emplacement sur la Ping, tout près du bazar de nuit et de la poste, a contribué à fidéliser la clientèle.

Presqu'à côté de la Galare, le **River View Lodge** (☎ *053-271110, fax 279019, 25 Soi 2, Th Charoen Prathet*) compte 36 chambres soigneusement entretenues dans un bâtiment en "L" de 2 étages, sis au milieu d'un grand jardin paysager avec une piscine. Les prix oscillent entre 1 450 B et 1 850 B, avec 40% de remise possible entre mai et août. Le sympathique propriétaire des lieux possède une petite collection de vieilles voitures qu'il laisse en exposition sur le parking de l'hôtel.

Plus au sud dans Th Charoen Prathet, au **Diamond Riverside Hotel** (☎ *053-270080, fax 273947*), les chambres climatisées de la nouvelle aile sont à 1000 B, petit déjeuner compris, tandis que dans l'aile plus ancienne, elles ne s'élèvent qu'à 500 B, sans le petit déjeuner. Piscine et cafétéria sont aménagées dans l'hôtel. La clientèle est principalement composée de groupes de touristes asiatiques en voyage économique. En thaï, l'hôtel s'appelle le Phet Ngam, c'est le nom à retenir pour les conducteurs de túk-túks et de songthaews.

Presqu'en face, dans Th Charoen Prathet, mais plus agréable que le précédent, le **Porn Ping Tower Hotel** (☎ *053-270100, fax 270119*) affiche des tarifs à 1 124 B, alors qu'en 1998, ils ne dépassaient pas 800/900 B la simple/double. Pourtant, au vu de l'atmosphère qui règne dans le hall de réception, on pourrait s'attendre à payer encore plus. Le Porn Ping tire surtout sa renommée de sa discothèque, le Bubble, la plus en vogue de Chiang Mai.

Le récent **Royal Lanna** (☎ *053-818773, fax 818776, 119 Th Loi Khraw*) domine le bazar de nuit et loue des chambres propres, avec clim., s.d.b. et eau chaude, TV, téléphone et réfrigérateur de taille moyenne pour 550 B la nuit. A ce prix, c'est une bonne affaire à ne pas manquer. Le forfait mensuel s'élève à 3 800 B. Au quatrième étage, vous apprécierez de vous tremper dans la piscine de taille modeste.

En continuant à descendre Charoen Prathet, vous arrivez à la **Baan Kaew Guest House** (☎ *053-271606, fax 273436, 142 Th Charoen Prathet*), située en face du Wat Chaimongkhon et entre les résidences Doi Ping Mansion et l'Alliance Française. Sa situation un peu en retrait de la rue est un gage de tranquillité. De plus, les chambres sont bien entretenues, avec un système de ventilation latérale. Par ailleurs, des coins pour lire ou discuter ont été aménagés en plein air. Les prix vont de 300 B pour une chambre avec ventil. et eau chaude à 400 B avec clim. Un petit restaurant de plein air propose de quoi se restaurer. L'endroit serait idéal, si ce n'était la froideur et la méfiance affichée de ses propriétaires qui exigent que la chambre soit réglée le matin même, voire plusieurs jours à l'avance – une pratique très inhabituelle pour un établissement de cette catégorie.

Plus près du bazar de nuit, l'*Imperial Mae Ping Hotel* (☎ 053-270160, fax 270181, 153 Th Si Donchai) demande entre 1 400 B et 1 600 B pour ses chambres bien équipées. Cafétéria, restaurant et piscine.

De l'autre côté de la rivière, l'*Holiday Resort* (☎ 053-277104, ☎/fax 279913, Bangkok ☎ 02-391 8055, fax 391 8056, Soi 6, Th Rat Uthit) bénéficie d'un emplacement dans un quartier résidentiel calme de Nong Hoi. Il se compose de plusieurs bungalows en teck de style lanna, qui se louent entre 500 B et 1 500 B selon la taille et le nombre de résidents. Ces bungalows sont installés dans un vaste jardin, à l'ombre d'un verger de rambutans et d'arbres à litchis. Une adresse à retenir pour ceux qui recherchent une ambiance typiquement thaïlandaise. En revanche, peu de restaurants dans les parages et impossible de rejoindre le centre-ville à pied. Des petits groupes de touristes, en voyage organisé du type aventure et découverte, séjournent dans cet hôtel et ils disposent souvent d'un minivan.

A deux pas de Th Tha Phae en centre-ville, le *Tapae Place Hotel* (☎ 053-270159, 281842, fax 271982, 2 Soi 3, Th Tha Phae) occupe un grand bâtiment moderne et climatisé en L. Ses tarifs oscillent entre 700 B et 1 200 B. Totalement dépourvu de charme, cet hôtel présente l'attrait de sa proximité immédiate avec les banques, les magasins et les restaurants de Th Tha Phae.

A l'intérieur de la vieille ville, au *Felix City Inn* (☎ 053-270710, fax 270709, 154 Th Ratchamankha), vous apprécierez la gentillesse et l'efficacité du personnel. Les chambres confortables valent 958 B, petit

déjeuner inclus en haute saison, et 800 B de mai à octobre (600 B sans le petit déjeuner).

En face du côté est des douves, la *Lai Thai Guest House* (☎ 053-271725, 271534, fax 272724, 111/4 Th Kotchasan) loue des chambres soignées entre 350 B et 550 B. L'hôtel possède une piscine et un jardin.

Si vous tenez à séjourner au cœur de l'animation du Chinatown de Chiang Mai, choisissez le *New Asia Hotel* (☎ 053-235288, fax 252427, 55 Th Ratchawong), très chinois, avec des chambres climatisées correctes à 580 B.

Près de l'ambassade du Japon et juste à côté du Chiang Mai Ram Hospital, les chambres du *Sri Tokyo Hotel* (☎ 053-213899, fax 211102, 6 Th Bunreuangrit) sont acceptables à 590 B, avec clim.

Juste au nord-ouest de la vieille ville, vous croiserez une foule d'établissements de catégorie moyenne et supérieure, qui bordent Th Huay Kaew. Autrefois désigné comme le meilleur hôtel de la ville, le *Chiang Mai Phucome Hotel* (☎ 053-211026, 21 Th Huay Kaew) a rejoint les rangs des hôtels de catégorie intermédiaire, tout en pratiquant des tarifs intéressants entre 1 300 B et 1 700 B la chambre tout confort. L'hôtel met également à la disposition de ses hôtes un restaurant, une cafétéria et un centre de massage traditionnel. Le Phucome reste la destination préférée des touristes thaïlandais.

Tout proche, au *Quality Chiang Mai Hills* (☎ 053-210030, fax 210035, 18 Th Huay Kaew), 249 chambres climatisées vous attendent moyennant de 1 000 B à 1 200 B, petit déjeuner compris.

En longeant Huay Kaew, le *The Providence* (☎ 053-222122, fax 221750, 99/9 Th Huay Kaew) affiche des prix entre 700 B et 900 B et propose les services de son restaurant, de sa cafétéria et du bar qui occupe une partie du hall.

A l'autre extrémité de la ville, près de la porte de Chang Pheuak et du terminal des bus du même nom, vous paierez entre 600 B et 880 B pour une chambre climatisée convenable à la *Northern Inn* (☎ 053-210002, fax 215828, 234/12 Th Mani

Nopharat). L'hôtel est fréquenté surtout par des groupes à budget moyen.

Plusieurs pâtés de maisons plus au nord de la porte de Chang Pheuak, en face de l'école normale, l'*Iyara Hotel* (☎ *053-214227, 126 Th Chotana*), climatisé, offre de bonnes prestations entre 500 B et 700 B.

Si vous cherchez un gîte juste au sud de la vieille ville, à quelques pas du consulat de Chine, du théâtre national et de divers wats beaucoup moins fréquentés que les autres, descendez à la *Chatree Guest House* (☎ *053-279085, 11/10 Th Suriyawong*). Les chambres climatisées et propres, avec eau chaude et téléphone valent 550 B. Piscine dans l'hôtel.

Où se loger – catégorie supérieure

Les hôtels raffinés de Chiang Mai longent Huay Kaew, en direction de Doi Suthep. En général, ces hôtels pratiquent des tarifs inférieurs à ceux de Bangkok. On peut en gros avancer des prix compris entre 1 500 B et 5 000 B pour une chambre de cette catégorie, spacieuse et climatisée, avec TV, téléphone direct et un (en général plusieurs) restaurant(s) dans l'établissement, un centre de remise en forme et une piscine.

Tout près du bazar de nuit, le sympathique *Chiang Mai Plaza Hotel* (☎ *053-270036, fax 272230, 92 Th Si Donchai*) affiche des tarifs exorbitants entre 2 000 B et 2 600 B, petit déjeuner compris. Mais il est facile, la plupart du temps, d'obtenir des remises qui font baisser ces prix entre 1 400 B et 1 600 B. Le hall spacieux de l'hôtel accueille, certains soirs, des concerts de musique thaïlandaise. L'hôtel propose également un bar dans le hall, un restaurant, un sauna aux murs lambrissés, un centre de remise en forme et une piscine très bien entretenue avec des espaces ombragés. Des chambres sont réservées aux non-fumeurs, une pratique tout à fait originale pour un établissement dont les chambres ne dépassent pas 3 000 B.

Derrière le centre du bazar de nuit, à deux pas de Th Chang Khlan, la *Chiang Inn* (☎ *053-270070, 272070, fax 274299*) abrite

de confortables chambres à 990 B, petit déjeuner inclus. Parmi les prestations que compte cet hôtel, on peut signaler un restaurant, une discothèque à la mode (The Wall) et une piscine. L'antenne dans Chang Khlan de JJ Bakery & Restaurant se trouve juste en face de l'hôtel, dans le centre commercial Chiang Inn Plaza.

Donnant directement sur Th Chiang Khlan, à l'endroit où se rassemblent tous les vendeurs ambulants en soirée, vers le milieu de l'avenue, se dresse le *Royal Princess* (☎ *053-281033, fax 281044*), propriété de Dusit, dont les chambres sont à 2 400 B. Il est surtout fréquenté par des groupes de touristes en voyage organisé qui n'ont pas toute latitude dans le choix de leurs hébergements. En effet, le bruit et la circulation de l'avenue devraient décourager même les plus insensibles à ce genre de désagrément.

A l'angle du Royal Princess, préférez plutôt le *Zenith Suriwong Hotel* (☎ *053-270051, fax 270063, Bangkok ☎ 02-216 9508, fax 216 9509*). Les tarifs sont fixés à 1 254/1 385 B pour de grandes chambres simples/doubles, taxe, service et petit déjeuner compris. Vous apprécierez également la cafétéria, le restaurant, la piscine et le centre de massage de l'hôtel.

En continuant Th Chang Khlan vers le sud, près du Lanna Hospital, vous descendrez à l'*Empress Hotel* (☎ *053-270240, fax 272467, 199 Th Chang Khlan*), qui offre la garantie d'un cadre luxueux à 1 936 B la simple, 2 200 B la double, taxe et service compris. Restaurant, cafétéria, piscine, centre de remise en forme et discothèque sont, comme attendu, à votre disposition.

De l'autre côté du Mengrai Bridge, sur la rive est de la Ping, le *Westin Chiangmai* (☎ *053-275300, fax 275299, 318/1 Th Chiang Mai-Lamphun*) remporte à ce jour la palme de tous les hôtels de cette catégorie dans Chiang Mai. Les tarifs démarrent à 5 082 B pour une chambre immense, dont la taille est à l'image de la qualité du service offert par cet établissement, confié à un groupe hôtelier de renommée internationale. Vous y trouverez trois restaurants, une cafétéria, un centre de remise en forme, une piscine, un sauna et un centre d'esthétique.

Th Huay Kaew, large avenue qui part de l'angle nord-ouest des douves et se prolonge dans le sens nord-ouest, est la partie de Chiang Mai qui concentre le plus de grands hôtels. L'*Amari Rincome Hotel* (☎ *053-221044, 221130, fax 221915, 301 Th Huay Kaew*) qui affiche ses prix en dollars est sans doute le plus cher de tous : 88 $US la simple, 96 $US la double, plus les taxes et le service. Il abrite également un restaurant italien raffiné, une cafétéria, un bar, des salles de conférence, des courts de tennis, un centre de remise en forme et une piscine.

Un cran en dessous sur l'échelle des prix, l'*Amity Green Hills* (☎ *053-220100, fax 221602, greenhills@chmai.loxinfo.co.th, 24 Th Chiang Mai-Lamphang*), ancien Holiday Inn Green Hills, se situe en fait à peu de distance de Th Huay Kaew, en bordure de la "super-autoroute". Les chambres parfaitement bien équipées tournent autour de 2 500 B à 2 800 B, mais il est possible d'obtenir une réduction, à 1 865 B, à condition de la demander. Les hôtes disposent en outre d'un restaurant, d'une cafétéria, d'un bar, d'un centre d'affaires, d'une salle de conférence, d'un centre sportif et d'une piscine.

Vous croiserez encore deux autres enseignes haut de gamme dans Th Huay Kaew, près du centre commercial Kad Suan Kaew, non loin de l'angle des douves. Il s'agit du *Chiang Mai Orchid Hotel* (☎ *053-222091, fax 221625, 100 Th Huay Kaew*), dont les chambres sont à 1 584 B et du *Lotus Pang Suan Kaew Hotel* (*PSK,* ☎ *053-224444, fax 224493, 99/4 Th Huay Kaew*), derrière Kad Suan Kaew, qui facture entre 1 600 B et 1 800 B. Le PSK est le plus vaste, avec un jardin pour prendre un verre, un restaurant, une cafétéria, un centre de remise en forme, une boîte de nuit, des terrains de tennis et de squash, une piscine et, bien sûr, un passage protégé pour accéder au Kad Suan Kaew.

Au nord de la porte de Chang Pheuak, le *Novotel Chiang Mai* (☎ *053-225500,*

fax 410277, 183 Th Chang Pheuak) est une valeur sûre. Les chambres spacieuses présentent une décoration sans faute de goût, pour 2 904 B/3 746 B. Vous pouvez essayer de négocier ces prix à la baisse, dans la mesure où cette partie de la ville est moins prisée des touristes.

A l'extérieur de la ville. Au nord de Chiang Mai dans le quartier de Mae Rim/Mae Sa, s'est installée une guirlande de "resorts" élégants. La plupart offrent un service de navettes avec le centre-ville. Le meilleur, *The Regent Chiang Mai* (☎ *053-298181 ; fax 298190*), propose 64 suites plus des résidences de deux ou trois chambres sur huit hectares de jardins et de rizières en terrasses. Il dispose de nombreux équipements de loisirs. Les tarifs donnés en dollars, démarrent à 320 $US pour une chambre donnant sur le jardin.

Le *Chiangmai Sports Club* (☎ *053-298327 ; fax 297897*) se trouve à 7 km de la ville dans Th Mae Rim. Ses 45 chambres et ses trois suites de luxe, sur deux étages, occupent un terrain de 71 *rai* (un rai équivalant à 1 600 m²). Un supplément est demandé pour l'accès aux installations de badminton, de squash et de tennis. Les tarifs officiels s'élèvent à 2 400 B pour une simple/double, ou 6 700 B pour une suite, avec un supplément de 400 B durant la haute saison, mais vous pouvez parfois bénéficier de réductions allant jusqu'à 50%.

Où se restaurer

Chiang Mai comporte la meilleure sélection de restaurants de Thaïlande, Bangkok mise à part. Les pensions servent un menu à base de plats occidentaux accompagnés de quelques recettes pseudo-thaï.

Si vous voulez découvrir la véritable cuisine du pays, laissez tomber les restaurants de ces établissements.

Cuisine du Nord et du Nord-Est. L'une des adresses les plus connues de Chiang Mai est le grand restaurant en plein air *Aroon Restaurant* (*Rai,* ☎ *053-276947, 45 Th Kotchasan*) en face des douves, près de la porte

NORD DE LA THAÏLANDE

de Tha Phae. L'endroit, spécialisé dans la cuisine du Nord et du Centre, propose un très large choix à des prix raisonnables.

Préférez les spécialités de Chiang Mai comme le *kaeng hang-leh*, le *kaeng awm* et le *kaeng khae*. Malgré le mot thaï kaeng, seul le premier de ces plats correspond à la définition habituelle du curry. Les deux autres ressemblent davantage à des ragoûts et se composent surtout de racines et d'herbes locales au parfum doux-amer très marqué. Leur poulet au curry, le *kaeng karii kài*, d'inspiration indienne, est le meilleur de la ville. Au sous-sol, les spécialités proposées sur le chariot près de la caisse, se révèlent plus exotiques, comme les racines de bambou et autres produits originaux, issus de la forêt. La vaste terrasse à l'étage, plus fraîche que la salle du rez-de-chaussée, est un rendez-vous privilégié pour les amateurs de dîners en plein air. Ouvert de 8h à 22h, ce restaurant vous permet de prendre un petit déjeuner typiquement thaï, à base de curry et de riz.

Plus petit et très propre, le ***Thanam Restaurant***, Th Chaiyaphum, au nord de la porte de Tha Phae, est plus spécialisé dans la cuisine du Centre, avec quelques spécialités du Nord. Les recettes les plus caractéristiques comprennent le *phàk náam phrí* (légumes frais à la sauce pimentée), *le plaa dùk phàt phèt* (poisson-chat épicé frit), le *kaeng sôm* (ragoût de légumes accompagné de crevettes) ainsi que des plats locaux comme le *khào sàwy* (soupe de curry au poulet originaire du pays des Shan et du Yunnan) et le *kanõm jiin náam ngiáw* (nouilles chinoises accompagnées de curry au poulet épicé). Le Thanam ferme vers 20h, ne sert pas d'alcool et n'accepte ni les maillots ni les débardeurs.

Très bon marché, le ***Si Phen Restaurant*** (*103 Th Inthawarorot*), près du Wat Phra Singh, s'est taillé une réputation fort enviable, avec ses spécialités du Nord et du Nord-Est (pas d'enseigne en alphabet romain). Il prépare le meilleur *sôm-tam* de la ville, dont un avec du pomelo. Le *kài yâang-khâo niaw combo* (poulet grillé avec du riz gluant) est tout aussi alléchant, de

même que le khâo sàwy et le khanõm jiin (soit avec du *náam yaa* ou du *náam ngíaw*). Vous vous régalerez à chaque fois. Le Si Phen n'ouvre que de 9h à 17h.

Une autre adresse intéressante et plus chic, le ***Heuan Phen*** (*112 Th Ratchamankha*) attire les foules à l'est de la Felix City Inn. Parmi ses spécialités, mentionnons des plats de Chiang Mai et de jiin haw comme le khanõm jiin náam ngíaw, le khâo sàwy, le *lâap khûa*, le *náam phrík num*, le kaeng hang-leh, le kaeng awm, le kaeng khae et autre *aahãan phéun meuang* (spécialité locale). Pas d'enseigne en anglais, mais pour se repérer, sachez que l'établissement se trouve presque en face d'une école maternelle. De 8h30 à 15h, on déjeune dans une vaste salle à manger banale alors qu'entre 17h et 22h, le dîner est servi, à l'arrière du restaurant, dans un cadre plus sympathique, agrémenté de pièces d'antiquités. L'addition reste raisonnable.

Pour la cuisine isaan (ou du Nord-Est de la Thaïlande), vous trouverez une bonne table bon marché, ouverte de 12h à 21h, au ***Wira Laap Pet***, au coin nord-est de la vieille ville, dans Th Si Phum, à l'intérieur des douves. La spécialité de la maison est le *lâap pèt* (salade de canard). Juste à l'ouest du Wira Laap Pet, le ***Kai Yaang Isaan*** (la pancarte indique "SP Chicken") sert de bons poulets grillés entre 16h et 21h.

Bien qu'un peu éloigné du centre-ville, le ***Baan Khun Yai*** (☎ *053-246589, 114 Muu 8, San Phii Seua Soi 1*) propose une bonne cuisine de 11h à 23h. Si vous êtes cinq personnes ou plus, appelez le restaurant qui viendra vous chercher. Un groupe local du Nord de la Thaïlande assure l'animation musicale, en alternance avec un groupe de Thaï et de farángs qui joue du folk et du bluegrass. Le restaurant est installé à 3 km au nord de la ville, près du carrefour de Mae Jo (*sãam yâek mãe joh*) et de la bifurcation de Lanna Villa, à deux pas de Th Chiang Mai-Mae Rim.

Cuisine du Centre et du Sud. Pour changer de la cuisine du Nord et du Nord-Est, essayez le ***Khrua Phuket Kaikhram***

(Classical Phuket Chicken), un petit établissement familial installé 1/10 Th Suthep, près de l'université. A la fois authentique et familiale, sa délicieuse cuisine à prix modéré mérite d'être goûtée.

A l'intérieur des douves, le ***Ta-Krite*** (Ta-Khrai), dans Soi 1 (le soi qui longe le côté sud du Wat Phra Singh), Th Samlan, permet de manger dans un jardin agréable, sur des chaises en fer forgé ou dans une jolie salle. La cuisine, à prix très raisonnables, est originaire du Centre, avec comme spécialité maison le náam phrík, ainsi que le *khâo tang nâa tâng* (plat de riz gluant servi avec de la viande, des crevettes et de la noix de coco). Il est ouvert tous les jours de 10h à 23h. Le Ta-Krite possède plusieurs annexes dans la ville. Dans le même soi, le ***Toobnoi*** propose un large choix de plats de riz ou de nouilles, thaïlandais et chinois, à petit prix. Les tables sont en bois et la décoration s'articule autour de cages à oiseaux et d'aquariums. Ouvert de 9h à 16h seulement.

Établi de longue date, le ***Si Donchai Phochana***, Th Si Donchai, près du Suriwong Book Centre, a la réputation de préparer tout ce qui existe dans la cuisine thaïlandaise et chinoise. Il est généralement ouvert jusqu'à une heure tardive.

Près du consulat indien, dans le quartier de Faham, au ***Ratana's Kitchen*** (☎/fax 053-262629, 350/4 Th Charoenrat), vous goûterez une excellente cuisine thaï à prix très modérés, originaire du Nord et du Centre, servie dans une atmosphère sympathique. Parmi les spécialités qui figurent à la carte du déjeuner, vous trouverez du khanŏm jiin et du khâo sàwy, également servis le soir. En outre, vous apprécierez l'absence de néons fluorescents et le petit coin lecture aménagé sur un côté du restaurant.

Le ***Kaeng Ron Baan Suan Restaurant*** (☎ 053-221378, 213762), 149/3 Th Chonprathan, possède un jardin très agréable sur la Canal Road qui mène au nord de Th Huay Kaew où l'on sert une excellente cuisine du Centre, du Nord et du Nord-Est. Un deuxième établissement, le ***Kaeng Ron*** (☎ 053-404390) tout court, est installé au

2ᵉ étage du centre commercial Vista 12 Huay Kaew. Entièrement climatisée et d'une propreté irréprochable, cette table, l'une des plus réputées de Chiang Mai en termes d'authenticité et de qualité en général, offre une cuisine tout aussi excellente.

Sur le campus de l'université, il existe un très bon restaurant pas ruineux, le ***Busaya***, ouvert tous les jours de 7h à 21h.

Nouilles. Chiang Mai fabrique d'excellentes nouilles et les prépare d'innombrables façons. Caractéristique du Nord, le khâo sàwy est une concoction shan-jiin haw (ou musulmane du Yunnan) qui mélange le poulet (plus rarement du bœuf), le bouillon au curry épicé et des nouilles plates et tortillées. On le sert accompagné de petites soucoupes contenant des dés d'échalotes, des morceaux de chou mariné dans du vinaigre doux-pimenté et une sauce rouge épaisse au piment.

Cette spécialité est l'une des plus anciennes de Ban Haw, le quartier autour de Matsayit Chiang Mai (mosquée Ban Haw), dans Soi 1, Th Charoen Prathet, le plus ancien quartier jiin haw ; allez notamment à l'angle du Diamond Riverside Hotel et de la Galare Guest House, tout près du bazar de nuit. C'est là que les caravanes de jiin haw s'arrêtaient jadis.

Sous gestion yuannaise, le ***Khao Soi Fuang Fah*** et le ***Khao Soi Islam*** (pas d'enseigne en anglais), l'un et l'autre situés dans Soi 1, près de Matsayit Chiang Mai, servent des khâo sàwy à 25 B la portion, ainsi que des curries musulmans, du khanŏm jiin (avec le choix entre deux sauces, le náam yaa ou le náam ngíaw) et du *khâo mòk kài*. Le ***Suriwong Khao Soi***, Th Kotchasan, en face de la porte de Tha Phae, est pratique pour les visiteurs qui logent dans le secteur, bien que la propreté laisse à désirer. La plupart des échoppes khâo sàwy ouvrent de 10h environ à 15h ou 16h, même si le Khao Soi Islam et le Khao Soi Fuang Fah servent leurs clients de 5h à 17h.

Il est bien connu dans Chiang Mai que, dans Th Faham (prolongement de Th Charoenrat, parfois confondue avec celle-ci), juste au nord de Rama IX Bridge, en face de la Hollanda Montri Guest House, le **Khao Soi Lam Duan** est une des meilleures échoppes de khâo sàwy – le cuisinier a même préparé ce plat pour le roi Bhumibol. De généreuses portions de khâo sàwy au bœuf, au porc ou au poulet valent 30 B. Le menu propose aussi du *kâo lao* (soupe sans nouilles), du *muu saté* (porc aux épices, grillé sur des brochettes de bambou), du khâo sàwy avec du bœuf ou du porc, plutôt que du poulet, du *khanõm rang pheûng* (littéralement "ruche en pâtisserie"), une gaufre parfumée à la noix de coco, de l'alcool de riz du Mékong et de la bière. Deux autres établissements servent également un très bon khâo sàwy dans le même secteur de Th Faham, le **Khao Soi Samoe Jai** et le **Khao Soi Haw**.

Si vous vous trouvez dans ce quartier en fin de journée, à l'heure où ces échoppes ont déjà fermé leurs portes, ne désespérez pas, vous pouvez vous rabattre sur la **Ratana's Kitchen**, à côté du consulat d'Inde, un peu au sud du Khao Soi Lam Duan, qui sert jusqu'à 22h.

À l'intérieur de la vieille ville, en face du bureau du district, le **Khao Sawy Suthasinee**, Soi 1 Inthawarorot, sert également un remarquable khâo sàwy. Ce restaurant possède deux autres adresses : l'une, 164/10 Th Chang Khlan, près du Lanna Commercial College et l'autre, 267-9 Th Chang Khlan. De nombreuses autres adresses de khâo sàwy parsèment la ville.

Sans prétention, le **Rot Sawoei**, dans Th Arak, à l'angle du parc Buak Hat, s'est fait connaître pour son appétissant *kuaytiaw kài tun yaa jiin* (nouilles de riz chinoises cuites à la vapeur et aux herbes). Une portion vaut normalement 25 B, 35 B avec du poulet (*phîsèht*, spécial). Le *khâo nâa kài* (poulet en tranche sur du riz) ne manque pas non plus de saveur. En outre, le Rot Sawoei sert d'admirables jus de palme, de noix de coco, de goyaves ou d'oranges fraîches. Ouvert tous les jours de 11h à 2h30 du matin.

Le **Kuaytiaw Reua Koliang Restaurant**, au coin de Ratchamankha et de Th Moon Muang, prépare depuis de nombreuses

années d'authentiques *kuaytiaw reua* ("nouilles de mer" ou nouilles de riz servies dans un bouillon sombre assaisonné de feuilles de ganja).

Au *Rot Neung* ("Une seule saveur", mais pas de panneau en anglais), en face du Diamond Riverside Hotel, Th Charoen Prathet, vous êtes censé goûter le meilleur kuaytiaw lûuk chíin plaa (soupe de nouilles de riz avec boulettes de poisson) de Chiang Mai. Si vous pensez ne pas avoir apprécié les boulettes de poisson, retournez-y car le restaurant prépare parfois du poisson frais, revendu ensuite dans diverses échoppes en ville. Le bol de nouilles et de boulettes, accompagné de tranches de pain de poisson ou un délicieux wonton au poisson, ne revient pas à plus de 30 B. Vous pouvez aussi emporter un kilo de poisson (boulettes ou lamelles) pour 200 B.

Tous les soirs, un marchand ambulant installe son petit stand dans un passage, juste à l'est du Roong Ruang Hotel, à deux pas de Th Tha Phae qui sert un remarquable *phàa thai*, pour trois fois rien.

Cuisine chinoise. Chiang Mai possède un petit quartier chinois autour de Th Ratchawong au nord de Th Chang Moi. On trouvera toute une série d'échoppes de riz et de nouilles servant des variantes de la cuisine Tae Jiu (Chao Zhou) et du Yunnan.

Le **Han Yang Hong Kong** (Hong Kong) Roast Goose ou oie rôtie de Hong Kong) à côté du New Mitrapap Hotel, Th Ratchawong, prépare d'excellentes viandes. Plusieurs restaurants chinois bon marché ponctuent également la rue.

Le **Ruam Mit Phochana** (une enseigne en anglais indique "Yunnanese Restaurant"), en face du terrain de jeu de Th Sithiwong (un bloc à l'ouest de Ratchawong), est une vieille adresse. Parmi les spécialités, le *plaa thâwt náam daeng* (poisson entier frit dans une sauce rouge, préparée avec de grands piments rouges du Yunnan moyennement forts), le *mûu sãam cham jîm síi-yúu* (éminé de porc blanc servi avec une sauce au piment, à l'ail et au soja), le *mûu tôm khẽm* (porc bouilli salé, ou jambon du Yunnan) et le *tâo hûu phàt phrík daeng* (crème de haricots braisés et piments rouges). Ce restaurant, aux prix modérés, est ouvert de 10h à 21h.

Au **Mitmai Restaurant,** vous vous régalerez avec la spécialité de la maison, une soupe à base de courge, de taro, de champignons, de pois et autres légumes chinois. Essayez en particulier le *tôm sôm plaa yâwt máphráo*, une soupe de poisson aigre, très pimentée et particulièrement parfumée, agrémentée de pousses de coco. La carte est bilingue et la cuisine est garantie sans glutamate, le tout à des prix très modérés. Il est ouvert, tous les jours, de 9h à 21h. Vous trouverez le Mitmai dans Th Ratchamankha, du côté opposé au Napoleon Karaoke Club.

Pour un rapide petit déjeuner chinois, essayez le stand **Salom Joy** (pas d'enseigne en anglais) en face de JJ Bakery dans Th Ratchadamnoen. Il a résisté à la modernisation du quartier pendant des années et sert encore des *jók*, des *paa-thông-kõ* (beignets chinois) et du *náam tâo-hûu* (lait de soja chaud). Il ouvre tôt : vers 6h du matin. Plus tard, dans la journée, on peut y consommer des nouilles et des plats à base de riz. On aura aussi de l'excellent jók chez le **vendeur de jók** voisin de la Bangkok Bank dans Th Chang Moi, avec un choix de poulet, poisson, crevettes ou porc.

Jok Somphet, à l'angle de Th Ratchaphakhinai et de Th Si Phum, face aux douves nord, est très connu pour son jók homonyme. Les sympathiques propriétaires du lieu préparent également un très honorable khâo sawy kài et autres plats de nouilles – *bamìi, kuay tiãw* – avec du poulet, du bœuf ou du porc.

Lim Han Nguan (pas d'enseigne en anglais), à l'est de la rivière dans Th Charoen Muang près de la Bangkok Bank (à mi-chemin entre la rivière et la gare ferroviaire), est célèbre pour ses 30 sortes de *khâo tôm* (soupes de riz), notamment la *khâo tôm kuay* – soupe de riz bouilli nature avec des plats d'accompagnement d'œufs, de porc salé, etc. Autres atouts du lieu, son décor de magasin chinois des

années 50, et le fait qu'il est ouvert jusqu'à 3h du matin.

Pour mettre les petits plats (chinois) dans les grands, rendez-vous au **China Palace** (☎ *053-275300*) du Westin Chiangmai, où l'on vous propose une excellente cuisine cantonnaise à des prix légèrement supérieurs.

Cuisine indienne, musulmane et israélienne.

Entre Th Chang Khlan et Th Charoen Prathet et non loin de la mosquée de Chiang Mai (Ban Haw), Charoen Prathet Soi 1 abonde en petits restaurants et marchands de rue qui proposent des curries et des khâo sàwy bon marché. Le **Sophia**, en face du soi du Khao Sawy Islam et du Khao Soi Fuang Fah (voir l'entrée *Nouilles*) mijote de bons curries et des khâo mòk kài, version musulmano-thaïlandaise du poulet biryani. Le **Mataam Islam**, dans ce soi, propose une cuisine similaire. Spécialité de Chiang Mai, le *néua òp hãwm* (bœuf séché parfumé à la yuannaise) est vendu dans cette ruelle. Un étal de rôtis s'installe aussi dans ce soi avec ses délicieux martabak au poulet (*màtàbà kài*) et rôtis.

La famille qui tient l'**Indian Restaurant Vegetarian Food** (☎ *053-223396, 27/3 Soi 9, Th Moon Muang*) prépare des thalis pas chers, qui n'ont rien d'exceptionnel et quelques autres plats indiens. Venez goûter les masala dosa, sorte de crêpes fourrées du Sud de l'Inde, préparées le samedi.

Le **Shere Shiraz** (☎ *053-276132, Soi 6, Th Charoen Prathet*) sert essentiellement de la cuisine du Nord de l'Inde et quelques spécialités du Sud. Le menu, très riche, compte aussi des plats végétariens. Le restaurant est ouvert tous les jours de 9h30 à 23h. Dans un alignement récent de boutiques, à l'**Asma Restaurant** (*248/55-56 Th Mani Nopharat*), à deux pas de Mani Nopharat, à l'ouest de la porte de Chang Pheuak, la cuisine indienne est savoureuse dans un cadre propre et climatisé.

L'**Arabia,** au marché de nuit d'Anusan, est spécialisé dans la cuisine arabe, celle du Nord de l'Inde, et celle du Pakistan. Il se distingue par la fraîcheur de ses plats et de ses saveurs. Ne vous laissez pas décourager par cet établissement rarement plein, il travaille avec une petite clientèle, séduite par la délicatesse de sa cuisine.

Naima, vendeur de rue installé dans le Galare Food Centre, à deux pas du bazar de nuit, prépare de bons curries et chapatis indiens, même si les aliments manquent parfois de fraîcheur et si les saveurs sont un peu passées. Deux ou trois échoppes de rue dans Chinatown, à deux pas de Th Chang Moi, proposent riz, dhal et curries indiens ; fiez-vous aux ardoises écrites à la craie.

Si vous vous trouvez à proximité de la YMCA, dans le quartier de Santitham, le *Sa-Nga Choeng Doi*, Th Charoensuk, est à cinq minutes à pied de l'auberge de jeunesse. Ses khâo mòk kài (version thaï du poulet biryani) et mátàbà (martabak) sont sans doute les meilleurs de la ville. Conseillons aussi le yaourt sans sucre fait maison. Il n'est ouvert que de 10h à 14h environ. Le restaurant n'a accroché aucune enseigne en anglais. Surveillez juste les plats que vous voyez sur les tables.

A la *Felafel House,* qui fait partie de la Nat Guest House, dans Soi 6, Th Phra Pokklao, falafels, houmous, shasuka, bureka et autres spécialités israéliennes raviront les amateurs, tous les jours de 8h à 22h. Le *Tel Aviv*, petite taverne climatisée dans Soi 1, Th Tha Phae, plus ou moins derrière la Chiang Inn et le bazar de nuit, propose un choix similaire.

Cuisine italienne. Très dynamiques, plusieurs Italiens ont ouvert des restaurants dans Chiang Mai, chacun affichant ses spécificités propres. *La Villa Pizzeria* (☎ 053-277403) est installée dans une grande et vieille maison thaïlandaise où les pizzas sont cuites dans un four à bois. Le service, parfois lent, est largement compensé par la qualité des plats.

L'Art Café, sympathique café de plein air, au décor élégant, occupe l'angle de Th Tha Phae et de Th Kotchasan, en face de la porte de Tha Phae. Vous pouvez commander des spécialités italiennes, végétariennes ou non, des plats thaïlandais ou américains, notamment des pizzas, des sandwiches, des

pâtes, des salades, des glaces, du tiramisu, des milk-shakes, des jus de fruits et des cafés. L'établissement a ouvert une deuxième enseigne, le *Da Stefano* (☎ 053-874189), tout près, 2/1-2 Th Chang Moi Kao. Dans un cadre plus intime et toujours aussi bien décoré, celle-ci est plus spécialisée dans la cuisine italienne, avec une carte des vins plus intéressante. Dans ces deux établissements, les prix sont raisonnables, la nourriture et le service de qualité.

Plus simple, le *Pum Pui Italian Restaurant* (☎ 053-278209, 24 Soi 2, Th Moon Muang), près de la Top North Guest House, offre le cadre de son minuscule jardin et des prix modérés. Le menu affiche un bon pâté aux olives et d'autres entrées attrayantes, ainsi que des salades, un choix de plats végétariens, des glaces et une belle liste de vins, sans oublier l'expresso et les petits déjeuners.

Le *Pum Pui II* (Pum Pui Dali & Italian Restaurant), Soi 8, Th Moon Muang est aménagé comme un garage, avec deux tables uniquement. Vous commandez, au comptoir, fromage frais ou plats de pâtes accompagnés de sauces italiennes, et autres à déguster sur place ou ailleurs.

Dans un vieux bâtiment thaïlandais, vers l'extrémité est de Th Tha Phae, le *Bacco*, certainement le moins cher des restaurants italiens de Chiang Mai, présente un menu attrayant. Bien plus luxueux, le *Piccola Roma* (☎ 053-271256, 3/2-3 Th Charoen Prathet) offre un décor plus opulent, avec éclairages discrets, service soigné et une attention minutieuse aux détails culinaires. Les prix grimpent en conséquence (surtout pour Chiang Mai). Vous y savourerez les meilleures salades et la liste des vins compte un choix incomparable. A réserver pour célébrer un événement spécial. Sur simple appel téléphonique, on vient vous chercher et on vous raccompagne après le repas.

La cuisine italienne de *La Gritta* (☎ 053-221130, fax 221915), le restaurant de l'Amari Rincome Hotel, a la saveur de l'authentique à des prix occidentaux. Vous pouvez essayer un grand nombre de plats italiens ou occidentaux au buffet dressé tous les jours de 11h30 à 14h, pour 220 B, taxe et service compris.

La *Firenze Pizzeria Steak House* (☎ *053-234848, 404/4 Th Tha Phae*), climatisée, propose ses petits salons de bois dans une boutique étroite à côté de l'American Restaurant & Bar. Ses pizzas, ses pâtes, ses paellas, ses omelettes espagnoles et ses steaks, sans parler de son expresso, combleront votre appétit tout en épargnant votre porte-monnaie.

L'*OK Pizza* n'est guère spécialisée dans la cuisine italienne malgré son nom, ce qui n'empêche pas de la recommander pour ses pizzas fraîches et légères, ses salades mixtes, sa propreté impeccable et la gentillesse de son personnel. Elle se trouve au carrefour de Th Chang Khlan et de Loi Khraw, au Chiangmai Pavilion.

Cuisine mexicaine. *El Toro* possède deux enseignes, l'une dans un soi à deux pas de Th Kotchasan, parallèle à Th Loi Khraw, l'autre dans Loi Khraw même, au beau milieu des bars. Au menu ne figurent pas moins de 19 assiettes mexicaines, 6 spécialités thaïlandaises, 4 plats indiens, 5 de pâtes, sans compter toute une liste de sandwiches, salades, desserts, bières et cocktails, margaritas et piñas coladas comprises.

Cuisine occidentale. L'étonnant *JJ Bakery & Restaurant*, installé à l'angle de Th Moon Muang et de Th Ratchadamnoen, outre une carte très variée de plats occidentaux, thaïlandais et chinois, sert du très bon café, des cocktails peu chers et une grande variété de tartes, de gâteaux, de croissants et de cookies. Les végétariens peuvent, sans hésiter, prendre un gaspacho ou une salade au riz complet. Le JJ Bakery & Restaurant comprend une succursale à l'arrière du Chiang Inn Plaza, à deux pas de Th Chang Khlan, près du bazar de nuit. Les deux établissements ouvrent tous les jours de 6h30 à 23h30.

A côté de celle-ci, le *Foccacia*, plus petit, a fait du sandwich sa spécialité, préparée avec du pain frais (75 B). Le foccacia aux olives est la vedette de la maison. Vous y trouverez aussi des légumes biologiques, des capuccinos et toutes sortes de cafés.

Petit déjeuner occidental chez *Kafé* (*127-129 Soi 5, Th Moon Muang*), également, près du marché de Somphet ; on y trouvera aussi une carte de plats thaïlandais, chinois et européens à des prix raisonnables. Il est ouvert de 8h à 24h. Entre 17h et 20h, c'est "l'happy hour", très populaire. Le soir, vous pourrez écouter des groupes de jazz et de blues. A l'*Irish Pub* (☎ *053-214554*), plus cher, dans Th Ratwithi, vous pourrez composer votre petit déjeuner avec des viennoiseries, du bon café, des yaourts et des céréales, manger des sandwiches, des pâtes, des pizzas, des plats végétariens, des pommes de terre au four, de la glace, des plats thaï ou boire de la bière à la pression, des jus de fruits ou de légumes. L'établissement tient une bourse d'échange de livres de poche, sur la base de deux pour un. On mange soit à l'intérieur, dans une salle chaleureuse et accueillante, décorée de bibelots irlandais, très kitsch, soit en extérieur dans un agréable jardin. Ouvert de 9h à 1h.

En face de l'Irish Pub, dans un soi derrière le Trekking Collective, le *Kitchen Garden* (☎ *419080, 25/1 Th Ratchawithi*) concocte une énorme assiette pour le petit déjeuner à 75 B, avec œufs préparés à la demande, votre propre sélection de viandes, un thé ou un café filtre, des tomates grillées, du pain frit et du pain de mie grillé, avec beurre et confiture. Il est aussi possible de troquer son assiette de viandes contre une omelette au fromage, pour le même prix. Figurent encore au menu crêpes, toasts, pâtisseries et autres délices. A chaque jour correspond un menu précis, avec, par exemple, rôti de bœuf, pommes de terre et légumes pour 100 B. Vous pouvez aussi prendre un verre : grand choix de boissons et de bières. Le Kitchen Garden est ouvert du mardi au samedi de 8h à 21h, le dimanche de 9h à 14h.

L'*America Restaurant & Bar* (☎ *053-252190, 402/1-2 Th Tha Phae*), près du Roong Ruang Hotel, se spécialise dans la pizza, les pâtes, les hamburgers, les sandwiches élaborés, le petit déjeuner (burritos compris), et la cuisine occidentale, thaïlandaise et tex-mex. Pour les burritos et autres fajitas, la brigade de cuisine, sous la gouverne d'un chef américain, se charge de moudre le maïs local, ingrédient indispensable à la fabrication des tortillas. On y vend également du pain et des gâteaux faits maison. Accès possible à Internet. Ouverture de 10h à 23h.

The Pub (☎ 053-211550, 189 Th Huay Kaew), près des grands hôtels de Th Huay Kaew, est l'un des plus anciens restaurants de Chiang Mai pour farángs. Aujourd'hui, vous y goûterez une cuisine tout à la fois occidentale et thaïlandaise, d'où la clientèle mixte qui fréquente l'endroit. En 1986, le magazine américain *Newsweek* l'a inclus parmi "les meilleurs bars du monde". Ses beaux jours appartiennent peut-être au passé, mais il a conservé une ambiance familiale, non dénuée d'une certaine classe. Vous pouvez y siroter quantités de vins importés d'Europe et de bières à la pression, tout en faisant une partie de fléchettes. The Pub a pour habitude d'organiser, tous les ans, le 24 ou le 25 décembre, un dîner de Noël.

L'ancien Dara Steak Shop a quitté le quartier de Moon Meuang, près du Muang Thong Hotel et changé de nom. La **Dara Kitchen** est désormais installée dans Th Ratchaphakhinai, à une centaine de mètres de Th Ratchamankha. L'ambiance est très détendue et le vaste menu présente un choix de plats thaï et occidentaux (avec même des steaks) à des prix modérés.

A **The Amazing Sandwich Deli & Bar** (☎ 053-218846, 252 Th Phra Pokklao), tout près de Thai Airways, petite échoppe très propre et climatisée, vous choisissez ce que vous voulez mettre dans votre sandwich baguette, à moins d'opter pour des lasagnes, une tarte aux légumes ou une quiche, le tout arrosé d'un jus de fruit, d'une bière, de vin, d'alcool ou d'un cocktail. Pensez à demander le 'Thai whisky set' qui comprend une bouteille de Saeng Thip, deux bouteilles de Coca-cola et un seau de glaçons ; à 100 B, c'est vraiment une affaire.

Les expatriés allemands et les touristes apprécient la **Bierstube**, 33/6 Th Moon Meuang, près de la porte de Tha Phae, pour ses assiettes de frites, mais aussi ses cafards audacieux, ainsi que la **Haus München** (☎ 053-274027, 115/3 Th Loi Khraw), à l'est du Chiangmai Pavilion. Tout près de cette dernière, vous croiserez encore trois autres gargotes d'influence européenne, toutes alignées le long de Th Loi Khraw : le **Red Lion English Pub and Restaurant** (Guinness et Kilkenny à la pression et cidre Strongbow), la **Hofbräuhaus** et le **Café Benelux**, chacun proposant les spécialités du pays dont il s'inspire.

Chez Daniel (☎ 053-204600, 45/18 Th Mahidon), on prépare de la cuisine française à des prix assez raisonnables. La boutique de vins contiguë offre le meilleur choix de Thaïlande du Nord. La formule proposée à déjeuner (avec hors d'œuvres, entrée et dessert) revient à 120 B. Plus cher et plus chic, **Le Coq d'Or** (☎ 053-282024) sert depuis longtemps déjà sa grande cuisine dans une belle maison richement décorée, 68/1 Th Ko Klang, à deux pas de Th Chiang Mai-Lamphung, à l'est du fleuve. Il ouvre de 11h à 14h et de 19h à 23h et il vaut mieux réserver.

Les fast-foods se regroupent essentiellement dans Th Chang Khlan, juste au nord du bazar de nuit, à l'intérieur du centre commercial Chiang Inn Plaza. On y retrouve les éternels **Swensen's Ice Cream**, **McDonald's**, **Burger King**, **Pizza Hut**, **KFC**, **7-eleven**, **Mister Donut**, **Baskin Robbins**. Même éventail dans le nouveau centre commercial de Kad Suan Kaew dans Th Huay Kaew et à l'Airport Plaza, près de l'aéroport.

Cuisine végétarienne. Une aubaine pour les végétariens : Chiang Mai abrite plus de 25 restaurants de la sorte, à des prix fort modérés pour la plupart. L'un des plus appréciés des voyageurs en raison de son emplacement facile d'accès, l'**AUM Vegetarian Food** se trouve dans Th Moon Meuang, près de la porte de Tha Phae. Son menu tout-légumes offre un choix étendu et varié de plats traditionnels thaïlandais du Nord et du Nord-Est et chinois, préparés sans viande ni œufs. A l'étage, on mange sur des tables basses, assis sur des coussins. La décoration a toutefois besoin d'être rafraîchie. Il est ouvert tous les jours de 8h à 21h.

Dans le Soi 1, Th Inthawarorot, à quelques pas de Khao Sawy Suthasinee vers la prison centrale de Chiang Mai, le ***Mangsawirat Kangreuanjam*** l'enseigne, difficile à déchiffrer, indique "Vegetarian Food" (cherchez un lot de pots en acier) prépare entre 15 et 20 plats quotidiens, 100% végétariens, de 8h au début de l'après-midi (en fait jusqu'à ce qu'il ne reste plus rien). C'est une cuisine qui repose surtout sur des produits du type haricots en purée, compotes, pois, ananas, soja et pommes de terre ; les desserts sont à conseiller. Il propose une formule très bonne et pas chère : un bol de riz auquel vous ajoutez trois ingrédients au choix, entre 15 B et 20 B ; pour 40 B, vous avez droit à trois grands bols d'un plat cuisiné, deux assiettes de riz et deux bouteilles d'eau : de quoi rassasier deux estomacs affamés.

Le ***Shuffle*** est un café végétarien relativement récent du Soi 5, Th Moon Meuang, derrière le Kafé. Vous pouvez arroser votre plat thaïlandais ou occidental (dont des burgers végétariens), d'une bière tout en pianotant sur Internet, à l'étage. Ses horaires sont plus étendus que les autres, de 8h à 23h.

Toujours dans le périmètre de la vieille ville, en face de la Money Guest House dans le Soi 1, Th Si Phum, le ***Biaporn*** est un végétarien thaïlandais correct, très peu cher, qui propose un menu plus limité. Il n'ouvre qu'à l'heure du déjeuner.

Sponsorisé par la fondation Asoke, le ***Vegetarian Centre of Chiang Mai*** (☎ *053-271262*) dispose d'un restaurant végétarien à prix plancher dans Th Om Muang, au sud du secteur sud-ouest de l'enceinte de la ville. C'est une cafétéria, en fait : vous circulez avec votre plateau à la main et vous prenez ce que vous voulez. Attention : il n'y a qu'un choix de riz (riz complet). Une partie du self est consacrée aux produits biologiques, avec du gluten, toutes sortes de noix, de haricots, d'herbes, de sauces

pimentées végétariennes, ainsi que des produits de beauté naturels, des médicaments à base de plantes et des livres sur le Dhamma (surtout en thaï). Ouvert du dimanche au jeudi de 6h à 14h uniquement. Les jours de fermeture, du jeudi après-midi au samedi, le personnel du centre peut ainsi partir en retraite dans un centre Santi Asoke situé dans le district (*amphoe*) de Mae Taeng.

Dans Th Suthep, juste à l'entrée du Wat Suan Dawk, le ***Suandok Vegetarian*** propose un choix similaire de plats et de riz complet, à des tarifs toujours aussi compétitifs.

Le long de Th Si Donchai, au-delà du carrefour de Th Chang Khlan, le ***Whole Earth Vegetarian Restaurant*** (☎ *053-282463*) s'est associé avec un centre de méditation transcendantale. La cuisine thaïlandaise et indienne se consomme dans une atmosphère délicate, mais les prix sont un peu exagérés et les plats manquent de saveur.

A l'angle du Whole Earth et en descendant Th Chang Khlan vers le sud, prenez à gauche dans un petit soi, après le centre commercial tout blanc Season Plaza (Sii Suan) pour tomber sur le ***Vihara Liangsan*** sur votre droite. Vous vous servez au buffet, disposé sur une longue table (grand choix de plats chinois et thaï, avec beaucoup de tofu et de gluten), puis vous posez votre assiette, bol de riz compris, sur une balance et vous payez votre repas au poids. Une assiette bien remplie tourne autour de 25 B ; il vaut mieux se trouver dans ce restaurant entre 11h et 14h.

A l'angle du Soi 4 dans Th Charoen Prathet, près de la Galare Guest House et du River View Lodge, le ***Pruksar Vegetarian*** (☎ *053-818906*), petit restaurant avec un menu simple, est spécialisé dans la cuisine végétarienne thaïlandaise. Le personnel sympathique se compose surtout d'étudiants de l'école de tourisme de l'université Payap.

Vous pouvez également essayer le petit restaurant végétarien sur le campus de la ***Chiang Mai University***, qui n'ouvre qu'à certaine heures de la journée.

NORD DE LA THAÏLANDE

Tous les restaurants indiens indiqués dans cette rubrique comptent aussi quelques plats végétariens dans leurs menus. L'*Indian Restaurant Vegetarian Food* est même exclusivement réservé aux amateurs.

Le Vegetarian Chiang Mai Club rassemble et diffuse des renseignements sur le mouvement végétarien au plan international. Appelez le ☎ 053-222571 pour plus de précisions. Jetez aussi un œil à la Vegetarian Restaurant Map ; elle a été conçue par un expatrié d'origine américaine, sur papier recyclé, et recense un bon nombre de gargotes de ce type dans la ville.

Food centres. Une aire de restauration vient d'être inaugurée au 3e étage du centre commercial de Kad Suan Kaew, dans Th Huay Kaew. Elle regroupe des échoppes qui proposent à petits prix une grande variété de plats thaï ou chinois. Nous vous recommandons également le *Galare Food Centre* de Th Chang Khlan, en face du bâtiment principal du bazar de nuit ; vous pourrez, certains soirs, assister à des spectacles gratuits de danse classique thaï.

Marchés. Chiang Mai regorge de marchés de jour et de nuit fournis en alimentation très peu chère et très savoureuse. Le *marché de Somphet* de Th Moon Meuang, au nord du croisement avec Th Ratwithi, vend des curries, yam, lãap, thâwt man (gâteaux de poisson), confiseries, poissons, etc. peu chers et à emporter. De l'autre côté des douves, le long de Th Chaiyaphum, s'anime un petit marché de nuit où l'on trouvera de tout, des nouilles et poissons aux spécialités yunnanaises. Les prix sont un peu plus élevés que la moyenne, mais la cuisine est bonne.

Autre terrain à prospecter, le *grand marché de nuit de la porte de Chiang Mai* dans Th Bamrungburi. Ici, les gens prennent leur temps pour manger et boire. Du côté est de la ville, un grand marché aux fruits et légumes s'active tous les soirs dans Th Chang Moi, près du croisement avec Charoen Prathet. Plusieurs stands de riz et de nouilles côtoient des étals de fruits.

A l'étage du *marché de Warorot*, à l'angle de Th Chang Moi et Th Wichayanon, quelques grands stands servent du khâo tôm, khâo man kài, khâo m~uu daeng (porc "rouge" au riz), jók et khâo sàwy avec des tables dominant le marché en bas. Ce n'est pas la meilleure adresse, mais on ne dépense guère. Un groupe de marchands, au rez-de-chaussée, propose des nouilles à bas prix. Il est ouvert de 6h à 17h tous les jours.

Le *marché d'Anusan*, près du bazar de nuit, fut jadis l'un des meilleurs endroits où aller manger. Mais bon nombre d'étals ont maintenant perdu en qualité. Ceux qui concentrent l'affluence sont en général les meilleurs. Le grand stand de khâo tôm à l'entrée du marché, *Uan Heh-Haa*, attire toujours la clientèle. Le plat le plus populaire est le khâo tôm plaa (soupe de poisson et de riz), mais bien d'autres spécialités délicieuses comme des boulettes de poisson au curry ou du crabe frit au curry valent d'être goûtées. Le marché de *San Pa Khoi*, à mi-chemin entre la rivière et la gare ferroviaire dans Charoen Meuang, a plus de choix et il est moins cher qu'Anusan.

Au bord de la rivière. Au fil du temps, le *Riverside Bar & Restaurant* (☎ 053-243239) n'a pas failli à sa réputation. Dans Th Charoenrat, à 200 m au nord du Nawarat Bridge, il propose une cuisine de qualité ce qui lui vaut les faveurs d'une clientèle composée de Thaï et d'étrangers. L'ambiance, déjà conviviale, est animée tous les soirs par la présence d'un groupe. Vous pouvez, en plus, choisir de dîner dehors ou dedans. Tout proche, le *Good View*, plus récent, dispose d'une zone en extérieur étendue et reçoit davantage de Thaïlandais que d'étrangers. Le menu qui ne compte pas moins de 122 options couvre toute les possibilités de la cuisine thaïlandaise. Concerts de musique en soirée. Ouvert de 18h à 1h tous les jours.

A *The Gallery* (☎ 053-248601), autre table chic, un peu plus au nord en longeant la rivière, dans Th Charoenrat, vous vous restaurez dans un ancien temple chinois, converti en galerie d'art et restaurant. Il appartient à la veuve du peintre hollandais Theo Meier. La cuisine souffre d'un manque de régularité. Même reproche sur la qualité du service.

The Riverfront Restaurant (*Tha Nam*, ☎ *053-275125*), dans Th Chang Khlan, sur la rive ouest de la Ping, qui occupe un ancien bâtiment dans le style du nord de la Thaïlande, ne démérite pas. Un groupe folklorique du Nord agrémente bien la soirée.

Où sortir

Bars et pubs. Le secteur de Th Ratwithi qui s'étend à deux pâtés de maisons à l'ouest de Th Moon Muang regroupe un bon nombre de pubs, indifféremment fréquentés par des Thaïlandais et des étrangers, hommes et femmes confondus qui se retrouvent pour discuter autour d'un verre. Au milieu de tous ces débits de boisson, vous remarquerez un grand magasin qui vend toutes sortes de fournitures et de matériel d'art, une ou deux boutiques de publications artisanales, et d'autres échoppes dont certaines commencent à dater. En venant de Th Moon Muang, vous croiserez en premier l'*Irish Pub*, sur votre droite, qui n'a rien de très irlandais, exception faite de quelques babioles kitsch accrochées aux murs. Les bières sont brassées en Thaïlande, l'endroit est paisible et la salle à l'étage est même propice à la lecture et à l'écriture en solo. En poursuivant, à l'angle de Ratwithi et du soi qui mène au coin de l'Eagle House 2, vous tomberez sur le minuscule *Yoy Pocket* qui rappelle les bars et pubs douillets qui s'étirent le long de Th Phra Athit à Bangkok. Un peu plus à l'ouest, sur la gauche, l'*Easy Time*, plus grand, est tout décoré en bois et accueille des groupes de folk et de country, anglais et thaïlandais. La situation économique du pays n'a guère favorisé, ces derniers temps, l'émergence de ce genre de lieu ; on se demande combien de temps va durer celui-ci. S'il est toujours là quand vous passez dans la région, il mérite le détour.

De l'autre côté de la rue, sur la droite, le petit pub *CM 99* est décoré avec une foule d'objets ayant trait à l'automobile. En sui-

vant, toujours sur la droite, les hôtesses du sombre *Phoenix Pub*, viennent vous accueillir.

Enfin, toujours de ce côté, le *Withi Khun Thawn* (enseigne uniquement en thaï) rappelle ses homologues Yoy Pocket et CM 99. N'hésitez pas à pousser la porte de ces magasins abandonnés, le long de cette rue, qui ont été transformés en pubs, avec des décorations très créatives. Ces établissements, qui restent tributaires de l'évolution économique, pourraient bien avoir mis la clé sous la porte, lorsque vous lirez ces quelques lignes.

"L'happy hour" du *Kafé*, dans Th Moon Muang, entre les sois 5 et 6, remporte un franc succès auprès des expatriés et des Thaïlandais. Plus au sud, le long de Th Moon Muang, quantités de petits bars se sont installés entre Th Ratchadamnoen et Soi 3 ; certains sont davantage fréquentés par une clientèle masculine, attirée par la multitude de serveuses, d'autres sont plus appropriés pour prendre un verre en groupe. Au sud de la porte de Tha Phae, suivez un passage à deux pas de Th Moon Muang qui vous mènera au *Sandy Bar Beer Centre & Cabaret*. Cet ensemble de bars modestes et sans attrait particulier a le mérite d'être un peu à l'écart de la foule, de pratiquer des prix très abordables et d'être décontracté. A l'une des extrémités de l'édifice qui tient lieu de marché, un simili théâtre présente un spectacle amateur de travestis, tous les soirs, à 22h et à 1h. Vers 23h, on y donne une démonstration de muay thaï (boxe thaïlandaise) dans le ring central.

Installé de longue date, le *Pinte Blues Pub*, 33/6 Th Moon Muang, sert des expressos et de la bière sur fond de blues. Le Pinte s'est récemment doté de quelques ordinateurs pour accéder à Internet et consulter son courrier électronique. La *Bierstube* propose à boire et à manger à l'allemande. Le *Cozy Corner* et le *John's Place*, go-go bars sans caractère particulier, accueillent surtout une clientèle d'hommes, thaïlandais ou étrangers. Dans le même coin, au *Sax Music Pub*, la musique est sur cassette. Le Blues Pub est le seul bar du quartier où l'on voit des couples ou des femmes farángs ; en pleine saison, c'est parfois aussi le cas au Sax.

Plus au sud de Th Moon Muang, le **Hash House Pub**, bar rustique en plein air, tient lieu de quartier général aux expatriés anglo-saxons.

Dans Nantawan Arcade, Th Nimanhemin, en face de l'Amari Rincome Hotel, le **Drunken Flower**, en plein air, est décoré de plantes suspendues et accueille une foule qui mêle Thaïlandais et expatriés. Le bar annonce qu'il détient une collection de 100 CD, constituée depuis son ouverture.

Discos. Tous les grands hôtels comportent une discothèque diffusant de la musique high-tech. Actuellement, les adresses les plus courues de la ville sont le **The Wall** (Chiang Inn), le **Stardust** (Westin Chiangmai), le **Crystal Cave** (Empress Hotel) et le toujours très populaire **Bubbles** (Porn Ping Tower Hotel). L'entrée s'élève à 100 B, avec une consommation. Certains soirs, elle est gratuite pour les filles. C'est au Bubble – dont le nom vient d'être modifié pour devenir le Space Bubble, mais tout le monde continue de dire le Bubble – que vous croiserez la plus importante clientèle locale d'habitués.

En dehors des hôtels, les discothèques les plus en vogue, le **Gigi** et le **Climax**, se trouvent toutes deux dans Th Chiang Mai-Lamphun à l'est du fleuve. Vous pouvez aussi aller danser au **Discovery**, au rez-de-chaussée du centre commercial de Kad Suan Kaew. La loi demande à tous ces établissements de fermer à 2h, mais le Gigi et le Climax tendent à négliger cette consigne. Pour reprendre le jargon des Thaïlandais, ces discothèques sont qualifiées de "boîtes-cuisines" (**disco khrua**), ce qui signifie que les clients restent debout, accoudés à un petit guéridon surélevé, directement sur la piste de danse. Ainsi, vous dansez à proximité de votre consommation et de votre portefeuille.

Adresses gays. Chiang Mai comprend plusieurs bars gays, dont le **Coffee Boy Bar**, installé dans une maison de teck de 70 ans, 248 Th Thung Hotel, non loin du terminal de bus Arcade. Un spectacle de cabaret se déroule le week-end.

Autres lieux populaires : le **Danny's Bar** (☎ 053-225171, 161 Soi 4, Th Chang Phukha) et le **Kra Jiap Bar & Restaurant** (18/1 Soi 3, Th Wualai). Sur trois étages, l'**Adam's Apple** (132/46-47 Soi Wiang Bua, Th Chotana) comprend un centre de massage, un go-go bar, un pub gay et un karaoke. Il ouvre tous les jours de 19h à 2h. Même tendance à la **House of Male** (☎ 053-894133, 269/2 Soi 3, Th Sirimangkhalajan), avec une mention spéciale pour sa piscine, son hammam et sa salle de sports.

Une douzaine de bars gays se dissimulent dans un passage étroit, du côté nord du bâtiment principal qui abrite le bazar de nuit. A peine distants de quelques mètres les uns des autres, ils ne comptent que quelques tabourets et tables, sur fond de musique diffusée sur une mini-chaîne stéréo. Ils n'en restent pas moins très fréquentés car l'ambiance est sympathique, détendue et le prix des consommations n'est pas excessif.

Musique live. Tout musicien qui se respecte "fait" la scène du **Riverside Rim Ping**, café-restaurant de Th Charoenrat, sur le fleuve. La cuisine est bonne, ainsi que ses milk-shakes aux fruits et ses cocktails. De bons groupes s'y produisent tous les soirs, avec un répertoire qui va des Beatles au reggae. Thaïlandais et étrangers s'y bousculent le week-end, si bien qu'il vaut mieux arriver tôt pour obtenir une table sur la véranda, face à la Ping. Les deux bars à l'intérieur, assiégés par les habitués, accueillent aussi un groupe. Fermeture à 2h ou 3h.

Un pâté de maisons au nord du Rim Ping, 37 Th Charoenrat, **Le Brasserie** est devenu un lieu de rencontre très apprécié des noctambules (de 23h15 à 2h). On peut y entendre Took, guitariste thaïlandais de talent qui interprète très énergiquement Hendrix, Cream, Dylan, Marley, les Allmans et autres perles des années 60 et 70. Deux autres groupes locaux chauffent la salle avant l'arrivée du maître. Possibilité de se restaurer au bar ou à l'extérieur, près de la rivière.

Autre bonne adresse, le *Western Art* dans Th Si Phum, près du coin nord-est des douves, produit certains des meilleurs groupes contemporains de Chiang Mai.

Cinémas. La chaîne de cinémas *Vista* projette fréquemment des films en anglais dans les centres commerciaux aux deux extrémités de Th Huay Kaew : le Kad Suan Kaew et le Vista 12 Huay Kaew. Sur un simple coup de fil (☎ 053-262661) au Resource Centre, un répondeur vocal vous communiquera le programme de la semaine dans ces deux salles. A l'occasion, un film en version originale passe aussi au *Saeng Tawan Cinema* (Th Chang Khlan), à l'*AirportPlaza* (Th Om Muang) et au *Vista Chotana Mall* (Th Chang Pheuak), même si la programmation fait plutôt la part belle aux films nationaux et aux films étrangers doublés en thaï.

Théâtre. Les deux salles principales du centre artistique de Kad, à Kad Suan Kaew, contiennent 1 550 et 500 places. Ce centre fait ses débuts dans le théâtre. Le projet de développement d'une bibliothèque consacrée aux arts, d'une salle d'exposition, d'un orchestre symphonique et d'un théâtre de répertoire ont été mis en sommeil compte tenu de la récession économique.

Achats

Des centaines de magasins dans tout Chiang Mai vendent des objets d'artisanat des tribus montagnardes et du Nord en général. Mais beaucoup ne sont ni plus ni moins que des objets de bazar pour touristes peu regardants. Aussi faut-il marchander et acheter avec discernement ! Les boutiques associatives offrent la meilleure qualité, et bien que leurs prix soient un peu plus élevés qu'au bazar de nuit, une plus grande partie de votre argent ira directement aux artisans des tribus.

Le Thai Tribal Crafts (☎ 053-241043), 208 Th Bamrungrat, près du McCormick Hospital, est dirigé par deux groupes religieux en association à but non lucratif. On y trouve un bel éventail d'objets d'artisanat de qualité.

Le Hill-Tribe Products Promotion Centre (☎ 053-277743), 21/17 Th Suthep, près du Wat Suan Dawk, est un projet patronné par le roi, dont tous les bénéfices alimentent les programmes sociaux des tribus des montagnes. Le YMCA International Hotel tient également un centre d'artisanat à but non lucratif.

Les deux marchés offrant la meilleure sélection d'artisanat nord-thaïlandais sont celui de Warorot, à l'extrémité est de Th Chang Moi Kao, et le bazar de nuit à deux pas de Th Chang Khlan. Le marché de Warorot (qu'on appelle aussi Kaat Luang ou Grand Marché) est le plus ancien de la ville. Son activité remonte au règne de Chao Inthawararot (1870-97). Malgré l'état de décrépitude des bâtiments, l'endroit est particulièrement réputé pour ses textiles. En face, le Talaat Ton Lamyai ou marché de Lamyai ressemble beaucoup au précédent.

De nombreux marchés en périphérie de la ville offrent aux visiteurs leurs étals intéressants. Citons notamment Kamthiang, San Pa Khoi et Thiphanet, à voir si vous appréciez les marchés thaïlandais. Juste au sud du marché Thiphanet, le marché aux fleurs de Chiang Mai ravira les nouveaux venus qui s'installent et veulent agrémenter leur logis de plantes vertes.

Le bazar de nuit abrite des boutiques permanentes vendant antiquité, artisanat, rotin, meubles, textiles, bijoux, poterie, vannerie, travail de l'argent et sculpture sur bois, le tout à bon prix si vous savez marchander.

Comme Chiang Mai est le principal centre d'artisanat du pays, la ville est entourée de petites manufactures et de multiples ateliers, que l'on peut d'ailleurs visiter. Pourtant, une fois sur place, on s'aperçoit que les objets fabriqués coûtent souvent plus cher que dans les marchés, à moins d'acheter en vrac.

Bazar de nuit. De bons achats en perspective dans ce temple des marchés pour touristes où les stands s'étirent le long de Th Chang Khlan, entre Th Tha Phae et Th Si Donchai. A conseiller notamment pour les sêua mâw hâwm de style Phrae – ces textiles tissés main, traditionnels du Nord et du Nord-Est de la Thaïlande, pour les *yâams* (sacs sur l'épaule), l'artisanat des tribus de montagne (nombre d'habitants de ces tribus possèdent leur propre boutique au marché ; vous reconnaîtrez les Akha, qui se promènent pieds nus), les poids à opium, les chapeaux, les bijoux en argent, les objets en laque, les sculptures en bois, les bouddhas en fer et en bronze et une foule d'autres pièces intéressantes.

Dans le bâtiment principal du bazar, le Chiangmai Night Bazar, n'hésitez pas à chiner dans la vingtaine de boutiques installées à titre permanent pour dénicher antiquités, artisanat, meubles en rotin et en bois, pièces de tissus, bijoux, poterie, vannerie, argenterie, sculptures sur bois et autres, de fabrication locale. Vous obtiendrez de bons prix à condition de marchander ferme.

Vous devriez aussi dénicher de quoi renouveler votre garde-robe de voyage, si besoin est. Une robe légère ou un pantalon en coton ou un yâam ne devrait pas vous coûter plus de 150 B, une chemise paysanne entre 80 B et 100 B, selon la taille. Plusieurs marchands proposent toutes sortes d'épices, depuis un mélange tôm yam jusqu'au safran le plus pur. Les noix de cajou, grillées ou nature, sont souvent moins chères que dans le sud, pourtant lieu de leur production. Pour ravir les enfants de votre entourage, rapportez-leur une poupée colorée à 35 B.

Nous ne saurions trop vous conseiller de faire un tour au magasin Chiang Mai (118 Th Chang Khlan) pour son éventail de tee-shirts en coton bien finis, de soies aux 30 motifs différents, typiques de Chiang Mai, ainsi que pour ses bijoux en argent et perles, joliment dessinés ; vous apprécierez aussi les bibelots en bois sculpté.

Sauf dans les boutiques où les prix sont fixes, comme le Chiang Mai, le marchandage est de rigueur, à condition de faire preuve de patience et de persévérance. Prenez le temps de comparer, vous constaterez que vu la multitude de boutiques vendant en gros les mêmes objets, le niveau des prix reste au plus bas. Faites tout le tour du bazar avant de vous lancer dans vos achats. Si vous n'avez pas envie de faire des emplettes ou si vous n'avez

pas l'argent pour, le bazar mérite quand même le détour, à moins d'être agoraphobe : il faut, presque tous les soirs, jouer des coudes pour se frayer un chemin. Plusieurs restaurants et marchands ambulants sont là pour nourrir la foule des badauds. Le long du Soi Anusan, à l'extrémité sud de Th Chang Khlan, le marché Anusan compte diverses échoppes thaï et chinoises, le soir et au petit matin (de 5h à 9h), vous pourrez y dénicher des maraîchers qui proposent leurs produits frais et des nouilles du jour.

Centres commerciaux et grands magasins. Chiang Mai en dénombre 17, Tantrapan, premier grand magasin de la ville, s'est agrandi et a déménagé près de l'aéroport. Plus neuf, le centre Kad Suan Kaew dans Th Huay Kaew, organisé autour d'une succursale du grand magasin central de Bangkok, compte plusieurs boutiques haut-de-gamme.

Antiquités. Vous en verrez de nombreux exemples. Vérifiez d'abord les prix pratiqués à Bangkok, ceux de Chiang Mai n'étant pas bon marché.

Le quartier du bazar de nuit est spécialisé dans la copie d'ancien. Entrez dans le bâtiment du bazar de nuit de Nakhon Ping. Au second étage, au fond, quelques boutiques contiennent de véritables antiquités. Le stand 21, The Lost Heavens, vend des objets de tribu Mien, et le stand 23, Under the Bo (☎ 053-818831), expose beaucoup d'objets très rares dont des sculptures et des tissages d'Afrique, d'Asie du Sud et du Sud-Est. Les prix s'expliquent du fait de la rareté des articles proposés, souvent uniques.

D'autres boutiques d'antiquités s'égrènent le long de Th Tha Phrae, en particulier dans Th Loi Khraw. Les antiquités birmanes commencent à l'emporter sur leurs homologues thaïlandaises, car la plupart des vieux objets de Thaïlande ont déjà été la cible des collectionneurs. Vous pouvez tomber sur de très belles pièces de mobilier birman datant de la période de la colonisation britannique.

Si vous recherchez ce genre d'antiquités, allez à **Hang Dong**, à 15 km au sud de Chiang

Mai. Le chapelet de boutiques qui bordent Th Thakhilek (la route de Ban Thawai), en particulier le quartier de **Ban Wan** est particulièrement bien pourvu. Deux boutiques fabriquent des copies de meubles thaïlandais et birmans en vieux teck de récupération. Jetez un œil notamment chez Srithong Thoprasert (☎ 053-433112), à environ 500 m du carrefour de Hang Dong, dans Th Thakhilek.

De là, à quelques centaines de mètres en repartant vers Ban Thawai, Nakee's Asia Treasures (☎ 053-441357) présente, aux côtés de belles pièces d'antiquités, des meubles thaïlandais contemporains et des accessoires design inspirés de thèmes anciens, dont la forme et la fonction ont été adaptées au goût du jour (avec, entre autres, des influences tex-mex). Les prix sont un peu élevés, mais tout est de bonne qualité et d'un goût très sûr. **Ban Thawai** même est un petit village dont les sculptures sur bois sont, pour leur majorité, récentes. Rares sont celles de qualité.

Saxophones en bambou. L'origine du développement de ces saxophones en bambou tient sans doute au fait que le nord de la Thaïlande est un lieu de prédilection pour le bambou, sauvage ou cultivé. Il ne faut pas oublier toutefois que le premier de ces instruments a sûrement vu le jour il y une quarantaine d'années en Jamaïque. En Thaïlande, les artisans fabriquent un instrument hybride, à mi-chemin entre le saxo et la flûte à bec, qui possède la forme et l'anche d'un saxo, mais dont le doigté se rapproche de celui de la flûte ; ces instruments ont deux clés (sol et fa). Le bambou doit être soigneusement choisi et débité en petits tronçons ; on le passe ensuite par les flammes pour le raffermir, puis on le modèle afin de lui donner la forme courbe qu'on lui connaît. Les qualités acoustiques du bambou sont parfaitement adaptées à l'anche du saxophone qui produit un son très doux, légèrement râpeux.

Deux habitants de Chiang Mai sont spécialisés dans la fabrication de ces petits instruments, dont les performances musicales sont impressionnantes par rapport à leur taille restreinte. Joy of Sax commercialise ses saxos de bambou par l'intermédiaire de Lost Heavens, dont une boutique, 234 Th Thap Phae (☎ 053-251555) se trouve en face du Wat Bupparam et l'autre au 2e étage du bâtiment principal du bazar de nuit, dans le coin des antiquaires, vers l'arrière à gauche. Vous pouvez également vous adresser directement à l'atelier de Joy of Sax en appelant le ☎ 053-222505. Comptez 3 700 B pour un saxo en clé de sol et 4 000 B pour un instrument, légèrement plus grand, en clé de fa. Chaque saxophone est livré avec une fiche d'utilisation et empaqueté dans un sac en chanvre coloré. Elephant Lightfoot (☎ 053-879191), dont la boutique se situe 4/1 Th Chaiyaphum (près de la porte de Tha Phae), fabrique des modèles en clé de fa, en clé de sol, en si bémol et mi bémol, à des prix comparables.

Céramiques. A 6 km environ au nord de Chiang Mai, Thai Celadon fabrique des céramiques sur le modèle des poteries de Sawankhalok produites voici des centaines d'années à Sukhothai, avant d'être exportées dans toute la région. Avec leur épais vernis craquelé, certaines pièces sont d'une grande beauté, souvent moins chères qu'à Bangkok. La fabrique ferme le dimanche.

Les Mengrai Kilns (☎ 272063), réputés pour leurs articles de qualité, viennent de s'établir 9/2 Arak Rd au coin sud-ouest du quartier des douves près du parc Buak Hat. D'autres boutiques se tiennent tout près du centre culturel du vieux Chiang Mai.

Il existe plusieurs entreprises du même type à Hang Dong, toute proche.

Vêtements. Chemises, blouses et robes, parfois brodées, se vendent à bas prix – mais surveillez la qualité. Le bazar de nuit et les boutiques qui bordent Th Tha Phae et Th Loi Khraw offrent un choix très étendu (voir les paragraphes *Tailleurs* et *Textiles*, un peu plus loin).

Laque. Assiettes décorées, boîtes, ustensiles et autres objets sont fabriqués en superposant les couches de laque sur une armature en bois ou en bambou tressé. Les laques birmanes

NORD DE LA THAÏLANDE

introduites en contrebande sont très répandues, particulièrement à Mae Sai. Plusieurs fabricants sont implantés à San Kamphaeng.

Rotin. Deux magasins de rotin bon marché se situent dans la partie nord du Th Chang Moi, deux pâtés de maisons à l'est des douves. On y vend chaises, petites tables, chaises longues, cache-pots, nattes, canapés, étagères et autres objets d'intérieur. Les prix, pour une étagère ou une chaise de moindre qualité, oscillent entre 700 B et 800 B. Comptez entre 2 000 B et 5 000 B pour une chaise de qualité supérieure, plus solide.

Pour le mobilier et les accessoires plus haut de gamme, faites un tour chez Hangdong Rattan (☎ 053-208167), 54-55 Th Loi Khraw. En plus des nombreux objets exposés, cette maison en fabrique sur commande.

Argenterie. Plusieurs magasins d'argenterie sont ouverts dans Th Wualai, près de la porte de Chiang Mai. Sipsong Panna (☎ 053-216096), en face de l'Amari Rincome Hotel dans la Nantawan Arcade, Th Nimanhemin, rassemble des pièces haut de gamme, originaires de Thaïlande, du Laos, du Myanmar et du sud-ouest de la Chine. Les bijoux ethniques, lourds et faits de grosses pièces, sont superbes.

Tailleurs. Des ateliers de tailleurs se sont regroupés autour de Th Kotchasan, près de l'Aroon Rai Restaurant. Parmi eux, mentionnons Florida, Chao Khun, Chaiyo et Progress. Les boutiques installées le long de Th Chang Khlan, dans le quartier du bazar de nuit, visent davantage la clientèle des touristes. Les prix restent cependant abordables, meilleur marché qu'à Bangkok. City Silk (☎ 053-234388), 336 Th Tha Phae, est spécialisé dans les vêtements de soie pour femme. Le personnel, amical et professionnel, parle anglais. Partout, demandez à voir des pièces finies avant de passer commande.

Textiles. La soie thaïlandaise, avec ses somptueuses couleurs et son agréable texture épaisse, est intéressante, et généralement moins chère ici qu'à Bangkok. Le marché de Warorot propose des étoffes à un très bon rapport qualité/prix, mais prenez garde tout de même…

Plusieurs boutiques de la ville s'intéressent particulièrement aux textiles traditionnels thaïlandais et laotiens (parfois fort anciens). Une liste de ces adresses se doit d'inclure Sbun-Nga et Nandakwang, situés l'un et l'autre dans une enfilade de boutiques en face de l'Amari Hotel.

Le Naenna Studio (☎/fax 053-226042), 138/8 Soi Chang Khian, Th Huay Kaew, est placé sous la houlette de Patricia Cheeseman, experte en textiles lao-thaï et auteur de nombreux livres sur la question. The Loom, près du Soi 3, 27 Th Ratchamankha, vend de magnifiques tissus.

Prenez également rendez-vous en appelant le ☎ 053-243546 pour voir les productions de la Duangjitt House, dans un soi à deux pas de Th Thung Hotel, en face du Northern Crafts Centre. Cette maison a aussi ouvert une boutique au 3e étage du Chiang Inn Plaza, dans Th Chang Khlan.

Plusieurs magasins vendent de vieux tissus thaïlandais ou laotiens le long de Th Loi Khraw, notamment Success Silk Shop (☎ 053-208853), au n°56. Sur l'enseigne en façade, on peut lire "Silk Patchwork – Textile – Mut Mee collection". Vous choisissez entre des soies thaïlandaises déjà prêtes ou passez commande de vêtements, créés à partir de tissus venus de Thaïlande ou importés du Laos ou du Cambodge. La plupart sont souvent faits de vieux tissus tissés main et cousus ensemble pour confectionner robes, jupes, chemises et vestes. Sur place, vous trouvez aussi des écharpes en soie, des chapeaux et des yaams tissés, tous plus ou moins conçus pour les farángs.

Si vous souhaitez assister à la fabrication de vêtements, rendez-vous dans la ville voisine de San Kamphaeng, spécialisée dans la soie thaïlandaise, ou à Pasang, au sud de Lamphun, spécialisée dans le coton.

Ombrelles. A Baw Sang, le village de l'ombrelle, vous en trouverez de ravissantes en papier, peintes à la main.

Bois sculpté. Les formes sculptées en bois sont très variées, au premier rang desquelles, l'éléphant. Les saladiers en teck sont intéressants et très bon marché. Vous trouverez de nombreuses boutiques dans Th Tha Phae et près du bazar de nuit, ou directement à Hang Dong et Ban Thawai.

Comment s'y rendre

Avion. L'aéroport international de Chiang Mai (☎ 053-270222) accueille des vols internationaux réguliers en provenance de Kunming (THAI, ☎ 053-211044/7), de Singapour (Silk air, ☎ 053-276459), de Hong Kong (THAI), de Yangon (Air Mandalay, ☎ 053-279992), de Mandalay (Air Mandalay), de Kuala Lumpur (Malaysia Airlines, ☎ 053-276523) et de Vientiane (Lao Aviation, ☎ 053-418258), ainsi que des vols intérieurs en provenance de nombreuses villes de Thaïlande.

L'agence de la THAI se tient dans le quartier des douves, 240 Th Phra Pokklao, derrière le Wat Chiang Man. La THAI assure sept liaisons quotidiennes avec Bangkok (1 heure de vol) et rajoute des vols supplémentaires certains jours de la semaine. Le billet s'élève à 1 650 B l'aller en classe économique.

Voici une liste des tarifs aériens entre Chiang Mai et d'autres villes du pays.

Ville	Tarif
Chiang Rai	420 B
Mae Hong Son	345 B
Mae Sot	650 B
Nan	510 B
Phitsanulok	650 B
Phuket	3 455 B

En outre, des avions de Bangkok Airways (☎ 053-218519, fax 281520) assurent plusieurs liaisons quotidiennes sur Bangkok, avec escale à Sukhothai pour 1 720 B. Le vol jusqu'à Sukhothai dure 30 minutes et vaut seulement 795 B. Demi-tarif pour les enfants.

Malgré son envergure modeste, l'aéroport international de Chiang Mai est fort bien aménagé pour les touristes. A l'étage, au niveau des départs, une succursale de Suriwong Book Centre offre un choix de journaux et magazines, ainsi que des livres. Un grand restaurant contrôlé par la THAI sert des plats thaïlandais, chinois et occidentaux. Au rez-de-chaussée de l'aéroport, les passagers peuvent patienter au bar qui sert des expressos, au Dairy Queen ou au Pizza Hut. Vous trouverez encore dans l'enceinte de l'aéroport une poste, un bureau de téléphone international, ouvert de 8h30 à 20h, quelques boutiques de souvenirs (dont une fleuriste qui vend des orchidées et d'autres plantes), une agence de location de voiture Avis, un bureau de change, un distributeur automatique de billets, un comptoir de renseignements touristiques et un service de taxis.

Bus. Au tout nouveau terminal Nord de Bangkok, également appelé Moh Chit, une demi-douzaine de bus ordinaires prennent tous les jours le départ pour Chiang Mai, entre 5h30 et 22h30. Le voyage de 12 heures vaut 205 B *via* Nakhon Sawan et 193 B *via* Ayuthaya. Un bus climatisé de première classe part aux environs de 8h, et cinq autres entre 20h et 22h. Le billet coûte alors 369 B l'aller et il faut compter entre 10 et 11 heures de route suivant la circulation, pour atteindre la capitale du nord.

Il existe aussi cinq bus climatisés de seconde classe, valant 287 B la place. Les bus publics au départ du terminal Nord s'avèrent généralement plus fiables que les privés que l'on réserve à Banglamphu et autres sites touristiques.

Des compagnies privées font circuler des bus climatisés entre Bangkok et Chiang Mai à partir de divers endroits de ces villes. Les aller-retour reviennent moins cher que le billet simple et varient entre 250 et 340 B suivant le bus. Les bus d'État VIP coûtent 570 B. Des bus similaires se réservent dans le quartier du Soi Ngam Duphli à Bangkok et près de l'Indra Hotel à Pratunam.

Plusieurs agences de Th Khao San proposent des billets de bus pour Chiang Mai pour un prix de 150 à 200 B comprenant une nuit gratuite dans une pension de Chiang Mai. Cet arrangement peut éven-

LIAISONS DES BUS AVEC CHIANG MAI

Ville	Tarif	Durée	Ville	Tarif	Durée
Chiang Dao*	21 B	1 heure 30	Nan	114 B	7 heures
Chiang Khong	108 B	6 heures 30	(clim.)	160 B	6 heures
(clim.)	151 B	6 heures	(1re classe clim.)	205 B	6 heures
(1re classe clim.)	194 B	6 heures	Pai	51 B	4 heures
Chiang Rai	66 B	4 heures	Pasang*	10 B	45 minutes
(clim.)	92 B	3 heures	Phayao	59 B	3 heures
1re classe	119 B	3 heures	(clim.)	83 B	2 heures 30
Chiang Saen	73 B	5 heures	(1re classe clim.)	106 B	2 heures 30
(clim.)	130 B	3 heures 30	Phrae	65 B	4 heures
Fang*	43 B	3 heures 30	(clim.)	91 B	3 heures 30
Khon Kaen	205 B	12 heures	(1re classe clim.)	117 B	3 heures 30
(clim., Highway 12)	287 B	12 heures	Phitsanulok	126 B	5-6 heures
(1re classe clim.,			(clim.)	176 B	5 heures
Highway 12)	414 B	12 heures	(1re classe clim.)	227 B	5 heures
(clim., Highway 11)	369 B	11 heures	Sukhothai	109 B	6 heures
Khorat	218 B	12 heures	(clim.)	153 B	5 heures
(1re classe clim.)	392 B	12 heures	(1re classe clim.)	196 B	5 heures
(VIP)	459 B	12 heures	Tak	57 B	4 heures
Lampang	29 B	2 heures	(clim.)	82 B	4 heures
Lamphun	8 B	1 heure	Tha Ton	50 B	4 heures
Mae Hong Son			Ubon Ratchathani	300 B	16 heures
(Route 108)	115 B	8 heures	(clim.)	540 B	15 heures
(clim.)	206 B	8 heures	(VIP)	600 B	15 heures
Mae Sai	83 B	5 heures	Udon Thani	205 B	12 heures
(clim.)	116 B	5 heures	(1re classe clim.,		
(1re classe clim.)	149 B	5 heures	via Loei)	369 B	12 heures
Mae Sariang	115 B	4-5 heures	(VIP)	450 B	12 heures
Mae Sot	115 B	6 heures 30			
(clim.)	207 B	6 heures			

*Part du terminal de White Elephant (Chang Pheuak), Th Chotana. Tous les autres bus partent du terminal Arcade de Chiang Mai (également appelé New Terminal), à proximité de Th Kaew Nawarat.

tuellement vous convenir, mais méfiez-vous : le bus risque d'être dans un état déplorable et il se peut que la pension réclame 40 B pour l'eau chaude et l'électricité quand elle ne vous oblige pas à participer à l'une de ses randonnées organisées. Sans compter qu'un tel voyage peut réserver des surprises désagréables.

Il y a quelques années, le chauffeur d'un bus de Th Khao San à destination de Chiang Mai, a menacé un passager à l'aide d'une machette lorsque ce dernier lui a demandé pourquoi la climatisation ne marchait pas. Plusieurs lecteurs nous ont rapporté qu'ayant acheté un billet pour voyager dans un grand bus climatisé, voire dans un bus VIP, ils se sont retrouvés entassés dans un minivan.

Le seul avantage des bus privés, c'est qu'ils viennent vous prendre là où vous avez réservé votre place (ce qui n'est, dit-on, légal que si l'on est tour opérateur). Si vous n'avez pas trop de bagages, il vaut mieux partir du terminal de Moh Chit par les bus d'État.

Les bus publics entre Chiang Mai et d'autres villes du Nord et Nord-Est, proposent des départs environ toutes les heures, sauf en direction de Mae Sai, Khon Kaen, Udon, Ubon et Khorat (où les bus ne partent que le matin et le soir (voir le tableau).

Les bus à destination de la province de Chiang Mai partent du terminal de Chang Pheuak (☎ 053-211586).

Un songthaew devrait vous y conduire moyennant le tarif habituel de 8 B à 10 B par personne.

Les bus qui desservent des destinations à l'extérieur de la province utilisent le terminal Arcade de Chiang Mai (☎ 053-242664). Comptez entre 30 B et 40 B en túk-túk ou en louant un songthaew.

Train. Les express en direction de Chiang Mai quittent la gare de Hualamphong à Bangkok tous les jours à 8h40 et à 19h25 (2e classe climatisée uniquement), pour arriver au terminal Arcade de Chiang Mai à 19h10 et à 6h10, respectivement. Les rapides partent à 15h (1re, 2e et 3e classes) et à 22h (2e et 3e classes, uniquement) pour arriver à 5h et à 11h30, respectivement. Il n'existe plus de 3e classe ordinaire entre Bangkok et Chiang Mai.

Le tarif de base de 2e classe s'élève à 281 B, à quoi il faut ajouter le supplément de 80 B pour l'express spécial, et de 60 B pour l'express ou de 40 B pour le rapide. Comptez encore 100 B pour une couchette supérieure ou 150 B pour une inférieure en 2e classe (130 B et 200 B respectivement dans l'express spécial), et 70 B pour la climatisation en wagon normal (150/170 B pour la couchette supérieure/inférieure). Au total, si vous prenez une couchette supérieure en 2e classe dans un rapide, vous payerez 421 B (soit 281+100+40 B). Les billets pour l'express au diesel valent le même prix que les billets de 2e classe sans climatisation sur un express.

En première, le tarif de base se monte à 593 B. Les couchettes valent 520 B et n'existent que dans l'express spécial et les rapides.

Pour Chiang Mai, les trains partent de Lopburi à 10h41 pour l'express diesel, à 17h31 pour le rapide, à 20h19 pour l'express spécial et à 12h27 pour le rapide. Ils arrivent aux mêmes horaires que ceux des trains de Bangkok, et le billet coûte 257/277 B pour le rapide/l'express en 2e classe, 133 B en rapide 3e classe (suppléments express/rapide compris).

Les couchettes en direction de Chiang Mai sont de plus en plus difficiles à réserver si l'on ne s'y prend pas à l'avance (certains groupes réservent des voitures entières). Le retour de Chiang Mai pose moins de problèmes, sauf durant le Songkran (mi-avril) et le Nouvel An chinois (de fin février à début mars).

La gare ferroviaire de Chiang Mai, propre et bien organisée, comporte un distributeur de billets ainsi qu'un guichet de réservation ouvert tous les jours entre 5h et 22h. Ce guichet est équipé d'un système de réservation informatisé qui fonctionne pour toute la Thaïlande. Une consigne ouvre de 6h à 18h tous les jours. Chaque bagage déposé coûte 5 B par jour pendant les cinq premiers jours, puis le tarif passe à 10 B par jour.

Comment circuler

Desserte de l'aéroport. Lors de la rédaction de ce guide, il n'existait qu'une seule compagnie de taxis autorisée à opérer dans la zone aéroportuaire : 90 B pour une berline pouvant accepter jusqu'à 4 à 5 passagers avec bagages. Il faut vous procurer un billet auprès du guichet des taxis, juste à la sortie de la zone de livraison des bagages, puis le présenter au chauffeur à la sortie principale du hall des arrivées. Un túk-túk ou un songthaew rouge de Chiang Mai jusqu'à l'aéroport vous reviendra entre 40 B et 50 B.

Bus. Les autorités de Chiang Mai ont annulé toutes les lignes de bus qui desservaient la ville en 1997. Cette mesure, certes déplorable, s'explique par le faible taux de

NORD DE LA THAÏLANDE

fréquentation de ces véhicules urbains. Aujourd'hui, les habitants de Chiang Mai empruntent les songthaews et beaucoup possèdent leur propre vélo ou moto.

Voiture et moto. Plusieurs agences de location mettent à la disposition des touristes, voitures, jeeps et minivans. Avant de partir, vérifiez l'assurance, faites-vous clairement spécifier ce qu'elle recouvre, demandez à voir les papiers et emportez-en une photocopie.

Les deux meilleures agences, tant du point de vue du service que des tarifs, sont North Wheels (☎ 053-216189, 279554, fax 221709), 127/2 Th Moon Muang, près du marché de Somphet, et Queen Bee (☎ 053-275525, fax 274349), à côté du Muang Thong Hotel dans Th Moon Muang. Ces deux sociétés viendront vous livrer votre véhicule à votre hôtel et l'y rechercher ; elles vous fourniront également un service d'assistance 24h/24. Les tarifs de North Wheels comprennent l'assurance, ce qui n'est pas le cas de ceux de Queen Bee. Une Suzuki Caribian à la North Wheels vous reviendra à 800 B pour 24h, 4 900 B la semaine ou 18 000 B le mois. Une Toyota Mighty-X 4X4 à 1 800 B par jour, 11 000 B la semaine ou 30 000 B le mois. Louée à Queen Bee, la Suzuki Caribian vous coûtera 800 B pour 24h en saison, 700 B hors-saison. Quant aux camionnettes, elles valent 1 000 B.

En comparaison, les tarifs pratiqués par Hertz, Budget et Avis sont de 1 200 B par jour pour la Caribian, plus 12% de TVA, plus une franchise de 150 B, plus 100 B d'assurance conducteur et passager. Soit un total de 1 594 B par jour. Un minimum de trois jours est exigé.

Il est important de bien choisir son agence de location de voiture, plutôt sur la notoriété dont elle jouit que sur ce qui est dit sur le papier. Gardez clairement à l'esprit que quoi qu'il arrive, vous êtes toujours responsable des dommages corporels et du remboursement des frais médicaux engagés par toute personne blessée dans un accident de la circulation.

La société de location Joy a récemment loué une voiture à un visiteur, qui pensait bénéficier d'une assurance tous-risques, avec assistance juridique et dépannage. Ce touriste a eu un accident qui s'est soldé par la mort d'un motocycliste. Le conducteur a dû payer tous les frais liés aux dégâts du véhicule, des dommages corporels à la famille du défunt et quelque 50 000 B à la police.

Parmi les agences de location ayant pignon sur rue, citons :

Avis
  (☎ 053-221316)
  14/14 Th Huay Kaew
  (☎ 053-201574, 201798/9)
  Aéroport international de Chiang Mai
Chiang Mai MK
  (☎ 053-270961)
  59-61 Th Moon Muang
Hertz
  (☎ 053-279474)
  90 Th Si Donchai
  (☎ 053-270070)
  Chiang Inn Hotel
Journey Car Rent
  (☎ 053-208787, fax 273428)
  283 Th Thap Phae
PD Express
  (☎ 053-277876)
  138/4 Th Phra Pokklao
Suphachai Tour & Travel
  (☎ 053-874234)
  378-380 Th Tha Phae

On peut louer une Honda Dream de 100 cm^3 pour 100 B à 150 B la journée, selon la saison et la durée de la location. Les tarifs sont très concurrentiels à Chiang Mai en raison de l'offre abondante. Pour deux personnes, il est bien moins cher de louer une petite moto pour passer la journée au Doi Suthep que de s'y rendre en songthaew. Vous verrez plus rarement des 125 cm^3 ou 150 cm^3 Honda ou Yamaha à louer entre 200 B et 250 B la journée.

Des engins plus gros ne sont pas disponibles toute l'année. La location d'une Honda XL600 ou d'une Yamaha XT600 coûte 700 B à 800 B par jour, une Honda AX-1250 ou une Honda Baja 250, 500 B ou 350 B hors saison, et une Honda XR 250, 400 B.

Les magasins de location changent avec les saisons. Bon nombre s'alignent sur le côté est des douves, dans Th Moon Muang, Th Chaiyaphum et Th Kotchasan.

Parmi les plus reconnus et les plus fiables, mentionnons :

C&P Service
(☎ 053-273161) 51 Th Kotchasan
CS Motorcycle Hore
(☎ 053-219160) 127/2 Th Moon Muang
Dang Bike Hire
(☎ 053-271524) Th 23 Kotchasan ;
grosses cylindrées
Goodwill Motocycle Hire
(☎/fax 053-251186) 26/1 Soi 2,
Th Chang Moi
JK Big Bike
(☎ 053-251830) 74/2 Th Chaiyaphum ;
grosses cylindrées
Pen's Bike Shop
Soi 9, Th Moon Muang (à côté de l'Indian Restaurant Vegetarian Food) ;
grosses cylindrées.

Ces magasins proposent une assurance à 50 B la journée, investissement fort honnête si l'on considère qu'une indemnisation de 25 000 B à 50 000 B pourrait vous être demandée en cas de vol. La plupart des assurances prévoient une franchise élevée, si bien qu'en cas de vol, vous êtes en général tenu pour responsable d'un tiers de la valeur de la moto, même avec une assurance. D'autres agences, davantage spécialisées dans la location rapide, facile et pas chère de motos de 100 cm³, sont regroupées le long de Th Moon Muang, notamment Mr Beer, au n°2 de l'avenue, près du marché de Somphet.

Plusieurs agences de location de voitures assurent également la location de motos. Reportez-vous au chapitre *Comment circuler* pour plus de renseignements sur les découvertes à moto du pays.

Bicyclette. Voilà de loin le meilleur moyen de circuler dans la ville et pour se rendre au Wat U Mong, au Wat Suan Dawk et au musée national, tous proches de la ville.

La location revient entre 30 et 40 B par jour pour des bicyclettes simples usinées en Thaïlande ou en Chine dans bon nombre de pensions et auprès de divers loueurs spécialisés le long de la douve est.

Contact Travel (☎ *053-277178, fax 279505, biking@loxinfo.co.th, 73/7 Th Charoen Prathet*) loue de solides VTT à 21 vitesses moyennant 200 B la journée. Cette agence organise des randonnée de cyclotourisme dans la province.

Songthaew, túk-túk et samlor. Des nuées de songthaews rouges parcourent les rues de Chiang Mai en quête de passagers. Vous faites signe à l'un d'entre eux, vous lui indiquez votre destination et s'il va dans cette direction, il vous y dépose pour 8 B. Les songthaews existent sous diverses tailles et dans différents états. A l'origine, il s'agit de camionnettes à plateau qui peuvent embarquer de 12 à 20 passagers. Il est préférable de monter à bord d'un songthaew déjà occupé si vous voulez éviter de trop payer. En effet, certains conducteurs essaient de réclamer 20 B à un passager tout seul, plutôt que les 8 B d'ordinaire ; cette pratique est d'ailleurs valable tant pour les farángs que pour les Thaïlandais. Si vous êtes seul à bord et que vous voulez effectuer l'aller-retour, ce tarif n'est finalement pas si cher. Mais, pour se rendre de la porte de Tha Phae au marché de Warorot, soit un trajet relativement court et largement fréquenté, vous ne devriez pas payer plus du tarif normal (8 B). Certains Thaïlandais et visiteurs s'acquittent de leur course avec un billet ou une pièce de 10 B et laissent la monnaie aux conducteurs ; c'est une habitude éventuellement à adopter lorsqu'on sait que les chauffeurs ont du mal à joindre les deux bouts en raison de la concurrence toujours croissante. Vous louerez les services d'un songthaew (*mão*) partout en ville, pour 50 B ou moins.

Les túk-túks fonctionnent sur le principe d'un taxi, moyennant 30 B pour une course courte, de 40 B à 50 B pour un trajet plus long. Après minuit, dans les quartiers de noctambules, comme Th Charoenrat, près du Riverside et de la Brasserie, ou devant le Gigi, les chauffeurs de túk-túks pratiquent un tarif forfaitaire de 50 B pour franchir le fleuve, quelle que soit la distance à parcourir. Chiang Mai compte encore bon nombre de samlors, surtout dans la vieille ville, autour du marché de Warorot. La plupart des courses en samlor valent entre 20 B et 30 B.

ENVIRONS DE CHIANG MAI
Doi Suthep

A 16 km au nord-ouest de Chiang Mai, le Doi Suthep, 1 676 m d'altitude, a été baptisé du nom de l'ermite Sudeva qui vécut des années sur les pentes de la montagne. Près du sommet, le **Wat Phra That Doi Suthep**, fondé en 1383 par le roi Keu Naone, est un des temples du Nord les plus sacrés. Un escalier aux nagas (serpents mythologiques) de 300 marches conduit au wat. Il part de la fin de la route.

Pour ceux que cette ascension rebutant, il était possible jusqu'à ce jour de 1997 où un tragique accident a entraîné sa fermeture, d'emprunter le tram qui reliait le parking au domaine du wat pour 5 B. A ce jour, il n'est toujours pas question de réparation ou de réouverture.

A quatre kilomètres au-delà du Wat Phra That, **Phra Tamnak Phu Phing** est un palais d'hiver de la famille royale dont les jardins sont ouverts au public le week-end et les jours fériés, de 8h30 à 12h30 et de 13h à 16h. La route qui longe le palais Phu Phing bifurque sur la gauche en direction de Doi Pui d'où un chemin en terre de 2 ou 3 km conduit vers un village hmong, où vous pourrez acheter des objets et voir des maisons et des costumes traditionnels, dans une mise en scène destinée aux touristes.

Si vous gagnez le sommet à bicyclette ou en voiture, arrêtez-vous en chemin aux **chutes de Monthathon**, situées à 2,5 km de la route pavée qui mène à Doi Suthep. Le sentier est clairement balisé. Si vous souhaitez l'emprunter, demandez au chauffeur du songthaew de vous déposer à mi-hauteur. Des bassins creusés par l'érosion au pied de la cascade y retiennent l'eau, l'année durant, ce qui vous permettra d'y faire trempette. Pour un bain à proprement par-

ler, la meilleure période est celle qui suit la mousson annuelle. Le week-end, beaucoup de monde se rend aux cascades.

Parc national de Doi Suthep/Doi Pui.

Ce parc de 261 km² abrite 300 espèces d'oiseaux et près de 2 000 espèces de fougères et de fleurs.

La réserve est sillonnée de sentiers, dont l'un monte au sommet du Doi Pui (1 685 m), lieu de pique-nique très apprécié. D'autres sentiers traversent des villages hmong rarement visités par les étrangers. Bungalows et dortoirs sont en location près des bâtiments administratifs du parc (après le parking du temple sur la droite).

Suivant la personne de service au bureau du parc, des cartes seront mises à votre disposition. Un sentier de 4 km conduit au site splendide, et isolé, de la cascade **Sai Yai**, et rejoint un chemin menant à la cascade Monthathon.

Comment s'y rendre.

Des songthaews pour Doi Suthep partent toute la journée de l'extrémité ouest de Th Huay Kaew, en face de l'université de Chiang Mai. Malgré la hausse des carburants, le prix de la course est toujours de 30 B par personne la montée, 20 B la descente, mais on peut s'attendre à un changement de ces tarifs sous peu. Rajoutez 10 B pour aller au palais de Phu Phing et 20 B pour Doi Pui, dans chaque direction.

Baw Sang

Baw Sang (connu sous le nom de Bo Sang ou Bor Sang), à 9 km à l'est de Chiang Mai sur la Highway 1006, est communément appelé le "village des ombrelles", dont la fabrication est son activité principale. Presque tout le village consiste en boutiques d'ombrelles peintes, d'éventails, d'argenterie, de vannerie, bambou, teck, porcelaine, etc.

Les grandes boutiques pourront se charger d'expédier les achats à votre domicile à des prix raisonnables. Comme au bazar de Chiang Mai, des réductions sont possibles sur les achats en quantité. Certains commerçants se chargent même d'envoyer des

ENVIRONS DE CHIANG MAI

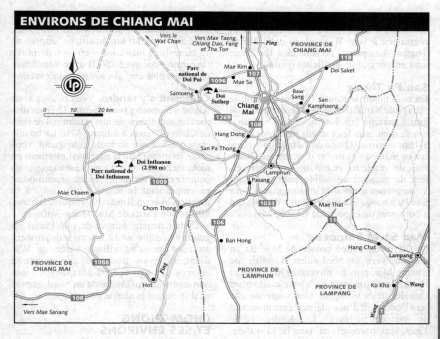

ombrelles, apparemment sans problème. La meilleure époque pour visiter Baw Sang est le festival annuel des Ombrelles, ancré dans la culture locale. Vous pourrez assister à des spectacles de musique du Nord, goûter les spécialités de la région et assister à des processions colorées. La date est en général fixée à la mi-janvier.

San Kamphaeng

Quatre ou cinq kilomètres plus loin, par la Route 1006, on arrive à San Kamphaeng, le village du coton et de la soie. Les magasins bordent la rue principale, et les ateliers de tissage sont dans les petites rues adjacentes. On y fera quelques bonnes affaires, surtout pour la soie. Le coton est plus abordable à Pasang, un village moins connu près de Lamphun.

Comment s'y rendre. Des bus pour Baw Sang et San Kamphaeng quittent

Chiang Mai fréquemment, depuis le côté nord de Th Charoen Meuang, à l'est de la Ping. L'arrêt de bus se trouve vers la poste centrale et la gare ferroviaire, en face du marché de San Pa Khoi : 5 B pour Baw Sang et 6 B pour San Kamphaeng.

Hang Dong, Ban Wan et Ban Thawai

A 15 km au sud de Chiang Mai, par la Route 108, Han Dong est un village réputé tant pour ses céramiques et ses bois sculptés que pour ses antiquités. Nombre de magasins cumulent les fonctions de grossiste et de détaillant. Ils pratiquent, de ce fait, des prix intéressants. Prenez un bus partant de la porte de Chiang Mai (10 B).

En fait, la plupart de ces boutiques commencent à s'égrener le long de la Route 108, 2 km avant d'arriver à Hang Dong.

Juste à l'est de Hang Dong, plusieurs magasins d'antiquités et de meubles sont regroupés à Ban Wan, et au-delà, à Ban Thawai. Les pièces présentées à Ban Wan sont en général de meilleure qualité.

San Pa Thong

En continuant la Route 108 vers le sud, le village de San Pa Thong est réputé pour son grand marché aux bœufs et aux bestiaux, qui se tient tous les samedi matin, de 5h30 à 10h, environ. Outre du bétail, on trouve sur ce marché des motos d'occasion. Quantités de vendeurs ambulants vous permettent de prendre un solide petit déjeuner. Vous prenez un bus ou un songthaew pour San Pa Thong, à la file d'attente des bus qui s'étire près de la porte de Chiang Mai.

Mae Sa et Samoeng

On atteint la vallée boisée de Mae Sa en prenant vers le nord-ouest à partir de Chiang Mai, puis en traversant Mae Rim et Hang Dong (on peut au choix contourner l'un des deux villages). Une visite du site sera l'occasion d'une plaisante excursion de un ou deux jours. La Route 1096/1269, qui parcourt en boucle la vallée, est certes parsemée d'équipements et d'attractions touristiques – hôtels, plantations d'orchidées, parcs à papillons, à éléphants, et à serpents, jardins botaniques, magasins d'antiquités et d'artisanat – mais n'en traverse pas moins des paysages grandioses. Ne manquez pas, en particulier, les **chutes de Mae Sa**, situées à 6 km à peine de la bifurcation pour Mae Rim sur la Route 107, elle-même à 12 km au nord de Chiang Mai. En continuant la boucle, vous traverserez également plusieurs villages hmong.

Vous trouverez sur le parcours au moins quatre sites revendiquant l'appellation de "camps" d'éléphants. Le **Mae Sa Elephant Camp** demeure le plus intéressant. Une démonstration de dressage (40 B) a lieu tous les matins à 9h30. Vous pourrez également vous initier à la monte, à toute heure de la journée (50 B).

Choisissez Samoeng, à l'extrémité ouest de la boucle et à 35 km de Mae Rim, si vous

souhaitez passer, dans la vallée, une nuit paisible. Le **Samoeng Resort** (☎ 053-487072), situé à environ 1,5 km du village, dispose de 15 bungalows bien conçus où vous dormirez au calme ; comptez 750 B avec ventilation ou un peu plus cher si vous souhaitez la clim.

Comment s'y rendre. Vous pouvez vous rendre à Samoeng pour environ 15 B, en prenant un songthaew depuis le terminal des bus de Chang Pheuak à Chiang Mai. La boucle étant goudronnée sur toute sa longueur, vous serez en mesure de la parcourir aisément en moto ou à bicyclette. Depuis Samoeng, vous pourrez effectuer un détour par le nord-ouest en empruntant la Route 1265, jusqu'à sa jonction avec la Route 1095, qui mène aux villages de Pai et de Mae Hong Son.

Cette dernière, longue de 148 km, n'est goudronnée que sur 12,2 km ; elle parvient au nord jusqu'au village karen de Wat Chan, où vous trouverez une pompe à essence. Il s'agit là de la plus longue route non asphaltée en Thaïlande du Nord, impraticable durant la saison des pluies.

CHOM THONG ET SES ENVIRONS

Chom Thong (prononcez "jawm thawng") est un arrêt nécessaire entre Chiang Mai et Doi Inthanon, le plus haut sommet de la Thaïlande. Si vous empruntez les transports publics, reportez-vous à la rubrique *Doi Inthanon* pour plus de détails. Le temple principal mérite bien qu'on lui accorde une heure, voire plus si vous êtes attiré par la méditation.

Wat Phra That Si Chom Thong

Si vous avez le temps, descendez à pied la rue principale de Chom Thong jusqu'au Wat Phra That Si Chom Thong. Le chédi doré birman fut construit en 1451, et le bòt de style birman, datant de 1516, est un des plus beaux de Thaïlande du Nord. L'imposant autel a la forme d'un petit *prasat* (tombeau) du plus pur style Lanna et renfermerait une relique de la paroi droite du crâne du Bouddha.

À côté, sous verre, vous pourrez admirer des armes anciennes.

A quelques enjambées du wat, le *Vegetarian Restaurant* propose des plats de riz et de nouilles tout simples, dans lesquels le tofu et le gluten remplacent la viande.

Retraites pour méditer. Sous la direction d'Ajaan Thong, et précédemment du Wat Ram Poeng de Chiang Mai, des retraites consacrées à la méditation sont régulièrement organisées dans le style de feu Mahasi Sayadaw. Les stagiaires doivent y participer pendant deux semaines au moins, sachant que la durée optimale est de 26 jours. Les participants, vêtus de blanc, séjournent dans un groupe de *kutis* (huttes pour la méditation), à l'arrière du wat. L'emploi du temps est très strict.

Certains étudiants poursuivent ensuite par une retraite individuelle dans un monastère situé à l'écart, dans le district de Chom Thong, le **Wat Tham Thong**, à 5 km avant d'arriver dans la bourgade de Hot (à l'ouest de Chom Thong), à l'écart de la Route 108. L'abbé qui dirige le monastère, Ajaan Chuchin Vimaro, enseigne le même style de vipassana.

Wat Phra Nawn Yai
A mi-chemin entre Chiang Mai et Chom Thong, vous apercevrez le Wat Phra Nawn Yai à distance de la route (sur la droite en allant vers Chom Thong), avec ses bouddhas.

Parc national de Doi Inthanon
Les pentes du Doi Inthanon, le plus haut sommet de la Thaïlande (2 595 m), sont agrémentées de trois cascades. Ce sont, en partant du bas, celles de **Mae Klang, Wachiratan** et **Siriphum**. Les deux premières sont équipées en aires de pique-nique et stands de nourriture. Mae Klang est la cascade la plus grande et la plus facile d'accès : il faut s'arrêter là pour prendre un bus jusqu'au sommet de la montagne. Elle peut être gravie jusqu'en haut par un sentier. Wachiratan est très belle et moins fréquentée. Le panorama depuis l'Inthanon est plus dégagé durant la saison sèche, de novembre à février. Il fait très frais là-haut ; emportez une veste ou un pull. La route de 47 km jusqu'à l'Inthanon traverse des rizières en terrasses, des vallées impressionnantes et quelques petits villages tribaux. Environ 4 000 Hmong et Karen y vivent à flanc de montagne.

Tout le massif est classé parc national (482 km²), malgré l'agriculture et les habitations. L'une des destinations favorites des naturalistes et ornithologues du Sud-Est asiatique : les pentes supérieures baignées de brume permettent l'épanouissement de quantités d'orchidées, de lichens, de mousses et d'épiphytes, et abritent 400 espèces d'oiseaux, plus qu'aucun autre habitat de Thaïlande. C'est aussi l'un des derniers refuges de l'ours noir asiatique, du macaque d'Assam, de l'entelle de Phayre, et d'autres singes et gibbons, rares et moins rares, ainsi que d'espèces plus répandues, comme la civette orientale grise, le cerf muntjac et l'écureuil volant géant – environ 75 espèces de mammifères en tout.

La majorité des oiseaux du parc vivent entre 1 500 et 2 000 m. La meilleure saison d'observation est la période entre février et avril, surtout dans les *beung* ou marais qui voisinent le sommet.

Phra Mahathat Naphamethanidon, un chédi que l'armée de l'air construisit pour commémorer le 60e anniversaire du roi en 1989, se trouve à l'écart de la route, entre les Km 41 et 42, environ 4 km avant le sommet. A la base du chédi octogonal, une salle contient un bouddha de pierre, 3 B vous seront demandés pour la visite des chutes de Mae Klang. Le quartier général du parc, à 31 km de Chom Thong, tient à votre disposition des bungalows à 100 B, ainsi que des tentes à 40 B. Vous pourrez louer des couvertures à 10 B.

Comment s'y rendre
Les bus pour Chom Thong partent régulièrement de l'intérieur de la porte de Chiang Mai, de la douve sud. Certains vont directement à la cascade de Mae Klang, d'autres vont jusqu'à Hot, mais ces derniers vous déposeront à Chom Thong (58 km, 18 B).

De Chom Thong, des songthaews réguliers se rendent à Mae Klang (8 km au nord) pour

12 B. Les songthaews de Mae Klang à Doi Inthanon partent presque toutes les heures jusqu'en fin d'après-midi (25 à 30 B par personne). En voiture, vous devrez acquitter un péage de 20 B (5 B pour une moto) à l'entrée du parc.

Pour 11 B de plus, vous pouvez aller de Chom Thong à Hot où vous prendrez un bus pour Mae Sariang ou Mae Hong Son. Cependant, si vous êtes allé à Doi Inthanon et aux cascades, vous n'aurez probablement pas le temps de vous rendre dans la même journée à Mae Sariang ou Mae Hong Son. Il vous faudra coucher dans le parc ou à Chom Thong. Les bungalows des gardes forestiers (après l'entrée du parc à Chom Thong) coûtent 300 à 1 000 B la nuit. A Chom Thong, renseignez-vous au wat sur les possibilités d'hébergement.

AU NORD JUSQU'A THA TON
Mae Taeng et Chiang Dao

Le site montagneux des environs de Mae Taeng et plus particulièrement au sud-ouest de l'intersection entre les Routes 107 et 1095 – est devenu l'un des rendez-vous favoris des trekkers, en raison de la présence des nombreux villages lisu, lahu, karen et hmong. Le rafting sur la rivière Mae Taeng jouit à présent d'une telle faveur qu'un centre permanent, le Maetaman Rafting, vient de s'établir à l'ouest de la Route 107.

Situé en retrait de la Route 107, entre Mae Taeng et Chiang Dao, un centre de dressage d'éléphants, l'**Elephant Training Centre Taeng-Dao**, organise à l'intention des touristes les démonstrations de dressage habituelles.

Lors de votre séjour dans le site, vous pourrez également visiter le **monastère de la forêt de Fang Dao** (Fang Dao Forest Monastery), un wat forestier voué à la méditation, dans la plus pure tradition du Nord-Ouest. Vous le trouverez en retrait de la Highway au sud de Chiang Dao, non loin du Km 52.

A la croisée des quatre routes de Chiang Dao, ceux qui disposent d'un véhicule, de préférence un vélo tout terrain, une moto ou un camion, peuvent mettre le cap vers l'est pour visiter des villages lahu, lisu et akha dans un périmètre de 15 km. A 13,5 km environ de la Route 107, le village lisu de **Lisu Huay Ko** peut vous offrir un hébergement rustique.

Tham Chiang Dao. Ce labyrinthe souterrain, qui s'étend à 5 km à l'ouest de la Route 107, soit à 72 km au nord de Chiang Mai, constitue la principale attraction qu'offre la route de Fang et de Tha Ton. Il s'agit d'un réseau ininterrompu de boyaux rocheux, ponctué de grottes et long, paraît-il, de 10 à 14 km, creusé dans les flancs du Doi Chiang Dao, qui culmine à 2 285 m. Parmi les grottes accessibles au public, on remarquera particulièrement Tham Maa, longue de 7 365 m, Tham Kaew (477 m), Tham Phra Nawn (360 m), Tham Seua Dao (540 m) et Tham Naam (660 m).

Tham Phra Nawn et Tham Seua Dao recèlent une série de statues d'inspiration religieuse et sont équipées de lumière électrique. Un guide vous sera peut-être nécessaire à Tham Maa, Tham Kaew et Tham Naam, dont les parcours ne sont pas éclairés. Pour 20 B par caverne, ou 60 B pour les trois, vous vous assurerez les services d'un guide muni d'une torche.

D'après une légende locale, cet ensemble de grottes abrita, mille ans durant, un *reusii*, c'est-à-dire un sage vivant en ermite. On raconte que ce sage se trouvait en si bons termes avec le monde des esprits qu'il convainquit un *thewadaa* (équivalent bouddhiste d'un ange) de créer à l'intérieur de ces grottes sept merveilles, dont au torrent s'échappant du piédestal d'un bouddha d'or massif, un entrepôt de tissus divins, un lac mystique, une ville de nagas, un éléphant sacré immortel et la tombe de l'ermite lui-même.

Les habitants vous diront qu'elles se trouvent au plus profond de la montagne, bien loin derrière la dernière des grottes illuminées. Ils vous diront aussi que toute personne qui tentera de retirer un bout de rocher du lieu perdra à jamais son chemin dans le sinistre dédale de passages obscurs. L'accès à l'ensemble est de 5 B. Un wat a été érigé non loin de l'entrée, autour de laquelle se sont également installées des échoppes.

Écolière au Wat Chaimongkhon de style shan, Chiang Mai

La récolte du riz près de Mae Hong Son, Nord de la Thaïlande

Tortueuse rivière à Tha Ton, Nord de la Thaïlande

Où se loger. Le *Malee's Nature Lovers Bungalows* (☎ 01-961-8387), à environ 1,5 km après les grottes de Chiang Dao sur la droite, comprend des lits en dortoirs à 80 B la nuit et des bungalows de brique et de chaume à 250 B pour deux. Le Malee's organise des excursions à pied ou en rafting ainsi que des randonnées ornithologiques dans la région. Le *Traveller Inn Hotel,* que vous trouverez à Mae Taeng, en bordure de la Highway, est un établissement dont les prix s'échelonnent entre 300 et 500 B. Vous dormirez en revanche pour 90 B seulement au *Pieng Dao,* une vieille bâtisse en bois, dans le village de Chiang Dao.

Le *Chiang Dao Hill Resort* (☎ 053-236995), en retrait de la Highway entre les Km 100 et 101, propose aux touristes des bungalows agréables de 700 à 1 800 B. Le *Royal Ping Garden Resort,* en retrait de la Higway, au sud de Chiang Dao, présente des chambres plus chères et plus luxueuses.

Comment s'y rendre. Les bus pour Chiang Dao coûtent 25 B au départ du terminal des bus de Chang Pheuak, à Chiang Mai.

Doi Ang Khang

A une vingtaine de kilomètres avant Fang, la route bifurque vers la Route 1249 en direction de Doi Ang Khang, la "Petite Suisse" de Thaïlande, à 35 km de la Highway. Ce mont de 1 300 m jouit d'un temps frais toute l'année.

Vous aurez la possibilité de visiter quelques villages tribaux (hmong, lahu et lisu). Vous pouvez vous procurer une carte gratuite du site au poste de contrôle militaire principal, sur la Route 1249. Vous pourrez organiser vous-même des treks intéressants dans cette région.

Le village yunnanais/KMT (Kuomintang) de Ban Khum, sur le Doi Ang Khang, loue des bungalows juchés à flanc de montagne pour quelque 200 B.

A 19 km avant l'embranchement pour Doi Ang Khang, vous pouvez faire 12 km vers l'ouest, un détour sur une route chao-

tique, pour visiter **Ban Mai Nong Bua**, un autre village KMT dont l'ambiance rappelle celle de Doi Mae Salong.

FANG ET THA TON

La ville de Fang fut fondée par le roi Mengrai au XIIIe siècle, mais le site est occupé depuis un millénaire au moins. La cité, que traverse la Route 107, n'est pas particulièrement avenante, mais les petites rues sont bordées d'intéressantes boutiques.

Le **Wat Jong Paen,** de style shan/birman près du Wiang Kaew Hotel, présente un imposant wihãan à toits superposés.

On trouvera des villages yao (mien) et karen à proximité que l'on peut visiter par ses propres moyens, mais pour la plupart des visiteurs, Fang n'est qu'une étape sur la route de Tha Ton, point de départ des traversées sur la Kok jusqu'à Chiang Rai, et de nombreuses randonnées.

Si vous souhaitez passer une nuit à l'hôtel avant de prendre le bateau, Fang est aussi intéressante que Tha Ton. D'autres préfèrent Tha Ton, plus rurale. Dans chacun des cas, la rivière n'est qu'à une demi-heure en songthaew. Deux banques situées dans la rue principale de Fang disposent d'un service de change. Par l'intermédiaire du Wiang Kaew Hotel à Fang, vous pourrez organiser des randonnées vers les villages locaux habités par les Palaung (tribu karénique arrivée du Myanmar voici 14 ans), les Lahu noirs, les Akha et les Yunnanais.

A une dizaine de kilomètres à l'ouest de Fang, à Ban Meuang Chom, près de la station agricole, vous trouverez un ensemble de **sources chaudes**, qui font partie du Parc national de Doi Fang. Demandez simplement les *bàw náam ráwn* ("baw nâm hâwn" en dialecte du Nord). Elles font partie du parc national de Doi Fang.

Trekking et rafting

Les berges de la Kok offrent des moments délicieux aux amateurs de simples promenades. A 20 km environ de chacune des villes, vous pouvez visiter les villages de Lahu et Palaung à pied, en vélo-cross ou en mobylette.

RANDONNÉES DANS LE NORD

Chiang Mai est, depuis des années, le point de départ de randonnées en direction des régions montagneuses. C'était autrefois une expérience assez excitante, invitant à s'aventurer sur les pistes de la province rurale de Chiang Rai, à faire la descente en bateau de Fang à Chiang Rai et à visiter les divers villages des Karen, Hmong, Akha, Lisu, Mien, Yao et du Guomintang. On passait la nuit à la dure et on partageait la pipe d'opium des villageois.

Ces excursions devinrent de plus en plus populaires au début des années 70 ; désormais, toute pension et tout hôtel de Chiang Mai propose un "circuit" des tribus.

Il devint vite évident que la zone du Triangle d'or, au nord de la rivière Kok, était l'objet d'un tourisme excessif et que les villages des tribus de transformaient en zoos humains. Les excursions se déplacèrent alors au sud de la Kok, autour de Chiang Dao et de Wiang Papao, puis vers Mae Taeng et Mae Hong Son d'où partent aujourd'hui la plupart d'entre elles. Ces régions ont également eu à pâtir de la surexploitation touristique, mais fort heureusement la plupart des tours-opérateurs ont mis en place un système pour y remédier: chacun d'entre eux s'est vu attribuer un territoire propre pour accompagner les touristes en randonnée. Ainsi, le risque de retrouver des groupes en randonnée avec une autre agence le soir au village est moindre, contrairement à ce qu'il se passait il y a dix ans.

En attendant, des milliers de visiteurs étrangers font chaque années ces excursions. La plupart ont l'impression d'avoir vécu une véritable aventure ; d'autres repartent déçus La première condition est de bien choisir son guide/organisateur et ensuite ses compagnons de marche. Au retour, certains se plaignent davantage des autres randonneurs que de l'itinéraire, de la nourriture ou du guide.

Avant de partir

Ce type de randonnée n'est pas pour tout le monde. Il faut tout d'abord être en bonne condition physique pour supporter des marches soutenues en terrain accidenté et l'exposition aux intempéries. Par ailleurs, beaucoup ne supportent pas de traverser des villages et de revêtir le rôle de voyeurs.

Dans les villes et villages des autres régions de la Thaïlande, la population est habituée aux visages, aux manières et aux comportements des étrangers (ne serait-ce que par la télévision), mais dans les montagnes du Nord les tribus mènent encore une vie indépendante et isolée du reste du monde.

Ce tourisme "tribal" a donc des conséquences importantes. Côté positif, il permet aux visiteurs de voir comment vivent des sociétés traditionnelles. De plus, comme le gouvernement thaïlandais est soucieux de l'image du pays offerte par ces minorités, le tourisme a eu ceci de bon qu'il l'a obligé à réévaluer sa politique à leur égard. Côté négatif, les randonneurs introduisent des objets et des idées culturelles qui peuvent détruire les coutumes tribales à des degrés divers.

Si vous avez mauvaise conscience à troubler les modes de vie traditionnels, il est préférable de vous abstenir. Il est indéniable que le trek en Thaïlande du Nord est commercialisé comme n'importe quel produit. Tous ceux qui vous promettront une expérience marquée du sceau de l'authenticité, au minimum exagèrent et, au pire, contribuent au déclin de la culture tribale.

Le choix d'un organisme

En raison de l'instabilité inhérente du service concerné, il est difficile de recommander tel ou tel organisme de randonnée de Chiang Mai. Beaucoup de guides travaillent en free-lance et,

RANDONNÉES DANS LE NORD

par conséquent, il est difficile de prévoir la qualité de l'accompagnement. En outre, plusieurs pensions qui annoncent un tel service, ne sont en fait que les agents d'opérateurs et elles touchent une commission sur les clients qu'elles inscrivent.

L'agence de la TAT de Chiang Mai distribue une liste régulièrement mise à jour des agences agréées. Elle s'efforce aussi de contrôler les organismes de randonnées qui fonctionnent en dehors de la ville et recommande aux touristes d'utiliser les services des membres de l'Association des guides professionnels de Chiang Mai ou du Jungle Tour Club of Northern Thaïland. Il n'en reste pas moins fort difficile de garantir quoi que ce soit lorsqu'on a affaire à plus de 150 compagnies. En dernière analyse, la meilleure manière de choisir sa randonnée c'est de demander l'avis de personnes qui viennent elles-mêmes d'en effectuer une.

Voici quelques éléments de réflexion pour vous aider. Choisissez soigneusement votre organisme, essayez de rencontrer les autres participants (en suggérant une réunion) et déterminez précisément ce que le circuit inclura ou n'inclura pas, car il arrive fréquemment que des dépenses imprévues s'ajoutent au tarif de base.

En saison fraîche, assurez-vous qu'un sac de couchage vous sera fourni, car les fines couvertures de laine disponibles dans la plupart des villages, s'avèrent généralement insuffisantes. Les questions suivantes vous serviront.

- Le nombre de membres du groupe (six ou dix maximum) ?
- L'organisateur peut-il garantir que le village visité ne recevra pas d'autres touristes en même temps, en particulier la nuit ?
- Le guide parle-t-il la langue des villages visités ? (Ce qui n'est d'ailleurs pas toujours nécessaire puisque beaucoup de villageois parlent aujourd'hui le thaï.)
- Quelles sont les dates exactes du début et de la fin de l'excursion ? (Certaines randonnées de 3 jours durent parfois moins de 48 heures.)
- La compagnie se charge-t-elle du transport avant et après la randonnée, ou faut-il compter sur les transports publics (ce qui peut signifier de longues attentes) ?

En général, les organismes, conscients du respect des tribus de montagne, ont tendance à limiter le nombre de visites dans une région donnée et s'efforcent d'éviter le chevauchement de leurs groupes. Cette prise de conscience profite à tout le monde : les tribus ressentent moins l'impact du tourisme, les randonneurs en retirent une expérience plus authentique, et les compagnies s'assurent une ressource culturelle plus durable. Quelques compagnies annoncent à présent des randonnées "drug-free" (sans drogues).

Il existe aujourd'hui en dehors de Chiang Mai un grand nombre d'endroits d'où vous pourrez organiser votre randonnée, qui constituent des alternatives souvent plus avantageuses et plus proches de régions moins explorées. Plus réduits et plus accueillants, les groupes ainsi formés se composent généralement de randonneurs déterminés.

Moins formelle, l'organisation implique une discussion sur la durée, la destination ou le coût. Pour cette option, vous pourrez vous rendre dans les villes de Chiang Rai, Mae Hong Son, Pai, Mae Sai et Tha Ton. En vous donnant un peu de temps pour chercher les personnes qui vous conviennent, vous pourrez aussi participer à des tours organisés à partir de Mae Sariang, Khun Yuam, Soppong (près de Pai), Mae Sot, Um Phang et dans les diverses pensions écartées qui fleurissent un peu partout dans le Nord.

L'inconvénient, naturellement, c'est qu'en dehors de Chiang Mai, les compagnies échappent davantage au contrôle exercé en ville et la qualité de la randonnée peut s'en ressentir.

.../...

RANDONNÉES DANS LE NORD

Coûts

Les randonnées organisées au départ de Chiang Mai avoisinent les 1 800 B pour 4 jours et 3 nuits, jusqu'à 4 000 B pour 7 jours et 6 nuits, comprenant une descente en radeau et/ou un tour à dos d'éléphant. Les tarifs sont variables ; il n'est donc pas inutile de faire le tour des organismes. Cependant, les prix sont restés stables depuis quelque temps devant la montée de la concurrence. Il faut compter 1 000 B de plus pour les éléphants ou autre supplément exotique au programme de base. En fait, ces promenades à dos d'éléphant deviennent vite lassantes, et même rapidement franchement inconfortables.

Certains organismes proposent à présent des mini-treks d'une journée, ou de deux jours avec une nuit en bivouac. Ne vous arrêtez pas au prix. Mieux vaut discuter avec d'autres voyageurs rencontrés en ville, à leur retour d'une randonnée. Au départ d'autres villes, les randonnées sont généralement moins chères.

La Professional Guide Association se réunit tous les mois pour fixer les prix et discuter des problèmes, et remet régulièrement son rapport à la TAT sur chaque randonnée. Tous les guides et compagnies sont censés être conventionnés et exercer sous licence gouvernementale.

De ces réglementations, il ressort que le prix inclut généralement le transport jusqu'au point de départ et depuis le point d'arrivée, la nourriture (trois repas par jour) et l'hébergement dans tous les villages, une première aide d'urgence le cas échéant, la garde des objets de valeur, et parfois le prêt d'un équipement spécifique : sacs de couchage par temps froid ou bouteilles d'eau

Règles de conduite

Au cours de la randonnée, le respect de quelques règles de conduite minimisera l'effet négatif sur les populations :

- Demandez toujours la permission de prendre des photos des personnes et/ou des habitations tribales. Vous pouvez le faire par l'intermédiaire de votre guide ou par gestes.
- Soyez respectueux des symboles et des rites religieux. Ne touchez pas les totems à l'entrée des villages, ou tout autre objet d'une valeur symbolique manifeste sans en demander la permission. Tenez-vous à l'écart des cérémonies en cours, à moins d'être invité à y participer.
- Soyez modéré dans vos dons ou échanges d'objets. De la nourriture et des médicaments ne sont pas forcément bienvenus s'ils ont pour effet de modifier les pratiques diététiques et thérapeutiques traditionnelles. Idem pour l'habillement. Les tribus abandonneront leurs tuniques tissées à la main pour des T-shirts imprimés, à condition de rajouter un supplément. Si vous voulez donner quelque chose, le mieux est de faire un don à l'école ou à tout autre fonds communautaire du village. Votre guide vous aidera dans vos démarches.

L'opium

Certains guides, à l'heure actuelle, interdisent formellement de fumer de l'opium au cours des randonnées. Cette mesure semble s'imposer quand on sait que les agences ont eu de gros problèmes ces dernières années avec des guides drogués ! Les travailleurs sociaux en contact avec les tribus constatent également que fumer de l'opium constitue un mauvais exemple pour la jeunesse des villages. L'opium est un vice que l'on pardonne traditionnellement aux personnes âgées, mais un nombre croissant de jeunes des villages prennent

RANDONNÉES DANS LE NORD

aujourd'hui de l'opium ou de l'héroïne. Les randonneurs ne contribuent pas à résoudre ce problème en fumant une fois avec eux, alors qu'ils se retrouveront plusieurs semaines après à des centaines de kilomètres de là, tandis que les villageois sont tentés chaque jour. Parmi les effets néfastes liés à la consommation régulière de l'opium, on peut citer la diminution notoire de la main d'œuvre masculine et par conséquent, une charge de travail excessive pour les femmes (la plupart des accros à l'opium sont les hommes), ainsi que la réduction généralisée de la production agricole. Aujourd'hui, face à l'héroïne et aux amphétamines qui circulent dans certains villages, la consommation d'opium semble un moindre mal.

Faire de la randonnée par ses propres moyens

Vous serez peut-être tenté de partir en indépendant avec un petit groupe de deux à cinq personnes. Réunissez le maximum d'informations sur la zone que vous voulez explorer auprès du Tribal Museum de Chiang Mai. La lecture des brochures vous permettra de différencier les nombreuses tribus et vous aurez également accès à un grand nombre d'informations culturelles. Ne harcelez pas le personnel de questions ; les employés sont très réservés, par peur des responsabilités ou d'une réaction hostile des compagnies de Chiang Mai. Les cartes distribuées par les pensions en dehors de Chiang Mai signalent les diverses zones tribales du Nord. Vous rencontrerez peu de gens connaissant quelques mots d'anglais. En revanche, il se trouve toujours quelqu'un parlant un peu le thaï, un lexique thaï n'est donc pas inutile. Pour les lecteurs parlant anglais, Lonely Planet a publié un *Thai Hill Tribes Phrasebook* avec un chapitre consacré au dialecte de chacune des six grandes tribus montagnardes.

Beaucoup de gens font maintenant de courtes randonnées individuelles en basse altitude. Il n'est pas nécessaire d'emporter un équipement lourd ou des provisions abondantes. Néanmoins, la TAT décourage fortement les randonnées individuelles en raison des problèmes de sécurité. Adressez-vous à la police dans chaque nouveau district qui vous dira si la région est sûre ou non. Un randonneur solitaire est une cible tentante..

Ne sont pas inclus les boissons autres que l'eau ou le thé, l'obligatoire pipe d'opium partagée avec le chef du village (combien de voyageurs ai-je entendu dire : "… Et ensuite, le déjeuner des premier et dernier jours et les porteurs personnels.

Saisons

La meilleure période pour partir en randonnée est sans doute entre novembre et février, quand le temps est frais, les pluies quasi inexistantes et les pavots en fleur. De mars à mai, les montagnes sont arides et le temps très chaud. L'autre saison agréable est le début de la saison des pluies, entre juin et juillet, avant que les pistes soient détrempées.

Sécurité

Presque chaque année, on déplore au moins une attaque de randonneurs en Thaïlande du Nord. Les bandits sont souvent armés et n'hésitent pas à tirer au moindre signe de résistance. Leur butin d'appareils photo, de montres, d'argent et de bijoux, est revendu au Myanmar. La police ne reste pas inactive, les arrestations en font foi, et des patrouilles de montagne ont été créées.

Pour la population rurale du Nord, tous les étrangers sont forcément riches (ce qu'ils sont effectivement en comparaison de leur niveau de vie). La plupart ne sont jamais allés à Chiang Mai, et d'après ce qui leur en parvient, Bangkok est pour eux un paradis de luxe et de richesse. N'emportez aucun objet auquel vous tenez, et ne résistez pas aux voleurs.

Quant aux excursions plus sportives, en trekking ou en radeau, Thip's Travellers House, Mae Kok River Lodge ou Thaton River View pourront se charger de les organiser. Thip's, en particulier, propose des descentes pas très chères de 3 jours, avec pilote et cuisinier, sur des radeaux de bambou munis d'un habitacle, pour 1 300 B par personne (les bateaux ne partent pas sans un minimum de quatre passagers) ; ce prix inclut la descente elle-même, l'hébergement et les repas. Le Mae Kok River Lodge propose pour 1 500 B par personne des excursions de 2 jours, sur des radeaux robustes renforcés de montants métalliques et couverts d'un toit de bambou.

Il vous sera également possible de réunir un petit groupe de voyageurs et d'organiser vous-même une descente en radeau de 2 à 3 jours, en louant les services d'un guide et d'un cuisinier. Vous aurez alors le choix des villages où vous déciderez de vous arrêter. La location d'un radeau équipé d'un habitacle revient généralement entre 350 et 450 B par personne et par jour, repas simple compris, pour un maximum de 6 personnes ; prévoyez par conséquent un coût global de 1 000 à 1 350 B pour une descente de 3 jours. D'après la nouvelle réglementation touchant la circulation fluviale, chaque radeau doit avoir à bord au moins un navigateur expérimenté, la descente présentant un certain nombre de passages difficiles.

Aux abords des quais, vous pourrez également louer un kayak gonflable pour canoter en solitaire sur la Kok. En remontant le courant sur quelques kilomètres, vous pénétrez au Myanmar.

Des heurts se produisent de temps à autre à cet endroit entre les troupes de la Muang Tai Army (MTA) et celles de l'armée de Yangon. La capitulation de Khun Sa en 1995 n'a pas mis fin aux combats.

Où se loger et se restaurer

Fang. Le *Wiang Kaew Hotel* est une bonne option. Situé derrière le Fang Hotel, en retrait de la rue principale, il dispose de chambres rudimentaires mais propres avec s.d.b. à 90 B, 120B avec eau chaude.

Le *Ueng Khum Hotel* (*UK Hotel*, ☎ 053-451268), à l'angle de Th Tha Phae, un grand bâtiment de style bungalow, autour d'une cour, propose des simples/doubles à 140/200 B avec douche et eau chaude. Plus sélect, près du marché, sur la grand-route, le *Chok Thani* et le *Roza* vous accueillent dans des chambres avec ventil. à partir de 200 B, 350 B avec clim.

Le *Fang Restaurant* (l'enseigne en thaï indique "Khun Pa"), à côté de l'entrée du Fang Hotel aujourd'hui fermé, présente une carte bilingue et une cuisine tout à fait correcte.

Le *Parichat Restaurant*, dans Th Rawp Wiang, près du marché de la rue principale, sert un délicieux khâo sàwy au poulet ou au bœuf, du kuãytiaw, du *khâo phàt* et d'autres plats typiques. Plus bas dans la rue, on trouve un groupe de restaurants isaan bon marché et de bars à *lâo dawng* (liqueur à base d'herbes).

Quelques *échoppes* – pas assez cependant pour parler d'un vrai marché de nuit – s'installent le soir près du terminal des bus.

Tha Ton. Pour dormir à Tha Ton près du quai, plusieurs possibilités s'offrent à vous. Tout d'abord, la *Thip's Travellers House*, accessible à pied depuis les quais. Elle est installée à proximité du pont que traverse la route de Fang. Comptez 80 B des chambres aux parois étroites sans s.d.b., 100 B avec bain. Thip a une deuxième adresse, plus intéressante, 3 km environ après le pont, mais en bordure cette fois de la rivière Huay Nam Yen. Les prix oscillent de 100 B à 400 B, selon la taille des chambres. Adressez-vous à la Thip en ville pour qu'on vous y amène.

Au *Chankasem*, près des quais, vous pourrez dîner dans un cadre agréable, au bord de l'eau ; vous y disposerez de chambres diverses, qu'il est difficile de qualifier de propres, depuis la chambre à 70 B avec s.d.b. commune dans le vieux bâtiment en bois, jusqu'au bungalow de brique à 300 B, en passant par la chambre ventilée, simple ou double, avec s.d.b. qui vous coûtera 90 B ou de 120 à 200 B avec eau chaude. Dernière adresse aux abords des quais, l'*Apple Guest House*, plus sommaire, possède des chambres de 60 B à 80 B et des bungalows plus récents à 150 B.

Citons trois endroits sur l'autre rive. A la *Maekok River Lodge* (☎ *053-469328, fax 459329, tiger@loxinfo.co.th*), vous trouverez des jardins bien entretenus et des chambres donnant sur la rivière entre 900 B et 1 200 B. A Chiang Mai ou dans toute autre ville de province, de telles chambres ne vaudraient pas plus de 400 B ou 500 B. Ces prix sont destinés aux visiteurs en

FANG

Vers le Wat Jawng Paen

Thanon Tha Phae

Vers Ban Meuang Chom

Vers Tha Ton (23 km)

Fang

Route 107

Th Rawp Wiang

Vers Chiang Mai

1 Ueng Khum Hotel
2 Wiang Kaew Hotel
3 Fang Restaurant
4 Banque
5 Police
6 Administration du district
7 Wat Jedi Ngam
8 Marché
9 Parichat Restaurant
10 Thai Farmers Bank
11 Terminal des bus
12 Marché
13 Hôtels Chok Thani et Roza

0   50   100 m

voyage organisé avec forfaits. L'hôtel propose diverses activités, dont des randonnées, pédestres et à vélo. En contrebas de l'Apple et de la Chankasem, les propriétaires prévoient de construire un ensemble de bungalows sélects.

En bordure de rivière, à environ 100 m du pont si l'on prend vers le nord, le *Garden Home*, un hôtel calme, propose des bungalows au toit de chaume, très propres, bien espacés et répartis sur un terrain joliment aménagé. Comptez 200 B pour une chambre avec douche (eau froide). C'est sans doute le meilleur tarif possible à Tha Ton. Pour parvenir au Garden Home depuis le pont, tournez à gauche lorsque vous apercevez la pancarte indiquant le Thaton River View Hotel.

Plus loin encore en suivant la rivière, on arrive au *Thaton River View Hotel* (☎ *01-224 2781 ; ☎ 02-287 0123, fax 287 3420 à Bangkok*), un hôtel aux chambres spacieuses et d'une propreté irréprochable à 1000 B, une valeur plus sûre à ce prix que le Maekok River Lodge. Il abrite la meilleure table de la localité, quatre plats de la carte ont été primés par le registre Shell Chuan Chim.

Le *Thaton Garden Riverside* (☎ *053-459286*), également en bordure de rivière, loue des bungalows tout à fait corrects avec ventil. et douche à l'eau chaude entre 300 B et 400 B la nuit.

Le *Rim Nam Restaurant*, attenant à l'hôtel, sert une cuisine satisfaisante.

Il existe d'autre part deux hôtels club ou "resorts" de style thaï à l'entrée de Tha Ton, sur la route de Fang : il s'agit du *Kok Garden Resort* et du *Khumphukham Garden*, qui disposent tous deux de chambres tout confort à partir de 650 B.

Plusieurs stands assez rustiques sont installés dans les environs des quais et du pont. Notez que la spécialité culinaire de l'endroit est le *lûu*, une salade nord-thaïlandaise à base de sang de porc.

A environ 15 km au nord-est de Tha Ton, à Lou-Ta, village lisu le plus proche, la *Asa's Guest Home* offre deux chambres rudimentaires aux murs de bambou pour 150 B par personne et par nuit. Ce tarif

NORD DE LA THAÏLANDE

comprend deux repas. Les propriétaires, accueillants, peuvent organiser des randonnées d'un jour ou deux dans la jungle environnante. Pour vous rendre à cette pension, prenez un songthaew jaune à partir de Tha Ton pour 12 B (ou un taxi-moto pour 25 B) et demandez qu'on vous dépose à Lou-Ta.

Comment s'y rendre

Bus et songthaew. Les bus en direction de Fang quittent le terminus de Chang Pheuak à Chiang Mai. Le voyage de 3 heures coûte 50 B.

Tha Ton est à 23 km de Fang. Comptez 40 minutes et 12 B en songthaew. De grands bus orange, moins fréquents, ne coûtent que 8 B. Ils partent de l'arrêt proche du marché, ou bien vous pouvez attendre devant le Fang Hotel. Attention : les bus comme les songthaews ne circulent qu'entre 5h30 et 17h.

Les bus pour Mae Sai coûtent 33 B à partir de Tha Ton, 40 B au départ de Fang.

La rivière n'est pas la seule voie de communication pour arriver à Chiang Rai. Des songthaews jaunes partent de la rive nord, à Tha Ton, pour Mae Salong, dans la province de Chiang Rai, à peu près toutes les demi-heures entre 7h et 15h. Le trajet de 2 heures 30, revient à 45 B par personne. Vous pouvez aussi louer tout un songthaew pour 350 B l'aller, ou 500 B pour une grande promenade. Accrochez-vous, les virages sont nombreux et la route, escarpée.

Si vous préférez éviter le bateau pour descendre le fleuve, des bus relient Tha Ton et Chiang Mai plusieurs fois par jour. De Chiang Mai, des bus partent fréquemment pour Mae Sai. Le service direct entre Tha Ton et Mae Sai a récemment été interrompu.

Si vous allez ou venez de la province de Mae Hong Son, il n'est pas nécessaire de redescendre sur Chiang Mai avant de continuer vers l'ouest ou l'est. A Ban Mae Malai, le croisement avec la Route 107 (la route Chiang Mai-Fang), vous pouvez prendre un bus à destination de Pai pour 42 B ; si vous venez de Pai, veillez à descendre à cet endroit pour reprendre un bus vers Fang (48 B entre Ban Mae Malai et Fang).

Motos. Les randonneurs en moto peuvent aussi voyager entre Tha Ton et Doi Mae Salong, à 48 km au nord-est sur une route de montagne pavée mais parfois traître. Elle traverse deux villages.

Les quelques 27 km qui séparent Doi Mae Salong du village de Hua Muang Ngam sont très raides et tortueux – faites attention, surtout durant la saison des pluies. Si le temps le permet, le trajet peut se faire en 1h30.

Moyennant supplément, vous pouvez emportez votre moto à bord de la plupart des bateaux pour Chiang Rai.

Bateau. Voir ci-dessous pour plus d'informations sur les bateaux naviguant sur la rivière Kok entre Tha Ton et Chiang Rai.

DESCENTE DE LA KOK JUSQU'À CHIANG RAI

De Tha Ton, on se rend à Chiang Rai à bord de long-tail boats en une demi-journée en descendant la rivière. Le bateau régulier embarque 12 personnes à son bord et part à 12h30 (200 B par personne). On peut aussi louer un bateau pour 1 200 B, qui, à 6 personnes revient au même prix par personne mais vous laisse plus de place. Actuellement, la traversée tend à devenir une affaire touristique (quel thaïlandais paierait 200 B pour prendre le bateau alors qu'il peut se rendre en bus à Chiang Rai pour 29 B ?). La meilleure époque pour ce voyage est la fin de la saison des pluies, en novembre, quand la rivière est haute.

Pour prendre un bateau le jour même où vous partez de Chiang Mai, il faudrait partir entre 7h et 7h30 au plus tard et ne pas s'arrêter en route. Le bus de 6h est le plus pratique. La durée de la traversée dépend de l'état de la rivière et de l'habileté du pilote (entre 3 et 5 heures). Il serait possible de partir le matin de Chiang Mai, de faire la descente et de reprendre un bus de retour, sitôt arrivé à Chiang Rai, mais il est de loin préférable de dormir à Fang ou Tha Ton, de faire la descente, et de dormir à Chiang Rai ou Chiang Saen avant de poursuivre. Vous devrez parfois descendre du bateau et marcher ou pousser pour le dégager d'un banc de sable.

Aujourd'hui, certains voyageurs font la traversée en deux ou trois fois, s'arrêtant d'abord à **Mae Salak**, un grand village lahu au tiers du chemin, ou à **Ban Ruammit**, un village karen aux deux tiers du chemin. Ces deux villages sont devenus touristiques mais ce sont des points de départ vers d'autres villages shan, thaïlandais et tribaux, ou pour de longues randonnées vers **Wawi** au sud, une grande communauté multi-ethnique. La région de Wawi est peuplée de dizaines de villages de diverses ethnies, dont la plus grande communauté akha de Thaïlande (Saen Charoen), et la plus vieille colonie lisu (Doi Chang).

Autre possibilité : faire à pied le chemin entre Mae Salak et **Mae Suai** au sud, où vous prendrez un bus pour Chiang Rai ou Chiang Mai. On peut aussi essayer de descendre du bateau dans l'un des petits villages (voir les tarifs ci-dessous) **Jakheu** paraît intéressant ou bien remonter le courant depuis Chiang Rai (beaucoup plus lent), malgré les rapides.

N'envisagez même pas de vous baigner dans les **sources chaudes,** certes jolies, qui se trouvent près de Ban Ruammit, sur la rive opposée de la rivière (1 heure 30 en bateau de Chiang Rai, 50 B).

Comptez ensuite une heure de marche pour regagner l'*Akha Hill House* (☎ *01-460 7450, fax 053-715451, apaehouse@ hotmail.com*), entièrement détenue et gérée par des membres de la tribu. Cette pension très rustique bénéficie d'un cadre superbe surplombant une vallée de montagne. Il est ensuite facile d'accéder à pied à une cascade et aux villages des environs (akha, mien, lisu, karen et lahu). La pension organise des randonnées de deux jours dans la forêt en compagnie de guides qui vous construiront une hutte en feuilles de bananier et préparent les repas avec des morceaux de bambou cuisinés. La chambre vaut 40/60 B la simple/ double avec s.d.b. commune, 50/70 B pour une hutte avec s.d.b. Vous pouvez également rejoindre l'Akha Hill House par la route, distante de 26 km de Chiang Rai. Passez un coup de fil et on viendra vous chercher gratuitement.

Plusieurs pensions de Tha Ton organisent maintenant des traversées en radeau – voir plus haut la rubrique *Tha Ton*. Voici les tarifs des bateaux depuis Tha Ton :

Destination	Tarif
Ban Mai	50 B
Mae Salak	60 B
Pha Tai	70 B
Jakheu	85 B
Kok Noi	110 B
Pha Khwang	110 B
Pha Khiaw	170 B
Hat Wua Dam	170 B
Ban Ruammit	180 B
Chiang Rai	200 B

Province de Lamphun

Cette minuscule province au sud-est de Chiang Mai correspond essentiellement à une petite ville entourée de fermes et de villages.

LAMPHUN
15 200 habitants

Destination idéale pour une excursion d'une journée au départ de Chiang Mai, tout comme Pasang, Lamphun fut le centre de la petite principauté d'Hariphunchai dont la première souveraine fut la princesse môn Chama Thewi. Longtemps après que son fondateur, Dvaravati, ait été vaincu par les Khmers, Hariphunchai réussit à rester indépendant des Khmers et des Thaïlandais de Chiang Mai. Ce chef-lieu de province est parfaitement tranquille.

Le village au nord de Lamphun, **Nong Chang Kheun**, est connu pour produire les *lam yai* (longan) les plus sucrés du pays. Durant la deuxième semaine d'août, Lamphun est le théâtre de la fête du Lam Yai avec défilé de chars composés de fruits, et, bien sûr, élection d'une Miss Lam Yai.

Wat Phra That Hariphunchai

Construit en 1044 (en 1157 selon d'autres datations) sur le site du palais de la reine

Chama Thewi, ce wat se trouve sur la gauche en venant de Chiang Mai. Le temple était à l'abandon jusqu'à ce que Khrubaa Siwichai, l'un des moines les plus célèbres de Thaïlande, décide dans les années 30 de le faire restaurer. Intéressante architecture post-Dvaravati avec deux beaux bouddhas et deux vieux chédis du premier style Hariphunchai. Le chédi, haut de 46 m, est surmonté d'un toit à neuf étages fait de 6,5 kg d'or pur. Le gong de bronze le plus large du monde est suspendu dans un pavillon rouge qui s'élève sur le domaine.

Musée national de Lamphun

En face du Wat Phra That Haripunchai, la petite collection du musée comprend des objets des royaumes Dvaravati, Hariphunchai et Lanna. Il est ouvert du mercredi au dimanche de 9h à 16h. Pour les touristes, l'entrée coûte 30 B.

Wat Chama Thewi

Un chédi Hariphunchai plus grand est visible au Wat Chama Thewi (familièrement appelé Wat Kukut) ; il daterait du VIIIe ou IXe siècle, mais aurait été reconstruit en 1218 par les Môn hariphunchai. Restauré plusieurs fois depuis, c'est maintenant un mélange de plusieurs styles.

Le Wat Kukut est à l'autre bout de la ville par rapport au Wat Hariphunchai. Descendez Th Mukda vers l'ouest, perpendiculaire à la route Chiang Mai-Lamphun, (en face du Wat Hari), traversez les douves, puis dépassez les bureaux du district avant d'atteindre le wat, sur la gauche.

Où se loger et se restaurer

Le logement le plus facile à repérer, le *Si Lamphun Hotel* (pas d'enseigne en anglais), Soi 5, à deux pas de la rue principale de la ville, Th Inthayongyot, possède des

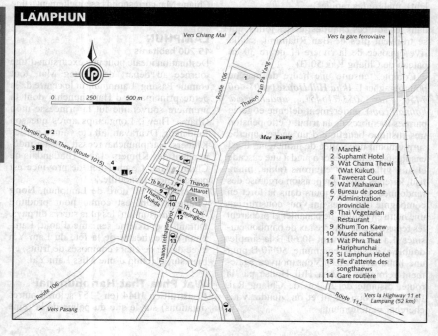

LAMPHUN

NORD DE LA THAÏLANDE

Vers Chiang Mai
Vers la gare ferroviaire
Route 106
Thanon San Pa Yang
Mae Kuang
Thanon Chama Thewi (Route 1015)
Th Rot Kaew
Thanon Mukda
Thanon Inthayongyot
Thanon Attarot
Th Chaimongkon
Route 106
Vers Pasang
Route 114
Vers la Highway 11 et Lampang (52 km)

0   250   500 m

1 Marché
2 Suphamit Hotel
3 Wat Chama Thewi (Wat Kukut)
4 Taweerat Court
5 Wat Mahawan
6 Bureau de poste
7 Administration provinciale
8 Thai Vegetarian Restaurant
9 Khum Ton Kaew
10 Musée national
11 Wat Phra That Haripunchai
12 Si Lamphun Hotel
13 File d'attente des songthaews
14 Gare routière

Attention

Que ce soit par radeau ou par long-tail, tous les passagers descendant la rivière doivent se présenter aux postes de police à trois endroits : Tha Ton, Mae Salak et Ban Ruammit. Cette mesure fait partie d'un plan d'ensemble en vue d'améliorer la sécurité le long de la rivière, à la suite de plusieurs attaques de bandits armés sur des bateaux, survenues à la fin des années 80. Depuis la dernière décennie, on ne signale plus aucun incident, ce qui tend à prouver l'efficacité du système. Il vaut toutefois mieux éviter de transporter des objets de valeur.

chambres simples et tout à fait acceptables, mais équipées de s.d.b. pas nettes, de 80 B à 100 B (140 B les doubles). L'endroit a vraiment besoin de rénovations et le vacarme de la circulation peut poser problème.

En face du Wat Chama Thewi, le nouveau *Supamit Hotel* (☎ *053-54865*) dispose de 50 chambres propres et sans prétentions avec ventil., à 250/300 B la simple/double, qui passent à 350/400 B avec clim. Toutes sont dotées d'un balcon et d'eau chaude. Le restaurant à la terrasse du 5e étage jouit d'une belle vue sur Lamphun.

Le *Taweerat Court* (☎ *053-560224*), Th Chama Thewi, près du Wat Mahawan, proche d'un appartement, propose des chambres propres avec ventil. à 150 B, 300 B avec clim. et TV.

Tout le long de Th Inthayongyot, au sud du Wat Phra That, s'égrènent des *échoppes de nouilles et de riz*. La splendide bâtisse en bois de teck à l'arrière du musée fut le palais d'un prince local. Elle abrite à présent un restaurant, le *Khum Ton Khaew,* qui, outre sa carte mixte thaï et occidentale, de 50 à 150 B le plat, offre l'avantage d'une bonne clim. Dans la même rue (un pâté de maison plus loin, en traversant la chaussée), le *Thai Vegetarian Restaurant* prépare des curries et des légumes frits pour approximativement 10 B l'assiette, riz compris.

Comment s'y rendre

A Chiang Mai, les bus pour Lamphun partent toutes les 30 minutes, pendant la journée, depuis la route Chiang Mai-Lamphun près du côté sud du Nawarat Bridge. De Lamphun, pour repartir, prenez un bus devant le musée national. Le trajet de 26 km (7 B en bus ordinaire, 20 B en bus climatisé) traverse un beau paysage.

Si vous comptez rejoindre Lampang (52 km), un bus vous y conduira pour 20 B.

PASANG

A Pasang, le coton est à la base de l'artisanat local. Nandakwang Laicum, une des nombreuses boutiques qui tissent et vendent leurs propres cotonnades, se trouve sur la droite en allant vers le sud ; elle est recommandée pour son grand choix et ses motifs raffinés. Une chemise ou une robe de coton typique de Pasang s'achète entre 100 et 500 B, selon la qualité. Un songthaew de Lamphun à Pasang coûte 6 B.

Wat Phra Phutthabaat Taak Phaa

A 9 km au sud de Pasang, ou à 20 km au sud de Lamphun, par la Route 106 dans le sous-district (*tambon*) de Ma-Kawk (à partir de la Route 106, bifurquez vers l'est sur la Route 1133, que vous suivrez sur 1 km), on trouvera ce célèbre wat Mahanikai. Le sanctuaire, élevé à la gloire de l'un des plus célèbres moines du Nord, Luang Puu Phromma, renferme une statue en cire, grandeur nature, du défunt assis en méditation.

Le wat tire son nom d'un sanctuaire insignifiant possédant une empreinte du pied du Bouddha (Phra Phutthabaat) au centre du temple inférieur, et d'un autre endroit où le Bouddha aurait séché ses tuniques (Taak Phaa).

Comment s'y rendre

Un songthaew vous emmènera de Lamphun à Pasang pour 6 B. De Chiang Mai, comptez 12 B en bus régulier et 15 B en songthaew. Si vous vous dirigez vers le sud en direction de la province de Tak à bord d'un véhicule individuel, vous trouverez en principe moins de circulation sur la Route 106, qui dessert Thoen, que sur la Highway 11 en direction de Lampang. En optant pour la Route 106, vous pourrez également profiter de paysages superbes à travers lesquels elle serpente sur 10 km au nord de Thoen. Les deux itinéraires rejoignent la portion sud de la Highway 1, qui mène directement à la capitale de la province.

PARC NATIONAL DE DOI KHUN TAN

Ce parc n'accueille que 10 000 visiteurs par an. L'accès se fait depuis la gare de Khun Tan. Quatre trains de Chiang Mai la desservent tous les jours (1 heure 30, 15 B). Une fois à la gare, traversez les voies et suivez un sentier abrupt et balisé sur 1,5 km jusqu'aux bureaux du parc. Si vous venez en voiture, prenez la route de Chiang Mai-Lampang jusqu'à l'embranchement de Mae Tha, puis suivez les pancartes sur la route raide et non pavée de 18 km qui mène au parc.

Ce parc s'étend sur 255 km² et son altitude passe de 350 m dans la forêt de bambous à 1 363 m au sommet de Doi Khun Tan, semé de pins. Les fleurs sauvages (orchidées, gingembre et lis) poussent en abondance sur les pentes. Outre un sentier bien signalé, qui rejoint les quatre sommets du parc, un autre chemin conduit à la **cascade de Tat Moei** (7 km aller et retour). Le plus long tunnel ferroviaire de Thaïlande (1 352 m), inauguré en 1921 après six années de dur labeur, effectué par des milliers d'ouvriers laotiens (dont on raconte que plusieurs furent tués par les tigres), traverse les flancs de la montagne.

Des bungalows accueillent les visiteurs pour 200 B environ par personne (de 600 B à 1 200 B pour un bungalow entier), du bureau du parc et au Camp 1 près du premier sommet. Près du deuxième sommet, au Camp 2, la nuit vaut 250 B par personne et l'on peut aussi planter sa tente pour 10 B. Une petite boutique propose de quoi manger près du bureau. Le droit d'entrée du parc s'élève à 3 B par personne (20 B pour une voiture, 5 B pour une moto). Le parc est très fréquenté le week-end, à la saison fraîche.

Province de Lampang

LAMPANG
44 700 habitants

Distante de 100 km de Chiang Mai, Lampang existe depuis le VIIe siècle, à l'époque Dvaravati, et joua un rôle important dans l'histoire du royaume d'Hariphunchai. La légende veut qu'elle ait été fondée par le fils de la reine Chama Thewi.

Comme Chiang Mai, Phrae et d'autres villes du Nord, Lampang ne fut d'abord qu'un rectangle ceint de murs au bord d'une rivière, le Wang en l'occurrence.

Au début du siècle, la ville, avec Phrae sa voisine, devint un centre important du négoce du teck. Une dizaine de grands temples furent construits par des artisans birmans.

Les artisans birmans et shans conçurent les édifices à partir de matériaux disponibles sur place, notamment le teck. Leur marque est sensible dans plusieurs wats parmi les mieux entretenus de la ville, et aujourd'hui les plus visités. Quatre wats au moins abritent des pères supérieurs birmans.

Beaucoup de Thaïlandais se rendent à Lampang pour goûter à la vie urbaine du Nord et oublier le mercantilisme de Chiang Mai. Le centre-ville est très animé, et les boutiques vous réserveront un accueil plus traditionnel.

Renseignements

Au 2e étage du complexe provincial principal de Th Boonyawat (côté sud), juste à l'est de Th Praisani, l'office municipal du tourisme ouvre tous les jours de 8h30 à 16h30. Il dispose de brochures d'hôtels et d'un plan de la ville.

Wat Phra Kaew Don Tao

Sur la rive nord du Wang, ce wat fut construit sous le règne d'Anantayot et abrita le bouddha d'Émeraude (aujourd'hui au Wat Phra Kaew de Bangkok) de 1436 à 1468. Le chédi principal témoigne de l'influence de Hariphunchai. Le mondòp voisin fut construit en

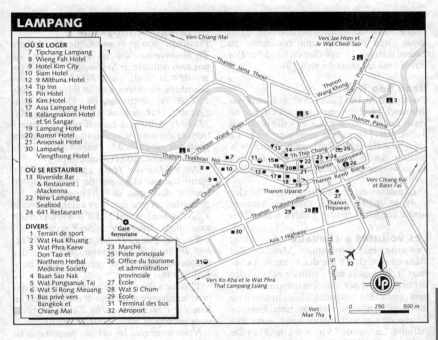

LAMPANG

OÙ SE LOGER
- 7 Tipchang Lampang
- 8 Wieng Fah Hotel
- 9 Hotel Kim City
- 10 Siam Hotel
- 12 9 Mithuna Hotel
- 14 Tip Inn
- 15 Pin Hotel
- 16 Kim Hotel
- 17 Asia Lampang Hotel
- 18 Kelangnakorn Hotel et Sri Sangar
- 19 Lampang Hotel
- 20 Romsri Hotel
- 21 Aroonsak Hotel
- 30 Lampang Viengthong Hotel

OÙ SE RESTAURER
- 13 Riverside Bar & Restaurant ; Mackenna
- 22 New Lampang Seafood
- 24 641 Restaurant

DIVERS
- 1 Terrain de sport
- 2 Wat Hua Khuang
- 3 Wat Phra Kaew Don Tao et Northern Herbal Medicine Society
- 4 Baan Sao Nak
- 5 Wat Pongsanuk Tai
- 6 Wat Si Rong Meuang
- 11 Bus privé vers Bangkok et Chiang Mai
- 23 Marché
- 25 Poste principale
- 26 Office du tourisme et administration provinciale
- 27 École
- 28 Wat Si Chum
- 29 École
- 31 Terminal des bus
- 32 Aéroport

1909. Il est décoré d'une mosaïque de verre d'un style typiquement birman et renferme un bouddha de style Mandalay.

Une collection d'objets Lanna – du mobilier religieux et des bois est exposée dans le **musée Lanna** du wat. Il faut payer un petit droit d'entrée pour y accéder.

Autres temples

Le **Wat Si Rong Meuang** et le **Wat Si Chum** sont deux autres temples construits au début du siècle par les artisans birmans. Tous deux ont d'autres bâtisses de style birman, avec des toits en tôle ondulée surmontés de pignons en bois finement ouvragés. Actuellement, les pères supérieurs de ces temples sont birmans.

Hormis le wihãan du Wat Phra That Lampang Luang (voir la rubrique *Les environs de Lampang*), le mondòp du **Wat Pongsanuk Tai** est, dans la région, un des rares exemples survivants du style lanna d'origine, caractérisé par ses structures en bois ouvertes sur les côtés.

A environ 6 km au nord de la ville en direction de Jae Hom, le **Wat Chedi Sao** doit son nom aux 20 chédis de style Lanna, blanchis à la chaux, qui se dressent sur son domaine (*sao* signifie 20 en thaï du Nord). Au centre, un pavillon contient un bouddha doré de style similaire au Phra Chinnarat de Phitsanulok. En fait, c'est un bouddha assis du XVᵉ siècle, lourd de 1 507 g et haut de 38 cm. En or massif, il trône dans un pavillon de verre érigé sur un bassin carré. La tête de la statue contiendrait un morceau du crâne de Bouddha, et sa poitrine, une palme dorée portant d'anciennes inscriptions pali. Des pierres précieuses décorent la robe et la naissance des cheveux. Un fermier aurait trouvé, dit-on, la statue près des ruines toutes proches du Wat Khu Kao en 1983. Les moines du Wat Chedi Sao fabriquent et vendent des remèdes à base d'herbes, dont le *yaa mong*, très demandé, qui ressemble au baume du tigre. Le pavillon du bouddha d'or ouvre tous les jours de 8h à 17h.

Baan Sao Nak

Construite en 1896 dans le style Lanna traditionnel, cette immense maison en teck du vieux quartier Wiang Neua (Ville nord) est portée par 116 piliers carrés en teck. La *khun yĭng* (la châtelaine), propriétaire de la maison, décédée récemment, en a fait don au gouvernement thaïlandais afin d'en faire un musée.

La maison est censée être ouverte tous les jours de 9h30 à 17h30, mais ces horaires sont à vérifier. L'entrée s'élève à 20 B.

Les voitures à chevaux

Lampang est surnommée Meuang Rot Maa en thaï (la "Ville des voitures à chevaux") : elle est la seule ville du pays où des voitures à chevaux assurent encore le transport public. De nos jours, elles tendent à ne servir qu'au transport des touristes. Essayez de négocier un prix intéressant s'avère très difficile. Le tour de 15 minutes dans la ville revient de 50 à 80 B. Pour 100 B, vous ferez un tour d'une demi-heure longeant le Wang et, pour 200 à 300 B, un tour d'une heure avec arrêt au Wat Phra Kaew Don Tao et au Wat Si Rong Muang. S'il n'y a pas beaucoup d'amateurs, vous pourriez tenter d'abaisser ce prix à 120 B la demi-heure et 200 B l'heure. Les principaux arrêts sont en face de l'office régional et du Thipchang Lampang Hotel.

Massages traditionnels

Samakhom Samunphrai Phaak Neua (Northern Herbal Medecine Society), 149 Th Pratuma, à côté du Wat Hua Khuang, dans le quartier Wiang Neua, propose des massages traditionnels et des saunas aux herbes (le massage revient à 100 B la demi-heure et 150 B l'heure ; 1 heure 30 est un minimum pour en ressentir les bienfaits). Le sauna extérieur coûte 50 B. C'est ouvert tous les jours de 8h à 20h.

Où se loger – petits budgets et catégorie moyenne

Plusieurs choix économiques ponctuent Th Boonyawat, qui traverse la ville. En position centrale, le ***Sri Sangar*** (*Si Sa-Nga*, ☎ 054-217070), n°213-215, loue des chambres ventilées avec s.d.b. pour 100/180 B la simple/double. Un peu plus agréable, l'***Aroonsak*** (*Arunsak*, ☎ 054-217344), n°90/9, est aussi plus difficile à trouver car un peu en retrait. Ses chambres ventilées avec s.d.b. valent 180 B la simple/double, 300 B avec clim.

Au ***9 Mithuna Hotel*** (☎ 054-222261), établissement classique de style sino-thaï situé à deux pas de Th Boonyawat, les chambres un peu sombres valent de 160 B à 220 B avec ventil., 280 B avec clim. Il vaut mieux descendre au Sri Sangar.

Le ***Lampang Hotel*** (☎ 054-227311, 696 Th Suan Dok) lui ressemble, avec des simples/doubles avec ventil. et s.d.b. à 170/250 B.

Plus haut dans l'échelle du confort et des prix, les chambres propres et confortables du ***Kim*** (☎ 054-217588, 168 Th Boonyawat) vous hébergent pour 350 B, avec clim.

Vous trouverez les mêmes prestations au ***Kelangnakorn*** (*Keeling Nakhon*, ☎ 054-217137), en diagonale du précédent, un peu plus en retrait et rénové. Les chambres avec ventil. valent 200/270 B la simple/double et 330/410 B avec clim., TV et téléphone.

L'accueil du ***Romsri*** (☎ 054-217254, 142 Th Boonyawat) est très similaire, avec des chambres à 200 B avec ventil., 380 B avec clim. et 400 B avec un petit réfrigérateur.

Presque cachées, à deux pas de Th Thip Chiang, les neuf chambres tranquilles et propres de la ***Tip Inn*** (☎ 054-323372, 143 Th Talaat Kao) coûtent 100 B la simple avec s.d.b. commune ou 160 B la double avec s.d.b. Les propriétaires parlent anglais. Ils possèdent une boutique de soie toute à côté, dans Th Thip Chiang, au fond d'un passage. Une petite enseigne verte indique "Hotel".

L'accueillant ***Siam Hotel*** (☎ 054-217472) se situe au sud-ouest du rond-point de l'horloge dans Th Chatchai. Ses chambres propres et bien tenues se louent 250 B avec ventil. et s.d.b., ou 380 B avec clim., TV, téléphone et eau chaude.

A environ 2 km de la ville, sur la Highway 1, le *Bann Fai* (☎/fax 054-224602) propose des chambres spacieuses à l'intérieur d'une charmante demeure en teck, décorée d'antiquités thaïlandaises et de tissus en coton tissé main, dans le hall.

Le parc paysager, donnant sur la rivière, recèle non moins de 300 espèces de plantes et une vue panoramique sur les rizières et les montagnes avoisinantes. Une chambre double revient à 220 B, quatre s.d.b. sont mises à votre disposition. Possibilité de louer des motos.

Où se loger – catégorie supérieure

Établi depuis longtemps, l'*Asia Lampang Hotel* (☎ 054-227844, fax 224436, 229 Th Boonyawat) comprend de bonnes chambres climatisées sur la rue pour 390 B. D'autres, plus belles (en fait des suites au 5e étage) se louent pour 450 B à 550 B. Toutes les chambres possèdent la clim., la TV et un réfrigérateur. L'agréable café sur la rue est son plus grand atout.

Le *Pin Hotel* (☎ 054-221509, fax 322286, 8 Th Suan Dok), juste derrière le Kim Hotel au centre-ville, propose des chambres spacieuses, climatisées et bien entretenues pour 490 B dans le bâtiment ancien. Dans l'aile toute neuve, équipée de la TV par satellite, de téléphones et d'eau chaude, comptez 675 B pour une chambre de luxe ou 900 B pour une suite.

Le prix des chambres du *Thipchang Lampang Hotel* (☎ 054-226501, fax 225362, 54/22 Th Thakhrao Noi) s'élève à 600/690 B la simple/double, petit déjeuner américain compris. Une cafétéria, un café, une salle pour souper, un bar à cocktails, des terrains de tennis et une piscine comptent parmi les installations.

Convenable, mais sans plus, le petit *Wieng Fah Hotel* (☎ 054-310674, fax 225803, 138/109 Th Phahonyothin) propose des chambres avec clim., une s.d.b. et l'eau chaude pour 350 B.

L'*Hotel Kim City* (☎ 054-310238, fax 226635, 274/1 Th Chatchai) entre dans la même catégorie avec des chambres de 450 B à 550 B par personne.

Au *Lampang Viengthong Hotel* (☎ 054-225801, fax 225803, 138/109 Th Phahonyothin), vous trouverez des chambres climatisées à partir de 810 B dans un bâtiment moderne de plusieurs étages.

Où se restaurer

A proximité du Kim et de l'Asia, plusieurs bonnes échoppes vendent du riz et des nouilles. Juste à l'est du Kelangnakorn Hotel, une petite rangée d'échoppes de jók et de nouilles ouvre tôt le matin. Minuscule mais propre, le *Mae Hae Restaurant*, Th Uparat, prépare une bonne cuisine du Nord, pas chère.

Le *Riverside Bar & Restaurant* occupe une vieille bâtisse de bois, 328 Th Thip Chang, en bordure de la rivière. Agréable pour un repas ou un verre, l'endroit accueille tous les soirs des groupes de musique folk. Les prix restent raisonnables compte tenu de la grande qualité de la cuisine et du service. A côté, le *Mackenna* propose également une bonne table et de la musique live.

Le *New Lampang Seafood* n'a pas d'enseigne en anglais. Suivez Th Thip Chang, vous ne pourrez pas le manquer. Vous choisirez vous-même les fruits de mer dans les glacières exposées en devanture. Les prix s'échelonnent de 60 B à 120 B pour des fruits de mer (de 25 B à 40 B pour les plats végétariens) et les portions sont généreuses.

Autre adresse voisine de la poste, le *614 Restaurant*, Th Praisani. Il ne paie mas de mine mais les produits sont très frais. Son propriétaire a commencé avec une échoppe de rue et s'approvisionnait à Bangkok où il se rendait deux fois par semaine.

Comment s'y rendre

Avion. L'agence de la THAI (☎/fax 054-217078) se situe 314 Th Sanambin. La THAI assure deux liaisons quotidiennes (1 heure 10 de vol) Lampang-Bangkok, à 1 455 B l'aller simple.

Bus. Les bus pour Lampang partent depuis le principal terminal des bus de Phitsanulok. Comptez 85 B (133 B en bus climatisé) pour 4 heures de trajet. Les bus pour Lampang partent du terminal Arcade de Chiang Mai environ toutes les demi-heures, et pour Lamphun depuis l'arrêt à côté du pont de Nawarat (34 B, 1 heure 30). Il existe également des bus climatisés dont les tarifs varient entre 60 et 78 B. Les bus depuis/vers Bangkok partent toutes les heures de 6h à 24h (175 B). Le terminal des bus de Lampang se trouve à une petite distance de la ville (10 B en songthaew, à plusieurs).

Pour réserver une place dans un bus climatisé pour Bangkok ou Chiang Mai, les compagnies ont des agences dans Th Boonyawat près du rond-point. Sombud, Thanjit Tour et Thaworn Farm ont tous des bus 1re classe pour Bangkok à 3300 B qui partent tous les soirs vers 20h.

AILLEURS DANS LA PROVINCE
Wat Phra That Lampang Luang

Sans doute le temple le plus magnifique de tout le nord de la Thaïlande, le Wat Phra That Lampang Luang est aussi le plus bel ensemble architectural de style Lanna. Entouré de cloîtres en brique couverts de toits, la pièce centrale du complexe est le grand **Wihaan Luang** ouvert sur les côtés, qui daterait de 1476. Il est couronné d'un triple toit en bois porté par des piliers en teck. Tout porte à croire qu'il s'agit là de la plus vieille construction en bois de Thaïlande.

L'énorme mondòp doré à l'arrière du wihaan renferme un bouddha réalisé en 1563. Les fidèles laissent de petits bouddhas dorés près du mondòp et suspendent derrière des tissus Thaï Lü.

Des fresques du début du XIXe siècle représentant des **jataka** sont peintes sur des panneaux en bois. Le haut **chédi de style Lanna**, derrière le wihaan, élevé en 1449 et restauré en 1496, mesure 24 m à sa base et se dresse à 45 m de hauteur. Le petit **Wihaan Ton Kaew,** tout simple, à droite du wihaan central, fut construit en 1476.

La structure la plus ancienne est le petit **Wihaan Phra Phut** du XIIIe siècle, à gauche

du grand chédi (quand on tourne le dos à l'entrée principale). Celui à droite du chédi, wihaan Naam Taem, fut construit au début du XVIe siècle et contient encore les traces des fresques d'origine.

Le **Haw Phra Phutthabaat,** un petit édifice blanc derrière le chédi, porte une pancarte où il est écrit : "Femmes, ne franchissez pas ce lieu". Quoi qu'il en soit, ce n'est qu'une pièce vide renfermant une banale sculpture de l'empreinte du pied du Bouddha. Le Wat Phra That Lampang Luang est à Ko Kha, à 18 km au sud-ouest de Lampang.

Pour y aller par les transports en commun, il faut prendre un songthaew dans Th Praisani pour le marché de Ko Kha (10 B), puis un songthaew à destination de Hang Chat (5 B), à 3 km au nord de l'entrée du Wat Phra That Luang.

Une course en moto-taxi agréée, depuis la station des songthaews de Ko Kha jusqu'au temple, vous sera facturée entre 20 et 30 B environ.

Si vous arrivez de Lampang en voiture ou à bicyclette, empruntez l'Asia 2 en direc-

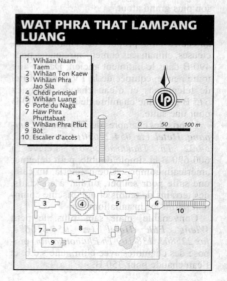

WAT PHRA THAT LAMPANG LUANG

1 Wihaan Naam Taem
2 Wihaan Ton Kaew
3 Wihaan Phra Jao Sila
4 Chédi principal
5 Wihaan Luang
6 Porte du Naga
7 Haw Phra Phuttabaat
8 Wihaan Phra Phut
9 Bòt
10 Escalier d'accès

0   50   100 m

Éléphants en Thaïlande

On estime aujourd'hui la population d'éléphants sauvages en Thaïlande à 3 000 ou 4 000 individus. En 1952, 3 397 éléphants domestiqués étaient recensés dans le pays et ils étaient au moins 100 000 au début du siècle. Jusqu'à 1917, un éléphant blanc ornait le drapeau national.

La femelle porte son petit pendant 22 mois. Un animal adulte peut atteindre une vitesse de 23 km/h.

Les animaux sont mis en apprentissage pour 5 ans, dès qu'ils ont entre 3 et 5 ans. On leur apprend à pousser, à porter et à empiler des troncs d'arbre, ainsi qu'à se baigner et à marcher en file indienne.

On confie ces éléphanteaux à deux cornacs, un vieux et un jeune (parfois le père et le fils), qui pourront suivre l'animal durant toute sa carrière, soit une cinquantaine d'années. La loi thaïlandaise exige que les éléphants soient mis à la retraite et relâchés dans la nature à l'âge de 61 ans. Ils vivent généralement 80 ans, et même plus.

Maintenant que l'abattage des arbres est interdit, on se demande si le besoin en éléphants domestiqués va se maintenir. Leur utilisation dans la déforestation illégale mise à part, l'éléphant représente encore un inégalable moyen de locomotion dans la jungle – le plus écologique en tous cas.

En contrepartie de cette baisse de la demande, les cornacs sont de plus en plus nombreux à rejoindre les rangs des sans-emplois. Beaucoup de propriétaires d'éléphants sont déjà partis vers les grandes villes thaïlandaises, et jusqu'à Bangkok, en quête d'un travail. Les éléphants souffrent énormément dans cet environnement urbain. On raconte qu'en 1998, un éléphant a trouvé la mort dans la capitale thaïlandaise après s'être pris la patte dans une bouche d'égout.

NORD DE LA THAÏLANDE

tion du sud, puis prenez la sortie marquée Ko Kha, suivez la route et tournez à droite juste après le pont. Vous passerez sur votre gauche un poste de police, franchirez un peu plus loin un autre pont et, après 2 km, vous apercevrez le temple sur votre gauche.

Si, en revanche, vous venez de Chiang Mai par la Highway 11, bifurquez vers le sud en empruntant la Route 1034 (l'embranchement se situe à 18 km au nord-ouest de Lampang, au Km 13) ; il s'agit là d'un raccourci qui vous épargnera 50 km de route et une bonne partie de la traversée de Lampang.

Centre de dressage des jeunes éléphants

Dans le district de Hang Chat, au nord-ouest de Lampang, à la sortie de Thung Kwian, au Km 37, se trouve un camp de dressage des jeunes éléphants. Également appelé Thai Elephant Conservation Centre, ce camp a quitté son ancien emplacement de Ngao, reconverti en hospice pour les vieux pachydermes.

Outre les démonstrations habituelles pour touristes et les promenades à dos d'éléphant dans la forêt voisine, une salle d'exposition est consacrée à l'histoire et à la place de cet animal dans la culture thaïlandaise.

L'entraînement se déroule tous les jours de 7h à 11h, sauf durant les vacances d'été des éléphants, de mars à mai.

Vous pourrez assister à de petits spectacles à 9h30, 11h, ainsi qu'à 14h les week-ends et jours fériés. Pour se rendre au camp, on peut prendre un bus ou un songthaew depuis le terminal de bus de Lampang en direction de Chiang Mai et descendre au Km 37.

Thung Kwian Forest Market

Le célèbre "marché de forêt" *(talàat pàa)* de Thung Kwian, dans le district de Hang Chat (entre Lampang et Chiang Mai par la Highway 11), vend toutes sortes d'animaux sauvages et de plantes de la jungle, comme des herbes médicinales et culinaires, des serpents et des espèces menacées comme le pangolin. Le marché se tient tous les mercredi de 5h environ à 12h.

Autres curiosités

Au nord et à l'est de Lampang, les villages de **Jae Hom** et **Mae Tha** sont spécialisés dans le tissage du coton. On peut y voir les métiers en action ; de nombreux commerces longent la rue principale.

La **grotte de Pha Thai** est à 66 km au nord de Lampang, sur la route de Chiang Rai (à 500 m de la Highway 1). Outre les formations habituelles de stalactites et stalagmites, la grotte abrite un grand bouddha.

La province est riche en cascades et chutes. Trois se trouvent dans le district de Wang Neua, à 120 km au nord du chef-lieu par la Route 1053 : **Wang Kaew, Wang Thong** et **Than Thong** (Jampa Thong). Wang Kaew est la plus haute. Près du sommet se trouve un village Mien.

Cette zone fut intégrée au 1 172 km² du **parc national de Doi Luang** en 1990.

Dans le district de Meuang Pan, à michemin de Wang Neua en venant de Lampang, une autre cascade, **Jae Sawn**, fait partie du **parc national de Jae Sawn** de 593 km². Certains sommets atteignent plus de 2 000 m d'altitude. Jae Sawn se partage en 6 chutes, chacune avec son bassin ; près de la cascade, 9 sources d'eau chaude. De petites cabanes abritent, chacune, une baignoire ronde, creusée à même le sol et couverte de tuiles d'argile ; ces bassins sont en permanence alimentés par l'eau des sources chaudes.

Pour 20 B, vous pouvez vous y tremper pendant une vingtaine de minutes, avec douche froide vivifiante avant et après.

Le camping est autorisé dans les deux parcs nationaux de Jae Sawn et de Doi Luang.

Province d'Utaradit

UTARADIT
164 800 habitants

Utaradit, qui se prononce "ou-ta-ra-dit" et qui prend souvent deux "t", signifie "la terre du nord" en référence au rôle historique que la ville a joué par le passé en tant que carrefour marchand, lorsque la circulation fluviale sur la Nan représentait le mode le plus pratique pour transporter passagers et marchandises dans tout le nord de la Thaïlande. Elle est aujourd'hui devenue une étape majeure sur la ligne ferroviaire qui relie Bangkok à Chiang Mai. Faute d'être une véritable destination touristique, la province d'Utaradit est connue pour la culture du langsat, fruit exotique, et pour son lac de Sirikit, immense ouvrage de retenue des eaux de la Nan, construit à 55 km de la ville.

La ville s'était autrefois taillée la réputation d'accueillir nombre de veuves et de jeunes filles vierges, peut-être en raison de sa position sur le front des invasions birmanes. Toujours est-il, que le héros local, Phraya Phichai Dap Hak y a effectivement repoussé l'envahisseur birman en 1772.

Le teck a été une des grandes ressources locales d'Utaradit. Le plus gros spécimen du monde se trouve d'ailleurs au **parc de Ton Sak Yai** (le gros teck), à Ban Bang Kleua, à 92 km au nord-est de ce chef-lieu de provine.

Avec 9,87 m de circonférence, cet arbre, âgé de 1 500 ans, brave encore les éléments, malgré une tempête qui lui a élagué sa cime ; il ne mesure plus que 37 m de hauteur, contre 48,5 m précédemment. Les services de protection des forêts de teck dans les parcs offrent la garantie d'une longévité absolue à la majorité de ces vétérans.

A voir, à faire

Le **centre culturel d'Utaradit**, en face de la résidence du gouverneur, présente une collection d'objets historiques dans une ravissante construction traditionnelle en bois, édifiée sous le règne du roi Rama V. Face à la gare ferroviaire d'Utaradit, le **Wat Tha Th** abrite une imposante statue de Bouddha dans la position du lotus ; celle-ci est faite dans un alliage de cuivre et d'étain, dans le style de Chaeng Saen. Elle a été mise à jour en 1893, lors de la visite d'un abbé à Laplae, qui remarqua l'*utsànìt* (couronne en flamme ou usnisa) du Bouddha qui dépassait d'une termitière. La statue ainsi déterrée est depuis conservée au Wat Tha Th.

A 6 km à l'ouest d'Utaradit, non loin du village de Laplae, le **Wat Phra Taen Sila-at** daterait de la période de Sukhothai. Il aurait été édifié autour d'un rocher censé porter l'empreinte du pied de Bouddha. Après l'incendie qui ravagea l'édifice d'origine en 1908, le roi Rama V ordonna sa restauration. Les moines du temple ont constitué un petit musée rassemblant divers objets locaux ; il occupe l'étage du bâtiment de bois de l'ensemble du monastère. Le temple organise un festival tous les ans au mois de mars. On accède au **Wat Phra Nawn Phutthasaiyat**, juché sur une colline de l'autre côté de la route, par un spectaculaire escalier décoré de nagas.

La vue du haut de la colline récompense vos efforts pour la grimpette. Le wihãan abrite le plus grand bouddha couché du wat homonyme. Érigé entre Utaradit et Laplae (à environ 3 km du centre-ville, par la Highway 102), le **Wat Phra Boromathat Thung Yang** contient des peintures murales jataka qui remonteraient à la période d'Ayuthaya. Dans un grand chédi très ancien, le stupa hémisphérique rappelle le style cingalais, avec sa base carrée à trois étages.

A la mi-janvier, les habitants d'Utaradit célèbrent le **festival Phraya Phichai Daphak**, en l'honneur de ce prince guerrier qui préserva la ville d'une invasion birmane sous le règne du roi Taksin. Vous pouvez assister à des processions, des démonstrations de kickboxing, des divertissements musicaux et goûter à la gastronomie locale.

Le dernier week-end de septembre, lorsque les langsats sont prêts pour la récolte, la province organise le **festival des Langsats** afin de promouvoir le fruit qui fait la richesse d'Utaradit. Les manifestations prévues incluent un concours de beauté, une foire agricole qui présente les spécialités de chaque district, et des stands où sont vendus tout type de produits agricoles et autres spécialités locales. Les animations organisées en soirée vont des concours de chants aux danses traditionnelles.

Où se loger – Petits budgets et catégorie moyenne

Le *P Vanich 2* (*Phaw Wanit,* ☎ 055-411499), situé près de la rivière, dans la partie ancienne de la ville, 1 Th Si Utara, est accessible à pied de la gare. Les chambres avec ventil. s'élèvent à 170 B, 300 B avec clim. Le *Phaw Wanit 3* (☎ 055-411559, 51 Th Charoenrat) dispose de chambres ventilées à 150 B, 300 B avec la clim.

Vous apprécierez les chambres convenables à 180/350 B avec ventil./clim. du *Namchai Hotel* (☎ 055-411753), dans Th Boromat, non loin du terminal des bus. Toujours près de ce terminal, dans Th Boromat, vous pouvez aussi opter pour le *Vivat Hotel* (☎ 055-411778). Cet établissement passait pour être le meilleur hôtel de la ville avant d'être détrôné par le Seeharaj et le Friday. Outre des chambres à 240 B avec ventil. ou à partir de 550 B avec clim., il compte une cafétéria, un restaurant et une discothèque. Dans l'enceinte du Rajabhat Institute Utaradit (le centre national de formation des enseignants), le *Ruan Ton-Sak Hotel* loue des chambres avec clim. et TV à partir de 380 B. Il affiche souvent complet le week-end car il accueille des enseignants en formation continue.

Où se loger – catégorie supérieure

Les chambres climatisées du *Seeharaj Hotel* (☎ 055-411106, 163 Th Boromat), non loin du terminal des bus, oscillent entre 1 200 B et 2 000 B. Une cafétéria, un restaurant, une boîte de nuit, une piscine, des équipements sportifs et un service de massage sont à la disposition des résidents. Il est situé dans le voisinage du grand magasin Friday et d'un petit marché de nuit.

Le *Friday Hotel* (☎ 055-4402929), qui pratique des tarifs comparables à ceux du

NORD DE LA THAÏLANDE

Seeharaj, se trouve au-dessus du très moderne Friday, le grand magasin d'Utaradit et du Supermarché Sunny's. L'hôtel comprend un restaurant, une cafétéria et des salles de réunion.

Où se restaurer

A proximité du Seeharaj Hotel, le long de Th Boromat, plusieurs échoppes de riz sont spécialisées dans le khâo man kài (riz au poulet à la mode du Hainan). Tentez également votre chance chez **Chanchai** et **Laplae**, deux des nombreuses enseignes en bordure de Th Sukkasem, qui servent les grands classiques de la cuisine thaïlandaise et chinoise.

Nos lecteurs végétariens ont le choix entre deux **restaurants thaïlandais végétariens**, tenus par la secte bouddhiste de Santi Asoke. L'un des deux, le plus petit, est installé dans Th Injaimee, en face de la sortie du Rajabhat Institute Utaradit. L'autre, plus spacieux, se trouve au sud du centre, près de la rivière. Ce dernier cuisine les légumes biologiques cultivés dans le jardin qui entoure le restaurant.

La ville compte un **marché du matin** et un **marché de nuit**, qui ne se tiennent pas au même endroit. Ce dernier, toujours intéressant, se situe près de la gare ferroviaire. Cherchez la spécialité locale, le khanôm thian sawöei, mélange à base de farine de maïs et de lait de coco sucré, recouvert de graines de sésame et enroulé dans une feuille de bananier.

Utaradit possède une autre spécialité, le mìi pan, préparation épicée qui mêle nouilles, pousses de soja et coriandre, roulée dans des feuilles de riz de Laplae.

Le district de Laplae est réputé pour son délicieux khâo thâwt (feuilles de wonton frit), ses **naw mái thâwt** (pousses de bambou en friture) et son khâo pan pàk (légumes à la vapeur enroulés dans une crêpe à la farine de riz très épaisse) ; rendez-vous au **Laplae Restaurant**, Th Sukkasem pour les goûter. Dans un magnifique jardin, le **Fern Restaurant**, juste au nord du Laplae, possède un menu exhaustif et offre une excellent service.

Les restaurants des hôtels **Friday** et **Seeharaj** proposent quantités de plats thaïlandais, chinois et occidentaux servis dans une salle confortable et climatisée.

Achats

Consacrez-les surtout aux tissus locaux, qui viennent de Laplae tout proche. Parmi les motifs favoris, figure celui de l'eau qui s'écoule (lai náam lãai) sous forme de motifs réguliers représentant cours d'eau et cascades.

Plusieurs petites boutiques de Laplae et le Sunarin Shop propose des tissus de bonne qualité ; ce dernier se situe dans Th Injaimee, en face de la sortie du Rajabhat Institute Utaradit. Un long sarong féminin, le sîn tiin jòk, est la forme la plus traditionnelle sous laquelle se présentent ces tissus.

Les balais rustiques, fait en tawng kong, variété de plante herbeuse, sont également originaires de Laplae, et très prisés des Thaïlandais qui visitent Utaradit.

Le marché du matin se tient non loin de la rivière, accessible à pied depuis la gare ferroviaire d'Utaradit.

Comment s'y rendre

Bus. La nouvelle gare routière d'Utaradit, dans Th Boromat a été inaugurée fin 1998. Plusieurs bus, privés et municipaux, partent vers Bangkok et diverses destinations dans le Nord. Le trajet en bus jusqu'à Chiang Mai dure 6 heures ; comptez 8 heures pour Bangkok.

Le billet jusqu'à la capitale coûte entre 220 B et 390 B.

Trains. Tous les trains à destination de Chiang Mai s'arrêtent en gare d'Utaradit. Rares sont les visiteurs qui partent de Bangkok pour se rendre à Utaradit ; si c'est votre cas, retenez que l'horaire le plus pratique est celui du rapide n°109, qui part à 22h et arrive à Utaradit à 6h06. Le billet en 3e, 2e ou 1re classe vaut 82 B, 190 B et 394 B, sans compter les suppléments à bord des trains rapides, pour la clim. ou une couchette.

Le train le plus rapide est l'express n°9 qui quitte la gare de Hualamphong à 8h40 pour atteindre Utaradit à 14h45. Dans le sens Utaradit-Bangkok, il existe 11 trains par jour, à des horaires bien répartis dans la journée. Le train le plus rapide, au retour, reste l'express spécial n°10 de 12h04 qui arrive à Bangkok à 6h15.

Une ligne ferroviaire relie aussi Utaradit à Phitsanulok (2 heures de trajet) et à Chiang Mai (6 heures).

Comment circuler

Des taxis, pour la plupart de vieilles Toyota qui ont déjà bien roulé leur bosse, stationnent aux gares ferroviaire et routière, ainsi qu'à proximité du marché du matin, près de la poste. Il arrive que vous puissiez héler un taxi dans la rue, mais vous devrez alors partager le véhicule avec d'autres passagers. Une course en ville tourne autour de 40 B ou 50 B. Quelques samlors circulent dans Utaradit ; le prix du déplacement dépend de la destination.

Un bus municipal de couleur blanche passe devant la gare routière et ferroviaire. Il est climatisé et le billet coûte 6 B.

ENVIRONS D'UTARADIT
Laplae

Ce district qui s'étend à 6 km à l'ouest d'Utaradit, est réputé pour sa beauté naturelle, ses ravissantes petites maisons de bois, ses textiles tissés main et ses balais en tawng kong. Vous pouvez observer le travail de tissage et acheter les tissus produits à la coopérative des femmes, le long de la grand-rue qui traverse Laplae, au sud du marché.

Laplae et ses environs sont également fort réputés pour la culture des durians et des langsats de belle qualité. Cherchez les *khâo kriàp* (ces tranches épaisses en feuille de riz, mêlées de piments et de graines de sésame noir), que l'on met à sécher sur du chaume.

Cascade de Mae Phun

A 12 km au nord de Laplae, à l'écart de la Route 1043, cette cascade à plusieurs étages fait partie d'un agréable parc de la province. C'est une destination de pique-nique appré-

ciée des familles des environs le week-end ou pendant les vacances.

Il est possible de grimper en haut de la cascade et de profiter de la vue qui donne sur un petit temple.

Lac de retenue de Sirikit

Le lac de retenue de Sirikit fait partie du district de Tha Pla, à 60 km au nord-est du chef-lieu par la Route 1045. Ce barrage en terre, le plus grand de Thaïlande ne mesure pas moins de 800 m de largeur, 12 m d'épaisseur et 113,6 m de hauteur. Il retient les eaux de la Nan et forme un immense réservoir, le Thaleh Sap Suriyanchantha. C'est également un lieu de promenade des habitants du coin. On peut louer des embarcations et passer la nuit dans une maison qui aligne une cinquantaine de chambres à 600 B la double avec ventil, 1 200 B avec clim. Pour réserver, il faut appeler l'Electricity Generating Authority of Thailand (EGAT) à Bangkok au ☎ 02-436 3179.

Ban Nam Phi

Le minerai de fer extrait dans le district, à 56 km à l'est du chef-lieu de la province par la Route 1245, sert à fabriquer des *dàap* et des *kràbii*, ces épées traditionnelles de Thaïlande, dont la fonction est aujourd'hui exclusivement réservée aux cérémonies. Plusieurs mines produisent ce fer particulièrement solide. Le minerai extrait à Baw Phra Khan est exclusivement réservé à la fabrication des sabres du roi de Thaïlande. On raconte qu'on peut entendre le bruit du fer battu sur la forge, dans chaque maison du village de Ban Nam Phi, situé près de la mine de Baw Nam Phii.

Province de Phitsanulok

PHITSANULOK
82 400 habitants

Sous le règne du roi Ayuthaya Borom Trailokanat (1448-1488), Phitsanulok a servi durant 25 ans de capitale au pays. La ville s'étend des deux côtés de la Nan, près du confluent de la Khwae Noi, ce qui lui vaut le surnom de "Sawng Khwae" (Deux Affluents).

C'est aussi la seule ville de Thaïlande où l'on peut légalement résider sur l'eau dans les limites de la municipalité.

Outre les vénérables Wat Phra Sri Ratana Mahathat et Wat Chulamani, on visitera, dans la région, les villes historiques de Sukhothai, Kamphaeng Phet et Si Satchanalai, ainsi que les parcs et les réserves naturelles de Thung Salaeng Luang et Phu Hin Rong Kla, l'ancien quartier général du Parti communiste de Thaïlande (CPT). Tous ces sites sont dans un rayon de 150 km autour de Phitsanulok.

Renseignements

Office de tourisme. Le bureau de la TAT (☎ 055-252742/3), 209/7-8 Th Borom Trailokanat possède un personnel compétent et serviable qui vous fournira un plan de la ville et une feuille décrivant un circuit pédestre de la ville. Le bureau sera également en mesure de vous fournir des informations sur les provinces de Sukhothai et de Phetchabun. Il est ouvert de 8h30 à 16h30.

Si vous projetez de faire le voyage Philok-Lom Sak, demandez la carte de la Highway 12 où sont signalés plusieurs cascades et hôtels-clubs le long de la route.

Argent. Plusieurs banques changent les devises. Bangkok Bank, 35 Th Naresuan, est la seule à offrir un service prolongé (en général jusqu'à 20h).

Poste et communications. La poste centrale de Th Phuttha Bucha ouvre du lundi au vendredi de 8h30 à 16h30, et de 9h à 12h les samedi et dimanche. Le bureau des téléphones attenant vous recevra tous les jours entre 7h et 23h.

Wat Phra Si Ratana Mahathat

Le nom complet est souvent écourté en Wat Phra Si ou Wat Yai. Le grand wihãan abrite le Bouddha Chinnarat ("Phra Phuttha Chinnarat"), une des statues les plus vénérées et les plus copiées. Le temple se trouve près du pont sur la Nan (à droite en quittant Philok vers Sukhothai). La vénération de cette fameuse statue de bronze n'est dépassée que par celle du bouddha d'Émeraude du Wat Phra Kaew de Bangkok et seul le Wat Sothon de Chachoengsao surpasse les sommes collectées ici (environ 12 millions de bahts par an). Le bouddha fut fondu à la fin de la période Sukhothai et le halo, en forme de flamme, entourant sa tête et son torse et se retournant à la base pour se transformer en tête de dragon-serpent de chaque côté de la statue en fait une pièce unique.

La construction du temple fut entreprise sous le règne de Li Thai en 1357. A son achèvement, Li Thai voulut le gratifier de trois statues de bronze de qualité supérieure. Pour cela, il envoya quérir les meilleurs sculpteurs de Si Satchanalai, Chiang Saen, Hariphunchai (Lamphun) et cinq prêtres brahmanes. Les deux premières fontes se déroulèrent comme il convient, mais la troisième nécessita trois essais avant d'obtenir la bonne. D'après la légende, un sage en robe blanche, venu d'on ne sait où, vint apporter son aide à la fonte finale, avant de disparaître. Cette dernière statue fut appelée le bouddha Chinnarat ("Roi victorieux"), et il devint la pièce centrale du wihãan.

Les deux autres bouddhas, Phra Chinnasi et Phra Si Satsada, furent transférés plus tard au temple royal du Wat Bowonniwet à Bangkok. Seul le Chinnarat possède le halo en flamme.

Les murs du wihãan sont peu élevés pour recevoir les toits descendant très bas, typiques de l'architecture septentrionale, de sorte que la statue paraît plus grande qu'elle ne le serait dans un temple du Centre ou du Nord-Est. Les portes sont incrustées de nacre et reproduisent un dessin du Wat Phra Kaew de Bangkok.

Un autre sanctuaire, sur le côté, a été converti en musée présentant d'antiques bouddhas, des céramiques et d'autres objets anciens. Ouvert du mercredi au dimanche, de 9h à 16h, l'entrée est gratuite. Habillez-vous convenablement (ni short, ni manches courtes)

Près du Wat Yai, sur la même rive, se dressent deux autres temples de la même période : le Wat Ratburan et le Wat Nang Phaya.

Wat Chulamani

A 5 km au sud de la ville (par le bus n°4 que l'on prend dans Th Borom Trailokanat, 2 B), les ruines du Wat Chulamani datent de la période Sukhothai. Les bâtiments d'origine durent être impressionnants, à en juger par ce qui reste du *prang* (tour) de style khmer très décoré. Le roi Borom Trailokanat y fut ordonné moine, comme le rappelle une vieille inscription en thaï sur le wihãan en ruine datant du règne de Narai le Grand.

Le prang n'a pas conservé sa hauteur initiale, mais les linteaux de style khmer sont restés très beaux, notamment un bouddha en marche Sukhothai et un *dhammachakka* (roue de la loi bouddhiste) en arrière-plan. Hormis le prang et le wihãan, les seules structures originales conservées sont les murs du monastère.

Fonderie de bouddhas

Dans Th Wisut Kasat, pas loin de la Phitsanulok Youth Hostel, une petite usine fond des bouddhas de toutes tailles. La majorité sont des copies du Phra Chinnarat de Wat Yai. Les visiteurs sont les bienvenus ; ils peuvent observer les étapes de la fonte et des photos leur expliquent le procédé de la cire perdue. Il faut parfois plus d'un an pour achever les plus grandes pièces. La fonderie est la propriété du Dr Thawi, un artisan et expert en folklore septentrional de renommée nationale. Des bouddhas sont en vente à la boutique.

La fonderie est ouverte du mardi au dimanche, de 8h30 à 16h30. Vous pouvez vous y rendre en prenant le bus n° 8.

Folk Museum (musée des Arts et Traditions populaires)

De l'autre côté de la rue, un peu plus au nord de la fonderie, se trouve le musée des arts et traditions populaires du Dr Thawi. Les objets exposés proviennent de sa collection personnelle d'outils agricoles, d'ustensiles de cuisine, de matériel de chasse, d'instruments de musique et autres objets du Nord. Avec un peu de chance, le Dr Thawi sera dans les parages et vous fera une démonstration impromptue des appareils employés autrefois pour appeler les oiseaux, et même les éléphants ! Le musée est ouvert du mardi au dimanche, de 8h30 à 16h30, l'entrée est sur donation. Le bus n° 8 dessert le musée.

Cours de langue

L'AUA (☎ 055-252970, poste 70) possède un centre à l'université de Naresuan, Th Sanambin, qui organise des cours de langue thaï.

Où se loger – petits budgets

Si vous êtes à la recherche d'un hébergement économique, vous n'aurez à Phit-lok aucun mal à vous loger.

Auberges et pensions. La *Phitsanulok Youth Hostel* (☎ *055-242060, 38 Th Sanam Bin*), occupe une place plus que confortable parmi les hôtels thaïlandais associés à l'Hostelling International. Le propriétaire, Sapachai, a transformé sa maison (vieille de cinquante ans), entourée d'un beau jardin envahi d'odorants jasmins autour d'une fontaine, en un restaurant qui sert une cuisine thaïlandaise et européenne. Sur l'arrière, il a construit un spacieux *sãalaa* (*sala* ou pavillon ouvert) en teck, en réemployant le bois de sept vieilles maisons de la province de Tak. C'est un bel endroit pour se reposer devant un verre de vin ou une tasse du bon café cultivé localement, en écoutant le chant des grenouilles et des crickets.

Derrière le sala, des maisons mitoyennes abritent des chambres pour 200/300 B en simple/double, ou en dortoir pour 120 B la nuit. Ces prix s'entendent petit-déjeuner compris. La carte du IYH est obligatoire (une carte temporaire pour la nuit vous coûtera 50 B, la carte annuelle, 300 B). Un nouvel immeuble de trois étages hébergera

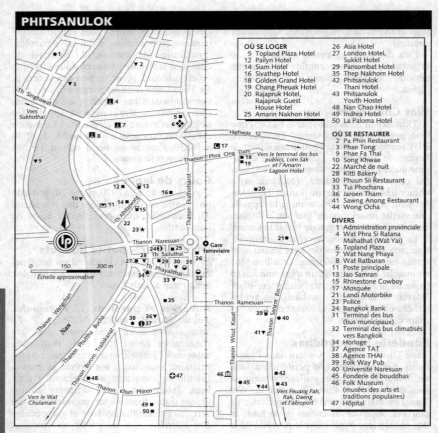

PHITSANULOK

OÙ SE LOGER
5 Topland Plaza Hotel
12 Pailyn Hotel
14 Siam Hotel
16 Sivathep Hotel
18 Golden Grand Hotel
19 Chang Pheuak Hotel
20 Rajapruk Hotel,
    Rajapruk Guest
    House Hotel
25 Amarin Nakhon Hotel
26 Asia Hotel
27 London Hotel,
    Sukkit Hotel
29 Pansombat Hotel
35 Thep Nakhorn Hotel
42 Phitsanulok
    Thani Hotel
43 Phitsanulok
    Youth Hostel
48 Nan Chao Hotel
49 Indhra Hotel
50 La Paloma Hotel

OÙ SE RESTAURER
2 Pa Phin Restaurant
3 Phae Tong
9 Phae Fa Thai
10 Song Khwae
22 Marché de nuit
28 Kitti Bakery
30 Phuun Sii Restaurant
33 Tui Phochana
36 Jaroen Tham
41 Sawng Anong Restaurant
44 Wong Ocha

DIVERS
1 Administration provinciale
4 Wat Phra Si Ratana
    Mahathat (Wat Yai)
6 Topland Plaza
7 Wat Nang Phaya
8 Wat Ratburan
11 Poste principale
13 Jao Samran
15 Rhinestone Cowboy
17 Mosquée
21 Landi Motorbike
23 Police
24 Bangkok Bank
31 Terminal des bus
    (bus municipaux)
32 Terminal des bus climatisés
    vers Bangkok
34 Horloge
37 Agence TAT
37 Agence THAI
39 Folk Way Pub
40 Université Naresuan
45 Fonderie de bouddhas
46 Folk Museum
    (musées des arts et
    traditions populaires)
47 Hôpital

des chambres décorées à l'ancienne. Une fois la clim. et les douches chaudes installées, les tarifs s'élèvent à 300/400 B en simple/double.

De la gare ferroviaire, il faut prendre un samlor (20 à 30 B) ou le bus n°4. De l'aéroport, préférez un túk-túk (30 B) ou le bus n°4 qui vous déposera devant l'auberge (à droite). Du terminal des bus, trouvez un samlor (30 B) ou le bus n°1 (descendez à Th Ramesuan, et il vous reste environ 300 m à pied).

L'*Hollywood Guest House* (☎ 055-258108, 268/99-100 Th Borom Trailokanat), au sud du centre-ville, sur la route du Wat Chulamani, dispose de lits en dortoirs à 70 B la nuit, de chambres avec s.d.b. commune à 100 B ou 120 B avec s.d.b. privée. Comptez 200 B pour une chambre climatisée. Sur simple appel téléphonique, le propriétaire, qui parle anglais, viendra vous chercher gratuitement au terminal des bus ou à la gare ferroviaire. Il possède également un bureau au centre-ville, près de l'horloge, 112 Th Borom Trailokanat, où il pourrait, dit-il, aménager quelques chambres supplémentaires et une cafétéria.

Hôtels. Plusieurs petits hôtels et restaurants sont concentrés près de la gare ferroviaire. Si vous tournez à gauche en sortant de la gare, puis dans la première rue sur votre droite, dans Th Sailuthai, vous verrez le *Pansombat Hotel* sur la gauche. Les chambres avec douche privée et toilettes communes coûtent 100/200 B, ou 150/300 B avec s.d.b. Signalons que l'établissement est bruyant et sert parfois d'hôtel de passe. Vous ferez une meilleure affaire en descendant au *Sukkit* (☎ 055-258876, 20/1-2 Th Sailuthai) avec ses chambres propres et ventilées à 150 B avec s.d.b. Bien que très simple et un peu sombre, il jouit d'un emplacement central à une rue de la rivière. En continuant vers la rivière, Th Sailuthai change de nom pour devenir Soi 1, Th Phuttha Bucha, où se dresse l'adresse la moins chère de la ville, le *London Hotel* (*ancien Chokeprasit Hotel*, ☎ 055-225145, 21-22 Soi 1, Th Phuttha Bucha). Cet ancien hôtel sino-thaïlandais vient d'être rénové et repeint avec des couleurs gaies. Les chambres propres avec s.d.b. commune sont à 150 B.

L'accueillant *Siam Hotel* (☎ 055-258844, 4/8 Th Athitayawong) est logé dans un immeuble plus tout jeune de 4 étages, à un demi-pâté de maisons de la rivière et de la poste. Les chambres spacieuses comprennent toutes une s.d.b. et un ventil. pour 150/200 B en simple/double ; choisissez une chambre sur l'arrière. Essayez de voir la chambre avant de l'accepter, car certaines présentent un niveau de propreté supérieur à d'autres. Si vous arrivez à obtenir une chambre calme et propre, vous aurez fait une bonne affaire.

Non loin de la gare ferroviaire dans Th Ekathotsarot, l'*Asia Hotel* (☎ 055-258378) offre des chambres parfaitement convenables pour 200/300 B, ou des simples climatisées de 350 B à 450 B (doubles entre 450 B et 500 B). Là encore, le vacarme de la rue est assourdissant : demandez une chambre sur l'arrière.

Où se loger – catégorie moyenne

Derrière le Rajapruk Hotel, plus haut de gamme, dans Th Phra Ong Dam, le *Rajapruk Guest House Hotel* (☎ 055-259203) dispose de chambres avec ventil. et douche (eau chaude) à un excellent tarif, 250 B, et d'autres avec clim. à 360 B. En outre, les clients peuvent plonger dans la piscine du Rajapruk Hotel.

Correct également, l'*Indhra Hotel* (☎ 055-259188/638, 103/8 Th Sithamatraipidok), se trouve au sud du Phutthachinnarat Provincial Hospital (hôpital universitaire de Phitsanulok). Propres et climatisées, ses simples/doubles avec TV varient de 300 B à 600 B.

Les deux anciens hôtels de luxe de la ville, le *Chang Pheuak Hotel* (☎ 055-252822, 66/28 Th Phra Ong Dam) et le *Sivathep Hotel* (☎ 055-244933, 110/21 Th Prasongprasat) proposent des chambres propres, avec ventil. ou clim., et TV entre 230 B et 400 B ; toutefois, la qualité du second établissement connaît un léger déclin.

Où se loger – catégorie supérieure

Les prix que pratiquent les hôtels de catégorie supérieure démarrent à 1000 B (voire en deçà) et font de Phi-lok l'un des chefs-lieux de province les moins chers de Thaïlande en terme d'hôtellerie de luxe. C'est aussi la ville où les hôtels poussent comme des champignons, et la concurrence acharnée assure la stabilité, voire la baisse du prix des chambres, en particulier dans les palaces les plus anciens.

Au *Rajapruk Hotel* (☎ 055-258477, fax 251395, 99/9 Th Phra Ong Dam), toutes les chambres comprennent la clim., la douche avec eau chaude, de la moquette, une TV, le téléphone pour 600/800 B en simple/double. Il existe aussi quelques suites plus chères et une piscine.

Autre bonne adresse, le *Thep Nakhorn Hotel* (☎ 055-244070, fax 251897, 43/1 Th Sithamatraipidok) dispose sur 6 étages de chambres tranquilles et climatisées à 500 B, et de suites à 1 500 B, petit déjeuner américain compris. Les prix du **Pailyn Hotel** (☎ *055-252411, fax 258185, 38 Th Borom Trailokanat*), très central, démarrent à 792/924 B la simple/double, avec le petit déjeuner. Toujours confortables, le **Nan Chao Hotel** (☎ *055-244702/5, fax 244794*) et ses chambres à partir de 900 B, et l'**Amarin Nakhon Hotel** (☎ *055-219069/75, fax 219500, 3/1 Th Chao Phraya Phitsanulok*) et ses chambres à partir de 550 B, comptaient parmi les hôtels les plus chics de la ville. Le restaurant chinois de l'Amarin est ouvert 24h/24 ; attenant à l'hôtel, il sert de la cuisine chinoise et du nord-est de la Thaïlande.

Le **Topland Hotel Plaza** (☎ *055-247800, fax 247815*) est relié au centre commercial Topland Plaza, au carrefour de Th Singhawat et de Th Ekathotsarot. Ce véritable palace contient un grand nombre d'installations, dont un salon de beauté, un café, un club de billard, un centre de remise en forme et plusieurs restaurants. Les tarifs débutent à 800/900 B la simple/double, une affaire à comparer aux tarifs pratiqués à Bangkok ou à Chiang Mai pour des prestations identiques. Navette gratuite avec l'aéroport.

Le très luxueux **La Paloma Hotel** (☎ *055-217930, fax 217937, 103/8 Th Sithamatraipidok*), juste au sud de l'Indhra Hotel, vise une clientèle familiale : une garde d'enfants est assurée sur demande faite d'avance. Sur 6 étages, une chambre tout confort se louent 500 B. Une suite à 1 700 B peut héberger quatre personnes, mais si le taux d'occupation de l'hôtel est faible, vous pourrez obtenir une suite pour 600 B ou 700 B. Restaurant et piscine font partie des commodités de l'hôtel.

L'**Amarin Lagoon Hotel** (☎ *055-220999, fax 220944*) se trouve à 8 km de la ville sur la Highway 12. Il s'enorgueillit de magnifiques jardins dans un cadre paysager, d'un centre de remise en forme et d'une piscine. Les tarifs s'élèvent à 800/900 B en simple/double.

Juste à côté de l'auberge de jeunesse de Phitsanulok, le relativement récent **Phitsanulok Thani Hotel** (☎ *055-211065, fax 211701, ☎ 02-314 3168 à Bangkok*) fait partie de la chaîne Dusit. Parmi ses 110 chambres climatisées, 21 classées dans la catégorie luxe s'adressent à une clientèle d'affaires. Vous pouvez vous attendre à débourser 1 600 B pour une chambre standard, mais l'hôtel pratique un tarif réduit dans le cadre de la campagne "Étonnante Thaïlande", à 800 B.

Autre établissement, nouveau venu dans la catégorie de luxe, le **Golden Grand Hotel** (☎ *055-210234/7, fax 210887, 63/28 Th Phra Ong Dam*), se trouve à côté du Chang Pheuak Hotel. Les prix commencent à 650/750 B pour une chambre à un/deux lits, et toutes les chambres sont équipées de la clim., d'une ligne de téléphone direct, d'un réfrigérateur et de la TV.

Où se restaurer

A Phitsanulok, il doit y avoir plus de restaurants par habitant que nulle part ailleurs en Thaïlande. Une cuisine thaïlandaise, excellente et pas chère, est préparée au **Phuun Sii, Restaurant** en face de l'immeuble Lithai dans Th Phayalithai. Les plats recommandés sont le *tôm khàa kài* (soupe au poulet et à la noix de coco), le *lâap* (salade de viande hachée à la mode isaan), le *kaeng mátsàman kai* (poulet au curry) et le *thâwt man plaa* (gâteau de poisson frit).

Le **Tui Phochana,** en face de Phuun Sii, tenu par un cousin de la même famille, fait un fabuleux *yam khanûn* (fruits du jacquier au curry) au début de la saison fraîche, et beaucoup d'autres curries thaïlandais exceptionnels.

Dans le même quartier, on trouve de nombreux petits restaurants thaïlandais. Près de l'auberge de jeunesse, on trouvera plusieurs échoppes de riz et de nouilles. En face de l'université de Naresuan, dans Th Sanam Bin, le très populaire et très peu cher **Sawng Anong** est un restaurant en plein air ouvert de 9h à 15h, tous les jours. Vous trouverez un grand choix de curries, de nouilles et de desserts, tous à moins de 25 B.

Les "lève-tôt" pourront essayer le petit marché animé, voisin de l'université de Naresuan. Les marchands proposent du khâo man kài, du salabao, du paa-thông-kõ et du jók, tous les jours de 6h à 10h. La **Kitti Bakery**, à côté de l'horloge, dans le centre-ville, prépare diverses viennoiseries savoureuses et bon marché ; goûtez notamment les meilleurs brownies au chocolat du pays.

Une poignée d'étals s'est installée juste à l'ouest du London Hotel, près du cinéma. Non loin de la mosquée dans Th Phra Ong Dam, plusieurs cafés thaïlandais musulmans animent le quartier. L'un deux, le célèbre **Fak-Ke-Rak** (pas d'enseigne en anglais, contentez-vous de repérer un endroit bondé, près du croisement de la voie ferrée) sert d'épais rôtis avec du kaeng mátsaman, ce qui est inhabituel sous cette latitude. Demandez du *roti kaeng* pour obtenir le plat désiré. Ce petit café sert également du lait frais et du yaourt.

Tout proche, le **Daruna** offre un choix fort similaire.

Un petit restaurant, voisin de l'Indhra Hotel, propose de la cuisine végétarienne très bon marché. Au coin de l'agence de la TAT, le **Jaroen Tham** prépare une cuisine similaire. Ces deux établissements ouvrent de 8h à 12h seulement.

Plusieurs restaurants se sont établis dans Th Sanam Bin, au voisinage de l'auberge de jeunesse. Deux d'entre eux, le **Feuang Fah** et le **Rak** disposent de salles climatisées, le **Daeng**, d'une terrasse en extérieur ; tous trois servent des spécialités thaï et chinoises à des prix très raisonnables. Vous apprécierez le restaurant **The Primacy**, pour son jardin de style thaï, Th Singhawat, à l'ouest de la rivière. Concerts tous les soirs, mais pas de menu en anglais.

Passé minuit, le meilleur endroit pour déguster du khâo tôm se trouve près de la gare ferroviaire, ouvert 24h/24. Vous trouverez aussi un **KFC**, un **Pizza Hut** et un **Swensen's** au Topland Plaza.

Au bord de la rivière. Les restaurants flottants illuminent la Nan, le soir venu. Les meilleurs sont le **Song Khwae**, le **Phae Fa Thai**, et le **Phae Tong**. Le Phae Fa Thai a un chef talentueux. Au sud de la rangée principale de restaurants, s'amarre à l'embarcadère, le bateau-restaurant de Fa Thai circulant sur la Nan tous les soirs. On paye 20 B pour monter à bord, et ensuite on consomme à la carte – pas de minimum.

Le marché de nuit est très fréquenté, avec des dizaines de vendeurs de nourriture, dont deux sont spécialisés dans le *phàk bûng loi fáa* (préparation à base de liserons d'eau), qui se traduit plus simplement par "flying vegetable" (légume volant). Cette curiosité culinaire est originaire de Chonburi, mais semble avoir pris racine à Phi-lok. On trouvera plusieurs établissements de ce type dans la ville et le long de la rivière. Le plat consiste essentiellement en liserons d'eau sautés dans une sauce au soja et à l'ail, en un tour de main. C'est un vrai spectacle : le cuisinier flambe la poêlée et la jette en l'air à destination d'un serveur qui la récupère dans l'assiette. Dans la journée, cet endroit est un marché d'articles divers.

Le **Pa Phin** (Balai), vieille institution sur la berge de la rivière, au nord de Wat Phra Si, est célèbre pour son kǔaytǐaw hâwy khàa ("nouilles de riz jambes pendantes"), dont le nom vient de la façon dont les clients s'assoient pour manger face à la rivière. Il est ouvert tous les jours, seulement de 10h à 16h.

Où sortir

Le long de Th Borom Trailokanat, près du Pailyn Hotel, s'aligne une rangée de pubs. Le **Jao Samran**, dans la même rue, produit des groupes pop et folk thaïlandais. On vous servira à manger à partir de 17h-18h ; les concerts commencent à 20h. En face du Siam Hotel, le **Rhinestone Cowboy** vous offre le cocktail habituel de cadre old-west et de musique folk.

Deux pubs de folk thaïlandais, sur Th Athitayawong, le **River Blue** et le **Ketnika**, méritent une visite. Le River Blue regroupe une série de pavillons et de tables qui débordent jusque dans le passage. La décoration du Ketnika suit une tradition thaï plus classique de style fin de siècle.

Au **Folk Way Pub**, au nord de l'auberge de jeunesse de Phitsanulok et en face de la sortie de l'université de Naresuan, les habitués viennent écouter du folk.

Pour prendre un verre et pousser la chansonnette, essayez le pub *The Peak* et son karaoke dans le Phitsanulok Thani Hotel.

Comment s'y rendre

Avions. L'agence de la THAI (☎/fax 055-258020) se trouve au 209/26-28 Th Borom Trailokanat, près du bureau de la TAT. Elle assure 3 vols quotidiens de 45 minutes au départ de Bangkok pour 950 B l'aller-simple.

Vols réguliers également entre Phitsanulok et Chiang Mai (quotidien, 650 B) et entre Phitsanulok et Nan (quotidien, 575 B).

L'aéroport est situé juste à la sortie de la ville. Des songthaews en partent toutes les 20 minutes et vous conduisent en ville pour 10 B ; sinon, vous pouvez prendre le bus de ville n°4 (4 B). Les grands hôtels ont un service gratuit de navette, et la compagnie THAI assure une desserte en minibus qui dépose les passagers à la porte de leurs hôtels respectifs pour 30 B.

Bus. Les possibilités au départ de Phitsanulok sont nombreuses, car la ville est un carrefour de lignes en direction du Nord et du Nord-Est. Bangkok est à 6 heures de bus, et Chiang Mai à 5 heures 30.

Des bus ordinaires partent du terminal nord de Bangkok plusieurs fois par jour (105 B, 179 B en climatisé).

Vérifiez bien que vous avez pris le bus *sãi mài* (nouvel itinéraire) par Nakhon Sawan (Route 117), car l'ancien itinéraire par Tak Fa (Highway 11) dure 6 heures et coûte plus cher.

Yan Yon Tour et Win Tour ont des bus VIP entre Bangkok et Phitsanulok pour 200B à 250 B ; les bus d'Etat de la Baw Khaw Saw coûtent 302 B.

Les bus directs entre Phitsanulok et Loei *via* Dan Sai coûtent 58 B (104 B climatisés) pour 4 heures de trajet.

Les bus pour les autres destinations du Nord et du Nord-Est partent plusieurs fois par jour de la Baw Khaw Saw (terminal des bus publics), sauf pour les bus climatisés qui ne circulent qu'une ou deux fois par jour :

Ville	Prix	Durée du trajet
Chiang Mai (via Den Chai)		
	104 B	5 heures 30
(climatisé)	176 /204 B (VIP)	5 heures
Chiang Mai (via Tak)		
	116 B	6 heures
(climatisé)	180/420 B (VIP)	6 heures
Chiang Rai (via Utaradit)		
	124 B	6 heures 30
(climatisé)	176/226 B (VIP)	6 heures
Chiang Rai (via Sukhothai)		
	135 B	7 heures 30
(climatisé)	190 B	7 heures
Khon Kaen		
	99 B	5 heures
(climatisé)	139/168 B (VIP)	5 heures
Nakhon Ratchasima (Khorat)		
	110 B	6 heures
(climatisé)	199 B	6 heures
Mae Sot		
(climatisé)	96 B	5 heures
Udon Thani		
	108 B	7 heures
(climatisé)	192 B	7 heures

Les bus pour les destinations voisines suivantes partent toutes les heures (*), toutes les 2 heures (**) ou toutes les 3 heures (***) du petit matin jusqu'à 17h ou 18h (sauf pour Sukhothai, qui est desservie toutes les demi-heures) :

Ville	Prix	Durée du trajet
Dan Sai**		
bus ordinaire	44 B	3 heures
Kamphaeng Phet*		
bus ordinaire	37 B	3 heures
bus climatisé	52 B	2 heures
Lom Sak*		
bus ordinaire	48 B	2 heures
Phetchabun***		
bus ordinaire	56 B	3 heures
Sukhothai		
bus ordinaire	23 B	1 heure
bus climatisé	31 B	1 heure

Tak*
bus ordinaire	41 B	3 heures
bus climatisé	61 B	3 heures

Utaradit*
bus ordinaire	42 B	3 heures
bus climatisé	64 B	2 heures

Train. Deux trains ordinaires (3e classe uniquement, 69 B) quittent Bangkok à 7h05 (8h42 à Ayuthaya) et à 8h30 (10h12 à Ayuthaya) et atteignent Phitsanulok à 14h40 et 17h10, respectivement. Beaucoup de voyageurs estiment ce moyen de transport plus économique et plus efficace que le bus puisque point n'est besoin de se rendre au terminal Nord des bus de la capitale.

Les trains rapides de 7h45, 15h, 18h10, 20h et 22h arrivent, pour leur part, à Phitsanulok à 14h34, 21h26, 00h45, 2h30 et 4h29. Le tarif de base est de 159 B en 2e classe, 69 B en 3e classe, avec 40 B de supplément sur un rapide. Il existe aussi un nouveau train (n°9) diesel climatisé : cet express de 2e classe, baptisé le "Sprinter", part tous les jours à 8h40 et arrive à 13h41, soit une heure de moins de trajet. En soirée, le n°11 quitte Bangkok à 19h25 pour arriver à Phi-lok à 00h25 du matin.

Des billets de 1re classe ne sont mis en vente que sur les trains rapides de 15h (avec disponibilités en 2e et en 3e classes) et de 18h, arrivant chacun à 21h26 et à 0h. Le tarif de base est de 324 B en 1re classe et de 159 B en 2e classe, auquel s'ajoute le supplément de 40 B ou 80 B des express et rapides, ainsi que le prix d'une couchette, le cas échéant.

Parmi les autres tarifs de billets de train de 3e, 2e et 1re classes entre Phitsanulok et d'autres destinations, citons, dans l'ordre : Chiang Mai (52/122/269 B), Lopburi (41/95/201 B) et Ayuthaya (54/124/258 B).

Si vous allez directement à Sukhothai de Phitsanulok, un túk-túk vous mènera pour 30 à 40 B de la gare ferroviaire au terminal des bus, distant de 4 km, où vous prendrez un bus pour Sukhothai. Vous pouvez aussi prendre un bus à destination de Sukhothai devant le Topland Hotel, dans Th Singhawat ; le túk-túk de la gare à Th Singhawat coûtera 5 B.

Comment circuler

Les courses en samlor dans le centre-ville valent entre 20 et 30 B par personne. Les bus ordinaires coûtent 4 B et il existe 13 lignes qui vous permettent d'aller partout. Deux des lignes sont également desservies par des pullmans climatisés à 6 B. Le terminal des bus se trouve près de la gare ferroviaire à deux pas de Th Ekathotsarot.

On pourra louer des motos chez Landi Motorbike (☎ 055-252765), 57/21-22 Th Phra Ong Dam (près du Rajapruk Hotel), à 150 B la journée pour une 100 cm^3 et 200 B pour une 125 cm^3 ou une 150 cm^3.

Avis-Rent-A-Car a une agence à l'aéroport de Phitsanulok (☎ 055-258062, 258724).

PARC NATIONAL DE PHU HIN RONG KLA

De 1967 à 1982, la montagne portant le nom de Phu Hin Rong Kla fut la base stratégique du Parti communiste de Thaïlande (PCT) et de son bras armé, l'Armée de libération du peuple de Thaïlande (ALPT), ou "People's Liberation Army of Thailand" (PLAT). Cette montagne isolée s'y prêtait parfaitement. En outre, la frontière du Laos n'est qu'à 50 km, assurant la possibilité d'une retraite sûre.

La province chinoise du Yunnan n'étant qu'à 300 km, c'est ici que les cadres du PCT recevaient leur entraînement à la guérilla révolutionnaire, jusqu'à la scission intervenue en 1979, entre communistes chinois et vietnamiens et l'adhésion du PCT à la cause vietnamienne. Pendant près de 20 ans, la région autour de Phu Hin Rong Kla fut le théâtre d'escarmouches entre les troupes thaïlandaises et les partisans communistes.

En 1972, le gouvernement central lança une offensive contre l'ALP, sans succès. Le camp de Phu Hin Rong Kla devint particulièrement actif après le soulèvement estudiantin d'octobre 1976 à Bangkok.

Beaucoup vinrent rejoindre les communistes et y créèrent un hôpital et une école de stratégie politique et militaire.

Pendant près de 20 ans, la région de Phu Hin Rong Kla fut le théâtre d'escarmouches entre la 3e division thaïlandaise, stationnée à Phitsanulok, et les partisans communistes. En 1972, le gouvernement central lança une offensive contre l'ALPT, sans succès. En 1978, les contingents de l'ALPT se montaient déjà à 4 000 hommes.

En 1980 et 1981, les forces gouvernementales firent encore une tentative et purent reprendre des morceaux de territoire au PCT. Mais le coup décisif fut porté en 1982 quand le gouvernement décréta une amnistie en faveur de tous les étudiants qui avaient rejoint les communistes après 1976.

Le départ de la plupart d'entre eux brisa l'épine dorsale du mouvement qui dépendait de leur adhésion. Une dernière offensive fin 1982 amena la capitulation de l'ALPT, et Phu Hin Rong Kla fut déclaré parc national.

Renseignements

Le parc s'étend sur 307 km² de montagnes et de forêts. L'altitude est de 1 000 m ; le climat est donc frais, même pendant la saison chaude. Les principaux centres d'intérêt sont les vestiges de la place forte communiste.

Dans une autre partie du parc, un sentier mène au Phaa Chu Thong ("Flag Raising Cliff", parfois appelée "Red Flag Cliff", ou falaise du drapeau rouge), où les communistes hissaient l'étendard rouge pour annoncer une victoire. Au bureau du parc, un musée réunit des souvenirs de l'époque, comme des ustensiles médicaux et des armes. Au bout de la route qui traverse le parc apparaît un petit village hmong. Quand le PCT dominait la région, les Hmong étaient leurs alliés ; ils ont maintenant fait allégeance au gouvernement thaïlandais et sont en voie.

Si l'histoire de Phu Hin Rong Kla ne vous intéresse pas, vous pourrez toujours vous promener le long des sentiers, admirer les cascades, les paysages et de curieuses formations rocheuses dans une zone de gros rocs saillants, appelée Laan Hin Pum ("Million Knotty Rocks", ou "Million de rochers noueux") et dans une autre zone de profondes crevasses où l'ALPT se réfugiait pendant les attaques aériennes, appelée

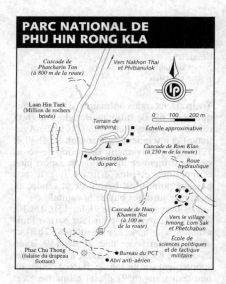

PARC NATIONAL DE PHU HIN RONG KLA

Cascade de Phatcharin Ton (à 800 m de la route)
Vers Nakhon Thai et Phitsanulok
Laan Hin Taek (Million de rochers brisés)
Terrain de camping
0   100   200 m
Échelle approximative
Administration du parc
Cascade de Rom Klao (à 250 m de la route)
Roue hydraulique
Cascade de Huay Khamin Noi (à 100 m de la route)
Vers le village hmong, Lom Sak et Phetchabun
École de sciences politiques et de tactique militaire
Phae Chu Thong (falaise du drapeau flottant)
Bureau du PCT
Abri anti-aérien

Laan Hin Taek ("Million Broken Rocks" ou "Million de rochers brisés").

Où se loger

Le Forestry Department loue des *bungalows* pour 5 personnes à 600 B, pour 8 personnes à 800 B, pour 10 personnes à 1 000 B et pour 14 personnes à 1 500 B. On peut planter la tente pour 10 B la nuit ou dormir dans les tentes du parc pour 40 B par personne (pas de draps, mais on vous fournira des couvertures pour 20 B par nuit). Vous pouvez acheter du bois pour le feu à 150 B la nuit. On peut réserver auprès du bureau du Forestry Department à Bangkok (☎ 02-5790529/4842), ou en appelant le bureau provincial (☎ 055-389002), ou la Golden House Tour Company (☎ 055-259973, 389002) à Phitsanulok.

Où se restaurer

Des échoppes de nourriture sont installées près du camp communiste et des bungalows. Les meilleurs sont la *Duang Jai Cafeteria* (goûtez à son fameux sômtam à la carotte) et le *Rang Thong*.

Comment s'y rendre

Les bureaux du parc sont à 125 km de Phitsanulok. Prenez d'abord un bus pour Nakhon Thai (32 B) d'où l'on rejoint le parc (trois fois par jour) avec un songthaew, de 7h30 et 16h30 pour 20 B.

Si vous êtes en petit groupe, vous pouvez louer une camionnette avec chauffeur à Nakhon Thai pour 600-700 B la journée. Le trajet est agréable à moto, car la route est dégagée. Un moteur puissant est toutefois nécessaire pour venir à bout des côtes très raides qui mènent à Phu Hin Rong Kla.

DE PHITSANULOK A LOM SAK

L'agence de la TAT de Phitsanulok distribue un plan des curiosités qui ponctuent les 130 km de route (Highway 12). Ce plan indique aussi les resorts et trois cascades. Vous souhaiterez peut-être éviter les deux premières, celle de **Sakhunothayan** (Km 33) et celle de **Kaeng Swang** (Km 45), dont l'emplacement sur la route de Phu Hin Rong Kla garantit les déferlements de visiteurs. La troisième, **Kaeng Sopha**, au Km 72, occupe un secteur plus étendu ponctué de petites chutes et de rapides reliés par des formations rocheuses qui servent de sentier au milieu des eaux, selon les pluies et le niveau de l'eau. Des étals de nourriture proposent du sôm-tam et du kài yâang bon marché. Plus à l'est, la route atteint la réserve naturelle de **Thung Salaeng Luang** (entrée au Km 80). Ce parc qui s'étend sur 1 262 km², est l'une des régions protégées les plus vastes et les plus importantes du pays. Les ornithologues viennent y admirer le magnifique faisan prélat.

Si vous êtes motorisé, prenez à droite au Km 100 et longez la Route 2196 jusqu'à **Khao Kho (Khao Khaw)**, autre repaire perdu dans la montagne utilisé par le PCT dans les années 70. A 1,5 km du sommet de Khao Kho, vous devez prendre la Route 2323, dont la pente est spectaculaire. Au sommet, à 30 km de la grand-route, se dresse un obélisque immense, érigé à la mémoire des soldats thaïlandais tués pendant la répression contre l'insurrection communiste. Le monument est entouré d'un

jardin agréable. La position des canons et des postes de vigie, entourés de sacs de sable, juchés au sommet, ont été laissés en l'état comme autant de témoignages historiques. Par une journée dégagée, la vue à 360° est magnifique.

Pour revenir de Khao Kho, vous avez le choix entre reprendre la grand-route Phitsanulok-Lom Sak ou emprunter la Route 2258, qui part de la Route 2196, jusqu'au bout où elle finit dans la Route 203. De là, vous poursuivez vers le nord, jusqu'à Lom Sak ou vers le sud jusqu'à Phetchabun. Sur la Route 2258, à environ 4 km de l'embranchement de la Route 2196, vous passerez devant le **palais de Khao Kho**. Cet établissement royal, un des plus modestes du pays, ne présente guère d'intérêt. Il regroupe, dans un joli jardin fleuri de roses, un ensemble de constructions modernes. Cela dit, après avoir parcouru tout ce trajet, vous ne dédaignerez peut-être pas de le visiter.

Où se loger et se restaurer

Plusieurs "resorts" s'échelonnent à deux pas de la Highway 12 à l'ouest du carrefour de la route 2013 en direction de Nakhon Thai. Le meilleur est assurément le *Rainforest Resort* (☎ 055-241185 ; 02-423-0749 à Bangkok) au Km 44. Tous climatisés et équipés d'eau chaude, les cottages spacieux et agréablement décorés s'éparpillent à flanc de coteau. Comptez 1 000 B pour deux personnes. L'un de ces cottages peut recevoir jusqu'à 8 ou 10 personnes pour 2 400 B. Un restaurant de plein air sert du café cultivé localement et une bonne cuisine thaïlandaise. Parmi les autres resorts de la région, le *Wang Nam Yen*, le *Thanthong* se situent dans la même gamme de prix. Le *SP Huts* (☎ 055-293402, fax 293405) est un peu moins cher ; les chambres démarrent à 500 B.

En route depuis/vers Phitsanulok, arrêtez-vous au *Blue Mountain Coffee* (Km 42), au *Rainforest Resort* (Km 44), ou au *Thawee Fresh Coffee* (Km 45), tous trois situés sur la Highway 12 près de Ban Kaeng Sawng (près de la cascade de Kaeng Sawng). Ces restaurants servent l'un des meilleurs cafés du pays, Bangkok mis à part.

Comment s'y rendre

Les bus assurant la liaison entre Phi-lok et Lom Sak valent 40 B l'aller simple et tout arrêt entre ces deux points réduit encore le prix. Pendant la journée, vous n'aurez aucun mal à arrêter un autre bus pour poursuivre votre voyage, mais attention cela devient plus difficile après 16h.

Province de Sukhothai

SUKHOTHAI
25 800 habitants

Première capitale de la Thaïlande, Sukhothai ("l'Aube du bonheur") connut son apogée entre le milieu du XIIIe et la fin du XIVe siècle. L'ère Sukhothai est considérée comme l'âge d'or de la civilisation thaï. Ses œuvres religieuses et architecturales font d'ailleurs référence en matière de classicisme thaï. Située à 450 km de Bangkok, la ville nouvelle est quelconque, hormis son marché municipal en plein centre. La vieille ville *(meuang kào)* abrite en revanche 45 km^2 de ruines, transformés en parc historique, dont la visite mérite bien de rester une nuit à New Sukhothai, mais on peut aussi visiter les ruines dans la journée au départ de Phitsanulok.

Renseignements

La police touristique a ouvert un bureau dans le parc historique de Sukhothai. Il se situe exactement en face du musée. Le Sukhothai Travel Service (☎ *055-613075*), immédiatement voisin sur Th Jarot Withithong du Rai Im-Aim Restauranti, effectue des réservations pour les vols intérieurs et reconfirme les réservations de billets. Le personnel vous indiquera des guides capables de vous faire visiter la région.

Poste et communications. La poste de Th Nikhom Kasem est ouverte du lundi au vendredi de 8h30 à 12h, de 13h à 16h30 le week-end et de 9h à 12h les jours fériés. A l'agence CAT attenante, on peut appeler l'international tous les jours de 7h à 22h.

Où se loger

Pensions. Les pensions de Sukhothai sont des maisons de famille (dortoirs et/ou chambres individuelles) aux prix modérés ; toutes louent des bicyclettes et des motos. Les lieux d'hébergement, toujours plus nombreux, ont dû se résoudre à baisser leurs tarifs. La mafia locale des taxis joue ici son rôle en vous livrant des avis fort différents (et souvent des plus intéressés) sur la destination à prendre en la matière.

Le **Lotus Village** (☎ *055-621484, fax 621463, 170 Th Ratchathani*), sur la rive est de la Yom, se dresse dans une vaste propriété qu'agrémente un jardin ouvert aux clients. L'établissement convient parfaitement aux longs séjours. Les chambres aménagées dans des maisons en teck, avec s.d.b. commune, s'élèvent à 120 B la simple, 240 B la double ; les autres dans des bungalows avec douche individuelle (eau chaude) valent 400 B à 500 B. Cette pension organise des séances de massages thaïlandais les samedi et dimanche de 10h à 18h pour 180 à 250 B. Le restaurant occupe une partie du hall, soigneusement agencé. C'est un endroit agréable où l'on peut consulter quantités de magazines et d'ouvrages, à condition de ne pas être fâché avec les moustiques. Le personnel, multilingue et sympathique, peut vous renseigner sur de multiples sujets.

A proximité de la rive ouest de la Yom, la **Yupa House** (☎ *055-612578, Soi Mekhapatthana, 44/10 Th Prawet Nakhon.*) est gérée par une famille fort accueillante et serviable, qui invite souvent ses pensionnaires à partager ses repas. Le lit en dortoir revient à 40 B, et les chambres de tailles diverses entre 80 et 100 B. Vous bénéficierez d'une belle vue sur la ville depuis le toit. Dans la même rue, au n°32, la **Somprasong Guest House** (☎ *055-611709*) abrite au 2e étage d'une grande maison familiale des chambres arrangées comme dans un hôtel. Comptez 80/120 B en simple/double avec ventil. et s.d.b. commune, ou 120/150 B avec s.d.b. privative.

(suite du texte en page 582)

Ruines de l'ère Sukhothai

MARK KIRBY

Page titre : le chédi de style cingalais du Wat Sa Si s'élève sur une île, dans le parc historique de Sukhothai (photo de Mark Kirby)

Ci-contre : l'enceinte du Wat Mahathat regroupe de nombreux chédis. Les édifices religieux construits à la période Sukhothai ont une structure de brique, partiellement recouverte de reliefs ou motifs architecturaux réalisés en stuc, aujourd'hui disparus en majorité

PARC HISTORIQUE DE SUKHOTHAI

La cité fortifiée d'origine, la première du royaume de Thaïlande, était protégée par trois murailles concentriques et deux douves, que l'on franchissait au moyen de quatre ponts-levis. Aujourd'hui encore, on peut admirer, à l'intérieur des remparts, pas moins de 21 monuments historiques, auxquels s'ajoutent 70 sites, tous dans un rayon de 5 km alentour. Les vestiges de Sukhothai ont été classés parc historique et figurent au patrimoine mondial de l'humanité. Les ruines sont divisées en 5 secteurs : centre, nord, sud, est et ouest. L'accès à chacun coûte 30 B ou 40 B pour le secteur central. Un billet unique vendu 150 B permet d'accéder à tous les sites de Sukhothai, ainsi qu'au musée national de Ramkhamhaeng, aux ruines de Si Satchanalai et de Chaliang à Sawankhalok tout proche. Ce billet permet donc de réaliser une économie nette de 90 B si vous comptez visiter tous ces endroits ou si vous envisagez d'y retourner dans les trente jours. Vous devrez également vous acquitter d'un droit supplémentaire pour votre vélo (10 B), votre moto (20 B), le samlor ou le túk-túk qui vous accompagne (30 B) ou votre voiture (50 B). Officiellement le parc est ouvert de 6h à 18h.

L'élément le plus caractéristique de l'architecture religieuse sukhothai est le classique stupa en bouton de lotus : il est composé d'une

PARC HISTORIQUE DE SUKHOTHAI

0   0,5   1 km

Vers Tak

Vers la ville nouvelle
de Sukhothai
et Phitsanulok

1 Wat Sang Khawat
2 Wat Phra Pai Luang
3 Wat Si Chum
4 Wat Saphaan Hin
5 Wat Chang Rop
6 Wat Paa Mamuang
7 Wat Sii Thon
8 Monument de
  Ramkhamhaeng
9 Wat Mai
10 Wat Sa Si
11 Wat Trapang
   Ngoen
12 Wat Mahathat
13 Musée national de
   Ramkhamhaeng
14 Wat Trapang Thong
15 Wat Si Sawai
16 Porte principale
17 Wat Chang Lom
18 Wat Trapang Thong
   Luang
19 Wat Mumlangka
20 Wat Ton Jan
21 Wat Wihaan Thong
22 Wat Chetuphon

structure carrée reposant sur une base pyramidale, étagée sur trois niveaux, le tout coiffé d'une flèche conique. Sur certains sites, vous trouverez néanmoins des stupas en cloche de type cingalais, ou construits sur deux niveaux seulement, selon le style Srivijaya.

Reportez-vous au paragraphe *Comment s'y rendre* de la rubrique *Sukhothai* pour la meilleure manière de visiter le parc.

Musée national de Ramkhamhaeng

Le musée est un bon point de départ. On y verra une réplique de la célèbre inscription de Ramkhamhaeng (voir *Wiang Kum Kam* à la rubrique *Chiang Mai* de ce chapitre) parmi d'autres objets Sukhothai. Il est ouvert tous les jours, sauf les jours fériés, de 9h à 16h (entrée : 30 B).

Wat Mahathat

Le plus grand temple de la ville fut construit au XIIIe siècle. Il est entouré de murs de brique (206 m de long sur 200 m de large) et de douves. Les stupas sont ornés du célèbre bouton de lotus, et quelques-uns des nobles bouddhas originels sont encore assis au milieu des colonnes en ruine des vieux wihāans. L'enceinte du monastère renfermerait 198 chédis. Vous êtes ici dans ce que beaucoup considèrent comme le centre spirituel et administratif de la vieille capitale.

Wat Si Sawai

Juste au sud du Wat Mahathat, ce sanctuaire des XIIe et XIIIe siècles comprend trois prangs en épis de maïs et des douves pittoresques. C'était à l'origine un temple hindou construit par les Khmers.

Wat Sa Si

Le Wat Sa Si est situé sur une île à l'ouest du monument en bronze élevé à la gloire du roi Ramkhamhaeng. Il s'agit d'un wat, classique Sukhothai, avec un grand bouddha, un chédi et les colonnes du wihāan en ruine.

Wat Trapang Thong

Voisin du musée, ce petit wat encore habité est relié par une passerelle enjambant le grand étang à lotus qui l'entoure. Ce réservoir, où se déroulèrent les premières fêtes de Loy Krathong en Thaïlande, alimente la localité en eau.

Wat Phra Pai Luang

En dehors des remparts, au nord, ce wat, un peu isolé, comprend trois prangs khmers du XIIe siècle, semblables à ceux du Si Sawai, mais plus importants en taille. Il se peut qu'il ait été le centre de Sukhothai avant le XIIIe siècle, quand la ville était dirigée par les Khmers d'Angkor.

Wat Si Chum

Situé à l'ouest de la vieille ville, ce wat renferme un imposant mondòp photographié par les touristes. Il abrite un bouddha assis de 15 m de haut que les archéologues reconnaissent comme le "Phra Atchana" mentionné dans la célèbre inscription Ramkhamhaeng. Le passage qui conduisait au sommet vient d'être condamné ; il n'est donc plus possible d'admirer les inscriptions jataka qui en ornent le plafond.

Wat Chang Lom

A l'est du parc et aux abords de la Highway 12, ce wat , surnommé le "monastère du Groupe des éléphants", se trouve à environ 1 km de l'entrée principale du parc. Un grand chédi est porté par 36 éléphants sculptés sur sa base.

Wat Saphaan Hin

Saphaan Hin est à 2 km à l'ouest des murs de la vieille ville, au sommet d'une colline qui s'élève à 200 m. Le nom du wat : "pont de pierres" fait référence au sentier et à l'escalier en dalles de schiste conduisant au temple, toujours en place. On y jouit d'un beau panorama sur le site même au sud-est et sur les montagnes au nord et au sud.

Du temple d'origine, il ne reste plus que quelques chédis et le wihāan en ruine consistant en deux rangées de colonnes en latérite au centre desquelles se dresse un bouddha debout de 12,5 m de haut, sur une terrasse en brique.

Wat Chang Rop

Construit sur une autre colline, à l'ouest de la ville, au sud du Wat Saphaan Hin, ce wat comprend un stupa dont la base est ornée d'éléphants sculptés comme au Wat Chang Lom.

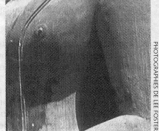

Ci-contre : détails d'un bouddha du Wat Mahathat, à Sukhothai

PARC HISTORIQUE DE SI SATCHANALAI-CHALIANG

1 Wat Kuti Rai	7 Wat Nang Phaya	14 Wat Chao Chan
2 Wat Khao In	8 Bureau de renseignements	15 Wat Noi Jampi
3 Wat Khao Phanom Phloeng	9 Kaeng Sak Beer Garden	16 Wat Chom Cheun, musée archéologique
4 Wat Khao Suwan Khiri	10 Muang Boran House	17 Wat Phra Si Ratana Mahathat
5 Wat Chang Lom	11 Wat Khok Singkharam	18 Location de bicyclettes
6 Wat Chedi Jet Thaew	12 Wang Yom Resort	
	13 Centre des fours	

MARK KIRBY

PARC HISTORIQUE DE SI SATCHANALAI-CHALIANG

Les ruines des vieilles villes de Si Satchanalai et Chaliang, à environ 50 kilomètres au nord de Sukhothai, remontent également à la période Sukhothai. Mais certains sites sont beaucoup plus étendus que ceux du parc historique de Sukhothai. Ces bâtiments du XIIIe au XVe siècle sont répartis sur 720 hectares protégés par des douves de 12 m de large. Chaliang, 1 km au sud-est, remonte au XIe siècle, à l'exception des deux temples élevés au XIVe siècle.

Dressées sur les collines, les ruines de Si Satchanalai ne sont pas aussi fréquentées que celles de Sukhothai. Certaines personnes préféreront aussi l'atmosphère moins restaurée de Si Satchanalai à celle de Sukhothai. L'abondante liste qui suit n'indique que les ruines les plus remarquables de Si Satchanalai

Le parc est ouvert de 8h à 18h. Au nombre des nouvelles infrastructures que le parc accueille désormais, citons un musée archéologique près du Wat Chom Cheun et une cafétéria, près des étangs. Des promenades à dos d'éléphant permettent de traverser le parc. Il vous en coûtera de 50 à 100 B par personne. L'entrée elle-même revient à 40 B par personne. Mais il faut acquitter à nouveau 10 B pour pénétrer dans le Wat Phra Si Ratana Mahathat.

Pour plus de renseignements sur l'accès au parc, reportez-vous au paragraphe *Comment s'y rendre* de la rubrique *Environs de Sukhothai*.

Wat Chang Lom

Ce magnifique temple, placé au centre de la vieille ville de Si Satchanalai, est comparable au temple du même nom à Sukhothai, avec son chédi en forme de cloche reposant sur un socle soutenu par des éléphants. Mais il est en bien meilleur état. Une inscription nous apprend qu'il fut bâti entre 1285 et 1291 par le roi Ramkhamhaeng.

Wat Khao Phanom Phloeng

Sur la colline dominant le Wat Chang Lom à droite se dressent les ruines du Wat Khao Phanom Phloeng : un grand bouddha assis, un chédi et des colonnes de pierre qui supportèrent le toit du wihãan. De cette hauteur, on devine le plan d'ensemble de cette ville qui eut son heure de gloire.

La seconde colline, légèrement plus élevée et à l'ouest de Phanom Phloeng, est couronnée d'un grand chédi Sukhothai, unique vestige du Wat Khao Suwan Khiri.

Wat Chedi Jet Thaew

En face du Wat Chang Lom, ce sanctuaire est entouré de sept rangées de chédis à boutons de lotus, le plus grand d'entre eux étant une copie d'un chédi du Wat Mahathat de Sukhothai. L'intéressant wihãan en brique et stuc présente des fenêtres grillées imitant de traditionnelles fenêtres en bois (une technique indienne pratiquée dans tout le Sud-Est asiatique). Le toit se termine par un prasat et un chédi.

Wat Nang Phaya

Au sud du Wat Chang Lom et du Wat Chedi Jet Thaew, ce stupa cingalais fut construit au XVe ou au XVIe siècle, un peu plus tard que les autres monuments de Si Satchanalai. Les reliefs en stuc du grand wihãan en latérite, devant le stupa, datent de la période Ayuthaya quand Si Satchanalai s'appelait alors Sawankhalok.

Wat Phra Si Ratana Mahathat

Ces ruines de Chaliang comprennent un grand chédi en latérite (datant de 1448-1488) entre deux wihãans. L'un des wihãans renferme un bouddha assis Sukhothai, un petit bouddha debout et un bas-relief du célèbre bouddha marchant, si typique du style fluide et sans arête de Sukhothai. L'autre wihãan renferme des statues de moindre qualité. Pour visiter ce wat, vous devrez payer 10 B supplémentaires.

Wat Chao Chan

A 500 m environ à l'ouest du temple précédent, le Wat Chao Chan a pour curiosité majeure un grand prang khmer, semblable à ceux, plus tardifs, de Lopburi, et sans doute construit sous le règne de Jayavarman VII (1181-1217). Cette tour-sanctuaire a été restaurée. Le wihãan, dépourvu de toit sur la droite, renferme un grand bouddha debout, très abîmé.

(suite du texte de la page 576)

A la porte voisine, un établissement plus récent, le ***Ban Thai*** (☎ *055-610163*), est lui aussi tenu par une famille très amicale qui loue 100 B ses chambres avec s.d.b. commune, ou 200 B un bungalow avec s.d.b. On vous donnera des informations sur ce que vous pouvez faire et voir dans la région. Le jour du départ, il faut quitter sa chambre avant 11h.

Donnant sur une rue parallèle à Th Prawet Nakhon, Th Loet Thai, la ***Friend House*** (☎ *055-610172, 52/7 Soi Nissan*) ne propose que des chambres pourvues de s.d.b. ; comptez 120/150 B la simple/double avec ventil., 250 B avec clim. Au-delà de deux nuits, vous obtiendrez un rabais. On peut dîner dans un petit jardin comme louer des bicyclettes ou des motos. Le propriétaire enseignant l'anglais à des Thaïlandais, on rencontre beaucoup d'étudiants dans cet établissement.

L'***O-2 Guest House*** (☎ *055-612982, 26/4 Th Rat Uthit*), dont le nom signifie "Original Two Teachers", se trouve à 5 minutes à pied de l'arrêt du bus situé devant la Win Tour (soit environ 100 m après la Thai Military Bank, un soi plus bas). Lors de notre dernier passage à Sukhothai, la pension était provisoirement fermée. Il est conseillé de guetter sa réouverture.

Un peu en retrait de la Route 101, à environ 2 km au nord-ouest du centre-ville, la ***Sky House*** (☎ *055-612236/8, fax 611212*) abrite une trentaine de chambres honnêtes avec s.d.b. Les prix oscillent de 150 B la simple avec ventil. à 400 B la double avec clim. (avec réduction pour tout séjour de plus d'une nuit). Le restaurant adjacent sert un bon café (et même de l'expresso), ainsi que des plats thaïlandais, chinois ou européens.

La plus ancienne pension de Sukhothai, la ***N° 4 Guest House*** (☎ *055-610165, 140/4 Soi Khlong Mae Lampan, Th Jarot Withithong*) a déménagé plus d'une fois. Elle en est aujourd'hui à sa troisième adresse. Ses huit bungalows couverts de bambou se louent 150 B ; chacun est équipé d'une s.d.b. qui donne sur l'extérieur, d'un

ventil., et d'un coin salon aménagé avec de jolis meubles, en terrasse. La pension organise également un cours de cuisine thaïlandaise sur deux jours pour 1 500 B.

Hôtels. Au sympathique ***Sawaddiphong Hotel*** (☎ *055-611567, 56/2-5 Th Singhawat*), en face de l'onéreux Wang Neua, les chambres agréables, dotées de ventilateur et de s.d.b., valent 180 B à un lit, 250 B à deux lits ou de 330 B à 400 B avec clim. : des prix intéressants ! Un des établissements favoris des voyageurs fut le ***Sukhothai Hotel*** (☎ *055-611133, 15/5 Th Singhawat*). Mais il traverse une mauvaise période, service et ménage laissant à désirer. Les simples/doubles avec ventil. et s.d.b. sont à 150/180 B ; comptez 350 B si vous préférez l'air conditionné.

Le ***Chinnawat Hotel*** (☎ *055-611385, 1-3 Th Nikhon Kasem*) attend une rénovation qui semble tarder. Les chambres avec ventil. et s.d.b. coûtent 100 à 160 B selon leur situation, dans la nouvelle ou l'ancienne aile (meilleur marché et plus calme). Pour une pièce climatisée, il faut envisager la somme de 250 B ou de 350 B pour deux grandes chambres avec clim. et s.d.b. Vérifiez que la climatisation fonctionne avant d'accepter une chambre.

Tout près de la rivière, le ***River View Hotel*** (☎ *055-611656, fax 613373, Th Nikhon Kasem*) a la faveur des voyageurs de commerce. Les chambres propres et climatisées coûtent 390 B, celles avec TV valent de 350 à 800 B. Un foyer spacieux et un restaurant sont ouverts au rez-de-chaussée.

Le ***Rajthanee*** (*Ratchathani*, ☎ *055-611031, fax 612583, 229 Th Jarot Withithong*) fut jadis l'hôtel grand standing de la ville. A 400 B, le tarif est excessif pour une simple/double standard avec ventil. Avec clim., ne prévoyez pas moins de 600 B. Le ***Northern Palace*** (*Wang Neua*, ☎ *055-611193, fax 612038, 43 Th Singhawat*) demande 350 B pour une chambre correcte avec clim., petite TV et mini-réfrigérateur.

A 8 km environ du centre-ville, sur la route entre la vieille et la nouvelle ville, l'immense ***Pailyn Sukhothai Hotel*** (☎ *055-613310,*

VILLE NOUVELLE DE SUKHOTHAI

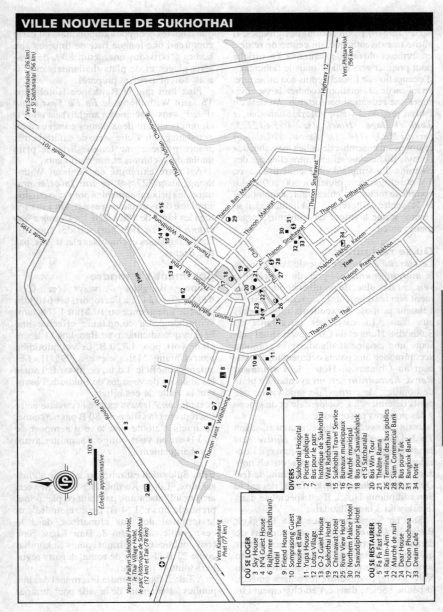

NORD DE LA THAÏLANDE

Vers Sawankhalok (36 km) et Si Satchanalai (56 km)

Vers Phitsanulok (56 km)

Route 101

Route 1195

Route 101

Thanon Vichian Chamnong

Thanon Ban Meuang

Thanon Maharat

Thanon Si Inthrathit

Thanon Singhawat

Thanon Nikhon Kasem

Highway 12

Thanon Jarot Withithong

Thanon Kat Unit

Thanon Ratchathani

Thanon Loet Thai

Thanon Prawet Nakhon

Yom

Yom

Khlong Mae Ram Phan

Échelle approximatif

0   50   100 m

Vers le Pailyn Sukhothai Hotel, le Thai Village Hotel, le parc historique de Sukhothai (12 m) et Tak (78 km)

Vers Kamphaeng Phet (77 km)

OÙ SE LOGER
3 Sky House
4 N°4 Guest House
6 Rajthanee (Ratchathani) Hotel
9 Friend House
10 Somprasong Guest House et Ban Thai
11 Yupa House
12 Lotus Village
19 O-2 Guest House
23 Sukhothai Hotel
25 River View Hotel
30 Northern Palace Hotel
32 Sawaddiphong Hotel

OÙ SE RESTAURER
14 Fa Fa Fast Food
15 Rai Im-Aim
22 Marché de nuit
24 Dear House
27 Choon Phochana
33 Dream Café

DIVERS
1 Sukhothai Hospital
2 Piscine publique
7 Bus pour le parc historique de Sukhothai
8 Wat Ratchathani
15 Sukhothai Travel Service
16 Bureaux municipaux
17 Marché municipal
18 Bus pour Sawankhalok et Si Satchanalai
20 Bus Win Tour
21 Théâtre Rama
26 Terminal des bus publics
28 Siam Commercial Bank
29 Bus pour Tak
31 Bangkok Bank
34 Poste

fax 613317, à Bangkok : ☎ 02-215 7110, fax 215 5640) reçoit surtout des groupes. Il abrite une discothèque, un centre de remise en forme et plusieurs restaurants. On affiche pour premier prix 800 B, mais le faible taux d'occupation de l'hôtel depuis son ouverture, en raison de sa situation excentrée laisse envisager une réduction confortable. Au delà du Pailyn, près de la vieille ville de Sukhothai, le *Thai Village Hotel* (☎ *055-612275, fax 612583, 214 Th Jarot Withithong*) regroupe un ensemble de belles maisonnettes de style thaïlandais reliées entre elles par des chemins. La simple/double climatisée avec TV et réfrigérateur revient à 500/600 B. Le complexe inclut également un restaurant thaï et le centre culturel de Sukhothai, qui se résume à une boutique de souvenirs, largement vantée.

Où se restaurer

Le *marché de nuit* en face de Win Tour et le *marché municipal* près du centre-ville vendent des plats de nouilles et de riz vraiment bon marché. Sur le marché de nuit, un vendeur propose d'excellents milk shakes aux fruits. La carte des restaurants du Sukhothai Hotel et du Chinnawat Hotel présente une cuisine thaïlandaise et chinoise accommodée aux palais occidentaux. Adjacent au Chinnawat Hotel, le *Chinnawat Bar & Restaurant* sert un éventail de plats de nouilles, de curries, de sandwiches, de petits déjeuners à l'occidentale et de glaces à des prix très raisonnables.

Juste au sud-est du Chinnawat, dans Th Nikhon Kasem, la *Dear House* sert sandwiches, burgers, petits déjeuners à l'occidentale et plats thaïlandais ou chinois dans un décor de wagon de chemin de fer. Quant au *Sukhothai Suki-Koka*, devant le Sawaddiphong Hotel, il est spécialisé dans le sukiyaki à la thaïlandaise.

Sur Th Singhawat, face à la Bangkok Bank, le *Dream Cafe* ne manque pas de caractère. Le propriétaire, collectionneur invétéré d'antiquités, a richement décoré son établissement d'objets datant du XIXᵉ siècle, ce qui attire les jeunes gens de la bonne société dans cet établissement climatisé où l'on mange pour un peu plus cher que dans les échoppes ambulantes. La carte comprend une longue liste de liqueurs aux herbes ("boissons énergétiques"), de desserts glacés et de plats thaïlandais et chinois, soigneusement préparés.

Plus loin que le Rajthanee Hotel dans Th Jarot Withithong, le *Fa Fa Fast Food* (F & F, sans enseigne en anglais) est un restaurant occupant deux étages contigus à un grand magasin. Cette sorte de cafétéria très propre propose une longue liste de plats thaïlandais, chinois et internationaux.

A l'autre extrémité de Th Jarot Withithong, au n°327/8-9, le *Rai Im-Aim* pratique des prix raisonnables pour une cuisine similaire dans un cadre très net. On y mange tous les jours de 10h à 22h. Le *Choon Phochana* (*1-5 Th Tri Chat*) sert des spécialités thaïlandaises et chinoises classiques, pas très chères.

Comment s'y rendre

Avion. Bangkok Airways (☎ 055-633266/7, 612448 à l'aéroport, fax 610908) possède une agence au 10 Muu 1, Th Jarot Withithong. La compagnie effectue une liaison quotidienne avec Bangkok (1 heure 10 de vol), pour 1 720 B. Le vol quotidien pour Chiang Mai s'élève à 795 B. Les enfants bénéficient d'un demi-tarif. Toutes les agences de voyages de Sukhothai assurent la vente de ces billets.

Bangkok Airways assure la navette entre l'aéroport et la ville pour 80 B par personne, auxquels s'ajoute une taxe d'aéroport de 100 B qu'on vous oblige à acquitter avant l'embarquement.

Bus. Sukhothai est relié par la route à Phitsanulok, Tak et Kamphaeng Phet. Si vous arrivez à Phitsanulok par train ou par avion, prenez le bus n°1 (4 B) pour rejoindre soit le terminal des bus climatisés, dans le centre-ville, soit celui de Baw Khaw Saw (bus publics). Le trajet pour Sukhothai coûte 23 B (1 heure de route, départs réguliers toute la journée).

A Tak, il faut rejoindre le terminal des bus publics à l'extérieur de la ville pour attraper l'un des 19 bus quotidiens à destination de Sukhothai (26 B, 1 heure 30 de trajet). De Kamphaeng Phet, comptez 1 heure à 1 heure 30 et la somme de 38 B l'aller.

Un service de bus publics ordinaires relie Chiang Mai pour 109 B, *via* Tak (il s'agit là de l'itinéraire le plus court et le plus rapide, soit 4 heures 30 à 5 heures de trajet).

Le même parcours en bus climatisé coûte 153 B. Depuis Bangkok, comptez 106 B (191 B en bus climatisé) et 7 heures de route. Pour Chiang Rai, les bus mettent 6 heures et coûtent 122 B (171 B s'ils ont l'air conditionné). Il y en a deux de chaque type par jour. Pour Khon Kaen, prévoyez de 6 à 7 heures et 144 B (ou 226 B avec clim.).

Phitsanulok Yan Yon Tour assure 6 liaisons quotidiennes avec Bangkok par bus VIP (à sièges inclinables) pour 230 B, et Win Tour affrète 9 véhicules par jour (même prix).

Les bus ordinaires pour les destinations hors province de Sukhothai partent du terminal des bus publics.

Les bus touristiques partent de Win Tour ou de Phitsanulok Yan Yon Tour, près du marché de nuit, et les bus pour Tak de Th Ban Meuang, deux rues à l'est de Th Singhawat. Si vous vous rendez à Sawankhalok (16 B, 45 minutes) ou à Si Satchanalai (20 B, 1 heure), vous avez un départ par heure entre 6h et 18h, à l'intersection de Th Singhawat et de Th Jarot Withithong.

Comment circuler

Dans la ville nouvelle, une course en samlor ne devrait pas coûter plus de 15 à 25 B. Entre 6h30 et 18h, vous ne devriez pas avoir de mal à trouver un songthaew pour rejoindre le parc historique sur Th Jarot Withithong Rd près de la Yom (6 B, 20 à 30 minutes de trajet).

A l'intérieur du parc historique, le meilleur mode de transport est le vélo. Des boutiques en louent à l'entrée du parc pour 20 B la journée, mais vous pouvez aussi en emprunter ou en louer dans toutes les pensions de Sukhothai. Si vous venez à bicyclette de la ville, préférez à la Highway 12

(directe vers le parc), une route plus pittoresque. Si vous tournez vers le nord de la Highway à 2 km de l'intersection des Highways 12 et 101 vous profiterez d'un plus beau panorama. Poursuivez vers le nord sur moins de 1 km, vous atteindrez un canal. Traversez-le, puis tournez à gauche (vers le nord-ouest) et suivez le canal jusqu'au parc.

Il existe un tramway intérieur au parc (20 B par personne) et les fermiers des environs proposent parfois des tours en charrettes à bœufs pour le même prix.

Auprès de Srikalaya Tour (à la Sky House), vous pouvez louer une moto.

ENVIRONS DE SUKHOTHAI
Parc historique
de Si Satchanalai-Chaliang

Reportez-vous à l'encart couleurs sur les parcs historiques, vous y trouverez des renseignements sur les principaux sites de ce parc de 720 ha. Sawankhalok en est la ville la plus proche.

Fours de potiers de Sawankhalok

La célèbre poterie de la région de Sukhothai-Si Satchanalai était exportée dans toute l'Asie. La Chine en fut le plus gros importateur durant les périodes Sukhothai et Ayuthaya, et les Chinois appelaient ces poteries des "Sangkalok", une déformation de Sawankhalok (le dernier nom de Si Satchanalai). Des spécimens d'une rare beauté sont conservés dans les musées nationaux de Djakarta et de Pontianakt.

Il y eut jusqu'à 200 fours alignés le long de la Yom. Plusieurs ont été mis au jour avec soin et sont accessibles aux visiteurs du **Centre d'étude et de conservation des fours de Sangkalok**, ouvert en 1987. A ce jour, le centre a ouvert deux parties aménagées au public : un petit musée à Chaliang présentant les céramiques livrées par les fouilles ainsi qu'un four, et un site extérieur plus vaste à 2 km au nord-ouest des ruines de Si Satchanalai. Les collections sont remarquablement exposées, mais les cartels sont uniquement rédigés en thaï. D'autres sites devraient être présentés au public, notamment un four en activité.

On trouve encore dans les champs des ratés de cuisson. Les boutiques de Sukhothai et de Sawankhalok vendent ainsi des pièces mal cuites, cassées, déformées ou recollées. Le **musée de Sawanwaranayok**, près du **Wat Sawankhalam** de Sawankhalok, sur la rive ouest, expose des poteries et des bouddhas déterrés par des villageois et offerts au wat. Au Thai Celadon, près de Chiang Mai, on produit des exemplaires modernes de cet art céramique ancien.

Ban Hat Siaw

Au sud-ouest de Si Satchanalai, ce village pittoresque est habité par les Thai Phuan, un groupe tribal thaï originaire de la province de Xieng Khuang, au Laos.

Il y a un siècle, lors des troubles causés par les Annamites et les Chinois au nord-est du Laos, les Thai Phuan émigrèrent en Thaïlande. Ban Hat Siaw est connu pour ses somptueuses cotonnades tissées main, les *phâa hàat sîaw* appréciées des Thaïlandais.

Traditionnellement, les femmes thai phuan sont initiées à l'art du tissage, la technique étant transmise de génération en génération. On peut acheter les étoffes tissées soit au village lui-même, soit dans les boutiques de Sawankhalok.

Des textiles anciens de Hat Siaw, vieux de 80 à 200 ans, sont exposés au musée des habits traditionnels dans le centre de Si Satchanalai.

Autre tradition, une procession à dos d'éléphant a lieu lors des ordinations monastiques (en général, début avril).

Où se loger et se restaurer

Tout près du parc historique de Si Satchanalai, la **Muang Boran House** (☎ *055-679030, 105/2 Th Kaengluang*) est une maison privée qui propose deux chambres pour la coquette somme de 200 B par personne. Le propriétaire envisage de transformer un petit bâtiment près de la route en bungalow climatisé qu'il louera 500 B. Il met également à la disposition de ses hôtes les tentes installées dans son jardin, moyennant 150 B. Si vous possédez la vôtre, vous pouvez la planter pour 100 B.

Il vous sera demandé la somme excessive de 1 200 B avec ventil. (1 500 B avec clim.) pour un bungalow spacieux au **Wang Yom Resort** (☎ *055-631380*), un peu plus loin sur la même route. Un tarif à négocier. Sur cette propriété magnifiquement aménagée le long de la Yom, se trouve aussi un village d'artisanat ("handicraft village"). Les cabanes délabrées que vous apercevez à proximité ne sont plus à louer. Le restaurant a la réputation d'être excellent.

Vous pourrez prendre un en-cas ou une boisson à la *cafétéria* située dans le parc historique, jusqu'à 18h.

Près de l'entrée du parc, en bordure de rivière, le **Kaeng Sak Beer Garden** partage ce grand terrain avec plusieurs magasins "d'antiquités". Ouvert tous les jours de 9h à 15h30, il sert à prix modérés des plats thaïlandais et chinois, souvent aux groupes de touristes venus visiter le parc historique.

Sawankhalok. Cette charmante ville sur la Yom, à 11 km au sud du parc historique, dispose de deux ou trois hébergements meilleur marché, pour les visiteurs souhaitant explorer la région. Le **Muang Inn Hotel** (☎ *055-641622, 21 Th Kasemrat*) propose des chambres ventilées à 160 B, climatisées à 350 B. Une cafétéria sombre et son café sing-song occupent le rez-de-chaussée.

Dans la grand-rue de Sawankhalok, le **Sangsin Hotel** (☎ *055-641259, fax 641828, 2 Th Thetsaban Damri 3*) loue des chambres propres et confortables avec ventil. à 150 B, ou de 280 à 320 B avec clim. L'hôtel possède une cafétéria.

La ville n'a rien d'une capitale gastronomique. La plupart des restaurants locaux proposent des plats de nouilles et du *khâo man kài*. Parmi les meilleurs, citons le **Van Waw** qui fait face au Sangsin Hotel et ouvre de 8h à 15h uniquement.

Les amateurs de *khâo kaeng* (riz et curry) se rendront à la boutique en face de la Thai Farmers Bank. Un **marché de nuit**, plus important que celui de la ville nouvelle de Sukhothai, se tient le long des rues principales de Sawankhalok.

L'ancien et célèbre restaurant chinois *Ko Heng*, près de la rivière, accueille aujourd'hui de vieux habitués chinois venus boire le thé.

La meilleure adresse de la ville reste sans doute le *Kung Nam*, dont le jardin-restaurant aux abords de la ville en direction de Sukhothai prépare des plats thaïlandais et chinois, non loin du Muang Inn Hotel.

Comment s'y rendre

Les ruines du parc historique de Si Satchanalai-Chaliang sont accessibles par la Route 101 entre Sawankhalok et New Si Satchanalai. De la ville nouvelle de Sukhothai, prendre un bus ordinaire/climatisé pour Si Satchanalai (20/25 B), et demandez à descendre à la vieille ville (meuang kào). Il y a deux arrêts auxquels vous pouvez descendre ; les deux impliquent de traverser la Yom.

Le premier mène par une passerelle au Wat Phra Si Ratana Mahathat à Chaliang ; le deuxième se trouve 2 km plus loin, après deux collines, et conduit directement dans les ruines de Si Satchanalai.

Train. Pour le seul plaisir d'aller voir les ruines, Rama VI fit construire 60 km de voie ferrée entre Ban Dara (petite ville située sur la principale ligne du nord) et Sawankhalok. La gare d'origine, tout en bois, reste l'une des curiosités de la ville.

Étonnamment, il existe aujourd'hui un express quotidien qui relie Bangkok à Sawankhalok : c'est le n°905 qui part de la capitale à 23h10 et arrive dans cette petite gare à 6h40. Ne le cherchez pas sur vos horaires en anglais, il ne figure que sur ceux en thaï. Il s'agit d'un "Sprinter", en d'autres termes d'un train climatisé de 2ᵉ classe, sans couchettes, que vous prendrez pour 300 B, dîner et petit déjeuner inclus. Vous pouvez monter à bord en gare de Phitsanulok à 5h12, ce qui vous reviendra à 30 B compte tenu de la distance restant à parcourir.

Dans le sens inverse, le train n°902 quitte Sawankhalok à 7h15 et arrive à Bangkok à 14h20. Il existe aussi un train local, le n°315, en provenance de Taphan Hin (à 73 km au nord de Nakhon Sawan). Vous pouvez le prendre à Phitsanulok à 11h14 pour arriver à Sawankhalok à 13h55 (21 B en 3ᵉ classe).

Comment circuler

La meilleure solution pour circuler est la bicyclette. On en louera tout près du barbier, à l'entrée du Wat Phra Si Ratana Mahathat pour 20 B la journée.

On peut aussi louer un éléphant et son cornac, de 50 à 100 B, pour visiter Si Satchanalai (mais pas Chaliang).

Province de Kamphaeng Phet

KAMPHAENG PHET
24 500 habitants

Connue anciennement sous le nom de Chakangrao ou Nakhon Chum, Kamphaeng Phet ("le mur de diamant") commandait jadis une importante ligne de défense du royaume de Sukhothai. Elle doit surtout sa célébrité actuelle au *klûay khài* (un plat de banane à l'œuf) le plus succulent de Thaïlande.

Renseignements

Un centre de renseignements touristiques privé (intitulé "chambre de commerce") se trouve un pâté de maisons au sud du Chakungrao Hotel sur Th Thesa. Vous y résoudrez certaines questions de logement et de restauration. On y trouve un bon plan de la ville.

Argent. La Thai Farmers Bank et la Siam Commercial bank possèdent toutes deux une agence dans Th Charoensuk, la route qui mène dans le centre quand on arrive de Phitsanulok.

Poste. La poste principale se trouve au sud de la vieille ville, sur Th Thesa.

Vieille ville

A 2 km environ de la route Bangkok-Chiang Mai s'étendent les ruines de la vieille ville de Kamphaeng Phet et quelques beaux vestiges de sa muraille.

Le site a été classé parc historique et placé sous la tutelle du ministère des Beaux-Arts. Pour 40 B, vous pouvez en faire tous les jours la visite de 8 h à 16h30. Le **Wat Phra Kaew** jouxtait autrefois le palais royal (en ruine). A une centaine de mètres au sud-est du Wat Phra Kaew, le **Wat Phra That** se distingue par un grand chédi à base circulaire, entouré de colonnes.

Musée national de Kamphaeng Phet

De l'autre côté de la rue, environ à 100 m de ces temples, un musée présente au rez-de-chaussée un panorama de l'art thaï et, à l'étage, un ensemble d'objets trouvés à Kamphaeng Phet, notamment dans les temples. Il est ouvert du mercredi au dimanche de 9h à 12h et de 13h à 16h (30 B).

San Phra Isuan

Ce sanctuaire en grès proche du musée est surmonté d'un Shiva en bronze, de style khmer dont l'original se trouve au musée.

Wat Phra Borom Mathat

Sur la rive opposée de la Ping s'étendent les ruines d'un site occupé bien avant l'apogée de Kamphaeng Phet, même si les vestiges actuels datent de la période Sukhothai post-classique. Quelques petits chédis sont dominés par un plus grand, édifié à la fin de la période Sukhothai, à l'exception de son toit birman ajouté au début du XXe siècle.

Autres temples

Au nord-est de l'enceinte de la vieille ville, le **Wat Phra Si Ariyabot** montre les restes épars de bouddhas de style Sukhothai classique. Au nord-ouest du précédent, le **Wat Chang Rawp** possède un chédi dont la base est soutenue par des éléphants, d'où son nom.

Où se loger

Au cœur de la ville moderne, les gens de passage descendent au *Ratchadamnoen Hotel* (☎ 055-711029), sur le trottoir est de Th Ratchadamnoen. Il n'a vraiment rien d'extraordinaire et ses chambres valent 210 à 230 B avec ventil., ou un minimum de 250 B avec clim.

Dans la rue suivante avant d'arriver sur les rives de la Ping, se tient l'hôtel le plus chic de la ville, le *Chakungrao* (☎ 055-711315, 123 Th Thesa). Pour 280 B au moins, vous occuperez une chambre climatisée de la plus grande propreté.

Au sud de Th Thesa et sur la droite, le *Navarat* (*Nawarat*, ☎ 055-711211) demande 500 B pour des chambres propres, confortables et climatisées. Une cafétéria est ouverte au rez-de-chaussée. Le personnel parle un peu anglais.

Au centre de la ville moderne, non loin du marché municipal, le *Gor Choke Chai* (*Kaw Chok Chai,* ☎ 055-711247), plutôt mouvementé mais sympathique, loue des chambres avec ventil. et s.d.b. à 210 B la simple/double, 270 B avec clim., une bien meilleure affaire que le Ratchadamnoen.

Plus joli, le *Phet Hotel* (☎ 055-712810, fax 712816, 99 Th Wijit), près du marché municipal, affiche des tarifs débutant à 600 B pour des chambres bien entretenues, avec clim. et TV.

Où se restaurer

Un petit *marché de nuit* se tient tous les soirs en face des bureaux provinciaux près des murs de la vieille ville, et l'on trouvera des petits restaurants près du rond-point. La municipalité a installé un *bazar de nuit* dans Th Thesa.

Dans le centre-ville, un plus grand *marché de jour et de nuit* occupe l'espace qui fait l'angle de Th Wijit et de Banthoengjit. Le long de Th Thesa, les établissements de restauration ne manquent face au parc Sirijit près de la rivière. Le *Malai* (*77 Th Thesa*, ni enseigne ni carte en caractères romains) sert en plein air une bonne cuisine isaan. Dans la même rue sont installées deux boulangeries, *Phayao* et *Tasty*. L'*Eagle Pub* du Soi 6 (qui débouche sur Th Ratchadamnoen) prépare des plats thaïlandais et occidentaux accompagnés de musique live à partir de 21h. Quelques restaurants flottants vous accueilleront sur la Ping, notamment le *Phae Rim Ping*.

KAMPHAENG PHET

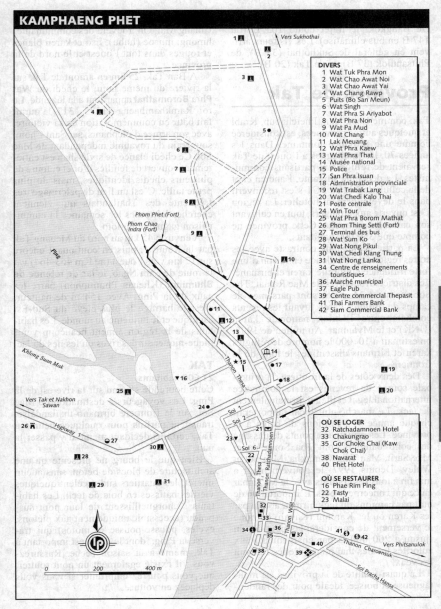

Vers Sukhothai

Phom Phet (Fort)
Phom Chao
Indra (Fort)

Ping

Khlong Suan Mak

Vers Tak et Nakhon Sawan

Highway 1

Thanon Thesa

Thanon Thesa

Thanon Ratchadamnoen

Thanon Witti

Soi 1
Soi 2
Soi 6

Vers Phitsanulok

Thanon Charoensuk

Soi Pracha Hansa

0   200   400 m

NORD DE LA THAÏLANDE

DIVERS
1 Wat Tuk Phra Mon
2 Wat Chao Awat Noi
3 Wat Chao Awat Yai
4 Wat Chang Rawp
5 Puits (Bo San Meun)
6 Wat Singh
7 Wat Phra Si Ariyabot
8 Wat Phra Non
9 Wat Pa Mud
10 Wat Chang
11 Lak Meuang
12 Wat Phra Kaew
13 Wat Phra That
14 Musée national
15 Police
16 San Phra Isuan
18 Administration provinciale
19 Wat Trabak Lang
20 Wat Chedi Kalo Thai
21 Poste centrale
24 Win Tour
25 Wat Phra Borom Mathat
26 Phom Thing Setti (Fort)
27 Terminal des bus
28 Wat Sum Ko
29 Wat Nong Pikul
30 Wat Chedi Klang Thung
31 Wat Nong Lanka
34 Centre de renseignements touristiques
36 Marché municipal
37 Eagle Pub
39 Centre commercial Thepasit
41 Thai Farmers Bank
42 Siam Commercial Bank

OÙ SE LOGER
32 Ratchadamnoen Hotel
33 Chakungrao
35 Gor Choke Chai (Kaw Chok Chai)
38 Navarat
40 Phet Hotel

OÙ SE RESTAURER
16 Phae Rim Ping
22 Tasty
23 Malai

Comment s'y rendre

De Bangkok, le trajet coûte 105 B (ou 147 B en bus climatisé). Les visiteurs arrivent en général de Sukhothai (38 B), de Phitsanulok (37 B) ou de Tak (20 B).

Province de Tak

Tak, comme Loei, Nan, Phetchabun, Krabi et quelques autres provinces, est considérée comme une province lointaine. Dans les années 70, les montagnes à l'ouest de Tak servaient de refuge aux partisans communistes. La décennie suivante, l'ancien chef de la cellule locale du PCT s'est reconverti dans le développement hôtelier. La région s'est ouverte aux étrangers, tout en cultivant son caractère farouche. Cette province ne compte que 350 000 habitants.

La partie occidentale contraste avec les autres régions de Thaïlande en raison d'une forte influence culturelle karen et birmane. Les districts frontaliers de Mae Ramat, Tha Son Yang et Mae Sot sont parsemés de camps de réfugiés karen fuyant les récents combats entre l'Union nationale karen (UNK) et le Myanmar. Au milieu de 1998, on estimait à 10 000 le nombre de réfugiés karen et birmans disséminés le long de la frontière.

Des deux côtés de la frontière, la principale source de revenus est le commerce international légal et illégal, principalement du teck. Le marché noir local rapporterait chaque année 150 millions de bahts à la province. Les principaux points de passage des contrebandiers sont Tha Song Yang, Mae Sarit, Mae Tan, Wangkha, Mae Sot et Waley. Depuis 1997, le gouvernement a mis fin à tous ses contrats avec le Myanmar en ce qui concerne le bois. L'importation de nuit par camions du teck birman abattu par les Karen ou les Karenni (Kayah) entraîne le versement de considérables pots-de-vin (jusqu'à 200 000 B par chargement) aux autorités locales thaï pour qu'elles ferment les yeux.

La quasi-totalité de la province est montagneuse et boisée, idéale pour des randonnées, organisées parfois d'aussi loin que Chiang Mai. On trouvera des communautés hmong, musoe (Lahu), lisu et karen blancs et rouges dans tout l'ouest et le nord de la province.

A Ban Tak, 25 km en amont de Tak sur la rivière du même nom, le chédi du **Wat Phra Boromathat** appartient à la légende. Le roi Ramkhamhaeng (1275-1317) l'aurait fait bâtir en commémoration de sa victoire, avec son armée d'éléphants, sur Sam Chom, souverain du royaume indépendant de Mae Sot. Ce chédi élancé de style shan est entièrement couvert de feuilles d'or et entouré de plusieurs chédis identiques, mais de plus petite taille. C'est un lieu de pélerinage très fréquenté des Thaïlandais qui viennent chercher ici toutes les semaines la combinaison gagnante du loto.

A environ 45 km au nord du Meuang Tak par la Route 1, puis en continuant encore sur 17 km vers l'ouest (au Km 463-464) *via* la route de Sam Ngao, le **lac de retenue de Bhumibol** (Kheuan Phumiphon) barre les eaux de la Ping. Avec 154 m de hauteur, c'est le barrage le plus élevé du Sud-Est asiatique et le huitième au monde. Les habitants de la région aiment beaucoup venir pique-niquer sur les rives ou les îles du lac.

TAK

21 600 habitants

Cette bourgade s'étend sur la rive est de la Ping. Les voyageurs à destination de Mae Sot, sur la frontière birmano-thaïlandaise, transitent parfois pour quelques heures à Tak, certains décidant même d'y passer la nuit.

Bien que le bourg ne présente qu'une architecture de blocs de béton, sans aucun intérêt, les quartiers sud recèlent quelques vieilles bâtisses en bois de teck. Les habitants s'enorgueillissent de leur pont suspendu (accessible uniquement aux piétons, cycles, pousse-pousse et motos) qui traverse la Ping, dont le débit est important à Tak, même à la saison sèche. Rassurez-vous : il existe également un pont routier, que vous pourrez emprunter si vous vous déplacez en voiture.

NORD DE LA THAÏLANDE

Renseignements

La TAT (☎ 055-5144341) a installé son agence dans un bel immeuble neuf, 193 Th Taksin, dans Th Mahat Thai Borong. Vous y trouverez des brochures sur les compagnies de randonnées, les hôtels et les resorts.

Où se loger et se restaurer

La plupart des hôtels de Tak s'alignent le long de Th Mahat Thai Bamrung, dans le centre. Le plus grand, le *Wiang Tak* (☎ *055-511910, 25/3 Th Mahat Thai Bamrung*) était fermé pour rénovation lors de notre passage. Sur la rive, le *Wiang Tak 2* (☎ *055-512508, fax 512169, Th Chumphon* loue 550 B des chambres ordinaires, et 800 à 900 B des chambres plus luxueuses (les prix affichés sont plus élevés). Il offre les prestations d'un établissement de sa catégorie : cafétéria, bar à karaoke et piscine. Moins chère, la *Racha Villa* (☎ *055-512361*), au carrefour de la Route 105 et de la Highway 1, constitue un meilleur choix, avec ses chambres bien soignées à 250 B avec ventil., 500 B avec clim.

A nouveau dans Th Mahat Thai Bamrung, le *Mae Ping* (☎ *055-511807*), passablement défraîchi, facture 110 B de grandes chambres propres avec ventil. et s.d.b. dans un vieil édifice en bois (250 B avec clim.). Son emplacement en face du marché ne pose aucun problème de bruit.

Deux rues plus loin, le *Sa-nguan Thai* (☎ *055-511153, 619 Th Taksin*) se repère, faute d'enseigne, aux lanternes chinoises suspendues à la véranda du 2ᵉ étage. Comptez 150/170 B en simple/double ventilée, 220 B avec TV ou 300/400 B avec clim. Un restaurant occupe le rez-de-chaussée.

A 50 m du terminal des bus publics, près de l'intersection des Highways 1 et 12, le *Panasan Hotel* (☎ *055-511436*) propose un peu à l'écart du centre des bungalows rudimentaires mais propres pour 110 à 160 B la nuit, avec ventil. et s.d.b. (à partir de 250 B si vous souhaitez une pièce climatisée). C'est une bonne adresse.

Face au Mae Ping se tient le *marché* où l'on peut se restaurer à petits prix. Le restaurant climatisé *Janded* se trouve sur le

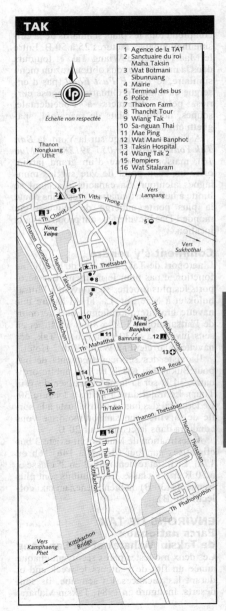

TAK

1 Agence de la TAT
2 Sanctuaire du roi Maha Taksin
3 Wat Botmani Sibunruang
4 Mairie
5 Terminal des bus
6 Police
7 Thavorn Farm
8 Thanchit Tour
9 Wiang Tak
10 Sa-nguan Thai
11 Mae Ping
12 Wat Mani Banphot
13 Taksin Hospital
14 Wiang Tak 2
15 Pompiers
16 Wat Sitalaram

Échelle non respectée

Thanon Nongluang Uthit

Th Vithi Thong

Vers Lampang

Th Charot

Thanon Chumphon

Nong Yaipa

Vers Sukhothai

Thanon Taksin

Th Thetsaban

Thanon Kittikachon

Thanon Phahonyothin

Nong Mani Banphot

Th Mahatthai Bamrung

Tak

Thanon Tha Reua

Th Taksin

Th Taksin

Thanon Thetsaban

Thanon Thetsaban

Th Thai Chana

Thanon Kittikachon

Th Phahonyothin

Vers Kamphaeng Phet

Kittikachon Bridge

NORD DE LA THAÏLANDE

trottoir opposé au Wiang Tak 1. Le menu comprend tous les plats standards de la cuisine thaïlandaise, facturés 25 à 50 B. Entre le Mae Ping et le Wiang Tak 1, toujours dans la même rue, vous obtiendrez un menu similaire, le *F & F Fast Food* (pas d'enseigne en anglais), climatisé, propose curries, petits déjeuners à l'occidentale, soupes, nouilles, plats de macaroni, spaghetti et glaces.

A l'ouest du village sur la Yom, la *Ban Tak Youth Hostel* (☎ 055-591286, 9/1 Muu 10), maison entourée d'un grand jardin, offre un beau point de vue sur les montagnes alentour. Sa capacité d'accueil se limite à huit pensionnaires, c'est sans doute la plus petite auberge de jeunesse au monde ! Des bicyclettes sont proposées à la location.

Comment s'y rendre

L'aéroport de Tak, à 15 km du centre, ne fonctionne pas pour le moment. Les aéroports les plus proches se trouvent à Phitsanulok et à Mae Sot. La THAI assure une navette gratuite quotidienne de l'aéroport de Phitsanulok à Tak, à 8h et à 14h, et en sens inverse à 5h30 et à 12h. A Tak, ces navettes s'arrêtent au Wiang Tak 2 Hotel.

Il existe des services fréquents de bus pour Sukhothai (28 B en bus public ordinaire, 34 B sur la ligne climatisée de Win Tour). Le trajet dure 1 heure à 1 heure 30. Le terminal des bus se trouve juste à la sortie de la ville ; un samlor motorisé vous conduira dans le centre pour 20 B.

A destination de Mae Sot, il existe 3 bus climatisés par jour (départ à 14h, 16h ou 17h). Le trajet revient à 39 B en 2e classe et à 50 B en 1re classe. Les minibus sont plus fréquents (30 B) ou bien prenez un taxi collectif (40 B).

ENVIRONS DE TAK
Parcs nationaux
de Taksin Maharat et de Lan Sang

Ces deux modestes parcs reçoivent chaque année un flot de visiteurs le week-end et durant les vacances. En semaine, ils sont déserts. Inauguré en 1981, Taksin Maharat couvre un site d'une superficie de 149 km². Vous y accéderez par la Route 105/Asia 1, la Highway qui dessert Mae Sot (le parc se trouve à 2 km du Km 26).

Son principal intérêt réside dans ses spectaculaires **chutes de Mae Ya Pa**, hautes de 30 m et étagées sur 9 niveaux ; on vient aussi y admirer son célèbre *thàbàk*, un diptérocarpe d'une dimension exceptionnelle, puisqu'il mesure 50 m pour une circonférence de 16 m. Les amateurs d'ornithologie trouveront aussi un lieu d'observation privilégié, puisqu'on y a recensé des oiseaux migrateurs ou résidents tels que la pie-grièche tigre, la bergeronnette forestière (*Motacilla indica*) et le héron bacchus (*Ardeola bacchus*).

A 11 km, la réserve naturelle de Lan Sang couvre 104 km². Ses pics de granit (environ 1 000 m d'altitude), au relief déchiqueté, font partie de la chaîne de Tenasserim. Un réseau de sentiers permet d'accéder à plusieurs chutes d'eau, y compris celles qui ont donné leur nom au parc, hautes de 40 m. Pour atteindre l'entrée de la réserve, empruntez la Route 105, puis bifurquez sur la Route 1103 que vous suivrez vers le sud sur 3 km.

Où se loger. Le parc national de Lan Sang gère quelques bungalows, à la disponibilité des visiteurs pour 150 B à 600 B. Il propose également la location de tentes. Au parc de Taksin Maharat, on peut coucher dans une chambre rustique pour 250 B ou camper. Dans les deux parcs, il existe diverses possibilités de se restaurer.

MAE SOT

A 80 km de Tak par la transasiatique – la "Pan-Asian Highway" ou Asia Route 1, qui devient la Route 105 dans la nomenclature routière thaïlandaise – Mae Sot a une réputation quelque peu sulfureuse. Le marché noir local est en pleine expansion depuis l'interdiction en 1991 par les autorités birmanes de tout commerce entre Myawaddy et Mae Sot (à cause de l'énorme déficit commercial de Myawaddy et de la chute incontrôlable de la monnaie birmane, le kyat). Les opérations de contrebande sont concentrées dans les districts de Mae Ramat, Tha Song Yang, Phop Phra et Um Phang.

Ce poste commercial avancé où se côtoient Birmans, Chinois, Karen et Thaïlandais devient petit à petit une destination touristique. Si l'État est bien présent au niveau politique, l'économie locale est entre les mains de factions qui règlent leurs comptes en marge de la légalité. Comme ailleurs et en pareil cas, la police locale, détentrice du plus gros stock d'armement, est toute-puissante. La réussite en affaires tient le plus souvent à l'état des relations que l'on entretient avec la police.

La ville de Mae Sot, à proprement parler, est petite mais en pleine expansion ; elle est devenue le plus important centre de négoce de jade et de pierres précieuses, le long de la frontière. Ces dernières années, ce trafic s'est peu à peu concentré entre les mains des immigrants chinois et indiens venus du Myanmar. Tant qu'ils se tiendront à l'écart des trafics d'armes, de drogue, de teck et de pierres précieuses, les visiteurs découvriront un milieu fascinant, mais aux mœurs assez relâchées. C'est toutefois une région frontalière où des escarmouches entre les autorités nationales birmanes et les ethnies karen et kayah, pourtant en voie d'affaiblissement, sont susceptibles d'exploser à tout moment. Ces insurrections jettent alors des milliers de réfugiés sur les routes de part et d'autre de la frontière, sous le feu occasionnel de jets de mortier, ce qui ajoute à l'instabilité, déjà tangible, de la région.

Les enseignes sont en thaï, en birman et en chinois. L'architecture religieuse est pour l'essentiel birmane. La population birmane urbaine est en majorité musulmane, tandis que les Birmans vivant en dehors de la ville sont bouddhistes et les Karen en majorité chrétiens. En vous promenant dans les rues de Mae Sot, vous verrez un intéressant mélange ethnique. Le grand marché municipal de Mae Sot, derrière le Siam Hotel, vend des vêtements birmans, des cigarettes pas chères, des roses, des couvertures birmanes, des produits alimentaires indiens et des plats à emporter bon marché.

Une grande foire aux gemmes se tient en avril. A cette époque, a lieu une rencontre annuelle de boxeurs de muay thai des deux pays. Les combats se déroulent à l'extérieur de la ville selon les rites traditionnels, dans un ring circulaire et en cinq rounds. Il faudra demander autour de vous où se déroule ce tournoi de boxe, car il n'est pas d'une légalité absolue.

Au début des années 90, les gouvernements de Thaïlande et du Myanmar ont commencé la construction d'un pont sur l'autoroute internationale, enjambant la Moei. Puis des désaccords sur la frontière fluviale ont interrompu les travaux en 1995. Ceux-ci ont repris à la fin de l'année suivante, reliant Mae Sot à la Highway ouest en direction de Mawlamyaing (Moulmein) et de Yangon. La frontière actuellement fermée devrait être rouverte.

Renseignements

Le bureau de la police touristique se trouve près de la n°4 Guest House.

La DK Book House a ouvert une succursale à Mae Sot, dans Th Intharakhiri. Le fonds comprend quelques cartes de la région, dont une carte topographique faite à partir des relevés de l'armée (échelle : 1/250 000) de la région frontalière intitulée "Moulmein".

La SP Guest House, la Mae Sot Guest House et la West Frontier Guest House peuvent organiser des randonnées ou des sorties de rafting au nord comme au sud de Mae Sot.

Sachez que pour 20 B, vous pouvez prendre un sauna au *Wat Mani*.

Marché frontalier

Des songthaews se rendent fréquemment à la frontière, à 6 km de Mae Sot : demandez à aller à Rim Moei (le bord de la rivière Moei). La course coûte 10 B, et le dernier songthaew revient à 18h. A Rim Moei, on peut se promener le long de la rivière et apercevoir le Myanmar et son poste-frontière, Myawadie sur l'autre rive. On voit aussi une école, un temple bouddhique et des groupes de maisons à toits de chaume.

ENVIRONS DE TAK ET DE MAE SOT

La traversée de la frontière s'effectue soit par une passerelle piétonnière soit par un service de ferry. Mais cette frontière ferme de temps à autre depuis le début des hostilités entre l'Union nationale karen et le gouvernement du Myanmar au début des années 80. Un marché, à 100 m de la rivière, du côté thaïlandais, vend des marchandises birmanes – du poisson, des crevettes et des pousses de bambou séchées, des haricots mung, des cacahuètes, de la vannerie, des sculptures en teck, d'épaisses couvertures en coton, des laques, des tapisseries, des jades et des pierres. La nourriture séchée ou en conserve se vend au *pan* ("pound", la livre), l'unité de poids birmane/karen, plutôt qu'au kilo, l'unité habituelle en Thaïlande. On peut aussi se procurer des kyats (monnaie du Myanmar) au marché noir à un taux très favorable.

Si la frontière est ouverte aux étrangers, comme l'a annoncé le gouvernement birman en 1998, vous devriez pouvoir traverser le pont permettant de rejoindre Myawadi pour la journée. Le projet qui prévoit de prolonger la route de Myawadi jusqu'à Mawlamyaing, sur le golfe du Mottamma (Martaban), est loin d'être concrétisé.

Où se loger – petits budgets

Pensions. Lors de la rédaction de ce guide, Mae Sot comptait cinq pensions. La *Mae Sot Guest House*, Th Intharakhiri, propose des simples/doubles sans rien d'exceptionnel à 80 B avec s.d.b. commune et pour 250 B des chambres climatisées, un peu mieux, avec douche à l'eau froide. L'atout majeur de cette pension réside dans son agréable terrasse en plein air. Vous pourrez vous y procurer des plans de la ville et des cartes de la région, ainsi que de nombreux renseignements utiles. Le propriétaire s'exprime avec aisance en anglais.

A l'autre extrémité (ouest) de Th Intharakhiri, au n°736, se trouve sur la route qui mène à la Moei, la *N°4 Guest House*. Dans cette grande bâtisse bien en retrait de la rue, une nuit vous reviendra à 50 B en dortoir, ou à 80/160 B en simple/double avec s.d.b. commune.

Au sud, l'assez récente *West Frontier Guest House* (☎ 055-532638, 18/2 Th Bua Khun) est une bâtisse de deux étages construite en brique et bois près du Pha-Waw Hospital. Elle compte 6 chambres louées 70 à 100 B par personne. Le personnel parle anglais, japonais, thaï, karen et birman. Il organise sur demande des excursions à pied ou des sorties de rafting. Vous pourrez également louer des bicyclettes.

Aux confins nord-ouest, la *SP House* (☎ 055-531409, 14/21 Th Asia) dispose de chambres lambrissées assez bien conçues pour 50 B par personne. Bien que l'établissement soit un peu excentré, il présente quelques avantages. On vous fournira toutes les informations pour vos visites et le personnel organise, sur demande, une série de treks à travers la province.

Enfin, la *B+B House* (☎/fax 055-532818) propose des chambres aménagées au premier étage d'une agence de voyages située sur Th Tang Kim Chiang (l'escalier est très raide !). Comptez 150/250 B pour

une simple/double exiguë avec douche chaude commune. A ne retenir qu'en dernier lieu ou si vous partez à l'aurore pour une excursion organisée par l'agence.

Hôtel. A l'angle du Soi Wat Luang, l'établissement le moins cher, le *Suwannavit Hotel* (☎ 055-531162), facture 100 B les pièces avec s.d.b. de l'aile ancienne, et 120 B celles de l'aile nouvelle.

Le *Siam Hotel* (☎ 055-531376, Th Prasat Withi) propose des chambres agréables mais chères à 180/250 B avec ventil., 350 B avec clim., et 500 B avec moquette et TV.

Où se loger – catégorie moyenne

A deux pas de Th Prasat Withi et non loin du marché de jour, le *Porn Thep Hotel* (☎ 055-532590, 25/4 Soi Si Wiang), est propre et bien entretenu. Les simples/ doubles avec clim. et eau chaude coûtent 350 B, celles avec ventil. et s.d.b. 250 B, et les quelques chambres de luxe, avec TV et eau chaude, 700 B.

L'hébergement le plus chic était autrefois le *First Hotel* (☎ 055-531233), non loin de Th Intharakhiri, près du commissariat de police. Cet hôtel est devenu très ordinaire de nos jours, avec des chambres défraîchies mais confortables facturées un minimum de 270 B avec ventil. et s.d.b., et à partir de 450 B avec clim. et TV. Tout comme le Siam, cet hôtel est l'une des adresses favorites des routiers qui sillonnent la Thaïlande. Compte tenu des rénovations en cours lors de notre venue, les prix risquent d'augmenter.

Mitoyen de la DK Book House, dans Th Intharakhiri, le nouveau *DK Hotel* (☎ 055-531699) offre sur trois niveaux des chambres qui tiennent du petit appartement, avec ventil. et s.d.b. à 250 B (ou 450 B avec clim.).

Où se loger – catégorie supérieure

Sur la route de Tak à la sortie de la ville, le *Central Mae Sod Hill Hotel* (☎ 055-532 601/8, à Bangkok : 02-5411234) met à la disposition de ses hôtes une piscine, des courts de tennis, un bon restaurant, une discothèque et un bar à cocktails. Toutes les chambres bénéficient de la clim., de l'eau chaude, d'un réfrigérateur, d'une TV, d'un magnétoscope et d'un téléphone. Prévoyez 900 B pour une chambre classique, 1 500 B pour une suite.

Où se restaurer

Les bonnes adresses ne manquent pas près du Siam Hotel. Le marché et ses recoins abritent aussi de bonnes surprises. Voisin du Siam, le long de Th Prasat Withi, un petit food centre sino-thaïlandais sert des nouilles et des curries. C'est ouvert le matin et l'après-midi seulement.

En face de la mosquée, le *restaurant birman* propose un bon roti kaeng (curry et pain plat), du lait frais, des curries et du khâo sàwy (bouillon épicé de poulet aux nouilles plates). Du même côté de la rue, un *salon de thé* birman musulman concocte des plats peu chers et fort bons. Un repas composé d'un curry, de dal, de légumes, de deux nan, deux assiettes de riz, deux thés et deux cafés ne valait que 70 B lors de mon dernier passage. Plus bas dans la même rue, un autre petit établissement birmano-musulman attire plus de monde quoiqu'il paraisse moins propre.

Un en-cas très apprécié ici est le *krabawng jaw* ("croquant frit" en birman), une sorte de tempura japonaise aux légumes. Les meilleurs sont préparés par l'*échoppe* proche du croisement de Th Prasat Withi et de la rue qui vient de l'hôpital, où officie la même famille depuis des années. On s'assoit à une petite table près du wok, et l'on passe sa commande : morceaux de courge, de potiron ou de papaye enrobés d'une pâte à l'œuf et frits, puis plongés dans une délicieuse sauce aux cacahuètes, tamarin, ail et piment sec. Vous pourrez emporter des plats pour 5 et 10 B. La famille allume le wok à 16h30 et cuisine jusqu'à 20h.

Le meilleur restaurant chinois de la ville, le modeste *Kwantgung Restaurant*, à l'angle du Porn Thep Hotel, au sud de Th Prasat Withi, a pour spécialité la cuisine cantonaise.

Pour passer une soirée dans un cadre agréable, essayez le *Khao Mao Khao Fan*, un peu au nord de la ville sur la route de Mae Ramat. Un botaniste thaïlandais a conçu ce restaurant de plein air qui vous donne le sentiment de dîner en pleine forêt avec une cascade artificielle. La cuisine thaïlandaise est aussi inventive avec des spécialités comme le *yam hèt khon* (salade épicée de champignons de la forêt qu'on ne trouve que de septembre à octobre), du *muu khâo mâo* (salade de saucisses maison, arachides, laitue, gingembre, citron vert et piments) et une glace frite mélangée de fruits. Le Khao Mao est ouvert tous les jours de 11h à 21h.

Un petit *restaurant végétarien* sans nom, voisin de l'arrêt des songthaews d'Um Phang, propose quelques plats végétariens thaï peu onéreux. Il reste ouvert de 7h à 19h – ou jusqu'à ce que tout soit vendu.

Une petite enclave de restaurants faràng a surgi dans Th Tang Kim Chiang, où vous irez chez *Pim Hut* pour une pizza, un steak, des plats thaïlandais ou chinois, une glace ou un petit déjeuner à l'occidentale à prix modérés. En face, brillamment éclairée, la *Fah Fah 2 Bakery* présente une carte similaire un peu moins chère.

Tenu par un Français, *Chez John* (☎ *055-547206, 656 Th Intharakhiri*) vante les mérites d'un dîner sur sa terrasse de plein air, abondamment décorée de plantes vertes, avec éclairage d'ambiance. Le menu affiche des spécialités françaises, italiennes et thaïlandaises. Dans un coin séparé, un bar avec TV passe à l'occasion des vidéos. Avec son personnel de plusieurs nationalités, y compris coréenne, il est inclassable.

Son voisin, le *Crocodile Tear*, propose des plats thaïlandais. L'ambiance est plus marquée bar musical, avec des groupes qui jouent de la musique thaïlandaise ou occidentale.

Plusieurs étals, dans le centre commercial à côté du DK Hotel, proposent les spécialités habituelles thaïlandaises et chinoises à un prix modique. L'un d'eux vend en particulier un succulent khâo mòk kài. D'autres préparent une nourriture tout à

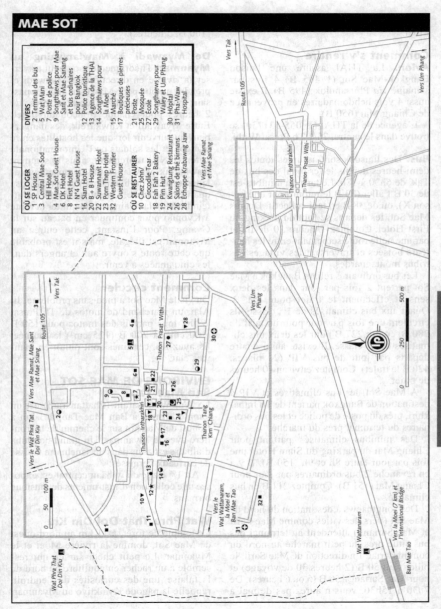

MAE SOT

OÙ SE LOGER
1 SP House
3 Central Mae Sod
   Hill Hotel
4 Mae Sot Guest House
6 DK Hotel
8 First Hotel
11 N°4 Guest House
16 Siam Hotel
20 B + B House
22 Suwannavit Hotel
23 Porn Thep Hotel
32 Western Frontier
   Guest House

OÙ SE RESTAURER
10 Chez John/
   Crocodile Tear
18 Fah Fah 2 Bakery
19 Pim Hut
24 Kwangtung Restaurant
26 Salons de thé birmans
28 Échoppe Krabawng Jaw

DIVERS
2 Terminal des bus
5 Wat Mani
7 Poste de police
9 Songthaews pour Mae
   Sarit et Mae Sariang
   et bus ordinaires
   pour Bangkok
12 Police touristique
13 Agence de la THAI
14 Songthaews pour
   la Moei
15 Marché
17 Boutiques de pierres
   précieuses
21 Poste
25 Mosquée
27 École
29 Songthaews pour
   Waley et Um Phang
30 Hôpital
31 Pha-Waw
   Hospital

Route 105

Vers Tak

Vers Um Phang

Thanon Intharakhin

Thanon Prasat Withi

Voir l'agrandissement

Vers Mae Ramat
et Mae Sariang

Vers Tak

Vers Mae Ramat, Mae Sant
et Mae Siang

Route 105

Vers Um Phang

Vers Wat Phra Tat
Doi Din Kiu

Thanon Prasat Withi

Thanon Intharakhin

Thanon Tang
Kim Chiang

Vers le
Wat Wattanaram,
la Moei et
Ban Mae Tao

Vers la Moei (7 km) et
l'International Bridge

Wat Wattanaram

Ban Mae Tao

Wat Phra Tat
Doi Din Kiu

0   250   500 m

0   50   100 m

0   50   100 m

NORD DE LA THAÏLANDE

fait correcte au marché frontalier de Mae Moei.

Comment s'y rendre

Avion. La THAI assure une liaison Bangkok-Mae Sot (1 405 B) 4 fois par semaine *via* Phitsanulok (495 B). Il existe aussi 4 vols hebdomadaires en provenance de Chiang Mai (650 B).

L'agence de la THAI (☎ 055-531730) se trouve dans le centre, 76/1 Th Prasat Withi.

Bus. Des liaisons sont assurées toutes les demi-heures depuis le terminal des bus de Tak, de 6h30 à 18h. Le tarif en minibus est de 30 B l'aller (33 B le retour pour une raison X), ou de 38 B en taxi collectif. Depuis Mae Sot, les départs se font du parking du First Hotel. Comptez 1 heure 30 de trajet par une belle route serpentant entre les hauteurs boisées et traversant les villages des tribus montagnardes.

Les bus ordinaires reliant Bangkok à Mae Sot partent 2 fois par jour dans les deux sens et effectuent le trajet pour 151 B. Quant aux bus climatisés de 1re classe, ils circulent une fois par jour pour un tarif de 280 B, contre 227 B pour les deux bus climatisés de 2e classe. Il existe aussi quatre départs par jour de bus VIP (24 places, 420 B le trajet). Comptez environ 10 heures de trajet.

A Mae Sot, les bus climatisés et VIP à destination de Bangkok partent de Th Inthakhiri, près du poste de police et les bus ordinaires du terminal près du marché.

Des minibus climatisés partent pour Chiang Mai du parking du Siam Hotel une fois par jour entre 8h et 9h (150 B). Il y a en revanche 2 bus ordinaires par jour pour Chiang Mai (151 B). Comptez 211 B en bus climatisé.

Des songthaews à destination du nord de Mae Sot (vers des villes comme Mae Sarit et Mae Sariang) attendent au terminal des bus situé près du petit marché au nord du commissariat. En direction de Mae Sarit, le billet vaut 50 B (2 heures 30 de voyage) et pour Mae Sariang 150 B (5 ou 6 heures). De 7h30 à 15h30, vous n'aurez pas de mal à trouver un songthaew pour Um Phang (100 B, 5 heures).

De Myawadi à Mawlamyaing au Myanmar. Théoriquement on peut traverser la rivière en direction de Myawadi et prendre un bus pour Mawlamyaing en passant par Kawkareik. Comptez près de 2 heures pour chaque tronçon du trajet. Entre Myawadi et Kawkareik, des dangers peuvent survenir lorsque les hostilités entre Yangon et les soldats de l'Union nationale karen (UNK) reprennent, mais le segment Kawkareik-Mawlamyaing ne pose généralement pas de problème malgré la mauvaise qualité de la route. Une autre manière d'atteindre Mawlamyaing est de quitter la route à Kyondo pour continuer en bateau sur la Gyaing. Pour l'instant, cette entrée au Myanmar est illégale, mais il est probable que cette route s'ouvre aux étrangers dans les cinq années à venir.

Comment circuler

On visite Mae Sot à pied sans problème. Jit Alai, un marchand de motos de Th Prasat Withi, loue parfois des motos pour 150 B (100 cm³) à 200 B (125 cm³) la journée. Essayez-les, certaines sont plutôt en mauvais état.

ENVIRONS DE MAE SOT
Ban Mae Tao

Le Wat Wattanaram (Phattanaram) est un temple birman à Ban Mae Tao, à 3 km à l'ouest de Mae Sot sur le chemin de la frontière avec le Myanmar. Un grand bouddha d'albâtre est assis dans un sanctuaire tapissé de carreaux vernissés.

Au 1er étage du wihãan central est exposée une collection d'instruments de musique birmans.

Wat Phra That Doi Din Kiu

Ce temple de forêt, à 11 km au nord-ouest de Mae Sot, domine la rivière Moei et le Myanmar. Le petit chédi sur ce qui ressemble à un rocher en équilibre au bord de la falaise, une des curiosités de l'endroit, rappelle la pagode Kyaiktiyo au Myanmar.

Le sentier qui escalade la colline ménage de belles vues sur les épaisses forêts de teck sur la rive birmane. Du côté thaïlandais, on aperçoit quelques arbres épars. De petites grottes sont visibles sur le flanc de la colline. La piste qui vient de Mae Tao traverse deux villages karen.

Durant les offensives birmanes contre l'UNK (à la saison sèche), le site fut classé zone dangereuse ; il arrive même, à l'occasion, que la gendarmerie bloque la route qui mène au temple. Informez-vous en ville de la situation en cours avant d'entamer votre ascension.

Camps de réfugiés birmans et karen

Plusieurs camps de réfugiés ont été installés sur la rive est de la Moei en amont et en aval de Mae Sot. Ils abritent des Karen ayant fui les combats entre les Birmans et l'UNK. Les camps ont beau exister depuis une décennie, le gouvernement thaïlandais garde le silence sur leur existence.

Même si de nombreux Thaïlandais et étrangers viennent en aide aux réfugiés, les camps ont encore énormément besoin d'assistance. Les touristes ne sont toutefois plus autorisés à se rendre dans les camps. Si, par chance, vous rencontrez à Mae Sot un bénévole qui y travaille, vous pouvez éventuellement y aller sur invitation de sa part. Il est possible d'effectuer des dons de vêtements et de médicaments (administrés par des médecins et infirmières qualifiés) par l'intermédiaire de la N°4 Guest House à Mae Sot.

L'un des plus grands, celui de Huay Kalok, a été bombardé en janvier 1998 par l'Armée démocratique des Bouddhistes karen (DKBA). Même si des bénévoles sont censés travailler à sa reconstruction, celui-ci était toujours désert en juin 1998. La plupart des réfugiés ont été relogés à **Mae La** (qui accueille de 4 000 à 5 000 personnes), au nord de la ville, sur la route de Mae Sarit. Il existe un autre campement d'importance au moins similaire, à **Mawker** (7 000 réfugiés), à deux heures au sud de Mae Sot, sur la route de Waley. Pour plus de renseignements sur le sort de ces réfugiés, veuillez

contacter le Burma Project (☎ 02-437 9445, fax 222 5788), 124 Soi Wat Thong Noppakhun, Th Somdet Chaophraya, Klongsan, Bangkok 10600, ou le Santi Pracha Dhamma Institute (☎ 02-223 4915, fax 222 5188), 177 Th Fuang Nakhon, Bangkok 10200.

Waley

A 36 km de Mae Sot par la Route 1090, la Route 1206 bifurque vers le sud-ouest à Ban Saw Oh et se termine 25 km plus au sud à la ville frontalière de Waley, important poste de contrebande. Récemment encore, c'était l'un des deux grands points de passage vers le Kawthoolei, le pays karen, mais en 1989 le gouvernement de Yangon en a délogé l'UNK.

Le commerce du teck était l'activité principale de cette zone frontalière jusqu'à la rupture des contrats commerciaux entre le gouvernement de la Thaïlande et les militaires de Yangon.

Les voyageurs désireux de passer la frontière pour la journée (il n'y a cependant pas grand-chose à voir) devront s'adresser aux militaires du poste du pont sur la Moei – les gardes contacteront leurs collègues du côté birman pour savoir si c'est possible.

On peut visiter des villages de tribus près de **Ban Chedi Kok** et, sur invitation, le grand camp de réfugiés de Mawker, tous deux accessibles par la Route 1206 avant d'arriver à Waley. On cultive beaucoup le pavot dans la région, au grand dam des autorités thaïlandaises qui envoient chaque année des gardes forestiers pour détruire la production. Le *petit hôtel* de Phop Phra propose des chambres à 50 B.

Comment s'y rendre. De Mae Sot partent régulièrement des songthaews pour Waley (35 B) depuis l'arrêt situé au sud-est de la mosquée. A moto ou en voiture, suivez la Route 1090 au sud-est vers Um Phang, et au bout de 36 km tournez sur la Route 1206 au sud-ouest.

Les derniers 10 km ne sont pas goudronnés. Votre passeport sera contrôlé au barrage de police avant Waley.

UM PHANG

La portion de la Route 1090 qui va de Mae Sot à Um Phang, à 150 km au sud, portait le surnom de Death Highway (la route de la Mort) jusqu'aux années 80 car la guérilla y empêchait toute circulation. Cette route escarpée et tortueuse traverse de somptueux paysages de montagne. Les **chutes de Thararak** (à 26 km de Mae Sot, et celles de **Pha Charoen** à 41 km) ne sont pas très éloignées de la route. Les premières dégringolent des falaises de calcaire et de roches calcifiées dont la texture inégale facilite l'ascension. Des bancs longent le torrent au pied des chutes et des toilettes veillent au confort des visiteurs. Le week-end, des marchands de nourriture disposent leurs étals.

La piste de terre bordée d'eucalyptus quitte la Highway entre les Km 24 et 25. Une route latérale au Km 48 conduit à un groupe de villages de montagnards.

Village peuplé principalement de Karen, Um Phang s'est développé très rapidement en raison de sa position au confluent de deux voies fluviales, le Mae Klong et l'Um Phang. La majorité des villages karen de la région sont restés très attachés à leurs traditions : les paysans utilisent encore aussi bien les éléphants que les bœufs pour les travaux agricoles. Les selles (*yaeng*) et harnais d'éléphants suspendus dans les vérandas des habitations constituent l'une des caractéristiques des maisons karen, y compris à l'extérieur du village.

Tous les villages karen du district d'Um Phang ont aussi des éléphants. Le nom du district vient d'ailleurs d'un mot karen, *umpha*, qui désigne une espèce de chemise en bambou que les Karen utilisaient, lors de leurs déplacements, pour transporter les documents qu'ils devaient présenter aux autorités à la frontière thaïlandaise.

On peut faire une randonnée intéressante en suivant les sentiers qui, partant du sud-est du village, traversent les rizières, suivent un cours d'eau appelé Huay Um Phang, et mènent à quelques villages karen.

En face du district d'Um Phang au Myanmar se trouve une grande base UNK. Ce nouveau quartier général succède aux anciennes installations longuement utilisées plus au nord. Cette base fut envahie par les troupes de Yangon en 1995. Du côté thaïlandais, le village qui abrite plus de 500 réfugiés venus de l'autre côté de la frontière s'appelle Nopadaw. Au sud d'Um Phang, vers Sangkhlaburi (province de Kanchanaburi), les forêts denses abritent encore une abondante vie sauvage.

Chutes de Thilawsu

Dans le district d'Um Phang, on peut descendre le Mae Klong jusqu'aux chutes de Thilawsu et aux villages karen (renseignez-vous auprès de n'importe quelle pension d'Um Phang). L'excursion type de 3 jours comprend une journée de raft entre Um Phang et les chutes, puis 2 jours de randonnée des cascades jusqu'aux villages karen de **Khotha** et **Palatha**, où une jeep vient chercher les marcheurs pour les ramener à Um Phang (25 km de Palatha par la route). Certains visiteurs préfèrent passer 2 jours sur la rivière, avec une première nuit aux abords des grottes ou des sources chaudes qu'elle traverse, et une seconde aux chutes

NORD DE LA THAÏLANDE

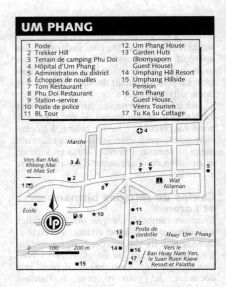

UM PHANG

1	Poste	12	Um Phang House
2	Trekker Hill	13	Garden Huts
3	Terrain de camping Phu Doi		(Boonyaporn
4	Hôpital d'Um Phang		Guest House)
5	Administration du district	14	Umphang Hill Resort
6	Échoppes de nouilles	15	Umphang Hillside
7	Tom Restaurant		Pension
8	Phu Doi Restaurant	16	Um Phang
9	Station-service		Guest House,
10	Poste de police		Veera Tourism
11	BL Tour	17	Tu Ka Su Cottage

Marché

Vers Ban Mai, Khlong Mai et Mae Sot

Wat Nilaman

École

Poste de contrôle   Huay Um Phang

0   100   200 m

Vers le Ban Huay Nam Yen, le Suan Ruen Kaew Resort et Palatha

d'eau. Si vous choisissez cette option, vous pourrez, le troisième jour, traverser la rivière à dos d'éléphant, puis continuer jusqu'à l'un des villages mentionnés ci-dessus, où un camion vous attendra pour vous ramener à Um Phang. Ou bien vous continuez vers le sud jusqu'à Palatha, situé 20 km plus loin que le village hmong de **Kangae Khi**.

Au retour, vous pourrez vous arrêter aux **chutes de Thilawjaw**, qui dégringolent le long d'une falaise couverte de fougères. Le paysage est éblouissant, surtout, à la saison humide. Les Thaï les considèrent comme les plus belles de la région et elles font désormais partie de la réserve naturelle d'Um Phang.

On peut aussi s'y rendre en voiture par une mauvaise route de 47 km, accessible aux 4x4 et aux motocyclistes ayant l'habitude des pistes. Ou bien suivez la grande route goudronnée jusqu'au Km 19 au sud d'Um Phang. De là, il faut marcher 4 heures *via* le village de **Mo Phado**. Tous les deux jours, un songthaew emmène les randonneurs au Km 19 pour 15 B par personne, demandez le *kii-lôh sìp kâo*.

De Lethongkhu à Sangkhlaburi

A partir de Ban Mae Khlong Mai, à quelques kilomètres au nord-ouest d'Um Phang en passant par la grand-route de Mae Sot, une piste (Route 1167) s'élève progressivement au sud-ouest le long de la frontière vers **Beung Kleung**, parfois orthographié Peung Kleung. Ce village qui mêle Karen, Birmans, Indo-birmans, Talaku et Thaïlandais, est un centre d'échanges où les chars à bœufs sont plus courants que les motos. Sa situation, au milieu de pics et d'à-pics, mérite le détour, même sans poursuivre plus loin.

Les splendides **chutes d'Ekaratcha** se trouvent à une heure de marche. Des songthaews viennent d'Um Phang une fois par jour, et il est possible de passer la nuit dans la clinique du village ou chez l'habitant moyennant 100 B par personne. En chemin, faites une halte à **Ban Thiphochi**, petit village karen typique.

A quatre heures de marche de là par un chemin accidenté (praticable en 4x4 à la saison sèche) se trouve près de la frontière birmane, sur les rives de la Suriya et près du mont Sam Rom, le village de **Lethongkhu** (Leh Tawng Khu). En grande majorité karen par leur habillement et leur langue, les 109 foyers de ce village ont des croyances qui leur sont spécifiques et uniques dans la région. La seule viande qu'ils mangent provient d'animaux sauvages, ils n'élèvent ni volailles ni cochons, mais entretiennent néanmoins un cheptel de buffles, de bœufs et d'éléphants qui leur servent d'animaux de trait.

On ne trouve en Thaïlande que six villages qui pratiquent cette forme de bouddhisme mêlée de chamanisme et d'animisme (le Myanmar en compterait une trentaine). Selon les quelques études anthropologiques disponibles, les habitants de Lethongkhu appartiendraient ainsi à la secte des Lagu ou Talaku. Chaque village possède un guide spirituel temporel, le *pu chaik*, que les Thaïlandais appellent le *reusĩi*, le "rishi" ou sage aux longs cheveux et à la tunique blanche, brune ou jaune, selon le groupe auquel il appartient. Les nombreux disciples masculins du reusĩi portent également leurs cheveux en une longue houppe (souvent nouée dans un morceau de tissu) et une tunique identique. Les reusĩi ne consomment pas d'alcool et restent célibataires. Les prêtres vivent à l'écart du village, dans un temple et pratiquent la médecine traditionnelle, à base de plantes, comme la magie rituelle.

Plusieurs postes de contrôle de police se trouvent sur le chemin (parfois un tous les 3 km) en raison d'altercations passées. Vous devez obtenir un permis de la police des frontières (BPP) avant de vous rendre à Lethongkhu.

Les tentatives des missionnaires pour convertir au christianisme les adeptes de la secte des Talaku ont rendu ceux-ci très méfiants à l'égard des visiteurs étrangers. Si vous visitez Lethongkhu, prenez garde de ne pénétrer que sur autorisation ou invitation de ses habitants. Ne prenez pas de photo sans l'accord de la personne. Si vous traitez les villageois avec respect, vous ne devriez rencontrer aucune difficulté.

De Beung Kleung, il vous faudra 4 à 5 jours de marche pour parcourir les 90 km qui vous séparent de **Sangkhlaburi** (province de Kanchanaburi). En chemin – à 11 km de Beung Kleung et environ 250 m de la route – vous découvrirez le réseau de grottes de **Tham Takube**. De Ban Mae Chan, à 35 km sur la même route, une piste en terre s'enfonce en direction de la frontière, vers un village sous contrôle de l'UNK. La route pour Sangkhlaburi se divise en plusieurs branches, la route principale franchissant la frontière du Myanmar avant de revenir en territoire thaïlandais. Des discussions sont en cours, qui prévoient de percer une nouvelle route plus directe entre Um Phang et Sangkhlaburi.

En raison de l'instabilité de cette région frontalière et du gros risque de s'y perdre, de tomber malade ou de se blesser, il est fortement recommandé de recourir à un guide dès que vous partez dans n'importe quelle direction au sud d'Um Phang. Ces déplacements avec guide doivent être organisés depuis Um Phang ou Beung Kleung.

Circuits organisés

Plusieurs pensions d'Um Phang organisent des randonnées à pied ou des descentes en raft dans la région. Le circuit classique de quatre jours/trois nuits revient à 2 500 B par personne sur la base de 4 à 6 participants (ou 2 000 B à raison de 7 personnes, mais 3 000 B par personne pour un groupe de 2) Ces tarifs comprennent le rafting, une promenade à dos d'éléphant, les repas et la présence d'un guide.

Vous pouvez aussi envisager une expédition plus longue (12 jours) comme une sortie à la journée jusqu'aux chutes de Thilawsu. Il est conseillé de vérifier le type de raft utilisé ; la plupart des agences ont toutefois troqué leurs rafts en bambou, susceptibles de se briser d'un coup sur les rapides, contre des canots en caoutchouc. Soyez vigilant sur la qualité de l'embarcation, à moins de rechercher l'aventure à tout crin !

A Um Phang, BL Tour (☎ 055-561021), situé dans la même rue que l'Um Phang House, demande 800 B par personne pour des descentes en raft d'une journée (canots en plastique) sur la Mae Klong (supplément de 50 B par personne et par repas, et de 300 B par personne et par journée supplémentaire). Umphang Hill Resort et Trekker Hill organisent des excursions similaires moyennant 2 500 B à 3 000 B pour une sortie de quatre jours/trois nuits.

Certaines agences de Mae Sot comme Mae Sot Conservation Tour (☎ 055-532818), affiliée à la B + B Guest House, ou SP Tour/Monkrating Resort Group (☎ 055-531409), liée à la SP House proposent des circuits jusqu'à Um Phang pour 1 500 à 2 000 B de plus par personne que les agences locales d'Um Phang. Or ce prix n'inclut aucune autre prestation si ce n'est le transport entre Mae Sot/Um Phang et le point de départ de la randonnée. A titre d'exemple, une excursion aux chutes de Thilasaw et à Palatha coûte de 4 000 à 5 000 B par personne pour quatre jours, dont deux demi-journées de transfert depuis Mae Sot.

Umphang Hill Resort annonce des treks d'un semaine au départ d'Um Phang au sud jusqu'à Sangkhlaburi (province de Kanchanaburi). Cette perspective est très prometteuse.

Où se loger

L'hébergement revient un peu plus cher à Um Phang qu'ailleurs en Thaïlande du Nord. Toutefois, le nombre des hébergements ne cesse de croître et il y aura certainement de nouvelles adresses quand vous irez.

Perché à flanc de montagne, à proximité du village, le *Trekker Hill* (☎ *055-561090*), demande 70/150 B en simple/double dans de rustiques cabanons au toit de chaume et avec s.d.b. commune. Son restaurant figure parmi les plus avantageux d'Um Phang (20 B le petit déjeuner, 25 B le déjeuner ou 30 B le dîner).

Le *terrain de camping Phu Doi* (☎ *055-561279*), à l'angle de la rue suivant le Trekker Hill en partant vers le marché, est joliment aménagé à flanc de côteau. Planter la tente vous reviendra à 50 B. Si vous louez un des quatre bungalows disponibles, il vous faudra débourser 100/200 B en simple/double.

L'*Um Phang House* (☎ 055-561073), propriété du *kamnoen* local (officier de la circonscription) propose quelques chambres de type motel avec s.d.b. pour 150 B. Moyennant 350 B, vous passerez la nuit dans des cottages plus séduisants en bois et brique, avec eau chaude et ventil., pouvant accueillir quatre personnes. Négociez le prix à la baisse si vous voyagez en solo. La maison dispose d'un restaurant à l'extérieur, installé près des cottages.

Au sud, une fois franchie la Huay Um Phang, du même côté de la route, l'*Um Phang Guest House* (☎ 055-561021) appartient à l'agence de tourisme BL Tour. Les chambres avec s.d.b. de cette maison longue valent 60 B par personne — une véritable affaire —, mais l'agence espère que vous aurez recours à ses services pour vos randonnées (pas plus chères qu'ailleurs, au demeurant). Sa voisine, la *Veera Tourism* (☎ 055-561239) loue 100/200 B la simple/double dans une maison de bois.

Tout près de la rive de la Huay Um Phang, deux autres pensions répondent à la définition thaïlandaise de "resort". Les *Garden Huts* (que l'on connaît aussi sous le nom de Boonyaporn Guest House ou Thaphae Resort, pas d'enseigne en anglais) sont de simples maisonnettes en bois à toit de chaume louées 100 à 200 B la nuit avec s.d.b. commune. L'établissement est impeccablement tenu par une charmante Thaïlandaise qui prépare un excellent café arabica de Thaïlande.

Sur l'autre rive, l'*Umphang Hill Resort* (☎ 055-561063, fax 561065, ☎ 055-531409 à Mae Sot, ☎ 02-573 7942 à Bangkok) donne sur la rivière. Ses grandes cabanes en bois et chaume avec deux, voire trois s.d.b., tournent autour de 2 000 B, selon la saison touristique. Capables d'accueillir jusqu'à 20 personnes, elles sont en général louées par des groupes thaïlandais. Quelques bun-

galows à 200/300 B en simple/double sont décorés avec des jougs et des roues d'attelage.

Au sud du poste de contrôle et de la rivière, le *Tu Ka Su Cottage* (☎ 055-561295, fax 02-916 4164) réunit une série de bungalows de bois couverts de tôle et entourés de fleurs. Cet établissement, propriété d'un Japonais, vous demandera de 150 à 300 B pour y passer la nuit.

A 600 m à l'ouest du poste de contrôle, après le pont sur la Huay Um Phang et en direction de Palatha, le *Ban Huay Nam Yen* propose des bungalows de style thaï où vous dormirez sur des nattes tressées, la tête contre un billot de bois à la thaï, pour 200 B par personne. Tous disposent d'une terrasse dominant la rivière. Vous pouvez obtenir un rabais si vous restez plus de deux nuits. Des chambres plus grandes peuvent héberger 10 personnes. Cet endroit, accessible à pied depuis le village, est reposant. Plus loin sur la même route, le *Suan Ruen Kaew Resort*, dans la même veine, a de jolis bungalows avec s.d.b. pour 200 B.

Toujours dans le même coin, l'*Umphang Hillside Pension* facture 100 B par personne des chambres au confort rudimentaire, mais nettes. Des renseignements sur la région sont affichés dans la pension. Suivez une route qui traverse l'Umphang Hill Resort pour rejoindre l'Umphang Hillside Pension.

Environ 3 km avant la ville en venant de Mae Sot, la *Stray Bird's Hut* (ou Gift House) propose ses cabanes de bois pour 60 à 100 B la nuit. Préférez, tout près de là, dans un joli cadre vallonné, les *Umphang Country Huts*, à deux pas de la Highway, 1,5 km avant Um Phang. Les chambres partagent une véranda où l'on peut s'attarder. Au rez-de-chaussée, une chambre avec s.d.b. vaut 400 B, tandis qu'à l'étage une pièce plus spacieuse accueille jusqu'à 4 personnes pour 700 B. Dans un second bâtiment de deux niveaux également, les chambres plus vastes donnent chacune sur une véranda. Avec douche (eau froide), elles valent 500 à 700 B. Les Umphang Country Huts peuvent organiser des excursions sur la rivière et reçoivent un grand nombre de groupes de touristes thaïlandais.

Où se restaurer

Vous découvrirez à Um Phang trois ou quatre échoppes de nouilles et de riz, très simples, ainsi qu'un marché du matin et diverses petites boutiques. Dans la rue principale, le *Phu Doi Restaurant* cuisine particulièrement bien le lâap et les plats phanaeng. Au *Tom Restaurant*, on prépare des plats à base de riz.

A environ 2,5 km de la ville près du Stray Bird Hut en retrait de la route, le *Sun Pub* a un cadre agréable et l'on peut manger dehors. Le gérant, Sompong Meunjit, joue du folk thaï le week-end. Les spécialités sont thaïlandaises et nord-thaïlandaises.

Comment s'y rendre

Les songthaews pour Um Phang (100 B) partent plusieurs fois par jour de Mae Sot entre 7h30 et environ 15h30. Il faut compter de 5 à 6 heures pour couvrir les 164 km. Les songthaews s'arrêtent généralement pour le déjeuner à **Ban Rom Klao 4** (dont le nom original est Um Piam). Quelques villages hmong se trouvent aux environs de cette halte. En sens inverse, il existe 6 liaisons quotidiennes entre 7h et 14h30.

Si vous y allez à moto, prenez un moteur puissant car il faudra grimper plusieurs côtes abruptes. Le trajet prend 3 heures 30 à 4 heures. Emportez une réserve de 3 ou 4 litres de carburant, car vous ne trouverez de pompe à essence qu'à Ban Rom Klao 4, à 80 km de Mae Sot. Par endroits, la route se resserre à tel point qu'elle ne permet pas à deux véhicules de se croiser ; le revêtement est parfois très endommagé.

DE MAE SOT A MAE SARIANG

La Route 1085 au nord de Mae Sot conduit jusqu'à la province de Mae Hong Son au nord. Le tronçon au nord de Tha Song Yang vient d'être goudronné, ce qui permet désormais d'atteindre Mae Sariang par les transports publics.

Les lignes en service desservent **Mae Ramat**, **Mae Sarit**, **Ban Tha Song Yang** et **Ban Sop Ngao** (Mae Ngao). A Mae Ramat, le **Wat Don Kaew**, derrière l'administration du district, abrite un grand bouddha de marbre de style Mandalay. D'autres curiosités parsèment la route, dont les **chutes de Mae Kasa** entre les Km 13 et 14 et les grottes calcaires de **Tham Mae Usu**, près de Ban Tha Song Yang.

Certains visiteurs choisissent de passer la nuit à **Mae Sarit** (à 118 km de Mae Sot) pour repartir frais et dispos le lendemain en direction de Ban Tha Song Yang, où ils parviennent à temps pour sauter dans le songthaew pour Mae Sariang. Les songthaews à destination de Mae Sarit (4 heures, 50 B) partent à intervalles réguliers du marché au nord du poste de police, à Mae Sot. Ensuite, le trajet de Mae Sarit à Ban Tha Song Yang vous reviendra à 20 B, plus 50 B de Ban Tha à Mae Sariang ; la dernière partie du voyage prend environ 3 heures. Si vous manquez le songthaew du matin de Mae Sarit à Mae Sariang, vous pourrez toujours louer les services d'un chauffeur de camion, qui vous mènera à destination pour 100 à 150 B.

Si l'idée de passer la nuit à Mae Sarit ne vous tente pas, il existe des songthaews directs reliant Mae Sot à Mae Sariang pour 150 B. Il y a 4 départs par jour entre 7h et 12h30 et le trajet dure environ 6 heures.

Où se loger

Mae Sarit. En général, quelqu'un de la *Chao Doi House* (☎ *055-531782 à Mae Sot*) accueille le premier songthaew de la journée en provenance de Mae Sot et emmène les clients potentiels à ses bungalows sur une colline dominant la frontière. Les 250 B demandés comprennent la pension complète et les services d'un guide. Des randonnées vers les villages proches et les marchés "au noir" frontaliers, sont organisées.

La *Mae Salid Guest House* abrite des chambres très simples avec cabinet de toilette, mais douche commune. Comptez 70/90 B en simple/double.

Tha Song Yang. Il n'y a pas de pensions, mais il doit être possible de se loger en demandant à quelqu'un sur le marché (devant l'arrêt du songthaew) de cette ville où prospère la contrebande.

Province de Mae Hong Son

De Chiang Mai, deux routes mènent dans cette province : la route du sud qui aboutit à Mae Sariang (Route 108) et celle du nord qui se termine à Pai (Route 1095). Par le sud, il vous faut parcourir 368 km, par le nord, 270 km. Cette province est un carrefour où se mêlent les minorités ethniques (de nombreux Karen et quelques Hmong, Lisu et Lahu), les Shan, les Birmans et les trafiquants d'opium vivant dans la vallée de la Pai. Sa superficie compte 75% de forêts et de montagnes.

La province de Mae Hong Son a connu ces sept dernières années un essor touristique considérable, si bien que les hôtels se sont multipliés autour de la capitale. Cependant, bien peu de visiteurs semblent désireux de s'écarter des sentiers battus : la plupart se concentrent sur le circuit Mae Hong Son-Soppong-Pai.

MAE SARIANG ET KHUN YUAM
7 800 habitants

Nombre de communautés tribales sont concentrées dans les districts et villes de Khun Yuam, Mae La Noi et Mae Sariang, qui sont autant de points de départ de randonnées vers des villages hmong, karen et shan. La troisième de ces petites villes, la plus importante, constitue le meilleur point d'attache.

Au sud-ouest de Mae Sariang, **Mae Sam Laep**, sur la frontière birmane, est accessible en songthaew ou à moto. on peut y louer un bateau pour découvrir les somptueux paysages qui bordent la **Salawin**.

En elle-même, Mae Sariang, agréable petite ville de bord de rivière, offre peu à voir si ce n'est deux temples birmans/shan, le **Wat Jong Sung** (Uthayarom, 1896) et le **Wat Si Bunruang**, à deux pas de la rue principale et de la gare routière.

Le tourisme s'y développe lentement. La Riverside Guest House peut arranger des excursions en bateau d'une ou deux journées sur la Salawin avec escales dans les villages karen et à Mae Sam Laep.

Vous pouvez remonter la rivière en bateau de Mae Sam Laep jusqu'au **parc national de Salawin**, réserve protégée de 722 km² ouverte en 1994. Il faut une demi-heure en bateau pour atteindre l'entrée du parc. En l'absence d'hébergement, vous pouvez, à la saison sèche, planter la tente gratuitement sur une plage de sable blanc, Hat Thaen Kaew, qui borde la rivière. Tecks, séquoias et merisiers sont les principales essences de cette forêt dense. Ces deux dernières années, des réfugiés karen ont abattu des arbres du parc, en toute illégalité. En 1998, le gouvernement thaïlandais a donc exigé que tous les habitants du parc d'origine étrangère quittent les lieux.

En songthaew, il est aussi possible de se rendre aux villages karen de **Sop Han**, **Mae Han** et **Ban Huay Pong**.

A 36 km au sud-est de Mae Sariang, **Ban Mae Waen** est la patrie d'un guide de randonnée, T. Weerapan (M. Pan). Pour gagner ce village, prenez un bus à destination de Chiang Mai sur la Route 108, descendez au Km 68 et parcourez 5 km à pied au sud pour atteindre Ban Mae Waen sur la hauteur.

En suivant sur 25 km à partir de Khun Yuam la Route 1253, on parvient à un petit village hmong (Mae U-Khaw) sur les pentes du **Doi Mae U-Khaw**.

A 250 m d'altitude, les **chutes de Mae Surin** sont considérées comme les plus hautes de Thaïlande. Au mois de novembre, le site est couvert de tournesols (*bua thawng*), un spectacle réjouissant.

Où se loger
Mae Sariang. Sur la route 108, la *Salawin Inn* est à la fois un relais routier et une maison de passe. Presqu'en face, sur la Highway, l'*Ekalak Hotel* (☎ *053-681052*) offre une solution bien plus satisfaisante. Ses chambres assez propres avec ventil. et s.d.b. (eau chaude) reviennent à 150 B. L'hôtel abrite un restaurant.

PROVINCE DE MAE HONG SON

Mae Aw
Palais de Pang Tong
Mae La-Na
Tham Lot
Chutes de Pha Sua
Tham Plaa
Pangmapha
Soppong
108
Ban Nai Soi
Soppong
Mae Hong Son
Pai
Ban Namrin
107
Ban Huay Deua
Pang Mu (Pha Pong)
MYANMAR (BIRMANIE)
Huay Hii
Sources chaudes
Sources chaudes
Vers Chiang Rai
Wat Chan
118
Huay Pong
Mae Surin
Chutes de Mae Surin
PROVINCE DE CHIANG MAI
Chiang Mai
Khun Yuam
1253
Doi Mae U Khaw
Doi Inthanon (2 590 m)
Lamphun
108
Mae Chaem
Mae La Noi
1270
Chom Thong
Vers Lampang
Chutes de Dao Dung
Hot
Mae Sariang
108
Parc national de Salawin
106
PROVINCE DE LAMPHUN
Mae Sam Laep
1194
Lac de retenue Bhumiphol/ réservoir de Mae Tuup
Sop Moei
Sop Moei
Sop Ngao
0   25   50 km
105
Ban Tha Song Yang
Vers Mae Sot

NORD DE LA THAÏLANDE

Le doyen de Mae Sariang, le ***Mitaree Hotel*** (☎ *053-681 022*), n'est guère loin du terminal des bus dans Th Mae Sariang. Les doubles sont à 120 B dans le vieux bâtiment en bois (appelé Mitaree Guest House et apprécié des camionneurs thaï), ou à 250 B avec douches chaudes dans le bâtiment récent. Les chambres climatisées coûtent 300 B. Sur Th Wiang Mai, près de la poste, la ***New Mitaree Guest House*** (☎ *053-681109*) relève de la même direction. Dans l'immeuble assez bas, les simples/doubles valent 150 B avec ventil. et douche (eau chaude). Dans le bâtiment plus récent, comptez 200 à 250 B (ou 250 à 300 B avec clim.). Un ensemble de cottages récents s'est construit sur l'arrière (300 à 600 B).

Si vous tournez à gauche en sortant du terminal des bus et prenez la première à droite, vous arrivez à la petite ***Mae Sariang Guest House*** dans Th Mongkhonchai, en face de l'entrée du Wat Jong Sung. C'est une pension populaire avec des chambres convenables louées 80/150 B sans s.d.b./

avec s.d.b. De là, en prenant Th Laeng Phanit au nord, vous découvrirez le long de la Yuam, la *Riverside Guest House* (☎ *053-681188*). Fort bien tenue, elle propose des chambres à 80/120 B en simple/double (ou à 130 B avec vue sur la rivière). Vous pourrez vous asseoir ou dîner face à la Yuam. Cette pension dispose en outre de quelques bungalows à 150 B, bien isolés en bordure de rivière, en face du bâtiment principal.

La *See View Guest House* (☎ *053-681154*), sur la rive ouest de la Yuam à l'écart du centre, loue 120 B ses chambres avec douche chaude. Ces prix sont négociables hors saison, affirme la direction qui assure une liaison gratuite avec le terminal de bus. Le *Kamolsorn Hotel* (☎ *053-681204, Th Mae Sariang*), juste au sud de Th Wai Weuksa, occupe plusieurs étages tout neufs. Ses chambres avec ventil. et s.d.b. disposent d'une TV pour 350 B. Une chambre climatisée revient à 450 B. Avec la TV et la clim., comptez 600 B.

Au fond d'un cul de sac, la *Lotus Guest House* (☎ *053-681048, 73/5 Th Wiang Mai*) regroupe un restaurant, un karaoke, un salon de massage et une boutique de barbier. Ses chambres propres avec s.d.b. valent 120 B la simple/double.

Khun Yuam. Vieil établissement en bois sur la rue principale, le *Mit Khun Yuam Hotel* (☎ *053-691057*) facture 100 B la simple/double avec s.d.b. commune, 120 B avec s.d.b. et toilettes. Sur l'arrière du terrain, un nouveau bâtiment abrite des chambres confortables avec ventil. et douche (eau chaude) pour 250/300 B la simple/double.

A l'écart de la route principale qui mène vers l'extrémité nord de la ville (suivez les pancartes), le *Baan Farang* (☎ *053-622086*) est très bien tenu par un Français marié à une Thaïlandaise. Un lit en dortoir vous coûtera 50 B, une chambre, avec s.d.b., 200 B et un bungalow neuf, 250 à 350 B.

Aux confins sud de la ville, le *Bua Thong*, tout neuf, demande 400 B pour des chambres sans attrait particulier.

Un hébergement rustique est parfois assuré dans le village hmong de Mae U-Khaw, entre Khun Yuam et les chutes de Mae Surin.

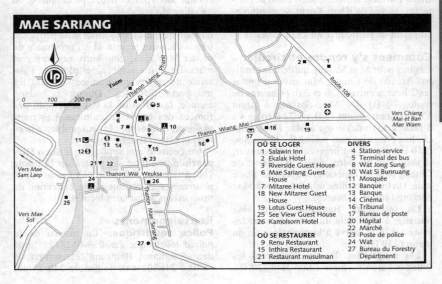

MAE SARIANG

Vers Chiang Mai et Ban Mae Waen

Vers Mae Sam Laep

Vers Mae Sot

OÙ SE LOGER
1 Salawin Inn
2 Ekalak Hotel
3 Riverside Guest House
6 Mae Sariang Guest House
7 Mitaree Hotel
18 New Mitaree Guest House
19 Lotus Guest House
25 See View Guest House
26 Kamolsorn Hotel

OÙ SE RESTAURER
9 Renu Restaurant
15 Inthira Restaurant
21 Restaurant musulman

DIVERS
4 Station-service
5 Terminal des bus
8 Wat Jong Sung
10 Wat Si Bunruang
11 Mosquée
12 Banque
13 Banque
14 Cinéma
16 Tribunal
17 Bureau de poste
20 Hôpital
22 Marché
23 Poste de police
24 Wat
27 Bureau du Forestry Department

NORD DE LA THAÏLANDE

Où se restaurer

Du restaurant au premier étage de la *Riverside Guest House* de Th Laeng Phanit, on bénéficie d'une belle vue sur la rivière.

L'*Inthira Restaurant*, sur le côté gauche de Th Wiang Mai en venant de Chiang Mai (non loin du croisement avec Th Mae Sariang), est réputé pour ses grenouilles panées (non répertoriées sur la carte en anglais !). Ce restaurant, le meilleur de la ville, est ouvert de 11h20 à 22h30. De l'autre côté de la rue, le *Renu Restaurant* est décoré de photos du roi jouant du saxophone. Il offre des plats très raffinés tels que le curry de sittelles (passereaux).

Le *stand de nourriture*, voisin du terminal des bus dans Th Mae Sariang, sert d'excellents khâo sòi et khanõm jiin pour moins de 10 B – il n'est ouvert que le matin jusqu'en début d'après-midi. Sur Th Laeng Phanit (près du marché principal), le *restaurant musulman* sert de bons curries et du *khâo mòk kài* (biryani de poulet).

A Khun Yuam, les meilleures options restent le restaurant en plein-air du *Mit Khun Yuam Hotel* ou l'intime restaurant du *Baan Farang*. Juste à l'ouest du Wat Photaram, au sud de Khun Yuam, vous trouverez plusieurs *étals de nourriture*, qui cuisinent en particulier du khâo man kài.

Comment s'y rendre et circuler

Les bus pour Mae Sariang quittent le terminal Arcade de Chiang Mai environ toutes les 2 heures entre 6h30 et 21h (4 heures de route, 70 B). De Mae Sariang à Khun Yuam, il faut ajouter 42 B, ou 72 B (plus 4 à 5 heures de route) jusqu'à Mae Hong Son. Un bus climatisé part pour Mae Hong Son (110 B), mais il est impossible de réserver, il vous faut attendre le bus qui arrive de Chiang Mai en espérant trouver une place vide. Un bus quotidien relie Mae Sot à Mae Sariang (150 B, 6 heures).

Un bus pour Bangkok quitte Mae Sariang, à proximité du terminal, tous les jours à 17h et arrive à la capitale à 6h du matin (230 B).

Les songthaews locaux desservent les villages karen suivants : Sop Han (20 B), Mae Han (18 B) et Huay Pong (12 B). En moto-taxi, ces destinations reviennent respectivement à 30, 50 et 40 B.

Un songthaew part tous les matins pour Mae Sam Laep, sur la Salawin (55 B). Vous pouvez aussi louer un camion pour 300 B.

Référez-vous aux rubriques *Mae Sot* et *Mae Sariang* ci-dessus pour les songthaews reliant ces deux villes.

Moto. A côté de la station-service, en face du terminal des bus, vous trouverez une petite boutique de location de motos.

MAE HONG SON
6 800 habitants

Le chef-lieu de province est très tranquille (ennuyeux même pour certains), malgré les vols quotidiens qui le relient à Chiang Mai. La prospérité de Mae Hong Son vient en partie des fournitures de riz et de marchandises diverses aux gros bonnets de la drogue qui vivent de l'autre côté de la frontière. La plupart des habitants sont des Shan. De Mae Hong Son, vous pourrez rayonner jusqu'aux proches villages karen et shan, comme aux villages lisu, lahu et musoe, un peu plus éloignés.

La région accueille un nombre croissant de touristes, d'où une kirielle de pensions, hôtels et autres resorts. Il est préférable de visiter Mae Hong Son entre novembre et mars. De juin à octobre, les pluies et l'absence de routes goudronnées rendent les transports difficiles. Durant la saison chaude, la vallée de la Pai se remplit des fumées des brûlis de cultures. Les nuits vraiment froides sont le seul problème pendant la saison fraîche.

Un centre d'arts appliqués, le **Suun Silapaachiip**, a ouvert ses portes sur la Route 108, à 1 km au sud du Rooks Resort. Vous pourrez y admirer une petite collection de productions artisanales locales.

Renseignements

Police touristique. Le bureau de la police touristique (☎ 053-611812), situé dans Singhanat Bamrung, est ouvert de 8h30 à 21h30, mais joignable 24h/24 par téléphone pour agression, vol ou plaintes touristiques. Il tient à votre disposition un choix de brochures, plans et cartes.

Argent. Des bureaux de change sont disponibles à la Bangkok Bank, la Thai Farmers Bank et la Bank of Ayudhya, toutes installées sur Th Khunlum Praphat. Les deux premières ont un distributeur automatique.

Poste et communications. La poste principale de Mae Hong Son, au sud de Th Khunlum Praphat, est ouverte du lundi au vendredi de 8h30 à 16h30, et le samedi de 9h à midi.

L'agence CAT voisine assure tous les jours les appels internationaux entre 7h et 23h.

Wat Phra That Doi Kong Mu

Grimpez sur la colline à l'ouest de la ville, Doi Kong Mu (1 500 m), pour visiter ce wat bâti par les Shan, qu'on appelle aussi le Wat Phai Doi. Vous admirerez la vue sur la mer de nuages qui ne manque pas de se former tous les matins sur la vallée. Aux autres heures du jour, la ville se révèle à vos yeux.

Deux stupas shan érigés en 1860 et 1874 contiennent les cendres de moines de l'état Shan au Myanmar. Vers l'arrière du wat vous apercevrez un bouddha debout, très élancé. Les shorts et les minijupes ne sont pas autorisés, mais vous pourrez louer de quoi vous couvrir.

Wat Jong Kham et Wat Jong Klang

A côté du grand étang Jong Klam, au sud, se dressent deux wats birmans, le Wat Jong Kham et le Wat Jong Klang.

Le premier fut construit il y a deux siècles par les Thaï Yaï (Shan), qui représentent environ 50% de la population de la province. Le wihãan abrite des peintures sur verre, des sculptures sur bois et des statues de style typiquement birman. Le temple est ouvert à la visite tous les jours de 8h à 18h. Attention ! certaines parties du second ne sont pas accessibles aux femmes, comme

Fêtes

Le Wat Jong Klang et le Wat Jong Kham sont au centre de la fête de Poi Sang Long en mars. Pendant les vacances scolaires sont ordonnés de jeunes garçons shan comme novices (*bùat lûuk kâew*).

Comme ailleurs en Thaïlande, ils forment une procession autour du wat pendant laquelle on les porte sur les épaules à l'abri de grandes ombrelles.

Mais, chez les Shan, ils sont en plus vêtus de sompteux habits (au lieu de simples robes blanches), couronnés de fleurs et maquillés. Parfois, ils vont à dos de poneys.

Autre festivité marquante, la fête de Jong Para marque la fin du carême bouddhique (Buddhist Rains Retreat) en octobre.

En procession, les fidèles vont porter des offrandes aux moines dans les temples. Au milieu de ce cortège, vous verrez souvent des maquettes de châteaux portées sur des pieux. L'enceinte des wats accueille des spectacles de théâtre et de danses populaires, propres à cette région du Nord-Ouest.

Durant la fête nationale de Loi Krathong – que l'on célèbre en lançant des *krathong* (petits flotteurs en lotus) sur l'étang ou la rivière la plus proche – les habitants de Mae Hong Son lâchent des ballons, appelés *krathong sawãn* (krathongs du paradis) du haut du Doi Kong Mu.

c'est souvent le cas dans les temples birmans/shan.

Wat Hua Wiang

Ce wat, situé dans Th Phanit Wattana, à l'est de Th Khunlum Praphat, mérite une visite. Son bòt en bois souffre d'une absence de restauration, mais vous pourrez admirer le **Chao Phlalakhaeng**, célèbre bouddha de bronze de style Mandalay.

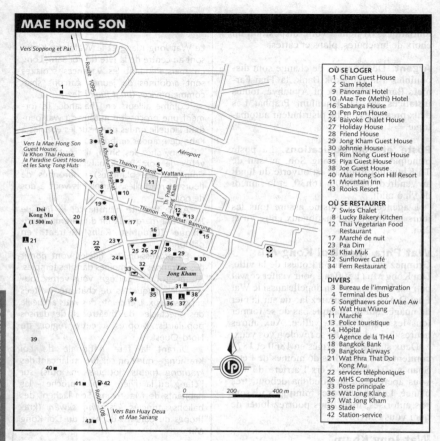

MAE HONG SON

Vers Soppong et Pai

Route 1095

Thanon Khunlum Praphat

Vers la Mae Hong Son Guest House, la Khon Thai House, la Paradise Guest House et les Sang Tong Huts

Aéroport

Thanon Phanit

Wattana

Thanon Pradit Jong Kham

Thanon Singhanat Bamrung

Doi Kong Mu (1 500 m)

Lac Jong Kham

Route 108

Vers Ban Huay Deua et Mae Sariang

0   200   400 m

OÙ SE LOGER
1 Chan Guest House
2 Siam Hotel
9 Panorama Hotel
10 Mae Tee (Methi) Hotel
16 Sabanga House
20 Pen Porn House
24 Baiyoke Chalet House
27 Holiday House
28 Friend House
29 Jong Kham Guest House
30 Johnnie House
31 Rim Nong Guest House
35 Piya Guest House
38 Joe Guest House
40 Mae Hong Son Hill Resort
41 Mountain Inn
43 Rooks Resort

OÙ SE RESTAURER
7 Swiss Chalet
8 Lucky Bakery Kitchen
12 Thai Vegetarian Food Restaurant
17 Marché de nuit
23 Paa Dim
25 Khai Muk
32 Sunflower Café
34 Fern Restaurant

DIVERS
3 Bureau de l'immigration
4 Terminal des bus
5 Songthaews pour Mae Aw
6 Wat Hua Wiang
11 Marché
13 Police touristique
14 Hôpital
15 Agence de la THAI
18 Bangkok Bank
19 Bangkok Airways
21 Wat Phra That Doi Kong Mu
22 services téléphoniques
33 MHS Computer
33 Poste principale
36 Wat Jong Klang
37 Wat Jong Kham
39 Stade
42 Station-service

NORD DE LA THAÏLANDE

Trekking

Plusieurs pensions et agences de voyages organisent des randonnées. La Mae Hong Son Guest House emploie les guides les plus expérimentés. Ceux de Don Enterprise (derrière le marché de nuit) et du Sunflower Café semblent aussi avoir bonne réputation. Dans la plupart des cas, une excursion de 3 à 5 jours coûte 400 à 500 B par jour. Les circuits les plus appréciés passent par la vallée du Pai, le district de Khun Yuam et le nord de Soppong. Un trek de 6 jours vous mène de l'est

de Mae Hong Son à Soppong moyennant 350 B par jour et par personne. Le Sunflower Café organise une randonnée à thème naturaliste (et ornithologique) de 3 jours/2 nuits pour 2 100 B par personne. Comme partout ailleurs en Thaïlande du Nord, vérifiez bien les dates de départ et d'arrivée pour éviter toute déception. Toutefois, on peut visiter les villages karen des environs sans faire appel à un guide : la plupart ne sont qu'à 2 heures à pied de l'entrée de la ville. Certaines pensions vous procureront une carte sur demande.

Où se loger – petits budgets

Pensions. Avec plus de 20 pensions dans la ville, les tarifs d'hébergement sont très compétitifs : 50 à 80 B avec s.d.b. commune, de 80 à 100 B avec s.d.b., en moyenne.

L'authentique *Mae Hong Son Guest House* (☎ 053-612510) a élu un emplacement isolé à la périphérie nord-ouest de la ville (environ 700 m à l'ouest de Th Khunlum Praphat). Les chambres, dans une maison longue de bois, valent 100 à 150 B sans s.d.b., 200 à 400 B dans un bungalow avec s.d.b. (prix selon l'aménagement). La pension fournit des renseignements touristiques et des repas peu onéreux. Au coin, la *Khon Thai House* a de nouveaux bungalows, à 100 B la nuit. Quant aux cabanes de la *Paradise Guest House* un peu plus loin, elles valent 200 B la simple/double.

Bien à l'écart sur les montagnes avoisinantes, les *Sang Tong Huts* jouissent d'une vue panoramique, mais le confort rudimentaire et les tarifs appliqués (150 B avec sanitaires communs, 300 B avec douche chaude privée) sont en revanche décevants, tout comme le service.

Au nord de l'aéroport, en suivant Th Khunlum Praphat, vous franchirez un petit pont avant de bifurquer à gauche vers la *Chan Guest House* (☎ 053-620432). Cette grande maison abrite quelques minuscules chambres, très propres, chacune équipée d'une douche à l'eau froide - mais il y a une douche commune à l'eau chaude - pour 100 B. Le nombre élevé de sanitaires par rapport au nombre de résidents et la situation au calme sont deux atouts non négligeables.

Plusieurs pensions très agréables sont situées près du lac de Jong Kham. La *Jong Kham Guest House* (☎ 053-611150) se trouve sur sa rive nord, propose d'agréables pièces dans une maison longue et quelques huttes à toit de chaume pour 60/100 B la simple/double. A la *Friend House*, toute proche, de grandes chambres propres vous attendent pour 100 B la simple/double, ou pour 300 B l'hébergement de 4 personnes au maximum. Dans ces deux pensions vous bénéficierez de douches (eau chaude) communes. A l'est de Jong Kham, toujours sur la rive nord, la *Johnnie House*, logée dans une maison de bois, offre des chambres propres et avec s.d.b. commune à 50/80 la simple/double, ou 100 B la chambre avec douche (eau chaude).

Sur la rive ouest du lac, la *Holiday House* comprend des chambres à deux lits avec douche chaude pour 80 B. Au sud de cet établissement, les jolies chambres de la *Piya Guest House* (☎ 053-611260/307) se répartissent autour d'un jardin avec un bar/restaurant sur le devant. Comptez 250 B pour une chambre avec ventil., 350 B avec clim. Ces chambres possèdent toutes une douche (eau chaude). Toutefois, les commentaires sur la propreté et le service sont inégaux et la cuisine est peu alléchante. A l'autre extrémité de la rue, à l'intersection de Th Udom Chaonithet, la très rudimentaire *Sabanga House* demande 150 B pour une chambre dans un bâtiment construit en bambou.

Sur la rive sud du lac, la sympathique *Rim Nong Guest House* possède un petit restaurant au bord de l'eau. Prévoyez 50 B par personne en chambre à plusieurs lits, de 70 B à 100 B en chambre individuelle avec s.d.b. commune (eau chaude). De l'autre côté de la rue, en retrait du lac, la très sommaire *Joe Guest House* loue 80 B une chambre avec s.d.b. commune (eau chaude) dans une vieille maison en teck. Comptez 230 B pour une chambre neuve avec douche (eau chaude).

Sur la route du Wat Phra That Doi Kong Mu, à l'ouest, la *Pen Porn House* (☎ 053-611577) se situe dans un quartier résidentiel, à flanc de montagne. Ses chambres nettes valent 250 B en double, 400 B à quatre lits. Toutes sont équipées d'une douche et de l'eau chaude.

Il existe d'autres possibilités dans les environs de Mae Hong Son, moins pratiques d'accès. Des rabatteurs ne manqueront pas de venir vous les présenter au terminal des bus.

Hôtels. La plupart des hôtels donnent dans la grand-rue nord-sud, Khunlum Praphat.

NORD DE LA THAÏLANDE

Voisin de la gare routière, le *Siam Hotel* (☎ *053-612148*) surestime ses chambres ordinaires facturées 170/250 B avec ventil. ou climatisées à 400 B. Plus bas, au n°55, le *Mae Tee Hotel* (*Methi*, ☎ *053-611141*) pratique des tarifs légèrement inférieurs : une chambre ventilée coûte 150/250 B à un/deux lit(s) ; comptez 350/450 B pour une pièce climatisée à un/trois lit(s).

Où se loger – catégories moyenne et supérieure

Le *Panorama Hotel* (☎ *053-611757, fax 611790, 51 Th Khunlum Praphat*) vous réclamera 400 B pour une double avec ventil. et douche (eau chaude), ou 800 B pour une chambre propre mais ordinaire avec réfrigérateur, TV, clim. et douche (eau chaude).

A l'extrémité sud, la *Baiyoke Chalet Hotel* (☎ *053-611486, 90 Th Khunlum Praphat*) offre tout le confort classique à 815/945 B pour des simples/doubles standards ; comptez de 1 320 B à 1 540 B pour une chambre VIP. Au sud encore, la *Mountain Inn* (☎ *053-612285, fax 612284, 112 Th Khunlum Praphat*) demande 800 B pour une simple/double (500 à 600 B en basse saison). Les chambres nettes et de taille raisonnable avec clim. et eau chaude donnent sur une cour. Les prix s'entendent petit déjeuner inclus. Les parties communes de la Mountain Inn ne manquent pas de charme.

Proche du stade, la *Mae Hong Son Hill Resort* (☎/fax *053-612475, 106/2 Th Khunlum Praphat*) séduira les amateurs de calme. Ses bungalows bien entretenus dans une espèce de jardin sont facturés 400 B (ou 500 B avec clim.).

Au sud et presqu'en dehors de la ville, le *Rooks Resort* (☎ *053-611390, fax 611524, 114/5-7 Th Khunlum Praphat*) est l'établissement de standing de la ville. On peut y dormir en chambre ou en bungalow, pour une somme comprise entre 1 800 B et 2 500 B. L'hôtel propose bien sûr de nombreux services : piscine, courts de tennis, discothèque, salle de billard américain, boulangerie, café et restaurant.

En dehors de la ville. A quelques kilomètres au sud-ouest de Ban Huay Deua et de Ban Tha Pong Daeng, au bord de la rivière, se sont installés des "resorts", à savoir tous les hôtels établis sur un site rural ou semi-rural (c'est ainsi que les Thaï entendent le terme de "resort"). Le *Tara Mae Hong Son Hotel* (☎ *053-611272, fax 611252*) affiche ses chambres doubles à partir de 1 725 B (1 452 B après réduction). Un peu plus en retrait de la route, vous trouverez trois bonnes adresses de catégorie moyenne : le *Rim Nam Klang Doi Resort* (☎ *053-612142, fax 612086*) dont les doubles valent 400 à 750 B, le *Mae Hong Riverside Hotel* (☎ *053-611504, 611406*) qui a pour premier prix 1 150 B (650 B au tarif réduit) et la *Sam Mork Villa* (☎ *053-611478*), où une double avec ventil. vous reviendra à 500 B (700 B avec clim.).

Où se restaurer

Faute d'être un lieu gastronomique réputé, Mae Hong Son ne vous laissera pas mourir de faim. Outre les restaurants des pensions, il existe quelques petits établissements de restauration sans prétention. Partiellement en plein air, le *Khai Muk*, en retrait de Th Khunlum Praphat, est l'un des meilleurs sino-thaïlandais. Au sud de la poste, le *Fern Restaurant*, dans Th Khunlum Praphat, est également à recommander. Les autres tables de la ville vous paraîtront bien fades en comparaison de ceux-là.

A l'angle opposé du Khai Muk, le restaurant *Paa Dim* sert des spécialités de toutes les régions de Thaïlande. Il est populaire en raison de ses portions copieuses pour un prix raisonnable. Le marché du matin, derrière le Mae Tee Hotel, est le bon endroit où faire ses provisions avant de partir en randonnée. Soyez-y avant 8h.

Voisin de la police touristique, le *Thai Vegetarian Food Restaurant* propose des plats végétariens bon marché de 9h à 15h ou 16h.

La nourriture internationale a trouvé place à Mae Hong Son : steaks et viennoiseries à la *Lucky Bakery Kitchen*, à l'ouest de Th Khunlum Praphat, dans Th Singhanat

Bamrung ; fondues au fromage, roesti et pâtes au *Swiss Chalet*, ouvert tous les jours de 7h à 13h ; pain complet tout frais, gâteaux à la farine complète et pizzas, le tout arrosé d'un café, au *Sunflower Café*, près de la poste, où vous trouverez beaucoup d'informations sur le trekking dans la région.

Le *Laap Pet Isaan* a déménagé pour s'installer à 4 km au sud de la ville, sur la Highway 108.

Comment s'y rendre

Avion. La THAI dessert Mae Hong Son quatre fois par jour depuis Chiang Mai (40 minutes, 345 B). Les visiteurs trouvent que le gain de temps en avion mérite largement les 100 B supplémentaires à débourser, même par rapport à un voyage en bus climatisé. Pour 1 995 B, vous pourrez aussi vous procurer des billets combinés Bangkok/Chiang Mai/Mae Hong Son. L'agence de la THAI de Mae Hong Son (☎ 053-611297, 611194) se trouve au 71 Th Singhanat Bamrung.

Bus. Deux itinéraires depuis Chiang Mai pour Mae Hong Son : par la route nord, *via* Pai (93 B en bus ordinaire, de 7 à 8 heures de route, véhicule n°612) et la route sud, *via* Mae Sariang (115 B en bus ordinaire, 206 B en bus climatisé, de 8 à 9 heures de route).

Bien que plus long, le trajet sud par Mae Sariang est beaucoup moins fatigant : le bus s'arrête 10 à 15 minutes toutes les deux heures, et il est plus confortable avec des sièges plus larges. Il y a un départ toutes les deux heures, entre 6h30 et 21h, au terminal Arcade de Chiang Mai.

La route nord *via* Pai, ouverte par les Japonais au cours de la Seconde Guerre mondiale, est très sinueuse. Les bus utilisés étant plus petits, ils sont bondés. Il existe 4 liaisons quotidiennes au départ du terminal Arcade de Chiang Mai avec départs à 7h, 9h30, 11h30 et 16h. Compter 30 B pour le trajet jusqu'à Soppong, ou 51 B jusqu'à Pai.

Comment circuler

On circule facilement à pied dans Mae Hong Son. Les motos-taxis coûtent 10 B à l'intérieur de la ville, 30 B jusqu'au Doi Kong Mu (50 B aller-retour) et ils peuvent effectuer des courses plus lointaines, mais les prix sont élevés (500 B pour Mae Aw par exemple). Quelques túk-túks circulent en ville et comptent 20 à 30 B la course.

Plusieurs pensions en ville louent des vélos (20 à 30 B la journée) et des motos (150 B par jour). Pour la location d'une voiture, adressez-vous à l'agence Hertz Rent-A-Car (☎ 053-612108) au Rooks Resort ; l'agence Avis Rent-A-Car (☎ 053-620457/8) se trouve à l'aéroport de Mae Hong Son.

ENVIRONS DE MAE HONG SON
Sources chaudes de Pha Pawng

Ce parc est ouvert au public qui vient profiter des bains chauds naturels. Il se trouve à 11 km au sud du chef-lieu de la province, au Km 256 sur la Route 108. Deux restaurants très simples offrent de quoi se restaurer.

Mae Aw

A 22 km au nord de Mae Hong Son, Mae Aw (ou Ban Rak Thai, "le village ami des Thaïlandais"), bourgade peuplée de Chinois du Guomindang, occupe une hauteur à la frontière birmane. C'est un des derniers véritables bastions du parti de Tchang Kaïchek en Thaïlande, mais il présente moins d'intérêt que Doi Mae Salong ou Ban Mai Nong Bua, près de Doi Ang Khang. C'est un coin plutôt tranquille dont les habitants feront peu cas de votre présence.

La ville s'étire le long d'un grand réservoir. Les faciès et les enseignes ne manqueront pas de vous rappeler les origines chinoises de ses habitants. De temps en temps, des accrochages surviennent sur la frontière, entre le Guomindang (GMD) et la Mong Tai Army (MTA) créée par Khun Sa, le célèbre seigneur de l'opium (aujourd'hui "à la retraite") et désormais scindée en quatre unités séparatistes. S'il y a danger, les transports publics sont en général interrompus et on vous déconseille de vous rendre dans la région sans un guide. Reportez-vous à l'encadré *L'opium et le Triangle d'or* dans le chapitre *Présentation du pays*.

NORD DE LA THAÏLANDE

Dans le village sino-hmong de Na Pa Paek, à 7,3 km de Mae Aw, la ***Roun Thai Guest House*** peut vous loger en cabanons à toits de chaume pour 40 B par personne ou 150 B en pension complète. Deux petits salons de thé pour les touristes servent thé, coca-cola et autres en-cas, dans des conditions d'hygiène peu fiables. Vous pouvez également rapporter de la boutique un souvenir original : un morceau de bambou rempli de thé, portant l'étiquette "mélange de thé spécialement préparé par le GMD", rédigée en anglais, en thaï et en chinois. A choisir, mieux vaut peut-être aller chez ***Mr Huang Yuan Tea & Restaurant.***

De là, un très mauvais chemin mène 3,5 km plus loin à un autre village hmong, Ma Khua Som, puis au village GMD de Pang Ung La, 6 km après. C'est à la frontière birmane. Une pension peut vous accueillir.

Le revêtement de la route jusqu'à Na Pa Paek a grandement facilité les déplacements. Le trajet n'en reste pas moins sinueux et escarpé, et le dernier tronçon de 7 km pour atteindre Mae Aw peut s'avérer très délicat à la saison des pluies.

Les songthaews assurent une liaison plutôt irrégulière au départ/à destination de Mae Hong Son (2 heures, 50 B par personne). Mais ce service est si irrégulier qu'il vaut mieux se grouper et louer un songthaew. Il vous en coûtera 500 à 1 300 B (selon que le chauffeur transporte ou non une cargaison payée). Passez dans Th Singhanat Bamrung près du bureau de téléphones vers 9h pour connaître les départs prévus.

Sur la route, vous traverserez des villages shan, karen et hmong. Vous passerez devant le ***Pang Tong Summer Palace*** et des chutes d'eau. Il existe aussi des excursions pour Mae Aw organisées depuis Mae Hong Son.

Si vous disposez de votre propre véhicule pour vous rendre à Mae Aw, vous pourrez vous arrêter en chemin aux **chutes de Pha Sua**. Pour y accéder, empruntez la Route 108 en direction du nord ; à environ 17 km de Mae Hong Son, bifurquez sur une route non goudronnée et suivez le fléchage. Il est

déconseillé de s'y baigner à la saison des pluies, le courant devenant très rapide. Vous y trouverez sanitaires et tables de pique-nique.

Parc national de Tham Plaa. Tout récent, ce parc a été créé autour d'un site animiste, le Tham Plaa ou grotte du poisson. La caverne remplie d'eau abrite des centaines de *tor soro* ou carpes soro des torrents. Ces poissons, pouvant atteindre 1 m de long, se nourrissent de légumes et d'insectes, quoique les habitants, qui les croient végétariens, leur fournissent exclusivement des fruits et légumes (vous pourrez d'ailleurs en acheter à l'entrée). Vous apercevrez ces animaux par un trou de 2 m^2 à la base d'un mur extérieur. Tout près de là, la statue d'un rishi hindou nommé Nara protège, dit-on, les poissons sacrés de tout danger.

Aucun droit d'entrée n'est perçu et vous pouvez planter la tente pour la nuit. Le parc se trouve à 17 km au nord-est de Mae Hong Son du côté nord de la Route 1095.

Mae La-Na

Entre Mae Hong Son et Pai, la Route 1095 chemine au cœur des forêts, dans une région montagneuse rythmée de torrents et de grottes. Elle traverse des villages shan et de tribus de montagne. Du village shan de Mae La-Na, à 6 km au nord de la Route 1095 par une voie semi-goudronnée, de multiples possibilités de randonnée s'offrent à vous. De plus vous pouvez y loger. En une journée de marche, vous atteindrez quelques-uns des plus beaux sites naturels de la région ou bien, dans un rayon de 4 à 8 km, vous découvrirez les villages de Lahu rouges et de Lahu noirs, ainsi que différentes grottes.

Vous pourrez également suivre un itinéraire en demi-boucle de 20 km qui relie Mae La-Na à Tham Lot et Soppong, en vous arrêtant une nuit en chemin dans un des villages lahu rouges que vous traverserez. Demandez à quelqu'un de la Mae Lana Guest House de vous tracer une carte (voir la rubrique *Où se loger*). Les motocyclistes expérimentés peuvent tenter leur chance sur

Les grottes aux cercueils de Mar Hong Son

Sur les 900 km² du district de Pangmapha et des districts voisins, il y a sans doute un nombre de cavités supérieur à n'importe quelle autre région du monde. Plus d'une trentaine de ces grottes calcaires contiennent de très vieux cercueils en bois, sculptés dans des troncs d'arbre pouvant mesurer jusqu'à 6 m de long. Ils sont traditionnellement suspendus à des sortes d'échafaudages en bois décorés de pompons de cérémonie (généralement abîmées). On ne sait rien de l'âge ni de la provenance de ces cercueils qui se comptent par dizaines. Leurs formes permettent seulement de les classer en 14 catégories différentes. Des tessons de poterie ont également été découverts sur ces sites.

Les habitants de la région désignent les grottes où sont cachés des cercueils par l'expression *thâm phīi* (grottes aux esprits) ou *thâm phīi maen* (grottes aux cercueils). Les huit grottes sur lesquelles travaillent actuellement les scientifiques sont interdites au public. Vous pouvez toutefois rencontrer un guide dans le district de Pangmapha qui acceptera de vous conduire dans les autres grottes.

---

ce parcours, à condition de disposer d'une solide moto tout terrain, de ne pas s'y risquer seul et d'éviter absolument la saison des pluies.

Sur place, des guides vous accompagneront jusqu'aux grottes toutes proches. Ces excursions ont un tarif fixe affiché sur un petit sala au centre du village, près d'un noodle shop et de la station-service. Au cas où aucun guide ne s'y trouverait, adressez-vous à la personne qui tient la station-service en lui demandant *thâm* (la grotte). A 4 km du village, **Tham Mae La-Na** est la plus étendue et la plus connue avec sa rivière souterraine de 12 km (600 B). **Tham Pakarang** (la grotte aux coraux), **Tham Phet** (la grotte aux diamants), **Tham Khao Taek** (la grotte du riz brisé) et **Tham Khai Muk** (la grotte aux perles) présentent toutes de belles concrétions sur les parois (200 B chaque grotte).

Même si la randonnée ou la visite de grottes ne vous attire guère, Mae La-Na est un petit bout du monde paisible pour faire une pause. Hormis son temple de style shan, son école, quelques maisons et le centre du village avec ses échoppes de nouilles et ses pompes à essence, ne vous attendez pas à beaucoup plus. Mais le paysage montagneux réjouit l'œil.

A 27 km à l'ouest de Pangmapha, vous remarquerez une bifurcation qui mène au **Wat Tham Wua Sunyata**, paisible monastère de forêt.

L'embranchement pour Mae La-Na se trouve à 55 km de Mae Hong Son, 10 km de Soppong et 56 km de Pai. Après la bifurcation, il vous reste 6 km à parcourir plein nord jusqu'au village. Quelques songthaews relient parfois la Highway au village pour 20 B. C'est le matin que vous aurez le plus de chances d'en trouver, car ils sont peu fréquents.

Soppong

Ce petit village relativement prospère à 2 heures de route au nord-ouest de Pai et à 70 km de Mae Hong Son est devenue une destination favorite des excursions au départ de Mae Hong Son ou de Chiang Mai, depuis que la Route 1095 a été empierrée.

Dans le voisinage de Soppong, on visitera plusieurs villages shan, lisu, karen et lahu, facilement accessibles à pied. Renseignez-vous auprès de la Jungle Guest House ou du Cave Lodge à Soppong. Il est important de s'informer sur l'état de la situation, car la frontière avec le Myanmar est une zone rendue instable par le trafic de l'opium et de la contrebande.

Les femmes Padaung au long cou

Les environs de Mae Hong Son abritent plusieurs villages de réfugiés padaung dont les femmes au long cou sont devenues une attraction touristique. Les bijoux en cuivre que ces femmes padaung portent autour du cou et des bras semblent formés d'anneaux différents, mais il s'agit en fait d'un anneau d'une seule pièce qui s'enroule autour du cou ou du bras. Il peut mesurer 30 cm de haut et peser jusqu'à 22 kg (même si la norme se situe plus vers 5 kg). Placé autour du cou, cet anneau appuie et pèse sur la colonne vertébrale et la cage thoracique, ce qui donne l'impression que ces femmes ont un cou anormalement étiré. Une légende raconte que si on l'enlève, le cou atrophié se casse et entraîne la mort. En réalité, les femmes padaung retirent et rattachent cet anneau à leur guise, sans rencontrer ce type de problème.

Personne ne connaît exactement l'origine de cette coutume. D'aucuns avancent que les femmes ont ainsi une apparence curieuse et n'attirent donc pas les hommes des autres tribus. On dit aussi que les tigres ne peuvent plus traîner les femmes par le cou, comme ils le font avec leur proie. Les Padaung eux-mêmes racontent une histoire apocryphe selon laquelle leurs ancêtres étaient le fruit d'une liaison entre le vent et un dragon femelle de toute beauté à laquelle le port de ces anneaux serait un hommage. Les femmes nouent également à leurs poignets et leurs mollets de fins bracelets, fabriqués à partir de ficelles en bambou ou laquées. Néanmoins, cette coutume tend à se perdre.

Ce commerce touristique autour des femmes au long cou est en majeure partie contrôlé par le Karenni National Progressive Party (KNPP), groupe de Kayah (Karenni) dissidents qui cherche à établir un état kayah indépendant à l'est du Myanmar. Les Padaung sont, en fait, un sous-groupe des Kayah du point de vue ethno-linguistique. Sur les 7 000 Padaung censés résider au Myanmar, environ 300 ont trouvé refuge en Thaïlande.

Nai Soi (également appelé Nupa Ah) est le plus grand village padaung de Thaïlande. Il se situe à 35 km au nord-ouest du chef-lieu de la province. Au cours d'entretiens, les femmes padaung ont affirmé qu'elles gagnent 3 000 B par mois, entre la vente d'artisanat et le maigre complément qu'elles touchent sur les 300 B demandés aux touristes à l'entrée. Une moyenne de 1 200 touristes visite chaque année ce village, près de 50 par jour en haute saison ; les droits d'entrée viennent surtout alimenter les caisses du KNPP. Une visite signifie en général une séance de photos au cours de laquelle les femmes padaung prennent la pose, devant leur métier à tisser ou à côté des touristes. Ces femmes ont soutenu aux reporters venus les inter-

Soppong dispose d'une poste en face du marché principal le long de la Highway.

La route non goudronnée qui relie Soppong à Mae La-Na attire de nombreux VTTistes et amateurs de moto tout-terrain.

Tham Lot. A 8 km au nord de Soppong, Tham Lot (Tham Lawt) est une grande grotte calcaire traversée par un large cours d'eau. Elle constitue, avec celle de Tham Nam Lang, plus à l'ouest, les plus longues galeries souterraines connues d'Asie du Sud-Est. On peut parcourir la grotte à pied (400 m) en longeant le cours d'eau moyen-

nant quelques passages dans l'eau. Outre la salle principale, 3 chambres annexes sont accessibles par des échelles – il faut 2 à 3 heures pour tout voir.

Vous devez vous assurer des services d'un guide et louer des lanternes à gaz à l'entrée du parc pour 100 B. Vous ne pouvez pas visiter les grottes seul. Le tarif de la visite guidée n'inclut que la première et la troisième caverne : pour accéder à la deuxième, il faut traverser la rivière souterraine. Les passeurs demandent 10 B pour leurs services mais, à la saison sèche, il est possible de traverser à pied. Si vous optez

Les femmes Padaung au long cou

roger que ces séances ne les dérangent pas, qu'elles les considèrent comme leur gagne-pain. Pour reprendre les paroles de Ma Nang du village de Nai Soi, citées dans l'une des histoires rapportées par le *Bangkok Post* sur les Padaung : "Nous n'avions rien au Myanmar. Je devais travailler sans relâche dans les rizières. Notre maison nous manque, mais nous ne voulons pas repartir." D'autres femmes padaung n'ont pas connu une destinée aussi favorable. En 1991, un Shan a fait entrer en Thaïlande sept femmes girafes qu'il a essayé de "vendre" auprès d'un "resort" de Soppong. La police thaïlandaise a arrêté cet homme et libéré les femmes padaung qui se sont immédiatement rendues à Nai Soi.

Les avis divergent farouchement dès qu'on aborde la question du classement des Padaung au rang de "curiosités" touristiques. Il y a, bien évidemment, ceux qui dénoncent haut et fort cette forme de tourisme comme une exploitation pure et simple des individus ; cette opinion est toutefois contrebalancée par l'avis de ceux qui ont pris le temps d'aller interroger ces Padaung pour en savoir un peu plus sur leur mode de vie. Ces derniers soulignent que le tourisme est leur seule et unique source de revenus, compte tenu de la situation économique actuelle au Myanmar et en Thaïlande. Une chose est sûre, ils restent en Thaïlande par choix, après avoir fui une destinée sans aucun doute plus tragique au Myanmar déchiré par les conflits ethniques.

A notre avis, le phénomène des femmes girafes pose les mêmes interrogations que toute forme d'ethnotourisme. En outre, la différence entre payer un Akha pour qu'il pose sur votre photo et visiter un village de femmes girafes est une question de gradation. D'un point de vue éthique, il peut paraître choquant de payer un tour-opérateur pour avoir le privilège d'aller prendre des photos parmi les tribus de montagne, alors que ces dernières ne perçoivent rien.

Si vous voulez rencontrer les Padaung, vous avez le choix entre les villages de Hawy Sen Thao (11 km à l'ouest de Mae Hong Son, à 20 minutes en bateau de l'embarcadère tout proche de Huay Deua), Nai Soi (à 35 km au nord-ouest) et Huay Ma Khen Som (à environ 7 km avant Mae Aw). Les agences de voyage de Mae Hong Son organisent ce genre de sorties moyennant 700 à 800 B par personne, sur lesquels elles empochent 400 à 500 B pour leurs dépenses et les frais de transport. Si vous vous rendez à Nai Soi par vos propres moyens, il est possible d'être hébergé au village pour 40 B la nuit. A l'entrée du village, on notera sur un reçu vos nom, numéro de passeport et pays de résidence. Ce reçu vous sera délivré par le Karenni Culture Department. A 200 m avant Nai Soi, un grand camp de réfugiés kayah est également contrôlé par le KNPP.

pour une excursion d'une journée en minibus à partir de Mae Hong Son, demandez si le prix du circuit comprend tous les services de la visite.

Le parc est ouvert tous les jours de 8h à 17h. Placé juste avant l'entrée du parc, le restaurant abuse souvent un peu les étrangers qui ne savent pas lire les menus affichés en thaï.

Tham Nam Lang. Près de Ban Nam Khong, à 30 km au nord-ouest de Soppong, cette grotte fait 9 km de long et passe pour l'une des plus grandes du monde. Certaines

cavités de la région renferment des cercueils en bois datant de 2 000 ans qui font l'objet de nombreuses controverses.

Rafting

Les descentes en raft sur la rivière Pai sont de plus en plus populaires, de même que les excursions en bateau dans l'État karen du Myanmar. Les amateurs pourront s'adresser aux pensions et agences qui organisent des trekkings.

L'option la plus fréquemment proposée est une excursion d'une journée qui part du quai **Ban Huay Deua** sur le Pai, à 8 km au sud-ouest de Mae Hong Son et permet de remonter la rivière sur 5 km. Du même quai, on peut également descendre la rivière jusqu'au village de **Kariang Padawng Kekongdu** (Hawy Sen Thao), à la frontière entre la Thaïlande et le Myanmar. Une autre descente, très prisée des visiteurs, est celle qui relie **Sop Soi** (à 10 km au nord-ouest de mae Hong Son) au village de **Soppong**, plus à l'ouest (à ne pas confondre avec le bourg shan du même nom, du côté est). Ces voyages d'une journée reviennent en moyenne à 400 B par personne s'ils sont organisés à partir de Ban Huay Deua, contre 700 à 1 000 B ou plus par l'intermédiaire d'une agence de Mae Hong Son.

Les excursions sur la Pai peuvent être une partie de plaisir si les radeaux tiennent bon… Quant au voyage jusqu'au Myanmar, il fait certes des adeptes, les Padaung constituant une attraction pour les curieux, mais vaut-il vraiment la peine de subir 4 heures de descente à travers des paysages on ne peut plus quelconques, pour apercevoir quelques malheureux Padaungs ou "longs-cous", littéralement pris en otage par les Karen ? Ils se sont réfugiés à Mae Hong Son pour fuir une guerre ethnique et un sort potentiellement plus dangereux encore au Myanmar.

En cas de combats dans la région, les excursions peuvent être annulées.

Où se loger
Mae La-Na et ses environs. Le *Top Hill*, tenu par le chef du village de Mae La-Na, se dresse sur une hauteur au-dessus du village, comme l'indique son nom. Ses bungalows sont corrects, à 40 B par personne, avec s.d.b. commune. Un peu plus loin, vers le fond de la vallée, la *Mae Lana Guest House* abrite quatre grandes doubles avec moustiquaires (80 B la nuit) et un dortoir à quatre lits (40 B par personne). La pension ferme pendant la saison des pluies.

A Ban Nam Khong, le *Wilderness Lodge* est tenu par la famille qui possède le Cave Lodge de Tham Lot. Comptez 50 B par personne dans une cabane. Pour atteindre Ban Nam Khong, vous devez quitter la

Route 108, à l'embranchement qui se trouve à 25 km à l'ouest du village de Pangmapha.

A 12 km environ au nord de Mae La-Na, dans le village lahu noir de Ban Huay Hea (proche de la frontière birmane), la *Lahu Guest House* est tenue par un instituteur du village parlant anglais. La nuit vous coûtera 50 B par personne, reversés à un fonds communautaire.

Soppong. Dans cette région, la plupart des hébergements sont groupés à Soppong, qui s'est forgé un statut de véritable village d'étape pour les randonneurs à la journée ou sur plusieurs jours. A deux pas de la grand-route, près de l'arrêt du bus, la *Lemon Hill Guest House* a construit de jolies cabanes couvertes de bougainvilliers en bordure de la Nam Lan. Comptez 200 B la simple/double avec douche (eau chaude) ou 100 B avec douche commune (eau chaude également).

De l'autre côté de la route, un étroit sentier conduit au *Kemarin Garden Lodge* dont les bungalows n'offrent rien de spécial pour 50/80 B la simple/double. En continuant ce sentier sur 1 km (la dernière portion n'étant accessible qu'à pied ou à vélo), vous traverserez une passerelle enjambant un torrent avant d'arriver à la *Charming Home*. Bien conçues et suffisamment espacées, les cabanes avec s.d.b. sont construites, en pleine fraîcheur, à flanc de coteau au milieu d'une forêt. La cabane revient à 120 B.

A la sympathique *Jungle Guest House*, 1 km à l'ouest sur la route de Mae Hong Son, une simple/double dans une maisonnette bien arrangée revient à 80/100 B avec douche chaude commune, ou à 200/250 B avec douche individuelle. Vous y trouverez une meilleure table à meilleur prix que dans toutes les pensions du secteur. Il en va de même pour la *Pangmapa Guest House* voisine.

Proche de l'arrêt des bus, la *Mai House* demande 100 B pour une chambre sans s.d.b., 200 B avec, mais vous pouvez vraiment trouver mieux.

Bien en retrait de la route, dans un joli cadre, la *T Rex House* est tenue par un couple germano-thaïlandais qui a installé une piscine et utilise l'énergie solaire pour chauffer l'eau des douches. Neuf bungalows sont à louer 350 B, tous dotés de toilettes privées et d'une douche chaude. La maison principale abrite deux chambres VIP facturées 450 B. Ces prix sont revus à la baisse à la saison des pluies. Des panneaux d'inspiration un peu Jurassic Park la signalent des deux côtés sur la route de Soppong.

Tham Lot. Dans les forêts des alentours et près de Tham Lot, plusieurs pensions ont fleuri, puis se sont évanouies. En effet, les gardes du Forestry Department font de temps en temps la chasse aux constructions illégales dans la zone forestière.

Établi depuis longtemps près de Tham Lot, le *Cave Lodge* échappe toujours à la vigilance du Forestry Department ; il est tenu par une femme de Chiang Mai, guide de randonnée, et son mari australien. La nuit en dortoir vous coûtera 50 B. Sinon, comptez 120 B le bungalow pour deux ou 250 B pour quatre. Vérifiez l'installation avant de vous engager car certains ont un peu souffert.

Des randonnées de la journée sont proposées au prix raisonnable de 350 B avec guide. Toutefois, plusieurs voyageurs se sont plaints d'un certain manque de chaleur dans le service. Suivez les pancartes à partir de Soppong, et comptez 1 heure 30 environ à pied pour gagner Ban Tham, le village le plus proche de la grotte de Tham Lot. Le chef de ce village loue des chambres aux voyageurs.

Sur les rives du torrent qui traverse la grotte, à l'ouest de l'entrée du parc, vous arriverez à la *Land River Guest House* (ancien River Lodge). Ses cabanes au bord de l'eau coûtent 70 B par personne. Si vous souhaitez une s.d.b., il y a 7 bungalows à 200 B, plus deux autres, de meilleure allure, à 250 B. Le nouveau propriétaire est en train de les rénover et d'en construire d'autres. Il organise aussi des randonnées.

Comment s'y rendre et circuler

Les bus de Pai à Mae Hong Son s'arrêtent à Soppong – deux ou trois par jour dans chaque direction. De Mae Hong Son, le trajet coûte 30 B pour environ 2 heures 30 de route. De Pai, il faut compter 1 heure 30 à 2 heures et la somme de 25 B.

Des motos-taxis stationnent devant l'arrêt du bus à Soppong et conduisent les passagers à Tham Lot ou au Cave Lodge pour 50 B par personne. Une camionnette assure également le transport des touristes sur la même destination moyennant 200 B à partager entre 6 voyageurs au maximum.

Si vous avez un moyen de transport, la route de Soppong à Ban Tham s'est améliorée. L'aménagement s'interrompt cependant au Km 7, après quoi une piste de terre continue jusqu'à la grotte.

PAI

Pai est une paisible ville-carrefour à mi-chemin entre Chiang Mai et Mae Hong Son sur la Route 1095 où vous découvrirez quelques beaux sites à visiter dans les collines environnantes. Toutes les pensions vous renseigneront sur les randonnées à faire et quelques-unes vous en proposeront à 200 ou 400 B la journée. Des randonnées de 6 ou 7 jours en direction de Mae Hong Son ne valent que 1 800 B.

La population de la ville est constituée en majeure partie de Shan et de Thaï, mais on y compte aussi une minorité de musulmans.

Au nord-ouest de la ville, on peut visiter un village shan, un second lahu, un troisième lisu et le village GMD de **Ban Santichon** (San Ti Chuen en yunanais), ainsi que les **chutes de Maw Paeng**. Les villages shan, lisu et GMD sont à 4 km de Pai, le village lahu est plus proche des chutes, à 8 km de la ville.

Pour réduire la distance de moitié, vous pouvez emprunter le bus à destination de Mae Hong Son, vers le nord, à environ 5 km. Demandez à descendre au panneau signalant les chutes ; de la grand-route, il ne reste plus que 4 km (2 km après le Pai Mountain Lodge). Au pied des chutes, deux bassins sont réservés à la baignade. Mieux vaut s'y rendre après la saison des pluie, d'octobre à début décembre.

Traversez la rivière et poursuivez au sud-est de la ville sur 8 km le long d'une route pavée : vous atteindrez les **sources chaudes de Tha Pai**. Ce parc local se trouve 1 km en retrait de la route. Un torrent traverse le parc et se mêle aux sources chaudes, ce qui rend la baignade particulièrement agréable. Vous pourrez aussi utiliser de petits bains publics qui recueillent les eaux chaudes. L'entrée est gratuite.

Wat Phra That Mae Yen

Simplement connu sous le nom de Wat Mae Yen, ce temple construit assez récemment domine la vallée. En partant du principal carrefour de la ville, il faut se diriger à l'est. Au bout d'un km, traversez un cours d'eau et un village avant d'arriver au pied de l'escalier de 353 marches conduisant au sommet. Les moines sont végétariens, ce qui est inhabituel dans les temples bouddhiques thaïlandais.

Rafting et promenades à dos d'éléphant

Des descentes en raft du Pai sont organisées de juillet à décembre, parfois plus longtemps les années où la saison des pluies se prolonge. Septembre reste le mois le plus propice.

A la tête de Thai Adventure Rafting, Guy (baptisé Khun Kii), le propriétaire français du Chez Swan (☎/fax 053-699111), organise d'intéressantes excursions de 2 jours entre Pai et Mae Hong Son, sur de robustes radeaux gonflables ; le tarif proposé, de 1 600 B, comprend les repas, l'équipement de rafting, le matériel de camping et la location de sacs étanches.

Au sud-est de Pai et non loin des sources chaudes, le Pai Elephant Camp propose

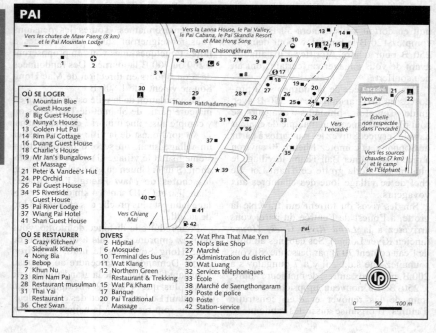

PAI

Vers les chutes de Maw Paeng (8 km) et le Pai Mountain Lodge

Vers la Lanna House, le Pai Valley, le Pai Cabana, le Pai Skandia Resort et Mae Hong Song

Thanon Chaisongkhram

Thanon Ratchadamnoen

Encadré

Vers Pai

Échelle non respectée dans l'encadré

Vers les sources chaudes (7 km) et le camp de l'Éléphant

Vers Pai

Vers l'encadré

Vers Chiang Mai

Pai

OÙ SE LOGER
1 Mountain Blue Guest House
8 Big Guest House
9 Nunya's House
13 Golden Hut Pai
14 Rim Pai Cottage
18 Duang Guest House
18 Charlie's House
19 Mr Jan's Bungalows et Massage
21 Peter & Vandee's Hut
24 PP Orchid
26 Pai Guest House
34 PS Riverside Guest House
35 Pai River Lodge
37 Wiang Pai Hotel
41 Shan Guest House

OÙ SE RESTAURER
3 Crazy Kitchen/ Sidewalk Kitchen
4 Nong Bia
5 Bebop
7 Khun Nu
23 Rim Nam Pai
28 Restaurant musulman
31 Thai Yai Restaurant
36 Chez Swan

DIVERS
2 Hôpital
6 Mosquée
10 Terminal des bus
11 Wat Klang
12 Northern Green Restaurant & Trekking
15 Wat Pa Kham
17 Banque
20 Pai Traditional Massage

22 Wat Phra That Mae Yen
25 Nop's Bike Shop
27 Marché
29 Administration du district
30 Wat Luang
32 Services téléphoniques
33 École
38 Marché de Saengthongaram
39 Poste de police
40 Poste
42 Station-service

0   50   100 m

toute l'année des promenades dans la jungle à dos d'éléphant. Il vous en coûtera 250 à 500 B par personne pour 1 à 3 heures de balade, visite des sources chaudes incluse. Il convient toutefois d'être deux. Pour vous inscrire, adressez-vous au bureau du camp d'éléphants (☎/fax 053-699286), situé dans le même ensemble que les services téléphoniques internationaux.

Massage traditionnel

Proche de la rivière, le Pai Traditional Massage (☎ 053-699121) demande 150 B pour une heure de très bons massages, ou 200 B pour une heure et demie. Le sauna aux herbes où vous pouvez vous plonger dans la vapeur des *samun phrai* (herbes médicinales) vaut 50 B. Un cours de massage de trois jours s'élève à 1 800 B. La maison ouvre de 16h30 à 20h30 du lundi au vendredi, de 8h30 à 20h30 le week-end.

Mr Jan's Massage utilise une technique de massage shan-birmane, un peu moins tendre. Les prix sont identiques (150 B l'heure), comme pour le sauna aux herbes.

Où se loger

En face du terminal des bus, la sympathique *Duang Guest House* (☎ 053-699101) abrite 26 simples avec douches chaudes communes pour 50 à 60 B. Pour une double, comptez 100 B. Quelques chambres disposent d'une douche (eau chaude) moyennant 150/200 B. Pour 50 à 150 B, vous serez hébergé en bungalow de bois à la *Mountain Blue Guest House* (sur certains panneaux on peut lire "Blue Mountain"), située à l'extrémité ouest de la même rue.

A la sortie de la ville, par la rue principale, plusieurs pensions d'un bon rapport qualité/prix se succèdent. L'agréable *Nunya's House* (☎ 053-699051) occupe un immeuble moderne en bois sur un jardin. Les chambres avec s.d.b. et eau chaude reviennent à 120/150 B, les petites avec s.d.b. à 80/100 B.

De l'autre côté de la rue, la *Charlie's House*, propre et sûre, propose des chambres plus agréables, autour d'une grande cour à 60/100 B avec s.d.b. commune, 120 B avec

s.d.b. et eau chaude, 180 à 200 B en bungalow. Comptez 40 B supplémentaires pour une troisième personne, ou 50 B pour un lit en dortoir. Charlie's s'affiche souvent complet au plus fort de la saison.

Tout près, quoiqu'un peu à l'écart, la *Big Guest House* propose de petites cabanes pour 60/100 B, des chambres plus spacieuses pour 120 B avec toilettes et douche chaude communes. Il existe par ailleurs quelques simples/doubles à 150 B. Derrière le restaurant Chez Swan, Guy et son épouse ont fait construire plusieurs grandes chambres avec douche (eau chaude) et d'épais matelas, louées 200 B la nuit.

Toujours dans la même rue, plus au sud, le *Wiang Pai Hotel* est un hôtel traditionnel en bois de 15 chambres spacieuses. Celles à un lit (pour 1 ou 2 personnes) coûtent 100 B ; les doubles valent 150 B. Dans la nouvelle aile, une chambre double avec s.d.b. reviendra à 120 B. L'eau chaude est disponible sur demande.

A l'est de la ville, le long du Pai sont installés quatre ensembles de bungalows. Les hébergements très rudimentaires de la *PP Orchid* (ancienne Pai Guest House), près du restaurant Rim Nam Pai et du Nop's Bike Shop, sont facturés 50/70 B.

A l'écart de la route qui mène au Wat Mae Yen, tout près du pont, la *PS Riverside Guest House* est équipée pour le farniente au bord de la rivière. Très rapprochés les uns des autres, ses bungalows valent 60/80 B en simple/double, 120 B avec s.d.b.

Plus en aval, les jolies cabanes du *Pai River Lodge* entourent une salle à manger/bar sur pilotis. Comptez 50/80 B en simple/double. Apprécié pour son calme et le charme de son site, cet établissement ne désemplit pas.

Au sein de Mr Jan's Massage, une dizaine de cabanes en bambou, *Mr Jan's Bungalows*, dotées de moustiquaires et d'une s.d.b. commune se louent 50/70 B en simple/double. Pour 150/200 B, vous disposerez d'une s.d.b. (deux chambres seulement). L'ensemble se situe au bout d'un chemin en mauvais état, en face de la piste qui mène au Golden Hut.

Près de Nop's Bike Shop, la nouvelle *Pai Guest House* réunit deux chambres sans bain à 50/70 B en simple/double et quatre autres avec s.d.b. à 60/80 B. Il s'agit toutefois de chambres rudimentaires où vous vous contenterez d'une fine natte à même le sol pour tout matelas.

Le haut de gamme (pour Pai) est représenté par le *Rim Pai Cottage* (☎ 053-699133, 235931), plus au nord, au bord de la rivière et non loin du terminal des bus. Propres, au calme, avec s.d.b., électricité et moustiquaires, ses maisonnettes sont facturées 150 à 200 B la simple ou 300 B la double. Un bungalow plus grand, planté en bordure de la rivière se loue 500 B. Tous ces prix s'entendent petit déjeuner compris.

Le long de la rivière, là où le Pai fait un coude, au Rim Pai Cottage, ont été construites les cabanes sur pilotis et à toit de chaume du *Golden Hut Pai*. Cet hébergement simple ne vaut pas plus de 50/80/100 B avec s.d.b. commune, 200 B avec s.d.b. privée.

Ces cinq derniers établissements en bordure de rivière distribuent tous de l'eau chaude dans leurs sanitaires.

A la limite sud de la ville, un peu à l'écart de la rue, la *Shan Guest House* (☎ 053-699162) est tenue par Boonyang, un Shan entreprenant qui a travaillé à Bangkok et en Arabie Saoudite. L'atmosphère et la cuisine sont bonnes, et Boonyang est très serviable. Vous dormirez dans des bungalows de style shan avec douche chaude et lits confortables pour 150 à 200 B. Au centre d'un grand bassin, se tient sur pilotis la salle à manger-salon.

Plus au sud encore, en direction de Chiang Mai, un banal et récent établissement, le *View Pai Hotel*, se trouve après la station-service. Le prix de ses chambres à 300 B avec ventil. ou 500 B avec clim. est surestimé.

En dehors de la ville. Près du village de Mae Yen, environ 1 km après le pont du Pai, *Peter & Vandee's Hut* propose 15 bungalows très simples couverts de toits de chaume pour 40 B par personne. On peut prendre une douche chaude ou louer une bicyclette en supplément. La cuisine mérite une mention spéciale : exceptionnelle pour une pension. Vous pouvez profiter des sources chaudes 5,8 km plus loin.

Près des chutes de Maw Paeng et de plusieurs villages tribaux, et 7 km au nord-ouest de Pai, le *Pai Mountain Lodge* (☎ 053-699068) propose de spacieuses cabanes équipées d'une douche chaude et d'une cheminée en pierre pour 4 personnes moyennant 400 B. Hors saison, on ne vous en demandera que 150 B. En ville, vous pouvez réserver et/ou organiser un transport au 89 Th Chaisongkhram, près de Northern Green Restaurant &Trekking.

A 2 km à l'extérieur de Pai, sur la route de Mae Hong Son, le *Pai Valley* abrite dans un bâtiment tout en longueur, 6 chambres avec s.d.b. et terrasse (300 B). L'hôtel est entouré d'un beau verger de manguiers, de litchis et de papayers.

A 4,5 km au nord de la ville sur la Highway en direction de Mae Hong Son, le *Pai Skandia Resort* vous accueille dans d'agréables petites maisons pour 400 à 500 B la nuit. Dans la même région, *Pai Cabana* (☎ 053-699190) occupe un vaste et tranquille parc paysager. On y dort dans des chambres de type motel, pourvues d'eau chaude pour 350 B, ou en bungalow de bois à 250 B, ce qui est plutôt cher vu la taille.

Où se restaurer

Pour goûter une cuisine régionale authentique, il faut aller au *Rim Nam Pai* (pas d'enseigne en anglais) près du pont. Cet agréable restaurant en plein air et sur le Pai sert des plats du Nord, comme le lâap et le *jaew* (ragoût de nouilles du Nord), ainsi que des plats typiques thaïlandais comme le tôm yam et le khâo phàt. La carte est bilingue.

Dans Th Chaisongkhram, le *Khun Nu* propose un bon choix de plats thaïlandais et chinois, tout comme le *Nong Bia Restaurant*, qui a longtemps été le plus apprécié des habitants. On y mange aussi du khâo sàwy. Le *restaurant musulman* sur la grande rue nord-sud prépare du khâo sàwy et quelques plats de riz.

A l'extrémité sud de la ville près de la Shan Guest House, le *Laap Pet Isaan* sert un bon lâap pèt (salade de canard) et des spécialités isaan peu onéreuses.

Chaque soir, un chapelet de *vendeurs de nourriture* s'activent en face du marché diurne. Durant la journée, on peut également se procurer des plats à emporter au grand *marché de Saengthongaram*, une rue plus à l'ouest, où l'on trouvera en outre quelques *échoppes de nouilles*, regroupées aux abords de la poste.

Le *Thai Yai*, qui cible une clientèle de voyageurs, fait les meilleurs petits déjeuners et déjeuners faràngs : pain au blé complet, vrai beurre, bon café de la région, salades de fruits, müesli, sandwiches et quelques plats thaïlandais servis avec grande amabilité. On vous fournira aussi plein de renseignements sur la région. Côte à côte, la *Crazy Kitchen* et la *Sidewalk Kitchen*, un pâté de maisons à l'ouest de la rue centrale, proposent un menu similaire qui recontre moins de succès. Le second établissement donne des cours de cuisine.

Si les saveurs françaises vous manquent, *Chez Swan*, un bon restaurant français décoré avec goût, vous servira, entre autres, un choix de fromages et d'excellentes salades. Il se tient sur l'axe nord-sud de la ville.

Deux autres adresses n'ouvrent que le soir et font davantage office de bar : le *Bebop* et le *Mit Mai*, dans Th Chaisongkhram, près du Khun Nu Restaurant. On peut consommer quelques spécialités thaïlandaises, ajustées au palais des étrangers.

Où sortir

Certains soirs, le *Bebop Café* et le *Mountain Blue/Blue Mountain* accueillent des groupes thaïlandais de Bangkok ou de Chiang Mai venus jouer du blues, du rock ou du jazz.

Comment s'y rendre

Au terminal des bus Arcade de Chiang Mai, vous pouvez attraper l'un des 4 bus quotidiens (7h, 9h30, 11h30 ou 16h) pour parcourir les 134 km jusqu'à Pai, sur une route sinueuse et escarpée (3 heures, 71 B en bus

ordinaire). Le service de bus climatisés pour Pai semble avoir été suspendu pour l'instant. Au départ de Mae Hong Son, il existe 3 bus par jour à 7h, 11h et 14h. Ce tronçon de 111 km, également sinueux, nécessite 3 à 4 heures de voyage (51 B).

Comment circuler

Dans Pai, on se déplace à pied. Pour les excursions courtes, vous pouvez louer des bicyclettes ou des motos chez Nop's Bike Shop dans Th Ratchadamnoen, près de la rivière. La location d'un vélo coûte 50 B par jour et celle d'une moto de 100 cm^3 200 B (mais 350 à 400 B pour une plus grosse cylindrée). On vous remettra gratuitement une carte de la région. Près de Nunya's, un autre loueur propose une moto de 100 cm^3 à 150 B la journée, et il existe encore d'autres possibilités en ville. Dans tous les cas, vous devrez déposer une caution de 500 B et laisser votre passeport. La Duang Guest House loue aussi des bicyclettes.

ENVIRONS DE PAI

La zone au nord-est de Pai est à ce jour encore peu explorée. Un réseau de routes non goudronnées, dont certaines ont tout du sentier, longe une chaîne montagneuse et la vallée du Taeng jusqu'à la frontière birmane près de **Wiang Haeng** et **Ban Piang Haeng**, traversant plusieurs villages en chemin.

Près de Ban Piang Luang se trouve un temple shan construit par Khun Sa, le seigneur de l'opium. De l'autre côté de la frontière est imprimé le *Freedom's Way*, un journal de propagande mong destiné à la Mong Tai-Shan United Army. Cette région se visite aussi par la route en venant de Chiang Dao dans la province de Chiang Mai.

Province de Chiang Rai

Chiang Rai, la province la plus septentrionale de Thaïlande, est une des zones les plus rurales du pays. Le Mékong constitue la moitié de sa frontière nord avec le Laos, relayé à l'ouest par un massif montagneux, limitrophe entre la Thaïlande et le Myanmar. Le confluent de la Sai, de la Ruak et du Mékong marque le point le plus septentrional du pays.

Le pavot s'accommode à merveille des terrains en pente et, encore récemment, Chiang Rai était le centre où se négociaient les récoltes de pavot du pays. S'il y a bien encore quelques poches de trafic, et même quelques champs de pavots, la grande époque du Triangle d'or de Chiang Rai appartient désormais au passé.

CHIANG RAI
37 600 habitants

Distante d'un peu plus de 180 km de Chiang Mai, Chiang Rai ("Chiang Hai" en dialecte septentrional), est connue pour être la porte du Triangle d'or. L'intérêt des touristes se porte essentiellement sur les randonnées dans les villages des tribus et sur la descente de la Kok en bateau au départ de Tha Ton.

Chiang Rai fut fondée par le roi Mengrai en 1262 et faisait alors partie du royaume Lanna. Elle fut intégrée au territoire siamois en 1786 et devint province en 1910. Son plus vieux monument, le Wat Phra Kaew, a abrité le bouddha d'Émeraude lors d'une de ses longues pérégrinations (la statue finit par aboutir au wat du même nom à Bangkok). Il abrite maintenant une copie du bouddha du Wat Phra Singh de Chiang Mai et un nouveau "bouddha d'Émeraude" qui lui est propre.

Sur le plan touristique, Chiang Rai gagne rapidement du terrain sur Chiang Mai, même si elle n'est pas aussi haute en couleurs et offre moins d'attraits. En revanche, l'ambiance y est plus décontractée et les villages des tribus des environs sont plus rapidement accessibles à pied que de Chiang Mai.

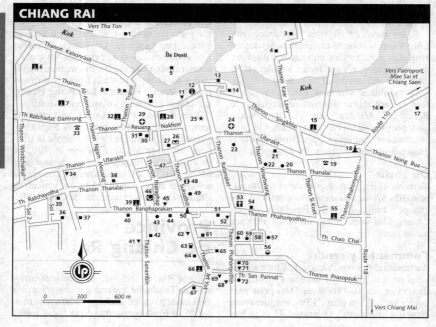

Renseignements

Office de tourisme. Un nouveau bureau de la TAT (☎ 053-717433) dans Th Singkhlai, au nord du Wat Phra Singh distribue des plans de la ville, ainsi que des brochures sur l'hébergement et les transports. Il est ouvert tous les jours de 8h30 à 16h30.

Argent. Les banques ne manquent pas à Chiang Rai, notamment le long de Th Thanalai et de Th Utarakit. Entre autres banques, la Bangkok Bank de Th Thanalai est équipée d'un distributeur automatique de billets.

Poste et communications. La poste principale se trouve dans Th Utarakit, au sud de Wat Phra Singh ; ouverte de 8h30 à 16h30 en semaine, de 9h à 13h le week-end et les jours fériés. Le centre téléphonique de la CAT, dans Th Ratchadat Damrong et Th Ngam Meuang, assure les appels inter-

nationaux, l'envoi de télégrammes, de télex et de fax. Ces services sont accessibles de 7h à 23h du lundi au vendredi.

E-mail et accès Internet. Sur Th Wisetwiang, Xmas Gift Shop propose un accès à Internet pour la modique somme de 2 B la minute.

Wat Phra Kaew

Baptisé à l'origine Wat Paa Yia (monastère de la "Forêt de bambou") en dialecte local, c'est le temple bouddhique le plus vénéré de la ville. La légende raconte que la foudre frappa le chédi octogonal en 1434, lequel, en s'effondrant, fit apparaître le Phra Kaew Morakot ou bouddha d'Émeraude (aujourd'hui en jade). Reportez-vous à l'encadré *Le bouddha d'Émeraude* du chapitre *Bangkok* pour plus d'informations.

Dans les années 90, un artiste chinois a reçu commande de cette nouvelle statue

CHIANG RAI

OÙ SE LOGER
1 Rimkok Resort
3 Pintamorn Guest House
4 Chian House
5 Dusit Island Resort
9 Chat House
10 Mae Kok Villa
13 Bow Ling Guest House
14 Mae Hong Son Guest House of Chiang Rai
16 White House
17 Wang Din Place
21 Chiangrai Inn
27 Siriwattana Hotel
30 Kijnakorn Guest House
31 Ruang Nakhon Hotel
35 Lek House
36 Ben Guest House
37 Ya Guest House
38 Paowattana Hotel
40 Saenphu Hotel
42 Krung Thong Hotel
44 Suknirand Hotel
49 Chiengrai (Chiang Rai) Hotel
51 Siam Hotel
54 Golden Triangle Inn

61 Wang Come Hotel
64 Boonbundan Guest House
65 Baan Bua
67 Tourist Inn
70 Wiang Inn

OÙ SE RESTAURER
11 Cham Cha
34 Noi
41 Mae Ui Khiaw
45 Phetburi, Ratburi
52 Nakhon Pathom
58 Night Market
62 Khao Sawy Po Sai
68 Bierstube
69 Ga-re Ga-ron
71 Muang Thong Restaurant

DIVERS
2 Embarcadère sur la Kok
6 Wat Phra That Doi Thong
7 Wat Ngam Meuang
8 Bureaux du gouvernement, hôtel de ville
12 Agence de la TAT
15 Wat Bunreuany

18 Monument du roi Mengrai
19 Agence TOT
20 Hilltribe Education Centre
22 Xmas Gift Shop/Internet
23 École
24 Provincial Health Centre
25 Poste de police
26 Poste principale
28 Wat Phra Singh
29 Hôpital
32 Wat Phra Kaew
33 Bureau de la CAT
39 Wat Ming Meuang
43 DK Books
46 Mosquée
47 Marché
48 Bangkok Bank
50 Horloge
53 Église
55 Wat Si Koet
56 Terminal des bus
57 Theatre Rama II
59 Cinema Rama I
60 Bureau de la THAI
63 Tossers Bar
66 Wat Jet Yot
72 KM Car Rent

NORD DE LA THAÏLANDE

sculptée dans du jade canadien. Appelée Phra Yok Chiang Rai (le "bouddha de Jade de Chiang Rai"), c'est une copie intentionnellement très proche, mais non exacte, du Phra Kaew Morakot, faisant 48,3 cm de large à la base et 65,9 cm de haut (l'original mesure 48,3 et 66 cm).

En juin 1991, elle a été temporairement installée dans le wihãan central pour prendre place plus récemment dans une salle qui lui est consacrée, le Haw Phra Kaew (salle du Bouddha de pierres précieuses).

Le wihãan principal est un bâtiment de taille moyenne en bois, bien conservé, avec de splendides portes en bois sculpté. Le chédi qui se trouve derrière date de la fin du XIVe siècle ; il est caractéristique du style Lanna.

Wat Jet Yot

Ce wat tire son nom d'un chédi à sept flèches semblable à celui du Wat Jet Yot de Chiang Mai, mais sans les décorations en stuc. Le plafond en bois de la véranda du wihãan principal est un exemple unique de fresque astrologique en Thaïlande.

Wat Phra Singh

Autre temple abritant une copie d'un bouddha célèbre, celui-ci fut construit à la fin du XIVe siècle sous le règne de Mahaphrom de Chiang Rai.

Temple jumeau du Wat Phra Singh de Chiang Mai, ses bâtiments d'origine sont typiques de l'architecture en bois septentrionale (toits bas et évasés). Le wihãan principal abrite une copie du bouddha Phra Singh de Chiang Mai.

Autres temples

Le **Wat Phra That Doi Thong** couronne une colline au nord-ouest du Wat Phra Kaew, parfois parcourue par une brise venue de la rivière, sur laquelle on a une jolie vue. Le **Wat Paa Kaw**, près de l'ancien aéroport de Chiang Rai, est un temple shan au décor birman. Près de l'aéroport également, le **Wat Phra That Doi Phra Baat** est un temple de style nordique perché sur une colline.

Hilltribe Education Centre

La Population & Community Development Association (PDA) gère ce mélange de musée et de centre d'artisanat au 620/1 Th Thanalai (☎ 053-719167, 711475, fax 718869, e-mail crpda@chiangrai.a-net.net.Th). Les objets en vente sont exposés au rez-de-chaussée. Le second étage sert de musée où sont exposés les costumes tribaux et des outils, entre autres objets ethnologiques. Un diaporama en anglais, français, allemand, japonais et thaï présente les tribus des montagnes (10 à 20 B par personne). Si vous avez visité le Tribal Research Institute de l'université de Chiang Mai, vous aurez déjà tout vu ; sinon, c'est un endroit à visiter.

Une annexe du restaurant Cabbages & Condoms de Bangkok a ouvert ses portes dans le centre (voir la rubrique *Où se restaurer*). Reportez-vous à la rubrique *Randonnée* pour plus de renseignements sur les offres de l'agence de voyages de la PDA.

Randonnée

Plus de vingt agences de voyages, pensions et hôtels proposent des randonnées, surtout dans les régions de Doi Tung, Doi Mae Salong et Chiang Khong. Les pensions de Chiang Rai ont été les premières à organiser ce genre d'activité.

La plupart des agences locales se contentent de servir d'intermédiaire pour des guides attachés à une pension. Comme ailleurs en Thaïlande du Nord, vous avez plus de chances de bénéficier d'une expérience de qualité en recourant aux services d'un guide de la TAT.

Le coût d'une randonnée dépend du nombre de jours et de participants. En moyenne, on compte 2 500 B par personne pour une sortie de 4 jours, avec un groupe de 5 à 7. Si vous ne constituez qu'une équipe de 2 à 4 personnes, il vous faudra débourser 3 500 à 4 500 B chacun. L'agence de tourisme du Hilltribe Education Centre, PDA Tours & Travel, prétend être la seule agence dont les bénéfices sont directement investis dans des projets de développement communautaire. L'agence, située au 2e étage du centre, est ouverte de 9h à 20h.

Depuis l'embarcadère Tha Kok, des bateaux vous feront remonter la rivière jusqu'à Tha Ton (voir *Fang* et *Tha Ton* dans ce chapitre). Situé à 1 heure de bateau de Chiang Rai, **Ban Ruammit** est un gros bourg karen d'où l'on peut se rendre par ses propres moyens vers d'autres villages lahu, mien, akha et lisu, tous à une journée de marche. Il existe des hébergements et des repas bon marché (30 à 40 B par personne, repas de 15 à 30 B) dans de nombreux villages aux abords de la rivière. Autre région où des randonnées individuelles sont possibles, celle de **Wawi** qui se situe au sud de la ville riveraine de Mae Salak, en fin de parcours (voir la rubrique *Descente de la Kok jusqu'à Chiang Rai* dans ce chapitre).

Où se loger – petits budgets et catégorie moyenne

Pensions. Près de l'embarcadère sur la Kok où accostent les bateaux en provenance de Tha Ton, la *Mae Kok Villa* (☎ *053-711786, 445 Th Singkhlai*) propose des lits en dortoir pour 50 B la nuit, des bungalows avec ventil. et s.d.b. pour 120/150 B et de grandes chambres simples/doubles avec ventil. et s.d.b. (eau chaude) pour 140/190 B. Autre bonne adresse près de l'embarcadère, la *Chat House* (☎ *053-711481, 1 Th Trairat*) occupe une vieille maison thaïlandaise dont les simples/doubles valent 60 B avec s.d.b. commune, 100 B avec douche (eau chaude), 250 B avec clim. Si vous passez la nuit en dortoir, comptez 50 B. Vous trouverez des vélos et motos en location à la pension, ou pourrez demander que l'on vous loue une jeep ou une auto, ou encore que l'on vous réserve une randonnée accompagnée par un guide.

Un peu à l'est des précédentes, dans un lacis de sois donnant sur Th Singkhlai, se trouvent deux petites pensions familiales. Propres et sympathiques, les chambres de la *Bow Ling Guest House* (☎ *053-712704*) reviennent à 100 B. A côté, la très agréable *Mae Hong Son Guest House of Chiang Rai* (☎ *053-715367*) demande 100/120 B pour une chambre avec douche commune (chaude), ou 150/180 B avec s.d.b. privative. La pension abrite un délicieux café en plein air. Elle loue des motos et organise des cours de cuisine et des randonnées.

Sur la grande île séparée de la ville par un affluent de la Kok, la *Chian House* (☎ *053-713388, 172 Th Si Bunruang*) propose des chambres et des bungalows simples mais plaisants, avec douche (eau chaude) pour 100 à 200 B. L'établissement dispose d'une piscine, cadeau bien inhabituel dans cette gamme de prix.

Toujours sur l'île, la *Pintamorn Guest House* (☎ *053-714161*) loue des chambres confortables pour 150/180 B (eau chaude). Des doubles climatisées à 250 B occupent une maison séparée. Il existe par ailleurs quelques chambres moins chères avec s.d.b. commune, facturées 120/150 B. Enfin, un lit en dortoir ne coûte que 10 B. L'établissement dispose également d'un club de sport dont les salles sont accessibles au public pour 50 B par jour, plus un bar/restaurant.

Proches du centre-ville, les chambres de la *Lek House* (☎ *053-713337, 95 Th Thanalai*) occupent une vieille maison. Prévoyez 60/80 B pour une simple/double avec s.d.b. commune, ou 100 B pour un bungalow avec s.d.b. Vous pourrez louer des motos et des jeeps. En suivant Th Thanalai vers l'ouest jusqu'à ce qu'elle devienne Th Ratchayotha, vous trouverez le Soi 2. Au bout de ce soi, juste avant qu'il ne débouche dans Th San Khong Noi, la *Chai House* (☎ *053-716681*) est un endroit tranquille, loin de tout. Le bungalow avec s.d.b. commune vous coûtera 80 B, avec s.d.b. personnelle 100 B.

Si on longe le Soi 1 Ratchayotha vers le sud jusqu'au bout, puis que l'on tourne à gauche, on arrive à la *Ben Guest House* (☎ *053-716775*). En bungalow, comptez 120/150 B en simple/double. Dans le bâtiment neuf, construit en teck de récupération, il faut prévoir 160 à 250 B avec ventil. et douche (eau chaude), et 450 à 600 B avec clim. Les patrons parlent anglais et organisent des randonnées avec des guides agréés.

Ils proposent également des motos et des jeeps à la location.

Dans la partie sud de la ville, la variété d'hébergement de la ***Boonbundan Guest House*** (☎ *053-717040, fax 712914, 1005/13 Th Jet Yot*) répond à toutes les bourses avec ses petites chambres en retrait du jardin ou dans un bâtiment climatisé donnant sur le jardin. Les plus petites, peu confortables et avec douche (eau chaude), sont à 120 B (à éviter par rapport à ce que vous pouvez obtenir ailleurs en ville). De grandes simples/doubles avec ventil. dans le nouveau bâtiment sont facturées 200/250 B avec ventil., 300/350 B avec clim. Dans le même quartier, la très sympathique et efficace ***Tourist Inn*** (☎ *053-714682,1004/5-6 Th Jet Yot*) abrite de grandes chambres propres avec ventil. et s.d.b. louées 150 B dans la vieille maison, ou 200/350 B (ventil./clim.) dans le nouveau bâtiment. Le propriétaire parle anglais, thaïlandais et japonais. La pension abrite une boulangerie et il est possible de prévoir louer voiture ou moto.

Dans le centre, à quelques pas du Ruang Nakhon Hotel, mais en retrait de la rue, la nouvelle ***Kijnakorn Guest House*** (☎ *053-744150/151, 24 Th Reuang Nakhon*) abrite sur 4 étages des chambres toutes pourvues d'une TV, d'un réfrigérateur et du téléphone, ainsi que d'une douche (chaude), nettes mais sans grand caractère. Comptez 300 B la chambre avec ventil., 400 B à 500 B avec clim.

Les 10 grandes chambres de la très sympathique ***Baan Bua*** (☎ *053-718880*), dans un coin tranquille en retrait de Th Jet Yot, brillent de propreté. Aménagées dans une maison en ciment, elles se louent 150 B avec ventil., 300 B avec clim. Les chambres bien conçues possèdent des moustiquaires aux fenêtres.

Non loin de la rivière et bien tenue, la ***White House*** (☎ *053-744051, 789/7 Th Phahonyothin*) dispose de très belles chambres à partir de 100 B la simple avec s.d.b. privative jusqu'à 250 B la double climatisée. L'hébergement simple proposé par la ***Ya Guest House*** (☎ *053-717090*), nichée

dans un soi au bout de Th Banphaprakan, se fait dans un bâtiment de bois au milieu d'un jardin calme. Prévoyez la somme de 80 B avec s.d.b. commune et de 100 B avec s.d.b. individuelle (des tarifs qui semblent avoir augmenté avec le changement de nom – Patim Guest House).

Hôtels. Dans Th Suksathit, près de l'horloge et de l'administration du district, le ***Chiengrai Hotel*** (*Chiang Rai,* ☎ *053-711266*) est un hôtel bien tenu où descendent chauffeurs routiers et voyageurs de commerce. Les chambres propres avec ventil. et s.d.b. coûtent 170/220/280 B en simple/double/triple. Toujours dans le centre, entre l'horloge et le Wat Ming Meuang, le ***Suknirand*** (☎ *053-711055, fax 713701, 424/1 Th Banphaprakan*) loue 300 B ses chambres ventilées et 500 B celles avec clim. Plus amusant et moins cher, le ***Siam Hotel*** (☎ *053-711077, 531/6-8 Th Banphaprakan*) offre un hébergement avec ventil. et s.d.b. à 200/400 B. Au ***Ruang Nakhon*** (☎ *053-711566, 25 Th Reuang Nakhon*), près de l'hôpital, quatre personnes peuvent partager une chambre à 200 B, avec ventil. et s.d.b. ; les doubles climatisées oscillent entre 300 et 400 B.

Si vous affectionnez les hôtels traditionnels sino-thaïlandais, jetez un coup d'œil au ***Paowattana*** (☎ *053-711722, 150 Th Thanalai*). Ses chambres spacieuses, défraîchies mais propres ne vous ruineront pas, entre 150 et 200 B. Bon marché également et voisin de la poste principale, le ***Siriwattana*** (☎ *053-711466, 485 Th Utarakit*) abrite des simples/doubles avec ventil. facturées 160/200 B. Propreté et efficacité sont les mots d'ordre du ***Krung Thong Hotel*** (☎ *053-711033, fax 717848, 412 Th Sanambin*). Ses simples/doubles avec ventil. et s.d.b. valent 200/240 B ; comptez 320 B pour la clim.

A la sortie de la ville, la ***YMCA International Hotel Chiangrai*** (☎ *053-713785, fax 714336, 70 Th Phahonyothin*), sur la route de Mae Sai, est un établissement très moderne. En dortoir, le lit coûte 90 B. Les simples/doubles ventilées avec s.d.b.

reviennent à 300/400 B ou 400/500 B avec clim. Toutes possèdent le téléphone et l'eau chaude, et les hôtes peuvent profiter de la piscine.

Où se loger – catégorie supérieure

Les 39 chambres du *Golden Triangle Inn* (☎ *053-716996, fax 713963, 590 Th Phahonyothin*) sont décorées avec goût, climatisées et dotées de baignoires (eau chaude). Il vous en coûtera 650/700 B la simple/double, petit déjeuner américain inclus (hors saison, c'est-à-dire d'avril à octobre, déduisez 100 B). Au milieu du parc paysager de l'hôtel se trouvent un café, un jardin nippo-thaïlandais, une annexe de l'AUA, une agence de location de voiture Budget et une agence de voyages efficace. Il vaut mieux réserver dans cet établissement apprécié.

Un peu moins renommée, la *Chiangrai Inn* (☎/*fax 053-717700, 661 Th Utarakit*) héberge ses hôtes dans de grandes chambres climatisées, avec TV et réfrigérateur à 600 B la simple/double (un peu plus en saison). On retrouve un standing équivalent au *Saenphu Hotel* (☎ *053-717300/9, fax 711372*) dont le premier prix est 550 B la simple ou double de tout confort (clim., TV, téléphone et réfrigérateur). Au sous-sol, le très populaire night-club accueille des groupes en concert. Au sud du centre-ville, l'*Income Hotel* (☎ *053-717850, fax 717855, Th Ratbamrung*) demande 650 B pour une prestation comparable. Un restaurant, une cafétéria, un karaoke et une discothèque, très à la mode, comptent parmi les installations.

A la *Wiang Inn* (☎ *053-717533, ☎ 02-513 9804/5, fax 513 2926 à Bangkok, 893 Th Phahonyothin*), vous avez le choix entre des chambres modérément luxueuses à 1 200/1 400 B et des chambres de luxe à 1 800/2 000 B (réduction de 200 à 500 B). L'hôtel dispose d'une piscine, d'un restaurant, d'une cafétéria et d'une discothèque. Parmi les chambres les plus chères de Chiang Rai, celles du *Wang Come Hotel* (☎ *053-711800, fax 712973, 869/90 Th Premawiphat*), de classe internationale, reviennent à 1 573 B, avec TV et réfrigérateur. Installé dans le Chiang Rai Trade Centre, l'hôtel comprend une piscine, une discothèque, une cafétéria, un restaurant et un night-club. Vous pouvez aussi louer de quoi aller jouer au golf de Chiang Rai (trajet : 100 B).

Perché sur l'île du même nom au milieu de la Kok (et reconnaissable à sa façade blanche si vous arrivez par bateau), le *Dusit Island Resort* (☎ *053-715777/9, fax 715801, ☎ 02-238 4790/5 à Bangkok*) affiche des tarifs à partir de 2 800 B. Mais comme le taux d'occupation ne dépasse guère 60 %, le Dusit accorde des remises. Ses hôtes bénéficient également d'un restaurant chinois et d'un autre qui prépare une cuisine européenne, d'une cafétéria, d'un pub, d'une piscine et d'un centre de remise en forme.

En bordure de la Kok, face au Dusit Island Resort, le *Rimkok Resort* (☎ *053-716445, fax 715859, ☎ 02-279 0102 à Bangkok*) est probablement le plus bel hôtel de la ville. Aménagées au milieu d'un parc somptueux, ses chambres ne manquent ni d'espace ni de confort. Les prix démarrent à 1 700 B. L'absence de pont à proximité de l'établissement est un de ses défauts majeurs : il faut compter 15 minutes de marche aller-retour jusqu'à Chiang Rai, par le pont de l'extrémité est de la ville.

Autre bonne adresse dans cette catégorie : le *Wang Din Place* (☎ *053-713363, fax 716790, 34/1 Th Khae Wai*), dans la partie nord-est de la ville, près de la rivière. On vous y accueillera dans de solides bungalows de style thaï avec réfrigérateur, TV, clim. et douche (eau chaude) pour 800 B.

Au sud de la vieille ville, une fois passé l'ancien aéroport, le *Little Duck Hotel* (☎ *053-715620, fax 715639, ☎ 02-691 5941/6 à Bangkok*) s'est fidélisé une clientèle régulière de politiciens et d'entrepreneurs thaï, malgré la distance qui le sépare du nouvel aéroport comme de la ville. Les prix débutent à 1 600 B. Parmi les installations proposées par l'hôtel, citons une piscine et un restaurant.

Où se restaurer

Cuisine thaï. Le panorama de la restauration ne cesse de s'améliorer. Beaucoup d'enseignes ont pignon sur rue le long de Th Banphaprakan et de Th Thanalai. Juste à l'est du Haw Nalika Restaurant (à éviter) dans Th Banphaprakan, on trouvera les très abordables *Phetburi* et *Ratburi*. Le premier propose un grand choix de curries et autres plats thaïlandais. Sa spécialité, le *cha-om thâwt*, consiste en une sorte de quiche frite avec des légumes cha-om, découpés en dés et arrosés d'une délicieuse sauce pimentée.

Les plats traditionnels du Nord de la Thaïlande sont particulièrement bien préparés au *Mae Ui Khiaw* (☎ 053-753173, *1064/1 Th Sanambin*), proche du Krung Thong Hotel : kaeng hang-leh (curry à la mode birmane), *náam phrík nùm* (sauce au piment dans le style du Nord). Il est ouvert de 8h à 22h et l'on peut dîner dehors comme à l'intérieur, assis sur des coussins à même le sol (si l'on est un groupe de 6 à 10 personnes). A l'ancien emplacement du Mae, 106/9 Th Ngam Meuang, on vend des saucisses du Nord et des pâtisseries.

Autre adresse, un peu plus haut de gamme, de bonne cuisine locale, le *Tong Tung Restaurant*, 1/1 Th Sanambin, est installé du côté ouest de la route, à environ 1 km au sud de Th Banphaprakan. Il possède une terrasse, et accueille des groupes de danse folklorique du Nord en soirée. La clientèle est majoritairement composée de Thaïlandais. Il n'existe pas d'enseigne en anglais, mais vous le reconnaîtrez à la petite fontaine devant le pavillon du bar.

Relativement récent, le *Ga-re Ga-ron* (*897/2 Th Jet Yot*) sert une bonne cuisine internationale à prix modérés dans le cadre d'un jardin intérieur/extérieur. Les plats thaïlandais de riz ou de nouilles à 35 B sont très correctement préparés. Au menu figure également un grand choix de yam, dont certains faits à partir de goyave, de noix de coco et de pomme. On peut y prendre un petit déjeuner occidental, ainsi que des lassi et des assiettes végétariennes. Le restaurant vend aussi livres, disques, cassettes et vidéo, et assure la location de bicyclettes et

il est ouvert de 9h à minuit. Au rez-de-chaussée du Hilltribe Education Centre, le *Cabbages and Condoms* prépare des plats du Nord servis dans un cadre décontracté, à l'intérieur comme à l'extérieur.

Le *Nakhon Pathom* est célèbre pour son khâo man kài (riz au poulet hainanais) et son *ku/ayti/~aw pèt yâang* (canard rôti aux nouilles de riz). Il se trouve dans Th Phahonyothin, près du croisement avec Banphaprakan et ferme vers 15h.

La carte très fournie du *Muang Thong Restaurant*, juste au sud de la Wiang Inn, offre un vaste choix de plats chinois et thaïlandais et des cuisses de grenouilles. La spécialité de la maison est le *kaeng pà pèt*, délicieux curry de canard sans lait de coco.

A côté de la mosquée, dans Th Itsaraphap, un *restaurant musulman-thaïlandais* prépare un délicieux khâo mòk kài, la version thaïlandaise du poulet biryani. Près du terminal des bus, vous trouverez les habituels *stands de nourriture*. Au *marché de nuit*, voisin de la gare et du cinéma Rama I, on trouve également à se nourrir. Il existe aussi une série de bons petits *restaurants de nouilles et de riz* dans Th Jet Yod, entre Th Thanalai et le Wat Jet Yot, près des hôtels Chieng Rai et Wang Come. Le vendeur de khâo sawy non loin du Wang Come Hotel, *Khao Sawy Po Sai*, est aussi à conseiller.

Voisine du même hôtel, la *Mayura Bakery and Caf* vend des viennoiseries et différents plats thaïlandais et occidentaux.

Petit restaurant familial agréable dans Th Utarakit, le *Noi*, sert une nourriture végétarienne. Il n'est ouvert que de 7h à 15h. Voisin du bureau de la TAT et fréquenté par ses employés, le *Cham Cha* vous propose les classiques chinois et thaïlandais, ainsi que quelques plats Isaan tels le lâap et le sôm-tam (qui ne figurent pas sur le menu en anglais). Ouvert tous les jours de 7h à 16h, uniquement.

Environ 1,5 km au sud du Mae Ui Khiaw, le *T Hut*, Th Phahonyothin (près du deuxième bureau de poste), considéré comme l'une des meilleures tables du Nord, pratique des tarifs un peu élevés. Le *Mae Korn Cafe* du Little Duck Hotel vous convie, tous les jours de 11h à 14h, à un buffet à volonté de plats du Nord. Il faut venir de bonne heure, afin d'éviter la foule.

Cuisine occidentale. Au sud de la Wiang Inn, la *Bierstube* (☎ 053-714195), dans Th Phahonyothin, est recommandée pour sa cuisine allemande. Plusieurs pubs occidentaux sont installés dans Th Suksathit/Jet Yot, près du Wiang Come.

Où sortir

Trapkaset (prononcez "Sapkaset") Plaza, le soi en "L" entre Th Banphaprakan et Th Suksathit, est devenu le royaume des bars touristiques et les enseignes changent au gré des saisons. A l'angle, le *Lobo's Bar* a la faveur du moment. On peut y manger le soir à la lumière des chandelles, une cuisine principalement occidentale. Quelques terminaux avec accès à Internet sont mis à la disposition des clients.

On vient au *Tossers Bar*, tenu par un expatrié dans Th Jet Yot, à la sortie du bureau. La TV est généralement banchée sur des manifestations sportives. Au *Teepee Bar*, près du restaurant Nakhon Pathom, vous retrouverez d'autres voyageurs pour échanger quelques tuyaux.

Achats

On trouve à Chiang Rai des antiquités et articles en argent à des prix parfois – mais pas toujours – inférieurs à ceux de Chiang Mai. Pour dénicher les meilleures adresses en la matière et les meilleures boutiques d'artisanat, allez flâner du côté de Th Phahonyothin, et attardez-vous en particulier chez Gong Ngoen (n°873/5), chez Silver Birch (n°891) et au Chiangrai Handicrafts Center (n°273). Vous trouverez chez Ego, 869/81 Premawiphak, des articles plus haut de gamme, en particulier des étoffes anciennes.

Comment s'y rendre

Avion. L'aéroport de Chiang Rai se trouve à 10 km au nord de la ville. La THAI assure un vol quotidien entre Chiang Rai et Chiang Mai (40 minutes, 420 B). De ou pour Bang-

kok, il faut compter 1 heure 45 et 1 940 B. L'agence THAI de Chiang Rai (☎ 053-711179, 715207) est située 870 Th Phahonyothin, non loin du Wang Come Hotel.

De l'aéroport, la course pour le centre revient à 150 B. A l'extérieur de l'aéroport, un túk-túk vous prendra de 80 à 100 B.

Bus. Il existe deux itinéraires de bus depuis Chiang Mai. L'ancien *(sãi kào)* passe au sud par Lampang avant de remonter au nord par Ngao, Phayao et Mae Chai, ce qui correspond à 7 heures de route. A Chiang Mai, le bus part de Th Chiang Mai-Lamphun, près du pont de Nawarat (83 B en bus ordinaires, les seuls à circuler).

Le nouvel itinéraire *(sãi mài)* passe par le nord-est et la Route 1019, *via* Doi Saket et Wiang Papao. Le trajet dure à peu près 4 heures et coûte 66 B en bus ordinaire, 79 B en 2e classe climatisée ou 119 B en 1re classe climatisée (à Chiang Mai, les bus partent du terminal Arcade). Les bus sont parfois fouillés par la police, à la recherche de drogue.

Le terminal des bus de Chiang Rai se trouve sur Th Prasopsok, plusieurs rues au sud de Th Phahonyothin.

Les autres destinations desservies au départ de Chiang Rai sont :

Villes	Prix	Durée du trajet
Bangkok	210 B	12 heures
(climatisé)	320 B	11 heures
(1re classe)	412 B	
(VIP)	640 B	
Chiang Saen	19 B	1 heure 30
Chiang Khong	39 B	3 heures
Khon Kaen	226 B	12 heures
(climatisé)	366 B	11 heures
(1re classe)	407 B	11 heures
Mae Sai	20 B	1 heure 45
Mae Sot	207 B	7 heures 30
(climatisé)	246 B	
Nan	90 B	6 heures
Phayao	30 B	1 heure 45
Phitsanulok	124 B	6 heures
(climatisé)	176 B	5 heures
Phrae	62 B	4 heures
(climatisé)	86 B	
Tak	148 B	6 heures 30
(climatisé)	176 B	

Bateau. L'un des moyens les plus courants d'arriver à Chiang Rai est de prendre le bateau à Tha Ton (voir la rubrique *Descente de la Kok jusqu'à Chiang Rai* dans ce chapitre).

Pour prendre un bateau qui remonte la Mae Kok, il faut vous rendre à l'embarcadère à l'angle nord-ouest de la ville. Chaque jour, il y a un départ à 10h30. Les longboats réguliers au départ de Chiang Rai font escale dans les villages suivants sur la Kok (par conditions climatiques idéales) :

Destination	Prix	Durée du trajet
Ban Ruammit	50 B	1 heure
Hat Yao	80 B	2 heures 15
Kok Noi	100 B	3 heures
Mae Salak	150 B	4 heures
Phaa Khwang	90 B	2 heures 30
Phaa Muup	70 B	1 heure 45
Phaa Tai	130 B	3 heures 30
Pong Nam Rawn	60 B	1 heure 20
Tha Ton	200 B	de 4 heures 30 à 5 heures

Vous pouvez affréter un bateau jusqu'à Ban Ruammit pour la somme de 500 B, voire jusqu'à Tha Ton pour 1 200 B. Appelez Chiang Rai Boat Tour (☎ 053-750009) pour plus de renseignements.

Comment circuler

Une course en samlor dans Chiang Rai devrait coûter de 15 à 20 B et deux fois plus en túk-túk. Les songthaews urbains circulent sur les grandes artères (10 B la course). Il existe également quelques túk-túks qui effectuent des itinéraires extra-urbains pour 15 à 20 B.

Plusieurs petites agences près du Wang Come Hotel louent des voitures (environ 1 200 B par jour), des minivans (1 300 à 1 500 B) et des jeeps Suzuki Caribian (800 B). Budget (☎ 053-740442/3) possède une agence 590 Th Phahonyothin dans le complexe de la Golden Triangle Inn. Avis (☎ 053-793827) a ouvert un comptoir à l'aéroport et dans le Dusit Island Resort.

Ces deux sociétés de location pratiquent des tarifs légèrement supérieurs à ceux des compagnies locales.

Les quelques pensions qui le faisaient ont arrêté de louer ou de prêter des bicyclettes. Il faut donc s'adresser à ST Motor (☎ 053-713652), près de l'horloge et du restaurant Ga-re Ga-ron, à condition d'y aller tôt le matin, car les vélos partent vite (50 à 70 B la journée). Plusieurs magasins louent des motos, dont ST Motor et de nombreuses pensions. La Chat House propose un bon choix. Retenez également Soon (☎ 053-714068), du côté est de Th Trairat, entre Th Banphaprakan et Th Thanalai, qui loue, mais aussi répare, les véhicules, si besoin est. Prévoyez un minimum de 150 B la journée pour une 100 cm^3 et jusqu'à 400 B pour une grosse cylindrée.

MAE SALONG

Le village de Mae Salong fut créé par le 93e régiment du Guomindang (GMD) qui se réfugia au Myanmar après la révolution de 1949. Les renégats furent de nouveau obligés de fuir en 1961, quand le gouvernement birman décida qu'il ne tolérait plus la présence du GMD au nord du pays.

Le gouvernement thaïlandais essaie de les incorporer à la nation depuis qu'il leur a accordé le statut de réfugiés dans les années 60, mais, jusqu'à une date récente, ces efforts se heurtaient à l'implication du GMD dans le trafic d'opium aux côtés de Khun Sa et de l'Armée shan unie (ASU).

Jusqu'au début des années 80, Khun Sa vivait dans le village voisin de Ban Hin Taek (aujourd'hui Ban Theuat Thai) avant d'être délogé par l'armée thaïlandaise. La retraite de Khun Sa au Myanmar a marqué un changement dans l'attitude de la population locale, et la pacification de la région de Mae Salong a pu progresser (consultez l'encadré *L'Opium et le Triangle d'or* dans *Renseignements pratiques*).

Dans un ultime effort pour briser son image de fief de la drogue, le nom de Mae Salong fut officiellement changé en Santikhiri (Colline de la paix). Jusqu'aux années 80, des chevaux de trait étaient encore utilisés pour transporter les marchandises jusqu'à Mae Salong, mais les choses ont bien évolué depuis. Désormais, la route de 36 km qui relie Basang (près de Mae Chan) et Santikhiri est entièrement goudronnée, et une école élémentaire enseignant le thaï a été ouverte. Des cours du soir de thaï sont également dispensés aux adultes.

Malgré les efforts pour "thaï-ser" la région, Mae Salong ne ressemble à aucune autre ville du pays. Ici la réunion de chevaux de bât, de tribus montagnardes (Akha, Lisu, Mien, Hmong) et de maisons d'un style chinois méridional évoque plus un bourg du Yunnan que la Thaïlande du Nord. Six chaînes de télévision chinoises sont d'ailleurs reçues à Mae Salong. Enfin, régulièrement des immigrés clandestins viennent grossir la population chinoise de Mae Salong.

La population parle le yunnanais sauf, bien sûr, les membres des tribus principalement akha, qui utilisent leur dialecte. Comme les autres villages des campagnes thaïlandaises soumis à un programme semblable de pacification, Mae Salong est quadrillée par un réseau de haut-parleurs qui diffusent les programmes officiels dans les rues dès 6h du matin.

Nombre d'habitants préfèrent ne pas parler de leur passé Guomindang, d'autres s'en glorifient. Pour les Thaï, ce sont des jiin haw (Chinois galopants).

L'un des projets gouvernementaux les plus importants est l'introduction de cultures de substitution (thé, café, maïs et arbres fruitiers) en remplacement du pavot. Cette tentative semble être assez réussie, à en juger par la quantité de ces produits vendus sur les marchés locaux, et le thé et le maïs sont abondants dans les champs environnants. Il existe une **fabrique** où l'on peut goûter les thés parfumés de Mae Salong (originaire de Taïwan). Sur les marchés, vous trouverez vins et liqueurs de fruit. Le whisky de maïs, de fabrication locale illicite, est très demandé – en remplacement immédiat de l'opium. Certaines bouteilles contiennent de gros mille-pattes qui macèrent. Les herbes chinoises de Mae Salong possèdent aussi

leur renommée, surtout celles que l'on mêle à une liqueur (yaa dawng).

Il fait toujours un peu plus frais sur le **Doi Mae Salong** que dans les plaines. Durant la saison des pluies, de novembre à février, les nuits peuvent être vraiment froides.

Un **marché du jour** intéressant se tient entre 4h30 et 8h (l'heure de pointe se situe entre 5h et 6h) au carrefour près de la Shin Sane Guest House. Il attire la population tribale des districts environnants.

Des minibus remplis de visiteurs à la journée commencent à arriver à Mae Salong aux alentours de 10h et repartent vers 16h.

Randonnée

A la Shin Sane Guest House, une carte murale montre les chemins approximatifs pour atteindre les villages mien, hmong, lisu, lahu et shan des environs. Les plus proches se trouvent à moins d'une demi-journée de marche.

Les plus belles randonnées à faire se trouvent au nord de Mae Salong, entre Ban Hin Taek (Ban Theuat Thai) et la frontière birmane. Renseignez-vous sur la situation politique avant de vous aventurer dans ces parages. L'ASU et la Wa National Army se disputent le contrôle de cette zone frontalière.

Il suffit de 3 à 4 jours pour parcourir les sentiers qui mènent de Mae Salong à Chiang Rai en traversant des villages très isolés. Plusieurs sont facilement accessibles depuis la route de Basang à Mae Salong, mais ils sont envahis de touristes.

La Shin Sane Guest House et le Laan Tong Lodge organisent des randonnées à cheval de 6 heures dans quatre villages (500 B déjeuner compris), ou des excursions de 3 heures (400 B). Vous pouvez aussi parcourir seul les 12 km qui vous séparent du village lahu de Ja-Ju. Une pension rudimentaire loue des chambres, avec 2 repas par jour, pour 50 B par personne.

Où se loger

La **Shin Sane Guest House** (Sin Sae ☎ 053-765026), qui fut le premier hôtel de Mae Salong, est un bâtiment chinois en bois à l'atmosphère particulière. Les chambres,

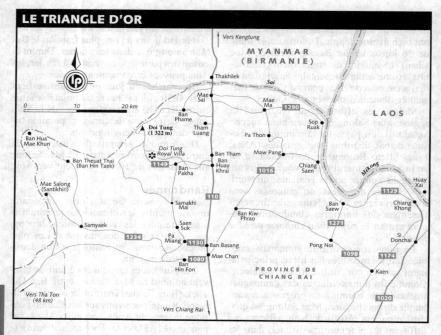

LE TRIANGLE D'OR

vraiment simples, valent 50 B par personne. Quelques cabanes neuves sur l'arrière se louent pour 100 à 200 B la simple/double avec douche (eau chaude) et de bons lits. Outre une mine de renseignements sur les randonnées, vous trouverez aussi une jolie salle à manger et une blanchisserie.

Juste en face de la mosquée, la **Golden Dragon Inn** dispose de bungalows propres avec douche (eau chaude) pour lesquels on vous demandera 300 B.

Le plus haut de gamme est représenté par le **Mae Salong Resort** (☎ *053-765014/8, fax 765135*). Ses bungalows parfaits de loin, moins propres en plan rapproché, sont facturés 2 000 B le week-end, mais les prix chutent à 500 B en semaine. Le restaurant prépare une excellente cuisine du Yunnan qui culmine avec des plats de champignons frais.

La **Mae Salong Villa** (☎ *053-765114/9, fax 765039*), juste en dessous du centre-

ville, offre un hébergement style bungalow entre 500 et 800 B. C'est un meilleur choix que le Mae Salong Resort. Du côté opposé de la ville, sur la route de Tha Ton à proximité du marché d'après-midi, s'est établi un hôtel de grand standing, le **Khumnaiphol Resort** (☎ *053-765001/3, fax 765004*) aux chambres modernes louées 800 à 2 000 B.

En dehors de la ville. Si vous vous rendez de Doi Mae Salong ou de Tha Ton à Chiang Rai en voiture ou en auto-stop, une escale d'une nuit au sympathique **Laan Tong Lodge**, à Ban Hin Fon (☎ *053-7712049, à Mae Chan, fax 772050*) a de quoi vous tenter. Ce village se situe environ 13 km à l'ouest de Mae Chan et à 31 km de Mae Salong (soit à 17 km à l'est de l'intersection des routes de Mae Salong et de Tha Ton). Vous pouvez aussi prendre un songthaew à Mae Chan pour parcourir les 3 km qui séparent le village de l'hôtel (10 B). Outre son atmosphère, vous apprécierez les cabanes bien entretenues et espacées sur un terrain paysager (de 80/100 B sans s.d.b. à 500 B avec).

Où se restaurer
Ne manquez pas les nombreux vendeurs de rue qui servent du *khanŏm jiin náam ngíaw*, un délicieux plat yunnanais de riz et de nouilles coiffé de curry de poulet épicé – le plat local le plus célèbre et un véritable régal à 10 B le bol.

En ville, vous trouverez divers endroits où l'on sert des petits pains chinois cuits à la vapeur comme les fluffy mantou (nature) ou les salabaos (farcis au porc) avec de délicieux légumes marinés. Bien des Chinois de Mae Salong sont musulmans, ce qui explique le nombre de *restaurants sino-musulmans*.

Plusieurs *maisons de thé* sont spécialisées dans la production locale. Elles proposent également de vous initier gratuitement à des cérémonies de dégustation très traditionnelles, avec un rituel élaboré durant lequel de minuscules tasses sont régulièrement plongées dans l'eau bouillante.

Comment s'y rendre
Pour se rendre à Mae Salong par les transports en commun, il faut prendre un bus de Mae Sai ou de Chiang Rai pour Ban Basang, à 2 km au nord de Mae Chan. A Ban Basang, des songthaews montent à Mae Salong pour 50 B par personne (la descente coûte 40 B). Le trajet dure environ 1 heure. Ce service s'interrompt vers 17h. Vous pouvez alors louer un songthaew dans les deux directions pour 400 B. Le trajet de Chiang Rai à Ban Basang coûte 14 B. On peut aussi atteindre Mae Salong par la route depuis Tha Ton (voir la rubrique *Fang et Tha Ton* pour les détails).

MAE SAI
A l'extrême Nord de la Thaïlande, Mae Sai constitue une bonne base de départ pour explorer le Triangle d'or, le Doi Tung et Mae Salong. C'est aussi l'un des deux points de passage officiels entre le Myanmar et la Thaïlande. Sinon, Mae Sai ne présente pas d'autre intérêt qu'une petite ville commerciale.

Les autorités birmanes autorisent les touristes à franchir la frontière à Thakhilek (le vis-à-vis birman de Mae Sai, orthographié Tachilek au Myanmar) et à se rendre jusqu'à Kengtung, à 163 km de la frontière thaïlandaise et à 100 km de la Chine. Depuis plusieurs années, il est question d'ouvrir une route qui permettrait de rejoindre la Chine *via* le Myanmar (à ce sujet, reportez-vous à la rubrique suivante, *Environs de Mae Sai*).

Laques, pierres précieuses, jade et autres marchandises du Laos et du Myanmar abondent dans les boutiques de la rue principale de Mae Sai. De nombreux Birmans traversent la frontière quotidiennement pour venir travailler. Le **marché des pierres précieuses**, face au poste de police, attire les spécialistes venus de loin.

Montez l'escalier près de la frontière jusqu'au **Wat Phra That Doi Wao**, à l'ouest de la rue principale, pour avoir une vue superbe sur Mae Sai et la Birmanie. Il a été érigé, dit-on, à la mémoire des deux mille soldats birmans morts en 1965 en combattant le GMD. De beaux sentiers sillonnent les falaises et les collines surplombant la Mae Sai Guest House et la rivière.

La randonnée à moto dans la région est très plaisante en raison des nombreuses petites routes et chemins. La Chad Guest House à Mae Sai vous renseignera.

De Mae Sai, on ira visiter les grottes de **Tham Luang** (la grande grotte), **Tham Pum** et **Tham Pla**, et on montera au Doi Tung (reportez-vous à la rubrique *Environs de Mae Sai*).

Où se loger – petits budgets
Pensions. A l'entrée de la ville et non loin du terminal des bus, la ***Chad House*** (☎ 053-732054, fax 642496) se trouve dans un quartier résidentiel, un peu à l'écart de l'artère principale. La gentille et serviable famille thaïlando-shan qui la tient parle anglais. La cuisine est particulièrement bonne. Vous dormirez sur des matelas durs, dans des chambres avec s.d.b. commune (eau chaude)

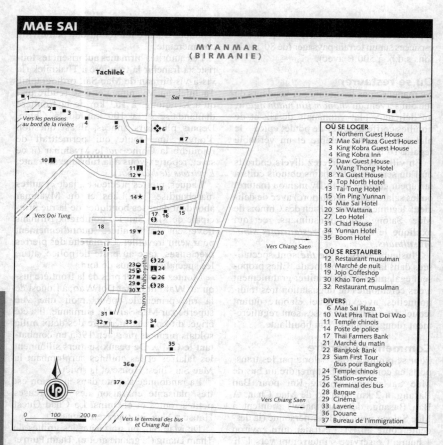

MAE SAI

MYANMAR
(BIRMANIE)

Tachilek

Sai

Vers les pensions
au bord de la rivière

Vers Doi Tung

Vers Chiang Saen

Thanon Phahonyothin

Vers Chiang Saen

0   100   200 m

Vers le terminal des bus
et Chiang Rai

OÙ SE LOGER
1 Northern Guest House
2 Mae Sai Plaza Guest House
3 King Kobra Guest House
4 King Kobra Inn
5 Daw Guest House
7 Wang Thong Hotel
8 Ya Guest House
9 Top North Hotel
13 Tai Tong Hotel
15 Yin Ping Yunnan
19 Mae Sai Hotel
20 Sin Wattana
27 Leo Hotel
31 Chad House
34 Yunnan Hotel
35 Boom Hotel

OÙ SE RESTAURER
12 Restaurant musulman
18 Marché de nuit
30 Jojo Coffeshop
30 Khao Tom 25
32 Restaurant musulman

DIVERS
6 Mae Sai Plaza
10 Wat Phra That Doi Wao
11 Temple chinois
14 Poste de police
17 Thai Farmers Bank
21 Marché du matin
22 Bangkok Bank
23 Siam First Tour
     (bus pour Bangkok)
24 Temple chinois
25 Station-service
26 Terminal des bus
28 Banque
29 Cinéma
33 Laverie
36 Douane
37 Bureau de l'immigration

pour 100 B. Quelques bungalows à 150 B possèdent une s.d.b. Enfin, un lit dans le dortoir de la maison en bambou revient à 50 B.

Directement au bord de la Sai, à l'ouest de l'International Bridge, la **Northern Guest House** (☎ 053-731537, ☎ 02-468 3266, fax 02-212 1122 à Bangkok) propose une grande diversité de chambres et de bungalows tout ce qu'il y a de plus basique, facturés un minimum de 60/80 B avec s.d.b. Il vous faut débourser jusqu'à 300 B (350 B avec clim.) pour une double avec douche

(eau chaude) et vue sur la rivière, ou 350 B dans un bâtiment récent climatisé dont les pièces sont plus agréables. Des bancs installés au bord de l'eau vous permettront de passer quelques bons moments. Le restaurant ouvre de 19h à minuit.

Un peu plus à l'est, de l'autre côté de la route qui longe la rivière, la **King Kobra Guest House** (☎ 053-733055, e-mail kkmaesai@chmai.loxinfo.co.th) propose des simples/doubles avec douche (chaude) et ventil. à 150/250 B, ou bien avec s.d.b.

commune pour 80 à 100 B/120 B. La pension organise des randonnées et des circuits à moto dans la région de Mae Sai, ainsi qu'au Myanmar (pour un groupe de quatre au moins), jusqu'à Kengtung et Mengla (Mong La), ainsi que des circuits en 4X4.

Dans le même quartier, la *Daw Guest House* (☎ 053-640476), compte 5 chambres très spacieuses louées 100/200 B la double/triple avec douche (chaude). Originaire du Yunnan, le propriétaire parle parfaitement anglais.

Plus à l'ouest, à environ 1 km du bout de la rue principale, la *Mae Sai Guest House* (☎ 053-732021) affiche souvent complet en raison de son bel emplacement, au bord de la rivière, en face du Myanmar. Vous dormirez dans des bungalows avec douche (chaude) commune pour 80 à 150 B, ou avec s.d.b. privative pour 200 à 500 B. La pension dispose d'un restaurant et organise des randonnées, mais le personnel se montre parfois peu aimable.

Plus proche de la ville, mais sur la même route, la *Mae Sai Plaza Guest House* (☎ 053-732230) est un immense complexe de bambou et de bois, qui ne compte pas moins de 71 chambres dont la plupart donnent sur la rivière. L'atmosphère y est détendue et son café donnant sur la rue permet d'observer la ville. Les simples/doubles avec s.d.b. commune vont de 80 à 100 B, les doubles avec s.d.b. avec à 100 B et les chambres plus grandes à 150 B avec douche chaude.

Entre les deux pensions précédentes et à côté de l'embarcadère réservé aux bateaux de commerce, la *Mae Sai Riverside* abrite de belles chambres à 150 B avec ventil. et s.d.b., 200 B avec eau chaude.

Environ 1 km à l'est du pont et au bord de la rivière, la modeste *Ya Guest House* occupe un quartier tranquille. Comptez 80/100 B en simple/double avec douche (chaude).

Hôtels. Vous ne vous ruinerez pas au *Mae Sai Hotel* (☎ 053-731462) dans le centre-ville, à deux pas de Th Phahonyothin. Les simples/doubles avec ventil. et s.d.b. coû-

tent 220/300 B, et les chambres avec clim. et douche chaude, 400 B. Plus bas dans le même soi, vous réaliserez une bonne affaire en prenant une des 14 chambres très propres du *Yin Ping Yunnan* (☎ 053-732213). Elles disposent d'un ventil., de la TV, du téléphone et d'une douche (chaude) pour 300 B. L'hôtel abrite un restaurant chinois. Sur le côté est de Th Phahonyothin, face au marché, le *Sin Wattana* (☎ 053-731950) vous héberge dans des chambres très bien tenues. Comptez un minimum de 200 B avec douche (chaude) et ventil., et de 400 B avec clim.

Catégories moyenne et supérieure

Pensions. Voisine de la King Kobra Guest House, son "affiliée", la *King Kobra Inn* loue 350 B ses chambres climatisées, ou 450 B des chambres VIP plus jolies, petit déjeuner compris.

Au dessus de la Mae Sai Guest House, sur une colline dominant la rivière, la *Rabiengthong House* peut loger 3 à 4 hôtes dans une suite confortable pour 500 B. Il existe quelques chambres à 200 B, aménagées dans la maison principale. La clientèle est majoritairement thaïlandaise.

Hôtels. Du côté ouest de Th Phahonyothin et non loin du pont, les simples/doubles du *Top North Hotel* (☎ 053-731955) présentent tout le confort avec s.d.b. pour 300/400 B. Si vous souhaitez l'eau chaude, il vous sera demandé 500 B. La clim. fait passer le tarif à 550 B, plus 50 B si vous y ajoutez un réfrigérateur et la TV.

Au *Tai Tong Hotel* (*Thai Thong,* ☎ 053-731975, 6 Th Phahonyothin), une chambre classique revient à 650 B. Les plus vastes sont facturées 2 000 B. Toutes ont la clim. et l'eau chaude, mais ni leur taille ni l'aménagement ou même les prestations ne justifient ces tarifs élevés.

Les neuf étages du *Wang Thong Hotel* (☎ 053-733388, ☎ 02-225 9298 à Bangkok) s'élèvent non loin de Th Phahonyothin, dans les quartiers nord de la ville. L'hôtel s'est assuré une clientèle d'hommes d'affaires ; les prix débutent à 1 400/1 600 B (taxes et service non compris) pour de spacieuses chambres de classe internationale, dotées de tout le confort. Hors saison, ces tarifs tombent à 800 B. Une piscine, un pub, une discothèque et un restaurant comptent parmi les installations.

En face du terminal des bus, les chambres climatisées du *Leo Hotel* (☎ 053-732064) sentent un peu le renfermé. La somme de 400 B pour un pièce avec clim., TV et réfrigérateur, mais sans eau chaude, est élevée.

Environ 100 m avant l'embranchement qui mène à la Chad Guest House, vous verrez le nouveau *Yunnan Hotel* (☎ 053-642169), repérable par son beer garden tapageur en façade. D'agréables chambres avec eau chaude et TV accueillent jusqu'à trois personnes pour 400 B. Plus luxueuses, celles avec sofa et réfrigérateur sont facturées 500 B.

Un peu plus au sud et en retrait, le *Boom Hotel* doit son nom au contexte économique. Outre ses 15 chambres à 300 B, il propose 6 jolis bungalows pour quatre (500 B).

Où se restaurer

Peu étendu, le *marché de nuit* n'en accueille pas moins de petits vendeurs de cuisine chinoise qui font du *kŭaytĭaw phàt sii-yúu* (nouilles de riz sautées dans la sauce de soja) et d'autres plats de nouilles. On trouvera également des paa-thông-kô (beignets chinois) et du lait de soja chaud.

Le *Jojo Coffeeshop* de Th Phahonyothin sert de très bons curries, des plats végétariens thaïlandais, des glaces et des en-cas de type occidental. Notez qu'il n'ouvre que de 6h30 à 16h30. Si vous souhaitez manger tard, allez chez *Khao Tom 25*, près de la Chad House. Cet établissement ouvre tous les soirs de 16h à 4h.

Dans la rue principale, au sud de la Chad House, on trouvera un petit *restaurant musulman* dont les curries et le khâo mòk valent le détour. Un autre *restaurant musulman* se situe au sud du temple chinois et au nord du poste de police.

Comment s'y rendre

Des bus pour Mae Sai partent fréquemment de Chiang Rai (1 heure 30 de route, 20 B). En provenance/à destination de Chiang Saen, prévoyez la somme de 18 B *via* Mae Chan (reportez-vous à la rubrique *Chiang Saen* pour ce trajet car il existe plusieurs routes).

Depuis/vers Chiang Mai, il faut compter 83 B en bus ordinaire (5 départs par jour) ou 116/149 B en bus climatisé 1re/2e classe (6 départs par jour). Le voyage dure 4 ou 5 heures.

Il existe aussi des liaisons directes de Mae Sai à Fang (40 B) et Tha Ton (33 B) qui utilisent la route pavée Tha Ton-Mae Chan. Parmi les autres destinations, citons Doi Tung (35 B), Mae Chan (9 B), Mae Salong (55 B) et Sop Ruak (30 B). Les bus ont leur principal terminus à 5 km au sud de la ville. Un songthaew vous coûtera 5 B à plusieurs.

Bangkok. Siam First Tour assure tous les jours une liaison par bus VIP "couchettes" de Mae Sai à Bangkok (environ 13 heures de route, de 450 à 640 B, selon le nombre de sièges). Le départ a lieu entre 5h30 et 6h. En bus climatisé standard, comptez 400 B, à raison de 10 départs par jour entre 7h et 20h, depuis l'artère principale. Cette ligne n'est plus desservie par les bus ordinaires.

Comment circuler

La course en songthaew collectif revient à 5 B. En túk-túk, comptez 20 B, en moto-taxi, 10 à 20 B. Des Honda Dreams sont à louer chez Pornchai sur Th Phahonyo-thin, près du marché, pour 150 B la journée.

ENVIRONS DE MAE SAI
Tham Luang

A 6 km au sud de Mae Sai par la Route 110, le site de Tham Luang est, comme son nom thaï l'indique, une grande grotte qui s'enfonce sous les collines sur au moins 2 km. La progression est facile sur le premier kilomètre, mais ensuite il faut escalader des amas rocheux. A ce stade, le plafond devient nettement plus étrange, et de minuscules cristaux font changer la couleur de la roche selon l'orientation de la lumière. Pour 20 B, on peut louer une lanterne à gaz à l'entrée de la grotte, ou vous pouvez vous faire accompagner par un guide (rémunéré au pourboire) – il n'y en a pas toujours en semaine.

Tham Pum/Tham Pla

A seulement 13 km au sud de Mae Sai par la Route 110, Ban Tham possède deux grottes à lacs souterrains. Emportez une lampe pour les explorer. A l'entrée de la grotte se dresse un chédi en forme de gâteau, construction imposante à plusieurs étages unique en Thaïlande.

Doi Tung

A mi-chemin entre Mae Sai et Mae Chan par la Route 110, une route conduit vers le Doi Tung à l'ouest. Son nom signifie "pic du Drapeau" en dialecte local. En effet, le roi Achutarat de Chiang Saen fit flotter un drapeau géant au sommet du mont pour marquer l'endroit où deux chédis avaient été construits en 911 de notre ère. Ces chédis sont un lieu de pèlerinage des bouddhistes thaï, shan et chinois.

La route d'accès au Doi Tung est le principal intérêt de la promenade. Le chemin "facile" passe par la Route 1149, goudronnée pour l'essentiel. Elle est cependant étroite, sinueuse et abrupte. Attention si vous êtes en voiture ou à moto !

En chemin, on traversera des villages shan, akha et musoe (lahu). On cultive le pavot dans le voisinage du Doi Tung ; il est donc préférable de rester sur les routes, mais pas après 16h (excepté sur les grands axes). Il n'est pas prudent de faire de la randonnée dans cette région sans être accompagné d'un guide thaïlandais, simplement parce que vous risquez d'être pris pour un agent américain de l'agence antidrogue (par les trafiquants d'opium) ou pour un trafiquant de drogue (par les chasseurs alpins thaïlandais).

Il arrive qu'on entende des coups de feu indiquant que les militaires sont à la poursuite de rebelles pris entre deux gouvernements hostiles.

La famille royale de Thaïlande entretient la **Doi Tung Royal Villa**, la résidence d'été de la reine-mère sur les pentes du Doi Tung, à proximité du barrage de Pa Kluay. Elle devait servir de palais d'été à la mère du roi, mais celle-ci mourut en 1995. Un beau jardin paysager aux fleurs multicolores réjouit les yeux des visiteurs pour 20 B.

Au pic, qui culmine à 1 800 m, a été édifié le **Wat Phra That Doi Tung**, construit autour de deux chédis jumeaux de style Lanna. Ceux-ci furent restaurés il y a quelques décennies par le célèbre moine de Chiang Mai, Khruba Siwichai.

Il est d'usage que les pèlerins fassent sonner les rangs de cloches qui ornent le temple pour se gagner quelque mérite, et jettent des pièces dans le nombril d'un bouddha chinois. Bien que le wat ne présente pas d'intérêt particulier, le domaine boisé qui l'entoure vaut la visite.

La sente qui part du wat mène à une fontaine, et le domaine est parcouru de sentiers permettant de courtes promenades. Un peu plus bas, le **Wat Noi Doi Tung**, autre sanctuaire, est entouré de petites échoppes où vous restaurer.

Comment s'y rendre. Que ce soit de Mae Chan ou de Mae Sai, le parcours en bus coûte 10 B jusqu'à l'intersection avec le chemin de Doi Tung, à Ban Huay Khrai. Ensuite, un songthaew jusqu'à Ban Pakha vous reviendra à 20 B ou à 50 B jusqu'à Doi Tung, à 18 km.

L'état de la route jusqu'à Doi Tung varie selon les travaux d'entretien. En période de mousson, la portion au-delà de Pakha peut constituer un véritable défi, que vous circuliez en camion, en jeep ou à moto.

Vous pouvez également envisager d'effectuer à moto le parcours de Mae Sai à Doi Tung, si vous vous sentez de taille à affronter les terribles ornières qui jalonnent les 16 km de route dont le revêtement est parfois inexistant. Cette piste commence au village akha de Ban Phame, à 8 km au sud de Mae Sai (parcourir 4 km sur la Route 110 vers le sud, puis 4 km vers l'ouest). C'est là que l'on retrouve la route principale, aux deux tiers environ du parcours (à 11 km de Doi Tung). Vous avez aussi la possibilité d'atteindre cette route par le sentier qui part en face du Wat Doi Wao à Mae Sai. Parmi les difficultés qui vous guettent, à l'ouest de Ban Phame, prévoyez virages serrés, flaques de boue, rochers et précipices vertigineux, sans compter le passage d'éventuels camions et d'hypothétiques travaux d'entretien. De Mae Sai, comptez au moins une heure à moto ou en jeep. Bien que pavée, cette route est à réserver aux motards aguerris. Elle passe en pleine montagne, le long de la frontière du Myanmar : il est donc exclu de s'y hasarder après 16h ou en solitaire. Avant de partir, renseignez-vous à Mae Sai sur la situation à la frontière. Si, de Mae Sai, vous voulez effectuer une boucle complète, commencez par regagner Doi Tung par la Route 110, au sud de Mae Sai, puis continuez par la Route 1149. Après avoir contemplé le paysage du sommet, regagnez Mae Sai par l'itinéraire de Ban Phame, indiqué ci-dessus. Ce qui signifie, une gigantesque descente.

Voyages transfrontaliers jusqu'àTakhilek et Kengtung (Myanmar)

Les étrangers sont normalement autorisés à franchir le pont de la rivière Sai pour gagner Thakhilek (prononcé Tachilek en birman). Parfois – comme en mai 1994, lorsque la MTA fit exploser la digue de Thakhilek (vidant le réservoir d'alimentation en eau de la ville) – la frontière est fermée pour raisons de sécurité. Le passage en Birmanie ne peut donc pas être garanti.

À l'heure actuelle, vous pouvez entrer au Myanmar, par la ville de Thakhilek et pousser jusqu'à Kengtung pendant deux semaines, sous réserve d'acquitter un droit de séjour de 18 $US et d'acquérir 100 certificats de change (Foreign Exchanges Certificates ou FEC) pour une valeur imposée de 100 $US. Cette monnaie parallèle a été mise en place par le gouvernement birman pour étouffer le change de devises au marché noir. Les FEC servent à payer les

notes d'hôtel et les billets d'avion, mais c'est à peu près tout. Sinon, vous les échangerez au marché noir contre des kyats. Il est possible de proroger son visa de touriste de 2 semaines supplémentaires au bureau de l'immigration de Kengtung.

Si vous voulez simplement franchir la frontière à Thakhilek, il vous en coûtera 5 $US, sans obligation de change. Mis à part l'achat d'objets d'artisanat shan qui valent à peu près le même prix qu'en Thaïlande (les bahts sont acceptés) ou la dégustation d'un repas birmano-shan, il n'y a pas grand-chose à faire à Thakhilek. Sur les 3 000 à 4 000 personnes qui traversent le pont tous les jours, la plupart sont des Thaïlandais à la recherche de champignons séchés, de remèdes aux herbes, de cigarettes et d'autres articles bon marché importés de Chine. Les étrangers sont autorisés à passer la nuit dans des bungalows installés le long de la Sai, face à la Thaïlande et pour 8 à 14 $US (ou l'équivalent en bahts). Méfiez-vous des cartouches de Marlboro et autres marques de cigarettes occidentales, souvent remplies de paquets de cigarettes birmanes.

Toutes les pensions et agences de voyages de Mae Sai proposent des excursions de 4 jours/3 nuits jusqu'à Kengtung (appelée Chiang Tung par les Thaï et habituellement orthographiée Kyaingtong par les Birmans), située à 163 km au nord de Thakhilek. Vous pouvez aussi en organiser une par vous-même, comme indiqué ci-dessus.

Kengtung est la capitale historique de la culture khün dans l'état Shan : les Khün parlent un idiome nord-thaïlandais apparenté au shan et au thaï lü, et utilisent un alphabet semblable à celui du Lanna ancien. Dans le futur, l'accès direct à la Chine depuis Mae Sai sera autorisé mais, pour le moment, Kengtung demeure le seuil au-delà duquel il est interdit de circuler. Bâtie sur le pourtour d'un petit lac, parsemée de temples et de bâtisses coloniales anglaises pour le moins croulantes, cette ville est beaucoup plus pittoresque que Thakhilek, et probablement la plus intéressante de tout l'état Shan du Myanmar. Environ 70% de tous les visiteurs étrangers à Kengtung sont

LES TRIBUS MONTAGNARDES

Les tribus montagnardes

Le terme de "tribu montagnarde", hill tribe en anglais, *chao khāo* en thaï, désigne des minorités ethniques vivant dans les régions montagneuses du Nord. Chaque tribu possède sa propre langue, ses coutumes, son mode vestimentaire et ses croyances spirituelles.

Ce sont en majorité des peuples d'origine semi-nomade venus du Tibet, du Myanmar, de Chine et du Laos au cours des XIXᵉ et XXᵉ siècle, mais certains sont vraisemblablement installés en Thaïlande depuis plus longtemps.

La langue et la culture sont les frontières de leur monde, certains groupes vivent dans un temps indifférencié entre le VIᵉ et le XXᵉ siècle, d'autres assimilent lentement la vie moderne thaïlandaise. Beaucoup s'installent aujourd'hui dans les plaines, car les terres montagneuses sont déboisées par la progression des cultures sur brûlis et l'abattage illégal des arbres.

L'Institut d'études ethniques de Chiang Mai dénombre officiellement 10 tribus différentes, mais leur nombre atteint peut-être la vingtaine. Au total, elles représentent, selon les chiffres de l'institut, une population d'environ 550 000 personnes.

Du point de vue linguistique, ces tribus se divisent en trois grands groupes : tibéto-birman (Lisu, Lahu, Akha), karénique (Karen, Kayah) et austro-thaï (Hmong, Mien).

Chaque groupe peut lui-même compter plusieurs tribus. Par exemple, on distingue les Hmong bleus, les Hmong blancs et les Hmong rayés, ces appellations se référant en général à la couleur ou au motif prédominant dans la tradition vestimentaire de la tribu.

Pour leur part, les Shan (Thaï Yai) n'entrent pas dans cette classification. Ils ne font pas partie à proprement parler des tribus montagnardes car ils sont sédentaires, pratiquent le bouddhisme Theravada et parlent une langue proche du thaï. Il est vraisemblable que les Shan aient constitué la première population du Nord de la Thaïlande (Thaï Yai signifiant d'ailleurs "Thaï les plus nombreux" ou "majoritaires"). Malgré tout, les villages shan sont souvent visités par les touristes.

Les descriptions suivantes des costumes traditionnels portent surtout sur la tenue des femmes, car les hommes tendent à se vêtir comme les Thaïlandais des campagnes. Les chiffres proviennent des estimations de 1989.

Page de titre : gros plan sur une coiffe akha (photographie de Mark Kirby)

BERNARD NAPTHINE

Femme lisu en tunique caractéristique

CHRIS MELLOR

Les Akha cultivent le pavot par tradition

Enfant akha au bonnet brodé et coloré

Village lahu

Femme lisu

Akha *(I-kaw)*
Population : 50 000 habitants
Origine : Tibet.
Peuplement actuel : Thaïlande, Laos, Myanmar, Yunnan.
Économie : riz, maïs, opium.
Religion : animisme, dont un culte soutenu des ancêtres.
Particularités : les coiffes des femmes sont décorées de perles, de plumes et de pendentifs en argent. Les villages sont établis sur les crêtes ou sur les hauteurs escarpées entre 1 000 et 1 400 m d'altitude. La fameuse cérémonie de la Balançoire a lieu entre mi-août et mi-septembre (entre le repiquage et la moisson) ; on y célèbre le culte des ancêtres et l'on fait des offrandes aux esprits. Les Akha figurent parmi les ethnies les plus pauvres et s'efforcent de résister à l'assimilation culturelle. Comme les Lahu, ils cultivent souvent l'opium pour leur consommation personnelle.

Lahu *(Musoe)*
Population : 82 000 habitants
Origine : Tibet.
Peuplement actuel : Sud de la Chine, Thaïlande, Birmanie.
Économie : riz, maïs, opium.
Religion : animisme théiste (la divinité suprême est Geusha), plus quelques groupes chrétiens.
Particularités : les femmes sont vêtues de vestes noir et rouge sur des jupes étroites et les hommes de pantalons flottants verts ou bleu-vert. Les Lahu vivent, à environ 1 000 m d'altitude. Cinq groupes principaux coexistent : Lahu rouges, Lahu noirs, Lahu blancs, Lahu jaunes et Lahu Sheleh.

Lisu *(Lisaw)*
Population : 31 000 habitants
Origine : Tibet.
Peuplement actuel : Thaïlande, Yunnan.
Économie : riz, opium, maïs, bétail.
Religion : animisme dont le culte des ancêtres et la croyance aux esprits et à la possession.
Particularités : les femmes portent de longues tuniques multicolores sur des pantalons, et parfois des turbans noirs à pompons. Les hommes sont vêtus de pantalons flottants bleus ou verts, serrés à la cheville. Dans ses clans patrilinéaires, les relations sexuelles avant le mariage sont admises, comme la liberté de choisir son époux. Les Lisu se distinguent par une autorité juridique à l'échelle de la tribu (et non du village). Les communautés lisu vivent à environ 1 000 m d'altitude.

Les tribus montagnardes

Mien *(Yao)*
Population : 42 000 habitants
Origine : Centre de la Chine.
Peuplement actuel : Thaïlande, Sud de la Chine, Laos, Myanmar, Vietnam.
Économie : riz, maïs, opium.
Religion : animisme, dont le culte des ancêtres, et taoïsme.
Particularités : les femmes portent des vestes noires, des pantalons décorés de pièces finement brodées, des cols rouges ressemblant à de la fourrure, ainsi que de grands turbans bleu foncé ou noirs. Les Mien installent souvent leur habitat à proximité de sources, entre 1 000 et 1 200 m. Ils ont une parenté patrilinéaire et sont polygames. Leurs broderies et leur travail de l'argent sont particulièrement réputés pour leur finesse.

Femmes mien aux cols de fausse fourrure

Hmong *(Meo ou Maew)*
Population : 111 000 habitants
Origine : Sud de la Chine.
Peuplement actuel : Sud de la Chine, Thaïlande, Laos, Vietnam.
Économie : riz, maïs, opium.
Religion : animisme.
Particularités : une simple veste noire portée sur un pantalon flottant indigo ou noir avec des liserets à rayures, ou sur une jupe indigo ainsi que des bijoux d'argent, distinguent la femme hmong. La plupart nouent leur chevelure en chignon. Les Hmong vivent sur les sommets ou les plateaux au-dessus de 1 000 m. La parenté est patrilinéaire et la polygamie est admise. C'est le deuxième groupe tribal de Thaïlande.

En attendant le repas

Karen *(Yang ou Kariang)*
Population : 353 000 habitants
Origine : (Myanmar) Birmanie.
Peuplement actuel : Thaïlande, Myanmar.
Économie : riz, légumes, bétail.
Religion : animisme, bouddhisme ou christianisme, selon le groupe.
Particularités : les femmes se vêtent d'épaisses tuniques à col en V de couleurs variées. La parenté est matrilinéaire et l'endogamie régit le mariage. Les Karen vivent plutôt dans les vallées et pratiquent la rotation des cultures. Il existe 4 groupes : les Karen blancs, les Pwo Karen, les Karen noirs et les Karen rouges. Il s'agit de la plus grande tribu de Thaïlande, constituant à elle seule la moitié de la population des tribus. Beaucoup continuent de migrer vers la Thaïlande, fuyant les persécutions.

Chez les Karen, les anciens fument la pipe

des Thaïlandais qui cherchent un aperçu de l'ancienne Lanna. Rares sont les Occidentaux, mis à part les travailleurs contractuels de l'UNDCP (United Nations Drug Control Projet).

De la route, on aperçoit plusieurs villages shan, akha, wa et lahu. Vous pourrez vous arrêter à Kengtung au *Noi Yee Hotel*, où une nuit en chambre collective vous coûtera 8 à 15 $US (ou 8 à 15 FEC). L'agence Myanmar Tours and Travel essaie de rabattre les touristes vers le *Kyainge Tong Hotel*, propriété de l'État pratiquant des prix plus élevés, soit de 30 à 42 $US.

La *Harry's Guest House & Trekking* (☎ 01-21418, 132 Mai Yang Rd) de Kanaburoy est tenue par Harry qui a officié de nombreuses années à Chiang Mai en tant que guide pour trekkers. Ses chambres simples avoisinent les 5 $US par nuit et par personne, payables en dollars, en bahts ou en kyats. Vous trouverez une description complète de Kengtung et de ses alentours dans le guide *Myanmar (Birmanie)* de Lonely Planet.

Au delà de Kengtung. A 85 km au nord de Kengtung, s'étend le district de Mengla (ou Mong La, comme on le trouve parfois orthographié). Bien que Mengla soit un district thaïlandais lü, à l'issue d'un accord conclu à l'arraché avec les militaires birmans, il est actuellement sous le contrôle de l'ethnie des Wa, autrefois ennemie des troupes de Yangoon, mais aujourd'hui en relations pacifiques avec le gouvernement birman (en échange vraisemblablement de la cession d'une part importante de leur commerce fructueux de l'opium). Un petit musée privé présente une exposition qui explique comment on raffine l'opium pour en faire de l'héroïne. Ce district reçoit de nombreux visiteurs chinois attirés par le célèbre marché au bétail sauvage et par les casinos du district. Le plus grand et le plus luxueux d'entre eux, le Myanmar Royal Casino, associe des partenaires australiens et chinois. Les distractions sont multiples, entre karaoke, discothèques et autres loisirs à la mode chinoise. La principale devise en circulation est le yuan chinois.

Lorsque vous franchissez la limite sud avant de pénétrer en territoire wa, on vous demande 80 yuans par véhicule à quatre roues, 10 yuans pour une moto, plus 5 yuans par passager. Le *Mengla Hotel* loue des chambres à 270 yuans (environ 32 $US), un tarif exorbitant sachant que l'hôtel n'est pas équipé en eau courante. Vous pouvez également vous faire héberger chez le responsable du district, dans sa maison de style thaïlandais lü, pour quelque 30 yuans. L'expérience est autrement plus enrichissante, sans même parler du prix !

Pour parvenir à Mengla, de Kengtung, vous devez d'abord vous présenter au bureau de l'immigration à Kengtung. Le personnel de la Noi Yee ou de la Harry's Guest House vous aidera dans ces formalités.

Est-il possible de passer la frontière de Mengla à Daluo, en Chine ? La réponse est simple : je n'ai pas essayé et je ne connais personne qui l'ai fait à ce jour. Mais il semble raisonnable de penser qu'avec un visa chinois en cours de validité, vous ne devriez pas rencontrer d'obstacle légal, sauf obstruction des officiers de l'immigration birmans.

Comment s'y rendre. Le plus économique est de prendre le songthaew qui part tous les matins de Thakhilek (60 B), mais il est possible que les autorités birmanes n'autorisent pas les étrangers à utiliser ce mode de transport. Vous pouvez louer des jeeps des deux côtés de la frontière, mais sachez que tout véhicule thaïlandais d'une capacité maximale de 5 passagers se voit assigner une taxe d'entrée de 50 $US, ou de 100 $US pour un nombre supérieur.

Les loueurs de voitures birmans pratiquent des tarifs plus élevés que leurs homologues thaïlandais, et ne louent que des véhicules avec chauffeur. Quel que soit le moyen de transport, prévoyez 6 à 10 heures épouvantables (vu l'état de la route) pour couvrir les 163 km qui séparent la frontière de Kengtung.

La route s'améliore petit à petit et elle devrait un jour être goudronnée jusqu'à la frontière chinoise, 100 km après Kengtung.

La portion de Kengtung à Mengla ne l'est pas, mais son état correct permet de faire le trajet en 2 heures à la saison sèche.

S'il n'advient pas au Myanmar de crise majeure, économique ou politique, la route entre Kengtung et Taunggyi devrait, elle aussi, s'ouvrir aux visiteurs étrangers.

CHIANG SAEN

A un peu plus de 60 km de Chiang Rai, Chiang Saen est un petit carrefour sur les rives du Mékong. Les ruines du royaume de Chiang Saen, une principauté Lanna fondée en 1328 par Saenphu, neveu du roi Mengrai, sont éparpillées dans toute la ville.

La légende attribue le nom de Yonok à ce royaume pré-Chiang Saen. Liée par le passé à divers autres royaumes de Thaïlande du Nord, ainsi qu'au Myanmar au XVIIIe siècle, Chiang Saen ne fut annexée au royaume de Siam que dans les années 1880.

Cette bourgade endormie a peu changé en dépit des enjeux économiques du Triangle d'or, concentrés autour de Sop Ruak, la cité voisine. On ne trouve pratiquement plus rien d'ouvert à Chiang Saen après 21h. Cela pourrait changer si la ligne fluviale, encore en ébauche, qui relierait par le Mékong la Chine à la Thaïlande, voit réellement le jour.

Renseignements

Un bureau local de tourisme, proche de l'entrée ouest de la ville, vous renseignera sur la région et vous fournira un plan de la ville. Accrochée au mur, à l'intérieur, une carte détaillée couvrant Chiang Saen et ses environs jusqu'à Sop Ruak est à consulter. Le bureau est ouvert tous les jours de 8h30 à 16h30.

Musée national

Près de l'entrée de la ville, un petit musée expose des objets de la période Lanna, ainsi que des outils préhistoriques en pierre, de l'artisanat, des costumes et des instruments de musique des tribus. Il est ouvert du mercredi au dimanche de 9h à 16h (entrée : 30 B).

Wat Chedi Luang

Derrière le musée, à l'est, ce wat en ruines abrite un chédi octogonal de 18 m de haut, dans le plus pur style Chiang Saen ou Lanna. Les archéologues divergent quant à la date de sa construction, mais ils s'accordent à la situer quelque part entre les XIIIe et XIVe siècles.

Wat Paa Sak

A 200 m de la porte de Chiang Saen, les ruines de sept monuments du Wat Pa Sak sont en cours de restauration. Le grand stupa du milieu du XIVe siècle combine les styles Hariphunchai et Sukhothai avec une influence birmane possible.

Comme ces ruines font partie d'un parc historique, il faut acquitter un droit d'entrée de 20 B.

Wat Phra That Chom Kitti

A 2,5 km au nord du Wat Paa Sak s'étendent, au sommet d'une colline, les vestiges du Wat Phra That Chom Kitti et du Wat Chom Chang. Le chédi rond du Wat Phra That serait antérieur à la fondation du royaume. Un peu plus bas, le petit chédi appartenait au Wat Chom Chang. Ces chédis ne présentent pas un grand intérêt, mais la vue sur Chiang Saen et la rivière vaut le déplacement.

Croisières sur le Mékong

Un quai de déchargement et un poste de contrôle des douanes ont été récemment construits pour que les bateaux venus de Chine, du Myanmar et du Laos livrent leurs cargaisons (un beau spectacle, le matin).

Des vedettes (*reua raew*) pouvant embarquer 6 passagers mettent 30 minutes pour rejoindre Sop Ruak (300 à 400 B l'aller simple ou 600 B l'aller-retour).

Pour Chiang Khong, il faut compter 2 heures et la somme de 1 200 à 1 300 B (pour un aller) ou de 1 500 à 1 700 B (pour un aller et retour). Ce tarif dépend de votre talent à marchander.

Pour en savoir plus, consultez le paragraphe *Croisières sur le Mékong* dans la rubrique *Les environs de Chiang Saen*.

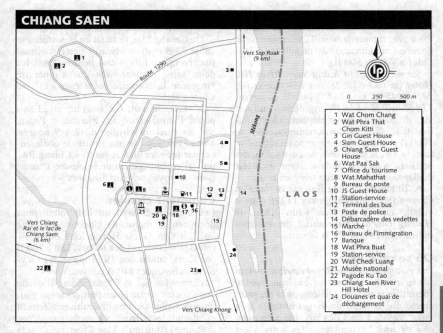

CHIANG SAEN

Vers Sop Ruak (9 km)

Route 1290

Mékong

LAOS

Vers Chiang Rai et le lac de Chiang Saen (6 km)

Vers Chiang Khong

0   250   500 m

1   Wat Chom Chang
2   Wat Phra That Chom Kitti
3   Gin Guest House
4   Siam Guest House
5   Chiang Saen Guest House
6   Wat Paa Sak
7   Office du tourisme
8   Wat Mahathat
9   Bureau de poste
10 JS Guest House
11 Station-service
12 Terminal des bus
13 Poste de police
14 Débarcadère des vedettes
15 Marché
16 Bureau de l'immigration
17 Banque
18 Wat Phra Buat
19 Station-service
20 Wat Chedi Luang
21 Musée national
22 Pagode Ku Tao
23 Chiang Saen River Hill Hotel
24 Douanes et quai de déchargement

NORD DE LA THAÏLANDE

Où se loger

Aucun hébergement ne mérite d'attention particulière à Chiang Saen. La plupart des pensions ont besoin de rénovation et les sanitaires laissent à désirer. Seule exception notoire, la *JS Guest House* (☎ 053-777060), à environ 100 m en retrait de la rue principale, près de la poste. Une chambre simple et bien nette dans un bâtiment en béton tout en longueur vaut 100 B en simple/double, avec une s.d.b. commune propre. Une nuit en dortoir revient à 60 B. Le propriétaire met à la disposition de ses hôtes une douche avec eau chauffée par énergie solaire et sert des plats thaïlandais végétariens. La pension loue aussi des bicyclettes (40 B la journée).

La vieillotte *Chiang Saen Guest House* loue 70/90 B ses simples/doubles avec s.d.b. commune. Les bungalows avec s.d.b. valent 150/180 B. Vous les trouverez sur la route de Sop Suak, de l'autre côté de la route par rap-

port à la rivière. Un peu plus loin, la *Siam Guest House* propose des simples/doubles en bungalows équipées de moustiquaires pour 60/100 B avec s.d.b. commune, 120/150 B avec s.d.b. Étonnamment, aucune de ces chambres n'est équipée de ventilateur. En revanche, la pension possède un café joliment décoré, mais ne sert rien pour se restaurer.

Plus au nord, à la limite de la ville, à environ 1,5 km de l'arrêt des bus, la *Gin Guest House* (☎ 053-650847) offre diverses possibilités de couchage qui vont de 100 à 450 B. De la véranda à l'étage, il est agréable d'observer l'activité sur le Mékong. La pension loue des VTT et des motos et se charge de l'obtention des visas pour le Laos. Elle organise également des circuits personnalisés avec voiture, chauffeur et guide, en fonction des goûts de chacun.

Au nord-ouest de la ville, à deux pas de la Route 1290, la *Ban Suan House* (☎ 053-

650419), un peu plus haut de gamme, cible une clientèle thaïlandaise. Ses 10 bungalows avec moquette, ventil., réfrigérateur et douche (eau chaude) valent 600 B (réductibles à 400 ou 500 B).

Sur 4 étages, le ***Chiang Saen River Hill Hotel*** (*☎ 053-650826, fax 650830, ☎ 02-748 9046/8, fax 748 9048 à Bangkok, 714 Muu 3 Tambon Wiang*) propose un service de qualité dans un élégant cadre mobilier thaï. Toutes les chambres coûtent 1000 B en simple/double avec un réfrigérateur, la TV, le téléphone, un coin salon, des oreillers à la thaïlandaise, une ombrelle thaïlandaise et une petite table en rotin.

A 20 km de Chiang Rai sur la route de Chiang Saen (par la Highway 1129), dans le village hmong de Ban Khiu Khan, la ***Hmong Guest House*** abrite des cabanes rudimentaires pour 70 B la nuit.

Où se restaurer
Des *échoppes de nouilles et de riz* abondent sur le marché et dans ses environs, sur le chemin de la rivière et le long de la rue principale qui conduit de la grand-route à la ville, près de l'arrêt des bus. Un petit ***marché de nuit*** se tient tous les soirs à cet emplacement avec des stands ouverts jusqu'à minuit.

A la saison sèche, des ***vendeurs en bordure de rivière*** préparent du riz gluant, de la salade à la papaye verte, du poulet grillé, des calmars séchés, entre autres préparations amusantes qu'on grignote assis sur une natte en paille de riz, le long du Mékong, face à la Chiang Saen Guest House.

Au bord de la rivière, deux restaurants de style *suan aahǎan* (de plein air) se sont ouverts en retrait de la route de Chiang Saen en direction de Sop Ruak. Le ***Sawng Fang Khong*** et le ***Rim Khong*** proposent une vaste carte de plats thaïlandais, chinois et isaan. Affûtez vos rudiments de thaï.

Comment s'y rendre
Il existe des services fréquents de bus entre Chiang Rai et Chiang Saen, moyennant 19 B. Le trajet dure entre 40 minutes et 1 heure 30 selon la circulation, le nombre d'arrêts en cours de route, etc.

De Chiang Mai, le trajet en bus ordinaire coûte 73 B et dure 5 heures ; en bus climatisé, comptez 130 B et 4 heures. Dans les deux sens, assurez-vous que l'itinéraire emprunte la nouvelle route (*sǎi mài*) *via* Chiang Rai.

L'ancienne route (*sǎi kào*) traverse Lamphun, Lampang, Ngao, Phayao et Pham, soit au final un voyage de 7 à 9 heures. Vous avez aussi la possibilité de commencer par prendre un bus jusqu'à Chiang Rai, puis d'en changer pour rejoindre Chiang Saen, le voyage durant 4 heures 30.

Comment circuler
Les deux-roues sont un bon mode pour découvrir la région de Chiang Saen-Mae Sai. La Gin Guest House loue des VTT (50 B la journée) et des motos (150 à 200 B par jour), tandis que JS propose des bicyclettes classiques (40 B par jour).

Entre Mae Sai et Chiang Saen, il existe deux routes touristiques partiellement goudronnées, plus un autre itinéraire entièrement goudronné, plus large et plus fréquenté, par la Route 110 jusqu'à Mae Chan, puis par la Route 1016 jusqu'à Chiang Saen.

D'autres possibilités plus rapides s'offrent également à vous, mais le nombre important de bifurcations à ne pas manquer rend le trajet d'autant plus hasardeux que les panneaux sont rares.

ENVIRONS DE CHIANG SAEN
Sop Ruak
A 9 km au nord de Chiang Saen, Sop Ruak est le centre officiel du Triangle d'or, là où la Thaïlande, le Myanmar et le Laos ont une frontière commune, au confluent du Ruak et du Mékong.

Historiquement, le "Triangle d'or" désigne une région géographique beaucoup plus vaste, à cheval sur les trois pays et dominée par la culture de l'opium. Néanmoins, hôteliers et tour-opérateurs se sont empressés de capitaliser sur un nom aussi évocateur, en l'attribuant au minuscule village de Sop Ruak.

La confusion est certes aisée : en thaï du nord, Sop Ruak est prononcé "Sop Huak", mais nombre de Thaïlandais des environs ignorent l'un ou l'autre nom, et surnomment le lieu tout simplement "Saam Liam Thong Kham", expression consacrée en thaï pour "Triangle d'or".

En fait, l'or des touristes est venu remplacer les dividendes du trafic de l'opium.

On visitera la **maison de l'opium** ("House of Opium"), un petit musée consacré à l'histoire de l'opium. Là sont exposés les divers instruments utilisés pour planter, récolter, traiter et vendre la résine du *Papaver somniferum*. Le musée est installé au Km 30 au sud-est de Sop Ruak. Il est ouvert tous les jours de 7h à 18h (entrée : 20 B).

Sur la rive birmane, on aperçoit les fondations du futur Golden Triangle Paradise Resort, un immense projet hôtelier, financé par un homme d'affaires thaïlandais de Suphanburi et ses partenaires japonais qui ont loué à bail un terrain au gouvernement birman. Outre un hôtel de 300 chambres et un centre commercial, les plans prévoient un golf de 18 trous, une piste d'hélicoptère, un hôpital et un embarcadère pour hovercraft. On murmure qu'un casino compléterait l'ensemble. Le baht et le dollar seront les deux seules devises acceptées. Mais les escarmouches entre la MTA et les forces armées de Yangon semblent avoir retardé ce projet.

Croisières sur le Mékong. Diverses excursions fluviales, en long-tail boat ou en vedette rapide, peuvent être organisées par l'intermédiaire de plusieurs agences locales. L'option la plus commune est un circuit de 2 heures autour d'une grande île du fleuve (250 B par personne pour des groupes de quatre au minimum). Les descentes plus longues, jusqu'à Chiang Khong par exemple, reviennent entre 1 500 et 1 800 B par personne l'aller et retour.

Six grands ferries express sont maintenant amarrés devant l'immense débarcadère sur la rive entre Chiang Saen et Sop Ruak. Ils ont été construits pour transporter des passagers vers la province du Yunnan en Chine. Un voyage pilote a été effectué en janvier 1994, mais le service régulier n'a pas encore été établi. Si la situation devait changer, il semble que cette liaison, deviendrait plutôt une excursion touristique avec repas à bord et différentes visites.

Où se loger et se restaurer. La plupart des voyageurs à budget restreint choisissent à présent de séjourner à Chiang Saen : il existait autrefois à Sop Ruak plusieurs établissements économiques, mais la plupart ont cédé place à des étalages de souvenirs ou à des hôtels de catégorie supérieure.

Le *Debavalya Park Resort* (☎ 053-784113, fax 784224) se trouve juste après la pancarte "Golden Triangle". Pour 500 B vous aurez une simple/double avec ventil. et pour 600 B avec clim. Toutes les chambres disposent d'une douche chaude.

Dans la catégorie supérieure et pour un tarif minimal de 1 500 B, l'*Imperial Golden Triangle Resort & Hotel* (☎ 053-784001/5, fax 784006, ☎ 02-653 2201 à Bangkok) domine le fleuve de sa colline et offre un hébergement de première classe.

Il en va de même pour le *Meridien Baan Boran Hotel* (☎ 053-784084, fax 784096, et à Bangkok, 02-653 2201), niché à flanc de coteau, à l'écart de la route pour Mae Sai. Conçu par l'architecte thaïlandais ML Tridhosyuth Devakul, le Baan Boran mêle les motifs septentrionaux traditionnels et les gadgets des hôtels clubs modernes. En référence à la sulfureuse réputation du Triangle d'or, l'un des restaurants, le *Suan Fin* ("Champ d'opium") est décoré de motifs de fleurs de pavot. Par les baies de la salle à manger, on aperçoit le Myanmar et le Laos dans le lointain. Le bar s'appelle le Trafficker Rendezvous. Loger dans cet hôtel coûte de 2 200 à 8 500 B, moyennant quoi, vous aurez accès à la piscine, aux courts de tennis, au karaoké et au sauna.

Comment s'y rendre. A Chiang Saen, vous trouverez un songthaew/taxi collectif toutes les 20 minutes (10 B). A bicyclette, la route de Chiang Saen à Sop Ruak ne pose aucune difficulté.

Chiang Khong

Par le passé, Chiang Khong fit partie d'une petite bourgade fluviale du nom de Juon, chef-lieu de la province et fondée en 701 de notre ère par le roi Mahathai. Au fil des siècles, Juon dut payer tribut tout d'abord à Chiang Rai, puis à Chiang Saen, et enfin à Nan, avant d'être annexé par les Siamois dans les années 1880. Le territoire de Chiang Khong s'étendait jusqu'au Yunnan (Chine) avant que la France ne s'empare en 1893 de la rive gauche du fleuve pour l'intégrer à l'Indochine française. Plus retirée et pourtant plus vivante que Chiang Saen, cette bourgade est un important marché pour les tribus environnantes et pour le commerce – légal et illégal – avec le Laos du Nord. Dans plusieurs villages voisins se sont établis des groupes tribaux de Mien et de Hmong blancs.

On y verra plusieurs wats typiques du Nord, mais d'intérêt mineur. Dans la rue principale, le **Wat Luang**, autrefois l'un des plus importants de la province de Chiang Rai, contient un chédi du XIIIe siècle (restauré en 1881).

Sur une colline qui domine la ville, on peut visiter le **cimetière des soldats nationalistes chinois**. Les pierres tombales sont toutes orientées de façon à faire face à la Chine.

A **Ban Hat Khrai**, 1 km au sud de Chiang Khong, on pêche encore le *plaa bèuk* (le poisson-chat géant du Mékong, reportez-vous à l'encadré pour en savoir plus sur cette espèce).

On entre au Laos en toute légalité par Huay Xai, en face de Chiang Khong. Toute personne pourvue d'un visa laotien valide peut effectuer la traversée en ferry, 250 km plus loin, on atteint Luang Nam Tha, non loin de Boten, point d'accès légal en Chine. Reportez-vous à la rubrique *Comment passer au Laos* pour plus d'information.

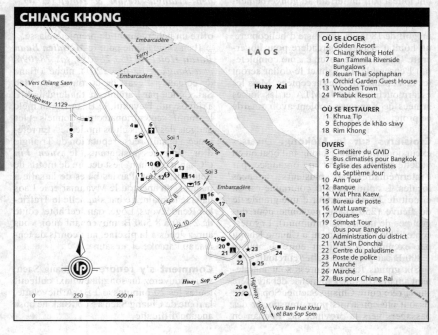

CHIANG KHONG

OÙ SE LOGER
2 Golden Resort
4 Chiang Khong Hotel
7 Ban Tammila Riverside Bungalows
8 Reuan Thai Sophaphan
11 Orchid Garden Guest House
13 Wooden Town
24 Phabuk Resort

OÙ SE RESTAURER
1 Khrua Tip
9 Échoppes de khào sàwy
18 Rim Khong

DIVERS
3 Cimetière du GMD
5 Bus climatisés pour Bangkok
6 Église des adventistes du Septième Jour
10 Ann Tour
12 Banque
14 Wat Phra Kaew
15 Bureau de poste
16 Wat Luang
17 Douanes
19 Sombat Tour (bus pour Bangkok)
20 Administration du district
21 Wat Sin Donchai
22 Centre du paludisme
23 Poste de police
25 Marché
26 Marché
27 Bus pour Chiang Rai

Vers Chiang Saen
Highway 1129

LAOS

Huay Xai

Mékong

Soi 1
Soi 3
Soi 8
Soi 10

Embarcadère
Embarcadère
Embarcadère
Ferry

Huay Sop Som

Highway 1020

Vers Ban Hat Khrai et Ban Sop Som

0   250   500 m

NORD DE LA THAÏLANDE

Le Plaa Bèuk ou poisson-chat

A hauteur de Chiang Khong, le Mékong est un haut lieu de la pêche au poisson-chat géant, espèce endémique du fleuve. Le poisson-chat, *plaa bèuk* en thaïlandais, est plus connu des ichthyologistes sous son nom latin de *pangasianodon gigas*. C'est sans doute le plus gros poisson d'eau douce au monde. Il faut six à douze ans aux jeunes pour atteindre leur taille adulte et ils mesurent alors entre 2 et 3 m de long pour un poids pouvant aller jusqu'à 300 kg. Les habitants de la région prétendent que les poissons-chats remontent le fleuve depuis sa source dans la province de Qinghai au nord de la Chine. En Thaïlande et au Laos, le poisson-chat est un met très prisé. Sa texture très carnée a une saveur délicate, comparable à celle du thon ou de l'espadon, avec une couleur plus blanche.

La pêche n'est autorisée qu'à partir du 15 avril et pendant le mois de mai, lorsque la rivière affiche une hauteur de 3 à 4 m à peine et que les poissons remontent le fleuve jusqu'au lac Erhai, dans le Yunnan (Chine) pour frayer. Avant de lancer leurs filets, Thaïlandais et Laotiens se livrent à une cérémonie particulière, afin de s'attirer les faveurs de Chao Mae, la déesse qui préside aux destinées des poissons-chats. Dans ce rituel, on procède notamment au sacrifice de poulets à bord des bateaux de pêche. Ensuite, les équipes de pêcheurs tirent au sort pour désigner celui qui lancera le premier filet à l'eau. Les autres suivent à tour de rôle.

Au cours de la saison, ce ne sont pas moins de 15 à 60 poissons qui sont pris. La guilde des pêcheurs est limitée à 40 membres, tous originaires de Ban Hat Khrai. Ces pêcheurs vendent leur prise sur place, jusqu'à 500 B le kilo (à Bangkok, un seul de ces poissons peut rapporter 100 000 B). Ces poissons finissent en majorité dans l'assiette des consommateurs des grandes tables de Bangkok ou de Chiang Mai car les petits restaurants locaux de Huay Xai et de Chiang Khong ne peuvent pas se permettre de pratiquer de tels tarifs. Il est parfois possible de goûter du poisson-chat dans une gargote de fortune installée pendant la saison de la pêche, près de l'embarcadère des pêcheurs à Ban Hat Khrai.

En raison d'une menace d'extinction de l'espèce, le Thaïland's Inland Fisheries Department a pris des mesures de protection depuis 1983, en lançant un programme d'élevage afin de relâcher des poissons dans le Mékong. Chaque fois qu'un pêcheur attrape une femelle, elle est maintenue en vie jusqu'à la prise d'un mâle. On prélève alors les œufs de la femelle en lui massant les ovaires et on les dépose dans une coupelle. On extrait le sperme du mâle, avec lequel on fertilise les œufs. Plus d'un million de plaa bèuk ainsi conçus ont été relâchés dans les eaux du fleuve depuis 1983.

Sur le plan commercial, il existe ici un marché soutenu entre la Thaïlande et la Chine. Le seul bureau de change de la ville se trouve à la Thai Farmers Bank, dans la rue principale.

Où se loger. On trouve deux pensions à l'extrémité nord de la ville, dans le quartier appelé Ban Wiang Kaew. Les ***Ban Tammila Riverside Bungalows*** (*053-791234*) sont fort simples mais dominent la rivière. Vous paierez 100 B si vous partagez la s.d.b. et 200 B en cas contraire. Vous pourrez aussi vous asseoir et même dîner très agréablement au bord de la rivière.

Voisin au sud, le ***Reuan Thai Sophaphan*** (☎ *053-791023*), plus haut de gamme, occupe un bâtiment qui rappelle les vieux hôtels en bois. Pour 100 B, vous partagerez une s.d.b., mais pour 150 à 200 B vous disposerez de votre propre douche (chaude). Une chambre à la décoration un peu plus recherchée coûte 600 B. Dans la nouvelle aile qui longe la rivière, comptez entre 350 et 500 B. A environ 250 m au sud-ouest de la rivière se trouve, presqu'à l'extrémité du

Soi 2, l'*Orchid Garden Guest House* (☎ *053-655195*). Ses chambres très rustiques valent 100 B en simple/double avec s.d.b. commune, les bungalows tout à fait modestes, 150 B avec s.d.b. Cette pension n'accueille des clients que lorsque le Ban Tammila affiche complet.

Plus au nord, sur la route qui vient de Chiang Saen le long du Mékong, le *Chiang Khong Hotel* (☎ *053-791182*) propose des chambres sans fioritures, mais bien tenues avec douche (chaude) et ventil. à 150/200 B la simple/double.

Légèrement au nord-ouest du Wat Luang, les 6 chambres du *Wooden Town* (☎ *053-655195*) sont aménagées dans un vieil édifice de bois. Comptez 80/100 B la simple/double avec s.d.b. commune (dont une douche à l'eau chaude).

Au bord du fleuve et non loin du terminal des bus, au sud de la cité, le *Plabuk Resort* (☎ *053-791281*, ☎ *02-258 0423 à Bangkok*) était fermé pour rénovation lors de notre passage. Auparavant, cet hôtel offrait des chambres spacieuses et climatisées, pourvues d'eau chaude et de lits confortables, à 500 B en simple/double. S'il reprend du service, les prestations ne devraient pas beaucoup changer.

Accroché au flanc de la colline du cimetière GMD – d'où l'on domine tout le site de Chiang Khong à Huay Xi –, vous apercevrez le *Golden Resort* (☎ *053-791350*). Ses chambres climatisées avec douche (eau chaude) à 650 B ne manquent ni d'espace ni d'agrément, toutefois, le bruit des véhicules et des bateaux circulant sur le Mékong les rend un peu bruyantes. L'entrée de l'établissement donne sur la Highway 1129, qui dessert Chiang Saen.

Où se restaurer. Les quelques restaurants à nouilles et à riz de la rue principale ne sont pas particulièrement bons. Juste au nord-ouest des Ban Tammila Riverside Bungalows, il existe un bon *étal de khâo sàwy* qui fonctionne de 9h à 14h. Dans une rue étroite près du fleuve, le *Rim Khong* est un restaurant simple, avec salle et jardin, et vue sur le fleuve où les yams sont la spécialité. La

carte bilingue est plus réduite que la carte en thaï.

Deux autres adresses, près de l'embarcadère des ferries pour Huay Xai, permettent de se restaurer sous des abris en chaume, avec vue sur le Mékong. Retenez surtout la *Khrua Thip* pour sa cuisine thaïlandaise et laotienne.

Comment s'y rendre. De Chiang Saen, c'est par la Route 1129, désormais pavée sur ses 52 km, que l'on parvient le plus rapidement à Chiang Khong. Il existe une seconde route moins fréquentée. Plus longue de 13 km, elle est néanmoins plus attrayante. Elle vous promènera en effet, entre les berges du Mékong et des horizons montagneux, à travers des villages pittoresques entourés de champs de tabac ou de rizières. Après 65 km de trajet, juste avant Chiang Khong, elle rejoint la Route 1129. Pour suivre ce trajet par les transports publics, prenez à Chiang Saen un songthaew pour Ban Hap Mae (25 B), puis un autre (au même prix) jusqu'à Chiang Khong.

Les bus en provenance de Chiang Rai et au-delà empruntent les routes goudronnées venant du sud (surtout la Route 1020). Le bus rouge de Chiang Rai (n°2127) met 3 heures (40 B) ; ce service est quotidien, à raison d'un départ tous les quarts d'heure entre 4h et 17h45. Il s'arrête sur un parking, à peu près en face de l'église adventiste du Septième Jour.

Les bus climatisés de/pour Bangkok mettent 13 heures et le trajet revient à 470 B.

Des bateaux d'une capacité maxiamle de 10 personnes remontent le Mékong jusqu'à Chiang Saen pour 1000 B. On peut contacter les équipages près du quai des douanes, derrière le Wat Luang, ou, plus au nord, à l'embarcadère des ferries pour le Laos.

Comment passer au Laos. Les ferries pour Huay Xai, au Laos, partent à intervalles réguliers d'un quai situé aux confins nord de Chiang Khong ; l'aller simple coûte 20 B. Votre entrée au Laos ne devrait pas poser de difficultés si vous possédez un visa valide. Si ce n'est pas le cas, l'agence Ann Tour (☎ 053-655198, fax 791218), dans la rue principale de la ville, près de la Ban Tammila Guest House, peut vous en procurer un pour 60 $US (ou l'équivalent en bahts) en une journée. Si vous confiez votre passeport à leur bureau dès 8h, il vous sera rendu avec le tampon souhaité à 15h, à temps pour traverser le fleuve et commencer votre séjour au Laos.

Les projets de construction d'un pont au-dessus du Mékong ont été abandonnés en 1997 après l'effondrement de la devise thaïlandaise. Si ce pont voit le jour, il sonnera le glas des services de ferries qui assurent la traversée. La présence d'un pont pourrait aussi modifier la position de chaque pays quant aux formalités de visa. Des discussions sont engagées de part et d'autre afin de permettre aux visiteurs d'obtenir leur visa à leur arrivée à Huay Xai.

Renseignez-vous au Ban Tammila ou à l'Orchid Garden pour les dernières avancées à ce propos.

Une fois parvenu sur la rive laotienne, vous pourrez continuer par la route jusqu'à Luang Nam Tha et Udomxai, ou décider de descendre le fleuve jusqu'à Luang Prabang et Vientiane. Lao Aviation effectue deux liaisons par semaine pour Vientiane.

Juste à droite en venant du débarcadère des ferries sur le Mékong à Huay Xai, le *Manilat Hotel* propose des chambres rudimentaires mais bien tenues avec ventil. et douche (chaude) pour 8 000 kips (200 B) la simple/double. Pour plus d'informations sur Huay Xai, consultez le guide *Laos* de Lonely Planet.

Province de Phrae

Les chemises paysannes en coton indigo que portent tous les agriculteurs de Thaïlande, les *sêua mâw hawm*, ont fait la réputation de la province. Le tissu est fabriqué à Ban Thung Hong, en périphérie de Phrae.

Chaque année en mai, la fête dite "des fusées" (Rocket Festival) ouvre la saison de culture du riz. Les festivités sont les plus animées dans les districts de **Long** et de **Sung Men**. Les tours de lancement installées au milieu des rizières vous indiqueront leur emplacement exact.

Le district de Sung Men est également connu pour le **Talaat Hua Dong**, un marché spécialisé dans le teck sculpté. Entre Phrae et Nan, la Route 101 longe des forêts de teck (particulièrement denses aux alentours du Km 25). Depuis qu'en 1989 les autorités thaïlandaises en ont interdit l'abattage, elles sont protégées.

Des autorisations spéciales permettent d'utiliser le bois tombé pour des objets de décor ou des meubles.

La province de Phrae et celle toute proche de Nan sont négligées par les touristes et les voyageurs en raison de leur éloignement de Chiang Mai. Pourtant, on les atteint aisément en bus de Den Chai, qui est desservie par le train.

PHRAE
21 600 habitants
Ce chef-lieu de province n'est qu'à 23 km de la gare ferroviaire de Den Chai, sur la ligne de Chiang Mai. Proche de la Yom, la vieille ville de Phrae est entourée de douves et, à la différence de Chiang Mai, elle a conservé ses ruelles calmes ainsi que de vieilles maisons en teck.

Si vous aimez l'architecture traditionnelle en bois, vous en verrez davantage ici que dans aucune autre ville de cette taille. L'architecture des temples mêle les styles birman, thaïlandais du Nord (Nan et Lanna) et laotien. Au sud-est de la vieille ville, la cité moderne ressemble à n'importe quelle ville moyenne thaïlandaise.

Si vous êtes à la recherche de nattes tressées et de paniers, ne manquez pas la boutique du nom de Kamrai Thong (pas d'enseigne en alphabet latin), près de la porte de Pratuchai.

Renseignements
La poste principale de Phrae, proche du centre de la vieille ville et du rond-point, est ouverte du lundi au vendredi de 8h30 à 16h30, ainsi que le samedi de 9h à 12h. Les

NORD DE LA THAÏLANDE

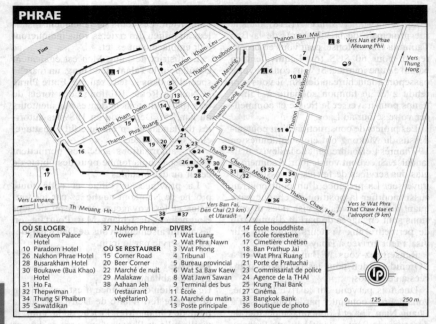

PHRAE

OÙ SE LOGER	37 Nakhon Phrae	DIVERS	14 École bouddhiste
7 Maeyom Palace Hotel	Tower	1 Wat Luang	16 École forestière
10 Paradorn Hotel	**OÙ SE RESTAURER**	2 Wat Phra Nawn	17 Cimetière chrétien
26 Nakhon Phrae Hotel	15 Corner Road	3 Wat Phong	18 Ban Prathup Jai
28 Busarakham Hotel	20 Beer Corner	4 Tribunal	19 Wat Phra Ruang
30 Boukawe (Bua Khao)	22 Marché de nuit	5 Bureau provincial	21 Porte de Pratuchai
Hotel	29 Malakaw	6 Wat Sa Baw Kaew	23 Commissariat de police
31 Ho Fa	38 Aahaan Jeh	8 Wat Jawn Sawan	24 Agence de la THAI
32 Thepwiman	(restaurant	9 Terminal des bus	25 Krung Thai Bank
34 Thung Si Phaibun	végétarien)	11 École	27 Cinéma
35 Sawatdikan		12 Marché du matin	33 Bangkok Bank
		13 Poste principale	36 Boutique de photo

appels longue distance s'effectuent de l'agence CAT attenante, ouverte tous les jours de 8h à 20h.

La Bangkok Bank et la Krung Thai Bank, l'une et l'autre sur Th Charoen Meuang, ont un guichet de change ouvert entre 8h30 et 15h30 du lundi au vendredi, et disposent toutes deux de distributeurs automatiques.

Wat Luang

C'est le plus ancien wat de Phrae, vraisemblablement contemporain de la fondation de la ville, au XIIᵉ ou au XIIIᵉ siècle. **Phra That Luang Chang Kham**, le grand chédi octogonal de style lanna, repose sur une base carrée décorée d'éléphants en quasi ronde-bosse, au milieu de kutis et de cocotiers. Comme on le voit parfois à Phrae et à Nan, le chédi est habituellement recouvert de soie thaï lü.

Devant le wihãan, **Pratu Khong** faisait partie de la porte d'entrée de la ville. Elle ne sert plus de porte, mais elle renferme une statue de Chao Pu, un vieux chef Lanna. Les habitants de la ville le vénèrent particulièrement.

L'enceinte comprend aussi un **musée** où sont exposées des antiquités du temple, poteries et objets d'art religieux des périodes lanna, nan, bago et môn.

Au premier étage est présenté un délicat bouddha assis sculpté à Phrae au XVIᵉ siècle. Le musée n'est généralement ouvert que le week-end, mais les moines l'ouvrent parfois sur demande.

Wat Phra Nawn

A quelques centaines de mètres au sud-ouest du Wat Luang, ce wat vieux de trois siècles a reçu le nom de son bouddha couché, objet d'une vénération intense. Construit il y a environ 200 ans, le bôt présente un toit très imposant, un portique séparé à deux étages, et une façade en bois taillé et doré représentant des scènes du *Ramayana*. Le wihãan derrière le bòt renferme le Phra Nawn enveloppé d'étoffe thaï lü rehaussée de perles et de métal.

Wat Jawm Sawan
A l'extérieur de la vieille ville, le long de Th Ban Mai, ce temple du début du siècle construit par des Shan de la région, témoigne d'influences shan et birmane. Les wihãans en bois et le bòt, bien conservés, ont des toits hauts et étagés semblables à des tours, comme ceux de Mandalay. Le grand chédi couronné de cuivre a perdu l'essentiel de son décor en stuc, mettant à nu la finesse du briquetage sous-jacent. Le wihãan principal abrite un précieux chapitre du tripitaka (écritures bouddhiques), soit seize pages d'ivoire gravées en birman.

Autres temples
Érigé à l'angle extérieur nord-ouest des douves, le **Wat Sa Baw Kaew** de style shan-birman ressemble au Wat Jawm Sawan. A l'intérieur de la vieille ville, le **Wat Phra Ruang** est typique des nombreux wats de Phrae : style nan, bòt cruciforme, wihãan laotien et chédi de style lanna.

Ban Prathup Jai
A la périphérie de Phrae, Ban Prathup Jai (*Prathapjai*, la "maison imposante"), également appelée Ban Sao Roi Tan (la "maison aux cents piliers"), a été construite avec plus de 130 troncs de teck vieux de trois millénaires et récupéré sur neuf vieilles maisons paysannes.

Il a fallu quarte années pour édifier ce bâtiment où se tiennent de nombreux vendeurs de souvenirs. Elle est ouverte de 8h à 17h (entrée : 20 B).

Où se loger – petits budgets
Plusieurs hôtels bon marché ont élu domicile dans Th Charoen Meuang, notamment le *Ho Fa* (pas d'enseigne en anglais) et le *Thepwiman* (☎ 054-51103), tous deux pratiquent des tarifs dans la gamme de 100 à 160 B la chambre. Le Thepwiman est le meilleur des deux.

Le sympathique *Thung Si Phaibun* (☎ 054-511011, 84 Th Yantarakitkoson) propose des chambres propres avec ventil. et s.d.b. entre 150 et 200 B, ou à 300 B avec clim. Comparable, le *Sawatdikan*, au n°76-8, est cependant moins bien tenu (chambres à partir de 100 B).

Au sud-est du Nakhon Phrae Hotel, du même côté de Th Ratsadamnoen, on parvient à un établissement de catégorie moyenne, le *Busarakam Hotel* (☎ 054-511437) dont l'hébergement correct revient à 160 B par personne, ou 300 B avec clim. Il semble utilisé principalement pour les rendez-vous "discrets".

Le *Boukawe Hotel* (Bua Khao, ☎ 054-511372, 8/1 Soi 1, Th Ratsadamnoen) fait office d'hôtel de passe ; il loue 100/200 B des simples/doubles avec ventil.

La *Phrae Guest House* (☎ 054-623577, 01-950 0683), dans le Soi 8, à deux pas de Th Rat Uthit, est une maison aménagée par un couple suisse-thaïlandais qui en connaît un bon rayon sur les circuits à moto de la région, hors des sentiers battus. Comptez 80 B en simple double. On peut y louer des motos ou vous organiser un circuit. C'est la troisième pension de Phrae à se lancer dans l'aventure (à ce jour, aucune n'a duré plus d'un an ou deux). Téléphonez au préalable.

Où se loger – Catégories moyenne et supérieure
A quelques minutes à pied de la vieille ville, le *Nakhon Phrae Hotel* (☎ 054-511122, fax 521937, 29 Th Ratsadamnoen) abrite de grandes simples/doubles ventilées avec eau chaude facturées 200 B (250 B avec la TV), dans la partie ancienne de l'hôtel. En face, dans les nouveaux locaux, vous dormirez pour 350 B dans une chambre standard équipée d'un ventil. et de la TV, pour 450 B avec clim. et TV, ou pour 560 B avec clim., TV et réfrigérateur. Un comptoir de renseignements est à votre disposition dans le hall des deux bâtiments.

Le *Paradorn Hotel* (Pharadon, ☎ 054-511177, 177 Th Yantarakitkoson) possède des simples/doubles ventilées avec s.d.b. à 200/250 B, les climatisées revenant entre

350 et 400 B. La réception vous renseignera sur les attractions locales, mais l'hôtel s'est quelque peu dégradé ces dernières années.

A 100 m au nord-est et sur la même artère, le *Maeyom Palace Hotel* (☎ *054-521028/38, fax 522904*) se rapproche du haut de gamme de Phrae. On vous y accueillera dans des chambres climatisées avec moquette, TV, téléphone et réfrigérateur, le tout pour 1 000 à 2 000 B (ou 600 B en période de moindre affluence). Outre sa piscine et ses deux restaurants, l'hôtel assure une liaison gratuite avec le terminal des bus et l'aéroport.

Hôtel de luxe installé au 3 Th Meuang Hit, le *Nakhon Phrae Tower* (☎ *054-521321, fax 521937*) ne diffère pas grandement du Maeyom Palace, tant pour les prix que les services. Le premier prix affiché s'élève à 1 200 B pour une chambre standard tout confort (660 B après réduction).

Den Chai. Vous pouvez passer la nuit au *Saeng Sawang* ou au *Yaowarat* dont les chambres tout à fait correctes sont facturées 80 à 120 B.

Où se restaurer

Th Yantarakitkoson, la rue principale de la ville moderne, est jalonnée de petits restaurants. A l'extrémité sud, le *Ban Fai*, grand restaurant avec salle et jardin, sert une clientèle de touristes thaïlandais. Attenants au restaurant : un musée folklorique et une boutique d'artisanat. Il y a même un service de dépannage automobile qui réparera votre voiture pendant que vous vous restaurez ! La carte est thaïlandaise-chinoise-faràng avec quelques plats du Nord (prix modérément élevés).

Pour une longue soirée à table dans un cadre agréable, courez au *Malakaw*, un restaurant en terrasse sur Th Ratsadam-noen, presque en face du Busarakham Hotel. Vous apprécierez la cuisine fine, servie dans un décor rustique. Les plats et salades de champignons feront le bonheur des végétariens. Malakaw ouvre tous les jours de 15h30 à 24h.

Dans la même rue, à proximité du Nakhon Phrae Hotel et du Busarakham

Hotel, s'alignent bien d'autres restaurants. Proche du Nakhon Phrae Hotel, le café chinois *Ah Hui Ocha* sert un café fort et divers plats de nouilles et de riz, le soir.

A deux pâtés de maisons, au sud-ouest du rond-point de la vieille ville, dans Th Kham Doem, le *Corner Road* est décoré de panneaux de bois et d'anciennes photos de cinéma. Dedans ou dehors, on vous sert du riz ou des nouilles pour 40 à 50 B, ou des plats thaïlandais entre 60 et 90 B. La partie intérieure du restaurant est climatisée. Demandez le menu rédigé en anglais. Des groupes viennent jouer en soirée.

Proche du marché de nuit, le *Beer Corner* adopte un style identique, en plus rustique.

Dans Th Saisibut, l'*Aahaan Jeh* (pas d'enseigne en caractères romains) présente une table végétarienne ouverte de 7h à 19h.

Un bon *marché de nuit* se tient en retrait du croisement de Pratuchai tous les soirs. Divers *stands de nourriture* servent en soirée, dans le soi qui fait face au Sawatdikan Hotel. Un second *marché de nuit* s'installe derrière le Paradorn Hotel, les soirs de semaine uniquement.

Comment s'y rendre

Avion. Un vol de la THAI relie quotidiennement Bangkok à Phrae (1 heure 30) pour 1 325 B. L'agence de la THAI (☎ 054-5111232) se trouve 42-44 Th Ratsadamnoen, près du Nakhon Phrae Hotel. Situé à 9 km au sud-est de la ville, l'aéroport de Phrae est relié à la ville par la route qui mène au Wat Phra That Chaw Hae.

La THAI assure un service gratuit de navette entre l'aéroport et son agence en ville.

Bus. Des bus ordinaires partent du terminal Nord de Bangkok trois fois par jour (un tôt le matin et deux en soirée). Le trajet revient à 157 B. Le parcours en bus climatisé coûte 288 B, mais les départs (3) ont lieu la nuit. Si vous montez à bord d'un bus VIP (couchettes), comptez 445 B (2 départs dans la nuit).

A Chiang Mai, plusieurs bus ordinaires quittent le terminal Arcade entre 8h et 17h (65 B, 4 heures de trajet). Deux bus climatisés partent chaque jour de la même gare à 10h et à 22h (91 B, 117 B en 1re classe). De Sukhothai, comptez 53 B en bus ordinaire, 74 B en véhicule climatisé.

Des bus assurent toutes les heures la liaison entre Chiang Rai et Chiang Khong, de 4h environ à 17h. Il existe la même desserte pour Chiang Saen.

Train. Un trajet ferroviaire Bangkok-Den Chai revient à 90 B en 3e classe, 207 B en 2e classe et 431 B en 1re classe (suppléments en plus). Les trains qui arrivent à une heure raisonnable sont les suivants : le n°101 rapide (2e et 3e classes uniquement, départ : 7h45 de Bangkok, arrivée : 17h06 à Den Chai) ; le n°205 ordinaire (3e classe uniquement, départ : 7h05, arrivée : 17h35) ; le n°9 express diesel (2e classe uniquement, départ : 8h40, arrivée : 15h34) et le n°109 rapide (2e et 3e classes uniquement, départ : 22h, arrivée : 7h10, couchettes disponibles en 2e classe).

Des songthaews bleus et des bus rouges (n°193) à destination de Phrae partent à intervalle régulier du terminal des bus de Den Chai (20 B). En sens inverse, vous pourrez en arrêter un à n'importe quel point de la section sud de Th Yantara-kitkoson.

Comment circuler
Une course en samlor dans la vieille ville vous coûtera de 15 à 20 B. Pour aller un peu plus loin, à Ban Prathup Jai par exemple, comptez un maximum de 40 B.

Des motos-taxis sont également disponibles au terminal des bus ; une course jusqu'à la porte de Pratuchai vous reviendra, par exemple, entre 15 et 20 B. Des songthaews collectifs remontent Th Yantarakitkoson pour 5 à 10 B selon la distance parcourue.

AILLEURS DANS LA PROVINCE
Wat Phra That Chaw Hae
Élevé sur une colline à 9 km au sud-est de la ville par la Route 1022, ce wat est célèbre pour son chédi doré de 33 m de haut. Chaw Hae est le nom du tissu que les fidèles enroulent autour du chédi – c'est un type de satin qui proviendrait du Xishuangbanna (Sip-

songpanna, c'est-à-dire "les 12 000 champs" en dialecte du Nord). Le bouddha **Phra Jao Than Jai** est réputé rendre fécondes les femmes lui présentant des offrandes.

Le bòt a un plafond en bois doré, des piliers chantournés et des murs en mosaïque à boutons de lotus. On accède au temple par des marches bordées de nagas. Le sommet de la colline est entouré de grands tecks d'âge mûr, appartenant à une zone protégée.

Les songthaews depuis la ville sont fréquents et coûtent 10 B.

Phae Meuang Phii
Ce nom signifie "Terre des fantômes", en raison des formes d'un curieux phénomène géologique : l'érosion a sculpté de bizarres piliers de terre et de roc qui font penser à des champignons géants. Le site, situé à 18 km au nord-est de Phrae par la Route 101, a été classé récemment parc provincial. Des tables à l'ombre sont mises à votre disposition et vous trouverez des stands de nourriture à l'entrée.

Pour y accéder par les transports en commun, il faut prendre un bus sur 9 km en direction de Nan, descendre au carrefour signalant Phae Meuang Phii, prendre un songthaew sur 6 km jusqu'à un second carrefour vers le parc, à droite, d'où il faudra encore parcourir 2,5 km.

Tribu montagnarde des Mabri
Les membres survivants de la tribu des Mabri (parfois épelé Mrabri ou Mlabri), que les Thaïlandais appellent *phii thong leùang* (esprits des feuilles jaunes), vivent le long de la frontière des provinces de Phrae et de Nan et ont coutume de partir quand les feuilles de leurs huttes temporaires deviennent jaunes. Leur nombre a fortement décliné (il n'en resterait plus que 150), et les spécialistes supposent que très peu de Mabri sont encore nomades.

Les Mabri vivaient traditionnellement de la chasse et de la cueillette. Beaucoup travaillent maintenant comme ouvriers agricoles pour des Thaïlandais ou des membres d'autres tribus en échange de cochons et de tissus. On sait peu de chose de leur système de croyance ; les Mabri semblent croire qu'ils n'ont pas le droit de cultiver la terre pour eux-mêmes. Une femme mabri change de parte-naire tous les cinq ou six ans et emmène avec elle les enfants de ses unions précédentes. Le savoir des Mabri dans le domaine des herbes médicinales paraît considérable, notamment dans le domaine de la fertilité comme de la contraception, ou pour soigner les morsures de serpents. Lorsqu'un membre de la tribu décède, son corps est placé en haut d'un arbre pour que les oiseaux le mangent.

Dans la province de Phrae, il existe une communauté d'une quarantaine de Mabri dans le district de Rong Khwang sous la protection/contrôle du missionnaire améri-cain Eugene Long, qui se fait appeler "Boon-nyuen Suksaneh". Le village des Mabri, Ban Boonyuen, n'est accessible qu'à pied ou à dos d'éléphant. Le village le plus proche, relié par une route, est à 12 km.

Plusieurs familles mabri ont quitté Ban Boonyuen en 1992, pour s'établir dans des villages hmong des provinces de Phrae et de Nan. La centaine de Mabri restants vivent de l'autre côté, dans la province de Nan.

Le gouvernement thaïlandais vient de lancer le "projet de développement pré-agricole de la société mabri" dans les deux provinces pour faciliter l'intégration des Mabri dans une société rurale moderne en évitant l'acculturation.

Selon les responsables du programme, cet effort est nécessaire pour que la tribu ne devienne pas une société esclave au sein de l'économie rurale de plus en plus capitaliste de la Thaïlande du Nord.

Du fait de leurs croyances anti-matéria-listes, les Mabri exécutent les tâches ingrates pour les Hmong et d'autres tribus sans être rétribués, ou très peu.

Province de Nan

Cette "province reculée" (appellation admi-nistrative officielle) était autrefois si infes-tée de bandits et d'insurgés communistes que les voyageurs osaient rarement s'y aventurer. Avant les années 80, les autorités ne pouvaient y construire aucune route, car les guérilleros détruisaient systématique-ment les installations.

Après les succès remportés par l'armée et la relative stabilisation du pouvoir central à Bangkok depuis une vingtaine d'années, la province s'ouvre et des routes ont été construites. C'est une région qu'il faut visi-ter pour sa beauté naturelle et la gentillesse de sa population qui vit encore au rythme traditionnel des campagnes.

Nan est essentiellement rurale ; on ne verra aucune usine ni immeuble résidentiel. Ses habitants cultivent du riz (pour la pré-paration de plats de riz gluant), des haricots, du maïs, du tabac et des légumes. Deux fruits ont fait la réputation de Nan, le *fai jiin* (une variante chinoise du *má-fai* thaïlan-dais) et le *sôm sii thong*, une orange à la peau dorée. Celle-ci est l'exportation la plus recherchée de la province.

Les meilleurs sôm sii thong provien-draient du district de Thung Chang. Nan est également célèbre pour ses *phrík yài hâeng*, de longs piments forts, semblables à ceux que l'on cultive dans le Sichuan chinois. Durant la saison chaude, vous verrez des quantités de ces piments photogéniques sécher le long des routes.

Géographie

Nan partage une frontière de 227 km avec la province de Sayaburi au Laos. Un quart seu-lement des terres sont cultivables (et la moi-tié seulement de façon intensive). Les forêts couvrent pour l'essentiel cette province montagneuse (dont 50% de forêt vierge de mousson et d'altitude). Le **Doi Phu Kha** (2 000 m) est le plus haut sommet. La popu-lation (364 000 habitants) se concentre dans la vallée de la Nan. Les cours d'eau de la province sont la Nan, la Wa, la Samun, la Haeng, la Lae et la Pua. Long de 627 km, la Nan est le troisième cours d'eau de Thaï-lande, après le Mékong et la Mun.

Population

Nan est une province peu peuplée, mais les groupes ethniques diffèrent grandement de ceux des autres provinces septentrionales. En dehors de la vallée de la Nan, les tribus dominantes sont les Mien (au nombre de 8 000 environ) et un petit pourcentage de Hmong.

Quelques petites communautés de Mabri se sont installées le long de la province de Phrae. L'originalité du peuplement de la province tient à la présence de trois autres groupes peu connus et rarement rencontrés ailleurs : les Thaï Lü, les Htin et les Khamu.

Thaï Lü. Cette minorité ethnique, souvent appelée Lua ou Lawa par les Thaïlandais, commença à émigrer il y a environ 170 ans du Xishuangbanna (Sipsongpanna) chinois vers Nan. Elle réside à l'heure actuelle dans les districts de Pua, Thung Chang, Tha Wang Pha et Mae Jarim. Leur influence sur la culture de Nan (et dans une moindre mesure sur celle de Phrae) fut considérable. L'architecture des temples Wat Phra That Chae Haeng, Wat Phumin et Wat Nong Bua – caractérisée par des murs épais percés de petites fenêtres, des toits à deux ou trois étages, des frontons incurvés et des linteaux à nagas – est un héritage des Thaï Lü bouddhistes Theravada. Les tissus thaï lü sont parmi les plus recherchés en Thaïlande.

Les Thaï Lü construisent des maisons en bois ou en bambou à toits de chaume, sur de gros pilotis au pied desquels ils installent leur cuisine et leur métier à tisser. Les communautés vivent de la culture du riz et des légumes.

Dans la province de Nan, la plupart des communautés thai lü reconnaissent encore l'autorité du jâo meuang, ou "seigneur du meuang", et le pouvoir divinatoire du mǎw meuang, ou astrologue.

Htin. Prononcez "tine". Ce groupe môn-khmer d'environ 3 000 personnes se répartit en villages d'une cinquantaine de familles dans les vallées des montagnes reculées des districts de Chiang Klang, Pua et Thung Chang. Un nombre important d'entre eux vit au Laos. Ils pratiquent une économie de subsistance basée sur la chasse, l'élevage, l'agriculture et l'exploitation de mines de sel à Ban Baw Kleua.

Leurs maisons en bambou et à toits de chaume sont construites sur pilotis de bois ou de bambou. Aucun métal n'entre dans la construction en raison d'un tabou.

Les Htin sont capables de tirer tous les outils et objets nécessaires du bambou. Pour les nattes de sol et les paniers, ils tressent du bambou épluché avec une herbe noire pour former des motifs géométriques.

Le bambou entre aussi dans la fabrication d'un instrument de musique fait de tuyaux échelonnés – semblable à l'*angklung* de Thaïlande centrale et d'Indonésie – que l'on agite pour produire des sons. Les Htin ne tissent pas leurs propres vêtements, ils les achètent aux Mien voisins.

Khamu. Comme les Thaï Lü, les Khamu sont venus dans la province de Nan il y a 150 ans environ, quittant le Xishuangbanna et le Laos. Ils sont maintenant environ 5 000 à Nan, concentrés dans les districts de Wiang Sa, Thung Chang, Chiang Klang et Pua. Leurs communautés sont implantées près des cours d'eau. Leurs maisons ont des sols en terre battue, mais les toits s'appuient sur des poutres croisées comme dans les *kalae* thaïlandaises du Nord (qu'on appelle régionalement des *kapkri-aak*).

Les Khamu sont d'habiles métallurgistes, qui s'emploient par des rites réguliers à calmer Salok, l'esprit de la forge. L'autosubsistance est de règle dans ces communautés. Ban Huay Sataeng, dans le district de Thung Chang, est un des villages khamu les plus grands et les plus accessibles.

NAN
25 800 habitants
Située à 668 km de Bangkok, Nan la méconnue est pourtant imbibée d'histoire. Pendant des siècles, Muang Nan fut un royaume isolé et indépendant. La région est habitée depuis les temps préhistoriques, mais il fallut attendre que plusieurs petits muangs s'unissent au milieu du XIVᵉ siècle pour former Nanthaburi, sur les rives de la Nan. Associée au royaume Sukhothaï, la cité-État prit le titre de Waranakhon (Varanagara ou "Ville excellente" en sanskrit) et

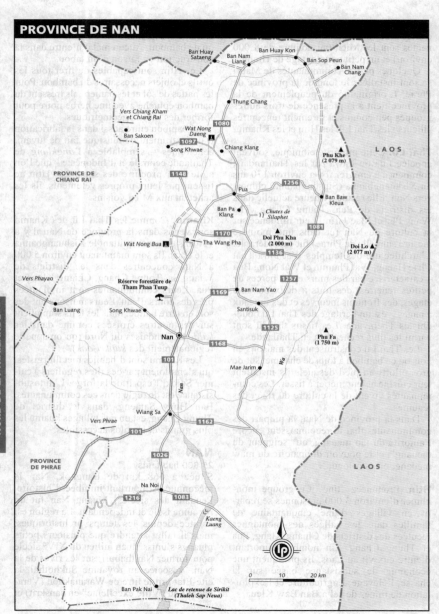

PROVINCE DE NAN

joua un rôle significatif dans le premier développement du nationalisme thaï.

Vers la fin du XIVᵉ siècle, Nan devint l'une des neuf principautés Thai-Lao du Nord dont faisait partie Lan Na Thai ("millions de champs thaï", connue aujourd'hui sous le nom de Lanna). La cité-État a prospéré jusqu'à la fin du XVᵉ siècle et s'appelait alors Chiang Klang ou ville du Milieu. Les Birmans s'emparèrent du royaume en 1558. La ville périclita jusqu'à ce que la Thaïlande de l'Ouest soit arrachée aux Birmans en 1786. La dynastie locale retrouva sa souveraineté et conserva une semi-autonomie jusqu'en 1931, date à laquelle Nan accepta la pleine tutelle de Bangkok. Une partie des remparts de la ville et plusieurs wats anciens datant de l'époque Lanna sont encore visibles. Particuliers, les wats de Meuang Nan témoignent, pour certains, d'influences Lanna, tandis que d'autres appartiennent à l'esthétique thaï lü.

Orientation et renseignements

Cartes. La Doi Phukha Guest House (dont vous trouverez les coordonnées dans *Où se loger* ci-dessous) tient à votre disposition des photocopies bien utiles de plans du chef-lieu et de cartes de la province (50 B chacune).

Office du tourisme. L'administration de la province, installée sur Th Suriyaphong, possède un bureau de tourisme fort accueillant dont, malheureusement, le personnel parle peu anglais. Ce centre ouvre en semaine de 9h à 16h30 et le samedi de 9h à 12h.

Immigration. Le bureau de l'immigration le plus proche se trouve à Thung Chang, à une centaine de kilomètres au nord.

Argent. Vous trouverez des bureaux de change à la Bangkok Bank et à la Thai Farmers Bank, sur Th Sumonthewarat, à proximité des hôtels Fah et Dhevaraj. Ils sont ouverts en semaine de 8h30 à 15h30. Les deux banques sont équipées de distributeurs automatiques.

Poste et communications. La poste centrale de Th Mahawong, dans le centre-ville, est ouverte de 8h30 à 16h30, du lundi au vendredi, et de 9h à 12h les week-ends et jours fériés. Le bureau CAT voisin assure un service quotidien Home Country de 7h à 22h.

Musée national de Nan

Logé dans le splendide palais qu'édifièrent en 1903 les deux derniers seigneurs de Nan, ce musée fut inauguré en 1973. Une récente rénovation en a fait l'un des musées de province les plus modernes de Thaïlande.

Le rez-de-chaussée se divise en six salles d'exposition d'objets ethnologiques couvrant divers groupes ethniques de la province. Le second étage est consacré à l'histoire de Nan, à l'archéologie, à l'architecture locale, aux insignes royaux, aux armes, à la céramique et à l'art religieux.

La collection d'images de Bouddha compte de rares représentations de style Lanna ainsi que d'autres de style local, aux oreilles tombantes. Le musée ouvre du mercredi au dimanche de 9h à 12h et de 13h à 16h (entrée : 30 B). Dans un bâtiment adjacent, un petit stand vend quelques livres d'art thaï et d'archéologie.

Wat Phumin

Le temple le plus célèbre de Nan possède un bòt cruciforme de 1596, restauré sous Jao Anantavorapitthidet (1867-1874). Les fresques illustrant les jataka furent exécutées lors de la restauration par des artistes thaï lü. L'extérieur du bòt est aussi un bel exemple d'architecture thaï lü.

Wat Phra That Chae Haeng

Deux kilomètres après le pont sur la Nan en sortant de la ville par le sud-est, ce très vieux temple (1355) est le plus sacré de la province. Il est implanté dans un enclos carré et muré, sur une colline dominant la Nan et la vallée.

Le bòt d'influence thaï lü possède un toit à trois étages aux avant-toits de bois sculpté, avec des dragons au-dessus des portes. Un chédi lanna repose sur une grande base carrée de 22,5 m.

Wat Phra That Chang Kham

C'est le temple le plus important après Wat Phumin. On ignore sa date de fondation. Le wihāan principal, reconstruit en 1458, renferme un immense bouddha assis et des fresques à peine visibles, en cours de restauration. Ce wihāan conserve une collection de rouleaux lanna portant les habituelles écritures bouddhiques, ainsi que des traités d'histoire, de droit et d'astrologie. Un *thammat* – la chaire qu'utilisaient autrefois les supérieurs du temple – occupe l'un des côtés.

Derrière le wihāan, le magnifique chédi date du XIVe siècle, époque où le temple fut vraisemblablement fondé.

Voisin du chédi, un petit bòt de la même époque abritait un bouddha en marche de style Sukhothai, statue moulée en plâtre et de facture grossière. Un accident de transport permit de découvrir sous le plâtre un authentique bouddha sukhothai en or. Elle est maintenant conservée derrière une vitrine avec d'autres trésors bouddhiques de l'époque, dans un kuti.

Le wat fait face au musée national de Nan, sur Th Pha Kong.

Wat Hua Khuang

Ignoré de la plupart des historiens d'art, ce petit wat, à l'angle nord-ouest du Wat Chang Kham, possède un chédi très particulier de style Lanna/lan Xang avec quatre niches à bouddha, une bibliothèque de tripitaka en bois (servant aujourd'hui de kuti) et un remarquable bòt enrichi d'une véranda en bois sculpté de style Luang Prabang.

A l'intérieur : plafond en bois et immense autel aux nagas. On ignore la date de fondation du temple.

Wat Suan Tan

Vraisemblablement fondé en 1456, ce "monastère de la Palmeraie" est dominé par un chédi de 40 m de haut.

Le wihāan très restauré renferme un bouddha assis en bronze du début de la période Sukhothai. Le temple se trouve à Suan Tan, près de l'extrémité nord-est de Th Pha Kong.

Trekking

Les agences qui s'occupent des randonnées à Nan n'ont rien de comparable à celles de Chiang Rai ou de Chiang Mai. Une seule organise des marches de 2 à 3 jours en montagne vers des villages mabri, hmong, mien, thai lü et htin. Il s'agit de Fhu Travel Service (☎ 054-710636, 710940, 01-472 8951), 453/4 Th Sumonthewarat.

Une journée de "trek" facile coûte entre 500 et 1 100 B par personne, selon le nombre de participants (minimum requis de 2 personnes). Une sortie de 2 jours/1 nuit vaut 1000 à 1 800 B par personne ; pour 3 jours/2 nuits, comptez de 1 500 à 2 600 B. Ces tarifs incluent le transport, les repas, l'hébergement, le prêt d'un sac de couchage et le service d'un guide.

Fhu organise aussi des excursions sur la Nan en décembre et janvier, lorsque le niveau des eaux est suffisamment haut (3 000 à 3 500 B par personne, selon le nombre de participants). Toute l'année, il est en revanche possible de pratiquer le rafting sur la Nan Wa, à hauteur de Mae Charim. L'expédition coûte 1 200 B par personne sur la base d'un groupe de 7 à 8 personnes, ou 2 500 B si vous n'êtes que deux. Ce prix comprend le transport, le guide, le repas de midi et le matériel de sécurité.

La Doi Phuka Guest House organise aussi des excursions à la journée. Vous effectuerez la boucle de Nong Bua à Doi Phu Kha, pour 500 B par personne (sur la base de 4 à 6 participants). Ce tarif s'entend guide, transport et eau compris, mais sans le repas.

Où se loger

Pensions. La *Doi Phukha Guest House* (☎ 054-751517, 94/5 Soi 1 ou Soi Aranyawat, Th Sumonthewarat) a aménagé dans une grande maison de bois des simples/doubles nettes louées 70/120 B, avec s.d.b. commune. Vous pourrez prendre votre petit déjeuner et vous renseigner sur les moyens d'explorer Nan.

Plus proche du centre, la grande demeure qu'occupe la *Nan Guest House* (☎ 054-771849, 57/16 Th Mahaphrom – en fait, au

NAN

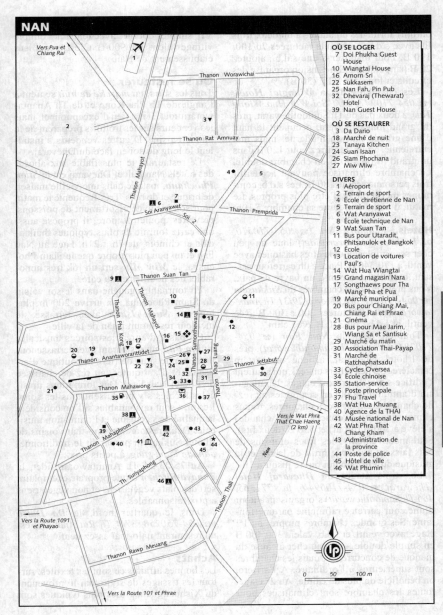

Vers Pua et
Chiang Rai

Thanon Worawichai

Thanon Rat Amnuay

Thanon Mahayot

Soi Aranyawat

Thanon Premprida

Soi 2

Thanon Suan Tan

Thanon Pha Kong

Thanon Mahayot

Thanon Sumonthewarat

Thanon Anantaworanttidet

Thanon Khao Luang

Thanon Jettabut

Thanon Mahawong

Thanon Mahaphrom

Th Suriyaphong

Thanon Thali

Thanon Rawp Meuang

Nan

Vers le Wat Phra
That Chae Haeng
(2 km)

Vers la Route 1091
et Phayao

Vers la Route 101 et Phrae

OÙ SE LOGER
7 Doi Phukha Guest
   House
10 Wiangtai House
16 Amorn Sri
22 Sukkasem
25 Nan Fah, Pin Pub
32 Dhevaraj (Thewarat)
   Hotel
39 Nan Guest House

OÙ SE RESTAURER
3 Da Dario
18 Marché de nuit
23 Tanaya Kitchen
24 Suan Isaan
26 Siam Phochana
27 Miw Miw

DIVERS
1 Aéroport
2 Terrain de sport
4 École chrétienne de Nan
5 Terrain de sport
6 Wat Aranyawat
8 École technique de Nan
9 Wat Suan Tan
11 Bus pour Utaradit,
   Phitsanulok et Bangkok
12 École
13 Location de voitures
   Paul's
14 Wat Hua Wiangtai
15 Grand magasin Nara
17 Songthaews pour Tha
   Wang Pha et Pua
19 Marché municipal
20 Bus pour Chiang Mai,
   Chiang Rai et Phrae
21 Cinéma
28 Bus pour Mae Jarim,
   Wiang Sa et Santisuk
29 Marché du matin
30 Association Thai-Payap
31 Marché de
   Ratchaphatsadu
33 Cycles Oversea
34 École chinoise
35 Station-service
36 Poste principale
37 Fhu Travel
38 Wat Hua Khuang
40 Agence de la THAI
41 Musée national de Nan
42 Wat Phra That
   Chang Kham
43 Administration de
   la province
44 Poste de police
45 Hôtel de ville
46 Wat Phumin

NORD DE LA THAÏLANDE

0   50   100 m

bout d'un soi, à deux pas de Th Maha-phrom) abrite des chambres à un/deux/trois lits avec s.d.b. commune facturées 70/100/130 B. Pour disposer d'une s.d.b., ajoutez 20 B par personne. La pension organise des circuits et loue des VTT (30 B).

Les chambres de la *Wiangtai House* (☎ 054-710247, 21/1 Soi Wat Hua Wiang Tai), à deux pas de Th Sumonthewarat, près du grand magasin Nara, occupent le haut d'une grande maison moderne, mais mal entretenue. Vous dormirez pour 120 B dans un grand lit ou 150 B en chambre double. La chambre climatisée pouvant accueillir trois personnes coûte 180 B. Les s.d.b. communes mériteraient d'être plus propres. Le matin, il faut avoir quitté sa chambre à 10h.

Hôtels. L'*Amorn Sri* (☎ 054-710510, 62/1 Th Anantaworarittidet) loue un peu cher ses simples/doubles très basiques avec ventil. à 170/340 B. Placé à un carrefour passant, cet hôtel n'a rien d'un havre de paix. Vous préférerez les chambres du *Sukkasem* (☎ 054-710141, fax 771581, 29/31 Th Anantaworarittidet), facturées 200 à 300 B avec ventil. et s.d.b., ou 350 B avec clim.

Tout en bois, le *Nan Fah* (☎ 054-710284, 438-440 Th Sumonthewarat), près de l'hôtel Dhevaraj, affiche un certain caractère. Un des piliers en teck qui soutient l'édifice s'élève sur trois étages. Un magasin d'antiquités a ouvert ses portes au rez-de-chaussée. Le tarif des chambres, toutes climatisées avec douche (eau chaude) s'élève à 300 B (un lit) et 550 B (deux lits). Seul inconvénient : les fines cloisons de bois laissent passer le bruit de la rue et la musique du Pin Pub qui ouvre jusqu'à 1h.

Les trois étages du *Dhevaraj Hotel* (Thewarat, ☎ 054-710094/6, fax 771365, 466 Th Sumonthewarat) s'organisent autour d'une cour carrelée rafraîchie par une fontaine. Ses grandes chambres propres au 1er étage, avec ventil. et s.d.b. valent 300/400 B en simple/double – un peu cher à cause du manque de concurrence, mais les chambres sont supérieures à l'ordinaire. A l'arrière, on bénéficie de plus de calme. Au 2e étage, toutes les chambre sont climatisées pour

500 à 600 B. Au dernier étage, les chambres VIP simples/doubles avec fenêtres à double vitrage valent 700/900 B. C'est le meilleur établissement de Nan.

Où se restaurer

Tous les soirs, un *marché de nuit* se tient à l'angle de Th Pha Kong et de Th Anantaworarittidet. Il n'a rien d'exceptionnel, mais les vendeurs sur les trottoirs préparent de la bonne cuisine. D'autres vendeurs s'installent le long du soi en face du Dhevaraj.

Le restaurant le plus fiable aux abords des hôtels Nan Fah et Dhevaraj est le *Siam Phochana*, installé dans une vieille maison de brique et de bois. Très fréquenté le matin pour son *jók* avec assortiment de poissons, crevettes, poulet ou porc, il propose aussi une carte fournie ds plats typiques thaïlandais et chinois, de 7h à 21h. Face au Nan Fah et un peu plus propre que le Siam Phochana, le *Miw Miw* sert un jók très honorable, des nouilles et du café.

En tournant à gauche dans le soi voisin du Siam Phochana, on arrive 200 m plus loin au *Suan Isaan* avec terrasse, le meilleur restaurant isaan de la ville.

On passe d'agréables soirées musicales au *Pin Pub*, un restaurant avec terrasse toujours bondé situé derrière la boutique d'artisanat et d'antiquités, au rez-de-chaussée de l'hôtel Nan Fah. Des formations musicales locales s'y produisent tous les soirs. Les prix sont raisonnables si l'on considère la qualité de sa cuisine et l'animation musicale. Deux restaurants sino-thaï voisins de l'hôtel Sukkasem préparent le traditionnel *aahãan taam sàng*, à petits prix.

Au 75/23-24 Th Anantaworarittidet, la *Tanaya Kitchen* d'une propreté exemplaire sert des plats végétariens et non végétariens à prix raisonnables.

Dans le quartier nord, le *Da Dario* (☎ 054-750258, 37/4 Th Rat Amnuay) est un restaurant italo-thaï assez neuf.

Achats

Les bonnes affaires ce sont les textiles, surtout les tissages de style thaï lü provenant du Xishuangbanna. Les plus typiques sont décorés en rouge et noir sur fond blanc de motifs floraux, géométriques et animaliers. Mais il n'est pas rare de trouver aussi un dessin indigo et rouge sur fond blanc. Le motif "fleur et eau" (*lai náam lãi*), montrant un décor en perspective de torrents, de rivières et de cascades, est aussi courant.

Les broderies mien et hmong sont de qualité. Les paniers et nattes htin en herbe et bambou valent le coup d'œil également.

L'association à but non lucratif Thai-Payap (☎ 054-710230), l'une des coopératives villageoises les plus prospères de Thaïlande, dispose d'un magasin au 24 Th Jettabut, près du marché de jour et du terminal des bus. D'autres boutiques de petits artisans sont dispersées le long de Th Sumonthewarat, de Th Mahawong et de Th Anantaworarittidet.

Comment s'y rendre

Avion. Nan est desservie par différents vols de la THAI : en provenance de Chiang Mai (3 fois par semaine, 510 B), de Phitsanulok (quotidien, 575 B) et de Bangkok (quotidien, 1 530 B). L'agence de la THAI (☎ 054-710377) occupe le 34 Th Mahaphrom. Elle assure le transport gratuit entre la ville (devant ses bureaux) et l'aéroport.

Bus. Les bus d'État (Baw Khaw Saw) assurent des liaisons régulières à partir de Chiang Mai, de Chiang Rai et de Phrae. Du terminal Arcade de Chiang Mai, le tarif est de 114 B (160 B en bus climatisé, 205 B en 1re classe climatisée) et le trajet dure 6 à 7 heures. Le départ des bus climatisés dans les deux sens a lieu le matin, avant 11h.

De Chiang Rai, il existe un bus quotidien (n°611) qui part à 9h30 (90 B) et met 7 heures exténuantes par des routes de montagne dangereuses.

De Phrae à Nan, les liaisons routières sont fréquentes et prennent 2 heures à 2 heures 30 (39 B).

A Nan, les bus pour Chiang Mai, Chiang Rai et Phrae partent d'un terminal à l'ouest du grand marché de Th Anantaworarittidet.

Les bus ordinaires pour Utaradit, Phitsanulok, Sukhothai et d'autres destinations du sud jusqu'à Bangkok partent du terminal Baw Khaw Saw près de Th Khao Luang. Pour Bangkok, le trajet en bus public climatisé coûte 273 B (un départ à 18h), 351 B en véhicule climatisé de 1re classe (1 départ le matin et 3 le soir) ou 545 B en super VI (2 départs par nuit). Le voyage dure entre 18 et 19 heures.

Des bus privés VIP à destination de Bangkok partent des agences situées à l'extrémité est de Th Anantaworarittidet, non loin du terminal Baw Khaw Saw.

Sombat Tour assure un service de bus VIP pour Bangkok au prix compétitif de 350 B – mais vérifiez le nombre de places dont dispose le bus avant d'acheter vos billets.

Train. Les trains de la ligne nord s'arrêtent à Den Chai, d'où il vous reste à prendre le bus pour atteindre Nan (40 B). Deux trains rapides à destination de Bangkok partent de Den Chai à 19h et à 20h07 ; ils arrivent en gare de Hualamphong à 4h25 et 5h25 le lendemain. Pour être assuré de ne pas les manquer, vous devrez prendre un bus en début d'après-midi (13h ou 14h) à destination de Den Chai, au terminal des bus publics de Nan. Pour Chiang Mai, il y a un train à 15h34, qui atteint la capitale du nord à 19h35 (3e classe, 31 B, plus un supplément pour le rapide).

Reportez-vous au paragraphe *Comment s'y rendre* de la rubrique *Phrae* pour plus de renseignements sur les trains à Den Chai.

Songthaews. Ceux desservant les districts au nord de la province (Tha Wang Pha, Pua, Phaa Tuup) partent de la station-service située en face de l'hôtel Sukkasem, dans Th Anantaworarittidet. La tête de station des songthaews en direction du sud (Mae Jarim, Wiang Sa, Na Noi) se trouve dans le parking face au marché de Ratchaphatsadu, sur Th Jettabut.

Comment circuler

Paul Car Rent (☎ 054-772680, 331-333 Th Sumonthewarat), face au Wat Hua Wiangtai loue des Honda Dreams pour

150 B par jour (casque et assurance au tiers compris) et quelques voitures.

L'Oversea Shop (☎ 054-710258), 488 Th Sumonthewarat (quelques numéros après le Dhevaraj) loue des vélos ainsi que des motos, et peut faire des réparations.

Comptez de 10 à 20 B pour circuler dans la ville en samlor. Une courte course en songthaew revient à 5 B.

AILLEURS DANS LA PROVINCE
Parc national de Doi Phu Kha

Ce parc national s'est constitué autour du Doi Phu Kha (2 000 m), dans les districts de Pua et de Baw Kleua, à 75 km au nord-est de Nan. Vous traverserez plusieurs villages htin, mien, hmong et thaï lü dans le parc et vous découvrirez aux alentours quelques grottes et chutes d'eau. Vous pourrez envisager une infinité de promenades en forêt.

L'administration du parc loue 14 bungalows à raison de 200 B pour deux occupants. La location d'une tente revient à 100 B et vous pouvez louer des couvertures pour 20 B chacune. Cette région est très fraîche les mois d'hiver – des températures en soirée de 5 à 10°C ne sont pas rares. Apportez nourriture et boissons, à moins de réserver auparavant vos repas auprès de l'administration du parc (☎ 01-6029844), en comptant 60 B le petit déjeuner, 80 B le déjeuner et 120 B le dîner.

Ce secteur fut un temps un haut-lieu de l'activité communiste thaï. Ne vous écartez pas des sentiers ou louez les services d'un guide forestier, il vous en coûtera 150 à 200 B par jour.

Pour atteindre le parc par les transports publics, prenez un bus ou un songthaew au nord de Nan à destination de Pua (30 B), puis un des rares songthaews (en service de 8h à 12h) vers le centre administratif du parc (30 B). Un songthaew jusqu'au sommet du Doi Phu Kha, revient à la somme de 35 à 40 B. Si vous êtes à moto, sachez que la Route 1256 venant de Pua se détériore de plus en plus à l'approche du sommet. Au-delà du sommet, le tronçon jusqu'à Ban Baw Kleua est, par endroits, très difficile.

Ban Baw Kleua est un village htin au sud-est du parc, dont la principale activité est l'extraction de sel des mines locales (Baw Kleua signifie "puits de sel").

La Route 1256 rejoint la Route 1081 près de Baw Kleua. Cette dernière ramène vers Nan (107 km au sud), par un lacis de voies plus ou moins goudronnées.

Nong Bua

Ce coquet village thaï lü des environs de Tha Wang Pha, à quelque 30 km au nord de Nan, tire sa réputation de son wat de style Lü. Le **Wat Nong Bua** possède en effet un toit typique à deux étages et un portique en bois sculpté de forme simple mais frappante – notez les têtes de nagas aux angles du toit. A l'intérieur du bòt, des inscriptions anciennes ornent les murs.

La maison de Khun Janthasom Phrompanya, près du wat, sert de centre du tissage local – location de métiers et vente de tissus. Vous trouverez aussi de grands sacs, ou *yaams*, vendus à peine 45 B, ainsi que des écharpes joliment tissées, un peu plus onéreuses. Il existe aussi d'autres ateliers de tissage juste au-dessous du wat.

Comment s'y rendre. Les songthaews à destination de Tha Wang Pha partent d'une station située en face de l'hôtel Sukkasem de Nan ; la course vous sera tarifée 15 B. Descendez à Samyaek Longbom – une triple intersection à quelques kilomètres de Tha Wang Pha –, puis prenez à l'ouest et franchissez le pont qui enjambe la Nan ; vous tournerez ensuite à gauche dans l'impasse qui mène au wat. Comptez 3,1 km entre la Highway et le temple.

Si vous arrivez de Nan par la Route 1080 à bord de votre propre véhicule, vous traverserez un cours d'eau appelé lae Lam Nam Yang, juste entre les villages de Ban Fai Mun et de Tha Wang Pha.

Prenez la première route à gauche après le petit pont et suivez-la jusqu'à parvenir à une impasse ; tournez à droite, puis à gauche pour franchir un autre pont sur la rivière Nan. Laissez votre voiture et continuez à pied. Lorsque vous atteignez une deuxième impasse, prenez à gauche et allez tout droit. Au bout de 2 km environ, vous apercevrez le Wat Nong Bua sur votre droite.

Réserve forestière de Tham Phaa Tuup

Cet ensemble de grottes à 10 km au nord de Nan fait partie d'une nouvelle réserve naturelle. On en a dénombrées non moins de dix-sept sur le site, dont neuf sont aisément accessibles par des sentiers aménagés à cet effet (mais non fléchés).

Vous pouvez atteindre la réserve à partir de Nan, en prenant un songthaew à destination de Pua ou de Thung Chang. Pour 7 B, il vous déposera à la bifurcation qui mène aux grottes. Attendez-le à la station-service qui fait face au Sukkasem.

Sao Din

Ce nom signifie "piliers de terre" et désigne un phénomène d'érosion semblable à celui de Phae Meuang Phii dans la province de Phrae – de hautes colonnes de terre surgissent d'une dépression dénudée. La zone s'étend sur 3,2 ha, non loin de la Route 1026 dans le district de Na Noi, à une trentaine de kilomètres au sud de Nan.

Le mieux est de s'y rendre à bicyclette ou à moto (le trajet est très long par les transports en commun). Sinon, prenez un songthaew pour Na Noi à la station de songthaews du réseau sud, en face du marché de Ratchaphatsadu, à Nan, puis un autre pour Fak Tha ou Ban Khok. Il vous faudra descendre devant l'entrée de Sao Din au bout de 5 km. De là, vous devez encore parcourir 4 km jusqu'à Sao Din proprement dit. Parfois, quelques songthaews assurent une liaison directe depuis Na Noi.

Au nord-ouest de Sao Din, en retrait de la Route 1216, on trouvera un groupe de piliers en terre appelés les **Hom Chom**.

Autres curiosités

Certains sites des environs de **Pua**, un village thaï lü situé à 50 km environ de Nan, valent le détour. A Pua même, vous pourrez admirer un autre célèbre temple thaï lü, le **Wat Ton Laeng**, connu pour son toit à trois niveaux de facture classique.

Vous découvrirez aussi la **cascade de Silaphet**, qui se jette majestueusement du haut d'une falaise (à voir après la mousson, en novembre), au sud-est de Pua, près de la route Pua-Ban Nam Yao. En chemin vers la cascade, à l'ouest de la route, se trouve le village mien de **Ban Pa Klang** où vous pourrez observer des orfèvres au travail. Leurs objets en argent fournissent de nombreuses boutiques de Chiang Mai et de Bangkok.

D'autres villages mien spécialisés dans le travail de l'argent longent la Route 101, entre Nan et Phrae aux abords de **Song Khwae** (à ne pas confondre avec le village du même nom situé plus au nord, sur la Route 1097).

Près de la Route 1148, au nord de Ban Sakoen, s'ouvre une gigantesque caverne large de 200 m, appelée **Tham Luang**. Le chemin qui y mène n'est pas fléché, mais le poste de contrôle de Ban Sakoen devrait vous fournir les indications nécessaires ; il se peut même que vous y trouviez un guide.

Le **Thaleh Sap Neua** ("Northern Lake", ou "lac du Nord"), formé par le barrage de Sirikit, est à la fois une réserve de poissons et une zone de détente. **Ban Pak Nai**, sur la rive nord, est son principal village de pêcheurs. A son extrémité nord et juste avant son embouchure sur le lac, la rivière Nan forme une succession de rapides qu'on a baptisés **Kaeng Luang**.

S'il est une région de la province de Nan que nous vous déconseillons vraiment de visiter, c'est bien la crête montagneuse qui longe la frontière lao-thaï. Dans ce secteur classé "zone de sécurité", l'armée thaïlandaise patrouille sans relâche à la recherche d'insurgés communistes. Le site est truffé de mines posées durant les insurrections des années 60 et 70. En outre, il s'agit de l'un des itinéraires clés du trafic de l'opium. Les deux plus hauts sommets de la province, le **Phu Khe** (2 079 m) et le **Doi Lo** (2 077 m) sont compris dans la zone de sécurité.

Traversée de la frontière laotienne

Point de passage officiel pour les Laotiens et les Thaïlandais, Ban Huay Kon (140 km au nord de Nan), dans le district de Thung

Chang devrait s'ouvrir aux étrangers dans un avenir proche. Il n'est qu'à 152 km de Luang Prabang ou à 300 km de la frontière chinoise à Boten. Côté laotien, une route de terre conduit au nord-nord-est vers les rives du Mékong à 45 km de là, dans la province d'Udomxai. Vous prendrez alors soit un bateau pour descendre vers Luang Prabang, soit, de l'autre côté du fleuve, la Route 2 vers Muang Xai, capitale de la province. Il ne faut ensuite que 2 heures pour gagner la frontière internationale de la province du Yunnan en Chine.

Il existe un bureau d'immigration dans la capitale de district, Thung Chang, à 100 km au nord de Nan. Si le passage des étrangers à la frontière est autorisé, vous devez vous arrêter dans ce bureau pour obtenir un tampon de sortie.

Province de Nakhon Sawan

NAKHON SAWAN
110 200 habitants

Du haut du **Wat Chom Khiri Nak Phrot**, Nakhon Sawan, une assez grande agglomération au nord de Bangkok, offre un beau panorama sur la région alentour. La population est en grande partie chinoise et, durant les fêtes du Nouvel An chinois en février, tous les hôtels sont pleins. Les festivités de cette période de l'année passent pour être les plus grandioses du pays.

Où se loger et se restaurer

Les chambres climatisées de l'*Anodard Hotel* (☎ 056-221844, 479 Th Kosi) respirent la propreté et se louent au tarif tout à fait raisonnable de 300 B. Meilleur marché, le *Matuli Hotel* (☎ 056-223954, 25 Th Suchada) demande 160 B de ses chambres avec ventil., mais 350 B dès qu'elles sont climatisées. Au *Sawan Nakhon* (☎ 056-212768, 110/1 Th Sawanwithi), les prix oscillent entre 200 et 320 B avec clim.

La *Visanu Inn* (☎ 056-222938, 217-25 Th Matuli) compte 40 chambres climatisées louées 300 à 450 B. Au *Phiman Hotel* (☎ 056-222473, fax 221253, 605/244 Th Ek Mahachai), situé en face du terminal des bus et à hauteur du centre commercial Nakhon Sawan, le prix des chambres climatisées démarre à 480 B. Actuellement, l'hôtel le plus sélect, le *NSC Sport* (☎ 056-228845, Th Jakawan) facture 1000 à 1 440 B, 41 chambres tout confort.

Pour dénicher un bon restaurant, parcourez Th Kosi, dans le secteur sud-est de la ville, le long du Chao Praya. Le *Ban Thai*, au n°68, prépare de bons plats thaïlandais tandis qu'au *Reuan Phae* (entrée au n°61/5), les fruits de mer à la mode thaï ne vous ruineront pas. Th Panhonyothin, la route qui part vers Bangkok, compte deux autres petits établissements raisonnables, non loin du terminal des bus : *Khun Jeut* et *Ocha Rot*. Vu les origines chinoises d'une grande partie de la population de la ville, les endroits où l'on déguste du khâo tôm ne manquent pas. Parmi les adresses à retenir, citons dans le centre *Raan Khao Tom Jeua* (29 Th Arak) et *Raan Khao Tom Chao Wang* (40/2 Th Daodeung) qui ne possèdent ni l'un ni l'autre d'enseigne en caractères latins. La cafétéria du *Phiman Hotel* sert un café tout à fait honorable.

Comment s'y rendre

Un trajet en bus ordinaire de Chiang Mai à Nakhon Sawan vous reviendra à 136 B (192 B en véhicule climatisé). De Bangkok, comptez 70 B (127 B en bus climatisé ou 196 B en véhicule VIP).

Le Nord-Est

La région du Nord-Est de la Thaïlande reste la plus authentique de toutes : les anciennes coutumes thaï sont mieux respectées qu'ailleurs dans le pays et la région attire également moins de touristes. Comparées aux autres, les provinces isaan se distinguent par un rythme de vie paisible, des populations plus amicales et un taux d'inflation moins élevé. Voyager dans cette région ne pose pas de problèmes particuliers.

Les sites d'intérêt historique ou archéologique abondent ; plusieurs ont été restaurés ou dégagés lors de campagnes de fouilles. On a recensé, disséminés sur l'ensemble du territoire, 202 *prasats, prangs* et *kus*, dont 182 d'origine khmère. La plupart sont localisés dans les provinces de Buriram (61), de Nakhom Ratchasima (26), de Surin (33) et de Si Saket (12).

De façon générale, prasat (du terme d'architecture sanskrit *prasada*) désigne de grands temples cruciformes, tandis que prang désigne un *chedi* (ou stupa) de style khmer et que ku est un petit chedi partiellement évidé. Cependant, ces mots sont interchangeables pour nombre de Thaï. Les textes à l'intention des touristes traduisent parfois prasat par "château" ou "palais", mais ces monuments khmers n'ont en fait jamais servi de résidences royales.

Le plateau du Khorat, qui s'étend sur la majeure partie du Nord-Est thaïlandais, est divisé par la chaîne des monts Phu Phaan en deux bassins de drainage, le Sakon Nakhon, alimenté par le Mékong et ses affluents, et le bassin du Khorat, baigné par les fleuves Chi et Mun.

L'Isaan (le terme désignant collectivement la région du nord-est) comprend officiellement 18 provinces d'intérêt : Buriram, Chaiyaphum, Kalasin, Khon Kaen, Loei, Mahasarakham, Mukdahan, Nakhon Ratchasima (Khorat), Nakhon Phanom, Nong Bualamphu, Nong Khai, Roi Et, Sakon Nakhon, Si Saket, Surin, Ubon Ratchathani, Udon Thani et Yasothon.

A ne pas manquer

- **Phanom Rung et Prasat Hin Phimai** – ruines monumentales d'Angkor
- **Nakhon Phanom** – 5 belles vues sur le paysage isaan
- **Nakhon Ratchasima** – villes et villages vivant du tissage traditionnel du coton et de la soie
- **Parc national de Khao Yai** – site du Patrimoine de l'Asean entouré de forêt vierge
- **Ban Chiang et Ban Prasat** – remarquables sites archéologiques de l'âge de bronze

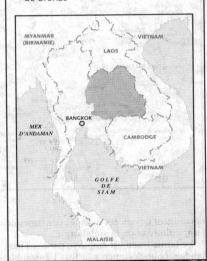

Histoire

La longue histoire de ces régions commence à l'âge du bronze il y a 4 000 ans, avec la culture Ban Chiang. Antérieure aux civilisations mésopotamienne et chinoise, elle les a

LE NORD-EST DE LA THAÏLANDE

notamment devancées dans les domaines de l'agriculture et de la métallurgie.

Le terme isaan est employé par les Thaïlandais pour désigner à la fois l'ensemble des provinces, la population (*khon isãan*) et la cuisine du Nord-Est (*aahãan isãan*). Il vient du sanscrit "Isana", nom du royaume môn-khmer qui englobait le nord-est de la Thaïlande et le Cambodge pré-angkorien. Le royaume d'Isana fut le précurseur de l'empire Funan (du Ier au VIe siècle), à son tour absorbé par l'empire Chenla (fin du

VIe au VIIIe siècle). Ce dernier se sépara en deux : le Chenla du Haut (contrées de l'Eau), et le Chenla du Bas (contrées de la Terre), qui correspondent aujourd'hui à l'Isaan et au Laos méridional d'une part, et aux provinces du nord-ouest du Cambodge d'autre part. Après le IXe siècle, l'empire Chenla fut annexé par Angkor, qui étendit sa domination sur l'Isaan et bien au-delà.

L'Isaan préserva plus ou moins son autonomie jusqu'à l'arrivée des Français, au XVIIIe siècle. Ces derniers ayant créé l'État laotien, la Thaïlande se vit dans l'obligation de définir ses frontières Nord-Est. Rama V divisa la région en quatre monthon (du sanscrit-pali *mandala*), ou États-satellites, plus ou moins indépendants : le Lao Phuan (Isaan du Nord-Est), le Roi Et (Isaan central), le Lao Klang (Isaan du Sud-Ouest), et l'Ubon (Isaan du Sud-Est). Ces monthon furent abolis en 1933 et remplacés par des provinces (*jangwàat*).

Le nord-est de la Thaïlande a été un terrain propice au mouvement communiste. En 1940, un certain nombre de leaders du parti communiste indochinois, venus du Laos, se réfugièrent en Isaan et aidèrent le parti communiste thaïlandais (PCT) à affirmer son autorité.

Des années 1960 à 1982 environ, l'Isaan fut un véritable foyer de rébellion, notamment les provinces de Buriram, de Loei, d'Ubon Ratchathani, de Nakhon Phanom et de Sakon Nakhon. Peu après l'amnistie de 1982, les forteresses du PCT commencèrent à se fissurer.

Le processus fut accéléré par dix années consécutives de croissance économique. Dans les années de prospérité, seules les grandes villes du Nord-Est furent capables de suivre le mouvement ascendant du pouvoir d'achat thaïlandais.

Les zones rurales conservent le revenu par habitant le plus faible des quatre régions principales du pays.

Culture

Un mélange d'influences khmère et laotienne marque la culture et la langue isaan. Les Khmers ont laissé derrière eux plusieurs temples de type angkorien, à Surin, Khorat et Buriram entre autres.

Près du Mékong, qui sépare la Thaïlande du Laos dans la province de Nakhon Phanom, se trouvent plusieurs temples de style laotien, dont le Wat Phra That Phanom.

Dans cette région, beaucoup de gens parlent lao ou un dialecte thaï très proche de dialectes lao parlés au Laos.

En fait, la population d'origine laotienne est plus nombreuse dans le Nord-Est thaïlandais que dans tout le Laos. Dans certaines régions du bas Nord-Est, le khmer reste la langue la plus courante.

La cuisine isaan est réputée pour son goût relevé et le choix de ses ingrédients. Les plats les plus connus sont le *kài yâang* (poulet épicé grillé), le *sôm-tam* (salade épicée avec de la papaye râpée, du jus de citron vert, de l'ail, de la sauce au poisson et des piments frais).

Les repas sont accompagnés de riz gluant aux grains presque transparents que l'on roule en boulettes avec ses doigts.

La musique traditionnelle du Nord-Est est également très particulière. Elle utilise des instruments comme le *khaen*, un instrument à anche fait de deux longues rangées de tuyaux de bambou, le *ponglang*, genre de xylophone fait de courts rondins de bois, et le *phin*, un type de petit luth à trois cordes pincées avec un grand plectre.

Les airs les plus populaires appartiennent au genre du *lûuk thûng* ("enfants des champs"), un style très rythmé comparé à la musique classique du centre de la Thaïlande.

La meilleure soie est tissée, dit-on, dans le Nord-Est, autour de Khorat (Nakhon Ratchasima), de Khon Kaen et de Roi Et. En visitant les villes manufacturières, vous dénicherez de bonnes affaires et ferez un voyage instructif sur les techniques de tissage. Les cotonnades de Loei, de Nong Khai et de Nakhon Phanom jouissent d'une grande renommée, en particulier celles tissées selon la technique du *mât-mìi* (méthode des nœuds), ou à la façon ikat.

Pour les amateurs d'art rupestre, la province d'Udon abrite des peintures préhistoriques à Ban Pheu, au nord d'Udon Thani, et un aperçu de la céramique et de la culture de l'âge du bronze à Ban Chiang, à l'est.

Comment s'y rendre

Les principales voies de communications routières et ferroviaires du Nord-Est sont les lignes Bangkok-Nong Khai et Bangkok-Ubon Ratchathani. Si vous venez des provinces du Nord, vous pourrez gagner l'Isaan par bus depuis Phitsanulok, en passant par la "grande porte" : Khon Kaen.

Province de Nakhon Ratchasima

La province la plus étendue du pays (20 500 km²) est très connue pour ses soieries. Les plus belles proviennent notamment du village de Pak Thong Chai, situé à 30 km au sud-ouest de Khorat par la Route 304. A Khorat, deux magasins de soieries offrent un aussi bon choix – parfois meilleur – de marchandises à des prix intéressants. Pak Thong Chai mérite un détour si vous souhaitez découvrir les techniques de tissage.

Autre grande attraction de Nakhon Ratchasima : les ruines khmères de la période d'Angkor, disséminées dans toute la province. La plupart se réduisent à des tas de pierres ou à un prang solitaire, mais les restaurations faites à Prasat Hin Phimai et à Prasat Phanomwan sont très impressionnantes. Outre les sanctuaires khmers, la province recèle de nombreux sites séculaires (192 environ), où s'élevaient autrefois d'antiques cités môn, lao et khmères.

On sait peu de choses sur l'histoire primitive de la province, sinon qu'elle faisait partie (selon une inscription datant de 937 av. J.-C.) du royaume de Sri Janas (Si Janat), lequel aurait englobé le plateau de Khorat tout entier. Les habitants du Sri Janas – à tout le moins les habitants royaux – pratiquaient une religion mariant bouddhisme Mahayana et culte de Shiva ; on peut en conclure que le royaume était probablement un satellite d'Angkor.

NAKHON RATCHASIMA (KHORAT)
208 500 habitants

A exactement 250 km de Bangkok, l'*amphoe meuang,* ou capitale provinciale de Nakhon Ratchasima, fut jadis la capitale de Lao Klang, monthon thaï qui couvrait les actuelles provinces de Khorat, de Chaiyaphum et de Buriram. Jusqu'au milieu de la période ayuthaya, elle était constituée de deux villes, Sema et Khorakpura, qui furent réunies sous le règne du roi Narai. De nos jours, Khorat est divisée, avec une partie ancienne, moins commerçante, à l'ouest, et une partie plus moderne et centrale à l'est, à l'intérieur des douves. En réalité, ni Sema ni Khorakpura ne se trouvaient là à l'origine, mais sur l'emplacement de l'actuelle ville de Sung Noen, à 35 km au sud-est.

Nakhon Ratchasima est, après Bangkok, la deuxième ville de Thaïlande. Entre 1988 et 1997, elle a vu se créer 1 300 entreprises ont vu le jour. Souvent considérée comme une simple étape sur le chemin des ruines de Phimai, Khorat même ne manque pourtant pas d'attraits, si vous ne craignez pas de respirer un air aussi pestilentiel (ou presque) que celui de Bangkok. Si vous préférez un endroit plus calme, passez la nuit à Phimai et faites de jour le voyage vers Khorat.

Dans les années 60 et 70, Khorat accueillit l'une des sept bases américaines d'où partaient les raids aériens sur le Laos et le Vietnam. Quelques anciens GI's vivent encore dans la région avec leur famille thaïlandaise, et la cafétéria "Veterans of Foreign Wars" est toujours ouverte, Th Phoklang. Cependant, la forte influence américaine, évidente à la fin des années 70 après la fermeture de la base, a entièrement disparu. Les grands salons de massage sont restés mais leur clientèle est désormais presque exclusivement thaïlandaise.

Le festival Thao Suranari, événement annuel le plus populaire de Khorat, célèbre la victoire de Thao Suranari sur les laotiens. Il a lieu de la fin mars au début avril et comprend des défilés, *lí-khe*, ou drames dansés folkloriques thaïlandais, des *phleng khorâat*, ou chants folkloriques de Khorat, et un concours de beauté.

Orientation

Le centre de Khorat est délimité par une boucle routière, que forme à l'ouest et au nord la Friendship Highway (Highway 2), également dénommée Th Mittaphap, laquelle relie les itinéraires vers l'est et le sud. Des douves historiques divisent la cité en deux : la partie la plus développée se retrouvant à l'est du monument de Khun Ying Mo, tandis que les quartiers moins favorisés se situent à l'ouest, dans le voisinage des gares ferroviaire et routière. Khorat s'est toutefois étendue dans toutes les directions, au-delà de ces secteurs majeurs, mais ceux-ci demeurent les plus visités par les touristes.

Renseignements

Office de tourisme. Allez à l'agence de la TAT, la Tourisme Authority of Thailand (☎ 044-213666 ; fax 213667), Th Mittaphap (à la limite ouest de la ville), pour la richesse de sa documentation et son excellent plan de la ville. En sortant de la gare ferroviaire, marchez tout droit en direction de Th Mukkhamontri, tournez à gauche et continuez vers l'ouest (ou prenez le bus n°2) jusqu'à la Route de Bangkok – Th Mittaphap. Les bureaux, situés de l'autre côté de la rue, dans l'angle sud-ouest, sont ouverts tous les jours de 8h30 à 16h30.

Une escouade de la police touristique (☎ 044-213333) est rattachée à l'agence de la TAT, sur Th Mittaphap dans Nakhon Ratchasima.

Argent. La plupart des banques sont regroupées sur Th Chumphon, comme la Bangkok Bank, la Thai Farmer's Bank et la Siam Commercial Bank. Toutes disposent d'un service de change (du lundi au vendredi, de 8h30 à 15h30). La Bangkok Bank of Commerce, en face du Fah Thai Hotel, Th Phoklang, comprend un guichet de change ouvert tous les jours de 8h30 à 20h.

Poste et communications. Très bien situé, le bureau principal de la poste de Th Mittaphap ouvre du lundi au vendredi, de 8h30 à 16h30, et le samedi de 9h à 13h. Deux autres bureaux sont installés l'un Th Jomsurangyat, entre le centre commercial Plaza 2 et l'Anachak Hotel, et l'autre sur Th Atsadang.

Pour les appels internationaux, mieux vaut s'adresser à l'agence du CAT (Communications Authority of Thailand) rattachée à la poste de Th Atsadang, qui vous accueille tous les jours, de 7h à 23h.

Musée national de Mahawirawong

Installé dans les jardins du Wat Sutchinda, en face des bâtiments administratifs de Th Ratchdamnoen et juste à l'extérieur des douves, ce musée renferme de superbes collections d'objets d'art de la période khmère, surtout des linteaux de porte, ainsi que des pièces d'autres périodes. Ouvert de 9h à 12h et de 13h à 16h, du mercredi au dimanche, son entrée s'élève à 10 B.

Thao Suranari Memorial

A la porte de Chumphon (Chumphon Gate), à l'entrée du centre-ville de Khorat, côté ouest, se dresse un sanctuaire à la mémoire de Khun Ying Mo, une femme courageuse qui prit la tête de la résistance contre les envahisseurs laotiens, sous le règne de Rama III.

Chanson de Khorat. Le soir, vous pouvez assister à des concerts de phlaeng khorâat, en face du sanctuaire, à proximité de magasins vendant du porc en conserve. Ce sont généralement des groupes de quatre chanteurs payés par des fidèles dont les prières à Thao Suranari ont été exaucées.

Wat Phra Narai Maharat

Situé Th Prajak, entre Th Atsadang et Th Chumphon, ce monastère vaut surtout par les œuvres d'art : une sculpture khmère en grès de Phra Narai (Vishnou) et le *làk meuang* de Khorat, ou pilier phallique de la ville.

Wat Sala Loi

Ce "temple du Pavillon flottant", de construction moderne, se trouve à 400 m à l'est de l'angle nord-est des douves. Son bòt ressemble à une jonque chinoise.

Wat Pa Salawan

A Thammayut, le "monastère de la forêt", autrefois cerné par la jungle, se dresse aujourd'hui en pleine ville, mais il a gardé une atmosphère de sérénité. Il est situé dans le secteur sud-ouest de la ville, derrière la gare ferroviaire de Khorat.

NORD-EST DE LA THAÏLANDE

Piscines

Il fait très chaud toute l'année à Khorat. L'entrée des établissements suivants va de 20 à 30 B par jour et par personne : piscine Chanya (☎ 044-252305), Th Seup Siri ; piscine Rama (☎ 044-242019), Th Mittaphap ; piscine Puttachart (☎ 044-251815), 29/1 Th Phetmatukang.

Où se loger – petits budgets

Pensions. La première et la plus ancienne de la ville n'est autre que la ***Doctor's House***

(☎ *044-255846, 78 Soi 4, Th Seup Siri*). Sise dans la partie ouest de la ville, elle se révèle paisible et confortable, et ses 5 grandes simples/doubles se louent 100/180 B, ou 230 B avec la clim. Les propriétaires sont accueillants et parlent anglais. Vous pourrez y accéder grâce au *songthaew* (camionnette servant de taxi collectif) jaune n° 1 ; à moins que vous n'appeliez l'établissement au préalable depuis la gare routière ou ferroviaire, auquel cas le personnel se fera un plaisir de venir vous chercher en véhicule.

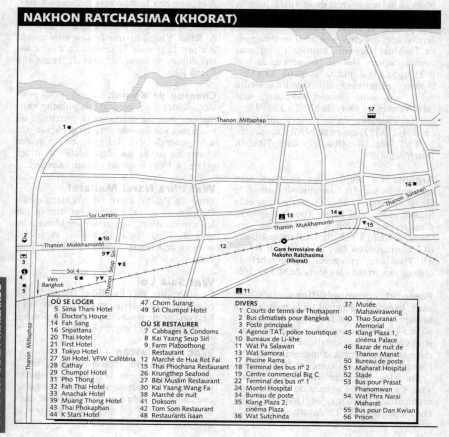

NAKHON RATCHASIMA (KHORAT)

OÙ SE LOGER
- 5 Sima Thani Hotel
- 6 Doctor's House
- 14 Fah Sang
- 16 Sripattana
- 20 Thai Hotel
- 21 First Hotel
- 23 Tokyo Hotel
- 27 Siri Hotel, VFW Cafétéria
- 28 Cathay
- 29 Chumpol Hotel
- 31 Pho Thong
- 32 Fah Thai Hotel
- 33 Anachak Hotel
- 39 Muang Thong Hotel
- 43 Thai Phokaphan
- 44 K Stars Hotel
- 47 Chom Surang
- 49 Sri Chumpol Hotel

OÙ SE RESTAURER
- 7 Cabbages & Condoms
- 8 Kai Yaang Seup Siri
- 9 Farm Platoothong Restaurant
- 12 Marché de Hua Rot Fai
- 18 Thai Phochana Restaurant
- 26 Krungthep Seafood
- 27 Bibi Muslim Restaurant
- 30 Kai Yaang Wang Fa
- 38 Marché de nuit
- 41 Doksom
- 42 Tom Som Restaurant
- 48 Restaurants isaan

DIVERS
- 1 Courts de tennis de Thotsaporn
- 2 Bus climatisés pour Bangkok
- 3 Poste principale
- 4 Agence TAT, police touristique
- 10 Bureaux de Li-khe
- 11 Wat Pa Salawan
- 13 Wat Samorai
- 17 Piscine Rama
- 19 Terminal des bus n° 2
- 19 Centre commercial Big C
- 22 Terminal des bus n° 1
- 24 Montri Hospital
- 34 Bureau de poste
- 35 Klang Plaza 2, cinéma Plaza
- 36 Wat Sutchinda
- 37 Musée Mahawirawong
- 40 Thao Suranari Memorial
- 45 Klang Plaza 1, cinéma Palace
- 46 Bazar de nuit de Thanon Manat
- 50 Bureau de poste
- 51 Maharat Hospital
- 52 Stade
- 53 Bus pour Prasat Phanomwan
- 54 Wat Phra Narai Maharat
- 55 Bus pour Dan Kwian
- 56 Prison

Thanon Mittaphap
Thanon Suranari
Soi Lampru
Thanon Mukkhamontri
Thanon Mukkhamontri
Soi 4
Thanon Seup Siri
Vers Bangkok
Gare ferroviaire de Nakohn Ratchasima (Khorat)

Hôtels. Faites un saut à l'agence TAT, qui vous remettra un plan de ville et la liste complète des hôtels.

Non loin de la gare routière, le *Fah Sang* (☎ *044-242143, 112-114 Th Mukkhamontri*) se compose de chambre correctes, malgré le bruit dû à son emplacement. Prévoyez 130 B en simple avec s.d.b. et ventilateur, et de 250 à 280 B en double. Les simples/ doubles climatisées avec eau chaude reviennent à 380/400 B. Plus avantageux, situé en plein centre, au détour de Th Ratchadam-noen, à la porte ouest de la cité, le *Pho Tong* (☎ *044-242084, 658 Th Phoklang*) propose des chambres de 170 à 220 B avec ventila-teur et sanitaires privés, ou des climatisées de 320 à 370 B avec TV en sus.

Dans le voisinage, encore d'un meilleur rapport qualité/prix, tranquille et sympa-thique, le *Siri Hotel* (☎ *044-242831, 241556, 167-8 Th Phoklang*) jouit d'une situation privilégiée, à quelques pâtés de maisons des anciennes douves. Les chambres coûtent de 150 à 220 B avec ven-

NAKHON RATCHASIMA (KHORAT)

Vers Phimai, Khon Kaen et Nong Khai

Vers le Royal Princess Khorat

Thanon Chang Phuak

Thanon Suranari

Thanon Mittaphap

Thanon Phonsaen

Thanon Burin

Thanon Ratchadamnoen

Thanon Chumphon

Thanon Chakkri

Thanon Yommarat

Thanon Prajak

Vers Wat Sala Loi

Thanon Phollan

Thanon Suranari

Thanon Atsadang

Vers Wat Thung Sawan

Th Yotha

Thanon Phoklang

Thanon Mahat

Thanon Chumphon

Thanon Kudan

Thanon Jomsurangyat

Th Wacharasat

Thanon Mahat Thai

Thanon Chainarong

Thanon Sanphasit

Thanon Thaosura

Thanon Kamhaeng Songkhram

Thanon Ratchanikun

Thanon Chok Chai

Gare ferroviaire de Chum Thang

0   200   400 m

Vers Buriram, Surin, Ubon Ratchathani et Dan Kwian

Vers Wat Paa Salawan

tilateur, ou entre 270 et 320 B avec l'air conditionné. La VFW Cafeteria est voisine de l'établissement.

Dans Th Phoklang, le site d'hébergement le meilleur marché est le *Chumpol Hotel* (☎ 044-242453), au n° 701-2 ; comptez à peine 100 B la chambre toute simple mais proprette, au sein d'un hôtel sino-thaï classique.

Le *Muang Thong Hotel* (☎ 044-256533, 46 Th Chumphon) est un ancien établissement typique en bois qui a connu des jours meilleurs ; ne manquez pas d'admirer la bâtisse peinte en bois, à l'intérieur des douves, non loin du sanctuaire de Thao Suranari. Les chambres sont peu onéreuses (100 B la nuit sans s.d.b., 150 B avec une douche et seau d'eau froide). Assurez-vous d'en louer une ne donnant pas sur la rue et évitez-le si sa réputation d'hôtel de passe vous met mal à l'aise.

Installé au cœur même des douves de la ville, le *Thai Phokaphan* (☎ 044-242454, 104-6 Th Atsadang) se trouve face au K Stars Hotel, beaucoup plus cher, et du salon de massage KR. Ses chambres impeccables avec 1 ou 2 lits se louent 180 B avec ventilateur et douche à eau froide, 360 B avec clim. et eau chaude. Si la rue avoisine un marché de nuit, celui-ci se trouve bien en retrait et ne s'avère pas trop bruyant.

A un jet de pierres du terminal des bus pour Buriram, Surin, Ubon Ratchathani et Chiang Mai, le *Cathay* (☎ 044-242889, 3692/5-6 Th Ratchadamnoen) comporte des chambres rudimentaires avec eau froide, entre 170 et 340 B.

Encore tout près du dépôt de bus, le *First Hotel* (☎ 044-255117, 132-136) vous accueille sur 5 niveaux, dans des chambres ventilées, bon marché et impeccables, qui débutent à 200 B ; ajoutez 100 B et vous bénéficiez de la clim., d'un réfrigérateur et d'une s.d.b. privative. Son petit restaurant attenant sert une cuisine thaï simple à des prix raisonnables.

Le *Sri Chumpol Hotel* (☎ 044-242460, 133 Th Chumphon) se révèle un peu plus paisible que les autres établissements sino-thaï des rues Phoklang et Ratchadamnoen,

et plus propre que la plupart. Tablez sur 170 B la chambre ventilée avec eau froide et un seul lit, 200 B avec deux lits. Les climatisées pourvues de l'eau chaude sont louées 240 B.

Le *Tokyo Hotel* (☎ 044-242873, 257179, fax 242788, 329-333 Th Suranari) dispose de chambres convenables, plus tranquilles que la majeure partie de celles de Th Phoklang, qui reviennent à 180 B avec ventilateur et s.d.b. à eau froide et à 400 B avec la clim. et l'eau chaude. En face, dans Th Suranari, le *Tokyo Guest Land*, son annexe, comporte de spacieuses chambres avec s.d.b. de 140 à 250 B. Les climatisées se louent entre 300 et 500 B.

Où se loger – catégorie moyenne

Récemment rénové pour passer dans une game supérieure, le *Fah Thai Hotel* (☎ 044-267390, fax 252797, 3535 Th Phokland) demande 280 B en simple/double pour une chambre ventilée avec sanitaires privatifs. Bon établissement sino-thai, il est en outre doté d'un restaurant ouvert de 7h à 20h.

Bien situé, l'*Anachak Hotel* (☎ 044-243825, 62/1 Th Jomsurangyat), non loin du centre commercial Klang Plaza 2, facture 300 à 450 B ses chambres climatisées avec s.d.b. à eau froide. Une cafétéria ouverte 24h/24 est installée sur place.

A deux pas du principal dépôt de bus du centre, le *Thai Hotel* (☎ 044-270727, fax 241613, 644-650 Th Mittaphap) dispose de chambres similaires, entre 420 et 480 B, ainsi que de pièces moins chères, uniquement ventilées (entre 300 et 380 B). A l'arrière, un hôtel plus haut de gamme porte la même enseigne et loue ses chambres de 450 à 780 B.

Où se loger – catégorie supérieure

Dans le haut de gamme, le moins cher des établissements n'est autre que le *Sripattana* (☎ 044-251652, fax 251655, 346 Th Suranari) qui dispose de chambres climatisées avec TV, moyennant 550 B, 800 B avec l'eau chaude. Datant de 1965 environ, cet hôtel abrite de surcroît un pub, une cafétéria ouverte 24h/24 et une piscine.

Le *Chom Surang* (☎ *044-257088, fax 252897, 2 701/2 Th Mahat Thai)* se compose uniquement de climatisées à partir de 850 B. Une piscine existe aussi sur place.

Sur plusieurs étages, le *K Stars Hotel* (☎/fax *044-257057, 191 Th Atsadang)* comprend des climatisées propres et confortables, dont les premiers prix démarrent à 800 B pour atteindre 2 400 B pour les suites de grand luxe. L'établissement englobe aussi une cafétéria fonctionnant non-stop, une supérette, un salon de massage, une salle de billards et une boîte de nuit.

Le *Sima Thani Hotel* (☎ *044-213100, fax 213121, à Bangkok :* ☎/fax *02-253 4885)* appartenait à la chaîne des Sheraton lorsqu'il a ouvert en 1992, mais depuis lors c'est un groupe hôtelier thaïlandais qui l'a repris. Les chambres de standing débutent à 900 B, tandis que les suites de luxe reviennent à 1 200 B. Toutes les pièces sont climatisées, pourvues d'un téléphone IDD, d'une TV par satellite, d'un minibar et d'un coffre-fort. L'établissement s'honore également d'un salon-bar, d'un restaurant, d'un pub et d'une piscine.

Pour ne pas être en reste, le Dusit Group de Thaïlande a ouvert son propre *Royal Princess Khorat* (☎ *044-256629, fax 256601, 1 137 Th Suranari)* dans les faubourgs nord-est de la ville. Prévoyez un minimum de 1 200 B la chambre standard, avec un succulent petit déjeuner buffet rassemblant des plats chinois, thaï et américain. Toutes les pièces sont dotées d'un minibar, d'une s.d.b., de la TV par satellite et de la clim. Parmi les installations sur place, citons le salon-bar, le restaurant, la vaste piscine et le centre d'affaires.

Où se restaurer

Khorat comprend d'excellents restaurants thaï et chinois, installés pour la plupart dans Th Ratchadamnoen, à côté du monument de Thao Suranari et de la porte de l'ouest, donnant accès au centre-ville. Le *marché de Huat Roi Fai*, dans Th Mukkhamontri, à deux pas de la gare ferroviaire, est idéal

pour dîner le soir, ainsi que le *bazar de nuit de Th Manat* ; tous deux battent leur plein de 18 à 22h.

Très célèbre, le *Thai Pochana (142 Th Jomsurangyat)* est climatisé et propose divers plats thaï et des spécialités locales, comme du *mìi khorâat* (nouilles à la mode de Khorat) et du *yam kòp yâang* (salade de grenouilles rôties). Ne manquez pas non plus son savoureux *kaeng phèt pèt* (curry de canard).

Voisin de la Doctor's House, le *Farm Plathoohong Restaurant*, dans Th Seup Siri vous permettra de faire une véritable festin thaïlandais ; cuisine et service irréprochables.

Tournez au coin de la Doctor's House et vous découvrirez une annexe du *Cabbages & Condoms* de Bangkok. Comme la maison-mère, il s'agit d'un établissement à but non lucratif, sponsorisé par l'association pour le développement de la population et de la communauté. Si les plats sont savoureux, les prix se révèlent un peu onéreux pour Khorat. Ouvert de 10h30 à 22h.

Les amateurs de fruits de mer se précipiteront au *Krungthep Seafood* (☎ *044-256183)*, dans Th Phoklang, à proximité du Siri Hotel. Il vous sert de 18h à 1h du matin. Sur le même trottoir, un peu plus à l'est, le *Bibi Muslim* mitonne de délicieux curries musulmans et du *khâo mòk kài*.

Dans la rue Chumphon, non loin du monument de Th Suranari, vous aurez plaisir à vous attabler dans l'atmosphère climatisée du *Doksom* (☎ *044-252020)*, pour vous rafraîchir avec ses glaces et ses boissons froides.

En remontant vers le Doksom, dans Th Wacharasarit, le restaurant thaï *Ton Som* (☎ *044-252275)* est un établissement de classe, ouvert jusqu'à minuit.

Le *Vegetarian restaurant (Sala Mangsawirat)* a encore déménagé, pour s'installer cette fois dans Th Suranari, sur le chemin du Centre de formation des professeurs. C'est un peu excentré, mais si vous y parvenez, vous vous régalerez de ses plats thaï végétariens, moyennant de 8 à 10 B pièce. Il ouvre de 10h environ à 3h du matin.

Cuisine isaan. Deux établissements sans prétention bordent le côté est de Th Watcharasarit, entre les rues Samphasit et Kamhaeng Songkhram, le *Suan Sin* et le *Samran Laap*. Ils servent des plats isaan appréciés localement, comme le *plaa chonábòt* (poisson d'eau douce servi avec des légumes, nappé d'une sauce relevée), la *súp haang wua* (queue de bœuf) et des lin yâang (langues au barbecue). Le *lâap* figure aussi sur la carte, parmi d'autres spécialités du nord-est.

Pour goûter au meilleur *kài yâang* et *sôm-tam* de la ville, rendez-vous au *Kai Yaang Seup Siri,* qui jouxte la Doctor's House, dans Th Seup Siri. Deux établissements isaan se côtoyant dans cette artère, cherchez celui qui fait rôtir des poulets en devanture. Le service commence à 10h30 ; vers 15-16h, il ne lui reste généralement plus rien à vendre.

Le *Kai Yaang Wang Fa* (Th Ratchadamnoen, en face du sanctuaire), lui aussi plus qu'honorable, bénéficie d'horaires moins contraignants.

Cuisine internationale. Proche de l'hôtel Siri, Th Phoklang, la *VFW Cafeteria* sert aussi bien des petits déjeuners à l'américaine que des steaks, des pizzas, des salades ou des glaces.

Mieux tenus, plus sérieux, mais plus chers, un certain nombre de restaurants de style américain sont regroupés aux alentours du centre commercial de Klang Plaza 2, dont le *KFC*, le *Dunkin Donuts*, le *Black Canyon Coffeshop* et le *Royal Home Bakery*. Vous pourrez également faire vos emplettes au supermarché du Klang Plaza.

Où sortir

Khorat est le quartier général des troupes de lí-khe (likay) qui possèdent leurs propres agences le long de Th Mukkhamontri, près du carrefour de Th Seup Siri. Elles louent leurs spectacles à partir de 1 000 B, à vous de décider du lieu ; les comédiens apporteront costumes, décors, instruments de musique, etc. – un peu à la manière des cirques ambulants.

Installé dans l'hôtel Sima Thani, le *Phlap-Phla Dawan Restaurant* programme d'excellents spectacles de danses traditionnelles thaï, lao et khmères plusieurs soirs par semaine ; renseignez-vous à l'hôtel pour le programme.

Plusieurs *cinémas* de la ville affichent des séances quotidiennes ; le *Plaza*, derrière le centre commercial Klang Plaza 2 (entre Th Ratchadamnoen et Th Jomsurangyat) semble détenir le monopole des films de qualité – y compris, à l'occasion, des grands succès étrangers.

Vous trouverez également sept *salons de massage*, trois *boîtes de nuit*, et des *discothèques* (dans les hôtels). Pour une liste exhaustive, adressez-vous à la TAT.

Achats

Allez flâner une heure ou deux sur le marché de nuit de Th Manat et marchandez vêtements, fleurs et fruits, montres, lunettes de soleil… Le spectacle et l'ambiance vous divertiront.

Sur cinq étages, les boutiques du centre commercial Klang Plaza 2, sur Th Jomsurangyat, offrent l'embarras du choix, des vidéos aux articles ménagers. Un autre Klang Plaza se trouve à proximité du Thai Phokaphan Hotel, Th Atsadang.

A côté du Thai Hotel, le centre commercial Big C abrite des boutiques sur deux niveaux, ainsi qu'une bonne pharmacie et des restaurants, parmi lesquels un KFC.

Khorat accueille de nombreux magasins spécialisés dans la soie, notamment dans Th Ratchadamnoen, non loin du monument de Thao Suranari, parmi lesquels, dont les enseignes suivantes : Ratri, Thusnee (Thatsani) et Today.

Citons-en deux autres dans Th Chumphon : Chompol et Jin Chiang.

Comment s'y rendre

Avion. La THAI (Thai International Airways) dessert Khorat deux fois par jour depuis Bangkok : 555 B l'aller simple. L'agence THAI (☎ 044-257211/5) est située 14 Th Manat, qui donne dans Th Mahat Thai, à l'intérieur des douves.

Bus. Les bus ordinaires quittent le terminal Nord de Bangkok toutes les 15 à 20 minutes de 5h à 22h15. Le tarif s'élève à 69 B pour 4 heures de route (124 B en bus climatisé). Depuis Khorat, les bus à destination de Bangkok partent du terminal (également climatisé) de Th Mittaphap.

Pour les autres lignes, il existe deux terminaux : le n°1, près de Th Burin dans le centre-ville, au carrefour de Th Mittaphap et de la Highway nord qui mène à Nong Khai ; il accueille les bus à destination de Phitsanulok, Chiang Mai et Chiang Rai, ainsi que quelques bus pour Bangkok. Les bus reliant Khorat et Khon Kaen coûtent 52 B et partent à heures régulières toute la journée.

Les bus desservant d'autres villes du Nord-Est ou pour le centre est de la Thaïlande partent du terminal n°2, de la Highway pour Nong Khai, au nord.

Des bus directs partent toutes les heures (de 4h 30 à 16h) de Khorat pour Chanthaburi et les côtes du Sud-Est. Prévoyez 100 B le trajet (160 B en bus climatisé) et une durée d'environ 8 heures. Voici la liste des liaisons en bus depuis/vers Khorat.

Destination	tarif	durée
Chiang Mai*		
ordinaire	218 B	12 heures
climatisé	392 B	12 heures
VIP	439 B	10 heures
Chiang Rai*		
ordinaire	213 B	10 heures
climatisé	384 B	9 heures
Loei		
climatisé	187 B	3 heures
Nakhon Phanom		
climatisé	171 B	4 heures 30
Nong Khai		
ordinaire	94 B	4 heures
climatisé	170 B	3 heures 30
Pattaya		
VIP	200 B	5 heures 30
Phitsanulok*		
ordinaire	110 B	5 heures
climatisé	199 B	4 heures
Rayong		
climatisé	180 B	4 heures
Roi Et		
climatisé	129 B	2 heures 30
Sakon Nakhon		
ordinaire	98 B	4 heures 30
climatisé	138 B	4 heures
Ubon		
ordinaire	108 B	5 heures 30
VIP	216 B	4 heures 30
Udon		
ordinaire	81 B	4 heures
climatisé	146 B	3 heures
Yasothon		
ordinaire	70 B	5 heures
climatisé	145 B	3 heures

Départs du terminal n° 1 ; tous les autres bus partent du terminal n° 2

Train. Un express à destination d'Ubon Ratchathani part de Bangkok-Hualamphong à 21h et arrive à Khorat à 2h03 du matin.

Les trains rapides sur la ligne ferroviaire d'Ubon partent à 6h50, ainsi qu'à 18h45 et à 22h45, et arrivent à Khorat respectivement à 11h48, à 23h51 et à 4h07.

Les deux premiers ont des heures d'arrivée plus commodes, notamment celle du matin, qui vous laisse tout le temps de visiter la ville.

Il existe aussi deux trains ordinaires (3e classe seulement) quittant Bangkok à 15h25 et à 23h25, pour arriver en gare de Khorat 5 heures 30 à 6 heures plus tard.

Un autorail quitte Hualamphong à 11h45 (3e classe uniquement) et rejoint Khorat à 17h42.

En 1re classe (trains express seulement), le tarif s'élève à 230 B, en 2e classe à 115 B, et en 3e classe à 50 B. Tablez sur 40 B pour un train, 60 B pour l'express, et 80 B pour l'express spécial.

La ligne traverse les paysages magnifiques du plateau de Khorat, et vous permet d'admirer le gigantesque Bouddha de Wat Thepitak, juché sur une colline arborée.

Comment circuler

En ville, les samlors (cabs à trois roues) coûtent 20 B, les túk-túks 40 B pour la plupart des destinations dans la ville (30 B pour une petite course) et de 50 à 60 B pour de plus longs trajets.

Nakhon Ratchasima compte de nombreuses lignes de bus. De la gare ferroviaire, la ligne n°1 va vers l'est par Th Phoklang. La n°2 se dirige vers l'ouest par Th Mukkhamontri et le n°3 vers l'est par Th Jomsurangyat ; en sens inverse, les n°1, 2 et 3 s'arrêtent sur Th Mukkhamontri, direction est, non loin de l'agence de la TAT. Le tarif est unique sur toutes ces lignes : 3 B (il existe une version "climatisée" du bus n°2 à 5 B).

ENVIRONS DE NAKHON RATCHASIMA
Pak Thong Chai

Situé à 32 km au sud de Khorat sur la Route 304, Pak Thong Chai est l'un des centres de tissage de la soie les plus célèbres de Thaïlande. Les prix ne sont pas forcément plus bas qu'à Khorat ou à Bangkok. Le district compte environ soixante-dix fabriques.

Les hôtels *Achaan Pan* et *Pak Thong Chai*, tous deux dans la rue principale, vous louent des chambres à partir de 70 B.

Le bus n°1303 pour Pak Thong Chai part du terminal n°1 de Khorat toutes les demi-heures, le dernier étant à 17h ; le trajet coûte 11 B et dure 40 minutes environ en fonction du nombre d'arrêts.

Dan Kwian

A 15 km au sud-est de Khorat, ce village, spécialisé dans la poterie depuis des siècles, était à l'origine un relais de chars à bœufs pour les marchands allant aux marchés du vieux Khorat (Dan Kwian signifie "relais de chars à bœufs").

La poterie n'est pas l'unique production, et l'on trouve également des objets d'art, dont des bijoux. Le bureau de la TAT dans le village vous accueille tous les jours de 8h30 à 16h30.

Pour vous y rendre depuis Khorat, sautez dans un songthaew à la porte est ou sud de la ville (tarif de 6 B, 10 B en sens inverse).

Phimai

La petite ville de Phimai n'a rien d'extraordinaire, mais y passer une nuit ou deux s'avère agréable si vous comptez aller voir le Prasat Hin Phimai. Si vous voulez visiter ces ruines en excursion d'une journée depuis Khorat, en prenant un bus à 8h, vous aurez amplement le temps de vous promener sur le site et de rentrer tranquillement en fin d'après-midi.

A 2 km de la ville par la highway 206 se dresse le plus grand et le plus vieux banian de la Thaïlande, une fleur géante déployée au-dessus d'une île au milieu d'un grand bassin d'irrigation. Les gens du pays l'appellent **Sai Ngam**, ce qui signifie "beau banian". On peut circuler entre ses branches au moyen de passerelles en bois jetées sur le bassin. Des vendeurs de nourriture et des astrologues offrent leurs services aux pique-niqueurs du voisinage.

Aux abords de la ville, vous découvrirez l'un des labels déposés de la Thaïlande du nord-est, le *rot kasèt* ou camion de ferme. Ces véhicules assez primitifs arborent de magnifiques peintures de couchers de soleil en technicolor, agrémentés de palmiers ondulants et de motifs géométriques ; ils sont équipés de moteurs Kubota bon marché montés à ciel ouvert. On peut ainsi les détacher facilement pour les installer sur des charrues, des pompes à eau ou des chaloupes. En ville, un garage, le U Prasan, au coin du Phimai Hotel, est spécialisé dans la peinture et la réparation de ces curiosités.

Depuis 1991, la ville accueille durant novembre un festival qui célèbre l'histoire du Prasat Hin Phimai. Les événements varient d'une année sur l'autre, mais comprennent en général un spectacle de son et lumière sur les ruines, des représentations de drame dansé classique, des expositions historiques et culturelles ainsi qu'une procession entre les temples, éclairée par des lanternes.

Renseignements. Le restaurant Baiteiy (Bai Toey) distribue un plan de la ville. Son propriétaire, Khun Siriluk, parle l'anglais. Juste à côté se trouve une Thai Farmers Bank ainsi qu'une branche de la Thai Military Bank, non loin de l'entrée du parc historique Prasat Hin Phimai. Les guichets sont ouverts du lundi au vendredi de 8h30 à 15h30. La poste est ouverte en semaine de 8h30 à 16h30 et le samedi de 9h à midi.

Parc historique de Prasat Hin Phimai.
Le temple khmer de la période d'Angkor situé dans le parc, à 60 km au nord-est de Khorat, mérite vraiment une visite. Commencé sous Jayavarman V à la fin du Xᵉ siècle et achevé sous Suriyavarman Iᵉʳ, au début du XIᵉ siècle, ce temple bouddhique Mahayana rayonne d'une majesté qui transcende sa taille. Le sanctuaire principal, de 28 m de hauteur, de plan cruciforme, est fait de grès blanc, tandis que les sanctuaires auxiliaires sont en grès rose et en latérite. Les sculptures des linteaux surmontant les portes du sanctuaire principal sont très impressionnantes. Tout comme

d'autres monuments khmers dans cette partie de la Thaïlande, ce temple est antérieur au fameux Angkor Wat du Cambodge. A l'époque de la splendeur d'Angkor, quand l'empire s'étendait sur une partie de la Thaïlande actuelle, Phimai était directement reliée à sa capitale par une route.

L'entrée du complexe, ouvert tous les jours de 7h30 à 18h, revient à 40 B.

Musée national de Phimai. D'architecture élégante, les salles de ce nouveau musée sont essentiellement consacrées à la sculpture isaan. Le joyau de la collection, une statue de pierre du souverain d'Angkor, Jayavarman VII, provient du parc national historique Prasat Hin Phimai : elle ressemble étrangement aux effigies du Bouddha assis. Une petite librairie est rattachée au musée, qui est ouvert tous les jours de 9h à 16h, moyennant 30 B d'admission. Il y a

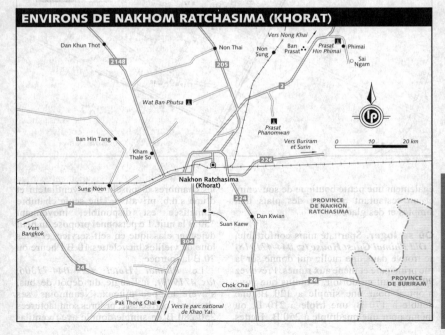

ENVIRONS DE NAKHOM RATCHASIMA (KHORAT)

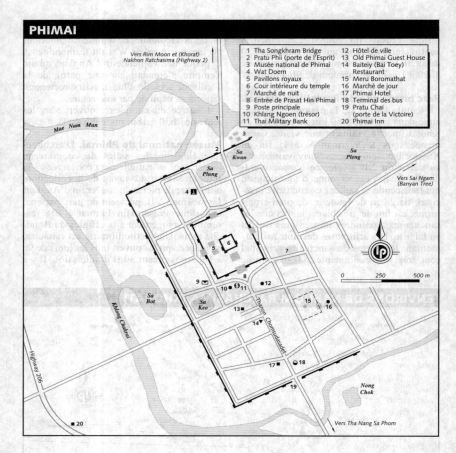

PHIMAI

1 Tha Songkhram Bridge
2 Pratu Phii (porte de l'Esprit)
3 Musée national de Phimai
4 Wat Doem
5 Pavillons royaux
6 Cour intérieure du temple
7 Marché de nuit
8 Entrée de Prasat Hin Phimai
9 Poste principale
10 Khlang Ngoen (trésor)
11 Thai Military Bank
12 Hôtel de ville
13 Old Phimai Guest House
14 Baiteiy (Bai Toey) Restaurant
15 Meru Boromathat
16 Marché de jour
17 Phimai Hotel
18 Terminal des bus
19 Pratu Chai (porte de la Victoire)
20 Phimai Inn

Vers Rim Moon et (Khorat)
Nakhon Ratchasima (Highway 2)

Mae Nam Mun

Vers Sai Ngam (Banyan Tree)

Sa Kwan
Sa Pleng
Sa Plung
Sa Bot
Sa Keo

Khlong Chakrai

Thanon Chomsudasadet

Highway 206

Nong Chok

Vers Tha Nang Sa Phom

0   250   500 m

également une petite boutique de souvenirs et un restaurant qui sert des plats thaï simples et des glaces.

Où se loger. Spartiate mais confortable, l'*Old Phimai Guest House* (☎ 044-471918) se trouve dans une ruelle qui donne sur la rue principale et mène aux ruines. Prévoyez 90 B la nuit en dortoir, à moins que vous n'optiez pour une simple à 120 B, une double à 170 B, une triple à 210 B, ou même pour une quadruple à 250 B. Toutes

les chambres disposent d'un ventilateur et d'une s.d.b. privative. Une seule chambre climatisée est disponible, moyennant 350 B la nuit. Le personnel propose un petit déjeuner classique en self-service, et vous loue de vieilles bicyclettes 10 B l'heure ou 30 B la journée.

Le *Phimai Hotel* (☎ 044-71306, fax 471940), à l'angle du dépôt de bus, s'avère un peu miteux. Néanmoins, ses chambres correctes et propres sont facturées 250/280 B en simple/double avec ventilateur et eau froide (tarif moins avantageux que la pension), tandis que les climatisées avec TV par satellite et eau chaude reviennent à 350/380 B.

Plus récente et meilleure, la *Phimai Inn* (☎/fax 044-471175) se situe à environ 2 km au sud-ouest de la vieille ville (20 B en samlor), sur la Highway 206. Bien tenues et confortables, ses chambres coûtent 250 B avec ventilateur, TV et s.d.b. à eau froide, 350 B avec la clim. et l'eau chaude. Les plus luxueuses disposent d'une moquette et d'un minibar, moyennant 600 B la nuit. L'hôtel loue des vélos et l'on peut se rafraîchir dans sa piscine, dotée d'un snack-bar.

Où se restaurer. Vous savourerez une bonne cuisine thaïlandaise et chinoise au *Baiteiy Restaurant (Bai Toey, ☎ 044-471725)*, près de l'hôtel et des pensions : plats du jour à 30 B au déjeuner, mets à la carte plus chers, ainsi que plats végétariens, petits déjeuners occidentaux et glaces.

Dans une petite rue, à l'angle du Baiteiy, deux modestes restaurants sont spécialisés dans le *lâap*, le *kâwy* (salades traditionnelles, très épicées, à base de viande, de volaille ou de poisson) et le riz gluant. De nombreux petits vendeurs occupent le *marché de nuit*, au nord du marché de jour, de 18h à 24h environ.

Sur un affluent du Mun, à 2 km au nordouest de la ville, le *Rim Moon* offre une cuisine traditionnelle dans un joli jardin. Ouvert tous les jours, il accueille, le soir, un groupe de musique live.

Comment s'y rendre. Le bus n°1305 pour Phimai quitte Khorat toutes les demiheures depuis le terminal n°2. Le trajet jusqu'à Phimai (16 B) dure de 1 heure à 1 heure 30. A Phimai, les bus s'arrêtent à l'angle du Phimai Hotel. Le dernier bus part de Khorat à 22h et, en sens inverse, de Phimai, à 18h.

Comment circuler. Phimai s'avère assez petite pour que vous puissiez circuler à pied du terminal des bus à l'hôtel Phimai ou aux pensions, et de là jusqu'aux ruines. En samlor, le trajet coûte entre 10 et 20 B l'aller simple. Pour mieux découvrir la ville et ses environs, vous pouvez louer une bicyclette à la Old Phimai Guest House moyennant 10 B de l'heure ou 30 B par jour.

Ces pensions peuvent également organiser des excursions à la journée vers les ruines de Phanom Rung et de Meuang Tam (voir la rubrique Phanom Rung Historical Park, dans ce chapitre) moyennant 500 B par personne pour 4 participants minimum.

Prasat Phanomwan

Bien que moins vastes que celles du Prasat Hin Phimai, les ruines du XIe siècle du Prasat Phanomwan restent tout aussi admirables. En grande partie non restauré, le sanctuaire se trouve dans l'enceinte d'un temple (le Wat Phanomwan) encore en activité, avec des moines résidents. Entouré d'un fossé qui ne se remplit qu'à la saison des pluies, l'intérieur du sanctuaire abrite des bouddhas, deux Shivalingams (représentations de phallus) et un Nandi (la monture-taureau de Shiva), ce qui indique que le temple fut d'abord hindou. Un bâtiment, à 50 m au sud-ouest du grand sanctuaire, renferme d'autres sculptures et des objets.

Une équipe d'archéologues français travaille à la restauration de Phanomwan.

Comment s'y rendre. Par le bus, et pour 5 B, Prasat Phanomwan se situe à côté de la Highway 2, 15 km au nord-est de Khorat sur la route de Phimai – demandez à descendre à Ban Nong Bua (près de la station Shell), puis parcourez les 6 km restants par Ban Makham en songthaew, en stop ou à pied pour atteindre Prasat Phanomwan.

Trois bus directs se rendent quotidiennement à Phanomwan depuis la porte Phosaen de Khorat à 7h, 10h et 12h. Le prix du billet s'élève à 7 B.

Ban Prasat

A 45 km au nord-est de l'amphoe meuang Nakhon Ratchasima, près des rives du Lam Than Prasat (en retrait de la Highway 2 qui relie Non Sung à Phimai), Ban Prasat est le plus ancien site archéologique du bassin de Khorat. Les fouilles, achevées en 1991, révèlent que Ban Prasat (qui porte aussi le nom de Ku Tan Prasat Mound) fut le berceau d'une culture vieille de 3 000 ans, fondée sur l'agriculture et la céramique. Cette civilisation, qui s'est perpétuée durant 500 ans, a probablement précédé de près de dix siècles celle de Ban Chiang, issue de la province d'Udon Thani.

D'après les archéologues, il semble que la communauté de Ban Prasat filait le coton et tissait des vêtements, façonnait des poteries aux couleurs très élaborées, cultivait le riz, élevait des animaux domestiques et pendant ces 500 années de prospérité, avait aussi développé la métallurgie du bronze. Des strates plus récentes indiquent la présence sur ce site d'une cité môn pré-dvaravati. Au Xᵉ siècle de nouveaux arrivants s'installèrent là mais ne laissèrent pour tout héritage, qu'un petit sanctuaire en briques connu sous le nom de **Ku Than Prasat**. Son architecture reflète à la fois les styles khmer et dvaravati ; Ban Prasat devait être, à l'époque, un lieu de transition culturelle entre les royaumes môn de l'ouest et les principautés khmères de l'est.

Certains chantiers sont accessibles aux visiteurs. Un centre d'accueil expose poteries et squelettes exhumés lors des fouilles, du mercredi au dimanche, de 8h30 à 16h.

Les bus ordinaires qui relient Phimai et Khorat s'arrêtent à Ban Prasat (9 B). Là, une moto-taxi peut vous emmener 1,5 km plus loin visiter les trois sites.

PARC NATIONAL DE KHAO YAI

Le plus ancien des parcs nationaux thaïlandais, créé en 1961, Le Khao Yai couvre 2 172 km² et comprend l'une des plus vastes forêts de mousson – encore intacte – de toute l'Asie continentale. Considéré par les experts comme l'un des plus beaux du monde, l'ASEAN (Association for South East Asian Nations) l'a promu au rang de patrimoine national. Les Nations Unies, de leur côté, lui ont attribué une distinction internationale analogue. Il comprend cinq zones de végétation : forêt humide semi-persistante (de 400 à 900 m), forêt humide persistante (de 100 à 400 m), forêt persistante d'altitude (au-dessus de 1 000 m) et mélange de forêt à feuillage caduc (pentes nord entre 400 et 600 m) et de savane et de forêt de repousse dans les zones où l'agriculture et l'abattage avaient cours avant que le secteur ne soit protégé.

Le parc abrite entre 200 et 300 éléphants sauvages. Parmi les autres mammifères recensés, citons le sambar, le muntjac, le gaur, le sanglier, l'ours malais, l'ours noir asiatique, le tigre, le léopard, le serow, et plusieurs gibbons et macaques. Ces animaux s'observent mieux, en général, pendant la saison des pluies, de juin à octobre. Khao Yai abrite également la plus grosse population de calaos, dont le grand calao *(nók kòk* ou *nók kaahang* en thaï), le souverain du royaume ailé, ainsi que le calao couronné *(nók ngaa cháang*, littéralement "oiseau à défense d'éléphant"), le calao pie des Indes *(nók khàek)*, et le calao rhinocéros *(nók râet)*. Les calaos se reproduisent de janvier à mai, époque optimale pour les observer. Ils se nourrissent de figues ; c'est donc près des ficus qu'on a le plus de chance d'en voir. Des grottes abritent quelques rares spécimens de chauve-souris dites "à museau ridé", et des chiroptères himalayens nervurés.

Le parc compte près de 50 km de sentiers, dont beaucoup suivent les passages des bêtes sauvages. Le relief varie entre 100 et 1 400 m, à la rencontre du bord occidental de la chaîne cambodgienne du Dangrek et du bord méridional du plateau de Khorat. Au bureau du parc, vous pourrez vous procurer une carte assez approximative des sentiers. Comme il est facile de se perdre, mieux vaut utiliser les services d'un guide.

Les gardes forestiers font également office de guides à raison de 100 B par jour. Si vous envisagez une randonnée à pied, équipez-vous de chaussures montantes à cause des sangsues et utilisez des répulsifs pour les maintenir à distance. Les tours d'observation du parc permettent d'examiner la faune et la flore.

Vous pouvez acheter une carte topographique en couleur du parc au bureau des visiteurs pour 10 B seulement.

A Pak Chong, tout près de là, vous pouvez également organiser des excursions par le biais de deux ou trois agences différentes. Actuellement, les plus réputées sont Wildlife Safari (☎ 044-312922 ou 01-212-1492), 39 Th Pak Chong, Khao Yai Wildlife Tours (☎ 044-313567), et Khao Yai Garden Lodge (voir *Où se restaurer*). Pour deux jours, prévoyez entre 650 et 850 B par personne. Ce tarif inclut les services d'un guide et le transport. L'hébergement est en plus.

Où se loger et se restaurer

Des dortoirs appartenant au Forestry Department sont disponibles pour 20 B la nuit, juste à côté des bureaux du parc, au **Kong Kaew Camp.** Il existe aussi un abri très rudimentaire à **Yaowachon Camp,** qui revient à 10 B la nuit. Dans les deux cas, munissez-vous de votre équipement (en saison fraîche, le sac de couchage est indispensable, ou bien, louez des couvertures auprès des bureaux du parc pour 15 B pièce). Vous pouvez louer des tentes pour deux moyennant 80 B. Pour planter la vôtre, il vous en coûtera 5 B. Un petit restaurant sert, entre 6h et 18h, des plats thaïlandais raisonnablement tarifés.

A proximité du petit marché de Pak Chong, la **Jungle Guest House (☎ 044-313836),** à deux pas du Soi 3, 752/11 Th Kongwaksin, loue des dortoirs fort simples pour 70 B, des chambres sans apparat pour 80 B par personne ou des chambres plus récentes pour 150/200 B, le tout dans une maison de bois à la thaïlandaise, petit déjeuner inclus. La pension se situe à 10 minutes à pied du terminal des bus de Friendship Highway (Highway 2). Tournez à droite à partir du terminal des bus de Khorat (à gauche si vous partez du terminal de Bangkok), puis à gauche aux feux, et de nouveau à gauche dans le Soi 1. Suivez ensuite les pancartes sur 50 m. Si la pension s'avère à la base tout à fait convenable, nous avons reçu un torrent de protestations au sujet des circuits, où l'argent règne sans partage, que cet établissement propose sous le nom de "Jungle Adventure Tours". D'après ces témoignages, les guides seraient parfois non

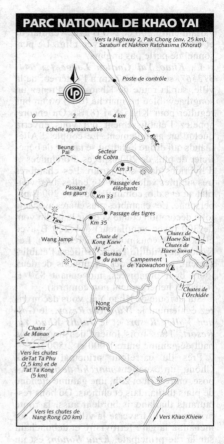

PARC NATIONAL DE KHAO YAI

qualifiés, souvent incapables de parler anglais, inexpérimentés et même en état d'ébriété.

Le **Phubade Hotel (Phubet, ☎ 044-314 964),** 781/1 Soi 15 Th Thetsaban, est aussi à deux pas de Friendship Highway. Continuez après le marché de nuit en direction de la route de Khao Yai, prenez à gauche Th Thetsaban 15, puis encore à gauche à la pancarte indiquant "Hotel". Des chambres propres et bien entretenues accueillent des hommes d'affaires et les représentants du gouvernement thaïlandais pour un prix variant entre 200 et 240 B avec ventilateur et s.d.b., 330 et 360 B avec clim. Le personnel ne parle pas anglais.

La *Khao Yai Garden Lodge (☎ 044-313567)* se dresse à 7 km à l'extérieur de la ville, sur la route de Khao Yai. Prenez un songthaew bleu au marché (6 B) ou un bus régulier pour Khao Yai (8 B). Ou encore, appelez l'établissement qui vous enverra quelqu'un gratuitement. Le couple d'Allemands qui dirige l'endroit se targue de bénéficier de plus de 200 espèces d'orchidées et d'hybrides dans son jardin. Les chambres très simples valent 100 B ; celles avec ventilateur et s.d.b. commune coûtent 200 B par personne. Les chambres plus chères avec une jolie décoration et une vue sur le jardin vont de 300 (avec ventilateur) à 1 200 B avec clim. (mais vous pouvez marchander). Les Khao Yai Wildlife Tours, affiliés à l'établissement, proposent des excursions de deux jours bien organisées, moyennant 850 B (repas et hébergement non compris).

Sur la route de Khao Yai, vous découvrirez également le *Wan-Ree Resort*, le *Golden Valley Resort* et le *Juldis Khao Yai Resort*. Tous trois louent des bungalows haut de gamme entre 1 000 et 2 500 B.

Près du carrefour principal de Pak Chong, un excellent *marché de nuit* propose, entre 17h et 23h, une gamme étendue de plats thaïlandais et chinois. De bons restaurants thaïlandais bordent aussi la route principale qui traverse la ville. Dans le soi menant à la gare ferroviaire et débouchant sur la rue principale, *Krua Sonont* est un établissement propre et climatisé, doté d'une bonne carte sino-thaï. Le propriétaire parle un anglais excellent et vous fournit de précieux renseignements sur la région.

Comment s'y rendre

Depuis Bangkok, prenez un bus au terminal Nord en direction de Pak Chong : il en part un toutes les 15 minutes de 5h à 22h, pour 38 B en bus ordinaire ou 70 B avec clim. Une fois à Pak Chong, prenez un songthaew pour atteindre les portes du parc, moyennant 10 B depuis le départ en face du 7-Eleven. Vous pouvez également emprunter un bus direct de Bangkok à certaines époques de l'année. Renseignez-vous au terminal Nord des bus. Pour 100 B, des minicamionnettes relient la gare routière au terminal des bus climatisés de Pak Chong.

Depuis Khorat, prenez un bus à destination de Bangkok et descendez à Pak Chong (28 B, ordinaire).

Accès facile à Pak Chong depuis Ayuthaya en train ordinaire (25 B en 3e classe, 56 B en 2e classe, 3 heures). De Bangkok, il en coûte 36 B en 3e classe, 82 B en 2e classe, suppléments non compris (40 B) en train rapide. Les trains ordinaires mettent environ 4 heures, et une demi-heure de moins pour les rapides.

Le stop marche bien dans le parc.

Province de Buriram

Buriram est une grande province, avec un petit chef-lieu et une longue histoire. Durant la période d'Angkor, cette région constituait un important partie de l'empire khmer. Les ruines restaurées de Phanom Rung (autrefois connues sous le nom de Prasat Hin Khao Phanom Rung) sont les plus imposantes de tous les monuments angkoriens de Thaïlande. Parmi les sites moins connus de la province, outre le Prasat Hin Khao Phanom Rung, citons Prasat Meuang Tham, Ku Rasi, Prasat Ban Khok Ngiu, Prasat Nong Hong, Prasat Ban Thai Charoen, Prasat Nong Kong, Prang Ku Samathom, Prang Ku Khao Plaibat, Prang Ku Suwan Taeng, Prang Ku Khao Kadong et beaucoup d'autres.

La plupart de ces ruines ne sont plus que des amoncellements de briques au bord de la route ou au milieu des champs, mais grâce aux travaux de restauration, de plus en plus de sites présentent un réel intérêt touristique. Pour les Thaïlandais d'aujourd'hui, la province est célèbre à un autre titre : c'est dans la **forêt de Dong Yai** (320 ha) que le moine Prajak Kuttajitto "ordonna" des arbres en les affublant de robes monastiques et de fils sacrés pour qu'ils ne soient pas abattus. En 1991, le moine et ses disciples durent finalement quitter la forêt sous la pression des militaires, mais non sans avoir reçu le soutien actif de milliers de sympathisants.

BURIRAM
30 400 habitants

Buriram est un petit chef-lieu de province. C'est une bonne base pour visiter les ruines des temples khmers de la province, tel Phanom Rung. Pour un complément d'information, reportez-vous à la rubrique spéciale sur le *Parc historique de Phanom Rung*.

Renseignements pratiques
Poste et communications. La poste ouvre de 8h30 à 16h30, du lundi au vendredi. A l'intérieur, les téléphones pour appeler l'étranger fonctionnent quotidiennement de 7h à 22h. Par ailleurs, il existe une cabine à carte internationale devant le bureau.

Où se loger
Plusieurs hôtels bon marché sont accessibles à pied depuis la gare ferroviaire. Devant celle-ci, le *Chai Jaroen Hotel* (☎ 044-601559, 114-6 Th Niwat) se compose de chambres propres mais assez rustiques, moyennant 120 B en simple/double et 180 B en triple, avec ventilateur et s.d.b.

Moins onéreux, mais nettement plus bas de gamme, le *Nivas Hotel (Niwat, ☎ 044-611640)*, dans un soi qui donne dans Th Niwat, offre des simples/doubles à peine convenables à 50/100 B (60 B la double pour moins de 3 heures ; ce n'est donc pas vraiment un établissement qui s'adresse aux familles). Toujours dans la même artère, mais dans l'autre direction, le *Grand Hotel* (☎ 044-611179) dispose de chambres claires, avec ventilateur et eau froide, louées 160 B en simple, 320 B en double, à moins que vous ne préfériez la clim. et l'eau chaude, moyennant 400/800 B en simple/double. Un petit restaurant lui est attenant.

Plus au sud de la gare, dans Th Sunthonthep, le sympathique *Prachasamakhi Hotel* (☎ 044-611198) est un établissement chinois de 3 étages, avec restaurant au rez-dechaussée. Simples mais correctes, ses chambres reviennent à 120/100 B avec/sans sanitaires privatifs.

Tout à fait charmant, le *Thai Hotel* (☎ 044-611112, fax 612461, 38/1 Th Romburi)* comporte des chambres proprettes à 200 B en simple avec ventilateur et s.d.b., 500 B en double avec la clim., et 630 B pour le modèle "grand luxe" (un peu prohibitif pour les prestations offertes).

Gardez un œil sur le *Buriram Hotel* (☎ 044-611740), à l'entrée de la ville, par la Route 218, qui facture de 400 à 600 B ses chambres accusant un certain laisser-aller et une plomberie défectueuse. Il a encore sérieusement décliné, mais étant donné qu'à notre dernière visite il subissait des rénovations, les choses ont dû s'améliorer.

Nang Rong. Vous pouvez séjourner plus près de Phanom Rung en passant la nuit dans cette petite bourgade non loin de la Highway. Le *Honey Inn (☎ 044-622825, 8/1 Soi Ri Kun)*, dispose de simples/doubles spacieuses et propres à 100/150 B. Pour trouver cet établissement, faites 100 m à pied à partir de l'arrêt de bus vers la route principale, tournez vers l'est et marchez 100 m en passant une station-service à gauche, puis prenez à gauche juste avant l'hôpital. L'hôtel se trouve 150 m plus loin sur la droite (après un réservoir).

Sinon, prenez un samlor pour 20 B. Deux ou trois motos sont à louer, moyennant 150 B la journée ; très pratique pour visiter le Phanom Rung et les ruines de Meuang Tam.

Passablement délabré, le *Nang Rong Hotel (☎ 044-631014)* abrite des chambres louées 140 B la simple/double, la climatisée revenant à 300 B. L'endroit dispose en outre d'un restaurant.

Où se restaurer
Le quartier de la gare ferroviaire compte quelques restaurants ouverts dans la journée pour le petit déjeuner et le déjeuner ainsi qu'un petit *marché de nuit* proposant de quoi manger à petits prix. *L'établissement* à

CENTRE DE BURIRAM

Gare
ferroviaire

Thanon Nivas (Niwat)

Thanon Plat Meuang

Thanon Romburi

Thanon Samatakan

Thanon Lak Meuang

Thanon Thani

Vers la gare routière
et la Highway 24

Thanon Sunthonthep

Thanon Esarn (Isaan)

Thanon Jira

Khlong   La Lom

Vers le Buriram Plaza Hotel

OÙ SE LOGER
2 Buriram Hotel
3 Chai Jaroen Hotel
7 Grand Hotel
11 Nivas Hotel
11 Thai Hotel
22 Prachasamakhi Hotel

OÙ SE RESTAURER
5 Wiengchan Restaurant
12 Porn Phen
13 B&C Family Restaurant
23 Maitrichit Restaurant

DIVERS
1 Wat Thammathiraram
4 Marché de nuit
6 École
8 Horloge
9 Bureau de poste
14 Cybertheque
15 Banque
16 Banque
17 Victoria House Karaoke
18 Speed Music Hall
19 Speed Country Club
20 Marché de nuit
21 Banque
24 Marché
25 Wat Klang

0   50   100 m

l'angle de la tour de l'horloge ouvre tôt le matin et vend du café, du thé et du *paa-thông-kõh* (pâtisseries chinoises légères).

Au croisement de Th Samatakan et de Th Thani, un autre *marché de nuit*, plus grand, comprend surtout des stands chinois et isaan. Le *Wiengchan Restaurant,* Th Nivas près du Grand Hotel, propose lui aussi une cuisine isaan.

Le *Maitrichit Restaurant* de Th Sunthon-thep, non loin du Prachasamakhi Hotel, sert du matin au soir une grande diversité de plats classiques thaï et chinois. On peut également y manger des produits de boulangerie.

Tout aussi recommandé pour la cuisine thaïlandaise : le Porn Phen (Phawn Phen), près du Thai Hotel, dans Th Romburi.

Dans le voisinage, en empruntant une rue qui débouche dans Th Romburi, le *B&C Family Restaurant Buriram Chicken Pizza* (☎ 044-613069) propose, comme son enseigne l'indique, moult pizzas et plats de poulets variés, de même que des spaghettis et de la cuisine thaï.

Juste après avoir tourné à gauche (à l'est) depuis Ban Don Nong Nae, en direction de Phanom Rung *via* la Route 2221, un joli petit restaurant familial, appelé ***Baan Nit (Nit's House)***, mitonne une bonne cuisine isaan maison.

Où sortir

Pour une petite ville, Buriram ne manque certes pas d'établissements nocturnes. Dans une rue donnant dans Th Thani, le ***Speed Country Pub*** vous offre la possibilité de siroter une bière, en dégustant des plats thaï, tandis qu'un orchestre interprète d'honnêtes reprises de standards américains.

De l'autre côté de la rue, le ***Speed Mussic Hall*** est une discothèque équipée d'une sono dernier cri et d'impressionnants jeux de lumière. Sa voisine, la *Cybertheque* n'a rien à lui envier sur le plan de la sonorisation et son décor funky ravira les plus blasés. Un disc-jockey de Khorat s'y produit chaque soir de 21h à 6h du matin. Prévoyez 20 B l'entrée.

A proximité du Speed Music hall, le *Victoria House Karaoke* vous propose de chanter en buvant de grandes Singha, à 100 B ; il vous accueille chaque soir de 19h à 2h.

Comment s'y rendre

Avion. THAI assure la liaison Buriram-Bangkok cinq fois par semaine, moyennant 950 B pour 1 heure 50 minutes de vol.

Bus. Des bus ordinaires relient Khorat à Buriram toutes les 20 minutes entre 4h30 et 19h30. Le trajet (2 heures 30) revient à 43 B. Les bus Surin-Buriram (1 heure, 32 B) circulent à la même fréquence. Du terminal Nord de Bangkok, quatre bus climatisés (168 B) et sept bus ordinaires (130 B) partent dans cette direction.

Train. La ligne Bangkok-Ubon Ratchathani passe par Buriram. Prix des billets : 67 B en 3e classe, 155 B en 2e classe et 316 B en 1re classe. Vous devrez acquitter un supplément pour les trains rapides (40 B) et les express (60 B). Les trains de 3e classe les plus rapides sont les turbo-diesels qui partent de Bangkok à 11h45 et à 15h25 et 23h25

(trains ordinaires) ; ils effectuent le parcours en 7 heures environ. Rapides et express ne les devancent que de 50 min environ (pour les horaires détaillés, reportez-vous à la rubrique *Comment s'y rendre* dans la partie consacrée à *Nakhon Ratchasima,* plus haut dans ce chapitre). Au départ de Khorat, 7 trains quotidiens assurent la liaison avec Buriram, avec des départs à 2h03, 4h07, 5h44 et 11h48, 16h42, 21h28, et 23h54. Les billets coûtent 17 B en 3e classe, 40 B en 2e classe pour un trajet de 1 heure 45. Au départ de Surin, les trains mettent à peine 50 minutes et ne coûtent que 6 B en 3e classe.

Comment circuler

Les songthaews et les túks-túks de la gare de Buriram au centre-ville coûtent 15 B par personne.

Province de Chaiyaphum

Entourée par les provinces de Phetchabun, de Lopburi, de Nakhon Ratchasima et de Khon Kaen, au centre de la Thaïlande, Chaiyaphum est dédaignée des touristes et quasi ignorée par le reste du pays. A en juger par les ruines des temples khmers – sans intérêt majeur – qui abondent, le territoire de Chaiyaphum a dû être un État-satellite d'Angkor et, plus tard, de Lopburi, aux Xe et XIe siècles.

CHAIYAPHUM
26 400 habitants

Vers la fin du XVIIIe siècle, un membre officiel de la cour laotienne fit venir de Vientiane deux cents Laotiens pour repeupler les lieux abandonnés par les Khmers quelque 500 ans plus tôt. Cette communauté qui dépendait de la capitale laotienne prenait toutefois soin d'entretenir de bonnes relations avec Bangkok et Champasak. Lorsqu'Anou, prince-régent de Vientiane, déclara la guerre au Siam, au début des années 1800, le gouverneur laotien de Chaiyaphum, Jao Phraya Lae, procéda sagement à un renversement d'alliances au profit de Bangkok. Il savait pertinemment que les armées d'Anou n'avaient pas l'ombre d'une chance face aux puissantes forces siamoises.

Jao Phraya Lae lui-même perdit la vie lors d'une bataille en 1806, mais, en 1828, les Siamois mirent à sac la ville de Vientiane et contrôlèrent la majeure partie du Laos occidental jusqu'à l'arrivée des Français, à la fin de ce siècle. Aujourd'hui, une grande statue de Jao Phraya Lae (rebaptisé Phraya Phakdi Chumphon par les Thaï) domine l'une des places principales du centre-ville. Tous les ans à la mi-janvier, et pendant une semaine, lors d'un festival commémoratif, les habitants de Chaiyaphum rendent hommage à leur héros (à 3 km environ de la ville par la Route 225 qui mène à Ban Khwao).

Les districts voisins (en particulier celui de Kut Lalom, au sud) sont renommés pour le dressage des éléphants et le savoir-faire des entraîneurs.

A l'heure actuelle, les villages de soieries regroupés autour de **Ban Khwao** (15 km à l'ouest de la ville) constituent le principal pôle d'attraction touristique (les boutiques et les marchés de Chaiyaphum proposent du reste un grand choix de soieries). La Yin's Guest House organise, pour un prix très raisonnable, la visite de ces villages artisanaux. Toutefois, rien ne vous empêche de prendre un bus jusqu'à Ban Khwao (l'arrêt se trouve au sud de Th Tantawan, non loin du carrefour de Th Non Meuang). Si vous souhaitez vous initier à la fabrication de la soie à travers ses diverses étapes (culture du mûrier, élevage des vers à soie, teinture et tissage des fils), vous ne regretterez pas votre journée.

Poste et communications
La poste de Chaiyaphum est ouverte de 8h30 à 16h30.

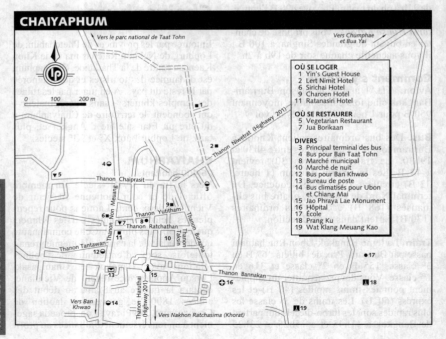

CHAIYAPHUM

Vers le parc national de Taat Tohn

Vers Chumphae et Bua Yai

0   100   200 m

Thanon Niwetrat (Highway 201)

Thanon Chaiprasit

Thanon Non Meuang

Thanon Yutitham

Thanon Ratchathan

Thanon Taksin

Thanon Burapha

Thanon Tantawan

Thanon Bannakan

Thanon Haruthai (Highway 201)

Vers Ban Khwao

Vers Nakhon Ratchasima (Khorat)

OÙ SE LOGER
1 Yin's Guest House
2 Lert Nimit Hotel
6 Sirichai Hotel
9 Charoen Hotel
11 Ratanasiri Hotel

OÙ SE RESTAURER
5 Vegetarian Restaurant
7 Jua Borikaan

DIVERS
3 Principal terminal des bus
4 Bus pour Ban Taat Tohn
8 Marché municipal
10 Marché de nuit
12 Bus pour Ban Khwao
13 Bureau de poste
14 Bus climatisés pour Ubon et Chiang Mai
15 Jao Phraya Lae Monument
16 Hôpital
17 École
18 Prang Ku
19 Wat Klang Meuang Kao

Prang Ku

Ce prang khmer, qui remonte au règne du dernier souverain d'Ankgor, Jayavarman VI (1121-1220), était, à l'origine, une "étape de guérison" sur la route reliant le temple d'Angkor à Prasat Singh, dans la province de Kanchanaburi. Pour les habitants de Chaiyaphum, ce prang reste un lieu sacré ; là, ils renouvellent chaque jour leurs offrandes de fleurs, de cierges et d'encens. L'effigie du Bouddha, à l'intérieur du ku, date probablement de l'ère Dvaravati (du VIe au Xe siècle). Dans le petit jardin attenant que continue de protéger un vénérable tamarinier, se dresse un Shivalingam sur piédestal.

Prang Ku se trouve à 1 km à l'est du monument Jao Phraya Lae.

Parc national de Taat Tohn

En bordure de la chaîne montagneuse des Laen Da, à 18 km au nord de Chaiyaphum *via* la Route 2051, ce parc de 218 km², peu fréquenté, sert d'écrin à d'impressionnantes chutes d'eau : **Taat Tohn, Taat Klang** et **Phaa Phiang**. Taat Tohn, la plus spectaculaire, se déploie sur 50 mètres de large durant la mousson, de mai à octobre. La végétation du parc est essentiellement de type "forêt sèche". L'étude de sa faune, encore à l'état embryonnaire, devrait cependant révéler la présence d'espèces peu courantes, résidentes ou migratoires puisque ce parc est situé à mi-chemin entre le parc national de Nam Nao (à la lisière de la province de Phetchabun) et le parc national de Khao Yai (à la limite des provinces de Nakhon-Nayok, de Nakhon Ratchasima et de Prachinburi).

Sur place, des bungalows forestiers se louent à 250 B (pour 6 personnes), 500 B (15 pers) ou 800 B (jusqu'à 20 pers). Aucun transport public régulier n'étant prévu entre Chaiyaphum et le parc, mieux vaut disposer d'un véhicule. Sinon, prenez un songthaew jusqu'à Ban Taat Tohn (6 B environ), puis louez une camionnette (entre 50 B et 80 B).

Où se loger

La *Yin's Guest House* (également connue sous l'enseigne *Joshua's*), à environ 300 m au nord du principal terminal de bus, constitue un ensemble de six vieilles demeures en bois – rustiques et poussiéreuses – tenu par un couple norvégio-thaï, qui facture 50/100 B la simple/double avec sanitaires en commun. Des circuits dans les villages de la soie avoisinants peuvent s'organiser, contre 50 B par participant.

A l'angle des rues Non Meuang et Th Ratchathan, le *Ratanasiri Hotel* (☎ 044-821258) est un établissement dynamique, pourvu d'un seul étage de chambres ventilées, s'échelonnant de 200 à 280 B, et de deux niveaux de climatisées avec eau chaude, louées de 350 à 500 B. Toutes bénéficient d'un téléviseur.

De l'autre côté de Th Non Meuang, et situé plus au nord, le chaleureux *Sirichai Hotel* (☎ 044-811461, fax 812299) abrite des chambres légèrement plus haut de gamme avec la clim., moyennant 320 à 900 B, ainsi qu'une poignée de ventilées à 220 B. Son restaurant sert des petits déjeuners à l'américaine et de bons plats thaïlandais. Plus à l'est, dans Th Yutitham, 196/7 Soi 1, le *Charoen Hotel* (☎ 044-812760) est assez défraîchi. Tablez sur 160 B la chambre avec ventilateur et eau froide, 250 B si vous désirez l'air conditionné.

Fin du fin pour Chaiyaphum, le populaire établissement sur 4 étages : le *Lert Nimit Hotel* (☎ 044-811522, fax 822335), dans Th Niwetrat, à l'est du dépôt de bus, sur le chemin de Chumphae (Route 201). Ses ventilées bien entretenues, avec sanitaires privatifs, oscillent entre 200 et 250 B, à moins que vous ne leur préfériez des bungalows, plus jolis, avec moquette et clim., de 550 à 600 B.

Où se restaurer

Jua Borikaan, un vaste restaurant partiellement en plein air, face au Ratanasiri Hotel, dans Th Ratchthan, sert des plats thaï et chinois classiques. Si vous adorez le kài yâang, n'hésitez pas à en acheter aux *marchands ambulants* installés devant l'hôpital de Th Bannakan (ils ne servent que dans la journée). Chaiyaphum abrite aussi un splendide *marché de nuit*, qui donne dans Th Taksin. A l'extrémité est de

NORD-EST DE LA THAÏLANDE

Th Chaiprasit, un *restaurant végétarien* thaïlandais vous accueillera de 7h à 19h, chaque jour. Savoureux, vous n'y débourserez qu'environ 15 B pour deux plats accompagnés de riz. Dans la cour du Lert Nimit Hotel, le *beer garden-restaurant* propose une succulente cuisine thaï et occidentale.

Comment s'y rendre

On peut rejoindre Chaiyaphum en bus depuis Khon Kaen, Khorat et Lom Sak. Les distances sont sensiblement égales, le prix du billet également (36 B).

Neuf bus climatisés (147 B) partent quotidiennement du terminal Nord de Bangkok. Comptez 7 heures de trajet. Les bus ordinaires (65 B) mettent 8 heures et circulent toutes les demi-heures (de 6h15 à 23h).

Provinces de Khon Kaen et Roi Et

Khon Kaen et Roi Et, au centre du Nord-Est, sont avant tout des régions rurales vivant de l'agriculture et du textile. Étant au cœur de la région isaan, vous en profiterez pour vous familiariser avec la culture, la langue, la cuisine et la musique isaan.

La province de Roi Et est également réputée pour son artisanat : c'est là que l'on façonne le *khaen*, l'instrument emblématique de la musique isaan, sorte de flûte de Pan en bois et en roseau *mâi kuu*. Les meilleurs khaens seraient fabriqués dans le village de Si Kaew, à 15 km au nord-ouest de Roi Et.

KHON KAEN

134 200 habitants

Khon Kaen est à 2 heures 30 de bus de Khorat ou d'Udon Thani, et à 450 km de Bangkok. C'est aussi la porte du Nord-Est si vous venez de Phitsanulok, au nord de la Thaïlande.

Quatrième ville de Thaïlande par la taille, Khon Kaen est un important centre de commerce, de finances, d'enseignement et de communication. L'**université de Khon Kaen**, la plus grande du Nord-Est, recouvre 5 000 rai, soit 810 hectares au nord-ouest de la ville.

Avec ses restaurants à l'occidentale, ses hôtels climatisés et ses services bancaires modernes, Khon Kaen vous changera de la petite bourgade ou du village de la région. Elle sert également de point de départ à des excursions d'un jour en direction de **Chonabot** (57 km au sud-ouest), centre de soie mát-mii de bonne qualité, et des ruines khmères de **Prasat Peuay Noi** (66 km au sud-est).

Histoire

La ville doit son nom au **Phra That Kham Kaen**, chédi très vénéré du Wat Chetiyaphum, temple du village de Ban Kham, à 32 km au nord-est de l'amphoe meuang. Selon la légende, au début du millénaire, on édifia un *thâat* (stupa) sur la souche d'un tamarinier, qui reprit miraculeusement vie après que des moines, transportant des reliques du Bouddha à Phra That Phanom (dans l'actuelle province de Nakhon Phanom) y eurent campé. Than Phanom ne pouvant accueillir d'autres reliques, faute de place, les moines retournèrent alors au tamarinier et enchâssèrent les saints ossements dans le That Kham Kaen (reliquaire du "Bois du cœur"). Une ville se développa à proximité mais, jusqu'en 1789, elle fut souvent désertée. A cette date, un souverain suwannaphum fonda, à l'emplacement actuel, une cité baptisée Kham Kaen, en l'honneur du chédi. Au fil des ans, Kam Kaen devint Khon Kaen (bûche du Bois du cœur).

Renseignements

Office du tourisme. A Khon Kaen, l'agence de la TAT (☎ 043-244498 ; fax 244497), 15/5 Th Prachasamoson, vous accueille tous les jours, de 8h30 à 16h30. Le personnel (qui parle l'anglais) vous fournira d'excellentes cartes de la région, ainsi que toutes informations sur Khon Kean et les provinces avoisinantes.

(suite du texte en page 693)

PARC HISTORIQUE DE PHANOM RUNG

PARC HISTORIQUE DE PHANOM RUNG

Phanom Rung est situé sur un cône volcanique, à 383 m d'altitude, dominant la campagne alentour. En regardant vers le sud-est, on aperçoit même le Cambodge et les monts Dangkrek.

Ce complexe est le plus vaste et le mieux restauré des monuments khmers de Thaïlande (il fallut 17 ans pour mener à bien les travaux). Les efforts effectués pour accéder au site sont largement récompensés par sa visite.

Durant la semaine de la Fête nationale de Songkhran, en avril, la population locale commémore également la restauration de Phanom Rung, avec une procession sur la colline du temple et, le soir, des spectacles de son et lumière et de théâtre dansé, donnés à l'intérieur du temple.

Phanom Rung signifie "grande colline" en khmer, mais les Thaïlandais ont ajouté leur propre mot à la fois pour colline *(khão)* et pierre *(hĩn)* afin de décrire le prasat. Son nom entier est donc Prasat Hin Khao Phanom Rung.

BETHUNE CARMICHAEL

JOE CUMMINGS

BETHUNE CARMICHAEL

Page titre : les sculptures décorant le monument ne laissent aucun doute sur les origines hindoues des ruines de Phanom Rung (Photo : Bethune Carmichael)

Ci contre : les linteaux en grès et autres sculptures en relief de Phanom Rung s'apparentent au célèbre Angkor Wat, érigé de l'autre côté de la frontière, au Cambodge. Bien qu'il fût construit comme un monument non bouddhiste, Phanom Rung constitue depuis des centaines d'années un important site pour cette religion

Phanom Rung

Le temple fut construit entre le Xᵉ et le XIIIᵉ siècle, mais le gros des travaux fut accompli sous le règne de Suriyavarman II (1113 à 1150), qui marque incontestablement l'apogée de l'architecture d'Angkor. Le complexe est orienté face à l'est, en direction de l'ancienne capitale d'Angkor. Quant aux trois autres grands monuments khmers : Angkor Wat est orienté à l'ouest, Prasat Khao Wihaan au nord et Prasat Hin Phimai au sud-est. Personne ne sait avec certitude si ces orientations avaient une signification, étant donné que la plupart des petits monuments khmers de Thaïlande sont orientés à l'est (face au lever du soleil – une orientation typique des temples hindous).

Un petit musée abrite des sculptures provenant du site et expose des photographies des 17 ans de travaux de restauration.

L'entrée au parc historique de Phanom Rung coûte 40 B du lever au coucher du soleil. La brochure du Dr. Sorajet Woragamvijya, *The Sanctuary Phanomrung*, éditée par la Lower North-East Study Association (LNESA), vous sera parfois proposée près de l'entrée, moyennant 20 B (certains vendeurs demandent 50 B, mais le LNESA avertit les visiteurs qu'ils ne doivent pas payer plus de 20 B). Des guides parlant anglais offrent également leurs services – rémunération à négocier.

Nous vous conseillons d'arriver à Phanom Rung avant 10h : vous éviterez ainsi les hordes de touristes en excursion et la grosse chaleur.

Plan de construction

L'un des aspects les plus remarquables du plan de Phanom Rung est la grande allée conduisant à la porte principale, exemple le mieux conservé de toute la Thaïlande. Elle commence sur une pente, à 400 m à l'est de la tour principale, par une succession de trois terrasses en terre. Puis vient un soubassement cruciforme sur lequel devait s'élever un pavillon en bois. A droite se trouve une salle en pierre, connue sous le nom de salle de l'Éléphant blanc. Sur le côté nord de cette salle, deux bassins devaient sans doute servir aux ablutions, avant de pénétrer dans l'enceinte du temple. C'est ici également que l'on devait se procurer les guirlandes de fleurs déposées ensuite en offrandes. Une fois descendu de la zone du pavillon, vous arrivez devant une avenue de 160 m de long, pavée de blocs de latérite et de grès, et flanquée de piliers en grès couronnés de boutons de lotus, dans le style primitif d'Angkor (de 1100 à 1180). L'avenue se termine devant le premier et le plus grand de trois ponts décorés de nagas (divinités-cobra).

Ces ponts aux nagas sont les seuls à avoir survécu en Thaïlande. Le premier est flanqué de 16 nagas à cinq têtes dans le style classique d'Angkor – en fait, ces serpents sculptés sont les répliques exactes de leurs homologues d'Angkor. Après ce pont et en haut des marches, vous arrivez à la magnifique galerie orientale conduisant au sanctuaire principal. Le prasat central est lui-même ceinturé de quatre galeries dont l'entrée constitue une version réduite de la tour principale. Une fois à l'intérieur du temple, observez chacune des galeries ainsi que leur *gopura* (entrée-pavillon) et, surtout, les linteaux. Phanom Rung représente un sommet de l'art khmer à égalité avec les reliefs d'Angkor Wat, au Cambodge.

Sculpture

Le complexe de Phanom Rung était à l'origine un monument hindou, comme en témoigne son iconographie liée au culte de Vishnou et de Shiva. De magnifiques sculptures de divinités vishnouïtes et shivaïtes ornent les linteaux et les frontons des portes des monuments centraux ainsi que d'autres endroits clés de l'extérieur du sanctuaire.

Le portique oriental du mondòp, arbore un Nataraja (Shiva dansant) et, à l'entrée sud, Shiva et Uma juchés sur leur taureau Nandi. La cellule centrale du prasat renferme un Shivalingam, ou phallus sacré.

Plusieurs autres représentations sculptées de Vishnou et de ses incarnations, Rama et Krishna, ornent d'autres corniches et des linteaux. Le plus remarquable est sans doute le **linteau de Phra Narai**, un relief montrant le seigneur Narayana, un Vishnou couché selon le mythe hindou de la création, avec un lotus sortant de son nombril et garni de plusieurs fleurs. Brahma, le dieu créateur, est assis sur l'une d'elles. De chaque côté, Vishnou est entouré de têtes de Kala, le dieu du Temps et de la Mort. Il est endormi sur la mer de lait de l'éternité, représentée ici par un serpent naga. Ce linteau trône au-dessus de la porte orientale (entrée principale), sous le Shiva Nataraja.

Linteau de Phra Narai

L'histoire du linteau de Phra Narai (seigneur Vishnou en thaï) s'avère assez incroyable. Dans les années 60, le linteau disparut du sanctuaire. Après enquête, il fut établi que le vol avait dû se produire entre 1961 et 1965. On apprit qu'un mystérieux hélicoptère avait été vu dans les parages du temple à cette époque. Les Thaïlandais découvrirent peu après le linteau exposé à l'Art Institute de Chicago, qui l'avait reçu en donation d'un certain James Alsdorf.

Le gouvernement thaïlandais et diverses fondations privées tentèrent pendant des années d'obtenir la restitution du linteau, sans résultat.

En mai 1988, devait avoir lieu l'ouverture officielle du site, après 17 années de lourds travaux de restauration. À l'approche de cette date, une vague de protestations déferla sur la Thaïlande, afin que le linteau reprenne enfin sa place. Ce mouvement s'étendit jusqu'aux États-Unis, où les résidents thaï et les sympathisants américains manifestèrent devant l'Art Institute de Chicago. Le groupe pop thaï Carabao, socialement engagé, enregistra même un album intitulé *Thap Lang (Linteau)*. Sur la pochette, la Statue de la Liberté berçait le linteau de Phra Narai. Quant au refrain de la chanson titre, son message était explicite : *Reprenez Michael Jackson et rendez-nous Phra Narai.*

En décembre 1988, la fondation Alsdorf rendit le linteau en échange d'une somme de 250 000 $US et d'un accord par lequel la Thaïlande s'engageait à prêter temporairement des œuvres d'art à l'Art Institute de Chicago.

Prasat Meuang Tam et autres ruines

A environ 5 km de Phanom Rung, et à l'extérieur du parc historique, le site khmer de Prasat Meuang Tam, commandité par Jayavarman V, date de la fin du Xe siècle. La muraille en latérite demeure toujours en excellent état, et l'on a restauré le prasat qui tombait en ruines. L'entrée s'élève à 30 B.

A l'ouest de Meuang Tam et au sud de Phanom Rung, vous découvrirez les ruines khmères de **Kuti Reusii Nong Bua Lai**, de **Kuti Reusii Khok Meuang** et de **Prasat Khao Praibat**, plus difficiles d'accès. Et à l'est de celles-ci, **Prasat Lalomthom, Prasat Thong** et **Prasat Baibaek**. Nous n'avons exploré aucune d'entre elles mais elles sont clairement indiquées sur la carte de Phanom Rung. Pour ne pas vous perdre, mieux vaut faire appel à un guide, soit au musée de Phanom Rung, soit au village de Prasat Meuang Tam.

Depuis Prasat Meuang Tam, vous pouvez poursuivre votre route vers le sud-est *via* Ban Kruat et Ban Ta Miang (par les Routes 2075 et 2121), jusqu'à **Prasat Ta Meuan**, vaste ensemble de ruines khmères situées très à l'écart des axes touristiques, à la frontière thaïlando-cambodgienne (voir la rubrique *Surin*, plus loin dans ce chapitre). A partir de Ta Miang, vous vous pouvez choisir de prolonger votre itinéraire vers le nord, jusqu'à l'amphoe meuang Surin, ou vers l'est le long de la limite des provinces de Si Saket et d'Ubon.

Comment se rendre aux ruines

Vous pouvez accéder à Phanom Rung à partir de Nakhon Ratchasima (Khorat), de Buriram ou de Surin. De Khorat, prenez un bus (22 B environ) pour Surin et descendez à Ban Ta-Ko, quelques kilomètres au-delà de Nang Rong (le carrefour vers Buriram). Ban Ta-Ko est bien signalisé comme étant l'arrêt pour Phanom Rung. Vous avez ensuite le choix entre un songthaew allant jusqu'au pied de Phanom Rung (12 km, 18 B) ou un songthaew à destination de Lahan Sai que vous quitterez à l'intersection de Ban Don Nong Nae (des panneaux signalent Phanom Rung à l'est – 6 B). De là, prenez un autre songthaew jusqu'au pied de la colline pour 10 B ou louez une camionnette (50 B l'aller simple).

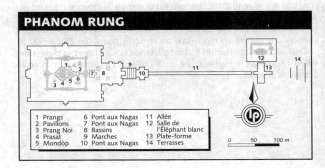

PHANOM RUNG

1 Prangs	6 Pont aux Nagas	11 Allée
2 Pavillons	7 Pont aux Nagas	12 Salle de
3 Prang Noi	8 Bassins	l'Éléphant blanc
4 Prasat	9 Marches	13 Plate-forme
5 Mondòp	10 Pont aux Nagas	14 Terrasses

0   50   100 m

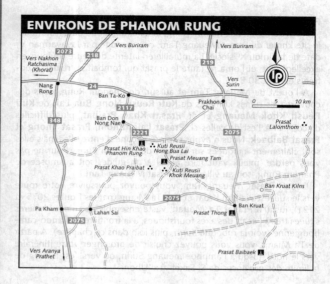

Si vous n'avez pas la patience d'attendre un songthaew, une moto-taxi vous emmènera à Don Nong Nae (30 B) ou jusqu'à Phanom Rung (pour 70 B). L'aller-retour vous coûtera de 120 à 150 B. Pour 50 B de plus, les conducteurs feront un détour par Meuang Tam. Ces tarifs incluent l'attente pendant que vous visitez les ruines.

L'accès au parc historique est plus facile au départ de Buriram. Vous prenez un bus direct qui mène à Nong Rong (30 B le billet), puis vous continuez comme décrit plus haut. Le matin, deux ou trois songthaews quittent le marché de Buriram pour relier Don Nong Nae sans arrêt en chemin ; d'autres songthaews assurent ensuite le relais pour vous conduire jusqu'aux ruines. Vous pouvez aussi effectuer tout le circuit depuis Nang Ron, quand bien même cette ville s'avère plus éloignée. Les songthaews se rendant à Phanom Rung depuis Buriram prendront des passagers à Nang Ron, moyennant 8 B. A moins que vous ne préfériez louer une moto à la Honey Inn (150 B la journée), ce qui revient moins cher qu'une course en moto-taxi ou en songthaew (de 300 à 500 B).

Depuis Surin, prenez un bus en partance pour Khorat et descendez à Ban Ta-Ko, sur la Highway 24, puis suivez les indications comme au départ de Khorat.

(suite du texte de la page 688)

Consulats étrangers. La République démocratique populaire du Laos dispose d'un consulat (☎ 043-223698, 221961) au 123 Th Photisan. Dans un délai d'une à trois journées, il délivre des visas de 30 jours pour son pays, moyennant 700 à 1 100 B.

Le consulat vietnamien (☎ 043-241586, fax 241154) se situe au 65/6 Th Chatapadung.

Argent. Toutes les grandes banques thaïlandaises possèdent au moins une agence à Khon Kaen. La plupart sont regroupées dans le quartier sud de Th Si Chan et de Th Na Meuang, entre Th Si Chan et Th Reun Rom. La Bangkok Bank, Th Si Chan, est équipée d'un distributeur de billets et d'un changeur de devises automatique.

Poste et communications. La poste principale, à l'angle de Th Si Chan et de Th Klang Meuang, ouvre en semaine de 8h30 à 16h30, et de 9h à 12h le samedi. Une agence internationale CAT lui est rattachée, avec un autre bureau à Th Sun Ratchakan, dans le quartier nord de la ville.

A voir

Seule curiosité véritable, le **musée national de Khon Kaen** présente des objets Dvaravati, des objets en bronze et en céramique de Ban Chiang, du mercredi au samedi de 9h à 12h et de 13h à 17h. L'entrée vaut 20 B.

Sur les berges du **Beung Kaen Nakhon** (ou étang de Kaen Nakhon), qui couvre 603 rai en saison des pluies, se dresse le **Wat That**, de style issan, avec ses flèches allongées sur le prasat, typiques de cette région. A l'extrémité sud de Beung Kaen Nakhon, le **Wat Nong Wang Muang** présente un nouveau chédi à neuf niveaux. Se promener le soir autour de ce lac et de **Beung Thung Sang**, dans la section nord-est de la ville, est très agréable.

Cours de langue

L'AUA (Americain University Alumni) (☎ 043-241072) a ouvert une succursale à l'université de Khon Kaen où l'on peut apprendre la langue thaï.

Fêtes de Khon Kaen

A Khon Kaen, la fête de la Soie (Silk & Phuuk Siaw Festival) constitue l'événement annuel le plus marquant de la vie sociale. Il dure 10 jours et 10 nuits d'affilée, de fin novembre à début décembre, et se déroule pour l'essentiel dans le parc de Ratchadanuson et sur les pelouses du Sala Klang (Conseil régional). Ces fêtes célèbrent la plantation des mûriers, étape première de la fabrication de la soie. Autre moment fort du festival : le *phùuk sìaw* (littéralement : tissage des liens de l'amitié), en référence à la cérémonie du *bai sii*, au cours de laquelle des fils sacrés sont passés autour des poignets des fidèles pour attirer sur eux la protection des esprits. Ce rituel implique également une réaffirmation solennelle des liens d'amitié et d'allégeance aux coutumes traditionnelles. Parades, musique issan, danses folkloriques viennent ponctuer ces manifestations, ainsi que des repas préparés et consommés en commun.

La fête des Fleurs et de la musique khaen a lieu vers la mi-avril, durant le Songkhran, la nouvelle année lunaire thaï. Accompagnant les immersions rituelles des effigies de Bouddha dans les temples, les festivités consistent en concerts ininterrompus de musique isaan (essentiellement de tradition khaen) et en somptueuses parades d'embarcations enguirlandées de fleurs.

Où se loger – petits budgets

Comme Khon Kaen est une grande ville, doublée d'un important lieu de transit, vous n'avez que l'embarras du choix pour vous loger. Partiellement en bois, le *Saen Samran* (☎/*fax 043 239611, 55/9 Th Klang Meuang*) se compose de chambres à la propreté parfois douteuse, entre 160 et 200 B avec ventilateur en simple, 250 B en double. Toutes disposent d'une douche avec eau froide. L'enseigne en caractères romains indique : "Sansumran".

NORD-EST DE LA THAÏLANDE

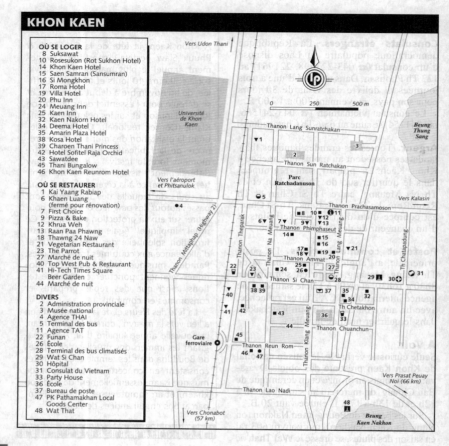

KHON KAEN

OÙ SE LOGER
8 Suksawat
10 Rosesukon (Rot Sukhon Hotel)
14 Khon Kaen Hotel
15 Saen Samran (Sansumran)
16 Si Mongkhon
17 Roma Hotel
19 Villa Hotel
20 Phu Inn
24 Meuang Inn
25 Kaen Inn
32 Kaen Nakorn Hotel
34 Deema Hotel
35 Amarin Plaza Hotel
38 Kosa Hotel
39 Charoen Thani Princess
42 Hotel Sofitel Raja Orchid
43 Sawatdee
45 Thani Bungalow
46 Khon Kaen Reunrom Hotel

OÙ SE RESTAURER
1 Kai Yaang Rabiap
6 Khaen Luang
   (fermé pour rénovation)
7 First Choice
9 Pizza & Bake
12 Khrua Weh
13 Raan Paa Phawng
18 Thawng 24 Naw
21 Vegetarian Restaurant
23 The Parrot
27 Marché de nuit
40 Top West Pub & Restaurant
41 Hi-Tech Times Square
   Beer Garden
44 Marché de nuit

DIVERS
2 Administration provinciale
3 Musée national
4 Agence THAI
5 Terminal des bus
11 Agence TAT
22 Funan
26 École
28 Terminal des bus climatisés
29 Wat Si Chan
30 Hôpital
31 Consulat du Vietnam
33 Party House
36 École
37 Bureau de poste
47 PK Pathamakhan Local
   Goods Center
48 Wat That

Vers Udon Thani
Vers l'aéroport et Phitsanulok
Université de Khon Kaen
Beung Thung Sang
Thanon Lang Sunratchakan
Thanon Sun Ratchakan
Parc Ratchadanuson
Vers Kalasin
Thanon Prachasamoson
Thanon Phimphaseut
Thanon Na Meuang
Thanon Theparak
Thanon Mittaphap (Highway 2)
Thanon Ammat
Thanon Lang Meuang
Th Chatapadung
Thanon Si Chan
Th Chetakhon
Thanon Chuanchun
Thanon Klang Meuang
Thanon Reun Rom
Thanon Lao Nadi
Gare ferroviaire
Vers Chonabot (57 km)
Vers Prasat Peuay Noi (66 km)
Beung Kaen Nakhon
Vers Sawatdee

A peine un peu plus bas aux 61-67 de la même rue le **Si Mongkhon** affiche des tarifs meilleur marché : 100 B avec ventilateur et s.d.b. sur le palier, 150 B avec sanitaires privatifs, 300 B avec l'air conditionné, la TV et l'eau chaude.

Le **Suksawat** (☎ 043-236472), dans une ruelle transversale à Th Klang Meuang, s'avère plus paisible. Ses chambres proprettes se louent 80 B avec s.d.b. en commun, et de 100 à 160 B avec ventilateur et sanitaires privatifs.

Méritant, lors de notre passage, les qualificatifs d'impeccable et moderne, le **Sawatdee** (☎ 043-221600, fax 320345, 177-9 Th NaMeuang) propose des chambres ventilées qui démarrent à 200 B, pour monter jusqu'à 500 B avec la clim. Toutes disposent de l'eau chaude, les climatisées jouissant, en outre, d'une s.d.b., d'un minibar, d'un grand téléviseur, d'un balcon privatif et d'un sol moquetté.

La **Coco Guest House** constitue un bar derrière le restaurant First Choice, entre les rues Na Meuang et Klang Meuang. Elle abrite des simples/doubles modernes et sans fioritures, à 100/200 B ; comptez 300 B avec la clim.

Le *Thani Bungalow* (☎ 043-221428), dans Th Reun Rom, comprend des cabanons hauts en couleur quoique assez rustiques. Prévoyez 250 B avec ventilateur et eau froide, les climatisés à 500 B, plus jolis, sont dotés d'un coin pour s'asseoir et d'eau chaude. L'établissement se situe à deux pas de la gare ferroviaire du marché de Hua Rot Fai.

Où se loger – catégorie moyenne

La ville excelle dans cette gamme, avec toute une sélection oscillant entre 400 et 600 B la nuit.

Sympathique et ayant fait ses preuves de longue date, le *Roma Hotel* (☎ 043-237177, fax 242458, 50/2 Th Klang Meuang) propose des chambres spacieuses et ventilées à 230 B, les climatisées rénovées se louant 400 B. Sa cafétéria sert des plats thaï standard à prix raisonnables.

A proximité du terminal de bus et du marché, le *Deema Hotel* (☎ 043-321562, fax 321561, 133 Th Chetakhon) est une bonne affaire. Ses chambres ventilées propres, avec s.d.b. privative et eau chaude, reviennent à 240 B, tandis que les climatisées pourvues d'une TV par satellite sont louées 300 B.

La *Muang Inn* (☎ 043-238667, fax 243176) occupe un emplacement bien commode, dans Th Na Meuang. Ses climatisées bien entretenues et dotées d'un téléphone coûtent 490 B en simple/double. Le rez-de-chaussée abrite une excellente boulangerie-restaurant.

Contemporain, se dressant sur 5 étages, l'*Amarin Plaza Hotel* (☎ 043-326601, fax 326611) donne dans Th Lang Muang et ses agréables chambres climatisées sont proposées à 380 B.

La *Phu Inn* (☎ 043-243174, 26-34 Th Satityutitham) est un établissement semblable, qui englobe 98 climatisées de 280 à 300 B la nuit. Un peu plus chères, celles des

étages supérieurs s'avèrent en meilleur état que celles du rez-de-chaussée. Toutes disposent de la TV, d'un réfrigérateur et d'un téléphone.

Relativement récent, le *Khon Kaen Reunrom Hotel* (☎ 043-223522, fax 22 0567, 335 Th Reun Rom), près de la gare ferroviaire, possède 72 chambres climatisées bien tenues, à 400 B la nuit ; un bon rapport qualité/prix puisque toutes comprennent TV, minibar, moquette et eau chaude.

En gagnant l'extrémité est de la rue Si Chan, le *Kaen Nakorn Hotel* (☎ 043-224268, fax 224272) comprend des chambres climatisées propres et confortables, louées entre 280 et 600 B.

A l'angle des rues Klang Meuang et Ammat, le *Villa Hotel* (☎ 043-241545) est avant tout un hôtel de passe, avec salon de massages et "centre de distractions" ; ses chambres climatisées et pourvues d'eau chaude sont facturées 200 B.

Où se loger – catégorie supérieure

Parmi les plus chers, le *Khon Kaen Hotel* (☎ 043-244881, fax 242458) se profile sur 6 étages dans Th Phimphaseut. Les simples/doubles impeccables avec balcon privatif et réfrigérateur se louent 500 B la nuit.

Identique et sis dans le voisinage, dans Th Klang Meuang, le *Rosesukon Hotel* (*Rot Sukhon*, ☎ 043-238899, fax 238579) comporte des simples/doubles à 700/800 B. Les deux établissements disposent de suites plus onéreuses dans une fourchette de 1 200 à 2 000 B.

Très prisé, le *Kosa Hotel* (☎ 043-320320, fax 225014), dans Th Si Chan, abrite des chambres tout confort, de 1 100 à 2 300 B, les suites s'échelonnant entre 3 000 et 15 000 B. La cafétéria-salon de massage de luxe, qui lui est rattachée, attire les hommes d'affaires thaïlandais.

Non loin de là, l'*Hotel Sofitel Raja Orchid* (☎ 043-322155, fax 322150) est relativement neuf et ses chambres bien décorées reviennent à 3 300 B la nuit, tandis que ses suites oscillent entre 5 082 et

7 000 B. Toutes les chambres bénéficient d'une élégante s.d.b., d'une TV, d'un mini-bar et d'un dressing. L'établissement accueille en outre plusieurs restaurants, spécialisés dans les cuisines chinoise, vietnamienne, allemande, italienne, thaïlandaise et japonaise. Au sous-sol, le complexe de divertissements dispose même d'une brauhaus allemande, où est brassée la "Kronen bière" maison ; la discothèque à l'occidentale vous coûtera 120 B l'entrée. Par ailleurs, l'hôtel s'honore d'un centre de remise en forme équipé dernier cri et d'un sauna composé.

Jusqu'à une période récente, le meilleur site d'hébergement de la ville n'était autre que la chaleureuse *Kaen Inn* (☎ 043-245420, fax 239459, 56 Th Klang Meuang), où les simples/doubles sont disponibles à 640 B avec la clim., TV, téléphone et réfrigérateur. Sur place, vous trouverez aussi des restaurants chinois et japonais, un bar à karaoké, une cafétéria, un coiffeur et un club de billard. Cet hôtel affiche souvent complet.

Le *Charoen Thani Princess* (☎ 043-220400, fax 220438, à Bangkok : ☎ 02-281 3088) domine toute la localité, au 260 Th Si Chan. Bien équipées, ces simples/doubles avec tout le confort, dont la TV câblée, débutent à 900 B, taxe et service en supplément. Les aménagements comprennent : salles de conférence, centre d'affaires, restaurant chinois (de type "banquet"), cafétéria, centre de remise en forme, piscine et un complexe de divertissements flambant neuf.

Où se restaurer

Cuisine thaï et isaan. Khon Kaen accueille un marché de nuit fort animé, dont les étals offrent moult bonnes choses, non loin du terminal des bus climatisés. Ne manquez pas le *Kun Aem jòk,* souvent pris d'assaut, qui vend de sublimes congees aux brisures de riz.

Face au Villa Hotel, le *Thawng 24 Naw* est un *khâo tom* ouvert non-stop, où vous trouverez tous les plats thaï et chinois classiques.

Attablez-vous à l'excellent restaurant vietnamien, le *Khrua Weh* (Tiam An Hue dans sa langue d'origine), qui occupe une ancienne demeure de Th Klang Meuang, à un jet de pierres de Th Prachasamoson. Ses prix sont modérés et la carte bilingue contient de nombreuses spécialités thaï et isaan, celles de la maison étant le *yam kài weh*, une salade épicée à la menthe et au poulet, et les *kà-yaw sòt*, des rouleaux de printemps frais.

Vous voulez dégustez les meilleurs kài yâang de la ville ? Une seule adresse : le *Raan Paa Phawng* (☎ 043-238799), dans Th Klang Meuang, au sud de Khrua Weh. L'établissement sert également plusieurs variétés de sôm-tam et vous accueille de 9h environ à 16h ; sachez qu'il ne porte aucune enseigne en caractères romains. Autre bon endroit pour la cuisine locale isaan, le *Kai Yaang Rabiap*, dans Th Theparak, pas très loin de Th Lang Sun-ratchakan.

Récent et haut de gamme, le *Hi-Tech Times Square Beer Garden* (☎ 043-321310), dans Th Theparak, à proximité du Sofitel Raja Orchid, présente, dans un écrin de verdure aux cascades savamment orchestrées, de nombreux restaurants en plein air et des beer gardens, s'adressant pour la plupart à une clientèle thaïlandaise aisée.

Dans une fourchette de prix moyens, le *First Choice*, face au Khon Kaen Hotel, propose une belle sélection de plats thaï et végétariens. Il ouvre dès 7h pour le petit déjeuner.

Chaque soir, du crépuscule jusqu'aux alentours de 23h, un *marché de nuit* comblera les gourmands, le long de Th Ruen Rom, entre les rues Klang Meuang et Na Meuang.

Cuisine internationale. Dans Th Si Chan, à côté du Kosa Hotel, *The Parrot* sert de bons petits déjeuners à l'occidentale (avec toast au pain complet et café hollandais), moyennant 40 à 55 B. L'interminable carte comprend, entre autres du saumon grillé, des sandwiches aux fruits de mer, des hamburgers, des pizzas, et de l'excellente cuisine thaï. Avantages supplémentaires : le sympathique service et le pain vendu au détail. L'établissement, très prisé par les expatriés locaux et les Thaïlandais aisés, est ouvert quotidiennement de 7h30 à 22h.

S'adressant aux familles, le *Pizza & Bake* dispose de deux succursales : l'une avoisinant l'agence THAI, dans Th Maliwan, à l'ouest de la voie ferrée, et l'autre à l'angle des rues Phimphaseut et Klang Meuang. Si les pizzas constituent leurs spécialités, vous pourrez aussi y déguster une grande variété de plats européens et thaï, et y boire toutes sortes d'expressos. Vous serez accueilli de 6h30 à 23h30.

Cuisine végétarienne. Le *Vegetarian Restaurant* de Th Lang Meuang propose des plats de légumes de 15 à 25 B. Il ouvre chaque jour de 8h à 21h.

Où sortir

Très animé, *Party House* est un beer garden voisin de l'Amarin Plaza Hotel. On y sirote de la bière en grignotant des en-cas, plongé dans un décor de style safari.

Khaen Luang (☎ 043-241922), dans Th Phimphaseut est une vaste boîte de nuit où viennent se produire des groupes de musique et de danse traditionnelles isaan, notamment du *mǎw lam* et du *lûuk thûng*. Vous pouvez vous attabler à l'avant ou vous asseoir sur des coussins et des nattes, dans le fond. On vous servira de la cuisine du Nord-Est. Lors de notre dernier passage, le club était provisoirement fermé pour rénovation.

Dans Th Si Chan, le *Funan* (☎ 043-239628), à côté du chemin de fer, est un ancien magasin en bois que fréquentent les lycéens et les étudiants du coin, pour y écouter de la musique *phleng phêua chii-wít* (folklore thaï moderne) en live et, de temps en temps, du jazz. C'est ouvert dès 18h.

Le *Top West Pub & Restaurant*, dans un soi de l'autre côté de la rue, a reproduit le thème "old west", présent à travers tout le pays.

Moyennant 60 B l'entrée, vous pourrez envahir la piste du *Heaven Dance Club*,

situé sur les lieux du Hi-Tech Times Square Beer Garden, et appartenant au Sofitel Raja Orchid.

Face au carrefour avec Th Prachasamran, *Music World* accueille des groupes pop thaï dans un décor heavy métal.

Dans le Khon Kean Hotel, le *Thai Classical Massage* (☎ 043-241650) est un salon de massage traditionnel, contrairement à l'annexe du Kosa Hotel.

Achats

Khon Kaen est un bon endroit pour acheter des articles faits main, tels que des tissus de soie et de coton (vous dénicherez des mátmii en coton aussi bien qu'en soie), de l'argenterie et de la vannerie. Une spécialité du Nord-Est est le *mǎwn khwǎan*, un coussin dur de forme triangulaire utilisé pour s'asseoir par terre. Mieux vaut acheter une housse *(mâi sài nûn,* autrement dit sans kapok) que vous rembourrez une fois rentré chez vous.

Si les tissus vous intéressent particulièrement, essayez PK Prathamakhan Local Goods Center (☎ 043-224080), au 79/2-3 Th Reun Rom ; c'est un centre artisanal, doté d'un petit musée.

Méritent également le détour, les boutiques Rin Mai Thai, 412 Th Na Meuang, et Prae Pan (☎ 043-337216), 131/193 Th Chatapadung. Cette dernière est gérée par le Handicraft Centre for Northeastern Women's Development.

Plusieurs boutiques spécialisées dans la vente de produits isaan, frais et en conserve, sont regroupées le long de Th Klang Meuang, entre Th Prachasamoson et Th Si Chan. Parmi celles-ci, citons Jerat, Naem Laplae et Heng Nguan Hiang, qui vendent essentiellement des *nǎem* et autres saucisses, des plats de viande conditionnés, tels que le *sâi kràwk,* le *mǔu yǎw,* le *kun siang mǔu* et le *kuu siang kài.*

Comment s'y rendre
Par avion. La THAI assure quatre vols quotidiens entre Bangkok et Khon Kaen (55 minutes, 1 060 B l'aller simple). Les

bureaux de la Khon Kaen Thai (☎ 043-236523, 334112) se trouvent 183/6 Th Maliwan. L'aéroport est à quelques kilomètres à l'ouest de la ville (par la Highway 12). La THAI organise un service de navettes entre l'aéroport et le centre-ville.

Bus. Vous trouverez le terminal des bus ordinaires sur Th Prachasamoson ; celui des bus climatisés dans un dépôt proche du marché, Th Klang Meuang.

Depuis le terminal Nord de Bangkok, les bus climatisés à destination de Khon Kaen coûtent 208 B. Départ toutes les demi-heures, de 8h30 à 23h30. Il existe aussi un service de bus VIP (deux par jour ; 318 B l'aller simple). Prévoyez entre 7 et 8 heures de route.

Depuis Phitsanulok, les bus ordinaires partent toutes les heures entre 10h et 16h30, et entre 18h30 et 1h du matin. Le trajet dure 5 heures (99 B). Les bus climatisés, moins fréquents, coûtent de 139 à 168 B suivant la compagnie.

De Khon Kaen à Chiang Mai, trajet de 11 à 12 heures, les bus climatisés de nuit reviennent à 309 B (à 20h et 21h, par l'ancienne route *via* Tak), ou à 347 B (à 20h par la nouvelle route *via* Utaradit). Un bus ordinaire met 12 heures et coûte 221 B.

Les autres destinations au départ de Khon Kaen comprennent : Chiang Rai (366 B, 13 heures), Nakhon Phanom (285 B, 4 heures), Ubon (135 B, 5 heures), Nong Khai (85 B, 5 heures) et Loei (102 B, 4 heures).

Les bus ordinaires de Khorat à Khon Kaen partent à peu près toutes les demi-heures, de 5h30 à 17h30, et arrivent entre 2 heures 30 et 3 heures plus tard. Prévoyez 52 B. Ces bus desservent aussi Udon Thani (35 B, 2 heures de trajet), Chaiyaphum (36 B, 2 heures) et Surin (75 B, 5 heures 30).

Train. Les rapides n°s 137 et 133 (2e et 3e classes) quittent la gare de Hualamphong de Bangkok, à 6h15 et à 19h, pour arriver à Khon Kaen respectivement à 14h06 et à 3h16 du matin. Le seul train-couchettes qui rejoint cette ville à une heure relativement

commode est l'express n° 69, lequel part de Bangkok à 20h30 et rejoint Khon Kaen à 4h47. Comptez 368/179/77 B en 1re/2e/3e classe, supplément express et rapide non inclus.

Comment circuler

Un service régulier de songthaew rejoint le centre-ville (3 B par personne). Vous ne trouverez guère de túk-túks ou de samlors à Khon Kaen et, si vous souhaitez louer un véhicule, vous devrez payer un chauffeur de songthaew dans les 30 ou 50 B. Si vous préférez conduire vous-même, sachez qu'il y a un bureau d'Avis Rent-A-Car (☎ 043-344313) à l'aéroport de Khon Kaen.

ENVIRONS DE KHON KAEN
Chonabot

Installée au sud-ouest de l'amphoe meuang Khon Kaen, cette petite ville jouit d'une grande renommée pour ses soieries et ses cotonnades *mát-mii*. Commencez par le **Suun Silapahattakam Pheun Baan** (centre d'artisanat), Th Pho Sii Sa-aat, en face du Wat Pho Sii Sa-aat, à 10 km environ du croisement de la Highway 2 menant à Ban Phai et de la Route 229, au nord de la ville.

Toutefois, vous dénicherez les plus belles étoffes dans les petits ateliers de tissage qui bordent les rues avoisinantes. Nul besoin d'enseignes, les métiers à tisser se repèrent facilement à l'entrée de simples maisons de bois.

Parmi les maisons de tisserands les plus renommées, citons Khun Songkhram, Khun Suwan, Khun Thongsuk et Khun Chin. L'anglais étant très peu pratiqué à Chonabot, l'idéal est de vous faire accompagner d'un interprète thaï.

Comment s'y rendre. Des songthaews font la navette toutes les heures depuis le terminal de Khon Kaen (12 B), de 5h30 à 17h30 pour 14 B. Le dernier départ depuis le marché de Chonabot a lieu entre 15h30 et 16h. Le trajet dure environ 1 heure.

La gare ferroviaire de Ban Phai, à près de 11 km à l'est de Chonabot, est desservie quotidiennement par 6 trains en provenance de Khon Kaen (entre 3h16 et 21h45). En sens inverse, 6 trains partent de Ban Phai (entre 2h35 et 22h28). L'aller simple en 3ᵉ classe revient à 7 B, pour un trajet d'environ 40 minutes. La course en songthaew de Ban Phai à Chonabot coûte 6 B. Ces derniers circulent fréquemment de 6h à 18h.

On peut également gagner Chonabot à partir de Khorat, en bus ou en train *via* Ban Phai (167 km au nord-est de Khorat).

Prasat Peuay Noi

Également appelé Ku Peuay Noi ou, localement, That Ku Thong, ce temple khmer du XIIᵉ siècle est bâti autour d'un vaste sanctuaire en grès, surmonté d'un prang de style lopburi, et ceint de murs en dalles percés de deux imposants portails.

De nombreux linteaux sculptés font la richesse de l'endroit. Rassemblés aux abords du temple lors des travaux de res-

tauration, ils forment un étonnant jardin de sculptures.

Comment s'y rendre. En voiture, suivez la Highway 2 vers le sud pendant 44 km, jusqu'à Ban Phai, puis, sur votre gauche, prenez la Highway 23 (direction de Borabeu). Arrivé au croisement de la route 2297, poursuivez-la pendant 24 km jusqu'à la bourgade de Peuay Noi. Les ruines se trouvent juste à la lisière de la ville, côté sud. Vous apercevrez, sur votre droite, les vestiges du temple.

Si vous empruntez les transports publics, prenez le train de Khon Kaen à Ban Phai ; un songthaew vous mènera ensuite jusqu'à Peuay Noi. Si vous voulez faire cette excursion en une journée, partez aux aurores ; le dernier songthaew quitte Peuay Noi aux alentours de 15h. Autre solution : le stop. Pour plus de détails sur les moyens de trans-

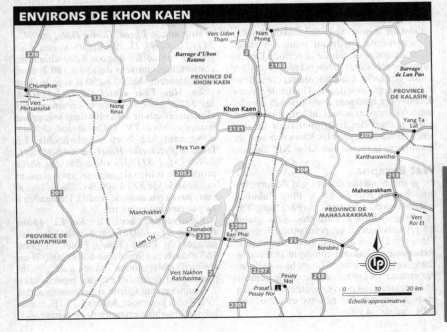

ENVIRONS DE KHON KAEN

port, voir la rubrique *Comment s'y rendre* de Chonabot.

ROI ET

35 000 habitants

Tout petit chef-lieu de province en plein développement, Roi Et a dû servir, il y a trois siècles, de tampon dans le conflit entre les Thaïlandais et les Laotiens. La cité comptait autrefois 11 portes et était entourée de 11 colonies vassales. Roi Et signifie "Cent Un" et pourrait être une amplification du nombre 11.

La ville actuelle occupe un site entièrement nouveau, avec le grand lac artificiel de **Beung Phlan Chai** en son centre (où louer des barques).

Les soieries et les cotons de Roi Et sont de très bonne qualité et généralement moins chers que ceux de Khorat et de Khon Kaen.

L'agence locale de la Bangkok Bank, près de l'hôtel Ban Chong, effectue toutes opérations de change.

Wat Neua

Situé dans le quart septentrional de la ville, ce wat mérite un détour pour son chédi vieux de douze siècles de la période Dvaravati, appelé Phra Satuup Jedi. Il est en forme de cloche quadrangulaire, chose tout à fait exceptionnelle en Thaïlande. Vous découvrirez quelques *sema* (pierres d'ordination) dvaravati autour du bòt, ainsi qu'un pilier portant des inscriptions sur un des côtés du wat, érigé par les Khmers quand ils dominaient la région aux XIe et XIIe siècles.

Wat Burapha

Le grand bouddha debout qui domine les toits bas de Roi Et est le Phra Phuttharatana-mongkon-mahamuni (Phra Sung Yai en abrégé) du Wat Burapha. Sans grand intérêt artistique, il est pourtant difficile de l'ignorer. Du sol à la pointe de son *ùtsànìt* (ornement en flamme entourant la tête), le Phra Sung Yai mesure 67,8 m, base incluse. Par un escalier creusé dans le soubassement de la statue, vous pouvez monter à peu près jusqu'à hauteur des genoux et avoir une belle vue sur la ville.

Où se loger

A Roi Et, l'hébergement revient moins cher que dans la plupart des capitales provinciales. L'accueillant *Ban Chong Hotel* (*Banjong*, ☎ 043-511235, 99-101 Th Suriyadet Bamrung*) se compose de chambres proprettes avec ventilateur et s.d.b. à eau froide, louées de 180 à 200 B. Même rue, au 133, le *Saithip Hotel* comporte des chambres d'une propreté à revoir parfois, et proposées de 240 à 260 B avec ventilateur ; prévoyez entre 320 et 340 B avec l'air conditionné. L'établissement est souvent complet.

Le *Khaen Kham Hotel* (☎ 043-511508, 52-62 Th Rattakit Khlaikhla*) contient des chambres, certes bien tenues, mais méritant une rénovation, avec ventilateur et s.d.b., moyennant de 140 à 180 B. Les climatisées sont facturées 300 B et il existe une cafétéria sur place. Toujours dans cette artère, au n° 46, le *Bua Thong Hotel* (☎ 043-511142*) est meilleur marché. Ses chambres ventilées sentent malheureusement le moisi, mais ne coûtent que 120/170 B en simple/double.

Bruyant, le *Phrae Thong Hotel* (☎ 043-511127, 45-47 Th Ploenchit*), voisin d'un temple chinois, dispose de chambres confortables, tarifées de 130 à 180 B avec ventilateur, ou de 200 à 250 B avec la clim.

Le *Mai Thai Hotel* (☎ 043-511038, fax 512277, 99 Th Haisok*) comprend des climatisées qui ne sont plus dans leur prime jeunesse, avec TV, s.d.b. et eau chaude, moyennant 532 B en simple/double. En face, le *Petcharat Hotel* (☎ 043-511741, 514058, fax 511837*) offre des chambres propres de milieu de gamme, avec clim. et eau chaude, de 320 à 400 B (25% en sus, si vous payez par carte de crédit). Demandez à ne pas être logé côté rue.

Relativement neuf, le *Roi-Et Thani Hotel* (☎ 043-520387, fax 520401*) dans les parages du Phrae Thong Hotel, englobe 167 chambres climatisées à 960/1080 B en simple/double, toutes avec s.d.b., téléphone IDD (avec fiches pour modem/fax), TV, minibar et moquette au sol, ainsi que des "VIP" plus luxueuses, louées 1 750 B. L'établissement abrite en outre deux restaurants.

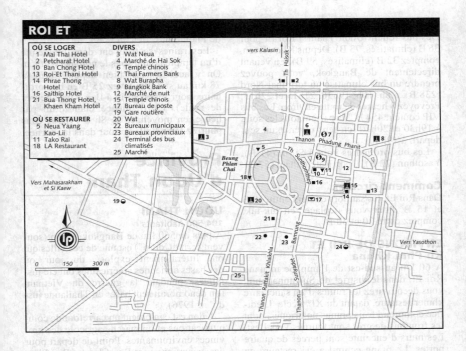

ROI ET

OÙ SE LOGER
1 Mai Thai Hotel
2 Petcharat Hotel
10 Ban Chong Hotel
13 Roi-Et Thani Hotel
14 Phrae Thong Hotel
16 Saithip Hotel
21 Bua Thong Hotel, Khaen Kham Hotel

OÙ SE RESTAURER
5 Neua Yaang Kao-Lii
11 Tako Rai
18 LA Restaurant

DIVERS
3 Wat Neua
4 Marché de Hai Sok
6 Temple chinois
7 Thai Farmers Bank
8 Wat Burapha
9 Bangkok Bank
12 Marché de nuit
15 Temple chinois
17 Bureau de poste
19 Gare routière
20 Wat
22 Bureaux municipaux
23 Bureaux provinciaux
24 Terminal des bus climatisés
25 Marché

Où se restaurer

Autour du Beung Phlan Chai sont installés plusieurs restaurants-jardins à prix modérés. Le *Neua Yaang Kao-Lii*, au nord-est, offre une atmosphère agréable, une carte en anglais et de la bonne cuisine. La spécialité maison est le bœuf coréen que chaque convive cuisine selon son goût. Autre bon établissement au bord du lac, le *LA restaurant* qui sert potages, sandwiches, et petit déjeuner à l'anglaise, ou encore des plats thaïlandais.

Un chapelet de restaurants bon marché longe Th Ratsadan Uthit, qui part vers l'est à partir du nord-est du lac.

Au *Tako Rai*, à l'angle du Ban Chong Hotel, Th Sukkasem, vous dégusterez les meilleures spécialités isaan de la ville. Le *marché de nuit* est à deux pas, à l'est, des hôtels Ban Chong et Saithip. Un autre *marché de nuit* de qualité se tient tous les soirs le long d'une rue à un pâté de maisons au sud de la poste.

Achats

Pour acheter des objets d'artisanat local, allez dans Th Phadung Phanit, où vous trouverez des *mãwn khwãan*, des *phâa mát-mii* (ikats de soie et de coton), des paniers à riz gluant, des khaens et des objets de culte bouddhiques. Phaw Kaan Khaa, 377-9 Th Phadung Phanit, offre un grand choix, mais il faut marchander pour obtenir un bon prix. Charin (Jarin), situé 383-385 Th Phadung Phanit, est également intéressant.

Les vendeurs de rue offrent un choix plus réduit, moins cher mais de moindre qualité que les magasins.

Dans la rue, quatre mètres de mát-mii en coton ne dépassent pas les 150 B. Les tisserands eux-mêmes se fournissent chez le grossiste du 371 Th Phadung Phanit.

NORD-EST DE LA THAÏLANDE

Comment s'y rendre

Des bus relient Udon Thani à Roi Et pour 36 B (climatisés, 73 B). Depuis Khon Kaen, comptez 32 B (climatisés, 59 B). En venant directement de Bangkok, vous pouvez prendre un bus climatisé au terminal Nord (238 B), à 8h, 10h, 19h30, 21h15 et 22h15. Prévoyez 8 heures de route environ. Les bus VIP coûtent 454 B ; ils partent tous les soirs à 19h30 et 20h10 (en sens inverse, un seul départ, à 19h30).

Les bus ordinaires vont à Surin (41 B), Yasothon (22 B), Ubon Ratchathani (57 B).

Comment circuler

Dans Roi Et, les samlors coûtent entre 10 B et 15 B. Pour vous déplacer en túk-túk, comptez entre 20 et 30 B.

ENVIRONS DE ROI ET
Ku Phra Khona

A 60 km au sud-est de l'amphoe meuang Roi Et, dans le district de Suwannaphum, vous découvrirez les ruines d'un sanctuaire khmer restauré, datant du XIe siècle. L'édifice comprend trois prangs en briques, dont les frontons de grès sont tournés vers l'est. Les murs d'enceinte sont percés de quatre portes. Le prang central a été restauré en 1928 et complété de niches destinées aux statues de Bouddha. Un sanctuaire abritant une empreinte de pied du Bouddha a été ajouté en façade et décoré de nagas (serpents à tête de dragon) khmers, de style bayon, qui ornaient déjà le lieu à l'origine.

Les deux autres prangs, eux aussi restaurés, ont conservé leurs structures d'origine. Le prang nord présente un linteau Narai (Vishnou) sur une de ses portes et un bas-relief Ramayana sur le pignon intérieur. Attention aux singes à l'affût de nourriture. Mieux vaut ne pas en avoir sur soi.

Comment s'y rendre. Des bus (20 B) très fréquents et des songthaews (12 B) relient la capitale à Suwannaphum *via* la Route 215.

Il reste alors 6 km à parcourir pour atteindre Ku Phra Khona ; n'importe quel bus allant vers Surin vous déposera à Ban Ku, à l'intersection de la Route 2086, à l'est de Phon Sai.

Les ruines se trouvent dans l'enceinte d'un temple connu sous le nom de Wat Ku. On y accède aussi bien depuis Surin, à 78 km au sud. Prévoyez 25 B en bus ordinaire, pour relier Surin à Ban Ku (2 heures de route). La fréquence étant d'un par heure, en moyenne, de 8h à 17h30, vous pourrez faire l'aller-retour dans la journée.

Province d'Udon Thani

UDON THANI
104 500 habitants

A près de 560 km de Bangkok, Udon (souvent écrit "Udorn") est une de ces villes qui ont littéralement explosé du jour où des bases aériennes américaines ont été installées, pendant la guerre du Vietnam (on dénombrait sept bases en Thaïlande jusqu'en 1976).

Udon est également un carrefour de communications et un marché agricole des provinces environnantes. Point de départ pour des excursions vers Ban Chiang, Ban Pheu ou les villages de tisserands khit, la ville n'a pas grand chose à offrir, à moins que vous ne voyagiez depuis longtemps dans le Nord-Est et que vous recherchiez des commodités occidentales telles que cafés climatisés, glaciers rutilants, salons de massage ou cuisine faráng, bien que Khon Kaen, dans ce registre, tienne le haut du pavé.

Renseignements

Office du tourisme. La TAT (☎ 042-325406) a depuis peu un bureau, 16/5 Th Mukkhamontri, près de Nong Prajak, qui est ouvert tous les jours de 8h30 à 16h30. Vous y trouverez des dépliants sur les provinces d'Udon, de Loei et de Nong Khai.

Argent. Plusieurs banques avec des services de change émaillent les avenues principales. Seule la Bangkok Bank de Th Prajak Silpakorn ouvre jusqu'à 20h.

Poste et communications. La poste principale de Th Wattananuwong (Wattana) ouvre du lundi au vendredi de 8h30 à 16h30. Le week-end et les jours fériés, elle fonctionne de 9h à 12h. Le bureau des téléphones, à l'étage, vous accueille tous les jours de 7h à 20h.

Services médicaux. L'hôpital Wattana, Th Suphakit Janya, près de Nong Prajak et du consulat américain, constitue, de loin, le meilleur établissement de la région.

A voir et à faire

Au coin nord-est de Thung Si Meuang (terrain municipal) se dresse le **Lak Meuang**, ou pilier-phallus de la ville, où le dieu gardien de la cité est censé habiter. Ciselé à la feuille d'or et entouré d'offrandes de fleurs, de bougies et d'encens, ce pilier-autel en jouxte un second contenant le Phra Phuttha Pho Thong, une stèle du Bouddha d'âge indéterminé. Tout à côté, un banyan sacré accueille les "maisons des esprits" ainsi que des autels chinois.

Pour quitter l'activité du centre-ville, promenez-vous dans les environs de **Nong Prajak**, un parc-réservoir au nord-ouest de la ville. C'est un lieu de prédilection des gens de la région pour le jogging, les pique-niques et les rencontres en général.

Où se loger – petits budgets

Udon fourmille de sites d'hébergement dans toutes les gammes de prix. Central, le *Krung Thong Hotel* (☎ 042-295299, 195-9 Th Pho Si) propose des chambres convenables à 100 B, avec sanitaires en commun, des simples/doubles à 150/200 B avec ventilateur et s.d.b., ou 240/300 B, si elles sont climatisées. Au 6-8 Th Udon-dutsadi, le *Queen Hotel* comprend des simples ventilées et dotées d'une s.d.b. privative, louées de 120 à 160 B ; tablez sur 300 B pour la clim.

Le *Sriswast* (Si Sawat Hotel, 123 Th Prajak Silpakorn, demande 100 B pour une chambre avec ventilateur et s.d.b. commune dans le vieux bâtiment, ou 180 B dans les installations neuves. Un peu bruyant, selon certaines sources, plein de charme selon

d'autres, l'établissement offre de toute façon plus de caractère que la plupart de ses concurrents.

Dans Th Prajak Silpakorn, commodément installé non loin de plusieurs cafés et boulangeries, le *Maphakdi Hotel* ne manque pas d'un certain cachet. Cette bâtisse sino-thaï d'une autre époque, partiellement construite en bois, abrite de surcroît un restaurant au rez-de-chaussée. Prévoyez 100/120 B la simple/double avec s.d.b. sur le palier.

Plus joli mais aussi plus onéreux, le *Tang Porn Dhiraksa Hotel* (☎ 042-221032) sur Th Mak Kheang propose de spacieuses chambres ventilées et assez tranquilles, à 140 B avec sanitaires en commun, ou 200 B si vous les souhaitez privatifs.

Autre endroit tout à fait correct dans cette fourchette de prix, le *Prachapakdee Hotel* (*Prachaphakdi*, ☎ 042-221804, 156/8 Th Prajak Silpakorn). Ses chambres reviennent entre 150 et 190 B avec ventilateur et s.d.b., ou entre 300 et 350 B avec la clim. C'est propre, sympathique et relativement calme, pour un établissement du centre-ville.

Le *Siri Udon* (☎ 042-221658), implanté dans un soi entre les rues Pho Si et Sri Suk, contient des chambres impeccables avec ventilateur, louées 180/260 B avec 1/2 lits, ou à partir de 320 B avec l'air conditionné.

Plusieurs autres petits établissements peu onéreux jalonnent l'extrémité est de Th Prajak Silpakorn, à deux pas du centre commercial Charoensri. Parmi eux, le *Mit Sahai*, le *Mit Pracha*, et le *Malasri Sangoen*, chacun proposant des chambres qui oscillent entre 120 et 150 B.

L'*Udon Thani Teachers College* (☎ 042-221169, Th Thahan) loue ses dortoirs avec s.d.b. en commun de 50 à 70 B la nuit, à la période des vacances (notamment de mars à mai). Le *Regional Education Office* (☎ 042-222702), qui donne dans Th Pho Si, dispose de chambres à 60 B pratiquement toute l'année. Il s'agit d'un hébergement rudimentaire : de un à quatre lits dans une pièce, dotée d'un ventilateur au plafond, avec sanitaires dans le couloir.

Pour dormir plus au calme, vous pouvez envisager de séjourner à Ban Chiang (voir la

CENTRE D'UDON THANI

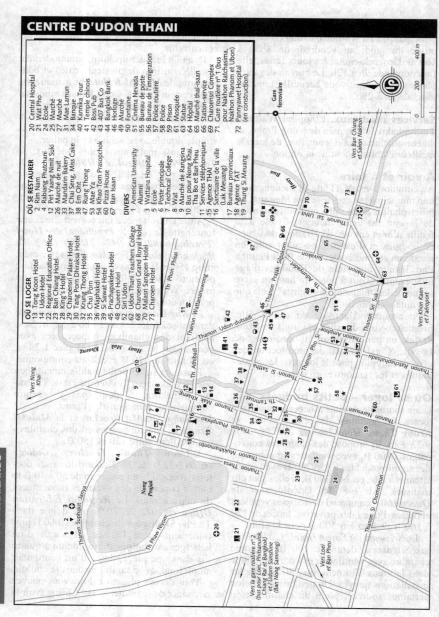

OÙ SE LOGER
13 Tong Koon Hotel
14 Udon Hotel
22 Regional Education Office
23 Ban Chiang Hotel
28 King's Hotel
29 Charoensri Palace Hotel
30 Tang Porn Dhiratca Hotel
32 Krung Thong Hotel
35 Chai Porn
36 Maphakdi Hotel
39 Si Sawat Hotel
45 Prachapakdee Hotel
48 Queen Hotel
52 Siri Udon
62 Udon Thani Teachers College
63 Charoensri Grand Royal Hotel
70 Malasri Sangoen Hotel
71 Charoen Hotel

OÙ SE RESTAURER
2 Rim Nam
4 Rabiang Phatchani
12 Pet Yaang Nimit Suki
26 Marché de nuit
33 Mandarin Bakery
37 Chai Seng, Miss Cake
38 Em Oht
47 Rung Thong
53 Mae Ya
54 Khao Tom Prasopchok
60 Pizza House
67 Ban Isaan

DIVERS
3 American University Alumni
5 Wattana Hospital
6 Ecole
7 Technical College
8 Wat
9 Marché de Rangsina
10 Bus pour Nong Khai, Tha Bo et Ban Pheu
11 Services téléphoniques
15 Agence THAI
16 Sanctuaire de la ville (Lak Meuang)
17 Bureaux provinciaux
18 Agence TAT
19 Thung Si Meuang
20 Central Hospital
21 Wat Pho
24 Ecole
25 Marché
27 Marché
31 Mae Lamun
34 Kamika Tour
40 Banque
41 Temple chinois
42 Boss Pub
43 407 Pub
44 Bangkok Bank
46 Horloge
49 Marché
50 Fontaine
51 Cinéma Nevada
55 Bureau de poste
56 Bureau de l'immigration
57 Police routière
58 Police
59 Prison
61 Mosquée
63 Hôpital
64 Statue
65 Marché thaï-isaan
66 Station-service
69 Charoensri Complex
71 Gare routière n° 1 (bus pour Nakhon Ratchasima, Nakhon Phanom et Ubon)
72 Pannyawet Hospital (en construction)

rubrique *Les environs de la province d'Udon Thani*).

Où se loger – catégorie moyenne

Juste un cran au-dessus des précédents, le sympathique *Chai Porn* (☎ 042-221913 et 222144), 209-211 Th Mak Khaeng, demande entre 230 et 300 B pour des chambres avec s.d.b. et ventilateur, et de 300 à 400 B avec la clim.

Agrandi et rénové, l'*Udon Hotel* (☎ 042-248160, fax 242782, 81-89 Th Mak Khaeng) possède des chambres climatisées confortables, de 500 à 750 B. Les voyageurs d'affaires aiment y descendre, car l'établissement bénéficie d'un parking. Par conséquent, il affiche souvent complet. L'enseigne voisine, le *Tong Koon Hotel* (☎ 042-326336, fax 326349, 50/1 Th Mak Khaeng) est un site récent de 5 étages, offrant des climatisées avec TV par satellite, réfrigérateur et téléphone, moyennant 490 B en simple, et de 600 à 700 B en double.

Non loin du Charoensri Palace Hotel, dans Th Pho Si, le *King's Hotel* abrite des chambres moyennes, en retrait de la rue. Prévoyez entre 240 et 300 B avec ventilateur, 360 B avec l'air conditionné.

A trois kilomètres de la localité, près de l'aéroport, sur la Highway 210, la nouvelle *Sleep Inn* (☎ 042-346223, fax 348070, 14 Muu 1, Th Udon-Nongbualamphu) est un établissement moderne, sur 3 niveaux, avec 120 chambres et suites. Toutes disposent de la clim., d'un minibar, de la TV par câble et d'un téléphone IDD, à condition de débourser la somme tout à fait raisonnable de 500/600 B en simple/double. Les autres installations comprennent un restaurant, un beer garden, 16 pièces high-tech dévolues au karaoké, un parking, et le transport gratuit depuis/vers l'aéroport d'Udon.

Où se loger – catégorie supérieure

Le *Charoen Hotel* (☎ 042-248115, 549 Th Pho Si) se compose de climatisées louées de 850 à 950 B dans l'ancien bâtiment, ou à partir de 2 570 B dans l'aile

récente. Les aménagements englobent une piscine, un salon-bar, un restaurant et une discothèque.

Au cœur du Charoensri Complex, face à l'extrémité sud-est de Th Prajak Silpakorn, le *Charoensri Grand Royal Hotel* (☎ 042-343555, fax 343550) propose des chambres de luxe relativement neuves sur 13 étages ; comptez depuis 999 B la simple/double jusqu'à 2 000 B la suite. Quant au *Charoensri Palace Hotel* (☎ 042-222601, 60 Th Pho Si), il fait figure de parent pauvre, avec ses climatisées tarifées entre 500 et 900 B.

Assez récent, le *Ban Chiang Hotel* (☎ 042-221227), dans Th Mukkhamontri, offre des chambres de luxe dont les tarifs démarrent à 1 777 B, mais des rabais sont souvent consentis.

Où se restaurer

Cuisine thaï, chinoise et isaan. Udon est une ville de gourmands et de gastronomes, notamment pour les amateurs de plats isaan. Aux 117-179 Th Adunyadet, le Ban Isaan sert, entre autres, de savoureux kài yâang et du délicieux sôm-tam.

Dans la partie ouest du rond-point de l'horloge, le *Rung Thong* concocte de succulents curries thaï à bon marché ; c'est l'une des plus anciennes boutiques à curries de cette région, mais sachez qu'elle ferme à 17h.

Ceux qui aiment les pâtisseries pousseront sans doute la porte de la *Mandarin Bakery*, voisine du Chai Porn Hotel, dans Th Mak Khaeng. Outre les douceurs à emporter, ce vaste restaurant climatisé sert des plats thaï, chinois et faráng à des prix corrects, jusqu'à 23h. Plusieurs autres petits établissements sont disséminés tout le long de la rue Mak Kheng.

Au nord de cette artère, non loin de l'Udon Hotel, le *Pet Yaang Nimit Suki* est spécialisé dans le canard rôti et le sukiyaki à la thaïlandaise.

Dans Th Prajak Silpakorn, entre les rues Mak Khaeng et Si Sattha, le *Chai Seng* est très fréquenté à l'heure du petit déjeuner. Vous y dégusterez du *khài kà-tà* (œufs en

Udon Sunshine

Juste au nord-ouest de la ville, dans Ban Nong Samrong, cette pépinière s'est rendue célèbre pour sa production de parfums entièrement à base d'orchidées naturelles. Ces derniers temps, sa réputation n'a fait que croître, grâce à la culture d'une "plante dansante", issue de plusieurs générations de "girants" thaï, sélectionnés pour leur inexplicable prédisposition à osciller et se trémousser, lorsqu'on les expose à certains sons. Le girant adulte (qui, malgré les dires de la presse du pays, n'est pas une orchidée) présente des feuilles ovales, de tailles variables. Si vous chantez ou parlez à la plante d'une voix douce et flûtée (encore mieux si vous lui jouez du saxophone ou du violon), les petites feuilles vont décrire un subtil mouvement d'avant en arrière, tantôt rapide, tantôt lent. Ce n'est pas une plaisanterie, nous en avons fait nous-mêmes l'expérience. Parler ou chanter en présence de plantes étant réputé offrir une influence apaisante sur les esprits troublés, plusieurs psychothérapeutes locaux ont amené leurs patients sur place pour leur séance.

La pépinière accueille le public chaque jour, durant toute l'année. Les plantes se manifestent davantage de novembre à février, c'est-à-dire à la saison fraîche. Si vous venez à la saison des pluies, mieux vaut tâcher d'arriver entre 6h et 9h du matin, ou de 16h30 à 19h ; midi peut convenir aussi, à condition que le ciel soit nuageux. Le propriétaire s'exprime dans un excellent anglais et sera ravi de vous faire visiter son domaine, moyennant 40 B par personne. Tous les gains sont versés à un programme de lutte contre le Sida, mené par l'Udon Hospital. Les plantes ne sont pas à vendre et le responsable prend soin de retirer toutes les fleurs des plantes exposées au public, afin d'éviter que quiconque ne les chaparde et ne les fasse pousser chez lui. Vous pouvez toutefois acquérir une "Miss Udon Sunshine", une orchidée rare, cultivée pour son parfum (et la première qui ait été utilisée à cette fin). Pour de plus amples informations, appelez le ☎ 042-242475.

Vous accéderez au site en suivant les panneaux indiquant Ban Nong Samrong, après avoir quitté la Highway 2 024, puis au bout de 200 m, vous apercevrez l'écriteau : "Udon Sunshine". Depuis/vers le centre d'Udon, prévoyez environ 50 B la course en túk-túk.

cocotte) et du vrai café. L'*Em Oht,* situé à deux pas, est du même acabit. Citons aussi *Miss Cake*, une petite boutique proposant gâteaux et pâtisseries.

MD Suki, au rez-de-chaussée du centre commercial du Charoensri Complex, attire une clientèle de jeunes thaïlandais friands de nouilles et de sukiyaki à la mode thaï. Le food centre du 3e étage mérite également le détour.

A proximité de la poste, dans Th Ratchaphasadu, le *Khao Tom Prasopchok* est un établissement de plein air, spécialisé dans le khâo tôm et les curries thaï. Par ailleurs, il reste ouvert tard. Dans le même quartier, le *Mae Ya* est un endroit climatisé sur 2 niveaux, où vous pouvez savourer une multitude de plats thaïlandais.

Sur les rives du réservoir de Nong Prajak, face à Th Suphakit Janya, deux restaurants thaï de plein air vous accueilleront : le *Rim Nam* et le *Rabiang Phatchani*.

N'oublions pas non plus l'excellent *marché de nuit* qui se tient dans la rue Mukkhamontri.

Cuisine internationale. Le 3e étage du Charoensri Complex, au sud de Th Prajak Silpakorn, abrite *KFC, Mister Donut, Sumerry Bakery, Pizza Hut, Swensen's* et un gigantesque supermarché. Vous découvrirez des cafétérias à la fois au rez-de-chaussée et au second, parmi lesquelles, le très fréquenté *Black Canyon*, qui propose plus de 20 qualités de café différentes. La

Steak & Pizza House du 2ᵉ étage sert une cuisine acceptable, mais sans plus. Par ailleurs, il existe aussi une *Pizza House* au 63/1 Th Naresuan.

Où sortir
Au *Nevada Cinema*, vous pourrez voir des films en VO. Pour sortir le soir, le *Charoen Hotel* abrite un bar confortable et une discothèque. De son côté, l'Udon Hotel héberge *La Reine*, un club populaire proche du cabaret.

Le *Boss Pub*, Th Udon-dutsadi, à 200 m de la tour de l'horloge, propose tous les soirs du jazz, du reggae et de la pop thaïlandaise live.

Th Mak Khaeng, non loin de l'Udon Hotel, vous trouverez quelques *salons de massage*, héritage des GI's naguère cantonnés dans ce quartier.

Achats
Le principal quartier commerçant d'Udon est concentré dans les environs de Th Pho Si, entre le rond-point avec une fontaine et Th Mak Khaeng.

Mae Lamun est un excellent magasin de produits locaux situé Th Prajak Silpakorn, à l'est de Th Mak Khaeng. Installé au 2ᵉ étage d'un magasin vendant des articles de piété bouddhique, il propose un grand choix de soieries et de cotons de qualité, d'argenterie, de bijoux, de bouddhas et de vêtements en tissus régionaux, le tout à des prix élevés mais négociables. Autre bonne boutique d'artisanat – surtout pour les coussins : Thi Non Michai, 208 Th Pho Si.

Le tout récent Charoensri Complex, Th Prajak Silpakorn, offre plus de 22 000 m² de succursales de grands magasins thaïlandais, un gigantesque supermarché, des boutiques de prêt-à-porter des meilleurs stylistes, plusieurs restaurants et coffee-shops, ainsi que le Charoensri Grand Royal Hotel.

Si vous cherchez un grand túk-túk – taxi motorisé à trois roues, appelé "jumbo" sur l'autre rive, à Vientiane, et *rót sàkailâp* (Skylab, en référence à l'archaïque capsule spatiale) à travers tout l'Isaan –, eh bien, c'est à Udon Thani qu'on les fabrique.

Vous pouvez acquérir un nouveau Skylab à Udon Ekaphanit, 117/2-4 Th Prajak, qui jouxte la caféteria Em Oht. Il en existe plusieurs modèles, selon le moteur : depuis le Honda 90 cm³ (43 000 B) au 125 cm³ (50 000 B). Le slogan de la société est le suivant : "Allez à Lampang, roulez en charrette, venez à Udon et roulez en Skylab".

Comment s'y rendre
Avion. La THAI assure des liaisons trois fois par jour de Bangkok à Udon. Le vol dure une heure et coûte 1 310 B. A Udon, le bureau de la THAI (☎ 042-246697, 243222) est installé au 60 Th Mak Khaeng.

Bus. Les bus pour Udon quittent le terminal Nord de Bangkok toute la journée, de 5h à 23h. Comptez entre 10 et 11 heures de voyage, moyennant 145 B en bus ordinaire, 260 B en bus climatisé.

Depuis le terminal principal de Khorat, des bus circulent toutes les demi-heures et arrivent cinq heures plus tard à Udon, pour 81 B (ou 146 B en bus climatisé).

Les points de départs sont éparpillés dans toute la ville. Les bus ordinaires pour Nong Khai (15 départs quotidiens de 5h30 à 15h30, 17 B) partent du marché Rangsina, à la périphérie nord de la ville. Prenez le bus n°6 ou un songthaew à Th Udon-Dutsadi pour Talaat Rangsina.

De là aussi, des bus vont vers Tha Bo, Si Chiangmai et Ban Pheu. Le terminal n°2, installé à la périphérie nord-ouest de la ville, à côté de la Highway, dessert Loei, Nakhon Phanom, Chiang Rai, Si Chiangmai, Nong Khai et Bangkok.

Situé à proximité de Th Sai Uthit, à côté du Charoen Hotel, au sud-est de la ville, le terminal n°1 dispose de bus qui relient le sud et l'est, dont Khorat, Sakon Nakhon, Nakhon Phanom, Ubon Ratchathani, Khon Kaen, Roi Et et Bangkok, mais aussi Beung Kan.

Il existe également des bus privés climatisés pour Bangkok. La compagnie la plus réputée est 407 Co (☎ 042-221121), 125/3 Th Prajak Silpakorn. Les départs quotidiens pour Bangkok sont fréquents (clim. 292 B) et Khon Kaen (clim. 68 B).

Train. Le *Nong Khai Express* (N° 69), à 20h30 au départ de Bangkok, arrive à Udon à 6h33. Sur la ligne de Nong Khai, des trains rapides partent de Bangkok à 6h15 et 19h, et arrivent à 3h56 et 5h15 à Udon. Les tarifs sont de 457 B en 1re classe et de 219 B en 2e, et 95 en 3e classe, plus les suppléments express et couchette. En sens inverse, l'express n° 4 quitte Udon à 19h. Pour rejoindre Nakhon Ratchasima, vous devez prendre des trains ordinaires ou rapides ; il existe six départs journaliers, entre 7h et 19h.

Comment circuler

Bus. Le plus utile pour les visiteurs est le bus jaune n°2 qui dessert une ligne partant du terminal des bus n°2, et longeant Th Suphakit Janya, Th Pho Si et le Charoen Hotel. Le bus n°6 relie le terminus n°2 au marché de Rangsina, tandis que le bus n°23 circule entre les terminus 1 et 2. Le tarif pour ces bus urbains s'élève à 4 B.

Voiture. Les trois agences de location de voitures, situées en face de l'Udon Hotel, louent des berlines, des jeeps ou des camionnettes à partir de 1 200 B. Si vous êtes tenté par une voiture avec chauffeur, adressez-vous aux taxis – Datsun ou Toyota – qui stationnent le long de Th Phanphrao, à la lisière sud de Thung Si Meuang. Il ne vous en coûtera guère plus de 800 B par jour, chauffeur inclus. Ces derniers seront ravis de vous piloter jusqu'aux endroits les plus reculés de la province, voire au-delà (à Nong Khai, par exemple).

Avis Rent-A-Car (☎ 042-244770) a également un bureau à l'aéroport d'Udon Thani.

Samlors. Les conducteurs de samlors ont pratiquement doublé leurs tarifs du jour au lendemain, lorsqu'une cinquantaine d'Américains débarquèrent en 1990-1991 pour travailler à la station de la VOA.

Ces ingénieurs devaient sûrement jeter les dollars par les fenêtres, si bien que tout faràng est maintenant confronté à ce système de prix (plus ou moins pratiqué dans tout le pays mais devenu caricatural ici).

Les tarifs raisonnables vont de 10 à 15 B le kilomètre.

AILLEURS DANS LA PROVINCE
Ban Chiang

Ban Chiang, à 50 km à l'est d'Udon Thani, attire régulièrement un petit nombre de touristes. Vous pouvez visiter le chantier de fouilles du **Wat Pho Si Nai**, à la limite du village, ainsi que le nouveau **Musée national** consacré à la culture Ban Chiang. Cela vaut le détour si vous vous intéressez à cette antique culture qui remonte à plus de 4 000 ans. L'admission au musée, ouvert tous les jours de 9h à 16h, coûte 10 B. Une carte de la région d'Udon Thani est disponible sur place.

La culture Ban Chiang, société d'agriculteurs qui s'est épanouie dans le Nord-Est, est connue pour son usage précoce du bronze et de la poterie d'argile : pots et vases aux motifs tournoyants d'ocre calciné très particuliers, trouvés, pour la plupart, sur des sites funéraires.

Sept niveaux de civilisations auront été mis à jour ; les célèbres poteries avec motif en volutes proviennent des troisièmes et quatrièmes strates. La région est désormais classée comme site appartenant au patrimoine culturel de l'UNESCO.

Les gens du pays essayent de vendre des objets Ban Chiang, authentiques ou faux, mais comme aucun n'est autorisé à quitter le pays, mieux vaut ne pas les acheter. Certains produits locaux, comme les épaisses cotonnades tissées à la main, constituent, en revanche, des achats intéressants. Une cinquantaine de familles de la région travaillent à la production de ces textiles.

Où se loger. A cinq minutes à pied du musée, la *Lakeside Sunrise Guest House* (☎ 042-208167), récemment ouverte, loue des chambres de 80 à 150 B.

Comment s'y rendre. Des songthaews relient régulièrement Udon Thani et Ban Chiang (15 B), de la fin de la matinée jusque vers 15h45. En sens inverse, ils circulent de 5h30 à 12h environ. Sinon, prenez un bus en direction de Sakon Nakhon ou de Nakhon Pathom, descendez à l'embranchement de Ban Pulu, un samlor mettra 10 minutes depuis Ban Chiang. Des bus partent plusieurs fois par jour dans les deux sens ; mais le dernier bus quitte Ban Chiang en fin d'après-midi.

Ban Pheu

Le district de Ban Pheu, à 42 km au nordouest d'Udon Thani, abrite un curieux mélange de peintures rupestres préhistoriques, d'étranges formations géologiques et de sanctuaires bouddhiques dont le noyau se trouve à Phra Phutthabaat Bua Bok, à 12 km de Ban Pheu, sur la colline de Phra Bat. La zone vient d'être classée **parc historique de Phu Phra Bat**.

Le plus grand temple, le **Wat Phra That Phra Phutthabaat Bua Bok** se dresse à l'entrée du parc. Des peintures préhistoriques représentant des animaux sauvages, des figures humaines et des symboles indéchiffrables ornent plusieurs grottes.

Au sud-est du wat principal se cachent les grottes de **Tham Lai Meu** et de **Tham Non Sao Eh** ; à l'ouest, celles de **Tham Khon** et de **Tham Wua Daeng**, importants lieux de pèlerinage pour les résidents isaan. Pour les visiteurs, cet art rupestre qui côtoie des temples bouddhiques constitue un raccourci saisissant de l'évolution de la pensée et de l'esthétique dans cette région.

L'entrée du parc coûte 20 B. Vous pouvez y acheter une carte sommaire.

Toujours dans le district de Ban Pheu mais à l'extérieur du parc, le **Wat Pa Baan Kaw**, temple voué à la méditation.

Comment s'y rendre. Ban Pheu compte un hôtel (90 B avec s.d.b. commune) où séjourner. Sinon, vous pouvez aller à Phra Phutthabaat en excursion d'une journée depuis Udon ou Nong Khai. D'Udon, prenez un songthaew (15 B) jusqu'à Ban Pheu (24 B depuis Nong Khai). A Ban Pheu, empruntez un songthaew (10 B) jusqu'à Ban Tiu, le village le plus proche du site, puis parcourez à pied ou en stop les 2 km restants jusqu'au Wat Phra Phutthabaat.

Vous pouvez également louer une moto au marché de Ban Pheu.

La solution la plus facile est d'y aller à bicyclette ou à moto depuis Nong Khai.

Villages de tisserands

A 16 km d'Udon, par la Highway 2 qui mène à Nong Khai, **Ban Na Kha** et **Ban Thon** sont réputés pour leur étoffes khît. Ban Na Kha est juste en retrait de la Highway, tandis que Ban Thon se trouve sur une piste en latérite, à 2 km de là. Parmi les boutiques de Ban Na Kha habituées à la clientèle étrangère, citons Songsi Isaan Handicraft, au 184/1 Muu 1 et Chanruan Nakha, au 92 Muu 1.

Ban Nong Aw Tai, dans le district de Nong Wua Saw, à 40 km au sud-ouest d'Udon par la Route 210, tisse des soies de grande qualité. Dans le même district, le célèbre **Wat Tham Kok Duu**, temple consacré à la méditation, attire de nombreux disciples laïcs.

Tham Erawan

Si vous empruntez la Route 210, entre les provinces de Loei et d'Udon, faites une étape à Erawan, afin de visiter une impressionnante grotte-sanctuaire accrochée aux flancs d'une montagne calcaire.

La grotte se trouve à l'arrière du **Wat Tham Erawan**, à 2 km au nord d'un embranchement situé entre les Km 31 et 32 sur la Route 210 – à proximité du village de Ban Hong Phu Thawng, à l'ouest de la ville de Na Klang.

Une petite grotte se niche à proximité de cette bifurcation. En poursuivant vers le nord, vous apercevrez au loin une plus grande grotte.

Province de Nong Khai

La province de Nong Khai est constituée d'une longue bande de terre longeant le Mékong sur 300 km. A son point le plus large, elle ne mesure pas plus de 50 km. Même si vous ne pouvez pas aller au Laos

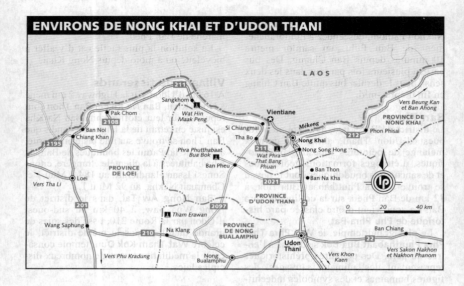

ENVIRONS DE NONG KHAI ET D'UDON THANI

voisin, Nong Khai est une province fascinante. Elle offre de vastes paysages dégagés sur le Mékong et le Laos. La capitale porte encore l'empreinte de l'influence laotienne et ses environs abritent l'un des plus étranges jardins de sculptures de toute l'Asie.

NONG KHAI
27 500 habitants

A plus de 620 km de Bangkok et à 55 km d'Udon Thani, Nong Khai se situe là où la Highway 2 (également connue sous les noms de "Mittaphap Highway", "route de l'Amitié" et "Asia 12") se termine, au pont de l'Amitié Lao-Thaï qui enjambe le Mékong. La République démocratique populaire du Laos s'étend de l'autre côté du fleuve. Nong Khai faisait autrefois partie du royaume de Vientiane (Wiang Chan) qui, pour la plus grande part de son histoire, a connu en alternance autonomie et soumission – d'abord à Lan Xang (1353-1694) puis au Siam (fin 1700-1893).

En 1827, Rama III accorda au prince thaï Thao Suwothamma le droit de fonder Meuang Nong Khai à l'emplacement de la

ville actuelle. En 1891, sous Rama V, Nong Khai devint la capitale du monthon Lao Phuan, l'un des premiers États-satellites isaan qui englobait les actuelles provinces d'Udon, de Loei, de Khon Kaen, de Sakon Nakhon, de Nakhon Phanom et de Nong Khai, ainsi que Vientiane. Vers la fin du XVIIIe siècle, la région fut mise à sac par les brigands jiin haw (originaires du Yunnan). Le **Monument de Prap Haw** (*pràp haw* signifie "écrasement des bandits Haw"), érigé en 1886, en face de l'hôtel de ville de Nong Khai, commémore les victoires thaïlando-laotiennes de 1877 et 1885 sur les envahisseurs. Lorsque, en 1893, les Français détachèrent le Laos occidental de la Thaïlande, la capitale du monthon fut transférée à Udon, laissant peu à peu tomber Nong Khai dans l'oubli provincial.

De nos jours, Nong Khai a conservé un petit nombre de vieux bâtiments d'architecture franco-chinoise alignés le long de Th Meechai, artère parallèle au fleuve, à l'est de Soi Si Khun Meuang.

L'ouverture du pont de l'Amitié, le 8 avril 1994, a inauguré une ère nouvelle pour Nong Khai, aussi bien dans le domaine du commerce régional que dans celui des communications.

Le restaurant proche des bureaux de l'Immigration et de la jetée constitue un excellent poste d'observation pour suivre les allées et venues des ferries qui font la navette entre la Thaïlande et le Laos.

La ville construit une nouvelle promenade sur les berges du Mékong. Actuellement, la promenade commence à l'extrémité est de la ville et finit à deux pâtés à l'ouest de Th Phochai. Les boutiques de Th Meechai, près de l'embarcadère, sont remplies de marchandises laotiennes, vietnamiennes et chinoises.

Comme bon nombre de villes du Nord-Est, Nong Khai accueille un grand festival de Fusées (Ngaan Bun Bang Fai) lors de la pleine lune de mai, ainsi qu'un festival des Bougies (Ngaan Hae Thian), au début de la *phansăa* (ou retraite bouddhiste des Pluies), à la fin juillet. La ville célèbre également son propre festival Nong Khai en mars.

Renseignements pratiques
Office du tourisme. Récemment ouverte dans un centre commercial voisin du Thai-Lao Friendship Bridge (pont de l'Amitié), une petite agence TAT (☎ 042-467844) fournit toutes sortes d'informations sur Nong Khai et les provinces environnantes, ainsi que sur Vientiane.

Visas (Laos). Nong Khai constitue l'un des six passages ouverts aux étrangers non-thaï, le long de la frontière entre la Thaïlande et le Laos (les cinq autres étant : Chiang Khong, Nakhon Phanom, That Phanom, Mukdahan et Chong Mek) et les citoyens ressortissants des deux pays peuvent les franchir à loisir pour des excursions d'une journée.

Depuis le 1er juin 1998, le gouvernement laotien délivre un visa touristique de 15 jours, à votre arrivée au pont de l'Amitié qui franchit le Mékong, non loin de Nong Khai, ainsi qu'à l'aéroport international de Vientiane.

Pour le recevoir aussitôt, vous devez présenter : 50 \$US en liquide (chèques de voyage ou autres devises, dont le kip, ne sont

Le Mékong

Le nom thaï du fleuve est Mae Nam Khong, Mae Nam signifiant "fleuve" (littéralement "mère de toutes les eaux") et Khong étant son nom (du sanskrit : "Ganga"). Les Thaïlandais eux-mêmes abrègent parfois l'appellation en : "Maekhong", tandis que les Laotiens lui préfèrent : "Nam Khong", d'où le terme occidental de "fleuve Mékong", qui, d'une certaine manière, s'avère redondant. Suite à un accord conclu entre les gouvernements thaï et laotien, toutes les îles du Mékong – y compris les barres de rivière n'apparaissant qu'à la saison sèche – appartiennent au Laos.

pas acceptés) ; le nom de l'hôtel où vous descendrez à Vientiane ; le nom d'un contact dans cette ville. La plupart des gens ne remplissent pas cette case sans avoir de difficultés, mais si vous connaissez quelqu'un là-bas, ne vous privez pas d'inscrire son nom.

Il est capital de disposer de 50 \$US en liquide à votre arrivée au pont ou à Wattay. Les distributeurs de monnaie de l'un ou l'autre site ne sont pas en mesure de vous changer des dollars contre des bahts ou d'autres devises.

Si vous souhaitez économiser de l'argent ou demeurer plus longtemps au Laos, vous pouvez obtenir votre visa au préalable, à l'ambassade de ce pays, sise à Bangkok. Elle vous en délivrera normalement un de 30 jours dans les 24h, si vous laissez votre passeport sur place. Prévoyez 750 B de frais, plus 300 B de taxe. Si vous ne désirez qu'un visa de 15 jours, le montant s'élève à 250 B, plus 250 B de taxe. Certains voyageurs affirment avoir pu obtenir celui-ci le jour-même de leur demande.

Le consulat du Laos (☎ 043-223698, 221961) à Khon Kaen délivre des visas de 30 jours en un ou trois jours, moyennant de 700 à 1 100 B, selon le pays dont vous êtes le ressortissant.

Le guide ***Lonely Planet*** du Laos contient des informations plus détaillées sur ce pays et l'obtention de visas.

Argent. Plusieurs banques longent Th Meechai et offrent des services de retrait d'argent et de change.

Poste et communications. La poste principale de Th Meechai vous accueille de 8h30 à 16h30, du lundi au vendredi, et de 9h à midi, le week-end et les jours fériés. On ne peut plus y appeler l'étranger, mais une nouvelle agence CAT s'est ouverte à environ 5 km de la ville, sur la route d'Udon Thani ; des panneaux installés au bureau de poste vous indiquent comment vous y rendre.

Librairies. Wasambe Bookshop (☎ 042-460272, fax 460717 ; e-mail wasambe@ lox info.co.th.), dans le soi qui mène à la Mutmee Guest House, vend des romans en anglais, des livres de spiritualité, des guides (en particulier sur la Thaïlande et le Laos), des cartes et une petite collection de livres en allemand, en français et en hollandais. Elle propose également des services de fax et de courrier électronique.

Pont de l'Amitié

Ce pont, long de 1 174 m, financé par l'Australie (30 millions de $US), enjambe le Mékong entre Ban Jommani (à 3 km à l'ouest de Nong Khai) et Tha Na Laeng (à 19 km au sud-est de Vientiane), côté laotien.

On a ajouté une bretelle de contournement de 8,2 km, pour relier le pont à la Highway 2/Asia 12, juste au sud de Nong Khai.

Il est ouvert à la circulation automobile depuis avril 1994. On a beaucoup dit qu'il

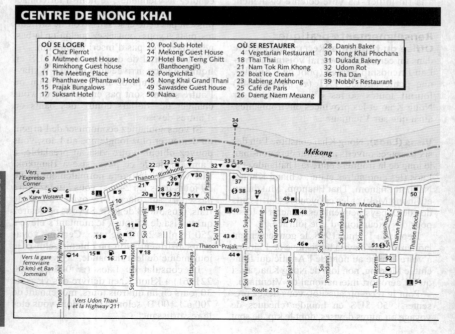

CENTRE DE NONG KHAI

OÙ SE LOGER
1 Chez Pierrot
6 Mutmee Guest House
9 Rimkhong Guest house
11 The Meeting Place
12 Phanthavee (Phantawi) Hotel
15 Prajak Bungalows
17 Suksant Hotel
20 Pool Sub Hotel
24 Mekong Guest House
27 Hotel Bun Terng Ghitt (Banthoengjit)
42 Pongvichita
45 Nong Khai Grand Thani
49 Sawasdee Guest house
50 Naina

OÙ SE RESTAURER
4 Vegetarian Restaurant
18 Thai Thai
21 Nam Tok Rim Khong
22 Boat Ice Cream
23 Rabieng Mekhong
25 Café de Paris
26 Daeng Naem Meuang
28 Danish Baker
30 Nong Khai Phochana
31 Dukada Bakery
32 Udom Rot
36 Tha Dan
39 Nobbi's Restaurant

Vers l'Expresso Corner

Th Kaew Worawut

Vers la gare ferroviaire (2 km) et Ban Jommani

Thanon Jenjobit (Highway 2)

Soi Vietnamusson

Soi Jittapurya

Thanon Rimkhong

Thanon Hai Sok

Soi Cheunjit

Soi Banthoengjit

Soi Wat Nak

Thanon Prajak

Soi Wamutt

Thanon Praisani

Soi Silpakorn

Route 212

Thanon Sukpracha

Thanon Haw

Soi Si Khun Meuang

Soi Promdumn

Thanon Meechai

Thanon Srisumang 1

Soi Si Khun Meuang

Soi Lumduan

Soi Srisumang 1

Soi Srisumang 2

Th Praetserm

Thanon Prasai

Thanon Phochai

Mékong

Vers Udon Thani et la Highway 211

améliorerait considérablement les communications entre la Thaïlande et le Laos. C'est historiquement le second pont construit sur le Mékong, le premier se trouvant en République Populaire de Chine.

Pour plus d'informations sur le pont, voir *La frontière du Laos*, rubrique *Comment s'y rendre*, dans ce chapitre.

Wat Pho Chai

Ce temple, situé à l'écart de Th Prajak au sud-est de la ville, est renommé pour son grand bouddha assis, d'époque Lan Xang. La tête est en or, le corps en bronze, l'*ùtsànii* incrusté de rubis. L'autel du second bouddha présente des sculptures dorées et des mosaïques délicatement ouvragées, et le plafond comporte des rosettes de bois de la fin de l'époque Ayuthaya. Durant le festival annuel de Songkhran, en avril, des processions promènent l'image du Phra Sai dans la ville.

Les fresques du bòt représentent les voyages de la statue de l'intérieur du Laos aux rives du Mékong qu'elle traversa en radeau. Un orage la fit chavirer et le bouddha resta au fond de l'eau de 1550 à 1575, date à laquelle il fut recueilli et placé dans le Wat Haw Kawng (aujourd'hui appelé Wat Pradit Thammakhun) sur la rive thaïlandaise. Cette représentation très vénérée fut déplacée au Wat Pho Chai sous le règne du roi Mongkut (1852-1868).

Le wihãan principal est ouvert tous les jours de 7 h à 15 h.

Phra That Nong Kai

Également connu sous le nom de **Phra That Klang Nam** ("Saint Reliquaire du milieu du fleuve"), ce chédi lao est immergé, sauf en saison sèche, lorsque le niveau du fleuve baisse d'environ 30 m. Le chédi a glissé dans le lit du Mékong en 1847, et n'a cessé

CENTRE DE NONG KHAI

DIVERS
2 Stade
3 Nong Khai Hospital
5 Sunset Boat
7 Location de motos (Nana Motor)
8 Wat Hai Sok
10 Marché de nuit
13 Bureaux provinciaux
14 Bus pour Udon Thani
16 Station-service Shell
19 Wat Si Chom Cheun

29 Thai Farmers Bank
33 Bureau de l'immigration
34 Tha Deua
35 Tha Sadet (bateaux pour le Laos)
37 Bureaux des douanes
38 Bangkok Bank
40 Wat Si Saket
41 Poste principale
43 École bouddhique
44 École chinoise
46 Agence THAI
47 Temple chinois

48 Wat Si Khun Meuang
51 Thai Military Bank
52 Marché
53 Principal terminal de bus
54 Wat Pho Chai
55 Wat Pradit Thammakhun
56 Village Weaver Handicrafts
57 Police maritime
58 Wat Pho Si
59 Wat Paa Luang
60 Wat Paa Phrao
61 Phra That Nong Khai

LAOS

Soi Paa Luang 1

Soi Paa Phrao 1

Soi Paa Phrao 3

Thanon Meechai

Thanon Prajak

Thanon Kawnkan Uthit

Vers Sala Kaew Ku (Wat Khaek), Phon Phisai et Nakhon Phanom

0   150   300 m
Échelle approximative

NORD-EST DE LA THAÏLANDE

depuis de s'enfoncer – il est à présent presque au milieu du courant. Si vous voulez le voir dans les meilleures conditions, empruntez Th Meechai, passez devant le poste de la police fluviale et les deux temples sur votre droite, puis tournez à gauche dans le Soi Paphraw 3 (Paa Phrao). Suivez le soi jusqu'à la promenade récemment aménagée qui longe le fleuve et, de là, cherchez le chédi sur votre droite. Lorsque son sommet émerge, pendant la saison sèche, on y plante des drapeaux pour qu'il soit plus aisément repérable.

Pour le voir de plus près, prenez le bateau des dîners-croisières au ponton du Tha Wat Hai Sok (voir la rubrique *Où se restaurer*).

Sala Kaew Ku

Cet étrange temple hindou-bouddhique, que la population locale appelle le **Wat Khaek** (temple indien), construit en 1978, est un produit de l'imagination débridée de Luang Puu Bunleua Surirat. Luang Pu ("vénérable Grand-Père") est un yogi-prêtre-shaman brahmanique qui mêle joyeusement la philosophie, la mythologie et les iconographies hindoue et bouddhique en un ensemble indéchiffrable. Ses disciples sont nombreux dans le Nord-Est et au Laos, sur l'autre rive du fleuve, où il vécut de nombreuses années avant de s'installer à Nong Khai.

L'attrait du temple réside surtout dans les multiples et bizarres statues en ciment de Shiva, de Vishnou, de Bouddha et de toutes les divinités hindoues et bouddhiques imaginables, ainsi que dans les nombreuses figures profanes, toutes façonnées selon les directives de Luang Puu par des artistes inexpérimentés. Leur style est remarquablement homogène et les visages ressemblent à des masques polynésiens. La plus spectaculaire, un bouddha assis sur un naja enroulé dressant ses multiples têtes à capuchon, atteint 25 m de haut. Luang Puu mourut en 1997.

Récemment démoli, le sanctuaire principal du temple a fait place à un nouvel édifice, en construction lors de notre visite. Si le plan d'origine est respecté, il y aura deux grandes salles, en haut et en bas, tapissées de portraits encadrés de divinités hindoues et bouddhiques, de donateurs, de Luang Puu à des âges divers, et d'une myriade de statuettes en bronze et en bois de toutes formes et de toutes provenances.

Si le bâtiment est fermé, vous pouvez demander aux gardiens de l'ouvrir. Deux escaliers conduisent aux deux niveaux, un pour les hommes, l'autre pour les femmes.

Le domaine est ouvert tous les jours, de 7h30 à 17h30 et l'entrée coûte 10 B pour les piétons, 20 B pour les véhicules à moteur.

Comment s'y rendre. Pour aller à Sala Kaew Ku, prenez un songthaew en direction de Beung Kan au sud-est et demandez à descendre au Wat Khaek, à 4 ou 5 km de la ville près de St Paul Nong Khai School (dans les 10 B). Affréter un túk-túk vous reviendra à 30 B.

Si vous êtes motorisé, guettez une pancarte sur la droite, deux carrefours environ après l'école Saint-Paul, qui indique "Salakeokoo" (le nom officiel du monumen étant Sala Kaew Ku). A bicyclette, c'est une promenade facile de 3 km depuis la ville.

Hat Jommani

Cette "plage" de sable, sur les berges du Mékong, n'émerge en fait que durant la saison sèche. Proche du pont de l'Amitié, à Ban Jommani (3 km à l'ouest de Nong Khai), c'est l'aire de pique-nique préférée des Thaïlandais. A cette époque de l'année, un abri rustique, coiffé d'un toit de paille, se transforme en restaurant. Là, assis sur des nattes, vous savourerez de succulents kài yâang (poulets grillés), des *plaa yâang* (poissons grillés) et des sôm-tam, le tout arrosé de bière fraîche.

Croisière au crépuscule

Tous les jours, vers les 17 h, à bord d'un restaurant flottant derrière Wat Hai Sok vous pourrez sillonner le Mékong au coucher du soleil.

La traversée en elle-même ne coûte rien si vous commandez à boire et à manger. C'est une merveilleuse manière de s'imprégner de l'atmosphère particulière de ce fleuve.

Où se loger – petits budgets

Pensions. Juste à l'ouest de Wat Hai Sok, la ***Mutmee Guest House*** (*☎/fax 042-460717, 111/4 Th Kaew Worawut*) se compose de 25 chambres installées dans deux ou trois demeures anciennes et bungalows rustiques. Les tarifs démarrent à 100-110 B en simple pour des pièces rudimentaires sans moustiquaires, et montent jusqu'à 130 B en double dans un cabanon, avec grand lit, fenêtres à moustiquaires et s.d.b. en commun ; la plupart des chambres occupent une fourchette entre 110 et 130 B.

La pension compte également une chambre de trois lits avec s.d.b. commune pour 80 B par personne, et deux autres plus larges, avec s.d.b., pour 210 B. L'endroit dispose d'un agréable restaurant-jardin près de la rivière.

Le soi qui mène à la Mutmee Guest House est devenu une sorte de petit centre pour les voyageurs, avec une librairie et des cours de yoga et de tai-chi.

Presque à l'entrée du soi, la ***KC Guest House*** accueille le surplus de la pension Mutmee, moyennant 100 B la chambre, avec sanitaires en commun.

En ville, la ***Mekong Guest House*** (*☎ 042-412119*) loue 16 simples/doubles sommaires mais propres, avec vue sur la rivière, pour 70 B par personne. Elle compte aussi deux chambres plus spacieuses à 150 B. Entre la Mekong Guest House et la Mutmee Guest House dans un petit coin paisible proche du fleuve, la ***Rimkhong Guest House*** dispose de 12 chambres correctes dans trois maisons de bois, avec s.d.b. communes, de 80 à 150 B.

Installée 402 Th Meechai, en face du Wat Si Khun Meuang, la ***Sawasdee Guest House*** (*☎ 042-412 502, fax 420259, 402 Th Meechai*), propose de petites chambres très propres de 80 à 120 B (ventilateur) et à 280 B (clim. et eau chaude), chambre VIP pour 380 B. Vous profiterez d'une agréable petite cour intérieure.

Dirigé par des Australiens, *The Meeting Place* (*☎ 042-421223, 1117 Soi Chuenjit*) dispose de quelques chambres avec s.d.b. en commun, à 100 B la nuit, mais son bar, fréquenté par des expatriés, était provisoirement fermé lors de notre visite, bien qu'on puisse toujours y obtenir des visas pour le Laos. *Chez Pierrot* (*☎/fax 042-460968, 1 160 Soi Samoson*) dirige une pension-bar-service de visas similaire, où les simples/doubles reviennent à 100/150 B.

Vers la sortie est de la localité, au bout de Th Phochai, côté fleuve, la pension *Naina* offre une rangée de petites chambres, dans un bâtiment de béton, à 80/100 B la nuit en simple/double. Un inconvénient majeur : le vacarme des coqs de combat élevés sur place.

Hôtels. Bon marché, dans Th Banthoengjit, l'***Hotel Bun Terng Ghitt*** (***Banthoengjit***) propose des chambres passablement lugubres avec s.d.b. sur le palier à 80 B, celles avec sanitaires privatifs se louant 250 B et les climatisées 350 B.

De l'autre côté de la rue, face au Sukhaphan, le ***Pongvichita*** (*Phongwichit, ☎ 042-411583, 1 244/1-2 Th Banthoengjit*), se révèle d'une propreté impeccable. Dans cet endroit bien géré, prévoyez 200/250 B la chambre à 1/2 lits avec ventilateur et s.d.b., ou 400/450 B avec la clim.

Le ***Prajak Bungalows*** (*☎ 042-412644, 1178 Th Prajak*) propose des chambres tranquilles, en retrait de la rue, à 260/300 B en simple/double avec ventilateur, ou 400 B avec l'air conditionné et l'eau chaude. Un peu plus à l'est, dans la même artère, le ***Suksant Hotel*** (*☎ 042-411585*) offre des chambres sans fioritures, avec ventilateur, moyennant 200 B ; comptez 300 B avec la clim., la TV et l'eau chaude.

Accusant un certain laisser-aller, le ***Phunsap Hotel*** (l'enseigne en anglais indique : "Pool Sub", ou "sous-marin piscine") loue des chambres ventilées et très rudimentaires à 150/250 B avec sanitaires privatifs. Situé dans Th Meechai, une voie parallèle au fleuve, l'établissement semble assez désert.

Où se loger – catégorie moyenne et supérieure

Le ***Phanthavee Hotel*** (*Phantawi, ☎ 042-411568, 1 241 Th Hai Sok*) comprend des chambres climatisées bien tenues et bénéficiant de l'eau chaude, dont les tarifs oscillent entre 300 et 400 B, ainsi que quelques ventilées à 250 B. Une cafétéria convenable vous accueillera en outre au rez-de-chaussée. Sur le trottoir d'en face, le **Phantawi Bungalows** appartient aux mêmes personnes et pratique les mêmes prix.

Relativement récent, le **Nong Khai Grand Thani** (☎ 042-420033, fax 412026) est implanté sur la Route 212, un peu au sud du centre-ville. Ses chambres modernes jouissant de tout le confort sont proposées de 2 119 à 2 354 B, mais on vous consentira d'emblée un rabais d'environ 20%. L'établissement s'honore aussi d'un restaurant, d'une cafétéria, d'une piscine, d'une salle de conférence, et d'une discothèque.

Quasiment en face de la gare ferroviaire, le modeste **Khong River Hotel** (☎ 042-465557) contient des chambres tout à fait correctes avec sanitaires privatifs, louées de 250 à 350 B.

Construit dans l'espoir de bénéficier de l'ouverture du pont, le **Mekong Royal Nong Khai** (☎ 042-420024, fax 421280) est installé au bord de la nouvelle voie de contournement, non loin de Ban Jommani, à l'est du centre-ville. Abritant 208 chambres sur huit étages, ses plus luxueuses débutent à 2 119 B la nuit ; ses installations englobent restaurant, cafétéria, salon-bar, piscine et salle de conférence. Dès que vous l'avez dépassé, vous découvrirez le **Jommanee Royal Hotel** (☎ 042-420042, fax 420660) qui autrefois louait de 840 à 960 B de belles chambres avec vue sur le Mékong, mais il était fermé pour une durée indéterminée, lors de notre dernière visite.

A proximité du pont, à 1,3 km de la gare ferroviaire, le **Phantavy Resort Hotel** (Phantavy II, ☎ 042-411008) comporte des chambres correctes, facturées de 400 à 500 B. Tablez sur 1 500 B pour une "VIP". Dans la même gamme de prix, le **North-East Resort** (☎ 042-412100), également appelé : Jommanee Villa", occupe le bord du fleuve, entre la gare et le pont. Cherchez le panneau "NE" et vous l'aurez trouvé. Sachez que les bruyants jet-skis sillonnant le cours d'eau proviennent de l'établissement.

Où se restaurer

L'*Udom Rot*, qui surplombe le Mékong et Tha Sadet (l'embarcadère de ferries pour les bateaux faisant la navette avec le Laos) propose tout à la fois de bons mets et une agréable ambiance, de même que des objets artisanaux lao-isaan. Parmi les meilleurs plats, citons : les *pàw pía yuan* (rouleaux de printemps vietnamiens), le *lâap kài* (salade au poulet et à la menthe épicée), le *kài lào daeng* (poulet cuit au vin rouge) ; sans oublier le plaa jòhk, un poisson courant du Mékong, que l'on vous sert phàt phèt (sauté à la poêle avec du basilic frais et de la pâte de curry), ou phanaeng (dans un curry à la noix de coco des plus savoureux). Les prix sont modérés.

De l'autre côté de la jetée, le **Tha Dan** (Customs Pier) affiche des tarifs plus élevés. Il dispose également d'une boutique de souvenirs à l'avant. Sur les rives du fleuve, un meilleur choix consiste à s'attabler au **Rabieng Mekhong**, à deux pas de la pension Mekong. De l'autre côté de la rue, le **Nam Tok Rim Khong** est spécialisé dans les plats isaan, parmi lesquels le *neúa náam tòk* (bœuf de la cascade) : une salade de bœuf cuit au barbecue et très relevé, servie avec du riz gluant.

De toutes les pensions de la ville, la **Mutmee** sert la meilleure cuisine, dont de nombreux plats végétariens, sans compter le pain fait maison et le vin. Des **marchands ambulants** s'installent à côté et vous proposent surtout du kàai yâang, du lâap et des *kǔaytǐaw* (nouilles).

La **Dukada Bakery** de la rue Meechai sert toute une variété de pâtisseries, des petits déjeuners à l'occidentale et des mets thaïlandais. Par ailleurs, c'est l'un des seuls établissements du pays où vous aurez le choix entre du Nescafé et du café thaï. Dans la même artère, jouxtant la Thai Farmers Bank, le **Danish Baker** vous accueille uniquement pour le petit déjeuner et le déjeuner.

Les amateurs de cuisine chinoise iront au **Nong Khai Phochana**, au coin des rues Banthoengjit et Rimkhong ; on s'y régale de canard rôti, de porc rouge, de kǔaytǐaw et de bà-mìi. Vous souhaitez de succulents plats vietnamiens ? Alors, poussez la porte du **Daeng Naem Meuang**, à l'ouest de l'établissement précédent. Celui-ci s'est spécialisé dans le nâem meuang justement, une saucisse de porc épicée, servie avec de la laitue, de la carambole en tranches et divers condiments. Dans un proche avenir, il pourrait bien déménager à deux ou trois pâtés de maisons vers l'ouest.

Dans Th Rimkhong, le **Café de Paris**, non loin du Nong Khai Phochana, sert des expressos, des cappucinos, du thé et des glaces.

Plus à l'ouest dans Th Rimkhong, le **Boat** vous servira aussi bien des glaces que des plats thaïlandais. Vous pourrez vous installer sur la terrasse, en bordure du fleuve, ou dans la salle climatisée.

Ouvert toute la nuit à deux pas du Pongvichita Hotel, le **Thai Thai** (☎ 042-4203730, 1155/8 Th Prajak), près de Soi Cheunjit, offre les classiques de la cuisine thaïlandaise et chinoise. De l'autre côté de l'hôtel, un grand **jók shop** prépare, pour les amateurs, du poulet ou du porc jók.

Amarré au ponton derrière le Wat Hai Sok, un **restaurant flottant** part tous les soirs vers 17h pour faire admirer le coucher de soleil et le Phra That Nong Khai (ce dernier ne se voit qu'à la saison sèche), en aval sur le Mékong. Le menu propose quelques plats régionaux et des plats de cuisine thaïlandaise traditionnelle à des prix raisonnables, il peut s'accompagner de bière fraîche.

Les **marchands ambulants de nuit** s'installent devant l'école bouddhique de Th Prajak, ainsi que devant Wat Si Saket, dans Th Meechai.

Le **Nobbi's Restaurant** (☎ 042-460583), au coin nord-est du croisement des rues Meechai et Sukpracha, s'adresse aux expatriés d'un certain âge qui aiment y retrouver leurs plats européens préférés, tels que la saucisse à l'allemande, le goulash, la bratwurst, les steaks, les sandwiches et les spaghettis.

L'**Expresso Corner**, dans le même bâtiment que la Fah Sai Travel Agency, Th Kaew Worawut, à l'ouest de la Mutmee Guest House, sert du vrai café, des pâtes,

des pizzas, des desserts, des crêpes à la banane et des sandwiches très abordables. Sur place, vous trouverez une petite librairie. Au détour de Talaat Tha Sadet, cherchez une spécialité locale, le **mîang plaa**, du poisson au four, qui se déguste avec des légumes à la vapeur.

Achats

Au Village Weaver Handicrafts, 786/1 Th Prajak, après le terminal des bus, vous dénicherez des tissus de qualité à prix modérés, et l'on pourra vous confectionner des vêtements en un jour ou deux avec le tissu choisi. Les cotons mát-mìi teints à la main sont particulièrement beaux et les visiteurs peuvent observer les méthodes de tissage utilisées dans les ateliers attenants. Le nom thaï de cette bonne œuvre est Hattakam Sing Thaw. Comptez 10 B en samlor depuis le centre-ville.

Comment s'y rendre

Avion. L'aéroport le plus proche se trouve à environ 55 km au sud, à Udon Thani. La THAI assure des liaisons avec Udon. Voir la rubrique *Comment circuler* dans le chapitre sur *Udon Thani*. Une camionnette de la THAI relie l'aéroport d'Udon à Nong Khai en 35 minutes environ, pour 100 B par personne.

Bus. Depuis le principal terminal de Nong Khai, près de Th Prajak, des bus partent à destination de Si Chiangmai, de Beung Kan, de Loei, d'Udon Thani, d'Ubon Ratchathani, de Tha Bo, de Bangkok et de Rayong.

Les bus à destination de Nong Khai (n°221) quittent le terminal d'Udon Thani, situé près du marché Rangsina, toutes les demi-heures environ. Prévoyez 1 heure 15 de trajet (17 B).

Les bus assurant la liaison Loei-Nong Khai (n°506) partent toutes les demi-heures dans les deux sens, moyennant 80 B. Les bus pour Nakhon Phanom (n°224) circulent aussi fréquemment (54 B ou 95 B avec la clim.).

Si vous venez de la province de Loei, prenez un bus à Chiang Khan ou à Pak

Chom sans faire le crochet par Udon Thani. De Nakhon Phanom, vous pouvez remonter le Mékong *via* Beung Kan, ou couper à travers Sakon Nakhon et Udon Thani.

Bangkok. Les bus ordinaires à destination de Nong Khai partent du terminal Nord de Bangkok, à raison de douze par jour entre 4h10 et 10h. Le long parcours (de 11 à 12 heures) coûte 146 B l'aller et, bizarrement, 177 B le retour. Les bus de 2e classe climatisés, à 248 B, circulent trois fois par jour, à 8h40, 9h15 et 21h. Les bus climatisés 1re classe et VIP partent de nuit entre 19h30 et 21h30, pour 319 B, ou 495 B (VIP, 24 sièges). La plupart des voyageurs préfèrent prendre le train Bangkok-Nong Khai dans lequel on peut se dégourdir les jambes.

La frontière du Laos. Des bus qui font la navette entre les deux pays partent d'un terminal situé près du pont de l'Amitié. Un trajet simple coûte 10 B. Les départs ont lieu toutes les 20 minutes de 8h à 17h30. Prévoyez votre propre moyen de transport jusqu'au terminal à partir de Nong Khai. En túk-túk, comptez environ 25 B. Le bus s'arrête au contrôle de l'immigration thaïlandais sur le pont, où vous payez 10 B pour obtenir un tampon de sortie sur votre passeport, puis vous remontez à bord et payez encore 20 B (ou 40 B entre 12h et 14h et le week-end), une fois le pont traversé, aux douanes laotiennes.

Le pont ouvre tous les jours de 8h à 18h. Si vous conduisez, il vous en coûtera 20 B par véhicule, 30 B pour les camions de moins d'une tonne, 50 B pour les minibus et les bus de taille moyenne.

Train. L'express de Nong Khai (N° 69) part tous les jours de Bangkok-Hualamphong à 20h30 et arrive le lendemain à 7h30 ; guère plus rapide que le bus, il s'avère infiniment plus confortable. Deux trains rapides, à 6h15 et 19h, arrivent à 16h50 et 6h15. Le tarif de base (aller simple) est de 497 B en 1re classe, de 238 B en 2e classe, et de 103 B en 3e classe, suppléments pour express, rapides (60 B et 40 B), ou couchettes non comprises.

Pour voyager encore moins cher et en train pendant la plus grande partie du trajet, vous pouvez prendre une micheline diesel jusqu'à Udon Thani (95 B) et, de là, monter dans un bus (15 B). Pour les horaires, reportez-vous à la rubrique *Comment s'y rendre* dans les pages consacrées à *Udon Thani*.

Dans l'autre direction, l'express de Nong Khai (n° 70) quitte cette ville à 19h, pour arriver à Bangkok à 6h10. Il existe aussi deux trains rapides desservant la capitale, qui quittent Nong Khai à 17h40 et 7h40 ; ils disposent uniquement de 2e et 3e classes, mais ne marquent qu'un seul arrêt de plus que l'express.

Comment circuler
Dans le centre-ville, les samlors coûtent 10 B, les túk-túks de 10 à 20 B.

Nana Motor (☎ 042-411998), 1160 Th Meechai, loue des motos à des conditions raisonnables. Vous pouvez aussi louer des Suzuki 4x4 Caribians au Village Weaver Handicrafts, 786/1 Th Prajak.

AILLEURS DANS LA PROVINCE
Wat Phra That Bang Phuan
A 12 km de Nong Khai par la Highway 2, et à 11 km à l'ouest par la Highway 211, le Wat Bang Phuan est un des sites les plus sacrés du Nord-Est, en raison de son antique stupa indien. Identique au chédi original de Phra Pathom, à Nakhon Pathom, on ignore cependant les dates de construction. On prétend qu'il pourrait remonter aux premiers siècles de notre ère, ou peut-être même avant, car la légende veut qu'il renferme des ossements provenant de la cage thoracique de Bouddha lui-même.

En 1559, le roi Jayachettha de Chanthaburi (non pas Chanthaburi en Thaïlande, mais Wiang Chan – Vientiane – au Laos) étendit sa capitale sur l'autre rive du Mékong et fit construire, à la place de l'ancien, un nouveau chédi plus élevé, de style laotien, en témoignage de sa foi (tout comme le roi Mongkut à Nakhon Pathom). La pluie fit dangereusement pencher le chédi qui s'effondra en 1970. Le ministère des Beaux-Arts le fit restaurer en 1978, et le Sangharaja, patriarche suprême du bouddhisme thaïlandais, présida à sa nouvelle consécration. L'actuel chédi s'élève à 34,25 m de hauteur, et repose sur une base de 17,2 m².

En fait, ce sont les chédis laotiens du XVIe siècle (dont deux renferment des bouddhas presque intacts dans leurs niches) qui donnent son charme au temple. Vous remarquerez également un wihãan sans toit avec un grand bouddha, ainsi qu'une massive base circulaire en briques qui dût supporter un autre grand chédi. Un petit musée expose les reliques du site et toute une collection de vénérables maisons des esprits en bois. L'entrée est gratuite, mais les dons restent fort appréciés.

Comment s'y rendre. Depuis Nong Khai, prenez un songthaew ou un bus à destination de Si Chiangmai ou de Sangkhom et demandez à descendre à Ban Bang Phuan (12 B). La plupart des bus à destination de Sangkhom s'arrêtent à Phra That Bang Phuan. Autrement, prenez n'importe quel bus desservant la Highway 2 vers le sud et descendez à Ban Nong Hong Song, au croisement avec la Route 211. De là, sautez dans le prochain bus (venant d'Udon ou de Nong Khai) allant vers Si Chiangmai et descendez près du wat, le trajet coûte environ 10 B jusqu'à la route quittant la Route 211. De là, le wat n'est pas loin.

Tha Bo
16 000 habitants
Le long du Mékong et de la Route 211, entre amphoe meuang Nong Khai et la limite de la province de Loei, nombre de villages et de bourgades vivent de l'agriculture et du petit commerce entre le Laos et la Thaïlande.

Entouré de plantations de bananiers et de champs de légumes qui s'épanouissent dans les plaines inondées du Mékong, Tha Bo est le marché le plus important entre Nong Khai et Loei. Le marché en plein air de la rue principale présente le choix de plantes sauvages et d'herbes en tout genre le plus riche des bords du Mékong, ainsi que le produit local le plus célèbre : la tomate. Plus de 80 000 tonnes de cette espèce sont exportées de Tha Bo. La culture du tabac est également intensive.

Le **barrage Huay Mong**, sur le Mékong, à la lisière ouest de la ville, permet l'irrigation de 10 800 ha de terres autour de Tha Bo. Cette entreprise, d'une envergure relativement modeste, reste, dans le domaine hydraulique, l'une des réalisations les plus réussies de la Thaïlande.

La ville se signale aussi par son **Wat Ong Teu** (également connu sous le nom de Wat Nam Mong), un vieux temple laotien abritant un bouddha en pleurs. D'après la légende locale, la main gauche de cette statue de bronze de 300 ans fut autrefois coupée par des voleurs. Des larmes se mirent à couler des yeux du bouddha jusqu'à la restitution de la main. Le wat se trouve à 3 km à l'ouest de la ville, en retrait de la Route 211.

Où se loger et se restaurer. Le *Suksan Hotel,* dans la rue principale, loue des chambres sommaires pour 80 B. A l'entrée est de la ville, à la *SP Guest House,* le prix des chambres va de 80 à 100 B.

Au *Tha Bo Bungalow,* dans une petite rue assez proche du centre-ville, des chambres passables reviennent à 120 B, avec ventilateur et baignoire. Plus calme, l'*Isan Orchid Guest Lodge* (☎ 042-431 665), 87/9 Th Kaew Worawut, est sise près du fleuve. Là, de confortables grandes chambres climatisées coûtent de 500 à 750 B, petit déjeuner continental compris. Le bungalow à côté de la maison se loue entre 700 et 850 B. On peut aller vous chercher à l'aéroport d'Udon, vous emmener à Phra Phutthabaat Bua Bok, et vous prêter gratuitement des vélos.

La rue principale compte plusieurs restaurants de riz et de nouilles ainsi que deux établissements végétariens kài yâang. Près du fleuve, au nord-est de la ville, le *Suan Aahaan Taling Naam* est un restaurant-jardin spécialisé dans le "mountain chicken", poulet que l'on fait griller verticalement.

(suite du texte en page 722)

La venue des esprits

Sans l'ombre d'un doute, les trois jours de la fête du Bun Phra Wet, qui se déroule à Dan Sai – également connue sous le nom de Phii Ta Khon Festival – constituent l'un des événements annuels les plus hauts en couleurs de Thaïlande. Le premier jour, le chaman actuel du village – Jao Phauw Kuan – arbore des vêtements blancs, un bandeau de la même teinte sur la tête, et, accompagné de son épouse, Jao Mae Nang Tiam (également vêtue de banc et la tête enturbannée d'un linge immaculé), mène la propitiation des *tiam* les plus importants. Il s'agit là d'une caste d'esprits semblable à celle des *khwān* lao-thaï, mais perçue comme appartenant à un niveau supérieur.

Un groupe d'hommes et de femmes, médiums subalternes, prêtent main forte aux rituels. Les cérémonies débutent aux alentours de 3h30 par une procession depuis le Wat Phon Chai de Dan Sai jusqu'à la rivière Man. Au bord du cours d'eau, le culte consiste à amadouer Phra Upakhut – un esprit aquatique incarné en un galet invisible de marbre blanc – pour qu'il se joigne aux officiants. Selon la légende locale, ledit esprit aurait été jadis un moine, doté de pouvoirs surnaturels, avant de se transformer en pierre, afin de "mener une existence paisible et solitaire sous l'eau". Il est possible qu'il soit, d'une certaine manière, lié au bodhisattva (saint bouddhiste) Upagupta, qui, dans la mythologie du Mahayana, habite l'océan. La procession, accompagnée de l'esprit invisible, s'en retourne ensuite au wat, où les moines résidents reçoivent la nourriture sacramentelle vers 7h.

Peu de temps après, on procède à l'incantation d'autres esprits, dans la demeure de Jao Phaw Kuan, qui constitue le second sanctuaire majeur de Dan Sai. On invite les villageois à participer et toutes les personnes présentes procèdent à la cérémonie du *bai sïi* (le lien du fil sacré). Après quelques incantations et l'allumage de bougies, elles rejoignent Jao Phaw et Jao Mae, assis à terre, jambes croisées et presque en transe, puis entourent leur bras, que soutiennent des coussins, d'une multitude de fils sacrés. Les assistants lient également chaque personne présente par le poignet. Pendant tout ce temps, on sert gratuitement de la nourriture sur des plateaux et chacun avale du *lão khāo* (alcool blanc) pour se préparer à la suite.

Comme le rituel du lien s'achève, les assistants du chaman s'en vont chercher des costumes posés sur un autel élevé, près du plafond de la maison, les revêtent et se rassemblent devant la demeure. La plupart de leurs habits évoquent un peu les rôles de mendiants ou de bouffons du théâtre de Shakespeare, par leur côté effrangé et élimé, quoique hauts en couleur. Pour parfaire la métamorphose en *phïi taa khön* (un terme intraduisible signifiant "esprits de Phra Wet"), chacun d'eux arbore un énorme masque confectionné avec un *huat* (panier en forme de croissant qui sert à cuire le riz gluant à la vapeur), recoupé et remodelé pour s'adapter à la tête et, au-dessous, un épais fourreau, taillé dans la base d'une feuille de cocotier. En général, deux petites ouvertures y sont découpées pour les yeux, avant d'y ajouter un grand nez crochu en bois. Le tout est peint aux goûts de celui qui le porte, avec toutes sortes de motifs. Des étoffes multicolores pendent du haut du panier et recouvrent la nuque.

En haut : lors du Phi Ta Khon Festival, les participants dansent autour du wihãan pendant des heures et, s'il pleut, ils se roulent dans la boue

Ci-contre et page suivante : les masques portés à l'occasion du Phi Ta Khon Festival sont confectionnés à partir de paniers, recoupés et remodelés, sous lesquels on fixe un fourreau en feuille de cocotier. Les décorations et les accessoires dépendent de la créativité de chacun. (photos de Joe Cummings)

Deux des assistants, toutefois, arborent de hautes structures de bambou assemblées pour former des silhouettes humaines, couvertes d'un linge blanc et surmontées de têtes énormes, à environ deux mètres de leur propre visage. L'un d'eux représente un homme, l'autre une femme, et nul ne peut s'y méprendre en voyant les attributs sexuels sur-dimensionnés, fixés aux figurines : l'une possède un pénis géant que l'on agite de haut en bas à l'aide d'une ficelle, et l'autre possède un triangle pubien poilu et des seins coniques. Il s'agit des *phīi taa khõhn yài* (grands esprits de Phra Wet) mais personne ne sait ce qu'ils symbolisent exactement de nos jours. Entourés des autres *phīi taa khõhn* classiques et des villageois non déguisés, ils conduisent ensuite une procession turbulente depuis la demeure de Jao Phaw jusqu'au monastère, accompagnés par la musique des *khaen, pin,* et autres instruments isaan.

Les participants s'abreuvent encore de lâo khão et, bientôt, genoux et épaules commencent à remuer, puis tout le monde se met à danser chemin faisant. Dès que le cortège aborde le domaine du wat, les gens tournent autour du principal wihãan et continuent ainsi pendant deux ou trois heures, en s'agitant de plus en plus, au fur et à mesure de leurs révolutions. La sexualité est largement évoquée, tandis que les plus vieilles villageoises s'emparent à tour de rôle du phallus géant du phīi taa khõhn yài masculin et le secouent plusieurs fois en riant. Le rituel prend fin aux alentours de midi et chacun rentre en titubant chez soi pour se reposer.

Le second jour, tous les villageois revêtent un costume et accompagnent Jao Phaw Kuan, Jao Mae Tiam et les quatre assistantes médiums dans une procession depuis la Chum Chon Dan Sai School jusqu'au temple. Autrefois, le couple de chamans et leur cour défilaient dans des palanquins de bois ou de bambou, mais de nos jours ils s'asseoient sur des dais colorés, à l'arrière de camionnettes, en emportant des fusées de bambou. Comme la veille, il y a beaucoup de musique et de danses, mais avec cette fois des centaines de participants supplémentaires. Les spectateurs s'émerveillent de la multitude des costumes créés pour cet événement annuel, dont certains témoignent d'un véritable génie créatif. De nombreux phīi taa khõhn, hommes ou femmes, portent un phallus sculpté en bois (ou un couteau, une épée, avec un manche de forme phallique) dans une main ou les deux, et les agitent, tels des talismans, pour taquiner la foule, tout en dansant et en se pavanant dans les rues. Des boîtes en fer blanc et des cloches de vache en bois sont parfois suspendues aux costumes pour créer encore davantage de vacarme.

Une fois encore, dès qu'ils arrivent au wat, les participants se mettent à tourner plusieurs fois en dansant autour du wihãan. Ayant bu beaucoup de lâo khão, leurs rondes se poursuivent des heures durant et deviennent de plus en plus tapageuses et de moins en moins inhibées. Pendant ce temps, on joue de la musique mãw lam dans la cour principale du monastère, scandée par les danses et les facéties des pénis en bois. S'il a plu récemment, les participants se rouleront dans la boue. En fin d'après-midi, on allume les fusées en bambou.

Le troisième jour se révèle plus solennel : les villageois se rassemblent au temple pour écouter des récitatifs du Mahavessantara Jataka et des sermons dhamma ; l'officiant peut d'ordinaire en prononcer treize d'affilée.

(suite du texte de la page 719)

Comment s'y rendre. Tous les song-thaews et les bus au départ de Nong Khai (25 km à l'est) et à destination de Si Chiangmai s'arrêtent à Tha Bo, moyennant 12 B. A vélo depuis Nong Khai, vous avez le choix entre la belle route non goudronnée longeant la rive et la Route 211, rapide et bitumée mais moins spectaculaire.

Si Chiangmai

Juste en face de Vientiane, Si Chiangmai est peuplée d'un grand nombre de Laotiens et de Vietnamiens qui vivent de la fabrication des feuilles de riz (pour rouleaux de printemps), exportées dans le monde entier. Partout, vous verrez les disques transparents sécher au soleil sur des chevalets en bambou. On compte beaucoup de catholiques romains parmi la population laotienne et vietnamienne de la ville, qui abrite une petite cathédrale. Une boulangerie fait des baguettes fraîches, comme en France, tous les matins, dans un four à ciel ouvert.

Depuis Si Chiangmai, il est facile d'aller visiter le Wat Hin Maak Peng, Ban Pheu, ainsi que d'autres villages typiques (pour plus d'informations, adressez-vous à la Tim Guest House).

Des ferries assurent un service régulier avec Vientiane. Des bâtiments des douanes et un bureau d'immigration sont installés en ville, mais les étrangers non thaïlandais sont dirigés sur Nong Khai pour les traversées en direction du Laos.

Où se loger et se restaurer. La *Tim Guest House* (☎/fax 042-451 072), seule pension de la ville, possède des chambres allant de la petite simple à 50 B jusqu'à la grande double avec vue sur la rivière (mais vers la rue) à 120 B. Vous pouvez dîner sur place de plats thaïlandais et farángs sans prétention. L'endroit dispose également de cartes des environs, d'un sauna, d'un salon de massage, d'une blanchisserie, de bicyclettes et de motos à louer, et l'on peut aussi vous organiser des excursions en bateau sur le Mékong, vers Nong Khai, le Wat Hin

Maak Peng et Sangkhom. La pension est située Th Rim Khong, près du fleuve, dans le centre-ville. Dirigez-vous vers l'ouest en quittant le terminal des bus, tournez à droite dans le Soi 17, puis à gauche au bout de la rue avant de la découvrir sur votre gauche. A côté de chez Tim, le sommaire *Hotel Suthisuwan* loue des chambres entre 60 et 100 B. Vous pouvez admirer l'imposant étage supérieur de cet hôtel, classé monument historique.

Comment s'y rendre. Les tarifs des bus depuis/vers la ville sont les suivants :

destination	tarif
Bangkok	
climatisé	383 B
Khon Kaen	
ordinaire	70 B
climatisé	119 B
Khorat	
ordinaire	119 B
climatisé	184 B
Loei	
ordinaire	65 B
Nong Khai	
ordinaire	22 B
Pak Chom	
ordinaire	43 B
Sangkhom	
ordinaire	16 B
Udon Thani	
ordinaire	32 B

Wat Hin Maak Peng

A 64 km au nord-ouest de Nong Khai, entre Si Chiangmai et Sangkhom, le Wat Hin mérite un détour juste pour admirer le paysage le long de la Route 211 depuis Nong Khai. Son monastère est connu dans la région pour ses moines *thutong* (*dhutanga* en pali) qui, outre les 227 préceptes, ont fait vœu d'ascèse. Ces vœux consistent à ne manger qu'une fois par jour, à ne porter que des tuniques faites de vieux vêtements et à consacrer beaucoup de temps à la méditation. Plusieurs *mâe chiis* (religieuses bouddhistes) vivent également là.

Les *kutis* (huttes monastiques) sont construites parmi des rochers géants formant une falaise qui surplombe le fleuve. Les simples visiteurs ne sont pas autorisés dans cette zone. Au pied de la falaise, vous découvrirez une plage de sable et d'autres formations rocheuses. Juste en face, sur l'autre rive, se dresse un temple de forêt laotien. Des pêcheurs passent de temps en temps sur des radeaux habitables.

L'abbé du Wat Hin Maak Peng demande aux visiteurs de s'habiller convenablement : ni short ni débardeur.

Comment s'y rendre. Prenez un songthaew de Nong Khai à Si Chiangmai (20 B) et demandez un songthaew direct pour le Wat Hin (en principe, le bus s'y arrête de toute façon) ou pour Sangkhom, juste après l'entrée du Wat Hin. Les autres passagers vous avertiront quand le songthaew passera devant (10 B). En chemin vers le Wat Hin, vous remarquerez une grande topiaire (arbre taillé), du côté droit de la route, à Ban Phran Phrao.

Sangkhom

La toute petite bourgade de Sangkhom constitue une belle étape au cours d'une excursion le long du Mékong, entre Loei et Nong Khai. Le Wat Hin Maak Peng n'est pas loin et la région abrite des grottes et des cascades, prétextes à des randonnées. Les pensions vous fourniront des cartes des environs.

Durant la saison sèche, en face de la River Huts Guesthouse, vous pouvez explorer l'île laotienne de **Don Klang Khong** au milieu du Mékong. En décembre, le personnel de deux petites gargotes dispose des chaises et des tables sous un abri de chaume aux hauts-fonds du fleuve. Du côté thaïlandais, des garçons vous emmènent en canoë jusqu'à l'île – pas besoin de visas.

La **cascade de Than Thip**, l'une des plus imposantes du coin, se trouve à 3 km sur la Route 211, entre les Km 97 et 98, à l'ouest

de Sangkhom. La cascade compte deux niveaux, la chute supérieure étant plus propre et offrant un profond bassin de baignade (pendant ou juste après la saison des pluies). Comme elle est située loin de la route, mieux vaut y aller à moto. Les **chutes de Tan Thon**, à 11,5 km à l'est de Sangkhom (au Km 73 de la Route 211, côté fleuve), plus accessibles, sont envahies le week-end et les jours fériés.

Wat Aranyabanpot est une forêt avoisinant le sommet d'une colline, d'où l'on peut jouir d'une joli coucher de soleil sur le Mékong. Outre le wat, le site abrite un chédi doré dans le style Lanna, absolument unique.

Où se loger et se restaurer. Les pensions de la ville sont installées à l'écart de la rue principale, près du fleuve.

La sympathique *River Huts* loue des huttes à toit de chaume donnant sur le fleuve à 60/70 B la simple/double. La cuisine est bonne et vous pouvez louer des motos et des vélos.

Sur la grand-route, la *Bouy Guest House* dispose de paillotes donnant sur le fleuve. Les simples/doubles près de la rive reviennent à 70/90 B, celles situées près de la route à 60/80 B. Cela vaut la peine d'y déjeuner (sandwiches, cuisine thaï).

Deux ou trois pensions ouvrent et ferment au gré des saisons, parmi lesquelles : *Mama's River View Lodge* et *Garden home.* En sortant un peu de la ville, sur le chemin de Si Chiangmai, vous découvrirez la *Dam-Dee Guest House* et la *Pha Soay,* qui n'offrent rien d'extraordinaire.

Deux restaurants se tiennent sur les berges du fleuve. Demandez autour de vous s'il n'y a pas moyen de goûter au *náam yân,* un alcool sucré provenant du Laos.

Comment s'y rendre. Les bus depuis Nong Khai font le trajet en 2 heures (32 B). De Loei, comptez 3 ou 4 heures (54 B). Pak Chom est à 1 heure 30 (22 B et 16 B depuis Si Chiangmai). Vers l'ouest au-delà de Pak Chom, les songthaews s'avèrent moins fréquents car la route se détériore de plus en plus (16 B pour Chiang Khan).

BEUNG KAN

Si vous faites route le long du Mékong, entre Nong Khai et Nakhon Phanom à l'est, vous aurez sûrement envie de faire étape dans le petit bourg de Beung Kan, à 185 km de Nong Khai, sur la Route 212 (la route de l'intérieur via Udon Thani et Sakon Nakhon est plus facile mais moins intéressante). Entre Nong Khai et Nakhon Phanom, vous remarquerez de nombreux villages dont les noms commencent ou finissent par "Beung" ou "Nong" (Nawng). Ces deux termes font référence aux lits de cours d'eau asséchés qu'alimentent, à la saison des pluies, d'éphémères torrents (en principe, un *beung* est plus large qu'un *năwng*).

Plus vous vous rapprocherez de la province de Nakhon Phanom, plus vous verrez de Vietnamiens travailler dans les rizières ou conduire du bétail sur la route. Tout le monde ici, Vietnamiens ou Thaïlandais, porte le simple chapeau vietnamien en paille qui protège de la pluie et du soleil.

La région de Beung Kan présente peu d'intérêt hormis quelques points isolés comme, par exemple, une nouvelle promenade aménagée dans les jardins le long de la rivière.

Durant la saison sèche, le Mékong se retire de Beung Kan et son cours atteint alors son point le plus étroit le long de la frontière lao-thaï. A l'est de la ville se trouve **Nam Song Sii** ("fleuve aux Deux Couleurs") où le Huay Songkhram, rivière large et boueuse, se déverse dans le Mékong.

Renseignements

Argent. Près de la tour de l'horloge se trouve une Thai Farmers Bank.

Wat Phu Thawk

Ce wat (Wat Chedi Khiri Wihaan) qui occupe un promontoire de grès au milieu d'une plaine plutôt aride est un vrai paradis d'ermite. On y monte par une série de sept escaliers représentant les sept niveaux de l'Éveil bouddhique.

Les kutis des moines sont éparpillés dans la montagne, dans les grottes et sur les falaises. A mesure que vous montez, vous remarquez que chaque niveau est plus frais que le précédent. Attirés par l'isolement et la fraîcheur du wat, des moines et des mâe-chiis de tout le Nord-Est viennent méditer là.

Ce temple était autrefois le domaine du célèbre maître de méditation Ajaan Juan – un disciple du virulent Ajaan Man, disparu il y a des années. Ajaan Juan trouva la mort avec plusieurs autres moines dans un accident d'avion, qui s'écrasa près de l'aéroport de Don Muang, alors que tous se rendaient aux célébrations marquant l'anniversaire de la reine Sirikit. Beaucoup, dans le Nord-Est, ont vu dans cet accident la preuve que la reine actuelle est source de malheurs.

Pour vous rendre au Wat Phu Thawk, il faut prendre, tôt le matin, un songthaew à destination de Ban Siwilai, sur la Route 222 au sud (25 km, 8 B), puis un autre vers l'est sur une piste qui conduit au wat, distant de 20 km (12 B).

Le stop est possible si vous ratez le camion. Vous pouvez aussi trouver un genre de túk-túk local qui, dans l'après-midi, vous conduira au wat depuis Siwilai, pour 10 B. Si vous aimez la solitude, mieux vaut entreprendre la visite de Phu Thawk le matin de bonne heure – avant le défilé des pèlerins thaï.

Ban Ahong

Plutôt que de passer la nuit à Beung Kan, nous vous conseillons d'aller à 23 km de là, au village de Ban Ahong (entre Nong Khai et Beung Kan, au Km 115 de la Route 212). A deux pas du **Wat Pa Ahong**, l'un des plus curieux et des plus petits temples isaan, la Hideaway Guest House, toute proche du Mékong, vous fera bon accueil. Blotti entre d'énormes blocs rocheux au bord du fleuve, le wat n'abrite qu'un seul moine résident, le très vénéré Luang Phaw Praeng.

Grâce à ses talents d'horticulteur, les jardins du monastère restent fleuris tout au long de l'année. Il tresse également de ravissants objets et du mobilier en racines de bambou. Quant à ses potions, à base d'herbes et de plantes médicinales, elles lui valent une solide réputation de guérisseur.

En saison sèche, le lit étroit du Mékong forme ici quelques bassins d'eau claire où il fait bon nager.

Ces lieux sont aussi, dit-on, particulièrement propices à la soirée du *wan àwk phansãa* qui clôt la "retraite de la Pluie" dans la tradition bouddhique.

Selon la légende, au cours de cette cérémonie annuelle, des éclairs surnaturels, ou *bawng fai phayaa nàak* (les "fusées du dragon"), surgissent du fond des eaux pour former à trois reprises dans le ciel un grand arc lumineux.

Le propriétaire de la Hideaway Guest House organise volontiers des excursions en bateau vers les îles du Mékong pour 10 B.

Où se loger et se restaurer
Beung Kan. Tous les hôtels de la ville affichent les mêmes prix, de 80 à 200 B. Petits et charmants, les hôtels *Samanmit, Neramit* et *Santisuk* jalonnent Th Prasatchai, près de la tour de l'horloge. Le Samanmit semble être le meilleur. Le Santisuk dispose, lui, d'un agréable coin repas au rez-de-chaussée

En plus de quelques étals de nourriture situés en ville, le *Phloen Dao* et le *Mae Nam Restaurant*, tous deux sur la rivière, offrent un bon choix de plats thaï et issan, même si le Mae Nam est un peu cher pour ce qu'il propose.

Le *Raan Kao Kao (99)*, un vaste restaurant de Th Thai Samak, proche de l'horloge, sert des plats thaï et chinois classiques de 8h à 20h.

Ban Ahong. La *Hideway Guest House*, derrière l'école tout près du fleuve (tournez au Km 115), se présente comme un cercle de petites huttes sur pilotis (50 B une simple et 80 B une double). Là, vous pouvez prendre vos repas, vous reposer dans un petit jardin au bord du Mékong et aller faire un tour au village. Attention : la Hideway Guest House n'est pas toujours ouverte.

Comment s'y rendre
Les bus de Nong Khai à Beung Kan coûtent 38 B, ceux qui viennent de Nakhon Phanom 49 B.

Province de Loei

La capitale provinciale de Loei offre des paysages parmi les plus beaux et les mieux préservés de Thaïlande. Le relief est montagneux et la température varie d'un extrême à l'autre : il fait plus chaud qu'ailleurs à la saison chaude et plus froid à la saison fraîche. C'est la seule province où le thermomètre descend jusqu'à 0°C.

La culture locale est un mélange original d'influences du Nord et du Nord-Est ayant produit un grand nombre de dialectes locaux. Dans les campagnes (hors du chef-lieu), la vie a davantage gardé son parfum traditionnel, hormis peut-être à Nan et à Phetchabun que l'on classait autrefois dans les provinces reculées ou fermées.

Les parcs nationaux de Phu Kradung, de Phu Luang et de Phu Reua, ainsi que les districts de Tha Li et de Chiang Khan constituent les sites naturels les plus intéressants à explorer.

LOEI
22 700 habitants
La capitale provinciale de Loei est située à environ 520 km de Bangkok, 140 km de Udon Thani, 269 km de Phitsanulok *via* Lom Sak (200 km *via* Nakhon Thai). Le coton étant l'une des principales cultures locales, les cotonnades constituent des achats intéressants.

Durant la première semaine de février, Loei accueille la fête des Fleurs du coton (Cotton Blossom Festival), dont le point culminant consiste en un défilé de chars décorés de coton. Tous les ans, la ville célèbre également le festival des Fusées, en mai, avec une grande ferveur. La municipalité a même emprunté au district voisin de Dan Sai sa procession chamarrée : le Phi Ta Khon (pour plus de détails, voir l'encadré consacré à *L'arrivée des esprits,* dans ce chapitre).

Où se loger – petits budgets
À l'époque de la rédaction de ce guide, Loei n'abritait qu'une seule pension : la *Friend-*

ship Guest House (☎ 042-832408, 257/ 41 Soi Buncharoen), au sud de la poste et du Muang Fai Hotel. Cette ruelle se trouve juste au nord de Wat Si Bun Reuang ; en venant du centre-ville par Th Charoenrat, prenez ce soi sur la gauche et continuez sur 250 m, puis encore à gauche sur une trentaine de mètres et vous apercevrez l'établissement à droite. De spacieuses chambres dans une maison moderne, avec grille-pain et cafetière électrique vous coûteront 200 B la nuit, jusqu'à 5 personnes. A l'arrière, au bord du cours d'eau, il existe aussi une bâtisse en bois avec deux chambres, louées 80 B en simple/double. Les WC et s.d.b. sont en commun. Le propriétaire Khun Dum parle un peu anglais.

Le *Sarai Thong Hotel*, qui donne dans Th Ruamjit, dispose de 56 chambres d'une propreté douteuse, réparties dans trois immeubles, et proposées à 140 B, toutes avec ventilateur et s.d.b. Si le service ne vous laissera pas un souvenir impérissable, l'établissement s'avère généralement calme, car il se trouve à l'écart de la rue. A proximité, dans la même rue, le *Sri Sawad* (Si Sawat) est un hôtel de passe dont les simples/doubles peu reluisantes se louent 100/140 B.

Où se loger – catégorie moyenne et supérieure

Proche du marché de nuit, le *Phu Luang Hotel* (☎ 042-811532/570, 55 Th Charoenrat) propose des simples/ doubles climatisées de 420 à 700 B. Il abrite également un restaurant passable et une boîte de nuit.

Dans la même artère, au 122/1, face à la Bangkok Bank, le sympathique *Thai Udom Hotel* (☎ 042-811763) possède des chambres ventilées à 240/320 B avec

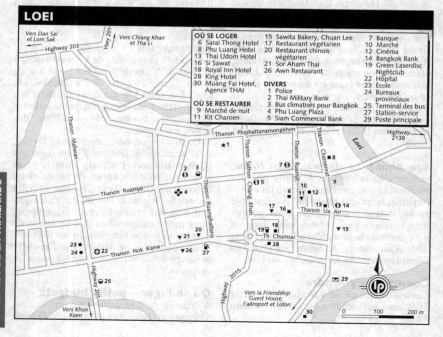

LOEI

Vers Dan Sai et Lom Sak
Highway 203
Hwy 201
Vers Chiang Khan et Tha Li

OÙ SE LOGER
6 Sarai Thong Hotel
8 Phu Luang Hotel
13 Thai Udom Hotel
16 Si Sawat
18 Royal Inn Hotel
28 King Hotel
30 Muang Fai Hotel, Agence THAI

OÙ SE RESTAURER
9 Marché de nuit
11 Kit Charoen

15 Sawita Bakery, Chuan Lee
17 Restaurant végétarien
20 Restaurant chinois végétarien
21 Sor Aharn Thai
26 Awn Restaurant

DIVERS
1 Police
2 Thai Military Bank
3 Bus climatisés pour Bangkok
4 Phu Luang Plaza
5 Siam Commercial Bank

7 Banque
10 Marché
12 Cinéma
14 Bangkok Bank
19 Green Laserdisc Nightclub
22 Hôpital
23 École
24 Bureaux provinciaux
25 Terminal des bus
27 Station-service
29 Poste principale

Thanon Phiphattanamongkhon
Thanon Maliwan
Thanon Sathon
Thanon Chiang Khan
Thanon Ruamjai
Thanon Ruamphattana
Thanon Ruamjit
Thanon Charoenrat
Loei
Highway 2138
Thanon Ua Ari
Th Chumsai
Thanon Nok Kaew
Highway 2015
Highway 201
Vers Khon Kaen
Vers la Friendship Guest House, l'aéroport et Udon

0   100   200 m

1/2 lits, ainsi que des climatisées plus grandes de 400 à 600 B. Dans l'ensemble, c'est un meilleur endroit que le précédent, notamment si vous prenez une chambre à l'écart de la rue.

Plus loin, dans Th Chumsai, près du night-club Green Laserdisc, le *King Hotel* (☎ 042-811701) est un établissement de 2 étages, bien tenu, où les chambres coûtent 280/350 B en simple/double avec ventilateur et s.d.b., ou 420/500 B avec l'air conditionné et l'eau chaude. Son restaurant attenant sert des plats vietnamiens, chinois et européens. Dans le même quartier, en retrait de cette rue, le *Royal Inn Hotel* (anciennement PR House, ☎ 042-812563, fax 830873) a été rénové il y a peu de temps. Prévoyez 250 B la nuit dans de coquets petits appartements avec ventilateur, TV et douche chauffée à l'énergie solaire, à moins que vous ne préfériez débourser 380 B (un peu moins si vous séjournez longtemps) pour bénéficier de la clim. et d'un réfrigérateur.

Les quatre niveaux climatisés du *Muang Fai Hotel* (☎ 042-811302, fax 812353), non loin de l'agence THAI et de la poste principale de Th Charoenrat, disposent de chambres fort plaisantes et entièrement équipées, moyennant 400 B la nuit, ainsi que de bungalows séparés à 700 B. L'établissement est bien géré et dispose d'une cafétéria tout à fait convenable.

Où se restaurer

Le *marché de nuit* proche du croisement des rues Ruamjai et Charoenrat accueille des stands à prix avantageux et des produits régionaux. Cherchez la spécialité locale, le *khài pîng* (œufs dans leur coquille, cuits en brochettes).

Le *Chuan Lee* et la *Sawita Bakery* sont deux pâtisseries-cafétérias situées du même côté de la rue Charoenrat, non loin du Thai Udom Hotel et de la Bangkok Bank. La première, excellente, est la plus ancienne et ressemble davantage à un café chinois traditionnel ; on peut même déguster quelques curries le midi et le soir. Sawita, plus récente et climatisée offre une carte étendue de plats thaï et faràng, dont des salades de fruits, des spaghettis, des glaces et des cookies. Les prix restent très raisonnables.

Dans Th Nok Kaew, à deux pas du rond-point, vous découvrirez un restaurant thaï-landais partiellement en plein air qui pratique des tarifs modérés, le *Sor Aharn Thai*. On y sert toutes sortes de mets du pays. L'*Awn* (aucune enseigne en anglais), toujours dans la même rue, à un jet de pierre du Soi Saeng Sawang s'avère plus simple ; il propose du kài yâang et du sôm-tam. Face au Sarai Thong Hotel, le *Kit Charoen* offre de délicieuses nouilles au canard.

Si vous souhaitez manger *végétarien*, il existe un établissement thaï à côté du Royal Inn Hotel, ainsi qu'un restaurant chinois de légumes, dans Th Nok Kaew, voisin du Sor Aharn Thai.

Où sortir

La ville semble endormie à 22h. A l'est, dans Th Chumsai, en venant du restaurant isaan et face au King Hotel, le *Green Laserdisc* propose un karaoké et de la musique live.

Comment s'y rendre

Par avion. L'aéroport de Loei, à 6 km au sud de la ville sur la route d'Udon Thani, a fermé pour réparations. Autrefois, la THAI assurait des liaisons avec Phitsanulok, auxquelles s'ajouteront, si l'aéroport rouvre, des vols en direction de Bangkok.

Bus. Depuis Udon, à intervalles réguliers, des bus partent jusque tard dans l'après-midi et coûtent 45 B. Le trajet de 150 km dure environ 4 heures. Depuis Nong Khai, comptez 80 B pour 5 à 6 heures de route.

De Phitsanulok, vous rejoindrez Loei par bus *via* Lom Sak ou *via* Nakhon Thai. Un bus direct entre Phitsanulok et Loei (70 B) met entre 4 et 5 heures. Jusqu'à Lom Sak, il ne coûte que 56 B, dans un sens comme dans l'autre. Le trajet Loei-Dan Sai vous reviendra environ à 25 B.

Les bus ordinaires pour Chiang Mai coûtent 165 B. Le trajet dure approximativement 8 heures *via* Utaradit.

Les bus climatisés au départ du terminal nord de Bangkok partent 5 fois par jour et

NORD-EST DE LA THAÏLANDE

rejoignent Loei au bout de 10 heures, moyennant 227 B (en 2e classe) et 292 B (en 1re classe). Un bus VIP part chaque soir à 21h et le prix du billet s'élève à 450 B. Le trajet en bus ordinaire coûte 162 B et part sept fois par jour. A Loei, vous pouvez réserver un bus climatisé à destination de Bangkok, soit au terminal, soit dans une agence du hall du King Hotel.

AILLEURS DANS LA PROVINCE
Parc national de Phu Kradung

Le Phu Kradung est le point culminant de la province à 1 360 m. Au sommet, un grand plateau en forme de cloche, est sillonné de 50 km de chemins balisés conduisant à des falaises, des prés et des cascades ainsi qu'à des forêts de pins, de hêtres et de chênes. En hauteur, la température reste toujours fraîche (la moyenne annuelle est de 20°C). La flore s'apparente à celle des climats tempérés. Plus bas, forêts de moussons, forêts humides, arbres à feuilles caduques et à feuilles persistantes se mêlent harmonieusement. Les 349 km² du parc abritent divers animaux de forêt (éléphant, chacal d'Asie, ours noir asiatique, muntjac, sambar, serow, gibbon aux mains blanches et quelques tigres). Le sanctuaire bouddhique, situé près de l'administration du parc, est un lieu de pèlerinage très visité localement.

Le chemin principal gravissant le Phu Kradung fait 6 km et exige environ 4 heures de marche (les passages délicats sont facilités par des échelles de bambou ou des marches). L'ascension est vraiment belle. Au fil de la route, vous croiserez des aires de repos et des marchands ambulants. Encore 3 km, et vous parvenez aux bâtiments administratifs. Vous pouvez utiliser les services de porteurs qui hisseront votre équipement au bout de perches en bambou (10 B par kilo).

Pendant les mois chauds, de mars à juin, mieux vaut commencer l'ascension à l'aube. En décembre, les températures peuvent tomber jusqu'à 3 ou 4°C mais vous trouverez sur place des couvertures à louer. Emportez pull-overs et chaussettes de laine.

Phu Kradung est fermé à la saison des pluies, de mi-juillet à début octobre, car le terrain devient trop dangereux à cause du sol glissant et des coulées de boue. La foule peut envahir le parc pendant les vacances scolaires (surtout de mars à mai).

Au pied de la montagne, le centre d'accueil dispose de cartes détaillées et encaisse les droits d'entrée au parc (25 B). Il n'est ouvert que de 7h à 15h.

Où se loger et se restaurer. Beaucoup de jeunes, surtout de sympathiques lycéens, viennent camper à Phu Kradung. Les tentes déjà installées se louent 40 B la nuit (couvertures et oreillers pour 10 B). Vérifiez leur état avant de verser le montant de la location – certaines sont en piteuse condition. Vous pouvez monter votre propre tente, moyennant 5 B par personne. Des cabines coûtent entre 500 et 1 200 B selon la taille. Mais on peut loger à dix, même dans un bungalow à 600 B. Il y a plusieurs petits restaurants sur le plateau.

A 2 km environ du sommet, la *Phu Kradung Guest House* loue de petites chambres doubles, assez sommaires, pour 200 B, ainsi que de vastes bungalows à plusieurs lits, équipés d'une cuisine rustique, pour 600 B.

Si vous vous trouvez bloqué dans la ville de Phu Kradung, vous pourrez passer la nuit à la *Phru Kradung House* (chambres avec ventilateur pour 150 B).

Comment s'y rendre. Des bus à destination d'amphoe Phu Kradung partent du terminal de Loei toutes les demi-heures, de 6h à 17h30 (mais n'oubliez pas que le parc ferme à 15h). Le billet, pour un parcours de 77 km, coûte 22 B. Depuis Phu Kradung, louez un songthaew (8 B) jusqu'à l'entrée du parc, à 7 km de là.

Le dernier bus à destination de Loei part de Phu Kradung aux alentours de 18h.

Parc national de Phu Reua

Ce parc relativement petit (121 km²) entoure Phu Reua ("Boat Mountain", le mont Bateau), ainsi nommé parce qu'une des falaises qui se détache du pic a la forme d'une jonque chinoise. La montée de 2 heures 30 jusqu'au sommet (1 375 m) (qui

PROVINCE DE LOEI

ne présente aucune difficulté) traverse une forêt tropicale puis une forêt d'arbres à feuilles persistantes et une forêt de pins. En décembre, les températures au sommet sont proches du gel durant la nuit.

L'entrée du parc se trouve à 50 km à l'ouest de la capitale de la province sur la Route 203. Des transports en commun relient Loei à Phu Reua mais peu de song-thaews vont jusqu'au parc, sauf le week-end et les jours fériés. Depuis le centre d'accueil, une piste de 16 km, bien balisée,

permet de découvrir les sites les plus intéressants du parc, dont les vues superbes des montagnes de Sainyabuli, au Laos.

Où se loger et se restaurer. Les bungalows du Forestry Department coûtent entre 250 et 500 B la nuit pour 5 personnes maximum. Moyennant 5 B, vous pourrez planter votre tente. Le week-end, des stands de nourriture sont parfois installés dans le parc. Dans le cas contraire, adressez-vous aux gardes forestiers en ce qui concerne la restauration.

Dans la ville de Phu Reua, toute proche, vous pouvez descendre au **Phu Reua** (250/500 B), au **Rai Waranya** (de 400 à 2 000 B) ou au **Nam Taka** (400 B).

Comment s'y rendre. Neuf bus quotidiens relient Loei à Dan Sai entre 5h et 17h, traversant la ville de Phu Reua. Le voyage coûte environ 15 B.

Parc national de Phu Luang

Autre retraite montagnarde : le parc de Phu Luang (1 571 m). Moins visité par les touristes (locaux ou étrangers) que les parcs nationaux de Phu Kradung et de Phu Reua, il abriterait cependant une faune abondante dans sa partie la plus élevée.

Restrictions. Le Département des Eaux et Forêts garde ce parc sous haute surveillance, afin de protéger au mieux la faune et la flore.

Les groupes de plus de dix personnes ne sont pas admis, et les visites sont limitées à trois jours et deux nuits. Autre élément dissuasif : le prix d'entrée relativement élevé 696 B (adulte) et 589 B (enfant de moins de 12 ans), mais qui comprend les permis, deux nuits d'hébergement, sept repas, le transport depuis amphoe meuang Loei, le guide et les taxes gouvernementales. Les services d'un guide incluent généralement une promenade à pied jusqu'au sommet et des excursions vers les falaises, les sources et les chutes d'eau. Conférences et commentaires ne sont malheureusement pas traduits. La visite s'achève le troisième jour, vers 15h.

Il faut, au préalable, demander un permis et verser une caution de 50%. Pour être tranquille, mieux vaut le faire 15 jours à l'avance (en vous présentant le jour même, vous risquez d'être refoulé, faute de place). Écrivez au District Officer, Amphoe Wang Saphung, Loei 42130, ou téléphonez au Quartier général du parc (☎ 042-841141, 879032).

Pour rejoindre ce parc, il vous faut un véhicule (à moins d'essayer le stop). Suivez la Route 201 (au sud de Loei) pendant une vingtaine de kilomètres jusqu'à Wang Saphung, puis la Route 2250, en direction du sud-ouest, sur 26 km. De là, une petite route de 9 km mène à l'entrée du parc.

Dan Sai

Célèbre pour son Bun Phra Wet Festival, sans nul autre pareil, la petite ville de Dan Sai se situe à environ 80 km à l'ouest de Loei. Les trois jours de festivités se déroulent au quatrième mois lunaire (généralement en juin), et associent le festival en lui-même – où les récits du Mahavessantara Jakata sont censés permettre à l'auditeur d'augmenter ses chances de renaître au cours de l'existence du futur Bouddha – au Bun Bang Fai ou fête des Fusées. Cette dernière a lieu, en principe, environ un mois plus tôt dans tout le Nord-Est.

Nul ne semble savoir comment et quand cette célébration propre à Dan Sai a commencé, mais un autre aspect des réjouissances a trait aux cultes de l'esprit thaï tribal, sans doute le Thai Dam. A vrai dire, c'est Jao Phaw Kuan, le médium de la localité qui devine les dates des cérémonies, en canalisant les informations fournies par Jao Saen Meuang, le dieu protecteur de la ville.

Cette fête attire désormais les gens des environs, voire des autres provinces, même jusqu'à Bangkok. Quelques occidentaux commencent à s'y frayer également un chemin. Voir *L'Arrivée des esprits*, plus loin dans ce chapitre.

A un kilomètre de la ville, par la Route 2 113, se dresse le **Phra That Si Songrak**, un grand chédi de style laotien, à la base très large, ce qui lui prête un aspect plus robuste que ceux qu'on trouve plus communément. Le stupa le plus vénéré de la province de Loei, le chédi à la chaux, atteint 30 m de haut et fut construit en 1560, pour sceller l'amitié entre le royaume laotien de Wiang Chan (Vientiane) et le royaume thaï d'Ayuthaya.

Un stupa plus modeste est implanté à l'avant, en demi-creux et attenant à un pavillon. A proximité, un coffre très ancien est censé contenir un Bouddha encore plus ancien, sculpté dans la pierre, d'environ

76 cm de long. On doit se déchausser à certains endroits du domaine. Le gardien du chédi n'est autre que Jao Phaw Kuan, le médium des esprits de Dan Sai.

Encore plus en dehors de la ville, sur la Route 203, non loin du kilomètre 61, vous apercevrez l'entrée du vignoble de **Château de Loei**, le plus sérieux et le plus respecté du pays.

Les visiteurs sont les bienvenus à condition de demander l'autorisation au préalable, par l'entremise du Rangyen Resort voisin (voir *Où se loger et se restaurer*).

Le district de Na Haew, à quelques kilomètres au nord-est de Dan Sai, est séparé du Laos par la rivière Heuang (également connue localement sous l'appellation "Man", bien que les cartographes affirment que le Man est un affluent de la Heuang et prend sa source plus au sud). Il existe une frontière officielle au village de Meuang Phrae, dans le district, et chaque laotien ou chaque thaï qui la franchit acquitte un droit de 17 B. Ils passent le cours d'eau à gué, lorsqu'il est suffisamment bas, ou en radeau lorsqu'il a monté. Pour l'instant, les étrangers ne peuvent traverser légalement.

Où se loger et se restaurer. Très proche du Wat Phon Chai, la *Yensuk Guest House* propose six chambres sans caractère, avec s.d.b. mais sans ventilation. Le tarif est de 200 B, hormis pendant la fête, où il passe à 300 B. Plus loin, mais toujours en ville, la *Wiang Kaew Guest House* dispose de trois chambres plus spacieuses, avec ventilateur au plafond et sanitaires privatifs. À l'écart de la rue, elle est assez paisible. Les tarifs sont identiques : 200 B en temps normal, 300 B au moment des festivités. Vous risquez de devoir demander au personnel de nettoyer la pièce, avant de vous y installer.

Le *Meuang Dan Resort* est installé à 10 minutes en voiture, à la sortie de Dan Sai, par la Highway 2113, et comprend une poignée de bungalows exigus mais propres, avec un toit en tôle ondulé. L'endroit est tranquille, avec des tarifs semblables à ceux des pensions citées plus haut.

En reprenant la Route 203 en direction de Loei, non loin du kilomètre 61, vous aurez plaisir à descendre au *Rangyen Resort* (☎ 042-891089), à condition de passer davantage de temps et de disposer de votre propre moyen de transport. La propriété occupe plusieurs hectares, avec un vaste plan d'eau et des courts de tennis. Les vastes chambres avec deux lits, minibar, et TV par satellite sont facturées 675 B avec ventilateur, 900 B si elles bénéficient de la clim., encore que même pendant le festival, des rabais soient consentis, jusqu'à 450 B et 800 B respectivement. L'établissement s'honore en outre d'un grand restaurant et semble s'adresser aux gens d'affaires thaïlandais ou aux congrès de l'administration. Comme ce site se trouve à 20 minutes de la nationale, on ne peut y accéder, ni même rejoindre Dan Sai après, en transport public.

Non loin du Wat Phon Chai, plusieurs étals vous proposent des nouilles et du riz, mais l'un des meilleurs endroits pour se restaurer est un petit restaurant de plein air, en bord de route, le *Je-Boy*, sur la Highway 2 114, juste au nord de Dan Sai.

Pak Chom

Pak Chom est le premier bourg important que vous traversez dans la province de Loei, en venant de Nong Khai par l'ouest en longeant le Mékong. Pour une grande part, la ville doit sa croissance éphémère à la proximité du **camp de réfugiés de Ban Winai**, qui hébergea surtout les soldats hmong et leurs familles, transfuges de Long Tieng (ou Long Chen), base secrète de la CIA/USAF au Laos. Celle-ci fut évacuée juste avant la prise du pouvoir par le Pathet Lao, en 1975. Le camp de Ban Winai a officiellement fermé ses portes et, sur les 30 000 Hmong qui vivaient là, nombreux sont ceux qui ont opté pour un rapatriement volontaire au Laos.

Il y a peu de choses à faire à Pak Chom, excepté des promenades le long du fleuve ou vers les villages voisins. Le nom de la ville signifie "Bouche du Chom", en référence à sa situation géographique au confluent du Mékong et du Chong.

Argent. Il existe une succursale de la Thai farmers Bank, dans Th Chiang Khan, entre les sois 7 et 8, et une Bank of Auddhya, près du carrefour entre les Routes 211 et 2108.

Où se loger et se restaurer. La *Pak Chom Guest House*, à la limite ouest de la ville à côté du fleuve, bénéficie d'une vue imprenable sur celui-ci et sur les falaises calcaires de la rive opposée. Les propriétaires ont ajouté quelques paillotes et l'endroit s'avère idéal pour quelques jours (repas et location de bateaux sur place). Le prix des huttes se monte à 100 B en simple/double.

Si vous venez de Chiang Khan en bus, demandez à descendre au Km 147 et suivez la piste qui part sur votre gauche jusqu'à la pension. En venant de Loei par la Route 2108, descendez au carrefour en T, à l'orée de la ville, tournez à gauche jusqu'à la borne du Km 147, ou suivez les panneaux de la Pak Chom Guest House. En venant de Nong Khai, traversez le croisement où la route dessine un virage, à angle droit sur la gauche vers Chiang Khan, et continuez sur 500 m jusqu'à ce que vous aperceviez la pancarte indiquant la Pak Chom Guest House sur la droite. Les huttes sont installées 300 m plus loin vers le fleuve.

Non loin de là, au bord de l'eau, le *Pradit Restaurant* est un établissement délabré servant des plats de riz et de nouilles bon marché. Un panneau avoisinant indique *Jumpee Guest House*, faisant ainsi référence à l'unique paillote attenante au restaurant.

Comment s'y rendre. Les bus depuis Chiang Khan reviennent à 20 B. De Sangkhom ou de Loei, les bus coûtent 22 B.

CHIANG KHAN

Chiang Khan se trouve à une cinquantaine de kilomètres de Loei, sur le Mékong, dans une grande vallée entourée de montagnes.

Si vous souhaitez remonter le fleuve en bateau jusqu'à la jonction avec le Mae Nam Heuang ou le redescendre vers Kaeng Khut Khu, adressez-vous aux gérants de la Nong Sam Guest House ou de la Zen Guest House qui organisent des excursions, moyennant 100 à 250 B par personne, suivant le nombre de passagers et la longueur de la traversée.

Les visas peuvent être prorogés au bureau de l'immigration, à côté de la poste principale, dans Chiang Khan. Attention : les fonctionnaires réclament fréquemment des pots-de-vin.

Chiang Khan s'anime durant la *wan àwk phansãa*, la fête bouddhique qui marque la fin de la retraite des Pluies, en octobre : pendant un festival d'une semaine on expose dans chaque temple de la ville de grands prasats de cire sculptée, tandis que des courses en bateau se déroulent sur le fleuve. La nuit, des représentations de *mãw lam* (comédie musicale de style isaan) ont lieu dans le champ en face de la poste principale.

Les wats

Les temples présentent un style d'architecture peu courant en Thaïlande, tels les wihãans ornés de façades à colonnades et de volets peints qui semblent trahir une influence française (*via* le Laos). Vous en verrez un bel exemple dans le centre-ville, au **Wat Pa Klang** (Wat Machatimaram), vieux d'un siècle.

Le **Wat Mahathat**, également dans le centre-ville, est le plus ancien temple de Chiang Khan. Le bòt, construit en 1654, est surmonté d'un toit neuf qui surplombe des murs anciens ornés de fresques défraîchies sur la façade.

Wat Si Khun Meuang, entre les sois 6 et 7 de Th Chiang Khan renferme un chédi de style laotien et bòt (*sim* en laotien), ainsi qu'un jardin d'arbres taillés.

Les structures du **Wat Santi** et du **Wat Thakhok** sont analogues à celles du Wat Pa Klang.

Le **Wat Tha Khaek**, un temple Thammayut vieux de 600 à 700 ans, se dresse à 2 km en dehors de la ville, vers Ban Noi. Dans le bòt, le bouddha assis fait l'objet d'une grande vénération.

Parmi les autres monastères célèbres des environs, citons **Phu Pha Baen**, à 10 km à l'est – les moines méditent dans des grottes et sur des plates-formes dans les arbres –, et le **Wat Si Song Nong**, à l'ouest de Kaeng Khut Khu (accessible à pied), sur le fleuve.

Kaeng Khut Khu

Située à 4 km en aval de Chiang Khan, Kaeng Khut Khu est un étroit passage de rapides (plus beaux en saison sèche), avec un parc sur la rive thaïlandaise et un village sur la rive laotienne. Vous pouvez louer un bateau pour atteindre les rapides. Dans le parc, des vendeurs proposent une délicieuse cuisine isaan – kài yâang (poulet grillé), sôm-tam (salade de papaye verte épicée) et khâo niãw (riz gluant), sans oublier les *kûng tên* ("crevettes dansantes", des crevettes du fleuve servies vivantes dans une légère sauce au jus de citron vert et aux piments) et les *kûng thâwt* (les mêmes, panées et frites), ainsi que des boissons. Un vaste restaurant

de plein air, le Khrua Nucha, sert des repas à table.

Tout proche, le **Wat Noi** abrite trois bouddhas en pierre.

Où se loger

Chiang Khan. La *Chian Khan Guest House* (☎ *042-821029*) possède des chambres convenables à 60 B, ou 120 B avec 2 lits et s.d.b. en commun. La salle à manger donne sur le fleuve et les plats y sont peu onéreux. Le soir, c'est un peu le rendez-vous des Thaïlandais locaux. Elle est implantée entre les sois 19 et 20, qui débouchent dans Th Chai Khong, parallèle au Mékong.

Dans le Soi 18, la nouvelle *Pamai Guest House* vous accueille comme à la maison, avec ses deux chambres dans une demeure privée, moyennant 50 B par personne.

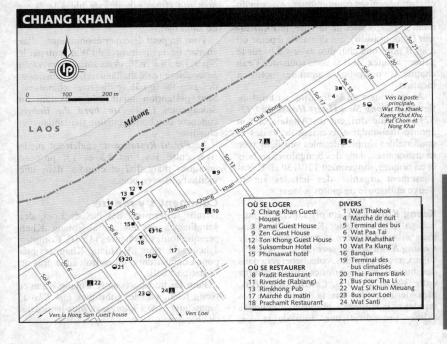

CHIANG KHAN

0   100   200 m

LAOS

Mékong

Thanon Chai Khong

Chiang Khan

Thanon   Chiang   Khan

Vers la poste principale, Wat Tha Khaek, Kaeng Khut Khu, Pat Chom et Nong Khai

Vers la Nong Sam Guest house

Vers Loei

OÙ SE LOGER
2 Chiang Khan Guest Houses
3 Pamai Guest House
9 Zen Guest House
12 Ton Khong Guest House
14 Suksombun Hotel
15 Phunsawat hotel

OÙ SE RESTAURER
8 Pradit Restaurant
11 Riverside (Rabiang)
13 Rimkhong Pub
17 Marché du matin
18 Prachamit Restaurant

DIVERS
1 Wat Thakhok
4 Marché de nuit
5 Terminal des bus
6 Wat Paa Tai
7 Wat Mahathat
10 Wat Pa Klang
16 Banque
19 Terminal des bus climatisés
20 Thai Farmers Bank
21 Bus pour Tha Li
22 Wat Si Khun Meuang
23 Bus pour Loei
24 Wat Santi

NORD-EST DE LA THAÏLANDE

Dans Th Chai Khong, au sein d'une vieille bâtisse entre les sois 9 et 10, la *Ton Khong Guest House* (☎ 042-821097) vous conviendra. Ses chambres se louent 100/150 B en simple/double, avec sanitaires en commun. Le restaurant du 2ᵉ étage jouit d'un joli panorama.

Tournez le dos au fleuve, dans le Soi 12 et vous dénicherez la *Zen Guest House* (☎ 042-821119). Elle propose des chambres avec matelas au sol à 70/140 B en simple/double. Le massage, le sauna aux aromates et la location de vélos font également partie des possibilités offertes. Le personnel organise par ailleurs des sorties à bicyclette et en bateau, moyennant entre 85 à 200 B par personne.

Pour ce qui concerne les hôtels, citons le *Suksombun* (☎ 042-821064) pour son ambiance. Situé dans Th Chai Khong, juste après le Soi 9, il semble qu'il attire bon nombre de Hollandais et d'Allemands en circuits organisés économiques. Au coin du Soi 9, vous découvrirez le site d'hébergement le moins cher de la ville, le *Phunsawat* (Phoonsawad), qui demande à peine 60 à 80 B pour une chambre avec s.d.b. sur le palier ; ajoutez 10 B si vous souhaitez l'eau chaude. Il vous propose aussi des motos en location.

Au sud-ouest de la localité, au bord du fleuve, la *Nong Sam Guest House* (☎ 042-821457), que dirigent un Anglais et son épouse thaïlandaise, contient de vastes et confortables simples/doubles ventilées avec moustiquaires, dans des bungalows en bois et en briques, moyennant 120/150 B. L'établissement organise des balades sur le fleuve et dispose de motos à louer.

Kaeng Khut Khu. En principe, une journée suffit pour visiter Kaeng Khut Khu, mais si vous désirez y passer la nuit, le *Chiang Khan Hill Resort* (☎ 042-821285), à deux pas des rapides, vous hébergera dans des bungalows de briques. Vous paierez entre 300 et 1 600 B. Les *Seeview Huts*, près de Ban Noi sur la route entre les rapides et la Highway, proposent des huttes calmes près du fleuve, loin de la rue,

moyennant 200 B et disposent d'une salle à manger agréable.

Où se restaurer

Le *Riverside* (Rabiang) et le *Rimkhong Pub*, deux modestes restaurants installés dans d'anciens entrepôts, servent d'honnêtes plats isaan et thaïlandais. Ouverts toute la journée pendant le week-end, ils ne vous reçoivent que le soir, en semaine.

La plupart des gargotes se regroupent dans le Soi 9 et aux alentours de son intersection avec Th Chian Khan. Le *Prachamit Restaurant*, au sud-ouest du croisement, sert notamment des plats thaï et chinois bon marché.

Le plat le plus répandu semble être une variante locale du *phàt thai* qui, ici, contient de fines nouilles de riz frites avec des germes de haricots, des œufs et du porc (à la place des œufs, du tofu, des pousses, des cacahuètes et des crevettes séchées). Quelques établissements servent du *khà-nom jiin* (fines nouilles de blé à la sauce pimentée), qu'on appelle ici du nom laotien de *khào pûn*.

Pour un petit déjeuner économique, allez au marché du matin, près du Wat Santi par le Soi 9. De 5h à 7h30, *deux stands* servent du *kafae thũng* (café thaïlandais), des curries et des *paa-thông-kõh* (pâtisseries chinoises). Sans prétention aucune, le restaurant du Suksombun Hotel, *au bord du fleuve,* concocte une bonne cuisine thaïlandaise et chinoise.

Le *Pradit Restaurant*, également sur la rive, entre les Sois 12 et 13, propose quelques plats thaï et chinois, dans une vieille bâtisse en bois.

Comment s'y rendre

Depuis le terminal des bus de Loei, des songthaews se rendent à Chiang Khan presque toutes les heures (15 B). Comptez 1 heure de trajet. A Chiang Khan, les bus pour Loei partent d'un endroit situé près de la station Shell.

Pour les transports entre Chiang Khan et Nong Khai, voir les rubriques *Pak Chom*, *Sangkhom* et *Si Chiangmai*, plus haut dans ce chapitre.

DISTRICT DE THA LI

La partie sans doute la plus belle de la province de Loei est celle qui longe le Laos, de Dan Sai à l'ouest à Pak Chom au nord-est, en passant par Tha Li. Ce district englobe la moitié d'une vallée entourée de montagnes, les Khao Noi, Khao Laem et Khao Ngu du côté thaïlandais, et les Phu Lane, Phu Hat Sone et Phu Nam Kiang du côté laotien. La petite ville de Tha Li est à 50 km de Loei par la Route 2115, à 8 km seulement de la frontière laotienne que trace le cours du Heuang, un affluent du Mékong (qui rejoint la frontière un peu plus à l'est vers Chiang Khan).

Les relations s'étant normalisées entre le Laos et la Thaïlande, le commerce local entre les deux rives du Heuang s'amplifie chaque jour. Perché sur la frontière, Ban Nong Pheu vit autant du commerce légal que du marché noir. Produits artisanaux et articles de contrebande, tels que ganja et *lâo khão* (un liquide brûlant et incolore, très alcoolisé, distillé à partir de riz gluant, qu'ils appellent par boutade "Mae Heuang", par allusion au fameux whisky Mékong) importés du Laos, sont échangés contre des produits finis comme les médicaments et les pièces mécaniques. Ces villages de "Far-West" se visitent, mais à vos risques et périls. De l'autre côté de la frontière, insécurité et anarchie semblent régner en maître dans la province laotienne de Sainyabuli.

Près de Ban Pak Huay, vous découvrirez l'un des meilleurs lieux de baignade dans le Heuang, praticable de janvier à mai quand l'eau est relativement claire.

Ban Pak Huay compte désormais une pension, mais vous pouvez toujours passer la nuit dans un temple villageois, moyennant une petite aumône. Le wat au chédi laotien près de la Route 2115, entre Tha Li et Pak Huay, a ainsi hébergé plusieurs visiteurs étrangers.

Ban Nong Pheu et au-delà

A 50 km au sud-ouest de Chiang Khan, par la Route défoncée 2195, Ban Nong Pheu est un village de négoce thaïlando-laotien, avec un trafic incessant de bacs traversant la rivière toute la journée. Un marché se tient dans l'enceinte d'un wat tout proche de la rivière, où s'échangent les marchandises transportées sur le fleuve du Laos. Quelques stands de nouilles et de boissons fraîches revigoreront les visiteurs. Ce marché n'a pas lieu tous les jours : renseignez-vous à Loei ou à Chiang Khan sur son calendrier.

Une dizaine de kilomètres plus à l'ouest, sur la Route 2195, **Ban A Hii** analogue à Ban Nong Pheu mais moins animé. La toute récente route pavée se poursuit vers **Pak Man** et se termine 45 km plus loin à **Na Haew**.

Depuis Na Haew, la Route 1268 continue vers le nord-ouest en longeant la frontière jusqu'à **Rom Klao**, dans la province de Phitsanulok. Un tronçon de 33 km, reliant Rom Klao à **Huay Mun**, dans la province d'Utaradit, est encore inachevé ; il sera sans doute en état d'ici peu. Pour l'heure, aucun transport public ne circule sur cette route, qui peut cependant présenter un intérêt pour une randonnée à bicyclette. Depuis Huay Mun, en poursuivant vers le nord, vous atteindrez la **province de Nan** (au bout de 100 km de route souvent défoncée) ou, en allant vers l'est, vous pourrez rejoindre l'amphoe meuang **Utaradit** *via* les Routes 1239 et 1045.

Où se loger

A proximité du carrefour entre les Routes 2195 et 2115, à Ban Pak Huay, la *OTS Guest House* loue quelques chambres rudimentaires dans une maison privée, à 50 B.

Comment s'y rendre

Des songthaews relient Loei à Tha Li presque toutes les heures. Comptez 1 heure de route (14 B). Les songthaews de Tha Li à Ban A Hii ou à Ban Pak Huay coûtent 10 B.

PARC NATIONAL DE NAM NAO

Situé à l'intersection des provinces de Chaiyaphum, de Phetchabun et de Loei, le parc de Nam Nao (les Eaux fraîches) s'étend sur près de 1 000 km², à une altitude moyenne de 800 m. Ouvert dès 1972, le parc est néanmoins resté sous contrôle du PLAT (People's Liberation Army of Thaïland ou armée populaire de libération de la

NORD-EST DE LA THAÏLANDE

Thaïlande) jusqu'au début des années 80. Dominée par les falaises de grès de la chaîne des monts Phetchabun, la végétation de Nam Nao s'avère aussi luxuriante que variée : forêts mixtes d'arbres à feuilles caduques et persistantes sur les hauteurs, forêts diptérocarpiennes de pins et de chênes sur les plateaux et les collines, bambous en rangs serrés alternant avec des bananiers sauvages dans les vallées fluviales, et savanes en plaine. Le parc abrite également des grottes et des chutes d'eau. Un bon réseau de pistes, au départ du quartier général, sillonne le parc. La plus spectaculaire, celle de Phu Khu Khao, traverse des forêts de pins et des prairies opulentes sur 24 km. Le **Phu Phaa Jit**, le plus haut sommet du parc, culmine à 1 271 m.

Malgré la proximité de la **réserve naturelle de Phu Khiaw** (156 000 ha), une nationale coupant le parc en deux a quelque peu facilité la tâche des braconniers. Certaines espèces d'origine locale sont aujourd'hui en voie de disparition.

Cependant, l'absence de tout village à l'intérieur du parc a limité les déprédations causées par le braconnage et les coupes de bois sauvages. Ours malais, tigres, léopards, bantengs, chacals d'Asie, cerfs "aboyeurs", gibbons, langurs et écureuils volants composent la faune locale.

La présence du rhinocéros reste controversée (le dernier a été aperçu en 1971, mais des traces fraîches ont été relevées en 1979), il est toutefois possible que le très étrange rhinocéros à fourrure, originaire de Sumatra, survive ici. Phu Khiaw même, située dans le secteur de Khon San, est une montagne de grès couverte d'épaisse forêt. Trois rivières prennent ici leur source, la Chi, la Saphung et la Phrom.

Le quartier général du parc se trouve à 55 km à l'est de Lom Sak. Au centre d'accueil, un petit musée comprend une collection d'armes et de pièges confisqués aux braconniers, une carte écologique et une liste des variétés d'oiseaux de Nam Nao. Les températures restent fraîches tout au long de l'année, en particulier la nuit et le matin. La période de l'année la plus faste

pour visiter le parc est de novembre à février, lorsque des gelées matinales occasionnelles apparaissent.

Le Forestry Department met à la disposition des visiteurs 10 bungalows (de 400 à 1 200 B) ainsi que des aires de camping où louer une tente. Devant le centre d'accueil, des marchands ambulants proposent des spécialités thaï et isaan, et des plats à base de nouilles.

Des bus traversent quotidiennement le parc, au départ de Lom Sak, de Chumphae ou de Khon Kaen (103 km). Vous apercevrez les panneaux du parc au Km 50, sur le Highway 12, à 2 km des bureaux.

LOM SAK

Une route splendide relie Phitsanulok à Loei ou à Khon Kaen *via* la petite ville de Lom Sak, dans la province de Phetchabun, juste en retrait de la Highway 12. Le barrage de **Huay Khon Kaen Dam**, en cours de construction, permet à Lom Sak d'entrevoir un avenir plus prospère.

Où loger et se restaurer

Très pratique, à deux pas de l'arrêt des bus, le *Sawang Hotel* loue des chambres à 110 B. Près du centre-ville, la ***Baan Kaew Guest House***, qui ressemble à un motel, propose des chambres plus agréables et plus calmes, moyennant 140 B.

A la périphérie sud de la ville, en direction de la Highway, face à l'hôpital Nakhon Lom, au *Nakhon Inn*, des chambres calmes donnant sur une cour reviennent à 120 B la simple/double avec ventilateur, 220 B avec clim. Dans une aile récente de 7 étages située juste à côté, les chambres coûtent entre 400 et 800 B.

Situé dans la rue principale, qui traverse la ville du nord au sud, le ***Chawn Ngoen*** vous servira de savoureuses spécialités thaï, dans sa vaste *sãalaa* (*sala* : lieu de repos couvert d'un toit).

L'établissement le plus célèbre de Lom Sak, le restaurant chinois ***Drai-woh*** sert des spécialités comme le *pèt phalòh tâo-hûu náam daeng* (ragoût de canard aux cinq épices), le *pîng kài* (poulet grillé) et le *khanõm jìip* (boulettes chinoises). Le Drai-woh est vraiment un charmant petit restaurant sino-thaï.

Le long du Talaat Mai, un grand marché de plein air dans le centre-ville, deux *restaurants chinois végétariens* proposent des menus bon marché.

L'un d'eux ouvre de 6h à 20h, l'autre ferme en fin d'après-midi.

Province de Nakhon Phanom

La province de Nakhon Phanom est marquée par une forte présence laotienne et vietnamienne, même si la capitale est très largement peuplée de Chinois.

Si vous êtes venu dans le but de visiter That Phanom, vous devrez sans doute vous arrêter d'abord ici pour changer de bus, à moins que vous n'alliez directement à That Phanom depuis Sakon Nakhon *via* la Route 223. Les temples qui jalonnent la région sont presque tous flanqués de *thâats* (chédis curvilignes à quatre faces) de style laotien.

NAKHON PHANOM
34 400 habitants

Nakhon Phanom est à 242 km d'Udon Thani et à 296 km de Nong Khai. Cette ville assez ordinaire bénéficie cependant d'une vue vraiment panoramique sur le Mékong et, au-delà, sur les montagnes escarpées du Laos – son nom sanskrit-khmer signifie en vérité "ville des Collines".

Si vous deviez choisir une capitale du Nord-Est thaïlandais pour y élire domicile, Nakhon Phanom a de fortes chances de vous séduire, avec ses rues bien agencées, ses nombreux espaces verts, les jolies rives de son cours d'eau et sa faible circulation. Un inconvénient, cependant : il n'y a quasiment rien à y faire !

Juste au sud du Mae Nam Khong Grand View Hotel, s'étale une plage de rivière où Thaï et étrangers viennent admirer le coucher de soleil et acheter des friandises. Les jours de grandes chaleurs, le reflet inversé

de l'île **Don Don** semble suspendu au-dessus de son double réel.

Les fresques intérieures du bòt du **Wat Si Thep**, dans la rue du même nom, arborent des *jataka* (vies antérieures du Bouddha) dans la partie haute, et des rois de la dynastie Chakri dans la partie basse.

Sur l'autre rive du Mékong, la ville laotienne s'appelle **Tha Khaek**. Les étrangers sont désormais autorisés à traverser le fleuve en bac, à condition d'être en possession d'un visa laotien.

Les gouvernements thaïlandais et laotien envisagent de construire ici un deuxième pont sur le Mékong (le premier, qui relie Nong Khai, province thaïlandaise, à celle de Vientiane, au Laos, est déjà en service). Il permettrait de faire la jonction entre Nakhon Phanom et le port maritime de Vinh, sur le golfe du Tonkin *via* la Route 12 qui traverse le Laos et le Vietnam (240 km).

Renseignements pratiques
Office du tourisme. L'agence TAT (☎ 042-513490/2) se situe au sein d'un splendide immeuble de style colonial, au coin des rues Sala Klang et Sunthon Wijit. Le personnel vous renseignera sur les provinces de Nakhon Phanom, Mukdahan et Sakon Nakhon. C'est ouvert chaque jour de 8h30 à 16h30.

Poste et communications. La poste principale, à l'angle de Th Ratchathan et Th Sunthon Wijit, vous accueille de 8h30 à 16h30, du lundi au vendredi, et de 9h à midi, le week-end et les jours fériés. L'agence CAT pour les services téléphoniques est ouverte quotidiennement de 7h à 10h, dans Th Sala Klang.

Où se loger – petits budgets
L'établissement le meilleur marché de la ville est le *First Hotel* (☎ 042-511253, 370 Th Si Thep). Il abrite des chambres plus ou moins délabrées avec ventilateur et s.d.b., louées de 140 à 180 B, ou 290 B si elles sont climatisées.

Dans le même style, le *Charoensuk Hotel* de la rue Bamrung Meuang revient à

Fête de Nakhon Phanom

A la pleine lune du onzième mois lunaire (généralement fin octobre), lors de la clôture de la retraite des Pluies bouddhique, les habitants de Nakhon Phanom célèbrent Wan Phra Jao Prot Lok – une fête en l'honneur de l'ascension du Bouddha à Devaloka (le monde des divinités), pour offrir aux Devas un sermon sur le Dhamma. Outre les offrandes habituelles, les festivités comprennent le lancement des *reua fai*, ou "bateaux de feu", sur le Mékong. A l'origine, ces bateaux de 8 à 10 m étaient faits en rondins de bananier ou de bambou, mais les versions modernes sont parfois en bois ou en matériaux synthétiques. Les bateaux sont remplis d'offrandes de gâteaux, de riz et de fleurs. Le soir, ils sont mis à l'eau et illuminés, ce qui donne lieu à un superbe spectacle.

Pendant la journée, la ville accueille des courses de longboats similaires à celles qui se déroulent dans d'autres localités riveraines du Mékong.

200/240 B en simple/double ventilée avec sanitaires privatifs. Dans cette gamme, le plus avantageux reste le *Grand Hotel* (☎ *042-511526)*, au coin de Th Si Thep et Th Ruamjit, dont les chambres toutes simples n'en demeurent pas moins bien entretenues, moyennant 180 B la nuit, ou 400 B avec l'air conditionné.

Bien située, au bord du Mékong, la *River Inn* (☎ *042-511305)* propose des chambres où il n'y a rien à redire, avec ventilateur et s.d.b., à partir de 150 B, ainsi qu'une poignée de climatisées à 400 B. Hormis la vue sur le fleuve, l'établissement n'offre rien d'exceptionnel.

Où se loger – catégorie moyenne et supérieure

Le *Windsor Hotel* (☎ *042-511946, 692/19 Th Bamrung Meuang)* est un ancien site

d'hébergement économique, récemment rénové et disposant désormais de chambres dans une fourchette de prix oscillant de 300 à 550 B.

Le *Si Thep Hotel* (☎ *042-511036, 708/11 Th Si Thep)* revient à 200 B la chambre ventilée avec sanitaires privatifs, dans l'ancien bâtiment, à 400 B la climatisée avec eau chaude dans la nouvelle aile. Si vous souhaitez une VIP avec réfrigérateur et TV, vous débourserez 650 B la nuit.

Le *Nakhon Phanom Hotel* (☎ *042-511455, 403 Th Aphiban Bancha)* abrite de confortables climatisées avec moquette, TV et eau chaude à 400 B, et des VIP avec réfrigérateur et mobilier plus joli à partir de 600 B, encore que celles-ci bénéficient parfois d'offres spéciales à 350 et 500 B respectivement.

Climatisé à souhait, le *Mae Nam Khong Grand View Hotel* (☎ *042-513564, fax 511037)* donne sur le fleuve, dans la partie méridionale de la ville. Ses spacieuses chambres tout confort sont proposées à 450 B la nuit, 550 B avec balcon et vue sur le cours d'eau, petit déjeuner compris. Plus au sud, dans la même artère, un établissement encore plus récent, le *Nakhon Phanom River View* (☎ *042-522333, fax 522777)* occupe à présent la première place de la gamme luxe, avec des chambres fort bien équipées à partir de 1 000 B.

Où se restaurer

La plupart des meilleurs restaurants bordent le fleuve, dans Th Sunthon Wijit, parmi lesquels : le *New Rapmit,* le *Ban Suan,* le *Rim Nam* et le *New Suan Mai,* le *Plaa Beuk Thong* (le Poisson-chat géant). Les trois derniers se détachent du lot sur le plan de la qualité, tandis que le Rim Nam est doté d'une plate-forme flottante en plein air où souffle la brise. Dans ces établissements, on sert parfois le poisson-chat géant du Mékong *phàt phèt* (sauté à la poêle avec du basilic et de la pâte de curry), *tôm yam* (dans un bouillon épicé de citronnelle), *phàt kratiam* (sauté à l'ail) ou encore *òp mâw din* (cuit au four dans une marmite en terre). Au

NORD-EST DE LA THAÏLANDE

crépuscule, un bateau-restaurant quitte l'arrière du Rim Nam à 17h, moyennant 30 B par personne, en plus de votre addition. Les dîneurs peuvent louer les services d'un orchestre de *măw lam* pour animer les grandes occasions.

De nombreux restaurants bon marché, proposant d'excellents plats de nouilles ou de riz au curry, jalonnent Th Bamrung Meuang, au nord des hôtels Windsor et Charoensuk. Entre ce dernier et le Honey Massage, deux petites gargotes à riz, le *Rot Mai* et le *Rot Isaan,* servent des spécialités locales, parmi lesquelles le *jàew hâwn,* un potage façon sukiyaki avec des nouilles, du bœuf et des légumes, ou encore : du *lâap pèt* (une salade au canard relevée), de la *ling wua* (langue de bœuf) et enfin du *yâang sĕua ráwng hâi* (littéralement : "du tigre grillé qui pleure", c'est-à-dire du bœuf grillé aux petits piments).

Le *Pho Thong* de Th Bamrung Meuang est un établissement plus grand, qui propose de la cuisine isaan.

NAKHON PHANOM

OÙ SE LOGER
7 River Inn
12 Charoensuk Hotel
13 Windsor Hotel
14 First Hotel
22 Nakhon Phanom Hotel
28 Grand Hotel
32 Si Thep Hotel

OÙ SE RESTAURER
9 Rot Mai et Rot Isaan
10 E-Eh
11 Pho Thong
15 Restaurants au bord de l'eau
19 Vietnam Restaurant
26 Nat Laap Pet

DIVERS
1 Agence téléphonique CAT
2 Agence TAT
3 Bureaux provinciaux
4 Prison
5 Poste principale
6 Police
8 Terminal des bus
16 Horloge
17 Wat Okaat (Si Bua Ban)
18 Marché
20 École chinoise
21 Cinéma Thepnakhon
23 Marché
24 Bus locaux
25 Marché
27 Thai Farmers Bank
29 Bangkok Bank
30 Agence THAI
31 Immigration et douanes
33 Wat Si Thep

Thanon Sala Klang
Vers l'aéroport, Beung Kan et Nong Khai
Thanon Ratchathan
Thanon Sunthon Wijit
Th Luk Seua
Thanon Fuang Nakhon
Thanon Thamrong Prasit
Thanon Si Thep
Thanon Aphiban Bancha
Thanon Bamrung Meuang
Thanon Ruamjit
Thanon Pan Kaew
Vers Sakon Nakhon, Renu Nakhon et That Phanom
Mékong
Ferry pour passagers
Ferry pour véhicules
LAOS
Vers le Mae Nam Khong Grand View Hotel et le Nakhon Phanom River View
0   50   100 m

NORD-EST DE LA THAÏLANDE

Les autres endroits réputés pour les plats du Nord-Est sont les suivants : le *Somtom Khun Taew* de Th Sunthon Wijit, et le *Nat Laap Pet*, proche du marché de Th Aphiban Bancha. Ne manquez pas les spécialités locales comme la *súp naw mái* (salade épicée aux pousses de bambou), le *plaa chǎwn phǎo* ("poisson-serpent" grillé) et les *hǎwy khom* (escargots d'eau douce).

Au détour de Th Fuang Nakhon, vous vous attablerez les yeux fermés à l'*E-Eh*, un bon établissement pour des plats thaï et chinois qui ne grèveront pas votre budget.

Le *Vietnam Restaurant* de Th Thamrong Prasit sert des spécialités comme le *nãem meuang* (des boulettes de porc au barbecue) et des *yâw* (rouleaux de printemps), généralement proposés par lots (sùt) avec nouilles au riz froides, feuilles de laitue fraîches, menthe, basilic, diverses sauces, tranches de carambole et de bananes plantain. En face et au sud du Si Thep Hotel, vous trouverez des établissements servant du jók et du khài kà-tà.

Comment s'y rendre

Avion. La THAI (☎ 042-512940) assure des vols quotidiens depuis/vers Bangkok à 1 605 B dans chaque sens. Comptez 1 heure 10 de voyage. Il existe également des lignes Sakon Nakhon-Nakhon Phanom (25 minutes, 300 B), mais pas dans la direction inverse. Par ailleurs, la compagnie gère une navette entre l'aéroport et le centre-ville (16 km de trajet).

Bus. Des bus réguliers relient Nong Khai à Nakhon Phanom, *via* Sakon Nakhon, moyennant 54 B le billet. Des climatisés partent chaque heure de 6h à 11h (95 B). Si vous voulez passer par Beung Kan, prenez un premier bus pour Beung Khan (43 B) et changez pour Nakhon Phanom (49 B). Le voyage complet à partir d'Udon Thani revient à 69 B en bus ordinaire, à 123 B en bus climatisé.

Treize bus circulent quotidiennement entre Nakhon Phanom et Mukdahan (31 B, 52 B avec clim.) ; les bus ordinaires allant de Nakhon Phanom à Sakon Nakhon ont à peu près les mêmes horaires (29 B). Ceux à destination de That Phanom, vers le sud, assez fréquents, coûtent 15 B (28 B avec la clim.).

Des bus climatisés entre Khorat et Nakhon Phanom sont assurés trois fois par jour (171 B).

Tous les soirs, entre 19h et 20h, plusieurs bus climatisés quittent Bangkok en direction de Nakhon Phanom (260 B en 2e classe, 335 à 405 B en 1re). Les bus VIP partent à 19h et 19h40 (585 B).

Bateau. Un ferry traverse le Mékong pour se rendre à Tha Khaek, au Laos, moyennant 30 B par passager, 40 B en sens inverse.

ENVIRONS DE NAKHON PHANOM
Renu Nakhon

Le village de Renu Nakhon est réputé pour ses cotonnades et ses soieries, surtout aux motifs mát-mii. Les Phu Thaï, une tribu locale séparée des Siamois et des Lao, qui sont ici en majorité, y vendent également leur production. Chaque samedi, un grand marché d'artisanat se tient près du Wat Phra That Renu Nakhon.

Les autres jours, achetez dans les échoppes et aux vendeurs installés non loin du temple, ou directement aux tisserands dans le village. Les premiers prix des mát-mii commencent à 50 B pour 1,70 m.

Le thâat du **Wat Phra That Renu Nakhon** présente les mêmes caractéristiques architecturales que celui du That Phanom mais moins allongé. A l'occasion des fêtes locales, les Phu Thaï donnent parfois des spectacles de danses folkloriques, appelées *fâwn lákhon thai,* qui célèbrent leurs traditions culturelles uniques.

Comment s'y rendre

La route de Renu Nakhon part du Km 44 de la Route 212, au sud de Nakhon Phanom. That Phanom n'étant que 10 km plus loin, vous pouvez visiter Renu sur le chemin, ou encore y faire une excursion d'un jour si vous demeurez à That Phanom. Du carrefour de la Route 212, ce n'est qu'à 7 km à l'ouest par la Route 2031 (6 B en songthaew).

Tha Khaek

Cette ville laotienne s'étend sur l'autre rive, en face de Nakhon Phanom. Sa fondation remonte aux années 1911-1912, à l'époque de la colonisation française.

Si vous détenez un visa en cours de validité, vous pouvez effectuer une traversée en ferry à 30 B sur le fleuve ; la frontière est ouverte du lundi au vendredi, de 8h30 à 17h, et jusqu'à 12h20 le samedi. Les bus au départ de Tha Khaek se rendant à Vientiane reviennent à 5 000 kip le billet, pour 10 heures de route. Le *Khammuan Hotel*, un imposant établissement de 3 étages, tout blanc, avec une façade en courbe qui donne sur le Mékong, propose des chambres propres avec TV, réfrigérateur, clim., eau chaude et de confortables matelas, moyennant entre 10 000 et 17 000 kip. Le *Thakhek May Hotel*, à quelque pâtés de maison de là, dans Th Vientiane, abrite des chambres sans fioritures, au sein d'une bâtisse carrée d'un étage ; comptez entre 8 000 et 10 000 kip la nuit. Pour de plus amples détails, reportez-vous au guide *Laos* de Lonely Planet.

THAT PHANOM

Le centre d'intérêt de cette petite ville située à 53 km au sud de Nakhon Phanom et à 70 km au sud-ouest de Sakon Nakhon, est son **Wat Phra That Phanom**.

La courte route reliant le Wat That Phanom à la vieille ville sur le Mékong passe sous un grand arc de triomphe laotien sur Th Lan Xang à Vientiane. Ce quartier de That Phanom ne manque pas d'intérêt ; là subsistent des traces d'architecture franco-chinoise qui évoquent le vieux Vientiane ou Saigon.

Des centaines de commerçants laotiens traversent la rivière les jours de marché, le lundi et le jeudi (il se tient de 8h30 à 12h). Deux emplacements de marché leur sont réservés en ville, un sur la nationale près du wat et un au bord du fleuve, au nord du quai.

A 20 km au sud de la ville (tournez en direction de Wan Yai, entre les Km 187 et 188), un parc boisé longe **Kaeng Kabao**, une suite de rapides sur le Mékong. Du haut des collines avoisinantes, une jolie vue sur le

fleuve et le Laos s'offre à vous. Les stands de nourriture habituels en font une bonne aire de pique-nique, d'accès facile à bicyclette depuis That Phanom.

Durant le festival de That Phanom, à la mi-février, des hordes de visiteurs descendent de toute la région. Des Laotiens traversent le fleuve pour se rendre au wat, des Thaïlandais partent pour le Laos et la ville ne ferme pratiquement pas l'œil durant sept jours.

Argent

La Thai Military Bank, Th Chayangkun, compte un service de change.

Wat Phra That Phanom

La pièce centrale du wat est un énorme thâat ou chédi de style laotien. C'est un symbole talismanique d'isaan auquel les bouddhistes de toute la Thaïlande restent très attachés. Sa date est controversée mais pour certains archéologues, il aurait 1 500 ans. Le chédi ferait 57 m (52 m selon d'autres sources), et sa flèche est décorée de 110 kg d'or.

Où se loger et se restaurer

La première pension de That Phanom, la *Niyana Guest House* a récemment quitté son site d'origine, non loin du Tha That Phanom, pour s'installer à proximité du Lao Market, vers la sortie nord de la ville. Elle se compose de simples avec s.d.b. sur le palier à 70 B, de doubles à 100 B, et de quelques lits en dortoir à 50 B. L'endroit dispose d'un excellent panneau d'informations et d'un petit jardin en terrasse. Outre les habituels plats thaï destinés aux voyageurs, la propriétaire qui parle anglais propose du café et du *khào jii*, un pain français à la mode laotienne. Elle peut vous dénicher des bicyclettes à louer, organiser de courtes traversées sur le fleuve, ainsi que des excursions au marché indochinois de Phu Muu et de Mukdahan.

Deux pâtés de maisons plus au sud, la *Pom's Guest House* contient des chambres rudimentaires mais propres, dans une demeure d'un étage, à 80 B la simple, 120 B la double, ou 60 B si vous préférez un lit en dortoir ; toutes ces formules avec

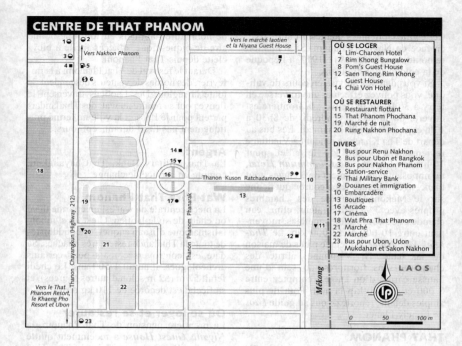

CENTRE DE THAT PHANOM

Vers le marché laotien et la Niyana Guest House

Vers Nakhon Phanom

Thanon Kuson Ratchadamnoen

Thanon Chayangkun (Highway 212)

Thanon Phanom Phanarak

Vers le That Phanom Resort, le Khaeng Pho Resort et Ubon

Mékong

LAOS

0   50   100 m

OÙ SE LOGER
4 Lim-Charoen Hotel
7 Rim Khong Bungalow
8 Pom's Guest House
12 Saen Thong Rim Khong Guest House
14 Chai Von Hotel

OÙ SE RESTAURER
11 Restaurant flottant
15 That Phanom Phochana
19 Marché de nuit
20 Rung Nakhon Phochana

DIVERS
1 Bus pour Renu Nakhon
2 Bus pour Ubon et Bangkok
3 Bus pour Nakhon Phanom
5 Station-service
6 Thai Military Bank
9 Douanes et immigration
10 Embarcadère
13 Boutiques
16 Arcade
17 Cinéma
18 Wat Phra That Phanom
21 Marché
22 Marché
23 Bus pour Ubon, Udon Mukdahan et Sakon Nakhon

s.d.b. en commun. Cet établissement fourmille d'informations sur la région. Un peu vers le nord, le *Rim Khong Bungalow* (☎ 042-541634) comprend 6 chambres convenables de 100 à 200 B.

La *Saeng Thong Rim Khong Guest House*, à proximité du débarcadère des bateaux, englobe 9 chambres impeccables dans un immeuble moderne en L, avec matelas durs, ventilateur au plafond et douche à eau froide, moyennant 400/600 B en simple/double. Ces tarifs paraissant prohibitifs pour la localité, il devrait être possible de les négocier à la baisse.

La vieille ville compte aussi deux hôtels. Le *Chai Von Hotel*, dans Th Phanom Phanarak, au nord de l'arc (tournez à gauche, si vous passez dessous) est un établissement original et plein de cachet, mais tout à fait rudimentaire. Prévoyez 70 B la chambre avec sanitaires en commun, 90 B avec s.d.b.

dans le style thaï. Le *Lim-Charoen Hotel*, dans Th Chayangkun, près du terminal des bus, abrite des chambres à 100 B, mais vous serez mieux loti dans le Chai Von. De plus, la circulation peut poser problème, en cas de sommeil léger.

A l'extrémité sud de la ville, par la Highway 212, au bord du fleuve, le *That Phanom Resort* (☎ 042-541047) contient des chambres peu attrayantes, dans un alignement de bâtiments, moyennant 250 B les ventilées, 500 B les climatisées.

Mieux vaut alors descendre au *Khaeng Pho Resort* (☎ 042-541412), à 3 km au sud de That Phanom, sur la Highway 212. Dans un ensemble paysager agréable, les bungalows individuels se louent 200 B avec ventilateur et 500 B avec la clim.

En février, lors du festival de That Phanom, les prix des hôtels et des pensions flambent et tous les établissements affichent complet.

Un petit *marché de nuit* se tient tous les soirs Th Chayangkun. Le *Rung Nakhon Phochana* et le *That Phanom Phochana* servent tous deux des spécialités thaïlandaises et chinoises. Un *restaurant flottant,* au sud du quai, offre une carte très correcte.

Comment s'y rendre

Bus. A différents niveaux de la rue Chayangkun, vous trouverez des bus réguliers desservant Mukdahan (16 B), Ubon Ratchathani (69/120 B l'ordinaire/le climatisé), Sakon Nakhon (22/38 B), Nakhon Phanom (15/28 B) et Udon Thani (67/113 B). Le bus climatisé Khorat-Nakhon Phanom s'arrête à That Phanom. Le prix (171 B) est le même jusqu'à Nakhon Phanom.

Songthaew. A Nakhon Phanom, des songthaews partent régulièrement du croisement proche du Nakhon Phanom Hotel (15 B). Ne descendez pas avant d'avoir vu le chédi sur la droite. Le trajet prend environ 1 heure 30. Le dernier songthaew pour That Phanom part à 18h. Dans l'autre sens, il quitte That Phanom à 20h.

Bateau. La traversée en ferry jusqu'au Laos coûte 15 B par personne. A l'heure actuelle, seuls les Thaïlandais et les Laotiens sont autorisés à franchir la frontière à cet endroit.

Province de Sakon Nakhon

La province de Sakon Nakhon est bien connue des Thaïlandais pour avoir été la résidence de deux des plus célèbres moines de l'histoire du bouddhisme thaïlandais, Ajaan Man et Ajaan Fan Ajaro. Tous deux thutong à la vie d'ascèse, ils sont passés maîtres en méditation *vipassana*. Ajaan Man mourut en 1949. Le wat possède désormais un musée Ajaan Man avec une collection de ses objets monastiques.

Un musée est également dédié à Ajaan Fan qui mourut en 1963.

La fête bouddhique célébrant la fin de la retraite des Pluies ("Buddhist Rains Retreat"), en novembre, se déroule dans la ferveur à Sakon, avec des modelages, des expositions de prasats en cire, ainsi que des défilés.

La province de Sakon doit notamment sa réputation à la relative popularité de son chien cuisiné. Contrairement à un cliché couramment entretenu par les Thaïlandais, tous les natifs de Sakon n'en sont pas friands ; il s'agit en vérité d'une coutume subsistant dans la minorité ethnique soh de Tha Lae, à environ 42 km à l'ouest de l'amphoe meuang Sakon Nakhon. Le marché aux chiens de Tha Lae abat jusqu'à 100 animaux par jour et vend la viande entre 30 et 50 B le kilo, soit beaucoup moins cher que le bœuf. Ce marché propose également du chien cuit en curries, en satay, des soupes aux boulettes de viande et d'autres spécialités à consommer sur place ou à emporter. La loi n'autorise cependant pas la vente de chiens vivants pour la consommation.

SAKON NAKHON
25 500 habitants

Marché agricole secondaire (après Udon Thani) du haut Isaan, cette capitale provinciale ne constitue guère plus qu'un regroupement de magasins vendant des équipements agricoles. Contentez-vous donc de visiter le Wat Choeng Chum et le Wat Narai Jeng Weng.

La ville a récemment érigé un monument municipal dans un champ, situé au nord-ouest du centre. A l'évidence inspiré par la Patuxai de Vientiane ou la porte de That Phanom, cet arc se compose de quatre grandes colonnes décorées en ciment, placées au-dessus d'une coupe remplie de nagas ou dieux-serpents.

A l'est de la ville s'étale le **Nong Han**, le plus grand lac naturel du pays. Ne vous y baignez pas, il est infesté de minuscules vers qui peuvent provoquer une grave infection, la bilharziose. Les villages riverains enregistrent les plus forts taux de contamination au monde, car la population mange des escargots ramassés sur les plantes aquatiques du lac (voir la rubrique *Santé* dans le chapitre *Renseignements pratiques* pour des informations plus détaillées).

Musée d'Ajaan Man

A la périphérie sud-ouest de la ville (en retrait de la route qui mène à Kalasin), l'enceinte du Wat Pa Sutthawat abrite depuis peu un musée consacré à Ajaan Man, célèbre moine anachorète.

Cet édifice ressemble un peu aux églises chrétiennes d'aujourd'hui, avec ses arches et ses fenêtres façon vitrail. Une statue en bronze du saint homme, sur un piédestal jonché de fleurs, accueille les visiteurs. Sous vitrines sont exposés des objets et des photos liés à la vie du moine. Le musée, en principe, ouvre ses portes tous les jours, de 8h à 18h.

Wat Phra That Choeng Chum

Construit dans la ville, non loin du lac, ce wat possède un chédi de style laotien de 25 m de haut, élevé durant la période d'Ayuthaya sur un petit prang khmer du XIe siècle. Pour voir le prang, il faut entrer dans le wihãan voisin. Si la porte du chédi est fermée, demandez à un moine de l'ouvrir – ils ont l'habitude des visiteurs.

Wat Phra That Narai Jeng Weng

A 5 km à l'ouest de la ville, au village de Ban That (3 km après l'aéroport), ce wat possède un prang khmer, du Xe ou XIe siècle, de style Bapuan. Intégré à l'origine à un temple khmer hindou, ce prang de grès à cinq étages est orné d'un Vishnou couché sur le linteau du portique oriental et d'un Shiva dansant sur le linteau nord.

Pour accéder au temple, prenez un songthaew vers l'aéroport, Th Sai Sawang, et descendez à Talaat Ban That Naweng (5 B) d'où il reste 1 km à faire à pied en traversant le village. On abrège le nom du wat en Phra That Naweng.

Aquarium et parc à crocodiles

Au nord-est de la poste, un petit parc abrite un bassin de poissons, un parc à crocodiles et un aquarium. L'entrée est gratuite.

Où se loger

L'*Araya 1*, au coin de Th Prem Prida et de Th Kamjat Phai, dispose de chambres à 1 ou 2 lits, louées 150/250 B et de climatisées à 300/350 B ; à la diagonale, l'*Araya 2* abrite des chambres ventilées à seulement 150 B la nuit, ou avec s.d.b. attenante à 200 B. Il existe un restaurant sino-thaï au dessous. Le premier peut s'avérer difficile à dénicher, car on a construit un vaste magasin devant.

Dans le même pâté de maisons que l'Araya 2, vous trouverez le *Somkiat Hotel & Bungalows*, qui facture 150/200 B ses simples doubles (les camionneurs l'apprécient pour son parking) et le Kiti Hotel, avec des chambres ordinaires mais correctes à 200 B. Préférez les chambres de l'hôtel Somkiat à celles de ses bungalows qui ont l'air passablement défraîchies.

Le *Krong Thong Hotel* (☎ 042-711097, *645/2 Th Charoen Meuang*) abrite des chambres convenables avec ventilateur, de 120 à 200 B, les climatisées se louant 330 B. Toujours dans cette rue, plusieurs établissements similaires occupent cette fourchette de prix : le *Kusuma* et le *Charoensuk* (aucune enseigne en caractères romains) ; tous deux de bons choix. Bien qu'il affiche les mêmes tarifs, le *Sakon* semble un peu miteux.

Dans le haut de gamme, il n'existe que deux hôtels. L'*Imperial* (☎ 042-711119, *1 892 Th Sukkasem*) dont les chambres de l'ancien bâtiment reviennent à 300 B avec ventilateur et s.d.b., de 400 à 500 B si elles sont climatisées, alors que les VIP de la nouvelle aile, avec TV et moquette se louent de 600 à 800 B. Le *Dusit* ne fait pas partie de la chaîne de palaces du même nom, mais il comprend des climatisées tout à fait correctes avec TV, moyennant 450 B, et des VIP à 650 B.

Où se restaurer

Les *marchés de nuit* se tiennent chaque soir, non loin du rond-point de Th Charoen Meuang et Th Jai Phasuk, ainsi qu'à l'intersection des rues Charoen Meuang et Sukkasem. Tous deux attirent beaucoup de monde et restent ouverts tard.

Plusieurs restaurants sino-thaï peu chers jalonnent Th Prem Prida et vous servent des plats relativement convenables. Le *Phaw Jai*, au croisement des rues Sukkasem, Prem Prida et Rawp Meuang, propose une belle diversité de mets thaï et chinois, comme le *Luuk Fai* (aucun panneau en caractères romains) et le *Fung Rot,* tous deux à proximité du Somkiat Hotel & Bungalows, dans Th Kamjat Phai.

A environ un pâté de maisons à l'ouest, sur l'autre trottoir, l'*Alpha Restaurant* est un endroit propret, qui excelle dans les curries et autres spécialités du pays.

Le petit *Vegetarian Restaurant, 400/1 Th Charoen Meuang*, entre Th Sukkasem et Th Prem Prida, sert des plats de légumes thaïlandais corrects pour 8 et 12 B, mais il n'ouvre que de 6h à 13h, du lundi au samedi. Une autre bonne adresse, Th Prem

Prida, s'intitule tout simplement *Aahaan Jeh* (plats végétariens).

A 5 km de la ville en direction de Kalasin, le *Phen Laap Pet* offre au menu un grand choix de *lâap pèt khão* ou *lâap pèt daeng* – salade de canard blanc et salade de canard rouge (avec du sang de canard). Les autres spécialités de la maison sont le *yam* (autre sorte de salade isaan, à base de légumes ou de poisson), le *khài yát sâi* (porc et omelette aux légumes) et le *plaa sãam rót*, ou "poisson au trois parfums" (poisson entier frit avec des oignons, des piments et de l'ail).

Comment s'y rendre

Avion. Que vous souhaitiez rejoindre ou quitter Sakon Nakhon, la THAI assure trois vols par semaine depuis Bangkok (1 530 B l'aller). Il existe aussi des liaisons

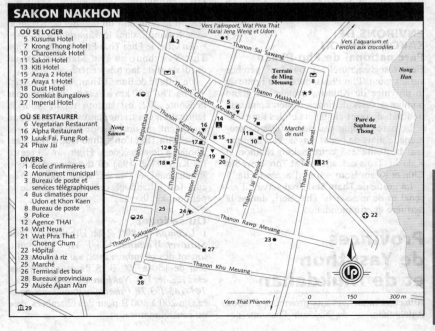

SAKON NAKHON

OÙ SE LOGER
5 Kusuma Hotel
7 Krong Thong hotel
10 Charoensuk Hotel
11 Sakon Hotel
13 Kiti Hotel
15 Araya 2 Hotel
17 Araya 1 Hotel
18 Dusit Hotel
20 Somkiat Bungalows
27 Imperial Hotel

OÙ SE RESTAURER
6 Vegetarian Restaurant
16 Alpha Restaurant
19 Luuk Fai, Fung Rot
24 Phaw Jai

DIVERS
1 École d'infirmières
2 Monument municipal
3 Bureau de poste et services télégraphiques
4 Bus climatisés pour Udon et Khon Kaen
8 Bureau de poste
9 Police
12 Agence THAI
14 Wat Neua
21 Wat Phra That Choeng Chum
22 Hôpital
23 Moulin à riz
25 Marché
26 Terminal des bus
28 Bureaux provinciaux
29 Musée Ajaan Man

Vers l'aéroport, Wat Phra That Narai Jeng Weng et Udon
Vers l'aquarium et l'enclos aux crocodiles
Thanon Sai Sawang
Terrain de Ming Meuang
Nong Han
Thanon Makkhalai
Thanon Charoen Meuang
Nong Samon
Thanon Ratpattana
Thanon Kamjat Phai
Marché de nuit
Parc de Saphang Thong
Thanon Yuwaphattana
Thanon Prem Prida
Thanon Reuang Sawat
Thanon Jai Phasuk
Thanon Rawp Meuang
Thanon Sukkasem
Thanon Khu Meuang
Vers That Phanom
0   150   300 m

quotidiennes à destination de Nakhon Pathom (25 minutes, 300 B), mais aucune en sens inverse. L'agence THAI de Sakon (☎ 042-712259/60) se situe au 1 446/73 Th YUwaphattana.

Bus. Des bus directs pour Sakon partent d'Ubon Ratchathani (83 B, 6 heures), de Nakhon Phanom, (29 B, 1 heure 30), de Kalasin (38 B, 2 heures 30), de That Phanom (22 B, 1 heure 30), de Khon Kaen (54 B, 4 heures) et d'Udon Thani (45 B, 3 heures 30).

Les bus de Sakon à Bangkok coûtent 162 B (10 départs par jour) ou 293 B avec clim. (un départ en soirée par semaine). Entre Khorat et Sakon, les bus coûtent 98 B (138 B avec clim.), à raison de 6 départs quotidiens.

Des bus privés climatisés relient trois fois par jour Udon et Khon Kaen, depuis le terminal d'Udon Thani-Sakon Doen Rot, à côté de la station-service Esso, Th Ratpattana.

ENVIRONS DE SAKON NAKHON
Parc national de Phu Phaan

Cette réserve naturelle de 645 km², perchée sur les monts Phu Phaan près de la limite de la province de Kalasin, protège un grand nombre de cerfs, de singes, de petits animaux de forêt, et de rares éléphants et des tigres.

Le parc compte peu de sentiers de promenade mais de beaux paysages agrémentent la Route 213 entre Sakon Nakhon et Kalasin. Trois cascades – **Tat Ton**, **Hew Sin Chai** et **Kham Hom** – sont d'accès facile.

La grotte de **Tham Seri Thai** servait d'arsenal et de mess à la Thai Seri, durant la dernière guerre mondiale.

Provinces de Yasothon et de Mukdahan

Autrefois rattachées aux provinces d'Ubon Ratchathani et de Nakhon Phanom, ces deux provinces voisines du bas Nord-Est sont parmi les plus récentes du pays et les plus petites de la région. Essentiellement rurales, leurs petites capitales servent de marchés aux campagnes environnantes.

YASOTHON
30 700 habitants

Yasothon se situe un peu à l'écart des grands axes mais si, par hasard, vous vous trouvez dans la région en mai (à Ubon Ratchathani, par exemple, distante de quelque 100 km), cela vaut la peine de faire les deux heures de bus pour assister à la fête des Fusées (Rocket Festival ou "Bun Bang Fai") qui a lieu du 8 au 10.

C'est une très grande fête dans tout le Nord-Est, qui a un caractère de rite propitiatoire pour ceux qui attendent la pluie et la fertilité.

Le nom de la ville, où réside une importante population musulmane, vient du sanskrit "Yasodhara", qui signifie "celui qui préserve ou maintient la gloire". C'est également le nom de l'un des fils de Krishna, avec Rukmini, dans le *Mahabharata*.

En ville, le **Phra That Phra Anon** (ou Phra That Yasothon), au Wat Mahathat, est un chédi de style lao très vénéré.

Le village de **Ban Si Than**, dans le district de Pha Tiu, à 20 km à l'est de Yasothon par la Route 202, est surtout réputé pour la fabrication des triangulaires mǎwn khwǎan qui valent, dit-on, ceux de Roi Et.

Le **Phra That Kong Khao Noi**, à Ban Taat Thong, à deux pas de la Highway 23 (entre les Km 194 et 195) en direction de Ubon Ratchathani, est un chédi de brique et de stuc fort inhabituel, datant de la fin de la période Ayuthaya.

Où se loger

L'*Udomphon*, 80/1-2 Th Uthairamrit, et le *Surawet Wattana*, 128/1 Th Changsanit, louent des chambres avec s.d.b. et ventilateur de 150 à 200 B. S'ils sont complets, essayez le *Yot Nakhon* (☎ 045-711122), 141-143/1-3 Th Uthairamrit, où vous paierez de 200 à 300 B pour des chambres avec ou sans climatisation.

Comment s'y rendre

Les bus au départ d'Ubon coûtent 33 B ; au départ de Khorat, comptez 70 B en bus ordinaire ou 145 B en bus climatisé.

MUKDAHAN
25 800 habitants

A 55 km au sud de That Phanom et à 170 km au nord d'Ubon Ratchathani, juste en face de Savannakhet, au Laos, Mukdahan est réputée pour la beauté de ses rives bordant le Mékong et en tant que centre de commerce lao-vietnamien. Néanmoins, les Thaïlandais apprécient avant tout son marché indochinois, **Talaat Indojiin**, groupement thaï-lao-vietnamien qui se rassemble autour du Wat Si Mongkhon Tai, près de la Tha Mukdahan. Là, vous découvrirez des khaen (flûtes de Pan issan) et des monceaux d'étoffes de tous les coins du Nord-Est, sans parler des traditionnels produits importés du Laos, du Vietnam et de Chine. Dans le centre-ville, les étalages du **marché de Danang**, plus classique, proposent sensiblement les mêmes articles.

En vertu d'accords passés entre les gouvernements thaï et laotien, un pont entre Mukdahan et Savannaket, sur l'autre rive du Mékong, devrait être construit dans un futur proche, bien que la situation économique dans la région ait retardé pour l'heure le projet. Par ailleurs, le Vietnam, le Laos et la Thaïlande se sont également entendus pour accélérer la construction de la Route 9 au Laos, pour relier Mukdahan, Savannakhet et Danang, le long d'un couloir commercial est-ouest. Pareilles discussions ont incité bon nombre de constructions en ville, tandis que les spéculateurs se tenaient prêt pour un futur boom économique. Au sud de l'Hotel Muk, l'ambitieux **Haw Kaew Mukdahan** (Mukdahan Jewel Hall) constitue un centre de commerces et d'affaires, dont la forme pointue se dresse sur plusieurs étages.

Pour voir la cité dans son ensemble, faites l'ascension des 500 m du **Phu Narom**, 3 km au sud de la ville. A 34 km de l'amphoe meuang Mukdahan, en retrait de la Route 212 – juste au sud de Ban Taw Khet

et de la frontière provinciale, entre les Km 29 et 30, **Phu Muu**, célèbre pour son panorama, fait le bonheur des pique-niqueurs thaïlandais.

Argent

La Bangkok Bank of Commerce, Th Samut Sakdarak, abrite un guichet de change.

Parc national de Phu Pha Thoep

A 16 km au sud de Mukdahan par la Route 2034, commence une zone accidentée trouée de grottes et hérissée de rochers en forme de champignons. Elle porte le statut de parc national. L'entrée principale est à 25 km au sud de la ville, juste au sud de la limite de la province d'Ubon Ratchathani.

Où se loger

Vous ne ferez pas l'affaire du siècle à Mukdahan, mais les hôtels n'en sont pas moins convenables. Le *Hua Nam* (☎ *042-611137, 20 Th Samut Sakdarak)* loue ses chambres ventilées 150 B avec s.d.b. en commun, ou 360 B avec la clim. et sanitaires privatifs. Dans la même rue, le *Banthom Kasem Hotel* affiche des tarifs similaires, mais il est beaucoup moins recommandable.

Le *Hong Kong Hotel (161/1-2 Th Phitka Santirat)* présente une conception comparable au Hua Nam, mais en plus joli ; ses prix s'inscrivent dans une fourchette de 150 à 300 B. Encore mieux, le *Saensuk Bungalow*, au n° 2 de la même artère, offre des chambres calmes et proprettes, oscillant entre 150 et 200 B avec ventilateur, ou de 330 à 450 B avec la clim.

Le *Mukdahan Hotel (Hotel Muk*, ☎ *042-611619)* occupe sans doute la première place, bien qu'il soit installé un peu à l'écart du centre, dans la rue Samut Sakdarak ; ses chambres reviennent à 180 B avec ventilateur et s.d.b., de 350 à 600 B si elles sont climatisées.

Deux établissements plus prestigieux furent construits avant que ne frappe la récente crise économique, afin d'accueillir les partenaires les plus importants de l'essor commercial lao-vietnamien. Le *Ploy Palace Hotel* (☎ *042-611075, fax 612574)* de la rue

CENTRE DE MUKDAHAN

OÙ SE LOGER
4 Mukdahan Grand
6 Ploy Palace Hotel
10 Saensuk Bungalow
12 Hong Kong Hotel
16 Hua Nam Hotel
20 Banthom Kasem Hotel
30 Mukdahan Hotel (Hotel Muk)

OÙ SE RESTAURER
3 Marché de nuit
17 Khao Tom Suanrak
25 Su Khao Di
27 Enjoy Restaurant
29 Suwa Blend Restaurant/Pub

DIVERS
1 Hôtel de ville
2 Bus VIP pour Bangkok
   et bus ordinaires
   pour Nakhon Phanom
5 Thai Military Bank
7 Marché de Danang
8 Station-service
9 Terminal des bus
11 Poste principale
13 Police
14 Thai Farmers Bank
15 Bangkok Bank
18 Marché
19 Bangkok Bank of Commerce
21 Immigration
22 Embarcadère
23 Douane
24 Wat Si Mongkhon Tai
26 Sahamit Tour (bus climatisés
    pour Udon, Ubon,
    Bangkok, etc.)
28 Station-service

Vers Nakhon Phanom (106 km)

Mékong

Vers *Savannakhet*

Thanon Wiwit Surakan

Thanon Song Nang Sathit

Thanon Samut Sakdarak

Thanon Samran Chaithong

Thanon Phithak Phanomkhet

Thanon Phitak Santirat

0   50   100 m

Phitak Phanomket s'honore d'impressionnantes salles en bois et marbre pour le
public, ainsi que de 150 chambres équipées
avec la TV en stéréo, un réfrigérateur, la
clim. et l'eau chaude, moyennant 1 200 B la
nuit. Son voisin, le *Mukdahan Grand*
(☎ *042-612020*), dans Th Song Nang
Sathit, propose les mêmes en plus spacieuses, à partir de 1 800 B.

Où se restaurer

Dans Th Song Nang Sathit, le *marché de
nuit* propose des *kài yâang,* des *sôm-tam,* des
khâo jii (sandwiches laotiens à la baguette) et
des *pâw-pía* (rouleaux de printemps vietnamiens crus – *sòt,* ou frits – *thâwt*). Ouvert
toute la nuit, le *Khao Tom Suanrak*, à proximité du Hua Nam Hotel, sert des soupes de
riz chinoises. Autre établissement ouvert jusqu'aux petites heures du jour, le *Suwa Blend
Restaurant/Pub*, qui jouxte l'Hotel Muk. Les

spécialités de la maison sont les petits déjeuners américains et le khâo tôm.

En allant du centre-ville vers l'hôtel
Muk, sur le côté gauche de Th Phitak Santirat, l'*Enjoy Restaurant* (non signalé
en anglais) prépare de bonnes spécialités
vietnamiennes.

Au sud du quai, un chapelet de restaurants bon marché disposent des tables en
intérieur et en extérieur, dont le *Su Khao
Di*, fort bien achalandé.

Également sur le fleuve, à 1 km au sud du
quai, le *Riverside* est un restaurant à ciel
ouvert, ombragé, avec vue sur Savannakhet.
Sa carte thaïlandaise et chinoise propose du
lâap ; les prix sont modérés et la bière fraîche.

Comment s'y rendre

Des bus se rendent régulièrement dans les
deux directions. Depuis Nakhon Phanom,
comptez 31 B en bus ordinaire, 52 B en bus

climatisé (moitié moins depuis That Phanom), ou 51 B depuis Ubon Ratchathani (92 B en bus climatisé).

Les bus VIP (couchettes) pour Bangkok (480 B) et les bus ordinaires pour Nakhon Phanom partent du croisement de Th Wiwit Surakan et de Th Song Nang Sathit, près des bureaux des bus publics. Sahamit Tour, Th Samut Sakdarak, assure un service de bus climatisés pour Bangkok, Nakhon Phanom, Udon Thani, Ubon Ratchathani et Sakon Nakhon.

SAVANNAKHET (LAOS)

Juste en face de Mukdahan, sur l'autre rive du Mékong, cette ville laotienne de 45 000 habitants, capitale de la province de Savannakhet, joue un rôle essentiel dans les relations commerciales entre la Thaïlande et le Vietnam. La Route 9, longue de 570 km, rejoint la frontière vietnamienne à Lao Bao, puis continue vers l'est jusqu'au port de Dong Ha, sur la côte sud du golfe du Tonkin. Un projet prévoit la création d'un pont à cet endroit, mais un projet concurrent, qui envisage la construction d'un autre pont plus au nord (entre la province de Nakhom Phanom et la province laotienne de Khammuan), semble avoir plus de chances d'aboutir car la distance séparant la frontière lao-thaïlandaise du golfe du Tonkin est moindre.

À l'instar de Vientiane et de Luang Prabang, Savannakhet abrite un certain nombre de bâtiments coloniaux français et francochinois, mais avec une présence occidentale moins marquée et quasiment aucun touriste.

Il est tout à fait légal pour les étrangers d'entrer dans le pays et de le quitter par Savannakhet ; hormis un visa, aucune autorisation spéciale n'est nécessaire.

Où se loger

Moyennant de 4 500 à 6 500 kips, vous pourrez vous loger assez sommairement à l'*Hotel Santyphab*, Th Tha Dan (à 200 m de l'embarcadère principal). Sur le fleuve, le *Mékong Hotel* offre des chambres spacieuses, hautes de plafond, avec ventilateur, clim. et lambris pour 8 000 kips pour des simples/doubles.

Comment s'y rendre

Les ferries traversent fréquemment le Mékong entre Savannakhet et Mukdahan de 8h30 à 17h, et jusqu'à 12h30 le samedi, pour 30 B à partir de la Thaïlande, ou 1 100 kips en partant du Laos. Les bus en direction de Vientiane coûtent 10 000 kips et mettent entre 8 et 9 heures. Pour Pakse, comptez 5 000 kips et 6 heures de voyage.

Province d'Ubon Ratchathani

Ubon est la plus grande province du Nord-Est et sa capitale est l'une des plus importantes villes de Thaïlande. Elle compte près de 300 km de frontière commune avec le Laos et 60 km avec le Cambodge. L'antenne locale de la TAT tente de promouvoir la région où les trois pays se rencontrent sous le nom du "Triangle d'émeraude", afin de faire pendant au Triangle d'or dans le nord du pays.

L'émeraude est une référence directe aux immenses étendues de forêts de mousson restées vierges, essentiellement à cause des tensions politiques qui en ont éloigné les populations. Depuis que les Khmers rouges ont cessé leurs activités militaires, la zone est considérée comme sûre.

Il y a de nombreux siècles, les bassins des fleuves Mun et Chi étaient des foyers de culture Dvaravati et khmère. À la suite du déclin des empires khmers, la région fut peuplée par des Lao, entre 1773 et 1792. Au début de l'ère de Ratanakosin, elle fut rattachée au monthon Ubon, État-satellite issan du Sud-Est englobant les provinces de Surin, de Si Saket et d'Ubon, ainsi qu'une partie du Laos méridional, avec Champasak pour capitale. Aujourd'hui l'influence laotienne est plus sensible que celle des Khmers.

UBON RATCHATHANI
92 700 habitants

Ubon (qu'on écrit parfois Ubol bien que le "l" se prononce comme un "n") est située à 557 km de Bangkok, à 271 km de Nakhon

Phanom et à 311 km de Khorat. Bordant les rives du fleuve Mun (prononcez Moun) – deuxième voie d'eau du pays après le Mékong –, Ubon est un centre financier, éducatif, agricole et de communication. Comme Udon Thani et Khorat, elle accueillit une base aérienne américaine durant la guerre du Vietnam. Les grandes attractions de la ville sont la fête des Bougies du mois d'octobre, quelques wats et un musée national.

Renseignements

Office du tourisme. L'antenne locale de la TAT (☎ 045-243770/1), 264/1 Th Kheuan Thani en face du Sri Kamol Hotel, vous fournit des plans gratuits de la ville (avec, au verso, la liste et les itinéraires des bus) et d'autres brochures d'information, tous les jours, de 8h30 à 16h30.

Poste et communications. La poste principale d'Ubon, près du croisement de Th Luang et de Th Si Narong, vous accueille de 8h30 à 16h30 du lundi au vendredi, de 9h à 12h le week-end.

Services médicaux. L'hôpital Rom Kao, Th Uparat, près du pont, est la meilleure infrastructure médicale du bas Nord-Est.

Musée national d'Ubon

Installé dans un ancien palais de l'époque Rama VI, à l'ouest de la TAT, Th Kheuan Thani, ce musée traite de l'histoire et de la culture d'Ubon. Il constitue une bonne introduction à une exploration plus approfondie de la ville et de la province. Les textes qui accompagnent les expositions sont, pour la plupart, bilingues.

De part et d'autre de l'entrée principale, vous remarquerez une grande pierre sema Dvaravati et quelques piliers Pallava couverts d'inscriptions datant de l'époque khmère. La salle de gauche renseigne sur l'histoire et la géographie d'Ubon. Elle est suivie d'une salle sur la préhistoire qui présente des pierres taillées et des bronzes, des urnes funéraires et de la poterie ressemblant à celle de Ban Chiang, ainsi que des reproductions des peintures rupestres de Phaa Taem. Les salles suivantes couvrent l'époque historique et contiennent de vrais trésors de l'art du Sud-Est asiatique continental (sculptures hindou-khmères des époques Chenla, Bapuan et Angkor, bouddhas lao, textiles d'Ubon, instruments de musique et objets utilitaires comme des récipients à riz, des nasses à poisson, des porte-noix de bétel).

Le musée s'enorgueillit tout particulièrement de détenir un rarissime bouddha Dvaravati et un tambour de bronze de Dong Son. Le musée est ouvert quotidiennement de 9h à 12h et de 13h à 16h. L'entrée s'élève à 30 B.

Wat Thung Si Meuang

A deux pas de Th Luang, à proximité du centre-ville, ce wat, qui date du règne de Rama III (1824-1851), comprend une *hãw trai* (bibliothèque du tripitaka) en bon état, qui repose sur des pilotis au milieu d'un petit bassin. Non loin, un vieux mondòp (petit bâtiment carré) renferme une empreinte du pied du Bouddha. L'intérieur du bòt est peint de fresques jataka vieilles de 150 ans.

Wat Phra That Nong Bua

Situé sur la route de Nakhon Phanom à la périphérie de la ville (prendre un bus municipal blanc à 2 B), ce wat s'inspire presque fidèlement du stupa Mahabodhi de Bodhgaya en Inde.

Les reliefs de jataka à l'extérieur du chédi sont tout à fait admirables.

Wat Supatanaram

Abrégé en Wat Supat, ce temple comprend un unique bòt où se mêlent les styles khmers, européens et thaïlandais. Contrairement aux structures de style thaïlandais ou lao qu'on trouve couramment dans la région, il est entièrement fait de pierre, comme les premiers prasats khmers. Les angles du toit se terminent en dragons, au lieu des habituels *jâo fáa* ou "esprits du ciel". Devant le bòt, se dresse la plus grande cloche en bois de Thaïlande.

Fête des Bougies d'Ubon Ratchathani

La fête des Bougies (Ngaan Hae Thian) est célébrée fastueusement à Ubon Ratchathani, avec de la musique, des parades, des défilés de chars, des concours de beauté et de gigantesques bougies de toutes les formes – humaine, animale, divine ou abstraite. Les processions de nuit sont impressionnantes. La fête commence aux alentours du Khao Phansaa, premier jour du carême bouddhique, à la fin juillet, et dure 5 jours. Les esprits sont échauffés et les hôtels pleins.

Wat Jaeng

Ce wat de Th Sanphasit présente un bòt lao typique (localement appelé *sim*). La véranda en bois est ornée d'un *kotchasi*, un hybride mythique d'éléphant et de cheval. Au-dessus, vous apercevez Erawan, l'éléphant à trois têtes servant de monture à Indra.

Temples du district de Warin Chamrap

Le district de la ville d'Ubon est séparé de Warin Chamrap au sud par le Mun. Deux wats réputés se trouvent dans ce district ; ce sont des monastères de forêt (*wát pàa*) fondés par le célèbre moine et maître de méditation Ajaan Chaa.

Wat Nong Pa Phong. Une dizaine de kilomètres après la gare ferroviaire, dans le district de Warin Chamrap, ce très célèbre monastère de forêt fut également fondé par Ajaan Chaa, qui est à l'origine de la création de nombreux temples affiliés à sa doctrine dans la province d'Ubon Ratchathani, et d'un autre dans le Sussex, en Angleterre. Les moines du son ordre ont également fondé des monastères dans d'autres régions du monde. Tous ces temples sont connus pour leur vie de travail et de méditation qui suit un rythme paisible et discipliné.

Des dizaines d'Occidentaux ont étudié au Wat Nong Pa Phong au cours des vingt dernières années, beaucoup ont d'ailleurs pris la robe de moine et y sont restés.

Ajaan Chaa, ancien disciple d'Ajaan Man, le maître le plus célèbre du Nord-Est, était réputé pour sa méthode d'enseignement simple et directe, qui effaçait toutes les bar-

rières internationales. Ses funérailles, qui eurent lieu ici même en 1993, rassemblèrent des milliers de fidèles venus du monde entier.

Le wat comprend un petit musée et un chédi où reposent les cendres d'Ajaan Chaa. Pour y accéder, prenez un bus municipal rose n°3 jusqu'au terminal de Baw Khaw Saw, puis un songthaew à destination du wat.

Wat Pa Nanachat Bung Wai. L'abbé du Wat est anglais, et la plupart des moines sont européens, américains ou japonais.

En principe, seuls les laïcs témoignant d'un intérêt véritable pour le bouddhisme – et, autant que faire se peut, déjà pratiquants – sont autorisés à y passer la nuit. Les hommes devront se raser la tête s'ils veulent séjourner là plus de trois jours.

Écrivez à l'avance pour éviter une déception (Wat Pa Nanachat, Ban Bung Wai, Amphoe Warin, Ubon Ratchathani 34310). En saison chaude, de mars à mai, les moines font une retraite et n'acceptent généralement pas les visiteurs de courte durée.

Depuis Ubon, prenez un bus blanc n°1 au sud de Th Uparat, traversez la rivière et descendez à Warin Chamrap quand le bus bifurque à droite vers la gare ferroviaire. De là, empruntez n'importe quel songthaew en direction du sud (ou éventuellement à l'ouest sur la Route 2193, vers Si Saket) et demandez à descendre au Wat Nanachat – tout le monde le connaît. Vous pouvez également prendre un bus à destination de Si Saket, depuis Ubon, et descendre à Bung Wai (6 B), le village de l'autre côté de la route en face du wat. Une pancarte en anglais signale le wat, aménagé au cœur de la forêt, derrière les rizières. Si vous prenez un túk-túk direct pour rejoindre le wat, il vous en coûtera entre 75 et 80 B.

Ko Hat Wat Tai

Cette petite île au milieu du Mun s'étend à la limite sud de la ville. A la saison sèche et chaude, de mars à mai, elle constitue un lieu de pique-nique très apprécié pour ses "plages" où l'on peut se baigner. Vous pouvez y accéder en bateau depuis la rive nord.

Hat Khu Deua

Hat Khu Deua est une "plage" sur la rive nord de la rivière, à l'ouest de la ville à la fin de Th Lang Meuang. Plusieurs săalaas couverts de chaume attendent les pique-niqueurs. Vous pouvez même passer la nuit là, gratuitement, dans de simples maisons-radeaux.

Où se loger – petits budgets

Dans cette gamme, le *Sri Isaan 1 & 2* (☎ *045-254204, 254544, 60-66 Th Ratchabut*) constitue un bon choix, avec ses simples/doubles proposées à 100/130 B avec ventilateur et s.d.b., ou ses climatisées dans un bâtiment séparé, louées 260 B. Dans l'ancienne aile, la rampe en mosaïque de l'escalier mérite qu'on s'y attarde.

Le *New Nakornluang Hotel* (☎ *045-254768, 84-88 Th Yutthaphan*) comporte des chambres correctes avec ventilateur et sanitaires privatifs, dans une fourchette de 150 à 250 B, les climatisées revenant à 300 B.

Bien tenu, le *Tokyo Hotel* (☎ *045-241739, fax 263140, 178 Th Uparat*) s'avère préférable aux précédents, si vous pouvez vous permettre de rajouter un peu plus de 20 B pour une chambre. Les simples/doubles confortables et ventilées se louent 180/220 B, ou 220 B avec l'air conditionné.

Où se loger – catégorie moyenne

Au nord du centre-ville, le sympathique *Racha Hotel* (☎ *045-254155, 149/21 Th Chayangkun*) facture 200/250 B en simple/double ses chambres impeccables

avec ventilateur et s.d.b., ou 350/450 B si elles sont climatisées.

Dans Th Si Narong, non loin de Wat Thung Si Meuang, le confortable *Krung Thong* (☎ *045-254200*) propose des ventilées propres de 250 à 400 B, et des climatisées de 450 à 480 B.

Le *Bodin* (*Badin*, ☎ *045-241444, 14 Th Phalo Chai*) contient des simples/doubles avec ventilateur de 250 à 380 B, et des climatisées à 450 B. Les tarifs s'avèrent un peu excessifs, compte tenu de l'état défraîchi de l'établissement, bien qu'il demeure l'un des préférés des gens de commerce.

L'*Ubon Hotel* (*Kao Chan*, ☎ *045-241045, 333 Th Kheuan Thani*) recueillait autrefois tous les suffrages, mais il a régulièrement décliné au fil des ans. Les simples/doubles avec ventilateur et s.d.b. (certaines convenables, d'autres très humides) sont tarifées 250/400 B, ou de 400 à 700 B avec la clim. Similaire, mais en meilleur état, le *Ratchathani Hotel* (☎ *045-244388, 297 Th Kheuan Thani*) possède des chambres décentes à 220/400 B en simple/double avec ventilateur, ou à 450/600 B avec la clim. Autre bonne adresse dans cette catégorie, le *Montana Hotel* (☎ *045-261752*), où toutes les chambres disposent de la clim., moyennant 600 B la nuit.

Le *Ruanrangsi Mansion Park* (☎ *045-244744*), dans le Ruanrangsi Complex, qui donne dans Th Ratchathani, englobe des appartements climatisés loués à la journée (de 500 à 550 B) ou au mois (de 3 800 à 4 500 B). Autre avantage : le parc paysager est attenant au Fern Hut Restaurant, à diverses boutiques et à une poste de quartier.

Autrefois dans la catégorie luxe, le *Sri Kamol Hotel* (*Si Kamon*, ☎ *045-241136, fax 243792, 22/2 Th Ubonsak*), à proximité du Ratchathani Hotel, a considérablement chuté, de même que ses tarifs. De vastes chambres tout confort sont désormais proposées de 630 à 690 B ; des rabais sont consentis et tous les prix comprennent un petit déjeuner thaï ou international.

Le *Pathumrat Hotel* (☎ *045-241501, Fax 242313, 337 Th Chayangkun*) jadis le palace d'Ubon, accuse aujourd'hui un certain déclin. Les climatisées standard se louent 550 B, les "luxueuses" 700 B, et les chambres avec vidéo 1 000 B. Si le personnel est chaleureux, le rapport qualité/prix, lui, n'est pas intéressant.

Où se loger – catégorie supérieure

Le *Regent Palace Hotel* (☎ 045-255529, fax 241804, 265-271 Th Chayangkun) dispose de chambres propres, avec moquette, TV et téléphone, contre 900 à 3 000 B la nuit, taxe et service inclus. Ses installations comprennent une cafétéria dans le hall, un salon-bar et un club de billard.

Le *Tohsang Hotel* (☎ 045-241925, fax 244814, 251 Th Phalo Chai) contient de spacieuses chambres agréables et climatisées, avec TV et minibar, moyennant entre 990 et 1 100 B la nuit, petit déjeuner compris. L'établissement abrite aussi une cafétéria et un restaurant chinois.

Le *Lai Thong Hotel* (☎ 045-264271, Fax 264270, 50 Th Phichit Rangsan) offre des chambres entièrement équipées, dans une fourchette de 1 100 à 1 210 B, petit déjeuner inclus. Il existe une piscine sur place.

Nouvel établissement rattaché au Nevada Entertainment Mall, le *Felix Nevada Hotel* (☎ 044-280999, fax 283424, 434 Th Chayangkun) loue ses chambres tout confort de 990 à 1 100 B, avec le petit déjeuner.

Où se restaurer

Cuisine régionale. Ubon est célèbre pour sa cuisine isaan. Le lâap pèt (salade épicée de canard) est la spécialité locale que l'on déguste souvent accompagnée de *tôm fàk* (soupe de courge) et de champignons chinois. Parmi les meilleurs restaurants de lâap pèt, citons le *Jaak Kaan Laap Pet, Th* Suriyat, le *Piak Laap Pet*, Th Jaeng Sanit (à côté d'une station-relais radio) et le *Suan Maphrao*, non loin du Km 288, sur la route de Yasothon.

Ubon est aussi réputée pour son kài yâang (poulet grillé laotien), et tout le monde s'accorde à dire que le meilleur est celui du *Kai Yaang Wat Jaeng,* qui a déménagé à un bloc de maisons au nord de Wat Jaeng sur Th Suriyat. Le poulet se vend de

9h à 14h seulement, après quoi la cuisine prépare des curries. Parmi les autres spécialités, vous goûterez les *hàw mòk* – plats de poisson (plaa) ou de poulet (kài).

Le modeste *Sakhon*, Th Pha Daeng, près du tribunal, est une véritable institution thaïlandaise où les familles d'Ubon se retrouvent régulièrement pour savourer toute la gamme des spécialités isaan.

L'*Indochine* (*Indojiin*), Th Sanphasit, près du Wat Jeang, est spécialisé dans la cuisine vietnamienne (fort bien préparée) et les menus à prix fixes. Il n'ouvre que de 10 à 18h. Un peu plus à l'est dans la même rue, le *Sincere Restaurant*, climatisé, a mis au point une cuisine originale, franco-thaïlandaise. Ouvert de 9h à 23h en semaine, il reste fermé le dimanche.

Nouilles et riz. Bordant Th Si Narong, le *Choeng Ubon* (à côté du Krung Thong Hotel) et le *Song Rot* (en face de la poste principale) servent de délicieux k˜uaytĩaw.

Le *Mae Mun 2* et le *Thiang Rak,* tous deux Th Kheuan Thani (non loin du Ratchathani Hotel et du même côté de la rue), peuvent vous préparer toutes sortes de plats chinois et thaïlandais.

L'*Arawy* (sans pancarte en lettres romaines), vers l'extrémité sud de Th Ratchabut, propose un bon buffet thaïlandais et chinois.

Si vous cherchez une adresse un peu plus chic, essayez le *Never Say Never* qui attire les foules au 458/7-8 Th Suriyat. Propre et climatisé, l'endroit offre un grand choix de plats thaïlandais à prix modérés.

Les moins chères des échoppes de nouilles et de riz sont regroupées le long de Th Sanphasit, en face du Sanphasit Prasong Hospital.

Cuisine internationale. Des pâtes et des pizzas délicieuses figurent au menu de l'*Italian Pizza,* gérée par des Italiens au coin de Th Phon Phaen et de Th Phichit Rangsan, près du Lai Thong Hotel.

Cuisine végétarienne. Il n'existe pour l'heure qu'un seul restaurant végétarien à

UBON RATCHATHANI

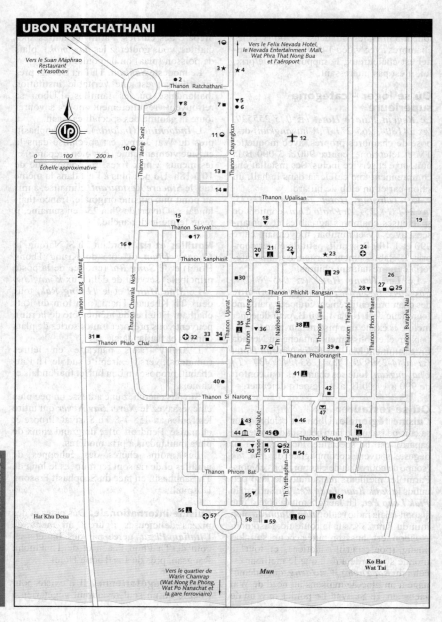

Vers le Suan Maphrao
Restaurant
et Yasothon

Vers le Felix Nevada Hotel,
le Nevada Entertainment Mall,
Wat Phra That Nong Bua
et l'aéroport

Thanon Ratchathani

Thanon Jaeng Sanit

Thanon Chayangkun

0   100   200 m
Échelle approximative

Thanon Upalisan

Thanon Suriyat

Thanon Sanphasit

Thanon Lang Meuang

Thanon Chawala Nok

Thanon Phichit Rangsan

Thanon Uparat

Thanon Pha Daeng

Th Nakhon Baan

Thanon Luang

Thanon Theyathi

Thanon Phon Phaen

Thanon Burapha Nai

Thanon Phalo Chai

Thanon Phalorangrit

Thanon Si Narong

Thanon Ratchabut

Thanon Kheuan Thani

Th Yutthaphon

Thanon Phrom Bat

Hat Khu Deua

Vers le quartier de
Warin Chamrap
(Wat Nong Pa Phong,
Wat Po Nanachet et
la gare ferroviaire)

Mun

Ko Hat
Wat Tai

Ubon Ratchathani

OÙ SE LOGER
- 7 Pathumrat Hotel
- 9 Ruanrangsi Mansion Park
- 13 Regent Palace Hotel
- 14 Racha Hotel
- 27 Lai Thong Hotel
- 30 Tokyo Hotel
- 31 Tohsang Hotel
- 33 Bodin Hotel
- 34 Montana Hotel
- 42 Krung Thong Hotel
- 49 Ubon Hotel
- 51 Ratchathani Hotel
- 53 Sri Kamol Hotel
- 54 New Nakornluang Hotel
- 59 Sri Isaan 1 & 2

OÙ SE RESTAURER
- 5 Hong Fa Restauran
- 8 Fern Hut
- 15 Never Say Never
- 18 Kai Yaang Wat Jaeng
- 20 Indochine
- 22 Sincere Restaurant
- 28 Italian Pizza

- 36 Sakhon
- 50 Chiokee (Jiaw Kii)
- 55 Arawy
- 58 Marché de nuit

DIVERS
- 1 Bus pour Mukdahan, Udon et Sakon Nakhon
- 2 École de formation des professeurs
- 3 Police des frontières
- 4 Police de la route
- 6 Bureau de la THAI
- 10 Bus pour Roi Et, Khon Kaen, Udon et Yasothon
- 11 Terminal des bus ordinaires
- 12 Terrain d'aviation (Escadron 21)
- 16 Bureau de l'administration des routes
- 17 Chaw Wattana (motocyclettes)
- 19 Marché
- 21 Wat Jaeng
- 23 Police
- 24 Prasong Hospital

- 25 Bus pour Phibun Mangsahan et Khong Jiam
- 26 Marché N° 5
- 29 Wat Paa Yai
- 32 Central Memorial Hospital
- 35 Wat Suthatsanaram
- 37 Bus climatisés vers Chiang Mai et Phitsanulok
- 38 Wat Paa Noi
- 39 Cinéma
- 40 Administration du district et de la province
- 41 Wat Thung Si Meuang
- 43 Sanctuaire de la ville
- 44 Musée national d'Ubon
- 45 Agence TAT
- 46 Bureaux municipaux
- 47 Poste principale
- 48 Wat Liap
- 52 Saiyan Tour
- 56 Wat Supatanaram
- 57 Rom Kao Hospital
- 60 Wat Luang
- 61 Wat Klang

Ubon. Situé près de la gare ferroviaire de Warin, il s'appelle le *Bua Buchaa*. Autre possibilité : le *Hong Fa Restaurant,* en face du Pathumrat Hotel, Th Chayangkun. Les cuisiniers du Hong Fa préparent des plats chinois végétariens à la demande.

Petits déjeuners et pâtisseries. Au *Chiokee (Jiaw Kii),* Th Kheuan Thani, les prix sont intéressants et vous trouvez de tout, du khâo tôm aux œufs au bacon. Le jók (congee ou soupe de riz concassé) est une de leurs spécialités.

Le *Fern Hut*, dans un soi en face de l'École normale (*wíthávalai khruu* en thaï) vend de savoureux gâteaux et d'autres préparations cuites au four.

A Warin, Th Pathumthepphakdi, près d'une filiale de la Bangkok Bank, la *Warin Bakery* sert du café, des petits déjeuners ainsi que d'honnêtes pâtisseries.

Marchés de nuit. Deux marchés de nuit restent ouverts du crépuscule à l'aube. L'un est aménagé au bord de la rivière près du pont (*talàat yài* ou grand marché) ; l'autre est proche du terminal des bus, Th Chayangkun.

Où sortir
Night-clubs. Au 2/1 Th Uparat (à proximité du fleuve et du pont), le *High Class Executive Club* vous accueille sur fond de musique live, de karakoe et de disco. Le *Rot Isaan*, night-club typiquement thaïlandais, très enfumé, se trouve Th Si Narong, à proximité du Krung Thong Hotel. D'autres night-clubs bordent Th Theyati.

Outre les habituels salles de billard, karaoké, salon de massage et autres distractions nocturnes, le nouveau *Nevada Entertainment Mall* du 434 Th Chayangkun contient 8 cinémas.

Massage. La *Thai Massage Clinic* (☎ 045-254746), 369-371 Th Sanphasit, pratique des massages traditionnels, tous les jours de 9h à 21h. Comptez 120 B de l'heure.

Ubon possède aussi plusieurs *àap òp nûat* (massage avec bain de vapeur) qui virent sans

NORD-EST DE LA THAÏLANDE

doute le jour lorsqu'une base de l'armée de l'air américaine s'implanta à l'extérieur de la ville. Le plus célèbre demeure le Long Beach du Pathumrat Hotel, que Ta Mok et d'autres commandants Khmers rouges fréquentaient encore jusqu'à une période récente.

Il existe aussi plusieurs salons de *àap òp nûat* (bain-vapeur-massage), dont celui de l'hôtel Phatumrat, le *Long Beach*, fréquenté régulièrement par les Ta Mok et autres Khmers Rouges jusqu'à il y a peu.

Achats

Les boîtes à noix de bétel, moulées selon le procédé de la cire perdue, constituent l'une des grandes spécialités locales. Vous pourrez en admirer une belle collection au musée national, Th Kheuan Thani. Pour observer les artisans à l'œuvre, allez à Ban Pa-Ao, un village d'orfèvres entre Ubon et Yasothon, par la Highway 23.

Situé 158 Th Ratchabut, Phanchat (☎ 045-243433) offre un grand choix d'objets artisanaux, notamment des étoffes et des pièces d'orfèvrerie. Parmi ses concurrents, citons Ket Kaew, Mit Ying et Dampun, tous situés Th Ratchabut. Kofak (☎ 045-254698), 39 Th Phalochai, est spécialisé dans l'artisanat isaan. Pour les étoffes tissées de fabrication locale, faites un tour chez Yai Bua (☎ 045-243287), 182 Th Sanphasit, ou chez Maybe (☎ 045-254932), 124 Th Si Narong.

Comment s'y rendre

Avion. La THAI assure des liaisons quotidiennes de Bangkok à Ubon pour 1 405 B. Le voyage dure 1 heure et 5 minutes.

La Thai, dont le bureau est situé 364 Th Chayangkun (☎ 045-313340/4) met à disposition un service de navettes entre ses agences en ville et l'aéroport.

Bus. Deux bus climatisés par jour partent de Nakhon Phanom, à 7h et 14h, à l'angle de Th Bamrung Meuang et de Th Ratsadon Uthit, près du Windsor Hotel (144 B). Les bus ordinaires partent de la station de Baw Khaw Saw, du matin jusqu'en fin d'après-midi (78 B). Le trajet dure 5 heures 30 en

bus touristique et de 6 à 7 heures en *rot thammadaa* (bus ordinaire).

Si vous venez du Nord de la Thaïlande, vous trouverez à Phitsalunok aussi bien qu'à Chiang Mai des bus climatisés pour Ubon (respectivement 329 et 540 B).

Depuis Bangkok, les bus ordinaires pour Ubon, selon la durée, coûtent 192 B (10 heures 30) ou 159 B (9 heures 30).

Ils partent toutes les heures du terminal Nord à partir de 16h30 (arrivée vers 24h). Les bus climatisés de première classe ont un départ le matin autour de 9h et six autres le soir entre 20h et 22h30. Ils demandent 345 B pour le trajet. Le seul bus VIP (480 B) quitte Bangkok à 20h.

Voici la liste des autres bus depuis/vers Ubon avec leurs tarifs. Ces derniers varient en fonction des itinéraires empruntés – les trajets les plus longs sont les moins chers –, et de la classe (pour les bus climatisés).

destination	tarif
Buriram	
ordinaire	66 B
climatisé	148 B
Kantharalak (pour Khao Phra Wihaan)	
ordinaire	31 B
Khong Jiam	
ordinaire	38 B
Khon Kaen	
ordinaire	83 B
climatisé	116 à 149 B
Khorat	
ordinaire	105 à 122 B
climatisé	175 à 220 B
Mahasarakham	
ordinaire	64 B
climatisé	90 à 115 B
Mukdahan	
ordinaire	51 B
climatisé	92 B
Phibun Mangsahan	
ordinaire	14 B

Phimai
  ordinaire   88 B
  climatisé   160 B

Prakhon Chai (pour Phanom Rung)
  ordinaire   84 B

Roi Et
  ordinaire   57 B
  climatisé   74 à 95 B

Sakon Nakhon
  ordinaire   83 B
  climatisé   150 B

Si Saket
  ordinaire   24 B
  climatisé   38 à 48 B

Surin
  ordinaire   52 B
  climatisé   96 B

That Phanom
  ordinaire   65 B
  climatisé   120 B

Udon Thani
  ordinaire   116 B
  climatisé   162 B à 209 B

Yasothon
  ordinaire   33 B
  climatisé   46 B

Train. L'express d'Ubon Ratchathani part de Bangkok tous les jours à 21h et arrive à 6h50 le lendemain matin. Le tarif en 1re classe est de 460 B, de 221 B en 2e, suppléments express et couchette en plus. Les trains rapides partent à 6h50, 18h45 et 22h45, et arrivent 11 heures plus tard à Ubon. Il n'existe pas de 1re classe dans cette catégorie. Les trains ordinaires ne mettent qu'une heure de plus, avec 2 départs quotidiens dans chaque sens (95 B).

Des trains rapides quittent Khorat à 4h07, à 11h48 et à 23h54 pour atteindre Ubon respectivement à 9h25, 16h45 et à 5h05. Comptez 106 B en 2e classe et 45 B en 3e classe.

La gare ferroviaire d'Ubon se trouve à Warin Chamrap. Montez dans un bus blanc n°2 pour aller Th Chayangkun, dans le centre-ville.

Comment circuler

Le service des bus municipaux dessert les grands axes et s'avère très pratique pour aller d'un bout à l'autre de la ville (4 B). Les samlors coûtent de 10 à 15 B le kilomètre.

Les motos, camionnettes et voitures peuvent se louer chez Chaw Wattana (☎ 045-241906, 39/8 Th Suriyat. Parmi les autres loueurs, citons, dans la rue Chayangkun : Chi Chi Tour (☎ 045-241464), Ubonsak Travel (☎ 045-311038), et Ubon Tour (☎ 045-243570).

AILLEURS DANS LA PROVINCE
Phibun Mangsahan et Khong Jiam

Le petit district de Khong Jiam se trouve à 75 km à l'est d'Ubon *via* la Route 217 vers Phibun Mangsahan puis, une fois traversé le Mun par un pont, à l'ouest à la fin de la Route 2222. Les visiteurs s'arrêtent souvent à Phibun pour voir une suite de rapides, appelée **Kaeng Sapheu**, à côté du passage de la rivière. Vous trouverez également à Phibun Mangsahan le bureau de l'immigration de Ubon, où demander des prolongations de visa et des visas de sortie (en direction du Laos). Ce bureau est situé à 1 km environ de la ville, au sud, sur la route de Chong Mek. Cherchez une grande antenne de communication érigée tout près.

Ban Khwan Sai, à 500 m à l'ouest de Phibun (sur la Route 217, entre les Km 23 et 24) est un village de forgerons où l'on fabrique des gongs en bronze destinés aux temples et aux ensembles de musique traditionnelle. Si vous êtes tenté par l'achat d'un de ces gongs, sachez que les petits valent de 400 à 500 B, les plus grands de 4 000 à 5 000 B; les pièces "géantes", de 2 m de diamètre, pouvant aller jusqu'à 50 000 B.

Plus à l'est, en descendant la Route 2222, vous pouvez faire une halte à la **cascade de Sae Hua Maew** et au **Wat Tham Hehw Sin Chai**. Ce dernier est un temple troglodyte avec une cascade tombant devant l'entrée de la grotte. Deux autres cascades vous attendent dans les environs : **Pak Taew** dans le district de Nam Yuen – une haute chute verticale – et la basse mais large **Taton**.

Khong Jiam même est situé sur une pittoresque péninsule formée par le confluent du Mun et du Mékong. Les Thaïlandais viennent volontiers admirer **Mae Nam Song Sii** (littéralement "le fleuve aux Deux Couleurs"), l'endroit où les fleuves se rejoignent en deux courants de teintes contrastées.

Depuis un embarcadère rustique proche du Pak Mun Restaurant, vous pourrez louer, pour 150 B, un long-tail boat (jusqu'à 15 passagers) qui vous emmènera à la découverte de Mae Nam Song Sii et de nombreuses petites îles. Les Thaïlandais sont autorisés à se rendre au Laos en traversant le Mékong. Les autorités provinciales des deux rives tentent de se mettre d'accord pour laisser passer les étrangers pour la journée. D'ores et déjà, ces derniers peuvent franchir la frontière plus au sud, à Chong Mek, à 32 km de là.

Où se loger et se restaurer. A Phibun Mangsahan, le *Phiboonkit Hotel* (☎ 045-441201), non loin de l'arrêt de bus du centre-ville, se compose de chambres ventilées à 100 B la nuit, avec sanitaires en commun ; tablez sur 150/200 B en simple/double avec s.d.b. attenante, ou 300/400 B avec l'air conditionné.

A 3 kilomètres au nord de Phibun, la *Sanamchai Guest House* (☎ 045-441289) dispose de bungalows modernes de 200 à 250 B avec ventilateur, à 300 B avec la clim. Il existe aussi un pub et un restaurant en rez-de-jardin, en face de la pension.

A deux pas du pont menant à la Route 2222, un *restaurant* tout simple est réputé pour ses *salabao* (petits pains chinois) et sa *nãng kòp* (peau de grenouille, généralement sautée). Les Thaïlandais qui visitent Pha Taem aiment s'y arrêter en chemin pour déguster ces plats.

A Khong Jiam, l'*Apple Guest House* (☎ 045-351160) de Th Kaewpradit comporte des chambres dans deux bâtiments à l'écart de la rue principale. On y dénombre deux vastes pièces à l'étage et six plus petites au rez-de-chaussée, toutes avec s.d.b. sur le palier. Les tarifs s'élèvent à 120 B par personne la chambre ventilée,

300 B avec la clim., ce qui est fort raisonnable ; les fenêtres sont équipées de moustiquaires et l'on vous fournit savon et serviettes de toilette. Vous pouvez aussi faire de bons repas dans une salle à manger séparée, de même qu'on vous louera volontiers motos et vélos.

Proche du fleuve, dans le style motel, la *Khong Jiam Guest House* (☎ 045-351074) possède des chambres ventilées avec s.d.b. à 150/250 B en simple/double, ou à 300/350 B si vous souhaitez la clim. Toujours dans ce secteur, la *Ban Rim Khong Resort* offre 6 bungalows en rondins donnant sur le cours d'eau, moyennant 1 000 B la nuit (ou 800 B en marchandant un peu), chacun doté d'une TV, d'un réfrigérateur, d'une s.d.b. et d'une moquette au sol. L'*Araya Resort* (☎ 045-351191), en retrait du fleuve sur une voie secondaire, dispose de sa propre cascade et de jardins privatifs. Ses bungalows sont climatisés, pourvus d'une TV et d'un réfrigérateur ; comptez de 500 à 1 000 B la nuit. A 2 kilomètres de la ville, en direction de Phibun, le *Khong Chiam Marina Resort* (☎ 045-351145) abrite des bungalows ventilés de 450 à 500 B.

Les rives de la Mun, à Khon Jiam, accueille deux restaurants : le flottant *Phae Rak Mae Mun*, qui sert de nombreux plats de poissons d'eau douce, et le *Hat Mae Mun*, juché sur une colline qui surplombe la rivière. Ce dernier propose une meilleure cuisine ; essayez notamment la délicieuse *yam mét mámûang sãam sãuan,* une salade tiède aux noix de cajou, avec des tomates, des petits piments et du poivre vert.

Au bord du Mékong, l'*Araya* attire de nombreux dîneurs le week-end, qui y dégustent toutes sortes de poissons d'eau douce, des mets lao-thaïlandais classiques, de la tortue de rivière *(ta-phâap náam)* et du cochon sauvage.

Les deux autres établissements du coin sont le *Nam Poon* et le *Mae Nam Song Sii.*

Comment s'y rendre. Depuis Ubon, plusieurs bus directs rejoignent Khong Jiam (74 km), moyennant 38 B le billet, au départ du marché n° 5, entre 9h et 13h.

Lorsque ceux-ci ne circulent pas, montez dans un bus pour Phibun (14 B) à la gare ferroviaire de Warin, entre 5h et 15h30, puis, une fois à destination, changez pour un bus desservant Khong Jiam (12 B).

Si vous vous rendez à Khong Jiam en voiture ou à bicyclette, depuis les environs du barrage de Sirinthon *via* les Routes 217 et 2396, vous devrez emprunter le bac pour traverser le Mun (30 B par véhicule).

Pha Taem

Dans le district de Khong Jiam, à 94 km au nord-est d'Ubon, près du confluent du Mun et du Mékong, une haute falaise dénommée Pha Taem s'étire sur 200 m et présente des peintures rupestres que l'on fait remonter à 3 000 ans ou plus.

Les sujets représentés sont des nasses à poisson, des *plaa bèuk* (poissons chats géants), des tortues, des éléphants, des mains d'hommes et quelques motifs géométriques, tous très proches de l'art rupestre préhistorique tel qu'on le connaît dans des lieux très éloignés les uns des autres sur la planète.

Un sentier de 500 m descend la paroi de la falaise en passant par deux plates-formes où l'on peut voir les peintures.

Sur la route de Pha Taem, **Sao Chaliang** est une zone de formations rocheuses inhabituelles, comme celles de Phu Pha Thoep à Mukdahan.

Comment s'y rendre. Pha Taem est à 20 km de Khong Jiam *via* la Route 2112 mais n'est pas desservie par les transports en commun.

Le bus Ubon-Khong Jiam s'arrête au carrefour vers Pha Taem sur demande ; ensuite, vous devrez faire les 5 km jusqu'à la falaise à pied.

En voiture, à vélo ou à moto à partir d'Ubon, prenez la Route 217 jusqu'à Phibun Mangsahan, puis tournez à gauche (nord) pour traverser le Mun et suivre la Route 2222 jusqu'à Khong Jiam. De là, empruntez la Route 2134 vers Ban Huay Phai au nord-ouest, puis prenez la direction de Pha Taem au nord-est au premier carrefour.

Chong Mek et le Triangle d'émeraude

Au sud de Khong Jiam *via* la Route 217, Chong Mek est une petite ville commerçante à la frontière laotienne et le seul endroit où l'on puisse passer au Laos par la voie terrestre (avec un visa laotien en règle). Pakse, capitale du Laos du sud, se trouve à environ une heure de route et de ferry de Ban Mai Sing Amphon, village du côté laotien de la frontière.

Les touristes thaïlandais viennent à Chong Mek pour boire de l'*oh-liang* (café glacé à la mode chinoise) et acheter des souvenirs laotiens et vietnamiens.

A 5 km environ à l'ouest de Chong Mek, s'étend le **barrage de Sirinthon**, immense bassin de retenue d'un affluent du Mun.

Sur une île, face à la berge nord du lac artificiel se dresse le **Wat Pa Wanaphothiyaan**, monastère de forêt. Il est également connu sous le nom de Wat Ko ("monastère de l'île") ou de Wat Kheuan ("monastère du barrage").

Ceux qui sont déjà rompus à la méditation peuvent demander à y faire retraite. Comme à Wat Pa Nanachat, les hommes sont tenus, après trois jours, de se raser le crâne. Prenez à Phibun un songthaew allant à Nikhom Neung et descendez à l'embarcadère du wat (*thâa wát kàw*), d'où un bateau vous emmènera jusqu'au monastère (20 B).

Plus au sud, proche de l'intersection des frontières laotienne, thaïlandaise et cambodgienne (région baptisée "Triangle d'émeraude" pour la richesse – relative – de ses luxuriantes forêts) se niche le **parc national de Phu Chong Nayoi**, encore peu connu. Créé en 1987, ce parc de 687 km² offre l'impressionnant spectacle des **chutes de Bak Taew Yai** (à 3,5 km du quartier général).

A découvrir également : des formations rocheuses intéressantes, quelques sources et un superbe panorama sur la région, du haut de la falaise appelée **Phaa Pheung**. Le point culminant du parc est situé à 555 m.

Comment s'y rendre. Les songthaews effectuent le trajet entre Phibun et Chong Mek pour 15 B.

Provinces de Surin et de Si Saket

Ces deux provinces voisines, entre Buriram et Ubon, longent le Cambodge et sont parsemées de ruines khmères datant des XIe et XIIe siècles. A l'exception des ruines, la seule attraction de la région reste le Rassemblement annuel des éléphants de Surin ("Surin Annual Elephant Roundup"). Ici, rares sont les éléphants qui servent encore de bêtes de trait. On fait en revanche appel à ces mammifères à l'occasion de certaines cérémonies, notamment lors des parades ou des ordinations monacales.

SURIN
41 200 habitants

A 452 km de Bangkok, Surin est une paisible capitale de province, sauf pendant le Rassemblement des éléphants, à la fin novembre. Il règne alors une ambiance de carnaval.

Sur le plan culturel, Surin est un croisement de peuples lao, thaï central, khmer et suay, qui a produit un intéressant mélange de dialectes et de coutumes. Un cinquième groupe s'y est ajouté : les nombreux volontaires et employés de l'ONU travaillant dans les camps de réfugiés au cours des années 70 et 80.

Pour voir les éléphants de Surin hors saison, il faut se rendre à **Ban Tha Klang**, dans le district de Tha Tum, à 40 km au nord de Surin, où nombre de protagonistes de la fête annuelle s'entraînent. Leur présence étant épisodique, renseignez-vous avant d'envisager d'y aller.

Vous pourrez découvrir les méthodes de tissage de la soie dans plusieurs villages, à **Khwaosinarin** et **Ban Janrom**, entre autres.

Prasat Ta Meuan

Situés dans le district de Ban Ta Miang, à la frontière cambodgienne, les trois temples en ruine désignés sous le nom collectif de Prasat Ta Meuan sont les plus difficiles d'accès de la province de Surin. Ban Ta Miang se trouve à 25 km à l'est de Ban Kruat et à 49 km à l'ouest de Kap Choeng par la Route 2121. Les sites sont à 10,5 km de Ban Ta Miang par une route poussiéreuse médiocre. Nous vous conseillons de louer une bicyclette, une moto ou une voiture. Sinon, à condition de réunir un petit groupe, Pirom's House organise des excursions d'une journée en camionnette.

Le premier temple, **Prasat Ta Meuan** remonte au règne de Jayavarman VII (1121-1220) ; il a été conçu pour permettre aux pèlerins de se reposer. Le bâtiment, relativement petit, comprend un sanctuaire percé de deux portes et de huit fenêtres, construit en blocs de latérite. Seul le linteau de grès sculpté, au dessus du portail arrière, a été sauvegardé.

A 500 m au sud, au détour d'une route sinueuse, surgit **Prasat Ta Meuan Tot**, plus impressionnant, qui faisait, dit-on, office d'hôpital. Les ruines consistent en un *gopura* (pavillon d'entrée), un mondòp et un sanctuaire principal, ceint d'un mur de latérite. Le site a été récemment restauré.

Encore plus loin au sud, à deux pas de la frontière, se dresse le plus grand des trois temples, **Prasat Ta Meuan Thom**. Bâti en blocs de grès sur des fondations en latérite, il domine une colline qui redescend tout droit, côté sud, vers le Cambodge. Les murs d'enceinte ont été maladroitement reconstitués, en un amas chaotique de blocs sculptés. Quelques-unes des pierres du somptueux portail ont été enchâssées au petit bonheur dans d'autres édifices.

A deux pas de l'entrée sud, la forêt est entourée de barbelés et truffée de panneaux à tête de mort, rédigés en khmer et en anglais : Attention ! mines non désamorcées.

Dans les parages du Prasat Ta Meuan, les mines et les grenades non désamorcées constituent un réel danger ; ne vous éloignez pas des chemins tracés autour et entre les bâtiments.

Si, à présent, la situation paraît calme, elle pourrait toutefois changer d'un jour à l'autre. Un poste de contrôle militaire thaï sur la Route 2121 passe au crible tous les visiteurs ; parfois le secteur est fermé aux non-riverains. Vous pouvez toujours vous renseigner à Surin, même si la véracité des informations délivrées n'est pas garantie.

Si vous vous trouvez dans la région le week-end, allez faire un tour au marché khmer-thaï de **Chong Jom** (Chawn Jawn), non loin de Ban Dan. Cette localité se situe à 8 km au nord de la frontière, à 57 km au sud de l'amphoe meuang Surin.

Autres ruines de temples khmers

La bande méridionale de la province abrite plusieurs petites ruines de la période d'Angkor, dont le **Prasat Hin Ban Phluang** (à 30 km au sud de Surin). L'admission est de 30 B.

Vous pouvez visiter un plus grand site khmer, à 500 m au nord de la route 226, au Km 34 : le **Prasat Sikhoraphum** (ou Si Khonphum). Il comprend cinq prangs khmers, le plus grand mesurant 32 m de haut. Il vous en coûtera 30 B.

Prasat Phumphon, dans le district de Sangkha (à 59 km au sud-est d'amphoe meuang Surin par la Route 2077) est le plus ancien temple khmer de toute la Thaïlande : il remonte au VIIᵉ ou au VIIIᵉ siècle. A moins d'être un inconditionnel des ruines khmères, vous risquez d'être déçu par ce morne amoncellement de briques.

Surin peut également servir de point de départ pour des excursions vers les ruines de **Phanom Rung** et de **Prasat Meuang Tam**, à 75 km au sud-ouest dans la province de Buriram (voir *Province de Buriram*, plus haut dans ce chapitre).

Où se loger

La *Pirom's House* (☎ *044-515140, 242 Th Krung Si Nai)* se compose de lits en dortoir à 70 B par personne, et de simples/doubles louées 100/150 B dans une demeure traditionnelle en bois. Tâchez d'obtenir une pièce équipée d'une moustiquaire, car la bâtisse avoisine un étang avec des lotus. Le propriétaire connaît bien la région et peut vous suggérer des excursions d'une journée dans Surin, dont certaines à destination de temples khmers moins connus. Il peut également guider des visites d'un jour en voiture ou en camionnette, dans plusieurs sites religieux khmers, le long de la frontière cambodgienne, moyennant 400 à 500 B par participant, déjeuner compris (préparé par son épouse). Nous vous recommandons de vous regrouper avec d'autres visiteurs pour louer les services d'un chauffeur, afin d'épargner à Pirom le souci de la conduite, pour qu'il puisse mieux vous faire partager toutes ses connaissances en chemin.

Un peu à l'extérieur de la localité, derrière le dépôt de bus de la sortie nord, le *Country Roads Cafe & Guesthouse* (☎*/fax 044-515721, 265/1 Th Sirirat)* contient des chambres à 150 B. Dirigée par un Texan et sa femme thaïlandaise, la pension dispose de six chambres seulement et demeure avant tout un bar-restaurant où l'on vous sert du pain maison, du bacon, des saucisses et du bœuf, tranché à la demande. Vous y trouverez toutes les informations générales concernant la région en anglais.

Les tarifs des hôtels risquent d'augmenter lors du Rassemblement des éléphants, au cours duquel ils affichent souvent complet. Le *Krung Si Nai* (☎ *044-511037, 185 Th Krung Si Nai)* demande de 200 à 300 B la chambre. Proche de la gare ferroviaire, le *New Hotel* (☎ *044- 511341/322)* démarre à 160 B la chambre ventilée et possède quelques climatisées de 330 à 410 B. Juste en retrait du rond-point, dans Th Thetsaban 1, à côté de la poste, le *Thanachai Hotel* les chambres passablement sombres et lugubres, moyennant 60/80 B en simple/double.

Un cran au-dessus, le *Nid Diew Hotel,* fort bien tenu (☎ *044-512099, 279- 283 Th Thanasan)* propose des chambres avec ventilateur à 180 B, tandis que ses climatisées avec eaux chaude sont tarifées 400 B. Le *Memorial Hotel* (☎ *044- 511637),* dans Th Lak Meuang, juste à l'ouest de Th Thanasan, comporte des chambres convenables à 250/300 B en simple/double avec ventilateur ; prévoyez 500/600 B avec la clim.

Impeccable, le *Phetsakem Hotel* (☎ *044- 511274/576, 104 Th Jit Bamrung)* englobe uniquement des chambres climatisées et ses tarifs s'échelonnent de 500 à 750 B la nuit. Le fin du fin n'est autre que le *Thong Tarin Hotel*, dont les 205 chambres débutent à 780 B avec tout le confort, petit déjeuner compris.

Où se restaurer

Plusieurs restaurants chinois et thaïlandais de qualité et très bon marché sont regroupés, depuis des années, dans la partie nord de Th Thanasan, entre le Saeng Thong Hotel et la gare ferroviaire. Parmi ceux-ci, le *Surin Phochana* prépare d'excellents curries et de savoureux plats à base de nouilles.

Chaque soir, un *petit marché de nuit* se rassemble devant la gare. Un autre *marché de nuit,* plus important, se tient près du marché municipal, le long de Th Krung Si Nai, non loin de la Pirom's House et du Krung Si Hotel.

Près du croisement des rues Lak Meuang et Krung Si Nai, le populaire *Phaw Kin* sert d'excellents plats issan à des prix très raisonnables.

Voisin du Thong Tarin Hotel, le *Big Bite* est un restaurant climatisé offrant une carte gigantesque avec spécialités thaï, européennes et japonaises, dont des sushis étonnamment succulents.

Toujours dans le quartier, l'*Old West Country Pub* propose un bon choix de mets thaïlandais et de bières pression, ainsi que de la musique live en soirée.

Le *Country Roads Cafe* s'est spécialisé dans les alcools importés, les vidéos, les steaks, les barbecues, les hamburgers et les plats thaï. Le propriétaire fabrique lui-même son pain et fait venir, paraît-il, ses pièces de bœuf directement d'un élevage français dans la province voisine de Sakon Nakhon.

Comment s'y rendre

Bus. Dix-sept départs quotidiens, entre 6h et 22h50, sont assurés par des bus ordinaires depuis le terminal nord de Bangkok (117 B en aller simple). Les bus climatisés 2e classe partent tous les soirs, à 21h et 23h (164 B), et les bus climatisés 1re classe à 11h, 21h30, 22h et 22h10 (211 B).

Surin se trouve à mi-chemin d'Ubon Ratchathani et de Khorat. Dans ces deux directions, les bus mettent environ 4 heures pour effectuer le trajet (52 B ou 96 B climatisés).

Train. La plupart des touristes arrivent à Surin en train par le rapide n°135, qui part de Bangkok à 6h50 et arrive à 14h21. Vous paierez 209 B en 2e classe, supplément compris. Réservez au moins 15 jours à l'avance pour le mois de novembre. Si vous préférez voyager de nuit, le rapide n°141 quitte Bangkok à 22h45 et arrive à Surin à 6h40.

Depuis Bangkok, les trains ordinaires de 3e classe, qui mettent 9 heures, partent à 15h25 et 23h25. Vous pouvez également rejoindre Surin depuis les gares de la ligne d'Ubon, telles que Biriram, Si Saket ou Ubon Ratchathani.

Comment circuler

Les chauffeurs de samlors demandent 15 B le kilomètre pour une course en ville.

SI SAKET
35 700 habitants

L'ouverture du Khao Phra Wihaan, grand site d'Angkor situé juste de l'autre côté de la frontière provinciale du Cambodge, a considérablement modifié le sort de la ville. Celle-ci est en effet devenue le passage obligé des visiteurs. La capture du site par les Khmers rouges a ralenti ce bel essor. Si Saket offre cependant d'intéressantes ruines khmères.

Khao Phra Wihaan

Pendant des années la Thaïlande et le Cambodge ont revendiqué la possession de ce territoire, où fut découvert ce grand site religieux. En 1963, la Cour mondiale l'a finalement attribué au Cambodge. En privé, de nombreux Thaïlandais n'en décolèrent toujours pas, arguant du fait que Khao Phra Wihaan se situe dans une vallée des hautes terres, rattachée au plateau de Khorat, et n'a guère de liens géographiques avec l'intérieur du Cambodge.

Situées de l'autre côté de la frontière cambodgienne, en face de Kantharalak, dans la province de Si Saket, les ruines khmères du Khao Phra Wihaan (qu'on écrit aussi Kao Prea Vihar et Khao Phra Viharn) sont quasi inaccessibles du côté cambodgien et plus que difficiles à atteindre du côté thaïlandais.

ENVIRONS DE SI SAKET ET D'UBON RATCHATHANI

Vers Yasothon

Vers Amnat Charoen et Mukdahan

Trakan Pheutphon

Nam Taeng

2135

Si Muang Mai

Ban Nong Pheu

Pha Taem

2134

2050

212

Ban Huay Phai

Mékong

Khuang Nai

23

Ubon Ratchathani

Mun River

2222

217

Khong Jiam

Warin Chamrap

217

Phibun Mangsahan

Dawn Jik

Si Saket

226

Kantharom

PROVINCE D'UBON RATCHATHANI

Chong Mek

Vers Surin

PROVINCE DE SI SAKET

24

2172

Vers Pakse

2178

Réservoir de Sirinthon

2085

2396

Na Kraseng

Det Udom

Benjalak

2182

Nohn Riang

Ban Nong Saeng

221

Réservoir de Ta Mai

24

Buntharik

2171

LAOS

Vers Sangkha

Kantharalak

2214

2248

Na Cha Luay

Parc national de Phu Chong Nayoi

Phum Saron

Nam Yeun

Nohn Sung

Khao Phra Wihaan

0   10   20 km

CAMBODGE

Après une année de négociations entre les gouvernements cambodgien et thaïlandais, les ruines furent ouvertes au public en 1991, puis de nouveau fermées durant l'offensive menée par Phnom Penh contre les Khmers rouges, en 1993-1997. En août 1998, après la mort de Pol Pot, les ruines furent de nouveau ouvertes au public.

La construction de Khao Phra Wihaan a duré deux siècles. Démarrée sous Rajendravarman II, au milieu du Xe siècle, elle s'acheva sous Suryavarman II, au début du

XIIe siècle. Ce dernier souverain ordonna également la construction d'Angkor Wat. La colline était déjà sacrée pour les Hindous depuis au moins 500 ans avant l'achèvement du temple, et de petits monuments de briques se dressaient sur le site bien avant le règne de Rajendravarman II.

Phra Wihaan, l'un des sites les plus impressionnants d'Angkor, se dresse au sommet d'un escarpement à 600 m d'altitude, à la frange de la chaîne du Dangrek (Dong Rek), dominant superbement les plaines thaïlan-

KHAO PHRA WIHAAN

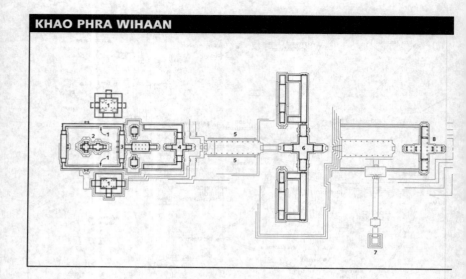

daises à l'est. Temple hindou à l'origine, de style classique Bapuan et début Angkor, le complexe s'étend sur 850 m et comprend quatre gopuras et un grand prasat, ou sanctuaire, au centre d'une cour entourée de galeries. Une allée ornée de nagas monte par paliers sur une hauteur de 120 m. Le temple est à seulement à moitié restauré.

Au cours de l'occupation des Khmers rouges, il subit de grandes pertes, même si l'on a réussi à intercepter certaines pièces dérobées. Une balustrade à nagas, de 30 m de long, est encore intacte. Les deux premiers gopuras sont assez délabrés et maintes constructions ont perdu leur toit, mais la statuaire intacte reste encore abondante. Les portes du troisième gopura sont en bon état et l'une d'elles (la porte intérieure face au sud) est surmontée d'un beau linteau en pierre taillée, représentant Shiva et sa conjointe Uma assis sur Nandi (le taureau de Shiva), à l'ombre d'un arbre symétrique. Un linteau de la création vishnouïte est visible sur le second gopura.

La grande tour du prasat, dans la cour terminale au sommet, a cruellement besoin

d'être restaurée. Les reliefs de la tour manquent ou sont enfouis sous les gravats alentour. Les galeries ont mieux résisté et ont même conservé leurs toits arqués.

Il est prévu de restaurer entièrement le complexe mais, pour le moment, les droits d'entrée financent l'amélioration de la route d'accès au temple du côté cambodgien.

Pour accéder au site, vous devez compléter un formulaire au poste de contrôle de l'armée thaï, et laisser votre passeport ou autre pièce d'identité avec votre photos, en guise de garantie. Pour les Thaïlandais, le droit d'entrée s'élève à 5 B (étudiant) ou 60 B (adulte) ; les étrangers déboursent, quant à eux, 100 B.

Depuis la frontière thaï, les visiteurs doivent descendre puis monter une pente rocheuse, parfois escarpée. Ils peuvent aussi se contenter de circuler dans les environs immédiats du complexe. Comme il existe toujours une multitude de mines et des pièces d'artillerie dans les champs et forêts des environs, bornez-vous à suivre les allées indiquées et à l'abri, qui mènent aux ruines. Le site ferme à 16h.

KHAO PHRA WIHAAN

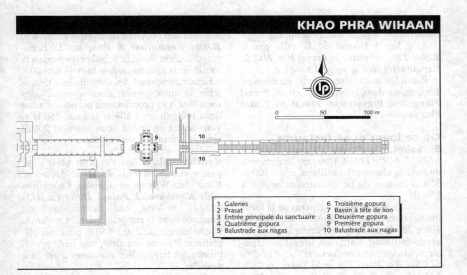

0   50   100 m

1 Galeries	6 Troisième gopura
2 Prasat	7 Bassin à tête de lion
3 Entrée principale du sanctuaire	8 Deuxième gopura
4 Quatrième gopura	9 Première gopura
5 Balustrade aux nagas	10 Balustrade aux nagas

Comment s'y rendre. La Highway 221 relie Si Saket à Phum Saron (95 km) *via* Kantharalak (Phum Saron n'est qu'à 11 km du temple). Prenez un songthaew direct (25 B) près du terminal des bus qui jouxte le marché de jour de Si Saket. Si vous le manquez (le service est peu fréquent), prenez un bus pour Kantharalak (24 B), puis un autre songthaew (8 B) pour Phum Saron. Les bus à destination de Khantaralak circulent toutes les demi-heures, de 6h à 17h. Depuis Kantharalak ou Phum Saron, il vous faudra louer un taxi-moto jusqu'au poste-frontière qui dessert Khao Phra Wihaan – comptez de 50 à 100 B l'aller simple ou 200 B aller-retour (le chauffeur vous attendra 2 heures). Durant les week-ends, où la visite du temple lui-même est autorisée, des songthaews directs (25 B) de Si Saket vous déposeront à l'entrée.

Phaa Maw I Daeng
Vous pouvez escalader cette falaise, à quelques centaines de mètres du temple côté thaïlandais. Outre la vue superbe sur les plaines qui s'étendent au loin jusqu'au pied des monts Dangrek, vous découvrirez,

à travers une faille dans la colline d'en face, les ruines de Khao Phra Wihaan – d'autant mieux si vous avez une bonne paire de jumelles.

Taillé dans le roc, un escalier à rambarde conduit à un bas-relief sculpté dans la falaise même. Les trois personnages qu'il représente demeurent une énigme pour les archéologues. Bien qu'ils évoquent des divinités, des anges ou des rois, l'iconographie ne correspond à aucune figure des mythologies thaï, môn ou khmère. A en juger par le style, ces sculptures pourraient dater de la période Koh Ker (921-945 av. J.-C.) de l'art khmer, au temps où le roi Jayavarman IV régnait depuis Koh Ker, capitale du Cambodge.

Pour savoir comment y accéder, reportez-vous au paragraphe *Comment s'y rendre* de la rubrique Khao Phra Wihaan.

Autres ruines khmères
Situé à 40 km à l'ouest de Si Saket, dans le district d'Uthumphon Phisai, le **Prasat Hin Wat Sa Kamphaeng Yai** comprend un surprenant prang en grès du Xe siècle, avec des portes sculptées. Le sanctuaire en ruine se

NORD-EST DE LA THAÏLANDE

trouve dans l'enceinte du successeur moderne du Wat Sa Kamphaeng Yai.

A 8 km à l'ouest de la ville par la Route 226, se trouve le **Prasat Hin Wat Sa Kamphaeng Noi**, qui sert d'hospice.

Parmi les autres sites khmers de moindre importance dans la province, citons **Prasat Prang Ku**, **Prasat Ban Prasat** et **Prasat Phu Fai**.

Où se loger et se restaurer

Si Saket. Le *Phrom Phiman (☎ 045-612677, 849/1 ThLak Meuang)* se compose de bonnes chambres ventilées, entre 300 et 350 B la nuit, ou de climatisées de 400 à 850 B.

Tous les autres établissements de la localité se situent dans une fourchette de prix de 100 à 220 B, en ce qui concerne les simples avec ventilateur. Parmi les sites d'hébergement, citons : le *Santisuk (☎ 045-611496, 573 Soi Wat Phra To)*, le *Si Saket (☎ 045-611846, 384-5 Th Si Saket)* et le *Thai Soem Thai (☎ 045-611458)*, également dans cette rue.

Vous aurez plaisir à séjourner au *Kessiri Hotel (☎ 045-614006, fax 614008, 1102-05 Th Khukhan)*, à 100 m au sud de l'agence téléphonique. Relativement récent, ses chambres décorées avec style reviennent de 550 à 1 600 B la nuit, encore que vous obtiendrez facilement des remises pouvant atteindre 40%.

Une kyrielle de *petits restaurants* bordent la rue qui se trouve devant la gare ferroviaire, à 200 m de laquelle se tient aussi un *marché de nuit*, avec d'excellents étals alimentaires isaan et thaï. Au détour du Thai Soem Thai Hotel, le chaleureux *Chu Sin Thaan* est un restaurant végétarien dont les plats succulents coûtent de 10 à 20 B.

Davantage dans la campagne, un allemand et son épouse thaïlandaise dirigent le *Berlin Restaurant & Pub*, sur la Highway 24, entre Surin et Si Saket (presque à la limite de la province), non loin du Km 203. La carte comprend des spécialités d'Outre-Rhin et européennes, ainsi que quelques mets thaï. Les propriétaires proposent aussi deux bungalows à 300 B la nuit, 250 B si vous restez au moins deux jours, et 200 B si vous séjournez une semaine.

Kantharalak. C'est l'endroit idéal pour passer la nuit, si vous souhaitez découvrir Khao Phra Wihaan tôt le matin. Le confortable *Kantharalak Palace Hotel (☎ 045-635157, 661084, 131 Th Sinpadit)* est implanté dans la rue principale, et ses tarifs s'échelonnent de 250 à 650 B pour une climatisée. Pour se restaurer, une seule possibilité : les habituelles *échoppes à riz et à nouilles*.

Comment s'y rendre

Deux bus climatisés 1re classe directs partent tous les jours du terminal Nord de Bangkok, à 9h et 21h30. Vous débourserez 274 B, pour 8 heures 30 de route. En payant 194 B, vous prendrez un bus climatisé 2e classe (départ à 19h30). Des bus ordinaires assurent le trajet cinq fois par jour (de 116 à 141 B selon l'itinéraire).

Des bus ordinaires depuis Ubon Ratchathani, coûtant 24 B (de 38 B à 48 B pour les bus climatisés) rejoignent Si Saket en 1 heure environ. Tout dépend du nombre d'arrêts en cours de route.

Train. Un train de 3e classe quitte Ubon en direction de Si Saket (15 B). Comptez 1 heure 30 de trajet.

Le Sud

Avec sa double façade maritime, la Thaïlande du Sud – *thai pàk tâi* – est le pays des
gens de mer. Bateaux de pêche aux couleurs
vives, filets suspendus et cabanes couvertes
de palme ponctuent l'atmosphère pàk tâi.

Sur le plan administratif aussi bien que
sur le plan ethnolinguistique, le sud de la
Thaïlande se compose de quatorze provinces : Chumphon, Krabi, Nakhon Si
Thammarat, Narathiwat, Pattani, Phan-Nga,
Phattalung, Phuket, Ranong, Satun, Songkhla, Surat Thani, Trang et Yala.

Trois des principales exportations du
pays, le caoutchouc, l'étain et la noix de
coco, sont produites dans le Sud. Néanmoins, malgré un niveau de vie un peu plus
élevé qu'ailleurs, la population se plaint que
la richesse soit détenue pour l'essentiel par
des membres de l'ethnie chinoise. Dans
toutes les provinces méridionales, les Thaïlandais chinois sont concentrés dans les
zones urbaines, tandis que les campagnes
sont peuplées de musulmans pauvres.

A ne pas manquer

- **Ko Surin et Ko Similan** – des parcs
  maritimes aux belles colonies
  coralliennes
- **Parc national de Khao Sok** – des falaises
  calcaires abritant la rafflesia
- **Ko Samui ou Phuket** – leurs eaux claires
  émerveillent les adeptes des sports
  nautiques
- **Nakhon Si Thammarat** – dévide les
  ficelles de marionnettes grandeur nature
- **Province de Krabi** – quelques points
  d'escalade parmi les plus périlleux
  d'Asie
- **Parc national maritime de Ang Thong** –
  des circuits en kayak dans un chapelet
  de petites îles aux plages de sable blanc
- **Parc national de Than Bokkharani** – un
  vaste espace forestier agrémenté de
  somptueuses cascades vert émeraude
- **Parc national de Hat Jao Mai** – protège
  les dugongs, en voie de disparition

Province de Chumphon

CHUMPHON
15 500 habitants

Située à 500 km au sud de Bangkok et à
184 km de Prachuap Khiri Khan, Chumphon
est le carrefour d'où partent les routes de
Ranong et Phuket, à l'ouest, et celle, toute
nouvelle, de Surat Thani, Nakhon Si Thammarat et Songkhla, au sud. Son nom dérive
de *chumnumphon,* qui signifie "point de rencontre". Chef-lieu animé, la cité représente
le véritable commencement du Sud, du point
de vue religieux et linguistique.

Pak Nam, le port de Chumphon, éloigné
de 10 km, est situé dans une zone offrant
quelques plages et une poignée d'îles aux
récifs très agréables pour les plongeurs. La
plus belle plage locale, Hat Thung Wua

SUD DE LA THAÏLANDE

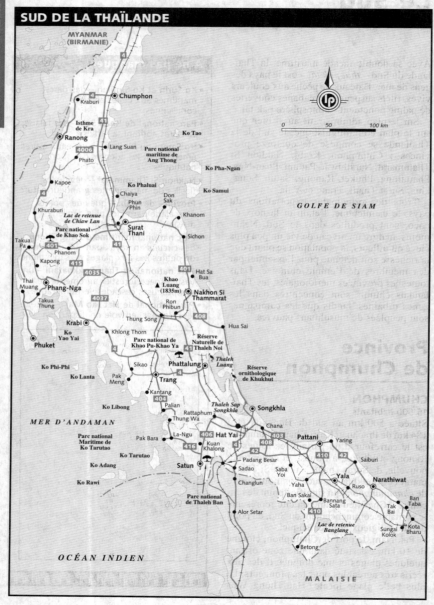

SUD DE LA THAÏLANDE

MYANMAR
(BIRMANIE)

Kraburi ● ● Chumphon

Isthme
de Kra

Ranong

Lang Suan

Phato

Ko Tao

Parc national
maritime de
Ang Thong

Kapoe

Ko Phaluai

Ko Pha-Ngan

Khuraburi

Chaiya
Phun
Phin

Don
Sak

Ko Samui

Lac de retenue
de Chiaw Lan

Surat
Thani

Khanom

GOLFE DE SIAM

Parc national
de Khao Sok

Sichon

Takua
Pa

Phanom

Kapong

Khao
Luang
(1835m)

Hat Sa
Bua

Thai
Muang

Phang-Nga

Ron
Phibun

Nakhon Si
Thammarat

Takua
Thung

Krabi

Thung Song

Ko
Yao Yai

Khlong Thorn

Hua Sai

Phuket

Réserve
Naturelle de
Thaleh Noi

Ko Phi-Phi

Sikao

Phattalung

Thaleh
Luang

Réserve
ornithologique
de Khukhut

Ko Lanta

Parc national de
Khao Pu-Khao Ya

Trang

Pak
Meng

Kantang

Thaleh Sap
Songkhla

Palian

Ko Libong

Rattaphum

Songkhla

Thung Wa

Chana

MER D'ANDAMAN

Pak Bara

La-Ngu

Hat Yai

Pattani

Yaring

Parc national
Maritime de
Ko Tarutao

Kuan
Khalong

Ko Tarutao

Padang Besar

Saiburi

Ko Adang

Satun

Sadao

Saba
Yoi

Yaha

Yala

Ruso

Narathiwat

Ko Rawi

Changlun

Ban Sakai

Bannang
Sata

Ban
Taba

Parc national
de Thaleh Ban

Alor Setar

Tak
Bai

Lac de retenue
Banglang

Sungai
Kolok

Kota
Bharu

OCÉAN INDIEN

Betong

MALAISIE

0   50   100 km

Laen, située à 12 km au nord de la ville, s'étend sur 4 km. Elle est également connue sous le nom de "Hat Cabana", du fait de la présence du Chumphon Cabana Resort & Diving Center. On peut s'y rendre en bus depuis Thanon (Th) Pracha Uthit.

En mars ou avril, la ville accueille le Chumphon Marine Festival, qui donne lieu à des expositions d'art populaire et traditionnel, à une compétition de planche à voile sur la plage de Hat Thung Wua Laen, et à un marathon. En octobre, pendant 5 jours, se déroulent la Lang Suan Buddha Image Parade et le Boat Race Festival, sur la rivière Lang Suan, située à 60 km au sud de la cité.

Pak Nam est un port d'embarquement pour Ko Tao, une île très touristique située au nord de Ko Samui et de Ko Pha-Ngan.

Renseignements

Office de tourisme. Le Chumphon Tourist Services Center, dans les bureaux de l'administration provinciale, à l'angle de Th Poramin Mankha et de Th Phisit Phayap, dispose d'informations sur la région, mais le personnel ne parle pas bien l'anglais.

Argent. Plusieurs banques assurent un service de change et sont équipées de distributeurs. La plupart bordent Th Sala Daeng et ouvrent en semaine de 8h30 à 15h30.

Poste et communications. La poste principale, Th Poramin Mankha, est ouverte du lundi au vendredi de 8h30 à 16h30, et le week-end de 9h à 12h. Le service des appels internationaux (CAT), situé à 1 km au sud-est dans la même rue, ouvre tous les jours de 8h30 à 21h.

Livres et cartes. Une librairie DK, installée en face du Jansom Chumphon Hotel, diffuse des cartes de Chumphon.

Circuits organisés

Plusieurs agences de voyages et certains hôtels organisent des circuits touristiques dans la région. Infinity Travel Service est l'un des opérateurs les plus sérieux. Tri Star Adventure Tours organise d'intéressants circuits de trekking à travers la jungle, des circuits spéléologiques (à partir de 400 B par jour selon le nombre de participants), et des croisières de 2 à 5 jours autour des îles (à partir de 1 250 B par personne).

Le Club Paradise (☎ 077-503331, 570114, 01-476 7760), 120 Thanon Tawee Sinka, organise des sorties quotidiennes en bateau autour des îles (450 B) et des excursions de pêche avec bivouac (600 à 700 B). Renseignez-vous auprès de votre hôtel ou d'une agence de voyage.

Où se loger – petits budgets

Au nord du terminal des bus, de l'autre côté de la rue, l'agence *Infinity Travel Service* (☎ *077-501937, 68/2 Th Tha Taphao*), dispose d'un restaurant et, à l'étage, de 4 simples/doubles avec s.d.b. commune, sommaires mais propres, au prix raisonnable de 100/150 B par personne. L'endroit recèle une mine d'informations sur les bateaux pour Ka Tao, et les voyageurs sont autorisés à prendre une douche dans l'attente du bateau ou du bus.

La *Sooksamer Guest House* (☎ *077-502430, 118/4 Th Suksamoe*), connue également sous le nom de Pat's Place, pension à l'atmosphère chaleureuse et conviviale, vous hébergera dans de petites chambres pour 120 B. Pat, le propriétaire, pourra vous préparer des repas thaïlandais ou européens, et vous laissera de grand cœur prendre une douche si vous êtes en route pour Pak Nam par le bateau de Ko Tao et ne prenez qu'un repas. Vous recueillerez de nombreuses informations sur la province de Chumphon.

La *(New) Chumphon Guest House* (☎ *077-501242*), ou Miow House, logée dans une vieille maison en teck située presque à l'angle de Sooksamer, dans une *soi* (allée) en retrait de Th Krom Luang Chumphon, loue des chambres propres, bien ventilées, avec s.d.b. commune, pour 140/180 B. Ses charmants propriétaires, qui louent des voitures et des vélos, organisent des excursions dans les environs.

La *Mayaze's Resthouse* (☎ 077-504452, fax 502217), en contrebas d'un soi situé à l'est de l'agence Infinity Travel, propose

5 simples/doubles avec s.d.b. communes d'une grande propreté, à 200/250 B ou 280/350 B avec ventil. ou clim.

D'autres hôtels bon marché bordent Th Sala Daeng, au centre-ville. Établi au-dessus d'un restaurant, le *Si Taifa Hotel*, vieil établissement chinois très propre, loue de grandes simples/doubles à 140/180 B avec s.d.b. commune, 260 B avec douche et toilettes de style thaïlandais, ou 300/350 B avec clim. Chaque étage est doté d'une ter-rasse vous permettant d'admirer le coucher du soleil sur la ville. Dans le même style, le *Thai Prasert* (*202-204 Th Sala Daeng*), affiche des chambres à 100/150 B (enseigne en thaï), et, plus terne, le *Suriya* (☎ *077-511144, 125/24-26 Th Sala Daeng*), dispose de chambres avec ventil. et s.d.b. pour 130/220 B. Ni l'un ni l'autre ne présentent cependant un confort particulier.

Plus au nord, dans Th Sala Daeng, le *Sri Chumphon Hotel* (☎ *077-511280, fax 504616, 127/22-24 Th Sala Daeng*), éta-blissement chinois propre et efficace, pro-pose des chambres à 300/400 B avec ventil. et s.d.b., ou 500/600 B avec clim. Assez similaire, le *Suriwong Chumphon Hotel* (☎ *077-511203, fax 502699, 125/27-29 Th Sala Daeng*), plus avantageux, loue des simple/doubles à 200/260 B avec ventil. et s.d.b., ou 280/360 B avec clim.

Le paisible *TC Super Mansion*, situé à l'est de la ville, près de l'hôpital provincial, propose des chambres correctes à 300 B avec ventil., ou 350/400 B avec clim.

Le *Morakot Hotel* (☎ *077-503628, fax 570196, Th Tawee Sinka*) loue des chambres très propres et spacieuses avec douche, TV et téléphone au prix de 250 B avec ventil., ou à partir de 300 B avec clim. Un parking est la disposition des clients.

Tha Yang et Pak Nam. Situé non loin des quais d'embarquement depuis/vers Ko Tao, le *Tha Yang Hotel* (☎ *077-521953*) loue des chambres propres avec clim. pour 315/490 B. Juste à côté, le Reun Thai Restaurant sert de bons fruits de mer en salle ou en terrasse. A deux pas, la *Tha Yang Guest House* propose des chambres à partir de 150 B.

A Pak Nam, le *Siriphet Hotel* (☎ *077-521304*) offre des chambres rudimentaires avec ventil. et toilettes communes pour 150 B. Au *Mix Hotel* (☎/fax *077-502931/3, 108/8 Muu 1, Th Chumphon-Pak Nam*), les chambres sont facturées 300/500 B.

Où se loger – Catégories moyenne et supérieure

Le *Tha Taphao Hotel* (☎ *077-511479, 66/1 Th Tha Taphao*), près du terminal des bus, loue des chambres plutôt défraî-chies à 400 B avec clim., TV, téléphone et balcon. Le vaste *Paradorn Inn* (☎ *077-511500, fax 501112, 180/12 Th Paradorn*), loue des chambres avec clim. et TV pour 300/500 B ou jusqu'à 600 B avec réfri-gérateur.

Bien que plus récent, le *Janson Chum-phon Hotel* (☎ *077-502502, fax 502503, 118/138 Th Sala Daeng*) semble déjà un peu fatigué. Il propose des chambres clima-tisées à partir de 551 B et de luxe à 708 B, petit déjeuner compris. Sa discothèque est connue sous le nom de "Khao Tom-teque" en raison des repas *khâo tôm* qui y sont ser-vis après minuit.

Où se restaurer

Le soir, de 18h jusqu'à 22h ou 23h, des *vendeurs de rue* bordent le côté sud de Th Krom Luang Chumphon, entre Th Sala Daeng et Th Suksamoe.

Les *curry shops* de Th Sala Daeng confirment que vous êtes maintenant en Thaïlande du Sud. A l'angle de la rue, le *Thai & Northeast Food Center* sert de la cuisine isaan très bon marché. Un peu plus loin, dans Th Tha Taphao, vous attendent un petit *marché de nuit* et un restaurant chi-nois très populaire, le *Tang Soon Kee*. Vous trouverez d'autres *adresses isaan* dans Th Krom Luang Chumphon.

La *Sarakrom Wine House*, en face du Tha Taphao Hotel, dans Th Tha Taphao, est un restaurant thaï plutôt haut de gamme, ouvert seulement à l'heure du dîner.

La province est réputée pour ses *klûay lép meu naang*, ou "bananes ongles de prin-cesse". Elles sont savoureuses et bon mar-

CHUMPHON

Vers Prachuap
Khiri Khan (184 km)
et Bangkok

Gare
ferroviaire

Vers Surat Thani

Thanon Krom Luang Chumphon

Thanon Suksamoe

Thanon Tawee Sinka

Thanon Pracha Uthit

Thanon Tha Taphao

Thanon Sala Daeng

Thanon Phinit Khadi

Thanon Phisit Phayaban

Thanon Phisit Phayap

Thanon Poramin Mankha

Thanon Tha Chang

Khlong Tha Taphao

Vers Pak Nam (10 km), Tha Yang,
Hat Thung Wua Laen (12 km),
Hat Sairi (21 km), l'aéroport (35 km)
et bureau de la CAT

Vers la Highway 4

0   100   200 m

---

ché, et vous pouvez acheter une centaine de
ces petites bananes allongées pour 25 B.

Comment s'y rendre

Avion. Actuellement, il n'y a plus de vols à
destination de l'aéroport de Chumphon.

Bus. Depuis le terminal sud de Bangkok, les
bus ordinaires coûtent 112 B. Quatre départs
seulement sont prévus chaque jour à l'aube.

Des bus climatisés de 1ʳᵉ classe parcourent également la ligne (245 B), avec trois

départs l'après-midi et un le soir. Des bus
de 2ᵉ classe effectuent le trajet de nuit
(190 B), avec un seul départ à 21h.

Il n'existe pas de service public de bus
VIP vers Chumphon, mais la Songserm
Travel (juste à côté du Tha Taphao Hotel),
propose un départ tous les soirs, entre 21h et
22h, au prix de 450 B.

Au départ de Chumphon, trois compagnies mettent à disposition des bus climatisés pour Bangkok, la plus fiable étant la
Chok Anan Tour.

Des minivans relient régulièrement Surat Thani et Chumphon (60/120 B sans/avec clim., durée 3 heures 30). Les départs ont lieu dans Th Krom Luang Chumphon. Depuis le terminal de Baw Khaw Saw, des bus desservent Bang Saphan (35/80 B sans/avec clim.), Prachuap Khiri Khan (55/77 B sans/avec clim.), et Hat Yai (230 B). A Chumphon, le terminal principal de ces bus se trouve sur le côté ouest de Thanon Tha Taphao.

Des minivans climatisés desservent quotidiennement Ranong, toutes les deux heures, entre 8h et 17h30 (80 B). Les départs s'effectuent en face de l'agence Infinity Travel Service. Il existe également un minivan à destination de Bangkok, qui transite par Tha Pak Nam, l'embarcadère pour Ko Tao. Deux départs sont prévus depuis l'agence Infinity Travel Service, à 12h et à 17h (350 B). Le Baan's Diving, dans Th Tha Taphao, près du Tha Tapao Hotel, propose pour le même tarif des minivans depuis/vers Bangkok, partant à 13h et arrivant à Bangkok à 20h.

Train. Il existe des trains rapides et des express au départ de Bangkok. Comptez environ 7 heures 30 de trajet et 190/394 B en 2e/1re classe, ces tarifs ne comprenant pas les suppléments demandés. Aucun train ordinaire ne relie désormais Bangkok et Chumphon.

Il existe 4 trains quotidiens en 3e classe à destination de Prachuap Khiri Khan (34 B), Surat Thani (34 B) et Hat Yai (99 B). Les trains rapides et express en direction du sud, qui seuls proposent des services en 1re et 2e classes, sont beaucoup moins fréquents. En outre, il peut se révéler difficile de réserver ses places en dehors de Chumphon.

Bateau vers Ko Tao. Cette petite île au nord de Ko Samui et Ko Pha-Ngan (vous trouverez une description complète dans la partie consacrée à la province de Surat Thani, plus loin dans ce chapitre) est accessible en bateau depuis Tha Reua Ko Tao (quai de Ko Tao), à 10 km au sud-est de la ville, à l'embarcadère de Pak Nam. Le bateau part tous les soirs à minuit (200 B, environ 6 heures de traversée), repart de l'île à 10h et arrive à Tha Reua Ko Tao vers 15h30.

La vedette au départ de l'embarcadère de Tha Yang demeure une solution plus coûteuse, mais nettement plus rapide (400 B, 2 heures 30). Elle quitte d'ordinaire la jetée à 7h30 vers l'est et à 13h30 dans l'autre sens, mais cet horaire peut être modifié en fonction de la météo.

Des services fréquents de songthaews sont assurés de 6h à 18h (10 B). Au-delà, Infinity et nombre d'agences de voyages ou de pensions mettent à votre disposition des vans vers 22h (50 B par personne). Ainsi, vous n'aurez pas à attendre jusqu'à minuit le départ du bateau. Une autre solution consiste à emprunter une moto-taxi (80 B).

Des minibus climatisés relient régulièrement les hôtels et agences de voyages situés dans Th Khao San (Khao San Road) à Bangkok, et Tha Reua Ko Tao, l'embarcadère du bateau ordinaire (330 B).

Enfin, vous pouvez louer une vedette pour Ko Tao sur le quai de Pak Nam (environ 3 500 B).

Comment circuler

Les moto-taxis demandent un prix fixe de 10 B pour une course urbaine. Pour un trajet jusqu'au port de Chumphon (Pak Nam Chumphon), comptez 13 B par personne en songthaew ou 80 à 100 B en moto-taxi. Pour Hat Sairi et Hat Thung Wua Laen, prévoyez 20 B ou 150 B, selon le mode de transport choisi. Les bus à destination de l'estuaire de Tako (Hat Arunothai) reviennent à 40 B. Vous pourrez louer des motos (200 B par jour) et des voitures (1 000 B par jour) à l'agence Infinity Travel Service.

ENVIRONS DE CHUMPHON
Îles

Les îles proches de Chumphon regroupent Ko Samet, Ko Mattara, Ko Maphrao, Ko Rang Kachiu, Ko Ngam Yai et Ko Raet. La découverte de Ko Rang Kachiu est limitée du fait des précieux nids de salanganes qui

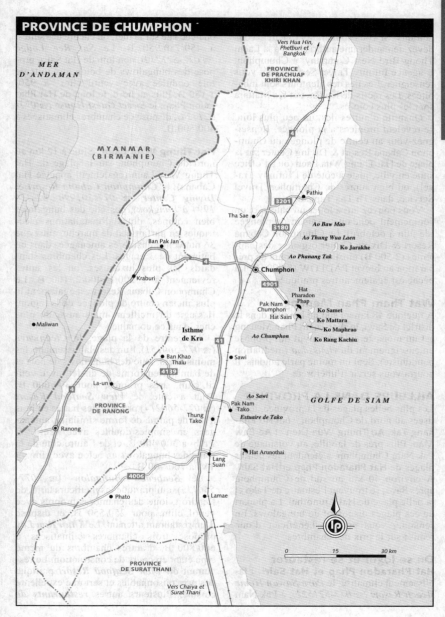

PROVINCE DE CHUMPHON

MER D'ANDAMAN

MYANMAR (BIRMANIE)

PROVINCE DE PRACHUAP KHIRI KHAN

Vers Hua Hin, Phetburi et Bangkok

Pathiu

Tha Sae

Ao Baw Mao

Ao Thung Wua Laen

Ko Jarakhe

Ao Phanang Tak

Ban Pak Jan

Chumphon

Kraburi

Pak Nam Chumphon

Hat Pharadon Phap

Ko Samet

Hat Sairi

Ko Mattara

Ko Maphrao

Ko Rang Kachiu

Ao Chumphon

Isthme de Kra

Maliwan

Sawi

Ban Khao Thalu

La-un

PROVINCE DE RANONG

Ao Sawi

Pak Nam Tako

GOLFE DE SIAM

Ranong

Thung Tako

Estuaire de Tako

Hat Arunothai

Lang Suan

Phato

Lamae

0   15   30 km

PROVINCE DE SURAT THANI

Vers Chaiya et Surat Thani

sont ramassés pour être revendus aux restaurants. Si vous souhaitez la visiter, vous devez demander une autorisation à la Laem Thong Bird Nest Company, à Chumphon. L'agence Infinity Travel Service peut vous renseigner. Les îles des alentours sont inhabitées. Les récifs de Ko Raet et Ko Mattara sont les plus colorés.

Quantité d'autres îles, un peu plus loin, se révèlent propices à la plongée. Renseignez-vous au centre de plongée du Chumphon Cabana Resort & Diving Center sur la plage de Hat Thung Wua Laen (ou à l'office situé en ville, juste à côté de l'Infinity Travel), ou bien auprès du Chumphon Travel Service, dans Th Tha Taphao.

Vous pouvez aussi louer un bateau et un équipement pendant la saison de plongée (de juin à octobre). Le Chumphon Cabana Resort & Diving Center organise des baptêmes (2 500 B) ainsi que des cours de préparation au brevet PADI OW (8 000 B). La pêche est également très pratiquée.

Wat Tham Phan Meuang

A quelque 48 km au sud de la ville, dans le district de Sawi, le Wat Tham Phan Meuang est un monastère Thammayut qui propose un enseignement du *vipassana* (méditation bouddhiste). Seul un moine parle anglais, il pourra vous servir d'interprète.

AILLEURS DANS LA PROVINCE

Les plus belles plages de la province, localisées au nord de Chumphon, sont **Ao Phanang Tak**, **Ao Thung Wua Laen** et **Ao Baw Mao**. Plus près de la ville, au voisinage de Pak Nam Chumphon, s'étendent les petites plages de **Hat Pharadon Phap** et **Hat Sairi**. A environ 40 km au sud de Chumphon, après Sawi, se trouvent l'estuaire de Tako et la belle plage de **Hat Arunothai**. La plupart de ces plages disposent de bungalows. En semaine, vous pourrez bénéficier d'une remise sur le prix des chambres.

Où se loger et se restaurer

Hat Pharadon Phap et Hat Sairi. Établissement climatisé, le *Porn Sawan Home Beach Resort (☎ 077-521521)*, à Pak Nam

Chumphon, loue des chambres standards, ou avec vue sur la mer, ou encore des suites, à 450/750/950 B. Le *Sai Ree Lodge (☎ 077-521212)*, non loin de Hat Sairi, propose des bungalows de béton aux toits de tôle ondulée avec ventil./clim. à 950/1 150 B. Plus au nord, le long de Hat Pharadon Phap, le *Sweet Guest House (☎ 077-521324)*, dispose de chambres climatisées à 400/500 B.

Hat Thung Wua Laen. Situé à 12 km au nord de Chumphon, sur la plage de Hat Thung Wua Laen (également appelée Hat Cabana), le *Chumphon Cabana Resort & Diving Center (☎ 077-501990, 02-224 1994 à Bangkok)*, possède des bungalows bien équipés, dotés d'installations électriques en parfait état de marche, ainsi que 36 nouvelles chambres aménagées dans un bâtiment de 3 étages. Les chambres standards, les plus luxueuses, ou les suites reviennent à 1 200/1 400/2 100 B. Le Chumphon Cabana Resort est également le plus ancien centre de plongée de la région. Il s'agit du meilleur, mais aussi du plus cher, dans ce domaine.

Au centre de la plage, le *Cleanwave (☎ 077-560151)*, l'un des établissements les moins chers, loue des bungalows de bois et de bambou en forme de chalet, avec ventil./clim., très propres, pour 300/600 B. Tout à côté, le *View Seafood Resort (☎ 077-560214)* propose des huttes en bois à toit de palme de forme similaire, aménagées en simples/doubles avec ventil. et s.d.b. à 300/400 B, et de l'autre côté de la route des bungalows en béton avec clim. et TV. à 700/900 B.

Le *Seabeach Bungalow (☎ 077-560115)*, qui pratique les meilleurs tarifs de l'endroit, loue des chambres propres avec ventil./clim. pour 250/550 B, et dispose d'un restaurant attenant. Le *Khun Rim Lay* propose trois chambres climatisées à 600/800 B, d'autres chambres du même type étant en cours de construction. Le restaurant du *View Seafood Resort* pratique des prix raisonnables et sert une excellente cuisine. Plusieurs autres *restaurants de fruits de mer* sont implantés le long de la plage.

Hat Sapli. Implanté à quelque 2 km au nord de Hat Thung Wua Laen, dans une zone littorale en plein développement, le *Si Sanyalak* (☎ *01-477 6602*), accueillant et bien situé, loue 4 chambres avec ventil. à 350 B dans une maison longue, et deux bungalows indépendants avec clim., TV et réfrigérateur à 750 B.

Hat Arunothai. Le *Chumphon Sunny Beach* (☎ *077-579148*), situé au Tako Estuary, sur la plage, à environ 50 km au sud de Chumphon, dispose de bungalows avec ventil./clim., surévalués, à 750/950 B.

Province de Ranong

Cette province est la moins peuplée de Thaïlande. Les montagnes couvrent 67% du territoire et les forêts 80%. Comme la plupart des régions méridionales, elle reçoit deux moussons, mais les sommets ont tendance à retenir les pluies plus longtemps, ce qui explique que la hauteur des précipitations soit la plus élevée du pays. Le paysage est partout verdoyant, parsemé de cascades, et la côte marécageuse n'offre que peu de plages aux vacanciers. L'économie de la province de Ranong (prononcez "Ra-naung") repose sur l'extraction minière, la pêche, le caoutchouc, la noix de coco et la noix de cajou, que l'on appelle ici *ka-yuu*.

RANONG
18 500 habitants
Le petit port et chef-lieu de Ranong n'est séparé du Myanmar que par le Pak Chan, l'estuaire de la rivière Chan. Bien que la ville ne soit pas d'un grand intérêt culturel, l'architecture des Chinois hokkien, les premiers à s'être installés ici, ne manque pas de pittoresque.

Les touristes, pour la plupart d'origine asiatique, commencent à considérer Ranong comme une étape obligée pour se rendre à Kawthaung et à l'île de Thahtay.

Renseignements
Ranong est située à 600 km au sud de Bangkok et 300 km au nord de Phuket. Les banques sont toutes regroupées dans Th Tha Meuang, la rue qui conduit au port de pêche, presque à l'angle de Th Ruangrat.

La poste principale est située dans Th Dap Khadi. Le centre téléphonique de la CAT, proche de Th Phoem Phon, se trouve au sud de la ville.

Vous pourrez obtenir des renseignements utiles au Chaon Thong Food & Drinks (8-10 Th Ruangrat). Khun Nuansri, le propriétaire, est bien informé et parle couramment l'anglais.

Livres
Chaun Aksarn, à quelques pas au sud de l'Asia Hotel, dans Th Ruangrat, offre une bonne sélection d'ouvrages en anglais, notamment des guides et des cartes.

Nai Khai Ranong
Sous le règne de Rama V, un Hokkien nommé Koh Su Chiang fut désigné gouverneur de Ranong, et la cité reçut pour l'événement le nom de Phraya Damrong Na Ranong. Son ancienne résidence, Nai Khai Ranong, combinaison étonnante d'une maison clanique et d'un sanctuaire, est située aujourd'hui à la limite nord de la ville. Plus loin, sur la route de Hat Chandrami, son mausolée est érigé sur le flanc d'une colline haute de quelques centaines de mètres. Dans Th Ruangrat, plusieurs enseignes ont conservé l'ancien style hokkien.

Sources chaudes et le Wat Hat Som Paen
A environ 1 km à l'est du Jansom Thara Ranong Hotel, les sources thermales (Ranong Mineral Hot Springs) du Wat Tapotaram font jaillir de l'eau à une température proche de 65°C, suffisante pour cuire un œuf. Vous pourrez faire votre toilette dans des chambres rustiques (10 B par personne) en prélevant l'eau chaude et l'eau

SUD DE LA THAÏLANDE

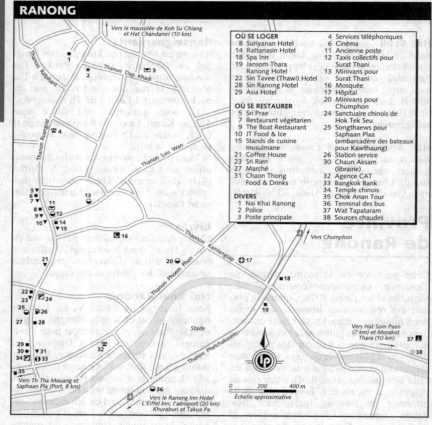

RANONG

Vers le mausolée de Koh Su Chiang
et Hat Chandamri (10 km)

Thanon Ratphant

Thanon Dap Khadi

Thanon Ruangrat

Thanon Luu Wan

Thanon Kamlangsap

Thanon Phoem Phon

Thanon Phetchakasem

Vers Chumphon

Stade

Vers Hat Som Paen
(7 km) et Morakot
Thara (10 km)

Vers Th Tha Meuang et
Saphaan Pla (Port, 8 km)

Vers le Ranong Inn Hotel
L'Eiffel Inn, l'aéroport (20 km)
Khuraburi et Takua Pa

0   200   400 m
Échelle approximative

OÙ SE LOGER
8 Suriyanan Hotel
14 Rattanasin Hotel
19 Spa Inn
19 Jansom Thara
    Ranong Hotel
22 Sin Tavee (Thawi) Hotel
28 Sin Ranong Hotel
29 Asia Hotel

OÙ SE RESTAURER
5 Sri Prae
7 Restaurant végétarien
9 The Boat Restaurant
10 JT Food & Ice
    Stands de cuisine
    musulmane
21 Coffee House
23 Sri Rien
    Marché
31 Chaon Thong
    Food & Drinks

DIVERS
1 Nai Khai Ranong
2 Police
3 Poste principale

4 Services téléphoniques
6 Cinéma
11 Ancienne poste
12 Taxis collectifs pour
    Surat Thani
13 Minivans pour
    Surat Thani
16 Mosquée
17 Hôpital
20 Minivans pour
    Chumphon
24 Sanctuaire chinois de
    Hok Tek Seu
25 Songthaews pour
    Saphaan Plaa
    (embarcadère des bateaux
    pour Kawthaung)
26 Station service
30 Chaun Aksam
    (librairie)
32 Agence CAT
33 Bangkok Bank
34 Temple chinois
35 Chok Anan Tour
36 Terminal des bus
37 Wat Tapataram
38 Sources chaudes

froide dans de grands réservoirs. Ne vous baignez pas directement dans ces réservoirs. L'établissement capte l'eau des sources dans un vaste jacuzzi à 42°C à l'intention des visiteurs (100 B).

Sur la même route, 7 km après les sources, se trouve le village de Hat Som Paen, qui subsista longtemps grâce à l'exploitation d'une mine d'étain. Au Wat Hat Som Paen, les visiteurs nourrissent les gigantesques carpes noires (*plaa phluang*) qui évoluent près du temple. La croyance populaire les

nomme *thewada*, ou sorte d'ange, et il est interdit de les prendre et de les manger, sous peine, selon la légende, d'attraper la lèpre.

Plus loin, après 3 km d'une piste défoncée, s'étend **Morakot Thara**, réservoir vert émeraude, recouvrant une ancienne carrière d'étain.

Où se loger
L'*Asia Hotel* (☎ *077-811113, 39/9 Th Ruangrat*), près du marché, propose des chambres propres et spacieuses avec ventil.

et s.d.b. à 240/300 B ou avec clim. à 620 B. Des informations sur les îles de la région sont affichées dans le hall.

Face au marché, le *Sin Ranong Hotel* (☎ 077-811454, 24/24 Th Ruangrat), établissement peu accueillant, loue des simples/doubles convenables à 180/200 B avec ventil. et 320/400 B avec clim. Un peu plus au nord, le *Sin Tavee Hotel* (☎ 077-811213 à Thawi, 81/1 Th Ruangrat) dispose de chambres plus modestes à 160/200 B la simple, et 300 B la double, et de chambres climatisées à 280/500 B. Le *Boat Restaurant,* qui jouxte le Suriyanan Hotel, loue quelques chambres à 300/350 B avec ventil. et s.d.b., ou 400 B avec clim.

Un peu plus haut dans Th Ruangrat se profilent le *Rattanasin Hotel*, édifice vert de plusieurs étages, sans enseigne, sur la droite, et le *Suriyanan Hotel*. Le Rattanasin, établissement sino-thaïlandais typique, paraît passablement délabré malgré une "rénovation" récente. La simple/double avec ventil. et s.d.b. revient à 100/170 B. Le Suriyanan est sombre et délabré, mais n'accepte aucune prostituée dans l'hôtel. Une chambre rudimentaire avec ventil. revient à 100/120 B sans/avec s.d.b.

Établissement maussade, le *Ranong Inn Hotel* (☎ 077-822777, fax 821527, 29/9 Th Phetkasem), à quelques kilomètres au sud du centre-ville, sur la route de Kapoe, loue des chambres à 240 B avec ventil. et s.d.b., ou 430 B avec clim. et TV. Plus loin, l'*Eiffel Inn* (☎ 077-823271), au parking orné d'une tour Eiffel de 15 m de haut, propose des bungalows agréables avec TV, réfrigérateur, téléphone et douche chaude à 1 500 B (des tarifs réduits jusqu'à 600 B sont facilement accordés).

Plus près du centre-ville, juste au sud de la rivière et de la route des sources thermales, le *Jansom Thara Ranong Hotel* (☎ 077-823350, ☎ 02-946 3639 à Bangkok, 2/10 Th Phetkasem), doté d'un hébergement tout confort, loue des chambres climatisées avec TV, réseau de vidéo interne, jacuzzi et réfrigérateur. Deux restaurants, dont un spécialisé dans les dim sum et les nouilles, deux grands jacuzzis d'eau ther-

male, un centre de remise en forme, une discothèque, un café-bar, une piscine et une agence de voyages viennent agrémenter les installations. Prévoyez au minimum 968 B, mais parfois 770 B avec une remise. En face du Jansom Thara Ranong Hotel, dans Highway 4, la *Spa Inn* (☎ 077-811715) loue des chambres avec ventil. ou clim. pour 200 B ou 380/420 B.

Où se restaurer

Pour des petits déjeuners thaïlandais et birmans bon marché, allez au *marché* de Th Ruangrat. Dans la même rue sont regroupés plusieurs *cafés hokkien* traditionnels avec des tables à plateaux de marbre et des théières en métal émaillé. Le *Si Wiang*, par exemple, à côté du Sin Tavee Hotel, est une excellente adresse. Entre le Rattanasin et le Sin Tavee (du même côté de Th Ruangrat que le Rattanasin) se tiennent trois modestes *échoppes de cuisine musulmane*, où l'on vous servira un curry malais, du riz, du roti, des concombres macérés au vinaigre et du thé pour 20 B. Dans le même coin se trouve la très sympathique *Coffee House*, un établissement minuscule qui prépare des petits déjeuners à l'occidentale et des repas légers.

Au nord du cinéma, dans Th Ruangrat, se niche un petit *restaurant végétarien* qui propose de la cuisine thaïlandaise très bon marché. Il est ouvert du lundi au samedi de 7h à 18h. Dans le même quartier, le *Sri Prae* (313/2 Th Ruangrat), aux prix modiques, est très apprécié pour son crabe farci et ses autres plats de fruits de mer.

Le *Chaon Thong Food & Drinks* (8-10 Th Ruangrat) est un restaurant peu cher, propre et climatisé, qui sert de la cuisine thaïlandaise et des petits déjeuners à l'occidentale de 6h à 21h30. Face à l'ancienne poste de Th Ruangrat, le *Boat* (☎ 077-823996), établissement climatisé à 2 étages, propose, outre une cuisine thaïlandaise et occidentale, un vaste choix de glaces. Le *JT Food & Ice*, dans Th Ruangrat, est un restaurant climatisé du même ordre.

A quelque 2 km au nord de la ville, sur la route principale, entre les stations-service Caltex et PT, le *Mandalay* vous propose de déguster des fruits de mer. Le **Pak Nam Seafood**, situé après le Jansom Thara Resort, sur la route de Hat Chandamri, sert des fruits de mer délicieux et peu onéreux sur une terrasse surplombant la mer.

Comment s'y rendre

Avion. L'aéroport de Ranong est situé à 20 km au sud de la ville, près de la Highway 4. Bangkok Airways est la seule compagnie représentée, avec des vols quotidiens au départ de Bangkok (durée 2 heures, 2 280 B l'aller simple, demi-tarif pour les enfants). Elle dispose d'un bureau à Ranong (☎ 077-835096, 50/18 Muu 1, Th Phetkasem), à environ 5 km au sud de la ville dans Highway 4, aux alentours du kilomètre 616. Vous pouvez également acheter des billets au Chaon Thong Food & Drinks, dans le centre-ville.

Bus. On arrive à Ranong par Chumphon (40/60 B sans/avec clim.), Surat Thani (70/91 B), Takua Pa (54/80 B) et Phuket (91/130 B). Le terminal est situé sur la Highway 4, près du Jansom Thara Hotel, mais les bus s'arrêtent en ville dans Th Ruangrat, à n'importe quel niveau, en leur faisant un signe. Le songthaew n°2 dessert le terminal des bus.

Le trajet depuis/vers Bangkok revient à 160 B en bus ordinaire, 230/302 B en bus climatisés 2e/1re classe et 470 B en VIP. Les bus climatisés sont peu fréquents, 2 départs étant habituellement prévus le matin, puis 3 ou 4 l'après-midi et le soir. Depuis Ranong, Chok Anan Tour (☎ 077-811337, Th Phoem Phon), affrète des bus climatisés pour Bangkok (302 B), avec des départs tous les jours à 8h et 20h.

Des minivans climatisés relient Ranong à Surat Thani pour 120 B. A Ranong, ils partent de Th Luu Wan (près du Rattanasin Hotel) vers 8h et arrivent à Surat Thani aux alentours de 12h. Dans le sens inverse, ils partent vers 13h et atteignent Ranong à 16h. En taxi collectif, le trajet jusqu'à Surat Thani revient au même prix. Vous en trouverez à l'angle nord-ouest du carrefour de Th Luu Wan et Th Ruangrat.

Un service quotidien de minibus climatisés à destination de Chumphon est disponible pour 80 B. Les départs ont lieu toutes les heures entre 7h et 17h30 dans Th Phoem Phon, près de l'hôpital de la province. Les minibus pour Ranong sont reconnaissables aux lettres "CTR" inscrites à l'arrière des véhicules.

D'autres bus desservent également Khurabari (1 heure 20, 37 B), Khao Lak (35/60 B sans/avec clim.), ou Phang-Nga (70/120 B).

Comment circuler

Des songthaews relient Ranong aux sources chaudes et à Hat Som Paen (n°2), Hat Chandamri (n°3), ou Saphaan Plaa (n°2) moyennant 6 B. Voyez la rubrique *Les environs de Ranong* pour plus de détails. Les moto-taxis (repérez les vestes orange) demandent 15 B pour toute destination en ville et 20 B pour les abords du Jansom Thara.

Mayline, un mini libre-service implanté près du Jansom Thara Hotel, loue des Honda Dreams (200 B par jour). Ranong Travel, à l'intérieur du Chaon Thong Food & Drinks, peut vous aider à louer une voiture ou une moto.

ENVIRONS DE RANONG
Hat Chandamri

Annoncée comme la plage la plus proche de Ranong, Hat Chandamri ressemble plutôt à une étendue vaseuse. Un jumeau du Jansom Thara, le **Jansom Thara Resort** (☎ 077-821611, fax 821821), loue des bungalows sans jacuzzi à 1 400 B, souvent négociables à 935 B.

La plage est située à 10 km au nord-ouest de Ranong. Le trajet vous coûtera 50 B en moto-taxi ou 10 B en songthaew.

Saphaan Plaa

Le port de pêche de Tha Thiap Reua Pramong, appelé communément Saphaan Plaa (port aux poissons), se situe à 8 km au sud-ouest de Ranong. On peut y louer un bateau pour une excursion journalière vers les îles. A moins que vous ne souhaitiez voir des cargaisons de poissons, embarquer sur un

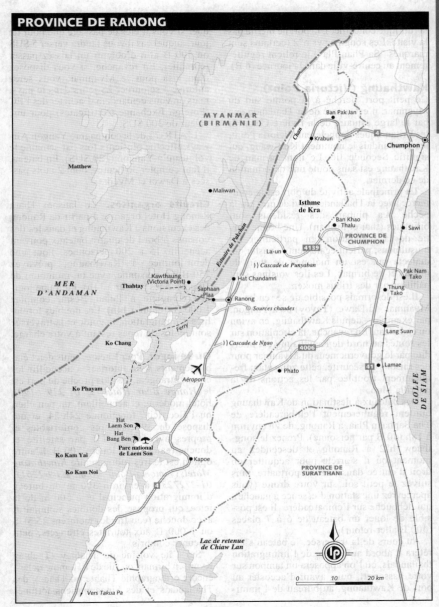

PROVINCE DE RANONG

MYANMAR
(BIRMANIE)

Ban Pak Jan

Kraburi

Chumphon

4

Matthew

Maliwan

Isthme
de Kra

Ban Khao
Thalu

PROVINCE DE
CHUMPHON

Sawi

La-un

4139

Cascade de Punyaban

Pak Nam
Tako

MER
D'ANDAMAN

Kawthaung
(Victoria Point)

Estuaire de Pak-chan

Hat Chandamri

Thung
Tako

Thahtay

Saphaan
Plaa

Ranong

Sources chaudes

Ferry

Cascade de Ngao

4006

Lang Suan

Ko Chang

Aéroport

Phato

41

Lamae

GOLFE DE SIAM

Ko Phayam

Hat
Laem Son

Hat
Bang Ben

Parc national
de Laem Son

Kapoe

PROVINCE DE
SURAT THANI

Ko Kam Yai

Ko Kam Noi

4

Lac de retenue
de Chiaw Lan

0   10   20 km

Vers Takua Pa

bateau de pêche ou visiter Kawthaung (voir la rubrique concernée), le port ne mérite pas la visite. Les songthaews n°2 (certains sont marqués "Sa Phan Pla") le relient régulièrement au centre-ville dans la journée (6 B).

Kawthaung (Victoria Point)

Ce petit port, perché à la pointe sud du Myanmar, n'est séparé de la Thaïlande que par le large estuaire de la rivière Chan. Si les Britanniques l'appelèrent Victoria Point, les Thaïlandais le nomment Ko Swang, qui signifie Seconde Île. Le nom birman de Kawthaung est sans doute une déformation de ce dernier.

La principale activité du port est le commerce avec la Thaïlande, suivi de près par la pêche. La plupart des résidents sont bilingues (thaï et birman). Une bonne partie de la population, en particulier les musulmans, parlent également le pashu, un dialecte qui est un mélange de thaï, de malais et de birman. Les îles voisines sont habitées par des tribus moken.

Il est désormais possible de se rendre au Myanmar – à Dawei (Tavoy) ou à Yangon, par exemple – depuis Kawthaung, en avion ou en bateau. En revanche, la circulation sur les routes au nord de Kawthaung est interdite par le gouvernement du Myanmar pour des raisons de sécurité, cette zone étant fréquemment troublée par les actions de la guérilla Mon.

Des bateaux à destination de Kawthaung quittent régulièrement l'embarcadère de Tha Saphaan Plaa, à Ranong, de 7h environ à 18h (40 B par personne). Prenez le songthaew n°2 à Ranong et descendez au moment où il s'arrête pour acquitter un droit d'entrée dans la zone portuaire, puis suivez le petit soi, sur votre droite (vous apercevrez une station d'essence à gauche), qui débouche sur l'embarcadère. Il est possible de louer un bateau de 6 à 7 places (400 B aller-retour).

Au cours de la traversée, le bateau s'arrêtera d'abord au bureau de l'immigration thaïlandais, où l'on apposera un tampon sur votre passeport, puis, avant d'accoster au port de Kawthaung, au bureau de l'immigration du Myanmar. Là, vous devrez indiquer si vous n'êtes de passage que pour un jour, auquel cas il vous faudra verser 5 $US ou 500 B afin d'obtenir un laissez-passer journalier. En revanche, si vous disposez d'un visa pour le Myanmar, vous serez autorisé à séjourner 28 jours dans le pays, mais on vous demandera d'acheter des FEC (Foreign Exchange Certificates) pour une valeur de 300 $US.

L'ATR-72 de la compagnie Yangon Airways effectue plusieurs fois par semaine le vol jusqu'à Yangon (120 $US). En bateau, il faut compter 36 heures, dont 2 nuits passées à Dawei et Myeik.

Circuits organisés. Le Jansom Thara Ranong Hotel organise à partir de Ranong des excursions à Kawthaung et dans les îles voisines à bord de quatre bateaux pouvant accueillir 15 à 200 personnes. Pour une demi-journée à Kawthaung, prévoyez 750 B par personne, avec un minimum de 10 personnes (retour à 11h). Pour une journée complète à Pulau Besin, comptez 1 000 B (retour à 14h). Les doubles formalités d'immigration, le guide et la traversée sont inclus, le repas restant à votre charge.

Où se loger. Pour l'heure, seuls deux établissements sont autorisés à accueillir les clients étrangers. Le plus proche du port est le *Honey Bear Hotel* (☎ 01-229 6190), hôtel moderne et accueillant, un peu cher, où l'électricité fonctionne 24h/24, et qui dispose de 39 chambres confortables et propres avec clim., TV par satellite et douche (eau froide) louées 700 B. L'autre option est le très rudimentaire *Kawthaung Motel*, (*Victoria Point Motel*, ☎ 09-22611, 01-272723), à environ 300 m du bureau d'immigration principal et à 500 m de la jetée, qui propose des doubles sommaires avec douche (eau froide) facturées 25 $US ou 1 000 B aux touristes étrangers, petit déjeuner compris.

Sur l'île voisine de Thahtay (Thahtay Kyun, en birman, ou "île de l'Homme riche", encore orthographié Thahte ou Thade), des Thaïlandais et des Singapouriens fortunés logent à l'*Andaman Club* (☎ 01-956 4354), immense complexe hôtelier "cinq étoiles" abritant un casino et un terrain de golf de 18 trous conçu par Jack Nicklaus. Toutes les chambres donnent sur la mer et sont louées à partir de 200 $US, sauf si vous êtes un habitué du casino, auquel cas la chambre est offerte. Les clients ayant réservé ont la possibilité de prendre un bateau directement depuis le Jansom Thara Resort, sur Hat Chandamri, à environ 10 km au nord-ouest de Ranong (250 B). Depuis Kawthaung, un bateau accosté à la jetée vous déposera sur l'île en 5 minutes (100 B).

Isthme de Kra

A 60 km au nord de Ranong, dans le district de Kraburi, se trouve l'endroit le plus étroit de la péninsule, l'isthme de Kra, où seulement 50 km séparent le golfe de Thaïlande de la mer d'Andaman.

Cascades

Parmi les cascades réputées de la province, seules celles de **Ngao** et de **Punyaban** sont accessibles à pied par la Highway 4. Ngao est située à 13 km au sud de Ranong, et Punyaban à 15 km au nord. Prenez un songthaew dans la direction souhaitée et demandez à descendre à la *náam tòk* (cascade).

Ko Chang

Il ne faut pas confondre cette île située au large de Ranong avec celle, beaucoup plus vaste, de la province de Trat. Les effluents de la rivière Chan ne contribuent guère à la limpidité des eaux de la mer d'Andaman aux abords de l'île, mais les mangroves naturelles qui bordent la côte est et les zones forestières montagneuses à l'intérieur des terres constituent des attractions suffisantes pour faire oublier ce désagrément.

Deux sentiers sillonnent l'île où il n'y a ni voiture, ni électricité (chaque établissement hôtelier possède son propre générateur). Les plages bordant la côte ouest n'offrent pas d'étendues de sable blanc, mais leur paisible isolement attire les visiteurs.

Les loueurs de bungalows proposent des excursions en bateau vers Ko Phayam et les îles avoisinantes pour environ 150 B par personne, avec un minimum de 6 personnes, déjeuner compris.

Où se loger. Plusieurs établissements se sont installés sur les plages durant ces dernières années, bien que la plupart ne soient ouverts que de novembre à avril. A la pointe nord de l'île, le *Rasta Baby* (☎ 077-833077 à Ranong), composé de 8 bungalows, a été créé par un Thaïlandais rasta et son épouse américaine. Le couple a quitté l'île récemment et il n'est pas certain que l'établissement soit repris. Partageant la même petite plage que le Rasta Baby, le *Ko Chang Contex* (☎ 077-812730 à Ranong), tenu par une famille thaïlandaise, propose des huttes à 100/200 B, ainsi qu'un menu à la carte.

Au sud et à l'ouest, l'*Eden Bistro Café* loue deux petits bungalows avec s.d.b. commune à 100 B, et un grand bungalow avec douche à 150 B. En contrebas, le *Ko Chang Sunset Bungalow* (☎ 01-229 4681) propose de jolis bungalows installés à l'ombre et rafraîchi par la brise au prix de 100/250 B.

Le *Cashew Resort* (☎ 077-824741), l'établissement le plus ancien et le plus vaste de l'île, dispose de 30 cabanes rudimentaires avec s.d.b. commune, louées 100 B. Le service s'est détérioré au fil des années, sans doute en raison de l'absence durable de toute concurrence. Le Cashew et le Ko Chang Sunset assurent le transport des clients intéressés jusqu'au JT Food & Ice à Ranong.

A quelques centaines de mètres de l'embarcadère, le *Chang Thong Bungalows* (☎ 077-833820) et le *Pheung Thong* sont deux établissements sympathiques, gérés par le frère et la sœur. Les cabanes en bambou ou en carreaux de plâtre sans/avec s.d.b. reviennent à 100/150 B. Le restaurant du Chang Thong sert de la cuisine thaïlandaise très correcte. L'établissement assure souvent le transport des visiteurs depuis le restaurant Chaon Thong, à Ranong. Le *Suphan Nee Paradise* offre des prestations assez similaires.

Le *Ko Chang Resort*, établi sur un promontoire rocheux, propose des huttes sans/avec s.d.b. à 100/150 B.

A l'extrémité sud de l'île, à Ao Lek (Petite Baie), le *N&X Bungalows* dispose de cabanes à toit de palme à 100 B.

Comment s'y rendre. Depuis Ranong, prenez un songthaew rouge n°2 (6 B) pour Saphaan Plaa, et descendez à la station-service en direction du principal embarcadère. Cherchez les pancartes indiquant les bungalows de Ko Chang et suivez le soi qui zigzague sur 200 mètres. Là, des long-tail boats vous mèneront à Ko Chang.

Si vous êtes très chargé, une moto-taxi pourra vous emmener jusqu'à cet embarcadère pour 20 B. En fonction des marées, 2 ou 3 bateaux partent chaque matin, de novembre à avril. Arrivez vers 9h pour vous renseigner sur les horaires des départs, rares avant cette heure. En haute saison, de décembre à mars, un départ régulier est prévu tous les jours à 11h. Les bateaux retournent à Ranong le lendemain à 8h.

Le prix est négociable en fonction du nombre de passagers. Si vous louez un bungalow par l'intermédiaire de Ranong Travel, en ville, une promenade gratuite en bateau jusqu'à Saphaan Plaa vous sera offerte. Sinon, prévoyez jusqu'à 100 B par personne.

PARC NATIONAL DE LAEM SON

La réserve de Laem Son, d'une superficie de 315 km², s'étend à la limite des districts de Kapoe (province de Ranong) et Khuraburi (province de Phang-Nga). Elle comprend une centaine de kilomètres de littoral – la plus vaste zone côtière protégée du pays – et une vingtaine d'îles. La côte est formée de vasières à mangroves peuplées d'oiseaux, de poissons, de cerfs et de singes. Des tortues de mer se rassemblent pour la ponte sur la grève de Hat Praphat.

La plage la plus connue et la plus accessible est **Hat Bang Ben**, où se trouvent les bureaux du parc, le restaurant et les bungalows. C'est une longue plage de sable adossée à des casuarinas où la baignade est sûre toute l'année. D'ici, vous apercevrez les îles voisines de Ko Kam Yai, Ko Kam Noi, Ko Yipun, Ko Kang Kao, et au nord Ko Phayam. Les gardes du parc peuvent vous emmener

sur l'une d'elles pour 800 B par jour et par bateau. A marée basse, une île distante de 200 m de la plage est accessible à pied.

Ko Phayam est habitée par une centaine de Thaïlandais qui vivent de la pêche ou de la noix de cajou. D'agréables plages jalonnent Phayam et la côte ouest des îles Kam. La mer abrite des coraux vivants.

L'eau particulièrement claire de **Ko Kam Noi** attire les baigneurs et les plongeurs. La période la plus agréable est le mois d'avril. L'île offre de l'eau douce toute l'année et des terrains herbeux pour planter la tente.

Située à 200 m au-delà de Ko Kam Yai, **Ko Kam Tok** (appelée aussi Ko Ao Khao Khwai) n'est pas visible depuis la plage. Comme Ko Kam Noi, l'île offre une belle plage, une vie corallienne, de l'eau douce et des aires de camping. **Ko Kam Yai** se trouve à 14 km au sud-ouest de Hat Bang Ben.

A environ 3 km de Hat Bang Ben, de l'autre côté du canal, la plage de **Hat Laem Son** est presque toujours déserte. La marche est le seul moyen d'accès. Dans la direction opposée, à 50 km au sud de Hat Bang Ben, **Hat Praphat** ressemble à Bang Ben, avec des casuarinas et une longue plage. A cet endroit, un deuxième centre administratif du parc est accessible depuis la Phetkasem Highway (Highway 4).

Où se loger et se restaurer

Le camping est autorisé partout sous les casuarinas (10 B par personne). Vous paierez votre emplacement au bureau, juste à l'entrée du parc. Les *bungalows du parc national* disposent de dortoirs pour 10 personnes et de maisons en bois pour 16 personnes (700 B et 900 B). Les voyageurs indépendants sont acceptés (100 B). Un hébergement similaire est également proposé sur Ko Kam Yai, à condition de réserver à l'avance. Appelez le ☎ 077-823255 à Ranong ou le ☎ 02-579 0529 à Bangkok pour plus de précisions.

A quelques centaines de mètres de l'entrée du parc, à 9,5 km du croisement avec la Highway 4, se dresse le *Wasana Resort*, géré par un couple d'origine thaïlandaise et néerlandaise. Cet établissement privé propose des bungalows en bambou, propres, avec moustiquaires, ventil. et s.d.b. à 300 B, ou des bungalows en béton, plus vastes, avec vérandas, à 600 B, et sert une délicieuse cuisine. Des réductions sont accordées sur les séjours de longue durée. Tout à côté, l'*Andaman Peace Resort* (☎ 077-821796) affiche 5 sortes de bungalows en béton au prix de 700/1 500 B. A l'extérieur de l'entrée du parc, la *Komain Villa*, géré par un Birman, loue de petits bungalows, ternes, avec ventil. et s.d.b. à 250 B.

La nourriture de la cantine du parc est acceptable, mais ne vaut pas celle servie au Wasana Resort.

Ko Phayam. L'île offre peu d'hébergements. Au sud-ouest, s'étire une petite anse où le *Aow Yai Bungalow* (☎ 01-464 5127) facture 150 B la nuitée pendant la première semaine, et 100 B au-delà. Si vous séjournez plus de deux semaines, le tarif baisse jusqu'à 80 B. Sur une plage plus vaste, au nord-ouest, le *Vijit Bungalow* (☎ 01-476 0753, 077-834082) loue des cabanes sans/avec s.d.b. à 100/150 B.

A l'est, se tient le *Payam Island Resort* (☎ 077-812297, 02-390 2681 à Bangkok), établissement plus cher qui propose des bungalows à 400/2 500 B.

Vous pouvez également loger sur l'île de Ko Chang, située juste au nord. Reportez-vous à la rubrique précédente *Les environs de Ranong* pour plus de détails.

Comment s'y rendre

L'embranchement en direction de Laem Son est situé à 58 km de Ranong, sur la Phetkasem Highway (Highway 4), entre les km 657 et 658. N'importe quel bus empruntant cette route peut vous y déposer (demandez Hat Bang Ben). Vous pouvez également essayer le stop, car la circulation est dense sur ce trajet. Passé la route, il faudra attendre un certain temps avant de croiser une camionnette se dirigeant vers l'entrée du parc. Sinon, sachez qu'il faut parcourir 10 km depuis la Highway jusqu'au parc. Au nouveau poste de police, implanté au croisement, il est généralement

possible de louer une moto-taxi pour 30 B. La route étant goudronnée jusqu'au parc, la circulation ne posera aucun problème.

Les ferries pour Ko Phayam quittent Saphaan Plaa, à Ranong, à 14h, atteignent la côte est à 16h, et la côte ouest à 16h30. En sens inverse, le départ de Phayam a lieu à 7h depuis la côte ouest et à 8h de la côte est, les bateaux accostant à Ranong vers 10h. Le tarif est de 50 B par personne. En long-tail boats, la traversée revient à 200 B par personne et vous devez compter 2 000 B pour louer un bateau. Il arrive que les bateaux pour Ko Chang poursuivent jusqu'à Ko Phayam. Renseignez-vous auprès du Jansom Thara Hotel à Ranong, de Ranong Travel, ou bien à Saphaan Plaa.

Des bateaux à destination des îles peuvent être loués au bureau d'information du parc. Le tarif est généralement de 800 B par jour. Vous pourrez ainsi vous rendre jusqu'aux îles lointaines de Similan ou Surin pour 900 B ou 1 200 B par personne.

Province de Phang-Nga

KHURABURI, TAKUA PA ET THAI MUANG

Ces districts de la province de Phang-Nga sont d'un intérêt mineur, mais constituent des points de départ vers d'autres destinations. Depuis Khuraburi, vous pouvez gagner les îles éloignées de Surin et Similan, ou, de Takua Pa, rejoindre le parc national de Khao Sok et Surat Thani.

Takua Pa se situe à mi-chemin entre Ranong et Phuket. Les bus y font des haltes de repos. A côté de la route, l'*Extra Hotel* (☎ 076-421412) facture la nuitée à 220 B.

A Thai Muang, le **parc national de Hat Thai Muang** protège la plage où les tortues viennent pondre de novembre à février. **Thap Lamu**, à 23 km au nord de Thai Muang, est le port d'attache des bateaux en partance pour les îles Similan.

La TAT a récemment édité une nouvelle carte très détaillée de la province de Phang-

Nga et des brochures en papier glacé répertoriant les sites touristiques, les hôtels et les restaurants. Vous ne trouverez vraisemblablement cette documentation qu'à l'office de tourisme de Phuket, ou peut-être à l'office principal de Bangkok.

HAT BANG SAK ET HAT KHAO LAK

A environ 14 km au sud de Takua Pa, s'étire Hat Bang Sak, une longue plage de sable peu connue, frangée de casuarinas. Les habitants de la région viennent pique-niquer ou déguster des plats de fruits de mer dans les petits restaurants en plein air. Cette plage doucement incurvée, offre vers le sud une vue magnifique sur la côte. L'intérieur des terres, principalement occupé par des fermes d'élevage de crevettes, présente peu d'intérêt.

A quelque 154 km au sud, s'étend la jolie plage de Khao Lak, plus touristique, recouverte de galets. Au large de la côte (45 mn en bateau), s'étend une barrière de corail où il est possible de pratiquer la plongée avec tuba. Des loueurs de bungalows organisent des excursions en ce lieu, et jusqu'aux récifs coralliens qui bordent les îles Similan et Surin.

Juste au sud de Hat Khao Lak, le **parc national de Khao Lak/Lam Ru**, d'une superficie de 125 km², abrite des calaos, des drongos, des tapirs, des gibbons, des singes et des ours noirs. Le centre des visiteurs, sur la Highway 4, entre les kilomètres 56 et 57, assez pauvre en matière de cartes et de renseignements, s'agrémente d'un très joli restaurant en plein air.

Activités

Le Poseidon Bungalows *(☎/fax 076-443248)* se charge d'organiser des randonnées avec les guides du parc, le long de la côte ou à l'intérieur des terres, ainsi que des excursions en long-tail boats jusqu'au magnifique estuaire de Khlong Thap Liang, où vous aurez l'occasion d'observer des communautés de macaques mangeurs de crabes, au milieu des mangroves.

On peut apercevoir des récifs coralliens au large de Hat Khao Lak et en bordure de la pointe ouest de la baie, près du Poseidon. Le Sea Dragon Dive Service, sur la Highway 4, en face de l'accès principal, est le premier centre de plongée de la région. Il loue et vend du matériel de plongée (bouteilles/tuba), mais organise également une préparation au certificat PADI et des circuits de plongée jusqu'aux îles Similan. Une excursion de 4 jours/4 nuits dans les eaux des îles Similan et Surin revient à 13 800 B pour un plongeur confirmé (11 plongées, nourriture, transport, hébergement et équipement compris), et à 6 900 B pour un débutant. Les circuits jusqu'aux récifs coralliens les plus proches coûtent 1 200 B par jour (équipement et deux bouteilles inclus).

Le Poseidon Bungalows propose des circuits de plongée de 3 jours/2 nuits (tuba uniquement) jusqu'aux îles Similan pour 3 700 B. Les départs ont lieu deux fois par semaine, de novembre à avril, pour des raisons climatiques. Prévoyez 5 heures de traversée, quel que soit le centre choisi. Pour plus de renseignements, voyez la rubrique *Le parc national des îles Similan* plus loin dans ce chapitre.

Entre Khao Lak et Bang Sak, existent de nombreux sentiers sablonneux que vous apprécierez d'explorer à pied, ou avec une moto de location, certains conduisant à des plages désertes.

Où se loger et se restaurer

Hat Khao Lak. Vous trouverez des hébergements à prix raisonnables sur Hat Khao Lak, même si les hôtels haut de gamme se font de plus en plus nombreux. Les deux établissements les plus récents, Khao Lak Laguna Resort et Khao Lak Sunset Resort, figurent parmi les plus luxueux, et deux autres de la même catégorie devraient s'implanter sous peu.

A la pointe nord de Hat Khao Lak, le *Gerd & Noi Khao Lak Bungalow (☎/fax 01-229 1197)* loue des cabanes rudimentaires avec moustiquaires et s.d.b. commune à 150 B et de jolis petits cottages de style thaï avec s.d.b. et ventil. à 600 B. Des chambres climatisées sont également disponibles à partir de 800 B. Les logements sont regroupés dans une cour joliment arrangée.

Juste à côté, le *Garden Beach Resort* (☎ 01-229 1179) dispose de petites cabanes, propres, avec s.d.b. et ventil. à 200 B. Des bungalows plus spacieux sont proposés à 300/400 B, selon qu'ils se situent plus ou moins loin de la plage. L'endroit est calme et le restaurant attenant sert de la bonne cuisine. Il est possible de louer des motos (200 B la journée) et des Jeep Sukuzi (900 B). Dans le même style, vers le centre de Hat Khao, le *Nang Thong Bay Resort* (☎ 01-229 1181), bien aménagé, loue des bungalows avec s.d.b. à 200 B, en retrait de la plage, et d'autres à 300/550 B, plus vastes et plus près de la mer. Motos et Jeep de location sont également disponibles. Plus au sud, le *Nang Thong Bay II Bungalows* (☎ 01-229 2727) loue de séduisants cottages avec s.d.b. et ventil., plus spacieux, à 500 B.

Éclipsé par le Nang Thong Bay II, le minuscule *Tukta Bungalow*, tenu par un Européen fort sympathique, loue 3 chambres exiguës mais propres, avec s.d.b. et ventil. à 250 B, ainsi que des appartements plus grands pour des séjours prolongés. Le Tukta possède également un petit restaurant très agréable au bord de la plage. L'établissement ferme pendant la saison des pluies.

Vers la pointe sud, le *Khao Lak Laguna Resort* (☎ 01-229 2274, fax 076-431297) dispose de 56 cottages de style thaï, dont 24/32 avec ventil./clim. à 1 800/2 200 B. Cet endroit très populaire occupe une large portion de la plage, mais l'entretien laisse à désirer.

A environ 1 km plus au sud en suivant la Highway 4, le *Khao Lak Sunset Resort* (☎ 076-421807), adossé à une falaise, loue 1 200/1 500 B des chambres haut de gamme avec clim., balcon, vue sur la mer.

Au centre de la plage, juste au nord du Nang Thong Bay Resort, sont regroupés plusieurs *restaurants* à toit de palme, sans prétention, qui servent de la cuisine thaïlandaise et de savoureux fruits de mer à prix raisonnables et bénéficient d'une vue magnifique sur la mer et le soleil couchant.

Les environs du parc national. Le parc national de Khao Lak/Lam Ru propose 4 *bungalows* ordinaires à 200 B dans son centre principal, à 2 km au sud de Hat Khao Lak. Le restaurant attenant sert une bonne cuisine, à prix très raisonnables, dans un cadre somptueux.

A l'autre extrémité du promontoire de Khao Lak/Lam Ru, à 5,5 km au sud de Hat Khao Lak, le *Poseidon Bungalows* (☎ 076-443258), niché dans une baie abritée, loue des cabanes sommaires, à toit de palme en simples/doubles avec s.d.b. commune à 150 B, et d'autres, plus vastes, en triples avec s.d.b. à 400/500 B. Discrètement dispersées au milieu des arbres et des rochers, elles offrent calme et intimité. Les propriétaires pourront vous fournir des informations sur la région. Ils organisent des excursions en bateau et des circuits de plongée à la proche barrière de corail, ainsi qu'aux îles Similan. Un agréable restaurant construit sur pilotis, dominant la mer, sert une cuisine thaïlandaise et occidentale.

Au nord de Hat Khao Lak. Plus au nord de la plage, se profilent deux autres établissements, encore plus retirés. Situé à 3 km au nord de l'embranchement vers les bungalows de Hat Khao Lak, le *Chong Fah Beach Resort* (☎ 01-229 1253), qui dispose de chambres à 400/500 B, réparties dans des bungalows à étages, est plutôt disgracieux mais présente l'avantage d'être neuf et propre. Sa plage privative et sans galets, contrairement à Hat Khao Lak, ainsi que son agréable restaurant surplombant la mer, en font l'une des meilleures adresses de la région. Pour y accéder, quittez la Highway 4 entre les km 62 et 63.

Si vous recherchez plutôt le luxe et l'esthétique, seul le *Similana Resort* (☎/fax 01-211 2564, ☎/fax 076-229 2337, ☎ 02-379 4586, fax 731 6844 à Bangkok) vous conviendra. Perché sur un promontoire à 20 km au sud de Takua Pa, il regroupe un ensemble de bungalows en bois de style thaï, couverts de tuiles, magnifiquement conçus et aménagés, et des chambres d'hôtel habilement camouflées au cœur des pandanus et des cocotiers. Une piscine est à la disposition des clients, mais paraît superflue avec une plage aussi propre et tranquille. Tous les bungalows sont équipés de réfrigérateurs et de douches chaudes. En haute saison, de novembre à avril, les chambres coûtent 1 500 B et les bungalows avec ventil./clim. 2 100/2 500 B, petit déjeuner compris. Sachez cependant que la direction offre souvent une remise de 25%, sauf les jours fériés les plus importants. En basse saison, les tarifs baissent environ de moitié.

Le restaurant, qui est la seule possibilité de déjeuner dans un rayon de 10 km, sert une cuisine savoureuse mais très chère. Le Similana Resort dispose d'un service de navette depuis/vers Surat Thani et Phuket, pour 1000 à 1 500 B et loue des Jeep et des motos. Si vous appelez, le personnel ira vous chercher gracieusement à Takua Pa.

Hat Bang Sak. Le modeste *Bang Sak Resort* (☎ *076-421380*) propose 16 chambres et bungalows de style motel, avec ventil. et s.d.b., entre 200 B et 500 B. A la bifurcation "Bang Sak beach", quittez la Highway 4 au niveau du km 77, puis parcourez 2 km vers le nord, sur la route parallèle à la plage. Situé 1,2 km plus au nord, le *Sun Splendor Lodge* (☎ *076-446025, 421350, 01-929 7047*), composé de 19 longs bâtiments d'un étage aux toits verts, dotés de terrasses, a des airs de motel des rives du Mississipi. Sa clientèle est essentiellement thaïlandaise. Une aire de restauration couverte et une petite piscine sont à la disposition des clients. Les chambres avec ventil./clim. sont louées 500/1 000 B. Le village voisin a pour nom **Ban Chai Thaleh**.

Hat Bang Sak compte plusieurs bons restaurants de fruits de mer pratiquant des tarifs raisonnables, dont le *Nit Noi*, le *Rim Nam*, le *Nawng Awn* et le *Khrua Bang Sak*.

Ko Phra Thong. Les gérants du Similana Resort régissent le *Golden Buddha Beach Resort* (☎*/fax 02-863 1301 à Bankok, e-mail sandler@mozart.inet.co.th)*, dressé sur une péninsule de sable entre deux plages désertes, sur la grande île de Ko Phra Thong

(île du bouddha doré). Seul hébergement dans l'île, le Golden Buddha dispose de 20 chambres, réparties dans des cottages d'une chambre à toit de palme, ou des maisons plus spacieuses de deux chambres, construites en bois de feuillus tropicaux. Toutes sont pourvues de s.d.b. en plein air, avec vue sur la mer et la forêt environnante. Les tarifs s'élèvent à 1 200 B, avec un supplément de 150 B en haute saison (du 22 décembre au 5 janvier). Comptez 500 B par personne et par jour en pension complète.

Comment s'y rendre

Tous les bus empruntant la Highway 4, entre Thai Muang et Takua Pa, s'arrêteront à Hat Bang Sak ou à Hat Khao Lak sur demande (pour Hat Khao Lak, repérez le Sea Dragon Dive Service, sur le côté est de la route). Si vous manquez Khao Lak en direction du sud, descendez au carrefour de Thap Lamu, et prenez une moto-taxi (30/40 B). C'est encore la meilleure solution pour se rendre au Poseidon.

Pour Ko Phra Thong, vous pouvez appeler le Golden Buddha Beach Resort à l'avance, afin que l'on vienne vous chercher. La bifurcation vers le quai du Golden Bouddha se situe au niveau du km 722, sur la Highway 4.

PARC NATIONAL MARITIME DES ÎLES SURIN

Classées parc national depuis 1981, les îles Surin (Muu Ko Surin) passent pour être d'excellents lieux de plongée sous-marine ou de surface. Les deux îles principales (il y en a cinq en tout), Ko Surin Neua et Ko Surin Tai (l'île de Surin nord et de Surin sud), sont à 70 km environ au nord-ouest de Khuraburi et à moins de 5 km de la frontière maritime entre la Thaïlande et le Myanmar. Le bureau du parc et le centre d'accueil sont situés sur la côte sud-ouest de l'île nord, à Ao Mae Yai, là où accostent les bateaux. L'entrée coûte 40 B. Le bras de mer qui sépare les deux îles offre certains des meilleurs sites de plongée.

L'île sud abrite un village de nomades de la mer *(chao leh* ou *chao náam)*. Au mois d'avril, les chao náam organisent sur Ko Surin Tai une grande cérémonie en hommage à leurs ancêtres, appelée Loi Reua. L'île peut être interdite d'accès pendant cette période. Renseignez-vous auprès des autorités du parc. Il est possible de louer des long-tail boats à Ao Mae Yai pour se rendre jusqu'à l'île sud (150 à 200 B par personne la journée).

En comparaison avec les îles Similan, plus au sud, les îles Surin conviennent davantage aux randonneurs qu'aux passionnés de plongée. Il existe en effet plusieurs sentiers de randonnée, particulièrement sur l'île nord. Autre avantage pour les non-initiés à la plongée : masques et tubas suffisent pour admirer les splendeurs coralliennes, ils se louent au bureau du parc (150 B la journée).

Les îles sont surtout visitées par des touristes thaïlandais, particulièrement nombreux les jours de fêtes nationales. On rencontre aussi régulièrement de nombreux groupes de touristes en voyages organisés, souvent thaïlandais, de décembre à mars, mais la plupart ne restent qu'une ou deux nuits. L'avantage de la pleine saison, surtout si vous n'êtes pas un amateur de plongée, est de pouvoir profiter des bateaux de touristes pour accéder aux îles (1 000 B aller-retour). En dehors de cette période, le seul moyen de vous rendre aux îles Surin est de louer un bateau (ce qui est coûteux) ou de participer à un circuit de plongée. En revanche, à cette époque, les hôtels risquent d'afficher complet.

Les récifs coralliens les plus impressionnants entourent les îles Surin et offrent sept sites de plongée importants. Les plus spectaculaires se trouvent à la pointe sud-est de Surin Neua, à **HQ Bay**, à **Ko Chi**, petite île au large du littoral nord-est de Surin Neua, et à **Richelieu Rook**, récif situé à quelque 14 km au sud-est de Surin Tai. On a signalé la présence de requins-baleines (les plus gros poissons au monde), à proximité de Richelieu, sur 50% des itinéraires de plongée, en particulier pendant les mois de mars et d'avril. La plongée au tuba est tout indiquée dans la plupart des secteurs en raison de la profondeur des récifs, qui n'excède pas 5 à 6 m.

Les Burma Banks sont une zone de monts sous-marins inexplorés, à 60 km au nord-ouest de Muu Ko Surin. Le seul moyen de les visiter – à moins de posséder son propre bateau – est de participer à une excursion de plongée de 7 à 10 jours. Les trois principaux monts (Roe, Silvertip et Rainbow) offriront aux amateurs de plongée un spectacle inoubliable, avec des étendues de corail psychédéliques, accrochées à de gigantesques plateaux sous-marins, entre lesquels s'ébattent les requins les plus divers (à pointes noires, léopard, nourrice) et une demi-douzaine d'autres espèces.

La plupart des centres de plongée de Phuket proposent des excursions de plongée de plusieurs jours à bord d'un bateau jusqu'à l'archipel des îles Surin. En raison de la distance, cette destination est la plus chère de toute la Thaïlande. Les tarifs débutent de 9 000/10 000 B pour un minimum de 3 jours/2 nuits.

Le parc national maritime de Ko Surin ferme tous les ans de la première quinzaine de mai à la mi-novembre. Les dates exactes varient d'une année à l'autre, probablement selon les prévisions météorologiques.

Où se loger et se restaurer

L'hébergement dans les *longhouses du parc* revient à 100 B par personne. On peut aussi louer un bungalow de 6/8 personnes pour 1 200 B. Au camping, une tente de 2 personnes coûte 100 B la nuitée. Vous êtes autorisé à utiliser la vôtre (ou à dormir à la belle étoile) à raison de 20 B par nuit et par personne.

Le parc propose aussi un forfait comprenant trois savoureux repas composés principalement de fruits de mer et valant 300 B, mais vous pouvez commander un seul repas. L'électricité fonctionne de 18h à 23h. Il est fortement recommandé de réserver à l'avance, en appelant le bureau continental du parc (☎ 076-491378).

Si vous êtes retenu à Khuraburi, le *Rungtawan*, à côté de l'arrêt de bus, loue des chambres correctes à 220 B. Si le café musical attenant est trop bruyant, vous pouvez essayer le *Tararain Resort*, à 2 km au sud de la ville, où l'on vous proposera des bungalows pour trois personnes à 300/500 B.

Au bureau du parc de Ngan Yong se trouve un **restaurant de plein air** qui sert de délicieux plats de fruits de mer thaïlandais tous les jours de 7h à 20h.

Comment s'y rendre

Le bureau continental du parc national de Ko Surin est situé à Ngan Yong, un petit village animé de pêcheurs où appareillent les bateaux à destination des îles. La route de Ngan Yong part de la Highway 4 au km 720, à 6 km au nord de Khurabari et à 109 km au sud de Ranong. Le bureau du parc, ainsi que le quai, sont à 2 km environ sur la droite, en descendant la route. Depuis la Highway 4, la course en moto-taxi revient à 10 B.

Des bus relient Khuraburi à Ranong (durée 1 heure 20, 37 B). Demandez à être déposé à Ngan Yong ou Ko Surin. D'autres bus desservent Phuket (3 heures, 55 B). Des moto-taxi vous emmènent de Khuraburi à Ngan Yong (35 B).

Pour atteindre les îles, le moins cher est d'embarquer sur un bateau de touristes. Appelez le bureau continental du parc (☎ 076-491378) pour savoir si des bateaux sont prévus vers les îles Surin. Le personnel du parc essaiera le cas échéant de vous réserver des places (1 000 B par personne aller-retour). Ces bateaux effectuent la traversée de décembre à avril, mais sont plus fréquents de février à avril.

Vous pouvez louer un bateau pour les îles Surin depuis Ngan Yong auprès du personnel du parc, qui sera votre intermédiaire/interprète (durée 4 à 5 heures, 6 000 B aller-retour, jusqu'à 30 personnes). La traversée n'est sûre que de décembre à début mai, entre les deux moussons. Le parc ferme de la mi-mai à la mi-novembre.

PARC NATIONAL MARITIME DES ÎLES SIMILAN

Les îles Similan (Muu Ko Similan) sont mondialement connues dans le milieu des plongeurs pour la beauté de leurs fonds qui s'étagent entre 2 et 30 m. La meilleure époque pour plonger s'étend de décembre à mai, quand le temps est beau, la mer claire et les traversées beaucoup plus sûres.

L'archipel est parfois dénommé en thaï Ko Kao, ou Neuf îles, chacune étant identifiée par un nombre. Le terme "Similan" dérive en fait du malais *sembilan*, qui signifie neuf. En commençant par le nord, viennent Ko Bon, Ko Ba-Ngu, Ko Similan, Ko Payu, Ko Miang (deux îles proches), Ko Payan, Ko Payang et Ko Hu Yong. Elles sont assez petites et désertes, hormis la présence du personnel du parc et des groupes de touristes occasionnels.

La princesse Chulabhorn, fille du roi de Thaïlande, possède une villa sur Ko Miang, présence royale qui renforce la protection des îles. La marine thaïlandaise gère une réserve de tortues de mer sur Ko Ba-Ngu.

Vous trouverez sur Ko Miang le centre d'accueil et le bureau du parc, ainsi que des hébergements. En vous aventurant à l'intérieur de l'île, vous aurez peut-être la chance d'observer un pigeon nicobar. Les plages de l'île, en particulier le détroit qui sépare Ko Miang et Ko Payu, sont propices à la plongée de surface, ainsi que Ko Similan, qui se prête également à la randonnée. Sur une petite baie de la côte est de l'île, vous apercevrez peut-être des langoustes lovées dans des anfractuosités. Ko Similan présente le plus vaste affleurement de granit de l'archipel.

Trente-deux espèces d'oiseaux ont été répertoriées sur les neuf îles, dont des oiseaux indigènes, tels le milan des Brahmes et plusieurs sortes de poules d'eau. Les espèces migratrices les plus remarquables comprennent la bécassine à queue rétrécie, la bergeronnette des ruisseaux, le héron garde-bœufs et la poule d'eau à crête. Parmi les mammifères indigènes les plus courants figurent le porc-épic, le lémurien et le dauphin. Quant aux reptiles et aux amphibiens, l'archipel abrite des python réticulé, plusieurs espèces de vipères, de tortues et de lézards. L'admission au parc national maritime des îles Similan s'effectue sur l'île de Ko Miang (40 B).

Circuits organisés
Thap Lamu et Hat Khao Lak. Le Sea Dragon, sur Hat Khao Lak, propose des circuits de plongée de 3 jours/2 nuits jusqu'aux

îles Similan (10 800 B) et de 4 jours/4 nuits vers les îles Similan et les îles Surin (13 800 B). Le Poseidon Bungalows, proche du parc national de Khao Lak/Lam Ru, organise une excursion de plongée de surface aux îles Similan (3 700 B). Pour plus de détails, reportez-vous au paragraphe *Activités* de la rubrique *Hat Khao Lak et Hat Bang Sak* dans ce chapitre.

Phuket. Des excursions de plongée de 2 jours sont proposées à des prix raisonnables

depuis Phuket (environ 5 000 B la journée, repas, hébergement, équipement et moniteurs de plongée compris). Les non-plongeurs sont acceptés (pour la moitié du prix) et les plongeurs de surface sont les bienvenus.

Le Siam Diving Center's (☎ 076-330608) organise à bord du *MV Sai Mai* des circuits plus longs, de 3 jours/2 nuits (à partir de 9 000 B), de 7 jours/7 nuits aux îles Similan et aux Burma Banks (jusqu'à 40 000 B), ou de 10 jours/10 nuits avec observation des requins (plus de 50 000 B par personne).

ÎLES SIMILAN

Songserm Travel (☎ 076-222570), à Phuket, organise un circuit d'une journée aux îles Similan, les mardi, jeudi et samedi (1 800 B par personne, déjeuner compris). Le départ est à 8h, mais la traversée aller-retour dure 7 heures.

Où se loger et se restaurer

L'hébergement, y compris le camping, n'est autorisé que sur Ko Miang. Le parc offre des *bungalows* (600 B) et des quadruples en *longhouse* (400 B). Si vous voyagez seul ou à deux, vous aurez peut-être la chance d'obtenir un tarif de 100 B par personne en longhouse. Les tentes reviennent à 150 B la nuitée, ou 20 B si vous en possédez une. Réservez à l'avance au bureau continental du parc de Thap Lamu (☎ 076-411914).

Il n'existe qu'un *restaurant* privé, sur Ko Miang, qui pratique des prix exorbitants (40 B pour un œuf au plat). Vous devez en outre prévenir le personnel du parc à l'avance si vous souhaitez déjeuner. Il est vivement recommandé d'apporter vos propres victuailles. Sachez cependant que les feux de camp sont parfois interdits.

Comment s'y rendre

Les îles Similan sont accessibles à partir du port de Thap Lamu, à 39 km au sud de Takua Pa depuis la Highway 4, ou à 20 km au nord de Thai Muang, et de celui de Phuket.

Elles sont situées à 60 km de Thap Lamu (3 heures en bateau). Vous devez réserver vos billets au guichet de Met Sine Tour (☎ 01-229 0280), près de l'embarcadère. A l'heure où nous rédigeons ces lignes, les départs ont lieu le mercredi, le vendredi ou le dimanche à 9h, le retour depuis Ko Miang ayant lieu le même jour à 15h30 (1 600 B aller-retour). Il est prudent de se renseigner par téléphone, car les horaires et les jours de départ semblent fluctuants (au Met Sine, une personne au moins parle anglais). Les bateaux desservent les îles Similan de novembre à mai, la mer étant trop houleuse le reste de l'année. Réfléchissez à deux fois avant d'embarquer par gros temps, car plusieurs bateaux en partance pour Thap Lamu ont chaviré ou se

sont échoués, bien qu'aucune victime n'ait été à déplorer.

AO PHANG-NGA ET PHANG-NGA
9 300 habitants

Située à 95 km de Phuket, la région de Ao Phang-Nga, très pittoresque, se signale par des falaises en grand nombre, des formations rocheuses bizarres, des îles surgissant de l'eau, des grottes et des curieux villages de pêcheurs. Vous pourrez envisager une agréable excursion à moto depuis Phuket, ou un séjour dans la contrée, si vous disposez de quelque temps.

En route vers Phang-Nga, dans la direction du nord-est, quittez la Highway 4 sur la gauche au km 31, juste 5 km après le petit bourg de Takua Thung, pour vous rendre au **Wat Tham Suwankhuha** (temple de la grotte du Paradis), un sanctuaire troglodytique rempli de bouddhas. La grotte se compose de deux cavernes principales. La plus vaste contient un bouddha couché de 15 m, et ses parois sont recouvertes de *laikhram* et *benjarong*, motifs colorés très communs en céramique. La seconde renferme des drapeaux spirituels et une statue de rishi *(reusii)*. Les sceaux royaux de plusieurs monarques sont apposés sur l'un des murs.

Les autres grottes de la province sont **Tham Reusisawam** (Hermit Heaven ou paradis de l'Ermite, à 3 km au sud de Phang-Nga) et **Tham Phung Chang** (Elephant Belly Cave, grotte du ventre de l'Éléphant).

Les plus belles plages de Phang-Nga sont situées sur la côte ouest, en face de la mer d'Andaman. Entre Thai Muang au sud et Takua Pa au nord, s'étendent les plages de Hat Thai Muang et Hat Bang Sak.

Peu de choses à voir à Phang-Nga, petite ville coincée entre deux falaises de calcaire verdoyantes, excepté la fête végétarienne d'octobre (voir l'encadré "Fête végétarienne" dans la rubrique *Phuket* à propos de ce curieux événement).

Le parc de Suan Somdet Phra Sinakharin et le parc forestier de Sa Nang Manora sont appréciés pour la randonnée et les déjeuners sur l'herbe.

Orientation et renseignements

Cartes. La TAT diffuse une carte de la province de Phang-Nga comprenant un plan de la ville et des brochures répertoriant les sites touristiques, les hébergements et les restaurants. L'office régional de Phuket vous communiquera les informations les plus complètes, mais vous obtiendrez peut-être une documentation à Bangkok.

Argent. Plusieurs banques sont ouvertes aux heures habituelles dans le centre-ville, le long de la Highway 4.

Poste et communications. La poste et le centre téléphonique sont situés à 2 km environ au sud-ouest du terminal des bus. Les cabines de téléphone climatisées en face du centre téléphonique acceptent les pièces et les cartes thaïlandaises.

Librairies. The Books, 265/1 Th Phetkasem, offre une petite sélection d'ouvrages et de magazines en anglais.

Circuits organisés

Excursions en bateau. Entre Takua Thung et Phang-Nga se trouve la route menant au **Tha Dan** (quai des douanes).

C'est sur un quai voisin que sont loués les bateaux (avec pilote) effectuant le tour du parc national de Ao Phang-Nga, avec la visite d'un village sur pilotis habité par des pêcheurs musulmans, de grottes semi-immergées, et d'îles aux formes étranges.

Il est possible de louer un long-tail boat (650/750/1 500 B pour 8/10/20 places) ou un bateau de croisière (3 000/3 500 B pour 40/70 places). Généralement, les bateaux font le tour de Ko Panyi, Ko Phing Kan, Tham Lawt, Khao Maju, Ko Khao Tapu et Khao Khian.

Vous pouvez aussi vous joindre à un circuit organisé par l'une des deux agences situées près du terminal des bus de Phang-Nga. Sayan Tours (☎ 076-430348) propose depuis des années une excursion à Ao Phang-Nga très appréciée des visiteurs, bien qu'elle ait aujourd'hui perdu le caractère informel qui prévalait au début.

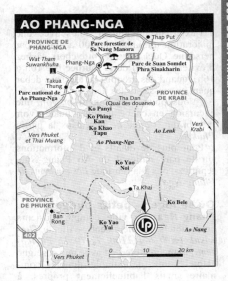

Ce circuit (400 B par personne, 2 jours) comprend une visite en bateau de **Tham Lawt** (grotte du Tunnel, vaste antre immergé), **Ko Phing Kan** (île Penchée, ou "île de James Bond"), **Ko Khao Tapu** (île de la Montagne, en forme de clou), **Khao Maju** (montagne du Caniche), **Tham Naak** (grotte du Dragon), **Khao Khian** (montagne aux Dessins, ornée de peintures murales) et **Ko Panyi**, ainsi que d'une ancienne fabrique de charbon de bois de mangrove, avec dîner, petit déjeuner et hébergement très rudimentaire au village de pêcheurs musulmans de Ko Panyi.

Sayan organise également des excursions le matin (saison des pluies) ou l'après-midi (saison sèche) pour 200 B, ainsi que des circuits d'une journée pour 450 B. Le déjeuner de fruits de mer est compris et le retour a lieu dans l'après-midi. L'excursion de 2 jours est cependant préférable à ces formules un peu rapides. Elle organise aussi des excursions à l'intérieur des terres, notamment au parc forestier de Sa Manora et aux grottes situées aux environs de la ville. Installée au terminal des bus, Kean Tours, (☎ 076-411247), pratique les mêmes tarifs pour des circuits similaires.

Les mêmes circuits vous seront proposés à l'extérieur de Phuket, mais avec une majoration minimale de 200 à 400 B par personne. Quel que soit votre choix, tâchez d'éviter le milieu de la journée (de 10h à 16h), quand des groupes de touristes débarquent en masse sur les îles.

Vous pouvez également prévoir une excursion en canoë depuis Phuket (voir la rubrique *Canoë de mer* dans la partie *Phuket*).

Pour plus de détails et d'informations sur le parc national de Ao Phang-Nga, reportez-vous à la rubrique *Les environs de Phang-Nga*.

Où se loger – petits budgets

Phang-Nga. La ville compte plusieurs petits hôtels. En plein centre-ville, le *Thawisuk* (☎ *076-412100, 77-79 Th Phetkasem)*, immeuble bleu vif avec une enseigne "Hotel", loue des simples/doubles sommaires mais habituellement propres, à l'étage, avec ventil. et s.d.b., à 150/200 B. Serviette et savon sur demande. Sur le toit de l'hôtel, vous dégusterez une bière en admirant le coucher du soleil sur la ville et les falaises environnantes.

Le *Lak Meuang* (☎ *076-412486, fax 411512, Th Phetkasem)*, à la sortie de la ville en direction de Krabi, propose des chambres à 200 B avec ventil. et s.d.b., ou 480 B avec clim. Il gère un restaurant très correct. Plus au sud-ouest, du même côté, le *Ratanapong Hotel* loue la simple correcte à 150 B, la double/triple/quadruple à 230/280/350 B, et la simple/double climatisée à 300/430 B.

Plus bas, en direction de Phuket, le *Muang Thong* (☎ *076-412132, 128 Th Phetkasem)* dispose de simples/doubles propres, calmes, avec ventil., à 120/180 B, et de chambres climatisées à 250/320 B.

Où se loger – catégorie moyenne

En dehors de la ville, en direction de Phuket, le *New Lak Meuang II* (☎ *076-411500, fax 411501, 540 Th Phetkasem)* loue des chambres climatisées à 480/780 B. Il est situé sur l'itinéraire du centre-ville.

L'*Hotel Summit* (*Sunimitr*, ☎ *076-411422, ☎/fax 411130, 21/1 Th Sirirat)*, proche de la rue principale du centre-ville, est un immeuble de 4 étages pourvu de 20 chambres avec clim. (350 B), ou avec clim., petit réfrigérateur et TV (400 B), et de suites plus spacieuses, dotées du même confort (600 B). Toasts, café et chocolat sont servis entre 7h et 10h.

Le *Phang-Nga Valley Resort* (☎ *076-412201, 411353, fax 411393, 5/5 Th Phetkasem)*, à la périphérie sud de la ville, avant la route de Krabi, loue 31 chambres à 300/2 500 B dans de vastes bungalows couverts de tuiles.

Tha Dan. Situé sur la Route 4144 en direction de **Than Dan** (quai des douanes), le *Phang-Nga Bay Resort Hotel* (☎ *076-412067/70, fax 412057)*, hôtel défraîchi comportant 88 chambres avec TV, téléphone et réfrigérateur à 850/1 500 B (saison creuse/pleine), est doté d'une piscine et d'un restaurant correct. La clientèle est rare.

Où se restaurer

Le *Duang Restaurant*, à côté de la Bangkok Bank, dans la rue principale, dispose d'un menu bilingue et offre un vaste choix de plats thaïlandais et chinois, notamment des spécialités du Sud. Le rapport qualité/prix n'est pas très intéressant.

Le *Suan Aahaan Islam* (enseigne en thaï), sur la gauche, juste au nord-est de Soi Langkai, sert une cuisine thaïlandaise musulmane simple, notamment du *roti kaeng* (galettes et curry), le matin. De l'autre côté du Soi Langkai, le café *Chai Thai* (enseigne en thaï), ouvert très tôt, prépare des *paa-thông-kô* (beignets chinois).

Au sud-ouest du marché, non loin du terminal des bus, le *Bismilla* propose de la cuisine thaïlandaise musulmane soignée.

Plusieurs *stands*, dans la rue principale, servent de délicieux *khanŏm jiin* (nouilles de blé très fines) avec un curry de poulet, du *náam yaa* (curry de poisson haché épicé), ou du *náam phrík* (sauce aux cacahuètes sucrée et piquante), à très bons prix. De 13h à 20h, du mardi au dimanche, devant le marché (en face de la Bangkok Bank), un marchand propose du khanŏm jiin, avec pas moins de 12 légumes d'accompagnement gratuits. Le stand juste à côté prépare du *khâo mòk kài* (biryani de poulet) de 6h à midi.

Vous trouverez du roti kaeng au **marché du matin**, de 5h à 10h, ainsi que divers restaurants chinois de *khâo man kài* (poulet au riz) disséminés dans la ville.

Le *Lak Muang Hotel* dispose d'un restaurant en plein air, tout à fait correct, pratiquant des prix raisonnables.

Comment s'y rendre

Les bus pour Phang-Nga partent du terminal de Phuket, dans Th Phang-Nga, près du croisement avec Th Thepkasatri, à 10h10, 12h, 13h40, 15h30 et 16h30 (durée 2 heures 30, 37 B en bus non climatisé). Vous pourrez louer une moto à Phuket.

Depuis/vers Krabi, les départs ont lieu toutes les demi-heures (1 heure 30, 36 B), des bus climatisés étant prévus toutes les heures (52 B). Des bus ordinaires relient Surat Thani (3 heures 30, 55 B). Des bus climatisés desservent des destinations en Thaïlande du Sud, parmi lesquelles Ranong (120 B, 2 ou 3 départs), Hat Yai (196 B, 6 départs), Trang (121 B, 11 départs) et Satun (198 B, 2 départs).

Bangkok est desservie par des bus ordinaires (14 heures, 192 B), des bus climatisés (13 heures, 350 B), et des bus VIP (13 heures, 403 B).

Comment circuler

La plus grande partie de la ville est accessible à pied. Sayan Tour, au terminal des bus, vous propose des motos à louer. Des songthaews relient Phang-Nga et Tha Dan, le quai des douanes (15 B).

ENVIRONS DE PHANG-NGA
Le parc de Suan Somdet Phra Sinakharin

On peut accéder au parc par deux entrées. La plus spectaculaire consiste en une immense ouverture dans une falaise de calcaire, près du Phang-Nga Bay Resort. Une route ayant été construite à travers cette falaise, vous

pouvez accéder directement au parc en voiture. L'entrée principale est située tout au sud de la ville, face au bureau provincial des transports. Le parc est entouré de falaises, abritant un magnifique réseau de grottes et de tunnels où se sont parfois formés des bassins naturels. Les cavernes remplies d'eau sont reliées par des chemins boisés que les visiteurs peuvent emprunter pour admirer les lacs et ces impressionnantes formations karstiques. A l'entrée d'une des plus grandes grottes, **Tham Reusi**, se dresse une statue dorée représentant un *reu-sŭ* (sage hindou), ornée de peaux de tigre et dotée d'un bâton. L'accès est gratuit.

Le parc forestier de Sa Nang Manora

Établi au nord de la ville, *via* la Highway 4 (prenez la sortie à 3,4 km de la station Shell et du Lak Muang II Hotel, puis descendez une route qui serpente entre des plantations d'hévéas sur 4,5 km), ce parc récemment créé, présente des zones de forêt tropicale dense et un ensemble de cascades émeraude. Le paysage, impressionnant, se compose d'une multitude de pieds de rotin, de racines et de rochers incrustés de mousse, et d'une cascade à étages aux bassins naturels propices à la baignade. Il n'est sans doute pas sans rappeler celui du parc national de Than Bokkharani, à Krabi, mais accueille beaucoup moins de visiteurs, ce qui explique qu'il soit plus propre. D'anciens sentiers mènent aux différents niveaux de la cascade, et se prolongent au-delà. Vous pourriez marcher une journée entière dans le parc sans jamais emprunter le même chemin. Pensez à emporter de l'eau potable avec vous. Même si l'ombre des arbres et la tiédeur des chutes adoucissent la température, il règne une moiteur étouffante.

Des chaises et des tables sont disposées çà et là et un petit restaurant s'est installé près du parking. L'entrée est gratuite.

Le parc national de Ao Phang-Nga

Créé en 1981, le parc national de Ao Phang-Nga, qui couvre 400 km², est remarquable pour son paysage karstique classique, dû à des mouvements de faille sur le continent, qui ont déplacé d'immenses blocs de calcaire, donnant naissance à un relief géométrique. En se prolongeant vers le sud de Ao Phang-Nga, ces blocs forment plus de 40 îles aux hautes falaises abruptes. A marée haute a baie se compose de détroits, de largeur très variable, reliés à l'origine au réseau fluvial continental. Ces principaux détroits – Khlong Ko Phanyi, Khlong Phang-Nga, Khlong Bang Toi et Khlong Bo Saen – traversent de vastes étendues de mangroves et sont orientés du nord au sud. Les pêcheurs et les habitants des îles les utilisent comme voies navigables. Le parc abrite la plus grande zone intacte de forêt primaire à mangrove de Thaïlande. Plus de 80% de la surface du parc est recouverte par la mer d'Andaman.

Le site le plus touristique est l'île de **Ko Phin Kan** (l'île Penchée), surnommée "île de James Bond" depuis le tournage du film *"The Man with the Golden Gun"*. Ce lieu est aujourd'hui envahi par des vendeurs qui harcèlent les touristes pour leur vendre divers menus objets.

L'île doit son nom thaïlandais à une falaise plate donnant l'impression d'avoir perdu l'équilibre, inclinée vers un autre bloc similaire dressé au centre de l'île. Sur un côté de l'île, dans une baie peu profonde, se dresse une aiguille de calcaire.

Ko Phin Kan comporte également deux grottes qu'il est possible de visiter, ainsi que deux plages de sable, souvent couvertes de détritus jetés par les bateaux de touristes. Le seul aspect positif du récent développement de l'île a été la construction d'une jetée en béton, évitant aux bateaux de touristes de s'amarrer directement aux plages – ce qu'ils font malgré tout, lorsque la marée est haute et que les emplacements sont tous occupés.

Faune et flore. Deux types de forêts prédominent, dans le parc : la forêt caractéristique du relief karstique et la forêt sempervirente. L'environnement calcaire marin convient particulièrement bien à de nombreuses espèces de reptiles. Ouvrez

l'œil pour avoir une chance d'apercevoir le *Varanus salvator* (appelé *hîa* par les Thaïlandais, qui craignent ou détestent généralement les lézards), un varan monitor pouvant atteindre 2,2 m de longueur, à peine plus petit que le dragon de Komodo, et que l'on peut facilement prendre pour un crocodile lorsqu'il nage dans les marécages des mangroves. De même que son cousin d'Indonésie, il est carnivore et se nourrit essentiellement de charognes, même s'il attrape parfois des animaux vivants.

Le parc comprend également une impressionnante variété d'amphibiens et d'oiseaux (dont le plus grand calao de Thaïlande), ainsi que plus de 200 espèces de mammifères.

Art rupestre. Sur la plupart des îles à relief karstique de Ao Phang-Nga, les plafonds et les murs des cavernes, les flancs des falaises, les abris et les massifs rocheux, offrent des peintures ou des sculptures rupestres préhistoriques. L'art rupestre est particulièrement présent sur Khao Khian, Ko Panyi, Ko Raya, Tham Nak et Ko Phra At Thao. Les scènes figurent des personnages humains, des poissons, des crabes, des crevettes, des chauves-souris, des oiseaux et des éléphants, de même que des bateaux et des équipements de pêche. De toute évidence, cet art constituait une contribution aux efforts de la communauté, dont la survie dépendait essentiellement de la générosité de la mer. Certains dessins comportent également des séries de lignes. On pense qu'il s'agit d'une écriture aux significations ésotériques. Ces peintures murales peuvent être interprétées de différentes façons selon le sens de la lecture (de bas en haut, de gauche à droite et vice-versa). Si la plupart d'entre elles sont monochromes, certaines ont été reproduites plusieurs fois en jaune orange, bleu, gris et noir.

Où se loger et de restaurer. Le *National park bungalows* (☎ *076-412188*), à côté du parking du centre d'accueil, loue des bungalows à 400/750 B, occupés essentiellement par le personnel du parc en visite. Le camping est autorisé dans certaines zones du parc, à condition de demander la permission au centre d'accueil.

Devant le centre d'accueil se tient un petit restaurant tout à fait convenable.

Comment s'y rendre. Pour vous rendre au bureau du parc et au quai où appareillent les bateaux pour Ao Phang-Nga, prenez un songthaew de Phang-Nga à Tha Dan. Puis vous devrez suivre la Highway 4 sur 8 km, au sud-est de la ville, par vos propres moyens, avant de tourner à gauche, au niveau de la Route 4144. Le bureau du parc est à 2 km.

On peut louer des bateaux pour explorer la baie sur le *thâa reua naam thîaw* (quai des touristes), face au centre d'accueil.

Ko Panyi et les villages musulmans sur pilotis

Cette petite île au confins de Ao Phang-Nga est connue pour son village de pêcheurs musulmans, presque entièrement construit sur pilotis et adossé à une gigantesque falaise. Pendant la journée, lorsque les hordes de touristes débarquent pour déjeuner dans les restaurants de fruits de mer aux prix exorbitants ou pour acheter quelque souvenir de pacotille, il se transforme en un vaste lieu commercial. Mais une fois les touristes partis, ce petit village retrouve son intégrité.

On raconte que les 200 familles qui y résident, soit environ 2 000 habitants, descendent de deux familles de marins musulmans de Java, qui s'établirent sur l'île deux siècles auparavant. La principale activité de Ko Panyi demeure la pêche, puisque la majorité des touristes ne visitent l'île que pendant la saison sèche. Outre une grande mosquée verte, une clinique et une école, le village abrite un marché constitué de petites échoppes proposant des vêtements, des produits de toilette, des médicaments ainsi que tous les produits alimentaires généralement vendus sur les marchés thaïlandais – à l'exception de la bière, des liqueurs ou de toutes autres boissons alcoolisées. En outre, l'île est interdite aux chiens et aux cochons. Les habitations, mêlées aux boutiques, sont d'aspect très variable, de la petite cabane délabrée à la maison décorée de mosaïques et aux fenêtres ornées de rideaux.

Vous trouverez un téléphone payant sur l'embarcadère au nord de l'île.

Si vous souhaitez visiter des lieux semblables mais moins connus des touristes, prenez un bateau à destination d'un de ces villages nichés au cœur des immenses forêts de mangroves, tout au nord de la baie, tels **Ban Ling** (village des Singes), **Ban Mai Phai** (village des Bambous) ou **Ban Sam Chong** (île des Trois détroits).

Où se loger et se restaurer. Près du quai nord du village, vous pourrez loger dans un bâtiment délabré composé de chambres très rudimentaires, aux minces cloisons, avec toilettes communes et douche thaïlandaise. Comptez 100 B pour une double. Seul atout de ces pièces : elles profitent de la brise maritime grâce à leurs fenêtres. Certains circuits organisés y réservent des chambres. Si tout est complet, vous devriez pouvoir loger chez l'habitant pour un prix comparable. Renseignez-vous auprès des restaurants.

En dehors des ruineux établissements de fruits de mer, devant le village, tournés vers le large, qui n'ouvrent généralement que le midi, des petits cafés et restaurants, où se retrouvent les habitants de l'île, sont disséminés à l'intérieur du village. Du *khâo yam* (salade de riz, spécialité du Sud) et du *roti* sont servis le matin. Les villageois élèvent des mérous dans des cages flottantes, près de l'île, pour les vendre aux restaurants de l'île ou du continent. Parmi les spécialités locales, le *khanŏm bâo lâng* (composé de riz gluant noir, de crevettes, de noix de coco, de poivre noir et de piments cuits à la vapeur dans une feuille de bananier) constitue un succulent petit déjeuner.

Comment s'y rendre. La plupart des visiteurs empruntent des bateaux de touristes, pour des séjours d'un ou deux jours. Un ferry effectue également la traversée depuis Tha Dan pour seulement 20 B par personne, avec des départs réguliers depuis l'aube jusqu'à la tombée de la nuit. Il accoste au quai nord de l'île, d'où il repart également (le quai sud est essentiellement réservée aux bateaux de touristes). Vous pouvez aussi louer un long-tail boat depuis le quai de Than Dan, face au bureau central du parc national de Phang-Nga, qui vous conduira directement à l'île pour 300 B. Le trafic de bateaux peut être interrompu lorsque les moussons sont trop fortes.

Ko Yao

Ko Yao Yai et Ko Yao Noi se trouvent au sud de la capitale de la province, au milieu de la baie, à égale distance des provinces de Phuket et de Krabi. Les deux îles couvrent 137 km² de forêts, de plages et de promontoires rocheux et offrent des vues sur les formations karstiques environnantes, caractéristiques de Ao Phang-Nga. Ko Yao Noi est la plus peuplée, même si la pêche, les cocoteraies et un tourisme très limité permettent tout juste à la population de subsister. **Hat Paa Sai** et **Hat Tha Khao** sont les plus belles plages de l'île. Apportez un vélo tout terrain pour explorer ses nombreux chemins de terre.

A **Ta Khai**, vous pourrez vous fournir en ravitaillement, faire des excursions en bateau vers les îles environnantes, visiter les grottes où nichent les oiseaux et vous rendre sur les sites funéraires des nomades de la mer. **Ko Bele**, petite île située à l'est des Ko Yai, offre un vaste lagon, trois plages de sable blanc, ainsi que des grottes et des récifs coralliens facilement accessibles. Vous pourrez louer un long-tail boat au départ de Ko Yao Noi ou de Ao Nang, à Krabi, pour 500/1 000 B par jour, selon la taille de l'embarcation.

Où se loger. Sur Ko Yao Noi, la seule île à offrir un hébergement régulier aux visiteurs, le **Sabai Corner**, complexe balnéaire associé au Sea Canoe Thailand (☎ 076 212252, fax 212172, e-mail info @seacanoe.com), respecte l'environnement. Il organise des excursions en canoë, avec ou sans guide, de novembre à août. Les bungalows en bois à toit de palme reviennent à 300/700 B la nuitée.

Le second établissement proposant un hébergement sur Yao Noi est le **Long Beach Village** (☎ 01-211 8647, ☎/fax 076-381623 à Phuket) aux grands bungalows en bois à toit de palme à 500/1 500 B.

Comment s'y rendre. Si les deux îles appartiennent géographiquement à la province de Phang-Nga, les endroits les plus faciles pour trouver un transport en bateau pour Ko Yao Noi sont Phuket (province de Phuket), Ao Leuk et Ao Nang (villes de la province de Krabi).

A Phuket, vous pourrez prendre un song-thaew en face du marché de Th Ranong pour Bang Rong, à Ao Paw (25 B). Depuis l'embarcadère public, à Ao Paw, deux courriers maritimes se rendent tous les jours à Ko Yao Noi, l'un entre 8h et 9h, l'autre vers 12h (durée environ 1 heure, 45 B par personne). Entre les départs, ou en dehors des horaires officiels, vous pouvez louer un long-tail boat vers l'île (600 B l'aller). En sens inverse, de Phuket à Yao Noi, un bateau est prévu entre 6h et 7h.

On peut aussi emprunter les bateaux en provenance de Ko Yao Noi, au nord-est, en face de Ao Phang-Nga, pour se rendre à Tha Laem Sak, à Ao Leuk (Krabi). Les ferries réguliers coûtent environ 40 B et les locations 600 B. Depuis Ao Nang (Krabi), on peut louer un bateau en partageant les frais avec cinq ou six personnes (environ 600/1 000 B l'aller).

Si vous souhaitez explorer Kao Yao Yai, au sud de Yao Noi, prenez une navette à l'embarcadère de Tha Manaw, à Ko Yao Noi (20 B l'aller), ou louez un long-tail boat ou un kayak au Sabai Corner.

Province de Phuket

Surnommée la "Perle du Sud" par les promoteurs de l'industrie touristique, Phuket (prononcez "Pou-guette") est la plus grande île de Thaïlande (810 km² de superficie), et une province en elle-même. C'est la province la plus riche de la Thaïlande et, même si le tourisme est sa première ressource (avec l'étain, le caoutchouc et la noix de cajou), l'île est encore assez vaste pour accueillir les amoureux d'évasion ou d'exotisme, tous budgets confondus, ou presque.

Autrefois appelée Junk Ceylon (déformation anglaise du malais "Tanjung Salang" ou cap Salang) puis Ko Thalang, Phuket possède une culture qui lui est propre, imprégnée d'influences chinoises et portugaises, alliées à celles des Chao Náam, un peuple de nomades de la mer, et des Thaïlandais du Sud. Les musulmans représentent environ 35% de la population. L'île abrite 38 mosquées et 37 temples bouddhistes.

Baignée par la mer d'Andaman, l'île de Phuket offre un relief étonnamment varié, composé de plages rocheuses, de longues et larges étendues de sable, de falaises et de collines boisées, et une végétation tropicale très riche. Les produits de la pêche sont largement appréciés, et plusieurs îles au large de la côte sont réputées pour la qualité de la plongée de surface et de profondeur.

L'afflux touristique est plus important à Phuket que sur n'importe quelle autre île, mais les vacanciers se concentrent sur les plages de Patong, Karon et Kata. Les plages de Nai Han et Kamala sont relativement calmes, malgré un développement important, tandis que celles de Nai Yang, Nai Thon et Mai Khao, au nord, restent encore ignorées des visiteurs. Les rivages de Ko Samui contrastent par leur essor touristique majeur.

L'expansion de Phuket fut influencée par la présence du pont reliant l'île au continent. L'implantation du Club Méditerranée à Hat Kata, qui marqua un tournant décisif, fut suivie de celle du luxueux Phuket Yacht Club à Nai Han, puis de l'hôtel Méridien à Karon Noi ("Relax Bay"). Ce phénomène sonna le glas des bungalows bon marché, qui furent presque tous remplacés par des complexes hôteliers en tout genre.

L'époque des constructions à tout va et de l'argent vite gagné aux dépens de l'environnement est révolue, et aujourd'hui la plupart des stations balnéaires pratiquent une politique à plus long terme.

Cependant, le développement pléthorique des infrastructures commerciales défigure les principales routes du sud de l'île. Fermes de serpents, clubs de saut à l'élastique, panneaux d'affichage criards, projets d'immeubles à demi construits, agences de voyages ou boutiques de souvenirs se succèdent tous les 500 m.

Les principales attractions de Phuket demeurent les plages et l'intérieur des terres, au nord, encore peu touchés par cette fièvre de modernisation. Les autorités de la province et les acteurs du secteur commercial devront encore conjuguer leurs efforts, afin de préserver ces sites.

La géographie de Phuket est plus variée que celle d'aucune autre île. L'une des raisons en est la taille, qui a permis le développement de microclimats en différents points. Explorez ses rizières, ses plantations d'hévéas, de noix de cajou, de cacao, d'ananas et de noix de coco.

Plongée

Phuket est incontestablement le premier centre de plongée de la Thaïlande et l'une des dix destinations les plus prisées dans le monde par les amateurs de fonds sous-marins. L'île est environnée de sites renommés, parmi lesquels plusieurs petites îles au sud et à l'est, Ko Hae, Ko Raya (Noi et Nai), Ko Yao (Noi et Nai), Hin Daeng et Hin Muang (ou Rocher pourpre, habitat d'inoffensifs requins léopard, surnommé "Repère des requins"), à la pointe sud de l'île. Des excursions plus lointaines, vers les îles Ao Phang-Nga, à l'est, et les célèbres îles Surin et Similan, au nord-ouest, sont organisées essentiellement au départ de Phuket. Quatre centres de plongée, au moins, proposent à présent des circuits de plusieurs jours jusqu'aux îles de l'archipel de Mergui, au large de la côte sud du Myanmar.

Le centre de plongée le plus actif, à Hat Patong, suppléé par de multiples antennes en ville et sur les autres plages, propose des circuits d'une journée jusqu'aux sites les plus proches (1 500/1 750 B pour 2 plongées, réservoirs, bouteilles, lest, transport, moniteur, petit déjeuner et déjeuner compris). Les débutants et les plongeurs au tuba sont souvent autorisés à se joindre aux excursions (30 à 50% de remise). La prépa-

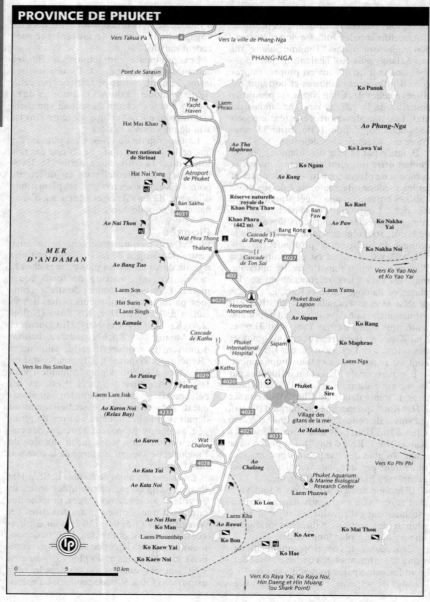

PROVINCE DE PHUKET

Vers Takua Pa

Vers la ville de Phang-Nga

PHANG-NGA

Pont de Sarasin

The Yacht Haven

Laem Phrao

Ko Panuk

Hat Mai Khao

Ao Phang-Nga

Ao Tha Maphrao

Parc national de Sirinat

Ko Lawa Yai

Hat Nai Yang

Aéroport de Phuket

Ao Kung

Ko Ngam

Ban Sakhu

Réserve naturelle royale de Khao Phra Thaw

Ko Raet

Ban Paw

Ko Nakha Yai

Ao Nai Thon

Khao Phara (442 m) ▲

Bang Rong

Ao Paw

Wat Phra Thong

Cascade de Bang Pae

Ko Nakha Noi

Thalang

Cascade de Ton Sai

4027

Vers Ko Yao Noi et Ko Yao Yai

MER D'ANDAMAN

402

Ao Bang Tao

Laem Yamu

Laem Son

4025

Phuket Boat Lagoon

Hat Surin

Heroines Monument

Laem Singh

Ao Sapam

Ao Kamala

Cascade de Kathu

Phuket International Hospital

Sapam

Ko Rang

Ko Maphrao

Laem Nga

Ao Patong

4029

Kathu

4020

Patong

Phuket

Ko Sire

Laem Lam Jiak

Ao Karon Noi (Relax Bay)

4233

4022

Village des gitans de la mer

Ao Karon

Wat Chalong

4021

4023

Ao Makham

Vers les îles Similan

Ao Kata Yai

4028

Ao Chalong

Vers Ko Phi Phi

Ao Kata Noi

Phuket Aquarium & Marine Biological Research Center

Laem Phanwa

Ao Nai Han

Laem Kha

Ko Lon

Ko Man

Ao Rawai

Ko Mai Thon

Laem Phromthep

Ko Aew

Ko Kaew Yai

Ko Bon

Ko Hae

Ko Kaew Noi

Vers Ko Raya Yai, Ko Raya Noi, Hin Daeng et Hin Muang (ou Shark Point)

0   5   10 km

ration au PADI est intégrée à un circuit de plongée en eau profonde de 4 jours (8 500 B, cours et équipement compris).

Quelques centres parmi les plus importants proposent des sorties de 7 jours avec hébergement sur le bateau vers les îles Ko Phi Phi, Ko Similan, Ko Surin, ou les Burma Banks (3 000/5 000 B par personne et par jour).

La plupart des 46 boutiques de plongée recensées à Phuket vous proposeront de louer les équipements nécessaires : régulateur (250 B par jour), STAB (250 B), masque, palmes et tuba (200 B), combinaison (150 B).

Les magasins suivants nous ont été plus particulièrement recommandés :

Andaman Divers
 (☎/fax 076-341126)
 Hat Patong
Aqua Divers
 (☎ 076-327006, fax 327338)
 Pearl Village Resort
Calypso Divers
 (☎/fax 076-330869)
 Hat Kata-Karon
Dive Inn
 (☎ 076-341927, fax 342453,
 e-mail dive@phuket.com)
 Hat Patong
Fantasea Divers
 (☎ 076-340088, fax 340309,
 e-mail info@fantasea.net)
 Hat Patong
Kata Beach Dive Shop
 (☎ 076-341197/8, fax 330379)
 Hat Kata et Hat Patong
Marina Divers
 (☎ 076-330272/516)
 Hat Karon
Neptune Diving
 (☎/fax 076-340585,
 e-mail neptun@loxinfo.co.th)
 Hat Patong
PIDC Divers
 (☎ 076-280644, fax 381219,
 e-mail info@pidcdivers.com)
 Ao Chalong
Pioneer Diving Asia
 (☎ 076-342508, 01-978 5131,
 e-mail info@pdaphuket.com)
 Hat Patong

Santana
 (☎ 076-294220, fax 340360,
 e-mail diving@santanaphuket.com)
 Hat Patong
Scuba Cat Diving
 (☎ 076-293121, fax 293122,
 e-mail info@scubacat.com)
 Hat Patong
Sea Bees Diving
 (☎/fax 076-381765,
 e-mail seabees@loxinfo.co.th)
 Ao Chalong
Sea Hawk Divers
 (☎/fax 076-341179, fax 344151)
 Hat Patong
Siam Diving Center
 (☎/fax 330608)
 Hat Karon
South East Asia Divers
 (☎ 076-340406, fax 340608)
 Hat Patong
South East Asia Live Aboard
 (☎ 076-340406, fax 340586)
 Hat Patong

Il est plus prudent de vérifier que la boutique de plongée de votre choix a souscrit au Sub-aquatic Safety Service SSS (☎ 076-342518, 01-6061869, fax 342519), qui possède un caisson hyperbare (de décompression) à Patong. Cela vous garantit qu'en cas d'urgence, les clients peuvent utiliser le caisson gratuitement, la boutique étant assurée. Faute de quoi, en cas de recours aux services de Dive Safe Asia, vous devrez régler vous-même la facture (environ 3 000 $US).

La côte ouest de Phuket, et plus particulièrement les promontoires rocheux entre les plages, est idéale pour la plongée de surface. La location d'un masque, d'un tuba et de palmes coûte environ 250 B la journée. Si vous préférez la plongée sous-marine, les alentours des petites îles plus au large, telles que Ko Hae, Ko Yao et Ko Raya, offrent une meilleure visibilité et une plus grande variété de faune marine.

Comme dans toute la mer d'Andaman, il est préférable de pratiquer la plongée de décembre à mai, période pendant laquelle vous bénéficierez du beau temps et de la clarté de l'eau (les traversées en bateau sont également plus sûres).

Matériel de plongée. Le Sea Sports (☎ 076-381065), 1/11-12 Th Chao Fa, propose toutes sortes de matériel et d'équipement de sport nautique, ainsi que des canoës et des kayaks. Le Dive Supply (☎ 076-286998, e-mail dsupply@loxinfo.co.th), 33/92 Th Patak, sur Hat Karon, prétend offrir le plus grand choix de matériel et d'équipement de plongée à Phuket. Le Hotwave (☎ 076-280787, fax 280788, e-mail info@hotwavephuket.com) est spécialisé dans la confection sur mesure en 24 heures de combinaisons de plongée en néoprène.

Navigation de plaisance

Phuket est l'un des principaux ports de plaisance de l'Asie du Sud-Est. Vous y trouverez toutes sortes d'embarcations, des sloops en bois des années 80, aux croiseurs motorisés les plus modernes.

Des infrastructures portuaires de type marina, avec amarrage à l'année, sont proposées à deux endroits, sur la côte est protégée de l'île : Phuket Boat Lagoon (☎ 076-239055, fax 239056), à Ao Sapam, à environ 20 km au nord de Phuket, à l'extrémité est, et The Yatch Haven Phuket Marina (☎ 076-206022/5, fax 206026), à Laem Phrao, à la pointe nord-est.

Phuket Boat Lagoon est doté d'une marina abritée avec darses, postes de mouillage flottants, monte-charge de 60 à 120 tonnes, aire en dur, hébergement, blanchisserie, café, station-service, eau, services de réparation et d'entretien. Le The Yatch Haven s'enorgueillit d'infrastructures comprenant 130 points d'amarrage, des condominiums, un service d'immigration, des restaurants et un centre thermal. En haute saison, de décembre à avril, Ao Nai Han et Ao Chalong sont des lieux d'ancrage très populaires, mais aux installations plus réduites. Ao Chalong loue les points d'amarrage à la semaine (164/272 B le mètre) ou au mois (590/1 000 B).

Les démarches pour l'obtention d'un permis sont assez lourdes, mais Phuket Boat Lagoon et The Yacht Haven se chargeront d'établir les formalités si vous prévenez. Ce service est payant.

Vous pourrez peut-être effectuer le trajet de Phuket à Penang (Malaisie) en yacht, comme passager à titre onéreux, ou en étant embauché dans l'équipage. Renseignez-vous aux différentes marinas ou à Hat Patong sur les possibilités offertes. Vous trouverez également des yachts qui poursuivent leur route plus loin encore, en particulier jusqu'au Sri Lanka. La meilleure période pour naviguer s'étend de décembre à début janvier. La traversée dure 10 à 15 jours.

Le Ao Chalong Yacht Club (☎ 076-381914) organise tous les mois des courses pour ses membres. Les habitants de Phuket et les visiteurs sont invités à participer. Appelez pour obtenir des informations plus précises.

Pièces et service. The Yacht Haven et Phuket Boat Lagoon assurent les menues réparations et l'entretien, et disposent de certaines pièces et fournitures. Ao Chalong accueille des boutiques plus modestes de réparation et fournitures. Pour les voiles, adressez-vous à Rolly Tasker Sailmakers (☎ 076-280347, fax 280348, e-mail rolly@sun.phuket.ksc.co.th), qui prétend vendre les voiles les moins chères de toute l'Asie. Vous y trouverez également des gréements, des espars et d'autre matériel.

Location de yachts. Pour obtenir des informations sur la location (avec ou sans équipage), la vente et la livraison de yachts, contactez les adresses suivantes :

Asia Yachting
    (☎ 076-381615, 01-941 5660)
    Ao Chalong
Big A Yachting Swann 55
    (☎ 076-381934, fax 381934)
    Ao Chalong
Phuket Boating Association
    (☎/fax 076-381322)
    Phuket Boat Lagoon
South East Asia Live Aboard
    (☎ 076-340406, fax340586)
    Hat Patong

Sunsail Yacht Charters
(☎ 076-239057, fax 238940,
e-mail sunthai@phuket.loxinfo.co.th)
Phuket Boat Lagoon
Thai Marine Leisure
(☎ 076-239111, fax 238974,
e-mail tml@loxinfo.co.th)
Hat Patong

La location d'un yacht (32 à 44 pieds ou 39 à 85 pieds) peut s'effectuer à la journée (à partir de 900 B ou 14 000 B). Des remises d'environ 33% peuvent être accordées de juin à octobre. Les sorties incluent généralement l'équipage, le déjeuner et les boissons non alcoolisées, les équipements de plongée au tuba et l'attirail de pêche.

Canoë de mer

Plusieurs centres installés à Phuket proposent des excursions pittoresques en canoë gonflable dans le périmètre de Ao Phang-Nga. Le Sea Canoe Thailand (☎ 076-212252, fax 212172, e-mail info@seacanoe.com), 367/4 Th Yaowarat, a été le premier à s'implanter et demeure le plus célèbre. Les kayaks peuvent pénétrer à l'intérieur de cavernes à demi immergées (surnommées *hâwng*, ou "salles", depuis des siècles par les pêcheurs), inaccessibles en long-tail boat. La journée de canotage revient à 3 495 B par personne (repas, boissons et équipement compris), les circuits de 3/6 jours avec bivouac étant proposés à 22 000/39 600 B par personne (tout compris). La compagnie préfère annoncer ses prix en dollars. Les tarifs précédents en bahts ont été calculés selon le taux de change indiqué à ce moment (41 B pour 1 $). Les départs pour les circuits de plusieurs jours ont lieu le mercredi et le dimanche. Les excursions à la journée peuvent être réservées depuis Ao Nang, à Krabi, (1 700 B).

Les autres centres de la région offrent le même type de circuits à moitié prix, mais le Sea Canoe Thailand justifie ses tarifs en expliquant que ses excursions sont conçues de façon à respecter davantage l'environnement que ses concurrents. Parmi les centres expérimentés proposant d'explorer les hâwng et faisant l'objet de bons échos de la part des voyageurs, figurent Andaman Sea Kayak (☎ 076-235353) et Andaman Trails (☎/fax 076-235353, e-mail seakayak@loxinfo.co.th). La plupart des agences de voyage de l'île peuvent réserver vos billets auprès de ces trois centres.

Bicyclette

Tropical Trails (☎/fax 076-263239) propose des "safaris en vélo" à la demi-journée (975/1350 B) ou à la journée (1 650 B) sur Phuket et Ko Yao Noi. L'excursion d'une demi-journée comprend une promenade à dos d'éléphant et une randonnée pédestre. Une remise de 30% est accordée aux enfants de moins de 12 ans. Ces tarifs incluent le transport depuis l'hôtel, la traversée en bateau vers Ko Yao, un van d'accompagnement, le vélo tout terrain et l'équipement, une excursion guidée, une plongée avec tuba, des "pauses culturelles", un déjeuner, l'assurance, et un massage thaïlandais. Les gérants envisagent de développer les randonnées à bicyclette de plusieurs jours, dans les provinces voisines de Phang-Nga et Krabi.

Le Phuket Mountain Bike Club (☎ 076-280116) propose des circuits en vélo tout terrain et des locations à la demi-journée ou à la journée aux mêmes tarifs.

Minisafaris découverte

Siam Safari (☎ 076-280116) et Adventure Safaris (☎ 076-340800) proposent des circuits à la journée à l'intérieur de l'île en 4x4, avec de courtes promenades à dos d'éléphant et des randonnées pédestres (1 850 B). Des excursions à la demi-journée sont possibles, mais la différence de prix n'est pas intéressante.

PHUKET

61 800 habitants

Avant l'afflux des amoureux de sable et de soleil, la ville de Phuket attira de très nombreux négociants arabes, indiens, malais, chinois et portugais, venus échanger leurs marchandises contre l'étain et le caoutchouc qui semblaient inépuisables sur l'île. Bien que cet héritage multiculturel ait presque totalement disparu, on en retrouve çà et là quelques vestiges dans l'*amphoe meuang* (capitale provinciale) de Phuket.

Dans le vieux centre-ville, vous pourrez admirer de nombreux exemples d'architecture sino-portugaise, caractérisée par les *haang tháew* chinoises, maisons mitoyennes de deux étages aux façades ornées de portiques relevés de voûtes romanes.

Renseignements

Office de tourisme. La TAT (☎ 076-212213, 211036), 73-75 Th Phuket, vous communiquera des cartes, des brochures, la liste des tarifs habituels des songthaews vers les différentes plages et les prix de location recommandés pour un véhicule. Ouvert tous les jours de 8h30 à 16h30.

La police touristique peut être jointe au ☎ 1699.

Cartes. En dépit des apparences, la carte publicitaire A-O-A de Phuket est certainement la meilleure si vous disposez d'un véhicule. Elle est plus précise que les autres cartes distribuées gratuitement et indique tous les numéros de routes. La carte offerte par Thaiways n'est pas utile pour la navigation autour de l'île, mais elle comporte deux plans de Patong et de Karon-Kata, bien plus détaillés que ceux de la carte A-O-A. Ces documents sont disponibles aux bureaux de la TAT.

Argent. Plusieurs banques disséminées dans Th Takua Pa, Th Phang-Nga et Th Phuket proposent des services de change et sont équipées de distributeurs. La Bank of Asia, en face de la TAT, dans Th Phuket, dispose d'un guichet de change, ouvert tous les jours de 8h30 à 20h.

Poste. La poste principale occupe un nouveau bâtiment, à côté du joyau architectural qui l'hébergeait, dans Th Montri. Elle ouvre en semaine de 8h30 à 16h30, ainsi que le samedi, le dimanche et les jours fériés de 9h à 12h.

Mail Boxes Etc (MBE, ☎ 076-256409, fax 256411) dispose d'une antenne

168/2 Th Phuket, pratiquement en face de The Books. MBE loue des boîtes postales privées, vend du matériel pour empaquetage et envoi, et traite documents plastifiés, reliures, photos d'identité et cartes professionnelles.

Les deux transporteurs express de la ville sont DHL World Wide Express (☎ 076-220250), au Phuket Merlin Hotel, et UPS (☎ 076-218719), 9/44 Th Chao Fa.

Téléphone. Le centre des télécommunications de Phuket, dans Th Phang-Nga, assure des services Home Direct. Il est ouvert, tous les jours, de 8h à 24h.

E-mail et accès Internet. Pour vous connecter à Phuket, essayez The Tavern (☎ 076-223569, e-mail creative@ phuket.ksc.co.th), 64/3-4 Th Rasada.

Internet. Phuket Island Access (www.phuket.com) offre une élégante synthèse de renseignements en tout genre, incluant l'hébergement sur l'île. Phuket Net est un service Internet (e-mail info@phuket.net ou www.phuket.net) donnant accès à des forums sur le tourisme et les activités commerciales et fournissant des informations limitées.

La *Phuket Gazette* (voir le paragraphe *Journaux et magazines* dans cette rubrique), met à disposition des articles et des informations actualisées, ainsi que son *Gazette Guide*, sur Phuket Gazette Online (www.phuketgazette.net). Phuket Travellers Net (www.trv.net) diffuse également quelques renseignements sur la ville.

Librairies. Phuket possède une très bonne librairie, The Books, 53-55 Th Phuket, près de l'agence de la TAT. Elle dispose d'un vaste choix d'ouvrages en anglais, dont des magazines, des guides et des romans. Vous trouverez une succursale de The Books 198/2 Th Rat Uthit, à Patong.

Journaux et magazines. Le quotidien en anglais *Phuket Gazette* vous renseignera sur les activités, les événements et les distractions offerts dans toute la province.

PHUKET

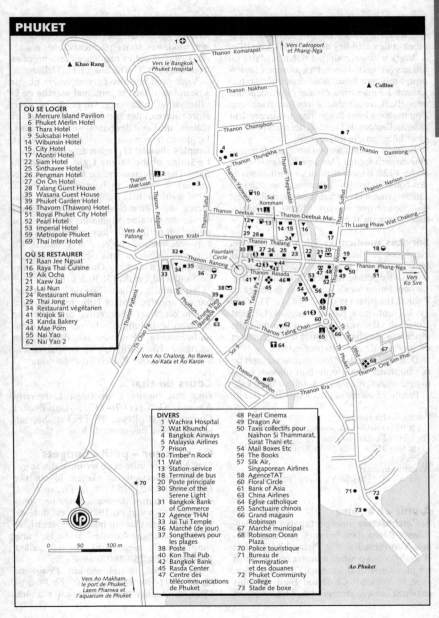

OÙ SE LOGER
3 Mercure Island Pavilion
6 Phuket Merlin Hotel
8 Thara Hotel
9 Suksabai Hotel
14 Wibunsin Hotel
17 City Hotel
17 Montri Hotel
22 Siam Hotel
25 Sinthavee Hotel
26 Pengman Hotel
27 On On Hotel
32 Talang Guest House
35 Wasana Guest House
39 Phuket Garden Hotel
46 Thavorn (Thawon) Hotel
51 Royal Phuket City Hotel
52 Pearl Hotel
53 Imperial Hotel
59 Metropole Phuket
69 Thai Inter Hotel

OÙ SE RESTAURER
12 Raan Jee Nguat
16 Raya Thai Cuisine
21 Aik Ocha
23 Kaew Jai
23 Lai Nurn
24 Restaurant musulman
29 Thai Jong
34 Restaurant végétarien
41 Krajok Sii
43 Kanda Bakery
44 Mae Porn
55 Nai Yao
62 Nai Yao 2

DIVERS
1 Wachira Hospital
2 Wat Khunchi
4 Bangkok Airways
5 Malaysia Airlines
7 Prison
10 Timber'n Rock
11 Wat
13 Station-service
18 Terminal de bus
20 Poste principale
30 Shrine of the
 Serene Light
31 Bangkok Bank
 of Commerce
32 Agence THAI
33 Jui Tui Temple
36 Marché (de jour)
37 Songthaews pour
 les plages
38 Poste
40 Kon Thai Pub
42 Bangkok Bank
45 Rasda Center
47 Centre des
 télécommunications
 de Phuket
48 Pearl Cinema
49 Dragon Air
50 Taxis collectifs pour
 Nakhon Si Thammarat,
 Surat Thani etc.
54 Mail Boxes Etc
56 The Books
57 Silk Air,
 Singaporean Airlines
58 AgenceTAT
61 Floral Circle
61 Bank of Asia
63 China Airlines
64 Eglise catholique
66 Sanctuaire chinois
66 Grand magasin
 Robinson
67 Marché municipal
68 Robinson Ocean
 Plaza
70 Police touristique
71 Bureau de
 l'immigration
 et des douanes
72 Phuket Community
 College
73 Stade de boxe

Thanon Komarapat
Vers l'aéroport et Phang-Nga
▲ Khao Rang
Vers le Bangkok Phuket Hospital
▲ Colline
Thanon Nakhon
Thanon Chumphon
Thanon Thungkha
Thanon Damrong
Thanon Yaowarat
Thanon Theplasatri
Thanon Narison
Thanon Suthat
Thanon Mae Luan
Soi Rommani
Th Luang Phaw Wat Chalong
Thanon Satul
Thanon Deebuk
Thanon Deebuk Mai
Thanon Krabi
Thanon Phatipat
Thanon Thalang
Vers Ao Patong
Thanon Rasada
Fountain Circle
Thanon Ranong
Thanon Montri
Thanon Phang-Nga
Vers Ko Sire
Th Chao Fa
Th Krung Thep (Bangkok Rd)
Th Phuket
Soi Phuthon
Thanon Pattana
Thanon Takua Pa
Thanon Taling Chan
Thanon Phuphon
Th Thep Uthit
Thanon Kra
Vers Ao Chalong, Ao Rawai, Ao Kata et Ao Karon
Soi 9
Thanon Ong Sim Phai
Ao Phuket
Vers Ao Makham, le port de Phuket, Laem Phanwa et l'aquarium de Phuket
★ 70
0 50 100 m
LP

Le même éditeur publie *The Gazette Guide*, un annuaire de 244 pages des services et des activités commerciales de l'île.

Vous trouverez aussi l'hebdomadaire en anglais *Siangtai Times*. Des journaux touristiques tels que *South* sont distribués gratuitement. Le magazine *Phuket* (9 publications annuelles), ressemble à ces journaux que l'on trouve à bord des avions, qui dépendent essentiellement de la publicité, mais publiant çà et là un article intéressant.

En dépit de son titre peu attrayant, le magazine de petit format *Heritage Phuket Holiday Guide* (120 B), contient des informations et des conseils fiables, notamment au sujet de l'hébergement et des transports sur l'île. Il est plus neutre que ses concurrents, probablement parce qu'il est plus indépendant.

Services médicaux. Selon les médecins étrangers, le Phuket International Hospital (☎ 076-249400, urgences 210935), Airport Bypass Rd, est le meilleur hôpital de l'île. La population locale lui préfère le Bangkok Phuket Hospital (☎ 076-254421), Th Yongyok Uthit, géré par le Bangkok General Hospital. Ils sont dotés d'équipements modernes, de chambres pour les urgences et de services de consultation externe.

D'après les indications reçues au sujet de ces hôpitaux, malgré un bon plateau technique, vous serez mieux soigné à Bangkok.

Parmi les autres hôpitaux de l'île, citons :

Patong/Kathu Hospital
(☎ 076-340444) Th Sawatdirak, Patong
Phya Thai Phuket Hospital
(☎ 076-252603/42) 28/36-37 Th Si Sena, Phuket
Wachira Hospital
(☎ 076-211114) Th Yaowarat, Phuket

A voir et à faire

Si l'**architecture sino-portugaise** vous passionne, flânez dans les rues Thalang, Deebuk, Yaowarat, Ranong, Phang-Nga, Rasada et Krabi. Vous pourrez admirer les exemples les plus remarquables dans Th Phang-Nga, avec la Standard Chartered Bank (la plus ancienne banque étrangère de Thaïlande), et

dans Th Ranong, avec les bureaux de la THAI. Mais quantité d'autres bâtiments, plus modestes, sont également dignes d'intérêt. Les plus belles résidences restaurées se trouvent dans Th Deebuk et Th Thalang.

Vous prendrez aussi certainement plaisir à déambuler dans le principal **marché** de la ville, dans Th Ranong. On peut y acheter, entre autres, des sarongs thaïlandais et malais, ainsi que des pantalons de pêcheurs. Le quartier compte aussi quelques vieux **temples chinois**, la plupart assez classiques. Le **Shrine of the Serene Light**, ou Saan Jao Sang Tham (sanctuaire de la lumière dharmique), à l'écart, au bout d'une allée de 50 m, à droite de la Bangkok Bank of Commerce, dans Phang-Nga, est le seul à présenter une certaine originalité. Le temple est doté d'un petit jardin très paisible, où sont exposées quelques objets d'art religieux. Ce lieu, vieux d'un ou deux siècles, n'a été restauré qu'il y a trois ans. Ouvert tous les jours de 8h30 à 12h et de 13h30 à 17h30.

Au sommet de la colline de **Khao Rang**, parfois appelée Phuket Hill, au nord-ouest de Phuket, vous découvrirez une jolie vue sur la ville, la jungle et la mer. Si, comme on le raconte, Phuket est une déformation du mot *bukit* (colline), c'est probablement à Khao Rang que Phuket doit son nom.

Cours de thaï

Une antenne de l'American University Alumni, AUA (☎ 076-217756), au Phuket Community College, Th Phuket, Saphan Hin, dispense des cours de langue thaï.

Où se loger – petits budgets

Près du centre-ville et du terminal des songthaews desservant les plages, le ***On On Hotel*** *(☎ 076-211154, 19 Th Phang-Nga)*, déploie le charme de son architecture sino-portugaise (ouvert en 1929). Il est doté de 49 chambres. Une simple avec ventil. et s.d.b. commune coûte 100 B, une simple/double avec ventil. et s.d.b. valant 150/220 B, ou 250/360 B avec clim.

Juste à côté, le rudimentaire ***Pengman*** *(☎ 076-211486, poste 169, 69 Th Phang-Nga)*, au-dessus d'un restaurant chinois,

Fête végétarienne

La plus grande fête de Phuket est le "Vegetarian Festival", qui a lieu durant les neuf premiers jours du neuvième mois lunaire du calendrier chinois, habituellement fin septembre ou courant octobre. Elle célèbre le début du carême taoïste ("Taoist Lent"), au cours duquel les Chinois pieux s'abstiennent de toutes viandes et de produits carnés. Les festivités sont centrées sur cinq temples chinois, le plus important étant le Jui Tui de Th Ranong, suivi du Bang Niaw et du Sui Boon Tong. D'autres villes se mettent en fête, telles Kathu (d'où la fête est originaire) et Ban Tha Reua.

Chaque année, la TAT publie un programme des festivités. Trang, Krabi et d'autres cités du Sud organisent une fête similaire.

La Fête végétarienne comporte diverses processions, des offrandes aux temples et des manifestations culturelles. Elle s'achève dans une apothéose d'auto-mortifications – marche sur des charbons ardents, ascension d'échelles de lames de couteau, perforation de la peau avec des objets pointus… Les commerçants du centre-ville disposent, devant leurs boutiques, des autels où ils placent neuf petites tasses de thé, de l'encens, des fruits, des bougies et des fleurs, destinés aux neuf empereurs-dieux invoqués pendant la fête. Les médiums font descendre les neuf dieux sur terre pour le temps de la fête en se mettant dans des états de transe et en se perçant les joues avec toutes sortes d'objets – branches taillées en pointe (avec les feuilles encore attachées !), fers de lances, trombones, poignards. Certains vont jusqu'à s'ouvrir la langue avec une lame de scie ou de hache. Durant les processions, ces médiums s'arrêtent devant les autels et prennent les offrandes de fruits pour les ajouter à la panoplie des objets transperçant leurs joues ou bien les offrir aux spectateurs en manière de bénédiction. Ils boivent également l'une des neuf tasses de thé et disposent quelques fleurs à leurs ceintures. Les commerçants et leurs familles assistent à la scène les mains jointes en *wâi*, par respect pour les médiums et pour les divinités qui les possèdent temporairement.

L'ambiance est à la frénésie religieuse, avec des bruits assourdissants de pétards, des danses rituelles, et des chemises tachées de sang. Certains voient une influence de la fête hindoue de Thaipusam, dans la Malaisie voisine, prétexte à de semblables actes de mortification. D'après les Chinois du pays, la fête fut instaurée par une troupe de comédiens venus de Chine, qui s'arrêtèrent à Khatu il y a 150 ans. La troupe tomba gravement malade et décida que ses maux venaient de ce qu'elle ne s'était pas suffisamment conciliée les faveurs des neuf empereurs-dieux du taoïsme. La pénitence de neuf jours que les comédiens s'imposèrent comportait des auto-perforations, des méditations et un strict régime végétarien.

loue des simples/doubles propres, avec ventil. au plafond et s.d.b. commune, à 100 B.

Dans Soi Rommani, au milieu d'un ensemble de vieilles boutiques sino-portugaises, vous trouverez les deux étages du *Wibunsin Hotel* (enseigne en thaï), qui dispose de chambres très rudimentaires à 100 B. Le Pengmann reste plus intéressant.

Le *Thara Hotel* (☎ 076-216208), dans Th Thepkasatri, loue 27 chambres avec ventil. et s.d.b. à 140 B. A côté, le *Suksabai Hotel* (☎ 076-212287), un peu plus

confortable, propose des chambres plus propres à 150/200 B. Le sombre *Siam Hotel* (☎ 076-224543, 13-15 Th Phuket) est tout simplement un hôtel de passe disposant de simples/doubles correctes avec ventil. et s.d.b. à 150/200 B.

La *Talang Guest House* (☎ 076-214225, 37 Th Thalang), dans une boutique coquette et classique, au centre de la vieille ville, loue sur trois étages des simples/doubles spacieuses avec ventil. à 250/300 B et des triples/quadruples avec clim. à 400 B. De mai à octobre, vous bénéficiez d'une réduction de 30%. La chambre n°31, avec ventil., au dernier étage, dispose d'une bonne vue sur la rue.

La *Wasana Guest House* (☎ 076-211754, 213385, 159 Th Ranong), près du marché de Th Ranong, propose des chambres propres avec ventil. et s.d.b. à 180 B, ou avec clim. à 280 B.

Le *Montri Hotel* (☎ 076-212936, fax 232097, 12/6 Th Montri), autrefois l'un des plus jolis hôtels de Phuket, se classe aujourd'hui entre les catégories "petits budgets" et "moyenne". Il propose des chambres quelconques avec ventil. à 210 B, ou avec clim. à 330/490 B.

Le *Thai Inter Hotel* (☎ 076-220275, 22 Th Phunphon) se révèle commode pour ceux qui arrivent à Phuket par la navette de l'aéroport ou qui doivent prendre un vol à une heure matinale. Les chambres avec s.d.b. et ventil./clim. se louent 280/390 B.

Où se loger – catégorie moyenne

Le *Thavorn Hotel* (*Thawon*, ☎ 076-211333, 74 Th Rasada) est un édifice gigantesque, flanqué à l'arrière d'une aile à l'allure modeste, et d'un corps de bâtiment plus luxueux en façade. L'aile abrite de spacieuses simples/doubles avec ventil. au plafond et s.d.b. à 230/280 B. Le bâtiment principal est doté de chambres plus vastes avec clim., eau chaude, TV et moquette à 550/650 B. Le hall du Thavorn mérite une attention particulière, avec ses antiquités et ses photographies anciennes de Phuket.

Le *City Hotel* (☎ 076-216910), à l'angle de Th Thepkasatri et de Th Deebuk Mai, loue des simples/doubles correctes avec clim., TV, téléphone, moquette et s.d.b. (baignoire) à 545/605 B, et des suites jusqu'à 908 B.

Le sympathique *Imperial Hotel* (☎ 076-212311, fax 212894, 51 Th Phuket), récemment rénové et bien situé, est pourvu de chambres confortables et propres, avec clim., TV et sèche-cheveux à 650 B.

Le *Sinthavee Hotel* (☎ 076-211186, fax 211400, 85-91 Th Phang-Nga) dispose de simples/doubles climatisées correctes à 471/589 B et de chambres de luxe à 850/950 B, avec moquette, s.d.b., eau chaude et réfrigérateur (magnétoscope et TV pour celles-ci). Il inclut un café (ouvert 24h/24), un centre d'affaires, un centre thermal, un jacuzzi et une discothèque.

Où se loger – catégorie supérieure

Le *Phuket Garden Hotel* (☎ 076-216900/8), dans Th Krung Thep, loue des chambres tout confort à 650/1 200 B. Sa situation géographique à l'ouest de la ville présente néanmoins peu d'intérêt.

Le *Pearl Hotel* (☎ 076-211044, 212911, 42 Th Montri) propose des chambres à partir de 1 600 B, un restaurant panoramique, un centre de remise en forme et une piscine. Le *Phuket Merlin Hotel* (☎ 076-212866, fax 216429, 158/1 Th Yaowarat) comporte 180 chambres (1 452 B, minimum), un centre de remise en forme et une piscine.

L'un des hôtels les mieux situés de cette catégorie est le *Metropole Phuket* (☎ 076-215050, fax 215990), en plein centre-ville, dans Th Montri. Les premiers prix s'élèvent à 2 000 B pour les chambres "superior", et à 3 000 B pour les chambres de luxe, petit déjeuner à l'américaine compris. Il accueille deux restaurants chinois, un café, trois bars, une piscine, un centre de remise en forme, un centre d'affaires, avec une navette pour l'aéroport. Autre établissement bien situé, le *Mercure Island Pavilion* (☎ 076-210444, fax 210458, 133 Th Satul (Satun)), dispose de chambres spacieuses, bien aménagées, à 824/1 648 B.

A une courte marche du centre de télécommunications de Phuket, 154 Th Phang-Nga, se dresse une tour ultra-moderne, le *Royal Phuket City Hotel* (☎ 076-233333, fax 233335, e-mail pktcity@ksc.co.th), doté de 251 chambres à partir de 3 509 B. Ce tarif est souvent réduit jusqu'à 2 106 B.

Où se restaurer

Centre-ville. La renommée de Phuket repose sur sa cuisine. Même si votre séjour se borne à rester sur la plage, vous devez, au moins une fois, vous rendre en ville pour y découvrir une gastronomie bien particulière, mélange d'influences thaï, malaise et chinoise. En outre, les prix diminuent de plus de la moitié comparés à ceux pratiqués sur la plage. Le *Raan Jee Nguat* est une célèbre institution locale, tenue par des Chinois hokkien, en face du Siam Cinema, aujourd'hui fermé, à l'angle des vieilles rues Th Yaowarat et Th Deebuk. Vous y dégusterez le plat le plus célèbre de Phuket – le délicieux *khanŏm jiin náam yaa phukèt* –, composé de nouilles chinoises préparées dans une sauce de curry et de poisson, à la mode de Phuket, avec des concombres frais, des haricots verts et d'autres légumes d'accompagnement (moins de 20 B). Ouvert tôt le matin, le restaurant ferme vers 14h.

A quelques pas au sud du Jee Ngat, dans Th Yaowarat, un petit café hokkien, le *Thai Jong* (enseigne en thaï), prépare des spécialités du Sud.

Les nouilles aux fruits de mer sont la spécialité du café situé juste en-dessous du *Pengman Hotel*, très populaire à l'heure du déjeuner. L'*On On Cafe*, voisin de l'On On Hotel, sert des plats de riz et des curries à prix raisonnables. Il est ouvert de 7h à 20h. Dans une arrière-salle climatisée, l'*On On Ice Cream* propose des glaces.

Très apprécié, à juste titre, des Thaïlandais et des farángs, le *Mae Porn*, à l'angle de Th Phang-Nga et de Soi Pradit, près des hôtels On On et Sinthavee, possède une salle climatisée et des tables à l'extérieur où l'on mange des curries, du poisson, des shakes aux fruits. Autre adresse très fréquentée, le *Kanda Bakery*, dans Th Rasada, au sud de la Bangkok Bank, ouvre tôt le matin et vend du pain complet frais, de la baguette, des croissants, des gâteaux et du vrai café filtre. On y sert aussi une belle variété de khâo tôm, à tout moment de la journée.

Autre découverte qui mérite une mention, le *restaurant musulman*, à l'angle de Th Thepkasatri et Th Thalang (cherchez l'étoile et le croissant). Cet établissement sympathique et familial, mais aussi peu onéreux, sert de succulents *mátsaman kài* (curry de poulet aux pommes de terre), des

roti kaeng (le matin seulement) et des khâo mòk kài (jusque vers 13h).

Dans le même style, le *Lai Nun* (enseigne en thaï, repérez une étoile rouge), est situé de l'autre côté de Th Thalang, à l'ouest du croisement.

Les amateurs de riz frit et de pâtisseries locales ne manqueront pas le *Kaew Jai* (*151 Th Phang-Nga*), entre Th Phuket et Th Montri (enseigne en thaï), vision thaïlandaise d'un paradis de douceurs – surtout le gâteau à la crème et le gâteau aux noix de cajou –, même si le service est un peu renfrogné. Dans la même rue, sont implantés deux ou trois autres ráan khâo kaeng (boutiques de riz et curry), dont l'*Aik Ocha*. Essayez notamment le délicieux curry aux noix de cajou.

Le vénérable *Nai Yao* est toujours perché dans son vieil édifice de bois, avec son toit en tôle, près du magasin Honda, dans Th Phuket. Peu onéreux, il présente une excellente carte de fruits de mer, de la bière fraîche et des tables sur le trottoir. La spécialité de la maison est l'incomparable *tôm yam hâeng* (tôm yam sec), accompagné de poulet, de crevettes ou de calmars. Il n'est ouvert que le soir. Succursale plus importante, le *Nai Yao 2* se profile dans Th Taling Chan, face à une église catholique. Outre des fruits de mer frais, il présente des plats isaan et du khâo tôm, et pratique des horaires *tôh rûng* (jusqu'à l'aube), de 17h30 à 5h30.

Autre institution de Phuket, idéale pour un dîner en tête-à-tête, le *Krajok Sii* (☎ 076-217903), est installé dans un vieux magasin, dans Th Takua Pa, juste au sud de Th Phang-Nga, sur le côté ouest de la rue (enseigne en thaï). Cherchez le vasistas en verre coloré, qui donne son nom au restaurant, au-dessus de la porte. La salle à manger, décorée avec bon goût, compte à peine une douzaine de tables, mais l'endroit mérite que l'on patiente un peu en cas d'affluence. L'établissement propose de la cuisine de Phuket, dont le délicieux *hàw mòk thaleh* (curry aux fruits de mer à la vapeur), la salade de mangue verte, les toasts de crevettes et autres merveilles. La hausse récente des tarifs a fait fuir la clientèle thaïlandaise, et le Krajok Sii est devenu un restaurant presque exclusivement destiné aux faràngs. Il reste à vérifier si cette évolution se fait au détriment de la qualité, ce qui est souvent le cas quand la chef prépare de la cuisine pour les étrangers. Ouvert du mardi au dimanche, de 18h à 24h.

Autre exemple de l'architecture ancienne de Phuket, le *Raya Thai Cuisine (☎ 076-218155, 48/1 Th Deebuk Mai)*, à l'angle de Th Thepkasatri, s'adresse plutôt aux touristes. Aménagé dans un hôtel particulier de style sino-portugais, ses hauts plafonds et ses larges fenêtres permettent de profiter de l'air et de la vue sur jardin. La cuisine est savoureuse, mais les tarifs relativement élevés.

Dans Th Ranong, à l'est de Jui Tui, temple chinois aux couleurs très vives, un *restaurant végétarien* sert de la bonne cuisine pendant la journée.

Le *Kaw Yam* (Khao Yam), dans Th Thungkha, en face du Phuket Merlin Hotel, prépare un excellent khâo yam, la salade de riz du Sud, du khanôm jiin et d'autres spécialités de Phuket. Les prix varient de bon marché à modéré. A côté, le *Khwan Khanom Jiin* (enseigne en thaï) sert un autre bon khanôm jiin, encore moins onéreux.

Vous trouverez un *KFC* dans le Robinson Ocean Plaza, qui donne dans Th Ong Sim Phai, au sud de la ville. A côté du centre commercial se tient le marché municipal, où vous pourrez acheter produits frais et vêtements à bas prix. Le *marché de nuit* attenant propose de la cuisine thaïlandaise et chinoise à petits prix.

Khao Rang. Le *Thungkha Kafae*, restaurant en plein air, perché en haut de la colline de Khao Rang (Phuket Hill), sert une bonne cuisine dans une ambiance très agréable. Goûtez au *tôm khàa kài* (soupe de poulet à la noix de coco) ou au *khài jiaw hãwy naang rom* (omelette d'huîtres).

Ao Chalong. Situé juste après le Wat Chalong (sur la gauche, après le carrefour des cinq routes), le *Kan Eang 1 (☎ 076-381212)* est un bon restaurant de fruits de mer. Ce lieu climatisé et clos (bien que l'on puisse dîner en terrasse) constitue toujours une référence à Phuket, bien que ses prix aient considérablement augmenté. On y commande au poids des calamars, des huîtres, des coques, du crabe, des moules et plusieurs sortes de poissons, en précisant le mode de préparation – grillé (*phão*), à la vapeur (*nêung*), frit (*thâwt*), à demi-bouilli (*lûak*, pour le calamar), ou en soupe (*tôm yam*). Il présente également une carte des vins très correcte. Sa succursale, le *Kan Eang 2 (☎ 076-381323)* est située de l'autre côté de Ao Chalong.

Où sortir

Le *Pearl Cinema*, à l'angle de Th Phang-Nga et de Th Montri, près du Pearl Hotel, propose parfois des films en anglais. L'*Alliance française (☎ 076-222988, 3 Soi 1, Th Phattana)*, projette toutes les semaines des films sous-titrés en anglais. Elle dispose également d'un téléviseur et d'une bibliothèque.

Les grands hôtels possèdent généralement des discothèques et/ou des clubs karaoke. Le *Timber'n Rock*, sur le côté est de Th Yaowarat, juste au sud de Th Thungkha, est un pub agréable au séduisant décor de bois, servant une cuisine thaïlandaise variée. L'orchestre joue à partir de 21h. Le *Kon Thai Pub*, dans Th Bangkok, accueille pour sa part un groupe de musiciens jouant de la musique rock ou folk et des variétés thaïlandaises, à partir de 21h30.

Achats

C'est dans la capitale de la province que vous effectuerez les meilleurs achats. Phuket compte deux grands marchés, l'un sur le côté sud de Th Ranong, près du centre-ville, l'autre sur le côté nord de Th Ong Sim Phai, au sud-est du centre-ville. Le premier remonte à l'époque où pirates, Indiens, Chinois, Malais et Européens commerçaient dans Phuket, d'où la présence d'une belle variété de sarongs et de tissus en provenance de Thaïlande, de Malaisie, d'Indonésie et d'Inde. Vous trouverez aussi des vêtements et de l'artisanat bon marché.

Le second, plus récent, est spécialisé dans les produits frais. Attenant au marché, le très spacieux Robinson Ocean Plaza abrite une succursale du grand magasin Robinson et des petites boutiques de vêtements et d'articles domestiques à prix modérés. Plusieurs tailleurs et magasins de tissus indiens bordent Th Yaowarat, entre Th Phang-Nga et Th Thalang, tandis que les orfèvreries chinoises jalonnent Th Ranong, face au marché de Th Ranong.

Vous pouvez aussi vous rendre au petit centre commercial Rasda Center/Phuket, dans Th Rasada.

Le Loft (☎ 076-258160), 36 Th Thalang, installé dans une boutique rénovée, vend des antiquités asiatiques et des objets d'arts, ainsi que des pièces contemporaines à l'étage. Parmi les autres magasins d'antiquités, citons 88 Ancient Art (☎ 076-258043) et Ban Boran Antiques (☎ 076-212473), dans Th Yaowarat. Cette rue abrite aussi des enseignes de tailleurs telles que le Taj Mahal et le Maharaja.

Phuket Unique Home (☎ 076-212093), 186 Th Phuket, en face de la librairie The Books, présente de l'argenterie, de la vaisselle, des objets de décoration et des meubles de conception originale, alliant les influences moderne et ancienne. En dehors de la ville, en direction de Ao Chalong, Island Furniture (☎ 076-253707, Th Chao Fa) vend des meubles de salon et des patios en teck indonésien, ainsi que du mobilier de luxe en bambou.

Comment s'y rendre

Avion. La THAI (☎ 076-211195), 78/1 Th Ranong, assure une douzaine de vols quotidiens au départ de Bangkok (2 000 B l'aller, 1 heure 25). Certains comportent une escale de 30 minutes à Hat Yai. Des liaisons régulières existent également depuis/vers Hat Yai (780 B, 45 minutes).

L'aéroport international de Phuket (☎ 076-327230/5) dispose d'une poste et d'une librairie dans la zone de départ des lignes intérieures, de deux distributeurs et d'une agence de la TAT du côté des arrivées, ainsi que de nombreux bureaux de change dans les deux zones.

La THAI relie Phuket à de nombreuses destinations internationales, dont Penang, Langkawi, Kuala Lumpur, Singapour, Hong Kong, Taipei et Sydney. Les autres compagnies internationales implantées à Phuket sont la Malaysia Airlines (☎ 076-216675), 1/8-9 Th Thungkha, la Silk Air (☎ 076-213891), 95/20 Th Montri, la Singapore Airlines (mêmes agences que la Silk Air), la Dragonair (☎ 076-217300), 37/52 Th Montri, et la China Airlines (☎ 076-223939), Th Krung Thep.

La Bangkok Airways (☎ 076-225033), 58/ 2-3 Th Yaowarat, assure 2 liaisons quotidiennes entre Ko Samui et Phuket (mais 1 vol par semaine en juin et septembre, 1 530 B l'aller).

Southern Helicopter Service (☎ 076-216398), à l'intérieur de l'aéroport, loue un hélicoptère Kawasaki BK117 pouvant transporter 7 passagers (48 000 B de l'heure). Ce service couvre toute l'île de Phuket et s'étend jusqu'à Ao Phang-Nga et Ko Phi-Phi. Southern Flying Group (☎ 076-247237) loue de petits avions.

Bus. Depuis Bangkok, un bus public climatisé de 1re classe quitte le terminal Sud à 19h (446 B). Au départ de Phuket, des bus effectuant l'aller-retour sont prévus à 17h30. Deux bus VIP partent tous les jours de Bangkok (terminal Sud) à 17h30 et à 18h (690 B). Depuis Phuket, les départs ont lieu à 16h et à 17h (durée 14 heures). Le parcours sur la Highway 4, entre Ranong et Phuket peut vous donner des sueurs froides. Seuls les bus ordinaires circulent en journée, avec 6 départs quotidiens entre 6h et 18h30 (durée 15 ou 16 heures, 254 B).

Deux bus touristiques privés relient le terminal Sud de Bangkok à Phuket en soirée (452/800 B, aller/aller-retour). Depuis Phuket, les départs vers Bangkok ont lieu entre 15h et 17h. Plusieurs agences sont situées dans Th Rasada et Th Phang-Nga.

Le terminal principal des bus publics se situe sur le côté nord de Th Phang-Nga, entre le Royal Phuket City Hotel et le centre des télécommunications de Phuket. Les tarifs et les durées des trajets depuis/vers le terminal des bus publics de Phuket sont les suivants :

Destination	Tarifs	Durée du trajet
Hat Yai		
ordinaire	135 B	8 heures
clim.	233 à 243 B	7 heures
Krabi		
ordinaire	56 B	4 heures 30
clim.	101 B	4 heures
Nakhon Si Thammarat		
ordinaire	85 à 93 B	8 heures
clim.	150 à 180 B	
Phang-Nga		
ordinaire	37 B	2 heures 30
Surat Thani		
ordinaire	90 B	6 heures
clim.	150 B	
Takua Pa		
ordinaire	45 B	3 heures
Trang		
ordinaire	94 B	6 heures
clim.	132 à 169 B	5 heures

Taxi et minivan. Entre Phuket et d'autres chefs-lieux du Sud, un service de taxis collectifs est proposé à des tarifs doubles de ceux d'un bus ordinaire. La station des taxis pour Nakhon Si Thammarat, Surat Thani, Krabi, Trang et Hat Yai se situe dans Th Phang-Nga, près du cinéma Pearl.

Certaines compagnies proposent des liaisons par minivans climatisés (*rot túu*) pour Ko Samui. Le prix du billet comprend le transport en ferry. Il existe des services similaires pour Surat, Krabi et Ranong. Les prix des taxis s'alignent sur ceux des taxis collectifs. Des vans desservent aussi Hat Yai (260 B), Krabi (180 B), Penang (650 B), Kuala Lumpur (750 B) et Singapour (850 B). Les réservations se font au même croisement que pour les taxis collectifs.

Comment circuler
Desserte de l'aéroport. Depuis l'aéroport des minibus vous déposent au centre-ville (80 B par personne). Toutefois, si vous n'êtes pas assez nombreux pour remplir le minibus, mieux vaut prendre un taxi. Un service analogue est proposé à destination des plages de Patong, Kata ou Karon, à condition d'être en nombre suffisant (120 B).

Sinon, les taxis pourront vous déposer au centre-ville (360 B) et aux plages (480/540 B). En sens inverse, vous devriez pouvoir négocier la course à 200 B.

Voiture et moto. Plusieurs agences louent des Jeep Suzuki (900 B la journée, assurance comprise). Pour une location d'une semaine minimum, vous devriez obtenir un tarif minoré (800 B). Dans le centre-ville, la meilleure adresse demeure Pure Car Rent (☎ 076-211002), 75 Th Rasada. A l'aéroport, Avis Rent-A-Car (☎ 076-327358), est un peu plus chère (1 100 B par jour environ), avec des agences sur toute l'île (Le Méridien, Dusit Laguna, Laguna Beach Club, Sheraton Grande Laguna Beach). Hertz pratique des tarifs analogues, avec des antennes à l'aéroport, au Banyan Tree Resort et à l'Holiday Inn.

En ville, la course en moto-taxi revient à 10 B. Vous pourrez louer des motos (généralement japonaises de 100 cm^3) dans Th Rasada, entre Th Phuket et Th Yaowarat, ou en divers points sur les plages (200/300 Bpar jour). Faites attention et ne roulez pas en short, vous risqueriez d'être grièvement blessé. Les grosses cylindrées (au-dessus de 125 cm^3) se louent à Patong et Karon.

Songthaew et Túk-Túk. Des songthaews, ressemblant à de véritables bus, assurent une liaison régulière entre Th Ranong, près du marché, et les diverses plages (10/30 B par personne). Pour plus de détails, reportez-vous aux rubriques suivantes. Méfiez-vous si l'on vous dit que l'office de tourisme est à 5 km, ou que le seul moyen de rejoindre les plages est de prendre un taxi, ou même que vous devez nécessairement prendre un taxi pour vous rendre du terminal des bus au centre-ville (la gare routière est plus ou moins dans le centre-ville). Officiellement, le service des songthaews vers les plages est assuré de 7h à 17h. Au-delà, vous devrez louer un túk-túk pour rejoindre Karon, Kata, Patong et Nai Han (150 B), et Hat Kamala (250 B).

Pour une course en ville, les petits song-thaews et les túk-túks demandent un forfait (10 et 20 B).

ENVIRONS DE LA PROVINCE DE PHUKET
Ko Sire

Située à 4 km à l'est de la capitale, et sépa-rée de l'île principale par un canal, cette île est connue pour sa petite communauté de Chao náam (nomades de la mer) et sa sta-tue du Bouddha couché qui domine le som-met d'une colline. En suivant la route de la côte, on aperçoit quelques maisons, des fermes d'élevage de crevettes, des planta-tions d'hévéas et quelques zones de forêt vierge.

A l'est, la plage publique de **Hat Teum Suk**, avec ses quelques chaises et ses abris à toits de palme, constitue un lieu de détente pour les habitants de l'île.

Le **village des nomades de la mer**, prin-cipal lieu d'implantation des Urak Lawoi en Thaïlande, se compose d'habitations rudi-mentaires sur pilotis. Vous y trouverez un restaurant de fruits de mer, le *Gypsy World*. Ce peuple est le plus sédentaire des trois ethnies formant les nomades de la mer. Établi entre les archipels de Mergui et de Taru-tao-Langkawi, il parle un dialecte tenant à la fois du malais et du mon-khmer.

Réserve naturelle royale de Khao Phra Thaw

Étendue au nord de l'île, cette chaîne mon-tagneuse culminant à **Khao Phara** (442 m) abrite 2 333 ha de forêt de mousson. Mieux protégée que la plupart des parcs nationaux de Thaïlande en raison de son statut "royal", cette réserve naturelle offre de belles excur-sions. De juin à novembre, pendant la sai-son des pluies, vous pourrez admirer deux magnifiques cascades, **Ton Sai et Bang Pae**.

Il y a 50 ans, le Dr Darr, botaniste alle-mand, découvrit à Khao Phra Thaw une espèce rare et unique de palmier. En dehors de la réserve, cet arbre en éventail de 3 à

5 mètres de haut appelé palmier langkow, ne se trouve que dans le parc de Khao Sok.

Autrefois peuplée de tigres, d'ours, de rhinocéros et d'éléphants, la forêt abrite aujourd'hui une faune de mammifères plus limitée (gibbons, singes, loris lents, civettes, roussettes, écureuils…). Attention aux cobras et aux cochons sauvages.

A proximité de la cascade Bang Pae, le **Phuket Gibbon Rehabilitation Centre** (☎ 076-381065, 260492, 01-212 7824), ouvert tous les jours de 10h à 12h et de 13h à 16h, vous propose une visite guidée, sur demande, effectuée par les gardes forestiers (☎ 01-676 7864). Le paiement de ce service se fait sous forme de dons qui servent à financer la réintroduction dans la jungle des gibbons élevés en captivité (1 000 B, par exemple, suffisent à l'entretien d'un gibbon pendant un an).

Pour atteindre la réserve naturelle de Khao Phra Thaw au départ de Phuket, sui-vez Th Thepkasatri vers le nord, sur environ 20 km, jusqu'au district de Thalang puis, 3 km plus loin, tournez à droite à la bifur-cation vers les chutes de Ton Sai.

Laem Phanwa

Au sud de Phuket, sur la Route 4021, pre-nez la 4023, puis la 4129 en direction du sud-est. Longez **Ao Makham**, une large baie recouverte de vase où la Petroleum Autho-rity of Thailand possède un grand entrepôt de pétrole, jusqu'au vaste cap Laem Phanwa qui domine la mer de Phuket. Des chèvres se promènent au bord des routes. En face de la Route 4129, au village de **Ban Makham**, se dresse une immense et magni-fique mosquée. Plus loin s'étend le **port de Phuket**. A l'entrée, de petits restaurants ser-vent de la cuisine musulmane, notamment du khâo mòk kài.

Les principales activités du cap sont la culture de l'hévéa, du cocotier et du tama-rinier. Si vous disposez d'un véhicule, vous traverserez les plantations en montant vers l'ouest du cap par une route sans numéro.

Au bout de la Route 4129, à la pointe du cap, le **Phuket Aquarium & Marine Biolo-gical Research Center** (☎ 076-391128) présente une belle collection de poissons tropicaux et d'autres animaux marins, vivants ou naturalisés, dont le spécimen le plus impressionnant est certainement la tortue des mers. Ouvert de 8h30 à 16h (20 B).

Le front de mer de Laem Phanwa, bordé d'agréables restaurants de fruits de mer, dévoile ses yoles et ses bateaux de pêche colorés.

Où se loger et se restaurer. Le *Cape Phanwa Hotel* (☎ *076-391123, fax 391177,* ☎ *02-233 3433 à Bangkok, e-mail capepanwa@phuket.com*) loue des logements semi-luxueux, disséminés sur une hauteur. Les premiers prix (3 500 B), chutent de moitié d'avril à novembre.

Sur le site de l'hôtel, une demeure ancienne, exemple classique de métissage architectural sino-portugais, la **Phanwa House**, est ouverte au public. Elle abrite une bibliothèque et une exposition de meubles et d'objets d'art anciens. "High tea" et cocktails sont servis tous les jours dans la véranda, ainsi que de la cuisine thaïlandaise dans l'ancienne salle à manger. Dans le parc, un phare a été transformé en bar.

Non loin de l'aquarium se succèdent plusieurs restaurants de fruits de mer, à l'architecture thaï ancienne. Installé sous des abris à toits de palme avec vue sur la baie, le *Yam Yen Seafood* propose d'excellents dîners à prix modérés.

District de Thalang

A quelques centaines de mètres au nord-est du célèbre Heroines Monument du district de Thalang, à 11 km au nord de Phuket, ou à 4 km au sud-est de Thalang, sur la Route 4027, le **Phuket National Museum** (☎ 076-311426), est aujourd'hui en cours de ravalement. Deux halls d'expositions, sur les cinq prévus, sont actuellement ouverts au public. Ces salles retracent l'histoire de Thalang-Phuket et de la colonisation de la côte d'Andaman et présentent les différentes ethnies de la Thaïlande du Sud.

Dans l'une d'elles se dresse une impressionnante statue de Vishnu du XIe siècle, découverte à Takua Pa au début des années

1900. Les travaux devraient être terminés fin 1999. Le musée comportera des panneaux d'affichage avec éclairage arrière, des présentations par écrans tactiles et des animations à consulter sur CD-Roms.

Juste au nord du carrefour situé à côté de la ville de Thalang, se profile le **Wat Phra Thong**, ou "temple du bouddha doré". L'image à demi enterrée du bouddha laisse seules la tête et les épaules visibles (2 m au-dessus du sol, 2 m en dessous). La légende raconte que ceux qui ont tenté de l'extraire du sol sont tombés malades ou ont subi de graves accidents.

Ce temple est particulièrement vénéré par les Chinois de Thaïlande, qui croient que cette image vient de Chine. A l'époque du nouvel an chinois, le Wat Phra Thong attire les pèlerins de Phang-Nga, Takua et Krabi. Le temple comporte sept autres représentations de bouddha, dont sept figurant les différents jours de la semaine, ainsi qu'un Phra Praket (posture inhabituelle, où le bouddha touche sa tête de la main droite) et un Phra Palelai (assis selon la "posture européenne").

C'est à Thalang que le film *Good Morning Vietnam* a été partiellement tourné.

Patong

Tout droit à l'ouest de Phuket, la grande plage de Patong épouse la baie de Ao Patong. En dix ans, cette station s'est transformée en un nouveau Pattaya. Elle accueille aujourd'hui une ribambelle d'hôtels, de bungalows de luxe, de restaurants italiens et allemands, d'onéreux restaurants de fruits de mer, de bars à bière, de night-clubs et de cafés. Ce lieu, très animé le soir, conviendra mieux aux fêtards qu'aux voyageurs en quête de tranquillité. Alors que Patong était la plage la plus coûteuse de Phuket, les offres d'hébergement ont fini par surpasser la demande (80 lieux de séjour). La pollution gagnant du terrain, la station est en passe de devenir la moins chère de la province.

Si l'envie vous prend de fuir le béton et le verre, suivez le sentier de terre sur votre gauche avant l'Amari Coral Beach Resort, après le Kubu Restaurant. De là, vous pourrez explorer la pointe sud de la baie, aux collines couvertes d'une forêt secondaire composée d'hévéas, d'amandiers indiens et de passiflores.

Renseignements. Patong dispose de multiples bureaux de change et, à l'intersection de Soi Phoemphong Phattana et de Th Thawiwong, de sa propre poste et de son guichet des téléphones.

E-mail et accès Internet. Plusieurs endroits offrent un accès à Internet, notamment le Megabyte Cafe, au troisième étage du centre commercial de Patong, dans Th Thawiwong.

Boutiques de plongée. Patong est le centre de plongée de l'île. Voyez une liste de boutiques à la rubrique *Plongée*, au début de la partie *Province de Phuket*.

Courses de cross. Les coureurs de Phuket se rencontrent régulièrement à 15h, le samedi, pour boire un verre à l'Expat Hotel. Des moyens de transport desservent le lieu des courses pour les personnes intéressées. Pour plus d'informations, composez le ☎ 076-342143 (e-mail hhh@phuket.com).

Massage et sauna aux essences d'herbes. L'excellent centre The Hideaway (☎ 076-340591), dans Th Na Nai, sur les collines à l'est de Patong, propose un massage thaïlandais aux essences d'herbes (300 B de l'heure), un sauna (100 B), des soins du visage et une aromathérapie. Ouvert tous les jours de 12h à 21h.

Où se loger – petits budgets. Les prix varient selon la saison. En haute saison, de décembre à mars et en août, vous pourrez peut-être vous loger pour moins de 300 B. Sur la plage, inutile de chercher en-dessous de 600 B. Dans et autour de Th Rat Uthit, en particulier dans le Paradise Complex et le long de Soi Saen Sabai, plusieurs pensions quelconques, dont l'*Asia*, le *Best* et la *888 Inn*, louent des chambres à 200/300 B.

Hors saison, certains tarifs passent à 600/400 B, voire 300 B. Dans les petits

PATONG

OÙ SE LOGER
1 Patong Lodge Hotel
2 Diamond Cliff Resort
3 PS Bungalow (PS II)
6 Eden Bungalows
7 Shamrock Park Inn
8 Swiss Palm Beach
9 Patong Grand Condotel
10 Club Andaman
11 Casuarina Patong
  Garden Resort
12 The Living Place
17 Chanathip Guest House
18 Thara Patong
19 Phuket Cabana Resort
20 Patong Beach Bungalow
21 Patong Bay Garden
  Resort
22 Safari Beach Hotel
25 Capricorn Village
26 K Hotel
28 PS Hotel (PS I)
30 Expat Hotel
31 Andaman Resortel/
  Casa Summer Breeze
33 Baan Sukhothai
37 Tropica Bungalow
39 Patong Beach Hotel
40 Sansabai Bungalows
46 Holiday Inn
  Resort Phuket
48 Comfort Resort Patong
49 Patong Merlin Hotel

51 Duangjit Resort
52 Amari Coral Beach Resort

OÙ SE RESTAURER
13 Ngoon Laan
23 Restaurant 4
24 Bangla Seafood Restaurant
32 Pizzeria Hut
34 Le Croissant
36 Stands de nouilles et de riz
43 Viva Mexico
45 Tandoor
53 Kubu Restaurant

DIVERS
4 Mosquée
5 Wat Suwan Khiri Wong
14 Kathu Hospital
15 Paradise Complex
16 Pow Wow Pub
27 Rock Hard a Go Go
29 Bars de la Soi Sunset
35 Songserm Travel
38 Banana Discotheque
41 Police
42 Poste et services
  téléphoniques
43 Centre commercial
  de Patong
47 The Hideaway
50 Bus pour Phuket
54 Phuket Simon Cabaret
56 Safari Disco Pub

hôtels, les chambres les moins chères sont généralement dotées de s.d.b. et de ventil. Les plus chères, parfois, disposent en plus de la climatisation. Durant la saison des pluies, de mai à novembre, vous devriez pouvoir obtenir une remise de 100 B.

Lors de la rédaction de ces lignes, la meilleure adresse était la **Chanathip Guest House** (☎ 076-294087, fax 294088), en retrait de Th Rat Uthit, au sud de Th Sawatdirak (face au Pow Wow Pub). Ses chambres avec ventil., réfrigérateur, TV satellite, téléphone et douche chaude sont louées 350/700 B sans/avec clim. Des consignes personnelles sont à la disposition des voyageurs. Le **PS Bungalow** (ou PS II, ☎ 076-342207/8, 78/54 Th Rat Uthit) et le **Shamrock Park Inn** (☎ 076-340991, 17/2 Th Rat Uthit), situés à l'écart et très convenables, pratiquent des tarifs à 400/650 B (supplément de 100 B en décembre). Le **Capricorn Village** (☎ 076-340390, 82/29 Th Rat Uthit), qui propose des bungalows confortables à 500/700 B, affiche souvent complet de mi-novembre à janvier.

Le **Duangjit Resort** (☎ 076-340778, fax 340288), presque à l'angle de Th Thawiwong et Th Prachanukhro, bel hôtel solidement bâti au milieu d'un parc paysager doté d'une piscine, facture ses chambres à 400/800 B.

Où se loger – catégorie moyenne.

A Patong, la plupart des hôtels annoncent des tarifs à 700/1 800 B pour des chambres climatisées avec s.d.b. Les plus onéreux offrent l'eau chaude. Pendant la saison des pluies, vous devriez pouvoir négocier un rabais d'au moins 100 à 200 B.

Le **Sansabai Bungalows** (☎ 076-342948/9, fax 344888), établissement accueillant, calme et efficace, au bout de Soi Saen Sabai, près de Th Rat Uthit, dispose de chambres avec eau chaude, minibar et TV. En haute saison, prévoyez 850 B (avec ventil.), 1 150 B (en "de luxe" avec clim.), 1 300/1 400 B (en "superior"), et 1 800 B (en bungalow climatisé, équipé d'une cuisine). Hors saison, ces prix tombent respectivement à 700 B, 850 B, 1 000/1 100 B et 1 400 B. Ils incluent le petit déjeuner, service non compris (10%).

Le restaurant sert un large choix de plats italiens et thaïlandais.

L'**Andaman Resortel** (☎ 076-341516, fax 340847, 65/21 Soi Saen Sabai), moins intéressant mais convenable, affiche 800/1 200 B, et le **Casa Summer Breeze** (☎ 076-340464, fax 340493, 171/12 Muu 4, Soi Saen Sabai), avenant et propre, annonce 500/1 150 B.

A côté, près de Th Rat Uthit, l'**Expat Hotel** (☎ 076-342143, fax 340300, e-mail expat@loxinfo.co.th) loue des chambres spacieuses, en assez mauvais état et quelque peu humides, à 790/840 B (440/490 B hors saison).

Le **PS Hotel** (ou PS I, ☎ 076-340184, fax 341097, 50/2 Th Rat Uthit), près du Paradise Complex, loue des chambres décentes, mais sans âme, avec clim. et TV, à 950/1 050 B.

Avec son emplacement central, face à la plage, le sympathique **Safari Beach Hotel** (☎ 076-341170, fax 340231), Th Thawiwong, particulièrement avantageux (800/1 400 B en basse/haute saison), bénéficie d'une agréable piscine de petite taille et d'un bon restaurant de fruits de mer.

Légèrement plus au sud, dans Th Thawiwong, à côté du Banana Disco, le **Tropica Bungalow** (☎ 076-340204, fax 340206) propose un aménagement similaire pour 1 600/1 800 B en haute saison, ou un peu moins cher le reste de l'année.

Le **K Hotel** (☎ 076-340833, fax 340124, 82/47 Th Rat Uthit), bâtiment d'un étage, dans un jardin agréable, accueille essentiellement une clientèle allemande ayant réservé auprès de l'agence Kuoni. Sous réserve des disponibilités, vous obtiendrez une chambre correcte à 900/1 500 B. Le **The Living Place** (☎/fax 076-340121, fax 341757, 38/6 Th Sawatdirak), dans une rue tranquille, au nord de Patong, loue des petits bungalows avec clim., eau chaude et réfrigérateur à 600/1 000 B, selon la saison. Dans Th Chaloem Phrakiat, rue encore plus calme, se profilent deux établissements semblables, le **Swiss Palm Beach** (☎ 076-342381, fax 342698), pourvu de 36 chambres à 1 600 B et l'**Eden Bungalow** (☎/fax 076-340944), avec 28 chambres à 1 230/1 690 B.

La *Sky Inn* (☎ *076-342486, fax 340576*), perchée au 9ᵉ étage du Patong Grand Condotel, essentiellement réservée à une clientèle gay, propose des chambres avec ventil./clim. à 600/900 B en haute saison, ou à 500 B hors saison.

Le *Patong Lodge Hotel* (☎ *076-341020/4, fax 340287*), au nord de Hat Patong, sur Hat Kalim, plage plus reculée et caillouteuse, loue des chambres bien entretenues et parfaitement équipées à 1 000/1800 B, selon la saison.

Où se loger – catégorie supérieure. Les établissements les moins onéreux débutent leurs tarifs à 2 000/3 000 B. Vous y trouverez en général tout le confort, notamment climatisation, piscine, service de chambre interne et téléphone.

Vers l'extrémité de Th Thawiwong, en face de la plage, le *Casuarina Patong Garden Resort* (☎/*fax 340123, 77/1 Th Thawiwong*), ouvert de longue date, est progressivement passé à la création d'un établissement haut de gamme dont les prix s'affichent à 1 800/3 000 B, selon la saison. Établissement similaire, le *Thara Patong* (☎ *076-340135, fax 340446, e-mail thara@ sun.phuket.ksc.co.th*), entre Th Sawatdirak et Th Bangla, sur la route du front de mer, annonce 1 609/2800 B en pleine saison (remise jusqu'à 700 B accordée en juin et en septembre).

Au centre de Hat Patong, dans Th Thawiwong, quelques hôtels bordent la plage. Le *Patong Bay Garden Resort* (☎ *076-340297/8, fax 340560*), établissement luxueux, dispose de chambres à 2 400 B en pleine saison. Le tarif est un peu moins élevé hors saison. Juste à côté, le *Patong Beach Bungalow* (☎ *076-340117, fax 340213*) propose des bungalows de luxe indépendants à partir de 2 400 B.

Le *Comfort Resort Patong* (☎ *076-294130/4, fax 294143, 18/110 Th Ruamjai*), de style américain, dispose de simples/ doubles à 2 600/3 000 B et de tous les équipements souhaitables, notamment une piscine et un restaurant. Tout proche, le *Patong Merlin Hotel* (☎ *076-340037, fax*

340394), pratique des tarifs à 1 500/ 4 336 B, selon la saison.

Patong compte enfin une gamme d'hôtels de standing international, où les prix commencent à 3 000 B, et atteignent des sommes vertigineuses pour de vastes suites avec vue imprenable sur la baie. La plupart des établissements de cette catégorie majorent leurs tarifs de 500 à 1 000 B entre fin décembre et mi-janvier.

Au centre de la plage, le *Phuket Cabana Resort* (☎ *076-340138, fax 340178, 41 Th Thawiwong*) loue des bungalows somptueux à 4 512 B (remise de 40% hors saison), petit déjeuner compris. Le *Patong Beach Hotel* (☎ *076-340301, fax 340541, e-mail patong-sun@phuket.ksc.co.th*), légèrement en retrait de la plage, derrière Th Thawiwong, au sud de Th Bangla, dispose de chambres de luxe spacieuses, sur un terrain bien arrangé.

Bien en retrait, juché au sommet d'une falaise surplombant la baie, à la pointe sud de Hat Patong, un cinq étoiles, l'*Amari Coral Beach Resort* (☎ *076-340106, fax 340115, e-mail coralbea@ phuket.loxinfo.co.th*), loue des chambres à 6 336/7 412 B du 1ᵉʳ novembre au 31 mars, et à partir de 4390 B le reste de l'année.

Établi sur une propriété immense, dans un cadre d'inspiration thaïlandaise, le *Baan Sukhothai Hotel* (☎ *076-314394, fax 340197*), près de Th Bangla, est orné de motifs architecturaux semi-ouverts en teck semblables à ceux du Centre. Il a la faveur des groupes de touristes. Les prix débutent à 3 025 B (remises possibles hors saison).

Vers la pointe nord de la plage, dans Th Hat Patong, le *Club Andaman* (☎ *076-340530, 340361, fax 340527, e-mail admin-@ beachsweets.com*), dans un cadre plutôt paisible, demande 3 049/4 444 B pour de luxueux bungalows.

L'*Holiday Inn Resort Phuket* (☎ *076-340608, fax 340435, e-mail holidayinn@ phuket.com*), à l'extrémité sud de Th Thawiwong, près du Merlin, propose des chambres à 3 400/5 082 B en basse/haute saison, petit déjeuner compris. En retrait de Th Rat Uthit, le *Patong Grand Condotel*

(☎ *076-341043, fax 342205, 63 Th Rat Uthit*) loue des appartements de belle taille composés de 1 à 3 lits et d'une cuisine, à 6 500/10 000 B.

Juché sur Hat Kalim, le *Diamond Cliff Resort* (☎ *076-340501, fax 340507*), vaste propriété, loue des chambres avec vue magnifique sur la mer, à partir de 4 235 B.

Où se restaurer. Patong compte d'innombrables restaurants, dont certains sont excellents. Pour les fruits de mer, flânez le long de Th Bangla. Les tarifs sont en général assez élevés, le kilo de homard valant actuellement quelque 1 000 B.

Le *Restaurant 4*, près de Th Bangla, rehaussé par un éclairage fluorescent, pratique les meilleurs prix. A la fin du dîner, vous pourrez ajouter votre nom aux graffitis qui ornent les murs.

A l'angle de Th Bangla, le *Bangla Seafood Restaurant* est un restaurant de fruits de mer en plein air tout à fait correct, aux prix modérés, disposant d'un personnel très discret. Dans une ambiance chaleureuse, au *Savoey*, Th Thawiwong, grand restaurant en terrasse en face du Safari Beach Hotel, choisissez vous-même les fruits de mer.

A l'angle de Th Rat Uthit et Th Bangla sont regroupés plusieurs cafés thaïlandais et faràngs bon marché. Au *Le Croissant* (☎ *076-342743*), Th Bangla, vous goûterez des pâtisseries et du vin français, des sandwiches, des salades, des baguettes et des fromages importés. Un peu plus au sud, dans Soi Phoemphong Phattana, un chapelet de restaurants proposent des cuisines du monde entier, notamment le *Viva Mexico*, le *Saloniki Greek* et l'*Europa Frank's*.

La *Pizzeria Hut*, légèrement au sud de Soi Saen Sabai, dans Th Rat Uthit, prépare d'excellentes pizzas cuites au feu de bois, à prix raisonnables. La vente à emporter et la livraison sont possibles. Il existe une deuxième entrée, dans Th Bangla, face au Shark Club.

Trois restaurants indiens très corrects, le *Tandoor*, le *Shalimar* et le *Kwality*, sont nichés dans Soi Kepsap.

Dans Th Sawatdirak, vous trouverez des vendeurs de nouilles et de riz bon marché.

Le *Ngoen Laan* (enseigne en thaï), au sud-est du croisement de Th Sawatdirak et Th Rat Uthit, sert de savoureux khâo tôms toute la nuit, à très bon prix.

Réservez 24 heures à l'avance au *Kubu Restaurant* (☎ *076-292191*), pour déguster des spécialités thaïlandaises fraîches en quantité suffisante. Vous savourerez un succulent dîner composé de plusieurs plats, (600 B pour deux personnes). Depuis Thh Thawiwong, juste avant l'Amari Coral Beach Resort, une route non goudronnée vous mènera au Kubu en direction du sud-ouest.

Où sortir. Depuis l'arrivée d'une nouvelle génération de touristes plus fêtards, les discothèques ont la préférence sur les bars. Le *Banana Discotheque* (☎ *076-340301, 96 Th Thawiwong*), l'une des plus populaires, jouxte le *Banana Pub*, qui attire une clientèle essentiellement thaïlandaise, et jouit d'une ambiance "café tranquille". Essayez aussi le très moderne *Shark Club*, dans Th Bangla, ou le *Safari Disco Pub*, au décor "jungle", sur la route de Karon et Kata, au sud de la ville. L'entrée du Banana, du Shark et du Safari revient à 100/200 B (une ou deux boissons comprises).

Avec ses airs de musique country et de folk rock thaïlandais, le *Pow Wow Pub*, dans Th Rat Uthit, près du Paradise Complex, revêt l'aspect d'un vieux bar typique de l'Ouest.

Dans la plupart des innombrables bars de la ville, meublés d'un simple comptoir rectangulaire et de tabourets, des entraîneuses essaieront de vous faire consommer le plus possible. Vous rencontrerez le plus grand nombre d'entre elles dans *Th Bangla*, mais aussi dans Th Thawiwong et Th Rat Uthit, à l'écart des hôtels, des restaurants et des boutiques de souvenirs. Le *Rock Hard a Go Go* (☎ *076-340409*), à l'angle de Th Bangla et Th Rat Uthit, est un night-club/bar spacieux et très fréquenté. Tout proches, le *Kangaroo Bar*, le *Gonzo Bar* et le *U2 Bar* s'animent tard dans la soirée et restent ouverts jusqu'à l'aube.

Dans Soi Sunset, près du PS Hotel et du croisement de Th Rat Uthit et Th Bangla, une ribambelle de bars donnent rendez-vous à une clientèle d'occidentaux (de sexe masculin) et de Thaïlandaises (la plupart venant prendre une pause avant de reprendre leur travail). L'ambiance est suffisamment chaleureuse pour que des touristes seules ou accompagnées puissent se joindre facilement à la fête, de minuit à 6h environ.

Les sois menant au Paradise Complex regroupent un ensemble de bars gays, dont le *Black & White Music Factory*, le *Heaven,* le *Cupid Bar*, le *Passport*, le *Go Go Boys* et le *Gay World*. Au sud de la ville, sur la route de Karon et Kata, des spectacles de travestis, au *Phuket Simon Cabaret* (☎ *076-342011*), ont lieu tous les soirs de 19h30 à 21h30.

Achats. Dans la partie centrale de Th Thawiwong, une succession de boutiques et d'échoppes vendent vêtements, soie, bijoux et souvenirs en provenance de tout le pays, à des prix relativement élevés.

Comment s'y rendre. Dans Th Ranong, près du marché de jour et du Fountain Circle, les sŏngthaews pour Patong coûtent 20 B (150 B en dehors des heures régulières).

Comment circuler. La course en túk-túk dans Patong revient à 10 B. De nombreuses possibilités de locations de motos 125 cm^3 et de Jeep vous sont proposées. Patong Big Bike, Th Rat Uthit, loue des motos de 250 à 750 cm^3.

Des bateaux à moteur, des voiliers et des catamarans se louent, avec ou sans équipage, auprès des boutiques de plongée.

Plusieurs centres proposent des excursions d'une journée aux îles environnantes. Pour des circuits jusqu'aux îles Similan et Surin, au large de la province de Phang-Nga, dans la mer d'Andaman, reportez-vous aux rubriques concernant ces îles, dans la partie *Province de Ranong*, au début de ce chapitre.

Karon

Karon est une longue plage doucement incurvée et agrémentée de petites dunes, de quelques palmiers et casuarinas. Certains distinguent deux plages, Karon Yai et Karon Noi ("Relax Bay"), accessible seulement de Hat Patong, et presque entièrement occupée par le Meridien Hotel. Une promenade goudronnée et bordée de lampadaires aménage le centre de Karon. La zone sud, réunie à Hat Kata, forme un village habité par un mélange de touristes et de résidents.

En raison des eaux usées qui s'y déversent et de la quantité de déchets qui y sont jetés, les canaux de Karon se jetant dans la mer nécessiteraient un bon nettoyage. Ce désagrément contredit les propos des promoteurs vantant cette plage comme étant la plus chic et la plus écologique de Phuket.

Dans un environnement inspiré de celui de la famille Pierreafeu, le *Dino Park* (☎ 076-330625), à côté du Marina Cottage, est doté d'un minigolf de 18 trous et d'une cascade artificielle.

Vous pourrez vous restaurer au Bronto Burgers, écouter de la musique au Rock Garden, et déguster des boissons au Dino Bar. Ouvert toute la journée et jusque tard dans la nuit.

E-mail et accès Internet. Le Karon Beach Internet Center (☎ 076-286086, e-mail karoncenter@usa.net), 36/31 Th Patak, loue quelques ordinateurs (3/4 B la minute).

Où se loger. Karon est bordée d'hôtels et de luxueux complexes de bungalows, et d'un certain nombre de chambres et de cabanes à moins de 400 B. Pendant la saison creuse, de mai à novembre, vous pourrez faire baisser le prix des chambres de 400 à 250 B, voire 150 B, de 1 000 à 600 B et de 2 000 à 1 000 B.

La plupart des établissements à moins de 700 B sont situés en retrait de la plage, à l'est de la route principale, souvent sur de petits caps rocheux. Sur la pointe nord, l'*Ann House* (pas de téléphone), dispose de 14 chambres très rudimentaires, avec ventil. et s.d.b., à 100/300 B. Juste à côté, perché sur une colline, le *Lume & Yai Bungalow* (☎/fax 076-396096), jouissant d'une très belle vue, loue 19 cabanes à 300/500 B. Ces deux établissements présentent l'avantage d'être sur le trajet des songthaews.

Dans le centre commercial de Karon, près du rond-point, le *Karon Seaview Bungalow* (☎ 076-396798/9), très tranquille, propose des duplex convenables en béton et des maisons mitoyennes à 300/500 B, ou un peu moins hors saison. Sur la route principale, en retrait de la plage, le *Crystal Beach Hotel* (☎ 076-396580/5, fax 336584) présente un bon rapport qualité/prix, avec des chambres climatisées à 300/400 B. Au sud, en se rapprochant de la plage, le *My Friend Bungalow* (☎ 076-396344), établissement populaire sympathique avec son café en façade, est équipé de 45 chambres à 200/500 B. Plus au sud, sur une petite colline en retrait de la route principale, le *Fantasy Hill Bungalow* (☎ 076-330106), loue des bungalows avec ventil. et petits réfrigérateurs au prix intéressant de 300/500 B (150/250 B hors saison).

Sur le côté nord du promontoire dominant Karon et Kata, le très accueillant *Kata Tropicana* (☎ 076-330141, fax 330408), propose des bungalows bien entretenus à 500/1 500 B (à partir de 250 B hors saison).

Dans la catégorie moyenne (à partir de 500 B), on peut classer le *Karon Village* (☎ 076-396431), dont les tarifs oscillent à 600/800 B, le *Karon Guest House* (☎ 076-396860), à 500/800 B, le *Phuket Ocean Resort* (☎ 076-396176), dans la fourchette des 1 200/1 400 B et la *Ruam Thep Inn* (☎ 076-330281), à 400/900 B.

A Karon, les autres hôtels, de type station balnéaire, présentent des chambres climatisées à partir de 1 000 B, avec piscines et restaurants. Globalement, les tarifs ont légèrement baissé au cours des deux dernières années, en raison de la concurrence, sauf dans certains établissements. En règle générale, les grands hôtels disposant d'un nombre important de chambres offrent les remises les plus intéressantes, en particulier pendant la saison des moussons, de mai à octobre. Dans un style rappelant vaguement le Sud-Ouest américain, les plus sérieux sont le *Felix Karon Phuket* (☎ 076-396666, fax 396853), aux 81 chambres à partir de 3 800 B, le *The Islandia Travelodge Resort* (☎ 076-396604, fax 396139), avec 128 chambres à 1 000/3 000 B, le *Karon Beach Resort* (☎ 076-330006, fax 330529), aux 81 chambres à partir de 4 000 B, la *Karon Inn* (☎ 076-396519, fax 330529), avec 100 chambres à 1 650/2 150 B, le *Karon Villa & Karon Royal Wing* (☎ 076-396139, fax 396122, e-mail karon@phuket.ksc.co.th), aux 324 chambres à 2 800/3 800 B, le *Phuket Arcadia Hotel* (☎ 076-396038, fax 396136, e-mail arcadia@phuket.ksc.co.th), avec 468 chambres à partir de 4 000 B, le *South Sea Resort* (☎ 076-396611, fax 396618), aux 100 chambres à partir de 3 200 B, et le *Thavorn Palm Beach Hotel* (☎ 076-396090, fax 396555, e-mail palm@phuket.com), avec 210 chambres à partir de 5 400 B.

Juché sur les hauteurs de Karon Noi ("Relax Bay"), la petite baie autour du promontoire nord de Karon, *Le Meridien Phuket*, (☎ 076-340480, fax 340479, e-mail meridien@phuket.ksc.co.th), établissement haut de gamme, propose 470 chambres tout confort à partir de 3 800 B. Plus haut, à flanc de colline et à une courte distance de la plage, le *Karon Hill* (☎/fax 076-341343) loue des simples convenables avec s.d.b. à 300/500 B, en fonction de la saison ou de vos talents pour marchander.

Où se restaurer. La plupart des hôtels proposent une formule de restauration. Les adresses de cuisine thaïlandaise et de fruits de mer les moins chères se situent entre le rond-point et le centre commercial, mais en descendant plus au sud, sur Hat Kata Yai et Hat Kata Noi, vous disposerez d'un plus grand choix.

Ouvert 24h/24, *The Little Mermaid*, à 100 m à l'est du rond-point, présente une carte impressionnante en douze langues, avec de nombreux plats bon marché, pour l'essentiel scandinaves.

L'*Old Siam Authentic Thai Restaurant*, attenant au Thavorn Palm Beach, vaste restaurant en plein air à l'architecture typique du Centre, prépare de la cuisine thaïlandaise, destinée aux touristes, à 100/300 B.

Sur la principale route longeant la plage, entre le Karon Villa/Karon Royal Wing et le Karon Seaview, plus intéressants, sont regroupés plusieurs restaurants en plein air, spécialisés dans les fruits de mer. Le *Family Seafood* et le *On-Lee Seafood* comptent parmi les plus savoureux.

Comment s'y rendre. Voyez la rubrique *Comment s'y rendre* au paragraphe *Kata*, ci-après, pour des informations sur les moyens de transport vers Karon.

Kata

Au sud de Karon, juste après un promontoire, Kata, plage plus agréable que Karon, se compose de Ao Kata Yai (grande baie de Kata) et de Ao Kata Noi (petite baie de Kata). Vous pourrez nager jusqu'à la petite île de Ko Pu à travers de beaux récifs coralliens. Le matériel de plongée de surface se loue auprès de plusieurs hôtels de bungalows. Malgré une certaine urbanisation composée d'une trentaine d'établissements, la plage de Kata reste beaucoup moins fréquentée que celle de Patong. Les murs de béton, récemment érigés autour des grands hôtels, gâtent un peu le paysage. Contrairement à la rumeur, la plage devant le Club Méditerranée est ouverte au public. Une agence de la Thai Farmers Bank (avec un bureau de change) et une poste se tiennent sur la route principale, non loin de la Rose Inn.

Activités et manifestations culturelles. A la pointe sud de Kata Yai, le Chao Phraya River Club (société littéraire CPRC) regroupe régulièrement au Boathouse des écrivains et des lecteurs de la région. A l'occasion, il peut accueillir un homme de lettres en voyage. Pour plus d'informations, appelez le ☎ 076-330015.

The Boathouse propose un atelier de cuisine thaïlandaise durant les week-ends, de 10h à 14h (1 800 B par personne, incluant deux déjeuners, des recettes maison et un diplôme).

Des cours d'art culinaire asiatique se tiennent depuis peu dans les cuisines du Gallery Grill (☎ 076-330975, 330482), près du promontoire surplombant la pointe nord de Kata Noi, avec souvent la participation de grands chefs. Deux cours de 3 heures portant sur un menu différent sont dispensés chaque mois (700 B par personne). Pour plus de détails sur le Gallery Grill, voir la rubrique *Où se restaurer.*

A côté, perchée sur une falaise, la demeure du remarquable architecte ML Tri Devakul (créateur du Boathouse) abrite une galerie d'art présentant les œuvres d'artistes de la région et du monde entier. Ici se tient annuellement le festival des Arts de Baan Kata, au cours de la seconde quinzaine de février.

Où se loger – petits budgets. Les prix des 34 établissements de Kata varient de 100/200 B pour le *Bell's Bungalow*, très en retrait de la plage, à la pointe sud de Kata Yai, à quelque 8 500 B pour une suite au très chic Boathouse, plus luxueux que le Club Méditerranée. En règle générale, les hôtels les moins chers sont implantés à l'écart de la plage, entre Kata Yai (au nord) et Kata Noi (au sud), ou plus loin encore, sur la route menant à l'intérieur de l'île.

Le *Kata View Point Resort* (☎ 076-330815), au nord-est du Bell's Bungalow, propose des chambres convenables avec ventil. et s.d.b. à 200/300 B. Le *Friendship Bungalow* (☎ 076-330499), endroit populaire en retrait de la plage, sur le promontoire dominant Kata Yai et Kata Noi, demande 370/700 B.

Le *Kata On Sea* (☎ 076-330594), sur une hauteur à l'est de Kata Yai, en retrait de Th Thai Na, loue de simples cabanes avec ventil. au plafond, moustiquaires et s.d.b. à 200/300 B, selon la saison.

Dans le style hôtel-appartement, la *Lucky Guest House*, à 200/800 B, et la *Charlie's Guest House* (☎ 076-330855), à 250/350 B, offrent un hébergement sommaire mais propre et sympathique. Toutes deux sont en retrait d'une route parallèle à la plage, au nord-est de la Rose Inn et du restaurant le Bondeli Kata.

Le *Cool Breeze* (☎ 076-330484, fax 330173), à Kata Noi, loue des chambres à

KARON ET KATA

OÙ SE LOGER
1 Felix Karon Phuket
2 Ann House
3 Lume & Yai Bungalows
4 Phuket Ocean Resort
6 The Islandia Travelodge Resort
7 Karon Guest House
8 Crystal Beach Hotel
9 Central Waterfront Suites
10 My Friend Bungalow
11 South Sea Resort
12 Karon Villa ; Karon Royal Wing
14 Karon Seaview Bungalow
15 Karon Village
16 Phuket Arcadia Hotel
17 Thavorn Palm Beach Hotel
19 Karon Inn
21 Ruam Thep Inn
23 Karon Beach Resort
24 Marina Cottage
25 Kata Garden Resort
26 Kata Tropicana
29 Lucky Guest House; Charlie's Guest House
32 Kata On Sea
33 Rose Inn
35 Fantasy Hill Bungalow
36 Peach Hill Hotel
37 Smile Inn
39 Dome Bungalow; Sumitra Thai House
40 Club Méditerranée (Club Med)
41 Kata View Point Resort
42 Bell's Bungalow
43 Sea Bees Bungalow
46 Kata Beach Resort
47 The Boathouse
48 Friendship Bungalow
49 Cool Breeze
50 Pop Cottage
52 Kata Thani Resort
53 Katanoi Riviera
54 Mountain Beach Resort
55 Kata Thani Resort (Kata Buri Wing)
56 C Tabkew Bungalows
57 Katanoi Club Hotel

OÙ SE RESTAURER
5 Restaurants de fruits de mer
13 Restaurants de fruits de mer
18 Old Siam Authentic Thai Restaurant
27 Raan Khao Kaeng
28 Bluefin Tavern
31 Bondeli Kata
34 Kampong-Kata Hill Restaurant & Galleria
38 Restaurants de fruits de mer
45 Islander's
51 Gallery Grill/Baan Kata

DIVERS
20 Supermarché Maxim
22 Dino Park
30 Poste
44 Songthaews pour Phuket

Vers Le Meridien Phuket, le Karon Hill et Patong

Tharon Patak (West)
Hat Karon
Thanon Patak
Karon
4028

Ao Karon

Thanon Thai Na
Vers Phuket

Laem Sai
Ko Pu

Hat Kata Yai
Kata
Ao Kata Yai
4028

Thanon Kata-Sai Yuan

Échelle approximative
0   0,5   1 km

Hat Kata Noi
Ao Kata Noi
4233

Vers Hat Nai Han

200/750 B. Derrière le C Tabkew, plus cher, le **Katanoi Club Hotel** (☎ 076-330194, 284025), au bout de la route, à la pointe sud de Kata Noi, bâtiment quelque peu délabré, adossé à une falaise rocheuse, présente des chambres rudimentaires à 200/500 B, à 50 m de la plage.

Parmi les établissements dont les prix débutent à moins de 500 B, citons le **Dome Bungalow** (☎ 076-330620, fax 330269), à 400/750 B, le **Sumitra Thai House** (☎ 076-330515), juste à côté, à partir de 400 B, le **Sea Bees Bungalow** (☎/fax 076-330090), à 250/350 B, et la **Rose Inn**, du type hôtel, (☎ 076-396519, fax 396526), à 250/500 B. Des réductions peuvent être accordées de mai à octobre.

Où se loger – catégorie moyenne. Les hôtels recommandés, tous climatisés, sont le **Peach Hill Hotel** (☎ 076-330603, fax 330895), dans un cadre agréable avec piscine, à 500/1 500 B, et l'accueillante **Smile Inn** (☎ 076-330926, fax 330925), propre, agrémentée d'un joli café en plein air et de chambres avec douche chaude, TV et réfrigérateur, à 700 B (800 B petit déjeuner compris). L'une des meilleures adresses, à la pointe sud de Kata Noi, le **C Tabkew Bungalow** (Chor Tabkaew, ☎ 076-330433, fax 330435), figurant parmi les rares hôtels disposant d'un emplacement sur la plage, revient à 900/1 200 B en basse/haute saison. Certains de ces bungalows spacieux et bien entretenus sont perchés sur une colline émaillée de gros rochers, accessibles par quelques marches. Vous serez récompensé au balcon par de magnifiques couchers de soleil sur la baie.

Le **Pop Cottage** (☎ 076-330181, fax 330794, e-mail popcott@loxinfo.co.tha), sur une colline face à la pointe sud de Kata Yai, offre des logements à 500/1 000 B. Le **Kata Garden Resort** (☎ 076-330627, fax 330446), en face du Marina Cottage, dispose de 50 bungalows ombragés avec ventil./clim. à 500/1 500 B.

A Kata Noi, de l'autre côté de la route longeant la plage, le **Katanoi Riviera** (☎ 076-330726, fax 330294) se compose de maisons mitoyennes et de bungalows, sur un terrain paysager, à 300/1200 B. La vue sur la mer, partiellement obstruée par le Kata Thani, deviendra nulle lorsque la construction du Mountain Beach Resort sera achevée. Ce dernier devrait constituer une transition entre les hébergements de catégorie moyenne et supérieure.

Où se loger – catégorie supérieure. Le *Marina Cottage* (☎ *076-330015, fax 330516, e-mail info@marina-cottage.com*), à l'ombre des palmiers en bordure de la plage, qui loue des bungalows confortables de style thaïlandais à 1 000/3 000 B, est le moins cher de cette catégorie. Les groupes ne sont pas admis. Les réservations s'effectuent auprès d'agences attitrées.

Le *The Boathouse* (☎ *076-330015, fax 330561, ☎ 02-438 1123 à Bangkok, e-mail the.boathouse@phuket.com)*, création de l'architecte ML Tri Devakul, réussit l'exploit d'afficher complet toute l'année, avec ses 36 chambres, et cela sans baisser ses prix hors saison. Spacieux mais quelconque, l'établissement compte dans sa clientèle des hommes politiques thaïlandais, des pop stars, des artistes, des écrivains célèbres. Il bénéficie d'un emplacement privilégié à la pointe sud de Kata Yai, d'un service impeccable et d'un restaurant qui a une excellente réputation. Le prix des chambres est de 6 200 B minimum.

L'un des meilleurs emplacements de Karon et Kata, le *Kata Thani Resort* (☎ *076-330417, 330124/6, fax 330426, e-mail katathani@phuket.com*), véritable palais de 202 chambres haut de gamme, parfaitement équipées (2 500/4 200 B), bénéficie d'une vue panoramique sur la plage de Kata Noi. Cette propriété bien aménagée possède deux piscines dans ses murs, et une troisième de l'autre côté de la route, légèrement au sud, au Kata Buri Wing.

Proche du Club Med à Kata Yai, situé sur la route menant à la plage, le *Kata Beach Resort* (☎ *076-330530, fax 330128, e-mail katagrp@loxinfo.co.th*), hôtel en béton de 3 étages, loue 262 chambres à 3 200/3 800 B qui ne jouissent pas toutes

d'une vue sur la mer. Le *Club Med* (☎ *076-330455/9, fax 330461*) sur une vaste propriété près de Kata Yai, occupe une large portion du front de mer. Les tarifs oscillent entre 3 400 et 6 000 B.

Où se restaurer. Les services de restauration à Kata sont habituellement destinés aux touristes.

Au sud de Kata Yai, le meilleur de la région est indéniablement le *Boathouse Wine & Grill*, en terrasse, rattaché à l'hôtel du même nom. La carte des vins et le buffet de fruits de mer en soirée sont excellents. L'endroit est onéreux, mais l'atmosphère agréable et le service impeccable.

Légèrement plus guindé, le *Gallery Grill* (☎ *076-330975*), à Baan Kata, domine la pointe nord de Kata Noi. Le célèbre chef de Napa Valley, Sue Farley présente des menus d'une grande créativité, combinant toutes les cuisines d'Asie, et rehaussés par une carte de vins californiens. Ouvert de 18h à 22h, les tarifs sont à la hauteur du prestige de l'établissement. Uniquement sur réservation.

Nettement moins cher, mais tout aussi délicieux, le *Kampong-Kata Hill Restaurant*, lieu thaïlandais décoré d'antiquités, est situé sur une colline, un peu en retrait de la plage. Ouvert seulement à l'heure du dîner, de 17h à 24h.

Un peu plus haut, le *Dive Cafe* propose le soir des menus thaïlandais comprenant plusieurs plats (400 B pour deux personnes). Dans la même rue, le *Bondeli Kata* (☎ *076-396482*), sert des pâtisseries fraîches, 4 sortes de cafés, et 9 variétés de thés, tandis que le *Bluefin Tavern* prépare des pizzas, des hamburgers, ainsi que de la cuisine "tex-mex" et thaïlandaise.

Particulièrement spacieux, l'*Islander's* (☎ *076-330740*) prépare fruits de mer, cuisine italienne, grillades au barbecue et produits frais à prix moyens. Sur simple appel, vous bénéficierez du transport gratuit depuis/vers votre hôtel.

Vers l'extrémité est de Th Thai Na, bien après le Kampong-Kata Hill Restaurant et la Rose Inn, le *Raan Khao Kaeng* (enseigne en thaï), spécialisé dans les curries thaïlandais accompagnés de riz, attire plutôt une clientèle occidentale.

Comment s'y rendre. Les songthaews pour Kata et Karon partent fréquemment du marché de Th Ranong, à Phuket, de 7h à 17h (20 B par personne). En dehors des heures régulières, vous pourrez louer un véhicule (150/200 B). L'arrêt principal est situé en face du Kata Beach Resort.

Nai Han

A quelques kilomètres au sud de Kata, semblable à Kata et Karon, cette plage, qui borde une baie pittoresque, reste à l'abri des promoteurs, malgré la construction du Phuket Yacht Club en 1986, grâce à la présence d'un monastère possédant l'essentiel des terrains.

Le développement touristique des collines avoisinantes semblant également marquer une pause, Nai Han est la moins peuplée des plages du sud de l'île. Proche de la Route 4233, après le Nai Han Beach Resort, le Nai Han Herbal Sauna propose bains de vapeur (50 B) et massages (150 B de l'heure)

La TAT met en garde contre les risques majeurs de la baignade à l'époque de la mousson (mai à octobre). Le drapeau rouge vous avertit du danger.

Où se loger. Le Yacht Club est quasiment la seule possibilité d'hébergement sur la plage et ses alentours. A 1 km sur la route qui le traverse, puis dépasse le cap suivant, le rudimentaire *Ao Sane Bungalows* (☎ 076-288306) demande 80/200 B selon la saison et l'état des cabanes rustiques.

Au bout de la route, le *Jungle Beach Resort* (☎ 076-381108, fax 381542), plus retiré, propose des cottages bien espacés, sur une pente naturellement boisée avec une petite plage en contrebas. Hors saison, comptez 400 B minimum pour un petit cottage sans s.d.b. En haute saison, les prix peuvent atteindre 5 000 B pour un grand cottage avec terrasse et s.d.b. Les logements mériteraient d'être rénovés, compte tenu des tarifs et des dangereux ponts de bois, menacés de ruine. Certains voyageurs se sont plaints du service de restauration.

Très en retrait de la plage, près de la route menant à Nai Han, derrière un petit lagon, le *Nai Han Beach Resort* (☎ 076-381810), de type motel, loue des chambres propres à 500/800 B avec ventil./clim. (supplément 200 B en haute saison, de décembre à février). De l'autre côté de la lagune, le *Romzai Bungalows* (☎ 076-381338) dispose de cabanes sommaires à 300 B, de décembre à avril, ou 150 B le reste de l'année. Vers l'intérieur de l'île, sur la même route, l'*Orchid Bungalows* (☎ 076-381396), près d'une pépinière d'orchidées, loue des chambres de type motel à environ 300 B.

Dressé sur la pointe ouest de Hat Nai Han, le *Royal Meridien Phuket Yacht Club* (☎ 076-381156, fax 381164, e-mail info@ phuket-yachtclub.com), a coûté la somme astronomique de 145 millions de bahts. L'hôtel a abandonné l'idée de devenir un véritable yacht club (les courants de la baie ne s'y prêtent apparemment pas) et a retiré sa jetée flottante. Des chambres somptueuses sont néanmoins disponibles à 280/900 $US.

A l'autre extrémité de la baie, en retrait de la route de Rawai, le *Yahnui Beach Bungalows* (Yanoi, ☎/fax 076-238180), présente un ensemble de cottages quelconques, avec ventil. au plafond et douche. Les petits bungalows reviennent à 350 B, les plus agréables à 500 B. Le restaurant, rustique, bénéficie d'un emplacement privilégié sur une petite crique de sable isolée, face aux bungalows. L'endroit est très paisible, au cœur des cocotiers de mangroves et des casuarinas. Le cap et les collines verdoyantes environnantes invitent à la randonnée. L'établissement n'est pas desservi.

Comment s'y rendre. Nai Han est à 18 km de Phuket. Un songthaew depuis le croisement de Th Krung Thep et de "Fountain Circle", coûte 20 B. Un túk-túk revient à 130 B (aller simple).

Rawai et Laem Kha

Rawai est l'une des premières zones aménagées de l'île, simplement parce qu'elle est proche de Phuket et qu'il s'y trouvait un assez gros village de pêcheurs. Quand d'autres plages, plus belles, comme Patong et Karon, ont été "découvertes", l'attrait pour Rawai a décliné.

Le site est assez ordinaire, mais les activités ne manquent pas. Vous pourrez visiter un village de nomades de la mer, profiter de la plage de Hat Laem Kha, au nord-est (meilleure que Rawai), naviguer vers les îles de Ko Lon, Ko Hae, Ko Aew ou Ko Phi (embarquement au quai n°16), ou plonger au large de **Laem Phromthep**, facilement accessible à la pointe sud de l'île. Le lieu est célèbre pour ses couchers de soleil. Sur une colline voisine se dresse un sanctuaire dédié à Phra Phrom (Brahma).

La plongée au large des îles de la côte est plaisante, surtout à Kaew Yai et Kaew Noi, en face de Phromthep, et à Ko Hae. Comparez les tarifs pratiqués par les diverses compagnies.

Où se loger. Ouvert de longue date, le *Salaloy Seafood & Bungalows, (Salaloy Resort,* ☎ *076-381370, 52/2 Th Wiset)* loue des bungalows avec ventil./clim. à 300/ 800 B. Le restaurant de fruits de mer, très fréquenté, est l'un des meilleurs et des moins chers de la région. Juste à côté, le *Porn Mae Bungalows (☎/fax 381300)* est assez semblable. Le *Siam Phuket Resort* (☎ *076-381346, fax 381347)* propose des bungalows solides à 750/1 300 B.

A Laem Kha, le *Phuket Island Resort* (☎ *076-381010, fax 381018)* propose 290 chambres climatisées à partir de 2 000 B, ainsi qu'une piscine et d'autres commodités. Juste au cap, le *Laem Ka Beach Inn* (☎ *076- 381305)* loue 20 bungalows à toits de palme, disséminés au cœur d'une cocoteraie, à 450/1 200 B. La plage, mélange de sable propre et de galets, est idéale pour le pique-nique et la baignade.

A 2,5 km environ au nord de Rawai, à mi-chemin avant d'atteindre le rond-point de Ao Chalong, se profile le *Friendship Beach* (☎ *076-381281, fax 288996)*, complexe de 9 bungalows indépendants à 300/500 B, apparemment réservés aux séjours à plus long terme ; il est doté d'une petite plage privée. Les prestations proposées incluent billard, tableau d'informations fort utile, gymnase, médiathèque, boutiques de livres d'occasion, et équipements pour les activités marines. Ce lieu accueille également des musiciens (rock, R&B et blues le samedi, jazz le dimanche).

Où se restaurer. En dehors des restaurants attenant aux établissements balnéaires (le Salaloy étant le meilleur), vous rencontrerez des vendeurs de fruits de mer et de nouilles sur la route qui borde la plage. En contrebas de Laem Phromthep, le *Prom Thep Cape* prépare des mets thaïlandais tout simples.

Comment s'y rendre. Rawai est à 16 km de Phuket. Vous pourrez louer un songthaew au "Circle" de Th Krung Thep (15 B) ou un túk-túk depuis Phuket (110 B).

Laem Singh et Kamala

Au nord d'Ao Patong, à 24 km de Phuket, Laem Singh (cap Singh) est une belle petite plage dominée par des rochers. Vous devez camper ici et manger dans les restaurants de fruits de mer, abondants à Singh ou à Ban Kamala, village plus au sud.

Plus avenante, Hat Kamala est un beau ruban de sable et de mer au sud de Surin et de Laem Singh. Des casuarinas ombragent la pointe nord, la plus jolie partie de la plage, où un petit snack-bar à toit de palme propose des chaises longues et des parasols. Au milieu, la plage est envahie par les complexes balnéaires et les restaurants de fruits de mer. La majorité des villageois sont musulmans. Vous apercevrez deux mosquées très simples, à la sortie du village principal, également appelé Bang Wan, en vous dirigeant vers le sud. Il est recommandé d'être vêtu décemment, dans le village, pour respecter les mœurs locales. La baignade en monokini ou dans le plus simple appareil choquerait les habitants au plus haut point.

Le Safari World de Bangkok a cédé 64 ha de terrain en bordure de la plage pour construire un gigantesque parc d'attractions

SUD DE LA THAÏLANDE

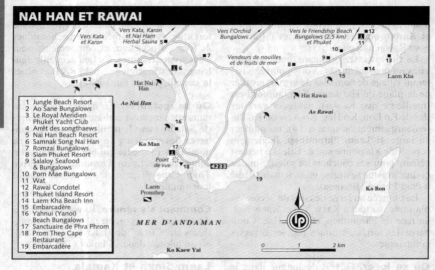

NAI HAN ET RAWAI

Vers Kata et Karon

Vers Kata, Karon et Nai Harn Herbal Sauna

Vers l'Orchid Bungalows

Vers le Friendship Beach Bungalows (2,5 km) et Phuket

Vendeurs de nouilles et de fruits de mer

Hat Nai Han

Ao Nai Han

Hat Rawai

Ao Rawai

Laem Kha

1 Jungle Beach Resort
2 Ao Sane Bungalows
3 Le Royal Meridien Phuket Yacht Club
4 Arrêt des songthaews
5 Nai Han Beach Resort
6 Samnak Song Nai Han
7 Romzai Bungalows
8 Siam Phuket Resort
9 Salaloy Seafood & Bungalows
10 Porn Mae Bungalows
11 Wat
12 Rawai Condotel
13 Phuket Island Resort
14 Laem Kha Beach Inn
15 Embarcadère
16 Yahnui (Yanoi) Beach Bungalows
17 Sanctuaire de Phra Phrom
18 Prom Thep Cape Restaurant
19 Embarcadère

Ko Man

Point de vue

Laem Promthep

Ko Bon

MER D'ANDAMAN

Ko Kaew Yai

0   1   2 km

de 60 millions de $US, le Phuket Fantasea. L'affaissement de l'économie thaïlandaise a entravé la mise en œuvre du projet, mais il n'est que retardé.

Où se loger. Le luxueux *Phuket Kamala Resort* (☎ *076-324396, fax 324399*), au centre de la plage, loue 40 bungalows avec balcons privés, clim. et TV, à 1 650/1 900 B. Le café sert de la cuisine thaïlandaise et occidentale.

L'autre côté de la route offre d'autres options, meilleur marché, la plupart sans climatisation. Le très calme *Bird Beach Bungalows* (☎/fax *076-270669*) présente des petits cottages, propres, avec ventil. et douche à 500 B. Vous trouverez plusieurs blanchisseries et des mini libres-services pour les séjours à long terme.

Autres établissements modestes, le *Malinee House* (☎ *076-271355*), tout à côté, disposant de 5 chambres avec ventil. à 350/440 B, le *Kamala Seafood* (☎ *076-324426*) de 4 chambres à 400 B, le *Pa Pa Crab* (☎ *076-324315*) de simples/doubles à 300 B dans une maison, et d'un bungalow

sur la plage à 500 B. Au nord de la plage, près du poste de police, le *Nanork Seafood & Buffalo Bar* (☎ *076-270668*) loue des chambres neuves avec ventil., très propres, à 500 B. La plupart de ces établissements ferment de mai à octobre.

A la pointe sud de la baie, en retrait de la plage, le *Kamala Beach Estate* (☎ *076-270756, fax 324115, e-mail kamala.beach@ phuket.com*), avec vue sur la mer, abrite des appartements modernes, tout confort, très sûrs, en multi-propriété, à 100/312 $US Plus au sud, près du promontoire et plus chic, le *Kamala Bay Terrace* (☎ *076-270801, fax 270818, e-mail kamala@ samart.co.th*) propose des prestations similaires pour 3 400/7 000 B (hors saison) et 4 150/13 300 B (haute saison). Du 20 décembre au 5 janvier, ces appartements sont loués pour 5 jours minimum. Prévoyez un supplément en pleine saison.

Où se restaurer. Le sympathique petit *restaurant à toit de palme*, à la pointe nord de la plage, présente le meilleur rapport qualité/prix. Près du Bird Beach Bungalows, le ***Kamala Seafood*** et le ***Jaroen Seafood***, restaurants de fruits de mer convenables, à l'ambiance familiale, sont destinés aux faràngs. Le ***Paul's Place Pub & Kitchen*** (☎ *076-270756*), près du Kamala Beach Estate, à la pointe sud de la baie, l'endroit haut de gamme de Kamala, offre une belle vue sur la baie et une bonne cuisine thaïlandaise et occidentale.

Si vous recherchez un endroit plus typique, essayez l'un des ***kopíi shops*** du village, servant des cafés serrés ou kopíi.

Comment s'y rendre. Un songthaew dessert régulièrement la plage de Kamala de 7h à 17h (25 B par personne). Vous pouvez aussi louer un túk-túk (250 B).

Surin

Un peu au nord de Laem Singh, Surin abrite une longue plage avec, parfois, de grosses vagues. Par beau temps, la plongée de surface est agréable.

Les Thaïlandais aiment goûter les amuse-gueule à base de fruits de mer vendus au bord de l'eau.

Juste avant Surin, au village de Bang Thao n°2, se dresse une des plus belles mosquées du Sud, **Matsayit Mukaram**, vaste édifice aux murs blanchis à la chaux, immaculé, aux portes en bois laqué.

Où se loger. La partie nord de Surin, surnommée "Pansea Beach", est dévolue à deux hôtels clubs très fermés. L'***Amanpuri Resort*** (☎ *076-324333, fax 324100, e-mail amanpuri@phuket.com*) accueille des personnalités thaïlandaises dans des pavillons de 133 m² (380/860 $US), ou des villas de 2 à 6 chambres (1 220/3 276 $US) avec un employé attaché à leur service exclusif. L'Amanpuri, qui inclut 20 bateaux de croisière, 6 courts de tennis, gymnase et restaurants thaï et italiens, a été conspué par la population locale pour l'usage commercial qu'il faisait de l'image du Bouddha.

Le ***The Chedi*** (☎ *076-324017, fax 324252, e-mail info@chedi-phuket.com*) comporte 89 chambres et 21 cottages de 2 chambres à plancher de teck et véranda

privative (140/840 $US selon la saison), et possède son propre terrain de golf.

A l'extrémité sud de Surin, le ***Surin Sweet Apartment*** (☎ *076-270863, fax 270865*), le ***Sabai Corner Apartment*** (☎ *076-2711467, 01-956 4795*) et la ***Tang-thai Guesthouse & Restaurant*** (☎ *076-270259*) louent des chambres sommaires mais modernes (400/800 B).

Comment s'y rendre. Un songthaew relie régulièrement Phuket, depuis Th Ranong, à Hat Surin (20 B par personne). La location d'un túk-túk revient à 250/300 B.

Ao Bang Tao

Au nord de Surin, après un cap, cette longue plage sablonneuse de 8 km est dotée d'un terrain de golf de 18 trous, ayant entraîné le développement rapide des environs. Il y souffle une brise constante qui fait le délice des véliplanchistes au point qu'en 1992 la Siam World Cup a été transférée de la Jomtien Beach (Pattaya) à la plage d'Ao Bang Tao, où elle a lieu désormais tous les ans. Un réseau de lagunes, à l'intérieur des terres, a été intégré aux hôtels, d'où le nom de "Laguna Beach" qui lui est parfois donné.

Où se loger. A une exception près, les hébergements de Bang Thao sont réservés aux voyageurs aisés. Les hôtels de Bang Thao (sauf le Royal Park Travelodge Resort) fonctionnent à la façon d'une station balnéaire, de telle sorte qu'en résidant dans l'un d'entre eux, vous aurez accès à toutes les installations des autres établissements. Une navette relie les différents sites.

Le moins cher, à la pointe sud de la baie, est le tranquille et retiré ***Bangtao Lagoon Bungalow*** (☎ *076-324260, fax 324168*), avec 50 bungalows indépendants à 500/1 600 B, les plus récents à 1 300 B (remise de 30% hors saison). Le restaurant attenant sert des plats thaï et européens.

Le somptueux et paisible ***Dusit Laguna Resort*** (☎ *076-324320, fax 324174, ☎ 02-238 4790 à Bangkok, e-mail dusit@*

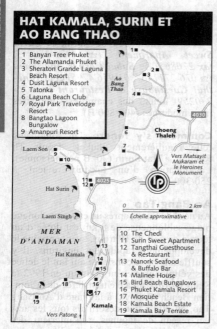

HAT KAMALA, SURIN ET AO BANG THAO

1 Banyan Tree Phuket
2 The Allamanda Phuket
3 Sheraton Grande Laguna Beach Resort
4 Dusit Laguna Resort
5 Tatonka
6 Laguna Beach Club
7 Royal Park Travelodge Resort
8 Bangtao Lagoon Bungalow
9 Amanpuri Resort

10 The Chedi
11 Surin Sweet Apartment
12 Tangthai Guesthouse & Restaurant
13 Nanork Seafood & Buffalo Bar
14 Malinee House
15 Bird Beach Bungalows
16 Phuket Kamala Resort
17 Mosquée
18 Kamala Beach Estate
19 Kamala Bay Terrace

Les prestations incluent terrain de golf, centre thermal, 3 courts de tennis, piscine circulaire et piscine d'architecture fantaisiste. Spécialisé dans les cures de santé comprenant massages, soins par application d'algues et méditation, il a été élu en 1998 meilleur centre thermal par les lecteurs de *Condé Nast Traveller*.

Le *The Allamanda* (☎ 076-324359, fax 324360, e-mail allamanda@laguna-phuket.com) loue 94 "suites juniors", avec kitchenettes et TV satellite, à partir de 145 \$US (basse saison), et des villas en duplex jusqu'à 380 \$US (haute saison). Le *Laguna Beach Club* (☎ 076-324352, fax 324353, resa fax 270993, e-mail beach club@lagunaphuket.com) rivalise avec le Sheraton et le Dusit avec ses 252 chambres à 185/215 \$US, taxe et service non compris. Son parc aquatique de 8 ha comprend cascades, toboggans, piscines à vagues et bassin de plongée.

Où se restaurer. Le Sheraton compte 4 excellents restaurants, dont le *Tea House*, reproduction grande échelle d'une maison de thé traditionnelle hongkongaise, spécialisée dans la cuisine chinoise. Des dîners privés peuvent être organisés sur les lagons, dans un bateau-restaurant privé.

Le *Takonta* (☎ 076-324349), près de l'entrée du Dusit Laguna Resort, propose une cuisine "globe-trotter", à base de produits locaux frais. Le chef et propriétaire Harold Schwartz, formé dans une école européenne, met en œuvre l'expérience acquise à Hawaii et dans le Sud-Ouest américain ("takonta" est le mot amérindien pour bison). Les tarifs sont très élevés. Le restaurant n'est ouvert qu'en soirée. Réservations recommandées.

Comment s'y rendre. Un songthaew de Phuket (Th Ranong) à Bang Thao revient à 20 B par personne. A Ao Bang Thai, prenez un songthaew sur les Routes 4030 et 4025. La location de túk-túk coûte 200 B.

Nai Thon

La modernisation des routes vers Hait Nai n'a entraîné qu'un développement modeste

lagunaphuket.com) dispose de 226 chambres/suites à 303/847 \$US, taxes non comprises, avec supplément du 20 décembre au 20 février. Autre établissement haut de gamme, au centre de la plage, le *Royal Park Travelodge Resort* (☎ 076-324021, fax 324243), loue des chambres à 3 250/3 800 B (basse/haute saison).

Deux établissements ajoutent au luxe de la baie, le *Sheraton Grande Laguna Beach* (☎ 076-324101, fax 324108, e-mail sheraton@phuket.com) et le *Banyan Tree Phuket* (☎ 076-324374, fax 324375, e-mail banyan@phuket.com). Le Sheraton comprend 240 chambres (220/290 \$US) et 84 "grande villas" (375/635 \$US), avec remise de 20 \$US hors saison, et dispose d'un centre de remise en forme. Le *Banyan Tree*, plus exclusif, possède 98 villas équipées de bassins en plein air et 34 dotées de piscines privées et jacuzzis (400/780 \$US).

de cette vaste bande de sable frangée de casuarinas et de pandanus. En contrebas, sur la plage, des vendeurs louent des parasols et des transats. C'est un endroit formidable pour se baigner, sauf en période de mousson. De chaque côté de la baie, près des promontoires, les plongeurs pourront aussi profiter de quelques récifs coralliens. Un peu plus au large de la côte, près de la minuscule **Ko Waew**, à 16 m de profondeur, gît l'épave d'un dragueur de 50 m de long. Le Naithon Beach Resort organise des excursions de plongée dans le secteur.

Au nord du Naithon Beach Resort, sur la route du front de mer, côté plage, se tient un **sanctuaire** érigé par les pêcheurs musulmans pour apaiser les divinités de la mer de leurs ancêtres *chao naam*. La route menant au promontoire de Laem Son (cap des Pins), en direction du sud, achevée en 1995, est déjà parsemée de nids-de-poule. Elle longe deux petites criques de sables désertes, **Nai Thon Noi et Hin Khruai**. Pendant la saison sèche, un vendeur propose des fruits de mer sur Hin Khruai. Dans l'intérieur, le minuscule village de Ban Sakhu, au nord-est de Hat Nai Thon, est jalonné de fleurs et de vergers.

De nombreuses constructions résidentielles étaient en cours récemment derrière la plage.

Où se loger et se restaurer. La direction américaine du *Nai Thon Beach Resort* (☎ 076-205379, fax 205381), demande un minimum de 1 000/1 400 B (sans/avec clim.) pour de spacieux cottages en bois, bien conçus, implantés de l'autre côté de la route menant à la plage. Ces tarifs baissent jusqu'à 800/1 000 B pour un séjour d'au moins 3 jours. Un petit restaurant sert des sandwiches et de la cuisine thaï. Fermé pendant la saison des pluies.

Un peu plus bas, sur la plage, le *Tien Seng* présente des menus thaïlandais et chinois, et prévoit, dans un proche avenir, d'aménager des chambres à 500/800 B.

Comment s'y rendre. Les songthaews depuis la capitale provinciale (30 B par personne) circulent entre 7h et 17h. Au-delà, vous devrez louer un véhicule (300 B). Si vous arrivez directement de l'aéroport, mieux vaut louer un taxi (200 B), plus rapide et moins onéreux.

Nai Yang et Mai Khao

Ces deux plages sont proches de l'aéroport international de Phuket, à environ 30 km de la ville. Nai Yang, assez retirée, est très appréciée des Thaïlandais. Elle fait partie du **parc national de Sirinat**, zone protégée relativement récente qui réunit l'ancien parc national de Nai Yang et la réserve naturelle de Mai Khao. Le parc recouvre 22 km² de littoral et 68 km² de mer, de la frontière occidentale de Phang-Nga au cap séparant Nai Yang et Nai Thon, au sud.

À quelque 5 km au nord de Nai Yang, s'étend la plus longue plage de Phuket, Hat Mai Khao. Les tortues marines viennent y pondre de novembre à février. Du centre d'accueil (toilettes, douches et tables de pique-nique) partent des sentiers qui traversent les casuarinas pour rejoindre la plage.

Soyez prudent lorsque vous vous baignez à Mai Khao, car un fort courant sévit à cet endroit. Excepté pendant le week-end et les périodes de vacances, vous serez seul sur la plage.

De l'autre côté de la route, en face du centre d'accueil, un réseau de pistes en bois guide les visiteurs à travers une forêt naturelle à mangrove.

À 1 km environ de Nai Yang, un large récif est submergé à une profondeur de 10 à 20 m. Vous louerez des équipements de plongée de surface ou de profondeur au Pearl Village Resort. D'après sa configuration, il est sans doute possible de pratiquer le surf à cet endroit pendant la mousson du sud-ouest.

La zone située entre Nai Yang et Mai Khao est dévolue à l'élevage de crevettes. Fort heureusement, les pêcheurs ne creusent pas de lagons artificiels à travers la plage ou au milieu des mangroves (comme à Ko Chang ou à Khao Roi Yot), mais élèvent les crustacés dans des réservoirs en béton nuisant beaucoup moins à l'environnement.

Où se loger et se restaurer. Le camping est autorisé sur Nai Yang et Mai Khao. A Nai Yang, le *parc national de Sirinat* (☎ 076-327407) propose des bungalows sommaires et en mauvais état (400 B), des bungalows de 12 lits (800 B) et des tentes de 2 places (60 B).

Implanté sur Ao Mai Khao, le *Phuket Campgroung* (☎ 01-676 4318, e-mail campground@phuketmall.com), loue en bordure de la plage des tentes avec nattes, oreillers, couvertures et torches (100 B par personne). Ce campement privé est séparé de la plage par une bande mince de mangroves. Il inclut douches, toilettes, hamacs, transats, parasols et aire de feu de camp. Un petit restaurant/bar en plein air saura combler votre appétit.

L'implantation hôtelière privée a été autorisée sur la pointe sud de Hat Nai Yang, très en retrait de la plage. Le *Garden Cottage* (☎/fax 076-327293), à 5 minutes à pied de la plage, loue de jolis cottages avec ventil./ clim., réfrigérateur et s.d.b. à 800/1 200 B, un peu moins cher saison.

A l'extrémité sud de la plage, le luxueux *Pearl Village Resort* (☎ 076-327006, fax 327338, e-mail pearlvil@loxinfo.co.th), sur 8,1 ha, doté d'un centre de plongée (direction allemande) et de 3 restaurants onéreux, loue des chambres avec clim. (2 800 B minimum), des cottages (3 200/4 000 B) et des suites (jusqu'à 16 000 B). Dans le même secteur, le *Crown Nai Yang Suite Hotel* (☎ 076-327420, fax 327323, e-mail crown@phuket.com), bâtiment disgracieux de plusieurs étages, facture des "cubes" modernes (certaines chambres sont dépourvues de fenêtres) à 1 815 B minimum (remise 300 B hors saison). Il a souvent pour clientèle les équipages des avions desservant Phuket.

Le long de la route non goudronnée à la pointe sud de la plage, s'étire un ruban sans fin de *restaurants de fruits de mer*… et de tailleurs. L'entrée du Pearl Village Beach Hotel côtoie une minuscule supérette.

Comment s'y rendre. Un songthaew de Phuket à Nai Yang revient à 20 B, une course en túk-túk à 250/300 B. Il n'existe pas de songthaews réguliers vers Mai Khao, mais un túk-túk coûte 20 B.

Îles avoisinantes

A **Ko Hae**, quelques kilomètres au sud-est de Ao Chalong, le *Coral Island Resort* (☎ 076-281060, fax 381957, e-mail coral_island@phuket.com) propose des bungalows climatisés haut de gamme à partir de 2 300 B. L'île est parfois appelée Coral Island (île du Corail). En dépit des jet-skis et autres sports nautiques, c'est un endroit tout indiqué pour la plongée si vous n'envisagez pas de vous rendre plus au large. L'île est la destination de nombreuses excursions depuis Phuket, mais le soir elle redevient un lieu paisible.

Ko Mai Thon, au sud-est de Laem Phanwa, est une île analogue, légèrement plus petite. Au *Maiton Resort* (☎ 076-214954, fax 214959), vous pourrez louer de luxueux bungalows à flanc de colline (9 075 B) ou sur la plage (10 890 B, ou à partir de 7 500 B hors saison).

Deux îles au sud de Phuket, accessibles en 1 heure 30 par bateau, font la joie des plongeurs confirmés ou débutants. **Ko Raya Yai et Ko Raya Noi** (ou Ko Racha Yai/Noi) sont en effet dotées de récifs coralliens permettant une plongée en eau profonde ou en surface, avec une visibilité de 15 à 30 m. Les îles sont habitées par des familles musulmanes vivant principalement de la pêche et de l'exploitation de cocotiers. Sur Ko Raya Yai, vous pourrez loger au *Jungle Bungalow* (☎ 076-228550, 01-229 1913) dans des chambres à (300/500 B), au *Raya Resort* (☎ 076-327803) dans des bungalows sommaires à toits de palme à 300/500 B, à son homonyme, le *Raya Resort*, dans des chambres avec ventil. à 700 B, ou au *Raya Andaman Resort* (☎ 076-381710, fax 381713) dans des chambres avec clim. à partir de 700 B.

Pour plus de renseignements sur les activités et l'hébergement sur l'île de Ko Yao Noi, au nord-ouest de Phuket, reportez-vous à la partie *Province de Phang-Nga*, plus haut dans ce chapitre.

Comment s'y rendre. Des bateaux quittent Ao Chalong pour Ko Hae tous les jours à 9h30 (durée 30 minutes, 60 B). La Songserm Travel (☎ 076-222570) propose des bateaux vers Ko Raya Yai depuis le port de Phuket tous les jours à 8h30 (75 minutes, 300/550 B aller/aller-retour). La Pal Travel Service (☎ 076-344920) offre un service analogue. Vous pouvez louer un long-tail boat depuis Rawai ou Ao Chalong (1 500 B).

Province de Surat Thani

CHAIYA

A 640 km de Bangkok, Chaiya, située juste au nord de Surat Thani, est accessible aisément depuis cette ville. C'est l'une des plus anciennes cités de Thaïlande, remontant à l'empire Srivijaya. Son nom est peut-être une contraction de Siwichaiya, prononciation thaï du nom de la ville, qui fut une capitale régionale du VIIIe au Xe siècle. Avant cette époque, la région était une halte sur la route du commerce avec l'Inde. Maints objets d'art Srivijaya du musée national de Bangkok ont été trouvés à Chaiya, notamment le célèbre Bodhisattva Avalokitesvara en bronze, considéré comme un chef-d'œuvre de l'art bouddhique.

Wat Suan Mokkhaphalaram

Wat Suanmok (contraction de Wat Suan Mokkhaphalaram, littéralement, "jardin de Libération"), à l'ouest du Wat Kaew, est un temple moderne, construit au cœur de la forêt et fondé par Buddhasa Bhikkhu (Phutthathat en thaï), probablement le plus célèbre moine de Thaïlande. Buddhasa, ordonné à l'âge de 21 ans, passa de nombreuses années à étudier les écritures pali, avant de se retirer en forêt pour une méditation solitaire qui dura six ans. A son retour à la vie ecclésiastique, il fut nommé abbé de Wat Phra Boromathat, une haute distinction, mais eut l'idée de concevoir Suanmok comme une alternative à la vie monastique

des temples orthodoxes. Buddhasa est mort en juillet 1993, des suites d'une longue maladie.

L'ermitage occupe aujourd'hui 120 ha de collines boisées, avec des cabanes hébergeant 70 moines, un musée/bibliothèque et un "théâtre spirituel". Les murs extérieurs de ce dernier bâtiment sont décorés de bas-reliefs qui sont des répliques de sculptures de Sanchi, Bharhut et Amaravati en Inde. Les murs intérieurs sont couverts de peintures bouddhiques modernes éclectiques, exécutées par les moines résidents.

Sur la Highway, à 1,5 km du Wat Suanmok, à l'International Dhamma Hermitage (IDH), affilié à l'ermitage, les moines résidents dirigent des retraites de méditation les dix premiers jours de chaque mois. Chacun est le bienvenu. Un don est demandé pour couvrir les repas et les frais. Il est inutile de s'inscrire ou de réserver. Il suffit d'arriver le dernier jour du mois précédent celui de la retraite. Les inscriptions ont lieu au monastère principal.

A 12 minutes à pied, au sud de l'IDH, se tient le Dawn Kiam (officiellement appelé Suan Atammayatarama) un centre monastique de formation de bhikkus étrangers, sous la direction de Phra Santikaro, moine américain, lui-même formé par Ajaan Buddhasa. Les hommes peuvent étudier à Dawn Kiam pour un séjour d'au moins une semaine. Ceux qui souhaitent se faire ordonner doivent d'abord suivre un enseignement de trois mois. Les femmes intéressées par une formation à Dawn Kiam peuvent loger à l'IDH.

A voir et à faire

Le stupa restauré **Borom That Chaiya** du Wat Phra Boromathat, à l'extérieur de la ville, est un bel exemple d'architecture Srivijaya et ressemble fortement aux *candis* du centre de Java – un empilement de boîtes ornées de représentations de Kala, un paon (symbole du soleil), Erawan, Indra et Bouddha (tourné vers l'est, comme il se doit). Dans la cour, plusieurs sculptures de la région, dont un *yoni* à deux faces (piédestal de forme utérine soutenant le Shivalingam),

Avertissement

Toutes les plages de l'ouest de Phuket, y compris celles de Surin, de Laem Singh et de Kamala, connaissent de forts courants à l'époque des moussons, à la marée descendante. Soyez prudent quand vous nagez en mer — ou évitez de vous baigner si vous n'êtes pas bon nageur.

Méfiez-vous des jet-skis, lorsque vous êtes dans l'eau. Le gouverneur de Phuket a interdit la pratique de ce sport bruyant et dangereux en 1997, mais cette mesure semble avoir été suivie de peu d'effets. La plupart des points de réservation appartiennent à la police locale qui, avons-nous entendu dire récemment, inflige des amendes aux étrangers qui en louent. Elle s'est probablement rendu compte que le procédé est plus rentable que la location elle-même.

des rishis et des représentations du Bouddha entourent le révéré *chédi* (stupa).

Un stupa en ruine du **Wat Kaew,** (ou Wat Long), également d'époque Srivijaya, présente quelques traits de l'art du centre de Java (on ne sait lequel a influencé l'autre) et de l'art Cham (Vietnam du Sud, IXe siècle).

Le **musée national,** près de l'entrée du Wat Phra Boromathat, possède une collection d'objets usuels, préhistoriques ou plus tardifs, découverts dans la région. Il présente aussi des travaux de l'artisanat local et abrite une exposition de marionnettes du théâtre d'ombres. Ouvert du mercredi au dimanche, de 9h à 16h (30 B).

Pour vous rendre au Wat Boromathat, vous pouvez prendre n'importe quel songthaew en direction de l'ouest, au carrefour principal au sud de la gare ferroviaire (5 B). Sur ce même trajet, les songthaews passent devant la bifurcation pour le Wat Kaew, 500 m environ avant l'embranchement vers le Boromathat. Le Wat Kaew se trouve à moins de 500 m de ce tournant, sur la gauche, presque en face de la Chaiya Witthaya School.

Où se loger

Pour visiter Chaiya, logez à Surat Thani ou demandez la permission de dormir dans l'hôtellerie du Wat Suanmok.

L'*Udomlap Hotel* (☎ *077-431123, 431946)*, établissement sino-thaïlandais de Chaiya, dispose de chambres propres à 150 B, dans un vieux bâtiment en bois, ou de chambres à 250/400 B, dans une nouvelle annexe moderne, climatisée, de plusieurs étages.

Comment s'y rendre

Le train relie Bangkok à la petite gare de Chaiya, où plus tard un autre train s'élance vers Phun Phin, la gare de Surat Thani.

A Surat, vous pouvez emprunter un songthaew depuis Talaat Kaset 2, à Ban Don (18/25 B vers Wat Suamok/Chaiya). Les trains ordinaires, parfois complets, relient Phun Phin à Chaiya en 1 heure. Attendez le convoi suivant ou essayez en 3e classe (10 B). Le trajet en songthaew demande 45 minutes. Vous pouvez aussi partager un taxi (30 B par personne). Les taxis repartent en face de la gare de Chaiya.

Suanmok est à 7 km en dehors de la ville, sur la route Surat-Chumphon. Jusque tard dans l'après-midi, des songthaews relient la gare de Chaiya à Wat Suanmok (8 B). Les bus à destination de Surat s'arrêtent devant le cinéma, dans la rue principale de Chaiya (5 B pour Wat Suanmok). Les motos-taxis y sont omniprésentes (20 B). Tournez à droite en sortant de la gare.

SURAT THANI/BAN DON
43 100 habitants

Surat Thani ne présente pas un grand intérêt historique. La ville vit principalement du caoutchouc et de la noix de coco, mais le front de mer lui confère un charme certain.

Pour la plupart des visiteurs, Surat Thani (ou simplement Surat) n'est qu'une étape sur la route de Ko Samui ou de Ko Pha-Ngan, merveilleuses îles situées à 32 km au large de la côte.

Le terminal des bus de Talaat Kaset à Ban Don et le port des ferries sont les principaux centres d'intérêt.

Renseignements
Office de tourisme. Un accueil chaleureux vous sera réservé au bureau de la TAT (☎ 077-288819, e-mail tatsurat@samart), 5 Th Talaat Mai, à la périphérie sud-ouest de la ville, qui présente un grand choix de cartes et de brochures. Ouvert tous les jours de 8h30 à 16h30.

Argent. Plusieurs banques bordent Th Na Meuang, au sud-ouest de Chonkasem. Toutes sont équipées de distributeurs et, pour la plupart, d'un bureau de change. La Bangkok Bank, 193 Th Na Meuang, dispose d'un guichet de change ouvert tous les jours de 8h30 à 17h.

Poste et communications. La poste principale se trouve dans Th Talaat Mai. Ban Don dispose de son propre bureau de poste dans Th Na Meuang. Le centre des télécommunications pour les appels internationaux, dans Th Don Nok, ouvre tous les jours de 7h à 23h.

Agences de voyages. Plusieurs voyagistes proposent des excursions jusqu'aux îles et dans tout le sud de la Thaïlande, notamment Phantip Travel (☎ 077-272230), 442/24-5 Th Talaat Mai, et Songserm Travel (☎ 077-285124, fax 285127), 30/2 Muu 3, Th Bangkoong, avec une antenne en face de l'embarcadère. Phantip est l'agence la plus sûre de la ville. Songserm est connue, en revanche, pour son manque de sérieux.

Où se loger – petits budgets
Beaucoup de petits hôtels de Surat survivent grâce à la prostitution. Cela ne les empêche en rien d'être des hôtels convenables pour les clients ordinaires. En fait, il est préférable de ne pas s'arrêter à Surat qui ne présente pas d'intérêt particulier. Vous passerez sûrement une meilleure nuit à bord d'un ferry que dans un hôtel bruyant. On peut à la rigueur séjourner à proximité de la gare ferroviaire à Phun Phin (voir le paragraphe *Où se loger et se restaurer* dans la rubrique *Phun Phin*).

Le *Surat Hotel* (☎ 077-272243, 496 Th Na Meuang), entre le grand Grand City Hotel et le terminal des bus, demande 150/300 B pour des chambres spacieuses avec ventil. et s.d.b., et 350 B avec clim. A l'arrière se trouvent des chambres calmes et rénovées. Juste en face, le *Phanfa Hotel* (☎ 077-272287, 247/2-5 Th Na Meuang) propose des chambres similaires avec ventil. et s.d.b. à 180 B.

Le *Grand City Hotel* (☎ 077-272960, 428 Th Na Meuang) abrite des simples/doubles ordinaires mais propres avec ventil. et s.d.b. à 230/280 B, ou 380/500 B avec clim.

Le *Seree Hotel* (Seri, ☎ 077-272279), dans Th Ton Pho, près du quai municipal, dispose de chambres correctes mais peu aérées, avec ventil et s.d.b. à 250/300 B, avec clim. pour 320/400 B, et un café.

A un pâté de maison du quai des bateaux de nuit, dans Th Si Chaiya, le *Thai Hotel* (☎ 077-272932) loue des simples/doubles très tranquilles, mais un peu lugubres, avec ventil. et s.d.b., à 200 B.

Le plus intéressant est le *Ban Don Hotel* (☎ 077-272167), dans Th Na Meuang, jouxtant le marché du matin. Il dispose de simples/doubles propres, avec ventil. et s.d.b. (200 B) et de quelques chambres avec s.d.b. plus petites, avec toilettes à la turque (160/180 B). Vous entrez par un restaurant chinois, excellente adresse pour des plats de riz et de nouilles bon marché.

A l'angle de Th Na Meuang et de la rue entre la rivière et le terminal des bus, le *Rajthani Hotel* (Ratchathani, ☎ 077-287638, fax 272972) facture des chambres convenables avec s.d.b. et ventil./clim. à partir de 280/360 B.

Près du terminal des bus de Talaat Kaset 2, dans Th Na Meuang, le *Thai Thani Hotel* propose des simples/doubles peu reluisantes, avec ventil. et s.d.b. à 240/260 B. L'hôtel doit compter sur la fatigue des voyageurs thaïlandais arrivant par le bus pour se constituer une clientèle, car il existe en ville nombre d'établissements offrant un meilleur rapport qualité/prix.

Où se loger – catégorie moyenne

Les deux hôtels qui suivent restent dans des gammes de prix à peine plus élevées que les précédents, tout en proposant des services nettement supérieurs (parking, réservation de billets de bus et de bateau, service de taxi vers l'aéroport). Très apprécié des hommes d'affaires en déplacement, le Tapi Hotel (☎ 077-272575, 100 Th Chonkasem) loue des chambres avec ventil. à 260/380 B ou avec clim. à 500/600 B. Similaire mais plus ancien, le Muang Tai (☎ 077-272367, 390-392 Th Talaat Mai) abrite des chambres avec ventil./clim. à 250/370 B minimum. Récemment rénové, le Thai Rung Ruang Hotel (☎ 077-273249, fax 286353, 191/199 Th Mitkasem), près de Th Na Meuang et du terminal des bus, est une bonne adresse, avec des simples/doubles à partir de 310/390 B avec ventil., ou de 420/520 B avec clim., TV et téléphone.

L'*Intown Hotel* (☎ *077-210145, fax 210422, 276/1 Th Na Meuang*), près du Ban Don Hotel, immeuble moderne à 2 étages, loue 48 chambres avec ventil./clim., TV, téléphone, eau chaude à 410/470 B.

Où se loger – catégorie supérieure

Vous trouverez également quelques établissements plus chic, tel le *Wang Tai* (☎ *077-283 020/39, fax 281007, 1 Th Talaat Mai*), grand hôtel avec piscine, de 300 chambres à partir de 800 B. Le *Siam Thani* (☎ *077-273081, 180 Surat Thani Phun Phin*), demande 630/840 B minimum en basse/haute saison, ou jusqu'à 1 380 B pour une chambre de luxe, et gère piscine, café et restaurant.

Le *Siam Thara* (☎ *077-273740), dans Th Don Nok*, presque à l'angle de Talaat Mai, loue des chambres avec clim. à 395/960 B.

Le *Southern Star Hotel* (☎ *077-216414, fax 216427, 253 Th Chonkasem*), au sud du Muang Tai Hotel, abrite la plus grande discothèque du Sud, la Star Theque, et considère que ses 150 chambres, dotées d'un coin salon, méritent l'appellation de "suites". Une simple/double standard est louée

1 110 B, une "superior" 2 690 B. L'hôtel accueille un café, un restaurant, un salon/bar sur le toit et un bar karaoke.

Aux limites nord-est de la ville, sur la route de Don Sak, se dressent les 11 étages du *Saowaluk Thani Hotel* (☎ *077-213700, fax 213735, 99/99 Th Kanjanawithi*), le plus récent des hôtels de cette catégorie, pourvu de 276 chambres. Les simples/doubles s'élèvent à 1 900/2 100 B, et peuvent être réduits à 820/940 B, petit déjeuner compris. Les chambres de luxe se louent 2 900 B, mais vous obtiendrez facilement une remise de 50%. Le lieu dispose d'un café, d'un bar dans le hall, d'un restaurant chinois et de salles de réception.

Où se restaurer

Les meilleures adresses sont regroupées au *marché de Talaat Kaset*, à côté du terminal des bus, et au *marché du matin*, entre Th Na Meuang et Th Si Chaiya. De nombreux *stands*, près de la gare, sont spécialisés dans

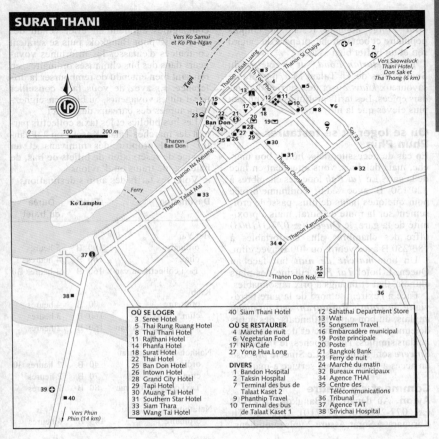

SURAT THANI

OÙ SE LOGER		OÙ SE RESTAURER	12 Sahathai Department Store
3 Seree Hotel	40 Siam Thani Hotel	4 Marché de nuit	13 Wat
5 Thai Rung Ruang Hotel		6 Vegetarian Food	15 Songserm Travel
8 Thai Thani Hotel		17 NPA Cafe	16 Embarcadère municipal
11 Rajthani Hotel		27 Yong Hua Long	18 Poste principale
14 Phanfa Hotel			20 Poste
18 Surat Hotel		DIVERS	21 Bangkok Bank
22 Thai Hotel		1 Bandon Hospital	23 Ferry de nuit
25 Ban Don Hotel		2 Taksin Hospital	24 Marché du matin
26 Intown Hotel		7 Terminal des bus de	32 Bureaux municipaux
29 Grand City Hotel		Talaat Kaset 2	34 Agence THAI
29 Tapi Hotel		9 Phanthip Travel	35 Centre des
30 Muang Tai Hotel		10 Terminal des bus	Télécommunications
31 Southern Star Hotel		de Talaat Kaset 1	36 Tribunal
33 Siam Thara			37 Agence TAT
38 Wang Tai Hotel			38 Srivichai Hospital

le *khâo kài òp*, savoureux poulet mariné cuit au four. A la saison des mangues, des vendeurs de rue servent un succulent *khâo niãw má-mûang*, riz gluant sucré à la noix de coco avec des tranches de mangue.

Le meilleur des *marchés de nuit* de Surat se trouve de part et d'autre de Th Ton Pho, près du Seree Hotel.

Presque à l'angle de la Bangkok Bank, en retrait de Th Na Meuang, un vieil édifice en bois abrite un restaurant de *khanõm jiin*, typique du Sud.

Dans Th Na Meuang, entre la Thai Military Bank et le Phanfa Hotel, le *NPA Cafe*, restaurant climatisé, propose des petits déjeuners à l'occidentale, des pizzas, des hamburgers, des salades, des macaronis, des spaghettis, de la cuisine thaïlandaise et chinoise, de la bière Corona, des glaces Bud's, des pizzas Geno's, et une liste d'apéritifs impressionnante. Le *Homeburger Restaurant*, près du Phanfa Hotel, sert des hamburgers, des pizzas, des steaks et quelques plats thaïlandais.

A l'angle du Grand City Hotel, le **Yong Hua Long**, honnête restaurant chinois populaire et bon marché, prépare du canard rôti et un buffet bien assorti.

Le **Vegetarian Food**, sur le côté est du Soi 33, près de Th Talaat Mai, prépare de savoureux *kŭaytĭaw* et des curries thaïlandais épicés. Les tarifs pratiqués sont un peu plus élevés que la moyenne.

Où se loger et se restaurer – Phun Phin

En cas de nécessité, deux hôtels bon marché, mais délabrés, vous attendent en face de la gare. Le **Tai Fah** loue des chambres à 120/150 B avec s.d.b. commune/privée pour quelques bahts de plus, passé le croisement sur la route de Surat, mais à proximité de la gare, le **Queen** (☎ 077-311003) offre des chambres plus confortables à 180/250 B avec ventil. ou 400 B avec clim.

Un bon **marché de nuit** fait face au Queen. L'hôtel **Tai Fah** cuisine des plats chinois, thaï et faràngs à prix raisonnables.

Face à l'extrémité nord de la gare ferroviaire, le **Oum's Restaurant** sert un menu anglais, du bon café thaïlandais, des petits déjeuners à l'occidentale et des plats thaïlandais simples. Tout proches, le **Wuts** et le **Sincere** sont similaires. Le Sincere propose un accès à Internet et un service e-mail.

Comment s'y rendre

Avion. Au départ de Bangkok, la THAI (☎ 077-272610, 273710), 3/27-28 Th Karunarat à Surat, assure 2 vols quotidiens.

Bus, taxi collectif et minivan. Thonburi, le terminal Sud de Bangkok, est relié à Surat par des bus climatisés de 1re classe (durée 11 heures, 2 départs le matin et 1 le soir, 315 B), un bus climatisé de 2e classe (départ à 22h, 250 B) et un bus VIP (départ à 20h, 400 B). Certaines compagnies privées disposent de bus "Super VIP" dotés seulement de 24 places (500 B).

Des bus ordinaires partent du terminal Sud (1 départ le matin et 1 le soir, 180 B).

Soyez vigilant lorsque vous réservez en dehors de Surat des billets pour des trajets en bus climatisés ou en bus VIP privés. Des compagnies auraient en effet vendu des billets VIP pour Bangkok, puis se seraient contentées d'entasser les infortunés voyageurs dans des bus climatisés ordinaires, en refusant bien entendu de rembourser la différence. Essayez de vous faire conseiller par d'autres voyageurs, ou bien renseignez-vous auprès des bureaux de la TAT.

Les bus publics et les taxis collectifs partent des marchés Talaat Kaset 1 ou 2. Phantip Travel propose des minivans et un service de réservation de billets de bus, de bateaux, de trains ou d'avions.

Voici les tarifs des autres destinations :

Destination	Tarifs	Durée du trajet
Hat Yai		
ordinaire	100 B	5 heures
clim.	160 B	4 heures
Taxi collectif ou van	160 B	3 heures 30
Krabi		
ordinaire	70 B	4 heures
clim.	160 B	3 heures
Taxi collectif ou van	160 B	2 heures
Nakhon Si Thammarat		
ordinaire	40 B	2 heures 30
clim.	70 B	2 heures
Taxi collectif ou van	80 B	2 heures
Narathiwat		
ordinaire	145 B	6 heures
Phang-Nga		
ordinaire	55 B	4 heures
clim.	120 B	3 heures
Taxi collectif ou van	90 B	2 heures
Phuket		
ordinaire	90 B	6 hreures
clim.	150 B	5 heures
Taxi collectif ou van	160 B	4 heures
Ranong		
ordinaire	80 B	5 heures
clim.	120 B	4 heures
Taxi collectif ou van	130 B	3 heures

Satun		
ordinaire	85 B	4 heures
Trang		
ordinaire	60 B	3 heures
van	120 B	3 heures
Yala		
ordinaire	120 B	6 heures
van	160 B	6 heures

Train. Les trains pour Surat, qui n'arrivent pas à Surat même mais à Phun Phin, à 14 km à l'ouest de la ville, partent de Bangkok-Hualamphong à 12h20 (rapide), 14h15 et 14h35 (spécial express), 15h50 (rapide), 17h05 (express), 17h35 et 18h20 (rapide), 19h15 (express), 22h30 et 22h50 (autorail diesel express), et arrivent 10 heures et demie ou 11 heures plus tard. Le train de 18h20 (rapide n°167) est le plus pratique puisqu'il arrive à 5h28, ce qui vous laisse tout le temps de prendre un bateau pour Ko Samui. Les tarifs (519 B en 1re classe, 248 B en 2e classe, 107 B en 3e classe) n'incluent ni les couchettes ni les suppléments rapide/express/express spécial.

Les autorails n°39 et 41 (2e classe) quittant Bangkok tous les jours à 22h30 et à 22h50 arrivent à Phun Phin à 7h10 et 7h47 (368 B). Ils ne disposent pas de couchettes.

La consigne de gare de Phun Phin ouvre 24h/24 (10 B par objet les 5 premiers jours, puis 20 B). Le bureau des réservations ouvre tous les jours de 6h à 11h et de 12h à 18h.

Il peut être difficile de réserver sur de longues distances au départ de Phun Phin. Mieux vaut alors réserver une place de bus, surtout en direction du sud. Les trains étant très souvent complets, il est très ennuyeux de parcourir 14 km en bus pour rien. Vous pouvez acheter un billet 3e classe "standing room only" (voyageur debout) et attendre qu'une place se libère au bout d'une heure ou deux. Réservez auprès de l'agence de voyages Phantip, dans Talaat Mai Rd à Ban Don, près du marché/gare routière, *avant* de prendre le bateau pour Ko Samui. Songserm Travel Service, à Samui, s'occupe également des réservations pour le train.

Le trajet entre Hat Yai et Surat revient à 42/97/155 B en 3e/2e/1re classes (suppléments rapide, express ou climatisation non compris).

Combinés train/bus/bateau. De nombreux voyageurs achètent les billets de la State Railway of Thailand permettant de se rendre directement à Ko Samui ou Ko Pha-Ngan depuis Bangkok en combinant le train, le bus et le bateau. Cette formule permet généralement de réaliser une économie d'un peu plus de 50 B. Pour plus de détails, voir la rubrique *Comment s'y rendre* dans les chapitres consacrés à ces îles.

Comment circuler
Des vans climatisés relient l'aéroport à la ville de Surat Thani (80 B par personne). La THAI assure également un service plus onéreux de navettes (150 B, et 280 B pour Ko Samui).

Les bus pour Ban Don au départ de Phun Phin partent toutes les 10 minutes environ, de 6h à 20h (10 B par personne). S'il y a suffisamment de touristes, certains bus vous amènent directement à l'embarcadère. D'autres s'arrêtent au terminal des bus de Talaat Kaset 1, d'où vous devrez prendre un autre bus pour Tha Thong, ou pour Ban Don si vous prenez un ferry de nuit.

Si vous arrivez à Phun Phin par l'un des trains de nuit, un bus gratuit pour l'embarcadère, gracieusement offert par la compagnie de ferries, vous permettra de prendre les bateaux du matin. En revanche, si vous arrivez en dehors des heures de service des bus (ce qui est le cas pour tous les trains, sauf le n°41), vous n'avez d'autre choix que de prendre un taxi pour Ban Don (70/80 B) ou attendre dans l'un des cafés de Phun Phin la reprise du service des bus à 5h15.

Les bus orange, entre le terminal de Ban Don et la gare de Phun Phin, partent toutes les 10 minutes de 5h à 19h30 (8 B). Des bus attendent les passagers à leur descente du ferry express de Samui pour les conduire à la gare ou plus loin. Depuis Surat, vous pouvez également prendre un taxi collectif à destination de Phun Phin (15 B).

En ville, vous trouverez des songthaews collectifs (6/10 B, selon la distance parcourue), et des samlors (10/20 B).

PARC NATIONAL DE KHAO SOK

Créé en 1980 à l'ouest de la province, en retrait de la Route 401, à un tiers du trajet entre Takua Pa et Surat Thani, ce parc de 646 km² est couvert de 65 000 ha d'une épaisse forêt tropicale, de cascades, de falaises calcaires, de nombreux torrents, d'un lac parsemé d'îles, et de multiples sentiers longeant le cours des rivières. D'après Tom Henley, auteur du très complet *Waterfalls and Gibbon Calls*, qui réside dans la province de Krabi, la forêt tropicale de Khao Sok serait un vestige d'un écosystème forestier vieux de 160 millions d'années, plus ancien et plus riche que les forêts d'Amazonie ou d'Afrique Centrale.

Relié à deux autres parcs nationaux, le Kaeng Krung et le Phang-Nga, ainsi qu'aux réserves naturelles de Khlong Saen et de Khlong Nakha, le parc forme l'espace naturel préservé le plus important de la péninsule thaïlandaise (près de 4 000 km²). Khao Sok abrite nombre d'espèces animales comme l'éléphant, le léopard, le serow, le banteng, le gaur, le langur brun, le tigre et l'ours malais, ainsi que plus de 180 espèces d'oiseaux. La population des tigres, que les responsables du parc évaluent à moins de 10 spécimens, est en grand danger d'extinction, du fait de la très forte demande dans l'île de Taïwan de produits obtenus à partir de cet animal.

Incontournable, le parc compte aussi une grande variété de végétaux, lianes, bambous, fougères, et plusieurs sortes de rotangs, dont une espèce géante appelée *wãai tào phrãw*, qui peut présenter une tige de plus de 10 centimètres de diamètre.

Le parc de Khao Sok et la réserve attenante abritent une rareté florale, la *raflesia kerri meyer*, connu des Thaï sous le nom de *bua phut*, ou lotus sauvage, considéré comme la plus grosse fleur au monde, présent uniquement en ces lieux. Elle ne possède ni racines ni feuilles, et se développe en parasitant des racines de lianes. Une fois l'an, les boutons éclosent, émettant une forte odeur nauséabonde qui attire les insectes responsables de la pollinisation. D'octobre à décembre, époque de la maturation, elles enflent, atteignant la taille d'un ballon de football, jusqu'à la floraison en janvier et février.

Orientation et renseignements

Le meilleur moment pour visiter le parc de Khao Sok se situe entre décembre et mai, car les sentiers sont moins glissants, la traversée des cours d'eau plus facile et le bivouac près des rivières plus sûr. De juin à novembre, durant la saison des pluies, vous aurez en revanche plus de chances d'apercevoir au détour d'un sentier un ours brun malais ou asiatique, des civettes, des loris lents, des sangliers sauvages, des gaurs, des cerfs ou des éléphants, voire un tigre avec beaucoup de chance. Pendant la saison sèche, les grands mammifères ont tendance à rester près des points d'eau, à l'écart des sentiers.

Les bureaux du parc sont à 1,5 km de la Route 401, entre Takua Pa et Surat Thani (bifurcation au kilomètre 109). Outre le terrain de camping et les bungalows dépendant de l'administration du parc, plusieurs hôteliers proposent des bungalows de type "cabanes" en dehors du parc.

L'entrée du parc est de 10 B par personne et de 20 B par véhicule. Rainforest Safari (☎/fax 076/330852), à Phuket, organise randonnées et promenades à dos d'éléphant dans le parc (2 500/4 500 B). Au centre d'accueil et dans plusieurs librairies du Sud de la Thaïlande, vous trouverez *Waterfalls and Gibbons Calls*. L'ouvrage édifiant de Henley sera un guide précieux pour votre visite. L'auteur n'y mâche pas ses mots envers l'administration du parc et la politique suivie au niveau national.

Une carte des sentiers de randonnée est disponible dans les bureaux du parc, près de l'entrée (5 B).

A voir et à faire

Plusieurs sentiers mènent aux cascades de **Mae Yai** (à 5,5 km des bureaux du parc), **Than Sawan** (9 km), **Sip-Et Chan** (4 km) et

Than Kloy (9 km). Les pensions proches de l'entrée du parc se chargeront d'organiser des excursions guidées aux cascades, une visite des grottes et une descente de la rivière. Les gardes forestiers organisent des excursions dans la jungle et/ou des parcours de rafting (150 B la journée). Les sangsues abondent dans certaines parties du parc, aussi faut-il prendre les précautions d'usage (chaussures fermées et produits de protection).

D'une hauteur de 95 m et d'une longueur de 700 m, le barrage d'argile schisteuse de Ratchaprapha (Chiaw Lan), édifié en 1982 sur la rivière Pasaeng, a créé l'immense lac de retenue Chiaw Lan, qui peut atteindre jusqu'à 165 km de long et d'où émergent des blocs calcaires parfois hauts de 960 m, le triple des formations de Ao Phang-Nga.

La grotte calcaire **Tham Nam Thalu** contient d'étonnantes galeries et un exceptionnel réseau de cours d'eau souterrains. La grotte **Tham Si Ru** est le lieu de convergence de 4 passages souterrains ayant servi de cachette aux insurgés communistes de 1975 à 1982. Grotte en hauteur insérée dans une falaise karstique, **Tham Khang Dao**, abrite de nombreuses espèces de chauves-souris. Ces trois grottes sont accessibles à pied à partir des berges situées au sud-ouest du lac. A 65 km du centre d'accueil, une route secondaire bien indiquée, située en retrait de la Route 401 en revenant vers Surat Thani, mène au barrage. Vous pouvez louer des bateaux aux pêcheurs et explorer les criques, les chenaux, les grottes et les anfractuosités sur les berges du lac. Le parc met à disposition deux constructions flottantes où l'on peut louer des chambres. Les gardes forestiers proposent en outre des excursions de 2 jours au lac Chiaw Lan (1 600 B par personne), comprenant la nourriture, le transport, la visite guidée et l'hébergement.

Où se loger et se restaurer
Khao Sok. Le parc offre un terrain de camping et plusieurs hébergements. Il n'est plus possible de louer des tentes mais vous pouvez planter votre propre tente (10 B). Près du centre des visiteurs, deux *bungalows*

sont à louer (350 B), et une *longhouse* peut accueillir jusqu'à 12 personnes sur des nattes (300 B). Près de l'entrée, un *restaurant* associatif propose des repas bon marché, mais il semble rarement ouvert.

Hébergements privés. Hébergement et restauration sont disponibles en différents lieux situés à l'extérieur du parc, et proposent des excursions guidées à travers la jungle. Près de l'entrée du parc, à 1,9 km de la route, le ***Treetop River Huts*** (☎ 076-421155, 421613 ext 107) dispose de 6 simples/doubles délabrées avec s.d.b., sous un toit de palme, à 200/300 B, et d'une cabane en bois avec s.d.b. à 400 B. Les repas coûtent 40/70 B. L'endroit est couvert d'ordures, mais la famille qui gère l'affaire est plutôt sympathique. Des chambres à air sont disponibles pour la baignade et la plupart des bungalows sont situés le long d'un cours d'eau.

La *Bamboo House*, en retrait de la route principale qui mène au parc, propose 7 chambres au confort sommaire, mais propres, à 100/150 B avec s.d.b. commune, 170/250 B avec s.d.b. (supplément de 120 B en pension complète incluant 3 repas). Dans cette catégorie de logements à toits de palme à 150 B, citons le ***Khao Sok River Lodge***, la ***Jampha House***, le ***Lotus Bungalows*** et le ***Khao Sok Jungle Hut***, tous près de l'entrée du parc ou sur la route d'accès, après la Bamboo House.

L'***Art's Riverview Jungle Lodge*** (☎ 01-421 2394), derrière le Bamboo House, à 1 km du parc, loue 7 chambres à 200/300 B, des cabanes à 400 B (2 des plus récentes, près de la rivière Sok, offrant une jolie vue sur les montagnes alentour), et 2 grandes maisons avec chambres, s.d.b. et terrasse à 600 B. Outre les formules de restauration à la carte, les prestations incluent la pension complète (250 B par jour) et le dîner thaïlandais (80 B). Cet établissement semble être le mieux tenu de tous et, en dépit de son succès, le propriétaire continue de préférer l'éclairage rudimentaire des lampes de poche.

Le ***Our Jungle House*** (☎ 01-211 2564, fax 229 1337, ☎/fax 02-863 1301 à Bangkok, e-mail *sadler@mozart.inet.co.th*), un peu plus cher, géré par les propriétaires du Similana Resort, près de Takua Pa, dispose de cabanes en bois avec s.d.b. à 500/800 B selon la saison, joliment conçues, construites le long de la rivière, face à une impressionnante paroi calcaire (bon emplacement pour l'observation des gibbons). Des chambres plus petites et moins chères sont louées dans le bâtiment principal, où se tiennent les repas. Les prestations incluent pension complète (400 B par personne et par jour), excursions au lac destinées à l'observation de nombreux animaux en lisière de la jungle (2 jours, 6 600 B pour deux personnes), et randonnées dans la forêt tropicale avec guide (1 journée, 800 B pour deux personnes).

Le *Khao Sok Rainforest Resort* (☎ 01-464 4362, 075-612730 ext 207, fax 612914), qui dépend des gérants du Dawn of Happiness de la province de Krabi, très soucieux de l'environnement, offre de solides cottages sur pilotis, agrémentés de grandes vérandas donnant sur la forêt, avec ventil., douches et toilettes, à 300/600 B.

Sur la route qui mène au parc, entre l'entrée du parc et l'autoroute, se tiennent deux *restaurants* privés, très simples.

Lac de Chiaw Lan. A la Substation 3, près du barrage, deux vastes *maisons flottantes* comportent des chambres de 2 ou 3 lits aux fenêtres équipées de moustiquaires, avec s.d.b. et toilettes très correctes. A la Substation 4, une autre *maison flottante* offre 7 cabanes en bambou exiguës, avec matelas sur le sol et s.d.b. commune à l'extérieur. Ces hébergements coûtent 500 B par personne, en pension complète.

Comment s'y rendre

Depuis Phun Phin ou Surat Thani, prenez un bus pour Takua Pa et descendez au km 109, à l'entrée du parc, sur la Route 401. Si vous n'arrivez pas à repérer les bornes kilométriques, indiquez au chauffeur ou au contrôleur de billets, le nom de "Khao Sok", ils vous feront signe au bon moment

(33/82 B en bus ordinaire/climatisé). Si vous venez de Phuket, vous devrez passer d'abord par Takua Pa, les bus à destination de Surat n'empruntant plus la Route 401.

Vous devrez louer un véhicule ou faire de l'auto-stop pour vous rendre au lac de Chiaw Lan et aux maisons flottantes. L'embranchement qui part de la Route 401, entre les km 52 et 53, à Ban Takum, se poursuit sur 14 km au nord-ouest jusqu'à la Substation 2.

KO SAMUI
36 100 habitants

Avec ses 247 km², Ko Samui, troisième île de Thaïlande par la superficie, est ceinte par 80 îles moins étendues, dont Pha-Ngan, Ta Loy, Tao, Taen, Ma Ko et Ta Pao, également habitées.

Les premiers habitants de Samui, originaires de Hainan (qui fait aujourd'hui partie de la République populaire de Chine), tirèrent pendant 150 ans leurs principales ressources des cocoteraies. Le sanctuaire chinois, ou *sãan jâo*, près de la Siam City Bank, à Na Thon, la plus vieille bourgade de l'île, porte toujours une carte de Hainan. Depuis deux décennies, l'île est une destination mythique des routards, mais son succès touristique, comparable à celui de paradis tropicaux tels que Goa et Bali, n'est apparu qu'à la fin des années 80. Avec l'ouverture de la ligne de ferries voiture/bus de Don Sak et celle de l'aéroport en 1989, la situation a évolué rapidement. La haute saison (décembre à février et juillet-août), rend parfois difficile la location de chambres, même si les plages regorgent de bungalows.

Néanmoins, Samui reste une villégiature agréable. L'île offre des hébergements parmi les plus accueillants du pays, et l'on s'abandonne volontiers à cette atmosphère détendue. Située à bonne distance du continent et très éloignée de Bangkok, Samui consacre encore une part importante de son économie à la noix de coco.

Mais l'époque, en 1971, où les deux premiers touristes débarquèrent d'un navire cocotier en provenance de Bangkok, est définitivement révolue. La principale différence se mesure à l'accroissement des hébergements, de catégories moyenne et supérieure pour la plupart. Le développement touristique a entraîné son lot de désagréments habituels, mais dans des proportions supportables.

L'influence de Hainan est sans doute à l'origine de la différence culturelle entre Samui et les autres îles du Sud. Ses habitants se considèrent avant tout comme des *chao samui* (gens de Samui). Actuellement, la plupart des hôtels, restaurants, bars ou entreprises touristiques sont gérés par des Thaïlandais de Bangkok, voire des Européens, et les véritables chao samui se rencontrent dans les villages.

La gastronomie particulière de l'île, à base de l'omniprésente noix de coco, repose sur les cocoteraies en lisière des plages, dont les chao samui ont été passablement dépossédés. D'autres fruits sont cultivés, tels le durian, le rambutan ou le langsat.

La population de Ko Samui se concentre essentiellement dans la ville portuaire de Na Thon, sur la côte ouest de l'île, face au continent. Une dizaine de villages sont disséminés dans le reste de l'île. Le long de la côte, toutes les petites routes s'enfoncent vers l'intérieur des terres depuis une voie circulaire, désormais pavée.

Écologie et environnement

Les visiteurs et les habitants de Samui produisent plus de 50 tonnes d'ordures par jour, principalement du plastique. Demandez toujours des bouteilles d'eau en verre, mieux encore, remplissez votre propre bouteille dans les bombes d'eau des restaurants des pensions ou hôtels.

Sur Ko Tao, l'agence de la TAT organise des ramassages mensuels, en collaboration avec une demi-douzaine de centres de plongée, offrant aux volontaires des réductions sur leurs circuits. Renseignez-vous à la boutique de plongée de Samui.

Renseignements

Quand partir. La saison sèche et chaude, de février à fin juin, demeure la meilleure période pour visiter Ko Samui. De juillet à octobre, il pleut de temps à autre, et d'octobre à janvier, les vents peuvent être violents. Septembre et octobre peuvent jouir de périodes de beau temps. En novembre, la pluie arrose l'île ainsi que la côte orientale de la Malaisie. Les prix montent en flèche de décembre à juillet, quel que soit le temps.

Cartes. La TAT, à Surat ou à Ko Samui, pourra vous procurer l'utile carte de Surat Thani incluant les plans de la ville, de la province, du parc national maritime d'Ang Thong, de Ko Samui, et des informations sur les transports.

Deux compagnies privées éditent de bons plans de Ko Samui, Pha-Ngan et Tao, disponibles dans les points touristiques de Surat et sur les îles (50 B). Le mieux documenté est le *Guide Map of Koh Samui, Koh Pha-Ngan & Koh Tao* de V. Hongsombud. Si vous arrivez par l'aéroport de Samui, vous bénéficierez peut-être de la carte des îles de la Bangkok Airways, gratuite et très bien conçue.

Offices de tourisme. Le bureau de la TAT (☎ 077-420504, Th Chonwithi) se situe à l'extrémité nord de Na Thon, juste après la poste, du côté ouest de la rue. Le personnel, accueillant et serviable, vous fournira les cartes et brochures habituelles. La TAT signale que ce bureau temporaire, implanté à cette adresse depuis plus de trois ans envisage un déménagement. Ouvert tous les jours de 8h30 à 16h30.

Immigration. Les voyageurs peuvent faire proroger leurs visas de 30 jours (500 B) au bureau de l'immigration (☎ 077-42106), situé à 3 km au sud de Na Thon, au croisement de la voie circulaire (Route 4169) et de la route de l'hôpital (Route 4172). Ouvert en semaine de 8h30 à 12h et de 13h à 16h30, il est fermé les jours fériés.

Argent. L'argent se change sans problème à Na Thon, Chaweng ou Lamai, où des banques assurent un service quotidien.

Poste. A Na Thon, la poste centrale ouvre en semaine de 8h30 à 16h30, et le samedi de

9h à 12h, mais des services postaux privés sont disponibles ailleurs. Plusieurs hôteliers sont habilités à vendre des timbres et posteront votre courrier moyennant une commission.

Téléphone. Un bureau des appels internationaux, au 2e étage du bureau CAT, rattaché à la poste principale, ouvre tous les jours de 7h à 22h. De nombreux services téléphoniques privés vous permettront d'appeler à l'étranger mais pour un prix supérieur aux habituels tarifs TOT ou CAT.

E-mail et accès Internet. Vous pourrez envoyer ou recevoir du courrier électronique et naviguer sur le Net en plusieurs points de Na Thon, Chaweng et Lami. Go Internet Cafe et Internet &Pub, à Chaweng, et Island Tour, à Na Thon, en face du nouveau quai, facturent 240/300 B de l'heure.

Pour apparaître sur Internet, le Poppies Beach Bar, sur Hat Chaweng, a installé une caméra numérique filmant le bar avec la plage en arrière-plan. Vous pouvez aussi visiter le site www.sawadee.com/cam/ pour voir les pitreries des touristes sur la plage.

Ressources Internet. Le site de Koh Samui Thailand, sur www.sawadee.com, diffuse des informations sur les centres de plongée, les circuits organisés, les hébergements, et les horaires de la Bangkok Airways, des ferries, des trains et des bus VIP.

Agences de voyages. Les voyagistes Phantip (☎ 077-421221/2) et Songserm (☎ 077-421316) disposent de bureaux à Na Thon. Le personnel serviable de l'Asia Travel (☎ 077-236120, ☎/fax 421185), organise les voyages et effectue les démarches pour l'obtention de visas. Une photocopieuse est à votre disposition.

Journaux et magazines. *Samui Welcome*, journal local gratuit semestriel destiné aux touristes, contient des articles en allemand, anglais et thaï. Le magazine gratuit *Samui*, plus luxueux, rempli de publicité, publie surtout des photos d'Européennes

bronzant sur la plage. Les articles font néanmoins preuve d'un certain respect pour l'histoire de l'île et son environnement.

Services médicaux. Le Bandon International Hospital (☎ 077-245236, fax 425342), au nord-est, près de Ban Chaweng, centre médical moderne bien équipé, dispose d'un personnel compétent pour la plupart des soins. Un service d'ambulance est assuré 24h/24 et les cartes de crédit sont acceptées. La Muang Thai Clinic (☎ 077-424219), sur Hat Lamai, assure des consultations à domicile en cas de nécessité. Ouverte du lundi au vendredi de 9h à 11h et de 17h à 19h, le samedi de 9h à 11h et le dimanche de 17 à 19h.

La Samui International Clinic (☎ 01-6065833, 606 0235, 077-230186), sur la route circulaire principale de Chaweng, ouverte tous les jours, de 11h à 19h, propose des consultations à domicile de 9h à 21h. L'anglais et l'allemand sont parlés.

Désagréments et dangers. Plusieurs personnes nous ont écrit pour mettre en garde les autres voyageurs au sujet d'éventuelles réservations fictives de billets de train et de bus, de prestations bien inférieures à ce qui était annoncé, ou encore d'autres difficultés. De même, certaines agences vendent des billets d'avion au prix de la classe affaire, en affirmant que la classe économique est complète, alors que le passager voyage réellement en classe économique.

Faites attention également aux liaisons en bateau vers les îles voisines.

Cascades

A Ko Samui, deux cascades méritent d'être visitées. **Hin Lat** est accessible à pied. Après 3 km sur la route principale au sud de la ville, prenez à gauche (est) la route dans la direction opposée à l'hôpital de Samui, et suivez-la sur 2 km avant d'arriver à l'entrée de la cascade. Une demi-heure d'escalade vous mènera au sommet.

Na Muang, au centre de l'île, (la bifurcation est à 10 km au sud de Na Thon), plus belle et un peu moins fréquentée, comporte

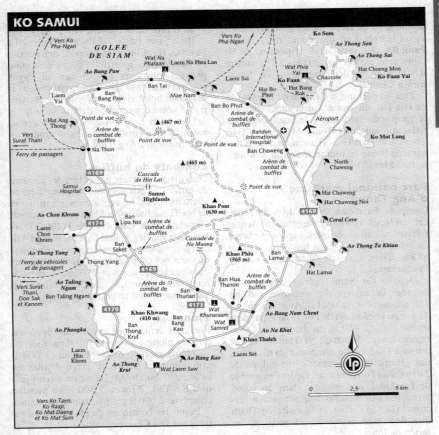

KO SAMUI

différents étages. Au niveau inférieur, directement accessible depuis la route, la cascade, plus petite, forme un bassin naturel où l'on peut se baigner. A 1,5 km de marche, au niveau supérieur, la mer est visible depuis le sommet. Vous pouvez louer un songthaew depuis Na Thon (20 B) et les plages de Chaweng et Lamai.

Temples

A la pointe sud de l'île, près du village de Bang Kao, les amateurs de temples pour-

ront visiter le **Wat Laem Saw** et son vénéré chédi de style Srivijaya, semblable à celui de Chaiya. A la pointe nord, sur une petite île reliée à Samui par une chaussée, se trouve le **temple du Grand Bouddha** (Wat Phra Yai). Élevée en 1972, cette statue moderne de 12 m de haut, entourée de *kutis* (cabanes de méditation), pour la plupart inoccupées, découpe une jolie silhouette sur fond de ciel et de mer tropicale.

Les moines aiment recevoir les étrangers, mais un écriteau en anglais rappelle les règles d'usage (pas de short). Près de la pointe nord de Hat Chaweng, se dresse un vieux temple à moitié abandonné, le **Wat Pang Ba**. Des sessions de Vipassana de 10 jours sont parfois organisées à l'intention des faràngs par des moines du Wat Suanmok à Chaiya.

Près du parking, à l'entrée de la cascade de Hin Lat, un sentier sur la gauche rejoint le temple de méditation de **Suan Dharmapala**. Au sud de la Route 4169, entre Ban Thurian et Ban Hua Thanon, le Wat Khunaraam abrite le **moine momifié** ("Mummified Monk").

Parc national maritime d'Ang Thong

Composé d'une quarantaine de petites îles, cet archipel combine végétation dense, falaises calcaires abruptes, lagons et plages de sable blanc. Le parc lui-même couvre 18 km² d'îles, auxquels s'ajoutent 84 km² de fonds marins.

Depuis Ko Samui, deux agences de voyages organisent des excursions d'une journée vers l'archipel d'Ang Thong, à 31 km au nord-ouest de l'île (350 B par personne, jusqu'à 450 B sur des bateaux plus rapides), avec départ de Na Thon à 8h30 et retour à 17h30. Elle comprend un déjeuner, une grimpette au sommet d'une colline de 240 m, d'où l'on peut contempler l'ensemble de l'archipel, une plongée dans un lagon formé par l'île ayant donné son nom à l'archipel (la Jarre d'or), et la visite de **Tham Bua Bok**, une grotte aux formations en forme de lotus.

Ces circuits, très appréciés, sont organisés tous les jours en haute saison, un peu moins souvent à la saison des pluies. Apportez des chaussures de marche (400 m d'ascension sur Ko Wua), du matériel de plongée, un chapeau, de la crème solaire et de l'eau en quantité suffisante.

Au moins une fois par mois, une promenade de 2 jours est organisée. Le bureau du parc (☎ 077-400800), sur Ko Wat Ta Lap, loue des bungalows de 8 à 10 personnes à 800 B ou des tentes à 50 B. Pour réserver, appelez au ☎ 077-420225. Il est également

possible de s'y rendre seul. Renseignez-vous auprès de Songserm Travel Service.

Blue Stars (☎ 077-230497), Gallery La Fayette, Hat Chaweng, propose des circuits en kayak, plus sportifs et plus chers, pour pagayer plusieurs heures sur un kayak ouvert et stable (1 890 B par personne, avec déjeuner, boissons non-alcoolisées, et transport à votre convenance depuis Samui).

Une autre solution consiste à louer un bateau à plusieurs et choisir son propre itinéraire jusqu'à Ang Thong.

Combats de buffles

Les villageois aiment parier lors des combats de buffles organisés pour les touristes, en alternance, dans les sept arènes très rustiques de Na Thon, Saket, Na Muang, Hua Thanon, Chaweng, Mae Nam et Bo Phut (100/200 B). Les deux buffles se font face et, au signal de leur propriétaire, s'emmêlent les cornes ou se donnent des coups de tête jusqu'à ce que l'un des deux tombe dos au sol. Généralement, la rencontre ne dure que quelques secondes et les animaux sont rarement blessés.

Plongée

Plusieurs centres ont ouvert sur l'île. Vous pourrez plonger au large (750 B par jour) ou en pleine mer depuis un bateau (2 000 B minimum), et suivre un stage d'initiation (4 jours, 7 500/9 900 B) ou un circuit jusqu'à Ko Tao (2 jours, 5 800 B en pension complète, 2 000 B par jour supplémentaire).

Parmi les boutiques de plongée concentrées sur Hat Chaweng, citons :

Calypso Diving
   (☎ 077-422437)
   Hat Chaweng
Chang Divers
   (☎ 077-230891)
   Hat Chaweng et Hat Lamai
Easy Divers
   (☎ 077-231190, fax 230486)
   Hat Chaweng et Hat Lamai
The Dive Shop
   (☎/fax 077-230232,
   e-mail diveshop@samart.co.th)
   Hat Chaweng

Samui International Diving School
(☎/fax 077-231242, 422386,
e-mail cesareb@samart.co.th)
Na Thon, Hat Lamai, Bo Phut
et Hat Chaweng

Muay Thai (Boxe thaïlandaise)
Des matchs de muay thai sont régulièrement organisés aux rings de Na Thon et à Chaweng (environ 100 B pour la plupart des matchs). Les participants offrent rarement un spectacle de grande qualité.

Kayak
Blue Stars (☎/fax 077-230497, 01-835 9917), Gallery La Fayette, Hat Chaweng, propose des circuits guidés dans le parc national d'Ang Thong avec visite de grottes, plongée de surface et transport en vedette.

ENVIRONS DE KO SAMUI
Une voie goudronnée entoure l'île. Des routes secondaires se prolongent vers l'intérieur, certaines, non goudronnées, menant au cœur de l'île. Celle reliant Ban Bang Paw, au nord-est, à Ban Lamai, traverse l'île en diagonale. Sur le parcours, quelques sites en altitude offrent une splendide vue sur les collines environnantes et la mer, au loin. Disséminés le long de la route, des petits restaurants jouissent du panorama, dont le *View Point Restaurant*, le *View Top Restaurant*, le *Woodland Park View* et le *Yod Kao Restaurant* (Yawt Khao).

Na Thon
Située sur la côte nord-ouest de l'île, Na Thon (prononcez Nâa-Thaun) est le débarcadère des ferries en provenance de Surat Thani. Les cars-ferries venant de Don Sak et de Khanom accostent à Ao Thong Yang, à 10 km au sud de Na Thon (voir les informations sur les plages de Samui, plus loin dans ce chapitre). Si vous n'avez pas de billet combiné, vous devrez attendre quelque temps le prochain ferry à l'arrivée ou au départ de Na Thon.

Vouée au tourisme, la petite ville a conservé quelques vieux cafés et boutiques chinoises en teck le long de Th Ang Thong.

La Na Thon Bookshop, près du The Coconuts, présente un bon choix d'ouvrages neufs et d'occasions, de cartes et de guides.

Où se loger. La plus importante cité de Ko Samui (4 000 habitants) comptait 7 établissements lors de la rédaction de ces lignes.

Si votre budget est limité, la sympathique *Seaview Guest House* (☎ 077-420298), dans Th Thawi Ratchaphakdi, dispose de vastes simples/doubles avec ventil. et s.d.b. commune à 200/250 B, avec ventil. et s.d.b. à 280 B, ou avec clim. à 380 B. Malgré son nom, aucune chambre n'a vue sur la mer.

Le *Palace Hotel* (Chai Thaleh), près du front de mer, loue des chambres spacieuses avec ventil./clim. à partir de 350/500 B. L'accueillant *Win Hotel* (☎ 077-421500), en contrebas de la rue, demande 550 B pour des chambres avec clim., TV et eau chaude. Un joli petit café vous attend au rez-de-chaussée. Juste à l'angle, le *Seaview Hotel* (☎ 077-421481), établissement de 4 étages assez similaire, loue des chambres confortables avec ventil. à 300 B, ou avec clim., TV, téléphone et réfrigérateur à 450 B.

A la sortie nord de la ville par la route principale, le *Dum Rong Town Hotel* (☎ 077-421157), offre des chambres avec clim. et s.d.b. à 550 B. Plus près de la mer, le *Chao Koh Bungalow* (☎ 077-421214), facture 300 B une chambre avec ventil. et s.d.b. Tout au sud de la ville, le *Jinta Bungalows* loue des chambres très sommaires avec s.d.b. commune/privée. à 250/350 B et des bungalows à 4 000 B par mois.

Où se restaurer. En face du port, le *Chao Koh Restaurant* sert toujours de bons fruits de mer et des plats thaïlandais à des prix raisonnables. Le *Ko Kaew* est comparable. Pour le petit déjeuner, essayez le *Roung Thong Bakery*, une boulangerie avec café et pâtisseries "maison".

Vers le Palace Hotel, le *Raan Khao Tom Toh Rung* (enseigne en thaï), restaurant de riz et de nouilles ouvert toute la nuit, est le moins cher sur cette partie de la côte. Les seuls endroits ouverts après minuit sont le Raan Khao Tom Toh Rung et la clinquante

SUD DE LA THAÏLANDE

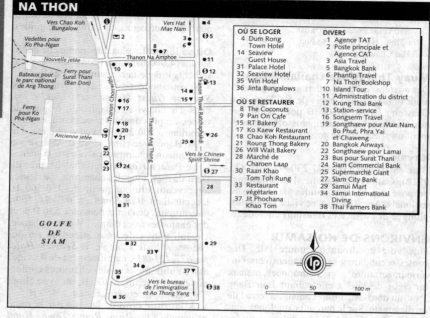

NA THON

Vers Chao Koh Bungalow
Vers Hat Mae Nam

Vedettes pour Ko Pha-Ngan

Thanon Na Amphoe

Nouvelle jetée

Bateaux pour le parc national de Ang Thong

Ferry pour Surat Thani (Ban Don)

Ferry pour Ko Pha-Ngan

Ancienne jetée

Thanon Chonwithi

Thanon Ang Thong

Thanon Thawi Ratchaphakdi

Vers le Chinese Spirit Shrine

GOLFE DE SIAM

Vers le bureau de l'immigration et Ao Thong Yang

OÙ SE LOGER
4 Dum Rong Town Hotel
14 Seaview Guest House
31 Palace Hotel
32 Seaview Hotel
35 Win Hotel
36 Jinta Bungalows

OÙ SE RESTAURER
8 The Coconuts
9 Pan On Cafe
15 RT Bakery
17 Ko Kaew Restaurant
18 Chao Koh Restaurant
21 Roung Thong Bakery
26 Will Wait Bakery
28 Marché de Charoen Laap
30 Raan Khao Tom Toh Rung
33 Restaurant végétarien
37 Jit Phochana Khao Tom

DIVERS
1 Agence TAT
2 Poste principale et Agence CAT
3 Asia Travel
5 Bangkok Bank
6 Phantip Travel
10 Na Thon Bookshop
11 Island Tour
12 Administration du district
13 Krung Thai Bank
16 Songserm Travel
19 Songthaew pour Mae Nam, Bo Phut, Phra Yai et Chaweng
20 Bangkok Airways
22 Songthaew pour Lamai
23 Bus pour Surat Thani
24 Siam Commercial Bank
25 Supermarché Giant
27 Siam City Bank
29 Samui Mart
34 Samui International Diving
38 Thai Farmers Bank

0   50   100 m

---

boîte thaïlandaise *Pan On Cafe*, dans Th Na Amphoe, plutôt chère, sombre et froide.

La rue suivante, en s'éloignant du port, abrite plusieurs vieux cafés chinois. Dans Th Na Amphoe, essayez le *The Coconuts*, restaurant/café en plein air décoré avec goût, qui sert des pizzas, des pâtes, de la cuisine thaïlandaise, des sandwiches, des jus de fruits, du café, du vin et de la bière.

Dans la troisième rue depuis le port, se côtoient agences de voyages, boutiques de photo, petits commerces et deux supermarchés, le *Samui Mart* et le *Giant Supermarket*. Le *marché de Charoen Laap* est également très vivant. La *RT Bakery*, dans la même rue, propose un vaste choix de plats thaïlandais à partir de 35 B, ainsi que des pâtisseries et du pain frais. La *Will Wait Bakery* est presque en face du Giant Supermarket. Le *Jit Phochana Khao Tom*, dans Th Thawi Ratchaphakdi, est l'un des rares

établissements spécialisés dans la cuisine thaï ou chinoise. Un petit *restaurant végétarien*, niché à l'extrémité sud de Th Ang Thong, ouvre le soir.

Plages de Ko Samui

Samui abonde en plages à explorer, chaque baie abritant toujours plus de bungalows. Les plages les mieux pourvues en hébergements sont **Chaweng** et **Lamai**, sur la côte est de l'île. La plus longue, Chaweng (deux fois Lamai), située en face de l'île de **Mat Lang**, offre plus de 80 "villages" de bungalows et quelques hôtels rutilants pour touristes. Elles sont baignées par des eaux claires bleu turquoise, avec des récifs coralliens. Des discothèques en plein air sont installées sur les deux plages.

Lamai présente peut-être plus d'intérêt en raison de la proximité des villages de Ban Lamai et Ban Hua Thanon. Au wat de Ban

Lamai se trouve le **Ban Lamai Cultural Hall**, sorte de musée des arts et traditions populaires où sont exposés poteries, objets ménagers, armes de chasses et instruments de musique. Le seul inconvénient de Lamai est l'atmosphère sordide due à la présence des bars à bière en retrait de la plage. Les bars et discothèques de Chaweng sont nettement plus sophistiqués et plus accueillants pour les voyageuses indépendantes ou accompagnées.

Chaweng est la cible d'un développement haut de gamme, dû à la longueur de sa plage. Un avantage propre à Chaweng et à la partie nord de Lamai est de pouvoir s'y baigner d'octobre à avril en eau suffisamment profonde. Les plages des côtes nord, sud et ouest sont plus calmes. **Mae Nam**, **Bo Phut et Bang Rak** ("Big Buddha" ou Phra Yai) bordent la pointe nord. Bo Phut et Bang Rak, séparées par un petit promontoire, font partie d'une baie qui enserre **Ko Faan** (île du "Grand Bouddha"). L'eau n'est pas si claire qu'à Chaweng ou Lamai, mais on se sent plus à l'écart du monde et l'hébergement est moins cher.

Encore plus retirée, **Hat Thong Yang**, sur la côte ouest, offre quelques ensembles de bungalows, mais la plage n'est pas aussi belle (selon la norme de Samui). Hat Ang Thong, juste au nord de Na Thon, est caillouteuse, mais plus pittoresque. La côte sud est désormais bien aménagée, avec des bungalows dans de petites criques isolées.

Méfiez-vous des vols sur l'île. Si vous logez dans un bungalow sur la plage, pensez à déposer vos objets de valeur auprès de la direction, lorsque vous partez en excursion ou en baignade. La plupart des vols ont été constatés sur Lamai et Mae Nam.

Où se loger et se restaurer. Les prix varient beaucoup en fonction de l'époque de l'année et du taux d'occupation. Une cabane, louée 100 B en juin, peut valoir 300 B en août. Les prix indiqués dans ce guide sont purement indicatifs. Ils peuvent baisser si vous marchandez, ou monter si le nombre de logements est insuffisant.

Si la plupart des bungalows offrent des prestations plus ou moins identiques pour 100/400 B, certains sont beaucoup plus chers. Le mieux est de visiter la plage où vous pensez séjourner et de retenir l'hôtel de votre choix. Regardez l'intérieur des cabanes, le restaurant, la carte, les clients.

L'hébergement sur la plage se répartit en quatre catégories correspondant aux époques successives du tourisme sur l'île. Les premiers hébergements étaient de simples bungalows à toits de palme et aux murs faits de matériaux locaux facilement remplaçables. La phase suivante vit l'apparition de salles de bains en béton attenantes à des cabanes traditionnelles, transition vers des bungalows à toits de tuiles, aux murs de ciment et aux équipements plus modernes. La vague la plus récente est celle des chambres et bungalows luxueux, évoquant auberges et hôtels continentaux.

Pour un bungalow simple avec s.d.b., prévoyez 100/150 B minimum. En dessous de ces prix, les s.d.b. sont communes.

La nourriture est imprévisible sur toutes les plages. Le poisson frais est le plat que les insulaires réussissent le mieux, la solution la plus économique étant de le pêcher soi-même et de le donner à préparer à la cuisine de l'hôtel, ou de l'acheter aux pêcheurs ou sur les marchés, surtout ceux des principaux villages musulmans de Mae Nam, Bo Phut et Hua Thanon.

L'île a beaucoup changé au fil du temps. Les cuisiniers passent, les bungalows fleurissent et disparaissent… Tout peut arriver d'une saison à l'autre. Les prix sont restés stables ces dernières années, mais un mouvement ascendant s'est amorcé. Avec la construction d'établissements demandant plus de 3 000 B la nuit, la jet-set semble découvrir Samui à son tour. Les commentaires qui suivent sur l'hébergement des plages se lisent dans le sens des aiguilles d'une montre à partir de Na Thon.

Ban Tai

Ban Tai (Ao Bang Paw) est la première plage au nord de Na Thon à offrir des hébergements. Jusqu'à présent, les hôtels se comptaient sur les doigts d'une main. La plage est propice à la plongée de surface et à la baignade. L'*Axolotl Village* (☎/*fax 077-420017, e-mail axolotl@loxinfo.co.th*), (direction italo-allemande), s'adresse à une clientèle européenne (le personnel parle français), et dispose de chambres arrangées avec goût à 450 B, de 15 bungalows à 550/950 B, et de salons de méditation et de massage (150 B de l'heure). Un restaurant très agréable, donnant sur la plage, affiche un menu original, combinant cuisine thaïlandaise, italienne et plats végétariens.

A côté, le semblable *Blue River*, tenu par des Thaïlandais, loue des bungalows à 300/500 B. Le *Sunbeam* loue, dans un joli cadre, des bungalows avec s.d.b. à 300 B.

Dans la mouvance "new age" pure et dure, le *Healing Child Resort* (☎ *077-420124, fax 420145, e-mail contactus@ healingchild.com*), ensemble de bâtiments en briques dotés de chambres à 150/250 B hors saison ou 400/600 B en pleine saison, propose de la cuisine diététique ou des repas communautaires (75 B). "Harmonie et équilibre des hémisphères cérébraux", "petite purification de l'intestin", "astrologie vortex", sont des options soumises à votre appréciation...

Hat Mae Nam

A 14 km de Na Thon, Hat Mae Nam, le lieu le moins cher de l'île, connaît une multiplication des bungalows à petits budgets.

Au promontoire (Laem Na Phra Lan) unissant Ao Bang Baw et Mae Nam, le *Home Bay Bungalows* loue des cabanes sommaires à 150 B et des bungalows avec s.d.b. à 400 B.

A proximité se côtoient deux établissements, le *Coco Palm Village*, avec ses bungalows à 300/1 200 B, et la *Plant Inn (Phalarn)*, à 150/300 B. Tout proches, la *Naplarn Villa*, le *Harry's* (☎ *077-425477*) et le *OK Village* (avec chambres climatisées à 600 B), affichent 120/450 B. En face du Wat Na Phalaan, la plage sauvage reste préservée par sa population locale. La baignade en monokini est vivement déconseillée.

Vers l'est, l'*Anong Villa*, le *Shangrilah Bungalows*, le *Palm Point Village* (ambiance agréable) et le *Shady Shack Bungalows* demandent 300/500 B minimum. Un peu plus chers, le *Sunrise Village* et le *Maenam Resort* (☎ *077-425116*) louent de spacieux bungalows à 300/700 B.

Au centre de Hat Mae Nam, le *Cleopatra's Place* (☎ *077-425486*), recommandé pour ses savoureux fruits de mer et ses bungalows sur la plage, composés de cabanes sommaires à 60 B et de doubles avec ventil. et douche à 160 B.

Sur la plage, le *Lolita Bungalows*, établissement propre et efficace, loue des chambres à 200/700 B, et le *Friendly* (☎ *077-425484*) dispose de cabanes propres avec s.d.b. à 150/300 B. On nous a signalé une fois la présence de "chiens féroces" au Friendly.

La *New La Paz Villa* (☎ *077-425296, fax 425402*) loue des chambres avec ventil. à 300 B ou avec clim. à 600/1 800 B, le *Near Sea Resort* disposant de jolis cottages avec ventil. à 200/400 B ou avec clim. à 700/850 B. Juste à côté, le *Magic View* et le *Silent*, comptant parmi les hébergements les moins chers de l'île, proposent de minuscules cabanes à 50 B, ou de plus grandes avec douche et toilettes à 100 B.

A Ban Mae Nam, le gigantesque *Santiburi Dusit Resort* (☎ *077-425038, 02-238 4790 à Bangkok*), doté de courts de tennis, de voies navigables, de bassins, d'une boulangerie et d'infrastructures sportives, affiche 6 000 B hors saison et 7 800 B minimum en haute saison. Autre établissement haut de gamme, le *Paradise Beach Resort* (☎ *077-247227, fax 425290, 18/8 Hat Mae Nam*), avec des chambres de luxe à 2 500/4 000 B en basse/haute saison, et des villas de style thaï à partir de 2 700/ 4 800 B en basse/haute saison, dispose de restaurants sur la plage, d'un centre thermal et de voitures de location.

En direction de Bo Phut, le *Moon Hut Bungalows*, le *Rose Bungalows*, le *Laem Sai Bungalows*, la *Maenam Villa* (☎ *077-425501*) et le *Rainbow Bungalows*, louent des cabanes traditionnelles de style Samui à 150/400 B, ou jusqu'à 700 B avec clim. Une quinzaine de complexes de bungalows se suivent entre Laem Na Phra Lan et Laem Sai, où se termine Ao Mae Nam.

Hat Bo Phut

Cette plage est connue pour son calme et sa tranquillité. La plage est boueuse par endroits et l'eau trop peu profonde pour nager à la saison sèche, mais Bo Phut garde son atmosphère villageoise.

Près du village de Bo Phut se succèdent les bungalows, dans toutes les gammes de prix. Tout au nord, le *Sunny*, pour les bourses modestes (150/300 B), est suivi de la sympathique *Bophut Guest House* (200/500 B), du *Sandy Resort* (☎ 077-425353), (400/800 B), du *World Resort* (350/1 200 B avec ventil./clim. petit déjeuner compris), du *New Sala Thai* (250/400 B), du *Calm Beach Resort* (250/700 B avec ventil./clim.), et du *Peace Bungalow* (☎ 077-425357), établissement très bien entretenu (400/1 500 B).

Si votre budget vous le permet, essayez le *Samui Palm Beach* (☎ 077-425494), établissement de semi-luxe (2 500/3 900 B) ou le *Samui Euphoria* (☎ 077-425100, fax 425107, ☎ 02-255 7901 à Bangkok), complexe du dernier chic, avec chambres et bungalows à 3 000 B minimum, petit déjeuner compris (à partir de 2 000 B hors saison).

En continuant vers l'est, vous quittez la route circulaire sur la gauche pour longer la baie en direction du village. L'une des merveilles du coin, et l'une des plus anciennes, le Ziggy Stardust (☎ 077-425173), établissement propre, bien agencé, très fréquenté, loue des cabanes à 300 B et 2 bungalows familiaux, plus jolis, avec clim., à 1 000 B. A côté du Ziggy Stardust, le Rasta Baby, petit hôtel peint en couleurs vives, loue des chambres avec ventil. et eau chaude à 250 B. Non loin de là, la Smile House facture ses chambres au même prix et dispose d'une vaste piscine.

En amont de la rue, face à la mer, le *The Lodge* (☎ 077-425337, fax 425336), établissement à 2 étages plus récent, avec une architecture traditionnelle de style Samui, loue des chambres avec clim. et TV à 1 000/1 200 B (remise de 200 B hors saison). Juste à côté vous attend le très original

Boon Bungalows, avec ses cabanes peu espacées à partir de 100 B.

Si vous traversez le village en suivant le bord de l'eau, vous arriverez au *Sand View*, un peu à l'écart, avec des cabanes à 200/450 B. Cette zone est parfois appelée Hat Bang Rak. Le *Summer Night Resort*, sur une belle superficie, loue des chambres avec ventil./clim. à 200/500 B seulement.

Le village compte 2 ou 3 restaurants très bon marché, ainsi que des restaurants français, allemand, espagnol et italien. Le *Bird in the Hand*, juste à côté, prépare une bonne cuisine thaïlandaise et occidentale, à prix raisonnables, dans un cadre rustique au bord de l'eau. Un peu plus à l'est, dans la rue principale, l'échoppe *Ubon Waan Som Tam* prépare une cuisine isaan savoureuse et bon marché.

Hat Bang Rak

Hat Bang Rak (Big Buddha Beach, Hat Phra Yai) abrite une quinzaine d'hébergements. La meilleure adresse, le *Comfort Nara Garden Resort* (☎ 077-425364, fax 425292), établissement très bien tenu à tarifs modérés, dispose de chambres climatisées à 600/900 B (un peu plus chères en haute saison), d'un parc bien aménagé, d'un restaurant au bord de la mer et d'une petite piscine. Situé à 10 minutes en minivan de l'aéroport (30 B), apprécié des équipages de la Bangkok Airways, il accepte les réservations.

Le *MSP Resort* (Samui Mermaid, ☎ 077-425282) possède 26 bungalows en bois avec ventil./clim. et petit déjeuner à 600/1 200 B. L'étrange *Pongpetch Servotel*, aux allures de château, facture des chambres exiguës 200/500 B. Le *Phayorm Park Resort*, à côté du quai, possède des bungalows en bois à 2 étages, et d'autres en béton, loués de 400/500 B. A côté, vers le sud, assez semblable, se profilent l'*Ocean View Resort*, quelconque, avec des bungalows en ciment très rudimentaires à 300 B et le *Sunset Song 2* (☎ 077-425155). Le *Secret Garden Bungalows* (☎ 077-425419, fax 245253), excellente adresse, dispose de bungalows de type cabane sans/avec clim. à partir de 300/800 B, d'agréables terrasses en façade, d'un bar et d'un restaurant accueillant des musiciens. Le *Como's* (☎ 077-425210), le *Boonlerd House*, le *Chalee Bungalows* et le *Number One* demandent 150/300 B.

Le *Chez Ban Ban Resort*, (direction française), doté d'un bar/crêperie, et le *Nang Nual Resort* proposent des bungalows en brique, sommaires mais propres, équipés de terrasses en bois, à 300 B. Le *Beach House* est doté d'une restauration en plein air, où l'on sert de la cuisine thaïlandaise et occidentale ainsi que des fruits de mer et des pizzas. Ses bungalows en béton aux jolis toits sont loués 300/600 B.

Le *LA Resort*, le moins cher, loue à partir de 100 B des petites chambres près de la route, et jusqu'à 300 B de spacieux bungalows sur la plage.

Ao Thong Son et Ao Thong Sai

Le grand cap qui sépare Big Buddha de Chaweng est découpé en une série de quatre caps et criques. La première, Ao Thong Son, accessible par une route épouvantable, préserve son intimité. Le *Samui Thongson Resort* dispose de sa propre crique avec des bungalows à 300 B avec ventil., ou 850/1 200 B avec clim. (remise de 25% accordée de mai à novembre). A côté, le *Thongson Bay Bungalows* propose des bungalows de style ancien (150/200 B). La crique suivante est encore sauvage. Sur la troisième crique, le *Tongsai Bay Cottages & Hotel* (☎ 077-425015, fax 425462, ☎ 02-254 0056 à Bangkok, fax 254 0054, e-mail tongsai@loxinfo.co.th), complexe hôtelier hautement sécurisé, dispose de 72 suites (pour la plupart avec jacuzzi), d'une piscine, de plusieurs courts de tennis et d'une plage privée. Les tarifs débutent à 9 000 B.

Hat Choeng Mon

Ce site est recommandé aux familles et aux voyageurs peu amateurs de vie nocturne et de restaurants. A Choeng Mon, vous attendent la *PS Villa* (☎ 077-425160), bien tenue, très populaire, (400/600 B), l'*O Soleil Bungalow* (350/550 B), le *Choeng Mon Bungalow Village* (250/900 B en haute saison,

200/750 B en saison creuse), le *Chat Kaew Resort* (300/600 B), l'*Island View* (250/ 800 B) et le très bien conçu *Sun Sand Samui* (à partir de 950 B), qui loue de solides bungalows à toits de palme reliés par des promenades en bois, à flanc d'une colline. On y a vu, une fois, la police locale en train de saisir tout ce qui, dans le complexe, n'était pas fixé, sous le regard stupéfait des clients – espérons que les choses se soient arrangées depuis, car c'est une excellente adresse. De l'autre côté de la plage se profile **Ko Faan Yai**, île accessible à pied, à marée basse.

Entre le Choeng Mon Bungalow Village et la PS Villa, se dressent deux établissements de luxe. L'*Impérial Boat House Hotel* (☎ 077-425041, fax 02-261 9533 à Bangkok, e-mail imperial@ksc.net.th) réunit un hôtel de 3 étages avec chambres à 5 445 B et 34 bungalows indépendants de 2 étages, construits à partir d'authentiques barges de riz en teck, à 9 025 B. Il comporte deux restaurants, un bar sur la plage, un salon climatisé dans le hall et une piscine en forme de bateau. Un peu plus au nord, le *The White House* (☎ 077-245315, fax 425233, ☎ 02-237 8734 à Bangkok, e-mail whitehouse@sawadee.com) regroupe des bungalows de luxe à 3 200/3 700 B (remise de 700 B hors saison).

Vient ensuite la petite baie de Ao Yai Noi, juste avant North Chaweng, charmante plage de sable blanc frangée de gros rochers. L'*IKK Bay Resort*, très retiré, loue des bungalows à 300/500 B. Le *Coral Bay Resort* (☎ 077-422223, fax 422392, e-mail coralbay@samart.co.th), soucieux de l'environnement, loue des bungalows climatisés plus grands, bien espacés, entourés d'herbe, avec piscine, à 2 350/4 500 B (1 900/3 600 B hors saison).

A Choeng Mon, le sympathique *Bongoes Bar* est réputé pour servir une savoureuse cuisine. L'*Otto's Bar*, lieu agréable pour boire un verre et jouer au billard, propose un service de location de motos et de change. Le Coral Bay Resort sert les meilleures recettes thaï de la région.

(suite du texte en page 849)

LUMIÈRES DU SUD

Lumières du Sud

Bien que sous domination thaïlandaise depuis des siècles, le Sud est resté à part sur le plan culturel. Historiquement, la péninsule fut liée à l'ancienne Indonésie, en particulier à l'empire Srivijaya, qui rayonnait sur la Malaisie, la Thaïlande du Sud et l'Indonésie actuelles. L'influence de la culture malayo-indonésienne est encore sensible chez les *Thai pàk tâi*, les Thaïlandais du Sud.

L'architecture, la cuisine et l'habillement des Thai pàk tâi sont différents de ceux des Thaïlandais du Nord. Beaucoup sont musulmans. Les hommes se couvrent souvent la tête, et le long sarong est préféré au court *phâakhamãa* ailleurs. La population chinoise, dans le Sud, est

JOHN HAY

MARK KIRBY

Page de titre : dans la plupart des grandes cités côtières du Sud, la pêche consacre un art de vivre (Photo Chris Mellor)

En haut : la réparation du filet

A gauche : le poisson est mis à sécher en plein soleil

également très importante. Son influence est présente dans l'architecture ancienne et les pantalons flottants des non-musulmans.

Tous parlent un même dialecte qui reste incompréhensible même pour les Thaïlandais des autres régions. La diction est courte et rapide. Dans les provinces proches de la Malaisie, de nombreux musulmans parlent yawi, un vieux dialecte malais.

L'architecture obéit à trois grandes règles. Dans les zones rurales, on rencontre essentiellement des bungalows à toit de feuilles de palmier et de tiges de bambou fixées à une structure en bois ou en bambou. Le style malais privilégie les maisons robustes en bois, à toit de tuiles carrées. Enfin, dans les villes plus anciennes, on peut admirer de ma-

NICHOLAS REUSS

JOHN HAY

En haut, à droite : la plage de Hat Noppharat Thara, province de Krabi

A droite : des enfants jouent au bord de l'eau

gnifiques exemples d'architecture sino-portugaise, avec portiques et fenêtres en arc, et toits de tuiles bombées.

La cuisine, pour sa part, mêle les influences chinoise, malaise et thaïlandaise pour créer des plats très colorés, fortement épicés, qu'il s'agisse du *khanõm jiin náam yaa*, fines nouilles assaisonnées avec une sauce de poisson au curry, ou du *roti kaeng*, galette de pain très plate, d'inspiration malaise, servie avec un dip au curry.

Ci-contre : au village de Ko Panyi, le minaret éclipse les modestes maisons sur pilotis. La population musulmane est largement représentée dans le Sud

JOE CUMMINGS

(suite du texte de la page 848)

Hat Chaweng

La plus longue plage de l'île est aussi la plus construite. Les prix grimpent rapidement, et une petite zone commerciale située derrière la plage centrale, assemble restaurants, boutiques de souvenirs, bars et discothèques. La plage est vraiment belle.

Chaweng, possède des kilomètres de plages et de bungalows (70 complexes). Prenez le temps de faire votre choix. Elle se compose de trois zones, North Chaweng, Hat Chaweng et Chaweng Noi. Cette rubrique présente brièvement les établissements les plus sérieux de chaque catégorie.

Hat Chaweng nord. A la pointe nord, les prix de la plupart des établissements s'échelonnent entre 100 et 800 B en bungalows simples avec s.d.b. Moins chers que les hôtels implantés plus au sud, ils ont l'avantage d'être situés suffisamment loin des discothèques du centre de Chaweng et de leurs effluves musicales.

Le *Papillon Resort* (☎/fax 077-231169, 01-476 6169) et le *Samui Island Resort* (☎ 077-422355), tout au nord, louent des bungalows en béton à partir de 400 B, et climatisés à 800/1 250 B. Très accueillant, le *Matlang Resort* (☎ 077-422172) propose 40 bungalows tout à fait corrects à 400/650 B. Le *Venus Resort* (☎ 077-422406) et le *Lazy Wave* facturent 200/500 B des chambres avec ventil. Le *Marine Bungalows* loue 200/400 B des chambres avec ventil. et 800 B des climatisées. Non loin, le *Lagoon Cottages* (☎ 01-979 474, fax 077-230079) propose les tarifs les plus intéressants, à 100/400 B. Tout proche, le *JR Chalet* reçoit des louanges pour son vaste restaurant très clair et ses chambres propres dotées de s.d.b. modernes à 300/400 B avec ventil., ou 600 B avec clim.

Le *Corto Maltese* (☎/fax 077-230041, 01-477 9313), bien conçu, dans un décor d'inspiration vaguement méditerranéenne, nouvel hôtel plutôt luxueux, semble très apprécié des Français. Les simples/doubles climatisées valent 1 780 B, les quadruples

coûtant 2 780 B, toutes avec clim., ventil., minibar, eau chaude et TV. Le lieu comprend une piscine et un bar. Le *Chaweng Pearl Cabana* (☎ 077-422116) dispose de chambres à 250/600 B.

Tout au bout, presque au centre de Chaweng, sont disséminés plusieurs hôtels haut de gamme à 2 000 B minimum, tels le *Samui Villa Flora* (☎ 077-230048, fax 230942), le *Chaweng Blue Lagoon Hotel* (☎ 077-422037, fax 422401), le *Muang Kulaypan Hotel* (☎ 077-422305, 230031, ☎ 02-713 0668 à Bangkok, fax 713 0667, e-mail kulaypan@sawadee.com) et l'*Amari Palm Reef Resort* (☎ 077-422015, fax 422394, ☎ 02-267 9708, fax 267 9707 à Bangkok). L'Amari est le plus joli, avec ses cottages de 2 étages, individuels, de style thaï, et ses deux piscines, mais aussi le plus respectueux de l'environnement de l'île. Il utilise de l'eau de mer filtrée pour les principaux besoins, et l'eau usagée sert pour l'entretien du parc. Les chambres et les bungalows coûtent 136/145 $US minimum en simple/double, les chambres avec terrasse ou les suites valant 203 $US. Au même endroit, la catégorie intermédiaire réunit le *JR Palace* (400/1 200 B) et le *The Island* (400/1 500 B), qui possède un restaurant en plein air d'excellente réputation.

En retrait de la route menant de la plage à l'intérieur des terres, le *Coralia Mercure Resort* (☎ 077-230864, fax 230866, ☎ 02-267 0810 à Bangkok), anciennement Novotel Ko Samui Resort, regroupe plusieurs bâtiments de 2 étages, disposés sur un terrain en pente, avec 74 chambres et suites avec vue sur la lagune. Comptez 3 000 B minimum pour des doubles de luxe et 4 200 B pour les suites (remise environ 400 B hors saison).

Hat Chaweng centre. La zone centrale est la plus longue. Derrière les hôtels et les cabanes, viennent une multitude d'établissements et services, restaurants (la plupart avec vidéo), bars, discothèques, cafés-vidéo, salles de billard, police touristique, petit bureau de la TAT, poste, supérette, développement de photos en 1 heure, couturiers, boutiques de souvenirs et bureaux de change.

Les sports nautiques sont à l'honneur avec la planche à voile, la plongée, le catamaran, la jonque. Une heure de parachute ascensionnel coûte 400 B, ou 300 B pour le ski nautique. L'hébergement est plus cher qu'ailleurs et les prix s'accroissent du nord au sud.

Si votre budget est serré, le *Lucky Mother* et le *Long Beach Lodge* (☎ 077-422162, fax 422372), en contrebas, comptent parmi les hébergements les moins chers, avec des bungalows corrects, équipés de ventil., à 300/600 B.

Le *Samui Natien Resort* (☎ 077-422405, fax 422309), anciennement Samui Cabana, est l'un des premiers établissements tout au nord de Hat Chaweng Central. Des bungalows rudimentaires, disséminés au cœur d'une végétation naturelle, notamment de palmiers, valent 700 B avec ventil., ou 1 100/1 400 B avec clim. La *Chaweng Villa* (☎ 077-231123), à côté de la Heart & Soul Jazz House, propose des bungalows sommaires avec clim. à 800 B, mais le *Coconut Grove* (☎ 077-422268) sur une pelouse fleurie, ne loue les siens que 250/400B avec ventil. et 700 B avec clim. Entre les deux, le *Montien House* (☎ 077-422169, fax 421221) a de fidèles partisans, avec ses cottages bien équipés avec ventil./clim. à 700/1 200 B, dans un parc joliment arrangé. Le *Samui Royal Beach* (☎ 077-422154, fax 422155), un peu moins cher, demande 600/800 B avec ventil./clim.

Pour les petits budgets, entre le *Beachcomber* (☎ 077-422041, fax 422388) à 1 000 B et le Central Samui Beach Resort (voir plus loin), survivent quelques hébergements bon marché.

Tout au nord, se suivent le *Silver Sand* (200/500 B), le *Charlie's Hut Viking* (☎ 077-422343), incontestablement le moins cher, avec des cabanes rudimentaires à 120/200 B, le *Charlie's Hut II* (☎ 077-422343), aux tarifs similaires, et le *Thai House*, à partir de 150 B. En haute saison, ces établissements affichent souvent complet. Changez de plage ou essayez North Chaweng.

Le *Tradewinds* (☎/fax 077-231247, e-mail tradewinds@sawadee.com), récent, loue 20 bungalows climatisés avec eau chaude, réfrigérateur et vaste balcon donnant sur un jardin. Lieu de ralliement du nouveau club de cross de Ko Samui et, dans une moindre mesure, des yachtmen, il organise des circuits de plongée, de kayak, et dispose d'un terrain de croquet.

Un peu plus au sud, trône le *Central Samui Beach Resort* (☎ 077-230500, fax 422385), gigantesque édifice d'inspiration néo-coloniale, avec des chambres à partir de 5 800 B, deux bars, un restaurant, une piscine, des courts de tennis et un centre de remise en forme.

Tout proche, le *Poppies Samui* (☎ 077-422419, fax 422420, e-mail poppies@samart.co.th), imitation du Poppies de Kuta Beach (Bali), avec 24 cottages de style thaï, intègre tout le confort, depuis la ligne téléphonique internationale directe à l'atrium, pour 124 $US.

Enfin, à l'extrémité de Chaweng Central, se tiennent le *Joy Resort*.(☎ 077-421376), bénéficiant d'une bonne réputation, avec des bungalows propres avec ventil. à 500/700 B ou avec clim. à 800/1 200 B, et l'identique *Samui Resotel* (Munchies Resort, ☎ 077-422374, fax 422421, e-mail resotel@loxinfo.co.th), à 450/2 400 B.

Où se restaurer. La plupart des hôtels et complexes de bungalows proposent un service de restauration. Tout au long de la plage se succèdent des dizaines de restaurants et de cafés proposant des cuisines du monde entier, avec une mention spéciale pour les restaurants italiens. Parmi les meilleures adresses, citons la *Juzz'a Pizza*, près du Green Mango (pâtes, pizzas, jazz en musique de fond), l'*Ali Baba*, au nord de Chaweng Central (cuisine indienne), le *The Islander*, en montant à partir du Green Mango (fruits de mer à prix modérés), le *Le Boulangerie*, sur la principale route menant à la plage, l'*Ark Bar*, sur la plage (petits déjeuners excellents à 99 B), le *Bongoes Restaurant & Bar*, sur la plage (pseudo-cuisine thaïlandaise et hamburgers) et le

Chaweng Sea-Side, sur la plage (barbecues de fruits de mer).

Où sortir. Le *Reggae Pub* abrite un gigantesque complexe de style zoo, en retrait de la plage, comportant plusieurs bars, une cascade artificielle, une piste de danse avec équipement ultramoderne, et des DJ branchés aux platines toute la nuit. Le *Green Mango* est une autre discothèque populaire, restant ouverte très tard.

Parmi les boîtes plus récentes, citons *The Doors Pub*, lieu rock'n roll très populaire dont le décor rend hommage à Jim Morrison et d'autres grandes figures, le *Santa Fe*, discothèque immense de style Sud-Ouest américain, avec entrée sur la plage, son et éclairage haute technologie, et le *Sweet Soul*, pour danser toute la nuit.

Pour une ambiance plus feutrée, essayez le *The Club* ou encore le *Heart & Soul Jazz House*, à côté du Montien House, sur la plage, où l'on peut s'étendre sur des nattes et des oreillers, tout en dégustant un repas ou un verre, servis sur des tables basses typiques de l'artisanat du Nord.

Au *Penny Lane Rock Cafe*, vous pourrez écouter les grands classiques du rock des années 60 à 90, faire une partie de fléchettes, de billard ou de backgammon, ou regarder un programme de TV par satellite.

L'animation a tendance à se déplacer de bar en bar, à mesure que la nuit avance, au Reggae Pub de 0h à 2h, au Doors Pub ou au Green Mango de 2h à 4h, et au Santa Fe de 4h à 6h, par exemple. Ne soyez donc pas surpris si un lieu complètement désert à un moment abrite une foule déchaînée une heure plus tard.

Le *Christy's Cabaret*, à Chaweng Central, présente un spectacle de travestis tous les soirs à 23h. L'entrée est libre. D'autres représentations de travestis ont lieu au *Coffee Boys* (à partir du centre, à 50 m derrière le Palmburger) et au *Paladium* (sur la place, face au Coffee Boys), secteur qu'on tend à surnommer la "ville des garçons".

Chaweng Noi. Cette partie est située à l'écart, derrière un promontoire, à la pointe sud de Hat Chaweng. Le *First Bungalow Beach Resort* (☎ *077-422327, fax 422243*), qui chevauche le promontoire et donne sur les deux baies, fut le premier établissement à s'implanter sur la plage, en 1970. Cet hôtel haut de gamme loue des chambres dans le bâtiment principal à 2 000 B et des bungalows sur la plage à 2 500 B. Au *Fair House Beach Resort & Hotel* (☎ *077-422256, fax 422373*), les tarifs débutent à 2 400 B, et au *New Star* (☎ *077-422405, fax 422346*) à 950 B. Cette partie de la plage, très jolie, est bien isolée du bruit et de l'effervescence de Chaweng Central.

Le somptueux *Imperial Samui Hotel* (☎ *077-422020, fax 422396*), édifice de plusieurs étages, situé sur une hauteur, au centre de Chaweng Noi, propose un hébergement climatisé avec téléphone et TV à 6 380/7 380 B (remise de 40% hors saison). Ses 56 cottages et 24 chambres présentent une architecture de type méditerranéen. Il compte aussi deux piscines et un restaurant en terrasse avec vue sur la mer. Le *Victorian Resort* (☎ *077-422011, fax 422111*), qui dispose de 120 chambres climatisées à 2 900/4 400 B, est pourvu d'un restaurant, d'une piscine et d'un sauna.

Coral Cove

Une autre série de caps et de criques se profilent au bout de Chaweng Noi, avec en premier la belle Coral Cove (ou Ao Thong Yang, à ne pas confondre avec la baie du même nom, à l'ouest de l'île). Les Thaïlandais ont réussi à édifier trois établissements autour de la crique et un derrière la route. Le seul bénéficiant d'un accès direct à la plage est le *Coral Cove Resort*, avec des cabanes rudimentaires à partir de 200 B ou de plus jolis bungalows à 400 B avec ventil., ou 600/900 B avec clim.

Le *Coral Mountain Chalets* (☎ *077-231117*), perché sur la colline surplombant la route, dispose de petites cabanes dans un environnement boisé et spacieux, à 200/500 B. Presque en face, le *Coral Cove Chalet* (☎ *077-422173, 422496*), plus luxueux, propose des simples/doubles bien équipées avec clim. et TV à 2 000/2 200 B.

Le restaurant sert de la cuisine thaïlandaise, chinoise et occidentale. L'établissement comprend un bar, une salle de conférence et une piscine. Plus au sud, l'amical *Blue Horizon Bungalows* (☎ 077-422426, fax 230293, e-mail montien@samart.co.th) loue des chambres avec ventil. à 500 B, d'autres plus petites, avec clim. à 600 B, et des bungalows plus spacieux à 800 B.

Le *Hi Coral Cove* (☎ 077-422495), retiré, dans un lieu adorable donnant sur la baie, loue des chambres à 400/1 000 B, d'un bon rapport qualité/prix, si une petite marche jusqu'à la plage ne vous effraie pas. Les 12 bungalows du *Beverly Hills Resort & Restaurant* (☎ 077-422232), juchés sur une falaise surplombant Hat Chaweng, valent 800/1 000 B en haute saison (remise de 200 B hors saison). Le restaurant offre un superbe point de vue.

Sur les promontoires entre Ao Thong Yang et Ao Thong Ta Khian, plusieurs établissements jouissent d'une grande tranquillité et d'un panorama splendide, parmi lesquels le *Golden Cliffs Resort*, le *Sunflower Bungalow*, et surtout le *Bird's Eye View Bungalow*, avec ses bungalows en bois blanc, dotés de petits balcons donnant sur Hat Chaweng (400/500 B pour une chambre avec ventil., 1 200 B avec clim.)

Ao Thong Ta Khian

Cette petite crique aux pentes abruptes, frangée de gros rochers, ressemble à Coral Cove. Les bungalows du *Samui Silver Beach Resort* offrent une belle vue sur la baie (400/700 B avec ventil., 800/1 000 B avec clim.). Le restaurant, agréable, donne aussi sur la plage. Vers le sud, le *Thong Ta Kian Villa* (☎ 077-230978) dispose de bungalows en ciment blanc, à toits rouges, à 400/700 B avec ventil./clim. A la pointe sud, le *Samui Yacht Club* (☎/fax 077-422400), loue des bungalows luxueux, de style thaï, à 2 000/3 000 B (remise de 500 B hors saison). L'endroit est tout indiqué pour la pêche au lancer.

Le *Jubilee Restaurant*, en plein air en bordure de route, avec une belle vue, présente une carte très complète, de simples

plats de riz ou de nouilles au steak de requin, en passant par toutes sortes de curries. D'autres restaurants de fruits de mer vous attendent sur la baie.

Hat Lamai

Cette plage est la plus populaire, après Chaweng, auprès des voyageurs. Les prix y sont légèrement moindres et l'on ne trouve pas (encore) d'établissements de luxe. Comme à Chaweng, la plage s'est développée par secteurs. Une longue zone centrale est flanquée de zones plus accidentées. Des rapports réguliers font état d'agressions et de cambriolages. Faites attention à vos objets de valeur – placez-les en lieu sûr à la réception de votre hôtel. Les agressions se produisent essentiellement la nuit, dans les ruelles obscures et les zones non éclairées de la plage.

Hat Lamai nord. L'extrémité nord-ouest de la plage présente l'avantage d'être plus tranquille et moins coûteuse, en matière d'hébergement, mais la couche de sable est très fine. Le *Comfort Bungalow* (☎ 077-242110) loue 350 B des chambres avec ventil., ou 1 200 B avec clim. et petit déjeuner, et dispose d'une piscine. Légèrement à l'écart, le *Royal Blue Lagoon Beach Resort* (☎ 077-424086, fax 424195) loue des chambres sur jardin à 1 000 B, ou avec vue sur la mer à 2 500 B. Plutôt cher, compte tenu de l'emplacement et du confort offert, même si l'hôtel est pourvu d'une piscine et d'un bon restaurant de fruits de mer en plein air. La *Bay View Villa* (☎ 077-230769), à 200/300 B, le *Lamai Garden*, à 200/400 B avec ventil. ou 1 200 B avec clim., l'*Island Resort*, à 400/800 B, le *Rose Garden*, à 400/650 B, et le *Suksamer*, à 300/700 B, sont plus simples et meilleur marché.

Le *Spa Resort* (☎ 077-230855, fax 424126), établissement de style "new age" (direction américaine), propose sauna aux essences d'herbes, massages, soins du visage à l'argile, aliments naturels, méditation, et même jeûne et purification du colon (options payantes). Actuellement, des bungalows sommaires sont loués 200/500 B, avec ventil. et s.d.b. Le restaurant sert de la cuisine végétarienne et des plats de fruits de mer. Des activités sont également organisées (taï chi chuan, qi gong (chi kung), yoga et VTT).

D'autres établissements moins chers et plus simples (150/300 B) sont regroupés au sud, avant l'estuaire, dont le *My Friend*, le *No Name Sukasame* et le *Tapee*.

En haut de la portion de plage suivante, le *New Hut* loue des cabanes à 150/200 B, pouvant loger deux personnes. Le propriétaire est connu pour avoir mis à la porte des clients ne mangeant pas sur place et je continue à recevoir des critiques sur son attitude agressive frisant la violence. Relié au New Hut par une rampe qui conduit à la route, le *Beer's House* (☎ 077-231088), très semblable, dispose de chambres un peu plus agréables de 200/250 B. Plus au sud, presque aussi bon marché, le *Lamai Resort*, facture ses cabanes 150/350 B.

Le *Sand Sea Resort* est un établissement plus haut de gamme, avec des chambres à 800/1 000 B (avec ventil./clim.). Hors saison, les tarifs chutent de 300 B. Après un autre estuaire, vous arrivez à une péninsule où se profile le *Samui Laguna Resort* (☎ 077-424215, fax 424371, ☎ 02-252 5244 à Bangkok), aux bungalows assez serrés, à partir de 1 600 B avec clim., TV, téléphone, minibar, petit déjeuner, et piscine.

Le *Pavilion Resort* (☎ 077-424420, fax 424029), plus agréable avec ses construction à toits de palme de style thaï, loue des chambres d'hôtel (2 000 B) ou des cottages (3 000 B) avec clim., balcon, petit coffre-fort personnel, sèche-cheveux, minibar, téléphone et TV. L'établissement comprend également un jacuzzi et une piscine.

Hat Lamai centre. Dans la partie centrale de Lamai s'étire un chapelet d'hôtels à 200/700 B, dont le *Mui*, l'*Utopia* et le *Magic*. Le *Weekender Resort & Hotel* (☎ 077-424429, 424011, ☎ 02-466 2083 à Bangkok) propose 76 chambres en 3 types d'hébergements – chambres dans le corps principal de l'hôtel (1 050 B), bungalows (1 330 B), maisons de style thaï (1 820 B) –, et quantité de distractions, le jour (minigolf, piscine) ou la nuit. Plus près du centre de Hat Lami, vous

arrivez au *Coconut Beach*, à 150/250 B, et à la *Lamai Inn (Lamai Inn 99 Bungalows, ☎ 077-424427, fax 424211)*, à 100/800 B.

Cette partie de Lamai, la plus animée, regroupe bureaux de change, services médicalisés, commerces, agences de location ou de voyages, et un cortège de restaurants, bars et petites discothèques.

Vient ensuite une série d'établissements de catégorie supérieure, à 200/600 B, la *Thai House Inn*, la *Marina Villa*, la *Sawadee House*, la *Mira Mare* (bon rapport qualité/prix), le *Sea Breeze* (700 B avec clim.) et le *Varinda Resort* (800 B avec clim.). Complexe haut de gamme sur 2 étages, l'*Aloha* (☎ 077-424418, 424419, e-mail aloha@loxinfo.co.th) abrite des bungalows à 1 550/1 700 B en simple/double et des suites jusqu'à 3 600 B. Tous ces établissements sont dotés de salles à manger passablement sophistiquées. L'Aloha dispose d'un bon restaurant proposant des fruits de mer, une cuisine thaïlandaise et occidentale.

Tout proche, le *Galaxy Resort*, est une bonne adresse, avec des bungalows entièrement équipés, à 1 000/2 000 B et un hébergement sur la plage à 2 200 B. Le *Golden Sand* (☎ 077-424031/2, fax 424430) reste intéressant avec des bungalows à 500/800 B (ventil.) et à 1 300/1 650 B (clim.).

Hat Lami centre se termine par un ensemble d'établissements à 80/600 B. Le *Paradise* (☎ 077-424290), ouvert voici plus de 20 ans, est doté de chambres à 300/600 B (ventil.) et à 800/1 000 B (clim.).

Une mention spéciale doit être faite, en termes de qualité et d'accueil, au *Bungalow Bill* (☎ 077-233054, fax 424286), et à ses bungalows construits côte à côte, mais particulièrement spacieux, à 300/400 B (pour les plus petits avec ventil. et s.d.b., sur la colline), à 500/600 B (pour les plus grands, plus près de la plage), ou à 1 000/1 200 B (pour des bungalows avec clim., eau chaude et réfrigérateur, sur la plage). Un service e-mail est à votre disposition.

Le *White Sand*, l'un des premiers à s'être implanté, loue des cabanes plutôt délabrées à partir de 60 B. A côté, l'*Amity* et le *Wanchai* demandent 60/80 B avec s.d.b. commune ou 150/300 B avec s.d.b. Le dimanche, un marché faràng vend des bijoux fabriqués par les voyageurs.

Le **Palm**, vieil établissement, demande 250/500 B pour ses bungalows. Le **Nice Resort 1** loue des cabanes à 300/500 B, trop rapprochées les unes des autres. En contrebas de la route le **Nice Resort 2** possède des cabanes en ciment à 150/200 B en simple/double, ou 600 B avec clim. Vous pourrez loger au **Sun Rise** dans des cabanes acceptables à 200 B, ou des bungalows neufs à 400/700 B avec ventil/clim.

Où se restaurer. Lamai ne compte pas autant de restaurants que Chaweng. La plupart des voyageurs optent pour le service de restauration offert par leur lieu d'hébergement. Encore une fois, la cuisine italienne est largement représentée. Le **Il Tempio** sert des pizzas, de la cuisine italienne et thaïlandaise, et le **Gelateria Rossini** confectionne des glaces et pâtisseries "maison".

Le **Chao Samui Restaurant**, sur la route principale, propose des spécialités locales de Samui à 40/70 B. Plusieurs stands de cuisine thaïlandaise sont disséminés dans le centre de la plage.

Où sortir. Lamai possède une seule grande discothèque, le **Bauhaus Pub**, qui combine sessions de dance-music avec DJ, courts spectacles de travestis, et démonstrations de muy thai (boxe thaïlandaise). De l'autre côté de la route, le **Lucky Pub** propose des bières allemandes, une restauration légère et toutes sortes de jeux de bar. Plusieurs allées sont bordées de bars en terrasse rappelant Pattaya. La clientèle se compose esentielle-ment d'hommes.

Ao Bang Nam Cheut. Un promontoire interrompt Ao Lamai. La baie suivante s'appelle Ao Bang Nam Cheut, d'après le nom du torrent qui s'y jette. Pendant les mois secs, la mer est trop peu profonde pour s'y baigner, mais à la fin de la saison des pluies, quand elle est trop haute sur les autres plages de l'île, l'endroit est tout indiqué pour nager. Ne manquez pas le jaillissement phallique des

deux célèbres blocs rocheux qui ornent la baie, baptisés "Grand-père" ("Grand-father") et "Grand-mère" ("Grand-mother").

Plus près de la route que de la côte, le **Samui Park** loue des chambres dans un bâtiment en béton et des bungalows à 1 200/2 000 B (1 600 B minimum en basse saison). Plus au sud-ouest, le long de la même plage, le **Noi** propose des cabanes à partir de 100 B et des bungalows à partir de 200 B. A côté, le **Chinda House** demande 500 B pour des bungalows près de la plage et 1 200 B pour des chambres climatisées dans un bâtiment de type hôtel.

Le **Swiss Chalet** (☎ 077-424321, fax 232205) est doté de spacieux bungalows surplombant la mer à 300 B (ventil.) et 900 B (clim.), et d'un restaurant servant une cuisine suisse et thaïlandaise. Au **Rocky**, un rescapé des temps anciens, vous pourrez loger dans des bungalows en béton à 300/800 B avec ventil./clim.

Ao Na Khai et Laem Set
Juste après le village de Ban Hua Thanon, à la pointe sud de Ao Na Khai, s'étend une zone parfois appelée Hat Na Thian. De même qu'à Lamai, le sud de l'île est très rocheux, donc propice à la plongée (long récif), mais moins à la baignade.

Les bungalows d'origine, bon marché, semblent récemment avoir fait place aux constructions modernes, lucratives, qui poussent un peu partout, équipées de la climatisation.

Au **Samui Maria Resort** (☎ 077-424023), anciennement Royal Resort, vous pourrez loger dans des bungalows climatisés avec TV, téléphone et minibar, à 800/2 000 B. Moins cher, le **Wanna Samui Resort** loue ses bungalows 200/250 B avec ventil. et 600/700 B avec la clim.

Par un chemin différent, on parvient au **Samui Orchid Resort** (☎ 077-424017, fax 424019), établissement terne en béton, dispose de bungalows et de chambres de type hôtel au prix fort (950 B, ou 1 100 B petit déjeuner compris), et d'une piscine. Sa tentative de rivaliser avec le haut de gamme est un échec.

Tournez à droite, longez la côte jusqu'au pied de Khao Thaleh, à la **Laem Set Inn** (☎ 077-424393, fax 424394, e-mail inn@ laemset.com), très retirée, qui occupe un joli coin de plage de sable et de galets, et présente des bungalows rustiques à partir de 50 $US avec ventil., véranda, eau chaude et vue sur la mer. Pour les chambres plus récentes avec clim. faisant face à la mer, comptez 100/370 $US. Un bon restaurant thaï vous y attend (portions minuscules à un prix faramineux, selon un lecteur).

Ici, vous paierez davantage pour le respect de l'environnement et le cadre que pour les prestations. Certains voyageurs y trouveront leur compte, d'autres préféreront essayer d'autres plages, plus populaires.

A côté, le **Samui Butterfly Garden & Resort** (☎ 077-424020, fax 424022) présente des cottages en bois modernes, stylisés, reliés par des promenades en bois sur un sol rocailleux. Son jardin bien arrangé, sa piscine et la mixité de sa clientèle (thaïlandaise et étrangère), sont autant d'atouts supplémentaires (2 800 B avec vue sur le jardin, 3 600 B avec vue sur la mer).

Ao Bang Kao

Cette baie, qui se trouve à la pointe sud de l'île, entre Laem Set et Laem Saw (So), compte plusieurs hébergements bon marché. Des routes sableuses partant de la route circulaire vous conduiront, après 2 km, au **River Garden** (60/150 B), à la **Diamond Villa** (100/300 B) et au **Waikiki** (300/400 B).

Ao Thong Krut et Ko Taen

A côté du village de Ban Thong Krut, sur Ao Thong Krut, le **Thong Krut** (TK Tour), loue des cabanes avec s.d.b. à 300/500 B (réduction possible hors saison). La plage n'est pas très tranquille, car c'est là qu'appareillent les bateaux pour les îles, et que les bateaux de pêche accostent.

Vers la pointe sud-ouest de la baie, presque sur Laem Hin Khom, la **Coconut Villa** (☎/fax 077-423151), nouvel établissement très accueillant, occupe un emplacement de choix, sur une petite plage propre et paisible, d'où l'on aperçoit, au loin, l'île de

Ko Taen. Elle loue des bungalows bien espacés à 300 B (petits, avec ventil. et douche), à 400 B (moyens), et à 600/900 B (grands, avec clim. et douche chaude). Outre une piscine sur la plage, un restaurant et un petit magasin, elle offre des services de change, de location de motos et de blanchisserie. En chemin, le **Simple Life**, semblait complètement désert.

Ban Thong Krut est le point de départ des excursions en bateau vers 4 îles, **Ko Taen, Ko Raap, Ko Mat Daeng** (le plus beau corail) et **Ko Mat Sum**. Ko Taen compte 3 villages de bungalows le long de la côte est, à Ao Awk, le **Tan Village**, le **Ko Yan Resort** et le **Coral Beach Bungalows** (☎ 01-956 3076, 968 6096), à 100/300 B. Le **Dam Bungalows** et le **BS Cove**, similaires, nichent sur une baie très incurvée, sur le côté ouest. Ko Mat Sum offre de belles plages où les voyageurs viennent parfois camper, mais dont la propreté laisse cependant à désirer.

Des bateaux effectuent régulièrement la traversée jusqu'à Ko Taen (50 B aller-retour). Pour avoir un bon aperçu des îles, vous pouvez aussi louer un bateau de pêche à Ban Thong Krut (1 000/1 500 B, jusqu'à 10 places). Renseignez-vous auprès de l'un des restaurants de fruits de mer de la plage principale, le **Kung Kaew**, le **Gingpagarang** ou le **Thong Krut Fishing Lodge** (☎ 077-423257, fax 424013). Seagull Coral Tour (☎ 077-423091) organise une excursion en bateau pour Ko Taen, avec départ à 8h et retour à 15h30 (450 B, avec déjeuner, boissons non alcoolisées, matériel de plongée, traversée, et transport depuis n'importe quel lieu de Samui).

Côte ouest

Plusieurs hébergements existent dans ces baies, notamment à Thong Yang où accostent les car-ferries de Don Sak et Khanom. Ici, les plages, vaseuses à marée basse, attirent la clientèle désireuse d'éviter la côte est plutôt que les amoureux du sable.

Ao Phangka. Nichée aux environs de Laem Hin Khom, en contrebas de la façade ouest de Samui, cette petite baie est parfois appelée Emerald Cove. Vous avez le choix entre l'*Emerald Cove*, assez retiré, avec des cabanes à 80/300 B, le *Sea Gull* et le *Pearl Bay*, facturant leurs chambres à 200/500 B selon la saison. Ces deux derniers bénéficient d'un cadre agréable et très tranquille. Leur propriétaire commun organise des excursions en bateau à Ko Taen (450 B, avec déjeuner, café, thé, équipement de plongée et transport). Hors saison, les clients sont si rares que les propriétaires des bungalows ont tendance à laisser les ordures s'accumuler.

Ao Taling Ngam. Dominant la pointe nord de cette baie incurvée, peu profonde, Le *Royal Meridian Baan Taling Ngam* (☎ *077-423019, fax 423220,* ☎ *02-236 0400 à Bangkok*), perché au sommet d'une colline abrupte, demeure le complexe hôtelier le plus select de Samui, avec des courts de tennis, deux piscines, un centre de remise en forme, des équipements complets pour la pratique du kayak, de la planche à voile et de la plongée . Des moniteurs sont également à votre disposition. L'établissement ne donne pas directement sur la plage, mais une navette se charge des aller et retour des clients. Les logements sont tous somptueusement arrangés, et notamment dotés d'un mobilier de style thaï confectionné sur mesure. Comptez 270 $US minimum pour une chambre de luxe et 500 $US pour une villa sur la falaise ou une suite de luxe (taxe de 20% et service non compris).

Partageant la même baie, juste en dessous du Royal Meridian, le *Wiesenthal* (☎/fax *077-235165)* loue 9 bungalows bien espacés, au milieu d'une cocoteraie, à 200/400 B pour un bungalow normal et 800 B pour un familial. Le restaurant (direction suisse), sert une bonne cuisine thaïlandaise et occidentale. Sur le même chemin, le *Vastervik* loue des chambres avec ventil. à 300 B. Le personnel semble toujours pris au dépourvu lorsque l'on demande un service.

Un songthaew depuis Na Thon ou l'embarcadère des ferries pour véhicules, à Ao Taling Ngam coûte 15/20 B. Bien entendu, le Royal Meridian assure une navette aéroport/ferry pour ses clients.

Ao Thong Yang. Le quai des cars-ferries est situé à la pointe sud de cette baie. Près du quai, sont regroupés l'*In Foo Palace* (☎ *077-423066)*, avec des chambres équipées de ventil. à 300 B, l'*Ar-An Inn*, à 300/400 B avec ventil., ou 600/800 B avec clim., le *Coco Cabana Beach Club* (☎ *077-423174)*, à 500 B avec ventil., et la *Samui Ferry Inn*, de type motel, à 400/900 B. Le Coco Cabana est le meilleur. L'embarcadère des ferries (véhicules) devrait bientôt être déplacé, à moins que celui-ci reste en opération et qu'un deuxième soit construit sur la côte. Quelle que soit la solution adoptée, l'hébergement local s'en trouvera nécessairement affecté.

Ao Chon Khram. Sur le chemin de Na Thon, vers le nord, longez la baie de Ao Chon Khram, que jalonnent le *Lipa Lodge* et l'*International Bungalows & Big John Seafood Restaurant* (☎ *077-423025)*. Le Lipa Lodge, particulièrement beau et bien situé, loue des cabanes à 300/550 B. Le bar et le restaurant, très corrects, affichent un rapport qualité/prix intéressant. L'International Bungalows présente des bungalows avec ventil. à 300 B, à 600 B avec eau chaude et vue sur la mer, ou avec clim. à 800 B. L'hébergement est toutefois moins confortable. Entre les deux, se profile le plus luxueux *Rajapruek Samui Resort* (☎ *077-423115)*, doté de chambres à 500 B avec ventil. et à partir de 800 B avec clim. Plus au nord et relativement isolé, le *The Siam Residence Resort* (☎ *077-420008)* est un peu plus cher, avec 20 chambres à 65/70 $US. Ces établissements offrent aux clients le transport gratuit depuis/vers le quai de Thong Yang.

Comment s'y rendre
Avion. La Bangkok Airways dessert Ko Samui à partir de Bangkok (11/14 vols quotidiens en basse/haute saison, durée 1 heure 20, 3 150 B l'aller). Les bureaux de la compagnie se situent à Na Thon, sur le front de mer, et à l'aéroport (☎ *077-425029)*. L'aller-retour ne comprend aucune réduction, les enfants payent 50%.

La compagnie dessert également Phuket depuis Ko Samui (2 vols quotidiens, 1 seul en juin et septembre, 50 minutes, 1 530 B).

Au plus fort de la saison, prévoyez un délai éventuel de 6 semaines pour obtenir une place. Si tous les vols sont complets, vous pouvez toujours vous rendre à Surat Thani depuis Bangkok ou quantité d'autres villes par la THAI (voir la rubrique *Comment s'y rendre – Surat Thani*, pour plus de détails). De l'aéroport de Surat Thani, vous pouvez prendre un bus de la THAI pour Ko Samui *via* le ferry de Don Sak (200 B).

La Bangkok Airways dessert quotidiennement Singapour (4 000 B).

L'aéroport de Samui applique une taxe de départ (100 B) pour les vols intérieurs et internationaux. Cet endroit agréable, entièrement à ciel ouvert, dispose d'un joli bar, d'un restaurant, de services de change et de réservations d'hôtel.

Bus. Comptez 427 B pour un forfait bus et ferry du service public, depuis le terminal Nord de Bangkok. La plupart des compagnies de bus privées vous factureront le même trajet à 400 B. Dans Th Khao San, à Bangkok, on trouve des billets combinés car-ferry à 300 B, mais le service est déplorable.

Depuis Na Thon, la Phantip Travel propose un service de bus climatisés vers Krabi (191 B), Phuket (193 B) et Hat Yai (195 B). Les bus partent de la route du front de mer à Na Thon tous les jours à 7h30. Ces tarifs comprennent le trajet en ferry.

En direction de Surat Thani, le ticket incluant le transport ordinaire en bus et en ferry, revient à 70 B (6 départs par jour) et à 90 B avec clim. (3 bus par jour).

Train. La State Railway of Thailand offre également des billets combinés train-bus-bateau jusqu'à Samui depuis Bangkok. Vous économiserez seulement 10/20 B en 2e classe. Pour toutes les autres destinations, un billet combiné coûte seulement 50 B plus cher que si vous achetez séparément vos billets de train, de bus et de ferry, et vous évitera bien des désagréments.

Consultez la rubrique *Comment s'y rendre* dans *Surat Thani*, pour plus de détails.

Bateau. Il existe 4 embarcadères sur la côte de Surat Thani et 2 sur Ko Samui (4 en comptant les 2 quais sur la côte nord qui desservent Ko Pha-Ngan). Songserm Travel fait circuler des bateaux express depuis Tha Thong, à 6 km au nord-est du centre-ville, et de lents bateaux de nuit, partant de Ban Don, prennent les passagers. Les bateaux express partant autrefois de Ban Don, ils utilisent parfois cet embarcadère quand la rivière est exceptionnellement haute.

Les car-ferries partent de Don Sak ou de Khanom, à 15 km environ au sud-ouest, à certaines époques de l'année. Ces lignes assurent le plus grand nombre de traversées en combiné bus/bateau et quelques combinés train/bus/bateau.

Veillez à choisir l'horaire de votre traversée en fonction des correspondances ferroviaires si votre destination est la gare de Phun Phin, ou des horaires des bus si vous arrivez au terminal des bus de Surat. Sur l'embarcadère, des rabatteurs à la solde de l'une ou l'autre des deux compagnies de ferries s'offriront à vous guider jusqu'à la gare de votre choix.

Hors saison, c'est-à-dire à n'importe quelle période sauf de décembre à février et en août, vous verrez de jeunes Thaïlandais écumer les quais à l'heure des départs pour Ko Samui, pour proposer aux étrangers un hébergement dans tel ou tel bungalow. La même tactique est utilisée sur les embarcadères de Tha Na Thon et de Tha Thong Yang à Ko Samui. En saison, le racolage est inutile car la plupart des établissements affichent complet, sauf les plus excentrés qui perpétuent cette pratique toute l'année en faisant circuler sur les quais des photos flatteuses de leur établissement.

Tha Thong – bateau express. De novembre à mai, on compte 3 express pour Samui (Na Thon, durée 2 heures à 2 heures 30). Les départs ont lieu à 7h30, 12h et 14h30, mais ces horaires varient parfois. De juin à octobre, 2 départs seulement sont à

7h30 et 13h30, les eaux étant trop hautes en fin d'après-midi pour autoriser un troisième départ dans ce sens durant la saison des pluies.

Les express ont deux ponts, l'un doté de sièges au niveau inférieur, et un vaste pont supérieur à bagages, idéal pour les bains de soleil (130 B aller simple, 240 B aller-retour). Ces tarifs ont tendance à fluctuer selon la concurrence. Par deux fois en quatre ans, la compagnie a tendu à baisser immédiatement les prix (50 B l'aller), pour éliminer les éventuels rivaux.

De Na Thon vers Surat, les départs ont lieu à 7h15, 12h et 14h45 de novembre à mai, et 7h30 et 14h45 de juin à octobre. Les bateaux de 7h15 incluent le transport à la gare ferroviaire de Phun Phin, et ceux de l'après-midi le transport vers la gare ferroviaire et vers le terminal des bus de Talaat Kaset à Ban Don.

Ban Don – ferry de nuit. Un lent bateau pour Samui largue chaque soir les amarres à 23h, à Tha Ban Don, et arrive à Na Thon vers 5h (80 B sur le pont supérieur, oreiller et matelas inclus, 50 B sur le pont inférieur, avec nattes de paille). Les habitants utilisent abondamment ce moyen de transport et l'embarcation est en bien meilleur état que certains bateaux express. Cette traversée n'est pas recommandée. Certains voyageurs ont préféré malgré tout passer la nuit sur le bateau et ainsi gagner une journée de soleil à Samui.

En sens inverse, le ferry de nuit pour Samui quitte Na Thon à 21h (arrivée à 3h du matin). Si vous souhaitez dormir sur le bateau, vous pouvez y rester jusqu'à 8h. Méfiez-vous des rabatteurs qui tentent d'embarquer des passagers sur des bus pour Bangkok, car ils ne partiront pas avant 8h, voire plus tard.

En aucun cas, ne laissez vos bagages sans surveillance sur les ferries de nuit. Des vols sont récemment survenus.

Don Sak – car-ferry. Des bus touristiques relient directement Bangkok à Ko Samui, *via* le car-ferry de Don Sak, pour 400 B environ. Renseignez-vous auprès des grosses compagnies de bus ou d'une agence de voyages. Un quai tout près de Khanom est également utilisé par Songserm, qui rivalise aujourd'hui avec la compagnie de Don Sak. Jusqu'à présent, cette dernière monopolise en grande partie le marché, mais Songserm lui oppose une concurrence sérieuse.

De Th Talaat Mai à Surat Thani, on peut aussi aller directement à Na Thon avec un billet combiné bus/ferry (80 B en bus ordinaire, 100 B en bus climatisé). Les piétons et visiteurs en voiture peuvent aussi prendre le ferry de Don Sak. Des départs sont prévus environ toutes les 2 heures, entre 8h et 17h, et la traversée jusqu'à Tha Thong Yang dure 1 heure. En sens inverse, les ferries partent de Thong Yang entre 7h et 16h avec 1h30 de trajet. Hors saison, la fréquence des départs peut se réduire à 3 par jour, surtout en septembre.

Les tarifs, sans le trajet en bus, sont de 50 B (piéton), 80 B (moto avec conducteur) ; 200 B (voiture avec chauffeur). Les passagers d'une voiture paient le prix piéton. Le voyage en ferry met 1h30 pour atteindre Don Sak, à 60 km de Surat Thani.

Depuis le terminal des bus de Surat Thani, il faut compter 45 minutes à 1 heure pour rejoindre le terminal des ferries (17 B). Si vous venez de Nakhon Si Thammarat, prenez ce ferry, mais de Surat Thani le ferry de Tha Thong est plus pratique.

Depuis Ko Samui, des bus climatisés se rendent à Bangkok. Ils partent à côté de l'embarcadère de Na Thon, à 13h30 et 15h30 tous les jours, et arrivent à 5h du matin après une halte à Surat. Depuis Na Thon, vous pouvez aussi vous rendre par bus direct à Hat Yai, Krabi et Phuket. Tous les départs se font aux alentours de 7h30, (durée moyenne 6 heures, 200 B). Renseignez-vous auprès des agences de voyages de Na Thon sur les derniers itinéraires.

Bateaux pour Ko Pha-Ngan. Les bateaux pour Hat Rin Nai, sur la côte sud de Ko Pha-Ngan partent de deux quais, à Bo Phut et à Bang Rak. Généralement, deux départs ont lieu tous les jours (durée 30 minutes, 60 B, ou 80 B les jours de pleine lune). Pour plus de détails, reportez-vous à *Laem Hat Rin*, dans la rubrique *Ko Pha-Ngan*.

Comment circuler

Il est tout à fait possible de faire du stop dans l'île en dépit du fait que les conducteurs d'automobiles soient parfois tentés d'arrondir leurs revenus en faisant payer leurs services.

Desserte de l'aéroport. Samui Limousine assure un service de navette en minibus climatisés entre l'aéroport de Samui et Hat Phra Yai (Big Buddha Beach, 30 B), Chaweng (120 B), Lamai (100 B), Na Thon (100 B) et Mae Nam (100 B). Pour vous rendre aux autres plages, prenez un songthaew ou un taxi. La course en taxi depuis l'aéroport revient à 250 B, quelle que soit la destination sur l'île.

Transports locaux. Depuis Na Thon, le tarif des songthaews est de 15 B pour Mae Nam ou Bo Phut, 20 B pour Hat Bang Rak et Lamai, et 25/30 B pour Chaweng ou Choeng Mon. Depuis l'embarcadère du car-ferry, à Thong Yang, les prix sont de 10 B pour Na Thon, 25 B pour Lamai, Mae Nam et Bo Phut/Hat Bang Rak, 25/30 B pour Chaweng et 30 B pour Choeng Mon. Il y a quelques années, les tarifs officiels étaient affichés, mais aujourd'hui, les conducteurs de songthaews ont tendance à surtaxer les touristes. Prudence ! Les songthaews circulent régulièrement pendant la journée uniquement. Un bus régulier entre Thong Yang et Na Thon revient à 10 B. A noter que si vous arrivez à Thong Yang en bus (*via* le ferry), le prix bus/ferry inclut le trajet jusqu'à Na Thon, mais pour aucune autre destination.

Location de voitures et de motos. On trouve plusieurs loueurs de motos à Na Thon, ainsi que dans divers établissements de l'île. Le prix est de 150 B par jour, avec un tarif dégressif sur de longues périodes (280 B sur 2 jours, 400 B sur 3 jours, etc.). Les prix sont moindres à Na Thon. Soyez

prudent en moto, chaque année de nombreux étrangers sont victimes d'accidents.

On peut louer des Jeep Suzuki Caribian (800 B par jour) aux diverses agences de Na Thon, ainsi qu'à Chaweng et Lamai. Outre ces petites agences indépendantes, Hertz a des succursales à l'aéroport de Samui (☎ 077-425011) et aux resorts au Le Royal Meridian et Chaweng Blue Lagoon. Avis Rent-A-Car a deux antennes au Santiburi Resort (☎ 077-425031) et au Chaweng Regent (☎ 077-422389, 422390).

KO PHA-NGAN
10 300 habitants

Avec une superficie de 190 km², Ko Pha-Ngan est devenu le refuge de ceux qui trouvent Samui surpeuplée et trop chère. Cette destination a réussi à affirmer sa personnalité touristique grâce à des liaisons régulières par bateau et environ 160 possibilités d'hébergement. Ne manquez pas de la visiter pour découvrir ses plages quasi désertes, et, si vous aimez la plongée de surface, ses formations coralliennes.

Bien que les hordes de touristes à pied y aient débarqué sac au dos, l'absence d'aéroport et la quasi-inexistence de routes pavées ont maintenu le tourisme hôtelier et les groupes en voyage organisé à l'écart de Ko Pha-Ngan. Comparés à Samui, le cadre et l'atmosphère y sont plus "sauvages". Les inconditionnels de Pha-Ngan trouvent que le poisson y est plus frais et moins cher, mais à vrai dire tout dépend de l'établissement. Samui devenant de plus en plus chère pour les voyageurs et pour les investisseurs, Pha-Ngan séduit de plus en plus les uns et les autres.

En outre, à l'exception de Hat Rin, rendez-vous de tous les noceurs de l'île, Ko Pha-Ngan n'a pas encore été touchée par le fléau de la vidéo et des sonos assourdissantes.

Désagréments et dangers

Il peut être tentant de goûter la marijuana locale, mais réfléchissez à deux fois. Nombre de voyageurs, ayant acheté des substances illicites proposées par des restaurateurs ou des propriétaires de bungalows, auraient été arrêtés juste après par la police, qui, *d'une manière ou d'une autre*, semble toujours savoir qui fouiller, quand et où.

Les barrages de police sur la route entre Thong Sala et Hat Rin se généralisent, en particulier la semaine précédent la fameuse fête de la lune de Hat Rin. Ce ne sont pas des contrôles de routine. Si vous êtes en moto, la police examinera le réservoir, les pneus, ainsi que toutes vos affaires. Les sanctions consistent en une amende exorbitante (50 000 B en moyenne), et peuvent aller dans certains cas, jusqu'à l'expulsion.

Cascades

Cette île, de plus petite taille, abrite quatre cascades permanentes et quelques chutes plus saisonnières. A la **cascade de Than Sadet**, qui s'écoule le long de Khlong Than Sadet, à l'est, se dressent des pierres sur lesquelles furent sculptés les insignes royaux de Rama V, Rama VII et Rama IX, qui tous visitèrent ce lieu. Rama V l'appréciait tellement qu'il se rendit 18 fois dans l'île entre 1888 et 1909.

La **cascade de Phaeng** se tient en retrait de la route principale, entre Thong Sala et Ban Chalok Lam, presque au centre de l'île. La **cascade de Than Prapat** coule près de la côte est, dans un endroit accessible par la route ou en bateau. Vous découvrirez la **cascade de Than Nai Prawet** au nord-est, près de Ao Thong Nai Pan.

Wat Khao Tham

Ce temple-caverne, joliment situé au sommet d'une colline près du petit village de Ban Tai, n'est pas un véritable wat car il n'y a que deux moines et une nonne (selon la règle, un quorum de cinq moines est nécessaire pour constituer un wat).

Des retraites de méditation sont dirigées par un couple australo-américain, la deuxième quinzaine de presque chaque mois (2 500 B). Écrivez au préalable au Khao Tham, Ko Pha-Ngan, Surat Thani, pour obtenir les renseignements ou vous inscrire.

Toute personne de moins de 25 ans désireuse de participer à une retraite doit s'entretenir avec les professeurs avant son admission.

Thong Sala

Ko Pha-Ngan est peuplée de 10 000 habitants. La moitié vivent dans le petit port de Thong Sala où abordent les ferries en provenance de Surat Thani et de Samui (Na Thon), et les petits bateaux de Mae Nam et Bo Phut à Samui, amarrés à Hat Rin.

La ville est pourvue de plusieurs restaurants, d'agences de voyages et de multiples commerces, dont des boutiques de vêtements. Vous pourrez également y louer des motos pour 150/250 B par jour.

Renseignements. Vous trouverez à peu près tout ce dont vous pouvez avoir besoin au supermarché Bovy, dans la rue principale menant à l'embarcadère.

Le mensuel *Phangan Newsletter* contient des informations sur les transports et les activités sur l'île.

Argent. Si vous devez vous rendre dans les autres parties de l'île et avez besoin de mener à bien certaines opérations bancaires, c'est à Thong Sala qu'il faut le faire. La Krung Thai Bank, la Siam City Bank et la Siam Commercial Bank vendent et achètent des chèques de voyage. Elles peuvent aussi s'occuper de transferts d'argent et disposent de distributeurs automatiques. La Siam Commercial assure généralement le meilleur service.

Hat Rin est également équipée de bureaux de change.

Poste et communications. La poste est située aux limites sud de la ville, sur la route en direction de Hat Rin. Elle est ouverte du lundi au vendredi, de 8h30 à 12h et de 13h à 16h30, et le samedi de 9h à 12h. Vous pourrez passer vos appels internationaux et envoyer des fax au Phangan Travel Booking Center (☎ 077-377048, fax 377105) et au Shine Travel (☎ 077-377240, fax 477028).

E-mail et accès Internet. Dans Thong Sala, Phangan Batik (☎/fax 077-238401, e-mail batik@surat.loxinfo), offre un service de courrier électronique et un accès à Internet.

Services médicaux. Le nouvel hôpital de Ko Pha-Ngan (☎ 077-377034), à environ 2,5 km au nord de Thong Sala, en retrait de la route vers Chalok Lam, assure un service d'urgence 24h/24. Toutefois, si vous pouvez attendre, faites-vous soigner à Bangkok.

Où se loger et se restaurer – Thong Sala. Le *Pha-Ngan Chai Hotel* (☎ 077-377068, fax 377032), sur la baie, à environ 150 m du quai, propose des chambres avec clim., téléphone et TV, à 1 020 B avec vue sur jardin (1 260 B petit déjeuner compris), ou à 1 176 B avec vue sur la mer (1 380 B). La *Bua Kao Inn*, à 100 m tout droit en venant du quai, de type pension, loue des chambres avec s.d.b. commune à 250/350 B en simple/double ou à 480 B avec clim. (200 B ou 400 B en basse saison). A côté, la *Kao Guest House* (☎ 077-238061, 210/9-10 Th Thong Sala - Chalok Lam), similaire, propose des chambres avec ventil. à 200/250 B, ou avec clim. à 350 B, et est agrémentée d'un café.

Près du quai, plusieurs cafés, qui se sont adaptés au goût des faràngs, vendent des billets de bateaux. Thong Sala compte aussi deux bars karaoke.

Où se loger et se restaurer – Ao Nai Wok. A 2 km au nord du port, plusieurs bungalows ont été construits sur une plage plutôt ordinaire, mais le cadre est très beau, idéal pour y passer quelques jours si l'on doit rester à proximité de Thong Sala. Les visiteurs attendant un bateau matinal pour Surat ou Ko Tao auront intérêt à dormir ici (ou au sud de Thong Sala à Ao Bang Charu), car les horaires des transports sur l'île sont aléatoires. La période entre décembre et avril, lorsque la mer est haute, est la plus propice à la baignade. Au large, un récif invite à la plongée de surface.

Tournez à gauche après le carrefour principal, à partir du quai, continuez tout droit jusqu'à ce que la route traverse un pont en béton, puis tournez encore à gauche, à l'endroit où la route se termine, à une intersection en T. Vous arriverez au *Phangan* (100/200 B avec s.d.b commune/s.d.b.), au *Charn* (80/100 B avec s.d.b., jusqu'à 120 B en haute saison), au *Siriphun* (150/400 B avec s.d.b.) et au *Tranquil Resort* (80/200 B avec s.d.b. commune/s.d.b.), situés à environ 2 km les uns des autres. Le Siriphun semble d'un excellent rapport qualité/prix et prépare la meilleure cuisine. Il propose aussi des maisons plus vastes à louer sur une longue période.

Les plages des environs de Ko Pha-Ngan

Les complexes de bungalows sont, pour la plupart, concentrés au nord et au sud-est de Thong Sala, et plus particulièrement à la pointe sud de l'île, à Hat Rin. Le transport est parfois un problème sur Pha-Ngan, car les routes goudronnées sont encore rares, même si la situation ne cesse de s'améliorer ; les Thaïlandais proposent divers services de taxis et de bateaux entre les plages. Vous débourserez en moyenne 60/100 B pour des cabanes avec s.d.b. communes (40 B entre mai et octobre). Nombre d'entre elles n'offrent ni électricité ni eau chaude. Certaines sont équipées de générateurs fonctionnant seulement quelques heures le soir. Pour beaucoup de voyageurs, cela accentue le charme de l'île.

D'autres établissements annoncent entre 100 et 300 B, presque toujours avec s.d.b. Vous trouverez aussi quelques hébergements disséminés sur les côtes ouest et sud-est, plus "luxueux", à partir de 500 B. Hors saison, vous devriez obtenir des réductions allant jusqu'à 30 ou 40%, car les clients se font rares. Durant les mois d'affluence (décembre à février, juillet et août), les établissements affichent souvent complets.

De nombreux établissements bon marché, qui réalisent de meilleurs profits avec leur restaurant qu'avec la location de cabanes, n'hésitent pas expulser les visiteurs qui ne déjeunent pas sur place après quelques jours. Pour éviter ce genre de désagrément, mettez-vous d'accord au préalable sur la durée de

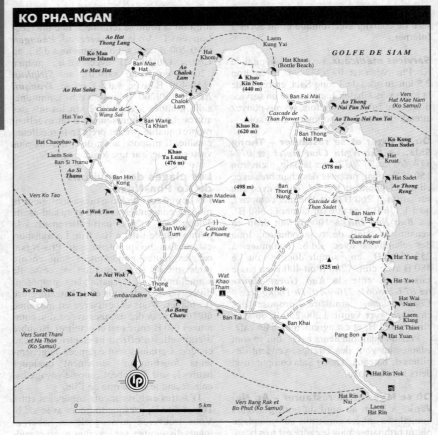

KO PHA-NGAN

Ao Hat Thong Lang
Ko Maa (Horse Island)
Ao Mae Hat
Ban Mae Hat
Ao Chalok Lam
Hat Khom
Laem Kung Yai
Hat Khuat (Bottle Beach)
GOLFE DE SIAM
Ao Hat Salat
Khao Kin Non (440 m)
Ban Fai Mai
Vers Hat Mae Nam (Ko Samui)
Hat Yao
Cascade de Wang Sai
Ban Chalok Lam
Ban Wang Ta Khian
Cascade de Than Prawet
Ao Thong Nai Pan Noi
Ao Thong Nai Pan Yai
Khao Ra (620 m)
Ban Thong Nai Pan
Ko Kong Than Sadet
Hat Chaophao
Khao Ta Luang (476 m)
Laem Son
Ban Si Thanu
Ao Si Thanu
Hat Kruat
Ban Hin Kong
(378 m)
Hat Sadet
Ao Thong Reng
Vers Ko Tao
Ban Thong Nang
(498 m)
Cascade de Than Sadet
Ao Wok Tum
Ban Madeua Wan
Ban Nam Tok
Ban Wok Tum
Cascade de Phaeng
Cascade de Than Prapat
Hat Yang
(525 m)
Hat Yao
Ko Tae Nok
Ko Tae Nai
embarcadère
Wat Khao Tham
Hat Wai Nam
Thong Sala
Ban Nok
Laem Klang
Ao Bang Charu
Ban Tai
Hat Thian
Vers Surat Thani et Na Thon (Ko Samui)
Ban Khai
Pang Bon
Hat Yuan
Hat Rin Nok
Vers Bang Rak et Bo Phut (Ko Samui)
Hat Rin Nai
Laem Hat Rin
0   5 km

votre séjour. Ce problème ne semble survenir qu'aux endroits les moins chers (40/60 B).

De nombreuses plages proposent des hébergements à Pha-Ngan. La description ci-dessous est établie en sens inverse des aiguilles d'une montre depuis Thong Sala.

Ao Bang Charu. Au sud de Thong Sala, la plage n'est pas la plus belle de l'île, mais elle est proche de la ville, ce qui explique sa popularité auprès de ceux qui attendent un bateau ou souhaitent changer de l'argent.

Le **Sundance** (☎ 077-283662), la **Pha-Ngan Villa** et le **Moonlight** proposent des cabanes sommaires à toits de palme équivalentes, à 50/150 B, et des cabanes en bois ou en béton un peu plus chères. A côté, le **Petchr Cottage** était fermé pour rénovation lors de ce passage. Les tarifs devraient s'échelonner entre 150 et 300 B lorsqu'il réouvrira. En suivant la cocoteraie qui s'étire vers le sud, vous apercevez les toits pentus du **Charm Beach Resort**, établissement niché dans un lieu ravissant, très bon marché, louant des doubles/triples avec/sans toilettes à 200/300 B. Le *Chokana Resort* propose d'imposants cottages de forme hexagonale, solidement bâtis, et des cabanes traditionnelles à 200/1 000 B avec ventil./clim. Ces deux établissements disposent de restaurants convenables.

Plus au sud-est, en direction de Ban Tai, après une école, la *First Villa (☎ 077-377225)* loue des cottages sans âme, cubes de béton à toit de tuiles à 400/800 B avec ventil./clim.

Ban Tai et Ban Khai. Entre ces deux villages, s'étend une suite de plages sablonneuses aux bungalows bien espacés, loués 50/150 B (avec quelques exceptions à 200 B). La plupart n'étant pas signalés depuis la route goudronnée, vous devrez longer la plage pour les découvrir. Situé sur une route partant du centre de Ban Tai, le *Dewshore* dispose de cabanes plaisantes et agréablement agencées à 50/200 B.

A la limite sud de Ban Tai vous attendent le *SP Resort*, le *Triangle Lodge*, le *King's Resort*, le *Mac Bay Resort*, le *Liberty*, le *Bay Hut*, le *Lee's Garden*, le *Silver Moon*, le *Pha-Ngan Rainbow*, le *Green Peace,* le *Thong Yang Bungalow*, le *Pha-Ngan Island Resort* (300/600 B) et le *Golden Beach*. L'une des meilleures adresses est le Mac Bay Resort.

A Ban Khai, les gens du pays louent des *chambres* aux voyageurs, surtout de décembre à février, lorsque tout est complet. Vous pourrez obtenir une cabane pour un mois à très bas prix. Des "dark moon parties" se tiennent sur la plage, à Ban Khai, les jours sans lune, en réponse aux fêtes calamiteuses de Hat Rin, les jours de pleine lune.

On peut louer des long-tail boats pour les autres portions de l'île au départ de Ban Khai. Naguère, un service régulier de bateaux depuis/vers Hat Rin était assuré, mais depuis que l'on a goudronné la route jusqu'à Hat Rin, il a été interrompu.

Les songthaews de Thong Sala à Ban Tai/Ban Khai reviennent à 20/30 B par personne, une moto-taxi à 30/40 B.

Laem Hat Rin. Ce long cap orienté au sud-est est bordé de plages des deux côtés, mais celles de l'est sont plus belles, comme Hat Rin Nok, long ruban de sable frangé de cocotiers. La plongée y est excellente, bien que d'octobre à mars la mer soit parfois terrifiante. Du côté ouest, la profondeur de l'eau est souvent insuffisante pour nager. Mais les plages du cap n'en demeurent pas moins les plus prisées de toute l'île.

Hat Rin Nok (plage de Rin extérieure, parfois appelée la plage du Soleil levant), s'est peu à peu transformée en une ville à part entière, avec des agence de voyages, des bureaux de change, des mini supermarchés, des restaurants, des bars, des boutiques de tatouage et deux discothèques en plein air. Hat Rin Nai (plage de Rin intérieure, surnommée la plage du Soleil couchant), abrite l'embarcadère des bateaux en provenance de la côte nord-ouest de Ko Samui, à 30 minutes de traversée.

Hat Rin Nok est célèbre pour ses "fêtes de la pleine lune", qui ont lieu chaque mois, où les participants dansent toute la nuit sur la plage et ingèrent toutes sortes de substances illicites. N'espérez pas dormir ces soirs-là, à moins de loger en retrait de la plage. Avant même que la lune ne soit pleine, les établissements passent de la dance music jusqu'au petit matin. Le côté ouest est plus tranquille.

Les drogues de toutes sortes abondent à Hat Rin, disponibles auprès des trafiquants locaux ou des touristes toxicomanes, qui font office de revendeurs, et il arrive que la police organise des raids.

Il est donc conseillé aux visiteurs en villégiature à Hat Rin, en particulier les femmes, de veiller à leur sécurité, plusieurs personnes ayant déjà été victimes d'agression. Lisez l'encadré "Fête de la pleine lune" pour plus de détails sur cet événement.

Argent. La Siam City Bank dispose d'un bureau de change près du Pha-Ngan Bayshore.

Poste et communications. Vous trouverez un bureau de poste sur la route reliant les deux bords de la péninsule et un téléphone près du quai.

Plongée. Pha-Ngan Divers (☎ 01-958 4857), anciennement Planet Scuba, sur la route qui traverse le cap, et Chang Diving School (☎ 01-221 3127), à l'Anant Bungalows, demandent 650 B pour un circuit de plongée dans les environs, 2 000 B jusqu'à Sail Rock ou jusqu'au parc national maritime d'Ang Thong, et 8 000 B pour un stage d'initiation. L'équipement de plongée de surface se loue 80/100 B.

Remise en forme. Le Jungle Gym, sur la route qui relie les deux côtés du cap, près du quai de Hat Rin Nai, propose des cours de muay thai, des séances de yoga et d'aérobic, des massages thaïlandais et occidentaux, et met à disposition des appareils de musculation, des saunas, et des poids et haltères.

Où se loger. Passablement agglutinés les uns contre les autres, les bungalows sont aussi parmi les plus chers de l'île. Au sud, le *Paradise Bungalows* (☎ 01-725 0662), l'un des plus anciens établissements, offre une belle variété de cottages essaimant de la plage à l'intérieur des terres, sur les rochers, et quelques chambres dans un complexe de type motel perpendiculaire à la plage, à 250/350 B. Plus récent, le *Beach Blue* loue de nombreuses chambres en motels, à l'écart de la plage, à 80/150 B.

Viennent ensuite des établissements plus haut de gamme, l'*Anant Bungalows* et le *Haadrin Resort* (☎ 01-229 6435), avec des chambres à 150/400 B, le *Sea Garden Bungalows*, peu différent, à 200/300 B, le *Phangan Orchid Resort* (☎ 01-229 3547), nettement plus cher, aux petites chambres avec ventil. à 400 B ou aux logements climatisés sur la plage à 1 200 B.

Le *Sunrise Bungalows* (☎ 01-229 3884), plutôt au centre de la plage, est un autre établissement ouvert de longue date. Les cabanes, construites avec des matériaux locaux, coûtent 120/300 B (1 000 B avec clim.), selon leur emplacement par rapport à la plage et selon la demande.

Le *Pha-Ngan Bayshore Resort* (☎ 01-956 4367), le premier établissement de catégorie intermédiaire, occupe le milieu de la plage, à 450/650 B pour des simples/doubles ou 1 500 B pour un bungalow climatisé sur la plage. Vous y trouverez un centre Internet et une boutique de livres d'occasion en anglais et en allemand.

A côté, le *Tommy Resort* (☎ 01-229 3327), autre institution, loue des bungalows avec s.d.b. commune/s.d.b. 150/350 B.

Le *Palita Lodge* (☎ 077-377132, 01-822 1143), assez semblable, propose 30 bungalows en bois à 150/400 B.

Vers la pointe nord de la plage, le *Seaview Haadrin Resort*, très tranquille, dispose de bungalows bien espacés, avec s.d.b., facturés 250/600 B.

Construit sur un promontoire rocheux à l'extrémité nord de Hat Rin, le *Mountain Sea Bungalows* partage les marches de ciment (inondées à marée haute), avec le *Serenity Hill Bungalows*. Ces deux établissements dotés de cabanes avec s.d.b. à 200/500 B ont l'avantage d'offrir plus de calme, la nuit, que les hébergements installés directement sur la plage.

Derrière le principal chapelet d'établissements en bordure de la plage, a surgi une seconde rangée de bungalows à 100/150 B, comprenant notamment le *Bumblebee Huts*, le *Haad Rin Hill* et le *Jonathan*.

Accroché aux flancs de la colline, au centre de la pointe sud de Hat Rin, surplombant la mer et caressé par les derniers rayons du soleil couchant, le *Sun Cliff Resort* (☎ 077-299310, 01-970 3519), au milieu de rochers géants et d'une végétation dense, comprend 28 bungalows sur pilotis, joliment aménagés, à 200 B (pour les plus petits) et 600 B (pour les plus grands), avec ventil., douche et toilettes. La plupart sont dotés de balcons avec hamacs.

Le *Hua Laem Resort*, moins attirant et plus cher, bénéficie d'un emplacement similaire, de l'autre côté des collines. Pour vous rendre à ces établissements, suivez les indications le long de la route qui traverse le cap.

Un chemin partant de cette route monte le long des collines et débouche, au sommet, sur le *Leela Beach Bungalows*, composé d'un ensemble de cabanes en bambou à toit de palme, équipées de moustiquaires, à 80 B en simple/double. Celles-ci sont dispersées au milieu d'une cocoteraie recouverte d'une fine couche de sable et caressée par la brise. Le Leela Beach est tenu par une famille de Thaïlandais très accueillante, qui sert une cuisine "maison" savoureuse, et se situe à 20 minutes à pied de Hat Rin.

En continuant jusqu'à une promenade en bois d'une centaine de mètres, entourant un promontoire rocheux, vous arrivez au *Lighthouse Bungalow*. Il peut être dangereux d'emprunter cette promenade la nuit ou par gros temps. Le Lighthouse comporte 18 bungalows sommaires en assez mauvais état, perchés sur des blocs rocheux, à 80/150 B avec s.d.b. commune/s.d.b. Le générateur fonctionne de 18h à 23h. Sans bagages, vous l'atteindrez en 30 minutes de marche. Vous pouvez aussi prendre un long-tail boat à Hat Rin jusqu'à la jetée du Lighthouse (100 B). A l'époque des moussons, le vent peut souffler très fort.

De l'autre côté de la crête, ou Hat Rin Nai, est dans l'ensemble beaucoup plus tranquille que Hat Rin Nok. Vous y trouverez des hôtels ouverts de longue date, tels le *Palm Beach* (80/150 B) ou le *Sunset Bay Resort* (80/200 B), et une pléiade d'établissements à 100/250 B, comprenant le *Dolphin*, le *Black & White Bungalows*, le *Charung*, le *Haad Rin Village*, le *Friendly*, le *Family House* (500/600 B avec clim.) et le *Neptune's Villa* (120/400 B). Le Charung, propre et bien entretenu, est le meilleur du lot. Le *Rin Beach Resort* loue quelques cabanes plus vastes avec s.d.b. et ventil. à partir de 300 B et des bungalows en béton avec clim. à 800 B.

A l'extrémité nord de Hat Rin Nai, autour d'un petit promontoire, se profilent le *Bang Son Villa*, le *Blue Hill*, le *Bird*, le *Sun Beach*, le *Sandy*, le *Sea Side*, le *Rainbow*, le *Coral*, le *Sooksom*, le *Grammy's* et le *Laidback*, tous à 50/150 B. Les plus jolis bungalows à toit de palme, avec s.d.b. (100 B), sont ceux du Blue Hill, perché sur une hauteur au-dessus de la plage.

En bordure de la route qui relie Hat Rin Nok et Hat Rin Nai, au centre du cap, le *Pooltrub Resort* (Phuntrap) demande 100/300 B (80/100 B en basse saison) pour des bungalows solides, en terrain bien aménagé, à une courte marche de Hat Rin Nai.

Où se restaurer. Les restaurants restent meilleur marché qu'à Samui, bien que la tendance soit à la hausse. Les fruits de mer sont frais et délicieux, en particulier au *Sand*, dans la zone commerciale, vers Hat Rin Nok. Le *Rin Beach Kitchen & Bakery*, dans le même secteur, propose un vaste choix de gâteaux, de brioches, et d'autres produits frais, notamment une "barre magique" à base de noix de coco et de champignons. Juste à côté, le *Chicken Corner* (pas d'enseigne, cherchez le baril de pétrole coupé en deux) fait rôtir des poulets à la façon thaïlandaise pour en faire de délicieux sandwiches.

L'*Old Lamp*, sur la première route parallèle à Hat Rin Nok, est devenu célèbre pour ses pommes de terre farcies, sa cuisine thaïlandaise, ses sandwiches, ses salades et ses milk-shakes aux fruits, servis dans un cadre simple, à l'éclairage tamisé. Dans la même rue, l'*Oi's Kitchen* et le *J Mon Thai Food*, comptant parmi les restaurants plus traditionnels de cuisine thaïlandaise de Hat Rin, pratiquent des tarifs bon marché. L'*Orchid Restaurant & Bar*, sur la route du cap, en direction de Hat Rin Nai, est réputé pour ses "dîners-vidéo". Près du quai, l'*Om Ganesh* prépare une bonne cuisine indienne, mais le service était très lent, lors de cette visite. En retrait de la route qui relie les deux plages, le *Namaste Chai Shop*, ouvert de longue date, présente des menus indiens corrects.

Comment circuler. Les songthaews vont et viennent entre Hat Rin et Thong Sala pour 50 B. Cette route fut goudronnée en 1996. Du même coup, les endroits plus pentus, plus sinueux, sont aussi plus dangereux qu'autrefois, car les automobilistes ont tendance à rouler plus vite et la surface trop lisse ne permet pas de freiner correctement.

Vous pouvez louer des motos à Hat Rin Nok. Faites attention quand un véhicule vous dépasse, car la route ne comporte pas de bas-côtés.

Deux départs de ferries ont lieu tous les jours depuis les quais au nord de Ko Samui, à Bot Phut et à Hat Bang Rak, l'un à 9h ou 9h30, l'autre vers 13h. La traversée revient à 80 B. Au moment de la fête de la pleine lune de Hat Rin, qui a lieu tous les mois, la fréquence des départs augmente, à la cadence d'un ferry toutes les 15 ou 30 minutes, jusque vers 3h ou 4h. Il est préférable d'emprunter un bateau de jour, plus sûr et moins bondé.

Plages de la côte est. Plusieurs petites criques émaillent la côte entre Hat Rin et le village de Ban Nam Tok. Là, vous attendent les plages de sable blanc de **Hat Yuan** (2,5 km au nord de Hat Rin) et de **Hat Wai Nam** (3,5 km). A Hat Yuan, vous ne trouverez pas d'hébergement, mais vous pourrez camper. L'endroit est idéal, surtout si vous apportez votre ravitaillement. Il est relié à Hat Rin par un sentier qui sillonne l'intérieur des terres.

Sur un promontoire, à la pointe nord-est de Hat Yuan,, vous pourrez loger au *Sanctuary*, établissement "new age" construit au milieu des rochers surplombant la plage. Les bungalows avec s.d.b. commune coûtent 60/100 B, et avec s.d.b. 100/300 B. Des cours de yoga, taijiquan, méditation et massage sont proposés. Accessible à pied ou en bateau (de février à novembre seulement). A côté, le *Haad Tien Resort* (☎ 01-229 3919) dispose de bungalows en bois et bambou, avec moustiquaires et s.d.b. à 120/180 B.

Sur le promontoire suivant, à Hat Wai Nam, se dresse un *établissement sans nom*, ouvert uniquement de décembre à avril. Haad Tien assure des liaisons en bateau depuis Hat Rin Nok pendant la haute saison. Adressez-vous au Yoghurt Home 3, dans la zone commerciale de Hat Rin.

Il n'existe pas d'autre hébergement jusqu'à **Hat Sadet**. Un sentier que l'on peut suivre à pied entièrement, ou en partie à moto, passe par Pang Bon, à l'intérieur des terres, puis longe la côte à partir de Hat Rin,

puis dévie vers l'intérieur jusqu'à Ban Nam Tok et la cascade de Than Sadet.

Hat Yao (5 km de Hat Rin) et **Hat Yang** (6 km), sont quasi désertes. Puis, à 2,5 km au nord de Ban Nam Tok, par une piste, se profile la magnifique double baie de **Ao Thong Reng**, où des *bungalows* (sans enseigne) sont loués à 50 B. Au nord du promontoire, sur une jolie crique encerclée par **Hat Sadet**, sont regroupés plusieurs établissements, parmi lesquels le *Silver Cliff Bungalows*, le *Mai Pen Rai*, le *JS Hut* et le *Nid's*, tous à 80/200 B. La piste menant de Ban Tai à Hat Sadet est praticable. Par mer, un bateau amène les visiteurs jusqu'à Hat Sadet depuis Thong Sala (70 B) ou Hat Rin (50 B). Les départs ont lieu tous les matins entre septembre et avril.

Ao Thong Nai Pan. Cette baie comprend en fait **Ao Thong Nai Pan Yai** et **Ao Thong Nai Pan Noi**. Cette dernière est le meilleur endroit pour se baigner, bien que Thong Nai Pan Yai offre plus de tranquillité. A la pointe est de Ao Thong Nai Pan Yai, des parois rocheuses invitent les varappeurs confirmés à l'escalade. Vous trouverez des livres d'occasion en anglais et en allemand à la Rainbow Shop.

Sur la plage de Thong Nai Pan Yai, au sud-est du village de Ban Thong Nai Pan, le *White Sand*, l'*AD View*, le *Nice Beach* et le *Central Cottage* louent des cabanes avec s.d.b. commune de 150/200 B à 300/600 B pour les plus jolies avec s.d.b. A l'autre extrémité de la plage et dans la même gamme de prix, vous trouverez le *Pen's*, le *Pingjun Resort* et le *Chanchit Dreamland*.

Plus haut, sur Thong Nai Pan Noi, le *Panviman Resort* (☎/fax 077-377048, ☎ 02-910 8660 à Bangkok, e-mail panviman@ kophangan.com) et le *Thong Ta Pan Resort* sont très bien situés. Le Panviman, juché sur une falaise, entre deux plages, propose 40 chambres avec s.d.b., sommaires mais propres, dans des bungalows en bois ou dans un bâtiment de 2 étages, à 1 000/ 1 800 B avec ventil./ clim. Le *Thong Ta Pan Resort*, à la pointe nord de la plus petite baie, demande 200/450 B.

Entre les deux, dans la même gamme de prix, le *Rocky Blue* et le *Big Yogurst* ferment pendant la saison des pluies. Dans la même zone, le plus grand complexe de la région, le *Star Huts*, loue ses cabanes avec s.d.b. commune à 120 B, ou 180/250 B avec s.d.b. et toilettes. Derrière le Star Huts, en retrait de la plage, se profile le *Honey Bungalow*, à 100/200 B avec s.d.b. commune/s.d.b. Non loin de là, le *Bio's Dynamic Kitchen* est un restaurant de cuisine végétarienne et un bar très fréquenté le soir, à l'ambiance très décontractée.

Le trajet en songthaew entre Thong Sala et Thong Nai Pan revient à 80 B. Pendant la saison creuse, il peut être difficile de trouver suffisamment de personnes pour convaincre un songthaew d'effectuer le trajet à ce prix. Dans ce cas, il vous faudra louer un véhicule. Le Panvinam assure son propre service de taxis au départ de l'embarcadère de Thong Sala. Soyez prudent à moto, car cette route, très escarpée par endroits, et souvent non goudronnée, est la plus dangereuse de l'île.

Hat Khuat et Hat Khom. Ces jolies baies sur la côte nord sont encore très sauvages en raison des distances qui les séparent des embarcadères. Vous pourrez profiter ici des hébergements les moins chers de toute l'île. Vous courez cependant le risque de vous voir expulser de vos cabanes si vous n'achetez pas vos repas aux cuisines des bungalows. Aussi, ayez soin de demander avant de vous établir si vous avez ou non une obligation de pension complète.

Hat Khuat (Bottle Beach), est la plus grande des deux et ne compte actuellement que deux complexes de bungalows, le *Bottle Beach I* et le *Bottle Beach II*. Pendant la saison sèche, des bateaux effectuent deux fois par jour la traversée de Ban Chalok Lam à Hat Khuat (30 B).

À 2,5 km à l'ouest de Hat Khuat, derrière Laem Kung Yai, se trouve **Hat Khom**, où le *Coral Bay* loue des cabanes sommaires à 50/100 B. On accède à pied à Hat Khuat depuis Ban Chalok par un chemin escarpé (c'est impossible en Jeep ou en moto, et

heureusement pour la tranquillité des lieux). Le trajet de Ao Thong Nai Pan jusqu'à Hat Khuat peut également se faire à pied. Des songthaews pourraient circuler entre Ban Chalok et Hat Khom, pendant la saison sèche, mais cela n'est pas vérifié.

Le village de pêcheurs de **Ban Chalok Lam**, au centre de Ao Chalok Lam, abrite plusieurs petites épiceries familiales, des services de blanchisserie et des séchoirs à poissons, dans la rue principale. Vous pourrez aussi y louer une bicyclette ou du matériel de plongée. De tous les restaurants, les meilleurs sont le *Seaside* et le *Porn*, mais l'on peut aussi acheter son repas à l'un des *stands de nouilles* du village.

La Chaloklum Diving School propose des cours de plongée sous-marine en anglais ou en allemand. Il existe aussi quelques hébergements sur Hat Chalok Lam, à l'est et à l'ouest de la baie. A la pointe nord-est du village, le *Fanta* loue plusieurs cabanes à partir de 50 B par personne et dispose d'une belle plage.

De l'autre côté de Khlong Ok, le *Try Tong Resort* loue de grandes cabanes en bois, face à la baie, à 60/200 B. Il n'y a pas de vraie plage au Try Thong, fermé pendant la saison des pluies. Plus loin, en direction de Hat Khom, le *Thai Life* propose de simples cabanes pour 50 B et des bungalows plus confortables, mieux aménagés, jusqu'à 200 B.

A l'autre bout de Hat Chalok Lam, à l'ouest du village, le *Wattana* est légèrement mieux, avec des cabanes à 100 B et des bungalows avec ventil. à 150/250 B. La plage est plus agréable aussi, même si les avis des voyageurs sont très partagés sur cet endroit.

La route entre Thong Sala et Ban Chalok Lam est désormais goudronnée sur toute sa longueur. Des songthaews effectuent régulièrement le trajet (40 B par personne). Vous pouvez aussi louer une moto (60 B).

Ao Chalok Lam est tout indiqué pour louer un bateau si l'on souhaite explorer la côte septentrionale (en particulier de février à septembre). Durant la haute saison, les bateaux effectuent deux fois par jour la tra-

Fête de la pleine lune

Il est 7h du matin, et le bruit saccadé de la pompe à eau, juste derrière le bungalow, semble s'accorder parfaitement au beat techno qui parvient de la plage. Cela se passe à Hat Rin, pour la rave organisée chaque mois à l'occasion de la pleine lune, et ils sont encore 2 000 à suivre sur le sable le rythme de la musique. Cela rappelle une version moderne d'un film du début des années 60, mais là, les personnages principaux ne rentrent pas se coucher.

Depuis au moins une décennie, des ravers du monde entier se réunissent ici une fois par mois, et le succès de cette fête semble ne pas devoir se démentir. En 1990, les participants étaient à peine 800. On se procurait alors des milk-shakes aux champignons, des joints imposants ou encore des ecstasies aux couleurs chatoyantes, aussi facilement que des brochettes de *lûuk chin plaa* lors d'une *ngaan wát*. Le cœur de la fête se situait juste en face des Paradise Bungalows, et les DJ thaïlandais arrivaient en nombre de Samui pour occuper les platines.

Aujourd'hui, près de 5 000 ravers participent à la fête (ils peuvent être jusqu'à 8 000 de décembre à février) qui s'est disséminée sur plusieurs plages, en face du Paradise Bungalows, du Bongo Club, du Drop In, du Vinyl Club, du Cactus Club et du Tommy's. Lors de ma dernière participation, c'est le Cactus Club qui attirait le plus de monde avec une combinaison de genres musicaux alliant techno, house, percussions, reggae, ambient et Rythm and Blues. Mais ne vous y fiez pas, il y a de bonnes chances pour que les endroits en vogue ne soient pas les mêmes au moment où vous vous rendrez à Hat Rin. Les DJ en provenance de Belgique, de Grande-Bretagne, d'Israël, de Singapour, de Thaïlande ou d'ailleurs ont en effet la réputation d'être particulièrement lunatiques.

Les danseurs affluent en masse des pistes de danse en plein air vers la plage, jusqu'à la mer et certains participent même à la fête les pieds dans l'eau. Attention toutefois, si l'expérience vous tente, puisque vers 2h, des rangées entières de danseuses (oui, ce sont essentiellement des femmes) se libèrent dans le golfe de liquides superflus. Sachez également que le nombre des participants culmine aux alentours de 5 ou 6h du matin. Les derniers DJ ne partent pas se coucher avant 11h du matin. Certains ravers prennent un peu de repos entre minuit et 5h afin d'être en pleine forme pour le lever du soleil.

Les substances illicites sont encore en vente durant la désormais légendaire fête de la pleine lune à Hat Rin, mais les amateurs préfèrent aujourd'hui se réunir sur d'autres plages, du fait notamment de la présence accrue de policiers en uniforme et en civil. Les simples spectateurs pourront toutefois essayer de deviner d'où ces danseurs chamarrés, qui s'agitent sous les lumières stroboscopiques, tirent toute leur énergie…

Même si la TAT a fait connaître son intention de transformer la rave en fête familiale, comprenant des animations sportives et des concours de beauté, les autorités devront se décider à interdire ou à soutenir une manifestation qui a su rester proche de l'esprit originel, où le corps s'embellit par les couleurs et se libère par la danse. L'événement est organisé par les Thaïlandais qui gèrent les bungalows et les bars de Hat Rin. Des toilettes payantes sont à votre disposition à l'hôtel Anant (Anan). Par ailleurs, après la rave, les propriétaires ramassent la majorité des déchets qui jonchent la plage.

Quelques conseils pour la fête de la pleine lune

Sécurité : Veillez à vos objets personnels ainsi qu'à votre propre sécurité. N'oubliez pas que cette rave regroupe aussi nombre de personnes abusant d'alcool ou de drogues, et qui peuvent donc se comporter de manière étrange. Ne laissez pas vos affaires dans le bungalow.

Fête de la pleine lune

C'est une nuit idéale pour les visites nocturnes, tout particulièrement dans les bungalows les moins chers. Les ravers qui manipulent des feux d'artifice ajoutent au désordre ambiant. Si vous logez seul(e) dans la partie ouest de la péninsule, pensez à demander à des amis de vous raccompagner s'il fait encore nuit.

Logement : Si vous arrivez le jour de la fête ou même le jour précédent, n'espérez pas trouver une chambre ni un bungalow sur Hat Rin Nawk (que les touristes appellent aussi "Sunrise Beach") ni sur Hat Rin Nai ("Sunset Beach"). La meilleure chose à faire est alors de vous rendre de l'autre côté des collines, vers l'extrémité sud du cap, où les établissements qui sont le plus éloignés de la rave comme le Hua Laem Resort, le Seaview Resort, le Sun Cliff Resort, et surtout le Lighthouse Bungalows et le Leela Beach Bungalows seront peut-être en mesure de vous proposer un logement.

De nombreux ravers se rendent à Hat Rin 4 ou 5 jours en avance pour retenir une chambre, faire des rencontres et se préparer pour la fête. Hat Rin et ses environs peuvent accueillir environ 2 000 personnes alors que la rave en attire 5 000 au minimum. De nombreux participants, notamment des Thaïlandais, prennent le bateau à Samui dans l'après-midi, font la fête toute la nuit et reviennent par le bateau du lendemain matin, réglant ainsi le problème du logement.

Nourriture : Jusqu'à 11h du matin, des barbecues en bordure de littoral proposent des fruits de mer grillés, mais au-delà il devient plus difficile d'en trouver. Sur la plage, plusieurs bungalows ferment leur restaurant le matin suivant la rave, afin de laisser le personnel prendre du repos. Si vous êtes debout avant midi, il vous faudra sans doute chercher jusqu'aux extrêmes limites de Hat Rin pour contenter votre estomac.

Transport : Si vous arrivez de Ko Samui, prenez l'un des 3 ferries quotidiens aux embarcadères de Big Buddha ou de Bo Phut, à Samui (80 B par personne), où vous pouvez aussi emprunter l'un des nombreux hors-bords qui assurent le transport de jour comme de nuit pour l'occasion (départs entre 20h et 1h du matin, 200/300 B l'aller/aller-retour).

A emporter : Si vous vous contentez de faire le voyage de nuit, munissez-vous seulement d'habits de rechange, d'un maillot de bain, d'un sarong (pour vous asseoir ou dormir sur la plage), d'une pièce d'identité (par précaution) et d'argent.

Drogues : Les jours précédant la rave, la police généralise les points de contrôle. En particulier, tous les véhicules, y compris les bicyclettes et les deux-roues motorisés sont arrêtés et les passagers subissent systématiquement une fouille approfondie. Les possesseurs de drogues doivent payer une amende exorbitante ou se résoudre à aller en prison. Le tarif pour un peu d'herbe est de 50 000 B.

Pour connaître les dates des raves à venir, vérifiez la date de la prochaine pleine lune sur un calendrier ou consultez le site web : www.googol.com/moon.

Joe Cummings, avec l'inspiration de Nima Chandler

versée jusqu'à Hat Khuat (30 B par personne). Certains jours, le service est annulé en raison du temps. Les voyageurs qui avaient prévu de rester à Hat Khuat devront alors prévoir 2 jours supplémentaires.

Ao Hat Thong Lang et Ao Mae Hat.

Plus on va vers l'ouest, comme à Ko Pha-Ngan et Ko Samui, plus le sable s'assombrit et devient lourd. La crique de Ao Hat Thong Lang, très isolée, n'est encore équipée d'aucune structure d'hébergement au moment de la rédaction de ces lignes.

Une route relie, à l'est, Chalok Lam à Ban Mae Hat, un petit village de pêcheurs agrémenté de quelques bungalows. La plage à Ao Mae Hat n'a rien d'extraordinaire, mais au large les récifs coralliens sont superbes. Tout près, un peu à l'intérieur des terres, *via* une piste bien balisée (à 200 m de la route de Chalok Lam, près du Km 9), se trouve la **cascade de Wang Sai**, également appelée Paradise Falls.

A la pointe nord-est de la baie, le *Maehaad Bungalows* loue de simples mais confortables cabanes à toit de palme à 50 B, et d'autres en bois à toit de palme avec s.d.b. jusqu'à 100 B. Le *Mae Hat Bay Resort* et le *Crystal Island Garden* (avec une très jolie vue sur la mer) proposent des cabanes similaires à des prix analogues.

Au sud-ouest, l'*Island View Cabana* présente d'agréables cabanes en contre-plaqué à 50/250 B et un bon restaurant.

Le *Wang Sai Resort*, à la pointe sud-est de Mae Hat, abrite des bungalows spacieux, construits au milieu des rochers sur le versant d'une colline. Tous offrent des vues sur la baie et la plage. Prévoyez 60/200 B, selon l'emplacement. Un restaurant en plein air vous attend loin des cabanes, en aval, sur la plage.

Un centre de plongée propose ici des cours et des circuits organisés. Ko Maa (Horse Island, ou île du Cheval), en face de la plage, loue parfois quelques *bungalows*.

Le tronçon de route goudronnée qui part de Chalok Lam s'arrête au Km 10 (en comptant à partir de Thong Sala). Une nouvelle route en construction relierait Hat Yao au sud-ouest. Les songthaews/motos-taxis depuis Thong Sala coûtent 25/30 B.

Hat Salat et Hat Yao.

Ces plages frangées de corail sont difficiles d'accès. La route venant de Ban Si Thanu au sud est très mauvaise par endroits, même pour les motocyclistes expérimentés. Venez par le bateau si possible. Hat Yao, jolie plage qui s'étire à perte de vue, est l'un des meilleurs sites de baignade de l'île.

A Hat Salat, le *My Way* propose des cabanes à 80/150 B. A Hat Yao, le *Benjawan*, le *Dream Hill*, le *Blue Coral Beach*, le *Sandy Bay*, l'*Ibiza*, le *Seaboard*, le *Bayview* et le *Hat Thian* vous proposeront un hébergement simple. Ces deux derniers sont isolés sur une plage au nord de Hat Yao, à proximité du promontoire. La route est abrupte et rocailleuse. Tous ces établissements proposent des cabanes rudimentaires entre 60 et 100 B, à l'exception du Benjawan et du Bayview, qui possèdent aussi quelques jolis cottages loués jusqu'à 600 B.

Sur la plus belle portion de la plage se profile le *Haad Yao Bungalows*, qui ajoute un petit supplément aux prix des bungalows (200/500 B) si vous ne mangez pas sur place. Ses barrières lui confèrent un petit air paranoïaque. A la pointe de la baie, l'*Eagle Pub*, est une bonne adresse pour la soirée.

Le *Rock Garden*, près d'un petit promontoire au sud de Hat Yao, fait honneur à son nom en donnant à voir de nombreux ouvrages en pierre, dont un chemin en pente descendant de la route jusqu'aux bungalows, qu'il vaut mieux emprunter avec précaution. L'endroit est situé à l'écart et conviendra parfaitement à ceux qui cherchent une retraite prolongée. Il est souvent fermé durant la saison des pluies.

Hat Chaophao et Ao Si Thanu.

Au sud de Hat Yao, la côte de Hat Chaophao forme deux nouvelles avancées, qu'il faut contourner pour apercevoir la baie. Elle n'est séparée de Ao Si Thanu, plus au sud, que par un large promontoire. Vous apercevez bientôt, çà et là, des mangroves en bordure de mer. A l'intérieur des terres se profile une jolie lagune à la pointe sud de Hat Chaophao.

Quatre établissements vous proposent des logements sur la plage de Hat Chaophao. Les populaires *Jungle Huts*, *Sea Flower*, *Sri Thanu* et *Great Bay* disposent de bungalows avec s.d.b. à 100/250 B. Le Sea Flowers, dont la carte de visite annonce "ni téléphone, ni climatisation", mérite une mention particulière. A l'extrémité sud de la baie, après Laem Niat, le *Bovy Resort*, loue des cabanes ordinaires avec s.d.b. à 70 B… s'il est ouvert. Pour vous en assurer, demandez au Bovy Supermarket, à Thong Sala.

Situé sur le cap rond de Laem Son, parsemé de pins, à l'extrémité nord de Ao Si Thanu, le *Laem Son Bungalows* offre des cabanes simples, tranquilles et ombragées à 50/100 B. Juste à côté, le *Laem Son Bay Bungalows* loue de jolies cabanes avec s.d.b. à 100/200 B, selon la saison. Plus au sud, passé une petite crique, le *Seaview Rainbow* met à votre disposition des cabanes très rudimentaires à 60/80 B, tandis que le *Lada* demande 200/250 B pour des bungalows avec ventil. et s.d.b.

Le *Loy Fah* et le *Chai*, situés sur le cap de Laem Si Thanu qui interrompt la baie au sud, offrent de belles vues et des cabanes solides. Le meilleur, le Loy Fah, loue dans un site paysagé de spacieux cottages en bois à 150 B ou en ciment à 200 B, avec ventil., moustiquaire, toilettes et douche. Il possède aussi 2 grands cottages à 400 B, nichés au fond de la falaise et agrémentés d'une petite crique privée. Hors saison, vous pourrez obtenir une réduction de 40% sur les prix. Dans le même secteur, en bas de la falaise, le *Nantakarn*, qui pratique les mêmes prix, n'est pas aussi avantageux.

Ao Hin Kong/Ao Wok Tum. Cette longue baie, parfois coupée en deux, à la saison humide, par un cours d'eau qui se jette dans la mer, s'étend à quelques kilomètres à peine au nord de Thong Sala, mais, curieusement, le tourisme ne s'y est pas encore développé. Au centre de Hin Kong, non loin du village de Ban Hin Kong, le *Lipstick Cabana* offre un hébergement sommaire à 60/180 B, prix

également pratiqués par le *Hin Kong*, à la limite sud du village. A l'extrême sud de la baie de Ao Wok Tum, perchés sur le cap séparant de Ao Nai Wok, le *Tuk* et le *Kiat* affichent 60/80 B. Passé le cap, les hôtels *OK*, *Darin*, *Sea Scene*, *Porn Sawan*, *Cookies* et *Beach 99*, sont la plupart pourvus de cabanes ordinaires à 30/80 B. Le Darin, le Sea Scene et le Porn Sawan louent des bungalows avec s.d.b. à 120/150 B. Les songthaews coûtent 30 B par personne, mais vous n'en verrez qu'aux départs et aux arrivées de ferries.

Voyez le paragraphe *Thong Sala* pour tous renseignements sur l'hébergement à Ao Nai Wok, au nord de la ville.

Comment s'y rendre
Ko Samui – bateau express. Les bateaux express de Songserm Co (☎ 077-377046) effectuent la traversée entre Tha Na Thon, à Ko Samui, et Tha Thong Sala, à Ko Pha-Ngan, 2 ou 3 fois par jour selon la saison (durée 50 minutes, 80 B l'aller simple).

Ko Samui – autres bateaux. Les bateaux pour Hat Rin Nai, sur Ko Pha-Ngan, partent directement du quai de Hat Bang Rak, à Samui (60/80 B, lors de la fête de la pleine lune). Il arrive que le départ se fasse du quai de Bo Phut.

Ce bateau relie directement Bang Rak à Bo Phut presque tous les jours à 10h30 et 15h30, selon le temps et le nombre de passagers (40/45 minutes). En sens inverse, départs à 9h30 et 14h30 (30/40 minutes).

De janvier à septembre, un bateau circule quotidiennement entre Hat Mae Nam (Ko Samui) et Ao Thong Nai Pan (Pha-Ngan), avec un arrêt à Hat Rin (120 B sur la totalité, 60 B jusqu'à Hat Rin). Départ de Mae Nam vers 13h et, dans l'autre sens, départ de Ao Thong Nai Pan vers 8h.

Des bateaux plus rapides et plus puissantes, pouvant contenir jusqu'à 35 passagers, relient Hat Mae Nam, à Samui, et Thong Sala pour 150 B. La traversée ne prend que 30 minutes.

Surat Thani – ferry de nuit. Vous pouvez aussi prendre le lent ferry de nuit direct pour Pha-Ngan depuis l'embarcadère de Tha Ban Don à Surat. Départs assurés tous les soirs à 23h (durée 6 heures 30, 120 B sur le pont supérieur, 60 B sur le pont inférieur). Comme pour le ferry de Samui, ne laissez pas vos bagages sans surveillance.

Ko Tao. Tous les jours, des bateaux relient Thong Sala à Ko Tao, située 45 km plus au nord, sous réserve de conditions météorologiques satisfaisantes. Départ à 14h30 (durée 2 heures 30, 150 B l'aller simple). Des vedettes rapides desservent ces destinations 2 fois par jour (1 heure, 350 B par personne).

Combinés train/bus/bateau. A la gare de Bangkok-Hualamphong, vous pouvez acheter des billets comprenant le train, le bus de la gare de Phun Phin à l'embarcadère de Tha Ban Don et le ferry pour Ko Pha-Ngan, qui coûtent 30 à 50 B de plus que si vous achetez vos billets séparément.

Comment circuler

Depuis Thong Sala, quelques routes se ramifient essentiellement vers le nord et le sud-est. L'une se rend au nord-ouest, en longeant la côte vers les villages de Ban Hin Kong et Ban Si Thanu, d'où elle continue par l'intérieur de l'île vers Ban Chalok Lam. Une autre rejoint directement au nord Chalok Lam par l'intérieur de l'île. Une mauvaise piste longeant la côte ouest permet de rejoindre Ao Hat Yao et Ao Hat Salat depuis Ban Si Thanu.

Hat Khuat est accessible à pied depuis Ban Fai Mai (2 km) ou Ban Chalok Lam (4 km), ou bien par bateau.

La route reliant Thong Sala à Ban Khai, au sud-est, coupe celle qui remonte au nord vers Ban Thong Nang et Ban Thong Nai Pan. La route goudronnée qui mène à Hat Rin est maintenant praticable toute l'année, d'où un transport régulier entre Thong Sala et Hat Rin. Pentes abruptes, virages sans visibilité et chaussée glissante en font la portion de voie la plus dangereuse de l'île, après celle de Thong Nai Pan. Cependant, les motos circulant plus vite, les victimes y sont plus nombreuses.

Songthaews et motos-taxis se partagent les transports sur l'île. Certains lieux ne sont accessibles qu'à moto, d'autres uniquement par bateau ou à pied. Vous pouvez louer une moto à Thong Sala (150/250 B la journée).

Songthaew et moto-taxi. Depuis Thong Sala, Hat Chaophao et Hat Yao sont reliées par des songthaews (40/50 B) ou des motos-taxis (50/80 B), de même que Ban Khai (30 B ou 40 B). Vers le Wat Khao Tham ou Ban Tai, le songthaew reste intéressant (20 B), comparé à la moto-taxi (30 B).

Depuis Thong Sala, des songthaews ou des motos-taxis relient Ban Chalok Lam (25 B ou 30 B), mais également Hat Rin (50 B ou 70 B l'aller simple).

Thong Nai Pan est accessible par les mêmes transports (60 B ou 90 B) depuis Thong Sala.

Bateau. Des bateaux relient régulièrement Ao Chalok Lam à Hat Khuat (départs à 12h et 16h, ou à 9h et 15h30 en sens inverse, 30 B par personne). La traversée entre Thong Sala et Hat Yao est quotidienne (départ à 12h, 40 B par personne). Le service, assuré de janvier à septembre, est soumis aux aléas météorologiques. On peut aussi louer des bateaux de plage en plage, à des tarifs négociables.

KO TAO

Ko Tao (l'île de la Tortue, en raison de sa forme) ne fait que 21 km² de superficie pour une population de 750 habitants vivant de la pêche et de la noix de coco. Riche en récifs coralliens, son littoral offre aux amateurs de plongée des sites sous-marins particulièrement intéressants. En revanche, ses plages sont décevantes car l'eau est peu profonde, à l'exception de Ao Leuk (Deep Bay).

Étant donné qu'il faut 3 à 5 heures pour y arriver depuis le continent (de Chumphon ou de Surat Thani *via* Ko Pha-Ngan), Ko Tao ne reçoit pas de visiteurs pour la journée ni pour la nuit. Cela ne lui permet pourtant pas d'échapper en saison au surpeuplement habituel. Ce fléau affecte tout particulièrement les sites de Hat Ao Mae,

Hat Sai Ri et Ao Chalok Ban Kao, dont les touristes investissent les plages pour y passer la nuit en attendant que des cabanes se libèrent.

Ban Mae Hat, sur la côte ouest, est le débarcadère des bateaux inter-îles. Les seuls autres villages sont **Ban Hat Sai Ri**, au centre de la partie nord, et **Ban Chalok Ban Kao**, au sud. A 1 km au large de la côte nord-ouest, **Ko Nang Yuan** est en fait constituée de 3 îles reliées par des bancs de sable.

Le promontoire de granit de **Laem Tato**, à la pointe sud de Ko Tao, est un joli but de promenade depuis Ban Chalok Ban Kao.

Renseignements

L'unique rue du village de Ban Mae Hat concentre toute l'activité commerciale de l'île. Vous y trouverez, entre autres, un poste de police, une poste munie d'un bureau des services téléphoniques, ainsi que des agences de voyages, des magasins de plongée et des épiceries. On peut se procurer des billets pour le bateau au bureau des réservations, près du port, ou dans une agence de voyages.

Ne cherchez pas de banque à Ko Tao. En revanche, plusieurs services privés vous changeront vos devises à des taux inférieurs aux cours officiels.

Argent. Vous pourrez changer votre argent près de l'embarcadère, à la Krung Thai Bank ou auprès de plusieurs changeurs.

Poste et communications. A Ban Mae Hat, la poste et les services téléphoniques publics sont ouverts tous les jours de 8h30 à 16h. Méfiez-vous des bureaux de poste privés, qui prennent une commission exorbitante.

Plongée avec bouteilles ou tuba. On trouve à Ko Tao un nombre impressionnant de centres de plongée, dont les prix comptent parmi les moins chers de Thaïlande, tant pour les stages de formation que pour les excursions de plongée. Au large de l'île, la visibilité reste excellente jusqu'à de bonnes profondeurs ; le littoral bénéficie, en outre, d'un degré de pollution minime. De

nombreux sites de plongée ont reçu des noms anglais, tels que White Rock, Shark Island, Chumphon Pinnacle, Green Rock et South West Pinnacles.

La plupart des vingt centres de plongée ont aligné leurs prix. Les instructeurs sont directement affiliés aux divers hébergements de l'île et, durant la haute saison, il arrive que des hôtels refusent de louer une chambre à ceux qui ne s'inscrivent pas à un cours ou à une excursion de plongée.

Les tarifs standards pour une plongée oscillent autour de 800 B, et grimpent jusqu'à 5 400 B lorsqu'ils comprennent 10 plongées ainsi que la location du matériel et du bateau, les services d'un guide, les repas et les boissons ; ils peuvent descendre jusqu'à 550 B si vous disposez de votre propre équipement. Une leçon de plongée vous reviendra à 1 500 B tout compris, tandis qu'une préparation de quatre jours en haute mer au brevet PADI coûte 8 000 B – matériel, bateau, formateur, repas et boissons inclus. Comptez d'autre part entre 80 et 100 B pour une location à la journée d'une paire de palmes et d'un tuba (50 B pour l'un des deux seulement).

Où se loger

Au dernier recensement, on comptait quelque 650 cabanes dispersées en 48 points de l'île. Presque tous les lieux d'hébergement sont alimentés en électricité de 18h à minuit tous les jours, au moyen de groupes électrogènes. Les cabanes les plus rudimentaires, en bois ou recouvertes d'un toit de palme, reviennent en moyenne entre 80 et 150 B la nuit ; pour 200 à 600 B, vous êtes en droit d'espérer un bungalow plus spacieux, en bois, brique ou béton, avec s.d.b.

Au plus fort de la saison – de décembre à mars – il est parfois difficile de trouver une chambre libre. Les visiteurs malchanceux finissent par dormir sur la plage, ou obtiennent un hébergement sommaire pour une ou deux nuits dans les restaurants, en attendant que des cabanes se libèrent. De fait, il arrive très fréquemment que toutes les cabanes meilleur marché soient louées et qu'il ne reste plus que des chambres à 250 B minimum.

A votre arrivée au port, vous aurez donc peut-être tout intérêt à suivre un rabatteur. C'est là une garantie de trouver un endroit où dormir, car si vous prospectez vous-même vos chances de succès seront minces.

Certains bungalows organisant des journées de plongée refuseront les visiteurs qui ne veulent pas suivre une excursion en mer ou un de leurs cours de plongée. Parmi les établissements les moins chers – en particulier ceux implantés à l'extrémité nord de Hat Sai Ri et Ao Tha Then – certains n'hésiteront pas à vous flanquer dehors si vous n'achetez pas votre nourriture à leur restaurant. Hors des mois d'affluence, vous risquez, en revanche, de trouver bon nombre d'établissements fermés.

Ao Mae. Hat Ao Mae, une baie peu profonde située au nord de Ban Mae Hat, abonde en coraux, mais au sud, elle reçoit toutes les ordures provenant de l'embarcadère de Ban Mae Hat. Le *Crystal* (☎ 01-229 4643 ; fax 229 3828) propose de petites huttes en contreplaqué à 100 B et des bungalows plus spacieux, en bois et en béton pour 500 B, avec s.d.b. Le *Beach Club* (☎ 01-213 4646) dispose de petites cabanes en chaume, avec s.d.b. commune (pas de ventil.) et de petites vérandas avec hamac pour 200 B. Comptez la somme démesurée de 800 B pour une plus grande cabane avec ventil. et 1 500 B avec s.d.b.

Sur le cap, dominant la baie, se trouvent le *Queen Resort* (de 150 B à 300 B pour un bungalow de base avec s.d.b. commune) et le *Tommy's* (de 50 B à 80 B pour une très petite chambre et 250 B à 1 300 B pour un bungalow plus agréable). Juste à côté du Tommy's, le *View Cliff Restaurant & Bungalows* propose des cabanes rudimentaires avec ventil. pour 250 B et d'autres plus spacieuses avec clim. pour 1000 B à 1 900B, selon la saison.

Hat Sai Ri. En contournant le promontoire au nord de la plus longue plage de l'île, vous déboucherez sur des centres de plongée et des bungalows. Au *In Touch*, un établissement sympathique, vous pourrez louer une cabane avec s.d.b. pour seulement 120 B. Plus spacieux, le *AC Resort II* propose de solides bungalows avec s.d.b. et belle vue, dans une fourchette de prix variant entre 200 et 350 B.

Les *AC Resort I* et *Haad Sai Ree Resort* ont passé un accord avec le Ban's Diving Resort, et ne louent leurs chambres qu'aux visiteurs qui acceptent de s'inscrire pour une séance de plongée. Comptez entre 150 B et 400 B pour une chambre avec s.d.b. et ventil. au AC I, et 200 B au Haad Sai Ree.

Le *Ko Tao Marina Resort* propose des chambres similaires pour un prix compris entre 250 B et 400 B, selon l'emplacement du bungalow. Le *SB Cabana* quant à lui, loue des cabanes en bois très propres pour un prix oscillant entre 250 B et 300 B. Toutes sont équipées d'un ventil., d'une moustiquaire, de toilettes et d'une douche.

Le *Bing Bungalow*, de l'autre côté de la rue, loue des chambres meilleur marché pour 150 B avec s.d.b. commune, et 200 B avec s.d.b.

Au *Ban's Diving Resort* (☎ 01-725 0181), vous dormirez dans un solide bungalow pour 50 B à 400 B.

Les cottages en stuc du *Sunset Bari Resort*, climatisés, misent sur leur cachet méditerranéen. Équipées d'un ventil., les chambres commencent à partir de 750 B. Cet établissement, qui dispose d'une piscine, est le plus chic de l'île.

Plus au nord, le long de Hat Sai Ri, se trouvent cinq établissements dans une fourchette de prix de 200 B à 400 B : le *Sai Ree Cottage*, le *New Way*, le *Sai Ree Hut*, le *O-Chai*, le *Simple Life Villa* et le *Blue Wind*.

Le *Seashell Bungalows* (☎ 01-229 4621) dont l'amicale propriétaire thaïlandaise parle anglais et vient de Ko Samui, est l'un des seuls établissements de la plage qui ne soit pas affilié à un site de plongée. La cabane avec ventil., toilettes et douche coûte entre 350 B et 500 B (250 B en basse saison). Certes, l'hôtel est légèrement plus cher que les autres établissements de la plage, mais toujours moins qu'un cours de plongée.

Implanté sur un vaste terrain, le *Prannee's* produit de l'électricité 24h/24. Un agréable bungalow avec ventil. et s.d.b. individuelle coûte 300 B.

Au nord de la plage, dans une zone parfois appelée Ao Ta Than, se trouvent les ensembles de bungalows très bon marché. La plupart des huttes, très rudimentaires, sont perchées, en retrait de la plage, sur les rochers. Au *Golden Cape*, au *Silver Cliff*, au *Sun Sea*, au *Sun Lord*, à l'*Eden Resort* et au *Mahana bay*, par exemple, les prix varient entre 50 B et 250 B. Notre préférence va au Silver Cliff (certaines chambres donnent sur la baie), tandis que le Golden Cape est en déclin. Au *CFT*, isolé plus au nord, la chambre de base coûte 70 B et le bungalow avec s.d.b. jusqu'à 300 B.

Ao Muang et Ao Kluay Theuan. Les pointes nord et nord-est de l'île s'ornent de deux calanques frangées de coraux, accessibles uniquement par bateau. Elles ne disposent pour l'heure d'aucune structure d'hébergement.

Ao Hin Wong. Au sud de Ao Kluay Theuan par mer, ou bien à 2 km au nord-est de Ban Hat Sai Ri en suivant le sentier, Ao Hin Wong abrite un superbe ensemble de cabanes, le *Hin Wong Bungalows* et le *Green Tree* entre 80 et 100 B avec s.d.b. commune.

Ao Mao, Laem Thian et Ao Tanot. En poursuivant la visite de l'île dans le sens des aiguilles d'une montre, le site où l'on parvient ensuite est Ao Mao, relié au village de Ban Hat Sai Ri, dont il est distant de 2 km. Il s'agit, une fois de plus, d'une crique encore dépourvue d'infrastructure touristique.

Dominant l'extrémité nord de Ao Tanot, le *Laem Thian* propose des cabanes construites sur les rochers, avec s.d.b. commune, pour un prix variant entre 80 et 150 B. Les propriétaires projettent de faire construire de nouveaux bungalows avec s.d.b. dans un futur proche.

Ao Tanot, au sud, est l'un des meilleurs sites de l'île pour la plongée au tuba. Il compte un bon ensemble de bungalows, les propriétaires ayant jusqu'ici coopéré pour

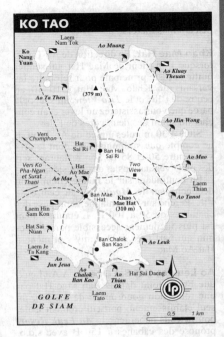

garder la plage propre. Le *Tanote Bay Resort* (☎ 01-970 4703), situé dans un joli cadre, loue vingt-quatre petites cabanes, simples mais bien tenues, toutes équipées d'une s.d.b. Les prix s'échelonnent entre 200 et 500 B. Au *Poseidon*, une chambre spartiate coûte entre 60 et 120 B. Le *Mountain Deep* propose de sommaires bungalows de 80 à 150 B avec s.d.b. extérieure et à 500 B avec s.d.b. individuelle. L'accueillant *Diamond Beach*, met à votre disposition des cabanes pour 80 à 150 B. Au *Bamboo Hut*, onze bungalows joliment décorés (d'autres sont en cours de construction) vous attendent pour 150 à 450 B. On y sert des plats épicés du sud.

De mai à août, il est difficile d'accéder à Ao Tanot par bateau. En effet, l'eau est alors tellement peu profonde que parfois, les navettes s'envasent ou même endommagent les récifs coralliens. Il est parfois impossible d'effectuer la traversée au cours de certaines marées.

Khao Mae Hat. En direction de Ao Tanot, lorsque l'on vient de Mae Hat, un sentier quitte la piste principale pour rejoindre les versants du Khao Mae Hat (310 m) au centre de l'île, et le *Two View,* ainsi appelé parce que vous assisterez au lever et au coucher du soleil des deux côtés de l'île.

Situé à 30 minutes à pied de Ao Tanit, il ne compte que six bungalows dont le prix varie entre 50 et 85 B. Son restaurant sert des plats végétariens et des infusions.

En continuant sur le même chemin, on débouche sur le *Mountain,* au centre de l'île. Perché sur la montagne, il propose des chambres de 50 à 100 B. L'établissement est plus facilement accessible par un chemin qui part près du Tommy's et mène à Hat Ao Mae.

Ao Leuk et Hat Sai Daeng. A Ao Leuk, que l'on rejoint depuis Ban Mae Hat par une route non goudronnée de 2,2 km, un seul établissement, particulièrement isolé, pourra vous héberger : le *Ao Leuk Resort* propose des cabanes à 150 B avec s.d.b. commune et à 200 B avec s.d.b. privée. Non loin de là, le *Nice Moon* ne dispose que de quatre bungalows avec s.d.b. extérieure à

partir de 200 B. Hors saison, vous pourrez probablement négocier les prix.

Environ 1 km plus loin, vers le sud, se trouve Hat Sai Daeng, où le *Kiet* propose des cabanes rustiques avec s.d.b. à partir de 400 B. Au delà du Kiet, vous trouverez un nouvel établissement appelé *Coral View Resort* (☎ 01-970 0378). Les bungalows, tous équipés d'une s.d.b., coûtent à partir de 300 B pendant la saison pleine et un peu moins hors saison. Si vous réservez, on viendra vous chercher en navette à l'embarcadère de Thong Sala, sur Ko Pha-Ngan.

Ao Thian Ok et Laem Tato. Plus à l'ouest, jouxtant l'impressionnante Laem Tato, on découvre la ravissante Ao Thian Ok, où vous pourrez séjourner au *Rocky* pour 150 à 350 B la nuit. Le *New Heaven*, un restaurant perché sur la falaise, surplombant la baie et la plage, sert, dit-on, d'excellents plats.

Ao Chalok Ban Kao. A environ 1,7 km au sud de Ban Mae Hat par la route, cette plage corallifère, merveilleusement située, est devenue un peu trop fréquentée. Au cours de la saison pleine, il est parfois très difficile de s'y loger, et plus d'un voyageur doit se résoudre à dormir sur le sol d'un restaurant, le temps qu'une cabane se libère.

Plongeurs seulement ?

Depuis environ 4 ans, la plongée est devenue une industrie dominante sur Ko Tao. Les cours dispensés y sont de qualité et Ko Tao, avec ses nombreux sites, compte parmi les meilleurs endroits pour apprendre la plongée en Thaïlande. En outre, les prix sont raisonnables. Ainsi, vous deviendrez très vite "maître de plongée" (ou comme beaucoup d'anciens disent, "esclave de plongée"), un titre qui vous permet de seconder un moniteur de plongée, sans payer. Les centres de plongée ont trouvé là un excellent moyen de recruter des moniteurs parmi leurs élèves, tout en ne les payant qu'une somme modique voire nulle, au fur et à mesure qu'ils avancent dans la hiérarchie du monitorat.

Mais si vous n'avez pas l'intention de pratiquer la plongée sous-marine, vous serez peut-être agacé par les relances constantes du personnel vivant sur les différents centres d'hébergement. Il se peut également que vous ayez des difficultés à trouver un bungalow acceptant les non-plongeurs, car la plupart des établissements de l'île sont liés à un centre de plongée.

Sur la colline dominant la partie occidentale de la baie, le *Laem Khlong* vous proposera des chambres de 150 à 250 B (pas de plage) et le *Viewpoint* un grand nombre de cabanes pour un prix variant entre 100 et 250 B. A côté, le *Sunshine* dispose de bungalows sommaires mais propres pour 100 à 400 B, tous avec ventil. et s.d.b. commune. Au *Buddha View Dive Resort (☎ 014-229 4693 ou 229 3948* ; e-mail *buddha@ samart.co.th)*, non loin de là, vous dormirez dans des bungalows analogues, pour 100 B si vous vous inscrivez à un cours de plongée et de 300 à 400 B dans le cas contraire (un cours en mer coûte 7 800 B). Dans le restaurant de l'établissement, vous dégusterez la meilleure cuisine à l'extérieur de Hat Sai Ri.

Puis vient le *Carabao (☎ 01-229 3602 ; fax 077 337 196)*, bien tenu, où la cabane coûte 50 B pour les plongeurs et 100 B pour les non-plongeurs. Le *Big Fish* fait également partie de ces établissement affiliés à un centre de plongée. La hutte coûte entre 50 et 200 B, selon qu'elle est proche de la plage ou non. En temps normal, toutes les cabanes sont réservées aux plongeurs.

Vers la pointe est de la baie se trouve *Ko Tao Cottages (☎/fax 01-229 3751 ou 229 3662 ; e-mail ktcdive@samart.co.th)*. Ses bungalows comptent parmi les plus luxueux de l'île et coûtent entre 550 et 780 B. L'établissement est particulièrement apprécié des groupes en voyage organisé.

De chaque côté de deux petites avancées que l'on rejoint en longeant Laem Tato vers le sud, s'étend une petite plage accessible à pied et à marée basse uniquement. Pour 250 à 350 B, vous dormirez dans l'une des dix-huit cabanes avec s.d.b. du *Taa Toh Lagoon*. Non loin de là, le *Freedom Beach* propose quelques bungalows sommaires pour 80 B avec s.d.b., des cabanes plus conséquentes pour 150 B, ainsi que des huttes en bois, meublées et avec vue, moyennant 500 B. Reliés par un réseau de ponts et de passages piétonniers, les bungalows du *Pond Resort*, perchés sur des rochers dominant la baie, coûtent 300 B minimum. Toujours sur le versant de la colline, le *Aud Bungalow* met des cabanes peu

reluisantes à votre disposition, pour 250 B à 350 B.

Sud-ouest de Mae Hat. Plus on s'éloigne de la ville vers le sud, plus les plages sont belles. A quelques centaines de mètres au sud-ouest de Mae Hat, de l'autre côté d'un ruisseau et en contrebas d'un sentier, l'élégant *Sensi Paradise Resort (☎ 01-229 3645 ; fax 077-377196)* propose de solides cottages en matériaux locaux pour 200 B à 800 B en fonction de leur taille et de leur qualité, ainsi que des logements familiaux plus spacieux, de 1 500 à 2 500 B. Autre établissement pour budgets moyens, le *Ko Tao Royal Resort* loue des bungalows moyennant 600 B avec ventil. et toilettes ou 2 500 B avec clim.

Au *CL Bungalows*, vous débourserez 80 à 250 B pour une cabane assez rudimentaire. Le *Sai Thong*, qui appartient au groupe Jansom Thara Ranong Hotel est actuellement en cours de rénovation et s'agrandit. A la fin des travaux, il faudra compter environ 500 B par nuit. L'établissement dispose de son propre embarcadère.

A 2 km de Ban Mae Hat, en continuant vers le sud, s'égrène un ensemble de petites plages, connu sous le nom de Hat Sai Nuan. Vous pourrez passer la nuit au très populaire *Siam Cookie*, ou encore au *Char Bungalows*, qui affichent tous les deux une fourchette de prix variant entre 60 et 150 B.

A Laem Je Ta Kang (à environ 1,2 km de Ao Chalok Ban Kao), situé entre deux plages et assez difficile d'accès, se trouve le *Tao Thong Villa* (entre 80 et 150 B la nuit). Isolé au sud de Laem Je Ta Kang, le *Sunset* vous hébergera moyennant 100 à 150 B. Vous profiterez d'une vue imprenable sur la mer. Cette plage n'est accessible que de Mae Mat, par un sentier non goudronné, ou par la mer en long-tail boat.

Ko Nang Yuan. Cette jolie petite île en trois parties est occupée par le *Ko Nangyuan Dive Resort (☎/fax 01-276 0212, ☎ 01-229 5085)*, où comme son nom le suggère, l'accent est mis sur la plongée (dive). Les prix s'échelonnent entre 400 B pour un bungalow et 2 500 B pour une villa climatisée. Des bateaux accomplissent tous les jours la traversée de Tha Ban Mae Hat à Nang Yuan, avec départ à 10h et retour à 16h, pour 50 B l'aller-retour. A noter que les bouteilles en plastique ne sont pas autorisées sur l'île – elles vous seront confisquées à votre arrivée.

Où se restaurer
A Ban Mae Hat, de nombreux restaurants de fruits de mer jalonnent le sud de la jetée – le *Mae Haad*, le *Lucky*, le *Neptune* et le *Baan Yaay* –, avec des plates-formes construites au-dessus de l'eau pour dîner. La *Swiss Bakery*, dans la rue qui mène à la jetée vend de délicieux pains et pâtisseries.

Plusieurs restaurants sont également disséminés sur Hat Sai Ri, la plupart appartenant à des complexes de bungalows.

Comment s'y rendre
Bangkok. Des billets forfaitaires bus/bateau, au départ de Bangkok, sont disponibles pour 750 à 850 B dans les agences de voyages de Th Khao San.

Attention aux agences qui vendent sur Ko Tao des combinés bateau/train. Cela suppose, en principe, que vous receviez un "voucher" contre lequel vous pourrez obtenir un billet de train à Surat Thani ou Chumphon. En réalité, il n'en est rien, et de nombreux voyageurs se sont retrouvés détenteurs d'un voucher sans aucune valeur. Si vous réservez des places de train plusieurs jours à l'avance (voire davantage), toutes les agences de Ko Tao pourront vous fournir les billets correspondants. Ce sont les réservations pour le jour même ou la veille qui peuvent entraîner certains problèmes.

Chumphon. Trois bateaux au moins relient Ko Tao au continent à partir de Chumphon. Toutefois, certains départs en semaine peuvent être annulés si la mer est trop agitée. Le bateau ordinaire quitte Chumphon à 24h, et parvient à Ko Tao 5, 6 heures plus tard. La traversée coûte 200 B (aller simple). En sens inverse, les départs de Ko Tao se font à 10h (reportez-vous à la rubrique *Chumphon* pour plus de détails).

Une vedette part de Chumphon à 7h30 et de Ban Mae Hat à 13h30. La traversée dure environ 1 heure 40 et coûte 400 B par personne. Pour le même prix, un bateau de la Jansom Thara dessert également Chumphon, tous les jours à 15h.

Surat Thani. Tous les soirs, si les conditions météorologiques le permettent, un bateau part du quai de Tha Thong, à Surat Thani et rejoint l'île de Ko Tao. Vous débourserez 300 B pour un voyage de 7 à 8 heures. Départ de Surat à 23h et de Ban Mae à 9h.

Ko Pha-Ngan. En fonction du temps, les bateaux effectuent quotidiennement la traversée entre Thong Sala, à Ko Pha-Ngan et Ban Mae Hat à Ko Tao. Le trajet dure entre 2 heures 30 et 3 heures et coûte 150 B par personne. Les bateaux quittent Thong Sala vers midi et repartent de Ko Tao à 9 heures le jour suivant. Un bateau express de la Songserm dessert également quotidiennement Thong Sala. Les départs s'effectuent à 10h30, la traversée dure 1 heure 30 et coûte 250 B. Si vous êtes particulièrement pressé, deux fois par jour – mais encore une fois, en fonction de la météo – un bateau de 800 CV pouvant accueillir 38 passagers vous emmène à Ko Pha-Ngan en 1 heure, moyennant 350 B.

Ko Samui. Un bateau lent quitte Ko Tao tous les jours à 9h30 et arrive à Na Thon à 13h. La traversée coûte 250 B. Des express partent à 9h30 et à 13h, et arrivent 1 heure 20 plus tard, pour 450 B.

Comment circuler
Les songthaews coûtent 30 B par personne de l'embarcadère à Hat Sai Ri et à Ao Chalok Ban Kao. Pour rejoindre les baies de l'autre côté de l'île, par exemple Ao Tanot, comptez 50 B (moins si le songthaew est plein). La nuit, il faut parfois dépenser jusqu'à 100 B pour motiver le conducteur. On peut également louer un long-tail boat pour 2 000 B la journée au maximum, selon le nombre de passagers transportés.

Partant de Hat Sai Ri entre 9h et 10h (si le temps le permet), un bateau propose un tour de l'île. Il fait quatre ou cinq escales, notamment à Ko Nang Yuan. Les passagers peuvent alors nager avec ou sans tuba jusqu'à 16h, heure du retour. La traversée coûte 250 B par personne.

Étant donné les dimensions de l'île, il est aisé de se déplacer à pied. Toutefois, certains sentiers ne présentent pas un tracé suffisamment clair. Vous pouvez effectuer le tour complet de l'île en une journée.

Province de Nakhon Si Thammarat

La majorité de cette grande province méridionale est couverte de montagnes escarpées et de forêts où, jusqu'à une date récente, s'étaient réfugiés les derniers insurgés communistes.

La province est baignée à l'est par le golfe de Siam, et son économie repose sur la pêche et l'élevage des crevettes. Sur la côte nord s'étendent plusieurs belles plages : **Khanom**, **Nai Phlao**, **Tong Yi**, **Sichon** et **Hin Ngam**.

Dans l'intérieur du pays, on pourra voir plusieurs grottes et cascades, dont la cascade de **Phrom Lok**, la grotte de **Thong Phannara** et la cascade de **Yong**.

En dehors de la pêche, les habitants se consacrent à la culture du café, du riz, de l'hévéa et des fruits (surtout le *mongkhút* ou mangoustan).

PARC NATIONAL DE KHAO LUANG

Au centre de la province, ce parc naturel de 570 km² entoure le **Khao Luang** (1 835 m), le point culminant de la péninsule. Il est réputé pour ses magnifiques promenades en montagne et en forêt, ses torrents d'eau fraîche, ses cascades et ses vergers. A l'ouest, avec ses autres pics ignés ou boisés, le parc de Khao Luang constitue une barrière naturelle qui alimente le Rapi. La

population locale pratique un type d'agriculture unique, appelé *sŭan rom* (jardin ombragé ou ferme ombragée). Au lieu de déboiser la forêt, les habitants de la région laissent se développer çà et là un grand nombre d'arbres locaux. Grâce à des tiges de bambous ou de polyvinyle savamment placées, ils parviennent à irriguer ce verger diversifié sans recourir à l'usage de pompes.

La faune inclut des panthères longibandes, des tigres, des éléphants, des bantengs, des gaurs, des tapirs, des serows, des porte-musc, des macaques, des civettes, des binturongs, des mangoustes de Java et plus de 200 espèces d'oiseaux. En plus, plus de 300 variétés d'orchidées (dont plusieurs sont endémiques) végètent sur le sol du parc.

Il n'existe encore aucune possibilité de logement dans le parc, sauf peut-être le camping, autorisé le long du chemin qui conduit au sommet du Khao Luang (voir la rubrique *Chemins de Randonnées*). Vous pourrez vous loger et vous restaurer dans l'un des quelques **bungalows** privés et **cafés** qui bordent la route menant aux bureaux administratifs du parc.

Chemins de randonnée

Si les possibilités d'hébergement sont encore insuffisantes, le parc compte plusieurs chemins de randonnée écologiques. De l'administration du parc, près de Lan Saka, vous pourrez marcher 2,5 km à travers la dense forêt tropicale pour gagner le sommet des **chutes de Karom** (à 25 km de Nakhon Si Thammarat), à l'écart de la route 4015. Tous les 500 m environ, vous trouverez un abri et des bancs. Pour accéder aux **chutes de Krung Ching**, qui s'élèvent sur sept niveaux, il vous faudra partir de Nopphitam, au nord-est du parc, et prendre le sentier naturel Krung Ching donnant sur la route 4140. La randonnée dure une demi-journée. Vous passerez devant un massif, constitué de la plus grande fougère du monde, un vieux repaire de rebelles communistes, Tham Pratuchai (une grotte également occupée par les communistes) et une forêt de mangoustans. Le sentier est également bordé d'abris et de bancs. C'est en novembre, juste après la saison des pluies, que les chutes sont les plus impressionnantes.

Un chemin plus ardu mène d'un parking situé près de Khiriwong au **sommet** du Khao Luang. La randonnée dure 14 heures et il est préférable de la répartir sur deux jours ou plus. La nuit, la température au sommet peut descendre jusqu'à 5°C. Il est donc conseillé de se munir de vêtements chauds et de bons sacs de couchages dans la mesure du possible. A 600 m d'altitude, le Kratom Suan Sainan offre quelques abris rudimentaires et marque la limite supérieure des plantations de fruits. Au cours de la saison sèche, vous pourrez camper près d'un cours d'eau à Laan Sai, à environ 6 heures du parking. Si vous continuez à marcher pendant 4 heures, sur un tronçon très pentu du chemin, vous pénétrerez dans une forêt peuplée de rotins, d'orchidées, de rhododendrons, de fougères et de chênes rabougris. De là, il faut compter encore 3 heures de marche pour arriver au sommet, où, si le temps le permet, vous serez récompensé de vos efforts par une vue spectaculaire sur les montagnes stratifiées.

Pour mieux apprécier votre randonnée, et pour plus de sécurité, vous pouvez louer les services d'un guide auprès du Kiriwong Village Ecotourism Club, à Khiriwong. Pour 1 700 B par personne, les villageois organiseront une randonnée de 2 à 3 jours incluant la nourriture, les porteurs (jusqu'à 12 kg par personne) et les guides. Ces derniers vous feront découvrir des fleurs et des animaux devant lesquels vous ne vous seriez pas arrêtés de votre propre chef. Il est recommandé d'effectuer cette randonnée entre les mois de janvier et mai, lorsque les chemins sont secs et les sangsues moins nombreuses. En effet, lorsque les précipitations sont abondantes, le chemin peut être impraticable pendant plusieurs jours.

Deux fois par an, les villageois proposent une ascension spéciale aux groupes de touristes. Renseignez-vous auprès du bureau TAT de Nakhon Si Thammarat.

Comment s'y rendre

Pour accéder au parc, prenez un songthaew (25 B) de Nakhon Si Thammarat au village de Khiriwong, au pied du Khao Luang. L'entrée du parc et des bureaux du Royal Forestry Department se trouve à 33 km du centre de Nakhon. Il faut emprunter la route 4015, une voie d'asphalte dont la dénivellation atteint 400 m sur 2,5 km jusqu'aux bureaux et 450 m jusqu'au parking.

NAKHON SI THAMMARAT
73 600 habitants

Nakhon Si Thammarat est situé à 780 km de Bangkok. Des siècles avant que l'empire Srivijaya ne soumette la péninsule, au VIIIe siècle, il existait une cité-État appelée Ligor ou Lagor, capitale du royaume de Tambralinga, dont le rayonnement pénétrait toute l'Océanie. Plus tard, quand des moines bouddhistes de Sri Lanka établirent un monastère dans la ville, le nom fut changé en pali-sanskrit Nagara Sri Dhammaraja (ville du Roi-Dharma sacré), devenu Nakhon Si Thammarat en phonétique thaï. La voie de terre entre le port occidental de Trang et le port oriental de Nakhon Si Thammarat servait de route commerciale entre la Thaïlande et le reste du monde, ainsi qu'entre les hémisphères oriental et occidental.

Les clergés hindou, musulman, chrétien et bouddhiste y établirent des missions au fil des siècles. Aujourd'hui encore, des chapelles, des mosquées des églises et des temples représentent activement chacune de ces confessions.

Par le passé, Nakhon Si Thammarat était célèbre pour son fort taux de criminalité, mais des efforts ont été faits pour réduire l'activité des gangs et redorer son blason. Bovorn (ou Bowon) Bazaar, situé en retrait de Th Ratchadamnoen, s'est développé autour d'un groupement de restaurants et de boutiques d'artisanat pour devenir le cœur de l'activité commerciale.

Orientation

Nakhon Si Thammarat comprend deux parties : le centre historique au sud de la tour de l'horloge et le centre moderne au nord de la tour et du Khlong Na Meuang. La ville moderne accueille tous les hôtels et la plupart des restaurants, et plus de cinémas au km² qu'aucune autre ville thaïlandaise.

Renseignements

Un bureau TAT (☎ 075-346515/6), hébergé dans un immeuble datant de 1926 (qui servait autrefois de club pour des officiers thaïlandais, restauré en 1993), se trouve à l'angle nord-ouest du Sanaam Naa Meuang (ou City Park), à proximité de Th Ratchadamnoen, non loin du commissariat. Il tient à votre disposition des brochures touristiques rédigées en anglais.

Poste et communications

La poste principale, ouverte de 8h30 à 16h30 en semaine, se dresse dans Th Ratchadamnoen. A l'étage, vous trouverez le centre des télécommunications, avec un service d'appel international, ouvert de 8h à 23h.

Suan Nang Seu Nakhon Bowonrat

Le Suan Nang Seu ou "Jardin du livre", 116 Th Ratchadamnoen, à côté du Bovorn Bazaar et de la Siam Commercial Bank, est le centre intellectuel de Nakhon (cherchez la traditionnelle jarre d'eau sur une plate-forme à l'entrée). Installée dans un immeuble vieux de 80 ans, cette librairie, à but non lucratif, est spécialisée dans les ouvrages (surtout thaïlandais) sur l'histoire locale, la politique nationale et la religion. Elle organise des conférences sur le Dhamma et finance des expositions d'art et d'artisanat.

Musée national de Nakhon Si Thammarat

Il est situé après les grands wats de Th Ratchadamnoen, en allant vers le sud, en face du Wat Thao Khot et du Wat Phet Jarik sur la gauche. Comme le royaume Tampaling (ou Tambralinga) commerçait avec l'Inde, l'Arabie, le royaume Dvaravati et le Champa, des objets de ces contrées sont arrivés dans la région et certains sont exposés au musée national. On remarquera les tambours en bronze Dong-Son, les bouddhas Dvaravati et les sculptures indiennes Pallava (d'Inde du Sud). On admirera éga-

lement l'art local dans la salle "Art of Southern Thailand", à gauche du foyer. Vous y verrez de nombreuses statues provenant de Nakhon Si Thammarat, de styles Phutthasihing, U Thong et fin Ayuthaya.

Le style Ayuthaya produit à Nakhon Si Thammarat est le plus répandu, avec ses visages couronnés particuliers, presque comiques. Le bouddha Phutthasihing ressemble un peu au bouddha de Chiang Saen d'influence Palla. L'entrée du musée, ouvert du mercredi au dimanche de 9h à 16h, est de 30 B. En songthaew, comptez 5 B à partir de la ville moderne.

Wat Phra Mahathat

C'est le site historique majeur de la ville ; il aurait été fondé par la reine Hem Chala il y a plus d'un millénaire. Des statues de bronze représentant la reine et son frère se dressent à l'est, devant Th Ratchadamnoen. On dit que l'esprit de la reine est uni au grand bouddha debout, dans le bòt. Chaque jour, des habitants viennent offrir des guirlandes de fleurs aux statues de Bouddha et de la reine.

C'est le plus grand wat du sud du pays, comparable au Wat Pho et aux autres grands wats de Bangkok. Reconstruit au milieu du XIIIᵉ siècle, il comprend un chédi haut de 78 m, couronné par une flèche d'or massif de plusieurs centaines de kilos. Il est entouré de plusieurs chédis plus petits, gris-noir.

Le bòt contient l'un des trois bouddhas Phra Singh identiques de Thaïlande. Les autres statues sont au Wat Phra Singh de Chiang Mai et au Musée national de Bangkok – chacune prétendue être l'originale.

Hormis le bòt et le chédi caractéristiques, de nombreux wihãans, superbement décorés, entourent le chédi. Plusieurs contiennent des bouddhas couronnés dans le style Nakhon Si Thammarat/Ayuthaya, dans des meubles de verre.

Un wihãan abrite un curieux musée qui expose des *krut* en bois (monture-oiseau mythique de Vishnu ou *garuda*), de vieilles tablettes votives, des bouddhas de toutes formes, y compris un bouddha de style Dvaravati debout et un bouddha Siwichai naga

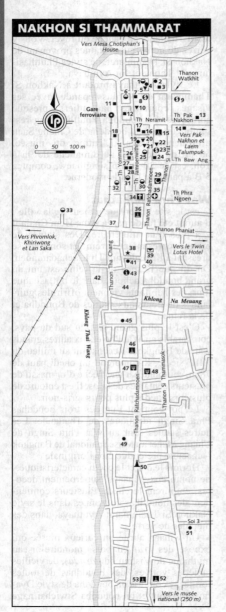

NAKHON SI THAMMARAT

Vers Mesa Chotiphan's House

Thanon Watkhit

Gare ferroviaire

Th Neramit

Th Pak Nakhon

Vers Pak Nakhon et Laem Talumpuk

Th Baw Ang

Th Yommarat

Th Jamroenwithi

Thanon Ratchadamnoen

Thanon Ratchadamnoen

Th Phra Ngoen

Thanon Phaniat

Vers Phromlok, Khiriwong et Lan Saka

Vers le Twin Lotus Hotel

Thanon Tha Chang

Khlong   Na Meuang

Khlong Thai Wang

Thanon Si Thammasok

Soi 3

Vers le musée national (250 m)

0   50   100 m

Nakhon Si Thammarat

OÙ SE LOGER
- 3 Taksin Hotel
- 7 Thai Fa Hotel
- 11 Phetpailin
- 12 Si Thong Hotel
- 13 Nakorn Garden Inn
- 14 Grand Park Hotel
- 16 Thai Hotel
- 17 Siam Hotel
- 18 Montien Hotel
- 24 Thai Lee Hotel
- 26 Muang Thong Hotel
- 27 Nakhon Hotel
- 28 Bue Loung (Bua Luang) Hotel

OÙ SE RESTAURER
- 5 Dam Kan Aeng
- 10 Yong Seng
- 20 Sin Ocha Bakery
- 21 Kuang Meng
- 22 Bovorn Bazaar

DIVERS
- 1 Taxis pour Surat Thani, Chumphon et Ranong
- 2 Bureau de la THAI
- 4 Crystal Palace
- 6 Minivans pour Sichon et Khanom
- 8 Bangkok Bank
- 9 Thai Farmers Bank
- 15 Wat Buranaram
- 19 Muang Tai Tours
- 23 Siam Commercial Bank
- 25 Minivans pour Surat Thani
- 29 Matsayit Yamia (mosquée du Vendredi)
- 30 Minivans pour Phuket et Krabi
- 31 Minivans pour Hat Yai
- 32 Station de taxis collectifs
- 33 Terminal des bus
- 34 Église de Bethléem
- 35 Christian Hospital
- 36 Wat Maheyong
- 37 Marché
- 38 Police
- 39 Poste principale et services téléphoniques
- 40 "Circle"
- 41 Lak Meuang (Pilier de la ville)
- 42 Boutiques d'artisanat
- 43 Agence de la TAT
- 44 Sanaam Naa Meuang (City Park)
- 45 Prison
- 46 Wat Sema Muang
- 47 Shivalingam
- 48 Sanctuaire de Vishnu
- 49 Administration de la province chapelle Phra Phuttha Sihing
- 50 Horloge
- 51 Atelier de Suchart
- 52 Wat Na Phra Boromathat
- 53 Wat Phra Mahathat

(serpent à tête de dragon), ainsi que des bols à aumônes incrustés de perles et autres curiosités. Le squelette d'une baleine de 12 m est couché au fond du bâtiment, sous le bòt nord.

Un mondòp, structure qui rappelle une forteresse, à l'extrémité nord du terrain du temple, contient une des plus belles empreintes du Bouddha.

Le nom du temple, Wat Phra Mahathat Woramahawihaan, est parfois écourté en Wat Phra Boromathat. Il se trouve à 2 km environ du centre de la ville moderne – montez dans n'importe quel bus ou songthaew descendant Th Ratchadamnoen. Il vous en coûtera 5 B.

Wat Na Phra Boromathat

La résidence des moines attachés à Mahathat est située en face du Wat Mahathat. Vous pourrez y admirer un beau bouddha Gandhara en train de jeûner devant le bòt.

Chapelle Phra Phuttha Sihing

La chapelle Phra Phuttha Sihing (Haw Phra Phuttha Sihing), située à proximité de l'administration provinciale, abrite l'un des trois bouddhas identiques Phra Singh de Thaïlande. On pense que l'un d'entre eux aurait été fabriqué au Sri Lanka puis transporté dans le Sukhotai (en passant par la province de Nakhon Si Thammarat), le Chiang Mai, et plus tard l'Ayuthaya.

Autres temples, sanctuaires, églises et mosquées

Outre des moines du Sri Lanka venus au XIIIᵉ siècle pour enseigner le bouddhisme Theravada, de nombreux autres missionnaires – catholiques portugais, hindous originaires du sous-continent indien, musulmans du Moyen-Orient et bouddhistes Mahayana du Japon – s'établirent dans la ville. L'héritage laissé par ses nombreux visiteurs explique la présence de nombreux lieux de culte non représentatifs du bouddhisme Theravada à Nakhon.

Nakhon Si Thammarat compte trois **temples hindous** dans Th Ratchadamnoen, à l'intérieur des remparts. Les brahmanes (prêtres) prennent part, chaque année, à la Royal Ploughing Ceremony à Bangkok. Un

temple abrite un *shivalingam* (sanctuaire phallique) de notoriété locale, adoré entre autres par les femmes en espérance de fécondité. Plus au nord, sur le côté est de Th Ratchadamnoen, vers le centre-ville, se dressent la **Matsayit Yamia** (mosquée du Vendredi) aux reflets verts, ainsi que deux autres mosquées. De l'autre côté de la rue, un peu plus au sud, se profile l'**église de Bethléem**.

Le sanctuaire non bouddhiste le plus important de Nakhon, le Lak Meuang (Pilier de la ville) se trouve à l'extrémité nord de Sanaam Naa Meuang. D'une architecture thaïlandaise caractéristique, il présente un petit pavillon, ouvert sur un côté, abritant un pilier en forme de phallus, décoré des offrandes quotidiennes apportées par les habitants de Nakhon.

Atelier de fabrication de marionnettes

Il y a toujours eu deux styles de marionnettes, *nãng thálung* et *nãng yài* ; les premières sont semblables par la taille aux marionnettes indonésiennes et malaises, tandis que les secondes, propres à la Thaïlande, sont de la taille d'un homme réel. Toutes les deux sont découpées dans du cuir de buffle. Les représentations de théâtre d'ombres sont devenues rares (à l'occasion des fêtes uniquement), mais on pourra assister à leur fabrication en deux endroits.

Le maître incontesté de cet art (fabrication et manipulation) est Suchart Subsin (Suchaat Sapsin), un habitant de Nakhon, dont l'atelier se situe au 110/18 Soi 3, Th Si Thammasok, près du Wat Phra Mahathat. On pourra acheter des marionnettes à des prix raisonnables – ici seulement, car il refuse de les vendre à des distributeurs.

Mme Mesa Chotiphan accueille les curieux dans son atelier au nord de la ville, 558/4 Soi Rong Jeh, Th Ratchadamnoen (☎ 075-343979). Si vous l'appelez, elle viendra vous chercher. Pour y aller par vos propres moyens, remontez Th Ratchadamnoen vers le nord à partir du centre, et 500 m après le terrain de sport prenez le soi en face du cimetière chinois (avant d'atteindre le terrain de golf et la base militaire).

Où se loger – petits budgets

La plupart des hôtels sont rassemblés autour des gares routière et ferroviaire. Le *Thai Lee Hotel* (☎ 075-356948 ; 1130 Th Ratchadamnoen) est toujours l'établissement le plus intéressant de la ville, avec des chambres simples/doubles propres et spacieuses, équipées d'un ventil., d'une douche et de toilettes pour 120/200 B. Situées à l'arrière, elles sont un peu plus calmes.

Dans Th Yommarat (parfois écrit "Yommaraj"), presqu'en face de la gare ferroviaire, le *Si Thong Hotel* (☎ 075-356357) est convenable. Les chambres avec ventil. et s.d.b. coûtent entre 140 B et 200 B. Dans la même rue, le *Nakhon Hotel* (☎ 075-356318) affiche les mêmes prix pour un meilleur entretien qu'au Si Thong Hotel. La chambre avec clim. et lits jumeaux coûte 350 B.

Dans Th Jamroenwithi, le grand *Siam Hotel* (☎ 075-356090) propose des chambres avec ventil. et s.d.b. pour 150 B. Au *Muang Thong Hotel*, plus au sud dans la même rue, vous pourrez, pour 350 B, dormir dans une chambre simple/double bien entretenue, équipée d'un ventil., d'une s.d.b. et de la clim. Un pâté de maison au nord du Siam Hotel, sur le même côté de la rue, le *Thai Fa Hotel* (☎ 075-356727), dans un petit édifice de deux étages, loue des chambres acceptables pour 120 à 180 B.

Où se loger – catégorie moyenne

Le *Thai Hotel* (☎ 075-341509 ; fax 344858), autrefois le plus chic de la ville,

paraît maintenant bien ordinaire. Situé dans Th Ratchadamnoen, à deux rues de la gare ferroviaire, il met à votre disposition des chambres simples/doubles avec ventil. pour 245/350 B et des chambres climatisées, bien entretenues, pour 440 à 600 B. Les chambres spéciales avec clim. sont plus spacieuses, mieux meublées et disposent d'un réfrigérateur rempli d'en-cas. Toutes sont équipées de la télévision par câble. Le *Taksin Hotel* (☎ 075-342790 ; fax 342794), sur six étages, n'a pas d'enseigne en caractères romains. Situé près de Th Si Prat, parmi les boutiques de massages, il loue ses chambres avec clim., douche chaude et TV à 490 B et avec téléphone à 590 B.

Le *Bue Loung Hotel* (Bua Luang ; ☎ 075-341518 ; fax 343418), Soi Luang Meuang, donnant dans Th Jamroenwithi, propose des chambres simples/doubles propres et spacieuses. et salle de bain pour 170 B (240 avec TV) et 270 B avec clim. (350 B avec TV et réfrigérateur).

Dans Th Yommarat, près de la gare ferroviaire, le *Montien Hotel* (☎/fax 075-341908), en déclin, loue de vastes chambres réparties sur huit étages, avec ventil. et s.d.b. à partir de 240 B et avec clim. pour 380 B. Les prix sont un peu exagérés compte tenu de l'entretien.

A côté, le *Phetpailin* (☎ 075-341896 ; fax 343943), un pâté de maison au nord, offre un confort équivalent pour 180/220 B la chambre avec ventil. et 380 B avec clim.

La tranquille *Nakorn Garden Inn* (☎ 075-344831 ; fax 342926 ; 1/4 Th Pak

---

Fêtes de Nakhon Si Thammarat

Chaque année, à la mi-octobre, se tient la fête thaïlandaise méridionale appelée Chak Phra Pak Tai, à Songkhla, Surat Thani et Nakhon Si Thammarat. Dans cette dernière ville, la fête évolue autour du Wat Mahathat et comprend des représentations de năng thálung et de lákhon, et un défilé de bouddhas à travers la ville en vue de récolter des dons pour les temples locaux.

Le troisième mois lunaire (février-mars), on célèbre Hae Phaa Khun That au cours d'une fête colorée qui donne lieu au déroulement d'une longue banderole autour du chédi du Wat Phra Mahathat sur laquelle on a peint des *jataka*..

Nakhon), à l'est du centre, dispose de chambres avec clim. et TV de 500 à 600 B.

Où se loger – catégorie supérieure

Le nouveau *Grand Park Hotel* (☎ 075-317666 ou 317673 ; fax 317674 ; 1204/79 Th Pak Nakhon), offre des chambres joliment meublées avec moquette, réfrigérateur, et TV pour 750 B et des suites pour 1 400 B (tarif réduit : 700 et 1 000 B respectivement). L'hôtel dispose également d'un parking.

L'adresse la plus élégante de la ville se trouve dans Th Phattanakan Khukhwang, à l'extrémité sud-est de la ville, en face du Lotus Super Center. Le *Twin Lotus Hotel* (☎ 075-323777 ; fax 323821 ; Bangkok ☎ 02-7110360 ; fax 3810930 ; 97/8 Th Phattanakan Khukhwang), qui compte 16 étages, est parfaitement équipé pour accueillir les hommes d'affaires : appels automatiques vers l'international, mini-bar, TV par satellite, restaurants, bar à cocktail, café, karakoe, salle de massage, piscine, sauna et salle de gym entièrement équipée. Les prix de ses 413 chambres oscillent entre 1 200 B pour une simple/double de base, 1 400 B pour la catégorie supérieure, 1 600 B pour une chambre de luxe et 2 400 B pour une suite. Toutefois, il est facile d'obtenir une réduction de 50%.

Où se restaurer

Quantité de fantastiques vieux restaurants chinois bordent Th Yommarat et Th Jamroenwithi. Cette dernière est le centre gastronomique de la ville. Le soir, le pâté de maisons qui s'étend du Siam Hotel à la rue plus au sud est jalonné de vendeurs de rues. Les échoppes musulmanes en face de l'hôtel vendent de délicieux *klûay roti* (crêpe à la banane), du *khâo môk* (biryani au poulet) et des *mátàbà* (crêpes farcies au poulet ou au légumes). Le soir, et aussi dans la journée, vous n'aurez que l'embarras du choix, vu le grand nombre d'échoppes de nouilles et de riz. Le *Yong Seng* (pas d'enseigne en anglais) est un restaurant chinois, peu cher et délicieux, sur Th Jamroenwithi.

Pour goûter à l'excellent café thaïlandais de Nakhon, arrêtez-vous chez *Hao Coffee* dans Bovorn Bazaar, version moderne d'un vieux café hokkien que tenait autrefois la famille du patron. Il sert du café méridional-thaïlandais-hokkien ("Hao coffee").

Autour du Bovorn Bazaar, vous trouverez quantité de délicieux restaurants. Voisin du Hao Coffee, le *Khrua Nakhon* est un grand restaurant en plein air servant de la vraie cuisine de Nakhon, notamment du *khâo yam* (salade de riz à la mode du Sud), du *kaeng tai plaa* (curry épicé de poisson), du *khanŏm jiin* (nouilles au curry servies avec un gigantesque plateau de légumes) et des poissons. Petits déjeuners avec œufs et toasts ; vous pouvez commander du café Hao de l'établissement voisin si vous voulez. Veillez à arriver assez tôt : l'établissement n'ouvre que de 7h à 15h ! Derrière le Khrua Nakhon, le *Ban Lakhon*, dans une vieille maison, propose également une excellente cuisine locale. Ouvert le soir.

A l'angle de la ruelle menant au Bovorn Bazaar, la *Ligor Home Bakery (Likaw Ban Tham Khanom)* prépare tous les jours des pâtisseries de style occidental. Le soir, la boulangerie ferme et les vendeurs de rotis les plus célèbres de Nakhon s'installent dans la ruelle. A l'angle nord-ouest de Th Ratchadamnoen et de Th Watkhit, le *Dam Kan Aeng*, un célèbre établissement sino-thaïlandais, fait salle comble tous les soirs.

Le *Kuang Meng* (pas d'enseigne en caractères romains), 1343/12 Th Ratchadamnoen, en face de la Siam Commercial Bank, est un tout petit café hookkien. Vous pourrez y déguster de délicieuses pâtisseries. Face au Thai Hotel, la *Sin Ocha Bakery*, un café hokkien modernisé, sert du *tim cham* (dim sum).

Où sortir

Mis à part les cinémas, la vie nocturne n'est pas très développée. Le *Rock 99% Bar & Grill*, un pub de style américain dans le Bovorn Bazaar, propose de la bière pression, des cocktails, et de la musique country, ainsi que pizzas, pommes de terre au four et sandwiches. Il est ouvert de 18h à 2h.

Au croisement de Th Phattanakan Khukhwang et de Th Neramit, à l'angle nord-ouest, se trouve le *Martini*, un music hall où se produisent des groupes de musique pop thaïlandaise. 50 m plus bas, dans le Soi, le *Crystal Palace*, en face des bureaux de la THAI, offre le même genre d'ambiance.

Achats
Plusieurs boutiques, sur Th Tha Chang, juste derrière le bureau TAT et Sanaam Naa Meuang, vendent les fameux nielles *(thôm)* de Nakhon, des objets en argent et des paniers. Le *Den Nakhon*, devant le Wat Mahathat, pratique des prix raisonnables.

Comment s'y rendre
Avion. La THAI (☎ 075-342491), 1612 Th Ratchadamnoen, assure deux vols par semaine depuis/vers Bangkok (1770 B).

Bus et minivan. Des bus climatisés à destination de Nakhon Si Thammarat quittent le terminal Sud de Bangkok, tous les jours et toutes les 30 minutes, entre 17h et 20h. L'arrivée est prévue 12 heures plus tard (414 B). Des bus climatisés circulent dans le sens inverse à peu près aux mêmes heures. Il existe aussi deux bus climatisés 2e classe par jour, qui font le trajet pour 322 B, et un bus VIP de nuit à 640 B (230 B en bus ordinaire). Ces derniers quittent Bangkok à 6h40, 7h, 8h30, 16h30, 17h30, et 18h30, pour 230 B.

Des bus ordinaires partent de Surat Thani quatre fois par jour (40 B). Les véhicules climatisés sont moins fréquents (70 B environ). Des bus directs depuis Songkhla passent sur un pont enjambant l'embouchure de Thaleh Noi (la mer Intérieure) ; contactez l'une des compagnies de bus touristiques de Th Niphat Uthit 2, à Hat Yai. Muang Tai Tours, dans Th Jamroenwithi, à Nakhon Si Thammarat, vous emmène à Surat pour 70 B.

Deux autres compagnies de bus privées sont installées Th Jamroenwithi, dans le voisinage du Siam Hotel.

Toutes les heures, des bus rejoignent Nakhon depuis Krabi. Le tarif est de 64 B (70 B en bus climatisé) ; comptez 4 heures de route.

Vous pourrez aussi vous rendre à Nakhon par d'autres lignes, comme celles de Trang (35 B en bus ordinaire et 50 B en bus climatisé), de Phattalung (respectivement de 35 et 50 B), de Phuket (93 et 150 B) ou de Hat Yai (64 et 90 B ou 100 B en minivan). Les bus partent du terminal de Th Phaniant.

Des minivans pour Krabi partent toutes les demi-heures des bureaux municipaux, de 7h à 15h (100 B). Le trajet dure 2 heures 30. Vous pouvez aussi prendre un minivan pour Surat Thani (80 B), qui part du quartier du Thai Lee Hotel. Pour Phuket, les minivans coûtent 190 B (5 heures).

Pour Ko Samui, un bus climatisé par jour qui quitte le terminal principal à 11h20 (120 B, 3 heures).

Taxi collectif. C'est, semble-t-il, le moyen de transport le plus populaire en dehors de Nakhon. De l'importante station de taxis collectifs de Th Yommarat partent des taxis pour Thung Song (30 B), Khanom (50 B), Sichon (30 B), Krabi (100 B), Hat Yai (80 B), Trang (70 B), et Phattalung (60 B). Une seconde petite station dans Th Thewarat assure les liaisons avec Surat Thani (70 B), Chumphon (140 B) et Ranong (180 B).

Train. Les trains du Sud s'arrêtent en général à la gare de correspondance de Thung Song, à 40 km à l'ouest de Nakhon Si Thammarat, d'où l'on prend un bus ou un taxi pour la côte. Cependant, 2 trains vont jusqu'à Nakhon Si Thammarat (ligne secondaire depuis Khao Chum Thong) : le rapide n°173, qui part de Bangkok-Hualamphong à 17h35 et arrive à 8h55, et l'express n°85, qui part de Bangkok à 19h15 et arrive à 9h55. Le billet 1re classe est à 625 B, 2e classe à 308 B, et le billet 3e classe à 133 B, suppléments divers non compris.

Comment circuler
Des songthaews bleus parcourent Th Ratchadamnoen et Th Si Thammasok pour 5 B et un peu plus la nuit. Une moto-taxi coûte entre 10 B et 50 B pour de plus longues distances.

ENVIRONS DE LA PROVINCE DE NAKHON SI THAMMARAT
Laem Talumpuk

Vous découvrirez un petit cap pittoresque à environ 50 km au nord-est de Nakhon Si Thammarat. Pour y accéder, prenez le bus dans Th Neramit vers Pak Nakhon, à l'est (15 B), puis traverser l'anse en ferry jusqu'à Laem Talumpuk (20 B).

Hat Sa Bua

A 25 km au nord de Nakhon Si Thammarat, dans le district de Tha Sala, cette plage quelque peu vaseuse bordée de casuarinas, de quelques cocotiers et de dunes, accueille les pique-niqueurs le week-end, mais reste désertée en semaine. On y accède par la Route 401 (sortir au Km 12) ou en Songthaew pour environ 15 B.

Vous pourrez vous loger au *Sala Manum*, un établissement peu reluisant dont les auvents individuels suggèrent qu'il est associé à la prostitution. On y trouve également plusieurs *restaurants* bon marché.

Hat Sichon et Hat Hin Ngam

Même la population locale a du mal à différencier Hat Sichon de Hat Hin Ngam, deux plages situées côte à côte le long d'une petite baie incurvée, à 65 km au nord de Nakhon Si Thammarat dans le district de Sichon. Hat Sichon est délimitée par une jetée, dans le hameau de pêcheurs de Sichon, tandis que l'extrémité nord de Hin Ngam est marquée par un amas de roches.

Hat Sichon, contrairement à Hat Hin Ngam, présente l'avantage d'être interdite aux vendeurs de plage. Toutefois, il est encore possible de louer des chaises et des parasols à la pointe de la baie.

L'endroit semble peu fréquenté par les étrangers. Les amateurs de scènes typiques et de sites isolés aimeront cette plage et apprécieront de pouvoir marcher jusqu'à la ville de Sichon.

Dans le port, en face de la ville pittoresque, d'imposants bateaux de pêche colorés s'entassent couramment le long de minces jetées en bois. Près du front de mer se trouvent une multitude de boutiques à un étage.

Au sud de Hin Ngam et de Sichon, les plages de **Hat Piti** et **Hat Saophao** sont moins connues. Hat Piti est une étendue de sable blanc assez jolie, et une station balnéaire de taille moyenne. Hao Saophao s'étend sur 5 km et pourrait être la plus belle plage de la région si les élevages de crevettes, un peu à l'intérieur des terres, n'avaient pas recours à des techniques désastreuses pour l'environnement. On trouve de belles dunes de sables dans la région, parfois difficilement accessibles en raison des nombreux bacs d'alevinage artificiellement creusés sur la plage.

Où se loger et se restaurer. Sur Sichon, c'est à la *Prasarnsuck Villa* (☎ 075-536299) que va notre préférence, car l'établissement se trouve à la pointe de la plage, sur la partie sableuse : ainsi, vous pourrez à la fois accéder facilement à la plage et au promontoire rocheux (d'où vous pourrez plonger) qui part de Hat Hin Ngam. Les bungalows de la villa, d'apparence solide, coûtent entre 280 B et 420 B. Vous pourrez déguster des crustacés en plein air, devant la mer, dans le restaurant de l'hôtel, tout simple.

Sur Hat Hin Ngam, le *Hin Ngam Bungalow* (☎ 075-536204) propose six bungalows en bois et en chaume, surmontés de toit en métal et assez proches les uns des autres, pour 120 B. Le restaurant de l'hôtel surplombe la baie.

Sur la longue plage immaculée de Hat Piti, le *Hat Piti Beach Resort* semble presque s'être égaré ici, avec ses airs du sud-ouest des États-Unis. Toutefois, l'établissement est admirablement bien tenu avec son restaurant de plein air et ses grands bungalows entièrement équipés pour 600 B à l'arrière et 800 B sur la plage. A côté, un bâtiment de style hôtel était en cours de construction lors de notre passage.

Le *Hat Sichon Seafood*, dominant la plage, est le meilleur des restaurants locaux. L'établissement est ouvert de 7h à 22h. Sur ou près de Hat Sichon, vous trouverez également deux restaurants acceptables : le *Phloi Seafood* et le *Khrua Pawy*. Ils n'ont pas d'enseigne en caractères romains. Le personnel parle un peu anglais.

Comment s'y rendre. Vous pouvez prendre le bus pour Sichon au terminal de Nakhon Si Tammarat (20 B), ou un taxi collectif (50 B). De Sichon, rendez-vous à Hat Sichon, Hat Hin Ngam ou Hat Piti en moto-taxi, pour environ 20 B par personne.

Si vous êtes motorisé, vous trouverez facilement le district de Sichon par la route 401 à partir de Nakhon Si Thammarat (ou de Surat Thani, à 73 km au nord). De Sichon, il faut emprunter soit la route 4161 (qui traverse la ville de Sichon), soit la route 4105, à 4 km au sud de Ban Chom Phibun, puis se diriger vers la côte.

Mais n'oubliez pas que les plages se trouvent toutes au sud de Sichon. Vous devrez peut-être vous arrêter pour demander votre chemin. Si vous arrivez par le nord de la route 401 et tournez à droite pour emprunter la 4105, vous déboucherez presque immédiatement sur Hat Saophao. Tournez à gauche dans la rue parallèle à la plage et vous accéderez aux trois plages mentionnées plus haut.

Ao Khanom

A 25 km de Sichon, 70 km de Surat et 80 km de Nakhon Si Thammarat, se trouve la baie de Ao Khanom. Non loin de l'embarcadère pour car-ferries de Ko Samui à Khanom, quatre plages de sable blanc se succèdent : Hat Nai Praet, Hat Nai Phlao, Hat Na Dan et Hat Pak Nam. Par endroits, quelques élevages de crevettes commencent à apparaître, portant atteinte à la fois au paysage et au tourisme local. L'extrémité nord de la baie de Ao Khanom est le site d'une immense carrière, également inquiétante pour l'avenir.

Nai Phlao, la plus belle plage de l'île (8,4 km au sud de Khanom), est recouverte de cocotiers par milliers. A deux kilomètres au sud de Nai Phlao, vous pourrez admirer les pittoresques **chutes Hin Lat**, qui rappellent Ko Samui. Derrière un haut promontoire, au sud de Hat Nai Phlao, se trouve **Hat Thong Yi**, peu fréquentée. Une route a récemment

été construite autour de ce promontoire pour accéder à la plage, mais lorsque j'ai voulu l'emprunter, on m'en a empêché, sans raison apparente. La meilleure façon de s'y rendre reste donc le bateau.

La plupart des établissements sont concentrés sur la partie sud de Hat Nai Phlao, la plus belle de la plage. Ils proposent entre cinq et dix bungalows sommaires mais solides, de 500 B à 800 B la nuit (avec s.d.b.). Les moins chers seront probablement ventilés, tandis que le haut de gamme sera équipé de la clim. Parmi les meilleures adresses de Hat Nai Phlao, l'accueillant **Khanom Hill Resort** (☎ 075-529403), est reconnaissable à ses bungalows sur pilotis, surmontés d'un toit rouge et donnant sur la mer. Vous pourrez vous installer sur l'une de leurs grandes terrasses aménagées et profiter de la vue. Les prix varient entre 500 et 1 600 B.

Le **Supa Villa** (☎ 075-528522 ; fax 528553) propose de solides cabanes en briques, coiffées de toits en tuiles. Pour 400 B, 600 B et 1 200 B, vous dormirez directement sur la plage.

Le **Supar Royal Beach** (☎ 075-529237, fax 528 553), en face de la Supa Villa (ils appartiennent aux mêmes propriétaires), propose 70 chambres avec clim., de 1 430 à 5 000 B. L'établissement n'est pas situé sur la plage, mais dispose d'une piscine.

A côté, vers le sud, le **White Beach Resort** (☎ 075-529419) se contente de deux bungalows en ciment et de deux bâtiments de type motel. A 300 B la nuit, ses prix sont les plus bas de la plage. Pas d'enseigne en caractères romains.

Lorsqu'on continue vers l'extrémité sud de la baie, on débouche immédiatement sur le **Nai Phlao Bar Resort** (☎ 075-539039 ; fax 529425). Ses bungalows en pierre et en ciment, construits sur de vastes terrains, coûtent entre 750 et 1 500 B la nuit.

Pour accéder au **GB Resort** (☎ 075-529253), il faut prendre un petit sentier étroit qui part de la rue principale, au sud de Nai Phlao. Des bungalows triangulaires, surmontés d'un toit rouge et prolongés par de petites terrasses avec vue vous attendent, pour 400 à 600 B. Vous pourrez vous asseoir à l'ombre des casuarinas, des pandanous et des manguiers de l'hôtel, ou à l'une des nombreuses tables de la plage.

Perché sur les falaises rocheuses, au sud de la baie, le **Khanab Nam Diamond Cliff Resort** (☎ 075-529147 ou 529144 ; fax 529111) vise le grand luxe avec ses bungalows octogonaux en bambou et en chaume, coûtant entre 500 et 2 500 B. Une piscine en plein air domine la mer, tout comme un restaurant dans lequel il fait bon manger.

A Hat Na Dan, la **Watanyoo Villa** (☎ 075-528582) propose des bungalows avec ventil. pour 120 à 400 B.

Plus haut, vers Khanom, vous trouverez quatre ou cinq établissements de plus, à ne visiter qu'en dernier recours, lorsque les autres sont complets. Le **Wanita Resort** (☎ 075-528186) est le seul du groupe à se distinguer, avec ses quelques bungalows neufs, en brique ou en ciment et coiffés d'un toit en tuiles rouges, de 400 à 500 B. Certains d'entre eux sont équipés de la clim. Vous trouverez des parasols en chaume sur la plage ainsi qu'un restaurant donnant sur la mer, à l'extrémité de la petite propriété.

Comment s'y rendre. Vous pouvez partager un taxi collectif du terminal de Nakhon Si Tammarat à Khanom pour 50 B. Si vous êtes motorisé, prenez la 401 et sortez sur la 4014. Suivez la 4014 jusqu'à la 4232, qui est parallèle à la côte tout le long de Ao Khanom, jusqu'à Sichon, au sud.

L'un des débarcadères de car-ferries en direction de Ko Samui se trouvant à Khanom est desservi par de nombreux bus depuis Surat Thani.

Province de Phattalung

Située à plus de 840 km de Bangkok et 95 km de Hat Yai, Phattalung est une province prospère, l'une des régions du Sud entièrement vouée à la riziculture. La portion est de la province est arrosée par le Thaleh

Noi ou Little Sea (Petite Mer), une extension septentrionale du saumâtre Thaleh Sap.

PHATTALUNG
35 000 habitants
Phattalung est célèbre pour le nãng thálung (théâtre d'ombres), dont le nom dérive de Phattalung – nãng signifie peau (non tannée), et thálung, qui vient de Phattalung. La tradition des marionnettes n'a survécu qu'à Phattalung et à Nakhon Si Thammarat. Les spectacles commencent à minuit et durent entre 4 et 5 heures. Ils ont lieu pendant les ngaan wat (fêtes de temple).

La ville est encadrée par deux pics calcaires, Khao Ok Thalu ("montagne de la Poitrine perforée") et Khao Hua Taek ("montagne de la Tête brisée"). D'après une légende, ces deux monts étaient la femme et la maîtresse d'une troisième montagne au nord, **Khao Meuang**. Elles livrèrent une bataille féroce contre le mari adultère qui les abandonna avec leurs "blessures".

Renseignements

Un centre d'accueil (☎ 074-611201) s'est ouvert, à l'intersection de Th Ramesuan et de Th Kanasan, non loin de l'hôtel de ville. Il s'agit principalement d'une chambre de commerce destinée à promouvoir l'artisanat local. Elle fait aussi office, à l'occasion, de bureau d'information touristique. Ouvert, les jours de semaine, de 8h à 16h.

Si vous souhaitez changer de l'argent, la Thai Farmers Bank, située dans Th Ramet, près du carrefour avec Th Nivas (prononcez Niwat), reste votre meilleure option. Pour les communications avec l'étranger, il existe un service d'appels internationaux au premier étage de la poste de Th Rot Fai, ouvert de 8h30 à 16h30.

Wat Khuhasawan
Au nord-ouest de la ville, le Wat Khuhasawan, datant de la période Ayuthaya, abrite une grande grotte avec des statues plutôt disgracieuses, mais l'endroit est vaste et frais. Des marches la contournent jusqu'au sommet de la montagne d'où l'on découvre les rizières et les monts à l'ouest.

Où se loger

C'est dans Th Ramesuan, l'artère principale, que sont installés deux des trois principaux hôtels de Phattalung.

Au 43 Th Ramesuan, les chambres du *Phattalung hotel*, avec ventil. et s.d.b., sont les moins chères, mais pour 150 B la nuit, vous trouverez un établissement sombre et sale. En outre, l'hôtel sert principalement de maison de passe. Plus spacieux et plus accueillant, le *Phattalung Thai hotel* (☎ *074-611636, 14-14/15 Th Disara-Nakarin)*, près de Th Ramesuan et de la Bangkok Bank, loue de grandes chambres simples/doubles pour 180 B avec ventil. et s.d.b. Comptez 350 B pour la clim. Le *Ho Fah Hotel (Haw Fa ; ☎ 074-611645 ; fax 613380)*, à l'angle de Th Poh Saat et de Th Khuhasawan est accessible à pied depuis la gare ferroviaire. Il propose des chambres propres et spacieuses avec ventil. et s.d.b. de 190 à 240 B, avec clim. et eau froide à 320 B et avec eau chaude à 470 B.

Où se restaurer

L'un des meilleurs restaurants de Phattalung est le *Khrua Cook*, dans Th Pracha Bamrung – prenez Th Disara-Nakarin et tournez à gauche juste après le Phattalung Thai Hotel. L'une des spécialités de la maison est le poisson frit accompagné d'une salade de mangue. Juste en face de la gare ferroviaire, au *Boom restaurant*, plus récent et de qualité légèrement supérieure, vous pourrez déguster des plats thaï en plein air, pour 50 et 80 B. Vous pourrez également goûter à tout un choix de crèmes glacées et de petits déjeuners américains. La carte est disponible en anglais.

La plupart des restaurants bon marché sont implantés dans les bas quartiers de la ville. Plusieurs *établissements sino-thaïlandais*, assez rudimentaires, jalonnent Th Pracha Bamrung, près de Th Disara-Nakarin. En retrait de Th Poh Saat, un *marché* propose un grand choix de plats à emporter qui vous rassasieront sans vous ruiner. Pour le petit déjeuner, vous pouvez essayer une spécialité locale appelée *khâo yam* (riz blanc agrémenté de noix de coco,

de cacahuètes, de citronnelle et de crevettes). Sur le côté est de Th Poh Saat, à une centaine de mètres au sud de l'Hotel Ho Fah, se tient un petit *marché de nuit*.

Enfin, à environ 3 km à l'ouest de la ville, à l'intersection des Highways 4 et 41, se tient un *marché musulman* où l'on trouve des spécialités telles que le *khâo mòk kài* (biryani au poulet), et des versions sud-thaïlandaises du *kài yâang*.

Comment s'y rendre

Bus et taxis collectifs. Des bus partent du terminal de Baw Khaw Saw (bus d'État), de Nakhon Si Thammarat. Comptez 2 heures de trajet (35 B). Les taxis collectifs reviennent à 50 B. Les bus et les minivans climatisés depuis/vers Hat Yai coûtent respectivement 35 et 40 B, et mettent approximativement le même temps. Un seul minivan dessert Songkhla dans les deux sens (40 B).

Les bus depuis/vers Trang reviennent à 20 B (1 heure 30). Les autres trajets incluent Phuket (100 B en bus ordinaire, 180 B en bus climatisé, 7 heures), Surat Thani (66 B en bus ordinaire, 120 B en bus climatisé, 4 heures 30) et Bangkok (220 B en bus ordinaire, 405 B en bus climatisé, 12 heures). La plupart des bus s'arrêtent dans Th Ramesuan, près du Phattalung Hotel. Vous pouvez également attraper les bus urbains, au marché musulman, situé à 3 km de la ville, à l'ouest.

Train. Le spécial express quitte la gare de Hualamphong, à Bangkok, à 14h15 et 14h35, pour arriver à Phattalung à 17h18 et 17h38. Meilleur marché, le rapide n°169 part de Bangkok à 15h50 et arrive à Phattalung à 7h11.

Les tarifs de base sont de 675 B en 1re classe (express uniquement) et de 318 B en 2e classe, et 137 en 3e classe, plus suppléments. Des trains de 3e classe circulent également au départ de Phattalung pour Hat Yai (18 B), Surat Thani (43 B) et Nakhon Si Thammarat (22 B).

Bateau. Il est possible de traverser la mer Intérieure en ferries réguliers, de Phattalung

PHATTALUNG

OÙ SE LOGER
6 Ho Fah (Haw Fa) Hotel
13 Phattalung Hotel
15 Phattalung Thai Hotel

OÙ SE RESTAURER
7 Marché de nuit
9 Boom Restaurant
17 Khrua Cook

DIVERS
1 Bureaux municipaux
2 Administration de la province
3 Office du tourisme
4 Wat Kuhasawan
5 Marché
6 Bus pour Thaleh Noi, Nakhon Si Thammarat et Hat Yai
10 Poste
11 Songthaews pour Lam Pam
12 Minivans pour Hat Yai et Songkhla
14 Bangkok Bank
16 Cinéma
18 Bus pour Bangkok, Hat Yai, Surat Thani et Songkhla

Vers Tham Malai et Nakhon Si Thammarat

Khao Hua Taek

0   100   200 m

Thanon Nivas

Gare ferroviaire

Thanon Khuhasawan

Thanon Poh Saat

Th Rot Fai

Thanon Vutham

Vers Wat Wang (4 km) et Lam Pam

Thanon Ramesuan (Ramet)

Thanon Pracha Bamrung

Thanon Disara-Nakarn

Vers la Highway 4 et Trang

Vers Hat Yai

à Sathing Phra, dans la province de Songkhla – reportez-vous à la rubrique *Réserve ornithologique de Khukhut*, pour plus de détails.

ENVIRONS DE PHATTALUNG
Wat Wang

Datant de plus d'un siècle, c'est le wat le plus ancien de Phattalung. A l'origine, le palais d'un prince se dressait à l'est du wat (*wang* signifie palais), mais il n'en reste que l'enceinte. Le chédi d'origine est devant le wat. Un bòt fermé est décoré de fresques décrépies à sujets bouddhiques, empruntés au *Ramayana*. Il faut ouvrir les portes et les fenêtres pour les voir. Le Wat Wang est à 4 km à l'est de Phattalung sur la route de Lam Pam. Pour vous y rendre, prenez un songthaew à côté de la poste (4 B).

Lam Pam

En suivant la rue principale de Phattalung, Th Ramesuan, vers l'est, en passant au-dessus des voies de chemin de fer et devant Wat Wang, on finit par arriver à Lam Pam sur les rives de Thaleh Luang, la partie supérieure de la mer Intérieure (Thaleh Noi). Pour 10 B, prenez un songthaew près de la poste qui vous y emmènera en 15 minutes (20 B en moto). Sous les ombrages, au bord de cette "mer" d'eau douce, on a disposé des sièges et des tables pour se détendre. On pourra y déguster la fabuleuse spécialité, le *plaa mèuk klûay yâang* ("calmar banane", un calmar avec ses œufs, rôti sur des charbons de bois), et le *miang kham*, unique mixture à composer soi-même avec crevettes séchées, cacahuètes, citron vert, ail, gingembre, piment, noix de coco grillée et sauce sucrée-salée, enveloppée dans des feuilles de thé sauvage.

Le *Lampam Resort* (☎ *074-611486*), propose de charmants bungalows pour 300 B avec ventil. et 600 B avec clim, installés dans un jardin relié à la terre par une haute passerelle.

Tham Malai

A 3 km au nord de Phattalung, près de la voie de chemin de fer, une grande grotte, Tham Malai, s'ouvre à la base d'une colline. Au sommet, cohabitent plusieurs **sanctuaires chinois**. Excellentes vues sur Phattalung et les environs.

Si le canal parallèle à la voie ferrée est suffisamment en eau, on peut aller en bateau jusqu'à Tham Malai (10 B) – plus facile en décembre et janvier. Si l'eau fait défaut, marchez le long de la voie jusqu'à une passerelle ; traversez le canal, le chemin conduit à la grotte.

Combats de taureaux

Dans un stade assez rustique situé sur la Highway 4, à quatre ou cinq kilomètres au sud-ouest de la ville et accessible par songthaew pour 5 B, ont lieu, certains dimanche, des combats de taureaux dans la plus pure tradition sud-thaïlandaise. Les matchs commencent d'ordinaire vers 10h, pour une durée d'au moins 6 heures. Vous pourrez y assister pour 20 B.

Muay Thai

Si, par hasard, vous vous trouvez à Phattalung le deuxième dimanche du mois, vous pourrez assister à un match de muay thai dans un *sanâam muay* (stade de boxe thaïlandaise), à Ban Pak Khlong. Situé à 20 km au nord de Phattalung, on y accède par la Highway 41, puis par la route 4048 sur 10 km en direction de l'est.

L'entrée coûte 180 B pour tous les étrangers ainsi que les hommes thaï, et 50 B pour les Thaïlandaises.

Réserve naturelle de Thaleh Noi (Thaleh Noi Wildlife Preserve)

Thaleh Noi est une petite mer intérieure, ou un lac, sise à 32 km au nord-est de Phattalung, classée réserve ornithologique par le Forestry Department – ni la pêche ni la chasse ne sont autorisées le long des rives, sur les îles ou dans l'eau. Parmi les 182 espèces d'oiseaux aquatiques recensés, migrateurs et résidents, la plus importante est le *nók i kong*, avec ses longues pattes qui tremblent au moment de l'envol, et le *nók pèt daeng*, un petit "canard" à tête rouge, de la famille de la sarcelle siffleuse qui vole en frôlant l'eau. C'est aussi le dernier habitat naturel, en Asie, pour le *nók kàap buap*, le beau tantale asiatique, de même qu'une réserve importante pour la grande aigrette, le héron pourpre, le pélican à bec tacheté et le jacana aux ailes bronze. La meilleure époque pour l'observation des oiseaux se situe en novembre et décembre, la moins bonne de mai à août.

La "mer" est un genre d'immense marécage. Il y pousse un roseau, le *dôn kòk*, que les gens du pays font sécher et tressent en nattes de sol.

Le Forestry Department met à votre disposition quelques bungalows en bois sur le lac, pour 250 B. Ainsi, vous serez aux premières loges. Si vous voulez faire le tour de l'île, il est possible de louer un long-tail boat sur la jetée pour 200 B de l'heure.

Comment s'y rendre. Prenez un bus à destination de Thaleh Noi à l'arrêt des bus locaux de Th Poh Saat à Phattalung. Il s'arrête à la réserve au bout d'une heure de trajet (20 B). Le dernier bus pour le retour est vers 17h.

Khao Phu/parc national de Khao Ya

Ce parc de 694 km² est à cheval sur les provinces de Phattalung, de Trang et de Nakhon Si Thammarat. Vous pourrez notamment y admirer la grotte de **Tham Matchaplawon**, qui abrite un bassin rempli de poissons, ainsi que les chutes de **Riang thong**. Mais l'attraction principale du parc, pour les Thaïlandais, est **Phaa Pheung**, ou "falaise aux Abeilles", sur laquelle des milliers d'abeilles viennent construire leur nid entre février et avril.

Le personnel du parc vous montrera comment accéder au pied de la falaise par un chemin court et facile. De là, vous pourrez poursuivre votre randonnée vers le sommet sur un sentier raide et ardu. Vous serez alors récompensé de vos efforts par une très belle vue sur la forêt et les falaises environnantes. De solides *bungalows* en bois dur avec s.d.b. peuvent être loués pour 200 B la nuit. Vous ne trouverez aucun restaurant dans le parc, mais le personnel de Khao Phu cuisine pour les visiteurs, moyennant un prix convenu à l'avance.

Comment s'y rendre. Des bus et des songthaews partent de Phattalung en direction du nord. Ils empruntent la Highway 41 et passent devant la bifurcation qui mène au parc. De là, il reste 4 km pour y accéder. Vous pouvez soit marcher, soit faire du stop. Au moment de partir, il ne devrait pas être difficile de trouver une voiture qui vous ramène à l'autoroute. De là, vous pourrez prendre le bus en direction du nord ou du sud.

Province de Songkhla

SONGKHLA
87 600 habitants

Songkhla, à 950 km de Bangkok, est un autre ancien satellite Srivijaya sur la côte est. On ne sait pas grand-chose de son histoire au-delà du VIIIᵉ siècle. Le nom de Songkhla dérive du yawi "Singora", un mot sanscrit transformé, en référence à la montagne qui se dresse face au port, à l'ouest de la ville actuelle (aujourd'hui appelée Khao Daeng), et dont la forme évoque celle d'un lion. Les premières zones de peuplement du site se concentraient justement au pied de Khao Daeng, comme en témoignent les deux cimetières et les ruines du fort qu'on peut encore observer.

A environ 3 km au nord du village de Ban Hua Khao, non loin de la route 4063, la route qui mène à Nakhon Si Thammarat, vous trouverez la tombe de Suleiman (1592-1668), un négociant musulman à qui la ville doit, pour une bonne part, sa prééminence commerciale tout au long du XVIIᵉ siècle. Plus au sud, un petit cimetière atteste une présence néerlandaise dans la ville à la même époque. Pour le découvrir, partez à la recherche des larges pierres tombales de granit qui gisent encore çà et là entre les mauvaises herbes d'un terrain vague, juste à côté d'un entrepôt Total. Lorsque le fils de Suleiman, Mustapha, succéda à Suleiman, il ne sut se préserver les faveurs de Narai, roi d'Ayuthaya, qui, pour lui signifier sa disgrâce, réduisit en cendres le village de Songkhla au début du siècle suivant. Le centre de la cité finit par se déplacer, pour s'installer de l'autre côté du port, sur une péninsule qui sépare la Thaleh Sap Songkhla (une mer intérieure) du golfe du Siam.

La population actuelle de la ville est constituée de Thaïlandais, de Chinois et de Malais. L'architecture et la cuisine du lieu reflètent cette diversité ethnique. Les vieux Thaï du Sud appellent encore la cité Singora ou Singkhon.

Le poisson que l'on sert le long de la blanche Hat Samila est excellent, mais la plage n'est pas terrible pour se baigner. De toute façon, les plages ne sont pas l'attraction majeure de Songkhla, contrairement aux souhaits de la TAT. La ville a bien d'autres curiosités à offrir.

Depuis une dizaine d'années, Songkhla s'occidentalise, sous l'influence des employés de compagnies pétrolières implantées dans la région. Cette présence étrangère, ainsi que celle de la marine thaï, ont contribué à rendre Songkhla plus prospère que la moyenne des villes thaïlandaises.

Orientation

Songkhla a deux visages : elle est constituée, d'une part, d'une vieille ville charmante, située à l'ouest de Th Ramwithi en direction du front de mer, et, d'autre part, d'une partie plus récente, à l'est de Th Ramwithi – un mélange moderne de banlieue et de quartier d'affaires.

Information

Consulats étrangers. Le consulat de Malaisie (☎ 074-311062 ou 311104) est situé 4 Th Sukhum, à côté de Hat Samila. Il existe également un consulat de Chine (☎ 074-311494) dans Th Sadao, non loin du Royal Crown Hotel, et un consulat indonésien (☎ 074-311544), à l'extrémité ouest de Th Sadao, près de Th Ramwithi.

Argent. Les banques sont nombreuses à Songkhla et vous trouverez un distributeur automatique à la Bangkok Bank (Th Nakhon Nai), à la Thai Farmers Bank (Th Nakhon Nai) et à la Siam Commercial Bank (Th Saiburi), toutes situées dans la vieille ville.

Poste et communications. Le bureau de poste se trouve dans Th Wichianchom, en face du grand magasin. Il est ouvert de 8h30 à 15h30. Vous pourrez obtenir des communications avec l'étranger au premier étage, entre 8h et 18h.

Thaleh Sap Songkhla

Au nord-ouest de la ville, s'étend un immense lac d'eau saumâtre, Thaleh Sap Songkhla, également surnommé "mer Intérieure". Certaines parties du lac font l'objet d'une pêche intense, la prise la plus recherchée étant la fameuse crevette tigre noir. L'utilisation illégale du chalutage à l'araignée pour pêcher la crevette menace toujours la faune aquatique. Les pêcheurs qui n'y ont pas recours commencent à se mobiliser contre l'usage de ces araignées, et la situation s'est un peu améliorée au cours des dernières années.

Musée national

Il est installé dans un vieux bâtiment séculaire, de style sino-portugais méridional. Situé entre Th Rong Meuang et Th Jana (donnant sur Th Wichianchom), il est, de loin, le musée national le plus pittoresque de Thaïlande. Outre le charme architectural de son toit incurvé et de ses murs épais (qui auraient cruellement besoin d'un coup de pinceau), il bénéficie du calme et de la fraîcheur d'un jardin à l'avant. Le musée contient des objets représentatifs de toutes les périodes de l'art thaï, en particulier Srivijaya. Vous pourrez notamment y admirer un Shivalingam datant du VIIe au IXe siècle, trouvé à Pattani, ainsi que des céramiques chinoises et thaï, et un somptueux mobilier chinois ayant appartenu à l'aristocratie chinoise locale. Le musée est ouvert du mercredi au dimanche (sauf les jours fériés), de 9h à 16h. L'entrée coûte 30 B.

Temples et chédis

En empruntant Th Saiburi en direction de Hat Yai, on parvient au **Wat Matchimawat**, (aka Wat Klang) caractéristique de l'architecture du XVIIe siècle, à Songkhla. L'un des wihãan abrite un très ancien bouddha en marbre, ainsi qu'un petit musée. Un autre temple, de facture très similaire, le **Wat Jaeng**, Th Ramwithi, est en cours de rénovation.

Vous pourrez, en outre, admirer le chédi de style cingalais, flanqué d'un pavillon royal, qui se dresse au sommet de **Khao Tang Kuan**, une colline qui domine le nord de la péninsule. Pour atteindre le sommet, vous devrez monter 305 marches.

Architecture de Songkhla

Du règne de l'ancien roi Narai, il ne reste que l'interminable section de mur dans Th Jana, près du musée et du marché dans le centre-ville. On pourrait encore admirer quelques reliques architecturales du XIXe et du début du XXe près du front de mer, à l'intérieur. Si vous prenez les petites rues parallèles aux quais – Th Nang Ngam, Th Nakhon Nai et Nakhon Nawk –, vous découvrirez des édifices témoignant d'influences chinoises, portugaises et malaises.

La plupart de ces bâtiments ont disparu, mais quelques uns ont été rénovés, et la ville, projette de créer une sorte de patrimoine historique et architectural.

Plages

L'entretien de **Hat Samila** commence à s'améliorer, et la plage devient agréable. Au bout de celle-ci, sur un rocher, trône la **statue en bronze d'une sirène**. Elle tord sa longue chevelure pour en récupérer l'eau et l'offrir à Mae Thorani, la déesse hindoue et bouddhiste de la terre. Pour les habitants de la région, cette statue fait office de lieu saint ; on dit que lui frotter la poitrine porte chance. Derrière la plage se trouve un restaurant de fruits de mer assez simple.

Hat Son Awn, moins fréquentée, longe un cap élancé qui sépare le golfe de Siam du Thalep Sap, au nord de Samila. Vous y trouverez également quelques restaurants, mais situés de l'autre côté de la rue, en face de la plage, et légèrement plus onéreux que ceux de Hat Samila.

Autres curiosités

Songkhla est la ville universitaire de la Thaïlande du Sud.

Suan Tun, un jardin de topiaire en face du Samila Hotel, possède des haies d'ifs taillées en forme d'animaux.

Kao Seng un village pittoresque de pêcheurs musulmans. Des songthaews relient régulièrement le site à Songkhla (7 B par personne).

Cours de thaï

La nouvelle antenne de l'American University Alumni (AUA, ☎ 074-311258 ; 01-969 1227), un pâté de maison à l'est du Pavilion Songkhla Thani Hotel, sur le campus de la Woranari Chaloem School, Th Platha, dispense des cours de thaï, en petits groupes.

Où se loger – petits budgets

A la confortable *Amsterdam Guest House* (☎ 074-314890, 15/3 Th Rong Meuang), gérée par une Hollandaise très amicale, vous pourrez vous reposer sur une multitude de coussins, parmi les chiens et les chats. La chambre de base avec s.d.b. commune, coûte 180 B. Dans la même rue, vers l'angle de Th Wichianchom, la *Holland House* propose des chambres propres avec s.d.b. commune pour 200 B et des appartements pour 400 B. Petits déjeuners hollandais au menu.

L'accueillant *Narai Hotel* (☎ 074-311078 ; 14 Th Chai Khao), près du Khao Tang Kuan, est l'une des meilleures adresses de la ville. Ce vieil édifice en bois offre des chambres simples/doubles propres et calmes, avec ventil. et s.d.b. commune (vous trouverez une bassine d'eau dans chaque chambre) pour 120/150 B. Une immense double avec s.d.b. coûte 200 B.

Refait à neuf, le *Songkhla Hotel* (☎ 074-313505), dans Th Wichianchom, en face de la coopérative de pêche, loue des chambres particulièrement astiquées pour 150 B avec s.d.b. commune et 180 B avec s.d.b. et toilettes thaï. Dans la même rue, un peu plus haut, l'ancien Choke Dee se nomme aujourd'hui *Smile Inn* (☎ 074-311258), un établissement propre proposant des chambres de taille moyenne avec ventil. et douche froide pour 200 B, ou des chambres identiques avec clim. pour 300 B (350 B avec TV). Le *Suk Somboon 1 Hotel* (☎ 074-311049 ; 40 Th Phetchakhiri) est correct pour 160/240 B la chambre simple/double. Les chambres en bois aménagées autour d'une grande aire centrale peuvent être négociées (prix affiché : à partir de 180 B). Les chambres climatisées situées dans l'aile attenante coûtent 280 B.

Les petites chambres du *Wiang Sawan Hotel* (☎ 074-311607), dans Th Saiburi, non loin du Wat Matchimawat, sentent le renfermé et coûtent 200 B – un peu cher pour le confort offert.

Le *Saen Sabai* (☎ 074-311090 ; 1 Th Phetchakhiri), un établissement construit dans le style de Bangkok et bien situé, propose des chambres exiguës mais propres pour 150 B avec ventil. et s.d.b. commune, 220 B avec s.d.b. et 270 B avec clim. Non loin de là, le *Suk Somboon 2* (☎ 074-311149 ; 18 Th Saiburi) tient à votre disposition des chambres simples/doubles avec ventil. et s.d.b. pour 180/300 B, ainsi que

SUD DE LA THAÏLANDE

SONGKHLA

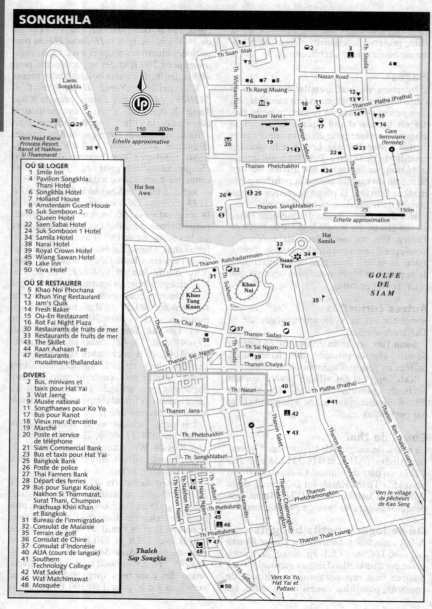

Laem
Songkhla

Th Son Awn

28   ● 29

Vers Haad Kaew
Princess Resort,
Ranot et Nakhon
Si Thammarat

30 ▼

Th Suan Mak
1 ■
▼ 5
● 2
3
4 ■
Th Sisuda
Th Wichianchom
6 ■ 7 ■ 8 ■
Nasan Road
Th Rong Muang
🏛 9
Thanon Jana
10   11
12 ▼
13 ▼
Thanon Platha (Pratha)
14 ▼ ▼ 15
▼ 16
17
Gare
ferroviaire
(fermée)
Thanon Saiburi
18
19
20
21 ●
22 ● ● 23
Thanon Phetchakhiri
■ 24
Thanon Ramwithi
26 ★ ● 25
27 ●
Thanon Songkhlaburi
0   75   150m
Échelle approximative

0   150   300m
Échelle approximative

Hat Son
Awn

OÙ SE LOGER
1 Smile Inn
4 Pavilion Songkhla
   Thani Hotel
6 Songkhla Hotel
7 Holland House
8 Amsterdam Guest House
10 Suk Somboon 2,
   Queen Hotel
22 Saen Sabai Hotel
24 Suk Somboon 1 Hotel
34 Samila Hotel
38 Narai Hotel
39 Royal Crown Hotel
45 Wiang Sawan Hotel
49 Lake Inn
50 Viva Hotel

OÙ SE RESTAURER
5 Khao Noi Phochana
12 Khun Ying Restaurant
13 Jam's Quik
14 Fresh Baker
15 Ou-En Restaurant
16 Rot Fai Night Plaza
30 Restaurants de fruits de mer
33 Restaurants de fruits de mer
43 The Skillet
44 Raan Aahaan Tae
47 Restaurants
   musulmans-thaïlandais

DIVERS
2 Bus, minivans et
   taxis pour Hat Yai
3 Wat Jaeng
9 Musée national
11 Songthaews pour Ko Yo
17 Bus pour Ranot
18 Vieux mur d'enceinte
19 Marché
20 Poste et service
   de téléphone
21 Siam Commercial Bank
23 Bus et taxis pour Hat Yai
25 Bangkok Bank
26 Poste de police
27 Thai Farmers Bank
29 Bus pour Sungai Kolok,
   Nakhon Si Thammarat,
   Surat Thani, Chumpon
   Prachuap Khiri Khan
   et Bangkok
31 Bureau de l'immigration
32 Consulat de Malaisie
35 Terrain de golf
36 Consulat de Chine
37 Consulat d'Indonésie
40 AUA (cours de langue)
41 Southern
   Technology College
42 Wat Saket
46 Wat Matchimawat
48 Mosquée

Hat
Samila

33
34 ❊
Thanon Ratchadamnoen
Suan
Tun

31
▼ 32
Khao
Noi

35 ▶

*GOLFE
DE
SIAM*

Khao
Tang
Kuan

Th Sukhum

Th Chai Khao
● 37
36 ●
Thanon Sadao

38
Th Sai Ngam
■ 39

Thanon Laman
Thanon Sai Ngam
Th Sisuda
Thanon Chaiya

40
Th Nasan
Th Platha (Pratha)
● 41
Thanon Rim Thaleh Luang
🏛 42
Thanon Jana
▼ 43
Thanon Saket
Thanon Phetchakhiri
Thanon Ratchadamnoen

Th Songkhlaburi
Voir agrandissement ◄

Thanon Chalo Mongkon

Vers le village
de pêcheurs
de Kao Seng

*Thaleh
Sap Songkla*

Th Nakhon Nawk
44 ■
45
Th Nang Ngam
Th Saibun
Th Phetkalung
🏛 46
▼ 47
48 ●
49
■ 50

Th Phattalung
Thanon Phetchamongkon
Thanon Thale Luang

Vers Ko Yo,
Hat Yai et
Pattani

quelques unes avec s.d.b. commune pour seulement 100 B. A côté, une annexe climatisée demande 350 B pour une chambre avec TV, baignoire et réfrigérateur.

Convenable mais sans plus, le *Queen* (☎ 074-313072 ; 20 Th Saiburi), à côté du Suk Somboon 2, propose des chambres climatisées pour 300/400 B. Également dans Th Saiburi, mais un peu excentré, le *Charn* (Chan ; ☎ 074-322347), dans la même gamme de prix, se trouve sur la route de Hat Yai. Dans cet établissement à six étages, la chambre climatisée coûte 240 B.

Où se loger – catégorie moyenne

Le *Viva Hotel* (☎ 074-321033/7 ; fax 312 608 ; 547/2 Th Nakhon nawk), propose, sur cinq étages, des chambres propres avec clim. à 596 B la simple et 696 B la double. Le personnel, qui parle anglais, est accueillant et serviable. Le coffee-shop attenant joue de la musique live le soir.

Logeant principalement les employés de compagnie pétrolière et leur famille, le *Royal Crown Hotel* (☎ 074-312174 ; fax 321027 ; 38 Th Sai Ngam) demande 625 à 650 B pour un chambre avec clim., TV, magnétoscope, réfrigérateur et moquette. Le petit déjeuner continental est inclus.

La *Lake Inn* (☎ 074-314240), très appréciée des Thaïlandais, donne directement sur le Thalep Sap. Cette bâtisse de plusieurs étages, aux multiples coins et recoins, dispose de chambres à 450 B avec clim., moquette, eau chaude, TV et mini-bar, à 525 B avec baignoire, et à 600 B avec balcon et vue sur le lac.

Où se loger – catégorie supérieure

Le *Pavilion Songkhla Thani Hotel* (☎ 074-441850 ; 17 Th Platha), un pâté de maison à l'est de Th Ramwithi, à l'angle de Th Platha et de Th Sisuda, est l'adresse la plus élégante de Songkhla. De grandes et luxueuses chambres lambrissées vous y attendent avec tout le confort : clim., téléphone automatique international, TV par satellite, moquette et ainsi de suite, pour 1089 B la

simple et 1 307 B la double. Le hall d'entrée est somptueux par rapport à celui du Royal Crown.

Le *Samila Hotel*, sur le front de mer est en cours de reconstruction : cet hôtel de grand luxe ouvrira dans un futur proche.

Le *Haad Kaew Princess Resort* (☎ 074-331059 ; fax 331220), sur l'autre rive du Thalep Sap et sur la route de Ranot possède son propre coin de plage et une piscine (accessible aux non-résidents pour 50 B par jour). Les jardins paysagers sont magnifiques. Comptez de 771 à 899 B pour une jolie chambre tout confort avec clim.

Où se restaurer

Songkhla compte un grand nombre de restaurants, mais quelques uns ont tendance à gonfler la note pour les touristes. A en croire la population locale, c'est au *Raan Aahaan Tae*, 85 Th Nang Ngam (donnant dans Th Songkhlaburi et parallèle à Th Saiburi), que l'on peut déguster les meilleurs fruits de mer. Situé au sud du cinéma, on le reconnaît facilement à son illumination. Sur Hat Samila, les *restaurants de fruits de mer* sont également excellents. Vous pourrez y déguster de délicieuses pinces de crabes au curry et des calmars sautés aux épices de 11h30 à 14h et de 17h à 20h. Les prix sont bon marché ou modérés.

Les restaurants plus chics, tels que le *Seven Sisters*, le *Mark*, le *Suda*, le *Ying Muk*, le *Smile Beach*, et le *Son Awn*, sont regroupés dans Th Son Awn, près de la plage, mais ils ont tendance à employer des jeunes hôtesses thaï afin d'attirer les hommes thaïlandais.

Th Nang Ngam, dans le quartier chinois situé au nord de Th Phattalung, recèle plusieurs *restaurants de nouilles et de congee* bon marché. Au bout de Th Nang Ngam, dans Th Phattalung (près de la mosquée), vous pourrez goûter à la cuisine thaï-musulmane pour un prix modique, notamment au *Sharif*, au *Suda* et au *Dawan*. Le Sharif et le Dawan sont ouverts de 8h à 21h. A l'heure du déjeuner, le *Khao Noi Phochana* propose un excellent choix de plats de riz thaï et chinois. Situé dans Th Wichianchom, près du Songkhla Hotel, il ouvre ses portes à 8h et ferme à 22h.

À l'angle de Th Sidusa et de Th Platha se trouvent plusieurs stands de restauration rapide, dont le *Jam's Quick* et le *Fresk Baker* (burgers, crèmes glacées, et petits déjeuners occidentaux). Le stand de *kíaw náam* (soupe wonton), à côté du Fresh Baker, est bon marché et délicieux.

Plus au sud, dans Th Sisuda, près du cinéma Chalerm Thong et de l'ancienne gare ferroviaire, se trouvent un *centre de colporteurs* et un marché de nuit appelé *Rot Fai Night Plaza*. Dans le même quartier, le très réputé *Ou-En Restaurant*, permet de se sustenter en plein air. La spécialité de la maison est le canard de Pékin. Le restaurant est ouvert de 16h à 3h du matin.

Le très propre *Khun Ying*, dans Th Sisuda et près de Th Platha, sert des curries bon marché et du *khanóm jiin*, en journée uniquement.

Parmi les nombreux bars pour expatriés de la ville, c'est *The Skillet*, dans Th Saket, qui dispose des cuisines les plus propres et sert les meilleurs plats : sandwiches, pizzas, chilis, petits déjeuners et steaks.

Où sortir

Les *Sugar*, *Lipstick*, *Cheeky* et *The Skillet*, sur Th Saket, s'adressent aux ouvriers des compagnies pétrolières et autres expatriés, avec des alcools d'importation, la clim. et la TV par câble (mélange de vidéos musicales et de rencontres sportives). Le *Offshore*, le *Anytime* et le *Casanova* sont équivalents.

Les Thaïlandais préfèrent se réunir dans les bars à orchestre près du carrefour Th Sisuda-Th Platha.

Comment s'y rendre

Avion. La THAI assure plusieurs vols quotidiens depuis/vers les environs de Hat Yai (pour plus de détails, voir plus loin la rubrique *Hat Yai*).

Un taxi de l'aéroport de Hat Yai à Songkhla revient à 340 B. Dans le sens inverse, vous devriez pouvoir trouver une voiture ou un songthaew pour l'aéroport moyennant 150 à 200 B.

Bus, minivan et taxi collectif. Trois bus publics climatisés quittent le terminal Sud de Bangkok, tous les jours, entre 17h et 20h, pour arriver 13 heures plus tard à Songkhla (470 B). Les bus ordinaires reviennent à 260 B, avec seulement deux départs par jour. De plus, le trajet dure au moins 16 heures. Les bus touristiques privés au départ de Bangkok (plusieurs possibilités) sont plus rapides, mais coûtent dans les 385 B. Des bus VIP sont également disponibles pour 550 à 680 B, selon le nombre de places.

Les bus climatisés de Surat Thani à Songkhla et Hat Yai coûtent 135 B l'aller simple. Reliant Songkhla à Hat Yai, de gros bus verts partent toutes les 15 minutes (12 B) de Th Saiburi, à l'angle du Songkhla Hotel. On peut également les héler n'importe où dans Th Wichianchom ou Th Saiburi, en direction de Hat Yai. Juste en face du débarcadère pour ferries, sur Laem Songkla, se trouve un petit terminal de bus Baw Khaw Saw (publics) desservant Sungai Kolok, Nakhon Si Thammarat, Surat Thani, Chumphon, Prachuap Khiri Khan et Bangkok.

Les minivans climatisés pour Hat Yai reviennent à 20 B. Les départs et arrivées s'effectuent au parking en face du Wat Jaeng. Les taxis collectifs coûtent également 20 B pour Hat Yai avec six passagers, 100 B si vous le louez en entier ; après 20h, les tarifs sont respectivement majorés de 25 B et 125 B. Pour Pattani et Yala, comptez 55 B pour un taxi collectif.

Reportez-vous à la rubrique *Comment s'y rendre* de *Hat Yai* pour plus de renseignements, Hat Yai étant l'axe des transports de la province de Songkhla.

Train. La vieille ligne qui reliait Songkhla ne transporte plus de passagers.

Ferry. Au bout de Laem Songkhla, un car-ferry public effectue de courtes traversées dans le canal où le Thalep Sap rencontre le golfe de Siam. Ces ferries, qui ressemblent à des péniches, peuvent transporter 15 voitures ainsi que des motos et des piétons. Pour cette traversée de sept minutes, comptez 12 B par voiture, plus 3 B par personne.

Les bateaux font la navette entre 6h et 18h. Le ferry fait étape dans un village semi-flottant appelé Ban Hua Khao. De là, il reste 36 km jusqu'à Sathing Phra par la route 408, qui se termine à Nakhon Si Thammarat.

Comment circuler
Dans la ville, les mini-songthaews rouges reviennent à 7 B. Une moto-taxi coûte 10 B le kilomètre, quels que soient son point de départ et sa destination, le double après 22h.

KO YO
Île de la mer intérieure, Ko Yo vaut le déplacement, juste pour voir l'artisanat local du tissage du coton. Les *phâa kàw yaw* de bonne qualité sont tissés à la main sur des métiers rustiques et vendus sur place à des "prix de gros" – en marchandant, vous avez une chance de les acheter moins cher qu'en ville.

Au nouveau marché, près de la route, les prix du tissu et des vêtements sont très intéressants si vous marchandez, et surtout si vous parlez thaï. Promenez-vous dans la rue derrière le marché où presque toutes les maisons ont un métier ou deux – on entend le claquement que font ces mécaniques de bois, actionnées à la main.

Vous pourrez visiter deux wats, Khao Bo et Thai Yaw, qui offrent un intérêt mitigé. Plusieurs grands restaurants de crustacés vous attendent dans la rue principale donnant sur le Thaleh Sap. Le *Pornthip* (500 m avant le marché) passe pour le meilleur.

Musée du Folklore
A la pointe nord de l'île, 2 km après le marché au tissu, ce grand musée du Folklore est administré par l'Institute of Southern Thai Studies, département de l'université de Si Nakharinwirot. Ouvert en 1991, l'ensemble des pavillons de style thaïlandais donnant sur le Thaleh Sap renferme des collections d'art populaire bien conservées (présentées en anglais pour 75% d'entre elles) ainsi qu'une bibliothèque et une boutique de souvenirs.

Dans l'enceinte, on verra une série de petits jardins, dont l'un sert à de rares séances de marionnettes, un jardin médicinal et une plantation de bambous. L'entrée

coûte 50 B pour les faràngs et 30 B pour les Thaïlandais. Le musée est ouvert tous les jours de 8h30 à 17h.

Comment s'y rendre
Depuis Hat Yai, des bus directs – en réalité, de grands songthaews en bois – pour Ko Yo, partent de la tour de l'horloge de Th Jana, toute la journée (10 B). Leur terminus est un peu plus loin, mais ils s'arrêteront au marché de tissus de Ko Yo (demandez *nâa talàat* "devant le marché").

Pour descendre au musée, 2 km plus loin, demandez *phíphítaphan*. A partir de Songkhla, comptez environ 30 minutes pour parvenir au musée. De Songkhla, les bus pour Ranot traversent Ko Yo pour le même prix.

Depuis Hat Yai, les bus pour Nakhon Si Thammarat et Ranot traversent aussi Ko Yo par le nouveau système de pont (portion de Route 4146) et s'arrêtent au marché ou au

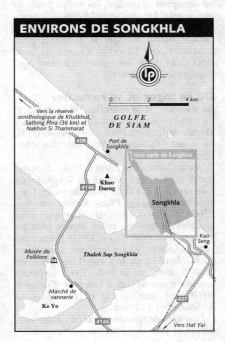

ENVIRONS DE SONGKHLA

Vers la réserve ornithologique de Khutkhut, Sathing Phra (36 km) et Nakhon Si Thammarat

GOLFE DE SIAM

408
Port de Songkhla

Voir carte de Songkhla

4146
Khao Daeng

Songkhla

Kao Seng

Musée du Folklore

Thaleh Sap Songkhla

Marché de vannerie
Ko Yo

407

4146

Vers Hat Yai

musée. Une autre possibilité consiste à prendre un bus Hat Yai-Songkhla jusqu'au carrefour vers Ko Yo (7 B), puis le bus Songkhla-Ranot pour 5 B jusqu'au marché ou au musée.

RÉSERVE ORNITHOLOGIQUE DE KHUKHUT

Sur la rive orientale de la mer Intérieure de Songkhla, près de Sathing Phra, à 30 km de Songkhla, s'étend une réserve d'oiseaux aquatiques de 520 km². Avec la réserve analogue de Phattalung, ces marais abritent plus de 200 espèces d'oiseaux migrateurs et non migrateurs : butors, aigrettes et hérons (trois espèces désignées en thaï par le terme *nók yuang*), hérons d'étang javanais, aigles pêcheurs *(nók yiaw)*, cormorans *(nók kaa)*, cigognes, faucons, pluviers, bécasseaux, sternes *(nók nang)* et martins-pêcheurs.

Les meilleurs mois pour les observer sont novembre et décembre, les moins bons, de mai à août. Le parc (☎ 074-394042) organise des excursions en bateau (200 à 250 B pour 1 heure, ou 400 B à 500 B pour 2 heures) pour observer les oiseaux avec arrêt dans deux îles. Chaque bateau peut transporter 7 personnes.

Où se loger et se restaurer

Au moment de la rédaction de ce guide, il n'existait plus aucun lieu d'hébergement aux abords de Sathing Phra, mais, pour 100 B, on trouve facilement une chambre chez l'habitant.

A cinq kilomètres avant la bifurcation qui mène au parc, en direction de Songkhla (en face du km 129) et au bord du golfe, l'accueillant **Sathing Phra Resort** (☎ 01-2303956) loue des bungalows propres avec meubles en bambou et sol carrelé pour un prix oscillant entre 280 et 330 B. Vous pouvez également y monter votre tente pour 50 B. Non loin de là s'étend une plage de sable donnant sur le golfe, l'établissement sert des fruits de mer à bon prix. Comptez 30 B pour une course en moto-taxi de Sathing Phra à l'hôtel.

Une *aire de restauration*, de l'autre côté du lac et près des bureaux administratifs, sert de bons plats de riz thaï et des fruits de mer à petits prix. Vous pourrez y manger tous les jours, entre 8h et 20h.

Comment s'y rendre

Les bus pour Sathing Phra coûtent 13 B depuis Songkhla – prendre un bus rouge à destination de Ranot. Si vous venez du musée du Folklore de Ko Yo, vous pourrez héler un bus ou un songthaew dans la rue, qui vous conduiront à la réserve d'oiseaux aquatiques pour 10 B. Depuis l'arrêt de bus, devant l'administration du district de Sathing Phra, il faut marcher 3 km jusqu'au parc ou prendre une moto-taxi pour 10 B.

De Phattalung, vous pouvez également emprunter un bateau pour Khukhut. Un long-tail boat (40 B) quitte Lam Pam, sur Thaleh Noi, tous les jours vers 12h30. La traversée dure environ deux heures.

HAT YAI
143 600 habitants

Hat Yai, à 933 km de Bangkok, est le centre économique de la Thaïlande méridionale, et l'une des plus grandes villes du pays, bien qu'elle ne soit qu'un district de la province de Songkhla. Autrefois, le flux constant de voyageurs en provenance de la Malaisie entretenait l'essor de la ville, mais les problèmes économiques que traverse actuellement la Malaisie et l'interdiction d'échanger les ringgits hors des frontières malaises, ont considérablement ralenti l'activité de la région. Toutefois, Hat Yai reste une ville marchande très cosmopolite. Non loin de la gare ferroviaire, dans les boutiques du n°1, 2 et 3 Th Niphat Uthit, vous trouverez tout, des fruits secs à la stéréo.

Sur le plan culturel, Hat Yai est une ville dominée par les Chinois dans le centre, avec une foule de boutiques d'or et de restaurants. Une forte minorité musulmane est concentrée dans certains quartiers, comme celui de la mosquée près de Th Niphat Songkhrao.

Renseignements

Office du tourisme. Le bureau de la TAT (☎ 074-243747, 238518), 1/1 Soi 2 Th Niphat Uthit 3, ouvre tous les jours de

8h30 à 16h30. La police touristique (☎ 074-246733,1699) est installée en face du Florida Hotel.

Immigration. Le bureau d'immigration (☎ 074-243019, 233760) est implanté dans Th Phetkasem, près du pont ferroviaire, dans le même complexe que le poste de police. Le consulat de Malaisie le plus proche se trouve à Songkhla.

Argent. Hat Yai regorge de banques. Des guichets de change sont ouverts en dehors des heures normales dans Th Niphat Uthit 2 et 3, près du croisement avec Th Thamnoonvithi (prononcer Thammanun Withi).

Poste et communications. La poste centrale (GPO), dans Th Niphat Songkhrao 1, au sud du stade, est ouverte de 8h30 à 16h30 en semaine et de 9h à 12h le week-end.

Les services téléphoniques, voisins, ouvrent de 7h à 23h, tous les jours. Il existe une poste annexe, plus pratique, dans Th Na Sathaanii, au nord de la gare ferroviaire Hat Yai. Un service privé d'emballage de colis est situé à côté de la poste.

E-mail et accès Internet. Le Taksin Cybernet (☎ 074-367456), au 72/20 Th Niphat Songkhrao 3, dispose de quelques points d'accès loués à l'heure.

Pellicules et photographie. Grand choix de films et développement de bonne qualité chez Chia Colour Lab, 58-60 Th Suphasan Rangsan à côté du Singapore Hotel.

Wat Hat Yai Nai

A quelques kilomètres de la ville, par Th Phetkasem en direction de l'aéroport, Wat Hat Yai Nai comprend un wihāan renfermant un très grand bouddha couché qui mesure 35 m de long (Phra Phut Mahatamongkon). A l'intérieur du soubassement de la statue, on a aménagé un curieux petit mausolée/musée ainsi qu'une boutique de souvenirs.

Prenez un songthaew près du croisement de Th Niphat Uthit 1 et Th Phetkasem, et

descendez après le pont U Taphao. Il vous en coûtera 8 B.

Combats de taureaux

Deux fois par mois, ont lieu des combats opposant un taureau et un homme. Les combats se déroulent le premier samedi du mois, ou le second samedi, si le premier est un wan phrá ou jour sacré bouddhique (pleine ou nouvelle lune). L'emplacement est modifié de temps à autre, mais encore récemment, les combats avaient lieu au stade Noen Khum Thong, sur la route de l'aéroport (50 B en túk-túk).

Le premier dimanche de chaque mois, un autre combat se déroule dans le district de Klonggit (entre Hat Yai et Sadao). Les matchs se succèdent toute la journée, de 9h à 16h et l'entrée coûte entre 500 et 800 B pour toute la journée et entre 100 et 200 B par combat.

Attention ! les lieux et les dates des combats sont modifiés tous les deux ans environ. Il est donc préférable, si vous souhaitez y assister, de vous renseigner auprès du bureau de la TAT (☎ 074-243747 ou 238518).

Muay Thai

Tous les premiers samedi du mois, le soir, des matchs de boxe ont lieu au stade Noen Khum Thong, sur la route de l'aéroport. L'entrée coûte 180 B pour tous les étrangers et les hommes thaï, et 50 B pour les femmes thaï. Une autre série de matchs se déroule également le premier dimanche du mois à Ban Khlong Ngae, à environ 50 km au sud-ouest de Hat Yai sur le Highway 4. Vérifiez ces dates auprès du bureau de la TAT.

Où se loger – petits budgets

Des dizaines d'hôtels sont accessibles à pied depuis la gare ferroviaire. Durant le Nouvel An chinois, les prix des chambres les plus modestes doublent généralement.

Parmi les moins chers, près de la gare, la *Cathay Guest House* (☎ 074-243815), qui date de 30 ans, se trouve à l'angle de Th Tamnoonvithi et de Th Niphat Uthit 2, à trois rues de la gare. La chambre coûte entre 160 et 240 B. Vous pourrez également dormir dans le dortoir de l'établissement, pour 90 B. La Cathay est devenue la plaque tournante des voyageurs à petit budget en raison de sa situation pratique, de son personnel serviable et de ses informations. Vous disposerez d'une blanchisserie, et on vous servira des repas très bon marché, y compris des petits déjeuners. N'hésitez pas, cependant, à consommer dans leur salon des plats que vous auriez rapportés de l'extérieur. Agence fiable de vente de billets de bus, en bas.

Encore moins chers, les vieux hôtels chinois du centre-ville offrent des chambres très sommaires, mais ils sont sûrs et le service tout à fait satisfaisant – serviettes et savon sur demande. Le *Weng Aun* est un vieil hôtel chinois, dans Th Niphat Uthit 1, en face du King's Hotel, et à quatre numéros du restaurant Muslim Ocha. Une chambre simple très sommaire coûte à partir de 120 B. Vous ferez également une bonne affaire au *Hok Chin Hin Hotel* (☎ 074-243258), toujours dans Th Niphat Uthit 1, à quelques rues de la gare ferroviaire. La chambre simple/double, petite mais très propre, avec TV, s.d.b. et ventil. revient à 150 B/240 B. Au rez-de-chaussée, un bon coffee-shop vous accueille. Le *Tong Nam Hotel* (☎ 118-120 ; Th Niphat Uthit 3) est un hôtel chinois assez rudimentaire. Vous débourserez 150 B pour une chambre au dernier étage avec ventil. et s.d.b. commune, et 200 B à l'étage inférieur avec s.d.b. Autrefois, les hôtels comme celui-ci ne manquaient pas à Hat Yai, mais peu à peu, ils ferment tous.

Dans Th Niphat Uthit, le *Mandarin Hotel* loue de petites chambres sombres à 210 B la double avec ventil. et s.d.b., à 270 B avec clim. et à 250 B la triple. De meilleure qualité, le *Grand Hotel* (☎ 074-233669 ; 257-9 Th Thamnoonvithi) possède 24 chambres plutôt propres avec ventil. et s.d.b. pour 180 B et clim. pour 250 B. Au *Prince Hotel* (☎ 074-243160 ; fax 232496), 138/2-3 Th Thamnoovithi, les chambres sont petites et sentent le renfermé. Elles coûtent 250 B avec ventil. et eau froide, et 350 B avec clim.

Au *Rung Fah Hotel* (☎ 074-244808 ; 117/5-6 Th Niphat Uthit 3), un vieil établissement chinois, la qualité est légèrement supérieure. Comptez 190 B pour une chambre avec ventil. et s.d.b. Les chambres climatisées reviennent à 290 B, un bon prix même si elles n'ont rien d'extraordinaire. Au *Thai Hotel* (☎ 074-253080 ; 9 Soi 3 ; Th Rat Uthit), un peu en retrait au sud-ouest de la gare ferroviaire, les chambres avec ventil. coûtent à partir de 150 B et jusqu'à 320 B avec clim.

Dans la ville, les nombreux établissements qui se font appeler "guesthouses" affichent des prix très bon marché. La *Louise Guest House* (☎ 074-220966 ; 21-23 Th Thamnoonvithi), du type appartement, loue des chambres propres à 300 B avec ventil. et à 320 B avec clim. Toutes sont alimentées en eau chaude. A la *Ladda Guest House* (☎ 074-220233), près du centre commercial Robinson Dpt et de la gare ferroviaire, un escalier étroit vous mènera à de petites chambres équipées d'un ventil. à partir de 200 B et de 290 B avec la clim : un bon prix pour une chambre avec clim., si toutefois l'absence de sortie de secours ne vous effraie pas. Près de l'arrêt des bus de Songkhla, à côté de Th Phetkasem, la *Sorasilp Guest House* (☎ 074-232635), propose des chambres simples/doubles, propres, avec ventil., s.d.b. et eau froide pour 160/200 B. Une chambre plus spacieuse est également disponible pour 450 B.

Où se loger – catégorie moyenne

La qualité des hôtels s'améliore de façon disproportionnée dès que l'on débourse 100 à 200 B de plus par nuit.

Le *King's Hotel* (☎ 074-234140 ; fax 236103 ; 126 Th Niphat Uthit 1), très apprécié des visiteurs malais ainsi que des voyageurs, loue des chambres à partir de 500 B avec TV par satellite, clim. et eau chaude. Non loin de la gare ferroviaire, dans Th Thamnoonvithi, se trouve le *Laem Thong Hotel* (☎ 074-352301 ; fax 237574). L'établissement propose des chambres simples/doubles assez bruyantes mais

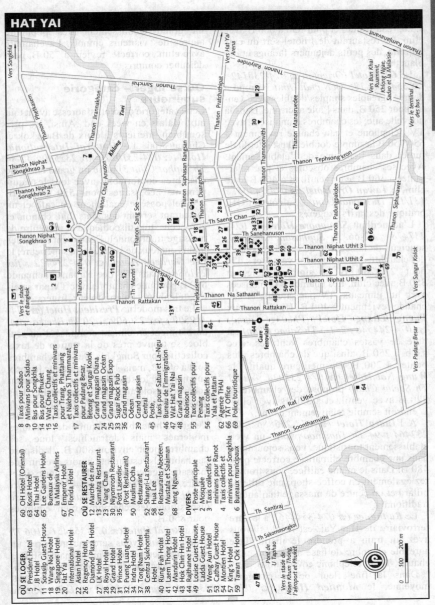

HAT YAI

OÙ SE LOGER
5 President Hotel
7 JB Hotel
18 Sorasip Guest House
19 Wang Noi Hotel
20 Singapore Hotel
22 Asian Hotel
26 Regency Hotel,
   Diamond Plaza Hotel
27 LK Hotel
28 Royal Hotel
29 Grand Hotel
31 Prince Hotel
32 Pueng Luang Hotel
34 Indra Hotel
37 Cong Nam Hotel
38 Central Sukhontha
   Hotel
40 Rung Fah Hotel
41 Laem Thong Hotel
42 Mandarin Hotel
43 Hok Chin Hin Hotel
49 Rajthanee Hotel
51 Louise Guest House,
   Ladda Guest House
53 Weng Aun Hotel
54 Cathay Guest House
57 Montien Hotel
59 Tawan Ork Hotel

60 OH Hotel (Oriental)
63 Kosit Hotel
64 Thai Hotel
65 Lee Gardens Hotel,
   Bureaux de
   la Malaysia Airlines
67 Emperor Hotel
70 Florida Hotel

OÙ SE RESTAURER
12 Marché de nuit
13 Sumatra Restaurant
23 Viang Chan
30 Nyomrosh Restaurant
35 Post Laserdisc
   (Post Restaurant)
36 McOcha
50 Restaurant
52 Shangri-La Restaurant
58 Hua Lee
61 Restaurants Abedeen,
   Mustafa et Salaiman
68 Jeng Nguan

DIVERS
1 Poste principale
2 Mosquée
3 Taxis collectifs et
   minivans pour Ranot
4 Taxis collectifs et
   minivans pour Songkhla
6 Bureaux municipaux

8 Taxis pour Sadao
9 Minivans pour Sadao
10 Bus pour Songkhla
14 Wat Cheu Chang
15 Taxis collectifs et minivans
   pour Trang, Phattalung
   et Nakhon Si Thammarat
17 Taxis collectifs et minivans
   pour Padang Besar,
   Betong et Sungai Kolok
21 Grand magasin Diana
24 Grand magasin Océan
25 Grand magasin Expo
33 Sugar Rock Pub
39 Grand magasin
   Odean
45 Poste,
   Taxis pour Satun et La-Ngu
46 Bureau de l'immigration
47 Wat Hat Yai Nai
48 Grand magasin
   Robinson
55 Taxis collectifs pour
   Penang
56 Taxis collectifs pour
   Yala et Pattani
62 Agence THAI
66 TAT Office
69 Police touristique

confortables pour 250 B avec ventil. et
s.d.b. (eau froide) et pour 350 à 600 B avec
clim. Le restaurant de l'hôtel sert du café
importé, des petits déjeuners fàràngs et des
plats thaï.

Le **OH Hotel** (Oriental, ☎ 074-230142 ;
fax 354824 ; 135 Th Niphat Uthit 3) propose
de très agréables simples/doubles avec ventil. pour 250 B, dans l'aile ancienne. Dans la
nouvelle aile, les chambres climatisées, avec
TV, téléphone et eau chaude reviennent à
650/750 B la simple/double. Il est interdit de
fumer dans l'enceinte de l'établissement.
Avec ses chambres obscures et peu reluis-
santes à 360 B avec ventil. et à 460 B avec
clim, le **Tawan Ork Hotel** (☎ 074-243071 ;
131/1-3 Th Niphat Uthit 3), à côté du OH,
pratique des tarifs exagérés.

L'accueillant **Singapore Hotel** (☎ 074-
237178 ; 62-66 Th Suphasan Rangsan),
soucieux de la sécurité de ses clients, loue
des chambres agréables avec ventil. et s.d.b.
pour 270/280 B la simple/double, et
350 B avec clim. Les chambres climatisées
avec lits jumeaux, TV par satellite et eau
chaude reviennent à 400 B. Le chaleureux
Pueng Luang Hotel (Pheung Luang)
(☎ 074-244548 ; 241-5 Th Saeng Chan) est
doté de vastes chambres ventilées avec
s.d.b. à 250 B, ainsi que de chambres plus
petites à 200 B. De meilleure qualité, le
Wang Noi Hotel (☎ 074-231024 ; 114/1
Th Saeng Chan) propose des chambres à
220 B avec ventil. et à 390 B avec clim.
L'endroit semble relativement calme.

A l'**Indra Hotel** (☎ 074-245886 ; fax
232464 ; 94 Th Thamnoonvithi), un vieil
établissement touristique, vous séjournerez
dans une chambre climatisée correcte pour
480 B. Dans le même édifice, vous trouverez également un coffee-shop, une salle de
billard et un centre de massage thaïlandais
traditionnel.

Le **Rajthanee** (☎ 074-354446), à la gare
ferroviaire de Hat Yai, est idéal, si vous
avez un train à prendre le matin. Une
agréable chambre de base avec clim., eau
chaude, TV et téléphone coûte 500 B.

Dans la fine fleur de la catégorie
moyenne, le **Montien Hotel** (☎ 074-

124386, fax 230043), Th Niphat Uthit, est
un grand établissement très populaire
auprès des visiteurs chinois. La chambre
avec clim., correcte, revient à 750 B, petit
déjeuner compris.

Où se loger – catégorie supérieure

Cette catégorie d'hôtels s'adresse avant tout
aux Malais en week-end. Ainsi, les prix
sont bien inférieurs à ceux de Bangkok et
Chiang Mai. Le **Hat Yai International
Hotel** (☎ 074-231022 ; fax 232539 ; 42-44
Th Niphat Uthit 3) offre un grand choix de
chambres confortables avec tous les équipements nécessaires pour 550 à 910 B.
L'hôtel possède également un café et un
restaurant servant des plats thaï, chinois et
européens, une discothèque et un centre de
massage traditionnel. Également parmi les
moins onéreux de la catégorie supérieure, le
Lee Gardens Hotel (☎ 074-234422 ; fax
231888), dans Th Lee Pattana, demande
690 B pour une chambre avec TV par satellite, téléphone, baignoire et réfrigérateur.

Le très moderne **President Hotel** (☎ 074-
349500 ; fax 230609 ; 420 Th Phetkasam),
un bâtiment en ciment composé d'un seul
bloc, se trouve près de la station de taxis
collectifs pour Songkhla. Ses 110 chambres
sont à 600 B, mais il se pourrait que les prix
augmentent lorsque les deux ailes seront
achevées. Isolé au sud du centre-ville, dans
Th Siphunawat, le **Florida Hotel** (☎ 074-
234555 ; fax 234553), date de 10 ans.
Ce grand hôtel blanc, équipé de chambres
modernes mais défraîchies, loue ses
chambres pour environ 800 B. Il dispose
des habituels restaurant chinois et centre de
massage. Également dans la catégorie supérieure, le **LK Hotel** (☎ 074-230120 ; fax
238112 ; 150 Th Saeng Chan) met à votre
disposition des chambres bien équipées
pour 850 B.

Au **Royal Hotel** (☎ 074-351451 ; 106 Th
Prachathipat), vous serez accueilli par un
personnel peu aimable, moyennant 750 B la
nuit. Hébergeant principalement des visiteurs chinois, le **Kosit Hotel** (☎ 074-
234366 ; fax 232365), un établissement

plus ancien situé dans Th Niphat Uthit 2, dispose de chambres climatisées à 690 B, d'un restaurant, d'un karaoke, et d'un centre de massage. Similaire, le *Park Hotel* (☎ 074-233351 ; fax 232259 ; 81 Th Niphat Uthit 2) est relié à un centre commercial aux prix très compétitifs.

De qualité légèrement supérieure, l'*Asian Hotel* (☎ 074-353400 ; fax 234890 ; 55 Th Niphat Uthit 3) et le *Diamond Plaza Hotel* (☎ 074-230130 ; fax 239824 ; 62 Th Niphat Uthit 3) offrent tous deux des chambres modernes et confortables de 800 à 990 B.

Au *Regency* (☎ 074-353333 ; fax 234102 ; 23 Th Prachathipat), vous trouverez des chambres et des suites modernes et tout confort pour 1 398 B la double et plus. L'hôtel dispose d'un salon, d'un coffee-shop, d'un restaurant de dim sum, d'une gigantesque piscine avec bar et d'une salle de gymnastique. Également en haut de la gamme, le *JB Hotel* (☎ 074-234300/8 ; fax 243499 ; 99 Th Chuti Anuson) est bien géré. Comptez entre 1 400 et 1 800 B pour la nuit. Le JB possède également une discothèque très à la mode.

Le *Central Sukhontha Hotel* (☎ 074-352222 ; fax 352223 ; 3 Th Sanehanuson) est la meilleure adresse de la ville. Chambres et suites spacieuses tout confort vous y attendent pour 3 148 B et plus. Vous pourrez profiter d'une piscine, d'un snack bar, d'un sauna, d'un restaurant chinois, d'un café ouvert 24h/24, d'un salon, d'un centre de remise en forme, d'un centre d'affaires, et d'un centre commercial (avec une succursale du grand magasin Central).

Où se restaurer

Hat Yai est le summum en matière de gastronomie. Vous dégusterez du poisson provenant du golfe de Siam et de la mer d'Andaman, des nids d'hirondelles, des ailerons de requin, des rotis et des curries musulmans, des nouilles chinoises et des dim sum.

Vous trouverez quantité de bons petits restaurants dans les trois Th Niphat Uthit, les marchés des petites rues adjacentes et près de la gare ferroviaire. A Hat Yai, nombre de restaurants, et plus particulièrement de restaurants chinois, ferment l'après-midi entre 14h et 18h.

Thaïlandais. Bien qu'à Hat Yai, les cuisines chinoise et malaise tiennent le haut du pavé, la ville compte quelques établissement thaïlandais. Vieux restaurant thaï dont la réputation n'est plus à faire, le *Niyom Rot* (l'enseigne en anglais annonce "Niyomrosh") vous attend au 219-21 Th Thamnoonvithi. Vous pourrez y goûter le savoureux plaa krabàwk thâwt, un mulet entier sauté aux œufs. Le restaurant est ouvert de 10h30 à 14h et de 17h à 21h30.

Le *Viang Chan*, 12 Thanon Niphat Uthit (pas d'enseigne en caractères romains), malgré son nom laotien, sert des plats chinois et du nord-est de la Thaïlande à partir de 17h. En dessous du Tong Nam Hotel, un *food center* prépare de la cuisine thaï et chinoise.

Chinois. Commencez la journée avec des dim sum bon marché au *Shangrila*, Th Thamnoonvithi, près de la Cathay Guest House. Les spécialités de la maison sont : les *khanŏm jíip* (boulettes), les *salabao* (brioches chinoises) et le *khâo nâa pèt* (canard rôti sur riz). Le restaurant est ouvert de 5h à 15h. Le soir, mieux vaut aller au *Hua Lee*, à l'angle de Th Niphat Uthit 3 et de Th Thamnoonvithi. L'établissement est ouvert jusqu'au petit matin. Vous pourrez également déguster d'excellents dim sum au *Aree Dimsim* (116-118 Th Saeng Chan), à côté du Wang Noi Hotel. Vous y débourserez 10 à 15 B par plat de dim sum et le restaurant ouvre quotidiennement ses portes de 6h à 11h et de 18h30 à 22h.

Le *Jeng Nguan* est un vieux restaurant animé au bout de Th Niphat Uthit 1. Goûtez au *tâo hûu thâwp kràwp* (crème de haricots frits), au *hûu chalăam* (potage aux ailerons de requin), au *bàmìi plaa phàt* (nouilles sautées au poisson) ou au *kíaw plaa* (wonton au poisson). Le restaurant est ouvert de 11h à 14 et de 17h à 21h.

Plusieurs hôtels possèdent également un restaurant chinois de style assez surchargé, tel que le très réputé *Dynasty*.

Malais et indien. Le *Muslim-O-Cha,* en face du King's Hotel, est encore très en vogue avec du roti kaeng (*roti chanai* en malais) le matin et des curries toute la journée. Un des rares cafés musulmans où les femmes, même non musulmanes, sont les bienvenues.

Le *Makanan Muslim*, à l'angle de Th Saeng Chang et de Th Prachathipat, est un endroit propre, en plein air, qui sert des rotis et des mátàbà (murtabak).

Dans Th Niyomrat, entre Th Niphat Uthit 1 et Th Niphat Uthit 2, les *Abedeen*, *Sulaiman* et *Mustafa* sont tous spécialisés en cuisine musulmane. Sulaiman est le plus copieux.

Le *Sumatra Restaurant*, situé tout à côté de la mosquée pakistanaise, près du Holiday Plaza Hotel, cuisine des plats malais comme le *rojak* (salade à la sauce cacahuète) et le *nasi biryani* (riz épicé).

Marchés de nuit. Le grand marché de Th Montri 1 est spécialisé dans le poisson frais. On peut y manger deux plats de poisson et un plat de légumes pour moins de 200 B. Des marchés nocturnes plus petits jalonnent Th Suphasan Rangsan et Th Siphunawat.

Divers. Si vous aimez l'insolite, baladez-vous dans Th Nguu (Snake Street – Soi 2, Th Channiwet), l'endroit est très apprécié des amateurs de reptiles.

Où sortir

La plupart des clubs et cafés reçoivent une clientèle malaise. Les grands hôtels ont une discothèque ; les plus réputées sont le *Disco Palace* (Emperor Hotel), le *Metro* (JB Hotel), le *Diana Club* (Lee Gardens Hotel) et le *Inter* (Hat Yai Inter Hotel). Entrée de 100 à 150 B.

Le *Post Laserdisc* de Th Thamnoonvithi, un pâté de maisons à l'est de Cathay Guest House, est un bar/restaurant vidéo/disque laser avec une excellente sono et des écrans bien placés. Il projette des films occidentaux et le programme change tous les soirs. Celui-ci commence à 10h et dure jusqu'à 1h du matin. La clientèle est composée de Thaïlandais et de farángs. Pour visionner des films à l'étage, vous débourserez 20 B, et vous paierez vos consommations un peu plus cher que dans un bar ordinaire. On y sert également des repas, et le petit déjeuner.

En face du Post Laserdisc, le *Sugar Rock* est un des pubs les plus anciens de Hat Yai : bonne nourriture, prix modérés et atmosphère peu apprêtée. Le pub est ouvert de 20h à 1 ou 2h du matin.

Achats

Le lèche-vitrines est l'attraction principale de Hat Yai, surtout dans les rues Niphat Uthit 2 et 3, où l'on trouvera des batiks thaïlandais et malais, de l'électronique et des vêtements bon marché.

Le SMS Muslim Panich, 17 Th Niphat Uthit 1, propose un grand choix de tissus d'Inde du Sud et de batiks thaïlandais, malais et indonésiens. Même si les marchés sont moins chers, ils ne peuvent rivaliser avec ce magasin sur le plan de la qualité et du choix.

Hat Yai compte trois grands magasins dans Th Niphat Uthit 3 (Diana, Ocean et Expo) et deux dans Th Thamnoonvithi (Odean et Robinson), sans oublier le grand magasin Central, plus récent, qui jouxte le Central Sukhonta Hotel.

La DK Book House, à environ 50 m de la gare ferroviaire, dans Th Thamnoonvithi, vend des cartes et des livres en anglais. Vous trouverez également une sélection de livres et de magazines anglais au quatrième étage du grand magasin Central.

Comment s'y rendre

Avion. La THAI assure cinq vols quotidiens entre Hat Yai et Bangkok. Le trajet dure 90 minutes et l'aller simple coûte 2 280 B. La compagnie aérienne dessert également Hat Yai de Phuket tous les jours, pour 780 B. Le bureau de la THAI (réservation : ☎ 074-233433) se trouve au 166/4 Th Niphat Uthit 2.

International. La THAI et Malaysia Airlines assurent toutes deux des vols en provenance de Penang. Des avions de la Silk Air partent également de Singapour.

La THAI (réservation : ☎ 074-233433) possède une agence dans le centre-ville au 166/4 Th Niphat Uthit 2. Les locaux de la Malaysia Airlines (☎ 074-245443) sont implantés à l'intérieur du Lee Gardens Hotel. On y accède par une entrée séparée, dans Th Niphat Uthit 1.

Dans l'aéroport international de Hat Yai, vous pourrez passer vos communications internationales au bureau de poste, dans la zone des arrivées, de 9h à 16h30 en semaine et de 9h à 12h le samedi. La poste est fermée le dimanche.

Dans l'aéroport, vous trouverez également le Sky Lounge Cafe & Restaurant, au rez-de-chaussée, près de l'enregistrement des bagages, un coffee-shop moins onéreux au second étage, au niveau des arrivées, ainsi que des bureaux de change.

Bus. Les bus verts, à destination de Songkhla, partent de la petite tour de l'horloge de Th Phetkasem. Taxis collectifs depuis le coin de la rue près du President Hotel.

Les bus touristiques en provenance de Bangkok coûtent 428 B (VIP 500 B). Ils quittent le terminal Sud des bus climatisés à 7h, 16h 17h30, 18h 18h15, 18h30, 19h, 20h et 20h20. Le voyage dure 14 heures. On trouve parfois des billets à 300 B chez les compagnies privées. Les bus ordinaires publics, au prix de 227 B, partent de Bangkok deux fois par jour à 21h45 et 22h50.

Des bus assurent la liaison Phuket-Hat Yai. Le prix est de 135 B en bus ordinaire (8 h de trajet) et de 243 B en bus climatisé (6 h). Trois bus par jour se rendent à Pak Bara (d'où partent les bateaux pour Ko Tarutao). Le trajet vous coûtera 35 B pour une durée de 3 heures.

Pak DeeTour (☎ 074-234535), une agence de voyages, en aval de Cathay Guest House, affrète des bus et des minivans climatisés pour Phuket (200 B), Krabi (130 B), Ko Samui (250 B) et Surat Thani (130 B).

Les autres destinations desservies depuis Hat Yai sont :

Destination	Prix	Durée du trajet
Ko Samui		
climatisé uniquement	195 B	7 heures
Krabi		
climatisé uniquement	150 B	4 heures
Narathiwat		
ordinaire	55 B	3 heures
climatisé	72 B	3 heures
Padang Besar		
ordinaire	23 B	1 heure 30
Pattani		
ordinaire	38 B	2 heures
climatisé	55 B	1 heures 30
Phattalung		
ordinaire	35 B	2 heures
Satun		
ordinaire	35 B	2 heures
climatisé	40 B	1 heure
Sungai Kolok		
climatisé uniquement	123 B	4 heure
Surat Thani		
ordinaire	100 B	6 heures 30
climatisé	160 B	5 heures 30
Trang		
ordinaire	50 B	2 heures
Yala		
ordinaire	50 B	2 heures 30
climatisé	60 B	2 heures

Les compagnies de bus privées sont les suivantes :

Golden Way Travel
(☎ 074-233917 ; fax 235083)
132 Th Niphat Uthit
Hat Yai Swanthai Tours
(☎/fax 074-246706)
108 Th Thamnoonvithi

Pak Dee Tour
(☎ 074-234535)
rez-de-chaussée, Cathay Guest House
Pan Siam
(☎ 074-237440)
99 Th Niphat Uthit 2
Sunny Tour
(☎ 074-231258)
Th Niphat Uthit 2
Universal On-Time Co
(☎ 074-231609)
147 Th Niphat Uthit 1

Méfiez-vous de Chaw Weng Tours, qui a plusieurs fois fait l'objet de plaintes. L'agence a notamment la réputation d'appâter les touristes puis de changer de bus, et cela plus particulièrement entre Ko Samui et Hat Yai et entre Hat Yai et la Malaisie.

International. Hat Yai est un important point de transit. De Padang Besar à la frontière malaise, le voyage en bus coûte 18 B et dure 1 heure 30 jusqu'à Hat Yai. Les bus partent toutes les 10 minutes entre 6h et 19h20.

Pak Dee Tour (☎ 074-234535), une agence de voyages située en dessous de la Cathay, réserve des bus express climatisés et des minivans à destination de Penang (320 B, 4 heures), Kuala Lumpur, Singapour et certaines villes thaïlandaises. Golden Way Travel (☎ 074-233917 ; fax 235083), 132 Th Niphat Uthit 3, loue des bus VIP avec siège inclinable à destination de Singapour pour 450 B, repas compris. Le bus super VIP coûte 550 B. Reportez vous à la liste des bus au départ de Hat Yai.

Destination	Prix	Durée du trajet
Butterworth (pour Penang)	320 B	6 heures
Kuala Lumpur*	de 300 B à 400 B	12 heures
Singapour*	de 450 B à 550 B	15 heures

désigne les compagnies de bus privées ; leurs coordonnées sont indiquées dans la rubrique Bus de ce chapitre.

Train. Des trains pour Hat Yai quittent Bangkok-Hualamphong tous les jours à 12h20 (rapide n°171), à 14h15 (spécial express n°35, 1re et 2e classes seulement), à 14h35 (spécial express n°37), 15h30 (rapide n°169) et 22h50 (autorail diesel express n°41, 2e classe seulement). Ils arrivent à Hat Yai à 5h48, 6h52, 6h53, 8h25 et 11h47 respectivement. Le billet de base coûte 734 B en 1re classe (express seulement), 345 B en 2e classe et 149 B en 3e classe.

Dans la direction opposée, de Hat Yai à Bangkok, les horaires sont les suivants : 14h20 (rapide n°172), 15h40 (rapide n°170), 16h35 (express diesel n°42), 17h52 (spécial express n°36) et 18h19 (spécial express n°38), heures d'arrivée à Bangkok : 8h35, 10h, 6h30, 9h30 et 10h35.

Quatre trains ordinaires de 3e classe font quotidiennement la navette entre Hat Yai et Sugai Kolok (31 B) et un train par jour part en direction de Padang Besar (10 B).

Voiture. A Hat Yai, plusieurs agences de voyage sont spécialisées dans la location de voitures privées avec chauffeur pour accompagner les étrangers jusqu'à la douane : en franchissant la frontière dans

Attention

Pour réserver un voyage en bus vers la Malaisie, sélectionnez votre agence de voyages avec soin. On raconte toujours que certaines compagnies font payer un "supplément visa" avant de traverser la frontière. Le visa n'étant pas exigé pour la plupart des nationalités, il s'agit tout bonnement d'une escroquerie. La compagnie éhontée ramasse alors les passeports dans le bus, puis annonce la somme d'argent. Refusez de payer toute demande de supplément relative à un visa ou au passage de la frontière – tout est censé être compris dans le prix du billet. Chaw Weng Tours est notoirement connue pour ce genre de pratiques.

les deux sens, leur visa est automatiquement renouvelé. Le tarif usuel pour ce court aller-retour oscille entre 500 et 600 B.

Taxi collectif. Dans le Sud, les taxis collectifs sont un bon moyen de locomotion entre provinces. Hat Yai compte 7 stations de taxis collectifs, chacune affectée à des destinations différentes. En général, le prix est le même que celui d'un bus climatisé, mais les taxis sont 30% plus rapides. L'inconvénient tient à ce que les chauffeurs attendent d'avoir un nombre de passagers suffisants (5 au minimum) pour partir.

International. Plus rapides que les bus touristiques et moins chers (200 B) mais moins confortables, ils sont très utilisés entre Hat Yai et Penang.

De vieilles Chevrolet et Mercedes partent tous les matins à 9h de la gare ou de Th Niphat Uthit 2, près du King's Hotel.

Prix des taxis collectifs et des minivans

Destination	Prix	Durée	Station de taxi/minivan
Betong	100 B	3 heures 30	Th Suphasan Rangsan, près du Wat Cheu Chang
Khukhut	30 B	1 heure	Soi 2, Th Niphat Songkhrao 1
La Ngu	60 B	1 heure 30	Th Rattakan, près de la poste
Nakhon Si Thammarat	80 B	2 heures 30	Th Suphasan Rangsan, près du Wat Cheu Chang
Narathiwat	80 B	3 heures	Th Niphat Uthit 1
Padang Besar	50 B	1 heure	Th Duangchan, près du Wang Noi Hotel
Phattalung	60 B	1 heure 15	Th Suphasan Rangsan, près du Wat Cheu Chang
Ranot	50 B	2 heures	Th Niphat Songkhrao 1
Sadao	25 B	1 heure	Th Phratat Uthit, près du President Hotel
Satun	50 B	1 heure 30	Th Rattakan, près de la poste
Sonkkhla	15 B	1/2 heure	dans une rue donnant sur Th Phetkasem, près du President Hotel
Sungai Kolok	120 B	3 heures 30	Th Suphasan Rangsan, près du Wat Cheu Chang
Surat Thani	150 B	5 heures	Th Duangchan
Trang	70 B	2 heures 30	Th Suphasan Rangsan, près du Wat Cheu Chang
Yala	60 B	2 heures	Th Niphat Uthit 2, près de la Cathay Guest House

A Penang, on les trouve autour des petits hôtels de routards de Georgetown ; ils coûtent dans les 200 B/20 RM (ringgits malais). Ils permettent de traverser la frontière avec le minimum de gêne.

De Hat Yai à Padang Besar, comptez 25 B pour 1 heure de route ; des taxis attendent dans Th Duangchan.

Comment circuler

Depuis/vers l'aéroport, le van de la THAI revient à 50 B ; la voiture avec chauffeur à 150 B ; et le taxi normal à 150 B depuis l'aéroport, et environ 100 B depuis la ville.

Voiture. Hertz (☎ 074-751007) possède un bureau à l'aéroport international de Hat Yai, tandis que Avis Rent-A-Car (☎ 074-234300 ou 234328) est établi à l'intérieur du JB Hotel. Vous pourrez également louer une voiture par l'intermédiaire des agences de voyages de la ville.

Transport local. Une course dans l'un des innombrables songthaews autour de Hat Yai coûte 7 B par personne (10 B la nuit). Faites bien attention quand vous traversez la rue à ne pas vous faire écraser.

ENVIRONS DE HAT YAI

A environ 62 km au sud de Hat Yai, sur l'autoroute 42, le village de **Ban Khai Ruammit** est réputé pour ses balais artisanaux, ses paniers, ses pièges à poisson et ses panneaux chaumés en bambou. Habilement tissés en faisant alternativement passer le bambou tranché à l'extérieur et à l'intérieur du panneau, ces damiers vert et ocre peuvent mesurer 4 m² et coûtent 180 B pièce. Près du Km 45, des vendeurs sont alignés de part et d'autre de la route pour vendre ces marchandises.

Cascade de Ton Nga Chang

Elephant Tusk Falls (la cascade des Défenses d'éléphant) est située à environ 24 km à l'ouest de Hat Yai par la Highway 4, dans le district de Rattaphum.

Elle comprend sept niveaux (1 200 m) donnant naissance à deux cascades (ressemblant justement à deux défenses d'éléphant).

Cette sortie, tout à fait agréable, permet de se reposer du bruit de la ville. La cascade est plus belle à la fin de la saison des pluies, d'octobre à décembre.

Prenez un songthaew à destination de Rattaphum (25 B) n'importe où le long de Th Phetkasem et demandez à descendre à *náam tòk* (la cascade).

Province de Krabi

La province de Krabi possède de belles formations karstiques près de la côte, semblables à celles de la province de Phang-Nga, et même au milieu de la rivière Krabi. Au large, 150 îles offrent de superbes occasions d'évasion et de détente ; beaucoup font partie du **parc maritime de Hat Noppharat Thara Ko Phi-Phi**. Il y a des siècles, toutes ces îles et grottes marines servaient de refuge aux pirates asiatiques. Les "pirates" modernes s'approprient des îles ou des parties d'île pour les aménager, et l'industrie touristique s'infiltre sur Phi-Phi Don, Poda, Bubu, Jam (Pu), Po, Bilek (Hong), Kamyai et Kluang. La province est peuplée à 40% de musulmans.

L'intérieur de la province, couvert de forêts tropicales et de montagnes (chaîne de Phanom Bencha), est encore à peine exploré. Les amateurs d'ornithologie y viennent du monde entier pour observer la brève de Gurney ainsi que le chevalier aboyeur de Nordmann.

Krabi possède un port en eau profonde, presque neuf mais à peine utilisé, financé par les spéculateurs locaux de l'étain, du caoutchouc et de l'huile de palme, les trois plus importantes ressources de la province.

L'hébergement de plage est bon marché (mais pas autant qu'à Ko Pha-Ngan), et Ko Phi-Phi, à 42 km au sud-ouest, est desservie par un service régulier de bateaux.

De décembre à mars, les hôtels et bungalows des plages de Krabi sont assez fréquentés. Pendant la saison des pluies, les plages sont quasi désertes.

KRABI
18 500 habitants

A près de 1 000 km de Bangkok et 180 km de Phuket, Krabi est un chef-lieu en pleine expansion. La capitale de la province s'étend sur les rives de la rivière Krabi avant que celle-ci ne se jette dans la mer d'Andaman. De l'autre côté de la ville, on peut apercevoir les îles Bird, Cat et Mouse (oiseau, chat et souris), ainsi nommées d'après leur forme.

La plupart des touristes ne font que traverser la ville, en route pour Ko Lanta au sud, Ko Phi-Phi au sud-ouest, ou les plages des environs de Ao Nang à l'ouest.

Orientation

Plans. Le *Guide Map of Krabi* (50 B) du *Bangkok Guide* inclut plusieurs plans détaillés de régions intéressantes dans la province.

Le *Krabi Holiday Guide*, une publication locale mais non datée, coûtant 100 B, vous fournira également des renseignements précieux.

Renseignements

Office du tourisme. La TAT (☎ 075-612740) possède un petit bureau dans Th Utarakit, près du front de mer. Vous y trouverez un grand nombre de prospectus contenant des informations très précieuses, telles que quelques cartes de la province, de la capitale, des îles Ko Phi-Phi, et Ko Lanta, ainsi que des listes d'hôtels.

Vous pourrez également vous informer auprès d'un autre kiosque, près du marché de nuit, sur le front de mer. Il s'agit en fait d'un bureau de réservation pour les bus et les bateaux, appartenant à la PP Family Co.

Immigration. Il est possible d'obtenir une prorogation de visa auprès du bureau de l'immigration, installé au sud de la poste principale, dans Th Chamai Anuson.

Poste et communications. Le bureau de poste et les services téléphoniques sont situés dans Th Utarakit, après l'embranchement qui mène au quai de Saphaan Jao Fah.

L'entrée, séparée de la poste restante, se trouve sur le côté. Vous pourrez passer vos communications internationales tous les jours à partir de 7h jusqu'à minuit.

E-mail et accès Internet. Le *Paknam Restaurant*, au sud de Th Khongkha, sur le front de mer, propose un service E-mail et Internet.

Agences de voyages. Krabi regorge d'agences de voyages peu recommandables. Chan Phen et Jungle Book, toutes deux dans Th Utarakit, restent les plus fiables. Jam Travel, située entre les deux agences mentionnées ci-dessus, offre également un service de qualité.

Librairies. The Books, basé à Phuket, dispose d'un distributeur au 78-80 Th Maharat. Le choix de livres et de magasines anglais est assez maigre, mais vous y trouverez le *Bangkok Post* du jour même.

Circuits de découverte de la nature

Pour 300 à 350 B par personne, des circuits en bateau d'une demi-journée vous emmèneront jusqu'aux estuaires voisins pour y découvrir les biotopes caractéristiques des mangroves. Si vous tenez à votre indépendance, louez un bateau à Saphaan Jao Fah (200 B par heure).

Parmi les espèces d'oiseaux qui fréquentent les mangroves, il en est deux à ne pas manquer, le pygargue (aigle-pêcheur à tête blanche) et le halcyon roux (*halcyon coromanda*). Ouvrez l'œil, en outre, pour apercevoir dans les eaux troubles et peu profondes le fameux crabe violoniste et le gobie marcheur.

Les amateurs de forêt tropicale pourront, quant à eux, suivre les sentiers qui parcourent le **Khao Nor Chuchi Lowland Forest Project** (Naw Juu-Jii). Dans ce domaine forestier de basses-terres, on peut se baigner dans des mares naturelles d'eau claire ou se faire initier par les villageois du cru à des pratiques vivrières telles que l'incision des arbres à latex. Le forfait journalier de 250 B

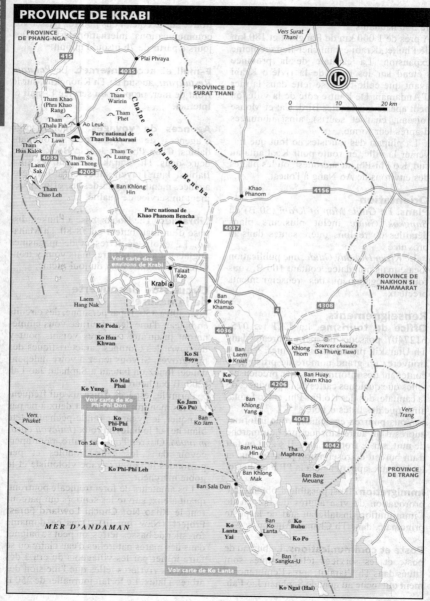

PROVINCE DE KRABI

PROVINCE DE PHANG-NGA

Plai Phraya

PROVINCE DE SURAT THANI

Vers Surat Thani

0   10   20 km

Tham Khao (Phra Khao Rang)

Tham Thalu Fah

Tham Waririn

Tham Phet

Ao Leuk

Tham Lawt

Parc national de Than Bokkharani

Tham To Luang

Tham Hua Kalok

Tham Sa Yuan Thong

Laem Sak

Tham Chao Leh

Ban Khlong Hin

Chaîne de Phanom Bencha

Khao Phanom

Parc national de Khao Phanom Bencha

Voir carte des environs de Krabi

Talaat Kao

Krabi

Ban Khlong Khamao

PROVINCE DE NAKHON SI THAMMARAT

Laem Hang Nak

Ko Poda

Ko Hua Khwan

Ko Si Boya

Ban Laem Kruat

Khlong Thom

Sources chaudes (Sa Thung Tiaw)

Ban Huay Nam Khao

Ko Mai Phai

Ko Yung

Voir carte de Ko Phi-Phi Don

Ko Ang

Ko Jam (Ko Pu)

Ban Ko Jam

Ban Khlong Yang

Tha Maphrao

Ban Baw Meuang

Vers Phuket

Ko Phi-Phi Don

Ton Sai

Ban Hua Hin

Ko Phi-Phi Leh

Ban Khlong Mak

Ban Sala Dan

PROVINCE DE TRANG

Vers Trang

MER D'ANDAMAN

Ko Lanta Yai

Ban Ko Lanta

Ko Bubu

Ko Po

Voir carte de Ko Lanta

Ban Sangka-U

Ko Ngai (Hai)

comprend l'organisation de ces activités, les repas et l'hébergement en cabanes.

Le domaine est situé à 56 km au sud de Krabi, mais vous pourrez organiser votre séjour par l'intermédiaire de Chan Phen Travel. Un minimum de quatre personnes est nécessaire.

Dans la ville de Krabi, les agences de voyages organisent des excursions d'une journée pour Khao Nor Chuchi. Pour 450 B par personne, vous visiterez les sources de Sa Thung Tiaw, (près de Khlong Thom) ainsi qu'une plantation d'hévéas, vous déjeunerez à Sa Thung Tiaw, et vous vous rendrez au musée de Wat Khlong Thom. Le prix inclut le transport en bus climatisé, les repas et les boissons. Emportez un maillot de bain et de bonnes chaussures de marche.

A Krabi, les agences de voyages (ainsi qu'à Ao Nang ou Ao Phra Nang, plus au nord) organisent également des voyages idylliques sur les îles avoisinantes, qui sont inhabitées. Toutes sont bordées de récifs coralliens, et de magnifiques plages confinées au fond de tranquilles criques. Le coût d'un tel voyage s'échelonne entre 250 et 280 B.

Sea Canoe Thailand et Krabi Canoe Tour proposent des excursions en canoë/kayak le long de la côte. Vous pourrez contacter ces deux agences à Ao Nang (voir la rubrique *Région de Ao Nang*, plus loin).

Où se loger - petits budgets et catégorie moyenne

Pensions. La petite *Riverside Guest House* (☎ 075-612536), dans Th Khongkha, près de Tha Jao Fah et de la Custom House, est dotée de chambres correctes à 80 et 100 B avec s.d.b. commune. Le restaurant sert de bons plats végétariens. A côté, la *S&R Guest House* (☎ 075-611930) propose des chambres équivalentes pour 100 B.

Dans Th Prachacheun, à la *Swallow Guest House* (☎ 075-611645), un établissement réputé, les chambres sont assez propres et confortables. Elles coûtent 100 B sans fenêtre et 120 B avec fenêtre. Dans Th Ruen Rudee se trouvent plusieurs pensions avec

leurs habituelles chambres à l'étage et leur plomberie hésitante : ainsi, la *KL Guest House* (☎ 075-612511), loue ses chambres simples/doubles à 100 B avec s.d.b. commune. A l'angle de Th Maharat, la *Seaside Guest House* (☎ 075-612801), du même acabit, demande 100 à 150 B pour une nuit.

De meilleure qualité, le *Grand Tower Hotel & Guest House* (☎ 075-612456/7), au-dessus du grand Travel Center dans Th Utarakit, possède des chambres assez propres et avec s.d.b. La simple/double coûte 250/300 B. Malgré son nom, il ne propose aucun des équipements usuels et fonctionne davantage comme une pension. Un peu plus haut dans Th Utarakit, la *PS Guest House* loue quelques chambres à 80/100 B, à l'arrière d'une agence de voyage.

Les pensions situées au sud-ouest de la ville, près du tribunal, sont plus calmes et plus confortables. Au *Chao Fa Valley Guesthouse & Resort* (☎ 075-612499), 50 Th Jao Fah, vous dormirez dans des grands bungalows en bambou et avec ventil. pour 200 à 400 B. Non loin de là, sur le même côté de la rue, la *KR Mansion & Guest House* (☎ 075-612761) possède 40 chambres de type hôtel à 150 B avec ventil. et s.d.b. et 200 B avec s.d.b. privée. Le KR loue également des chambres au mois. Sur le toit, du beer garden, on peut profiter d'une vue panoramique sur Krabi (spectaculaire au coucher du soleil). Le personnel se chargera de vous louer une moto et de vous réserver des billets de bateau.

Dans Th Utarakit, près du bureau de poste, la Cha Guest House, un bâtiment simple, vous logera dans des chambres en ciment à 60/80 B avec s.d.b. commune. Les chambres de la *Jungle Book Tour & Guest House* (☎ 075-611148 ; ☎/fax 621186 ; 141 Th Utarakit) sont encore meilleur marché. Petites et anciennes, elles reviennent à 50 B et légèrement plus grandes, elles coûtent 80 B. Toutes sont équipées d'un ventil. et d'un matelas étonnamment confortable. Les toilettes et la s.d.b. sont communes.

Hotels. Dans le centre-ville, le *City Hotel* (☎ 075-621280 ; fax 621301 ; 15/2-3 Th Sukhon) propose lui aussi des chambres très propres à 300/480 B avec ventil./clim. Les chambres plus spacieuses et avec TV de meilleure qualité et clim. coûtent de 550 à 750 B. Vous pourrez vous garer dans un petit parking jouxtant l'établissement.

Parmi les hôtels les plus anciens de la ville, le **New Hotel** (☎ 075-611541) dans Th Phattana, propose des chambres peu reluisantes pour 150 à 200 B avec ventil. et s.d.b., et 400 B avec clim. Le **Thai Hotel** (☎ 075-611474 ; fax 620564 ; 3-7 Th Issara) représentait autrefois une valeur sûre, mais les prix sont en constante augmentation et la qualité en baisse (moquette tâchée, trous de cigarettes sur les couvertures). La simple/double avec ventil. coûte 300/330 et 440/520 B avec clim., des prix largement exagérés. Le **Vieng Thong Hotel** (☎ 075-620020 ; fax 612525 ; 155 Th Utarakit) vous hébergera dans de petites chambres correctes pour 300 B avec ventil. et 600 B avec clim. Toutes sont équipées d'un téléphone. L'hôtel possède également un parking.

Le grand **Mansion Hotel** (☎ 075-620833 ; fax 611372 ; 289/1 Th Utarakit), bien tenu, dispose de 58 chambres simples mais confortables, équipées d'un ventil. et d'une douche (eau chaude) pour 300 B ou de la clim. pour 480 à 900 B.

A côté du plus onéreux Krabi Meritime, au nord de la ville, le **Krabi Royal Hotel** (☎ 075-611582 ; fax 611581 ; 403 Th Utarakit), est relativement récent. Il demande 900 B pour une chambre confortable avec clim., TV, mini-réfrigérateur, téléphone, douche (eau chaude) et baignoire. Le prix comprend un petit déjeuner pour deux. Vous pourrez obtenir une réduction pour plusieurs nuits passées à l'hôtel.

Où se loger – catégorie supérieure

A environ 2 kilomètres du centre-ville, le somptueux **Krabi Meritime Hotel** (☎ 075-620028 ou 620046 ; fax 612992 ; Bangkok ☎ 02-7190034 ; fax 3187687), se trouve près de la rivière, sur la route de Talaat Kao.

Il faut compter un minimum de 2 200 B pour un chambre simple/double

joliment décorée, avec balcon et vue spectaculaire sur la rivière et les montagnes.

Vous pourrez profiter, entre autres, d'une piscine, d'un lac artificiel sillonné par des embarcations en forme de cygne, d'une discothèque, d'un centre de remise en forme et de salles de conférence. La piscine est ouverte au public moyennant 60 B par jour et par adulte, et 40 B par enfant.

Où se restaurer

La ville est très satisfaisante du côté restauration. Dans Th Khongkha, vous trouverez un **marché de nuit** près de Saphaan Jao Fah, où vous pourrez déguster des fruits de mer à bas prix et un grand choix de desserts thaï. Un autre **marché de nuit** se tient près de Th Marahat et de Maharat Soi 8 (Th Si Sawat).

L'un des meilleurs restaurants, et des plus raisonnables, où déguster de la cuisine thaïlandaise et régionale traditionnelle est le **Kotung**, près de Tha Saphaan Jao Fah. Leur tôm ya kûng est particulièrement délicieux, comme tous leurs plats à base de poisson frais.

Le **Reuan Phae**, un restaurant flottant en face de la ville sur la rivière, est le cadre parfait pour une bière ou un alcool de riz à siroter tout en regardant la rivière monter et descendre au gré de la marée ; certaines spécialités méritent un coup de fourchette (ou de baguettes), notamment les beignets frits aux crevettes (thâwt man kûng) et le hàw mók thàleh (poisson à la vapeur dans une sauce curry, très épicée).

Le **Pe-pe**, à l'angle de Th Maharat et de Th Prachacheun, propre, sert de bonnes nouilles, de surcroît bon marché, et du khâo man kài. L'établissement est souvent bondé à l'heure du déjeuner. Vous pourrez également déjeuner à l'intersection de Th Preuksa Uthit et de Th Sukhon (aka Soi 10 ; Th Maharat). Outre le restaurant de roti kaeng mentionné dans la rubrique Cuisine musulmane et thaïlandaise du Sud, plus tard dans ce chapitre, vous y trouverez plusieurs échoppes de nouilles et de riz bon marché. Le **Ko Suang** (pas d'enseigne en caractères romains), également situé dans le quartier,

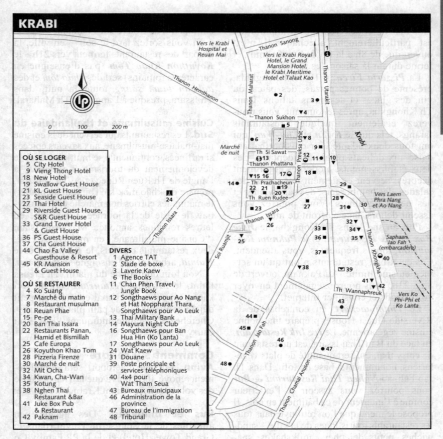

KRABI

OÙ SE LOGER
5 City Hotel
9 Vieng Thong Hotel
18 New Hotel
19 Swallow Guest House
21 KL Guest House
23 Seaside Guest House
27 Thai Hotel
29 Riverside Guest House,
   S&R Guest House
33 Grand Tower Hotel
   & Guest House
36 PS Guest House
37 Cha Guest House
44 Chao Fa Valley
   Guesthouse & Resort
45 KR Mansion
   & Guest House

OÙ SE RESTAURER
4 Ko Suang
7 Marché du matin
8 Restaurant musulman
10 Reuan Phae
15 Pe-pe
22 Ban Thai Issara
22 Restaurants Panan,
   Hamid et Bismillah
25 Cafe Europa
26 Koyuthon Khao Tom
28 Pizzeria Firenze
30 Marché de nuit
32 Mit Ocha
34 Kwan, Cha-Wan
35 Kotung
38 Nghen Thai
   Restaurant &Bar
41 Juke Box Pub
   & Restaurant
42 Paknam

DIVERS
1 Agence TAT
2 Stade de boxe
3 Laverie Kaew
6 The Books
11 Chan Phen Travel,
   Jungle Book
12 Songthaews pour Ao Nang
   et Hat Noppharat Thara,
   Songthaews pour Ao Leuk
13 Thai Military Bank
14 Mayura Night Club
16 Songthaews pour Ban
   Hua Hin (Ko Lanta)
17 Songthaews pour Ao Leuk
24 Wat Kaew
31 Douane
39 Poste principale et
   services téléphoniques
40 4x4 pour
   Wat Tham Seua
43 Bureaux municipaux
46 Administration de la
   province
47 Bureau de l'immigration
48 Tribunal

---

sert de délicieux *khâo man kài, khâo mǔu
dàeng,* kǔaytǐaw et *bà-mìi* à bas prix. Au
sud-ouest de cette intersection se tient un
excellent **marchand de khanǒm jiin**.

Pour déguster des petits déjeuners thaï
peu coûteux, le **marché du matin,** dans
Th Si Sawat, au milieu de la ville, est
recommandé. Autre endroit pour le petit
déjeuner : le **Mit Ocha**, un café à l'angle de
Th Khongkha et de Th Jao Fah, en face des
douanes. Outre les cafés et thés thaïlandais,
le vieux couple chinois sert du khanǒm jiin

(accompagné de morceaux d'ananas en plus
des légumes ordinaires), et de la crème au
riz gluant, enveloppée dans des feuilles de
bananier (*khâo nǐaw sǎngkha-yaa*) – ser-
vez-vous dans les assiettes sur les tables.
C'est un bon endroit où attendre le bateau
du matin pour Phi-Phi.

Décoré avec goût, le **Ban Thai Issara,**
dans Th Ruen Rudee, tenu par une Néo-
Zélandaise et son mari thaïlandais, s'est
spécialisé dans les petits déjeuners à l'occidentale ; leur carte mélange plats thaïlan-

dais et cuisine faráng. Le choix des pains faits maison et des fromages d'importation est particulièrement alléchant. Il n'est ouvert que de 8h à la fin de l'après-midi, et ferme durant la saison des pluies.

La *Pizzeria Firenze*, 10 Th Khongkhla, présente de bonnes pizzas, des pâtes, du vin, des glaces et des pains italiens. Dans Th Khongkha, après le tournant, vous trouverez également quelques restaurants faràngs, tels que le *Kwan* et *Cha-Wan*, qui ont tous deux adapté leur cuisine thaïlandaise aux délicats palais occidentaux. Les deux établissements, modernes et joliment décorés, servent également des pâtes, des salades, des hamburgers, des sandwiches et des petits déjeuners. Vous pourrez vous asseoir dehors, face au front de mer.

Plus au sud, dans Th Kongkha, le *Juke Box Pub & Restaurant* et le *Paknam Restaurant*, moins fréquentés, vous attendent. Ces deux bars/restaurants n'ont qu'un service cuisine limité. Au Paknam, ouvert de 8h à 23h, vous pourrez également envoyer vos e-mails et consulter Internet.

Le *Thammachart*, en contrebas de la Riverside Guest House, prépare une bonne cuisine végétarienne. Le *Ice Ink Restaurant*, en face du Ban Thai Issara, est un restaurant de curry thaï, qui sert quantité de plats végétariens, notamment à base de tofu. Dans Th Jao Fah, au *Nghen Thai Restaurant & Bar* vous pourrez vous asseoir à l'extérieur comme à l'intérieur de ce bâtiment en bois. Il propose le menu que l'on retrouve dans tous les restaurants touristiques de la ville – sandwiches, petits déjeuners, milkshakes, spaghetti, cuisine thaïlandaise, riz et nouilles.

Le *Cafe Europa* (☎/fax 075-620407, 1/9 Soi Ruamjit), dans une rue donnant sur Th Issara, sert des plats occidentaux plus conséquents : sur la carte de ce restaurant à la scandinave, figurent fromages danois, steaks, porc roti à la danoise, pommes de terre au four, sandwiches et vins importés.

A proximité de l'hôpital et à environ 1,6 km au nord-est du croisement entre Th Maharat et Th Sukhon, le *Reuan Mai* est un excellent *sǔan aahǎan* (restaurant de jardin) dans Th Maharat. Pour y accéder, il faut continuer 400 m après le grand temple chinois qui se trouve sur la gauche.

Si vous sortez tard le soir – en ville, la plupart des restaurants ferment vers 21h – le *Koyuthon Khao Tom* (pas d'enseigne en caractères romains) sert des *khâo tôm* et des *aahǎan taam sàang* toute la nuit, dans Th Issara, presque à l'angle de Th Maharat.

Cuisine musulmane et thaïlandaise du Sud.

Les restaurants qui servent de la cuisine thaï-malaise-musulmane, aux saveurs épicées si raffinées, continuent à se multiplier avec le développement du tourisme. Le *Panan*, à l'angle de Th Ruen Rudee et de Th Maharat, prépare du khâo mòk kài (biryani au poulet) le matin, des curries bon marché et des kuaytiaw le reste de la journée. L'enseigne en lettres romaines annonce Makanan Islam ("Cuisine musulmane" en malais). A côté, deux restaurants corrects, le *Bismillah* et le *Hamid*, arborent une enseigne en thaï/yawi.

Non loin du marché du matin, Th Preusa Uthit, le *Muslim Restaurant* sert du roti kaeng (appelé roti chanai en malais), petit déjeuner malais fait de pain plat et de curry. Cherchez l'enseigne indiquant "Hot Roti Curry service".

Comment s'y rendre

Avion. Lorsque l'aéroport sera complètement rénové, il est prévu que la Thai organise des vols réguliers reliant Krabi à la capitale.

Bus et minivans. Des agents peu aimables de la Songserm Travel (dans le Grand Tower Hotel) et de la PP Family Co cueillent la plupart des touristes naïfs dans le centre-ville. Leur acheter un billet est tentant, mais les horaires de départ et les conditions de voyages annoncés ne sont pas fiables, et vous risquez fort d'avoir de mauvaises surprises. En réservant vos tickets au terminal de Baw Khaw Saw, dans Talaat Kao, non loin de là, vous serez assuré du départ à l'heure de votre bus, et d'effectuer un voyage dans les conditions annoncées. Au terminal public de Krani, bien organisé, chaque guichet est réservé à une ligne (indiquée en anglais). Vous y trouverez également un petit restaurant propre, des en-cas et des boissons, ainsi que des toilettes reluisantes. Le terminal de Talaat Kao est situé à 4 km au nord de Krabi, sur l'autoroute qui relie Phang Nga à Trang. Pour vous rendre dans le centre de Krabi, il vous en coûtera 7 B en songthaew ou 20 B en moto-taxi.

Le voyage depuis/vers Bangkok coûte 240 B en bus ordinaire, de 328 à 347 B en 2e classe avec clim., 446 B en 1re classe avec clim. et 550 B en bus VIP (655 en super VIP équipé de 24 sièges). Les bus climatisés partent du terminal sud de Bangkok entre 6h et 20h. Ils quittent Krabi entre 16h et 17h. La Songserm et la PP Family Co organisent des voyages en bus climatisés (ou en van), qui vous déposeront dans Th Khao San à Bangkok pour 350 B.

Des bus reliant Krabi à Phuket partent toutes les heures dans les deux sens, de l'aube jusqu'à la tombée de la nuit. Le voyage revient à 56 B (101 B avec la clim.) et dure quatre heures. Les minivans PP Family Co vous conduiront à l'aéroport de Phuket pour 180 B et aux plages de Patong, Karon, ou Kata pour 250 B.

De Phang-Nga, plusieurs bus partent chaque jour et toutes les heures pour Krabi. Le prix du billet se monte à 36 B en bus ordinaire et à 52 B en bus climatisé. La plupart de ces véhicules viennent de Phuket et s'arrêtent à Trang. Les bus publics depuis/vers Hat Yai coûtent 150 B avec clim. et arrivent 5 heures plus tard. De Trang, le voyage revient à 43 B (77 B avec clim.) et dure 2 heures 30. Vous pourrez également prendre un taxi collectif vers/depuis Trang, Hat Yai et Satun, ce qui devrait vous coûter environ deux fois le prix d'un ticket de bus.

Les bus ordinaires entre Surat Thani et Krabi effectuent ce voyage de 4 heures treize fois par jour, entre 5h et 14h30 pour la somme de 70 B. Les bus climatisés, quant à eux, partent trois fois par jour entre 7h et 15h30 pour 160 B et prennent environ trois heures (vous paierez le même prix si vous descendez au parc national de Khao Sok). Par l'intermédiaire de plusieurs agences à Krabi, vous pouvez également vous rendre à Surat en bus climatisé ou en minivan privé

pour 150 B. Ces bureaux organisent également des voyages en minivan vers Hat Yai, Trang et Phattalung, tous à 180 B. Aucun minivan ne partant du terminal de Baw Khaw Saw, il est recommandé, si vous optez pour ce mode de transport, de réserver votre billet dans une des agences de voyages privées de la ville.

Des songthaews pour Ban Hua Hin (et pour Ko Lanta) sont également disponibles dans Th Phattana près du New Hotel, pour 30 B. Il existe des départs toutes les demi-heures environ, de 10h à 14h. Comptez 40 minutes de route pour rejoindre Ban Hua Hin. Les agences de voyages de Krabi disposent de minivans climatisés desservant directement Ko Lanta pour 150 B.

Bateau. On peut venir de Ko Phi-Phi et Ko Lanta en bateau. Voir les rubriques *Phi-Phi* et *Lanta* pour plus de détails.

Comment circuler

Tous les endroits intéressants de la ville sont accessibles à pied, mais si vous souhaitez explorer ses environs, la location d'une moto est une bonne idée. Plusieurs agences de voyages et certaines pensions se chargeront de vous louer des motos pour 150 à 250 B la journée, les tarifs étant dégressifs pour plusieurs jours de location. La location de jeeps va de 800 B (décapotable) à 1 200 B (clim.) par jour.

La plupart des bus qui desservent Krabi s'arrêtent à Talaat Kao, à environ 4 km au nord de la ville, sur l'autoroute reliant Phang-Nga à Trang. Vous pouvez ensuite prendre un songthaew du terminus au centre de Krabi pour 7 B, ou une moto-taxi pour 20 B.

Des songthaews pour Ao Leuk (pour le parc national de Than Bokkhanari) partent du croisement de Th Phattana et Th Preuksa Uthit (30 B). Pour Ao Nang (30 B), ils partent de Th Phattana, près du New Hotel – départs toutes les 15 minutes, de 7h à 18h durant la haute saison (de décembre à mars), jusqu'à 16h ou 16h30 le reste de l'année.

Les bateaux pour les îles et les plages partent en général de l'embarcadère de Tha Jao Fah. Pour plus d'informations, consulter la rubrique *Comment s'y rendre* de *Ao Nang*.

ENVIRONS DE KRABI
Su-Saan Hawy

A 19 km de Krabi, sur Laem Pho, on découvre un site tout à fait étonnant. Connu sous le nom de Su-Saan Hawy (en anglais "Shell Fossil Cemetery"), il s'agit effectivement d'un véritable cimetière de coquillages fossiles, que 75 millions d'années de sédimentation ont accumulés en tables calcaires au-dessus de la mer. Pour vous y rendre, prenez un songthaew depuis les quais de Krabi, et demandez "Su-Saan Hawy". La course ne devrait pas dépasser 20 B.

Wat Tham Seua

En suivant sur environ 5 km la route qui sort de la ville au nord, puis en prenant vers l'est sur 2 km, vous parviendrez au Wat Tham Seua, ou temple de la Grotte du Tigre, l'un des temples forestiers les plus renommés du Sud. Il tire son originalité de sa structure troglodyte. En effet, le wihâan a été bâti à l'intérieur d'une cavité rocheuse. Les dizaines de kutis, ou cellules monastiques, qui le bordent de part et d'autre, ont été creusées à même la roche, lorsqu'elles n'occupent pas les grottes naturelles.

Si vous décidez de visiter le temple, veuillez à respecter le code vestimentaire appliqué dans tous les monastères thaï.

La communauté monastique se regroupe autour de Ajaan Jamnien Silasettho, un moine thaï d'environ cinquante ans dont le pouvoir repose sur un certain de la personnalité. Celui-ci s'est en outre acquis une notoriété incontestable par son enseignement sur le Vipassana et le *metta* (amour-compassion). Un grand nombre de jeunes femmes viennent au Wat Tham Seua pour y servir en tant que nonnes.

Au fond de la grotte, derrière l'autel, une série de marches en marbre mène à une plus petite cavité (faites attention à ne pas vous cogner la tête lorsque vous montez), connue sous le nom de grotte du Tigre. Au fond, vous pourrez admirer l'empreinte de pied d'un bouddha, perchée sur un socle doré, et

protégée par une grille. Près d'une des entrées principales, une représentation en cire de Ajaan Jamnien, grandeur nature, trône dans sous une vitrine de verre. Une pancarte, en anglais et en thaïlandais précise "homme non réel".

Ne quittez pas le site sans aller admirer la petite vallée au creux de laquelle le bòt a été érigé, derrière la corniche. Pour l'atteindre, suivez le sentier qui longe les bâtiments du temple, traversez le petit village qui abrite les quartiers des nonnes, et continuez jusqu'à atteindre deux séries de marches taillées dans la roche, à votre gauche. Le premier escalier mène, au prix d'une ascension ardue (1 272 marches), au sommet d'une colline karstique (là vous verrez une autre empreinte de pied de bouddha) offrant une vue panoramique du site.

La seconde série de marches, située à quelques mètres d'une grande statue de Kuan Yin, suit une faille de la corniche avant de s'enfoncer dans une vallée couverte de hautes futaies. La roche calcaire est, à cet endroit, trouée de nombreuses grottes (dont dix portent un nom) qui communiquent entre elles. Entrez dans les premières que vous rencontrerez sur votre gauche et cherchez l'interrupteur : les cavernes sont alimentées en lumière électrique sur tout le parcours. En chemin, mais aussi en d'autres points de la vallée, vous rencontrerez de nombreuses cellules monastiques. Un sentier sinueux traverse un bosquet, entre des escarpements calcaires tapissés d'une mosaïque de feuillages ; si vous le suivez jusqu'au bout, vous finirez par revenir à votre point de départ, c'est-à-dire au bas des marches.

Où se loger. L'accueillant *Tiger House* (☎ 075-631625) sur la route qui mène au temple, propose 13 chambres à 200 B avec ventil. et à 300 B avec clim. Toutes sont équipées d'une douche (eau froide). Les chambres sont réparties autour d'un parking ombragé. Situé dans un cadre magnifique et joliment fleuri, cet hôtel d'une propreté irréprochable est idéal pour ceux qui désirent s'attarder au Wat Tham Seua.

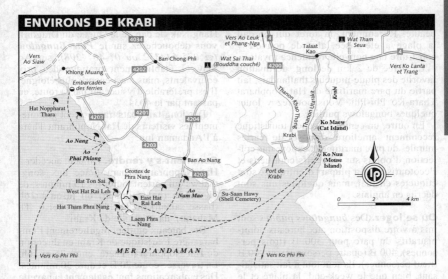

ENVIRONS DE KRABI

Comment s'y rendre. La meilleure solution pour atteindre le Wat Tham Seua est de prendre un songthaew à 7 B à partir de Th Utarakit, jusqu'à l'intersection de Talaat Kao, puis de sauter dans le premier bus ou songthaew qui se dirige vers l'est par la Highway 4 (en direction de Trang et Hat Yai). Faites-vous déposer à la petite route qui prend sur la gauche, juste après le km 108. Si vous mentionnez le nom de "Wat Tham Seua" au conducteur, il vous arrêtera de lui-même à l'endroit voulu. Vous n'aurez plus qu'à suivre cette route à pied sur 2 km pour parvenir au wat.

Le matin uniquement, des songthaews au départ de Th Phattana à Krabi, se rendant à Ban Hua Hin, passent par conséquent la bifurcation pour Wat Tam Seua (12 B). La course depuis Krabi jusqu'à la petite route vous coûtera 10 B. Également le matin, vous trouverez un ou deux songthaews qui vous amèneront directement au Wat Tham Seua depuis Talaat Kao, pour environ 10 B.

Des 4x4 jaune et bleu, garés devant le bureau d'information de la PP Family Co, sur le front de mer, desservent également le Wat Tham Seua. Lorsqu'ils sont pleins, vous ne devriez pas payer plus de 15 B.

Wat Sai Thai

Vous pourrez y admirer un bouddha de 15 m étendu dans une longue cavité rocheuse, elle-même creusée dans une haute falaise de calcaire. Pour accéder au wat, il faut prendre la direction de Ao Nang. Il se trouve à environ 7 km de Krabi, le long de la route 4034 et près du Km 7. Bien que l'édifice n'ait pas le statut officiel de wat (il est habité par quelques moines mais pas suffisamment), vous y verrez un clocher sans cloche, quelques *thâat kradùuk* et les restes d'une salle crématoire datant de l'époque où le monastère était actif.

Hat Noppharat Thara

A 18 km au nord-ouest de Krabi, cette plage s'appelait autrefois Hat Khlong Haeng (plage du Canal sec), parce que le canal qui se jette dans la mer d'Andaman est à sec sauf pendant la mousson et juste après. Le maréchal Sarit donna à la plage son nom pali-sankrit actuel, qui signifie "plage du

Torrent aux neuf gemmes", eu égard à sa beauté. Récemment, la forêt qui bordait la plage a été rasée, afin de pouvoir y construire une nouvelle résidence royale.

La plage de 2 km de long, destination favorite des pique-niqueurs thaïlandais, fait partie du parc maritime de Hat Noppharat Thara-Ko Phi-Phi. Vous pourrez y louer quelques bungalows publics.

En outre, un centre d'accueil touristique récemment amélioré dispose de cartes murales du parc maritime et expose une collection d'objets sur les récifs coralliens et l'écotourisme. La plupart d'entre eux sont étiquetés en thaï, mais quelques uns sont décrits en anglais.

Où se loger. Des *bungalows publics* sont mis à votre disposition aux bureaux administratifs du parc pour 300 B (trois personnes), 400 B (quatre personnes) ou 900 B (neuf personnes). Ils sont tout à fait satisfaisant, bien que le week-end, la plage et le centre d'accueil touristique soient littéralement pris d'assaut par les visiteurs. Il est également possible de louer des tentes de 100 B (deux personnes) à 150 B (trois personnes). Le long du parking, une série de restaurants en plein air et de marchands vend des en-cas ou des plats simples. De l'embarcadère du parc, à la pointe est de Noppharat Thara, des bateaux traversent le canal en direction de Hat Ton Soi, où la *Andaman Inn* (☎ *075-612728*) propose des petites cabanes avec s.d.b. commune pour 70 B et avec s.d.b. pour 150 B, ainsi que des huttes plus spacieuses avec s.d.b. pour 350 B. Les cabanes sont largement espacées et le terrain bien entretenu. En contrebas, sur la plage, vous trouverez des logements équivalents, mais encore plus isolés au *Emerald Bungalows* (200 B avec s.d.b. commune et de 400 B à 500 B avec s.d.b.), au *Bamboo Bungalows* (100 B avec s.d.b.) et à la *Sara Cove* (☎ *01-6771763 ou 01-6768877*), qui propose des chambres à 100 B avec s.d.b. commune et à 250 B avec s.d.b. individuelles. La Sara Cove organise des tours en bateau ainsi que des parties de pêche au poisson et à l'huître à de très bons prix.

Plus à l'ouest, en contournant Laem Hang Nak (le cap de la Queue du Dragon), vous déboucherez sur le *Pine Bungalow* (☎ *075-644332 ou 01-4644298*), sur Ao Siaw. L'établissement pratique des prix équivalents, mais il est encore plus éloigné. Il est préférable d'y accéder par la route, en passant par la 4034.

Des long-tail boats transportent gratuitement les visiteurs de Hat Noppharat Thara à l'Andaman Inn.

Comment s'y rendre. On peut accéder à Hat Noppharat Thara grâce aux songthaews qui partent toutes les 15 minutes, de 7h à 18h (haute saison) ou jusqu'à 16h (basse saison) de Th Phattana (Soi 6, Th Maharat), dans la ville de Krabi.

Des bateaux quittent régulièrement l'embarcadère touristique de Krabi en direction de Hat Noppharat Thara, entre 7h et 16h. La traversée coûte 20 B et dure 30 minutes. Des embarcations font également la navette entre Hat Noppharat Thara et Ao Nang, et principalement au cours de la saison pleine, entre 7h et 16h (10 B, 10 minutes).

Ao Nang et Laem Tham Phra Nang

Au sud de Noppharat Thara, on découvre une succession de baies où des falaises trouées de grottes plongent dans la mer. L'eau est très claire et recouvre quelques récifs coralliens. La plage la plus longue borde Ao Nang ; c'est une belle promenade mais le tourisme s'y développe vite.

Derrière les promontoires au sud de Ao Nang s'étirent les plages de **Phai Phlong**, **Ton Sai**, **West Hat Rai Leh**, avant le cap de Laem Phra Nang qui encercle **Hat Tham Phra Nang** (Princess Cave Beach, ou plage de la grotte de la Princesse) sur le versant ouest, et une plage bordée de palétuviers sur le versant est, souvent appelée **East Rai Leh**, plus connue sous le nom de **Hat Nam Mao**. Toutes ces plages sont accessibles à pied en contournant les promontoires, ou en bateau depuis Ao Nang ou Krabi.

Sur l'autoroute, vous verrez de plus en plus "Ao Phra Nang" au lieu de Ao Nang sur les panneaux indicateurs. En effet, il s'agit là de son nom d'origine.

Hat Tham Phra Nang. C'est sans doute la plus belle plage de la région. Elle est fermée à un bout par une haute falaise abritant **Tham Phra Nang Nok**, une grotte qui serait, selon la légende, la demeure d'une princesse protectrice de la Mer. Une légende locale raconte qu'au cours du IIIᵉ siècle av. J.-C., une barque royale, transportant une princesse indienne très aimée, Sri Guladevi (Si Kunlathewi en thaï), sombra dans une tempête. L'esprit de la princesse vint alors habiter une grande grotte près de l'épave, utilisant ses pouvoirs accumulés au fil de nombreuses vies passées pour réaliser les vœux de tous ceux qui viennent lui rendre hommage.

A l'intérieur de la falaise, un lagon dissimulé, appelé **Sa Phra Nang** (bassin de la Sainte Princesse), est accessible par un sentier, parfois glissant, à l'intérieur de la montagne. Une corde aide les marcheurs (45 minutes pour atteindre le lagon) – des guides sont disponibles dans les pensions. En prenant à gauche, 50 m après le départ du sentier, on arrive à une "fenêtre" dans la falaise avec vue sur les plages de Rai Leh ouest et est. De là, il est également possible de monter jusqu'au sommet de la montagne (avec escalade de quelques rochers) pour découvrir l'ensemble du cap et des îles de **Ko Poda** et **Ko Hua Khwan** (dite aussi "Chicken Island", l'île du Poulet).

Une deuxième grotte, plus vaste, fut récemment découverte dans Laem Phra Nang. Son embouchure se trouve au milieu de la péninsule, non loin de Hillside Huts. Appelée **Tham Phra Nang Nai**, elle se compose de trois cavernes qui renferment des formations calcaires parmi les plus belles du pays, notamment une "cascade de pierre" dorée, de quartz étincelant. La mythologie locale en a fait le grand palais de la princesse des mers, tandis que Tham Phra Nang sur la plage serait son palais d'été. Les falaises environnant Ao Phra Nang sont devenues la mecque des amoureux de l'escalade. Vous obtiendrez facilement équipement, cartes et cours aux

bungalows de la plage, à l'est comme à l'ouest de Hat Rai Leh.

Les îles au large de Laem Phra Nang valent le coup pour la plongée de surface. Outre Ko Poda et Ko Hua Khwan, se dressent l'île plus proche de **Ko Rang Nok** ("Bird Nest Island", l'île des Nids d'hirondelles), et une île anonyme plus grande à côté, avec une grotte sous-marine. Juste au sud de Ko Rang Nok, une épave gisant par le fond et grouillante de poissons, intéressera les plongeurs. Certains des hôtels à bungalows organisent des excursions aux prix raisonnables vers ces îles.

Ao Phai Phlong. Cette crique paisible, bordée de palmiers, est parfaite pour une excursion d'une journée en bateau. Pour l'instant, il n'existe aucun hébergement sur place.

Escalade. Les falaises de calcaire qui entourent le gigantesque promontoire entre Hat Tham Phra Nang et Hat Rai Leh est, ainsi que celles sur les îles proches, offrent des possibilités quasi illimitées aux amateurs d'escalade. La plupart des surfaces sont en calcaire de première qualité avec des parois abruptes, émaillées de poches et de surplombs, voire de stalactites. Les varappeurs ont identifié plus de 460 itinéraires, d'un niveau moyen à difficile (degrés 16 à 25). Les débutants commencent généralement par s'attaquer à Muay Thai, une paroi haute de 50 m offrant une vingtaine d'ascensions (de 17 à 21 degrés) à la pointe sud de Rai Leh est.

A en croire King Climbers, 300 visiteurs viennent escalader chaque jour cette paroi rocheuse. Certaines zones sont interdites car elles font partie de Hat Nopphrarat Thara – le parc national maritime de Ko Phi-Phi et en particulier la falaise qui jouxte la plage de Dusit, ainsi que certaines falaises à l'extérieur de Tham Phra Nang Nai (la grotte intérieure de la Princesse), également appelée la grotte de Diamant.

La plupart des établissements hôteliers de la région se chargent d'organiser des ascensions guidées ou des cours de varappe. Une demi-journée d'escalade avec cours et guide revient à environ 500 B, une journée

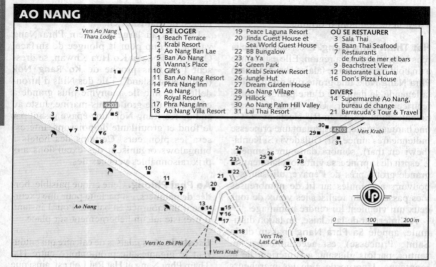

AO NANG

OÙ SE LOGER
1 Beach Terrace
2 Krabi Resort
4 Ao Nang Ban Lae
5 Ban Ao Nang
9 Wanna's Place
10 Gift's
11 Ban Ao Nang Resort
14 Phra Nang Inn
15 Ao Nang
   Royal Resort
17 Phra Nang Inn
18 Ao Nang Villa Resort

19 Peace Laguna Resort
20 Jinda Guest House et
   Sea World Guest House
22 BB Bungalow
23 Ya Ya
24 Green Park
25 Krabi Seaview Resort
26 Jungle Hut
27 Dream Garden House
28 Ao Nang Village
29 Hillock
30 Ao Nang Palm Hill Valley
31 Lai Thai Resort

OÙ SE RESTAURER
3 Sala Thai
6 Baan Thai Seafood
7 Restaurants
   de fruits de mer et bars
9 Beachstreet View
12 Ristorante La Luna
16 Don's Pizza House

DIVERS
14 Supermarché Ao Nang,
   bureau de change
21 Barracuda's Tour & Travel

Vers Ao Nang
Thara Lodge

Vers Krabi

Ao Nang

Vers Ko Phi Phi

Vers Krabi

Vers The
Last Cafe

0   100   200 m

---

entière à 1 000 B, et 3 jours à 3 000 B. Équipements et assurance sont inclus dans le prix. La location de matériel pour deux personnes se monte à environ 500 B la demi-journée, à 800 B la journée entière. King Climbers Rock Climbing School (fax 075-612914 ; e-mail railai@loxinfo.co.th) au Ya Ya Resort, Tex Rock Climbing aux Railay Bay Bungalows, Krabi Climbers (la seule école à employer une femme comme professeur, Pung), près de la réception du Ya Ya et Phra Nang Rock Climbers, près du Viewpoint Resort sont les principaux fournisseurs d'équipement locaux.

Plongée. Phra Nang Divers au Railay Village, Coral Diving au Krabi Resort et Aqua Vision Dive Center sur Ao Nang proposent des excursions d'une journée vers les îles locales, ainsi que des croisières vers les Burma Banks, Ko Bida Nok/Ko Bida Nai, le Maya Wall, Hin Daeng, Hin Muang et les archipels de Surin et de Similan. Les prix varient entre 1 000 et 1 800 B pour une journée de plongée vers les îles voisines, et 8 000 à 9 000 B pour un cours de trois à

quatre jours, sanctionné par un certificat. Les îles les plus propices à la plongée sont Ko Poda Nai et Ko Poda Nawk. A Ko Mae Urai, toute proche, à 1 km à l'ouest de Poda Hawk, deux tunnels sous-marins, frangés de coraux tendres et durs, abritent quantité de poissons tropicaux. Ils sont adaptés à tous les plongeurs, des débutants aux chevronnés. L'autre site de plongée de la région est l'épave au fond de l'eau, au sud de Ko Rang Nok, un habitat très prisé des poissons.

Barracuda's Tour & Travel (☎ 01-9582756), sur Ao Nang organisent quatre voyages sur les îles pour 230 B, équipement de plongée et déjeuner sommaire compris, tandis que Wanna's Place, également située sur Ao Nang, propose des excursions similaires pour 200 B et permet parfois aux visiteurs de s'attarder sur chacune des îles.

Il est également possible de négocier les prix directement avec les pilotes le long de Ao Nang. Pour 150 B par personne, vous pourrez demander à être conduit sur Ko Poda vers 8h ou 9h, et à ce que l'on vienne vous rechercher à 17h. Au restaurant de l'île, vous trouverez des fruits de mer et de la bière. Il est conseillé de louer son équipement sur Ao Nang. Pour trois jours de plongée et de camping, avec accompagnement par des chao náam (gitans de la mer), vous débourserez entre 1 000 et 1 500 B par personne.

Canotage. Des découvertes de la côte, des îles et des grottes semi-submergées en canoë gonflable ou en kayak sont proposées par Sea Canoe Thailand (☎ 075-637170) implanté à Ao Nang, place Wanna ou par Sea Land & Trek (Krabi Canoe, ☎ 075-637359), en face des bungalows Gift, sur la route de la place de Ao Nang. L'un des meilleurs circuits de la région consiste à descendre la rivière, en suivant un canyon frangé de falaises de calcaire arborées, hautes de 200 m, en coupant par des mangroves et des tunnels de lagon (appelés *hongs*, ce qui signifie "salle" en thaï).

Bateau à voiles. Pour vous informer sur les bateaux circulant dans les eaux de Ao Nang, consultez le panneau d'affichage du Gift's Bungalow, du Last Cafe à Ao Nang et du Sunset Bar sur Hat Rai Leh. Le *Syzygie*, un ketch de 14 mètres doté d'une coque en acier, de huit couchettes réparties dans trois compartiments, de deux cabines et d'un salon, fait traditionnellement la navette entre Krabi, Phuket, Penang et Bali. Vous pourrez faire vos réservations à Penang, auprès de Maju Travel (☎ 60-4-2615170 ; fax 2620739) ou à Krabi par l'intermédiaire du Gift's Bungalow (☎ 01-229 2128 ; fax 075-637193).

Le *Dauw Talae II*, un bateau chinois à voiles carrées relie Ao Nang, Ko Phi-Phi et Ko Hong en deux jours et une nuit, deux fois par semaine au cours de la saison pleine. Il peut prendre 14 passagers, moyennant 3 960 B par personne, ce prix comprenant pension complète, boissons, et logement en cabines à deux lits, équipement de plongée et excursions en dinghy vers les lagons, les plages et les criques. Pour tout renseignement ou toute réservation, contactez le Nosey Parker au ☎ 075-637464.

Où se loger et se restaurer

Les hôtels et les bungalows, déjà nombreux, se multiplient le long de Ao Nang et des plages avoisinantes. La plupart des établissements bon marché disparaissent peu à peu, mais vous en trouverez encore quelques uns entre 100 B et 200 B. De préférence, évitez de vous loger à proximité d'un bar en plein air. En effet, ces derniers sont souvent ouverts tard la nuit.

Ao Nang. Le tourisme à Ao Nang est en plein essor. Les hôtels les plus chers se sont d'ailleurs pourvus de bureaux de réservations installés à Krabi, chef-lieu de la province. Le *Krabi Resort* (☎ 075-612160, 02-2089165 à Bangkok), le plus vieux de la région, à la pointe nord de Ao Nang, propose de luxueux bungalows de 1 626 B à 5 476 B selon qu'ils sont à proximité de la plage et selon que vous restez dans un bungalow ou dans une aile de l'hôtel. Les réservations se font au bureau du Krabi Resort de Th Phattana à Krabi. Navette gratuite jusqu'à l'hôtel. Nous avons toutefois entendu dire que le Krabi Resort n'honorait pas toujours ses réservations.

Un peu en retrait de la 4203, qui mène à l'extrémité nord de la plage, le *Beach Terrace* (☎ 075-637180 ; fax 637184) est un hôtel moderne de style appartement. La chambre coûte 1 340 B avec clim., eau chaude, TV et réfrigérateur. Les prix baissent de 40% au cours de la saison des pluies. Le *Ao Nang Ban Lae* (☎ 075-637078), à environ 150 m au sud-ouest, sur le même côté de la 4203, possède quelques bungalows simples mais bien tenus à 200 B. De l'autre côté de la route, le *Ban Ao Nang* (☎ 075-637071) est un établissement moderne dans lequel vous pourrez dormir pour 1 200 à 1 600 B la nuit, et moins au cours de la saison des pluies. A environ 500 m de la plage, au nord de la 4203, juste en face du Krabi Resort, le très calme *Ao Nang Thara Lodge* (☎ 075-637087) offre 37 cottages de catégorie intermédiaire, avec ventil. et beaux paysages pour 350 à 700 B, selon l'époque de l'année.

En aval de la plage, vers le sud, vous déboucherez sur le *Wanna's Place* (☎ 01-4767507), où la hutte sommaire avec ventil. coûte 200 B (150 B en basse saison) et la cabane climatisée (assez rudimentaire) jusqu'à 800 B. Vous y trouverez également un restaurant à l'avant.

En suivant la route vers le sud-est, vous accéderez au *Gift's* (☎ *075-637193 ou 01-2292128*) qui loue de plus grandes cabanes en bambou et en chaume avec s.d.b. pour 350 B. Comptez 250 B en basse saison. L'hôtel dispose d'un panneau d'affichage, sur lequel il placarde les informations concernant les départs et les arrivées des voiliers.

Non loin de là, le *Ban Ao Nang Resort* est un établissement de style pseudo-thaï, reconnaissable à sa couleur rose. La chambre coûte 700 B mais ne les vaut pas.

La petite route qui longe la plage coupe au sud la 4203 qui mène à Krabi. A proximité de cette intersection, vous trouverez la *Phra Nang Inn* (☎ *075-637130 ; fax 637134)*, un hôtel "tropical" conçu avec goût, où vous profiterez d'une vue imprenable sur une partie de la baie, ainsi que d'une petite piscine. Les logements donnant sur la rue peuvent être bruyants. La grande chambre climatisée coûte à partir de 1 766 B en saison pleine (généralement de décembre à février) et 1 300 B le reste de l'année. Quand au restaurant de l'établissement, il est excellent. Sur la même route, en face, se trouve une annexe du même style.

A côté, le *Ao Nang Villa Resort* (☎ *075-637270)* est composé de 76 cottages haut de gamme dont le prix varie entre 450 et 2 000 B, en fonction des équipements proposés.

Au tournant, sur la route 4203, le très récent *Ao Nang Royal Resort* (☎ *075-637188)* possède 16 bungalows en béton, assez proches de la route, à 700 B avec ventil. et s.d.b., et jusqu'à 1 200 B avec clim.

Juste après la plage, sur le côté gauche de la 4203, la *Jinda Guest House* et la *Sea World Guest House* mettent à votre disposition des chambres de style appartement, à l'étage de deux boutiques modernes, pour 200 B la double. Un peu plus loin sur la route 4203, le Barracuda Tour & travel est un magasin de matériel de plongée qui, au-dessus de ses bureaux, loue 6 chambres propres avec s.d.b. commune pour 150 B à

200 B. Non loin de là, à 100 m de la plage, le *BB Bungalow* (☎ *075-637147)* possède des bungalows sommaires mais solides avec ventil. pour 150 B à 400 B, selon la saison, et des chambres avec clim. plus luxueuses pour 1 200 B. Le *Ya Ya* (☎ *075-637176 ou 01-4760270)*, à côté (à ne pas confondre avec le Ya-Ya implanté sur Hat Rai Leh est) est doté de bungalows plus agréables avec terrasse pour environ 400 B. Plus loin en amont de la route, à environ 200 m de la plage, le *Green Park* (☎ *075-637300)* est l'une des meilleures adresses bon marché. Il propose des huttes bien tenues pour 100 B avec s.d.b. commune et 150 B avec s.d.b. Hors saison, ces prix descendent jusqu'à 50 B.

Éloignons-nous encore de la plage, toujours sur la route 4203 : au *Krabi Seaview Resort* (☎ *075-637242)*, vous dormirez dans un bungalow triangulaire et moderne pour 500 B avec ventil. et jusqu'à 1 700 B la double avec clim. ; au *Jungle Hut* (☎ *075-637301)*, un peu plus loin, vous paierez 100 B pour une cabane très correcte avec s.d.b. commune et 120 à 200 B pour une s.d.b. individuelle. Ces prix descendent jusqu'à 50 B hors saison.

De l'autre côté de la 4203, installé en retrait de la route et près d'un étang, le *Peace Laguna Resort* (☎ *075-637345)* se situe dans la catégorie supérieure avec ses bungalows à 450 B (ventil. et s.d.b.) et de 600 à 1 200 B (clim.). De l'hôtel, un chemin mène directement sur la plage. Vous n'aurez donc pas à passer par la route principale.

Plus à l'est, sur la route 4203 le *Ao Nang Village* (☎ *075-637109)* loue des cabanes simples mais fonctionnelles pour 100 à 200 B. La *Dream Garden House* (☎ *075-637338)*, adjacente, propose des chambres de catégorie supérieure, de 700 à 1 200 B. Plus loin encore, au *Hillocks*, vous logerez dans une cabane un peu sinistre pour 100 B. Au *Lai Thai Resort* (☎ *075-637281 ; fax 075-637283)*, de l'autre côté de la route, de somptueux pavillons de style nord-thaïlandais sont regroupés autour d'une piscine. Les chambres sont toutes équipées de la clim., de la TV par satellite, et de s.d.b.

marbrées pour 2 000 à 2 500 B. Comptez une réduction de 40% hors saison. Enfin, le *Ao nang Palm Hill Valley* (☎ 075-637207), dernier établissement de la route, dispose de bungalows aux toits verts, confortables, avec la clim. Comptez entre 900 et 1 200 B.

A la point nord de la plage, après la bifurcation de la route 4203 vers l'intérieur des terres, on débouche sur un chapelet de restaurants et de bars en chaume. Le *Sala Thai*, dernier de la série, est le meilleur restaurant de fruits de mer thaï. Au *Beachstreet View*, un petit café en plein air situé près du Wanna's Place, vous pourrez déguster des fruits de mer corrects sur une table en bambou. Un peu plus au nord sur la route 4203, juste après le Wanna's, le *Baan Thai Seafood* dispose d'un agréable bar en plein air et sert d'acceptables fruits de mer grillés. Sur la "bande" de Ao Nang, le *Ristorante La Luna* sert des pizzas et des pâtes, tout comme l'accueillante *Don's Pizza House*, un établissement de style échoppe, situé après le croisement qui mène au Ao Nang Royal. Non loin de là, vous pourrez faire une partie de billard ou de fléchettes au *Batman Bar*.

En suivant jusqu'au bout la route parallèle à la plage, en direction du sud-ouest et en passant devant la Phra Nang Inn et la Ao Nang Villa, vous accéderez au *The Last Cafe*, un café en plein air et ombragé, servant des plats sommaires et des boissons dans une ambiance décontractée, et disposant même de quelques sièges sur la plage. A l'arrière, vous pourrez y échanger des livres et consulter le panneau d'affichage.

Hat Ton Sai. Cette plage n'est accessible qu'en bateau depuis Ao Nang, Ao Nam Mao ou Krabi. Parfois ouvert, parfois fermé, le *Ton Sai Huts* vous logera peut-être pour 80 à 350 B la nuit.

Hat Rai Leh ouest. Au centre de cette ravissante baie, le *Railay Bay Bungalows* (☎ 01-2284112) rassemble une centaine de cabanes de l'autre côté de la péninsule, en direction de Hat Rai Leh est. Les prix varient entre 500 et 1 000 B selon la taille

de la cabane, le nombre de lits et la présence de la clim. ou non. Hors saison, vous pourrez obtenir une réduction de 250 B au plus. Le *Sand Sea*, tout à côté, comporte deux rangées de cottages qui se font face, certains en chaume et d'autre en ciment. Comptez 600 à 900 B pour un bungalow de base ou plus luxueux avec ventil. et eau froide. La climatisation vous coûtera 1 200 à 1 400 B. Ces tarifs devraient baisser en basse saison.

Équivalent, le *Railay Village* (☎/fax 01-2284366, ☎ 01-4646484) loue de petits cottages avec baies vitrées pour un prix analogue. Alignés sur deux rangées se faisant face, ils coûtent entre 600 et 700 B avec ventil et entre 1 400 et 2 000 B avec clim. Comptez 30 à 40% de réduction hors saison. Ces trois établissements possèdent d'agréables salles de restaurant. Le Railay Village et la Sand Sea étant gérés par des familles musulmanes, seul le Railay Bay sert de l'alcool. C'est au Railay Village que vous mangerez la meilleure cuisine, dans le meilleur des cadres (le restaurant est intégralement construit en bambou et non en plastique).

Par ailleurs, le *Railei Beach Club* (☎/fax 01-4644338 ; fax 075-612914 ; e-mail rbclub@phuket.ksc.co.th), également connu sous le nom de Langkha Daeng (Toit Rouge), a investi l'extrémité nord de la plage. Toutefois, il est possible d'y louer une à trois chambres pour 2 000 à 7 000 B la nuit. Un service de nettoyage assez sommaire est assuré tous les jours. Il est nécessaire de réserver plusieurs mois à l'avance, et même plusieurs années pour le mois de décembre.

Hat Rai Leh est accessible par bateau depuis Ao Nang, Ao Nam Mao ou Krabi, ou à pied depuis Hat Tham Phra Nang et Hat Rai Leh est.

Le seul restaurant qui ne soit pas associé à un hôtel est le *Bobo Bar & Restaurant*, près du Railay Village, vers le nord. Vous y trouverez un stand vendant du vrai café et un grand choix de tisanes, ainsi qu'un petit bar. Malheureusement, le restaurant n'est pas excellent et le service est épouvantablement lent. Au cours de la saison pleine, le restaurant permet aux visiteurs de camper à l'arrière, moyennant une petite somme. Le *Sunset Bar*, au Railay Bay Bungalows, offre toujours les couchers de soleil les plus appréciés.

Hat Tham Phra Nang. Le seul hôtel de cette plage somptueuse est le *Dusit Rayavadee* (☎ *075-620740, à Bangkok : 02-2380032*), édifice élégant, dont les chambres en ciment et stuc, ou les cottages en bois, les moins chers, coûtent 9 000 B.

La plage n'est pas la propriété de l'hôtel : une passerelle en bois a été préservée pour permettre de contourner le cap et d'accéder à Hat Tham Phra Nang, à partir de Rai Leh est. Vous pouvez l'atteindre également depuis Rai Leh ouest, par un sentier forestier. Hat Phra Nang n'est accessible qu'en bateau.

Hat Rai Leh est. Elle est souvent appelée Hat Nam Mao. A marée basse, la mer découvre une vaste étendue de vase, alors que le nord-est de la baie est recouvert de mangroves. Rai Leh n'a donc rien de la plage traditionnelle telle qu'on se l'imagine. La plupart des gens qui y séjournent se rendent sur Hat Tham Phra Nang pour profiter de la plage.

Le Railay Bay Bungalows est doté d'une seconde entrée donnant sur cette plage (voir Hat Rai Leh ouest). Adjacent, le *Sunrise Bay Bungalows* (☎ *01-2284236*), relativement petit, possède 15 cottages d'apparence robuste pour 250 à 450 B et 50 B de moins hors saison. Tous les soirs, vous pourrez regarder un film dans un grand restaurant assez quelconque, coiffé d'un toit en tôle.

Le *Ya-Ya* propose des bungalows très originaux, la plupart dotés de deux ou trois étages. Le rez-de-chaussée est en brique et les niveaux supérieurs, en bois, se mêlent aux palmiers. Il reste quelques cabanes dans des arbres. Elles sont en fait réservées au personnel, mais hors saison, il est parfois possible d'y dormir. Les chambres, toutes équipées d'une s.d.b., coûtent entre 300 et 600 B. Le *Coco Bungalows* (☎ *075-612730*), plus au nord-est, en direction des mangroves, un peu en retrait de la côte, propose des bungalows en chaume, calmes

mais très délabrés, et des cabanes en béton pour 150 B (100 B hors saison). Le restaurant est l'un des meilleurs de la région.

Un peu plus loin, en se rapprochant des grottes de Phra Nang nai, le *Diamond Cave Bungalows* (☎ *01-477 0933*) bénéficie d'un cadre magnifique et met à votre disposition des cabanes en chaume pour 200 à 250 B. Un peu en retrait, vers les grottes, ses jolis cottages, à 400 B la nuit, semblent offrir un meilleur rapport qualité/prix. Les propriétaires de l'établissement projettent de remplacer les cabanes par des bungalows en béton. Lors de ma visite, une pile d'ordure était entassée devant les logements.

Perché sur une colline dominant Rai Leh est et les mangroves, le *Viewpoint Resort* (☎ *01-228 4115*) loue des cottages de deux étages, propres et bien tenus pour 800 B avec ventil. et 1 600 B avec clim. Hors saison, vous pourrez négocier ces prix jusqu'à 500 B et 1 300 B.

Ao Nam Mao. Cette vaste baie, située de part et d'autre d'un promontoire au nord-est de East Rai Leh, n'est qu'à environ 1,5 km de Su-Saan Hawy (Shell Fossil Cemetery). Ici, le paysage ressemble beaucoup à celui de Rai Leh est : des mangroves et une plage de vase peu profonde.

La plage est plus sableuse vers la pointe est de la baie, où s'est établi le *Dawn of Happiness Beach Resort* (☎ *075-612730 ext 207 ; 01-464 4362 ; fax 075-612914*), un hôtel très soucieux de préserver l'environnement : utilisant des matériaux locaux, naturels et recyclables dès que cela est possible, il n'évacue ni ses eaux usées, ni ses ordures dans la baie. Les bungalows en chaume avec s.d.b. et moustiquaire qui donnent sur le jardin coûtent 750 B, tandis que ceux qui donnent sur la mer reviennent à 950 B. Les chambres "familiales", pouvant héberger trois à quatre personnes, reviennent à 850 B. Hors saison, ces prix tombent à 500/750/500 B. Le personnel se tient à votre disposition pour vous faire découvrir les sites naturels de la région. Parmi les nombreuses excursions proposées, un safari d'une nuit au parc national de Khao Phanom Bencha.

Ao Nam Mao est accessible par la route 4204. La bifurcation qui mène au Dawn of Happiness Resort se trouve exactement à 4,2 km au sud-est du km 0 de la route 4203, (qui conduit également à Su-Saan Hawy, le Shell Fossil Cemetery). C'est là que la 4203 se sépare de la 4204 pour partir vers Ao Nang. Ao Nam Mao se trouve à environ 6 km de Ao Nang. Si vous téléphonez depuis Krabi, le Dawn of Happiness se chargera gratuitement de votre transport.

Comment s'y rendre. Hat Noppharat Thara et Ao Nang sont accessibles en songthaews qui partent de Th Phattana, à Krabi, près du New Hotel tous les quarts d'heure entre 7h et 18h (en haute saison) ou 16h (en basse saison), de Th Utarakit à Krabi, près du New Hotel. Comptez 30 B pour un trajet environ de 30 à 40 minutes.

Vous pouvez prendre des bateaux pour Ton Sai, Rai Leh ouest et Laem Phra Nang en plusieurs endroits. Pour Ton Sai, le mieux est d'emprunter un songthaew pour Ao Nang d'où part le bateau pour Ton Sai : 20 B par personne si 2 passagers ou plus, 40 B si vous ne voulez pas attendre le second passager. Il vous faudra peut-être marchander pour obtenir ces tarifs. Des bateaux circulent entre Ao Nang et Ko Phi-Phi pour 150 B, d'octobre à avril.

Pour Rai Leh ouest ou Laem Phra Nang, un bateau direct depuis l'embarcadère de Tha Jao Fah à Krabi (50 B, 45 minutes) va jusqu'à Phra Nang. Cependant, les bateaux ne font le tour complet du cap jusqu'à Rai Leh ouest et Hat Phra Nang que d'octobre à avril, quand la mer est suffisamment calme. Le restant de l'année, ils ne vont pas au-delà de Rai Leh est, mais on peut parcourir facilement le reste du chemin à pied. Si les bateaux depuis Ao Nang reviennent à 30 B (toute l'année), ils ne dépassent pas West Rai Leh et Hat Phra Nang. Depuis Ao Nang, vous paierez un supplément de 30 B par personne si vous amenez avec vous deux autres passagers, contre 60 B pour un seul.

Une autre solution consiste à prendre un songthaew au départ de Krabi jusqu'à Ao Nam Mao, une petite baie près du Su-Saan Hawy (Shell Fossil Cemetery), pour 15 B, puis un bateau pour Laem Phra Nang à 25 B (au moins 3 passagers requis).

Certains hôtels se chargent du transport en bateau *via* leurs agents à Krabi.

PARC NATIONAL DE THAN BOKKHARANI

Le parc national de Than Bokkharani fut créé en 1991. Il comprend neuf grottes dans la région de Ao Leuk au nord de la province, ainsi que l'ancien jardin botanique qui a donné son nom au parc.

La meilleure époque de visite se situe après les moussons car le terrain est parfois un peu trop boueux au milieu de la saison des pluies. En décembre, Than Bokkharani est féerique. Une eau vert émeraude jaillit d'une étroite grotte creusée dans une haute falaise et se déverse dans un grand bassin à lotus qui s'écoule à son tour en un large torrent. Ce dernier se divise en plusieurs cours d'eau à différents niveaux, qui incluent chacun un bassin et une petite cascade. Les Thaïlandais d'Ao Leuk viennent s'y baigner le week-end, mais en semaine, il y a très peu de monde, à part des enfants s'amusant à pêcher. Stands de nouilles, d'excellent poulet rôti, de délicieux calmars panés et de sôm-tam sont sous une aire couverte. Méfiez-vous simplement des singes du parc, plutôt agressifs. L'entrée est gratuite.

Grottes

L'une des grottes les plus intéressantes, protégées par le parc, est **Tham Hua Kalok**, située dans une boucle rarement visitée du Khlong Baw Thaw, bordée de mangroves. Outre d'étonnants stalactites, la grotte haute de plafond contient des peintures rupestres de 2 000 à 3 000 ans.

A proximité, **Tham Lawt** (la "grotte tube") se distingue par son cours d'eau navigable – elle est plus longue que la Tham Lawt de Phang-Nga, mais plus courte que celle de Mae Hong Son.

Il existe sept autres grottes de calcaire similaires dans le district de Ao Leuk – Tham Waririn, Tham Khao Phra Khao Rang, Tham Phet, Tham Thalu Fah, Tham

Sa Yuang Thong, Tham To Luang et Tham Chao Leh. Dans la plupart des cas, vous aurez besoin des services d'un guide pour y accéder. Renseignez-vous auprès de l'office du tourisme de Than Bok.

Où se loger

Le *Ao Leuk Resort* (☎ 075-681369), situé sur l'autoroute à environ 300 m avant Than Bokkharani, propose des cottages corrects pour 200 B avec s.d.b. individuelle.

Comment s'y rendre

Than Bok, comme on l'appelle ici, se trouve entre Krabi et Phang-Nga par la Highway 4, non loin de la ville d'Ao Leuk, à 1,3 km au sud-ouest vers Laem Sak, vers la route 4039. Prenez un songthaew pour Ao Leuk (30 B) au croisement de Th Phattana et Th Preusa Uthit à Krabi, descendez juste avant la ville et marchez ensuite jusqu'au parc sur la gauche.

Pour visiter Tham Lawt et Tham Hua Kalok, il faut louer un bateau à Tha Baw Thaw, à 6,5 km à l'ouest de Than Bok. Les excursions sont organisées par un habitant d'Ao Leuk, Uma Kumat et par son fils Bunma. Ils emmènent une ou deux personnes pour 100 B ; jusqu'à 10 personnes, on peut louer un bateau pour 300 B. Le bateau remonte le Khlong Baw Thaw et traverse Tham Lawt avant de s'arrêter à Tham Hua Kalok. L'embarcadère de Tha Baw Thaw est distant de 4,3 km de Than Bok par la Route 4039, suivis de 2 km à travers une plantation de palmiers à huile. Il faut y aller par ses propres moyens.

PARC NATIONAL DE KHAO PHANOM BENCHA

Ce parc de 50 km² se trouve au milieu d'une forêt vierge humide qui longe la chaîne de Phanom Bencha. Les grandes attractions du parc sont la **cascade de Huay To** à trois niveaux, la **grotte de Tham Khao Pheung** et la **cascade de Huay Sadeh**, toutes à moins de 3 km du bureau du parc. On découvrira d'autres torrents et cascades moins connus. Des panthères longibandes, des panthères noires, des tigres, des ours noirs asiatiques,

des muntjacs, des serows, des tapirs de Malaisie, des colobes, des gibbons et diverses espèces d'oiseaux tropicaux – dont le casoar à casque, l'argus et la brève de Gurney, extrêmement rare – sont les hôtes de ces bois. Le parc national atteint 1 350 m d'altitude, ce qui en fait le point culminant de la province de Krabi. Khao Phanom Bencha signifie "la montagne qui se prosterne en cinq points" : en effet, de profil, elle fait penser à un homme qui se prosterne, ses genoux, ses mains et sa tête touchant le sol.

Vous pouvez planter votre tente pour 5 B par personne dans le terrain de camping.

Comment s'y rendre

Les transports publics directs depuis Krabi ou Talaat Kao sont rares. Deux routes y conduisent par la Highway 4. L'une n'est qu'à 500 m de Talaat Kao – vous pouvez marcher jusqu'à ce carrefour et faire ensuite du stop, ou louer une camionnette à Talaat Kao jusqu'au parc pour une centaine de bahts. L'autre route est à 10 km au nord de Krabi par la Highway 4. On arrive à ce carrefour en songthaew ou en bus à destination d'Ao Leuk au nord.

La location d'une moto pour la journée, à Krabi, reviendrait moins cher que celle d'une camionnette. Tâchez de trouver quelqu'un dans le parc pour surveiller votre moto pendant que vous allez aux cascades, des vols de motos ont eu lieu dernièrement.

KO PHI-PHI

Ko Phi-Phi regroupe en fait deux îles à 40 km de Krabi, Phi-Phi Leh et Phi-Phi Don qui font partie du parc maritime de Hat Nopparat Thara-Ko Phi-Phi. La division des parcs du ministère des Forêts ne contrôle que des parties de Phi-Phi Don. Phi-Phi Leh : les falaises occidentales de Phi-Phi Don sont laissées aux ramasseurs de nids d'hirondelles, et le secteur où vivent les chao náam (nomades de la mer) est également exclu du parc.

Après Phuket, il s'agit de la destination touristique la plus populaire dans le bassin d'Andaman et plus particulièrement de décembre à mars, où elle est envahie par les touristes. Mais en dépit de tout cela, l'île garde toute sa magnificence.

Ko Phi-Phi Don

Phi-Phi Don, la plus grande des deux îles, a une vague forme d'haltère. Ondulée de collines, elle est bordée de falaises vertigineuses et de longues plages baignées par des eaux émeraude. La "poignée" au centre est ourlée de longues plages de sable blanc.

Côté sud, la baie de **Ao Ton Sai** reçoit les bateaux de Phuket et de Krabi ; un village musulman s'y est installé. Côté nord, s'arrondit la baie de **Ao Lo Dalam**.

La partie occidentale inhabitée (sauf quelques cabanes de plage) est appelée Ko Nawk (Outer Island, l'île Extérieure), la partie orientale beaucoup plus grande est Ko Nai (Inner Island, l'île Intérieure). Au nord de la partie orientale, Laem Tong est l'endroit où vivent les chao náam. Leur nombre varie, mais en général ils sont une centaine.

Hat Yao (Long Beach) fait face au sud et possède les plus beaux récifs coralliens de Phi-Phi Don. Ton Sai, Lo Dalam et Hat Yao offrent toutes les commodités de plage.

Derrière une crête, au nord-est de Hat Yao, s'étire une autre belle plage, **Hat Lanti**, avec de superbes vagues. Pendant des années, les îliens n'avaient pas autorisé la construction de bungalows par respect pour la grande mosquée implantée au-dessus de la plage, mais l'appât du gain a fini, hélas, par corrompre, même les chao náam. Plus au nord s'étend la grande baie de **Ao Bakao** avec un petit hôtel, et trois hôtels clubs de luxe se sont installés près de la pointe de Laem Tong.

Les autorités du parc ont laissé les constructions se poursuivre sans le moindre contrôle. Il est d'ailleurs fort probable qu'elles n'aient jamais eu le pouvoir ou l'influence suffisante pour endiguer ce phénomène. On raconte même qu'elles n'osent plus mettre les pieds sur l'île par peur des chefs de village et des propriétaires de bungalows, qui vivent du tourisme.

Ao Ton Sai ressemble maintenant davantage à un port qu'à une plage et les bungalows s'entassent sur cette partie de l'île. Les amateurs de tranquillité et de beaux paysages seront déçus, mais les voyageurs à la recherche de contact et d'animation apprécieront son grand choix de restaurants, ses bars sur le front de mer et ses hôtels de luxe.

Tout n'est, heureusement, pas aussi sordide à Phi-Phi Don, bien que les récifs coralliens souffrent de l'ancrage des nombreux bateaux et des rejets d'eaux usées. Les parties les plus sauvages de l'île sont celles qui appartiennent encore aux chao náam.

Le développement de Ko Phi-Phi s'est toutefois stabilisé ces quatre dernières années, et il semblerait que l'on soit parvenu à un semblant d'accord entre les autorités du parc et les promoteurs.

Une petite centrale électrique a été construite au centre de l'île, mais elle n'est pas suffisamment puissante pour alimenter toutes les stations balnéaires – même à Ao Dalam et Ao Ton Sai. Un grand nombre d'entre elles sont contraintes d'utiliser des groupes électrogènes en fonction de certains critères (jours impairs ou selon leur situation).

De même, l'unique réservoir de l'île, rempli d'eau saumâtre, ne peut approvisionner toute la région et il arrive que plusieurs stations soient obligées de couper l'alimentation à certaines heures.

Si vous vous rendez sur l'île et souhaitez apporter votre témoignage sur cette question, vous pouvez contacter l'une des nombreuses organisations citées à la rubrique *Écologie et environnement*, au chapitre *Présentation du pays*.

Argent. Près de la jetée de Ton Sai, sur Phi-Phi Don, la Krung Thai Bank changera vos devises de 8h30 à 15h30. Vous trouverez également un bureau de la même banque, avec les mêmes heures d'ouverture, dans le village avoisinant l'Adaman Seafood et le Reggae Bar. En outre, un grand nombre d'agences de voyages assurent un service de change, à un taux très bas.

Services médicaux. Le Phi-Phi Health Center, près du village de Ton Sai, prend en charge les urgences mineures 24h/24.

KO PHI-PHI DON

OÙ SE LOGER
1 Phi Phi Natural Resort
2 Phi Phi Coral Resort
3 Palm Beach Travelodge Resort
4 Pee Pee Island Village
5 PP Viewpoint Resort
6 Home Parklong Seasight
7 Phi Phi Pavilion Resort
8 PP Charlie Beach Resort
10 PP Princess Resort
13 Chong Khao
14 Ton Sai Village
16 Phi Phi Island Cabana Hotel
18 Phi Phi Hotel
20 Chao Koh Phi Phi Lodge
22 Rim Khao, Tara Inn et Twin Palm
23 Phi Phi Rim Na Villa
24 Chan House
25 P P Valentine
26 Village des nomades de la mer
27 Phi Phi Don Resort
28 PP Andaman
29 Bayview Resort
30 Maphrao Resort
31 Phi Phi Paradise Pearl Resort
32 Phi Phi Long Beach

OÙ SE RESTAURER
9 Waterfall Pub & Restaurant

DIVERS
11 Gecko Bar
12 Jungle Bar
15 Phi Phi Health Centre
17 Krung Thai Bank
19 Centre-ville
21 Banque

Ko Phi-Phi Leh

Phi-Phi Leh se résume à des falaises abruptes, ponctuées de quelques grottes et d'un lac d'eau de mer qui s'est infiltrée par une fente entre deux falaises dans un canyon en forme de bol. La grotte dite des **Vikings** renferme des peintures préhistoriques, figures humaines et animales stylisées, voisinant avec des représentations de jonques asiatiques qui n'ont, elles, rien de rupestre : elles auraient cent ans tout au plus.

Cette grotte constitue aussi un lieu de récolte des nids d'hirondelles. Celles-ci aiment construire leurs nids en haut des grottes, dans des anfractuosités qui peuvent être très difficiles d'accès. Les agiles ramasseurs bâtissent des échafaudages de bambou pour les atteindre, parfois au risque de leur vie.

Plongée

Au village de Ton Sai, plusieurs clubs se chargent d'organiser des excursions autour de Ko Phi-Phi Leh ou des îles voisines. Vous trouverez plusieurs centres de plongée dans l'allée en brique qui se trouve à l'est du port de Ton Sai. Les tarifs affichés pour une journée de plongée, de 360 B à 400 B, comprennent généralement le déjeuner, l'eau, des fruits et le matériel de plongée. Vous irez normalement jusqu'à Ko Yung (l'île aux Moustiques), Ko Mai Phai (l'île aux Bambous), Hin Pae (le rocher de la Chèvre) et Ko Phi-Phi-Leh.

Les circuits guidés commencent à 500 B (une plongée). Un cours sanctionné par un diplôme revient de 8 000 à 9 000 B. La meilleure période pour plonger se situe entre décembre et d'avril. Masque, palmes et tuba se louent pour 50 B la journée.

Canotage
Vous pourrez louer des kayaks sur la plage qui longe Ao Lo Dalam à 300 B de l'heure, 600 B pour une demi-journée (700 B pour un deux places) et 800 B la journée entière (1 000 B pour un deux places).

Pêche
Toute la journée, de 9h à 17h, vous pourrez pêcher le marlin, le barracuda et d'autres poissons sur un long-tail boat. L'excursion revient à 1 800 B pour deux personnes, rafraîchissements, déjeuner et matériel de pêche compris. La demi-journée (de 9h à 13h ou de 13h à 17h) ne vous fera économiser que 400 B. Vous trouverez des enseignes et des panneaux dans l'allée en brique de Ton Sai.

Escalade
Entre 150 et 200 voies ont été ouvertes sur les hautes falaises en calcaire de Phi-Phi Don. Vous pourrez louer les services d'un guide auprès du Mama Resto.

Circuits organisés et location de bateaux
Pour effectuer le trajet de Ko Phi-Phi Don à Ko Phi-Phi Leh, vous pouvez louer un bateau, moyennant 200 B. Une excursion d'une demi-journée jusqu'à Phi-Phi Leh ou Bamboo Island revient à 500 B, 800 B pour

une journée. Pour une sortie de pêche, comptez 1 600 B par jour.

Où se loger
Durant la pleine période touristique, de décembre à février, ainsi qu'en juillet et en août, presque tout est complet. Mieux vaut arriver tôt le matin pour dénicher une chambre ou un bungalow qui se libère. Hors saison, les prix sont négociables.

Ao Ton Sai. *Le Ton Sai Village* (☎ 075-612434 ; fax 612196), propose 30 bungalows confortables avec clim. (pas de ventil.), eau chaude, TV et mini-bar pour 1 800 B, petit déjeuner inclus. L'établissement se trouvant un peu en retrait de ses homologues, il est légèrement plus calme. Nombre de groupes coréens et taïwanais font étape sur les chaises longues qui se trouvent devant l'hôtel.

Le ***Phi-Phi Island Cabana Hotel*** (☎ 075-620634 ; fax 612132), le plus vieux complexe hôtelier de l'île, s'étend de Ton Sai à la plage de Ao Lo Dalam. Les bungalows avec ventil. coûtent à partir de 1 200 B et la chambre standard dans un bâtiment à trois étages revient de 2 600 à 9 300 B, pour la suite Adaman. L'hôtel dispose d'un restaurant, d'un coffee-shop, d'une salle de billard, d'une discothèque, d'un court de tennis et d'un terrain de basket. Enfin, la piscine, bordée de fausses statues grecques et d'une fontaine façon Las Vegas, domine la plage. Les personnes extérieures à l'hôtel peuvent s'y baigner pour la somme exorbitante de 300 B.

Derrière l'allée où se trouvent la plupart des restaurants, des bars et des magasins de matériel de plongée, le ***Phi-Phi Hotel*** (☎ 01-230 3138 ou 01-985 2667 ; Bangkok ☎ 02-941 7184 ; fax 02-579 5764, e-mail phiphi@ samart.co.th) possède 64 chambres fonctionnelles dans un bâtiment de quatre étages. Ces chambres, probablement les mieux équipées de l'île (clim., douche chaude, TV par satellite, mini-bar), sont louées 1 800 B (1 500 B hors saison), petit déjeuner inclus. Un peu en retrait de la plage, sur la route de Hat Hin kho, le ***Chao Koh Phi-Phi Lodge***

(☎ 075-611313), est composé de bungalows en béton, sommaires mais propres, avec s.d.b. et ventil. pour 300 à 500 B.

Ao Lo Dalam. Le *Chong Khao* se trouve à l'intérieur des terres, sur un sentier reliant les plages de Ao Lo Dalam et Ao Ton Sai. Vous débourserez entre 100 et 300 B pour une chambre dans une bâtisse attenante ou un bungalow entouré de cocotiers. Si vous ne tenez pas absolument à loger sur la plage, sachez qu'il s'agit là du meilleur rapport qualité/prix sur l'île.

Le *PP Princess Resort* (☎/fax 075-620615) dispose de grands et somptueux bungalows en bois, suffisamment espacés les uns des autres, pourvus de baies et de fenêtres vitrées pour 1390 à 2990 B. Les cabanes sont reliées les unes aux autres par de jolies promenades en bois. De mai à octobre, vous pourrez obtenir une réduction de 1 000 B.

Le *PP Charlie Resort* (☎ 01-229 0495) dispose de bungalows simples, propres, et couverts d'un toit en chaume. Un agréable restaurant et un bar de plage vous y attendent dans un cadre pittoresque. Les chambres avec s.d.b. et ventil. coûtent entre 250 et 650 B, selon leur taille et leur emplacement sur la plage. Celles à 250 B sont un peu en retrait et situées près d'un groupe électrogène. Le *Phi-Phi Pavilion Resort* (☎ 075-620633) propose aussi des bungalows en chaume, hauts de plafond et agréablement situés parmi les cocotiers pour 900 B avec ventil et 1 400 B avec clim. Comptez 650/1 000 B hors saison.

Le *Home Parklong Seaside* compte 5 chambres chez un entrepreneur local, sur la plage juste avant la pointe d'Ao Lo Dalam et le PP Viewpoint Resort. Les logements, petits mais propres, avec ventil. et s.d.b. (eau froide) coûtent 800 B au cours de la saison pleine, tandis que les chambres largement plus spacieuses, avec lit à deux places, deux ventil. et une grande baignoire reviennent à 1 200 B. En basse saison, vous débourserez 550/800 B. Toutes les chambres ont accès à une terrasse en bois.

Le *PP Viewpoint Resort* (☎ 01-228 4111) se trouve sur le versant d'une colline, à laquelle on peut accéder par un petit pont surmontant un canal. A l'avant, les logements donnent sur Ao Lo Dalam, tandis que ceux de derrière n'ont aucune vue. Les prix varient entre 500 B pour une chambre et 600 à 750 B pour un bungalow, selon sa taille et son emplacement. Les cabanes sont un peu délabrées, mais celles avec vue sont parfaites pour siroter un cocktail devant un coucher de soleil. Au cours de la saison sèche, de mars à juin, ce versant de la colline est le plus chaud de tous.

Hat Hin Khom. Située un peu à l'est de Ton Sai, Hat Hin Khom a beaucoup décliné. Les ordures qui flottent dans l'eau viennent s'échouer sur le rivage. Les propriétaires de bungalows ne semblent pas se soucier de préserver le site. Le *Phi-Phi Don Resort* (☎ 01-2284083) propose des cabanes en ciment et en stuc qui se dégradent à vue d'œil. Les prix, largement excessifs, varient entre 500 et 700 B avec ventil. et s.d.b. et 800 à 900 B avec clim. Le service est médiocre.

Le *PP Andaman* loue des cabanes en chaume (certaines auraient besoin d'être réparées) pour 200 à 250 B et des bungalows en béton et en stuc, plus robustes, pour 350 B. Rien de très extraordinaire, mais c'est toujours mieux que le Phi-Phi Don Resort.

Derrière l'Adaman, très éloigné de la plage, le *Gipsy Village* (☎ 01-229 0674) est un rassemblement de bungalows solides et bien tenus, alignés en U parmi les cocotiers. Avec toilettes et douche, ils reviennent à 400 B (200 B hors saison). Plus à l'intérieur des terres, un groupement de huttes portant le même nom, affiche des prix équivalents mais offre une qualité bien inférieure.

Établissement haut de gamme, le *Bayview resort* (☎ 01-229 1134) possède des cottages modernes, plus particulièrement destinés à une clientèle thaïlandaise même s'ils accueillent aussi les faràngs. Perchés sur le versant d'une colline, les cottages, propres et spacieux, sont dotés de vastes terrasses donnant sur la mer. Avec ventil., mini-réfrigérateur et douche (eau froide), ils reviennent à 1 200 B, tandis qu'avec clim.

et eau chaude, ils coûtent entre 1 500 et 1 800 B. Lorsque le gérant est là, la cuisine thaï du restaurant peut être très bonne.

Intérieur de l'île. Un petit village s'est développé à l'intérieur de l'île, près de Ao Ton Sai et Hat Hin Khom. Parmi les boutiques de souvenirs, les magasins d'équipement de plongée et les cafés, vous trouverez plusieurs établissements bon marché. Aucun d'entre eux n'est recommandable, même si vous disposez d'un budget très serré. La *Tara Inn* (☎ 01-476 4830) loue des chambres très rudimentaires dans un bâtiment en bois à deux étages, pour 350/400 B la simple/double avec s.d.b. Ces prix descendent jusqu'à 150 B hors saison. Le *Twin Palm* (☎ 01-477 9251) est déjà plus intéressant. Cet établissement de style vaguement colonial propose plusieurs chambres de 200 à 400 B avec s.d.b. commune. Vous pourrez vous asseoir, dans un cadre correct, sur la petite terrasse de devant, doté de bancs en bois. Les bungalows qui se situent en face de l'auberge sont équipés d'une s.d.b. et coûtent entre 350 et 400 B. Hors saison, il est possible de négocier ces prix. Non loin de là, dans la partie la plus sordide du village, la *Chan House* est entourée d'ordures et propose des chambres rudimentaires de type motel de 200 à 300 B. Entre mai et novembre (sauf en août), ces prix peuvent baisser jusqu'à 50 ou 100 B la nuit.

Un peu en retrait du village, davantage vers les collines et le centre de l'île, le *PP Valentine* propose une série de huttes couvertes d'un toit en chaume et entourées de fleurs pour 250 à 350 B. L'accueillante *Phi-Phi Rim Na Villa* demande 350/550 B pour une simple/double avec ventil. et s.d.b. La vue, qui donne sur le réservoir n'a rien de très inspirant.

Hat Hin Khao. Très à l'écart, dans une petite crique accessible par un sentier traversant un promontoire vers le sud de Hin Khom, le *Maphrao Resort* propose des huttes en chaume dans un cadre naturel pour 150 B (douches communes) à 350 B (douches individuelles). Toutefois, les

cabanes auraient besoin d'une rénovation. L'hôtel ferme pendant la saison des pluies.

Hat Yao. Les bungalows disséminés sur la plage sont pratiquement collés les uns aux autres. La plupart des complexes utilisent de l'eau de mer pour les douches. Mais la plage en elle-même est longue et belle. Un sentier mène sur une plage retirée de Lo Mu Di.

Le *Phi-Phi Paradise Pearl Resort* (☎ 01-229 0484 ; fax 722 0370) est le plus grand établissement de la plage, avec ses 80 bungalows solides et bien tenus, de toutes les formes et de toutes les tailles. Les prix varient entre 400 et 1 300 B en pleine saison, et baissent de moitié hors saison. Toutes les cabanes sont équipées de toilettes, d'une douche et d'un ventil. Ce lotissement est légèrement plus propre et plus aéré que les autres sur Hat Yao.

Le *Phi-Phi Long Beach* (☎ 075-612410) propose des huttes rapprochées à 100 B sur le versant de la colline. Pour 120 B, elles seront mieux situées, et pour 150 B, moins anciennes. Toutes partagent leurs douches. Pour 200 à 300 B, vous pourrez louer une cabane avec s.d.b. individuelle et ventil.

Hat Lanti. Sur le versant de la colline, une famille musulmane vivant sur l'île tient un ensemble de 10 *huttes* en chaume et sur pilotis, dotées chacune d'un lit et d'une moustiquaire. Elles reviennent à 120 B tout au long de l'année. L'état des cabanes étant très variable, il est recommandé d'y jeter un œil avant d'en choisir une, mais dans l'ensemble, elles sont propres. Les toilettes et les douches se trouvent dans une hutte séparée.

Il est parfois difficile de trouver des bateaux pour se rendre de Ao Ton Sai à Hat Lanti, car la famille refuse de leur verser une commission. Vous pouvez toutefois y accéder à pied par le sentier panoramique et une fois arrivé à Hat Lanti, la famille organisera tous vos déplacements autour de l'île pour un prix bien plus intéressant qu'à Ton Sai. Attention, la direction du Phi-Phi Paradise Resort et de certains établissements sur Hat Yao prétendra peut-être qu'il n'existe aucune possibilité de logement sur Hat Lanti, où qu'elles ont toutes été détruites. Allez vérifier par vous-même.

Le père de la famille fait un peu d'élevage et de pêche. Un petit restaurant, joliment rustique, domine la baie. La famille ne cuisine que des plats thaï-musulmans et ne parle que très peu l'anglais. Juste au large de la plage, les sites de plongées sont acceptables.

Lo Bakao. Le *Pee Pee Island Hotel* *(Bangkok ☎ 02-276 6056 ; fax 277 3990)* est le seul complexe hôtelier sur cette magnifique étendue de sable à l'écart de tout. Ce site, auquel les avancées de calcaire confèrent un caractère théâtral, vous enthousiasmera par ses nombreuses possibilités d'escalade et de randonnée. De novembre à avril, les prix commencent à 1 400 B et atteignent 3 000 B. Le reste de l'année, la chambre coûte entre 1 000 et 2 000 B. Seules les chambres les plus chères sont climatisées.

Laem Tong. Laem Tong est une de ces jolies plages aux hébergements onéreux. Elle possède également son propre embarcadère. Situé à son extrémité sud, le *Palm Beach Travelodge Resort* *(☎ 076-214654 ; fax 215090)*, dirigé par des Européens, est composé de cottages de style thaï et malais, perchés sur des pilotis de 2 mètres et éparpillés parmi les cocotiers sur un terrain spacieux et pittoresque. Les bungalows faisant face au front de mer sont équipés de la clim., de l'eau chaude et de petits réfrigérateurs, ainsi que de grandes terrasses à deux niveaux. Les autres, légèrement moins luxueux, sont dotés de plus petites terrasses, d'un ventil. et de l'eau froide. En saison pleine, les prix s'échelonnent entre 5 000/5 200 B la simple/double en duplex, 7 300 B pour une hutte séparée, et 9 900 B pour un cottage familial composé de deux chambres communicantes et de deux s.d.b. (jusqu'à six personnes). Hors saison, les tarifs commencent à 3 700/3 900 B. Entre le 20 décembre et le 31 janvier, vous devrez payer un supplément de 400 B par chambre. Vous trouverez également une piscine de taille moyenne et un centre de sports aquatiques très bien équipé.

Le *Phi-Phi Coral Resort (☎/fax 01-6767795 ; Bangkok ☎ 02-270 1520 ; fax 271 4374)* propose des cottages octogonaux en bambou et en bois à 2 300/1 800 B en saison pleine/basse. Un gros inconvénient : l'hôtel accueille tous les jours des groupes de touristes en visite sur la plage et le site n'est pas très bien entretenu.

A la pointe nord de la plage, donnant sur le cap rocheux, le *Phi-Phi Natural Resort (☎ 076-223636 ou 01-229 2250 ; fax 076-214301 ; Bangkok ☎ 02-984 5600)* propose des terrains très spacieux, un restaurant avec vue sur la mer et de jolies chambres à deux niveaux, avec clim. et eau chaude. Les logements sont bien tenus, mais l'entretien des parties communes laisse un peu à désirer. Les chambres donnant sur la montagne coûtent 900 B la simple/double, sur le jardin 1 500 B et sur la mer 2 500 B. Du 20 décembre au 10 janvier, vous paierez un supplément de 1 000 B.

Entre le Phi-Phi Coral Resort et le Palm Beach Travelodge Resort, vous trouverez des chaises de plage, un restaurant et un petit centre de plongée qui loue du matériel bon marché.

Où se restaurer

La plupart des complexes hôteliers, hôtels et bungalows de l'île possèdent leur propre restaurant. Cependant, les restaurants et les cafés de Ton Sai sont moins onéreux, et bien souvent meilleurs. La plupart de ces plats ayant été adaptée aux palais faràngs, ne vous attendez pas à une cuisine thaï très authentique.

Au centre du village touristique de Ao Ton, le *Mama Resto* est la valeur la plus sûre et fournit le meilleur service. Il s'agit également du seul restaurant ouvert sur deux côtés et donc bien aéré. Sur le menu, disponible en anglais, en français, en japonais et en thaï, figurent des fruits de mer fraîchement pêchés, des pizzas, des plats thaï, des salades, des vins et des desserts. Sa sélection de musique joue également en sa faveur.

Le *Twin Palm Pizza Place* est un petit établissement propre qui propose des pizzas correctes et l'ambiance y est bien plus agréable qu'au très populaire *PP Pizza*. Le *Garlic 1992* sert des fruits de mer, des plats thaï et italiens tout à fait satisfaisants. L'établissement est ouvert de 7h à 22h. Non loin de là, l'*Adaman Seafood*, en face du Reggae Bar, offre de la nourriture convenable dans un décor rustique.

Sur la plage de Ao Lo Dalam, au *Waterfall Pub& & Restaurant* vous pourrez manger des sandwiches, des spaghettis, de la cuisine thaï, des salades, et boire d'excellents jus de fruits, à l'ombre d'une bâche. C'est l'un des rares endroits où l'on peut manger en respirant l'air de la mer.

Où sortir

Le *Tin-Tin's Bar & Club* et le grand *Reggae Bar*, tous deux situés dans le village touristique, au centre de l'île, sont les établissements nocturnes les plus fréquentés. Le *Rolling Stone Bar* est un établissement décontracté, où vous pourrez vous allonger sur des coussins thaïlandais et parfois écouter un concert. Sur Lo dalam, à côté de la plage, le *Gecko Bar*, un établissement relativement petit, propose des tables en extérieur. Plus grand, le *Jungle bar*, un club de plage qui fait face au Phi-Phi Island Cabana Hotel, n'ouvre que de novembre à mai.

Plus loin, vers Hat Hin Khom, vous pourrez vous asseoir sur la plage pour vous restaurer et vous désaltérer au *Colombus Cocktails*.

Comment s'y rendre

Ko Phi-Phi est à égale distance de Phuket et de Krabi, mais Krabi est le point de départ le plus économique. Encore récemment, les bateaux ne faisaient la traversée que pendant la saison sèche, de fin octobre à mai, car la mer est souvent trop mauvaise pendant les moussons.

A l'heure actuelle, les agences maritimes font partir leurs bateaux en toute saison. On nous a signalé plusieurs cas de capitaines ayant perdu le contrôle de leur navire. Tout dépend de la météo. Si le temps est menaçant, sachez qu'il y a généralement moins de gilets de sauvetage que de passagers.

La plupart des bateaux en provenance de Phuket et ceux arrivant de Krabi s'amarrent à l'embarcadère de Ao Ton Sai. Quelques bateaux en provenance de Phuket, notamment le *Jet Cruise* de Fast Ferry Siam, utilisent le nouvel embarcadère, à Laem Tong.

Krabi. Deux bateaux partent tous les jours de Tha Jao Fah, PP Family Co détenant à l'heure actuelle le monopole des bateaux pour Ko Phi-Phi. Il y a deux départs par jour, à 10h et 14h30 (en sens inverse, 9h et 13h). Un aller simple coûte 150 B pour 1h30 de traversée. Ces tarifs sont parfois de 100 B par les agences de Krabi. Par ailleurs, il arrive que les départs soient retardés parce que les bateaux doivent attendre les bus en provenance de Bangkok.

Ao Nang. Depuis Ao Nang sur la côte de la province de Krabi, les bateaux reviennent à 150 B par personne, d'octobre à avril. Il n'y a qu'un départ par jour, vers 9h. Comptez 1 heure 20 de voyage. Le bateau reliant Krabi à Ao Nang part entre 15h et 16h.

Phuket. Une douzaine de compagnies possèdent plusieurs bateaux aux divers embarcadères ; les prix s'échelonnent entre 250 et 450 B (de 1 heure 40 à 2 heures). Toutes les pensions et tous les hôtels de Phuket proposent des billets.

Les tarifs les plus chers incluent le bus depuis l'hôtel. Les bateaux partent régulièrement entre 8h et 15h30, de mai à septembre.

La Songserm Travel (☎ 076-222570) propose le *Jet Cruise*, qui part de Phuket à 20h30 (départ de Laem Thong à 14h30) et met 40 minutes.

Diverses compagnies organisent des excursions d'une journée pour Phi-Phi, de 500 à 950 B par personne, retour, déjeuner et excursion compris. Si vous souhaitez passer la nuit à Phi-Phi et rentrer le lendemain, vous devrez acquitter un supplément de 100 B. Un billet aller sur un ferry régulier est évidemment meilleur marché.

Autres îles. Il existe des liaisons assez régulières avec Ko Phi-Phi, d'octobre à avril. Les bateaux partent de l'embarcadère de Lanta Yai vers 8h, et arrivent à Phi-Phi Don vers 9h30. En sens inverse, départ vers 14h ; comptez 170 B par personne. Il est possible également de partir de Ko Jam, horaires, tarif et durée étant les mêmes.

Comment circuler

Le moyen de transport le plus courant est la marche à pied, mais des bateaux de pêche transportent des passagers d'un point à un autre de Phi-Phi Don et vers Phi-Phi Leh. Les rabatteurs attendent les bateaux pour entraîner les voyageurs sur des long-tail boats à destination de Hat Yao (Long Beach) pour 30 B par personne. On peut aussi louer des bateaux à l'embarcadère de Ton sai pour Laem Thong (300 B), Lo Bakao (200 B) et la grotte des Vikings (200 B).

KO JAM (KO PU) ET KO SI BOYA

Ces grandes îles sont peuplées de quelques familles de pêcheurs. Elles sont recommandées à tous les voyageurs fuyant les attractions touristiques. La seule occupation ici, consiste à regarder les villageois charger et décharger leurs bateaux de pêche, à cueillir des noix de coco et de cajou, ou à nager et se promener sur la plage.

Le *Joy Bungalow* (☎ 01-229 1502), sur la côte sud-ouest de Ko Jam propose 37 bungalows spacieux de 150 B (en bambou) à 450 B (en bois).

Le *New Bungalows* (☎ 01-464 4230) dispose de huttes sommaires à 120 B et de cabanes plus agréables – certaines perchées dans un arbre – à 400 B. Pendant la saison des pluies, les prix de ces deux établissements tombent à 50 et 150 B.

Sur Ko Si Boya, non loin de là, le *Siboya Bungalow* (☎ 01-229 1415) propose 20 huttes sommaires dans une fourchette de prix de 100 à 200 B.

Comment s'y rendre

Des bateaux partent une à deux fois par jour de Ban Laem Kruat, un village à 30 km de Krabi, au bout de la Route 4036 par la Highway 4. La traversée revient à 25 B pour Si Boya, et à 30 B pour Ban Ko Jam.

On peut aussi prendre un bateau pour Ko Lanta au quai de Tha Jao Fah à Krabi et demander à descendre à Ko Jam. Deux départs chaque jour à 11h et 14h (150 B jusqu'à Ko Jam, bien que certaines agences vous factureront 170 B).

KO LANTA
18 000 habitants

Ko Lanta est un district de la province de Krabi composé de 52 îles. La géographie est caractérisée par des étendues de mangroves, ponctuées de plages frangées de corail, et un relief accidenté couvert d'énormes magnolias.

Douze de ces îles sont habitées, et parmi elles, quatre sont facilement accessibles : **Ko Klang**, **Ko Bubu**, **Ko Lanta Noi** et **Ko Lanta Yai**, à laquelle on accède par ferry, soit depuis Ban Hua Hin sur le continent en face de Ko Lanta Noi, soit depuis Baw Baw Meuang plus au sud, ou encore depuis Ko Phi-Phi, Ko Jam et Krabi.

Vous trouverez de modestes logements sur Ko Lanta Yai. Cette longue étendue de sable et de coraux constitue la plus grande île de l'archipel. Elle est parsemée de collines boisées. Il est possible de réserver sa chambre et son transport par l'intermédiaire d'une agence de voyages à Krabi ou à Phuket. Sur les autres îles, vous pourrez camper : toutes sont pourvues de sources d'eau fraîche.

Ban Sala Dan, à la pointe nord de l'île, la plus grande ville de Ko Lanta Yai, dispose de deux embarcadères pour ferry, d'agences de voyages, de magasins de plongée et d'un bureau de change à la Siam City Bank. Ban Sala Dan est relié au continent par des lignes électriques.

La capitale du district, **Ban Ko Lanta**, plus bas sur la côte est, est dotée d'un bureau de poste et d'une longue jetée. La ville n'a rien d'extraordinaire, mais ses bâtiments ont l'air plus solides que ceux de Sala Dan. Le service de ferries en direction de Ban Ko Lanta a récemment été supprimé.

Ban Sangkha-U, situé à l'extrémité sud de Lanta Yai est un village de pêche traditionnel, dont les habitants, majoritairement musulmans, se montrent particulièrement accueillants.

La population du district est un mélange de Thaïlandais musulmans et de chao naám installés ici depuis longtemps. Il vivent principalement de la culture de caoutchouc, de noix de cajou et de bananes, ainsi que d'un peu de pêche.

Une route non goudronnée fait pratiquement le tour de l'île. Seule la pointe sud-est, à Ban Sangka-U, n'est pas empruntée par les voitures. Dans le centre de l'île, vous pourrez visiter **Tham Khao Mai Kaew**, un ensemble surprenant de cinq à six grottes creusées dans le calcaire. Un étroit sentier de 1,5 km traverse une plantation de caoutchouc et mène aux grottes.

Parc national maritime de Ko Lanta

En 1990, 15 îles du groupe de Lanta, couvrant 134 km², furent classées parc national en vue de protéger le fragile environnement côtier. **Ko Rok Nawk** est particulièrement belle, avec une baie en croissant bordée de falaises et d'une plage de sable blanc, et un bosquet de banians à l'intérieur de l'île. Le corail intact de **Ko Rok Nai** et les grottes calcaires de **Ko Talang** méritent le détour. Les magasins de plongée installés à Ban Sala Dan se chargeront de vous organiser des plongées jusqu'à ces îles, ainsi qu'à **Ko Ha**, **Ko Bida**, **Hin Bida** et **Hin Muang**. Le camping est autorisé sur Ko Rok Nok.

Ko Lanta Yai est partiellement protégée car l'île appartient en grande partie aux chao naám. A l'image de Ko Phi-Phi, on a construit de nombreux bungalows en bordure du rivage, avec l'accord du Thai Forestry Department.

L'intérieur de l'île consiste en des plantations de caoutchouc, anacardiers et d'arbres fruitiers, ainsi que quelques portions de forêt disséminées çà et là, en particulier dans la partie sud, vallonnée, de l'île. L'administration du parc est implantée à la pointe sud de Ko Lanta Yai.

Tham Khao Mai Kaew

Pour changer des plages, nous vous recommandons de visiter cet ensemble de grottes, situé au centre de Ko Lanta Yai. La marche d'approche, à travers la forêt vierge, est très agréable, mais le clou de l'excursion reste les grottes elles-mêmes, auxquelles on accède en descendant par un petit trou très discret dans la roche.

Certaines cavités sont plus grandes que la nef d'une église, tandis que dans d'autres, vous devrez vous mettre à quatre pattes. En chemin, vous pourrez admirer de magnifiques stalactites et stalagmites, des colonies de chauves-souris et une mare intérieure dans laquelle vous pourrez vous baigner. Ceci, toutefois, n'est pas recommandé aux âmes sensibles, car pour y accéder, il faut se laisser glisser sur une longue pente suintante, à l'aide d'une corde toute aussi glissante. Le défi consistant à pouvoir remonter.

Une famille musulmane vivant vers le bout du sentier, offrira de vous guider moyennant 50 B par personne. Il est vraiment nécessaire de se faire accompagner pour trouver son chemin, notamment à l'intérieur des grottes. La famille tient également un restaurant sommaire qui propose un choix d'en-cas et de boissons.

Les grottes se cachent un peu à l'écart de la plus méridionale des deux routes traversant l'île. Elles sont accessibles par un petit sentier de 1,5 km, qui passe par une plantation d'hévéas et débouche sur la maison de la famille musulmane. La meilleure option est de louer une moto, mais il est probable que le personnel de votre bungalow se proposera d'organiser votre excursion.

Plages

Vous trouverez des plages sur la côte ouest de toutes les îles, bien que, dans l'ensemble, celles de Lanta ne soient pas comparables à celles de Pukhet ou Hat Tham Phra Nang. Les plus belles se trouvent au nord et au sud de la côte occidentale de Lanta Yai, la zone intermédiaire du rivage étant bordée de rochers et de récifs. Par endroit, la côte ouest de l'île, ainsi que Laem Khaw Kwang, est également longée de récifs

KO LANTA

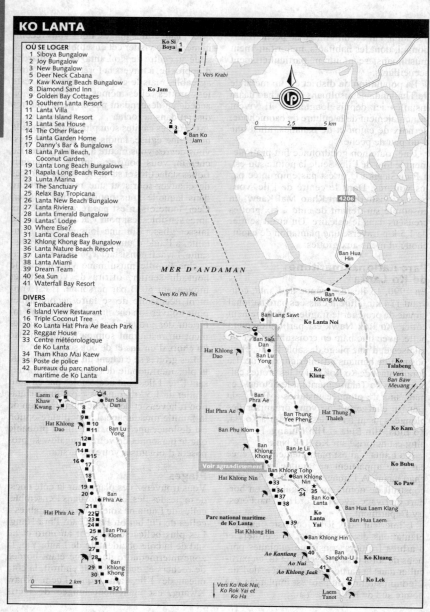

coralliens (le Cap du cou de cerf). Sur la montagne qui domine les grottes, vous pourrez admirer toute l'île.

Sur une petite île, entre Ko Lanta Noi et Ko Klang, s'étend une belle plage du nom de **Hat Thung Thaleh**. Il est conseillé de louer un bateau depuis Ko Klang. Ko Ngai (Hai) vaut également une excursion. Pour plus de détails, consultez la rubrique *Province de Trang*, Ko Ngai étant plus facile d'accès depuis Trang.

Plongée

Les côtes ouest et sud-ouest de **Ko Rok Nai**, **Ko Rok Yai** et **Ko Ha**, trois îles inhabitées au sud de Ko Lanta Yai, sont bordées d'une multitude de coraux. Selon le Ko Lanta Dive Centre de Ban Sala Dan, les paysages sous-marins de **Hin Muang** et **Hin Daeng**, au sud-ouest, sont encore plus beaux. Avec une visibilité pouvant atteindre 30 m par beau temps, on peut y admirer des coraux durs et mous, ainsi qu'une quantité de bancs de poisson, tels que les requins, les thons, et les mantes. On a également repéré des requins baleines dans la région.

A n'importe quelle saison, jusqu'à quatre excursions sont organisées chaque jour sur Ko Lanta. Toutes partent de Ban Sala Dan, mais il est souvent possible de réserver auprès de votre bungalow. Le Atlantis Dive Centre (☎ 01-228 4106 ou 075-612914) demande 2 400 B pour une journée de plongée, équipement compris. Les excursions de deux jours avec cinq plongées coûtent 5 000 B au minimum. L'Atlantis loue également des caméras sous-marines à 480 B la journée.

L'Aquarius Diving (☎ 076-234201) bénéficie d'une bonne réputation auprès des voyageurs, et le Dive Zone semble également bien équipé. La période idéale pour plonger dans la région est de novembre à avril.

Où se loger

Le réseau électrique de Ko Lanta Yai s'étend maintenant de Ban Sala Dan jusqu'au Lanta Miami, bien que le Deer Neck Cabana et le Kaw Kwang, au nord-ouest de l'île, ne soient pas encore alimentés. Des

bungalows climatisés sont donc en cours de construction, et les salles vidéo ainsi que les discothèques ne devraient pas tarder à suivre, si Ko Lanta Yai suit la même voie que Phuket, Ko Samui et Ko Phi-Phi.

Ko Lanta a la possibilité de devenir un modèle de développement touristique respectueux de l'environnement si les constructeurs s'entendent pour garder l'île propre et silencieuse. Il ne faut pas compter sur le système des parcs nationaux pour protéger l'environnement ; c'est à l'administration locale qu'il appartient de contrôler le tourisme.

Jusqu'à présent, les administrateurs locaux semblent toujours faire les mauvais choix. A la pointe nord de la côte ouest, les propriétaires d'hôtel construisent d'épouvantables murs, surmontés de verre brisé, pour séparer leurs terrains, nuisant ainsi à la circulation de l'air et nécessitant d'installer la climatisation, alors qu'aucune île thaïlandaise ne devrait en avoir besoin. Et en ce qui concerne la tranquillité et la solitude, l'extrémité nord de Ko Lanta semble épuiser son patrimoine à grande vitesse.

Les plus belles plages sont regroupées au nord-ouest de l'île, au sud de Ban Sala Dan, où s'est concentré le développement. Cette longue bande de sable, très large et plate, est idéale pour se promener et faire son jogging matinal. Vous trouverez quelques hébergements, tout au bout, pour moins de 400 B la nuit pendant la haute saison (de novembre à mai). Le reste de l'année, les prix dégringolent à 80 B la nuit, mais la route qui longe la côte ouest de l'île est quasi impraticable pendant la mousson, en provenance du sud-ouest. Seuls les quatre complexes de bungalows implantés tout au nord restent ouverts à cette période, pendant laquelle les propriétaires font peu d'effort pour nettoyer la plage sur laquelle s'accumulent les ordures.

Près de Ban Sala Dan, à la pointe nord de la plage, les bungalows du *Deer Neck Cabana*, d'apparence robuste, sont disposés en demi-cercle et coiffés d'un toit en fibre ou en tôle ondulée. Faisant face à la petite péninsule de Laem Khaw Kwang qui fait saillie à l'ouest, l'établissement possède sa propre plage, particulièrement sûre pour les enfants. Lorsque la mer est haute, les arbres, enracinés dans des bancs de sables submergés, semblent pousser dans l'eau. Particulièrement bon marché, les prix s'échelonnent de 150 à 250 B environ.

Le *Kaw Kwang Beach Bungalows* (☎ 01-2284106) est le plus vieil établissement de la plage. De fait, il est situé à l'endroit le plus pittoresque et près d'un coin de plongée. Il se dresse sur la rive sud-est de ce petit cap. Les huttes, bien espacées avec s.d.b., ventil., et bien aérées, coûtent entre 80 et 800 B, selon leur taille, la période de l'année et leur proximité de la plage. Des hamacs vous attendent sur la plage, suspendus à des casuarinas. Vous pourrez également louer un équipement de plongée. Les propriétaires de l'établissement organisent des excursions de pêche ou de plongée vers les îles voisines. Le gérant du Kaw Kwang hésite encore à faire installer la climatisation.

Au sud, à environ 2,5 km de Ban Sala Dan et sur la côte ouest de l'île, plusieurs hôtels plus onéreux sont alignés le long d'une plage appelée Hat Khlong Dao. La *Diamond Sand Inn* (☎ 01-228 4473) est le premier d'entre eux et propose 20 cottages neufs et spacieux avec clim. et douche (eau froide) pour 1 500 B. Le restaurant sert de l'excellente cuisine thaï à un prix raisonnable. Le *Golden Bay Cottages* (☎ 01-229 0879) est un établissement très agréable, doté de bungalows robustes et bien tenus, avec s.d.b. pour 100 à 450 B. Un autre petit nouveau, le *Southern Lanta Resort* (☎ 075-218947 ; fax 218242 ; 01-228 3083) dispose d'une piscine et de 65 chambres climatisées de 1 500 à 2 000 B. La *Lanta Villa* (☎ 075-620629) loue des bungalows aux toits particulièrement pointus pour 400 à 600 B avec ventil et 800 B avec clim. L'établissement est ouvert toute l'année. Puis vient le *Lanta Island Resort* (☎ 01-212 4183), dont les cabanes, dotées de faux murs en chaume et d'un toit rouge ondulé coûtent 350 B avec ventil. et jusqu'à 980 B avec clim. L'hôtel est très fréquenté par les groupes touristiques. Un peu plus chic, la *Lanta Sea House* (☎ 01-228 4160) met à votre disposition des bungalows de style vaguement malais, pour 600 à 800 B avec ventil. et 1 500 B avec clim. Ouvert toute l'année.

Lorsqu'on poursuit plus au sud, les hôtels se font plus sommaires et meilleur marché. The *Other Place* possède quelques cabanes simples en chaume avec ventil. pour 100 à 200 B et peut-être un peu plus entre décembre et février. La *Lanta Garden Home*, à côté, loue des huttes tout aussi sommaires, avec s.d.b. commune pour 150 B et jusqu'à 400 B avec s.d.b. individuelle.

Au détour d'un promontoire connu pour son célèbre cocotier à trois troncs, Hat Phra Ae commence. Vous y trouverez le *Danny's Bar & Bungalows*, qui rassemble cinq bungalows en chaume, de style ancien, et quatre s.d.b. extérieures à 80 B hors saison et 120 B en saison pleine. Au *Lanta Palm Beach*, vous dormirez dans une cabane en bois ou en béton de qualité très variable, pour 80 à 150 B la nuit. Non loin de là, en contrebas de la plage, un nouvel établissement en cours de construction fait face à la maison du kamnan local (officier de la région). Grâce à la bonne distance qui le sépare de la route, vous pourrez y passer des nuits très calmes. Ses cabanes sommaires en bambou et en feuilles de palmier sont équipées de ventil. et de baignoires. Les propriétaires hésitent encore entre deux noms : le *Coconut Garden* ou le *Sunshine*. Les prix devraient varier entre 80 et 100 B.

Juste avant le Ko Lanta Hat Phra Ae Beach Park, un petit chemin qui mène au Flintstone Pub conduit également au *Lanta Long Beach Bugalows*, à 400 m de là. Ce groupe de bungalows rustiques, en chaume, se dresse sur des pilotis en ciment, et bénéficie de s.d.b. individuelles ainsi que de jolies terrasses. Les cabanes sont assez rapprochées les unes des autres, mais le restaurant en plein air offre une belle vue sur la plage. La nuit coûte 200 B, moins hors saison (d'octobre à novembre et de mars à mai). L'établissement est fermé de juin à septembre comme la plupart des hôtels à Ko Lanta.

Juste derrière le petit village de Ban Phra Ae se trouve l'élégant *Rapala Long Beach Resort* (☎ 01-228 4286), composé de

22 bungalows octogonaux dans une fourchette de prix de 150 à 500 B. Les logements eux-mêmes sont tout à fait satisfaisants, mais une fois de plus, vous devrez vous accommoder des fils barbelés qui les entourent et d'un service assez inégal. En continuant sur le même sentier, vous aboutirez au *Lunta Marina*, qui met à votre disposition des bungalows surélevés, en bois et en bambou, et dont la forme triangulaire est particulièrement intéressante. On y accède par une petite échelle. En bas, des terrasses sont équipées de bancs encastrés. Les bungalows, situés très en retrait de la plage, et à proximité du Reggae House et du Blue Marlin, coûtent entre 150 et 300 B. Dans la même zone, *The Sanctuary* propose six huttes rustiques et de la bonne cuisine végétarienne. L'endroit est agréable, mais presque toujours complet (fermé pendant la saison des pluies).

Non loin de là, le *Relax Bay Tropicana* possède des bungalows spacieux, dotés de grandes terrasses pour 200 à 600 B. Les cabanes sont perchées sur une colline rocheuse qui domine la mer. La plage, à cet endroit, ne présente pas grand intérêt, et cela sur 2 km. Un peu plus au sud, près de Ban Phu Klom, on débouche sur le *Lanta New Beach Bungalow* qui propose deux rangées de bungalows en ciment, dont seule la façade avant est peinte en blanc. Coiffés d'un toit rouge ondulé, ils coûtent entre 200 et 300 B la nuit. Au *Lanta Riviera* vous attendent des cottages en bétons, petits mais bien tenus, dotés d'un revêtement en bois à l'avant et coiffés d'une toit ondulé vert. Entourés de cocotiers, ils coûtent 200 B avec s.d.b. L'établissement dispose également d'un restaurant en plein air. Pour la même gamme de prix, au *Lanta Emerald Bungalow,* les façades ne sont ni lambrissées ni blanches, mais en chaume – et les toits ondulés sont rouges.

Plus au sud, vers le Ban Khlong Khong (cette plage est également appelée Hat Khlong Khon), la *Lanta's Lodge* (anciennement Blue Lanta) propose des huttes entourées de cocotiers pour 500 à 700 B en saison pleine et 200 à 300 B hors saison.

Les prix sont un peu exagérés ; mais l'endroit est calme et dispose d'un agréable restaurant en extérieur. Puis vient le *Where Else ?*, dont les huttes sommaires (150 à 200 B) sont construites en chaume et sur pilotis. Suit le *Lanta Coral Beach*, en contrebas d'une route sableuse traversant une palmeraie. Ses huttes en chaume, propres, sont dotées de fondations en ciment et de petites vérandas. Toutes équipées d'une s.d.b., elles coûtent entre 200 et 300 B. Vous trouverez un restaurant en face, sur la plage. L'établissement est fermé pendant la saison des pluies.

Pour descendre vers le *Khlong Khong Bay Bungalow*, tournez à droite, dans un chemin non goudronné qui traverse un village et passe devant une mosquée. Vous franchirez ensuite une porte en bois, après plusieurs maisons particulières. Ici, vous retrouverez les traditionnelles huttes en chaume, au nombre de neuf, avec s.d.b. pour 200 à 300 B en saison pleine. Vous pourrez goûter à la cuisine sommaire d'un restaurant en plein air. C'est l'endroit idéal pour s'imprégner de la vie dans le village de Ban Khlong Khong.

A environ 1 km au sud, la plage change encore de nom : elle s'appelle maintenant Hat Khlong Nin et les logements y sont encore moins chers. Le *Lanta Nature Beach Resort* propose ce qui est en passe de devenir un stéréotype sur Lanta : des bungalows en ciment, coiffés de toits ondulés et dotés de petites terrasses pour 150 à 300 B, selon la période. A côté, le *Lanta Paradise* proposes des cabanes en bois ou en béton satisfaisantes, avec une belle vue sur la plage, de 150 à 400 B, tandis que le *Lanta Miami* (☎ 01-228 4506), immédiatement au sud, coûte entre 300 et 400 B.

Isolé sur un petit promontoire, bordé d'une plage rocheuse baptisée Hat Khlong Hin, le pittoresque *Dream Team* (☎ 01-477 1626) possède des bungalows spacieux et bien tenus pour 100 à 600 B, selon leur proximité de la plage.

Vous trouverez une plus belle plage de sable à seulement 10 minutes à pied. A la pointe nord de Ao Kantiang, en retrait, se dresse le **Sea Sun** avec des bungalows en ciment pour 80 à 120 B. Une des huttes bénéficie d'une vue particulièrement belle.

Toujours en descendant, la crique de Ao Nui est la plus pittoresque de l'île. Toutefois, vous n'y trouverez pas de logement.

A cet endroit, la route commence à remonter et à serpenter vers la pointe est de l'île. Presque au bout du chemin, on aperçoit sur Ao Khlong Jaak le **Waterfall Bay Resort** (☎ 01-228 4014 ; 075-612084 à Krabi). Bien conçu et soucieux de l'environnement, cet établissement possède 18 bungalows en bois. Coiffés d'un toit en chaume, ils sont suffisamment espacés et dominent une baie reculée. Les bungalows reviennent entre 300 et 800 B selon leur emplacement. Tous comptent deux chambres en duplex, et sont par conséquent tout indiqués pour les voyageurs qui se déplacent en famille. La chute d'eau qui a donné son nom à l'établissement se trouve à 30 à 40 minutes à pied. Vous pourrez aussi profiter d'excursions en bateau jusqu'à Ko Rok Nai et Ko Rok Nok. Le restaurant sert de la cuisine indienne, thaïlandaise et faràng. L'établissement affiche souvent complet pendant la courte période où il est ouvert (d'octobre à la mi-juin), aussi mieux vaut réserver à l'avance, par l'intermédiaire de son bureau à Krabi. Un 4x4 viendra vous chercher à l'embarcadère de Ban Sala Dan. De là, un sentier poussiéreux mène à l'administration du parc et à Ban Sangkha-U. L'endroit est tout indiqué pour les visiteurs qui souhaitent explorer le parc.

A Ban Ko Lanta, sur la côte sud-est de l'île, non loin des quais où abordent les bateaux en provenance de Baw Meuang, le **No Name** vous assurera un hébergement sommaire pour 50 B par nuit.

Où se restaurer

Si vous êtes las de l'ordinaire des bungalows, vous trouverez deux ou trois petits restaurants à Ban Sala Dan, à l'extrémité nord de Lanta Yai. Le **Seaview** et le **Seaside** pratiquent des prix modérés. Ils surplombent l'eau et servent de la cuisine thaï et des fruits de mer. La **Swiss Bakery**, près de l'embarcadère, sert de délicieuses pâtisseries et un bon café. Elle ferme durant la saison des pluies. Les restaurants de la plage, près du Lanta Garden Home, ouvrent et ferment au gré des saisons, et proposent en temps normal de la cuisine suisse, française ou italienne.

Le **Island View Restaurant**, perché au sommet de la colline, entre deux groupes de bungalows situés de part et d'autre de Laem Khaw Khwang (Deer Neck Cape), n'est ouvert que pendant la saison pleine. Sa cuisine n'a rien de spécial, mais la vue et les anacardiers en font un site agréable.

A la **Diamond Sand Inn**, ne manquez pas les excellentes *kûng phàt náam khâam* (crevettes sautées à la sauce au tamarin).

Le **Danny's Bar & Bungalows** sert de la très bonne cuisine à des prix bon marché ou modérés, ainsi que des plats occidentaux et même mexicains. Danny, qui est Thaïlandais, a autrefois été chef cuisinier en Europe. Chaque mois de la haute saison, le restaurant fête la pleine lune, avec du *muay thai*, de la musique, des danses et des fruits de mer grillés.

The Sanctuary propose de la bonne cuisine végétarienne, dont quelques plats indiens.

Comment s'y rendre

Krabi. Pour se rendre à Ko Lanta, on peut prendre un songthaew (30 B) de Th Phattana, dans Krabi, jusqu'à Ban Hua Hin, puis un ferry pour traverser l'étroit chenal qui sépare ce village de Ban Khlong Mak, sur Ko Lanta Noi. De là, vous devrez emprunter une moto-taxi (20 B) pour atteindre le quai situé à l'autre côté de l'île, à Ban Lang Sawt, puis un ferry pour atteindre Ban Sala Dan sur Ko Lanta Yai.

Le ferry coûte 3 B pour les piétons, 5 B pour un vélo et son propriétaire, 10 B pour une moto et 50 B pour une voiture ou un camion (plus un supplément de 3 B par personne entre Ban Hua Hin et Khlong Tao).

Il existe maintenant deux ferries à Ban Sala Dan : le nouveau, plus grand, part au sud de la ville, tandis que l'ancien, plus petit

(2 voitures à la fois seulement), rejoint directement Ban Sala Dan. Les deux ferries circulent régulièrement entre 6h et 18h, excepté le vendredi, où ils s'arrêtent vers midi afin que les pilotes musulmans puissent se rendre à la mosquée. On envisage de construire un pont afin de suppléer au service de ferries.

Ban Hua Hin est situé à 26 km par la Route 4206 de Ban Huay Nam Khao, qui se trouve pour sa part à 44 km de Krabi par la Highway 4. Des songthaews effectuent régulièrement le trajet de Krabi (carrefour de Talaat Kao) pour Ban Hua Hin jusqu'à 15h. Comptez 2 heures pour parvenir à Ko Lanta, traversée en ferry comprise. Si vous voyagez en voiture ou en moto, prenez garde de ne pas rater l'embranchement de la Route 4206, près du village de Ban Huay Nam Khao (Km 64), sur la Highway 4.

Si vous venez de Trang, il n'existe pas de transport public direct jusqu'à Ban Hua Hin, mais vous pouvez prendre un bus pour Ban Huay Nam Khao (25 B), puis un songthaew jusqu'à l'embarcadère de Tha Ban Hua Hin, au sud-ouest.

Le moyen le plus rapide de se rendre à Ko Lanta consiste à prendre le bateau depuis l'embarcadère de Tha Jao Fah, à Krabi qui circule d'octobre à avril. Départs à 10h30 et 13h30, 1 heure 30 jusqu'à Ban Sala Dan (150 B). En sens inverse, départs à 8h et 13h. Les bateaux de Krabi ne circulent que de novembre à mai.

Ban Baw Meuang. Vous pouvez aussi prendre un bateau à Ban Baw Meuang, situé à 35 km de Ban Huay Nam Khao au bout de la Route 4042 (80 km de Krabi). L'embranchement de la 4042 est au km 46, près du village de Sai Khao. Il reste environ 13 km à faire jusqu'à Ban Baw Meuang par une route non goudronnée. Les bateaux peuvent contenir jusqu'à 80 passagers. Comptez 1 heure de traversée jusqu'à Tha Samsan sur la côte est de Lanta Yai. Le ferry quitte Ban Ko Lanta entre 7h et 8h, et y revient entre 13 et 14h, pour 50 B par personne.

Ko Phi-Phi. Pendant la saison sèche, d'octobre à avril, il y a deux bateaux par jours,

à 11h et 13h, depuis Ko Phi-Phi (150 B). La traversée dure 1 heure 20 jusqu'à Ban Sala Dan. Les bateaux repartent de Ko Lanta à 8h et 14h. Il existe aussi quelques bateaux depuis l'embarcadère de Ko Jam.

Comment circuler

La plupart des bungalows de Ko Lanta assurent un transport gratuit depuis/vers Ban Sala Dan. Les motos-taxis du village vous emmèneront où vous voudrez sur le littoral, pour 10 à 40 B. Les prix des courses sont similaires depuis Ban Ko Lanta.

Vous pourrez également louer une moto à Ban Sala Dan, mais pour la bagatelle de 250 B par jour !

Province de Trang

La province de Trang présente une géographie similaire à celle de Krabi et de Phang-Nga, avec des plages et des îles le long de la côte et des montagnes à éperons calcaires dans l'intérieur, mais elle est beaucoup moins fréquentée par les touristes. Grottes et cascades sont les principales attractions de l'intérieur – Trang, dans ce domaine, est très bien lotie.

A 20 km au nord du chef-lieu, un parc provincial de 5,6 km^2 protège une forêt tropicale dans son état original. On y découvrira trois cascades et des maisons de repos du gouvernement. Entre Trang et Huay Yot au nord-ouest, s'étend le Thaleh Song Hong (mer en Deux Morceaux), un grand lac entouré de collines.

TRANG
50 900 habitants

Historiquement, Trang a joué un rôle important comme centre de négoce depuis au moins le Ier siècle de notre ère. Elle connut son apogée du VIIe au XIIe siècle, quand elle était le port des sampans faisant la route du détroit de Malacca. A cette époque, Nakhon Si Thammarat et Surat Thani étaient des villes culturelles et marchandes importantes de l'empire Srivijaya, et Trang servait de relais sur la route de Palembang à Sumatra.

La ville s'appelait alors Krung Thani, et plus tard Trangkhapura (ville des Vagues), avant que son nom ne fût écourté au tout début de l'ère Ratanakosin.

A la période Ayuthaya, Trang était le port d'entrée habituel des Européens qui se rendaient ensuite par la voie terrestre à Nakhon Si Thammarat ou Ayuthaya. La ville était implantée à l'embouchure du Trang, mais le roi Mongkut ordonna qu'elle fût déplacée sur son site actuel à cause de fréquentes inondations.

Renseignements

Offices du tourisme. La Trang Tourist Business Association (☎/fax 075-215580), dans Th Phra Ram VI (Rama VI), juste après le Trang Hotel, distribue des prospectus sur la province et pourra répondre à la plupart de vos questions. La TAT avait prévu de construire un bureau dans Th Ratchadamnoen, mais le projet a été temporairement ajourné en raison d'une réduction de budget.

Argent. La Bankok Bank, la Thai Farmer Bank et la Siam Commercial Bank possèdent des bureaux dans Th Phra Ram VI. Vous trouverez des distributeurs automatiques à la Bangkok Bank et à la Thai Farmers Bank, ainsi qu'à la Thai Military Bank dans Th Visetkul.

Poste et communications. Le bureau de poste principal et les services téléphoniques sont établis à l'angle de Th Phra Ram VI et de Th Kantang.

Librairies. Mittasason Bookshop, en face des bureaux municipaux et près de l'horloge, vend des journaux et des magazines anglophones.

A voir

Les principales attractions de Trang sont les plages et les îles avoisinantes. Autre atout, le fait que l'on puisse s'y rendre en train. L'un des titres de gloire de Trang est de remporter souvent la palme de la "ville la plus propre de Thaïlande" – Yala étant sa grande rivale. On remarquera que la ville semble dépourvue, curieusement, de temples bouddhiques thaïlandais. La population du quartier des affaires est surtout chinoise. On voit bien quelques **temples chinois**, mais c'est tout. Meun Ram, l'un de ces temples, entre les Sois 1 et 2, Th Visetkul (Wisetkun), donne parfois des représentations de théâtre d'ombres.

Où se loger

Un certain nombre d'hôtel sont situés dans les deux grandes artères, Th Phra Ram VI et Th Visetkul, qui partent de l'horloge vers l'ouest et le sud. Établissement de longue date, le Ko Teng Hotel (☎ 075-218148), dans Th Phra Ram VI, propose des chambres simples/doubles spacieuses au prix raisonnable de 180/300 B, et un bon restaurant au rez-de-chaussée. Tous les jours, l'hôtel ferme ses portes de devant à 19h, mais il dispose d'une autre entrée à l'arrière. Le *Wattana Hotel* (☎ 075-218184), dans la même rue, loue ses chambres à 180 B avec ventil. et s.d.b., à 260 B avec TV, téléphone et à 450 B avec clim.

Le *Si Trang Hotel*, au nord-est de la gare ferroviaire, dans Th Sathani (qui prolonge Th Phra Ram VI vers le sud-ouest), repose sur des fondations en roche. Les deux premiers étages sont en ciment, tandis que le troisième niveau est en bois. Toutes les chambres coûtent 120 B, qu'elles soient équipées de toilettes, d'une douche ou d'une s.d.b. commune, et toutes sont sombres et sinistres. L'hôtel accueille principalement les voyageurs en transit entre Bangkok et Singapour. Lors de ma visite, deux nouveaux arrivés étaient en train de faire la cuisine sur un feu de charbon, dans le vestibule. Je n'ai vu aucune sortie de secours.

Dans Th Visetkul, le *Queen Hotel* (☎ 075-218522) possède des chambres propres et spacieuses à 230 B avec ventil., et à 360 B avec clim. Le très professionnel *Trang Hotel* (☎ 075-218944), près du clocher, loue des chambres avec clim., TV, eau chaude, ventil. et téléphone pour 500 B et 550 B avec baignoire. Certaines sont même dotées d'un balcon. Le coffee-shop du rez-de-chaussée est un lieu de rassemblement local très apprécié.

Le *Thamrin Hotel* (☎ *075-211011 : fax 218057)*, est un établissement de catégorie supérieure dans Th Kantang, près de la gare ferroviaire. Réparties sur dix étages, ses chambres modernes et climatisées reviennent à 580 B (standard) et à 880 B (de luxe). Les taxes et le services ne sont pas compris. Un établissement qui ne vaut pas le Trang Hotel.

Le *Thumrin Thana Hotel* (☎ *075-211211 ; fax 223288 ; 69/8 Th Trang Thana)*, compte parmi les plus élégants de la ville. Non loin du terminal de bus, ce grand établissement somptueux possède un hall d'entrée en marbre rutilant, des chambres spacieuses toutes équipées de deux lits, de téléphones automatiques internationaux, d'un mini-bar, d'un réfrigérateur, d'une TV et de détecteurs de fumée, tout cela pour 1 200 B à 1 500 B. Vous pourrez également profiter de sa petite boulangerie, de ses trois restaurants, de son coffee-shop, de son centre commercial, de son centre d'affaires, de ses coffres-forts, de son centre de remise en forme, de son sauna et de son bain thermal.

Dans la banlieue nord-est de la ville, le *MP Resort Hotel* (☎ *075-214230 ; fax 211177 ; 184 Th Phattalung)* est un gigantesque bâtiment bleu ciel, conçu pour ressembler, de loin, à un bateau de croisière. Malgré son apparence singulière kitch, l'hôtel est doté d'un hall très élégant, et ses prix, de 1 150 à 1 440 B (2 230 B pour les suites) sont plutôt raisonnables si l'on considère le luxe qu'il offre : piscine avec bar, sauna, bain thermal, billard, court de tennis, golf, salle de jeux, centre de remise en forme, karaoke, restaurants et centre d'affaires. Toutefois, il est un peu loin du centre et n'a pas le cachet du Thumarin Thara.

Kantang. Si vous devez attendre un bateau pour Hat Jao Mao ou les îles, à Kantang, deux adresses bon marché sont à votre disposition. Le *Siri Chai Hotel* (☎ *075-251 172)*, sur la route principale menant au port lorsque l'on vient de la gare ferroviaire, loue des simples petites, mais plutôt propres pour 140 B, ainsi que des doubles à 240 B.

Non loin du marché principal, près du front de mer, le *JT Hotel* (☎ *075-251755)* propose des chambres avec ventil. à 200 B, avec clim. à 300 B.

Où se restaurer

On trouve un grand nombre de bons restaurants aux abords des hôtels. Le *Ko Teng Hotel*, sert toujours un *kaeng kari kài* (curry de poulet) qui compte parmi les meilleurs de la ville. Le menu pour touristes, en anglais, affiche des prix à 60 B pour une bolée, tandis que sur le menu thaï, les plats sont à 25 B – servis *râat khâo* ou sur du riz. Le *Si Trang Coffee Shop*, à l'intérieur du Trang Hotel (à ne pas confondre avec le Si Trang Hotel, plus petit, dont les cuisines improvisées se trouvent dans le vestibule), propose de l'excellente cuisine thaï, chinoise et internationale à des prix modérés. Le *Nam Muy*, est un grand restaurant chinois faisant face au Ko Teng Hotel. Ne vous fiez pas à ses apparences luxueuses, son menu affiche des prix moyens.

Le *Khao Tom Phui* (pas d'enseigne en caractères romains, cherchez un panneau rouge avec des baguettes), dans Th Phra Ram VI sert toutes sortes de spécialités thaï et chinoises le soir, jusqu'à 2 heures du matin. Le restaurant s'est vu décerner le titre de Shell Chuan Chim pour ses *tôm yam* (aux crevettes, au poisson ou aux calmars), son *plaa kraphõng nám daeng* (bar à la sauce rouge) et son *yâwt phàk kha-náa pûm pûy* (légumes verts sautés à la sauce aux haricots avec des morceaux de maquereau fumé).

Si vous rêvez de nourriture ou d'une bière étrangère, rendez-vous au *Wunderbar*, à côté de Trang Tour Service et de la gare ferroviaire, pour déguster un sandwich, des fromages, des salades, des plats thaïlandais, des jus de fruits, et des bières bien glacées. Vous y trouverez également un grand choix de magazines allemands, de journaux et le *Bangkok Post* à consulter sur place. Il n'est pas désagréable d'y attendre son train en profitant de la clim. L'établissement est ouvert de 11h à 23h30.

Le *Diamond Department Store*, dans Th Phra Ram VI abrite un petit centre de colporteurs au troisième étage. A l'angle du centre commercial, dans Th Sathani, un petit marché de nuit s'installe dans la soirée.

Khanõm Jiin. Les nouilles chinoises au curry (*khanõm jiin*) ont fait la réputation de la ville. Les meilleures se dégustent dans une petite échoppe qui a installé quelques tables à l'intersection de Th Visetkul et de Th Phra Ram VI.

Vous aurez le choix entre plusieurs sauces pour accompagner vos nouilles : soit le *náam yaa* (curry épicé à base de poisson émietté), soit le *náam phrík* (sauce aux arachides sucrée et légèrement épicée), ou bien encore le *kaeng tai plaa* (mélange très épicé de haricots verts, poisson, pousses de bambou et pommes de terre). Vous pourrez agrémenter encore le mélange en ajoutant, au choix, une touche de papaye fraîche râpée, des légumes conditionnés au vinaigre, du concombre, ou encore des germes de soja, le tout servi dans un grand bol pour à peine 8 B.

Juste en face de cette échoppe, devant les bureaux de l'administration municipale, se tient un petit marché de nuit où vous trouverez deux ou trois *vendeurs de khanõm jiin.*

Musulman. L'influence malaise en matière culinaire est très forte à Trang. *Le Muslim Restaurant*, en face du Thamrin Hotel, dans Th Phra Ram VI sert du roti kaeng, des curries et du riz bon marché. Le *Mustafa* (pas d'enseigne en caractères romains, cherchez un établissement très éclairé, avec un sol carrelé et une petite vitrine exposant des curries à l'avant), près de la gare ferroviaire, prépare des curries malais, des rotis kaeng, khài et màtàbà (martabak) bon marché dans un cadre relativement propre. A côté, plusieurs échoppes servent des plats musulmans.

Ko-píi shops. Trang est réputée pour son café et ses *ráan kafae* ou *ráan ko-píi* (coffee shops) que l'on reconnaît à leurs chaudières en aluminium chauffées au charbon avec de courtes cheminées qui trônent au milieu ou au fond des boutiques ouvertes. Tenus généralement par des Chinois hokkien, ces cafés servent du vrai café (appelé kafae thũng dans le reste du pays), ainsi que divers en-cas comme des paa-thông-kô, des salabao (brioches chinoises), des khanõm jìip (boulettes), des confiseries de Trang, du mũu yâang (porc grillé), et parfois des nouilles et du jók (soupe de riz épaisse).

Quand vous commandez du café, veillez à employer le mot hokkien *ko-píi* plutôt que le thaï *kafae*, sinon on vous servira du Nescafé ou du café instantané Khao Chong – les patrons s'imaginent que c'est ce que désirent les farángs. Le café, contrairement à d'habitude, est servi sucré avec du lait – demandez du *ko-píi dam* pour avoir un café noir sucré, du *mâi sài náam-taan* pour avoir un café noir sans sucre, ou du *ko-píimâi sài náam-taan* pour obtenir un café avec du lait mais sans sucre.

Le meilleur *ráan ko-píi* du centre-ville est généralement la *Sin Ocha Backery*, dans Th Sathani, près de la gare ferroviaire. Anciennement appelée Sin Jiaw, il s'agissait du meilleur coffee-shop de Trang, mais rénovée il y a quelques années, elle a été transformée en café moderne. On y sert toujours du ko-píi, ainsi que des pâtisseries internationales, des petits déjeuners avec œufs et toasts.

Si vous êtes un inconditionnel de la tradition, essayez le *Yuchiang* (enseigne en thaï et en chinois seulement), à l'angle de Th Phra Ram VI et de Soi 6, Th Phra Ram VI (en face du Khao Ton Phui). Cette traditionnelle coffee-house hokkien, pourvue de tables rondes en marbre, vous accueille dans un vieux bâtiment en bois. L'établissement ouvre tôt le matin et ferme en milieu d'après midi.

Dans Th Huay Yot, entre le Thumrin Thana Hotel et le croisement qui mène au terminal de bus, le *Phong Ocha* (☎ 075-219918) sert de traditionnels ko-píi, accompagnés de jók et de *mìi su ã kài tũun* (nouilles de riz très fines avec poulet cuit à la vapeur et aux herbes). Ouvert de 7h à 22h, c'est le matin qu'il est le plus actif.

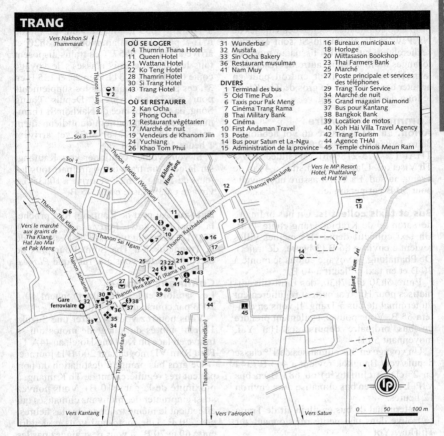

TRANG

Vers Nakhon Si Thammarat

OÙ SE LOGER
4 Thumrin Thana Hotel
11 Queen Hotel
21 Wattana Hotel
22 Ko Teng Hotel
28 Thamrin Hotel
30 Si Trang Hotel
43 Trang Hotel

OÙ SE RESTAURER
2 Kan Ocha
3 Phong Ocha
12 Restaurant végétarien
17 Marché de nuit
19 Vendeurs de Khanom Jiin
24 Yuchiang
26 Khao Tom Phui

31 Wunderbar
32 Mustafa
33 Sin Ocha Bakery
36 Restaurant musulman
41 Nam Muy

DIVERS
1 Terminal des bus
5 Old Time Pub
6 Taxis pour Pak Meng
7 Cinéma Trang Rama
8 Thai Military Bank
9 Cinéma
10 First Andaman Travel
13 Poste
14 Bus pour Satun et La-Ngu
15 Administration de la province

16 Bureaux municipaux
18 Horloge
20 Mittasason Bookshop
23 Thai Farmers Bank
25 Marché
27 Poste principale et services des téléphones
29 Trang Tour Service
34 Marché de nuit
35 Grand magasin Diamond
37 Bus pour Kantang
38 Bangkok Bank
39 Location de motos
40 Koh Hai Villa Travel Agency
42 Trang Tourism
44 Agence THAI
45 Temple chinois Meun Ram

Plus au nord, en se rapprochant du terminal de bus et sur le côté droit de Th Huay Yot, le **Kan Ocha** prend la relève pour le service ko-píi du soir.

Où sortir

Dans une rue donnant sur Th Huay Yot, le **Old Time Pub** est un petit établissement confortable et climatisé où vous bénéficierez d'un excellent service sans qu'aucun *jii-khôk* (les "truands" thaïlandais) ne vienne vous ennuyer.

Achats

La ville est renommée pour sa vannerie, et surtout ses nattes en feuilles de pandanus *(bai toei)* qu'on appelle des *sèua paa-nan* ou nattes de Panan. Elles représentent d'importants cadeaux de mariage dans les campagnes et un élément de base du mobilier de la maison. Les opérations d'assouplissement et de séchage des feuilles de pandanus préalables au tressage, durent plusieurs jours. On les achète à Trang pour 100 à 200 B.

La province possède aussi son style propre de cotonnades. Celles des villages de Na Paw et de Na Meun Si sont les plus recherchées, surtout les tissus au motif en losanges *lai lûuk kaêw*, autrefois réservés à la noblesse. Le meilleur endroit pour en acheter est le marché de gros de Tha Klang le long de Th Tha Klang.

Comment s'y rendre

Avion. La THAI assure un vol hebdomadaire depuis Bangkok (2 005 B). L'agence THAI (☎ 075-218066) est située 199/2 Th Visetkul. L'aéroport est situé à 4 km de Trang, au sud. La THAI assure une navette pour 50 B par personne.

Bus et taxis collectifs. Un bus ordinaire de Satun ou de Krabi à Trang coûte 43 B. Un taxi collectif depuis les mêmes villes revient à environ 86 B (3 heures de trajet). De Phattalung, le voyage en bus se monte à 20 B et en taxi collectif à 40 B.

Entre 5h30 et 17h30, des minivans climatisés pour Hat Yai partent régulièrement du terminal de bus à Trang. Il vous en coûtera 65 B. Vous pouvez également prendre un bus ordinaire depuis/vers Hat Yai, moyennant 50 B.

Un voyage en bus climatisés de 1re classe depuis/vers Bangkok revient à 443 B (344 en 2e classe climatisée) ou 685 B en bus VIP. Le trajet en bus climatisé dure environ 12 heures.

Le terminal de bus en plein air de Trang se trouve dans une petite rue donnant sur Th Huay Yot.

Si vous arrivez de Ko Lanta, vous pouvez prendre n'importe quel bus à destination du nord et descendre à Ban Huay Nam Khao, l'embranchement qui mène à la Highway 4 et la route de Ko Lanta, puis prendre un autre bus pour Trang, en direction du sud, moyennant 30 B.

Des minivans pour Kantang partent de derrière la gare ferroviaire de Trang plusieurs fois par jour.

Train. Seuls deux trains relient directement Bangkok à Trang : l'express n°83 part de Hualamphong (Bangkok) à 17h05 et arrive à Trang à 7h55 le jour suivant. Le rapide n°167 part de Hualamphong à 18h20 et arrive à Trang à 18h57. Ces trains disposent tous les deux de trois classes : le voyage coûte 660 B en 1re, 311 B en 2e, et 135 B en 3e, ces prix n'incluant pas les suppléments pour rapide ou express. Depuis Thung Song, dans la province de Nakhon Si Thammarat, deux trains partent quotidiennement pour Trang à 6h27 et 8h25, et arrivent 1 heure 45 plus tard.

Si vous voulez continuer vers Kantang, sur la côte, un train ordinaire part tous les jours de Trang à 9h23, et arrive à 10h35. Le voyage en 3e classe coûte 45 B.

Bateau. Au port de Kantang, tout proche, la Thai-Langkawi Ferry Line (☎ 075-251917) assure la traversée de l'estuaire de la Trang jusqu'à Tha Som. Pour plus de détails, reportez-vous à la rubrique *Plages*.

Comment circuler

Les samlors et les túk-túks prennent 10 à 20 B par course dans la ville.

Vous pourrez vous procurer une Suzuki 110cm³ auprès du loueur de motos qui se trouve en face du Ko Teng Hotel, au 44A Th Phra Ram VI, moyennant 200 B la journée.

De gros bus orange à destination du port partent très régulièrement de Th Kantang, à proximité de la gare (10 B). Vous pouvez aussi emprunter des minivans climatisés qui effectuent le même trajet, toutes les heures, pour 20 B. Une moto-taxi vous reviendra entre 60 et 70 B, si vous ne craignez pas les transports peu confortables !

LES PLAGES DE TRANG

Plusieurs plages de sable et criques s'égrènent le long de la côte, surtout dans les districts de Sikao et de Kantang. De la Route 403, entre Trang et Kantang, une route non goudronnée part vers la côte à l'ouest et traverse quelques villages musulmans intéressants.

Au bout, elle bifurque vers le nord et vers le sud. La route sud mène à Hat Yao, Hat Yong Ling et Hat Jao Mai, la route nord à

Hat Chang Lang et Hat Pak Meng. La route 4046 *via* Sikao est un moyen plus direct pour se rendre à Hat Pak Meng à partir de Trang.

Hat Jao Mai et Ko Libong

Hat Jao Mai et Ko Libong se trouvent dans le district de Kantang, à 35 km de Trang. La large plage de sable blanc, de 5 km de long, reçoit les plus fortes vagues de la Thaïlande. Hat Jao Mai est bordée de casuarinas et de collines trouées de grottes, dont certaines contiennent des restes de squelettes d'hommes préhistoriques.

Non loin de là, deux grandes grottes sont accessibles par bateau. A Ban Jao Mai Hat Yao, il est possible de louer un bateau de pêche à un tarif horaire de 100 B. Deux heures suffisent.

Tham Jao Mai est suffisamment grande pour être visitée en bateau. Elle est composée au moins de trois niveaux, abrite plusieurs cavernes attenantes et de gigantesques stalactites et stalagmites, des rideaux de cristaux ainsi que des fossiles. Dans une petite cavité du niveau supérieur, vous pourrez admirer une petite source.

Cette plage fait partie du **parc national de Hat Jao Mai,** de 231 000 km², qui inclut Hat Chang Lang, plus au nord, et les îles de Ko Muk, Ko Kradan, Ko Jao Mai, Ko Waen, Ko Cheuak, Ko Pling et Ko Meng. Dans cette portion du parc, on peut parfois apercevoir des dugongs (aussi appelés vaches marines), une espèce en voie de disparition. On rencontre au parc le jabiru asiatique (échassier voisin de la cigogne), une espèce très rare. L'oiseau vient au parc pour se nourrir de mollusques et de crustacés.

D'autres animaux, plus courants, peuplent le parc : loutres de mer, macaques, semnopithèques, cochons sauvages, pangolins, petits hérons, aigrettes de récifs, varans et varans monitors.

La végétation est également très riche et très variée dans le parc : arbres à feuilles persistantes et mangroves, sur la plage et sur les falaises de calcaire à pic.

Ko Libong, la plus grande île de Trang baigne à l'opposé de Hat Jao Mai. Elle abrite

trois villages de pêche. Il est donc facile de trouver un bateau depuis le port de Kantang pour effectuer cette traversée d'1 heure ou depuis Ban Jao Mai Hat, près de Hat Jao Mai, pour une croisière de 15 minutes.

Où se loger. Vous trouverez un grand nombre de bungalows à louer dans le parc national de Hat Jao Mai. Pour réserver, contactez la National Park Division, au Royal Forest Department (☎ 02-579 0529 ; 579 4842 ; 579 5269). Le camping est autorisé sur Jao Mai et vous pourrez également louer quelques bungalows.

Le *Sinchai's Chaomai Resort* (☎ 01-4644140) propose deux cottages en bois de deux chambres, avec s.d.b. pour 200 B et des bungalows plus conséquents avec s.d.b. pour 300 B. Ses cabanes sont moins chères (100 B), mais ça n'est vraiment pas une affaire ! On se baigne dans un puits. Lorsque l'établissement affiche complet, il est possible d'y louer une tente pour 50 B. La femme de Sinchai prépare de l'excellente cuisine thaï et les repas sont bon marché. La famille s'occupera également d'organiser vos excursions vers les grottes ou les îles voisines. Jusqu'au village de Ban Jao Mai Hat Yao, il faut marcher un peu. Vous y trouverez le *coffee-shop* local. Sur l'une des jetées, un *restaurant de fruits de mer* vous attend, ainsi que quelques *bungalows* en bois au prix exagéré de 200 B.

La bifurcation qui mène au Sinchai's Chaomai Resort se trouve à 3,6 km après celle qui conduit au parc de Hat Yong Ling (ou à 9 km de Pak Meng). L'établissement n'étant pas indiqué, suivez un panneau signalant un élevage de crevettes (des lettres thaï rouges sur fond bleu et des dessins de crevettes). Une fois sur cette route d'accès, vous débouchez sur un second embranchement : le chemin de droite mène aux bungalows, tandis que celui de gauche conduit à la Chok Chai Shrimp Farm. C'est la seule route qui relie Ban Jao Mai Hat Yao et la falaise de calcaire, que l'on aperçoit à environ 500 m du village.

Sur Ko Libong, le Botanical Department met gratuitement trois *abris* à votre disposition sur Laem Ju-Hoi, un cap situé à l'ex-

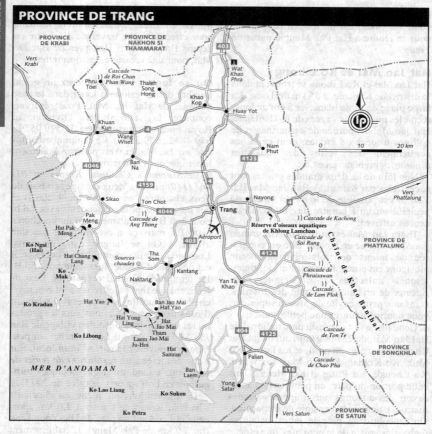

PROVINCE DE TRANG

trémité ouest de l'île. Sur la plage de la côte ouest, on peut camper. Le **Libong Beach Resort** (Trang ☎ 075-214676) propose des bungalows triangulaires en chaume pour 350 B à 500 B. A environ 1 km de l'embarcadère de Libong, le **Tongkran Bungalow** loue des huttes très basiques pour 50 B.

Comment s'y rendre. Le moyen le plus rapide pour se rendre à Hat Jao Mai en transport public consiste à prendre un van depuis le marché de Trang. Ils partent toutes

les heures en saison pleine et moins fréquemment en basse saison. Le voyage coûte 50 B par personne.

Il est également possible de faire le trajet en bus, en train ou en taxi jusqu'au port de Kantang, puis de sauter dans l'un des ferries pour Tha Som, sur la rive opposée de l'estuaire de la Trang. La traversée coûte 2 B pour les piétons, 5 B pour les motos, 15 B pour les voitures, et 20 B pour les camionnettes. Le ferry de Kantang à Hat Jao Mai circule tous les jours de 6h à 20h.

De Tha Som, de fréquents songthaews se rendent à Hat Jao Mai. Des bateaux partent de Ban Jao Mai Hat Yao pour Ko Libong toutes les demi-heures, de l'aube jusqu'à la tombée du jour, pour 20 B par personne. Il est également possible de louer votre propre embarcation moyennant 200 B.

Hat Yong Ling et Hat Yao

A quelques kilomètres au nord de Hat Jao Mai, ces deux très longues plages de sable blanc sont séparées par des falaises.

Hat Yong Ling n'est pas loin à pied du parking du même nom. La baie est très jolie, et vous y trouverez des échoppes qui servent des en-cas le week-end. Un peu à l'écart de la plage, vous pourrez vous baigner dans un des bassins à marée qui se trouvent au pied des falaises, et camper dans le coin après avoir obtenu l'autorisation des gardiens du parc. Non loin de là, **Hat San**, autre plage en forme de demi-lune, est facilement accessible par la grande grotte qui relie les deux plages. Le chemin qui mène à Yong Ling est long de 2 km.

Hat Chang Lang

Cette plage, qui fait partie du parc national de Hat Jao Mai, abrite les bureaux du parc. La plage fait 2 km de long ; elle est très plate et l'eau peu profonde. Près des bureaux, sur une des falaises, vous pourrez admirer plusieurs anciennes peintures à l'ocre sur roche. Une petite source d'eau fraîche et un campement verdoyant vous attendent sous les casuarinas.

Ko Muk et Ko Kradan

Située presque en face de Hat Chang Lang, Ko Muk est accessible par bateau depuis Kantang ou Pak Meng. Le corail autour de Ko Muk est superbe. Plusieurs petites plages permettent de camper et de se baigner. La meilleure plage, **Hat Sai Yao**, est de l'autre côté de l'île, face au large ; elle est surnommée Hat Faráng parce qu'elle "appartient" à un faráng de Phuket.

Près de la pointe nord, **Tham Morakot** (grotte d'Émeraude) est un beau tunnel calcaire dans lequel on pénètre en bateau à marée basse. Le tunnel s'étend sur 80 m et débouche sur un bassin découvert, d'un bleu émeraude, d'où le nom de la grotte. A la pointe sud de l'île se trouve Ao Phangkha et le village de pêcheurs de Hua Laem.

Ko Kradan est la plus belle île du parc. Actuellement, seulement cinq des six cantons de l'île lui appartiennent ; l'un d'eux est dévolu à une plantation de cocotiers et d'hévéas. Sur les deux îles, l'eau est tellement claire que l'on peut y voir nettement le fond. La propreté de la mer permet aux coraux et à de beaux récifs de se développer sur la rive nord de ces îles où l'eau est suffisamment peu profonde pour que l'on puisse faire de la plogée de surface. Ko Kradan est moins riche en plages de sable blanc que Ko Muk, mais le récif corallien de la côte faisant face à Ko Muk est parfait pour la plongée.

Ko Cheuak et **Ko Waen** sont deux petites îles situées entre Ko Muk, Ko Kradan et la côte de Trang. Toutes deux sont bordées de plages sableuses et de récifs coralliens. Sur Ko Cheuak, on peut visiter une petite grotte en bateau, à marée basse.

Où se loger et se restaurer. Le *Ko Muk Resort* (☎ 075-212613, Trang office : 25/36 Th Sathani, près de la gare) ; fait face au continent, à côté du village de pêcheurs musulman de Hua Laem. Il loue des bungalows simples mais joliment conçus à 200 B avec s.d.b. commune et entre 250 et 300 B avec s.d.b. individuelle. De la vase apparaît sur la plage à marée basse. La plage qui borde le village voisin est légèrement moins envasée. Le tout nouveau *Morning Calm Resort* (☎ 01-979-1543), de l'autre côté de l'île, offre 50 bungalows, tous avec ventil. et s.d.b., pour 200 à 800 B selon leur taille.

Le *Ko Kradan Resort* (☎ 075-211391 à Trang ; 02-392-0635 à Bangkok) offre des bungalows corrects à partir de 700 à 900 B. La plage avoisinante est acceptable, mais l'établissement mérite une mauvaise mention pour la nourriture qu'on y sert et les détritus dont il n'hésite pas à parsemer la plage.

Comment s'y rendre. Kantang est le port où l'on s'embarque le plus facilement pour Ko Muk ou Ko Kradan. Des songthaews à 20 B, des bus orange (10 B), et des mini-vans avec clim. (35 B) relient régulièrement Kantang depuis Trang. Une fois à Kantang, il faut louer un autre songthaew pour l'embarcadère (20 B) d'où l'on prend un long-tail boat régulier pour Ko Muk (50 B) ou un charter (300 B) pour Ko Kradan (100 B) ou pour Ko Libong (25 B). Tous les bateaux partent aux alentours de midi et rentrent avant le coucher du soleil.

On peut aussi partir de Hat Pak Meng. Il existe deux quais, un à la pointe nord de la plage et l'autre à la pointe sud. Les bateaux sont plus fréquents depuis le quai sud. La traversée jusqu'à Ko Muk coûte entre 30 et 60 B par personne (selon le nombre de passagers), et 120 B jusqu'à Ko Kradan.

Hat Pak Meng

A 39 km de Trang, dans le district de Sikao, au nord des plages de Jao Mai, Yao et Chan Lang, une autre longue plage de sable s'étire près du village de Pak Meng. La mer est généralement calme et peu profonde, même pendant les moussons. A 200 m au large, on aperçoit des formations rocheuses, dont une vaste, trouée de grottes. Vous trouverez plusieurs stands et deux restaurants de poisson frais. Vous pouvez utiliser les chaises longues et les parasols de la plage si vous commandez quelque chose. Une longue promenade et une digue traversent les parties intermédiaire et méridionale de la plage.

Début novembre, pendant les grandes marées, la population locale afflue à Hat Pak Meng pour ramasser les *hãwy taphao*, délicieuse variété de clam.

A mi-chemin entre Pak Meng et Trang, par la Route 4046, admirez la **cascade de Ang Thong** de 20 m de haut.

Vous pouvez passer la nuit dans des des bungalows en brique (sans nom), de 200 à 300 B la nuit, ou dans les solides bungalows à toits de palme du *Parkmeng Resort* (☎ 075-218940) pour 300 à 500 B, avec ventil. et s.d.b.

Pakmeng Resort organise des visites en bateau d'une journée sur Ko Cheuak, Mo Muk et Ko Kradan pour 350 B, boissons et déjeuner inclus.

Comment s'y rendre. A Trang, prenez un van (20 B) ou un songthaew (15 B) pour Sikao, puis un songthaew (10 B) pour Hat Pak Meng. Un ou deux vans quotidiens desservent Pak Meng (30 B).

Si vous venez de Trang pas vos propres moyens, tournez à gauche avant la route circulaire de Sikao, et dirigez-vous vers la route 2021, signalée par un panneau bleu. 3,5 km plus loin, vous déboucherez sur un embranchement. Continuez tout droit pour arriver à Pak Meng, 6 km plus loin.

Une route goudronnée relie désormais Pak Meng aux autres plages du sud. Si vous êtes motorisé, il n'est donc plus nécessaire de repasser par Sikao pour rentrer.

Ko Ngai (Hai)

Si cette île fait partie du nord de la province de Krabi, elle est plus aisément accessible de Trang. Elle est assez petite (4,8 km²), mais ses plages sont couvertes d'un sable blanc et fin et l'eau est claire, riche en récifs coralliens. Les hôtels de l'île organisent des excursions d'une demi-journée vers les îles voisines, avec visite de la grotte de Morakot, sur Ko Muk, pour 200 B environ par personne.

Où se loger. Sur la côte est de Ko Ngai, deux hôtels n'ayant de "resort" (hôtel club) que le nom se sont installés. Le premier, la *Koh Hai Villa* (☎ 075-218029 à Trang ; 02-318-3107 à Bangkok), est situé dans la partie centrale de la côte. On vous y hébergera pour 300 B par jour en bungalow ventilé et entre 600 et 800 B pour quatre personnes. Si vous optez pour une tente, comptez 150 B. La cuisine est insipide et le personnel, paraît-il, peu sympathique.

A la pointe sud, le *Ko Ngai Resort* (☎ 075-210496 à Trang 210317, 02-246-4399 à Bangkok) propose des cabanes au bord de l'eau à un lit à 250 B, des chambres à 2 lits dans de grands bungalows de 600 à

950 B et un bungalow à 6 lits à 1 300 B. Tentes à 150 B.

On peut réserver des chambres à la Koh Hai Villa Travel Agency à Trang (☎ 075-210496 ; à Bangkok 02-246-4399), 112 Th Phra Ram VI. Si chaque resort a son propre bureau en ville, celui-ci est le plus pratique si vous logez dans le quartier commerçant central. Trang Tour Service (☎ 075-214564 ; fax 219280), près du Wunderbar et de la gare ferroviaire de Trang, s'occupera également de vous réserver une chambre à la Koh Hai Villa.

Comment s'y rendre. Des bateaux partent du quai de Pak Meng pour Ko Ngai, tous les jours de 10h à 2h. La traversée revient à 80 B par personne. Il est également possible de louer son propre long-tail pour 400 à 500 B.

Hat Samran et Ko Sukon

Hat Samran est une belle plage ombragée de sable blanc, dans le district de Palian, à 40 km au sud-ouest de Trang. Du quai des douanes à Yong Sata, il est possible de prendre un bateau pour **Ko Sukon** (appelée également Ko Muu), île peuplée de musulmans, où se trouvent d'autres plages.

Le *Sukon Island Resort* (☎ 075-211460 ; Trang 219679) propose des bungalows pour 200 à 500 B la nuit. L'établissement tient un petit kiosque au terminal de bus de Trang, de façon à faciliter les réservations et les transferts.

Ban Tung Laem Sai

A Ban Tung Laem Sai, dans le district de Sikao, les visiteurs intéressés par l'écotourisme trouveront un lieu de séjour à leur convenance, géré par Yat Fon. Cette association locale à but non lucratif a pour vocation de promouvoir le développement social et la conservation de l'environnement.

Contactez Khun Suwit à Yat Fon (☎ 075-219737) pour les réservations et le transport.

CASCADES ET CHUTES

La province vient d'achever le revêtement d'une route qui part de la Highway 4 près

de la frontière Trang-Phattalung, et dessert quelques belles cascades. **Ton Te**, à 46 km de Trang, est la plus haute ; la chute verticale de 320 m est plus majestueuse pendant la saison des pluies et juste après, de septembre à novembre.

Chao Pha, dans le district de Palian près de Laem Son, est constituée de 25 chutes échelonnées de 5 à 10 m de haut chacune, avec bassin à chaque niveau. On peut parfois apercevoir la tribu semi-nomade des Sakai dans les parages.

Peut-être la plus curieuse de toutes, **Roi Chan Phan Wang** ("Cent Niveaux – Mille Palais"), à une trentaine de kilomètres au nord-ouest de Trang dans le district de Wang Wiset, est située dans la zone peu explorée. Entourées de caoutchoucs, des dizaines de minces cascades rebondissent sur des formations calcaires dans des bassins. L'aire est bien ombragée et idéale pour un pique-nique. Cependant, il n'existe aucun transport public et la route n'est pas très bonne. La moto ou la jeep sont donc de meilleures solutions.

GROTTES

Tham Phra Phut, dans le district de Huay Yot au nord-est, renferme un grand bouddha couché de l'époque Ayuthaya. A sa redécouverte au début du siècle, une cachette pleine d'argenterie, de nielles, de céramique et de laques fut trouvée derrière la statue datant probablement de l'invasion birmane du milieu du XVIIIᵉ siècle.

Dans ce même district, près du village de Ban Huay Nang, **Tham Tra** (grotte des Sceaux) renferme de mystérieux sceaux rouges taillés dans les parois qui laissent les archéologues perplexes. Des symboles semblables ont été trouvés dans le temple-caverne voisin du **Wat Khao Phra**.

Tham Khao Pina, par la Highway 4 entre Krabi et Trang au km 43, est plus facile d'accès. Elle abrite un grand sanctuaire bouddhique à plusieurs niveaux, très apprécié des touristes thaïlandais.

Une autre grotte célèbre, **Tham Khao Chang Hai**, près du village de Na Meun Si, dans le district de Nayong, contient de grandes cavernes aux formations intérieures impressionnantes.

PARC ORNITHOLOGIQUE DE KHLONG LAMCHAN

Cette grande zone marécageuse située dans le district de Nayong, à l'est de Trang est un habitat important pour plusieurs espèces d'oiseaux aquatiques, analogue au Thaleh Noi ou au Khukhut dans la province de Songkhla. Hébergement possible.

Province de Satun

Limitrophe de la Malaisie, Satun (ou Satul) est la province la plus méridionale de la côte ouest. Hormis le franchissement de la frontière par terre ou par mer, ses attraits principaux sont le parc national maritime de Ko Tarutao et le parc national de Thaleh Ban.

Avant 1813, Satun était un district de l'État malais de Kedah. Le nom de Satun vient du malais *setul*, un arbre très commun dans la région. A l'époque, Kedah, ainsi que Kelantan, Terengganu et Perlis, payaient un tribut au Siam. A la suite du traité de 1909 entre l'Angleterre et le Siam, ces États passèrent sous domination britannique avant de faire partie de la Malaisie, à son indépendance.

Satun ne devint une province du Siam qu'en 1925. Aujourd'hui, on estime que 66% de sa population est musulmane, la majorité étant de langue maternelle yawie ou malaise. Dans la province, on dénombre quatorze mosquées pour un wat.

SATUN
22 700 habitants

Satun n'a rien d'extraordinaire à offrir, si ce n'est la possibilité d'entrer ou de quitter la Thaïlande par bateau *via* Kuala Perlis en Malaisie. A 60 km au nord de Satun, le petit port de Pak Bara est le point de départ des bateaux pour Ko Tarutao.

Comme les trois autres provinces à majorité musulmane (Yala, Pattani et Narathiwat), le gouvernement thaïlandais a installé des haut-parleurs dans les rues, diffusant des programmes officiels à 6h et 18h (commençant par un appel au travail en guise de réveil et se terminant par l'hymne national pendant lequel tout le monde doit s'arrêter et rester debout), le but étant de développer la fibre nationaliste chez ces Thaïlandais rebelles, et, peut-être également, de couvrir les appels à la prière.

Vous pourrez admirer quelques vieilles boutiques sino-portugaises – les plus anciennes datent de 1839 – dans Th Buriwanit. La mosquée de Bambang, très moderne avec sa coupole en forme de parachute, a été construite en 1979.

Renseignements
Immigration. Relativement nouveau, le bureau des douanes de Wang Prachan, à l'embarcadère de Tammalang, au sud de la ville, abrite un bureau de l'immigration où sont contrôlés les papiers de tous les voyageurs à leur arrivée ou au départ de la Malaisie, par bateau. Ils se chargeront également de proroger vos visas.

Vous trouverez aussi un bureau d'immigration dans la ville, mais il manque de personnel. Par ailleurs, si vous essayez de faire proroger votre visa, on vous enverra probablement à Tammalang.

Argent. Vous pourrez changer de l'argent à la Thai Farmer Bank, la Bangkok Bank ou la Siam Commercial Bank, toutes disposant de bureaux dans le centre-ville, soit dans Th Buriwanit, soit dans Th Satun Thani. Ces deux derniers établissements sont équipés d'un distributeur automatique. Si vous vous rendez à Kuala Perlis, rappelez-vous que les banques de la côte est de la Malaisie sont fermées le jeudi après-midi ou le vendredi.

Si vous n'avez pas de ringgits malais, nous vous conseillons de reporter votre voyage – à moins que le gouvernement malais n'ait levé son interdiction sur les échanges de monnaie malaise à l'extérieur de ses frontières. Et tant que cette interdiction sera maintenue, il restera impossible de trouver des ringgits du côté thaïlandais.

Poste et communications. La poste principale et les services téléphoniques sont

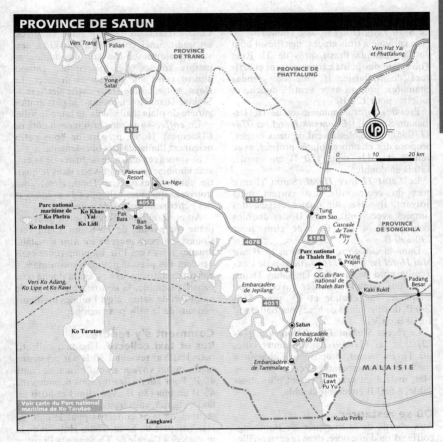

PROVINCE DE SATUN

à l'angle de Th Samanta Prasit et de Th Satun Thani.

Khao Phaya Wang

Si vous avez du temps, vous pouvez envisager d'aller vous promener dans le parc qui occupe le versant ouest du Khao Phaya Wang, une éminence voisine du Khlong Bambang (parfois nommé Khlong Mambang). Des marches gravissent la paroi encombrée de végétation du côté khlong du Phaya Wang. D'en haut, on a une belle vue sur les méandres verts du khlong, les rizières et les plantations de cocotiers. Des nattes Pandan sont en vente à l'aire de pique-nique fraîche et ombragée, voisine du canal, en bas.

Des stands vendent du sôm-tam, du khâo niãw, du *kài thâwt*, du *kûng thâwt* et du *miang kham* (un mélange de gingembre, d'oignon, de crevettes séchées, de noix de coco grillée, de piment, de cacahuètes et de citron, servi dans une feuille de thé sauvage et accompagné d'une sauce salée sucrée au tamarin).

Où se loger

Le *Rain Tong Hotel* (Riang Thong) est un bloc cubique à trois étages, installé au bout de Th Samanta Prasit, près de Th Rian Thong, où des petits cargos partent et arrivent de Malaisie. Il loue de grandes chambres, propres avec ventil., douche et toilettes pour 120 B.

Près des bureaux municipaux de Th Hatthakam Seuksa, l'*Udomsuk Hotel* (☎ 074-711006), un établissement de deux étages, propose des chambres plutôt propres, avec ventil. et s.d.b. pour 120 B en simple, 130 B en double.

Le *Satul Thanee Hotel* (Satun Thani), près du centre-ville, est correct mais bruyant. Il offre, sur quatre étages, des simples avec ventil. à 190 B, des doubles avec ventil. à 250 B, avec clim. pour 290/390 B.

Dans la catégorie supérieure, le *Wang Mai Hotel* (☎ 074-711607/8), près de l'extrémité nord de la ville, Th Satun Thani, loue des simples/doubles avec clim., moquette, eau chaude et TV pour 550/590 B, des chambres de luxe pour 650 B, ou 1 350 B en VIP.

Le récent *Sinkiat Thani Hotel* (☎ 074-721055 ; fax 721059), dans le centre-ville, sur Th Buriwanit, propose des chambres confortables, comparables à celles du Wang Mai, mais à un prix nettement plus abordable, à 680 B en simple/double.

Où se restaurer

Aux abords de la mosquée de Bambang, coiffée d'un dôme doré, dans le centre-ville, vous trouverez plusieurs restaurants musulmans bon marché, dont le *Suhana restaurant*, une valeur sûre située dans Th Buriwanit, presque en face de la mosquée. Deux numéros au sud du Suhana, un *marchand de rotis*, reconnaissable à ses murs vert clair, sert de légers rotis au curry. Plusieurs *échoppes chinoises* bon marché sont alignées dans Th Samanta Prasit, à l'angle de Th Buriwanit. Dans la ville, nombre d'établissements vendent du khâo man kài et du kŭaytĭaw, mais aucun d'entre eux ne se démarque réellement.

Le *Hok Heng Yong*, en face de la Siam Commercial Bank dans Th Satun Thani, est un traditionnel coffee-shop hokkien, servant quelques en-cas sur des tables en marbre rondes. Les patriarches chinois aiment venir s'y attabler et discuter. Le *Raya*, autre coffee-shop caché derrière le Sinkiat Thani Hotel, propose la plus grande variété de plats thaïlandais de toute la ville.

Un *coffee-shop* sans enseigne, à côté de l'Udomsuk Hotel, prépare de bons petits déjeuners thaïlandais et occidentaux.

Si vous avez envie de déguster de la cuisine chinoise, promenez-vous dans le quartier chinois près du Rian Thong Hotel Vous trouverez quelques échoppes de *nouilles* et des *petits restaurants de poisson.*

Au nord du Satul Tanee Hotel, dans une petite rue partant de Th Satun Thani vers l'ouest, un beau *marché de nuit* s'installe tous les soirs vers 17h. La plupart des étals vendent des plats thaïlandais musulmans à des prix relativement bas. Étant donné que, dans l'ensemble, la nourriture n'est pas le point fort de Satun, c'est l'un des meilleurs endroits de la ville pour manger.

Comment s'y rendre

Bus et taxi collectif. Une taxi collectif pour Hat Yai revient à 50 B par personne, tandis qu'un voyage en bus climatisé coûte 40 B. Pour aller à Trang, vous débourserez 43 B en bus (86 B avec clim.) et 80 B en taxi. A Satun, vous trouverez au moins trois stations de taxis collectifs pour le parc de Hat Yai, près du Satun Thani Hotel et de la mosquée, à l'angle de Th Samanta Prasit et de Th Buriwanit.

La première des ces trois stations propose également des taxis pour La-Ngu à 30 B et pour Trang. Il est possible de louer un taxi entier pour se rendre directement à Pak Bara, moyennant 250 B.

Satul Transport Co (☎ 074-711049), à environ 500 m du Wang Mai Hotel, au nord, du même côté de la rue, vend des billets de la THAI (vols pour Trang ou Hat Yai) et met en circulation des bus pour Trang (43 B) et Hat Yai (35 B, 40 B climatisés), de 6h à 16h30. Si vous réservez deux

SATUN

*Vers Trang
et Hat Yai*

Khao
Phaya
Wang

Khlong Bambang

Passerelle

Thanon Reuangpri Jarun

Thanon Satun Thani

Thanon Yatrasawat

Thanon Hatthakam Seuksa

Thanon Buriwanit

Thanon Simwith

Thanon Phuminat

Thanon Samanta Prasit

Vers Jepilang

4051

Thanon Wiset Mayura

*Vers l'embarcadère
de Tammalang*

0   150   300 m

OÙ SE LOGER
2 Wang Mai Hotel
11 Satul Tanee
    (Satun Thani) Hotel
19 Udomsuk Hotel
24 Sinkiat Thani Hotel
26 Rain Tong (Rian
    Thong) Hotel

OÙ SE RESTAURER
8 Marché de nuit
13 Suhana Restaurant
22 Hok Heng Long
27 Stands de cuisine chinoise

DIVERS
1 Satul Transport Co
3 Administration
   de la province
4 Hôpital
5 Taxis collectifs pour
   La-Ngu, Trang et Hat Yai
6 Station-service
7 Sanctuaire
9 Bus pour Trang,
   La-Ngu et Hat Yai
10 Cinéma
12 Bureau de l'immigration
14 Bibliothèque
15 Taxis collectifs pour Hat Yai
16 Mosquée Bambang
17 École
18 Bus pour Bangkok,
    bureaux municipaux
20 Office des forêts
21 Siam Commercial Bank
23 Bangkok Bank
25 Embarcadère des bateaux
    pour la Malaisie
    (à marée haute seulement)
28 Poste principale,
    services téléphoniques
29 Tribunal de la province
30 Église
31 Temple chinois
32 Taxis collectifs pour Trang
    et Hat Yai
33 Thai Farmers Bank
34 Mini-songthaews pour
    Tammalang
35 Marché
36 Wat Chanathip
37 École

jours à l'avance, l'agence se chargera également de vos billets de train pour Hat Yai, en direction de Bangkok.

Les bus pour Hat Yai s'arrêtent devant un restaurant de rotis kaeng sans enseigne, reconnaissable à ses murs verts et situé dans Th Buritwanit.

Un bus climatisé dessert Satun une fois par jour depuis Bangkok. Il quitte vers 19h le terminal Sud des bus climatisés, pour un trajet de 15 heures (480 B). Dans l'autre sens, les départs s'effectuent à 14h. Pour 500 B,

vous pourrez aussi prendre le bus ordinaire qui part à la même heure, coûte 284 B et dont le trajet varie entre 16 et 17 heures.

Si vous souhaitez un voyage plus confortable, prenez le train pour Padang Besar, à la frontière malaise, puis un bus ou un taxi pour Satun. Padang Besar est à 60 km de Satun. Voir la rubrique *Train*, ci-dessous pour plus de détails.

Une nouvelle route entre Satun et Perlis est à l'étude. Elle devrait réduire les temps de trajet entre les deux villes, mais il faudra malheureusement rogner sur la forêt déjà bien menacée. Du côté thaïlandais, la population commence d'ailleurs à se mobiliser contre le projet.

Train. Le seul train qui va jusqu'à Padang Besar est le spécial express n°35, qui part de Bangkok-Hualamphong à 14h15 et arrive à Padang Besar vers 8h le lendemain. Les tarifs de base sont les suivants : 767 B en 1re classe, 360 B en 2e classe, et 156 B en 3e classe, couchette et supplément spécial express non compris.

Bateau. De Kuala Perlis en Malaisie, le trajet en bateau coûte 5 RM. Tous les bateaux sont désormais amarrés au niveau du bureau des douanes de Wang Prachan, dans Tammalang, un estuaire situé à 7,5 km au sud de Satun. Dans le sens inverse, la traversée revient à 50 B. Des bateaux partent régulièrement dans les deux directions entre 9h et 13h, puis moins souvent jusqu'à environ 16h, selon les conditions atmosphériques. Il est possible de louer un bateau de Perlis pour 1 000 B (jusqu'à 20 personnes).

Depuis Pulau Langkawi en Malaisie, des bateaux rejoignent quotidiennement Tammalang à 9h30, 11h, 13h30 et 16h. La traversée dure 1 heure 30 et coûte 18 RM l'aller simple. Munissez-vous de devises thaïlandaises avant de quitter Langkawi, car vous ne trouverez pas de bureau de change à Tha Tammalang. De là, les bateaux repartent pour Langkawi à 9h, 11h, 13h30 et 16h, et la traversée coûte 180 B. Les billets de Satun à Langkawi sont en vente dans des kiosques, devant le bureau de l'immigration de Wang Prachan.

Comment circuler

Les mini-songthaews orangés qui conduisent à l'embarcadère de Tammalang (où vous trouverez des bateaux pour la Malaisie) coûtent 10 B par personne depuis Satun. Les départs s'effectuent toutes les 20 minutes entre 8h et 17h, en face du Wat Chanathip dans Th Buriwanit. Du même endroit, une moto-taxi revient à 30 B.

PARC NATIONAL MARITIME DE KO TARUTAO

Ce parc est un grand archipel de 51 îles, situé à une trentaine de kilomètres de Pak Bara dans le district de La-Ngu, à 60 km de Satun. Ko Tarutao, la plus grande île du groupe, n'est qu'à 5 km de Pulau Langkawi en Malaisie. Seules 5 d'entre elles (Tarutao, Adang, Rawi, Lipe et Klang) sont desservies régulièrement.

Le Forestry Department examine des demandes de compagnies privées désireuses de bâtir des hôtels dans le parc. C'est une situation des plus regrettables si cela devait avoir les mêmes conséquences qu'à Ko Phi-Phi et Ko Samet, deux autres parcs naturels ayant autorisé la construction privée avec les résultats désastreux que l'on connaît.

Ko Tarutao

L'île éponyme du parc fait environ 151 km² et comprend des cascades, des cours d'eau, des plages, des grottes et des espèces protégées, comme les dauphins, les tortues et les homards. Personne ne vit sur cette île, hormis les gardes du parc. Elle servit de lieu d'exil aux prisonniers politiques de 1939 à 1947 ; les vestiges d'anciennes prisons sont visibles près d'Ao Talo Udang à la pointe sud, et à Ao Talo Wao, au centre de la côte est.

L'île abrite une faune très diverse, dont des langurs, des chevrotains, des sangliers, des chats viverrins et des macaques mangeurs de crabes ; on peut apercevoir des dauphins et des baleines au large. Quatre variétés de tortues de mer sillonnent les eaux avoisinantes. Elles déposent leurs œufs sur la plage entre septembre et avril.

Le plus grand cours d'eau de Tarutao, Khlong Phante Malaka, se jette dans la mer à la pointe nord-ouest de l'île, à Ao Phante Malaka. Les eaux saumâtres sortent de **Tham Jara-Khe** (grotte aux Crocodiles – le cours d'eau était peuplé de crocodiles qui semblent avoir disparu). La grotte s'étend sur 1 km sous un mont – personne n'est encore allé jusqu'au fond. Il ne faut pas naviguer sur le cours d'eau bordé de mangroves à marée haute quand l'embouchure de la grotte se remplit.

L'embarcadère, les résidences et les bungalows du parc se trouvent à **Ao Phante Malaka**. Vous devrez payer 50 B pour pénétrer dans le parc. Pour camper, la meilleure solution est offerte par les plages d'**Ao Jak** et d'**Ao San**, deux baies au sud des bâtiments du parc. Pour une vue panoramique sur les baies, grimpez sur Topu Hill, à 500 m au nord du bureau du parc. On peut également camper à Ao Makham (Tamarind Bay), à la pointe sud-ouest, à 2,5 km d'un autre bureau du parc à Ao Talo Udang.

Une route relie Ao Phante Malaka au nord à Ao Talo Udang au sud, dont 11 km furent construits par les prisonniers politiques dans les années 40, et 12 km plus récemment par la division des gardes. Elle est envahie par la végétation, mais on a pris soin de maintenir un passage libre de manière à pouvoir aller du nord au sud plus facilement qu'en escaladant les promontoires rocheux de la côte.

Ko Rang Nok, à Ao Talo Udang, regorge de ces nids d'hirondelle tant convoités par les Chinois. Les bons récifs de corail sont au nord-ouest à **Pha Papinyong**, à Ao San et dans le détroit entre Ko Tarutao et Ko Takiang (Ko Lela) au large de la côte nord est.

Ko Adang

Ko Adang se trouve à 43 km à l'ouest de Tarutao et à 80 km de Pak Bara. Ses 30 km² sont couverts de forêts et de cours d'eau qui l'alimentent en eau douce tout au long de l'année. Des tortues de mer, vertes, viennent pondre ici, de septembre à décembre. C'est à **Laem Son**, la pointe sud de l'île, qu'abordent tous les bateaux et que les bureaux du parc se sont installés. Une long house a été aménagée afin d'abriter les visiteurs pour la nuit, mais le camping est également autorisé. Le restaurant du cap est un peu cher en regard de sa cuisine plutôt médiocre mais, compte tenu des difficultés d'approvisionnement que connaît l'île, cela peut se comprendre. Ici comme à Tarutao, vous réaliserez néanmoins de sérieuses économies en apportant vos propres provisions.

Une randonnée intéressante à entreprendre dans l'île consiste à longer la côte est jusqu'à une charmante plage, à 2 km environ des bureaux du parc. De là, en vous enfonçant quelque peu dans les terres, vous découvrirez une chute d'eau où les pirates qui croisaient dans les eaux de Ko Tarutao venaient se réapprovisionner en eau potable. Il en existe une autre aux abords du littoral ouest, à 3 km de Laem Son, toute proche du petit village chao náam de **Talo Puya**.

Ko Rawi et Ko Lipe

Située juste à l'est de Ko Adang, Ko Rawi est un peu plus petite. Le long de la côte ouest de Ko Adang et de la côte sud-est de Ko Rawi, des récifs coralliens sont peuplés d'espèces vivantes de corail et de poissons tropicaux.

S'étirant immédiatement au sud de Ko Adang, Ko Lipe est habitée par quelque 500 chao náam (nomades de la mer ; *orang rawot* ou *orang laut* en malais). Ils subsistent grâce à la pêche et à la culture de légumes et de riz sur les parties les plus plates de l'île. Ils seraient originaires des îles Lanta, dans la province de Krabi. On peut camper ou louer une cabane aux chao náam pour 150 à 300 B par nuit. Les établissements hôteliers sont concentrés sur la côte est de l'île, en particulier dans le chef-lieu et dans ses environs immédiats. Un récif de corail borde la côte sud et plusieurs petites criques. Pour atteindre les îlots alentour, frangés de récifs coralliens, demandez aux chao náam de vous louer un bateau.

Entre Ko Tarutao et Ko Adang-Rawi, un groupe de 3 petites îles, appelées **Muu Ko Klang** (groupe des îles du milieu), est propice à la plongée. Ko Khai possède une belle plage de sable blanc. De Ko Tarutao, il faut 40 minutes pour aller à Ko Khai.

Parc national maritime de Ko Phetra

Ce parc de 495 km², peu visité, se compose de 22 îles baignant entre Pak Bara et les limites de Ko Tarutao. **Ko Khao Yai**, qui n'est pas habitée, est la plus grande du groupe. Elles est bordée de plages immaculées, idéales pour camper, nager et plonger. Ici, les macaques de Buffon abondent. Sur un des

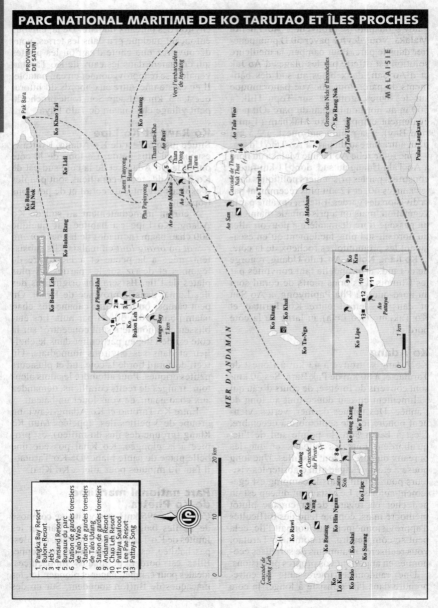

PARC NATIONAL MARITIME DE KO TARUTAO ET ÎLES PROCHES

PROVINCE DE SATUN

MALAISIE

Pak Bara

Ko Khao Yai

Ko Lidi

Ko Bulon Khi Nok

Ko Bulon Rang

Ko Bulon Leh

Vers l'embarcadère de Jepilang

Ko Takiang

Tham Jara-Khe

Ao Rusi

Laem Tanyong Haru

Tham Bua Bok

Pha Papiyong

Ao Phante Malaka

Ao Jak

Ao San

Laem Tanyong

Ao Talo Wao

Grotte des Nids d'hirondelles

Ko Rang Nok

Ao Talo Udang

Cascade de Tham Nak That

Ko Tarutao

Ao Makham

Pulau Langkawi

MER D'ANDAMAN

Ao Phangkha

Mango Bay

Ko Bulon Leh

Ko Klang

Ko Khai

Ko Ta-Nga

Ko Kra

Ao Pattaya

Ko Lipe

Ko Bong Kang

Ko Tarang

Ko Adang

Cascade du Pirate

Laem Son

Ko Bong Kang

Ko Lipe

Ko Rawi

Ko Yang

Ko Hin Ngam

Ko Butang

Ko Salai

Ko Lo Kuai

Ko Bulo

Ko Sarang

Cascade de Jonlong Leh

1 Pangka Bay Resort
2 Bulone Resort
3 Jeb's
4 Pansand Resort
5 Bureaux du parc
   Station de gardes forestiers
   de Talo Wao
6 Station de gardes forestiers
   de Talo Udang
7 Station de gardes forestiers
8 Andaman Resort
9 Chao Leh Resort
10 Pattaya Seafood
11 Lee Pae Resort
12 Pattaya Song

Voir agrandissement

1 km

20 km

0   10

1 km

rivages, vous pourrez admirer un rocher en forme de château. A marée basse, les bateaux peuvent passer sous une arcade naturelle creusée dans la formation rocheuse.

Une partie du parc se trouve sur **Ko Lidi** (parfois écrit Lide), présentant un certain nombre de grottes pittoresques et sauvages, des criques, des falaises et des plages. L'île abrite également des campements.

Entre Ko Lidi et Ko Khao Yai, une baie appelée **Ao Kam Pu** borde un bras de mer. Ce paisible passage est parsemé de cascades au cours de certaines renverses et de coraux en eau peu profondes.

De nouveaux bureaux administratifs, un centre touristique et un embarcadère ont récemment été installés sur le continent, à Ban Talo Sai, environ 4 km au sud-est de Pak Bara, en retrait de la route 4052. Vous pouvez y renseigner pour les excursions en bateau.

Dans le parc, les noms d'arbre et de plante sont indiqués en anglais, et le personnel est en train d'aménager une piste écologique de 300 m à travers la forêt d'arbres à feuilles persistantes de la plaine sauvage.

Autres îles

Ko Kabeng et **Ko Baw Jet Luk**, sises à 10 minutes en bateau de Pak Bara, offrent un intérêt tout relatif. Les plages sont souvent jonchées de détritus et les eaux, troubles. L'endroit ne vaut que pour les hébergements offerts par Pak Bara, la visite de l'usine de charbon à Khlong La-Ngu et celles des champs d'anacardiers.

Le Pak Nam Resort sur Ko Baw Jet Luk se charge d'organiser des excursions en bateau pour les îles environnantes, moins polluées. Si vous parlez thaï, vous pouvez aussi louer un bateau de pêche au petit port de Ko Kabeng, le village de pêcheurs de Ban Jet Luk.

Où se loger et se restaurer

Officiellement, le parc de Ko Tarutao n'est ouvert que de novembre à mai. Les visiteurs qui arrivent pendant la mousson peuvent loger dans l'hébergement offert par le parc,

mais ils doivent apporter leurs vivres du continent à moins de loger chez les chao náam sur Ko Lipe.

Les ***bungalows*** se réservent au bureau du parc de Pak Bara (☎ 074-711383, on n'y parle pas anglais) ou auprès du Forestry Department (☎ 02-579-0529), à Bangkok. Pour Ko Tarutao et/ou Ko Adang, apportez autant de vivres que vous pouvez car le restaurant du parc, cher, n'est pas très bon.

Ko Tarutao. Un grand bungalow de luxe à 2 chambres et une villa pouvant accueillir quatre personnes coûtent 500 B. Pour 600 B, vous pouvez louer un cottage pour 6 personnes. Une longhouse avec 4 chambres revient à 320 B. Attention ! aucun rabais n'est accordé si les chambres ou bungalows ne sont pas entièrement occupés. Le camping est autorisé à Ao San et Ao Jak et vous pouvez louer des tentes pour 100 B ou planter la vôtre pour 10 B par personne.

Ko Adang. A Laem Son, les structures et les tarifs sont les mêmes qu'à Ko Taruato. Un petit restaurant sert des repas simples. Il est fermé pendant la saison des pluies. Vous pourrez également planter votre tente, moyennant 10 B.

Ko Lipe. Il existe cinq possibilités d'hébergement sur l'île, dont deux dans le village chao leh qui se trouve sur la côte nord-est de l'île. Au nord du village, l'*Adaman Resort* (☎ 074-711313 à Satun) propose des bungalows de bonne qualité avec s.d.b. pour 300 B et des tentes pour 100 B. Il est également possible d'y planter sa propre tente pour 20 B. A l'autre extrémité du village, le ***Chao Leh Resort*** dispose de huttes en chaume plutôt branlantes pour 150 B, de cabanes plus solides, avec s.d.b., pour 250 B, et pour 300 B en chaume, avec baies vitrées dominant les petites rues du village. La plage est plus belle devant l'Adaman Resort qu'à proximité du Chao Leh Resort.

Sur Hat Pattaya, le plus grand complexe hôtelier est le ***Lee Pae Resort*** avec de grands bungalows en chaume à 300 B, avec s.d.b. et douche. S'il est mieux équipé que ses concurrents, c'est aussi le plus impersonnel. En contrebas, à l'extrémité ouest de la plage, le *Pattaya Song* dispose de petites huttes sommaires sur la plage avec s.d.b. commune pour 100 à 150 B. Sur le versant de la colline adjacente, des bungalows avec s.d.b., légèrement plus luxueux, vous attendent pour 200 B.

De l'autre côté de la plage, le *Pattaya Seefood* fait principalement restaurant, mais son propriétaire met également à votre disposition trois bungalows corrects avec s.d.b. pour 100 B. Il s'agit manifestement du seul établissement de Ko Lipe à être tenu par un habitant de l'île. Même si vous n'y séjournez pas, nous vous conseillons de goûter à sa cuisine, qui est excellente.

Pak Bara et La-Ngu. Quelques hébergements vous accueilleront à ces deux points de départ vers le parc. La *Bara Guest House* (pas de téléphone), récemment ouverte, dispose d'une agence de voyages et d'un café, de cinq chambres à l'étage et de quelques bungalows en cours de construction à l'arrière. La chambre simple/double coûte 80/150 B et les bungalows entre 200 et 250 B. De cette pension, l'embarcadère de Ko Tarutao est accessible à pied.

A un peu plus de 1 km avant l'embarcadère de Pak Bara, sur le front de mer et parmi les casuarinas, le *Diamond Beach Bungalows*, le *Saengthien Bungalows*, le *Krachomsai Bungalows*, le *Pornaree Bungalows*, le *Sai Kaew Resort* et le *Koh Klang Bungalows* proposent tous des cabanes dans une fourchette de prix de 150 à 300 B la nuit. Aucun d'entre eux n'est extraordinaire. Le Diamond Beach ne se démarque que parce qu'il est nouveau et près de la ville.

A dix minutes en voiture au nord de Pak Bara, accessible par un nouveau pont, se trouve Ko Baw Jet Luk (souvent appelée Ko Kabeng, bien qu'il s'agisse d'une île adjacente), une île rocheuse bordée de palmiers. Vous y trouverez le tranquille *Paknam Resort* (☎ 074-781129), qui vous hébergera soit en longhouse pour 100 B par personne, soit dans un bungalow triangulaire en chaume pour 180 à 260 B. Des matelas posés au sol font office de lit.

Près des bureaux administratifs de Ko Phetra, sur le continent, vous pourrez séjourner dans les jolis *bungalows du parc*, situés près de Ban Talo Sai, environ 4 km avant Pak Bara. La bifurcation qui y mène se trouve entre les Km 5 et 6 de la route 4052. Ensuite, il ne reste plus que 1,5 km jusqu'aux bureaux du parc. Lorsque nous nous sommes renseignés sur les tarifs, les autorités du parc nous ont dit que chacun donnait ce qu'il voulait. Mais il se pourrait que le personnel, lassé des touristes profiteurs, ait renoncé à ce mode de tarification.

Plusieurs *échoppes* près de l'embarcadère de Pak Bara, servent des cocktails de fruits et des fruits de mer.

La-Ngu abrite deux ou trois hôtels bon marché, tous situés sur la voie principale. Mais le lieu n'a pas le charme de Pak Bara.

Comment s'y rendre – Ko Tarutao

Pak Bara. Les services de bateaux réguliers sont assurés de novembre à avril depuis l'embarcadère de Pak Bara, à 60 km au nord-ouest de Satun et 22 km de Ko Tarutao. Le restant de l'année, le service est irrégulier, car le parc est censé être fermé. Un nouvel embarcadère est à l'étude dans le district de Tan Yong Po, plus près de Satun, qui serait en service toute l'année. Quand le service est quotidien, les bateaux partent à 10h30 et 15h (200 B aller-retour, 100 B aller simple), de 1h30 à 2 heures de traversée selon le bateau. Nourriture et boissons sont en vente sur le bateau. Au retour, les départs sont à 9h et 14h.

Il est recommandé d'acheter des aller-simples au fur et à mesure, de façon à avoir un plus grand choix de bateaux pour rentrer (directement de Ko Lipe à Satun). Si le bateau que vous comptiez prendre ne peut pas partir, vous n'aurez pas à vous soucier de vous faire rembourser votre billet, ce que refusent de faire certaines compagnies.

Quelques excursions organisées vers Tarutao coûtent plusieurs centaines de bahts par personne (visite guidée et repas). Autre solution : louer un bateau à plusieurs personnes. Les moins chers sont les *hang yao* (long-tail boats), qui peuvent embarquer 8 à 10 personnes depuis le port marchand de Pak Bara pour 800 B. Les jours fériés, les bateaux font la navette toutes les heures.

Autres embarcadères. Il est possible de louer des bateaux pour Ko Tarutao en trois points de la côte. Le plus proche de Satun est le quai de Tha Ko Nok, à 4 km au sud de Satun (40 km de Tarutao). L'embarcadère de Tha Tammalang, à 9 km de Satun, se trouve de l'autre côté de l'estuaire par rapport à celui de Tha Ko Nok (35 km de Tarutao). Enfin, l'embarcadère de Tha Jepilang est à 13 km à l'ouest de Satun (30 km de Tarutao). Ce dernier semble plus adapté aux bateaux de location.

Comment s'y rendre – Ko Adang et Ko Lipe

Les mardi, jeudi et samedi (de novembre à mai), un bateau part de Pak Bara à 10h30 pour rejoindre Ko Adang et Ko Lipe. En chemin, il fait étape à Ko Tarutao, dont il repart à 13h pour rejoindre Adang et Lipe et arrive plus ou moins à mi-chemin entre Ko Adang et Ko Lipe vers 16h. La traversée coûte 300 B aller simple ou 180 B si vous partez de Ko Tarutao. De là, vous pouvez prendre un long-tail boat pour l'île de votre choix moyennant 20 B. Les jours suivants (mercredi, vendredi et dimanche), le bateau repart de Ko Lipe à 9h.

Comment s'y rendre – Pak Bara

Trois bus quotidiens relient Hat Yai à La-Ngu et Pak Bara (38 B, 2 heures 30). Si vous ratez l'un des bus directs de La-Ngu, vous pouvez toujours vous rabattre sur un bus à destination de Satun, qui dessert la ville-carrefour de Chalung (28 B, 1 heure 30). Descendez 15 km avant Satun, puis prenez un songthaew en direction du nord, sur la Route 4078. Pour 12 B, vous atteindrez La-Ngu en 45 minutes. Vous pouvez aussi emprunter un taxi collectif de Hat Hai à La-Ngu (50 B).

Il existe un service de minivan au départ de Hat Yai (50 B), une meilleure solution puisqu'il se rend directement à Pak Bara.

Pour vous rendre à Pak Bara à partir de Satun, prenez un taxi collectif ou un bus pour La-Ngu, suivi d'un songthaew pour Pak Bara. La station de taxis pour La-Ngu se trouve diagonalement opposée à une station-service sur Th Satun Thani, à 100 m au nord environ du Satul Tanee Hotel. Si vous remplissez le taxi à plusieurs, cela vous coûtera 30 B par personne. Les bus sont fréquents et partent d'un point situé à l'opposé de la route, légèrement au sud de l'hôtel. Comptez 18 B.

Au départ de La-Ngu, les songthaews vous conduisent à Pak Bara pour 8 B et terminent leur trajet au port. Pour exactement la même distance, il vous en coûtera 20 B en moto-taxi. Vous pouvez également remplir un taxi à plusieurs, pour 250 B depuis Satun.

Enfin, vous avez la possibilité d'accéder à La-Ngu depuis Trang en songthaew (30 B), ou en taxi collectif (50 B).

KO BULON LEH

A une vingtaine de kilomètres de Pak Bara se trouve le petit groupe d'îles de Ko Bulon, la plus grande étant Ko Bulon Leh. L'un des meilleurs sites coralliens de Bulon Leh, hormis la plage qui borde le Pansand Resort sur la côte est, est celui qui suit au large le littoral nord-est de l'île. Plusieurs petits villages sont disséminés dans la partie nord de l'île, à proximité de Ao Phangka.

Près de Ko Bulon Don, on trouve un village chao leh et quelques jolies plages, mais pas d'hébergement. Plus loin, Ko Bulon Mai Phai est inhabitée. Officiellement, toutes les îles de Ko Bulon appartiennent au parc maritime de Ko Phreta.

Où se loger et se restaurer

Sur Ko Bulon Leh, vous aurez le choix entre quatre établissements, le plus luxueux étant le joli *Pansand Resort* (☎ 01-228 4279), qui propose des huttes quelque peu délabrées avec s.d.b. commune pour 100 B, des bungalows triangulaires avec ventil. pour 200 à 250 B, et enfin de solides cottages en chaume avec terrasse et s.d.b. individuelle pour 650 à 800 B. Vous pourrez également louer des tentes (deux personnes) pour 70 B ou planter la vôtre pour 10 B. Pour plus d'informations ou réserver, contactez First Andaman Travel (☎ 075-218035, 211010), 82-84 Th Visetkul, en face du Queen Hotel à Trang.

Le **Bulone Resort**, sur la côte nord-est, près du Pansand Resort, dispose de bungalows rudimentaires avec s.d.b. commune pour 100 à 200 B et de lits en longhouse à 70 B. Les cabanes sont bien espacées et permettent de conserver une certaine intimité. Le Bulone Resort n'est pas équipé du téléphone. Toutefois, il est possible de réserver en écrivant à l'adresse suivante : Ongsara Family, Bulone Resort, 23 Muu 4, Tambon Paknam, Amphoe La-Ngu, Satun, Thailand 91110. Le Pansand Resort et le Bulone Resort donnent tous deux sur la plus belle plage de l'île.

Sur la côte septentrionale, installé à proximité d'une crique rocheuse, le **Pangka Bay Resort** dispose de bungalows assez spartiates à 150 B. Il n'est pas vraiment possible de se baigner dans le coin : il vous faudra marcher 15 minutes pour atteindre la plage principale.

Entre le Pansand et le Bulone, le **Jeb's** est une petite boutique qui vend des équipements de base. Le propriétaire, Jeb, est chargé de louer deux bungalows publics avec s.d.b. pour 400 B la nuit.

Si Ko Bulon Leh ne jouit pas d'une grande animation, elle devient de plus en plus touristique. En saison pleine, le Pansand et le Bulone affichent souvent complet, bien qu'il soit généralement encore possible de camper au Pansand Resort. Il est donc vivement recommandé de réserver. En revanche, vous n'aurez probablement aucune difficulté à trouver un lit au Pangka Bay Resort, qui est un peu plus isolé.

De ces trois établissements, c'est probablement le Bulone Resort qui sert la meilleure cuisine (et un plus grand choix de plats végétariens), bien que celle du Pansand ne soit pas mauvaise non plus. Le Jeb's possède également une petite salle de restaurant dans laquelle vous pourrez dîner.

Comment s'y rendre

De Tha Pak Bara, des long-tail boats partent à 14h (100 B par personne, dans chaque

sens). Comptez un trajet d'1 heure 30 dans chaque sens. Pour le retour, les départs de Bulon Leh s'effectuent généralement à 9h.

PARC NATIONAL DE THALEH BAN

Ce parc naturel de 196 km² situé à la frontière malaise, dans la province de Satun, abrite la forêt de meranti blanc (espèce dominante du groupe des diptérocarpes) la mieux préservée des deux côtés de la frontière. Elle s'étend sur les deux pays, mais la partie malaise a été déboisée du fait de l'avancée des cultures. La préservation de ce parc est, par conséquent, vitale pour la survie de la forêt. Le relief est accidenté avec une altitude maximale de 740 m pour le Khao Chin. Le tronçon est de la Highway 4184 traverse une forêt plantée sur un plateau granitique pouvant atteindre 700 m d'altitude. De nombreux ruisseaux parcourent cette zone.

Vous trouverez le quartier général du parc au bord d'un lac qu'abrite une vallée parcourue d'affleurements calcaires. Deux kilomètres à peine séparent le lac de la frontière. De là, 5 km vers le nord, ou 500 m depuis la Highway 4184, vous porteront à la cascade **Yaroi**, une chute d'eau étagée sur neuf niveaux. L'érosion a creusé dans les plates-formes rocheuses quelques piscines naturelles, où il est possible de se baigner. De retour aux bureaux du parc, escaladez l'une des crêtes calcaires qui le surplombent : de là vous aurez une vue panoramique du site.

Dans le parc, un réseau de pistes mène à de nombreuses **cascades** – Rani, Chingrit – et **grottes** – Tham Ton Din et Tham Lawt Pu Yu (labyrinthe souterrain de Pu Yu). Les gardes forestiers vous guideront moyennant une petite somme d'argent, mais rares sont ceux qui parlent anglais. Un nouveau chemin d'accès conduit également aux cascades de Ton Pliw, traversant une petite forêt en cours de réhabilitation. Près des chutes, vous trouverez différents stands. Les cascades s'élèvent sur plusieurs niveaux, toutes se terminant pas un bassin. La bifurcation qui y mène se trouve 10 km avant l'entrée du parc, par la Highway 4184 (à 10,5 km de la route 406).

La faune est composée d'espèces qu'on rencontre communément dans la péninsule malaise, Sumatra, Bornéo et Java. Les mammifères communs sont le chevrotain, le chamois, divers gibbons et macaques. Parmi les espèces rares d'oiseaux, on observera le grand calao argus, le calao casqué, le calao rhinocéros, le grébifoulque masqué, l'hirondelle sombre des rochers et l'aigle baza noir. Les ours et les sangliers semblent apprécier les abords de l'administration du parc. Plus haut, les crêtes calcaires abritent des varans (1 mètre 50) et des geckos. Parmi les résidents plus rares, on a répertorié quelques léopards et des langurs.

Le dimanche matin, un marché frontalier vend des produits alimentaires, des vêtements et des ustensiles ménagers. A cette occasion, on est autorisé à traverser sans acquitter de visa.

L'entrée du parc est à 37 km au nord-est de Satun, la capitale de province, et à 90 km au sud de Hat Yai, d'où l'on accède par les Routes 406 et 4184 ; 75 km environ la séparent d'Alor Setar, en Malaisie.

La route qui conduit au parc est assez pittoresque et traverse plusieurs villages, plantations d'hévéas et de bananiers. Vous devrez laisser votre passeport à l'entrée du parc, une mesure de sécurité probablement due aux troubles politiques que connaît actuellement la Malaisie.

A l'ouest, le parc s'étend de façon ininterrompue jusqu'à la mer d'Andaman, et débouche sur une plage à mangroves, 2 km au sud du bureau des douanes de Wang Prachan à Tammalang.

Pour une visite, choisissez la période de l'année comprise entre les deux moussons, c'est-à-dire de décembre à mai. Il peut pleuvoir à n'importe quel moment de l'année, mais les pluies les plus denses tombent généralement en juillet, août, octobre et novembre. En janvier et février, les nuits sont souvent très fraîches.

Où se loger et se restaurer
Aux abords des bureaux du parc (☎ 074-797073), vous trouverez près du lac des longhouses pouvant accueillir de 6 à 20 per-

sonnes, dont la location pour la nuit revient de 500 à 800 B. Si vous êtes moins de six personnes et que les bungalows ne sont pas tous loués, vous pourrez y loger pour 100 B par personne. Il est possible de les réserver en appelant le Forestry Department (☎ 02-579 0529, 579 4842 à Bangkok).

Le restaurant du parc offre une belle vue sur le lac et une cuisine thaïlandaise simple, de 30 à 50 B. Il est ouvert de 8h à 20h. A côté, une petite boutique vend des articles de toilette et des sandwiches.

Comment s'y rendre
Le parc est à 40 km de Satun dans le *tambon* (les environs) de Khuan Sataw. Prenez un taxi collectif ou un songthaew près du Rain Tong Hotel à Satun vers Wang Prajan sur la Highway 4184 (24 B). Le village n'est qu'à quelques kilomètres de l'entrée du parc. Les chauffeurs acceptent parfois de pousser jusque-là ; sinon, vous pourrez toujours y parvenir en auto-stop ou, si vous êtes chanceux, croiser en chemin l'un des rares songthaews qui circulent de Wang Prajan au parc. Si vous venez de Hat Yai, vous pouvez aussi prendre un songthaew à Chalung. Vous lirez sur certains d'entre eux : Thale Ban-Wangprachan.

Pour Chalung et Hat Yai, des songthaews partent de l'entrée du parc toutes les heures, ou presque, de 8h à 13h.

Province de Yala

Yala est la plus prospère des quatre provinces à majorité musulmane, en raison des revenus du caoutchouc, mais aussi parce qu'elle est le centre des affaires et de l'éducation de la région.

YALA
70 600 habitants
Ce chef-lieu en rapide expansion a la réputation d'être la "ville la plus propre de Thaïlande", Trang étant sa grande rivale.

Une des plus grandes **fêtes** régionales de Thaïlande a lieu à Yala, les six derniers jours de juin, en l'honneur de l'esprit gardien de la ville, Jao Phaw Lak Meuang. Le Nouvel An chinois est également dignement fêté, car la communauté chinoise est nombreuse. La population musulmane vit surtout dans les campagnes et dans un quartier de la ville près de la gare que vous reconnaîtrez à la mosquée moderne, un des plus haut édifice de Yala et la plus grande mosquée de Thaïlande.

Renseignements
Installée dans Th Siriros, la poste offre un service téléphonique international, tous les jours de 8h30 à 16h30 du lundi au vendredi et de 9h à 12h le week-end.

A voir
A la saison sèche, des concerts ont lieu tous les soirs dans le parc Chang Pheuak, au sud-est de la ville, juste avant d'arriver au grand rond-point du Lak Meuang (Pilier de la ville), par Th Pipitpakdee. Le **parc Phrupakoi**, à l'ouest du rond-point, abrite un grand lac artificiel où l'on peut pêcher, faire du canotage et manger dans des restaurants flottants. Le restaurant et la discothèque du Grand Palace disposent d'une piscine.

Où se loger – petits budgets et catégorie moyenne
Yala dispose de quelques hôtels assez bon marché. Dans le centre-ville, vous trouverez un grand nombre de vieux hôtels chinois, comme autrefois à Hat Yai, mais plus extravagants. Ces hôtels sont peuplés de personnages excentriques – en grande partie en transit.

En commençant par la catégorie bon marché, le *Shanghai Hotel (36-34 Th Ratakit)* et le *Saen Suk Hotel* se ressemblent comme deux gouttes d'eau avec leurs restaurants chinois au rez-de-chaussée. Tous deux font partie du même pâté de maison de Th Ratakit, dans le quartier des affaires et non loin de la gare ferroviaire. Ils proposent des chambres quelque peu négligées pour 80 B. Le Saen Suk est un peu plus propre et son restaurant de meilleure qualité, avec ses généreuses plâtrées de khâo man kài (riz au poulet) à 15 B.

A côté du Shangai Hotel, le *Muang Thong Hotel* offre une qualité similaire, avec ses chambres à 100 B et son restaurant au rez-de-chaussée.

Non loin de là, de l'autre côté de Th Ratakit, le *Metro Hotel*, au n°7/1-2 propose des chambres plus confortables pour 80 à 150 B et une meilleure cuisine.

Le *Aun Aun Hotel*, dans Th Pipitpakdee, fait partie des premiers hôtels que l'on aperçoit en sortant de la gare. Ses chambres, à 90 B sans s.d.b. et à 130 B avec s.d.b., sont d'une propreté douteuse, mais les portes sont dotées d'une moustiquaire. Le gérant parle bien l'anglais.

Plus loin, dans Th Siririos, deux hôtels chinois, mitoyens et plus récents, offrent une propreté bien supérieure. Le *Hua Ann Hotel* et le *Phan Far Hotel* proposent tous deux des chambres de bonne taille avec ventil. et s.d.b. pour 180/250 B la simple/double. Le Hua Ann loue également des chambres climatisées à 350/380. Les deux établissements disposent d'un coffee-shop au rez-de-chaussé, décoré dans la tradition chinoise.

Le *Thepvimarn Hotel* (☎ 073-212400), dans Th Sribumrung (Si Bamrung), à gauche en venant de la gare et en face du Yala Rama, est le meilleur de sa catégorie. Cet établissement accueillant met à votre disposition des chambres avec ventil. et s.d.b. pour 160/210 B ou 330/390 B avec clim. Dans Th Kotchaseni 1, le *Cola Hotel* tient des chambres équivalentes à 170/200B (250 B avec clim.).

Au *Sri Yala Hotel* (☎ 073-212299 ; 18-22 Th Chaijarus (Chai Jarat)), vous dormirez dans des chambres propres pour 180/240 B la simple/double avec ventil. et 300/350 B avec clim. Vous bénéficierez en outre d'un ascenseur, d'un restaurant, et d'un coffee-shop très fréquenté : une bonne affaire.

Au *Yala Rama* (☎ 073-212563 ; fax 214532), 21 Th Sribumrung, près du terminal de bus climatisés, la chambre avec ventil. et s.d.b. revient à 265 B et à 396 avec clim. Le coffee-shop et le night-club de l'établissement sont très populaires.

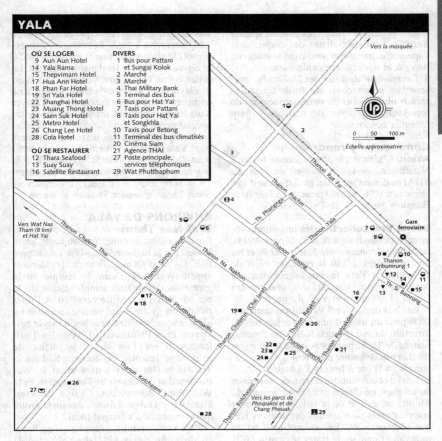

YALA

OÙ SE LOGER
9 Aun Aun Hotel
14 Yala Rama
15 Thepvimarn Hotel
17 Hua Ann Hotel
18 Phan Far Hotel
19 Sri Yala Hotel
22 Shanghai Hotel
23 Muang Thong Hotel
24 Saen Suk Hotel
25 Metro Hotel
26 Chang Lee Hotel
28 Cola Hotel

OÙ SE RESTAURER
12 Thara Seafood
13 Suay Suay
16 Satellite Restaurant

DIVERS
1 Bus pour Pattani et Sungai Kolok
2 Marché
3 Marché
4 Thai Military Bank
5 Terminal des bus
6 Bus pour Hat Yai
7 Taxis pour Pattani
8 Taxis pour Hat Yai et Songkhla
10 Taxis pour Betong
11 Terminal des bus climatisés
20 Cinéma Siam
21 Agence THAI
27 Poste principale, services téléphoniques
29 Wat Phutthaphum

Vers la mosquée

0   50   100 m

Échelle approximative

Vers Wat Naa Tham (8 km) et Hat Yai

Gare ferroviaire

Thanon Rot Fai
Thanon Prachin
Th Phangnga
Thanon Yala
Thanon Ranong
Thanon Chalerm Thai
Thanon Sirirot (Sirirot)
Thanon Na Nakhon
Thanon Phutthaphumwithi
Thanon Chaiarat (Chai Jarat)
Thanon Ratakit
Thanon Preecha
Thanon Pipitpakdee
Thanon Kotchaseni
Thanon Kotchaseni 3
Thanon Kotchaseni 1
Thanon Sribumrung 1
Th Si Bamrung

Vers les parcs de Phrupokoi et de Chang Pheuak

Où se loger – catégorie supérieure

Le nouveau et somptueux ***Chang Lee Hotel*** (☎ 073-244340 ; fax 244599), dans Th Sirirot, au nord de la poste, propose dès chambres standard à 589 B et des suites à partir de 1040 B. Toutes les chambres sont équipées de la clim., de moquette, de l'eau chaude, de la TV et du téléphone. Vous pourrez également profiter d'une piscine, d'un centre d'affaires, d'un karaoke, d'une discothèque et d'un coffee-shop.

Où se restaurer

Les petits restaurants bon marché abondent dans le centre de Yala, près des hôtels et notamment les restaurants chinois dans Th Ratakit et Th Ranong.

Le populaire ***Thara Seafood*** (pas d'enseigne en anglais), situé à l'angle de Th Pipitpakdee et Th Sribumrung, sert d'excellents fruits de mer à des prix raisonnables. Vous pourrez déguster des *kûng phão* (crevettes grillées) et du *plaa òp bai toei* (poisson cuit dans des feuilles de pandanus).

Situés dans Th Sribumrung, près du Yala Rama Hotel, le *Suay Suay* ainsi que le *Satellite* sont spécialistes des coques à la vapeur. Ce dernier prépare aussi le matin un bon jók et des boulettes chinoises.

Le *marché de jour* de Th Sirirot, présente un grand choix de fruits frais. Les *stands musulmans* du voisinage servent du roti kaeng en début de matinée – petit déjeuner économique.

Comment s'y rendre
Avion. L'aéroport le plus proche se trouve à Narathiwat, sur la côte sud-est de Yala. La THAI ne dessert pas Yala, mais dispose d'une agence (☎ 074-212582) presque en face de la Bangkok Bank, 91 Th Pipitpakdee.

Bus et taxi collectif. Des bus climatisés circulent entre Bangkok et Yala pour 460 B, les VIP reviennent entre 530 et 762 B, et les bus ordinaires à 270 B pour un trajet de 16 heures. A Yala, les bus longue distance partent d'un petit terminal situé non loin des hôtels Thepvimarn et Yala Roma.

Les bus depuis/vers Pattani reviennent à 20 B pour un trajet d'une heure. Les bus en direction du sud (Sungai Kolok ou Pattani) partent de Th Sirirot, au nord de la voie ferrée. Un bus ordinaire pour Kolok coûte seulement 14 B (de 3 heures à 3 heures 30).

Les bus couvrant des distances moyennes ou longues, en direction du nord, partent de Th Sirirot, au sud de la voie ferrée. Il faut compter 50 B pour un bus depuis/vers Hat Yai (2 heures 30). En taxi collectif ou en minivan climatisé, le trajet revient à 60 B (2 heures).

Plusieurs stations de taxis collectifs sont disséminées dans le voisinage de la gare ferroviaire. Les taxis accomplissent des trajets différents, renseignez-vous. En vous promenant dans le coin, vous serez vite abordés par des chauffeurs et leurs rabatteurs. Vous devrez payer 70 B pour Sungai Kolok, 80 B pour Betong, 30 B pour Pattani et 50 B pour Narathiwat.

Train. Les rapides n°171 et 169 quittent quotidiennement Bangkok à 12h20 et 15h50. Ils arrivent à Yala à 8h13 et 10h35 le jour suivant. Le spécial express n°37 part à 14h35 et arrive à 8h56. Les autocars express diesel (2e classe seulement) partent à 10h50 et arrivent à Yala le lendemain, à 13h30. Le billet coûte 165 B en 3e classe, 382 B en 2e classe et 815 B en 1re classe. Ces prix ne comprennent pas les suppléments à payer dans les trains climatisés, les rapides ou les spécial express.

Au départ de Hat Yai, les trains ordinaires pour Yala coûtent 16 B en 3e classe et prennent 2h30. A partir de Sungai Kolok, à la frontière avec la Malaisie, les trains coûtent 15 B pour 2h30 de trajet. Au départ/vers Surat Thani, comptez 58 B en 3e classe.

ENVIRONS DE YALA
Wat Naa Tham
En dehors de la ville, à quelque 8 km à l'ouest par la highway Yala-Hat Yai, se profile le Wat Khuhaphimuk (également appelé Wat Naa Tham, le temple de la grotte du devant) un temple datant de la période Srivijaya, édifié vers 750. A l'intérieur de la grotte, vous pourrez admirer un gigantesque bouddha couché, de style Srivijaya, Phra Phutthasaiyat. Pour les Thaïlandais, c'est l'un des trois lieux de pèlerinage les plus vénérés du Sud de la Thaïlande (les deux autres étant le Wat Boromathat à Nakhon Si Thammarat, et le Wat Phra Boromathat Chaiya à Surat Thani). Il y a un petit musée devant la grotte qui présente de l'artisanat local.

Pour vous y rendre, prenez un songthaew en direction de la ville de Yaha, *via* la Route 4065, et demandez à descendre à la route du Wat Naa Tham (5 B). Le wat se trouve à environ 1 km à pied de la highway par un sentier.

Un peu plus loin, à 2 km, se niche le **Tham Silpa**, une grotte bien connue abritant des peintures murales polychromes bouddhiques, datant de la période Srivijaya, ainsi que des peintures préhistoriques monochromes. Un moine du Wat Naa Tham pourra vous y emmener. Plusieurs autres grottes disséminées dans le voisinage, au nord, méritent d'être explorées pour leurs stalactites et stalagmites proprement impressionnants.

BAN SAKAI

Le célèbre village de Ban Sakai se trouve dans le district de Tharato, à 80 km au sud de Yala sur la route de Betong.

A Ban Sakai, à 3,5 km par la Highway 410, un petit **musée** vous attend, ainsi qu'une boutique de souvenirs et un jardin de plantes médicinales. Un sentier traverse la petite vallée et mène à une cascade.

La Highway 410 qui traverse cette région permet d'admirer de magnifiques paysages calcaires, ainsi que des cocoteraies, bananeraies et plantations de caoutchouc. Ces dernières sont parfois en terrasses, un spectacle plutôt rare dans l'Asie du Sud-Est. Le barrage de Banglang se dresse sur la Highway 410, à proximité du km 45. Dans le même coin, se trouve la **cascade de Tharato**, qui fait partie du **parc national de Banglang**. L'entrée du parc est située sur la highway, entre les km 55 et 56.

BETONG

Formant le point le plus méridional de la Thaïlande, Betong est située à 140 km de Yala au sud-ouest, sur la frontière malaise. La région est montagneuse et boisée ; les brumes matinales ne sont pas rares. A 3 km au nord de la ville, on trouvera un site agréable comprenant une source thermale.

Jusqu'en 1990, le parti communiste de Malaisie (PCM) tenait son quartier général clandestin dans le district de Batong. Ce camp, appelé Wan Chai, abrita jusqu'à 180 rebelles du 12e Régiment. La plupart étaient chinois, et comptaient dans leur rang une majorité de femmes. En décembre 1989, il a finalement déposé les armes. La Pattani United Liberation Organisation (PULO) des séparatistes thaïlandais musulmans, qui réclame la sécession de Yala et d'autre provinces musulmanes, disposerait encore de quelques forces actives dans la province.

Une **porte** à l'entrée de la ville mêle un minaret de forme bulbaire, un toit de temple chinois incurvé et un stupa bouddhique en flèche, offrant ainsi une synthèse unique en son genre des cultures malaise, chinoise et thaïlandaise. L'influence chinoise prédomine et vous entendrez très souvent parler hokkien, tae jiu et cantonais, ainsi qu'anglais. C'est un district particulièrement riche, si on le compare à Sungai Kolok ou Padang Besar, les deux autres points frontaliers entre la Thaïlande et la Malaisie. La ville compte de nombreuses boutiques récentes et tous les nouveaux hôtels abritent une salle de karaoke.

L'endroit offre peu d'intérêt pour les visiteurs. Un parc pour le moins étrange avec un complexe sportif et culturel est en construction sur une colline dominant la ville. Un grand **temple chinois** se profile sur un des versants de cette colline. Près du rond-point, au centre de Betong, se dresse une **boîte à lettres** de trois mètres, cylindrique, rouge, la plus grande au monde.

Betong constitue un passage frontalier légal pour les Malais et les Thaïlandais. Ce qui explique que la petite ville soit souvent noire de monde le week-end, les Malais venant acheter les produits thaïlandais moins chers.

Renseignements

Office du tourisme. La TAT (☎ 073-232039) dispose d'un petit bureau situé 2/1 Th Amarit. Elle délivre des renseignements ainsi que des cartes, fort utiles.

Où se loger et se restaurer

Le prix de la plupart des hôtels de Betong varie de 250 à 550 B – le niveau des prix malais – pour une chambre sommaire, avec ventil. ou la clim. Le paiement en ringgits malais est généralement accepté. Les hommes seuls auront à subir le désagrément d'être constamment abordés par des proxénètes.

Le **_Betong Hotel_** (☎ 073-231231), dans Th Saritdet, compte parmi les meilleur marché de la ville. Il loue des chambres avec ventil. à 150/200 B et avec clim. pour 370 B. Le **_Fa Un Rong Hotel_** (☎ 073-231403), dans Th Jantharothai affiche également des petits prix, soit de 140 à 280 B pour une chambre avec ventil. Le **_Sri_**

Charoen Hotel (Sea World Long), 17 Soi Praphan Phesat, bénéficie de chambres confortables et d'une vue assez agréable pour 150 B avec ventil. et s.d.b. et 250 à 300 B avec clim. La carte de l'hôtel est écrite en chinois, et les prix sont indiqués en devise malaise.

Les fans de films d'action voudront probablement jeter une coup d'œil au nouveau *Jacky Chan Hotel* (☎ *074-230710 ; 226 Th Sukhayang*), où les attendent des chambres spacieuses et propres à 280 B avec ventil. et 380 B avec clim. On accède à la réception de l'hôtel par un magasin.

Au *Fortuna Hotel* (☎ *073-231180*), dans Th Phakdi Damrong, toutes les chambres sont équipées d'une TV et de la clim. pour 430 B. Le réputé *Cathay Betong* (☎ *073-230996/9*) propose des chambres à partir de 550 B avec clim. en semaine, et jusqu'à 740 B le week-end. La chambre de luxe coûte 620 B du lundi au vendredi et atteint 790 B le samedi. Le samedi, le petit déjeuner est compris.

Le *Sri Betong* (☎ *073-230188 ; 231026 ; 2-4 Th Thamwithi*), comprend deux ailes. Dans la plus ancienne, les prix commencent à 300 B pour une chambre correcte avec ventil. La chambre climatisée avec s.d.b. (eau froide) coûte entre 350 et 360 B, et les chambres VIP, 540 B. La nouvelle aile est plus luxueuse, avec des simples de 900 à 960 B et des doubles de 1020 à 1080 B.

Le *Betong Merlin* (☎ *073-230222 ; fax 231357*), perché sur une colline dominant Betong, est toujours l'établissement le plus somptueux de la ville. La chambre tout confort commence à 954 B en semaine et 1150 B le samedi. Sur place, vous trouverez un coffee-shop, un restaurant, une piscine, un sauna, un centre de remise en forme, un pub, une salle de billard, un karaoke, un centre de massage et une discothèque.

Outre les adresses du centre-ville, plusieurs resorts en dehors de Betong s'adressent plus spécialement aux nouveaux riches de Yala.

A Betong, les restaurants musulmans et chinois sont plus nombreux que les établissements thaï. La ville est réputée pour son

kài betong, (poulet émincé cuit à la vapeur, accompagné d'une sauce au soja locale) et son *phàk náam* (plat de légumes sautés dans une sauce à l'huître). Vous dégusterez les meilleurs kài au *New City* et au *Ta Yern*, tous deux situés dans Th Sukhayang, en aval du Merlin. Le Ta Yern prépare également d'excellents plat chinois en tout genre.

Comment s'y rendre

Un taxi Mercedes de Yala à Betong revient à 80 B. Le même voyage coûte 41 B en bus ordinaire. Vous pourrez également prendre un minivan climatisé depuis Hat Yai, moyennant 150 B.

La frontière malaise se trouve à 5 km du centre de Betong. Comptez 60 B (ou 6 RM si vous venez de Malaisie) pour vous y rendre en taxi.

Si vous désirez gagner Bangkok en bus, des véhicules climatisés partent quotidiennement de Betong à 13h30, et arrivent à Bangkok le jour suivant. Le voyage revient à 520 B par personne.

RAMAN

A 25 km de Yala au sud-est par la route ou le train, Raman est le centre d'un art martial malais-indonésien, le *silat*.

Si vous vous intéressez à la culture thaïlandaise musulmane, c'est ici qu'il vous faut séjourner.

Province de Pattani

PATTANI
42 200 habitants

Le chef-lieu de province de Pattani contraste violemment avec Yala. Malgré son rôle de centre de négoce tenu par les Chinois au profit (ou au détriment, selon les points de vue) des villages musulmans des environs, la ville est empreinte d'un caractère musulman plus marqué que Yala. Dans les rues, on entend plus souvent parler le yawi, un dialecte traditionnel de la péninsule malaise (qui s'écrit avec l'alphabet arabe classique auquel on a ajouté cinq lettres) qu'aucun autre dialecte thaï.

Les marchés ressemblent à ceux de Kota Baru en Malaisie. La ville est un peu plus sale que Yala, mais les quais qui s'étirent le long du fleuve ne manquent pas de charme.

Encore récemment, Pattani était le centre d'une principauté indépendante, comprenant Yala et Narathiwat. Ce fut aussi l'un des tous premiers royaumes thaïlandais à s'ouvrir au commerce international. Les Portugais y établirent un comptoir en 1516, les Japonais en 1605, les Hollandais en 1609 et les Anglais en 1612. Durant la dernière guerre, les Japonais débarquèrent à Pattani pour lancer leurs troupes à l'assaut de la Malaisie et de Singapour.

Orientation et renseignements

Le centre de cette ville en béton est situé au croisement de Th Naklua et Th Yarang, la route nord-sud reliant Yala au port de Pattani, et Th Ramkomud, l'axe est-ouest reliant Songkhla à Narathiwat. Les bus et les taxis s'arrêtent à ce croisement.

Th Ramkomud devient Th Rudee après avoir croisé Th Naklua Yarang. Vous pourrez admirer, le long de Th Rudee, quelques vestiges de l'architecture ancienne de Pattani.

Vous trouverez la poste centrale de Pattani dans Th Pipit, à proximité du pont. Le bureau téléphonique attenant assure un service d'appels internationaux tous les jours de 7h à 22h.

Vous trouverez plusieurs banques à l'extrémité sud-est de Th Pipit, presque à l'angle de Th Naklua Yarang.

Comme à Yala, Narathiwat, Satun et Trang, tous les panneaux signalétiques offrent des translittérations approximatives en anglais de la langue thaï.

Mosquées

La deuxième plus grande mosquée du pays est la **Matsayit Klang**, structure traditionnelle verte, sans doute encore la plus importante du Sud. Elle date du début des années 60.

La plus vieille mosquée de Pattani est **Matsayit Kreu-Se**, érigée en 1578 à l'initiative d'un immigrant chinois, Lim To Khieng, converti à l'islam, qui avait épousé une femme de Pattani. La construction

---

La mosquée inachevée

On raconte que Lim Ko Niaw, accourut de Chine en sampan pour tâcher de persuader son frère d'abandonner l'islam et de rentrer chez lui. Pour montrer la profondeur de sa foi, Khieng mit en chantier la Matsayit Kreu-Se. Sa sœur jeta un sort sur la mosquée, la condamnant à ne jamais être achevée. Puis, dans un ultime effort pour convaincre son frère, elle se pendit à un anacardier. Abattu par la douleur, Khieng ne put jamais terminer la mosquée ; elle est restée dans cet état jusqu'à ce jour – on affirme que chaque fois qu'on essaye de poursuivre sa construction, elle est frappée par la foudre.

---

resta inachevée (voir l'encadré). L'édifice en brique de style arabe a été laissé dans son état originel semi-achevé et à moitié en ruine, mais les fidèles entretiennent les jardins alentour. Il se trouve dans le village de Ban Kreu-Se, à 7 km à l'est de Pattani, près du Km 10 de la Highway 42. L'arbre auquel Ko Niaw s'est pendue est pieusement conservé au **San Jao Leng Ju Kieng** (ou San Jao Lim Ko Niaw). Fin février ou début mars, on y donne une fête sino-musulmane.

A cette occasion, une statue en bois de Lim Ko Niaw est portée en procession dans les rues. Les festivités comprennent une marche aux flambeaux et 7 jours de végétarisme. Le sanctuaire se trouve au nord de la ville vers le port.

Une autre fête est célébrée avec ferveur : le Hari Rayo, mois du jeûne musulman et dixième mois du calendrier lunaire.

Plages

La seule plage proche de la ville est celle de **Laem Tachi**, un cap qui ferme Ao Pattani au nord. Il faut prendre un bateau-taxi pour y aller, soit du quai de Tha Pattani, soit du district de Yari à l'embouchure du Pattani. Cette plage de sable blanc de 11 km de long, est parfois polluée par les rejets de la baie.

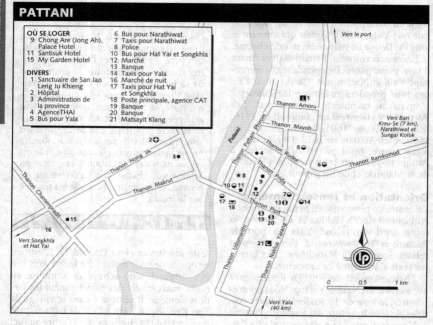

PATTANI

OÙ SE LOGER	
9	Chong Are (Jong Ah), Palace Hotel
11	Santisuk Hotel
15	My Garden Hotel

DIVERS	
1	Sanctuaire de San Jao Leng Ju Khieng
2	Hôpital
3	Administration de la province
4	AgenceTHAI
5	Bus pour Yala
6	Bus pour Narathiwat
7	Taxis pour Narathiwat
8	Police
10	Bus pour Hat Yai et Songkhla
12	Marché
13	Banque
14	Taxis pour Yala
16	Marché de nuit
17	Taxis pour Hat Yai et Songkhla
18	Poste principale, agence CAT
19	Banque
20	Banque
21	Matsayit Klang

Thanon Arnoru

Thanon Mayoh

Vers le port

Vers Ban Kreu-Se (7 km), Narathiwat et Sungai Kolok

Thanon Rudee

Thanon Ramkomud

Thanon Pattani Phirom

Thanon Nong Jik

Thanon Prida

Thanon Makrut

Thanon Charoenpradit

Thanon Pipit

Thanon Udomwithi

Thanon Nakia Yarang

Vers Songkhla et Hat Yai

Vers Yala (40 km)

0   0,5   1 km

Où se loger et se restaurer

Le *Palace Hotel* (☎ 073-349173 ; 349711 ; 38 Soi Talaat Tetiwat ; donnant dans Th Prida) loue des chambres correctes à 160 B avec ventil. et s.d.b. (eau froide), à 210 B avec clim. et un supplément de 50 B pour la TV. Le *Santisuk* (☎ 073-349122 ; 29 Th Pipit) présente des chambres satisfaisantes à 200 B avec s.d.b. et ventil. ou à 400 B avec clim.

Très apprécié des hommes d'affaires, le *My Garden Hotel* (☎ 073-331055 ; fax 348200 ; 8/28 Th Charoenpradit) se trouve à environ 1 km de la ville. Dans cet établissement très satisfaisant pour la catégorie moyenne, comptez 350 B pour une grande chambre double, avec ventil et s.d.b., et 550 B avec clim., TV par câble, baignoire, eau bien chaude, douche, téléphone et minibar. La discothèque est très fréquentée le week-end. Les conducteurs de samlors et de

songthaews le connaîtront peut-être sous son ancien nom, le Dina.

Le restaurant *Chong Are* (Jong Ah), à côté du Palace Hotel et de Th Prida, sert différents plats thaï et chinois acceptables.

Un *marché de nuit*, où de nombreux étals vendent de la nourriture, s'installe tous les soirs en face du My Garden Hotel.

Achats

Les Thaïlandais musulmans ont leur propre méthode traditionnelle de fabrication du batik. On en trouvera de beaux au marché Palat (talàat nát paalát), à Ban Palat, entre Pattani et Saiburi par la Highway 42.

Le marché se tient les mercredi et dimanche toute la journée.

Si vous ne pouvez vous y rendre, les magasins de Muslim Phanit et Nadi Brothers, Th Rudee, vendent des batiks locaux et malais.

Comment s'y rendre

Avion. A l'heure actuelle, aucun vol n'est programmé depuis Pattani. Toutefois, le bureau de la THAI à Pattani (☎ 073-349149), 9 Th Prida, enregistrera vos bagages et prendra en charge votre transfert jusqu'à l'aéroport de Hat Yai (à 110 km) sans que vous ayez à payer un supplément.

Bus et taxi collectif. Quarante kilomètres seulement séparent Pattani de Yala. Un taxi collectif couvrira cette distance en une demi-heure environ, pour 30 B. Le même trajet en bus ne vous coûtera que 20 B, mais vous prendra le double de temps.

Au départ de Narathiwat, comptez 50 B pour un taxi, 60 B pour un minivan et 30 B pour un bus ; de Hat Yai, 38 B en bus ordinaire et 55 B en bus climatisé.

De Bangkok, il n'existe qu'un bus ordinaire à destination de Pattani qui part à 18h30. Le voyage, d'une durée de 17 heures, vous reviendra à 285 B.

Vous pouvez profiter du service 1re classe climatisé de 10h, à 560 B. En sens inverse, ces deux bus quittent Pattani, respectivement à 18h30 et 14h30.

Bateau. Il nous a été dit que certains bateaux, en partance pour Pattani depuis Songkhla, acceptent de prendre à leur bord des passagers payants. Le prix requis semble dépendre de la taille du bateau.

Comment circuler

Des songthaews vous déposent n'importe où en ville pour 7 B par personne.

AILLEURS DANS LA PROVINCE
Plages

Les plages de Pattani comptent parmi les plus belles de la péninsule. En raison de la forte présence musulmane dans la région, il est conseillé aux femmes de porter un T-shirt par dessus leur maillot de bain, sur la plage comme dans l'eau. Les visiteuses récalcitrantes devront s'accommoder des regards insistants.

Hat Ratchadaphisek (ou Hat Sai Maw) est située à 15 km environ à l'ouest de Pattani.

L'endroit est calme et détendu, ombragé de pins, mais l'eau n'est pas très propre. **Hat Talo Kapo**, à 14 km à l'est de Pattani près du district de Yaring, est une belle plage qui sert de port aux *kaw-lae,* les bateaux de pêche du Sud. En semaine, l'endroit est quasiment désert.

Au nord de Pattani s'étend Hat Thepha, à proximité du village de Khlong Pratu au Km 96 de la Highway 93 et non loin du croisement de la route 4085. Sur ce tronçon, la Highway 43 remplace la Highway 4086, parallèlement à la plage. Des vendeurs de parasols s'y installent le week-end. A Hat Thephra, les hébergements se situent plutôt dans la catégorie moyenne, comme par exemple : *Club Pacific* (☎ *01-230 4020*), avec 60 chambres de 600 à 1 500 B ; le *Leela Resort* (☎ *01-230 3144*), 38 chambres, à partir de 400 B ; le *Sakom Bay Resort* (☎ *073-238966*), 23 chambres à 200 B avec ventil. et 600 B avec clim. ; le *Sakom Cabana* (☎ *01-2130590*), 140 cabanes climatisées de 700 à 1 000 B.

On trouvera d'autres plages tranquilles au sud-est de Pattani, vers Narathiwat, surtout dans les districts de Panare et Saiburi. **Hat Chala Lai** est une large plage de sable blanc, à 43 km à l'est de Pattani près de Panare. Huit kilomètres plus loin, **Hat Khae Khae** est une belle plage parsemée de rochers. A 3 km au nord de Panare, **Hat Panare** sert également de port aux pittoresques kaw-lae.

Si vous êtes motorisé, suivez la Highway 4136 qui longe la côte, au sud, jusqu'à l'embouchure du fleuve Saiburi qui se jette dans le golfe de Siam. Près de Saiburi, **Hat Wasukri**, appelée aussi Chaihat Ban Patatimaw, est une belle plage ombragée de sable blanc, à 53 km de Pattani. Des kilomètres de plage déserte vous attendent à la hauteur du Km 22, quelques kilomètres avant d'atteindre la frontière de la province de Narathiwat. La plus propre et la plus jolie plage, **Hat Talo Laweng**, s'étire près d'un cimetière musulman, au sud du village de Laweng, où vous trouverez probablement à vous loger chez l'habitant. Les villageois vivent de la pêche et des cocoteraies. La Highway 4136 dessine un crochet vers Mai

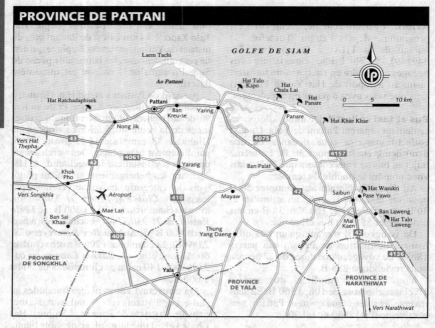

PROVINCE DE PATTANI

Kaen avant d'arriver à Laweng, si vous vous dirigez vers Pattani, au nord. Aucune de ces plages n'est signalée, mais vous ne pouvez les rater si vous empruntez la Highway 4136.

Pour assister à la fabrication des kaw-lae, il faut vous rendre au village de Pase Yawo (Ya-Waw), près de l'embouchure du Saiburi.

Province de Narathiwat

NARATHIWAT
41 700 habitants

Narathiwat est une petite ville agréable, l'un des plus petits chefs-lieux de province du pays, au caractère néanmoins bien marqué. Nombre de bâtisses sont en bois et datent de plus d'un siècle. Les commerces

sont partagés entre Chinois et musulmans. Quelques-unes des plus belles plages du sud du pays sont juste à la périphérie.

Les stations de radio locale diffusent un mélange de musiques yawi, thaïlandaise et malaise, et passent du *lûuk thûng* du nord-est de la Thaïlande au *dangdut* arabe, très mélodieux. Les nombreuses pancartes disséminées dans toute la ville sont indifféremment en yawi, thaï, chinois et anglais.

Chaque année, durant la troisième semaine de septembre, la fête de Narathiwat est l'occasion de course de kaw-lae (bateaux de pêche), d'expositions d'artisanat et de démonstrations de silat. Parmi les autres spectacles à ne pas manquer, les danses locales, *ram sam pen* et *ram ngeng*.

Renseignements

La poste principale est située sur Th Pichitbamrung. Elle abrite un bureau des appels internationaux ouvert tous les jours de 7h à 22h.

Hat Narathat

Au nord de la ville, Bang Nara est un petit village musulman de pêcheurs à l'embouchure du Bang Nara, avec son alignement de grandes barques de pêche peintes, appelées *reua kaw-lae*, et propres à Narathiwat et à Pattani.

Près du village, Hat Narathat étire son sable blanc sur 4 ou 5 km et fait office de parc pour la population locale, avec restaurants en plein air, tables et parasols. La brise constante qui souffle à cet endroit est idéale pour la pratique de la planche à voile. L'ombre est fournie par des casuarinas et des cocotiers.

La plage n'est qu'à 2 km au nord du centre-ville – on y va à pied ou en samlor. Elle s'étend au nord, jusqu'à Pattani, seulement interrompue çà et là par un cours d'eau ou l'embouchure d'une rivière. Plus vous vous éloignez vers le nord, plus la plage est propre et jolie. La presque totalité de la côte entre Narathiwat et la Malaisie, soit 40 km, est couverte de sable.

Matsayit Klang

Vers l'extrémité sud de Th Pichitbamrung se profile Matsayit Klang, une vieille mosquée en bois d'une architecture qui rappelle celle de Sumatra. Il semble qu'elle ait été édifiée par l'ancien roi de Pattani, il y a plus d'un siècle. Aujourd'hui, elle joue un rôle moindre, comparé à celui de la nouvelle mosquée arabe (Matsayit Jangwat), à l'extrémité nord de la ville, d'une architecture résolument moderniste, mais nettement moins intéressante.

Palais Taksin

A 7 km au sud de la ville se dresse la colline de Tanyongmat sur laquelle se trouve le palais Taksin (Phra Taksin Ratchaniwet). Le couple royal y séjourne chaque année, d'août à octobre. En son absence, le palais est ouvert au public tous les jours de 8h30 à 12h et de 13h à 16h30. Si les bâtiments n'ont rien de particulier, les jardins sont plantés de palmiers Bangsuriya, une espèce rare en forme d'éventail qui porte le nom des ombrelles brodées dont se servent les moines et la famille royale en signe de distinction. L'enceinte comprend également un petit zoo et un atelier de céramique. Le palais fait face à la jolie baie de Ao Manao bordée de pins maritimes. Des vendeurs sur la plage proposent nourriture et boissons, ainsi que parasols et chaises longues. Pour les gens de la région, Ao Manao est la plus jolie baie de la province.

Le trajet de la ville au palais en songthaew revient à 5 B. Ils s'arrêtent de circuler au coucher du soleil.

Wat Khao Kong

La plus haute statue de bouddha assis de Thaïlande se trouve au Wat Khao Kong, à 6 km au sud-ouest sur la route de la gare de Tanyongmat. Appelée Phra Phuttha Taksin Mingmongkon, elle est en bronze et fait 25 m de haut. Le wat en lui-même n'est pas très intéressant. Depuis Narathiwat, les songthaews reviennent à 5 B.

Où se loger

Les hôtels les moins chers bordent tous Th Puphapugdee (Phupha Phakdi), le long de la rivière Bang Nara. Le meilleur marché est le *Narathiwat Hotel* (☎ 073-511063), un immeuble en bois, tranquille, propre et confortable. Les chambres devant la plage coûtent 100 B avec s.d.b. commune. Les chambres du rez-de-chaussée sont plus bruyantes.

Autre adresse correcte, un peu plus au nord dans la même rue, le *Cathay Hotel* (☎ 073-511014) est un établissement tranquille (enseigne en yawi, anglais, thaïlandais et chinois). Les chambres spacieuses, propres, mais sans grand caractère, avec s.d.b et ventil. reviennent à 120 B. Le propriétaire, un vieux Chinois, parle très bien anglais.

De l'autre côté de la rue se dresse le *Bang Nara Hotel*, en réalité un hôtel de passe, aux grandes chambres à 100 B avec s.d.b. commune.

Le *Rex Hotel* (☎ 073-511134), 6/1-3 Th Chamroonnara, est un établissement

SUD DE LA THAÏLANDE

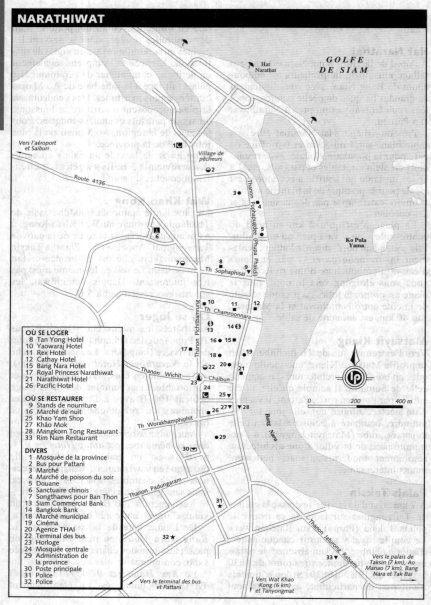

NARATHIWAT

Vers l'aéroport et Saiburi

Route 4136

GOLFE DE SIAM

Hat Narathat

Village de pêcheurs

Thanon Puphalugdee (Phupa Phakdi)

Ko Pula Yama

Th Sophaphisai

Thanon Pichitbamrung

Th Chamroonnara

Thanon Wichit

Chaibun

Thanon Worakhamphiphit

Thanon Padungaram

Bang Nara

Thanon Jaturong Ratkam

OÙ SE LOGER
8 Tan Yong Hotel
10 Yaowaraj Hotel
12 Rex Hotel
15 Bang Nara Hotel
17 Royal Princess Narathiwat
21 Narathiwat Hotel
26 Pacific Hotel

OÙ SE RESTAURER
9 Stands de nourriture
16 Marché de nuit
25 Khao Yam Shop
27 Khâo Mok
28 Mangkorn Tong Restaurant
33 Rim Nam Restaurant

DIVERS
1 Mosquée de la province
2 Bus pour Pattani
3 Marché
4 Marché de poisson du soir
5 Douane
6 Sanctuaire chinois
7 Songthaews pour Ban Thon
13 Siam Commercial Bank
14 Bangkok Bank
18 Marché municipal
19 Cinéma
20 Agence THAI
22 Terminal des bus
23 Horloge
24 Mosquée centrale
29 Administration de la province
30 Poste principale
31 Police
32 Police

0   200   400 m

Vers le terminal des bus et Pattani

Vers Wat Khao Kong (6 km) et Tanyongmat

Vers le palais de Taksin (7 km), Ao Manao (7 km), Bang Nara et Tak Bai

agréable avec ses chambres équipées de ventil. à 170 B. Comptez 320 B pour une chambre climatisée. Un hébergement similaire vous sera proposé au *Yaowaraj Hotel*, à l'angle de Th Chamroonnara et de Th Pichitbamrung, aux chambres avec ventil. de 120 à 160 B, et de 300 à 320 B avec clim. Situé au cœur d'un quartier très bruyant, cet établissement ne vous garantit pas la tranquillité des précédentes adresses.

Le *Pacific Hotel* (☎ 073-511076), dans Th Worakhamphiphit, propose des chambres propres et spacieuses avec ventil. et s.d.b. pour 300 B et avec clim. pour 380 B.

Le *Tan Yong Hotel* (☎ 073-511477), dans Th Sophapisai, possède des chambres climatisées à 500 B. L'hôtel accueille principalement des fonctionnaires malais et thaï.

Le plus luxueux est un nouvel établissement somptueux, dans une rue partant du côté ouest de Th Pichitbamrung, le *Royal Princess Narathiwat* (☎ 073-511027), qui compte 126 chambres de 1 800 à 2 100 B dans un bâtiment de huit étages. Le *Thani Hotels & Resorts* (☎ 02-636 3333), la maison mère de la chaîne hôtelière Royal Princess offre parfois la deuxième nuit pour une nuit réservée à l'avance.

A 7 km au sud de la ville, à Ao Manao, le *Ao Manao Resort* loue de vastes cottages en béton, mais peu espacés, avec ventil. et s.d.b. pour 400 à 600 B la nuit. Il se profile à quelque 400 mètres de la plage.

Où se restaurer

Le *marché de nuit* proche de Th Chamroonnara, derrière le Bang Nara Hotel, est attractif. Plusieurs établissements bon marché bordent Th Chamroonnara, particulièrement le *khâo kaeng place*, à côté du Yaowaraj Hotel, qui prépare des curries.

Nombre de *stands* servant des nouilles bon marché jalonnent Th Sophaphisai, jusqu'à Th Puphapugdee.

Dans Th Puphapugdee, à l'angle nord-ouest d'un soi menant derrière la mosquée centrale (Matsayit Klang), un vieux couple tient une *petite boutique* (un bâtiment en bois au toit de tuiles) qui propose de délicieuses nouilles à la farine de riz sautées, un

khâo yam très bon marché, et des plats de curries et de riz. D'autres établissements servent du khâo yam, mais moins bon.

Plus au sud, du même côté de la rue, une *boutique musulmane* propose du khâo mók et du riz au canard. Dans Th Wichit Chaibun à l'ouest de Th Puphapugdee, sont regroupés plusieurs magasins musulmans très peu chers.

Toujours dans Th Puphapugdee, le *Mangkorn Tong Restaurant* sert des fruits de mer excellents à prix raisonnables. A l'arrière, on peut dîner dans une petite salle sur l'eau.

Le *Rim Nam*, un restaurant en plein air, Th Jaturong Ratsami, 2 km au sud de la ville, propose de bons curries et des fruits de mer, à un prix abordable. Au sud du Rim Ram, le *Bang Nara* est similaire. Ces deux restaurants sont très appréciés des groupes de touristes malais.

Achats

Deux usines installées à proximité de la ville, m Famabatik (☎ 073-512452) et Saenghirun Batik (☎ 073-513151) pratiquent la vente directe de batiks à des prix corrects.

Comment s'y rendre

Avion. La THAI assure un vol quotidien entre Narathiwat et Pukhet, avec correspondance pour Bangkok. L'aller simple pour Pukhet coûte 990 B et 2 575 B pour Bangkok.

Le bureau de la THAI à Narathiwat (☎ 073-511161 ou 513090/2) se trouve au 322-324 Th Puphapudgee. La navette THAI entre l'aéroport de Narathiwat (12 km au nord par la Highway 4136) et l'agence revient à 30 B par personne.

Bus et taxi. Des taxis collectifs circulent entre Yala et Narathiwat (50 B). Les bus avec changement à Pattani coûtent 40 B.

Les bus au départ de Pattani s'élèvent à 30 B. Depuis Sungai Kolok, vous débourserez 25 B en bus et 40 B en minivan.

Se rendre à Hat Hai revient à 130 B en taxi collectif ou à 120 B en minivan climatisé. Ce dernier effectue ce trajet plusieurs fois par jour, avec départ en face du Rex Hotel.

Depuis/vers Tak Bai, un songthaew vous reviendra à 15 B (prenez-le devant le Narathiwat Hotel), un taxi à 25 B.

Train. Pour vous rendre de Yala à Tanyongmat, ville située à 20 km à l'ouest de Narathiwat, comptez 13 B pour une place assise en 3e classe. De là, empruntez un taxi (15 B) ou un songthaew (10 B).

Comment circuler

Les motos-taxis reviennent entre 10 B et 20 B selon la distance qu'ils parcourent. Des samlors provenant de Malaisie sont utilisés pour le transport de marchandises depuis/vers le marché. Ils coûtent de 10 à 25 B selon la distance et le chargement.

ENVIRONS DE NARATHIWAT
Matsayit Wadin Husen

La mosquée Matsayit Wadin Husen, l'une des plus intéressantes de Thaïlande, fut bâtie en 1769. Son architecture est un exemple admirable de synthèse harmonieuse entre les styles thaï, chinois et malais. Pour la découvrir, vous devrez vous rendre au village de Lubosawo – dans le district de Bajo (Ba-Jaw) – qui se trouve à 15 km au nord-ouest de Narathiwat, en retrait de la Highway 42. Un songthaew vous y mènera pour 10 B.

Wat Chonthara Singh-He

A l'époque de la colonisation de la Malaisie par les Britanniques, ceux-ci réclamèrent Narathiwat, alléguant que la province appartenait à leur empire malais. Les Thaïlandais construisirent alors le Wat Chonthara Sing-He (également connu sous le nom de Wat Phitak Phaendin Thai), afin d'ancrer à jamais Narathiwat dans le royaume de Siam. La province étant devenue un lieu de culte, les anglais abandonnèrent leur prérogative.

Aujourd'hui, le wat demeure l'une des rares occurrences dans le pays d'une architecture traditionnelle sud-thaïlandaise appliquée à l'édification d'un temple bouddhique. Le wihãan est en bois, rappelant les mosquées de Sumatra. Un autre wihãan, érigé en 1873, abrite un bouddha allongé, décoré de céramiques chinoises de la dynastie Song. On peut admirer, dans un troisième, des fresques réalisées par un célèbre moine de Songkhla durant le règne du roi Mongkut. Elles sont, pour la plupart, d'inspiration religieuse, mais représentent aussi des scènes typiques de la vie quotidienne en Thaïlande du Sud. Le quatrième wihãan, le plus grand de tous, est lui aussi un pur exemple du style thaïlandais.

Le Wat Chon se trouve dans le village de Tak Bai, à 34 km au sud-est de Narathiwat. Ce temple, vieux de cent ans à peine, ne vaut sans doute pas l'effort d'un déplacement depuis le chef-lieu, à moins que vous ne soyez passionné ; en revanche, si vous vous trouvez dans le district de Tak Bai ou de Sungai Kolok, alors une visite s'impose. Le domaine, situé en bord de rivière, est un havre de paix où vous pourrez oublier, pour quelques heures, l'agitation bruyante propre aux régions frontalières.

Pour vous y rendre depuis Narathiwat, prenez un bus ou un songthaew à destination de Ban Taba, et descendez à Tak Bai. Vous parcourrez alors à pied les 500 m qui séparent le carrefour principal du wat.

SUNGAI KOLOK

Les autorités voulurent un jour déplacer le passage de la frontière avec la Malaisie de Sungai Kolok à Ban Taba, dans le district de Tak Bai, sur la côte, à 32 km au nord-est. Le poste-frontière de Taba est désormais ouvert et facilite l'accès à Kota Bharu, la première ville importante de Malaisie, mais il semble que le poste de Sungai restera ouvert encore longtemps. De nouveaux hôtels sont même en construction et un bureau de la TAT a ouvert près du bureau de l'immigration.

On estime à 1 000 le nombre de prostituées à Sungai Kolok, dont c'est la deuxième source de revenus. Le reste de l'économie repose sur le trafic maritime entre la Thaïlande et la Malaisie. Tout un district au nord-est de la ville est réservé aux entrepôts où sont stockés les marchandises qui circulent entre les deux pays.

La frontière est ouverte de 5h à 17h (de 6h à 18h heure malaise). Les jours creux, les douaniers la ferment parfois dès 16h30.

Renseignements
Le bureau de la TAT (☎ 073-612126), situé à proximité de l'office d'immigration, est ouvert tous les jours de 8h30 à 17h.

La poste et le bureau des téléphones se trouvent dans Th Thetpathom et le bureau d'immigration, près du Merlin Hotel, Th Charoenkhet.

Où se loger et se restaurer
Selon la TAT, la ville compte 45 hôtels, la plupart destinés à une clientèle malaise mâle. Ils portent tous des noms évocateurs, tels que *Marry, Come In, Honey, My Love* et *Hawaii*. De ces petits hôtels, seuls quelques-uns sont à moins de 200 B et s'adressent surtout à ceux qui font une courte incursion de l'autre côté de la frontière. Si donc vous devez passer la nuit ici, mieux vaut payer un peu plus pour s'éloigner de l'industrie du sexe.

La plupart des établissements de Sungai acceptent les ringgits en paiement des chambres et des repas.

C'est dans Th Charoenkhet que vous trouverez les prix les plus raisonnables. Le *Thailiang Hotel* (☎ 073-611132), au n°12 de la rue, coûte 160 B, le *Savoy Hotel* (☎ 073-611093) au n°8/2 140 à 160 B, et le *Asia Hotel* (☎ 073611101) au n°4-4/1 160 B (ventil. et s.d.b.) ou 250 B (clim.).

Le *Pimarn Hotel* (☎ 073-611464) au n°76-4, offre également un bon rapport qualité/prix avec ses chambres équipées d'un ventil. et d'une s.d.b. à 150 B.

Au coin de Th Thetpathom et Th Waman Amnoey, l'agréable *Valentine Hotel* (☎ 073-611229) vous accueillera dans des chambres à 180 B avec ventil. et de 280 à 350 B avec clim. L'hôtel dispose également d'un coffee-shop au rez-de-chaussée.

Autre établissement acceptable, dans une fourchette de prix variant de 100 à 200 B : le *An An Hotel* (☎ 073-611058 ; 183/1-2 Th Prachawinat*), le *Taskin 2 Hotel* (☎ 073-611088 ; 4 Th Prachasamran), le

San Sabai 2 Hotel (☎ 073-611313 : 38 Th Waman Amnoey), le *San Sabai 1 Hotel* (☎ 073-612157 ; 32/34 Th Bussayapan), plutôt cher, et le *Nam Thai 2 Hotel* (☎ 073-611163), Soi Phuthon, Th Charoenkhet. Certains d'entre eux proposent des chambres avec clim. pour 200 à 380 B.

Sungai Kolok compte également quelques hôtels de catégorie moyenne et supérieure : le *Genting Hotel* (☎ 073-613231 ; fax 611259 ; Th Asia 18), à partir de 600 B ; le *Grand Garden Hotel* (☎ 073-611219 ; fax 613501 ; 104 Th Arifmankha), à partir de 550 B ; le *Intertower Hotel* (☎ 073-611192 ; fax 613400 ; Th Prachawiwat), à partir de 420 B ; le *Merlin Hotel* (☎ 073-611003 ; fax 611431 ; 40 Th Charoenkhet), à partir de 440 B ; le *Tara Regent Hotel* (☎ 073-611401 ; fax 611801, Soi Phuthon, Th Charoenkhet), à partir de 400 B.

La ville abonde en *stands* vendant de la nourriture thaïlandaise, chinoise et malaise. Un bon *restaurant chinois végétarien* se trouve entre les hôtels Asia et le Savoy.

Comment s'y rendre
Bus et taxi collectif. Les bus climatisés depuis/vers Bangkok coûtent 580 B. Les départs de Bangkok s'effectuent entre 18h et 19h (autour de midi à partir de Sungai Kolok). Les bus ordinaires reviennent à 320 B, avec départs de Bangkok à 21h-22h et de Sungai Kolok entre 8h et 9h (20 longues heures). Pour Surat Thani, les bus ordinaires sont à 155 B (10 heures), les climatisés à 285 B (9 heures).

Les taxis collectifs de Yala à Sungai Kolok coûtent 70 B ; depuis Narathiwat vous réglerez 40 B. A Sungai Kolok, l'arrêt de taxis se trouve à l'est de Th Thetpathom. Des bus se rendent à Narathiwat pour 25 B (35 B en bus climatisé). Les taxis de Sungai Kolok à Narathiwat partent du An An Hotel.

Les bus climatisés pour Hat Yai (120 B) partent du Valentine Hotel : il y en a deux le matin et deux l'après-midi. De Hat Yai, les heures de départ sont les mêmes. Comptez 4 heures de route. Les taxis collectifs pour Hat Yai reviennent à 130 B et partent à côté du Thailiang Hotel.

SUNGAI KOLOK

OÙ SE LOGER
3 Genting Hotel
10 Hôtels Asia et Savoy
12 Thailang Hotel
14 Valentine Hotel, bus climatisés pour Hat Yai
15 San Sabai 2 Hotel
16 San Sabai 1 Hotel
18 Merlin Hotel
19 Nam Thai 2 Hotel
20 Tara Regent Hotel
24 Taksin 2 Hotel
26 Pimarn Hotel
27 Intertower Hotel
29 An An Hotel
31 Grand Garden Hotel

DIVERS
1 Parc
2 Sungai Kolok Hospital
4 Marché
5 Marché et entrepôts
6 Douane
7 Agence TAT
8 Immigration Thaïlandaise
9 Immigration Malaise
11 Poste principale et services téléphoniques
13 Taxis pour Pattani et Yala
17 Minibus pour Hat Yai
21 Poste de police
22 Immigration
23 Thai Farmers Bank
25 Thai Military Bank
28 Bangkok Bank
30 Terminal des bus

La frontière est à 1 km du centre de Sungai Kolok ou de la gare. Le transport en ville se fait en moto-taxi : 15 B jusqu'à la frontière.

Si vous arrivez de Malaisie, il faut suivre les anciennes voies ferrées à droite ou, pour aller vers la ville, tournez à gauche au premier croisement et dirigez-vous vers les hauts immeubles.

De Rantau Panjang (côté malais), un taxi collectif pour Kota Baru coûte environ 5 RM par personne (20 RM pour louer une voiture) et met environ 1 heure.

Le bus régulier jaune et orange pour Kota Bharu coûte 3,50 RM.

Train. Le rapide n°171 part de Bangkok à 00h20 et arrive à 10h le jour suivant. Le spécial express n°37 dessert Sungai Kolok tous les jours ; départ à 14h34 et arrivée à 10h40 le lendemain. Vous pourrez voyager en 1re classe (893 B), en 2e (417 B) et en 3e (180 B), suppléments spécial express et rapide (80 ou 40 B) non inclus (ni les couchettes en 1re et en 2e).

Vous pouvez aussi prendre un train pour Sungai Kolok à Yala et à Tanyongmat (vers Narathiwat), mais les bus sont vraiment plus rapides et plus pratiques.

En sens inverse, pour se rendre de la frontière vers le nord (*via* Yala), le train reste une bonne solution. Un train pour Hat Yai met 4 heures 30 et coûte 31 B en 3ᵉ classe, 75 B en 2ᵉ classe.

Les trains locaux n°124 et 132 partent de Sungai Kolok à 6h30 et 8h50 et arrivent à Hat Yai à 11h17 et 13h34. Ces trains ne. figurent pas sur la liste des horaires en anglais.

Le spécial express n°20 part de Sungai Kolok à 15h et arrive à Bangkok à 10h35 le lendemain. Il dessert entre autres les gares de Hat Yai (à 18h40), de Surat Thani (à 23h48) et de Hua Hin (à 6h42).

BAN TABA

Ban Taba, à 5 km au sud de la bourgade animée de Tak Bai, n'est pas une ville, mais la réunion d'une banque, d'un grand marché et de quelques hôtels. Le Takbai Border House, un imposant bureau des douanes construit dans l'espoir de mettre un terme au trafic en tout genre, semble peu efficace. Du bureau des douanes et du marché, on peut apercevoir la Malaisie de l'autre côté de la rivière Kolok.

A quelques centaines de mètres au nord, s'étend Hat Taba, une plage ponctuée de casuarinas et de quelques abris en plein air. On peut changer des devises aux vendeurs de rue près du ferry, du côté thaïlandais.

La traversée de la rivière en ferry vers la Malaisie coûte 10 B.

Le poste-frontière est ouvert aux mêmes heures que celui de Sungai Kolok. Du côté malais, des bus se rendent directement à Kota Bharu (2,50 RM).

Où se loger

Le *Masaya resort* (☎ 073-581125) propose des chambres satisfaisantes de 170 à 250 B avec ventil et s.d.b., à 340 B avec clim. et à 400 B avec clim. et TV. L'établissement est situé un peu en retrait de la route qui mène à la frontière malaise et peut parfois être difficile à trouver. Une moto-taxi vous y conduira depuis le centre-ville pour environ 10 B.

Près de la plage au nord de Ban Taba, le *Pornphet* (☎ 073-581331), un établissement de style motel, vous satisfera avec ses chambres à 280 B ou environ 400 B avec clim.

Langue

Pour voyager dans le pays, il est indispensable d'apprendre au moins quelques rudiments de thaï. Il est bien évident que, plus vous élargirez votre connaissance de la langue, plus vous vous rapprocherez des habitants et de leur culture. Mais si peu d'étrangers parlent thaï, qu'il suffit de quelques mots pour impressionner favorablement vos interlocuteurs.

Vos premières tentatives n'auront sûrement qu'un succès mitigé, mais persévérez. En apprenant de nouveaux mots ou de nouvelles phrases, écoutez attentivement la manière dont les Thaïlandais utilisent les diverses tonalités – cela viendra vite. Ne vous découragez pas au premier rire qui accueillera vos efforts linguistiques ; c'est une forme de reconnaissance. Les Thaïlandais sont d'un grand soutien quand les étrangers tentent d'apprendre leur langue.

Les visiteurs, jeunes et moins jeunes, sont vivement encouragés à aller à la rencontre des lycéens et des étudiants. Dans leur majorité, ces jeunes brûlent de communiquer avec les étrangers. Souvent, ils connaissent quelques rudiments d'anglais, si bien que leur communication n'est pas aussi difficile qu'avec les commerçants ou les fonctionnaires. En outre, ils vous apprendront volontiers quelques mots de thaï utiles.

Si vous souhaitez vous initier aux complexités de la langue thaï, la *Méthode de Thaï* de Gilles Delouche (1991) regroupe un manuel mettant l'accent sur l'apprentissage et le système de l'écriture, ainsi que deux cassettes audio. Éditée par L'Asiathèque (6, rue Christine, 75006 Paris), cette méthode est celle qui est enseignée à l'Inalco (Institut national des langues et civilisations orientales) à Paris.

On trouvera chez les libraires spécialisés un petit *Dictionnaire français-thaï-français*. Cet ouvrage a néanmoins l'inconvénient de ne pas comporter de présentation phonétique de la langue. Il conviendra donc mieux aux Thaïlandais désirant apprendre le français. En revanche, *L'Essentiel du vocabulaire thaï* de Charles Degnaux (éd. Charles Degnaux, 1994) est un lexique fort utile qui fournit une introduction à la phonétique, avec les équivalences par rapport au français, et une liste de mots usuels classés par thème.

Les voyageurs familiers avec l'anglais pourront se procurer le *Thai phrasebook*, publié aux éditions Lonely Planet (1995). Outre son abrégé de grammaire, ce petit guide fournit un vocabulaire de base et une sélection de phrases usuelles. De même, le *Thai Hill Tribes phrasebook*, toujours chez Lonely Planet (1991), livre une description des principales tribus thaï avec leur localisation géographique et donne les outils élémentaires en matière de conversation.

Pour tous renseignements sur les cours de langues, se reporter au paragraphe *Cours* dans le chapitre *Renseignements pratiques*.

Dialectes

Le thaï, tel qu'il est parlé et écrit dans le Centre est aujourd'hui la langue officielle de la Thaïlande. Ce dialecte est parvenu à s'imposer dans toutes les communautés du royaume, quelles que soient leurs origines ethniques. Bien entendu, d'une province à l'autre, et en particulier du nord au sud du pays, l'accent tonal et le vocabulaire subissent de légères variations. Il reste que cet idiome du centre est devenu le langage véhiculaire du royaume.

Les dialectes locaux appartiennent tous à la branche thaï de la famille linguistique thai-kadai et sont très proches des langues en usage dans les pays voisins : au Laos, le lao, le thaï du Nord et le thaï lü ; au nord du Myanmar, le shan et le thaï du Nord ; au nord-est du Vietnam, le nung et le tho ; à Assam l'ahom, et, en Chine du sud, le zhuang et le thaï lü.

Les linguistes thaïlandais distinguent aujourd'hui quatre dialectes de base : le thaï du Centre (langue maternelle des habitants de cette région et seconde langue pour l'ensemble de la population) ; le thaï du Nord (pratiqué par les habitants de la province Tak et jusqu'à la frontière du Myanmar) ; le thaï du Nord-Est (en usage dans les territoires proches des frontières laotienne et cambodgienne), et enfin le thaï du Sud (dialecte commun aux provinces du Sud, depuis le Chumphon jusqu'à la frontière malaise). Chacune de ces langues peut encore être divisée en sous-dialectes. Le thaï du Nord-Est, par exemple, compte neuf variantes, aisément reconnaissables pour une oreille exercée. Sans compter les idiomes propres aux communautés minoritaires, telles que les Phu Thaï, les Thaï Dam, les Thaï Daeng, les Phu Noi, les Phuan et autres tribus, implantés pour la plupart dans le Nord et le Nord-Est du royaume.

Les différents vocabulaires

Il existe en thaï, comme dans la plupart des langues, une nette distinction entre le langage "populaire" et le langage "châtié". Par exemple, parmi les mots d'usage courant, *thaan* qui signifie "manger" est plus courtois que son synonyme *kin*. De même, il sera plus poli de dire *sĭi-sà* (tête) que *hŭa*. Pour éviter les risques d'affront involontaire, un étranger aura tout intérêt, dans la mesure du possible, à se cantonner aux termes "élégants".

En outre, la famille royale s'arroge le privilège d'un éventail de mots (*kham râat-chaasàp*) qui lui est exclusivement réservé – que l'on s'adresse à elle directement ou indirectement. Ces termes concernent essentiellement le domaine sémantique des liens de parenté, des actions, des pensées, ainsi que les vêtements et les lieux de résidence. Pour exemple : alors qu'on utilise, nous l'avons vu, les mots *kin* et *thaan* pour "manger", on dira *ráppràthaan* lorsqu'il s'agit des monarques. Les Thaïlandais n'employant ces tournures qu'en référence au roi, à la reine ou à leurs enfants, vous pouvez vous dispenser de les apprendre.

Alphabet

L'alphabet thaï, qui s'est développé beaucoup plus récemment que la langue parlée,

est composé de 44 consonnes (21 sons différents seulement) ainsi que 48 voyelles et diphtongues (32 signes distincts). L'opinion des spécialistes diverge quant à ses origines exactes. Mais il semble qu'il soit apparu il y a huit siècles, plus ou moins calqué sur les modèles khmer et môn – eux-mêmes s'étant inspirés de l'alphabet en usage dans le sud de l'Inde.

A l'instar de ces langues, le thaï s'écrit de gauche à droite, mais les voyelles se placent avant, après, au-dessus, au-dessous, ou "autour" (avant, au-dessus *et* après), des consonnes, selon le signe.

L'apprentissage de l'alphabet ne pose pas de difficulté, mais le système d'écriture est assez complexe. Aussi, à moins d'avoir l'intention de rester longtemps dans le pays, est-il préférable de laisser cette étude de côté pour se concentrer sur la langue parlée. Dans cet ouvrage, les noms de lieux répertoriés à la fin de ce chapitre sont rédigés conjointement en alphabet romain et thaï, afin que vous puissiez, une fois sur place, les déchiffrer, ou tout au moins les désigner.

Tons

Dans la langue thaï, le sens d'une même syllabe peut être modifié au moyen de cinq tons différents (en thaï du Centre standard) : le ton grave, le ton médian, le ton descendant, le ton aigu et le ton ascendant. Exemple : *Mái mài mâi mǎi mãi* veut dire : "Le bois vert (nouveau) ne brûle pas, n'est-ce pas ?". Méditez sur cette phrase pour apprécier la valeur des tons en thaï. Ceux-ci constituent la principale difficulté du thaï, surtout pour les personnes n'ayant pas l'habitude des langues tonales. Même en ayant connaissance du ton correct, la tendance à traduire une émotion, une interrogation, un point fort du discours, par la modulation de la voix, interfère souvent avec l'émission du ton exact.

La première règle pour parler thaï est donc de supprimer toute émotion du discours, au moins jusqu'à ce qu'on ait appris à les exprimer sans changer la valeur tonale essentielle.

Sur une portée, les tons pourraient se schématiser de la manière suivante :

Nous avons tenté d'expliquer brièvement ce système de tons. Le seul moyen de comprendre ce qui les distingue est d'écouter les Thaïlandais ou les étrangers parlant couramment le thaï. La hauteur de chaque ton dépend du registre de la voix de chacun ; il n'y a pas de "diapason" fixe, intrinsèque à la langue.

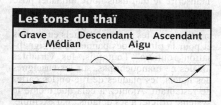

Les tons du thaï

1   Le ton grave se prononce d'une voix uniforme, dans les graves du spectre vocal et sans inflexion. Ex. : *bàat*, qui signifie baht (la monnaie thaïlandaise).
2   Le ton médian est "uniforme" comme le ton grave, mais prononcé dans le médium du spectre vocal de chacun. Ex. : *dii* signifie "bon" (pas d'indication de ton).
3   Le ton descendant est prononcé comme si vous accentuiez un mot. Ex. : *mâi* signifie "non".
4   Le ton aigu est celui qui pose en général le plus de difficulté aux Occidentaux. Il se prononce avec une voix de tête, et aussi également que possible. Ex. : *níi,* qui signifie "ceci".
5   Le ton ascendant ressemble à l'inflexion de la voix quand on demande "Ah oui ?"

Les mots qui ont plus d'une syllabe sont généralement des composés de deux unités lexicales ou plus, chacune ayant son propre ton. Il peut s'agir de mots empruntés directement au sanskrit ou au pali, auquel cas chaque syllabe aura son propre ton. Parfois, le ton de la première syllabe n'est pas aussi important que celui de la dernière ; dans ce livre, le ton de la première syllabe n'est donc pas indiqué.

Les quelques précisions suivantes vous aideront à lire les transcriptions utilisées dans ce guide. Elles sont fondées sur le Royal Thai General System (RTGS) avec des distinctions supplémentaires entre les voyelles brèves et longues (c'est-à-dire "i" et "ii" ; "a" et "aa" ; "e" et "eh" ; "o" et "oh"), entre "o" et "aw" ("o" dans les deux cas, dans le RTGS) et entre "ch" et "j" ("ch" dans les deux cas, dans le RTGS).

Consonnes

La plupart des consonnes thaï se prononcent comme en français. Voici toutefois quelques exceptions :

k	comme un "g" doux non aspiré (émis sans souffle)
p	"p" sourd et non aspiré
t	"t" non aspiré, entre le "t" et le "d"
kh	comme le "k" de "képi"
ph	comme le "p" de "Paris" (jamais le "ph" de "phare")
th	comme le "t" de "tapis"
ng	comme le "ng" de "ping" ; utilisé comme consonne initiale (essayer de dire "ping" sans le "pi")
r	"r" prononcé comme un "l" (la langue touche le palais)

Voyelles

i	comme le "i" de "pis"
ii	doubler la durée d'émission du "i"
ai	comme le "ai" de "ail"
a	comme le "a" de "pas"
aa	doubler la durée d'émission du "a"
ae	comme le "ai" de "pain" sans nasalisation
e	comme le "è" de "père"
eh	comme le "é" de "ré"
oe	comme le "œ" de "œuf"
u	comme le "ou" de "mou"
uu	doubler la durée d'émission du "u"
eu	comme le "eu" de "deux"
ao	comme le "ao" de "mao"
aw	comme le "o" de "borne"
o, oh	comme le "o" de "clone" diphtongué
eua	diphtongue, ou combinaison de "eu" et "a"
ia	comme le "ie" de "rien"

ua	comme le "ou" de "tour", suivi du "e" de "je"
uay	comme le "ui" de "nuit"
iu	comme "oui"
iaw	comme le "io" de Rio

Voici encore quelques remarques pour vous aider à sortir de la jungle alphabétique :

- **Ph** ne doit jamais être prononcé comme un "f" mais comme un "p" (le "h" est rajouté pour distinguer cette consonne du "p" thaï plus proche du "b"). On peut le voir écrit **p**, **ph** et même **bh**.
- Pour certains, le **k** thaï est plus proche du "g" que du "k" français. Le standard RTGDS a choisi d'utiliser le symbole "k" pour représenter ce son qui n'est pas sonore mais plus proche du coup de glotte. Quant au **p**, il ressemble à un "b" anglais.
- Il n'y a pas de "v" en thaï ; *Sukhumvit* se prononce Soukoumwit et *Vieng*, Wieng.
- **L** ou **r** à la fin d'un mot se prononce toujours comme un "n" ; par conséquent, *Satul* se prononce "Satoun" *Wihar* se dit Wihan. Une exception : quand "er" ou "ur" sont employés pour indiquer le son "oe", comme dans "ampher" *(amphoe)*. De la même façon "or" traduit parfois le son "aw" comme dans "porn" *(phawn)*.
- **L** et **r** sont souvent interchangeables dans le discours, et cela apparaît dans certaines translittérations ; par exemple, *naliga* (horloge) est parfois écrit "nariga" et *râat nâa* (un plat de nouilles) se rend par "laat naa" ou "lat na".
- **U** représente souvent un "a" bref comme dans *tam* et *nam*, souvent écrits "tum" et "num". Il sert également à représenter le son "eu" comme dans *beung* (marais) prononcé "bung".
- Phonétiquement, tous les mots thaï se terminent par une voyelle (**a**, **e**, **i**, **o**, **u**), une semi-voyelle (**y**, **w**), une nasale (**m**, **n** ou **ng**) ou une des trois consonnes **p**, **t** et **k**. C'est tout. Les mots transcrits avec des terminaisons en "ch", "j" ou "d" – comme Panich, Raj et Had – se prononceront comme s'ils se terminaient par "t". De même, "g"

devient "k" (Ralug se dit Raluk) et "b" devient "p" (Thab se dit Thap).

- Enfin, le "r" de *sri* est toujours muet ; on prononcera donc "sii". Ainsi "Sri Racha" est vraiment prononcé "Si Racha".

Translittération

Transcrire le thaï dans notre alphabet pose d'infinis problèmes. L'État thaïlandais utilise le Royal Thai General System of transcription pour les papiers officiels en anglais et pour la plupart des panneaux de signalisation routière. Toutefois, les variantes locales ne manquent pas, sur les enseignes des hôtels, les plaques de rue ou les cartes de restaurant. Ajoutez à cela que même le système officiel a ses défauts : par exemple, "o" recouvre deux sons très différents ("o" et "aw" de la rubrique *Voyelles*), de même que "u" ("u" et "eu"). Idem pour "ch", qui représente deux consonnes différentes ("ch" et "j"). Le système officiel ne distingue pas non plus les voyelles brèves des longues, qui pourtant ont une incidence sur la valeur tonale de chaque mot.

Enfin, pour arranger le tout, de nombreux mots (surtout les noms de famille et de lieux) ont des orthographes proches du sanskrit et du pali même si leur prononciation diffère.

En règle générale, les noms propres qui figurent dans ce livre suivent l'usage le plus courant, ou dans le cas des noms d'hôtels, copient simplement leur nom tel qu'il est donné dans notre alphabet. Quand la translittération est très éloignée de leur prononciation réelle, cette dernière est également indiquée. En l'absence de modèle existant, les noms sont translitérés phonétiquement.

Les problèmes apparaissent souvent quand un nom est translitéré différemment, parfois dans le même endroit. "Thawi", par exemple, peut devenir Tavi, Thawee, Thavi, Tavee, entre autres variantes. Hors l'alphabet phonétique international, il n'existe pas de "bonnes" façons de translitérer le thaï. Les Thaïlandais emploient souvent des lettres de notre alphabet qui n'ont pas de son équivalent en thaï : Faisal pour Phaisan, par exemple, ou Vanich pour Wanit, Vibhavadi pour Wiphawadi. Parfois, ils mélangent même une transcription littérale du sanskrit avec de la prononciation thaï, comme dans le nom du roi, Bhumibol (qui se prononce Phumiphon, et qui, translitéré du sanskrit selon les règles, s'écrirait Bhumibala). Voici une petite liste de mots pièges. La façon dont on les écrit couramment est de nature à encourager – s'il en était besoin – les erreurs de prononciation.

Orthographe	Prononciation courante	Signification
bung	beung	étang ou marécage
ko ou koh	kàw	île
meuang	meuang	ville
nakon ou nakorn	nákhawn	grande ville
raja	râatchá s'il est placé au début d'un mot, râat s'il est placé à la fin	royal

Civilités

La politesse exige de celui qui parle qu'il termine ses phrases par *khráp* (si c'est un homme) ou *khâ* (si c'est une femme). C'est aussi la manière courante de répondre "oui" à une question ou de montrer qu'on est d'accord.

Bonjour.
sawàt-dii สวัสดี
(khráp/khâ) (ครับ/ค่ะ)

Comment allez-vous?
sàbaai dii rĕu? สบายดีหรือ?

Je vais bien.
sabàay dii สบายดี

Merci.
khàwp khun ขอบคุณ

Excusez-moi.
khăw thôht ขอโทษ

tu/vous
phŏm ผม(ผู้ชาย)

(pour les hommes)
dii chăn ดิฉัน(ผู้หญิง)
(pour les femmes)
khun คุณ
(entre égaux)
thâan ท่าน
(pour les personnes d'un certain âge ayant de l'autorité)

Comment vous appelez-vous?
khun chêu arai? คุณชื่ออะไร?

Je m'appelle ...
phŏm chêu ... ผมชื่อ...
(hommes)
dii chăn chêu ... ดิฉันชื่อ...
(femmes)

Avez-vous ...?
mii ... mãi?/ มี...ไหม/
... mii mãi? ...มีไหม?

Non.
mâi châi ไม่ใช่

Non ?
mãi?/châi mãi? ไหม?/ใช่ไหม?

(J') aime ...
châwp ... ชอบ...

(Je) n'aime pas ...
mâi châwp ... ไม่ชอบ...

(J') aimerais ...
(+ verbe)
yàak jà ... อยากจะ...

(J') aimerais ...
(+ nom)
yàak dâi ... อยากได้...

Quand?
mêu-arai? เมื่อไร?

Ça ne fait rien/ce n'est pas grave.
mâi pen rai ไม่เป็นไร

Qu'est-ce que c'est?
nîi arai? นี่อะไร?

Aller
pai ไป

Venir
maa มา

Difficultés de langue

je comprends.
khâo jai เข้าใจ

Je ne comprend pas.
mâi khâo jai ไม่เข้าใจ

Comprenez-vous ?
khâo jai mãi? เข้าใจไหม?

Un peu.
nít nàwy นิดหน่อย

Comment cela s'appelle-t-il en thaï?
níi phaasãa thai นี่ภาษาไทย
rîak wâa arai? เรียกว่าอะไร?

Comment circuler

Je voudrais aller ...
yàak jà pai ... อยากจะไป...

Où se trouve (le/la) ...?
... yùu thîi nãi? ...อยู่ที่ไหน?

aéroport
sanãam bin สนามบิน

terminal des bus
sathãanii khõn sòng
สถานีขนส่ง

arrêt de bus
thîi jàwt rót pràjam
ที่จอดรถประจำ

gare ferroviaire
sathãanii rót fai
สถานีรถไฟ

Arrêt des taxis
thîi jàwt rót tháek-sîi
ที่จอดรถแท็กซี่

Je voudrais un billet.
yàak dâi tũa อยากได้ตั๋ว

A quelle heure part le train?
kìi mohng rót กี่โมงรถ
jà àwk? จะออก?

bus
rót meh/rót bát รถเมล์/รถบัส

voiture
rót yon รถยนต์

moto
rót maw-toe-sai รถมอเตอร์ไซค์

train
rót fai รถไฟ

tout droit
trong pai ตรงไป

à gauche
sáai ซ้าย

à droite
khwãa ขวา

loin/près
klai/mâi klai ใกล/ไม่ใกล

Hébergement

hôtel
rohng raem โรงแรม

pension
bâan phák บ้านพัก
(kèt háo) (เกสต์เฮาส์)

Avez-vous une chambre de libre ?
mii hâwng mãi? มีห้องว่างไหม?

C'est combien pour une nuit?
kheun-lá thâo rai? คืนละเท่าไร?

salle de bain
hâwng náam ห้องน้ำ

toilettes
hâwng sûam ห้องส้วม

chambre
  hâwng ห้อง

chaud
  ráwn ร้อน

froid
  nāo หนาว

bain/douche
  àap náam อาบน้ำ

serviette
  phâa chét tua ผ้าเช็ดตัว

En ville

Est-il possible de changer de l'argent ici ?
  lâek ngoen thîi nii dâi māi ?
  แลกเงินที่นี่ได้ไหม?

Quelle est l'heure d'ouverture ?
  ráan pòet mêua rai?
  ร้านเปิดเมื่อไร?

Quelle est l'heure de fermeture ?
  ráan pìt mêua rai?
  ร้านปิดเมื่อไร?

banque
  thanaakhaan ธนาคาร

plage
  hàat หาด

pharmacie
  ráan khāai yaa ร้านขายยา

hopital
  rohng pha yaabaan
  โรงพยาบาล

marché
  talàat ตลาด

musée
  phíphíth phan พิพิธภัณฑ์

bureau de poste
  praisanii ไปรษณีย์

restaurant
  ráan aahāan ร้านอาหาร

office de tourisme
  sāmnák-ngaan สำนักงาน
  thâwng thîaw ท่องเที่ยว

Achats

Combien est-ce?
  thâo raí? เท่าไร?

C'est trop cher
  phaeng pai แพงไป

A combien est ceci ?
  nii thâo rai?/ นี้เท่าไร?/กี่บาท?
  kìi bàat?

Pas cher/bon marché
  thùuk ถูก

Temps, date et chiffres

Quelle heure est-il?
  kìi mohng láew? กี่โมงแล้ว?

aujourd'hui
  wan níi วันนี้

demain
  phrûng níi พรุ่งนี้

hier
  mêua waan เมื่อวาน

dimanche
  wan aathít วันอาทิตย์

lundi
  wan jan วันจันทร์

mardi
  wan angkhaan วันอังคาร

mercredi
  wan phút วันพุธ

jeudi
  wan phréuhàt วันพฤหัสฯ

vendredi
  wan sùk วันศุกร์

samedi
  wan sāo วันเสาร์

0	*sǔun*	ศูนย์
1	*nèung*	หนึ่ง
2	*sǎwng*	สอง
3	*sǎam*	สาม
4	*sìi*	สี่
5	*hâa*	ห้า
6	*hòk*	หก
7	*jèt*	เจ็ด
8	*pàet*	แปด
9	*kâo*	เก้า
10	*sìp*	สิบ
11	*sìp-èt*	สิบเอ็ด
12	*sìp-sǎwng*	สิบสอง
13	*sìp-sǎam*	สิบสาม
20	*yîi-sìp*	ยี่สิบ
21	*yîi-sìp-èt*	ยี่สิบเอ็ด
22	*yîi-sìp-sǎwng*	ยี่สิบสอง
30	*sǎam-sìp*	สามสิบ
40	*sìi-sìp*	สี่สิบ
50	*hâa-sìp*	ห้าสิบ
100	*ráwy*	ร้อย
200	*sǎwng ráwy*	สองร้อย
300	*sǎam ráwy*	สามร้อย
1000	*phan*	พัน
10,000	*mèun*	หมื่น
100,000	*sǎen*	แสน
un million	*láan*	ล้าน
un milliard	*phan láan*	พันล้าน

NOMS DE LIEUX
Bangkok

Abhisek Dusit Throne Hall
(Phra Thii Nang Aphisek Dusit)
พระที่นั่งอภิเศกดุสิต

Barques royales
เรือพระที่นั่ง

Ko Kret
เกาะเกร็ด

Lak Meuang (Pilier de la ville)
ศาลหลักเมือง

Maison de Jim Thompson
บ้านจิมทอมป์สัน

Marchés flottants
ตลาดน้ำ

Musée national
พิพิธภัณฑ์สถานแห่งชาติ

Musée royal de l'éléphant
พิพิธภัณฑ์ช้างต้น

Pahurat
พาหุรัด

Palais en teck Vimanmek
(Phra Thii Nang Wimanmek)
พระที่นั่งวิมานเมม

Parc Lumphini
สวนลุมพินี

Parc royal Rama IX
สวนหลวง ร.9

Quartier chinois (Sampeng)
เยาวราช(สำเพ็ง)

Urgences

Il (me) faut un médecin
tâwng-kaan mǎw ต้องการหมอ

Au secours !
chûay dûay! ช่วยด้วย

Arrêtez !
yùt! หยุด

Partez !
bai sí! ไปซิ

Je suis perdu
chǎn lǒng thaang ฉันหลงทาง

Queen Saovabha Memorial Institute
(Serpentarium)
สถานเสาวภา

Sanam Luang
สนามหลวง

Siam Society et Ban Kamthieng
สยามสมาคมบ้านคำเที่ยง

Temple de Maha Uma Devi
วัดมหาอุมาเทวี
(วัดแขกสีลม)

Village du bol d'aumône
บ้านบาตร

Wang Suan Phakkard (Phakkat)
วั่งสวนผักกาด

Wat Arun
วัดอรุณฯ

Wat Benchamabophit
วัดเบญจมบพิตร

Wat Bovornives (Bowonniwet)
วัดบวรนิเวศ

Wat Phailom
วัดไผ่ล้อม

Wat Pho (Wat Phra Chetuphon)
วัดโพธิ์(วัดพระเชตุพน)

Wat Phra Kaew et le Grand Palais
วัดพระแก้ว/พระบรมมหาราชวัง

Wat Rajanadda
วัดราชนัดดา

Wat Saket
วัดสระเกศ

Wat Thammamongkhon
วัดธรรมมคล

Wat Traimit
วัดไตรมิตร

Zoo de Dusit
สวนสัตว์ดุสิต(เขาดิน)

Le Centre

Angthong et Saraburi
อ.เมืองอ่างทอง/อ.เมืองสระบุรี

Aranya Prathet
อรัญประเทศ

Ayuthaya
พระนครศรีอยุธยา

Bang Pa-In
บางปะอิน

Centre d'études historiques d'Ayuthaya
ศูนย์ศึกษาประวัติศาสตร์อยุธยา

Cha-am
ชะอำ

Chachoengsao
อ.เมืองฉะเชิงเทรา

Chanthaburi
จันทบุรี

Chao Phraya Wichayen
(Résidence de Constantin Phaulkon)
บ้านวิชชาเยนทร์

Chédi de Don
อนุสรณ์ดอนเจดีย์

Chédi de Phra Pathom
พระปฐมเจดีย์

Cimetières militaires des Alliés
สุสานทหารสงครามโลกครั้งที่2

Col des Trois Pagodes/Payathonzu
ด่านเจดีย์สามพระองค์

Ferme des tigres de Sri Racha
สวนเสือศรีราชา

Grottes de Khao Luang
ถ้ำเขาหลวง

Hua Hin
หัวหิน

JEATH War Museum
พิพิธภัณฑ์สงคราม

Kanchanaburi
อ.เมืองกาญจนบุรี

Ko Samet
เกาะเสม็ด

Ko Si Chang
เกาะสีชัง

Lak Meuang Shrine
ศาลหลักเมือง

Lopburi
อ.เมืองลพบุรี

Musée de la seconde Guerre Mondiale
พิพิธภัณฑ์สงครามโลกครั้งที่2

Musées nationaux
พิพิธภัณฑ์เจ้าสามพระยา

Musée national d'U Thong
พิพิธภัณฑ์แห่งชาติอู่ทอง

Musée néolithique de Ban Kao
พิพิธภัณฑ์บ้านเก่า

Nakhon Pathom
อ.เมืองนครปฐม

Parc de Chaloem Phattaratchani
สวนเฉลิมภัทรราชินี

Parc historique de Khao Wang et Phra Nakhon Khiri
เขาวัง/อุทยานประวัติศาสต-ร์พระนครคีรี

Parc historique de Prasat Meuang Singh
อุทยานประวัติศาสตร์ปราสาทเ-มืองสิงห์

Parc national de Chaloem Ratanakosin (Tham Than Lot)
อุทยานแห่งชาติเฉลิมรัตนโก-สินทร์(ถ้ำธารลอด)

Parc national de Kaeng Krachan
อุทยานแห่งชาติแก่งกระจาน

Pattaya
พัทยา

Petchaburi
เพชรบุรี

Phra Narai Ratchaniwet
พระนารายณ์ราชนิเวศน์

Pont de la rivière Kwaï
สะพานข้ามแม่น้ำแคว

Prachuap Khiri Khan
อ.เมืองประจวบคีรีขันธ์

Prang Sam Yot
พระปรางค์สามยอด

Ratchaburi
ราชบุรี

Rayong
อ.เมืองระยอง

Réservoir de Sri Nakharin et Sri Sawat
เขื่อนศรีนครินทร์และอ.ศรีสวัสดิ์

San Phra Kan (Kala Shrine)
ศาลพระกาฬ

Sangkhlaburi
อำเภอสังขละบุรี

Sri Racha
ศรีราชา

Suphanburi
อ.เมืองสุพรรณบุรี

Thap Sakae et Bang Saphan
ทับสะแก/บางสะพาน

Thong Pha Phum
ทองผาภูมิ

Trat
ตราด

Wat Borom et Wat Tailok
วัดบรมและวัดไตรโลก

Wat Indra et Wat Racha
วัดอินทราและวัดราชา

Wat Kamphaeng Leng
วัดกำแพงแลง

Wat Ko Kaew Sutharam
วัดเกาะแก้วสุทธาราม

Wat Mahathat
วัดมหาธาตุ

Wat Mongkhon Bophit
วัดมงคลบพิตร

Wat Nakhon Kosa
วัดนครโกษา

Wat Phanan Choeng
วัดพนัญเชิง

Wat Phra Mahathat
วัดพระมหาธาตุ

Wat Phra Si Ratana Mahathat
วัดพระศรีรัตนมหาธาตุ

Wat Phra Sri Sanphet
วัดพระศรีสรรเพชญ์

Wat Phra Suang et Wat Lat
วัดพระสวงและวัดลาด

Wat Ratburana
วัดราชบูรณะ

Wat Sao Theung Thong
วัดเสาธงทอง

Wat Tham Mongkon Thong
วัดถ้ำมังกรทอง

Wat Tham Seua et Wat Tham Khao Noi
วัดถ้ำเสือและวัดถ้ำเขาน้อย

Wat Thammikarat
วัดธรรมิกราช

Wat Yai Chai Mongkhon
วัดใหญ่ชัยมงคล

Wat Yai Suwannaram
วัดใหญ่สุวรรณาราม

Le Nord

Ban Hat Siaw
บ้านหาดเสี้ยว

Ban Mae Tao
บ้านแม่เฒ่า

Ban Nam Phi
บ้านน้ำพี้

Ban Prathup Jai (Prathapjai)
บ้านประทับใจ

Bann Sao Nak
(Maison aux nombreux pilliers)
บ้านเสานัก

Bor Sang
บ่อสร้าง

Camps de réfugiés Karen et Birmans
ค่ายผู้อพยพชาวกะเหรี่ยงและพม่า

Cascade de Mae Phun
น้ำตกแม่พูล

Centre de dressage de jeunes éléphants
ศูนย์ฝึกลูกช้าง

Chiang Khong
เชียงของ

Chiang Mai
เชียงใหม่

Chiang Rai
อ.เมืองเชียงราย

Chiang Saen
เชียงแสน

Chom Thong et ses alentours
จอมทอง

Chutes de Thilawsu
น้ำตกทีลอซู

Doi Ang Khang
ดอยอ่างขาง

Doi Suthep
ดอยสุเทพ

Doi Tung
ดอยตุง

Fang et Tha Ton
ฝาง/ท่าตอน

Fonderie de bouddhas
โรงหล่อพระ

Hang Dong
หางดง

Hilltribe Education Centre
ศูนย์การศึกษาชาวเขา

Institut d'études ethniques
ศูนย์ศึกษาชาวเขา

Kamphaeng Phet
อ.เมืองกำแพงเพชร

Lampang
เมืองลำปาง

Laplae
ลับแล

Mae Aw
แม่ออ

Mae Hong Son
อ.เมืองแม่ฮ่องสอน

Mae La-Na
แม่ละนา

Mae Sai
แม่สาย

Mae Salong (Santikhiri)
แม่สลอง(สันติคีรี)

Mae Sariang et Khun Yuam
แม่สะเรียง/ขุนยวม

Mae Sot
แม่สอด

Mae Taeng et Chiang Dao
แม่แตง/เชียงดาว

Musée d'arts et de traditions populaires
พิพิธภัณฑ์พื้นบ้าน

Musée national
พิพิธภัณฑ์สถานแห่งชาติ

Musée national de Chiang Mai
พิพิธภัณฑ์สถานแห่งชาติเชียงใหม่

Musée national de Kamphaeng Phet
อ.เมืองลำพูน

Musée national de Nan
พิพิธภัณฑ์สถานแห่งชาติน่าน

Musée national de Ramkhamhaeng
พิพิธภัณฑ์สถานแห่งชาติราม–
คำแหง

Musée des tribus montagnardes
พิพิธภัณฑ์ชาวเขา

Nakhon Sawan
อ.เมืองนครสวรรค์

Nan
อ.เมืองน่าน

Nong Bua
หนองบัว

Pai
ปาย

Parc historique de Si Satchanalai-Chaliang
อุทยานประวัติศาสตร์ศรี–
สัชชนาลัย/ชะเลียง

Parc historique Sukhothai
อุทยานประวัติศาสตร์สุโขทัย

Parc national de Doi Inthanon
อุทยานแห่งชาติดอยอินทนนท์

Parc national de Doi Phu Kha
อุทยานแห่งชาติดอยภูคา

Parc national de Phu Hin Rong Kla
อุทยานแห่งชาติภูหินร่องกล้า

Parcs nationaux de Taksin Maharat
et Lan Sang
อุทยานแห่งชาติตากสินมหาราช

Pasang
ปาชาง

Phae Meuang Phii
แพะเมืองผี

Phitsanulok
อ.เมืองพิษณุโลก

Phrae
อ.เมืองแพร่

Prison centrale de Chiang Mai
เรือนจำกลางจังหวัดเชียงใหม่

Réserve forestière de Tham Phaa Tuup
ถ้ำผาตูบ

San Kamphaeng
สันกำแพง

San Phra Isuan
ศาลพระอิศวร

Sao Din
เสาดิน

Sawankhalok Kilns
เตาเผาสังคโลก

Sirikit Dam
เขื่อนสิริกิติ์

Sop Ruak
สบรวก

Soppong
สบปอง

Sukhothai
อ.เมืองสุโขทัย

Tak
อ.เมืองตาก

Tham Luang (grande grotte)
ถ้ำหลวง

Tham Pum et Tham Pla
ถ้ำปุ่ม/ถ้ำปลา

Thung Kwian Forest Market
ตลาดป่าทุ่งเกวียน

Tribu montagnarde Mabri
ชนเผ่ามาบรี

Um Phang
อุ้มผาง

Utaradit
อ.เมืองอุตรดิตถ์

Vieille ville
เมืองเก่า

Waley
บ้านวะเลย์

Wat Chama Thewi (Wat Kukut)
วัดจามเทวี

Wat Chang Lom
วัดช้างล้อม

Wat Chang Rop
วัดช้างรอบ

Wat Chao Chan
วัดเจ้าจันทร์

Wat Chedi Jet Thaew
วัดเจดีย์เจ็ดแถว

Wat Chedi Luang
วัดเจดีย์หลวง

Wat Chiang Man
วัดเชียงมั่น

Wat Chulamani
วัดจุฬามณี

Wat Hua Khuang
วัดหัวข่วง

Wat Hua Wiang
วัดหัวเวียง

Wat Jawm Sawan
วัดจอมสวรรค์

Wat Jet Yod
วัดเจ็ดยอด

Wat Jong Kham et Wat Jong Klang
วัดจองคำ/วัดจองกลาง

Wat Khao Phanom Phioeng
วัดเขาพนมเพลิง

Wat Kuu Tao
วัดกู่เต้า

Wat Luang
วัดหลวง

Wat Mahathat
วัดมหาธาตุ

Wat Nang Phaya
วัดนางพญา

Wat Paa Sak
วัดป่าสัก

Wat Phan Tao
วัดพันเตา

Wat Phra Borom Mathat
วัดพระบรมธาตุ

Wat Phra Kaew Don Tao
วัดพระแก้วดอนเต้า

Wat Phra Kaew
วัดพระแก้ว

Wat Phra Nawn
วัดพระนอน

Wat Phra Nawn Yai
วัดพระนอนใหญ่

Wat Phra Pai Luang
วัดพระพายหลวง

Wat Phra Phutthabaat Taak Phaa
วัดพระพุทธบาทตากผ้า

Wat Phra Si Ratana Mahathat
วัดพระศรีรัตนมหาธาตุ

Wat Phra Singh
วัดพระสิงห์

Wat Phra That Chae Haeng
วัดพระธาตุแช่แห้ง

Wat Phra That Chang Kham
วัดพระธาตุช้างค้ำ

Wat Phra That Chaw Hae
วัดพระธาตุช่อแฮ

Wat Phra That Chom Kitti
วัดพระธาตุจอมกิตติ

Wat Phra That Doi Din Kiu (Ji)
วัดพระธาตุดอยกิว(จี)

Wat Phra That Doi Kong Mu
วัดพระธาตุดอยกองมู

Wat Phra That Lampang Luang
วัดพระธาตุลำปางหลวง

Wat Phra That Mae Yen
วัดพระธาตุแม่เย็น

Wat Phra That Si Chom Thong
วัดพระธาตุศรีจอมทอง

Wat Phumin
วัดภูมินทร์

Wat Ram Poeng
วัดร่ำเปิง

Wat Sa Si
วัดสระศรี

Wat Saphaan Hin
วัดสะพานหิน

Wat Si Chum
วัดศรีชุม

Wat Si Sawai
วัดศรีสวาย

Wat Suan Dawk (Dok)
วัดสวนดอก

Wat Suan Tan
วัดสวนตาล

Wat Trapang Thong
วัดตระพังทอง

Wat U Mong
วัดอุโมงค์

Wiang Kum Kam
เวียงกุมกาม

Le Nord-Est

Aquarium et parc à crocodiles
บ่อเพาะพันธุ์ปลาและจรเข้

Ban Ahong
บ้านอาฮง

Ban Chiang
บ้านเชียง

Ban Nong Pheu et au-delà
บ้านหนองผือ

Ban Pheu
บ้านผือ

Ban Prasat
บ้านปราสาท

Beung Kan
บึงกาฬ

Buriram
บุรีรัมย์

Chaiyaphum
ชัยภูมิ

Chiang Khan
เชียงคาน

Chonabot
ชนบท

Chong Mek et le triangle d'Émeraude
ช่องเม็ก

Dan Kwian
ด่านเกวียน

Dan Sai
ด่านช้าย

Hat Jommani
หาดจอมมณี

Hat Khu Deua
หาดคูเดื่อ

Kaeng Khut Khu
แก่งคุดคู้

Khao Phra Wihaan
เขาพระวิหาร

Khon Kaen
ขอนแก่น

Ko Hat Wat Tai
เกาะหาดวัดใต้

Ku Phra Khona
กู่พระคู่นา

Loei
อ.เมืองเลย

Lom Sak
หล่มสัก

Mémorial Thao Suranari
อนุสาวรีย์ท้าวสุรนารี

Mukdahan
อ.เมืองมุกดาหาร

Musée Ajaan Man
พิพิธภัณฑ์อาจารย์มั่น

Musée national de Mahawirawong
พิพิธภัณฑ์สถานแห่งชาติมหา–
วีรวงศ์

Musée national d'Ubon
พิพิธภัณฑ์สถานแห่งชาติอุบลรา–
ชธานี

Nakhon Phanom
อ.เมืองนครพนม

Nakhon Ratchasima (Khorat)
นครราชสีมา

Nong Khai
หนองคาย

Pak Chom
ปากชม

Pak Thong Chai
ปักธงชัย

Parc national de Khao Yai
อุทยานแห่งชาติเขาใหญ่

Parc national de Nam Nao
อุทยานแห่งชาติน้ำหนาว

Parc national de Phu Kradung
อุทยานแห่งชาติภูกระดึง

Parc national de Phu Luang
อุทยานแห่งชาติภูหลวง

Parc national de Phu Pha Thoen
อุทยานแห่งชาติภูผาเทิน

Parc national de Phu Phaan
อุทยานแห่งชาติภูพาน

Parc national de Phu Reua
อุทยานแห่งชาติภูเรือ

Parc national de Taat Tohn
วนอุทยานแห่งชาติตาดโตน

Pha Taem
ผาแต้ม

Phaa Maw I Daeng
ผามออีแดง

Phibun Mangsahanto Khong Jiam
พิบูลมังสาหาร

Phimai
พิมาย

Phra That Nong Khai
พระธาตุหนองคาย

Pont de l'Amitié de Thai-Lao
สะพานมิตรภาพไทยลาว

Prang Ku
ปรางค์กู่

Prasat Peuay Noi
ปราสาทภูมิน้อย

Prasat Phanomwan
ปราสาทพนมวัน

Prasat Ta Meuan
ประสาททาหมื่น

Renu Nakhon
เรณูนคร

Roi Et
อ.เมืองร้อยเอ็ด

Sakon Nakhon
สกลนคร

Sala Kaew Ku
ศาลาแก้วกู่

Sangkhom
สังคม

Si Chiangmai
ศรีเชียงใหม่

Si Saket
ศรีสะเกษ

Surin
สุรินทร์

Tha Bo
ท่าบ่อ

Tha Khaek
ท่าแขก

Tha Li District
อ.ท่าลี่

Tham Erawan
ถ้ำเอราวัณ

That Phanom
ธาตุพนม

Ubon Ratchathani
อ.เมืองอุบลราชธานี

Udon Thani
อุดรธานี

Wat Burapha
วัดบูรพา

Wat Hin Maak Peng
วัดหินหมากเป้ง

Wat Jaeng
วัดแจ้ง

Wat Neua
วัดเหนือ

Wat Pa Salawan
วัดปาสาละวัน

Wat Pho Chai (Phra Sai)
วัดโพธิ์ชัย

Wat Phra Narai Maharat
วัดพระนารายณ์มหาราช

Wat Phra That Bang Phuan
วัดพระธาตุบังเผือน

Wat Phra That Choeng Chum
วัดพระธาตุเชิงชุม

Wat Phra That Narai Jeng Weng
วัดพระธาตุนารายณ์แจงแวง

Wat Phra That Nong Bua
วัดพระธาตุหนองบัว

Wat Phra That Phanom
วัดพระธาตุพนม

Wat Phu Thawk (Wat Chedi Khiri Wihaan)
วัดภูทอก(วัดเจดีย์ศรีวิหาร)

Wat Sala Loi
วัดศาลาลอย

Wat Supatanaram
วัดสุปัฏนาราม

Wat Thung Si Meuang
วัดทุ่งศรีเมือง

Yasothon
อ.เมืองยโสธร

Le Sud

Ao Bang Kao
อ่าวบางเก่า

Ao Bang Tao
อ่าวบางเทา

Ao Khanom
อ่าวขนอม

Ao Na Khai et Laem Set
อ่าวหน้าค่าย/แหลมเส็ด

Ao Nai Kow
อ่าวในว่าว

Ao Nang Area
อ่าวนาง

Ao Phang-Nga et Phang-Nga
อ่าวพังงา/อ.เมืองพังงา

Ao Thong Krut et Ko Taen
อ่าวท้องกรุด/เกาะแตน

Ao Thong Son et Ao Thong Sai
อ่าวท้องสน/อ่าวท้องทราย

Ao Thong Ta Khian
อ่าวท้องตะเคียน

Ao Thong Yang (Coral Cove)
อ่าวท้องยาง

Ban Sakai
หมู่บ้านชาไก

Ban Taba
บ้านตาบา

Ban Tai (Ao Bang Baw)
บ้านใต้(อ่าวบางบ่อ)

Ban Tung Laem Sai
บ้านทุ่งแหลมทราย

Betong
เบตง

Chaiya
ไชยา

Chumphon
อ.เมืองชุมพร

Chutes de Ton Nga Chang
น้ำตกโตนงาช้าง

Hat Bang Sak et Hat Khao Lak
หาดบางสัก/หาดเขาหลัก

Hat Bo Phut
หาดบ่อผุด

Hat Chandamri
หาดชาญดำริ

Hat Chang Lang
หาดฉางหลาง

Hat Chaweng
หาดเฉวง

Hat Choeng Mon
หาดเชิงมน

Hat Jao Mai et Ko Libong
หาดเจ้าไหมและเกาะลิบง

Hat Lamai
หาดละไม

Hat Mae Nam
หาดแม่น้ำ

Hat Narathat
หาดนราทัศน์

Hat Noppharat Thara
หาดนพรัตน์ธารา

Hat Pak Meng
หาดปากเมง

Hat Phra Yai (Big Bouddha Beach)
หาดพระใหญ่

Hat Sa Bua
หาดสระบัว

Hat Samran et Ko Sukon
หาดสำราญและเกาะสุกร

Hat Sichon et Hat Hin Ngam
หาดสิชล/หาดหินงาม

Hat Yai
หาดใหญ่

Hat Yong Ling et Hat Yao
หาดหยงหลิ/หาดยาว

Isthme de Kra
คอคอดกระ

Khao Phaya Wang
เขาพญาวัง

Karon
กะรน

Kata
กะตะ

Kawthaung (Victoria Point)
วิกตอเรียพอยท์(เกาะสอง)

Khuraburi, Takua Pa et Thai Muang
คุระบุรี,ตะกั่วป่าและท้ายเหมือง

Ko Adang
เกาะอาดัง

Ko Bulon Leh
เกาะบุโล้นแล

Ko Chang
เกาะช้าง

Ko Jam (Ko Pu) et Ko Si Boya
เกาะจำ(ปู)/เกาะศรีบอยา

Ko Lanta
เกาะลันตา

Ko Muk et Ko Kradan
เกาะมุก/เกาะกระดาน

Ko Ngai (Hai)
เกาะไหง(ไห)

Ko Panyi
เกาะปันหยี

Ko Pha-Ngan
เกาะพงัน

Ko Phi-Phi
เกาะพีพี

Ko Phi-Phi Don
เกาะพีพีดอน

Ko Rawi et Ko Lipe
เกาะราวี/เกาะลิเป๊ะ

Ko Samui
เกาะสมุย

Ko Sire
เกาะสิเหร่

Ko Tao
เกาะเต่า

Ko Tarutao
เกาะตะรุเตา

Ko Yao
เกาะยาว

Ko Yo
เกาะยอ

Krabi
กระบี่

Laem Hat Rin
แหลมหาดริน

Laem Phanwa
แหลมพันวา

Laem Singh et Kamala
แหลมสิงห์/หาดกมลา

Laem Talumpuk
แหลมตะลุมพุก

Lam Pam
ลำปำ

Matsayit Klang (Mosquée centrale)
มัสยิดกลาง

Matsayit Wadin Husen
(Mosquée Wadin Husen)
มัสยิดวาดินฮูเซ็น

Musée des arts et traditions populaires
สถาบันทักษิณคดีศึกษา

Musée national
พิพิธภัณฑสถานแห่งชาติสงขลา

Musée national de Nakhon Si Thammarat
พิพิธภัณฑสถานแห่งชาตินครศรี-
รีธรรมราช

Musée national de Wat Phra Boromathat,
Wat Kaew et Chaiya
วัดพระบรมธาตุไชยา,วัดแก้ว,
พิพิธภัณฑสถานแห่งชาติไชยา

Na Thon
หน้าทอน

Nai Han
ในหาน

Nai Khai Ranong
ในค่ายระนอง

Nai Thon
ในทอน

Nai Yang et Mai Khao
ในยาง/ไม้ขาว

Nakhon Si Thammarat
อ.เมืองนครศรีธรรมราช

Narathiwat
อ.เมืองนราธิวาส

Parc de Somdet Phra Srinakarin
สวนสมเด็จพระศรีนครินทร์

Parc forestier de Sa Nang Manora
สวนป่าสระนางมโนราห์

Parc maritime national d'Ang Thong
National Marine Park
อุทยานแห่งชาติหมู่เกาะอ่างทอง

Parc maritime national de Ko Lanta
อุทยานแห่งชาติเกาะลันตา

Parc maritime national de Ko Similan
อุทยานแห่งชาติหมู่เกาะสิมิลัน

Parc maritime national de Ko Surin
อุทยานแห่งชาติหมู่เกาะสุรินทร์

Parc maritime national de Ko Tarutao
อุทยานแห่งชาติหมู่เกาะตะรุเตา

Parc national d'Ao Phang-Nga
อุทยานแห่งชาติอ่าวพังงา

Parc national de Khao Luang
อุทยานแห่งชาติเขาหลวง

Parc national de Khao Phanom Bencha
อุทยานแห่งชาติเขาพนมเบ็ญจา

Parc national de Khao Sok
อุทยานแห่งชาติเขาสก

Parc national de Laem Son
อุทยานแห่งชาติแหลมสน

Parc national de Thaleh Ban
อุทยานแห่งชาติทะเลบัน

Parc national de Than Bokkharani
อุทยานแห่งชาติธารโบกขรณี

Parc ornithologique Khlong Lamchan
อุทยานนกน้ำลำฉาน

Patong
ปาตอง

Pattani
อ.เมืองปัตตานี

Phattalung
อ.เมืองพัทลุง

Phi-Phi Leh
พีพีเล

Phuket
อ.เมืองภูเก็ต

Raman
รามัน

Ranong
อ.เมืองระนอง

Rawai
ราไวย์

Réserve naturelle de Khao Phra Taew
อุทยานสัตว์ป่าเขาพระแทว

Réserve naturelle de Thaleh Noi
อุทยานนกน้ำทะเลน้อย

Réserve ornithologique de Khukhut
อุทยานนกน้ำกูขุด

Saphaan Plaa (La jetée des pêcheurs)
สะพานปลา

Satun
อ.เมืองสตูล

Songkhla
สงขลา

Sources chaudes et le Wat Hat Som Paen
บ่อน้ำร้อน/วัดหาดส้มแป้น

Suan Nang Seu Nakhon Bowonrat
สวนหนังสือนครบวรรัตน์

Sungai Kolok
สุไหงโกลก

Surat Thani/Ban Don
อ.เมืองสุราษฎ์ธานี/บ้านดอน

Surin
หาดสุรินทร์

Su-Saan Hawy (Cimetière des coquillages)
สุสานหอย

Taksin Palace
พระตำหนักทักษิณราชนิเวศน์

Thaleh Sap Songkhla
ทะเลสาบสงขลา

Tham Malai
ถ้ำมาลัย

Thong Sala
ท้องศาลา

Trang
อ.เมืองตรัง

Wat Chonthara Sing-He
วัดชลธาราสิงเห

Wat Hat Yai Nai
วัดหาดใหญ่ใน

Wat Khao Kong
วัดเขากง

Wat Khao Tham
วัดเขาถ้ำ

Wat Khuhasawan
วัดคูหาสวรรค์

Wat Na Phra Boromathat
วัดหน้าพระบรมธาตุ

Wat Naa Tham
วัดหน้าถ้ำ

Wat Phra Mahathat
วัดพระมหาธาตุ

Wat Suan Mokkhaphalaram
วัดสวนโมกข์พลาราม

Wat Tham Seua
วัดถ้ำเสือ

Wat Wang
วัดวัง

Yala
อ.เมืองยะลา

Glossaire

aahãan – nourriture

aahãan pàa – "nourriture de la jungle" ; fait généralement référence à des préparations à base de gibier

ajaan – titre de respect pour un maître, vient du sanskrit *acharya*

amphoe – ou *amphur ;* district ; division territoriale inférieure à la province

amphoe meuang – chef-lieu de province

amphur – voir *amphoe*

ao – baie ou golfe

bâan – ou *ban* ; maison ou village

baarámii – charisme ou don particulier ; vient du pali-sanskrit *parami* qui signifie perfections

bàht – unité monétaire thaïlandaise

bai sïi – fil sacré utilisé par les moines ou les chamans lors de certaines cérémonies religieuses

bai toey – feuille de pandanus

ban – ou *bâan* ; maison ou village

bàw náam ráwn – sources d'eau chaude

bencharong – céramique thaï traditionnelle à cinq couleurs

bhikkhu – moine bouddhique en pali ; se prononce *phík-khù* en thaï

bòt – sanctuaire ou chapelle centrale dans un temple thaïlandais ; vient du pali *uposatha*

Brahman – relatif au brahmanisme, une ancienne tradition religieuse indienne. Il s'agit de la source de l'hindouisme et du bouddhisme ; les prêtres brahmans de Thaïlande accomplissent certains rites religieux très importants, proches de la culture traditionnelle. A ne pas confondre avec "brahmin", la caste sacerdotale en Inde

chaa – thé

chaihàat – ou *hat,* ou encore *hàat* ; plage

chao bâan – villageois

chao leh – ou *chao náam* ; gitans de la mer

chao naa – fermier

chao náam – voir *chao leh*

chédi – stupa ; monument érigé pour abriter une relique du Bouddha ; appelé *pagoda* en Birmanie, *dagoba* au Sri Lanka, *chetiya* en Inde

dhammachakka – roue de la loi bouddhiste ; vient du sanskrit *dharmachakra*

doi – pic, sommet de montagne

faráng – étranger d'origine européenne

gopura – pavillon d'entrée traditionnel des temples hindous, très courant dans les temples de la période d'Angkor

hàat – voir *chaihàat* ; plage

hat – voir *chaihàat* ; plage

hãw phïi – maison des esprits des monastères bouddhiques

hãw rákhang – tour de la cloche

hãw trai – bibliothèque du Tripitaka (écritures bouddhiques)

hâwng tháew – en zone urbaine, "maisons-boutique" de deux ou trois étages agencées côte à côte

hèt khïi khwai – psilocybe, champignon hallucinogène ; signifie littéralement "champignon de bouse de buffle"

hèt mao – psilocybe ; signifie littéralement "champignon soul"

hïn – pierre

hong – salle ; dans le Sud, ce mot peut désigner les grottes semi-immergées des îles ; se prononce *hâwang*

isãan – terme désignant le Nord-Est de la Thaïlande, du mot sanskrit qualifiant le royaume médiéval d'*Isana*, qui englobait une partie du Cambodge et du Nord-Est

jangwàat – province

jâo meuang – bureau politique des sociétés traditionnelles thaï dispersées en Asie du Sud-Est ; signifie littéralement "chef de principauté"

jataka – récits des vies antérieures du Bouddha

jii-khôh – voyou thaïlandais
jiin – Chinois
jók – soupe de brisures de riz

kaa-feh – café
kâew – ou *keo* ; cristal, joyau, verre ou pierre précieuse
kafae thũng – ou *ko-píi* dans le Sud ; café filtre
kài yâang – poulet grillé épicé
kamnan – policier de quartier
kàp klâem – nourriture liquide
ká-toey – travestis et transsexuels ; souvent appelés "lady-boy"
kaw lae – barque de pêche du Sud du pays
keo – voir *kâew*
khaen – instrument en roseau très répandu dans le Nord-Est
khão – colline ou montagne
khâo tôm – soupe de riz bouilli
khlong – canal
khõn – théâtre dansé masqué, basé sur des histoires tirées du *Ramakian*
khon isãan – population du Nord-Est
khun wát – maison de l'esprit
king-amphoe – sous-district
klawng – tambours thaïlandais
ko – ou *koh*, se prononce *kàw* ; île
koh – voir *ko*
ko-píi – ou *kafae thũng* ; café filtre dans le Sud
kràbii-krabong – art martial traditionnel thaï dont les accessoires sont de courtes épées et des bâtons
ku – petit *chédi*
kúay hâeng – chemise de travail de type chinois
kuti – hutte de méditation

lâap – salade de viande ou de poisson épicée à la menthe
lãem – cap
lakhon – théâtre dansé classique thaïlandais
làk meuang – pilier de la ville en forme symbolique de phallus
langsat – petit fruit rond qui pousse en Thaïlande
lão khão – alcool blanc de contrebande
lão thèuan – alcool de jungle
lék – petit (taille)

lí-khe – théâtre dansé populaire
longyi – sarong birman

mâe chii – nonne bouddhiste
mâe náam – rivière ; signifie littéralement "eau mère"
maha that – signifie littéralement "grand élément", du sanskrit-pali *mahadhatu* ; nom commun des temples renfermant des reliques du Bouddha
mãi sanùk – ennuyeux
málaeng tháp – espèce de scarabée dont les ailes sont parfois utilisées dans l'artisanat
mánohra – théâtre dansé, le plus apprécié de Thaïlande du Sud
mát-mii – méthode de teinture des fils de soie ou de coton, et de tissage selon des motifs complexes, similaires aux *ikats* indonésiens ; le terme fait également référence aux motifs eux-mêmes
mâw hâwm – chemise thaïlandaise utilisée pour le travail
mãwn khwaan – coussin triangulaire que l'on trouve dans le Nord et le Nord-Est
metta – notion bouddhique proche de la bienveillance
meuang – ville ou principauté ; se prononce *meu-ang*
mondòp – petit édifice carré dans un *wat* à l'usage des laïcs ; du sanskrit *mandapa*
muay thai – boxe thaï
mùu-bâan – village

náam – eau
náam phrík – sauce aux piments
náam plaa – sauce au poisson
náam tòk – cascade
naga – serpent mythologique à tête de dragon
nai – intérieur
nákhon – ou *nakhorn* ; ville ; du sanskrit-pali *nagara*
nãng – théâtre d'ombres thaïlandais
nêua – nord
ngaan sòp – cérémonie funéraire
ngaan wát – fête du temple
ngôp – chapeau traditionnel des paysans khmers des rizières
noeng khão – colline

noi – ou noy ; peu ; se prononce "náwy"
nok – extérieur ; se prononce "nâwk"
noy – voir *noi*

pàak náam – estuaire
paa-té – batik
paa-thông-kõ – "beignet" chinois, constitue un petit déjeuner courant
pàk tâi – Thaïlandais du Sud
phâakhamãa – pièce de coton que les hommes s'enroulent autour du corps
phâasîn – la même chose pour les femmes
phansãa – carême bouddhique
phĩi – hôte d'esprits
phin – petit luth à trois cordes joué avec un large plectre
phleng khorâat – chanson populaire de Khorat
phleng phêua chii-wít – "chants pour la vie", style moderne de musique populaire
phrá – moine ou statue de bouddha ; terme honorifique, du pali *vara*, "excellent"
phrá khreûang – amulettes portées pour se protéger des accidents
phrá phim – voir *phrá khreûang*
phrá phum – esprits de la terre
phrá sàksit – moine aux pouvoirs spirituels supérieurs
phuu khão – "montagnes" en dialecte thaï central
pii-phâat – orchestre thaïlandais classique
plaa tuu – espèce très prisée de maquereau
ponglang – marimba (instrument à percussion) thaïlandaise du Nord-Est faite de courts rondins
prang – tour de style khmer dans les temples
prásada – nourriture bénie offerte aux fidèles des temples hindous et sikhs
prasat – petit édifice religieux très décoré, de plan cruciforme, pourvu d'une flèche effilée et implanté dans l'enceinte d'un temple. Du sanskrit *prasada*

rai – un rai équivaut à 1 600 m²
reua haang yao – bateau-taxi (long-tail boat)
reuan thâew – maison longue
reu-sîi – un *rishi* hindou, ou sage
rót kasèt – camion de ferme

rót pràp aakàat – véhicule climatisé
rót thammáda – bus ordinaire (non climatisé) ou train ordinaire (non rapide ou express)
roti – pain plat rond, nourriture courante souvent vendue dans les restaurants musulmans

sãalaa (sala) – salle de réunion ou de détente couverte, ouverte sur l'extérieur ; du portugais *sala*
sala klang – bureaux provinciaux
samlor – cyclo-pousse, triporteur, rickshaw
sãmnák sõng – centre monastique
sãmnák wípàtsanãa – centre de méditation
satãng – unité monétaire ; 100 sàtang font 1 *baht*
sãwng tháew – ou *songthaew* ; camionnette découverte dotée de deux rangées de banquettes et servant de taxi ou minibus ; signifie littéralement "deux rangées"
sẽma – pierres servant à délimiter le sol pour les ordinations monastiques ; du sanskrit-pali *sima*
serow – chèvre de montagne asiatique
sêua mâw hâwm – chemise de fermier en coton bleu
soi – ruelle ou petite rue
sôm-tam – salade de papaye verte
sõngkhran – Nouvel An thaïlandais, se déroule à la mi-avril
songthaew – voir *sãwng tháew,*
sũan aahãan – restaurant en extérieur plus ou moins arboré ; signifie littéralement "jardin de nourriture"
sukhã aphibaan – district sanitaire
susãan – cimetière

tâi – sud
talàat nàam – marché flottant
tambol – ou *tambon ;* "canton", division territoriale inférieure à l'*amphoe*
tambon – voir *tambol*
thâat – ou *that ;* reliquaire bouddhique curviligne à quatre côtés, courant dans le Nord-Est
thâat kràdùk – reliquaire, petit stupa possédant les restes d'un dévot bouddhiste
thaleh sàap – mer intérieure ou grand lac
tha – jetée, se prononce *thâa*

thâm – grotte
tham bun – acquérir un mérite
thâm reusïi – grotte d'ermite
thanõn – rue
that – voir *thâat*
thêp – ange ou être divin ; du sanskrit *deva*
thewada – une sorte d'ange
thũng anaamai – préservatif
thu tong – moines ayant fait des vœux d'ascèse, parmi lesquels 13 pratiques dont celle d'aller à pied de lieu en lieu sans domicile
tràwk – ou *trok ;* allée
tripitaka – écritures bouddhiques Theravada (en provenance du Sri Lanka)
trok – voir *tràwk*
túk-túk – *samlor* motorisé
tuppies – terme familier désignant les "Yuppies thaïlandais"

viharn – ou *wihãan*, ou encore *wihan ;* contrepartie du *bòt* dans les temples thaï-landais, renfermant des représentations du Bouddha, mais non circonscrit par des pier-res *sema* ; vient du sanskrit *vihara*
vipassana – méditation bouddhique

wâi – geste d'accueil par réunion des mains
wang – palais
wan phrá – jours sacrés bouddhiques
wat (wát) – temple-monastère ; du pali *avasa*, résidence de moines
wát pàa – monastère en forêt
wátánátham – culture
wihãan – voir *viharn*
wihan – voir *vihran*

yàa dong – alcool d'herbe ; ce terme désigne également les herbes qui trempent dans le *lao khao*
yâam – sac à main
yài – grand
yam – salade thaïlandaise à base de viande ou de poisson

Remerciements

Merci à tous les voyageurs qui ont utilisé notre précédente édition et qui nous ont écrit pour nous faire part de leur expérience ou nous fournir d'utiles renseignements :

Perry & Adi, Dennie & Viktoria, Jaap & Marlies, Kelly & Damon, Thea & Marion, Paul & Kylie, Mohamed A., Jose Ramon Abad, Peter Abernethy, Tony Abram, John Aelbrecht, Manuel Affonso, April Aguren, Alfons Akutowicz, Jose Alcantara, Traca Alger, Jean Allemand, J Alse, Scott Alsop, Laurent Amsellem, Kate Anderson, Lene Anderson, Sarah Anderson, Patrick Andnvaux, Davide Andrea, DG Andrews, Raymond Ang, CR Angus, Gillian Annett, Dr Kodet Antonin, Kenny Archibald, Hania Arentsen, K Arniger, Darunee Asawaprecha, Kiersten Aschauer, Bernd Ascherl, Ian Ashbridge, Kate Ashe, Brian Ashton, Karla Atonal, Paul Atroshenko, John Atwell, John & Esther Atwell, Jorg Ausfelt, Hirokazu Azuma, Philippe et Astrid Bachmann, Mats Backlund, Christel Baijot, Jean-Christophe Baillet, Antoonvan Balveren, Natalie Bannister, Jeremy Barazetti, Michael Barkey, Joy Barlow, David Barnett, Andre Barneveld Binkhuysen, Craig Barrack, Kelsey Barrett, Andrew Barsoom, Jessica Bartlett, Bonnie Baskin, Stéphane Battistella, Michel Baudry, Rosemary Beattie, Gilles Bauche, Gareth Beaver, Lori Beever, Glenn Behrman, Karin Bekker, Jean Bennett, Janey Bennett, Michele Bennett, Rodney Berg, Robert Berger, Steve Berger & Isabel Mayor, Lennart Bergqvist, Lynn Berk, Olivier Berlage, Pierre Bernard, Brad Bernthal, Pierre Bernard, Olivier Berthelier, Ewan Best, FW Betts, Kittikarn Bhumisawasdi, Laurent Biais, Tobias Bickel, Mikin Bilina, Georgina Binder, Matt Birg, Eric Bjorkman, Charlie Blackham, Ann Blair, U Blaser, Howard Blitzer, JD de Boer, Andy Bolas, Andrea Bonini, Olaf van den Boom, A Booth, Frances Booth, Bill Booth, Graham Booth, Jang Boran, Thomas & Dorthe Borchmann, Michel Bordas, Ellen Bosman, Peter Bottcher, Anne Boulton, Sylvie Bouchet, Paul Boundy, Luc Bouwens, Sarah Bowen, Simon & Coleen Bower, David Bownes, David Boyall, Rebecca Boyce, Tracey Boyd, Joel Bradley, Rodney Braithwaite, John & Barbara Brand, Jim Brazil, Vanessa Breakwell, Lisa Breger, Bill Brentlinger, Sandie Breum, Raymond Brooks, Belinda Brown, Colin Brown, Justin Brown, Michaela Buchholz, Iris Buelens, Tania Buffin, Leila Buijs, Alexander Bulach, Wesley Bullock, Sally Burbage, Adrean & Anka Burgess, Rene Burgsma, Andy Burton, Michael Bussmann, Brandon Butler, Karen Butts, Frank Cagioti, Raffaella Caiconti, Chris Cameron, Helen Campbell, Christina Campbell, Mark Canavan, Eduardo Cardellini Martino, Peter Carison, Matthew Carr, Tanya Carrey, Rusty Cartmill, Jillian Cassidy, Donald Casson, A Chakraborty, Hannah Chambers, Marie Champagne-Thouard, Keith & Maxine Channon, Mr & Mrs DN Chapman, Polly Chapman, Helen Chard, Stacy Chatfield, Didier Chaumet, Elsa Chen, Ted Chi, Pauline Chia, Joelynn Chin, Rocco Chin, N Chivers, Scott Christiansen, Marc Chu, Felix Chui, Chukit Chulitkoon, Kylie Cirak, Bernard Citroen, Isabelle Claeys, Tim Clark, David Clarke, Gavin Clayton, Chris Cocks, Sandie Codron, Paolo Coen, AJ Cogan, Brian Cogswell, David Cole, Robert Collins, MD Comber, Basil Condos, Sarah Conning, Simon A Cook, Martin Cooper, Earl Cooper, Sandra Corbacioglu, Jeff Cornish, S Coton, Flore Coumau, Philippe Courtine, Raymond F Cragg, Sarah Craig-Leyland, Anjela Crawley, Katie Crawshaw, Margy Crisp, Patrick Cullen, Don Curtis, Colin Cuthbert, Jeff Dane, Deborah Daniloff, Greg Darch, Pip Darvall, Andrew Davenall, Susan Davidson, John Davis, Kelly Davison, Peter Davison, Alex Dawson, Krist Decanniere, Catherine Declercq Bezencon, Roland Degouy, Frits Dekker, Jean Delais, Jolanda Denekamp, Diana Dennison, Whit Deschner, Julie Desjardins, John Devitt, Arancha Diaz-Llado, Deborah Dickley, H Docters, Rupert Dodds, Rebecca & Soren Dohn, Andy Dong, Annick Donkers, Suzanne Donnelly, Bjorn Donnis, Gunter Doppler, Valérie et Pierre Dore, Robyn Dormer, Mike Doyle, Jan Drent, Heidi Dressler, Mary Drever, Martin Drew, Emma Drysdale, Fabrice Duchene, Joe & Jerry Duffy, GE Duffy, Vincent Duggan, Laurent Dugué, Wouter Duinker, Pierre Dumenil, Dr RA Duncan.

Donna Eade, Michael Eckert, Jim Eddis, Jason Edens, Georgina Edwards, Peter Eichmann, David Eklund, Dana Elmendorf, David Emes, Henrik Enevoldsen, P Eng, Bob Ennis, Jim Enright, Birgit Ensslin, Doreen Entwistle, Don & Achara Entz, Annelie & Roger Ericson, Lukas Ernst, Gaynor M Evans, Ingrid Evans-Schloss, Dave Eyland, Thomas Eyre, Guido Faes, Damien Fages, Suzanne Falkner, Sandra Faoro, Alan & Pam Fey, Jean-Louis Fiévé et Claire Robert, AJ Filbee, Dr David Findlon, Gudruu Fink, Graham Fletcher, Ed Fogden, Anna Fogelmarck, Mark Foley, Cathy Forbes, Jeremy Ford, Francine La Fortune, Megan Foster, Susan Fouche, Trula Fountaine, Thomas et Corinne Fournier, Beth Fouser, Lisa Fragala, John Frampton, David

Francis, Iain Franklin, Edward Freed, P&P Freel, Jem Friar, Pauline Frizelle, Helmut Frohnwieser, Claudia Furrer, Sue Gallagher, Jacqueline Gamblin, Kelley Gary, JL Gauthier, Bruce Gaylord, Randy Gerber, Dianne Gerrits, Daryle Gessnen, Stephen Gibb, Joanna Gidney, Adelheid Gimmler, Gary Giombi, B&C Goke, Maurice Goldberg, Hilary Goodkind, Michael Goodstadt, Alwin Goodwin, Traci Goodwin, Harold Gosse, Louise Gourley, Eli Graham, Kirsty Gray, LN Gray, Alan Green, Julie & Barry Green, Malcolm Green, Eugene Gregg, Cathryn Gregory, Marti Griera, Nigel Griffiths, M Grillenberger, Richard Groom, Michael Grossmann, Marlane Guelden, Marjolein Guesebroek, Jamie Guillikson, Catherine Gunning, A Haddon, Anthony Halfhide, N&S Hall, Russell Hall, Nigel Hall, Tom Hallam, Jonathan Halperin, Leta Hals, Leta Hamilton, David Hammond, Steven Hankey, Henry Hanrahan, Danny Hanrahan, Robert Harker, Susan Hart, Jessica Hart, Tye Hartall, Donald Hatch, AC Hatfield, Till Karsten Hauser, Tanya Hawkey, Glen Heath, Ashley Heath, Graham Heath, Claus Hedegaard, Ray Hegarty, Jennifer Hegle, Klaus Heibing, Saskia Heins, Hans Heintze, Karen Helman, Johanna Hemstra, S Henderson, Anne Hendricks, Allebosch Henk, Armin Hermann, Richard Hersk, Yossi Herzog, Klaus Hiebing, Noriko Higashide, Klaus Hille, Ted Hillestad, Linda Hitchcock, Margriet Hoekstra, Geertje Hoekstra, Joost Hogeland, Steve Holford, Paul Holt, Jeffery van Hont, Liesbeth Hoogland, Sue Houston, Gary N Houston, Jvan Hout, Marion Hruger, DC Huizinga, Stephanie Hull, Paula Hutt, Lars Hylander, Jeffrey Hynds.

Anna Ifkovits, Panos Ilias, Tineke Indradjaya, Sally Ingleton, Erik Ireland, Martin Ireland, Masahiro Ishizeki, EJ Jorissen, Gordon J, Geoff Jackson, Christian Jacobsen, Delacreta Jacques, R James, Jeremy Jamieson, Peter Jamvold, C&B Jan Ouwens, Mette Jansen, Gerda Jansen, Laskia L Janssen, Ashley Jefferies, Fern Jeffries, Helena Jenkins, Christina Johansson, G Johnson, Carolyn Johnson, Marcus E Johnson, L Johnston, Jill Jolliffe, Erica Jolly, Philippe et Catherine Joly, Stein Erik Jonasson, Jan Jonasson, Rachael Jones, Rhiannon Jones, Sid Jones, Karen Judge, Adam Jug, Chris Jules, Bob Juniel, Tony Jurica, Atte Jussi, Wolf Kaavanich, Samai Kaewudorn, Renko Karruppannan, B. Kauffmann, Alan Kendall, Karen Kennedy, John Kenny, Margo Kerkvliet, Rachel Kinnison, Penelope Kirk, Christine Kirschuer, Thomas Kjerstein, Jennifer Klane, Nicholas Klar, Nic Klar, Soren Klippfjell, Martin & Henny Knight, Henny Knijnenburg, Peter J Kok, Peter Kosin, Frank Kressmann, Mike Krosin, Mr Krumme, Peter Kruysifix, David Kulka, Mrand Mrs Kuna, H&A Kuulasmaa, Alex Lai Hong Tan, Tom Lally, Sandy Lam, Doug Lamb, Jane Lander, Verena Langsdorf, Wake Lankard, Tim Lan-

sham, Richard Lapin, John Larner, David Latchford, Ian Lavigne, Anthony Lavigne, Stephen Lawes, Paul Lawlor, Alan Lawrence, Anna Lawson, Steve Layton, Steve Leather, Cynthia Le Count, Carsten Lekre, Nancy Leonard, Kah Leong, Marie Lesaicherre, Simon Leslie, Daniel Levi, Calvin Lim, Areerat Limwongsuwan, Nicky & David Lingard, Marsha Lipets-Maser, Geoff Lipscomb, Isabel Liu, Vanessa Lloyd, Richard M Loane, Sarina Locke, Shay Lockhart, Casey Loh, Sharon London, Bill Lonergan, Deborah Long, Jodi Longyear, M Loo, Cheenang Looi, Gabriel Loos, David Loris, Lieuwke Loth, A Louth, Roger Low Puay Hwa, Michael Low, Johanna Lowe, J&K Lumley-Jones, Loraine Lundquist, Joe Lunghitano, Tony Luttrell, Bruce Lymm, Anthony Lynch, Petrina Lynch, Jessie Lyons.

RS Maas, Stephanie Macco, Padraig MacDonnchadha, John Macey, BE Mackin, John Macuen, Kathy Madson, Evelynn Maes, Gontalo Magalhpes, Hetta Malone, Hebel Malsam, Jim Manheimer, Steve Maniaci, Nick Mann, Elisabeth Maquet et Stéphane Gérard, Steve Marcus, Dave Marini, Jemma Marks, Cornelie Marks, Nigel Marsh, Trevor Marshall, Lucy L Martin, Ken Matthews, Christine Maxwell, Mabel Mayer, Sue Mayne, John Mayne, Philip Mayo, Lloyd & Pat Mazok, Sean McCallion, Steve McCormack, Sophie Croquet, Anto McCrory, David McDougal, Rachel McEleney, Sarah McKinnon, Carolyn McLeod, Tony McMills, David McNeil, Marieke Meijer, Jane Meiklejohn, Lori Meisner, Jérôme Merli, Clive Metson, Anton Meurs, Scott Mickelson, Ulf Mikaelsson, Phil Miller, GE Miller, Mark Miller, N Miller, Ron Miller, Adrian Mills, Claire Mitchell, Lorraine Miltgen, Eva Horn Moeller, Emily Moller, Kurt Moller, Zsolt Molnar, RF Monch, Kai Monkkonen, R&C Monson, Simona Montella, Gary Moore, Ana Moore, A Moores, Stephen Morey, Dave Mountain, Donald Ross Moxley, Rory Mulholland, Andrea Munch, Shane & Natalie Mundy, Imtiaz Muqbil, Cristin Murphy, David Murray, Rainer Mussig, Maarten Muths, A Myhre, Clare Naden, Henriette Nanne, John Nash, Robert Natarelli, Erik Nauta, Jantellede Neeij, Mark Newell, Roaxanna Ngerntongdee, Mark Nicholls, Tony Nicol, Christoph Niemann, Kirsi Niinimaki, JanDick van der Nol, Elizabeth Norden, Dave North, Perri Northage, Steve Northam, Shane Noyce, MP Nunan, Mike Ogden, Jodie O'Keeffe, Jan O'Neill, Teresa Ong, Charlie Ong, Margaret O'Rielly, Marc Orts, Andrew Osborne, Rebecca Osborne, Declan O'Sullivan, Surush Oswal, Cecilia Ouvares, Chris Paine, Brian Panhuyzen, Arnupap Panichpol, Andreas Papathakis, Tina Parker, Henry Parker, Tracey Parker, James Parsons, Katherine Pascua, John Pasden, Helen Pastoriza, Bob Patchett, Patrice, Carolyn Patchett, Rachel Paterson, Joyce van der Patten, Mary Patterson, Claudia Paulick, CH Pearce, Sharon Peake, Caroline Pears, Garry Peck, Brad Pentelow, Andrea Peracca, Carole Perin, Greg Perrin, Franck Perrogon, Bjorn Persson, Andy Peters, J Petiet, Phillip Phillpou, Jenny Pickard, Dirk Jan Pinkster, G&J Pinneo, J Plampin, Johan Pol, A&S Porges, Neil Porter, James Power, Anna Pragnell Toal, Carine Prau, Carine Praud, Ged Prescott, Shelley Preston, Anne Price, L&T Price, Sean Priestley, Carole Pritchard, Duncan Proffitt, Noelene Proud, Wilco Pruysers, Malcolm Purvis.

Anthony M Quest, Lesley Quinn, Dave Quinn, Rebecca Rabinovitch, Ann Raghava, Hafeezur Rahman, Seonaid Rait, Danielle Rashid, Tom Ratcliffe, Paul Rathburn, Heather-Dawn Rau, Vanda Raynaud, Melanie Rayski, Clem Read, Dick Real, Henry Rearden, J Rebecca, Guy Redden, Janine Redfern, Andrew Redman, Brian Reed, R Rees, N Rees, John Reesby, Chris Reetz, Gisela Reinhard, Eduard Reitsema, Fabienne Renard, Hunter Reynolds, Kevin Reynolds, Steve Rhodes, Stephen Richardson, Wendy Rickards, Ilja Rijnen, I Rikkers, Gavin Roberts, John Roberts, Mark Robinson, Adam Robson, Heinz Dieter Ro\"dder, David Roderick Smith, Andrew Rogers, Bob Rogers, Linda Romolo, Francesca Ronca, Helen Rose, Karen Ross, John Ross, Donald Ross Moxley, Sophie Rouhier, John Rudge, T&T Ruecha, Martin Ruecker, C&M Ruecker, Hannah Rumble, Annette Rups-Eyeland, John Russell, Alan Rutlidge, Kevin Ryan, Isabel Sabugueiro, Danny Saddler, Haavard Saksvikronning, Louise Samuels, Martijn Sandbrink, Stephen Sandiford Hinds, Peng Sarnkam, G Saunders, Camille Saussois, Carmel Savege, Jim Savidge, H Saxer, Andrew Say, E&M Scarpari, Kimberleigh Schartz, John Schattorie, Magmar Schellhaas, Astrid Schinharl, Sylvia Schmid, Kerstin Schmidt, Martin Schmidt, Norbert Schmiedeberg, Jochen Schnell, Mette Schou, Ralf Schramm, Fritz Schroeder, Annabelle Schuleit, Emma Schwarcz, Barry Scott, Marie Scott, Martin Searle, Carol & Mark Sechler, Caterin Selen, Martin & Christina Semler, Wiyada Sereewichyaswat, Josef Seufzenecker, Geert Job Sevink, Chris Ela Sha, Kenneth Shapiro, P&G Sharp, Maddie Shaw, Chris Sherman, Deedra Sherron, Bill Shipp, Roni Shrager, Jonathon Sibtain, Justine Silberger, B Simpson, Victoria Sims, Wei Siong Lim, Desmond Skene-Catling, Richard Skilton, B&V Skinner, Jo Sladen, Tony Slark, Tom Sleigh, Nathalie van der Slikke, Jeroen Slikker, Lionie Sliz, P&J Smale, Rodney Smith, Garry Smith, Sue Smith, Rebecca Smith, L Smith, Dianna Smith, A&T Smith, George Smith, Alison Smithies,

Max Smolka, Karla Snook, Dick Snyder, Kevin Soerensen, Marianne Soldavini, Henrietta Somers, Lorenzo Sonelli, Peter Sosnowski, Sammy Southall, Fiona Southwell, Chad Sowards, Debbie Spears, Elizabeth Stabenow, Loren Stack, Deborah Stafford, Shelley Stansfield, L&L Stauber-Ferris, Michelle Staude, Caroline Steele, Lani Steele, Mike Steele, Lucy Steinert, Michael Stenmark, Vanessa Sterling, Carol Stock, John Stonham, Henri Stroband, Y Stumpf, Brian Sullivan, F Sutten, Poonsak Suvannuparat, Suda Suwanwongkij, Patricia Sweeney, J&M Sweetman, Cheryl Swisher, Phil Sylvester, Margaret Symons, P&J Tacon, Shawn Tan, John Lam Po-Tang, Sumonwan Tangnuntachai, Stéphane Taulaigo, Sonia Tavasci, Sven Taylor, Vicky Taylor, Anna Taylor, Stephen Taylor, Jeff Taylor, G&C Teasdale, James Terry, M et Mme Roger Tessari, Mizuno Tetuyuki, I Thomas, James Thompson, Dave Thompson, Guy Thonard, Jeanette Thrane, Lisette Thresh, James Tiernan, Dean Tilt, Michael Tobinsky, Chris Toland, Stephanie Toohey, Corinne Toumi, Eric et Véronique Tousset, Sarah Treadwell, Ken Tsunoda.

David Unkovich, Jaga Urbach, Malin Utterstrom, Martine Vallieres, Sheryn Valter, Celine van Oirschot, Fiona Van Leeuwen, M&R Vanstone, Jerryvan Veenendaal, Carl Verhoevem, Martin Versteegen, Sophie Veziaat, D&K Vickery, Emmanuel Viennot, Taulikki Viitaniemi, Claus Vilhelmsen, Angie Vines, Frank Visakay, Roland Vos, Brigittede Vries, Uli Waas, Jason Wadley, Udo Wagler, Steve Wagner, Reto Wagner, Brian Wallis, Tony Walter, Kerremans Walter, Olivia Wang, Caroline Ward, N&V Ward, Joseph Ward, Melanie Wathen, Alex Watson, Guy Waysman, David Wayte, Maurice Webber, Gabi Weber, BE Weir, Viktor Weisshaeupl, U Wenteke, S Wesley, Eric West, Anders Westlund, Jen Wheeler, Donee White, Theresa White, Brendan Whitty, Charlie Wicke Jr, Roger Wicks, Mat Wild, M Willemse, Karen Williams, Wendy Williams, Narelle Williams, Kieran Williams, Kathe Williams, Alex Williams, Charlotte Williams, Terry Williams, V Williams, N&M Williams, Don Willliams, Don Wills, Sue Wilson, Josh Wilson, Torsten Winzer, Florensde Wit, Thorsten Wohland, Arne Wolfart, David Wolff, Koos Wolthuis, Grace Wong, Terry Wong, Paul Wood, John Wood, SD Woodhouse, Nick Woodman, Helen Woodward, P&L Wotherspoon, H Clyde Wray, Theo Wright, S Wright, Chris Wright, Paul Wyatt, Robin Gloster Wyatt, Becky Wyland, Donald Yap, Dora Yip, Sybren Ykema, J Young, So YoungKang, Jim Yupangco, Billy Zaenglein, Arjan Zwager, Rob Zwerink, Suzanne Zyla.

75011 Paris – France.

Guides Lonely Planet en français

Les guides de voyage Lonely Planet en français sont distribués partout dans le monde, notamment en France, en Belgique, au Luxembourg, en Suisse et au Canada. Vous pouvez les commander dans toute librairie. Pour toute information complémentaire, contactez : Lonely Planet Publications – 1, rue du Dahomey,

Afrique du Sud • Amsterdam • Andalousie • Athènes et les îles grecques • Australie • Barcelone • Brésil • Californie et Nevada • Cambodge • Chine • Corse • Cuba • Guadeloupe et ses îles • Guatemala et Belize • Inde • Indonésie • Jordanie et Syrie • Laos • Lisbonne • Londres • Louisiane • Madagascar et Comores • Malaisie et Singapour • Maroc• Martinique, Dominique et Sainte-Lucie • Mexique, le Sud • Myanmar (Birmanie) • Namibie • Népal • New York • Pologne • Prague • Québec et Ontario • Réunion et Maurice • Rome • Sénégal • Sri Lanka • Tahiti et la Polynésie française • Turquie • Vietnam • Yémen • Zimbabwe et Botswana

Beaux livres

Sur la trace des rickshaws

Livre anniversaire publié à l'occasion de nos 25 ans, "Sur la trace des rickshaws" est une enquête sur les pousse-pousses et les cyclopousses, véritables taxis du continent asiatique.

Par le truchement de l'image et du texte, cet ouvrage rend palpable l'univers méconnu des rickshaws et invitent à partager le quotidien de leurs conducteurs. Une sélection de plus de 200 photos éclatantes de couleur, tour à tour insolites ou poignantes, retrace le curieux périple à travers 12 villes d'Asie : Agra • Calcutta • Dhaka • Hanoi • Hong Kong •Jogjakarta • Macao • Manille • Pékin • Penang • Rangoon • Singapour.

En vente en librairie • Textes de Tony Wheeler et photographies de Richard l'Anson
195,00 FF - $C58.95 - UK£ 19.99 - US$ 34.95 - A$45.00

Guides Lonely Planet en anglais

Les guides de voyage Lonely Planet en anglais couvrent le monde entier. Six collections sont disponibles.

Vous pouvez les commander dans toute librairie en france comme à l'étranger. Contactez le bureaux Lonely Planet le plus proche.

travel guide	:	couverture complète d'un ou de plusieurs pays, avec des informations culturelles et pratiques
shoestring	:	pour tous ceux qui ont plus de temps que d'argent
walking guides	:	un descriptif complet des plus belles randonnées d'une région ou d'un pays
guides pisces	:	un descriptif complet des plus belles plongées d'une région
phrasebooks	:	guides de conversation, des langues les plus usuelles aux moins connues, avec un lexique bilingue
travel atlas	:	des cartes routières présentées dans un format pratique
travel literature	:	l'âme d'un pays restituée par la plume d'un écrivain

---

EUROPE Amsterdam • Andalucia • Austria • Baltic States phrasebook • Berlin • Britain • Central Europe on a shoestring • Central Europe phrasebook • Crotia • Czech & Slovak Republics • Denmark • Dublin • Eastern Europe on a shoestring • Eastern Europe phrasebook • Estonia, Latvia & Lithuania • Europe • Finland • France • French phrasebook • Germany • German phrasebook • Greece • Greek phrasebook • Hungary • Iceland, Greenland & the Faroe Islands • Ireland • Italy • Italian phrasebook • Lisbon • London • Mediterranean Europe on a shoestring • Mediterranean Europe phrasebook • Paris • Poland • Portugal • Portugal travel atlas • Prague • Romania & Moldova • Russia, Ukraine & Belarus • Russian phrasebook • Scandinavian & Baltic Europe • Scandinavian Europe phrasebook • Slovenia • Spain • Spanish phrasebook • St Petersburg • Switzerland • Trekking in Spain • Ukranian phrasebook • Vienna • Walking in Britain • Walking in Italy • Walking in Ireland • Walking in Switzerland • Western Europe • Western Europe phrasebook
travel literature : The Olive Grove : Travels in Greece

AMÉRIQUE DU NORD Alaska • Backpacking in Alaska • Baja California • California & Nevada • Canada • Deep South • Florida • Hawaii • Honolulu • Los Angeles • Miami • New England • New England USA • New Orléans • New York City • New York, New Jersey & Pennsylvania • Pacific Northwest USA • Rocky Mountains States • San Francisco • Seattle • Southwest USA • USA • USA phrasebook • Vancouver • Washington, DC & The Capital Region
travel literature : Drive thru America

AMÉRIQUE CENTRALE ET CARAÏBES Bahamas and Turks & Caicos • Bermuda • Central America on a shoestring • Costa Rica • Cuba • Eastern Caribbean • Guatemala, Belize & Yucatan : La Ruta Maya • Jamaica • Mexico • Mexico City • Panama
travel literature : Green Dreams : Travels in Central America

AMÉRIQUE DU SUD Argentina, Uruguay & Paraguay • Bolivia • Brazil • Brazilian phrasebook • Buenos • Chile & Easter Island • Chile & Easter Island travel atlas • Colombia • Ecuador & the Galapagos Islands • Latin American (Spanish) phrasebook • Peru • Quechua phrasebook • Rio de Janeiro • South America on a shoestring • Trekking in the Patagonian Andes • Venezuela
travel literature : Full Circle : a South American Journey

LONELY PLANET

Le journal de Lonely Planet

Parce que vous nous envoyez quotidiennement des centaines de lettres pour nous faire part de vos impressions, nous publions chaque trimestre le Journal de Lonely Planet afin de vous les faire partager. Un journal parsemé de conseils en tout genre avec un concentré d'informations de dernière minutes (passage de frontière, visas, santé, sécurité...), des sujets d'actualité et des discussions sur tous les problèmes politiques ou écologiques sur lesquels il faut s'informer avant de partir. Le Journal de Lonely Planet est gratuit. Pour vous abonner, écrivez-nous :

Lonely Planet France – 1, rue du Dahomey – 75011 Paris – France

Lonely Planet en ligne
www.lonelyplanet.com et maintenant www.lonelyplanet.fr

A vec près de 2 millions de visiteurs mensuels, le site de Lonely Planet est l'un des sites de voyage les plus populaires au monde.

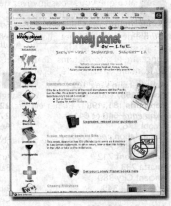

La recette de son succès est simple : une équipe de 15 personnes travaille à plein temps à l'enrichir quotidiennement. Près de 200 destinations sont passées au crible (avec carte interactive et galerie photos) afin de vous permettre de mieux préparer votre voyage. Vous trouverez également des fiches de mises à jour écrites par nos auteurs afin de compléter les informations publiées dans nos guides. Le site de Lonely Planet vous offre l'accès à un des plus grands forums, réunissant des centaines de milliers de voyageurs : idéal pour partager vos expériences, chercher des renseignements spécifiques ou rencontrer des compagnons de voyage. Les liens que nous suggérons vous permettent de découvrir le meilleur du net.

Pour faciliter la tâche de nos lecteurs francophones, nous venons d'ouvrir un site en français : www.lonelyplanet.fr. Venez le découvrir et contribuer à sa qualité en participant notamment à son forum.

Élu meilleur site voyage par l'Express Magazine en décembre 98 (@@@@@).

"Sans doute le plus simple pour préparer un voyage, trouver des idées, s'alanguir sur des destinations de rêve." **Libération**

Index

Les références des cartes sont
en **gras**

Encadrés

HISTOIRE ET SOCIÉTÉ

1022 Index